ENCYCLOPÉDIE THÉOLOGIQUE,

OU

SÉRIE DE DICTIONNAIRES SUR TOUTES LES PARTIES DE LA SCIENCE RELIGIEUSE,

OFFRANT EN FRANÇAIS

LA PLUS CLAIRE, LA PLUS FACILE, LA PLUS COMMODE, LA PLUS VARIÉE
ET LA PLUS COMPLÈTE DES THÉOLOGIES.

CES DICTIONNAIRES SONT :

D'ÉCRITURE SAINTE, DE PHILOLOGIE SACRÉE, DE LITURGIE, DE DROIT CANON, DE RITES ET CÉRÉMONIES, DE CONCILES, D'HÉRÉSIES ET DE SCHISMES, DE LÉGISLATION RELIGIEUSE, DE THÉOLOGIE DOGMATIQUE ET MORALE, DES PASSIONS, DES VERTUS ET DES VICES, DE CAS DE CONSCIENCE, D'HISTOIRE ECCLÉSIASTIQUE, D'ORDRES RELIGIEUX (HOMMES ET FEMMES), D'ARCHÉOLOGIE SACRÉE, DE MUSIQUE RELIGIEUSE, DE GÉOGRAPHIE SACRÉE ET ECCLÉSIASTIQUE, D'HÉRALDIQUE ET DE NUMISMATIQUE RELIGIEUSES, DES LIVRES JANSÉNISTES ET MIS A L'INDEX, DES DIVERSES RELIGIONS, DE PHILOSOPHIE, DE DIPLOMATIQUE CHRÉTIENNE ET DES SCIENCES OCCULTES.

PUBLIÉE

PAR M. L'ABBÉ MIGNE,

ÉDITEUR DES COURS COMPLETS SUR CHAQUE BRANCHE DE LA SCIENCE RELIGIEUSE.

50 VOLUMES IN-4°.

PRIX : 6 FR. LE VOL. POUR LE SOUSCRIPTEUR A LA COLLECTION ENTIÈRE, 7 FR., 8 FR., ET MÊME 10 FR. POUR LE SOUSCRIPTEUR A TEL OU TEL DICTIONNAIRE PARTICULIER.

TOME ONZIÈME.

DICTIONNAIRE DES HÉRÉSIES, DES SCHISMES, DES AUTEURS ET DES LIVRES JANSÉNISTES, DES OUVRAGES MIS A L'INDEX, DES PROPOSITIONS CONDAMNÉES PAR L'ÉGLISE, ET DES OUVRAGES CONDAMNÉS PAR LES TRIBUNAUX FRANÇAIS.

2 VOL. PRIX : 16 FRANCS.

CHEZ L'ÉDITEUR,

AUX ATELIERS CATHOLIQUES DU PETIT-MONTROUGE,
RUE D'AMBOISE, BARRIÈRE D'ENFER DE PARIS.

1847.

Paris.— Imprimerie de Vrayet de Surcy, rue de Sèvres, 37.

DICTIONNAIRE DES HÉRÉSIES

DES ERREURS ET DES SCHISMES,

OU

MÉMOIRES

POUR SERVIR A L'HISTOIRE

DES ÉGAREMENTS DE L'ESPRIT HUMAIN

PAR RAPPORT A LA RELIGION CHRÉTIENNE;

PRÉCÉDÉ

D'UN DISCOURS DANS LEQUEL ON RECHERCHE QUELLE A ÉTÉ LA RELIGION PRIMITIVE DES HOMMES, LES CHANGEMENTS QU'ELLE A SOUFFERTS JUSQU'A LA NAISSANCE DU CHRISTIANISME, LES CAUSES GÉNÉRALES, LES FILIATIONS ET LES EFFETS DES HÉRÉSIES QUI ONT DIVISÉ LES CHRÉTIENS;

PAR PLUQUET.

OUVRAGE AUGMENTÉ DE PLUS DE 400 ARTICLES, DISTINGUÉS DES AUTRES PAR DES ASTÉRISQUES; CONTINUÉ JUSQU'A NOS JOURS POUR TOUTES LES MATIÈRES QUI EN FONT LE SUJET, COMME POUR LE DISCOURS PRÉLIMINAIRE, REVU ET CORRIGÉ D'UN BOUT A L'AUTRE;

DÉDIÉ A NOTRE SAINT-PÈRE LE PAPE PIE IX,

PAR M. L'ABBÉ J.-Jn CLARIS,

ANCIEN PROFESSEUR DE THÉOLOGIE;

SUIVI

1° D'UN DICTIONNAIRE NOUVEAU DES JANSÉNISTES, CONTENANT UN APERÇU HISTORIQUE DE LEUR VIE, ET UN EXAMEN CRITIQUE DE LEURS LIVRES,

PAR M. L'ABBÉ *****,

Membre de plusieurs sociétés savantes;

2° DE L'*Index* DES LIVRES DÉFENDUS PAR LA SACRÉE CONGRÉGATION DE CE NOM, DEPUIS SA CRÉATION JUSQU'A NOS JOURS, 3° DES PROPOSITIONS CONDAMNÉES PAR L'ÉGLISE DEPUIS L'AN 411 JUSQU'A PRÉSENT; 4° DE LA LISTE COMPLÈTE DES OUVRAGES CONDAMNÉS PAR LES TRIBUNAUX FRANÇAIS, AVEC LE TEXTE DES JUGEMENTS ET ARRÊTS TIRÉS DU *Moniteur*.

Publié par M. l'abbé Migne,

ÉDITEUR DES **COURS COMPLETS** SUR CHAQUE BRANCHE DE LA SCIENCE RELIGIEUSE.

TOME PREMIER.

2 VOL. PRIX : 16 FRANCS.

CHEZ L'ÉDITEUR,

AUX ATELIERS CATHOLIQUES DU PETIT-MONTROUGE,
BARRIÈRE D'ENFER DE PARIS.

1847

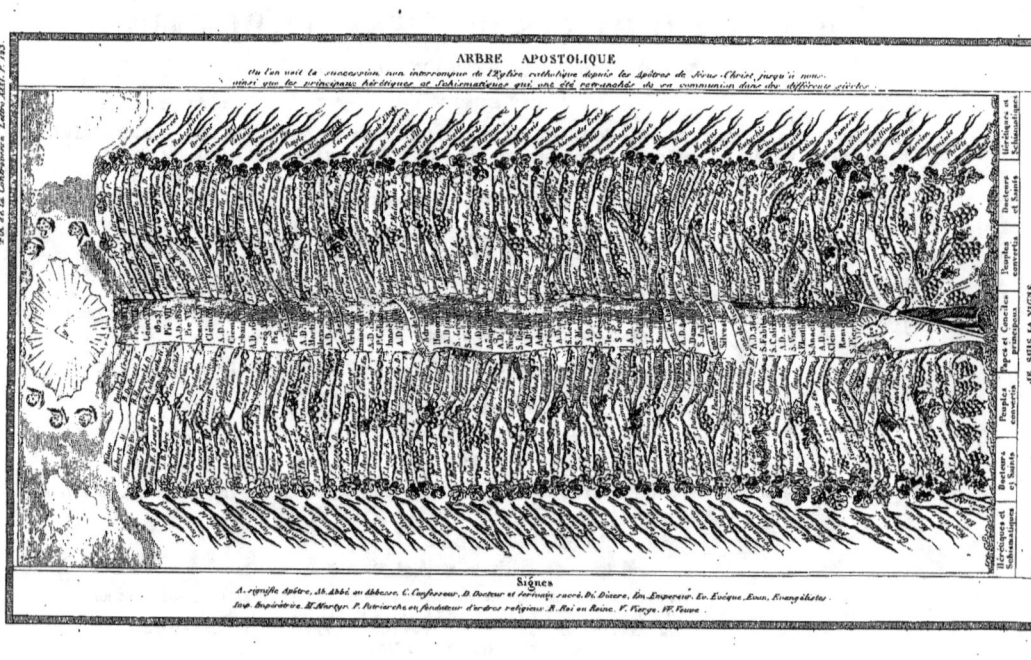

AVERTISSEMENT.

Le but que nous nous sommes proposé en publiant ce Dictionnaire *a été de réunir tout ce qui a été écrit de plus exact sur les hérésies, les erreurs et les schismes, qui ont affligé l'Eglise depuis l'établissement du christianisme jusqu'à nos jours. Pour ne rien hasarder témérairement, dans une matière si délicate et si importante, nous avons dû consulter les monuments les plus authentiques et les plus estimés de l'histoire ecclésiastique; et nous avons pris pour base de notre travail les* Mémoires *de M. l'abbé Pluquet sur les égarements de l'esprit humain par rapport à la religion chrétienne; ouvrage généralement estimé, que nous reproduisons textuellement, avec son Discours préliminaire continué jusqu'à nos jours.*

Les articles nouveaux ou refondus, au nombre d'environ 400, sont précédés d'un astérisque (*).

Nous soumettons, avec une piété toute filiale, notre travail au jugement de la sainte Eglise catholique-apostolique-romaine, parlant par la bouche de son chef visible N. S. P. le Pape, à qui il a été dit en la personne du bienheureux PIERRE : *J'ai prié pour vous, afin que votre foi ne manque pas :* Ego rogavi pro te, ut non deficiat fides tua (Luc. XXII, 32).

J.-Jⁿ CLARIS, prêtre.

NOTICE
SUR M. L'ABBÉ PLUQUET.

François-André-Adrien Pluquet, fils d'Adrien Pluquet et de Madeleine le Guedois, naquit à Bayeux le 14 juin 1716. Il eut le bonheur de puiser, dans le sein de sa famille, les premiers principes comme les premiers exemples d'une éducation vertueuse. Pendant le cours de ses humanités, qu'il fit au collège de Bayeux, son père, et son oncle, curé de Saint-Malo, furent pour lui des maîtres éclairés, qui joignirent aux leçons publiques qu'il recevait dans ses classes ces soins particuliers, bien plus utiles quand ils sont inspirés par cette tendresse naturelle que rien ne saurait remplacer. Aussi le jeune Pluquet qui, dès son enfance, avait montré autant d'aptitude que de goût pour le travail, fit des progrès rapides, et obtint presque toujours une supériorité marquée sur tous ses condisciples.

A l'âge de dix-sept ans, il fut envoyé dans une pension à Caen, pour y faire sa philosophie sous le célèbre M. de Larue qui, dans cette partie si importante de l'enseignement, s'appliquait surtout à pénétrer ses élèves des maximes d'une saine morale; à les attacher invariablement aux principes de la sagesse et de la vérité, comme aux règles immuables de leur conduite; à les prémunir ainsi de bonne heure contre les illusions d'une philosophie mensongère qui n'entraîne que les esprits légers, ne séduit que les cœurs déjà corrompus. Ce maître éclairé, si capable d'apprécier le talent de ses disciples, eût bientôt distingué celui du jeune Pluquet, et prévit dès lors ce qu'il serait un jour.

Après avoir achevé son cours de philosophie, M. Pluquet songea sérieusement à l'état qu'il devait prendre; et dans ce choix, il ne consulta ni l'ambition ni la cupidité. Son goût, ou plutôt sa vocation, le détermina pour l'état ecclésiastique. Ses parents, qui avaient sur lui d'autres vues, le pressèrent vivement de se rendre à leurs désirs: mais toutes leurs sollicitations furent inutiles : inébranlable dans sa résolution, il entra au séminaire de Caen, où il se livra tout entier, pendant trois ans, à l'étude de la théologie, et prit ensuite le degré de bachelier dans l'université de la même ville.

De retour à Bayeux, il partagea tout son temps entre l'étude et la société d'un petit nombre de personnes choisies. Il savait que la retraite et la solitude peuvent seules mûrir le talent, et faire acquérir de véritables connaissances; que les premières études ne font guère qu'indiquer la route des sciences, et qu'une longue méditation doit féconder le germe de nos facultés, comme la semence confiée à la terre, en se nourrissant pendant l'hiver des sucs qui la pénètrent, prépare pour les autres saisons une moisson abondante. Un prêtre de ses amis, licencié en Sorbonne, lui conseilla d'aller continuer ses études à Paris; qu'en y trouvant plus de moyens de se perfectionner, il pourrait ouvrir à ses travaux une carrière à la fois plus honorable et plus utile. L'abbé Pluquet eut de la peine à suivre ce conseil; sa tendresse pour sa mère, son attachement à sa famille lui faisaient préférer les douceurs d'une vie

DICTIONNAIRE DES HÉRÉSIES. I. 1

paisible, passée dans le sein de l'amitié, aux avantages plus brillants que pouvait lui offrir le séjour de la capitale. Le désir d'étendre ses connaissances, la célébrité qui suit les succès littéraires, genre de réputation le plus solide et le plus doux pour les âmes honnêtes, pour celles mêmes qui sont le moins susceptibles des séductions de l'amour-propre, purent seuls triompher de son opposition. L'amour de la gloire, dit Tacite, est la dernière passion dont le sage se dépouille.

Il partit donc en 1742, âgé alors de 26 ans. Les premières années de son séjour dans la capitale furent employées à faire son cours de théologie, et à prendre des grades dans l'université de Paris. Il devint bachelier en 1745, et licencié de Sorbonne en 1750. C'était encore alors une voie honorable ouverte au mérite, pour parvenir aux dignités ecclésiastiques, et un sujet louable d'émulation pour ceux que leurs grades appelaient exclusivement, en certains temps de l'année, aux bénéfices qui venaient à vaquer dans les différentes églises du royaume. Quoique M. l'abbé Pluquet fût sans ambition, et qu'il désirât les connaissances que ces titres supposent, bien plus que les dignités qu'ils procurent, il ne crut pas devoir négliger les avantages qu'il pouvait en retirer. Admis à la faculté des arts, dans la Nation de Normandie, il mérita l'estime de ses collègues, qui le nommèrent leur procureur auprès du tribunal de l'université; il en remplit les fonctions de manière à justifier ce choix que la confiance avait dicté.

M. Poitevin, ancien professeur de philosophie au collège de Beauvais, que M. l'abbé Pluquet avait eu occasion de voir, en arrivant à Paris, lui procura quelques connaissances utiles, qu'il cultivait autant que son cours d'études théologiques, et surtout son goût pour la retraite, son extrême application au travail, lui en laissaient le temps. Ces premières liaisons lui firent bientôt connaître M. Barrois, libraire, que sa probité, ses connaissances en littérature et ses vertus sociales distinguaient entre ses confrères, dans un temps où les Desaint, les Latour, les Mercier honoraient par leurs talents et leurs vertus cette profession estimable; où leurs maisons étaient le rendez-vous d'un grand nombre de savants, de littérateurs célèbres, en particulier de plusieurs membres distingués de l'Académie des sciences et de celle des belles-lettres. Personne n'ignore de quels hommes de mérite étaient composés ces deux corps littéraires; et pour donner une juste idée de M. l'abbé Pluquet, il suffit de dire qu'il ne fut point déplacé dans une société si bien choisie, et qu'il en obtint l'estime, par la bonté de son caractère, autant que par la justesse de son esprit et l'étendue de son savoir. Entre les hommes de lettres qu'il connut à cette époque, je ne puis ne pas en nommer un dont le témoignage est trop honorable à M. Pluquet, pour le passer sous silence : c'est M. de Fontenelle qui, dans un âge très-avancé, conservant encore toutes les grâces de son esprit, se voyait recherché dans les sociétés les plus brillantes, et jouissait partout de la considération la mieux méritée. M. l'abbé Pluquet eut l'avantage de le connaître, très-peu de temps après son arrivée à Paris ; et, par l'estime qu'il lui inspira, par l'opinion avantageuse qu'il lui donna de l'honnêteté de son caractère et de la solidité de son esprit, il devint, malgré sa jeunesse, l'ami particulier de ce Nestor de notre littérature. On sent tout le fruit qu'un esprit aussi judicieux, aussi avide de s'instruire, que l'était celui de l'abbé Pluquet, dut retirer de ses entretiens fréquents avec un savant si instruit et si aimable.

Aussi la conversation de l'abbé Pluquet réunissait-elle le double avantage de la solidité et de l'agrément : elle était toujours assaisonnée d'une gaîté douce, qui donnait plus de prix aux vérités utiles, dont il avait fait sa principale étude. De là cette supériorité de raison qui, née avec lui, s'était de plus en plus accrue par de fréquentes et longues méditations, et qui, frappant toutes les personnes qui s'entretenaient avec lui, le faisait respecter de ceux mêmes dont il ne partageait pas les opinions, ou dont il combattait ouvertement les principes. Car, s'il ne fut pas aimé d'une certaine classe de savants et de gens de lettres, dont il n'adoptait pas les systèmes, il sut du moins s'en faire estimer et peut-être craindre. Lorsque les premiers ouvrages sortis de sa plume l'eurent fait avantageusement connaître, sa réputation naissante attira les regards de ces prétendus philosophes qui faisaient ligue pour se soutenir, pour se prôner mutuellement et s'arroger la possession exclusive de l'esprit, du savoir et des talents. Trop attentifs à tout ce qui pouvait leur servir ou leur nuire pour ne pas juger par les premiers essais de l'abbé Pluquet de ce qu'il serait un jour, ils firent tous leurs efforts pour l'attirer dans leur parti, pour l'engager à insérer des articles de sa composition dans leur fameux dictionnaire. Mais M. l'abbé Pluquet, trop attaché à la religion, trop fidèle au gouvernement, pour vouloir former aucune espèce de liaison avec une secte également ennemie de l'autel et du trône, refusa constamment de contribuer en rien à la confection d'un dictionnaire qu'il regardait comme le dépôt des erreurs anciennes et nouvelles, bien plus que comme le trésor des connaissances humaines, que son titre fastueux promettait d'y rassembler. Au contraire, il fit souvent voir l'inexactitude de leurs définitions, et combattit toujours leurs principes. Lorsqu'ils eurent perdu l'espérance de le gagner, ils cherchèrent à se venger de ses refus par des attaques sourdes, par des intrigues secrètes, par des plaisanteries ironiques qu'ils se permettaient entre eux, mais jamais devant lui.

M. l'abbé Pluquet, aussi peu sensible aux marques de leur ressentiment qu'il avait été peu flatté de leurs avances, continuait de s'appliquer au travail avec une assiduité dont rien ne pouvait le distraire. Pendant qu'il s'instruisait dans les sciences relatives à son état, il n'avait point négligé les études d'un autre genre, et principalement celle de l'antiquité. Parmi les différents objets qu'embrasse cette carrière immense, la philosophie ancienne avait particulièrement fixé ses regards. Le vaste champ qu'elle offre à parcourir, afin de connaître toutes les opinions qu'enfantèrent les diverses écoles des philosophes grecs, eût pu effrayer un esprit qui n'aurait pas joint à une sagacité peu commune une constance infatigable. M. Pluquet, à qui il ne manquait ni la pénétration ni l'application à l'étude nécessaire pour une pareille entreprise, s'y livra pendant plusieurs années; et le premier fruit de ce long et pénible travail fut un ouvrage qui a pour titre : *Examen du Fatalisme*, qui parut en 1757. Il avait alors près de quarante deux ans; ce qui prouve combien il était éloigné de la précipitation de certains auteurs qui, sortis à peine des écoles, n'ayant eu le temps ni d'étudier ni de réfléchir, se hâtent de mettre au jour les premières pensées d'un esprit vide et sans culture, et ne donnent que des productions avortées. L'abbé Pluquet savait que le vrai talent n'est jamais pressé de se produire, qu'il imite la nature qui prépare longtemps dans le silence et l'obscurité les fruits qui doivent durer longtemps, et qu'elle conduit lentement à leur parfaite maturité. Le succès qu'eut l'*Examen du Fatalisme* fut à la fois la justification et la récompense de cette sage lenteur.

Cet ouvrage offrait de grandes difficultés : il ne suffisait pas de connaître toutes les opinions que l'esprit de système et la hardiesse de penser ont enfantées depuis la naissance de la philosophie jusqu'à nos jours, sur la nature du monde et sur la cause productrice des êtres qu'il renferme; sur leur origine et leur destination; questions importantes, auxquelles on peut ramener toutes les branches de la philosophie, et qui, dans tous les temps, ont singulièrement intéressé la curiosité des philosophes, excité leurs recherches et partagé leurs sentiments. Il fallait encore les exposer d'une manière claire et précise, montrer les principes de toutes les erreurs dont elles ont été l'occasion, afin de pouvoir dissiper tous les nuages qui obscurcissent la vérité ; présenter nettement, sans les dissimuler ni les affaiblir, les difficultés des fatalistes, pour les résoudre ensuite avec plus de force et de succès. M. l'abbé Pluquet a su remplir cette tâche difficile. Il expose d'abord les différents systèmes de fatalisme qui partagèrent les philosophes sur l'origine du monde, sur la nature de l'âme et sur le principe des actions humaines. Il divise cette première partie de son ouvrage en cinq époques, dont la première remonte à la naissance du fatalisme chez les peuples les plus anciens, dans l'Egypte, la Chaldée, les Indes et les autres contrées de l'Orient.

Cette époque, peu connue, ne l'arrête qu'un instant, il passe tout de suite à la seconde, qui contient les progrès du fatalisme, depuis la naissance de la philosophie chez les Grecs jusqu'à l'origine du christianisme. Les principes des différentes écoles de la Grèce, sur la cause de la formation du monde, y sont exposés avec beaucoup de méthode et de clarté.

La troisième époque s'étend depuis la naissance du christianisme jusqu'à la prise de Constantinople. Le flambeau de la religion chrétienne en éclairant l'homme sur son origine, sur l'existence d'un Etre suprême, intelligent et libre, créateur et conservateur de l'univers, rémunérateur de la vertu et vengeur du vice, semblait avoir prémuni ceux qui en avaient embrassé les dogmes, contre les illusions des systèmes d'erreurs; il avait établi sur les preuves les plus certaines et les plus frappantes, la foi de la Providence. Cependant le fatalisme se glissa dans son sein et y trouva des partisans zélés. M. l'abbé Pluquet rapporte les opinions des diverses sectes qui se formèrent au milieu du christianisme, soit en Orient, soit en Occident. Ce fut alors que les Juifs qui, renfermés auparavant dans la Palestine, avaient peu de commerce avec les autres nations, se trouvèrent, après la ruine de Jérusalem, dispersés dans presque toutes les parties de la terre. Leurs disputes avec les chrétiens et les idolâtres augmentèrent en eux le goût de la philosophie, dont ils avaient puisé les premières connaissances dans l'école d'Alexandrie, où les rois d'Egypte les avaient attirés environ 150 ans avant Jésus-Christ. Les uns adoptèrent les principes de Platon, les autres embrassèrent les opinions d'Aristote : ces deux philosophes partageaient alors l'empire des sciences. Les Juifs soutinrent que la matière et le mouvement étaient éternels, nécessaires et incréés. Mais la secte qui, à cette époque, se rendit la plus fameuse, et qui se répandit presque dans tout l'Orient, ce fut celle de Mahomet. L'opinion du fatalisme devint un de ses dogmes favoris, et donna naissance à plusieurs branches de fatalistes, d'où sortirent autant de sectes souvent très-opposées dans leurs principes, mais toutes réunies dans un zèle fanatique qui propageait sa doctrine par les meurtres, et cimentait par le sang la foi de ses nouveaux prosélytes. De l'exposition de leurs erreurs, M. l'abbé Pluquet passe à celles des fatalistes qui établirent leur doctrine dans l'Inde, à la Chine, au Japon et dans le royaume de Siam; et toujours il en fait connaître l'origine et les progrès.

La quatrième époque, qui embrasse les temps écoulés depuis la prise de Constantinople jusqu'au célèbre Bacon, contient l'exposé de la révolution que causa, en Occident, la chute de cet empire. Les savants Grecs qui s'enfuirent de Constantinople, passèrent la plupart en Italie, et y portèrent, avec la langue grecque, les dogmes de l'ancienne philosophie. Le fatalisme ne tarda pas de s'établir à leur suite dans ces contrées ; et l'on vit renaître, au sein du christianisme, toutes les opinions des philosophes grecs sur cette matière. M. l'abbé Pluquet nomme les auteurs qui suivirent, les uns les systèmes d'Aristote, les autres les principes de Pythagore et de Platon ; ceux-ci les sentiments de Zénon, ceux-là les dogmes d'Anaximandre. Il y en eut qui renouvelèrent la doctrine de Diogène d'Apollonie ; d'autres unirent les opinions d'Epicure avec les systèmes de l'âme universelle. Les erreurs des prétendus réformés donnèrent naissance à de nouvelles sectes de fatalistes, dont M. Pluquet fait connaître l'origine et les diverses branches.

Le génie de Bacon, qui porta tant de lumière dans les sciences, amena une cinquième époque remarquable dans l'histoire de l'esprit humain. Au lieu d'adopter sans examen, comme les savants qui l'avaient précédé, les opinions reçues, il voulut substituer à la tyrannie des noms célèbres l'autorité de la raison ; il fit usage de ce doute méthodique qui suspend d'abord son assentiment, pour arriver à la vérité par une marche plus sûre. Descartes, qui emprunta de Bacon cette méthode, lui donna plus d'étendue, affranchit la raison de l'empire des préjugés, et rendit à la pensée cette liberté naturelle qui fait son plus bel apanage. Mais l'esprit humain conserve rarement cette sage retenue dont des génies supérieurs lui donnent l'exemple, et l'on abusa bientôt du doute méthodique de Bacon et de Descartes. Le commencement du dix-huitième siècle vit naître, dans la république des lettres, un système de liberté, ou plutôt de licence qui, poussant trop loin les recherches sur l'origine du monde, reproduisit le fatalisme sous de nouvelles formes. Parmi ces fatalistes modernes, on doit citer Hobbes et Spinosa. Ce dernier eut un grand nombre de disciples qui formèrent différentes sectes, dont M. l'abbé Pluquet expose les principes, ainsi que les opinions de Toland, de Collins, de la Métherie, et de quelques autres écrivains moins connus, qui ont paru depuis le commencement du dix-huitième siècle jusqu'au temps où il composait son ouvrage.

Dans le chapitre qui termine son premier volume, il réduit toutes les espèces de fatalisme, « à deux systèmes généraux, dont l'un suppose qu'il n'existe qu'un seul être, qu'une seule substance, dont tous les êtres particuliers sont des modifications, des parties ou des affections. L'autre système admet une multitude innombrable d'êtres, dont la combinaison produit tous ces phénomènes. » C'est sous ce double tableau que M. l'abbé Pluquet présente toutes les opinions des fatalistes, et met sous les yeux du lecteur les principes de chacun de ces deux systèmes. C'est de là qu'il part pour exposer et résoudre les difficultés des fatalistes. Les deux volumes suivants sont destinés à remplir ce double objet.

Il commence par l'exposition des systèmes qui ne supposent qu'une substance dans le monde, et qui tous, suivant l'observation de l'auteur, se refondent dans le spinosisme. Il a consacré la moitié du second volume à présenter, dans le plus grand détail, les principes de Spinosa ; l'autre moitié en contient la réfutation. C'est dans cette partie que M. l'abbé Pluquet, sans être effrayé des objections des spinosistes, ose les approfondir, pour donner plus de force à ses réponses et plus d'éclat à sa victoire ; il n'en laisse aucune sans une solution satisfaisante. Après avoir établi la possibilité de plusieurs substances, il en prouve l'existence réelle ; il fonde ses preuves sur les phénomènes des corps dont l'existence est possible ; qui même existent réellement, et qui supposent qu'il existe dans le monde plusieurs substances. L'impossibilité de réunir dans une seule substance, la pensée et le corps, vérité que l'auteur s'attache particulièrement à prouver, forme en faveur de la pluralité des substances, même de celles qui ont la pensée en partage, une nouvelle preuve, qui est développée avec autant de force que de justesse.

Le troisième volume renferme la réfutation du système de fatalisme qui suppose plusieurs substances dans le monde. Ici M. l'abbé Pluquet suit une marche un peu différente de celle qu'il avait adoptée pour combattre le spinosisme. Les philosophes dont il veut détruire les erreurs, dans cette dernière partie de son ouvrage, soutiennent que les esprits et les corps existent nécessairement et que la création est impossible. Il commence par établir des principes généraux, qui servent à prouver la possibilité de la création. Il expose ensuite les difficultés des fatalistes sur cette matière, et combat d'une manière victorieuse les arguments sur lesquels ils se fondent pour soutenir l'existence éternelle et nécessaire de tous les êtres. C'est l'objet du premier des cinq livres que contient ce troisième volume.

Dans le second livre, il examine quelle est la puissance qui a créé ce monde visible, et les différents êtres qui le composent, le ciel et les astres, la terre et les divers animaux qui la peuplent. Il entre dans des questions intéressantes et curieuses sur la production des animaux, sur leur organisation, leur reproduction, leur mouvement et leur sensibilité, phénomènes qui prouvent tous l'intelligence suprême dont ils émanent. Il tire la même conséquence de l'examen qu'il fait des plantes, des minéraux et des corps élémentaires.

Le troisième livre traite de la nature et de la puissance des esprits ; il y prouve que l'esprit humain diffère essentiellement des éléments de la matière et des corps ; que l'union de l'esprit humain au corps qu'il anime ne peut être l'ouvrage que d'une cause intelligente, qui seule a mis entre les sentiments de l'âme et les mouvements du corps les rapports que nous y voyons. Il examine ensuite quelle est la puissance de l'esprit humain ; il est capable d'agir, de produire du mouvement, et de comparer les différents objets qui font impression sur lui.

L'intelligence créatrice est l'objet du quatrième livre. L'auteur en examine la nature : elle est infinie, immense, toute-puissante, unique ; elle a produit tous ses ouvrages librement et d'après un dessein qui existait dans sa pensée de toute éternité. Cette question importante est terminée par l'exposition des difficultés que Hobbes et ses sectateurs font contre le sentiment qui attribue à cette intelligence la création du monde. L'auteur ne dissimule aucune de leurs objections et n'en laisse aucune sans réponse. Il serait trop long d'en suivre le détail, et ceux qui voudront approfondir cette matière peuvent recourir à l'ouvrage.

Le cinquième et dernier livre traite des effets du fatalisme par rapport à la morale. De la comparaison que M. l'abbé Pluquet établit entre le système du fatalisme et celui de la liberté, il résulte que le premier détruit les sentiments les plus utiles au bonheur des hommes, et que l'autre les inspire; que le fatalisme ruine tous les principes qui répriment les passions contraires aux intérêts de la société, et que le dogme de la liberté est contre ces passions le frein le plus salutaire. Le fatalisme enfin ne propose à l'homme aucun moyen suffisant pour le porter à la vertu et l'éloigner du vice; on ne peut même tirer de l'exemple des fatalistes vertueux aucune conséquence en faveur de l'opinion qu'ils défendent; ce n'est que par une sorte de contradiction à leurs principes qu'ils pratiquent la vertu : au lieu que les défenseurs du dogme contraire sont vertueux par une conséquence nécessaire de leurs principes.

L'étude de l'antiquité n'avait point fait perdre de vue à M. l'abbé Pluquet les études théologiques qui, plus analogues à son état, étaient aussi plus conformes à son caractère. Cinq ans après la publication de l'*Examen du Fatalisme*, il fit paraître, en 1762, un nouvel ouvrage qui exigeait la plume d'un historien exact, les lumières d'un théologien et la critique d'un esprit impartial. *Les Mémoires pour servir à l'Histoire des égarements de l'esprit humain*, plus connus sous le titre de *Dictionnaire des hérésies*, réunissent ce triple caractère. Il existait déjà un ouvrage sous ce même titre, et M. Barrois, qui en était le propriétaire, avait seulement désiré que M. Pluquet voulût le retoucher, en faire disparaître les défauts assez considérables qui le défiguraient, et rendre la seconde édition plus digne du public instruit auquel elle était destinée. M. l'abbé Pluquet n'avait donc compté qu'être l'éditeur du *Dictionnaire des hérésies*; mais la lecture attentive qu'il en fit l'eut bientôt convaincu qu'il fallait le refondre en entier et faire un ouvrage tout nouveau. Il se chargea de cette tâche importante et la remplit avec honneur.

L'auteur a mis à la tête de l'ouvrage un Discours préliminaire qui remplit le tiers du premier volume, et qui mérite toute l'attention des lecteurs. On a sans doute trop loué ce Discours, quand on l'a comparé à celui du grand Bossuet sur l'*Histoire universelle*, ce chef-d'œuvre immortel d'érudition, d'éloquence et de philosophie, auquel rien ne peut être comparé dans notre langue; mais nous ne craindrons pas de dire que le Discours de M. l'abbé Pluquet peut être cité comme un des meilleurs qui soient sortis de la plume de nos écrivains; qu'il y montre des connaissances étendues, une érudition peu commune; une philosophie sage, une méthode simple et lumineuse, qui, malgré la vaste étendue du sujet, sait éviter les détails superflus, et ne donne à la matière qu'il traite que le développement nécessaire.

Dans ce Discours, qui a pour objet le tableau des égarements de l'esprit humain, l'auteur remonte à la religion primitive des hommes; il jette un coup d'œil rapide sur les nations policées et sauvages qui peuplèrent successivement notre globe, et prouve, contre l'opinion de quelques sophistes, que tous les peuples ont commencé par reconnaître une intelligence suprême, créatrice de l'univers; qu'il est faux que l'idolâtrie ait été la première religion des hommes, qui de là se soient élevés à l'idée d'un seul Dieu : c'est au contraire l'unité de Dieu qui fit d'abord la croyance universelle des peuples : l'altération de cette vérité, devenue dans la suite presque générale, introduisit le polythéisme dans le monde et enfanta cette foule de religions, ou plutôt de superstitions différentes dans leur culte, qui se distinguèrent, les unes par des rites cruels et sanguinaires, les autres par des cérémonies aussi puériles qu'absurdes.

M. l'abbé Pluquet développe ensuite les causes de cette altération et ses progrès qui, chez certains peuples, détruisirent presque les idées pures de la religion primitive. Il expose les différents systèmes religieux qui s'élevèrent sur les débris des vérités anciennes. Il fait connaître les opinions théologiques des philosophes de Chaldée, de Perse, de l'Egypte et de l'Inde. De là passant dans la Grèce, il examine quels furent les principes religieux des diverses écoles qui s'y établirent depuis la naissance de la philosophie jusqu'à la conquête de l'Asie par Alexandre, et depuis cette dernière époque jusqu'à celle de l'extinction de son empire, sous les derniers successeurs des Ptolémées. Il s'arrête avec complaisance sur le conquérant de l'Asie, et lui suppose, d'après le témoignage de Plutarque, bien moins le projet de subjuguer des peuples et de soumettre des provinces, que de réunir tous les hommes sous une même loi qui les éclairât, « qui les conduisît tous, comme le soleil éclaire seul tous les yeux; qui fît disparaître entre tous les hommes toutes les différences qui les rendent ennemis, ou qui leur apprît à vivre, à penser différemment, sans se haïr et sans troubler le monde pour forcer les autres à changer de sentiment.» Alexandre, continue M. Pluquet, jugea qu'il fallait unir à l'autorité la lumière de la raison, pour établir parmi les hommes ce gouvernement heureux et sage que la vertu avait fait imaginer aux philosophes. Alexandre, si l'on en croit l'auteur de ce discours, et Plutarque, son garant, ne s'en tint pas à cet égard au seul projet; il eut le bonheur de l'exécuter. « La terre, dit-il, changea de face sous ce conquérant philosophe : les peuples cessèrent d'être ennemis... Alexandre, en subjuguant l'Orient, rendit aux esprits la liberté que la superstition, le despotisme et la barbarie semblaient avoir éteinte. Il honora et récompensa comme des bienfaiteurs de l'humanité tous ceux qui travaillaient à l'éclairer, et si la mort l'empêcha de bannir l'ignorance, il apprit du moins à estimer les sciences et à rechercher les savants. »

Malgré notre déférence pour les opinions de M. l'abbé Pluquet, nous croyons qu'il fait ici trop d'honneur au conquérant de l'Asie, non pas seulement en lui attribuant la gloire d'avoir changé la face de la terre, en faisant cesser les haines entre les nations, en ramenant tous les esprits à la liberté que la barbarie et la superstition avaient éteinte; mais même en lui supposant ce dessein. Nous ne nions pas qu'en parcourant l'Asie et la soumettant avec une rapidité presque incroyable, il n'ait fait connaître, comme le dit Plutarque, aux peuples de cette vaste contrée, les vers d'Homère et la philosophie de Platon ; qu'il n'ait civilisé plusieurs nations sauvages, et qu'il n'ait uni par des mariages les Macédoniens et les Perses. Mais qu'il eût conçu le projet de réunir tous les peuples par une même instruction, de leur faire goûter à tous les principes d'une philosophie vertueuse, et de ne faire de tous les hommes qu'une immense famille, que régiraient les mêmes lois, que conduiraient les mêmes lumières, qui n'auraient que les mêmes affections, et, pour ainsi dire, qu'un même esprit et qu'un même cœur, c'est ce qu'on aura de la peine à se persuader quand on aura lu l'histoire de ce prince. L'autorité de Plutarque, si respectable d'ailleurs, ne peut pas être ici d'un grand poids; les deux discours dans lesquels il prête au roi de Macédoine des vues si pures et si sublimes ne sont pas généralement reconnus pour être de lui ; en admettant même qu'ils le soient, ils sont visiblement des productions de sa première jeunesse; le ton de déclamation qu'on y trouve partout, le défaut de critique qu'on y remarque, la manière très-différente dont il parle d'Alexandre dans la Vie de ce prince, écrite dans un âge plus mûr, ne permettent pas d'en douter.

M. l'abbé Pluquet passe ensuite aux principes religieux des Juifs. Ce peuple, que le Seigneur avait séparé de toutes les autres nations pour le conduire, l'éclairer et le rendre le dépositaire de ses oracles et de ses lois, longtemps seul possesseur de la vraie religion, eut sur la Divinité les idées les plus pures et les plus sublimes. Tant qu'il fut renfermé dans la Palestine, le gros de la nation conserva la tradition qu'elle avait reçue de Moïse et de ses successeurs. L'idolâtrie cependant altéra souvent la pureté de son culte, et son penchant au polythéisme ne put être surmonté que par la destruction de Jérusalem et de son temple, et par une captivité de soixante-dix années dans la Chaldée. Les Juifs, après leur retour, ne se rendirent pas coupables de cette idolâtrie grossière à laquelle ils avaient été si longtemps sujets ; mais ils n'en furent pas des adorateurs plus fidèles du vrai Dieu. Lorsque les Ptolémées eurent appelé dans l'Égypte un grand nombre de Juifs, en leur accordant le libre exercice de leur religion et les mêmes privilèges qu'à leurs sujets, alors leur attachement pour leur patrie et leur respect pour la loi de Moïse se relâchèrent insensiblement. Plusieurs d'entre eux adoptèrent les idées des Grecs et des étrangers, et s'efforcèrent de les allier avec leur religion, ou pour la défendre contre les païens, ou pour y découvrir des vérités cachées sous les voiles de l'allégorie, ou même pour combattre et retrancher de la religion juive les dogmes difficiles et gênants. De là naquirent les sectes des pharisiens, des sadducéens, des esséniens et des philosophes juifs. M. Pluquet fait connaître les principes religieux et les erreurs de chacune de ces sectes, et finit par les samaritains, qui, comme on sait, étaient les restes des dix tribus schismatiques qui s'étaient séparées, sous Roboam, du royaume de Juda; qui, sous les Ptolémées, s'étant établis en Égypte comme les Juifs, mêlèrent aussi les principes de leur religion avec ceux de la philosophie platonicienne, et tombèrent dans plusieurs erreurs, que l'auteur du discours a soin d'exposer. Il considère ensuite quel fut l'état politique du genre humain depuis l'extinction de l'empire d'Alexandre jusqu'à la naissance du christianisme, et celui de l'esprit humain par rapport à la religion, à la morale, à la politique pendant le cours de cette époque.

Dans la seconde partie de ce discours, qui commence à la naissance du christianisme, l'auteur, comme il le dit lui-même dans son introduction, « a fait de chaque siècle une espèce d'époque dans laquelle il expose les idées, les mœurs, les goûts, les principes philosophiques de ce siècle; il fait voir que c'est de ces diverses causes réunies que sont sortis les schismes, les hérésies et les sectes qui troublèrent l'Église pendant ce siècle ; il montre en même temps quels furent les effets de ces troubles religieux par rapport aux États. Par cette méthode, le lecteur suit sans fatigue toute l'histoire des erreurs qui se sont élevées dans le sein de l'Église, depuis l'origine du christianisme jusqu'au XVIe siècle. Il y voit la naissance, la succession, le mélange des erreurs et des sectes; l'espèce de guerre qu'elles se sont faite en se chassant, pour ainsi dire, et se détruisant les unes les autres.»

Nous ne pouvons nous empêcher de citer une réflexion que l'auteur fait, en examinant l'état politique de l'Europe dans le XIIe siècle. L'Occident était alors composé d'une infinité de petits États, dont les chefs se faisaient une guerre presque continuelle. Les papes s'efforçaient d'arrêter le cours de ces désordres, de rappeler les souverains à la paix, de tourner contre les usurpateurs, les hommes injustes, les oppresseurs des peuples, et contre les infidèles, cette passion générale pour les armes et pour les combats. « C'est donc, dit à cette occasion M. l'abbé Pluquet, une injustice d'attribuer à l'ambition ou à l'avidité, les efforts que firent les papes pour étendre leur puissance et pour resserrer celle des princes temporels. M. Leibnitz, dont le nom n'a pas besoin d'épithète, qui avait étudié l'histoire en philosophe et en politique, et qui connaissait mieux que personne l'état de l'Occident pendant ces siècles de désordres, M. Leibnitz, dis-je, reconnaît que cette puissance des papes a souvent épargné de grands maux. »

Ce témoignage d'un si grand écrivain, que ses opinions ne peuvent rendre suspect, doit nous faire apprécier les déclamations qu'on se permet souvent contre l'ambition et la cupidité des souverains pontifes. Sans doute il s'en est trouvé qui, dominés par ces passions, se sont portés à des démarches que la religion réprouve, et M. l'abbé Pluquet ne dissimule point cette triste vérité : mais si l'on était de bonne foi, confondrait-on tous les papes dans cette censure amère ? Les représenterait-on presque tous comme des tyrans fanatiques, qui ne voulaient que dominer sur les esprits, asservir les consciences, étouffer dans l'homme l'usage de sa raison et de sa liberté, pour n'établir dans tout l'univers qu'une obéissance passive à leurs décrets et la superstition la plus absurde ? Affecterait-on de taire, ou même de calomnier les services importants qu'ont rendus à l'Eglise plusieurs papes, aussi grands par leurs talents politiques que par leurs vertus religieuses ? Et rendrait-on la religion responsable des abus de quelques-uns de ses ministres, dont elle a été la première à condamner les abus dont ils se sont rendus coupables ? Reconnaissons donc avec M. l'abbé Pluquet, que dans ces temps de trouble et d'anarchie, où la puissance civile n'était presque partout qu'oppression et tyrannie, « ce fut pour procurer plus sûrement le bien et la paix, que les papes voulurent s'attribuer tout ce qu'ils purent de la puissance et des droits dont jouissaient les princes temporels, et dont ils abusaient presque toujours. » Tels sont les objets que renferme ce Discours, aussi recommandable par l'exactitude des principes que par la sagesse des vues qu'il présente.

Le Dictionnaire même contient en détail l'histoire des égarements de l'esprit humain, qui n'ont été présentés qu'en masse dans le Discours préliminaire. C'est une suite de mémoires, dans chacun desquels, dit l'auteur, « le lecteur peut saisir d'un coup d'œil l'état de l'esprit humain, par rapport à la religion chrétienne, à la naissance de telle hérésie, et les causes qui l'ont produite; en suivre le cours sans interruption; observer ses effets par rapport à la religion ou à la société civile; la voir se répandre avec éclat, s'affaiblir, s'éteindre, renaître sous mille formes différentes; ou donner naissance à d'autres erreurs qui la font oublier. A cette histoire de l'hérésie, ou, si je puis parler ainsi, à cette histoire de la manœuvre des passions et des préjugés pour défendre un parti, une opinion, on a joint une exposition systématique des principes philosophiques et théologiques de chaque erreur, depuis sa naissance jusqu'à nos jours : on a examiné ces principes, et l'on a fait voir leur fausseté. On n'a point négligé de faire connaître les auteurs qui ont combattu ces erreurs avec le plus de succès, et les questions de critique ou théologiques qui sont nées, pour ainsi dire, à la suite des disputes et des combats des théologiens, qui attaquaient ou qui défendaient la vérité, et qui sont, si j'ose le dire, comme des pierres d'attente sur lesquelles l'erreur appuiera peut-être un jour quelque système. » Presque tous ces articles du Dictionnaire sont autant de traités historiques et théologiques, où l'auteur, après avoir exposé la naissance, les progrès et les effets de chaque hérésie principale, en développe et en réfute les principes.

Un ouvrage qui supposait autant de connaissances, autant d'érudition et de critique, que le *Dictionnaire des hérésies*, augmenta beaucoup la réputation de M. l'abbé Pluquet. M. de Choiseul, alors archevêque d'Alby, à qui la dédicace de cet ouvrage avait donné lieu d'en connaître le mérite, sentit de quel prix lui serait, pour la conduite de son diocèse, un théologien si profond, un philosophe si sage, un esprit si judicieux. Il se l'attacha donc en qualité de grand vicaire, et le mena depuis à Cambrai, lorsqu'en 1764 il fut placé sur ce siége important. Les travaux qu'exigeaient les nouvelles fonctions confiées à M. l'abbé Pluquet ne purent le distraire de la littérature, vers laquelle un goût naturel le reportait toujours ; mais la gravité de son caractère, l'habitude qu'il avait contractée de bonne heure de ne s'exercer que sur des sujets sérieux, ne lui permettaient que des occupations de cette dernière espèce : elles étaient pour lui un délassement utile des fonctions pénibles de son ministère, et il n'y consacrait que ses moments de loisir. Nous ne ferons qu'indiquer le titre de ses autres ouvrages.

1° *Traité de la sociabilité*. Cet ouvrage parut trois ans après cette époque; l'auteur y remonte jusqu'au premier principe de la société, qu'il fonde sur le besoin mutuel des hommes, et dont le bonheur commun en est le but, comme la subordination générale en est le moyen.

2° *Traduction française des livres classiques de la Chine*, qu'il fit sur la traduction latine que le P. Noël, jésuite, en avait donnée. « La traduction française, dit M. l'abbé Pluquet, dans sa préface, est précédée par des observations sur l'origine, la nature et les effets de la philosophie morale et politique de la Chine, qui peuvent mettre le lecteur en état de saisir plus facilement, dans la lecture des livres classiques, le système de la philosophie morale et politique des législateurs chinois, qui me semble un des plus beaux monuments des efforts de l'esprit humain, pour faire régner la paix entre tous les hommes, et le bonheur sur toute la terre. »

M. l'abbé Pluquet avait été nommé en 1776 pour remplir la chaire de philosophie morale qu'on venait d'établir au collége de

France ; et ce fut après sa retraite du collége, en 1784, qu'il publia sa traduction des classiques chinois.

En 1786, M. l'abbé Pluquet fit paraître un nouvel ouvrage sur *le Luxe*, matière fort délicate et contestée. Les uns le jugent funeste aux Etats, les autres le regardent comme nécessaire à la puissance et à la prospérité des empires.

Enfin on a trouvé dans ses cartons un *Traité de la superstition et de l'enthousiasme*, publié à Paris, chez Adrien Leclerc, en 1804.

M. l'abbé Pluquet mourut d'apoplexie, le 19 septembre 1790.

DICTIONNAIRE DES HÉRÉSIES,

DES ERREURS ET DES SCHISMES,

OU

MÉMOIRES POUR SERVIR A L'HISTOIRE DES ÉGAREMENTS DE L'ESPRIT HUMAIN

PAR RAPPORT A LA RELIGION CHRÉTIENNE.

INTRODUCTION.

Sources générales des hérésies.

L'homme reçoit de la nature un désir invincible d'acquérir des connaissances et de les étendre, d'être heureux et d'augmenter son bonheur. Ce désir se manifeste dans l'enfant, dans le sauvage, et dans l'homme frivole, par la rapidité avec laquelle ils saisissent et quittent les objets nouveaux ; dans l'homme dont l'esprit s'est exercé, par l'effort qu'il fait pour tout connaître, tout expliquer, tout comprendre ; dans tous par un amour insatiable du plaisir, de la gloire et de la perfection. C'est ce désir qui, déterminé tour à tour par les sens, par les passions et par l'imagination, ou dirigé par la raison, a tiré les hommes de l'ignorance et de la barbarie, formé les sociétés, établi des lois, inventé les arts, donné naissance aux sciences, enfanté toutes les vertus et tous les vices, produit dans la société toutes les révolutions et tous les changements, créé ce labyrinthe de vérités et d'erreurs, d'opinions et de systèmes, de politique, de morale, de législation, de philosophie et de religion, dans lequel, excepté le peuple juif, le genre humain erra jusqu'à la naissance du christianisme.

A la naissance du christianisme, les chrétiens tournèrent cet effort vers les dogmes et vers la morale de la religion chrétienne. Les dogmes qu'elle enseigne sont évidemment révélés ; mais beaucoup de ces dogmes sont des mystères : elle prescrit les lois les plus propres à rendre l'homme heureux, même sur la terre ; mais ces lois combattent les passions ou mortifient les sens : elle promet un bonheur éternel et infini, mais dans lequel il y aura des degrés proportionnés aux mérites : enfin elle menace d'un malheur éternel ceux qui ne croient pas ses dogmes, ou qui n'obéissent pas à ses lois, et elle procure tous les moyens nécessaires pour croire les vérités qu'elle annonce, et pour pratiquer les devoirs qu'elle impose ; mais elle ne détruit ni l'activité de l'âme, ni l'inquiétude de l'esprit, ni la source des passions, ni l'empire des sens, et ne prévient point dans tous les hommes les écarts de la raison, ou les égarements du cœur. Ainsi l'esprit humain porta dans l'étude des dogmes de la religion chrétienne, et dans la pratique de ses devoirs, des principes d'illusion, de désordre et d'erreur.

Le chrétien, placé, pour ainsi dire, entre l'autorité de la révélation qui lui proposait des mystères, et le désir de s'éclairer qui fait sans cesse effort pour comprendre et pour expliquer tout ce que l'esprit reçoit comme vrai, crut les mystères et tâcha de les rendre intelligibles. Il ne pouvait les rendre intelligibles que par le moyen des idées que la raison lui fournissait ; il rapprocha les mystères de ses idées ou de ses principes, substitua quelquefois ses idées aux mystères, ou n'admit dans les mystères que ce qui s'accommodait avec ses principes et avec ses idées ; entraîné comme tous les hommes par l'amour invincible du bonheur, déterminé par la religion à le chercher dans les espérances de l'autre vie, tandis que les sens et les passions lui montraient le bonheur dans les objets qui les flattent, il tâcha de concilier l'intérêt des passions et des sens avec les espérances de la religion, ou sacrifia l'un à l'autre, et vit un crime dans les actions les plus innocentes ; on fit des actions les plus criminelles autant d'actes de vertu. Celui-ci, épris du bonheur que la religion promet, s'efforça de s'élever jusqu'au sein de la divinité. Pour jouir de ce bonheur avant la mort, il se livra à la contemplation, eut des visions, tomba en extase, crut s'être élevé au-dessus des impressions des sens, au-dessus des passions, au-dessus des besoins du corps qu'il abandonnait à tout ce qui l'environnait, tandis qu'un autre, frappé du malheur des damnés, voyait partout des démons et l'enfer, et négligeait les devoirs les plus essentiels du christianisme, pour s'attacher à des pratiques superstitieuses ou barbares, que l'imagination et la terreur lui suggéraient.

Telle est en général l'idée qu'il faut se former des égarements de l'esprit humain par rapport à la religion chrétienne.

Funestes effets des hérésies.

Tous les hommes aiment naturellement à inspirer leurs goûts et leurs inclinations, et à faire adopter leurs opinions et leurs mœurs ; mais jamais ce désir n'est plus actif et plus entreprenant que lorsqu'il est animé par le zèle de la religion : c'est dans la religion chrétienne un devoir de travailler non-seulement à son salut, mais encore au salut du prochain ; ainsi le chrétien zélé qui tombe dans l'erreur, l'enthousiaste dont l'imagination enfante quelque pratique religieuse, se croit obligé de l'enseigner, et, s'il le peut, de forcer tous les hommes à parler, à penser, à vivre comme lui.

L'Eglise, qui veille au dépôt de la foi, condamne l'erreur et prescrit les moyens les plus propres à en arrêter les progrès ; mais le chrétien errant est souvent indocile à sa voix, et le défenseur de la vérité ne se renferme pas toujours dans les bornes que la religion et l'Eglise prescrivent au zèle. Dans le moral comme dans le physique, la réaction est égale à l'action ; et l'on croit devoir employer en faveur de la vérité tout ce que l'erreur se permet contre elle. Les erreurs des chrétiens ont donc produit des hérésies, des sectes, des schismes qui ont déchiré l'Eglise, armé les chrétiens et troublé les Etats, partout où le christianisme est devenu la religion nationale. Les effets des hérésies, si contraires à l'esprit de la religion, ne sont certainement pas comparables aux avantages qu'elle procure aux hommes et aux sociétés civiles.

Le règne du paganisme fut aussi le règne du crime et du désordre. Sans remonter aux temps les plus reculés, jetons les yeux sur l'état du monde, avant que le christianisme se fût répandu dans l'empire romain. Partout on voit les nations armées pour conquérir d'autres nations, des sujets tyrannisés par les souverains, des souverains détrônés par leurs sujets, des citoyens ambitieux qui donnent des fers à leur patrie, que nul crime n'arrête, que nul remords ne corrige ; partout le faible opprimé par le puissant, partout le droit naturel inconnu ou méprisé, presque partout l'idée de la justice et de la vertu anéantie, ou si prodigieusement défigurée, qu'on négligeait même d'en conserver l'apparence. Qu'on jette les yeux sur l'état du monde, sous Marius, sous Sylla, sous César, sous Tibère, sous Néron, etc.

Au milieu de cette corruption générale, le christianisme produit des hommes équitables, désintéressés, qui osent attaquer le vice, et rappeler les hommes à la pratique des vertus les plus utiles au bonheur de la société civile ; il forme une société religieuse qui pratique ces vertus ; il promet aux vrais chrétiens une récompense éternelle et infinie, il annonce aux méchants des tourments sans fin. Ceux qui l'embrassent répandent leur sang pour confirmer leur doctrine, ils aiment mieux perdre la vie que commettre un crime. Qui peut douter qu'une telle doctrine, qu'une société qui la professe et qui la pratique, ne soit le moyen le plus sûr pour arrêter le désordre, et pour inspirer les vertus les plus essentielles au bonheur de la société civile ?

Il est vrai que les chrétiens ont dégénéré, qu'ils se sont divisés, et que l'on a vu entre eux et dans les Etats un genre de guerre peu connu chez les païens, des guerres de religion ; mais ces guerres ont leur source non dans les principes de la religion, mais dans les passions qu'elle combat, et souvent dans les vices mêmes du gouvernement civil ; souvent l'avidité, l'esprit de domination ont allumé le fanatisme ; souvent les factieux et les mécontents ont profité du fanatisme produit par les disputes des chrétiens ; souvent l'ambition et la politique ont fait servir à leurs projets le zèle vertueux et sincère ; enfin jamais les hérésies n'ont été plus funestes à la tranquillité publique, que dans les siècles ignorants ou dans les Etats corrompus.

Peut-on douter que, même dans ces Etats corrompus, il n'y ait un grand nombre d'hommes qui croient les vérités du christianisme, et qui pratiquent les vertus qu'il commande ? Peut-on douter que la croyance de ces vérités n'arrête beaucoup de crimes et de désordres, même dans les mauvais chrétiens ? Peut-on douter que, dans les Etats corrompus, la religion ne forme dans toutes les conditions des âmes vertueuses et bienfaisantes qui se dévouent au soulagement et à la consolation des malheureux ?

Peut-on douter enfin que la persuasion des vérités de la religion ne soit une ressource pour les malheureux, et le moyen le plus propre à faire régner sur la terre la paix, l'humanité, la douceur, la bienfaisance? Sans la religion chrétienne, que serait devenue l'Europe après la destruction de l'empire romain? ce que sont aujourd'hui la Grèce, l'Asie Mineure, la Syrie, l'Égypte, tous les royaumes de l'Orient. Les Huns, les Goths, les Vandales, les Alains, les Francs qui conquirent l'Occident, n'étaient pas moins féroces que les Sarrasins, les Turcs, les Tartares qui ont subjugué l'Orient.

Que ceux qui ne connaissent pas la religion, et qui croient en l'attaquant combattre pour l'humanité, cessent donc de penser qu'elle est contraire au bonheur des hommes, de lui attribuer les malheurs causés par les sectes et par les disputes des chrétiens, et de les imputer à la vigilance avec laquelle l'Église rejette et condamne tout ce qui altère la pureté de sa doctrine ou de son culte. Mais que ceux qui aiment la religion et l'État ne se dissimulent ni les abus que l'intérêt et les passions font de la religion, ni les malheurs qui ont suivi les hérésies et les schismes. Quel pourrait être l'objet du zèle qui voudrait en affaiblir le souvenir ou en diminuer la grandeur?

Le principe du fanatisme est caché, pour ainsi dire, au fond du cœur de tous les hommes, et rien ne le développe aussi rapidement que les hérésies, les sectes et les disputes de religion; elles seules peuvent le développer dans tous les cœurs, et toutes peuvent donner au fanatisme une activité et une constance capables de tout oser, de résister à tout, de tout sacrifier à l'intérêt de parti. Ces hérésies, si funestes à la religion et aux sociétés civiles, ont leur source dans des imperfections ou dans des passions attachées à la nature humaine; et chaque siècle renferme en quelque sorte le germe de toutes les hérésies et de toutes les erreurs. L'effort que l'esprit humain fait sans cesse pour étendre ses connaissances et pour augmenter son bonheur, développe continuellement ces germes et fait naître quelque erreur nouvelle, ou reproduit les anciennes sous mille formes différentes. Les circonstances dans lesquelles ces erreurs éclatent, et les caractères de leurs auteurs ou de leurs partisans, en rendent le progrès plus ou moins rapide, et les effets plus ou moins dangereux; mais il n'en est point qui ne soit nuisible, et toutes peuvent avoir des suites funestes, parce que toutes naissent du fanatisme, ou peuvent le produire. Quels maux n'ont pas causés, dans l'Orient et dans l'Occident, cette foule d'erreurs et de sectes qui se sont élevées depuis Arius jusqu'à Calvin!

Le fanatisme est un zèle ardent, mais aveugle; il se forme et s'allume au sein de l'ignorance, s'éteint et s'anéantit à la présence de la vérité. C'est dans les siècles barbares et chez les peuples ignorants, que les chefs fanatiques sont redoutables. Dans une nation éclairée, ces chefs ne sont que des malades qu'on plaint, ou des imposteurs qui n'excitent que l'indignation ou le mépris. Rien n'est donc plus intéressant que d'éclairer les hommes sur les erreurs qui attaquent la religion, et sur les moyens propres à prévenir les effets de leur attachement à ces erreurs, et l'abus que l'on peut faire de leur confiance et de leur zèle: il faudrait, s'il était possible, faire passer ces connaissances dans tous les états, les rendre familières ou au moins faciles à acquérir à tout homme qui fait usage de sa raison.

Objet et plan de cet ouvrage.

Nous avons pensé qu'on pouvait remplir en partie cet objet dans des Mémoires qui feraient connaître les égarements de l'esprit humain par rapport à la religion chrétienne, l'origine des hérésies et des erreurs, les principes sur lesquels elles se sont appuyées, la marche qu'elles ont suivie, les ressources qu'elles ont employées depuis leur naissance jusqu'à nos jours; qui nous apprendraient quels principes on leur a opposés, et par quelles raisons on les a combattues et condamnées, les précautions qu'on a prises pour en arrêter le progrès; pourquoi ces précautions ont réussi, ou comment elles sont devenues inutiles et quelquefois funestes.

Avec le secours de ces mémoires, on pourrait distinguer sûrement l'amour de la vérité, de l'esprit de parti; le zèle pour la religion, de l'intérêt personnel; on ne confondrait point les opinions permises avec les erreurs condamnées, ni l'erreur involontaire avec l'hérésie; on connaîtrait l'étendue et les bornes du zèle et de la fermeté que la religion commande, l'indulgence qu'elle inspire, la modération et la prudence qu'elle prescrit. Les chrétiens les plus savants et les plus vertueux y verraient qu'ils ont eu des pareils, et que leurs pareils se sont trompés; le savoir serait moins orgueilleux et plus sociable, et la vertu ne serait ni hautaine, ni opiniâtre.

Avec ces connaissances et ces dispositions, combien d'hommes n'arracherait-on pas à l'erreur? combien n'en garantirait-on pas de la séduction? combien ne préviendrait-on pas de troubles et de maux?

On peut, dans ces mémoires, suivre l'ordre des temps comme dans une histoire, ou faire de chaque hérésie l'objet d'un mémoire particulier qui renferme tout ce qui a rapport à cette hérésie.

La première méthode offre un tableau plus étendu, plus intéressant pour la curiosité, et plus agréable à l'imagination; mais elle fait passer brusquement l'esprit d'un sujet à l'autre, l'y ramène vingt fois, et ne permet ni au lecteur de suivre une hérésie dans ses différents états, et d'en bien saisir le caractère, ni à l'historien d'entrer dans l'examen et dans la discussion de ses principes, comme on peut le faire dans la seconde méthode.

Pour remplir autant qu'il nous est possible ce double objet, et réunir les avantages de ces deux méthodes, nous exposerons dans un discours préliminaire les causes générales des hérésies et l'espèce de chaîne qui les lie entr'elles et avec le mouvement général de l'esprit humain qui change continuellement les idées, les goûts et les mœurs des peuples. Tous les hommes participent à ces changements, parce que tous les esprits agissent et gravitent, pour ainsi dire, les uns vers les autres, comme les parties de la matière; il n'y a point d'homme dont les idées et les mœurs ne soient produites ou modifiées par les idées, par les goûts et par les mœurs de la nation dans laquelle il vit, des peuples qui l'environnent, du siècle qui l'a précédé; et les égarements de l'esprit humain par rapport à la religion chrétienne, sont liés aux révolutions des Etats, aux mélanges des peuples, à l'histoire générale de l'esprit humain par rapport à la religion et à la morale.

Nous avons donc, dans notre Discours préliminaire, remonté jusqu'à la religion primitive des hommes; nous avons recherché s'il y avait des peuples chez lesquels elle se fût conservée ou perfectionnée; enfin nous avons suivi l'esprit humain dans les changements qu'il a faits à cette religion, jusqu'à la naissance du christianisme.

Alors nous avons fait de chaque siècle une espèce d'époque; nous avons exposé les idées, les mœurs, les goûts, les principes philosophiques de ce siècle, et nous avons fait sortir de ces causes les hérésies, les schismes et les sectes qui ont troublé l'Eglise pendant ce siècle, et leurs effets par rapport aux Etats.

Après avoir exposé la naissance, la succession, le mélange des erreurs et des sectes, et l'espèce de guerre qu'elles se sont faite en se chassant, pour ainsi dire, et se détruisant les unes les autres jusqu'à notre siècle, nous avons fait de chaque hérésie le sujet d'un mémoire particulier, dans lequel le lecteur peut saisir d'un coup d'œil l'état de l'esprit humain, par rapport à la religion chrétienne, à la naissance de cette hérésie, et les causes qui l'ont produite; en suivre le cours sans interruption; observer ses effets par rapport à la religion ou à la société civile; la voir se répandre avec éclat, s'établir, s'éteindre, renaître sous mille formes différentes ou donner naissance à d'autres erreurs qui la font oublier.

A cette histoire de l'hérésie, ou, si je puis parler ainsi, à cette histoire de la manœuvre des passions et des préjugés pour défendre un parti, une opinion, on a joint une exposition systématique des principes philosophiques et théologiques de chaque erreur, depuis sa naissance jusqu'à nos jours; on a examiné les principes, et l'on a fait voir leur fausseté.

On n'a point négligé de faire connaître les auteurs qui ont combattu ces erreurs avec le plus de succès, et les questions de critique ou théologiques qui sont nées, pour ainsi dire, à la suite des disputes et des combats des théologiens qui attaquaient ou qui défendaient la vérité, et qui sont, j'ose le dire, comme des pierres d'attente, sur lesquelles l'erreur appuyera un jour quelque système.

Comme chacun de ces mémoires forme une espèce de tout que l'on peut lire séparément, nous les avons disposés non selon l'ordre des temps, qui devenait inutile après notre Histoire générale des hérésies, mais selon l'ordre alphabétique qui rend l'usage de ces mémoires plus commode.

Ainsi la première partie de cet ouvrage contient une histoire suivie des principes généraux et des causes générales des égarements de l'esprit humain, par rapport à la religion en général, et par rapport à la religion chrétienne en particulier; la seconde renferme une histoire détaillée des causes et des effets de ces erreurs, avec l'exposition et la réfutation de leurs principes.

DISCOURS PRÉLIMINAIRE.

TEMPS ANTÉRIEURS A J.-C.
CHAPITRE PREMIER.
De la religion primitive des hommes.

Si l'on excepte quelques sauvages, il n'y a point d'hommes sans religion. Les peuples les plus anciens, les Chaldéens, les Egyptiens, les Celtes, les Germains, les Gaulois étaient encore barbares, et chacun avait sa religion aussi différente de celle des autres que ses mœurs et le climat qu'il habitait. Malgré ces différences, ils conservaient des dogmes communs; tous croyaient qu'un principe spirituel avait tiré le monde du chaos, et qu'il animait toute la nature; tous croyaient que le Dieu céleste s'était uni avec la terre, et c'était pour cela qu'ils honoraient la terre comme la mère des dieux (1).

Aristote fait remonter cette croyance jusqu'aux premiers habitants de la terre, et regarde toute la mythologie comme la corruption de ces dogmes. « La plus profonde antiquité, dit-il, a laissé aux siècles à venir, sous l'enveloppe des fables, la croyance qu'il y a des dieux, et que la divinité embrasse toute la nature; on y a ajouté ensuite le reste de ce que la Fable nous apprend, pour en persuader le peuple, afin de le rendre plus obéissant aux lois, et pour le bien de l'Etat. C'est ainsi que l'on dit que les dieux ressemblent aux hommes ou à quelques animaux et autres choses semblables; si l'on en sépare les seules choses que l'on disait au commencement, savoir, que les dieux ont été les premières natures de toutes, on ne dira rien qui ne soit digne de la Divinité. Il y a de l'apparence que les sciences ayant été plusieurs fois per-

(1) Voyez Homère, Hésiode, Ovide, Hérodote, Strabon, César, Tacite, etc.

dues, ces sentiments se sont conservés jusqu'à présent comme les restes de la doctrine des anciens hommes; ce n'est qu'ainsi que nous pouvons distinguer les opinions de nos pères, et les opinions de ceux qui ont été les premiers sur la terre (1). »

Les témoignages les plus incontestables attestent donc que le théisme est la religion primitive des hommes, et que le polythéisme en est la corruption

En effet si le théisme n'est pas la religion primitive des hommes, il faut qu'ils se soient élevés du polythéisme à la croyance d'un esprit infini qui a tiré le monde du chaos. Voyons s'il est possible que les peuples chez lesquels nous avons trouvé le dogme d'une intelligence suprême qui a tiré le monde du chaos, s'y soient élevés en partant d'une ignorance grossière, et en passant par tous les degrés du polythéisme, comme le prétend M. Hume; pour cet effet, supposons-les placés sur la terre avec les seules facultés que l'homme apporte en naissant.

Le besoin et la curiosité sont les puissances motrices de l'esprit humain; il recherche les causes et la nature des phénomènes qui l'intéressent par le spectacle qu'ils offrent, ou par leur rapport avec sa conservation et son bonheur. L'homme sortant des mains de la nature, et livré pour ainsi dire aux seules facultés qu'elle lui accorde, n'a pour guide dans cette recherche, que ses sens, l'imagination, son expérience et l'analogie. Son expérience et ses sens lui font voir tous les phénomènes comme des objets isolés ou produits par des causes différentes, et chacun de ces phénomènes comme un amas de différentes parties de matière qu'une force motrice unit ou sépare. L'expérience et les sens de l'homme lui auraient encore appris qu'il produit du mouvement, qu'il agite son bras quand il le veut, et comme il le veut, qu'il peut donner aux différents corps qui l'environnent, tous les mouvements et toutes les formes qu'il veut, les réunir, les séparer et les mélanger à son gré. L'analogie l'aurait donc conduit à supposer dans la nature une infinité d'esprits qui produisaient les phénomènes, l'imagination en aurait créé pour tout, en aurait placé partout et expliqué tout par leur moyen, comme on le voit chez les peuples sauvages que l'on a découverts depuis Christophe Colomb.

L'imagination qui s'accommode si bien des génies, se refuse au contraire à l'idée du chaos, et les sens la combattent. L'esprit humain, dans l'état où nous le supposons, n'aurait donc pu arriver à la connaissance d'un chaos antérieur à la formation du monde, qu'après avoir reconnu la fausseté des génies auxquels il aurait d'abord attribué les phénomènes de la nature. Pour renoncer au système des génies, si agréable et si intéressant pour l'imagination et pour la faiblesse humaine, il fallait avoir reconnu que tout s'opère mécaniquement dans les phénomènes; ce qui suppose nécessairement dans

le genre humain, tel que nous l'avons supposé, une longue suite d'observations liées et comparées entre elles, une physique, des arts.

Pour arriver à la croyance du chaos, après avoir reconnu la fausseté du système des génies, il fallait former le projet de remonter à l'origine du monde, avoir suivi les productions de la nature dans tous leurs états, les avoir vu naître d'un principe commun, y rentrer et s'y confondre de nouveau. Les observations qui auraient fait juger que dans le globe terrestre tout avait d'abord été confondu, ne pouvaient persuader que le ciel n'avait été primitivement qu'un chaos affreux.

Aucun des phénomènes observés sur la terre ne suppose que la lumière des corps célestes avait été confondue avec les parties terrestres. Les orages, les tempêtes, les volcans qui bouleversent l'atmosphère et qui ébranlent la terre, ne portent aucune atteinte au soleil et aux astres; leur arrangement est immuable, leurs révolutions sont constantes, leur figure est inaltérable: du moins voilà comme les hommes, dans l'état où nous les supposons, auraient vu le ciel. Ainsi l'observation, loin de persuader que les corps célestes avaient été confondus dans l'abîme d'où la terre était sortie, auraient au contraire porté les hommes à supposer que le ciel et les astres avaient toujours été tels qu'ils les auraient vus. L'esprit humain n'aurait donc pu supposer que le ciel avait été d'abord un chaos informe, que parce qu'il aurait découvert qu'il n'existait point nécessairement, qu'il avait commencé, et que la matière qui le composait n'avait point par elle-même la puissance motrice et l'intelligence nécessaire pour former les astres et y mettre l'ordre et l'harmonie qui y règnent; que la matière avait reçu son mouvement et sa forme d'un principe distingué d'elle et immatériel, qui avait formé le monde entier et donné des lois à la nature.

Ainsi pour que les premiers hommes, dans l'état où nous les avons supposés, se fussent élevés par voie de raisonnement à la croyance d'un chaos universel et antérieur au monde, il fallait non-seulement qu'ils fussent sortis de la barbarie, qu'ils eussent des arts et des sciences, il fallait encore qu'ils fussent arrivés jusqu'à l'idée d'un esprit distingué de la matière, et maître absolu de la nature. Ces hommes ne se seraient donc élevés au théisme que sur les débris et sur l'extinction du polythéisme, sur une connaissance sublime de la nature, sur les principes d'une métaphysique qui aurait dissipé toutes les illusions des sens, détruit tous les préjugés de l'imagination, corrigé tous les écarts de la raison sur le polythéisme et sur les causes des phénomènes.

Ce serait donc une absurdité de supposer que des nations soient restées barbares, sans arts, et livrées à l'idolâtrie la plus choquante, et que cependant elles ont formé le projet de remonter à l'origine du monde, qu'elles

___
(1) Arist. *Metaph.* l. XII, c. 8.

ont découvert qu'il est l'ouvrage d'une intelligence infinie, immatérielle, et que les causes des phénomènes de la nature sont liées. Quand une nation ignorante et grossière pourrait former le projet de découvrir l'origine du monde, pourrait-on supposer que toutes ont formé ce projet dans le même temps, comme cela était pourtant nécessaire pour arriver à la croyance du chaos? Quand elles auraient pu former ce projet, pourquoi parmi ces nations si différentes dans leurs goûts, dans leurs mœurs, dans leurs idées, ne s'en serait-il trouvé aucune qui eût pensé que tout a toujours été tel qu'il est, comme l'ignorance porte à le croire, et comme plusieurs philosophes l'ont pensé? Comment seraient-ils tous arrivés à la croyance d'une âme universelle et la productrice du monde, du chaos antérieur à la formation de tous les êtres que nous voyons?

Des peuples qui cultivent leur esprit peuvent s'élever à des principes généraux, arriver à des vérités communes, parce que l'esprit qui s'éclaire, agrandit ses idées, et que les idées qui conduisent à la vérité sont communes à tous les hommes: mais il est impossible que des peuples différents, plongés dans l'ignorance et qui ne cultivent point leur esprit, soient arrivés à un principe général, croyent uniformément un dogme sublime, parce que l'ignorance tend essentiellement à resserrer les idées, à décomposer pour ainsi dire tous les principes généraux, pour en faire des idées particulières, et non à réunir les idées particulières pour en faire des principes généraux, ce qui était pourtant nécessaire pour s'élever par la voie du raisonnement et par le spectacle seul de la nature, de l'ignorance absolue et du polythéisme le plus grossier au dogme du chaos et de l'âme universelle: il faudrait nécessairement dire que cette uniformité de croyance dans des peuples si différents est l'ouvrage du hasard, ce qui est absurde. Il y a entre le dogme d'une intelligence infinie qui a produit le monde, qui l'anime, qui le conserve, et l'ignorance dans laquelle les monuments historiques nous représentent ces nations, une distance que l'esprit humain ne peut franchir d'un saut: il faut donc qu'elles aient reçu ce dogme; et il y a dans les manières de vivre de ces nations, dans leurs positions, dans leurs idées, tant de différences, qu'il est impossible qu'elles aient imaginé ou conservé ce dogme uniformément, si elles ne sortent pas d'une seule famille, et si le dogme d'une intelligence suprême qui a formé le monde n'a pas entré dans l'instruction paternelle.

La croyance du chaos qui a précédé le monde, celle d'une âme universelle qui a tiré tous les êtres du chaos, et qui anime toute la nature, ont donc leur source dans une tradition commune à tous ces peuples, et antérieure à leur polythéisme.

Mais d'où vient cette tradition? N'est-il pas possible que, comme le porte le passage d'Aristote, les sciences se soient perdues plusieurs fois, que les hommes aient été d'abord dans un état de sauvages, qu'ils se soient élevés par tous les degrés du polythéisme jusqu'à la croyance d'une âme universelle qui avait tiré le monde du chaos, et même jusqu'au théisme. N'est-il pas possible que lorsque le genre humain est arrivé à ces connaissances, une révolution subite dans le globe terrestre ait fait périr tous les hommes excepté le petit nombre de familles qui croyaient ces dogmes, qui peut-être même croyaient l'existence de Dieu, mais que le besoin et le changement de leur état a fait tomber dans la barbarie et dans le polythéisme; et qui n'ont conservé que la croyance du chaos et de l'âme universelle?

Je réponds en premier lieu, qu'en accordant la possibilité de cette supposition, comme elle est destituée de preuves, personne ne peut l'assurer et en faire le fondement d'une histoire, et dire qu'une opinion qui porte sur cette supposition est un sentiment démontré, une *vérité attestée par l'Orient et l'Occident.* Aristote dit bien qu'il y a de l'apparence que les sciences ayant été perdues plusieurs fois, ces sentiments se sont conservés comme des restes de la doctrine des premiers hommes, ce qui suppose que ce philosophe regardait le théisme comme la doctrine des premiers hommes et comme leur religion primitive; il dit même expressément que le polythéisme est une addition faite à la doctrine des premiers hommes.

Je réponds en second lieu, qu'on ne peut supposer que les ancêtres de ces peuples se soient élevés jusqu'à la croyance de l'âme universelle et du chaos. Quoiqu'il soit hors de doute que l'esprit humain peut s'élever par la voie du raisonnement à la croyance d'une intelligence qui a formé le monde, quoiqu'il ne puisse arriver à la croyance du chaos sans reconnaître l'existence de cette intelligence, cependant cette connaissance ne suffisait pas pour concevoir que le monde avait d'abord été un chaos affreux et uniforme: car nous avons fait voir que rien dans la nature ne conduit à croire le chaos, et que la raison qui voit la nécessité d'une intelligence toute-puissante pour la production du monde, voit aussi qu'il n'était point nécessaire qu'elle le tirât d'un chaos préexistant, et qu'il y a une infinité de manières différentes de le produire. Et quand le hasard aurait pu conduire à ce sentiment quelques philosophes, quelque société, il était impossible qu'il y conduisît toutes les nations, il était impossible que toutes le conservassent.

Ces philosophes, réunis sur la nécessité d'une intelligence suprême pour la production du monde, se seraient divisés en une infinité de partis différents sur la manière d'expliquer comment elle l'avait produit; comme nous avons vu les philosophes tous réunis sur l'éternité du monde, faire une infinité de systèmes pour expliquer la formation des êtres qu'il renferme. Ainsi dans aucune supposition, les hommes n'ont pu s'élever du polythéisme à la croyance d'un esprit qui a tiré le monde du chaos. C'est donc l'intelligence créatrice elle-même qui s'est manifestée aux hommes, et qui leur a fait connaître, par une voie différente du raisonnement, qu'elle avait tiré le monde du chaos : le théisme est donc la religion primitive des hommes; et la croyance du chaos et de l'âme universelle que l'on trouve dans l'antiquité la plus reculée, et la corruption du théisme, est une preuve que le théisme a été la religion primitive du genre humain.

Ce que la raison, appuyée sur les monuments les plus incontestables, nous fait connaître de la religion primitive des hommes, Moïse nous l'apprend comme historien. Moïse, le plus ancien des écrivains, enseigne qu'une intelligence toute-puissante a créé le monde et tout ce qu'il renferme; que cet Être suprême éclaira l'homme, lui donna des lois et lui proposa des peines ou des récompenses : il nous apprend que l'homme viola les lois qui lui avaient été prescrites, sa punition qui s'étendit à tout le genre humain, les désordres de ses enfants, le châtiment de leurs désordres par un déluge qui ensevelit la terre sous les eaux, et fit périr ses habitants, excepté Noé et sa famille. Moïse nous apprend que la famille de Noé connaissait le vrai Dieu, mais que s'étant multipliée et divisée, elle avait formé différentes nations chez lesquelles la connaissance du vrai Dieu s'était altérée et même éteinte, excepté chez les Juifs. En comparant ce que Moïse nous enseigne sur l'origine du monde avec la croyance du chaos et du dogme de l'âme universelle, il paraît que Moïse n'a point emprunté son histoire des nations chez lesquelles nous avons trouvé la croyance du chaos et de l'âme universelle, et que la raison ne s'était élevée nulle part à ces idées du temps de Moïse : la Genèse contient donc la tradition primitive, ou fidèlement conservée, ou renouvelée d'une manière extraordinaire.

Il n'est pas moins certain que les nations chez lesquelles nous avons trouvé le dogme de l'âme universelle, ne devaient point cette croyance à Moïse, et qu'elles haïssaient les Juifs. Tous les monuments de l'antiquité s'accordent d'ailleurs avec l'histoire de Moïse : toutes les annales des peuples remontent à l'époque de la dispersion des hommes assignée par Moïse, et s'y arrêtent comme de concert. Les plus savants critiques ont reconnu et prouvé la conformité de l'histoire de Moïse avec les monuments de l'antiquité la plus reculée (1). L'histoire de Moïse a donc, indépendamment de la révélation, le plus haut degré de certitude dont l'histoire soit susceptible, sans que l'on puisse l'affaiblir par les obscurités qui se rencontrent dans quelques détails.

Comment donc M. Hume a-t-il pensé qu'en remontant au-delà de dix-sept cents ans on trouve tout le genre humain idolâtre, et nulle trace d'une religion plus parfaite? Comment a-t-il pu avancer que son sentiment était une vérité attestée par l'Orient et l'Occident?

« Mais, dit M. Hume, autant que nous pouvons suivre le fil de l'histoire, nous trouvons le genre humain livré au polythéisme, et pourrions-nous croire que, dans des temps plus reculés, avant la découverte des arts et des sciences, les principes du polythéisme eussent prévalu? Ce serait dire que les hommes découvrirent la vérité pendant qu'ils étaient ignorants et barbares, et qu'aussitôt qu'ils commencèrent à s'instruire et à se polir, ils tombèrent dans l'erreur. Cette assertion n'a pas l'ombre de vraisemblance, elle est contraire à tout ce que l'expérience nous fait connaître des principes et des opinions des peuples barbares..... Pour peu que l'on médite sur les progrès naturels de nos connaissances, on sera persuadé que la multitude ignorante devait se former d'abord des idées bien grossières et bien basses d'un pouvoir supérieur : comment veut-on qu'elle se soit élevée tout d'un coup à la notion de l'Être tout parfait, qui a mis de l'ordre et de la régularité dans toutes les parties de la nature? Croira-t-on que les hommes se soient représenté la Divinité comme un esprit pur, comme un être tout sage, tout-puissant, immense, avant de se le représenter comme un pouvoir borné, avec des passions, des appétits, des organes même semblables aux nôtres? J'aimerais autant croire que les palais ont été connus avant les chaumières, et que la géométrie a précédé l'agriculture. L'esprit ne s'élève que par degrés, il ne se forme d'idée du parfait qu'en faisant abstraction de ce qui ne l'est pas.... Si quelque chose pouvait troubler cet ordre naturel de nos pensées, ce devrait être un argument également clair et invincible qui transporterait immédiatement nos âmes dans les principes du théisme, et qui leur fît, pour ainsi dire, franchir d'un saut le vaste intervalle qui est entre la nature humaine et la nature divine. Je ne nie point que par l'étude et l'examen, cet argument ne puisse être tiré de la structure de l'univers; mais ce qui me paraît inconcevable, c'est qu'il ait été à la portée des hommes grossiers, lorsqu'ils se firent les premières idées d'une religion (2). »

Tous ces raisonnements de M. Hume prouvent tout au plus que le théisme ne s'est point établi parmi les hommes tout d'un coup ou par voie de raisonnement, supposé que le premier homme ait été créé tel que les hommes naissent aujourd'hui, et que Dieu les ait abandonnés à leurs seules forces. Mais n'est-il pas possible que Dieu ait élevé le premier homme immédiatement à la connaissance de son créateur? N'est-il pas possible que le premier homme ait été créé avec une facilité pour connaître la vérité, avec une sagacité capable de s'élever rapidement, et par la seule contemplation de l'univers et de lui-même, à la connaissance de Dieu? Prétendrait-on que la nature ne puisse pas produire des intelligences plus parfaites que

---

(1) Voyez Bochart dans son *Phaleg*. Grot. *de Relig.* avec les notes de Leclerc; le Comment. de Leclerc sur la Genèse; Jaquelot de l'*Exist. de Dieu*, dissert. 1, c. 25, 26; les notes de Leclerc sur Hésiode; *Cuvier*.

(2) Hume, *Hist. Rel. de la Rel.* p. 4, 5, 6.

nos âmes ? N'est-il pas possible que ce premier homme ait perdu cette faculté de connaître la vérité, et qu'elle ait été refusée à ses descendants ? Dans cette supposition les hommes auraient reçu la connaissance de Dieu par voie d'instruction et par le moyen de l'éducation. Malgré l'imperfection de leur esprit, ils l'auraient conçu comme un être souverainement parfait ; les premiers hommes n'auraient point acquis l'idée de la Divinité, comme ils ont découvert les arts ou les théorèmes de géométrie.

S'il est vrai que l'homme ne puisse s'élever au théisme que par le moyen du raisonnement, et en remontant de l'idée d'un être borné jusqu'à l'idée d'un être infini, je demande que M. Hume me dise comment, tandis que les nations les mieux policées et les plus éclairées sont plongées dans l'idolâtrie, il se trouve sur la terre un peuple sans arts, sans sciences, séparé de tous les peuples, et chez ce peuple grossier la croyance d'une intelligence suprême qui a créé le monde par sa toute-puissance, et qui le gouverne par sa providence ? Comment se peut-il que les philosophes les plus éclairés, et qui ont le plus médité sur l'origine du monde et sur la Divinité, n'aient jamais rien enseigné d'aussi sublime et d'aussi simple sur l'Être suprême, que la croyance de ce peuple ignorant et grossier, chez lequel, de l'aveu même de M. Hume, le polythéisme n'était point un dogme spéculatif acquis par des raisonnements tirés des merveilles de la nature.

Pour prouver que l'homme n'avait pu s'élever au dogme de l'unité de Dieu que par la voie lente du raisonnement et par les différents degrés du polythéisme, il fallait prouver que l'homme avait, pour ainsi dire, été jeté sur la terre et abandonné à ses seules facultés, à ses besoins, à ses désirs, aux impressions des corps qui l'environnent. M. Hume n'a rien dit pour établir ce fait, sans lequel son sentiment sur la religion primitive des hommes n'est qu'une supposition chimérique que nous avons détruite d'avance par tout ce que nous avons dit sur la religion primitive des hommes, mais que nous reprendrons un moment pour mieux faire sentir combien M. Hume s'est mépris sur la marche de l'esprit humain.

Supposons l'homme formé par le hasard, ou jeté, pour ainsi dire, sur la terre par le Créateur, et abandonné à ses seules facultés, telles que M. Hume suppose que nous les recevons de la nature : tâchons de découvrir, par le moyen de l'histoire et de l'analogie, par quelle suite d'idées cet homme eût pu s'élever à la connaissance d'une intelligence suprême, et en quel état l'esprit humain se serait trouvé, lorsqu'il serait parvenu à la connaissance d'une intelligence suprême. L'homme tel que nous le supposons, n'ayant pour maître que le besoin, eût été longtemps avant de réfléchir sur les causes des phénomènes : il n'aurait d'abord recherché que les causes des maux qu'il aurait éprouvés, et les aurait attribués à des animaux semblables aux animaux qu'il aurait craints. C'est ainsi que les Moxes attribuaient leurs maladies et leurs calamités à un principe malfaisant qu'ils croyaient être un tigre invisible (1).

Les hommes se seraient multipliés et ne seraient sortis de cette ignorance qu'avec une prodigieuse lenteur ; et ce n'eût été qu'après bien du temps qu'ils auraient attribué aux âmes des hommes morts une partie de leurs maux ; ils auraient supposé dans les âmes de ces hommes morts tous les goûts, toutes les idées, toutes les passions des hommes vivants, et se seraient occupés à flatter ces goûts ou à satisfaire ces passions. Ils auraient été fixés longtemps à ce culte, et peut-être jusqu'à ce qu'un hasard rare leur eût fait imaginer des puissances invisibles et supérieures aux hommes, mais auxquelles ils auraient attribué les vues, les goûts, les faiblesses, les passions de l'humanité qu'ils auraient tâché de se rendre favorables par tous les actes qu'ils auraient cru leur plaire, et ces actes auraient fait leur religion.

Cependant les sociétés se seraient formées, les passions et la guerre se seraient allumées sur la terre, les hommes auraient eu plus à craindre de leurs ennemis armés que des êtres invisibles, les forces de l'esprit se seraient portées principalement vers les objets qui auraient pu rendre les sociétés plus tranquilles et plus heureuses, les arts et les sciences se seraient perfectionnés beaucoup plus que la mythologie, qui n'aurait été cultivée que par quelques ministres ignorants et intéressés à entretenir les hommes dans le culte des puissances chimériques qu'ils avaient imaginées. C'est ainsi que les Grecs, qui avaient passé de l'état de sauvage à la vie policée, avaient des lois très-sages et une théologie très-insensée : c'est ainsi que le sauvage, très-industrieux sur ce qui a rapport aux premiers besoins, est d'une stupidité inconcevable sur la religion. Nous trouvons tout le contraire chez les nations les plus anciennes : dans leur état primitif elles ont une théologie sublime, et ils sont ignorants, grossiers, sans arts : le genre humain n'a donc point été placé sur la terre dans l'état où M. Hume le suppose.

M. Hume, pour expliquer comment ces hommes idolâtres ont pu, sans s'éclairer, s'élever au théisme, prétend qu'ils ont pu passer, à force d'éloges exagérés, de l'idée des puissances invisibles qu'ils adoraient, au théisme (2). Mais il est clair que ces prétendues exagérations n'auraient point conduit l'homme de l'état où nous le supposons, à l'idée d'une âme universelle qui a formé le monde, mais à l'idée vague d'un génie plus puissant que tout ce que l'on connaissait.

Dans les peuples idolâtres, le respect et les éloges ne croissent qu'à mesure qu'ils rapportent plus d'événements à la même cause : voilà la marche de l'esprit humain, et le fon-

---

(1) *Voyage de Coréal*, t. I, p. 251.

(2) Hume, *ibid.* p. 47, 48, 55.

dement de la distinction des grandes et des petites divinités. Les hommes ne se seraient donc pas élevés à l'idée d'une âme universelle, à force d'exagérer les éloges donnés aux génies, mais par une longue suite d'observations qui les auraient conduits à une seule et même cause; et dans ce cas, ils ne seraient pas restés ensevelis dans une ignorance stupide. D'ailleurs, ces éloges exagérés, par le moyen desquels M. Hume suppose que les idolâtres se sont élevés à l'idée d'un être suprême, ne peuvent se concilier avec l'état de l'esprit de ces peuples; car ils supposaient leurs dieux rivaux, jaloux et vindicatifs, et en louant un génie sans restriction, ils auraient craint d'offenser les autres: une pareille exagération n'a lieu que chez les nations policées, nous n'en trouvons aucun exemple chez les sauvages.

Enfin, on ne peut prouver que le théisme n'est pas la religion primitive des hommes, parce qu'ils n'auraient pu tomber dans le polythéisme: 1° parce que le théisme des premiers hommes était une instruction et un dogme transmis par tradition, qui peut s'altérer plus facilement que s'il eût été acquis par une longue suite de raisonnements; 2° parce qu'en effet les Juifs, dont le théisme est incontestable, sont tombés dans l'idolâtrie. Enfin, nous allons faire voir comment ce dogme a pu s'altérer et s'est en effet altéré.

CHAPITRE II.

De l'altération de la religion primitive.

Nous avons vu le genre humain ne composer d'abord qu'une famille qui connaissait et qui adorait une intelligence suprême, créatrice du monde. Cette famille cultivait la terre et nourrissait des troupeaux dans les plaines de l'Orient: c'est de là que tous les peuples sortent. La bonté du climat, la fécondité de la terre, l'activité, l'innocence et la frugalité des premiers hommes, accrurent rapidement cette famille, elle fut obligée de s'étendre, et bientôt de se diviser.

Parmi les animaux qui habitent la terre, presque tous sont infiniment plus féconds que l'homme; ainsi les animaux pâturants, frugivores ou carnassiers, enveloppèrent en quelque sorte le genre humain, et occupaient une grande partie de la terre, lorsque la multiplication des hommes les obligea de s'éloigner de leurs premières habitations, et de se partager en différents corps. Ces colonies déterminées dans leur marche par le cours des fleuves, par les chaînes des montagnes, par les lacs, par les marais, rencontrèrent successivement des contrées fertiles, des déserts stériles, des cantons où l'air et les productions de la terre étaient nuisibles, où leurs troupeaux périssaient. Elles trouvaient peu d'animaux dans ces contrées, ou ces animaux étaient maigres et malsains. Les animaux au contraire étaient très-nombreux et très-robustes dans les contrées fertiles, et dont les pâturages, les fruits et les grains étaient bons et salutaires. Les hommes, dispersés sur la terre, prirent les animaux pour guides et pour maîtres, ils suivirent dans leur route le vol des oiseaux, ils jugèrent que les grains qu'ils mangeaient avidement étaient bienfaisants, ils observèrent dans les entrailles des animaux pâturants ou frugivores, les qualités des plantes et des fruits, et se fixèrent dans les lieux où toutes ces indications semblaient leur promettre un séjour heureux. Telle est vraisemblablement l'origine des prédictions tirées du vol des oiseaux, de leur manière de manger, et de l'inspection de leurs entrailles: espèce de divination simple et naturelle dans son origine, dont la superstition et l'intérêt firent une cérémonie religieuse destinée à découvrir les décrets du destin (1).

Ainsi, partout où les nouvelles colonies sorties des plaines de l'Orient s'établirent, elles trouvèrent des animaux frugivores, pâturants ou carnassiers, sur lesquels il fallut, pour ainsi dire, conquérir les campagnes fertiles, et qui dévastèrent les moissons ou ravagèrent leurs troupeaux; on fit donc la guerre aux animaux, et chaque famille eut ses chasseurs pour défendre les troupeaux et garder les moissons. Ces chasseurs devinrent les protecteurs des familles, leurs chefs et enfin leurs maîtres. Dans les siècles que les chronologistes appellent les temps héroïques, les hommes les plus considérables et les plus respectés étaient les hommes les plus forts, les chasseurs les plus habiles, les destructeurs des animaux dangereux.

L'exercice continuel de la chasse dispose à la dureté et même à la férocité: les chasseurs devinrent audacieux, entreprenants, inhumains; les liens qui unissaient les hommes avant leur division se relâchèrent, les familles qui habitaient des cantons différents

---

(1) Les devins qui consultaient les entrailles se nommaient aruspices; ceux qui tiraient leurs prédictions sur le vol et sur le chant des oiseaux, se nommaient augures.

Les aruspices étaient ainsi appelés, *ab aris inspiciendis*. Ils cherchaient la volonté des dieux dans les entrailles des animaux, dans le cœur, le ventre, le foie, le poumon: c'était un présage funeste quand la victime avait un double foie et point de cœur.

Les augures tiraient leurs prédictions du vol ou du chant des oiseaux, et ces prédictions s'appelaient auspices, ce mot dérive des mots latins *avis* et *conspicio*.

Quand les prédictions étaient fondées sur le chant, on les nommait *oscines*, quand elles se tiraient de leur vol, on les nommait *perpetes*. L'augure montait sur quelque hauteur, se tournait vers l'Orient et attendait le vol des oiseaux dans cette situation. Les augures jugeaient encore de l'avenir par le degré d'appétit des poulets; lorsqu'on faisait sortir les poulets de leur cage, on leur jetait de la nourriture; s'ils mangeaient sans marquer beaucoup d'avidité et qu'ils laissassent tomber une partie de la nourriture, et surtout s'ils refusaient de manger, l'augure était funeste; mais s'ils saisissaient avidement la nourriture, et sans en laisser rien tomber: c'était le présage le plus heureux.

Ainsi, les anciens tiraient encore des présages de plusieurs animaux, tels que le loup, le renard, les lièvres, les belettes, etc.: ces animaux carnaciers ne se trouvent que dans les lieux abondants en gibier; ainsi on pouvait conclure que le pays était bon à habiter. Ce qui nous reste sur les divinations, me paraît confirmer ma conjecture sur l'origine de ces pratiques qui était absolument inconnue aux anciens, comme on le voit par Cicéron *de Divin.* lib. I et II, par Origène contre Celse: ce philosophe paraît supposer une espèce de commerce entre les dieux et les oiseaux.

se regardèrent comme des sociétés étrangères. Ces familles ne s'étaient éloignées les unes des autres qu'autant que le besoin les avait obligées d'occuper plus d'espace, et lorsque leur multiplication les força d'étendre leurs possessions, elles se touchèrent bientôt, se pressèrent et se disputèrent la terre, comme elles l'avaient disputée aux animaux ; et dans chaque famille on fut occupé à défendre ses moissons, ses troupeaux et sa vie contre les hommes et contre les animaux.

La guerre fut donc continuelle et presque générale à la renaissance du genre humain; et comme les familles ennemies avaient des forces à peu près égales, la guerre fut vive, opiniâtre et cruelle. Rien ne fut plus intéressant pour ces sociétés dispersées que de savoir attaquer ou repousser l'ennemi. L'habileté des guerriers, leur force, leur intrépidité furent l'objet de la conversation et le sujet principal de l'instruction ; ils obtinrent toute l'attention : on racontait leurs exploits, on les vantait; ils se gravaient dans la mémoire, ils échauffaient toutes les imaginations, comme cela se pratique encore aujourd'hui chez les sauvages.

Dans cet état d'enthousiasme guerrier et dans l'enfance de la raison, le dogme de la création et de la providence, le souvenir de l'origine des hommes et des causes qui avaient attiré sur la terre la vengeance de l'Etre suprême, la connaissance de ses attributs et celle des devoirs de l'homme n'intéressaient que faiblement. On vit moins distinctement combien ces connaissances étaient nécessaires au bonheur des hommes, et la mort enleva dans les sociétés les patriarches qui touchaient à la grande époque de la renaissance du genre humain, et qui étaient pénétrés de ces grandes vérités; elles ne furent plus enseignées avec l'autorité et la persuasion propres à faire sur les esprits des impressions profondes ; elles n'imprimèrent plus dans la mémoire que des traces superficielles, que le temps, l'agitation, le désordre et la passion de la guerre effacèrent. Tout ce qui ne pouvait être aperçu que par l'esprit, tout ce qui supposait quelque examen, quelque discussion, se perdit insensiblement, et s'enfonça dans l'oubli, chez des peuples où la mémoire était seule dépositaire de ces vérités. De toutes celles que les patriarches avaient enseignées, rien ne subsista que ce qui faisait sur l'imagination une impression forte et profonde : le dogme de la création dut donc disparaître chez ces peuples, et l'imagination ne dut conserver que le souvenir du chaos d'où le monde était sorti, de l'intelligence qui l'en avait tiré, du déluge qui avait enseveli la terre, parce qu'elle pouvait se représenter tous ces objets, et qu'ils offraient un spectacle frappant et une puissance redoutable.

Ainsi ces dogmes durent se conserver et se conservèrent en effet d'abord assez uniformément dans toutes les nations ; mais il y eut des peuples chez lesquels les guerres, les calamités et les temps éteignirent ces restes de lumière, et qui ne conservèrent aucunes traces de la religion primitive.

Voyons quelle religion l'esprit humain éleva sur les débris de la religion des premiers hommes, et quelle fut celle des nations qui n'en conservèrent rien.

§ I. *Des différents systèmes religieux que l'esprit humain éleva sur les débris de la religion primitive.*

Il n'était pas possible que toutes les nations ennemies se fissent toujours la guerre avec des avantages également partagés, et restassent dans l'espèce d'équilibre où elles étaient d'abord. Il y eut des nations victorieuses qui choisirent les campagnes les plus fertiles et qui restèrent en paix, et des nations vaincues, que leur faiblesse et leurs défaites obligèrent à céder leurs possessions, et à chercher des établissements dans des contrées éloignées et hors des atteintes des nations plus puissantes : la guerre cessa sur la terre.

Dans cette nouvelle dispersion des hommes, les familles se trouvèrent placées dans des climats différents. Les unes rencontrèrent des pâturages, les autres furent conduites dans des forêts ; celles-ci dans des terres fécondes en fruits et en légumes, celles-là dans des plaines ou dans des montagnes semées de cantons fertiles, de sables, de rochers ou d'étangs ; tous les peuples furent donc pasteurs ou cultivateurs, et se fixèrent dans les pays où le sort les avait conduits, ou furent nomades. Il n'y a point de climat, point de contrée où la terre soit toujours et également fertile : les influences du ciel ne sont pas constamment bienfaisantes ; partout la terre a des années stériles ; partout l'atmosphère a ses orages, ses tempêtes, ses vents qui désolent les campagnes, répandent la contagion et portent la mort. Ainsi au sein de la paix, toutes les nations éprouvèrent des malheurs capables de les anéantir, et cherchèrent les moyens de s'en garantir.

Ces nations savaient qu'une intelligence toute-puissante avait tiré le monde du chaos, qu'elle avait formé tous les astres, produit tous les corps, enseveli la terre sous les eaux. Elles jugèrent que cette intelligence était la cause des phénomènes redoutables qui pouvaient faire périr les hommes ; qu'elle formait les orages, les tempêtes, faisait souffler les vents salutaires ou dangereux, rendait la terre stérile ou féconde, en un mot, qu'elle produisait tout dans le ciel et sur la terre, et qu'elle mouvait seule et à son gré toutes les parties de la nature: on conçut donc que cette intelligence était unie à toutes les parties de la matière à peu près comme l'âme humaine l'est à son corps, puisqu'elle agissait sur la matière comme l'âme humaine agit sur son corps.

Ainsi, malgré l'ignorance et la grossièreté de ces nations, avant qu'elles eussent des arts et des sciences elles s'élevèrent rapidement au dogme d'une âme universelle qui produisait tout le monde. Cette âme universelle était une puissance immense dans laquelle l'homme était comme englouti, qui pouvait l'anéantir, et qui cependant l'avait formé, le laissait exister, l'environnait de biens et de maux, donnait la vie et la mort.

Le premier effet du dogme de l'âme universelle fut dans l'homme un sentiment religieux de respect, de crainte et d'amour pour cette puissance; et le second, un effort général dans toutes les nations pour connaître comment et pourquoi l'âme universelle produisait les biens et les maux. Avant la naissance des arts et des sciences, les Chaldéens, les Perses, les Indiens, les Egyptiens, les Celtes, etc., avaient des sociétés ou des collèges d'hommes destinés à étudier la nature de l'esprit qui animait le monde, et à rechercher comment et pourquoi il s'unit à la matière, quel est l'ordre des phénomènes et leur liaison, quels signes les annoncent. Ce fut dans l'observation même de la nature que les philosophes cherchèrent la solution de ces grandes questions : chaque peuple éleva sur la face que lui offrait la nature un système de théologie.

Les Chaldéens placés dans un climat où l'éclat du soleil n'est jamais obscurci, où la nuit est toujours éclairée par la lumière brillante des étoiles et de la lune, crurent que la nature était animée par le moyen de la lumière, et que l'âme universelle se servait de cet élément pour pénétrer tout : c'était donc par le moyen de la lumière du soleil et des astres que l'Esprit universel produisait tout; et les Chaldéens adressèrent leurs hommages au Dieu suprême dans les astres où il semblait établir particulièrement sa résidence. Comme les astres formaient des corps séparés, l'imagination se les représenta comme des êtres distingués qui avaient des fonctions particulières et des influences différentes dans la production des phénomènes; l'idée de l'âme universelle trop abstraite pour le peuple et combattue par l'imagination et par les sens se dissipa, et l'on adora les astres comme autant de puissances qui gouvernaient le monde.

On conçoit sans peine comment de cette première altération dans la religion primitive les Chaldéens passèrent à un polythéisme plus grossier (1). La théologie des Chaldéens passa chez les Perses vraisemblablement avant qu'elle eût été défigurée par l'idolâtrie, et les Perses honorèrent Dieu ou l'âme universelle dans le soleil et dans les astres. Les chaleurs des provinces méridionales de la Perse sont incroyables; la cire d'Espagne fond quelquefois par la seule chaleur de l'atmosphère, et les habitants n'ont alors d'autre ressource que de se retirer dans quelque endroit caché ou de s'y arroser d'eau (2). Des vents rafraîchissants soufflent pendant la nuit; la chaleur disparaît avec le soleil et renaît avec lui. Ainsi, en Perse les philosophes ou les observateurs regardèrent la lumière du soleil comme un feu qui pénétrait tous les corps, qui pouvait en

décomposer toutes les parties, les réunir et les durcir, qui développait les germes des fruits et des grains, qui faisait vivre et mourir les animaux ; ils conclurent de là que cet élément avait en lui-même tout ce qui était nécessaire pour produire les phénomènes ; il fut chez les Perses l'âme universelle et l'objet de leur culte.

A mesure qu'ils observèrent l'influence des différents éléments dans la production des phénomènes, ils supposèrent dans ces éléments une portion de l'âme universelle, et lui rendirent un culte. Il y avait parmi les mages des curateurs des éléments qui avaient soin des eaux, des fleuves et des fontaines, et qui empêchaient, autant qu'il était possible, que l'air ne fût infecté de quelque mauvaise odeur, que le feu ne fût souillé de quelque ordure et la terre de quelque corps mort. Comme l'état de ces éléments n'était pas toujours uniforme, on supposa dans ces éléments des vues, des intentions, des motifs, et on leur offrit des sacrifices pour les intéresser au bonheur des hommes : le culte des éléments se forma sur les propriétés que l'on y découvrit. Le feu, par exemple, qui consumait toutes les matières combustibles fut regardé comme un élément avide de ces matières, comme une espèce d'animal qui s'en nourrissait : on crut lui plaire en allumant du bois, parce qu'on lui donnait de l'aliment; souvent même les rois et les personnes riches jetaient dans le feu des perles, des bijoux, des parfums précieux, et l'on appelait ces sacrifices les festins du feu. La foudre était un feu qui consumait quelquefois les arbres, les maisons, qui tuait les animaux et qui tombait plus souvent sur les montagnes que dans les plaines. On crut donc que les montagnes étaient plus agréables ou plus à la portée de cet élément, et on lui offrit des sacrifices sur les lieux élevés; et comme la foudre en tombant tuait les animaux sans les consumer, on supposa que le feu se nourrissait aussi des âmes des hommes et de celles des animaux, et l'on immola au feu des animaux et des hommes; ce fut à peu près sur ces mêmes idées qu'ils réglèrent le culte des autres éléments (3).

Tandis que les Perses croyaient voir dans le feu élémentaire le principe productif des êtres, peut-être d'autres étaient-ils restés attachés à la croyance d'une intelligence toute-puissante qui avait créé le monde, et dont le feu n'était que le symbole; peut-être les Parsis ont-ils reçu et conservé cette doctrine jusqu'à nous? Cette immobilité de l'esprit humain chez les Parsis n'est peut-être pas absolument impossible, mais elle est assez difficile pour n'être pas admise sur des conjectures et sur des présomptions, et je ne sache pas qu'elle ait été suffisamment prouvée. Toute l'antiquité s'accorde à reconnaître qu'il a été un temps où les Perses adoraient le feu et le soleil. M. Hyde, le plus célèbre

---

(1) Euseb. Præp. Ev. l. ix, c. 10 ; Philo, de Migratione mundi; Selden, de Diis Syriis, proleg. c. 5; Stanley, Hist. Phil. Chald. part. xiii, sect. 2, c. 1 et 2, c. 59; Bruker, Hist. Phil. t. I, l. ii, c. 2.

(2) Chardin, t. III, p. 7; Tavern. t. I, l. iv, c. 2, p. 414; l. v, c. 23; Lebrun, t. II, p. 322.

(3) Voyez Hérodote, Clio, c. 4, 31; Strab. l. xv; Vossius, loc. cit.

défenseur des Parsis, n'oppose à ces témoignages aucune raison décisive, il ne les combat que par la croyance des Parsis. Mais pourquoi les Parsis n'auraient-ils pas remonté du culte du feu au dogme de l'existence de Dieu, depuis que la religion chrétienne avait fait connaître l'absurdité de l'idolâtrie? N'a-t-on pas vu les stoïciens, pour justifier le polythéisme, soutenir que Jupiter, Cérès, Neptune, etc., n'étaient que les différents attributs de l'esprit universel? Et quand il serait vrai que le culte du vrai Dieu s'est conservé chez les Parsis, il n'en serait pas moins vrai qu'il s'est altéré et perdu chez beaucoup de Perses (1).

La nature offre dans l'Inde un autre spectacle. Les anciens comprenaient sous ce nom d'Arabie, la presqu'île de l'Inde, et presque tous les pays situés sous la zone torride ; cette vaste étendue de pays est arrosée par un nombre infini de fleuves et de rivières qui se débordent régulièrement tous les ans, et communiquent à la terre une fécondité surprenante. Les inondations des fleuves et la fertilité qui les suit fixèrent l'attention des observateurs indiens : ils les regardèrent comme l'ouvrage de l'âme universelle qui se portait particulièrement dans l'eau, en pénétrait toute la masse, la gonflait et s'insinuait par elle dans les plantes ; ils jugèrent que l'eau était l'élément dont elle se servait pour communiquer la vie ; les fleuves furent les temples où elle résidait par choix et d'où elle ne sortait que pour le bonheur des hommes ; les inondations des fleuves furent des faveurs que la reconnaissance célébra : les Indiens honorèrent l'eau et les fleuves. Ces fleuves n'avaient pas la même source, ils baignaient des contrées différentes, ils formaient une infinité de détours, et les parcouraient avec des vitesses inégales ; les Indiens crurent que des puissances différentes avaient creusé les lits des fleuves et faisaient couler leurs eaux plus ou moins rapidement ; l'âme universelle leur parut partagée en plusieurs parties qui gouvernaient la nature sur des plans et pour des objets différents : ils honorèrent ces puissances dans les fleuves où ils supposèrent qu'elles résidaient ; leurs inondations furent des faveurs que l'intérêt s'efforça de mériter, et que la reconnaissance célébra. Lorsque ces inondations furent trop fortes ou trop faibles, ils crurent les divinités des fleuves irritées et tâchèrent de les apaiser par des vœux, par des fêtes, par des dévouements de toute espèce, dont le détail serait trop long pour cet ouvrage.

L'Inde est une presqu'île, et la terre n'est en aucun lieu plus fertile ; les Indiens jouirent d'une abondance et d'une tranquillité qui les multiplia prodigieusement ; ils furent obligés de cultiver la terre, et comme la fécondité dépendait de l'eau, on creusa des canaux pour conduire l'eau dans les terres où les inondations ne la portaient pas. Ces canaux creusés pour faire couler dans les campagnes l'eau des fleuves, offraient aux Indiens une ressource simple et sûre contre les inondations excessives ou trop faibles, que les sacrifices n'empêchaient pas ; ils aperçurent facilement que de vastes canaux creusés à certaine profondeur pourraient absorber la quantité nuisible des inondations, ou suppléer aux eaux que les fleuves refuseraient. Les Indiens découvrirent donc l'art de conduire les eaux et de dessécher les terres, tandis que les autres nations étaient encore bien éloignées de penser aux arts, aux sciences, à la physique (2). Avec ces avantages, les Indiens furent bientôt trop nombreux pour vivre dans leurs anciennes possessions : ils s'étendirent à droite et à gauche, et durent se porter naturellement vers la Chine et vers l'Egypte, où peut-être ils portèrent l'art de dessécher les terres et de conduire les eaux, la croyance de l'âme universelle, celle des divinités qu'elle avait formées, et les cérémonies religieuses.

Comme la Chine ne doit point sa fertilité aux débordements réguliers des fleuves, l'eau cessa d'y paraître l'élément où l'âme universelle résidait, et les Indiens transportés à la Chine regardèrent l'âme universelle comme un esprit répandu dans toute la nature ; c'est le *tien* ou le *ly*.

Dans l'Egypte où les inondations du Nil fécondaient la terre, on conserva le culte de l'eau, que l'on regarda comme l'élément que l'âme universelle avait choisi pour donner la vie au corps ; ou si les Egyptiens ne reçurent point cette croyance des Indiens, ils y arrivèrent par la même suite d'idées qui y conduisit les Indiens, parce qu'ils avaient des phénomènes semblables sous les yeux. Les plantes, les légumes, les fruits dont l'Egypte abondait, et qui étaient produits par l'eau du Nil, contenaient des portions de cette âme qui semblait les former pour se rendre sensible aux hommes, pour leur manifester sa présence par ses bienfaits ; et la reconnaissance honora l'âme universelle ou la Divinité dans les plantes, comme dans un temple où elle semblait inviter les hommes à lui rendre hommage. L'intérêt et la faiblesse associèrent bientôt à ce culte tous les éléments qui concouraient à la production des fruits. Telle fut la religion que les prêtres égyptiens élevèrent sur les restes de la religion primitive.

L'esprit humain ne s'élève à des principes généraux que par l'effort qu'il fait pour agrandir ses idées, et par l'habitude de lier les phénomènes et de les rapporter à une même cause. Aussitôt qu'il cesse de lier les phénomènes par le moyen du raisonnement et de l'observation, il croit tous les phénomènes séparés, et les attribue chacun à une

---

(1) Voyez les Commentateurs sur Macrob. Saturnal. l. c. 17 ; Braunius, l. IV Select. sacr. ; Voss. de Idol. l. II, part. II, c. 51 ; Brisson de Reg. Pref. principatu ; Spond., Miscel. p. 87 ; l'Antiquit. expliq., t. II, part. II, b. 5, p. 373, c. 6 ; Acad. des Inscrip. t. XXV, Traité de la Rel. des Perses, par M. l'abbé Foucher.
(2) Strab. l. xv ; Plut. in Alex. ; Arrien, Expedit. d'Alex., l. vi ; Philostr., Vita Appollon. ; Porph., de Abst. lib, xiv ; Pallad. ; Clem., Strom. l. i ; La Croze, Chr. des Indes.

cause différente; ainsi le peuple dont l'esprit ne s'éclairait pas, et que les prêtres n'instruisaient point, perdit insensiblement de vue le dogme de l'âme universelle, et rendit un culte aux plantes, aux animaux utiles, aux éléments. Les prêtres égyptiens furent apparemment assez longtemps de bonne foi dans ces idées : ils découvrirent que l'âme universelle suivait des lois invariables, ils s'en servirent pour prédire l'avenir, retinrent le peuple dans la superstition et dans l'ignorance; et la religion devint entre leurs mains un ressort que la politique employa pour mouvoir ou arrêter les peuples.

Le dogme de l'âme universelle ne se conserva pas même dans tous les collèges d'Egypte, parce que tous ne voyaient pas la nature sous la même face. Dans la haute Egypte par exemple, où l'on voyait, après les débordements du Nil, sortir du limon pourri et desséché des insectes et des reptiles, on crut que les animaux et les plantes étaient formés par le dégagement des parties aqueuses, terrestres et aériennes, et qu'il ne fallait point faire intervenir l'âme universelle dans la formation des corps (1). C'est peut-être ainsi qu'il faut concilier ce qu'Eusèbe et Diogène Laërce nous apprennent de la théologie secrète des Egyptiens, qui n'admettaient point le concours de la Divinité dans la formation du monde, avec les témoignages de Porphyre, de Jamblique et d'Eusèbe même, qui assurent que les Egyptiens attribuaient la formation du monde à un architecte intelligent (2).

Les Celtes, les Gaulois, les Germains croyaient comme tous les peuples dont nous venons de parler, qu'un Esprit infini et tout-puissant animait toute la nature, formait tous les corps, produisait tous les phénomènes : ils eurent leurs philosophes et leurs prêtres, destinés à observer les lois des phénomènes, les causes qui déterminent l'Etre suprême à les produire, et les moyens d'empêcher qu'il ne produisît ces phénomènes terribles qui faisaient le malheur des hommes. Placés sous un ciel et dans un climat rigoureux, enfoncés dans l'épaisseur des forêts, ou errant perpétuellement entre des lacs, des montagnes, des fleuves, des marais, ils ne suivirent point les productions de la nature en physiciens, et ne cherchèrent dans tous les objets qu'elle offrait, que la fin que l'Esprit universel se proposait et qu'ils imaginèrent, toujours d'après leurs propres idées, leurs goûts et leurs besoins. Ils ne virent donc dans les phénomènes, que des corps ou des mouvements produits par l'union de l'esprit universel avec la matière, et jugèrent que cette union avait un plaisir pour fin ou un besoin pour principe.

Les druides et les bardes tâchèrent de découvrir les besoins et les plaisirs de l'âme universelle, et prescrivirent un culte et des sacrifices propres à les satisfaire. Ils croyaient l'âme universelle répandue dans toute la nature; ils jugèrent qu'elle aimait à s'unir à la matière, et qu'elle se plaisait particulièrement dans les grands amas de matières solides qui semblaient destinés à attirer l'attention des hommes et les inviter à y rendre leurs hommages à l'esprit universel qui n'avait formé ces grands amas qu'en s'y réunissant lui même d'une manière particulière : c'est en grande partie l'origine du culte que ces peuples rendaient aux grandes pierres, aux grands arbres, aux vastes forêts.

La vie pastorale de ces peuples leur rendit nécessaire le voisinage des sources, des rivières et des fleuves : ils jugèrent que l'esprit universel les faisait couler pour le bonheur des hommes et de tous les animaux; ils honorèrent l'âme universelle ou l'Etre suprême dans les rivières, dans les fleuves. Le cours des fleuves n'était pas uniforme; quelquefois ils sortaient de leur lit, inondaient les terres : on s'aperçut que les fleuves en se débordant entraînaient tout ce qui se rencontrait dans leur cours; ils se resserraient ensuite dans leur lit : on crut qu'ils n'en sortaient que pour s'emparer des fruits, des cabanes, des meubles, des hommes, des femmes, etc. Les Celtes crurent que pour prévenir les inondations, il fallait faire aux fleuves des offrandes de toute espèce. Les gouffres que ces peuples errants rencontraient, semblaient creusés par l'esprit universel pour engloutir les hommes et les animaux, et ils y en précipitaient toutes les fois qu'ils en rencontraient. Les plantes dans lesquelles ils croyaient découvrir quelque vertu utile leur paraissaient destinées à mériter le respect, l'amour et la reconnaissance des hommes.

Ce qui nous reste des monuments sur la religion primitive des Gaulois et des Celtes, sur leurs sacrifices, sur leurs divinations, sont des suites des principes que nous leur avons attribués, mais ces détails n'appartiennent point à l'ouvrage que nous donnons actuellement (3).

Les monuments qui nous restent sur la théologie des Arabes avant Mahomet, des Phéniciens, des Toscans, nous offrent les mêmes principes, les mêmes erreurs, la même marche (4).

§ II. *De l'extinction de la religion primitive chez plusieurs peuples, et de celle qu'ils imaginèrent.*

Lorsque les hommes eurent attribué la production des phénomènes à des esprits particuliers, le dogme de l'âme universelle devint une espèce de mystère renfermé dans les collèges des prêtres, ou un dogme spéculatif qui ne parut plus avoir d'influence sur le bonheur des hommes : il s'éteignit dans l'es-

(1) Diod. Sic. l.
(2) Euseb. Præp. Ev. l. ii, c. 17, p. 115; Cudwort, Syst. intel. simplic. in Arist. Physic. l. viii, p. 268; Plat., de Isid. et Osiride.
(3) Hist. de Marseille; Relig. des Gaulois; Collect. des Hist. de France; Biblioth. German. t. XXXVII, an. 1737,
p. 140; Peloutier, Hist. des Celtes.
(4) Voyez Specimen Hist. Arab. et les notes de Pocok; Senec. quæst. nat. l. ii, c. 41; Suidas in voce Thyrren. Plutarq. in Sylla; Euseb. Præp. Evang. l. i, c. 9; Theodoret, de Curandis Græc. affect., serm. 12.

prit du peuple, qui ne vit plus dans la nature que des dieux, des génies, des esprits auxquels il adressa ses vœux et offrit des sacrifices, parce qu'il attendait d'eux seuls son bonheur.

La multiplication continuelle des hommes dans ces nations, l'impossibilité de subsister dans leurs anciennes possessions, les guerres civiles, les querelles particulières des familles, en détachèrent de petites colonies qui se dispersèrent sur la terre. Parmi ces colonies, il y en eut qui n'emmenèrent point de colléges de prêtres, ou auxquels la mort les enleva; beaucoup de ces colonies ne conservèrent que la religion pratique, les sacrifices, les cérémonies religieuses : le dogme de l'âme universelle s'y éteignit absolument.

Le cours des rivières et des fleuves, les lacs, les montagnes, les déserts arides dirigèrent la marche de ces colonies fugitives : la guerre qui s'éleva entre elles, les querelles particulières, la difficulté des chemins, mille accidents pareils détachèrent de ces colonies des familles ou des bandes particulières, et quelquefois même un homme et une femme que la crainte des hommes ou des bêtes féroces conduisit et retint dans les lieux les plus inaccessibles aux animaux féroces et aux hommes, tandis que d'autres, conduits par le hasard dans des pays fertiles, y vécurent en sûreté et s'y multiplièrent. Les hommes, que la crainte avait séparés du reste du genre humain et conduits dans des déserts, dans des marais, ou dans des retraites inaccessibles, s'occupèrent uniquement du soin de se nourrir; toutes les idées acquises dans la société s'effacèrent de l'esprit de ces hommes solitaires, et leurs enfants tombèrent dans l'abrutissement et dans l'ignorance absolue de l'Être suprême. Tels étaient les ichthyophages qui n'avaient pas même conservé l'usage de la parole, qui vivaient en société avec le veau marin, et que l'on croyait habiter ces retraites de toute éternité; les hommes qui vivaient dans les marais, et qui n'osaient en sortir, parce que les bêtes féroces étaient en embuscade sur les bords de ces marais : tels étaient les Hylogones qui s'étaient réfugiés au haut des arbres, et qui vivaient des rameaux naissants, les Troglodytes, les Garamantes, et une infinité d'autres sauvages brutes ou stupides, dont Hérodote, Diodore de Sicile, Strabon et les anciens voyageurs font mention.

Les hommes que la crainte et le hasard conduisirent dans des contrées sûres et fertiles s'y multiplièrent, et la croyance de l'Être suprême et de l'âme universelle s'y obscurcit, s'y altéra en une infinité de manières, et s'éteignit absolument dans ceux que la crainte des animaux féroces ou des hommes, et la difficulté de se nourrir occupèrent sans cesse : telles étaient ces peuplades d'hommes chasseurs répandus sur les montagnes de la Colchide, dans l'Illyrie, les Besses, les Arcadiens, les Désartes, les Hibériens, etc. (1).

(1) Strab. l. xii et xxxi.

Les guerres cruelles que ces nations se faisaient, l'habitude de vivre de la chasse, les répandit en une infinité de contrées. Ces nations sauvages ne conservèrent aucune trace de leur origine, et voilà pourquoi les colonies des nations policées trouvaient partout des hommes qui se croyaient sortis de la terre. Les hommes de ces nations sauvages, réunis par la crainte des animaux carnassiers et des hommes aussi cruels que les bêtes féroces, virent dans chacun de leurs associés un protecteur qu'ils aimèrent; ils regardèrent sa mort comme un malheur qui attaquait leur existence et leur bonheur. La mort fut dans ces sociétés sauvages le premier objet sur lequel l'esprit réfléchit, et dont il rechercha la cause.

Ces hommes ne connaissaient point d'autre cause sensible de la mort que la haine des hommes ou la fureur des bêtes féroces; presque toujours la mort était annoncée par des douleurs intérieures semblables à celles que causaient les animaux ou les blessures faites par les hommes : on regarda la mort comme l'ouvrage de quelque animal invisible, qui était ennemi des hommes, et que l'on imagina revêtu d'un corps semblable aux animaux qui attaquaient les hommes : c'est ainsi que les Moxes croient qu'un tigre invisible cause tous les maux qui les affligent (2).

On ne concevait ces animaux malfaisants que comme des animaux invisibles : on ne supposa pas qu'ils eussent d'autres motifs de faire du mal aux hommes que le besoin de nourriture, et l'on crut arrêter leur malignité en apaisant leur faim : les hommes partagèrent donc vraisemblablement leurs aliments avec les êtres malfaisants et invisibles, comme plusieurs nations sauvages le pratiquent encore. Les offrandes n'arrêtèrent ni le cours des maux, ni les coups de la mort; on cessa d'imputer aux êtres invisibles qu'on avait imaginés les maladies et la mort des hommes; et ne pouvant en découvrir la cause dans des êtres étrangers, on la chercha dans l'homme même.

La mort ne laissait aucune trace de son action; on ne voyait point de changement dans la configuration extérieure du corps humain, aucune des parties n'était détruite, toutes étaient seulement privées de mouvement : on conclut que le corps humain ne contenait pas essentiellement le principe de son mouvement, et qu'il le recevait de quelque être qui s'en séparait à la mort. Le corps privé de mouvement ne laissait apercevoir ni sentiment, ni pensée; le principe du mouvement était donc aussi le principe du sentiment et de la pensée. C'est ainsi que, dans ces nations sauvages, le spectacle de la mort éleva l'esprit humain à des êtres invisibles, actifs, intelligents et sensibles, qui donnaient au corps humain le mouvement et la vie, mais qui n'en étaient pas inséparables, et qui, unis au corps pour satisfaire ses besoins, le quittaient parce que quelque dérangement inconnu et caché ne leur per-

(2) Voyage de Coréal, t. II.

mettait plus de satisfaire ces besoins, et les obligeait d'en sortir. On jugea que les esprits ne sortaient qu'à regret de leurs corps, qu'ils ne s'en éloignaient pas beaucoup, afin de pouvoir satisfaire les besoins dont leur séparation ne les affranchissait point.

Mais enfin le temps, qui détruisait les corps, ôtait aux esprits toute espérance d'y rentrer : alors ils erraient dans l'air tourmentés par la faim et par la soif. Ces esprits ne perdaient point leur activité, et les nations sauvages dont nous parlons ignoraient les causes qui mettent l'air en mouvement. On crut que les agitations de l'air n'étaient que des prières que ces esprits faisaient aux vivants pour en obtenir des aliments, et comme ces esprits avec leurs besoins et leur activité conservaient leurs passions, on ne douta point qu'ils ne se vengeassent de l'insensibilité des hommes par des tourbillons, par des tempêtes excitées dans l'air qui était soumis à leur pouvoir. Ces peuples virent donc dans les âmes des morts non seulement des malheureux que l'humanité portait à secourir, mais encore des puissances redoutables qu'il était dangereux de ne pas satisfaire : on prépara donc et l'on offrait des aliments aux morts.

Des animaux qui mangèrent les offrandes firent croire qu'en effet les morts se nourrissaient, et lorsqu'on s'aperçut qu'ils ne mangeaient point les aliments qu'on leur préparait, on supposa qu'ils n'en mangeaient que les parties les plus subtiles, ou les parties les plus spiritueuses, les seules qui fussent proportionnées aux organes des esprits.

Ainsi la vapeur du sang qui coulait d'un animal qu'on tuait parut un aliment propre pour l'esprit, et l'on fit des sacrifices pour nourrir les morts et pour les apaiser : tout ce qui était spiritueux et les odeurs les plus agréables furent employés pour le même objet.

Comme les corps par eux-mêmes étaient sans mouvement, les différences qu'on observait dans les forces des hommes ne pouvaient venir que de l'inégalité des esprits qui les animaient, et l'on reconnut dans les esprits séparés des corps différents degrés de puissance ; les hommes qui avaient été les plus forts étaient aussi les esprits les plus puissants : ils formaient les orages ou calmaient le ciel. On ne douta point que les rois et les héros, qui étaient les hommes les plus forts, ne fussent les maîtres des vents et de la pluie. Les rois et les héros morts furent donc le principal objet de l'attention des hommes : non seulement on leur offrit des sacrifices pour les nourrir, mais on tâcha de flatter les goûts qu'ils avaient eus pendant leur vie, et que l'on ne doutait pas qu'ils ne conservassent après leur mort. Ce désir de flatter les goûts toujours subsistants des héros morts, produisit dans le culte des divinités toutes les bizarreries possibles. La mort d'un roi, d'un héros débauché, ou d'une reine puissante et voluptueuse, fit naître tous les cultes obscènes que l'histoire ancienne nous offre.

Le culte des héros fit oublier les autres morts, ou l'on crut qu'après leur mort, comme pendant leur vie, ils étaient subordonnés aux génies des héros. Comme les héros avaient été des conquérants célèbres ou des capitaines habiles, et que la mort ne leur ôtait ni leurs lumières, ni leurs inclinations, on crut avoir, dans les esprits des héros, des protecteurs qui pouvaient diriger les entreprises que l'on méditait; et l'on ne douta point qu'ils ne pussent faire connaître aux hommes leurs pensées et leurs volontés par des inspirations intérieures, par des apparitions ou par des sons formés dans l'air : ces effets n'étaient point au-dessus de leurs forces, et ces peuples eurent des oracles (1).

Les colonies qui se détachèrent des grandes nations, et qui passèrent dans les pays habités par les peuples dont nous venons de décrire la religion, les trouvèrent disposés à recevoir la doctrine des génies auxquels ils attribuaient le gouvernement du monde ; leurs religions se confondirent, et la croyance des génies fut généralement établie sur la terre : on en plaça dans le soleil, dans les astres, et l'on imagina que l'empire de la terre était partagé entre ces puissances. Ce n'était pas seulement de ces divinités que dépendait le bonheur des hommes : le succès des entreprises, la santé, les richesses, n'étaient pas toujours le fruit de la raison ou l'apanage du mérite et de la prudence ; souvent les entreprises les mieux concertées échouaient, tandis que d'autres réussissaient contre toute apparence ; quelquefois le succès ou le malheur d'une entreprise avait été causé ou accompagné par quelque circonstance remarquable. On crut que des causes inconnues aux hommes, c'est-à-dire, des génies inconnus, conduisaient le fil des événements et dirigeaient les hommes au bonheur ou au malheur par des signes qu'ils leur donnaient en mille manières différentes, et auxquels il fallait par conséquent être prodigieusement attentif: telle fut chez ces nations l'origine des présages des génies amis ou ennemis des hommes, des fées bien ou malfaisantes. On supposa le monde rempli de ces génies : tous les événements, tous les mouvements, un bruit, un vase renversé fut un présage donné par quelque génie ; on peupla l'atmosphère de ces génies, qu'on honora, et que l'on crut pouvoir s'attacher en leur rendant un culte.

Un culte rendu à un génie, en général, n'en eût flatté aucun, et n'en aurait par conséquent intéressé aucun en particulier; il fallait d'ailleurs à l'imagination un objet déterminé, et à l'homme un génie qu'il pût instruire commodément de ses besoins ; on proposa donc aux génies de se rendre dans

---

(1) Hésiod., Theogon., v. 215; Opera et dies, v. 120; Leclerc, Comment. sur ces ouvrages; Vossius, de Idol. — Tous les voyageurs nous font voir dans les peuples nouvellement découverts la même suite d'idées.

un lieu où l'on s'engageait par une espèce de vœu à lui rendre un culte. Dans les nations pauvres et grossières, et avant la sculpture, on se contenta de distinguer la résidence des génies par quelque marque particulière. Un arbre ou un tronc coupé furent à Thespis et à Samos les idoles de Junon : de simples pierres sans aucune figure particulière étaient les idoles de l'Amour à Thespis, et d'Hercule à Hyète; telles sont encore les idoles des fétiches chez les Africains (1).

La faculté de fixer ainsi les génies produisit des génies tutélaires, et les génies des lieux dont toute l'histoire est pleine ; les cérémonies que les anciens appelaient évocations ne permettent pas d'en douter. Lorsque quelque lieu avait été consacré, et qu'on voulait le séculariser, on conjurait avec beaucoup de solennité les génies de se retirer, et lorsqu'on était sur le point de prendre une ville, pour ne point commettre le sacrilège de faire les dieux tutélaires prisonniers, on les priait de sortir et de passer dans le parti victorieux, où l'on assurait qu'ils seraient plus respectés et mieux servis.

Les Romains étaient tellement persuadés de la puissance des dieux tutélaires et de la vertu de l'évocation, qu'ils cachaient avec un soin extrême les noms de leurs dieux tutélaires : ils croyaient que par la force de la consécration, les génies ou les dieux logeaient dans les statues (2).

Comme on ne concevait point de bornes dans la multitude des génies, la faiblesse et l'intérêt en eurent pour tous les besoins et contre tous les malheurs : non-seulement chaque nation invoqua toutes les espèces de génies propres à procurer le bonheur de la nation ; mais dans chaque nation, chaque condition, et dans toutes les conditions, chaque famille eut ses génies particuliers. Les maisons, les champs eurent aussi leurs génies : le pieux Enée ne manquait jamais de faire un sacrifice au génie du lieu.

Comme l'esprit humain n'envisageait les phénomènes que dans leurs rapports avec son bonheur, il crut tous les génies occupés à le servir ou à lui nuire; il leur attribua toutes les inclinations qu'il avait, il les crut déterminés par les motifs qui le déterminaient, il les crut successivement altérés de sang ou avides de gloire, il leur offrit des sacrifices ou des louanges et des prières, il leur bâtit des temples, établit des prêtres, institua des fêtes; et comme c'était de ce culte que les hommes attendaient leur bonheur, l'esprit humain épuisa toutes les manières possibles de plaire à ces génies.

Telle était l'origine, tel fut le progrès de l'idolâtrie qui avait infecté toutes les nations: le peuple n'avait point d'autre religion. Les colonies détachées des grandes nations communiquèrent aux peuples, chez lesquels ils s'établirent, les restes de la tradition qu'elles avaient conservés sur l'origine du monde, sur le déluge, sur le destin de l'homme après la mort. Cette tradition, déjà obscurcie dans ces colonies, s'allia avec les idées et la croyance des peuples chez lesquels elle fut portée, et c'est de là que vient ce mélange d'idées élevées et de croyances absurdes qu'on trouve chez les anciens poëtes, historiens, philosophes, sur la nature de Dieu et sur les divinités païennes, sur l'origine du monde, sur les puissances qui le gouvernent, sur l'homme, sur l'autre vie (3).

CHAPITRE III.

De l'origine de la philosophie, et des changements qu'elle causa dans la religion que les prêtres avaient formée sur les débris de la religion primitive.

Nous avons vu tous les hommes attribuer les phénomènes de la nature à des génies ; les prêtres seuls les regardaient comme des portions de l'âme universelle, et cherchaient, par l'observation de la nature, à découvrir les goûts, les inclinations de ces portions de l'âme universelle, et prescrivaient les sacrifices, les prières, les offrandes, les dévouements qu'ils jugèrent propres à calmer la colère des génies ou à mériter leurs faveurs. Ce ne fut donc que dans les colléges des prêtres que l'esprit humain rechercha, par l'étude des phénomènes, les goûts, les inclinations, les désirs, les desseins des génies ou des portions de l'âme universelle.

Rien n'était plus intéressant que de satisfaire à propos ces désirs, c'était le moyen le plus sûr de prévenir les effets de la colère des génies ; mais pour les satisfaire à propos il fallait les prévoir. Les prêtres portèrent donc leur attention sur tout ce qui pouvait annoncer les besoins, les désirs ou les inclinations des génies qui gouvernaient la nature; ils examinèrent avec soin toutes les circonstances qui les accompagnaient ; ils virent que ces phénomènes avaient des retours réglés, et qu'ils étaient ordinairement accompagnés des mêmes circonstances; ils jugèrent que tout était lié dans la nature et qu'on pouvait prévoir les phénomènes : les prêtres réglèrent sur cette prévision les fêtes, les sacrifices. Ils connurent bientôt l'inutilité des sacrifices; ils jugèrent que les phénomènes avaient une cause commune, et que cette cause suivait des lois inviolables ; tous les génies disparurent aux yeux des prêtres, et ils ne virent plus dans les phénomènes qu'une longue chaîne d'événements qui s'amenaient et se produisaient successivement.

L'esprit humain n'alla pas plus loin chez les peuples guerriers ou pasteurs, dont la vie était trop agitée et le climat trop rigoureux pour faire des observations suivies, et qui, menant une vie errante, n'avaient besoin que de prévoir les phénomènes dange-

---

(1) Clem. Alex., Protrep. c. 3; Tert. Apol. c. 18; Pausan., Boetic. l. ix, c. 24, 17; Mém. de l'Acad. des Inscrip. t. XXIII; Afrique de Daper; Voyages de Labar.
(2) Tite-Live, l. v, v. 21, 22.

(3) Voyez Hésiode et les notes de Leclerc, Homère, Hérodote, Diodore, Vossius, de Idol.; Vandale, de Idol.; Explic. de la Fable d'Adonis; Bibl. univ. c. 3, p. 7.

reux pour les éviter. Tels furent les Celtes, les Gaulois, les Germains.

La prévision des phénomènes ne suffisait pas aux peuples qui avaient des établissements fixes et qui cultivaient la terre, ils recherchèrent à connaitre cette suite de causes qui formaient la chaîne des événements pour tâcher de découvrir des ressources contre les malheurs. Les collèges des prêtres devinrent donc des assemblées de philosophes qui cherchèrent comment et par quel mécanisme tout s'opérait dans la nature. Comme ils avaient cru que tout était lié dans la nature, ils rapportèrent tous les phénomènes à un seul principe; ils cherchèrent comment il avait tout produit.

L'esprit humain s'éleva donc jusqu'à la recherche des lois selon lesquelles le monde avait été produit, et il entreprit d'expliquer l'origine du monde; il fit des systèmes dans lesquels chacun supposait un principe et le faisait agir conformément à ses idées et aux phénomènes qu'il avait sous les yeux : telle est l'origine des systèmes des Chaldéens, des Perses, des Indiens, des Egyptiens. Ces systèmes, renfermés longtemps dans les collèges des prêtres, passèrent dans les écoles des Grecs, chez lesquels l'esprit systématique enfanta une infinité d'opinions différentes, que les conquêtes d'Alexandre reportèrent en Orient, dans la Perse, en Egypte, dans l'Inde.

Ces principes se communiquèrent aux Juifs et aux Samaritains avant la naissance du christianisme. Il se trouva partout des hommes entêtés de ces principes, qui les unirent avec quelques-uns des dogmes des Juifs, et ensuite avec ceux du christianisme; et c'est de cette union que sont venues presque toutes les hérésies des trois premiers siècles.

§ I. Des principes religieux des philosophes chaldéens.

Nous avons vu que les prêtres chaldéens regardaient la lumière comme l'élément par le moyen duquel l'âme universelle avait produit le monde; ils croyaient qu'elle avait formé de cet élément les astres qui étaient des amas de lumière séparés, avaient chacun une action particulière qui semblait se diriger uniquement vers la terre. Puisque la lumière était la seule force motrice de la nature, et que chacun des astres avait une action particulière, il fallait bien que les phénomènes fussent, pour ainsi dire, le résultat des influences particulières des astres qui étaient sur l'horizon; et les philosophes chaldéens crurent trouver dans leur disposition la cause des phénomènes, et dans la connaissance de leurs mouvements les moyens de prévoir les phénomènes. Ces vues, et peut-être les chaleurs excessives et les vents pestilents qu'on éprouve dans ces contrées pendant certains mois, et dont on ne peut se garantir qu'en se retirant sur les montagnes, conduisirent les Chaldéens sur les montagnes qui bordent le pays qu'ils habitaient; élevés sur ces observatoires que la nature semblait avoir formés exprès, ils étudièrent la disposition des astres et leurs mouvements : ils virent que les mêmes phénomènes étaient constamment accompagnés de la même disposition des astres, et que les astres avaient des mouvements réguliers, une marche constante; les prêtres chaldéens jugèrent donc que les phénomènes étaient liés, et que les sacrifices n'en interrompaient point le cours; ils jugèrent que les phénomènes avaient une cause commune qui agissait selon des lois, ou par des motifs qu'ils ne connaissaient pas, qu'il était important de découvrir, et qu'ils recherchèrent.

Les astres eux-mêmes obéissaient à ces lois : leur formation, leur arrangement, leurs influences étaient des suites de ces lois générales par lesquelles la nature était gouvernée. Les Chaldéens furent donc déterminés à rechercher dans le ciel même la connaissance de la cause productrice du monde, et celle des lois qu'elle avait suivies dans la formation des êtres et dans la production des phénomènes, parce que c'était là que résidait la force qui produisait tout. Les astres étaient des amas de lumières, les espaces qu'ils occupaient en étaient remplis, nulle autre force ne paraissait agir dans ces espaces; les Chaldéens pensèrent que la lumière était la puissance motrice qui avait produit les astres : on ne pouvait douter que cette puissance ne fût intelligente, et les opérations de l'âme parurent avoir avec la subtilité et l'activité de lumière tant d'analogie, que des hommes qui n'avaient pour guide que l'imagination, n'hésitèrent point à regarder l'intelligence comme un attribut de la lumière, et l'âme universelle, ou l'intelligence suprême, comme une lumière.

Les observations des Chaldéens leur avaient appris que les astres étaient à des distances inégales de la terre, et que la lumière s'affaiblissait à mesure qu'elle s'en approchait : ils jugèrent que la lumière descendait d'une source infiniment éloignée de la terre, qui remplissait de ses émanations l'immensité de l'espace, et qui formait, à certaines distances, des astres de différente espèce. L'âme productrice du monde fut donc conçue par les philosophes chaldéens sous l'image d'une source éternelle et intarissable de lumière : on crut qu'elle était dans l'univers ce que le soleil était pour l'espace qu'il éclairait et qu'il échauffait.

Puisque la lumière allait toujours en s'affaiblissant, il fallait que la source de la lumière fût d'une subtilité et d'une pureté infiniment au-dessus de tout ce qu'on pouvait concevoir, et par conséquent souverainement intelligente. Les émanations, en s'éloignant de leur source, recevaient moins d'activité, dégénéraient de leur première perfection, par le décroissement successif de leur activité : elles avaient donc formé des êtres et des intelligences différentes, selon qu'elles étaient éloignées de la source de la lumière, et enfin elles avaient perdu par degrés leur légèreté, s'étaient condensées, avaient pesé les unes sur les autres; étaient devenues matérielles, et avaient formé le chaos. Il y avait donc entre l'être suprême et la terre une chaîne d'êtres intermédiaires, dont les perfections décroissaient à mesure que ces êtres étaient éloignés du séjour de l'être suprême.

Cet être avait communiqué aux premières émanations, dans le degré le plus éminent, l'intelligence, la force, la fécondité : toutes les autres émanations participaient moins de ces attributs à mesure qu'elles s'éloignaient de l'intelligence suprême ; ainsi tous les différents espaces lumineux qui s'étendaient depuis la lune jusqu'au séjour de l'intelligence suprême, étaient remplis de différents ordres d'esprits.

L'espace qui environnait le principe ou la source des émanations était rempli d'intelligences pures et heureuses. Immédiatement au-dessous des pures intelligences commençait le monde corporel ou l'empyrée : c'était un espace immense éclairé par la lumière pure qui sortait immédiatement de l'être suprême : il était rempli d'un feu infiniment moins pur que la lumière primitive, mais infiniment plus subtil que tous les corps. Au-dessous de l'empyrée, c'était l'éther, ou un grand espace rempli d'un feu plus grossier que celui de l'empyrée. Après l'éther, étaient les étoiles fixes répandues dans un grand espace où les parties les plus denses du feu éthéré s'étaient rapprochées, et avaient formé les étoiles.

Le monde des planètes suivait le ciel des étoiles fixes, c'était l'espace qui renfermait le soleil, la lune et les planètes. C'était dans cet espace que se trouvait le dernier ordre des êtres, c'est-à-dire la matière brute, qui, non seulement était destituée de toute activité, mais qui se refusait aux impressions et aux mouvements de la lumière. Les différentes parties du monde se touchaient, et les esprits des régions supérieures pouvaient agir sur les régions inférieures, y pénétrer et y descendre. Puisque la matière du chaos était informe et sans mouvement, il fallait bien que les esprits des régions supérieures eussent formé la terre, et que les âmes humaines fussent des esprits descendus des régions supérieures.

Le système des Chaldéens ressuscita donc tous les génies que la raison avait fait disparaître, et on leur attribua toutes les productions, tous les phénomènes, tous les mouvements produits sur la terre : la formation du corps humain, la production des fruits, tous les dons de la nature furent attribués à des esprits bienfaisants.

Dans cet espace même qui est au-dessous de la lune, au milieu de la nuit, on voyait se former des orages ; les éclairs sortaient de l'obscurité des nuages, la foudre éclatait et désolait la terre : on jugea qu'il y avait des esprits ténébreux, des démons matériels répandus dans l'air. Souvent du sein de la terre même on voyait sortir des flots de feu ; la terre était ébranlée : on supposa des puissances terrestres, ou des démons dans le centre de la terre, et comme la matière était sans activité, tous les mouvements furent attribués à des génies. Les orages, les volcans, les tempêtes semblaient n'avoir point d'autres objets que de troubler le bonheur des hommes. On crut que les démons qui les produisaient étaient malfaisants et haïssaient les hommes, on leur attribua tous les événements malheureux, et l'on imagina une espèce de hiérarchie dans les mauvais génies, comme on l'avait supposée dans les bons.

Mais pourquoi l'intelligence suprême qui était essentiellement bonne, n'accablait-elle pas du poids de sa puissance cette foule de génies malfaisants ? Les uns crurent qu'il n'était pas de la dignité de l'intelligence suprême de lutter elle-même contre ces génies : les autres crurent que ces génies méchants par leur nature étaient indestructibles, et que l'intelligence suprême ne pouvant ni les anéantir ni les corriger, les avait relégués au centre de la terre, dans l'espace qui est au-dessous de la lune, où ils exerçaient leur empire et leur méchanceté ; que pour soutenir le genre humain contre des ennemis si nombreux et si redoutables, l'intelligence suprême envoyait des esprits bienfaisants, qui défendaient sans cesse les hommes contre les démons matériels. Comme les bons et les mauvais génies avaient des fonctions particulières et des degrés différents de puissance, on leur donna des noms qui exprimaient leurs fonctions.

Puisque les esprits bienfaisants étaient chargés de protéger les hommes et de les secourir dans leurs besoins, il fallait bien qu'ils entendissent le langage des hommes : on crut donc que les hommes avaient des génies protecteurs contre tous les malheurs, et que chaque génie avait son nom qu'il suffisait de prononcer pour leur faire connaître le besoin qu'on avait de leur secours : on inventa donc tous les noms qui pouvaient évoquer les génies bienfaisants, ou leur faire connaître les besoins des hommes ; on épuisa toutes les combinaisons des lettres pour former un commerce entre les hommes et les génies, et voilà une origine de la cabale, qui attribuait à des noms bizarres la vertu de faire venir les génies, de mettre les hommes en commerce avec eux, et d'opérer par ce moyen des prodiges. Ces noms servaient aussi quelquefois à chasser les génies malfaisants ; c'étaient des espèces d'exorcismes : car comme on croyait que ces génies étaient relégués au centre de la terre, et qu'ils ne faisaient du mal que parce qu'ils avaient trompé la vigilance des génies destinés à les garder, et qu'ils s'étaient échappés dans l'atmosphère, on croyait que ces génies malfaisants s'enfuyaient lorsqu'ils entendaient prononcer le nom des anges chargés de les tenir emprisonnés dans les cavernes souterraines, et de les punir lorsqu'ils en sortaient.

Comme on avait supposé dans le nom du génie, ou dans le symbole qui exprimait sa fonction, une vertu qui le forçait à se rendre auprès des hommes qui l'invoquaient, on crut que ce nom gravé ou écrit sur une pierre fixerait en quelque sorte le génie auprès de celui qui le porterait, et c'est apparemment l'origine des talismans, faits ou avec des mots ou avec des figures symboliques. Comme les démons avaient des organes, et que les génies tutélaires pouvaient ne pas se rendre avec célérité aux sollicitations des hommes, on crut pouvoir se garantir de leurs attaques en plaçant dans les endroits par lesquels ils pouvaient passer, des aiguilles et des épées que l'on agitait, et qui causaient beaucoup de douleur aux démons lorsqu'elles les rencontraient; et comme la subtilité des corps des démons pouvait les garantir des coups d'épées, on crut qu'il fallait les chasser par de mauvaises odeurs, ou en allumant du feu.

De cette supposition que les démons étaient corporels et sensibles, on les crut capables de se passionner pour les femmes; c'est apparemment de là que vint la croyance des démons incubes, et une infinité de pratiques superstitieuses qui ne pouvaient être exercées que par des femmes : ainsi, par exemple, pour avoir de la pluie, on faisait danser dix vierges habillées de rouge, qui s'agitaient, étendaient leurs doigts vers le soleil, et faisaient certains signes. Pour arrêter la grêle, au contraire, on faisait coucher quatre femmes sur le dos; dans cette attitude, elles prononçaient certaines paroles, puis levaient les pieds vers le ciel, et les agitaient : c'est apparemment à ces principes que tient le respect qu'on avait pour les femmes, qui jouaient un rôle considérable dans la magie chaldéenne (1).

§ II. *Des principes religieux des philosophes persans.*

Lorsque les mages eurent découvert que tous les phénomènes étaient liés par une chaîne invisible aux sens, ils cessèrent de les attribuer à cette foule de génies qu'ils avaient imaginés dans tous les éléments; ils les attribuèrent à cette cause commune, à la puissance qui animait la nature, et qui contenait en elle-même le principe du mouvement. Les Perses voulurent voir cette cause dans le feu; nul élément ne leur paraissait avoir dans la nature une influence plus générale que le feu : c'était lui qui faisait germer les grains, croître les plantes, mûrir les fruits; on le retrouvait dans le bois, dans la pierre qui, froissés, s'échauffaient et s'enflammaient; on le sentait dans l'intérieur de la terre. Les mages jugèrent donc que le feu était le principe, la matière de tous les corps et la force motrice qui agitait tous les éléments. La chaleur descendait du ciel sur la terre, et ils savaient qu'elle diminuait en s'éloignant de sa source : ils jugèrent qu'à une certaine distance du soleil, il devait y avoir des parties de feu qui devaient former des éléments différents, et enfin la matière brute et insensible. Il y avait donc dans ces principes un être sans activité, insensible, qui se refusait au mouvement du feu, et qui était essentiellement opposé au principe qui animait la nature, à l'âme universelle.

Entre la matière brute et l'âme universelle, qui étaient comme les deux extrémités de la chaîne des êtres, il y avait une infinité de parties de feu douées d'une infinité de degrés d'activité différents. Dans la région qu'occupait la matière, on trouvait des êtres pensants, telle était l'âme humaine : sa pensée paraissait l'effet de son activité. Les mages supposèrent donc entre l'âme universelle et la matière brute, une infinité d'esprits différents, dont la sagacité et l'intelligence décroissaient sans cesse : à certaine distance de l'âme universelle, elles n'étaient que sensibles; et enfin des forces motrices qui décroissaient sans cesse, jusqu'à ce qu'elles fussent devenues matière brute.

Les mages supposèrent donc dans le monde une âme universelle, d'où sortaient des intelligences pures qui n'obéissaient qu'à la raison, des êtres intelligents et sensibles qui obéissaient au sentiment et à la raison, des êtres purement sensibles qui ne suivaient que leurs désirs ou leurs besoins, des forces motrices qui n'étaient ni intelligentes ni sensibles, et qui ne tendaient qu'à produire du mouvement, et enfin des êtres sans force et sans mouvement, qui formaient la matière. Ils crurent trouver dans ces différents êtres des principes suffisants pour former tous les corps, et produire tous les phénomènes sur la terre, dans l'atmosphère et dans le ciel, et surtout le mélange des biens et des maux. Lorsqu'on examine la nature des maux qui affligent les hommes, on découvre qu'ils ont leur source dans la matière : c'est d'elle que naissent nos besoins et nos douleurs : ainsi ces mages jugèrent que la matière ou les ténèbres étaient un principe mauvais, essentiellement opposé au principe bienfaisant qui était la lumière.

Comme ils concevaient l'Être suprême sous l'image d'une source de laquelle sortait sans cesse un torrent de lumière; et que l'imagination ne pouvait ni suivre ce torrent dans l'immensité de l'espace, ni se représenter comment cette source ne serait pas tarie, si elle avait produit sans réparer ses forces, et ranimer sa fécondité; ils supposèrent qu'il y avait un retour continuel de toutes les parties ténébreuses au sein de l'Être suprême, où elles reprenaient leur première activité. Ainsi l'inertie des parties ténébreuses diminuait sans cesse, et la suite des siècles devait leur rendre leur première activité, faire disparaître la matière, et remplir le monde d'un feu pur et d'intelligences sublimes et heureuses : c'est ce système que Plutarque expose d'une manière figurée, lorsqu'il dit que les Perses croient qu'il y a un temps marqué où il faut qu'Arimane périsse (2).

D'autres mages crurent qu'en effet les biens et les maux étaient produits par des génies qui aimaient à faire du bien aux hommes, ou qui se faisaient un plaisir de leur malheur : ils attribuèrent tout à des intelligences bonnes ou mauvaises par leur nature. L'inégalité de leurs effets en fit supposer dans leurs forces, et l'on imagina dans

---

(1) Voyez l'Hist. de la Phil. Orient. de Stanley.

(2) Plutar., de Iside et Osiride.

les génies une espèce de gradation semblable à celle qu'on voyait dans les phénomènes de la nature. L'imagination termina cette longue chaîne de génies bons et mauvais à deux génies plus puissants que les autres, mais égaux entre eux ; sans cette égalité, l'on n'eût vu que du bien ou du mal dans le monde. Les mages supposèrent donc dans la nature deux principes opposés, que l'amour du bien et du mal portait à en faire aux hommes, et que l'on pouvait intéresser en faisant du bien ou du mal : c'est de là que vint l'usage d'immoler des hommes choisis parmi les malheureux, et auxquels on procurait pendant une ou plusieurs années tous les plaisirs qu'ils désiraient : on croyait par ce moyen satisfaire le méchant principe sans déplaire au bon.

La religion des philosophes persans se réduisait donc à croire un être nécessaire, éternel, infini, duquel tout était sorti par voie d'émanation : les hommes, leurs pensées, leurs actions, étaient enchaînés par la même nécessité qui produisait les émanations ; nulle récompense n'attendait la vertu, nul châtiment n'était réservé au crime : il n'y avait même dans ce système ni vertu ni crime, et par conséquent ni religion ni morale pour le mage qui suivait ses principes philosophiques. A l'égard de ceux qui supposaient des génies bons et mauvais ; leur religion n'était point distinguée de la religion populaire, et les principes religieux de ces mages ne conduisaient ni à la piété ni à la vertu, et ne rendaient les hommes ni bons ni religieux, mais superstitieux et méchants. Partout où la croyance du bon et du mauvais principe a été un dogme religieux, on a fait beaucoup de mal pour plaire au mauvais principe, et fort peu de bien pour plaire au bon.

§ III. *Des principes religieux des philosophes égyptiens.*

Les prêtres égyptiens destinés à rechercher les moyens de plaire aux génies auxquels on croyait que les hommes devaient leur bonheur, observèrent l'origine, l'ordre et la suite des phénomènes : ils découvrirent qu'une puissance inconnue au vulgaire liait les phénomènes, qu'une force assujettie à des lois constantes les amenait indépendamment des vœux et des sacrifices, et que les génies, s'ils existaient, ne produisaient rien.

Pour connaître les lois que suivait la cause productrice des phénomènes, les instruments et le mécanisme qu'elle employait, ils observèrent la naissance des animaux et des plantes ; et comme l'Egypte devait à l'eau sa fécondité, ils crurent que cet élément était l'agent par le moyen duquel l'âme universelle produisait tous les corps. Ils crurent la retrouver dans toutes les productions qui devenaient successivement terre, feu, air, etc. Ils jugèrent que l'âme universelle produisait tous les corps en s'unissant à une matière susceptible de toutes les formes, et admirent pour principes de tous les êtres un esprit universel et la matière. Le mouvement général de la matière, la fécondité inaltérable de la terre et des animaux leur firent juger que l'esprit universel et la matière tendaient nécessairement à s'unir, et à produire des êtres vivants et animés (1). Les irrégularités et les difformités qu'ils observèrent dans les différentes productions de la nature leur firent juger que l'esprit universel et la matière s'unissaient par un attrait invincible, et que l'âme universelle tendait toujours à produire des corps réguliers, mais que la matière était indocile à ses impressions, et se refusait à ses desseins, ou que c'était par une impétuosité aveugle qu'elle s'unissait avec l'âme universelle : la matière contenait donc une force, ou un principe d'opposition à l'ordre et à la régularité que l'esprit universel voulait mettre dans ses productions, et les philosophes égyptiens supposèrent dans la matière un principe malfaisant ou méchant. Tout était donc produit, selon eux, par le mélange ou le concours d'un bon ou d'un mauvais principe, qui n'étaient que des forces motrices ou physiques.

Les philosophes égyptiens ne reconnaissaient dans ces deux principes ni lois ni liberté, l'esprit universel n'avait pu donner des lois aux hommes, il ne pouvait, ni ne voulait les récompenser ou les punir : leurs principes philosophiques étaient donc destructifs de toute religion.

Les philosophes ou les prêtres égyptiens conservèrent avec beaucoup de secret cette doctrine dans leurs collèges, et l'exigèrent de leurs disciples. Hérodote instruit par eux, déclare qu'il s'est imposé la loi de ne point parler des choses divines de l'Egypte, Hérodote, l. II, c. 5. On ne laissait échapper de la doctrine secrète que ce qui pouvait s'accommoder avec la religion nationale, qui était utile à la société et au bonheur des particuliers : l'irréligion ne procure ni consolation dans les malheurs attachés à la nature humaine, ni ressource contre les passions dangereuses.

§ IV. *Des principes religieux des philosophes indiens.*

Nous avons vu que l'Inde doit sa fécondité aux inondations des fleuves qui la baignent ; que les peuples attribuèrent ces inondations à des portions de l'esprit universel qu'ils regardaient comme l'âme de la nature, qu'ils honorèrent ces génies, et qu'ils apprirent l'art de conduire les eaux et de prévenir la stérilité qui suit les inondations excessives ou trop faibles. Malgré ces précautions et le culte rendu aux fleuves, ils éprouvèrent des chaleurs excessives, des calamités, des années stériles ; leurs campagnes furent ravagées par des animaux sauvages, eux et leurs troupeaux furent attaqués par les tigres et par les lions dont l'Inde est remplie. Il s'éleva des disputes pour la distribution des eaux, pour le partage des terres ; l'abondance même alluma des passions contraires à la tranquillité des familles.

---

(1) Plutarq. loc. cit.

Les Indiens s'aperçurent donc qu'ils avaient à craindre la bizarrerie des saisons, les éléments, les bêtes féroces, les passions et la cupidité des hommes : ils tâchèrent de prévoir et de prévenir les phénomènes dangereux, la stérilité de la terre, l'inconstance des génies ; de se garantir eux, leurs troupeaux et leurs moissons des attaques des animaux, et de mettre un frein à la cupidité et à l'injustice des hommes. Ils établirent des chasseurs qui gardaient les troupeaux et les campagnes, des philosophes destinés à prévoir les phénomènes et à diriger les passions des hommes, tandis qu'une autre partie de la nation cultivait la terre, soignait les troupeaux et fournissait une subsistance commode aux chasseurs et aux philosophes (1). Ces derniers firent de la nature et de l'homme l'objet de leurs recherches, et se distribuèrent en différentes classes qui se communiquaient leurs observations ; ainsi l'esprit humain ne dut faire nulle part d'aussi rapides progrès dans la connaissance de la nature et dans l'étude de la morale et de la législation. Le temps, les révolutions que l'Inde a éprouvées, l'usage où les philosophes étaient de ne transmettre que de vive voix leurs observations et leurs idées, nous ont dérobé la marche de l'esprit de ces philosophes ; mais par les monuments qui nous restent sur l'ancien état de ces peuples, on aperçoit que les philosophes chargés d'étudier la nature, ne s'abaissèrent jamais jusqu'à chercher à prédire les événements particuliers, et qu'ils s'appliquèrent avec beaucoup d'ardeur à l'art de prévoir et de prédire les mauvais temps ; qu'on retranchait de la classe des philosophes ceux qui s'étaient trompés trois fois de suite dans leurs prédictions (2).

Ces philosophes découvrirent donc de la liaison entre les phénomènes, et jugèrent qu'une force immense unissait ou séparait les corps, que ces corps étaient composés de différents éléments dans lesquels la force motrice agissait diversement ; que, de tous les éléments, l'eau avait la principale part dans la production des corps, ou qu'elle était même le principe universel de notre monde (3). Ils n'aperçurent point dans le ciel l'inconstance et la bizarrerie qu'on observait dans l'atmosphère et sur la terre, ils jugèrent qu'un être essentiellement différent formait le ciel. Ainsi ils supposèrent dans le ciel un être qui agissait toujours avec sagesse et avec régularité, et sur la terre une force sans raison.

Cependant comme il y avait de l'ordre, de la régularité dans beaucoup de productions et de phénomènes du monde terrestre, ils jugèrent que la raison qui régnait dans le ciel, avait dirigé la force qui agitait les parties du monde terrestre, et qu'elle l'avait dirigée par des portions détachées d'elle-même ; et comme ils avaient remarqué que tout était lié dans la nature, ils supposèrent qu'un génie plus puissant que tous les autres, avait formé le plan du monde et attaché à chaque partie de la nature des génies, pour diriger la force motrice selon les lois qu'il prescrivait.

Les philosophes indiens, en étudiant l'homme, aperçurent qu'il connaissait et qu'il aimait l'ordre, mais que souvent il était entraîné dans le désordre malgré la voix de la raison. Ils jugèrent que l'homme avait en lui-même une portion de l'esprit céleste qui connaît l'ordre et qui l'aime, et une portion de la force motrice, qui n'a ni connaissance ni amour de l'ordre ; ils cherchèrent les moyens de subjuguer cette force motrice en domptant le corps dans lequel elle résidait : ils crurent que la médecine devait faire une partie de la morale, et recherchèrent les moyens de calmer l'effervescence du sang, et d'amortir la sensibilité des organes d'où naissait la force des passions. D'après ces idées, les philosophes indiens jugèrent que l'âme humaine était une portion de l'être suprême unie au corps pour entretenir l'ordre autant qu'elle le pouvait, et pour concourir au but général que l'être suprême s'était proposé en formant le monde, ils enseignèrent donc que tout homme était obligé de procurer tout le bien qu'il pouvait, et que l'homme n'avait droit aux bienfaits que l'être suprême répandait sur la terre qu'autant qu'il remplissait cette obligation. Les brachmanes firent de ce principe la règle de leur conduite, ils étaient toujours en action ; lorsqu'on s'assemblait pour manger, les anciens interrogeaient les jeunes, et leur demandaient ce qu'ils avaient fait de bien depuis le lever du soleil, et s'ils n'avaient rien fait, ils sortaient et allaient chercher quelque bonne action à faire : c'était une loi inviolable de ne point dîner avant que d'avoir fait du bien (4). Les brachmanes étaient donc sans cesse occupés du bonheur des autres hommes, cherchaient avec une ardeur incroyable les propriétés salutaires des plantes et des minéraux, les moyens de perfectionner les arts et la législation, les occasions de soulager un malheureux, de défendre un opprimé ; leur bienfaisance s'étendait à tout ce qui était sensible, et ils se seraient fait un crime de manger un animal. Les brachmanes remplissaient ainsi leur carrière, persuadés que leur bienfaisance et leur régularité à remplir leurs obligations, les élèveraient par degrés au rang des génies supérieurs, et les conduiraient enfin au rang de la Divinité (5).

Les hommes qui ne remplissaient pas l'obligation qu'ils contractaient en naissant, qui se livraient aux plaisirs des sens, et qui obéissaient à leurs passions, n'avaient point droit à ces récompenses : leurs âmes dégagées des liens du corps par la mort, entraient dans d'autres corps où elles étaient punies et malheureuses. Rien n'était donc plus fâcheux pour l'homme que d'être l'esclave des passions ; rien n'était plus heureux que de mourir après avoir fait du bien. Tandis que

(1) Strab., l. xv.
(2) Arrien, in Indicis.
(3) Strab., ibid.

(4) Apulée, in Florid.
(5) Strab., loc. cit.

l'homme livré aux passions errait de corps en corps et devenait le jouet des éléments, le philosophe vertueux, en mourant, volait au sein de la Divinité.

Il y eut des brachmanes sur qui ces idées firent des impressions si profondes, qu'ils n'hésitèrent point à se donner la mort, lorsqu'ils crurent avoir fait le bien auquel l'homme est obligé; d'autres, pour se garantir des passions, se séparèrent du commerce des hommes, et se retirèrent sur des montagnes inaccessibles ou dans des cavernes, et y vivaient en silence; quelques-uns se dévouaient à toutes sortes d'austérités et à des pratiques dures et souvent ridicules qu'ils regardaient comme des sacrifices faits à l'être suprême, et comme des compensations du bien qu'il exigeait de l'homme : tels furent ces brachmanes qu'Onésicrite trouva dans des attitudes qu'ils conservaient depuis le matin jusqu'au soir (1).

Lorsqu'une fois une pareille idée est devenue dominante dans une société, l'esprit s'y fixe, et la raison ne fait plus de progrès. C'est ainsi que la crainte des passions et le désir insensé de la perfection rendirent au moins inutiles les hommes dont la philosophie religieuse des Indiens avait tourné toute l'activité vers le bonheur de l'humanité.

Tels étaient les principes religieux des philosophes indiens avant la naissance de la philosophie chez les Grecs, et peut-être chez les autres peuples; malgré les révolutions auxquelles l'Inde a été sujette, ces opinions s'y sont conservées, et sont encore aujourd'hui la religion d'une grande partie de l'Asie.

CHAPITRE IV.

Des principes religieux des philosophes, depuis la naissance de la philosophie chez les Grecs, jusqu'à la conquête de l'Asie par Alexandre.

Le temps qui multipliait les hommes rapprochait sans cesse les grandes nations des petites familles que le besoin, la crainte, la guerre ou le hasard avaient dispersées sur la terre, et qui vivaient sans arts, sans sciences, sans lois et sans mœurs. Les prêtres des grandes nations ne virent point avec indifférence l'humanité dégradée et abrutie dans ces hommes sauvages : ils les touchèrent par le charme de leur éloquence, leur inspirèrent des principes de société, ou plutôt développèrent ces germes d'humanité, de justice, de bienfaisance que la nature a mis dans le cœur de tous les hommes, et que la cupidité, l'ignorance et les passions étouffent; ils leur donnèrent des lois et rendirent ces lois respectables par la crainte des dieux : tels furent Prométhée, Linus, Orphée, Musée, Eumolpe, Mélampe, Xamolxis (2). Les sages qui policèrent ces peuples leur portèrent les systèmes des philosophes chaldéens, persans, égyptiens, etc., mais enveloppés sous le voile de l'allégorie, et ils n'avaient point de philosophes qui étudiassent la nature.

Les colonies détachées des grandes nations qui avaient des collèges de prêtres et de philosophes occupés à perfectionner la morale et à étudier la nature, conservèrent avec leur métropole des relations, et formèrent des communications entre les peuples qui cultivaient les sciences et ceux qui ne les connaissaient pas. Par le moyen de cette communication, la raison et la curiosité s'élevèrent chez les derniers; on vit parmi eux des hommes qui sacrifièrent au désir de s'éclairer leur repos et leur fortune, et qui voyagèrent chez les peuples célèbres par leur habileté, par leur sagesse et par leurs connaissances : tels furent Phérécide, Thalès, Pythagore, Xénophon, qui voyagèrent en Égypte, en Perse, chez les Indiens : partout les collèges leur furent ouverts (3). Toutes les sciences étaient cultivées et enseignées dans les collèges de prêtres; mais les esprits étaient principalement occupés de l'étude de l'origine du monde et de la puissance qui produisait tous les êtres et tous les phénomènes. Ce fut vers ce grand objet que les philosophes que nous avons cités tournèrent l'effort de leur esprit; chacun adopta le système qui lui parut le plus satisfaisant, ou réunit, combina, changea à son gré les idées de ses maîtres.

Thalès adopta le système des philosophes égyptiens; il enseigna que l'eau était l'élément général d'où sortaient tous les corps, et qu'un esprit infini en agitait les parties, les arrangeait et leur faisait prendre toutes les formes sous lesquelles elle se métamorphosait : il imita la sage retenue des prêtres égyptiens; il adora, comme le peuple, des dieux et des génies auxquels son système ne donnait aucune influence dans la nature.

Phérécide, Héraclite supposèrent que le feu était le principe et la cause de tout.

Xénophane, plus frappé de l'idée de l'infini que tous les philosophes admettaient que des phénomènes, ne supposa point dans le monde autre chose que l'infini, qui, par cela même qu'il était infini, était immobile : d'où il concluait que les phénomènes n'étaient que des perceptions de l'esprit.

Pythagore voyagea, comme Thalès, en Égypte, en Perse, en Chaldée, chez les Indiens : il fit un système qui réunissait en partie ceux de ses maîtres, et qui approchait pourtant plus du sentiment des Perses : il admit dans le monde une intelligence suprême, une force motrice sans intelligence, une matière sans intelligence, sans forme et sans mouvement. Tous les phénomènes, selon Pythagore, supposaient ces trois principes; mais il avait observé dans les phénomènes une liaison de rapports, une fin générale, et il attribua l'enchaînement des phénomènes, la formation de toutes les parties du monde et leurs rapports, à l'intelligence suprême, qui seule avait pu diriger la force motrice et

---

(1) Strab., loc. cit.; Porphyr., de Abstin. l. iv.
(2) Æsch. in Prometh., Vinct., Laert. l. i., Did. Sic. l. iii.
(3) Plat de Repub. l. i, Horat. carm. Ode 12, Schalerst., Aristoph. in Ran., Meursius de Sac. Eleusin. c. 2, Suid. in Eumolp., Apollodor. lib. i.

établir des rapports et des liaisons entre toutes les parties de la nature; il ne donna donc aucune part aux génies dans la formation du monde. Pythagore avait découvert entre les parties du monde des rapports, des proportions; il avait aperçu que la beauté, ou l'harmonie, ou la bonté étaient la fin que l'intelligence suprême s'était proposée dans la formation du monde, et que les rapports qu'elle avait mis entre les parties de l'univers étaient le moyen qu'elle avait employé pour arriver à cette fin. Ces rapports s'exprimaient par des nombres; les rapports, par exemple, qui sont entre les distances et les mouvements des planètes, s'expriment par des nombres; parce qu'une planète est, par exemple, éloignée du soleil plus ou moins qu'une autre, un certain nombre de fois. Pythagore conclut que c'était la connaissance de ces nombres qui avait dirigé l'intelligence suprême. L'âme de l'homme était, selon Pythagore, une portion de cette intelligence suprême que son union avec le corps en tenait séparée, et qui s'y réunissait lorsqu'elle s'était dégagée de toute affection aux choses corporelles; la mort qui séparait l'âme du corps, ne lui ôtait point ces affections; il appartenait qu'à la philosophie d'en guérir l'âme, et c'était l'objet de toute la morale de Pythagore. (*Voyez* dans l'Examen du Fatalisme le système de morale de Pythagore et dans la vie de ce philosophe par Dacier, etc.)

Partout où ces philosophes portèrent les lumières qu'ils avaient acquises, ils obtinrent de la considération, ils établirent des écoles, ils eurent des disciples; ainsi la philosophie sortit des collèges des prêtres, et son sanctuaire fut ouvert à tous les hommes qui voulurent cultiver leur raison.

Les disciples de ces philosophes ne furent pas tous pleinement satisfaits des systèmes de leurs maîtres. L'école de Xénophane s'occupa longtemps à expliquer les phénomènes, en supposant dans la nature un être infini, immobile, et finit par admettre une infinité de petits corps doués d'une force motrice et sans cesse en mouvement. Comme dans les principes de ces philosophes la nature n'avait point de dessein, l'homme n'avait, à proprement parler, ni destination ni devoirs, mais il tendait à un but, il voulait être heureux; et ces philosophes découvrirent que l'homme n'était point heureux au hasard; qu'il ne pouvait l'être que par la tempérance, que par la vertu, par le plaisir que procure une bonne conscience (1).

Anaximandre, au lieu d'admettre pour principe du monde l'eau et un esprit infini, comme Thalès, n'admit qu'un être infini qui, par cela même qu'il était infini, contenait tout, produisait tout, était tout par son essence et nécessairement.

Anaximène crut que cet être infini était l'air; Diogène d'Apollonie enseigna que cet air était intelligent.

Anaxagore jugea que les principes de tous les corps étaient de petits corps semblables aux grands, qui étaient confondus dans le sein de la terre, et que l'esprit universel réunissait; mais comme il y avait des irrégularités dans le monde, Anaxagore sentit que l'intervention de son intelligence ne suffisait pas pour expliquer tout; il crut qu'il y avait des choses qui existaient par nécessité, d'autres par hasard, et enfin pensa que tout était rempli de ténèbres, et qu'il n'y avait rien de certain. Archélaüs, disciple d'Anaxagore, crut que le froid et le chaud produisaient tous les corps, et joignit l'étude de la physique à celle de la morale. Socrate, disciple d'Archélaüs, fut charmé du sentiment d'Anaxagore sur la formation du monde; mais ce philosophe n'expliquait ni pourquoi cette intelligence avait mis dans la matière l'ordre qu'on y admirait, ni quelle était la destination de chaque être et l'objet de toutes les parties du monde; il rejeta un système qui ne donnait aucune fin, aucune sagesse à l'intelligence qu'il faisait intervenir dans la production du monde : la nature ne lui opposait que des mystères impénétrables, il crut que le sage devait la laisser dans les ténèbres où elle s'était ensevelie; il tourna toutes les vues de son esprit vers la morale, et la secte ionienne n'eut plus de physiciens.

Socrate chercha dans le cœur même de l'homme les principes qui conduisaient au bonheur, il y trouva que l'homme ne pouvait être heureux que par la justice, par la bienfaisance, par une conscience pure : il forma une école de morale; mais ses disciples s'écartèrent de ses principes, et cherchèrent le bonheur tantôt dans la volupté, tantôt dans la suite des plaisirs innocents, quelquefois dans la mort même.

Les disciples de Pythagore ne furent pas attachés plus scrupuleusement aux principes de leur maître. Ocellus et Empédocle attribuèrent la production du monde à des forces différentes et opposées, qui agissaient sans intelligence et sans liberté. Timée supposa avec Pythagore une matière capable de prendre toutes les formes, une force motrice qui en agitait les parties, et une intelligence qui dirigeait la force motrice. Il reconnut, comme son maître, que cette intelligence avait produit un monde régulier et harmonique; il jugea qu'elle avait vu un plan sur lequel elle avait travaillé. Sans ce plan, elle n'aurait su ce qu'elle voulait faire, ni pu mettre de l'ordre et de l'harmonie dans le monde; elle n'aurait point été différente de la force motrice, aveugle et nécessaire. Ce plan était l'idée, l'image ou le modèle qui avait représenté à l'intelligence suprême le monde avant qu'il existât, qui l'avait dirigée dans son action sur la force motrice, et qu'elle contemplait en formant les éléments, les corps et le monde. Ce modèle était distingué de l'intelligence productrice du monde, comme l'architecte l'est de ses plans. Timée de Locre divisa donc encore la cause productrice du monde en un esprit qui dirigeait la force motrice, et une image qui la déterminait dans le choix des directions qu'elle

---
(1) La morale de ces philosophes a été exposée avec beaucoup de détail dans l'Examen du Fatalisme, t. I.

donnait à la force motrice, et des formes qu'elle donnait à la matière.

C'est ainsi que l'âme universelle, à laquelle les Chaldéens, les Perses, les Égyptiens attribuaient la production du monde, se trouva partagée en trois principes différents et séparés : une force motrice, une intelligence et une image ou une idée qui dirigeait l'intelligence, et qui était par conséquent comme sa raison.

La force motrice n'était, selon Timée, que le feu : une portion de ce feu dardée par les astres sur la terre, s'insinuait dans les organes, produisait des êtres animés ; une portion de l'intelligence universelle s'unissait à cette force motrice, et formait une âme qui tenait pour ainsi dire le milieu entre la matière et l'esprit. Ainsi l'âme humaine avait deux parties ; une qui n'était que la force motrice, et une qui était purement intelligente ; la première était le principe des passions, elle était répandue dans tout le corps, pour y entretenir l'harmonie : tous les mouvements qui entretiennent l'harmonie causent du plaisir, tout ce qui la détruit cause de la douleur, selon Timée. Les passions dépendaient donc du corps, et la vertu de l'état des humeurs et du sang. Pour commander aux passions, il fallait, selon Timée, donner au sang le degré de fluidité nécessaire pour produire dans le corps une harmonie générale ; alors la force motrice devenait flexible, et l'intelligence pouvait la diriger ; il fallait donc éclairer la partie raisonnable de l'âme, après avoir calmé la force motrice, et c'était l'ouvrage de la philosophie.

Timée ne croyait point que les âmes fussent punies ou récompensées après la mort : les génies, les enfers, les furies, n'étaient, selon ce philosophe, que des erreurs utiles à ceux que la raison seule ne pouvait conduire à la vertu.

Platon, après avoir été disciple de Socrate, parcourut les différentes écoles des philosophes. Il n'eut peut-être point de sentiment fixe sur les systèmes qui s'y enseignaient ; mais son imagination se plut à développer celui de Timée de Locres, à en étendre les conséquences. Il rechercha ce que Socrate avait cherché dans Anaxagore, pourquoi l'intelligence, qui était essentiellement distinguée de la force motrice, s'était déterminée à la diriger ; comment, en la dirigeant, elle pouvait tirer de la matière tous les corps ; quelle était la nature du modèle ou du plan qui avait guidé l'intelligence dans la production du monde ; comment elle y entretenait l'ordre d'où venaient les âmes humaines, quelle était leur destination et leur sort.

Le monde est un, selon Platon, tout y est lié, il ne subsiste que par l'harmonie de ses différentes parties. Platon en conclut que l'intelligence du monde est une (*in Timœo*). Cette intelligence est immatérielle, simple, indivisible ; elle ne peut donc tomber sous les sens, et c'est par la raison seule que nous pouvons nous élever à la connaissance de sa nature et de ses attributs. Puisque cette intelligence est immatérielle, elle est essentiellement distinguée de la force motrice, elle n'a aucun rapport nécessaire avec ces deux principes, et c'est librement qu'elle s'est déterminée à donner à la matière les différentes formes sous lesquelles nous la voyons.

La force motrice agit sans objet, la matière cède à son impulsion sans raison, et tout le monde serait un chaos, s'il n'y avait dans la nature que de la matière et du mouvement : on voit au contraire dans le monde un ordre et une symétrie admirables ; il renferme des créatures qui jouissent de ce spectacle, et qu'il rend heureuses ; c'est donc l'amour de l'ordre et la bonté qui ont déterminé l'intelligence suprême à produire le monde. Cette intelligence est donc bonne et sage ; elle a produit dans le monde tout le bien dont il était capable, le mal que nous y voyons vient de l'indocilité de la matière aux volontés de l'intelligence productrice du monde. (*In Tim.*)

Pour produire dans le monde l'ordre que nous y admirons, il fallait que l'intelligence le connût, et qu'elle contemplât un modèle qui lui représentait le monde (*Ibid.*). Ce modèle est la raison ou le verbe de l'intelligence. Platon parle de ce modèle, tantôt comme un attribut de l'intelligence, tantôt il paraît le regarder comme une substance distinguée de l'intelligence qui le contemple. D'autres fois on croirait qu'il regarde le verbe comme une émanation de l'intelligence, et qui subsiste hors d'elle. (*In Phileb.*, *de Repub. l.* VII, *et alibi.*)

Comme l'intelligence suprême est immatérielle, indivisible, immobile, elle connut qu'elle ne pouvait par elle-même diriger la force motrice, puisque cette force motrice était matérielle et divisible, et que pour la diriger, il fallait une âme qui eût quelque rapport avec les êtres matériels et avec l'intelligence, et qui participât à leurs propriétés. Cette intelligence produisait donc une âme qui était intelligente, et qui avait agi avec dessein sur la force motrice. L'intelligence suprême avait produit cette âme par sa seule pensée, selon Platon, apparemment parce que ce philosophe concevait qu'un esprit qui pense produit une image distinguée de lui, et il paraît que Platon attribuait à cette image une existence constante, et qu'il en faisait une substance : c'est une conséquence de son sentiment sur le verbe ou sur la raison qui dirige l'intelligence suprême dans ses productions. Comme cette âme était l'agent intermédiaire par lequel l'intelligence suprême avait produit le monde, Platon distribua cette âme dans toutes les portions du monde, selon qu'il en eut besoin pour l'explication mécanique des phénomènes : son centre était dans le soleil, elle s'était ensuite placée dans tous les astres et sur la terre, pour y produire les plantes, les animaux, etc. Ces portions de l'âme du monde étaient des génies, des démons, des dieux.

Lorsque les génies avaient formé un corps humain, une portion de l'âme du monde s'insinuait dans ses organes, et formait une âme humaine. L'âme humaine, enfermée dans ces organes, recevait les impressions des corps et devenait sensible, elle était capable de connaître la vérité et d'éprouver des passions. Ces passions n'avaient pour principe et pour objet que les impressions des corps étrangers sur les organes; elles altéraient dans l'âme la partie purement intellectuelle, ou en suspendaient l'exercice; elles dépravaient l'âme, la raison devait les combattre, et les victoires qu'elle remportait rapprochaient l'âme des purs esprits auxquels elle se réunissait lorsqu'elle n'avait plus d'attachement au corps. La mort était le triomphe de ces âmes dégagées de la matière, elles se réunissaient à leur source, ou passaient dans des régions où elles n'éprouvaient plus la tyrannie des sens, et où elles jouissaient d'un bonheur parfait. (*Voyez* l'Exam. du Fatal. sur Platon.)

Le souverain bonheur de ces âmes était la contemplation de la vérité et de la beauté du monde intelligible: on conçoit aisément toutes les conséquences qu'une imagination vive et féconde peut tirer de ces principes, pour la religion et pour la morale.

Xénocrate ne changea rien dans la doctrine de Platon. Zénon, au lieu de tous les êtres que Platon fait concourir à la production du monde, n'admit que deux principes, l'un actif et l'autre passif, une matière sans forme, sans force et sans mouvement, et une âme immense qui la transportait et la façonnait en mille manières. Cette âme était un feu, selon Zénon, et le feu agissait avec intelligence; le monde était son ouvrage, et le monde avait une fin: toutes les parties de ce monde tendaient à la fin générale, toutes avaient par conséquent leurs fonctions, leurs devoirs; et le bonheur des particuliers dépendait de l'accomplissement de ces devoirs.

Aristote s'écarta bien davantage du système de Platon; il reconnut, comme son maître, la nécessité d'un premier moteur intelligent, sage, immatériel, et souverainement heureux, qui avait imprimé le mouvement à la matière, et produit des intelligences capables de connaître la vérité; quelques-unes sont répandues dans le ciel, et y entretiennent l'harmonie qu'on y admire. Il réfute très-bien les philosophes qui prétendaient trouver dans la matière seule la raison suffisante de la production du monde; mais lorsqu'il veut établir un système, il suppose une matière éternelle, des formes éternelles renfermées dans le sein de la matière, et un mouvement éternel et nécessaire, qui dégage ces formes, les unit à différentes portions de matières, et produit tous les corps; l'âme humaine est une substance éternelle et nécessaire, comme le mouvement et la matière. Tels sont les principes religieux de la philosophie d'Aristote (*Lib. de Anima de Cœlo*).

Plusieurs disciples de l'école péripatéticienne s'écartèrent des principes d'Aristote, et ne furent pas plus religieux: tel fut Straton, qui n'admit dans le monde qu'une matière essentiellement en mouvement.

Les différents systèmes que nous venons d'indiquer, ne satisfaisaient ni la raison, ni même les philosophes qui les enseignaient. L'esprit humain créait sans cesse de nouveaux systèmes, ou faisait revivre les anciens: il y eut des philosophes qui jugèrent que le sage devait rejeter tous ces systèmes, ou du moins douter; les uns parce que l'homme était incapable de distinguer le vrai du faux, les autres parce qu'il n'était pas encore parvenu au degré de lumière qui doit produire la conviction (1).

CHAPITRE V.

Des principes religieux des philosophes, depuis les conquêtes d'Alexandre, jusqu'à l'extinction de son empire.

Nous venons de voir les progrès que l'esprit humain avait faits en Grèce à la faveur de la liberté, et au milieu des guerres domestiques et étrangères qui l'avaient agitée; tandis que le luxe, le faste, le despotisme, les passions et la guerre élevaient ou anéantissaient les empires en Orient, désolaient les provinces, y corrompaient les mœurs, y avilissaient les âmes, y enchaînaient la raison. Tout le reste de la terre était sauvage, ou sans lois, sans arts et sans sciences. Les grands hommes de la Grèce joignaient à la science de la guerre et du gouvernement, l'étude des lettres et de la philosophie, Epaminondas le plus grand homme de la Grèce, au jugement de Cicéron (2), avait pour amis les hommes les plus vertueux, et c'était chez lui que Lysidas, philosophe célèbre, donnait ses leçons.

Philippe fut élevé dans la maison d'Epaminondas; il y était encore lorsque Perdiccas son frère, roi de Macédoine, fut tué dans une bataille.

Perdiccas laissait un fils enfant, un peuple abattu, un état en désordre: Philippe en prit le gouvernement à vingt-deux ans, et fut déclaré roi par les Macédoniens, qui jugèrent que les besoins de l'état ne permettaient pas de laisser le royaume à Amintas.

Philippe rendit bientôt le royaume de Macédoine puissant et florissant: enfin il se fit déclarer général de toute la Grèce, et forma le projet de tourner contre les Perses les forces que les Grecs avaient si longtemps employées contre eux-mêmes; mais il fut assassiné lorsqu'il se préparait à l'exécuter.

Philippe avait un fils, et ce fils était Alexandre: à peine il était né que Philippe s'occupa de son éducation: il en informa Aristote: « Vous saurez, dit-il à ce philosophe, que j'ai un fils; j'en rends grâces aux dieux, non pas tant de ce qu'ils me l'ont donné, que de ce qu'ils l'ont fait naître votre contemporain: je compte que vous le rendrez digne de me succéder et de gouverner la Macédoine (3). »

Le succès surpassa les espérances de Phi-

---

(1) Tous les principes de ces philosophes se trouvent dans un grand détail dans l'Examen du Fatalisme, auquel nous renvoyons.

(2) Cic., Tusc. l. I
(3) Aul.-Gel. l. IX, c. 1.

lippe. Alexandre, élevé par Aristote, et à l'âge de vingt ans, saisit admirablement le plan de son père, et malgré une foule d'ennemis, se fit déclarer général de tous les Etats de la Grèce, et conquit l'empire des Perses avec une rapidité qui étonnera tous les siècles.

Le temps avait donc réuni dans Alexandre la puissance absolue et la lumière, qui avaient presque toujours été séparées; toutes les qualités et tous les talents du héros avec la grandeur d'âme et la bienfaisance, si difficiles à allier : ainsi les conquêtes d'Alexandre devaient produire sur la terre une révolution différente de toutes celles qu'on avait vues jusqu'alors : ce prince forma, en effet, un projet tel qu'aucun conquérant ne l'avait formé. Alexandre, à la tête de toutes les forces de la Grèce et de la Perse, ne se crut pas seulement destiné à conquérir des provinces ou à subjuguer des peuples, mais à réunir tous les hommes sous une même loi, qui éclairât et qui conduisît tous les esprits, comme le soleil éclaire seul tous les yeux; qui fît disparaître entre tous les hommes toutes les différences qui les rendent ennemis, ou qui leur apprît à vivre et à penser différemment sans se haïr, et sans troubler le monde pour forcer les autres à changer de sentiment.

Socrate, Platon, Zénon, etc., avaient eu des vues semblables ; mais tous les hommes n'étaient pas assez raisonnables pour en sentir les avantages, ni les philosophes assez puissants pour y assujettir ceux que la raison ne persuadait pas.

Alexandre jugea qu'il fallait unir l'autorité à la lumière de la raison, pour établir parmi les hommes ce gouvernement heureux et sage que la vertu avait fait imaginer aux philosophes. Il espéra qu'il pourrait l'établir parmi tous les peuples soumis à son empire, en y assujettissant par sa puissance tous ceux que la raison ne persuaderait pas, et qui, en s'éclairant, conserveraient par raison et par goût ce qu'ils n'auraient d'abord adopté que par force : « Estimant, dit Plutarque, être envoyé du ciel comme un réformateur, gouverneur et réconciliateur de l'univers, ceux qu'il ne put assembler par remontrances de la raison, il les contraignit par force d'armes, en assemblant le tout en un de tous côtés, en les faisant boire tous, par manière de dire, en une même coupe d'amitié, et mêlant ensemble les vices, les mœurs, les mariages, les façons de vivre : il commanda à tous les hommes vivants d'estimer la terre habitable être leur pays et son camp en être le château et le donjon, tous les gens de bien parents les uns des autres, et les méchants seuls étrangers : au demeurant que le Grec et le Barbare ne seraient point distingués par le manteau, ni à la façon de la targue, ou au cimeterre, ou par le haut chapeau ; mais remarqués et discernés, le Grec à la vertu, et le Barbare au vice, en réputant tous les vertueux Grecs et tous les vicieux Barbares ; en estimant au demeurant les habillements communs, les tables communes, les mariages, les façons de vivre, étant tous unis par le mélange de sang et la communion d'enfants… Quel plaisir de voir ces belles et saintes épousailles quand il comprit dans une même tente cent épousées persiennes, mariées à cent époux macédoniens et grecs, lui-même étant couronné de chapeaux de fleurs, et entonnant le premier chant nuptial d'hyménéus, comme un cantique d'amitié générale (1). »

On ne vit point Alexandre faire servir à ses triomphes les peuples et les rois qu'il avait vaincus, ou les conquérir pour s'emparer de leurs richesses, et en faire des nations tributaires. Lorsqu'après une résistance opiniâtre, les villes des Indes lui envoient des ambassadeurs pour se soumettre à lui et en obtenir la paix, il n'exige pour condition que de leur donner pour roi Ampis qu'ils avaient mis à la tête de l'ambassade (2). Il trouve dans Taxise un prince sage et bienfaisant, maître d'un pays riche et d'un peuple heureux : il se garde bien de le combattre, il en fait son ami, son allié, loue sa sagesse, admire sa vertu, et ne dispute avec lui que de générosité ; il reçoit ses présents et lui en fait de plus grands auxquels il ajoute mille talents d'or monnayé (3). D'une multitude de petits Etats désunis, il en forme des provinces qu'il rend heureuses. Dans toutes ses conquêtes et dans tous ses voyages, Alexandre fut accompagné par des savants, par des philosophes, par des hommes de lettres ; tous les philosophes, tous les savants, de quelque pays, de quelque secte, de quelque religion qu'ils fussent, attirèrent son attention, excitèrent sa curiosité, obtinrent son estime ; sa cour réunit les philosophes grecs, ceux de Perse et de l'Inde ; ses faveurs, accordées à tous, les disposèrent insensiblement à s'estimer et à se communiquer leurs idées (4).

La terre changea de face sous ce conqué-

---

(1) Plutar., De la fortune d'Alexandre, traité premier, trad. d'Amyot. Arrien, l. vii, c. 6. Diod. Sic. l. xvii.
(2) Plutarq., Vie d'Alex.
(3) Ibid. : « Il y avait un roi nommé Taxise qui tenoit un pays aux Indes, de non moindre étendue, à ce qu'on dit, que toute l'Egypte, gras en pâturages, et abondant de tous fruits, autant qu'il y en ait au monde, et si étoit homme sage ; lequel, après avoir salué Alexandre, lui dit : Qu'avons-nous besoin de nous combattre, et nous faire la guerre l'un à l'autre : Alexandre, si tu ne viens point pour nous ôter l'eau, ni le demeurant de ce qui est nécessaire pour notre nourriture, pour lesquelles choses seules les hommes de bon sens doivent entrer en combat : car quant aux autres biens et richesses, si j'en ai plus que toi, je suis tout prêt et appareillé de t'en départir des miens ; et, si j'en ai moins, je ne refuse pas de t'en remercier, si tu veux m'en donner des tiens. Alexandre ayant pris plaisir à l'ouïr ainsi sagement parler, l'embrassa, et lui dit : Penses-tu que cette entrevue se puisse démêler sans combattre, nonobstant toutes ces bonnes paroles et ces aimables caresses ; non, non, tu n'y as rien gagné ; car je te veux combattre, et le combattre de courtoisie et d'honnêteté, afin que tu ne me surmontes point en bénéficence et bonté. Ainsi recevant de lui plusieurs beaux présents, et lui en donnant encore davantage ; finalement à un souper, en buvant à lui, il lui dit, je bois à toi mille talents d'or monnoyé. Ce présent fâcha bien ses familiers : mais en récompense il lui gagna bien aussi les cœurs de plusieurs princes et seigneurs barbares du pays. » Plut., Vie d'Alex.
(4) Il fit pourtant pendre quelques philosophes indiens qui soulevaient les peuples contre lui, et dont il n'avait pu obtenir qu'ils ne déclamassent pas contre lui. Plut. Vie d'Alex.

rant philosophe : les peuples cessèrent d'être ennemis, il enseigna aux Arrachosiens à labourer la terre, aux Hyrcaniens à contracter des mariages honnêtes, aux Sogdiniens à nourrir leurs pères vieux et ne les point faire mourir, et aux Perses à révérer leurs mères, et non pas les épouser. Oh! la merveilleuse philosophie, continue Plutarque, par le moyen de laquelle les Indiens adorent les dieux de la Grèce, les Scythes ensevelissent les trépassés et ne les mangent plus! Depuis qu'Alexandre eut civilisé l'Asie, il fonda parmi les barbares plus de soixante et dix villes, auxquelles il donna des lois, et leur commerce adoucit les nations féroces au milieu desquelles elles étaient établies. La protection et l'estime qu'il accordait aux sciences et aux savants, développèrent dans une infinité d'esprits le désir de s'éclairer : depuis qu'Alexandre eut dompté et civilisé l'Asie, dit Plutarque, leur passe-temps était de lire les vers d'Homère; et les enfants des Perses, des Susianiens, et les Gédrosiens chantaient les tragédies de Sophocle et d'Euripide.

Après la mort de ce conquérant, son empire fut partagé et déchiré par les guerres cruelles que se firent ses successeurs : le seul Ptolomée gouvernait l'Egypte avec sagesse; et le bonheur dont on jouissait sous son empire attira en Egypte tous les étrangers que les guerres, ou le mauvais gouvernement des autres successeurs d'Alexandre détachèrent de leur patrie.

Alexandrie, que ce monarque avait choisie pour son séjour, devint l'asile de la vertu, du mérite et des talents persécutés ou méprisés. Ptolomée y accorda des prérogatives aux savants et aux philosophes, de quelque nation, de quelque pays, de quelque secte qu'ils fussent; il établit une académie où ils vaquaient sans distraction à la recherche de la vérité; il forma pour eux cette bibliothèque si célèbre que ses successeurs augmentèrent, et que les Sarrasins ont détruite au milieu du septième siècle.

Le temps avait donc rassemblé dans Alexandrie tous les systèmes, toutes les opinions, toutes les vues de l'esprit humain sur l'origine du monde, sur les causes des phénomènes, sur la nature et sur la destination des hommes. Dans cette espèce de mélange des systèmes et des opinions de tous les philosophes, toutes les idées qui avaient de l'analogie se réunirent et formèrent de nouveaux systèmes, comme on voit dans les mélanges chimiques tous les principes qui ont de l'affinité se rapprocher, s'unir, et former des composés nouveaux.

Les systèmes philosophiques de Pythagore, de Timée, de Platon, avaient des principes communs avec les systèmes des Chaldéens, des Persans, des Egyptiens ; tous supposaient un Etre suprême, et le concevaient, tantôt comme une lumière ou comme un feu, d'où les êtres sortaient; tantôt comme une âme répandue dans toute la nature, et formant tous les corps par son activité : tous regardaient l'intelligence suprême comme une force qui agissait essentiellement, et supposaient que l'action de cette force avait par ses décroissements successifs produit la matière que des génies sortis de cet être avaient façonnée, et dont ils avaient tiré tous les corps.

Platon au contraire faisait agir cette intelligence avec dessein, avec sagesse; sa connaissance et sa puissance embrassaient toute la nature : il faisait voir dans le monde de l'ordre, de l'harmonie, de la sagesse, une fin, et supposait la nature remplie de génies. Les philosophes persans, chaldéens, égyptiens, durent donc adopter et adoptèrent en effet les principes de Timée de Locre et de Platon sur l'origine du monde, sans abandonner la croyance des génies (1).

Les philosophes de l'Orient croyaient que l'âme humaine était une production de l'Etre suprême, enchaînée dans un coin du monde, où elle était l'esclave de la matière et le jouet des génies qui l'environnaient. Platon au contraire enseignait que l'âme humaine était une production sublime de l'Etre suprême, une portion de l'âme du monde, et destinée à trouver son bonheur dans la contemplation de l'Etre suprême, lorsqu'elle avait rompu les chaînes qui l'attachent à la terre. Cette idée de Platon sur l'origine et sur la destination de l'âme, n'était point contraire aux principes des philosophes chaldéens, égyptiens et persans; elle ennoblissait l'homme, le consolait dans ses malheurs : ces philosophes adoptèrent encore les idées de Platon sur l'origine et sur la destination de l'âme humaine.

Les systèmes de Pythagore, de Timée, de Platon, qui n'avaient presque plus de sectateurs en Grèce, reparurent donc avec éclat à Alexandrie, mais unis avec la croyance des philosophes persans, chaldéens, égyptiens sur les génies, qui fut adoptée par les philosophes platoniciens, comme les philosophes orientaux avaient adopté les principes de Platon et de Pythagore. Ainsi les philosophes chaldéens, persans, égyptiens, assemblés à Alexandrie, ne conçurent plus l'Etre suprême comme une simple force, mais comme une intelligence toute-puissante qui avait produit le monde avec sagesse et avec dessein, qui en connaissait toutes les parties, qui entretenait l'ordre, qui s'intéressait à l'homme, et qui pouvait être en commerce avec lui, ou en se communiquant à lui, ou par le moyen des génies chargés d'exécuter ses décrets et ses volontés. L'homme fut une intelligence dégradée par sa propre dépravation, ou assujettie par des puissances ennemies; mais elle pouvait recouvrer sa liberté et sa perfection primitive.

Alexandrie, devenue sous les Ptolomées l'asile des sciences et des lettres, renfermait un nombre infini de citoyens qui les cultivaient. Physcon, septième successeur de Ptolomée Lagus, conserva les établissements faits par ses prédécesseurs en faveur des

---

(1) Diod. Sic. l. xviii. Justin. l. xiii. Plut. in Eumen.

sciences et des savants, qui se perpétuèrent en Égypte au milieu des guerres qui la désolèrent et même après qu'elle fut devenue une province romaine. Mais son règne tyrannique et sanguinaire fit sortir d'Alexandrie et de l'Égypte une quantité prodigieuse d'Égyptiens et de familles étrangères qui s'y étaient établies depuis Ptolomée Lagus. Ces Égyptiens et ces étrangers, dépouillés de leurs richesses par Physcon et souvent obligés d'abandonner leur fortune pour conserver leur vie, se répandirent dans l'Orient, et n'y apportèrent pour ressource que leurs talents et leurs lumières (1).

Alexandre, en subjuguant l'Orient, rendit aux esprits la liberté que la superstition, le despotisme et la barbarie semblaient avoir éteinte : il honora et récompensa comme des bienfaiteurs de l'humanité, tous ceux qui travaillaient à l'éclairer; et si la mort l'empêcha de bannir l'ignorance, il apprit au moins à estimer les sciences et à rechercher les savants.

Ainsi les philosophes, que la tyrannie de Physcon avait forcés de sortir d'Alexandrie et de l'Égypte, formèrent dans les différentes contrées de l'Orient des écoles qui devinrent comme des centres de lumière qui éclairèrent tout ce qui les environnait : ils s'efforcèrent de rendre leurs sentiments intelligibles; ils les dégagèrent de cette obscurité mystérieuse dont Pythagore les avait environnés ; ils développèrent dans une infinité d'esprits ce principe de curiosité que l'homme porte au dedans de lui-même sur son origine et sur sa destination : on vit alors un nombre infini d'hommes de tous états qui adoptèrent les systèmes des philosophes platoniciens d'Alexandrie, et dont l'esprit s'éleva, pour ainsi dire, jusqu'au sein de la Divinité, pour y découvrir les motifs, les desseins, les lois de cet Être suprême dans la formation du monde, le but particulier de chacun des Êtres qu'il renferme, la loi générale de tous, et principalement la destination et les devoirs de l'homme. Ils jugèrent, conformément aux principes de Platon, que l'Être suprême s'était proposé l'ordre et l'harmonie pour fin dans la production du monde : ils jugèrent, conformément aux principes de Pythagore, que l'ordre, l'harmonie, la beauté de l'univers, dépendaient des rapports de ses différentes parties; que c'était la connaissance de ces rapports qui avait dirigé l'Être suprême, ou les puissances auxquelles il avait confié le soin de produire ou de gouverner le monde. Comme ces rapports ne pouvaient se représenter à l'esprit, que par le moyen des nombres, on conclut que ces nombres avaient dirigé les puissances productrices du monde; que par conséquent ces nombres contenaient une force ou une propriété capable de déterminer les puissances productives du monde. L'homme crut donc avoir découvert un moyen de commander aux puissances du monde, et chercha dans les différentes combinaisons des nombres un secret pour faire agir à son gré les génies, les esprits, les démons.

Comme ils croyaient l'âme dégradée et humiliée par son union avec le corps humain, ils cherchèrent avec ardeur les moyens de s'affranchir de la tyrannie des corps, de soumettre les passions et les sens par l'austérité de leurs mœurs, par des pratiques singulières, par l'usage des plantes ou des minéraux propres à calmer le sang et l'impétuosité de sa force motrice qui étaient la source des passions : ils croyaient par ce moyen purifier l'âme, et la garantir non-seulement de la nécessité de s'unir à un autre corps après leur mort, mais encore pouvoir s'élever, même dans cette vie, jusqu'à la contemplation de l'Être suprême, qui était le partage des esprits purs et dégagés de toute affection terrestre. Les sens et les passions n'étaient pas, selon ces philosophes, les seuls obstacles à l'union de l'âme avec l'Être suprême; des génies méchants, ambitieux ou ennemis des hommes, les attachaient à la terre et à leur corps : il fallait tromper ces génies, les gagner ou les vaincre, ou intéresser les génies amis des hommes pour se dérober aux génies malfaisants, et l'on employa pour cela toutes les pratiques de la théurgie chaldéenne qui s'allièrent naturellement avec le platonisme et le pythagorisme. Ces philosophes étaient animés par le plus grand intérêt dont le cœur humain fût susceptible, et leurs principes avaient allumé le fanatisme : on conçoit donc que ces hommes inventèrent une infinité de pratiques chimériques, ou se séparèrent de la société pour vaquer à la contemplation, et formèrent une secte de philosophes purement religieux. Tout concourait à multiplier ces derniers; ils avaient tous de l'enthousiasme et du fanatisme, ils étaient bien plus propres à échauffer les esprits et à communiquer leurs sentiments; ces sentiments plaisaient à l'imagination qui aime à se représenter cette guerre continuelle de génies et de démons : tout ce système était bien plus proportionné à l'esprit du peuple. Enfin les peuples de l'Égypte et de l'Orient étaient malheureux, et par conséquent disposés à recevoir une doctrine qui leur apprenait à mépriser les plaisirs et les richesses, qui les élevait au-dessus de la puissance civile, qui leur montrait une source de bonheur qu'aucune puissance ne pouvait leur ravir.

Ainsi la philosophie de Platon, mêlée avec les idées de la philosophie chaldéenne, devint une philosophie populaire en Égypte et dans l'Orient, jusqu'à l'extinction de l'empire des successeurs d'Alexandre.

Il y avait aussi dans toutes ces contrées des philosophes sectateurs d'Aristote, de Straton, d'Épicure, de Zénon, mais ils ne formaient pas des sectes nombreuses.

CHAPITRE VI.
Des principes religieux des Juifs.

Les Chaldéens étaient, comme presque tous les peuples de la terre, livrés à l'idolâ-

---

(1) Diod. Sic. l. xii. Justin. l. xxxviii, c. 8.

trie, lorsque Dieu fit sortir Abraham de la Chaldée, et le conduisit dans la terre de Chanaan. Dieu fit un pacte ou une alliance avec ce patriarche, et lui promit une postérité qui posséderait la terre qu'il habitait : il fit les mêmes promesses à Isaac, fils d'Abraham, et à Jacob, fils d'Isaac (1). Des événements arrangés par la Providence conduisirent Jacob et sa famille en Egypte : ce patriarche, en mourant, prédit à ses enfants tout ce qui devait leur arriver; il annonça le Messie, il en traça les caractères, et promit à Juda que le sceptre ne sortirait point de sa tribu, jusqu'à la venue du Messie. Les enfants de Jacob se multiplièrent en Egypte; ils y devinrent esclaves. Ce fut par les miracles les plus éclatants que Dieu les en tira; il leur donna des lois, et les conduisit dans la terre promise. Là les Juifs formèrent une société séparée de toutes les nations, pour rendre à l'Etre suprême un culte légitime, fondé sur ces principes. Il n'y a qu'un seul Dieu, qui a créé le ciel et la terre, et qui gouverne tout par sa providence; lui seul doit être aimé par l'homme, de tout son cœur, et de toute son âme et de toute sa puissance; lui seul doit être craint par-dessus toutes choses, et son nom doit être sanctifié. Il voit tout, jusqu'au secret des cœurs; il est bon, juste et miséricordieux; il a créé l'homme libre, il lui a laissé le choix de faire le bien ou le mal; il faut que l'homme reçoive avec reconnaissance toutes les bénédictions, comme venant de Dieu, et toutes les calamités avec soumission, comme des châtiments paternels, ou comme des épreuves. Quoique Dieu soit miséricordieux, les Juifs, sans un vif sentiment de leurs fautes, ne doivent pas se flatter d'en obtenir le pardon, ni de voir cesser les maux qu'ils s'attirent par leurs désordres (2).

Telle est la religion et la morale dont le peuple juif, sans arts, sans sciences, ignorant et grossier à tout autre égard, faisait profession, tandis que les nations les plus célèbres par leur habileté dans les arts et dans les sciences, étaient ensevelies dans les plus épaisses ténèbres sur la nature, et sur l'existence de l'Etre suprême, sur l'origine du monde, sur la destination de l'homme.

A ces idées sublimes, les Juifs joignaient les plus magnifiques espérances : ils croyaient que d'entre eux, de la tribu et de la race de David, naîtrait un Sauveur qui les délivrerait de tous les maux, et qui attirerait toutes les nations à la connaissance du vrai Dieu (3). La religion juive ne consistait pas seulement dans la profession de ces grandes vérités : elle avait ses rites, ses cérémonies, ses sacrifices, ses holocaustes, ses purifications, ses expiations; elle prescrivait aux Juifs les lois les plus propres pour le bonheur de la société civile. Tout était divin dans la république et dans l'Eglise, parce que Dieu n'était pas moins l'auteur des règlements politiques que des rites et des cérémonies religieuses.

L'observation des lois que Dieu avait prescrites aux Juifs était suivie de récompenses sensibles et présentes, en attendant celles du ciel. A la tête de l'Eglise était un souverain sacrificateur, sur les lèvres duquel reposaient la sagesse et la vérité : sur sa poitrine étaient l'*urim* et le *thumim*, par le moyen desquels Dieu rendait ses oracles.

La nation juive renfermée dans ses montagnes, et séparée des idolâtres, devait conserver sa religion sans altération et sans mélange : tout ce qui avait rapport à la religion, à la morale, à la société civile, était enseigné aux Juifs dès l'enfance, et leur était expliqué les jours de sabbat et de fêtes par les prophètes, ou par les lévites : on leur faisait une description effrayante de la théologie des autres nations, et il était défendu sous les plus grandes peines de s'instruire de leurs sciences. Il n'y avait qu'une seule ville et un seul temple dans lequel on pût adorer : c'était là le centre de la religion. La succession des sacrificateurs, le soin continuel d'immoler des victimes, la nécessité d'y offrir ses enfants, et de s'y rendre tous les ans pour se purifier, étaient autant de moyens propres à retenir les Juifs dans la religion de leurs pères. Cependant ils la corrompirent, et l'on vit à Jérusalem des rois idolâtres, et des sacrificateurs qui profanèrent le temple et la religion par le mélange du culte des faux dieux avec le culte de l'Etre suprême. Dieu cessa de protéger ce peuple infidèle; les Assyriens prirent et rasèrent Jérusalem, détruisirent le temple, et emmenèrent les Juifs captifs à Babylone : après une longue captivité, le temple fut rebâti, et Jérusalem réédifiée.

Lorsqu'Alexandre eut conquis l'Asie, beaucoup de Juifs passèrent en Egypte, et s'établirent à Alexandrie sous ce conquérant et sous les Ptolomées, qui leur accordèrent les privilèges dont jouissaient les Macédoniens, et le libre exercice de leur religion (4).

Le temps, qui relâchait insensiblement les nœuds qui attachaient les Juifs à leur patrie, affaiblissait insensiblement leur respect pour la loi de Moïse et leur haine pour les étrangers. « Il sortit d'Israël des enfants d'iniquité qui donnèrent ce conseil à plusieurs : Allons et faisons alliance avec les nations qui nous environnent, parce que depuis que nous sommes retirés d'avec elles, nous sommes tombés dans beaucoup de maux; et ce conseil leur parut bon. Quelques-uns du peuple furent donc députés pour aller trouver le roi, et il leur donna pouvoir de vivre selon les coutumes des gentils, et ils bâtirent dans Jérusalem un collège à la manière des nations (5).

« Les prêtres mêmes ne s'attachant plus aux fonctions de l'autel, méprisant le temple, négligeant ses sacrifices, couraient aux

---

(1) Deuteron. iv, 39. Exode xxi. Deuteron. vi, 3, v, 33.
(2) III Reg. viii, 39. Deut. xxi; ibid., 50.
(3) Genes. xlix, 10. II Reg. vii, 12. Ps. xxi, 18. Is. xi, 8. Ezech. xxxiv, 23.
(4) Prideaux, Histoire des Juifs.
(5) I Machab. i, 13.

spectacles; ils ne faisaient aucun état de tout ce qui était en honneur dans leur pays, et ne croyaient rien de plus grand que d'exceller en tout ce qui était en estime chez les Grecs; il s'excitait pour cela une dangereuse émulation entre eux; ils étaient jaloux des coutumes de ces païens, et affectaient d'être en tout semblables à ceux qui avaient été auparavant les mortels ennemis de leur pays (1). »

Il y eut donc des Juifs qui prirent les goûts, les idées des Grecs et des étrangers, qu'ils s'efforcèrent d'allier avec leur religion, ou pour la défendre contre les païens, et pour éclaircir les endroits obscurs des livres de Moïse, ou pour y découvrir des vérités cachées sous le voile de l'allégorie, et perdues pour ceux qui ne connaissaient pas la lettre de la loi, ou pour combattre et retrancher de la religion juive les dogmes difficiles ou gênants : tels furent les pharisiens, les saducéens, les esséniens et les philosophes juifs.

§ I. Des pharisiens.

Les pharisiens prétendaient que Dieu avait ajouté à la loi donnée sur le mont Sinaï un grand nombre de rites et de dogmes que Moïse avait fait passer à la postérité sans les écrire : aux traditions vraies, ils ajoutèrent une infinité de contes ridicules, d'idées fausses, de principes empruntés des philosophes, et corrompirent les dogmes et la loi.

Les pharisiens croyaient, dit Josèphe, que tout se faisait par le destin : cependant ils n'ôtaient pas à la volonté la liberté de se déterminer; parce que, selon eux, Dieu usait de ce tempérament, et que, quoique toutes choses arrivent par son décret ou par son conseil, l'homme conserve cependant le pouvoir de choisir entre le vice et la vertu; ils croyaient que les âmes des méchants, après leur mort, étaient renfermées dans des prisons, et souffraient des supplices éternels, pendant que celles des bons trouvaient un retour facile à la vie, et rentraient dans un autre corps. Nous ne nous engagerons pas dans le détail de leurs traditions que le temps a prodigieusement multipliées, et qui ont été recueillies en 32 volumes in-folio, et composent ce qu'on appelle le Talmud (2).

On distingue dans le Talmud sept ordres de pharisiens : l'un n'obéissait que par l'espérance du profit et de la gloire; l'autre ne levait point les pieds en marchant : le troisième frappait la tête contre la muraille, afin d'en tirer le sang : le quatrième cachait sa tête dans un capuchon : le cinquième demandait fièrement, *que faut-il que je fasse ? je le ferai : qu'y a-t-il que je n'aie fait ?* Le sixième obéissait par amour pour la vertu et pour la récompense : et le dernier n'exécutait les ordres de Dieu que dans la crainte de la peine. Tous faisaient de longues prières, et se refusaient jusqu'au sommeil nécessaire : les uns se couchaient sur une planche étroite, afin qu'ils ne pussent se garantir d'une chute dangereuse lorsqu'ils s'endormaient profondément, et les autres encore plus austères semaient sur cette planche des épines et des cailloux ; ils jeûnaient deux fois la semaine, et se déchiraient le corps à coups de fouet : ils faisaient de longues oraisons qu'ils récitaient les yeux fixes et le corps immobile. Ils marchaient la tête baissée, de peur de toucher les pieds de Dieu qui ne sont élevés au-dessus de la terre que de quatre pieds ; ils ne levaient point les pieds, afin de marquer le peu de soin qu'ils avaient de tout ce qui pouvait les blesser ; et pour paraître aux yeux du peuple uniquement occupés des choses du ciel, ils chargeaient leurs habits de philactères qui contenaient certaines sentences de la loi : ils se lavaient plus souvent que les autres, afin de montrer par là qu'ils avaient un soin extrême de se purifier.

Les pharisiens avaient un zèle ardent et infatigable pour faire des prosélytes ; et ce zèle joint à leurs mortifications, les rendait vénérables au peuple ; on leur donnait le titre de sages par excellence, et leurs disciples s'entre-criaient : *le Sage explique aujourd'hui :* ils tenaient leurs disciples dans une espèce d'esclavage, et réglaient avec un pouvoir absolu tout ce qui regardait la religion ; ils disposaient de l'esprit des femmes et du peuple ; ils excitaient à leur gré les flots de cette mer orageuse, et se rendirent redoutables aux rois (3).

§ II. Des sadducéens.

Les sadducéens n'étaient vraisemblablement d'abord ce que sont aujourd'hui les caraïtes, c'est-à-dire qu'ils rejetaient les traditions des anciens, et ne s'attachaient qu'à la parole écrite. Ils prenaient donc tous les livres de Moïse à la lettre, ils reconnaissaient que Dieu avait créé le monde par sa puissance, et qu'il le gouvernait par sa providence ; qu'il avait opéré un nombre infini de prodiges en faveur des Juifs, et que pour les gouverner il avait établi des peines et des récompenses ; mais ils croyaient que ces peines et ces récompenses étaient purement temporelles, et se renfermaient dans les bornes de cette vie.

Ces Juifs, ennemis des traditions, ne croyaient donc voir dans Moïse rien qui supposât que les âmes survécussent au corps : les sentiments des épicuriens, qui supposent que l'âme meurt avec le corps, et qu'elle

---

(1) II Machab. xiv.
(2) Le Rabin Judas, surnommé *le Saint,* recueillit toutes les traditions depuis Moïse jusqu'au milieu du second siècle, et en composa un volume, qu'on nomme la *Misna :* un autre rabin nommé Jochanan, de la synagogue de Jérusalem ajouta un commentaire à la Misna, et ce commentaire s'appelle *Gémare ;* ces deux parties font ensemble le Talmud de Jérusalem. Les Juifs s'étant depuis transportés à Babylone, ils y érigèrent des écoles célèbres, et travaillèrent à un nouveau supplément de la Misna : il fut achevé vers la fin du cinquième siècle ; il porte aussi le nom de Gemare ou de Talmud Babylonien, *Buddæus, Hist. Phil. Hebræorum.*

(3) Matth. xv, 16 ; ix, 2 ; xxiii, 15, 33. Luc. iv, 30 ; xv, 2 ; xi, 38, 52, etc. Joseph., Antiq. l. xii, c. 22 ; l. xiii, c. 23 ; l. xvii, c. 5. Tivin., *Scriptorum illustrium de Tribus Judæorum Sictis syntagma.* Samuelis Basnagii Annal. politico-eccles. t. 1. Buddæi Introd. ad Philos. Hebr. Basnag Hist. des Juifs, t. 1. Prideaux, t. V, p. 47, 72, etc.

n'est qu'une propriété de son organisation, ne paruent pas plus conformes à la religion de Moïse que le sentiment de Platon, de Pythagore et de Zénon; ils furent donc fort attachés à la lettre de la religion judaïque, et nièrent l'immortalité de l'âme.

Cette erreur des sadducéens n'était peut-être pas celle de tous les caraïtes ou scripturaires attachés à la lettre de la loi; mais les pharisiens, qui étaient leurs ennemis, et des ennemis violents, l'imputaient apparemment à toute la secte pour la rendre odieuse, ou parce qu'ils la regardaient comme une conséquence de leurs principes sur la nécessité de rejeter toute espèce de tradition : conséquence que peut-être tous les caraïtes n'admettaient pas (1).

§ III. Des esséniens.

Les esséniens honoraient Moïse comme le premier législateur; ils regardaient comme autant de blasphémateurs ceux qui parlaient mal de lui, et les condamnaient à la mort; ils étaient opposés aux pharisiens, en ce qu'ils rejetaient les traditions, et aux sadducéens, en ce qu'ils croyaient à l'immortalité de l'âme. Ce point, le plus important pour le bonheur de l'homme, avait fixé toute l'attention des esséniens; elle était enseignée dans la religion judaïque, ils en cherchèrent la preuve dans le raisonnement et dans la nature même de l'âme, soit pour se convaincre plus fortement eux-mêmes de cette vérité, soit pour répondre aux sophismes des sadducéens, qui paraissaient avoir emprunté leurs principes des épicuriens, et comme eux faire résider la pensée dans la matière qui devenait intelligente par l'arrangement de ses parties.

Les esséniens cherchèrent apparemment parmi les sentiments des philosophes grecs, un système qui expliquât l'immortalité de l'âme et sa spiritualité; le sentiment de Zénon les satisfit, et ils l'adoptèrent; au moins il est certain par Philon et par Josèphe, qu'ils croyaient que la substance de l'âme était ce qu'il y a de plus subtil dans l'éther, et que cette portion de l'éther attirée dans le corps par une espèce de charme naturel y était renfermée comme dans une prison. La mort qui détruisait le corps, n'anéantissait donc point l'âme, comme les sadducéens le disaient; elle rompait ses chaînes, et brisait sa prison; l'âme, dégagée de la matière, prenait l'essor vers les cieux, et jouissait de sa liberté naturelle.

De ces principes sur la nature de l'âme, les esséniens passèrent à la morale du stoïcisme : ils jugèrent que tout ce qui flattait les sens, tout ce qui allumait les passions, augmentait la servitude de l'âme. Toutes les lois cérémonielles et les rites de Moïse ne se présentèrent donc aux esséniens que comme des allégories destinées à apprendre aux hommes les moyens de s'élever au-dessus des besoins du corps, de l'affranchir de l'empire des sens, et de triompher des passions : les biens et la prospérité que ce législateur promettait aux Juifs n'étaient que l'emblème du bonheur préparé à ceux qui observaient les préceptes cachés sous l'écorce de la loi. Les esséniens s'éloignèrent donc des villes pour se garantir de la corruption qui y régnait ordinairement, et qui se communiquait à ceux qui les habitaient, comme les maladies se communiquent à ceux qui respirent un air infecté; ils se réunirent, et formèrent une société particulière : ils n'amassaient ni or, ni argent; ils ne voulaient que le nécessaire, et vivaient du travail de leurs mains. Ils s'appliquaient beaucoup à la morale, et leurs préceptes se rapportaient tous à l'amour de Dieu, de la vertu et du prochain : ils donnaient, dit Philon, une infinité de preuves de leur amour de Dieu; ils gardaient une chasteté constante et inaltérable dans toute leur vie; jamais ils ne juraient, jamais ils ne mentaient : ils attribuaient à Dieu tout ce qui était bon, et ne le faisaient jamais auteur du mal. Ils faisaient voir leur amour pour la vertu, dans leur désintéressement, dans leur éloignement pour la gloire et pour l'ambition, dans leur renoncement aux plaisirs, par leur patience et par leur simplicité, par leur facilité à se contenter, par leur modestie, par leur respect pour les lois, par la stabilité de leur âme, etc.; enfin ils montraient leur amour pour le prochain, par leur charité, par leur conduite égale envers tous, par la communauté de leurs biens, par leur humanité. Selon les esséniens, la nature comme une commune mère, produisait et nourrissait tous les hommes de la même manière, et les avait fait véritablement tous frères : la concupiscence avait détruit cette parenté; et les esséniens prétendaient la rétablir.

Les esséniens se répandirent dans la Palestine et formèrent différentes confréries, entre lesquelles tout était commun. Comme les passions et la cupidité naissaient de l'organisation du corps, les esséniens croyaient qu'il fallait joindre à l'étude de la morale la connaissance des simples propres à calmer l'effervescence du sang, ou à guérir les malades; et ils avaient découvert des plantes et des pierres qui avaient des propriétés singulières. Il y avait des esséniens partout où il y avait des Juifs, dans la Palestine, en Syrie, en Égypte. Tous attendaient la mort, comme un prisonnier attend sa liberté.

Les esséniens de Palestine croyaient qu'après que les liens de la chair seraient rompus, leur âme prendrait l'essor vers les cieux, et trouverait un séjour où il n'y aurait ni pluie, ni neige, ni chaleurs incommodes, mais un vent agréable qui les rafraîchirait continuellement; tandis que celles des méchants seraient précipitées dans un lieu pro-

---

(1) Matth. xxii. Marc. xxii. Luc. xx. Joseph. Ant. l. xiii, c. 9. Voyez les auteurs cités.

Il y a encore aujourd'hui de ces caraïtes ou scripturaires, qui attendent comme le reste des Juifs un Messie conquérant, dont la venue est retardée par les péchés du peuple, ou parce que Saturne, qui est l'étoile du sabbat et du peuple juif, marche à pas lents. Voyez les auteurs cités, et dans le syntagma une dissertation de M. Trigland sur cette secte.

fond et ténébreux, où elles seraient exposées à toutes les injures d'un hiver continuel et rempli de peines qui ne sont jamais interrompues par aucun bon intervalle.

Les esséniens d'Egypte avaient de l'âme une idée plus élevée : ils ne la concevaient pas comme un air subtil et léger, mais comme une substance destinée à connaître la vérité, et à voir Dieu qui était la source des vérités, et la lumière qui éclairait les esprits, comme le soleil éclairait les corps. Cette lumière ne se communiquait qu'aux âmes exemptes de passions, dégagées des soins qui attachent l'âme à la terre, et élevées au-dessus des distractions que causent les impressions des objets sur nos organes.

L'effort qu'ils faisaient pour s'élever à cet état d'impassibilité leur procurait des extases : ils croyaient voir cette lumière après laquelle ils soupiraient, ils étaient enivrés de délices ; le feu de l'enthousiasme s'allumait en eux, ils se regardaient déjà comme morts au monde, ils renonçaient à leurs biens, à leurs amis, à la société, et se retiraient dans quelque hameau, ou dans quelque maison abandonnée, pour se livrer à la contemplation. Il y avait de ces ermites dans la plupart des pays du monde, dit Philon ; mais c'était en Egypte qu'il s'en trouvait davantage ; il y en avait dans toutes les provinces, et surtout aux environs d'Alexandrie, principalement vers le lac Moria, sur une éminence fort commode pour la sûreté, et où l'air était très-bon. Chacun avait son petit oratoire appelé *monastérion* ; ils n'y portaient pour meuble que la loi, les prophètes, des hymnes et quelques autres livres. Au lever du soleil, ils demandaient à Dieu sa bénédiction : cette bénédiction véritable qui illumine et qui échauffe les âmes, qui pénètre de la lumière céleste : au coucher de cet astre, ils le priaient que leurs esprits, dégagés des sens et des choses sensibles, pussent, dans un parfait recueillement, découvrir la vérité. Tout le reste du jour était employé à l'étude des saintes Ecritures, dont ils regardaient le texte comme un chiffre qui cachait les vérités les plus sublimes et les plus importantes, et qu'il fallait interpréter allégoriquement pour en trouver la clef. Ils ne buvaient ni ne mangeaient qu'après le coucher du soleil : quelques-uns même, emportés par un désir extraordinaire de connaître ce qu'ils cherchaient, oubliaient quelquefois pendant trois jours entiers de prendre de la nourriture. Dieu était l'objet de toutes leurs méditations; et dans leurs songes même, leur imagination ne leur représentait que les beautés et l'excellence des perfections divines : souvent en dormant ils faisaient des discours admirables de cette divine philosophie. Ils passaient six jours de suite dans leur oratoire, sans en sortir, ni même regarder dehors : au septième, ils s'assemblaient dans un oratoire commun, où un des plus habiles faisait un discours, après lequel ils prenaient en commun leur repas, c'est-à-dire, du pain avec un peu de sel et d'hyssope. Pendant le repas, on observait un profond silence ; quand il était fini, un de la compagnie proposait une question sur quelques passages de l'Ecriture, un autre répondait, et le président déclarait si la question était résolue, et y ajoutait ce qu'il jugeait à propos : tout le monde applaudissait ; on se levait et on chantait une hymne : le reste du jour se passait en discours sur les choses divines, et la nuit à chanter jusqu'au lever du soleil.

Les méditations des esséniens d'Egypte avaient pour objet l'Ecriture sainte, qui, selon eux, était comme l'homme, composée d'esprit et de corps. Le corps de l'écriture était le sens littéral, et le mystique ou le caché en était l'âme, et c'était en ce dernier qu'était la vérité et la vie. Philon dit qu'ils étudiaient l'Ecriture en philosophes, et qu'ils avaient parmi eux plusieurs écrits anciens des chefs de leur secte, qui étaient des monuments de cette espèce de science allégorique qu'ils étudiaient et qu'ils tâchaient d'imiter.

Tout ce que l'esprit humain peut imaginer de bizarre s'offrit sans doute à des hommes livrés sans cesse à la méditation de l'Ecriture, guidés dans leurs méditations par de semblables principes, exténués par des jeûnes continuels, échauffés par la solitude, animés par les motifs qui agissent le plus puissamment sur le cœur humain, l'espérance d'une immortalité bienheureuse, et le désir de la perfection. Ces motifs semblaient avoir élevé les esséniens au-dessus de l'humanité ; jamais la force des tourments, de la torture, du feu, des roues et de toutes les inventions les plus terribles, n'a pu leur arracher un mot contre leur législateur ou contre leur conscience (1).

Il est aisé de juger, par ce que nous venons de dire, combien s'éloignent de la vérité ceux qui prétendent que les chrétiens ne sont qu'une branche des esséniens.

La religion chrétienne a pour auteur le Messie promis aux Juifs, vrai Dieu et vrai homme ; on ne voit rien de semblable dans les dogmes des esséniens : la religion chrétienne à sa naissance avait tous les sacrements, les esséniens n'en avaient point : Jésus-Christ a enseigné la résurrection des corps, les esséniens la niaient. Si les chrétiens n'étaient qu'une branche des esséniens, il faudrait que Jésus-Christ lui-même eût été essénien séparé ou retranché de sa secte, et qui en serait devenu l'ennemi, puisqu'il aurait enseigné des dogmes contraires aux principes fondamentaux des esséniens. Les esséniens avaient leurs temples et leurs assemblées séparées ; ils ne communiquaient point avec les Juifs, parce qu'ils ne les trouvaient point assez saints ; ils n'offraient point de victimes, et condamnaient les sacrifices qu'on faisait dans le temple ; comment les pharisiens, les scribes, les sadducéens qui lui tendaient sans cesse des pièges, qui publiaient qu'il n'était

---

(1) Joseph., de Bello Jud. l. I, c. 12. Philon., de Vit. contempl. Les auteurs cités sur les sectes des Juifs.

qu'un imposteur, ne lui auraient-ils jamais rappelé son origine, ni reproché qu'il anéantissait la loi de Moïse ? Comment tant de sectes ennemies du christianisme qui se sont élevées parmi les Juifs et en Egypte, n'ont-elles jamais fait un pareil reproche aux chrétiens ?

§ IV. Des samaritains.

L'ancien royaume de Samarie était habité par les Israélites des dix tribus que Jéroboam détacha du royaume de Jérusalem sous Roboam, fils de Salomon.

Salmanasar s'empara du royaume de Samarie, transporta ses habitants dans les plaines de Chaldée, et envoya des Cuthéens pour repeupler le pays de Samarie. Cette colonie fut dévorée par des lions, parce qu'elle avait transporté ses idoles dans la terre sainte. Essharadon leur envoya un prêtre juif avec une nouvelle colonie, pour y rétablir le culte des samaritains ; mais ce prêtre ne put détacher absolument les nouveaux habitants de leur premier culte, et il se fit un mélange de leur ancienne religion et de celle de Samarie : enfin cette colonie embrassa la religion judaïque ; et les nouveaux samaritains furent appelés les prosélytes des lions, parce que c'était la crainte de ces animaux qui les avait déterminés à suivre la religion judaïque, dont ils s'écartaient cependant.

1° De tout le canon des Juifs, ils ne recevaient que le Pentateuque.

2° Ils sacrifiaient sur le mont Garisin, et non pas à Jérusalem, prétendant qu'ils ne faisaient que se conformer au culte des patriarches qui avaient précédé Moïse (1).

3° Ils attendaient le Messie comme les Juifs, et croyaient que le Messie serait non-seulement un roi, mais un docteur envoyé de Dieu pour les éclairer.

4° Ils observaient la loi de Moïse avec beaucoup d'exactitude, et n'avaient pas pour le Pentateuque moins de respect que les Juifs ; mais leur attachement à l'observation de la loi n'était pas à l'épreuve de la persécution ou des supplices.

5° Les samaritains rejetaient toutes sortes de traditions, et s'en tenaient à la parole écrite, comme ils convenaient en cela avec les sadducéens. Les Juifs leur ont imputé, mais calomnieusement, d'être dans l'erreur des sadducéens par rapport à l'immortalité de l'âme.

Lorsque les Ptolomées se furent emparés de la Judée et de Samarie, les samaritains s'établirent en Egypte comme les Juifs; comme eux, ils prirent le goût des sciences et de la philosophie, surtout de la philosophie platonicienne alliée avec la philosophie chaldéenne, qui consistait principalement à opérer des choses surprenantes par les vertus secrètes des plantes, par l'astrologie, par l'invocation des génies : des samaritains avaient allié cette philosophie avec les dogmes de leur religion : et l'on vit dans Samarie des espèces de magiciens qui se prétendaient envoyés de Dieu, qui séduisaient le peuple par leurs prestiges. L'histoire de Dosithée et de Simon ne permettent pas d'en douter.

CHAPITRE VII.

État politique du genre humain depuis l'extinction de l'empire d'Alexandre, jusqu'à la naissance du christianisme.

L'Orient avait été le berceau du genre humain, et les grandes familles qui s'y étaient établies avaient inventé les arts et les sciences, bâti des villes, formé des États et des empires, tandis que l'Occident était habité par des peuples pasteurs ou sauvages. Les guerres, l'excessive population, une infinité d'accidents détachèrent des nations policées, des colonies qui cherchèrent sur des vaisseaux de nouvelles habitations, et formèrent dans les pays maritimes différents établissements, principalement en Italie. Ces colonies adoucirent les mœurs des peuples sauvages parmi lesquels elles s'établirent, et il se forma en Italie une foule de petits États indépendants, qui avaient chacun leurs lois, leur religion et leurs mœurs, et qui par leur situation étaient souvent en guerre (2).

Ainsi, tandis que le luxe corrompait et affaiblissait les peuples de l'Orient, le temps formait dans un coin de l'Occident des guerriers robustes, audacieux, avides de butin, et pour qui la guerre était une espèce de besoin. Il ne fallait donc qu'un guerrier brave, ambitieux et d'un esprit élevé, pour former en Italie un État purement guerrier, que sa constitution et ses mœurs fissent tendre sans cesse à s'agrandir et à dépouiller ses voisins. Ce guerrier fut Romulus, et cet état fut Rome, qui, dans son origine n'était qu'une espèce de champ habité par des guerriers ou par des aventuriers que l'espérance du butin et souvent de l'impunité rassembla ; mais qui, par sa constitution primitive et par sa situation, devait subjuguer et subjugua en effet l'Italie, la Grèce, l'Orient, l'Espagne et les Gaules : tous les peuples connus prirent part à la guerre de César et de Pompée (3).

Les Romains prirent chez les peuples vaincus des principes de corruption qui pénétrèrent dans tous les états et dans tous les ordres de la république : l'honneur, l'amour de la liberté et de la patrie s'éteignirent : on ne connut à Rome de vrais biens que les richesses, et Rome enfermait dans son sein toutes les causes qui avaient détruit tous les grands empires (4).

Malgré sa corruption, Rome, par une suite de sa constitution, devait former de grands capitaines, des politiques habiles, des ambitieux qui devaient tendre à assujettir leur patrie, et à changer la république en monarchie : César l'entreprit et réussit (5). Les citoyens qui ravirent à César la puissance sou-

---

(1) Joan. iv.
(2) Cluvier, Ital. antiq.
(3) Lucan., Pharsal. l. i et iii. Flor., l. iv, c. 2.
(4) Lucan., l. i. Tacit., Annal. Dion. Cassius. Sallust.

(5) Nous n'entrerons point dans le détail des causes de la grandeur et de la décadence des Romains; cet objet n'appartient point à mon ouvrage, et ceux qui voudront s'en instruire, trouveront dans les discours de Machiavel

veraine et la vie, ne rendirent pas la liberté à leur patrie. Auguste, son successeur, fut plus puissant que lui, et il étouffa toutes les discordes civiles, et régna paisiblement sur le monde connu, depuis l'Inde jusqu'à l'Allemagne.

Tibère succéda à Auguste et fut encore plus puissant que lui : il ôta au peuple l'élection des magistrats qu'Auguste lui avait laissée ; il nommait les consuls, les gouverneurs des provinces, les intendants, tous les magistrats, tous les officiers ; tout ce qui exerçait quelque portion d'autorité dépendait absolument de Tibère. Il réunit dans sa personne toutes les espèces de magistratures que l'on avait créées à Rome pour se contrebalancer, pour conserver la liberté, et pour prévenir l'oppression du peuple par le sénat, ou celle du sénat par le peuple. Ainsi, Tibère avait dans tout l'empire romain l'autorité la plus absolue et la plus illimitée, sans que rien fût capable de la réprimer. Tibère vécut sans reproche, tant qu'il fut homme privé, ou qu'il commanda les armées sous Auguste : il cacha adroitement ses vices, tant que Germanicus et Drusus vécurent ; il fut alternativement bon et méchant pendant la vie de sa mère : cruel à l'excès, mais secret dans ses plaisirs infâmes, tant qu'il aima ou redouta Séjan : lorsqu'il ne craignit plus personne, tous ses vices se déchaînèrent ; il s'y abandonna sans pudeur, et l'univers eut pour maître un prince livré aux plus infâmes voluptés : avare, cruel, jaloux de sa puissance, soupçonneux jusqu'à l'excès, il sacrifia à ses craintes, à ses soupçons un nombre infini de citoyens. Rome était remplie de délateurs, et tout homme vertueux ou riche était coupable : on vit un père accusé par son fils d'un crime d'État, sans fondement, sans dénonciateur, sans autre témoin que lui-même ; on vit ce fils protégé par Tibère : on n'osait ni s'intéresser pour les accusés, ni regretter les morts : la corruption et la crainte avaient étouffé la voix de la nature, et interrompu le commerce et les devoirs de la vie civile (1).

Les provinces n'étaient pas plus heureuses, elles étaient en proie aux barbares ou aux officiers que Tibère y envoyait, et qu'il prenait dans ses affranchis ou parmi ceux qui se distinguaient à Caprée ; et le gouvernement des provinces fut confié à des ministres d'une avarice et d'une avidité insatiable, sans vertu, sans honneur, sans humanité, qui plaçaient dans toutes les charges des hommes aussi vicieux et aussi méchants qu'eux, qui disposaient en maîtres absolus des fortunes et de la vie de tout ce qui leur était soumis, qui connaissaient l'indifférence du prince pour les malheurs de ses sujets, et qui étaient sûrs de l'impunité (2).

Tibère nomma Caius Caligula son successeur. Ce prince avait été élevé au milieu des camps. Il joignait à la puissance souveraine la férocité du soldat, un naturel violent, impétueux et cruel ; il était léger, inconstant, inconsidéré, ignorant : il n'eut pour société et pour amis que des histrions, des farceurs, des débauchés : on regretta sous ce prince le règne de Tibère, et il fut assassiné.

Depuis Caligula, les soldats donnèrent ou ôtèrent l'empire à leur gré : les différentes armées nommaient chacune leur empereur, et les horreurs de la guerre civile se joignirent aux vices du gouvernement des empereurs et à la corruption qui avait infecté tout l'empire ; le feu de la guerre désola toute la terre jusqu'à Trajan.

Ainsi l'ambition des Romains qui étaient un peuple guerrier et ignorant, qui méprisait les sciences et les arts, anéantit la vertu, et porta la désolation et le malheur partout où Alexandre, héros et philosophe, se proposait de porter le bonheur, de répandre la lumière et de faire régner la paix, la justice et la vertu.

Alexandre, en formant le projet de conquérir le monde, se proposait d'unir tous les hommes ; les Romains formèrent le projet d'asservir tous les peuples en désunissant tous les hommes. Alexandre voulait conquérir tous les peuples pour rendre tous les hommes heureux, les Romains pour faire servir tous les peuples à leur bonheur. Alexandre employait la puissance militaire pour établir parmi les hommes l'autorité des lois : chez les Romains la puissance militaire anéantit l'autorité des lois, rendit Rome esclave de l'empereur et des troupes, et fit disparaître sur la terre le bonheur et la vertu (3).

« C'est ici, dit un homme célèbre, qu'il faut se donner le spectacle des choses humaines ; qu'on voie dans l'histoire de Rome tant de guerres entreprises, tant de sang répandu, tant de peuples détruits, tant de grandes actions, tant de triomphes, tant de politique, de sagesse, de prudence, de constance, de courage ; ce projet d'envahir tout, si bien formé, si bien soutenu, si bien fini ; à quoi aboutit-il, qu'à affermir le bonheur de cinq ou six monstres ? Quoi ! le sénat n'avait fait évanouir tant de rois que pour tomber lui-même dans le plus bas esclavage de quelques-uns de ses plus indignes citoyens, et s'exterminer par ses propres arrêts ? On n'élève donc sa puissance que pour la voir mieux renversée ? Les hommes ne travaillent à augmenter leur pouvoir, que pour le voir tomber contre eux-mêmes dans de plus heureuses mains (4). »

CHAPITRE VIII.

État de l'esprit humain par rapport à la religion, à la morale et aux sciences, depuis la destruction de l'empire d'Alexandre, jusqu'à la naissance du christianisme.

Romulus, fondateur de Rome, y établit le

---

sur Tite-Live, dans S.-Evremont, dans les Considérations de M. de Montesquieu, dans M. l'abbé de Mably, cette matière épuisée.
(1) Tacit., Annal. l. iv.
(2) Tacit., ibid. Suéton., in Tib.

(3) Voyez ci-dessus, ce qui regarde Alexandre. Plutarq., De la fortune des Rom. et d'Alexandre.
(4) Considérations sur les causes de la Grand. des Romains, p. 171.

culte des dieux qu'Énée, Évandre, etc., avaient apportés en Italie (1). Rome, grossière, ignorante, pauvre, guerrière, adopta successivement les dieux des nations qu'elle soumit, et ces dieux eurent leurs prêtres, leurs sacrifices, leurs fêtes. On leur fit des vœux, on les consulta sur l'avenir; il y eut des augures, des aruspices, des devins, des présages, comme chez toutes les nations idolâtres (2).

Les divisions continuelles du peuple et du sénat, les guerres extérieures, l'amour de la liberté fixèrent longtemps toute la force de l'esprit des Romains sur les moyens de conserver ou d'étendre leurs priviléges au dedans et leur domination au dehors; pendant plusieurs siècles, ils ne prirent des peuples qu'ils soumirent que leurs cérémonies religieuses ou leurs superstitions, et, quoiqu'ils eussent cultivé l'éloquence, la législation et l'histoire, ils méprisèrent les arts et les sciences : deux siècles avant le christianisme, Caton se déchaînait encore contre les poètes et contre la poésie. Mais ils étaient environnés de peuples qui cultivaient les beaux-arts, les lettres, la philosophie et les sciences : tous les systèmes des philosophes s'enseignaient en Grèce, en Égypte, en Afrique, dans les Gaules où les colonies grecques les avaient apportés (3). Il était impossible que les Romains ne prissent pas le goût des sciences et des lettres : la conquête de l'Égypte, de la Grèce et des Gaules, les mit en commerce avec les philosophes célèbres : plusieurs adoptèrent la morale et les principes philosophiques de Socrate, de Zénon, de Platon ; la vertu des Romains, éclairée par la philosophie, acquit une élévation, une fermeté, une douceur, une simplicité que ne donnent ni l'éducation, ni la nature : telle fut la vertu de Scipion l'Africain, de Lélius, de Furius (4).

Bientôt le goût des sciences et de la philosophie s'étendit et devint plus vif : on étudia les systèmes des philosophes grecs à Rome, et tous eurent des partisans. La philosophie ne fut plus renfermée dans les écoles, elle devint le sujet des entretiens, et l'on s'appliqua à donner aux matières philosophiques, l'ordre, la clarté, les grâces propres à les rendre intelligibles et intéressantes pour tous les esprits (5).

Les systèmes des philosophes combattaient le polythéisme, et la philosophie affaiblit dans beaucoup d'esprits le respect et la crainte des dieux, les principes et les sentiments de morale et de vertu : tous les ambitieux, tous les voluptueux, tous ceux qui avaient à craindre la justice des dieux, adoptèrent des systèmes qui les affranchissaient des remords et des terreurs de l'autre vie, et la corruption des mœurs ne contribua pas peu à concilier des partisans à la philosophie, surtout à celle d'Épicure (6) : « Je crois, dit M. de Montesquieu, que la secte d'Épicure, qui s'introduisit à Rome sur la fin de la république, contribua beaucoup à gâter le cœur et l'esprit des Romains. Les Grecs en avaient été infectés avant eux, aussi avaient-ils été plus tôt corrompus (7). »

Il y avait cependant des philosophes qui défendaient l'existence des dieux, et qui avaient donné beaucoup de clarté et de force aux preuves qui établissent la nécessité d'une intelligence suprême pour la production du monde. Le stoïcisme avait trouvé dans la nature de l'ordre, des proportions qui supposaient que le monde était l'ouvrage d'une cause intelligente; ils connaissaient que l'homme avait une destination et des devoirs qui consistaient à concourir au bien général; ils croyaient que l'homme ne pouvait être heureux qu'en les remplissant, et qu'il était malheureux lorsqu'il s'en écartait. Ce système avait des partisans considérables sur la fin de la république. Mais le nombre en diminuait à mesure que la corruption des mœurs augmentait et que la vertu s'éteignait. Après l'extinction de la république, et sous l'empire d'Auguste, les arts et les sciences fleurirent : ce prince honora tous les talents, récompensa tous les succès; son règne fut le règne des lettres; et les poëtes aussi bien que les orateurs furent philosophes : Horace, Ovide, Virgile exposèrent dans leurs ouvrages les systèmes des philosophes grecs, et les rendirent familiers à la cour et à tous les lecteurs.

Rome, asservie au pouvoir arbitraire d'Auguste, livrée aux plaisirs, plongée dans le luxe, n'eut plus que des esprits superficiels et des caractères faibles. La philosophie d'Aristippe et d'Épicure était dominante.

Sous Tibère, les caractères furent encore plus bas, et les esprits plus superficiels. Ce prince fut lui-même étonné plus d'une fois de la bassesse du sénat (8). Le peuple, les chevaliers, les sénateurs passaient leur vie avec les comédiens et les histrions; ils les accompagnaient partout, ils leur rendaient des devoirs ; ils étaient, selon Sénèque, les esclaves des pantomimes. Rome était partagée en différents partis sur le mérite et sur la prééminence des acteurs; plusieurs fois ces partis changèrent le spectacle en un champ de bataille, et le sénat s'occupa sérieusement des moyens de réprimer ces désordres, tantôt en diminuant les gages des acteurs, tantôt en défendant aux sénateurs de leur rendre des visites (9). Ainsi, dans la plus grande partie de l'empire romain, tous les hommes qui avaient quelque puissance,

---

(1) Cic., de Divin. Plut., Vie de Romulus et de Numa; Gronow., Antiq. Rom.
(2) Cic., Tuscul., l. 1, c. 2, 3, 4.
(3) Hist. Litt. de France, t. 1. État des Lettres avant le Christianisme.
(4) Cic., pro Aurel., pro Muren. Tacit., An. l. II, c. 16.
(5) Cic., Tusc. l. 1, c. 6. De Nat. Deor. l. 1, c. 8.

(6) Discours de César au sénat, dans Salluste, Bel. Catil.
(7) Consid. sur les causes de la Grandeur des Romains, p. 171.
(8) Tacit., An. l. III, c. 66, 71.
(9) Sueton., in Aug. c. 45. Plin., l. XXIX. Sen., ep. 47. Tacit., l. III, c. 77.

quelque autorité, quelque accès auprès de l'empereur, étaient poussés par tous les besoins que fait naître l'amour excessif du luxe et des plaisirs, sans être retenus par aucun principe de morale, d'honneur ou de religion, ni même d'humanité. Les proscriptions, les exécutions innombrables que Rome avait vues depuis Sylla, sous Tibère, sous Claude, sous Néron, avaient étouffé dans presque tous les cœurs ce germe précieux de sensibilité que nous recevons tous de la nature, qui fait naître en nous tous les sentiments que nous voyons dans les autres.

L'idée de la liberté était effacée de presque tous les esprits, la vertu éteinte dans presque tous les cœurs. Elle subsistait encore cependant dans quelques âmes privilégiées que la philosophie stoïcienne avait garantie de la corruption. Ces âmes fortes et élevées par la philosophie, furent sensibles aux malheurs du monde; elles communiquèrent leur courage; et sous Claude, sous Néron, sous Vespasien, sous Domitien, il y eut des citoyens philosophes qui attaquèrent le vice et la tyrannie, que les tourments n'effrayèrent point, et qui moururent d'une mort capable d'illustrer les plus beaux siècles de la république.

Cette philosophie était dominante à Rome sur la fin du premier siècle. Néron, Vespasien, Domitien, pour en arrêter le progrès, bannirent de Rome tous les philosophes, parce que les principes du stoïcisme alliés avec l'idée de la liberté pouvaient devenir séditieux, et qu'ils étaient odieux à des empereurs aussi méchants que Néron et Domitien.

Ainsi, dans l'époque que nous venons d'examiner, il y avait chez les peuples idolâtres : 1° des philosophes qui ne supposaient dans la nature que des forces motrices et de la matière, ou qui reconnaissaient un Être suprême, sage, intelligent, qui avait formé le monde, et qui le gouvernait par des lois immuables, ou qui en confiait l'administration à des génies. Tous ces philosophes, divisés sur l'origine du monde, se réunissaient contre le polythéisme; 2° des personnes qui, sans être philosophes de profession, cultivaient leur raison, les lettres et la philosophie, et qui, vivant avec les philosophes, prenaient une partie de leurs idées; 3° le peuple, dont l'esprit ne s'exerçait que sur des objets d'intérêt, et qui, à proprement parler, ne fait point d'efforts pour s'éclairer sur la religion ou sur les objets de spéculation, mais auquel le temps apporte les vérités et les idées des philosophes, après les avoir fait passer par tous les ordres d'esprits qui séparent le peuple du philosophe, et leur avoir donné par ce moyen la clarté et la simplicité proportionnée à l'intelligence du peuple.

Ainsi, l'effort général de l'esprit humain tendait à la destruction de l'idolâtrie, et l'esprit du peuple était arrivé au degré de lumière nécessaire pour sentir l'absurdité du polythéisme et la force des preuves de l'existence et de l'unité de l'Être suprême. Cette époque était celle que la Providence avait choisie pour la naissance du christianisme.

PREMIER SIÈCLE.

CHAPITRE PREMIER.

Naissance du christianisme, ses progrès chez les Juifs, obstacles qu'il y rencontre.

Les temps marqués pour la naissance du Messie étaient arrivés, et les Juifs, opprimés par les Romains et par Hérode, qu'Auguste avait confirmés dans la possession du royaume de Juda, étaient dans la plus vive attente du libérateur qui leur avait été promis. Ce libérateur naquit enfin avec tous les caractères qui devaient le distinguer et le faire connaître : mais la plus grande partie des Juifs, persuadés que le Messie devait être un conquérant fameux, le méconnurent dans Jésus-Christ, et crurent le voir dans des fanatiques qui prirent le titre de Christ et de roi d'Israël, et causèrent des révoltes à Jérusalem et dans toute la Judée (1).

Lorsque le temps de son ministère est arrivé, Jésus-Christ parcourt la Judée, découvre aux Juifs toute l'étendue de la corruption humaine; il annonce un Dieu en trois personnes; il apprend qu'il est une de ces trois personnes, incarnée pour racheter les hommes : il fait connaître tout ce qu'ils doivent à ces trois personnes, et promet à ceux qui croiront sa doctrine et qui pratiqueront sa loi, non un bonheur temporel, tel que les Juifs grossiers l'attendaient, mais un bonheur spirituel, une félicité pure et éternelle. La bienfaisance, la simplicité du cœur, la vérité, l'indulgence, le pardon des injures, l'amour des ennemis, sont les devoirs qu'il prescrit par rapport aux hommes : il établit par rapport à Dieu un culte d'amour, de respect, de crainte, d'espérance; il institue des sacrements qui procurent aux hommes les secours nécessaires pour remplir les devoirs qu'il prescrit; il prouve la divinité de sa mission et la vérité de sa doctrine par des miracles : il choisit des apôtres pour la prêcher par toute la terre : il meurt, ressuscite et monte au ciel.

Les apôtres annoncent à Jérusalem la doctrine de Jésus-Christ et sa résurrection, ils établissent la vérité de leurs prédications sur les preuves les plus claires, par les miracles les plus éclatants : trois mille Juifs croient et sont baptisés. Ces nouveaux disciples se réunissent, vont prier tous les jours au temple; ils n'ont qu'un cœur, qu'une âme; aucun ne s'approprie rien de ce qu'il a; ils mettent tout en commun; il n'y a point de

---

(1) Joseph., Antiq. l. XVII, c. 12. De Bell. l. II, c. 4, 5, 6.

pauvres parmi eux, parce que ceux qui possèdent des fonds de terre ou des maisons, les vendent et en apportent le prix aux pieds des apôtres, qui le distribuent ensuite à chacun selon son besoin (1).

Le progrès du christianisme, la prédication des apôtres, les miracles qu'ils opèrent, la vertu des chrétiens allument la haine des Juifs, l'Eglise est persécutée, les chrétiens de Jérusalem se dispersent dans toute la Palestine et dans une partie de l'Orient, où les Juifs avaient des établissements, et bientôt vont prêcher chez tous les peuples.

On vit donc sur la terre une société d'hommes qui attaquaient ouvertement le paganisme, qui annonçaient aux hommes qu'il n'y a qu'un Dieu qui a créé le ciel et la terre, dont la sagesse gouverne le monde; que l'homme s'est corrompu par l'abus qu'il a fait de la liberté qu'il avait reçue de son Créateur; que sa corruption s'est communiquée à sa postérité; que Dieu, touché du malheur des hommes, a envoyé son Fils sur la terre pour les racheter; que ce Fils était égal à son Père, qu'il s'était fait homme, qu'il avait promis un bonheur éternel à ceux qui croyaient sa doctrine et qui pratiquaient sa morale, qu'il avait prouvé la vérité de ses promesses par des miracles. Ces hommes annonçaient ce qu'ils avaient vu ou appris de ceux qui l'avaient vu : ils mouraient plutôt que de méconnaître les vérités qu'ils étaient chargés d'enseigner : leur morale était sublime et simple, et leurs mœurs irréprochables.

On avait vu des philosophes attaquer le polythéisme, mais avec précaution ou par des railleries, et sans éclairer l'homme sur son origine, sur sa destination : ils avaient découvert dans l'homme, au milieu de sa corruption, des semences de vertu; mais ils avaient cherché sans succès un remède à la corruption, un frein pour les passions, un motif pour la vertu dans tous les états et dans toutes les circonstances.

Ceux qui s'étaient élevés au-dessus des passions, ne s'y soutenaient que par le fanatisme ou par l'orgueil. Mais on n'avait point vu une société entière d'hommes grossiers et ignorants pour la plupart, expliquer ce que les philosophes avaient inutilement cherché sur l'origine du monde, sur la nature et sur la destination de l'homme; enseigner une morale qui tend à produire sur la terre une bienveillance générale, une amitié constante, une paix perpétuelle qui met l'homme sans cesse sous les yeux d'un Etre suprême et tout-puissant, qui hait le crime et qui aime la vertu, qui récompense par un bonheur infini le culte qu'on lui rend, le bien qu'on fait aux autres hommes, la patience et la résignation dans les maux attachés à la condition humaine, et qui punit par des supplices sans fin l'impiété qui l'offense, le vice qui dégrade l'homme, et le crime qui nuit au bonheur de la société.

Enfin, les chrétiens pratiquaient la morale qu'ils enseignaient, et mouraient plutôt que d'en transgresser les préceptes, ou de ne pas les enseigner aux hommes; les miracles et la grâce secondaient leurs efforts, et un nombre prodigieux de Juifs et de païens embrassaient le christianisme.

L'Eglise chrétienne offrit donc au monde le spectacle le plus étonnant et le plus intéressant : voyons les hérésies qui la troublèrent.

CHAPITRE II.

Des schismes, des divisions et des hérésies qui s'élevèrent parmi les chrétiens pendant le premier siècle.

Depuis longtemps la philosophie d'Alexandrie avait pénétré chez les Juifs et chez les Samaritains. Dans les principes de cette philosophie, l'Etre suprême était une lumière immense, d'une pureté et d'une fécondité infinie : un nombre infini d'esprits étaient sortis de son sein, avaient formé le monde, le gouvernaient, et produisaient tous les phénomènes. Ces principes portés à Jérusalem et à Samarie, s'y étaient unis, comme nous l'avons vu, avec la croyance des Juifs, et avaient servi à expliquer les miracles de Moïse et toute l'histoire du peuple juif. Plusieurs personnes attribuaient tous les événements à des génies chargés du gouvernement du monde.

Les Juifs et les Samaritains étaient alors dans la plus vive attente du Messie : leurs malheurs, l'oppression dans laquelle ils gémissaient, tournaient sans cesse leur esprit vers ce libérateur; ceux qui étaient entêtés des principes de la philosophie d'Alexandrie, crurent que le Messie ne délivrerait les Juifs que par le moyen des génies, et pensèrent que celui-là serait le Messie qui saurait commander aux génies et se faire obéir : il y eut donc des hommes qui cherchèrent dans l'étude de la magie l'art de commander aux génies et d'opérer des prodiges. On découvrit au moins celui de séduire l'imagination par des tours d'adresse ou par des prestiges, et l'on vit des Juifs et des Samaritains qui s'efforcèrent d'imiter les miracles des apôtres, et qui prétendirent tantôt être le Messie, tantôt une intelligence à qui Dieu avait remis toute sa puissance; d'autres fois un génie bienfaisant descendu sur la terre pour procurer aux hommes une immortalité bienheureuse, non après la mort, mais dans cette vie même : tels étaient Dosithée, Simon, Ménandre.

Comme ce n'était pas seulement par les miracles que l'on devait connaître le Messie, mais par les caractères sous lesquels les prophètes l'avaient annoncé, les uns, comme Dosithée, les altérèrent pour se les approprier; les autres, qui ne pouvaient se les appliquer, nièrent leur autorité, combattirent la doctrine de Jésus-Christ par les principes des philosophes, et substituèrent au dogme

(1) Act. IV.

du christianisme le système des émanations, par lesquelles ils tâchèrent d'expliquer tous les faits qu'ils ne pouvaient contester aux chrétiens : tels furent Simon, Ménandre, Cléobule, Théodote, Gorthée.

D'autres recevaient la doctrine des apôtres et en alliaient les principes, tantôt avec la religion judaïque, tantôt avec les principes de la philosophie d'Alexandrie : ils regardaient les apôtres comme des témoins qui leur attestaient des faits, et ils en cherchaient l'explication dans les principes de la philosophie qu'ils avaient adoptée : tels étaient ces chrétiens auxquels saint Paul reprochait de s'amuser à des fables et à des généalogies sans fin (1). Plusieurs nièrent ou altérèrent par des explications allégoriques tout ce qu'ils ne pouvaient concilier avec les principes du système religieux qu'ils s'étaient fait. Ainsi les Nazaréens prétendaient que les apôtres n'avaient point entendu la doctrine de Jésus-Christ, et alliaient le christianisme et le judaïsme ; ainsi Hyménée, Alexandre, Philète, Hermogène, etc., rejetèrent le dogme de la résurrection des corps, parce qu'ils regardaient l'union de l'âme et du corps, comme un état de dégradation, qui ne pouvait être la récompense de la vertu.

Appuyés sur ces principes, quelques-uns ne voyaient dans la religion chrétienne, qu'une morale destinée à élever l'homme au-dessus des sens et des passions, en portaient tous les conseils à l'excès, et faisaient un crime de s'occuper à nourrir le corps : tandis que d'autres, persuadés que l'âme est par sa nature incapable d'être corrompue par le corps, se livraient sans scrupule à tous les plaisirs des sens. Ceux-ci regardaient Jésus-Christ comme un génie descendu du ciel, qui avait pris l'apparence de l'humanité pour éclairer les hommes ; ceux-là comme un homme plus parfait que les autres, qu'un génie céleste avait dirigé : tels furent les Nazaréens, Corinthe, les Ébionites, et ceux à qui saint Paul reproche d'élever des questions plus propres à exciter des disputes qu'à fonder par la foi l'édifice de Dieu (2).

Tous furent condamnés par les apôtres, et séparés de l'Église comme des corrupteurs de la foi.

Tous eurent cependant des disciples, qui, aussi bien que leurs maîtres, prétendaient n'enseigner que la doctrine de Jésus-Christ ; et pour justifier leurs prétentions, les uns soutenaient que Jésus-Christ avait enseigné une double doctrine, l'une publique, proportionnée à l'esprit du peuple et contenue dans les livres du Nouveau Testament ; l'autre, secrète, qu'il n'avait confiée qu'à un petit nombre de disciples, qui ne pouvait être entendue que par des hommes éclairés, et qui leur avait été transmise par des disciples de saint Paul, de saint Matthieu (3). Les autres retranchaient des livres du Nouveau Testament tout ce qui combattait leurs opinions, composèrent de nouveaux évangiles et des lettres qu'ils attribuèrent aux apôtres ; quelques-uns prétendirent enseigner que la doctrine que Moïse, Zoroastre, Abraham, Noé avaient enseignée, et qui était renfermée dans des ouvrages qui portaient leur nom.

On vit donc alors, non-seulement différentes sectes qui prenaient le nom de chrétiennes, mais encore de faux évangiles, des lettres et des livres supposés et attribués aux apôtres, aux hommes célèbres de l'antiquité, aux Patriarches (4).

Toutes ces sectes, remplies d'enthousiastes et de fanatiques, employaient tout ce qui pouvait faire prévaloir leurs systèmes religieux, ils les répandirent dans les provinces d'Orient. Les philosophes pythagoriciens regardèrent Jésus-Christ comme une intelligence qui dominait sur les génies par le moyen de la magie, et s'efforcèrent d'imiter les miracles qu'il avait faits, et de pratiquer une morale plus parfaite que la morale des chrétiens : tels furent Apollonius de Tyanes et ses disciples (5).

Les philosophes épicuriens, au contraire, qui n'admettaient dans la nature qu'une matière et un mouvement éternels et nécessaires, rejetaient sans examen ce qu'ils entendaient des chrétiens.

Les académiciens qui faisaient profession de douter de tout, et qui voyaient que la vérité ou la fausseté de la religion n'avait aucune conséquence par rapport à l'état de l'homme après la mort, prirent peu d'intérêt à ce qu'ils entendaient des chrétiens.

Les prêtres, les dévots idolâtres, et tout ce qui vivait du culte des faux dieux, architectes, musiciens, parfumeurs, sculpteurs, statuaires, se soulevèrent contre les chrétiens, leur imputèrent tous les malheurs, tous les désordres, et n'oublièrent rien pour les rendre odieux.

Les gens du monde regardèrent le christianisme comme une nouvelle superstition. Les magistrats et les politiques, persuadés que toute religion qui accuse les autres de rendre à Dieu un culte impie et sacrilège, tend à troubler la paix des États, et à armer les citoyens les uns contre les autres, regardèrent les chrétiens comme des hommes dangereux (6). On porta des lois contre les chrétiens, et ces lois furent rigoureusement exécutées sous Néron. Galba, Othon, Vitellius, Vespasien, Tite n'en pressèrent point l'exécution ; elles furent renouvelées sous Domitien : Nerva, ennemi du sang, fit cesser les persécutions et les violences contre toutes sortes de personnes, et contre les chrétiens. Malgré tous ces obstacles, l'Église fondée par les apôtres, inaltérable dans sa

---

(1) Paul. I Ep. ad Tim. vi, 20. Ibid. iii, 4. Ad Tit. iii, 9. Ad Col. vi, 4, 6.
(2) I ad. Tim. i, 4, etc. ; iv, 2, 7. Ad Tit. i, 14.
(3) Iren., advers. Hær. l. i, c. 25 ; l. iii, c. 5. Clem. Alex., Strom. l. vii, c. 17.
(4) Fabric., Codex apocryph. Clem. Alex., Strom. l. i, c. 15 ; l. vi, c. 6. Euseb., Hist. Eccles. l. iii, c. 25. Constit. Apost., l. vi, c. 16. PP. Apost. t. I, p. 344.
(5) Vit. Apol. Tyan.
(6) Tacit., Annal. l. xv, c. 36. Sueton., in Neron. i, c. 16.

doctrine, et incorruptible dans sa morale, faisait des progrès rapides dans tout l'empire romain, tandis que la plus grande partie des sectes que nous avons vues naître s'éteignirent ou tombèrent dans l'oubli (1).

CHAPITRE III.
Conséquences qui naissent du progrès du christianisme dans le premier siècle.

Les apôtres et les premiers prédicateurs de l'Evangile trouvèrent à Jérusalem, dans l'Orient, dans tout l'empire romain, des ennemis de toute espèce.

1° Des Juifs animés d'une haine violente contre Jésus-Christ et contre les apôtres, au milieu de qui Jésus-Christ avait enseigné, et fait les miracles que les apôtres attestaient.

2° Des disciples des apôtres séparés de l'église chrétienne, que le désir de la vengeance animait, qui connaissaient à fond la religion chrétienne, qui ne pouvaient manquer de dévoiler l'imposture des apôtres s'ils en avaient été coupables.

3° Des chefs de sectes éclairés, exercés dans la dispute, habiles dans l'art de persuader le peuple, animés par l'amour le plus excessif de la célébrité, qui opposaient aux apôtres toutes les difficultés qu'on pouvait leur opposer, et qui n'oubliaient rien pour les rendre sensibles et victorieuses, qui discutèrent avec la plus scrupuleuse exactitude les faits qui servent de base au christianisme, et qui en firent l'examen le plus rigoureux.

4° Des philosophes ennemis des apôtres, qui combattaient leur doctrine, qui attribuaient à la magie les miracles de Jésus-Christ et des apôtres.

5° Des païens attachés à l'idolâtrie par conviction, par superstition, par intérêt, qui persécutaient les chrétiens avec acharnement.

Les miracles de Jésus-Christ, ceux des apôtres, avaient donc alors un degré de certitude et d'évidence qui ne permettait pas de les contester. Si ces miracles n'avaient pas eu ce degré de certitude, si les apôtres avaient été coupables de la plus légère infidélité, leurs ennemis l'auraient manifestée; et cette infidélité n'avait pas besoin d'être bien prouvée pour arrêter absolument le progrès d'une religion qui était appuyée sur ces miracles, et qui combattait les passions dans un siècle où la corruption était extrême.

Cependant c'est dans ce temps même que la religion chrétienne fait les progrès les plus rapides et les plus éclatants; toutes les sectes qui la combattent disparaissent et s'anéantissent (2). L'évidence des faits que les apôtres annonçaient est donc évidemment liée avec le progrès du christianisme, et avec l'extinction de ces sectes qui l'attaquèrent à sa naissance. Nous avons donc sous nos yeux des faits subsistants, qui sont nécessairement liés avec la vérité du témoignage des apôtres, et aussi nécessairement liés que les monuments les plus authentiques le sont avec les faits les plus incontestables. Les laps du temps et l'infidélité des témoignages n'ont pu altérer ces faits, liés avec les prédications des apôtres. La certitude de ces faits est pour nous égale à celle qu'avaient les contemporains des apôtres.

Il n'y a que deux moyens d'expliquer le progrès de la religion chrétienne et l'extinction des sectes qui se séparèrent d'elle, et qui l'attaquèrent à sa naissance : ces moyens sont, ou l'impossibilité d'obscurcir l'évidence des faits sur lesquels elle s'appuyait, ou une attention continuelle de la puissance séculière pour empêcher tous ceux qui se séparaient de l'Eglise et des apôtres, d'en révéler la fausseté. Or, s'il y a quelque chose de certain, c'est que la puissance séculière employait contre les chrétiens toute sa vigilance, toutes ses forces. Ainsi, si la religion chrétienne était fausse, ses progrès et l'extinction des sectes qui l'ont attaquée à sa naissance, seraient un effet non-seulement sans cause, mais un fait arrivé malgré le cours de toutes les causes qui devaient nécessairement l'empêcher. Parmi ces sectaires, plusieurs ont fait des systèmes pour expliquer comment Jésus-Christ était fils unique de Dieu : Jésus-Christ avait donc enseigné qu'il était fils unique de Dieu, et il avait confirmé cette doctrine par des miracles. Les apôtres retranchèrent de l'Eglise tous ceux qui croyaient que Jésus-Christ n'était qu'une créature plus parfaite que les autres : ainsi, du temps des apôtres même, on croyait que Jésus-Christ était éternel et vrai Dieu, et non pas une créature : et cette croyance était un point fondamental du christianisme. Toutes les interprétations que les sociniens donnent aux passages de l'Ecriture, qui parlent de la divinité de Jésus-Christ sont donc contraires au sens que les apôtres leur donnaient : l'exemple d'un seul hérétique retranché de l'Eglise par les apôtres, parce qu'il regardait Jésus-Christ comme une créature, anéantit tous les commentaires des frères polonais.

DEUXIEME SIECLE.

CHAPITRE PREMIER.
État politique et civil du monde.

Les désordres qui régnaient dans l'empire romain, depuis Tibère jusqu'à Domitien, semblaient annoncer son anéantissement ou sa dissolution prochaine. Le choix d'un empereur vertueux le conserva. Cet empereur fut Nerva : son avènement à l'empire fit renaître le courage et l'espérance dans tous les cœurs : les premiers instants de son règne offrirent l'image du siècle d'or, et tous ses jours furent employés à établir sur des fondements solides le bonheur de l'empire : il allia deux choses incompatibles jusqu'à lui,

---

(1) Tacit., Annal. l. xv, c. 44. Sulpic. Sev., l. II. Oros., l. vii, c. 7. Lact., de Mort. persec. c. 3. Euseb., Hist. Eccl., l. III, c. 20.
(2) Theodoret., Hær. Fab. l. I.

la puissance souveraine de l'empereur et la liberté des peuples (1). Il chercha dans tout l'empire l'homme le plus distingué par ses talents militaires, par sa bonté, par sa vertu, pour en faire son collègue et son successeur (2).

Nerva avait des enfants, des parents, des amis; et cependant ce fut dans un étranger, dans Trajan, que Nerva trouva ces qualités. Jamais Rome ne fut aussi puissante et aussi superbe que sous Trajan: il fit régner les lois dans l'empire, soumit les Daces, donna des rois aux Parthes, conquit l'Arménie, l'Arabie-Heureuse, l'Arabie-Pétrée, l'Assyrie et un nombre incroyable de nations inconnues jusqu'alors.

Trajan parcourut, subjugua, ravagea presque toutes les contrées sur lesquelles Alexandre avait étendu son empire et fait régner la paix et le bonheur. Tous ces peuples, autrefois soumis paisiblement à l'empire d'Alexandre, abhorraient la domination des Romains, et ce n'était que par la force et en faisant couler le sang humain qu'on les contenait. L'Egypte, l'Arabie et la Lybie étaient sur le point de se soulever, les Marcomans et les Sarmates attaquaient l'empire.

Adrien abandonna presque toutes les conquêtes de Trajan, et borna l'empire à l'Euphrate; il tourna toutes ses vues vers la paix, quoiqu'il fût excellent général: il accorda des pensions à plusieurs rois barbares; il fit régner la justice dans l'intérieur de l'empire, il entretint un nombre considérable de troupes auxquelles il donna une discipline admirable, et qu'il exerça sans cesse comme s'il se fût préparé à faire la guerre (3).

Antonin qui lui succéda ne s'écarta point de ce plan, il songea plus à défendre les limites de l'empire qu'à les étendre. Jamais Rome n'eut un empereur plus juste et plus vertueux: jamais empereur n'eut autant d'autorité chez les nations étrangères, et moins de guerres à soutenir (4).

Le règne de Marc-Aurèle, successeur d'Antonin, ne fut pas aussi paisible: les Parthes, les Arméniens attaquèrent l'empire en Orient; en Occident les Marcomans, les Narisques, les Hormondures, les Quades, les Maures et un nombre incroyable de nations barbares percèrent dans l'empire, pillèrent et saccagèrent les villes et les provinces. Marc-Aurèle remporta de grands avantages sur tous ces ennemis, mais il fut obligé de permettre à plusieurs de ces peuples de s'établir dans les provinces de l'empire.

Commode, qui succéda à Marc-Aurèle son père, surpassa en vices, en cruauté, en extravagance, tous les mauvais empereurs qui l'avaient précédé. L'empire fut en guerre avec l'Orient et avec l'Occident: il soutint l'effort des barbares et des peuples ennemis; mais en dedans il était désolé par Commode et par tous ceux qui gouvernaient sous lui. Des conjurés délivrèrent la terre d'un monstre né pour le malheur et pour la honte de l'humanité. Pertinax lui succéda et fut assassiné par les prétoriens, qui mirent l'empire à l'encan. Julien, homme riche et voluptueux, sans vertu, sans talents, sans esprit, l'acheta et fut proclamé empereur à Rome. A la nouvelle de la mort de Pertinax et de l'élévation de Julien à l'empire, les armées d'Orient, d'Illyrie et d'Angleterre, élurent Niger, Albin et Sévère. L'empire eut donc quatre maîtres, qui se firent la guerre avec fureur jusqu'à la fin du siècle, et qui furent tous vaincus par Sévère (5).

CHAPITRE II.

Etat de la religion pendant le second siècle.

Avant la naissance du christianisme le polythéisme, les systèmes des philosophes et la religion juive partageaient le genre humain. Les idolâtres, les philosophes et les Juifs, s'opposèrent également au progrès du christianisme; et, malgré leurs efforts, les chrétiens se multiplièrent, et formèrent une société qui s'étendait dans presque tout l'empire romain.

Ainsi l'on vit sur la terre, au commencement du second siècle, quatre religions: le polythéisme, les systèmes religieux des philosophes, le judaïsme et le christianisme. Chacune de ces religions s'efforçait de détruire les autres et de régner sur toute la terre.

Du polythéisme pendant le second siècle.

Le polythéisme était la religion dominante de l'empire romain et sur toute la terre, à la naissance du christianisme: partout on obéissait aux oracles, aux augures, on adorait les statues en pierre et en bois: on faisait encore des sacrifices infâmes à Sérapis, et on immolait des victimes humaines: mais on commençait à connaître l'absurdité et l'horreur de ce culte: les Egyptiens furent chassés de Rome, et Sérapis fut jeté dans le Tibre par arrêt du sénat: les sacrifices humains, défendus sous cet empereur, furent abolis sous Claude (6). Ainsi il y avait une espèce de lutte entre la superstition et la raison sur le polythéisme.

Au milieu des agitations et des révolutions de l'empire, on vit à Lyon un homme du Bourbonnais, qui s'annonça comme le libérateur des Gaules; qui prit le titre de Dieu. Ce fanatique se fit bientôt des disciples, et tout le territoire d'Autun était prêt à se soulever, à l'adorer et à lui obéir, lorsque les cohortes de Vitellius et la milice d'Autun attaquèrent ces fanatiques et les dissipèrent: Marie, leur chef, fut pris et exposé aux bêtes; elles ne lui firent point de mal, et le peuple le croyait déjà invulnérable lorsqu'un coup d'épée le tua (7).

Sous Vespasien, Valleda, que Tacite appelle la vierge des Bructères, était révérée comme une déesse, et par ses prophéties elle

---

(1) Tacit., Vit. Agr. c. 3.
(2) Plin., Paneg. p. 10, et Dion Cassius, l. LXVIII.
(3) Dion Cassius, in Trajan. Ammien Marcel., l. XIV.
(4) Dion Cassius, Spartian., Capitolin. Lamprid.

(5) Dion Cassius, in Excerpt. Vales., Spar., Jul., Capit., Herod.
(6) Tacit., Annal. l. I, c. 8. Sueton. Plin., Hist. l. XXX.
(7) Tacit., l. IV, c. 61.

faisait prendre les armes à tous les peuples d'Allemagne, où les tenait en paix (1).

Trajan respecta l'Être suprême, et cependant il permettait qu'on offrît des sacrifices à ses statues, et qu'on jurât par sa vie et par son éternité (2). On avait défendu les sacrifices humains, et pour détourner les malheurs dont le crime de trois vestales menaçait l'empire, on enfouit vifs, dans la place aux bœufs, deux hommes et deux femmes des Gaules et de la Grèce (3).

Adrien était un des hommes le plus éclairés de son siècle, et un des plus superstitieux : il eut recours à toutes les espèces de divination et de magie : il se consacra à lui-même des temples : il noya Antinoüs dans l'espérance de se prolonger la vie par ce sacrifice. Après sa mort, il éleva des temples, donna des prêtres, fit rendre un culte à cet infâme favori (4).

Antonin fut religieux observateur de toutes les cérémonies du paganisme.

Marc-Aurèle adopta toutes les superstitions de Rome et des autres nations : il croyait aux présages, aux songes, à toutes les pratiques de la superstition : les païens eux-mêmes s'en moquaient. On conserve encore un distique où les bœufs blancs souhaitent qu'il ne revienne pas victorieux, de peur qu'il n'extermine leur race. Sévère mit Commode au rang des dieux, institua des fêtes en son honneur et lui donna un pontife : tandis qu'il exposait aux lions Narcisse qui avait étranglé ce monstre (5).

Ainsi le polythéisme se détruisait pour ainsi dire lui-même, tandis que la raison s'éclairait et en sapait les fondements. On voyait par les dieux de nouvelle création ce qu'il fallait penser des anciens, et les défenseurs du christianisme employèrent utilement cet argument contre le polythéisme (6).

CHAPITRE III.

Des principes religieux des philosophes, et de l'état de l'esprit humain par rapport aux sciences et à la morale, pendant le second siècle.

Domitien, un des plus vicieux, des plus cruels, des plus indignes et des plus méprisables empereurs que Rome ait eus, fut aussi un des plus grands ennemis des lettres et de la philosophie. Les cruautés de ce prince firent perdre au sénat les plus illustres de ses membres, et, laissant les autres dans la terreur, elles les réduisirent, ou à demeurer dans le silence, parce qu'on n'osait dire ce qu'on voulait, ou à la misérable nécessité de dire ce qu'ils ne voulaient pas. On assemblait le sénat pour ne rien faire ou pour autoriser les plus grands crimes, de sorte que les meilleurs esprits étaient engourdis, languissants, abattus et comme hébétés.

La même consternation et le même silence régnait partout ; on n'osait dire ses sentiments ni écouter ceux des autres, à cause des espions répandus de tous côtés ; et, comme les Romains avaient vu le plus haut point de liberté dans les beaux temps de la république, ils voyaient sous Domitien le dernier degré de la servitude. On leur eût ôté la mémoire même avec la parole, s'il eût été aussi bien au pouvoir d'oublier que de se taire (7). Pour anéantir s'il avait pu jusqu'à l'idée de la vertu sur la terre, Domitien bannit ou fit mourir les philosophes dont les leçons avaient formé des citoyens vertueux, qui avaient attaqué et poursuivi le crime protégé par l'empereur, que les tourments n'avaient point effrayés, et dont la mort aurait honoré les plus beaux siècles de la république : tels furent Helvide, Rustique, Sénécion, etc.

Beaucoup de philosophes abandonnèrent leur profession, d'autres s'enfuirent dans les extrémités les plus occidentales des Gaules, dans les déserts de la Libye et de la Scythie ; mais ils laissèrent à Rome des disciples qui cultivèrent en secret la philosophie et les lettres. Ce furent les lettres et la philosophie qui donnèrent à l'empire le juste et vertueux Nerva, Trajan, Adrien, Antonin, Marc-Aurèle (8).

Trajan avait donné peu d'application aux lettres, mais il aimait les savants et les hommes de lettres et respectait les philosophes (9). Sous cet empereur, les esprits sortirent peu à peu de l'engourdissement où la tyrannie de Domitien les avait tenus ; nul talent, nul homme de mérite ne fut ignoré ou sans récompense sous Trajan. Les lettres fleurirent sous son règne, et l'on vit beaucoup de bons historiens, poëtes, orateurs, philosophes.

Adrien, Antonin, Marc-Aurèle étaient habiles dans les lettres et dans la philosophie. Leur règne fut le règne des savants, des hommes de lettres, des philosophes. Rome, Athènes, Alexandrie, avaient des écoles célèbres ; il y en avait dans l'Orient et dans les Gaules ; les philosophes chassés par Néron, par Vespasien, par Domitien, portèrent la lumière de la philosophie chez les barbares.

Depuis Tibère, tous les vices, toutes les passions fatales au bonheur du genre humain, étaient déchaînées et armées de l'autorité. La société n'offrait point de ressource contre ces malheurs, parce que le temps avait remis toutes les forces de la société dans les mains d'un seul homme qui sacrifiait tout à son bonheur : l'homme fut donc déterminé à chercher cette ressource dans lui-même, dans sa raison, dans son cœur ; et ce fut vers la philosophie morale que se tournèrent les efforts de l'esprit humain pendant ce siècle. Chacun adopta la morale qui était assortie à son caractère, à ses habitudes, à ses goûts, à sa situation ; les caractères durs adoptèrent

---

(1) Tacit., de M. G.
(2) Plin., Pan. p. 4, l. x ; ep. 89, 102.
(3) Plut., Quest. sur les Rom.
(4) Spart., Adr. Vit.
(5) M. Aurel., Vit. Commod., Vit. Sever., Vit. Diod. Val. p. 737.
(6) Just., Apol. 1. Athenag., Tat., Tert. Apol., etc.
(7) Tacit., Vit. Agric. Annal. l. xvi, c. 26. Sueton. in Domit.
(8) Eutrop., Vict., Epitom. Div. l. LXII. Tacit., Vit. Agric., Vit. Adr., Anton., M. Aur.
(9) Plin., Pan. Traj.

la morale des cyniques, et les caractères froids, fermes et doux, celle d'Epicure.

La philosophie des cyniques et d'Epicure peut empêcher l'homme de murmurer de ses malheurs et de s'en plaindre; mais elle ne peut ni en ôter, ni en adoucir le sentiment. La morale de Pythagore, de Platon, de Zénon, l'affranchit des malheurs ou le console; elle met, pour ainsi dire, l'homme hors de la portée des méchants, elle soutient sa faiblesse, elle échauffe son imagination : la morale de Pythagore, de Platon, de Zénon, fut donc la plus généralement adoptée et la plus répandue.

L'esprit humain, qui n'avait cherché dans la philosophie qu'une ressource contre le malheur, unit à la morale qu'il adopta le culte des dieux, l'invocation des génies, la magie, l'art de la divination; en un mot, tout ce que la superstition et la faiblesse avaient imaginé contre les malheurs. Adrien, un des hommes les plus éclairés de son siècle, avait recours à toutes les espèces de divinations, à la magie, à l'astrologie judiciaire (1). Il y eut même des philosophes platoniciens, comme Apulée, qui cherchèrent dans les principes de la magie l'art d'opérer des prodiges; des disciples d'Apollone de Tyane, comme Alexandre, qui s'érigèrent en prophètes, et qui par des prestiges, et avec de l'impudence, séduisirent beaucoup de personnes dans le peuple et même parmi les personnes distinguées : tel fut Rutilien, homme de la première qualité, qui épousa la fille d'Alexandre, parce que cet imposteur lui avait persuadé qu'il était un prophète, et que sa fille était fille de la lune (2).

Quoique la philosophie orientale, celle de Pythagore, de Platon, de Zénon, séparées, désunies, fussent dominantes, il y avait cependant des épicuriens, des péripatéticiens, des pyrrhoniens, mais occupés à combattre les stoïciens, les Platoniciens et les chrétiens, ou à concilier la philosophie d'Aristote avec celle de Platon. Ainsi une partie des efforts de l'esprit humain était employée à combattre les erreurs qu'il avait imaginées et les vérités qu'il avait découvertes; tandis que l'autre était employée à défendre l'assemblage des vérités et des erreurs qu'il avait liées (3).

CHAPITRE IV.

Etat des Juifs pendant le second siècle.

Depuis la mort d'Hérode la Judée était devenue une province de l'empire romain. Les Juifs, soumis aux Romains, conservèrent la pureté de leur culte; et ce peuple, qui avait autrefois une si forte inclination à l'idolâtrie, était prêt à se soulever et à sacrifier sa vie plutôt que de souffrir dans Jérusalem rien de contraire au culte de l'Etre suprême. Ils se soulevèrent lorsqu'ils surent que Pilate avait fait entrer dans Jérusalem les drapeaux romains sur lesquels des aigles étaient peintes; ils offrirent de mourir plutôt que de voir placer dans le temple la statue de Caligula. Le mélange des idolâtres avec les Juifs dans toute la Judée, joint à la tyrannie des gouverneurs et des intendants, produisit dans les Juifs une haine violente contre les Romains et contre les idolâtres, elle était soutenue par l'espérance toujours subsistante d'un libérateur qui devait soumettre toutes les nations : ainsi la révolte ne tarda pas à éclater à Jérusalem et dans toute la Judée, dans la Syrie et dans l'Egypte.

Vespasien marcha contre eux, et Tite prit Jérusalem, fit raser le temple et presque toute la ville; il fit vendre tous les Juifs qu'il prit à Jérusalem, le reste se dispersa dans la Palestine et dans toute la terre. La destruction de Jérusalem et de son temple anéantit tout ce que le culte judaïque avait de plus auguste : tous les Juifs étaient dans un état de désunion et mêlés avec tous les peuples (4). Ils conservaient dans tous les lieux une haine implacable contre le reste du genre humain; et l'espérance de la venue du Messie, qu'ils concevaient comme un conquérant qui devait soumettre tous les peuples, était plus vive que jamais.

La religion et l'état des Juifs les portaient donc sans cesse à la révolte; et pour mettre en action cette disposition, il ne fallait qu'un imposteur qui osât se dire le Messie, et qui pût, par quelque prestige, éblouir et échauffer les esprits : c'est ainsi qu'ils se soulevèrent sous Trajan (en 115) à Alexandrie, dans toute l'Egypte, dans la Thébaïde et dans la Libye Cyrénaïque, à Chypre, dans la Mésopotamie.

Lorsque Adrien voulut envoyer une colonie à Jérusalem, l'imposteur Barcochébas s'annonça aux Juifs comme le Messie. De l'étoupe allumée qu'il avait dans la bouche, et par le moyen de laquelle il soufflait du feu, persuada au peuple qu'il était en effet le Messie : les principaux rabbins publièrent qu'il était le Christ, et les Juifs l'oignirent et l'établirent leur roi. Les Romains méprisèrent d'abord cet imposteur, mais lorsqu'on le vit à la tête d'une armée, et prêt à être joint par tous les Juifs, Adrien envoya contre eux une armée; on en tua un nombre prodigieux et on défendit à tous par un édit d'entrer dans Jérusalem et d'habiter aucun des lieux d'où elle pourrait être vue (5). Les Juifs ne perdirent cependant point l'espérance de sortir de leur état, ils s'efforcèrent de faire des prosélytes, et se soulevaient aussitôt que quelque circonstance leur paraissait favorable : Sévère fut obligé de leur faire la guerre à la fin du second siècle (6). Voilà quel fut l'état des Juifs depuis la ruine de Jérusalem : dispersés par toute la terre, et ne pouvant plus offrir des sacrifices à Jérusalem, ils eurent partout des

---

(1) Dion. l. LXIX. Adrian. Vit. Euseb. chron.
(2) Apul., Aug. de Civit. l. II, c. 12. Epist. 135, 137, 138. Lucian., Pseudomant., seu de Alexandro præstigiatore.
(3) Aulu-Gelle, Noct. Att. Suid., Lexic. Philostr., de Vit. sophist., M. Aurel., Vit. Tiber. Hist. des Emp. t. II.

(4) Joseph, Antiq. Jud., de Bello Jud. Tillem., Hist. des Emp., t. I.
(5) Euseb., Hist. Eccles. l. IV. Dion. l. LXVIII, LXIX.
(6) Justin., Dial. p. 217. Tillem., Hist. des Emp., t. II, p. 311. Sever., Vit. Oros. l. VII.

synagogues où ils s'instruisaient et célébraient leurs fêtes. Ils conservèrent la circoncision, le sabbat, la pâque et quelques autres cérémonies.

Les prêtres échappés au malheur de Jérusalem se cachèrent dans la Palestine, et tâchèrent d'y rassembler les débris de leur nation ; comme ils étaient mieux instruits que les autres Juifs de la religion et de la loi, des Juifs dispersés eurent recours à eux pour s'instruire ; et les prêtres qui résidaient dans la Palestine choisirent parmi eux les plus habiles pour aller régler dans différentes synagogues ce qui regardait l'instruction, la loi, les cérémonies et le culte. Ce prêtre était le chef du collège qui était resté dans la Palestine, et qui ne voulait point s'éloigner de Jérusalem, où les prêtres espéraient de voir établir le temple. Ce prêtre fut le patriarche des Juifs dispersés, il visitait les synagogues, et elles lui payaient les frais de ses visites (1).

CHAPITRE V.
Etat et progrès du christianisme dans le second siècle.

La religion chrétienne pénétra dans toutes les provinces de l'empire romain et chez tous les peuples avec lesquels les Romains étaient en commerce : les temples étaient déserts, et les sacrifices presque interrompus. Le peuple soulevé par les prêtres et par tous ceux que l'intérêt attachait au culte des dieux demandait la mort des chrétiens, et les magistrats, pour prévenir la sédition, étaient obligés de les punir. Malgré cette sévérité, le nombre des chrétiens augmentait tous les jours, en sorte que la sévérité qu'on exerçait contre eux pouvait dépeupler l'empire romain. Trajan en fut informé, et défendit de rechercher les chrétiens, mais il ordonna de les punir lorsqu'ils seraient dénoncés.

La loi de Trajan n'était pas capable d'arrêter le progrès du christianisme ; les miracles, la pureté des mœurs des chrétiens, le zèle avec lequel ils annonçaient leur religion, la constance avec laquelle ils mouraient plutôt que de renoncer les vérités consolantes qu'ils annonçaient, le bonheur éternel qu'ils promettaient à ceux qui mouraient pour Jésus-Christ, les faveurs surnaturelles qui secondaient leurs efforts, produisirent un nombre infini de chrétiens. Que pouvaient contre une pareille religion les édits des empereurs et la mort après laquelle ils soupiraient. La loi qui défendit de rechercher les chrétiens fut regardée par un grand nombre de chrétiens comme un malheur qui les privait de la couronne du martyre : ils allaient eux-mêmes s'accuser et déclarer aux magistrats qu'ils étaient chrétiens (2).

La vertu des chrétiens ne tarda pas à être connue des gouverneurs ; ils écrivirent à Adrien pour lui faire connaître leur innocence : les chrétiens offrirent eux-mêmes à l'empereur des apologies de leur religion. Adrien défendit donc d'avoir égard aux accusations tumultueuses du peuple, et défendit de faire mourir les chrétiens si l'on ne prouvait qu'ils étaient coupables d'un crime qui méritât la mort (3).

Les prêtres et le peuple superstitieux n'oubliaient rien pour faire révoquer cet édit : ils peignaient les chrétiens sous les traits les plus noirs ; ils leur imputaient les tremblements de terre qui avaient ravagé plusieurs provinces. Les Etats d'Asie et plusieurs provinces demandèrent à Antonin la liberté de les rechercher et de les faire mourir, mais ils ne purent l'obtenir ; Antonin croyait que les tourments et les supplices étaient plus propres à multiplier les chrétiens qu'à les éteindre ; qu'il était injuste de punir des hommes qui n'avaient d'autre crime que de ne pas professer la religion commune, et qu'il fallait laisser aux dieux le soin d'anéantir les chrétiens et de se venger d'une secte que le ciel devait haïr plus que les hommes (4).

Marc Aurèle fut plus favorable au zèle des idolâtres ; il confondit les chrétiens avec les sectes des gnostiques dont les mœurs étaient infâmes, et regarda les chrétiens comme des fanatiques qui couraient à la mort. Rien n'était plus contraire aux principes de la philosophie stoïcienne, qui croyait que l'homme devait attendre la mort sans impatience, et occuper la place que la nature lui avait marquée jusqu'à ce que la loi du destin l'en retirât. Cet empereur regardait donc l'ardeur des chrétiens pour la mort, comme un désordre religieux et politique, et permit de persécuter les chrétiens. Ils jouirent de quelque intervalle de repos sous Commode et pendant les révolutions qui divisèrent l'empire à Pertinax, à Julien, à Niger, à Albin. Mais Sévère renouvela la persécution, sans néanmoins retarder le progrès du christianisme.

Tandis que les puissances poursuivaient ainsi les chrétiens, les philosophes cyniques, épicuriens, etc., attaquaient le christianisme et les chrétiens : tels furent Crescens, Celse, Fronton et une foule de sophistes, dont quelques-uns demandaient avec acharnement la mort des chrétiens (5).

C'est au milieu de tous ces obstacles que le christianisme s'établit dans toutes les parties du monde, à Rome, à Athènes, à Alexandrie, au milieu des écoles les plus célèbres des philosophes de toutes les sectes, dont les efforts sont soutenus de la fureur du peuple, de l'autorité des lois, de la puissance souveraine.

Cette étendue du christianisme est attestée par tous les auteurs chrétiens, par les païens mêmes. Pline écrit à Trajan que le christianisme n'est pas seulement répandu dans les villes, mais dans les campagnes : Lucien re-

---

(1) Tillem., Hist. des Emp., t. I, p. 670, etc. Basnage, Hist. des Juifs, t. I, ch. 1, 2.
(2) Tertul., ad Scapol., c. 3, p. 82. edit. Rigalt.
(3) Justin., Apol. 1 pro Christ. Rufin. Hist. Eccl. lib. iv, c. 9.
(4) Justin., Apol. 1, p 100. Rufin. Hist. l. iv, c. 12.
(5) Origène, cont. Cels. Justin., Apol. pro Christ., 23. Eusèbe, Hist. Eccl. l. iv, c. 16. Minut. Felix.

connaît que le tout était rempli de chrétiens.

Ces chrétiens dont l'empire était rempli n'étaient ni des hommes crédules et avides de nouveauté, ni une populace vile, superstitieuse et stupide : c'étaient des personnes de tous états, de toute condition, dont la sagacité faisait trembler les imposteurs qui voulaient séduire le peuple, que l'imposteur Alexandre, dont nous avons parlé, ne redoutait pas moins que les épicuriens, et devant lesquels il défendait également de célébrer ses mystères (1).

CHAPITRE VI.
Des hérésies et des sectes qui s'élevèrent pendant le second siècle.

L'Orient et l'Egypte étaient remplis de philosophes qui recherchaient l'origine du monde, la cause du mal, la nature et la destination de l'homme, et qui avaient adopté les différents systèmes que l'esprit humain avait formés sur ces objets.

La religion chrétienne expliquait tout ce que l'esprit humain avait cherché sans succès : ses dogmes étaient annoncés par des hommes d'une conduite irréprochable, et confirmés par les miracles les plus éclatants : l'esprit humain trouva donc dans la religion chrétienne la lumière qu'il avait inutilement cherchée dans les systèmes des philosophes ; il la saisit avidement, et beaucoup de philosophes orientaux devinrent des chrétiens zélés.

La découverte d'une vérité fondamentale fait sur l'esprit une impression forte ; elle suspend en quelque sorte l'activité de l'esprit, toutes les difficultés qui arrêtaient disparaissent. Lorsque cette première impression est affaiblie, la curiosité renaît ; l'on veut se servir des principes qu'on a découverts pour résoudre toutes les difficultés qui avaient embarrassé, et si le principe que l'on a adopté ne les éclaircit point, il se fait un retour de l'esprit vers ses anciens principes, qu'il allie avec ses nouvelles opinions. Ainsi les philosophes orientaux qui adoptèrent le christianisme, et qui n'y trouvèrent point l'éclaircissement d'une infinité de questions que la curiosité humaine forme sur l'origine du mal, sur la production du monde, etc., se replièrent, pour ainsi dire, vers leurs anciens principes, qui devinrent comme un supplément aux dogmes du christianisme, et qui s'allièrent avec eux en mille manières différentes. C'est ainsi que le système des émanations des Chaldéens, la croyance des génies, la doctrine des deux principes, s'unirent en partie aux dogmes du christianisme, et servirent à expliquer l'histoire de la création, l'origine du mal, l'histoire des Juifs, l'origine du christianisme, la rédemption des hommes par Jésus-Christ, et formèrent les systèmes théologiques de Saturnin, de Basilide, de Carpocrate, d'Euphrate, de Valentin, de Cerdon, de Marcion, d'Hermogène, d'Hermias, de Bardesanes, d'Apelles, de Tatien, de Sévère, d'Héracléon, des séthiens, des caïnites, des ophites. Presque tous admettaient une intelligence suprême et des génies dont ils augmentaient ou diminuaient le nombre, et qu'ils faisaient agir au gré de leur imagination. On vit donc les dogmes de la philosophie orientale, pythagoricienne, platonicienne, stoïcienne, les principes de la cabale, les pratiques de la magie, employés non-seulement pour expliquer les miracles et les dogmes du christianisme, mais encore pour se rendre les génies propices et pour s'élever à la perfection. Ici ce sont des talismans, par le moyen desquels on croit attirer la grâce et la faire descendre du ciel ; là ce sont des nombres qu'on porte ; les uns, pour se détacher de la terre et s'élever au ciel, s'interdisent tous les plaisirs ; les autres les regardent comme une contribution qu'il faut payer aux anges créateurs, ou comme des choses indifférentes qui ne peuvent dégrader l'âme, et ne s'en refusent aucun : ceux-ci marchent nus, comme Adam et Eve, dans l'état d'innocence ; ceux-là condamnent comme un crime l'usage des aliments propres à exciter les passions.

Tous prétendaient pratiquer ce que Jésus-Christ était venu enseigner aux hommes pour les conduire au ciel ; les uns reconnaissaient qu'il était Fils de Dieu, d'autres un ange, quelques-uns le croyaient un homme sur lequel l'Etre suprême avait répandu plus abondamment ses dons que sur aucun autre, et qu'il avait élevé au-dessus de la condition humaine : tous, sans exception, reconnaissaient donc la vérité des miracles de Jésus-Christ, et tous avaient fait quelque changement dans leurs systèmes pour les expliquer. Ces miracles étaient donc bien incontestables, puisque l'amour du système n'osa les contester. Voilà le plus incorruptible, le plus éclairé et le plus irréprochable témoin qui puisse déposer en faveur d'un fait, l'amour-propre d'une multitude de philosophes systématiques, avides de gloire et de célébrité, que ce fait oblige à changer leurs systèmes, comme on peut le voir en consultant leurs articles.

Tous ces chefs de sectes s'efforçaient de faire prévaloir leurs opinions sur toutes les autres, envoyaient partout des prédicants, qui, par l'austérité de leur vie, ou par leur morale licencieuse et par quelques prestiges, séduisaient les peuples et leur communiquaient leur fanatisme : quelques-uns de ces chefs formèrent des sociétés assez étendues ; telle fut la secte des basilidiens, des valentiniens, des marcionites, qui se soutenaient principalement par leur morale qui tendait à dompter les passions, et à affranchir l'homme de l'empire des sens ; car c'était vers cet objet que tendait le mouvement général des esprits dans ce siècle, comme nous l'avons vu. Cette disposition ou cette tendance générale des esprits vers la perfection et vers la gloire qui naît de l'austérité et du rigorisme de la morale produisit chez les

(1) Pline, Epist. l. x, ep. 97. Lucien, Pseudomant. § 23. Justin., Tert., Apol.

vrais chrétiens des hommes qui portaient l'esprit de mortification et de zèle pour le christianisme au delà des obligations que la religion et l'Eglise imposaient aux fidèles.

Ces hommes zélés ne formaient point une société séparée, mais ils étaient distingués; ils crurent bientôt qu'ils étaient plus parfaits que les autres chrétiens, et que leur morale était plus parfaite que la morale des chrétiens. Un ambitieux s'éleva parmi eux, prétendit que leur doctrine était plus parfaite que celle de Jésus-Christ, s'annonça comme le réformateur de la religion que Jésus-Christ avait enseignée; il prétendit que, dans l'Evangile, Jésus-Christ promettait d'envoyer le Saint-Esprit pour enseigner une religion plus parfaite que la sienne; il annonça qu'il était le Saint-Esprit ou le prophète par la bouche duquel le Saint-Esprit faisait connaître aux hommes cette religion plus parfaite : il eut des extases, se fit des disciples qui se prétendirent inspirés, et formèrent une secte très-étendue, qui se divisa bientôt en différentes branches, qui ne différaient que par quelques pratiques ridicules. Un des dogmes de cette secte était qu'on ne pouvait éviter le martyre; ainsi, beaucoup de montanistes souffrirent la mort dans la persécution, et cependant la secte se perpétua jusqu'au cinquième siècle. Montan et ses sectateurs furent condamnés dans un concile et retranchés de l'Eglise. L'Eglise, incorruptible dans sa morale comme dans ses dogmes, était donc également éloignée des extrémités et des excès : ainsi l'établissement de la religion chrétienne n'est point l'ouvrage de l'enthousiasme.

La plupart des hérésies des deux premiers siècles étaient un alliage de philosophie avec les dogmes du christianisme : les chrétiens philosophes les avaient combattues par les principes de la raison et de la philosophie. La beauté de leurs écrits, leurs succès, leur réputation, tournèrent naturellement l'esprit des chrétiens vers la philosophie; on traita la religion avec méthode, on la défendit par des preuves tirées de la raison et des principes des philosophes les plus distingués. Il y eut donc des chrétiens qui, pour rendre les mystères croyables, voulurent les rendre conformes aux idées que la raison nous fournit, les rapprochèrent de leurs idées et les altérèrent; tels furent Artémon, Théodote, qui combattirent la divinité de Jésus-Christ; les melchisédéciens, qui soutinrent qu'il était inférieur à Melchisédech.

Artémon, Théodote, les melchisédéciens furent condamnés par l'Eglise et retranchés de la communion des fidèles; on les combattit par l'Ecriture, par les hymnes, par les cantiques que les chrétiens avaient composés au commencement de l'Eglise, par les écrits des auteurs ecclésiastiques qui avaient précédé tous ces sectaires : ainsi le dogme de la divinité de Jésus-Christ était un dogme fondamental enseigné dans l'Eglise bien distinctement, puisqu'il entrait dans les cantiques composés presqu'à la naissance du christianisme. L'Eglise enseignait donc contre Marcion, Cerdon, Saturnin, etc., qu'il n'y avait qu'un seul Dieu, principe de tout ce qui est; et contre Cérinthe, Artémon, Théodote, que Jésus-Christ était vrai Dieu.

Praxée, contemporain de Théodote, réunit ces idées, et conclut que Jésus-Christ n'était point distingué du Père, puisqu'alors il faudrait reconnaître deux principes avec Cerdon, etc., ou accorder à Théodote que Jésus-Christ n'était point Dieu. Praxée fut condamné comme Théodote, et ne fit point de secte.

L'Eglise chrétienne croyait donc alors distinctement : 1° la consubstantialité du Verbe, puisqu'elle croyait qu'il n'y avait qu'une substance éternelle, nécessaire, infinie, et que Jésus-Christ était vrai Dieu. Il est clair d'ailleurs que Praxée n'aurait jamais pensé à confondre le Père avec le Fils, et à n'en faire qu'une personne qui agissait différemment, si l'on avait cru que le Fils était une substance distinguée de la substance du Père.

2° L'Eglise croyait la Trinité aussi distinctement que la divinité de Jésus-Christ, et la regardait comme un dogme fondamental.

Par ce rapprochement seul tous les sentiments des sociniens, le système de Clarke, de Wisthon, etc. sur la Trinité et sur la consubstantialité du Verbe, tombent en poussière et s'anéantissent.

CHAPITRE VII.

Des effets des sectes qui s'élevèrent pendant le premier siècle, et du progrès de la philosophie chez les chrétiens dans le second siècle.

Les dernières erreurs que nous avons exposées soulevèrent beaucoup de chrétiens contre la philosophie, dont on croyait qu'elles étaient l'ouvrage. Les uns prétendaient qu'elle était pernicieuse, et que le diable l'avait imaginée pour détruire la religion; d'autres croyaient que les anges chassés du ciel avaient apporté la philosophie aux hommes : beaucoup reconnaissaient que la philosophie avait produit quelques connaissances utiles, et ne la regardaient point comme l'invention du diable, mais l'attribuaient à des puissances, qui, sans être méchantes, étaient d'un ordre inférieur, qui ne pouvaient élever l'esprit aux vérités de la religion, qui sont d'un ordre surnaturel : enfin plusieurs forcés de reconnaître dans les philosophes des choses sublimes, prétendaient que les anges chassés du ciel avaient apporté la philosophie aux hommes; que la philosophie était par conséquent une espèce de vol dont un chrétien ne devait et ne pouvait en conscience faire usage, et quand ce ne serait pas un vol, il serait indigne d'un chrétien d'user d'un présent fait par des anges réprouvés (1).

Les chrétiens philosophes croyaient au contraire que la philosophie n'étant que la

---

(1) Euseb., Hist. Eccles. l. v, c. 28. Clem. Alex., Strom. l. 1.

recherche de la vérité, elle était utile à tous les hommes ; à ceux qui n'étaient pas chrétiens pour les conduire à la vérité ; aux chrétiens pour défendre la religion contre les sophistes, parce qu'elle exerce l'esprit et le rend propre à la contemplation (1). Ceux qui prétendent que la philosophie est inutile et que la loi suffit, disaient, les chrétiens philosophes, sont semblables à un jardinier qui, sans cultiver les arbres, prétendrait avoir d'aussi bons fruits qu'un cultivateur habile, assidu, laborieux et intelligent (2).

La philosophie n'est donc ni l'ouvrage du diable, ni un présent fourni par les puissances inférieures ; et quand elle serait un vol apporté sur la terre par les anges rebelles, pourquoi ne pas tirer le bien du mal ? L'homme n'a aucune part au vol, il en profite : n'entre-t-il pas dans la providence générale de tirer le bien du mal ? La philosophie apportée par les démons serait comme le feu volé par Prométhée. C'est elle qui a tiré les Grecs de la barbarie ; elle a été chez les infidèles, ce que la loi était chez les Hébreux, et ce que l'Evangile est chez les chrétiens (3). Si la philosophie était un présent du démon, aurait-elle porté les hommes à la vertu ? Et les hommes les plus vertueux chez les païens auraient-ils été élevés dans les écoles des philosophes (4) ?

Saint Justin n'avait pas moins loué la philosophie, et la religion avait eu pour défenseurs des philosophes distingués, saint Justin, Athénagore, Miltiade, saint Quadrat, saint Aristide, saint Irénée, saint Pantène. Ces hommes, aussi recommandables par leurs vertus que par leurs connaissances, et qui avaient défendu la religion chrétienne avec tant de gloire et de succès, recommandaient à ceux qu'ils instruisaient de joindre l'étude de la philosophie à celle de la religion. L'exemple et l'autorité de ces illustres chrétiens l'emporta sur les déclamations des ennemis de la philosophie, et les chrétiens s'y appliquèrent beaucoup sur la fin du second siècle.

Cette philosophie au reste n'était point le système de Platon, d'Aristote, de Zénon, de Pythagore, mais le choix que le chrétien faisait des vérités que ces différents philosophes avaient découvertes, et dont les chrétiens se servaient, ou pour faire tomber les répugnances des gentils, ou pour expliquer les mystères et rendre les dogmes de la religion intelligibles, comme on le voit par saint Clément et par les ouvrages des auteurs que nous avons cités. Ce projet de convertir les gentils par la conformité des dogmes des philosophes avec les dogmes du christianisme ne fut pas toujours renfermé dans de justes bornes. Comme on savait que les Romains et les Grecs avaient un grand respect pour les prédictions des sibylles, on fabriqua huit livres des sibylles qui annonçaient l'avénement de Jésus-Christ.

Les chrétiens suivaient en cela l'exemple des philosophes égyptiens, des platoniciens et des pythagoriciens, qui, pour donner du poids à leurs sentiments, fabriquèrent des ouvrages qu'ils attribuaient à des auteurs respectés, comme nous l'avons déjà remarqué. On croyait qu'il fallait regarder les hommes qui étaient dans l'erreur, comme des malades qu'il est louable de guérir en les trompant (5).

TROISIEME SIECLE.

CHAPITRE PREMIER.
Etat politique du monde pendant le troisième siècle.

Les guerres de Sévère contre les empereurs Julien, Niger, Albin ; la vengeance cruelle qu'il exerça contre tous leurs amis et leurs partisans ; son avarice, sa cruauté, désolèrent l'empire, et firent passer chez les peuples barbares un nombre infini de citoyens et de soldats romains. Cependant, comme il était excellent homme de guerre et qu'il avait du génie, l'empire fut encore puissant sous son règne, et fit trembler tous les peuples voisins. L'empire s'affaiblissait donc en effet, tandis que les forces des peuples voisins augmentaient, par les Romains qui s'expatriaient et qui portaient chez eux les arts et surtout celui de la guerre, avec la haine contre l'empire et la connaissance de sa faiblesse. Le règne de Sévère avait donc porté chez les peuples voisins de l'empire, des semences de guerre et formé dans l'intérieur de l'empire des principes de division et de révolte. Caracalla qui lui succéda n'eut aucune des qualités de son père, et fut plus vicieux, plus cruel et plus avide. Tous les principes de révolte que l'habileté de Sévère avait étouffés dans l'intérieur, se développèrent, toute la haine des peuples qu'il avait contenus se déchaîna ; il fit la guerre avec une perfidie qui souleva la plupart des nations étrangères ; tandis que le luxe, l'amour des richesses, l'ambition et la volupté portés à l'excès, même avant lui, prenaient de jour en jour de nouveaux accroissements. Ainsi, toutes les passions qui produisent les révolutions et qui bouleversent les Etats fermentaient dans toutes les parties de l'empire, et la plus légère circonstance pouvait y allumer le feu de la sédition, de la révolte et de la guerre.

Ces circonstances ne pouvaient manquer dans un Etat où toutes les passions étaient en effort, et où tous les intérêts se heurtaient. On vit plus de vingt empereurs dans ce siècle, et presque tous furent élevés sur le trône par la sédition ou par le meurtre de leurs prédécesseurs. A peine un empereur était massacré, que son meurtrier montait sur le trône, et que quatre ou cinq conquérants, chacun à la tête d'une armée, lui disputaient

---

(1) Clem., Alex., Strom. l. I, p. 285.
(2) Ibid., p. 291.
(3) Ibid., p. 313.
(4) Ibid., l. VI, p. 693.

(5) Fabr., Bibl. Græc. t. 1. Blondel., des Syhilles. Origen., contre Cels. l. v, pag. 272. Lact., Instit. div. l. XI, c. 15. Const., Orat. ad Sanctos. Cudwort., System. intel. t. I.

l'empire. Souvent tandis que tout était tranquille, le feu de la sédition s'allumait tout à coup dans quatre ou cinq provinces : c'est ainsi que dans un orage le souffle des vents en réunissant les sels et les soufres de l'atmosphère, forme une multitude de tonnerres et allume la foudre en une infinité de lieux.

Dans cette confusion d'un Etat, le politique ne peut ni prévoir, ni prévenir la sédition, comme le physicien ne peut déterminer où la foudre s'allumera, et les effets qu'elle produira. Trois des plus grands empereurs que Rome ait eus, Alexandre, Aurélien, Probus, furent tous trois massacrés comme Héliogabale et Caracalla. Un empereur périssait également, ou en traitant les Romains en père, ou en faisant régner la justice et l'ordre, ou en lâchant la bride au vice et au désordre.

Pendant que l'empire était en proie aux ennemis qu'il nourrissait dans son sein, et qu'il déchirait pour ainsi dire ses entrailles de ses propres mains, il fut attaqué, sans interruption, par les Scythes, par les Parthes, par les Perses, par les Goths, par les Hérules, par les Allemands, par cette multitude de petits peuples connus sous le nom de Francs. Tous ces peuples pénétrèrent de toutes parts dans l'empire. On acheta la paix de ces peuples, auxquels on l'avait accordée autrefois; mais elle n'était pas durable. Le riche butin qu'ils faisaient dans leurs incursions, l'argent et les pensions qu'on leur donna, allumèrent entre ces peuples et les Romains une guerre qui n'a fini qu'avec l'empire romain.

Ainsi, chez les nations sauvages, comme chez les peuples policés, il n'y avait plus ni humanité, ni amour de la patrie, ni vertu civile : les passions que la folie envoie, dit Cicéron, comme autant de furies sur la terre pour le malheur des hommes; les passions, dis-je, avaient anéanti les talents, corrompu les cœurs, éteint la lumière, rompu tous les liens qui unissent les hommes : aucune puissance politique n'était capable de rappeler les hommes à la justice, à la bienséance, à l'amour de l'ordre (1).

CHAPITRE II.

Etat de la religion, systèmes religieux des philosophes pendant le troisième siècle.

Le polythéisme était toujours la religion nationale. La superstition, la flatterie, l'intérêt, adoraient toutes les divinités imaginables et mettaient au nombre des dieux les empereurs les plus odieux. Le sénat décerna les honneurs divins et donna le titre de dieu à Caracalla, le meurtrier de son père et de son frère, le bourreau du peuple et du sénat, l'horreur du genre humain : la plupart des empereurs obtinrent les mêmes honneurs. On offrait des sacrifices à tous les dieux dans les calamités : cependant les désordres et les malheurs étaient extrêmes, comme nous l'avons vu. Les défenseurs du polythéisme, les persécuteurs des chrétiens, étaient les hommes les plus méchants.

Les chrétiens combattaient le polythéisme par tous ces motifs; ils en avaient mis l'absurdité dans le plus haut degré d'évidence : ils avaient combattu tous les philosophes; ils avaient attaqué leurs principes, et leur avaient sur tout opposé les contrariétés de leurs systèmes.

Les païens et les philosophes se réunirent donc contre les chrétiens ; et placés, pour ainsi dire, entre la force des difficultés des chrétiens, et les raisons qui les attachaient à leurs opinions et à la défense de la religion nationale, ils tâchèrent de pallier l'absurdité du polythéisme, et de faire disparaître l'opposition qui était entre les systèmes philosophiques. Enfin Ammonius forma le projet de concilier toutes les religions et toutes les écoles des philosophes. Il supposa que tous les hommes cherchaient la vérité, et regarda les sages et tous les hommes vertueux et bienfaisants comme une famille. La philosophie que ces sages avaient enseignée n'était point contradictoire ; les différentes manières d'envisager la nature avaient divisé leurs disciples, et obscurci leurs principes communs, comme la superstition avait défiguré leur religion. La vraie philosophie consistait à dégager la vérité des opinions particulières, et à purger la religion de ce que la superstition y avait ajouté. Jésus-Christ, selon Ammonius, ne s'était pas proposé autre chose. Ammonius prenait donc dans la doctrine de Jésus-Christ tout ce qui s'accordait avec la doctrine des philosophes égyptiens et de Platon; il rejetait comme des altérations faites par ses disciples tout ce qui était contraire au système qu'il s'était fait. Il reconnaissait un être nécessaire et infini ; c'était Dieu: Tous les êtres étaient sortis de sa substance ; et parmi ses différentes productions, il supposait une infinité de génies et de démons de toute espèce, auxquels il attribuait tous les goûts propres à expliquer tout ce que les différentes religions racontaient de prodiges et de merveilles.

L'âme humaine était, aussi bien que ces démons, une portion de l'Etre suprême ; et il supposait, comme les pythagoriciens, deux parties dans l'âme ; une purement intelligente, et l'autre sensible. Toute la philosophie, selon Ammonius, devait tendre à élever l'âme au-dessus des impressions qui l'attachent au corps, et à donner l'essor à la partie sensible, pour la mettre en commerce avec les démons, qui avaient un petit corps très-subtil, très-délié et qui pouvait être aperçu par la partie sensible de l'âme purifiée et perfectionnée (2).

Une partie des philosophes cherchait donc dans les aliments, dans les plantes, dans les minéraux, etc. les moyens de donner à l'âme sensible un degré de subtilité qui la rendît

---

(1) Voyez Hist. Aug. Scrip., Paris, 1620. Dion. Cass. Hist. Ejusdem et aliorum excepta per Valesinum.
(2) Fabr., Bibl. Græc. l. iv, c. 26. Euseb., Hist. Eccles. l. ix, c. 19. Bruker. Hist. Phil. t. II, p. 204. Mosheim, de Rebus Christ. ante Const. Mag., sæc. II, § 27.

capable de voir les démons; tandis que l'autre, occupée de la grandeur de son origine et de sa destination, dédaignait le commerce des démons, pour s'élever par la contemplation, jusqu'à l'Etre suprême, et pour s'unir intimement à lui (1).

Le christianisme força donc les philosophes les p'us célèbres à changer la religion populaire, et à reconnaître la vérité des miracles de Jésus-Christ; mais ils niaient qu'il fût un Dieu, et le reconnurent seulement comme un homme extraordinaire, que sa science dans la théurgie avait rendu capable d'opérer des prodiges (2). Pour autoriser ce sentiment, ils supposèrent que Pythagore, Empédocles, Architas, Apollonius de Tyanes, avaient opéré des prodiges, prédit l'avenir, et enseigné une morale aussi pure que celle de Jésus-Christ; ils se permirent d'imaginer et d'attribuer à ces philosophes tout ce qui pouvait les égaler à Jésus-Christ: c'est ce qui a produit la vie de Pythagore et d'Apollonius de Tyanes, par Porphyre et par Philostrate, qui sont évidemment faites pour opposer aux chrétiens des adorateurs de démons qui avaient eu des communications avec les puissances célestes, et qui étaient des hommes vertueux. Ils reconnaissaient au reste que le culte que ces hommes célèbres avaient rendu aux génies était bien différent du polythéisme grossier du peuple, qui avait pris à la lettre les allégories sous lesquelles les philosophes avaient représenté l'opération des génies, pour les rendre intelligibles. Tout ce qu'il y avait d'absurde dans le polythéisme, dégagé de ces absurdités, devint une religion philosophique, qui rendait un culte à des génies auxquels le gouvernement du monde était confié, et qui croyaient que leur âme était une portion de la substance divine à laquelle ils devaient se réunir, lorsqu'ils se seraient élevés au-dessus des passions et des impressions des sens (3).

Telle fut la philosophie et la religion des philosophes du troisième siècle; car la secte eclectique avait absorbé presque toutes les sectes, excepté celle d'Epicure, mais qui était peu nombreuse.

Longin, Hérennius, Origène, Plotin, Porphyre, Amélius, Hiéroclès, Jamblique, soutinrent avec éclat l'école d'Ammonius; le nombre de leurs sectateurs était considérable et renfermait beaucoup de sénateurs et de personnes puissantes (4).

Des Juifs pendant le troisième siècle.

Les juifs étaient dispersés par toute la terre; ainsi les chrétiens trouvèrent partout des contradicteurs et des ennemis capables de les confondre s'ils en avaient imposé.

Les règnes de Sévère et de Caracalla furent favorables aux Juifs, et ils obtinrent plusieurs priviléges. Héliogabale, Alexandre, plusieurs autres empereurs les tolérèrent; ils se multiplièrent, et la tranquillité dont ils jouirent sous plusieurs empereurs, tels que Héliogabale, Alexandre, etc., leur permit d'établir des écoles et de cultiver les sciences; leur école de Tiburias devint fameuse; ils eurent des docteurs célèbres à Babylone, et cultivèrent les sciences; ils eurent des controversistes fameux (5).

CHAPITRE III.
Du christianisme pendant le troisième siècle.

Sévère, qui paraît avoir envisagé en politique les religions qui partageaient l'empire, toléra d'abord les chrétiens comme les juifs; mais il craignit que les chrétiens, en devenant plus nombreux, ne sortissent de la soumission où ils avaient été jusqu'alors; il crut qu'il fallait les tenir dans un état de faiblesse, et il défendit aux sujets de l'empire d'embrasser le christianisme. Peut-être croyait-il que la religion païenne dépendant plus du souverain que la juive et la chrétienne, il fallait que la première fût la religion nationale.

Caracalla, Héliogabale ne s'opposèrent point aux progrès du christianisme, et Alexandre Sévère, le meilleur des princes, les favorisa, les admit dans son palais, eut recours à leurs conseils (6).

Maximin les persécuta; mais Gordien et Philippe les favorisèrent. Dèce, qui craignit qu'ils ne vengeassent la mort de Philippe, les persécuta vivement, et cessa la persécution. Gallus, successeur de Dèce, rendit la paix à l'Eglise, puis la persécuta. Valérien les traita de même (7).

Gallien rendit la paix à l'Eglise; il permit par un édit le libre exercice de la religion chrétienne, fit rendre aux chrétiens leurs églises et leurs cimetières (8).

Après quinze ans de règne, cet empereur fut massacré; et Claude II, qui lui succéda, persécuta les chrétiens; mais son règne fut court, et Aurélien leur fut favorable. Après la mort de cet empereur, ils professèrent leur religion en paix presque jusqu'à la fin du siècle.

Le nombre des chrétiens s'était prodigieusement accru, surtout sous les empereurs qui avaient permis le libre exercice de leur religion: ils la pratiquaient au milieu du palais; ils y occupaient des charges; ils avaient gagné l'affection et la confiance des empereurs; ils jouissaient d'un grand crédit. Dans l'empire, où tout était esclave de la richesse et de la faveur, on eut des ménagements pour une religion qui avait des sectateurs dans le palais et parmi les favoris des empereurs. Les évêques, respectés dans les provinces, élevèrent des églises, et le nombre des chrétiens fut prodigieux (9).

(1) Aug., de Civit. l. x, c. 9. Jambl., de Myst.
(2) Aug. l. de Consensu Evang., t. III, part. II, c. 6, § 11, p. 5. De Civit. Dei, l. xix, c. 23. Lact. Inst. div. l. IV, c. 13.
(3) Porph., de Antr. nymph.
(4) Voyez la Vie de Plotin ou de Porphyre. Fabricius, Bibliot. Grec. t. IV.

(5) Basnag., Hist. des Juifs, l. vi, c. 12, 13.
(6) Oros., Hist. l. vii, c. 19. Eus., Hist. Eccl. l. vi, c. 29. Doduel, dissert. Cypr.
(7) Cypr., ep. 52, ad Anton. I. Ep. 36, 37, 40. Eus., Hist. lib. vi, p. 7, c. 10.
(8) Ibid., c. 13.
(9) Euseb., Hist. l. III, c. 1.

Le christianisme ne fut pas renfermé dans l'empire romain; des chrétiens zélés le portèrent chez les nations barbares avec lesquelles l'étendue de l'empire romain avait ouvert un moyen de commerce; quelquefois les armées ennemies emmenèrent des esclaves, parmi lesquels il se trouva des chrétiens qui portèrent chez ces peuples l'exemple des vertus les plus sublimes et la lumière de l'Evangile (1).

CHAPITRE IV.
Des contestations et des erreurs qui s'élevèrent chez les chrétiens.

Nous avons vu comment, sur la fin du dernier siècle, on avait joint l'étude de la philosophie à celle de la religion : nous avons vu que cette philosophie n'était ni le platonisme, ni le stoïcisme, mais le choix de tout ce que la raison trouvait de vrai dans tous ces systèmes : d'après ces idées, chacun se crut en droit d'adopter dans les philosophes anciens, tout ce qui lui parut propre à défendre la religion et à rendre ses mystères intelligibles; car l'obscurité des mystères était une des grandes difficultés des philosophes et des païens.

Les mystères ne sont point contraires à la raison; mais ils sont au-dessus : la raison ne fournit donc aucune idée qui puisse nous les rendre intelligibles, et ne pouvant nous élever par la chaîne de nos idées jusqu'à ces vérités sublimes, on s'efforça, pour les rendre intelligibles, de les rapprocher des idées que la raison nous fournit, et plusieurs les altérèrent. Tels furent Berylle, Noet, Sabellius, Paul de Samosate, Hiérax, qui, pour faire comprendre les mystères de la trinité et de l'incarnation, donnèrent des explications qui les anéantissaient. D'autres, comme les arabiens, pour expliquer la résurrection, supposèrent que l'âme n'était qu'une affection des corps.

Toutes ces erreurs furent condamnées par l'Eglise, et tous leurs sectateurs furent chassés de son sein : ainsi la trinité et la divinité de Jésus-Christ, la spiritualité et l'immortalité de l'âme étaient clairement et distinctement enseignées dans l'Eglise; car c'est par ces actes de séparation qu'il faut juger de la doctrine de l'Eglise.

Tandis que quelques chrétiens philosophes s'égaraient en s'efforçant de rendre les mystères intelligibles, d'autres, plus heureux, attaquaient tous ces gnostiques qui s'étaient élevés dans les siècles précédents et les convertissaient.

L'Eglise n'avait point fait de lois sur la manière dont on devait recevoir les hérétiques convertis, et les Eglises d'Orient et d'Afrique mettaient les hérétiques convertis au nombre des catéchumènes, et les rebaptisaient; en Occident, on ne rebaptisait point les hérétiques, et l'on se contentait de leur imposer les mains : cette diversité de pratique forma une contestation et presque un schisme.

Non-seulement les hérétiques se convertissaient, mais ceux qui, dans les temps de persécution avaient trahi la religion, demandaient à rentrer dans l'Eglise : les uns voulaient qu'on les reçût sans pénitence, et les autres voulaient les y soumettre; quelques-uns voulaient leur refuser pour toujours l'entrée dans l'église; et ces différentes opinions formèrent des partis, des factions, des sectes : tels furent les novatiens.

QUATRIEME SIECLE.

CHAPITRE PREMIER.
Etat politique de l'empire pendant le quatrième siècle.

Semblable aux contrées bordées par une mer orageuse et défendues par des digues que les vents et les flots attaquent sans cesse et brisent partout où ils ne trouvent pas une résistance supérieure à leurs efforts, l'empire romain était environné par un nombre infini de nations policées ou sauvages, mais toutes guerrières, qui faisaient sans cesse effort pour pénétrer dans ses provinces; semblable aux terrains remplis de soufre et de bitume qui s'enflamment à tout moment et qui se détruisent eux-mêmes, il renfermait dans son sein des principes de corruption et de désordres qui l'affaiblissaient insensiblement. L'habitude du luxe et de la débauche avait rendu les richesses aussi nécessaires que les aliments qui font subsister, et la volonté arbitraire des empereurs les distribuait à des favoris indignes qui servaient leurs passions, ou aux soldats dont l'affection leur était devenue nécessaire, depuis que les lois étaient sans force et les peuples sans vertu.

Cette milice effrénée, par le moyen de laquelle les empereurs avaient détruit les lois, donnait l'empire et l'ôtait à son gré. Presque toutes les nations subjuguées, les Perses, les Scythes, les Goths, les Francs, les Allemands, etc., attirés par l'espérance du butin, se débordaient dans les provinces : ainsi l'empire romain ne pouvait résister à ses ennemis que par la puissance militaire, qui cependant pouvait à tout moment anéantir les empereurs et l'empire. Il fallait donc conserver et contenir la force militaire.

Dioclétien connut la situation des empereurs et de l'empire; il crut prévenir les malheurs dont ils étaient menacés, en partageant le poids de l'empire avec Maximin, excellent homme de guerre, et en créant deux Césars, Galère et Constance Chlore. Il crut par ce moyen prévenir, et les factions des armées trop faibles chacune pour espérer de donner l'empire à leur général, et les effets de l'ambition des généraux et des empereurs, dont aucun n'oserait entreprendre de dominer sur les autres. Dioclétien ne fit que forcer l'ambition à prendre des voies détournées et secrètes; l'empire romain eut quatre maîtres qui aspiraient tous à la puissance souveraine, qui se haïssaient, qui formèrent des ligues et se firent la guerre jus-

(1) Sozom. l. II, c. 6.

qu'à Constantin, qui réunit tout l'empire et qui le partagea entre ses enfants, qui bientôt mécontents du partage, se firent la guerre, furent attaqués par des usurpateurs, et périrent dans ces guerres, excepté Constance qui réunit encore tout l'empire. L'empire fut ainsi réuni et partagé pendant tout ce siècle, sous Valentinien, sous Gratien, sous Théodose, sous Arcade et Honoré.

Les peuples barbares attaquèrent l'empire presque continuellement : les malheurs que causèrent ces guerres et le nombre d'hommes qu'elles firent périr sont incroyables. L'empire subsistait cependant : 1° parce que Constantin avait étouffé les causes intérieures des révolutions, en anéantissant l'autorité des préfets du prétoire ; 2° parce que les troupes de l'empire avaient une grande supériorité sur les peuples barbares ; 3° parce que les peuples barbares n'étaient attirés que par le butin et ne cherchaient point à faire des conquêtes (1).

CHAPITRE II.
État de la religion pendant le quatrième siècle.

Dioclétien avec beaucoup d'esprit était très-attaché aux superstitions païennes, mais il ne haïssait pas les chrétiens, le palais en était rempli, et il y en avait parmi ses gardes et parmi ses officiers (2).

Maximin et Valère, rivaux de Constance, haïssaient les chrétiens et les persécutaient dans l'Orient, tandis que Constance les protégeait dans l'Occident ; ainsi l'intérêt des religions qui partageaient l'empire s'unit avec les vues politiques des empereurs ; Constantin, fils de Constance, les protégea ; Licinius, son rival et son ennemi, les persécuta.

Le nombre des chrétiens s'était prodigieusement multiplié dans l'Occident, et il était considérable dans l'Orient. Constantin vint au secours des chrétiens, et déclara la guerre à Licinius, bien résolu de ne mettre bas les armes qu'après avoir ôté à Licinius un pouvoir dont il abusait si indignement contre les chrétiens et même contre tous les sujets de l'empire. On vit donc l'empire partagé et armé pour combattre et pour attaquer le christianisme trois siècles après sa naissance (3). Licinius avait fait venir une foule d'augures, de sacrificateurs, de devins, des prêtres égyptiens qui conjuraient les dieux, leur offraient des victimes et des sacrifices de toute espèce, et promettaient la victoire à Licinius. Constantin, environné de prêtres chrétiens et précédé de la croix, implorait le secours du Dieu suprême, et n'attendait la victoire que de lui (4). Ce prince avec de grands défauts avait de grandes qualités et des vues profondes ; il sentit que les malheurs de l'empire avaient leur source dans la corruption des mœurs, etc. ; que la religion seule pouvait en corriger les désordres.

Aucune des religions qui partageaient l'empire ne lui parut propre à cet objet, comme la religion chrétienne. Le judaïsme avait troublé la terre, il contenait des principes de division et de haine contre tous les hommes, il attendait un roi qui devait détruire tous les empires ; enfin il était odieux et chargé de pratiques qui révoltaient les Romains et les Grecs. Un empereur romain devait donc détruire le judaïsme, au lieu d'en faire la religion dominante. Le polythéisme était devenu absurde, et par conséquent inutile pour la réformation des mœurs. Le christianisme avait une morale pure et sublime ; l'empereur n'avait point de sujets plus fidèles, ni l'empire de citoyens aussi vertueux, aussi justes, aussi bienfaisants que les chrétiens ; aucun d'eux n'avait pris part aux conjurations formées même contre leurs persécuteurs ; ainsi, en se conduisant par des vues politiques, Constantin devait former le projet de faire du christianisme la religion dominante dans l'empire. A ces motifs purement humains se joignirent les miracles que Dieu opéra en faveur de Constantin contre Licinius ; et Constantin fit rendre aux chrétiens leurs églises, en fit bâtir de nouvelles, accorda des priviléges aux évêques et aux ecclésiastiques, enrichit les églises, sans néanmoins forcer les païens à renoncer à leur religion (5).

Dans un édit, il s'adresse à Dieu, proteste de son zèle pour étendre son culte ; mais il déclare qu'il veut que sous son empire les impies mêmes jouissent de la paix et de la tranquillité, persuadé que c'est le plus sûr moyen de les ramener dans la bonne voie ; il défend de les inquiéter, il exhorte ses sujets à se supporter les uns les autres, malgré la diversité de leurs sentiments ; à se communiquer mutuellement leurs lumières, sans employer la violence ni la contrainte : parce qu'en fait de religion il est beau de souffrir la mort, mais non pas de la donner, comme quelques chrétiens le prétendent, animés d'un zèle inhumain (6).

Il accorda cependant quelque chose au zèle de ces chrétiens ; car il défendit les sacrifices, ferma les temples et les fit abattre (7).

Il y avait donc dans les chrétiens un principe de zèle qui tendait à employer la puissance séculière contre les fausses religions, qui agissait sans cesse, qui devait par conséquent obtenir quelque chose des empereurs contre le paganisme, et l'anéantir lorsqu'il y aurait sur le trône un empereur qui se prêtât au zèle des chrétiens, comme cela arriva sous Théodose et sous ses enfants, qui démolirent tous les temples et défendirent les sacrifices, sous peine de la mort (8).

La puissance et la gloire de Constantin, la translation du siège de l'empire à Constan-

(1) Tillem., Hist. des Emp. t. IV. Consid. sur les causes de la grand. des Rom., par M. de Montesquieu. Observ. sur les Rom., par M. l'abbé de Mably.
(2) Euseb., Hist. Eccles. l. vii, c. 2.
(3) Euseb., Hist. Eccl. l. x, c. 2. Vit. Const. l. ii, p. 3.
(4) Euseb., ibid.
(5) Euseb., Vit Const. l. iv. Theod. l. v, c. 10. Oros. l. vii, c. 28. Cod. Theod.
(6) Euseb., Vit. Const. l. ii, c. 60.
(7) Cod. Theod. Fabr., Lux Ev. t. II, c. 15. Tillem, Hist. des Emp., t. IV. Vie de Const, notes sur cet Emp.
(8) Cod. Theod. l. xv, tit. i, leg. 16 ; l. 15, l. 16, etc. an. 3599.

tinople, ses victoires sur ses ennemis, l'établissement éclatant du christianisme, les miracles opérés en sa faveur, attirèrent sur cet empereur l'attention de toute la terre; il reçut des ambassadeurs des Ibères, les Ethiopiens se convertirent et demandèrent des évêques. La religion chrétienne fit des progrès chez les Goths et fut embrassée par la plupart des peuples barbares, qui depuis longtemps faisaient des courses dans l'empire romain et avaient enlevé des chrétiens qui les convertirent (1).

La nation juive ne perdait rien de son attachement à sa religion; elle brûlait et lapidait tous ceux qui l'abandonnaient : ennemis du reste du genre humain, et toujours entêtés de l'espérance de conquérir et de subjuguer la terre, les Juifs se soulevaient aussitôt que quelque agitation dans l'empire semblait favorable à leurs espérances. Constantin fit des lois sévères contre eux, et ses enfants leur firent la guerre; Constance défendit d'embrasser leur religion; ils furent traités moins rigoureusement sous Valentinien; Théodose leur accorda le libre exercice de leur religion, et défendit aux chrétiens de piller ou d'abattre les synagogues. Ils avaient un juge civil et un juge ecclésiastique, des officiers, des magistrats de leur religion, dont les jugements étaient exécutés sur tous les points de leur religion ou de leur discipline; et sur tous les autres objets, ils étaient soumis à toutes les lois de l'empire (2).

CHAPITRE III.

Etat de l'esprit humain par rapport aux lettres, aux sciences et à la morale pendant le quatrième siècle.

Depuis Dioclétien jusqu'au temps où Constantin régna seul, l'empire romain fut déchiré par des guerres civiles et attaqué par les nations qui l'environnaient. Ces nations elles-mêmes étaient perpétuellement en guerre entre elles (3). Au milieu du tumulte et de l'agitation de la guerre et des factions, les philosophes et les chrétiens cultivaient presque seuls les sciences et les arts.

Les philosophes païens avaient presque tous adopté le système de Platon, qu'ils avaient ajusté avec les principes de la philosophie chaldéenne, sur l'essence de la Divinité, sur l'origine du monde, sur la providence, sur la nature de l'âme. Tous admettaient un esprit infini, se suffisant à soi-même, duquel était sortie une infinité d'esprits et l'âme humaine. Tous ces esprits avaient leurs fonctions et leur destination, selon leur nature et leurs qualités. Le monde et les éléments en étaient remplis. Les hommes pouvaient être en commerce avec tous ces ordres d'esprits, les voir, les entretenir, s'élever jusqu'à la connaissance intime de la Divinité, percer dans l'avenir par le moyen de différentes pratiques. On s'était efforcé de justifier les sacrifices et toutes les pratiques du paganisme; on avait imaginé, même dans les plus choquantes et dans les plus obscènes, des allégories ou des préceptes de morale : les sacrifices de Priape et de Vénus étaient, selon Jamblique, ou des hommages rendus aux attributs de l'Etre suprême, ou des conseils destinés à apprendre que souvent le plus sûr moyen de s'affranchir de la tyrannie des passions est de les satisfaire; que ce spectacle, loin d'irriter les passions, était propre à les réprimer, comme les vices représentés dans une tragédie ou dans une comédie corrigeaient les spectateurs. Presque toute la philosophie était donc devenue théologique; le livre de Jamblique sur les mystères est un traité de théologie, dans lequel le platonisme est visiblement ajusté sur le christianisme, et dans lequel, au milieu de mille absurdités, on voit beaucoup d'esprit et de sagacité, quelquefois une morale sublime (4).

Comme le christianisme était fondé sur les prophéties et s'était établi par les miracles, les philosophes païens crurent pouvoir soutenir le polythéisme par des prodiges ou par des prédictions favorables au culte des idoles; persuadés que tout s'opérait dans le monde par des génies, ils cherchèrent l'art d'intéresser les génies, d'opérer par leur entremise des choses extraordinaires et de prédire l'avenir : ainsi les platoniciens du quatrième siècle furent non-seulement enthousiastes, mais encore magiciens et devins. Ils prédirent que Valens aurait un successeur dont le nom commencerait par les lettres *Théod*. Cette prédiction fut funeste au platonisme. Valens fit mourir tous les philosophes qu'il put découvrir, fit rechercher et brûler tous les livres : il en périt un nombre infini, et la frayeur était si grande, qu'on sacrifia presque sans examen un nombre infini d'ouvrages de toute espèce (5). Un enthousiaste fait effort pour communiquer ses idées et pour inspirer les sentiments dont il est plein. Les philosophes platoniciens cultivèrent donc l'art de persuader, et devinrent des sophistes et des rhéteurs.

Depuis la fin du troisième siècle, les chrétiens cultivèrent les sciences avec beaucoup d'ardeur et de succès; obligés de défendre la religion contre les attaques des philosophes, contre les impostures des prêtres, contre les difficultés des historiens, ils approfondirent tous les systèmes des philosophes, devinrent historiens, chronologistes : ils prouvèrent la vérité de la religion par toutes les preuves que fournit la raison et l'histoire; ils prouvèrent que les principes reconnus pour vrais par les philosophes les plus célèbres n'étaient point contraires à la religion; que dans les points où ils étaient contraires, les philosophes se contredisaient eux-mêmes ou étaient opposés les uns aux autres, et démentis par la raison. Ainsi les chrétiens, aussi bien que les philosophes platoniciens,

---

(1) Buf., l. i, c. 9, 10. Socr. l. i, c. 19, 20. Sozom., l. ii, c. 6, 7. Fabr. lux oriens, c. 10 et suiv.
(2) Basn., Hist. des Juifs, l. vi, c. 14.
(3) Mamert., paneg. Dioclet. Aurel. Vict. Eutrop.

(4) Jambl., de Myst., edit. Gal. Eunap., de Vit. Sophist.
(5) Ammien, lib. xxix. Sozom., lib. vi, c. 35. Socr., lib. iv, c. 19.

n'admettaient les principes philosophiques qu'autant qu'ils étaient conformes aux principes de la théologie chrétienne, qui devint comme la base sur laquelle portèrent tous les systèmes philosophiques qui se formèrent dans le christianisme.

Comme l'établissement de la religion chrétienne était l'objet principal de la Providence, et que rien n'était important en comparaison d'elle, les chrétiens zélés rapportèrent à cet objet tous les événements politiques et tous les phénomènes de la nature, et crurent que tout s'opérait par une providence particulière de Dieu, par l'entremise des anges, par les démons auxquels Dieu permettait d'agir sur les éléments et sur les esprits, et qui étaient sans cesse occupés à combattre les chrétiens. L'étude de la nature fut donc absolument négligée, et un grand nombre d'esprits fut disposé à la croyance de la magie, des sortiléges, des divinations, et à une crainte ridicule des esprits et des sorciers.

Il y eut cependant parmi les chrétiens des hommes d'un génie élevé, et dont les écrits pourraient illustrer tous les siècles; tels furent Pamphile, Eusèbe, Arnobe, Lactance, les Grégoire, etc. Ces écrivains célèbres s'occupaient beaucoup de l'instruction des peuples, et au milieu des factions et de la guerre qui agitaient l'empire et troublaient la terre, les évêques, les prêtres et les auteurs chrétiens, animés par les motifs les plus puissants qui puissent agir sur le cœur humain, s'efforçaient d'éclairer les hommes sur leur origine, sur les vérités de la religion, sur le vrai bonheur de l'homme, sur les récompenses destinées aux vrais chrétiens. On punissait avec une sévérité extrême, tous les crimes contraires au bonheur de la société (1).

Les philosophes païens, accablés par la force des raisons des chrétiens, avaient été forcés de changer toute la religion païenne, ou plutôt de rendre la philosophie religieuse et, autant qu'ils le pouvaient, conforme au christianisme. Ainsi l'esprit humain s'éclairait partout, et la morale se perfectionnait; on ne vit plus les désordres, les crimes qu'on avait vus sous Tibère.

Depuis que la puissance temporelle avait pris part aux disputes de religion, les païens, les chrétiens, les différentes sectes qui s'étaient élevées parmi les chrétiens, cherchèrent à se concilier la cour et les empereurs, par les louanges qu'on leur donnait en leur parlant dans les discours publics, et surtout dans les panégyriques des empereurs que les villes principales faisaient prononcer. Ainsi l'art de parler, de persuader, d'émouvoir, fut cultivé avec soin dans l'empire, et les sciences furent négligées ou cultivées par quelques philosophes qui n'attirèrent ni l'attention du public, ni les regards de la cour, que leur sagesse rendait inutiles aux partis qui s'étaient élevés et qui restèrent dans l'obscurité.

Les courtisans d'un prince absolu s'occupent principalement du soin de plaire, de l'art de flatter; ils sont superficiels et peu éclairés, mais polis et élégants; ils pensent peu et faiblement, mais finement, et s'expriment avec grâce : ainsi l'éloquence dégénéra au quatrième siècle, et l'art de parler se perfectionna; les philosophes, les orateurs, les littérateurs qui voulurent plaire à la cour, ou qui aspirèrent à la réputation, devinrent ingénieux, élégants et superficiels. Les courtisans frivoles et superficiels, plongés dans la mollesse et passionnés pour le faste flattèrent la paresse et les passions des princes, pour mériter leur confiance et leurs bienfaits : les empereurs devinrent faibles, voluptueux, vains, et furent dominés par leurs ministres et par leurs favoris.

Dans une cour où régnait le luxe et la mollesse, le mérite et le génie furent craints ou méprisés ; l'esprit et les talents agréables obtinrent la protection et les grâces; les richesses élevèrent aux dignités; l'art de former des partis, d'écarter un concurrent, de déplacer un rival, donna de la considération, du crédit et du pouvoir : tous les esprits et tous les partis tendaient insensiblement vers l'art d'acquérir des richesses ou de former des intrigues dans l'Etat, dans l'Eglise, à la cour. La vertu, le mérite, le génie, disparurent, les talents dégénérèrent, et l'on vit sur la fin du quatrième siècle les commencements de la nuit qui couvrit les siècles suivants, et les désordres qui ont anéanti l'empire romain.

Les chrétiens eux-mêmes obéirent insensiblement au torrent qui entraînait tous les esprits; et dans les différents partis que leurs disputes occasionnèrent, on préféra l'activité, l'esprit d'intrigue, à la vertu paisible, au zèle éclairé, mais prudent (2).

Des hérésies du quatrième siècle.

Les évêques jouissaient d'une grande considération dans toute l'Eglise, et d'une autorité presque absolue sur les fidèles (3). Tous les chrétiens n'étaient pas à l'épreuve de l'ambition et de la cupidité qui régnaient dans l'empire et qui avaient infecté tous les ordres de l'Etat; il y eut des chrétiens ambitieux ou avides, qui briguèrent avec ardeur les dignités ecclésiastiques, et qui formèrent des schismes. Tels furent Donat, Colluthe, Arius.

Dans les lieux où les sciences et la philosophie étaient cultivées, les chrétiens s'occupaient à expliquer les mystères, et surtout à les dégager des difficultés de Sabellius, de Praxéas, de Noet, qui, dans le siècle précédent, avaient prétendu que les trois personnes de la Trinité n'étaient que trois noms donnés à la même substance, selon la manière dont on la considérait. L'Eglise avait condamné ces erreurs, mais elle n'avait point expliqué comment les trois personnes de la Trinité existaient dans une seule substance. La curiosité et le désir de rendre ces dogmes

---

(1) Conc. d'Elvire, d'Ancy, de Néocésarée, etc.
(2) Voyez les auteurs cités sur Constantin.

(3) Ignat., ep. ad Smyrn. Cypr., ep. ad pap. Steph. Conc. Arel. can. 7, t. 1 Conc., p. 1427.

croyables à ceux qui les rejetaient porta l'esprit vers la recherche des idées qui pouvaient expliquer le dogme de la Trinité.

Arius entreprit cette explication. Il fallait, en établissant contre Sabellius la distinction des personnes, ne pas admettre plusieurs substances incréées, comme Marcion, Cerdon, etc. Arius crut éviter ces deux écueils, et rendre le dogme de la Trinité intelligible, en supposant que les trois personnes de la Trinité étaient trois substances; mais que le Père seul était incréé. Arius fit donc de la personne du Verbe une créature, et après lui Macédonius attaqua la divinité du Saint-Esprit. On souleva contre leurs erreurs : leurs partisans les rendirent spécieuses : on se partagea, il se forma des partis. Les contestations et les erreurs sont ordinairement simples à leur naissance. Lorsque les partis se sont formés, chacun fait effort pour défendre le sentiment qu'il adopte, et les esprits envisagent tout sous la face qui le favorise. On trouve donc une infinité de preuves différentes pour le sentiment qu'on a adopté; chacun fait, de la preuve qu'il a découverte, un principe fondamental, en tire des conséquences, tombe dans de nouvelles erreurs, et rentre dans celle qu'il avait voulu éviter : ainsi les ariens se divisèrent en eusébiens, demi-ariens, etc. ainsi, Marcel d'Ancyre, Photin, Eunome, retombèrent dans le sabellianisme, en combattant et en défendant Arius, qui n'était lui-même tombé dans son erreur, que pour éviter le sabellianisme. Apollinaire, en combattant Arius par une infinité de passages qui donnent à Jésus-Christ tous les attributs de la divinité, jugea que la divinité avait présidé à toutes ses actions; qu'il n'avait eu qu'une âme sensitive, et non pas une âme humaine.

La part que les empereurs prirent aux disputes des chrétiens, l'éclat qu'elles donnèrent aux hommes distingués qui attaquaient ou qui défendaient la vérité, allumèrent le désir de la célébrité dans une foule d'hommes médiocres qui s'efforcèrent d'attirer l'attention par un zèle excessif contre les hérétiques, par l'austérité de leurs mœurs, par quelque pratique bizarre, ou en attaquant la discipline de l'Eglise, le culte qu'elle rendait à la Vierge : tels furent Colluthe, Audée, Arius, Bonose, Helvidius, Jovinien, les collyridiens, les déchaussés, les messaliens, Priscillien.

Dans beaucoup de ces partis, le fanatisme était la disposition dominante; ils eurent presque tous des partisans, et l'on vit au milieu des disputes des ariens et des autres hérétiques une foule d'hommes qui, appuyés sur quelque passage de l'Ecriture, vendaient leurs biens, marchaient nu-pieds, se croyaient environnés de démons, et se battaient contre eux ou restaient immobiles et oisifs, prétendant qu'un chrétien ne peut travailler pour une nourriture qui périt.

Depuis Tibère, l'empire était déchiré par des guerres civiles, par des factions; et les sujets de l'empire étaient opprimés même sous Constantin, par les gouverneurs des provinces, par les favoris, par les officiers du fisc. Trois siècles de tyrannie, de guerres civiles, de révoltes et de malheurs, avaient fait prendre à tous les esprits l'habitude de la faction, répandu dans tout l'empire un fonds d'aigreur qui s'irrite de tout et produit une forte disposition à la violence et à la sédition.

La religion chrétienne n'avait pas élevé tous les chrétiens au-dessus des vices de leur siècle : ainsi il se trouva dans tous les partis, des esprits ardents, des hommes factieux que l'intérêt de parti enflamma; et les disputes des chrétiens produisirent dans l'empire des guerres civiles : l'Afrique et l'Orient furent troublés par le schisme des donatistes et par l'hérésie d'Arius.

Les chrétiens faisaient la plus grande partie de l'empire. Constantin prévit les effets de leurs divisions, s'efforça de les prévenir par la voie de la douceur et enfin de les réprimer par la force. Il fit assembler des conciles, exila, bannit, sans rétablir la paix. Chaque parti s'efforça de gagner les ministres, les favoris, les eunuques, les femmes qui environnaient l'empereur. L'exemple de Constantin, la protection qu'il avait accordée à l'Eglise, les éloges dont il avait été comblé, firent juger à ses successeurs que rien ne conduisait plus sûrement à la gloire et à l'immortalité que de pacifier les troubles de l'Eglise. Les femmes de la cour, les eunuques, les ministres, les favoris, qui vendaient leur protection ou qui, en se déclarant pour un parti, jouaient un rôle dans l'empire, entretinrent les empereurs dans ces dispositions; et toutes les querelles de la religion furent, sous les successeurs de Constantin, des affaires d'Etat : on bannit, on exila, on dépouilla de leurs biens et de leurs charges ceux que la cour ne jugea pas orthodoxes.

Ainsi l'intérêt tourna les esprits vers l'étude des dogmes; et les hérésies durent se succéder et devenir un principe de destruction dans l'empire romain. Un nombre infini de sujets passèrent dans l'Arabie, en Perse, chez les Barbares qui environnaient l'empire; et ceux qui restèrent, livrés à la faction, à l'intrigue, ne virent, dans l'Etat, du malheur que de ne pas exterminer le parti opposé.

La différence des esprits et des caractères fit bientôt naître dans ces partis des divisions; et l'on vit, parmi les orthodoxes et parmi les hérétiques, des schismes : tels furent les différents partis dans lesquels les donatistes se partagèrent; tel fut le schisme d'Antioche, d'Eutath, de Lucifer, où l'on voit en détail toutes les formes que prennent les passions, les préjugés et le zèle.

CINQUIEME SIECLE

Nous avons vu, pendant le quatrième siècle, l'empire environné de nations barbares qui l'infestaient, gouverné par des ministres, des courtisans, des favoris, qui vendaient les honneurs, les dignités, les emplois à des hommes sans probité, sans mérite, plus funestes à l'empire que les barbares mêmes. Les guerres que les empereurs étaient obligés de soutenir servaient de prétextes aux impôts qui accablaient les peuples, et obligeaient à entretenir une grande quantité de troupes qui désolaient les provinces.

Théodose s'était efforcé, mais inutilement, de corriger ces désordres. Ses enfants furent élevés par des favoris ambitieux, avares et frivoles, tels que le siècle précédent les avait produits. Ce prince les laissa fort jeunes maîtres de l'empire, donna l'Orient à Arcade et l'Occident à Honoré, et chargea de l'administration Rufin et Stilicon : on vit donc dans ce siècle tous les désordres qu'on avait vus dans le siècle précédent.

CHAPITRE PREMIER.
De l'état politique et civil de l'Orient pendant le cinquième siècle.

Rufin était maître absolu dans l'empire d'Orient ; il était insinuant, adroit, flatteur, d'une avarice insatiable et d'une ambition démesurée. Il accabla les peuples, vendit les charges à des hommes indignes et rendit le gouvernement odieux à tout l'empire. Il se fit des ennemis ; on crut qu'il aspirait à l'empire : il fut assassiné par ordre de l'empereur (1). Rufin fut remplacé par un homme aussi méchant que lui, l'eunuque Eutrope, que l'impératrice Eudoxie fit chasser, non parce qu'il avait ruiné l'empire et commis des forfaits inouïs, mais parce qu'il avait manqué de respect et d'égards pour l'impératrice. Toute l'autorité d'Eutrope passa dans les mains d'Eudoxie, princesse avare et dominée par les femmes et par les eunuques qui l'environnaient. On vit tous les désordres qu'on avait vus sous Rufin et sous Eutrope.

Arcade, indifférent aux malheurs de l'empire, s'occupait de l'agrandissement de l'Eglise et des moyens de chasser de ses Etats tous les hérétiques : il y eut des années où il donna jusqu'à cinq édits sur cet objet ; et le même prince, qui avait vu avec indifférence l'horrible abus que Rufin, Eutrope et Eudoxie faisaient de son autorité, fit rechercher avec la plus rigoureuse exactitude si parmi les officiers du palais il n'y avait point d'hérétiques, et bannit tous ceux qu'il y découvrit, quelque probité qu'ils eussent d'ailleurs et quelque légère que fût leur erreur (2).

Les malheurs de l'empire ne firent qu'augmenter sous Théodose, fils d'Arcade, élevé comme son père et livré comme lui aux eunuques et aux courtisans, qui le tenaient enseveli dans les plaisirs, tandis que des mains barbares et les officiers du fisc pillaient les provinces. L'amour de la patrie s'éteignit dans le cœur de tous les sujets, et beaucoup passèrent chez les nations barbares (3).

Marcien, qui succéda à Théodose, voulut corriger ces désordres : il vécut trop peu pour exécuter son dessein. Ce furent les factions et les soldats qui donnèrent et ôtèrent l'empire. Léon Ier, Zénon, Basilisque, Anastase, occupèrent successivement l'empire et furent avares, vicieux, cruels, faibles, voluptueux.

Depuis Constantin, l'Eglise possédait de grands biens et jouissait de beaucoup de privilèges et d'immunités, qui faisaient des évêques un corps séparé des autres conditions. La piété de Théodose leur avait accordé de grands honneurs et donné beaucoup de crédit, et ils avaient employé ce crédit en faveur de la religion catholique. Ce prince porta quinze lois contre les hérétiques et six contre les païens.

Arcade et Honoré, persuadés que Théodose devait ses succès et la gloire de son règne à son zèle pour la religion catholique, confirmèrent toutes les lois de Théodose. Leurs successeurs les imitèrent : les païens et les hérétiques furent bannis, dépouillés de leurs biens, déclarés incapables de posséder des charges. Les empereurs étaient persuadés qu'on ne travaillait jamais plus utilement pour l'Etat que lorsqu'on travaillait pour l'Eglise, et que la véritable foi était le fondement et la base de l'empire. Sachant d'ailleurs combien les choses de Dieu sont au-dessus de celles des hommes, ils se croyaient obligés d'employer tous leurs soins à la conservation de la foi (4). Ce fut par cet amour humble de Marcien pour l'Eglise que saint Léon exhorta Anatole, évêque de Constantinople, à entreprendre sans rien craindre tout ce qu'il jugerait utile à la religion. « Je m'assure, dit-il, que faisant consister leur gloire à être les serviteurs de Dieu, ils recevront avec affection tous les conseils que vous voudrez leur donner pour la foi catholique (5). » Après la mort de Marcien, Anatole couronna Léon.

Lorsque Anastase fut déclaré empereur par le sénat, Euphème, successeur d'Anatole, évêque de Constantinople, s'y opposa, prétendant qu'il était hérétique et indigne de gouverner des chrétiens orthodoxes. Il ne céda aux instances du sénat qu'à condition que l'empereur donnerait par écrit une promesse de conserver la foi dans son intégrité.

Il s'éleva donc dans l'empire d'Orient une puissance distinguée de la puissance des empereurs, qui n'avait point de soldats, mais qui commandait aux esprits, et qui pouvait exclure de l'empire ceux qu'elle avait retranchés de sa communion. Ce siècle fut donc l'époque d'un changement dans l'état civil et politique de l'empire d'Orient (6).

CHAPITRE II.
De l'état civil et politique de l'Occident pendant le cinquième siècle.

Tandis que Rufin régnait en Orient sous

---

(1) Oros., lib. vii, c. 37. Socr., lib. vi, c. 1. Sozom., lib. viii, c. 1.
(2) Zozim., Concil. hist. l. ii et v. Soz. l. vii, c. 21. Cod. Theod.
(3) Excerpt. ex Hist. Goth. Prisc., de legationibus in corp. Hist. Bysant. Marcellin. Chron. Procop., de Bel. Pers. c. 11.
(4) Conc. t. IV. Tillem., Hist. des Emp., t. VI, p. 286.
(5) Leo., ep. 65, c. 3. Tillem., loc. cit.
(6) Tillem., t. VI, p. 534.

le nom d'Arcade, Stilicon régnait en Occident sous celui d'Honoré, et périt comme lui. L'empire était plein de mécontents, d'hérétiques, que Honoré et ses prédécesseurs avaient dépouillés de leurs biens et de leurs charges, de gens ruinés par les vexations des gouverneurs et des officiers et par les impositions excessives. Ces mécontents se soulevèrent à la mort de Stilicon. Les ministres qui lui succédèrent n'étaient pas en état d'arrêter le désordre : ils furent disgraciés, et leurs successeurs ne furent ni meilleurs, ni plus habiles, ni plus heureux. Honoré n'était pas en état de choisir un ministre capable, et ceux qui l'environnaient n'avaient garde de le lui chercher (1).

On vit tout à coup trois empereurs se disputer l'empire, en Italie, en Espagne, dans les Gaules. L'Angleterre et les Armoriques secouèrent le joug de l'empire, et les villes des Gaules formèrent des États libres qui se réunirent contre les Alains, les Vandales, les Suèves, qui, redoutant les communes, s'ouvrirent un passage au travers des Pyrénées et se répandirent en Espagne, où ils fondèrent enfin des États (2).

L'empire d'Occident fut donc dans la plus horrible confusion sous Honoré, qui ne fit que d'inutiles efforts contre ses ennemis. Alaric prit et saccagea Rome; Ataulphe, qui succéda à ce général, s'empara du Languedoc; les Bourguignons se rendirent maîtres de Lyon et s'emparèrent d'une partie des Gaules (3). Tel fut l'état dans lequel Honoré laissa l'empire. Jean, son premier secrétaire, se fit déclarer empereur et fut reconnu par tout l'empire. Aspar, que Théodose envoya contre Jean, le fit prisonnier et l'envoya à Valentinien, neveu d'Honoré, qui lui fit couper la tête, et fut proclamé empereur.

Valentinien fut gouverné par sa mère, par ses ministres, par ses favoris, par les eunuques. Sous son règne, les Vandales s'emparèrent d'une grande partie de l'Afrique; les Gaules et l'Italie furent ravagées par des Huns; l'Angleterre, par les Écossais. Maxime, dont il avait déshonoré la femme, l'assassina, se fit proclamer empereur et épousa Eudoxie, qui, pour se venger, appela en Italie Genseric, qui ravagea les terres de l'empire et pilla Rome (4). Maxime, en suivant Genseric, fut tué par les Romains. Avitus se fit proclamer empereur et fut bientôt obligé d'abdiquer l'empire. Majorin, qui lui succéda, fut tué par Ricimer. Le patrice Sévère, ami de Majorin, s'empara de l'empire et fut empoisonné par Ricimer, son ami (5). Après un interrègne de vingt mois, Anthème prit l'empire et fut assassiné cinq ans après par Ricimer, qui éleva Olybrius à l'empire. Glycère, comte des domestiques, dépouilla Olybrius de l'empire et fut chassé peu de temps après par Népos.

Oreste obligea Népos d'abandonner l'empire et fit proclamer empereur son fils Romulus, auquel il donna le nom d'Augustule. Les ennemis de Népos appelèrent en Italie Odoacre, roi de Bohême, qui défit Oreste et le fit mourir. Odoacre devint maître de l'Italie sans prendre le titre d'empereur : il conserva celui de roi et fut adoré de ses sujets.

Tandis qu'Odoacre régnait en Italie, un autre Odoacre, roi des Saxons, s'empara d'une partie de la Bretagne; les Goths, les Visigoths s'emparèrent d'une partie des Gaules, et la puissance romaine fut anéantie dans l'Occident.

CHAPITRE III.

État de l'esprit humain par rapport aux sciences, aux lettres et à la morale, pendant le cinquième siècle.

Malgré les édits des empereurs et les efforts des chrétiens, le polythéisme avait des partisans qui travaillaient avec ardeur à le justifier, et qui imputaient à son extinction tous les malheurs de l'empire. Les chrétiens réfutaient les païens, et ces disputes entretenaient l'étude de la philosophie et le goût de l'érudition parmi les chrétiens et les païens. La philosophie était toute théologique et absolument relative à la religion : c'était le pythagorisme, le platonisme alliés avec le paganisme pour le justifier, et employés par les chrétiens pour combattre ce même paganisme (6). L'étude de la physique et de la nature fut encore plus négligée que dans le siècle précédent; les physiciens de ce siècle ne firent que compiler Aristote et les anciens philosophes : tels furent Syrien, Proclus, Marin, etc., (7).

Arcade et Honoré qui régnaient au commencement de ce siècle étaient persuadés que Théodose devait à sa piété et à son zèle pour la religion chrétienne et pour la foi catholique la gloire et le bonheur de son règne. Ces princes faibles et voluptueux n'avaient garde d'en attribuer une partie à ses talents politiques et militaires : ils firent contre les hérétiques et contre les païens des lois encore plus sévères que celles de Théodose, et leur exemple fut suivi par Théodose II, Marcien, etc. On ne vit rien de plus important pour la religion, pour le bonheur de l'empire que l'extinction du paganisme et de l'hérésie : les païens et les hérétiques furent bannis, exilés, dépouillés de leurs biens, de leurs dignités, de leurs charges (8).

Dans cette disposition des souverains, le zèle qui outrageait les païens et les hérétiques, qui les attaquait dans leurs temples ou qui s'en emparait, qui découvrait les hérétiques cachés ou qui dissipait leurs assemblées fut bien plus estimé que la charité indulgente qui s'efforçait de les éclairer, de

(1) Zoz., l. v. Symmach. l. ix, ep. 60. Aug., ep. 129.
(2) Prosp., Chron. Idat., Fast. Oros., l. vii. Hist. Vandal. persec., par Théod. Ruinart.
(3) Marcel., Chron., p. 210.
(4) Prosp. Cur. Procop., de Bel. Vand., l. i.
(5) Marcel. Chron.
(6) Chrysost., adv. Judæos et Ethnicos. Théod., de Cur. Græc. affect. Ambr., ep. 30, 31. Paulin., adv. Gentil. Aug., de Civ. Paul Oros., adv. Pagan. Prud., adv. Symmach.
(7) Suid., Lexic. Phot., Bib. cod. 242. Fabr., Bibl. Gr., t. VIII, l. v, c. 16.
(8) Soz., l. viii, c. 1. Leo, ep. 21. Conc. t. III, p. 66, 67, t. IV, p. 879, edit. de Lab.

les persuader, de les gagner. Quel évêque eut autant de crédit que Théophile d'Alexandrie, que Nestorius et tant d'autres qui n'étaient recommandables que par l'ardeur et l'opiniâtreté de leur zèle?

L'érudition, le goût des sciences que l'estime publique, la considération et la nécessité de défendre la religion avaient entretenus chez les chrétiens, et qui avaient produit tant de grands hommes au commencement de ce siècle s'éteignirent, et les sciences ne furent presque plus cultivées parmi les chrétiens à la fin du cinquième siècle. Un empire où l'on croit que le bonheur temporel dépend de l'extirpation de l'erreur, qui bannit ou qui brûle les hérétiques et les infidèles n'a besoin que de délateurs et d'inquisiteurs; les sciences doivent y paraître dangereuses. On n'alla pas jusqu'à ces dernières conséquences dans le cinquième siècle, et on ne les étendit pas jusqu'à la poésie, à l'éloquence, à l'histoire; elles avaient été cultivées avec succès dans le siècle précédent et au commencement du cinquième; elles servaient à célébrer les louanges des empereurs, on s'en occupait à la cour. Eudoxie, femme de Théodose II, composa des poésies sacrées, et déclama des harangues en public. Théodose récompensa toujours magnifiquement ses panégyristes : il leur éleva même des statues et établit à Constantinople vingt professeurs d'humanité, grecs et latins, trois professeurs de rhétorique latins et cinq grecs, deux professeurs en droit et un philosophe chargé de rechercher les secrets de la nature, apparemment les qualités, les vertus secrètes et singulières des plantes, des pierres, etc., car cette recherche plaisait beaucoup à Théodose (1). On vit donc dans ce siècle peu de philosophes et beaucoup d'orateurs, de poètes, d'historiens divisés et rivaux, voués presque tous à la flatterie, à des intrigues, à l'ambition.

L'ignorance de la philosophie, le mépris des sciences exactes, l'habitude de flatter, la crainte d'offenser, le désir de plaire sous des princes absolus et efféminés, anéantirent presque tous les sentiments élevés et forts, firent disparaître les idées grandes et sublimes, éteignirent le feu de l'imagination, bannirent l'esprit philosophique et leur substituèrent le faux brillant, les tournures épigrammatiques, les allusions forcées, l'enflure du discours, les idées gigantesques, l'amour de l'extraordinaire, de l'incroyable, du merveilleux, qui sont toujours le supplément des pensées fines, du style élégant et noble, du sublime, du sentiment et des idées, dans un siècle où l'esprit philosophique et le goût se perdent et se corrompent ; c'est une espèce de milieu par lequel l'esprit humain descend nécessairement de la lumière et du bon goût à l'ignorance et à la barbarie.

Les poëtes, les historiens, les orateurs qui avaient besoin de merveilleux pour émouvoir, intéresser, étonner, en cherchèrent dans tous les objets; et comme ils n'étaient ni retenus par l'esprit philosophique, ni éclairés par l'étude de la physique, ni guidés par la critique, ils virent du merveilleux partout où ils désirèrent d'en voir : tous les phénomènes un peu rares furent des événements surnaturels, ils ajoutèrent aux événements les plus communs tout ce qu'ils crurent capable d'augmenter l'intérêt ou la surprise; ils inventèrent des miracles: on supposa de fausses histoires, et le public passionné pour le merveilleux les reçut sans examen.

Les mœurs se pervertirent chez les chrétiens à mesure que la lumière s'affaiblit. Au milieu de la corruption générale, le christianisme avait entretenu dans une infinité de particuliers l'amour de la justice, la probité, le désintéressement, une sensibilité tendre pour tous les malheureux. Ces vertus privées avaient rendu supportables les ravages des barbares, les désordres du gouvernement, les calamités publiques, et empêché peut-être l'extinction de l'amour de la patrie sans lequel aucun Etat ne peut subsister, et que la religion peut seule entretenir dans un Etat malheureux.

Lorsque les empereurs eurent jugé que rien n'était plus important pour la religion et pour l'Etat que l'extinction des hérésies, le zèle contre les hérétiques fut bien plus nécessaire que la vertu, et il en prit la place: on dissimula les défauts et même les vices des personnes zélées, on s'efforça de les excuser; on les rendit moins odieuses, les mœurs se corrompirent, la morale s'altéra chez beaucoup de chrétiens.

CHAPITRE IV.
Des hérésies du cinquième siècle.

L'amour de la philosophie platonicienne et pythagoricienne avait, dès la naissance du christianisme, tourné les esprits vers l'étude et l'examen du mystère de la Trinité et de la divinité de Jésus-Christ, de l'union de la nature divine et de la nature humaine : ces mystères sont, pour ainsi dire, placés entre deux abîmes dans lesquels la curiosité téméraire ou le zèle indiscret s'étaient précipités ; les uns avaient cru que Jésus-Christ n'avait point pris de corps et qu'il ne s'était point uni à la nature humaine : les autres avaient prétendu qu'il n'était qu'un homme dirigé par l'esprit de Dieu.

Praxée, Noet, pour conserver le dogme de la Trinité avaient fait du Fils de Dieu une substance distinguée de la substance du Père. Sabellius, pour défendre l'unité de la substance divine, avait fait des trois personnes de la Trinité, trois attributs. Arius, pour éviter l'erreur de Sabellius et dégager le mystère de la Trinité de ses difficultés, avait supposé que Jésus-Christ était un Dieu créé et distingué de la substance du Père.

---

(1) Const. Manass. Breviar. chr. Socrat. l. vii, c. 21. Phot., cod. 285. Ducange, Byzant. famil. Cod. Theod., lib. xiii.

Apollinaire en défendant la consubstantialité du Verbe par tous les passages dans lesquels l'Ecriture donne à Jésus-Christ tous les attributs de la divinité, jugea que Jésus-Christ n'avait point d'âme humaine, que la divinité en faisait toutes les fonctions. Théodore de Mopsueste, pour combattre Apollinaire, chercha dans l'Ecriture tout ce qui pouvait établir que Jésus-Christ avait une âme distinguée du Verbe. En réunissant toutes les actions, toutes les affections que l'Ecriture attribuait à Jésus-Christ, il avait cru en trouver qui non-seulement supposaient que Jésus-Christ avait une âme humaine, mais que Jésus-Christ avait fait des actions qui n'appartenaient qu'à cette âme : telles sont les souffrances, le progrès des connaissances, l'enfance, etc. De là, Théodore de Mopsueste avait conclu que Jésus-Christ avait non-seulement une âme humaine, mais encore que cette âme était distinguée et séparée du Verbe qui l'instruisait, qui la dirigeait; sans quoi il faudrait reconnaître que la divinité a souffert, qu'elle a acquis des connaissances.

Nestorius, disciple de Théodore de Mopsueste, plein de ces principes, conclut que la divinité habitait dans l'humanité comme dans un temple, et qu'elle n'était pas unie autrement à l'âme humaine; qu'il y avait par conséquent deux personnes en Jésus-Christ ; le Verbe, qui était éternel, infini, incréé; l'homme qui était fini, créé; tout ce qui réunissait dans une seule personne le Verbe et la nature humaine, lui parut contraire à l'idée de la divinité et à la foi de l'Eglise. Il condamna comme contraire à cette foi le titre de Mère de Dieu qu'on donnait à la sainte Vierge. Le zèle pour la pureté de la foi s'était allumé dans tous les esprits, avait pénétré dans tous les états ; le peuple se souleva contre Nestorius, et Nestorius, tout-puissant à la cour, fit punir les mécontents par la prison et par le fouet. L'innovation de Nestorius éclata, les moines défendirent la prérogative de la sainte Vierge. Saint Cyrille écrivit contre Nestorius; toute l'Eglise fut bientôt informée de leur contestation. Il se forma des partis dans les provinces, à Constantinople, à la cour, et Théodose II fit assembler un concile à Ephèse.

Les évêques se divisèrent, ils disputèrent : on passa des discussions aux insultes, des insultes aux armes, et l'on vit une guerre sanglante prête à éclater entre les deux partis. Nestorius et saint Cyrille avaient chacun un parti puissant à la cour, et Théodose était fort embarrassé à calmer le zèle qu'il avait allumé : après de grands troubles et beaucoup d'agitation à la cour, à Ephèse, dans les provinces, il condamna enfin les écrits de Nestorius, défendit aux nestoriens de s'assembler, relégua les principaux en Arabie, et confisqua leurs biens. Beaucoup cédèrent au temps et conservèrent, pour ainsi dire, le feu de la division caché sous les cendres du nestorianisme, sans prendre le titre de nestoriens.

Un nestorien, réfugié en Perse, profita de la haine des Perses contre les Romains pour y établir sur les ruines des Eglises catholiques le nestorianisme, qui de là se répandit dans toute l'Asie, où il s'allia peut-être dans les siècles suivants avec la religion des Lamas, et donna naissance à la puissance singulière du prêtre Jean.

Le concile d'Ephèse n'avait point éteint le nestorianisme : les dépositions, les exils avaient produit dans l'Orient une infinité de nestoriens cachés, qui cédaient à la tempête et qui conservaient un désir ardent de se venger de saint Cyrille et de ses partisans. D'un autre côté, les défenseurs du concile d'Ephèse haïssaient beaucoup les nestoriens et ceux qui conservaient quelque reste d'indulgence pour ce parti. Il y avait donc en effet deux partis subsistants, dont l'un opprimé cherchait à éviter le parjure et à se garantir des violences des orthodoxes par des formules de foi captieuses, équivoques et différentes de celles de saint Cyrille ; l'autre, victorieux, qui suivait les nestoriens dans tous leurs subterfuges. Le zèle ardent et la défiance sans lumière, pour s'assurer de la sincérité de ceux auxquels ils faisaient recevoir le concile d'Ephèse, imaginèrent différentes manières de les examiner, employèrent dans leurs discours les expressions les plus opposées à la distinction que Nestorius supposait entre la nature divine et la nature humaine. Ils employèrent des expressions qui désignaient non-seulement l'union, mais la confusion des deux natures.

Ainsi, après la condamnation du nestorianisme, tout était préparé pour l'hérésie opposée, et pour former une secte opiniâtre, fanatique, dangereuse : il ne fallait pour la faire déclarer qu'un homme qui eût du zèle contre le nestorianisme, peu de lumières, de l'austérité dans les mœurs, de l'opiniâtreté dans le caractère, de l'orgueil et quelque célébrité. Cet homme ne pouvait manquer d'exister, et ce fut Eutychès, moine en réputation de sainteté et jouissant d'un grand crédit à la cour. Il fut le premier auteur des rigueurs qu'on exerça contre les nestoriens en Orient. Il employait pour combattre le nestorianisme les expressions les plus fortes ; et, de peur de séparer dans Jésus-Christ la nature humaine et la nature divine, comme Nestorius, il les confondit, enseigna qu'il n'y avait en Jésus-Christ qu'une seule nature, savoir, la nature divine, parce que la nature humaine avait été absorbée par la nature divine, comme une goutte d'eau par la mer.

Le crédit d'Eutychès à la cour le soutint contre un concile de Constantinople, et en fit assembler un dont la présidence fut donnée à Dioscore, patriarche d'Alexandrie. Eutychès y fut rétabli, ses ennemis furent déposés, la faveur et la violence présidèrent à tous les décrets de ce concile formé et dirigé par les intrigues de la cour, et que l'on a justement nommé le brigandage d'Ephèse, dont Théodose II appuya les décrets.

Marcien, qui succéda à Théodose, fit assembler à Chalcédoine un concile qui condamna l'erreur d'Eutychès, mais sans détruire son parti qui remplit l'Orient de troubles, de séditions, de meurtres. Au milieu de toutes ces horreurs, les eutychiens agitaient mille questions frivoles, se divisaient sur ces questions, et formèrent une infinité de petites sectes ridicules et obscures qui se persécutaient cruellement.

Ainsi Nestorius et Eutychès allumèrent le feu du fanatisme dans tout l'empire d'Orient; les ménagements et la sévérité des empereurs ne firent que l'augmenter. Les nestoriens et les eutychiens remplirent successivement l'empire de troubles et de séditions, firent couler le sang dans toutes les provinces de l'empire, et en chassèrent un nombre infini de sujets, qui allèrent porter leur fortune et leur industrie chez les étrangers, les instruire de la faiblesse de l'empire, et leur prêter leurs bras pour se venger.

Tandis que dans l'Orient la curiosité humaine altérait les mystères en voulant les expliquer, l'amour de la perfection attaquait dans l'Occident les dogmes du christianisme sur la grâce, sur la liberté de l'homme, sur sa corruption, prétendait le rendre capable d'arriver de lui-même au plus sublime degré de vertu, ou le dépouiller de toute activité pour le bien, et le soumettre à une destinée qui ne lui laissait ni choix, ni liberté : tels furent les pélagiens, les prédestinatiens, les sémi-pélagiens. Aucune de ces erreurs ne troubla les États.

SIXIEME SIECLE.

CHAPITRE PREMIER.

De l'empire d'Orient pendant le sixième siècle.

Anastase régnait au commencement du sixième siècle, et l'on vit éclater en lui des vices que son état privé ou des vues ambitieuses avaient retenus. Il vendit les charges, accabla les peuples d'impôts; il devint odieux : il se forma des séditions dans les provinces et à Constantinople. Au dehors l'empire fut attaqué par les Perses, les Bulgares, les Arabes et les peuples septentrionaux qui en ravagèrent les provinces, tandis que de leur côté les gouverneurs romains les épuisaient par leurs vexations, dont ils partageaient le fruit avec Anastase.

Les eutychiens et les ennemis du concile de Chalcédoine, que Zénon avait inutilement voulu réunir avec les catholiques, formaient une autre guerre intestine, et Anastase se déclara enfin pour les eutychiens. Les catholiques se soulevèrent; Vitalien, un des généraux de l'empereur, se mit à leur tête, forma tout à coup une armée, défit les troupes de l'empereur, et le força à cesser de persécuter les catholiques.

Tel était l'état de l'empire, lorsque Justinien le reçut des mains des soldats : il gouverna avec beaucoup de sagesse, et fit en faveur de la religion catholique tout ce qu'Anastase avait fait contre elle. Son zèle indisposa Théodoric, roi d'Italie, et arien zélé. Justinien succéda à son oncle, et fut en guerre avec les Perses et les Huns qui ravagèrent l'Illyrie et la Thrace; Bélisaire et Narsès défendirent l'empire avec beaucoup de gloire, et conquirent l'Italie sur les Goths. Justinien, persuadé que des lois sages contribuent beaucoup plus au bonheur des peuples que les victoires les plus éclatantes, fit faire un nouveau Code (1).

L'empire était toujours troublé par les eutychiens; Justinien porta contre eux des lois très-sévères, il chassa les évêques eutychiens de leurs sièges, et l'eutychianisme parut éteint dans l'empire; mais il sembla revivre sur la fin de cet empereur.

Justin, neveu et successeur de Justinien, fut un prince faible et voluptueux qui laissa ravager l'empire. La vue de ses malheurs, l'impuissance dans laquelle il était d'en arrêter le progrès altérèrent sa raison. Tibère fut chargé du gouvernement et empereur après Justin; il eut pour successeur Maurice, sous lequel l'empire eut des succès; ce dernier eut la gloire de remettre Chosroès sur le trône, et fut lui-même dépouillé de ses États par Phocas, à qui l'armée donna le titre d'auguste.

De l'État de l'Occident pendant le sixième siècle.

Au commencement de ce siècle, l'Italie était sous la domination des Goths. Bélisaire et Narsès la firent rentrer sous la puissance de Justinien, après une guerre longue et sanglante. Rome fut plusieurs fois prise et reprise par les Romains et par les Goths.

Dans les Gaules, les Bourguignons, les Visigoths et les Francs furent presque toujours en guerre. Les Francs qui étaient dans le siècle précédent divisés en différentes tribus, telles que celles des Saliens, des Ripuaires, des Chamaves, des Chattes, etc. furent réunis sous Clovis, excepté les Ripuariens qui formaient une tribu séparée, quoiqu'ils reconnussent Clovis pour roi (2). Après avoir réuni tous les Francs et conquis la plus grande partie des Gaules, Clovis établit le siège de son empire à Paris, où il mourut en 511. Ses enfants partagèrent ses États; Thierry, né d'une concubine, fut roi de Metz, Childebert de Paris, Clotaire de Soissons, et Clodomir d'Orléans. Clotaire, à force de crimes et de meurtres, réunit tous ces États, partagés ensuite entre ses quatre enfants qui furent continuellement en guerre ou par leur propre inclination, ou par les inspirations de Frédégonde, femme d'un esprit inquiet, d'un courage extraordinaire et d'une ambition qui comptait pour rien les crimes lorsqu'ils étaient heureux.

En Espagne et en Afrique les Goths et les Vandales étaient sans cesse en guerre entre eux ou avec les Romains.

La Grande-Bretagne défendit pendant tout

---

(1) Procop., de Bel. Pers., de Bello Goth. Agathias, Hist. Inst. Balduin., in Just.

(2) Greg. Tur., l. II.

DICTIONNAIRE DES HÉRÉSIES I.

ce siècle sa liberté contre les Saxons, les Juttes et les Anglais, qui enfin, après un siècle de guerre, y fondèrent leur empire, connu sous le nom d'Heptarchie.

CHAPITRE II.

Etat des lettres et des sciences pendant le sixième siècle.

Anastase, Justin, Justinien et leurs successeurs n'avaient point pour les lettres le goût que nous avons vu dans Arcade, Honoré, Théodose, Marcien, etc. Les talents et les connaissances ne furent ni utiles ni honorables. L'empire était devenu le fruit de l'ambition : un soldat, un officier de l'empereur y parvenait en formant des partis dans le sénat, dans le peuple, parmi les soldats, en excitant des soulèvements. Les manichéens, les ariens, les eutychiens surtout, étaient animés d'une haine vive contre les catholiques, qui ne négligeaient rien contre des ennemis aussi actifs et qui leur opposaient un zèle infatigable, une fermeté inébranlable. Ainsi l'empire fut rempli d'ambitieux, de partis et de factions, et l'on n'eut de la considération et du crédit qu'en s'attachant à un parti. Tous les esprits furent entraînés par cette espèce de torrent, et sans cesse occupés à gagner un protecteur, à perdre un ennemi, à faire un prosélyte. La calomnie, les délations, les impostures, les faux témoignages, tout était employé sans scrupule (1). Dans une agitation aussi générale et aussi violente, peu de gens cultivèrent leur esprit et leur raison; le goût des lettres et des sciences ne subsista que dans quelques personnes sages, qui résistèrent au torrent, et que leur modération et leur sagesse firent oublier, ou rendirent ridicules et peut-être odieux.

On ne trouve dans ce siècle que quelques rhéteurs, quelques historiens estimés, et qui étaient des fruits du siècle précédent : tels sont Nonnose, Hésychius, Procope, Paul le Silentiaire, Agathias le Scholastique, quelques philosophes païens qui ne prenaient aucune part aux affaires, et qui s'occupèrent à concilier les sentiments d'Aristote, de Platon, de Pythagore : tels furent Simplicius et plusieurs autres philosophes païens à qui Justinien permit d'habiter à Athènes. Les catholiques eurent cependant de bons écrivains, des théologiens habiles, des raisonneurs exacts, mais en fort petit nombre, et aucun de comparable aux excellents auteurs du siècle précédent (2).

Dans l'Occident, l'Italie fut le théâtre d'une guerre sanglante et continuelle entre les Grecs, les Lombards et les Romains. Les Gaules étaient soumises aux Bourguignons, aux Visigoths, aux Francs, dont la domination s'étendait presque depuis les Pyrénées jusqu'aux Alpes. L'Espagne était déchirée par les guerres des Goths, des Vandales, des Suèves, et enfin la Grande Bretagne fut envahie par les Juttes, les Anglais, les Saxons.

Tous ces conquérants, sans arts et sans sciences, avaient subjugué des peuples qui cultivaient les arts et les sciences. Ils devaient à leur courage, souvent à leur perfidie, leurs succès, leurs avantages ; ils n'estimèrent que la bravoure et l'art de tromper son ennemi. Les sciences, les lettres et les arts devinrent le partage des vaincus; on les regarda comme l'occupation des hommes sans courage ; elles furent l'objet du mépris des guerriers qui avaient conquis l'Occident. Nul motif ne porta donc les esprits à la culture des lettres, et l'ignorance fit des progrès rapides au commencement du sixième siècle : on n'entendait plus les vers latins, et à la fin tout ce qui n'était pas écrit en style grossier et rustique surpassait l'intelligence du public.

Les lettres et les sciences se réfugièrent dans les monastères et chez le clergé : on conserva dans les villes épiscopales et dans les monastères des écoles où l'on enseignait les lettres et la théologie : ces maisons religieuses furent l'asile de la vertu, comme elles l'avaient été des lettres. Les évêques ne virent point d'un œil indifférent leurs vainqueurs dans l'ignorance de la vraie religion, ils entreprirent de les éclairer.

L'ignorance et la barbarie de ces conquérants les rendaient peu susceptibles d'instruction : « Il fallait, disent les savants auteurs de l'Histoire littéraire de France, dans les desseins que Dieu avait de les rappeler à la foi catholique, quelque chose qui les prît par les sens : il choisit donc les miracles comme le moyen le plus propre pour faire sur ces peuples une salutaire impression ; il s'en faisait sans nombre aux tombeaux de saint Martin à Tours, de saint Hilaire à Poitiers, de saint Germain à Auxerre et de tant d'autres saints : ils étaient si éclatants et si avérés, que les évêques les proposaient comme une marque certaine et distinctive de la vraie religion, et l'on sait que ce fut ce qui détermina le grand Clovis à l'embrasser (3). » Les effets que ces vrais miracles avaient produits en firent supposer d'imaginaires, que l'on revêtit des circonstances les plus propres à conduire les esprits à l'objet qu'on se proposait : le désir d'attirer de riches offrandes, ou d'intimider les ravisseurs des biens ecclésiastiques, fit imaginer une infinité de guérisons ou de punitions miraculeuses (4).

On vit un nombre infini de recueils d'histoires merveilleuses, des vies de saints toutes remplies de prodiges, d'apparitions, de révélations, même pour les plus petits détails de la vie privée. Ces histoires faisaient des impressions profondes sur les esprits, et les enflammaient du désir d'être l'objet de toutes les merveilles qu'on racontait : un nombre infini de personnes s'efforcèrent d'attirer sur elles ces secours extraordinaires de la Providence. Un homme qui désire ardemment

---

(1) Ev., l. iv, 5, 6. Théod. le Lecteur, l. i et ii. Hormisdas, Lettres à Possesseur. Dup., Biblioth. du seizième siècle, art. *Jean Maxence.*

(2) Voyez Phot., Bibl.
(3) Hist. lit. de Fr., t. III.
(4) Ibid.

une chose se la représente fortement ; s'il a l'imagination vive, tous les objets étrangers à cette chose disparaissent ; il la voit, il croit qu'elle existe ; s'il la raconte, il est animé d'un enthousiasme qui subjugue toutes les imaginations que la raison ne soutient pas : ainsi le fanatisme et l'ignorance crurent voir des merveilles, et persuadèrent.

Il est si flatteur pour l'amour-propre, si consolant pour la faiblesse humaine, si important même pour la piété, d'être conduit immédiatement par la Providence ; on racontait tant d'histoires où elle intervenait d'une manière miraculeuse dans toutes les circonstances de la vie privée, que l'on ne douta pas que la Divinité, les anges et les saints ne fussent sans cesse occupés à secourir les hommes, à les diriger, à les instruire de ce qu'il leur importait de savoir lorsqu'ils étaient invoqués ; on crut donc en consultant la Divinité, les anges, les saints, recevoir des réponses ou des éclaircissements sur l'avenir.

Comme l'ignorance était aussi profonde que la superstition était étendue, et que l'ignorance n'invente point, on adopta toutes les divinations en usage chez les idolâtres, et elles ne parurent point criminelles, parce qu'elles n'avaient point pour objet les démons, mais Dieu même, les anges ou les saints. Ainsi l'on crut qu'en ouvrant au hasard quelque livre de l'Ecriture sainte, la Providence conduisait la main de celui qui l'ouvrait, et que le premier verset contenait la réponse que l'on cherchait sur quelque point embarrassant. Adrien avait autrefois employé l'Enéide pour cet objet. Chilpéric écrivit une lettre à saint Martin de Tours, et la fit placer sur son tombeau : il le priait dans cette lettre de lui faire savoir s'il pourrait sans crime arracher Boson de son église où il s'était retiré.

De ce que la Providence intervenait d'une manière extraordinaire à la réquisition ou à la prière des chrétiens, on conclut qu'elle ne laisserait point impuni un parjure, un mensonge, un crime dont on lui demanderait justice, et qu'elle ne permettrait pas que l'innocence pérît, dans quelque péril qu'elle fût : de là vinrent toutes ces espèces d'épreuves par l'eau, par le feu, par le serment, par le duel, connues sous le nom de jugement de Dieu. Les coupables ou les méchants qui voulaient connaître l'avenir ou qui furent mis à ces épreuves, cherchèrent dans l'assistance des mauvais génies un secours qu'ils n'osaient espérer de la Providence ou des saints : ils eurent recours à la nécromancie, à la magie, etc.

Ce fut donc dans le sixième siècle que se développèrent tous ces germes de superstition, de magie, de sorcellerie que nous avons vus se former dans le siècle précédent.

L'esprit humain, qui trouvait dans toutes ces pratiques des moyens de savoir ou de produire tout ce qui l'intéressait, n'eut aucune raison, aucun motif pour cultiver les lettres et les sciences, et le goût de l'étude fut anéanti dans l'Occident (1).

CHAPITRE III.
Des hérésies du sixième siècle.

Dans le troisième siècle, Arius, ne pouvant concilier le mystère de la Trinité avec l'unité de la substance divine, avait prétendu que le Verbe n'existait pas dans la substance du Père, quoiqu'il fût Dieu : il avait appuyé son sentiment sur des passages dans lesquels Jésus-Christ est dit inférieur à son Père, ou produit dans le temps. Les catholiques avaient au contraire prouvé que le Verbe était consubstantiel au Père, par une infinité de passages qui établissaient une parfaite égalité entre le Père et le Fils : ils avaient fait voir que les ariens s'écartaient du vrai sens de l'Ecriture. Les ariens de leur côté, pour éluder la force des passages que les catholiques leur opposaient, avaient été obligés de recourir à des explications forcées. Lorsque Apollinaire prétendit que Jésus-Christ n'avait point d'âme humaine, il fallut, pour le combattre et pour le défendre, examiner les différents principes qui concouraient dans les actions de Jésus-Christ. Lorsque Nestorius enseigna que Jésus-Christ réunissait la nature divine et la nature humaine, mais qu'elles faisaient deux personnes, il fallut, pour défendre et pour combattre son sentiment, examiner quelle était l'idée ou l'essence de la personnalité, et comment deux natures aussi différentes pouvaient s'unir de manière qu'elles ne formassent qu'une seule personne. Lorsque Eutychès soutint que la nature divine et la nature humaine étaient confondues, il fallut, pour combattre et pour défendre son sentiment, rechercher comment une substance pouvait s'unir à une autre, de manière qu'après l'union il n'y en eût qu'une, et si cette union avait lieu dans Jésus-Christ.

Les erreurs d'Arius, d'Apollinaire, de Nestorius, d'Eutychès, avaient donc introduit dans la théologie les finesses, les subtilités de la dialectique, et conduit les esprits à examiner l'union de la nature divine et de la nature humaine ; l'esprit, élevé à ces grands objets, rechercha les causes, les effets, les propriétés, les suites de cette union, soit par rapport à l'humanité, soit par rapport à la divinité : mais comme l'esprit s'était rétréci par les subtilités, et que l'ignorance l'avait abaissé, il n'examina ces objets que sous des rapports puérils : on inventa des manières de parler extraordinaires, et l'on agita des questions qui l'étaient encore davantage. Ainsi les eutychiens examinèrent si le corps de Jésus-Christ transpirait, s'il avait besoin de se nourrir ; ils se partagèrent sur cette question, tandis que Timothée recherchait si, depuis l'union de la nature divine et de la nature humaine, Jésus-Christ avait ignoré quelque chose.

Des moines scythes, pour expliquer plus clairement contre les nestoriens l'union de

---

(1) Greg. Turon., Hist. l. IV, V, VII. Balus., Capit. t. I. Fredeg., Chron. Le Gendre, Mœurs des Fr. Fleury, dis. 5 sur l'Hist. Thiers et Lebrun, Traité des Superst. Hist. litt. de Fr. t. III.

la nature divine et de la nature humaine, prétendirent qu'on devait dire qu'*un de la Trinité avait souffert*, et qu'il était nécessaire de faire de cette proposition une formule de foi. Des catholiques craignirent que cette façon de s'exprimer ne favorisât l'eutychianisme, et la condamnèrent. Le clergé, le peuple et la cour se partagèrent sur cette proposition : on s'échauffa ; l'empereur prit parti contre les moines ; et Vitalien, qui avait déjà pris les armes sous Anastase en faveur des catholiques, se déclara pour les moines. L'on vit des partis ennemis, de l'agitation, des séditions ; enfin on condamna l'usage d'une proposition qui excitait des soulèvements dans l'Etat, et qui menaçait l'empire d'une guerre civile. De ce que l'on avait défendu de se servir de cette proposition, d'autres moines conclurent qu'il était faux qu'un de la Trinité eût souffert ; que s'il était vrai qu'un de la Trinité n'avait pas souffert, il était vrai qu'un de la Trinité n'était pas né, et par conséquent que la sainte Vierge n'était pas véritablement mère de Dieu. Cette nouvelle conséquence ne causa pas moins de trouble que la proposition qui l'avait occasionnée, et l'on déclara qu'un de la Trinité avait souffert (610).

Lorsque le feu de l'eutychianisme commença à s'éteindre, des moines de Palestine lurent les livres d'Origène et adoptèrent beaucoup de ses erreurs ; d'autres moines les combattirent : chacun fit des prosélytes ardents, et cette contestation causa des mouvements violents dans toute la Palestine. On savait que l'empereur aimait beaucoup à prendre part aux affaires ecclésiastiques et à faire des règlements sur les contestations qui s'élevaient par rapport à la religion.

Pélage, apocrisiaire de Rome, profita de cette disposition de l'empereur pour faire condamner les ouvrages d'Origène, qui avait pour partisan zélé Théodore de Césarée, ennemi du concile de Chalcédoine, et qui jouissait auprès de l'empereur de beaucoup de crédit. Théodore, pour se venger, persuada à l'empereur de faire condamner Théodore de Mopsueste et ses écrits, ceux de Théodoret contre saint Cyrille, et la lettre d'Ibas, qui avait été lue dans le concile de Chalcédoine. Justinien donna un édit et condamna ces trois auteurs.

Le pape Vigile, après tous les ménagements que la prudence lui suggéra, excommunia ceux qui recevraient cet édit. Cette contestation fut fort animée, fort longue, et ne se termina que dans le cinquième concile général (2). Le semi-pélagianisme qui avait fait des progrès en France, et qui n'y causa point de troubles civils, fut condamné par le concile d'Orange. La France, les Anglais, les Saxons, embrassèrent la religion chrétienne ; et les Goths, les Suèves, les Hérules, etc., renoncèrent à l'arianisme : ainsi tout l'Occident était catholique, uni et soumis au saint-siège, qui avait eu la principale part à la conversion des infidèles et des hérétiques.

Au milieu du désordre et de la confusion qui régnaient dans l'Orient et dans l'Occident, la foi de l'Eglise était aussi pure que sa morale ; elle combattait également toutes les erreurs, tous les abus, tous les désordres. Les décrets et les canons des conciles en sont une preuve incontestable. Partout elle produisit des hommes illustres par leur sainteté, et des vertus qu'aucune religion n'avait produites. C'est à la religion que nous devons de n'être pas dans l'état où étaient les peuples barbares qui attaquèrent l'empire d'Occident et qui l'ont détruit.

SEPTIEME SIECLE.

CHAPITRE PREMIER.

Etat de l'Orient pendant le septième siècle.

Phocas régnait au commencement du septième siècle ; il avait tous les vices qui déshonorent l'humanité sans aucune qualité estimable. Les barbares ravagèrent l'empire pendant que Phocas ruinait ses sujets et répandait leur sang. Héraclius délivra l'empire de ce monstre (610) ; il recouvra toutes les provinces que les Perses avaient conquises sur l'empire et rendit sa puissance formidable dans l'Orient et dans l'Occident. L'empire de Constantinople renfermait encore une partie de l'Italie, la Grèce, la Thrace, la Mésopotamie, la Syrie, la Palestine, l'Egypte et l'Afrique : mais ces vastes possessions étaient dépeuplées par des guerres continuelles que l'empire avait soutenues, par les ravages des barbares, par le pouvoir absolu et arbitraire que des gouverneurs insatiables et impitoyables y exerçaient, par les édits rigoureux des empereurs contre tous les hérétiques ; les sujets que l'empire avait conservés gémissaient sous l'oppression : l'empire n'était plus la patrie de personne. Ainsi pour démembrer l'empire dans l'Orient comme il l'avait été dans l'Occident, il ne fallait qu'une puissance médiocre qui l'entreprît.

Depuis longtemps les empereurs travaillaient eux-mêmes à former cette puissance : au milieu des guerres qui désolaient le reste de la terre, les Arabes avaient conservé la paix et la liberté. Ce fut chez eux que se réfugièrent les citoyens mécontents et malheureux, les hérétiques proscrits par les lois des empereurs, depuis Constantin jusqu'à Héraclius. Chacun y professait en liberté sa religion : il y avait des tribus idolâtres, quelques-unes étaient juives, d'autres avaient embrassé la religion chrétienne, et enfin on y voyait de toutes les sectes qui s'étaient élevées depuis la naissance du christianisme. L'Arabie contenait donc des forces capables de faire des conquêtes sur l'empire romain ; mais l'amour de l'indépendance et de la liberté les tenait désunies, et les rendait incapables de faire des conquêtes, et retenait les

---

(1) Noris, Hist. Pelag., l. II, c. 20. Baron., Annal. t. VI, p. 639 ; t. VII, p. 413.

(2) Liberat., Breviar. c. 23. Baron., t. VII. Nicephor., Hist. Eccl. lib. XVII. Noris., diss. de 5 synod. Dup., Bibl. tom. VI.

Arabes dans leurs anciennes limites : jusqu'à ce que quelqu'un réunît ces forces, et les portât contre les Etats voisins, tels que la Perse ou l'empire grec, également incapables de résister à leurs forces réunies. Les empereurs avaient encore eux-mêmes préparé tout pour la réunion de ces forces contre leur empire.

L'Arabie était remplie de juifs et de chrétiens de toute espèce, et de sectaires de toutes les hérésies qui s'étaient élevées depuis la naissance du christianisme. Il y avait beaucoup de nazaréens, d'ébionites, et des sectes qui avaient attaqué la divinité de Jésus-Christ, et qui le croyaient un homme divin, envoyé par Dieu pour instruire les hommes : les demi-ariens en voulaient faire un Dieu créé se contredisaient et détruisaient l'unité de Dieu. Les nestoriens qui reconnaissaient que Jésus-Christ était Dieu, prétendaient cependant que la Divinité n'était unie à Jésus-Christ que comme elle l'aurait été à un prophète. Toutes ces sectes se réunissaient sur deux points : c'est qu'il n'y avait qu'un Dieu, et que Jésus-Christ avait été envoyé pour le faire connaître et pour enseigner aux hommes une morale parfaite.

Il est impossible que dans l'agitation où étaient tous les esprits, il ne se trouvât pas dans toutes ces sectes quelqu'un qui réduisît le christianisme à ces deux points, et qui n'envisageât pas cette espèce de réduction comme un moyen de réunir tous les chrétiens d'Arabie contre les catholiques. Il était également impossible que de cette première vue quelqu'un ne conclût pas que tout ce que les chrétiens croyaient de plus, était ajouté à la doctrine de Jésus-Christ; que par conséquent les chrétiens, en raisonnant, avaient corrompu le christianisme, et qu'il fallait le réformer en rappelant les hommes à l'unité de Dieu, à la bienfaisance, aux vertus morales que Jésus-Christ était venu enseigner, et que les disputes des chrétiens avaient obscurcies.

Le temps avait donc rapproché dans l'Arabie toutes les idées qui devaient conduire l'esprit humain à retrancher du christianisme tous les mystères qui avaient été parmi les chrétiens un sujet de division, et à faire sortir des sectes chrétiennes reléguées dans l'Arabie une secte réformatrice qui n'admît pour dogmes fondamentaux que l'unité de Dieu, les peines et les récompenses de l'autre vie; qui regardât Jésus-Christ comme un envoyé de Dieu, et qui prétendît rappeler les hommes à la bienfaisance, à la pratique des vertus morales, à un culte plus pur que celui des chrétiens.

Parmi les chrétiens réfugiés dans l'Arabie, beaucoup avaient été dépouillés de leurs biens, de leur état, et forcés par les édits des empereurs de quitter leur patrie; beaucoup étaient ennemis ardents des catholiques; et il était impossible que le projet de retenir les chrétiens ne fît pas naître celui d'armer contre l'empire ces chrétiens réunis, de faire recevoir leur doctrine chez les Arabes, et d'associer par ce moyen à leur vengeance une nation guerrière, ou du moins de répandre dans toute l'Arabie cette réforme du christianisme. Ce fut donc chez les Arabes que ces chrétiens réformateurs durent chercher un apôtre capable de prêcher et de faire recevoir cette nouvelle doctrine dans sa nation, dans toute l'Arabie, et se réserver le soin de le diriger en secret. Cette doctrine ne devait donc point s'offrir comme une réforme du christianisme, mais comme une religion nouvelle, et l'Arabe qui devait l'enseigner, comme un prophète. Il ne fallait pour cela que trouver un Arabe ignorant, mais qui eût de l'esprit, de la simplicité, une imagination vive, une tête capable d'enthousiasme et de fanatisme, un cœur ambitieux et passionné, à qui l'on pût faire sentir l'absurdité de l'idolâtrie, et persuader qu'il était envoyé de Dieu pour enseigner aux hommes une religion pure, qui lui avait été révélée.

Mahomet réunissait toutes ces qualités; son négoce le fit connaître aux chrétiens de Syrie, d'Orient, d'Arabie, et on le choisit pour être l'apôtre de la réforme que l'on avait imaginée. On l'instruisit; sa tête s'échauffa : il crut que l'ange Gabriel lui était apparu et lui avait ordonné d'enseigner à sa tribu l'unité de Dieu et une morale pure : il eut des ravissements, des extases; il les raconta, échauffa les imaginations, communiqua son enthousiasme, promit à ceux qui recevraient sa doctrine les récompenses les plus magnifiques; il leur fit la peinture la plus vive des délices destinées aux croyants; un petit nombre le crut; il se fit des prosélytes : il eut des contradicteurs, fut obligé de fuir, rencontra et surmonta des difficultés sans nombre, et fut reconnu par sa tribu pour prophète et apôtre de Dieu. Les difficultés que Mahomet rencontra et qu'il vainquit, ses succès, son fanatisme, et sans doute ses maîtres, élevèrent son esprit, augmentèrent son courage, étendirent ses vues, agrandirent ses desseins : il forma le projet de faire recevoir sa religion à toutes les tribus et dans toute la terre. Dans une nation ignorante et guerrière, l'enthousiasme et le zèle religieux s'allient avec les idées militaires, et prennent le caractère de la bravoure guerrière. Ce fut bien moins par la voie de la persuasion que par la force, que Mahomet et ses disciples prétendirent faire recevoir sa doctrine; et Mahomet fut un prophète guerrier, et ses disciples des apôtres sanguinaires. « C'est moi, lui disait Ali, en prêtant serment de fidélité; c'est moi, prophète de Dieu, qui veux être ton visir : je casserai les dents, j'arracherai les yeux, je fendrai le ventre, et je romprai les jambes à ceux qui s'opposeront à toi (1). »

Mahomet promettait le paradis à ceux qui mouraient pour sa religion; le ciel s'ouvrait pour ainsi dire aux yeux du musulman qui combattait; son imagination le transportait au sein de la volupté dont Mahomet avait fait des peintures si vives. Tous les disciples de Mahomet devinrent des soldats intrépides

---

(1) Abulfed., Vit. Mah. c 2. Gagnier, Vie de Mah., l. 1, c. 2.

et invincibles; dans moins de dix ans il réunit sous sa loi toutes les tribus arabes, reçut des ambassadeurs des souverains de toute la péninsule, envoya des apôtres et des lieutenants dans des contrées éloignées, écrivit à Héraclius, au roi de Perse et aux princes voisins, pour les engager à embrasser sa religion (1).

Abubècre, successeur de Mahomet, après avoir anéanti les factions de quelques prophètes qui s'élevèrent, tourna toute l'activité des Arabes contre les Etats voisins; il écrivit aux princes de l'Hiémen, aux principaux de la Mecque et à tous les musulmans de l'Arabie, de lever le plus grand nombre possible de troupes, et de les envoyer à Médine. « J'ai dessein, leur dit-il, de tirer la Syrie des mains des infidèles, et je veux que vous sachiez qu'en combattant pour la propagation de notre religion, vous obéissez à Dieu. » On vit bientôt arriver à Médine un nombre prodigieux d'Arabes qui manquaient de vivres, et qui attendaient sans murmure et sans impatience que l'armée fût complète pour se porter où le calife leur ordonnerait d'aller (2). Abubècre envoya les musulmans contre les Grecs et contre les Perses, et ce mouvement une fois imprimé au fanatisme des Sarrasins, ils chassèrent de l'Arabie tous les juifs, tous les chrétiens; subjuguèrent une partie de la Perse, se répandirent en Egypte, en Afrique, s'y établirent, détruisirent quatre mille temples de chrétiens, d'idolâtres et de Perses, bâtirent quatorze cents mosquées pendant le califat d'Omar, successeur d'Abubècre (3).

Sous Othman, successeur d'Omar, la Perse fut entièrement soumise aux Arabes, et le roi de Nubie devint tributaire de ce calife (4). Sous Ali les conquêtes furent suspendues par les divisions et par les guerres des Arabes; Moavic les réunit enfin, fit courir une tradition qui portait que les musulmans prendraient la capitale des Césars, et que tous les péchés de ceux qui seraient employés à ce siége leur seraient pardonnés. Les mahométans volèrent sous les drapeaux du calife et ne furent ni effrayés par les périls, ni rebutés par les difficultés de l'entreprise, qui néanmoins ne réussit pas. Héraclius fit inutilement de grands efforts pour arrêter ces redoutables ennemis; Constantin, son fils, leur céda les provinces dont ils s'étaient emparés, en leur imposant un tribut.

Jyazid, successeur de Moavic, poussa ses conquêtes du côté de l'Orient, et soumit tout le Korafan, le Khowarsan, et mit à contribution les Etats du prince de Samarcande. Les Arabes n'étaient cependant pas en paix entre eux (5).

CHAPITRE II.
Etat de l'Occident pendant le septième siècle.

Les empereurs grecs possédaient encore quelques contrées d'Italie; les Lombards en occupaient la plus grande partie. La portion de l'Italie soumise aux empereurs, était divisée en duchés dépendants des exarques de Ravennes, comme l'exarque l'était de l'empereur; chacun d'eux s'efforçait de se rendre indépendant. Les Lombards de leur côté travaillaient sans cesse à s'agrandir, et rendirent inutiles les efforts que les empereurs faisaient pour rétablir leur puissance en Italie.

La France était partagée en plusieurs provinces, dont les chefs ou rois se firent d'abord une guerre cruelle et se livrèrent bientôt aux plaisirs, s'ensevelirent dans la mollesse et laissèrent à un ministre principal, connu sous le nom de maire du palais, le soin des affaires.

La puissance romaine était presque anéantie en Espagne; les souverains qui avaient succédé aux empereurs recevaient la souveraineté des mains des grands seigneurs, qui formaient des brigues et des factions; on y vit souvent des ambitieux assassiner ou faire assassiner les souverains, et s'emparer du trône. Il fut occupé par quatorze rois pendant ce siècle, et la moitié fut chassée ou assassinée par les intrigues de quelques ambitieux. Le zèle de la religion fut quelquefois le prétexte ou le motif des conjurés. Presque tous ces rois firent assembler des conciles pour y faire condamner leurs prédécesseurs et approuver leur élection; on assembla en Espagne dix-neuf conciles pendant ce siècle. Ces conciles firent des règlements très-sages et très-utiles pour la morale et pour la société civile. On y excommunie les sujets qui violent la foi qu'ils ont promise aux rois; mais on y prie les rois de gouverner les peuples avec justice et avec piété; on y prononce anathème contre les rois qui abuseraient de leur pouvoir pour faire le mal. Le quatrième concile de Tolède ajoute à ce décret général un jugement particulier sur le roi Suintilan qui, selon le consentement de toute la nation, s'est privé du royaume en confessant ses crimes. D'autres conciles ordonnent que les rois seront obligés de faire serment qu'ils ne souffriront point d'infidèles, et prononcent anathème contre ceux qui violeront ce serment.

Les Saxons qui avaient conquis l'Angleterre, et qui l'avaient partagée en sept royaumes, avaient élu un monarque qui n'était que leur général; les souverains qui gouvernaient ces sept royaumes furent perpétuellement en guerre; ils embrassèrent la religion chrétienne et fondèrent beaucoup de monastères. On vit des souverains quitter le trône pour s'y retirer (6).

CHAPITRE III.
Etat de l'esprit humain par rapport aux sciences, aux lettres, et à la morale, pendant le septième siècle.

Nous avons vu dans l'Orient l'esprit hu-

---
(1) Abulfeld., c. 21. Alcor. sur. v, 8, sur. vii, 39. Gagnier, l. v.
(2) Abul., Phar., Eutych. Annal. Ockely, Hist. des Sarr., t. I.
(3) Ockely. Hist. des Sarr. l. i. D'Herbelot, Bibl. Or., art. *Omar.*
(4) Elmacin, Hist. des Sarr. D'Herbelot, art. *Othman.*
(5) Voyez les auteurs cités.
(6) Thoiras, Hist. d'Angl., t. I, p. 129.

main passer successivement de l'étude de la philosophie et des lettres à un amour excessif pour le merveilleux; de l'amour du merveilleux au mépris pour la philosophie; faire sur les mystères une infinité de questions téméraires, inutiles; inventer des formules de foi, pour découvrir les hérétiques cachés: on suivit cette méthode pendant le septième siècle.

Les empereurs livrés aux disputes théologiques n'encourageaient point les talents littéraires; et le goût du merveilleux destitué de lumières rétrécit tous les esprits; cependant on laissa subsister les colléges, et l'étude de la grammaire et des langues se perpétua dans la capitale. On ne fit plus d'efforts pour s'élever aux vérités générales et pour perfectionner la raison; on avait à peine une légère connaissance des opinions d'Aristote; les philosophes n'allèrent pas au-delà; rien n'est si faible que les traités de Philoponus et des autres philosophes de ce siècle. Les ouvrages polémiques furent presque tous sans force et sans méthode (1).

Ce fut dans ce siècle que parut le Pré spirituel, ouvrage rempli d'apparitions les plus singulières, de prodiges les plus incroyables, de miracles les plus étonnants et les moins nécessaires, à en juger par les idées ordinaires. Quoi qu'il en soit au reste de la vérité de tout ce que renferme cet ouvrage et tant d'autres, ils étaient assez bien écrits (2). Ils furent lus avidement; on crut tout ce qu'ils racontaient; car dans une nation frivole et livrée au luxe, l'élégance subsiste encore pendant que la lumière s'éteint, et les écrivains superficiels et agréables sont en quelque sorte les docteurs de la nation. On prend leur goût, on adopte leurs idées comme par instinct. Ces ouvrages perpétuèrent donc l'amour du merveilleux, échauffèrent les imaginations et augmentèrent la disposition des esprits à l'enthousiasme et au fanatisme, tandis que l'empire des califes était embrasé de son feu.

Le fanatisme à Constantinople n'échauffait que des âmes énervées par le luxe et par la mollesse, affaissées par le despotisme et par le malheur; il ne tendait à rien de grand, n'inventait que quelques pratiques religieuses, ne produisait que des tracasseries, des émeutes populaires, des séditions. Dans l'empire des califes il avait fait de tous les sujets des soldats fanatiques et religieux qui se croyaient chargés par le ciel d'établir le mahométisme dans toute la terre, et de régner sur toutes les nations. « Nous vous requérons, disaient les lieutenants du calife, de déclarer qu'il n'y a qu'un Dieu, que Mahomet est son apôtre, qu'il y aura un jour du jugement; et que Dieu fera sortir les morts de leur sépulcre. Lorsque vous aurez fait cette déclaration, il ne nous sera plus permis de répandre votre sang ou d'enlever vos biens et vos enfants; si vous refusez cela, consentez à payer le tribut, et soumettez-vous

incessamment; sinon je vous ferai attaquer par des hommes qui aiment mieux la mort, que vous n'aimez à boire du vin, etc. »

Avant les combats, le général priait à la tête de l'armée: « O Dieu! disait-il, confirmez nos espérances et assistez ceux qui soutiennent votre unité contre ceux qui vous rejettent. » Au milieu des combats, Kadel criait, *Paradis, Paradis.*

Les chrétiens de leur côté faisaient des prières et des processions; les évêques portaient à la tête des armées le crucifix et l'Evangile, disant: « O Dieu! si notre religion est véritable, assistez-nous et ne nous livrez point à nos ennemis, mais détruisez l'oppresseur, car vous le connaissez. O Dieu! assistez ceux qui font profession de la vérité, et qui sont dans le bon chemin. »

Les musulmans, témoins des processions et des prières des chrétiens, s'écriaient: « O Dieu! ces malheureux font des prières remplies d'idolâtrie, et ils vous associent un autre Dieu; mais nous reconnaissons votre unité, et nous déclarons qu'il n'y a point d'autre Dieu que vous; assistez-nous contre ces idolâtres; nous vous en supplions par notre prophète Mahomet. » Si dans le combat les musulmans s'ébranlaient: « Ne savez-vous pas, leur disait le général, que quiconque tourne le dos à l'ennemi offense Dieu et son prophète. Ignorez-vous que le prophète a dit que les portes du paradis ne seront ouvertes qu'à ceux qui auront combattu pour la religion: qu'importe que votre capitaine soit mort, Dieu est vivant, il voit ce que vous faites (3). » Ainsi dans tout l'Orient le fanatisme religieux et l'amour du merveilleux avaient absorbé presque toutes les facultés de l'esprit humain; on n'y cultiva point les lettres, et les sciences s'y éteignirent.

Dans l'Occident, les guerres des peuples barbares avaient étouffé le goût des lettres: l'Italie avait été désolée par les Goths, par les Visigoths, par les Lombards, par les efforts que les empereurs avaient fait pour l'enlever à ces nouveaux conquérants, par les guerres intestines qui s'étaient allumées entre les différents ducs qui la gouvernaient.

La religion seule avait offert une ressource contre ces malheurs; le zèle, la piété des évêques, des prêtres, des moines, avaient soulagé les malheureux, consolé les affligés, arrêté la fureur des guerriers qui, malgré leur férocité, respectaient la vertu, et que les châtiments de l'autre vie effrayaient. Les évêques, les ecclésiastiques, les moines tournèrent donc tous leurs efforts vers la piété, vers la pratique des vertus propres à en imposer aux maîtres de l'Occident, à leur rendre la religion recommandable, à les attirer à la pratique des vertus chrétiennes, à les arracher au désordre en leur faisant aimer les cérémonies et le culte de l'Eglise. On s'occupa donc beaucoup dans ce siècle des cérémonies et des rites; c'est l'objet principal des conciles de tout l'Occident, qui était

---

(1) Phot., Biblioth., cod. 23, 24, 50, 108.
(2) Phot., Biblioth. Dup., Biblioth., septième siècle.

(3) Ockely, Hist. des Sarras., t. I.

soumis à des maîtres ignorants et féroces, qui avaient embrassé la religion chrétienne, mais qui n'avaient pas encore pris l'habitude de la vertu, et qui obéissaient tour à tour à leurs passions et à leurs remords, crédules et superstitieux, entraînés dans tous les crimes par leurs passions, capables pour les réparer de tout ce qui ne demandait ni lumière ni habitude de vertu.

Ces souverains ignorants et féroces avaient sans cesse les armes à la main pour attaquer ou pour se défendre; ils devaient à leur bravoure et à leur activité tous leurs succès; ils avaient subjugué des peuples éclairés, éloquents; ils n'avaient que du mépris pour les lettres et pour les sciences, qui ne furent cultivées que par les ecclésiastiques et les religieux, que la nécessité de se défendre rendit enfin guerriers eux-mêmes, et qui tombèrent pour la plupart dans l'ignorance et dans la barbarie.

La religion seule opposait une digue aux passions, à l'ignorance et à la barbarie : elle seule produisait ces instants de vertu que l'on voyait sur la terre; elle seule en conserva l'idée; elle seule donna aux lettres et aux sciences ces asiles où elles travaillaient en secret à adoucir les mœurs, à dissiper la barbarie, à rendre à la raison ses priviléges et ses droits, en formant des hommes illustres dont la vertu gagna la confiance des souverains et des peuples, et dont les lumières leur furent nécessaires. Tels furent plusieurs papes et plusieurs évêques, saint Isidore, saint Julien de Tolède, saint Sulpice, saint Colomban, etc., qui établirent presque partout des monastères et des écoles (1).

CHAPITRE IV.
Des hérésies du septième siècle.

L'Eglise avait défini contre Nestorius qu'il n'y avait qu'une seule personne en Jésus-Christ, et contre Eutychès qu'il y avait deux natures. Cependant il y avait encore des nestoriens et des eutychiens ; les eutychiens prétendaient qu'on ne pouvait condamner Eutychès sans renouveler le nestorianisme, et sans admettre deux personnes en Jésus-Christ : les nestoriens au contraire soutenaient qu'on ne pouvait condamner Nestorius sans tomber dans le sabellianisme, et sans confondre comme Eutychès la nature divine et la nature humaine. L'éclat que le nestorianisme et l'eutychianisme avaient fait, le trouble et l'agitation dont ils avaient rempli l'Eglise et l'empire avaient tourné vers cet objet toute l'activité de l'esprit, et l'on s'en occupa même après que le nestorianisme et l'eutychianisme ne formaient plus de partis considérables. Il n'était plus question d'établir la vérité contre les nestoriens et les eutychiens; l'Eglise avait prononcé, et la vérité du dogme était établie : on cherchait à l'expliquer ; c'est la marche de l'esprit humain dans toutes les disputes de religion.

On entreprit donc d'expliquer comment deux natures ne composaient qu'une personne, quoiqu'elles fussent distinguées. On crut résoudre cette difficulté en supposant que la nature humaine était réellement distinguée de la nature divine, mais qu'elle lui était tellement unie qu'elle n'avait point d'action propre : que le Verbe était le seul principe actif dans Jésus-Christ, que la volonté humaine était absolument passive, comme un instrument dans les mains d'un artiste. Cette explication parut lever les difficultés des eutychiens et des nestoriens : Héraclius le regarda comme un moyen d'éteindre les restes du nestorianisme et de l'eutychianisme, qui avaient résisté aux anathèmes des conciles et à la puissance des empereurs. Epris de cette idée, il assembla un concile, et donna un édit qui faisait du monothélisme, ou de l'erreur qui ne suppose qu'une seule volonté dans Jésus-Christ, une règle de foi et une loi de l'empire.

Héraclius oublia la gloire qu'il s'était acquise contre les Sarrasins et contre les Perses : il ne vit de dangereux pour la religion et pour l'Etat que les ennemis de son édit connu sous le nom d'ectèse. Tous ses successeurs s'occupèrent à défendre ou à combattre le monothélisme, tandis que les provinces étaient opprimées par les gouverneurs ou par les intendants, et dévastées par les barbares, qui pénétraient de toutes parts dans l'empire.

Dans ce même siècle, une manichéenne retirée dans les montagnes de l'Arménie inspira à son fils le dessein de se faire apôtre de sa doctrine. Ce fils se nommait Paul, et était enthousiaste; il fit des prosélytes et donna le nom à sa secte. Il eut pour successeur Sylvain, qui réforma le manichéisme et qui entreprit d'ajuster le système des deux principes à l'Ecriture, en sorte qu'il parut appuyé sur l'Ecriture même ; et il ne voulait point d'autre règle de foi que cette Ecriture. Il reprochait aux catholiques de donner dans les erreurs du paganisme, et d'adorer les saints comme des divinités : il affectait une grande austérité de mœurs ; et cette nouvelle secte s'offrit aux esprits simples comme une société qui faisait profession d'un christianisme plus parfait; les pauliciens firent beaucoup de progrès dans ce siècle.

HUITIEME SIECLE.

CHAPITRE PREMIER.
Etat de l'Orient pendant le huitième siècle.

L'empire des califes était sans contredit le plus puissant de l'Orient : il s'étendait depuis Canton jusqu'en Espagne, et renfermait plusieurs provinces de l'empire de Constantinople. Les califes envoyèrent dans leurs conquêtes des gouverneurs qui traitèrent d'abord assez bien les peuples, et qui bientôt les opprimèrent. Des ambitieux, des mécontents excitèrent des guerres civiles, des révoltes, que l'on n'apaisait qu'avec beaucoup de peine et en répandant beaucoup de sang. La

---

(1) Hist. lit. de Fr., t. III, p. 427, etc. Dup., Bibl. des Aut. eccl., septième siècle.

conquête de l'Espagne et leurs irruptions dans les Gaules firent périr un nombre infini d'Arabes, de Goths, de Français, etc.

L'empire de Constantinople était en proie aux Sarrasins, aux Goths, aux Huns, aux Lombards, aux intrigues, aux factions qui se formaient, s'éteignaient et renaissaient perpétuellement dans son sein. Justinien, chassé de ses Etats sur la fin du siècle précédent, fut rétabli au commencement de celui-ci, et mis à mort huit ans après son rétablissement. Philippicus qui lui succéda fut déposé ; Anastase, successeur de Philippicus, fut relégué dans un monastère par Théodote, que le peuple força d'accepter l'empire, et que Léon Isaurien en dépouilla. Léon régna vingt ans ; Constantin Copronyme en régna vingt-quatre ; Léon son fils en régna cinq ; Constantin Porphyrogenète fut massacré après un règne de dix-sept ans ; Irène sa femme fut déposée après un règne de cinq ans. Ces révolutions si fréquentes et si funestes à l'empire n'étaient point produites par un corps de magistrats rivaux de la puissance des empereurs ; elles avaient leur source dans la corruption des mœurs, dans les vices de l'administration, dans l'indifférence des empereurs aux malheurs de l'empire, dans l'ambition des grands et des courtisans, dans leur frivolité qui les rendait incapables de chercher des remèdes aux maux de l'Etat, dans leur amour insensé pour le luxe, qui les portait à vendre leur protection et à soustraire à la sévérité des lois les officiers et les gouverneurs qui avaient épuisé les provinces et éteint l'amour de la patrie dans le cœur de tous les sujets de l'empire.

Aucun des empereurs qui montèrent sur le trône pendant ce siècle ne s'efforça de remédier à tant de maux ; presque tous s'occupèrent ou à faire prévaloir quelque erreur qu'ils avaient embrassée, ou à rétablir la paix dans l'Eglise ; ainsi Philippicus ne fut pas plutôt sur le trône qu'il ne s'occupa que des moyens d'établir le monothélisme, Léon Isaurien et Constantin Copronyme à abolir le culte des images, Irène à le rétablir (1).

CHAPITRE II.
Etat de l'Occident pendant le huitième siècle.

L'édit de Léon Isaurien contre les images, causa en Italie des soulèvements dont les Lombards profitèrent pour s'agrandir. Le pape Grégoire excommunia l'exarque qui entreprit de faire exécuter l'édit de Léon ; ce pontife écrivit à Luitprand, roi des Lombards, aux Vénitiens et aux villes principales, pour les engager à persévérer dans la foi. Presque toute l'Italie se souleva ; l'empereur y porta toutes ses forces ; le pape appela Luitprand et enfin Charles Martel au secours de Rome, et l'on en chassa tous les officiers de l'empereur. Enfin sous Astolphe, les Lombards s'emparèrent de l'exarchat et entreprirent la conquête de Rome. Les papes, les évêques, les moines avaient donc acquis un grand crédit dans l'Occident. Et comment ne l'auraient-ils pas acquis ? ils avaient de grandes possessions, eux seuls faisaient profession par état de ne faire de mal à personne, de faire du bien à tout le monde : au milieu des désordres de l'Occident, il y avait beaucoup de papes, d'évêques, de prêtres, de moines qui remplissaient toutes leurs obligations, ils soulageaient les malheureux ; ils les consolaient, ils instruisaient les peuples.

Ainsi, tandis que les souverains, les seigneurs, les guerriers exerçaient sur les corps un empire de force et de violence, la religion élevait une puissance qui agissait sur les esprits et sur les cœurs par la voie de la persuasion, par les motifs les plus puissants qui puissent agir sur les hommes. Le progrès de la puissance religieuse, ignoré de la plupart des souverains du siècle précédent, devait être aperçu par les hommes vertueux qui s'occupaient du gouvernement, qui désiraient la gloire de la religion et le bonheur des peuples ; par les ambitieux qui voulaient acquérir du crédit, s'élever, agrandir leur puissance : tous devaient également apercevoir les avantages que ces deux puissances pouvaient se procurer, tous devaient également tâcher de les concilier et de les unir. Le temps avait donc tout préparé pour former des traités et une alliance entre le sacerdoce et l'empire, et donner à la puissance ecclésiastique un état différent de celui qu'elle avait dans l'empire d'Orient.

Ainsi Pepin le Gros, pour remédier aux désordres, se concilier la nation et donner de la force aux lois, tâcha d'unir la puissance civile et la puissance ecclésiastique. Il convoqua un concile, dans lequel on régla tout ce qui était nécessaire pour arrêter les désordres, pour protéger les faibles, pour la défense de l'Eglise. Charles Martel qui devait ses succès à ses talents militaires, et dont l'ambition redoutait la puissance de l'Eglise, tâcha de l'anéantir, et se réconcilia avec elle sur la fin de sa vie. Pepin le Bref, qui avait fait déclarer Childeric incapable de régner, et reçu la couronne des Etats, se fit couronner par saint Boniface, archevêque de Mayence, secourut les papes Zacharie et Etienne contre les Lombards, agrandit ses possessions ; de son côté, le pape le couronna de nouveau, le sacra et excommunia les Français s'ils élisaient jamais d'autres rois que les descendants de Pepin.

Enfin le pape Adrien attaqué par les Lombards, appela Charlemagne qui détruisit la puissance des Lombards en Italie, confirma les donations faites à l'Eglise par Pepin, et fut couronné empereur d'Occident (2). Ce prince étendit son empire bien au delà des bornes de l'empire romain en Occident ; il posséda l'Italie jusqu'à la Calabre, l'Espagne jusqu'à l'Ebre ; réunit sous sa puissance toutes les Gaules, conquit l'Istrie, la Dalmatie, la Hongrie, la Transilvanie, la Valachie, la Mol-

(1) Cedren., Niceph., Theoph.
(2) Leo Osticusis. Anast. Bib. Paul. Diac., Hist. Longob. l. III, c. 8.

davie, la Pologne jusqu'à la Vistule, et toute la Germanie qui comprenait la Saxe. Ce vaste empire était rempli de peuples factieux, ignorants, presque sans mœurs et sans vertus; une partie des nations conquises étaient idolâtres et féroces, accoutumées à vivre de pillage et dans une licence effrénée, ennemies de toute autorité qui tendait à la réprimer; toujours prêtes à s'armer contre ses maîtres, et comptant pour rien les traités et les engagements les plus solennels.

Le génie vaste et profond de Charlemagne connut que la force ne pouvait seule contenir tous ces peuples, et qu'il ne pouvait les rendre tranquilles et heureux qu'en les soumettant à des lois auxquelles ils obéissent par persuasion et par intérêt : il jugea que pour produire dans les hommes cette obéissance, il fallait éclairer leur raison, réprimer par des châtiments les passions que la raison ne pouvait diriger, rendre l'infraction des lois redoutable aux passions par l'autorité de la religion. Il fit donc concourir la force, la lumière et la religion, comme autant de puissances qui s'aident et se suppléent pour le bonheur de la société civile.

Tandis que Charlemagne s'occupait ainsi à procurer le bonheur de ses États par la sagesse de ses lois, sa vigilance, son activité, sa bravoure, sa politique l'assuraient contre les attaques des ennemis étrangers, par ses alliances, ses traités, ses liaisons avec les peuples voisins, par l'esprit de bravoure qu'il entretint dans la nation, par la discipline qu'il établit dans les troupes. Tel est le plan général du gouvernement que Charlemagne se proposa d'établir dans l'Occident, et dont tout son règne ne fut que le développement : c'est de ce plan que naquirent toutes ces lois connues sous le nom de Capitulaires, tous ces établissements pour l'instruction de tous les hommes de son empire, tous les actes de force et de violence qu'il employa pour faire embrasser le christianisme aux nations idolâtres qu'il avait soumises, et qui le firent nommer l'apôtre armé.

L'Angleterre était divisée entre plusieurs souverains sans lois, et presque toujours en guerre entre eux, dont les passions impétueuses ne pouvaient être réprimées que par les terreurs de la religion, et dont la charité chrétienne pouvait seule adoucir la férocité. Des hommes vraiment apostoliques travaillèrent avec succès à cet objet, et préparèrent les esprits pour y former une société policée (1).

L'Espagne, au commencement de ce siècle, fut gouvernée par des rois qui abusèrent de leur pouvoir, qui ne respectèrent aucunes lois, qui rendirent leurs sujets malheureux. Un de ces sujets appela les Sarrasins en Espagne, une partie de ses sujets s'unit aux Sarrasins ; Roderic fut défait et son royaume passa sous la domination des califes qui étendirent leurs conquêtes jusque dans les Gaules, d'où ils furent chassés par Charles-Martel et par Charlemagne. Des espagnols réfugiés dans les montagnes et réunis par Pélage, y formèrent une puissance que les Sarrasins méprisèrent d'abord, mais qui devint bientôt en état de leur disputer l'Espagne, et dont les efforts joints aux divisions des Sarrasins, et soutenus par Charlemagne, arrêtèrent les progrès des Sarrasins et ruinèrent leur puissance (2).

CHAPITRE III.

État de l'esprit humain pendant le huitième siècle.

Tout semblait concourir à éteindre sur la terre le goût des arts et le flambeau des sciences : l'enthousiasme religieux et militaire des musulmans était encore dans sa force : un nombre infini de révoltés et de sectaires s'élevèrent parmi eux; ils faisaient également la guerre aux lettres, à l'idolâtrie et à toutes les religions différentes de celle de Mahomet. Ainsi les lettres et les sciences furent sans secours, sans encouragement, et obligées de se cacher dans toute la domination des Sarrasins, qui s'étendit depuis Canton jusqu'en Espagne, de l'Orient en Occident, et depuis l'Archipel jusqu'à la mer des Indes, du septentrion au midi (3).

A la naissance du mahométisme, les musulmans déclaraient la guerre à tous ceux qui ne voulaient pas recevoir leur religion, et condamnaient les vaincus à la mort. Après les premiers transports de l'enthousiasme, ils abolirent une loi qui aurait changé leurs conquêtes en déserts; ils se contentèrent de rendre le mahométisme la religion dominante dans les pays conquis; et, si l'on excepte l'idolâtrie grossière, ils permirent l'exercice libre de toutes les religions, surtout de celles en faveur desquelles on avait écrit, persuadés apparemment qu'une religion défendue par des écrits avait des côtés spécieux capables d'en imposer à la raison, et que c'est un malheur, mais non pas un crime aux yeux des hommes, de tomber dans l'erreur en cherchant la vérité. Cette tolérance conserva dans l'empire des califes un grand nombre de chrétiens, de juifs, de sabéens éclairés et instruits dans les arts et dans les sciences, qui cultivaient leur raison en secret pendant le règne des Ommiades jusqu'au califat d'Almansor (757).

On vit au commencement de son califat des éclipses, des comètes; on éprouva des tremblements de terre. Ces phénomènes furent suivis de désordres dont on crut qu'ils étaient la cause ou le signal. Le calife voulut connaître ces phénomènes et apprendre à les prévoir; il eut recours aux astronomes, aux philosophes, et les tira de l'obscurité où la barbarie de ses prédécesseurs les avait retenus; bientôt il aima leur commerce, et les invita à sa cour; enfin le projet de bâtir Bagdad et ses infirmités lui rendirent les médecins, les géomètres, les mathématiciens nécessaires; il les rechercha, les enrichit,

---

(1) Thoiras, ibid.
(2) Hist. de Mariana, Révolutions d'Espagne.

(3) Hornebec, Hist. Phil. l. v, c. 9. Pokok, note sur Abulphar. Tophail, cité par Bruk, Hist. Phil. t. II, p. 15.

les honora, les attira à Bagdad, et fit traduire les ouvrages des auteurs grecs en arabe et en syriaque.

Mahadi Hadi et Haroun Al-Raschid, ses successeurs, encouragèrent tous les savants; ces califes avaient toujours avec eux un astronome qu'ils consultaient, parce qu'il était en même temps astrologue : ainsi l'astronomie dut faire parmi les Arabes plus de progrès que les autres sciences. Les récompenses et la faveur des sultans n'éclairèrent pas beaucoup la raison, mais elles ressuscitèrent le désir de lire les auteurs grecs (1). Les efforts des savants et des califes ne dissipaient les ténèbres qu'avec une prodigieuse lenteur; le plus grand nombre des mahométans qui exerçaient leur esprit ne s'occupaient qu'à expliquer l'Alcoran, formaient une infinité de questions sur les dogmes du mahométisme, sur ses cérémonies, sur ses lois, sur les obligations qu'il impose; ces questions devenaient plus difficiles à mesure que les Arabes s'écartaient de la simplicité des premiers musulmans (2). Le peuple ignorant, superstitieux et fanatique, se partageait entre ces docteurs, ou se livrait au premier imposteur qui voulait le séduire par quelque prestige, par quelque singularité : ainsi l'on vit les rawadiens honorer Almansor comme un Dieu, et former le complot de l'assassiner parce qu'il condamnait leur impiété (3). Sous Mahadi, un imposteur séduisait le peuple par des tours d'adresse; il fut nommé le faiseur de lune, parce qu'il faisait sortir d'un puits un corps lumineux semblable à la lune. A la vue de ce prestige, le peuple le prit pour un prophète, ensuite pour un homme en qui la divinité habitait, et lui rendit enfin les honneurs divins. Il fallut envoyer des armées contre tous ces imposteurs (4).

L'empire de Constantinople était rempli de factions civiles, politiques et théologiques qui partageaient et occupaient tous les esprits. Les empereurs déployaient toute leur autorité, toute leur politique pour faire prévaloir les sentiments qu'ils avaient adoptés, ou pour concilier les différents partis qui divisaient les esprits. Leur zèle ne se renfermait pas dans leur empire : on vit Héraclius négocier auprès des princes d'Espagne, pour les engager à forcer les juifs à renoncer à leur religion, tandis qu'ils laissaient piller les provinces de l'empire. Les personnes qui avaient cultivé les lettres dans le siècle précédent, ne firent donc point de disciples, et le goût des lettres et des sciences s'anéantit dans presque tout l'empire de Constantinople, où ne se conserva que dans des hommes obscurs, dont les lumières et les talents n'eurent aucune influence sur leur siècle : on vit peu d'auteurs mêmes ecclésiastiques, et saint Jean Damascène est le seul en qui l'on trouve de l'érudition, de la méthode et du génie (5). Le goût du merveilleux dominant dans les siècles précédents devint encore plus fort dans celui-ci; on fut plus crédule, on se permit de tout imaginer, parce qu'on était sûr de faire tout croire; une apparition, une révélation supposées pouvaient causer de grands effets dans le peuple, et les querelles de religion furent plus intéressantes que les guerres des Sarrasins et des barbares qui attaquaient un empire dont la conservation depuis longtemps était un objet indifférent aux peuples.

Depuis l'invasion des Lombards, l'Italie était divisée en différentes souverainetés, dont les chefs étaient sans cesse occupés à conserver ou à augmenter leur puissance. Les peuples gémissaient sous le joug des tyrans, et répandaient leur sang pour satisfaire leur ambition; tous ces désordres avaient anéanti les sciences en Italie et perverti les mœurs : les papes, les évêques et les ecclésiastiques qui cultivaient seuls leur raison, ne s'occupaient qu'à rétablir les mœurs, à contenir les passions par la crainte des châtiments de l'autre vie, à rendre la religion respectable par la régularité de ses ministres, par l'appareil auguste de ses cérémonies, capables d'en imposer dans un siècle ignorant et superstitieux aux âmes les plus féroces, aux passions les plus fougueuses.

En France, les arts et les sciences qui s'étaient pour ainsi dire réfugiés dans les monastères, en furent chassés au huitième siècle. La tyrannie des maires du palais, les guerres de Charles Martel contre Eudes d'Aquitaine et contre les Sarrasins, rendirent la plus grande partie de la nation guerrière, et tout ce qui ne portait pas les armes fut la victime de la férocité du militaire. Charles Martel s'empara des biens des églises et les donna à des laïques qui, au lieu d'y entretenir des clercs, y entretenaient des soldats. Les moines et les clercs, obligés de vivre avec les soldats, en prirent les mœurs et enfin servirent dans leurs armées pour conserver leurs revenus (6). Le désordre devint donc extrême et l'ignorance générale vers le milieu du huitième siècle. On ne vit plus en France et dans presque tout l'Occident aucun vestige de sciences et de beaux-arts; les ecclésiastiques et les moines y savaient à peine lire (7).

Nous avons vu comment, au milieu de cette nuit obscure, le génie vaste et pénétrant de Charlemagne, embrassant tout ce qui pouvait élever un État au plus haut degré de puissance, de gloire et de bonheur, forma le projet de combattre l'ignorance et d'éclairer la raison : bien éloigné de cette politique superficielle et barbare qui cherche à dégrader l'humanité dans le peuple, et à le réduire à l'instinct des brutes, Charlemagne n'oublia rien pour éclairer tous les hommes soumis à sa puissance; il établit dans les villes, dans les bourgs, dans les villages, des écoles des-

---

(1) Abujaafar, Elmacin, Abulphar. Asseman, tom. I et II. d'Herbelot, Bibl. Or., aux art. *Almansor, Mahadi, Haroun*.
(2) Maraci, Hist. sect. Mahum.
(3) Abulphar.
(4) Abulphar, Elmac. D'Herbelot, ibid., et art. *Haken*.
(5) Fabr., Bibl. Græc., l. v. c. 3. Dup., Bibl. des auteurs du huitième siècle.
(6) Mabil., Act. Bened. t. I. Bouil., ep. 131.
(7) Hist. lit. de Fr., t. IV, p. 6.

tinées à l'instruction gratuite des enfants, du peuple et des paysans; il écrivit à tous les évêques, à tous les abbés, pour les engager à établir dans toutes les cathédrales et dans toutes les abbayes des écoles pour les sciences et pour les arts. Il les étudia lui-même, et fit venir en France les hommes les plus célèbres d'Italie et d'Angleterre : tels furent Walnefride, Alcuin; Clément, etc. Bientôt tout l'empire de Charlemagne se trouva rempli d'écoles où l'on perfectionna la manière de lire le latin, où l'on enseigna quelques principes de grammaire, d'arithmétique, de logique, de rhétorique, de musique et d'astronomie, que la religion avait conservés dans les cloîtres et dans le clergé pour l'intelligence de l'Ecriture sainte, pour l'arrangement du calendrier et de l'office divin.

Tout le reste du siècle fut employé à communiquer au public ces notions superficielles. L'esprit humain ne s'élève point dans les siècles où il fait effort pour répandre la lumière : semblable aux fleuves qui perdent de leur profondeur, à mesure qu'ils élargissent leur lit.

CHAPITRE IV.

Des erreurs de l'esprit humain par rapport à la religion chrétienne pendant le huitième siècle.

L'ignorance et le désordre en étouffant la raison, en bannissant les sciences, déchaînèrent toutes les passions, et mirent en action tous les principes de superstition qui s'étaient formés dans les esprits pendant le siècle précédent. Les passions et la superstition combinées osèrent tout, tentèrent tout, crurent tout : on mit en usage toutes les pratiques superstitieuses du paganisme, on en imagina de nouvelles ; on supposa des apparitions d'anges, de démons que l'on faisait intervenir à son gré pour produire dans les esprits l'effet que l'on désire; ainsi l'on vit Adelbert attirer après lui le peuple en foule, en assurant qu'un ange lui avait apporté des extrémités du monde des reliques d'une sainteté admirable, et par la vertu desquelles il pouvait obtenir de Dieu tout ce qu'il voulait : on vit cet imposteur distribuer au peuple ses ongles et ses cheveux, et les faire respecter autant que les reliques des apôtres : on vit le peuple abandonner les églises pour s'assembler autour des croix qu'il élevait dans les champs. Tandis que tout ce qui ne raisonnait point recevait ainsi sans examen tout ce que l'imposture inventait pour le séduire, on vit, parmi ceux qui s'efforçaient d'éclairer leur raison, des hommes qui, comme Clément, rejetaient l'autorité des conciles et des Pères, qui attaquaient le dogme de la prédestination, la discipline et la morale de l'Eglise.

En Espagne, le désir de convertir les musulmans qui regardaient comme une idolâtrie le dogme de la divinité de Jésus-Christ, conduisit Félix d'Urgel à l'arianisme; il enseigna que Jésus-Christ n'était point Fils de Dieu par nature, mais par adoption. Il ne paraît pas que Clément ait eu des disciples et que l'erreur de Félix d'Urgel ait fait des progrès. L'Eglise condamnait non-seulement toutes ces impostures, et faisait voir la fausseté de ce prétendu merveilleux qui servait d'appui à l'imposture et d'aliment à la crédulité, mais encore les erreurs qui attaquaient les dogmes. Clément et Félix d'Urgel furent condamnés et réfutés solidement : tous les conciles, tous les écrits attestent cette vérité.

Ainsi, au milieu des désordres et des ténèbres qui régnaient sur la terre, le corps religieux chargé du dépôt de la foi, conservait sans altération la doctrine de Jésus-Christ, sa morale, le culte qu'il avait établi.

NEUVIEME SIÈCLE.

CHAPITRE PREMIER.

De l'Orient pendant le neuvième siècle.

Les Sarrasins étaient toujours la puissance dominante sur la terre. Le calife Haroun Al-Raschid partagea le gouvernement de ses Etats à ses trois fils. Amin qui était l'aîné eut la Syrie, l'Irak, les trois Arménies, la Mésopotamie, l'Assyrie, la Médie, la Palestine, l'Egypte et tout ce que ses prédécesseurs avaient conquis en Afrique depuis les frontières d'Egypte et d'Ethiopie jusqu'au détroit de Gibraltar, avec la dignité de calife.

Mamoun son second fils eut la Perse, le Kerman, les Indes, le Khorasan, le Tabrestan, avec la vaste province de Manwaralinhar.

Kasen son troisième fils eut l'Arménie, la Natolie, la Géorgie, la Circassie et tout ce que les musulmans possédaient aux environs du Pont-Euxin (1).

Amin qui succéda à Haroun, abandonna le gouvernement à un visir, dont l'administration força Mamoun à se révolter contre son frère. Mamoun défit les troupes d'Amin, qui perdit la vie et l'empire (2).

Le règne de Mamoun fut agité par des séditions, par des révoltes dont il vint à bout. Les califes qui lui succédèrent aimaient les plaisirs, le luxe, le faste, la musique, les entretiens réjouissants, les hommes agréables ; ils abandonnèrent le gouvernement de l'empire à des ministres qui donnèrent les places sans choix, sans égard pour le bien public. Ces califes avaient pris pour leur garde un corps de Turcs, dont le chef prit part aux affaires de l'empire. Ce chef et les courtisans disposèrent de tous les emplois, et enfin du calife. Ils déposèrent, établirent, massacrèrent les califes, s'emparèrent de la puissance, et n'en laissèrent que l'apparence aux califes. De la cour la corruption passa bientôt dans toute la nation; les vertus et les grandes qualités de quelques califes ne furent pas capables de rétablir l'ordre dans le gouvernement, et de rappeler

---

(1) Hist. univ. t. XVI, p. 31. Abujaafar. Al-Tabor. Elmacin, p. 115. Roderic. Tolet. p. 19, 20.

(2) Elmacin, Abulphar, Eutych.

les Arabes à leur simplicité primitive ; le courage s'amollit, une foule de révoltés déchirèrent l'empire : les peuples voisins et les Grecs firent des irruptions dans l'empire musulman. Enfin on vit un réformateur du mahométisme s'élever et former une secte qui s'accrut rapidement et fit la guerre au calife.

Ce réformateur menait une vie fort austère, et prétendait que Dieu lui avait ordonné de faire cinquante prières par jour; il se fit un grand nombre de disciples, et le gouverneur de Kurzestan, qui s'aperçut que les cultivateurs interrompaient leur travail pour faire leurs cinquante prières, fit arrêter le réformateur qui trouva le secret de sortir de prison, s'enfuit dans une autre province, se fit des sectateurs, et disparut encore ; ses disciples prétendirent qu'il était monté au ciel, qu'il était un vrai prophète envoyé pour réformer l'Alcoran, ou plutôt pour l'expliquer aux musulmans qui prenaient dans un sens charnel et à la lettre ce que Mahomet avait dit dans un sens allégorique et spirituel.

Dans l'empire de Constantinople, on ne voit pendant ce siècle, comme chez les musulmans, que des empereurs élevés sur le trône et déposés par des factions; l'empire toujours attaqué par les barbares, et les empereurs presque toujours occupés à faire abattre ou à rétablir les images.

CHAPITRE II.
De l'Occident pendant le neuvième siècle.

Charlemagne régna pendant les quatre premières années de ce siècle, il. fut redoutable à tous ses voisins et chéri de ses peuples ; mais la vie d'un homme ne suffit pas pour éclairer une infinité de peuples différents, plongés dans l'ignorance ; pour donner à des nations guerrières l'habitude de la vertu, de la modération et de la justice. Sa sagesse avait en quelque sorte contenu ses peuples, comme sa puissance avait subjugué ses ennemis. Ainsi, pour peu que le successeur de Charlemagne manquât de quelques-unes de ses grandes qualités, l'empire de France devait retomber dans la confusion et dans le désordre d'où Charlemagne l'avait tiré.

La nature n'a peut-être pas encore produit de suite deux hommes tels que Charlemagne. Louis le Débonnaire, son fils, avec d'excellentes qualités, avait de grands défauts ; il était bienfaisant, religieux, mais inconstant, faible et voluptueux; incapable d'embrasser le plan général que Charlemagne avait formé, il n'en prit que de petites parties, qu'il regarda comme essentielles et fondamentales ; tout ce grand édifice s'écroula, les évêques et les seigneurs se soulevèrent, et ses propres enfants profitant de ses fautes, de sa faiblesse et des dispositions des peuples, formèrent contre lui des brigues, des partis, des factions qui lui ôtèrent et lui rendirent plusieurs fois la couronne. Ses enfants

(1) Baluse, Cap. Collect. des Hist. de Fr., t. IX.

partagèrent son empire et formèrent trois Etats ; l'Italie, la France et l'Allemagne. On ne vit ni dans les enfans de Louis, ni dans leur postérité aucune des grandes qualités de Charlemagne : tous leurs descendants furent sans génie, sans esprit, presque toujours sans vertu, sans grandeur d'âme, dominés par leurs passions, par les plaisirs, par des favoris. Le désordre alla toujours en augmentant. L'Italie, la France, l'Allemagne furent sans cesse en guerre, et déchirées par des factions et par des guerres civiles, tandis que toutes les nations voisines, les Danois, les Normands, les Sarrasins désolaient les provinces de l'empire d'Occident. Ce beau plan de gouvernement établi par Charlemagne, disparut; les lois furent sans force; et les esprits sans lumières et sans principes.

Les papes et les évêques vertueux réclamaient seuls les droits de l'humanité en faveur des peuples opprimés ; eux seuls pouvaient par leur vertu, par la crainte des peines de l'autre vie, arrêter le cours des maux. Malgré l'ignorance et le désordre de ce siècle, la crainte des châtiments de l'autre vie effrayait les méchants, leur conscience alarmée les ramenait aux évêques, à la religion. Ils faisaient les évêques juges de leurs droits, ou s'unissaient à eux pour réformer l'Etat et l'Eglise : ainsi les Etats assemblés à Aix, ayant considéré les désordres de Lothaire, le privèrent de sa portion de terre, et la donnèrent à ses deux frères, après leur avoir fait promettre qu'ils gouverneraient selon les commandements de Dieu (1).

Tous les conciles de ce siècle sont pleins d'exhortations et de menaces faites aux souverains qui troublaient la paix, qui abusaient de leur pouvoir et de leur autorité contre l'Eglise, contre les fidèles, contre le bien public ; on y rappelle les souverains et les hommes puissants au moment de la mort. Les ecclésiastiques, malgré leurs désordres, étaient donc les seuls protecteurs de l'humanité ; sans eux, sans la religion, toute idée de justice et de morale se serait éteinte dans l'Occident.

Robert régnait sur toute l'Angleterre au commencement du neuvième siècle; il eut pour successeurs des princes quelquefois pieux, toujours faibles, jusqu'à Alfred le Grand. Pendant tout ce temps les Danois firent des descentes en Angleterre, pénétrèrent jusque dans l'intérieur, s'y établirent, tandis que de nouveaux débarquements inondaient cette île ; toutes les côtes étaient désertes et l'intérieur dévasté.

Alfred le Grand eut à lutter contre ces ennemis presque pendant tout son règne, et ce ne fut qu'à la fin qu'il en délivra l'Angleterre, en établissant une flotte qui croisait sur les côtes, et qui détruisit celle des Danois (2).

CHAPITRE III.
Etat de l'esprit humain pendant le neuvième siècle.

Haroum Al-Raschid, qui régnait à la fin du

(2) Thoiras, Hist. d'Angl., t. I.

siècle précédent et au commencement de celui-ci, aimait les savants et cultivait les sciences : ses bienfaits et ses égards attirèrent les savants, et firent reparaître les sciences dans l'Orient : mais elles se renfermèrent dans son palais ; et comme il était extrêmement dévot, il traita les chrétiens avec une rigueur qui étouffa beaucoup de talents. Il ne voulait pas même que la lumière se communiquât, et les savants eurent le courage de combattre sa vanité. Le docteur Malce devant un jour lui expliquer un de ses ouvrages, le calife voulut faire fermer sa porte ; Malce s'y opposa, et lui dit que la science ne profitait point aux grands si elle ne se communiquait point aux petits (1). Ce fut à un des savants que ce calife avait attirés à sa cour qu'il confia l'éducation de son fils Al-Mamon. Mamon regarda la lumière et les sciences comme les dons les plus précieux que le ciel pût accorder aux princes chargés de gouverner les hommes et de les rendre heureux : il chercha la lumière chez les savants qu'il croyait destinés et séparés en quelque sorte des autres hommes par Dieu même pour découvrir la vérité et la faire connaître aux hommes (2). Mais il savait que l'homme le plus savant n'est point infaillible ; qu'un homme peut être dans l'erreur et posséder cependant des connaissances importantes : il jugea qu'un prince qui aimait la vérité devait la chercher chez tous les savants célèbres, de quelque religion, de quelque nation et de quelque secte qu'ils fussent ; il acheta tous les ouvrages célèbres, en quelque langue qu'ils fussent écrits, et les fit traduire en arabe. Mamon qui croyait que toutes les sciences et tous les arts pouvaient être utiles, ne les regardait cependant pas comme également propres à procurer le bonheur des hommes. Il faisait beaucoup plus de cas de la morale qui apprend à réprimer les passions, ou à garantir du luxe et du faste, que des arts ou des sciences qui les irritent ou qui les flattent, qui procurent à la vanité des instants agréables, et qui, sans avoir jamais fait d'heureux, ont produit des maux sans nombre. Mamon qui devait son bonheur à ses vertus, et ses vertus à ses lumières, n'oublia rien pour rendre tous ses sujets éclairés ; il établit beaucoup d'écoles ou d'académies publiques, où l'on enseignait les sciences. Les théologiens mahométans n'osaient s'opposer à cet établissement, mais ils publiaient qu'Al-Mamon serait certainement puni dans l'autre monde, pour avoir introduit les sciences chez les Arabes (3).

Les successeurs de Mamon, sans avoir ses lumières, protégèrent les établissements qu'il avait faits en faveur des sciences, et on vit surtout beaucoup d'astronomes qui publièrent des observations fort exactes ; plusieurs s'appliquèrent à l'astrologie judiciaire, et ce fut une des causes du progrès de l'astronomie, tandis que dans les autres sciences on ne fit que traduire et expliquer les auteurs qui les avaient traitées (4). Il s'en fallait beaucoup que les sciences fussent cultivées avec la même ardeur dans l'empire de Constantinople ; Léon Isaurien avait détruit tous les établissements favorables aux sciences ; elles n'étaient cultivées que par des hommes obscurs, inconnus et méprisés. Ce fut par les efforts que fit le calife Amon pour attirer le philosophe Léon à sa cour, que l'empereur Théophile sut qu'il possédait un grand homme. Théophile encouragea ses talents, et les rendit utiles en le chargeant d'enseigner.

Bardas, qui gouvernait sous l'empereur Michel, animé par l'exemple des califes et engagé par les conseils de Photius, entreprit de ressusciter les lettres et les sciences dans l'empire grec : il établit des professeurs de toutes les sciences et pour tous les arts ; il attacha des distinctions et des appointements à leurs fonctions ; bientôt les sciences commencèrent à fleurir et le goût à renaître (5). Par les monuments qui nous restent de ces philosophes et de ces littérateurs, on voit qu'ils ne se proposaient que d'entendre et d'imiter les anciens (6).

Dans l'Occident, Charlemagne encourageait tous les établissements qu'il avait faits pour les lettres. Dans le nombre prodigieux d'écoles qu'il avait établies, on cultivait la littérature profane et sacrée, on lisait les bons auteurs latins ; mais on faisait servir toutes ces connaissances à l'intelligence de l'Ecriture et des Pères ; et ce siècle fut très-fécond en commentaires sur l'Ecriture. Chez les Arabes au contraire toutes ces connaissances étaient employées à expliquer les meilleurs philosophes de l'antiquité. On étudia l'arithmétique, l'astronomie et la physique, comme dans l'empire des musulmans : mais par la connaissance du ciel, des astres et de la nature, les musulmans cherchaient à prévoir l'avenir et à connaître les lois des phénomènes ; et dans l'Occident toutes les sciences avaient pour objet la réformation du calendrier et l'arrangement des fêtes, comme la musique employée à chanter les vers des poètes arabes, était employée dans l'Occident pour l'office de l'Eglise.

Charlemagne, pour donner de l'émulation aux littérateurs et pour exercer les esprits, proposait des questions sur différents points de littérature, de philosophie ou de théologie. Cette première impression communiquée à l'esprit se perpétua, et les hommes les plus éclairés s'occupèrent à former une infinité de questions subtiles, qui par cela même qu'elles étaient faites dans un siècle ignorant, et pour exercer des esprits dépourvus d'idées, doivent être très-frivoles et faire naître une infinité de contestations puériles, les rendre importantes et retarder le progrès de la raison, en appliquant toutes les forces de l'esprit à ces questions : telle fut la ques-

---

(1) D'Herbelot, art. *Haroun.*
(2) Abulphar.
(3) Pokok, Specim. Hist. Arab., p. 166.
(4) D'Herbelot, art. *Motwakkel,* art. *Mamon,* art. *Wathek.*

Billah.
(5) Zon. l. m. Cælius Secundus Curio, Hist. Sarac. l. II.
(6) Leo Allat., de Psellis. Bibliot. Phot. Fabric. Bibl. Græc. l. v. Haukius, de Script. Græc., nono sæc.

tion que l'on éleva sur la manière dont J. C. était sorti du sein de la vierge.

Le désordre et la confusion qui suivirent la mort de Charlemagne anéantirent dans la nation le goût des lettres et des sciences; elles se réfugièrent encore une fois dans les cathédrales et dans les abbayes. Les désordres civils et politiques allèrent les y troubler, les bannirent de ces asiles et éteignirent jusqu'aux premiers traits de lumière que Charlemagne avait fait luire dans l'Occident.

Les écoles et les sciences que les incursions des Danois et les guerres intérieures avaient presque anéanties en Angleterre pendant plus de la moitié de ce siècle, commencèrent à renaître sous Alfred. Ce prince qui, sans aucun défaut, possédait toutes les vertus et toutes les qualités qui font admirer et adorer les souverains, était lui-même éclairé; il était bon grammairien, philosophe, architecte, géomètre, historien. Alfred était très-pieux, et il avait tourné toutes ces connaissances vers le bonheur de l'humanité. Ce fut par le moyen de ces connaissances qu'il créa une marine, fortifia les places, établit ces lois si sages qui font encore en partie le bonheur de l'Angleterre. Ce prince qui connaissait par lui-même combien la lumière et la religion étaient nécessaires au bonheur de la société, avait établi des écoles de théologie, d'arithmétique, de musique, d'astronomie. Il engagea tous les savants étrangers à venir éclairer l'Angleterre, il attira tous les artistes célèbres, et n'épargna rien pour inspirer aux Anglais le goût des lettres et des sciences.

CHAPITRE IV.
Des hérésies, des schismes, et des disputes théologiques pendant le neuvième siècle.

Nous avons vu, sous le règne d'Irène, le culte des images rétabli et confirmé par le second concile de Nicée. Léon l'Arménien n'oublia rien pour en abolir le culte; Michel le Bègue et Théophile adoptèrent tous ces sentiments, et cette contestation causa encore du trouble dans l'empire de Constantinople jusqu'au règne de l'Impératrice Théodora, qui donna au second concile de Nicée force de loi, éteignit le parti des iconoclastes, et employa toute son autorité contre les manichéens. Elle envoya dans tout l'empire ordre de les rechercher et de faire mourir tous ceux qui ne se convertiraient pas. Plus de cent mille périrent par différents genres de supplices. Quatre mille échappés aux recherches et aux supplices, se sauvèrent chez les Sarrasins, s'unirent à eux, ravagèrent les terres de l'empire, se bâtirent des places fortes où les manichéens, que la crainte des supplices avait tenus cachés, se réfugièrent et formèrent une puissance formidable par leur nombre, par leur haine contre les empereurs et contre les catholiques. On les vit plusieurs fois ravager les terres de l'empire, et tailler ses armées en pièces : une bataille dans laquelle leur chef fut tué anéantit cette armée puissante que les supplices avaient créée, et qui avait fait trembler l'empire de Constantinople.

Lorsque Théodora eut remis son autorité à Michel, ce prince abandonna le gouvernement de l'empire à Bardas son oncle, qui épousa sa nièce. Ignace, patriarche de Constantinople, s'y opposa; Bardas le fit déposer, et mit Photius en sa place. On se divisa à Constantinople entre ces deux patriarches, et l'on vit éclater une sédition : Rome prit le parti d'Ignace; l'Eglise de Constantinople se sépara de l'Eglise Latine, et le schisme ne put être terminé que par le huitième concile général.

Le mouvement que Charlemagne avait donné aux esprits et à la curiosité, en proposant des questions aux théologiens, aux savants, aux littérateurs, continuait dans ce siècle; lorsque les sciences furent renfermées dans les cloîtres, il fut dirigé principalement vers la religion : on s'efforça de dévoiler les mystères, d'expliquer les dogmes, d'interpréter l'Ecriture, mais sans faire des systèmes, et presque toujours en adoptant quelques idées ou quelques explications des Pères et des auteurs ecclésiastiques. De là naquit une foule de questions ou de contestations entre les théologiens. Godescal excita sur la prédestination des disputes longues et vives. Un moine de Corbie, appuyé sur le livre de saint Augustin de la Quantité de l'âme, prétendit qu'il n'y avait qu'une seule âme dans tous les hommes. Un prêtre de Mayence enseigna que Cicéron et Virgile étaient sauvés. Ratramne et Paschase eurent une grande dispute sur la manière dont Jésus-Christ était dans l'eucharistie, sur ce que deviennent les espèces eucharistiques, sur la manière dont la sainte Vierge avait mis Jésus-Christ au monde. Amalaire examina profondément s'il fallait écrire *Jesus* avec une aspiration; si le mot *Chérubin* était neutre ou masculin.

L'effort que l'on fit pour expliquer l'Ecriture sainte, pour y trouver les opinions qu'on y avait adoptées, conduisit à des sens mystiques, spirituels et cachés, et fit tomber dans des détails ridicules : ainsi Hincmar trouva des vérités cachées dans les nombres de dix, trente, etc., ainsi une femme prétendit avoir trouvé dans l'Apocalypse que la fin du monde arriverait l'an 848; elle crut avoir reçu du ciel une mission pour l'annoncer; elle l'annonça et trouva des partisans (1).

DIXIEME SIÈCLE

CHAPITRE PREMIER.
Etat de l'Orient pendant le dixième siècle.

L'empire musulman était partagé en différents gouvernements sur lesquels le calife n'avait plus cet empire absolu que le fanatisme avait produit. Une foule d'imposteurs s'étaient élevés depuis Mahomet, et

---

(1) Dup. Bibl., neuvième siècle. Hist. litt. de Fr. t. IV. Le Bœuf, Dissert. sur l'état des sciences depuis la mort de Charlemagne, etc. Recueil des pièces pour l'éclaircissement de l'Hist. de Fr., t. II.

avaient partagé l'enthousiasme de la nation, et rendu Mahomet moins respectable; les califes, plongés dans le luxe et dans les plaisirs, n'avaient plus rien de cette austérité de mœurs, et de cette simplicité qui avait rendu les premiers successeurs de Mahomet tout-puissants.

Lorsqu'Omar allait prendre possession de ses conquêtes, il était monté sur un chameau, chargé de deux sacs pleins de riz, de froment bouilli et de fruits. Il portait devant lui une outre remplie d'eau, et derrière lui un plat de bois. Lorsqu'il mangeait, ses compagnons de voyage mangeaient avec lui dans le plat de bois. Ses habits étaient de poil de chameau : il savait très-bien l'Alcoran, et prêchait avec véhémence. Ses successeurs avaient dix mille chevaux, et quarante mille domestiques.

La soumission au calife et le respect pour la religion s'affaiblirent insensiblement. Ces califes qui du fond de leur mosquée avaient fait voler les Arabes depuis Canton jusqu'en Espagne, parurent en vain avec l'Alcoran et tout l'appareil de la religion pour arrêter les factieux; on les perçait au milieu de leurs docteurs, et l'Alcoran sur la poitrine; les fanatiques, les ambitieux, les mécontents excitaient dans l'empire des séditions, des révoltes, qui l'inondaient du sang des musulmans (1). On ne vit dans ce siècle que califes assassinés ou déposés au gré de la soldatesque, par des favoris, par des ambitieux, par des mécontents. Enfin au milieu de ce siècle, la vaste étendue de l'empire musulman était partagée en une infinité de provinces ou de gouvernements sur lesquels le calife ne possédait plus qu'une espèce de prééminence qui regardait plus les choses de la religion que le gouvernement politique; toute l'autorité du calife passa ensuite entre les mains de ses visirs ou de ses favoris, qui ne conservèrent le calife que comme une espèce de fantôme propre à en imposer aux peuples, à peu près comme les rois de la fin de la première race étaient entre les mains des maires du palais.

Léon le Philosophe régnait à Constantinople au commencement du dixième siècle; ses vertus, ses talents, la sagesse de son gouvernement ne le mirent pas à l'abri des conspirations : il voulut se marier en quatrièmes noces, le patriarche Nicolas l'excommunia : il donna un édit pour autoriser les quatrièmes noces, le clergé s'y opposa : Léon n'eut point d'égard à cette proposition; un homme de la lie du peuple l'assomma, sans cependant le tuer; on arrêta le parricide, il fut mis à la torture et ne découvrit aucun de ses complices. Léon eut pour successeur son fils Alexandre, que ses débauches firent périr au bout de treize mois. Il nomma pour successeur Constantin son neveu. Les favoris de ce prince s'emparèrent de l'autorité, excitèrent des troubles dans l'empire, tandis que les provinces étaient en proie aux Sarrasins.

Romanus força Constantin de l'associer à

(1) Abulfed., ad an. 320. Abulphar.

l'empire; le fils de Romanus déposa son propre père, et fut lui-même déposé et ordonné. Lorsque Constantin eut recouvré son autorité, il envoya Léon et Nicéphore contre les Sarrasins. Romanus, fils de Constantin, séduit par les conseils de Théophane, sa femme, conspira contre son propre père et le fit empoisonner. Après ce parricide, il se plongea dans la débauche pendant que Nicéphore se couvrait de gloire contre les Sarrasins. L'armée proclama Nicéphore empereur; il fut bientôt la victime d'une conspiration tramée par Zimiscès, qui monta sur le trône. Il imputa le meurtre de Romanus à Théophane et à Ablantius : le patriarche l'obligea de les bannir, lui fit promettre de révoquer tous les édits contraires au bien de l'Eglise, à ses priviléges, et le couronna. Son règne fut agité par des conspirations, par des guerres, par la révolte de plusieurs villes d'Orient, que les vexations de l'eunuque Basile, premier ministre, avaient soulevées. Basile qui craignait la justice de Zimiscès, le fit empoisonner et régna sous Constantin et Basile, fils de Romain, que Zimiscès avait nommés à l'empire.

Le règne de Constantin et de Basile fut, comme le précédent, rempli de révoltes et de guerres (2).

CHAPITRE II.
De l'Occident pendant le dixième siècle.

L'Italie était remplie de guerres civiles; les différents partis qui s'y formaient appelaient à eux les princes voisins et souvent les barbares, se dégoûtaient bientôt des princes qu'ils avaient appelés, et en appelaient d'autres qui leur devenaient insupportables. Enfin Othon, appelé par Jean XII, éteignit tous ces partis, conquit sur les Grecs la Pouille et la Calabre, réunit l'Italie à l'Allemagne, et y fixa l'empire.

La France fut en proie aux incursions des Normands, à qui Charles le Simple abandonna la partie de la Neustrie, qui porte aujourd'hui le nom de Normandie. Les seigneurs, mécontents de Charles, élurent pour roi Robert, frère du roi Eudes; Charles et Robert formèrent des ligues avec leurs voisins. Après la mort de Robert, les Etats élurent Raould. Charles, abandonné de tout le monde, mourut prisonnier à Péronne.

Après la mort de Raould, Hugues le Blanc, comte de Paris et d'Orléans, rappela Louis, fils de Charles, passé en Angleterre depuis la disgrâce de Charles le Simple. Louis d'Outremer forma le projet d'abaisser les seigneurs : il fit des ligues; les seigneurs en firent de leur côté, chacun appela à son secours, tantôt les Bulgares, tantôt les Normands, et Louis d'Outremer mourut laissant la France en proie à toutes ces factions.

Lothaire, son fils, fut actif et guerrier; mais il fut sans bonne foi, et mourut empoisonné au milieu des désordres de la France. Il laissa la tutelle de Hugues Capet à son fils Louis, qui mourut après un règne de dix-sept mois; et Hugues Capet monta sur le trône.

(2) Curopalat., Cedren., Zonar., Nicéphor.

Les vassaux étaient devenus puissants sous les règnes précédents; chaque seigneur bâtissait des châteaux et des forteresses, la plupart sur des hauteurs; ils se saisissaient des passages de rivières, faisaient violence aux marchands, exigeaient des tributs, imposaient des redevances quelquefois extravagantes et ridicules. Hugues Capet leur fit la guerre, et il se trouva des hommes vertueux et braves qui attaquaient ces tyrans, ou plutôt ces brigands, qui les forçaient de réparer les maux qu'ils avaient faits, et qui donnèrent naissance à la chevalerie errante.

L'Allemagne ne fut pas plus tranquille; les grands y furent presque toujours armés les uns contre les autres, ou contre les empereurs. Lorsque les empereurs furent débarrassés de ces ennemis, ils prirent part aux guerres de leurs voisins; ainsi l'Allemagne fut presque toujours en guerre (1).

L'Angleterre jouit de quelques intervalles de paix, et fut souvent ravagée par les Danois, et déchirée par des guerres intestines (2).

CHAPITRE III.

Etat de l'esprit humain pendant le dixième siècle.

Par goût, par habitude ou par vanité, les califes encourageaient les talents, et attiraient à leur cour les hommes célèbres. Les sultans, qui s'emparèrent de l'autorité des califes, voulurent comme eux avoir leurs astronomes, leurs médecins, leurs philosophes, et faire fleurir chacun dans leurs Etats les arts et les sciences. Ainsi le démembrement de l'empire des califes, et les guerres des visirs, des sultans, des émirs, des omras, ne firent que multiplier les écoles et seconder une infinité de talents, qui seraient restés ensevelis, s'ils avaient été éloignés de l'œil du souverain. La lumière se répandit dans tout l'Orient par le moyen des sultans et des émirs. Une grande partie des savants ne s'occupa qu'à traduire les ouvrages des anciens philosophes, ou à étudier les traductions qu'on avait faites dans le siècle précédent. D'autres commentèrent les ouvrages d'Aristote et des anciens : on fit même des recueils de leurs plus belles pensées.

Il s'éleva, parmi les théologiens musulmans, une société de gens de lettres, qui prétendirent qu'on ne pouvait s'élever à la perfection, que par l'union de la philosophie avec l'Alcoran, et qui formèrent dans le mahométisme un nouveau système de théologie philosophique. Les théologiens musulmans étaient divisés en différents partis; ils avaient leurs prédestinatiens, leurs pélagiens, leurs optimistes, leurs originistes, des théologiens qui combattaient les lois générales dans le moral et dans le physique : quelques-uns niaient que les musulmans pussent être damnés. On vit des sectes qui soutenaient que la divinité résidait dans toutes les créatures, et particulièrement dans les hommes, autant que leur nature le comportait; qu'Ali participait plus qu'aucune créature à la nature divine, et qu'il était Dieu lui-même (3). Enfin, on vit un poëte dont les vers étaient si touchants, et faisaient sur ceux à qui il les lisait, une telle impression, qu'on le crut inspiré; qu'il le crut lui-même, s'annonça comme un prophète, et fut reconnu pour tel par plusieurs tribus. On fit arrêter le prophète, qui, pour obtenir la liberté, renonça à ses prétentions et ne fit plus de secte. Le fanatisme s'affaiblissait donc chez les musulmans, à mesure que la lumière y croissait, s'étendait et descendait jusqu'au peuple (4).

Dans l'empire de Constantinople, Bardas, excité par l'exemple des princes arabes et par Photius, avait commencé, sur la fin du dernier siècle, à ressusciter les lettres et les sciences. Constantin Porphyrogenète entra dans ses vues, et appela de toutes parts des philosophes, des géomètres, des astronomes, qui enseignèrent à Constantinople. Mais, rien n'est si difficile que le retour à la lumière dans un Etat rempli de factions religieuses et politiques, livré à la superstition et enseveli dans le luxe. On ne voit pas que ce siècle ait produit des philosophes ou des écrivains célèbres dans l'empire de Constantinople; le goût du merveilleux était dominant, et peut-être la seule ressource que les hommes éclairés et vertueux pussent employer contre les passions et les vices du siècle : c'est ce qui détermina Métaphraste à recueillir les légendes des saints illustres par leurs vertus et par une infinité de prodiges extraordinaires et souvent supposés (5).

Il s'était formé dans l'Occident un nombre infini d'états, qui faisaient sans cesse effort pour s'agrandir ou pour se défendre contre les états voisins, contre les Normands, contre les Sarrasins, contre les Bulgares, qui pénétraient de tous côtés en France, en Italie, en Angleterre. Une guerre aussi générale et aussi continuelle avait rempli l'Europe de désordres : on n'avait respecté ni l'humanité, ni les asiles de la vertu, ni les retraites des sciences et des lettres. Tout le monde avait été obligé de s'armer pour sa propre défense; la guerre avait produit la licence, allumé toutes les passions, éteint toutes les lumières dans les seigneurs, dans les guerriers, dans la plus grande partie du clergé séculier et régulier, dans le peuple. Le désordre n'avait point anéanti dans les esprits les vérités de la religion. Des hommes vertueux profitèrent de ces restes précieux de lumière; ils peignirent avec force les châtiments réservés au crime; ils les représentèrent sous les images les plus effrayantes et les seules propres à faire impression sur des

---

(1) Hist. générale d'Allemagne.
(2) Thoiras, t. II.
(3) Ahulfed. Pokok, note in Specim. Hist. Arab. d'Herbelot, art. *Shalmani, Susi, Ashari.*

(4) D'Herbelot, art. *Motavodi.*
(5) Bellarm., de Script. Eccles. Theod. Ruinart., præf, gen. ad act. Mart., § 1, n. 8. Leo Allat., de Sim. Script. Dup. Bib., x⁰ siècle.

hommes sans mœurs, sans principes, sans idées, et incapables de réflexion.

Les châtiments de l'autre vie faisaient une impression profonde et durable, et les esprits étaient, pour ainsi dire, placés entre l'impétuosité des passions et la terreur des peines de l'autre vie. Ces deux puissances se balançaient pour ainsi dire et triomphaient tour à tour. Lorsque la passion était extrême, elle effaçait en quelque sorte toutes les idées de l'autre vie; mais lorsqu'elle s'affaiblissait, l'image de l'enfer reparaissait, les remords agissaient, et les hommes passionnés qui ont presque toujours des caractères faibles, recouraient à tous les moyens imaginables pour expier leurs désordres, et tombaient souvent dans la superstition : le plus léger accident, tous les phénomènes étaient des présages, ou l'ouvrage des démons. Vers le milieu du dixième siècle on prit, pour une apparition de démons habillés en cavaliers, un ouragan extraordinaire qui arriva à Montmartre proche de Paris, et qui avait abattu quelques murs très-anciens, arraché des vignes, ravagé des blés (1). On eut recours aux augures, et à toutes les espèces de divinations et d'épreuves pratiquées dans les siècles précédents (2).

Quelques-uns des prêtres de Rotharius, évêque de Vérone, ne concevaient Dieu que sous une forme corporelle, et comme un homme infiniment puissant, assis sur un trône d'or, environné d'anges qui n'étaient que des hommes habillés de blanc. On croyait que tout se passait dans le ciel comme sur la terre : on disait que saint Michel chantait tous les lundis la messe dans le paradis (3). Les imaginations familiarisées avec ces objets reçurent, comme dans le siècle précédent, sans examen, une foule de visions et d'apparitions imaginées souvent par des hommes vertueux et simples (4).

Au milieu de l'agitation et du trouble, il y avait des instants de loisir, des intervalles de paix. Il faut dans ces moments de l'amusement à l'esprit humain : c'est ce besoin qui dans tous les temps, chez tous les peuples, a produit dans les moments de paix et de loisir, le crédit des événements intéressants, des actions fameuses des héros et des guerriers. Telle avait été l'origine de la comédie, de la tragédie, et d'une partie des fables chez les anciens ; des bardes et des scaldes chez les Gaulois, chez les Germains, chez les anciens Danois ; des troubadours, des cantadours, des jongleurs, des violars, des musars, dans le siècle précédent. Tous ces hommes ajoutaient aux faits vrais, les circonstances les plus propres à intéresser ceux devant qui ils les récitaient ; ces contes étaient de petits romans que le besoin de s'amuser, dans une nation sans arts et sans sciences étendit, et qui offrirent un mélange de bravoure militaire, de passions, de vertus civiles, de galanterie et de religion (5).

Quoique le désordre fût très-grand, il n'avait cependant pas détruit tous les établissements faits en faveur des lettres et des sciences ; il y eut encore des écoles célèbres à Liége, à Paris, à Arras, à Cambrai, à Laon, à Luxeuil (6). On lisait dans ces écoles les anciens : on s'appliquait à les entendre ; et les ouvrages de ce siècle ne furent que des compilations des passages des anciens.

Enfin, les princes arabes, établis en Espagne, tirèrent l'Occident de l'indifférence pour les sciences et pour la philosophie, par les ambassades qu'ils envoyèrent dans l'Occident. Ils proposèrent des difficultés contre la religion chrétienne ; on chercha des savants pour y répondre, et ces savants accompagnèrent les ambassadeurs qu'on leur envoya (7).

Le commerce avec les Sarrasins de l'Orient et de l'Occident fit naître le goût des langues orientales ; on les étudia dans plusieurs écoles, et l'on s'y appliqua à la philosophie d'Aristote, qui était l'oracle des Arabes ; mais on ne s'occupa que de sa logique.

Le dixième siècle, si fécond en malheurs, enseveli dans une ignorance profonde, ne vit naître aucune hérésie.

ONZIÈME SIÈCLE.

CHAPITRE PREMIER.
Etat politique des empires pendant le onzième siècle.

L'empire musulman était tel que nous l'avons représenté à la fin du dixième siècle. Les califes n'étaient que des fantômes, sans autorité ; les sultans gouvernaient en maîtres absolus ; une foule de mécontents et d'ambitieux troublaient l'Empire. Mahmoud, sultan de Bagdad, porta ses armes vers l'Inde qu'il subjugua ; il y détruisit l'idolâtrie, et y établit le mahométisme jusqu'au royaume de Samorin et de Gusarate, où il fit égorger plus de cinquante mille idolâtres (8). Pendant que Mahmoud étendait l'empire musulman, les Turcs seljoucides s'emparèrent de plusieurs provinces soumises aux sultans. Le calife, opprimé par le sultan de Bagdad, les appela et déclara leur chef maître de tous les Etats que Dieu lui avait confiés, et le proclama roi de l'Orient et de l'Occident (9). Ses successeurs agrandirent ses états ; firent une longue et cruelle guerre à l'empire de Constantinople, s'emparèrent de la Géorgie, et étendirent leur domination depuis la Syrie jusqu'au Bosphore.

L'empereur Basile, qui avait commencé à rétablir l'empire de Constantinople, eut pour successeur son fils Constantin, qui laissa le

---

(1) Le Bœuf, loc. cit., p. 125.
(2) Martene, ampliss. Collect., t. IV, p. 70, 79.
(3) Voyez, dans le tom. II du Spicileg., la réfutation de ces extravagances, par Rocharius.
(4) Le Bœuf, loc. cit., p. 72.
(5) Huet. Orig. des Romans. Falconet, Hist. de l'Acad. des Inscript., t. I, p. 295.
(6) Hist. litt. de Fr., t. VI.
(7) Hist. litt. t. VI sæc. v Benedict., p. III, liv. XIV. Le Bœuf, loc. cit.
(8) De Guines, Hist. des Huns, t. IX, p. 161.
(9) Ibid., p. 197.

gouvernement à des ministres, pour se livrer à ses plaisirs. Tous ceux qui s'étaient distingués sous Basile furent dépouillés de leurs emplois, ou mis à mort. Pendant tout ce siècle, la perfidie, le poison, le parricide, furent les moyens ordinaires qui élevèrent à l'Empire ou qui en privèrent. On peut juger, par ces vicissitudes, des vices du gouvernement et du malheur des peuples, qui étaient d'ailleurs sans cesse exposés aux incursions des Bulgares, des Sarrasins, des Turcs, auxquels l'Empire n'était pas en état de résister, et qui l'auraient conquis sans les divisions qui s'élevèrent parmi eux, et qui ne pouvaient être prévenues ou arrêtées que par l'autorité des lois (1).

L'Occident était aussi divisé et aussi agité que l'Orient; quelques souverains vertueux et d'un génie élevé, qui parurent de temps en temps, ne purent rétablir l'ordre, ni communiquer leurs vertus, leurs talents à leurs successeurs.

Enfin, on vit sur le siége de saint Pierre un pontife d'une vertu et d'une fermeté extraordinaire, qui osa attaquer le désordre et le déréglement dans la personne même des souverains. Grégoire VII jugea que les malheurs de l'Europe avaient leur source principalement dans la corruption des mœurs, dans les passions effrénées, dans l'abus de la puissance; il forma le projet de soumettre cette puissance aux lois du christianisme, au chef visible de l'Eglise; de combattre les passions par les motifs les plus puissants qui puissent agir sur un chrétien, la crainte de l'enfer, la séparation d'avec l'Eglise, l'excommunication accompagnée de tout ce qui pouvait la rendre terrible. La pureté du motif qui l'animait, sa vertu même, ne lui permirent pas de prévoir que le chef de l'Eglise pût abuser du pouvoir immense dont il jetait les fondements : il ne vit dans ce pouvoir qu'un remède aux malheurs qui désolaient l'Europe.

Les passions n'avaient point éteint la foi ; les peuples étaient accablés de maux, et manquaient des lumières nécessaires pour discerner les bornes de l'autorité de l'Eglise. On ne vit dans un prince excommunié ou déposé par le pape, qu'un tyran, un réprouvé, un ennemi de la religion, un suppôt de l'enfer, un homme dont le démon s'était emparé. Lui obéir, était obéir au démon : ainsi le jugement du pape qui déposait les rois, et l'excommunication qui les retranchait de l'Eglise, furent des oracles pour les peuples, et des coups de foudre pour les souverains.

Les pélerinages de la terre sainte étaient fréquents dans ce siècle, et les pèlerins étaient attaqués par les Turcs, qui s'étaient emparés de la Palestine. Les pèlerins, à leur retour, firent des peintures touchantes de ce qu'ils avaient souffert, de l'état déplorable des chrétiens dans la Palestine. Le pape, dans un concile, exhorte les chrétiens à retirer la terre sainte des mains des infidèles; les évêques, les seigneurs et les peuples sont transportés de zèle ; plus de six cent mille combattants partent successivement pour la Palestine, en font la conquête, établissent un nouvel empire en Orient. L'entreprise était louable en elle-même; et la réunion de tous les chrétiens pour un objet de religion, pour un intérêt commun, pouvait contribuer à faire cesser les jalousies, les haines, les intérêts qui armaient tous les chrétiens de l'Europe.

CHAPITRE II.
État de l'esprit humain, pendant le onzième siècle.

Les Turcs qui subjuguèrent la Perse, la Syrie, la Palestine, protégèrent les savants ; ils les consultèrent ; ils fondèrent des académies ; ils eurent à leur cour des astronomes, des poëtes, des philosophes, des médecins. Leurs conquêtes dans l'Inde y portèrent les sciences et la philosophie des Arabes, et communiquèrent aux Arabes et aux autres philosophes grecs, la philosophie de l'Inde (2). Les philosophes de l'Orient n'étaient plus de simples traducteurs des anciens; ils les commentèrent, les examinèrent, discutèrent leurs opinions et leurs principes, leur donnèrent de l'ordre, de la liaison et formèrent des systèmes.

Les sciences furent peu cultivées dans l'empire de Constantinople ; la jeunesse y était occupée de chasse, de danse, de parure, et n'avait qu'un souverain mépris pour les lettres et pour les sciences jusqu'à Constantin Monomac, sous lequel Psellus fit revivre l'étude des lettres, de la philosophie et de la grammaire ; mais la philosophie n'était que l'art de faire des syllogismes et des sophismes sur toutes sortes de sujets ; c'était un exercice de l'esprit, qui le resserrait au lieu de l'éclairer et de l'étendre (3).

Dans l'Occident, les anathèmes de l'Eglise, la crainte de l'enfer, les vertus de beaucoup de papes, d'évêques, d'abbés, intimidèrent les passions : on vit moins de pillages, de vexations, de rapines ; les églises et les monastères furent plus respectés ; la discipline et l'ordre se rétablirent ; les lettres et les sciences furent cultivées en paix ; les écoles furent ouvertes à tous ceux qui voulurent s'éclairer, la piété généreuse des églises et des monastères fournissait aux talents sans fortune tout ce qui était nécessaire ; bientôt on vit dans les écoles un nombre infini d'étudiants, pleins d'une ardeur et d'une émulation qu'ils communiquèrent à tous les états, à toutes les conditions. Les rois, les princes, les seigneurs, les princesses et les dames cultivèrent les lettres ; la lumière jusqu'alors renfermée dans les cloîtres fit une espèce d'explosion qui éclaira toute l'Europe et produisit une révolution subite dans les idées, dans les goûts, dans les mœurs. La considération attachée aux talents littéraires, aux lumières, à la vertu, affaiblit le goût que

---

(1) Curopalate, Hist. compend. Lycas, Annal., part. IV. Zonar.
(2) Abulphar, n. 352.

(3) Anne Com., l. v. Alex. Hankius, de Scrip. Hist. Bysan., part. I, c. 26. Fabr., Bibl. grec. de Psellis.

l'on avait pour la bravoure féroce et pour les exercices violents, qui sont toujours la ressource de l'ignorance et de la barbarie contre l'ennui ; la valeur devint humaine, et la considération fut autant le prix de la vertu que du courage : les tournois prirent la place des brigandages et des duels, que l'oisiveté et le besoin de s'occuper avaient rendus si fréquents dans le siècle précédent.

On suivit dans les écoles, pendant le onzième siècle, la méthode d'Alcuin, connu sous le nom de *Trivium* et *Quadrivium*. On enseignait la grammaire, la logique et la dialectique, c'était le *Trivium* ; on étudiait ensuite l'arithmétique, la géométrie, l'astronomie et la musique, c'était le *Quadrivium*.

Comme les sciences étaient enseignées d'abord dans les églises cathédrales et dans les monastères, on les dirigea toutes du côté de la religion et des mœurs. Lorsque les écoles se furent multipliées, et que l'émulation se fut communiquée au dehors, elles devinrent des espèces d'arènes, où l'on cherchait à se signaler ; et la philosophie fut l'objet principal de l'émulation, surtout lorsque, vers le milieu du siècle, les ouvrages d'Aristote, d'Avicenne et d'Averroès, les introductions de Porphyre, les catégories attribuées à saint Augustin, se furent multipliées dans l'occident.

L'art de raisonner n'est que l'art de comparer les choses inconnues avec les connues, pour découvrir par cette comparaison celles qu'on ne connaît pas. Aristote avait remarqué que, dans les différentes manières de comparer les objets de nos connaissances, il y en avait qui ne pouvaient jamais nous éclairer sur ce que nous cherchions à connaître, et que toutes les inductions que l'on tirait de ces comparaisons étaient fausses. Il réduisit à certaines classes toutes les manières de comparer ces idées, marqua celles dont les conséquences étaient fausses. Par le moyen de ces espèces de formules, on voyait tout d'un coup si une conséquence était juste ; c'est ce qu'on appelle dans les écoles, les figures des syllogismes. On crut donc voir dans ces formules un moyen infaillible et court pour connaître si l'on se trompait, et pour s'assurer de la vérité des jugements et des opinions que l'on examinait. Les catégories n'étaient que certaines classes sous lesquelles on avait réduit les attributs, les propriétés et les qualités dont tous les êtres sont susceptibles ; en sorte que pour raisonner sur un objet et connaître son essence, ses rapports, ses différences avec un autre objet, il ne fallait que voir, par le moyen des règles des syllogismes, à laquelle de ces classes générales il se rapportait. Ainsi, par exemple, une *substance* faisait une catégorie dans laquelle on examinait la nature de la substance en général ; et, pour juger si tel objet était une substance, on examinait s'il avait les propriétés essentielles renfermées dans la catégorie de la substance. On crut donc qu'en connaissant les catégories et les figures des syllogismes, on pouvait raisonner sur tout, juger de tout, parce qu'on avait des définitions ou des notions générales de toutes les espèces d'êtres, et que l'on pouvait comparer ces définitions générales avec les idées, ou les définitions des êtres particuliers. Tous les raisonnements de ces philosophes portaient donc sur des idées abstraites, sur des définitions de nom, sur des noms, et non pas sur des idées prises dans l'examen, ou dans l'observation de la chose même sur laquelle on raisonnait.

Un philosophe, que l'on regarda comme un sophiste (Jean le Sophiste), s'aperçut que ces idées abstraites n'avaient d'existence que dans l'esprit, qu'elles n'exprimaient rien qui existât dans la nature : d'où il concluait que la logique n'avait pour objet que des idées abstraites, ou plutôt les mots qui les exprimaient. Beaucoup de philosophes furent offensés d'une opinion qui dégradait la dialectique, ou plutôt la philosophie, et prétendirent que la logique avait pour objet les choses, et non les mots. L'idée de Jean le Sophiste, qui devait naturellement faire sentir l'inutilité de la philosophie de ce siècle, et le conduire à l'étude des choses, c'est-à-dire à l'observation et aux faits, en faisant voir que la philosophie des écoles ne pouvait jamais faire connaître ni la nature, ni l'homme, produisit un effet tout contraire. Les ennemis de Jean le Sophiste prétendirent que les objets des idées générales et abstraites existaient réellement et en effet dans la nature. Les partisans de Jean attaquèrent ce sentiment, et delà se formèrent les sectes des nominaux et des réalistes, dont les disputes absorbèrent la plus grande partie des efforts de l'esprit humain pendant plusieurs siècles. L'idée de Jean le Sophiste demeura ensevelie dans ces disputes, et ce ne fut que plus de six cents ans après que Bacon l'aperçut, et en tira cette conséquence qui en était si proche : c'est que la raison ne peut s'éclairer que par l'observation et par la connaissance des faits, par l'étude de la nature.

La physique était absolument inconnue, si l'on excepte quelque partie de l'Histoire naturelle, comme l'Histoire des animaux et des pierres précieuses, sur lesquelles Hildebert, évêque du Mans, et Marbonne, évêque de Rennes, écrivirent. Pour le mécanisme de la nature, on ne l'étudia point ; et les phénomènes extraordinaires étaient toujours des présages ou des effets particuliers de la Providence : on les expliquait par des raisons mystiques et morales (1).

L'article de la critique était aussi inconnu que la physique ; ainsi l'on fut dans ce siècle disposé à voir du merveilleux dans tous les événements, à croire tout ce qu'on racontait.

Ainsi l'esprit s'exerça beaucoup dans ce siècle sans s'éclairer, et l'empire de la crédulité fut encore fort étendu.

---

(1) Fulbert., ep. 95, 96, 97. Hist. litt., t. VII, p. 125, 185. Le Bœuf, Recueil des Dissert. sur l'Hist. Eccl. de Paris, t. II, p. 95 et suiv.

CHAPITRE III.
Des hérésies et des schismes pendant le onzième siècle.

La ville de Constantinople était livrée aux plaisirs, aux amusements les plus frivoles. C'était pour satisfaire ces goûts et fournir à ces plaisirs, qu'on nouait des intrigues, qu'on formait des partis, qu'on tramait des conjurations ; tous les esprits étaient entraînés par ce mouvement général, et l'on ne vit point d'hérésie dans l'empire de Constantinople. Cet état de l'esprit qui étouffe les hérésies, développe les passions dans presque tous les états, les rend actives et entreprenantes, et fait presque toujours naître des divisions et des schismes. Le patriarche Cerularius forma le projet de se faire reconnaître patriarche universel : mais il vit que l'Eglise de Rome serait un obstacle invincible à ses prétentions ; il fit revivre les reproches que Photius avait faits à cette Eglise, d'être engagée dans des erreurs pernicieuses. Il fut excommunié par le pape, et excommunia le pape à son tour. Il gagna l'esprit du peuple, se fit des partisans à la cour, excita des séditions, souleva ou calma le peuple à son gré, fit trembler l'empereur et disposa du trône. Après sa mort, l'empire fut embrasé par le fanatisme qu'il avait allumé, et que la puissance des empereurs ne put éteindre.

Dans l'Occident, ceux qui étaient destinés à l'état ecclésiastique parcouraient le cours d'études des écoles, et s'appliquaient surtout à la dialectique. Nous avons vu qu'un homme, qui avait étudié cette dialectique, se croyait en état de raisonner sur toutes les choses dont il savait les noms ; ainsi la connaissance des Pères et des auteurs ecclésiastiques ne fut plus estimée nécessaire pour faire un théologien : on substitua à leur étude l'art de faire un syllogisme, et ce fut avec cet art que l'on entreprit de traiter les dogmes et d'expliquer les mystères : par cette méthode, l'esprit tendait à rapprocher les mystères des notions ou des idées que donne la raison, et à les altérer : c'est ainsi que Bérenger tomba dans l'impanation, en voulant expliquer le mystère de l'Eucharistie, et Roseclin, dans le trithéisme, en voulant expliquer le mystère de la Trinité.

Après la défaite de l'armée de Chrisochir, les débris de la secte des manichéens s'étaient dispersés dans l'Italie, et s'étaient établis en Lombardie, d'où ils passèrent dans les différents états de l'Europe.

Ces nouveaux manichéens avaient fait des changements dans leur doctrine, ils faisaient profession d'un grand amour de la pauvreté et de la vertu. Ces apparences séduisirent des personnes vertueuses que l'on arrêta, et que l'on fit brûler, sans anéantir cette secte, dont les restes cachés fermentèrent en secret dans tout l'Occident, et dont nous verrons les effets dans les siècles suivants.

(1) De Guignes, Hist. des Huns, t. IV, l. vii, x, xi. Mosheim. Hist. Tart. Eccles., c. 1, § 8, etc.

DOUZIEME SIECLE.

CHAPITRE PREMIER.
Etat politique et civil de l'empire pendant le douzième siècle.

Le trouble et la confusion furent extrêmes dans l'Orient ; le nouvel état que les chrétiens avaient formé fut un sujet continuel de guerres ; les sultans étaient toujours en armes pour arrêter les efforts des croisés qui inondaient la Syrie, la Palestine et l'Afrique. Les émirs, qui ne prirent point de part aux guerres des croisés, se firent la guerre entre eux, ou furent occupés à repousser les Turcs qui arrivaient en foule dans l'empire musulman. Enfin on vit arriver du fond du Tibet les Tartares commandés par le prêtre Jean, qui étendit sa domination jusque sur les bords du Tigre. Il semble que, dans le politique et dans le moral, tout est en effort comme dans le physique, et que les peuples répandus sur la surface de la terre se pressent comme les éléments, et se portent par leur propre poids vers les lieux où le luxe, le despotisme, la corruption des mœurs ont énervé les âmes ; comme l'air, l'eau, le feu se précipitent dans les espaces vides ou remplis d'un air sans ressort, de corps sans résistance. Les anciens domaines de l'Empire romain en Asie, affaiblis par le luxe, par les troubles et par les bannissements des hérétiques, par les vexations des gouverneurs, par le mépris et par la violation des lois, par les incursions des Barbares, semblaient être devenus le rendez-vous de toutes les nations (1).

L'empereur de Constantinople, incapable de résister aux Sarrasins, redoutant les croisés, s'unissait successivement aux uns et aux autres, sans pouvoir profiter ni de leurs victoires, ni de leurs défaites ; il fut en guerre contre les Turcs, contre les Sarrasins, contre les princes normands établis en Italie, contre les armées des croisés. Au dedans, il était agité par des factions, par des révoltes, par des schismes ; et les empereurs, pour la plupart, élevés dans la mollesse et livrés aux plaisirs, même au milieu des malheurs de l'Etat, accablaient les peuples d'impôts, étaient déposés ou massacrés : tels furent Andronic, Isaac Lange (2).

L'Occident était, comme dans le siècle précédent, partagé en une infinité de provinces, de souverainetés et d'Etats, dont les chefs se faisaient la guerre. L'habitude de la dissipation et de l'oisiveté en avaient fait un besoin pour les seigneurs et pour la noblesse, et les petits souverains la regardaient comme un moyen d'empêcher l'augmentation des grandes puissances. Il y eut donc encore beaucoup de troubles et de guerres dans ce siècle en Occident.

Les papes s'opposaient à ces désordres, rappelaient les souverains à la paix, et tâchaient de tourner contre les usurpateurs

(2) Ducange, Famil. Bysant., Zonar., Niceph.

contre les injustes, contre les oppresseurs des peuples, contre les infidèles, cette passion générale pour les armes et pour la guerre. C'est donc une injustice d'attribuer à l'ambition ou à l'avidité les efforts que firent les papes pour étendre leur puissance, et pour resserrer celle des princes temporels. M. Leibnitz, dont le nom n'a pas besoin d'épithète, qui avait étudié l'histoire en philosophe et en politique; et qui connaissait mieux que personne l'état de l'Occident pendant ces siècles de désordre, M. Leibnitz, dis-je, reconnaît que cette puissance des papes a souvent épargné de grands maux. Pour procurer plus sûrement le bien et la paix, ils voulurent s'attribuer tout ce qu'ils purent de la puissance et des droits dont les princes temporels jouissaient, et dont ils abusaient alors presque toujours : tel fut le droit des investitures qui fournissait aux souverains un prétexte pour vendre les bénéfices, les évêchés, les abbayes. Grégoire VII attaqua ce droit et l'ôta à l'empereur Henri IV; Henri V voulut le reprendre, fut excommunié, abandonné par la plus grande partie de ses vassaux, et après vingt ans d'une guerre à laquelle tous les princes chrétiens prirent part, et qui désola l'Allemagne et l'Italie, il fut obligé d'accorder dans toutes les églises de son empire, les élections canoniques et les consécrations libres, de se départir des investitures par l'anneau et par la crosse, et de recevoir du pape la permission d'assister aux élections pour y maintenir l'ordre (1). L'Angleterre fut troublée par les mêmes disputes (2).

La contestation sur les investitures augmenta donc la puissance du pape et du clergé, qui jouissaient, indépendamment des empereurs, d'une quantité prodigieuse de domaines, de terres, de seigneuries. La puissance des papes, élevée à ce degré de grandeur, devint l'objet de l'ambition, de l'intrigue, de la cabale; son influence dans les affaires civiles et politiques de l'Europe rendait l'élection des papes un objet intéressant pour tous les souverains; ainsi on vit dans ce siècle des antipapes qui causèrent des schismes, partagèrent les souverains de l'Europe, et lançaient les foudres de l'Eglise sur leurs concurrents et sur les souverains qui les protégeaient (3). La puissance ecclésiastique était donc devenue la puissance dominante de l'Europe, puisqu'elle était comme l'âme de toutes les forces qu'elle renfermait. Ainsi la puissance religieuse se trouvait jointe à tous les projets de politique dans l'Occident. La puissance religieuse dut, dès ce moment, produire toutes les révolutions ou y contribuer, être attaquée et défendue par les princes temporels, selon leurs intérêts, s'affaiblir pour peu qu'elle abusât de son crédit, et qu'elle fût confiée à des génies ambitieux et sans vertu, ou à des hommes vertueux sans lumière, et perdre, faute de modération, de lumière ou de vertu, tout ce qui lui appartenait justement, et qu'il aurait été à propos pour le bien de la chrétienté qu'elle conservât, selon M. Leibnitz (4).

CHAPITRE II.
État de l'esprit humain pendant le douzième siècle.

Les sciences et les arts étaient cultivés dans l'Orient malgré les guerres qui le désolaient; les califes, les sultans, les émirs, les visirs étaient presque tous savants, poëtes, philosophes, astronomes; les écoles ou les académies répandues dans l'empire musulman furent respectées, et l'on vit chez les Arabes des théologiens qui attaquèrent toutes les religions et tous les sentiments des philosophes, tandis que d'autres tâchaient de justifier le mahométisme par les principes de la philosophie. Ces querelles n'empêchèrent pas qu'ils n'eussent des philosophes, des géomètres, des astronomes, des chimistes; aucun de ces philosophes n'eut autant de réputation qu'Averroës, ni autant d'admiration pour Aristote, qu'il regardait presque comme un Dieu, ou comme l'être un seul approché le plus de la divinité, qui avait connu toutes les vérités, et qui n'était tombé dans aucune erreur (5). Les guerres continuelles de l'empire de Constantinople avec les Sarrasins, les négociations fréquentes entre les empereurs et les sultans qui opposaient toujours aux négociations de Constantinople, des hommes distingués, ranimèrent un peu le goût des lettres; et les disputes de l'Eglise d'Orient avec l'Eglise d'Occident formèrent les théologiens à s'exercer à écrire, à raisonner, à s'instruire pour justifier leur schisme : on vit pendant ce siècle quelques philosophes, des théologiens, des jurisconsultes (6).

L'ardeur que nous avons vue s'allumer dans l'Occident pendant le siècle précédent pour les sciences, la faveur des souverains, le choix que l'on faisait des hommes célèbres pour les premières places de l'Eglise, le progrès que firent les ordres de Cîteaux, de Cluny, des chartreux, des chanoines réguliers, multiplièrent prodigieusement les écoles et les académies dans tout l'Occident : on vit dans toutes les abbayes, dans presque tous les monastères un grand nombre de petites écoles (7). Les hommes de lettres, les savants osèrent attaquer l'ignorance et la barbarie dans une infinité de lieux où jamais la lumière n'eût pénétré sans eux. S'ils ne communiquèrent pas leurs connaissances, s'ils n'inspirèrent pas leur ardeur, au moins ils firent tomber en partie les préjugés de l'ignorance : les guerres ne furent

---

(1) Hist. gén. d'Allemagne, t. IV et V.
(2) Thoiras, t. II.
(3) Baron., Annal. t. XII. Platin. Daniel, Hist. de Fr., t. I. Bernard, l. de Consider. Natal. Alex., sæc. xu, append. ad Baron., art. Frising. Duchesne, t. IV. Collect. Mabil., præf. in Bernard. ep. 13, 17. Conc. t. X. Hist. Germ. scrip. Joan. Sarisb. ep. 64, 65, 66. Pagi.

(4) Codex Jur. Gent. diplomaticus.
(5) D'Herblot, art. Tograi, Avensoar, Evenpiule, Algasel. Tophail, Bayle, Chaufepied, Averroës, præf. sur la phys. d'Arist.
(6) Dup., xii siècle.
(7) Hist. littér. de Fr., t. IX, p. 30.

plus fatales aux lettres comme dans les premiers siècles. D'ailleurs, les souverains, dans leurs guerres, voulaient au moins avoir l'apparence de la justice; et la puissance des papes, si redoutable aux souverains, était toujours fondée sur quelque raison d'ordre, de justice ou du bien public; ainsi les guerres mêmes rendirent les savants nécessaires à l'Eglise et aux souverains pour défendre leurs droits et pour attaquer ceux des autres. L'art d'écrire et de parler, négligé dans le siècle précédent, était devenu plus nécessaire dans le douzième siècle, parce que les décrets des papes s'adressaient aux seigneurs, aux simples fidèles, aux peuples qui étaient en quelque sorte devenus les juges des contestations des souverains. On cultiva donc beaucoup plus que dans le siècle précédent l'art d'écrire : le siècle précédent n'avait point produit des écrivains, comme saint Bernard, comme Abélard, etc.

Les contestations des papes, des souverains entre eux, celles des différents ordres religieux, tournèrent une partie des esprits vers l'étude du droit civil et canonique, de l'histoire ecclésiastique et profane; on fit les Vies de beaucoup de saints illustres, et même des histoires universelles (1).

Les écoles de philosophie conservèrent une partie de leur célébrité : on traduisit les ouvrages d'Aristote et des Arabes qui l'avaient commenté, et surtout d'Averroës : toutes les idées des aristotéliciens passèrent en Occident, et l'on y vit des philosophes qui voulurent ramener tout, même la religion, à leurs principes. Les théologiens philosophes, pour défendre la religion, s'efforcèrent d'expliquer les mystères par les principes de la raison, et de combattre par les principes de la philosophie et par l'autorité des philosophes les difficultés des nouveaux dialecticiens.

L'esprit humain ne fit aucun progrès dans les autres sciences.

CHAPITRE III.
Des hérésies, pendant le douzième siècle.

Par l'exposé que nous avons fait de l'état de l'esprit humain dans le douzième siècle.

1° Les théologiens, qui voulaient concilier les dogmes de la religion avec les principes de la philosophie et avec les opinions des philosophes, marchaient entre des écueils contre lesquels la curiosité indiscrète pouvait les porter.

2° Les contestations des papes avec les souverains, et les prétentions du clergé, avaient produit une infinité d'écrits et de déclamations contre le clergé, contre le pape, contre les évêques, dans lesquels on attaquait leur puissance et leurs droits. La multiplication des écoles avait répandu ces écrits, et mis un nombre infini de personnes en état de les lire et de les entendre.

3° Les efforts que l'on fit pour éclairer ce siècle et pour le réformer ne dissipèrent pas l'ignorance, et ne rétablirent pas l'ordre;

une partie du clergé était restée ensevelie dans une ignorance grossière, livrée à la dissipation, et souvent à la débauche.

4° On avait fait en langue vulgaire des traductions de l'Ecriture sainte, et la multiplication des écoles avait mis un nombre infini de particuliers en état de les lire et d'en abuser.

5° L'ardeur de la célébrité était assez générale dans les théologiens, dans les philosophes, dans les hommes de lettres, dans les laïques.

6° La rigueur avec laquelle on avait traité les manichéens qui s'étaient répandus dans l'Occident, les avait rendus plus circonspects, plus ennemis du clergé ; le désir de la vengeance s'était allumé dans le cœur de tous ces fanatiques.

Le douzième siècle renfermait donc beaucoup de principes d'erreurs et de divisions sur les dogmes de la religion, sur la puissance de l'Eglise, sur la réformation des mœurs.

Le temps qui rapproche et combine sans cesse les idées et les passions réunit ces différents principes, et produisit dans Abélard et dans Gilbert de la Porrée des erreurs sur les dogmes et sur les mystères ; dans Arnaud de Bresse, le projet de dépouiller le pape et le clergé de leurs biens, et de rétablir à Rome l'ancien gouvernement républicain ; dans Valdo, celui d'engager les chrétiens à renoncer à tous leurs biens, à toute espèce de propriété ; dans Eon de l'Etoile, la persuasion qu'il était Jésus-Christ ; dans Pierre de Bruys, dans Tanchelin, dans Terric, dans les Apostoliques, une foule d'erreurs et de pratiques toujours ridicules, souvent insensées et opposées entre elles sur les sacrements, sur tout ce qui pouvait concilier de la considération aux évêques et au clergé : enfin la réunion de toutes ces sectes dans les Albigeois, et les croisades contre cette secte.

TREIZIEME SIECLE.

CHAPITRE PREMIER.
Etat politique des empires pendant le treizième siècle.

L'Orient était occupé par les Mogols, par les Turcs, par les Sarrasins, et par les différents peuples de l'Occident, qui avaient formé un nouvel Etat en Palestine et en Syrie. Ces différents peuples étaient sans cesse en guerre. Gengis-Kan et ses successeurs ruinèrent une partie de l'empire musulman. Alexis, empereur de Constantinople, fut assassiné par Jean Ducas ; les princes d'Occident s'emparèrent de Constantinople et lui donnèrent un empereur. Les empereurs grecs ne se recouvrèrent qu'après le milieu du treizième siècle (1261), et furent sans cesse en guerre avec les Turcs, qui s'emparèrent d'une partie des Etats de l'empire.

L'Allemagne fut divisée par les différents princes qui prétendirent à l'empire. Othon fut enfin reconnu et couronné par Innocent III,

---

(1) Dup. Hist. du XIIe siècle. Hist. littér. de Fr. Le Bœuf, diss. sur l'Hist. Eccles., t. II, p. 45.

entre les mains duquel il prêta serment de protéger le patrimoine de saint Pierre. L'empereur, mécontent des Romains, ravagea les terres de l'Eglise. Le pape assembla un concile œcuménique, et déposa l'empereur : plusieurs princes d'Allemagne élurent Frédéric : Othon fut abandonné par une partie des seigneurs, il se ligua avec d'autres, fut défait, et laissa, par sa mort, Frédéric paisible possesseur de l'empire. Il fit vœu de passer à la terre sainte, et donna des terres à l'Eglise de Rome : il dépouilla de leurs terres deux comtes de Toscane, qui se réfugièrent à Rome : il s'indisposa contre le pape, voulut chasser les évêques que le pape avait nommés dans plusieurs villes d'Italie. Le pape l'excommunia, fit faire en Italie une ligue contre Frédéric, assembla un concile, prononça contre Frédéric une sentence de déposition, fit élire le landgrave de Thuringe, ensuite le comte de Hollande, excommunia Conrad, qu'une partie de l'Allemagne élut après la mort de Frédéric, lui ôta le royaume de Sicile, le donna à Edouard, fils du roi d'Angleterre, ensuite à Charles d'Anjou, frère de Louis, à qui il l'ôta ensuite : les troubles de l'Allemagne cessèrent par l'élection de Rodolphe, comte d'Hasbourg (1).

La France et l'Angleterre ne furent pas plus tranquilles : on vit dans ce siècle le pape ôter, donner, reprendre la couronne d'Angleterre, se faire résigner les royaumes, délier les sujets du serment de fidélité : on vit des sujets abandonner leurs souverains (2). Une partie des provinces de la France fut désolée par les guerres des croisés contre les Albigeois. Tous ces troubles ranimèrent dans l'Occident le goût de la guerre.

L'Occident était donc encore un théâtre de discorde et de malheurs : les passions y armaient les hommes contre les hommes; mais on n'y vit pas ces horreurs, ces cruautés que l'on y avait vues avant Constantin, et pendant les incursions des barbares en Occident, avant qu'ils eussent embrassé le christianisme : on n'y vit point la désolation que produisirent pendant ce siècle dans l'Orient les armes des Mogols, des Huns, des Tartares, et de tous ces peuples dont les passions n'étaient point arrêtées par la religion (3).

CHAPITRE II.

Etat de l'esprit humain pendant le treizième siècle.

Les sciences furent d'abord cultivées dans l'Orient, comme dans le siècle précédent; les Mogols protégèrent les savants, et les sciences fleurirent dans leur empire : les conquêtes des Turcs les anéantirent insensiblement dans une partie de l'Orient. On vit dans l'empire de Constantinople quelques hommes de lettres, quelques philosophes; mais presque tous les efforts de l'esprit y furent employés à justifier le schisme des Grecs, et à réfuter les écrits des théologiens de l'Eglise latine. Les voyages que les ecclésiastiques, les religieux et les croisés firent dans l'Orient, multiplièrent dans l'Occident les ouvrages des philosophes grecs; la langue grecque était devenue plus familière, et l'on traduisit les ouvrages d'Aristote, de Platon, etc. L'empereur Frédéric II en fit traduire et en traduisit lui-même; il fonda des écoles en Italie et en Allemagne.

En France, on acquit et l'on traduisit non-seulement les ouvrages des Grecs, mais encore ceux des Arabes, et l'on n'enseigna point d'autre philosophie dans les écoles : on vit bientôt une espèce de fanatisme pour les philosophes grecs, et surtout pour Aristote : on ne se contenta plus d'étudier sa logique; on étudia sa physique, sa métaphysique : on en adopta les opinions; et l'on vit des théologiens et des philosophes qui enseignaient le dogme de l'âme universelle, l'éternité du monde, la fatalité absolue (4). D'autres tâchèrent de concilier les opinions de ce philosophe avec la religion; et, sans s'en apercevoir, ce fut la religion qu'on tâcha d'accommoder aux principes qu'on trouvait dans Aristote. Ainsi, Amauri et David de Dinand crurent voir dans le système d'Aristote sur l'origine du monde l'explication de l'histoire de la Genèse : la matière première était Dieu, tout ce qui s'était passé dans le monde, toutes les religions, la religion chrétienne étaient des phénomènes que devaient produire le mouvement et les qualités de la matière première.

D'autres portèrent dans la théologie cette curiosité que le goût de la dialectique avait fait naître et qu'il entretenait ; ils examinèrent si l'essence de Dieu serait vue par les hommes, si cette essence en tant que forme était dans le Saint-Esprit, si le Saint-Esprit ne procédait pas du Fils en tant qu'il est amour, mais seulement du Père; s'il y avait des vérités éternelles qui n'étaient pas Dieu même; si les âmes bienheureuses et celle de la Vierge seraient dans le ciel empirée, ou dans le premier cristallin : on vit sur tous ces objets des erreurs qui furent condamnées (5). On défendit la lecture de la physique et de la métaphysique d'Aristote; la défense irrita la curiosité : Aristote resta en possession de l'admiration d'un grand nombre de philosophes; et enfin des théologiens célèbres par leurs lumières et par leurs vertus le défendirent : tels furent Albert le Grand, saint Thomas. Les hérésies qui s'élevèrent dans ce siècle, les démêlés des papes firent que l'on s'appliqua beaucoup à l'étude du droit canonique et de la théologie.

Cependant les provinces méridionales de la France étaient remplies d'albigeois, contre lesquels les missionnaires avaient échoué : le pape fit prêcher une croisade contre eux : on vit arriver en foule des Flamands, des Normands, des Bourguignons, etc., conduits par les archevêques et par les évêques, par les

---

(1) Baluz., Miscell., t. IV. Hist. d'Allem., t. V.
(2) Mezerai, Hist. de Phil. Ang., Louis VIII, S. Louis, etc. Thoiras, l. vin, ix. Révol. d'Angleterre, l. iii.
(3) Voyez l'Hist. des Huns, par M. de Guignes.
(4) D'Argentré, Collect. jud. t. I. Exam. du Fatal., t. I.
(5) D'Argentré, ibid., Dup. xiii° siècle.

ducs de Bourgogne, par les comtes de Nevers, de Montfort, etc. Les provinces méridionales de la France devinrent le théâtre d'une guerre cruelle; les souverains qui protégeaient les Albigeois furent dépouillés de leurs domaines; des villes considérables furent livrées aux flammes, et leurs habitants passés au fil de l'épée. Pour détruire les restes de l'hérésie, on rétablit l'inquisition.

Les inquisiteurs parcoururent toutes les villes, faisant exhumer les hérétiques inhumés en terre sainte, et brûler les vivants. Leur zèle était infatigable et leur rigueur extrême : ils condamnaient au voyage de la terre sainte, ou excommuniaient tout ce qui ne leur obéissait pas aveuglément. De nouveaux malheurs succédèrent aux malheurs de la guerre ; les peuples étaient partout dans la consternation qui annonce la révolte : on massacra les inquisiteurs, et l'on fut obligé de suspendre l'exercice de l'inquisition.

Rien n'avait plus contribué au progrès des albigeois, des vaudois et des sectes qui s'étaient formées dans le douzième siècle, que la régularité apparente des sectaires, et la vie licencieuse de la plupart des catholiques et d'une partie du clergé : on sentit qu'il fallait leur opposer des exemples de vertu, et faire voir que toutes celles dont ils se piquaient étaient pratiquées par les catholiques ; et comme les vaudois faisaient profession de renoncer à leurs biens, de mener une vie pauvre, de vaquer à la prière, à la lecture de l'Ecriture sainte, à la méditation, et de pratiquer à la lettre les conseils de l'Evangile, on vit des catholiques zélés donner leurs biens aux pauvres, travailler et vivre de leur travail, méditer l'Ecriture sainte, prêcher contre les hérétiques et garder la continence : tels furent les pauvres catholiques, les humiliés, etc.

Ces associations, approuvées et favorisées par les souverains pontifes, firent naître dans beaucoup de catholiques le désir de former de nouveaux établissements religieux : on vit partout de nouvelles sociétés qui se piquaient toutes d'une plus grande perfection : ce fut dans ce siècle que se formèrent les quatre ordres mendiants, l'ordre de la rédemption des captifs, etc. On en aurait vu bien d'autres si, dans le concile de Latran, Grégoire X n'eût défendu de faire de nouveaux ordres religieux.

Les ordres religieux, surtout des quatre ordres mendiants, se répandirent beaucoup; ces religieux si respectables et si utiles, surtout dans leur institution, n'étaient point retirés dans les déserts et dans les forêts; ils habitaient dans les villes et y vivaient des dons de la piété des fidèles. Ils voulurent travailler au salut de leurs bienfaiteurs; leur zèle actif établit des pratiques de dévotion propres à ranimer la piété : ils prêchaient, ils confessaient; on gagnait des indulgences dans leurs églises. Le zèle de quelques-uns de ces religieux fit des entreprises sur les droits des curés; il était assez naturel que des hommes qui se croyaient dans un état plus parfait que le clergé s'estimassent plus propres à conduire le peuple à la perfection.

Le clergé séculier s'opposa aux prétentions des religieux, réclama les lois, se plaignit; déclara qu'on violait la discipline. Les religieux de leur côté s'appuyaient sur des privilèges : les papes protégèrent les religieux, et condamnèrent leurs adversaires (1).

Les albigeois et les manichéens n'avaient point été détruits par les rigueurs de l'inquisition et par les armées des croisés; ils s'étaient répandus en Allemagne et y semaient en secret leurs erreurs contre l'Eglise, contre son culte, contre ses sacrements : ils portaient dans tous les esprits des principes de fanatisme qui, pour éclater, n'attendaient qu'une action, qu'un abus frappant de la part du clergé, ou de quelque ecclésiastique; et ces occasions ne manquent jamais dans un siècle où les ecclésiastiques sans lumière ont une grande autorité et des prétentions encore plus grandes. Ainsi, un curé d'Allemagne mécontent de l'offrande que lui avait fait une de ses paroissiennes, au lieu de la communier avec une hostie, la communia avec la pièce qu'elle lui avait donnée; le mari demande justice : on la lui refuse, il tue le curé, se met à la tête d'une multitude de mécontents qui prennent les armes, ravagent le pays : on prêche contre eux une croisade, l'évêque de Brême, le duc de Brabant, le comte de Hollande conduisent contre eux des croisés, et la secte des Studigh fut exterminée dans une bataille.

Pendant que le reste des albigeois, des vaudois, attaquoit ainsi l'autorité de l'Eglise, d'autres sectaires se contentaient d'attaquer le pape et les évêques, et prétendaient qu'ils étaient hérétiques, et que le pouvoir d'accorder des indulgences était passé chez eux.

Les objets dont nous venons de parler avaient occupé presque tous les esprits ; un petit nombre s'était écarté de la route générale : tels furent saint Bonaventure, saint Thomas, dans une partie de la philosophie et de la théologie : tel fut Roger Bacon sur la physique. Ce dernier fut traité comme un magicien, emprisonné et persécuté comme tel par les franciscains ses confrères.

QUATORZIEME SIECLE.

CHAPITRE PREMIER.

Etat politique des empires au quatorzième siècle.

L'empire de Constantinople était dans un état continuel de désordre. Depuis Andronic Paléologue, on n'y trouve que séditions, conjurations, souvent tramées par les fils mêmes des empereurs : le peuple, indifférent aux malheurs et aux désordres politiques, s'occupait du schisme de l'Eglise de Constantinople, et sacrifiait l'Etat à sa haine contre l'Eglise latine. Les Turcs s'établirent enfin en Europe, et les princes d'occident n'eurent plus d'armées dans la Palestine.

---

(1) D'Argentré, Collect. Jud., t. I

L'Italie, la France, l'Allemagne, l'Angleterre, furent presque toujours en guerre ; les souverains pontifes excommunièrent les rois, imposèrent des taxes aux Eglises : on vit, comme dans les siècles précédents, des anti-papes, entre lesquels les souverains se partagèrent.

Jamais les souverains pontifes ne poussèrent leurs prétentions ni plus loin, ni plus vivement; ils prononcèrent qu'ils avaient le droit de déposer les souverains (1).

CHAPITRE II.
De l'état de l'esprit humain et des hérésies pendant le quatorzième siècle.

Les conquêtes des Turcs éteignirent l'émulation parmi les savants; quelques-uns de leurs princes favorisèrent les sciences, mais le fond de la nation était barbare et féroce; rien ne leur rendait les sciences estimables, elles s'éteignirent dans leur empire. Il y avait dans l'empire de Constantinople beaucoup de moines, plusieurs vivaient dans la retraite, dans la contemplation; ils avaient établi des maximes et des pratiques pour la vie contemplative. La gloire céleste était l'objet de tous leurs vœux, elle devint le sujet de toutes leurs méditations; ils s'agitaient, tournaient la tête, roulaient les yeux, et faisaient des efforts incroyables pour s'élever au-dessus des impressions des sens, et pour se détacher de tous les objets qui les environnaient, et qui leur semblaient attacher l'âme à la terre. Tous les objets se confondaient alors dans leur imagination; ils ne voyaient rien distinctement, tous les corps disparaissaient, et les fibres du cerveau n'étaient plus agitées que par ces espèces de vibrations qui produisent des couleurs vives, qui naissent comme des éclairs, lorsque le cerveau est comprimé par le gonflement des vaisseaux sanguins; quelquefois même cet état conduit à ces espèces de défaillances qui ôtent presque tout sentiment, excepté celui d'une lumière extraordinaire, qui procure à l'âme un plaisir délicieux (2). Les moines contemplatifs, dans la ferveur de leurs méditations, aperçurent cette lumière, et la regardèrent comme un rayon de la gloire des bienheureux, et crurent l'apercevoir à leur nombril.

Au commencement du quatorzième siècle, Grégoire Palamas, moine du mont Athos, prétendit que cette lumière était celle qui avait paru sur le Thabor, qu'elle était incréée, incorruptible, et l'essence même de Dieu. Un moine, nommé Barlaam, attaqua ces sentiments; les quiétistes le défendirent, remplirent Constantinople de leurs écrits, répandirent leur doctrine, persuadèrent; et Constantinople fut remplie de quiétistes qui priaient sans cesse, et qui, les yeux collés sur le nombril, attendaient toute la journée la lumière du Thabor ; les maris quittèrent leurs femmes, pour se livrer sans distraction à ce sublime exercice; les femmes se plaignirent, et Constantinople fut remplie de trouble et de discorde. On assembla cinq conciles, et l'on décida que la lumière du Thabor était incréée (3).

Pendant tous ces troubles, les Turcs avaient traversé l'Hellespont, et s'étaient établis en Europe; ils avaient pris plusieurs places fortes dans la Thrace, s'étaient rendus maîtres d'Andrinople, et en avaient fait le siége de leur empire. Les empereurs grecs sentirent alors combien ils avaient besoin des Latins, et ils ne cessaient de négocier pour procurer la réunion de l'Eglise grecque et de l'Eglise latine; mais ils trouvaient dans leurs sujets une opposition invincible, et l'on ne s'occupa qu'à justifier le schisme et à faire quelques ouvrages de piété. On écrivait cependant assez bien, et les écoles de grammaire et de rhétorique subsistaient à Constantinople (4).

Le désir de se distinguer par une sainteté extraordinaire, qui s'était allumé dans l'Occident pendant le treizième siècle, devint pendant le quatorzième une espèce de passion épidémique dans le peuple et parmi les religieux. Les cordeliers se divisèrent sur la forme de leurs habits : les uns voulaient porter des habits courts et d'une grosse étoffe, les autres les voulaient plus longs et d'une étoffe moins grossière; plusieurs prétendirent qu'ils n'avaient pas même la propriété de leur soupe. Les papes et les souverains prirent part à ces disputes : on lança l'excommunication contre eux ; enfin on en brûla plusieurs (5).

Ici, c'étaient des moines et des laïques qui faisaient consister la perfection dans la pratique de la plus rigoureuse pauvreté, et qui, de peur d'avoir droit à quelque chose, ne travaillaient jamais, et prétendaient que leur conscience ne leur permettait pas de travailler pour une nourriture qui périt. Là, on voyait des hommes qui, pour porter plus loin que saint François la ressemblance avec Jésus-Christ, se faisaient emmailloter, mettre dans un berceau, allaiter par une nourrice, et circoncire. Tantôt, c'était un homme qui prétendait être saint Michel, et que ses disciples, après sa mort, crurent être le Saint-Esprit. Ceux-ci assuraient que tous ceux qui porteraient l'habit de saint François seraient sauvés, et qu'il descendrait tous les ans en enfer, pour en retirer tous ceux de son ordre. Ceux-là prétendaient qu'un ange avait apporté une lettre dans laquelle Jésus-Christ déclarait que, pour obtenir le pardon de ses péchés, il fallait quitter sa patrie et se fouetter durant trente-quatre jours, en mémoire

---

(1) Rainald sur le XIVᵉ siècle. Balus. Hist. Pap. Avenion, Hist. du sch. des pap., par M. Dupuy. — [Tel était le droit public reconnu par les souverains de l'Europe à cette époque; mais l'Eglise n'a jamais rien défini d'une manière générale et pour tous les temps. (Note de l'éditeur.)]
(2) Gazette d'Epidaure, 1761, 1ᵉʳ sem., n. 5; 2ᵉ sem., n. 4.

(3) Addit. à la Bibl. des PP. 1762, dernière partie, p. 136. Dupin, XIVᵉ siècle. Alex., XIᵉ siècle. Panop., adversus Schism. Græc. Fabr., Bibl. Græc., t. X, p. 444.
(4) Dupin, XIVᵉ siècle, ch. 6, loc. cit.
(5) Rainald. sur le XIVᵉ siècle. Vading., Annal. minor. Balus., t. I Miscell. Emeric, Direct. Inquis., p. 2. Balus., Vit. Pap. Avenion. Du Boulai, Hist. univ., t. IV.

du temps qu'il avait passé sur la terre. Toutes ces opinions eurent des sectateurs, et se répandirent dans toutes les provinces de l'Europe.

Ces hommes, tendant à la perfection, formaient une société dont les membres s'aimaient plus tendrement que ceux de la société générale ; ils s'aperçurent que leurs efforts vers la perfection ne les avaient pas affranchis de la tyrannie des passions, ils les regardèrent comme un ordre de la nature, auquel il fallait obéir, et se retranchèrent tout ce qui était au delà du besoin : la fornication était une action louable, ou du moins innocente, lorsqu'on était tenté : un baiser était un crime énorme. Tous ces pelotons d'hommes et de femmes formèrent les sectes des bégards, des frérots, des frères spirituels, des apostoliques, des dulcinistes, des flagellants, des turlupins.

Jean XXII excommunia les frérots et leurs fauteurs. Les sectaires attaquèrent l'autorité qui les foudroyait, et distinguèrent deux Eglises : une qui était toute extérieure, qui était riche, qui possédait des domaines et des dignités. Le pape et les évêques, disaient les sectaires, dominent dans cette Eglise, et peuvent en exclure ceux qu'ils excommunient ; mais il y a une autre Eglise, toute spirituelle, qui n'a pour appui que sa pauvreté, pour richesse que sa vertu. Jésus-Christ est le chef de cette Eglise, et les frérots en sont les membres : le pape n'a aucun empire sur cette Eglise. Pour se concilier les princes, ils mêlèrent dans leurs erreurs des propositions contraires aux prétentions des papes ; ils soutenaient que le pape n'était pas plus le successeur de saint Pierre que les autres évêques, que le pape n'avait aucun pouvoir dans les Etats des princes chrétiens, et que nulle part il n'avait la puissance coactive.

On sévit partout contre ces sectaires : on en brûla un nombre prodigieux, mais on ne les anéantit pas ; ils se dispersèrent, s'unirent aux restes des albigeois : tels furent les lollards.

Leur haine contre les papes leur concilia la protection des ennemis de la cour de Rome dans une partie de l'Europe : ainsi les rigueurs et les bûchers portèrent partout le ferment du schisme et les principes de la révolte contre les papes et contre l'Eglise; et ces principes, pour produire des sectes plus éclatantes et plus dangereuses, n'avaient besoin que de tomber dans une tête qui pût leur donner de l'ordre et les rendre spécieux. Il était difficile qu'elle n'existât pas cette tête dans un siècle où l'on cultivait la philosophie, où l'on avait agité avec tant de passion tout ce qui avait rapport aux papes et aux souverains, où les papes avaient porté leurs prétentions jusqu'à se déclarer maîtres de toutes les couronnes du monde. Elle se trouva en effet cette tête, et ce fut celle de Wiclef qui attaqua la cour de Rome dans ses sermons et dans ses écrits, et qui réunit tout ce qu'on avait dit contre le pape, contre le clergé, contre l'Eglise, contre les cérémonies, contre les sacrements.

Dans les écoles, les philosophes étudiaient Aristote et les Arabes qui l'avaient commenté : plusieurs personnes adoptèrent leurs principes sur l'astrologie judiciaire, attribuèrent tous les événements aux astres, et prétendirent trouver dans leur disposition l'explication de tous les événements civils, de l'origine et du progrès de toutes les religions, même de la religion chrétienne ; tel fut Cœcus Asculan.

D'autres adoptèrent les principes métaphysiques de ces philosophes, ou même entreprirent de les concilier avec la religion, et s'égarèrent ; tels furent Utricourt, de Mercourt, Ekard (1).

QUINZIEME SIECLE [2].

CHAPITRE PREMIER.
Etat politique des empires pendant le quinzième siècle,

*Après la mort de Bajazet, ses enfants se divisèrent, et l'empire de Constantinople fut en paix. Lorsque Mahomet eut réuni les Etats de ses frères, il recommença la guerre contre les Grecs. L'empire grec touchait à sa ruine ; l'empereur implora le secours des princes d'Occident, il résolut de réunir l'Eglise grecque avec l'Eglise latine, et l'union se fit. Le décret d'union procurait de grands secours à l'empire de Constantinople, il ne changeait rien dans la discipline des Grecs, il n'altérait en rien la morale ; cependant le clergé ne voulut ni accéder au décret, ni admettre aux fonctions ecclésiastiques ceux qui l'avaient signé. Bientôt l'on vit contre les partisans de l'union une conspiration générale du clergé et du peuple, et surtout des moines qui gouvernaient seuls les consciences et qui soulevèrent jusqu'à la plus vile populace. Ce soulèvement général força la plupart de ceux qui avaient travaillé à l'union de se rétracter : on attaqua le concile de Florence, et tout l'Orient condamna l'union qui s'y était faite. L'empereur voulut soutenir son ouvrage, on le menaça de l'excommunier s'il continuait de communiquer avec les Latins : tel était l'Etat du successeur de Constantin le Grand.

Tandis que les Grecs se déchiraient ainsi, Amurat et Mahomet II s'emparaient des places de l'empire, et tout annonçait la conquête de Constantinople ; mais le schisme et le fanatisme comptent pour rien la destruction des empires ; et les Grecs regardaient comme une impiété d'hésiter entre la perte de l'empire et la séparation d'avec l'Eglise latine. Mahomet II profita de ces désordres, assiégea Constantinople, et s'en rendit maître vers le milieu du quinzième siècle.

L'empire d'Allemagne était rempli de

---
(1) Dup., XIVᵉ siècle ; d'Argentré, Collect. jud., t. I. Exam. du Fatalisme, t. I.

(2) Le quinzième et le seizième siècle de Pluquet ont été modifiés. Les siècles suivants ont été ajoutés. (*Note de l'éditeur.*)

désordres et de troubles ; les empereurs n'avaient plus de pouvoir en Italie; Jean II s'était uni au duc d'Anjou contre Ladislas, roi de Naples; le duc de Milan voulait s'emparer de Florence, de Mantoue, de Bologne, etc. Robert le Bref, ou le Débonnaire, qui succéda à Venceslas, ne put rétablir l'ordre dans l'empire non plus que ses successeurs (1).

Charles VI régnait en France au commencement de ce siècle; tout y fut en confusion par l'imbécillité de ce prince, par l'ambition du duc de Bourgogne et du duc d'Orléans, par le meurtre de ce dernier qui fit passer la couronne sur la tête du roi d'Angleterre, par l'effort que Charles VII fit pour recouvrer le royaume, par les brouilleries du dauphin avec Charles son père; enfin par les démêlés de Louis XI avec les ducs de Bourgogne, de Berry, de Bretagne, etc., par les guerres de Charles VIII contre une partie de ces souverains et en Italie (2).

Tandis que les seigneurs et les souverains se faisaient ainsi la guerre, Grégoire XII et Benoît XIII se disputaient le siége de Rome. Le concile de Pise les déposa, et nomma Jean XXIII. On vit alors trois papes entre lesquels l'Europe se partagea. Tous les souverains s'intéressèrent à l'extinction du schisme que le concile de Constance fit enfin cesser. Il y avait dans l'Etat ecclésiastique des désordres comme dans les Etats politiques, et le concile de Constance indiqua un concile à Pavie pour travailler au rétablissement de l'ordre et de la discipline. Pour différentes raisons, ce concile fut transféré de Pavie à Sienne, et de Sienne à Bâle, d'où le pape Eugène voulut le transférer à Ferrare. Les Pères assemblés à Bâle s'y opposèrent. Le pape cassa le concile, le concile déposa le pape et élut Amédée de Savoie, qui prit le nom de Félix V. Eugène excommunia Félix et le concile. Les Pères de Bâle cassèrent ce décret, et les deux papes partagèrent l'Occident jusqu'à la mort d'Eugène, auquel Nicolas V succéda; la douceur de ce pape rendit la paix à l'Eglise : Félix se démit et le schisme cessa.

Les successeurs de Nicolas V prirent beaucoup de part aux guerres d'Italie, et s'occupèrent à réunir les princes chrétiens contre les Turcs ou à l'agrandissement de leurs familles (3).

CHAPITRE II.
Des hérésies pendant le quinzième siècle.

Les questions qui s'étaient agitées avec beaucoup de chaleur dans le siècle précédent, occupaient encore et partageaient presque tous les esprits pendant le quinzième siècle. La plus grande partie des théologiens et des jurisconsultes attaquaient ou défendaient les droits et les prétentions des papes et des souverains; les religieux s'efforçaient d'étendre les priviléges qu'ils obtenaient de Rome, et de se concilier la confiance du peuple au préjudice du clergé séculier, qui de son côté combattait vivement les prétentions des réguliers.

Le trouble et la confusion de l'Occident avaient fait naître dans tous les états et dans le clergé même des passions, et quelquefois une licence que les ennemis de l'Eglise exagéraient, et que les personnes vertueuses voulaient réprimer en rétablissant l'ordre et la discipline.

Il y avait donc trois sentiments dominants qui partageaient tous les esprits. Dans le premier, on prétendait soumettre tout à la puissance du pape et de l'Eglise; dans le second, on s'efforçait de les dépouiller de tout; dans le troisième, on voulait renfermer le pouvoir du pape et du clergé dans de justes bornes, et réformer les abus qui s'étaient introduits dans l'Eglise.

Ce troisième sentiment prévalut partout où le nombre des hommes éclairés et modérés dominait; partout où il fut le plus petit, les deux premiers sentiments fermentèrent, échauffèrent les esprits, produisirent la discorde, ou allumèrent la guerre, selon la disposition des esprits.

Le royaume de France, rempli d'hommes éclairés, de théologiens savants, d'universités célèbres, conserva sa liberté sans s'écarter de l'attachement et du respect dû au saint-siége. On n'y vit que quelques écarts, produits par un zèle indiscret, qui furent condamnés aussitôt qu'aperçus, et qui n'eurent point de défenseurs.

Cependant le scandale était donné; le respect dû au successeur de Pierre, aux successeurs de tous les apôtres et aux sacrés conciles, était prodigieusement affaibli par la continuité des murmures et des clameurs contre le relâchement du chef et des membres de l'Eglise. Du fond sauvage de la Bohème il s'éleva un homme vain, présomptueux, ami de la nouveauté, non moins hardi à s'avancer, qu'incapable de revenir sur ses pas, cabaleur ténébreux, hypocrite habile et d'une malignité profonde; en un mot, Jean Hus, doué au point suprême des malheureux talents qui font les hérésiarques. Dès le siècle précédent, Wiclef, en Angleterre, avait répandu une doctrine qui, sous prétexte de réforme, anéantissait toute puissance légitime, soit politique, soit ecclésiastique; qui renversait, avec le libre arbitre, tous les principes des mœurs, et s'attaquait même à nos plus sacrés mystères ; il mit le royaume tout en feu, et souvent à deux doigts de sa ruine entière. Ses écrits s'étaient multipliés et avaient été portés dans toute l'Europe. Au sein de la Bohème, Jean Hus, semblable à ces odieux reptiles qui recueillent dans tous les lieux infects les poisons qui font leurs affreuses délices, avait trouvé moyen de s'abreuver à longs traits de ces sucs impurs, se les était appropriés, incorporés, pour ainsi

---

(1) Hist. gén. d'Allemagne du P. Bare, t. I. Hist. de l'Emp. par Heiss, tom. I, et II.
(2) Mex., Vie de Charles VI. Gerson op., t. I. Thoüas, t. II. Actes de Rymer, t. VIII. Extraits des Actes par M. Leclerc, p. 84.
(3) Gerson, t. I. Gersoniana, l. I, tom. II, part. I et II. Dupuy, Hist. du schisme. Rainald. Spond., Onuphr., Collect Conc., t. XI, XII, XIII. Lenfant.

dire, et avait rencontré différents Bohémiens de mêmes dispositions que lui, spécialement Jérôme de Prague, avec le secours duquel il infecta, en assez peu de temps, une bonne partie de cette ville et de son université, qui, alors dans son enfance, était peu capable de se tenir en garde.

Il anima d'abord les peuples contre les prêtres et les moines, qu'il accusait généralement d'ignorance et de dissolution ; puis contre tout l'ordre hiérarchique, sans épargner les premiers prélats, ni le souverain pontife. On n'a pas oublié qu'il soutenait en termes exprès que, si le pape, ou un évêque, ou tout autre prélat, était en péché mortel, il n'était plus ni pape, ni évêque, ni prélat. Il ne suffisait pas même, selon lui, d'être en état de grâce pour avoir part à la juridiction ecclésiastique : mais il fallait être prédestiné, puisqu'il compose l'Eglise des prédestinés seuls, et que, pour avoir un caractère d'autorité dans l'ordre ecclésiastique, il faut au moins être membre de l'Eglise. Qu'on se rappelle aussi les images et les expressions injurieuses dont il revêtait ses dogmes séditieux, quand il enseignait que le pape en état de péché, qu'un pape qui n'est pas prédestiné doit, comme Judas, être nommé larron, fils de perdition, suppôt de satan, et nullement chef de la sainte Eglise militante. Au sujet de l'interdit et des autres censures, il publiait que le clergé les avait introduites pour asservir les peuples, ou pour épouvanter ceux qui s'opposaient à sa dépravation, et qu'elles ne provenaient que de l'antechrist. On a vu les fermentations et les animosités que ce genre d'enseignement causa parmi d'ignorantes et farouches peuplades. Jean Hus et Jérôme de Prague les expièrent enfin par un cruel supplice, mais sans ouvrir les yeux à leurs compatriotes fascinés.

La secte fit des saints de ces deux renégats : pour les venger, elle excita aussitôt une violente sédition, qui de Prague se répandit par toute la Bohême ; et l'anarchie devint pour une longue suite de règnes l'état permanent de cette malheureuse nation. Le chambellan Trocznou, si fameux depuis sous le nom de Ziska, se mit à la tête d'un vil amas de paysans et de vagabonds, dont il fit bientôt les plus vaillants, mais aussi les plus atroces guerriers du Nord. Le pillage, l'incendie, les cruautés ordinaires ne causant plus un plaisir assez vif à des monstres assouvis de carnage, il fallut à leur goût émoussé des prêtres brûlés à petit feu, ou appliqués nus sur des étangs glacés ; des seigneurs de premier rang étendus par terre, pieds et mains coupés, et, comme le blé en gerbe, battus à coups de fléaux ; des habitants de villes entières, prêtres et laïques, femmes et enfants, brûlés tous ensemble dans les églises, avec les ornements sacrés. L'aspect seul de ces monstres sauvages, leurs regards sinistres, leur démarche farouche, la longueur hideuse de leur barbe hérissée, leur chevelure horriblement négligée, leurs corps demi-nus et tout noircis par le soleil, leur peau tellement durcie par les vents et les frimas, qu'elle semblait une écaille à l'épreuve du fer ; tout en eux imprimait la terreur : tout annonçait la scélératesse et le long usage de l'atrocité.

Tels furent néanmoins, à ce qu'ils affirmaient avec arrogance, les hommes suscités pour rétablir dans l'Eglise la pureté de l'Evangile et de la discipline primitive. Ils bâtirent une ville qu'ils nommèrent Thabor, comme destinée à la manifestation des vérités les plus sublimes de la religion. Emulos des thaborites, les horébites, ainsi appelés d'une montagne qu'ils assimilèrent à celle où le Seigneur avait donné à Moïse les tables de la loi, ne s'arrogèrent pas moins d'autorité que n'en avait eu ce premier législateur du peuple de Dieu. D'autres encore s'établirent dans un repaire semblable, pratiqué au sommet de la montagne qu'ils nommèrent Sion, comme un lieu chéri du ciel, d'où la vertu et la vérité devaient se répandre par tout l'univers. Il n'y eut pas jusqu'aux sales adamites qui ne donnassent pour la réforme de l'Eglise et pour le renouvellement de l'innocence originelle, l'usage infâme où ils étaient d'aller entièrement nus par troupes nombreuses d'hommes et de femmes confondus ensemble ; ce qui les plongea dans une corruption si affreuse, qu'elle excita l'horreur même des autres sectaires, que l'intérêt qu'ont toutes les sectes à se tenir unies contre l'Eglise empêcha à peine de venger la nature si indignement outragée.

Quelles furent donc les ressources de l'Eglise dans des conjonctures si difficiles ? Les armes peut-être des princes chrétiens, dont les droits n'étaient pas moins violés que ceux de la religion ? Sigismond, empereur et roi de Bohême, fit à la vérité tous ses efforts pour réduire ces rebelles impies : cinq fois il marcha contre eux avec de fortes armées ; mais cinq fois il tourna le dos sans avoir presque envisagé l'ennemi. La peau de Ziska, convertie après sa mort en tambour, suffisait encore pour mettre en fuite cet empereur, très-hardi contre les prêtres et dans les conciles ; mais très-mal partagé en savoir militaire, et pas mieux en valeur. La politique fut-elle plus utile à l'Eglise que le glaive impérial ? L'empereur, plus habile en effet à négocier qu'à vaincre, réussit, à force d'argent et de sacrifices de toute espèce, à gagner Ziska, mais seulement à la veille du trépas de cet ennemi terrible, et sans aucun avantage réel. Les députés que l'assemblée de Bâle envoya ensuite pour traiter à Prague, avancèrent davantage. De vingt-deux articles de réformation ou de subversion que demandaient les sectaires, ils se réduisirent à quatre ; et moyennant la concession du premier, qui pouvait se tolérer, savoir : la communion sous les deux espèces, les moins emportés d'entre eux agréèrent encore les modifications qu'on mit aux trois autres. Mais au fond, la condescendance ne devait guère plus contribuer que la force extérieure à la réduction de l'hérésie : heureusement, une moitié des sectaires qui joignait aux préventions communes les impiétés particulières de Wiclef, fit horreur à l'autre. Les calixtins, c'est-à-dire la noblesse et la meilleure bourgeoisie, contents de la communion du calice, rougirent d'être unis plus longtemps, soit avec les brigands du Thabor, soit avec ceux qui avaient pris le nom d'orphelins à la mort de Ziska; ils aimèrent mieux rentrer avec honneur sous l'obéissance d'un maître auguste, que de rester sous le joug honteux d'un prêtre apostat, du vil et superbe Procope, qui les traitait en esclaves. Les calixtins s'étant ainsi réunis aux catholiques, tous les bandits décorés du nom de réformateurs furent exterminés, ou du moins dissipés.

Il est vrai que la secte se releva dans la suite à l'aide d'un mauvais prêtre à qui toute religion était bonne, pourvu qu'elle le conduisît à la fortune. Roquesane, pour parvenir au siége archiépiscopal de Prague, flatta l'ambition du régent Pogebrac, qui de son côté aspirait au trône de Bohême; et comme leurs desseins ne pouvaient réussir qu'à la faveur des divisions et des troubles, tous deux appuyèrent, chacun à sa façon, de turbulents sectaires si favorables à leurs vues. Pogebrac, une fois sur le trône, vit le schisme et les factions d'un tout autre œil que lorsqu'il avait été question d'y parvenir. Il s'était servi d'une secte séditieuse, afin d'établir sa puissance : pour assurer cette même puissance, avec la tranquillité publique, il résolut d'exterminer au moins les plus séditieux des sectaires : et Roquesane, toujours moins attaché à l'hérésie qu'à la fortune, employa jusqu'à la fourberie contre les hérétiques pour seconder le projet du nouveau roi. L'Église compta peu sans doute sur un tel prince et sur un tel archevêque, qui, après leur réunion au centre visible de l'unité, retournèrent en effet au schisme quand ils le crurent de nouveau favorable à leur intérêt; mais la secte, minée peu à peu par leurs variations, se trouva enfin presque anéantie. Quand ces deux apostats, à quinze jours de distance l'un de l'autre, furent frappés de mort, elle était réduite à un tel point d'abaissement, que le vil artisan Pierre Relesiski, sous la conduite de qui elle se rangea, lui parut un chef distingué; voilà néanmoins l'origine de ces frères de Bohême que Luther s'attacha dans la suite comme un précieux renfort.

SEIZIEME SIECLE.

CHAPITRE PREMIER.
Etat de la société.

La conquête de l'empire grec ne remplit pas les désirs ambitieux des Ottomans; ils attaquèrent les États de l'occident, et s'établirent en Hongrie. La fureur des conquêtes n'était plus aussi active que dans les premiers temps de leur établissement; mais elle se ranimait de temps en temps : leurs projets de guerre inquiétaient toute l'Europe, et suspendaient ou changeaient les projets de guerre des souverains d'Occident, et surtout de l'Allemagne, pour laquelle les mouvements des Turcs étaient dangereux.

Les souverains pontifes s'efforcèrent de réunir les princes chrétiens contre ces ennemis de la chrétienté, mais sans beaucoup de succès; ils levèrent d'abord des décimes sur le clergé, mais on s'y opposa.

Les Français avaient abandonné l'Italie, sous Charles VIII; depuis ce temps, les Vénitiens, le pape et Sforce étaient devenus ennemis. Louis XII profita de leurs divisions pour rentrer en Italie. Alexandre VI s'unit à lui, et il se rendit maître du Milanais en vingt jours.

L'empereur Maximilien d'Autriche craignait que Louis, uni avec le pape, ne se rendît maître de l'Italie et ne transférât la couronne impériale dans la maison de France. Ferdinand craignait pour le royaume de Sicile, et ne pouvait exécuter le projet de s'emparer du royaume de Naples, tant que les Français domineraient en Italie.

L'Italie devint donc le théâtre de la guerre, et l'objet de l'ambition des rois de France, des empereurs et des rois d'Espagne, jusqu'à l'abdication de Charles-Quint.

La puissance du pape fut importante en Italie et dans toute l'Europe, par ses états, par son empire sur l'esprit des peuples, par la facilité qu'il avait de négocier dans toutes les cours de l'Europe, par le moyen des évêques, des ecclésiastiques, des religieux qui lui étaient soumis, qui dirigeaient les consciences des rois, qui étaient puissants dans toutes les cours. Ces avantages firent rechercher l'alliance du pape par les différents princes, et ses intérêts ne lui permettaient pas de garder la neutralité entre des puissances redoutables; il lui fallut prendre parti comme prince temporel.

Le pape eut donc à remplir en même temps les règles que la politique lui prescrivait comme prince temporel, et les obligations que la religion lui imposait comme chef de l'Église. Dans le premier état, il n'avait pour but que son agrandissement, et pour loi que des maximes de la politique; comme pape et chef de l'Église, il n'avait pour objet que le bien de la religion, la paix des chrétiens, le bonheur de l'Europe; et pour loi, que la charité, la justice et la vérité.

Le devoir de chef de l'Église céda quelquefois à l'intérêt du souverain temporel : c'est ainsi qu'on reproche à Jules II de s'être conduit en prince italien, et non pas en pape, lorsqu'il entreprit de chasser les Français d'Italie; parce que le père commun des chrétiens doit éviter la guerre et l'effusion du sang, et traiter également bien tous les princes chrétiens. Enfin il y eut des papes qui firent servir leur puissance temporelle et spirituelle à l'avancement de leurs familles, ou à leurs passions; tels furent, au commencement de ce siècle, Alexandre VI et Jules II.

Pour fournir aux frais de la guerre, les papes avaient imposé des taxes sur les biens ecclésiastiques dans tout l'occident, et fait sortir de tous les États chrétiens des sommes considérables. Le clergé ne se soumettait qu'avec beaucoup de peine à ses impositions; et lorsqu'on avait connu clairement que les papes s'en servaient pour leurs intérêts temporels, on les avait refusées en France et en Allemagne.

Cependant les papes y jouissaient des annates et de plusieurs droits très-onéreux au peuple et au clergé, qui procuraient à Rome de grandes sommes, et qui appauvrissaient les États, dans un temps où le commerce ne réparait pas encore ces pertes, et où l'on veillait avec beaucoup de soin, pour empêcher le transport de l'argent dans les pays étrangers : on trouve dans une lettre d'Érasme, que l'on visitait tous ceux qui sortaient d'Angleterre, et qu'on ne leur laissait pas emporter plus de la valeur de six angelots. (Erasme, *ép.* 65. L'angelot était une monnaie d'or, de 7 deniers 3 grains.)

La puissance du pape et celle du clergé s'affaiblissaient donc dans l'Occident, et elle y avait beaucoup d'ennemis, et des ennemis puissants.

Beaucoup de personnes éclairées savaient que cette puissance que l'on attaquait avait inspiré l'humanité, donné des mœurs aux peuples barbares qui avaient conquis l'Occident; elles croyaient que les abus mêmes dont on se plaignait étaient moins funestes au bonheur de l'humanité que l'état qui avait précédé l'époque de la grandeur et de la puissance temporelle de l'Église de Rome et du clergé. Des théologiens et des jurisconsultes avaient écrit en faveur de leurs droits et de leurs prétentions, et les papes les défendaient avec les anathèmes et les foudres de l'Église. Il y avait donc dans tous les pays catholiques un principe d'intérêt matériel, qui tendait sans cesse à soulever les esprits contre la cour de Rome, et un motif de religion, d'amour du bien public et de crainte qui les lui soumettait. Mais comme on ne corrigeait pas les abus dont on se plaignait, la force de l'intérêt contraire au pape augmentait, et les motifs de soumission à sa puissance s'affaiblissaient de plus en plus. Ainsi il se forma dans une infinité d'esprits une espèce d'équilibre entre le principe d'intérêt qui tendait à les soulever contre Rome, et la crainte qui les lui assujettissait.

CHAPITRE II.
Naissance de la Réforme.

Dans cet état de choses, Léon X fit publier des indulgences dans tout le monde chrétien (1517), en faveur de ceux qui contribueraient de leurs aumônes tant aux frais de la guerre contre le sultan Sélim, qui faisait trembler toute l'Europe après avoir subjugué l'Égypte, qu'à la construction de la superbe église de Saint-Pierre de Rome, que ce pontife avait résolu d'achever. Quoique les augustins fussent ordinairement chargés, en Allemagne, de la prédication des indulgences, de même qu'une semblable commission avait été donnée aux franciscains sous Jules II, en trois différentes occasions, Léon X, ou plutôt l'archevêque de Mayence, accorda cette fois la préférence aux dominicains. L'augustin Jean Staupitz, vicaire-général de son ordre, pour qui la publication des indulgences ne constituait pourtant pas un privilège exclusif, en conçut un lâche dépit, qu'il fit passer dans l'âme fougueuse de Martin Luther, l'un de ses religieux. Les abus que commettaient les quêteurs et les propositions outrées qu'ils débitaient en chaire sur leur pouvoir fournirent à ce moine jaloux l'occasion de développer le germe et de répandre le venin des erreurs qui se trouvaient déjà dans les thèses publiques qu'il avait fait soutenir à Wittemberg dès 1516. Après avoir attaqué l'abus des indulgences, le réformateur attaqua les indulgences mêmes; et telles furent les premières étincelles de ce vaste incendie qui, sous le nom de réforme, embrasa une si grande partie de l'Europe.

Pour procéder avec ordre à nous en former quelque idée, apprécions-en les auteurs, l'objet, les moyens, si toutefois il est possible de concevoir ce que nos yeux, témoins de la réalité, ont encore peine à ne point regarder comme une chimère. Les auteurs de la réforme, qui entraîna dans l'apostasie le tiers de l'Europe, furent Luther et Calvin par excellence : Luther secondé par Mélanchthon, et Calvin par Théodore de Bèze; Zwingle, d'un autre côté, aidé par OEcolampade; puis la troupe des séducteurs en sous-ordre, Carlostad, Bucer, l'impie Osiandre, l'atroce Jean de Leyde, les deux Socin et tant d'autres blasphémateurs, soit de la divinité de Jésus-Christ, soit des autres points capitaux de la foi chrétienne.

Et quelles étaient les vertus, ou le caractère d'autorité de ces hommes prétendus suscités de Dieu, de ces restaurateurs de l'Église, de ces nouveaux prophètes? Luther, moine apostat, et corrupteur d'une religieuse apostate, ami de la table et de la taverne, insipide et grossier plaisant, ou plutôt impie et sale bouffon, qui n'épargna ni pape, ni monarque, d'un emportement d'énergumène contre tous ceux qui osaient le contredire, muni, pour tout avantage, d'une érudition et d'une littérature qui pouvaient imposer à son siècle ou à sa nation, d'une voix foudroyante, d'un air altier et tranchant : tel fut le nouvel évangéliste, ou, comme il se nommait, le nouvel ecclésiaste qui mit le premier l'Église en feu sous prétexte de la réformer, et, pour preuve de son étrange mission, qui demandait certainement des miracles de premier ordre, il allégua les miracles dont se prévalait l'Alcoran, c'est-à-dire les succès du cimeterre, les progrès des armes, les excès de la discorde, de la révolte, de la cruauté, du sacrilège et du brigandage.

Calvin, moins voluptueux, où, comme on doit le faire remarquer, plus gêné par la faiblesse de sa complexion, puisqu'il ne laissa point que de s'attacher à l'anabaptiste Idelette; moins emporté aussi, moins arrogant, moins sujet à la jactance que Luther, était d'autant plus orgueilleux qu'il se piquait davantage d'être modeste, et que sa modestie même faisait la matière de son ostentation; infiniment plus artificieux, d'une malignité et d'une amertume tranquilles, mille fois plus odieuses que tous les emportements de son précurseur, orgueil qui perçait tous les voiles dont il s'étudiait à l'envelopper ; qui, malgré la bassesse de sa figure et de sa physionomie, se retraçait sur son front sourcilleux, dans ses regards altiers et la rudesse de ses manières, dans tout son commerce et sa familiarité même, puisque, abandonné à son humeur chagrine et hargneuse, il traitait les ministres ses collègues avec toute la dureté d'un despote entouré de ses esclaves. Mais sur quoi se fondait ce réformateur pour s'arroger cette mission ? Sur le dépit conçu de ce qu'on avait conféré au neveu des connétables de France le bénéfice que l'orgueil extravagant de ce petit-fils de batelier briguait pour lui-même. On sait qu'avant ce refus il avait déclaré que, s'il l'essuyait, il en tirerait une vengeance dont il serait parlé dans l'Eglise pendant plus de cinq cents ans. Aussitôt qu'il l'eut essuyé, il mit la main à l'établissement de sa réforme.

Le plus recommandable et tout à la fois le plus aveugle partisan de Luther, Mélanchthon, bel esprit, littérateur élégant, et amateur laborieux des langues savantes, n'eut point d'autre titre que ces talents pour s'immiscer dans le régime de l'Eglise et creuser dans les profondeurs terribles de la religion : encore sa conscience réclama-t-elle sans cesse contre sa témérité et contre les écarts effrayants dans lesquels le précipitait son guide. En un mot, on ne peut voir dans Mélanchthon qu'un homme faible, entraîné par un furieux qui le fait frémir, et qu'il ne peut abandonner. Bèze, coopérateur agréable du sombre Calvin, montra lui-même le titre de sa mission écrit dans les yeux de la jeune débauchée qui le retint dans ses lacs jusqu'à l'âge de la décrépitude.

Que nous ont offert de plus évangélique, et le crapuleux Carlostad, et le frauduleux Bucer, et l'impudent Hosen ou Osiandre ? Carlostad, uniquement propre à faire tête à Luther dans une hôtellerie, à lui riposter verre pour verre et injure pour injure, à répondre au souhait de la roue par celui de la corde ou du bûcher ; Bucer, apostat de l'ordre de Saint-Dominique et de la réforme de Luther, aujourd'hui luthérien et demain sacramentaire, tantôt luthérien et zwinglien tout ensemble, tantôt d'un raffinement de croyance qui faisait passer sa foi pour un problème dans tous les partis ; toujours complaisant néanmoins, pourvu que son amour infâme pour une vierge consacrée à Dieu fût transformé en amour conjugal, et que les saints vœux, qu'il n'avait pas le courage d'observer, fussent mis au nombre des abus. Pour ce qui est d'Osiandre, effréné libertin, blasphémateur insensé, il avait si peu de titres à l'apostolat, qu'on a vu Calvin lui-même le renvoyer à la classe des athées.

Zwingle, passé tout à coup du métier des armes à l'état ecclésiastique, où il ne tarda point à s'ennuyer du célibat, n'eut point de meilleur motif que cette instabilité libertine pour lever l'étendard de l'impiété sacramentaire, et point d'autre droit à l'enseignement qu'une présomption fondée sur le don d'éloquence ou de verbiage dont il avait été abondamment pourvu par la nature : ignorant si bouché, qu'il unissait le luthéranisme au pélagianisme ; restaurateur si extravagant de la pureté de l'Evangile, qu'il plaçait dans le ciel, à côté de Jésus-Christ et de la Reine des vierges, Hercule, fils d'Alcmène, adultère ; Numa, père de l'idolâtrie romaine ; Scipion, disciple d'Epicure ; Caton, suicide, avec une foule de pareils adorateurs et imitateurs de leurs vicieuses divinités. Il eut un coopérateur de tout autre poids, d'un talent vraiment propre à faire la fortune d'une secte. Œcolampade avait un tour d'esprit si insinuant, un raisonnement si spécieux, une éloquence si douce, tant de politesse et d'aménité dans la diction, que ses écrits, au rapport d'Erasme, eussent séduit les élus mêmes, s'il eût été possible : mais Œcolampade, religieux d'une insigne piété avant son apostasie ; Œcolampade, qui n'interrompait qu'à regret ses douces communications avec son Dieu, et qui parlait ensuite avec tant d'onction qu'on ne pouvait l'entendre sans être pénétré des mêmes sentiments, ne fut plus qu'un moine libertin aussitôt que son imprudente et présomptueuse curiosité eut ouvert l'oreille aux nouveautés de la réforme ; il franchit les barrières du cloître, céda aux attraits d'une jeune effrontée, et, le premier même des réformateurs apostats, revêtit son sacrilège des formes du mariage.

Nous ne pousserons pas plus loin un dénombrement dont chacun peut aisément suivre le fil dans l'histoire ecclésiastique. Tous les anabaptistes en général, aussi bien que leurs chefs, Storck, Muncer, Jean de Leyde, et tous les impies revêtus du nom de sociniens, d'unitaires, d'antitrinitaires, se sont peints eux-mêmes de leurs vraies couleurs dans l'horrible doctrine qui renverse tous les principes des mœurs aussi bien que les dogmes fondamentaux du christianisme. Leurs œuvres, encore mieux que leurs dogmes, ont fait apprécier leur mission. Finissons donc touchant les auteurs de la réforme ; il est temps d'en considérer l'objet. Semblable à ces reptiles venimeux, qui, écrasés sur la plaie imbibée de leur venin, en sont le plus sûr remède, l'ouvrage de la séduction, découvert aux yeux du fidèle séduit, lui fournira le meilleur antidote. Dans l'ordre de la grâce, comme dans celui de la nature, l'Auteur de toute bonté se plaît à tirer le bien du mal même.

Qu'est-ce donc que Luther entreprit de réformer, de supprimer, de détruire, ou, pour parler plus exactement, que n'entreprit-il pas de détruire, sous prétexte de réformer ? Le croirait-on, si on ne l'avait vu dans ses écrits, dans sa conduite, dans les révolutions trop malheureusement fameuses qu'attestent encore tous les monuments les plus dignes de foi ? Ajouterait-on même foi à tant de témoignages irréfragables, si tant de royaumes et de républiques, ou confédérations, n'offraient toujours ce renversement à nos yeux? Qui croirait, juste ciel! qu'on eût donné et reçu pour réforme, pour le rétablissement et la perfection du vrai christianisme, pour le plus pur Evangile, la prostitution de cette Eglise vierge, dont la vie angélique fixait depuis quinze cents ans le cœur du divin époux? La profanation du célibat ecclésiastique et des vœux sacrés de religion; le mépris des Pères, des saints docteurs, des plus célèbres conciles, de toute tradition et de tout enseignement public? L'abolition de presque tous les sacrements, c'est-à-dire, des canaux salutaires d'où les grâces découlent du ciel sur nous? Le mépris des images et des reliques des saints, du culte du saint des saints, du sacrifice adorable de nos autels, de l'ordre sacré du sacerdoce et de tout ordre ecclésiastique? La dégradation du mariage chrétien, ravalé à cette bassesse charnelle d'où l'avait tiré le Dieu qui n'habite qu'avec l'homme élevé au-dessus de la chair?. La suppression de la pénitence sacramentelle, de toutes les œuvres de satisfaction, et généralement de toute bonne œuvre commandée, auxquelles l'on ne substituait qu'une foi morte et stérile, ou plutôt chimérique; une foi bizarrement assurée, qui, au moyen de cette assurance imaginaire, communiquait une justice tellement inamissible, qu'elle pouvait subsister avec tous les crimes? En un mot, saper du même coup la foi et les mœurs, voilà ce qu'on appelait réforme.

Zuingle et Calvin, allant encore plus loin que Luther, anéantirent tous les sacrements, sans exception: Zuingle lui seul, en rendant le baptême inutile par ses dogmes pélagiens, touchant le péché originel; Zuingle et Calvin, tous les deux ensemble, en réduisant la présence corporelle du Sauveur dans l'Eucharistie, à la simple figure, ou à une simple perception de la foi. Quelle idée même de sacrement pouvaient conserver, soit Calvin, soit les brigands sacrilèges formés à son école, quand ils embrasaient nos temples et brisaient nos tabernacles, foulaient aux pieds nos redoutables mystères, employaient nos vases sacrés aux plus vils, aux plus sales usages? Se fussent-ils portés à ces horreurs, leur eussent-elles attiré les applaudissements de leurs ministres, si la secte eût véritablement regardé l'Eucharistie comme un sacrement, comme un signe institué par Jésus-Christ pour la sanctification de nos âmes, ou seulement comme une figure toujours respectable de son corps et de son sang? Nous ne parlerons point des impiétés plus énormes encore des anabaptistes et des sociniens, désavoués, quoique à tort par les protestants, puisqu'il est de toute notoriété que ces profanateurs divers sont tous sortis de la même souche. La réforme de Luther a incontestablement enfanté tous ces monstres de réforme.

Pour établir une pareille religion, il fallait certes des moyens bien extraordinaires. L'enfer en procura d'assortis au goût dépravé et à la situation critique de chaque nation; ce qui fut particulièrement sensible

DICTIONNAIRE DES HÉRÉSIES. I.

en Allemagne, en Angleterre et en France. L'intérêt en Allemagne, le libertinage en Angleterre, la légèreté ou l'amour de la liberté en France, telles furent les armes de l'hérétique réforme. On commença par abandonner aux princes allemands les biens d'Eglise, très-considérables dans leurs Etats, les beaux domaines, les châteaux et les forteresses, les villes et les souverainetés qu'y possédaient les évêques et un grand nombre d'abbés. Ceux des prélats qui, avec une femme, épousaient le nouvel évangile, demeuraient propriétaires de leurs bénéfices, et en transmettaient les titres d'honneur, aussi bien que les fonds, à leur postérité. Outre les évêchés sans nombre qui devinrent ainsi des héritages profanes, on vit Albert de Brandebourg, grand maître de l'ordre teutonique, s'approprier la Prusse, qui appartenait à ces chevaliers, et frayer aux princes de sa maison la route à la royauté. Les villes impériales furent affranchies de la dépendance du chef de l'empire, et les vassaux ordinaires soustraits à l'autorité de leurs seigneurs. A ceux des prêtres, des moines et des religieuses qui s'ennuyaient de la règle et du célibat on ouvrit les portes des cloîtres, on offrit des femmes ou des maris; le concubinage sacrilège, l'inceste et l'adultère spirituels furent qualifiés de mariages, et le libertinage, de liberté évangélique. Pour le commun des fidèles, on les déchargeait de ce que la pénitence a de plus pénible, en ne les obligeant plus à se confesser qu'à Dieu seul, ainsi que de l'observation des fêtes, du carême, de tous les jeûnes et de toutes les abstinences de précepte; en un mot, de toute observance onéreuse.

Avec les princes qui avaient les passions vives, et qu'on avait un certain intérêt à ménager, la complaisance ne connut aucune borne; les points les plus clairs et les plus incontestables du droit divin ne furent qu'une barrière impuissante. J'en atteste cette consultation à jamais fameuse, à jamais infâme, dans laquelle Luther, Bucer, Mélanchthon et les autres coryphées de la réforme, permirent la polygamie formelle au landgrave de Hesse. Et quel motif allégua-t-on pour accorder cette monstrueuse dispense dont il n'y avait pas un seul exemple parmi les chrétiens depuis l'origine du christianisme? Point d'autre que le tempérament du prince, échauffé par le vin et la bonne chère dans les banquets auxquels la bienséance ne permettait point à la princesse, sa femme, de se trouver. Et, dans le fond, que pouvait exiger Luther en matière de mœurs et de pudeur, lui qui établit généralement ce canon infâme dans son Eglise de Wittemberg: *Si l'épouse est revêche, que le mari fasse approcher la servante; si Vasthi résiste, qu'on lui substitue Esther.* C'était là foncièrement toute la délicatesse de ce nouveau moraliste concernant le mariage, qu'il avait déjà traité dans le même sens avec le roi d'Angleterre. Qu'on se rappelle l'anecdote révélée par le landgrave lui-même en sollicitant sa dispense; savoir que Luther et Mélanchthon

7

avaient conseillé au roi Henri VIII de ne pas insister sur la prétendue nullité de son mariage avec la reine, sa femme, mais d'en épouser une autre avec elle.

Il y eut sans doute des princes et des grands que le ciel préserva de cette séduction grossière. On employa contre ceux-ci la cabale et la violence, les troubles ménagés et fomentés avec artifice, les factions, les séditions, la révolte ouverte, tous les fléaux de la guerre civile prolongée durant deux siècles et revêtue d'un caractère d'atrocité inconnu jusque-là. C'était par principe de religion que l'on poursuivait le souverain légitime, et que l'on déchirait la patrie. Contrairement à la doctrine et à la pratique des premiers fidèles, qui ne savaient que souffrir et mourir, sous les Néron même et les Domitien, il était de maxime dans la réforme, qu'on pouvait, qu'on devait se révolter dès que le prince entreprenait ou était soupçonné d'entreprendre sur les consciences. Et quels furent les fruits de cet enseignement désastreux en France, en Allemagne, en Angleterre, en Hollande, en Suisse, en Pologne, en Hongrie, en Transylvanie ? Qu'on se retrace les règnes déplorables des trois fils de Catherine de Médicis, l'insolence effrénée de Montbrun, les énormes cruautés du baron des Adrets, le sang-froid barbare d'Acier-Crussol, souriant à la soldatesque huguenote ornée de colliers faits d'oreilles de prêtres, les fureurs de Knox en Écosse, et du monstre qu'on nomma comte de Murray, la guerre inhumaine des paysans d'Allemagne, et le royaume infernal de Munster, la moitié des Belges et des Suisses égorgés par l'autre, le crime et le désastre portés à un tel excès par les sectaires voisins des Turcs, que le sultan Soliman II écrivit indigné à la reine Élisabeth de Hongrie, que, si elle continuait à souffrir cette secte abominable, et ne rétablissait pas la religion de ses pères dans tous ses droits, elle ne s'attendît plus à trouver en lui qu'un ennemi déclaré au lieu d'un constant protecteur.

Le pape, au centre de la catholicité, dans le sein de Rome, ne fut point à couvert des attentats des sectaires. On sait tout ce qu'eut à souffrir Clément VII dans le saccagement de cette capitale prise par une armée espagnole, où il se trouvait quinze à dix-huit mille sacriléges animés par le comte luthérien de Fronsberg, nom tristement remarquable dans la liste même de ces hommes funestes que Dieu choisit pour instruments de sa colère (1527). Fronsberg fut frappé de mort avant d'avoir pu décharger sa rage sur la personne du pontife ; mais, d'autant plus furieux, ses nombreux suppôts, par le pillage, par le massacre et tous les raffinements de la cruauté, par l'incendie, le viol et des profanations d'une énormité à peine imaginable, firent éprouver à la malheureuse Rome plus de calamités qu'elle n'en avait jamais souffert de la part des Goths, des Vandales, de tous les barbares ensemble.

Non moins audacieux que les sectaires armés, Luther fit, à sa façon, la guerre au chef de l'Église et à toute la hiérarchie. Son libelle contre l'état ecclésiastique fut comme le tocsin qu'il sonna d'abord contre les évêques, en ordonnant de les exterminer tous sans rémission. Il y prononce doctoralement que les fidèles qui font usage de leurs forces et de leurs fortunes pour ravager les évêchés, les abbayes, les monastères, et pour anéantir le ministère épiscopal, sont les véritables enfants de Dieu ; que ceux, au contraire, qui les défendent sont les ministres de Satan. Le chef de l'épiscopat, ainsi que de toute l'Église, était encore plus outragé. Le nom d'antechrist, passé de la bouche de l'hérésiarque dans celle de tous les hérétiques, ne servant plus qu'imparfaitement sa bile contre le pontife romain, aux termes *cœlestissimus et sanctissimus*, qui sont de style pour énoncer l'élévation de la dignité pontificale, il substitua ceux de *scelestissimus* et de *satanissimus*, très-scélérat, très-diabolique. Les noms de diable, d'âne, de pourceau, répétés sans fin, étaient les figures dont étincelaient les philippiques de ce nouveau Démosthène, ou plutôt les parades cyniques de ce bateleur de carrefour, enchanté du suffrage et des rires désordonnés de la populace.

Quelle fut, au contraire, la conduite de l'Église, si cruellement outragée ? Non, rien ne fait mieux connaître la main qui la soutient et la régit, que sa marche égale, toujours noble et majestueuse, au milieu de tant d'injures capables de lui faire oublier sa propre dignité. Elle cita froidement l'hérésiarque à son tribunal : il répondit qu'il n'y paraîtrait qu'avec vingt-cinq mille hommes armés pour sa défense. Elle lui fit paisiblement les monitions canoniques, les multiplia, en prolongea le terme, poussa la douceur et la longanimité aussi loin que la prudence le pouvait permettre, porta enfin son jugement et en borna la rigueur à retrancher ce membre gangrené du corps mystique de Jésus-Christ (1521). A la fureur séditieuse, à la frénésie, à toute la rage du séducteur anathématisé, aux progrès de la séduction qu'il propage avec des efforts et des succès tout nouveaux, elle continue à n'opposer que le glaive de la parole. Le successeur de Pierre s'attache principalement à confirmer dans la foi ses frères et ses coopérateurs de tout ordre; redouble sa vigilance et sa sollicitude sur toute l'étendue de la maison de Dieu; ranime l'esprit de foi et de zèle dans le sanctuaire, dans les monastères, dans toutes les écoles chrétiennes. Les universités, à l'exemple des évêques, souscrivent au jugement apostolique, et statuent qu'on n'y pourra contrevenir sans se bannir de leur sein. De zélés docteurs, de savants missionnaires se répandent partout, jusque dans les terres où l'erreur siége sur le trône ; ils confondent les prédicants, en convertissent quelques-uns, retiennent ou remettent dans le sein de l'unité les peuples chancelants ; et quand le discernement eut été fait, on retrancha irrémissiblement de la société des fidèles tous les opiniâtres et les incorrigibles.

Quelques prélats des plus élevés, tels que les comtes de Weiden et de Truchsès, archevêques électeurs de Cologne; les Eglises entières de la plupart des villes impériales, les électorats de Saxe, de Brandebourg, du Palatinat et bien d'autres souverainetés d'Allemagne; la moitié de la Suisse, et les états généraux de Hollande; les royaumes d'Angleterre, de Suède et de Danemarck, tout fut retranché de l'Eglise, sans nul égard au dommage que causait cet immense retranchement. C'est au Pasteur éternel à marquer les ouailles qu'il a recueillies; il n'appartient à son vicaire que de les paître et de les régir, après qu'elles ont été incorporées au troupeau. L'Eglise, gardienne, et non pas arbitre du sacré dépôt, ne souscrivit à aucune altération, à aucune modification, à aucune composition; il fallut le recevoir tout entier, ou se voir absolument exclu du bercail. Sur les points mêmes qui ne sont que de droit ecclésiastique, dès que la condescendance lui parut favorable à la licence, elle se montra inflexible. Ainsi nous lui avons vu refuser invinciblement le mariage des prêtres, malgré les demandes si longtemps importunes des princes et des empereurs; ainsi, après tous les attentats du luthéranisme et de toutes les hérésies qui en sont issues, nous avons retrouvé et nous retrouvons encore aujourd'hui dans la communion catholique, non pas seulement la foi, qui n'y changea jamais, mais toutes les observances antiques et universelles. Tels sont, après comme avant Luther, l'eau bénite et toutes nos bénédictions accoutumées, le signe de la croix, l'usage des cierges et de l'encens, les vases et les ornements sacrés, l'ordre des saints offices, la majesté de nos cérémonies, et généralement tous les rites essentiels de nos liturgies anciennes. C'est donc dans son sein, ou dans le sein de Dieu, que l'Eglise puisa les ressources puissantes qui l'ont soutenue contre les attaques de tant de suppôts de l'enfer, déchaînés tous à la fois contre elle dans les derniers siècles.

Cependant les princes portèrent la main à l'arche chancelante, et parurent la soutenir; mais comme ils passaient les bornes dans lesquelles doivent se contenir les puissances terrestres, ils ne pouvaient que la précipiter. Qui ne se souvient des obstacles causés par Charles-Quint, si catholique d'ailleurs, contre l'ouverture et les opérations du concile de Trente, qu'il avait pressé avec tant de chaleur? Des entraves suscitées aux Pères et légats apostoliques? De l'influence qu'il tenta d'exercer jusque sur les décisions de foi, ou du moins sur le choix des matières qu'il convenait de discuter et de décider? De sa tiédeur à l'égard de Clément VII, abandonné au fanatisme d'un Fronsberg, puis retenu prisonnier à Rome, pendant que Charles, déplorant à Madrid les excès des sectaires impériaux, se bornait à prier pour la délivrance de leur captif? On n'a pas oublié non plus toutes ces idées dans lesquelles il ordonnait presque souverainement des affaires de la religion : fléchissant avec trop de faiblesse sous l'empire des circonstances, bien impérieuses, il est vrai, Charles accordait tout aux princes luthériens, pourvu qu'ils lui fournissent des troupes et de l'argent, et signait sans lire, quand il était sûr qu'on avait souscrit à ses demandes. La diète et l'*interim* d'Augsbourg en particulier seront longtemps fameux, parce qu'ils rappellent le projet insensé d'amalgamer ensemble la foi et l'hérésie. On se souvient de l'ambiguité perfide avec laquelle on proposait la foi, et l'on ôtait à l'hérésie ce qui en éloignait davantage le peuple chrétien.

Il en fut de même en France, au moins sous la déplorable administration de la mère des trois Valois. Qu'on se rappelle un instant le fond du système politique de l'ambitieuse Médicis : elle voulait régner sous le nom des faibles rois ses fils; voilà tout ce qu'elle eut de fixe et de sacré. Huguenots et catholiques, la messe ou le prêche; peu lui importait, à ce qu'on a prétendu tenir de sa propre bouche, lequel des partis prévalût, pourvu qu'on ne lui ravît point la domination, son unique idole. On sait encore que pour ne pas la subordonner à leurs caprices, elle empêcha de tout son pouvoir qu'un parti prît jamais l'ascendant sur l'autre, et qu'elle s'étudia constamment à les tenir tous les deux en équilibre. Dès lors, tantôt déclarée pour les Guise ou les catholiques, tantôt pour les Coligny ou les religionnaires, elle ne souffrit jamais qu'on profitât de l'occasion décisive qu'on eut plusieurs fois d'exterminer l'erreur. Il y eut enfin un moment où, voyant que le second des rois ses fils allait lui échapper et transporter sa confiance au chef des calvinistes, qui avaient pourtant juré l'extermination de sa personne et de son trône, elle se crut autorisée à prévenir leur régicide d'une manière sanglante, et réalisa cette exécution qui ne fut peut-être pas moins dommageable à la religion qu'à la France, par la haine désormais insurmontable qu'elle inspira pour l'une et pour l'autre aux religionnaires échappés au massacre. Rappellerons-nous encore la lettre vraiment impie que Catherine, sous la dictée de Montluc, évêque calviniste de Valence, écrivit au pape, pour faire ôter les saintes images des églises, abolir la fête du saint sacrement, et administrer l'eucharistie, comme à Genève, après la confession des péchés en général? Mais qui n'est pas convaincu sans cela que la cour, sous ces tristes règnes, loin d'étayer l'Eglise, n'a servi qu'à lui faire éprouver des secousses plus violentes?

C'était le Maître suprême, jaloux de ce tribut de gloire qu'il ne souffre pas qu'on partage avec lui, qui devait opérer d'une manière inattendue le glorieux chef-d'œuvre du rétablissement de l'Eglise. Au moment arrêté dans ses conseils éternels, il répandit son Esprit sur toute chair; fit prophétiser les fils et les filles d'Israël; suscita une foule de pasteurs, tels que les Thomas de Villeneuve, les Barthélemi des Martyrs, les Charles Borromée, les François de Sales; et sur le trône apostolique les Pie V, c'est-à-dire, tels qu'il les donne à son peuple quand il veut répandre sur lui la plénitude de ses miséricordes. Il suscita des patriarches et des apôtres dans les deux sexes, les Ignace de Loyola, les Gaétan de Thienne, les Philippe de Néri, les Vincent de Paul, les Pierre d'Alcantara, les Jean de la Croix, les Thérèse de Cépède, les Angèle de Bresse, les Françoise de Chantal, et tant d'autres hommes ou femmes de courage également viril, dont les travaux, les exemples et les disciples, qu'une sainte émulation attirait par troupes sur leurs traces, firent en peu d'années refleurir les mœurs et la ferveur dans tous les Etats.

DIX-SEPTIEME SIECLE.

CHAPITRE PREMIER.

Etat de la société au seizième et au dix-septième siècle.

Lorsqu'on examine l'état de la société à la fin du seizième siècle et au commencement du dix-septième, les regards de l'observateur se fixent surtout sur la France. Cela tient sans doute à ce que les révolutions qui se sont accomplies au sein de ce royaume nous touchent de plus près; mais aussi à ce que les autres Etats nous présenteraient à peu près le même spectacle, avec les seules différences qui naissent du caractère national, des intérêts divers et de la forme particulière de chaque gouvernement. Ainsi, qu'on jette les yeux sur ce qui se passait en Italie, en Allemagne, en Angleterre, et dans le reste de l'Europe, à l'époque dont il s'agit; on y verra presque tous les mêmes événements, produits par des causes à peu près semblables, les mêmes principes de l'agitation et du calme, les mêmes moyens employés, avec plus ou moins d'activité, plus ou moins de succès, par les mêmes passions, et conduisant aux mêmes résultats. Quoique tout cela soit modifié de mille manières par les maximes de politique établie chez les diverses nations, la marche de l'esprit et du cœur est facile à suivre dans ses progrès lents ou rapides, et la gradation des lumières, de la politesse et du savoir, n'est pas moins sensible aux yeux d'un spectateur attentif, à quelque point qu'il se place, que celle des vices et des vertus. D'ailleurs, une vérité généralement reconnue, c'est que dès lors tous les peuples policés de l'Europe avaient les yeux tournés vers la France, copiant ses usages, adoptant ses goûts, imitant ses mœurs, et jusqu'à ses travers. Ainsi connaître les Français dans leur génie, leur politique, leurs talents, leurs vertus et leurs vices, c'en est assez pour se former une idée vraie de la société chez les autres nations.

La fin du seizième siècle et le commencement du dix-septième présentent un aspect si contraire et sont empreints d'un esprit si différent, qu'on dirait ces deux époques séparées par un long intervalle. En France, on avait vu pendant quarante ans la discorde échauffer les têtes, diviser les familles, agiter toutes les provinces, et menacer le royaume d'une destruction entière. A ces habitudes funestes succédèrent des dispositions plus douces, qu'accréditait un grand exemple. Henri IV, prince bon, mais ferme, contenait les passions par sa sagesse, en même temps qu'il prêchait la concorde par son indulgence pour les erreurs passées. Les haines se taisaient devant sa clémence, et les esprits les plus envenimés cédaient à l'ascendant que lui donnaient son âge, son expérience, ses succès et la loyauté de son caractère. Tous les ordres de l'Etat se faisaient un honneur de seconder ses vues généreuses, et un mouvement général semblait appeler une grande restauration. Mais la main vigoureuse de Henri IV, qui avait un moment arrêté les progrès du mal, étant venue à défaillir, tous les symptômes de dissolution sociale avaient reparu. Les trois oppositions (des grands, des protestants, du parlement qui représentait l'opposition populaire) s'étaient à l'instant même relevées pour recommencer leur lutte contre le pouvoir; et ce pouvoir, que les Guise, les derniers qui aient compris la monarchie chrétienne, avaient vainement tenté de rattacher à l'autorité spirituelle par tous les liens qui pouvaient le soutenir et le ranimer, s'obstinant à en demeurer séparé, à chercher dans ses propres forces le principe et la raison de son existence, ainsi assailli de toutes parts, se trouvait en péril plus qu'il n'avait jamais été.

Or, comme c'est le propre de toute corruption d'aller toujours croissant lorsqu'une force contraire n'en arrête pas les progrès, il est remarquable que ce que l'influence des Guise, aidée des circonstances où l'on se trouvait alors, avait su conserver de religieux dans la société politique, s'était éteint par degrés, ne lui laissant presque plus rien que ce qu'elle avait de matériel.

Et en effet, sous les derniers Valois, au milieu du machiavélisme d'un gouvernement qui avait fini par se jeter dans l'indifférence religieuse et dans tous les égarements qui en sont la suite, on avait vu se former parmi les grands un parti qui, sous le nom de *politique*, s'était placé entre les catholiques et les protestants, n'admettant rien autre chose que ce matérialisme social dont nous venons de parler, et s'attachant au monarque uniquement parce qu'il était le représentant de cet ordre purement matériel. On avait vu en même temps un roi imprudent (Henri III) préférer ce parti à tous les autres, sa politique sophistique croyant y voir un moyen de combattre à la fois l'opposition catholique qui voulait modérer son pouvoir, et l'opposition protestante qui cherchait à le détruire. Mais ce parti machiavélique n'avait garde de s'arrêter là: des intérêts purement humains l'avaient fait naître, il devait changer de marche au gré de ces mêmes intérêts. On le vit donc s'élever contre le roi lui-même, après avoir été l'auxiliaire du roi, s'allier tour à tour aux protestants et aux catholiques, selon qu'il y trouvait son avantage; et l'Etat fut tourmenté d'un mal qu'il n'avait point encore connu. Aidés de la foi des peuples et de la conscience des grands que cette contagion n'avait point encore atteints, ces Guise, qu'on ne peut se lasser d'admirer, eussent fini par triompher de ce funeste parti : le dernier d'eux étant tombé, il prédomina.

Chassée de la société politique, la religion avait son dernier refuge dans la famille et dans la société civile. En effet, l'opposition populaire était religieuse, et par plusieurs causes qui plus tard se développeront d'elles-mêmes, devait l'être longtemps encore; mais par une inconséquence qui partait de ce même principe de révolte contre le pouvoir spirituel, principe qui avait corrompu en France presque tous les esprits, les parlementaires, véritables chefs du parti populaire, refusant de reconnaître le caractère monarchique de ce pouvoir et son infaillibilité, cette opposition était tout à la fois religieuse et démocratique, c'est-à-dire également prête à se soulever contre les papes et contre les rois; et elle devait devenir plus dangereuse contre les rois et les papes, à mesure que la foi des peuples s'affaiblirait davantage : or, tout ce qui les environnait devait de plus en plus contribuer à l'affaiblir.

Quant aux protestants, leur opposition doit être plutôt appelée une véritable révolte : ou fanatiques ou indifférents (car ils étaient déjà arrivés à ces deux extrêmes de leurs funestes doctrines), ils s'accordaient tous en ce point, qu'il n'y avait point d'autorité qui ne pût être combattue ou contestée, chacun d'eux mettant au-dessus de tout sa propre autorité. C'étaient des républicains, ou plutôt des démagogues qui conjuraient sans cesse au sein d'une monarchie.

Un principe de désordre animant donc ces trois oppositions (et nous n'avons pas besoin de prouver que la seule résistance qui soit dans l'ordre de la société est celle de la loi divine, opposée par celui-là seul qui en est le légitime interprète aux excès et aux écarts du pouvoir temporel; parce que, il ne faut point se lasser de le redire, cette loi est également obligatoire pour celui qui commande et pour ceux qui obéissent, devenant ainsi le seul joug que puissent légalement subir les rois, et la source des seules vraies libertés qui appartiennent aux peuples), par une conséquence nécessaire de ce désordre, tout tendait sans cesse dans le corps social à l'anarchie, de même que dans le pouvoir il y avait tendance continuelle au despotisme, seule ressource qui lui restât contre une corruption dont lui-même était le principal auteur. Pour faire rentrer les peuples dans la règle, il aurait fallu que les rois s'y soumissent eux-mêmes : ne le voulant pas, et n'ayant pas en eux-mêmes ce qu'il fallait pour régler leurs sujets, ils ne pouvaient plus que les *contenir*. Né au sein du protestantisme, dont il avait sucé avec le lait les doctrines et les préjugés, peut-être Henri IV ne possédait-il pas tout ce qu'il fallait de lumières pour bien comprendre la grandeur d'un tel mal; peut-être l'avait-il compris jusqu'à un certain point, sans avoir su reconnaître quel en était le véritable remède; ou, s'il connaissait ce remède, ne jugeant pas qu'il fût désormais possible de l'appliquer. Quoi qu'il en soit, son courage, son activité, sa prudence, n'eurent d'autre résultat que de lui procurer l'ascendant nécessaire pour contenir ses résistances, ou rivales ou ennemies de son pouvoir; et leur ayant imposé des limites que, tant qu'il vécut, elles n'osèrent point franchir, il rendit à son successeur la société telle qu'il l'avait reçue des rois malheureux ou malhabiles qui l'avaient précédé.

Sous l'administration faible et vacillante d'une minorité succédant à un règne si plein d'éclat et de vigueur, ces oppositions ne tardèrent point à reparaître avec le même caractère, et ce que le temps y avait ajouté de nouvelles corruptions. De la part des grands, il n'y a plus pour résister au monarque ni ces motifs légitimes, ni même ces prétextes plausibles de conscience et de croyances religieuses qui sous les derniers règnes les justifiaient ou semblaient du moins les justifier : ces grands veulent leur part du pouvoir; ils convoitent les trésors de l'Etat; ils sont à la fois cupides et ambitieux. Aveugle, comme tout ce qui est passionné, cette opposition aristocratique essaie de soulever en sa faveur l'opposition populaire, soit qu'elle provoque une assemblée d'états généraux, soit qu'elle réveille dans le parlement cet ancien esprit de mutinerie et ces prétentions insolentes qui, dès que l'occasion leur en était offerte, ne manquaient pas aussitôt de se reproduire. On la voit s'allier à l'opposition protestante avec plus de scandale qu'elle ne l'avait fait encore; et, se fortifiant de ces divisions, celle-ci marche vers son but avec toute son ancienne audace, des plans mieux combinés, plus de chances de succès, et ne traite avec tous les partis que pour assurer l'indépendance du sien. Enfin, la cour elle-même, ainsi assaillie de toutes parts, ayant fini par se partager entre un jeune roi que ses favoris excitaient à se saisir d'un pouvoir qui lui appartenait, et sa propre mère qui voulait le retenir, le désordre s'accroissait encore de ces scandaleuses dissensions.

Et qu'on ne dise point que les mêmes désordres reparaissent à toutes les époques où le gouvernement se montre faible, et qu'en France les minorités furent toujours des temps de troubles et de discordes intestines : ce serait n'y rien comprendre, que de s'arrêter à ces superficies. Dans ces temps plus anciens et en apparence plus grossiers, les désordres que les passions politiques excitaient dans la société n'avaient ni le même principe ni les mêmes conséquences : la corruption était dans les cœurs plus que dans les esprits; et lorsque ces passions s'étaient calmées, des croyances communes rétablissaient l'ordre comme par une sorte d'enchantement, ramenant tout et naturellement à l'unité. On voyait le régulateur suprême de la grande société chrétienne et catholique, le père commun des fidèles (et les témoignages s'en trouvent à presque toutes les pages de l'histoire), s'interposant sans cesse entre des rois rivaux, entre des sujets rebelles et des maîtres irrités. Sa voix puissante et vénérable finissait toujours par se faire entendre; et, grâce à son intervention salutaire, cette loi divine et universelle, qui est la vie des sociétés, reprenait toute sa force. Maintenant cette grande autorité était presque entièrement méconnue : les croyances communes, seul lien des intelligences, étaient impunément attaquées, minées de toutes parts par le principe de l'hérésie protestante, dissolvant le plus actif qui, depuis le commencement du monde, eût menacé l'existence des nations; le pouvoir temporel, s'étant privé de son seul point d'appui, devenait violent, ne pouvant plus être fort, et se conservait ainsi pour quelque temps par ce qui devait achever de le perdre; de même, et par une conséquence nécessaire, l'obéissance dans les sujets se changeait en servitude, ce qui les tenait toujours préparés pour la révolte; et dès que cet ordre factice et matériel était troublé, ce n'était plus d'une crise passagère, mais d'un bouleversement total que l'État était menacé, et l'existence même de la société était mise sans cesse en question.

Le mal était-il donc dès lors sans ressource; et ce germe de mort que non-seulement la France, mais toute l'Europe chrétienne portait dans son sein, était-il déjà si actif et si puissant, qu'il fût devenu impossible de l'étouffer? C'est là une question qu'il n'est donné peut-être à personne de résoudre; mais ce qui est hors de doute, c'est qu'il appartenait à la France, plus qu'à toute autre puissance de la chrétienté, de tenter cette grande et sainte entreprise, de donner au monde chrétien l'exemple salutaire de rentrer dans les anciennes voies; et tout porte à croire que d'autres nations l'y auraient suivie.

Ni Richelieu, ni Mazarin, tous deux princes de l'Église cependant, ne méditèrent cette haute pensée. Ces deux hommes, par des moyens différents, ne voulurent qu'amener le pouvoir où il parvint sous Louis XIV, ne cessant d'abattre autour d'eux tout ce qui lui portait ombrage ou lui opposait la moindre résistance. On peut voir où en étaient réduits les chefs de la noblesse et ce qu'était devenue leur influence, dans cette guerre de la Fronde, non moins pernicieuse au fond que toutes les guerres intestines qui l'avaient précédée, et qui n'eut quelquefois un aspect ridicule que parce que ces grands, devenus impuissants sans cesser d'être mutins, furent obligés de se réfugier derrière des gens de robe et leur cortège populacier, pour essayer, au moyen de ces étranges auxiliaires, de ressaisir par des mutineries nouvelles leur ancienne influence. N'y ayant point réussi, il est évident qu'ils devaient, par l'effet même d'une semblable tentative, descendre plus bas qu'ils n'avaient jamais été; et c'est ce qui arriva. Dès ce moment, la noblesse cessa d'être un corps politique dans l'État, et, sous ce rapport, tomba pour ne se plus relever. Quant au parlement, ce digne représentant du peuple et particulièrement de la populace de Paris, il ne fut politiquement ni plus ni moins que ce qu'il avait été; c'est-à-dire qu'après s'être montré insolent et rebelle à l'égard du pouvoir dès que celui-ci avait donné quelques signes de faiblesse, le voyant redevenu fort, il était redevenu lui-même souple et docile devant lui, et toutefois sans rien perdre de son esprit, sans rien changer de ses maximes, et recélant au contraire dans son sein des ferments nouveaux de révolte encore plus dangereux que par le passé. Telle se montrait alors l'opposition populaire, abattue plutôt qu'anéantie. Il en était de même des religionnaires, dont on n'entendait plus parler comme opposition armée depuis les derniers coups que leur avait portés Richelieu, mais qui n'en continuaient pas moins de miner sourdement, par leurs doctrines corruptrices et séditieuses, ce même pouvoir qu'il ne leur était plus possible d'attaquer à force ouverte. Les choses en étaient à ce point en France, lorsque Louis XIV parut après ces deux maîtres de l'État, héritier de toute leur puissance, et en mesure de l'accroître encore en vigueur, en sûreté et en solidité, de tout ce qu'y ajoutaient naturellement les droits de sa naissance et l'éclat de la majesté royale.

La suite de son règne offrit successivement les conséquences de ce système oriental, dans lequel tout fut abattu devant le monarque, où l'on ne voulut plus qu'un maître et des esclaves, où les ministres des volontés royales, courbés en apparence sous le même joug qui s'appesantissait indistinctement sur tous, possédaient en effet par transmission, de même que dans tous les gouvernements despotiques, la plénitude du pouvoir dont il leur était donné d'abuser impunément envers les grands et envers les petits.

On sait quel mouvement factice cette force et cette concentration de volonté donnèrent à la société, et le parti qu'en surent tirer deux hommes habiles, qui exploitèrent ainsi, au profit de leur propre ambition, l'orgueil et l'ambition de leur maître, le sang et la substance des peuples, le repos de la chrétienté, l'avenir de la France. Louvois avait fait de Louis XIV le vainqueur et l'arbitre de l'Europe. Colbert jugea que ce n'était point assez, et ne prétendait pas moins qu'à le soustraire entièrement à l'ascendant, de jour en jour moins sensible, que l'autorité spirituelle exerçait encore sur les souverains. Il n'y réussit point entièrement, parce qu'il aurait fallu, pour obtenir un tel succès, que Louis XIV cessât d'être catholique; mais le mal qu'il fit pour l'avoir tenté fut grand et irréparable. Sous une administration si active et si féconde en résultats brillants et positifs, il y eut pour le *grand roi* un long enivrement; et même après qu'il fut passé, tout porte à croire que Louis XIV, nourri dès son enfance des doctrines de ce ministérialisme grossier, ne cessa point d'être dans la ferme conviction qu'il avait enfin résolu le problème du gouvernement monarchique dans sa plus grande perfection. « L'Etat, c'est moi, » disait-il ; et il se complaisait dans cet égoïsme politique, qui ne prouvait autre chose, sinon que si sa volonté était forte, ses vues n'étaient pas aussi étendues ; et qu'il ne comprenait que très-imparfaitement la société telle que l'a faite la religion catholique, à laquelle d'ailleurs il était si sincèrement attaché.

Les plus grands ennemis de cette religion de vérité ne peuvent disconvenir d'un fait aussi clair que la lumière du soleil : c'est qu'elle a développé les intelligences dans tous les rangs de la hiérarchie sociale, et à un degré dont aucune société de l'antiquité païenne ne nous offre d'exemple ; d'où il est résulté que le peuple proprement dit a pu, chez les nations chrétiennes, devenir *libre* et entrer dans la société civile, parce que tout chrétien, quelque ignorant et grossier qu'on le suppose, a en lui-même, par sa foi et par la perpétuité de l'enseignement, une règle de mœurs et un principe d'ordre suffisant pour se maintenir dans cette société sans la troubler ; tandis que la multitude païenne, à qui manquait cette loi morale, ou qui du moins n'en avait que des notions très-incomplètes, a dû, pour que le monde social ne fût point bouleversé, rester esclave et ne point sortir de la société domestique, seule convenable à son éternelle enfance. Or, cette puissance du christianisme, découlant de Dieu même, a, dans ce qui concerne ses rapports avec la société politique, deux principaux caractères, c'est d'être universelle et souverainement indépendante : car Dieu ne peut avoir deux lois, c'est-à-dire deux volontés, et il n'y a rien sans doute de plus libre que Dieu. C'est l'universalité de cette loi, son indépendance et son action continuelle sur les *intelligences* qui constituent ce merveilleux ensemble social que l'on nomme la *chrétienté*. Régulateur universel, le christianisme a donc des préceptes également obligatoires pour ceux qui gouvernent et pour ceux qui sont gouvernés : rois et sujets vivent également sous sa dépendance et dans son unité ; et ce serait aller jusqu'au blasphème que de supposer qu'il peut y avoir en ce monde quelque chose qui soit indépendant de Dieu. Il est donc évident que de la soumission d'un prince à cette loi divine dérive la légitimité de son pouvoir sur une société chrétienne : en effet, obéir à l'autorité du roi et obéir en même temps à une autorité que l'on juge supérieure à la sienne et contre laquelle il serait en révolte, implique contradiction. S'il croit avoir le droit de s'y soustraire, tous auront le droit bien plus incontestable de lui résister en tout ce qui concerne cette loi ; puisque c'est par cette loi même, et uniquement par elle, qu'il a le droit de leur commander ; car, de prétendre que l'*intelligence* d'un homme, quel qu'il puisse être, ait le privilége d'imposer une règle tirée d'*elle-même* à d'autres *intelligences*, c'est imaginer, en fait de tyrannie, quelque chose de plus avilissant et de plus monstrueux que ce qui a jamais été établi en principe ou mis en pratique chez aucun peuple du monde (l'*Angleterre* exceptée, sous *Henri VIII et ses successeurs*). Les gouvernements païens les plus violents n'avaient pas même cette prétention : et s'ils avaient réduit à l'esclavage le peuple proprement dit, c'est qu'ils l'avaient en quelque sorte exclu du rang des *intelligences*, n'exerçant leur action que sur ce qu'il y avait de matériel dans l'homme à ce point dégradé.

Ainsi, tout étant *intelligent*, libre, agissant dans une société chrétienne, il est facile de concevoir quelle faute commit Louis XIV, après avoir entièrement isolé son pouvoir en achevant d'abattre tout ce qui était intermédiaire entre son peuple et lui, de chercher à se rendre encore indépendant de ce joug si léger que lui imposait l'autorité religieuse. Il crut, et ses conseillers crurent avec lui, que cette indépendance fortifierait ce pouvoir ; et la vérité est que ce pouvoir en fut ébranlé jusque dans ses fondements, et que jamais coup plus fatal ne lui avait encore été porté. S'étant ainsi placé *seul* en face de son peuple, c'est-à-dire d'une multitude d'*intelligences* à qui la lumière du catholicisme avait imprimé un mouvement qu'il appartenait au seul pouvoir catholique de diriger, qu'il n'était donné à personne d'arrêter, deux oppositions s'élevèrent à l'instant contre l'imprudent monarque : l'une, des vrais chrétiens, qui continuèrent de poser devant lui les limites de cette loi divine qu'il voulait franchir ; l'autre de sectaires qui, adoptant avec empressement le principe de révolte qu'il avait proclamé, en tirèrent sur-le-champ toutes les conséquences, et se soulevèrent à la fois contre l'une et l'autre puissance. Etrange contradiction ! Dans les derniers temps de sa vie, il fut alarmé de cet esprit de rébellion, au point d'aller en quelque sorte chercher contre lui un refuge auprès de l'autorité même qu'il avait outragée ; et cependant en même temps qu'il semblait rendre au saint-siége la plénitude de ses droits, il traitait d'*opinions libres* cette même déclaration qui les sapait jusque dans leurs fondements, et allait jusqu'à ordonner qu'elle fût publiquement professée et défendue ! Les jansénistes et le parlement ne l'oublièrent pas, et réservèrent dès lors ces *opinions libres* pour de meilleurs temps.

Le principe du protestantisme se manifestait clairement dans cette fermentation des esprits, et le prince qui l'avait excitée y cédait lui-même sans s'en douter. Mais en même temps que ce principe altérait, par des degrés qui semblaient presque insensibles, les croyances catholiques du plus grand nombre, les dernières conséquences de ces doctrines, qui, de la négation de quelques dogmes du christianisme, conduisent rapidement tout esprit raisonneur jusqu'à l'athéisme qui est la négation de toutes vérités, avaient déjà produit leur effet sur plusieurs ; et c'était surtout à la cour qu'elles avaient fait des incrédules et des athées.

Pour sauver la France de ces abîmes que Louis XIV avait ouverts devant elle, il eût fallu qu'immédiatement après lui, son trône eût été occupé par un prince qui réunît à la fois, et la force de volonté que possédait ce monarque, et des vues supérieures. Un roi tel que nous l'imaginons eût eu pour première pensée d'aller à la source du mal; il eût reconnu qu'en séparant violemment le pouvoir politique du pouvoir religieux, son prédécesseur avait attaqué le principe même de la vie dans une société chrétienne; et son premier soin eût été d'en renouer l'antique alliance, et de la raffermir sur ses bases naturelles. C'est-à-dire qu'au lieu de se prémunir contre les entreprises de Rome, il eût supplié Rome de concourir avec lui à rétablir l'ordre au milieu de cette société, dont Dieu l'avait fait chef, à la charge de lui en rendre compte, en la ramenant, de la licence des opinions qui menaçaient de la pénétrer de toutes parts, à cette unité de croyances et de doctrines que la soumission seule peut produire, puisque croire et se soumettre sont en effet une seule et même chose; d'où il résulte qu'il y a révolte et désordre partout où manque la foi.

Il eût donné lui-même l'exemple de cette soumission. La corruption qu'apportaient avec elles ces opinions licencieuses ne s'était pas encore introduite dans les entrailles du corps social : jusqu'alors elle n'en avait attaqué que les superficies; et, hors des classes supérieures de la société, des parlementaires, et de quelques coteries qui croissaient sous les auspices d'un petit nombre d'évêques et d'ecclésiastiques jansénistes ou gallicans, le catholicisme était partout. La France avait le bonheur de posséder un clergé puissant par ses richesses, et dont par conséquent l'influence était grande au milieu des peuples, sur lesquels il se faisait un devoir de les répandre. Il était si loin d'avoir adopté ces maximes d'une prétendue indépendance, qui le livraient honteusement et sans défense aux caprices du pouvoir temporel, que ceux-là mêmes de ses membres, et sauf quelques exceptions, qui d'abord s'y étaient laissé séduire, revenaient déjà sur leurs pas, effrayés des conséquences qu'entraînaient après elles ces maximes dangereuses. Au premier signal des deux puissances, cette milice de l'Eglise pouvait encore opérer des prodiges; le jansénisme rentrait dans la poussière; l'impiété serait demeurée silencieuse ou se fût faite hypocrite; l'esprit parlementaire, c'est-à-dire l'esprit de révolte, eût été comprimé, et peut-être eût-il fini par s'éteindre. S'aidant, pour atteindre un si noble but, de toutes ses ressources de civilisation et de puissance matérielle créées par son prédécesseur, et dont celui-ci avait fait un si funeste usage, le fils aîné de l'Eglise, le roi très-chrétien pouvait acquérir la gloire incomparable de ranimer pour des siècles, non pas seulement ce beau royaume de France, mais encore toute la chrétienté expirante. Ce moyen de salut, le seul qu'il fût possible d'employer, le duc de Bourgogne était, dit-on, capable de le comprendre et de le mettre à exécution; et nous sommes portés à le croire d'un élève de Fénelon, celui de tous les évêques de France qui entendait le mieux cette politique chrétienne, et qui avait le mieux saisi toutes les fautes du règne qui venait de finir. La Providence en avait décidé autrement : ce prince fut enlevé à une nation qui mettait en lui toutes ses espérances, et au milieu des orages que tant de fautes avaient accumulés sur elle. Un enfant en bas âge fut assis sur le trône d'où le vieux monarque venait de descendre si douloureusement dans la tombe.

Sous la régence du duc d'Orléans, toutes les conséquences du système de gouvernement établi par Louis XIV sont en quelque sorte accumulées; et la seule différence qu'offrent l'une et l'autre manière de gouverner se trouve uniquement dans le caractère des deux hommes qui gouvernaient. Louis XIV n'avait voulu des bornes au pouvoir monarchique, ni dans les anciennes institutions politiques de la France, ni dans la suprématie de l'autorité religieuse; mais il était sincèrement attaché à la religion. Ces bornes, que son orgueil ne voulait pas reconnaître, il les trouvait dans sa conscience, qui, au milieu de ses plus grands écarts, devenait son modérateur et l'y faisait rentrer : ainsi, le despote était sans cesse adouci ou réprimé par le chrétien. Un prince sans foi, sans mœurs, sans conscience, reçoit immédiatement après lui ce même pouvoir et dans toute son étendue : il en peut faire impunément, et il en fait à l'instant même un instrument de désordre, de scandale, de corruption, de violences, et de spoliations envers les citoyens; d'insultes et d'outrages envers la nation; car tout cela se trouve dans l'administration de ce sybarite, presque toujours plongé dans la paresse ou dans la débauche. Si l'on vit un moment, sous cette administration oppressive, et uniquement par le *bon plaisir* du maître, reparaître quelque ombre de cette opposition politique que Louis XIV avait abattue, cette opposition, qui depuis longtemps s'était faite elle-même indépendante de l'autorité religieuse, qui de même n'avait ni frein, ni modérateur, reprit sa tendance anarchique, plus incompatible que jamais avec un tel despotisme, et dut être bientôt brisée par lui, pour recommencer, dans l'ombre, à conspirer contre lui.

Cependant il est remarquable que, dans cette tendance continuelle du pouvoir à établir en France le matérialisme politique le plus abject et le plus absolu, le catholicisme, dont la nation était comme imprégnée dans presque toutes ses parties, l'embarrassait dans sa marche, et malgré tout ce qu'il avait fait pour en atténuer l'influence, lui suscitait des obstacles plus réels et bien plus difficiles à vaincre que l'opposition parlementaire. Ne pouvant le détruire, il voulut du moins l'exploiter à son profit; et la religion, que les usurpations continuelles et successives des princes temporels avaient par degrés soustraite en France à la protection sainte et efficace de son chef naturel, se vit, lorsque Louis XIV eut comblé la mesure de ses usurpations, que l'on eut grand soin de maintenir après lui, réduite à l'opprobre d'être protégée par des hommes qui en même temps la profanaient par leurs scandales, et l'outrageaient par leurs mépris!

CHAPITRE II.
Etat de la religion au dix-septième siècle.

Pour mieux faire comprendre l'enchaînement et la suite des égarements de l'esprit humain livré à lui-même, et l'immutabilité de la foi catholique, qu'il nous soit permis de rappeler que dès le premier âge de la société chrétienne on a vu l'hérésie et le schisme déchirer le sein de l'Eglise, une multitude de sectes différentes enseigner des dogmes nouveaux, porter le trouble dans le sanctuaire, et, devenues fanatiques, parce que l'erreur ne peut jamais être calme et paisible comme la vérité, communiquer leur fureur à des villes, à des provinces, à des nations entières. La vaine curiosité de l'esprit, l'orgueil de la raison, le désir effréné de la célébrité, le mélange mal entendu des idées philosophiques avec les notions de la foi : telles ont été les principales causes de toutes les erreurs qui ont surgi d'âge en âge du sein du christianisme : la vanité, la passion de dominer sur les autres, l'amour de l'indépendance, l'hypocrisie, l'artifice, le faux zèle, l'attrait séducteur de la nouveauté, ont été les moyens par lesquels elles se sont perpétuées. Mais toutes les sectes ennemies de l'Eglise, obscures ou nombreuses, resserrées dans un petit espace ou répandues au loin, absurdes ou conséquentes dans leurs dogmes, austères ou corrompues dans leur morale, ont disparu l'une après l'autre, frappées d'anathème par cette Eglise dont elles faisaient gloire de braver l'autorité; et si quelques-unes ont prolongé leur existence plus longtemps que les autres, la date précise de leur origine que personne n'ignore, et la solitude où elles vivent sans liaison entre elles ni avec la source d'où ces faibles ruisseaux sont sortis, les noms même qu'elles portent, d'ariens, de nestoriens, d'eutychiens, de monothélites, etc., les accusent aux yeux de l'univers, et montrent la justice de l'arrêt qui les a proscrites. Au milieu de ces violentes secousses, l'Eglise catholique reste toujours attachée aux mêmes dogmes, toujours ferme dans la confession et l'enseignement des mêmes vérités, toujours attentive à rejeter les doctrines étrangères. Sa foi, son langage, sa prédication n'ont jamais changé, jamais varié. Telle aujourd'hui dans sa croyance qu'elle était au temps des apôtres, telle au temps des apôtres qu'elle est aujourd'hui, elle croit et parle comme elle a cru et parlé dans tous les âges. La théologie de ses premiers docteurs est celle qu'on enseigne, qu'on apprend encore dans ses écoles. La parole de Dieu, consignée dans les livres saints et la tradition, est maintenant, comme elle le fut alors, la règle immuable de la foi. L'Eglise, gardienne incorruptible de ce dépôt divin, n'a jamais souffert que des mains impies osassent l'altérer. C'est dans cette source toujours pure et sacrée qu'elle puise ses oracles. Les jugements qu'elle prononce contre l'erreur ne sont point de nouveaux dogmes, de nouveaux objets de foi, mais de simples déclarations qu'elle professe actuellement telle doctrine, qu'elle n'a point cessé de la professer depuis Jésus-Christ et les apôtres. Tenant à son chef par la succession de ses pasteurs; revêtue de l'autorité qu'elle a reçue de lui, et qu'elle exerce par eux pour enseigner la vérité et condamner l'erreur; assurée par les promesses divines de ne pouvoir jamais abandonner celle-là ni approuver celle-ci; visible dans tous les moments, au plus fort des orages comme dans les temps de calme et de sérénité, parce qu'il faut dans tous les moments qu'on sache où elle est, et qu'on puisse se réunir autour d'elle; infaillible dans ses jugements en matière de doctrine, soit que le pontife romain parle *ex cathedra*, soit que les pasteurs s'assemblent pour concerter leurs décisions, qu'il ratifie; soit que chacun d'eux, sans quitter sa résidence, adhère d'une manière expresse ou tacite au jugement du vicaire de Jésus-Christ, parce que l'autorité du tribunal érigé pour connaître les causes de la foi ne doit dépendre ni des lieux, ni des circonstances; répandue dans toutes les contrées du monde, connue et distinguée de toutes les sectes anciennes et nouvelles par son nom, son éclat et ses caractères, il n'est point d'endroit sur la terre où sa lumière n'ait pénétré, où sa voix ne se soit fait entendre; il n'y a point de peuple, disons mieux, point d'homme assez ignorant, même dans les pays séparés d'elle par l'hérésie et par le schisme, qui la confonde avec les autres sociétés chrétiennes.

Le christianisme a été établi sur deux fondements inébranlables, l'autorité de la parole divine, et celle des envoyés que Dieu avait choisis pour l'annoncer aux hommes. Les moyens par lesquels il s'est maintenu de siècle en siècle jusqu'à nos jours, sont du même genre et réunissent les mêmes avantages. C'est toujours la parole de Dieu qui règle et qui garantit notre foi. Confiée à la vigilance de l'Eglise, c'est elle qui nous apprend à la connaître et qui nous ordonne de l'écouter. La parole de Dieu nous dit quels sont les caractères de l'Eglise dépositaire de la vérité, et par là nous savons à qui nous devons nous adresser pour être instruits de tout ce qu'il faut croire. L'Eglise nous dit, à son tour, tout ce que la parole de Dieu renferme, et de quelle manière nous devons l'entendre. L'une et l'autre se prêtent un mutuel appui. Enlevez à l'Eglise la parole de Dieu, vous réduisez la doctrine enseignée dans l'Eglise à n'être plus qu'une doctrine purement humaine : séparez la divine parole de l'autorité que l'Eglise a reçue, pour en fixer le sens et pour l'interpréter, vous ne trouverez plus qu'incertitude, obscurité, ténèbres impénétrables dans les livres saints. Tous les hérétiques des premiers et derniers âges qui ont secoué le joug de l'Eglise, et qui se sont faits eux-mêmes juges de la parole de Dieu, ont reconnu par leur expérience qu'on s'égare et qu'on tombe à chaque pas lorsqu'on s'engage, sans guide et sans règle, dans l'interprétation de l'Ecriture. Après avoir éprouvé l'insuffisance et le danger de la voie d'examen, ils en sont revenus à la voie d'autorité qu'ils avaient rejetée, et ont fini par s'attribuer à eux-mêmes un pouvoir qu'ils avaient refusé à l'Eglise. Comment ont-ils oublié que l'usage qu'en fait l'Eglise pour conserver la foi dans sa pureté primitive en proscrivant toutes les erreurs, avait été la cause ou le prétexte de leur séparation ? Et comment n'ont-ils pas vu la tache qu'ils s'imprimaient eux-mêmes en se gouvernant par les principes qu'ils avaient tant reprochés aux pasteurs de l'Eglise catholique ? Mais la route qu'ils s'étaient frayée est demeurée ouverte, et combien d'esprits aussi téméraires qu'eux s'y sont engagés sur leurs pas!

Au commencement du dix-septième siècle, le progrès des lumières ne nuisait point à la croyance ; on acceptait généralement la révélation. Les plus grands hommes de cette époque, et il est peu de noms plus imposants en philosophie que ceux de Bacon, de Descartes, de Pascal, de Newton, de Leibnitz, faisaient profession d'être attachés aux grands principes du christianisme. S'ils appartinrent à des communions différentes, s'ils se divisèrent sur des dogmes particuliers, ils aimèrent et défendirent la religion en général ; ils ne crurent point la foi humiliante pour leur génie. Ces hommes, si élevés au-dessus de leurs contemporains, n'eurent point honte de penser sur ce point comme le vulgaire : eux qui avaient frayé tant de routes nouvelles dans la carrière des sciences, s'honorèrent de marcher dans les sentiers de la révélation. Quels noms opposer à de tels noms ? quels suffrages opposer à de tels suffrages ? Quels esprits forts luttèrent contre ces génies sublimes et dociles ? Que sera-ce si, à de si grandes autorités, on joint tant d'autres écrivains recommandables du même temps, et surtout ceux qui illustrèrent le règne de Louis XIV ? C'est avec ce cortége imposant que le dix-septième siècle se présente à la postérité ; c'est par cette masse de témoignages qu'il manifeste son assentiment aux vérités chrétiennes ; et il nous semble déjà voir la religion, en traversant ce siècle, marcher entourée de ce groupe vénérable de savants, de littérateurs, de philosophes, qui se réunissent pour lui rendre hommage, et qui s'empressent à orner son triomphe ! Ils ne prétendirent pas que le génie, les talents et les succès donnassent à personne le privilége d'avoir une autre croyance et d'autres principes que le peuple en matière de foi. On ne les entendit jamais prononcer le moindre mot, lancer le moindre trait qui respirât ce qu'on appela depuis liberté philosophique ; ils auraient cru s'avilir et déshonorer la profession d'hommes de lettres s'ils avaient employé de si misérables ressources pour se distinguer des autres citoyens.

Mais, hélas ! on dirait que ces esprits supérieurs épuisèrent l'admiration. On désespéra d'approcher d'eux en suivant la route qu'ils avaient tenue ; on se jeta dans une autre. Ils avaient mis leur gloire à respecter la religion, on crut s'en procurer une autre en l'attaquant. Par l'effet naturel et comme nécessaire des principes de la réforme et du droit que ses chefs se sont attribué de citer toutes les doctrines au tribunal de leur raison, et de se rendre seuls arbitres de la vérité et de l'erreur, des hommes audacieux, sous le nom de philosophes, après avoir attaqué tous les dogmes du christianisme, s'efforcèrent d'ébranler toutes les maximes sur lesquelles repose l'édifice de la société, toutes les vérités qui sont l'espoir et la consolation des hommes ; c'est-à-dire qu'après avoir ouvert bouche contre le ciel, leur langue se tourna contre la terre. Ils ont nié la divinité de la religion chrétienne, celle de Jésus-Christ, l'inspiration des Ecritures, la possibilité des prophéties et des miracles, la spiritualité des âmes et leur immortalité, la certitude de la vie future, etc. Ensuite ils ont anéanti les dogmes de la religion naturelle, dont ils se disaient les apôtres, et ils en sont venus, par une conséquence inévitable de leur système, jusqu'à prêcher ouvertement l'athéisme. C'est pour avoir rendu aux hommes de pareils services qu'ils se sont appelés eux-mêmes les bienfaiteurs du genre humain et les ennemis de la superstition.

CHAPITRE III.
Des hérésies pendant le dix-septième siècle.
I. Allemagne.

La maison d'Autriche, qui acquit les Pays-Bas, avait la prépondérance en Allemagne. Elle en profitait pour maintenir et étendre la religion catholique ; et quoique les protestants, grâce aux priviléges obtenus par la force et accordés par la politique, fussent parvenus à faire partie du corps germanique, l'autorité, malgré leur grand nombre, était du côté de leurs adversaires. D'ailleurs ils étaient peu d'accord avec eux-mêmes. Les luthériens, pères et fondateurs du protestantisme, avaient des dogmes et une discipline qui ne s'accordaient pas en plusieurs points essentiels avec la discipline et les dogmes des calvinistes, qui formaient la seconde branche de la famille protestante. On sait même que les disciples de Luther avaient longtemps repoussé loin d'eux ceux de Calvin et les autres sacramentaires, comme des novateurs ; et que, s'ils avaient enfin consenti à les traiter en frères, cette union, fruit de la seule politique, ne détruisait pas la différence des sentiments, ne détruisait pas non plus la diversité de maximes et d'intérêts qui rendaient souvent ces deux classes de la religion réformée d'Allemagne aussi opposées l'une à l'autre qu'elles l'étaient toutes les deux à la société catholique.

Il y avait donc dans le sein de l'Empire trois communions, trois sociétés religieuses qui se regardaient d'un œil jaloux, et qui cherchaient tous les moyens d'obtenir la supériorité l'une sur l'autre. Les catholiques formaient la première; elle était la plus nombreuse, comme la plus ancienne. Elle ne pouvait oublier que longtemps elle avait été seule, sans ennemis, sans égale, et que les autres ne s'étaient donné l'existence que par le déchirement de ses entrailles. Celles-ci, qui paraissaient unies, et qui l'étaient en effet dans toutes les choses relatives à leur intérêt commun, à leur sûreté mutuelle, avaient contre elles, et leur nouveauté, et les moyens dont elles s'étaient servies pour être admises dans le corps politique, et tout le sang dont elles avaient cimenté les fondements de leur grandeur actuelle, et cette grandeur même, qui n'était composée que d'usurpations faites à main armée, et de dépouilles enlevées à des maîtres qui les réclamaient encore. Elles-mêmes ne pouvaient se dissimuler que leur origine était marquée d'une tache ineffaçable; qu'elles s'étaient accrues au milieu des orages; qu'elles ne possédaient que ce qu'elles avaient ravi de vive force, et qu'elles n'étaient parvenues à se faire tolérer qu'en se rendant redoutables. De là, elles devaient supposer dans le cœur des catholiques un vif sentiment de leurs pertes et un désir profond de punir, d'écraser même, s'il se pouvait, ceux qui avaient envahi leurs biens, leurs droits et leur autorité. Il suit de ces observations que les différentes portions du corps germanique, divisées par la religion et par les intérêts qui résultaient de leur situation respective, étaient au fond dans un état de guerre les unes à l'égard des autres, lors même qu'à l'extérieur elles paraissaient vivre entre elles dans la plus profonde sécurité. Il ne fallait que le concours de certaines circonstances ou quelque événement propre à donner l'alarme, pour faire éclater des dispositions qu'on ne prenait pas la peine de cacher, et pour allumer dans l'Empire un incendie plus violent peut-être que ceux dont les ravages n'étaient pas encore réparés.

Cependant la religion eut peu de part aux événements qu'on vit éclore dans les dernières années de l'empereur Rodolphe II. Le premier foyer de la guerre fut la Bohême, où les protestants, sous prétexte de se venger des rigueurs que leur avaient fait éprouver les catholiques, appuyés de l'autorité souveraine du temps de Mathias, prirent tout à coup les armes. Tous les États protestants d'Allemagne entrèrent dans leur querelle. Tous les États catholiques, unis au chef de l'Empire, formèrent une ligue contre eux. C'est cette lutte, qui plongea l'Allemagne dans un abîme de malheurs, qu'on a appelée la guerre de Trente ans, parce que, ayant commencé en 1618, ne fut tout à fait terminée qu'en 1648. Ferdinand II, aidé de la ligue catholique, dont le chef était le duc de Bavière, reconquit la Bohême sur l'électeur palatin qui avait eu l'audace de profiter de la révolte de ses habitants pour s'en emparer et s'en faire déclarer roi. Ce fut là la première période de la guerre de Trente ans, dite *période Palatine*, laquelle, commencée en 1618, finit en 1625. L'électeur palatin, qui s'était sauvé en Hollande, fut mis au ban de l'empire, et Tilly acheva d'écraser les princes protestants qui combattaient encore pour lui, même après sa retraite; la dignité d'électeur palatin fut alors donnée au duc de Bavière, et le Palatinat partagé entre lui et les Espagnols. Tout semblait devoir être fini; mais l'empereur, enhardi par le succès, conçut des projets plus vastes; ses troupes se répandirent dans toute l'Allemagne; il fit des coups d'autorité qui inquiétèrent la ligue protestante, et la liberté du corps germanique sembla menacée. Aussitôt il se forma une confédération nouvelle pour la défendre, à la tête de laquelle parut le roi de Danemarck : c'est la seconde période de cette même guerre, connue sous le nom de *période Danoise*, qui commence en 1625 et finit en 1630. L'empereur y remporta des succès encore plus brillants et plus décisifs; et c'est alors que le fameux Walstein se montra, à la tête de ses armées, le plus habile et le plus heureux capitaine de l'Europe. Vainqueur une seconde fois, et plus puissant alors qu'il ne l'avait jamais été, Ferdinand exerça quelque temps en Allemagne un pouvoir absolu dont les princes protestants ressentirent seuls les atteintes, mais qui commença néanmoins à déplaire aux princes catholiques. Tant qu'il conserva réunies les forces imposantes qu'il avait sur pied, ce mécontentement général n'osa point éclater : à peine les eut-il divisées, que la diète électorale qu'il avait rassemblée à Ratisbonne, en 1630, pour obtenir l'élection de son fils à la dignité de roi des Romains, s'éleva contre lui et le força, par ses plaintes et même par ses menaces, à réformer une grande partie de ses troupes et à renvoyer leur général. Les envoyés de Richelieu à la diète aidèrent les électeurs à remporter ce triomphe sur l'empereur, et ainsi se préparèrent les voies qui devaient bientôt introduire le roi de Suède, Gustave-Adolphe, dans le sein de l'empire, au moment où commença, par suite des instigations du cardinal, cette partie de la guerre de trente ans qui est désignée sous le nom de *période Suédoise*. Ce fut dans cette guerre fatale que parurent entièrement à découvert les ressorts de la politique des princes chrétiens, uniquement fondée sur ce principe, qu'elle devait être entièrement séparée de la religion; tandis que le fanatisme, qui est le caractère de toutes les sectes naissantes, produisait parmi les princes protestants une sorte d'unité. Ainsi donc, ceux-là tendaient sans cesse à se diviser entre eux, parce qu'ils étaient uniquement occupés de leurs intérêts temporels; et ceux-ci, bien que leurs doctrines dussent incessamment offrir au monde le matérialisme social dans ce qu'il a de plus désolant et de plus hideux, trouvaient alors dans l'esprit de secte et dans une commune révolte contre les croyances catholiques, des rapports nouveaux et jusqu'alors inconnus qui les liaient entre eux, et de tous les coins de l'Europe attachaient à leurs intérêts politiques tous ceux qui partageaient leurs doctrines. Avant la réformation, les puissances du Nord étaient en quelque sorte étrangères à l'Europe ; dès qu'elles l'eurent embrassée, elles entrèrent dans l'alliance protestante et, par une suite nécessaire, dans le système général de la politique européenne. « Des Etats qui auparavant se connaissaient à peine, dit Schiller, auteur protestant, trouvèrent, au moyen de la réformation, un centre commun d'activité et de politique qui forma entre eux des relations intimes. La réformation changea les rapports des citoyens entre eux et des sujets avec leurs princes ; elle changea les rapports politiques entre les Etats. Ainsi un destin bizarre voulut que la discorde qui *déchira l'Eglise* produisît un lien qui unit plus fortement les Etats entre eux. » Enfoncés dans ce matérialisme insensé, au moyen duquel ils achevaient de se perdre et de tout perdre, ces mêmes princes catholiques se croyaient fort habiles en se servant au profit de leur ambition de ce fanatisme des princes protestants, ne s'apercevant pas qu'il n'avait produit entre eux cette sorte d'union politique que par ce qu'il avait en lui de religieux, et que c'était là un effet, singulier sans doute, mais naturel, inévitable même, de ce qui restait encore de spirituel dans le protestantisme.

Ainsi donc, chose étrange ! ce qui appartenait à l'unité se divisait ; et il y avait accord parmi ceux qui appartenaient au principe de division. Déjà on en avait eu de tristes et frappants exemples dans les premières guerres que l'hérésie avait fait naître en France : on avait vu des armées de sectaires y accourir de tous les points de l'Europe au secours de leurs frères, chaque fois que ceux-ci en avaient eu besoin, tandis que le parti catholique n'y obtenait de Philippe II que des secours intéressés, quelquefois aussi dangereux qu'auraient pu l'être de véritables hostilités. La France en avait souffert sans doute, mais cette politique n'avait point réussi à son auteur.

L'histoire ne la lui a point pardonnée ; cependant qu'il y avait loin encore de ces manœuvres insidieuses à ce vaste plan conçu par une puissance catholique qui, dans cette révolution dont l'effet était de séparer en deux parts toute la chrétienté, réunit d'abord tous ses efforts pour comprimer chez elle l'hérésie qui y portait le trouble et la révolte ; puis, devenue plus forte par le succès d'une telle entreprise, ne se sert de cette force nouvelle que pour aller partout ailleurs offrir son appui aux hérétiques, fortifier leurs ligues, entrer dans leurs complots, légitimer leurs principes de rébellion et d'indépendance, les aider à les propager dans toute la chrétienté, indifférente aux conséquences terribles d'un système aussi pervers, et n'y considérant que quelques avantages particuliers dont le succès était incertain, dont la réalité même pouvait être contestée ! Voilà ce que fit la France, ou plutôt ce que fit Richelieu après s'en être rendu le maître absolu ; tel est le crime de cet homme, crime le plus grand peut-être qui ait jamais été commis contre la société.

Cependant les premières ouvertures d'une pacification générale avaient été tentées par le pape en 1636. Lorsque Ferdinand III eut succédé à son père l'année suivante, la guerre et les négociations continuèrent avec des alternatives de succès et de revers, jusqu'au traité de Westphalie, signé à Munster : traité où il faut chercher le véritable esprit de la politique européenne, telle que la réforme l'avait faite, telle qu'elle n'a point cessé d'être jusqu'à la révolution, telle qu'elle est encore, et plus perverse peut être, malgré cette terrible leçon. C'est dans ce fameux traité de Westphalie, devenu le modèle des traités presque innombrables qui ont été faits depuis, qu'il est établi plus clairement qu'on ne l'avait encore fait jusqu'alors, qu'il n'y a de réel dans la société que ses *intérêts matériels* ; et qu'un prince ou un homme d'Etat est d'autant plus habile qu'il traite avec plus d'insouciance ou de dédain tout ce qui est étranger à ses intérêts. La France, et c'est là une honte dont elle ne peut se laver, ou plutôt, osons le dire (car le temps des vains ménagements est passé), un crime dont elle a subi le juste châtiment ; la France y parut pour protéger et soutenir, de tout l'ascendant de sa puissance, cette égalité de droits en matière de religion, que réclamaient les protestants à l'égard des catholiques. On établit une année que l'on nomma *décrétoire* ou *normale* (et ce fut l'année 1624), laquelle fut considérée comme un terme moyen qui devait servir à légitimer l'exercice des *religions*, la juridiction ecclésiastique, la possession des biens du clergé, tels que la guerre les avait pu faire à cette époque ; les catholiques demeurant sujets des princes protestants, par la raison que les protestants restaient soumis aux princes catholiques. Si, dans cette année *décrétoire*, les catholiques avaient été privés dans un pays protestant de l'exercice *public* de leur religion, ils devaient s'y contenter de l'exercice *privé*, à moins qu'il ne plût au prince d'y introduire ce que l'on appelle le *simultané*, c'est-à-dire l'exercice des deux cultes à la fois. Ceux qui n'avaient eu pendant l'année décrétoire l'exercice ni public ni privé de leur religion, n'obtinrent qu'une tolérance purement civile ; c'est-à-dire qu'il leur fut libre de vaquer aux devoirs de leur religion dans l'intérieur de leurs familles et de leurs maisons.

Tous les Etats de l'Empire obtinrent en même temps un droit auquel on donna le nom de *réforme* ; et ce droit de réforme fut la faculté d'introduire leur propre religion dans les pays qui leur étaient dévolus ; ils eurent encore celui de forcer à sortir de leur territoire ceux de leurs sujets qui n'avaient point obtenu, dans l'année décrétoire, l'exercice public ou privé de leur culte, leur laissant seulement la liberté d'aller où bon leur semblerait, ce qui ne laissa pas même que de faire naître depuis des difficultés. Le corps évangélique étant en minorité dans la diète, il fut arrêté que la pluralité des suffrages n'y serait plus décisive dans les discussions religieuses. Les commissions ordinaires et extraordinaires nommées dans son sein, ainsi que la chambre de justice impériale, furent composées d'un nombre égal de protestants et de catholiques : il n'y eut pas jusqu'au conseil aulique, propre conseil de l'Empereur et résidant auprès de sa personne, où il ne se vît forcé d'admettre des protestants, de manière à ce que dans toute cause entre un protestant et un catholique, il y eût des juges de l'une et de l'autre religion. La France catholique soutint ou provoqua toutes ces nouveautés scandaleuses ; et ses négociateurs furent admirés comme des hommes d'État transcendants ; et le traité de Westphalie fut considéré comme le chef-d'œuvre de la politique moderne! Mais le pape protesta contre ce traité impie, qu'il n'eût pu reconnaître sans renoncer à sa foi et à sa qualité de chef de l'Église universelle.

II. Angleterre.

Depuis que Henri VIII avait donné le premier signal d'un schisme, consommé avec tant de scandale, les évêques catholiques d'Angleterre s'étaient successivement éteints. Il ne restait plus que celui de Saint-Aasph, dans la principauté de Galles, retiré à Rome, et d'un âge très-avancé. Le clergé catholique, composé de prêtres nationaux et de missionnaires étrangers, se trouvait sans chef ; et dans l'état où étaient alors les affaires de la religion, cette absence d'un chef capable par son autorité de diriger les ministres inférieurs et d'aplanir les difficultés qui s'élèvent souvent dans l'exercice du ministère spirituel, entraînait de grands inconvénients. Les ecclésiastiques et les laïques le sentaient également. Ils s'unirent pour faire à ce sujet des représentations au saint-siège. Touché de leurs plaintes, et persuadé, comme eux, que l'Église d'Angleterre s'affaiblirait de plus en plus tant qu'elle serait privée des avantages attachés au ministère épiscopal, dans le gouvernement de la société catholique le pape détermina l'évêque de Saint-Aasph à retourner dans sa patrie. Ce prélat se mit en route ; mais ses infirmités ne lui ayant pas permis de continuer, il revint à Rome, où il mourut quelque temps après son retour, et l'Église d'Angleterre perdit en lui le dernier des évêques qui avaient survécu à la révolution. On persuada alors au pontife romain que, pour gouverner l'Église d'Angleterre dans la situation actuelle des choses, il suffisait de donner au clergé catholique un chef pris du second ordre, et que pour le tenir dans une dépendance continuelle à l'égard du saint-siège, c'était assez de lui accorder le titre d'archiprêtre. Ce projet réussit ; mais si les missionnaires, qui l'avaient proposé, s'en applaudirent, beaucoup d'ecclésiastiques et de laïques en furent mécontents ; ceux-ci se plaignirent hautement qu'une Église aussi ancienne que celle d'Angleterre, aussi recommandable par les grands hommes qu'elle avait produits, et qui méritait des égards plus particuliers dans l'état d'épreuve et de persécution où elle se trouvait, fût mise sur le pied d'une simple mission, comme s'il s'agissait d'un pays infidèle.

Les choses en étaient dans cette position, lorsque Jacques Stuart, roi d'Écosse, fut appelé, en 1603, au trône d'Angleterre par le droit de sa naissance et par le testament d'Élisabeth, qui avait fait périr sa mère sur l'échafaud. Né d'une mère catholique, on pensa qu'il serait favorable à ceux qui étaient restés fidèles à l'ancien culte. Dans cet espoir, les orthodoxes lui présentèrent une requête sitôt après son couronnement, pour le supplier de leur accorder sa protection. Les puritains, c'est-à-dire les calvinistes rigides, firent la même chose ; mais il ne répondit pas d'une manière plus satisfaisante aux uns qu'aux autres. Ces derniers, qui dominaient en Écosse, commençaient à former en Angleterre un parti qui ne tarda pas à se rendre redoutable. Ils demandaient au roi non-seulement la tolérance et la liberté de tenir leurs assemblées, mais encore la réforme de plusieurs abus qui leur déplaisaient, appelant ainsi quelques pratiques du culte anglican qui leur paraissaient trop semblables à celles de l'Église romaine ; certains endroits de la liturgie qui ne s'accordaient pas avec leur doctrine, et surtout le pouvoir et les honneurs qu'on avait conservés à l'épiscopat et à quelques autres dignités ecclésiastiques, qui composaient la hiérarchie dans la constitution actuelle de l'Église anglicane. Les catholiques étaient plus modérés. Quoiqu'ils désirassent vivement l'extinction du schisme et le retour de la nation au culte de ses pères, ils se bornaient à demander qu'on n'exigeât rien d'eux qui fût contraire à leur conscience, et qu'on discontinuât la persécution qui depuis tant d'années faisait couler le sang de leurs frères sous la main des bourreaux. Le roi, par son caractère et par ses principes, n'était pas éloigné de préférer les voies de la douceur ; mais ceux qui le gouvernaient ne pensaient pas comme lui. Ils prirent tant d'ascendant sur son esprit, qu'ils parvinrent à lui faire adopter leurs maximes. Il fut donc résolu dans le conseil que l'on continuerait à poursuivre avec rigueur tous ceux qui ne se conformeraient pas aux rites et aux pratiques de la religion nationale, principalement les catholiques, parce qu'ils y étaient le plus opposés. La conjuration des poudres, découverte en 1605, ne contribua pas peu à affermir le roi et le ministère dans cette résolution. Elle était formée par des hommes qu'animaient des motifs qui leur étaient personnels, mais où l'on affecta de croire que la religion entra pour quelque chose, parce qu'ils étaient catholiques. Deux missionnaires furent compris au nombre des coupables; l'un était accusé d'avoir approuvé le projet de la conspiration; l'autre, de l'avoir connu et de ne l'avoir pas révélé. Les protestants ne manquèrent pas de répandre que tous les catholiques avaient trempé dans la conspiration, et que les missionnaires en avaient été les agents secrets : imputation démentie par les recherches qu'on fit de toutes parts, et qui n'aboutirent qu'à faire découvrir une douzaine de coupables; par la déclaration publique du roi même, qui, dans ses discours au parlement, n'attribue cette entreprise qu'à la *fureur de huit ou neuf désespérés*, ce sont ses propres termes; enfin par le petit nombre de ceux qui furent punis, comparé avec celui des catholiques, qui, c'est l'aveu de tout le monde, formaient encore alors un cinquième de la nation. Quant aux missionnaires et à l'ordre célèbre dont ils étaient membres, ils ont été justifiés par un écrivain qui ne les a pas flattés, le fameux docteur Antoine Arnauld. Ceux qui voulaient aigrir le roi contre les catholiques n'en profitèrent pas moins d'un événement si favorable à leurs vues. On a même prétendu que cette affreuse trame avait été préparée à dessein, et qu'elle avait été conduite par l'un des ministres, appuyé de quelques courtisans, pour rendre ceux de la communion romaine odieux au prince, qui ne se portait pas à les persécuter avec autant de chaleur qu'ils le désiraient. Et cette conjecture ne paraît pas destituée de tout fondement, quand on rapproche toutes les circonstances rapportées par les écrivains du temps. Si elle est vraie, les auteurs de cette horrible scène eurent tout lieu de s'applaudir, et de l'invention et du succès. Les édits qu'on avait déjà portés contre les catholiques, tout rigoureux qu'ils étaient, ne remplissaient pas encore les vues de ceux qui ne désiraient que leur entière destruction. Ils voulaient avoir un moyen sûr de les connaître et un prétexte plausible de les faire regarder comme des ennemis publics du prince et de l'Etat, le fameux serment d'allégeance n'eut pas d'autre but. Paul V défendit par deux brefs aux catholiques d'Angleterre de prêter ce serment. Aussitôt les esprits se partagèrent : les uns déférèrent aux volontés de la cour; mais les autres, conduits par des guides pour qui tout ce qui émanait de l'autorité pontificale était sacré, prirent pour règle la défense du pape. On fit alors les plus exactes perquisitions pour découvrir les ecclésiastiques et les religieux qui exerçaient en secret les fonctions de leur ministère, contre la teneur des édits et les défenses réitérées du gouvernement. Aucun de ceux qu'on arrêtait ne pouvait éviter la prison, et même plusieurs furent mis à mort. On en compte plus de trente, tant prêtres séculiers que missionnaires de différents ordres, les uns anglais, les autres étrangers, qui expirèrent dans les tourments, comme violateurs des lois du pays sur le fait de la religion.

Jacques Ier, mort en 1625, eut pour successeur son fils, Charles Ier, prince dont le règne fut rempli d'événements si étranges, et la fin si déplorable. Zélé pour le culte anglican, il voulut le faire recevoir en Ecosse, où la secte des presbytériens, ennemie de l'épiscopat, refusait de s'y soumettre. L'uniformité dans les pratiques religieuses lui paraissait une chose importante en tout pays et surtout dans son île, où la diversité des cultes et le choc des opinions avaient occasionné, depuis un siècle, tant d'émeutes populaires et coûté la vie à tant de citoyens. La maxime était vraie et puisée dans les sources de la plus saine politique; mais Charles en faisait une fausse application. D'ailleurs la disposition des esprits en Angleterre mettait une différence si grande entre les temps de Jacques Ier et ceux de Charles, qu'il n'était ni de la sagesse ni d'une bonne politique à celui-ci de parler et d'agir comme son père avait fait. Chez les Anglais, tout tendait à l'indépendance lorsque Charles Ier parvint à la couronne. En Ecosse, les grands et le peuple étaient encore moins disposés à la soumission qu'en Angleterre, parce que les principes de la secte dominante, celle des presbytériens, avaient jeté dans tous les esprits un germe de révolte. Du reste, les manœuvres de Richelieu pour soutenir les mécontents d'Ecosse et les puritains d'Angleterre contribuèrent à accélérer le mouvement qui poussa le malheureux roi à l'échafaud, et qui amena la tyrannie de Cromwel.

Cependant une révolution inattendue replaça l'héritier de Charles Ier sur le trône, en 1660. Ce prince, fils d'une princesse catholique, avait passé sa jeunesse sur le continent, dans des Etats catholiques. Il avait d'ailleurs épousé Catherine de Portugal, princesse fort attachée à sa religion, et il paraît que, dans un traité secret avec Louis XIV, il s'était engagé à retourner à l'unité. C'était autant de motifs pour tenir les protestants en alarme. Les docteurs anglicans dans les chaires, les écrivains dans leurs pamphlets, les membres du parlement dans leurs motions, s'élevaient également contre les catholiques, et il est peu d'années du règne de Charles II qui n'aient vu prendre de nouvelles mesures contre eux. Pour prévenir ces malheurs le roi accorda la liberté de conscience à tous ses sujets par une déclaration du mois de mars 1672. A peine cette loi fut-elle publiée, que les presbytériens, qui dominaient dans la chambre des communes, l'attaquèrent avec cette chaleur qu'ils mettaient dans toutes les affaires, parce qu'elle était favorable aux catholiques. Ils se plaignirent si haut et se donnèrent tant de mouvement, que le roi révoqua sa déclaration pour éviter de plus grands maux. Mais la secte, dont il avait cru calmer l'inquiétude par sa condescendance, n'en demeura pas là. Le parlement, entraîné par les *esprits* factieux qui avaient pris le dessus, aussi bien dans la chambre des pairs que dans celle des communes, passa le fameux acte du *Test*, portant que toute personne qui posséderait quelque emploi, charge ou bénéfice, serait tenue de prêter les serments d'*allégeance* et de *suprématie*, de recevoir les sacrements dans son église paroissiale, et de renoncer par écrit à la croyance de la présence réelle dans l'eucharistie. Cet acte n'avait d'autre but que d'écarter les orthodoxes de toutes les places, et de les anéantir avec le temps. Charles II termina ses jours en 1685 : on est fondé à croire qu'il mourut catholique. Jean Huddleston, bénédictin anglais, qui avait contribué à sauver ce prince après la bataille de Worcester, lui fut encore utile dans ce dernier moment. Appelé dans la chambre du roi, la veille de sa mort, il reçut la déclaration de Charles, qui témoigna vouloir mourir dans la religion catholique, et montra du regret de ses fautes et de ses désordres. Huddleston le confessa, lui administra les sacrements et l'exhorta à la mort.

Les ennemis du catholicisme et les autres factieux qui se couvraient du voile de la religion, avaient essayé plus d'une fois d'écarter du trône le duc d'Yorck, frère de Charles II, et qui lui succéda sous le nom de Jacques II. Ce prince, après la mort de sa première femme, qui s'était déclarée pour la foi catholique, avait épousé une princesse de Modène, et l'on avait soupçonné dès lors un changement de religion. Il avait abjuré le schisme et l'hérésie en 1671, et dès 1678 on avait imaginé l'histoire d'une conjuration chimérique dont on le faisait le chef. Quoique ce fût une imposture grossière, mal concertée, et qu'on ne produisît ni preuves ni témoins, il en avait coûté la vie à plusieurs catholiques de la plus haute naissance, notamment à lord Stafford, l'un des plus grands seigneurs d'Angleterre, et à Olivier Plunkett, archevêque d'Armagh en Irlande, prélat recommandable par sa vie édifiante et ses travaux apostoliques. Le duc d'Yorck, qu'on voulait rendre odieux à la nation, s'était éloigné, par le conseil du roi son frère, sous prétexte de voyager en Europe. Cependant, à la mort de Charles II, ce prince fut proclamé sans opposition. Mais à peine fut-il sur le trône, que, par un zèle prématuré en faveur de la religion qu'il avait embrassée, il attira sur sa tête un orage dont il fut la victime, et qui ruina pour toujours en Angleterre cette religion qu'il voulait rétablir dans son ancienne splendeur. Non content d'en faire profession et d'en suivre les pratiques dans l'intérieur de son palais, il ne dissimula pas le dessein qu'il avait formé de rendre aux catholiques toutes les églises qu'ils avaient perdues depuis les temps de Henri VIII. Le 4 avril 1687, il donna une déclaration pour la liberté de conscience. Les dissidents des différentes sectes l'en félicitèrent par des adresses, tandis que les partisans de l'Église établie s'en montrèrent fort mécontents. Les catholiques, profitant de cette loi, ouvrirent des chapelles à Londres et dans les autres grandes villes. Il se fit quelques conversions éclatantes dans toutes les classes, et la plupart furent durables et continuèrent après la révolution. Le palais était rempli de religieux qui s'avouaient ouvertement pour ce qu'ils étaient. Quatre évêques furent sacrés dans la chapelle du roi. Il envoya un ambassadeur à Rome, et demanda au pape un nonce qui vînt à Londres, et qui résidât publiquement avec ce caractère auprès du monarque. Innocent XI, qui gouvernait alors l'Église, n'approuvait pas ces démarches de Jacques II. Il lui conseilla de modérer son zèle pour ne pas soulever contre lui sa nation déjà prévenue, et achever de perdre le catholicisme en se perdant lui-même. Les craintes du pontife ne tardèrent pas à se réaliser. Toutes les sectes prirent l'alarme ; la faveur accordée trop promptement, trop ouvertement aux catholiques, faisait dire à tous ceux qui avaient intérêt de traverser les desseins du roi à cet égard, que bientôt l'Angleterre serait esclave de Rome comme autrefois. Ces discours étaient entretenus par les émissaires du prince d'Orange, Guillaume de Nassau, stathouder de Hollande, gendre de Jacques II, qui travaillait sourdement à détrôner son beau-père. Ses intrigues eurent le succès qu'il en attendait, et le mécontentement étant devenu général, il exécuta sans difficulté, en 1688, l'invasion qu'il avait méditée. Une assemblée nationale se forma sous le nom de *Convention*, parce que, suivant les lois, il ne peut y avoir de parlement lorsqu'il n'y a point de roi. On décida que le trône était vacant par l'abdication volontaire et la retraite de Jacques II, qui s'était réfugié en France ; que la nation anglaise était en droit de régler la forme du gouvernement, et qu'en conséquence de ce droit, elle déférait la couronne à Guillaume III et à la princesse sa femme, fille de Jacques II. Mais, comme ces arrangements ne suffisaient pas encore pour satisfaire la haine qu'on avait conçue contre les catholiques, et pour calmer la crainte de les voir rentrer en crédit si Jacques II venait à rétablir ses affaires, il fut statué que nul prince faisant profession de la religion catholique romaine ne pourrait monter sur le trône d'Angleterre.

Contraste que formaient les sectes avec la religion catholique dans la Grande-Bretagne.

Depuis que la Grande-Bretagne avait rompu le lien de l'unité, les sectes y pullulaient, entées les unes sur les autres comme ces excroissances hideuses qui dévorent un arbre naguère fort et vivace. A côté des anglicans, c'est-à-dire de ceux qui tenaient à l'Église telle qu'elle avait été établie par les actes du parlement, avaient surgi en foule les non-conformistes (*dissenters*), divisés en plusieurs branches ; les presbytériens, les indépendants, les anabaptistes, les quakers, les unitaires, etc. ; car on se séparait de l'Église établie comme elle s'était elle-même séparée de l'Église romaine, et en se prévalant contre elle des motifs par lesquels elle avait voulu colorer son propre schisme. L'arianisme, introduit en Angleterre par les sociniens, y avait fait de grands ravages ; les uns admettaient la préexistence du Christ, les autres ne le regardaient que comme une créature douée seulement d'un peu plus de priviléges que les autres. D'un autre côté, l'arminianisme, né en Hollande, et qui dominait dans l'université de Cambridge, favorisait le développement d'un parti qui tendait vers l'indifférence religieuse : les hommes de ce parti, désignés sous le nom de latitudinaires, ne voyaient dans la différence des branches de la réforme qu'une divergence d'opinion qui n'intéressait point le salut. Ce parti était trop favorable à la liberté de penser, pour qu'il n'en sortît pas un jour des *discuteurs* qui, remettant tout en discussion, et des *rechercheurs* (*inquirers*) qui, à force de recherches, abrégeassent de plus en plus le symbole : véritables déistes, sous le nom de chrétiens rationnels. Addison place au règne de Charles II l'origine des indifférents en matière de religion, dont les premiers chefs furent Whichcot, Cudworth, Wilkins, Moore, Worthington, dignement secondés par leurs disciples Tillotson, Stillingfleet, Patricket-Burnet. En effet, nous lisons dans le continuateur de Rapin-Thoiras « qu'on a accusé Guillaume d'avoir contribué à la licence en fait de théologie et de morale *qui éclata de son temps*; et à la vérité il y donna peut-être quelque occasion. Un grand nombre d'ecclésiastiques ne lui avaient prêté le serment exigé qu'avec des restrictions mentales dont ils ne se cachaient point, et qui montraient qu'ils avaient moins de zèle que d'ambition. Une prévarication si criminelle dans des gens qui doivent offrir l'exemple nuisit beaucoup à la religion et à la vertu. Beaucoup de personnes se crurent fondées à penser mal de la religion, puisque des ecclésiastiques, même habiles, paraissaient l'estimer si peu. » Le même historien, indiquant les effrayants progrès de la liberté de penser, confirme ce que nous avons dit plus haut : « sociniens, ariens, latitudinaires, déistes, se montraient hardiment, et on ne craignit point, dans des livres imprimés, de combattre et de tourner en ridicule les principaux mystères du christianisme. Les sociniens éclatèrent plus que les autres. Thomas-Firmyn composa et répandit beaucoup d'ouvrages contre la Trinité. Il appelait les prêtres des tyrans et des fourbes, quoiqu'il fût lié avec Tillotson et d'autres évêques. Les disputes entre les théologiens étaient une occasion de scandale pour les simples, et fournissaient aux incrédules une ample matière de risée. » Voilà donc où l'on arrive quand on est sorti de l'unité : au déisme, qui n'est qu'un athéisme déguisé.

Le sage auteur des *Mémoires pour servir à l'histoire de l'Eglise pendant le dix-huitième siècle*, constate pourtant que, si l'indifférence avait fait de grands progrès en Angleterre, de bons esprits avaient su s'en préserver. Newton, dit-il, qui tenait le sceptre de la plus haute philosophie, et à qui ses découvertes et son génie assuraient une gloire durable; Newton ne faisait honneur de parler de Dieu et de la providence jusque dans les ouvrages où il pouvait plus s'en dispenser, ce semble, d'en faire mention. Il est vrai qu'on a cru que ce grand homme penchait aussi vers les opinions ariennes. Mais, s'il les adopta, ce fut en secret : il n'eut point la manie de les afficher et de les répandre. Il sut même très-mauvais gré à Whiston de s'être appuyé de son suffrage; et il ne voulut jamais souffrir que l'on admît cet arien fameux dans la société royale dont il était président. L'honorable Robert Boyle, moins célèbre encore par sa naissance que par ses travaux en physique et en philosophie, a montré son attachement au christianisme en fondant des discours annuels contre l'athéisme : fondation qui a excité une noble émulation dans le clergé anglican, et qui a donné naissance à d'excellents traités. C'est par là que Bentley, Kidder, Clarke et plusieurs savants docteurs commencèrent à se faire connaître. Il y aurait de l'injustice à ne pas reconnaître que toutes les branches de la science ecclésiastique étaient cultivées en Angleterre avec presque autant de zèle qu'en France à la même époque. Des hommes de talent étudiaient les langues savantes, la littérature biblique, les antiquités, l'histoire, la controverse, la morale; et de cette étude naissaient des ouvrages où le goût et l'érudition, la littérature et la critique se prêtaient un mutuel appui.

Cependant quoique un grand nombre de membres du clergé anglican honorassent leur communion par leurs talents et par l'usage qu'ils en faisaient, plusieurs aussi donnaient dans des erreurs très-graves; et il importe de le constater, pour faire voir jusqu'où des hommes, d'ailleurs judicieux et recommandables, pouvaient être entraînés par le défaut d'autorité et par la voie du jugement privé, ce principe constitutif de la réforme, et cette source féconde d'erreurs. Thomas Burnet donnait le roman de l'univers dans sa *Théorie sacrée de la terre*, ouvrage plein d'imagination, et qui, pour avoir été loué par Bayle, n'en est pas moins établi sur des principes faux. Cet auteur est encore moins orthodoxe dans son livre de l'*Etat des morts et des ressuscités*, où il combat hardiment l'éternité des peines, et prétend qu'à la fin tout le genre humain sera sauvé. Clarke et Whiston écrivaient en faveur de l'arianisme. On pourrait excuser en partie Dodwell, s'il n'avait eu que les préjugés qui lui sont communs avec les théologiens de sa communion contre les catholiques; mais il tomba dans des aberrations que rien ne saurait pallier. Dans ses dissertations sur saint Cyprien, il attaque nettement la croyance générale des chrétiens sur le nombre des martyrs. Il se persuada que les Pères de l'Eglise étaient des hommes pieux, mais simples, qui avaient trop aisément ajouté foi à des faits douteux. Il s'efforça de prouver que l'âme était mortelle de sa nature, et imagina que l'immortalité était une sorte de baptême conféré à l'âme par un don de Dieu et par le ministère des évêques. Il prétendit que les Evangiles n'avaient été recueillis que sous Trajan. Enfin, à mesure qu'il avançait en âge, il semblait prendre plaisir à inventer et à soutenir des paradoxes dont les incrédules ont abusé depuis. Whitby, devenu arien dans ses dernières années, rétracta tout ce que ses premiers ouvrages contenaient de conforme à la foi de l'Eglise chrétienne. Dans son interprétation de l'Ecriture, il semble n'avoir cherché qu'à tourner les Pères en ridicule. Fowler, évêque de Glocester, opposé à la doctrine rigide des premiers réformateurs, à la justice imputative et à la prédestination absolue, était partisan de la liberté religieuse. On l'appelait le *prédicateur rationnel*, parce qu'il insistait sur l'usage de la raison en matière de religion. Il a mérité d'être le précurseur d'un parti qui devint très-nombreux en Angleterre sur la fin du dix-huitième siècle.

III. Hollande.

La liberté de penser, dont nous venons d'indiquer les rapides progrès en Angleterre, avait en quelque sorte établi son siége en Hollande; malheureux pays que sa haine pour l'Espagne avait engagé, ou du moins confirmé dans sa révolte contre l'Eglise mère et maîtresse de toutes les autres.

Le calvinisme, élevé sur les ruines du catholicisme, était devenu la religion dominante dans les divers Etats de cette république; mais ce calvinisme, toujours animé de l'esprit d'indépendance, faisait éclore entre ses théologiens des disputes d'autant plus vives, qu'ayant secoué le joug de l'autorité et n'admettant que la parole de Dieu consignée dans l'Ecriture pour règle de foi, il n'y avait, d'après leurs principes, aucun moyen de discerner avec certitude de quel côté se trouvait la vérité. Ainsi fut suscité l'arminianisme, dont les querelles à la fois théologiques et politiques agitèrent les calvinistes de Hollande. Contestation bizarre, en ce que l'Eglise protestante, reniant par le fait le principe d'où elle était sortie, tint alors le même langage et la même conduite que l'Eglise romaine, après lui avoir fait un crime de cette conduite et de ce langage; en ce qu'on déclara à Dordrecht, l'an 1619, que les disputes touchant la prédestination et la grâce, élevées entre les arminiens et les gomaristes, ne pouvaient être terminées que par un synode : ce qui était dire implicitement que la parole de Dieu n'est pas la seule règle de la foi; et que, dans les questions dont le dogme est l'objet, c'est au tribunal infaillible de l'Eglise qu'il appartient de décider, par un jugement irrévocable, ce qu'il faut croire et ce qu'il faut condamner. Lorsqu'après la décision du synode, on forçait les pasteurs et les fidèles d'y souscrire; lorsqu'on dépouillait de leurs emplois ceux qui refusaient d'y adhérer; lorsqu'on les traitait en hérétiques et en excommuniés, on regardait comme certain que l'Eglise a droit d'exiger de ses enfants une soumission, non-seulement extérieure, mais intérieure et sincère à ses décrets, et de punir les réfractaires;

on marchait en cela sur les traces de l'Eglise romaine; on reconnaissait donc que les auteurs de la réforme avaient eu tort d'accuser cette Eglise d'oppression et de tyrannie, parce qu'elle voulait que ses jugements servissent de règle en matière de doctrine, et qu'elle excluait de son sein tous ceux qui persévéraient dans l'erreur après sa définition. Du reste, depuis que les intérêts de ceux qui poursuivaient les arminiens ont changé, ils ont obtenu la tolérance, ainsi que toutes les autres sectes dont on peut dire que les Provinces-Unies étaient la patrie commune.

A côté des calvinistes plus ou moins rigides, se glissaient les sociniens. Jean Le Clerc, qui professa longtemps les belles-lettres et la philosophie à Amsterdam; Philippe de Limborch, son ami, qui occupa une chaire de théologie; le médecin Van-Dale, etc., propagèrent dans des écrits anonymes ou avoués, dans leurs chaires ou par la voie des journaux, leurs doctrines hostiles à la révélation. On attribue à Le Clerc un ouvrage (1) où l'on prétend établir que Moïse n'est pas l'auteur du Pentateuque, et où l'on avance, touchant certains livres de l'Ecriture des systèmes qui ont pour objet d'en nier l'inspiration. Le Clerc adopte, dans d'autres écrits, les interprétations sociniennes, explique les miracles d'une manière naturelle, détourne à d'autres sens les prophéties qui regardent le Messie, altère les passages qui prouvent la Trinité et la divinité de Jésus-Christ. D'ailleurs, il ne respecte pas les saints Pères et la tradition plus que l'Ecriture. Bayle, dont les disputes avec Jurieu divisèrent les esprits; Bayle, dans les leçons duquel Shaftesbury puisa l'indifférence totale en fait de religion; Bayle, que les incrédules de France regardèrent comme un de leurs plus dignes devanciers et qui était lié avec les déistes anglais, alla bien plus loin que les sociniens. Les écrits de ce sceptique, mort en Hollande au début du dix-huitième siècle, devinrent l'arsenal de l'incrédulité, et leur influence s'est surtout exercée dans une contrée où le mélange de toutes les sectes facilitait singulièrement les tentatives des sociniens et des incrédules. Bayle eût-il échoué là où Spinosa avait érigé une école d'athéisme ?

Ce n'est pas toutefois que la Hollande eût entièrement fermé ses portes à la vérité. Le temps n'était plus sans doute où le siége d'Utrecht, érigé en métropole l'an 1559, comptait pour suffragants Haarlem, Leuwaerde, Deventer, Groningue, Middelbourg. Les évêques avaient été dispersés par la révolution, et le siége d'Utrecht se trouvant éteint comme les autres, la Hollande, à l'exemple des pays qui proscrivent la religion catholique, était gouvernée par des vicaires apostoliques, revêtus du caractère épiscopal et titrés *in partibus infidelium*. Cependant l'évêque de Castorie, de Neercassel, vicaire apostolique, mort en 1686, avait eu,

(1) Sentiments de quelques théologiens de Hollande, touchant l'Histoire critique de l'Ancien Testament, par M. Simon.

malgré la défection de la majorité des Hollandais, le soin d'un assez bon nombre de catholiques. Amsterdam, moins disposé que d'autres villes en faveur des nouveautés, ne se rendit en 1687 au prince d'Orange, qu'à condition qu'on n'inquiéterait point les orthodoxes : condition, du reste, inexécutée, puisqu'on chassa peu après les prêtres et les religieux, et qu'on fit cesser tout exercice public de la religion catholique. Quoi qu'il en soit, vingt mille orthodoxes et quatorze églises subsistèrent à Amsterdam. Il y avait, dans les Provinces-Unies, environ un demi-million de catholiques gouvernés par quatre cents pasteurs. Mais, triste condition de cette Eglise ! le schisme l'avait diminuée ; le jansénisme la divisa. L'évêque de Castorie, prélat pourtant aussi instruit que régulier, donna accès aux disciples de Jansénius ; et son successeur Codde, archevêque de Sébaste, se constitua le fauteur des nouvelles opinions. Mandé à Rome, il y fut déclaré suspens ; et l'*intérim* du vicariat fut confié à Cock, pasteur à Leyde. Nous dirons, au sujet de la France que nous allons maintenant envisager, tous les maux produits par le jansénisme.

IV. France.

La paix de Westphalie, en 1648, mit un terme aux guerres de religion et à cette suite épouvantable de crimes et de calamités qui remplirent le seizième siècle et la première moitié du dix-septième. Depuis ce traité, que nous avons dû pourtant apprécier avec une juste sévérité, le système religieux et politique de chaque gouvernement parut tendre au même but ; ce but était d'amener avec le temps, sans violence et sans efforts, l'uniformité de la profession du culte qui avait prévalu dans chaque pays. On s'attacha donc, dans les gouvernements où la religion protestante était devenue dominante, à exclure les membres de la religion catholique de toute participation aux honneurs, aux dignités, aux offices et aux prérogatives de l'ordre politique. Tout culte public leur fut interdit, et souvent même le culte domestique ne fut pas toléré. De là ces lois plus ou moins sévères, plus ou moins prohibitives que l'Angleterre, la Hollande, Genève, les cantons suisses protestants, les puissances du Nord et un grand nombre de princes du corps germanique portèrent contre les catholiques soumis à leur domination. De là les lois du même genre, que les empereurs de la maison d'Autriche, les princes catholiques d'Allemagne, les rois de Pologne, les cantons catholiques de Suisse portèrent contre les protestants. Dans le cours ordinaire des événements, et d'après toutes les prévoyances de la sagesse humaine, ce système politique devait obtenir avec le temps le succès que l'on en attendait, et qu'il a en effet obtenu, au moins en partie. Il résulta d'abord un avantage précieux pour l'humanité de ce système religieux politique. On vit cesser presque en même temps ces persécutions individuelles qui mettaient à la discrétion des partisans de la religion dominante les propriétés, la liberté et la vie de ceux qui professaient une religion dont le culte était interdit. Privés à la vérité des honneurs, des dignités et des distinctions extérieures de l'ordre politique, ils pouvaient du moins, tranquilles sous l'abri des lois, jouir de tous les bienfaits de l'ordre civil. A l'exception de l'Angleterre, où des rivalités politiques, non moins que des rivalités religieuses, renouvelèrent quelquefois des persécutions sanglantes contre les individus ; on vit, depuis la paix de Westphalie, régner une paix constante dans le sein des villes et des campagnes entre ceux qui professaient les cultes les plus opposés et les plus inégalement favorisés. Au milieu des événements qui donnèrent une direction nouvelle au système de tous les gouvernements, l'Espagne et l'Italie n'eurent rien à changer à leur ancienne législation : des barrières impénétrables avaient interdit l'accès de ces contrées aux partisans des opinions que le commencement du seizième siècle avait vues naître. Mais la France se trouvait dans une position absolument différente de celle de tout le reste de l'Europe. Des lois de proscription et des lois de paix avaient alternativement succédé à des guerres sanglantes et à des traités frauduleux.

Enfin l'édit de Nantes, rendu en 1598 par Henri IV, avait accordé aux protestants le libre exercice de leur religion dans tous les lieux où elle se trouvait établie ; et ajoutant aux autres édits de pacification, il donnait à ces hérétiques la faculté de posséder, comme les autres Français, les charges de judicature et de finance. Cet édit avait fixé le dernier état du protestantisme en France à la fin du seizième siècle. Mais les privilèges de la tolérance que les prétendus réformés tenaient de Henri IV devinrent entre leurs mains des armes terribles. Henri, qui connaissait mieux que personne leur caractère inquiet et remuant, l'habitude où ils étaient d'abuser toujours des lois favorables que les circonstances leur avaient fait obtenir, veillait sur eux pour empêcher qu'ils ne sortissent des bornes qu'il leur avait prescrites, et dans lesquelles il ne voulait pas qu'ils le forçassent à les faire rentrer, comme un père veille sur ses enfants pour prévenir les fautes qu'il serait obligé de punir. Ce prince, par un mélange habile de douceur et de fermeté, qui est le point de la perfection dans le grand art du gouvernement, savait contenir tous les partis. Une administration juste et vigoureuse est le vrai principe de la félicité publique ; parce qu'en pressant également sur tous les ordres de l'Etat, elle les balance l'un par l'autre, et par cet équilibre entretient la subordination, le calme et l'harmonie. Or Henri avait trouvé ce secret précieux ; aussi la France, tranquille et prospère après tant de calamités, recueillait les heureux fruits de son gouvernement. Mais quand la mort eut enlevé ce prince, au milieu du deuil, les partis se formèrent ; on voulut se faire craindre pour se faire rechercher ; l'ambition et la cupidité se disputèrent le crédit ou les profusions de la régente; et les calvinistes, profitant de la mésintelligence qui régnait entre la cour et les grands, formulèrent leurs prétentions à Saumur, en 1611. Le rejet de leurs demandes les porta à la révolte. A la suite de l'édit de 1620, qui réunissait le Béarn à la couronne, en restituant aux anciens possesseurs les biens ecclésiastiques que les calvinistes avaient envahis, édit dont la présence du roi dans cette province facilita l'exécution, la guerre civile fut déclarée dans le Midi où les réformés avaient leurs principaux établissements. Leurs principes, la forme du gouvernement établi dans leurs églises et leur penchant naturel les entraînaient vers l'indépendance. Depuis longtemps ils avaient conçu le plan d'une république fédérative qu'ils se proposaient d'ériger en France, à l'imitation des protestants d'Allemagne. Les conjonctures leur paraissant propices, ils divisèrent le royaume en huit cercles, dont chacun avait ses troupes, son général particulier, ses officiers publics de justice et de finance, son administration économique et sa police, en fournissant un contingent déterminé d'hommes et d'argent pour le soutien de la cause commune. Rohan, moins par ambition que par caractère, accepta le titre de généralissime de la nouvelle république. Obligé, comme son père, de prendre les armes pour soumettre ses sujets, Louis XIII avait le courage qui fait supporter les fatigues de la guerre et qui apprend à n'en pas craindre les dangers. S'il n'eut pas cette élévation d'esprit, cette fermeté de vouloir, qui annoncent une âme pleine de grandeur et d'énergie; s'il fut dominé tant qu'il vécut, par des favoris qu'il n'aima point, par un ministre dont il jalousa les talents et les succès, au moins on peut assurer qu'à la tête des armées on reconnut en lui le fils de Henri IV. Tandis qu'une moitié de la France combattait l'autre, les chefs calvinistes, occupés de leurs intérêts particuliers, vendaient leur soumission : le traité conclu à Privas en 1622 confirma l'édit de Nantes dans toutes ses dispositions; et les protestants, maintenus dans leurs priviléges, mirent bas les armes, en se réservant de réaliser en temps plus opportun leur projet de république. Les prétextes ne leur manquèrent pas lorsqu'ils voulurent recommencer la guerre; mais le gouvernement n'était plus dans l'état de faiblesse et d'incertitude qui avait inspiré tant d'audace aux mauvais citoyens pendant la minorité de Louis XIII. Richelieu, parvenu à la pourpre et au ministère, savait que quand les sujets osent menacer leur maître et troubler l'ordre public, le comble de la folie serait de ne point s'opposer à leurs entreprises, et qu'alors, pour établir cette obéissance du peuple, qui est le fruit de la prudence et de la justice, qui fait sentir la salutaire influence de l'autorité dans toutes les parties d'un grand royaume, il faut réprimer fortement la rébellion et réduire les rebelles à l'impuissance de nuire. Or, depuis que le calvinisme avait pris racine en France, la Rochelle était son boulevard, le centre de ses forces, le foyer d'où se répandait le feu des dissensions qui agitaient le royaume, le cheflieu de la république projetée et à qui ses partisans ménageaient à l'étranger de puissants auxiliaires. En butte aux cabales des grands, que sa politique tendait à abaisser, et trop peu maître encore de l'esprit du roi pour qu'il n'eût pas besoin de la paix, afin d'affermir son pouvoir naissant, Richelieu se borna d'abord à montrer ce qu'il était aux calvinistes, et leur laissant entrevoir ce qu'ils avaient à attendre de lui s'ils le contraignaient de les réduire, il conclut avec eux le traité du 5 février 1626. Mais toujours remplis de leurs idées républicaines, les protestants l'obligèrent bientôt à conquérir la Rochelle, leur principale forteresse et l'asile de tous les factieux. Débarrassé des craintes qui lui avaient fait interrompre ses premières opérations, tranquillisé par ses négociations dans les cours étrangères par rapport aux entreprises qu'on aurait pu tenter au dehors, sûr de neutraliser l'Angleterre, seule puissance qui fût disposée à aider les rebelles, Richelieu ruina la république protestante en brisant sa tête. La Rochelle perdit ses fortifications, ne conserva que la liberté de conscience, et la religion catholique y fut rétablie. La chute de cette ville, dont le cardinal, en politique adroit, abandonna toute la gloire à Louis, présageait celle du parti calviniste. Le traité du 27 juin 1629, qui n'ôta aux protestants que les priviléges dont ils pouvaient abuser, mit fin aux guerres civiles de religion qui désolaient la France depuis près d'un siècle. Le calvinisme terrassé, languissant, devint semblable à un lion qui, après avoir été pendant longtemps la terreur des forêts et des plaines, abattu, percé de coups, fait d'inutiles efforts pour rappeler son ancien courage, et ne pousse plus que de faibles soupirs à la place de ces rugissements terribles qui faisaient trembler les autres animaux.

C'en fut fini, grâce à Richelieu, de l'espèce de puissance politique que les calvinistes s'étaient arrogée en France. Mais, comme ce prince de l'Église était en même temps le protecteur de l'hérésie au dehors, il ne pensa pas un seul instant à l'empêcher de se propager au milieu du royaume très-chrétien, indifférent qu'il était à toute licence des esprits et à tout désordre moral, pourvu que l'on se courbât sous sa main de fer, et que l'ordre matériel ne fût point troublé. Aussi arriva-t-il, par l'effet de cette politique scandaleuse et par cette communication continuelle que tant de campagnes faites sous les mêmes drapeaux établissaient entre les Français catholiques et les protestants étrangers, que le nombre des sectaires et des libres penseurs s'accrut sous Louis XIII plus que sous aucun des rois qui l'avaient précédé, n'attendant que des circonstances plus favorables pour exercer de nouveau leurs ravages et recommencer leurs attaques contre la société.

Louis XIII avait désarmé le fanatisme, et

soumis les protestants du royaume au joug de l'obéissance, comme ses autres sujets : il était réservé à Louis XIV de rétablir l'unité du culte, et d'interdire à la nation qui vivait sous ses lois, l'exercice de toute autre religion que la sienne.

Dans les premières années de son règne, l'un des plus glorieux, comme l'un des plus longs de la monarchie, le calvinisme eut peu de part aux troubles qui agitèrent le royaume ; car les intrigues des frondeurs, leurs intérêts, leurs motifs n'avaient pas un rapport direct avec la religion. Lorsque les orages de la minorité furent calmés, et que le jeune roi eut montré à l'Europe ses qualités héroïques, l'admiration et la crainte, ces deux freins puissants, agirent avec tant de force que la paix intérieure cessa d'être troublée par le fait de cette hérésie. Mais, au milieu du calme, Louis prenait, en prince habile et lentement, tous les moyens que sa sagesse et sa puissance lui permettaient d'employer pour extirper une secte qui avait causé à la patrie des plaies si profondes sous les règnes successifs des sept derniers rois. Tout fut mis en usage, la bienfaisance et la rigueur ; les exhortations pacifiques ; les ouvrages méthodiques et lumineux ; des personnes éclairées et charitables, qui parcouraient les provinces en faisant des conférences publiques sur les matières contestées, et en répandant les aumônes dont le souverain leur avait confié la dispensation ; des maisons destinées à l'instruction de la jeunesse, en qui les préjugés n'avaient pas jeté des racines assez profondes pour opposer une forte résistance à la vérité ; les récompenses pour ceux qui abjuraient l'erreur ; l'exclusion des charges et des emplois honorables pour ceux qui ne voulaient pas y renoncer ; les contraintes militaires ; enfin des troupes envoyées quelquefois dans les parties du royaume où les sectaires paraissaient plus opiniâtres, plus indociles, non pour les contraindre, mais pour les intimider. Ces moyens ayant produit peu à peu l'effet qu'on s'en était promis, on crut pouvoir se dispenser à l'égard des protestants des ménagements qui avaient d'abord semblé nécessaires : on leur ôta ensuite quelques-uns de leurs privilèges ; on resserra les autres dans des limites plus étroites ; on força les calvinistes d'assister aux instructions de leurs paroisses, et de conduire leurs enfants aux catéchismes ; on restreignit le nombre des temples et on en fit abattre plusieurs ; bientôt après on dérogea par de nouvelles déclarations à différentes dispositions de l'édit de Nantes, ou bien on les interpréta avec une telle sagesse, qu'elles n'étaient presque plus d'aucun usage. Louis XIV, qui avait devant les yeux la lugubre histoire du calvinisme, depuis son introduction en France jusqu'à la réduction de la Rochelle ; qui voyait avec horreur le sang que cette secte, naguère si nombreuse et si puissante, avait fait répandre ; qui savait que les protestants ne manqueraient pas de reprendre les armes et de se joindre aux ennemis de l'Etat, si la France éprouvait quelques revers capables de relever leurs espérances, considéra que les privilèges dont ils étaient en possession n'avaient été obtenus que par la force, accordés que par des raisons de nécessité ; que c'était l'ouvrage de la violence et de la révolte ; que des édits, extorqués par de pareilles voies, sont des monuments honteux à la puissance souveraine ; que les maintenir, c'est fournir un aliment à l'esprit d'insubordination, toujours impatient du joug et toujours prêt à le secouer. En conséquence, le chancelier Michel Le Tellier, magistrat d'une intégrité reconnue, d'une piété solide, eut ordre de rédiger un édit portant révocation de celui de Nantes : projet qui avait été déjà proposé du temps de Colbert. Le zèle du vertueux chancelier, joint à son grand âge et à ses infirmités qui le menaçaient d'une fin prochaine, lui fit demander et il obtint, que cette mesure fût enregistrée au parlement dès le 22 octobre 1685. Ainsi la religion prétendue réformée se trouva proscrite dans toutes les provinces du royaume, les temples furent supprimés, les prêches et les autres exercices prohibés, les ministres qui refusaient de se convertir tenus de quitter la France, en même temps qu'il était défendu aux autres calvinistes de s'expatrier : mais un assez grand nombre, au mépris de la sanction pénale mise à leur départ, trouvèrent moyen de s'évader avec leurs familles. Les meilleurs esprits ont parlé de la révocation de l'édit de Nantes comme de l'un des plus beaux traits de l'histoire de Louis XIV ; des critiques n'ont voulu envisager que le dommage qui en était résulté pour le commerce de la France ; à ces critiques, qui exagèrent outre mesure ce préjudice fort contestable, on répondra que plus les émigrations des protestants français furent nombreuses et dommageables ; que plus la plaie qu'elles causèrent à l'Etat, par la diminution de son commerce et le transport de ses manufactures chez l'étranger fut large, profonde et difficile à guérir ; que plus on élève et le nombre des familles opulentes et laborieuses qui abandonnèrent le royaume, et la somme des capitaux qu'elles emportèrent avec elles, tant en argent qu'en effets mobiliers ; plus aussi on doit être convaincu que tout Etat se prépare des maux infinis, en laissant croître et se fortifier dans son sein quelque secte que ce soit. Ceux qui regardent la révocation de l'édit de Nantes comme une des plus grandes fautes qu'on ait jamais faites en politique, et ses suites comme une perte inappréciable, doivent être plus attachés que personne à cette importante vérité ; car, s'il est certain que la mesure prise par Louis XIV a été pour la France un si grand mal, on doit convenir que l'hérésie qui en a été la première cause est encore un mal plus grand.

CHAPITRE IV.
Naissance du jansénisme

Louis XIV mit sa gloire à ramener les

calvinistes à l'ancien culte; mais leur erreur, si formidable par le nombre de ses partisans et par une résistance de deux siècles à tous les moyens employés pour la détruire, avait produit un rejeton. Louis avait terrassé cette hydre enivrée de sang, qui, tout enchaînée qu'elle était après avoir perdu son empire, frémissait encore au souvenir de ses longs triomphes : du sein de la poussière elle releva une de ses têtes qu'on croyait abattues. L'hérésie, que les efforts de Louis XIII et de Louis XIV tendirent à extirper, reparaissait sous une forme plus séduisante.

Il eût été à souhaiter que toutes les écoles de théologie se fussent renfermées dans les limites que le concile de Trente avait posées entre les erreurs de Luther et de Calvin qu'il venait de proscrire, et celles de Pélage, que l'Eglise avait condamnées dans les cinquième et sixième siècles. En suivant une méthode aussi convenable aux bornes de notre intelligence, le concile avait pensé qu'il était inutile et téméraire de prononcer sur des questions dont Dieu n'avait pas jugé la connaissance nécessaire au salut des hommes, puisqu'il ne les avait pas révélées d'une manière plus expresse et plus formelle. Quelques théologiens ne surent pas malheureusement se prescrire les règles de modestie et de circonspection que le véritable esprit de religion et le simple bon sens auraient dû leur dicter. Baïus, de Louvain, hasarda sur les matières de la grâce, des assertions qui ouvrirent un vaste champ de contestations. Condamné par le saint-siège, il se rétracta; mais ses disciples, moins dociles que lui, tentèrent d'éluder ce jugement par des subtilités sur la position d'une virgule. De son côté le jésuite Molina imagina un système dans lequel il prétendait concilier l'exercice de la liberté de l'homme avec l'action de la grâce divine : les dominicains espagnols s'élevèrent toutefois contre sa doctrine; la cause fut évoquée à Rome, et à la suite de deux cents conférences, Paul V ne voulut rien décider ni rien condamner. Il était peu vraisemblable qu'après dix années entières consacrées à ces discussions, en présence de ce que l'Eglise romaine avait de plus éclairé, des théologiens particuliers fussent plus heureux pour rencontrer la lumière. Cependant Jansénius, évêque d'Ypres, crut avoir trouvé ce qu'on cherchait inutilement depuis tant de siècles; il consacra vingt-deux ans à composer un énorme ouvrage, dont la doctrine n'eût point franchi toutefois l'enceinte des écoles de Louvain, si l'abbé de Saint-Cyran ne lui eût prêté l'appui d'un parti qui commençait à présenter une attitude assez imposante : compagnon d'études de Jansénius, il avait préparé depuis longtemps les solitaires et les religieuses de Port-Royal, dont il était le directeur, à accueillir cet ouvrage comme la révélation des mystères les plus obscurs et les plus profonds de la grâce.

A peine Richelieu eut-il les yeux fermés que Saint-Cyran, bien qu'il survécut peu au cardinal, eut le loisir de confirmer ses adeptes dans leur attachement pour la doctrine de l'évêque d'Ypres. Il s'était d'ailleurs ménagé dans la personne du docteur Arnauld un successeur encore plus capable que lui d'être chef de secte.

Un nouveau règne, une minorité toujours plus favorable aux esprits inquiets, une régente qui cherchait à faire aimer son autorité naissante, un ministre encore assez indifférent à des discussions de cette nature, laissèrent la dangereuse liberté d'agiter des questions qui ont produit une longue suite de troubles et de divisions. La société des jésuites et l'école de Port-Royal se signalèrent surtout dans cette lutte opiniâtre, qui n'a pas été sans influence sur des événements plus récents.

L'institut des jésuites, auquel aucun autre institut n'a jamais été, n'a jamais pu être comparé pour l'énergie, la prévoyance et la profondeur de conception qui en avait tracé le plan et combiné tous les ressorts, avait été créé pour embrasser, dans le vaste emploi de ses attributs et de ses fonctions, toutes les classes, toutes les conditions, tous les éléments qui entrent dans l'harmonie et la conservation des pouvoirs politiques et religieux. En remontant à l'époque de son établissement, on découvre facilement que l'intention publique et avouée de cet institut avait été de défendre l'Eglise catholique contre les luthériens et les calvinistes; et que son objet politique était de protéger l'ordre social et la forme de gouvernement établie dans chaque pays contre le torrent des opinions anarchiques, qui marchent toujours de front avec les innovations religieuses. Partout où les jésuites pouvaient se faire entendre, ils maintenaient toutes les classes de la société dans un esprit d'ordre, de sagesse et de conservation. Si dès sa naissance cette société eut tant de combats à soutenir contre les luthériens et les calvinistes, c'est que partout où les luthériens et les calvinistes cherchaient à faire prévaloir leur doctrine, les guerres et les convulsions politiques devenaient la suite nécessaire de leurs principes religieux. Familiarisés avec tous les genres de connaissances, les jésuites s'en servirent avec avantage pour conquérir cette considération toujours attachée à la supériorité des lumières et des talents. La confiance de tous les gouvernements catholiques et les succès de leur méthode firent passer presque exclusivement entre leurs mains le dépôt de l'instruction publique. Appelés dès leur origine à l'éducation des principales familles de l'Etat, ils étendaient leurs soins jusque sur les classes inférieures, qu'ils entretenaient dans l'heureuse habitude des vertus religieuses et morales. Tel était surtout l'utile objet de ces nombreuses congrégations qu'ils avaient créées dans toutes les villes, et qu'ils avaient eu l'habileté de lier à toutes les professions et à toutes les institutions sociales. Des exercices de piété simples et faciles, des instructions familières appropriées à chaque condition, et qui n'apportaient aucun préjudice aux travaux et aux devoirs de la société, servaient à maintenir dans tous les états cette régularité de mœurs, cet esprit d'ordre et de subordination, cette sage économie, qui conservent la paix et l'harmonie des familles et assurent la prospérité des empires. Ils eurent le mérite d'honorer leur caractère religieux et moral par une sévérité de mœurs, une tempérance, une noblesse, et un désintéressement personnel, que leurs ennemis mêmes n'ont pu leur contester : c'est la plus belle réponse à toutes les satires qui les ont accusés de professer des principes relâchés. Ce corps est si parfaitement constitué qu'il n'a eu ni enfance, ni vieillesse. On le voit, dès les premiers jours de sa naissance, former des établissements dans tous les Etats catholiques, combattre avec intrépidité toutes les sectes nées du luthéranisme, fonder des missions dans le Levant et dans les déserts de l'Amérique, se montrer aux mers de la Chine, du Japon et des Indes. Il existait depuis deux siècles, et, toujours et partout, cet institut avait la même vigueur. On ne fut jamais obligé de suppléer par de nouvelles lois à l'imperfection de celles qu'il avait reçues de son fondateur. L'émulation que cet ordre inspirait était utile et nécessaire à ses rivaux mêmes : et lorsqu'il tomba pour un temps, il entraîna dans sa chute les insensés qui avaient eu l'imprudence de se réjouir de sa catastrophe. La destruction des jésuites porta le coup le plus funeste à l'éducation publique dans toute l'Europe catholique : aveu remarquable, qui se trouve dans la bouche de leurs ennemis, comme dans celle de leurs amis. Leur proscription fut d'ailleurs le premier essai et servit de modèle à ces jeux cruels de la fureur et de la folie, qui brisèrent en un moment l'ouvrage de la sagesse des siècles, et dévorèrent en un jour les richesses des générations passées et futures.

A côté des jésuites s'éleva une société rivale, appelée, pour ainsi dire, à les combattre avant que de naître. L'école de Port-Royal ne fut, dans son origine, que la réunion des membres d'une seule famille, et cette famille était celle des Arnauld, déjà connue par sa haine héréditaire pour les jésuites. Elle eut le mérite de produire des hommes distingués par de grandes vertus et de grands talents. Réunis par les mêmes sentiments et les mêmes principes, ils se recommandaient à l'estime publique par la sévérité de leurs mœurs et un généreux mépris des honneurs et des richesses. Une circonstance singulière leur avait donné une existence indépendante de toutes les faveurs de la fortune et de tous les calculs de l'ambition. La mère Angélique, leur sœur, abbesse de Port-Royal, avait acquis et mérité une grande considération par la réforme qu'elle avait établie dans son monastère, et par une régularité de mœurs digne des siècles les plus purs de la discipline monastique. Attachée à sa famille par une entière conformité de mœurs et d'opinions, elle vivait avec ses frères et avec ses proches dans un commerce habituel que les grands intérêts de la religion et le goût de la piété semblaient encore ennoblir et épurer. Ses parents et les amis de ses parents vinrent habiter les déserts qui environnaient l'enceinte des murs de son monastère. Port-Royal-des-Champs devint un asile sacré, où de pieux solitaires, désabusés de toutes les illusions de la vie, allaient se recueillir, loin du monde et de ses vaines agitations, dans la pensée des vérités éternelles. On y voyait des hommes autrefois distingués à la cour et dans la société par leur esprit et leurs agréments, déplorer avec amertume les frivoles et brillants succès qui avaient consumé les inutiles jours de leur jeunesse, gémir de la célébrité encore attachée à leurs noms, et s'étonner de ne pouvoir être oubliés d'un monde qu'ils avaient oublié. Une conquête plus récente et plus éclatante encore répandait sur les déserts de Port-Royal cette sorte de majesté que les grandeurs et les puissances de la terre communiquent à la religion, au moment même où elles s'abaissent devant elle. La duchesse de Longueville, qui avait joué un rôle si actif dans les troubles de la Fronde, et que la religion avait désabusée des illusions de l'ambition et des erreurs où son cœur l'avait entraînée, offrait à un siècle encore religieux le spectacle d'un long et solennel repentir. Cette conversion était l'ouvrage de Port-Royal, et une si illustre pénitente environnait de son éclat et de sa protection les directeurs austères qui avaient soumis une princesse du sang à ces règles saintes et inflexibles du ministère évangélique, lesquelles n'admettent aucune distinction de naissance, de rang et de puissance. La vie simple des solitaires de Port-Royal ajoutait un nouveau lustre à la gloire que leur avaient méritée leurs écrits. Ces mêmes hommes qui écrivaient sur les objets les plus sublimes de la religion, de la morale et de la philosophie, ne craignaient pas de s'abaisser en descendant jusqu'aux éléments des langues pour l'instruction des générations naissantes. Leurs ouvrages offraient les premiers modèles de l'art d'écrire avec toute la précision, le goût et la pureté dont la langue française pouvait être susceptible. Cette prérogative semblait leur appartenir exclusivement, et le mérite d'avoir fixé la langue française est resté à Port-Royal : non pas que cette école ait, comme société, une illustration qui lui soit propre; sa gloire, au contraire, ne se composait que des gloires individuelles des écrivains qui s'y ralliaient. Port-Royal n'a formé personne : les deux Arnauld, les deux Le Maître, Pascal, Lancelot, Nicole, Racine, écrivaient avant de s'y réunir, et n'ont point préparé de successeurs. Par malheur, on fit servir l'empressement que toutes les classes de la société montraient à lire leurs écrits, pour accréditer leurs opinions théologiques. Tous les novateurs en religion et en politique ont employé cette méthode avec succès. Rien n'est plus propre à séduire et à égarer la multitude que cette espèce d'hommage qu'on rend à ses lumières et à son autorité ; elle ne manque jamais de se ranger du côté de ceux qui invoquent les premiers son jugement et qui traduisent leurs adversaires à son tribunal. Quel bonheur pour la religion, les sciences et les lettres, si l'école de Port-Royal, satisfaite de la gloire d'avoir ouvert le beau siècle de Louis XIV, ne se fût pas livrée à l'esprit de secte, et à la déplorable ambition de se distinguer par une rigidité d'opinions et de maximes qui apporta plus de trouble que d'édification dans l'Eglise !

On devra éternellement regretter que cette école, assez injuste pour s'attaquer à une société qui, dans sa longue durée, a formé une nombreuse succession d'hommes de mérite dans tous les genres, n'ait pas substitué une noble émulation à une dangereuse et déloyale rivalité : au lieu de n'être qu'une cabale suscitée par l'esprit de révolte contre l'Eglise, elle eût servi la religion. L'école de Port-Royal et la Compagnie de Jésus comptaient au nombre de leurs disciples des hommes vraiment recommandables ; l'une et l'autre pouvaient opposer une digue inébranlable aux ennemis de l'Eglise, et offrir aux premiers pasteurs les secours les plus utiles pour l'instruction des peuples et pour le succès du ministère évangélique.

Les actes d'hostilité entre les théologiens se bornèrent d'abord à une guerre d'écrits qu'on admirait ou qu'on censurait, selon les opinions qu'on avait adoptées ; mais les troubles de la Fronde, qui avaient éclaté dès la fin de 1648, répandirent dans toutes les parties de l'Etat un esprit d'anarchie qui se propagea jusque sur les bancs de l'école. Quoique Urbain VIII eût condamné en 1642 le livre de Jansénius, des disputes scandaleuses s'élevaient dans la faculté de théologie de Paris, par la témérité avec laquelle les jeunes candidats s'étaient établis les apôtres de la doctrine au moins suspecte de cet ouvrage. Le syndic s'en plaignit à la compagnie en 1649, lui dénonçant cinq propositions très-courtes et très-claires, auxquelles, par un effort d'esprit et d'attention très-remarquable, il était parvenu à réduire l'énorme volume de Jansénius. La faculté ne put prononcer aucune décision sur la réquisition du syndic, arrêtée qu'elle était par un appel comme d'abus que les partisans de l'évêque d'Ypres avaient interjeté au parlement de Paris ; car ces ecclésiastiques, qui affectaient une grande sévérité de principes et qui parlaient sans cesse de la restauration de l'antique discipline de l'Eglise, n'avaient pas eu honte de porter devant un tribunal laïque une question purement doctrinale. Les évêques de France, alarmés des divisions qu'on cherchait à faire naître dans leurs diocèses par des controverses que la sagesse du siége apostolique avait voulu prévenir, prirent le parti de s'adresser au pape : quatre-vingt-cinq prélats, auxquels d'autres se joignirent dans la suite, demandèrent à Innocent X, en 1650, de porter son jugement sur chacune des cinq propositions ; onze évêques, qui ne partageaient pas l'opinion de leurs collègues, le supplièrent en même temps de ne porter aucun jugement ; Innocent X n'en déclara pas moins les cinq propositions hérétiques, par sa bulle du 31 mai 1653, reçue en France, acceptée par l'assemblée du clergé et revêtue de lettres patentes, acceptée également par les facultés de théologie de Paris et de Louvain.

On ne conçoit pas qu'un homme du mérite d'Arnauld, profondément versé dans la science ecclésiastique, pût se faire illusion au point de chercher à éluder l'autorité de la bulle d'Innocent X par une distinction qui ne s'accordait guère avec les maximes de la sincérité chrétienne. Forcé de reconnaître que les cinq propositions frappées de censure étaient justement condamnées, il prétendit qu'elles n'avaient aucun rapport à la doctrine de Jansénius. Le cardinal Mazarin, qui n'apportait à cette affaire aucun intérêt politique ni aucun esprit de secte, mais qui désirait, en ministre sage et éclairé, d'écarter jusqu'au plus léger prétexte de division, assembla les évêques au nombre de trente-huit, en 1654, afin qu'ils examinassent aussitôt sur quoi pouvait être fondée la difficulté inattendue qu'on venait d'élever pour éluder le jugement d'Innocent X. Le résultat de cette assemblée, adopté unanimement par les évêques et même par ceux d'entre eux qui s'étaient d'abord montrés favorables aux disciples de Jansénius, fut de déclarer par voie de jugement que la bulle d'Innocent X avait condamné les cinq propositions comme étant de Jansénius et au sens de Jansénius : décision approuvée par un bref pontifical du 29 septembre 1654. Par sa bulle du 16 octobre 1656, Alexandre VII renouvela et confirma le jugement de son prédécesseur. En conséquence, les évêques de l'assemblée de 1657 prescrivirent un formulaire qui obligeait tous les ecclésiastiques à condamner de cœur et de bouche la doctrine des cinq propositions contenues dans le livre de Jansénius. On ne pouvait donc plus contester que les cinq propositions n'eussent été justement condamnées, et qu'elles n'eussent été condamnées comme le précis de la doctrine de l'évêque d'Ypres.

Mais l'esprit de secte est inépuisable dans ses subtilités. L'école de Port-Royal établit tout à coup en maxime qu'on ne devait à ces décisions de l'Eglise qu'une soumission de respect et de silence, sans être obligé d'y donner aucune croyance intérieure. Le formulaire prescrit par les assemblées de 1656 et de 1657 ne fut pas généralement adopté dans tous les diocèses de France. On contesta à de simples assemblées du clergé le droit canonique de prescrire des formulaires de doctrine qui pussent obliger tout le corps des évêques ; mais pour écarter cette objection, le roi et les évêques réunirent leurs instances auprès du pape, et lui demandèrent de prescrire lui-même, par une bulle solennelle, un formulaire qui pût être admis en France comme une règle uniforme de croyance et de discipline sur les points contestés. L'événement prouva qu'en se refusant, par le motif d'incompétence, au formulaire prescrit par les assemblées du clergé, on n'avait pas été arrêté par un simple défaut de forme. En effet, Alexandre VII rédigea un formulaire très-peu différent de celui des évêques de France, et ordonna, par sa bulle du 15 février 1665, qu'il serait souscrit, sous les peines canoniques, par tous les archevêques, évêques, ecclésiastiques séculiers et réguliers, et même par les religieuses et les instituteurs de la jeunesse. Cette bulle, émanée d'une autorité très-compétente, sur la demande du roi et de l'Eglise de France, fut revêtue de toutes les formes requises par les lois et les usages du royaume; et cependant les disciples de Jansénius continuèrent à se retrancher dans leur système de silence respectueux.

Ce fut à cette occasion que les religieuses de Port-Royal se signalèrent par une résistance aussi déplacée dans des personnes de leur sexe et de leur état que contraire à leur vœu d'obéissance. Si un pareil vœu a quelque signification, ce doit être sans doute, à l'égard des supérieurs ecclésiastiques, dans une question de doctrine décidée par un jugement solennel du chef de l'Eglise. Indépendamment du ridicule qu'offre la seule idée de voir des religieuses se prétendre plus instruites d'une question de théologie que le pape, les évêques et les facultés de théologie, on sent assez qu'une pareille prétention était un acte véritablement scandaleux dans l'ordre de la religion. Si l'on demande pourquoi on exigea de ces religieuses leur souscription à un formulaire de doctrine, la réponse sera facile : il était de notoriété publique que la maison de Port-Royal était gouvernée par les partisans les plus déclarés des opinions condamnées; qu'elles étaient justement soupçonnées de partager les sentiments de leurs directeurs; et rien ne justifie mieux la demande qu'on leur fit que le refus obstiné qu'elles y opposèrent. N'ayant pu obtenir d'elles par la douceur et la persuasion ce qu'elles refusaient à l'autorité, l'archevêque de Paris engagea Bossuet à conférer avec ces femmes, pures comme des anges, disait-il, et orgueilleuses comme des démons. Elles se crurent plus habiles théologiennes que Bossuet; et tel fut l'ascendant de leurs directeurs sur leurs opinions et sur leur conscience, qu'elles aimèrent mieux renoncer à l'usage des sacrements que de convenir, sur le témoignage de toute l'Eglise, qu'un évêque avait hasardé, même involontairement, des erreurs dans un livre qu'elles ne connaissaient pas.

CHAPITRE V.
Quiétisme.

La fausse spiritualité, qui est un excès ou un abus de la véritable, n'a presque jamais cessé d'avoir des partisans cachés ou publics. Vers l'an 1575 parut en Espagne une secte de faux spirituels, auxquels on donna le nom d'illuminés, et dont les restes subsistaient encore à Séville vers 1625. Dans le même temps à peu près, une secte de fanatiques, appelés guérinets, du nom de leur chef, et semblables par leur doctrine et leurs mœurs aux illuminés d'Espagne, se manifesta en Picardie, province de France voisine des Pays-Bas espagnols, où les visionnaires de Séville avaient pénétré; mais découverts en 1634, ils n'existaient déjà plus l'année suivante, par l'effet des ordres sévères que Louis XIII avait donnés contre eux. C'étaient les avant-coureurs des quiétistes modernes, qui firent tant de bruit à Rome et en France vers la fin du dix-septième siècle, et qui eurent pour patriarche le prêtre espagnol Molinos, né à Sarragosse en 1627 et mort en 1696, après avoir rétracté ses erreurs, qu'un décret de l'inquisition de Rome, confirmé par une bulle d'Innocent XI, avait condamnées en 1687. Les livres de Molinos apportés en France, faillirent y faire naître une hérésie qui eût été d'autant plus dangereuse que la nouvelle spiritualité avait pour elle, à la cour et dans la capitale, des personnes qui par leur rang, leur crédit, leur mérite, pouvaient lui conquérir de nombreux partisans. Du nombre des ouvrages de spiritualité que tout le monde était curieux de connaître, se distinguèrent ceux de Mme Guyon, femme célèbre par les grâces de son esprit, les agitations de sa vie, l'intérêt qu'elle inspira aux personnes les plus illustres de son temps, et les malheurs qui furent le prix de la réputation brillante qu'elle s'était acquise parmi ce qu'il y avait de plus grand et de plus estimable à la cour de Louis XIV. Un certain rapport de sentiment avait fait naître une amitié plus étroite entre elle et Fénelon, cette âme si belle, si honnête, ce cœur si droit et si pur, cet homme dont le nom seul rappelle tous les talents de l'esprit joints à tous les charmes de la vertu. Mais le roi, qui avait rompu ses anciens engagements, et qui était plus religieux qu'il ne l'avait jamais été, ne put sans effroi entendre dire qu'une secte nouvelle de quiétistes, à laquelle on attribuait une doctrine détestable et une horrible corruption de mœurs, se formait dans son royaume. Ces bruits étranges étaient accrédités par ces sectaires qui avaient intérêt à détourner sur d'autres l'attention du gouvernement, des évêques, des théologiens et du public, dont ils étaient l'objet depuis longtemps. Madame de Maintenon, cette femme étonnante qui, après avoir passé par les plus rudes épreuves du besoin et de l'humiliation, était parvenue à une telle élévation qu'il ne lui manquait que le nom de reine, partageait les inquiétudes de Louis; plusieurs prélats entrèrent dans les mêmes sentiments, et Bossuet, que ses collègues regardaient comme le plus grand théologien qu'il y eût dans l'Eglise, se prépara à terrasser la nouvelle hérésie.

La chaleur même qu'il apporta à cette controverse en annonce l'importance. Tout le christianisme est fondé en effet sur la croyance de Jésus-Christ, médiateur et sauveur. Dieu, en unissant la nature humaine à la nature divine en la personne de Jésus-Christ a voulu que ce Dieu homme vécût parmi les hommes pour leur révéler les grands mystères de la religion, et leur enseigner la morale la plus sublime que la terre eût encore reçue du ciel. Il s'est proposé de faire connaître aux hommes la religion et le culte qui lui sont le plus agréables; et c'est dans l'institution des sacrements créés pour entretenir et perpétuer l'exercice de ce culte, que consistent tout l'ensemble et toute l'économie du christianisme. C'est surtout par la méditation habituelle des douleurs, des souffrances, de la passion et de la mort de ce Dieu médiateur et sauveur; c'est par la mémoire de toutes les œuvres de bienfaisance et de miséricorde qu'il est venu exercer sur la terre, que les hommes sont plus sensiblement attirés à trouver des motifs d'adoration, d'amour, de reconnaissance, de crainte et d'espérance; des exemples de vertu pour tous les actes de la vie humaine, des moyens de force pour triompher des passions, des motifs de consolation dans le malheur. Une religion et un culte qui ont de tels appuis ont sans doute bien plus de prise sur le cœur et sur l'imagination; ils offrent bien plus de motifs aux affections de l'homme que cette contemplation stérile et abstraite de la Divinité, qui peut conduire à un mépris orgueilleux des actes religieux et des secours ordinaires que le christianisme a préparés pour soutenir la faiblesse humaine. Une religion qui se bornerait à ne contempler Dieu que sous le rapport de sa toute perfection, sans l'invoquer sous le rapport de sa toute bonté, ne serait plus le christianisme; ce ne serait même pas une religion : ce ne serait qu'une sorte de platonisme théologique inintelligible et indéfinissable jusque dans ses premières notions, puisqu'il est impossible de comprendre la souveraine perfection sans y faire entrer la souveraine bonté. Lors donc que Bossuet reprochait à Fénelon *ses contemplations d'où Jésus-Christ est absent par état;* lorsqu'il lui reprochait de faire consister la perfection du christianisme dans un acte si sublime, qu'on n'y retrouvait ni Jésus-Christ, ni même les attributs de Dieu, on sent qu'il était fondé à craindre qu'un pareil système de théologie ne dégénérât, contre le vœu et la pensée de Fénelon lui-même, en une sorte de déisme mystique, qui pouvait conduire les hommes moins vertueux au déisme philosophique. Bossuet voyait très-loin, parce qu'il voyait de très-haut. L'homme qui avait vu toutes les sectes séparées de l'Eglise romaine courir au socinianisme un siècle avant qu'elles y fussent arrivées; l'homme qui avait prédit en 1689 que le principe de la souveraineté du peuple renverserait les monarchies les plus florissantes et ébranlerait les fondements de tous les gouvernements, n'était pas moins en droit de craindre qu'un système religieux qui faisait consister la perfection à ne considérer Dieu que sous des rapports abstraits, en le séparant par la pensée des préceptes qu'il a transmis, des devoirs qu'il a commandés, des promesses et des menaces qu'il a annoncées, ne conduisît rapidement à l'indifférence de toutes les religions. Si la doctrine si dure et si révoltante de Luther et de Calvin, qui anéantissait la liberté dans l'homme, la dépouillait du mérite de ses bonnes œuvres, déclarait formellement Dieu auteur du péché et enseignait qu'il avait créé des hommes pour les damner; si une telle doctrine, prêchée par des hommes dont le caractère moral prêtait à de justes reproches, avait cependant trouvé tant de partisans et amené le schisme le plus funeste à l'Eglise; que n'avait-on pas à redouter d'un système éblouissant où l'homme renonçant à son propre bonheur pour ne voir dans Dieu que Dieu seul, sans aucun retour sur lui-même, et consentait à lui sacrifier toutes ses affections dans cette vie et toutes ses espérances dans l'autre? Le même égarement d'imagination qui portait des hommes vertueux à renoncer au prix de la vertu, pouvait conduire de grands coupables à méconnaître ou à braver les peines du crime; et qui sait si Bossuet ne voyait pas dans l'avenir le dogme des châtiments mis en problème, comme une conséquence de l'opinion qui permettait d'aimer Dieu sans espoir de récompense? Mais, en écartant cette analogie, peut-être trop rigoureuse, il résultait au moins du livre des *Maximes des saints* que publia Fénelon, un système de doctrine propre à égarer les âmes passionnées, à nourrir en elles une sécurité trompeuse sur la pureté de leurs intentions, et d'autant plus dangereux qu'il était présenté par l'homme de son siècle, qui réunissait le plus de candeur dans l'expression de ses sentiments, le plus de séduction dans son langage et dans les brillants prestiges de son imagination, et qui prêtait à ses erreurs mêmes l'ornement de ses vertus. Et quand on se rappelle que l'auteur d'une doctrine qui ne paraissait inspirée que par le sentiment le plus pur et le plus sublime était l'instituteur de l'héritier du trône et l'oracle de tout ce que la cour avait de plus vertueux, il est facile de concevoir toute la force qu'un tel appui pouvait donner à une secte naissante. C'est ce qui explique la véhémence avec laquelle Bossuet combattit des erreurs qui lui parurent d'un si grand danger.

A l'occasion du quiétisme, les deux plus grands évêques de l'église gallicane se montrent, en présence de toute la France et de toute l'Europe, dans une opposition éclatante. Leur célébrité attire toute l'attention de leurs contemporains sur ce grand combat. Ils se servent de toutes les armes du génie et de la science pour s'attaquer et se défendre. L'Europe retentit pendant trois ans entiers du bruit et de l'agitation qu'excitent leurs écrits. L'éloquence dont la nature les a doués attache à ces écrits un intérêt et une chaleur dont on est étonné d'y retrouver après tant d'années. Louis XIV intervient avec tout le poids de son nom et de son autorité dans une controverse où les évêques les plus respectables de son royaume réclament sa protection; des personnages illustres, des noms plus ou moins célèbres, se mêlent à ces événements, et y portent leurs affections, leurs passions et tous leurs moyens de crédit et de pouvoir. Rome, affligée et indécise, voit à regret, au pied de ses tribunaux, les deux plus grands évêques de la catholicité se diviser, se combattre, et demander un jugement qui peut, en condamnant l'un des deux, ouvrir une nouvelle source de divisions dans l'Eglise. Mais la soumission de l'archevêque de Cambrai est un exemple peut-être unique, d'une querelle de doctrine terminée sans retour par un seul jugement, qu'on n'a cherché depuis, ni à faire rétracter, ni à éluder par des distinctions : la gloire en est due à la sagesse et à la supériorité du génie de Fénelon.

DIX-HUITIÈME SIÈCLE.

CHAPITRE PREMIER.
Philosophie.

Dès son premier établissement, le christianisme eut à soutenir les plus redoutables combats de la part des puissances de la terre. Mais après trois siècles de persécutions sanglantes, durant lesquelles il n'avait cessé de s'accroître au milieu des flots de sang qui avaient paru devoir le submerger, plus de la moitié de l'empire était chrétien, et Constantin donna la paix à l'Eglise.

A cette époque, les philosophes qui jusqu'alors avaient semblé ou ignorer, ou mépriser cette religion nouvelle, réveillés par l'éclat extraordinaire qu'elle jetait de toutes parts, jaloux des succès qu'elle obtenait partout, plus humiliés encore par la sublimité d'une morale qui montrait la faiblesse de leurs principes, et par les vertus des chrétiens qui contrastaient si fort avec leurs vices, réunirent tout ce qu'ils avaient de savoir, d'éloquence et d'adresse, pour la combattre et arrêter ses progrès. Ils l'attaquèrent dans son ensemble, et ne se proposèrent rien moins que de la détruire et de l'abolir entièrement; mais leurs efforts furent vains; la religion triompha sans peine de ces nouveaux adversaires, les moins redoutables de tous ceux qu'elle avait eu à combattre. Ses défenseurs, armés du glaive de la parole divine, foudroyèrent tous les raisonnements dont ils avaient étayé leur cause. Les philosophes disparurent de dessus la terre, et leurs ouvrages seraient à peine connus si, liés aux écrits immortels des apologistes de la religion, ils n'en avaient partagé la célébrité. Après cette victoire éclatante sur la philosophie, la religion chrétienne n'éprouva plus de ces attaques générales, et n'eut à soutenir, pendant une longue suite de siècles, que des combats partiels, que lui suscitèrent de temps en temps le schisme et l'hérésie.

Il était réservé au dix-huitième siècle de voir se former contre elle, au sein même du christianisme, la conjuration la plus vaste et la plus universelle qui eût existé jusqu'alors. Nos philosophes modernes, bien moins graves que les anciens antagonistes de la religion, eux-mêmes déjà si fort dégénérés des premiers disciples de l'Académie et du Lycée, n'en conçurent pas moins le projet d'attaquer et de détruire jusque dans ses fondements cet antique édifice, à qui des assauts multipliés avaient fait, il est vrai, éprouver bien des pertes; mais qui, conservant toujours dans son entier le dépôt précieux de la foi, eût dû leur faire présager l'inutilité de leur entreprise.

Les impiétés sociniennes, les égarements de Hobbes, les blasphèmes de Spinosa, avaient ouvert la voie aux systèmes irréligieux ; les objections toujours renaissantes de Bayle surtout avaient jeté des semences de pyrrhonisme et d'incrédulité. Des écrivains élevés à son école entreprirent de développer ces germes funestes, et marquèrent les dernières années du dix-septième siècle par des productions hardies, destinées à ébranler nos dogmes, nos mystères et notre culte.

En Angleterre où se donna le premier signal de cette guerre, Herbert, comte de Cherburry, réduisit le déisme en système, et se flatta d'avoir établi la religion naturelle sur les ruines de la révélation. Le suicide Blount suivit les traces d'Herbert, et ses *Oracles de la raison* furent publiés par son ami Gildon, digne éditeur d'un si monstrueux ouvrage. Locke fut l'un des précurseurs des chrétiens rationnels qui, vers ces derniers temps, portèrent à la révélation des coups si audacieux, et il se montra latitudinaire au dernier degré dans son *Christianisme raisonnable*. Pendant que l'école de Locke insinuait une doctrine qui ne s'éloignait pas beaucoup de celle des ariens, d'autres écrivains contemporains de ce philosophe, tels que Toland, dans son *Christianisme sans mystères*, et Bury auteur de l'*Evangile nu*, s'occupaient à ébranler les fondements de la religion. Ses ennemis se partageaient donc en deux camps : les uns, ariens ou sociniens, niaient la divinité de Jésus-Christ et le mystère de l'incarnation; les autres, déistes déclarés, sapaient les premiers principes du christianisme. Le premier parti, qui comptait parmi ses défenseurs Clarke, Whiston, Whitby, Emlyn, Chubb, réunissait au commencement du dix-huitième siècle, ses efforts à ceux de l'autre parti où l'on voyait Asgill, Coward, Shaftesbury, Collins, Tindal, Woolston.

La singularité du sujet et celle de la forme donnèrent un moment de vogue au livre bizarre d'Asgill, intitulé : *Argument prouvant que conformément au contrat de vie éternelle révélé dans les Ecritures, un homme peut être transféré d'ici-bas à la vie éternelle sans passer par la mort;* mais cette œuvre, fruit d'une imagination déréglée, fut condamnée au feu en 1703, et l'auteur chassé de la chambre des communes, dont il était membre. Vers le même temps Coward soutint dans ses *Nouvelles réflexions sur l'âme humaine*, que le sentiment de la spiritualité et de l'immortalité de notre âme, sentiment si universel, si digne de l'homme et de son auteur, était une invention païenne, une source d'absurdités, une insulte faite à la philosophie, à la raison et à la religion; puis il confirma ces assertions dans son *Essai* publié en 1704. La licence des écrits dirigés contre les fondements de la révélation était telle en Angleterre que, le 29 janvier 1710, la reine Anne chargea le clergé anglican de prendre en considération l'état de la religion. Shaftesbury, dont les écrits ont été réunis en trois volumes sous le titre de *Caractéristiques*, s'y montre l'ennemi des dogmes généraux du christianisme. Il parle fort librement de l'Ancien et du Nouveau Testament, prétend que l'Evangile a été altéré par le clergé, que les miracles ne prouvent rien, que c'est aux magistrats à régler le dogme; ne veut en conséquence qu'une religion qui soit aux ordres de l'Etat, et une révélation entendue à sa manière. Il admet l'indifférence entière en fait de religion, repousse le dogme de l'éternité des peines avec les armes du sophisme et de l'ironie; et isolant la vertu de la religion he la regarde que comme un sentiment et un instinct. Collins débuta en 1707, par un *Essai sur l'usage de la raison dans les propositions dont l'évidence dépend du témoignage humain;* écrit où il met en opposition la certitude que produit la révélation et l'évidence que fournit la raison. Les vues hostiles de Collins contre la révélation furent dévoilées dans son *Discours sur la liberté de penser*, contre lequel se souleva le clergé anglican, au point que le téméraire auteur fut contraint de se retirer en Hollande, où il était déjà lié avec Jean Le Clerc et d'autres littérateurs ou théologiens de ce temps. On peut réduire son ouvrage à ces deux propositions : On ne doit rien recevoir sans examen, et l'examen ne nous apprend rien de certain...

Indépendamment de Hoadley et de Bentley, qui divulguèrent ses méprises et l'infidélité de ses citations, Collins se vit réfuté dans sa patrie par Whiston, lequel, quoique bien peu orthodoxe sur beaucoup de points, défendit contre lui la révélation qu'il avait lui-même ébranlée. Collins, combattu par des hommes qu'il ne s'attendait pas sans doute à avoir pour adversaires, fit imprimer en 1714, à la Haye, une traduction française de son *Discours*, où se trouvent des changements relatifs aux méprises et aux infidélités que Bentley lui avait reprochées, mais où il n'eut garde de reconnaître ses torts. Il paraît que c'est cette traduction qu'avait en vue le décret porté à Rome le 7 février 1718 contre le *Discours sur la liberté de penser*.

Dans un autre *Discours*, publié en 1724, *sur les fondements et les raisons de la religion chrétienne*, Collins, en détracteur persévérant du christianisme, suppose que Jésus-Christ et les apôtres ont établi exclusivement les preuves de la religion sur les prophéties de l'Ancien Testament; il travaille ensuite à faire voir que les prophéties de l'Ancien Testament citées dans le Nouveau ne sont que des *types* et des *allégories*, et par conséquent qu'elles ne prouvent rien. Il en conclut que dès lors le christianisme n'a aucune base solide. Ce livre fut réfuté par un grand nombre d'auteurs; entre autres par Thomas Sherlock, dans six discours sur l'usage et les fins de la prophétie, où il montre la suite des prophéties dans les différents âges, leur enchaînement et leur accomplissement successif. A côté de Collins, dont les écrits n'ont pas été inutiles aux modernes incrédules français, d'autres écrivains hâtaient les progrès de l'incrédulité en Angleterre. Les *Lettres sur divers points de religion*, par Jean Trenchart sont remplies d'une critique hardie. Cet auteur s'était associé avec l'écossais Thomas Gordon, qui, afin de rendre l'irréligion populaire, mettait à ses écrits des titres à la portée des dernières classes de la société, tels que : *Le Cordial pour les esprits bas, et les piliers de la supercherie sacerdotale et de l'orthodoxie ébranlés*. Le déiste Tindal avait publié dès 1706, *les Droits de l'Eglise chrétienne défendus contre les papistes;* mais le clergé anglican ne se dissimula point que, sous prétexte d'attaquer les catholiques, l'auteur ruinait toute constitution ecclésiastique, toute discipline, tout ministère, toute autorité; le livre et la défense qu'en avait faite Tindal furent donc condamnés au feu le 24 mars 1710. L'année suivante, la chambre basse de la convocation ayant tracé un tableau de la religion et des progrès de l'incrédulité, Tindal dirigea contre cet écrit un pamphlet où il osa soutenir que la nécessité des actions humaines est le seul fondement de toute religion. Dans deux adresses dérisoires aux habitants de Londres et de Westminster, il tourna en ridicule l'évêque anglican Gibson qui avait écrit deux pastorales contre les productions irréligieuses. Mais celui de ses ouvrages qui fit le plus d'éclat, et qui occasionna une polémique dont il ne vit pas la fin, est *le Christianisme aussi ancien que la création*, ou *l'Evangile, nouvelle publication de la loi de nature*, livre dans lequel il renouvelle le système d'Herbert. Bien qu'il soit forcé d'avouer en plusieurs endroits les erreurs monstrueuses et les dérèglements où sont tombés les hommes sur les principes même fondamentaux de la loi naturelle, il prétend qu'il n'y a pas eu de révélation intérieure distincte de la loi de nature, que la raison suffit pour nous diriger, et que la loi naturelle est claire, parfaite et appropriée à nos besoins. Il avance d'ailleurs que l'intérêt personnel doit être la règle de nos actions, et émet d'autres maximes qui ne sont pas moins pernicieuses en morale. A cette occasion, Waterland, qui s'était déjà signalé par ses écrits contre l'arianisme, publia son *Ecriture vengée*. A l'instigation de l'évêque de Londres, Conybeare, depuis évêque de Bristol, composa sa *Défense de la religion révélée*. Jackson, Steshing, Balguy, Foster, Léland, entrèrent tour à tour dans cette controverse contre Tindal. Tel était en Angleterre le vertige d'incrédulité qui saisissait les esprits, que le pouvoir crut nécessaire de prendre des mesures pour arrêter les progrès de cette épidémie. La dépravation de la capitale avait été augmentée par les immorales et désastreuses conséquences du système de Blount, émule de Law ; pour se livrer à un agiotage scandaleux, on négligeait, même dans les provinces, les professions et les emplois ; et sous l'influence de leur opulence improvisée, les nouveaux riches, livrés au luxe, à la débauche, à tous les vices, ne se souvenaient de la religion que pour la mépriser, et des mœurs que pour les enfreindre. On dit que de jeunes libertins avaient été jusqu'à former une association dans laquelle ils s'engageaient par des serments affreux, et à laquelle ils donnaient le nom de *feu d'enfer*, comme pour se moquer des menaces de la religion. En vain un membre de la chambre des lords se plaignit-il du débordement de l'athéisme et de l'immoralité ; au lieu d'accorder un bill pour réprimer ce double scandale, la majorité en regarda le projet comme une entrave à la liberté de penser. Les protecteurs que la licence avait dans la chambre haute, mettant le persiflage à la place de la gravité, représentèrent comme exagérées les terreurs des hommes religieux, et prétendirent que l'association dont on se plaignait n'existait point. Quoiqu'il en soit, Georges Ier ordonna, le 9 mai 1721, de rechercher et de punir les assemblées de blasphémateurs.

De l'Angleterre transportons-nous en France, où un parti qui, jusqu'alors s'était tenu dans l'ombre d'où il n'aurait pu sortir sans se voir à l'instant même écrasé sous la main redoutable de Louis XIV, à laquelle rien ne résistait, se montra tout à coup au grand jour. Toléré par un prince qui n'avait cessé d'être son complice, encouragé par ses exemples dans ses excès les plus licencieux, au-dessus de toute autorité parce qu'il niait tout devoir ; prêt à profiter de toutes les fautes des autres partis et de tous les embarras où pourrait les jeter la fausse position dans laquelle ils étaient respectivement placés : tel fut le parti des incrédules plus connu sous le nom de parti *philosophique*. Déjà plus nombreux qu'on n'aurait pu le penser, lorsque avait défailli cette main qui avait su le contenir, et prédominant surtout dans la nouvelle cour, il sut y profiter de la corruption effrénée des mœurs pour y accroître la licence des esprits ; et bientôt on le vit étendre plus loin ses conquêtes, lorsque la soif des richesses, allumée dans tous les rangs par la plus funeste des opérations financières, eut rapproché l'intervalle qui les séparait, et commencé à introduire dans quelques classes moins élevées de la société, les vices des grands seigneurs et la manie de les imiter. Ainsi commença de la cour à la ville à circuler le poison ; d'abord dans le ton général des conversations où il fut du bel air de se montrer impie et libertin, ensuite dans une foule d'écrits obscurs, pamphlets, libelles, contes, épigrammes qui se multipliaient sous toutes les formes, échappant à l'action de la police par le concours de ceux-là mêmes qui auraient dû contribuer à en arrêter la distribution, et propageant le mal avec cette rapidité qui n'appartient qu'à l'imprimerie, puisqu'elle est celle de la pensée. Deux hommes parurent à cette époque, qui étaient destinés à exercer une grande influence sur leur siècle par l'éclat de leur talent et par l'usage pernicieux qu'ils eurent le malheur d'en faire, Voltaire et Montesquieu.

Celui-ci, qui devait dans la suite être dépassé de très-loin par l'autre dans cette guerre ouverte contre le christianisme, se montra le plus hardi en entrant dans la carrière, et ses *Lettres persanes*, ouvrage de jeunesse qu'il publia en 1721, attaquèrent plusieurs des vérités fondamentales de la religion avec une originalité de style et une énergie d'expression qui rendaient l'attaque plus séduisante, et par cela même plus dangereuse. Dans ce roman où un magistrat chercha à faire rire aux dépens de ce qu'il y avait de plus respectable pour la nation, où paraissent cette témérité d'examen, ce penchant au paradoxe, ce libertinage d'opinion qui attestent à la fois la vivacité et l'imprudence de l'esprit, on ne reconnaît pas l'écrivain supérieur qui se plaît à rendre hommage au christianisme. Ce ton satirique, ces détails licencieux, ces plaisanteries qui ne sont qu'en apparence dirigées contre la religion musulmane, contrastent avec les sentiments et le langage auxquels Montesquieu revint dans un âge plus mûr. D'Alembert convient que « la peinture des mœurs orientales, réelles ou supposées, n'est que le moindre objet de ces *Lettres*. Elle n'y sert, pour ainsi dire, que de prétexte à une satire fine de nos mœurs, et à des matières importantes que l'auteur approfondit, ajoute-t-il, en paraissant glisser sur elles. » D'Alembert affirme néanmoins que Montesquieu ne fronda que des abus. Mais n'a-t-il fronde que des abus, celui qui osa dire que le pape est une vieille idole qu'on encense par habitude (lettre 29e) ? Que lorsqu'il arrive un malheur à un européen, il n'a d'autre ressource que la lecture d'un philosophe qu'on appelle Sénèque, et que les asiatiques plus sensés prennent des breuvages capables de rendre l'homme gai (lettre 33e) ; que lorsque Dieu mit Adam dans le paradis terrestre, à condition de ne point manger d'un certain fruit, il lui fit un précepte absurde pour un être qui connaîtrait les déterminations futures des âmes (lettre 59e) ; qu'il n'a point remarqué chez les chrétiens cette persuasion vive de la religion qui se trouve parmi les musulmans ; que le pape est un magicien qui fait croire que trois ne font qu'un ; que du pain n'est pas du pain, etc. ? Jamais Montesquieu ne manque l'occasion de tourner en ridicule les mystères, les préceptes et les pratiques de la religion de son pays ; et il put le faire sans être inquiété, tant était déjà avancée la licence des esprits. Et dès lors le crime de s'attaquer au prince étant estimé plus grand que celui de s'attaquer à Dieu, son livre, par les attraits qu'il offrait à la malignité, devait produire des effets funestes sur des esprits frivoles. Les détracteurs de Louis XIV sourirent à la satire de son règne, et une cour licencieuse dévora un roman où la religion, ses ministres et les disputes théologiques faisaient les frais de mille plaisanteries.

François-Marie Arouet, qui expia vers le même temps à la Bastille le simple soupçon d'être l'auteur d'une satire contre le régent, exhalait sa fougue d'impiété bien plus par ses paroles que par ses écrits, où quelques traits jetés par intervalles commençaient seulement à la déceler. Ces écrits se bornaient alors à quelques contes libres ou à quelques lettres, moitié prose, moitié vers, écrites à des hommes de plaisir, et dans lesquelles l'auteur préludait à ses saillies irréligieuses. Ainsi dans l'*Épître à madame de G.*, qui est de 1716 ou de 1717, il demande si un esprit éclairé pourra jamais croire la chimérique histoire d'un double Testament : il dit à cette dame qui venait de se consacrer à la dévotion, que le plaisir est le seul but des êtres raisonnables, et que la superstition est mère de la tristesse. Deux vers d'*OEdipe* contre les prêtres furent, suivant Condorcet, le premier cri d'une guerre que la mort même de Voltaire n'a pu éteindre. Enfin l'*Épître à Uranie*, intitulée aussi *le Pour et le Contre* courait déjà, mais manuscrite, du temps de la régence. L'auteur y résume les objections des incrédules contre le christianisme et les Livres saints, s'y borne à la religion naturelle et dit formellement : *Je ne suis pas chrétien !* Voilà les mots qui tombèrent de cette plume étincelante, à l'époque où elle s'essayait à pervertir le genre humain. Nous lisons dans sa *Correspondance* que le lieutenant de police Hérault lui ayant dit qu'il avait beau faire, qu'il ne détruirait pas la religion chrétienne, Voltaire répliqua : *C'est ce que nous verrons.* Jaloux de tenir son affreuse parole, il empreignit la tragédie de *Brutus*, premier fruit de son voyage en Angleterre, et celle de la *Mort de César*, de cette exaltation républicaine et de cet enthousiasme de liberté qui en faisaient de véritables manifestes contre la monarchie : aussi le gouvernement ne voulut point en permettre l'impression. Les idées consignées dans ces tragédies n'en développèrent pas moins en France, où elles armèrent tant de bras pour le triomphe de la révolte et de l'impiété.

Reconnu chef de la conjuration philosophique, cet homme célèbre par ses talents, non moins célèbre par ses vices, et fameux surtout par la haine furieuse qu'il avait vouée à la religion dès sa première jeunesse, eut bientôt rassemblé sous ses drapeaux ces savants et ces gens de lettres qui, trouvant des égaux et même des maîtres dans la carrière qu'ils parcouraient, crurent que le titre fastueux de philosophe, que la dénomination d'esprits forts qu'ils s'arrogeaient, ferait d'eux une classe à part, et leur assurerait une célébrité qu'ils désiraient passionnément. Ils étayèrent leur parti de quelques courtisans en faveur, de plusieurs femmes qui prétendaient à la réputation de bel esprit, et surtout d'une foule de jeunes gens libertins qui, transfuges de la religion par la corruption de leur cœur et la licence effrénée de leurs mœurs, étaient déjà perdus pour elle, et dont la conquête devait peu flatter leur orgueil.

La religion a des dogmes qui sont l'objet de notre foi : elle a des lois de morale qui sont la règle de notre conduite. Les philosophes dans leur plan d'attaque, malgré la fureur dont ils étaient animés, malgré leur projet de détruire la religion dans toutes ses parties, sentirent bien que sa morale ne donnait aucune prise à leur censure. Elle est si belle, si sublime, si analogue aux besoins de l'homme, si fort amie de l'ordre et de la paix que, s'en montrer les ennemis, c'eût été exciter un soulèvement général et jeter trop de défaveur sur leur cause.

Ils tournèrent donc tous leurs efforts contre les dogmes de la religion chrétienne ; ces dogmes pleins de mystères, incompréhensibles à la raison humaine, mais qui ne lui sont pas contraires, quoiqu'ils ne cessent de le dire sans jamais le prouver. Et en effet, quelle preuve pourraient-ils en donner ? Il n'y a que ce qui est du ressort de la raison et accessible à ses lumières qu'on puisse démontrer lui être contraire. Or, Dieu est-il renfermé dans la sphère étroite de notre raison ? Serait-il Dieu, suivant la pensée de saint Augustin, si l'homme pouvait le comprendre ? Quelle idée se forment-t-ils donc de la Divinité, ces hommes qui se prétendent si éclairés, qu'ils croient pouvoir en pénétrer la majesté, en expliquer les mystères et sonder cet océan inaccessible de lumière où elle habite ? Les philosophes ne se dissimulaient pas ces difficultés ; mais ils se flattèrent qu'à l'art des sophismes, les prestiges de l'éloquence et surtout l'arme du ridicule que leur chef maniait avec plus d'adresse que personne, ils éblouiraient facilement les esprits superficiels qui sont toujours le plus grand nombre.

Obligés d'abord de cacher leur marche, dont la publicité prématurée pouvait les compromettre, ils commencèrent par distiller sourdement le poison de leur doctrine dans des ouvrages qui n'étaient pas ouvertement dirigés contre la religion. Mais bientôt, enhardis par l'accueil qu'ils reçurent, encouragés par la tolérance du gouvernement, animés même par les contradictions qu'ils essuyèrent de la part de plusieurs illustres défenseurs de la religion, qui repoussaient victorieusement leurs attaques, ils se montrèrent à découvert. On vit se succéder rapidement une foule d'ouvrages pleins de la plus affreuse impiété, où les attributs de la Divinité, où les mystères les plus augustes étaient l'objet des plus horribles blasphèmes et des sarcasmes les plus audacieux. Son existence même devint pour eux un problème et ils finirent par la nier, contre le témoignage irrécusable de l'univers entier, et contre la voix de leur conscience, qui ne saurait méconnaître une vérité si naturelle et si nécessaire à l'homme. On a vu un de leurs auteurs assez forcené pour se faire du silence de Dieu sur ses blasphèmes un titre pour nier son existence, et oser le défier de faire voir qu'il les entendait, en l'écrasant de sa foudre. Ceux qui n'ont pas lu leurs ouvrages ne pourraient se figurer avec quel ton de fureur et de rage ils prodiguaient à la religion les imputations odieuses de fanatisme, de superstition, de stupidité, d'intolérance, de cruauté, de barbarie ; tandis qu'ils se dénonçaient eux-mêmes par le ton qui régnait dans leurs écrits, comme vraiment coupables de tous ces excès (1). En voyant ce délire inconcevable d'une poignée d'hommes contre la Divinité, on se rappelle ces habitants du Nil, dont parle Diodore de Sicile, qui, importunés de l'éclat du soleil, et ne pouvant se dérober à l'ardeur de ses feux, insultaient à cet astre par des clameurs impuissantes.

Dépourvus de tout frein, ces hommes qui usurpaient le titre de philosophes finirent donc par déclamer sans ménagement, non seulement contre la croyance catholique, mais contre toutes les croyances religieuses en général. Tel était l'objet de l'*Esprit des Religions*, par Bonneville ; de l'*Antiprêtre*, par Le Brun de Grenoble ; des *Prêtres et des Cultes*, par Paradis de Raymondis ; et comme les réunions, ainsi que les écrits des théophilanthropes laissèrent jusque dans le peuple des germes d'incrédulité, ces livres marqués au coin de l'audace et de l'extravagance trouvèrent des lecteurs. Le déisme n'était prêché que par ceux qui se croyaient les plus modérés : c'était le but du *Catéchisme de morale* par Saint-Lambert... Mais, puisque nous parlons des derniers excès auxquels s'est portée la philosophie du dix-huitième siècle, puisque nous la représentons en ce moment franchissant les dernières limites, il est quatre productions surtout, véritable opprobre pour l'époque qui les vit naître ; il est quatre ouvrages remplis d'aberrations et d'impudence, que nous ne pouvons nous empêcher de nommer. Ce sont : Le *Dictionnaire de philosophie ancienne et moderne* ; dans l'*Encyclopédie méthodique* ; l'*Origine de tous les Cultes* ; le *Dictionnaire des athées* ; et la *Guerre des Dieux anciens et modernes*. Le premier de ces ouvrages, fruit des veilles du philosophe Naigeon, était un composé monstrueux de licence et de barbarie. L'auteur y donnait à tous les croyants le nom de stupides, y excusait d'affreux désordres, et osait émettre et préconiser le vœu féroce : « Je « voudrais que le dernier des rois fût étranglé « avec les boyaux du dernier des prêtres. » Disciple de Diderot, ami d'Holbach, héritier de leur philosophie, Naigeon trouvait que ce souhait était digne d'un vrai philosophe, et se constituait ainsi l'apologiste de toutes les cruautés de la révolution. Le traité de l'*Origine de tous les Cultes*, de Dupuis, n'était qu'impie, mais l'était à l'excès. L'auteur prétendait trouver l'origine du christianisme dans l'astronomie, et associait son divin fondateur aux divinités fabuleuses et impures des païens. On fit deux éditions abrégées de son ouvrage, afin de mieux propager le poison, et de mieux égarer une jeunesse inattentive et crédule, et l'on vit avec honte et scandale, cette ténébreuse compilation louée au sein de l'Institut. Le *Dictionnaire des athées*, par Sylvain Maréchal et Lalande, est tombé aujourd'hui dans le plus profond mépris ; mais la doctrine grossière qu'on y prêchait ne se trouvait que trop à l'unisson avec l'esprit d'une époque et d'un parti où l'on tâchait d'étouffer la croyance salutaire d'un Dieu vengeur du vice et protecteur de la vertu. Enfin le dernier de ces livres est ce poëme, enfant de la licence et de l'impiété, où Parny se plut à couvrir de ridicule les augustes objets de notre foi. Tous ces auteurs, comme les vieillards dont il est parlé dans Daniel, semblaient avoir détourné les yeux pour ne pas voir le ciel. Leurs écrits ferment dignement cette chaîne de livres ténébreux qui, depuis la première moitié du dix-huitième siècle, se succédaient sans relâche pour pervertir les générations ; et l'on doit reconnaître que les disciples étaient dignes de leurs maîtres, qu'ils en avaient imité fidèlement l'esprit, et qu'ils en avaient même surpassé le zèle et les efforts pour le succès de la même cause.

CHAPITRE II.
Hérésies. Jansénisme.

En publiant l'Exposition de la foi catholique, censurée en 1696 par le cardinal de Noailles, archevêque de Paris ; en faisant paraître en 1699, le Problème ecclésiastique, où l'on opposait à cet archevêque, censeur de l'Exposition, à lui-même, alors qu'évêque de Châlons il avait approuvé les Réflexions morales du Père Quesnel ; en développant, en 1702, le système du silence respectueux dans le cas de conscience, condamné par un bref du 12 février 1703, les disciples de Jansénius allèrent chercher pour ainsi dire la persécution après une paix de trente-quatre ans. En présence de ces tentatives pour remuer des questions heureusement oubliées, Louis XIV se rappela que le cardinal de Retz avait trouvé à Port-Royal des partisans et des écrivains pour entretenir le trouble dans le diocèse de Paris pendant sa prison et son exil ; que dans l'affaire de la régale, c'étaient des évêques et des ecclésiastiques du même parti qui s'étaient montrés les plus opposés à l'extension (d'ailleurs arbitraire) d'une

---

(1) Dans cette ligue impie, les nouveaux sectaires se distribuaient les rôles, selon leurs talents ou leurs prétentions. Les uns, forts de sophismes, faisaient de l'irréligion le fond de leurs ouvrages ; les autres plus légers de style, insinuaient l'impiété par la séduction des peintures lascives ; ceux-ci éblouissaient par un luxe de maximes philanthropiques, qui ne suppléaient à la charité que pour la détruire ; ceux-là intimidaient par le tableau du fanatisme, qu'on ne séparait jamais de la religion. Avec les esprits graves, on prenait le ton de la méthode et de la réflexion. Aux esprits superficiels on présentait d'agréables impostures. On semait partout des doutes que le simple n'était pas en état de résoudre ; et le ridicule achevait d'enchaîner ceux que les faux raisonnements n'avaient pu convaincre. Rien n'était négligé pour arriver au but. Poésie, romans, éloquence, histoire, érudition, dictionnaires, journaux, tout était infecté de ce poison subtil et corrupteur.

prérogative qu'il regardait comme inhérente à sa couronne ; que le jansénisme, ainsi que le caractère et la conduite de ses principaux chefs, avaient une tendance secrète au presbytéranisme ; qu'enfin les jansénistes se seraient montrés aussi séditieux et aussi républicains que les calvinistes, s'ils avaient eu autant d'énergie, et s'ils n'avaient été arrêtés par les remparts formidables dont Richelieu avait investi l'autorité royale. Sincèrement attaché à la religion catholique, à ses maximes, à la forme de sa hiérarchie, il ne voyait dans cette secte que des hommes inconséquents, en contradiction avec leurs propres principes ; se disant catholiques, et se montrant rebelles à toutes les décisions de l'Eglise ; affectant une grande austérité dans leurs principes religieux, et restant infidèles au premier de tous les devoirs que la religion commande, celui de la soumission à l'autorité des supérieurs légitimes. Ce défaut de bonne foi dans leur conduite habituelle ne lui avait pas donné une meilleure opinion de leur bonne foi dans leurs controverses dogmatiques. Après trente-quatre ans d'une profonde tranquillité, le choix du moment où ils essayaient, par l'affaire du cas de conscience, de ranimer les anciens troubles, moment où Louis XIV se trouvait engagé dans une guerre importante avec toute l'Europe, lui parut indiquer un esprit de malveillance et de sédition qui méritait d'être réprimé. Aussi les magistrats prétendant que le bref du 12 février 1703 n'était pas susceptible, par les clauses extérieures qu'il renfermait, d'être revêtu du sceau de l'autorité royale, il demanda à Clément XI une bulle qui exprimât des décisions aussi précises et aussi énergiques contre les subtilités des jansénistes, sans offrir par sa forme un aliment à la méfiance des tribunaux français. La bulle du 15 juillet 1705 répondit aux vœux du monarque.

A l'époque où parut le problème ecclésiastique, le cardinal de Noailles, embarrassé des contradictions qu'on lui reprochait au sujet de l'approbation qu'il avait donnée dans son ancien diocèse, au livre des Réflexions morales, avait appelé Bossuet à son secours. Ce grand homme composa un Avertissement qui ne devait être placé à la tête d'une nouvelle édition des Réflexions morales qu'autant qu'on aurait changé ou corrigé cent-vingt propositions du texte ; mais ce travail devant être regardé plutôt comme une censure que comme une approbation, on fit paraître sans l'Avertissement l'édition de 1699, dédiée à l'archevêque de Paris, dont les examinateurs n'y avaient rien vu de répréhensible. La conduite équivoque de ce prélat exposait trop l'Eglise de France à voir renaître les troubles assoupis depuis trente-quatre ans, pour qu'après que Rome eut condamné en 1708 l'ouvrage du Père Quesnel, qu'il avait approuvé, on ne l'invitât point à prévenir ce malheur par un témoignage qui calmât les inquiétudes de ses collègues. Mais, loin de se prêter à une démarche honorable, il consuma son épiscopat dans des discussions où il se voyait sans cesse obligé de reculer pour s'être trop imprudemment avancé, et dans lesquelles il finissait par mécontenter également les deux partis. Quelques explications simples et faciles l'eussent tiré d'embarras, sans compromettre son honneur et ses principes ; mais il lui parut moins humiliant de souscrire à la décision de son supérieur, que de revenir de lui-même sur son approbation. En conformité du vœu du cardinal de Noailles lui-même, Louis XIV requit Clément XI de prononcer son jugement ; l'examen du livre du Père Quesnel traîna en longueur à Rome plus d'un an, car ce ne fut que le 8 septembre 1713 que le pape rendit la fameuse constitution *Unigenitus*, qui condamne cent une propositions extraites des Réflexions morales ; et avant qu'elle eût été acceptée en France par le corps des évêques et revêtue du sceau de l'autorité royale, le cardinal, accordant ce qu'il avait si longtemps refusé aux instances du roi, révoqua l'approbation qu'il avait autrefois donnée au livre de Quesnel. On devait croire que cette démarche tardive allait écarter tout prétexte de division ; mais, dans l'assemblée qui avait pour objet l'acceptation de la bulle, le cardinal ouvrit un avis qui tendait évidemment à renouveler toutes les anciennes discussions sur la forme d'acceptation des jugements dogmatiques du saint-siège, et à remettre aux prises l'Eglise et la cour de France avec la cour romaine. Ainsi on vit en deux ans ce prélat refuser obstinément de condamner le livre du Père Quesnel, et engager sa soumission au jugement que le pape en porterait ; puis condamner ce même livre et rejeter le jugement que le pape en avait porté. Soit indécision de caractère, soit espoir d'un changement prochain ; que l'âge et la décadence de la santé de Louis XIV laissaient assez entrevoir, le cardinal échappait sans cesse à ses propres engagements et à l'influence de ses vrais amis, de sa famille, de ses collègues les plus respectables. Toutes les voies de conciliation qu'on ouvrait, tous les projets d'accommodement qu'on formait, tous les articles de doctrine qu'on dressait, demeuraient sans effet, quoique proposés par les négociateurs les plus habiles, à la tête desquels se trouva plusieurs fois le prince régent du royaume. La destinée du cardinal, tant qu'il vécut, fut d'avancer, de reculer, de varier toujours jusqu'aux derniers moments de sa vie ; il la finit par accepter cette même constitution *Unigenitus* qu'il avait si souvent contredite et rejetée.

Telle fut la persévérance du jansénisme dans sa mauvaise foi, que cette hérésie déloyale ne peut exciter qu'un étonnement mêlé d'horreur. Pour justifier notre sentiment, récapitulons ses manœuvres en quelques lignes. Avant que le saint-siège eût rien prononcé sur la nouvelle doctrine, les députés du parti, chargés de la défendre à Rome, convenaient, avec les députés orthodoxes, d'un seul et même sens à l'égard des cinq propositions de Jansénius. Le siége apostolique condamna les propositions ainsi présentées; les jansénistes souscrivirent à leur condamnation : mais ils leur donnèrent un autre sens que le sens condamné. Quand on leur eut fermé ce retranchement par le formulaire, ils inventèrent la distinction du fait et du droit. Quand on exigea d'eux la soumission à l'égard du fait, même comme appartenant au droit, ils recoururent à la soumission mensongère qu'exprime la bouche et que le cœur dément, et mirent en avant le simulacre du silence respectueux. Quand on proscrivit ce silence, ils prétendirent que l'Église n'était infaillible que dans les conciles ; ils étourdirent et indignèrent l'Europe par leurs appels au concile futur. Et se prémunissant d'avance contre les conciles mêmes, en cas que l'on vînt à leur en accorder, ils refusèrent au pape, à l'exemple de Luther, le droit d'y présider, comme à un juge incompétent pour cause de préventions ; ils récusèrent les évêques d'Italie, d'Espagne, d'Allemagne et tous ceux qu'ils imaginaient croire le pape infaillible ; ils en anéantirent, ou du moins éludèrent l'autorité divine, en y voulant le suffrage des simples prêtres et la voix même des peuples. Encore les décisions du concile, quelle qu'en puisse être la forme, n'obligeront-elles à la soumission, selon les principes qui remplissent leurs écrits, qu'autant qu'elles seront trouvées conformes à ce qui est unanimement et manifestement enseigné dans toute l'Église. Il faut que cette conformité devienne évidente aux fidèles et à chaque fidèle. Voilà donc un tribunal supérieur à celui du concile, et chaque fidèle a droit de juger si la décision de ce concile est digne de respect ou de mépris ; c'est-à-dire que voilà le sens particulier des luthériens et des calvinistes adopté par les semi-calvinistes, de quelque nom et de quelque voile qu'ils puissent se couvrir, et voilà où aboutit la révolte contre l'autorité légitime, permanente et visible que le Dieu de la concorde aussi bien que de la vérité a voulu établir dans son Église, comme la sauvegarde unique de toute la foi chrétienne.

CHAPITRE III.

État du protestantisme en France, en Pologne, en Allemagne et en Angleterre pendant le dix-huitième siècle.

Les calvinistes de France, regardant la mort de Louis XIV comme une occasion favorable pour recouvrer ce que ce prince leur avait fait perdre, tentèrent quelques mouvements du côté de Montauban, à la fin du mois de juin 1716. Tous ceux qui avaient été saisis reçurent leur grâce, et les calvinistes signalèrent leur reconnaissance par de nouveaux attroupements en plusieurs endroits, notamment aux environs de Clérac. Des troupes marchèrent pour les dissiper ; quelques agitateurs furent mis en prison. Cependant des assemblées menaçantes se tenaient en Poitou, en Languedoc et en Guyenne ; le but de ces réunions devint évident lorsqu'on découvrit un grand amas de fusils et de baïonnettes près d'un lieu où les protestants s'étaient assemblés ; le parlement de Bordeaux condamna donc quelques hérétiques aux galères ou au bannissement ; mais tout étant rentré dans l'ordre, le régent fit grâce à la plupart. Duclos affirme que le duc d'Orléans fut même sur le point d'annuler les édits de Louis XIV et de rappeler les protestants ; mais que la majorité du conseil se prononça contre cette mesure. Elle eût en effet exalté les espérances des religionnaires et échauffé les esprits, comme le fait remarquer Duclos, qui n'approuvait pas qu'on remît les protestants sur le même pied qu'auparavant (*Mémoires secrets sur les règnes de Louis XIV et de Louis XV*). Opposé par caractère aux actes de rigueur, le régent laissa les protestants fort tranquilles pendant son administration. Une tolérance très-étendue fut substituée dans la pratique aux édits sévères de 1685. Les calvinistes s'assemblaient sans obstacle ; les pasteurs visitaient leurs troupeaux, répandaient des écrits, levaient des sommes, délivraient, comme par le passé, des actes de baptême et de mariage. Mais aussi l'habitude de la tolérance excita l'audace. Des désordres eurent lieu en quelques endroits ; des prêtres catholiques subirent des insultes ; des irrévérences publiques furent commises. Pour réprimer cette licence, une déclaration du roi renouvela, le 14 mai 1724, les édits antérieurs dont elle prescrivit de nouveau l'exécution. Mais, dans la pensée même du gouvernement, ce n'était là qu'un acte comminatoire, destiné à amortir la fougue des calvinistes : et les parlements, ainsi que les intendants, convaincus que le ministère n'avait voulu inspirer qu'un peu plus de réserve aux non catholiques, ne tinrent pas la main à l'exécution de l'édit de 1724. Pendant quelque temps, la conduite des calvinistes fut modérée ; puis s'enhardissant à la faveur de la paix dont on les laissait jouir, ils reprirent peu à peu l'exercice de leur culte, établirent de nouveau des écoles et des consistoires, distribuèrent des livres et des catéchismes, indiquèrent des assemblées, et allèrent, au mois d'août 1744, jusqu'à tenir un synode national. Des députés de toutes les provinces se réunirent près Sommière, sur les confins du diocèse d'Uzès : quoique l'assemblée du clergé de 1745 eût dénoncé cette infraction aux ordonnances, et se fût plainte des entreprises des religionnaires, ceux-ci, à qui le ministère était favorable, usèrent de la liberté qu'il leur laissait, pour tenir leurs réunions, relever quelques temples, et reconquérir la position qu'ils occupaient avant les édits de Louis XIV. Des assemblées de vingt mille âmes avaient lieu en Poitou, en Béarn, en Vivarais, en Dauphiné ; soixante temples avaient été érigés dans la seule province de Saintonge ; et La Baumelle, par qui nous voyons ces détails confirmés, parle encore dans ses lettres d'un séminaire de prédicants, qui avaient leurs cures, leurs fonctions, leurs appointements, leurs consistoires, leurs synodes, leur juridiction ecclésiastique

On était moins tolérant en Pologne; ou, si l'on y tolérait l'exercice du culte protestant, on y réprimait, et avec une sévérité exemplaire, les excès des hérétiques. Nous n'en voulons pas d'autre preuve que les suites terribles qu'eut l'émeute dont la ville de Thorn fut le théâtre le 16 juillet 1724. C'était un jour de procession solennelle pour les catholiques de cette ville. Comme cette auguste cérémonie s'accomplissait suivant l'usage, une rixe s'éleva entre les étudiants des jésuites et de jeunes luthériens qui regardaient passer la procession. Le luthéranisme dominait à Thorn : aussi le peuple et les magistrats prirent-ils fait et cause pour les jeunes gens de leur communion. On arrêta quelques étudiants catholiques, dont l'élargissement fut réclamé avec instance par leurs camarades. La querelle devint alors générale; on se battit dans les rues. Le peuple s'échauffant, chaque parti prit les armes; mais les étudiants catholiques, moins nombreux, se virent contraints de chercher un asile dans le collège des jésuites. La populace, ivre de fureur, les y poursuivit, força les portes, pilla le collège, et se livra aux plus grands désordres. Ce peuple fanatique se jouant des images des saints, et de la statue même de Marie, les insulta, les traîna ignominieusement dans la boue, et les mit en pièces. A Varsovie, où les catholiques portèrent leurs plaintes, on vit dans ces actes une insulte à la religion, non moins qu'à l'autorité. En conséquence on envoya des troupes à Thorn, et le 16 novembre le grand chancelier de Pologne prononça contre les coupables une sentence terrible. On ôta aux luthériens leur église de Sainte-Marie, on bannit deux de leurs ministres, et on décida que le corps de la ville serait composé de catholiques et de protestants. De ceux qui avaient participé à l'émeute, les uns furent condamnés à mort, les autres au bannissement; et les magistrats ayant assumé la responsabilité d'un soulèvement qu'ils n'avaient su ni prévenir ni réprimer à temps, deux d'entre eux eurent la tête tranchée.

En vain les puissances protestantes du voisinage réclamèrent-elles en faveur des dissidents de Pologne, frappés de terreur; le gouvernement polonais n'écouta pas les représentations des rois de Prusse et de Suède, ni de la ville de Dantzick; il ne fit grâce qu'à deux condamnés, et voulut même qu'une colonne, élevée sur le lieu du désordre, rappelât sans cesse aux habitants de Thorn le crime et le châtiment qu'il avait nécessité.

L'Allemagne, qui s'était récriée contre la sévérité de la Pologne à l'égard des protestants, vit dans son propre sein les non-catholiques frappés d'un coup que leurs désordres et leurs excès avaient rendu malheureusement indispensable. Les montagnes de l'archevêché de Salzbourg offraient un refuge à des hussites et à des vaudois fort entêtés de leurs croyances, fort attachés à leurs livres, et à qui la difficulté de communications procurait les moyens de pratiquer leur religion sans être découverts. Maximilien Gandolf, archevêque de Salzbourg, usant du droit que lui laissait le traité de Westphalie, de bannir de son Etat ceux qui ne professaient pas une des trois religions autorisées dans l'empire, expulsa plusieurs de ces hétérodoxes de ses terres. L'un de ses successeurs, Léopold Firmian, avait encore plus à cœur de faire régner l'uniformité du culte dans sa principauté. A cet effet, il se servit de tous les moyens à sa disposition, comme prince et comme archevêque. Il fit enlever aux descendants des hussites et des vaudois les livres qui nourrissaient leur erreur, et envoya des missionnaires pour prêcher ces brebis égarées. Mais on cria à l'intolérance et à la tyrannie du prélat, et des plaintes on passa aux voies de fait. Pour prévenir un soulèvement général, l'empereur Charles VI publia, le 26 août 1731, un mandement impérial où il défendait aux protestants de se faire justice eux-mêmes, et leur ordonnait d'exposer paisiblement leurs griefs. Mais l'impulsion était donnée; et afin de tenir les mécontents en respect, il fallut employer des troupes. Enfin le prince archevêque, dans la pensée qu'il fallait faire un sacrifice au bien de son Etat, bannit ces religionnaires le 31 octobre de la même année. La plupart des exilés allèrent se fixer en Prusse.

Si en Pologne et en Allemagne on avait été forcé de sévir contre les protestants, ceux-ci en revanche persécutaient les catholiques avec acharnement dans la Grande-Bretagne. Là, aux motifs religieux des poursuites se joignaient des motifs politiques; parce que les catholiques étaient soupçonnés de regretter les Stuarts, protecteurs plus ou moins ouverts de la vraie religion. Le chef de cette famille détrônée, retiré dans l'Etat de l'Eglise, où les papes pourvoyaient à ses besoins, avait eu deux fils de la princesse Sobieski; savoir : Charles-Edouard, prince de Galles, qui tenta l'aventureuse expédition de 1745 dans l'héritage de ses pères, et qui, après l'issue malheureuse de cette tentative, alla rejoindre Jacques III à Rome; puis Henri-Benoît, duc d'York, cardinal de l'Eglise romaine. Le prétendant, si connu sous le nom de chevalier de Saint-Georges, mourut dans la capitale du monde chrétien, le 1er janvier 1766, dans sa soixante-dix-huitième année; Charles-Edouard, son fils aîné, le suivit dans la tombe le 13 janvier 1788, sans laisser d'enfants de son mariage avec Louise de Stolberg; et le dernier des Stuarts finit sa vie en 1807.

Or, à l'époque où le prince de Galles pénétra en Angleterre, on y prit des mesures contre les catholiques, bien qu'ils ne se fussent pas déclarés en grand nombre en faveur du jeune Charles-Edouard. Cette expédition fournissait au clergé protestant un prétexte qu'il ne manqua pas de saisir pour ranimer les répugnances nationales, aux cris de *point de papisme*. Les anglicans et les non-conformistes s'unirent contre l'Eglise romaine, dont les prêtres furent inquiétés; quelques-uns même furent emprisonnés. De toutes parts les prédicateurs tonnaient contre les catholiques. Herring, archevêque d'York ; Warburton, évêque de Glocester, et une foule d'autres, affichaient une ardeur de persécution que les presbytériens effaçaient encore par l'exagération de leur zèle emporté, eux qui avaient établi à Londres, quelques années auparavant, un cours de sermons pour réprimer ce qu'ils appelaient les progrès du papisme. Cette manifestation empêcha Charles-Edouard de gagner des partisans en Angleterre ; il fut rejeté en Ecosse, où la défaite de Culloden, le 27 avril 1746, ruina sa cause. Ce prince catholique avait défendu, par un manifeste, d'attenter à la vie de Georges II ou des princes de sa famille ; la dynastie protestante mit, au contraire, à prix la tête de Charles-Edouard, qui ne réussit qu'avec peine à s'embarquer pour la France. Alors les catholiques d'Ecosse devinrent l'objet des plus grandes rigueurs. Ce pays n'avait d'abord formé qu'un vicariat apostolique, rempli en premier lieu par Nicolson, évêque de Péristachium auquel on avait donné pour coadjuteur, en 1706, Jacques Gordon, qui fut sacré à Rome en qualité d'évêque de Nicopolis.

Gordon s'était rendu secrètement en Ecosse, et avait succédé en 1719 à Nicolson, mort cette année. Sous lui, l'Ecosse avait été divisée, l'an 1726, en deux vicariats, l'un de la plaine, l'autre des montagnes. L'évêque de Nicopolis retint le premier de ces districts, et il eut d'abord pour coadjuteur Jean Wallace, évêque de Cyrrha, qui fut mis en prison en 1722, avec d'autres catholiques, et qui mourut en 1734. Son autre coadjuteur et son successeur lorsqu'il mourut au milieu des traverses que nous décrivons, fut Alexandre Smith, évêque de Misinople, lequel se tint caché à Edimbourg ; il n'en fut pas moins plus d'une fois dénoncé et poursuivi. Quant à Hugues Mac-Donald, évêque de Dia, vicaire apostolique pour le pays des montagnes, comme il était spécialement désigné aux soldats qu'on envoyait à la chasse des prêtres et qu'on stimulait par l'appât des récompenses, il passa en France, et y resta plusieurs années en exil avant de pouvoir rejoindre son troupeau. Si l'on ne put saisir les évêques, on s'en dédommagea en abattant les églises, en détruisant le séminaire établi à Scalan, en recherchant avec activité les missionnaires. Les uns étaient contraints de se cacher, les autres étaient pris. Colin Campbell mourut des suites des mauvais traitements qu'on lui avait fait subir. Les pères Gordon et Cameron, jésuites, terminèrent leur vie en prison. Huit autres, après avoir longtemps langui dans les cachots, furent bannis à perpétuité. Ces poursuites survécurent aux circonstances qui en avaient été le prétexte. On continua à décerner des récompenses à qui s'emparerait d'un prêtre. Deux furent saisis en 1751 : c'étaient Grant et Gordon ; le dernier fut banni. Robert Maitland fut proscrit par un jugement solennel. Enfin l'évêque de Dia, de retour dans son vicariat, chercha vainement à Edimbourg une retraite contre les poursuites ; on le dénonça et on l'emprisonna en 1755 : celui qui avait fait cette capture sacrilége reçut une prime de 800 écus. C'est en vain que les catholiques d'Ecosse, pour faire cesser cet état de trouble, employaient l'intercession des vicaires apostoliques en Angleterre et l'intervention des ambassadeurs des puissances catholiques à Londres. Les ressentiments brûlaient toujours, et alors que les orthodoxes étaient vus de moins mauvais œil en Angleterre et même en Irlande, la politique opposait une fin de non recevoir aux réclamations des Ecossais. En Angleterre, les catholiques jouissaient de jour en jour de plus de liberté, le gouvernement s'habituant à user envers eux d'une plus grande tolérance. En Irlande, la politique anglaise était rassurée par les témoignages que les catholiques donnaient de leur soumission à l'ordre de choses établi. Lorsqu'il fut question d'un projet de descente que les Français devaient réaliser en 1759, le lord lieutenant reçut, de la part des catholiques de Dublin, une adresse signée le 1er décembre, et où ils se déclaraient prêts à repousser l'invasion. Lorsque, vers 1763, quelques paysans de Munster firent acte de révolte, les catholiques protestèrent de leur fidélité à lord Hallifax, gouverneur à cette époque ; l'évêque de Waterland donna des renseignements au ministère sur la conduite des mécontents, et l'évêque d'Ossory exhorta son troupeau à la soumission. On comprend que les ombrages devaient se dissiper en présence de tels faits. D'un autre côté, quand, par l'inaction forcée et ensuite par l'extinction de la famille des Stuarts, ces préventions furent tranchées dans leur racine, la position des catholiques dut être moins critique dans les trois royaumes.

La religion catholique avait dans les protestants des ennemis acharnés. Toutefois c'étaient des ennemis connus et avoués, à la différence de ces sociétés secrètes dont l'existence, pour être souterraine, n'était que plus menaçante.

CHAPITRE IV.
Sociétés secrètes.

On a souvent considéré les sociétés secrètes sous un point de vue trop étroit pour se former une juste idée de ce qu'elles sont dans le monde. On les a envisagées seulement comme des institutions particulières, que des circonstances font naître, que d'autres circonstances détruisent ; tandis qu'au fond elles ont une cause perpétuellement subsistante, et ne sont point des accidents, mais des résultats nécessaires. Depuis l'origine, il y a toujours eu dans le monde deux principes, dont le combat perpétuel est la raison première de tous les événements qui composent l'histoire du genre humain. La vérité et l'erreur, c'est-à-dire le bien et le mal, se disputent l'empire de la terre ; et ces deux principes sont dans la nature de la société humaine, parce qu'il y a dans l'homme deux natures, l'une qui le porte au bien, l'autre qui le porte au mal. Lorsque l'un de ces deux principes domine dans la société politique, l'autre se retranche dans des sociétés secrètes, pour y réorganiser ses forces et reconquérir la puissance ; et même il peut arriver que l'un et l'autre aient recours en même temps à ce moyen, lorsqu'à certaines époques ils luttent avec un pouvoir à peu près égal dans la société publique.

Comme il existe deux sociétés, la société religieuse et la société politique, les associations secrètes ont un but relatif à l'une et à l'autre, et presque toujours à toutes les deux, à cause de la liaison nécessaire de l'ordre religieux et politique. Toutefois certains hommes qui ont des intérêts et des besoins communs ont pu s'unir par les liens d'une association secrète, pour se reconnaître et se rendre des services mutuels ; mais en général ces sortes d'associations ne tardent pas à être conduites par les sociétés qui s'occupent de religion et de politique, et finissent presque toujours par y rentrer.

L'histoire des sociétés secrètes se divise en trois grandes époques : les associations mystérieuses de l'antiquité, celles du moyen âge, et enfin celles des temps modernes.

Quoique les sociétés secrètes de l'antiquité ne soient pour nous qu'un objet d'érudition, on peut en tirer des lumières utiles sur l'organisation et l'influence des associations occultes. En général, les érudits de la franc-maçonnerie et de l'illuminisme se sont beaucoup occupés des mystères de l'Egypte, d'Eleusis et de Samothrace, des initiations des brachmanes dans l'Inde et des druides dans les Gaules ; mais leurs ouvrages renferment deux parties bien distinctes : l'une, réellement historique, se compose de documents pris dans les historiens de l'antiquité, et dont la réunion ne laisse pas que de jeter du jour sur ces mystérieuses ténèbres ; l'autre, presque entièrement systématique, tend à prouver que les associations modernes remontent directement jusqu'aux initiations de l'antiquité, qui se seraient perpétuées sous différentes formes dans la suite des siècles. Ces systèmes, que les chefs de la franc-maçonnerie se sont toujours efforcés d'accréditer, ont leur but. En persuadant aux adeptes de bonne foi que les associations actuelles ont toujours existé chez tous les peuples, il est plus facile de leur faire croire qu'elles ne sauraient être le foyer d'une conspiration contre les institutions de leur pays ; et d'ailleurs on leur inspire une plus haute vénération pour ces sociétés, en leur faisant accroire que leur origine se perd dans la nuit des temps.

Les sociétés secrètes du moyen âge nous intéressent davantage, à cause de leur liaison avec les associations modernes. Il est hors de doute aujourd'hui que, dans la période qui s'étend depuis les commencements du manichéisme jusqu'à ceux du protestantisme, des agrégations occultes se sont établies, qui ont donné naissance à la franc-maçonnerie. Qu'il nous suffise de rappeler l'aveu de Condorcet, qui nous parle de ces sociétés secrètes formées dans les siècles d'ignorance, *destinées à perpétuer sourdement et sans danger, parmi un petit nombre d'adeptes, un petit nombre de vérités simples, comme de sûrs préservatifs contre les préjugés dominateurs.* (Esquisse sur les progrès de l'esprit humain.)

Sous le voile du secret, des colonies de manichéens sorties de l'Orient vinrent déposer en Europe les premiers germes de la double révolte en religion et en politique, qui se sont développés depuis ; et ce furent précisément ces associations secrètes du moyen âge qui donnèrent lieu à l'établissement de l'inquisition. Elle fut en même temps une institution secrète dans sa police, pour pénétrer plus facilement les complots d'impiété et de rébellion, et une institution légale, revêtue de la puissance publique pour les réprimer. Elle n'était pas seulement un tribunal, elle était surtout une contre-mine. C'est un point de vue sous lequel on néglige de la considérer, et qui nous explique parfaitement la haine que lui vouent les sociétés secrètes qui conspirent contre la religion et l'Etat.

Bossuet a décrit les sectes du moyen âge transformées en sociétés secrètes, et il émet à ce sujet une réflexion qui est encore plus remarquable pour nous qu'elle ne pouvait l'être pour lui. Après avoir fait observer que le manichéisme, dont ces sectes n'étaient que la continuation, est la seule hérésie qui ait été prédite avec ses caractères particuliers (I *Tim.* IV), il ajoute : « Pourquoi, parmi tant d'hérésies, le Saint-Esprit n'a-t-il voulu marquer expressément que celle-ci? Les SS. Pères en ont été étonnés, et en ont rendu des raisons telles qu'ils l'ont pu dans leurs siècles ; mais le temps, fidèle interprète des prophéties, nous en a découvert la cause profonde ; et on ne s'étonnera plus que le Saint-Esprit ait pris un soin si particulier de nous prémunir contre cette secte, après qu'on a vu que c'est celle qui a le plus longtemps et le plus dangereusement infecté le christianisme : le plus longtemps, par tant de siècles qu'on lui a vu occuper ; et le plus dangereusement, parce que, sans rompre avec éclat comme les autres, elle s'était cachée, autant qu'il était possible, dans l'Eglise même. Depuis Marcion et Manès la détestable secte a toujours eu sa suite funeste. C'était plus particulièrement l'hérésie des derniers temps, et le vrai mystère d'iniquité, comme l'appelle saint Paul. Lorsqu'elle fut éteinte dans tout l'Occident, on voit enfin arriver le terme fatal du déchaînement de Satan...... Les restes du manichéisme, trop bien conservés en Orient, se débordent sur l'Eglise latine...... Une étincelle allume un grand feu, et l'embrasement s'étend presque par toute la terre (*Histoire des Variat.*, liv. IX). »

Maintenant, ne pouvons-nous pas ajouter à

notre tour : Pourquoi parmi tant d'hérésies le Saint-Esprit n'a-t-il voulu marquer expressément que le manichéisme ? Bossuet en a été étonné, et en a rendu des raisons telles qu'il le pouvait de son temps ; mais le temps, fidèle interprète des prophéties, est venu nous apprendre que ce manichéisme, qui n'est au fond que l'athéisme, a toujours sa suite funeste. C'est lui qui a enfanté, par le moyen des sectes du moyen âge, ces associations secrètes qui, en se développant, ont embrassé le monde entier dans leurs réseaux sataniques. C'est donc de nos jours surtout qu'on découvre la cause profonde qui a fait prédire d'une manière spéciale ce mystère d'iniquité ; c'est qui nous fait en avons vu sortir l'embrasement de toute la terre.

Gardons-nous cependant de prononcer sans de nouvelles preuves. Si les mystères de la franc-maçonnerie remontent à Manès, s'il en est le vrai père, s'il est le fondateur des loges, c'est d'abord à ses dogmes, c'est ensuite à la ressemblance, à la conformité des secrets, des symboles, qu'il faut le reconnaître. Que le lecteur se prête ici à nos rapprochements ; la vérité qui en résultera n'est pas indifférente.

1° Quant aux dogmes, jusqu'à la naissance des maçons éclectiques, c'est-à-dire jusqu'à ce moment où les impies du dix-huitième siècle ont apporté dans les mystères des loges tous ceux de leur déisme et de leur athéisme, on ne trouvera point dans le vrai code maçonnique d'autre Dieu ou d'autre *Jéhovah* que celui de Manès, ou l'Être universel divisé en dieu bon, en dieu mauvais. C'est celui du maçon cabaliste, des anciens rose-croix ; c'est celui du maçon martiniste, qui semble n'avoir fait que copier Manès et les adeptes albigeois. S'il est ici quelque chose d'étonnant, c'est que, dans un siècle où les dieux de la superstition devaient faire place à tous les dieux des sophistes modernes, celui de Manès se soit encore soutenu dans tant de branches maçonniques.

2° De tout temps les folies de la cabale de la magie fondée sur la distinction de ce double dieu, sont venues se mêler aux loges maçonniques. Manès faisait aussi des magiciens de ses élus. *Magorum quoque dogmata Manes novit et in ipsis volutatur.* (Centur. Magd. ex August.)

3° C'est surtout de Manès que provient cette fraternité religieuse qui, pour les arrière-adeptes, n'est que l'indifférence de toutes les religions. Cet hérésiarque voulait avoir pour lui les hommes de toutes les sectes ; il leur prêchait à toutes qu'elles arrivaient toutes au même objet ; il promettait de les accueillir toutes avec la même affection. (*Baron. in Manet.*).

4° Mais dans ce code de Manès, ce qu'il importe surtout de rapprocher du code des arrière-maçons, ce sont les principes de toute égalité, de toute liberté désorganisatrices. Pour empêcher qu'il n'y eût des princes et des rois, des supérieurs et des inférieurs, l'hérésiarque disait à ses adeptes que toute loi, toute magistrature est l'ouvrage du mauvais principe. *Magistratus civiles et politias damnabant, utque a deo malo conditæ et constitutæ sunt* (Centur. Magd. tom. II, *in Manet.*).

5° Pour empêcher qu'il n'y eût des pauvres et des riches, il disait que tout appartient à tous, que personne n'a droit de s'approprier un champ, une maison. *Nec domos, nec agros, nec pecuniam ullam possidendam.* (Ibid., *ex Epiph. et August.*).

Cette doctrine devait souffrir des modifications dans les loges comme chez les disciples de Manès. Sa marche conduisait à l'abolition des lois et de tout christianisme, à l'égalité et à la liberté, par les voies de la superstition et du fanatisme ; nos sophistes modernes devaient donner à ses systèmes une nouvelle tournure, celle de leur impiété. L'autel et le trône devaient en être également victimes ; l'égalité, la liberté contre les rois et contre Dieu, pour les sophistes tout comme pour Manès, sont toujours le dernier terme des mystères.

6° Mêmes rapports encore dans les gradations des adeptes avant d'arriver aux profonds secrets. Les noms ont changé ; mais Manès avait ses *croyants*, ses *élus*, auxquels vinrent bientôt se joindre les *parfaits* : ces derniers étaient les impeccables, c'est-à-dire les absolument libres, parce qu'il n'y avait pour eux aucune loi dont la violation pût les rendre coupables. (*Hieron. proœm. dial. cont. Pelag.*) Ces trois grades répondent à ceux d'*apprenti*, de *compagnon* et de *maître parfait* ; celui d'*élu* a conservé son nom dans la maçonnerie, mais il est devenu le quatrième.

7° Tout comme les maçons encore, le plus inviolable serment liait les enfants de Manès au secret de leur grade. Depuis neuf ans dans celui des croyants, saint Augustin n'était pas arrivé au secret des *élus*. Jure, parjure-toi, mais garde ton secret : c'était là leur devise : *Jura, perjura, secretum prodere noli.* (August. *de Manich.*)

8° Même nombre encore et presque identité de signes. Les maçons en ont trois, qu'ils appellent le *signe*, l'*attouchement* et la *parole* ; les manichéens en avaient trois aussi, celui de la parole, celui de l'attouchement et celui du sein : *Signa oris, manuum et sinus* (Cent. Magd. *ex August.*). Celui du sein était d'une indécence qui l'a fait supprimer ; on le retrouve encore chez les templiers. Les deux autres sont restés dans les loges. Tout maçon qui veut savoir si vous *avez vu la lumière*, commence par vous tendre la main, pour voir si vous le toucherez en adepte. C'était précisément au même signe que les manichéens se reconnaissaient en s'abordant, et se félicitaient d'avoir vu la lumière : *Manichæorum alter alteri obviam factus, dexteras dant sibi ipsis signi causa, velut a tenebris servati.* (*Ibid., ex Epiph.*)

9° Si nous pénétrons à présent dans l'intérieur des loges maçonniques, nous y verrons partout les images du soleil, de la lune, des étoiles. Tout cela n'est encore que le symbole de Manès et de son dieu bon, qu'il faisait venir du soleil, et de ses esprits, qu'il distribuait dans les étoiles. Si celui qui demande à être initié n'entre encore aujourd'hui, dans les loges qu'avec un bandeau sur les yeux, c'est qu'il est encore sous l'empire des ténèbres dont Manès fait sortir son dieu mauvais.

10° Nous ignorons s'il est encore des adeptes francs-maçons assez instruits sur leur généalogie pour savoir la véritable origine de leurs décorations et de la fable sur laquelle est fondée toute l'explication des arrière-grades; mais c'est ici plus spécialement que tout montre les enfants de Manès. Dans le grade de maître, tout appelle le deuil et la tristesse; la loge est tendue en noir; au milieu est un catafalque porté sur cinq gradins, recouvert d'un drap mortuaire; tout autour, les adeptes dans un silence profond et déplorant la mort d'un homme dont les cendres sont censées reposer dans ce cercueil. L'histoire de cet homme est d'abord celle d'Adoniram; elle devient ensuite celle de Molai, dont il faut venger la mort par celle des tyrans. L'allégorie est menaçante pour les rois, mais elle est trop ancienne pour ne pas remonter plus haut que le grand-maître des templiers.

Toute cette décoration se retrouve dans les anciens mystères des enfants de Manès; cette même cérémonie est précisément celle qu'ils appelaient *bema*. Ils s'assemblaient aussi autour d'un catafalque élevé sur le même nombre de gradins et couvert de décorations analogues à la cérémonie. Ils rendaient alors de grands honneurs à celui qui reposait sous ce catafalque; mais ces honneurs étaient tous adressés à Manès: c'était sa mort qu'ils célébraient. Ils consacraient à cette fête précisément le temps où les chrétiens célèbrent la mort ou la résurrection de Jésus-Christ: *Plerumque pascha nullum celebrant, sed pascha suum, id est diem quo Manichæus occisus, quinque gradibus instructo tribunali, et pretiosis linteis adornato, ac in promptu posito, et objecto adorantibus, magnis honoribus prosequuntur.* (August. Epist. contr. Manich.) C'est un reproche qui leur fut souvent fait par les chrétiens; et aujourd'hui c'est encore celui que nous voyons faire aux maçons *rose-croix*, sur l'usage où ils sont de renouveler leurs funèbres cérémonies précisément au même temps. (L'abbé Le Franc, grade de *rose-croix*.)

11° Dans les jeux maçonniques, les mots mystérieux qui renferment tout le sens de cette cérémonie sont *mac-benac*. L'explication littérale de ces mots, suivant les maçons, est celle-ci: *la chair quitte les os*. Cette explication reste elle-même un mystère que le supplice de Manès explique très-naturellement. Cet hérésiarque avait promis de guérir par ses prodiges l'enfant du roi de Perse, pourvu qu'on écartât tout médecin. Le jeune prince mourut, Manès prit la fuite; mais il fut enfin découvert et ramené au roi, qui le fit écorcher tout vif avec des pointes de roseaux. Voilà assurément l'explication la plus claire du *mac-benac, la chair quitte les os*. Il fut écorché vif.

12° Il n'est pas jusqu'à la circonstance de ces roseaux qui ne vienne à l'appui de nos rapprochements. On s'étonne de voir les rose-croix commencer leurs cérémonies par s'asseoir tristement en silence et par terre, se lever ensuite et marcher en portant de longs roseaux. Tout cela s'explique encore quand on sait que c'est précisément dans cette posture que se tenaient les manichéens, affectant de s'asseoir ou même de se coucher sur des nattes faites de roseaux, pour avoir toujours présente à l'esprit la manière dont leur maître était mort. (Centur. Magd. Baron, etc.) Cet usage les fit nommer *Matarii*.

La véritable histoire des manichéens nous offrirait ici bien d'autres rapprochements. Nous trouverions chez eux, par exemple, toute cette fraternité que les maçons exaltent, et tout ce soin qu'ils ont de s'aider les uns les autres: fraternité louable assurément, si on ne pouvait pas lui reprocher d'être exclusive. Les maçons ont semblé mériter ce reproche; c'est encore un vrai reste des manichéens. Très-empressés à secourir leurs adeptes, ils étaient d'une dureté extrême pour tout autre indigent: *Quin et homini mendico, nisi Manichæus sit, panem et aquam non porrigunt.* (August. de Mor. Manich. et contra Faust.)

Nous pourrions observer encore chez les manichéens et les francs-maçons le même zèle pour la propagation de leurs mystères. Les adeptes modernes se glorifient de voir leurs loges répandues dans tout l'univers: tel était aussi l'esprit propagateur de Manès et de ses adeptes. Addas, Herman et Thomas allèrent par ses ordres établir ses mystères, l'un en Judée, l'autre en Egypte, et le troisième en Orient, tandis qu'il prêchait lui-même en Perse et en Mésopotamie. Il eut ensuite douze apôtres, et même vingt-deux, suivant quelques historiens. En très-peu de temps on vit ses adeptes, comme aujourd'hui les francs-maçons, répandus sur toute la terre. (Cent. Magd. ex Epiph.)

Bornons-nous aux rapports les plus frappants. Ils nous montrent les arrière-grades de la franc-maçonnerie tous fondés sur le *bema* des enfants de Manès. C'était lui qu'il fallait venger des rois qui l'avaient fait écorcher, de ces rois d'ailleurs, suivant sa doctrine, tous établis par le *mauvais génie*; la parole à retrouver était cette doctrine même à établir sur les ruines du christianisme. Les templiers, instruits par des adeptes répandus en Palestine et en Egypte, substituèrent à Manès leur grand-maître Molai comme objet de leur vengeance; l'esprit des mystères et de l'allégorie resta le même. C'est toujours les rois et le christianisme à détruire, les empires et les autels à renverser, pour rétablir *l'égalité et la liberté* du genre humain.

Ce résultat n'est rien moins que flatteur pour les francs-maçons ; il leur montre pour père de leurs loges et de tout leur code d'égalité et de liberté, un esclave écorché vif pour ses impostures. Quelque humiliante que soit cette origine, ce n'en est pas moins là qu'aboutit la seule marche à suivre pour retrouver la source de leurs mystères. Leurs arrière-secrets sont tous fondés sur cet homme à venger, sur cette parole ou doctrine à retrouver dans le troisième grade ; tout ce troisième grade n'est qu'une répétition sensible et évidente du *bema* des élus de Manès ; le fameux *mac-benac* ne s'explique évidemment que par le genre de supplice infligé à Manès ; tout remonte jusqu'à cet esclave de la *veuve du Scythien* (1). On peut défier les francs-maçons de rien trouver desemblable au grade de *mac-benac*, ni avant ni après le *bema* des manichéens, si ce n'est dans ce *bema* lui-même. C'est donc jusque-là qu'il faut remonter, et c'est là qu'il faut s'arrêter pour trouver la source des mystères maçonniques.

Enfin, quand on voit les principaux adeptes de la maçonnerie, Lalande, Dupuis, Le Blond, de Launaye, *s'efforcer de substituer aux mystères de la religion chrétienne, les erreurs des manichéens et des Perses*, il est bien plus difficile encore de penser que ces profonds adeptes ignoraient le véritable auteur de leurs mystères. La haine d'un esclave pour ses fers lui fait trouver ces mots *égalité et liberté*. Le ressentiment de son premier état lui fait croire que le démon seul a pu être l'auteur de ces empires, où l'on trouve des maîtres et des serviteurs, des rois et des sujets, des magistrats et des citoyens. Il fait de ces empires l'ouvrage du démon, et laisse à ses disciples le serment de les détruire. Il se trouve en même temps héritier des livres et de toutes les absurdités d'un philosophe, grand astrologue et magicien fameux ; de ces absurdités et de tout ce que lui a dicté sa haine contre les distinctions et les lois de la société, il compose le code monstrueux de sa doctrine. Il se fait des mystères, distribue ses adeptes en différents grades, établit sa secte. Trop justement puni pour ses impostures, il leur laisse en mourant son supplice à venger, comme un nouveau motif de haine contre les rois. Cette secte s'étend en Orient et en Occident ; à l'aide du mystère, elle se perpétue, se propage; on la retrouve à chaque siècle. Eteinte une première fois en Italie, en France, en Espagne, elle y arrive de nouveau de l'Orient dès le onzième siècle. Les chevaliers du Temple en adoptent les mystères ; leur extinction offre à la secte l'occasion de rajeunir sa forme et de modifier plus ou moins ses symboles. La haine des rois et du Dieu des chrétiens ne fait que s'y fortifier par de nouveaux motifs. Les siècles et les mœurs varient les formes, modifient les opinions ; l'essence reste : c'est toujours la prétendue lumière de l'égalité et de la liberté à répandre; c'est toujours l'empire des prétendus tyrans religieux et politiques, des pontifes, des prêtres, des rois et du Dieu des chrétiens à renverser, pour rendre au peuple la double égalité, la double liberté, qui ne souffrent ni la religion de Jésus-Christ, ni l'autorité des souverains. Les grades des mystères se multiplient, les précautions redoublent pour ne pas les trahir ; le dernier des serments est toujours : Haine au Dieu crucifié, haine aux rois couronnés !

DIX-NEUVIÈME SIÈCLE.

CHAPITRE PREMIER.

Etat de la société au commencement du dix-neuvième siècle.

On ne peut se défendre d'un sentiment de surprise quand on se retrace à l'esprit l'histoire de nos jours. Tant d'événements politiques et religieux, se succédant avec une étonnante rapidité, ont changé plusieurs fois la face de l'Europe, et ont fait dire ingénieusement que la génération de 1789 a vécu plusieurs siècles.

Dans un temps où d'un bout de l'Europe à l'autre les écrivains soi-disant philosophes prêchaient aux gouvernements et aux nations l'humanité, la philanthropie et surtout la tolérance en matière de religion, et répétaient avec complaisance ces paroles de Voltaire : « Que les philosophes ne persécutent personne pour différence d'opinions religieuses, et qu'ils n'ont jamais été et ne seront jamais persécuteurs, » les coryphées du parti, résidant à Paris, à la fin du dernier siècle, suscitèrent deux persécutions violentes contre l'Eglise : la première en France, la seconde en Italie. En France, à l'exemple des Dèce et des Dioclétien, on alla jusqu'à répandre le sang ; et Paris, Lyon, Nantes, et d'autres villes de ce royaume, virent se renouveler ces scènes d'horreur et de sang des anciens martyrs. En Italie, on suivit un autre plan. L'expérience ayant appris que les persécutions sanguinaires, au lieu de nuire à l'Eglise, ne faisaient que lui donner plus de force, on eut recours à l'autre genre de persécution, imaginé par Julien l'Apostat. On chercha à séduire et à pervertir les gens de bien, soit par des menaces, soit par des flatteries, et à lasser la patience du clergé par les exils, les confiscations, et toute sorte de vexations et de souffrances. Mais dans l'un et l'autre cas, le clergé soutint la lutte avec courage, et les philoso-

---

(1) Cette circonstance ne s'expliquerait-elle pas encore par un usage des maçons ? Lorsqu'ils se trouvent dans quelque danger, et qu'ils espèrent pouvoir être entendus par quelques frères, pour s'en faire connaître et les appeler au secours, ils élèvent les mains sur la tête en criant: *A moi les enfants de la veuve.* Si nos maçons l'ignorent aujourd'hui, les anciens adeptes le savaient, et toute l'histoire le répète : Manès fut adopté par cette veuve du Scythien ; il fut l'héritier des richesses qu'elle avait reçues de son mari. *A moi les enfants de la veuve*, désigne donc encore bien naturellement les disciples de Manès.

phes restèrent couverts de honte et de confusion, ayant donné, malgré eux, un nouvel éclat à l'Eglise, qu'ils voulaient humilier et anéantir.

Cette haine implacable contre la religion, qui semblait s'être affaiblie en France sous le despotisme de Buonaparte, se réveilla tout à coup à l'époque de la Restauration. Le retour des Bourbons jeta l'alarme dans les rangs de l'impiété. Le nom seul de roi très-chrétien, l'attachement de cette famille à la religion, les exemples de piété qu'elle donnait, tout inquiétait et irritait ceux qui s'étaient accoutumés, pendant la révolution, à voir la religion opprimée et les prêtres proscrits. Ils se mirent de nouveau à crier au fanatisme. Entre autres brochures publiées à la date de 1814, nous citerons celle de Dubroca, prêtre et barnabite marié, prédicateur de la philanthropie. L'auteur l'avait intitulée : *Un nuage noir se forme à l'horizon, ou Des signes précurseurs du fanatisme religieux.* Les incrédules s'élevèrent contre toutes les mesures prises en faveur de la religion. Ainsi le directeur général de la police ayant rendu, le 7 juin 1814, une ordonnance pour l'observation des dimanches et fêtes, on présenta à la chambre, contre cet acte qualifié d'arbitraire et de despotique, des pétitions qui furent favorablement accueillies. Les impies se plaignirent que les prêtres envahissaient tout. « On ne nous parle, disait Méhée, que de cérémonies religieuses et de processions. » Le rétablissement des jésuites par une bulle de Pie VII épouvanta surtout les ennemis de cet ordre célèbre et réveilla leur animosité. Le janséniste Tabaraud épancha sa bile à ce sujet, dans un pamphlet plein d'aigreur, intitulé : *Du pape et des jésuites.* La religion et les prêtres furent horriblement calomniés dans le *Mémoire au roi*, par Carnot.

Ces divers écrits, ces plaintes et ces murmures avaient déjà échauffé les esprits, lorsqu'un fait peu important en lui-même vint montrer quelles étaient les dispositions d'une certaine classe de la société à l'égard du clergé. Une actrice, Mlle Raucourt, étant morte à Paris le 15 janvier 1815, il plut à ses amis de la conduire à l'église, où elle n'allait pas de son vivant. L'église Saint-Roch étant fermée, on en força les portes; on appela un prêtre, en criant contre les prêtres; le lieu saint retentit des clameurs de la multitude ameutée; ce fut au pied des autels qu'on invectiva contre le fanatisme et la superstition. Enfin le cortège se retira fier d'une victoire si glorieuse; et cet événement, dont les journaux s'emparèrent, y devint le prétexte d'absurdes déclamations.

Le retour de Buonaparte, au mois de mars 1815, fut pour les ennemis de la religion le signal d'une joie effrénée. Dans plusieurs provinces, il y eut une véritable réaction contre le clergé; et ses membres se virent en butte aux outrages de la populace et à la persécution de certains fonctionnaires. En divers endroits, au cri de *vive l'empereur!* se joignirent ceux de *à bas le paradis! vive l'enfer!* L'exaspération devint telle parmi la lie du peuple, qu'elle produisit des crimes dignes de 1793.

Au commencement de 1817, on vit paraître coup sur coup des prospectus annonçant de nouvelles éditions de Voltaire et de Rousseau. Les esprits les plus sages s'effrayèrent de ce redoublement de zèle philosophique. Les grands vicaires de Paris s'efforcèrent de prémunir les fidèles contre le poison qu'on leur distribuait; mais l'autorité ecclésiastique ne put remplir son devoir sans subir d'indignes sarcasmes. On n'avait jusque-là qu'une édition complète de Voltaire, celle de Kehl, l'esprit de parti s'attachant à répandre de plus en plus les œuvres du patron de la philosophie moderne, il s'en fit en peu de temps dix ou douze éditions nouvelles, de différents formats et de différents prix, et même des éditions pour les chaumières ! tant on avait à cœur de pervertir toutes les classes et d'insinuer la haine ou le mépris de la religion et de ses ministres jusque dans les moindres hameaux. Avec les nouvelles éditions de Voltaire en parurent un pareil nombre de J.-J. Rousseau; l'une n'attendait pas l'autre, et les spéculateurs rivalisaient d'ardeur pour exciter la curiosité publique par des entreprises adaptées à toutes les fortunes et à tous les goûts. De plus, on réimprimait des ouvrages détachés des deux philosophes; il y eut jusqu'à sept éditions de l'*Emile* et dix du *Contrat social*. On exhumait l'un après l'autre tous les philosophes qui avaient écrit depuis quatre-vingts ans, Helvétius, Diderot, d'Holbach, Raynal, Saint-Lambert, Condorcet, Dupuis, Volney, dont *les Ruines* furent éditées dix fois en peu de temps. Ajoutons à cela des romans impies et immoraux, tels que ceux de Pigault-Lebrun, les écrits de Llorente, de Gallois, de Collin de Plancy (1), de Dulaure, les *Résumés historiques* de Bodin, de Rabbe, de Scheffer, de Thiessé, une foule de pamphlets et de facéties de tout genre, et l'on aura une idée de l'incroyable activité de l'esprit d'irréligion à cette époque. Répandus partout, ces ouvrages portèrent jusque dans les campagnes la manie de l'impiété, le mépris de tout ce que la foi nous apprend à révérer, et des préventions brutales contre les ministres de la religion ! A dater de 1830, les réimpressions de Voltaire, de Rousseau, etc., cessèrent; la conjuration philosophique, croyant avoir atteint son but, n'eut plus besoin de ce moyen de succès.

CHAPITRE II.
Sociétés secrètes.

Vers la fin du dix-huitième siècle la philosophie moderne avait franchi, en Allemagne, le seuil des collèges et des universités,

---

(1) M. Collin de Plancy, revenu à la foi catholique, après plusieurs années d'études sérieuses, a publié, en 1841, une noble et touchante rétractation, dans laquelle il désavoue et condamne les écrits scandaleux que lui avait, dit-il, dictés l'esprit d'orgueil et de mensonge, sous le nom de philosophie. — *Ami de la religion*, tom. III, p. 1.

et les écoles ecclésiastiques mêmes n'étaient pas à l'abri de ses malignes influences. Cette fausse philosophie préparait la jeunesse à céder aux séductions des illuminés, disciples de Weishaupt, qui s'étaient activement propagés, entretenant des intelligences de tous côtés, formant de nouvelles loges, après la disgrâce de leur fondateur, attirant à eux toutes les classes de la société, enrôlant surtout les professeurs, les hommes de lettres, les fonctionnaires publics, tous ceux, en un mot, dont l'influence pouvait servir leurs sinistres desseins.

Pour se former une juste idée de ces sociétés secrètes au commencement du dix-neuvième siècle, et pour comprendre leur influence, il faut les diviser en deux classes, qui ont chacune un caractère distinct. L'une, depuis longtemps subsistante, renferme, sous le voile de la *franc-maçonnerie*, des agrégations diverses, qui, s'occupant plus ou moins directement de religion, de morale et de politique, attaquent les croyances sociales ; l'autre renferme, sous le nom de *carbonari*, des agrégations secrètes, armées, prêtes à combattre au premier signal l'autorité publique. L'une, par son action morale, opère la révolution dans les esprits ; l'autre, avec ses moyens matériels, est destinée à renverser les institutions par la violence. Dans les assemblées de la première siégent les apôtres de la philosophie, rendant leurs oracles et prophétisant la régénération des peuples ; dans les réunions de la seconde on découvre les séides de l'anarchie, avec l'attitude menaçante de conjurés. L'une pourrait adopter pour emblème une torche qui embrase ; l'emblème de l'autre serait un poignard.

Léon XII, dans une bulle du 13 mars 1825 contre les sociétés secrètes, après avoir cité les bulles de Clément XII et de Benoît XIV, contre les francs-maçons, et celle de Pie VII, contre les carbonari, s'exprime ainsi : « Celle que l'on désigne sous le nom d'*universitaire* a surtout fixé notre attention : elle a établi son siège dans plusieurs universités, où des jeunes gens sont pervertis, au lieu d'être instruits, par quelques maîtres initiés à des mystères qu'on pourrait appeler des mystères d'iniquité, et formés à tous les crimes...

« De là vient que, si longtemps après que le flambeau de la révolte a été allumé pour la première fois en Europe par les sociétés secrètes, et qu'il a été porté au loin par leurs agents, après les éclatantes victoires qu'ont remportées les plus puissants princes, et qui nous faisaient espérer la répression de ces sociétés, cependant leurs coupables efforts n'ont pas cessé : car, dans les mêmes contrées où les anciennes tempêtes semblaient apaisées, n'a-t-on pas à craindre de nouveaux troubles et de nouvelles séditions que ces sociétés trament sans cesse ? N'y redoute-t-on pas les poignards impies dont leurs membres frappent ceux qu'ils ont désignés à la mort ? Combien de luttes terribles l'autorité n'a-t-elle pas eu à soutenir malgré elle pour maintenir la tranquillité publique ?

« On doit encore attribuer à ces associations les affreuses calamités qui désolent l'Eglise, et que nous ne pouvons rappeler sans une profonde douleur : on attaque avec audace ses dogmes et ses préceptes les plus sacrés ; on cherche à avilir son autorité ; et la paix, dont elle aurait le droit de jouir, est non-seulement troublée, mais, on pourrait le dire, détruite.

« On ne saurait admettre que nous attribuions faussement et par calomnie aux associations secrètes tous ces maux et d'autres que nous ne signalons pas : les ouvrages que leurs membres ont osé publier sur la religion et sur la chose publique, leur mépris pour l'autorité, leur haine pour la souveraineté, leurs attaques contre la divinité de Jésus-Christ et l'existence même d'un Dieu, le matérialisme qu'ils professent, leurs codes et leurs statuts, qui démontrent leurs projets et leurs vues, prouvent ce que nous vous avons rapporté de leurs efforts pour renverser les princes légitimes et pour ébranler les fondements de l'Eglise ; et ce qui est également certain, c'est que ces différentes associations, quoique portant des dénominations diverses, sont alliées entre elles par leurs infâmes projets.

« D'après cet exposé, nous pensons qu'il est de notre devoir de condamner de nouveau les sociétés secrètes, afin qu'aucune d'elles ne puisse prétendre qu'elle n'est pas comprise dans notre sentence apostolique, et se servir de ce prétexte pour induire en erreur des hommes faciles à tromper... »

Pie VIII, à son avènement au pontificat, renouvela la même condamnation dans la lettre circulaire qu'il adressa à tous les évêques de l'univers catholique, le 24 mai 1829.

CHAPITRE III.

Protestantisme au dix-neuvième siècle.

On a prédit dès l'origine au protestantisme ses inévitables conséquences, ses futurs écarts, sa dissolution plus ou moins prochaine dans l'abîme d'un rationalisme déiste ou panthéiste. Il n'y a pour lui, il ne peut y avoir que ces deux routes : soumission à un corps de doctrines formulées soit par les réformateurs, soit par les synodes plus récents, ou rejet de ces symboles et libre interprétation individuelle de l'Ecriture. Or, en suivant la première voie, le protestantisme se renie lui-même, puisqu'il se range sous une autorité ; en suivant la seconde, il est conséquent, mais il tombe dans l'anarchie, chacun pouvant, sans règle ni sans frein, trouver ce qu'il veut dans l'Ecriture. La réforme est divisée entre ces deux tendances : l'une, philosophique et progressive, l'autre, passive et stationnaire. Genève s'est élancée *officiellement* la première dans la voie du philosophisme ; elle y a appelé toutes les

Eglises, ses sœurs; et, réformatrice de la réforme elle-même, comme elle a mérité autrefois le nom de *Rome protestante*, on pourrait lui donner dès à présent à juste titre celui de *Babel* protestante. Ce qui la caractérise, c'est l'abandon complet des confessions de foi, de ces formules, de ces symboles, qui résument la croyance et les doctrines d'une communauté religieuse. Genève a brisé toutes ces *entraves;* elle ouvre la Bible, et dit à tous : *Lisez, et pensez ensuite ce que bon vous semblera!* Et certes, le docteur Strauss a profité largement de cette concession.

Toutefois il suffit d'un coup d'œil sur ce qui se passe en ce moment en Europe et en Amérique, pour voir l'espèce de désespoir général qui s'est emparé de l'esprit du protestantisme, déchiré en mille et mille sectes diverses. Il est aujourd'hui bien convaincu qu'il ne peut plus y avoir de salut pour lui que dans une sorte d'unité diamétralement opposée à celle du catholicisme, qui fait son effroi, et à laquelle il ne pourra jamais parvenir. Celui-ci trouve son principe dans la rigoureuse unité de foi qui s'y maintient par une autorité centrale et divine; le protestantisme espère fonder la sienne sur la fraternité de toutes les erreurs, et par conséquent sur l'indifférence absolue, sauf quelques principes de foi que l'on espère encore sauver du naufrage.

En effet, à peine une fin prématurée avait-elle fermé le synode général de Berlin, qui a laissé libres les *ordinands* de penser *individuellement* ce qu'ils voudront sur les symboles et les professions de foi, pourvu qu'ils s'abstiennent de les attaquer, qu'est arrivé de Londres le protocole de la première session de la *Confrérie évangélique*. Convoquée à grands renforts de circulaires répandues dans les deux hémisphères, elle devait réunir sous un même toit les représentants, les orateurs, et les zélateurs de toutes les confessions chrétiennes, à l'exclusion toutefois des catholiques, des puséystes et des unitaires. Ce grand parlement protestant s'est ouvert à Londres le 19 août 1846. Un comité avait été chargé de tout préparer pour la réception des frères étrangers, et de fixer d'avance les objets et l'ordre des délibérations.

L'assemblée se réunit au lieu préparé pour ses séances, *Freemansons – Hall, Great-Queen-Street*, au nombre d'environ six cents membres. Elle se composait principalement de protestants de la confession luthérienne, allemands, américains et français; l'Eglise épiscopale d'Angleterre n'y était que maigrement représentée. Le président, sir Culling-Eardley-Smith, dans son discours d'ouverture, osa dire : « que cette assemblée présentait à Dieu un aspect dont jamais il n'avait joui; puisque dans un si étroit espace, il voyait réunies les confessions diverses, qui, dans leur union, chantaient ses louanges et bénissaient son nom. »

Dans les diverses réunions qui eurent lieu, on décréta : « 1° Que la conférence composée de chrétiens de beaucoup de confessions dissidentes, mais rendant toutes hommage au principe de la libre interprétation des Ecritures, et ne se séparant en certains points de la doctrine chrétienne et de certaines institutions ecclésiastiques que par suite de la commune faiblesse des hommes en fait d'opinions individuelles; aujourd'hui réunie des différentes régions du globe pour travailler à la concorde chrétienne, elle déclare avec une fraternelle joie cette sublime vérité, que l'Eglise de Dieu, étant en état de croissance, n'est cependant qu'une seule Eglise, et que jamais elle n'a perdu ni ne peut perdre son essentielle unité. Ce n'est pas pour produire, mais pour conférer cette unité que la conférence s'est formée. Unies de cœur, elles désirent s'unir également à l'extérieur, afin de réaliser sur elles-mêmes et de démontrer aux autres, qu'une unité vivante et éternelle relie tous les véritables croyants en la communauté de l'Eglise du Christ, qui est son corps et la plénitude de celui qui est tout en toutes choses.

« 2° Que la conférence, reconnaissant ainsi l'unité essentielle de l'Eglise chrétienne, se sent néanmoins obligée de déplorer les schismes existants en elle, aussi bien que de confesser en toute humilité la peccabilité humaine qui a joint à ces divisions l'extinction de la charité, d'où sont nés toutes sortes de maux. Elle se sent obligée de déclarer solennellement sa conviction du devoir et de la nécessité de prendre des mesures, en élevant vers Dieu d'humbles regards, pour lui demander ses bénédictions, afin d'en obtenir des sentiments et une situation des esprits plus conformes à l'esprit du Christ.

« 3° Les membres de la conférence, intimement convaincus de l'utilité d'une alliance fondée sur les grandes vérités évangéliques qu'ils acceptent en commun, et qui offrent aux membres de l'Eglise du Christ l'occasion d'exercer une fraternelle charité, de se dévouer à la communauté chrétienne, *et d'adopter d'autres choses encore dont on pourra ultérieurement convenir*, et qu'ils exécuteront d'un commun accord; concluent en conséquence une alliance qui portera le nom de *confraternité évangélique*. »

Enfin suit un symbole de foi en neuf articles, avec cette prémisse : « Que les membres de la confraternité évangélique ne pourront être que des hommes qu'*habituellement l'on appelle croyants évangéliques*, qui admettent et maintiennent les doctrines ci-après définies :

« 1° L'inspiration divine, l'autorité divine, et la suffisance des saintes Ecritures.

« 2° L'unité de l'essence divine et la trinité des personnes.

« 3° L'entière corruption de la nature humaine par suite du péché originel.

« 4° L'incarnation du Fils de Dieu, son œuvre de la réconciliation de la coupable humanité; *son office de médiateur, d'avocat et de roi*.

« 5° La justification du pécheur par la foi seule.

« 6° L'œuvre de l'Esprit-Saint pour la conversion et pour la sanctification du pécheur.

« 7° *Le droit et le devoir de suivre son propre jugement* dans l'interprétation des saintes Écritures.

« 8° L'institution divine de l'office de la prédication et l'incessante obligation des sacrements, le baptême et la cène.

« 9° L'immortalité de l'âme, la résurrection de la chair et le jugement universel, par Notre-Seigneur Jésus-Christ, suivie de la béatitude des justes et du supplice éternel des impies. »

Ainsi deux éléments paraissent s'être confondus dans le congrès de Londres : l'un politique, l'autre pseudo-mystique. Aux dix-septième et dix-huitième siècles, le protestantisme périclitait par la même cause ; il s'est sauvé par le pseudo-mysticisme de Spener et consorts, qui aujourd'hui a repris racine à la cour de Berlin. Mais comment réveiller parmi le peuple cette affection morbide de l'âme, à une époque où les principes du christianisme tombés en dissolution sont remplacés par l'athéisme ou l'anthropolâtrie ; où la théologie officielle elle-même caresse l'exécrable philosophie qu'elle semble ne combattre que d'office ? Il est bon d'ailleurs d'observer qu'il en a coûté des peines infinies pour obtenir l'adjonction de l'article 9, qui définit selon la foi chrétienne les dernières fins de l'homme ; preuve que tous les frères réunis à *Freemansons-Hall* n'étaient guère d'accord sur une question si importante et si clairement résolue dans les saintes Écritures. Non, disons-nous, la confrérie évangélique ne se constituera pas en Église ; car si Satan, l'esprit de contradiction et de discorde, est divisé contre lui-même, comment son royaume pourra-t-il subsister ?

DICTIONNAIRE DES HÉRÉSIES,

DES ERREURS ET DES SCHISMES,

OU

MÉMOIRES POUR SERVIR A L'HISTOIRE DES ÉGAREMENTS DE L'ESPRIT HUMAIN

PAR RAPPORT A LA RELIGION CHRÉTIENNE.

A

ABAELARD (Pierre), naquit à Palais, en Bretagne, vers la fin du onzième siècle (1), d'une famille noble : ses amours, ses malheurs, ses démêlés littéraires et ses erreurs en ont fait un homme célèbre.

Tout le monde connaît les égarements de son cœur et ses infortunes ; nous ne considérons ici que ses efforts pour l'avancement de l'esprit humain, les changements qu'il fit dans la manière de traiter la théologie, et les écueils qu'il rencontra.

Depuis le renouvellement des sciences dans l'Occident par Charlemagne, la nation française s'était élevée successivement de l'orthographe à la grammaire, de la grammaire aux belles-lettres, à la poésie, à la philosophie et aux mathématiques ; on avait en quelque sorte suivi la route qu'Alcuin avait tracée (2).

La philosophie n'avait alors que trois parties : la logique, la morale et la physique ; de ces trois parties, la logique était presque la seule qu'on cultivât, et elle renfermait la métaphysique.

La logique n'était que l'art de ranger sous certaines classes les différents objets de nos connaissances, de leur donner des noms et de former sur ces noms des raisonnements ou des syllogismes.

Abaelard étudia la dialectique avec beaucoup d'ardeur et même avec succès ; il réforma celle d'Aristote, devint l'oracle des écoles et se fit une grande réputation, parce qu'alors le génie de la nation et de presque tout l'Occident était tourné vers la philosophie.

Lorsque Abaelard eut embrassé la vie religieuse, il s'attacha principalement à la théologie, et ses disciples le prièrent de joindre aux autorités qui prouvent les dogmes de la religion des explications qui rendissent ces dogmes intelligibles à la raison ; ils lui représentèrent qu'il était inutile de leur donner des paroles qu'ils n'entendaient point, qu'on ne pouvait rien croire sans l'avoir auparavant entendu, et qu'il était ridicule d'enseigner une chose dont ni celui qui parlait, ni ceux qui l'écoutaient, n'avaient point d'idée ; ils ajoutaient que le Seigneur lui-même avait censuré ces maîtres-là, comme des aveugles qui conduisaient d'autres aveugles (3).

Tel était le goût général de la nation, et ce goût ne s'était pas toujours contenu dans de justes bornes. Quelques philosophes, parce qu'ils savaient faire un syllogisme, se croyaient en droit d'examiner et de décider souverainement de tout ; ils croyaient, en faisant un syllogisme, approfondir tout, éclaircir même tous les mystères, et ils avaient attaqué le dogme de la Trinité.

Abaelard, déterminé par ces considérations et peut-être par son propre goût, entreprit d'expliquer les mystères et les vérités de la

---

(1) En 1079.
(2) Alcuin, s'étant proposé de rétablir les lettres en France, commença par recommander l'orthographe ; il composa ensuite des traités sur la grammaire, sur la rhétorique, sur la dialectique et sur les mathématiques. *Voy.* l'Histoire littéraire de France, t. IV.
(3) Abael., ep. 1, c. 5 Operum, p. 20.

religion, de les rendre sensibles par des comparaisons, de combattre par l'autorité des philosophes et par les principes de la philosophie les difficultés des dialecticiens qui attaquaient la religion.

C'est l'objet qu'il se propose dans son Introduction à la théologie et dans sa Théologie chrétienne (1).

La méthode qu'Abaelard se proposait de suivre était nouvelle en France; il ne douta pas qu'elle ne fût décriée par une cabale d'hommes connus depuis sous le nom de cornificiens; ces cornificiens ne pardonnaient pas à un homme de mérite la considération qu'il obtenait, et publiaient que les sciences et les savants perdraient la religion et l'État.

Pour prévenir les clameurs de ces hommes toujours méprisables et souvent en crédit, Abaelard établit comme un principe incontestable qu'il n'y a point de connaissance qui ne soit utile et bonne en elle-même, que la philosophie est d'une grande utilité, même dans la théologie, lorsqu'on aime la vérité et qu'on cherche à la faire connaître. La philosophie n'est contraire à la religion que dans la bouche de ces sophistes possédés de la fureur de la célébrité : incapables de rien approfondir, ils veulent parler de tout et dire, sur tout ce qu'ils traitent, des choses inouïes; ils cherchent dans les objets, non ce qui peut éclairer utilement, mais ce qui peut étonner ou faire rire; ces sophistes, ou ces bouffons de la philosophie, prennent cependant le nom de philosophes, et les sciences n'ont point, selon Abaelard, de plus dangereux ennemis. Ce sont eux qui retardent, en effet, le progrès de la lumière, et qui donnent du poids aux clameurs et aux calomnies de l'ignorance contre les sciences et contre la philosophie.

Le vrai philosophe, selon Abaelard, reconnaît la vérité de la religion et tâche d'en bien connaître l'esprit; mais s'il ne dissipe pas l'obscurité qui enveloppe ses mystères, il pense qu'il ne peut ni tout voir, ni tout comprendre, et qu'il est absurde de rejeter un dogme parce qu'on ne le comprend pas, et lorsque celui qui nous l'assure ne peut ni se tromper, ni tromper les autres.

C'est dans cette disposition d'esprit qu'Abaelard compose et veut qu'on lise sa théologie (2).

La théologie n'a point, selon Abaelard, de plus grand objet que la Trinité. Les noms des trois personnes comprennent l'Être souverainement parfait; la puissance de Dieu est marquée par le nom de Père, la sagesse par celui de Fils, et la charité de Dieu envers les hommes par celui du Saint-Esprit : trois choses, dit Abaelard, qui font le souverain bien et le fondement de nos devoirs par rapport à Dieu.

La distinction de ces trois personnes est propre à persuader aux hommes de rendre à Dieu l'adoration qu'ils lui doivent; car deux choses nous inspirent du respect, savoir : la crainte et l'amour. La puissance et la sagesse de Dieu nous le font craindre, parce que nous savons qu'il est notre juge, qu'il peut nous punir; et sa bonté nous le fait aimer, parce qu'il est juste d'aimer celui qui nous fait tant de bien (3).

Les dialecticiens attaquaient principalement le dogme de la Trinité : ainsi ce mystère fut l'objet principal qu'Abaelard traita.

Jésus-Christ n'a fait que développer le mystère de la Trinité, selon Abaelard. Il trouve ce mystère dans les prophètes et dans les philosophes anciens; il croit vraisemblable que ceux-ci ont connu le mystère de l'Incarnation aussi bien que celui de la Trinité, et que Dieu leur a révélé ces mystères en récompense de leurs vertus. Abaelard part de cette idée pour louer les belles qualités des philosophes, la pureté de leurs mœurs, l'excellence de leur morale, et croit qu'on ne doit point désespérer de leur salut (4).

Il passe ensuite aux difficultés des dialecticiens, qu'il résout assez bien, en expliquant les équivoques qui en font toute la force; il arrive enfin à une des principales : c'est la nature de chaque personne, et sa différence, qu'il tâche d'expliquer.

Le propre du Père, dit Abaelard, est de n'être point engendré; le propre du Fils est d'être engendré et de n'être ni fait, ni créé; le propre du Saint-Esprit est de n'être ni fait, ni engendré.

Abaelard remarque qu'il n'y a point d'exemple, dans les créatures, où l'on trouve dans une même essence trois personnes, ce n'est que par des analogies ou par des comparaisons qu'on peut le concevoir, et il ne faut pas, selon ce théologien, chercher dans ces comparaisons une ressemblance parfaite.

Pour faire concevoir le mystère de la Trinité, il se sert de l'exemple d'un cachet composé de la matière et de la figure qui y est gravée : le cachet n'est ni la matière seule, ni la figure seule, mais un tout composé de l'une et de l'autre; et cependant le cachet n'est autre chose que la matière ainsi figurée, quoique la matière ne soit pas la figure.

Il distingue la procession du Saint-Esprit de la génération du Verbe, en ce que le Verbe, étant la sagesse, participe à la puissance du Père, parce que la sagesse est une sorte de puissance, savoir : la puissance de distinguer le bien du mal, de déterminer ce qu'il faut faire et ce qu'il ne faut pas faire (5).

Le Saint-Esprit étant désigné par le nom d'amour, qui n'est pas une puissance, n'est point, à proprement parler, la substance du Père, quoique le Saint-Esprit soit cependant d'une même substance avec lui.

Abaelard explique ensuite la coéternité des trois personnes par l'exemple de la lu-

---

(1) L'Introduction à la théologie se trouve dans l'édition des ouvrages d'Abaelard par Amboise, et sa théologie chrétienne dans le tome V du *Thesaurus anecdotorum* du P. Martenne.

(2) Theol. Christ., l. III.
(3) Introd. ad theol., l. I Theol. Christ., l. I, c. 2.
(4) Ibid.
(5) Ibid., l. I Theol. Christ., l. IV.

mière du soleil, qui existe dans le même instant que le soleil (1).

Après avoir exposé et expliqué le dogme de la Trinité, il examine la puissance de Dieu et s'il peut faire autre chose que ce qu'il a fait.

Il sent toute la difficulté de sa question. Pour la résoudre, il établit que la sagesse et la bonté de l'Etre suprême dirigent sa puissance; il conclut de ce principe que tout ce que Dieu a produit, sa sagesse et sa bonté le lui ont prescrit; que s'il y a du bien qu'il n'ait pas fait, c'est que sa sagesse ne lui permettait pas de le faire; de là il conclut que Dieu ne pouvait faire que ce qu'il a fait, et qu'il ne pouvait ne le pas faire (2).

Voilà les deux principaux ouvrages théologiques d'Abaelard; il composa encore des explications sur l'Oraison dominicale, sur le Symbole des apôtres, sur celui de saint Athanase et sur quelques endroits de l'Ecriture ; il fit un ouvrage qu'il intitula *le Oui et le Non*, qui n'est qu'un recueil de passages opposés, tirés de l'Ecriture, sur différentes matières (3).

Enfin, il fit un commentaire sur l'épître de saint Paul aux Romains : ce commentaire n'est qu'une explication littérale de cette épître; Abaelard ne se propose que de faire voir l'enchaînement du discours de cet apôtre (4).

Des erreurs contenues dans les ouvrages d'Abaelard.

Les ouvrages théologiques d'Abaelard furent reçus avec applaudissement, et il est certain qu'ils contenaient de très-bonnes choses et des vues plus étendues et plus élevées qu'on n'en trouve dans les théologies de ce siècle; mais ils contenaient aussi des expressions inusitées, des opinions extraordinaires, des comparaisons dont on pouvait abuser, et même des erreurs réelles.

Deux théologiens de Reims, Albéric et Lotulphe, jaloux de la réputation d'Abaelard, n'envisagèrent ses ouvrages que par ces endroits; ils y virent des erreurs monstrueuses et dénoncèrent Abaelard à l'archevêque de Reims. On assembla un concile à Soissons; Abaelard y fut cité. Le peuple, soulevé par Albéric et par Lotulphe, accourut en foule pour insulter Abaelard, et criait qu'il fallait exterminer cet hérétique, qui enseignait qu'il y avait trois dieux ; effet bien sensible de l'ignorance et de la mauvaise foi des accusateurs d'Abaelard : les expressions d'Abaelard tendaient plutôt au sabellianisme qu'au trithéisme (5).

Abaelard ne comparut dans le concile que pour jeter son livre au feu; il lut à genoux le symbole de saint Athanase, déclara qu'il n'avait point d'autre foi que celle qu'il contenait, et fut renfermé dans le monastère de Saint-Médard de Soissons, d'où il sortit peu de temps après. Lorsqu'il fut sorti, il reprit ses exercices théologiques. [Il y avait déjà dix-huit ans qu'Abaelard avait été condamné, et qu'avait souscrit à sa condamnation, quand, oubliant cette flétrissure canonique, et recommençant à défigurer nos mystères en y mêlant les idées bizarres de sa dialectique, il fut averti charitablement par le docte et saint abbé de Clairvaux. Il promit d'abord de se rétracter; mais sa présomption peu commune, et le souvenir de ses anciens succès dans la dispute, firent bientôt avorter cette résolution. Ayant appris que Bernard avait eu quelque vif démêlé avec l'archevêque de Sens, il s'offrit à justifier sa propre doctrine dans un concile qui devait se tenir en cette ville, et il y fit appeler le saint abbé, qu'on somma d'ailleurs de s'y rendre précipitamment. Il n'en fallait pas tant à la vanité d'Abaelard pour triompher d'avance avec l'essaim d'admirateurs qu'il était dans l'usage de traîner à sa suite. Le concile se tint le 2 juin 1140, et l'assemblée, annoncée avec affectation par les partisans et les disciples du novateur, ne fut pas moins nombreuse qu'auguste. Outre les prélats des provinces de Sens et de Reims, le roi Louis le Jeune s'y trouvait avec les comtes de Champagne et de Nevers, avec une infinité de curieux de toute condition attirés à cette dispute comme à un spectacle de théâtre.

L'issue n'en fut pas longtemps douteuse. Bernard, ayant lu à haute voix les propositions erronées extraites des ouvrages d'Abaelard, le somma, s'il les avouait, de les prouver ou de les corriger (*Bern. epist.* 537). A ce moment, tout l'orgueil du dialecticien fut terrassé. L'esprit, la mémoire, la parole même, qu'il maniait avec tant de facilité, lui manquèrent à la fois. Il avoua depuis à ses amis, que toutes les puissances de son âme s'étaient trouvées comme enchaînées. Il put, à peine, en balbutiant, appeler au pape, et aussitôt après il se retira confus, suivi de ses adhérents également déconcertés. Son appel n'était pas canonique, puisque les juges étaient de son choix. Toutefois, par déférence pour le saint-siége, les Pères s'abstinrent de prononcer sur la personne d'Abaelard. Mais le danger de la séduction rendant la condamnation de sa doctrine beaucoup plus urgente, ils en condamnèrent les propositions, après s'être convaincus, par la tradition des saints docteurs, qu'elles étaient fausses et même hérétiques. C'est ainsi que s'exprime la lettre synodale que les évêques chargèrent saint Bernard de rédiger, afin d'obtenir du pape la confirmation de leur sentence.

Il n'appartient qu'aux cyniques du dix-huitième siècle de travestir Abaelard en un personnage important, et de condamner le zèle de saint Bernard. *Edit.*]

Vingt ans après le concile de Soissons, Guillaume, abbé de Saint-Thierri, crut trouver dans les livres d'Abaelard des choses

---

(1) Introd. ad theol.
(2) Theol. Christ., l. v. Introd. ad theol., l. iii.
(3) Cet ouvrage est manuscrit dans la bibliothèque de Saint-Germain.
(4) Dans le recueil des œuvres d'Abaelard, par Amboise.
(5) Abael. ép. 1, c. 9, edit. Amboesii.

contraires à la saine doctrine, et il en tira quatorze propositions qui expriment ces erreurs (1).

1° Il y a des degrés dans la Trinité; le Père est une pleine puissance, le Fils est quelque puissance, et le Saint-Esprit n'est aucune puissance (2).

2° Le Saint-Esprit procède bien du Père et du Fils, mais il n'est pas de la substance du Père, ni de celle du Fils (3).

3° Le diable n'a jamais eu aucun pouvoir sur l'homme, et le Fils de Dieu ne s'est pas incarné pour délivrer l'homme, mais seulement pour l'instruire par ses discours et par ses exemples et il n'a souffert ni n'est mort que pour faire paraître et rendre recommandable sa charité envers nous (4).

4° Le Saint-Esprit est l'âme du monde (5).

5° Jésus-Christ, Dieu et homme, n'est pas la troisième personne de la Trinité, ou l'homme ne doit pas être proprement appelé Dieu (6).

6° Nous pouvons vouloir et faire le bien par le libre arbitre, sans le secours de la grâce (7).

7° Dans le sacrement de l'autel, la forme de la première substance demeure en l'air (8).

8° On ne tire pas d'Adam la coulpe du péché originel, mais la peine (9).

9° Il n'y a point de péché sans que le pécheur y consente et sans qu'il méprise Dieu (10).

10° La concupiscence, la délectation et l'ignorance ne produisent aucun péché (11).

11° Les suggestions diaboliques se font dans les hommes d'une manière physique; savoir, par l'attouchement de pierres, d'herbes et d'autres choses dont les démons savent la vertu (12).

12° La foi est l'estimation ou le jugement qu'on fait des choses qu'on ne voit pas (13).

13° Dieu ne peut faire que ce qu'il a fait et ce qu'il fera (14).

14° Jésus-Christ n'est point descendu aux enfers (15).

Guillaume de Saint-Thierri envoya à Geofroi, évêque de Chartres, et à saint Bernard, abbé de Clairvaux, ces propositions et l'ouvrage qu'il avait composé contre Abaelard.

L'abbé de Clairvaux, à la lecture de la lettre et de l'ouvrage de Guillaume de Saint-Thierri contre Abaelard, ne douta pas que ce dernier ne fût tombé dans les erreurs qu'on lui imputait; il lui écrivit de rétracter ses erreurs et de corriger ses livres.

Abaelard ne déféra point aux avis de saint Bernard : le zèle de cet abbé s'enflamma; il écrivit au pape, aux prélats de la cour de Rome et aux évêques de France contre Abaelard.

Saint Bernard peint Abaelard sous les traits les plus horribles; il mande au pape qu'Abaelard et Arnaud de Bresse ont fait un complot secret contre Jésus-Christ et contre son Église. Il dit qu'Abaelard est un dragon infernal, qui persécute l'Église d'une manière d'autant plus dangereuse qu'elle est plus cachée et plus secrète : il en veut, dit-il, à l'innocence des âmes; Arius, Pélage et Nestorius ne sont pas si dangereux, puisqu'il réunit tous ces monstres dans sa personne, comme sa conduite et ses livres le font connaître : il est le persécuteur de la foi, le précurseur de l'Antechrist (16).

Il est aisé de voir, par ce que nous avons dit d'Abaelard et par l'histoire de sa vie (17), que les accusations de saint Bernard sont destituées, non-seulement de fondement, mais même d'apparence, aux yeux du lecteur impartial. Je ne fais point cette remarque pour diminuer la juste vénération que l'on a pour cet illustre et saint abbé; je voudrais inspirer aux personnes qu'un zèle ardent anime un peu de défiance pour leurs propres idées, et, s'il était possible, les rendre un peu plus lentes à condamner. Si, dans une âme aussi pure, aussi éclairée que celle de saint Bernard, le zèle a été outré, combien ne devons-nous pas nous défier de notre zèle, nous qui sommes si éloignés du désintéressement et de la charité de saint Bernard ?

Les lettres de saint Bernard rendirent la foi d'Abaelard suspecte et sa personne odieuse dans presque toute l'Église; il s'en plaignit à l'archevêque de Sens, et le pria de faire

---

(1) En 1139.
(2) Il est clair, par divers endroits de l'Introduction et de la Théologie chrétienne d'Abaelard, qu'il croyait que le Père, le Fils et le Saint-Esprit sont également tout-puissants ; les expressions que l'on reprend ici se trouvent dans un endroit où Abaelard explique la différence de la procession du Saint-Esprit et de la génération du Verbe, et il avertit expressément qu'il ne faut pas pour cela que l'on croie que le Saint-Esprit n'est pas tout-puissant. Voyez la Théologie chrétienne et l'Introduction à la théologie.
(3) Abaelard n'a péché ici que dans l'expression, puisqu'il reconnaît formellement que le Saint-Esprit est consubstantiel au Père.
(4) Cette proposition est tirée du commentaire sur l'épître aux Romains ; c'est l'erreur des pélagiens, et Abaelard la rétracta. Cette erreur est réfutée à l'article PÉLAGIANISME.
(5) Il est certain que ce n'est point ici le sentiment d'Abaelard. S'étant proposé de trouver le dogme de la Trinité dans les philosophes païens, il crut que, par l'âme du monde, ils entendaient le Saint-Esprit.
(6) On ne peut nier qu'Abaelard ne parle comme Nestorius ; mais il est certain qu'il ne reconnaissait en Jésus-Christ qu'une personne.
(7) Cette proposition est une erreur pélagienne, et fut rétractée par Abaelard.

(8) Cette proposition n'exprime qu'une opinion théologique. Guillaume de Saint-Thierri, qui réfute cette proposition en prétendant que les accidents existent dans le corps de Jésus-Christ, n'est pas contraire aux théologiens, qui admettent les accidents absolus.
(9) Abaelard rétracta cette proposition, qui est pélagienne.
(10) Abaelard prétend n'avoir jamais avancé cette proposition, et on ne la trouve point dans ses ouvrages.
(11) Abaelard rétracta cette proposition.
(12) Cette proposition contient une opinion reçue parmi les physiciens du siècle d'Abaelard ; ce n'est pas une erreur théologique.
(13) On attaquait cette proposition, parce qu'on croyait qu'elle affaiblissait la certitude de la foi.
(14) Abaelard rétracta cette erreur. Saint Bernard, qui réfute les autres erreurs attribuées à Abaelard, ne dit rien de celle-ci. Bern. ép. 90.
(15) Abaelard rétracta cette erreur. Dom Gervaise a prétendu excuser presque toutes ces propositions. Vie d'Abaelard, t. II, l. v, p. 162. Voyez aussi sur le même sujet le P. Lobineau, Hist. de Bretagne.
(16) Bernard, ép. 330, 331, 336, 337.
(17) Il ne faut pas oublier ici que D. Gervaise dans sa Vie d'Abaelard cherche à le justifier en tout. Voyez ci-dessus la note sur la 14ᵉ proposition. (Note de l'éditeur.)

venir saint Bernard au concile de Sens, qui était sur le point de s'assembler.

Saint Bernard se rendit au concile, produisit les propositions extraites des ouvrages d'Abaelard, et le somma de justifier ses propositions, ou de les rétracter.

Parmi ces propositions, quelques-unes, comme nous l'avons vu, n'exprimaient point les sentiments d'Abaelard; d'autres pouvaient s'expliquer et avaient été mal interprétées par les dénonciateurs; enfin, il y en avait sur lesquelles Abaelard demandait à s'éclairer.

Mais saint Bernard le pressa avec tant de vivacité, et Abaelard remarqua tant de chaleur et de prévention dans les esprits, qu'il jugea qu'il ne pourrait entrer en discussion; il craignit même une émeute populaire : il prit donc le parti d'appeler à Rome, où il avait des amis, et se retira après son appel (1).

Le concile condamna les propositions extraites des ouvrages d'Abaelard, sans parler de sa personne, et l'on écrivit au pape une lettre pour l'informer du jugement de ce concile (2).

Le pape répondit qu'après avoir pris l'avis des cardinaux, il avait condamné les capitules d'Abaelard et toutes ses erreurs, et jugé que les sectateurs ou défenseurs de sa doctrine devaient être retranchés de la communion.

Abaelard publia une profession de foi, dans laquelle il protestait devant Dieu qu'il ne se sentait point coupable des erreurs qu'on lui imputait; que s'il s'en trouvait quelqu'une dans ses écrits, il était dans la résolution de ne la point soutenir, et qu'il était prêt à corriger ou à rétracter tout ce qu'il avait avancé mal à propos ; il condamna ensuite toutes les erreurs dans lesquelles on l'accusait d'être tombé, et protesta qu'il croyait toutes les vérités opposées à ces erreurs.

Après avoir publié cette apologie, Abaelard partit pour Rome, passa par le monastère de Cluni, où Pierre le Vénérable, qui en était abbé, le retint et le réconcilia avec saint Bernard ; il y édifia tous les religieux, et mourut en 1142, âgé de soixante-trois ans, dans une maison dépendante de Cluni, où il s'était retiré pour sa santé (3).

ABÉCÉDARIENS ou ABÉCÉDAIRES, branche d'anabaptistes qui prétendaient que, pour être sauvé, il fallait ne savoir ni lire, ni écrire, pas même connaître les premières lettres de l'alphabet, ce qui les fit nommer Abécédariens.

Lorsque Luther eut attaqué ouvertement l'autorité de l'Eglise, de la tradition et des Pères, et qu'il eut établi que chaque particulier était juge du sens de l'Ecriture, Stork, son disciple, enseigna que chaque fidèle pouvait connaître le sens de l'Ecriture, aussi bien que les docteurs ; que c'était Dieu qui nous instruisait lui-même ; que l'étude nous empêchait d'être attentifs à la voix de Dieu, et que le seul moyen de prévenir ces distractions était de ne point apprendre à lire ; que ceux qui savaient lire étaient dans un état dangereux pour le salut.

Carlostad s'attacha à cette secte, renonça à l'université et à sa qualité de docteur, pour se faire portefaix ; il s'appela le frère André. Cette secte fut assez étendue en Allemagne (4).

Dans tous les temps, l'ignorance a eu ses défenseurs, qui en ont fait une vertu chrétienne : tels furent les gnosimaques, les cornificiens, au septième et au douzième siècles. Tous les siècles ont eu et auront leurs gnosimaques et leurs cornificiens.

*ABÉLONITES, ABÉLONIENS, ABÉLIENS ; paysans du diocèse d'Hippone, qui, sous l'empire d'Arcadius et le pontificat du pape Innocent Ier, vers l'an 407, se prirent de vénération pour Abel. Ils prétendirent qu'il fallait se marier comme lui, mais qu'il ne fallait point user du mariage. Ainsi les maris et les femmes demeuraient ensemble, mais ils faisaient profession de continence, et adoptaient un petit garçon et une petite fille qui leur succédaient. Cette hérésie ne fit pas de grands progrès, et plusieurs de ceux qui s'étaient laissé séduire rentrèrent bientôt dans le sein de l'Eglise, en abjurant leurs erreurs (5).

*ABLABIUS, orateur célèbre et disciple du sophiste Troïle, au cinquième siècle, fut ordonné prêtre par l'évêque Chrysante, et tomba dans l'erreur des novatiens, dont il devint le chef à Nicée (6).

*ABRAHAMITES. En 1782, on découvrit en Bohême une secte nouvelle, composée de quelques centaines d'individus épars dans deux villages de la seigneurie de Pardubitz, cercle de Chrudimer. Ils dirent qu'ils étaient abrahamites, c'est-à-dire de la religion que professait Abraham avant la circoncision, car ils rejetaient cette pratique, quoique plusieurs d'entre eux fussent circoncis, parce qu'ils étaient nés juifs ; les autres avaient été protestants, et peut-être quelques-uns catholiques. Leur doctrine est connue par les relations de cette époque, surtout par une espèce de catéchisme inséré dans le Journal de Meusel, et où l'un des interlocuteurs, qui est abrahamite, dit qu'il croit en Dieu, à l'immortalité de l'âme, aux peines et aux récompenses de la vie future. Il nia la divine légation de Moïse et n'admet de l'Ecriture sainte que le Décalogue et l'Oraison dominicale, rejetant la doctrine du péché

---

(1) Otho Frisingensis, de Gestis Friderici, c. 48.
(2) Bérenger, disciple d'Abaelard, dans son Apologie pour son maître, et dom Gervaise, dans sa Vie d'Abaelard, ont attaqué la procédure du concile : le premier n'est qu'un déclamateur, et dom Gervaise ne prouve point que les Pères du concile aient outre-passé leur pouvoir. Les évêques prononcèrent sur les propositions qu'on leur présentait ; peut-on douter qu'ils n'eussent ce droit ? Ils n'entendirent point les défenses d'Abaelard, dit-on ; mais était-il nécessaire de l'entendre pour juger si les propositions qu'on déférait au concile étaient conformes ou contraires à la foi ? Il n'eût été nécessaire de l'entendre qu'au cas que le concile eût jugé la personne d'Abaelard. *Voyez* d'Argentré, Collect. judicior. de novis erroribus, t. I, p. 21. Martenne, Observation. ad Theol. Abaelardi, t. V Thesaur. anecdot. Natal. Alex. in sæc. xii, dissert. 7.
(3) *Voyez* les auteurs cités ci-dessus.
(4) Osiander, centur. 16, l. ii. Stockman Lexic. in voce Abecedarii. *Voyez* l'art. CARLOSTADT, ANABAPTISTES.
(5) Aug. hæres. 86.
(6) Niceph., Hist. eccles. l. xiv, c. 13.

originel et de la rédemption, le baptême, la Trinité, l'incarnation du Fils de Dieu, n'accordant à Jésus-Christ que l'humanité et le caractère d'un sage.

Je suis, dit l'abrahamite, ce fils de Dieu, dont l'esprit réside en moi; c'est lui qui m'inspire.

Cette profession de foi n'est qu'une variété du déisme. Les livres sont inutiles à des enthousiastes de ce genre, aussi n'en avaient-ils pas. La plupart étaient des paysans très-ignorants, souvent sans idées fixes ni opinions arrêtées en ce qui concerne la religion, ayant d'ailleurs une vie réglée. C'étaient, à ce qu'on présume, des restes d'anciens hussites. Pour éviter la persécution, ils fréquentaient, les uns l'église catholique, les autres les temples protestants. Ils furent appelés abrahamites pour leur doctrine, et admites pour leur conduite réelle ou supposée. Quand parut l'édit de tolérance de Joseph II, ils manifestèrent leurs opinions et lui présentèrent une requête. Il déclara ne vouloir pas violenter leurs consciences, tout en ne leur donnant que jusqu'au 24 mars 1783 pour s'incorporer à l'une des religions tolérées dans l'empire, faute de quoi ils seraient déportés. L'effet suivit la menace : ils furent traînés sous escorte militaire, les uns en Transylvanie, les autres dans le bannat de Temeswar. Le retour en Bohême ne fut accordé qu'à ceux qui, abjurant ou feignant d'abjurer leur religion, s'étaient faits catholiques (1).

ABSTINENTS, nom qu'on donna aux encratites, aux manichéens, parce qu'ils voulaient qu'on s'abstînt du vin, du mariage, etc.

ABYSSINS ou **ETHIOPIENS**, peuples de l'Afrique qui sont eutychiens-jacobites.

Il est difficile de déterminer le temps de la naissance du christianisme dans l'Ethiopie; mais il est certain qu'il y fut porté avant 325, puisque le concile de Nicée, tenu cette même année, donne à l'évêque d'Ethiopie la septième place après l'évêque de Séleucie.

L'Eglise d'Abyssinie reconnaît celle d'Alexandrie pour sa mère, et elle lui est soumise d'une manière si particulière, qu'elle n'a pas même la liberté d'élire son évêque. Cette coutume, qui est aussi ancienne que la conversion de l'Abyssinie, est autorisée dans un recueil de canons pour lesquels les Abyssins n'ont pas moins de respect que pour les livres saints.

Ainsi, l'Abyssinie a suivi la foi de l'Eglise d'Alexandrie, et les Ethiopiens sont devenus monophysites ou eutychiens, depuis que l'Egypte a passé sous la domination des Turcs, et que les jacobites se sont emparés du patriarcat d'Alexandrie.

Les Abyssins n'ont donc point d'autres erreurs que celles des Cophtes; ils croient, comme eux, tout ce que l'Eglise romaine croit sur les mystères; mais ils rejettent le concile de Chalcédoine, la lettre de saint Léon, et ne veulent reconnaître qu'une seule nature en Jésus-Christ, quoiqu'ils ne pensent pas que la nature divine et la nature humaine soient confondues dans sa personne (2).

Ils ont sept sacrements, comme les catholiques; il ne faut pas croire qu'ils n'aient pas la confirmation et l'extrême-onction, comme le pense M. Ludolf (3).

Les Abyssins croient la présence réelle et la transsubstantiation; les liturgies rapportées par M. Ludolf ne permettent pas d'en douter, puisqu'elles l'expriment formellement (4).

Le culte et l'invocation des saints, la prière

---

(1) *Nova acta historico-eccles.* 1783. p. 1069. Meusel. *Historische Litterat.*, 1783. 1er et 5e cahiers.

(2) Perpét. de la foi, t. IV, l, 1, c. 11. Mendès, l. 1, c. 6. Ludolf, Hist. Æthiop., l. III, c. 8. Voyage de Lobo, par Le Grand.

(3) Ludolf, Hist. Æthiop., l. III, c. 5. Nous ferons quelques réflexions sur cette prétention de M. Ludolf.

Les Abyssins ayant toujours reçu leur métropolitain ou leur évêque du patriarche d'Alexandrie, et les Cophtes, même depuis les conquêtes des Sarrasins, ayant conservé la confirmation et l'extrême-onction, comme on peut le voir dans l'article COPHTES, pourquoi les Abyssins auraient-ils retranché la confirmation?

M. Ludolf s'appuie sur le témoignage des missionnaires portugais.

Mais ces missionnaires, plus zélés qu'éclairés, ont été trompés apparemment, parce que ce sacrement ne s'administre pas en Ethiopie comme en Europe; les Abyssins le confèrent apparemment comme les Cophtes, après le baptême, et les missionnaires portugais ont pris la confirmation pour une cérémonie du baptême, et, comme ils n'ont point vu administrer la confirmation aux adultes, ils ont conclu que les Ethiopiens ne connaissaient point ce sacrement.

C'est du même principe que vient l'erreur de ces missionnaires sur l'extrême-onction; il est certain que les Cophtes ont conservé ce sacrement (*Voyez* leur article); et l'on ne voit pas pourquoi les Abyssins, qui recevaient d'eux leurs métropolitains, n'auraient pas suivi la coutume de l'Eglise copte.

Mais l'extrême-onction ne s'administre pas chez les Cophtes comme chez les Latins; et d'ailleurs elle s'administre après la confession et aux personnes qui se portent bien comme aux malades. Les missionnaires qui n'ont point vu en Ethiopie les cérémonies qu'on pratique dans l'Eglise latine, et qui croyaient que l'extrême-onction ne devait s'administrer qu'aux malades, ont pensé qu'en effet les Abyssins n'avaient point ce sacrement.

Cette conjecture deviendra, ce me semble, une preuve, si l'on fait réflexion sur la manière dont les Cophtes administrent l'extrême-onction : « Le prêtre, après avoir donné l'absolution au pénitent, se fait assister d'un diacre. Il commence d'abord par les encensements et prend une lampe, dont il bénit l'huile et y allume une mèche; ensuite il récite sept oraisons, qui sont interrompues par autant de leçons prises de l'Epître de saint Jacques et d'autres endroits de l'Ecriture; c'est le diacre qui lit; enfin le prêtre prend de l'huile bénite de la lampe, et en fait une onction sur le front, en disant : Dieu vous guérisse, au nom du Père, et du Fils, et du Saint-Esprit; il fait la même onction à tous les assistants, de peur, disent-ils, que le malin esprit ne passe à quelqu'un d'eux. » (Nouv. aux mémoires des missions de la compagnie de Jésus dans le Levant, t. VI.-Lettre du père du Bernat. Perpétuité de la foi, t. V, l. v, c. 2.

Croit-on qu'il fût bien difficile que des missionnaires qui n'avaient pas eu le temps d'étudier la liturgie des Ethiopiens ne reconnussent pas l'extrême-onction ainsi administrée?

(4) Hist. Æthiop., l. III, c. 5. M. Ludolf, malgré la clarté des liturgies, prétend que les Abyssins ne croient pas la transsubstantiation, et il se fonde sur le témoignage de l'Abyssin Grégoire, qu'il a interrogé sur cet article.

M. Ludolf lui demanda ce que voulaient dire les mots : être changé, être converti, et s'il ne croyait pas que la substance du pain et du vin fût convertie et changée en la substance du corps et du sang de Jésus-Christ.

L'Abyssin, sans hésiter et sans demander aucune explication des termes, lui répond que les Abyssins ne reconnaissent point un pareil changement, qu'ils ne s'engagent point dans des questions si épineuses, qu'au reste, il lui semble que le pain et le vin ne sont dits convertis et

pour les morts et le culte des reliques se sont conservés chez les Abyssins, comme chez les Cophtes (1).

De quelques pratiques particulières aux Abyssins.

1° Les Abyssins ont, comme les Cophtes, la cérémonie du baptême de Jésus-Christ, que M. Renaudot et le P. Tellés ont apparemment prise pour la réitération du baptême. *Voyez* l'article COPHTES.

2° Ils ont, comme les Cophtes, la circoncision et quelques pratiques judaïques, telles que de s'abstenir du sang et de la chair des animaux étouffés ; il y a bien de l'apparence qu'ils tirent ces pratiques des Cophtes bien plutôt que des mahométans et des Juifs, comme le prétend M. de la Croze, dans son Christianisme d'Éthiopie (2).

3° Abuselah, auteur égyptien qui écrivait il y a environ quatre cents ans, dit que les Éthiopiens, au lieu de confesser leurs péchés aux prêtres, les confessaient tous les ans devant un encensoir sur lequel brûlait de l'encens, et qu'ils croyaient en obtenir ainsi le pardon. Michel, métropolitain de Damiette, justifie cette pratique dans son traité contre la nécessité de la confession, et il n'est pas étonnant qu'elle ait passé en Éthiopie sous les patriarches Jean et Marie qui favorisaient cet abus.

Zanzabo assurait néanmoins qu'on se confessait en son pays, et, selon la discipline de l'Église d'Alexandrie, on devait le faire : c'est sur les règles qu'on examine la véritable tradition d'une Église, et non pas sur les abus (3).

D'ailleurs, la pratique de la confession n'est pas éteinte chez les Abyssins ; ils se confessent aux prêtres et quelquefois au métropolitain, et lorsqu'ils s'accusent de quelque grand péché, le métropolitain se lève, reprend vivement le pécheur, et appelle ses licteurs, qui fouettent de toutes leurs forces alors tout ce qui se trouve dans l'église s'approche du métropolitain et obtient grâce pour le pécheur, auquel le métropolitain donne l'absolution (4).

4° Le mariage est un sacrement chez les Abyssins, et voici comme Alvarès décrit la célébration d'un mariage auquel il assista, et qui fut faite par l'abuna ou métropolitain. « L'époux et l'épouse étaient à la porte de l'église, où l'on avait préparé une espèce de lit ; l'abuna les fit asseoir dessus : il fit la procession autour d'eux, avec la croix et l'encensoir ; ensuite il imposa les mains sur leurs têtes, et leur dit que, comme aujourd'hui ils ne devenaient plus qu'une même chair, ils ne devaient plus avoir qu'un même cœur et une même volonté ; et leur ayant fait un petit discours, conformément à ces paroles, il alla dire la messe, où l'époux et l'épouse assistèrent ; ensuite il leur donna la bénédiction nuptiale (5). »

5° « Le divorce est en usage parmi les Abyssins : un mari qui est mécontent de sa femme la renvoie et la reprend avec la même

---

changés que parce qu'ils représentent le corps et le sang de Jésus-Christ et passent d'un usage profane à un usage sacré.

Faisons quelques réflexions sur cette réponse de l'abyssin.

1° L'abyssin ne nie point la transsubstantiation ; il dit seulement qu'il lui paraît qu'on ne la connaît pas, et que les Abyssins ne traitent point des questions si épineuses. Une pareille réponse peut-elle balancer l'autorité claire et précise des liturgies éthiopiennes ? D'ailleurs, puisqu'il est certain que les Cophtes croient la présence réelle, pourquoi les Abyssins, qui ont reçu d'eux leur patriarche et qui ont adopté toutes leurs erreurs, auraient-ils changé sur l'Eucharistie ?

2° L'abyssin traite de question épineuse le dogme de la transsubstantiation et dit que les Abyssins n'agitent point de pareilles questions ; cependant il ne fait à M. Ludolf aucune question sur ce dogme ; il n'a aucun embarras ; il ne demande aucune explication, aucun éclaircissement sur cette question si épineuse et qu'on n'agite point en Éthiopie.

Cette précipitation à répondre suppose qu'il n'entendait ni la question que M. Ludolf lui faisait, ni la réponse qu'il a donnée, ou qu'il voulait faire une réponse agréable à M. Ludolf dont il connaissait les sentiments sur la transsubstantiation.

3° On a vu à Rome des abyssins qui assuraient que l'Église d'Éthiopie croyait la transsubstantiation. M. Ludolf prétend que leur témoignage est suspect, parce qu'ils étaient gagnés par la cour de Rome ; mais voudra-t-il que nous croyions son abyssin impartial et sincère dans toutes ses réponses, après qu'il nous a exposé lui-même, dans sa préface, les services qu'il avait rendus et qu'il continuait de rendre à son abyssin ?

M. Ludolf lui-même est-il bien sûr de n'avoir pas un peu suggéré à Grégoire ses réponses par ses conversations et peut-être par la manière dont il l'interrogeait ?

4° Enfin, en calculant les témoignages, nous avons des abyssins établis à Rome qui contredisent Grégoire et qui annulent par conséquent son témoignage ; reste donc l'autorité des liturgies, qui contiennent le dogme de la transsubstantiation. *Voyez* ces liturgies dans la Perpét. de la foi, t. IV, l. II, c. 11. — Liturg. Orient., t. II. — Le Grand,

dissert. 12, à la suite du Voyage d'Abyssinie, par le P. Lobo.

(1) M. Ludolf reconnaît tous ces points ; mais il croit que ce sont des abus introduits dans l'Église d'Abyssinie par les prédications des évêques et par d'autres causes.

Cette prétention n'est pas fondée ; le calendrier des Abyssins, donné par M. Ludolf, prouve que l'Église d'Abyssinie a toujours invoqué les saints, honoré les reliques ; leurs liturgies contiennent des prières pour les morts ; M. Ludolf n'oppose rien de raisonnable à ces preuves : par exemple, il dit que l'invocation des saints s'est introduite par les prédications pathétiques des évêques, et il n'y a point en Éthiopie d'autre évêque que l'abuna ou métropolitain ; d'ailleurs on n'y prêche jamais.

M. Ludolf convient que les Abyssins prient pour les morts, mais il prétend qu'ils n'ont point de connaissance du purgatoire. Cette prétention est encore fausse ; il est certain que les Abyssins ne nient point le purgatoire, et qu'ils sont seulement divisés sur l'état des âmes après la mort, quoiqu'ils reconnaissent que pour jouir de la béatitude éternelle il faut satisfaire à la justice divine, et que les prières suppléent à ce que les hommes n'ont pu acquitter.

(2) Parmi les Cophtes, les uns regardent l'usage de la circoncision comme une complaisance qu'ils ont été forcés d'avoir pour les mahométans, les autres, comme une pratique purement civile. Les Abyssins ne sont pas plus d'accord sur cet objet : il y en a cependant qui la regardent comme une cérémonie religieuse et nécessaire au salut. Un religieux abyssin conta au Père Lobo qu'un diable s'était adonné à une fontaine, et tourmentait extraordinairement les pauvres religieux qui allaient y puiser de l'eau ; que Tecla Aïmanat, fondateur de leur ordre, l'avait converti ; qu'il n'avait eu de difficulté que sur le point de la circoncision ; que Tecla Aïmanat l'avait persuadé et avait fait lui-même cette opération ; que ce diable, ayant pris ensuite l'habit religieux, était mort dix ans après, en odeur de sainteté.

Le P. Lobo, Relation historique de l'Abyssinie, traduction de Le Grand, p. 102.

(3) Perpétuité de la foi, t. IV, p. 87, 102.

(4) Ludolf, ibid., l. II, c. 6.

(5) Treizième dissertation, à la suite du Voyage du P. Lobo, p. 345.

facilité; l'infidélité de la femme ou du mari, la stérilité ou le moindre différend leur en fournissent des causes plus que légitimes. Le divorce pour cause d'adultère se renoue facilement en donnant quelque somme à la partie offensée; le mariage ne se raccommodait pas si aisément quand le mari et la femme avaient eu querelle ensemble ou s'étaient battus : en ce cas le juge leur permettait de se remarier à d'autres, et un Éthiopien aime mieux épouser une femme séparée de son mari pour cause d'adultère que pour querelle (1). »

6° Les prêtres se marient chez les Abyssins comme dans tout l'Orient, mais avec cette restriction inconnue parmi les réformés, dit M. Renaudot, qu'il n'a jamais été permis à un prêtre ni aux diacres de se marier après leur ordination, et que le mariage d'un religieux et d'une religieuse est regardé comme un sacrilége (2).

7° Un autre abus, auquel les patriarches d'Alexandrie ont tâché inutilement de remédier, c'est la pluralité des femmes (3).

8° L'Abyssinie est le pays du monde où il y a le plus d'ecclésiastiques, plus d'églises et plus de monastères. On ne peut chanter dans une église que l'on ne soit entendu dans une autre et souvent dans plusieurs; ils chantent les psaumes de David; ils les ont tous fidèlement traduits dans leur langue aussi bien que les autres livres de l'Ecriture sainte, à l'exception de ceux des Machabées, qu'ils croient néanmoins canoniques.

9° Chaque monastère a deux églises, l'une pour les hommes et l'autre pour les femmes. Dans celle des hommes, on chante en chœur et toujours debout, sans jamais se mettre à genoux ; c'est pourquoi ils ont diverses commodités pour s'appuyer et se soutenir.

Leurs instruments de musique consistent en de petits tambours qu'ils ont pendus au cou et qu'ils battent avec les deux mains. Les principaux et les plus graves ecclésiastiques portent ces instruments; ils ont aussi des bourdons dont ils frappent contre terre avec un mouvement de tout le corps; ils commencent leur musique en frappant du pied et jouent doucement de ces instruments ; puis, s'échauffant peu à peu, ils quittent leurs instruments et se mettent à battre des mains, à sauter, à danser, à élever leur voix de toute leur force; à la fin, ils ne gardent plus de mesure ni de pause dans leurs chants. Ils disent que David leur a ordonné de célébrer ainsi les louanges de Dieu dans les psaumes où il dit : *Omnes gentes, plaudite manibus; jubilate Deo*, etc. (4).

Du gouvernement ecclésiastique des Abyssins.

L'Eglise d'Abyssinie est gouvernée par un métropolitain qu'ils appellent abuna, c'est-à-dire notre père ; il n'a aucun évêque au-dessus de lui : il est nommé et sacré par le patriarche d'Alexandrie, qui, pour tenir cette Eglise dans une plus grande dépendance, ne lui donne jamais de métropolitain du pays.

Tout étranger et tout ignorant que ce métropolitain soit pour l'ordinaire, il a eu autrefois tant d'autorité que le roi n'était pas reconnu pour roi qu'il n'eût été sacré par les mains de l'abuna ; souvent même l'abuna s'est servi de cette autorité pour conserver la dignité royale à celui à qui elle appartenait de droit et pour s'opposer aux usurpateurs (5).

Les rois ont fait leur possible pour obtenir que l'on ordonnât plusieurs évêques dans l'Abyssinie ; mais le patriarche d'Alexandrie craignait que, s'il y avait plusieurs évêques en Ethiopie, on n'en créât à la fin assez pour qu'ils se fissent un patriarche ; il n'a donc jamais voulu consentir à ordonner en Ethiopie d'autres évêques que l'abuna.

L'abuna jouit de plusieurs grandes terres, et, dans ce pays où tout le monde est esclave, ses fermiers sont exempts de toute sorte de tribut, ou ne paient qu'à lui seul, à la réserve des terres qu'il possède dans le royaume de Tigré : on fait encore pour lui une quête de toile et de sel qui lui rapporte beaucoup ; il ne connaît de supérieur dans le spirituel que le patriarche d'Alexandrie.

L'abuna seul peut donner des dispenses, et il a souvent abusé de sa puissance à cet égard, car il est ordinairement fort avare et fort ignorant.

Le *komos* ou *huguemos* est le premier ordre ecclésiastique ; c'est ce que nous appelons archiprêtre.

On ne connaît point en Abyssinie les messes basses ou particulières.

Il y a dans l'Abyssinie des chanoines et des moines; les chanoines se marient, et souvent les canonicats passent aux enfants.

Les moines ne se marient point, et ils ont un très-grand crédit ; on les emploie souvent dans les affaires les plus importantes ; ils font des vœux. *Voyez* LUDOLF, LOBO, etc.

Des efforts que l'on a faits pour procurer la réunion de l'Eglise d'Abyssinie avec l'Eglise romaine.

L'Eglise d'Abyssinie était dans l'état que nous venons d'exposer, lorsque les Portugais pénétrèrent par la mer Rouge jusqu'à l'Éthiopie. La reine Hélène, aïeule et tutrice de David, empereur d'Ethiopie, voyant l'empire attaqué par ses voisins et troublé par des guerres intestines, fit alliance avec les Portugais et envoya un ambassadeur au roi Emmanuel, qui en fit aussi partir un pour l'Éthiopie. On commença aussitôt à parler de la réunion de l'Eglise d'Abyssinie à l'Eglise romaine.

L'empereur n'y parut point opposé, et Bermudes, médecin de l'ambassadeur portugais, fut nommé par le patriarche Marc pour lui succéder.

Dans ce temps, un prince maure nommé Grané (ou Gaucher), lequel commandait les

---

(1) Lobo, loco cit., p. 76. Thévenot, in-fol., t. II, p. 9.
(2) Perpét. de la foi, t. IV, l. I, c. 12.
(3) Ibid.

(4) Lobo ibid., p. 77, 78.
(5) Lobo, Ludolf, loco cit.

troupes du roi d'Adel, entra en Abyssinie et en conquit la plus grande partie.

David, alarmé par la rapidité de ses conquêtes, envoya Jean Bermudes demander du secours aux princes chrétiens; Bermudes se rendit à Rome, passa à Lisbonne, obtint du pape le titre de patriarche et du roi de Portugal du secours pour l'Abyssinie.

Étienne de Gama équipa une flotte, entra dans la mer Rouge, débarqua sur les côtes d'Abyssinie quatre cents soldats portugais, sous le commandement de Christophe Gama, son frère, qui sauva l'Abyssinie et remit la couronne sur la tête de David.

Après l'expédition des Portugais contre les Maures, Bermudes voulut obliger l'empereur à prêter serment de fidélité au pape entre ses mains.

Le zèle précipité de Bermudes inspira à l'empereur de l'éloignement pour la religion catholique et de la haine pour la personne de Bermudes; il ne le traita plus avec la considération que ce patriarche croyait qu'on lui devait. Le patriarche se sentit vivement, et il se plaignit amèrement de ce que le roi ne lui demandait pas sa bénédiction et ne l'envoyait pas recevoir; il prétendait que l'empereur, en ne l'envoyant pas recevoir, violait en sa personne le respect qu'il devait à Jésus-Christ, que lui, Bermudes, représentait. « Ainsi, lui dit Bermudes, vous serez rejeté, maudit et excommunié, si vous retournez aux hérésies des jacobites et dioscoriens d'Égypte.»

Le roi répondit que les chrétiens d'Égypte n'étaient point des hérétiques, mais que les catholiques l'étaient, puisqu'ils adoraient quatre dieux, comme les ariens; et il ajouta que, si Bermudes n'était pas Père spirituel, il le ferait écarteler.

Bermudes informa les Portugais de ses démêlés avec le roi, et ses intrigues allumèrent la guerre entre le roi d'Ethiopie et les Portugais ses libérateurs.

L'empereur Claude se réconcilia cependant avec eux, mais il les craignait; il les dispersa donc dans différentes provinces, et força Bermudes à sortir d'Éthiopie.

Le pape et le roi de Portugal, informés de ce qui se passait en Éthiopie, y envoyèrent un patriarche et deux évêques: le patriarche fut Jean Nugnès Barreto, plus recommandable par sa dignité et par sa piété que par ses lumières; les deux évêques furent Melchior Carnegro et André Oviédo.

Ces prélats emmenèrent avec eux dix jésuites.

L'archevêque demeura à Goa, et Oviédo, évêque d'Hiérapolis, passa en Abyssinie avec quelques jésuites; mais l'empereur empêcha le succès de leurs prédications, et son frère Adamas, qui lui succéda, fut beaucoup plus contraire à la réunion.

Le patriarche Barreto mourut, et Oviédo lui succéda; mais sa nouvelle dignité ne rendit pas sa mission plus heureuse; le pape lui enjoignit de sortir d'Abyssinie avec les jésuites, et de passer ailleurs.

Oviédo répondit qu'il était prêt à obéir, mais qu'il ne pouvait sortir d'Abyssinie; que les ports étaient fermés par les Turcs; qu'on ferait mieux de lui envoyer quelques secours que de le rappeler; que s'il avait seulement cinq cents soldats portugais, il pourrait faire revenir les Abyssins et soumettre beaucoup de peuples idolâtres; qu'il y avait un grand nombre de gentils du côté de Mozambique et de Sofala qui ne demandaient que d'être instruits. Il resta donc en Abyssinie, demandant jusqu'à sa mort des troupes et des soldats, et persuadé que les Abyssins ne se soumettraient pas volontairement à l'Église romaine.

Les différentes révolutions qui arrivèrent en Éthiopie portèrent enfin sur le trône Melasegud, qui prit le nom de sultan Segud.

Après la bataille qui le rendit maître de l'Abyssinie, les Pères jésuites qui étaient passés en Abyssinie allèrent le féliciter, et en furent très-bien reçus; il manda le Père Paez, le traita avec beaucoup de distinction, et dans une audience lui témoigna qu'il voudrait avoir quelques troupes portugaises.

Le père Paez lui assura qu'il en aurait facilement s'il voulait embrasser la religion romaine. Le roi le promit, et le Père Paez écrivit au pape, au roi de Portugal et au vice-roi des Indes, trois lettres que le sultan Segud signa.

Le roi ne jouit pas d'abord tranquillement de l'empire; il fallut éteindre des factions et arrêter des révoltes qui se formèrent pendant près de deux ans.

Lorsqu'il fut affermi sur le trône, il donna un édit par lequel il défendait de soutenir qu'il n'y avait qu'une personne en Jésus-Christ et condamnait à mort les contrevenants.

Le métropolitain vint trouver l'empereur, et se plaignit de ce qu'il avait publié un édit sans le consulter : les grands et le peuple murmurèrent, les esprits s'échauffèrent, et l'abuna fulmina une excommunication solennelle contre tous ceux qui embrasseraient la religion romaine, favoriseraient l'union avec cette Église, ou disputeraient sur les questions qui partageaient l'Église romaine et l'Église d'Abyssinie.

La hardiesse du patriarche irrita le roi, mais il n'osa le punir, et se contenta de donner un édit par lequel il accordait la liberté de suivre la religion que les Pères jésuites avaient établie par leurs disputes et leurs instructions.

Le métropolitain lança une nouvelle excommunication contre tous ceux qui diraient qu'il y a deux natures en Jésus-Christ.

Les personnes éclairées prévirent bien que ces disputes produiraient de grands troubles; la mère du roi, les grands, le patriarche, le clergé, se jetèrent aux pieds du roi pour obtenir qu'il ne changeât rien dans la religion; mais ce prince fut inébranlable; les esprits s'aigrirent, on s'assembla, et l'on résolut de mourir pour la défense de l'ancienne religion.

Les pères jésuites, de leur côté, publiaient des livres, instruisaient, tâchaient de détromper les Abyssins, animaient l'empereur.

et l'exhortaient à demeurer ferme dans le parti qu'il avait pris.

Après une espèce d'agitation sourde dans tout l'empire, la révolte éclata dans plusieurs provinces : malgré ces révoltes, le roi donna un édit par lequel il défendait de travailler le samedi; cet édit produisit de nouvelles révoltes dont le roi triompha. Lorsqu'il crut les esprits subjugués, il fit publiquement profession de la religion romaine; et le patriarche Alphonse Mendès, qu'il avait demandé au pape, étant arrivé, l'empereur se mit à genoux, fit sur l'Evangile un serment de fidélité par lequel il promettait au saint Père, au seigneur Urbain et à ses successeurs, une véritable obéissance, assujettissant à ses pieds avec humilité sa personne et son empire; les princes, les vice-rois, les ecclésiastiques et les clercs firent à genoux la même protestation.

On prêta ensuite serment de fidélité à l'empereur et à son fils : voici comment *Ras Scella Christos*, frère de l'empereur, prêta son serment : « Je jure de reconnaître le prince pour héritier de son père à l'empire; de lui obéir, comme un fidèle vassal, autant qu'il soutiendra et favorisera la sainte foi catholique, sans quoi je serai son premier et son plus grand ennemi. »

Tous les capitaines de son armée et son fils aîné prêtèrent le même serment, et avec la même condition. Incontinent après, l'empereur fit proclamer dans toute son armée que tous les peuples, sous peine de la vie, eussent à embrasser la religion romaine, et l'on ordonna de massacrer tous ceux qui refuseraient d'obéir.

On se souleva de toutes parts, et les peuples se choisirent des rois ou se donnèrent des chefs pour défendre la religion de leurs ancêtres : le feu du fanatisme se communiqua partout; on craignit de se souiller avec le parti de l'empereur; ici des moines et des religieuses, pour éviter les catholiques, se précipitaient du haut de ces rochers affreux, dont l'aspect seul effraie l'imagination la plus intrépide; là, les prêtres portaient sur leurs têtes les pierres des autels, animaient les rebelles, leur promettaient la victoire et s'offraient avec assurance aux traits des soldats.

Cependant Mendès, tranquille et tout-puissant, changeait en maître absolu tout ce qu'il désapprouvait dans la religion; son zèle embrassait également et la destruction de l'hérésie, et la conservation des biens de l'Eglise.

Un préfet du prétoire s'étant emparé, avec l'agrément de l'empereur, de quelques maisons réclamées par des moines, Mendès l'excommunia.

Le préfet tomba en faiblesse à la nouvelle de cette excommunication; la cour et l'empereur prièrent Mendès de pardonner au préfet et le fléchirent enfin.

Mais cette excommunication offensa profondément tous les grands; on ne pouvait souffrir que, pour quelques maisons en litige avec des moines, et que l'empereur peut ôter et donner à son gré, un pontife étranger excommuniât un homme respectable par sa naissance, par ses services et par ses vertus.

Ces semences de haine furent fécondées par une continuité de sévérité et de rigueurs de la part de Mendès : les courtisans, qui avaient découvert son caractère, lui demandaient sans cesse de petites choses sur lesquelles ils s'attendaient bien qu'il serait inflexible, et comptaient par ce moyen le rendre odieux et méprisable; ils réussirent du moins à le rendre moins respectable aux yeux de l'empereur.

Cependant le nombre des révoltés augmentait tous les jours, et les avantages commençaient à se partager entre eux et les troupes du roi.

La cour et l'armée représentèrent au roi la nécessité d'user de quelque tolérance envers les Abyssins; il consulta le patriarche, qui y consentit, à condition cependant que ce ne serait que tacitement, et non pas par une loi.

Le roi partit ensuite pour combattre les rebelles, et crut avoir besoin de faire connaître ses dispositions pour la tolérance : il fit publier dans son armée le changement de quelques bagatelles et la permission de se servir des livres anciens, pourvu qu'ils fussent revus et corrigés par le patriarche.

Alphonse Mendès écrivit à l'empereur sur cet édit, et lui remit devant les yeux l'exemple du roi Osias, qui fut frappé de la lèpre pour avoir entrepris une chose qui n'appartenait qu'aux lévites.

L'empereur répondit que quand la religion romaine avait paru dans son empire, elle ne s'y était établie ni par la prédication des jésuites, ni par aucuns miracles, mais par ses lois, par ses édits, et parce qu'il avait trouvé que les livres de l'Eglise d'Abyssinie s'accordaient assez bien avec ceux de l'Eglise romaine (1).

Les ménagements de l'empereur ne calmèrent point les esprits, il fallut encore lever des armées : les fidèles se battirent avec un acharnement incroyable, et laissèrent sur le champ de bataille plus de huit mille morts.

Les courtisans y conduisirent le roi et lui tinrent ce discours : « Voyez, seigneur, tant de milliers d'hommes morts ; ce ne sont point des mahométans ni des gentils, ce sont nos vassaux, notre sang et nos parents. Soit que vous vainquiez ou que vous soyez vaincu, vous mettez le fer dans vos propres entrailles ; ces gens qui vous font la guerre n'ont rien à vous reprocher, mais ils ne sont pas contents de la loi que vous voulez leur imposer. Combien de morts à cause de ce changement de foi ! Ces peuples ne s'accommodaient point de la religion de Rome ; laissez-leur celle de leurs pères, autrement vous n'aurez point de royaume, et nous n'aurons jamais de repos (2). »

L'empereur tomba dans une profonde mé-

(1) Tellés, p. 483. (2) Ibid.

lancolie et, après de longs combats intérieurs, publia un édit qui donnait à tout le monde la liberté de suivre le parti qu'il voudrait.

Cet édit causa une joie incroyable dans tout le royaume ; la religion romaine fut abandonnée de presque tous les Abyssins ; tout retentissait de chants d'allégresse. On fit des cantiques pour conserver la mémoire de cet événement ; on y représentait les missionnaires comme des hyènes (1) venues d'Occident pour dévorer les brebis de l'Abyssinie.

Le patriarche Mendès alla trouver l'empereur et lui représenta qu'une pareille liberté de conscience exciterait des guerres civiles. L'empereur ne répondit rien autre chose, sinon : *Que puis-je faire ? Je n'ai plus de royaume à moi.*

Sultan Segud mourut peu de temps après, et Basilide, son fils, lui succéda : il ne fut pas plutôt sur le trône qu'il fit arrêter *Ras Scella Christos*, son oncle, à cause du serment qu'il avait prêté ; il ordonna au patriarche Mendès de lui remettre toutes les armes à feu qu'il avait, et de se retirer incessamment à Frémone, dans le royaume de Tigré.

Mendès offrit alors divers adoucissements, et l'empereur n'en voulut aucun ; enfin il proposa de disputer avec les savants de la nation, et reçut de l'empereur cette réponse : « Est-ce par des arguments que vous avez établi notre foi ? N'est-ce pas par la violence et la tyrannie ? »

Le patriarche fut obligé de se retirer à Frémone, et de là il envoya demander des troupes au vice-roi des Indes ; mais l'empereur, informé de son dessein, lui ordonna de sortir de ses Etats et de s'embarquer pour les Indes : il fallut obéir.

L'empereur fit venir d'Egypte un métropolitain, et l'on chassa tous les missionnaires catholiques de l'Abyssinie, huit ans après qu'ils y étaient entrés.

Le patriarche, arrivé aux Indes, représenta au vice-roi l'état des catholiques d'Abyssinie et la nécessité de les secourir : il proposa « d'envoyer une armée navale par la mer Rouge, pour s'emparer de Macun et d'Arkiko, d'y bâtir une bonne citadelle, d'y entretenir une forte garnison, de gagner ou de soumettre le Bharnagas, et de le forcer de remettre aux Portugais le frère du Négus, qu'il tenait sous sa garde ; de placer ce frère sur le trône, et, par son moyen, d'exciter une guerre civile dans l'Abyssinie.

« Le P. Jérôme Lobo tint à peu près le même discours à Rome, ce qui fit croire au pape, aux cardinaux et à tous ceux qui en eurent connaissance, que les missionnaires pourraient bien avoir mêlé dans leurs discours et dans leur conduite un peu de cette humeur martiale qui n'est que trop naturelle à la nation portugaise.

« La résistance faite à Frémone et à Alfa, les tentatives et les voies de fait pour tirer *Ras Scella Christos* de son exil, la désobéissance, ou pour mieux dire la révolte de *Zamarien*, ce zélé et ce grand protecteur des jésuites qui, s'étant joint aux rebelles du mont Lasta, mourut les armes à la main contre son roi, achevèrent de persuader que, ni les catholiques abyssins, ni les missionnaires, n'étaient de ces brebis qui se laissent conduire à la boucherie sans se plaindre.

« Le pape et les cardinaux, prévenus contre les jésuites, chargèrent de cette mission les capucins français. Six entreprirent d'y pénétrer, furent reconnus et condamnés à mort, sur leur seule qualité de missionnaires latins : l'empereur entretint même à *Sennaguen* un ambassadeur pour empêcher qu'aucun jésuite ne passât en Abyssinie (2). »

Cependant il y avait en Abyssinie des personnes sincèrement attachées à l'Eglise romaine ; l'empereur en fit une recherche exacte et les fit mourir. Comme il craignait ces catholiques cachés, il tâcha de se faire des alliés, mit *l'Hyemen* dans ses intérêts, et lui fit entendre qu'il permettait l'exercice de la religion mahométane ; il lui demanda même des docteurs mahométans.

Le projet du roi fut connu ; le peuple se souleva dans tout le royaume : les moines furent les premiers à prendre les armes, à publier qu'il fallait détrôner le roi et mettre à sa place un prince capable de conserver et de défendre la religion.

Il n'y a point de souverain qui ait un pouvoir plus absolu sur la fortune et sur la vie de ses sujets que l'empereur d'Abyssinie ; cependant il se mit dans un moment en danger de perdre sa couronne et la vie : il renvoya le docteur musulman qu'il avait appelé, et depuis ce temps la religion cophte ou l'eutychianisme est la seule religion de l'Abyssinie (3).

ACACE, surnommé *le Borgne*, disciple et successeur d'Eusèbe dans le siège de Césarée, eut comme lui une grande part aux troubles de l'arianisme. Il avait de l'érudition et de l'éloquence, mais beaucoup d'ambition, et ce vice lui fit faire un très-mauvais usage de ses talents : c'était un de ces hommes inquiets, intrigants et ardents, qui se mêlent de toutes les affaires, veulent avoir du crédit à quelque prix que ce soit, et qui n'ont de religion qu'autant qu'elle peut servir à leur intérêt. Acace, arien déterminé sous l'empereur Constance, redevint catholique sous Jovien, et rentra dans le parti des ariens sous Valens. Il fit déposer saint Cyrille de Jérusalem, qu'il avait ordonné lui-même, eut part au bannissement du pape

---

(1) L'hyène est une espèce de chien sauvage, particulier à l'Abyssinie ; ces animaux sont très-dangereux, ils chassent en troupe et attaquent les maisons des pasteurs ou des laboureurs. *Voy.* l'hist. de Ludolf et l'abrégé de son histoire, in-12, imprimé à Paris.
(2) Le Grand, suite de la Relation du P. Lobo.
(3) Relation de l'Abyssinie, par le P. Lobo, traduite par Legrand. Suite de cette relation. Lud., Hist. d'Ethiopie,

l. III, c. 9, 10, 11, 12, 13. Tellès, Hist. d'Ethiopie, dans Thévenot, t. II, in-fol. Nouvelle hist. d'Abyssinie, tirée de Ludolf, in-12, à Paris, 1684. La Croze, Christianisme d'Ethiopie : cet ouvrage n'est pas sans défauts ; il est beaucoup moins estimé que le Christianisme des Indes : ce que l'on a dit contre Ludolf renferme la réfutation de la plupart des fautes de M. de La Croze.

Libère et à l'intrusion de l'anti-pape Félix, et fut déposé à son tour par le concile de Séleucie, en 359, et par celui de Lampsaque, en 365. Il mourut probablement sans savoir ce qu'il croyait ou ne croyait pas.

Il y a eu plusieurs autres évêques du même nom qu'il ne faut pas confondre avec lui. Acace de Bérée, en Palestine, fut ami de saint Epiphane, et se fit longtemps respecter par ses vertus; mais il déshonora sa vieillesse en se mettant à la tête des persécuteurs de saint Jean Chrysostome. Acace, évêque d'Armide, se rendit célèbre par sa charité envers les pauvres. Acace de Constantinople fut un des partisans d'Eutychès.

ACACIENS, disciples d'Acace le Borgne. Ils soutenaient avec les *purs ariens*, non seulement que le Fils de Dieu n'était pas consubstantiel au Père, mais même qu'il ne lui était pas semblable.

ACCAOPHORES ou HYDROPARASTATES, ou AQUARIENS. On croit qu'il faut lire *Saccophores*, à cause des sacs ou étoffes qu'ils portaient.

ACÉPHALES, ACÉPHALITES, sans chefs. D'à privatif et de χεφαλή, *tête*. L'histoire ecclésiastique fait mention de plusieurs sectes nommées *acéphales*. De ce nombre sont: 1° ceux qui ne voulurent adhérer ni à Jean, patriarche d'Antioche, ni à saint Cyrille d'Alexandrie, au sujet de la condamnation de Nestorius au concile d'Éphèse; 2° certains hérétiques du cinquième siècle, qui suivirent d'abord les erreurs de Pierre Mongus, évêque d'Alexandrie, et l'abandonnèrent ensuite, parce qu'il avait feint de souscrire à la décision du concile de Calcédoine: c'étaient des sectateurs d'Eutychès; 3° les partisans de Sévère, évêque d'Antioche, et tous ceux qui refusaient d'admettre le concile de Calcédoine: c'étaient encore des eutychiens.

ACÉSIUS, évêque novatien, soutint au concile de Nicée que l'on devait exclure de la pénitence ceux qui étaient tombés en faute après le baptême. Constantin, en présence de qui cet enthousiaste avança cette doctrine, lui répliqua : « Faites donc une échelle pour « vous, Acésius, et montez tout seul au « ciel ! »

ACUANITES, manichéens, sectateurs d'Acuan, né en Mésopotamie, et qui infecta de ses erreurs Eleuthéropolis.

ACYNDINEUS, contemporain de Barlaam, débita comme lui que dans la substance divine, l'effet et la nature sont la même chose; que la lumière du Thabor était créée, et un pur phénomène ayant son commencement et sa fin. Il vivait vers l'an 1313.

ADALBERT (1) était gaulois et naquit au commencement du huitième siècle; c'était le siècle de l'ignorance et des ténèbres, toujours féconds en superstitieux et en imposteurs; c'est le règne de l'hypocrisie.

Adalbert, dès sa première jeunesse, fut un insigne hypocrite ; il se vantait qu'un ange, sous une forme humaine, lui avait apporté, des extrémités du monde, des reliques d'une sainteté admirable, par la vertu desquelles il pouvait obtenir tout ce qu'il lui demandait. Il gagna par ce moyen la confiance du peuple, trouva accès dans plusieurs maisons, et attira à sa suite des femmes et une multitude de paysans qui le regardaient comme un homme d'une sainteté apostolique et comme un grand faiseur de miracles.

Pour soutenir son imposture par une qualité imposante, il gagna, à force d'argent, des évêques ignorants qui lui conférèrent l'épiscopat, contre toutes les règles.

Cette nouvelle dignité lui inspira tant d'orgueil et tant de présomption qu'il osait se comparer aux apôtres et aux martyrs ; il refusait de consacrer des églises en leur honneur, et ne voulait les consacrer qu'à lui-même.

Il distribuait ses ongles et ses cheveux au petit peuple, qui leur rendait le même respect qu'aux reliques de saint Pierre. Il faisait de petites croix et de petits oratoires dans les campagnes, près les fontaines, et il y faisait faire des prières publiques, en sorte que le peuple quittait les anciennes églises pour s'y assembler, au mépris des évêques.

Enfin, lorsque le peuple venait à ses pieds pour se confesser, il disait : Je sais vos péchés, vos plus secrètes pensées me sont connues, il n'est pas besoin de vous confesser ; vos péchés vous sont remis : allez en paix dans vos maisons, sûrs de votre absolution. Le peuple se levait et se retirait, avec une pleine sécurité sur la rémission de ses péchés (2).

Adalbert avait composé l'histoire de sa vie : il paraît, par le commencement de cette pièce qu'on nous a conservée, qu'elle n'était qu'un tissu de visions, d'impostures et de faux miracles. Adalbert s'y représentait né de parents simples, mais couronné de Dieu dès le sein de sa mère ; il disait qu'avant que de le mettre au monde, elle avait cru voir sortir de son côté droit un veau, ce qui, selon Adalbert, signifiait la grâce qu'il avait reçue par le ministère d'un ange.

Un autre écrit d'Adalbert est une lettre qu'il attribuait à Jésus-Christ, et qu'il supposait être venue du ciel par le ministère de saint Michel : voici le titre de la lettre :

« Au nom de Dieu, ici commence la lettre de Notre-Seigneur Jésus-Christ, qui est tombée à Jérusalem, et qui a été trouvée par l'archange saint Michel à la porte d'Éphrem, lue et copiée par la main d'un prêtre nommé Jean, qui l'a envoyée à la ville de Jérémie, à un autre prêtre nommé Talasius, et Talasius l'a envoyée en Arabie à un autre prêtre nommé Léoban, et Léoban l'a envoyée à la ville de Bethsamie, où elle a été reçue par le prêtre Macarius, qui l'a envoyée à la montagne de l'archange saint Michel, et la lettre est arrivée, par le moyen d'un ange, à la ville de Rome, au sépulcre de saint Pierre, où sont les clefs du royaume des cieux ; et

---

(1) Quelques-uns le nomment Adelbert, d'autres Aldebert.

(2) Boniface, ép. 135.

les douze prêtres qui sont à Rome ont fait des veilles de trois jours, avec des jeûnes et des prières jour et nuit. »

Sur la notion que le concile de Rome, tenu sous Zacharie contre Adalbert, nous donne de cette lettre, c'est la même que M. Baluze a fait imprimer sur un manuscrit de Tarragone, dans son appendix aux capitulaires des rois de France ; cette lettre ne contient rien de mauvais ni qui mérite qu'on en fasse mention.

L'intitulé de la lettre, qui paraît ridicule au premier coup d'œil, me semble fait avec beaucoup d'adresse et de la manière la plus propre à séduire le peuple : cette suite d'anges, d'archanges, de prêtres qui se sont transmis la lettre, qui l'ont portée dans différentes contrées, et enfin à Rome, se présente à la fois à l'imagination du peuple : il voit le mouvement des anges, l'étonnement des prêtres ; il se représente vivement tout ce jeu ; il s'en fait un tableau qui l'amuse ; il serait fâché que la lettre ne fût pas vraie ; il est bien éloigné de soupçonner qu'on le trompe.

Nous avons encore une prière d'Adalbert, qu'il avait composée pour l'usage de ses sectateurs ; elle commençait ainsi : « Seigneur Dieu tout-puissant, Père de Notre-Seigneur Jésus-Christ, alpha et omega, qui êtes assis sur le trône souverain, sur les chérubins et les séraphins, je vous prie et vous conjure, ange Uriel, ange Raguel, ange Tabuel, ange Michel, ange Inias, ange Tabuas, ange Sabaoth, ange Simiel, etc. (1). »

C'était dans la France orientale qu'Adalbert jouait un rôle si impie et si extravagant. Saint Boniface, qui travaillait en homme vraiment apostolique à y détruire l'erreur, fit condamner Adalbert dans un concile tenu à Soissons ; mais Adalbert, bien loin de s'y soumettre, n'en fut que plus entreprenant.

Saint Boniface eut recours au pape, qui assembla un concile dans lequel Adalbert fut condamné (2).

Depuis cette époque, l'histoire ne parle point d'Adalbert et ne nous apprend rien, sinon que saint Boniface le fit enfermer par ordre des princes Carloman et Pépin.

Les irruptions des barbares dans l'empire romain avaient ruiné les études ; la religion seule les avait conservées, mais les études ecclésiastiques se ressentirent du désordre. Le mépris que les barbares avaient pour les arts et pour les sciences, la nécessité dans laquelle étaient les ecclésiastiques de travailler le plus souvent pour vivre, avaient rendu le clergé très-ignorant : les barbares qui s'étaient convertis avaient conservé une partie de leurs superstitions ; le goût du merveilleux l'emporta sur l'amour de la vérité, comme il arrive toujours dans les siècles d'ignorance. On publia de tous côtés des miracles, des apparitions d'esprits ; la piété crut quelquefois pouvoir en supposer pour le bien de la religion, et il n'était pas possible que l'intérêt ne profitât pas de ces exemples pour séduire le peuple, comme fit Adalbert. *Voyez* le troisième discours de M. Fleury sur l'histoire ecclésiastique, et le tome IV de l'Histoire littéraire de France.

* ADAMIENS, anabaptistes, ainsi nommés d'*Adam Pastoris*, qui confessant l'humanité du Verbe, niait avec Photin sa divinité.

ADAMITES, hérétiques qui, dans leurs assemblées, se mettaient nus comme Adam et Eve l'étaient dans l'état d'innocence (3).

Il paraît qu'il y en avait de différentes espèces.

1° Carpocrate et plusieurs autres hérétiques avaient enseigné que l'âme humaine était une émanation de l'intelligence suprême, et qu'elle avait été renfermée dans des organes corporels par le Dieu créateur.

Cette manière d'envisager l'homme inspira à leurs disciples une haute idée d'eux-mêmes, beaucoup de mépris pour la vie, et une haine violente contre le Dieu créateur ; chacun se fit un devoir de violer les lois que le Créateur donnait aux hommes, et de prouver qu'il regardait l'âme humaine comme une portion de la divinité, et toutes les actions de l'âme unie au corps comme des actions que le sage et le chrétien regardaient comme des mouvements indifférents en eux-mêmes et qui ne portaient aucune atteinte à la dignité naturelle de l'homme.

Un caractère orgueilleux, affecté fortement de cette conséquence, en fit un principe auquel il rapporta toute sa morale et toute sa religion ; il ne vit plus de bien et de mal dans le monde, il se crut semblable à Adam et à Eve, qui, dans l'état d'innocence, ne connaissaient pas le bien et le mal. Il se fit un devoir d'exprimer ce sentiment en imitant leur nudité, lorsqu'ils étaient dans le paradis terrestre ; et cette nudité devint le caractère distinctif de la secte dont il fut le chef, et ses disciples formèrent la secte des adamites.

Cette secte ne faisait point de prières, et l'on conçoit aisément que le principe de l'indifférence des actions humaines, joint à la haine qu'ils portaient au Dieu créateur, dut, selon les caractères et les tempéraments, produire des mœurs souvent opposées entre elles, mais conformes au principe fondamental de la secte ; les uns étaient chastes tandis que les autres se livraient à toutes sortes de débauches, et ils avaient mille manières d'être chastes ou voluptueux (4).

Toutes ces contrariétés dans les mœurs des adamites n'étaient point des contradictions dans la secte, et il est étonnant que M. de Beausobre ait fait de ces contrariétés un principe sur lequel il établit qu'il n'y a point eu d'adamites. C'est sur ce même principe qu'il se croit autorisé à déclamer contre la fidélité et l'exactitude de saint Epiphane (5).

2° C'était un usage chez les Grecs, les Macédoniens et les Romains, de se découvrir la

---

(1) Conc., t. VI, p. 1553.
(2) Au mois d'octobre 746 ou 748.
(3) Epiph. Hæres., 51.
(4) Clem. Alex., l. III Strom., p. 51 ; l. I, p. 225. Epiph. Hær., 51. Aug., Hær., 31. Philastr., c. 49. Isidor. Hispal., l. VIII Origin., c. 5. Damascen, c. 51. Pseudo-Hieron, in indic. Hæres., c. 14.
(5) Bibl. Germ., t. II, an. 1731.

tête et de se dépouiller en partie, lorsqu'ils demandaient des grâces avec une profonde humilité. Plutarque dit qu'Auguste, conjurant le sénat de ne pas le forcer à accepter la dictature, s'abaissa jusqu'à la nudité.

Cet usage avait vraisemblablement passé chez les chrétiens, comme on le voit par l'exemple des Grecs convertis, dont saint Paul dit qu'ils priaient et prophétisaient la tête découverte, au contraire des Juifs (1).

Un chrétien fervent et pénétré d'une humilité profonde put voir cette manière de prier comme l'expression la plus naturelle de la soumission que l'homme doit à Dieu et de l'hommage intérieur qu'il rendait à la majesté divine; d'ailleurs, c'était ainsi qu'Adam et Eve innocents avaient prié dans le paradis terrestre. On conçoit aisément qu'avec une imagination vive et un esprit faible on put faire de la nudité dans la prière un devoir, ou du moins la regarder comme la manière de prier la plus agréable à Dieu.

L'homme qui le premier imagina cette manière de prier trouva des imaginations qu'il échauffa, et forma la secte qu'on appelle la secte des adamites, parce qu'elle s'autorisait de l'exemple d'Adam et d'Eve; il paraît en effet qu'il y eut des adamites de cette espèce. Ils mettaient, au rapport de saint Epiphane, leurs habits bas dans le vestibule de l'Eglise, et ils allaient ensuite prendre leur place, nus comme l'enfant qui sort du sein de sa mère. Les supérieurs ecclésiastiques étaient gravement, chacun dans la place qui convenait à leur rang, et faisaient l'office nus (2).

Les mœurs de cette secte furent d'abord irréprochables, et ils excommuniaient sans retour ceux qui tombaient dans quelque faiblesse contraire à l'innocence qu'ils professaient; cette secte ne tarda pas à se corrompre.

3° Lorsque la vie monastique se fut établie dans la Palestine, on y vit des prodiges de pénitence, de pauvreté et de toutes les vertus chrétiennes. « Quelques-uns des solitaires, dit Evagre, inventèrent une manière de vivre qui semble être au-dessus de toute la force et de toute la patience des hommes. Ils ont choisi un désert exposé aux ardeurs du soleil pour l'habiter; il y a des hommes et des femmes qui y étant entrés nus, excepté ce que la pudeur ne permet point de nommer, y méprisent, dans toutes les saisons, ou les rigueurs du froid, ou l'excès de la chaleur; ils dédaignent d'user des aliments dont usent les autres hommes, et se contentent de paître comme les bêtes.

« Il y en a quelques-uns, quoique en petit nombre, qui, quand ils se sont élevés par un long exercice de vertus au-dessus des passions, retournent dans les villes, se mêlent dans la foule des hommes, et font semblant d'avoir perdu l'esprit pour mépriser la vaine gloire que Caton dit être la tunique que les plus sages ôtent la dernière.

« Ils sont tellement accoutumés à manger sans aucun sentiment de volupté, qu'ils mangent, s'il est besoin, dans les cabarets et dans les tavernes, sans avoir aucun égard ni aux lieux, ni aux personnes; ils entrent souvent dans les bains publics et se baignent indifféremment avec toute sorte de personnes; ils ont tellement vaincu les passions et triomphé de la nature, qu'il n'y a ni regard, ni attouchement qui puisse exciter en eux aucun mouvement déshonnête. Ils sont des hommes quand ils sont parmi des hommes, et il semble qu'ils soient comme des femmes parmi les femmes; enfin, pour tout dire en peu de mots, leur vertu suit des lois contraires à celles de la nature, et s'ils sont contraints d'user des choses les plus nécessaires à la vie, ils n'en usent jamais autant que la nécessité le demande (3). »

Ces hommes étaient trop extraordinaires et trop respectés pour n'avoir pas d'imitateurs, et il est possible qu'une fausse imitation de ces solitaires ait mis la nudité en usage parmi leurs faux imitateurs, et que, dans la suite des temps, ils se soient bornés à ce trait de ressemblance assez propre à attirer l'attention et les bienfaits du vulgaire. Le rapport de ces faux imitateurs des solitaires de la Palestine avec les anciens adamites les aura fait appeler de ce nom, et voilà encore une espèce d'adamites dont M. Beausobre nous a fait lui-même connaître la possibilité (4).

Les adamites reparurent au quatorzième siècle. Ils sont plus connus sous le nom de turlupins et de pauvres frères; on en parlera sous ces noms. Un fanatique nommé Picard renouvela aussi cette secte, et il y eut des adamites parmi les anabaptistes. *Voyez* les articles PICARD et ANABAPTISTES (5).

L'hérésie des adamites, en abomination dès les premiers temps, et renouvelée par un scélérat nommé Picard, du pays de sa naissance, passa de la Belgique, sous la conduite de cet aventurier impie, dans la Bohême, devenue la sentine de toutes les erreurs et de tous les vices. Par ses discours séducteurs et par ses prestiges, il s'y fit bientôt suivre d'une troupe innombrable d'hommes et de femmes, qu'il faisait aller tout nus, en signe d'innocence, à l'exemple de nos premiers pères : licence qui engendra parmi eux une corruption si affreuse, que Ziska lui-même, tout vicieux qu'il était, en conçut une vive horreur, et résolut de venger la nature si publiquement outragée. Comme de l'île qui leur servait de repaire ils se répandaient dans le voisinage, et que déjà ils y exerçaient des actes de barbarie qui répondaient à la dissolution de leurs mœurs, il vint les

---

(1) Alexander ab Alexandro Dierum Genialium l. II, c. 19. Plutar., Vie d'Auguste.
(2) Epiph., ibid.
(3) Evag., t. IV de la trad. du présid. Cousin, c. 21.
(4) Il paraît qu'en effet ces solitaires eurent de faux imitateurs, puisque le vingt-neuvième canon du concile de Laodicée défend non-seulement aux laïques et aux prêtres, mais aux moines mêmes, de se baigner avec les femmes.
(5) Ittigius, de Hæred., sect. 2, c. 4. Osiander, part. I, cent. 16, p. 12, Natal. Alex. in sæc. xv et xvi, p. 906.

charger, força leur asile, et extermina ces monstres, dont quelques-uns échappèrent néanmoins, et se perpétuèrent encore longtemps après (1).

ADELPHE, philosophe platonicien qui adopta les principes des gnostiques comme des développements du platonisme; il ramassa plusieurs livres d'Alexandre le Libyen et de prétendues révélations de Zoroastre qu'il mêla avec les principes du platonisme et avec ceux des gnostiques. Il composa de ce mélange un corps de doctrine qui séduisit beaucoup de monde dans le troisième siècle.

Ce même Adelphe prétendit avoir pénétré plus avant que Platon dans la connaissance de l'Être suprême. Plotin, qui était le chef des platoniciens, le réfuta dans ses leçons et écrivit contre lui; Aurélius fit quarante livres pour réfuter celui de Zostrien, et Porphyre en fit aussi beaucoup pour montrer que ce livre de Zoroastre était nouveau et composé par Adelphe et par ses disciples.

Nous avons encore l'ouvrage de Plotin contre ces gnostiques purement philosophes, comme on le voit par la croyance que Plotin leur attribue (2).

ADELPHIUS ou **ADELPHILE**, chef de Messaliens, vers l'an 368. Outre les erreurs de ces sectaires, il disait que chaque homme héritait d'Adam l'esclavage du démon comme la nature humaine; qu'à force de prières, le démon chassé faisait place au Saint-Esprit, dont la présence, aussi bien que celle de la Trinité, devenant alors sensible et visible, chassait à tout jamais les tentations de la chair et donnait une claire connaissance de l'avenir. Il ajoutait que le baptême était de toute inutilité.

ADESSÉNAIRES ou **ADESSÉNIENS**, nom formé du verbe latin *adesse*, être présent, et employé pour désigner les hérétiques du seizième siècle, qui reconnaissaient la présence réelle de Jésus-Christ dans l'Eucharistie, mais dans un sens différent de celui des catholiques.

Ces hérétiques sont plus connus sous le nom d'*impanateurs*; leur secte était divisée en quatre branches : les uns soutenaient que le corps de Jésus-Christ est dans le pain, d'autres qu'il est à l'entour du pain, d'autres qu'il est sur le pain, et les derniers qu'il est sous le pain.

ADIAPHORISTES, nom formé du grec ἀδιάφορος, *indifférent*. On donna ce titre, dans le seizième siècle, aux luthériens mitigés, qui adhéraient aux sentiments de Mélancthon, dont le caractère pacifique ne s'accommodait point de l'extrême vivacité de Luther. Conséquemment, l'an 1548, l'on appela ainsi ceux qui souscrivirent à l'*interim* que l'empereur Charles-Quint avait fait publier à la diète d'Augsbourg. Cette diversité de sentiments parmi les luthériens, causa entre leurs docteurs une contestation violente : il était question de savoir : 1° s'il est permis de céder quelque chose aux ennemis de la vérité dans les choses purement indifférentes, et qui n'intéressent point essentiellement la religion ; 2° si les choses que Mélancthon et ses partisans jugeaient indifférentes, l'étaient véritablement. On conçoit que ces disputeurs, qui appelaient *ennemis de la vérité* tous ceux qui ne pensaient pas comme eux, n'avaient garde d'avouer que les opinions ou les rites auxquels ils étaient attachés, étaient indifférents au fond de la religion.

ADIMANTHUS fut un des trois principaux disciples de Manès. Il l'envoya prêcher dans la Syrie, où il composa un ouvrage pour prouver que la doctrine de l'Evangile et des apôtres était contraire à l'ancienne loi et aux prophètes. Saint Augustin le réfuta péremptoirement dans un traité qu'il composa contre lui. Cet hérétique vivait vers l'an 270 (Niceph., lib. VI, c. 32).

ADOPTIENS, hérétiques du huitième siècle, qui prétendaient que Jésus-Christ, en tant qu'homme, n'était pas propre fils, ou fils naturel de Dieu, mais seulement son fils adoptif. C'était renouveler l'erreur de Nestorius.

Cette secte s'éleva sous l'empire de Charlemagne, vers l'an 778; à cette occasion, Elipand, archevêque de Tolède, ayant consulté Félix, évêque d'Urgel, sur la filiation de Jésus-Christ, cet évêque répondit que Jésus-Christ, en tant qu'homme, ou fils de Marie, n'est que Fils adoptif de Dieu ; mais que Jésus-Christ, en tant que Dieu, est véritablement et proprement Fils de Dieu, engendré naturellement par le Père; Elipand souscrivit à cette décision. Le pape Adrien, averti de cette erreur, la condamna dans une lettre dogmatique adressée aux évêques d'Espagne; et elle fut réfutée avec succès par saint Paulin, patriarche d'Aquilée, et par Alcuin.

ADRIANISTES. Théodoret est le seul auteur qui parle des adrianistes, qu'il met au nombre des hérétiques qui sortirent de la secte de Simon le Magicien.

Les disciples d'Adrien Hamstédius, un des novateurs du quatorzième siècle, furent aussi appelés de ce nom. Ils adoptaient toutes les erreurs des anabaptistes, et en enseignaient plusieurs autres pleines de blasphèmes, comme de dire que Jésus-Christ avait été formé de la femme à la manière des autres hommes; qu'il n'avait fondé la religion chrétienne que dans certaines circonstances et pour un certain temps; qu'on était libre de garder les enfants durant plusieurs années sans leur conférer le baptême, etc. Il dogmatiza dans la Zélande et en Angleterre.

ADRUMÈTAINS, moines d'Adrumète, ville de Libye, au sixième siècle. On les appelle *prédestinatiens*, parce qu'ils prétendaient que, sans nul égard aux œuvres bonnes ou mauvaises, Dieu prédestine absolument au salut et à la damnation; et que, dans les élus, le baptême n'était qu'un pur signe de salut. Lucilius, leur principal chef, était

(1) Æn. Sylv., c. 41. Dubrav., l. XXVI.

(2) Plotin, l. XVIII, p. 203

un prêtre célèbre dans les Gaules, contre lequel saint Fauste de Riez écrivit. Le troisième concile d'Arles les condamna.

ÆGIDLÉENS, sectateurs d'un certain Gilles d'Aix (*Ægidius aquensis*), qui se fit chef de secte, attiré par l'appât du lucre qu'il voyait faire aux docteurs anabaptistes par leurs rébaptisations. Il se rétracta et ne laissa pas néanmoins d'être condamné à avoir la tête tranchée à Anvers (1).

ÆLURUS, appelé en surnom *Timothée*, de moine devint prêtre et puis patriarche intrus d'Alexandrie. Il se fit le soutien ardent du nestorianisme, et enseignait de plus que Nestorius, que dans le Verbe l'union, au lieu d'être personnelle ou hypostatique, n'était qu'une simple société du Verbe et de l'homme, séparée d'ailleurs et distincte personnellement.

AÉRIUS était moine; il avait suivi le parti des ariens, et il était l'ami d'Eustathe. Eustathe fut élu évêque de Constantinople, et Aérius devint son plus cruel ennemi.

Eustathe n'oublia rien pour se faire pardonner par son ami la supériorité que lui donnait sa place; il le combla de marques d'estime et d'amitié, l'ordonna prêtre et lui donna la conduite de son hôpital, mais il ne le gagna pas. Aérius se plaignait sans cesse et murmurait contre son évêque. Eustathe le menaça d'user de son autorité pour lui imposer silence; alors Aérius attaqua l'autorité d'Eustathe et prétendit que l'évêque n'était pas supérieur au prêtre.

Après ce premier acte d'indépendance, Aérius attaqua tout ce qui donnait du crédit à Eustathe ou qui lui attirait de la considération de la part du peuple; il condamna toutes les cérémonies de l'Eglise et la célébration des fêtes dans lesquelles l'évêque paraissait avec éclat et avec distinction; il nia qu'il fallût prier pour les morts, et soutint que l'Eglise n'avait point le pouvoir de prescrire des jeûnes.

Aérius, après avoir formé ce plan de réforme, quitta son hôpital, enseigna ses opinions et persuada beaucoup d'hommes et de femmes, qui quittèrent l'Eglise, le suivirent et formèrent la secte des aériens. Comme on les chassait de toutes les églises, ils s'assemblaient dans les bois, dans les cavernes, en pleine campagne, où ils étaient quelquefois couverts de neige.

Aérius vivait du temps de saint Epiphane, et sa secte subsistait encore du temps de saint Augustin (2).

Les protestants ont renouvelé les erreurs d'Aérius : nous allons les examiner.

De la supériorité des évêques sur les simples prêtres.

L'Eglise est une société visible, qui a son culte, ses cérémonies et ses lois; il y a donc nécessairement des supérieurs et un ordre d'hommes auxquels il appartient d'enseigner, de prêcher, de faire des lois et de veiller à leur exécution.

C'est Jésus-Christ lui-même qui a établi cet ordre dans l'Eglise; il a chargé les apôtres d'enseigner; il leur a donné le pouvoir de remettre les péchés. Tout le Nouveau Testament nous les représente comme les ministres de Dieu, séparés du reste des fidèles et établis par le Saint-Esprit pour gouverner l'Eglise (3).

Il y a donc dans l'Eglise des ministres qui ont, de droit divin, une vraie supériorité sur les simples fidèles.

Tous les ministres ne sont pas égaux dans l'Eglise; l'ordre hiérarchique est composé d'évêques, de prêtres et de diacres.

Les évêques sont les successeurs des apôtres, et les apôtres étaient un ordre différent de l'ordre des prêtres. Nous voyons, dans les Actes des apôtres que saint Paul et saint Barnabé établissaient des prêtres dans les villes, et ces prêtres n'appartenaient point au collége des apôtres; on ne prend point pour leur ordination les mêmes mesures que l'on prend lorsqu'il est question de choisir un apôtre : partout on parle des apôtres comme d'un ordre distingué des évêques (4).

C'est au tribunal des évêques que les prêtres sont cités : ainsi les évêques ont, par leur institution ou par leur ordination, et par conséquent de droit divin, une supériorité d'ordre et de juridiction sur les simples prêtres.

Dans tous les temps, l'ordre des évêques a été distingué de celui des prêtres, et cette distinction suppose dans l'évêque une supériorité de droit divin : on trouve cette distinction marquée formellement dans les lettres de saint Ignace, dans Origène, dans Tertullien (5).

Les évêques avaient seuls le droit d'ordonner des évêques, des prêtres et des diacres, et l'on a toujours annulé les ordinations faites par les prêtres.

L'Eglise grecque, les cophtes, les nestoriens sont sur ce point d'accord avec l'Eglise latine (6).

Ainsi le sentiment qui refuse aux évêques une supériorité d'ordre, de juridiction et d'honneur sur les simples prêtres est contraire à la constitution de l'Eglise, à l'Ecriture, à la tradition et à la pratique immémoriale de l'Eglise. Hamond et Pearson ont sur ce point réduit les presbytériens à l'absurde, et M. Nicole a réfuté sans réplique ce que M. Claude a dit en leur faveur (7).

Mais personne n'a mieux réfuté les presbytériens, ni mieux défendu l'épiscopat contre Saumaise et Blondel, que le P. Pétau : voyez ses Dogmes théologiques.

Comme chaque évêque en particulier

---

(1) Lindan. Dubitantii dialog. 2.
(2) An 376. Epiph., hær. 76. Aug., hær. 53.
(3) Prima Cor. iv. Secunda Cor. iii. Act. xx.
(4) Act. xiv, 10; xv.
(5) Ignac. Ep. ad Magnes., ad Ephes. Orig. Hom. in Luc. xx. Tert. Coron. Militis.

(6) Perpét. de la foi, tom. iii, p. 570. *Voyez* les articles NESTORIENS, COPHTES, ABYSSINS, JACOBITES.
(7) Hamon, Dissert. cont. Blondel. Bingham, Antiquit. eccles. Joannis Pearsonnii opera posth. Defensio episcopatus diœcesani, auctore Henrico Mauritio. Prétendus Réformés convaincus de schisme, l. iii, c. 10.

n'est pas infaillible, il n'a pas sur les simples prêtres une autorité sans bornes ou un pouvoir arbitraire.

Un évêque, par exemple, n'a pas le droit d'ordonner à ses prêtres de prêcher l'arianisme, qui a été condamné par le concile de Nicée, ou de changer la discipline établie par ce concile pour toute l'Eglise : il y a donc dans l'Eglise une autorité supérieure à l'évêque, laquelle autorité fait des lois que l'évêque est obligé de suivre, et qu'il ne peut obliger aucun de ses prêtres d'enfreindre; ainsi, lorsque l'Eglise a fait des lois, l'évêa le pouvoir de les faire observer et de punir ceux qui ne les observent pas.

Mais comme un évêque en particulier n'est point infaillible, il peut se tromper sur l'observation des lois ou sur leur application; il peut leur donner trop d'étendue : il y a donc un tribunal où l'on juge si l'évêque ne se trompe pas en jugeant que telle personne n'observe pas la loi, ou s'il ne donne pas à la loi et à son propre pouvoir trop d'étendue.

Ce tribunal était un tribunal purement ecclésiastique; et la chose ne pouvait être autrement, puisque l'Eglise était une société purement religieuse, dont les lois n'avaient aucun rapport avec les intérêts purement temporels et civils.

L'alliance de l'Eglise et de l'Etat n'ayant point changé la constitution et l'essence de l'Eglise, il est clair que la puissance ecclésiastique et la puissance civile sont différentés et non pas opposées.

De la prière pour les morts.

Nous lisons, dans le second livre des Machabées, que c'est une pensée sainte et salutaire de prier pour les morts, afin qu'ils soient délivrés de leurs péchés (1).

Il y a donc des péchés qui peuvent être remis dans l'autre monde, par le moyen des prières des vivants.

Les protestants, ne pouvant répondre à cet argument, ont nié que le second livre des Machabées fût canonique; mais ils l'ont nié sans raison, puisqu'il a été mis au nombre des livres canoniques par presque toutes les Eglises chrétiennes, par le décret d'Innocent I, par le quatrième concile de Carthage. Le doute de quelques Pères et de quelques Eglises particulières ne peut être opposé au consentement général des autres.

Jésus-Christ déclare dans l'Evangile qu'il y a certains péchés qui ne seront remis ni dans ce monde-ci ni dans l'autre : les Pères en ont conclu de là qu'il y en avait qui se remettaient dans l'autre monde, et qu'il fallait prier pour les morts.

La prière pour les morts a toujours été en usage dans l'Eglise; elle était pratiquée dès le deuxième siècle, et Tertullien la met au nombre des traditions apostoliques. Or, ces prières qu'on faisait pour les morts n'étaient pas seulement pour la consolation des vivants, ou pour remercier Dieu des grâces qu'il avait faites aux morts, c'était pour obtenir du soulagement à leurs peines (2).

La dévotion pour les morts s'augmenta de beaucoup vers la fin du dixième siècle et au commencement du onzième, par saint Odilon et par l'ordre de Cluny (3)

Cette dévotion est digne de la charité chrétienne : notre amour pour Jésus-Christ doit nous lier à tout son corps et nous faire prendre part aux biens et aux maux de ses membres ; comme nous devons donc nous intéresser à la gloire des saints, en nous réjouissant de leurs triomphes et de leur bonheur, nous devons aussi prendre part aux souffrances des justes qui ont encore à satisfaire la justice divine; nous devons prier pour eux : tous nos controversistes ont très-bien traité cette question.

L'erreur d'Aérius, sur la célébration des fêtes et sur les cérémonies, a été renouvelée par les protestants en partie, et surtout par les presbytériens, par quelques anabaptistes, et enfin par les quakers : nous en parlerons à ces articles. On peut voir sur cette matière l'ouvrage de Bruyeis intitulé : *Défense du culte extérieur.*

ʻAERIENS, disciples d'Aérius.

AESCHINES était un empirique d'Athènes qui suivit les erreurs des montanistes : il enseignait que les apôtres avaient été inspirés par le Saint-Esprit et non par le Paraclet; que le Paraclet promis avait dit, par la bouche de Montan, plus de choses et des choses plus importantes que l'Evangile (4).

ʻAETIUS, surnommé l'Athée, embrassa les erreurs d'Arius, les soutint avec chaleur et y en ajouta de nouvelles. Suivant lui, Dieu ne demandait de nous que la foi; les actions les plus infâmes étaient des besoins de la nature. C'est aussi ce qu'a prétendu Luther, douze siècles plus tard. Saint Epiphane nous a conservé quarante sept propositions erronées de cet hérétique, recueillies d'un traité où il y en avait plus de trois cents. Devenu chef des anoméens, il fut ensuite excommunié par eux. Les eusébiens le condamnèrent dans les conciles d'Ancyre, de Séleucie, de Constantinople ; il fut dégradé par les acaciens et exilé à Cilicie par Constance. Enfin Julien l'Apostat étant parvenu à l'empire, le rappela et le combla d'honneurs. Il mourut à Constantinople l'an 366.

ʻAETIENS, branche d'ariens, disciples d'Aétius. Ils furent nommés *pursariens*, et plus généralement *eunoméens*, à cause d'Eunome, le plus célèbre d'entre eux.

AGAPETES. Ce mot signifie des personnes qui s'aiment ; il a été donné à une branche de gnostiques qui subsistait vers la fin du quatrième siècle, en 395.

---

(1) II Mach. xii, 46.
(2) Joan. vi, 27. Tert. de Monogam., c. 10. Aug., de Cura pro mortuis, Operum, t. VI, p. 116. Serm. 32. De Verbis Apost., n. 172, c. 2. Chrysost. Hom. in ep. ad Philipp., circa fin.

(3) Mabillon, Præ. in sextum sæc. Benedictinum, p. 449, n. 58.
(4) Ittigius, de Hær., p. 243. Hofman Lexic. Stockman, Lex.

Saint Jérôme représente cette espèce de secte comme composée principalement de femmes qui s'attachaient les jeunes gens et qui leur enseignaient qu'il n'y avait rien d'impur pour les consciences pures.

Peut-être cette branche de gnostiques tirat-elle son nom d'une femme nommée Agapie, qui avait été instruite par un nommé Marc, et qui pervertit beaucoup de femmes de qualité en Espagne.

Une des maximes des agapètes était de se parjurer plutôt que de révéler le secret de la secte (1).

AGARÉNIENS. C'est le nom que l'on donna à des chrétiens qui, au milieu du septième siècle, renoncèrent à l'Évangile pour professer l'Alcoran : ils niaient la Trinité et prétendaient que Dieu n'avait point de fils parce qu'il n'avait point de femme.

Ces chrétiens apostats furent appelés agaréniens parce qu'ils embrassèrent la religion de Mahomet et des Arabes, qui descendent d'Ismaël, fils d'Agar (2).

AGILANES soutint que le Saint-Esprit est moindre que le Père et le Fils, et simplement leur envoyé d'une nature différente et inférieure.

AGIONITES ou AGIONOIS. C'est une secte de débauchés qui condamnaient le mariage et la chasteté, qu'ils regardaient comme une suggestion du mauvais principe; ils se livraient à toutes sortes d'infamies : ils parurent vers l'an 694, sous Justinien II et sous le pape Sergius I. Ils furent condamnés par le concile de Gangres (3).

AGNINI (*Fratres*), FRÈRES AGNEAUX. On a nommé ainsi une branche de *frères moraves*, dans le quinzième siècle.

AGNOÈTES. Ce nom signifie ignorant; on l'a donné : 1° aux disciples de Théophrone qui, vers la fin du quatrième siècle, prétendit que Dieu ne connaissait pas tout, qu'il acquérait des connaissances.

Cette erreur est absurde : il est évident que l'Être nécessaire a une connaissance infinie; la seule difficulté contre la toute science de Dieu se tire de la liberté : les sociniens ont renouvelé cette erreur. *Voy.* leur article.

2° On donne le nom d'agnoètes à ceux qui ont prétendu que Jésus-Christ ne savait pas tout; qu'il avait ignoré le jour du jugement et le lieu où Lazare était enseveli.

Les erreurs de Nestorius et d'Eutychès avaient fait naître une infinité de questions sur la nature de Jésus-Christ, sur son humanité, sur sa divinité, sur la manière dont elles étaient unies, sur les effets de cette union.

Thémistius, diacre d'Alexandrie, rechercha si, après cette union, n'y ayant qu'une personne en Jésus-Christ, Jésus-Christ avait ignoré quelque chose : il proposa sa question à Timothée, évêque d'Alexandrie, qui lui dit que Jésus-Christ n'avait rien ignoré.

Thémistius crut trouver le contraire dans l'Écriture, puisque Jésus-Christ disait lui-même que ni les anges, ni le Fils, mais le Père seul savait le jour du jugement.

Il ne paraît pas que les agnoètes aient attribué cette ignorance à l'âme de Jésus-Christ, sans l'attribuer à sa divinité, car ils ne paraissent pas avoir fait cette distinction. Comme ils ne reconnaissaient qu'une personne en Jésus-Christ, et que Jésus-Christ avait dit qu'il ne savait pas le jour du jugement, ils concluaient que Jésus-Christ avait ignoré quelque chose : il paraît donc que Bellarmin s'est trompé sur les Agnoètes (4).

Il est aisé de s'en convaincre en réfléchissant sur l'origine de cette secte, et par la lecture des auteurs qui en ont parlé (5).

L'erreur des agnoètes n'a pour fondement que le passage dans lequel Jésus-Christ dit que le Fils de l'Homme ne sait pas le jour du jugement.

Ce passage avait été autrefois le sujet d'une grande dispute entre les ariens et les catholiques, parce que les premiers en concluaient que Jésus-Christ n'était pas Dieu.

Quelques Pères, pour répondre à cette difficulté, avaient dit que c'était en tant qu'homme que Jésus-Christ ignorait le jour du jugement, non qu'ils crussent que Jésus-Christ, comme homme, ait ignoré quelque chose, puisque, en vertu de l'union hypostatique, tous les trésors de la sagesse et de la science étaient en lui ; mais seulement que l'humanité seule, considérée séparément de la divinité, ne peut par elle-même et par ses seules lumières avoir cette connaissance (6).

D'autres Pères ont cru que le Fils de Dieu avait voulu dire qu'il n'avait pas sur cela une science expérimentale (7).

D'autres enfin disent que Jésus-Christ ignorait, en un certain sens, ce qu'il ne jugeait pas à propos de nous découvrir ; il ignorait pour nous, il voulait que nous l'ignorassions.

Les apôtres avaient demandé à Jésus-Christ quand la fin du monde arriverait et quels signes l'annonceraient.

Jésus-Christ a répondu à la seconde partie de leur question, dans tout ce qui précède, parce qu'il fallait que ces signes fussent connus ; à l'égard de l'heure et du jour précis, il leur dit que ce sont des choses dont le Père s'est réservé la connaissance et qu'il ne veut découvrir aux hommes ni par lui-même, ni par les anges du ciel, ni par les prophètes, ni par le Fils ; en un mot, qu'il veut, par ce secret impénétrable, nous tenir dans une vigilance et dans une attention continuelles, et réprimer en nous la vaine cu-

---

(1) Aug., hær. 70. Stockman Lexic.
(2) Stockman, Lexic.
(3) Ibid.
(4) Bellarm., de Christ., liv. IV, c. 1.
(5) Leont., de Sectis, act. prim. Isidor, l. III, Origin.,
c. 5. Damascen.
(6) Athan., Serm. cont. Arian. Ambr. in Luc., l. VIII Greg. Naz. Or., etc.
(7) Orig. in Matth. Epiph., Hær., 69.

riosité et les recherches inutiles au salut (1).

Forbésius croit qu'en effet l'humanité ou l'âme de Jésus-Christ ignorait le jour du jugement.

Cette explication est contraire au sentiment des Pères, mais ce n'est pas une hérésie. L'âme humaine de Jésus-Christ, quoique unie hypostatiquement au Verbe, n'est pas infinie ; elle peut, en vertu de cette union, savoir tout ce qu'elle désire savoir ; mais comme elle n'est pas infinie, elle ne voit pas tout à la fois : ainsi Jésus-Christ, dans le temps qu'il disait à ses apôtres qu'il ne savait pas le jour du jugement, pouvait ne pas faire attention actuellement au temps où le monde devait finir (2).

AGONICELITES, c'est le nom de ceux qui prétendaient qu'on devait prier debout, et que c'était une superstition de prier à genoux (3).

AGONISTES ou AGONISTIQUES, nom que Donat imposait à la secte qu'il envoyait prêcher sa doctrine, ou parce que c'était comme des troupes qu'il envoyait combattre et faire des conquêtes, ou parce qu'ils combattaient contre ceux qui défendaient leurs biens contre leurs violences. On les appelait ailleurs *circuiteurs*, *circellions*, *circoncellions*, *catropites*, *coropites*, et à Rome *montenses*. L'Histoire ecclésiastique est pleine des violences qu'ils exerçaient contre les catholiques.

AGRICOLA (Jean Isleb), ainsi nommé parce qu'il était d'Isleb ou Eisleben, dans le comté de Mansfeld, compatriote et contemporain de Luther, fut aussi son disciple : il soutint d'abord les sentiments de son maître avec beaucoup de zèle ; mais il les abandonna ensuite et devint ennemi de Luther.

Après mille variations dans sa doctrine et dans sa foi, après mille rétractations et mille rechutes, il renouvela une erreur que Luther avait été obligé d'abandonner ; il en poussa les conséquences, et devint chef d'une secte qu'on appela la secte des Anoméens.

Luther avait enseigné que nous étions justifiés par la foi, et que les bonnes œuvres n'étaient point nécessaires pour le salut. Agricola conclut de ce principe que, lorsqu'un homme avait la foi, il n'y avait plus de loi pour lui ; qu'elle était inutile, soit pour le corriger, soit pour le diriger, parce qu'étant justifié par la foi, les œuvres étaient inutiles, et parce que, s'il n'était pas juste, il le devenait en faisant un acte de foi.

Agricola ne voulait donc pas qu'on prêchât la loi évangélique, mais l'Evangile ; il voulait qu'on enseignât les principes qui nous portent à croire, et non pas les maximes qui dirigent la conduite (4).

Luther s'éleva contre cette doctrine : Agricola se rétracta plusieurs fois et la reprit autant de fois, parce que Luther, n'abandonnant point ses principes sur la justification, et les admettant avec Agricola, il ne pouvait le réfuter solidement, ni le détromper, puisque les conséquences d'Agricola étaient évidemment liées aux principes de Luther sur la justification.

Comme Agricola rejetait toute espèce de loi, on appela ses disciples anoméens, c'est-à-dire sans loi.

AGRIPPINIENS, disciples d'Agrippa, évêque de Carthage, qui rebaptisait ceux qui avaient été baptisés par les hérétiques. *Voy.* l'article REBAPTISANTS.

ALBANOIS, secte du huitième siècle, ainsi appelée du nom du lieu où elle prit naissance ; c'est l'Albanie (5).

Ils soutenaient qu'il était défendu de faire aucun serment ; ils niaient le péché originel, l'efficacité des sacrements et le libre arbitre ; ils rejetaient la confession auriculaire comme inutile et ne voulaient pas qu'on excommuniât.

On leur attribue d'avoir cru le monde éternel et d'avoir enseigné la métempsycose.

Il paraît qu'ils admettaient deux principes éternels et contraires et qu'ils niaient la divinité de Jésus-Christ. Ils condamnaient le mariage.

Ainsi, les albanois étaient une branche de manichéens qui s'était renouvelée dans l'Albanie, après leur destruction dans l'Orient. Ces sectaires se dispersèrent partout, et partout ils trouvèrent des disciples et formèrent des sectes : ils en eurent dans une infinité d'endroits en France.

L'ignorance était alors profonde et presque générale ; le clergé surtout était fort ignorant, par conséquent peu régulier ; car il ne faut pas croire qu'un clergé ignorant puisse longtemps conserver des mœurs : il en faut dire autant du peuple.

Ces restes de manichéens, ainsi répandus dans l'Europe, étaient eux-mêmes fort ignorants ; ils séduisaient le peuple par une apparence de régularité dans leurs mœurs et dans leur conduite ; ils criaient contre les abus, contre les désordres du clergé : le peuple ignorant est toujours séduit par cet artifice.

C'est à cette ignorance du clergé et des peuples qu'il faut attribuer les progrès rapides de ces sectes qui inondèrent l'Europe depuis le huitième siècle, qui ont allumé ces guerres si longues et si cruelles qui n'ont fini que dans le dernier siècle. *Voy.* les articles BOGOMILES, TANCHELIN, PIERRE DE BRUYS, ARNAUD DE BRESSE, ALBIGEOIS, VAUDOIS, STADINGHS, CAPUTIÉS, BÉGUARDS, FRATICELLES, WICLEF, HUSSITES, LUTHER, ANABAPTISTES, RÉFORME.

ALBIGEOIS, manichéens qui infectèrent le Languedoc à la fin du douzième siècle.

L'hérésie des pauliciens, ou manichéens de Bulgarie, avait été apportée en France par une vieille femme qui avait séduit plu-

---

(1) Orig. Chrys. Aug. l. VIII, quæst. 61 ; l. I De Trin., c. 12. De Genesi, contra Maur., c. 23. Æstius in loc. diff. script., p. 442, in l. III Sent. dist. 14 et 3. Calmet sur S. Matthieu et sur S. Marc, c. 24 et 13. Natal. Alex., in sæc. VI, dissert. 7.
(2) Forbes. Instit. Theol., l. III, c. 21.
(3) Stockman, Lexic.
(4) Stockman, Lexic. Sekendolf, Hist. Luth., l. III, § 82.
(5) Stockman, Lexic. in voce Albanenses. Sander. Baron.

sieurs chanoines d'Orléans ; d'autres manichéens, répandus dans les provinces méridionales de la France, y avaient communiqué leurs erreurs ; la sévérité avec laquelle on les traita et les recherches exactes qu'on en fit rendirent les hérétiques plus circonspects, et ne détruisirent point l'hérésie.

Malgré les efforts que l'on avait faits pour rétablir les études et la discipline en France, l'ignorance et le désordre des mœurs étaient extrêmes, même dans le clergé; on exerçait les fonctions ecclésiastiques sans science, sans mœurs et sans capacité; l'usure était commune, et dans beaucoup d'églises tout était vénal, les sacrements et les bénéfices : les clercs, les prêtres les chanoines et même les évêques se mariaient publiquement (1).

Parmi les laïques, ce n'étaient que meurtres, que pillage, que violence; les seigneurs s'emparaient des bénéfices, les donnaient, les vendaient ou les léguaient même par testament (2).

Le clergé était l'objet de la haine et du mépris du peuple et des grands.

Les manichéens, qui conservaient contre le clergé une haine implacable et un désir ardent de se venger des rigueurs qu'on avait exercées contre eux, profitèrent de ces dispositions pour attaquer tout ce qui conciliait de la considération au clergé; ils attaquèrent donc les sacrements, les cérémonies de l'Eglise, les prérogatives du clergé, prétendirent qu'on ne devait pas payer la dîme, et damnèrent tous les ecclésiastiques qui possédaient des biens-fonds.

Le peuple ignorant n'était retenu dans la soumission au clergé que par la terreur des peines canoniques; il prêta facilement l'oreille aux insinuations des manichéens, et passa du mépris des ministres à celui de leur doctrine, des cérémonies et des sacrements qu'ils conféraient.

Les manichéens, au contraire, condamnaient les richesses et les dérèglements du clergé; ils bornaient sa puissance, ils étaient pauvres, ils affichaient la régularité; ils furent bientôt regardés comme les apôtres. L'hérésie manichéenne éclata tout-à-coup en France; elle eut une grande quantité de sectateurs dans différentes provinces, et fut favorisée par beaucoup de seigneurs, qui avaient envahi les domaines de l'Eglise, et que les conciles condamnaient, sous peine d'excommunication, à rendre les biens qu'ils avaient usurpés : ainsi les manichéens devinrent bientôt une secte redoutable.

Les papes envoyèrent dans les provinces méridionales de la France des légats pour arrêter le progrès de cette erreur. Saint Bernard y alla et convertit beaucoup d'hérétiques ; mais il ne communiqua point au clergé ses lumières, ses talents, son zèle, et, après son départ, l'hérésie reprit de nouvelles forces (3).

Les évêques et quelques seigneurs de la province s'assemblèrent à Lombers, où les hérétiques étaient protégés par les habitants, parmi lesquels il y avait plusieurs chevaliers : les évêques disputèrent contre les chefs des hérétiques, il les convainquirent de renouveler les erreurs des manichéens, et les condamnèrent.

La condamnation de ces sectaires n'empêcha pas qu'ils ne fissent des prosélytes dans la Provence, en Bourgogne et en Flandre, où ils furent connus sous le nom de popélicains, de publicains, de bons-hommes, etc.

Les archevêques de Narbonne et de Lyon en firent arrêter quelques-uns, et l'on brûla vifs tous ceux qui ne voulurent pas se convertir (4).

Quelques années après, ces hérétiques se multiplièrent si prodigieusement dans le Languedoc, que les rois d'Angleterre et de France envoyèrent les prélats les plus éclairés de leurs Etats pour défendre la vérité de la religion; ils enjoignirent aux seigneurs, leurs vassaux, de donner main-forte et tous les secours nécessaires aux prélats et au légat que le pape enverrait pour les conversions des hérétiques.

Le légat et les évêques entrèrent dans Toulouse au milieu des clameurs insultantes du peuple, qui les traitait hautement d'hérétiques, d'apostats, d'hypocrites ; cependant un des prélats prêcha et réfuta si solidement leurs erreurs que les hérétiques, intimidés par la force de ses raisons et par la crainte du comte de Toulouse, n'osèrent plus se montrer ni parler en public.

Le légat ne se contenta pas de ces avantages; et, comme s'il se fût défié de cette méthode, si conforme à l'esprit de la religion, il fit des recherches pour découvrir les hérétiques, et fit promettre par serment à tous les catholiques de dénoncer les hérétiques qu'ils connaissaient et leurs fauteurs.

Parmi les hérétiques dénoncés, on trouva un nommé Pierre Mauran, homme riche et que l'on regardait comme le chef des hérétiques; on l'engagea, par caresses et par promesses, à comparaître devant le légat. Dans l'interrogatoire qu'on lui fit subir, il déclara que le pain consacré par le ministère du prêtre n'était pas le corps de Jésus-Christ : les missionnaires ne lui en demandèrent pas davantage; ils se levèrent et ne purent s'empêcher de répandre des larmes sur le blasphème qu'ils venaient d'entendre et sur le malheur de celui qui l'avait prononcé : ils déclarèrent Mauran hérétique et le livrèrent au comte de Toulouse, qui le fit enfermer : tous ses biens furent confisqués et ses châteaux démolis.

Pierre Mauran promit alors de se convertir et d'abjurer ses erreurs : il sortit de prison, se présenta nu, en caleçon, devant le peuple ; et s'étant prosterné aux pieds du légat et de ses collègues, il leur demanda pardon, reconnut ses erreurs, les abjura, et promit de se soumettre à tous les ordres du

(1) Gallia Christ., t. 1, p. 10. Variæ appendices, p. 44.
(2) Hist. litt. de France, t. VI.
(3) Hist. du Languedoc, t. II, l. xvii, p. 547; t. III, l. xix, p. 2.
(4) Ibid., t. III, p. 4, an. 1178.

légat. Le lendemain l'évêque de Toulouse et l'abbé de Saint-Sernin allèrent prendre Pierre Mauran dans la prison; il en sortit nu et sans chaussure. L'évêque de Toulouse et l'abbé de Saint-Sernin, en le conduisant, le fustigeaient de temps en temps, et l'amenèrent jusqu'aux degrés de l'autel, où il se prosterna aux pieds du légat et abjura de nouveau ses erreurs; on confisqua ses biens, on lui ordonna de partir dans quarante jours pour Jérusalem, et d'y demeurer trois ans au service des pauvres, avec promesse, s'il revenait, de lui rendre ses biens, excepté ses châteaux, qu'on laissait démolis en mémoire de sa prévarication. Il fut condamné, de plus, à une amende de cinq cents livres pesant d'argent envers le comte de Toulouse, son seigneur; à restituer les biens des églises qu'il avait usurpés, à rendre les usures qu'il avait exigées, à réparer les dommages qu'il avait causés aux pauvres (1).

Voilà quel était Pierre Mauran, cet ennemi si ardent du clergé, ce grand zélateur de la réforme.

On découvrit encore quelques-uns des principaux hérétiques, que l'on convainquit de manichéisme et que l'on excommunia : ce fut là tout le fruit de la mission (2).

La guerre divisait alors les seigneurs de la province, et Roger, vicomte d'Alby, ménagea les hérétiques, qu'il regarda comme une ressource contre Raymond, comte de Toulouse, leur grand ennemi : ils se fortifièrent dans différents endroits de ses domaines, et le pape Innocent III, informé de leurs progrès, envoya un légat en Languedoc.

Ce légat était Henri, abbé de Clairvaux, qui venait d'être élevé au cardinalat et à l'évêché d'Albano : deux ans avant, il avait été employé dans la mission à la tête de laquelle était le cardinal Chrysogone.

Henri, par la force de son éloquence, persuada à un grand nombre de catholiques de prendre les armes et de le suivre; il forma de ces catholiques un petit corps d'armée, s'avança vers les domaines du vicomte Roger, assiégea le château de Lavaur et le prit.

C'était le siège principal des hérétiques, et deux de leurs chefs, que l'on prit dans ce château, se convertirent. Le légat porta ensuite son armée en Gascogne, où il réduisit les hérétiques, autant par la force de ses prédications que par la terreur des armes. Après avoir ainsi terminé son expédition contre les hérétiques, le cardinal légat convoqua des conciles pour régler les affaires de l'Eglise (3).

Le cardinal Henri n'eut pas plutôt terminé son expédition, que, la crainte ne faisant plus d'impression sur les peuples, ils prêtèrent l'oreille, comme auparavant, aux discours séducteurs des manichéens, et l'erreur prit de nouvelles forces (4).

Les papes envoyèrent des légats pour arrêter les progrès de l'hérésie; mais les guerres qui divisaient les princes, l'ignorance du clergé, les démêlés des légats et des évêques rendirent les missions contre les hérétiques peu utiles. Les hérétiques profitèrent de cet état de trouble, ils prêchèrent publiquement leur doctrine, et séduisirent une grande quantité de chevaliers et de seigneurs.

Les légats s'appliquèrent donc à faire cesser les guerres qui désolaient la province de Languedoc et à réunir les seigneurs entre eux pour employer leurs forces contre les hérétiques. Le comte de Toulouse, qui refusa la paix, fut excommunié, et enfin obligé de la faire et de promettre de ne plus favoriser les hérétiques et de leur faire la guerre.

Mais le comte de Toulouse ne se comporta pas, dans la suite, d'une manière conforme au zèle des légats, et le légat Pierre de Castelnau l'excommunia.

Ce légat fut assassiné peu de temps après; et le pape soupçonnant, non sans quelque vraisemblance, le comte de Toulouse d'avoir eu part au meurtre, l'excommunia de nouveau, mit ses domaines en interdit et délia ses sujets du serment de fidélité, attendu qu'on ne devait point garder la foi à celui qui ne la gardait pas à Dieu.

Le pape informa de cette excommunication le roi de France, et l'exhorta à prendre les armes, à dépouiller de leurs biens le comte de Toulouse et ses fauteurs (5).

---

(1) Hist. de Languedoc, t. III, l. xix, p. 48.
(2) Ibid.
(3) Ibid. t. III, p. 57.
(4) Ibid., an. 1204.
(5) La croisade entreprise contre les albigeois, les supplices auxquels on les condamna, l'inquisition que l'on établit contre eux ont fourni une ample matière de déclamations aux protestants et aux incrédules leurs copistes. Les uns et les autres ont répété cent fois que cette guerre fut une scène continuelle de barbarie, et qu'il y avait de la démence à vouloir convertir des hérétiques par le fer et par le feu.
Nous n'avons aucun dessein de justifier les excès qui ont pu être commis de part ou d'autre par des gens armés, pendant une guerre de dix-huit ans; nous savons assez que dès que l'on a tiré l'épée l'on se croit tout permis; qu'un trait de cruauté commis par l'un des deux partis devient un motif ou un prétexte de représailles sanglantes : c'est ce que l'on a vu dans nos guerres civiles du seizième siècle; l'on n'était sûrement pas plus modéré au treizième.
Nous ne prétendons pas non plus soutenir qu'il est louable ou permis de poursuivre à feu et à sang des hérétiques dont la doctrine n'intéresse en rien l'ordre et la tranquillité publique, et dont la conduite est paisible d'ailleurs; toute la question est de savoir si les albigeois étaient dans ce cas. C'est une discussion dans laquelle nos adversaires n'ont jamais voulu entrer.

1° Enseigner que le mariage ou la procréation des enfants est un crime; que tout le culte extérieur de l'Eglise catholique est un abus, et qu'il faut le détruire; que tous les pasteurs sont des loups ravissants, et qu'il faut les exterminer, est-ce une doctrine qui puisse être suivie et réduite en pratique, sans que l'ordre et le repos publics en souffrent? Les pasteurs de l'Eglise peuvent-ils se croire obligés en conscience de la tolérer? Le comte de Toulouse, quels que fussent ses motifs, était-il sage et avait-il raison de la protéger? Nous savons bien qu'à la réserve du premier article, les protestants ont été de cet avis; mais nous appellerons toujours au tribunal du bon sens de leur décision. Il est fort singulier que les catholiques aient dû tolérer des opinions qui ne tendaient à rien moins qu'à les faire apostasier et à les faire blasphémer contre Jésus-Christ; et que les albigeois aient été dispensés de tolérer la doctrine catholique, parce qu'elle ne s'accordait pas avec la leur.

2° Quoiqu'en puissent dire les protestants, les albigeois avaient commencé par des insultes, des voies de fait et des violences contre les catholiques et contre le clergé, dès

L'abbé de Cîteaux et les religieux de son ordre reçurent du pape ordre de prêcher la croisade contre le comte de Toulouse, et ils la prêchèrent dans tout le royaume : le pape accordait aux croisés la même indulgence qu'à ceux qui allaient à la terre-sainte ; ainsi l'on s'empressa de se croiser contre le comte de Toulouse.

Raymond, comte de Toulouse, pour dissiper l'orage prêt à fondre sur lui, envoya des ambassadeurs à Rome ; et enfin, après bien des négociations, le pape lui promit de l'absoudre en cas qu'il fût innocent ; mais il exigea, pour préliminaires, que le comte de Toulouse remît à son légat sept de ses forteresses pour garantie de sa soumission au saint-siège.

Innocent III envoya Milon, son notaire, avec la qualité de légat *a latere*, pour examiner l'affaire de Raymond : le légat assembla à Montélimar un concile dans lequel Raymond comparut ; ce comte était nu jusqu'à la ceinture et fit le serment suivant : « L'an 12 du pontificat du seigneur pape Innocent III, le 18 juin, je, Raymond, duc de Narbonne, jure sur les saints Évangiles, en présence des saintes reliques, de l'eucharistie et du bois de la vraie croix, que j'obéirai à tous les ordres du pape, et aux vôtres, maître Milon, notaire du seigneur pape, et légat du saint-siège apostolique, et de tout autre légat du saint-siège, touchant tous et chacun des articles pour lesquels j'ai été ou je suis excommunié, soit par le pape, soit par son légat, soit par les autres, soit par droit ; en sorte que j'exécuterai de bonne foi ce qui me sera ordonné, tant par lui-même que par ses lettres et par ses légats, au sujet desdits articles, mais principalement les suivants. »

Ces articles sont : d'avoir refusé de signer la paix, de n'avoir pas expulsé les hérétiques,

de s'être rendu suspect dans la foi, de n'avoir pas rendu justice à ses ennemis, d'avoir fait lever des péages et des guidages indus, d'avoir fait arrêter quelques évêques et leurs clercs, d'avoir envahi leurs biens, etc. Le comte de Toulouse consent qu'on dispense ses sujets du serment de fidélité, supposé que sur tous ces articles il refuse d'obéir au pape.

Seize barons, vassaux du comte, promirent la même chose ; ensuite le légat ordonna au comte de réparer tous les torts qu'il avait faits, lui défendit de lever des péages et de se mêler des affaires de l'Eglise, etc.

Après que le comte eut promis d'observer toutes ces conditions, le légat fit mettre une étole au cou du comte de Toulouse, et, en ayant pris les deux bouts, il l'introduisit dans l'église, en le fouettant avec une poignée de verges ; enfin, après cette humiliante cérémonie, il lui donna l'absolution (1).

Cependant l'armée des croisés se fortifiait ; on voyait arriver en foule des flamands, des normands, des bourguignons, etc. ; conduits par les archevêques de Reims, de Sens, de Rouen, par les évêques d'Autun, de Clermont, de Nevers, de Bayeux, de Lisieux et de Chartres, et par un grand nombre d'ecclésiastiques.

Parmi les seigneurs séculiers, on comptait le duc de Bourgogne, les comtes de Nevers, de Montfort, etc.

L'abbé de Cîteaux, légat du saint-siège, fut nommé généralissime de l'armée (2).

Roger, vicomte de Béziers, effrayé de cette terrible croisade, alla trouver les légats et leur déclara qu'il était catholique, qu'il détestait les erreurs des hérétiques et qu'il ne les favorisait point ; mais toutes ses protestations furent inutiles, on ne le crut point.

L'armée des croisés grossissait tous les jours par les différents corps que condui-

---

qu'ils s'étaient sentis assez forts. L'an 1147, plus de soixante ans avant la croisade, Pierre le Vénérable, abbé de Cluny, écrivait aux évêques d'Embrun, de Die et de Gap : « On a vu, par un crime inouï des chrétiens, rebaptiser les peuples, profaner les églises, renverser les autels, brûler les croix, fouetter les prêtres, emprisonner les moines, les contraindre à prendre des femmes par les menaces et les tourments. » Parlant ensuite à ces hérétiques, il leur dit : « Après avoir fait un grand bûcher de croix entassées, vous y avez mis le feu ; vous y avez fait cuire de la viande et en avez mangé le vendredi saint, après avoir invité publiquement le peuple à en manger (Fleury, Hist. Eccles., liv. LXIX, n. 24). » C'est pour ces belles expéditions que Pierre de Bruys fut brûlé à Saint-Gilles quelque temps après. Nous aurions peine à le croire si les protestants n'avaient pas renouvelé ces excès au seizième siècle.

3° L'on ne peut pas douter que tous les libertins et les malfaiteurs de ces temps-là, connus sous les noms de routiers, cotereaux et mainades, ne se soient joints aux albigeois dès qu'ils virent que, sous prétexte de religion, l'on pouvait piller, violer, brûler et saccager impunément. C'est ainsi qu'à la naissance de la réforme l'on vit tous les ecclésiastiques libertins, tous les moines dyscoles et déréglés, tous les mauvais sujets de l'Europe embrasser le calvinisme, afin de satisfaire en liberté leurs passions criminelles. Un huguenot, qui avait un ennemi catholique, s'en vengeait à son aise et avec honneur ; les enfants révoltés contre leurs parents les menaçaient d'apostasier ; un paysan qui en voulait à son seigneur ou à son curé, pouvait exercer contre eux toute sa haine : les prédicants sanctifiaient tous les crimes commis par cette sorte de papisme ; leurs successeurs les excusent encore aujourd'hui.

4° Avant de sévir contre les albigeois, l'on avait em-

ployé pendant plus de quarante ans les missions, les instructions, et toutes les voies que la charité chrétienne pouvait suggérer. L'on n'en vint aux armes et aux supplices que quand ces hérétiques intraitables et furieux ne laissèrent plus aucune espérance de conversion. Lorsque saint Bernard vint en Languedoc pour les combattre, l'an 1147, il n'était armé que de la parole de Dieu et de ses vertus. L'an 1179, le concile général de Latran dit anathème contre eux, et il ajouta : « Quant aux Brabançons, Aragonnais, Navarrais, Basques, Cottereaux et Triaverdins qui ne respectent ni les églises, ni les monastères, et n'épargnent ni orphelins, ni âge, ni sexe, mais pillent et désolent tout comme des païens, nous ordonnons..... à tous les fidèles, pour la rémission de leurs péchés, de s'opposer courageusement à ces ravages, et de défendre les chrétiens contre ces malheureux (Can. 27). » Voilà le motif de la guerre contre les albigeois clairement exprimé ; et c'est pour cela que le légat Henri marcha contre eux avec une armée, l'an 1181. Ce n'était donc pas pour les convertir que l'on employait contre eux la violence, mais pour réprimer leurs ravages.

Les excès auxquels ils s'étaient livrés sont prouvés, 1° par la confession même que le comte de Toulouse fit publiquement au légat, l'an 1209, pour obtenir son absolution ; 2° par le vingtième canon du concile d'Avignon, tenu la même année ; 3° par le témoignage des historiens du temps, témoins oculaires. Que penser des albigeois, lorsque l'on voit le comte de Toulouse, leur protecteur, pousser la barbarie jusqu'à étrangler son propre frère, parce qu'il s'était réconcilié à l'Église catholique ? Le comte de Foix était un monstre encore plus cruel (*Hist. de l'Égl. gall.*, tom. X, liv. XXIX et XXX). (*Note de l'éditeur.*)

(1) Hist. de Languedoc, t. III, p. 162.
(2) Ibid., p. 167

saient l'archevêque de Bordeaux, l'évêque de Limoges, etc.

Les croisés prirent plusieurs châteaux et brûlèrent plusieurs hérétiques; enfin l'armée des croisés arriva devant Béziers et somma tous les catholiques qui y étaient de livrer tous les hérétiques.

La ville de Béziers rejeta ces conditions, et les croisés l'assiégèrent, la prirent, massacrèrent plus de soixante mille habitants, la pillèrent et y mirent le feu (1).

« Ils passèrent au fil de l'épée tous les habitants, dit le Père Benoît, sans distinction d'âge ni de sexe, saccageant et pillant partout; ensuite, ayant aperçu sept mille hommes qui s'étaient retirés dans l'église de la Madeleine, à dessein de s'y retrancher ou d'éviter la fureur des vainqueurs, ceux-ci suivirent le premier mouvement de leur impétuosité, et comme ils n'étaient commandés par aucune personne d'autorité, ils se jetèrent sur ces malheureux qu'ils massacrèrent sans qu'il en échappât un seul (2). »

Après le sac de Béziers, les croisés allèrent à Carcassonne, l'assiégèrent; et, après une attaque et une défense très-vigoureuse et très-meurtrière, ils obligèrent les habitants à rendre la ville, en leur accordant la vie sauve; ces malheureux habitants n'emportèrent que leur chemise, et l'on retint le comte Roger, que l'on enferma dans une prison, où il mourut peu de temps après.

Les habitants en sortant déclarèrent qu'ils étaient catholiques, excepté quatre cents, qui furent arrêtés et brûlés (3).

Tous les domaines de Roger furent donnés à Simon de Montfort. Les croisés, qui n'étaient venus que pour gagner l'indulgence, se retirèrent lorsque les quarante jours de service qu'ils étaient obligés de faire furent expirés; mais les légats et Simon de Montfort continuèrent de faire la guerre aux hérétiques et à leurs protecteurs.

Raymond, comte de Toulouse, s'était joint à l'armée des croisés, et s'était retiré comme les autres après la prise de Carcassonne; mais il était à peine de retour à Toulouse, que l'abbé de Cîteaux et Raymond de Montfort lui envoyèrent des députés pour le sommer, aussi bien que les consuls de Toulouse, de livrer aux barons de l'armée, sous peine d'excommunication, tous les habitants que les députés lui nommeraient, et de livrer aussi leurs biens, afin qu'ils fissent leur profession de foi en présence des barons de l'armée.

Simon de Montfort menaçait le comte de Toulouse, en cas de refus de sa part d'obéir à ces ordres, de lui courir sus et de porter la guerre jusque dans le cœur de ses États.

Malgré toutes les précautions que Raymond prit pour éviter la guerre, malgré les promesses qu'il fit de rechercher et de punir les hérétiques, malgré mille protestations d'attachement à la religion et d'horreur pour l'hérésie, les légats et Simon de Montfort tournèrent contre lui les forces de la croisade.

Le comte de Toulouse se prépara donc à soutenir la guerre et se ligua avec différents seigneurs de la province.

L'armée du légat était tour à tour grossie et abandonnée par ces troupes de croisés, qui venaient de toutes les parties de la France pour gagner l'indulgence, et qui retournaient promptement chacun dans leur pays, aussitôt que leurs quarante jours de service étaient expirés; ainsi, les succès des croisés n'étaient ni continuels ni rapides, et ces alternatives de force et de faiblesse dans l'armée des croisés entretenaient entre Simon de Montfort et ses ennemis une espèce d'équilibre qui, pendant longtemps, fit des provinces méridionales de la France un théâtre de désordres et d'horreurs.

La facilité de gagner l'indulgence en se croisant contre les albigeois ruinait les croisades de l'Orient, et de leur côté les princes confédérés souhaitaient la paix, et surtout le roi de France, qui s'était joint aux croisés. Le comte de Toulouse la fit, en perdant une partie de ses domaines, en promettant de raser les murs de Toulouse aussitôt qu'il en recevrait l'ordre du légat, en jurant qu'il rechercherait les hérétiques et qu'il les punirait sévèrement.

On n'exigea point de Raymond qu'il livrât personne, et la guerre n'eut d'autre effet que de le dépouiller d'une partie de ses domaines.

Raymond alla à Paris pour convenir de tous ces objets, et après qu'ils furent arrêtés, il fut introduit dans l'église Notre-Dame et conduit au pied du grand autel, en chemise, en haut-de-chausses et nu-pieds, et là il jura d'observer tous les articles qu'on a rapportés et reçut l'absolution (4).

Les princes confédérés imitèrent le comte de Toulouse et firent la paix en promettant de travailler avec zèle à l'extirpation de l'hérésie.

Le légat assembla plusieurs conciles, et entre autres un à Toulouse, où les évêques, de concert avec les barons et les seigneurs, prirent des mesures contre les hérétiques; on y admit aussi deux consuls de Toulouse, qui prêtèrent serment, sur l'âme de toute la communauté, d'observer tous les statuts que l'on ferait dans l'assemblée pour la destruction de l'hérésie, et l'on établit l'inquisition.

Les inquisiteurs parcoururent toutes les villes, faisant exhumer les hérétiques enterrés en lieu saint et brûlant les vivants. Leur zèle était infatigable et leur rigueur extrême : ils condamnaient au voyage de la terre sainte ou excommuniaient tout ce qui ne leur obéissait pas aveuglément. De nouveaux malheurs succédèrent donc aux malheurs de la guerre : les peuples étaient partout dans la consternation qui annonce la révolte et la sédition; dans beaucoup d'endroits ils se soulevèrent; quelques inquisiteurs furent massacrés, et

---

(1) Hist. de Languedoc, t. III, p. 162.
(2) Hist. des Albigeois, par le P. Benoît, t. I, p. 104.
(3) Hist. de Languedoc, t. III, p. 162; Hist. des Albigeois, t. I, p. 106.
(4) Hist. de Languedoc, t. III, l. xxiv, c. 5; t. IV, p. 184.

DICTIONNAIRE DES HÉRÉSIES. I.

l'on fut obligé de suspendre l'exercice de l'inquisition, que l'on rétablit ensuite.

On fut souvent obligé de mettre des bornes au zèle des inquisiteurs, et cependant on brûla beaucoup d'hérétiques. Leur nombre diminua peu à peu, et l'on ne trouve pas que l'on ait célébré d'acte de foi depuis 1383. Les inquisiteurs firent encore des recherches et ne demandaient qu'à brûler; mais les souverains pontifes, informés de l'irrégularité de leurs procédures et de l'iniquité de leurs sentences, leur imposèrent des lois sévères; alors l'inquisition n'excita plus de troubles, les hérétiques devinrent plus rares et s'éteignirent enfin tout à fait.

Tandis que les inquisiteurs recherchaient avec tant d'exactitude et punissaient avec tant de rigueur les hérétiques, un grand nombre de personnes s'adonnaient à la magie et aux sortilèges, et d'un autre côté l'on vit les pastoureaux s'attrouper et massacrer impitoyablement tous les juifs.

Que de désordres, de crimes et de malheurs ce siècle offre au chrétien qui réfléchit! Cependant on était très-ignorant; il n'y a point de siècle où l'on ait lancé plus d'excommunications, brûlé plus d'hérétiques et moins cultivé les sciences et les arts.

De la doctrine des albigeois.

Il est certain, par tous les monuments du temps des albigeois, que ces hérétiques étaient une branche de manichéens ou cathares; mais leur manichéisme n'était point celui de Manès. Ils supposaient que Dieu avait produit Lucifer avec ses anges; que Lucifer s'était révolté contre Dieu; qu'il avait été chassé du ciel avec tous ses anges; et que, banni du ciel, il avait produit le monde visible sur lequel il régnait.

Dieu, pour rétablir l'ordre, avait produit un second fils, qui était Jésus-Christ : voilà pourquoi les albigeois furent aussi appelés ariens.

Il est donc incontestable que les albigeois étaient de vrais manichéens; tous les auteurs contemporains l'attestent, et leurs interrogatoires, que l'on conserve encore en original, en font foi (1).

Il est vrai que les vaudois, les bégains et quelques autres hérétiques pénétrèrent dans le Languedoc et y furent condamnés; mais il n'est pas moins certain que ces hérétiques ont toujours été distingués des albigeois, et qu'ils ne sont point appelés de ce nom, mais simplement hérétiques (2).

Enfin, Guillaume de Puylaurent, auteur contemporain, dit que les hérétiques qui s'étaient répandus dans le Languedoc n'étaient pas uniformes : que les uns étaient manichéens, les autres vaudois, et que ceux-ci disputaient contre les premiers, qui certainement s'appelèrent dans la suite albigeois.

(1) Hist. de Languedoc, t. IV, p. 183; t. III, p. 133, 95, etc. Hist. des Albigeois; par le P. Benoit, t. II, pièces justificatives.
(2) D'Argentré, Collect. Jud. Hist. des crois. contre les albigeois; par le P. Langlois, jésuite. Hist. du Languedoc. Hist. des albigeois.

Il ne faut donc pas confondre toutes ces sectes, comme fait M. Basnage, et il est certain que les albigeois étaient de vrais manichéens, comme Bossuet l'a dit.

Que M. Basnage joigne aux vaudois, aux henriciens, etc., les albigeois, pour en composer, dans ces siècles, une communion étendue et visible qui tenait les dogmes des protestants, c'est ce que les catholiques ont peu d'intérêt à réfuter. Nous croyons cependant devoir remarquer en passant que Valdo ne tenait ses erreurs de personne, et qu'elles n'étaient point celles des protestants.

Nous ne craignons point d'avancer que M. Basnage n'a fait que des sophismes pour disculper les albigeois de l'imputation de manichéisme; toutes ses preuves se réduisent à établir qu'il y avait en Languedoc des hérétiques qui étaient opposés aux manichéens, et personne ne le conteste; mais on prétend que les hérétiques nommés albigeois étaient manichéens, et que ces manichéens que M. Basnage convient qui étaient dans le Languedoc, étaient en effet cette secte contre laquelle on forma la croisade et qui était appelée la secte des albigeois : c'est ce qui est évident par tous les monuments du temps, par les conciles, par les interrogatoires et par la distinction qu'on a toujours faite des albigeois et des vaudois : voilà à quoi se réduit la question sur le manichéisme imputé par Bossuet aux albigeois, et pour l'éclaircissement de laquelle il était inutile d'entasser tant de sophismes (3).

Les albigeois, outre les erreurs des manichéens, tenaient celles des sacramentaires; et c'est sur cela qu'on se fonde pour avancer que les albigeois étaient les précurseurs des nouveaux réformés.

Les erreurs des albigeois n'étaient pas l'ouvrage du raisonnement, mais l'effet du fanatisme, de l'ignorance et de la haine contre les catholiques : elles sont réfutées aux articles MANICHÉISME; CALVIN, LUTHER.

ALOGES, hérétiques du second siècle, que l'on croit qui niaient la divinité du Verbe : ils rejetaient l'Évangile selon saint Jean et l'Apocalypse (4).

Si leur erreur était différente de celle de Théodote de Byzance, elle rentrait dans les principes de Sabellius, qui niait que le Verbe fût une personne distinguée du Père, ou dans le sentiment des ariens qui, en reconnaissant que le Verbe était une personne distinguée du Père, prétendaient qu'il était une créature.

AMAURI, était un clerc natif de Bène, village du diocèse de Chartres; il étudia à Paris, sur la fin du douzième siècle; il fit de grands progrès dans l'étude de la philosophie, et enseigna, avec réputation au commencement du treizième siècle (5).

On avait alors apporté en France les livres d'Aristote; tous les philosophes arabes l'a-

(3) Hist. des Églises réform., t. I, période 4, c. 9, p. 165. Hist. de l'Église, t. II, l. xxix, c. 5, p. 1400.
(4) Epiph., Hær., 51. Philast., de Hær., c. 60. Aug., de Hær., c. 30. Tertull.; de Præscr.
(5) Rigord, ad an. 1209.

vaient pris pour guide dans l'étude de la logique, qui était presque la seule partie de la philosophie que l'on cultivât.

Il était difficile de regarder Aristote comme un guide infaillible dans la recherche de la vérité, sans supposer qu'il avait fait de grands progrès dans la connaissance des objets qu'il avait examinés.

Amauri passa donc de l'étude de la logique d'Aristote à l'étude de sa métaphysique et de sa physique; il suivit ce philosophe dans la recherche qu'il avait faite de la nature et de l'origine du monde.

Aristote, dans ses livres de métaphysique, examine toutes les opinions des philosophes qui l'ont précédé; il les trouve toutes insuffisantes, et il les réfute : il réfute Pythagore, qui regardé les nombres, ou plutôt les êtres simples et inétendus, comme les éléments des corps; Démocrite, qui croit que tout est composé d'atomes; Thalès, qui tirait tout de l'eau; Anaximandre, qui croyait que l'infini était le principe et la cause de tous les êtres.

Après avoir réfuté toutes ces opinions, Aristote suppose que tous les êtres sortent d'une matière étendue, mais qui n'a par elle-même ni forme, ni figure, et qu'il appelle la matière première.

Cette matière première existe par elle-même; le mouvement qui l'agite est nécessaire comme elle, et, quoique Aristote reconnût que les esprits sont des êtres immatériels, cependant il avait quelquefois semblé supposer que les esprits étaient sortis de la matière.

Straton, son disciple, en rapprochant ces différentes opinions d'Aristote, avait cru que la matière première suffisait pour rendre raison de l'existence de tous les êtres, et qu'en supposant le mouvement attaché à la matière première, on trouverait en elle et la cause et le principe de tout.

Longtemps après Straton, des philosophes arabes, qui avaient commenté Aristote, lui avaient attribué cette opinion, et elle avait passé dans l'Occident avec les livres des Arabes.

Martin le Polonais rapporte que Jean Scot Erigène avait adopté cette opinion, et qu'il avait enseigné qu'il n'y avait dans le monde que la matière première qui était tout, et à laquelle il donnait le nom de Dieu (1).

Soit qu'Amauri eût envisagé le système d'Aristote sous cette face, soit qu'il n'eût fait qu'adopter le système de Straton, soit qu'il eût suivi les commentateurs arabes et Scot Erigène, il crut, en effet, que Dieu n'était point différent de la matière première.

Après avoir enseigné la logique avec assez de réputation, Amauri se livra à l'étude de l'Ecriture sainte, et voulut l'expliquer. Comme il était fortement attaché à ses opinions philosophiques, il les chercha dans l'Ecriture; il crut les y voir, il crut voir, dans le récit de Moïse, la matière première,

(1) Nicolaus Trinet. in suo Chronico, t. VIII. Spicileg.; p. 550. D'Argentré, Collect. Jud., t. I, p. 128.
(2) On trouve dans les doctrines d'Amauri tout le système saint-simonien de nos jours. Il fit proclamer par ses sectateurs que la loi de l'Evangile avait fait son temps, que les

le *chaos*; il crut que cette matière première était, et la cause productrice, et le fonds duquel tous les êtres étaient sortis, de la manière dont Moïse le raconte.

Toute la religion s'offrait alors à Amauri comme le développement des phénomènes que devaient présenter le mouvement et la matière première.

Ce fut sur cette base qu'Amauri bâtit son système de religion chrétienne.

La matière première pouvait, par ses différentes formes, produire des êtres particuculiers, et Amauri reconnaissait dans la matière première, qu'il nommait Dieu, parce qu'elle était. l'être nécessaire et infini ; Amauri, reconnaissait, dis-je, en Dieu trois personnes, le Père, le Fils et le Saint-Esprit, auxquels il attribuait l'empire du monde, et qu'il regardait comme l'objet de la religion.

Mais, comme la matière première était dans un mouvement continuel et nécessaire, la religion et le monde devaient finir, et tous les êtres devaient rentrer dans le sein de la matière première, qui était l'être des êtres, le premier être, seul indestructible.

La religion, selon Amauri, avait trois époques, qui étaient comme les règnes des trois personnes de la Trinité.

Le règne du Père avait duré pendant toute la loi mosaïque.

Le règne du Fils, ou la religion chrétienne, ne devait pas durer toujours ; les cérémonies et les sacrements qui, selon Amauri, en faisaient l'essence, ne devaient pas être éternels.

Il devait y avoir un temps où les sacrements devaient cesser, et alors devait commencer la religion du Saint-Esprit, dans laquelle les hommes n'auraient plus besoin de sacrements et rendraient à l'Etre suprême un culte purement spirituel.

Cette époque était le règne du Saint-Esprit, règne prédit, selon Amauri, dans l'Ecriture, et qui devait succéder à la religion chrétienne, comme la religion chrétienne avait succédé à la religion mosaïque.

La religion chrétienne était donc le règne de Jésus-Christ dans le monde, et tous les hommes, sous cette loi, devaient se regarder comme des membres de Jésus-Christ (2).

On se souleva dans l'université de Paris contre la doctrine d'Amauri; il la défendit, et il paraît que son principe fondamental était ce sophisme de logique :

La matière première est un être simple, puisqu'elle n'a ni qualité, ni quantité, ni rien de ce qui peut déterminer un être; or, ce qui n'a ni quantité, ni qualité, est un être simple, donc la matière première est un être simple.

La religion et la théologie enseignent que Dieu est un être simple; or, on ne peut concevoir de différence entre des êtres simples, parce que ces êtres ne différeraient que

femmes allaient être communes, que dans six ans au moins le règne de l'esprit allait venir; et que, grâce à ce règne, les erreurs de l'amour ne seraient plus désormais que des actes de piété. (*Note de l'éditeur*.)

parce qu'il y aurait dans un de ces êtres des parties ou des qualités qui ne seraient pas dans l'autre, et alors ces êtres ne seraient plus simples.

S'il n'y a ni ne peut y avoir de différence entre la matière première et Dieu, la matière première est donc Dieu; et de ce principe Amauri tirait tout son système de religion, comme nous l'avons vu.

Amauri, condamné par l'université, appela au pape, qui confirma le jugement de l'université; alors Amauri se rétracta, se retira à Saint-Martin-des-Champs, et y mourut de chagrin et de dépit (1).

Il eut pour disciple David de Dinant. *Voyez* cet article.

*AMBROISIENS ou PNEUMATIQUES, nom que quelques-uns ont donné à des anabaptistes, disciples d'un certain Ambroise, qui vantait ses prétendues révélations divines, en comparaison desquelles il méprisait les livres sacrés de l'Ecriture. (Gautier, de Hæres., au seizième siècle.)

*AMSDORFIENS. Secte de protestants du seizième siècle, ainsi nommés de leur chef Nicolas Amsdorf, disciple de Luther, qui le fit d'abord ministre de Magdebourg, et, de sa propre autorité, évêque de Nuremberg. Ses sectateurs étaient des confessionnistes rigides, qui soutenaient que non-seulement les bonnes œuvres étaient inutiles, mais même pernicieuses au salut : doctrine aussi contraire au bon sens qu'à l'Ecriture, et qui fut improuvée par les autres sectateurs de Luther.

ANABAPTISTES, secte de fanatiques qui se rebaptisaient et défendaient de baptiser les enfants

De l'origine des anabaptistes (2).

Luther, en combattant le dogme des indulgences, avait fait dépendre la justification de l'homme uniquement des mérites de Jésus-Christ, que le chrétien s'appliquait par la foi.

Ainsi, selon ce chef de la réforme, les sacrements ne justifiaient point; c'était la foi de celui qui les recevait (3).

Un des disciples de Luther, nommé Stork, conclut de ces principes, que le baptême des enfants ne pouvait les justifier, et qu'il fallait rebaptiser tous les chrétiens, puisque, lorsqu'ils avaient été baptisés, ils étaient incapables de former l'acte de foi par lequel le chrétien s'applique les mérites de Jésus-Christ.

Luther n'avait établi sa doctrine ni sur la tradition, ni sur les décisions des conciles, ni sur l'autorité des Pères, mais sur l'Ecriture seule; or, disait Stork, on ne trouve point dans l'Ecriture qu'il faille baptiser les enfants : il faut, au contraire, enseigner ceux qu'on baptise, il faut qu'ils croient.

Les enfants ne sont ni susceptibles d'instruction, ni capables de former des actes de foi sur ce qu'on doit croire pour être chrétien. Le baptême des enfants est donc une pratique contraire à l'Ecriture, et ceux qui ont été baptisés dans l'enfance n'ont point en effet reçu le baptême.

Stork ne proposa d'abord cette doctrine que comme une conséquence des principes de Luther sur la justification, conséquence que Luther n'avait point voulu développer, selon Stork, par ménagement ou par prudence.

Le nouveau dogme de Stork ne fut d'abord qu'un sujet de conversation; bientôt il se glissa dans les écoles; on le mit dans les thèses; il eut des partisans dans les collèges; enfin, on le proposa dans les prédications.

Stork, pour défendre son sentiment, s'était armé de ce principe fondamental de la réforme, savoir : qu'on ne doit admettre comme révélé et comme nécessaire au salut que ce qui est contenu dans l'Ecriture; il condamne comme une source empoisonnée les Pères, les conciles, les théologiens et les belles-lettres. L'étude des lettres remplissait, selon Stork, le cœur d'orgueil et l'esprit de connaissances profanes et dangereuses.

Par ce moyen, Stork mit dans son parti les ignorants, les sots et la populace, qui, dans la secte de Stork, se trouvaient au niveau des théologiens et des docteurs.

Luther n'avait pas seulement enseigné que l'Ecriture était la seule règle de foi, et que chaque fidèle était le juge du sens de l'Ecriture, il avait insinué qu'il recevait des lumières extraordinaires du Saint-Esprit. Il prétendit que le Saint-Esprit ne refusait point à ceux qui les lui demandaient les lumières dont il était favorisé; les fidèles n'avaient point, selon Stork, d'autre règle de leur loi ou de leur conduite que ces inspirations et ces avertissements intérieurs du Saint-Esprit.

Carlostad, Muncer et d'autres protestants, jaloux de la puissance de Luther, ou rebutés par sa dureté, adoptèrent les principes de Stork, et les anabaptistes formèrent dans Wittemberg une secte puissante.

Carlostad et Muncer, à la tête de cette secte, coururent d'église en église, abattirent les images et détruisirent tous les restes du culte catholique que Luther avait laissés subsister.

Luther apprit, dans sa retraite, les progrès des anabaptistes; il accourut à Wittemberg, prêcha contre les anabaptistes, et fit bannir Stork, Muncer et Carlostad.

Carlostad se retira à Orlemonde, d'où il passa en Suisse, et y jeta les fondements de la doctrine des sacramentaires.

Storck et Muncer parcoururent la Souabe, la Thuringe, la Franconie, semèrent partout leur doctrine, et prêchèrent également contre Luther et contre le pape : celui-ci, selon Stork, accablait les consciences sous une foule de pratiques au moins inutiles; celui-là autorisait un relâchement contraire à l'Evangile; sa réforme n'avait abouti qu'à

---

(1) Guillem. Armoricus, Hist. de vita et gestis Philip., ad an. 1209. D'Argentré, loc. cit. S. Th. con. Gent., c. 17.
(2) Les novatiens, les cataphriges et les donatistes, dans les premiers siècles, ont été les prédécesseurs des nouveaux anabaptistes. (*Note de l'éditeur.*)
(3) Luth., De captivit. Babylon., p. 75.

introduire une dissolution semblable à celle du mahométisme. Les anabaptistes publiaient que Dieu les avait envoyés pour abolir la religion trop sévère du pape et la société licencieuse de Luther; il fallait, pour être chrétien, ne donner dans aucun vice et vivre sans orgueil et sans faste.

Les anabaptistes ne prétendaient point, comme Luther, tyranniser les consciences; c'était, selon eux, de Dieu seul que nous devions attendre les lumières propres à nous faire distinguer la vérité de l'erreur, la vraie religion de la fausse. Dieu déclarait dans l'Ecriture qu'il accordait ce qu'on lui demandait; ainsi, selon Stork et Muncer, on était sûr que Dieu ne manquait jamais à donner aux fidèles des signes infaillibles pour connaître sa volonté, lorsqu'on les demandait.

La volonté de Dieu se manifestait en différentes manières, tantôt par des apparitions, tantôt par des inspirations, quelquefois par des songes, comme dans le temps des prophètes.

Stork et Muncer trouvèrent une multitude d'esprits faibles et d'imaginations vives qui saisirent leurs principes avidement, et ils se mirent bientôt à la tête d'une secte d'hommes qui ne raisonnaient plus, et qui n'avaient pour guides que les saillies et les délires de leur imagination ou les accès de la passion.

Ces deux chefs sentirent bien qu'ils pouvaient imprimer à leurs disciples tous les mouvements qu'ils voudraient; ils ne songèrent plus à opposer à Luther une secte de controversistes, ils aspirèrent à fonder dans le sein de l'Allemagne une nouvelle monarchie. Quelques-uns de leurs disciples ne suivirent point les desseins ambitieux de leurs chefs; et tandis que Muncer se croyait tout permis pour établir son nouvel empire, ces anabaptistes pacifiques regardaient comme un crime la défense la plus légitime contre ceux qui attaquaient leurs personnes ou leurs fortunes. Nous allons suivre les progrès et les différents états de cette secte.

Des anabaptistes conquérants depuis la souveraineté de Muncer jusqu'à sa mort.

Une partie de l'Allemagne, ne pouvant plus supporter les vexations des seigneurs et des magistrats, s'était soulevée et avait commencé cette sédition connue sous le nom de guerre des paysans; ce soulèvement avait, pour ainsi dire, ébranlé toute l'Allemagne qui gémissait sous la tyrannie des seigneurs, et qui semblait n'attendre qu'un chef.

Muncer profita de ces dispositions pour gagner la confiance du peuple : « Nous sommes tous frères, disait-il, en parlant à la populace assemblée, et nous n'avons qu'un commun père dans Adam; d'où vient donc cette différence de rangs et de biens que la tyrannie a introduite entre nous et les grands du monde? Pourquoi gémirons-nous sur la pauvreté et serons-nous accablés de maux, tandis qu'ils nagent dans les délices? N'a-vons-nous pas droit à l'égalité des biens, qui, de leur nature, sont faits pour être partagés sans distinction entre tous les hommes? Rendez-nous, riches du siècle, avares usurpateurs, rendez-nous les biens que vous retenez dans l'injustice; ce n'est pas seulement comme hommes que nous avons droit à une égale distribution des avantages de la fortune, c'est aussi comme chrétiens.

« A la naissance de la religion, n'a-t-on pas vu les apôtres n'avoir égard qu'aux besoins de chaque fidèle dans la répartition de l'argent qu'on apportait à leurs pieds? Ne verrons-nous jamais renaître ces temps heureux? Et toi, infortuné troupeau de Jésus-Christ, gémiras-tu toujours dans l'oppression sous les puissances ecclésiastiques (1)!

« Le Tout-Puissant attend de tous les peuples qu'ils détruisent la tyrannie des magistrats, qu'ils redemandent leur liberté les armes à la main, qu'ils refusent les tributs et qu'ils mettent leurs biens en commun.

« C'est à mes pieds qu'on doit les apporter, comme on les entassait autrefois aux pieds des apôtres. Oui, mes frères, n'avoir rien en propre, c'est l'esprit du christianisme à sa naissance, et refuser de payer aux princes les impôts dont ils nous accablent, c'est se tirer de la servitude dont Jésus-Christ nous a affranchis » (2).

Le peuple de Mulhausen regarda Muncer comme un prophète envoyé du ciel pour le délivrer de l'oppression; il chassa les magistrats, tous les biens furent mis en commun, et Muncer fut regardé comme le juge du peuple. Ce nouveau Samuel écrivit aux villes et aux souverains que la fin de l'oppression des peuples et de la tyrannie des souverains était arrivée; que Dieu lui avait ordonné d'exterminer tous les tyrans et d'établir sur les peuples des gens de bien.

Par ses lettres et par ses apôtres, Muncer porta le feu de la sédition dans la plus grande partie de l'Allemagne; il fut bientôt à la tête d'une armée nombreuse qui commit de grands désordres : de plus grands malheurs menaçaient l'Allemagne; les peuples révoltés accouraient de toutes parts pour se joindre à Muncer.

Le landgrave de Hesse et plusieurs seigneurs levèrent des troupes, attaquèrent Muncer avant qu'il fût joint par différents corps de révoltés qui étaient en marche; l'armée de Muncer fut défaite; plus de sept mille anabaptistes périrent dans cette déroute, et Muncer lui-même fut pris et exécuté quelque temps après (3).

Des anabaptistes depuis la mort de Muncer jusqu'à l'extinction de leur royaume de Munster.

La défaite de Muncer n'anéantit pas l'anabaptisme en Allemagne : il s'y entretint et même s'y accrut; mais il ne formait plus un parti redoutable. Les anabaptistes, également odieux aux catholiques, aux protes-

---

(1) Catrou, Hist. des anab. Sleidan.
(2) Catrou, ibid. Sleidan. l. x. Seckendorf, Comm. sur l'Hist. du luth.
(3) Catrou; Sleidan; Seckendorf, ibid.

tants et aux sacramentaires, étaient décriés et punis dans toute l'Allemagne.

En Suisse, ils soulevèrent sans succès les citoyens et les paysans; la vigilance et l'autorité du magistrat déconcertèrent leurs projets, et ils y furent traités avec tant de rigueur, qu'ils ne s'y perpétuèrent qu'avec beaucoup de secret. Dans plusieurs cantons, on avait porté peine de mort contre les anabaptistes et contre tous ceux qui fréquentaient leurs assemblées, et l'on en avait exécuté un grand nombre.

Ils étaient traités avec plus de rigueur encore dans les Pays-Bas et en Hollande : les prisons en étaient remplies, et les échafauds étaient presque toujours dressés pour eux; mais, quelque supplice qu'on inventât pour inspirer de la terreur aux esprits, le nombre des fanatiques croissait.

De temps en temps il s'élevait parmi les Anabaptistes des chefs qui leur promettaient des temps plus heureux : tels furent Hosman, Tripnaker, etc.

Après eux parut Mathison, boulanger d'Harlem; il envoya dix apôtres en Frise, à Munster, etc.

La religion réformée s'était établie à Munster, et les anabaptistes y avaient fait des prosélytes qui reçurent les nouveaux apôtres. Tout le corps des anabaptistes s'assembla la nuit et reçut de l'envoyé de Mathison l'esprit apostolique qu'il attendait.

Les anabaptistes se tinrent cachés jusqu'à ce que leur nombre fût considérablement augmenté; alors ils coururent par le pays, criant : *Repentez-vous, faites pénitence et soyez baptisés, afin que la colère de Dieu ne tombe pas sur vous.*

La populace s'assembla; tous ceux qui avaient reçu un second baptême coururent aussitôt dans les rues, faisant le même cri; plusieurs personnes se joignirent aux anabaptistes par simplicité, craignant en effet la colère du ciel dont on les menaçait, et d'autres parce qu'ils craignaient d'être pillés.

Le nombre des anabaptistes augmenta en deux mois de plusieurs milliers, et les magistrats ayant publié un édit contre eux, ils coururent aux armes et s'emparèrent du marché. Les bourgeois se postèrent dans un autre quartier de la ville : ils se regardèrent les uns les autres pendant trois jours; enfin on convint que chaque parti mettrait bas les armes, et que l'on se tolérerait mutuellement, nonobstant la différence des sentiments sur la religion.

Mais les anabaptistes craignirent qu'on ne les attaquât de nuit, pendant qu'ils seraient désarmés; ils envoyèrent secrètement des messagers en différents lieux avec des lettres adressées à leurs adhérents.

Ces lettres portaient qu'un prophète envoyé de Dieu était arrivé à Munster, qu'il prédisait des événements merveilleux, et qu'il instruisait les hommes des moyens d'obtenir le salut : un nombre prodigieux d'Anabaptistes se rendit à Munster; alors les Anabaptistes de cette ville coururent dans les rues, criant : *Retirez-vous méchants, si vous voulez éviter une entière destruction; car on cassera la tête à tous ceux qui refuseront de se faire rebaptiser.* Alors le clergé et les bourgeois abandonnèrent la ville; les anabaptistes pillèrent les églises et les maisons abandonnées, et brûlèrent tous les livres, excepté la Bible.

Peu de temps après, la ville fut assiégée par l'évêque de Munster, et Mathison fut tué dans une sortie.

La mort de Mathison consterna les anabaptistes; Jean de Leyde ou Bécold courut nu dans les rues, criant : *Le roi de Sion vient*; après cette action, il rentra chez lui, reprit ses habits et ne sortit plus; le lendemain, le peuple vint en foule pour savoir la cause de cette action.

Jean Bécold ne répondit rien, et il écrivit que Dieu lui avait lié la langue pour trois jours.

On ne douta pas que le miracle opéré dans Zacharie ne se fût renouvelé dans Jean Bécold, et l'on attendit avec impatience la fin de son mutisme.

Lorsque les trois jours furent écoulés, Bécold se présenta au peuple, et déclara, d'un ton de prophète, que Dieu lui avait commandé d'établir douze juges sur Israël. Il nomma donc des juges, et fit dans le gouvernement de cette ville tous les changements qu'il voulut y faire.

Lorsque Bécold se crut bien affermi dans l'esprit des peuples, un orfèvre, nommé Tuschocierer, vint trouver les juges et leur dit : Voici ce que dit le Seigneur Dieu l'Eternel : « Comme autrefois j'établis Saül roi sur Israël, et après lui David, bien qu'il ne fût qu'un simple berger, de même j'établis aujourd'hui Bécold, mon prophète, roi en Sion. »

Un autre prophète accourut et présenta une épée à Bécold, en disant : *Dieu t'établit roi, non seulement sur Sion, mais aussi sur toute la terre.* Le peuple, transporté de joie, proclama Jean Bécold roi de Sion; on lui fit une couronne d'or et l'on battit monnaie en son nom.

Bécold ne fut pas plutôt proclamé roi qu'il envoya vingt-six apôtres pour établir partout son empire. Ces nouveaux apôtres excitèrent des désordres dans tous les lieux où ils pénétrèrent, surtout en Hollande, où Jean de Leyde disait que Dieu lui avait donné Amsterdam et plusieurs autres villes : les anabaptistes causèrent de grands désordres dans ces villes, et on en fit mourir un grand nombre.

Le roi de Sion apprit avec douleur les malheurs de ses apôtres; le découragement se mit dans Munster; bientôt après la ville fut prise par l'évêque; Jean de Leyde ou Bécold fut pris lui-même et tenaillé en 1536.

C'est ainsi que finit le règne des anabaptistes à Munster.

Des anabaptistes conquérants depuis l'extinction de leur royaume de Munster.

Les anabaptistes furent poursuivis et observés soigneusement par tous les princes et les magistrats qui, ayant toujours devant les yeux l'exemple de Munster, ne leur donnèrent aucun relâche. En Hollande on ne cessa, pendant plusieurs années, de faire des exécutions : dix ans après la réduction de Munster, on fit périr beaucoup d'anabaptistes qui cherchaient à rétablir leur parti; quelques-uns s'échappèrent, mais le plus grand nombre mourut avec un courage étonnant : on en vit qui, pouvant se sauver, préférèrent de mourir, parce qu'ils se trouvaient dans un état à ne pouvoir espérer de devenir meilleurs par une plus longue vie.

Les anabaptistes furent traités avec la même rigueur en Angleterre, où cependant ils firent des prosélytes; en Allemagne, en Suisse, ils se reproduisirent sans cesse.

Voilà quelle fut partout la destinée des anabaptistes, dont le principal dessein était de former un royaume temporel, et même une monarchie universelle, par la destruction de toutes les puissances. Dispersés sur la terre et hors d'état de rien entreprendre, ils renoncèrent au projet insensé de soumettre la terre à leurs opinions; leur fanatisme ne fut plus une fureur; ils se réunirent avec les anabaptistes purs et pacifiques.

Des anabaptistes pacifiques.

L'esprit de révolte et de sédition n'était pas essentiel à l'*anabaptisme*, et Stork ne trouva pas partout des caractères tels que celui de Muncer : quelques-uns de ses disciples, au lieu de se soulever contre les puissances séculières, entreprirent de réunir les anabaptistes dispersés dans les différentes parties de l'Allemagne, de se soustraire aux poursuites des magistrats et de former une société purement religieuse : tels furent Hutter, Gabriel et Menno, qui formèrent la société des frères de Moravie et celle des mennonites.

§ I. *Des frères de Moravie.*

Hutter et Gabriel, tous deux disciples de Stork, achetèrent dans la Moravie un terrain assez étendu et dans un canton fertile, mais inculte; ils parcoururent ensuite la Silésie, la Bohême, la Styrie et la Suisse, annonçant partout que Dieu avait élu un peuple selon son cœur; que ce peuple était répandu dans les contrées de l'idolâtrie, que le moment de rassembler Israël était venu, qu'il fallait que les vrais fidèles sortissent de l'Egypte et passassent dans la terre de promission.

Lorsque Hutter eut réuni assez d'anabaptistes pour former une société, il fit un symbole et des lois.

Ce symbole portait : 1° que Dieu, dans tous les siècles, s'était choisi une nation sainte qu'il avait faite la dépositaire du vrai culte; que la difficulté était d'en connaître les membres dispersés parmi les enfants de perdition, et de les réunir en corps pour les conduire à la terre promise; que ce peuple était sans doute celui que Hutter rassemblait pour le fixer en Moravie : enfin, que de se séparer du chef ou de négliger les lois du conducteur d'Israël, c'était le signe d'une damnation certaine.

2° Qu'il faut regarder comme impies toutes les sociétés qui ne mettent pas leurs biens en commun ; qu'on ne peut pas être riche en particulier et chrétien tout ensemble.

3° Que Jésus-Christ n'est pas Dieu, mais prophète.

4° Que des chrétiens ne doivent pas reconnaître d'autres magistrats que les pasteurs ecclésiastiques.

5° Que presque toutes les marques extérieures de religion sont contraires à la pureté du christianisme, dont le culte doit être dans le cœur, et qu'on ne doit point conserver d'images, puisque Dieu l'a défendu.

6° Que tous ceux qui ne sont pas rebaptisés sont de véritables infidèles, et que les mariages contractés avant la nouvelle régénération sont annulés par l'engagement que l'on prend avec Jésus-Christ.

7° Que le baptême n'effaçait le péché originel ni ne conférait la grâce; qu'il n'était qu'un signe par lequel tout chrétien se livrait à l'Eglise.

8° Que la messe est une invention de Satan, le purgatoire une rêverie, et l'invocation des saints une injure faite à Dieu; que le corps de Jésus-Christ n'est pas réellement dans l'eucharistie.

Tels sont les dogmes que professaient les anabaptistes réunis par Hutter, et qui prirent le nom de frères de Moravie.

Comme parmi eux on n'accordait le baptême qu'aux personnes d'un âge mûr, on demandait au prosélyte s'il n'avait jamais exercé de magistratures, et s'il renonçait à tout le faste et à toute la pompe de Satan qui les accompagnent. On examinait ses mœurs, et il n'était jugé digne d'être admis au nombre des frères que quand, d'une voix unanime, on avait entendu le peuple crier : *Qu'on le baptise!* Alors le pasteur prenait de l'eau, la répandait sur le prosélyte en prononçant ces mots : *Je te baptise, au nom du Père, du Fils et du Saint-Esprit.*

Parmi les huttérites, on recevait la cène deux fois l'année, au temps que le chef avait marqué pour la communion publique; c'était d'ordinaire dans un poêle ou dans une salle qui servait de réfectoire aux frères, que l'on s'assemblait pour participer aux mystères.

La cérémonie commençait par la lecture de l'Evangile en langue vulgaire; on faisait un sermon sur ce qu'on avait lu, et, à la fin du sermon, l'ancien allait porter à chacun des frères un morceau de pain commun; tous le recevaient dans leurs mains qu'ils tenaient étendues, tandis que le prédicateur expliquait le mystère; enfin il prononçait à haute voix ces paroles : *Prenez, mes frères; mangez, annoncez la mort du Seigneur.*

Alors tous mangeaient le pain : l'ancien allait ensuite de rang en rang avec sa coupe, et le prédicateur disait : *Buvez, au nom du Christ, en mémoire de sa mort.* Tous buvaient alors le calice et demeuraient ensuite dans une espèce d'extase dont ils n'étaient tirés que par les exhortations du prédicateur, qui leur expliquait les effets que devait produire en eux le mystère auquel ils avaient dû participer.

La cène n'était pas plutôt finie, qu'on détachait de l'assemblée des apôtres dans les provinces voisines.

Les anabaptistes n'avaient guère d'autres exercices de religion que la réception de la cène, sinon qu'ils s'assemblaient tous les mercredis et tous les dimanches, par pelotons, en des maisons particulières, pour y faire ou pour y entendre des sermons sans ordre et sans préparation.

Les frères de Moravie habitaient toujours la campagne, dans des terres de gentilshommes, qui trouvaient leur intérêt à les donner à ferme à une colonie d'anabaptistes, qui rendait toujours au seigneur le double de ce que lui aurait produit un fermier ordinaire.

Lorsqu'on leur avait confié un domaine, ils venaient y demeurer tous ensemble dans un emplacement séparé qu'on enfermait de palissades. Chaque ménage y avait sa hutte, bâtie sans ornements, mais en dedans elle était propre.

Au milieu de la colonie, on avait érigé des appartements publics, destinés aux fonctions de la communauté; on y voyait un réfectoire, où tous s'assemblaient au temps du repas; on y avait construit des salles pour travailler aux métiers que l'on ne peut exercer qu'à couvert; on y avait érigé un appartement où l'on nourrissait les petits enfants de la colonie. Il serait difficile d'exprimer avec quel soin les veuves s'acquittaient de cette fonction.

Dans un autre lieu séparé, on avait dressé une école publique pour l'instruction de la jeunesse : ainsi les parents n'étaient chargés ni de la nourriture, ni de l'éducation de leurs enfants.

Comme les biens étaient en commun, un économe qu'on changeait tous les ans percevait seul les revenus de la colonie et les fruits du travail : c'était à lui de fournir aux nécessités de la communauté. Le prédicant et l'archimandrite avaient une espèce d'intendance sur la distribution des biens et sur le bon ordre de la discipline.

La première règle était de ne point souffrir de gens oisifs parmi les frères. Dès le matin, après une prière que chacun faisait en secret, les uns se répandaient dans la campagne pour la cultiver; d'autres exerçaient en des ateliers les métiers qu'on leur avait appris; personne n'était exempt du travail. Ainsi, lorsqu'un homme de condition s'était fait frère, on le réduisait, selon l'arrêt du Seigneur, à manger son pain à la sueur de son front.

Tous les travaux se faisaient en silence, c'était un crime de le rompre au réfectoire. Avant que de toucher aux viandes, chaque frère priait en secret et demeurait près d'un quart d'heure, les mains jointes sur la bouche, dans une espèce d'extase. On ne sortait point de table qu'on n'eût prié en secret un autre quart d'heure : après le repas, chacun reprenait son travail.

Le silence était observé rigoureusement aux écoles parmi les enfants. On les aurait pris pour des statues d'une même parure, car tous les frères et toutes les sœurs avaient des habits de la même étoffe et taillés sur le même modèle.

Les mariages n'étaient point l'ouvrage de la passion ou de l'intérêt : le supérieur tenait un registre des jeunes personnes des deux sexes qui étaient à marier; le plus âgé des garçons était donné à tour de rôle pour mari à la plus âgée des filles. Celle des deux parties qui refusait de s'allier avec l'autre passait au dernier rang de ceux qui devaient être mariés; alors on attendait que le hasard assortît ces personnes.

Le jour des noces était célébré avec peu d'appareil, seulement l'économe augmentait de quelques mets le repas des nouveaux époux, et ce seul jour-là était pour eux un jour de fête; on les exemptait du travail. Alors on leur assignait une hutte séparée dans l'enclos, à condition que la femme se trouverait tous les jours à son poste, dans la salle des travaux, et que le mari se transporterait, à l'ordinaire, à la campagne ou dans les ateliers, pour s'acquitter de ses emplois.

Le vice n'avait point corrompu ces sociétés : on n'y voyait aucune trace des dérèglements que l'on reprochait aux différentes sectes des anabaptistes; on ne punissait les infractions des lois que par des peines spirituelles, telles que le retranchement de la cène, et l'on renvoyait dans le siècle ceux qui ne se corrigeaient pas.

S'il arrivait que l'emportement eût fait commettre un homicide qu'il aurait été dangereux de laisser impuni, comme on avait horreur de répandre le sang du coupable, on avait imaginé un genre de supplice fort extraordinaire : c'était de chatouiller le criminel jusqu'à ce qu'il mourût.

Il s'en fallait beaucoup que les frères de Moravie dépensassent tout ce qu'ils gagnaient : de là les richesses que les économes de chaque colonie accumulaient en secret. On n'en rendait compte qu'au premier chef de toute la secte : elle en avait un qui n'était connu que des frères et qu'on ne révélait point au public. Par la destination de ce chef ou de ce premier archimandrite, on employait le superflu des colonies au profit de toute la secte : souvent il arrivait qu'on achetait en propre les terres qu'on n'avait tenues qu'à ferme.

§ II. *De la destruction des frères de Moravie.*

Tout semblait conspirer à protéger les frères de Moravie : la noblesse trouvait son compte à faire cultiver ses terres par des hommes infatigables et fidèles; on n'avait point de plaintes à faire d'une société dont tous les règlements n'avaient point, ce semble, d'autre but que l'utilité publique : cependant le zèle de la religion l'emporta, dans le cœur de Ferdinand, sur l'utilité temporelle. Ce prince, dit le P. Catrou, conçut qu'à tout prendre il était dangereux de voir sous son règne se former une république indépendante des magistrats civils et contraire à l'obéissance des souverains. Le double intérêt de la religion et de l'Etat le rendit donc ennemi déclaré des huttérites en particulier, comme il l'avait été des anabaptistes en général.

Le maréchal de Moravie reçut donc ordre de chasser les anabaptistes. Ils réclamèrent l'autorité des lois qui les avaient rendus possesseurs légitimes de leurs habitations. La noblesse et les villes de Moravie s'intéressèrent pour eux ; mais rien ne put fléchir Ferdinand : il envoya des troupes contre les anabaptistes. Alors, continue le P. Catrou, les frères de Moravie abandonnèrent leurs habitations à l'avarice des soldats : pour eux, sans donner la moindre marque d'indignation ou de révolte, ils quittèrent la Moravie par bandes, pour se retirer dans un pays inhabité, inculte et stérile, proche de la Moravie.

La Moravie ne tarda pas à sentir la perte qu'elle avait faite : on se plaignit bientôt de voir les terres, autrefois si fertiles et si cultivées par l'industrie des anabaptistes, devenues désertes ou négligées depuis leur expulsion.

Tandis que les huttérites étaient consumés par la faim dans leurs déserts, les Moraves soupiraient après le retour de ces pauvres exilés : bientôt on se plaignit, on murmura, et la Moravie était prête à se soulever. On rappela les anabaptistes, et ce fut après leur rappel que la discorde troubla leurs colonies. Elles étaient gouvernées par Hutter et par Gabriel, deux hommes d'un caractère bien différent : Hutter invectivait sans cesse contre l'autorité des magistrats, il prêchait dans toute sa rigueur l'égalité des hommes ; Gabriel, plus doux, voulait qu'on se conformât aux lois civiles des pays où l'on était. Hutter et Gabriel se brouillèrent et formèrent deux sectes séparées qui s'excommunièrent ; ainsi les frères de Moravie furent partagés en gabriélistes et en huttérites. Hutter et Gabriel allèrent, chacun de son côté, former de nouveaux établissements : leur projet était de se rendre partout les seuls laboureurs de l'Allemagne et les meilleurs artisans des villes.

Ainsi, dans les colonies des anabaptistes, on trouvait généralement de quoi fournir aux besoins de toutes les villes. De là, dit le P. Catrou, la ruine et les murmures des anciens habitants du pays. On s'aperçut d'ailleurs que Hutter, dans les différentes provinces où il allait, engageait les particuliers à vendre leurs biens pour ses établissements : on l'arrêta comme ennemi de la société et on le brûla comme hérétique.

Après la mort de Hutter, ces deux sectes se réunirent ; mais la discipline se relâcha, le luxe s'introduisit dans les colonies et y attira tous les vices.

Toute l'adresse des archimandrites suffisait à peine à couvrir les désordres des colonies ; on ne prêchait plus aux frères que des raisons de politique, pour arrêter le cours des désordres qu'il était dangereux, disait-on, de faire éclater au dehors : on ne les entretenait presque plus de Dieu et de la sévérité de ses jugements. Pour les mystères de la Trinité et de l'incarnation du Verbe, ils paraissaient entièrement oubliés ; on y tolérait toutes les sectes de l'anabaptisme, sabbataires, clanculaires, etc., dont nous parlerons dans un article séparé.

Gabriel s'opposa de toutes ses forces à ces désordres ; il devint odieux à la secte, qui le fit chasser de Moravie ; il se retira en Pologne, et finit dans la misère une vie toujours occupée de l'établissement et de la gloire de sa secte.

La communauté des frères de Moravie ne laissa pas de subsister après le départ de Gabriel. Feldhaller, successeur de Gabriel, s'appliqua uniquement à enrichir ses colonies ; mais il n'y rétablit pas l'ordre et la discipline primitive. Le mépris des peuples suivit le dérèglement des anabaptistes, et la persécution fut la suite du mépris ; enfin, vers l'an 1620, cette communauté si défigurée fut presque détruite : un grand nombre de frères se retira en Transylvanie et s'y réunit avec les sociniens.

Depuis que les quakers se sont établis en Transylvanie et y ont reçu toutes les sectes chrétiennes, beaucoup d'anabaptistes de Moravie y ont passé.

Des anabaptistes pacifiques de Hollande appelés mennonites.

Deux frères, dont l'un se nommait Ubbo et l'autre Théodore Philippes, fils d'un pasteur de Leuwarde, après avoir embrassé la secte des anabaptistes, avaient été établis évêques en 1534. Ces deux frères n'avaient jamais approuvé ni les sentiments, ni les desseins des anabaptistes de Munster au sujet du royaume temporel. Après l'extinction de ce royaume, ils ramassèrent les restes des anabaptistes et formèrent le projet d'en faire une nouvelle secte. Ils communiquèrent leur dessein à Menno, curé dans la Frise, et l'engagèrent à quitter sa cure pour se faire évêque des anabaptistes.

Menno, devenu l'évêque des anabaptistes, travailla avec tant d'ardeur et de succès à l'établissement de sa secte, qu'en peu de temps sa doctrine fut reçue par un grand nombre de personnes en Frise, en Westphalie, en Gueldre, en Hollande, dans le Brabant et en divers autres lieux.

Ce ne fut pas sans de grands obstacles : on publia des édits sévères contre les mennonites ; on en brûla un grand nombre, et l'on fit mourir un habitant de Harlingen, en Frise, pour avoir reçu chez lui Menno Simonis.

Les mennonites se divisèrent bientôt entre eux ; il s'éleva de grandes contestations dans cette secte au sujet de l'excommunication. On tint un synode à Wismar, où Menno faisait sa résidence.

Dans ce synode on agit avec force et avec chaleur contre ceux qui transgressaient les ordres ; on ordonna que le mari abandonnerait sa femme excommuniée, et semblablement la femme son mari, et que les parents d'une personne excommuniée n'auraient plus aucun commerce avec elle.

Ce synode fut condamné dans une assemblée qui se tint la même année à Meklenbourg, et l'on y ordonna que l'on ne procéderait pas si rigoureusement à l'égard des personnes jugées dignes d'excommunication.

Ce différend causa dans la suite d'autres schismes parmi les anabaptistes, au sujet de plusieurs questions qui furent agitées sur les moyens de se servir du glaive charnel sans recourir au magistrat; et ces questions échauffèrent si fort les esprits, que Menne ayant excommunié un nommé Cnyper parce qu'il n'était pas dans ces sentiments, celui-ci l'excommunia à son tour.

Cette division des anabaptistes augmenta considérablement l'année suivante, surtout à Embden, où il y eut de grands désordres au sujet d'une femme dont on avait excommunié le mari : cette femme n'ayant pas voulu se séparer de son mari, les uns prétendaient qu'il fallait l'excommunier, les autres s'y opposaient.

On écrivit à Menno, qui répondit qu'il ne consentirait jamais qu'on usât d'une si grande rigueur à l'égard de l'excommunication; mais les anabaptistes rigides le menacèrent de l'excommunier lui-même, et il fut obligé de suivre leur sentiment.

C'est de ces divers sentiments au sujet de l'excommunication que sont venues les diverses factions qui séparent encore aujourd'hui les mennonites.

Les anabaptistes rigides se sont encore divisés : de sorte que les uns sont plus rigides et les autres plus relâchés. Tous s'excommunièrent réciproquement, et rien n'a pu réconcilier ces différents partis.

Après la mort de Menno, le schisme s'augmenta entre ses sectateurs, et surtout entre ceux de Flandre et de Suisse. Pour le faire cesser, les deux partis prirent des arbitres et promirent de s'en tenir à leur jugement : les Flamands, qui étaient les mennonites rigides, furent condamnés; mais ils accusèrent les arbitres de partialité, rompirent tout commerce avec les mennonites mitigés, et ce fut un crime de converser, de manger, de parler et d'avoir la moindre conversation ensemble, même à l'article de la mort.

Les Provinces-Unies s'étant soustraites à la domination de l'Espagne, les anabaptistes ne furent plus persécutés. Guillaume Ier, prince d'Orange, ayant besoin d'une somme d'argent pour soutenir la guerre, la fit demander aux mennonites, qui la lui envoyèrent. Le prince ayant reçu la somme et signé une obligation, il leur demanda quelle grâce ils souhaitaient qu'on leur accordât : les anabaptistes demandèrent à être tolérés, et ils le furent en effet après que la révolution fut accomplie.

A peine les ministres protestants jouissaient de l'exercice de leur religion dans les Provinces-Unies, qu'ils firent tous leurs efforts pour rendre les anabaptistes odieux et pour les faire chasser.

Toutes les difficultés qu'ils essuyèrent de la part des Eglises réformées et des magistrats du pays, jusque vers le milieu du dernier siècle, ne les empêchèrent point de continuer leurs divisions. Ils assemblèrent cependant un synode à Dordrecht, en 1632, pour travailler à se réunir, et il s'y fit une espèce de traité de paix qui fut signé de cent cinquante et un mennonites; mais quelques années après, il s'éleva de nouveaux schismatiques dans la secte de Menno.

Le mennonisme a aujourd'hui deux grandes branches en Hollande, sous le nom desquelles tous les frères sont compris : l'une est celle des Waterlanders; l'autre, celle des Flamands. Dans ceux-ci sont renfermés les mennonites frisons et les Allemands, qui sont proprement la secte des anabaptistes anciens, plus modérés, à la vérité, que leurs prédécesseurs ne le furent en Allemagne et en Suisse.

Parmi les Flamands, on trouve beaucoup de sociniens.

En 1664, l'Etat fut obligé d'interposer son autorité pour leur défendre de disputer sur la divinité de Jésus-Christ. On les nomme aussi galénites, du nom de Galénus, médecin et fameux prédicateur mennonite.

Outre ces branches du mennonisme, il y a à Amsterdam diverses petites assemblées moins connues. Ces mennonites diffèrent les uns des autres en divers points de peu d'importance. Ces petites assemblées se forment sans bruit et secrètement dans quelques maisons particulières.

Les disputes que les galénites eurent avec eux sur la divinité de Jésus-Christ, en 1669, donnèrent naissance à une nouvelle assemblée des mennonites, qui se sépara en protestant contre les opinions sociniennes. Ceux-ci ont continué de s'assembler, depuis ce temps-là, dans une église particulière.

Les mennonites reconnaissent donc la divinité de Jésus-Christ, et prétendent qu'on ne doit obéir ni à l'Eglise, ni aux conciles, ni à aucune assemblée ecclésiastique. Ils rejettent le baptême des enfants; ils soutiennent qu'aucune Eglise ne doit être réputée la vraie Eglise à l'exclusion des autres, et que l'ouvrage de la réformation ne saurait être regardé comme une entreprise exécutée par l'autorité de Dieu et de Jésus-Christ. Ils ne croient pas que les ministres et les diacres aient aucune autorité de droit divin : de là ils concluent que l'excommunication n'a plus lieu depuis les apôtres, qui seuls ont été établis par Dieu. Ils reconnaissent la nécessité d'obéir aux magistrats.

En 1660, les anabaptistes allemands d'Alsace souscrivirent à la confession de foi des anabaptistes flamands.

Les anabaptistes de Hambourg ont la même confession de foi que les anabaptistes séparés. Ils administrent le baptême et la cène a peu près comme les frères de Moravie (1).

Des sectes dévotes qui se sont élevées parmi les anabaptistes.

C'était un principe fondamental de l'anabaptisme que Dieu instruisait immédiatement les fidèles et que le Saint-Esprit leur inspirait ce qu'ils devaient faire et ce qu'ils devaient croire : chaque anabaptiste prenait donc pour des vérités révélées toutes ses idées, quelque étranges quelles fussent ; et l'on vit une multitude de sectes d'anabaptistes qui n'avaient en commun que la nécessité de baptiser ceux qui avaient été baptisés, et qui faisaient dépendre le salut de différentes pratiques. Tels furent :

1° Les adamites, qui, au nombre de plus de trois cents, montèrent tout nus sur une haute montagne, persuadés qu'ils seraient enlevés au ciel en corps et en âme.

2° Les apostoliques, qui pratiquaient à la lettre l'ordre que Jésus-Christ a donné de prêcher sur les toits : ces apostoliques n'avaient point d'autres chaires que la couverture des maisons ; ils y montaient avec agilité, et de là faisaient entendre leurs voix aux passants.

3° Les taciturnes, au contraire, persuadés que nous étions arrivés à ces temps fâcheux prédits par saint Paul, dans lesquels la porte de l'Evangile doit être fermée, se taisaient obstinément lorsqu'on les interrogeait sur la religion et sur le parti qu'on avait à prendre dans ces temps si difficiles.

4° Les parfaits, qui s'étaient séparés du monde afin d'accomplir à la lettre le précepte de ne point se conformer au siècle : avoir un air de sérénité ou de satisfaction, faire le moindre sourire, c'était, selon eux, s'attirer cette malédiction de Jésus-Christ : *Malheur à vous qui riez, car vous pleurerez.*

5° Les impeccables, qui croyaient qu'après la régénération nouvelle il était facile de se préserver de tout péché, et qui croyaient qu'en effet ils n'en commettaient plus ; c'est pour cela qu'ils retranchaient de l'oraison dominicale ces mots : *pardonnez-nous nos offenses* ; ils n'invitaient personne à prier pour eux.

6° Les frères libertins, qui prétendaient que toute servitude était contraire à l'esprit du christianisme.

7° Les sabbataires, qui croyaient qu'il fallait observer le jour du sabbat et non le dimanche.

8° Les clanculaires, qui disaient qu'il fallait parler en public comme le commun des hommes en matière de religion, et qu'il ne fallait dire qu'en cachette ce que l'on pensait.

9° Les manifestaires, qui tenaient des sentiments diamétralement opposés à ceux des clanculaires.

10° Les pleureurs, qui s'imaginaient que les larmes étaient agréables à Dieu, et dont toute l'occupation était de s'exercer à acquérir la facilité de pleurer ; ils mêlaient toujours leurs pleurs avec leur pain, et on ne les rencontrait jamais que les soupirs à la bouche.

11° Les réjouis, qui établissaient pour principe que la joie et la bonne chère étaient l'honneur le plus parfait qu'on pût rendre à l'auteur de la nature.

12° Les indifférents, qui n'avaient point pris de parti en matière de religion et qui les croyaient toutes également bonnes.

13° Les sanguinaires, qui ne cherchaient qu'à répandre le sang des catholiques et des protestants.

14° Les antimariens, qui refusaient tout honneur et toute estime à la Vierge (2).

ANDRONICIENS, disciples d'un certain Andronic qui avait adopté les erreurs des Sévériens : ils croyaient que la moitié supérieure des femmes était l'ouvrage de Dieu et la moitié inférieure l'ouvrage du diable (3).
Voyez l'art. SÉVÉRIENS.

ANGELIQUES. Leur secte paraît avoir existé du temps des apôtres ; il semble que ce soit d'eux que parle saint Paul dans l'épître aux Colossiens : « Que nul ne vous ravisse le prix de votre course, dit cet apôtre, en affectant de paraître humble par un culte superstitieux des anges, se mêlant de parler de choses qu'il ne sait point, étant enflé par les vaines imaginations d'un esprit humain et charnel » (4).

On ne voit rien, ni dans la loi, ni dans les prophètes, ni dans les pratiques des saints de l'Ancien Testament, sur le culte des anges : il est vrai que, lorsque les anges ont apparu et qu'ils ont parlé au nom de Dieu et comme le représentant, ils ont reçu des hommages et une adoration ; mais ce culte et cette adoration se rapportaient à Dieu, dont ils étaient les ministres et les ambassadeurs (5).

Depuis le retour de la captivité, les Juifs furent plus curieux de connaître les anges, de les distinguer par leurs fonctions et par leurs noms, et peu à peu ils vinrent à leur rendre quelque culte (6).

---
(1) Hist. Mennonitarum Descript. d'Amsterdam. Catrou, Hist. des anab. Une petite hist. des anabaptistes, in-12, imprimée à Amsterdam, et faite sur d'excellents mémoires.
(2) *Voyez* les auteurs cités, et Kromayer, in Scrutinio religionum. Pantheon anabaptisticum et enthusiasticum, 1702, in-fol. Les théol. allemands ont beaucoup écrit sur l'anabaptisme : *voyez-les* dans Stockman, Lexic. Hæres.
(3) Epiph., Hær. 45.
(4) Ep. Paul. ad Colos, II, 18.
(5) Exod., III, 4 et 5. Josué, 26. Genes. XVIII, 2.
(6) On voit, dans Philon, des discours sur la nature des anges, sur leurs offices, sur la distinction des bons et des méchants. Josèphe, et après lui Porphyre, assurent que les esséniens, dans leur profession, s'engageaient à conserver religieusement les livres de leur secte, apparemment les livres sacrés et les noms des anges, ce qui fait conjecturer qu'ils leur rendaient un culte. L'auteur du livre de la Prédication de saint Pierre, livre très-ancien, cité par saint Clément d'Alexandrie, dit que les Juifs rendent un culte religieux aux anges et aux archanges, et même aux mois et à la lune. Celse accusait les Juifs d'adorer, non-seulement les anges, mais aussi le ciel. M. Gaulmin, dans ses notes sur l'Histoire de Moïse (c. 4, p. 501), cite un livre composé par le rabbin Abraham Salomon, où il y a une oraison directe à l'archange saint Michel. (*Voyez* Calmet, Comment. sur saint Paul, ép. aux Col., II, 18 ; et sa dissertation sur les bons et sur les mauvais anges.

L'esprit humain aime à étendre les prérogatives de l'objet de son culte, à agrandir et à ennoblir tout ce qui lui appartient; ainsi, ceux qui honoraient les anges relevèrent beaucoup la loi de Moïse, parce que Dieu l'avait donnée aux hommes par le ministère des anges : ils crurent que l'observation de cette loi était nécessaire au salut ; enfin ils crurent que Dieu s'étant servi du ministère des anges pour faire connaître sa volonté aux hommes, c'était par ce même ministère que les hommes devaient faire passer leurs prières à Dieu, dont la majesté était invisible et inaccessible aux mortels; enfin ils jugèrent que nous n'avions point de médiateurs plus puissants auprès de Dieu, et ils les croyaient beaucoup plus propres à nous réconcilier à lui que Jésus-Christ (1).

Il y avait des angéliques sous l'empire de Sévère et jusqu'à l'an 260 ; mais ils n'existaient plus du temps de saint Epiphane, qui ne savait que le nom de ces hérétiques, et qui ne savait ni en quoi consistait leur hérésie, ni d'où elle tirait son nom (2).

Saint Augustin croit que les angéliques se nommaient ainsi parce qu'ils prétendaient mener une vie angélique (3).

Théodoret remarque que le culte des anges, que les faux apôtres avaient fait recevoir dans la Phrygie et dans la Pisidie, y avait jeté de si profondes racines, que le concile de Laodicée, qui se tint en l'an 357 ou 367, leur défendit expressément d'adresser des prières aux anges ; et encore aujourd'hui, ajoute Théodoret, on voit chez eux des oratoires dédiés à saint Michel; mais le concile dit simplement qu'il ne faut pas que les chrétiens abandonnent l'Eglise de Dieu, ni qu'ils s'en aillent et qu'ils invoquent les anges, et qu'ils fassent des assemblées à part (4).

'ANGELITES, hérétiques du cinquième siècle, ainsi appelés d'un certain lieu d'Alexandrie (*Angelium*), où ils tenaient leurs assemblées. Ils enseignaient que autre était le Père, autre le Fils, autre le Saint-Esprit ; qu'aucun d'eux n'était Dieu par lui-même et par sa nature; mais qu'il y avait en eux la nature divine qui leur était commune; et que participant à cette divinité d'une manière indivisible, chacun d'eux était Dieu (5).

'ANGELOLATRIE, culte superstitieux des anges. Il existait dans la religion chrétienne, du temps même des apôtres, comme le prouvent ces paroles de l'Epître de saint Paul aux Colossiens : *Que nul ne vous ravisse le prix de votre course, en affectant de paraître humble par un culte superstitieux des anges, se mêlant de parler des choses qu'il ne sait point* (6).

ANGLETERRE (Schisme d'). C'est la séparation de ce royaume avec le saint-siège, occasionnée par le divorce de Henri VIII avec Catherine d'Aragon.

Du mariage de Henri VIII avec Catherine d'Aragon; de ses efforts pour le faire casser à Rome et de l'opposition qu'il y trouve.

Henri VII, avait deux fils, Arthus et Henri ; Arthus épousa Catherine d'Aragon, fille de Ferdinand et d'Isabelle, rois de Castille et d'Aragon.

Catherine avait une sœur aînée mariée à Philippe, duc de Bourgogne et comte de Flandre.

Henri VII s'était proposé dans ce mariage d'affermir l'union qu'il avait faite avec Ferdinand et avec la maison de Bourgogne contre la France.

Le mariage d'Arthus et de Catherine fut célébré le 14 novembre 1501, et le prince mourut au bout de quelques mois.

L'intérêt de l'Angleterre voulait que l'on entretînt encore la ligue contre la France ; d'ailleurs, il aurait fallu envoyer un douaire considérable à Catherine et lui rendre deux cent mille ducats qu'elle avait apportés en dot. Henri VII ne pouvait se déterminer à laisser sortir de son royaume des sommes aussi considérables ; il demanda la princesse pour Henri, son second fils, devenu prince de Galles par la mort d'Arthus, qui n'avait point laissé d'enfants.

Henri et Catherine présentèrent une requête dans laquelle ils exposaient : qu'à la vérité Catherine avait été mariée au prince Arthus ; que peut-être même le mariage avait été consommé, que cependant, Arthus étant mort, Henri et elle souhaitaient de se marier ensemble pour entretenir une paix ferme entre l'un et l'autre royaume.

Le pape, par une bulle du 26 décembre 1501, leur permit de se marier et confirma le mariage, en cas qu'ils fussent déjà mariés.

Henri, prince de Galles, épousa donc Catherine, et Henri VII, son père, dans l'esprit duquel on avait jeté des scrupules, fit faire par son fils une protestation contre son mariage.

La protestation portait que Henri, prince de Galles, avait épousé la femme d'Arthus étant encore en bas âge, et qu'étant majeur il rétractait ce mariage; que, bien loin de le confirmer il le déclarait nul ; que, ne pouvant vivre sous un tel lien avec Catherine, il le ferait rompre suivant les lois, et que sa protestation n'est point forcée, mais qu'il la faisait de bon cœur et dans une entière liberté.

Cette protestation fut secrète, et les choses demeurèrent dans le même état par rapport au mariage de Catherine et de Henri, prince de Galles.

Après la mort de Henri VII, on proposa dans le conseil de rompre le mariage de Henri VIII ou de le confirmer, et le roi se déclara pour ce dernier parti ; six semaines après son avénement au trône, Henri épousa

---

(1) Théodoret. Théophilact. Grot. Menochius. Saint Chrysost., hom. 7 ad Col. II; Stockman, Lexicon.
(2) Epiph., hær. 60.
(3) Aug., Hær. c. 59.
(4) Calmet, loc. cit.
(5) Nicéph., Hist. ecclés., l. XVIII, c. 49.
(6) Col. II, 18.

solennellement Catherine, et six semaines après ils furent sacrés.

Henri VIII eut trois enfants, deux princes qui moururent bientôt après leur naissance et une princesse qui vécut.

La reine cessa d'avoir des enfants, et Henri, jugeant qu'elle n'en aurait plus, donna la qualité de princesse de Galles à Marie.

Henri VIII vécut en bonne intelligence avec Catherine; mais, livré à la dissipation et aux plaisirs, il avait confié le maniement des affaires et le gouvernement de son royaume à Thomas Volsey, homme élevé de la plus basse naissance à l'archevêché d'York et à la dignité de cardinal.

Charles-Quint, qui connaissait de quelle importance il était pour lui d'entretenir l'ancienne union des Anglais avec la maison de Bourgogne, n'avait rien négligé pour gagner le cardinal Volsey; il lui écrivait toujours lui-même, et se nommait toujours son fils et son cousin; enfin, pour être en droit de tout exiger de lui, il lui avait fait espérer qu'après la mort de Léon X les suffrages des cardinaux s'accorderaient pour l'élever sur le trône pontifical.

Léon mourut plus tôt que Charles-Quint ne l'avait espéré, et Volsey ne fut point pape. Ses espérances furent encore trompées après la mort d'Adrien VI, successeur de Léon X.

Volsey employa alors contre Charles-Quint tout le crédit qu'il avait employé contre la France; il jeta dans l'esprit du confesseur du roi des doutes sur la validité de son mariage avec Catherine d'Aragon. Le confesseur, homme simple, fit naître des scrupules dans l'esprit du roi; Volsey fut consulté, fortifia ces scrupules et négocia avec l'évêque de Tarbes, ambassadeur de France, pour faire épouser à Henri Marguerite, sœur de François Ier et veuve du duc d'Alençon. Le roi approuva ce projet, et Volsey fut envoyé en France pour y traiter du divorce de Henri VIII et de son mariage avec Marguerite; mais Volsey était à peine arrivé à Calais, qu'il reçut ordre de ne point proposer le mariage de Henri avec la duchesse d'Alençon. Des lettres particulières lui apprirent que le roi était épris d'Anne de Boulen, fille du chevalier Thomas Boulen et fille d'honneur de la reine (1).

Anne de Boulen était promise à mylord Percy, fils du comte de Northumberland. Volsey eut ordre de faire rompre cet engagement; il le rompit, et ce fut alors que l'on entama l'affaire du divorce.

Les circonstances paraissaient favorables à Henri VIII. Charles-Quint tenait alors le pape prisonnier dans le château Saint-Ange; il avait besoin de Henri, et ce prince lui offrait son crédit et ses armes.

Le pape ne doutait ni du besoin qu'il avait de Henri, ni de la sincérité de ses offres, et il n'ignorait pas les services qu'il lui avait rendus; mais il connaissait les bizarreries et les emportements de Henri; il savait que la passion de ce prince était une maladie que le temps seul pouvait guérir; il jugea qu'il fallait lier cette grande affaire et la traîner en longueur.

Il permit donc au roi d'épouser telle femme qu'il lui plairait, mais à condition que l'on jugerait auparavant si son premier mariage était valide ou non. Le pape nomma pour examiner la validité du mariage de Henri avec Catherine des commissaires tels que le roi les demanda : ce furent les cardinaux Volsey et Campége.

Campége employa tout auprès de Henri pour l'engager à garder Catherine; et, d'un autre côté, il conjurait cette princesse de se relâcher un peu, de prévenir les malheurs qui menaçaient l'Angleterre et peut-être toute l'Eglise, si elle voulait opiniâtrément défendre son mariage. Mais il ne put rien obtenir ni de l'un ni de l'autre; Henri, emporté par sa passion, demandait un jugement; Catherine, prévenue de son bon droit, souhaitait la même chose, et tous deux étaient persuadés qu'on ne pouvait les condamner (2).

On expédia des lettres sous le grand sceau pour commencer l'instruction du procès, et l'on cita le roi et la reine à comparaître : dans les premières sommations, la reine produisit une copie d'une dispense un peu plus ample que celle sur laquelle les légats voulaient juger (3).

Henri VIII s'inscrivit d'abord en faux contre cette copie, et demanda que l'on produisît l'original; mais il était en Espagne, et l'on refusa de le confier à l'ambassadeur d'Angleterre. On contesta et l'on défendit l'authenticité de cette dispense par des raisons de jurisprudence et de critique qui embarrassèrent les commissaires. Ils craignirent de prononcer sur un point si délicat; ils proposèrent au pape, au lieu d'évoquer la cause, d'envoyer une décrétale conforme à la minute qu'ils lui envoyèrent, et ajoutèrent que, pendant qu'on défendrait de chercher le bref, on tâcherait de persuader à la reine d'entrer en religion; que c'était le meilleur moyen pour terminer doucement ce procès et pour satisfaire un grand roi qui, depuis plusieurs années, sentait sa conscience déchirée de remords, augmentés tous les jours par les disputes des théologiens et des canonistes; enfin ils disaient tout ce qu'on pouvait dire en faveur du roi (4).

Le pape craignit que son légat ne se laissât surprendre; il lui écrivit que, « quoiqu'il voulût faire toutes choses pour le roi, il ne pouvait ni trahir sa conscience, ni violer ouvertement les lois de la justice; que toutes les demandes de ce prince étaient si déraisonnables, qu'on ne pouvait rien lui accorder que toute la chrétienté n'en fût scandalisée; que déjà l'empereur et le roi de Hongrie avaient fait leurs protestations et

---

(1) Burnet, Hist. de la réf., t. I, l. II, p. 118.
(2) Actes de Rymer, t. XIV. Extrait de ces actes, in-4°, p. 359. Le Grand, Hist. du divorce; Hist. de la réf. d'Angleterre, loc. cit.
(3) Hist. du divorce de Henri VIII, par Le Grand, t. I, p. 100, etc.
(4) Ibid., p. 120.

demandaient que la cause fût évoquée; que l'on ne pouvait leur refuser une chose si juste; qu'il ne s'était excusé que sur sa maladie; leur ayant fait entendre à l'un et à l'autre que sa santé ne lui permettait point d'examiner leur requête et de rien signer; que néanmoins il ne différait qu'afin de ne point aigrir l'esprit d'Henri; qu'il fallait prolonger cette affaire le plus qu'il serait possible. »

Telles étaient les dispositions de Clément VII à l'égard de l'affaire du divorce de Henri VIII, qu'il évoqua à lui: Henri ne jugea pas à propos d'obéir à la citation; le pape, de son côté, ne pressa point cette affaire.

Le traité de Cambrai, entre l'empereur et la France, fut conclu le 5 août 1529; les enfants de France furent relâchés l'année suivante. L'empereur se rendit ensuite à Bologne, y régla les affaires d'Italie; François Sforce fut rétabli à Milan, et la maison de Médicis acquit la souveraineté de Florence; ainsi, Henri se vit tout d'un coup privé du secours de la France et de l'espérance de pouvoir causer une diversion à l'empereur en Italie. Il ne doutait point que le pape ne donnât une sentence contre lui, et qu'il n'en commît l'exécution à l'empereur; et cependant il se trouvait sans amis et sans alliés.

D'un autre côté, les mouvements des protestants en Allemagne et les préparatifs des Turcs contre la Hongrie empêchèrent l'empereur de penser à Angleterre, et le pape suivait toujours son premier plan, traînait l'affaire en longueur et paraissait disposé à la terminer par des voies de douceur. Henri envoya donc des ambassadeurs au pape et à l'empereur, qui étaient à Bologne, pour faire un dernier effort, qui fut aussi inutile que les autres.

Henri se fait déclarer chef de l'Église d'Angleterre et fait casser son mariage; précautions qu'il prend contre l'empereur et contre le pape.

Henri résolut de chercher dans ses propres États la satisfaction qu'il ne pouvait obtenir à Rome. Ce parti avait ses difficultés et ses périls: le roi ne pouvait obtenir la cassation de son mariage que du clergé, qui était très-attaché au saint-siége. En supposant que le clergé se prêtât aux volontés du roi sur son divorce, il y avait à craindre que le pape n'employât contre lui les censures, dont les suites pouvaient être embarrassantes pour le roi, par le respect des peuples pour le pape et par la terreur qu'inspiraient ses anathèmes: il n'ignorait pas combien ces anathèmes avaient été funestes à Henri II et à Jean. Il résolut donc de détruire dans les esprits les principes de soumission et de respect pour le saint-siége, de gagner le peuple, de soumettre le clergé, de le mettre dans la nécessité d'autoriser son divorce et de rendre vains les efforts du pape et de l'empereur contre lui.

La doctrine de Wiclef n'était pas entièrement éteinte en Angleterre; les wicléfites, les lollards s'y étaient perpétués secrètement, malgré les rigueurs du gouvernement et les soins du clergé. Les nouveaux réformateurs y avaient des prosélytes; on y avait porté leurs livres, et principalement ceux de Luther.

A mesure que l'affaire du divorce devenait plus vive, ces ennemis de l'Église de Rome attaquaient le pape avec plus de confiance; beaucoup de catholiques, opposés par esprit de patriotisme à l'autorité du pape et aux priviléges du clergé, s'unirent à eux; les courtisans les secondèrent, et lorsque le roi s'aperçut que les Anglais n'avaient plus pour le pape cette vénération si redoutable aux rois, il publia une proclamation qui défendait de recevoir aucune bulle du pape qui fût contraire aux droits de la couronne: il fit ensuite imprimer et répandre dans le public les raisons qu'il avait de demander la cassation de son mariage; il assembla le parlement, lui communiqua son dessein et ses motifs, et les envoya à la convocation du clergé, qui décida que le mariage du roi était contraire à la loi naturelle: le roi n'en demandait pas davantage pour le présent.

Depuis longtemps les peuples étaient mécontents; Henri pensa que pour les gagner il leur fallait une victime, et crut ne pouvoir leur en donner de plus agréable que Volsey. Le procureur général du roi porta à la chambre étoilée une accusation contre ce cardinal pour s'être ingéré d'exercer l'autorité de légat du pape sans en avoir préalablement obtenu des lettres patentes du roi; en quoi il avait violé les statuts des *Proviseurs* et des *Præmunire*.

L'omission de cette formalité si essentielle fut le prétexte de sa ruine; le roi lui ôta le grand sceau, et, sur une nouvelle accusation du procureur général, il fut condamné; ses biens furent confisqués au profit du roi: il fut ensuite accusé de haute trahison et mourut lorsqu'on le conduisait à Londres pour être mis à la Tour.

La disgrâce de Volsey fut agréable au peuple, et le roi se crut en état de former une entreprise importante sur le clergé: il fut accusé d'avoir violé les statuts des *Proviseurs* et des *Præmunire*, en reconnaissant l'autorité de légat, que le cardinal Volsey s'était attribuée sans avoir une commission authentique du roi. Le clergé fut traité comme Volsey; tous ses biens furent confisqués au profit du roi.

Le clergé n'avait plus d'appui ni de défenseurs; le roi était brouillé avec le pape et avait défendu de laisser entrer ses bulles dans le royaume: d'un autre côté, la nation anglaise n'était pas disposée à soutenir les intérêts du clergé dont elle n'était pas contente, ni à recevoir les ordres du pape quand même il aurait voulu intervenir dans cette affaire; ainsi, la province ecclésiastique de Cantorbéry assembla un synode, qui prit le parti d'offrir au roi un présent de cent mille livres sterling pour sauver ses revenus; en conséquence, quelques-uns du corps furent chargés de dresser un acte en forme de lettres patentes, par lequel la convocation donnait au roi cent mille livres sterling: 1° à cause de son grand mérite ; 2° pour lui témoigner sa reconnaissance des avantages qu'il avait procurés à l'Eglise par ses armes et par sa plume ; 3° à cause de son zèle contre les luthériens, qui s'efforçaient de ruiner l'Eglise anglicane, dont *le clergé reconnaissait qu'il était le chef suprême* ; 4° dans l'espérance que le roi voudrait bien accorder au clergé un pardon de toutes les fautes où il était tombé par rapport aux statuts des *Proviseurs* et des *Præmunire*.

Lorsque cet acte fut lu dans l'assemblée, il y trouva beaucoup d'opposition, par rapport à la clause qui établissait le roi chef suprême de l'Eglise anglicane ; mais le roi fit dire à l'assemblée qu'il rejetterait l'acte si la clause de la suprématie en était ôtée, et le clergé fut obligé de la passer.

La convocation de la province d'York imita celle de Cantorbéry en faisant un acte semblable, sans pouvoir se dispenser de reconnaître la suprématie du roi.

C'est ainsi que Henri VIII extorqua de l'Eglise d'Angleterre la reconnaissance de la suprématie. Après ce succès, il fit ses efforts pour engager la reine à consentir à la cassation de son mariage ; mais ces efforts furent vains : il cessa de voir la reine, et lui assigna une de ses maisons royales pour y faire sa résidence.

Ce qui venait de se passer dans le parlement et dans la convocation échauffa le zèle des réformés qui avaient pénétré en Angleterre ; ils proposèrent leur croyance avec plus de liberté ; les disputes sur la religion devinrent plus fréquentes et plus publiques qu'elles ne l'avaient été jusqu'alors.

Henri n'avait pas changé de sentiment par rapport aux dogmes qu'il avait crus jusqu'alors ; il commençait seulement à se persuader que la religion pouvait bien subsister sans que les Etats fussent soumis au pape : d'ailleurs il ne voulait pas que l'on crût qu'en secouant le joug du pape, il voulait porter atteinte à la religion catholique et aux vérités que l'Eglise d'Angleterre avait toujours professées : il ordonna donc que les lois contre les hérétiques fussent observées, et l'on brûla, dans le cours de cette année (1531), trois protestants.

Le parlement, assemblé l'année suivante, présenta une adresse au roi pour le prier de consentir qu'on travaillât à corriger certains abus qui s'étaient introduits dans les immunités ecclésiastiques. C'était le roi lui-même qui, par ses émissaires, avait engagé le parlement à lui présenter cette adresse, afin de faire sentir au clergé le besoin qu'il avait de la protection royale et pour le déterminer à lui confirmer le titre de chef de l'Eglise.

Sur cette adresse, Henri fit corriger quelques abus légers ; et, afin que le clergé pût espérer en lui un protecteur, il fit abolir par un acte du parlement les annates, et fit fixer le prix des bulles des évêchés : il fut ordonné par acte, que si le pape refusait de donner des bulles, on s'en passerait, et que les évêques seraient établis dans leurs sièges par d'autres voies.

Le parlement s'assembla l'année suivante (en février 1533), et fit un acte qui défendait de porter les appels à la cour de Rome ; alors Henri rendit public son mariage avec Anne de Boulen, quoique son premier mariage ne fût pas encore dissous : cette publication prématurée était devenue nécessaire parce que la nouvelle reine était enceinte.

Cranmer, devenu archevêque de Cantorbéry, fit citer Catherine à comparaître devant lui ; et comme elle refusa d'obéir, il donna une sentence qui déclarait nul le premier mariage du roi ; et quelques jours après il en donna une autre qui confirmait le second mariage du roi avec Anne de Boulen, qui fut ensuite couronnée le 1er juin.

Voilà quelle fut la conduite de Henri VIII dans l'affaire de son divorce. Que l'on juge par ces traits si ce divorce fut l'ouvrage des scrupules de ce prince, comme Burnet s'efforce de le persuader (1).

Je suis bien éloigné de blâmer la circonspection de cet auteur à juger des motifs secrets des hommes ; mais je ne peux m'empêcher de remarquer qu'il ne fait usage de cette retenue que lorsqu'il s'agit de juger les ennemis de l'Eglise romaine, et que lorsqu'il s'agit au contraire de juger des motifs des catholiques, il oublie toutes les maximes d'équité et hasarde sans scrupule les conjectures les plus injustes sur les motifs des actions des papes ou sur les vues des évêques catholiques.

Aussitôt que le premier mariage du roi fut cassé, il en fit informer Catherine et tâcha de l'engager à se soumettre à la sentence, mais inutilement ; et depuis ce temps-là Catherine ne fut plus reconnue que pour princesse douairière de Galles.

Le pape excommunie Henri VIII, et l'Angleterre se sépare de l'Eglise de Rome.

Sur l'information que le pape reçut de ce qui s'était passé en Angleterre, il cassa les deux sentences de l'archevêque de Cantorbéry et en donna une comminatoire contre le roi, si dans un certain temps il ne rétablissait toutes choses au même état où elles étaient avant les deux sentences de l'archevêque ; mais le roi et l'archevêque en appelèrent au futur concile général (2).

François 1er entreprit, mais inutilement, d'arrêter les effets de cette rupture. Henri ne souhaitait point sincèrement de se réconcilier avec le pape qui n'ignorait pas la mauvaise foi de Henri, et qui publia sa sentence. Par cette sentence, le mariage de Henri avec Catherine était confirmé comme légitime, et il était ordonné à Henri de reprendre sa femme sous de très-grièves peines (3).

Cependant le parlement ôta aux évêques la connaissance du crime d'hérésie, sans

---

(1) Hist. de la réf. d'Angleterre, t. I, l. II, p. 100 et 101.
(2) Extraits des actes de Rymer, p. 387.
(3) Ibid., p. 372 et 373.

néanmoins diminuer les peines ordonnées contre les hérétiques. Par un second acte, il fut ordonné que l'on examinerait les constitutions ecclésiastiques, afin de conserver celles qui seraient jugées nécessaires et d'abolir les autres; et l'on arrêta que pour cet effet, le roi nommerait trente-deux commissaires tirés également du clergé et du parlement.

Enfin, lorsqu'on reçut la nouvelle de ce qui s'était passé à Rome, le parlement confirma l'abolition des annates et anéantit entièrement la puissance du pape en Angleterre : on régla la manière dont on ferait à l'avenir la consécration des évêques sans avoir recours au pape; on abolit le denier de saint Pierre et toutes sortes de bulles et mandats émanés de la cour de Rome; on cassa le mariage de Henri avec Catherine d'Aragon, et l'on confirma son second mariage avec Anne de Boulen; enfin on ordonna que tous les sujets, sans exception, jureraient l'observation de cet acte sous peine d'être déclarés coupables de trahison.

Le parlement se rassembla le 23 novembre, et fit encore divers actes qui tendaient à rompre tous les liens qui pouvaient encore tenir les Anglais attachés au pape; on confirmait au roi le titre de chef suprême de l'Eglise anglicane, et l'on établissait en sa faveur les annates que l'on avait ôtées au pape (1).

Après la séparation du parlement, le roi ordonna par une proclamation que le nom du pape fût effacé de tous les livres où il se trouvait, afin d'en abolir la mémoire s'il se pouvait; enfin il obligea tous les évêques à renoncer à l'obéissance du pape.

Effets du schisme d'Angleterre par rapport à l'Eglise et à l'Etat.

Henri s'aperçut que l'état où la religion se trouvait depuis la rupture de l'Angleterre avec Rome le rendait plus absolu; les uns souhaitaient que la réformation fût poussée plus loin, et les autres la craignaient. Comme personne ne pouvait se persuader que le roi demeurât longtemps dans cette situation, chacun des partis tâcha par une complaisance aveugle d'acquérir ses bonnes grâces, et il en résultait pour le roi un degré d'autorité auquel aucun de ses prédécesseurs n'était jamais parvenu, et qu'il n'aurait pu usurper dans toute autre circonstance sans courir risque de se perdre; mais les deux partis se trompèrent également : Henri se tint dans le même milieu tout le reste de sa vie, et fit sentir à l'un et à l'autre les terribles effets de ce pouvoir absolu qu'ils lui avaient laissé prendre.

La suprématie dont il était revêtu le mettait en état de faire plier le clergé, qui n'était plus soutenu comme autrefois par le pape. Il punit sévèrement tous ceux qui refusèrent de reconnaître cette suprématie, et fit mourir des religieux qui, dans leurs sermons, s'efforçaient de lui faire perdre l'affection de ses sujets.

Dans la suite, il fit faire une visite générale des monastères et mit à la tête de cette commission Cromwel, son vice-gérant, qui commit lui-même des visiteurs. Ces visiteurs prétendirent découvrir dans les monastères beaucoup de désordres, et persuadèrent aux supérieurs et aux prieurs de se soumettre à la clémence du roi et de lui résigner leurs maisons avec leurs revenus : quelques-uns prirent ce parti.

Le roi fit publier la relation de cette visite, afin d'éteindre dans le peuple la vénération qu'il avait pour les religieux, en lui offrant le tableau des désordres qu'on avait découverts dans les monastères, et qui furent beaucoup exagérés (2).

Cette relation fut suivie d'une ordonnance par laquelle le roi, en qualité de chef de l'Eglise, permettait aux moines de quitter leurs maisons, et les déliait de leurs vœux.

L'ordonnance du roi ne produisit point l'effet qu'il en attendait; cependant il tenait toujours le clergé dans sa dépendance en différant de nommer des commissaires pour choisir les constitutions ecclésiastiques qu'il était nécessaire de conserver.

L'autorité du pape était abolie par acte du parlement, et néanmoins elle subsistait encore dans les constitutions; cela jetait le clergé dans un extrême embarras, puisqu'en plusieurs cas il fallait nécessairement violer, ou les constitutions, ou les nouvelles lois; par là, le clergé se voyait absolument dépendant du roi, qui pouvait l'attaquer sur l'un ou sur l'autre comme il le jugerait à propos.

La reine Catherine mourut dans le courant de l'année 1536, et peu de mois après sa mort, Anne de Boulen fut condamnée par une sentence des pairs et décapitée; Henri épousa Jeanne de Seymour, et le clergé approuva ce second mariage.

Le parlement, à la réquisition du roi, supprima tous les monastères qui avaient moins de deux cents livres sterling de revenu, et donna tous leurs biens au roi : par ce moyen le roi acquit un revenu de trente-deux mille livres sterling en argenterie et autres effets.

La suppression des monastères déplut à beaucoup d'Anglais : les grands et les gentilshommes trouvèrent fort mauvais qu'on eût donné au roi les biens des monastères supprimés, dont la plupart avaient été fondés par leurs ancêtres; d'ailleurs, ils se voyaient privés de la commodité de se décharger de leurs enfants quand ils en avaient un trop grand nombre, et d'aller en voyageant loger dans ces maisons où ils étaient bien reçus. Les pauvres murmuraient encore plus fortement, parce que plusieurs d'entre eux vivaient des aumônes qui se distribuaient journellement dans ces maisons; enfin, beaucoup de catholiques

---

(1) Extraits des actes de Rymer, p. 374.

(2) Ibid., p. 375.

regardaient cette suppression comme une atteinte portée à leur religion.

Ce mécontentement ne tarda pas à éclater; le premier feu parut dans la province de Lincoln, où un docteur en théologie, prieur d'un monastère, assembla une quantité de peuple dont il se fit chef, sous le nom de capitaine *Cabler*, c'est-à-dire, *le capitaine Savetier*.

D'abord les révoltés envoyèrent au roi leurs griefs d'une manière fort soumise; ils reconnaissaient sa suprématie et déclaraient qu'ils étaient très-contents qu'il jouît des décimes et des premiers fruits des bénéfices; mais ils le suppliaient de remédier à leurs griefs et de prendre conseil de sa noblesse.

Ces griefs consistaient en ce qu'il avait supprimé un très-grand nombre de monastères; qu'il s'était fait accorder par le parlement de grands subsides, sans aucune nécessité; qu'il admettait dans son conseil des gens d'une naissance abjecte, qui n'avaient en vue que de s'enrichir, au lieu du bien de l'Etat; que plusieurs des évêques avaient abandonné l'ancienne foi pour suivre de nouvelles doctrines de tout temps condamnées par l'Eglise; qu'après avoir vu le pillage de tant de monastères, ils croyaient avoir lieu de craindre que les églises n'éprouvassent le même sort.

Le roi envoya le duc de Suffolk contre les rebelles avec une armée peu considérable, et dissipa la rébellion par une amnistie.

La province d'Yorck se souleva dans le même temps, et ce soulèvement était d'une bien plus grande conséquence que celui de Lincoln. Celui-ci semblait s'être fait par hasard et par un mouvement soudain; l'autre était la suite d'un dessein concerté, dans lequel entrèrent plusieurs personnes de considération, qui n'attendaient pour se déclarer que de voir un peu plus clair dans la disposition générale du peuple.

Le voisinage de l'Ecosse, l'éloignement de la cour, le crédit dont les moines et les ecclésiastiques y jouissaient, rendaient dangereux le soulèvement de cette province. Les mécontents s'assemblèrent en très-grand nombre vers la fin du mois d'août; dès qu'ils se virent en force, ils ne laissèrent plus aux gentilshommes la liberté de demeurer neutres, ils les contraignirent de s'enfuir ou de se joindre à eux, et de prêter serment qu'ils seraient fidèles à la cause pour laquelle ils avaient dessein de combattre : cette cause était proprement la religion, comme ils le firent bien comprendre en mettant un crucifix dans leurs drapeaux et étendards; d'ailleurs ils rétablirent les religieux dans quelques-uns de leurs monastères qui avaient été supprimés.

Le roi leva des troupes et envoya le duc de Norfolk contre les rebelles; mais les forces du roi n'étaient pas capables de leur résister.

Aske, leur chef, se rendit maître de Hull et d'Yorck, et obligea toute la noblesse de la province à se joindre à lui.

La révolte du Nord devenait donc de jour en jour plus sérieuse, et l'on commença à craindre que le royaume entier ne suivît l'exemple des provinces du Nord.

Des hasards imprévus sauvèrent plus d'une fois l'armée du roi, et le duc de Norfolk fut assez heureux pour engager une négociation avec les révoltés.

Les rebelles firent des propositions; l'affaire traîna en longueur, et le roi accorda une amnistie avec promesse de les satisfaire sur leurs griefs; mais le roi, sous différents prétextes, ne leur tint point parole, et peu de temps après, deux gentilshommes du Nord se mirent à la tête de huit mille mécontents et allèrent se présenter devant Carlisle. Le duc de Norfolk déconcerta les entreprises des révoltés et arrêta leurs chefs, qui furent exécutés avec plusieurs des rebelles.

Le roi, persuadé que les religieux fomentaient les mauvaises dispositions du peuple, fit faire une visite dans les monastères qui subsistaient encore; il publia la relation de cette visite, et fit exposer en public de fausses reliques qui s'étaient trouvées dans les monastères; il découvrit aux yeux du peuple les ressorts dont on se servait pour donner à des statues qui représentaient Jésus-Christ, la sainte Vierge ou les saints, des mouvements qui passaient pour surnaturels dans l'esprit de ceux qui en ignoraient la structure. Le roi fit brûler les instruments de ces fraudes pieuses, et on brûla même les reliques de saint Thomas de Cantorbéry.

Le pape ne pouvait tolérer les égarements de Henri sans manquer à ce qu'il devait à la religion; il publia l'excommunication qui avait été dressée et signée en 1535. Il tâcha d'inspirer à tous les princes chrétiens son zèle contre Henri VIII; il offrit même le royaume d'Angleterre au roi d'Ecosse.

L'excommunication lancée par Paul III ne produisit aucun changement en Angleterre. A la nouvelle de cette excommunication, le roi exigea des évêques et des abbés un nouveau serment de fidélité, par lequel ils renonçaient à l'autorité du pape.

Les nouveaux réformés avaient des partisans qui n'oubliaient rien pour gagner le roi, tandis que les catholiques employaient toutes leurs ressources pour rendre les protestants odieux. Ceux-ci espéraient que le roi rentrerait dans l'obéissance du pape, ceux-là tâchaient de le porter à adopter les principes de la réforme. Aucun des deux partis ne réussit. Henri ne se réforma qu'à demi et ne se réconcilia jamais avec Rome. Comme il était absolu, il ne voulait jamais permettre que ses sujets allassent plus loin que lui; et, d'un autre côté, il les contraignit d'aller avec lui jusqu'où il jugea qu'il était à propos de s'arrêter, également sévère ou plutôt impitoyable contre ceux qui voulaient le suivre et contre ceux qui voulaient le devancer.

Chaque parti, dans l'espérance de gagner le roi, favorisait tous ses desseins. Ainsi le roi, malgré quelques ennemis, supprima tous les monastères et s'empara de leurs revenus. Il fit courir le bruit que le royaume allait être envahi; il visita les côtes et donna des ordres pour que les troupes fussent prêtes au premier commandement. Le but de toutes ces démarches était de faire comprendre au peuple que le parlement serait obligé d'imposer de grandes taxes pour résister à cette prétendue invasion; mais que le roi acquérant un revenu considérable par la suppression des monastères, il n'avait pas besoin de subsides.

Henri voulut faire voir qu'en abolissant l'autorité du pape et en détruisant les monastères dans son royaume, il n'avait pas changé de religion. Il fit porter une loi, intitulée *les Statuts*, pour examiner la diversité d'opinions sur certains articles de religion.

C'est cette loi qui est plus généralement connue sous le nom de *Loi de six articles*. La peine du feu ou du gibet était ordonnée contre ceux: 1° qui, de bouche ou par écrit, nieraient la transsubstantiation; 2° qui soutiendraient la nécessité de la communion sous les deux espèces; 3° ceux qui prétendaient qu'il était permis aux prêtres de se marier; 4° ceux qui prétendaient qu'on pouvait violer le vœu de chasteté; 5° ceux qui disaient que les messes privées étaient inutiles; 6° ceux qui niaient la nécessité de la confession auriculaire.

Le roi régnait donc sur la nation anglaise avec un pouvoir absolu; il déposait à son gré les évêques et les ecclésiastiques, faisait casser ses mariages et couper la tête à ses femmes. Il avait épousé la princesse de Clèves et fait casser son mariage pour épouser Catherine Howard. Il obtint du parlement un acte par lequel on donnait force de loi à tout ce que le roi déciderait en matière de religion; on lui accorda le privilége de l'infaillibilité qu'on refusait au pape, et l'on soumit à Henri VIII les consciences et les vies des Anglais.

Le roi fit assembler plusieurs évêques et plusieurs théologiens pour arrêter les articles d'une profession de foi qui servît de règle dans toute l'Angleterre. Elle était conforme aux six articles et ne contenait de répréhensible que la doctrine de la suprématie du roi et le refus de reconnaître le pape pour chef de l'Eglise.

Le pouvoir énorme dont on avait armé Henri fut funeste à beaucoup d'Anglais; il fit condamner à mort et exécuter plusieurs personnes, les unes pour avoir nié la suprématie du roi, les autres pour avoir soutenu la doctrine des luthériens, quelques-uns pour avoir soutenu l'autorité du pape. Ce prince s'occupait uniquement des moyens d'étendre encore le pouvoir qu'il s'était acquis, et veillait sans cesse pour qu'il ne se fît point, dans la religion, d'autres changements que ceux qu'il jugeait lui-même utiles ou raisonnables.

Comme il était d'une détermination inflexible sur ces deux articles et que le parlement n'osait s'opposer à ses volontés, aucun de ses ministres n'avait la fermeté de le contredire. Ainsi c'était lui seul qui réglait tout, selon son caprice, son conseil ne faisant autre chose qu'approuver ce qu'il proposait.

Il y avait cependant dans le conseil, comme dans tout le royaume, deux partis contraires par rapport à la religion; mais chacun avait toujours les yeux sur le roi pour connaître son inclination, de peur de s'exposer à la combattre. Les partisans des nouvelles opinions espéraient toujours que le roi pousserait beaucoup plus loin la réforme qu'il avait commencée; dans cette pensée, ils croyaient qu'il y avait de la prudence à ne pas l'irriter. Par une raison semblable, les catholiques n'osaient s'opposer directement au roi, de peur que leur résistance ne le portât à passer les bornes qu'il semblait s'être prescrites; de là résultait une complaisance aveugle et générale pour toutes les volontés du roi et le pouvoir excessif qu'il avait acquis sur ses sujets, dont il fit un si terrible usage jusqu'à sa mort, qui arriva le 28 ou le 29 janvier 1547, dans la cinquante-sixième année de son âge.

Il laissa trois enfants: Marie, fille de Catherine d'Aragon; Elisabeth, fille d'Anne de Boulen, et Edouard VI, fils de Jeanne de Seymour. Il avait réglé la succession de ses enfants à la couronne, selon le pouvoir que lui en avait accordé le parlement: il mit dans le premier rang Edouard VI, son fils, et toute sa postérité; en second lieu la princesse Marie, et en troisième lieu Elisabeth, à condition qu'elles se marieraient du consentement des exécuteurs de son testament. Après ses filles, il appelait à la couronne Françoise Brandon, fille aînée de sa sœur et du duc de Suffolk, à l'exclusion des enfants de Marguerite, reine d'Ecosse, sa sœur aînée (1).

Des principes et du schisme de Henri VIII.

Cranmer avait pensé qu'il fallait attacher à la royauté la qualité de chef de l'Eglise: il prétendait que le prince chrétien est commis immédiatement de Dieu, autant pour ce qui regarde l'administration de la religion que pour l'administration de l'Etat politique; que, dans ces deux administrations, il doit y avoir des ministres qu'il établisse au-dessous de lui, comme, par exemple, le chancelier et le trésorier, les maires et les autres officiers, dans le civil; et les évêques, curés, vicaires, etc., qui auront titre par sa majesté d'enseigner la religion; que tous les ministres, tant de ce genre que de tout autre, doivent être destinés, assignés et élus par les soins et par les ordres du prince, avec diverses solennités qui ne sont pas de nécessité, mais de bienséance seulement; de sorte que si ces charges étaient données par le prince sans de telles solennités, elles ne seraient pas moins données, et qu'il n'y a pas plus de promesse de Dieu que la grâce soit donnée dans l'établissement d'un office ecclésiastique que dans l'établissement d'un office politique.

Après avoir ainsi établi tout le ministère ecclésiastique sous une simple délégation des princes, sans même que l'ordination ou la consécration ecclésiastique y fût nécessaire, il va au-devant d'une objection qui se

---

(1) Actes de Rymer, t. XV. Extraits de ces Actes, p. 392. Hist. d'Angleterre, par Thoiras, t. V. Hist. de la réf., t. II.

présente d'abord à l'esprit : c'est à savoir comment les pasteurs exerceraient leur autorité sous les princes infidèles; et il répond, conformément à ses principes, qu'en ce temps il n'y aurait pas dans l'Eglise de vrai pouvoir ou commandement, mais que le peuple acceptait ceux qui étaient présentés par les apôtres ou autres qu'il croyait remplis de l'esprit de Dieu, et dans la suite les écoutait comme un bon peuple prêt à obéir à de bons conseillers.

Voilà ce que dit Cranmer dans une assemblée d'évêques, et voilà l'idée qu'il avait de cette divine puissance que Jésus-Christ a donnée à ses ministres.

Il n'est pas besoin de réfuter une semblable doctrine, condamnée par les protestants, et dont M. Burnet lui-même a rougi pour Cranmer.

Il est vrai que Cranmer reconnut que les évêques étaient bien d'institution divine; mais il prétendait que Jésus-Christ avait institué des pasteurs dans l'Eglise pour exercer leur puissance comme dépendante du prince dans toutes leurs fonctions : ce qui, dit Bossuet, est sans difficulté la plus inouïe et la plus scandaleuse flatterie qui soit jamais tombée dans l'esprit des hommes (1).

Appuyé sur ces principes, Henri VIII donnait pouvoir aux évêques de visiter leur diocèse : l'expédition de ce pouvoir avait une préface qui contenait que toute la juridiction, tant ecclésiastique que séculière, venait de la puissance royale comme de la source première de toute magistrature, dans chaque royaume, etc.

Il suffit, selon Bossuet, d'exposer de pareils principes pour les réfuter. Il est évident que, dans ces principes, il faut que la religion chrétienne n'ait point une origine divine et qu'elle ne soit qu'une pure institution politique, dont les dogmes et les rites sont déterminés par le pouvoir séculier.

ANGLICANE (Religion). C'est la religion prétendue réformée, telle qu'elle est aujourd'hui établie et professée par l'Eglise anglicane. Nous allons examiner son origine, son progrès et son état actuel.

De la religion réformée en Angleterre depuis le schisme de Luther jusqu'à Edouard VI.

Quatre cents ans avant Luther, Wiclef avait attaqué, en Angleterre, l'autorité du pape et les dogmes de l'Eglise romaine; il s'était fait des prosélytes dans le peuple, parmi les magistrats et chez les grands. Le zèle du clergé, soutenu de l'autorité des rois, avait arrêté les progrès de la séduction; mais il était resté des germes d'erreur que la vigilance et la sévérité du ministère n'avaient pu détruire, et qui furent nourris par les contestations qui se renouvelaient sans cesse en Angleterre sur les droits du pape dans ce royaume, sur les biens ecclésiastiques, sur les priviléges du clergé.

Lorsque le schisme de Luther éclata, les wicléfites et les lollards, dont les sentiments avaient beaucoup de rapport avec ceux de Luther, lurent avidement ses livres et ceux des protestants; ils les traduisirent en anglais, et l'on vit bientôt, dans Londres, à Oxford, à Cambridge, des sociétés entières adopter les erreurs de la réforme.

Le clergé s'assembla; les réformateurs furent recherchés avec soin et punis avec sévérité; mais on n'arrêta pas l'erreur. Les partisans des nouvelles opinions devinrent plus circonspects, plus dissimulés, plus défiants, et par conséquent furent moins en état d'être détrompés : ils répandirent leurs opinions avec plus de précaution et peut-être avec plus de succès; ils pervertirent beaucoup de monde et affaiblirent tellement dans l'esprit de la nation le respect et la soumission pour le souverain pontife et pour le clergé, que Henri VIII, dans l'affaire du divorce, fut en état de braver les anathèmes du pape et de subjuguer le clergé.

Ce prince n'était pas engagé dans les erreurs des protestants; mais le besoin qu'il avait d'eux contre le clergé ne permettait pas qu'il les traitât d'abord avec rigueur. Il laissa ce parti se fortifier assez pour faire craindre au clergé qu'il ne se déclarât pour la réforme, et fit assez d'entreprises sur le clergé pour faire espérer aux protestants qu'il embrasserait leurs sentiments.

Par cette politique, la nation anglaise se trouva partagée entre la réforme et la religion catholique, et il se forma deux partis que le roi gouvernait avec un empire absolu.

Les catholiques étaient infiniment plus nombreux, et il était important pour le roi qu'on le crût toujours attaché à la religion catholique. Il renouvela donc les lois contre les hérétiques, et fit punir avec la dernière rigueur tous ceux qui ne souscrivaient pas les six articles, et qui étaient attachés à la nouvelle réforme. *Voyez* l'article précédent.

« Mais, dit Bossuet, que peuvent sur les consciences des décrets de religion qui tirent toute leur force de l'autorité royale, à qui Dieu n'a rien commis de semblable, et qui n'ont rien que de politique ? Encore que Henri VIII les soutînt par des supplices innombrables et qu'il fît mourir cruellement non-seulement les catholiques, qui détestaient sa suprématie, mais même les luthériens et les zuingliens, qui attaquaient aussi les articles de sa foi, toutes sortes d'erreurs se glissèrent insensiblement dans l'Angleterre, et les peuples ne surent plus à quoi s'en tenir, quand ils virent qu'on avait méprisé la chaire de saint Pierre (2). »

Tel était l'état de l'Angleterre lorsque Henri VIII mourut.

De la réformation sous Edouard VI.

Edouard VI succéda à Henri VIII, et le comte de Hartfort, depuis duc de Sommerset, fut déclaré protecteur de tout le royaume et gouverneur du jeune roi.

Edouard avait de l'inclination pour la ré-

---

(1) Bossuet, Hist. des variat., l. vii, art. 44.　　(2) Ibid.

forme, et le duc de Sommerset était zuinglien dans le cœur; les deux archevêques, des évêques, plusieurs des principaux membres du clergé, beaucoup de grands et une partie du peuple, avaient embrassé le parti de la réforme.

Ainsi, toute l'autorité se trouva du côté des protestants: leur zèle ne tarda pas à éclater dans les entretiens particuliers et dans les sermons; et Cranmer, qui avait dissimulé son attachement à la réforme sous Henri VIII, se joignit au protecteur pour l'établir en Angleterre après la mort de ce prince.

Le parlement avait rendu, en 1539, une ordonnance qui revêtait d'une pleine autorité les déclarations de Henri VIII et qui portait que les conseillers de son fils pourraient, durant la minorité, donner des déclarations qui auraient autant de force que celles du père. Sur ce fondement on proposa, suivant l'exemple de Henri VIII, d'envoyer des visiteurs dans tout le royaume, avec des constitutions ecclésiastiques et des articles de foi: on leur distribua l'Angleterre en six parties, et pour chaque partie les commissaires étaient deux gentilshommes, un jurisconsulte, un théologien et un secrétaire. Le roi défendit aux archevêques et à tous autres d'exercer aucune juridiction ecclésiastique tant que la visite durerait; et comme le peuple flottait entre des sentiments opposés, parce que les prédicateurs prêchaient une doctrine opposée et se réfutaient dans leurs chaires, Édouard défendit aux évêques de prêcher hors de leurs siéges, et aux autres ecclésiastiques de prêcher ailleurs que dans leurs églises, à moins qu'ils n'en eussent la commission: c'était un moyen sûr pour distinguer les prédicateurs qui appuieraient la réforme de ceux qui y seraient opposés, et pour empêcher que ces derniers ne prêchassent hors de leurs cures, tandis que les autres obtiendraient facilement la liberté de prêcher partout (1).

Les visiteurs furent chargés d'ordonnances ecclésiastiques pour différents points de discipline et pour l'abolition des images et de l'autorité du pape. Les catholiques, loin de faire des efforts pour faire réformer ce qui avait été fait sous Henri VIII, bornèrent leurs prétentions à empêcher qu'on ne fît de plus grands changements; pour cet effet, ils soutenaient qu'on ne pouvait rien décider par rapport à la religion, sous une minorité, puisqu'on ne pouvait rien faire qu'en vertu de la suprématie du roi.

Mais ceux qui gouvernaient étaient bien éloignés d'admettre cette maxime qui pouvait avoir des influences sur les autres affaires du gouvernement; ils soutenaient que l'autorité royale était toujours la même, soit que le roi fût majeur, soit qu'il fût mineur.

Les évêques de Londres et de Winchester furent les seuls entre les évêques qui s'opposèrent aux règlements que les visiteurs avaient faits, et ils furent envoyés en prison.

Le parlement, qui s'assembla le 4 novembre 1534, fit vers la réformation quelques pas au delà de ce qui s'était fait autrefois sous Henri VIII: il abolit certains actes faits autrefois sous les lollards; il révoqua la loi de six articles, et confirma la suprématie du roi; il abolit les messes privées et fit donner la communion sous les deux espèces. Le roi fut ensuite revêtu du pouvoir de nommer aux évêchés vacants, et les élections furent abolies: on resserra aussi la juridiction des cours ecclésiastiques; et enfin le parlement accorda au roi tous les fonds destinés à l'entretien des chantres, tous ceux qui étaient affectés à l'entretien des lampes, des confréries, etc.

Le roi, le protecteur et le parlement ayant fait connaître de cette manière combien ils étaient portés à établir la réforme, on vit arriver d'Allemagne en Angleterre une foule de protestants, et le protecteur fit venir des théologiens et des prédicateurs, auxquels il donna des pensions et des bénéfices. Tels furent Pierre Martyr, Bucer, Okin, etc.

Tout concourait donc à l'établissement de la nouvelle réforme en Angleterre; mais Cranmer, qui conduisait cette entreprise, voulait éviter l'éclat, et saper, pour ainsi dire, la religion catholique.

On nomma des évêques et des théologiens pour examiner et pour corriger les offices de l'Église, et ces commissaires firent une liturgie approchant de celle des protestants.

Le parlement, qui se rassembla le 24 novembre, travailla de nouveau à l'affaire de la réformation. Il autorisa le mariage des prêtres et approuva la nouvelle liturgie (2).

Les changements qu'on venait de faire et ceux qu'on méditait causèrent de toutes parts du mécontentement. Les chaires ne retentissaient que de disputes: on ôta aux évêques le pouvoir d'autoriser les prédicateurs, et on le réserva au roi et à l'archevêque de Cantorbéry, sous prétexte de calmer les esprits; mais cette précaution ne produisit point l'effet qu'on en attendait. La cour défendit à tous les prédicateurs de prêcher, et fit lire dans l'église des homélies que l'on avait fait composer pour les visiteurs (3).

Dès que la loi qui établissait l'uniformité dans le service de l'Église eut été rendue publique, le roi ordonna une nouvelle visite de son royaume.

Cependant la réforme rencontrait de grands obstacles: les catholiques attaquaient avec force les nouveaux dogmes de la réforme et défendaient avec beaucoup d'avantage la doctrine de l'Église catholique, et la plus considérable partie de la nation était fortement attachée à l'ancienne foi: les réformateurs ne savaient eux-mêmes à quoi s'en tenir sur les principaux points contestés entre les catholiques et les protestants: ces derniers défendaient très-faiblement leurs opinions, même en supposant que dans les

---

(1) Burnet, t. III, p. 62 et 63.
(2) Actes de Rymer, t. XV. Abrégé des actes du t. IV, art. 4, p. 127.
(3) Burnet, t. III, p. 203.

disputes ils aient employé les raisons que M. Burnet leur prête (1).

Nous avons réfuté ces raisons, à l'article VIGILANCE, sur le célibat des prêtres et sur les cérémonies; à l'article BÉRENGER, sur la présence réelle et sur la transsubstantiation.

Leur lenteur à établir une doctrine suivie était donc la suite de leur embarras, et non pas l'effet de leur prudence, comme le prétend l'historien de la réforme; mais, chez M. Burnet, l'ignorance des réformateurs se change en un doute sage, leurs contradictions en ménagements, leur fanatisme en zèle apostolique, la plus lâche faiblesse en condescendance louable.

Depuis le règne de Henri VIII, une grande quantité d'anabaptistes s'étaient réfugiés en Angleterre : le conseil en fut informé; il nomma des commissaires pour les découvrir et pour les juger. La commission était composée d'évêques, de chevaliers, de docteurs, à la tête desquels était Cranmer, archevêque de Cantorbéry.

On trouva que parmi les anabaptistes un grand nombre niait la Trinité, la nécessité de la grâce, le mystère de l'Incarnation. Pourquoi M. Burnet ne nous dit-il pas que ces erreurs avaient été enseignées par Okin et par les théologiens réformés, que le duc de Sommerset avait appelés en Angleterre?

Plusieurs personnes abjurèrent ces erreurs devant les commissaires; mais on en rencontra d'inflexibles : telle fut Jeanne Boucher, que les commissaires livrèrent au bras séculier.

Le conseil pria le roi de signer l'ordre pour l'exécuter; mais ce prince le refusa. Il allégua, dit M. Burnet, que condamner des misérables au feu pour des matières de conscience, c'était donner dans la même cruauté que l'on reprochait à l'Eglise romaine.

Cranmer, archevêque de Cantorbéry, représenta au roi que, par la loi de Moïse, les blasphémateurs étaient lapidés; que la différence était grande entre les erreurs qui attaquent le fondement contenu dans le symbole des apôtres et celles qui ne regardent que des points de théologie; que si les dernières étaient tolérables, les autres étaient des impiétés contre Dieu, et qu'il n'y avait point de prince qui ne fût dans l'obligation de les punir en qualité de lieutenant du Roi des rois. Tout de même que les lieutenants des princes sont obligés de châtier ceux qui offensent ces mêmes princes.

Le roi, effrayé et non pas persuadé, signa l'ordre et dit à Cranmer que s'il faisait mal, puisque c'était par ses instructions et sous son autorité, c'était à lui à en répondre devant Dieu (2).

M. Burnet dit que Cranmer frémit si fort à ce discours, qu'il ne put consentir qu'on exécutât la sentence : voilà un remords qu'on n'attendait pas dans Cranmer après le discours qu'il avait tenu au roi, et ce remords se dissipa vraisemblablement comme un éclair, car Jeanne Boucher fut brûlée.

Si nous étions aussi peu réservés que M. Burnet dans les jugements qu'il porte sur les motifs secrets des catholiques, que ne pourrions-nous pas dire du frémissement de Cranmer, qui n'arrive qu'après l'extrême répugnance du roi à signer un ordre que ce prince croit injuste et barbare?

M. Burnet a pourtant cru qu'on pouvait justifier Cranmer : « Nous pouvons répondre, dit-il, que Cranmer n'avait assurément aucune disposition à la cruauté, et que, de la sorte, ce qu'il fit n'eut pas un fondement si mauvais; mais il faut aussi confesser qu'il se laissa entraîner par quelques maximes, suivant lesquelles il se gouvernait (3). »

Voilà une apologie qui porte avec elle la preuve de l'embarras de M. Burnet, et sa réfutation.

Le supplice des anabaptistes n'arrêta pas la licence de penser : tout était dans une confusion étrange; les peuples se soulevèrent en plusieurs endroits, et les changements faits dans la religion n'étaient pas sans influence dans ces soulèvements.

Les troubles se calmèrent, et l'on continua à établir la réforme; on déposa les évêques qui n'étaient pas favorables aux desseins du gouvernement; on ajoutait, on retranchait sans cesse aux liturgies et aux professions de foi.

La disgrâce du duc de Sommerset ne changea rien dans le projet d'établir la prétendue réformation en Angleterre. En 1552, le comte de Warwick, qui usurpa le gouvernement, et qui faisait servir la religion à ses desseins ambitieux, trouva qu'il était plus à propos, pour se soutenir, de se conformer aux inclinations du roi et aux vœux de la plus grande partie de la nation, que d'entreprendre de les contrarier; ainsi on continua de déposer les évêques opposés à la réforme. On faisait sans cesse de nouvelles professions de foi; on ajoutait, on retranchait sans cesse quelque chose à ces professions; on changeait les liturgies : ce n'étaient qu'ordonnances du roi et du parlement pour obliger à croire telles choses, et à n'en pas croire telles autres; pour prescrire les rites des ordinations, l'étendue du pouvoir des évêques et des pasteurs.

Voilà ce que M. Burnet appelle un ouvrage de lumière, et l'état où la réforme avait mis l'Angleterre lorsque Edouard VI mourut, l'an 1553.

La nouvelle profession de foi contenait les erreurs des protestants sur la justification, sur l'Eucharistie, sur les sacrements, sur l'Eglise, sur l'Ecriture, sur le purgatoire, sur les indulgences, sur la vénération religieuse des images et des reliques, sur l'invocation des saints, sur la prière pour les morts; on y confirmait la suprématie du roi dans l'Eglise, et l'on y condamnait les erreurs des anabaptistes.

Pour la liturgie, on la rendit la plus sem-

---

(1) Burnet, t. III, p. 280.
(2) Ibid., p. 284.

(3) Ibid

blable qu'il fut possible à celle des protestants : on retrancha des églises les autels, les images, les ornements qui servaient dans la célébration de l'office divin ; on abolit l'usage de l'huile dans l'extrême-onction, etc. (1).

De la réformation en Angleterre, sous la reine Marie.

Après la mort d'Edouard VI, Marie, fille de Henri VIII et de Catherine d'Aragon, monta sur le trône. Cette princesse, au milieu du schisme, était restée inviolablement attachée au saint-siége, qui avait défendu les droits de sa naissance avec une fermeté inflexible. Pendant le règne d'Edouard, elle s'opposa de toutes ses forces aux réformateurs, dont les principaux chefs avaient eu tant de part dans l'affaire du divorce.

Lorsqu'elle fut montée sur le trône, elle se livra à toute l'ardeur de son zèle pour le rétablissement de la religion catholique.

Il fallait, pour y réussir, renverser la religion protestante, approuvée par le parlement et reçue par une grande partie de la nation.

Gardiner et les principaux des catholiques prétendaient qu'il fallait remettre la croyance dans l'état où elle était à la mort de Henri VIII, et qu'ensuite on rétablît par degrés tout ce qui avait été changé ou aboli depuis la rupture avec Rome.

La reine, au contraire, avait du penchant à rentrer d'abord dans l'unité de l'Eglise catholique, et considérait Gardiner comme un politique qui s'accommodait au temps.

Cependant, pour paraître mettre quelque prudence dans son entreprise, elle déclara, dans son conseil, qu'encore qu'elle fût déterminée sur la matière de la religion, elle ne contraindrait personne ; qu'elle laissait à Dieu le soin d'éclairer ceux qui étaient dans l'erreur, et qu'elle espérait qu'on reviendrait dès que l'Evangile serait prêché purement et par les théologiens ornés de piété, de vertus et de lumières.

Bientôt après, les évêques déposés revinrent dans leurs siéges : l'évêque de Londres se rendit dans sa cathédrale, et y entendit le sermon de son chapelain. Comme ce prédicateur exaltait extrêmement son évêque, et qu'il censurait vivement ceux qui l'avaient maltraité, l'auditoire s'émut : on lui jeta des pierres, et on lui lança un poignard avec tant de force, que le prédicateur ayant évité le coup, le poignard entra dans le bois de la chaire et y demeura.

La reine, pour prévenir les désordres qui pouvaient naître de l'indiscrétion des prédicateurs, donna ordre à Gardiner d'expédier, sous le grand sceau, des provisions de prêcher aux théologiens qu'il croyait sages, éclairés, prudents et capables de bien annoncer la parole de Dieu.

Ces prédicateurs étaient en droit de monter en chaire partout où le chancelier les enverrait, soit dans les églises cathédrales, soit dans les paroisses.

Malgré l'interdiction des prédicateurs, la plupart des protestants continuèrent à prêcher ; et M. Burnet, qui avait blâmé cette désobéissance dans les catholiques, sous Edouard VI, la canonise dans les protestants, sous Marie (2).

Les étrangers qui s'étaient retirés en Angleterre, sous Edouard, et ceux qu'on avait appelés, eurent ordre de sortir du royaume.

La reine convoqua ensuite le parlement et retint dans les lettres de convocation la qualité de *souverain chef de l'Eglise d'Angleterre*. Elle fit réhabiliter le mariage de Henri VIII avec Catherine d'Aragon (le 1er octobre 1553) : on révoqua ensuite les lois qu'Edouard avait faites sur la religion, et l'on ordonna qu'après le 20 décembre, toute forme de service cesserait en Angleterre, hormis celui qui avait été en usage à la fin du règne de Henri VIII.

Pour assurer le succès de cette loi, on renouvela celle que les réformateurs avaient fait porter contre les catholiques, sous Edouard. On déclara coupables de félonie, et par conséquent dignes de mort, ceux qui, s'étant assemblés au nombre de douze ou davantage pour faire des changements dans la religion établie de droit public, ne se séparaient pas, une heure au plus tard, après en avoir été requis par le magistrat ou par quelqu'un autorisé de la reine.

Le mariage de la reine avec Philippe d'Espagne occupa la cour et occasionna des mouvements dans les provinces : on les apaisa, et lorsque la tranquillité fut rétablie partout, la reine envoya ordre aux évêques de faire au plus tôt la visite de leurs diocèses, de faire observer les lois ecclésiastiques qui avaient eu cours du vivant de son père, de cesser de mettre son nom dans les actes des officialités, de n'exiger plus le serment de suprématie, de ne conférer les ordres à aucun homme soupçonné d'hérésie, et de punir les hérétiques ; elle voulait de plus que l'on chassât les ecclésiastiques mariés, et qu'on les contraignît de se séparer de leurs femmes ; enfin, elle voulait que les gens d'église ordonnés suivant le cérémonial d'Edouard VI, n'étant pas légitimement ordonnés, le diocésain suppléât à ce qui manquait. En conséquence de cette ordonnance, quatre évêques mariés furent déposés, la nouvelle liturgie fut abolie, et la messe rétablie partout (3).

Le parlement cassa toutes les lois faites contre le saint-siége, et renouvela toutes celles qu'on avait faites contre les hérétiques, sous Richard II et sous Henri IV.

Le cardinal Polus fut nommé légat en Angleterre, et lorsqu'il y fut arrivé, il s'opposa aux conseils violents de quelques ministres de la reine ; il voulait que les pasteurs eussent des entrailles de compassion, même pour leurs ouailles perdues, et qu'en qualité de pères spirituels, ils regardassent leurs en-

---

(1) Burnet, t. III, p. 420.
(2) Ibid.

(3) Ibid., p. 105, 110.

fants dans l'égarement comme des malades qu'il faut guérir et non pas tuer ; il remontrait que la trop grande rigueur aigrit le mal ; qu'on devait mettre de la différence entre un État pur, où un petit nombre de docteurs se glisse , et un royaume dont le clergé et les séculiers se trouvent plongés dans un abîme d'erreurs ; qu'au lieu d'employer la force pour les déraciner, il fallait donner au peuple le temps de s'en défaire par degrés.

Le chancelier Gardiner prétendait, au contraire, que pour réduire les protestants, il ne fallait compter que sur la sévérité des ordonnances portées contre les lollards.

La reine prit un milieu entre Polus et Gardiner, ou plutôt elle suivit l'un et l'autre en partie ; elle exhorta le légat à travailler à la réforme du clergé, et chargea Gardiner d'agir contre les hérétiques : ce dernier en fit arrêter un assez grand nombre, et l'on en brûla une partie.

Toute l'Angleterre tomba dans une extrême surprise, à la vue de tant de feux ; les esprits s'aigrirent à la vue de ces terribles supplices : ceux qui penchaient vers la religion réformée en eurent alors une bien plus haute idée, et la constance avec laquelle les protestants allaient au supplice inspira de la vénération pour leur religion et de l'aversion pour les ecclésiastiques et pour les catholiques qui ne pouvaient cependant les convertir véritablement qu'en gagnant leur confiance.

Insensiblement le feu des bûchers alluma le fanatisme dans le cœur des Anglais ; les réformés professèrent leur religion avec plus de liberté et firent des prosélytes.

Sur l'avis que l'on eut que l'Angletere était pleine de livres hérétiques et séditieux, la reine donna un édit qui portait que quiconque aurait de ces livres et ne les brûlerait au plus tôt, sans les lire, sans les montrer à personne, serait estimé rebelle et exécuté sur-le-champ, selon le droit de la guerre ; elle fit défendre ensuite de parler aux protestants qu'on conduisait au supplice, de prier pour eux, et même de dire : *Dieu les bénisse.*

Plus de deux cents protestants périrent dans les flammes, plus de soixante moururent en prison, beaucoup sortirent d'Angleterre, et un plus grand nombre dissimula ses sentiments pour conserver sa liberté et sa fortune. Ces derniers éprouvèrent les plus cruels remords, et conçurent une haine mortelle contre les catholiques qui les avaient réduits à ces extrémités.

Tandis que l'on recherchait et que l'on brûlait les protestants, les éléments et les maladies contagieuses semblaient ligués contre l'Angleterre ; elle éprouva des malheurs, des revers fâcheux ; le peuple prit de l'aversion pour le gouvernement. La reine fit représenter aux communes le fâcheux état du royaume et le besoin qu'elle avait de leur secours ; mais la chambre des communes était si mal satisfaite du ministère, qu'elle ne fit rien sur les demandes de la reine. Cette princesse, consumée de mélancolie et accablée de chagrins, mourut le 17 novembre 1558, âgée de quarante-trois ans. « Reine digne d'une mémoire éternelle, selon le P. d'Orléans, si elle eût plutôt suivi l'esprit de l'Église que le génie de la nation ; si, dans une révolution de religion, elle eût moins imité la rigueur de ses ancêtres dans celle de l'État ; en un mot, si elle eût plus épargné le sang, si elle se fût distinguée par là de Henri, d'Édouard et d'Elisabeth, et si elle eût fait réflexion que les voies trop violentes d'induire le peuple au changement conviennent à l'erreur qui ne porte point de grâce, non à la véritable foi qui porte avec elle le secours nécessaire pour se faire volontairement suivre (1). »

De la réformation sous Élisabeth.

Après la mort de Marie, Élisabeth, fille de Henri VIII et d'Anne de Boulen, monta sur le trône ; elle était née en quelque sorte ennemie de Rome et du pape. Cette disposition fut fortifiée par la réponse que le pape fit au résident d'Angleterre. Le souverain pontife déclara « que l'Angleterre était un fief de Rome ; qu'Élisabeth n'y avait aucun droit, étant bâtarde ; que pour lui, il ne pouvait révoquer les arrêts de Clément VII et de Paul III, ses prédécesseurs ; que c'avait été une insigne audace à elle de prendre possession de la couronne sans son aveu ; que par là elle était indigne qu'on lui fît la moindre grâce ; que si toutefois elle renonçait à ses prétentions, et qu'elle en passât par le jugement du saint-siège, il lui marquerait une affection paternelle, et lui ferait tout le bien imaginable, pourvu que la dignité du vicaire de Jésus-Christ ne fût pas blessée (2). »

Élisabeth prit la résolution de soustraire l'Angleterre à l'obéissance de Rome à laquelle Marie l'avait soumise. Élisabeth savait que Henri VIII son père, et Édouard VI son frère, s'étaient vus fort embarrassés au milieu des divisions de leur État ; que ces mêmes divisions avaient été fatales à Marie sa sœur, qui n'eut jamais le plaisir de voir son peuple ni lui aider à défendre Calais, ni la secourir pour reprendre cette place ; la nouvelle reine forma donc le projet, et de se rendre indépendante de Rome, et d'établir dans son royaume un corps de doctrine et un culte qui pussent réunir tous ses sujets dans la profession d'une même religion.

L'exécution de ce projet faisait d'ailleurs, dans son règne, une époque glorieuse ; elle assurait la tranquillité de ses États et rendait sa puissance plus redoutable aux étrangers. Pour réussir, elle résolut de prendre un milieu dont tout le monde fût à peu près satisfait ; et, comme elle avait déjà remarqué la facilité du clergé à approuver l'abrogation de l'autorité du pape et les changements de la religion, elle résolut de suivre

(1) Hist. de la révol. d'Angleterre, t. III, p. 186.

(2) Burnet, t. IV, p. 350.

la même route, mais sans rien précipiter. Elisabeth craignait que le pape ne l'excommuniât, qu'il ne la déposât et qu'il n'armât contre elle toute l'Europe. Il était possible que le roi de France saisît cette occasion d'inquiéter l'Angleterre, et que, secondé des Ecossais et des Irlandais, il y excitât des troubles que les évêques et les catholiques d'Angleterre pouvaient rendre infiniment dangereux, en irritant le peuple contre elle.

Pour prévenir ce péril, Elisabeth fit sa paix avec Henri II, roi de France, appuya secrètement les réformés de ce royaume, protégea les Ecossais qui désiraient la réformation, distribua de l'argent aux chefs des principales maisons d'Irlande, affaiblit secrètement le crédit des principales créatures de Marie, fit reconnaître son droit à la couronne et se fit reconnaître par les deux chambres du parlement pour la véritable reine, conformément aux lois divines et à celles du pays (1).

Le parlement confirma ensuite les ordonnances faites au sujet de la religion, sous l'autorité d'Edouard VI. Quatre jours après, on proposa de rendre à la reine la nomination des évêques, selon que son frère en avait joui; l'ordonnance pour la primatie ecclésiastique passa dans la chambre des seigneurs. Le 18 mars, on renouvela les lois de Henri VIII contre la juridiction du pape en Angleterre, et l'on abrogea les ordonnances de Marie qui y étaient opposées; on déclara que le droit de faire les visites ecclésiastiques et de corriger ou de réformer les abus était annexé pour toujours à la couronne, et que la reine et ses successeurs avaient le pouvoir d'en remettre l'autorité entre les mains des personnes qu'ils jugeraient à propos d'employer. Il fut encore résolu que ceux qui auraient des charges publiques, militaires ou ecclésiastiques, jureraient de reconnaître la reine pour *souveraine gouvernante dans l'étendue de ses Etats et en toutes sortes de causes séculières et ecclésiastiques*; que quiconque refuserait de prêter ce serment serait déchu de ses charges et incapable d'en posséder.

Le pouvoir que le parlement donna à la reine de faire exercer sa primauté par des commissaires fut l'origine d'une commission qui fit les visites.

Elisabeth, en se soustrayant à l'autorité du saint-siège, voulait cependant concilier, autant qu'il lui était possible, ses sujets et les réunir dans le même culte; elle établit des conférences entre les évêques catholiques et les théologiens réformés.

La reine avait pris son parti, et les conférences n'étaient établies que pour gagner les catholiques ou pour mettre du côté de la reine l'apparence de la justice et faire juger qu'elle avait cherché la vérité, et que les catholiques avaient succombé dans l'examen que l'on avait fait de leur doctrine. Les conférences ne ramenèrent donc personne à l'Eglise catholique; mais le parlement fit une loi touchant l'uniformité dans le service de l'Eglise.

Les séances du parlement étant finies, les évêques et le reste du clergé reçurent ordre de venir prêter le serment de suprématie, c'est-à-dire, de venir reconnaître la primauté ecclésiastique de la reine et de renoncer à celle du pape : ils refusèrent de le faire; on les mit en prison, et ils furent déposés.

La reine fit faire des règlements pour la visite des diocèses, et des mandements dans lesquels elle alla plus loin qu'Edouard VI (2).

Quand les commissaires firent, en 1559, le rapport du succès de leur visite, on apprit que tout le royaume recevait avec soumission les ordonnances du parlement et les mandements de la reine; et, par le calcul qui en fut fait, on trouva qu'encore qu'il y eût alors neuf mille quatre cents bénéfices en Angleterre, tout embrassait la réformation, à la réserve de quatorze évêques, de six doyens, de douze archidiacres, de quinze principaux de collége, de cinquante chanoines et de quatre-vingts curés.

Ainsi, par le moyen du parlement, Henri VIII établit en Angleterre une religion mêlée, qui n'était ni entièrement romaine, ni entièrement protestante, et qui tenait quelque chose de l'une et de l'autre : ce prince faisait à cet égard ce qu'il jugeait à propos; il ajoutait, il retranchait; et, comme s'il eût été infaillible, il n'avait qu'à faire connaître ses sentiments pour que le parlement les approuvât et leur donnât force de loi.

Par la même voie, les gouverneurs d'Edouard VI firent casser les lois de Henri VIII qui leur déplurent, et établirent la réforme.

Marie se servit du même moyen pour abolir la réformation et pour rétablir la religion catholique dans l'état où elle était avant le schisme de Henri VIII; enfin Elisabeth trouva la même facilité à faire rétablir la réformation par le parlement.

Peut-on dire que les Anglais aient ainsi changé du blanc au noir volontairement à chaque règne, selon qu'il plaisait à leurs souverains? Non, sans doute, continue M. Thoiras ; mais, dit-il, les sentiments du plus grand nombre des députés à la chambre basse étaient changés en statuts, qui étaient censés conformes aux sentiments de la nation; par là ceux qui ne les approuvaient pas étaient obligés de feindre; et, sous les quatre règnes dont on vient de parler, on vit, dans l'espace d'environ trente ans, les mêmes personnes condescendre à quatre changements de religion consécutifs, selon qu'il plaisait aux rois, aux reines et aux chambres des communes.

La plupart de ceux qui embrassèrent la réforme conservèrent leurs sentiments, parce qu'on les avait forcés et qu'on ne les avait pas convaincus; et si le règne d'Elisabeth n'eût pas été long, et qu'un prince catholique fût monté sur le trône d'Angleterre avant la mort de tous les catholiques anglais, il

(1) Burnet, t. IV, p. 350.

(2) Ibid. p. 407.

eût été facile d'anéantir la réforme. De là naquirent tant de projets d'attaquer l'Angleterre avec des forces étrangères, ou par l'Ecosse, ou de quelque autre côté : ceux qui formaient ces projets ne doutaient nullement que les catholiques anglais ne se joignissent aux étrangers (1).

De la réforme établie et fixée par Elisabeth.

Elisabeth, pour affermir la réforme, résolut de publier, 1° un corps de doctrine, ainsi qu'on l'avait fait sous Edouard VI; 2° de donner au peuple une nouvelle version de la Bible; 3° de faire des règlements pour les tribunaux ecclésiastiques.

Le corps de doctrine dressé par les évêques sous Elisabeth n'est pas le même que sous Edouard.

Sous ce prince, les zuingliens et les luthériens avaient eu la meilleure part au changement qu'on avait fait dans la liturgie; ainsi, ils avaient presque anéanti tout le culte pratiqué sous Henri VIII.

Elisabeth, élevée dans la haine du pape et dans le zèle pour la réforme, aimait cependant les cérémonies que son père avaient retenues; elle recherchait l'éclat de la pompe jusque dans le culte divin; elle estimait que les ministres de son frère avaient outré la réforme dans le culte extérieur, et qu'ils avaient trop dépouillé la religion et retranché mal à propos les ornements du service divin; elle jugea qu'ils avaient resserré certains dogmes dans des limites trop étroites et sous des termes trop précis; qu'il fallait user d'expressions plus générales, afin que les partis opposés y trouvassent leur compte; son dessein était surtout de conserver les images dans les églises, et de faire concevoir en des termes un peu vagues la manière de la présence de Jésus-Christ dans l'eucharistie : elle trouvait fort mauvais que, pour des explications si subtiles, on eût chassé du sein de l'Eglise ceux qui croyaient la présence corporelle.

La qualité de souverain chef de l'Eglise lui déplaisait encore; l'autorité lui en paraissait trop étendue et trop approchante de la puissance de Jésus-Christ (2).

La reine n'exécuta cependant pas tout son plan de liturgie; elle consentit que l'on ôtât les images, et, malgré sa répugnance, elle conserva la suprématie dans toute son étendue; le parlement s'attribua constamment la décision sur le point de l'eucharistie, et ce point essentiel de la réforme d'Edouard VI fut changé sous Elisabeth; enfin, on fixa les points de la confession de l'Eglise anglicane, et cette confession fut approuvée dans un synode de Londres, tenu l'an 1562.

Cette confession est contenue en trente-neuf articles : dans les cinq premiers, on reconnaît l'existence et les attributs de Dieu, la Trinité, l'Incarnation, la descente de Jésus-Christ aux enfers, sa résurrection et la divinité du Saint-Esprit.

Dans les sixième, septième et huitième, on dit que l'Ecriture sainte suffit pour régler la foi et le culte des chrétiens; on y détermine le nombre des livres canoniques; on y reçoit le symbole de Nicée, celui de saint Athanase et celui des apôtres.

Depuis le neuvième jusqu'au dix-huitième, on traite du péché originel, du libre arbitre, de la justification des bonnes œuvres, des œuvres de surérogation, du péché commis après le baptême, de la prédestination et de l'impossibilité d'être sans péché.

Sur tous ces points, l'Eglise anglicane tâche de tenir un milieu entre les erreurs des protestants et les dogmes de l'Eglise catholique : on y condamne le pélagianisme et le semi-pélagianisme; mais on ne dit pas que la concupiscence soit un péché; on ne nie point le libre arbitre; on n'y condamne point les bonnes œuvres; on ne dit pas que les actions faites avant la justification soient des péchés, mais que, ne se faisant pas par la foi en Jésus-Christ, elles ne peuvent être agréables à Dieu ni mériter la grâce en aucune manière; on prétend, au contraire, que ces actions ne se faisant pas comme Dieu veut qu'elles soient faites, elles participent de la nature du péché.

On y reconnaît que Jésus-Christ seul est exempt de péché; que, même après le baptême, les hommes pèchent et peuvent se réconcilier; on condamne donc le dogme de l'inamissibilité de la grâce : on y enseigne la prédestination gratuite, et l'on ne parle pas de la réprobation de Luther et de Calvin.

Dans les dix-neuvième, vingtième, vingt-unième, vingt-deuxième, vingt-troisième, vingt-quatrième, on parle de l'Eglise, de son autorité, de ses ministres, des conciles, du purgatoire, de la nécessité de faire l'office en langue vulgaire.

L'Eglise est définie l'assemblée visible des fidèles, dans laquelle on enseigne la pure parole de Dieu, et dans laquelle on administre les sacrements selon l'institution de Jésus-Christ. On ne dit pas que l'Eglise soit une assemblée de prédestinés et une société invisible, mais on déclare que l'Eglise romaine s'est trompée sur le culte et sur le dogme.

Cette Eglise visible n'a pas le droit d'obliger à croire ce qui n'est pas renfermé dans la parole de Dieu; mais c'est chez elle qu'il faut aller chercher la parole de Dieu, dont elle est dépositaire et conservatrice.

L'infaillibilité des conciles généraux y est niée, aussi bien que le purgatoire, les indulgences, la vénération des reliques et des images, l'invocation des saints; mais on les rejette comme inutiles, contraires à la parole de Dieu : on ne dit point que ces pratiques soient superstitieuses ou idolâtres.

Pour les ministres, on croit qu'ils ne sont véritablement ministres que lorsqu'ils ont reçu la vocation de la part des ministres que Dieu a établis pour choisir les prédicateurs et pour les enseigner.

Par cet article, l'Eglise anglicane con-

---

(1) Abrégé des actes de Rymer, p. 446.

(2) Burnet, t. IV, l. III.

damne les apôtres de la réforme; car certainement Luther, Calvin, etc., n'ont point été chargés d'enseigner par les ministres de l'Eglise visible, auxquels cependant il appartenait de les appeler.

Dans les art. 25, 26, 27, 28, 29, 30, on parle des sacrements, de leur efficacité, du baptême, de l'eucharistie, du sacrifice de la messe.

L'Eglise anglicane reconnaît que les sacrements ne sont point des signes destinés à faire connaître extérieurement que nous sommes chrétiens, mais des signes efficaces de la bonté de Dieu, par le moyen desquels il opère en nous et confirme notre foi.

On ne reconnaît que deux sacrements, le baptême et la cène; dont l'efficacité est indépendante de la foi ou de la piété des ministres; cependant on veut que l'Eglise veille, pour qu'on ne confie l'administration des sacrements qu'à ceux que leur piété et leur conduite rendent dignes d'un si saint ministère.

L'Eglise anglicane déclare que le baptême n'est pas seulement le signe de notre association au christianisme, mais le signe par lequel nous devenons enfants de l'Eglise, et qui produit en nous la foi et la grâce.

On reconnaît que la cène est un vrai sacrement et la communion du corps et du sang de Jésus-Christ. On dit ensuite que cependant on ne mange Jésus-Christ que spirituellement, et que le moyen par lequel on mange le corps de Jésus-Christ, dans la cène, est la foi; mais on reconnaît que l'on mange véritablement le corps et le sang de Jésus-Christ; qu'il ne faut cependant pas pour cela croire que la nature du pain soit anéantie, ni admettre la transsubstantiation, parce qu'on ne peut la prouver par l'Ecriture, parce qu'elle est contraire à la nature du sacrement et est une source de superstition.

On voit, dans la manière dont l'Eglise d'Angleterre s'explique, combien elle est embarrassée pour ne pas reconnaître le dogme de la présence corporelle, et avec quel soin elle a cherché des expressions qui ne fussent point contraires à ce dogme (1).

L'Eglise anglicane se déclare pour la communion sous les deux espèces, et nie que l'eucharistie soit un sacrifice.

Dans les articles trente-deux jusqu'au trente-neuvième, on condamne le célibat des ecclésiastiques; on reconnaît dans l'Eglise le pouvoir d'excommunier; on rejette la nécessité de la tradition et l'autorité que les catholiques lui attribuent; mais on déclare qu'aucun particulier n'a le droit de changer les cérémonies et le culte établi par la tradition; les églises particulières ont seules ce droit, encore faut-il que ces cérémonies soient d'institution purement humaine, et que le retranchement qu'on en fait contribue à l'édification des fidèles. On approuve la consécration des évêques et l'ordination des prêtres et des diacres selon le rituel d'Edouard VI; enfin on y confirme tout ce que l'on a fait sur la suprématie du souverain et contre le pape.¹

Les règlements et les canons pour la discipline ne furent pas dressés sitôt; il en parut quelques-uns en 1571, et bien davantage l'an 1597; on en publia un recueil beaucoup plus ample en 1603, au commencement du règne de Jacques Ier. Ce détail appartient à l'histoire de l'Eglise anglicane: nous rapporterons seulement ce que M. Burnet pense de tous ces règlements: « Pour en dire la vérité, on n'a pas encore donné toute la force nécessaire à un dessein si important; les canons de la pénitence n'ont pas encore été rétablis; le gouvernement de l'Eglise anglicane n'est pas encore entre les mains des ecclésiastiques, et la réformation est imparfaite jusqu'ici en ce qui regarde la conduite de l'Eglise et la discipline (2). »

Cependant M. Burnet s'efforce continuellement de nous représenter la réforme comme un ouvrage de lumière.

Nous avons réfuté les dogmes de l'Eglise anglicane sur la présence réelle et sur la transsubstantiation, à l'article BÉRENGER; son sentiment sur l'invocation des saints, sur les images, sur le célibat des prêtres, aux articles VIGILANCE, ICONOCLASTES: nous réfutons son sentiment sur la faillibilité des conciles, à l'article RÉFORME.

Des sectes que la réformation a produites en Angleterre.

La réformation de l'Angleterre, cet ouvrage de lumière, selon M. Burnet, ne tarda pas à devenir un ouvrage de confusion; plusieurs Anglais, qui avaient été fugitifs sous le règne de Marie, retournèrent en Angleterre, pleins des idées de toutes les réforme de Genève, de Suisse et de France: ces protestants ne purent s'accommoder de la réforme d'Angleterre qui, à leur gré, n'avait pas été poussée assez loin.

Ces réformés ardents se séparèrent de l'Eglise anglicane et firent entre eux des assemblées particulières, auxquelles on donna d'abord le nom de *conventicules*. On appela aussi presbytériens ceux qui s'étaient ainsi séparés, parce qu'en refusant de se soumettre à la juridiction des évêques, ils soutenaient que tous les prêtres ou ministres avaient une égale autorité, et que l'Eglise devait être gouvernée par des presbytères ou consistoires, composés de ministres et de quelques anciens laïques, ainsi que Calvin l'avait établi à Genève.

Il se forma donc sur ce sujet deux partis qui, au lieu d'avoir de la condescendance l'un pour l'autre, commencèrent à s'inquiéter mutuellement par des disputes de vive voix et par écrit.

Ceux qui adhéraient à l'Eglise anglicane trouvaient fort mauvais que des particuliers prétendissent réformer ce qui avait été établi par des synodes nationaux et par le parlement.

D'un autre côté, les presbytériens ne trou-

---

(1) *Voyez* Corpus confessionum fidei, Genevæ, 1654, au titre Confessio anglicana, p. 94, 95 et 105.

(2) Burnet, t. IV, p. 451.

vaient pas moins étrange qu'on voulût les assujettir à pratiquer des choses qu'ils croyaient contraires à la pureté de la religion, et on les nomma à cause de cela puritains.

On voyait donc les évêques et le parlement traiter comme des hérétiques les réformés qui ne voulaient pas suivre la liturgie établie par Élisabeth, tandis qu'une partie de la nation anglaise n'était pas moins choquée de voir un ministre faire l'office en surplis que d'entendre prêcher une hérésie, et traitait de superstitions idolâtres toutes les cérémonies que l'Église anglicane avait conservées.

Les partisans de la liturgie furent nommés Épiscopaux, parce qu'ils recevaient le gouvernement épiscopal; on les appela aussi conformistes, parce qu'ils se conformaient au culte établi par les évêques et par le parlement.

Les presbytériens s'appelèrent, au contraire, non-conformistes ou puritains.

La hiérarchie est le point principal sur lequel ils sont divisés.

Depuis que ces deux partis se sont divisés, chacun a travaillé avec ardeur à gagner l'avantage sur l'autre : les différents partis politiques qui se sont formés en Angleterre, pour ou contre l'autorité du roi, ont tâché d'entraîner dans leurs intérêts ces deux partis; et comme, dans l'origine, les presbytériens ou les puritains furent dans l'oppression, parce que l'autorité royale et celle du clergé étaient réunies contre eux, les presbytériens se sont attachés aux ennemis de la puissance royale, comme les épiscopaux se sont attachés aux royalistes : ces deux sectes ont eu beaucoup de part aux mouvements qui ont agité l'Angleterre; les puritains furent la cause principale de la révolution qui arriva sous Charles Ier, et depuis ce temps ils font le parti le plus nombreux (1).

Les sociniens, les anabaptistes, les ariens profitèrent de la confusion que produisait la réforme en Angleterre pour s'y établir, et ils y firent des prosélytes; enfin les quakers sont sortis du sein même de la réformation anglicane, et toutes ces sectes sont tolérées en Angleterre.

L'Angleterre est dans ce moment en proie à une crise de laquelle dépendent non-seulement ses propres destinées, mais peut-être même l'avenir du monde entier. Le mouvement religieux qui s'y manifeste ne date que du grand acte législatif de l'émancipation en 1829; et il a reçu du temps même et des circonstances où il est né une si forte impulsion, que déjà l'on peut pressentir un dénouement très-prochain. L'activité des esprits, les événements qui se précipitent, la décomposition chaque jour croissante des sectes dissidentes, ne permettent pas à l'Angleterre d'espérer longtemps le maintien de son établissement anormal.

Au commencement du règne de Georges III, on portait le nombre des catholiques, en Angleterre et en Écosse, à 60,000. Leur nombre en 1821, d'après le recensement, s'élevait à 500,000. Il était en 1842 de 2,000,000. La ville de Londres renferme en ce moment plus de 300,000 catholiques; les conversions qui s'y opèrent sont annuellement de quatre à cinq mille!

Le principe de la liberté d'enseignement y est admis sans entraves; l'enseignement secondaire des collèges est parfaitement libre. On compte neuf collèges catholiques; les uns, comme les petits séminaires de France, entièrement soumis aux évêques, sont gouvernés par des prêtres séculiers; les autres appartiennent à des congrégations religieuses et sont dirigés par des bénédictins, des dominicains et des jésuites. L'État n'y exerce aucune autorité; il ne demande qu'une chose, l'obéissance aux lois, et n'exige rien des aspirants pour leur conférer les grades, sinon qu'ils satisfassent aux conditions d'un examen dont le programme est publié une année à l'avance.

Le sang des martyrs s'est élevé jusqu'au trône de la miséricorde divine! L'île des saints voit apparaître l'aurore d'un beau jour!... (*Edit.*)

Nous parlerons plus amplement des presbytériens et des épiscopaux aux art. Presbytériens, Épiscopaux.

*ANOMÉENS, hérétiques du quatrième siècle, qui prétendaient comprendre la nature même de Dieu. Saint Chrysostome les réfuta dans plusieurs de ses homélies, et ils furent condamnés dans le concile œcuménique de Constantinople, l'an 381.

ANTHIASISTES. Philastrius parle de cette secte, sans savoir dans quel temps elle a paru : ils regardaient le travail comme un crime, et passaient leur vie à dormir.

ANTHROPOMORPHITES ou Antropiens, hérétiques qui croyaient que Dieu avait un corps de figure humaine.

Ils se fondaient sur un passage de la Genèse, dans lequel Dieu dit : Faisons l'homme à notre image, et sur tous les passages de l'Écriture qui attribuent à Dieu des bras, des pieds, etc. (2).

Il y eut de ces hérétiques dès le quatrième siècle et dans le commencement du dixième (931).

Ce siècle ignorant et grossier ne produisait que des erreurs de cette espèce : on voulait tout imaginer, et l'on se représentait tout sous des formes corporelles : on ne concevait les anges que comme des hommes ailés, vêtus de blanc, tels qu'on les voyait peints sur les murailles des églises; on croyait même que tout se passait dans le ciel à peu près comme sur la terre : beaucoup de personnes croyaient que saint Michel célébrait la messe devant Dieu tous les lundis, et par cette raison ils allaient à son église ce jour-là plutôt que tout autre (3).

*ANTIADIAPHORISTES, c'est-à-dire opposés aux *adiaphoristes*, indifférents. Dans le seizième siècle ce nom fut donné à une

---

(1) Thoiras, Hist. d'Angl., t. VIII. Règne de Charles Ier, ibid. Dissert. sur les wighs et sur les tories. Révol. d'Angleterre, t. III, l. ix.

(2) Nicephor., l. xi, c. 14; l. xiii, c. 10. Ittig., de Hær., p. 190.

(3) Hist. litt. de France, t. V, p. 10.

secte de luthériens rigides qui refusaient de reconnaître la juridiction des évêques, et improuvaient plusieurs cérémonies de l'Eglise observées par les luthériens mitigés.

ANTICONCORDATAIRES. Un concordat ayant été conclu entre le saint-siége et le gouvernement français, Pie VII adressa, le 15 août 1801, aux évêques de France le bref *Tam multa*, dans lequel il leur déclarait que la conservation de l'unité et le rétablissement de la religion catholique dans leur patrie, demandaient qu'ils donnassent la démission de leurs siéges.

Un certain nombre adressèrent au pape une réponse dilatoire plutôt que négative; plusieurs refusèrent de se démettre.

Une lettre au souverain pontife, rédigée par Asseline, évêque de Boulogne, le 26 mars 1802, insista de nouveau sur la nécessité d'entendre les évêques dans une cause qui les intéressait d'une manière si essentielle; et elle peut être regardée comme une déclaration commune des prélats non démissionnaires. « Mais, fait observer M. Picot, la proposition de consulter et d'entendre tous les évêques était-elle d'une exécution facile dans un temps de révolutions et d'incertitudes qui n'offrait pas assez de tranquillité pour la réunion d'un concile? Et le besoin urgent d'éteindre un long schisme, et de faire cesser une persécution déclarée; la nécessité de relever la religion de ses ruines, et de la rappeler dans le cœur des fidèles, qui l'oubliaient de plus en plus au milieu des orages et des entraves où elle gémissait depuis plus de dix ans, n'autorisaient-ils pas le pape à s'écarter des règles ordinaires et à déployer un pouvoir proportionné à la grandeur des maux de l'Eglise? »

Du reste, les prélats non démissionnaires déclarèrent, pour la plupart, qu'afin de ne pas causer de divisions, ils consentaient à l'exercice des pouvoirs du nouvel évêque. Plusieurs même annoncèrent qu'ils suppléaient à l'insuffisance de son titre, sans abandonner la juridiction.

Il arriva de Londres à Rome des représentations signées dans plusieurs villes de l'Europe, par ces prélats, et rédigées, à la date du 6 avril 1803, sous le titre d'*Expostulations canoniques*, etc., *sur divers actes concernant l'Eglise de France*. On y formait opposition au concordat du 15 juillet 1801; à la bulle *Ecclesia Christi*, du 15 août; au bref *Tam multa*, du même jour; à la bulle *Qui Christi Domini*, du 29 novembre, qui établit une nouvelle circonscription; aux lettres *Quoniam favente*, qui donnaient au cardinal Caprara le pouvoir d'instituer de nouveaux évêques; et aux deux décrets *Quæ præcipuæ* et *Cum sanctissimus*, donnés par ce légat à Paris, le 9 avril 1802. On se réservait d'exposer ultérieurement d'autres griefs, auxquels donnaient lieu les stipulations du concordat.

En effet, ceux des évêques non démissionnaires, qui résidaient en Angleterre, signèrent, en 1804, au nombre de treize, deux écrits d'un ton encore plus animé que les *Expostulations* : savoir, le 8 avril, une *Déclaration sur les droits du roi*, et le 15 avril, de *Nouvelles réclamations canoniques*, ayant pour objet, 1° plusieurs articles du concordat relatifs à la reconnaissance du nouveau gouvernement et aux biens ecclésiastiques; 2° les *articles* dits *organiques*; 3° plusieurs dispositions du nouveau code civil. Mais Pie VII réclamait lui-même contre les articles organiques et contre diverses mesures défavorables à la religion.

Outre ces treize évêques, il ne resta en Angleterre, de tout le clergé émigré ou déporté, qu'environ quatre cents prêtres qui ne furent pas tentés de prendre part au nouvel ordre de choses, et dont plusieurs levèrent ouvertement l'étendard du schisme. Les prélats réfugiés ne censurèrent point leurs écrits par un acte public, supposant que la violence de ces emportements en neutralisait le danger; mais ils les blamèrent. (*Voy.* BLANCHARDISME.)

Après la restauration, Louis XVIII, qui s'occupait d'un traité avec le saint-siége, écrivit aux évêques non démissionnaires, le 12 novembre 1815, que le refus de leur démission paraissant s'opposer à l'heureuse issue des négociations, il les engageait à lever cet obstacle. Ceux de ces prélats, qui se trouvèrent à Paris, lui adressèrent en effet une formule de démission, où il était marqué que cet acte devait rester entre les mains du roi jusqu'au résultat des négociations. Ceux qui se trouvaient encore en Angleterre convinrent d'une formule qui portait en substance que les évêques désirant entrer, autant qu'il leur était possible, dans les vues pieuses du roi, remettaient, comme dépôt, entre ses mains, des actes portant le titre de démission; mais qui ne pourraient en avoir réellement l'effet que quand ils verraient et jugeraient les principes en sûreté. Ils écrivirent en même temps à Louis XVIII que leurs démissions, qu'ils ne donnaient que par déférence, seraient certainement dédaignées à Rome; la forme dans laquelle on les avait rédigées devait, à coup sûr, faire prévoir qu'elles n'y seraient point admises.

Les évêques non démissionnaires, mis en demeure de se démettre, suggérèrent au roi de demander aux archevêques et évêques qui gouvernaient les diocèses en vertu du concordat de 1801, de donner, de leur côté, la démission de leurs siéges; et la raison de cette exigence, c'est que, après tant et de si violentes secousses qui ont déplacé les bornes anciennes, après une nécessité si extrême qui a fait qu'on s'est élevé au-dessus des règles ordinaires, il est du devoir des souverains d'user de circonspection et de vigilance, afin d'empêcher que ce qui a été toléré dans les temps difficiles ne puisse à la fin passer pour loi et devenir un dangereux exemple pour la postérité.

Ces prélats, qui conseillaient d'obtenir des titulaires actuels le sacrifice de leurs siéges, étaient toujours redevables au pape d'un acte d'obéissance, et Pie VII tenait beaucoup à une lettre satisfaisante de leur part. Ce qui se passa en cette rencontre présenta de l'analogie avec ce qui avait eu lieu, sous Innocent XII, relativement aux évêques qui avaient assisté à l'assemblée de 1682. Dans une première lettre, du 22 août 1816, M. de Périgord et six autres de ces prélats s'élevèrent fortement contre l'abus qu'on avait fait des réclamations, et contre les écrits d'*hommes inquiets, sans mission et sans autorité :* allusion évidente au *blanchardisme* ou *petite Eglise.* Cette lettre ne fut pas agréée à Rome. Le 15 octobre, M. de Périgord, ayant réuni ses collègues, leur lut une déclaration de ses sentiments, où il leur exposait les motifs qui le portaient à faciliter de tout son pouvoir un arrangement reconnu important et nécessaire ; sa souscription seule annonçait l'étendue de sa détermination ; il ne s'y qualifiait plus qu'*ancien archevêque* de Reims. Les autres prélats adhérèrent à cet acte. Enfin, le 8 novembre, l'acte d'obéissance fut souscrit par les évêques non démissionnaires, auteurs de la première lettre du 22 août.

L'exemple de cette soumission n'empêcha point M. de Thémines d'élever des réclamations nouvelles. Louis XVIII, dans un discours aux chambres, ayant parlé de son sacre, il lui écrivit une lettre, qu'il signa, *Alexandre, évêque de Blois,* et où il lui dit : « Le siècle est trop usé pour ne donner qu'une cérémonie et un spectacle sans préliminaire et sans suite. Le Dieu de Clovis, de Charlemagne et de saint Louis est le Dieu de saint Remi, et de tous les apôtres des Gaules et de leurs successeurs légitimes. Aussi, le grand saint dit au baptême de Clovis : Baissez la tête, fier Sicambre, adorez ce que vous avez brûlé, et brûlez ce que vous avez adoré. Il faut que saint Louis puisse dire à Votre Majesté des paroles bien plus glorieuses : « Levez la tête, fils de saint Louis ; vous avez relevé ce qui était abattu, et vous avez abattu ce qui s'était élevé. Sans cela, sire, le Dieu de saint Remi, des apôtres des Gaules et de leurs successeurs légitimes, le Dieu de Clovis, de Charlemagne et de saint Louis, ne sera point à votre sacre. » Toutefois, M. de Thémines lui-même finit par reprendre sa place entre les évêques unis au centre de l'unité. Ce prélat, qui était le drapeau de la *petite Eglise,* déclara, au mois d'octobre 1829, qu'il adhérait sincèrement et qu'il était soumis à Pie VIII, comme au chef de l'Eglise, et qu'il voulait être en communion avec tous ceux qui lui étaient unis. Ainsi cessa un égarement qui ne venait que d'un zèle exagéré pour le maintien des anciennes et constantes lois de l'Eglise, infiniment vénérables, sans doute, mais auxquelles on aurait dû reconnaître, avec le saint pape Innocent Ier, qu'il peut être quelquefois nécessaire de déroger, pour remédier au malheur des temps.

*ANTICONSTITUTIONNAIRES. On donna ce nom, en France, à ceux qui rejetaient la constitution *Unigenitus.*

*ANTICONVULSIONISTES. Ce sont ceux des jansénistes, et les plus raisonnables, qui rejettent avec mépris ces convulsions fameuses, que l'imbécille superstition a voulu, de nos jours, ériger en miracles.

*ANTIDEMONIAQUES. Ce sont ceux des hérétiques qui nient l'existence des démons.

*ANTIDICOMARIANITES, anciens hérétiques qui ont prétendu que la sainte Vierge n'avait pas continué de vivre dans l'état de virginité ; mais qu'elle avait eu plusieurs enfants de Joseph, son époux, après la naissance de Jésus-Christ (1).

On les appelle aussi *antidicomarites ;* et quelquefois *antimarianites* et *antimariens.* Leur opinion était fondée sur des passages de l'Ecriture, où Jésus fait mention de ses frères et de ses sœurs ; et sur un passage de saint Matthieu, où il est dit que Joseph ne connut point Marie jusqu'à ce qu'elle eût mis au monde notre Sauveur. Mais on sait que chez les Hébreux, les frères et les sœurs signifient souvent les cousins et les cousines ; et le mot *donec* dit seulement ce qui n'avait pas eu lieu, sans qu'on puisse en inférer autre chose.

Les antidicomarianites étaient des sectateurs d'Helvidius et de Jovinien, qui parurent à Rome sur la fin du quatrième siècle. Ils furent réfutés par saint Jérôme.

*ANTILUTHÉRIENS ou SACRAMENTAIRES, hérétiques du seizième siècle, qui, ayant rompu de communion avec l'Eglise, à l'imitation de Luther, n'ont cependant pas suivi ses opinions, et ont formé d'autres sectes, telles que les calvinistes, les zuingliens, etc.

*ANTINOMIENS ou ANOMIENS, ennemis de la loi. Plusieurs sectes d'hérétiques ont été ainsi appelées.

1° Les anabaptistes, qui soutinrent d'abord que la liberté évangélique les dispensait d'être soumis aux lois civiles, et qui prirent les armes pour secouer le joug des princes et de la noblesse. En cela, ils prétendirent suivre les principes que Luther avait établis dans son livre de la Liberté évangélique.

2° Les sectateurs de Jean Agricola, disciple de Luther, né, comme lui, à Islèbe ou Aisleben, dans la basse Saxe, d'où ces sectaires furent aussi nommés islébiens. Comme saint Paul a dit que l'homme est justifié par la foi, sans les œuvres de la loi ; que la loi est survenue de manière que le péché s'est augmenté ; que si l'on peut être juste par la loi, Jésus-Christ est mort en vain, etc. ; Luther et ses disciples en prirent occasion de soutenir que l'obéissance à la loi et les bonnes œuvres ne servaient de rien à la justification ni au salut. Ils ne voulaient pas voir que, dans tous ces passages, saint Paul parle de la loi cérémonielle, et non de la loi morale contenue dans le décalogue, puisque, en parlant de celle-ci, il dit que ceux qui accompliront la loi seront justifiés (2).

3° Dans le dix-septième siècle, il y a eu d'autres antinomiens parmi les puritains d'Angleterre, qui tirèrent de la doctrine de

---

(1) Epiph., hær. 78.

(2) Rom. II, 13.

Calvin les mêmes conséquences qu'Agricola avait tirées de celles de Luther.

Les uns argumentèrent sur la prédestination. Ils enseignèrent qu'il est inutile d'exhorter les chrétiens à la vertu et à l'obéissance à la loi de Dieu; parce que ceux qu'il a élus pour être sauvés, par un décret immuable et éternel, sont portés à la pratique de la piété et de la vertu par une impulsion de la grâce divine, à laquelle *ils ne sauraient résister;* au lieu que ceux qu'il a destinés à être damnés éternellement, ne peuvent devenir vertueux, quelques exhortations et quelques remontrances qu'on puisse leur faire; ni obéir à la loi divine, puisque Dieu leur refuse sa grâce et les secours dont ils ont besoin. Ils conclurent qu'il faut se borner à prêcher la foi en Jésus-Christ et les avantages de la nouvelle alliance. Mais quels sont ces avantages pour ceux qui sont *destinés à être damnés?*

Les autres raisonnèrent sur le dogme de l'inamissibilité de la justice. Ils dirent que les élus ne pouvant déchoir de la grâce, ni perdre la faveur divine, il s'ensuit que les mauvaises actions qu'ils commettent ne sont point des péchés réels, et ne peuvent être regardées comme un abandon de la loi : que par conséquent ils n'ont besoin ni de confesser leurs péchés, ni de s'en repentir; que l'adultère, par exemple, d'un élu, quoiqu'il paraisse aux yeux des hommes un péché énorme, n'est point tel aux yeux de Dieu; parce qu'un des caractères essentiels et distinctifs des élus est de ne pouvoir rien faire qui déplaise à Dieu et qui soit contraire à sa loi.

4° Dans le dix-huitième siècle, la doctrine antinomienne a trouvé des partisans chez les sectateurs de Whitfield, et il paraît qu'elle en conserve beaucoup dans le pays de Galles. En 1777, ils avaient encore à Londres trois chapelles; dix ans après, ils n'en avaient plus qu'une petite et pauvre (1). Wendeborn espérait que, pour l'honneur de la raison, la secte décroissante serait bientôt éteinte. Cependant, en 1809, outre la chapelle de Londres, il y en avait trois à Leicester, deux à Nottingham, et quelques autres désignées comme antinomiennes, d'après la doctrine réelle ou supposée de ceux qui les fréquentaient (2). Ses partisans, disséminés dans diverses sectes, ont existé jusqu'à l'époque actuelle. Cette doctrine a occasionné des débats très-vifs en Angleterre, où elle a été combattue et défendue dans une foule d'ouvrages : défendue par Crisp, Richardson, Saltmaisses, Hussey, Eaton, Tawn, Huntington, etc. : combattue par Rutherford, Redgwich, Gataker, Witsing, Ridgley, etc.; et par Fletcher, vicaire de Maduley en Shropshire.

Pierre de Joux, ministre calviniste, mort catholique à Paris, en 1825, et dont on a publié, après sa mort, un ouvrage intitulé : *Lettres sur l'Italie considérée sous le rapport de la religion* (Paris 1825), y a consigné la notice d'une nouvelle secte antinomienne qu'il eut occasion de connaître à son retour en Angleterre : secte nombreuse, dit-il, qui compte parmi ses membres des hommes distingués par leur savoir, leurs richesses et le rang qu'ils occupent dans la société.

Née dans le comté d'Exeter, elle s'est répandue dans le Devonshire, dans les comtés de Kent, de Sussex, et même à Londres. Le fondateur est un docteur de l'université d'Oxford, dont il parle comme d'un homme de mérite, d'un prédicateur éloquent, d'un théologien subtil, mais systématique.

Son système est l'élection arbitraire, la prédestination absolue, le don gratuit du salut éternel accordé à un petit nombre de croyants, quelle qu'ait été leur conduite en ce monde. Dieu a décrété de toute éternité, conséquemment avant la chute de l'homme, de sauver un certain nombre des enfants d'Adam, et d'envelopper les autres dans une condamnation générale. A l'égard des premiers, il exerce sa miséricorde, et, par sa sévérité à l'égard des seconds, il manifeste sa justice et son aversion pour le péché. Aux premiers, il suffit qu'ils croient avec fermeté qu'ils seront sauvés; il les dispense d'observer les commandements de Dieu et de pratiquer la vertu; la rectitude morale n'est relative qu'à notre courte existence ici-bas. En vivant selon les préceptes de la tempérance, de la charité, en remplissant les devoirs qu'impose la société, on peut s'exempter de douleurs, accroître sa fortune, se concilier l'estime et l'amitié. Si, au contraire, un homme est intempérant, des maladies précoces vengent la nature; s'il attente à la vie, à l'honneur, aux propriétés de son prochain, il encourt les peines infligées par les lois contre ces désordres. Mais les vertus et les vices n'obtiennent que des récompenses ou des châtiments terrestres; la félicité éternelle ne peut être le résultat de notre conduite en ce monde. Les sectateurs de cette doctrine prétendent la fonder sur une interprétation arbitraire des onze premiers chapitres de l'Epître de saint Paul aux Romains.

Le fondateur avait réuni dans des assemblées secrètes quelques membres du clergé anglican, sur lesquels, par ses prédications et ses écrits, il avait acquis de l'influence. Ils s'empressèrent d'adopter sa doctrine, abandonnèrent leurs riches prébendes, les revenus de leurs sinécures, et, contents de leur patrimoine, ils prêchèrent gratuitement la doctrine de leur maître. Les plus opulents bâtirent des temples où affluait un peuple ignorant, flatté d'avoir pour orateurs des personnages indépendants par leur fortune, jouissant d'un grand crédit, et n'exigeant de leurs adeptes ni l'obéissance au décalogue, ni la pratique d'aucune vertu, mais seulement l'inébranlable persuasion qu'ils étaient prédestinés au salut.

La nécessité des bonnes œuvres et la nécessité de la foi sont deux points de doctrine

---

(1) Nova acta ecclesiastica, 1817, p. 406.

(2) Adam, t. III, p. 270.

parallèles et inséparables; cette vérité jaillit de toutes parts dans l'Ancien et surtout dans le Nouveau Testament. Saint Paul châtiait son corps, de peur qu'ayant prêché aux autres, il ne fût lui-même au nombre des réprouvés. Il faut être frappé d'une cécité morale pour ne pas voir que l'antinomianisme heurte directement l'Ecriture sainte, le bon sens et l'enseignement perpétuel, non-seulement de l'Eglise catholique, mais encore de presque toutes les sociétés chrétiennes.

ANTIOCHE : le schisme de cette ville dura près de 85 ans ; en voici l'origine :

Les ariens ayant chassé Eustathe d'Antioche mirent à sa place Eudoxe, arien zélé, et beaucoup de catholiques restèrent attachés à Eustathe.

Lorsqu'Eustathe fut mort et qu'Eudoxe eut été transféré à Constantinople, il se fit beaucoup de brigues et de factions pour donner un évêque à Antioche; chaque parti tâchait de faire élire un homme qui lui fût attaché; après bien des débats, les partis se réunirent en faveur de Mélèce; il fut choisi unanimement.

Mélèce, dans ses sermons, condamna les sentiments des ariens; il fut exilé, et les ariens élurent en sa place Eusoïus, arien zélé; alors les catholiques attachés à Mélèce se séparèrent et firent leurs assemblées à part (1).

Antioche se trouva donc divisée en trois partis, celui des catholiques attachés à Eustathe, qui ne voulurent communiquer, ni avec les ariens, ni avec les catholiques attachés à Mélèce, parce qu'ils regardaient cet évêque comme élu par la faction des ariens; le second parti était celui des catholiques attachés à Mélèce, et le troisième était celui des ariens.

Ces trois partis avaient rempli la ville de divisions et de troubles.

Lorsque Julien fut parvenu à l'empire, il rappela tous les évêques exilés : alors Mélèce, Lucifer de Cagliari, Eusèbe de Verceil, partirent de la Thébaïde pour revenir dans leurs Eglises.

Eusèbe de Verceil alla à Alexandrie, où l'on assembla un concile.

Mais Lucifer de Cagliari, au lieu d'aller à Alexandrie, alla à Antioche, pour y rétablir la paix entre les eustathiens et les méléciens. Comme il trouva les eustathiens plus opposés à la réunion que les méléciens, il ordonna évêque un nommé Paulin, qui était alors le chef des Eustathiens, persuadé que les méléciens qui marquaient plus de désir de la paix se réuniraient à Paulin ; mais il se trompa, le parti de Mélèce lui resta constamment attaché, et le schisme continua : les évêques d'Orient furent pour Mélèce, et les évêques d'Occident pour Paulin.

Cette division fut entretenue par une différence apparente dans la doctrine : les méléciens et les évêques d'Orient soutenaient qu'il fallait dire qu'il y avait en Dieu trois

(1) Philostorg., l. v, c. 5. Sulpitius Sever., l. x. Theod., l. xi, c. 31.

hypostases, entendant par le mot *hypostase* la personne.

Paulin et les occidentaux, craignant que le terme d'hypostase ne fût pris pour nature, comme il l'avait été autrefois, ne voulaient pas souffrir que l'on dît qu'il y avait en Dieu trois hypostases, et n'en reconnaissaient qu'une.

Quoique ce ne fût qu'une dispute de mots, et que, dans le fond, ils convinssent de la même doctrine, cependant ils parlaient et croyaient penser différemment (2).

Ce schisme commença à s'apaiser par la convention que Mélèce et Paulin firent ensemble, qu'ils gouverneraient conjointement l'Eglise d'Antioche; que l'un des deux étant mort, personne ne serait ordonné à sa place, et que le survivant demeurerait évêque.

Les évêques d'Orient, sans avoir égard à cette convention, choisirent, après la mort de Mélèce, un nommé Flavien : Paulin, de son côté, se donna un successeur, et ordonna Evagre évêque.

Le concile de Capoue nomma Théophile et les évêques d'Egypte pour juger cette contestation ; mais Flavien les refusa, et, après la mort d'Evagre, il eut assez de crédit auprès de l'empereur pour empêcher qu'on ne mît un évêque en sa place. Flavien demeura donc séparé de la communion des évêques d'Occident, et ne se réunit à eux qu'en 393.

ANTIPURITAINS, on appelle ainsi en Angleterre tous ceux qui sont opposés à la secte des puritains.

ANTISCRIPTURAIRES, c'est-à-dire, contraires à l'Ecriture : c'est le nom que l'on donne à une secte d'Angleterre.

ANTITACTES ; hérétiques qui se faisaient un devoir de pratiquer tout ce qui était défendu dans l'Ecriture.

Il y avait, selon ces hérétiques, un être essentiellement bon, qui avait créé un monde où tout était bon, et dans lequel les créatures innocentes et heureuses avaient aimé Dieu. Ces hommes, portés par le besoin ou par l'attrait du plaisir vers les biens que l'auteur de la nature avait répandus sur la terre, jouissant de ces biens avec reconnaissance et sans remords ; ils étaient heureux, et la paix régnait dans leurs âmes.

Une des créatures que l'être bienfaisant avait produites était méchante : le bonheur des hommes était pour elle un spectacle affligeant, elle entreprit de le troubler; elle étudia l'homme et découvrit que, pour le rendre malheureux, il ne fallait qu'introduire dans le monde quelques idées nouvelles. Elle établit donc dans les esprits l'idée du mal, l'idée du déshonnête ; elle défendit certaines choses comme déshonnêtes, en prescrivit d'autres comme honnêtes, elle attacha une idée de honte à ce que la nature inspirait; elle le défendit sous de grandes peines : par ces lois, la nécessité de satisfaire un besoin qui, dans l'institution de l'auteur de la nature, était une source de plaisirs, devint une

(2) Basil., epist. 140, alias 272.

source de maux; l'idée du crime se joignait toujours à l'idée du bien; le remords suivait le plaisir, et l'homme était humilié par le retour qu'il faisait sur le bonheur qu'il s'était procuré.

L'homme, placé entre les penchants qu'il reçoit de la nature et la loi qui les condamne, murmura contre son créateur; le monde fut rempli de désordre et de malheureux qui luttaient sans cesse contre la nature, ou qui se tourmentaient pour éluder la loi ou pour la concilier avec les passions.

Voilà, selon les antitactes, l'origine du mal et la cause du malheur des hommes. Les antitactes se faisaient un devoir de pratiquer tout ce que la loi défend; ils croyaient, par ce moyen, se replacer pour ainsi dire dans cet état d'innocence d'où l'homme n'avait été tiré que par l'auteur de la loi, détruire l'empire qu'il avait usurpé sur les hommes et se venger de lui.

Les antitactes étaient une branche de caïnites; ils parurent vers la fin du deuxième siècle, vers l'an 160; c'étaient des hommes voluptueux et superficiels. *Voyez* l'art. CAÏNITES (1).

ANTITRINITAIRES. C'est le nom que l'on donne en général à ceux qui nient le mystère de la Trinité.

La révélation nous apprend qu'il y a trois personnes divines, le Père, le Fils et le Saint-Esprit, lesquelles existent dans la substance divine : voilà le mystère de la Trinité.

La réunion des trois personnes dans une seule et unique substance simple et indivisible fait toute la difficulté de ce mystère.

On peut donc le nier, ou en supposant que le Père, le Fils et le Saint-Esprit ne sont point trois personnes, mais des noms différents donnés à une même chose; ou en supposant que ces trois personnes sont trois substances différentes.

L'abbé Joachim, quelques ministres sociniens, Sherlok, Wisthon, Clark, ont cru qu'on ne pouvait, ni méconnaître dans l'Ecriture qu'il y a trois personnes divines, ni les réunir dans une seule et unique substance, simple et indivisible; ils ont donc cru que le Père, le Fils et le Saint-Esprit étaient trois substances différentes.

Sabellius, Praxée, Servet, Socin, ont prétendu que la raison et la révélation ne permettant pas de supposer plusieurs substances divines, ni de réunir dans une seule substance simple trois personnes essentiellement distinguées, il fallait que le Père, le Fils et le Saint-Esprit ne fussent point des personnes, mais des noms différents donnés à la substance divine, selon les effets qu'elle produisait.

Il y a donc deux sortes d'anti-trinitaires : les trithéites, qui supposent que les trois personnes divines sont trois substances, et les unitaires, qui supposent que les trois personnes ne sont que trois dénominations données à la même substance.

On a réfuté le trithéisme à l'article de l'abbé Joachim, et l'on a fait voir, contre Clark et contre Wisthon, que le Fils et le Saint-Esprit sont deux personnes divines et consubstantielles au Père. *Voyez* les art. ARIUS, MACÉDONIUS.

On a de plus prouvé, contre Sabellius et contre Praxée, que le Père, le Fils et le Saint-Esprit sont trois personnes, et non trois noms donnés à une seule substance. On a donc établi le mystère de la Trinité contre les trithéites qui admettent trois personnes divines, mais qui en font trois substances, et contre les unitaires qui n'admettent qu'une substance divine, mais qui regardent les trois personnes comme trois noms différents donnés à cette substance, pour distinguer ses rapports avec les hommes.

Les trithéites et les unitaires, si opposés sur ce dogme, s'appuient cependant sur des principes communs; ils prétendent : 1° qu'il est impossible que trois personnes existent dans une substance simple, unique, indivisible; 2° que quand il ne serait pas impossible qu'il y eût trois personnes dans une seule substance, on ne pourrait en faire l'objet de notre croyance, parce que nous ne pouvons nous former une idée de ce mystère ni par conséquent le croire.

C'est à l'article anti-trinitaires qu'appartient proprement l'examen de ces deux difficultés, dont les erreurs des antitrinitaires ne sont que des conséquences.

Est-il impossible que trois personnes existent dans une seule substance?

On suppose une chose impossible lorsqu'on unit le oui et le non, c'est-à-dire, lorsqu'on affirme qu'une chose est et n'est pas en même temps.

Ainsi, il est impossible que trois substances ne fassent qu'une substance, parce qu'alors cette substance serait unique et ne le serait pas.

Mais il n'en est pas ainsi lorsqu'on suppose que trois personnes existent dans une substance, parce que la personne et la substance étant différentes, la multiplicité des personnes n'emporte point la multiplicité des substances, ni l'unité de substance l'unité de personnes.

L'unité de substance n'exclut donc point la multiplicité des personnes, et l'on ne réunit point le oui et le non quand on dit que trois personnes existent dans une substance.

Pour juger que deux choses sont incompatibles, il faut connaître ces deux choses, et les connaître clairement; car le jugement que l'on porte sur l'incompatibilité de deux choses est le résultat de la comparaison que l'on fait de ces deux choses; l'on ne peut les comparer sans les connaître, ni les comparer assez pour les juger incompatibles, si on ne les connaît clairement toutes deux sous les rapports sous lesquels on les compare; il ne suffit pas d'en connaître une.

Ainsi, je suis fondé à dire que la rondeur et la quadrature sont incompatibles, lorsque

---

(1) Théodoret, Hæret. Sab., l. 1, c. 16. Ittigius, de Hær., sect. 2, c. 16. Bibl. aut. Eccles., sæc. II, art. 6.

j'ai une idée claire de la rondeur et de la quadrature; mais il est clair que je ferais un jugement téméraire et même insensé si, connaissant le cercle et n'ayant aucune idée du rouge, je jugeais que le cercle est incompatible avec le rouge.

Le raisonnement des antitrinitaires n'est par moins vicieux : ils connaissent clairement et incontestablement qu'il y a un être nécessaire, souverainement parfait; mais ils ne connaissent ni l'immensité de ses perfections, ni l'infinité de ses attributs, et ils n'ont point une idée claire de ce que c'est que la personne en Dieu; cependant ils jugent que les trois personnes et la substance divine sont incompatibles.

Ce vice règne dans tous les raisonnements des antitrinitaires, et il est surtout remarquable dans l'auteur des Lettres sur la religion essentielle : comme ces Lettres sont entre les mains de tout le monde, j'ai cru qu'il ne serait pas inutile de faire quelques réflexions sur les difficultés par lesquelles il combat le dogme de la Trinité. Il fait un parallèle entre les principes que la raison admet comme évidents, sur la nature de Dieu, et les dogmes renfermés dans le mystère de la Trinité.

Vérités immuables.	Dogmes de la Trinité.
I. Dieu est un.	I. Il y a une Trinité en Dieu.
II. Dieu est un être simple.	II. Il y a en Dieu trois personnes réellement distinctes.
III. Dieu est exempt de toute composition.	III. En Dieu on compte le Père, le Fils et le Saint-Esprit.
IV. Dieu est indivisible.	IV. Le Père n'est pas le Fils, le Fils n'est pas le Saint-Esprit, et le Saint-Esprit n'est ni le Père ni le Fils.
V. Dieu ne peut être engendré.	V. Le Fils n'est pas moins le Dieu suprême que le Père, car autrement il y en aurait deux, un suprême et un subalterne : le Fils est engendré.
VI. Dieu n'a point d'origine, il ne procède de personne.	VI. Le Saint-Esprit, Dieu suprême, tout-puissant comme le Père et le Fils, procède du Père et du Fils.

1° Lorsque l'auteur que l'on vient de citer dit que c'est une première vérité de la raison que Dieu est un, il veut dire, avec tout le monde, qu'il n'y a qu'une substance divine ; et lorsque les orthodoxes disent qu'il y a trinité en Dieu, ils ne disent pas qu'il y a trois substances divines ; donc ils ne contredisent pas cette première vérité.

2° Lorsqu'on dit que Dieu est un être très-simple, on entend que Dieu n'est point formé par l'union de plusieurs parties ; et lorsqu'on dit qu'il y a en Dieu trois personnes distinctes, on ne dit point que ces personnes composent la substance divine ; mais on dit que, dans cette substance simple, il existe trois choses qui sont analogues à ce que nous appelons *personne* : le dogme de la Trinité ne contredit donc point la simplicité de Dieu.

3° La raison démontre que Dieu est exempt de composition, c'est-à-dire que la substance divine ou l'être nécessaire n'est pas formé par l'union de différentes parties ; mais le Père, le Fils et le Saint-Esprit ne sont point des parties qui composent la substance de l'être nécessaire : ces trois personnes existent dans la substance divine.

4° La raison nous apprend que Dieu est indivisible parce que sa substance n'est pas composée de parties : or, le Père, le Fils et le Saint-Esprit ne sont point des parties de la substance divine.

5° La raison nous apprend que Dieu ne peut être engendré, c'est-à-dire que, la substance divine existant par elle-même, on ne peut, sans absurdité, la supposer engendrée ou produite ; mais lorsqu'on dit qu'en Dieu il y a un Fils qui est engendré par le Père, on ne dit ni que la substance divine soit produite, ni qu'il y ait en elle rien qui soit tiré du néant, puisqu'on dit que le Fils est coéternel au Père et engendré, comme disent les théologiens, par une opération nécessaire et immanente du Père.

6° Il faut dire la même chose du Saint-Esprit.

Ainsi, le dogme de la Trinité ne combat aucun des principes de la raison sur la nature et sur les attributs de Dieu.

Mais, dit le même auteur, les trois personnes ne sont-elles pas trois êtres, et trois êtres divins? Si cela est, voilà trois dieux bien distincts.

Je réponds que ces trois personnes sont trois choses qui existent dans la substance divine, et que, par conséquent, elles ne sont point trois divinités distinctes.

Mais, poursuit cet auteur, quelle différence y a-t-il entre être et personne? car sans cela ce mot ne signifie rien.

Je réponds que le mot être, pris en général, signifie tout ce qui est opposé au néant, et que sous cette généralité il embrasse les substances et les affections des substances ; que la personne divine n'est point une substance, mais qu'elle est, si je peux parler ainsi, une affection de la substance divine qui existe dans cette substance, et qui n'est ni un attribut, ni une simple relation de la substance divine avec les créatures, mais quelque chose d'analogue à ce que nous appelons une personne, parce que la révélation nous le fait connaître sous ces traits et avec des propriétés que je vois dans les êtres que j'appelle des personnes.

Il ne faut donc point supprimer le mot de personne lorsqu'on parle de la Trinité, comme le prétend cet auteur. S'il eût été moins superficiel, il aurait bien vu que la suppression de ce nom n'aplanit point les difficultés, et que les personnes divines sont représentées dans l'Écriture sous des traits qui ne peuvent désigner des attributs de la Divinité : on en trouvera des preuves aux articles SABELLIUS, PRAXÉE. M. le Clerc lui-même reconnaît que l'on trouve dans l'Écriture des passages très-difficiles à expliquer, selon l'hypothèse des sociniens (1).

La suppression du mot personne, lorsqu'on parle du Père, du Fils et du Saint-Esprit, ne remédie donc à rien; d'ailleurs, nous avons fait voir que le dogme de la Trinité n'est contraire à aucune maxime de la raison : on n'a donc aucune raison pour supprimer ce mot, et on en a d'indispensables pour le conserver, ou tout autre qui exprimât ce qu'il exprime.

Je ne suivrai pas davantage cet auteur qui, pour prouver que les personnes divines ne sont que des attributs, s'appuie sur les définitions que quelques théologiens donnent des personnes divines.

Il n'est pas question ici de savoir comment les théologiens ont défini chaque personne divine, mais si l'Écriture ne nous enseigne pas qu'il y a un Père, un Fils et un Saint-Esprit qui sont consubstantiels, et qui ne sont ni des attributs ni des relations de la Divinité avec les créatures, mais trois choses distinguées, et qui ont les attributs et les propriétés que nous concevons sous l'idée de personne : voilà la question dont cet auteur et tous les antitrinitaires s'écartent sans cesse.

Le mystère de la Trinité peut-il être l'objet de notre croyance et de notre foi?

Pour rendre possible la croyance d'une chose, il faut que nous entendions le sens des termes dont on se sert pour l'expliquer, et qu'elle n'implique point contradiction avec celles de nos connaissances précédentes que nous savons être certaines et évidentes.

1° Il n'est possible que nous croyions une chose qu'autant que nous concevons les termes dans lesquels elle est proposée; car la foi regarde seulement la vérité ou la fausseté des propositions, et il faut entendre les termes dont une proposition est composée avant que nous puissions prononcer sur la vérité ou sur la fausseté de cette proposition, qui n'est rien autre chose que la convenance ou la disconvenance de ces termes ou des idées qu'ils expriment.

Si je n'ai nulle connaissance du sens des termes employés dans une proposition, je ne puis faire aucun acte de mon entendement à cet égard; je ne puis dire : Je crois ou je ne crois pas une telle chose; mon esprit est parfaitement dans le même état où il était auparavant, sans recevoir aucune nouvelle détermination; et si je n'ai qu'une notion générale et confuse des termes, je ne puis donner qu'un consentement général et confus à la proposition, en sorte que l'évidence de ma croyance est toujours proportionnée à la connaissance que j'ai du sujet que je dois croire.

Si l'on exige, par exemple, de moi que je croie que A est égal à B, et que je ne sache ni ce que c'est que A, ni ce que c'est que B, ni ce que c'est qu'égalité, je ne crois rien de plus que ce que je croyais avant que cela me fût proposé; je ne suis capable d'aucun acte de foi déterminé. Tout ce que je puis croire dans cette occasion revient à ceci : qu'une certaine chose a un certain rapport à une autre chose, et que ce qu'on veut que je croie est affirmé par une personne d'une grande connaissance et qui mérite d'être crue, et que par conséquent la proposition est vraie dans le sens dans lequel cette personne l'entend; mais je ne suis en rien plus savant qu'auparavant, et ma foi n'a acquis aucun degré de connaissance par cette proposition.

Que si je sais qu'A et B sont deux lignes égales, et que par deux lignes égales on entend deux lignes qui ont une même longueur, cette connaissance ne peut produire qu'une foi générale et confuse, savoir, qu'il y a une certaine ligne concevable qui est de la même longueur qu'une autre certaine ligne; mais si par A et B on entend deux lignes droites qui sont les côtés d'un triangle donné, et que je croie sans démonstration, sur la parole d'un mathématicien, que ces deux lignes sont égales, c'est un acte de foi distinct et particulier par lequel je suis convaincu de la vérité d'une chose que je ne croyais ou que je ne savais pas auparavant.

2° Supposons maintenant que je suis obligé de croire qu'un seul et même Dieu est trois différentes personnes; je ne puis le croire qu'autant que j'entends les termes de cette proposition et que les idées qu'ils expriment n'impliquent point contradiction : pour faire donc un acte de foi sur ce sujet, il faut que j'examine quelles idées j'ai *de Dieu, de l'unité, de l'identité, de la distinction, du nombre et de la personne.*

Il n'en est pas des noms de Père, de Fils, de Saint-Esprit, comme de ceux qui expriment les attributs de Dieu : ceux-ci n'expriment qu'une idée incomplète de la Divinité; chacun de ceux-là, au contraire, signifie un être qui a tous les attributs de la Divinité.

L'idée que nous avons de Dieu est donc complète avant que nous lui donnions les noms de Père, de Fils, de Saint-Esprit. Chacun de ces noms renferme donc l'idée totale de la Divinité et quelque chose de plus, quelque chose que nous ne connaissons point par la raison et qui fait toute la distinction qui est entre ces personnes.

Nous ne pouvons concevoir ni croire trois êtres infinis, réellement distincts l'un de l'autre, et qui aient les mêmes perfections infinies; donc la distinction personnelle que nous pouvons concevoir dans la Divinité doit

---

(1) Bibl. univers., t. X, p. 29. *Voyez* les articles ARIENS, MACÉDONIUS.

être fondée sur quelques idées accessoires à la nature divine, et la combinaison de ces idées forme cette seconde notion qui est exprimée par le mot personne. Quand, par exemple, nous nommons Dieu le Père, nous formons, autant que notre infirmité peut nous le permettre, l'idée de Dieu comme agissant d'une telle manière à tous égards et avec telles relations; et quand nous nommons Dieu le Fils, nous ne concevons que la même idée de Dieu, agissant d'une autre manière à tous égards et avec telles relations : il en est de même du Saint-Esprit.

La différence qui se trouve entre le Père, le Fils et le Saint-Esprit vient donc de leur différente manière d'agir : c'est au Père qu'appartient l'action qui caractérise le Père, comme l'action qui caractérise le Fils appartient au Fils : le Père, le Fils et le Saint-Esprit sont donc trois principes qui ont chacun une action qui leur est propre; nous pouvons donc concevoir ces trois êtres comme trois personnes, car le mot de personne ne signifie rien autre chose qu'un certain être intelligent, agissant d'une certaine manière, qui existe en soi et qui est incommutable (1).

Nous avons donc idée des termes qui composent cette proposition : *Dieu est un en trois personnes; il y a en un seul Dieu trois personnes, le Père, le Fils et le Saint-Esprit*.

D'ailleurs, nous ne voyons pas qu'il soit contraire à aucune des vérités que nous connaissons qu'il y ait trois personnes en Dieu, comme nous l'avons fait voir dans le paragraphe précédent : nous pouvons donc croire le mystère de la Trinité, ou former sur ce mystère un acte de foi distinct et déterminé.

Mais, dira-t-on, concevons-nous comment ces trois personnes peuvent exister dans une seule et même substance, simple et indivisible? Et si nous ne concevons pas comment ces trois personnes existent dans une même substance, comment pouvons-nous croire qu'en effet elles y existent?

Je réponds que je n'ai pas une connaissance assez claire de la personne divine, ni une idée assez nette, assez complète de la substance divine, pour voir comment les personnes existent dans cette substance; mais pour croire qu'elles y existent en effet il suffit que je ne voie point de répugnance entre l'idée de la substance de l'être nécessaire et l'idée des trois personnes divines. Ne croyons-nous pas que nous pensons? et savons-nous comment nous pensons? Révoquons-nous en doute l'existence de la matière, quoique nous ignorions sa nature? Nions-nous les effets de l'électricité, ceux du tonnerre, les phénomènes de l'aimant, le mouvement? Et qui peut se flatter de connaître comment toutes ces choses s'opèrent?

Nous avons examiné aux art. SABELLIUS, PRAXÉE, ARIENS, MACÉDONIUS, les autres difficultés qu'on peut faire contre le mystère de la Trinité; nous ne parlerons point de celle que M. Bayle, dans l'article PIRRON,

propose comme une preuve démonstrative que les mystères sont contraires aux vérités de la raison; c'est un sophisme que le plus faible logicien peut résoudre, et que les théologiens traitent trop sérieusement, aussi bien que M. la Placette (2).

Le dogme de la Trinité a toujours été cru distinctement dans l'Eglise.

Les sociniens ont prétendu que le dogme de la Trinité avait été inconnu aux premiers siècles de l'Eglise; nous avons réfuté leurs raisons lorsque nous avons parlé de la consubstantialité du Verbe et du Saint-Esprit, aux articles ARIENS MODERNES et MACÉDONIUS.

Le ministre Jurieu renouvela cette erreur pour dégager les églises protestantes des conséquences qui naissaient des variations que Bossuet leur reprocha dans son *Histoire des Variations*; ce ministre a prétendu que l'Eglise avait varié sur les mystères, et que, jusqu'au concile de Nicée, on n'a eu dans l'Eglise qu'une foi très-informe sur la Trinité (3).

Nous avons prouvé, dans l'article ARIUS, que la divinité et la consubstantialité du Verbe a toujours été crue; nous avons renvoyé, pour les détails, au savant Bullus, à M. de Meaux, etc. Nous observerons seulement ici que l'Eglise a toujours condamné et ceux qui ont cru que le Père, le Fils et le Saint-Esprit étaient trois simples dénominations de la substance divine, et ceux qui les ont regardés comme trois substances distinctes; d'où il suit évidemment que l'Eglise a toujours cru le dogme de la Trinité, comme nous le croyons.

Les difficultés des antitrinitaires et des sociniens à cet égard, se tirent des comparaisons que l'on trouve dans les Pères sur le mystère de la Trinité. La nature de cet ouvrage ne nous permet pas de descendre dans les détails de ces difficultés; nous nous bornerons à rappeler ce que l'illustre Bossuet a dit à ce sujet:

« Le langage humain commence par les sens : lorsque l'homme s'élève à l'esprit, comme à la seconde région, il y transporte quelque chose de son premier langage : ainsi l'attention de l'esprit est tirée d'un arc tendu ; ainsi la compréhension est tirée d'une main qui serre et qui embrasse ce qu'elle tient.

« Quand de cette seconde région, nous passons à la suprême, qui est celle des choses divines, d'autant plus qu'elle est épurée et que notre esprit est embarrassé à y trouver prise, d'autant plus est-il contraint d'y porter le faible langage des sens pour se soutenir, et c'est pourquoi les expressions tirées des choses sensibles y sont plus fréquentes.

« Toutes les comparaisons tirées des choses humaines sont des effets comme nécessaires de l'effort que fait notre esprit, lorsque,

---

(1) *Voyez* Vossius, Étymolog., au mot PERSONA. Martinii Lexicon, au même mot.
(2) Réponse à deux objections sur l'origine du mal et sur le mystère de la Trinité, un volume in-12 assez rare.
(3) Tableau du Socinianisme, lettre 6.

prenant son vol vers le ciel et retombant par son propre poids dans la matière d'où il veut sortir, il se prend, comme à des branches, à ce qu'elle a de plus élevé et de moins impur, pour s'empêcher d'y être tout à fait replongé.

« Lorsque, poussés par la foi, nous osons porter nos yeux jusqu'à la naissance éternelle du Verbe, de peur que, nous replongeant dans les images des sens qui nous environnent et, pour ainsi dire, nous obsèdent, nous n'allions nous représenter, dans les personnes divines, et la différence des âges, et l'imperfection d'un enfant venant au monde, et toutes les autres bassesses des générations vulgaires, le Saint-Esprit nous représente ce que la nature a de plus beau et de plus pur, la lumière dans le soleil comme dans sa source, et la lumière dans le rayon comme dans son fruit : là on entend aussitôt une naissance sans imperfection, et le soleil aussitôt fécond qu'il commence d'être, comme l'image la plus parfaite de celui qui, étant toujours, est aussi fécond.

« Arrêtés dans notre chute sur ce bel objet, nous recommençons de là un vol plus heureux, en nous disant à nous-mêmes que si l'on voit dans le corps et dans la matière une si belle naissance, à plus forte raison devons-nous croire que le Fils de Dieu sort de son Père, *comme l'éclat rejaillissant de son éternelle lumière, comme une douce exhalaison de sa clarté infinie, comme le miroir sans tache de sa majesté et l'image de sa bonté parfaite*; c'est ce que nous dit le livre de la Sagesse (1).

« Et si nos prétendus réformés ne veulent pas recevoir de là ces belles expressions, saint Paul les leur ramasse en un seul mot, lorsqu'il appelle le Fils de Dieu *l'éclat de la gloire et l'empreinte de la substance de son Père* (2).

« Il n'y a rien qui démontre mieux dans le Père et dans le Fils la même nature, la même éternité, la même puissance que cette belle comparaison du soleil et de ses rayons, qui, portés à des espaces immenses, sont toujours un même corps avec le soleil et en contiennent toute la vertu. Mais qui ne sent toutefois que cette comparaison, quoique la plus belle de toutes, dégénère nécessairement comme les autres; et si l'on voulait chicaner, ne dirait-on pas que le rayon, sans se détacher du corps du soleil, souffre diverses dégradations, ou, comme parlent les peintres, que les teintes de la lumière ne sont pas également vives?

« Pour ne laisser point prendre aux hommes une idée semblable du Fils de Dieu, saint Justin, le premier de tous, présente à l'esprit un autre soutien; c'est dans la nature du feu, si vive et si agissante, la prompte naissance de la flamme d'un flambeau soudainement allumé à un autre : là se répare parfaitement l'inégalité que la raison semblait laisser entre le Père et le Fils; car on voit dans les deux flambeaux une flamme égale, et l'un allumé sans diminution de l'autre. Ces divisions et ces portions qui nous offensaient dans la comparaison du rayon ne paraissent plus: saint Justin observe expressément qu'il n'y a ici ni *dégradation ou diminution, ni partage* (3).

« M. Jurieu remarque lui-même que ce martyr satisfait pleinement à ce qu'elle demandait, l'égalité. Il est donc à cet égard content de lui, et peu content de Tertullien, avec ses proportions et ses parties (4).

« Mais s'il n'était pas entêté des erreurs qu'il cherche dans les Pères, il n'y aurait qu'à lui dire que tout tend à une même fin; qu'il faut prendre des comparaisons, non comme il le fait, le grossier et le bas; autrement le flambeau allumé de saint Justin ne serait pas moins fatal à l'union inséparable du Père et du Fils que le rayon de Tertullien ne semblait l'être à leur égalité; car ces deux flambeaux se séparent, ou on voit brûler un quand l'autre s'éteint, et nous sommes bien loin du rayon qui demeure toujours attaché au corps du soleil.

« C'est donc à dire, en un mot, que de chaque comparaison il ne fallait prendre que le beau et le parfait; et ainsi on trouverait le Fils de Dieu plus inséparablement uni à son Père que tous les rayons ne le sont au soleil, et plus égal avec lui que ne le sont tous les flambeaux avec celui où on les allume, puisqu'il n'est pas seulement un Dieu sorti d'un Dieu, mais ce qui n'a aucun exemple dans les créatures, un Dieu seul avec celui d'où il est sorti.

« Et ce qui rend cette doctrine sans difficulté, c'est que tous les Pères font Dieu immuable; ils ne le font pas moins spirituel, indivisible dans son être, sans grandeur, sans division, sans couleur, sans tout ce qui touche les sens, et inapercevable à toute autre chose qu'à l'esprit...

« Qui est donc Dieu est Dieu tout entier, ne dégénère de Dieu par aucun endroit. Tous les Pères sont uniformes sur la parfaite simplicité de l'Être divin; et Tertullien luimême, qui, à parler franchement, corporalise toutes les choses divines, parce qu'aussi son langage inculquant le mot de corps, peut être signifié substance, ne laisse pas, en écrivant contre Hermogènes, de convenir d'abord avec lui, comme d'un principe commun, que Dieu n'a point de parties et qu'il est indivisible; de sorte qu'en élevant leurs idées par les principes qu'ils nous ont donnés eux-mêmes, il ne nous demeurera plus, dans ces rayons, dans ces extensions, dans ces portions de lumière et de substance que l'origine commune du Fils et du Saint-Esprit, d'un principe infiniment communicatif, et, à vrai dire, ce qu'a dit le Fils en parlant du Saint-Esprit, *il prendra du mien*, ou *de ce que j'ai, de meo*, comme je prends de mon Père avec qui tout m'est commun.

« Il ne fallait donc pas imaginer dans la

---

(1) Sapient., vii, 25, 26.
(2) Hebr., i, 5.

(3) Lib. adversus Tryph.
(4) Tableau du Socinianisme, let. 6, p. 239.

doctrine des Pères ce monstre d'inégalité, sous prétexte de ces expressions qu'ils ont bien su épurer et bien su dire avec tout cela, que le Fils de Dieu était *sorti parfait du parfait, éternel de l'Eternel, Dieu de Dieu*. C'est ce que disait saint Grégoire, appelé par excellence le faiseur de miracles ; et saint Clément d'Alexandrie disait aussi qu'il était *le Verbe né parfait du Père parfait*. Il ne lui fait pas attendre sa perfection d'une seconde naissance, et son Père le produit parfait comme lui-même ; c'est pourquoi, non-seulement le Père, mais encore en particulier *le Fils est tout bon, tout beau*, par conséquent tout parfait, etc. (1).

« Il est donc plus clair que le jour que l'idée d'inégalité n'entra jamais dans l'esprit des Pères ; au contraire, nous venons de voir que, pour l'éviter, après avoir nommé selon l'ordre, le Père et le Fils, ils disaient exprès, contre l'ordre, *le Fils et le Père*, dans le dessein de montrer que si le Fils est le second, ce n'est pas en perfection, en dignité, en honneur. Loin de le faire inégal, ils le faisaient en tout et partout *un avec lui, aussi bien que le Saint-Esprit ;* et afin qu'on prît l'unité dans sa perfection, comme on doit prendre tout ce qui est attribué à Dieu, ils déclaraient que Dieu était une seule et même chose, parfaitement une, au delà de tout ce qui est uni et au-dessus de l'unité même (2). »

Dans le reste de l'avertissement, Bossuet entre dans des détails sur le concile de Nicée et sur les bévues de Jurieu, que nous ne pouvons suivre, mais qu'il faut lire (3).

Nous n'entrerons point dans les détails des difficultés que les sociniens tirent de l'Ecriture, et nous n'entreprendrons point de réfuter les fausses explications qu'ils donnent des passages de l'Ecriture sur lesquels on fonde le dogme de la Trinité. Les théologiens ont très-bien réfuté les interprétations sociniennes : personne n'a mieux réussi que le savant P. Pétau, et il peut, sur ce point comme sur beaucoup d'autres, tenir lieu de tous les théologiens (4).

Les théologiens anglais ont très-bien traité ce dogme. *Voyez* entre autres les théologiens dont on a parlé dans les articles ARIENS MODERNES et MACÉDONIUS. *Voyez* surtout ISAAC BARROW (5).

Nous avons fait voir, à l'article ARIENS MODERNES et à l'article MACÉDONIUS, que la divinité et la consubstantialité du Verbe et du Saint-Esprit est enseignée comme le fondement de la religion chrétienne ; nous avons fait voir, aux articles SABELLIUS, PRAXÉE, que l'Eglise a toujours condamné ceux qui ont nié la Trinité : de là nous tirons trois conséquences :

La première, c'est que le dogme de la Trinité n'est pas une croyance introduite par les platoniciens, comme le prétendent l'auteur du *Platonisme dévoilé* et M. Le Clerc dans sa *Bibliothèque choisie* et dans sa *Bibliothèque universelle* (6).

La seconde conséquence est que la croyance de la Trinité n'était pas une croyance confuse et vague comme le prétend M. Le Clerc toutes les fois qu'il parle de ce mystère.

La troisième est que l'auteur des Lettres sur la religion essentielle est opposé à toute l'antiquité chrétienne lorsqu'il dit qu'il faut supprimer les noms de *Trinité* et de *Personnes*, et qu'il regarde ce dogme comme inutile : il n'aurait pas pensé de la sorte s'il eût mieux connu l'histoire de la religion chrétienne et son essence. Toute l'économie de la religion chrétienne suppose ce mystère, et le chrétien ne peut connaître ce qu'il doit à Dieu, s'il ne sait pas comment les trois personnes de la Trinité concourent à l'ouvrage de son salut : ce mystère ne nous a donc pas été révélé pour être l'objet de nos spéculations, mais pour nous faire mieux comprendre l'amour de Dieu envers les hommes. Une pareille connaissance est-elle inutile pour remplir les devoirs de la religion ?

APELLE, disciple de Marcion, vers l'an 145, n'admit qu'un seul principe éternel et nécessaire ; c'était un sentiment auquel Apelle était resté attaché par une espèce d'instinct, et dont il disait lui-même qu'il ne pouvait donner la preuve.

La difficulté de concilier l'origine du mal avec ce principe bon et tout-puissant dont il reconnaissait l'existence, le porta à juger que cet être ne prenait aucun soin des choses de la terre ; qu'il avait créé des anges, et un entre autres qu'il appelait un ange de feu, qui avait créé notre monde sur le modèle d'un autre monde supérieur et plus parfait. Mais comme ce créateur était mauvais, son monde s'était aussi trouvé mauvais : il reconnaissait que Jésus-Christ était fils du Dieu souverain, et qu'il était venu dans les derniers temps avec le Saint-Esprit, pour sauver ceux qui croyaient en lui, pour leur donner la connaissance des choses célestes, mais aussi pour leur faire mépriser le créateur avec toutes ses œuvres.

Il se rapprochait ainsi de Marcion ; mais il ne croyait pas comme lui que Jésus-Christ n'eût pris qu'un corps fantastique ; cependant, pour ne pas le faire dépendre du Dieu créateur, il disait que Jésus-Christ s'était formé son corps des parties de tous les cieux par lesquels il était passé en descendant sur la terre, et qu'en remontant il avait rendu à chaque ciel ce qu'il en avait pris.

Apelle, comme on le voit, avait joint une partie des idées des gnostiques aux principes généraux de Marcion ; il imaginait que les âmes avaient été créées au-dessus des cieux.

Les âmes n'étaient point, selon Apelle, des substances absolument incorporelles ; la substance spirituelle, ou l'âme, était unie à

---

(1) Greg. Nyss., De Vita Greg. Neoces. Clem. Alex. Pedag., l. v, vi.
(2) Clem. Alex. Pedag., iii ; ultim. Strom., ix. Pedag., i, c. 8.
(3) Bossuet, Avertiss., vi.

(4) Pétau, Dogm. theol., t. II.
(5) Isaaci Barrows opuscula.
(6) Biblioth. choisie. art. crit. Bibl. univ., t. X, art. 8. Extrait de la vie d'Eusèbe.

un petit corps très-subtil, et cette extrême subtilité l'élevait dans les cieux.

Là ces intelligences pures et innocentes contemplaient l'Être suprême et jouissaient d'une félicité parfaite, sans abaisser leurs regards sur le globe terrestre.

Le Dieu créateur produisit des fruits et des fleurs dont le parfum, en s'élevant, avait flatté les organes délicats des esprits célestes; ils s'étaient abaissés vers la terre d'où ce parfum s'élevait, et l'Être créateur qui leur avait tendu ce piège, les avait enveloppés dans la matière pour les retenir dans son empire.

Les âmes ensevelies dans la matière s'étaient agitées et avaient, par leurs efforts, formé des corps semblables aux corps subtils qu'ils avaient avant de descendre sur la terre : le corps aérien qu'elles avaient dans le ciel avait, selon Apelle, été comme le moule sur lequel les âmes avaient formé leurs corps terrestres.

Ces corps aériens avaient deux sexes différents; ainsi, les âmes descendues du ciel et enveloppées dans la matière s'étaient formé des corps mâles ou femelles, selon le sexe de l'âme qui l'avait formé.

Tertullien nomme Apelle le destructeur de la continence de Marcion, et dit qu'il se retira à Alexandrie pour fuir son maître, après avoir abusé d'une femme : il ajoute, qu'étant revenu quelque temps après aussi corrompu, à cela près qu'il n'était pas tout à fait marcionite, il était tombé dans les pièges d'une autre femme, qui était devenue une prostituée.

Cette femme croyait avoir des apparitions merveilleuses et voir Jésus-Christ sous la forme d'un enfant; d'autres fois c'était saint Paul qui lui apparaissait. On croyait qu'elle faisait des miracles et qu'elle vivait de pain céleste : un de ses principaux miracles consistait à faire entrer un grand pain dans une bouteille de verre dont l'entrée était fort étroite, et qu'elle retirait ensuite avec ses doigts.

Apelle composa un livre des révélations et des prophéties de Philumène : il rejetait tous les livres de Moïse et ceux des prophètes, et croyait les révélations de Philumène. Une de ses difficultés contre les livres de Moïse était que Dieu n'avait pu menacer Adam de la mort s'il mangeait du fruit défendu, puisque Adam ne connaissant pas la mort, il ne savait si c'était un châtiment (1).

Tertullien écrivit contre Apelle; nous n'avons plus son ouvrage.

Rhodon a aussi réfuté Apelle; voici ce qu'il en rapporte : « J'ai eu, dit-il, une conférence avec ce vieillard, vénérable par son âge et par le règlement extérieur de sa vie; et comme je lui fis voir qu'il se trompait en beaucoup de choses, il fut réduit à dire qu'il ne fallait pas si fort examiner les matières de religion; que chacun devait demeurer dans sa croyance; que ceux qui espéraient en Jésus crucifié seraient sauvés, pourvu qu'ils fissent de bonnes œuvres; que pour lui il n'y avait rien qui lui parût si obscur que la Divinité.

« Je ne laissai pas de le presser, continue Rhodon, et de lui demander pourquoi il ne reconnaissait qu'un principe, et quelle preuve il en avait, lui qui niait la vérité des prophètes qui nous en assurent.

« Il me répondit que les prophéties se condamnaient elles-mêmes, puisqu'elles ne disaient rien de vrai; qu'elles étaient toutes fausses, qu'elles ne s'accordaient pas entre elles et qu'elles se contredisaient les unes les autres; mais il m'avoua en même temps qu'il n'avait pas de raison pour montrer qu'il n'y a qu'un principe, seulement qu'il avait un instinct à suivre ce sentiment.

« Je le conjurai de me dire la vérité; et il jura qu'il parlait sincèrement, qu'il ne savait pas comme il n'y avait qu'un seul Dieu, sans principe, mais qu'il le croyait ainsi.

« Pour moi, continue Rhodon, je me moquai de son ignorance en condamnant son erreur, n'y ayant rien de si ridicule qu'un homme qui se prétend docteur des autres sans pouvoir alléguer aucune preuve de sa doctrine (2). »

APELLITES, nom des sectateurs d'Apelle.

APHTARTÉDOCÈTES, étaient les disciples de Julien d'Halycarnasse, qui prétendaient que le corps de Jésus-Christ avait été impassible, parce qu'il était incorruptible; ils parurent vers l'an 363 (3).

APOCARITES : ce nom signifie surément on bonté; cette secte paraît une branche du manichéisme; elle parut en 279; elle enseignait que l'âme humaine était une portion de la Divinité (4).

APOLLINAIRE, évêque de Laodicée, croyait que Jésus-Christ s'était incarné et qu'il avait pris un corps humain, mais qu'il n'avait point pris d'âme humaine; du moins que l'âme humaine à laquelle le Verbe s'était uni n'était point une intelligence, mais une âme sensitive, qui n'avait ni raison, ni entendement.

Apollinaire avait été un des plus zélés défenseurs de la consubstantialité du Verbe, il l'avait prouvée contre les ariens par une infinité de passages dans lesquels l'Ecriture donne à Jésus-Christ tous les attributs de la Divinité; il jugea qu'une âme humaine était inutile dans Jésus-Christ; aucune des opérations qui demandent de l'intelligence et de la raison ne lui parut en supposer la nécessité dans Jésus-Christ; la Divinité avait présidé à toutes ses actions et fait toutes les fonctions de l'âme (5).

Mais Jésus-Christ avait éprouvé des sentiments qui ne pouvaient convenir à la Divinité; ainsi Apollinaire suppose en Jésus-

---

(1) Auctor Append. ad Tert. de Præscript. Ambr., l. I de Paradiso. Origen., l. v cont. Cels.
(2) Rhodon apud Euseb., l. v, c. 13. Epiph. Hær., 44. Aug., Hær., 23. Tert., de Præscript., c. 30, 31. Baron., ad an. 146.
(3) Nicephor., l. xvii, c. 29. Damascen.
(4) Stockman Lexicon.
(5) Vincent Lirin., Commonit., c. 17. Aug., de Hær. c. 55.

Christ une âme sensitive : cette opinion avait son fondement dans les principes de la philosophie pythagoricienne, qui suppose dans l'homme une âme qui raisonne et qui est une pure intelligence, incapable d'éprouver l'agitation des passions, et une âme incapable de raisonner et qui est purement sensible. Les principes de cette philosophie ont été exposés plus en détail dans l'examen du fatalisme.

Il est aisé de réfuter cette erreur, car l'Ecriture nous apprend que Jésus-Christ était homme, qu'il a été fait semblable aux hommes en toutes choses, excepté le péché (1).

Elle nous dit que Jésus-Christ, dans son enfance, croissait et se fortifiait en esprit et en sagesse (2), ce qui ne peut s'entendre que de son âme raisonnable : le Verbe ne pouvait pas croître en sagesse, ni l'âme animale en lumière.

Cependant M. Wisthon a embrassé le sentiment d'Apollinaire et dit que le Verbe a souffert ; M. Wisthon souhaite que cette opinion soit reçue parmi les chrétiens, et tâche de l'appuyer sur des témoignages des Pères qui ont vécu après le concile de Nicée ; mais on ne voit pas beaucoup de gens qui adoptent cette étrange opinion (3).

On attribue à Apollinaire d'avoir soutenu que la divinité avait souffert, qu'elle était morte, etc. Mais ces erreurs sont plutôt des conséquences qu'on tirait des principes d'Apollinaire que les sentiments de cet évêque : l'idée que les auteurs ecclésiastiques nous donnent d'Apollinaire ne permet pas de penser autrement. Apollinaire a été regardé généralement comme le premier homme de son temps pour le savoir, l'érudition et la piété. Nous devons donc avoir beaucoup de défiance de nos propres lumières et une grande indulgence pour les hommes qui se trompent, puisque la science, le génie et la piété ne garantissent pas toujours de l'erreur.

Le temps auquel Apollinaire enseigna son erreur est incertain ; il florissait sur la fin du quatrième siècle, sous Julien. Son hérésie fut d'abord condamnée dans le concile d'Alexandrie, tenu l'an 362, sous saint Athanase, après la mort de Constance : ce concile condamna l'erreur d'Apollinaire, sans le nommer.

Le pape Damase condamna aussi cette erreur et déposa Apollinaire ; enfin son sentiment fut condamné dans le second concile œcuménique assemblé à Constantinople (4).

L'erreur d'Apollinaire fut combattue par saint Athanase, par les saints Grégoire de Nazianze et de Nysse, par Théodoret, par saint Ambroise (5).

APOLLINARISTES, nom des sectateurs d'Apollinaire.

APOPHANITES, sectateurs d'Apophane, qui était disciple de Manès.

APOSTOLIQUES, c'est le nom que l'on donna à une branche d'encratites, qui prétendaient imiter parfaitement les apôtres, Voyez APOTACTIQUES.

Ce nom fut aussi le nom générique que prirent toutes ces petites sectes de réformateurs qui s'élevèrent dans le douzième siècle, et qui étaient répandues dans les différentes provinces de la France. Voyez ALBIGEOIS, VAUDOIS.

Ces petites sectes avaient des erreurs opposées, et souvent des pratiques contraires : on assembla plusieurs conciles dans lesquels elles furent condamnées.

On brûla beaucoup d'apostoliques dans différentes provinces, et ces sectaires souffrirent le supplice avec une si grande constance, qu'Ervin ne pouvait comprendre comment les membres du démon avaient pour leurs hérésies autant de constance que les vrais fidèles pour la vérité (6).

La secte des apostoliques fut renouvelée par un homme du peuple : voyez l'histoire de cette secte singulière au mot SÉGAREL. Il y eut aussi des anabaptistes qui s'appelèrent apostoliques. Voyez l'art. des sectes des ANABAPTISTES.

APOTACTIQUES, branche d'encratites ou tatianites qui aux différentes erreurs des encratites ajoutaient la nécessité de renoncer aux biens du monde, et qui regardaient comme des réprouvés tous ceux qui possédaient des biens. On en vit vers la Cilicie et dans la Pamphylie, sur la fin du second siècle, mais ils furent peu nombreux. On n'en brûla aucun : on les plaignit d'abord, ensuite on les méprisa, et la secte s'éteignit. Il n'en fut pas ainsi des sectaires du douzième siècle lorsqu'ils renouvelèrent cette erreur des apotactiques et qu'ils prirent le nom d'apostoliques ; on sévit contre eux, on les brûla, et il fallut lever des armées pour les éteindre en France. Voyez APOSTOLIQUES, ALBIGEOIS, VAUDOIS (7).

APPELANT, nom qu'on a donné aux évêques et autres ecclésiastiques qui avaient interjeté appel au futur concile, de la bulle *Unigenitus* donnée par le pape Clément XI, et portant condamnation du livre du Père Quesnel, intitulé, *Réflexions morales sur le Nouveau Testament*.

Comme les appelants se flattaient d'en imposer à l'Eglise entière par leur grand nombre, on sollicitait des appels de la même manière que l'on brigue les suffrages d'un juge ou d'un électeur ; et les chefs de ce parti furent assez insensés pour appeler leurs clameurs *le cri de la Foi*. Heureusement ces folles démarches ont été révoquées avec au-

---

(1) Paul. ad Hebr. IV, 15.
(2) Luc., XI, 40.
(3) Patres Apost.
(4) Epist. synod. concilii Alex. Théodoret, Hist., l. x, 10. Conc. Constantin.
(5) Athan., ep. ad Epict. 1 ; l. de Incarn. Greg. Nyss. cont. Apol. Theod., Dial. de incomprehensibili. Auct., de Myster. Incarn.
(6) Bernard, serm. in Cant. 65, 66. Mabil. Analec., t. III, p. 452. D'Argentré, Collect. Jud., t. I, p. 55. Natal. Alexand., sæc. XII.
(7) Epiph. Hær., 61. Aug., Hær., 40. Damascen., Hær., 61.

tant de facilité qu'elles avaient été faites, et l'on rougit aujourd'hui de tout ce scandale.

*AQUARIENS, nom donné aux encratites, parce qu'ils n'offraient que de l'eau dans la célébration de l'Eucharistie (1).

AQUATIQUES, hérétiques qui croyaient que l'eau était un principe coéternel à Dieu.

Hermogènes avait enseigné que la matière était coéternelle à Dieu, afin de pouvoir imaginer un sujet duquel Dieu pût tirer le monde visible. Ses disciples voulurent rechercher la nature de cette matière qui avait servi de sujet à l'action de Dieu, et ils adoptèrent apparemment le système de Thalès, qui regardait l'eau comme le principe de tous les êtres. C'est ainsi que l'esprit humain, après s'être élevé au-dessus des systèmes des anciens, à l'aide de la religion, y était ramené par sa curiosité et par le penchant qu'il a à tout examiner (2).

ARA, hérétique qui prétendit que Jésus-Christ même n'avait point été exempt du péché originel (3).

ARABES ou ARABIENS. C'est le nom qu'on donne à une secte qui, dans le troisième siècle, attaqua l'immortalité de l'âme, sans cependant nier qu'il y eût une autre vie après celle-ci ; ils prétendaient seulement que l'âme mourait avec le corps et qu'elle ressuscitait avec lui (4).

Il se tint sur ce sujet, en Arabie, une grande assemblée, à laquelle Origène assista ; il y parla avec tant de solidité et tant de modération que ceux qui étaient tombés dans l'erreur des arabiens l'abandonnèrent entièrement.

Origène avait éclairé les arabiens sans les irriter, et ils s'étaient convertis sincèrement ; jamais la rigueur n'a éteint ainsi sur-le-champ une hérésie.

Les coups d'autorité font des hypocrites, ou n'arrêtent le progrès de l'erreur qu'en ôtant à l'esprit son ressort et en éteignant peu à peu toutes les lumières.

Je crierais donc, si j'osais, à tous ceux qui sont chargés du soin des âmes : Eclairez les hommes, traitez avec douceur ceux qui se trompent, si vous voulez les convertir solidement et si vous voulez anéantir l'erreur : avez-vous oublié qu'être dans l'erreur sur la religion, c'est être tombé dans un précipice, c'est être malheureux, et que les malheureux méritent de l'indulgence et du respect ? Je leur dirais : Tout homme qui répand une erreur est de bonne foi, ou c'est un fourbe qui séduit des hommes qui sont de bonne foi et qui cherchent la vérité.

Si l'homme qui répand une erreur est de bonne foi, vous le convertirez sûrement et sincèrement en l'éclairant ; l'autorité qui le frapperait sans l'éclairer le fixerait dans l'erreur sans retour.

Si l'homme qui répand une erreur est un fourbe qui séduit des prosélytes de bonne foi, vous arrêtez à coup sûr le progrès de la séduction, en faisant voir qu'il se trompe ; l'autorité que vous emploieriez contre ce séducteur, sans le réfuter et sans prouver clairement la fausseté de sa doctrine, le rendrait plus cher à son parti ; vous ne seriez plus alors en état de l'éclairer, vous n'auriez plus pour ressource, contre ce parti, que la rigueur, les châtiments, les supplices.

Mais quand l'usage que vous feriez de ces moyens n'aurait aucun inconvénient et ne causerait aucun mal, produiriez-vous un autre effet que celui que la persuasion et la douceur auraient produit ? Un homme que vous voulez obliger par autorité à quitter ses sentiments suppose au moins que vous n'êtes point en état de l'éclairer, ou que vous le méprisez trop pour daigner l'éclairer et le persuader : il ne faut pas qu'un pareil soupçon puisse tomber sur les successeurs des apôtres. Saint Paul dit : Nous enseignons, nous prouvons, nous démontrons.

ARCHONTIQUES, secte des valentiniens, dont Pierre l'Ermite fut le chef ; cette secte parut vers l'an 160, sous l'empire d'Antonin le Pieux (5).

[On les nomma *Archontiques*, parce qu'ils attribuaient la création du monde, non pas à Dieu, mais à diverses puissances ou principautés, subordonnées à Dieu, qu'ils appelaient *Archontes*. Ils rejetaient le baptême et les saints mystères, dont ils faisaient auteur *Sabaoth*, qui était, selon eux, une des principautés inférieures. Ils disaient que la femme était l'ouvrage de Satan, et niaient la résurrection des corps.]

ARIANISME, hérésie d'Arius, qui consistait à nier la consubstantialité du Verbe ou de la seconde personne de la Trinité, qu'il regardait comme une créature.

Nous allons exposer l'origine et le progrès de cette erreur jusqu'à la mort d'Arius ; nous considérerons ensuite l'arianisme depuis la mort d'Arius jusqu'à son extinction ; nous le verrons renaître en Occident, dans le quinzième et dans le dix-huitième siècle : nous examinerons ses principes, et nous le réfuterons.

De l'origine de l'arianisme et du progrès de cette erreur jusqu'à la mort d'Arius.

Alexandre, évêque d'Alexandrie, expliquait, en présence de ses curés et de son clergé, le mystère de la Trinité ; il voulait concilier la Trinité des personnes avec l'unité de Dieu et expliquer comment les trois personnes existaient dans une substance unique et simple : car Socrate rapporte qu'Alexandre disait qu'il y avait union dans la Trinité, et qu'il se servait pour cela d'un mot qui signifie non-seulement unité, mais encore simplicité : il disait qu'il y avait *monade* dans la Trinité, ou que la Trinité était une monade (6).

(1) Epiph. Aug., de Hæres. c. 23. Cyprian., ep. 63.
(2) Stockman Lexicon.
(3) Ibid.
(4) Euseb., Hist., l. VI. c. 37. Aug., de Hær., c. 38. Nicephor., Hist., l. V, c. 25.
(5) Aug., Hær., c. 20. Epiph., Hær., 40. Théodoret, Hæret. Fab., l. I, c. 11.
(6) Socrate, l. 1, c. 4. Monadon esse in Trinitate, ce qui ne veut pas dire union, comme l'a traduit M. de Valois, mais simplicité. *Voyez* Basnage, Annales politico-ecclesiastici, t. II, p. 664.

L'idée de simplicité de la monade et celle de la Trinité se présentèrent donc à la fois à l'esprit d'Arius, qui assistait au discours d'Alexandre, et comme les esprits étaient portés, par Alexandre même, à tâcher de comprendre le mystère de la Trinité, il s'efforça de concevoir comment trois personnes distinctes existaient dans une substance simple. Il ne put le concevoir; il crut la chose impossible.

Sabellius, en examinant le mystère de la Trinité, n'avait cru pouvoir le concilier avec l'unité de Dieu qu'en supposant que le Père, le Fils et le Saint-Esprit n'étaient que trois noms donnés à la Divinité, et non pas trois personnes : il n'y avait pas longtemps que son erreur avait été condamnée, et elle avait encore des partisans. L'esprit d'Arius fut porté naturellement à comparer l'explication d'Alexandre avec ce que l'Eglise avait défini contre Sabellius; il crut qu'on ne pouvait allier la simplicité de la substance divine avec la distinction des personnes que l'Eglise enseignait contre Sabellius.

On ne pouvait, selon Arius, distinguer plusieurs personnes dans ce qui est simple, ou il fallait que ces personnes, que le Père et le Fils, par exemple, ne fussent que différents noms qu'on donnait à la même chose selon qu'elle produisait des effets différents; ce qui avait été condamné dans Sabellius, et ce qui était contraire à l'idée que l'Ecriture nous donne du Père et du Fils, qu'elle nous représente comme aussi distingués entre eux que l'effet et la cause : le Père engendre, et le Fils est engendré; le Père n'a point été produit, il est sans principe, et le Fils en a un, il a été produit.

Ainsi Arius, pour ne pas tomber dans l'hérésie de Sabellius qui confondait les personnes de la Trinité, fit du Père et du Fils deux substances différentes, et soutint que le Fils était une créature (1).

Alexandre fit voir qu'Arius n'avait pas une idée juste de la personne du Verbe; qu'il était éternel comme le Père, et non pas produit dans le temps, ce qui anéantirait le dogme de la divinité du Verbe.

Arius, plein de sa difficulté, ne s'occupa plus qu'à poursuivre Alexandre et à prouver que le Verbe était une créature.

Cette doctrine révolta l'Eglise d'Alexandrie et devint l'objet principal de la dispute: on perdit de vue Sabellius; Arius ne s'occupa plus qu'à prouver que le Verbe n'était qu'une créature, et ses adversaires à défendre contre lui l'éternité du Verbe (2).

Les sophismes sont toujours séduisants lorsqu'ils attaquent un mystère; Arius se fit des partisans et causa des divisions dans le clergé d'Alexandrie.

Alexandre crut qu'en permettant à Arius et à ses partisans de disputer et de proposer leurs difficultés, on les détromperait mieux que par des condamnations et par des coups d'autorité, qui, lorsqu'ils sont prématurés, arrêtent rarement l'erreur, irritent toujours et n'éclairent jamais.

Lorsque Alexandre crut que sa modération pouvait avoir des suites fâcheuses, il assembla un concile à Alexandrie, dans lequel Arius défendit sa doctrine : il prétendit que le Verbe avait été tiré du néant, parce qu'il était impossible qu'il fût éternel comme son Père, de manière même qu'on ne pût concevoir que le Fils eût existé après son Père; n'est-il pas clair, disait-il, qu'alors le Fils serait engendré et ne le serait pas? D'ailleurs, si le Père n'a pas tiré le Fils du néant, il faut qu'il l'ait tiré de sa substance, ce qui est impossible.

L'Ecriture, disait-il encore, ne nous donne point une autre idée du Verbe : le Verbe dit lui-même, au chapitre huit des Proverbes, que Dieu l'a créé au commencement de ses voies : Dieu dit qu'il l'a engendré, et cette manière de produire est une vraie création, puisque l'Ecriture l'applique aussi bien aux hommes qu'au Verbe, comme on le voit dans les passages où Dieu dit qu'il a engendré des fils qui l'ont méprisé (3).

Les Pères du concile d'Alexandrie s'appuyèrent sur ces aveux, ou plutôt sur ces principes d'Arius, pour le juger. Si le Verbe, disaient-ils, est une créature, il a toutes les imperfections des créatures, il est sujet à toutes leurs vicissitudes, il n'est pas tout-puissant, il ne sait pas tout; car ces imperfections sont les apanages essentiels d'une créature, quelque parfaite qu'on la suppose.

Les conséquences étaient évidentes, et Arius ne pouvait le méconnaître.

Après avoir ainsi fixé la doctrine d'Arius, les Pères du concile en prouvèrent la fausseté par tous les passages de l'Ecriture qui attribuent au Verbe l'immutabilité et toute la science ; par ceux qui disent expressément que tout a été fait par lui et pour lui, et que rien de ce qui a été fait n'a été fait sans lui.

Ces derniers passages fournissaient aux Pères des arguments péremptoires; car si rien de ce qui a été créé n'a été fait sans le Verbe, il est évident que le Verbe n'a point été créé, parce qu'alors quelque chose aurait été créé sans lui, puisqu'un être en aucune manière n'est cause de lui-même.

A l'évidence de ces preuves tirées de l'Ecriture, les Pères du concile d'Alexandrie joignaient la doctrine de l'Eglise universelle, qui avait toujours reconnu la divinité du Verbe et séparé de sa communion ceux qui l'attaquaient.

Arius alors se trouva comme placé entre la nécessité de reconnaître la divinité du Verbe et l'impossibilité de concevoir un fils coéternel à son père.

Il avait fait tous ses efforts pour concevoir un fils coéternel à son père, et, du sentiment de son impuissance à le concevoir, il était passé à la persuasion de l'impossibilité effective qu'un fils soit coéternel à son père; il avait fait de cette impossibilité la base de

---

(1) Lettre d'Arius à Eusèbe. Epiph., Hær., 69. Athan., t. I, p. 635.

(2) Socrat., l. I, c. 6.
(3) Sozomène, l. II.

son sentiment : il croyait donc, d'un côté, qu'il était impossible que le Verbe fût coéternel à son Père, et, de l'autre, la divinité du Verbe était si clairement enseignée dans l'Ecriture et par l'Eglise, qu'il était impossible de la méconnaître.

Arius conclut de là que la création du Verbe et sa divinité étaient deux vérités qu'il fallait également croire, et il reconnut que le Verbe était une créature, et cependant vrai Dieu et égal à son Père.

C'est ainsi que l'amour-propre et la préoccupation changent, aux yeux des hommes, les mystères en absurdités, et les contradictions les plus manifestes en vérités évidentes. Arius avait rejeté la Trinité qu'il ne comprenait pas, mais qui ne renferme point de contradiction, et il ne soupçonnait pas qu'il se contredit en réunissant dans le Verbe l'essence de la divinité et celle de la créature, en supposant que le Verbe avait toutes les perfections possibles, et en soutenant qu'il n'avait pas la première de toutes les perfections, celle d'exister par soi-même.

Le concile d'Alexandrie définit que le Verbe était Dieu et coéternel à son Père, condamna la doctrine d'Arius, et excommunia sa personne.

Le jugement du concile n'ébranla point Arius ; il continua à défendre son sentiment, il l'exposa sans déguisement, il envoya sa profession de foi à plusieurs évêques, les priant de l'éclairer s'il était dans l'erreur, ou de le protéger et de le défendre s'il était catholique (1).

Il y a dans tous les hommes un sentiment inné de compassion qui agit toujours en faveur d'un homme condamné, surtout lorsqu'il proteste qu'il ne demande qu'à s'éclairer pour se soumettre. Arius trouva donc des protecteurs même parmi les évêques : Eusèbe de Nicomédie assembla un concile composé des évêques de la province de Bithynie, et ce concile écrivit des lettres circulaires à tous les évêques d'Orient pour les porter à recevoir Arius à la communion, comme soutenant la vérité ; ils écrivirent aussi à Alexandre pour qu'il admît Arius à sa communion.

Alexandre, de son côté, écrivit des lettres circulaires dans lesquelles il censurait fortement Eusèbe de ce qu'il protégeait Arius et le recommandait aux évêques.

La lettre d'Alexandre irrita Eusèbe, et ces deux évêques devinrent ennemis irréconciliables.

Arius, condamné par Alexandre et par un concile, mais défendu par plusieurs évêques, ne se représenta plus que comme un malheureux qu'on persécutait ; il répandit sa doctrine ; il intéressa même le peuple en sa faveur. Arius était un homme d'une grande taille, maigre et sec, portant la mélancolie peinte sur le visage, grave dans ses démarches, toujours revêtu d'un manteau ecclésiastique, charmant par la douceur de sa conversation ; il était poète et musicien, il fournissait des chansons spirituelles aux gens de travail et aux dévots ; il mit en cantiques sa doctrine, et, par ce moyen, il la répandit dans le peuple. C'est un moyen que Valentin et Harmonius avaient employé avant Arius et qui a souvent réussi aux hérétiques. Apollinaire l'employa après Arius, et perpétua ses erreurs plus par ce moyen que par ses écrits (2).

Ainsi le parti d'Arius se grossit insensiblement, et, malgré la subtilité des questions qu'il agitait, il intéressa jusqu'au peuple dans sa querelle. On vit donc les évêques, le clergé et le peuple divisés ; bientôt les disputes s'échauffèrent, firent du bruit, et les comédiens, qui étaient païens, en prirent occasion de jouer la religion chrétienne sur leurs théâtres.

Constantin n'envisagea d'abord cette querelle qu'en politique, et écrivit à Alexandre et à Arius qu'ils étaient des fous de se diviser pour des choses qu'ils n'entendaient pas et qui étaient de nulle importance (3).

L'erreur d'Arius était d'une trop grande conséquence pour que les catholiques restassent dans l'indifférence que Constantin leur conseillait. Alexandre écrivit partout pour prévenir le progrès de l'erreur d'Arius et pour en faire connaître le danger.

D'un autre côté, Arius et ses partisans faisaient tous leurs efforts pour décrier la doctrine d'Alexandre. Les catholiques et les ariens s'imputaient réciproquement les conséquences les plus odieuses qu'ils pouvaient tirer des principes de leurs adversaires.

Ces chocs continuels échauffèrent les deux partis jusqu'à la sédition ; il y eut même des endroits où l'on renversa les statues de l'empereur, parce qu'il voulait qu'on supportât les ariens (4).

Les chrétiens faisaient alors une partie considérable de l'empire romain. Constantin sentit qu'il ne pouvait se dispenser de prendre part à leurs querelles, et qu'il fallait les calmer. Il convoqua de toutes les provinces de l'empire, et les évêques s'assemblèrent à Nicée, l'an 325.

Aussitôt que les évêques furent arrivés à Nicée, ils formèrent des assemblées particulières et y appelèrent Arius pour s'instruire de ses sentiments.

Après l'avoir entendu, quelques évêques opinaient à condamner toutes sortes de nouveautés et à se contenter de parler du Fils dans les termes dont leurs prédécesseurs s'étaient servis ; d'autres croyaient qu'il ne fallait pas recevoir les expressions des anciens sans examen ; il s'en trouva dix-sept qui favorisaient les nouvelles explications d'Arius, et qui dressèrent une confession de foi selon leur sentiment ; mais ils ne l'eurent pas plutôt lue dans l'assemblée, qu'on s'écria qu'elle était fausse et qu'on leur dit

(1) Lettre d'Arius à Eusèb. Epiph., loc. cit.
(2) *Voyez* Ernesti Cypriani Dissert. de propagatione hæresium, per cantilenas. Lond., 1720, in-8°.

(3) Apud Euseb., in Vit. Const., c. 64. Socrat., l. 1, c. 7.
(4) Euseb., ibid., l. III, c. 4.

des injures, comme à des gens qui voulaient trahir la foi (1).

On proposa de condamner les expressions dont les ariens se servaient en parlant de Jésus-Christ, telles que sont celles-ci : *qu'il avait été tiré du néant; qu'il y avait eu un temps où il n'existait pas.* On proposa de se servir des phrases mêmes de l'Ecriture, telles que celles-ci : *Le Fils est unique de sa nature; il est la raison, la puissance, la seule sagesse de son Père, l'éclat de sa gloire,* etc.

Les ariens ayant déclaré qu'ils étaient prêts à admettre une confession conçue en ces termes, les évêques orthodoxes craignirent qu'ils n'expliquassent ces paroles en un mauvais sens; c'est pourquoi ils voulurent ajouter que le Fils est de la substance du Père, parce que c'est là ce qui distingue le Fils des créatures.

On demanda donc aux ariens s'ils ne croyaient pas que le Fils n'est pas une créature, mais la puissance, la sagesse unique et l'image du Père en toutes choses, enfin vrai Dieu.

Les ariens crurent que ces expressions pourraient convenir à l'idée qu'ils avaient de la divinité du Fils et déclarèrent qu'ils étaient prêts à y souscrire.

Enfin, comme on avait remarqué qu'Eusèbe de Nicomédie, dans la lettre qu'il avait lue, rejetait le terme *consubstantiel,* on crut que l'on ne pouvait mieux exprimer la doctrine orthodoxe et exclure toute équivoque qu'en employant ce mot, d'autant plus que les ariens paraissaient le craindre (2).

Les orthodoxes conçurent la profession de foi en ces termes : Nous croyons en un seul Seigneur Jésus-Christ, Fils de Dieu, Fils unique du Père, Dieu né de Dieu, lumière émanée de la lumière, vrai Dieu, né du vrai Dieu, engendré et non pas fait, consubstantiel à son Père (3).

Quand on disait que le Fils était consubstantiel à son Père, on ne prenait pas ce mot dans le sens auquel il se prend lorsqu'on parle des corps ou des animaux mortels, le Fils n'étant consubstantiel au Père ni par une division de la substance divine dont il eût une partie, ni par quelque changement de cette même substance; on voulait dire seulement que le Fils n'était pas d'une autre substance que son Père.

Telle fut la décision du concile de Nicée sur l'erreur d'Arius; il fut terminé le 25 août, et Constantin exila tous ceux qui refusèrent de souscrire au jugement du concile.

Alexandre, évêque d'Alexandrie, mourut quelque temps après; on élut en sa place Athanase, diacre de son Eglise, et Constantin approuva son élection.

Il semble que ce fut vers ce temps-là que Constantin fit sa constitution contre les assemblées de tous les hérétiques, soit en particulier, soit en public. Par la même constitution, l'empereur donnait leurs chapelles aux catholiques et confisquait les maisons dans lesquelles on les trouverait faisant leurs dévotions. Eusèbe ajoute que l'édit de l'empereur portait encore que l'on se saisirait de tous les livres des hérétiques.

Cet édit et plusieurs autres abaissèrent prodigieusement le parti d'Arius, et presque toutes les hérésies parurent éteintes dans l'empire romain.

Arius avait cependant beaucoup de partisans, et parmi ces partisans secrets un prêtre que Constance, sœur de Constantin, recommanda en mourant à son frère comme un homme extrêmement vertueux et fort attaché au service de sa maison. Ce prêtre acquit bientôt l'estime et la confiance de Constantin, et il lui parla d'Arius; il le lui représenta comme un homme vertueux, qu'on persécutait injustement et dont les sentiments étaient les mêmes que ceux du concile qui l'avait condamné.

Constantin fut surpris de ce discours et témoigna que, si Arius voulait souscrire au concile de Nicée, il lui permettrait de paraître devant lui et le renverrait avec honneur à Alexandrie.

Arius obéit et présenta à l'empereur une profession de foi, dans laquelle il déclarait : « qu'il croyait que le Fils était né du Père avant tous les siècles, et que la raison, qui est Dieu, avait fait toutes choses, tant dans le ciel que sur la terre. »

Si Constantin fut véritablement satisfait de cette déclaration, il fallait qu'il eût changé de sentiment ou qu'il n'eût pas compris le symbole de Nicée, ou que le prêtre arien eût en effet changé les dispositions de Constantin par rapport à l'arianisme.

Quoi qu'il en soit, il permit à Arius de retourner à Alexandrie : depuis ce temps les évêques ariens rentrèrent peu à peu en faveur, et les exilés furent rappelés.

Les édits de Constantin contre les ariens n'avaient produit que l'apparence du calme; les disputes se ranimèrent peu à peu, et elles étaient devenues fort vives lorsque les évêques exilés furent rappelés. A force d'examiner le mot *consubstantiel,* il y eut des évêques qui s'en scandalisèrent : on disputa, on se brouilla, et enfin l'on s'attaqua avec beaucoup de chaleur. « Leurs querelles, dit Socrate, ne ressemblaient pas mal à un combat nocturne ; ceux qui rejetaient le mot *consubstantiel* croyant que les autres introduisaient par là le sentiment de Sabellius et de Montan, et les traitaient d'impies, comme niant l'existence du Fils de Dieu ; au contraire, ceux qui s'attachaient au mot *consubstantiel,* croyant que les autres voulaient introduire la pluralité des dieux, en avaient autant d'aversion que si on avait voulu rétablir le paganisme. Eustathe, évêque d'Antioche, accusait Eusèbe de Césarée de corrompre la croyance de Nicée; Eusèbe le niait et accusait, au contraire, Eustathe de sabellianisme (4).

Il est donc certain, même par le récit de

---

(1) Sozom., l. 1, c. 17, 19, 20; Theol., l. 1, c. 7.
(2) Ambr., l. III de Fide, c. ultimo.
(3) Socrat., l. 1, c. 8.
(4) Ibid., c. 23.

Socrate, que parmi les défenseurs d'Arius il y en avait beaucoup qui ne combattaient point la consubstantialité du Verbe, et qui rejetaient le mot *consubstantiel*, non parce qu'il exprimait que Jésus-Christ existait dans la même substance dans laquelle le Père existait, mais parce qu'ils croyaient que l'on donnait à cette expression un sens contraire à la distinction des personnes de la Trinité, et favorable à l'erreur de Sabellius, qui les confondait.

Pour juger la querelle d'Eustathe et d'Eusèbe, on assembla un concile à Antioche, l'an 329; il était composé d'évêques qui n'avaient signé le concile de Nicée que par force, et Eustathe y fut condamné et déposé : on élut ensuite Eusèbe de Césarée pour remplir le siége d'Antioche. La ville se partagea entre Eusèbe et Eustathe : les uns voulaient retenir Eustathe, et les autres désiraient qu'on établît Eusèbe à sa place; ces deux partis s'armèrent, et l'on était sur le point d'en venir aux mains, lorsqu'un officier de l'empereur arriva, fit entendre au peuple qu'Eustathe méritait d'être déposé, et arrêta la sédition.

Eusèbe de Césarée refusa le siége d'Antioche, et l'on élut pour le remplir Euphromius, prêtre de Cappadoce : Eustathe fut exilé.

Après la déposition d'Eustathe, le concile travailla à procurer le retour d'Arius à Alexandrie, où saint Athanase n'avait point voulu permettre qu'il rentrât. L'empereur, à la sollicitation du concile, ordonna à saint Athanase de recevoir Arius ; mais saint Athanase répondit qu'on ne recevait point dans l'Église ceux qui avaient été excommuniés.

L'attachement de saint Athanase au concile de Nicée avait également irrité les méléciens et les ariens. Ces deux partis se réunirent contre lui; ils l'accusèrent d'avoir imposé une espèce de tribut sur l'Egypte, d'avoir fourni de l'argent à des séditieux, d'avoir fait rompre un calice, renverser la table d'une église et brûler les livres saints : on l'accusait encore d'avoir coupé le bras à un évêque mélécien, et de s'en servir pour des opérations magiques. Constantin reconnut par lui-même la fausseté des deux premières accusations, et renvoya l'examen des autres aux évêques qui s'assemblèrent à Tyr l'an 334.

Les évêques de la Libye, de l'Egypte, de l'Asie et de l'Europe, assemblés à Tyr, envoyèrent à Alexandrie quelques évêques ariens, pour informer contre saint Athanase, qui protesta dès lors contre tout ce que le concile ferait, et se retira à Jérusalem, où l'empereur était alors.

Les évêques assemblés à Tyr reçurent les informations d'Egypte, et saint Athanase se trouvant chargé, on le déposa pour les crimes dont il était accusé.

Après la déposition de saint Athanase, l'empereur écrivit aux évêques de se rendre incessamment à Jérusalem pour y faire la dédicace de l'église des Apôtres : pendant cette cérémonie, Eusèbe de Césarée fit plusieurs discours qui charmèrent l'empereur.

(1) Socrate, l. 1, c. 33.

Après la dédicace de l'église des Apôtres, les évêques assemblés à Jérusalem reçurent à la communion Arius et Euzoïus, et cela sur les recommandations de l'empereur, qui exila saint Athanase à Trèves et rappela Arius à Constantinople, parce qu'il craignait que sa présence ne causât du trouble à Alexandrie (1).

Lorsque Arius fut à Constantinople, l'empereur lui proposa de signer le concile de Nicée, et Arius le signa.

L'empereur, après s'être assuré de la foi d'Arius, ordonna à Alexandre, évêque de Constantinople, de le recevoir à sa communion; mais Alexandre protesta qu'il ne le recevrait point, et Arius mourut pendant ces contestations.

De l'état de l'arianisme après la mort d'Arius.

Constantin, ayant été attaqué d'une indisposition considérable et sentant que sa fin approchait, remit secrètement ses dernières volontés entre les mains du prêtre arien que sa sœur lui avait recommandé; il lui enjoignit de ne remettre son testament qu'à Constance, et mourut.

Par ce testament, Constantin partageait l'empire à ses trois enfants : il donnait à Constantin les Gaules, l'Espagne et l'Angleterre; à Constance l'Asie, la Syrie et l'Egypte, et à Constant l'Illyrie, l'Italie et l'Afrique.

Le prêtre arien remit fidèlement à Constance le dépôt que Constantin lui avait confié; et comme ce partage flattait son ambition, il conçut beaucoup d'affection et de considération pour ce prêtre ; il lui donna du crédit et lui ordonna de venir le voir souvent.

Le crédit du prêtre arien auprès de l'empereur le fit connaître de l'impératrice. Il forma des liaisons étroites avec les eunuques, et particulièrement avec Eusèbe, grand chambellan de Constance ; il rendit Eusèbe arien et pervertit l'impératrice et les dames de la cour. Saint Athanase dit qu'alors les ariens se rendirent redoutables à tout le monde, parce qu'ils étaient appuyés du crédit des femmes.

Le poison de l'arianisme se communiqua bientôt aux officiers de la cour et à la ville d'Antioche, où Constantin faisait ordinairement sa résidence, et de là se répandit dans toutes les provinces de l'Orient. On voyait dans toutes les maisons, dit Socrate, comme une guerre de dialectique, qui produisit bientôt une division et une confusion générale.

Les guerres des Perses, la révolte des Arméniens, les séditions des armées, suspendirent d'abord le zèle de Constance pour l'arianisme; mais lorsqu'il fut de retour à Constantinople, il fit assembler un concile composé d'évêques ariens, qui déposèrent Paul, évêque de Constantinople, et mirent à sa place Eusèbe de Nicomédie.

Après la déposition de Paul, Constance

partit pour Antioche, afin d'y faire la dédicace d'une église que Constantin avait fait construire; il y assembla quatre-vingt-dix ou quatre-vingt-dix-sept évêques.

Eusèbe et les ariens profitèrent de cette occasion pour éloigner saint Athanase d'Alexandrie, où il était revenu depuis que l'entrevue des trois empereurs en Pannonie avait procuré le retour des évêques exilés : on le déposa parce qu'il était rentré dans son siége de son propre mouvement, et l'on ordonna à sa place Grégoire.

Eusèbe, devenu le chef et l'âme de la faction arienne, fit faire une formule de foi, dans laquelle on supprima le mot *consubstantiel*, et l'on envoya cette formule dans toutes les villes.

Enfin, ils en firent une troisième, plus obscure et moins expresse, sur la divinité de Jésus-Christ ; sinon qu'elle portait que le Fils est Dieu parfait (1).

La divinité de Jésus-Christ était donc un dogme bien constant et bien universellement enseigné dans l'Eglise, puisque le parti d'Eusèbe, extrêmement éclairé, ennemi violent des orthodoxes et tout-puissant auprès de Constance, n'avait osé entreprendre de l'attaquer, et reconnaissait la divinité de Jésus-Christ en niant sa consubstantialité : ce parti d'Eusèbe fut celui qu'on nomme le parti des demi-ariens, opposé aux ariens, mais qui se réunissait toujours à ces derniers contre les catholiques.

Eusèbe, évêque de Constantinople, mourut dans ce temps, et le peuple rétablit Paul ; mais les eusébiens élurent Macédonius, et il se forma un schisme et une guerre civile qui remplit Constantinople de troubles et de meurtres.

Constance envoya Hermogène, général de la cavalerie, pour chasser Paul de Constantinople ; mais le peuple se souleva, mit le feu au logis d'Hermogène, se saisit de sa personne, l'attacha à une corde et l'assomma, après l'avoir traîné par la ville. Constance se rendit en personne à Constantinople, punit le peuple et chassa Paul, qui se réfugia en Italie auprès du pape Jules.

Saint Athanase et beaucoup d'orthodoxes s'y étaient retirés ; ils étaient tranquilles sous la protection de Constant qui, touché des divisions qui troublaient l'Eglise, écrivit à Constance pour l'engager à convoquer un concile œcuménique pour rétablir la paix. Saint Athanase et les autres prélats prièrent Constant de presser la tenue du concile : saint Athanase lui raconta en pleurant tous les maux que les ariens lui avaient fait subir ; il lui parla de la gloire de son père Constantin, du grand concile de Nicée qu'il avait assemblé et du soin qu'il avait pris d'affermir par ses lois ce qui avait été décidé par les Pères du concile, auquel il avait assisté lui-même.

Comme la douleur de saint Athanase éclata dans ses discours et dans ses plaintes, il toucha profondément l'empereur, et l'excita à imiter le zèle de son père ; de sorte que aussitôt qu'il eut entendu saint Athanase, il écrivit à son frère Constance pour le porter à conserver inviolablement la piété que Constantin, leur père, leur avait laissée comme par succession, et il lui représenta que ce grand prince, ayant affermi son empire par la piété, avait exterminé les tyrans qui étaient les ennemis des Romains, et soumis les barbares (2).

Constance accorda à son frère la convocation d'un concile, et les évêques s'assemblèrent, de l'Orient et de l'Occident, à Sardique, l'an 347.

Mais les Orientaux se retirèrent bientôt à Philippopole, ville de Thrace, qui obéissait à Constance, parce que les Occidentaux ne voulurent point exclure du concile saint Athanase, attendu qu'il avait été jugé par le concile de Rome et déclaré innocent (3).

Les Occidentaux assemblés à Sardique conservèrent le symbole de Nicée sans y rien changer, déclarèrent innocents les évêques déposés par les ariens, et déposèrent les principaux chefs des ariens.

Les Orientaux, de leur côté, confirmèrent tout ce qu'ils avaient fait contre saint Athanase et contre les autres évêques catholiques, retranchèrent de leur communion ceux qui avaient communiqué avec les évêques déposés, et firent une formule de foi dans laquelle ils supprimaient le terme de *consubstantiel* (4).

Les évêques assemblés à Sardique et à Philippopole s'en retournèrent dans leurs siéges après la tenue de leur concile.

Constant informa son frère Constance de ce qui s'était passé à Sardique, et lui demanda le rétablissement de saint Athanase, de manière que Constance ne put le refuser. « J'ai, lui écrivait-il, chez moi, Paul et Athanase, deux hommes que je sais qu'on persécute à cause de leur piété ; si vous me promettez de les rétablir et de punir leurs ennemis, je vous les renverrai ; sinon, j'irai les rétablir moi-même dans leurs siéges. »

Peu de temps après, Constant fut attaqué par Magnence, et tué ; mais Magnence fut à son tour défait par Constance, qui devint maître de l'Italie et de tout ce que possédait Constant.

Constance prit le succès de ses armes contre Magnence pour une confirmation de la pureté de ses sentiments, et crut que Dieu appuyait sa foi et sa religion par les victoires qu'il remportait ; il assembla un concile dans les Gaules, fit de nouveau condamner saint Athanase, et donna un édit par lequel tous ceux qui ne le condamneraient pas seraient bannis.

Le pape Libère demanda à Constance la convocation d'un concile à Milan, et l'empereur y consentit ; les Orientaux y étaient en petit nombre et demandèrent pour préliminaire qu'on signât la condamnation de saint

---

(1) Socrate, l. ii, c. 10. Hilar. synod.
(2) Socrate, liv. ii, c. 20.

(3) Vie de S. Athan., p. 527. Herman., t. I, l. v, c. 28
(4) Hilar., Fragm., 21, 22, 24.

Athanase; les Occidentaux s'y opposèrent : on cria beaucoup de part et d'autre, et l'on se sépara sans avoir rien terminé : l'empereur exila les évêques qui refusèrent de signer la condamnation de saint Athanase, et le pape Libère qui refusa aussi d'y souscrire fut banni.

Constance, fatigué de toutes ces contestations, voulut enfin établir une paix générale, et résolut d'assembler un concile pour terminer toutes les disputes ; mais la difficulté de réunir dans un même lieu les Orientaux et les Occidentaux fit qu'il assembla les uns à Séleucie et les autres à Rimini.

Il se trouva à Rimini plus de quatre cents évêques, dont quatre-vingts étaient ariens. Ursace et Valens étaient du parti des ariens ; ils présentèrent au concile une formule qu'on avait dressée à Syrmich, avant que de partir pour Séleucie.

Cette formule portait que le Fils de Dieu était semblable à son Père en substance et en essence ; mais on y rejetait le mot *consubstantiel*.

Le concile de Rimini rejeta cette formule, s'en tint au symbole de Nicée, et anathématisa de nouveau l'erreur d'Arius. Ursace et Valens, n'ayant pas voulu signer les anathèmes prononcés contre Arius, furent condamnés du consentement unanime des évêques.

L'empereur désapprouva le concile, envoya la formule de Syrmich aux évêques assemblés à Rimini, afin qu'ils eussent à la signer, et manda au gouvernement de ne laisser sortir aucun évêque qu'il ne l'eût signée : l'empereur ordonnait au gouverneur d'exiler ceux qui refuseraient d'obéir, quand ils ne seraient plus qu'au nombre de quinze.

Les évêques assemblés à Rimini resistèrent plus de quatre mois ; malgré les mauvais traitements qu'ils éprouvaient, ils n'étaient point vaincus; mais enfin ils parurent accablés.

Ursace et Valens profitèrent de leur abattement, leur représentèrent qu'ils souffraient mal à propos ; qu'ils pouvaient finir leurs maux et rendre la paix à l'Eglise sans trahir la foi, puisque la formule de foi que l'empereur proposait n'était point arienne, qu'elle exprimait la foi catholique, et qu'elle ne différait de celle de Nicée que par le retranchement du mot *consubstantiel*, dont elle exprimait cependant le sens, puisqu'elle portait formellement : *que le Fils est semblable en tout à son Père, non-seulement par un accord de volonté, mais encore en substance et en essence*.

Les évêques, accablés de maux, prêtèrent l'oreille aux discours de Valens, prirent toutes les précautions possibles pour prévenir les conséquences que l'on pourrait tirer du changement qu'ils faisaient dans le symbole de Nicée, prononcèrent hautement, et firent prononcer de même à Ursace et à Valens anathème à quiconque ne reconnaissait pas

« que Jésus-Christ était Dieu, vrai Dieu « éternel avec le Père, » ou qui disait « qu'il « y a eu un temps où le Fils n'était point. »

En un mot, on prononçait anathème contre tous ceux qui, confessant que le Fils de Dieu est Dieu, ne disaient pas qu'il est devant tous les temps qu'on peut concevoir, mais mettaient quelque chose avant lui.

Après ces précautions, les évêques assemblés à Rimini signèrent la formule que Valens et Ursace avaient proposée, et obtinrent la liberté de retourner dans leurs diocèses.

L'empereur engagea les évêques de Séleucie à signer la même formule ; il prononça ensuite peine de bannissement contre tous ceux qui refuseraient de la signer (1).

Les ariens triomphèrent après le concile de Rimini et prétendirent que le monde entier était devenu arien ; mais il est aisé de voir combien ce triomphe était chimérique; les ariens eux-mêmes en étaient si persuadés, qu'immédiatement après le concile ils changèrent la formule de Rimini : bientôt après ils engagèrent Constance à convoquer un nouveau concile pour reformer la formule de Rimini et déclarer que le Fils était dissemblable au Père en substance et en volontés; cette formule aurait été la dix-neuvième, mais ils n'osèrent la faire paraître (2).

La mort de Constance dérangea leurs projets ; Julien, qui lui succéda, haïssait les premiers officiers de Constance, et surtout Eusèbe le chambellan ; il rappela tous les exilés, et permit à tous les chrétiens de professer librement chacun leur sentiment ; la foi de Nicée reprit alors son éclat, et l'arianisme perdit beaucoup de sectateurs.

Jovien, qui succéda à Julien, ne songea qu'à rétablir la foi de Nicée ; il rappela saint Athanase, et voulait rendre la paix à l'Eglise ; mais la brièveté de son règne ne lui permit pas d'exécuter son projet : il mourut après avoir régné sept mois et vingt jours (3).

Après la mort de Jovien, l'armée choisit pour empereur Valentinien : ce prince était sincèrement attaché à la foi de Nicée, et zélé pour la religion chrétienne : il n'était encore que tribun des gardes, et il connaissait toute l'aversion de Julien pour les chrétiens et tout son zèle pour le rétablissement du paganisme ; cependant Valentinien ne craignit point de donner des preuves de son attachement à la religion chrétienne dans le temps même que Julien en donnait de son zèle pour le paganisme : Valentinien fut exilé, et il eût perdu la vie si Julien n'eût craint de l'illustrer par son martyre (4).

Il avait été rappelé de son exil, et Jovien l'avait mis à la tête de la compagnie des écuyers de sa garde ; après la mort de Jovien, l'armée avait proclamé Valentinien empereur.

Valentinien, tribun des gardes, avait mieux aimé encourir la disgrâce de Julien et s'exposer à la mort que d'autoriser une action qui pouvait rendre sa foi suspecte ; mais

---

(1) Sozom., l. IV, c. 26.
(2) Ibid. Socrate, l. II. Athan., de Syn., p. 96. Tillemont, t. VI, p. 521.
(3) Ammian. Marcel. p. 308. Socrate, III, c. 26.
(4) Sozom., l. VI, c. 6.

lorsqu'il fut arrivé à l'empire, il ne crut pas devoir persécuter les ennemis de la religion; ils distingua soigneusement le chrétien de l'empereur : comme chrétien, il soumit sa foi au jugement de l'Eglise, et suivit toutes les règles qu'elle prescrivait aux simples fidèles; comme empereur, il crut n'avoir point d'autre loi que le bonheur de l'empire (1).

Comme empereur et comme législateur, il se crut obligé de tourner tous les esprits vers le bonheur de l'Etat, et pour cet effet de protéger tout citoyen utile et vertueux, de quelque religion et de quelque secte qu'il fût. Il donna des lois en faveur du clergé chrétien et du paganisme; les pontifes païens furent rétablis dans leurs privilèges, et il fut ordonné qu'on leur rendrait les mêmes honneurs qu'aux comtes (2).

Il ne voulut ni gouverner l'Eglise, ni prononcer sur ses dogmes et sur ses lois, comme il ne voulut point que le clergé prît part aux affaires de l'empire.

Ainsi, lorsque les évêques assemblés en Illyrie lui envoyèrent leur décision sur la consubstantialité du Verbe et sur la nécessité de conserver inviolablement le symbole du concile de Nicée, Valentinien leur répondit qu'il croyait leur décision, et qu'il voulait que leur doctrine fût enseignée partout, de manière cependant qu'on n'inquiétât en aucune manière ceux qui refuseraient de souscrire au jugement du concile, afin qu'on ne crût pas que ceux qui suivraient la doctrine du concile obéissaient plutôt à l'empereur qu'à Dieu (3).

Nous ne voyons point que la tolérance et la protection accordée par Valentinien à toutes les sociétés religieuses aient fait regarder ce prince comme un hérétique ou comme un ennemi de la religion, et lui aient attiré aucune dénomination odieuse; il est même représenté par les auteurs ecclésiastiques, comme un confesseur.

Valens, qui gouvernait l'Orient, ne traitait pas aussi bien les catholiques; ce prince, arien zélé jusqu'à la fureur, exila, bannit, fit mourir beaucoup d'évêques et de catholiques attachés à la foi de Nicée, et mit dans toutes les Eglises du comté d'Orient des évêques ariens. La situation des affaires de l'empire ne permettait pas à Valentinien de s'opposer aux cruautés de Valens; ainsi, sous ces deux princes, l'arianisme triomphait dans l'Orient, et la foi catholique était enseignée dans tout l'Occident, avec liberté, sans exercer aucune violence, et sans employer la force contre les ariens; l'arianisme y fut presque éteint. Dans l'Orient, au contraire, les ariens avaient pour eux Valens, et contre eux la plus grande partie du peuple, qui demeura constamment attaché à la foi de Nicée; on vit, dans ce temps de persécution, les Basile et les Grégoire reprocher à Valens ses injustices, et défendre avec une fermeté héroïque la consubstantialité du Verbe.

L'Egypte avait été tranquille; saint Athanase mourut, et les ariens voulurent y mettre un évêque arien : ils chassèrent Pierre, que saint Athanase avait ordonné son successeur. Les catholiques voulurent conserver Pierre; mais les ariens, appuyés par Valens, arrêtèrent, mirent aux fers et firent mourir ceux qui étaient attachés à Pierre : on était dans Alexandrie comme dans une ville prise d'assaut. Les ariens s'emparèrent bientôt des églises et l'on donna à l'évêque que les ariens avaient placé sur le siège d'Alexandrie le pouvoir de bannir de l'Egypte tous ceux qui resteraient attachés à la foi de Nicée (4).

Tandis que l'arianisme désolait ainsi l'empire, les Goths et les Sarrasins firent la guerre à Valens; il s'occupa alors à se défendre contre ces redoutables ennemis, et la persécution cessa. Valens marcha contre les Goths; son armée fut défaite, il prit la fuite et fut brûlé dans une maison où il s'était retiré (5).

Gratien fut alors le seul maître de l'empire, et suivit les maximes de Valentinien, son père : il laissa à tout le monde la liberté de professer la religion qu'il voudrait embrasser, excepté le manichéisme, le photinianisme et les sentiments d'Eunome; il rappela les évêques chassés par les évêques ariens. Plusieurs des confesseurs qui revinrent de leur exil témoignèrent plus d'amour pour l'unité de l'Eglise que d'attachement à leur dignité; ils consentirent que les ariens demeurassent évêques, en se réunissant à la foi et à la communion des catholiques, et les conjuraient de ne pas augmenter la division de cette Eglise, que Jésus-Christ et les apôtres leur avaient laissée, et que les disputes et un amour honteux de dominer avaient déchirée en tant de morceaux.

Cette modération des évêques catholiques rendit odieux les évêques ariens qui rejetèrent ces propositions; et il y eut des villes où l'on vit l'évêque arien abandonné de tout son parti, qui, gagné par la douceur de l'évêque catholique, reconnut la vérité et professa la consubstantialité du Verbe (6).

L'empire romain était déchiré au dedans par les factions, et attaqué au dehors par les barbares; Gratien, pour soutenir le poids de l'empire, s'associa Théodose.

Ce prince, plus zélé que Gratien pour la foi de Nicée, fit une loi par laquelle il ordonnait à tous les sujets de l'empire de suivre la foi qui était enseignée par le pape Damase et par Pierre d'Alexandrie : il déclarait que ces sujets seuls seraient regardés comme catholiques, et que les autres seraient traités comme infâmes, comme hérétiques, et punis de diverses peines.

---

(1) Socrate, l. iv, c. 1. Sozom., l. vi, c. 6. Théodor., Hist. ecclés., l. iv, c. 6, 8.
(2) Codex Theod., l. xv, tit. 7, leg. 1. Tillemont, l. vi.
(3) Ibid. Théod., ibid.

(4) Sozom., l. vi, c. 20.
(5) Ibid., c. 39, 40.
(6) Sozom., l. vii, c. 2. Socrate, l. v, c. 2.

Malgré ces lois, les ariens s'assemblèrent, et conservèrent même beaucoup de leurs siéges.

Saint Amphiloque, évêque d'Icone, sollicita fortement l'empereur pour défendre efficacement les assemblées des ariens; mais Théodose se refusa constamment aux inspirations de son zèle, et ne céda qu'à un pieux stratagème que cet évêque employa pour faire sentir à l'empereur qu'il ne devait pas donner aux ariens la liberté de s'assembler.

Arcade, fils de Théodose, venait d'être déclaré auguste : saint Amphiloque, étant chez l'empereur, ne rendit à Arcade aucune marque de respect ; Théodose l'en avertit, et l'invita à venir saluer Arcade : alors saint Amphiloque s'approcha d'Arcade, et lui fit quelques caresses, comme à un enfant, mais il ne lui rendit point le respect qu'on avait accoutumé de rendre aux empereurs ; puis, s'adressant à Théodose, il lui dit que c'était assez de lui rendre ses respects, sans les rendre à Arcade.

Théodose, irrité de cette réponse, fit chasser Amphiloque, qui en se retirant, lui dit : « Vous voyez, seigneur, que vous ne pouvez souffrir l'injure qu'on fait à votre fils ; que vous vous emportez contre ceux qui ne le traitent pas avec respect : ne doutez pas que le Dieu de l'univers n'abhorre de même ceux qui blasphèment contre son Fils unique, en ne lui rendant pas les mêmes honneurs qu'à lui, et qu'il ne les haïsse comme des ingrats à leur Sauveur et à leur bienfaiteur (1). »

Théodose, que des raisons d'Etat empêchaient d'interdire aux ariens la liberté de tenir leurs assemblées, céda à l'apologue de saint Amphiloque, et fit une loi pour défendre les assemblées des hérétiques (2).

Le parti des ariens était trop puissant et trop étendu pour qu'on pût faire exécuter ces lois avec exactitude; ils continuèrent à s'assembler, inquiétèrent les catholiques, et ne devinrent que plus entreprenants : il s'était d'ailleurs élevé d'autres hérésies, et il y avait au dedans de l'empire une agitation sourde, mais violente.

Théodose entreprit de rétablir le calme en réunissant tous ces partis; il manda leurs chefs, afin de les engager à déterminer avec précision les points qui les divisaient, et à convenir d'une règle commune qui pût servir à juger de la vérité ou de la fausseté de leurs sentiments. L'empereur proposa à tous ces partis, et surtout aux ariens, de prendre pour règle l'Ecriture et les Pères qui avaient précédé Arius.

Ce moyen, qui avait été suggéré à l'empereur par un défenseur de la consubstantialité, ne fut pas du goût des ariens ; et l'empereur, voyant qu'ils rejetaient l'autorité des Pères qui avaient précédé le concile de Nicée, et que les conférences ne terminaient rien, demanda à chacun des chefs de donner par écrit la formule de foi qu'il voulait faire professer.

Ainsi, au quatrième siècle, les ariens refusaient de s'en rapporter, sur la consubstantialité du Verbe, à la doctrine des Pères qui avaient précédé Arius ; et l'on vient, au dix-septième siècle, nous dire que les Pères qui ont précédé le concile de Nicée étaient ariens ou ne connaissaient pas la consubstantialité du Verbe. S'il y eût eu de l'obscurité dans la manière dont les Pères s'exprimaient sur ce dogme, les ariens, qui étaient au moins aussi exercés que les catholiques dans l'art de la dispute, n'auraient-ils pas trouvé leurs dogmes dans les Pères, aussi bien que les catholiques ?

Les passages des Pères des trois premiers siècles, par lesquels on prétend aujourd'hui combattre la consubstantialité du Verbe, ne prouvaient donc alors rien contre ce dogme; aurions-nous la présomption de croire que nous entendons mieux ces passages et la doctrine des trois premiers siècles de l'Église que les catholiques et les ariens même du troisième et du quatrième siècle? Certainement il y avait eu parmi les ariens des hommes habiles, et qui avaient un grand intérêt à trouver leur doctrine dans les Pères des trois premiers siècles, surtout sous Théodose, puisque ce prince proposait de juger sur cette autorité tous les partis.

Les chefs de partis n'ayant donc pu convenir sur rien dans leurs conférences, apportèrent par écrit chacun leur formule de foi. Théodose, après les avoir examinées, déclara qu'il voulait qu'on suivît la formule de Nicée, défendit les assemblées des hérétiques, chassa les uns des villes, nota les autres d'infamie et les dépouilla des priviléges des citoyens.

Ces lois ne furent cependant pas observées rigoureusement; Théodose les regardait comme des lois comminatoires destinées à intimider ses sujets, à les porter à la vérité, et non pas à les punir. Il renouvela ces lois plus d'une fois, et en fit une pour défendre de disputer en public sur la religion; enfin Théodose, sur la fin du quatrième siècle, fit chasser de Constantinople tous les évêques et les prêtres ariens.

L'impératrice Justine, qui régnait dans l'Italie, l'Illyrie et l'Afrique, sous le nom du jeune Valentinien, son fils, voulut rétablir l'arianisme et défendit, sous peine de la vie, de troubler ceux qui feraient profession de suivre la doctrine du concile de Rimini; mais ses efforts furent sans succès, le ferment de l'arianisme s'était usé; il s'était élevé d'autres hérésies qui absorbaient une partie de l'esprit de faction et de dispute; tous ces partis se resserraient, pour ainsi dire, et les ariens, ne pouvant plus s'étendre, se reployèrent en quelque sorte sur eux-mêmes, et, pour donner de l'aliment à l'inquiétude de leur esprit, agitèrent entre eux de nouvelles questions, se divisèrent et formèrent différentes branches. Ils examinèrent, par exemple, si le nom de Père convenait à Dieu avant qu'il eût produit Jésus-Christ. Les uns soutenant l'affirmative et les autres la négative, il se

(1) Sozom., .. vii, c. 6.

(2) Ibid.

forma un schisme entre les ariens; d'autres divisions succédèrent à celle-ci, et les partis se multipliaient parmi les ariens. Ces partis ne communiquèrent plus entre eux et se donnèrent des noms odieux; ils se rendirent ridicules, tombèrent dans le mépris et s'éteignirent insensiblement. Après la fin du quatrième siècle, les ariens n'avaient plus d'évêques ni d'églises dans l'empire romain (1).

Il y avait néanmoins encore quelques particuliers ecclésiastiques et laïques qui tenaient la doctrine des ariens, mais ils ne faisaient plus corps.

L'arianisme subsistait encore chez les Goths où il avait commencé à s'établir dès le temps de Constantin; parmi les Vandales qui s'emparèrent de l'Afrique et chez les Bourguignons auxquels les Goths l'avaient communiqué.

Les Goths n'eurent pas moins de zèle pour faire professer l'arianisme que pour étendre leur empire. Ils firent égorger la plupart des évêques catholiques et employèrent contre la religion catholique tout ce que le fanatisme peut inspirer à des barbares qui ne connaissaient ni l'humanité, ni la justice (2).

Les Bourguignons, qui s'établirent au commencement du cinquième siècle dans les Gaules, et qui avaient reçu la foi catholique peu d'années après, tombèrent dans l'arianisme vers le milieu du cinquième siècle.

Mais les Bourguignons étaient moins barbares que les Goths, et des prélats illustres par leurs lumières autant que par leur piété, tels que saint Avite, combattirent l'arianisme avec tant de force qu'ils convertirent Sigismond, roi des Bourguignons, et rétablirent parmi ces peuples la religion catholique (3).

Les Français embrassèrent aussi l'arianisme, lorsqu'il renoncèrent à l'idolâtrie; le passage de l'idolâtrie à l'arianisme est plus facile qu'au dogme de la consubstantialité. Lorsque Clovis fut converti, l'arianisme s'éteignit insensiblement en France.

De la renaissance de l'arianisme en Europe.

L'arianisme sortit du sein du fanatisme allumé par la réforme; un prédicant anabaptiste prétendit qu'il était petit-fils de Dieu, nia la divinité de Jésus-Christ et se fit des disciples. Bientôt les principes de la réforme conduisirent des théologiens à cette erreur.

L'Ecriture sainte est chez les protestants la seule règle de foi à laquelle on doive se soumettre, et chaque particulier est l'interprète de l'Ecriture et, par conséquent, le juge des controverses qui s'élèvent sur la religion.

Par ce principe fondamental de la réforme, chaque particulier avait le droit de juger l'Eglise catholique et les réformateurs même, d'examiner les dogmes reçus dans toutes les communions chrétiennes, et de les rejeter s'il n'y découvrait pas les caractères de révélation ou s'il les trouvait absurdes.

Cette liberté fit bientôt renaître, parmi les protestants, une partie des anciennes hérésies et l'arianisme. On vit Capiton Cellarius, d'autres luthériens et Servet, guidés par ces principes, soumettre à leur examen particulier tous les dogmes de la religion, rejeter le mystère de la Trinité et combattre la consubstantialité du Verbe. L'arianisme se répandit en Allemagne et en Pologne, forma une infinité de sectes, passa en Hollande et fut porté en Angleterre par Okin, par Bucer, etc.

Le duc de Sommerset, tuteur d'Edouard VI, les y avait appelés pour y enseigner la doctrine de Zuingle; mais Bucer et Okin, qui prêchaient le Zuinglianisme en public, enseignaient l'arianisme dans leurs conversations et dans des entretiens particuliers. Quelques-uns de leurs disciples, plus zélés que leurs maîtres, prêchèrent publiquement l'arianisme et furent brûlés par les apôtres de la réformation.

Après la mort d'Edouard VI, la reine Marie chassa tous les étrangers d'Angleterre : plus de trente mille étrangers, infectés de différentes hérésies, sortirent de ce royaume; Mais ces étrangers y avaient laissé le germe et le ferment de l'arianisme.

La reine Marie ayant entrepris de rétablir en Angleterre la religion catholique, employa contre les protestants tout ce que le zèle le plus ardent peut inspirer de sévérité et même de rigueur; alors le parti catholique et le parti protestant absorbèrent, pour ainsi dire, toutes les haines, tous les intérêts et presque toutes les passions. On fit moins d'attention aux ariens; tout le zèle de Marie se porta contre les protestants, et Cranmer, archevêque de Cantorbéry, qui avait fait brûler les ariens, fut brûlé comme protestant.

Sous Elisabeth, les bûchers s'éteignirent; elle rétablit la religion protestante, en tolérant ceux qui ne l'attaqueraient pas.

Cette espèce de calme fit reparaître la plupart des petites sectes que l'agitation violente du règne de Marie avait comme étouffées : Elisabeth craignit que ces sectes n'altérassent la tranquillité publique; elle bannit du royaume les enthousiastes, les anabaptistes, les ariens

Jacques Ier qui était savant écrivit contre eux, et brûla tous ceux qu'il ne put pas convertir, de quelque qualité qu'ils fussent et quelques services qu'ils eussent rendus à l'Etat. Cette sévérité donna des victimes à l'arianisme et multiplia les ariens (4).

Les troubles et les guerres civiles qui désolèrent l'Angleterre sous Charles Ier donnèrent aux différentes sectes beaucoup de liberté.

Après la mort de Charles Ier, le parlement ne consistait proprement que dans une chambre des communes, composée d'un très-petit nombre de membres, tous indépendants, anabaptistes ou attachés à d'autres sectes, mais parmi lesquels les indépendants dominaient.

---

(1) *Voyez*, sur tous ces faits, Socrate, Sozomène, Théodoret, desquels le sujet tiré.
(2) Sidonius, l. vii, ep. 6, édition de Sirmond, p. 1023.

(3) Adonis, Chronic., ad an. 492, t. VI. Biblioth. PP., édit. Lug., 1677.
(4) Hist. d'Aug., par Thoiras. Abrégé des actes de Rymer

Les indépendants voulaient réduire le royaume en république, et que chaque Eglise eût le pouvoir de se gouverner elle-même et fût indépendante de l'Eglise anglicane (1).

Sous le protectorat de Cromwel, les différentes sectes qui s'étaient formées en Angleterre jouirent de la tolérance.

Conséquemment au système d'indépendance religieuse qu'on voulait établir, un arien fit paraître un catéchisme qui, selon lui, renfermait les points fondamentaux, tirés, à ce qu'il disait, des seules Ecritures, sans commentaire, sans glose et sans conséquences. Cet ouvrage était composé, disait-il, en faveur de ceux qui aimaient mieux être appelés chrétiens que du nom de toute autre secte. Ce catéchisme enseignait l'arianisme, et souleva les orthodoxes; ils portèrent leurs plaintes à Cromwel, qui, malgré la loi qu'on s'était faite de tolérer toutes les sectes, fit arrêter l'auteur du catéchisme, et le fit enfermer dans un cachot où il le laissa périr de misère; mais il ne rechercha point les ariens, qui se maintinrent tacitement en Angleterre sous Charles et Jacques II.

L'arianisme avait aussi fait des progrès en Hollande; les anabaptistes ariens y avaient porté leurs erreurs; ils y avaient fait des prosélytes et ils s'y étaient multipliés considérablement, à la faveur de la tolérance qu'ils avaient obtenue à force d'argent, sur la fin du seizième siècle.

Lorsque le roi Guillaume résolut de convoquer le clergé d'Angleterre, pour tâcher de réunir les protestants, le docteur Bury crut que la meilleure voie pour y réussir serait d'exposer nettement les premiers principes de l'Evangile, par lesquels on pourrait juger de l'importance des controverses qui sont entre les protestants : pour cet effet, il distingua les articles qu'il était nécessaire de croire de ceux qu'on peut ignorer ou nier, et prétendait que, pourvu qu'on reçût le fond des choses, on ne devait pas chicaner sur la manière, qui est ordinairement inconnue.

Il réduit donc la croyance nécessaire pour être chrétien aux points les plus simples, et croit que, pour être chrétien, il suffit de croire que Jésus-Christ est le Fils unique de Dieu : il regarde la consubstantialité du Verbe comme un dogme inconnu aux premiers chrétiens; il prétend que, du temps de saint Justin, on regardait encore comme chrétiens ceux qui croyaient que Jésus-Christ était homme, né d'homme, et que l'on parlait de ces gens-là sans leur dire des injures ; mais que, depuis qu'on veut disputer sur ces matières, la chaleur des disputes et les partis qui se sont formés dans l'Eglise chrétienne à cause de cela ont fait paraître ces questions importantes, à peu près comme la peine que l'on a à trouver les diamants et à les polir les rend précieux ; car enfin, dit-il, quoiqu'il s'agisse de la nature divine, il ne s'en suit pas que tout ce qu'on en dit soit important (2).

L'université d'Oxford condamna et fit brûler le livre du docteur Bury, et ce jugement lui créa des partisans (3).

Par ce moyen on disputa beaucoup en Angleterre sur la divinité de Jésus-Christ, et l'attention des personnes qui cultivaient les lettres ou qui étudiaient la théologie fut excitée et portée sur cette importante matière (4).

M. Loke, peu satisfait des différents systèmes de théologie qu'il avait examinés, étudia la religion, et suivit dans cette étude la méthode qu'il avait suivie dans l'étude de l'esprit humain : il résolut de ne chercher la connaissance de la religion que dans l'Ecriture sainte, à laquelle tous les protestants appelaient, et il renouvela le sentiment du docteur Bury (5).

Socin et ceux de sa secte avaient hardiment avancé qu'avant le concile de Nicée les chrétiens avaient des sentiments semblables aux leurs sur la personne du Fils de Dieu.

Quoique Episcopius eût soutenu la divinité de Jésus-Christ contre Socin, il avait pourtant témoigné qu'il croyait que c'était parmi les disputes et le trouble que les Pères de Nicée avaient dressé ce fameux symbole qui porte leur nom (6).

Zuicker avait osé soutenir que les Pères de Nicée étaient les auteurs de cette doctrine, et Courcelles avait pensé que les raisons de Zuicker étaient solides et sans réplique (7).

Sandius, qui avait embrassé le nouvel arianisme, tâcha de fortifier le sentiment de Zuicker en donnant une histoire ecclésiastique, dans laquelle il exposait les sentiments des Pères des trois premiers siècles sur la divinité du Verbe, et prétendait prouver qu'ils avaient enseigné une doctrine contraire à celle des orthodoxes (8).

M. Bull réfuta Zuicker et Sandius, qui trouvèrent cependant des défenseurs en Angleterre (9).

On vit dans ces écrits toutes les ressources de l'érudition et souvent les finesses de la logique employées à défendre ou à attaquer la consubstantialité du Verbe : ainsi le temps rendait insensiblement cette question plus intéressante, et excitait l'attention des savants, des théologiens et des philosophes.

M. Wisthon, au commencement de notre siècle, examina cette question, et crut voir de la différence entre la doctrine de l'Eglise des trois premiers siècles et celle de l'Eglise anglicane sur la Trinité : il sentit combien ce point était important, et résolut d'approfondir tout ce que l'antiquité divine et ecclésiastique fournissait de lumière sur ce sujet ;

(1) Hist. d'Ang., par Thoiras. Abrégé des actes de Rymer.
(2) L'Evangile nu, etc., par un véritable fils de l'Eglise anglicane; 1690, in-4°. Cet ouvrage est écrit en anglais; on en trouve un extrait très-bien fait dans la Biblioth. univ., t. XIX, p. 59.
(3) Ibid.
(4) L'Evangile nu, etc.

(5) Le Christianisme raisonnable.
(6) Instit. theol., l. IV, sect. 2.
(7) Irenicum Irenicorum, Curcelleus, Quaternio dissert.
(8) Christoph. Sandii Nucleus, Hist. eccl., in 4°.
(9) Defensio fidei Nicænæ, de primitiva et apostolica traditione, etc., cont. Zuickerum. Recueil des œuvres de Bull, par Grabe, in-fol, 1703. Jugement des Pères, etc., opposé à la Défense de la foi de Nicé, in 4°, 1695.

il lut deux fois le Nouveau Testament, tous les auteurs ecclésiastiques et tous les fragments, jusqu'à la fin du second siècle ; il en tira tout ce qui avait rapport à la Trinité, et pour qu'il ne lui échappât rien sur cette matière, il lut la défense du concile de Nicée, par Bullus, et compara avec les auteurs mêmes les extraits de Bullus (1).

M. Wisthon, avant de commencer son examen, avait jugé ; il avait cru voir de la différence entre la doctrine des premiers siècles et celle de l'Eglise anglicane sur la Trinité : sans qu'il s'en aperçût, tout se présentait à lui sous la face qui favorisait ce premier jugement, qui se cachait pour ainsi dire à M. Wisthon ; et le résultat de toutes ses lectures fut l'arianisme, qu'il enseigna dans son christianisme primitif rétabli.

Le clergé d'Angleterre condamna M. Wisthon ; on le sépara de l'Eglise, parce qu'il en corrompait la doctrine, et il fut privé de ses places ; mais le gouvernement ne sévit point contre lui, parce qu'il ne violait point les lois de la société civile.

Quelque temps après, M. Clark tâcha de concilier avec le symbole de Nicée la doctrine des ariens sur la personne de Jésus-Christ (2).

La chambre basse du clergé porta ses plaintes contre M. Clark : pour en arrêter les poursuites, il envoya à l'assemblée un écrit dans lequel il déclarait qu'il croyait que le Fils était engendré de toute éternité : la chambre haute se contenta de cette déclaration.

Dans une seconde édition de son ouvrage, M. Clark retrancha tout ce qu'il avait dit dans la première pour accommoder son système avec le symbole de Nicée, et ne voulut jamais aucun bénéfice qui l'obligeât à signer ce symbole. Les théologiens anglais combattirent les sentiments de M. Clark, et ce docteur les défendit (3).

M. Chub se joignit à M. Clark pour combattre la consubstantialité du Verbe ; il prétendit prouver que le Fils était un être inférieur au Père, qui seul était Dieu : M. Chub dédia son ouvrage au clergé (4).

La reine Marie avait rétabli en Angleterre les catholiques et fait brûler les protestants que le règne d'Edouard VI y avait produits. Elisabeth rétablit les protestants, fit pendre les catholiques et chassa les ariens ; Jacques Ier adopta la réforme, toléra les catholiques et brûla les ariens : aujourd'hui les ariens, condamnés par l'Eglise anglicane comme hérétiques, ne sont ni recherchés ni punis par les magistrats.

L'arianisme ancien, dans son origine, était une erreur raisonnée : elle prit naissance au milieu des assemblées paisibles du clergé d'Alexandrie ; elle fut d'abord attaquée et défendue avec modération ; elle fit du progrès ; les évêques s'assemblèrent ; Arius fut condamné, il se plaignit, il intéressa, il se fit des défenseurs ardents, il eut des adversaires zélés ; Arius et ses partisans furent condamnés par l'Eglise ; ils attaquèrent son jugement, devinrent une faction : le fanatisme s'alluma chez eux, ils se divisèrent, et formèrent une foule de sectes fanatiques.

L'arianisme moderne, au contraire, sorti du sein du fanatisme, fut, à sa naissance, l'erreur d'une troupe d'enthousiastes qui ne raisonnaient point ; aujourd'hui, sous une erreur systématique, que l'on prétend appuyer sur l'autorité de l'Ecriture et sur les plus pures lumières de la raison.

Ainsi, ce système ne fait point actuellement de fanatiques, mais il séduit beaucoup de monde parmi ceux qui se piquent de raisonner ; et l'arianisme a fait tant de progrès en Angleterre, que de nos jours on a fait pour le combattre une fondation semblable à celle que Boyle fit autrefois pour combattre l'athéisme (5).

Les opinions anglaises passent depuis longtemps chez nous ; les sentiments de Loke, de Wisthon, de Clark, sur la divinité de Jésus-Christ, n'y sont point inconnus ; leurs principes ont été adoptés par l'auteur des Lettres sur la religion essentielle, et sont, par ce moyen, entre les mains de beaucoup de lecteurs ; tout le monde lit le Christianisme raisonnable : j'ai donc cru qu'après avoir exposé l'origine et les progrès du nouvel arianisme, il n'était pas inutile d'en combattre les principes.

Les nouveaux ariens sont de deux sortes : les uns croient que le dogme de la consubstantialité du Verbe est une question problématique, sur laquelle l'erreur n'exclut point du salut et ne doit point exclure de l'Eglise ; les autres prétendent au contraire que la consubstantialité du Verbe est une erreur dangereuse, contraire à la raison, à l'Ecriture et à la tradition : tel était M. Wisthon, qui fit à M. Clark des reproches amers sur ce qu'il avait déclaré qu'il croyait que le Fils de Dieu était engendré de toute éternité (6).

Principes par lesquels on prétend prouver que la consubstantialité du Verbe n'est pas un dogme fondamental.

Le docteur Bury, pour réunir les sectes qui partageaient l'Angleterre et réduire la religion chrétienne à des points simples et communs à toutes les sociétés qui se disent chrétiennes, recherche ce que c'est que l'Evangile que Notre-Seigneur et les apôtres ont prêché.

Pour s'instruire sur cet article, il n'est besoin, selon Bury, ni de logique, ni de métaphysique ou d'autres sciences ; il n'est pas même nécessaire de lire aucun système de théologie, puisque Notre-Seigneur ne répondit à celui qui lui demandait ce qu'il devait faire pour être sauvé, sinon : *Qu'est-il écrit dans la loi ? qu'y lisez-vous ?* c'est-à-dire qu'il

(1) Wist., Christianisme primitif rétabli.
(2) La doctrine de l'Ecriture touchant la Trinité, en trois parties, où l'on rassemble, où l'on compare, où l'on explique les principaux passages de la liturgie de l'Eglise anglicane par rapport à cette doctrine. Lond., in-8°, 1712.
(3) Hist. des ouvrages considérables et des brochures qui ont paru de part et d'autre, dans les disputes de la Trinité, depuis 1712 jusqu'en 1720. Lond., in-8°, 1720.
(4) La suprématie du Père, etc., par Thomas Chub, membre laïque de l'Eglise anglicane.
(5) Madame Myer a fait une fondation de huit sermons contre l'arianisme. *Voyez* Biblioth. anglaise, t. VII.
(6) *Voyez* toute cette dispute dans la Biblioth. anglaise et dans les Mémoires littéraires de la Grande-Bretagne.

ne faut que lire l'Évangile, où le salut est promis, tantôt à la foi, tantôt à la repentance, tantôt à l'une et à l'autre en même temps : c'est là le fond de l'alliance, auquel il faut s'attacher.

Mais qu'est-ce que la foi ? quel est son objet ?

Elle en a deux : la personne en laquelle nous croyons, et la doctrine que nous recevons.

Dans la foi que nous devons avoir en la personne de Jésus-Christ, il y a deux choses à considérer : la première consiste à savoir quelle sorte de personne Notre-Seigneur veut que nous le croyions ; et la seconde, de bien concevoir ce qu'il entend par croire en lui.

Les titres que Jésus-Christ prend ou que les apôtres lui donnent sont ceux de *Fils de l'Homme, celui qui doit venir, le Messie* ou *le Christ, le Fils de Dieu*, etc.

Comme ces termes, pris dans cette acception vague, peuvent convenir à d'autres personnes, Jésus-Christ se nomme non-seulement le Fils de Dieu, mais son Fils unique : ce titre est l'onction qu'il a reçue avant qu'il vînt au monde, et l'élève au-dessus de toutes les natures que l'Écriture nomme dieux.

Tous ces caractères marquent une grandeur si immense, dit le docteur Bury, qu'après avoir fait nos efforts pour la découvrir entièrement, il ne nous reste autre chose, si ce n'est que nous sommes convaincus de ne pouvoir le comprendre.

Bien loin que cette incompréhensibilité nous empêche d'avoir en lui la confiance qu'il nous demande, c'est pour cette raison même que nous croyons en lui, comme nous nous confions, pour ainsi dire, dans la lumière, parce que cette même lumière, qui éblouit nos yeux lorsque nous regardons fixement sa source, nous découvre tous les objets sur lesquels il la tombe.

Voilà tout ce qui nous est nécessaire pour croire en Jésus-Christ ; nous n'avons pas besoin de connaître autre chose de sa personne pour le croire et pour lui obéir, comme il n'est point nécessaire à un voyageur de connaître la nature du soleil pour en tirer les usages dont il a besoin ; comme le soleil n'éclaire pas le monde pour s'attirer les louanges des philosophes, ainsi le soleil d'en haut ne paraît à aucun autre dessein que pour apporter la santé de l'âme : ceux qui en jugent autrement le déshonorent bien davantage, et nient plus véritablement sa divinité que ne font les hérétiques, puisqu'ils supposent nécessairement quelque proportion entre Dieu et l'homme.

Il ne faut pas que nous sachions de Jésus-Christ rien autre chose, si ce n'est ce sans quoi il est impossible de croire en lui.

Le docteur Bury prétend le prouver par la réponse que Notre-Seigneur fit aux Juifs lorsqu'ils lui dirent : *Pourquoi nous tiens-tu si longtemps en suspens ? Si tu es le Christ, dis-nous-le ouvertement.*

Pour toute réponse, Jésus-Christ leur dit que Dieu est son Père : il n'entreprend point d'exposer ses droits ; il ne leur dit rien de ce qu'il avait été de toute éternité en lui-même, mais de ce qu'il était par rapport au monde : il supprima ce qui passait leur intelligence, et se contenta de leur dire ce qui était suffisant pour produire en eux une conviction salutaire.

On ne doutera pas de ce sentiment, selon le docteur Bury, si l'on fait attention à la simplicité et à l'ignorance de ceux à qui Jésus-Christ a d'abord annoncé l'Évangile, et à la facilité avec laquelle les apôtres recevaient au baptême ceux qu'ils convertissaient ; l'histoire de l'eunuque de la reine d'Éthiopie, et les trois mille personnes converties dans un seul sermon de saint Pierre, prouvent qu'il fallait savoir très-peu de chose pour être chrétien, et que par conséquent on ne parlait point de la consubstantialité du Verbe, qui est une question très-difficile et infiniment au-dessus de la portée de ceux à qui Jésus-Christ et ses apôtres annoncèrent d'abord l'Évangile.

Enfin, selon le docteur Bury, du temps de saint Justin on regardait comme de vrais chrétiens ceux qui pensaient que Jésus-Christ était homme, né d'homme (1).

M. Loke fit, comme le docteur Bury, un extrait de tout ce que Jésus-Christ et ses apôtres disent, dans l'Évangile et dans les Actes, à ceux qu'ils voulaient convertir, et crut, par ce moyen, avoir tout ce que les apôtres exigeaient des chrétiens.

Dans cet examen, M. Loke crut que la religion chrétienne avait pour base le dogme de la rédemption, et conclut que, pour connaître la religion chrétienne, il fallait examiner en quoi consistait la rédemption du genre humain, c'est-à-dire l'état auquel le péché d'Adam avait réduit les hommes, et comme Jésus-Christ rétablissait le genre humain dans son état primitif.

Il crut trouver que l'état duquel Adam était déchu était un état d'obéissance parfaite, et désigné dans le Nouveau Testament par le mot de justice.

Pendant cet état d'obéissance, Adam habitait le paradis terrestre, où était l'arbre de vie ; il en fut chassé après avoir désobéi à Dieu, et perdit dès ce moment le privilège de l'immortalité. La mort entra donc dans le monde, et voilà comment tous les hommes meurent en Adam : toute la postérité d'Adam, naissant hors du paradis terrestre, a dû être mortelle.

Jésus-Christ est venu annoncer aux hommes une loi dont l'observation ne les garantit pas de la mort, mais elle leur procure le bonheur de ressusciter, et, après cette résurrection, de n'être plus exposés à perdre le privilège de l'immortalité.

M. Loke examina ensuite quelle était cette loi à l'observation de laquelle l'immortalité était attachée, et qui faisait l'essence du christianisme ; il crut voir que Jésus-Christ et ses apôtres regardaient comme chrétiens tous ceux qui croyaient que *Jésus, Fils de Marie,*

---

(1) L'Évangile nu, où l'on fait voir : 1° quel était l'Évangile lorsque Notre-Seigneur et ses apôtres le prêchaient ; 2° quelles additions et altérations les siècles suivants y ont faites ; 3° quels avantages et quels maux cela à produits. 1690, in-4°, p. 102. Biblioth. un., t. XIX, p. 591.

était le Messie, et qu'ils n'exigeaient rien de plus : il réduisit donc l'essentiel de la religion chrétienne à cet article unique.

Cet article emportait avec lui une entière soumission à ce que Jésus-Christ avait enseigné, et une obligation étroite de pratiquer ce qu'il avait commandé : cette disposition d'esprit supposait encore, selon M. Loke, un grand désir de connaître ce que Jésus-Christ avait enseigné, et de pratiquer ce qu'il avait ordonné ; mais il est clair, selon lui, qu'on ne sortait point de la soumission qui faisait l'essence du christianisme, lorsqu'on se trompait sur les choses que Jésus-Christ avait enseignées ou ordonnées ; que, par conséquent, celui qui croyait que Jésus-Christ avait enseigné qu'il était consubstantiel à son Père devait croire la consubstantialité ; mais que ceux qui croyaient qu'il avait enseigné qu'il était une créature devaient rejeter la consubstantialité.

L'auteur d'une dissertation qui se trouve à la fin du Christianisme raisonnable prétend, par ce moyen, réunir toutes les sociétés chrétiennes, puisque toutes reconnaissent que Jésus, Fils de Marie, est le Messie (1).

Fausseté des principes que l'on vient d'exposer.

Jésus-Christ est représenté, dans le Nouveau Testament, comme le rédempteur du genre humain, comme un médiateur entre Dieu et les hommes, comme un docteur qui doit les éclairer, comme un législateur qui doit leur prescrire un culte nouveau et une morale plus parfaite.

Il est évident que, pour remplir tous ces titres, il ne suffisait pas que Jésus-Christ apprît aux hommes qu'il était le Fils de Dieu ou le Messie. Jésus-Christ, après s'être fait connaître aux hommes comme le Messie, ou comme le Fils unique de Dieu, a donc enseigné aux hommes des vérités inconnues ; il leur a prescrit un culte, il leur a donné des lois, et il ne suffisait pas pour être chrétien de croire que Jésus, Fils de Marie, est le Messie ; il fallait encore croire les vérités qu'il était venu révéler aux hommes, et qui faisaient l'essence de sa doctrine et le fondement du culte que Jésus-Christ venait établir sur la terre.

Le principe fondamental de Bury et de Loke est donc absolument faux, voyons présentement si la consubstantialité du Verbe fait partie des vérités fondamentales : pour le prouver, je vais faire voir, 1. que la connaissance de la personne de Jésus-Christ faisait une partie essentielle du christianisme; 2. qu'en effet Jésus-Christ a enseigné qu'il était consubstantiel à son Père.

1. *La connaissance de la personne et de la nature de Jésus-Christ faisait une partie essentielle de la doctrine que Jésus-Christ a enseignée aux hommes.*

Il est clair, par le Nouveau Testament, que Jésus-Christ est venu sur la terre pour faire connaître aux hommes un Dieu en trois personnes, et que le culte qu'il a établi est fondé sur le rapport de ces trois personnes divines avec le genre humain ; la connaissance de ces personnes divines était donc essentielle et nécessaire à l'homme pour être chrétien : ainsi Jésus-Christ ne s'est pas fait connaître seulement sous la dénomination vague de Fils de Dieu ; il a fait connaître aux hommes quelle était la nature ou l'essence de sa personne, s'il était coéternel et consubstantiel à son Père, ou s'il n'était qu'une simple créature : en voici la preuve. 1° Le culte que Jésus-Christ est venu établir n'est pas seulement un culte extérieur, mais principalement un culte intérieur. L'homme ne peut rendre un culte intérieur que par les jugements de son esprit et par les mouvements de son cœur ; il rend un culte par ses jugements lorsqu'il reconnaît la grandeur, l'excellence et la perfection d'un être. Comme le culte que Jésus-Christ est venu établir est un culte en esprit et en vérité, il n'a pas voulu que les hommes jugeassent qu'il n'est qu'une créature, s'il est vrai qu'il soit consubstantiel à son Père, ni qu'on jugeât qu'il est le vrai Dieu, et coéternel à son Père, s'il est une créature produite dans le temps. Les hommes ne pouvaient donc rendre, par leurs jugements, un culte légitime à Jésus-Christ qu'autant que Jésus-Christ leur faisait connaître s'il était consubstantiel à son Père, ou s'il n'était qu'une simple créature. Jésus-Christ n'a donc pu se faire connaître aux hommes sous la simple qualité de Fils de Dieu ou de Messie sans exposer les hommes à tomber dans une erreur fondamentale sur sa personne, sans les exposer à le regarder comme une simple créature quoiqu'il fût Dieu, ou à l'honorer comme Dieu quoiqu'il ne fût qu'une simple créature. Il faut dire des sentiments de l'âme ce que nous venons de dire des jugements de l'esprit : l'homme rend un culte par les mouvements de son âme, c'est-à-dire par des sentiments de respect, d'amour et de reconnaissance ; ces sentiments, par rapport à Jésus-Christ, doivent être essentiellement différents selon qu'il est consubstantiel à son Père, ou seulement une créature. C'est une impiété d'honorer comme une simple créature Jésus-Christ, Fils de Dieu et vrai Dieu, et c'est une idolâtrie de l'honorer comme vrai Dieu, coéternel et consubstantiel à son Père, s'il n'est qu'une créature : il était donc impossible que Jésus-Christ venant pour apprendre aux hommes à adorer Dieu en esprit et en vérité se fît connaître à eux sous une dénomination vague, qui pouvait conduire les hommes à l'idolâtrie ou à l'impiété, sans que Jésus-Christ eût rien fait pour les garantir de ce crime, quoiqu'il exigeât cependant un culte.

2° Jésus-Christ est venu pour faire con-

---

(1) Le Christianisme raisonnable a été traduit en français par M. Coste, et imprimé pour la première fois en 1696. Le docteur Jean Edouard écrivit contre le Christianisme raisonnable un livre intitulé : le Socinianisme démasqué. Lond., in-8°, 1690. M. Locke répondit à cet ouvrage par les suivants : Première défense du Christianisme raisonnable contre les imputations du docteur Edouard, Lond., 1696; et, dans la même année, Seconde défense, etc. Ces défenses se trouvent dans l'édition du Christianisme raisonnable de 1743. On y a joint une dissertation sur les moyens de réunir tous les chrétiens et un Traité de la religion des dames.

naître aux hommes Dieu le Père, non sous la simple qualité de créateur et de conservateur du monde ; il est venu faire connaître sa miséricorde envers les hommes, et leur apprendre que, pour les délivrer de la mort et du péché, Dieu le Père a envoyé son Fils sur la terre ; il était essentiel à la religion chrétienne qu'elle fît connaître à l'homme toute l'étendue de la bonté et de la miséricorde divines : il fallait donc faire connaître si ce Fils que Dieu a envoyé sur la terre pour la rédemption du genre humain est une simple créature plus parfaite que les autres, ou une personne divine, consubstantielle au Père. Si Jésus-Christ n'eût rempli envers les hommes que la fonction d'un simple envoyé, et qu'il ne fût venu que pour révéler aux hommes quelques cérémonies par lesquelles Dieu voulait être honoré, il eût suffi de faire connaître aux hommes la vérité de sa mission ; mais Jésus-Christ est le médiateur des hommes ; il est leur prêtre, il est leur Dieu ; ils lui doivent un culte qu'ils ne peuvent lui rendre sans connaître sa personne et sans savoir s'il est vrai Dieu, consubstantiel à son Père, ou une créature ; car le culte que les chrétiens doivent à Jésus-Christ est essentiellement différent selon que Jésus-Christ est vrai Dieu ou une créature. La consubstantialité du Verbe est donc un article fondamental sur lequel il était nécessaire que Jésus-Christ instruisît ses disciples ; car on doit regarder comme un point fondamental dans une religion un article sur lequel on ne peut se tromper sans changer l'essence de la religion, et sans la connaissance duquel on ne peut rendre le culte qu'elle prescrit.

2. *Jésus-Christ a fait connaître aux hommes qu'il était consubstantiel à son Père, et on n'a regardé comme chrétiens que ceux qui professaient cette vérité.*

Jésus-Christ a pris tous les titres et tous les attributs de l'Etre suprême : c'est un point reconnu par Wisthon et par Clarck.

Cette vérité est exprimée dans le Nouveau Testament, en tant de rencontres et de tant de manières, qu'il n'y a peut-être aucun point de doctrine qui y soit enseigné plus souvent ou avec plus d'étendue : or, on ne saurait mieux juger de l'importance d'une doctrine et de la nécessité de la croire, que par la fréquente mention qui en est faite, que par le poids que l'on donne à ce qu'on en dit, et que par la diversité des tours pour le dire.

Saint Jean pose en quelque sorte la divinité de Jésus-Christ comme la base de la religion et de l'Evangile : « Au commencement dit-il, était le Verbe, et le Verbe était Dieu.»

Cet apôtre, qui vit naître l'hérésie de Cérinthe et d'Ebion qui regardaient Jésus-Christ comme un homme, leur opposa son Evangile et le commença par les déclarations les plus précises et les plus formelles de l'éternité, de la toute-puissance et de l'existence nécessaire de Jésus-Christ ; il refusa de communiquer avec Cérinthe, qui ne reconnaissait pas la divinité de Jésus-Christ ; et les apôtres ou leurs successeurs immédiats retranchèrent de l'Eglise chrétienne tous ceux qui ne reconnaissaient pas cette grande vérité.

La divinité ou la consubstantialité du Verbe était donc, à la naissance du christianisme, un dogme dont la croyance était nécessaire pour être vraiment chrétien, et il ne suffisait pas de croire que Jésus, fils de Marie, est le Messie ; car Ebion et Cérinthe reconnaissaient cet article.

Mais, dit-on, les personnes auxquelles les apôtres annonçaient l'Evangile étaient ignorantes, grossières, et ne pouvaient comprendre le mystère de l'incarnation.

Cette difficulté tire toute sa force de l'ignorance dans laquelle on suppose les Juifs sur la personne du Messie ; et il est faux que les Juifs fussent dans cette ignorance.

Les Juifs attendaient le Messie ; cet objet intéressait tout le monde ; les Juifs connaissaient ses caractères, ses titres et ses perfections ; ils entendaient les prophéties qui l'annonçaient dans le sens que Jésus-Christ et les apôtres leur donnaient ; en sorte qu'il n'y avait de différence que dans l'application que Jésus-Christ et ses apôtres faisaient des prophéties à Jésus, fils de Marie ; ainsi, pour convertir ces peuples, il ne fallait que prouver qu'en effet tous les traits sous lesquels les prophètes annoncent le Messie se réunissaient dans Jésus-Christ ; et c'est ce qu'il était facile de faire dans un sermon.

Le Messie était le grand objet de toutes les prophéties ; et, par le moyen des prédictions successives, la lumière, en ce qui regardait le Messie, alla toujours en croissant, à mesure que le temps de sa manifestation approchait ; ainsi, longtemps avant la naissance de Jésus-Christ, les caractères spécifiques qui devaient distinguer le Messie durent être fixés et connus parmi les Juifs dans le temps que Jésus-Christ annonça sa doctrine, puisqu'il est certain que l'attente du Messie était alors plus vive et plus générale que jamais : aussi voyons-nous que Jésus-Christ et les apôtres, lorsqu'ils parlent du Messie, allèguent les oracles de l'Ancien Testament comme des oracles connus et entendus des Juifs, et pris par eux dans le même sens que Jésus-Christ et les apôtres leur donnaient.

Il est certain que les Juifs ont regardé la parole ou le Verbe comme une personne divine ; le commencement de l'Evangile de saint Jean en est une preuve (Socin ne l'a pas contesté ; il prétend seulement que cette personne est un simple homme) ; or, quelle apparence y a-t-il que saint Jean, qui était et qui écrivait principalement pour les Juifs, ait employé ce mot dans un sens tout différent de celui qu'il avait dans sa nation ? ou si c'était là son dessein, pourquoi n'a-t-il pas dit un mot pour en avertir, et pourquoi débute-t-il, au contraire, comme un homme qui sait bien qu'il est entendu, et qui parle de choses connues à ceux à qui il écrit ?

Il est constant d'ailleurs, par les écrivains juifs, par Philon et par les Paraphrases chaldaïques, que les anciens Juifs regardaient le Verbe comme une personne divine : or, il est certain que l'Eglise juive a cru que le Verbe était le Messie (1).

Tous ces objets n'étaient pas si clairs pour les Juifs qu'il n'y eût quelque obscurité, quelque peine à les entendre, et voilà pourquoi les Juifs font à Jésus-Christ des questions. Les Juifs modernes se sont écartés de tous les principes de l'ancienne Eglise judaïque ; ainsi, il n'est pas étonnant qu'ils regardent le Messie comme un simple homme ; mais il ne faut pas juger de la croyance de l'ancienne Eglise judaïque par celle des Juifs depuis la ruine de Jérusalem (2).

Enfin, on oppose aux orthodoxes un passage de saint Justin, qui paraît supposer que la primitive Eglise n'a point regardé la consubstantialité de Jésus-Christ comme un point fondamental.

Comme, depuis Episcopius, tous les partisans de son sentiment répètent ce passage, il ne sera pas inutile de l'examiner ; ce passage est tiré du dialogue avec Tryphon.

« Mais, ô Tryphon (dit saint Justin), il ne s'ensuit pas que Jésus ne soit pas le Christ ou le Messie de Dieu ; quand même je ne pourrais pas prouver que ce Fils du créateur du monde a existé auparavant, qu'il est Dieu, et qu'il est né homme de la Vierge, pourvu qu'on ait démontré qu'il a été le Christ de Dieu, quoi qu'il dût être d'ailleurs ; que si je ne démontre pas qu'il a existé auparavant, et qu'il est né homme, sujet aux mêmes infirmités que nous, étant chair, selon le conseil et la volonté du Père, tout ce qu'on pourra dire justement, c'est que j'ai erré en cela, et on ne pourra nier avec justice qu'il ne soit le Christ, quoiqu'il paraisse comme un homme, né d'hommes, et qu'on assure qu'il a été fait le Christ par élection ; car, mes chers amis, il y en a quelques-uns de notre race qui, confessant qu'il est le Christ, assurent pourtant qu'il est homme, ce qui n'est point du tout mon sentiment ; et il ne s'en trouve pas beaucoup qui le disent, les autres étant de la même opinion que moi ; car Jésus-Christ ne nous a point commandé de croire les traditions et les doctrines des hommes, mais ce que les saints prophètes ont publié. »

Ce passage de saint Justin, loin d'être favorable à l'opinion d'Episcopius, la condamne : saint Justin y fait à Tryphon un raisonnement qu'on appelle *ad hominem* ; il est clair qu'il veut dire que, quand Tryphon ne voudrait pas admettre que Jésus-Christ est Dieu, et reconnaître la solidité des raisons qu'il a exposées pour le prouver, la cause des chrétiens ne serait pas encore désespérée, puisqu'il y a quantité d'autres preuves et un grand nombre de caractères qui établissent que Jésus-Christ de Nazareth est le Messie prédit par les prophètes, ce qu'il confirme par l'opinion des ébionites et des autres hérétiques, qui, quoiqu'ils ne veuillent reconnaître Jésus-Christ que pour un simple homme, ne laissent pas d'embrasser sa doctrine comme celle du véritable Messie.

Il est clair que voilà le sens de saint Justin, et non pas que la divinité de Jésus-Christ ne soit pas prouvée, puisqu'il assure expressément que les prophètes et Jésus-Christ lui-même ont enseigné la divinité du Messie.

On prétend tirer un grand avantage de ce que saint Justin, en parlant de ceux qui regardent Jésus-Christ comme un homme, dit : quelques-uns des nôtres.

Mais cette manière de parler ne veut pas dire que saint Justin crût qu'on pouvait être chrétien sans croire que Jésus-Christ est Dieu ; car saint Justin a pu dire de ceux qui, niant la divinité de Jésus-Christ, faisaient profession du christianisme, *ils sont des nôtres*, par opposition aux Juifs, sans pourtant vouloir les reconnaître pour véritables chrétiens : c'est ainsi que le même saint Justin, dans sa seconde apologie, parlant des disciples de Simon, de Ménandre et de Marcion, dit qu'on les appelle tous chrétiens, comme on donne le nom de philosophe à diverses personnes, quoiqu'elles soient dans des sentiments tout opposés (3).

Difficultés des ariens modernes contre le dogme de la consubstantialité du Verbe.

Les ariens modernes reconnaissent qu'il n'y a qu'une seule cause suprême de toutes choses, laquelle est une substance intelligente et immatérielle, sans composition et sans division. Ils reconnaissent encore que l'Ecriture nous apprend qu'il y a trois personnes divines, le Père, le Fils et le Saint-Esprit, et que ces trois personnes sont distinguées ; mais ils prétendent que de ces trois personnes le Père seul est la substance nécessaire, ou la cause suprême qui a produit tout, et que les autres personnes sont des créatures.

Nous examinerons, à l'article MACÉDONIUS, les difficultés qui regardent la personne du Saint-Esprit ; nous allons examiner ici celles qui combattent la divinité du Fils.

1° Les nouveaux ariens prétendent que le Fils, procédant du Père, n'est pas indépendant et n'est par conséquent pas l'Etre suprême ou Dieu, puisque la notion de la divinité suprême renferme l'existence nécessaire et indépendante, l'existence par soi-même.

2° Ils conviennent que le Fils est appelé Dieu dans l'Ecriture ; mais ils prétendent que c'est moins par rapport à son essence métaphysique qu'à cause des relations qu'il a avec les hommes, sur lesquels il exerce les droits de la divinité.

3° Toutes les opérations du Fils, soit dans la création du monde, soit dans tout le reste de sa conduite, sont des opérations de la

---

(1) Jugement de l'ancienne Eglise judaïque contre les unitaires, sur la Trinité et sur la divinité de Notre Sauveur. Lond., 1699. L'ouvrage est en anglais; on en trouve un très-bon extrait, Répub. des lettres, 1699; novembre, art. 3; décembre, art. 1.
(2) Ibid.
(3) Judicium Ecclesiæ catholicæ trium priorum sæculorum, de necessitate credendi quod Dominus noster Jesus Christus sit verus Deus, assertum contra Simonem episcopum, auctore Bullo. Recueil des ouvrages de Bull, par Grabe. Infol., 1703.

puissance du Père, qui lui a été communiquée, et le Fils a toujours reconnu la suprématie du Père, ce qui prouve sa dépendance, et par conséquent qu'il n'est pas Dieu.

4° Jésus-Christ, avant son incarnation, n'avait point un culte particulier; tout le culte se rendait au Père; ce n'est qu'après sa résurrection qu'il a un culte, encore n'est-il fondé que sur les rapports de Jésus-Christ avec les hommes, sur sa qualité de médiateur, de rédempteur, d'intercesseur, et non sur sa qualité d'Etre suprême ou existant par lui-même.

5° Si le Fils ou la seconde personne à laquelle l'Ecriture donne le nom et le titre de Dieu, était consubstantiel au Père, elles seraient réunies dans une seule substance simple, et alors il faudrait nécessairement que ces personnes se confondissent et ne fussent que de pures dénominations extérieures de la substance divine, comme Sabellius le prétendait.

6° Les nouveaux ariens demandent dans quels Pères des trois premiers siècles il est parlé de la consubstantialité du Fils, et sur quel fondement les Pères de Nicée se sont appuyés pour consacrer le mot *consubstantiel*, qui a été condamné par les Pères du concile d'Antioche.

7° Ils demandent comment l'égalité du Père et du Fils, qui, du temps d'Origène, était une erreur née de l'inadvertance d'un petit nombre d'hommes, et la génération du Fils qui était inconnue au siècle du concile de Nicée, sont devenues des articles fondamentaux.

8° Ils prétendent que les Pères qui ont précédé le concile de Nicée ont tous enseigné l'infériorité du Fils au Père.

M. Wisthon s'appuie principalement sur les constitutions apostoliques et sur les épîtres de saint Ignace: il a prétendu que les Constitutions apostoliques ont été dictées par les apôtres à saint Clément, et qu'elles avaient été dictées aux apôtres par Jésus-Christ même, pendant quarante jours, depuis sa résurrection; M. Wisthon prétend que, sans cela, Jésus-Christ aurait laissé son Eglise sans corps de lois; ce qu'on ne peut penser.

A l'égard de saint Ignace, il prétend que ce sont les longues lettres qui sont l'ouvrage de ce Père, et non pas les courtes, qui, selon lui, ont été tronquées.

Je vais examiner ces difficultés en détail et les réfuter.

Le sentiment de Wisthon et de Clark est contraire à l'Ecriture.

1° On prétend que le Fils étant engendré par le Père, il n'a pas une existence indépendante, et n'est par conséquent pas le Dieu suprême.

Cette difficulté n'est qu'un sophisme.

Rien n'existe sans une raison qui le fasse exister; cette raison est ou dans la chose même, ou hors d'elle; si cette raison est dans la chose même, cette chose existe par elle-même, elle a une existence indépendante; si la raison qui fait exister une chose est hors de cette chose, elle a une existence dépendante, elle est produite.

Si la chose produite est une substance distinguée de la substance de la cause productrice, l'être produit est une créature; mais si la chose produite n'est pas une substance distinguée de la cause productrice, si elle est une production nécessaire et essentielle, alors elle n'est point une créature, elle est coéternelle, consubstantielle à son principe, et son existence, quoique dépendante, n'est point une imperfection et ne la réduit point au rang des créatures; or, les orthodoxes qui défendent la divinité de Jésus-Christ, en reconnaissant qu'il est engendré par le Père, soutiennent qu'il est engendré nécessairement et de toute éternité par le Père; génération qui ne renferme ni postériorité dans l'existence, ni une dépendance qui emporte avec elle quelque imperfection; génération qui, par conséquent, n'empêche pas que le titre de Dieu suprême ne convienne au Fils.

Ainsi, pour prouver que le Fils est une créature, il ne suffit pas de prouver qu'il a une existence dépendante; il fallait faire voir que cette dépendance emportait avec elle quelque imperfection; que le Fils était une substance distinguée du Père, et non pas une personne existante dans la substance divine; qu'il n'était pas une production essentielle du Père, et par conséquent qu'il n'était pas une personne éternelle comme lui, et dont l'existence a sa source dans la même nécessité absolue qui fait exister le Père.

Pour prouver que Jésus-Christ est une créature, de ce qu'il a une existence dépendante, il fallait prouver qu'il ne pouvait être engendré nécessairement par le Père dans la même substance dans laquelle le Père existe, et qu'il n'a pas les mêmes attributs qui naissent de l'essence de l'être nécessaire; car si le Fils est engendré nécessairement et essentiellement par le Père, dans la substance divine; s'il a tous les attributs de l'Etre suprême et nécessaire, on ne peut lui refuser la nécessité d'existence qui fait l'essence de l'Etre suprême, quoiqu'il soit engendré par le Père.

M. Clark, dans son traité de l'Existence de Dieu, prouve qu'il y a un être nécessaire et existant par lui-même ou par la nécessité de sa nature, parce qu'il est impossible que tout ce qui est soit sorti du néant; ainsi, dans les principes de ce théologien, la nécessité absolue d'exister n'est opposée à l'existence dépendante qu'autant que l'être dont l'existence serait dépendante aurait été tiré du néant; ce qu'on ne peut pas dire de Jésus-Christ, car il est engendré nécessairement et essentiellement par le Père, et par conséquent il est éternel comme lui et n'a point été tiré du néant; l'Ecriture ne nous dit-elle pas que rien de ce qui a été fait n'a été fait sans lui? Il n'a donc pas été fait, il n'est pas une créature; on ne peut donc dire que le Fils n'est pas le Dieu suprême parce qu'il a une existence dépendante.

2° Il est faux que le mot Dieu, lorsqu'il s'applique à Jésus-Christ dans l'Ecriture, n'ait qu'une signification relative aux fonctions qu'il exerce envers les hommes. Le Fils n'est-il pas nommé Dieu, de la manière la plus absolue, dans cent endroits de l'Ecriture? L'Ecriture ne donne-t-elle pas au Fils tous les attributs de l'Etre suprême?

M. Clark et ses partisans sont obligés d'en convenir; il faut donc concevoir que le Fils est consubstantiel au Père, ou il faut supposer une créature infinie et souverainement parfaite.

3° Le Fils ayant tous les attributs de l'Etre suprême, on ne peut dire que le Fils n'agit que par une puissance empruntée qui suppose qu'il n'est qu'une créature.

4° Toute l'harmonie de la religion est fondée sur les rapports des trois personnes de la Trinité avec les hommes; il n'est donc pas étonnant que l'Ecriture nous fasse envisager Jésus-Christ principalement sous ces rapports, et que le culte qu'elle lui rend soit fondé sur ces rapports; d'ailleurs, il est certain que les chrétiens doivent à Jésus-Christ un culte égal à celui qu'on rend au Père, ce qui ferait une vraie idolâtrie s'il était vrai que Jésus-Christ soit, non le Dieu suprême, mais un Dieu subordonné.

5° Puisque le docteur Clark n'attaque le système commun que parce qu'il le trouve contraire à l'Ecriture et à la raison, le bon sens veut que l'on examine si la raison et l'Ecriture trouvent mieux leur compte dans le système de ce savant théologien.

La moindre chose qu'on doit attendre et que l'on peut exiger d'un homme qui rejette un sentiment, et qui le rejette à cause des difficultés qui l'accompagnent, c'est que celui qu'il embrasse ne soit pas sujet à des difficultés mille fois plus grandes.

C'est pourtant le défaut du système du docteur Clark; il avoue que Jésus-Christ a les propriétés infinies de Dieu, l'éternité, la toute-puissance, la toute-science, etc., tous les attributs, en un mot, à l'exception de la suprématie; mais comment ces propriétés infinies peuvent-elles être communiquées à une créature qui est nécessairement finie?

On ne comprend pas que Jésus-Christ puisse être autre chose qu'une créature tirée du néant et finie comme les autres, s'il n'est pas consubstantiel à son Père.

On comprend encore moins que l'on doit rendre au Fils les mêmes honneurs qu'au Père, si le Père et le Fils ne participent pas également à la même nature divine; cependant l'Ecriture nous ordonne de rendre à Jésus-Christ le même culte qu'à son Père (1).

Comment M. Clark prouvera-t-il que, dans son sentiment, l'Ecriture ne prescrit pas un culte idolâtre?

M. Clark suppose qu'il n'y a qu'un seul objet du culte divin, et il suppose qu'il faut adorer le Fils qui n'est qu'une créature : il suppose qu'il n'y a qu'un vrai Dieu qui existe par lui-même, et il donne le titre de vrai Dieu au Fils qui n'est qu'une créature.

Voilà des difficultés tirées des propres termes de M. Clark : le dogme de la consubstantialité en contient-il de semblables (2)?

Le dogme de la consubstantialité ne conduit point au sabellianisme.

Les personnes de la Trinité n'étaient, selon Sabellius, que des noms différents donnés à Dieu, selon les différentes relations sous lesquelles on le considérait : ainsi le Père n'était que Dieu considéré comme faisant des décrets dans son conseil éternel et résolvant d'appeler les hommes au salut; lorsque ce même Dieu descendait sur la terre, dans le sein d'une vierge, qu'il souffrait et mourait sur la croix, il s'appelait Fils; enfin, il s'appelait le Saint-Esprit lorsqu'on considérait Dieu comme déployant son efficace et sa puissance dans l'âme pour la conversion des pécheurs (3).

Ainsi, pour que le dogme de la consubstantialité conduisît au sabellianisme, il faudrait qu'il fût impossible qu'il existât dans la substance divine deux personnes distinguées, dont l'une fût le Père et l'autre le Fils; car s'il est possible qu'il existe dans la substance divine deux êtres distingués, il est évident qu'on n'est pas sabellien en supposant que le Fils est consubstantiel à son Père.

Je demande présentement aux nouveaux ariens s'ils croient qu'il soit impossible que plusieurs êtres, qui ne sont point des substances ni des parties de substance, existent dans une substance simple?

C'est une contradiction manifeste que de supposer plusieurs substances dans une seule et unique substance, simple et sans parties; mais ce n'est point une contradiction de supposer, dans une substance simple, plusieurs choses qui ne soient ni des substances ni des parties substantielles de la substance divine.

Nous ne savons pas, il est vrai, comment ces personnes existent dans une substance simple; mais savons-nous comment la faculté d'apercevoir, celle de juger et de vouloir, qui sont autant de facultés bien distinctes, existent cependant dans notre âme, qui est certainement une substance simple?

Les attributs de l'Etre suprême sont donnés à Jésus-Christ si clairement dans l'Ecriture, qu'il n'y aurait qu'une contradiction ou une absurdité manifeste qui autorisât à douter de la divinité de Jésus-Christ; or, on est bien éloigné d'apercevoir cette contradiction ou cette absurdité dans le dogme de la divinité de Jésus-Christ.

Il n'y a absurdité ou contradiction dans un sentiment que lorsqu'on unit le *oui* ou le *non*, lorsqu'on affirme et que l'on nie la même chose; or, personne ne peut faire voir que, dans le dogme de la divinité de Jésus-Christ, on affirme et l'on nie la même chose, que l'on unisse le *oui* et le *non*. La plupart

---

(1) Joan. I, 19, 37. Marc. I, 3. Luc. II, 4. Ad Hebr. I, 10. Matt. XXVII, 9, 30. Psalm. CII, 25. Zach. XI, 22. Es. XL, 3. Ose. I, 7.

(2) *Voyez* l'extrait de Clark. Biblioth. choisie, loc. cit.
(3) *Voyez* l'article SABELLIUS.

de ceux qui décident avec tant de hauteur sur ces questions n'ont aucune de ces notions : qu'ils ne prennent pas en mauvaise part si je les avertis que les Clark et les Wisthon ont été embarrassés à défendre leur sentiment, et qu'ils ne l'ont jamais regardé comme exempt de difficulté.

Clark et Wisthon, après un examen sérieux et profond de la doctrine de l'Ecriture et de celle des premiers siècles sur la divinité de Jésus-Christ, ont abandonné l'arianisme grossier qui fait de Jésus-Christ une simple créature.

Le docteur Clark reconnaît expressément que, l'Ecriture ne nous disant point de quelle manière le Fils dérive son être du Père, personne n'a droit d'entreprendre de le déterminer, et que l'on doit également censurer et ceux qui disent que le Fils a été fait de rien, et ceux qui disent qu'il est la substance qui existe par elle-même: quelle distance entre les Clark et les Wisthon, et ceux qui décident aujourd'hui sans hésiter contre la divinité de Jésus-Christ (1).

La consubstantialité du Verbe a toujours été un dogme fondamental dans l'Eglise avant Arius.

1° L'Eglise, pendant les trois premiers siècles, condamnait également et ceux qui admettaient plusieurs dieux, et ceux qui niaient la divinité de Jésus-Christ. L'Eglise chrétienne reconnaissait donc la divinité de Jésus-Christ, de manière qu'elle retranchait de sa communion ceux qui, en reconnaissant que Jésus-Christ était Dieu, reconnaissaient plusieurs dieux ; ainsi elle reconnaissait que Jésus-Christ était Dieu, et ne croyait pas plusieurs substances divines.

L'Eglise croyait donc que Jésus-Christ était consubstantiel à son Père, ou qu'il existait dans la même substance ; car il est impossible de reconnaître que Jésus-Christ est Dieu aussi bien que son Père, et de supposer qu'il n'y a pas plusieurs substances divines, sans croire distinctement que le Père et le Fils existent dans la même substance, et par conséquent sans croire la consubstantialité du Fils, quoiqu'on n'exprimât pas toujours cette croyance par le mot de *consubstantialité*.

2° L'Eglise, pendant les trois premiers siècles, a rendu à Jésus-Christ le culte qui est dû au vrai Dieu ; elle a retranché de sa communion tous ceux qui, comme Cérinthe, Théodote, etc., ont nié la divinité de Jésus-Christ.

Elle ne condamna pas avec moins de rigueur ceux qui, comme Praxée, Noët, Sabellius, etc., ne contestaient point la divinité du Fils, mais qui prétendaient qu'il n'était point une personne distincte du Père.

L'Eglise reconnaissait donc que Jésus-Christ était Dieu, et qu'il était distingué du Père : elle ne pouvait reconnaître que Jésus-Christ était Dieu et distingué du Père qu'autant qu'elle croyait que le Père et le Fils étaient, ou deux substances différentes, ou deux personnes différentes dans la même substance.

Il est certain que l'Eglise a condamné tous ceux qui admettent plusieurs principes distingués et nécessaires ; qu'elle n'a jamais reconnu qu'une substance éternelle, infinie, existante par elle-même, et qu'elle a frappé d'anathème Marcion, Hermogène, et tous ceux qui supposaient plusieurs substances infinies et nécessaires.

L'Eglise ne croyait donc pas que la personne du Fils fût une substance distinguée de celle du Père ; l'Eglise croyait donc que le Fils existait dans la même substance dans laquelle le Père existait, et par conséquent elle croyait qu'il était *consubstantiel*.

L'erreur de Sabellius, de Noët, de Praxée, qui confondaient les personnes divines ; l'erreur des hérétiques qui admettaient plusieurs substances éternelles et infinies ; l'erreur qui attaquait la divinité de Jésus-Christ, ont été condamnées comme des erreurs nouvelles ; on n'a point hésité sur la condamnation : on croyait donc bien distinctement la consubstantialité du Verbe, puisque si Jésus-Christ n'est pas consubstantiel à son Père, il faut, ou qu'il ne soit point Dieu, et que Cérinthe, Théodote, etc., aient eu raison de nier sa divinité ; ou s'il est Dieu, n'étant point consubstantiel, il faut qu'il soit une substance distinguée de la substance du Père, par conséquent qu'il y ait plusieurs substances nécessaires, comme Marcion, Hermogène et les manichéens le supposaient ; ou enfin si Jésus-Christ n'est ni une personne distinguée du Père et consubstantielle à lui, ni une substance distinguée de la substance du Père, il faut qu'il soit, comme le prétend Sabellius, le même Dieu, considéré sous des rapports différents, et non pas une personne distinguée du Père.

L'Eglise ne pouvait donc condamner toutes ces erreurs aussitôt qu'elles ont paru, et sans hésiter, qu'autant que le dogme de la consubstantialité était cru bien formellement et connu bien distinctement, quoiqu'il ne fût pas toujours exprimé par ce mot.

L'Eglise, en professant la consubstantialité du Verbe, était donc également éloignée du sabellianisme et du trithéisme ; et M. le Clerc est tombé dans une méprise grossière pour un homme tel que lui, lorsqu'il a dit que les Pères qui n'avaient pas pensé comme Arius reconnaissaient trois substances divines (2).

A la naissance de l'arianisme, l'Eglise enseignait distinctement la consubstantialité du Verbe.

1° Arius combattit d'abord les expressions dont Alexandre se servait en parlant de la Trinité, et il prouvait que les trois personnes divines n'existaient pas dans une substance simple, parce qu'elles étaient distinguées entre elles, comme l'effet de sa cause ;

---

(1) *Voyez* Clark, Doctrine de l'Ecriture sur la Trinité. Wisthon, Christianisme rétabli. Mémoires historiques sur la vie du docteur Clark, par Wisthon.
(2) Le Clerc, Biblioth. chrét., t. III, p. 99.

ce qui, selon Arius, était impossible dans une substance simple.

Alexandre prétendit que le sentiment d'Arius attaquait la divinité de Jésus-Christ. Arius n'osa nier la divinité de Jésus-Christ, reconnut qu'il était Dieu, mais prétendit qu'il était engendré dans le temps.

C'est une contradiction manifeste que de supposer que Jésus-Christ était produit dans le temps, et de soutenir qu'il était Dieu; et il est clair que les principes d'Arius le conduisaient à nier la divinité du Fils: il n'a donc pu reconnaître qu'il était Dieu que parce qu'il lui était impossible de le nier, et par conséquent la divinité du Fils était enseignée lorsque Arius tomba dans l'erreur.

2° Le concile d'Alexandrie condamna Arius sur cela même qu'il établissait des principes qui étaient opposés à la divinité du Verbe; condamnation absurde si la divinité du Verbe eût été un dogme inconnu à l'Eglise.

3° Personne n'attaqua le jugement du concile d'Alexandrie comme introduisant un nouveau dogme, et les évêques qui prirent d'abord le parti d'Arius ne niaient point la consubstantialité du Verbe; mais trompés par Arius, ils croyaient que le concile d'Alexandrie avait décidé que le Fils n'était pas engendré, et qu'Arius n'avait été condamné que parce qu'il soutenait que le Fils était engendré et n'était pas un être existant sans génération (1).

Eusèbe dit même que la génération du Verbe était ineffable; ce qui serait absurde s'il avait cru que le Verbe fût une créature. Les évêques qui prirent d'abord le parti d'Arius ne croyaient donc pas alors que le Verbe fût une créature; ils n'arrivèrent à cette erreur qu'après qu'ils se furent brouillés avec Alexandre.

4° L'embarras des ariens pour dire que le Fils n'était pas consubstantiel à son Père, leur mauvaise foi, la multitude des formules de foi qu'ils firent successivement, toutes leurs supercheries pour faire supprimer le mot de consubstantiel, prouvent que la consubstantialité du Verbe était enseignée bien distinctement dans l'Eglise, et que la doctrine d'Arius était inconnue, nouvelle et odieuse.

5° Les ariens se divisèrent entre eux; les uns voulaient que le Verbe fût une simple créature, et les autres prétendaient qu'il ne fallait pas dire que le Verbe fût une simple créature.

Cette division était impossible si la consubstantialité du Verbe n'eût pas été enseignée dans l'Eglise, car les Ariens étaient trop ennemis des catholiques pour ne pas mettre Jésus-Christ au nombre des créatures, s'ils l'eussent osé, et s'ils n'eussent pas craint de révolter les fidèles, ou s'ils n'eussent pas eux-mêmes tenu au dogme de la consubstantialité.

6° Il est clair par l'histoire de l'arianisme que l'on n'arriva à cette erreur qu'à force de raisonnements et de subtilités, et par conséquent qu'elle n'était pas la croyance du peuple chrétien ni celle de l'Eglise.

On ne peut reprocher à l'Eglise aucune variation sur le dogme de la consubstantialité.

Les ariens modernes disent que le concile d'Antioche, assemblé soixante ans avant celui de Nicée, avait proscrit le terme de *consubstantiel* que le concile de Nicée a consacré. Un même homme, dit M. le Clerc, peut-il avoir dans si peu de temps deux sens si différents? Dira-t-on que les Pères de Nicée ne savaient pas ce qui s'était passé à Antioche? ou, dit M. Wisthon, ont-ils eu une nouvelle révélation?

Je réponds 1° que ce canon du concile d'Antioche sur lequel MM. Wisthon et le Clerc fondent leur triomphe paraît supposé. Nous n'avons point les actes du concile d'Antioche, et nous ne savons qu'il condamna le mot *consubstantiel* que parce que ce fait a été cité dans une lettre du concile d'Ancyre (1).

Ce concile d'Ancyre était composé d'évêques qui, par amour pour la paix ou pour plaire à Constance voulaient conserver le dogme de la divinité de Jésus-Christ et supprimer le mot *consubstantiel* : ils anathématisèrent donc la doctrine d'Arius et condamnèrent le mot *consubstantiel;* ils informèrent les évêques de leur jugement; et dans la lettre écrite au nom du concile, il est dit que le concile d'Antioche avait condamné le mot *consubstantiel.*

Nous n'avons de preuves de ce jugement du concile d'Antioche que par cette lettre écrite par ordre des évêques du concile d'Ancyre (2).

Cette lettre porte que les évêques du concile d'Antioche, après la condamnation de Paul de Samosate, écrivirent une lettre dans laquelle ils déclaraient qu'ils avaient condamné Paul de Samosate parce qu'il prétendait que le Fils et le Père sont le même Dieu.

Voilà, selon l'auteur de la lettre du concile d'Ancyre, la raison que les Pères du concile d'Antioche apportent de leur jugement contre Paul de Samosate.

Eusèbe nous a conservé un grand fragment de la lettre du concile d'Antioche, et dans ce fragment les Pères du concile disent qu'ils ont condamné Paul de Samosate parce qu'il soutenait que le Fils est venu de la terre, et n'est pas de Dieu.

Saint Hilaire, saint Athanase n'avaient point vu cette lettre du concile d'Antioche telle qu'elle est citée dans la lettre du concile d'Ancyre : la condamnation du mot consubstantiel, par le concile d'Antioche, n'est donc prouvée que par un auteur qui vivait plus de cent ans après ce concile, et qui ne l'a point vu qui la falsifiée, puisqu'il fait dire aux Pères du concile d'Antioche le contraire de ce qu'ils disent dans le fragment qu'Eusèbe nous a conservé.

---

(1) Théodoret, Hist. ecclés., l. 1, c 5, 6.

(2) Hilar., De synod., p. 1196.

On ne trouve dans ce fragment rien qui soit contraire à la consubstantialité : croira-t-on qu'Eusèbe n'ait pas vu dans la lettre du concile d'Antioche la condamnation du mot consubstantiel, pour la suppression duquel il se donna tant de peine? ou s'il l'a vue, cette condamnation, dans la lettre du concile d'Antioche, croirait-on qu'il l'ait supprimée?

Les ariens qui ont tout employé pour faire retrancher du symbole de Nicée le mot consubstantiel, n'ont cependant jamais osé dire qu'il eût été condamné : serait-il possible qu'ils eussent ignoré que le concile d'Antioche, soixante ans avant Arius, avait condamné ce mot? Il paraît donc que le concile d'Antioche n'a pas en effet condamné le mot *consubstantiel*.

Je réponds, 2° que s'il est vrai que le concile d'Antioche a condamné le mot *consubstantiel*, ce n'est pas dans le sens que lui a donné le concile de Nicée, puisque les ariens, même après la lettre du concile d'Antioche, n'ont fait contre les orthodoxes aucun usage de la condamnation que le concile d'Antioche a faite de cette expression.

En effet, si Paul de Samosate s'est servi du mot *consubstantiel*, c'était dans un sens absolument contraire au sens que lui donnait le concile de Nicée.

Paul de Samosate qui mettait tout en usage pour enlever à Jésus-Christ le nom et le titre de Dieu, s'il s'est servi du mot *consubstantiel*, ne s'en est servi que dans le sens qui suit :

« Si le Fils est consubstantiel au Père, comme vous catholiques le prétendez, il s'ensuivra que la substance divine est coupée en deux parties, dont l'une est le Père et l'autre le Fils, et que par conséquent, il y a quelque substance divine antérieure au Père et au Fils, qui a été ensuite partagée en deux. »

Les Pères d'Antioche ayant horreur d'une pareille conséquence, et ne se mettant pas d'ailleurs fort en peine des termes, pourvu qu'ils conservassent le fond de la doctrine, crurent que pour ôter tout prétexte aux chicanes de cet hérétique, il fallait défendre de se servir du mot *consubstantiel* lorsqu'on parlerait de Jésus-Christ.

Les ariens étant venus ensuite, et niant la chose même qui était exprimée par ce terme, savoir la divinité du Fils ; les Pères du concile de Nicée crurent qu'il était à propos de rappeler l'usage d'un mot dont les docteurs s'étaient servis avant le concile d'Antioche, et qui n'avait été proscrit que pour ôter tout prétexte aux chicanes de Paul de Samosate.

Les Pères du concile de Nicée ont exprimé clairement leur jugement sur la doctrine d'Arius, et n'ont laissé aucune équivoque dans le mot consubstantiel.

Courcelles et M. le Clerc prétendent que les Pères du concile de Nicée n'ont point pensé sur la consubstantialité du Verbe comme nous pensons aujourd'hui, et qu'ils avaient cru que le Fils était consubstantiel au Père, parce qu'il était une substance semblable à la substance du Père (1).

Cette opinion de Courcelles et de M. le Clerc est destituée de preuves et de fondement.

Longtemps avant le concile de Nicée, de simples fidèles accusèrent saint Denis d'Alexandrie de ne point croire le Fils consubstantiel au Père : le pape et le concile de Rome reçurent leurs plaintes, et décidèrent que le Fils était *consubstantiel* au Père.

Saint Denis se justifia, déclara qu'on l'avait calomnié, et qu'il croyait le Fils consubstantiel au Père.

Cette expression paraissait donc alors très-claire, très-naturelle et très-propre à exprimer la foi de l'Eglise.

Eusèbe lui-même, dans la lettre qu'il écrivit après le concile de Nicée, avoue que les anciens Pères s'étaient servis du terme de consubstantiel : et saint Pamphile fit voir qu'Origène avait enseigné en termes formels que le Fils était consubstantiel au Père (2).

Les efforts des ariens pour faire retrancher le mot *consubstantiel* du symbole de Nicée prouvent qu'il exprimait très-clairement et très-exactement la foi de l'Eglise ; que quand il y aurait eu dans cette expression quelque obscurité, les Pères du concile de Nicée l'avaient dissipée.

Ils déclarèrent en effet, « que cette expression, *le Fils est consubstantiel à son Père*, ne doit pas être prise dans le sens qu'on lui donne quand on parle des corps ou des animaux, puisque cette génération ne se fait ni par division, ni par changement, ni par conversion de la substance ou de la vertu du Père, ni d'aucune autre manière qui marque quoi que ce soit de passif, et que rien de tout cela ne saurait convenir à une nature non engendrée, comme celle du Père ; que ce terme *consubstantiel* signifie seulement que le Fils de Dieu n'a nulle ressemblance avec les créatures (3). »

Peut-on exprimer plus clairement le dogme de la consubstantialité, tel que l'Eglise l'enseigne aujourd'hui? et n'est-il pas évident que si le Fils avait une substance différente du Père, il faudrait qu'il eût été produit de quelqu'une des manières que le concile exclut?

Mais, dit M. le Clerc, le mot consubstantiel n'a jamais été employé que pour signifier des individus de la même espèce : c'est ainsi que le concile de Chalcédoine dit que le Fils est consubstantiel au Père selon la divinité, et consubstantiel à nous selon l'humanité (4).

Je réponds qu'il est vrai que les auteurs profanes ont souvent employé le mot consubstantiel pour signifier des substances

---

(1) Courcelles, Quaternio dissert. Le Clerc, Défenses des sentimens des théologiens de Hollande, lettre 3. Biblioth. chrét., t. III, art. 1; art. crit. ép. 3, t. III.
(2) Théod., Hist. ecclés., l. 1, c. 12.
(3) Act. Conc. Nic., act. 12.
(4) Le Clerc, loc. cit.

d'une même espèce; mais nous avons vu que ce mot avait aussi été employé par les chrétiens pour signifier des personnes différentes qui existaient dans la même substance.

Ainsi, devant et après le concile de Nicée, le mot consubstantiel signifiait, ou des substances d'une même nature, ou des personnes qui existaient dans la même substance.

Il fut employé dans ce double sens par le concile de Chalcédoine : dans le second, pour exprimer la consubstantialité du Fils, et dans le premier, pour signifier que le corps de Jésus-Christ était de la même essence que le nôtre.

Il fallait que M. le Clerc fît voir que le concile de Chalcédoine n'avait pris le mot *consubstantiel* que dans le premier sens, mais c'est ce qui est faux ; les Pères du concile de Nicée ont donc enseigné la consubstantialité, telle que nous la croyons.

Les auteurs ecclésiastiques qui ont précédé le concile de Nicée ont enseigné la consubstantialité du Verbe.

Depuis le concile de Nicée, le dogme de la consubstantialité du Verbe s'est enseigné constamment dans l'Eglise.

Les sociniens ont pensé qu'il était absurde de prétendre qu'un dogme forgé dans ces derniers siècles soit vrai; ainsi, quoiqu'ils fassent peu de cas de la tradition et des Pères, ils ont tâché de trouver une époque avant laquelle on ne connût point la consubstantialité du Verbe, et ils ont placé cette époque avant le concile de Nicée.

Socin, Sandius, Zuicker, osèrent donc soutenir que les Pères des trois premiers siècles avaient été ariens. Clarke, Wisthon (1) et leurs sectateurs ont adopté ce jugement sur la doctrine des Pères, et les ariens modernes prétendent que les Pères des trois premiers siècles n'ayant point connu le dogme de la divinité du Verbe, tel que les orthodoxes l'enseignent présentement, il fallait, ou que l'erreur eût prévalu dans le concile de Nicée, et que, par conséquent, il fallait remettre les choses au premier état;

Ou qu'il était certain que les Pères du concile de Nicée avaient fait un article de foi d'une chose sans laquelle leurs prédécesseurs avaient été de vrais chrétiens et de grands saints; que par conséquent, on n'était point obligé de subir un joug qu'il avait plu au concile de Nicée de mettre sur les consciences.

On voit aisément combien il est important de dissiper les nuages qu'on s'efforce de répandre sur la foi des Pères qui ont précédé le concile de Nicée : je vais tirer leur justification de l'histoire même de l'arianisme et de leurs ouvrages.

Première preuve, tirée de l'histoire de l'arianisme.

Les Pères du concile d'Alexandrie opposèrent aux ariens la nouveauté de leur sentiment et le jugement de toute l'antiquité; mais Arius et ses sectateurs refusèrent de s'y soumettre (2).

Arius sentit cependant qu'il était très-important pour lui de ne pas enseigner une doctrine contraire à toute l'antiquité, et il osa soutenir qu'il n'enseignait que la doctrine qu'il avait reçue des anciens, et d'Alexandre même.

Mais les ariens renoncèrent bientôt à cette prétention; et, lorsque les évêques du concile de Nicée proposèrent de juger Arius et sa doctrine par la tradition et par les Pères, Eusèbe prétendit qu'il fallait s'en rapporter à l'Ecriture, sans s'arrêter à des traditions incertaines et douteuses (3).

Eusèbe était assurément aussi en état que nos ariens modernes de découvrir, dans les Pères des trois premiers siècles, les sentiments d'Arius; cependant il récuse ces Pères, et veut qu'on juge Arius sur la seule Ecriture.

Il était donc bien clair alors que la doctrine des Pères des trois premiers siècles n'était pas favorable à l'arianisme.

Lorsque Théodose, vers la fin du quatrième siècle, voulut réunir toutes les sectes dont l'empire était rempli, il assembla leurs chefs.

Un défenseur de la foi de Nicée engagea l'empereur à demander à cette assemblée si, dans l'examen des questions, on aurait égard aux Pères qui avaient vécu avant les divisions qui troublaient le christianisme, ou si l'on rejetterait leur doctrine, et si on leur dirait anathème.

L'orthodoxe qui avait donné le conseil était persuadé que personne n'oserait rejeter la doctrine des Pères, et qu'ainsi il ne resterait plus qu'à produire leurs passages pour montrer l'éternité du Fils, ce qui était facile.

Tous les chefs de secte témoignèrent beaucoup de respect pour les Pères : l'empereur, les pressant, leur demanda s'ils voulaient les prendre pour juges des points contestés; alors ils hésitèrent et firent voir qu'ils ne voulaient pas être jugés sur la doctrine des Pères (4).

Les ariens, malgré la clarté de l'Ecriture sur le dogme de la consubstantialité du Verbe, prétendaient y trouver qu'il n'était pas consubstantiel, et ne voulaient point d'autre règle de leur foi : ces mêmes ariens rejettent l'autorité des Pères, et ne veulent pas qu'on décide par leurs suffrages la question de la consubstantialité du Verbe. Les ariens ont donc toujours pensé que les Pères des trois premiers siècles avaient cru et enseigné la consubstantialité du Fils : ils se réunissent sur ce point avec le concile de Nicée, et leur refus constant de s'en rapporter au jugement des Pères ne permet pas de soupçonner que les Pères du concile de Nicée se soient trompés ou qu'ils aient voulu tromper les autres, lorsqu'ils ont déclaré que

---

(1) Christianisme primitif rétabli, par Wisthon.
(2) Théod., Hist. ecclés., l. 1, c. 4.
(3) Sozom., l. 1, c. 17.
(4) Socrat., l. v, c. 10

le symbole du concile de Nicée était conforme à la doctrine de toute l'antiquité.

M. le Clerc prétend que les Pères du concile de Nicée n'avaient pas entendu la doctrine de leurs prédécesseurs, parce qu'ils ne purent s'accorder qu'après de longues contestations; ce qu'il prouve par le témoignage d'Eusèbe, qui rapporte que ce ne fut qu'après bien des contradictions réciproques, que l'on forma le jugement du concile (1).

Sur cette difficulté de M. le Clerc, je remarque: 1° un grand défaut de logique et de critique; car Eusèbe dit bien que les Pères du concile de Nicée eurent des altercations assez vives et assez longues; mais il ne dit pas que ces contestations eussent pour objet de déterminer si les Pères qui ont précédé le concile de Nicée avaient enseigné la consubstantialité : c'est gratuitement que M. le Clerc l'assure, ou plutôt il l'ajoute au récit d'Eusèbe.

2° Il est certain que les ariens ne voulurent point s'en rapporter au témoignage des Pères : M. le Clerc pouvait-il ignorer ce fait? et s'il l'a connu, pouvait-il assurer que les Pères du concile de Nicée avaient disputé longtemps avant que de s'assurer si les Pères des trois premiers siècles avaient cru le dogme de la consubstantialité?

M. le Clerc, après avoir assuré avec tant de confiance que les Pères de Nicée n'avaient pas entendu le sentiment de leurs prédécesseurs sur la consubstantialité, dit : « Mais, supposons qu'ils l'aient entendu sans peine, dans un temps où l'on avait une infinité d'ouvrages que nous n'avons plus, plusieurs secours dont nous sommes présentement destitués, il ne s'ensuit nullement qu'il nous soit fort aisé d'entendre la doctrine du concile de Nicée et de ceux qui l'ont précédé; il faudrait pour cela avoir les mêmes secours qu'alors (2). »

Si, de l'aveu de M. le Clerc, nous sommes privés des secours nécessaires pour connaître clairement la doctrine des Pères qui ont précédé le concile de Nicée; si les Pères du concile de Nicée avaient ces secours, comment M. le Clerc ose-t-il décider que les Pères du concile de Nicée n'ont pas entendu les sentiments des Pères des trois premiers siècles?

Si Sandius, Courcelles, etc., étaient destitués des secours nécessaires pour l'intelligence exacte des Pères des trois premiers siècles, pourrions-nous avec absurdité préférer leurs assertions au témoignage, au jugement des Pères du concile de Nicée, qui ont déclaré que leurs prédécesseurs avaient enseigné la consubstantialité du Verbe?

Pensera-t-on que les ariens, que leurs défenseurs, qu'un Eusèbe, par exemple, ne fût pas en état de voir les fautes des Pères du concile de Nicée dans l'interprétation qu'ils donnaient aux ouvrages des Pères qui les avaient précédés?

Cependant Eusèbe ne leur reproche point de mal interpréter les Pères; il soutient qu'on ne doit point s'en rapporter à leur jugement, ce qui suppose évidemment que les Pères de Nicée ne se trompaient point dans l'interprétation des ouvrages des Pères sur le dogme de la consubstantialité (3)

Seconde preuve, tirée des ouvrages mêmes des Pères.

Les ouvrages des Pères des trois premiers siècles sont destinés à instruire les fidèles, à combattre les hérétiques et à défendre la religion contre les Juifs et contre les païens.

S'ils exhortent les fidèles à la vertu, c'est en leur mettant devant les yeux un Dieu mort pour eux, qui doit être leur juge, comme il a été leur rédempteur et leur médiateur.

Lorsque Cérinthe, Ebion, Théodote, etc., attaquent la divinité du Verbe, saint Ignace, saint Polycarpe, saint Irénée, saint Justin et plusieurs autres écrivains, instruits par les apôtres mêmes, combattent ces hérétiques et les confondent par l'autorité de Jésus-Christ et des apôtres (4).

Lorsque Praxée, Noët, Sabellius attaquent la Trinité et soutiennent que les personnes divines ne sont que des noms différents donnés à la même chose, les Pères combattent cette erreur, et l'Eglise la condamne.

Les Pères, qui combattent également Cérinthe, qui niait que Jésus-Christ fût Dieu, et Praxée, qui croyait qu'il n'était pas une personne distinguée du Père, combattent Hermogène, Marcion et tous les hérétiques qui admettent plusieurs principes ou plusieurs substances nécessaires : ils prouvent, contre ces hérétiques, qu'il est impossible qu'il y ait plusieurs substances nécessaires, plusieurs êtres souverainement parfaits.

Ces Pères supposaient donc : 1° que Jésus-Christ était vrai Dieu; 2° qu'il était une personne distinguée du Père; 3° que le Père et le Fils existaient dans la même substance; et je dis que ces trois principes étaient bien distinctement dans leur esprit et bien clairement enseignés dans l'Eglise.

S'ils avaient cru que le Père et le Fils étaient deux vrais dieux et deux substances différentes, ils n'auraient pu soutenir, contre Hermogène, contre Marcion, contre Apelle, contre les manichéens, qu'il n'y avait pas plusieurs substances nécessaires et souverainement parfaites, sans tomber dans une contradiction qui ne pouvait échapper à leurs adversaires.

Et s'ils avaient enseigné contre Cérinthe, contre Théodote, etc., que le Fils est un vrai Dieu, mais qu'il n'est pas consubstantiel à son Père, Théodote, Artémon, etc., leur auraient reproché qu'ils se contredisaient, et qu'ils admettaient plusieurs êtres

---

(1) Euseb., Vit. Const., c. 7.
(2) Défenses des sentiments des théol. de Holl., lett. 4.
(3) Théodoret, Hist. ecclés., l. I, c. 12.

(4) Euseb., Hist., l. v, c. 20. Hieron. adver. Helvidium, c. 9.

souverainement parfaits, plusieurs principes éternels et nécessaires; ce qu'ils avaient cependant regardé comme une absurdité, lorsqu'ils avaient écrit contre Hermogène, Marcion, etc.

Dans quel degré d'ignorance et de présomption ne faudrait-il pas supposer les Pères qui seraient tombés dans ces contradictions, et les hérétiques qui ne les auraient ni aperçues, ni relevées?

Cependant ces Pères des trois premiers siècles avaient de l'érudition; ils étaient logiciens et bons métaphysiciens; ils savaient examiner profondément et discuter avec exactitude, et les hérétiques n'étaient ordinairement pas des hommes médiocres.

Ce principe général est applicable à tous les Pères, et en particulier à Tertullien, qui a si bien défendu la Trinité contre Praxée, et exprimé si clairement la consubstantialité du Verbe, dans ses ouvrages contre cet hérétique, et qui n'a négligé aucune des précautions nécessaires pour prévenir toute espèce d'abus qu'on pourrait faire de ses expressions. *Voyez* les art. PRAXÉE, HERMOGÈNE, MARCION.

Les Pères des trois premiers siècles prouvent, contre les Juifs, que Jésus-Christ est le Messie prédit, qu'il est Dieu. Saint Justin, Tertullien, Origène, etc., établissent tous la divinité de Jésus-Christ contre les Juifs (1).

Après que saint Justin a prouvé que Jésus-Christ réunit tous les caractères du Messie, et que le Messie est vrai Dieu, Tryphon n'est plus embarrassé que de la difficulté de concevoir comment le Messie, Fils de Dieu et Dieu lui-même, a voulu se faire homme et mourir pour les hommes.

Dans toute cette dispute, les Juifs ne reprochent point à saint Justin de combattre le dogme de l'unité de Dieu : ainsi, il est clair que saint Justin enseignait deux choses, la première, que Jésus-Christ était vrai Dieu; la seconde, qu'il n'y avait point plusieurs dieux.

Ce que nous venons de dire de saint Justin s'applique exactement à Tertullien, les Juifs ne lui reprochant point de croire plusieurs dieux.

Le juif contre lequel Origène dispute attaque la religion chrétienne, parce qu'il est absurde d'adorer un Dieu mort et humilié. Origène répond aux difficultés du juif en supposant que Jésus-Christ réunit la nature divine et la nature humaine, et ne craint point qu'on lui réplique qu'il admet plusieurs dieux.

D'ailleurs, il est clair que toutes les difficultés que Celse tire de l'humiliation et des souffrances de Jésus-Christ tombaient, si Jésus-Christ n'était pas vrai Dieu : cependant Origène n'emploie point cette réponse si simple, il a recours au mystère de l'incarnation; il croyait donc la consubstantialité du Verbe.

Injustice et faiblesse des difficultés des ariens modernes contre les Pères des trois premiers siècles

Il n'y a point de Pères, avant le concile de Nicée, qui n'aient enseigné que Jésus-Christ est éternel, Fils de Dieu et vrai Dieu; ils supposent constamment la divinité de Jésus-Christ et sa consubstantialité, soit qu'ils combattent les hérésies, soit qu'ils défendent la religion contre les Juifs : le culte qu'ils rendent à Jésus-Christ a pour base sa divinité et sa consubstantialité.

Les ariens modernes reconnaissent ces faits qui sont incontestables, mais ils prétendent trouver dans ces Pères des passages qui semblent faire de Jésus-Christ une simple créature; et, de l'aveu de M. Le Clerc, toute la question sur cet objet se réduit à savoir desquels de ces passages on doit recueillir le sentiment des Pères, et quels sont les passages qui doivent servir d'interprétation aux autres; si ce sont les mots qui semblent dire que le Fils de Dieu n'est pas éternel qu'il faut presser à la rigueur, ou ceux qui semblent assurer qu'il l'est (2).

Cette question paraît décidée par l'exposition que nous venons de faire de la doctrine des Pères; car, puisque les Pères, dans leurs ouvrages contre les hérétiques, supposent la consubstantialité du Verbe; puisque le culte qu'ils rendent à Jésus-Christ la suppose, il est clair que le dogme de la consubstantialité était clairement et distinctement dans leur esprit.

S'ils avaient cru que Jésus-Christ fût une créature, ils auraient eu une religion essentiellement différente, ils auraient employé des principes essentiellement différents contre les hérétiques et contre les Juifs; ils n'avaient donc point dans l'esprit que Jésus-Christ fût une créature.

Les passages dans lesquels ils semblent ne parler du Fils ou de Jésus-Christ que comme d'une simple créature, ne contiennent donc point le sentiment des Pères, si l'on prend ces passages à la lettre; il faut donc les interpréter par les passages dans lesquels les Pères enseignent la consubstantialité du Verbe.

Toutes les fois qu'un homme établit un principe, et que ce principe fait la base de tous ses écrits et la règle de sa conduite, il est injuste et absurde de juger que cet homme ne croyait pas ce principe, parce qu'il lui est échappé quelque phrase qui, prise à la rigueur, est contraire à ce principe.

L'humanité ne comporte pas une exactitude de langage et d'expression assez grande pour qu'on ne puisse pas trouver, dans l'auteur le plus systématique, des expressions et des phrases qui, prises littéralement et dans la rigueur grammaticale, ne paraissent conduire à des conséquences opposées à ses principes.

Mais ce serait une injustice et une absur-

---

(1) Justin, Dial. cum Tryph. Tert. in Judæos. Origen. cont. Cels.
(2) Le Clerc, Défenses des sentiments des théologiens de Hollande, lettre 3, p. 76. Ars crit., t. III, ep. 3, p. 96. Biblioth. univ., t. X, art. 8.

dité de chercher le sentiment de l'auteur dans ces expressions, et c'est ce que les nouveaux ariens font par rapport aux Pères des trois premiers siècles.

La consubstantialité du Verbe est un principe sur lequel porte la religion des Pères ; ils ont combattu toutes les erreurs qui l'attaquaient, ils la supposent dans tous leurs écrits ; et l'on prétend qu'ils ont été ariens parce qu'on trouve dans leurs écrits quelques phrases qui, prises à la lettre, supposent que Jésus-Christ est ou inférieur à son Père, ou une substance distinguée de lui !

Que l'on examine les passages que Sandius et Zuicker ont cités ; je défie qu'on en trouve où les Pères, parlant du Verbe, mettent en principe qu'il est une créature ou qu'il est une substance différente du Père: tous ces passages sont, ou des comparaisons destinées à expliquer le mystère de la génération éternelle du Fils, ou des explications que les Pères donnent pour répondre aux difficultés qui les pressent, ou enfin ce sont des interprétations de quelque endroit de l'Ecriture.

Mais est-ce dans ces passages qu'il faut chercher la doctrine des Pères sur la consubstantialité du Verbe ? Peut-on opposer ces passages aux preuves qui établissent que ces Pères ont enseigné ce dogme ?

Comme les nouveaux ariens citent en faveur de leur sentiment le P. Pétau, j'ai cru devoir faire remarquer qu'il s'en faut beaucoup que ce savant jésuite ait pensé comme eux sur les Pères des trois premiers siècles.

Nous n'avons qu'une partie des ouvrages des trois premiers siècles : quand, parmi ceux qui nous restent, le P. Pétau trouverait que quelques-uns ont parlé peu exactement, pourrait-on en conclure que ce grand théologien a cru que les Pères qui ont précédé le concile de Nicée étaient ariens ?

Au reste, le P. Pétau ne prétend pas que ces Pères aient été ariens, il dit seulement qu'ils se sont exprimés peu exactement ; il reconnaît d'ailleurs que ces Pères ont cru le dogme de la consubstantialité, et ce savant théologien a lui-même très-bien prouvé ce dogme : les ariens ne peuvent donc réclamer le suffrage du P. Pétau.

Il n'est pas possible d'entreprendre une justification détaillée des Pères des trois premiers siècles, on la trouvera dans Bullus, dans le Moine, dans Bossuet, dans un excellent traité de la Divinité de Jésus-Christ : c'est l'ouvrage d'un savant bénédictin (1).

On lira aussi avec plaisir, sur cette matière, un ouvrage de M. Bayle contre le ministre Jurieu, qui avait parlé des Pères des trois premiers siècles comme les ariens en parlent (2).

M. Wisthon a prétendu trouver son sentiment dans les Constitutions apostoliques : aussitôt il a fait de ces Constitutions un ouvrage dicté par Jésus-Christ même aux apôtres, pendant quarante jours, depuis sa résurrection jusqu'à son ascension ; il prétend même que sans cet ouvrage l'Église chrétienne n'aurait pu subsister : ces Constitutions, selon M. Wisthon, contiennent l'arianisme.

Nous voyons encore ici, dans M. Wisthon, un étrange effet de la prévention ; car, 1° il est certain que les Constitutions apostoliques ne contiennent point l'arianisme ; 2° il est encore plus certain qu'elles sont d'un auteur du quatrième siècle : on trouve la preuve de ces deux points dans les PP. apostoliques de Cotelier, édition de M. le Clerc (3).

Pour les épîtres de saint Ignace, dont M. Wisthon réclame l'autorité, il est certain que les passages qu'il cite sont des additions faites par les ariens, comme tous les savants l'ont reconnu avant M. Wisthon, et comme M. le Clerc l'a fait voir en réfutant M. Wisthon (4).

La nature de l'ouvrage que l'on donne ne permet pas d'entrer dans ces discussions : je remarquerai seulement que M. le Clerc n'était ni contraire aux ariens, ni favorable aux Pères, et qu'il avait même prétendu que les Pères qui ont précédé le concile de Nicée étaient ariens.

Conclusion générale de cet article.

Ainsi, tout l'édifice de l'arianisme moderne s'écroule lorsqu'on examine ses principes; et ces grandes difficultés qu'on oppose avec tant de confiance aux défenseurs de la consubstantialité sont, aux yeux de la critique, des sophismes qui tirent toute leur force de l'abus que l'on fait d'une maxime excellente lorsqu'elle est bien entendue : on prétend qu'il ne faut rien admettre que ce que l'on conçoit clairement ; comme on ne voit point clairement comment le Fils est consubstantiel au Père, on se croit autorisé à rejeter le dogme de la consubstantialité ; d'après ce principe, on prend à la lettre tous les passages qui parlent de Jésus-Christ comme d'une créature, et l'on prend dans un sens métaphorique tous ceux qui expriment sa divinité, quelque clairs que soient ces passages.

Mais ne conçoit-on pas clairement qu'il y a des choses que nous ne pouvons comprendre, que nous ne pouvons concevoir clairement, et qui sont pourtant incontestables ?

Ne concevons-nous pas clairement que lorsqu'une autorité infaillible nous assure ces choses, elles deviennent aussi certaines que l'autorité même qui les atteste, quelque obscures, quelque inaccessibles qu'elles soient à la raison ?

---

(1) Judicium Ecclesiæ catholicæ trium priorum sæculorum, etc. Defensio fidei Nicænæ, dans le recueil des ouvrages de Bull, édit. de Grab., in-fol. 1703. Varia sacra, etc. cura Stephani Le Moine. 2 vol. in-4°, 1685, t. I. Sixième avertissement contre Jurieu, par Bossuet. De la divinité de Jésus-Christ, par D. Maran, chez Colombat; 3 vol. in-12. 1751, t. II.

(2) Janua cœlorum reserata cunctis religionibus, a celebri admodum viro D. Petro Jurieu.
(3) Cotelier, Judicium de Constitutionibus apostolicis, t. I. PP. apostolicorum, p. 194.
(4) PP. apostolici de Cotelier, édit. de le Clerc., t. II Bibl. anc. et mod., t. XXII, part. II, p. 257. Dup., Biblioth des aut. ecclés., t. I, p. 47.

D'après ce principe, que personne ne peut contester, n'est-il pas évident qu'il faut prendre à la lettre les passages qui nous parlent de la consubstantialité du Verbe, si ce dogme est évidemment supposé dans l'Ecriture, s'il fait la base de la religion, s'il a été établi par Jésus-Christ et enseigné par les apôtres comme le fondement de la religion chrétienne, comme on l'a cent fois prouvé aux ariens?

Tout le système de la religion chrétienne s'entend très-bien lorsqu'on l'appuie sur la divinité et sur la consubstantialité du Verbe : l'arianisme qui la nie est au contraire plein d'absurdités et de contradictions, que la sagacité de Clark et de Wisthon n'a pu sauver.

L'orthodoxe, appuyé sur la révélation qui est certaine, admet la consubstantialité qu'il ne comprend pas et qu'il ne conçoit pas clairement, mais dans laquelle il ne voit point de contradiction, et ce dogme lui développe admirablement tout le système de la religion chrétienne.

L'arien, au contraire, nie la divinité de Jésus-Christ, dans laquelle il ne voit pas de contradiction non plus que l'orthodoxe, et tombe dans des contradictions, dans des absurdités sans nombre.

On conçoit donc clairement, non la consubstantialité du Verbe, mais la vérité de ce dogme, et l'absurdité de l'arianisme qui le nie.

Que le lecteur équitable prononce, qui de l'arien ou de l'orthodoxe viole la maxime qui porte que l'homme ne doit admettre que ce qu'il conçoit clairement.

On examine, dans l'article ANTITRINITAIRES, les difficultés qu'on oppose à la consubstantialité du Verbe, et que l'on tire de l'impossibilité de réunir dans une même substance un Père et un Fils.

*ARISTOTELIENS. On donne ce nom à ceux qui avaient puisé, dans les principes et les enseignements d'Aristote, les erreurs dont l'évêque de Paris, Etienne Tempier, fit la censure le 7 mars 1277. Les propositions censurées par le prélat montrent combien l'introduction des méthodes païennes, dans l'enseignement chrétien avait obscurci l'admirable lumière que l'Evangile avait répandue sur Dieu, sur l'âme, sur la volonté, le monde, la sagesse et la morale. Ces erreurs renferment le germe, sont l'origine et la principale cause de toutes celles des siècles subséquents; car la sentence de condamnation de l'évêque de Paris n'eut point pour résultat de bannir les ouvrages d'Aristote de l'enseignement public et particulier.

Il est utile, dit M. Bonnetty, de recommander à ceux qui veulent connaître les causes et suivre la filiation des erreurs qui ont déchiré l'Eglise, d'étudier si, dans les propositions sur *Dieu*, sur *l'âme*, et sur *l'entendement humain*, ne se trouvent pas déjà cachées les objections des philosophes sur la Trinité, la prescience de Dieu et la spiritualité de l'âme; dans les propositions sur la *volonté*,

les opinions de Luther, et les subtilités des jansénistes sur la grâce, la liberté et la prédestination; dans les propositions sur le *monde*, les erreurs de l'astrologie judiciaire, et cette manie de connaître l'avenir par tant de moyens ridicules; enfin dans les propositions sur la *philosophie* et la *théologie*, les causes de cette opposition qu'on a prétendu voir, et que bien des personnes veulent voir encore entre la nature et la grâce, la raison et la foi, la loi naturelle et la loi révélée, la philosophie et la théologie.

Après ces recherches, il faudra examiner encore s'il n'y aurait pas quelques restes de ces erreurs aristotéliciennes dans nos livres d'enseignement élémentaire; car c'est une remarque à faire, que l'autorité d'Aristote a été répudiée en physique, en médecine, en astronomie et dans la plupart des autres sciences : il n'en est plus de traces que dans l'enseignement de la philosophie.

Nous croyons cette question importante à examiner; car, toutes les fois que l'erreur est dans les intelligences, c'est dans l'enseignement qu'il faut en rechercher les causes.

ARMENIENS, branche d'eutychiens ou monophysites qui rejetèrent le concile de Chalcédoine et s'unirent aux jacobites, vers le milieu du sixième siècle.

La religion chrétienne avait été portée dans l'Arménie avant Constantin par Grégoire, surnommé l'Illuminé; elle s'y conserva dans toute sa pureté jusqu'au patriarche Narsès, qui, vers le milieu du sixième siècle, tint un concile de six évêques, dans lequel il se déclara pour l'hérésie des monophysites, soit qu'il eût de l'affection pour cette hérésie, soit qu'il voulût faire sa cour aux Perses, qui cherchaient à mettre la division entre les Grecs et les Arméniens, unis ensemble par leur commune opposition à l'idolâtrie des Persans (1).

Ce patriarche, qui donna naissance au schisme de sa nation, eut pour successeurs sept autres patriarches, qui y maintinrent le schisme durant l'espace de cent douze ans.

Pendant ce premier schisme, les Arméniens souffrirent beaucoup de la part des Perses : lorsque Héraclius eut défait les Perses, les Arméniens marquèrent de la disposition à se réunir à l'Eglise catholique : on assembla un concile, qui condamna tout ce que Narsès avait fait, et qui réunit les Arméniens à l'Eglise.

Cette réunion dura 105 ans, mais le schisme se renouvela au commencement du huitième siècle. Jean Agniensis, par ordre d'Omar, chef des Sarrasins, et avec le secours du calife de Babylone, assembla un conciliabule de quelques évêques arméniens et de six évêques assyriens; il y fit définir qu'il n'y avait qu'une seule nature en Jésus-Christ, une volonté et une opération; ainsi ils joignirent le monothélisme au monophysisme.

On ordonna encore, dans un concile, qu'à l'avenir on retrancherait l'eau des sacrés

(1) Oriens Christianus, t. I, p. 1355. Narratio de rebus Armenorum, apud Combefis auctuar. Biblioth. PP., t. II. Asseman, Bibliotb. Or., t. III, part. II, p. 57. Mémoires des missions de la compagnie de Jésus dans le Levant, t. III.

mystères pour ne point marquer deux natures en Jésus-Christ par le mélange de l'eau avec le vin.

Comme ce patriarche était aussi hypocrite qu'artificieux, il se fit la réputation d'un saint; il n'eut besoin pour cela que d'affecter extérieurement un air mortifié et de faire des ordonnances sévères, dont une défendit, tous les jours de jeûne, l'usage du poisson, de l'huile d'olive et du vin, aussi étroitement que la viande et les œufs y étaient défendus.

Le schisme renouvelé par ce patriarche dura jusqu'à la fin du neuvième siècle; quelques patriarches tentèrent la réunion et furent chassés: Kacik, voyant le ravage que les Turcs faisaient en Arménie, transporta son siége à Sébaste pour se mettre sous la protection des empereurs grecs.

Ce fut dans ce temps-là que Kacik, seigneur arménien, entreprit de relever le royaume de la petite Arménie: il prit le titre de roi et conquit la Cilicie et une partie de la Cappadoce.

Léon, qui succéda à Kacik, se trouva environné d'infidèles qui menaçaient de l'attaquer; il eut recours aux Latins qui étaient alors puissants dans l'Orient; et, pour se les rendre favorables, il tâcha de gagner les bonnes grâces du pape, qui était l'âme des armées et des mouvements des princes d'Occident. Il pria le pape Célestin III de lui envoyer un cardinal pour faire la cérémonie de son couronnement; ce prince favorisa beaucoup les catholiques dans l'Arménie, et disposa ses sujets à la réunion avec l'Eglise romaine. Cette réunion n'eut cependant pas lieu; les efforts que les patriarches firent et l'opposition des schismatiques causèrent même du désordre.

Ces divisions affaiblirent considérablement l'Arménie; et les Tartares, qui en furent informés, firent une irruption dans ce royaume, s'emparèrent de la Géorgie et de la grande Arménie, détruisirent la ville de Daun, dans laquelle on comptait plus de mille églises et plus de cent mille familles.

Les successeurs de Léon, après avoir soutenu différentes attaques des Sarrasins, et les avoir attaqués eux-mêmes en se réunissant aux Tartares, convoquèrent enfin un concile, au commencement du quatorzième siècle. Dans ce concile on reconnut que Jésus-Christ avait deux natures et deux volontés : ce concile était composé de vingt-six évêques, de dix vertabiets ou docteurs et de sept abbés.

Les schismatiques s'élevèrent contre le synode, et protestèrent contre tout ce qui s'y était fait: on prétend même qu'ils firent assassiner Hayton et Léon son fils, qui favorisaient la réunion.

Pour faire tomber leur répugnance, le successeur de Léon III fit assembler un nouveau concile, qui confirma tout ce que le précédent avait fait; et les monophysites s'opposèrent à ce concile, comme ils s'étaient opposés au concile précédent.

On ne se réunit donc point, et les Arméniens monophysites ne cessèrent point d'insulter les catholiques, et de leur susciter des persécutions.

Quelques années après la tenue de ce concile, Oscin II mourut, et les schismatiques rentrèrent dans les dignités ecclésiastiques. Après la mort de Grégoire, un moine nommé Ciriaque, passionné pour le schisme, enleva de la ville de *Sis* la sainte relique de la main droite de Grégoire, la reporta à *Echmiadzin*, où il eut le crédit de se faire élire patriarche par les schismatiques: c'est ainsi que recommença le schisme du patriarche des Arméniens, qui dure encore aujourd'hui; car *Sis* a conservé jusqu'à présent son patriarche, dont la juridiction s'étend sur la Cilicie et sur la Syrie, et Echmiadzin a le sien.

Ciriaque ne jouit pas long temps de son usurpation, et fut chassé deux ans après son élection, en 1447.

Alors les trois prétendants au patriarcat s'mirent en possession: un de ces prétendants, nommé Zacharie, emporta la sainte relique de la main de saint Grégoire dans l'île Aghtamar, où il avait déjà été patriarche, et y forma un troisième patriarcat, ou plutôt renouvela ce troisième patriarcat, car cette division du patriarcat était fort ancienne.

Ces patriarches causèrent beaucoup de troubles et de dissensions dans l'Arménie, parce que tous voulaient avoir la main de saint Grégoire: comme les patriarches payaient une grosse somme au roi de Perse, pour l'investiture, et un tribut annuel très-considérable, ils ne pouvaient satisfaire à cette dépense sans le secours de la relique, qui produisait infiniment.

Cha-Abas, qui sut le sujet de leurs querelles, fit venir la relique à Ispahan, et donna de plein droit le patriarcat à Melchisédec, qui s'engagea à lui payer chaque année deux mille écus; c'était beaucoup plus que le patriarche ne pouvait payer, et il s'enfuit à Constantinople.

Depuis ce temps, il y a eu des patriarches qui ont désiré de se réunir à l'Eglise romaine, mais sans pouvoir le persuader à la nation; cependant les missionnaires y ont converti beaucoup de schismatiques, et travaillent encore aujourd'hui avec succès à la réunion de l'Eglise arménienne avec l'Eglise catholique (1).

Ils sont aujourd'hui divisés en Arméniens francs et Arméniens schismatiques: les francs sont ceux que le Père Barthélemy, dominicain envoyé par le pape Jean XXII, ramena à la foi catholique: ils habitent sept villages dans un canton fertile, nommé *Abrener*; il y en a aussi quelques-uns en Pologne, sous un patriarche qui se soumit au siége de Rome en 1616 (2).

(1) Extrait de la lettre du Père Monnier sur l'Arménie, t. III des Mémoires des missions de la compagnie de Jésus dans le Levant. Cette lettre est très-curieuse et très-intéressante; on n'a rien de mieux sur l'Arménie. Le P. Le Quint a bien traité cette matière dans l'*Oriens christianus*.

(2) La Turquie chrétienne sous la puissante protection de Louis le Grand, par M. de la Croix; à Paris, chez Hérissant, 1695.

De la croyance des Arméniens schismatiques.

L'erreur capitale des Arméniens est de ne pas reconnaître le concile de Chalcédoine ; à cette erreur près, ils ne diffèrent, à proprement parler, de l'Eglise romaine que dans le rite ; ils ont tous les sacrements de l'Eglise romaine.

Il y a encore parmi eux quelques erreurs sur la procession du Saint-Esprit et sur l'état des âmes après la mort : ils croient que les âmes ne seront punies ou récompensées qu'au jour du jugement dernier. Quelques-uns croient aussi que Dieu créa toutes les âmes au commencement du monde, que Jésus-Christ retira toutes les âmes de l'enfer, qu'il n'y a point de purgatoire, et que les âmes séparées des corps sont errantes dans la région de l'air.

Mais ces erreurs n'appartiennent point à l'Eglise d'Arménie, et sont des erreurs particulières, qui se sont introduites chez eux par le commerce qu'ils ont eu avec les étrangers ; car il n'a jamais été question de ces erreurs lorsqu'il s'est agi de la réunion des Arméniens avec l'Eglise romaine (1).

D'ailleurs, les prières, les cantiques, les hymnes les plus anciennes de l'Eglise arménienne sont contraires à ces erreurs (2) : on trouve dans leurs rituels et dans leurs livres les prières pour les morts, le culte des saints, celui des reliques, en un mot, toute la croyance de l'Eglise romaine, et l'on fixe l'époque des changements qui sont arrivés dans cette Eglise.

L'Eglise romaine n'est donc coupable d'aucune des innovations que les protestants lui reprochent, puisque nous trouvons sa croyance dans une Eglise qui ne dépendait pas du pape ; et cette conformité de la croyance de l'Eglise d'Arménie avec la doctrine de l'Eglise romaine n'est point un effet du commerce des Arméniens avec les Latins, et du besoin que les Arméniens eurent des papes dans le temps des croisades, comme M. de la Croze voudrait le faire croire (3).

Cette croyance de l'Eglise romaine est consacrée dans des Rituels et dans des prières de l'Eglise d'Arménie beaucoup plus anciens que le commerce des Arméniens avec les Latins (4).

Il y a cependant quelques abus parmi les Arméniens, et quelques traces d'opinions judaïques : ils observent le temps prescrit par la loi de Moïse pour la purification des femmes ; ils s'abstiennent de tous les animaux que la loi a déclarés immondes, dont ils exceptent la chair de pourceau, sans pouvoir dire la raison de cette exception : ils se croiraient coupables de péché s'ils avaient mangé la chair d'un animal étouffé dans son sang.

Comme les juifs, ils offrent à Dieu le sacrifice des animaux qu'ils immolent à la porte de leurs églises par le ministère de leurs prêtres ; ils trempent le doigt dans le sang de la victime, et en font une croix sur leur porte.

Le prêtre retient pour lui la moitié de la victime, et ceux qui l'ont présentée en consomment les restes : ils font de ces sacrifices à toutes les bonnes fêtes, pour obtenir la guérison de leurs maladies ou d'autres bienfaits temporels (5).

Dieu, qui avait prescrit aux Juifs leurs cérémonies et leurs sacrifices, leur avait promis des biens temporels s'ils observaient sa loi ; Jésus-Christ n'avait, au contraire, promis que des biens spirituels. Les Arméniens, pour jouir des avantages des deux alliances, joignaient à la profession de la religion chrétienne la pratique de la loi judaïque.

Du gouvernement ecclésiastique des Arméniens.

Les Arméniens ont un patriarche qui fait sa résidence à Echmiadzin ; il est reconnu par tous les Arméniens comme le chef de l'Eglise arménienne et du gouvernement ecclésiastique ; il prend le nom et la qualité de pasteur catholique et universel de toute la nation.

Le patriarche est élu à la pluralité des voix des évêques qui se trouvent à Echmiadzin ; l'acte de son élection est envoyé à la cour de Perse pour avoir l'agrément du roi.

Cet agrément s'achète sous le nom spécieux d'un présent pour sa majesté et pour ses ministres ; mais si l'ambition et la partialité viennent à partager les suffrages et à causer une double élection, alors le patriarcat est mis à l'enchère et adjugé au plus offrant et dernier enchérisseur.

Le roi n'attend pas toujours que l'élection soit faite, il la prévient quand il veut, et même sans y avoir égard il nomme pour patriarche qui il lui plaît.

Le patriarche s'attribue un pouvoir absolu sur les évêques et archevêques ; mais par le fait son droit est réduit à confirmer les élections qui se font par les églises particulières ou les nominations qui viennent de la part du Grand Seigneur.

Les revenus du patriarche sont très-considérables, et montent tout au moins à cent mille écus, sans que, pour être si riche, il en soit plus magnifique ; car il est habillé comme un simple moine, ne mange que des légumes, ne boit que de l'eau, et vit dans un monastère comme les autres moines.

Ce grand revenu du patriarche se tire en partie des terres appartenant à son monastère, et en partie des contributions de tout son peuple ; et ce revenu est presque tout employé à acheter de la protection à la cour, à entretenir le monastère, à réparer et à orner les églises, à contribuer aux frais de la nation, et à payer le tribut pour quantité de pauvres, dont l'indigence serait

---

(1) *Voyez* les actes du concile d'Arménie tenu en 1342, t. VII. Collect. du P. Martene.
(2) Nouveaux mémoires, ibid. Lettre de l'abbé de Villefroy, avec une traduction française des cantiques arméniens. Journal de Trévoux, 1734.
(3) Christianisme d'Ethiopie, par La Croze, part. iv.
(4) Nouveaux mémoires, ibid. Lettre de l'abbé de Villefroy, ibid.
(5) Ibid.

une occasion prochaine d'abandonner le christianisme.

Tous les évêques vivent comme le patriarche, et cependant ces hommes sont des schismatiques ; ils forment des brigues et des cabales pour obtenir les dignités ecclésiastiques.

Chaque Eglise particulière a son conseil, composé des anciens les plus considérables ; ce conseil élit l'évêque, et prétend avoir droit de le déposer s'il n'en est pas content, ce qui retient l'évêque dans une crainte continuelle.

Il y a encore dans l'Eglise d'Arménie des vertabjets ou docteurs, qui ne font point de difficulté de prendre le pas sur les évêques qui ne sont point docteurs : ils portent la crosse et ont une mission générale pour prêcher partout où il leur plaît ; plusieurs sont supérieurs de monastères, et les autres courent le monde, débitant leurs sermons que les peuples écoutent avec respect.

Pour avoir et pour porter le titre de vertabjet, il ne leur en coûte que d'avoir été disciple d'un vertabjet ; celui qui l'a une fois acquis le communique à autant d'autres de ses disciples qu'il le juge à propos : lorsqu'ils ont appris le nom des saints Pères, quelques traits de l'histoire ecclésiastique, surtout ceux qui ont rapport à leurs opinions erronées, les voilà docteurs consommés.

Ces vertabjets se font rendre un grand respect, et ils reçoivent assis les personnes qui les vont voir, sans excepter même les prêtres : on s'avance modestement vers eux pour leur baiser la main, et, après s'être retiré à trois ou quatre pas d'eux, on se met à genoux pour recevoir leurs avis : les plus beaux endroits de leurs sermons sont des histoires fabuleuses et tendent à entretenir le peuple dans une quantité de pratiques superstitieuses.

Les vertabjets prêchent assis, et, après leurs sermons, on fait une collecte pour eux. Les évêques qui ne sont pas vertabjets sont obligés de prêcher debout.

Ces vertabjets observent, neuf mois de l'année, le jeûne le plus rigoureux, et le célibat pendant toute leur vie : ce sont des ambitieux qui aiment à dominer et qui sacrifient tout à cette passion. C'est par cet extérieur austère qu'ils dominent sur le peuple ignorant, et qu'ils l'entretiennent dans son ignorance qui fait la base du crédit et de la puissance des vertabjets. Ils déclament sans cesse contre les Latins et contre les missionnaires qui pourraient les éclairer ; ils tiennent, autant qu'ils peuvent, le peuple et le clergé dans l'ignorance et dans la superstition.

La science des prêtres consiste à savoir lire couramment le missel et à entendre les rubriques : toute leur préparation pour recevoir l'ordre de la prêtrise se termine à demeurer quarante jours dans l'église, et on les ordonne le quarantième ; ce jour même ils disent la messe, qui est suivie d'un grand repas, pendant lequel la *papodie*, c'est-à-dire la femme du nouveau prêtre, demeure assise sur un escabeau, les yeux bandés, les oreilles bouchées et la bouche fermée, pour marquer la retenue qu'elle doit avoir à l'égard des fonctions saintes auxquelles son mari va être employé : chaque fois qu'un prêtre doit dire la messe, il passe la nuit dans l'église.

Lorsque les enfants ont appris à lire, leur maître d'école les présente à l'évêque, qui les ordonne dès l'âge de dix ou douze ans.

L'évêque reçoit douze sols pour chaque ordonné (1).

ARMINIUS (Jacques), naquit à Ondewater, en Hollande, l'an 1560, c'est-à-dire dans le fort de la révolution ; il étudia dans l'université de Leyde, et fut ensuite envoyé à Genève, l'an 1582, aux dépens des magistrats d'Amsterdam, afin d'y perfectionner ses études : il défendit avec beaucoup de chaleur la philosophie de Ramus.

Martin Lydius, professeur en théologie à Franeker, le chargea de réfuter un écrit dans lequel les ministres de Delft combattaient la doctrine de Théodore de Bèze sur la prédestination.

Arminius examina l'ouvrage des ministres de Delft, balança les raisons, et enfin adopta les sentiments qu'il s'était proposé de combattre : il ne put concevoir Dieu tel que Calvin et Bèze proposaient de le croire, c'est-à-dire : « prédestinant les hommes au péché et à la damnation, comme à la vertu et à la gloire éternelle : il prétendit que Dieu, étant un juste juge et un père miséricordieux, avait fait de toute éternité cette distinction entre les hommes : que ceux qui renonceraient à leurs péchés et qui mettraient leur confiance en Jésus-Christ seraient absous de leurs mauvaises actions, et qu'ils jouiraient d'une vie éternelle ; mais que les pécheurs seraient punis ; qu'il était agréable à Dieu que tous les hommes renonçassent à leurs péchés, et qu'après être parvenus à la connaissance de la vérité ils y persévérassent constamment ; mais qu'il ne forçait personne : que la doctrine de Bèze et de Calvin faisait Dieu auteur du péché, et endurcissait les hommes dans leurs mauvaises habitudes en leur inspirant l'idée d'une nécessité fatale (2). »

Gomar, professeur en théologie à Leyde, prit la défense des sentiments de Calvin et de Bèze ; Arminius et Gomar firent donc deux partis en Hollande.

Nous exposons, à l'article HOLLANDE, combien ces divisions causèrent de désordre dans les Provinces-Unies : nous n'examinerons ici Arminius et ses sectateurs que comme une société de théologiens et de raisonneurs.

Arminius et ses disciples ne purent donc concilier avec les idées de la bonté de Dieu le dogme de la prédestination et de la fatalité à laquelle Calvin assujettissait l'homme ; ils enseignèrent que Dieu voulait que tous les hommes fussent sauvés, qu'il leur accor-

---

(1) Nouveaux mémoires, ibid.
(2) Histoire de la réforme des Pays-Bas, t. I, l. xviii, p. 1363.

dait une grâce avec laquelle ils pouvaient se sauver.

Comme tous les réformés, Arminius et ses disciples ne reconnaissaient point d'autorité infaillible qui fût dépositaire des vérités révélées et qui fixât la croyance des chrétiens : ils regardaient l'Ecriture comme la seule règle de la foi, et chaque particulier comme le juge du sens de l'Ecriture.

Ils interprétèrent donc ce que l'Ecriture dit sur la grâce et sur la prédestination conformément aux principes d'équité et de bienfaisance qu'ils portaient dans leur cœur et dans leur caractère; ils ne se fixèrent pas dans la doctrine de l'Eglise romaine sur la prédestination et sur la grâce; ils ne reconnurent point de choix, point de prédestination, et passèrent insensiblement aux erreurs des pélagiens et des semi-pélagiens.

Comme les arminiens croyaient que chaque particulier était juge naturel du sens de l'Ecriture, par une suite de leur caractère et de leurs principes d'équité, ils ne se crurent point en droit de forcer les autres à penser et à parler comme eux; ils crurent qu'ils devaient vivre en paix avec ceux qui n'interprétaient point l'Ecriture comme eux; de là vient cette tolérance générale des arminiens pour toutes les sectes chrétiennes, et cette liberté qu'ils accordaient à tout le monde d'honorer Dieu de la manière dont il croyait que l'Ecriture le prescrivait.

Chaque particulier étant juge du sens de l'Ecriture et n'étant point obligé de suivre la tradition, c'est à la raison à juger du sens de l'Ecriture.

L'arminien qui a cherché à examiner les dogmes du christianisme a donc rapproché insensiblement ces dogmes des idées que la raison nous fournit; il a rejeté comme contraire à l'Ecriture tout ce qu'il ne comprenait pas, parce que, chaque particulier étant obligé de croire l'Ecriture et de l'interpréter, il ne pouvait croire que ce qu'il pouvait comprendre.

Les arminiens, en suivant scrupuleusement les principes de la réforme sur le juge des controverses, se sont donc insensiblement réunis avec les sociniens, au moins en partie.

Par la notion que nous venons de donner de l'arminianisme, il est clair qu'il ne peut avoir de symbole et de profession de foi qui soit fixe, excepté la croyance de l'Ecriture et le dogme fondamental de la réforme, savoir : *que chaque particulier est juge du sens de l'Ecriture.*

Brandt, qui nous a donné la profession de foi des arminiens, déclare que les arminiens ne prétendent assujettir personne à la recevoir telle qu'il la donne; et elle est conçue de manière que le catholique et le socinien pouvaient y trouver chacun leur dogme (1).

Les arminiens ont compté parmi eux des hommes du premier ordre: Episcopius, Courcelles, Grotius, Le Clerc.

Les calvinistes ont beaucoup écrit contre les arminiens, et leur ont reproché d'être tombés dans les erreurs des sociniens; ce reproche n'est pas sans fondement, quoi qu'en disent les arminiens; mais ce reproche n'est pas une réfutation, et les calvinistes n'ont point de ressources à l'épreuve des difficultés et des rétorsions des arminiens : il n'appartient qu'aux catholiques de réfuter solidement et sans retour l'arminien, en lui prouvant que c'est à l'Eglise qu'il appartient d'interpréter l'Ecriture et de nous apprendre ce que Jésus-Christ a révélé.

Nous exposons, à l'article HOLLANDE, l'état actuel des arminiens dans les Provinces-Unies; ils ont formé un établissement considérable dans le Holstein, où un grand nombre se retira pour éviter la persécution en Hollande; le roi de Danemarck leur donna la liberté d'y bâtir une ville, qui est devenue considérable, et connue sous le nom de Fridéricstad (2).

Cette secte absorbera vraisemblablement toutes les sectes réformées.

ARNAUD DE BRESSE vint d'Italie étudier en France sous Abaelard, et retourna en Italie, où il prit l'habit monastique : il ne manquait ni d'esprit, ni de talent pour la prédication, et il avait un désir ardent d'être célèbre.

Il fallait, pour parvenir à la célébrité, se faire un parti considérable, donner un nom à une secte et attaquer des ennemis considérables : Arnaud de Bresse attaqua les moines, les clercs, les prêtres, les évêques; il prêcha qu'ils ne pouvaient posséder ni fiefs, ni biens-fonds, et que tous ceux qui en possédaient seront damnés.

Le peuple reçut avidement cette doctrine, le clergé fut effrayé de son succès, et le pape Innocent II chassa d'Italie Arnaud de Bresse, qui y rentra aussitôt qu'il apprit la mort du pape.

Il trouva sur le siège de saint Pierre Eugène III, et le peuple sur le point de se soulever contre le pape. Arnaud de Bresse saisit l'occasion, prêcha contre le saint-père, anima le peuple et proposa aux Romains de rétablir l'ancien gouvernement qui avait rendu leurs ancêtres les maîtres de la terre: il enseigna qu'il fallait renfermer l'autorité du pape dans les objets de la religion et rétablir le sénat.

Le peuple, séduit par cette chimère, insulta les grands seigneurs et les cardinaux, les attaqua et pilla leurs palais (3).

Le pape Adrien IV excommunia Arnaud de Bresse et ses adhérents, et interdit le peuple jusqu'à ce qu'il eût chassé de Rome ce moine séditieux.

Les Romains, placés entre la crainte de l'interdit et les assurances que leur donnait Arnaud de Bresse, n'hésitèrent point à prendre le parti de l'obéissance, et les arnaudistes furent obligés de sortir de Rome.

Ils se retirèrent en Toscane, où ils furent

---

(1) Brandt, Hist. de la réforme, t. III.
(2) Hofman Lexicon, in voce ARMINIUS

(3) Otho Frisingensis, l. II de Gestis Friderici, c. 20

bien reçus du peuple, qui considérait Arnaud de Bresse comme un prophète (1); cependant il fut arrêté quelque temps après par le cardinal Gérard, et malgré les efforts des vicomtes de Campanie, qui l'avaient remis en liberté, il fut conduit à Rome et condamné par le gouvernement de cette ville à être attaché à un poteau, à être brûlé vif et à être réduit en cendres, de crainte que le peuple n'honorât ses reliques.

Ainsi, la crainte de l'interdit força le peuple à faire brûler un homme qu'il honorait comme un saint; ce peuple avait cru Arnaud de Bresse lorsqu'il prêchait contre l'autorité du pape, il l'abandonna lorsque le pape employa cette même autorité contre lui et contre Arnaud de Bresse.

ARNAUD DE VILLENEUVE, ainsi nommé du lieu de sa naissance, naquit sur la fin du treizième siècle, selon la plupart des auteurs; après avoir fait ses humanités, il s'attacha à la chimie; il y fit de grands progrès, et s'appliqua ensuite à la philosophie et à la médecine.

Après avoir parcouru les écoles de France, il passa en Espagne pour y entendre les philosophes arabes, qu'on estimait alors les plus grands naturalistes. Il alla ensuite en Italie conférer avec certains philosophes pythagoriciens qui étaient en grande réputation; il forma ensuite le projet de passer en Grèce pour conférer avec les savants qui y restaient, mais les guerres qui désolaient ces pays l'en empêchèrent; il se retira à Paris, où il enseigna et pratiqua la médecine avec beaucoup de réputation (2).

Arnaud de Villeneuve, entraîné par sa curiosité naturelle, avait effleuré presque toutes les sciences, et il s'était fait une réputation qui lui persuada qu'il était capable de tout; il donna dans plusieurs erreurs. Voici ce qu'il soutenait :

1° La nature humaine en Jésus-Christ, est en tout égale à la divinité.

2° L'âme de Jésus-Christ, aussitôt après son union, a su tout ce que savait la divinité.

3° Le démon a perverti tout le genre humain et fait périr la foi.

4° Les moines corrompent la doctrine de Jésus-Christ; ils sont sans charité, et ils seront tous damnés.

5° L'étude de la philosophie doit être bannie des écoles, et les théologiens ont très-mal fait de s'en servir.

6° La révélation faite à Cyrille est plus précieuse que l'Ecriture sainte.

7° Les œuvres de miséricorde sont plus agréables à Dieu que le sacrifice de l'autel.

8° Les fondations des bénéfices ou des messes sont inutiles.

9° Celui qui ramasse un grand nombre de gueux et qui fonde des chapelles ou des messes perpétuelles encourt la damnation éternelle.

10° Le prêtre qui offre le sacrifice de l'autel, et celui qui le fait offrir, n'offrent rien du leur à Dieu.

11° La passion de Jésus-Christ est mieux représentée par les aumônes que par le sacrifice de l'autel.

12° Dieu n'est pas loué par des œuvres dans le sacrifice de la messe, mais seulement de bouche.

13° Il n'y a, dans les constitutions des papes, que des œuvres de l'homme.

14° Dieu n'a point menacé de la damnation éternelle ceux qui pèchent, mais seulement ceux qui donnent mauvais exemple.

15° Le monde finira l'an 1335 (3).

Toutes ces propositions sont tirées des différents livres composés par Arnaud de Villeneuve; tels sont le livre intitulé : *De l'humanité et de la patience de Jésus-Christ*; le livre *De la fin du monde, de la charité*, etc. (4).

Nous ne voyons point si ces différentes propositions étaient liées dans Arnaud de Villeneuve, et si elles formaient un système de théologie; il y a beaucoup d'apparence qu'Arnaud de Villeneuve était un homme qui en voulait aux moines et aux ecclésiastiques : rien ne nous oblige à le supposer théologien éclairé; ainsi nous ne disputerons pas à M. Chaufepied qu'il ait été un des précurseurs des nouveaux réformés (5).

Arnaud de Villeneuve fonda en quelque sorte une secte connue sous le nom d'arnaudistes; cette secte fit quelques progrès, surtout en Espagne.

Ainsi, ni les excommunications, ni les croisades, ni les rigueurs de l'inquisition, qui furent si multipliées dans le treizième et dans le quatorzième siècle, ne purent arrêter la licence de penser et d'écrire, ni celle des prédicants et des fanatiques, qui produisirent dans ce siècle une infinité de sectes; telles que les béguards, les apostoliques, les frérots, les lollards, etc.

Un degré de lumière de plus aurait rendu tous ces sectaires ridicules et les aurait fait rentrer dans le néant.

Les quinze propositions que nous avons rapportées furent condamnées à Tarragone, par l'inquisiteur, l'an 1317. Arnaud de Villeneuve, appelé pour traiter avec le pape Clément V, était mort dans le vaisseau qui le transportait, et fut enterré à Gênes honorablement, l'an 1313.

ARNAUD DE MONTANIER, natif de Puicerda, en Catalogne, enseignait que Jésus-Christ et les apôtres n'avaient rien en propre ni en commun; que nul de ceux qui portent l'habit de saint François ne sera

---

(1) Dupin, Hist. des controv. du douzième siècle, c. 6. D'Argentré, Collect. jud., tom. I, pag. 26. Natal Alex. in sæc. xii.
(2) Niceron, Mem., t. XXXIV, p. 82. Fabricius, Biblioth. Lat. mediæ et infim., t. I, p. 359.
(3) Nicol. Emeric., Direct. Inquisit., 282, édit. 1585. Niceron, loc. cit. Cent. Magd., cent. 13, c. 4 Hofman Lexic. Dup., xiv sæc., p. 431. Natal. Alex., sæc. xiii. D'Argentré, t. I, p. 267.
(4) D'Argentré, ibid. Thrithem. chronic. Hirsaugiensi, t. II, ad an. 1310, p. 423. Hist. prov. Cataluniæ.
(5) Pratœl. Elench. Hist. hær., p. 66. Fabricius, Biblioth. mediæ et infim., t. I, p. 355.

damné; que saint François descendait tous les ans en purgatoire, et en tirait tous ceux de son ordre pour les faire monter en paradis, et, enfin, que l'ordre de saint François durerait éternellement.

Il fut cité devant le tribunal de l'inquisition, et se rétracta de tout ce qu'il avait avancé; sa rétractation ne fut pas sincère, et il publia de nouveau ses folles imaginations: on le saisit une seconde fois dans le diocèse d'Urgel; Eyméric, qui en était l'évêque, condamna Arnaud de Montanier à une prison perpétuelle.

L'ignorance ne garantit donc point de l'erreur et elle ne rend point docile à la vérité, ni soumis aux supérieurs ecclésiastiques. Arnaud, plus éclairé, n'eût ni débité ses extravagances, ni résisté à ses supérieurs; on l'aurait détrompé.

ARNAUDISTES, disciples d'Arnaud de Villeneuve.

*ARRHABONAIRES, nom qu'on donna aux sacramentaires dans le seizième siècle, parce qu'ils disaient que l'eucharistie est donnée comme le gage du corps de Jésus-Christ, et comme l'investiture de l'hérédité promise. Stancarey enseigna cette doctrine en Pologne et en Transylvanie. *Voyez* Pratéole, au mot ARRHABONARII.

Ce mot est dérivé du latin *arrha* ou *arrhabo*, arrhe, gage, nantissement. Les catholiques conviennent que l'eucharistie est un gage de l'immortalité bienheureuse; mais que c'est là un de ses effets, et non son essence, comme le soutenaient les hérétiques dont il est ici question.

ARTEMON ou ARTEMAS, hérétique qui niait la divinité de Jésus-Christ et dont les principes étaient les mêmes que ceux de Théodote de Bysance. *Voyez* cet article (1).

ARTOTYRITES, branche de montanistes, ainsi appelés parce qu'ils offraient dans leurs mystères du pain et du fromage: ils admettaient aussi les femmes à la prêtrise et à l'épiscopat.

Montan avait pris la qualité de réformateur; ses disciples avaient pris son esprit: ils cherchaient sans cesse à perfectionner la discipline de l'Eglise: de là, chaque montaniste qui imagina quelque manière nouvelle d'honorer Dieu fit un article fondamental de sa pratique et forma une secte.

Quelques montanistes, faisant réflexion que les premiers hommes, dans leurs sacrifices, offraient à Dieu des fruits de la terre et des productions des brebis, crurent qu'il fallait se rapprocher de la pratique des premiers patriarches, et offrir à Dieu du pain et du fromage.

Montan avait associé à son ministère de prophète Priscille et Maximille: les artotyrites conclurent de là que les femmes pouvaient être promues aux ordres, et ils admettaient en effet les femmes à la prêtrise et à l'épiscopat; ils ne voulaient pas qu'on fît entre les deux sexes aucune différence pour le ministère de la religion, puisque Dieu n'en faisait point dans la communication de ses dons et des qualités propres à conduire les fidèles et à gouverner l'Eglise.

La pénitence, la mortification, la douleur d'avoir offensé Dieu étaient, selon les montanistes, les premiers devoirs du chrétien; l'essentiel du ministère était de faire naître dans le cœur des chrétiens ces sentiments, et il paraît que les montanistes croyaient les femmes plus propres à inspirer ces sentiments aux hommes, et plus capables de les toucher profondément, apparemment par la facilité qu'ils supposaient dans le sexe féminin pour s'affecter vivement, ou pour le paraître lors même qu'il ne l'est pas, et peut-être par la disposition qu'ils supposaient dans les hommes à prendre les sentiments des femmes, à s'attendrir sur le sort d'une femme affligée et à ressentir la douleur dont elle paraît pénétrée.

On voyait, dit saint Epiphane, entrer dans leurs églises sept filles habillées de blanc, avec une torche à la main, pour faire les prophétesses; là elles pleuraient, déploraient la misère des hommes, et, par ces grimaces, portaient le peuple à une espèce de pénitence (2).

ASCITES, secte de montanistes qui mettaient auprès de leur autel un ballon, le gonflaient fortement et dansaient autour. Ils regardaient ce ballon comme un symbole propre à exprimer qu'ils étaient remplis du Saint-Esprit; car c'était la prétention des montanistes. *Voyez* l'article MONTAN (3).

ASCODRUGITES, les mêmes que les ascites.

ASCOPHITES, espèce d'archontiques qui brisaient les vases sacrés en haine des oblations faites dans l'Eglise. Ils publièrent leurs erreurs vers l'an 173: ils rejetaient l'Ancien Testament, niaient la nécessité des bonnes œuvres et les méprisaient; ils prétendaient que, pour être saint, il suffisait de connaître Dieu; ils supposaient que chaque sphère du monde était gouvernée par un ange (4).

*ASTATIENS, hérétiques du neuvième siècle, sectateurs d'un certain Sergius, qui avait renouvelé les erreurs des manichéens. Leur nom, dérivé du grec, signifie: *sans consistance, variables, inconstants*, parce qu'ils changeaient de langage et de croyance à leur gré. Ils s'étaient fortifiés sous l'empereur Nicéphore qui les favorisait; mais son successeur, Michel Curopalate, les réprima par des édits très-sévères. On croit que ce sont eux que Théophane et Cédrène nomment *antigoniens*. Le Père Goar, dans ses notes sur Théophane, à l'an 803, prétend que les troupes de vagabonds connus en France sous le nom de bohémiens et d'égyptiens, étaient des restes d'astatiens; mais cette conjecture ne s'accorde pas à l'idée que Constantin,

---

(1) Euseb., Hist. eccles. l. v c. 28. Theodor., Hæret. Fab., l. II, c. 4.
(2) Epiph., hær. 49. Aug., de Hær. c. 28
(3) Aug, de Hær., c. 62. Auctor Præd. st. c. 62. Philastr, c. 75.
(4) Theod., Hæret. Fab., l. I, c. 10. Ittig., de Hær., sect. 2, c. 15, § 2.

Porphyrogénète et Cédrène nous donnent de cette secte. Née en Phrygie, elle y domina, et s'étendit peu dans le reste de l'empire. Les astatiens joignaient l'usage du baptême à toutes les cérémonies de la loi de Moïse, et faisaient un mélange absurde du judaïsme et du christianisme.

ATHOCIENS, hérétiques du treizième siècle qui croyaient que l'âme mourait avec le corps et que tous les péchés étaient égaux (1).

AUDÉE, selon Théodoret, et AUDIE, selon saint Epiphane, était de Mésopotamie, et célèbre dans sa province par sa foi et par son zèle pour la gloire de Dieu : il écrivait vers le milieu du quatrième siècle.

Lorsqu'il voyait dans l'Eglise quelque désordre, il reprenait avec hauteur les prêtres et même les évêques : s'il voyait un prêtre ou un évêque attachés à l'argent, ou vivre dans la mollesse, il en parlait, se plaignait, et le censurait amèrement.

Sa censure et sa hardiesse le rendirent enfin insupportable ; on le contredisait, on lui disait des injures, quelquefois on le maltraitait.

Le zèle pour le salut du prochain, et sans doute le plaisir de censurer, le soutinrent longtemps contre ces mauvais traitements ; mais enfin il se sépara de l'Eglise.

Tels sont les effets que produit ordinairement l'extrême vanité dans les hommes d'un petit esprit et d'une grande austérité de mœurs ; et si l'on avait analysé les causes du schisme d'Audée, on aurait peut-être trouvé qu'il n'était qu'un orgueilleux atrabilaire, sans science et sans esprit, qui haïssait ses supérieurs, les hommes et les plaisirs.

La franchise audacieuse qui attaque les supérieurs a un empire naturel sur les caractères faibles et sur les esprits inquiets ; ainsi Audée fut suivi dans son schisme par beaucoup de monde ; un évêque même approuva son schisme et l'ordonna évêque.

Audée fut donc chef d'une secte, dont le caractère était une aversion invincible pour toute espèce de condescendance, qu'ils appelaient du nom odieux de respect humain.

Ce fut par ce motif qu'ils voulurent célébrer la pâque avec les juifs, prétendant que le concile de Nicée avait changé la pratique de l'Eglise par condescendance pour Constantin, que l'on crut flatter en laissant tomber la fête de Pâques au jour de sa naissance (2).

Les audiens suivaient, pour la rémission des péchés, une pratique singulière ; ils avaient une partie des livres canoniques, et ils en avaient en outre une grande quantité d'apocryphes, qu'ils estimaient encore plus mystérieux que les livres sacrés : ils mettaient ces livres en deux rangs, les apocryphes d'un côté, les livres sacrés de l'autre ; ils commandaient aux pécheurs de passer entre ces livres et de confesser leurs péchés, après quoi ils leur en donnaient l'absolution.

Comme Audée se faisait suivre par beaucoup de personnes du peuple, les évêques catholiques le déférèrent à l'empereur, qui le relégua en Scythie, d'où étant passé bien avant dans le pays des Goths, il y instruisit plusieurs personnes et y établit des monastères, la pratique de la virginité et les règles de la vie solitaire, ce qui dura jusqu'en 372, que tous les chrétiens furent chassés de la Gothie par la persécution d'Athanaric.

Saint Epiphane semble dire qu'Audée était mort avant ce temps : sa secte fut gouvernée après lui par divers évêques qu'il avait établis ; mais ces évêques étant morts avant l'an 377, les audiens se trouvèrent réduits à un très-petit nombre. Ils se rassemblèrent vers l'Euphrate et vers la Mésopotamie, particulièrement dans deux villages du territoire de Chalcide : beaucoup de ceux qui avaient été chassés de Gothie vinrent demeurer à Chalcide, et ceux même qui s'étaient répandus dans des monastères du mont Taurus ou dans la Palestine et dans l'Arabie se réunirent aux audiens de Chalcide.

Ils demeuraient dans des monastères ou dans des cabanes, à la campagne et auprès des villes ; ils ne communiquaient point avec les catholiques, parce que, selon les audiens, les catholiques étaient vicieux ou communiquaient avec les vicieux ; ainsi, jamais un audien ne parlait à un catholique, quelque vertueux et quelque saint qu'il fût ; ils quittèrent même le nom de chrétiens et prirent celui d'audéens ou d'audiens (3).

Il est clair qu'Audée, dans le commencement de son schisme, n'était tombé dans aucune erreur sur la foi, puisque ses ennemis ne lui en reprochaient alors aucune : il paraît que, dans la suite, les audiens attribuèrent à Dieu des mains, des yeux, des oreilles : Théodoret et saint Augustin l'assurent après saint Epiphane.

Le P. Pétau croit que Théodoret et saint Augustin ont mal entendu saint Epiphane, parce que ce Père dit que les audiens avaient conservé la pureté de la foi, quoiqu'ils s'obstinassent trop sur un point de peu d'importance, ce qu'on ne peut dire de l'erreur des anthropomorphites (4).

On peut répondre au P. Pétau que, quoique les audiens attribuassent à Dieu une forme humaine, cependant ils étaient orthodoxes sur la Trinité ; en sorte que l'erreur des audiens sur les passages de l'Ecriture qui attribuent à Dieu la forme humaine ne paraissait avoir rien changé dans leur foi.

Saint Epiphane ne trouve donc de répréhensible en eux que leur hardiesse à définir en quoi consistait la ressemblance de l'homme avec Dieu, et non pas le fond même de l'explication ; car il est certain que saint Epiphane réfute l'erreur des anthropomorphites dans cet endroit même : peut-être les audiens ne voyaient-ils point les conséquences de leur erreur sur cet article ; peut-être saint Epiphane a-t-il été porté à interpréter

(1) Cent. Magd., cent. 13, c. 5.
(2) Epiph., hæres. 70. Théodoret, Hæret. Fab., l. iv, c. 10.

(3) Epiph., hær. 70. Theod., Hæret. Fab., l. iv, c. 10.
(4) Pétau, Dogm. theol., t. I, l. ii, c. 1, § 8, 9.

avec indulgence l'explication des audiens, à cause de leur discipline austère, dont il paraît faire grand cas ; ce qu'il y a de sûr, c'est qu'il est injuste de prétendre prouver, par cette indulgence de saint Epiphane pour les audiens, que ce Père favorisait l'erreur des anthropomorphites, puisqu'il la réfute expressément.

Les audiens donnèrent encore dans quelques-unes des erreurs des manichéens : il paraît qu'ils croyaient que Dieu n'avait point créé les ténèbres, ni le feu, ni l'eau ; mais que ces trois éléments n'avaient point de cause et étaient éternels. Il paraît aussi qu'ils dégénérèrent de leur première austérité et qu'ils eurent dans la suite des mœurs fort déréglées (1).

*AUGUSTINIENS, hérétiques du seizième siècle, disciples d'un sacramentaire appelé Augustin, qui soutenait que le ciel ne serait ouvert à personne avant le jour du jugement dernier. C'est l'erreur des Grecs, qui fut condamnée dans les conciles de Lyon et de Florence, et à laquelle ils firent profession de renoncer pour se réunir à l'Eglise romaine.

*AUGUSTINUS, titre que Corneille Jansénius, évêque d'Ypres, donna à un ouvrage qu'il composa sur la grâce, parce qu'il prétendait y soutenir le vrai sentiment de saint Augustin, et y donner la clef des endroits les plus difficiles de ce Père sur cette matière.

Ce livre, qui a causé des disputes si vives, et qui a donné naissance à l'hérésie nommée le jansénisme, ne parut qu'après la mort de son auteur, et fut imprimé pour la première fois à Louvain, en 1640, in-folio. Il est divisé en trois parties. La première contient huit livres sur l'hérésie des pélagiens. La seconde en renferme neuf, un sur l'usage de la raison et de l'autorité en matière théologique, un sur la grâce du premier homme et des anges, quatre de l'état de la nature tombée, trois de l'état de nature pure. La troisième partie est subdivisée en deux : l'une contient un traité de la grâce de Jésus-Christ, en dix livres ; l'autre est un parallèle entre l'erreur des sémi-pélagiens et l'opinion des théologiens modernes qui admettent la grâce suffisante.

C'est de cet ouvrage qu'ont été extraites les cinq fameuses propositions qui en contiennent toute la substance, et qui ont été condamnées par plusieurs souverains pontifes. *Voyez* l'article JANSÉNISME.

*AUXENCE, évêque arien, intrus dans le siège de Milan par l'empereur *Constance*, fut condamné dans un concile tenu à Rome l'an 372. Il était né pour être plutôt homme d'affaires qu'évêque. Il ne savait pas le latin ; il ne connaissait que l'intrigue. Il posséda pourtant cet évêché jusqu'en 374, année de sa mort. Saint Hilaire de Poitiers, saint Ambroise et saint Augustin ont écrit contre lui.

B

*BAANITES, hérétiques, sectateurs d'un certain Baanès, qui se disait disciple d'Epaphrodite, et enseignait les erreurs des manichéens vers l'an 810 (2).

BACULAIRES, secte d'anabaptistes qui s'éleva en 1528, et qui fut ainsi appelée parce qu'aux erreurs générales des anabaptistes elle ajouta celle qui porte que c'est un crime de porter d'autres armes qu'un bâton, et qu'il n'est permis à personne de repousser la force par la force, puisque Jésus-Christ ordonne aux chrétiens de tendre la joue à celui qui les frappe.

L'amour de la paix, que Jésus-Christ était venu faire régner sur la terre, devait, selon ces anabaptistes, éteindre toutes les divisions et faire cesser tous les procès : ils croyaient qu'il était contre l'esprit du christianisme de citer quelqu'un en justice.

Ainsi, l'on voyait en Allemagne des anabaptistes qui croyaient que Dieu leur ordonnait de dépouiller de leurs biens tous ceux qui ne pensaient pas comme eux et de porter le meurtre, le feu, la désolation, partout où l'on ne recevait pas leur doctrine, tandis que d'autres anabaptistes se laissaient dépouiller de leurs biens et ôter la vie sans murmurer. Voilà où les principes de la réforme avaient conduit les esprits ; et l'on prétend nous donner la réforme comme un ouvrage de lumière, comme un parti nécessaire pour dégager la vérité des ténèbres dans lesquelles l'Eglise romaine l'avait ensevelie.

Les baculaires s'appelaient aussi stébleriens, du mot *steb*, qui signifie bâton (3).

BAGÉMIUS, était de Leipsick et vivait au milieu du dix-septième siècle : la suite de ses études le porta à rechercher les motifs qui avaient pu déterminer Dieu à créer des êtres distingués de lui.

Les théologiens et les philosophes s'étaient fort partagés sur cette question : les uns croyaient que Dieu n'avait créé le monde que pour faire éclater ses attributs ; les autres, pour se faire rendre des hommages par des êtres libres.

Bagémius crut qu'un être intelligent ne se portait à agir que par amour, et qu'il n'agissait hors de lui-même que par amour pour l'objet vers lequel il se portait ; il concluait de là que c'était par amour pour la créature que Dieu s'était déterminé à la créer : il prétendait rendre son système sensible par l'exemple d'un jeune homme que les charmes d'une seule personne attachent et assujettissent à elle.

Comme les créatures n'existaient point avant que Dieu se fût déterminé à les créer, il est clair que Dieu n'avait été déterminé à aimer les créatures que par l'idée qui les re-

---

(1) *Voy.* Theodoret, Hæret. Fab., lib. IV, c. 9.
(2) *Voyez* Pierre de Sicile, Hist. du Manichéisme renaissant. Baronius, ad an. 810.

(3) *Voyez*, à l'article ANABAPTISTES, leurs différentes sectes. *Voyez* Stockman Lexicon. Petrejus Catal. Hær.

présentait; ainsi Bagémius ne faisait que renouveler le système de Platon, que Valentin avait tâché d'unir avec le christianisme (1).

Bagémius ne paraît pas avoir fait secte : nous n'avons rapporté son erreur que pour faire voir qu'il y a, dans les opinions et dans les erreurs des hommes, une espèce de révolution qui les fait reparaître successivement, et que l'esprit humain rencontre à peu près les mêmes écueils lorsqu'il veut franchir les bornes des connaissances qui sont départies aux hommes : la lumière et la certitude sont complètes sur ce qu'il est nécessaire ou important de bien connaître; où la connaissance devient objet de curiosité, la lumière disparaît ou s'affaiblit, l'incertitude et l'obscurité commencent, c'est la religion des conjectures et l'empire de l'opinion et des erreurs.

La révélation, qui fixe nos idées à cet égard, est donc un grand bienfait; elle nous garantit de toutes ces erreurs que l'esprit humain quitte et reprend successivement depuis qu'il raisonne, livré à son inquiétude et à sa curiosité (2).

BAGNOLOIS ou BAGNOLIENS, secte d'hérétiques qui parurent dans le huitième siècle, et furent ainsi nommés de Bagnols, ville du Languedoc, au diocèse d'Uzès, où ils étaient en assez grand nombre. On les nomma aussi *concordois* ou *conzocois*, termes dont on ne connaît pas la véritable origine.

Ces *bagnolois* étaient manichéens et furent les précurseurs des albigeois; ils rejetaient l'Ancien Testament et une partie du Nouveau. Leurs principales erreurs étaient que Dieu ne crée point les âmes quand il les unit aux corps; qu'il n'y a point en lui de prescience; que le monde est éternel, etc. On donna encore le même nom à une secte de cathares dans le treizième siècle.

BAIANISME. C'est le nom que l'on donne au système théologique renfermé dans soixante-seize propositions condamnées par Pie V, tirées en grande partie des écrits ou recueillies des leçons de Michel Bay, plus communément appelé Baïus, quoique ce théologien ne soit point nommé dans la bulle, et que, parmi les propositions condamnées, il y en ait plusieurs, ou qui ne sont point de Bay, ou qui n'ont point de rapport aux matières de la grâce.

Nous allons examiner les principes et l'origine de ce système, les effets qu'il produisit, la condamnation de ce système et les suites de cette condamnation.

De l'origine et des principes du baïanisme.

Michel Bay naquit en 1513, à Malin, village de Hainaut; il fit ses études à Louvain, y enseigna la philosophie, et fut reçu docteur en 1550. Il fut choisi l'année suivante pour remplir la chaire d'Ecriture sainte (3).

Les sentiments de Luther, de Calvin et de Zuingle avaient fait beaucoup de progrès en Flandre et dans les Pays-Bas : les protestants ne reconnaissaient pour règle de la foi que l'Ecriture; cependant il y avait des Pères dont ils respectaient l'autorité; ils prétendaient même ne suivre que les sentiments de saint Augustin sur la grâce et sur la prédestination.

Baïus forma le projet de réduire l'étude de la théologie principalement à l'Ecriture et aux anciens Pères pour lesquels les hérétiques avaient de la vénération, de suivre la méthode des Pères dans la discussion des points controversés, et d'abandonner celle des scolastiques, qui déplaisait beaucoup aux protestants.

Ce théologien fit donc une étude sérieuse des écrits de saint Augustin et le prit pour modèle, parce qu'il le regardait comme le plus exact dans les matières qu'il avait traitées (4).

Baïus s'appliqua donc à bien comprendre la doctrine de saint Augustin, surtout par rapport à la grâce; car les protestants, comme nous l'avons dit, prétendant ne suivre que la doctrine de saint Augustin sur ces objets, on ne pouvait les combattre plus efficacement que par la doctrine de ce Père.

Saint Augustin avait prouvé, contre les pélagiens, la nécessité de la grâce; il avait prouvé cette vérité par les passages de l'Ecriture qui nous enseignent que nous ne pouvons rien sans Dieu, que toute notre force vient de lui, que notre nature est corrompue, que nous naissons enfants de colère.

Pélage avait opposé à ces preuves la liberté de l'homme, qui serait anéantie si la grâce lui était nécessaire.

Saint Augustin n'avait point attaqué la liberté de l'homme, mais il avait prétendu qu'il était dans une impossibilité absolue de faire son salut sans le secours de la grâce; il avait enseigné qu'Adam même, sans le secours de la grâce, n'aurait pu persévérer dans la justice originelle; que, par conséquent, depuis la chute de l'homme, il était non-seulement impossible qu'il fît son salut par ses propres forces, que le péché originel avait détruites, mais encore qu'il lui fallait une grâce plus forte qu'à Adam.

Voilà l'objet que Baïus envisagea dans saint Augustin; il crut que le changement opéré dans l'homme par le péché d'Adam donnait le dénouement de toutes les difficultés sur la liberté de l'homme, sur la nécessité de la grâce (5).

Saint Augustin avait prouvé le péché originel et la corruption de l'homme, par la concupiscence à laquelle il est sujet dès le moment de sa naissance, par les misères qu'il souffre, par la mort, par tous les malheurs qui, depuis la chute d'Adam, sont les apa-

---

(1) *Voyez* l'article VALENTIN. On a expliqué, dans le t. I de l'Examen du fatalisme, le système de Platon.
(2) *Voyez* cette chaîne d'erreurs dans le t. I de l'Examen du fatalisme.
(3) Baïanis. Michael Bay op., secunda part., in-4°, p. 121.

Dupin, Biblioth., seizième siècle.
(4) Let. de Baïus au cardinal Simonet, à la fin de la collection des ouvrages de Baïus, in-12.
(5) *Voyez* l'article PÉLAGE

nages de l'humanité. Saint Augustin avait prouvé que l'homme n'était point dans l'état où Adam avait été créé, parce que, sous un Dieu juste, sage, bon, saint, l'homme ne peut naître ni corrompu, ni malheureux (1).

Baïus conclut de là que l'état d'innocence était non-seulement l'état dans lequel Dieu avait résolu de créer les hommes, mais encore que la justice, la sagesse, la bonté de Dieu n'avaient pu créer l'homme sans les grâces et sans les perfections de l'état d'innocence; que la justice d'Adam n'était point, à la vérité, essentielle à l'homme, en ce sens qu'elle fût une propriété de la nature humaine, en sorte que sans elle l'homme ne pût exister, mais qu'elle lui était essentielle pour n'être pas vicieux, dépravé et incapable de remplir sa destination.

Ainsi, disait Baïus, un homme peut exister sans avoir de bons yeux ou sans avoir de bonnes oreilles; mais s'il n'a que des yeux ou des oreilles dont les nerfs soient incapables de porter au cerveau les impressions des couleurs ou des sons, il ne peut remplir les fonctions auxquelles l'homme est destiné (2).

Dieu ne pouvait donc faire l'homme tel qu'il est aujourd'hui, c'est-à-dire avec la concupiscence, sans qu'il eût un empire absolu sur ses sens; sans cet empire, l'âme est l'esclave des corps, et c'est un désordre qui ne peut exister dans une créature qui sort des mains de Dieu (3).

L'homme, depuis le péché originel, a donc été privé de l'intégrité de sa nature, il est l'esclave de la concupiscence, il n'a plus de force que pour pécher.

Cette doctrine, selon Baïus, n'est point contraire au dogme de la liberté: trois sectes l'ont principalement attaquée, selon ce théologien, les stoïciens, les manichéens et les disciples de Luther, de Calvin.

Les premiers soumettaient toutes les actions humaines au destin qui produisait tout dans le monde; les seconds supposaient que la nature humaine était essentiellement mauvaise et vicieuse; enfin Luther et Calvin enseignaient que l'homme était sous la direction de la Providence, comme un automate entre les mains d'un machiniste: l'homme ne faisait rien parce qu'il était incapable d'agir, et que Dieu le déterminait dans toutes ses actions par une puissance invincible; mais encore parce qu'il produisait immédiatement et seul toutes les actions humaines (4).

Ces trois ennemis de la liberté se trompaient, selon Baïus, et il croyait son système propre à réfuter leurs erreurs: voici quel était ce système.

Dieu avait créé librement l'homme, et il l'avait créé libre. Adam avait péché librement, ainsi il n'était point entraîné par la loi du destin.

Le premier homme avait été créé juste, innocent et orné de vertus; ainsi la nature humaine n'était point mauvaise, comme les manichéens le pensaient. Le premier homme, dans cet état, commandait à ses sens et à son corps; tous les organes étaient soumis à sa volonté; il pouvait suspendre, arrêter les impressions des corps étrangers sur ses organes.

Il a perdu par son péché l'empire qu'il avait sur ses sens; il a perdu la grâce qui lui était nécessaire pour persévérer dans la justice; il a été entraîné nécessairement par le poids de la concupiscence vers la créature; il ne peut résister à ce penchant (5).

Ce n'était donc pas Dieu qui produisait les péchés de l'homme, comme Luther et Calvin avaient osé l'avancer; c'était l'homme lui-même qui se portait vers la créature, et qui s'y portait par son propre poids, par sa propre inclination: et c'était en cela que consistait sa liberté, parce qu'il n'était point forcé par une cause étrangère; la volonté n'était point contrainte; l'homme péchait parce qu'il le voulait, et il ne le voulait pas malgré lui; il obéissait à son penchant et non pas à une cause étrangère: ainsi il était libre (6).

L'homme pouvait même, dans les choses relatives à cette vie, choisir et se déterminer par jugement, et c'est pour cela que le libre arbitre n'est point éteint (7).

Baïus reconnaît que les docteurs catholiques qui ont écrit contre les hérétiques ne pensent pas ainsi sur le libre arbitre, et qu'ils le font consister dans le pouvoir de faire ou de ne pas faire une chose, c'est-à-dire dans une exemption de toute nécessité; mais il croit qu'ils se sont écartés du sentiment de saint Augustin qui, en s'attachant à l'Evangile, fait consister le libre arbitre en ce que la volonté de l'homme n'est exposée à aucune nécessité extérieure, sans qu'il soit nécessaire qu'il ait le pouvoir de ne pas faire la chose qu'il fait ou de faire celle qu'il ne fait pas (8).

Telle est la doctrine que Baïus et Hessels enseignèrent à Louvain sur la grâce et sur les forces de l'homme: elle fut adoptée par beaucoup de théologiens.

Baïus, Hessels ou leurs partisans avaient encore d'autres opinions différentes du sentiment commun des docteurs sur le mérite des œuvres, sur la conception de la Vierge, etc., dont nous ne parlerons point.

Des effets de la doctrine de Baïus.

Lorsque les théologiens de Louvain qui étaient allés au concile de Trente furent de retour, ils furent choqués des opinions de Baïus et du progrès qu'elles avaient fait. Quel est le diable, s'écriait un de ces théologiens, quel est le diable qui a introduit ces sentiments dans notre école pendant notre absence?

Les sentiments de Baïus furent attaqués

---

(1) *Voyez* l'article PÉLAGE et les ouvrages de S. Aug. contre les Pélagiens.
(2) De prima hominis Justitia, c. 2, 3, 11, etc.
(3) Ibid., c. 3, 4, 6, 7.
(4) *Voyez* les articles LUTHER, CALVIN.

(5) L. 1 de Bono justitiæ.
(6) De Lib. Arbitr.
(7) Ibid., c. 11.
(8) Ibid., c. 8.

par les théologiens des Pays-Bas, et surtout par les religieux de l'ordre de saint François, qui suivaient les sentiments de Scot, diamétralement opposés aux principes de Baïus, sur les forces de l'homme.

Scot reconnaissait que l'homme, par les forces de la nature, pouvait faire quelques bonnes actions, que Dieu pouvait accorder à ces œuvres quelques bonnes grâces, que ces œuvres ne pouvaient cependant mériter par elles-mêmes, puisqu'il n'y avait aucune proportion entre les œuvres, qui n'avaient qu'un mérite naturel, et la grâce, qui était d'un ordre surnaturel.

Baïus ne s'était pas contenté de proposer son sentiment, il avait attaqué vivement les sentiments qui lui étaient opposés, et leurs défenseurs avaient cru qu'ils étaient euxmêmes attaqués avec peu de ménagement dans les leçons de Baïus; ils attaquèrent à leur tour les sentiments de ce théologien; la dispute s'échauffa, et les adversaires de Baïus envoyèrent à la faculté de théologie de Paris dix-huit propositions qui avaient été avancées par Baïus ou par ses disciples, et qui contenaient les principes de la doctrine que nous venons d'exposer, et de plus quelques opinions qu'il est inutile d'examiner. Tel est le sentiment qui soumet la sainte Vierge à la loi du péché originel.

La faculté de théologie condamna ces propositions. Baïus les défendit pour la plupart, et le cardinal de Granvelle, gouverneur des Pays-Bas, voyant que les esprits s'échauffaient, et craignant que cette querelle ne commît l'université de Louvain et celle de Paris, obtint du pape un bref qui l'autorisait dans tout ce qu'il jugerait nécessaire pour l'apaiser.

Le cardinal de Granvelle imposa silence aux deux partis, et écrivit à Philippe II pour lui représenter combien il serait dangereux pour Baïus et pour Hessels, et en même temps combien il serait nuisible à l'Eglise de donner occasion, par une conduite trop dure, de prendre un parti dont les suites pourraient être fâcheuses, et il lui conseilla de ne suivre, dans toute cette affaire, que le parti de la douceur; il louait beaucoup la catholicité, la science, la piété de Baïus et de Hessels.

Philippe II approuva la conduite du cardinal de Granvelle, et la paix parut rétablie dans l'université.

Les adversaires de Baïus ne tardèrent pas à recommencer les hostilités : ils présentèrent au cardinal de Granvelle un mémoire contenant plusieurs propositions qu'ils attribuèrent à ce docteur, et ils les dénoncèrent comme étant presque toutes suspectes d'erreur ou d'hérésie.

Le cardinal de Granvelle communiqua ces propositions à Baïus, qui en désavoua une partie et soutint que les autres étaient mal digérées, conçues en termes ambigus et susceptibles d'un mauvais sens dont il était fort éloigné. La contestation ne fut pas alors poussée plus loin, et Baïus fut député au concile de Trente avec Hessels (1).

Baïus, à son retour du concile, acheva de faire imprimer ses ouvrages. Les contestations se renouvelèrent avec plus de chaleur que jamais, et l'on tira des écrits de Baïus plusieurs propositions que l'on envoya en Espagne pour les faire condamner. Les religieux de saint François députèrent à Philippe II deux de leurs confrères, l'un confesseur de Marie d'Autriche, l'autre très puissant auprès du duc d'Albe, afin de faire intervenir le roi dans cette affaire.

Des jugements du saint-siège sur les propositions attribuées à Baïus.

On avait extrait des écrits de Baïus, de ses discours ou de ceux de ses disciples soixante-seize propositions : ces propositions ne sont presque que le développement de ce que nous avons exposé de la doctrine de Baïus, et elles peuvent se rapporter aux principes suivants :

L'état de l'homme innocent est son état naturel; Dieu n'a pu le créer dans un autre état; ses mérites en cet état ne doivent point être appelés des grâces, et il pouvait par sa nature mériter la vie éternelle.

Depuis le péché, toutes les œuvres des hommes faites sans la grâce sont des péchés; ainsi toutes les actions des infidèles, et l'infidélité même négative, sont des péchés.

La liberté, selon l'Ecriture sainte, est la délivrance du péché; elle est compatible avec la nécessité; les mouvements de cupidité, quoique involontaires, sont défendus par le précepte, et ils sont un péché dans les baptisés, quand ils sont retombés en état de péché.

La charité peut se rencontrer dans un homme qui n'a pas encore obtenu la rémission de ses péchés. Le péché mortel n'est point remis par une contrition parfaite qui enferme le vœu de recevoir le baptême ou l'absolution, si l'on ne les reçoit naturellement.

Personne ne naît sans péché originel, et les peines que la Vierge et les saints ont souffertes sont des punitions du péché originel ou actuel.

On peut mériter la vie éternelle avant d'être justifié; on ne doit pas dire que l'homme satisfait par des œuvres de pénitence, mais que c'est en vue des actions que la satisfaction de Jésus-Christ nous est appliquée.

Pie V condamna les propositions qui contenaient cette doctrine : Nous condamnons ces propositions, dit-il, à la rigueur et dans le propre sens des termes de ceux qui les ont avancées, quoiqu'il y en ait quelques-unes que l'on peut en quelque sorte soutenir, c'est-à-dire dans un sens éloigné de la signification propre des termes et de l'intention de ceux qui s'en sont servis (2).

Le cardinal de Granvelle, chargé de l'exé-

---

(1) Baiann., p. 55, 194. Littera Car. Granvelle, quæ Vesontii, in abbatia S. Vincentii, asservatur.

(2) Les défenseurs de Baïus lisent autrement le prononcé de la bulle ; ils prétendent qu'il faut lire : « Nous condamnons ces propositions quoiqu'il y en ait quelques-unes d'entre elles que l'on peut en quelque sorte soutenir à la rigueur et dans le sens propre des termes de ceux qui les ont avancées. »

cution de la bulle, commit pour cela Morillon, son grand vicaire, lui enjoignit de procéder avec une charité vraiment chrétienne, pour réparer doucement la faute de Baïus, ce qui, dit le cardinal, fera plus d'honneur à l'université et à eux-mêmes, et leur procurera plus de réputation que s'ils se conduisaient avec aigreur.

Morillon assembla la faculté étroite de Louvain le 16 novembre 1570, publia la bulle de Pie V dans l'assemblée de cette faculté, sans en laisser néanmoins la copie, requit que les docteurs en théologie la souscrivissent, et leur demanda s'ils voulaient obéir à la constitution du pape qu'il venait de leur présenter. Six docteurs de Louvain et Baïus même se soumirent.

Comme Baïus n'était point nommé dans la bulle, il resta dans l'université de Louvain, et fut même fait chancelier et conservateur des privilèges de l'université de Louvain en 1578.

La même année, les querelles qui semblaient apaisées se renouvelèrent : d'un côté, Baïus fut accusé de tenir encore les erreurs condamnées, et, de l'autre, on fit naître un doute sur l'authenticité de la bulle ; quelques-uns prétendirent qu'elle était supposée, et d'autres qu'elle était subreptice.

Le roi d'Espagne appuya la sollicitation de quelques théologiens de Louvain auprès de Grégoire XIII pour apaiser ces contestations, et le pape donna une bulle dans laquelle il inséra la bulle entière de Pie V, sans la confirmer expressément, ni condamner de nouveau les articles qui y étaient contenus, mais en déclarant seulement qu'il avait trouvé cette bulle dans les registres de Pie V et qu'on devait y ajouter foi.

Cette bulle fut notifiée à la faculté de Louvain par le P. Tolet, jésuite, confesseur de Grégoire XIII, et chargé de la faire exécuter.

Baïus déclara qu'il condamnait les articles portés dans la bulle ; qu'il les condamnait selon l'intention de la bulle et de la manière que la bulle les condamnait.

Les docteurs de Louvain firent la même déclaration ; Baïus signa même une déclaration par laquelle il reconnaissait qu'il avait soutenu plusieurs des soixante-seize propositions condamnées dans la bulle, et qu'elles étaient censurées dans le sens dans lequel il les avait enseignées. Baïus signa cet acte le 24 mars 1580, et Grégoire XIII lui écrivit ensuite un bref très-obligeant en lui envoyant une copie de la bulle de Pie V qu'il avait demandée.

Urbain VIII confirma, en 1642, la condamnation portée par Pie V.

On a beaucoup disputé sur l'autorité de ces bulles : cette discussion n'appartient pas à mon sujet, je me contenterai d'indiquer les auteurs qui en ont traité (1).

Suite des contestations élevées sur la doctrine de Baïus.

Malgré les précautions que l'on avait prises pour étouffer l'esprit de division entre les théologiens des Pays-Bas, les contestations continuèrent dans la faculté de Louvain : Baïus était toujours soupçonné d'attachement aux opinions proscrites par la bulle de Pie V ; on l'accusait même hautement de refuser de faire prêter aux candidats le serment de soumission à cette bulle, et d'avoir osé proposer qu'on biffât cet article du serment qu'on exigeait d'eux lorsqu'ils se présentaient aux grades.

Ces accusations furent envoyées au Père Tolet, jésuite, à qui on adressa en même temps plusieurs propositions qui concernaient la doctrine et la conduite de Baïus, et ce jésuite en renvoya le jugement aux universités d'Alcala et de Salamanque, qui censurèrent les propositions de Baïus.

La différence de ces deux leçons dépend d'une virgule placée devant ou après le mot *possint*, comme tout le monde peut s'en convaincre en lisant le prononcé de la bulle en latin : *Quas quidem sententias, stricto coram nobis examine ponderatas, quanquam nonnullæ aliquo pacto sustineri possint, in rigore et proprio verborum sensu ab auctoribus intento damnamus*. Il est clair que la virgule mise après *intento*, placée après *possint*, fait un sens absolument différent.

Les défenseurs de Baïus ont prétendu qu'il faut lire la virgule après *intento*, non pas après *possint* : nous ferons sur cela quelques réflexions.

1° Une censure dogmatique a toujours pour objet le sens propre et naturel des propositions, et la censure du pape serait injuste, informe, absurde, si elle proscrivait les soixante-seize propositions des livres dont elles sont extraites seulement à cause d'un sens étranger qu'elles n'ont ni dans le livre, ni dans l'esprit des auteurs, mais qu'on peut leur donner.

2° Le cardinal de Granvelle, chargé de l'affaire du Baïanisme par Pie V, déclara que Baïus avait encouru les censures portées par la bulle, pour avoir défendu les propositions dans le sens des paroles de l'auteur.

3° Grégoire XIII obligea Baïus à confesser que ses propositions étaient condamnées par la bulle dans le sens qu'il avait enseigné et exigea de l'université de Louvain qu'elle enseignât la contradictoire de toutes ces propositions pour se conformer à la bulle.

4° Urbain VIII fit imprimer la constitution de Pie V avec la virgule après *possint*, et non pas après *intento*.

5° Le saint-siége exigea des universités de Louvain et de Douai une acceptation pure et simple de la bulle et voulut que, dans cette acceptation, on déclarât qu'aucune des propositions ne peut être soutenue, prise en rigueur et dans le sens propre des paroles.

6° Les défenseurs de Baïus prétendent que, dans la copie de la bulle envoyée par le pape même et déposée dans les archives de la faculté de Louvain pour y servir d'original, il n'y a ni virgules, ni distinction d'articles, dont on ne peut deviner la division que par des lettres majuscules qui paraissaient à la tête de chaque article. (Dissert. sur les bulles contre Baïus, p. 58.)

Dans cette supposition même, ne faut-il pas s'en rapporter sur le sens de la bulle à Urbain VIII et à Grégoire XIII, et aux principes de la critique qui ne permettent pas de placer la virgule après *intento* comme on l'a fait voir dans les premières réflexions ?

7° Dans les lettres que le cardinal de Granvelle écrivit à Morillon pour l'exécution de la bulle, il est clair que l'on croyait à Rome et que le cardinal de Granvelle pensait qu'on avait condamné les livres et les sentiments de Baïus. (Inter opera Baii, t. II, p. 59.)

Voyez l'Histoire du baïanisme ou de l'hérésie de Baïus, avec des notes historiques, chronologiques, etc., suivies d'éclaircissements, etc., par le Père J.-B. Duchesne, de la compagnie de Jésus ; à Douai, in-4°, 1731.

Traité historique et dogmatique sur la doctrine de Baïus et sur l'autorité des papes qui l'ont condamnée ; 1739, 2 vol. in-12.

(1) Le père Duchesne, loc. cit. cinquième instruct. pastor. de M. Languet, arch. de Sens, p. 877, etc. Instruct. pastorale de M. de Cambrai, 1735. Traité historique cité ci-dessus. Diss. sur les bulles contre Baïus, 1737, in-12. Dissert. sur les bulles contre Baïus et sur l'état de nature pure, par le P. de Gennes, 1722, 2 vol. in-12.

L'évêque de Verceil, nonce du pape en Flandre, pour rétablir la paix dans la faculté de Louvain, fit dresser un corps de doctrine opposé aux articles censurés par Pie V, et toute la faculté de Louvain s'engagea par serment à le prendre pour règle de ses sentiments (1).

Depuis ce corps de doctrine, on croyait la paix si bien établie dans la faculté de théologie de Louvain que rien dans la suite ne serait capable de la troubler, lorsque la doctrine que deux théologiens jésuites (Lessius et Hamelius) enseignèrent sur la grâce et sur la prédestination renouvela toutes les disputes.

Rien n'était plus opposé aux sentiments de Baïus que les principes de Lessius. Ce théologien supposait que Dieu, après le péché d'Adam, donnait à tous les hommes des moyens suffisants contre le péché et des secours pour acquérir la vie éternelle; que l'Ecriture était remplie de préceptes et d'exhortations pour engager les pécheurs à se convertir : d'où Lessius concluait encore que Dieu leur donnait un secours suffisant pour pouvoir se convertir, puisque Dieu ne commande point des choses impossibles. Lessius croyait que saint Augustin ne semblait pas exposer, selon l'intention de l'Apôtre, ces paroles de l'épître à Timothée, *Dieu veut que tous les hommes soient sauvés*, en disant que saint Paul avait entendu que Dieu veut que tous ceux qui sont sauvés soient sauvés.

Lessius enseignait que tous les endroits de l'Ecriture sainte, qui signifient qu'il est impossible à certaines personnes de se convertir, doivent être entendus de telle sorte que le terme d'impossible signifie ce qui est extrêmement difficile; il soutenait que celui qui ignore invinciblement la foi est obligé d'observer les préceptes naturels, c'est-à-dire le décalogue, et qu'il avait un secours moral suffisant pour les accomplir, parce que Dieu n'oblige personne à l'impossible; qu'autrement on retomberait dans les erreurs des hérétiques qui disent que, depuis le péché originel, le libre arbitre pour le bien a été perdu; il croyait que la prédestination à la gloire ne se faisait pas avant la prévision des mérites, et disait que quand saint Augustin serait d'une opinion contraire, cela n'importerait pas beaucoup.

Lessius enseignait encore quelque chose, concernant l'Ecriture sainte opposé aux sentiments des docteurs de Louvain, mais qui n'avait aucun rapport au baïanisme : nous ne parlerons point de cet objet, sur lequel on peut voir la censure de la faculté de Louvain, imprimée à Paris en 1641.

Il y avait dans la faculté de Louvain des théologiens qui conservaient toujours du penchant pour les opinions de Baïus : d'ailleurs, l'autorité de saint Augustin était si grande dans cette université que la doctrine de Lessius révolta beaucoup de monde, et il y a beaucoup d'apparence que Baïus profita de ces dispositions et employa son crédit pour faire censurer la doctrine de Lessius.

La faculté de Louvain censura en effet trente propositions extraites des livres de Lessius, comme contenant, pour la plupart, une doctrine entièrement opposée à ce que saint Augustin a enseigné en mille endroits de ses écrits touchant la grâce et le libre arbitre; elle déclarait que l'autorité de saint Augustin ayant toujours été extrêmement respectée dans l'Eglise par les conciles, par les papes et par les auteurs ecclésiastiques les plus illustres, c'était outrager les uns et les autres que de ne pas déférer à cette autorité; enfin, que les propositions de Lessius renouvelaient et ressuscitaient toutes celles des semi-pélagiens de Marseille, si solennellement condamnées par le saint-siége (2).

La faculté de Louvain envoya sa censure à toutes les Eglises des Pays-Bas, et, pour perpétuer autant qu'elle le pourrait ses sentiments sur les matières contestées, elle institua une leçon publique de théologie pour réfuter les opinions de Lessius, et chargea de cet emploi Jacques Janson, ami zélé de Baïus, et maître de Jansénius.

L'université de Douai, que l'on peut nommer la fille de celle de Louvain, émue par l'exemple de sa mère, et peut-être encore aussi ennemie qu'elle des nouveaux collèges des jésuites, fit une censure de leurs propositions semblable à celle de Louvain. Elles avaient été envoyées à Douai par les archevêques de Cambrai et de Malines, et par l'évêque de Gand : ce fut Guillaume Estius, docteur de Louvain transféré à Douai, qui dressa cette censure plus forte et plus étendue que celle de Louvain.

Les jésuites envoyèrent à Rome la censure de Louvain. Sixte-Quint, qui occupait alors le siége de saint Pierre, dépêcha des ordres au nonce des Pays-Bas pour accommoder ce différend. Le nonce se rendit à Louvain et fit assembler la faculté chez lui; douze docteurs s'y trouvèrent, entre lesquels était Michel Baïus, Henri Granius et Jean de Lens. Le nonce, après les formalités ordinaires, témoigna souhaiter que la faculté réduisît ce qui était en dispute à certains articles. De Lens le fit avec Granius, et le nonce défendit aux deux partis de discuter de vive voix ou par écrit sur ces matières, et ils se soumirent tous deux à cette défense. Le nonce défendit encore, sous peine d'excommunication, à tous ceux qui embrassaient les intérêts de la faculté ou des jésuites, d'en disputer ni en public, ni en particulier, en condamnant l'un ou l'autre sentiment, que l'Eglise romaine, la maîtresse de toutes les Eglises, n'avait point condamné. Il excommunia de plus en général, tous ceux qui traiteraient les dogmes de l'un ou de l'autre parti de suspects, scandaleux ou dangereux, jusqu'à ce que le saint-siége en eût jugé. Par cette ordonnance, le nonce permettait à Lessius et à Hamelius d'enseigner leur doctrine, pourvu qu'ils ne réfutassent pas les sentiments de

---

(1) Baiana, ibid. Dupin, Hist. du seizième siècle.

(2) Hist. congregat. de Auxiliis l. 1, c. 7.

leurs adversaires, et donnait aussi la même liberté au parti opposé.

Cette même année, Louis Molina, jésuite espagnol, qui avait été professeur en théologie dans l'université d'Ebora, en Portugal, publia son ouvrage, intitulé : *La Concorde de la grâce et du libre arbitre*, etc.

Les dominicains de Valladolid firent soutenir une dispute publique en faveur de la doctrine opposée à celle de Molina, l'an 1590; dès lors les deux ordres commencèrent à s'échauffer en Espagne l'un contre l'autre. Clément VIII imposa silence aux deux partis par un bref du 15 août 1594 : Philippe II donna de semblables ordres dans ses États, mais ces ordres ne furent point exécutés, et le pape, à la sollicitation des deux partis, établit une congrégation à Rome pour juger de cette affaire, en sorte qu'il n'y eût plus désormais de contestation sur cette matière (1).

On trouve dans une histoire particulière les suites et les effets de ces congrégations, qui n'ont rapport qu'aux jésuites et aux dominicains (2).

Les disputes sur la grâce et sur la prédestination n'avaient pas été terminées à Louvain qu'en Espagne : les partisans de Baïus prétendirent que les propositions condamnées, prises en un certain sens, ne contenaient que la doctrine de saint Augustin; de leur côté, Lessius et ses partisans prétendirent que leurs sentiments n'étaient point contraires à la doctrine de saint Augustin : toutes les disputes des théologiens de Louvain sur les matières de la grâce et de la prédestination se réduisirent insensiblement à savoir quel était le sentiment de saint Augustin; et Janson, chargé de combattre la doctrine de Lessius, s'occupa à la combattre par les principes de saint Augustin.

Lessius admettait une grâce accordée à tous les hommes pour se sauver, et dans tous les infidèles un secours moral pour remplir la loi naturelle.

Il devait naturellement s'élever parmi les disciples de Janson quelqu'un qui combattît les principes de Lessius par l'autorité de saint Augustin, et qui souhaitât de trouver dans ce Père que Dieu ne veut pas sauver tous les hommes; qu'il commande des choses impossibles; qu'il ne veut pas que tous les hommes soient sauvés.

Il y a bien de l'apparence que ce fut dans ces dispositions que Jansénius lut saint Augustin; il en fit une étude profonde, il lut dix fois tous ses ouvrages et trente fois tous ses écrits contre les pélagiens; il y trouva la doctrine que vraisemblablement il y avait cherchée (3).

Mais cette doctrine prit entre les mains de Jansénius un ordre systématique qu'elle n'avait point eu jusqu'alors, et ne s'offrit que comme le développement des vérités que saint Augustin avait défendues et éclaircies contre les pélagiens, dont Lessius et Molina renouvelaient les principes.

Jansénius mourut avant la publication de son ouvrage qui parut à Paris en 1640.

Le cardinal de Richelieu, qui avait haï Jansénius pendant qu'il vivait, voulut faire réfuter son livre (4). Il chargea de cette commission Isaac Habert, théologal de Paris, depuis évêque de Vabres.

Habert commença à attaquer Jansénius par trois sermons, où il dit que le saint Augustin de Jansénius était un saint Augustin mal entendu, mal expliqué, mal allégué, et maltraita extrêmement les jansénistes.

Antoine Arnaud prit la défense de l'évêque d'Ypres; Habert répondit dans un ouvrage qu'il intitula : *Défense de la foi;* M. Arnaud répliqua par une seconde apologie, à laquelle M. Habert ne répondit point ; mais il publia un ouvrage où il exposait les sentiments des Pères grecs sur la grâce.

Urbain VIII, après avoir fait examiner avec soin le livre de Jansénius, le défendit comme renouvelant quelques-unes des propositions de Baïus, qui avaient été condamnées par Pie V et par Grégoire XIII.

Jansénius, dans le corps de son ouvrage, attaque souvent Molina, Lessius et tous ceux qui pensaient comme eux; il a mis à la fin un parallèle de leurs opinions avec celles des semi-pélagiens de Marseille.

Lessius et Molina étaient membres d'une société féconde en savants, en théologiens profonds, qui avaient combattu avec gloire les erreurs des protestants; Lessius et Molina eurent dans leurs confrères des défenseurs, ils en trouvèrent même parmi les docteurs de Louvain et de Paris.

On vit donc alors en France deux partis, dont l'un prétendait défendre la doctrine de saint Augustin et combattre dans ses adversaires les erreurs des pélagiens et des semipélagiens, tandis que l'autre prétendait défendre la liberté de l'homme et la bonté de Dieu contre les erreurs de Luther et de Calvin.

Les esprits s'échauffèrent en France, les docteurs se partagèrent, et le syndic de la faculté représenta, dans l'assemblée du 1er juillet, qu'il se glissait des sentiments dangereux parmi les bacheliers, et qu'il serait nécessaire d'examiner en particulier sept propositions, qu'il récita.

Les cinq premières regardaient la doctrine de la grâce; ce sont celles qui ont tant fait de bruit dans la suite. La sixième et la septième regardaient la pénitence.

On nomma des commissaires; on dressa une censure des propositions; soixante docteurs appelèrent de la censure comme d'abus : le parlement défendit de rendre public le projet de censure et de disputer sur les propositions qui y étaient contenues, jusqu'à ce

---

(1) Trad. de l'Eglise rom., part. IV, p. 181, etc.
(2) Hist. congreg. de Auxiliis, auctore Aug. Leblanc.
(3) Cornelii Jansen. episcopi Iprensis, August. Synopsis Vitæ auctoris, t. I, lib. præmial.; c. 10, p. 10, t. II.
(4) Jansénius était auteur d'un ouvrage intitulé, Mars Gallicus; il soutenait, dans cet ouvrage, les intérêts de l'Espagne contre la France, avec laquelle elle était alors en guerre : on dit que c'est là l'origine de la haine de ce cardinal contre Jansénius. Apol. des Cens., p. 144.

que la cour en eût ordonné autrement. Cet arrêt est du 5 octobre 1649.

Cependant les défenseurs et les adversaires de Jansénius mettaient tout en usage pour faire prévaloir leur sentiment. Sur la fin de l'année suivante (1650), Mgr. l'évêque de Vabres écrivit une lettre latine où étaient renfermées les cinq propositions, pour prier le pape d'en juger, et engagea divers prélats à la signer pour l'envoyer ensuite à Rome.

Innocent X fit examiner les cinq propositions, et publia, en 1653, une bulle, datée du 31 mai, dans laquelle il dit que quelques controverses étant nées en France sur les opinions de Jansénius et particulièrement sur cinq propositions, il avait été prié d'en juger. Ces propositions sont :

1° Quelques préceptes de Dieu sont impossibles aux justes, selon leurs forces présentes, quoiqu'ils souhaitent et tâchent de les observer; ils sont destitués de la grâce par laquelle ils sont possibles.

2° Dans l'état de la nature corrompue, on ne résiste jamais à la grâce intérieure.

3° Pour mériter et démériter dans l'état de nature corrompue, la liberté qui exclut la nécessité n'est pas requise en l'homme; mais il suffit d'avoir la liberté qui exclut la contrainte.

4° Les semi-pélagiens admettaient la nécessité d'une grâce intérieure, prévenante pour chaque action en particulier, même dans le commencement de la foi, et ils étaient hérétiques en ce qu'ils prétendaient que cette grâce fût de telle nature que la volonté eût le pouvoir d'y renoncer ou d'y consentir.

5° C'est une erreur des semi-pélagiens de dire que Jésus-Christ soit mort et qu'il ait répandu son sang pour tous les hommes.

La première proposition est déclarée téméraire, impie, blasphématoire, digne d'anathème (1) et hérétique.

La seconde, hérétique.

La troisième, hérétique.

La quatrième, fausse et hérétique.

La cinquième, fausse, téméraire, scandaleuse; et si elle est entendue dans le sens que Jésus-Christ ne soit mort que pour le salut des prédestinés seulement, le pape la condamne comme impie, blasphématoire, injurieuse, dérogeant à la miséricorde divine et hérétique.

Le même jour que la bulle fut expédiée, Innocent l'envoya au roi de France avec un bref; il écrivit aussi un autre bref aux évêques de France.

Le 9 juillet, le roi fit une déclaration adressée aux archevêques et évêques de France, où il est dit que la constitution d'Innocent ne contenant rien qui fût contraire aux libertés de l'Eglise gallicane, le roi entendait qu'elle fût publiée par tout le royaume.

Trente évêques, qui se trouvèrent en ce temps-là à Paris, écrivirent une lettre de remerciment, de concert avec le cardinal Mazarin; les mêmes prélats écrivirent une lettre circulaire aux autres évêques.

(1) Frappée d'anathème, *anathemate damnatam*. (*Note de l'éditeur*.)

Les défenseurs de Jansénius avaient toujours reconnu dans les propositions condamnées un mauvais sens; mais ils prétendaient que ce sens n'était pas celui de Jansénius.

Trente-huit évêques, assemblés à Paris, écrivirent au pape une lettre datée du 28 mars 1654, dans laquelle ils marquaient, « qu'un petit nombre d'ecclésiastiques rabaissaient honteusement la majesté du décret apostolique, comme s'il n'avait terminé que des controverses inventées à plaisir; qu'ils faisaient bien profession de condamner les cinq propositions, mais en un autre sens que celui de Jansénius; qu'ils prétendaient, par cet artifice, se laisser un champ ouvert pour y rétablir les mêmes disputes; qu'afin de prévenir ces inconvénients, les évêques soussignés, assemblés à Paris, avaient déclaré, par une lettre circulaire jointe à celle qu'ils écrivaient au pape, que ces cinq propositions sont de Jansénius, que Sa Sainteté les avait condamnées en termes exprès et très-clairs au sens de Jansénius, et que l'on pourrait poursuivre comme hérétiques ceux qui les soutiendraient. »

Innocent X répondit par un bref du 29 septembre, dans lequel il les remercie de ce qu'ils avaient travaillé à faire exécuter sa constitution, et dit que, dans les cinq propositions de Corneille Jansénius, il avait condamné la doctrine contenue dans son livre.

Le clergé de France, assemblé à Paris, écrivit le 2 septembre 1656 une lettre signée de tous les prélats et autres députés de l'assemblée générale, où l'on représentait au pape, que « les jansénistes tâchaient de réduire la controverse à la question de fait, dans laquelle ils enseignaient que l'Eglise peut errer, et rendaient ainsi inutile le bref d'Innocent X : on prie Sa Sainteté de confirmer cette condamnation, comme si la question de droit et celle de fait était la même. »

La même assemblée du clergé reçut un bref d'Alexandre VII, qui confirmait la bulle d'Innocent X et déclarait expressément que les propositions avaient été condamnées dans le sens de Jansénius.

Les défenseurs de Jansénius prétendirent que ce bref n'obligeait personne à signer le formulaire; quelques évêques même n'en exigeaient point la signature : alors le roi pria le pape d'envoyer un formulaire, et le saint-père donna une bulle, du 15 février 1665, dans laquelle ce formulaire était inséré, avec ordre à tous les évêques de le faire signer.

[*En voici la teneur* : *Ego N. constitutioni apostolicæ Innocentii X datæ die 31 maii 1653, et constitutioni Alexandri VII datæ 16 octobris 1656, summorum pontificum me subjicio, et quinque propositiones ex Cornelii Jansenii libro, cui nomen Augustinus excerptas, et in sensu ab eodem auctore intento, prout illas per dictas constitutiones sedes apostolica damnavit, sincero animo rejicio ac damno; et ita juro : sic me Deus adjuvet, et hæc sancta Dei Evangelia.* « Je soussigné N.

me soumets à la constitution apostolique du souverain pontife Innocent X, donnée le 31 mai 1653, et à celle du souverain pontife Alexandre VII, donnée le 16 octobre 1656, et je rejette et condamne sincèrement les cinq propositions extraites du livre de Cornélius Jansénius, intitulé *Augustinus*, dans le sens propre du même auteur, comme le saint-siége apostolique les a condamnées par les susdites constitutions, et c'est ainsi que je jure. Qu'ainsi Dieu me soit en aide et ces saints Evangiles. »

Louis XIV donna une déclaration qui fut enregistrée au parlement, et qui ordonna la signature de ce formulaire sous des peines grièves. Le formulaire d'Alexandre VII devint donc une loi de l'Eglise et de l'Etat; et plusieurs de ceux qui refusaient d'y souscrire furent punis.

Malgré la loi, MM. Davillon, évêque d'Aleth, Choart de Buzenval, évêque d'Amiens, Caulet, évêque de Pamiers, et Arnauld, évêque d'Angers, donnèrent, dans leurs diocèses, des mandements dans lesquels ils faisaient encore la distinction du fait et du droit, et autorisèrent ainsi les réfractaires.

Le pape irrité voulut leur faire leur procès, et nomma des commissaires; mais il s'éleva une contestation sur le nombre de juges. Sous Clément IX, trois prélats proposèrent un accommodement dont les termes étaient que les quatre évêques donneraient et feraient donner dans leurs diocèses une nouvelle signature du formulaire, par laquelle on condamnerait les propositions de Jansénius, sans aucune restriction, la première ayant été jugée insuffisante. Les quatre évêques y consentirent et manquèrent de parole; ils maintinrent la distinction du fait et du droit. On ferma les yeux sur cette infidélité, et c'est ce qu'on nomma la *paix de Clément IX*.

En 1702, l'on vit paraître le fameux *cas de conscience*. Voici en quoi il consistait : On supposait un ecclésiastique qui condamnait les cinq propositions dans tous les sens dans lesquels l'Eglise les avait condamnées, même dans le sens de Jansénius, de la manière qu'Innocent XII l'avait entendu dans ses brefs aux évêques de Flandre, auquel cependant on avait refusé l'absolution, parce que, quant à la question de fait, c'est-à-dire à l'attribution des propositions au livre de Jansénius, il croyait que le silence respectueux suffisait. L'on demandait à la Sorbonne ce qu'elle pensait de ce refus d'absolution.

Il parut une décision signée de quarante docteurs, dont l'avis était que le sentiment de l'ecclésiastique n'était ni nouveau ni singulier, qu'il n'avait jamais été condamné par l'Eglise, et qu'on ne devait point pour ce sujet lui refuser l'absolution.

C'était évidemment justifier une fourberie; car, enfin, lorsqu'un homme est persuadé que le pape et l'Eglise ont pu se tromper, en supposant que Jansénius a véritablement enseigné telle doctrine dans son livre, comment peut-il protester avec serment qu'il condamne les propositions de Jansénius dans le sens que l'auteur avait en vue, et dans lequel le pape lui-même les a condamnées? si ce n'est pas là un parjure, comment faut-il le nommer? si une pareille décision n'a jamais été censurée par l'Eglise, c'est qu'il ne s'était encore point trouvé d'hérétique assez rusé pour imaginer un pareil subterfuge.

Aussi cette pièce ralluma l'incendie, le cas de conscience donna lieu à plusieurs mandements des évêques : le cardinal de Noailles, archevêque de Paris, exigea et obtint des docteurs, qui l'avaient signé, une rétractation. Un seul tint ferme, et fut exclu de la Sorbonne.

Comme les disputes ne finissaient point, Clément XI, qui occupait alors le saint-siége, après plusieurs brefs, donna la bulle *Vineam Domini sabaoth*, le 15 juillet 1705, dans laquelle il déclare que le silence respectueux sur le fait de Jansénius ne suffit pas pour rendre à l'Eglise la pleine et entière obéissance qu'elle a droit d'exiger des fidèles. Le clergé assemblé à Paris reçut cette bulle et l'accepta.]

* BAIANISTES. On donne ce nom aux sectateurs des opinions de Baïus.

* BARALLOTS. Nom qu'on donna à certains hérétiques qui parurent à Bologne en Italie, et qui mettaient tous leurs biens en commun, même les femmes et les enfants. Leur extrême facilité à se livrer aux plus honteux excès de la débauche leur fit encore donner, selon Ferdinand de Cordoue, dans son Traité *De exiguis annonis*, le nom d'obéissants, *obedientes*.

* BARBÉLIOTS ou BARBORIENS, secte des gnostiques, qui disaient qu'un éon immortel avait eu commerce avec un esprit vierge appelé *Barbeloth*, à qui il avait accordé successivement la prescience, l'incorruptibilité et la vie éternelle; que Barbeloth, un jour plus gai qu'à l'ordinaire, avait engendré la lumière, qui, perfectionnée par l'onction de l'esprit, s'appela *Christ*; que Christ désira l'intelligence et l'obtint; que l'intelligence, la raison, l'incorruptibilité et Christ, s'unirent; que la raison et l'intelligence engendrèrent Autogène; qu'Autogène engendra Adamas, l'homme parfait, et sa femme la connaissance parfaite; qu'Adamas et sa femme engendrèrent le bois; que le premier ange engendra le Saint-Esprit, la sagesse ou Prunic; que Prunic ayant senti le besoin d'époux, engendra Protarchonte ou premier prince, qui fut insolent et sot; que Protarchonte engendra les créatures; qu'il connut charnellement Arrogance, et qu'ils engendrèrent les vices et toutes leurs branches. Pour relever encore toutes ces merveilles, les gnostiques les débitaient en hébreu, et leurs cérémonies n'étaient pas moins abominables que leur doctrine était extravagante (1).

* BARBÉLITE. Surnom qui fut donné aux hérétiques nicolaïtes.

* BARBÉLO, espèce de déesse des nicolaïtes et des gnostiques.

BARDESANE naquit en Syrie et fut un des plus illustres défenseurs de la religion chré-

(1) *Voy.* Théodoret, Hæret. Fabul.

DICTIONNAIRE DES HÉRÉSIES. I.

tienne · il vivait sous Marc-Aurèle, qui conquit la Mésopotamie l'an 166. Comme ce prince était opposé au christianisme, Apollone, son favori, voulut engager Bardesane à renoncer à la foi ; mais Bardesane répondit qu'il ne craignait point la mort et qu'il ne la pourrait éviter quand même il ferait ce que l'empereur demandait de lui.

Cet homme, si distingué par ses lumières et par ses vertus, tomba dans l'hérésie des valentiniens ; il admit plusieurs générations d'éons et nia la résurrection.

Nous ne savons pas bien quelle suite d'idées conduisit Bardesane dans cette erreur, qu'il abandonna dans la suite, mais dont il ne se dégagea pas entièrement.

Apprenons, par cet exemple, qu'il n'y a peut-être point d'erreur qui n'ait un côté séduisant et capable d'en imposer à la raison éclairée et animée de l'amour de la vérité ; apprenons encore, par cet exemple, quelle doit être notre indulgence pour ceux qui tombent dans l'erreur, et combien nous devons peu nous enorgueillir de l'avoir évitée.

La chute de Bardesane prouve, ce me semble, que le Clerc et d'autres critiques avec lui ont eu tort de traiter l'erreur de Valentin comme un tas d'absurdités qui ne méritaient pas d'être examinées.

Il est vrai que Bardesane ne persista pas dans cette erreur, mais il tomba dans d'autres ; il cherchait, comme tous les philosophes et les théologiens de son temps, la solution de cette grande question : *Pourquoi y a-t-il du mal dans le monde ?* et voici comment il la conçut :

Il est absurde de dire que Dieu a fait le mal ; il faut donc supposer que le mal a une cause distinguée de Dieu : cette cause, selon Bardesane, était Satan ou le démon, que Bardesane regardait comme l'ennemi de Dieu, mais non pas comme sa créature.

Bardesane n'avait supposé que Satan n'était pas une créature du Dieu bon que pour ne pas mettre sur le compte de l'Être suprême les maux qu'on voit dans le monde ; il ne donna donc à Satan aucun des attributs de la divinité, excepté d'exister par lui-même, et il ne s'aperçut pas qu'un être qui existe par lui-même a toutes les perfections : il admettait donc un principe du mal distingué de l'Être suprême, et ne reconnaissait qu'un seul Dieu.

Par une suite de cette opinion, Bardesane ne donnait à Satan aucune part dans l'administration du monde que celle qui était nécessaire pour expliquer l'origine du mal.

Ainsi, selon Bardesane, Dieu avait créé le monde et l'homme ; mais l'homme qu'il avait formé au commencement n'était point l'homme revêtu de chair ; c'était l'âme humaine unie à un corps subtil et conforme à sa nature.

C'était cette âme qui avait été formée à l'image de Dieu, et qui, surprise par l'artifice du démon, avait transgressé la loi de Dieu, ce qui avait obligé le Créateur à la chasser du paradis, et à la lier à un corps charnel, qui était devenu sa prison : Bardesane disait que c'étaient là les tuniques de peau dont Dieu avait couvert Adam et Eve, depuis le péché.

L'union de l'âme à un corps charnel était donc la suite de son péché, selon Bardesane, et il en concluait : 1° que Jésus-Christ n'avait point pris un corps humain ; 2° que nous ne ressusciterons point avec le corps que nous avons sur la terre, mais bien avec le corps subtil et céleste qui doit être l'habitation d'une âme pure et innocente (1).

Bardesane reconnaissait l'immortalité de l'âme, la liberté, la toute-puissance et la providence de Dieu (2).

Ce philosophe avait combattu le destin ou la fatalité dans un excellent ouvrage dont Eusèbe nous a conservé un grand fragment : il croyait que les âmes n'étaient pas assujetties au destin, mais il croyait que, dans les corps, tout était soumis aux lois de la fatalité (3).

· BARSANIENS ou SÉMIDULITES, hérétiques qui parurent au VI° siècle. Ils soutenaient les erreurs des gadianites, et faisaient consister leurs sacrifices à prendre du bout du doigt de la fleur de farine et de la porter à la bouche (4).

· BARULES, hérétiques dont parle Sandérus, qui soutenaient que le Fils de Dieu avait pris un corps fantastique ; que les âmes avaient été créées avant la naissance du monde, et avaient péché toutes à la fois. Ces deux erreurs ont été communes à la plupart des sectes qui sont nées au II° siècle de l'Église. Les philosophes qui eurent connaissance du christianisme, ne purent se résoudre à croire ni la chute du genre humain, par le péché d'Adam, ni les humiliations auxquelles le Fils de Dieu s'est réduit pour la réparer (5).

BASILIDE, était d'Alexandrie et vivait au commencement du II° siècle. La philosophie de Pythagore et de Platon était alors extrêmement en vogue à Alexandrie : la religion chrétienne y avait été annoncée avec succès, et les sectes séparées du christianisme y avaient pénétré.

Les recherches des philosophes avaient alors principalement pour objet l'origine du monde, et surtout l'origine du mal dans le monde. Basilide regarda cette seconde question comme l'objet le plus intéressant pour la curiosité humaine ; il en chercha l'explication dans les livres des philosophes, dans les écrits de Simon, dans l'école de Ménandre, chez les chrétiens mêmes.

Aucun ne le satisfit pleinement sur cette grande difficulté ; pour la résoudre, il se forma lui-même un système composé des

(1) Origèn., Dial. contr. Marcion, sect. III, p. 70, 71.
(2) Euseb., de Præp. Evang., l. VI, c. 10.
(3) Euseb., Hist. eccles., l. IV, c. 30. Epiph., hær. 56. Photius, Bib. cod., 223. Euseb., Præp., l. VI, c. 10. Hist. Bardesanis et Bardesanistarum, in-4°, 1710, par Strunzius.

Ittig., de Hær., p. 133.
(4) *Voyez* saint Jean Damasc., de Hæres. Baronius, ad an. 535.
(5) *Voyez* Bardesane, Basilide, etc.

principes de Pythagore, de ceux de Simon, des dogmes des chrétiens et de la croyance des Juifs (1).

Basilide supposa que le monde n'avait point été créé immédiatement par l'Etre suprême, mais par des intelligences que l'Etre suprême avait produites; c'était le système à la mode; et la difficulté de concilier l'origine du mal avec la bonté de l'Etre suprême avait fixé à cette supposition presque toutes les sectes qui avaient entrepris d'expliquer l'origine du monde et celle du mal. Simon, Ménandre, Saturnin, supposaient tous un Etre suprême qui avait produit des intelligences, et faisaient naître le mal de l'imperfection de ces intelligences subalternes, que chacun faisait agir de la manière la plus propre à expliquer la difficulté dont il était le plus frappé.

Il ne suffisait pas alors d'expliquer en général comment le mal physique s'était introduit dans le monde; il fallait rendre raison des désordres et de la misère des hommes, expliquer en particulier l'histoire des malheurs des Juifs, faire comprendre comment l'Etre suprême avait jeté des regards de miséricorde sur le genre humain, et envoyé son Fils sur la terre pour sauver les hommes : voici quels étaient les principes de Basilide sur tous ces objets.

L'Etre incréé avait produit, selon Basilide, l'intelligence; l'intelligence avait produit le Verbe; le Verbe avait produit la prudence; la prudence avait produit la sagesse et la puissance; la sagesse et la puissance avaient produit les vertus, les princes, les anges.

Les anges étaient de différents ordres, et le premier de ces ordres avait produit le premier ciel; et ainsi de suite, jusqu'à trois cent soixante-cinq (2).

Les anges qui occupent le dernier des cieux ont fait le monde; il n'est donc point étonnant d'y voir du bien et du mal : ils ont partagé l'empire du monde, et le prince des anges du ciel dans lequel se trouve la terre a eu les Juifs en partage; voilà pourquoi il a opéré tant de prodiges en leur faveur; mais cet ange ambitieux a voulu soumettre toutes les nations aux Juifs pour dominer sur le monde entier; alors les autres anges se sont ligués contre lui, et toutes les nations sont devenues ennemies des Juifs.

Ces idées étaient conformes en partie à la croyance des anciens Hébreux, qui étaient persuadés que les différentes nations étaient chacune sous la protection d'un ange (3).

Depuis que l'ambition des anges avait armé les nations, les hommes étaient malheureux et gémissaient sous leur tyrannie : l'Etre suprême, touché de leur sort, avait envoyé son premier Fils, ou l'intelligence Jésus ou le Christ, délivrer les hommes qui croiraient en lui.

Le Sauveur avait fait, selon Basilide, les miracles que les chrétiens racontaient; cependant il ne croyait pas que Jésus-Christ se fût incarné : c'est apparemment la difficulté d'allier l'état d'humiliation et de douleur où Jésus-Christ avait paru sur la terre qui détermina Basilide à soutenir que Jésus-Christ n'avait que l'apparence d'un homme; que, dans la Passion, il avait pris la figure de Siméon le Cyrénéen, et lui avait donné la sienne, et qu'ainsi les Juifs avaient crucifié Siméon au lieu de Jésus-Christ, qui les regardait cependant et se moquait d'eux sans qu'on le vît; ensuite Jésus-Christ était monté aux cieux vers son Père, sans avoir jamais été connu de personne (4).

Basilide croyait qu'on ne devait pas souffrir la mort pour Jésus-Christ, parce que Jésus-Christ n'étant pas mort, mais Siméon le Cyrénéen, les martyrs ne mouraient pas pour Jésus-Christ, mais pour Siméon (5).

La dépendance dans laquelle les hommes vivaient sous les anges était une difficulté contre la bonté de Dieu : Basilide la résolvait en disant que les âmes péchaient dans une vie antérieure à leur union avec le corps, et que cette union était un état d'expiation, dont l'âme ne sortait qu'après s'être purifiée en passant successivement de corps en corps, jusqu'à ce qu'elle eût satisfait à la justice divine qui n'infligeait point d'autres châtiments, et qui ne pardonnait cependant que les fautes involontaires (6).

Basilide croyait que nous avons deux âmes; il avait adopté ce sentiment d'après les pythagoriciens, pour expliquer les combats de la raison et des passions (7).

Il s'était beaucoup appliqué à la magie, et il paraît qu'il était fort entêté des rêveries de la cabale; il supposait une grande vertu dans le mot *abrasas* ou *abraxas*: voici, ce me semble, la source de cette singulière opinion, qui a principalement rendu Basilide célèbre.

Pythagore, dont Basilide avait adopté les principes, reconnaissait, comme les Chaldéens, ses maîtres, l'existence d'une intelligence suprême qui avait formé le monde; ce philosophe voulut connaître la fin que cette intelligence s'était proposée dans la production du monde : il porta sur la nature un œil attentif, pour découvrir les lois qu'elle suit dans les phénomènes, et saisir le fil qui liait les événements.

Ses premiers regards se portèrent vers le ciel, où l'auteur de la nature semble manifester plus clairement son dessein. Il y découvrit un ordre admirable et une harmonie constante : il jugea que l'ordre et l'harmonie constante qui régnaient dans le ciel n'étaient que les rapports qu'on apercevait entre les

---

(1) Fragm., l. xiii Comment. Basilid. dans Grab. Spicileg. PP. sæculi n, p. 39. Clem. Alex., l. iv Strom., p. 506.
(2) Les principes philosophiques de ce système sont exposés à l'article SIMON SATURNIN.
(3) Deuteron. xxxv, 8. Daniel. x, 20, 21. Voyez l'art. ANGÉLIQUES.

(4) Epiph., hær. 24.
(5) Iren., l. i, c. 23.
(6) Clem. Alex., Strom. l. iv, p. 369; l. v, p. 598. Origen. in Matth. tract. 28.
(7) Clem. Alex., l. ii Strom., p. 299.

distances des corps célestes et leurs mouvements réciproques.

La distance et le mouvement sont des grandeurs, ces grandeurs ont des parties, et les plus grandes ne sont que les plus petites multipliées un certain nombre de fois.

Ainsi les distances, les mouvements des corps célestes s'exprimaient par des nombres, et l'intelligence suprême, avant la production du monde, ne les connaissait que par des nombres purement intelligibles.

C'est donc, selon Pythagore, sur le rapport que l'intelligence suprême apercevait entre les nombres intelligibles, qu'elle avait formé et exécuté le plan du monde.

Le rapport des nombres entre eux n'est point arbitraire; le rapport d'égalité entre deux fois deux et quatre est un rapport nécessaire, indépendant, immuable.

Puisque les rapports des nombres ne sont point arbitraires, et que l'ordre des productions de l'intelligence suprême dépend du rapport qui est entre les nombres, il est clair qu'il y a des nombres qui ont un rapport essentiel avec l'ordre et l'harmonie, et que l'intelligence suprême, qui aime l'ordre et l'harmonie, suit dans son action les rapports de ces nombres, et ne peut s'en écarter.

La connaissance de ce rapport, ou ce rapport, est donc la loi qui dirige l'intelligence suprême dans ses productions; et, comme ces rapports s'expriment eux-mêmes par des nombres, on supposa dans les nombres une force ou une puissance capable de déterminer l'intelligence à produire certains effets plutôt que d'autres.

D'après ces idées, on recherche quels étaient les nombres qui plaisaient davantage à l'Être suprême : on vit qu'il y avait un soleil, on jugea que l'unité était agréable à la Divinité : on vit sept planètes, on conclut encore que le nombre de sept était agréable à l'intelligence suprême.

Telle était la philosophie pythagoricienne qui s'était répandue dans l'Orient pendant le premier et le second siècle du christianisme, et qui dura longtemps après.

Basilide, qui avait adopté les principes de la philosophie pythagoricienne, chercha, comme les autres, à connaître les nombres qui étaient les plus agréables à l'intelligence suprême, et remarqua que l'année était composée de trois cent soixante-cinq jours, que le soleil formait ces jours par ses révolutions successives autour de la terre, et recommençait sa carrière lorsqu'il avait fait la trois cent soixante-cinquième révolution : Basilide jugea que le nombre trois cent soixante-cinq était le nombre qui plaisait le plus à l'intelligence créatrice.

Pythagore avait enseigné que l'intelligence productrice du monde résidait dans le soleil, et que c'était de là qu'elle envoyait ses influences dans toute la nature : Basilide, qui avait adopté la philosophie pythagoricienne,

conclut que rien n'était plus propre à attirer les influences bienfaisantes de cette intelligence que l'expression du nombre trois cent soixante-cinq; et, comme on exprimait les nombres par les lettres de l'alphabet, il choisit dans l'alphabet les lettres dont la suite pourrait exprimer trois cent soixante-cinq, et cette suite de lettres forma le mot *abraxas* (1).

Le mot *abraxas* ayant la vertu d'attirer puissamment les influences de l'intelligence productrice du monde, on fit graver ce nom sur des pierres qu'on nomma des *abraxas*, dont les différents cabinets de l'Europe contiennent un nombre prodigieux.

Comme Pythagore avait supposé que l'intelligence productrice du monde résidait dans le soleil, on joignit au mot *abraxas* l'image du soleil, pour expliquer la vertu qu'on lui attribuait.

On était alors fort entêté de la vertu des talismans; ainsi les *abraxas* se répandirent presque partout, et, au lieu du soleil, on grava sur les *abraxas* les différents symboles propres à le caractériser, et enfin les différentes faveurs qu'on en attendait et qu'on voulait obtenir, comme on le voit par un *abraxas* qui représente un homme monté sur un taureau, avec cette inscription : *Remettez la matrice de cette femme en son lieu, vous qui réglez le cours du soleil*.

Voilà, ce me semble, d'où vient cette prodigieuse variété que l'on remarque dans les *abraxas* dont le Père de Montfaucon nous a donné les effigies (2).

Comme les chrétiens croyaient que Jésus-Christ était le Dieu créateur, ceux qui avaient adopté les principes de Pythagore crurent que Jésus-Christ était dans le soleil, et pensèrent que les *abraxas* pouvaient attirer sur ceux qui les portaient les grâces de Jésus-Christ; et, pour se distinguer des basilidiens et des autres cabalistes, ils firent graver sa figure sur les *abraxas;* car les chrétiens croyaient aussi aux talismans, et du temps de saint Chrysostome il y avait des chrétiens qui portaient des médailles d'Alexandre le Grand, persuadés qu'elles avaient une vertu préservative (3).

Le nombre des révolutions que le soleil faisait autour de la terre semblait le terme que l'intelligence créatrice s'était prescrit : ce mot parut propre à exprimer l'essence et la nature de l'Être suprême, et ce fut de ce nom que Basilide le nomma : c'est ainsi qu'on a formé primitivement le nom des hommes sur leurs qualités personnelles.

Basilide avait composé vingt-quatre livres sur l'Évangile, et il avait même fait un Évangile qui portait son nom ; il avait aussi fait des prophéties qu'il attribuait à un homme qui n'avait jamais existé, et qu'il appelait *Barcobas* ou *Barcoph* (4).

Basilide fut réfuté par Agrippa, surnommé

---

(1) Les lettres du mot Abraxas expriment en grec 365. A vaut 1, B vaut 2, R vaut 100, X vaut 60, S vaut 200 : ainsi, pour exprimer en caractères grecs 365, il fallait réunir les lettres qui forment le mot Abraxas.
(2) Antiquité expliquée, t. II, l. III, p. 353.
(3) S. Chrysost., catechesi secunda.
(4) Grab. Spicileg. sæc. II, p. 58. Euseb., l. IV, c. 7.

Castor; son fils Isidore lui succéda. *Voyez* son article.

BASILIDIENS, disciples de Basilide : ils célébraient comme une grande fête le baptême de Jésus-Christ. Il y en avait encore du temps de saint Epiphane; mais on ne se donnait pas la peine de les réfuter, on les chassait comme des énergumènes (1).

Les basilidiens se répandirent en Espagne et dans les Gaules, où ils portèrent leurs abraxas; la faiblesse et la superstition les adoptèrent et les chargèrent d'une infinité d'emblèmes différents, qui n'avaient de fondement que l'imagination de ceux qui les portaient. De savants hommes y ont cherché les mystères du christianisme, mais leurs conjectures ne sont adoptées de personne; les critiques en ont prouvé la fausseté (2).

Les basilidiens avaient adopté une partie des principes des cabalistes; nous en parlerons à cet article.

BÉATE DE CUENÇA. L'Espagne a fourni récemment cet exemple de la plus incroyable superstition.

En 1803, à Villar-del-Aguila, Isabelle-Marie Herraiz, surnommée la Béate de Cuença, prétendit que Jésus-Christ habitait dans son cœur, et que la majesté divine avait consacré son corps. La sainte Vierge aussi résidait dans son cœur et lui inspirait (assertion blasphématoire et sacrilège) certaines libertés avec des personnes d'un autre sexe, à qui elle permettait de lui prendre la main et de se reposer sur son sein : mais elle était impeccable. En conséquence elle ne pouvait recevoir l'absolution ; et, quand la sainte hostie lui était présentée, elle voyait un bel enfant qui se fondait dans sa bouche. Elle assurait que Dieu l'avait dispensée des préceptes ecclésiastiques.

Elle prédisait des miracles qui réformeraient les mœurs d'une grande partie de l'Europe, par l'entremise d'un nouveau collége apostolique, dont les membres iraient parcourir les diverses régions du globe. Pour elle, elle devait mourir à Rome, être inhumée dans un autel, et le troisième jour monter au ciel devant une multitude de spectateurs.

La superstition s'empressa de lui rendre des hommages sacriléges, de la conduire en procession avec des cierges allumés, et l'on vit même quelques ecclésiastiques partager la crédulité populaire.

Isabelle-Marie Herraiz soutint son rôle et ses prétendues révélations devant l'inquisition de Cuença, qui, en 1804, condamna les erreurs de cette femme, dont les rêves avaient fait une grande sensation dans tout le pays.

BEGGHARDS ou BÉGUARDS, faux spirituels qui s'élevèrent en Allemagne au commencement du quatorzième siècle.

Rien n'avait plus contribué au progrès des albigeois, des vaudois et des autres sectes qui s'étaient élevées dans le douzième et dans le treizième siècle, que la régularité apparente des sectaires, et la vie licencieuse de la plupart des catholiques et d'une partie du clergé.

On sentit qu'il fallait leur opposer des exemples de vertu, et faire voir que toutes celles dont les sectaires se paraient étaient pratiquées par les catholiques; et comme les vaudois faisaient profession de renoncer à leurs biens, de mener une vie pauvre, de vaquer à la prière, à la lecture de l'Ecriture sainte et à la méditation, et de pratiquer à la lettre les conseils de l'Evangile, on vit des catholiques zélés donner leurs biens aux pauvres, travailler de leurs mains, méditer l'Ecriture sainte, prêcher contre les hérétiques, payer les dîmes et les impôts, garder la continence, etc. Tels furent les pauvres catholiques, les humiliés, etc.

Ces associations, approuvées et favorisées par les souverains pontifes, firent naître dans beaucoup de catholiques zélés le désir de former de nouveaux établissements religieux : on ne voyait que de nouvelles sociétés qui se piquaient toutes d'une plus grande perfection que les autres, ou d'une perfection différente : ce fut dans ce siècle que se formèrent les quatre ordres mendiants, l'ordre de la Rédemption des captifs, l'ordre de Sainte-Marie, celui de la Merci, l'ordre des servites, des célestins, etc.

On en aurait vu bien d'autres si le concile de Latran n'eût défendu d'inventer de nouvelles règles ou d'établir de nouveaux ordres religieux.

Cette émulation de se distinguer par quelque pratique singulière de dévotion dominait encore dans le quatorzième siècle; et l'on vit une multitude de particuliers prendre différentes formes d'habits et s'assujettir à des pratiques particulières, conformes à leurs goûts ou aux idées qu'ils s'étaient formées de la perfection du christianisme.

Par goût ou par politique, ces dévots se réunirent et formèrent des sociétés particulières dans les différents endroits où ils se rencontrèrent. On vit de ces sociétés en Allemagne, en France et en Italie, où elles étaient connues sous les noms de *béguards*, de *frérots* ou de *fraticelles*, de *dulcinistes*, de *bisoches*, d'*apostoliques*, etc.

Toutes ces sectes se formèrent séparément et n'avaient point de chef commun. Il paraît que les *frérots* et les *dulcinistes* ont eu chacun un chef particulier; mais les béguards se formèrent par la réunion de différentes personnes, hommes et femmes, qui prétendaient vivre d'une manière plus parfaite que les autres fidèles.

Il y avait, selon les béguards, un degré de perfection auquel tous les chrétiens devaient tendre, et au delà duquel on ne pouvait aller; car sans cela il faudrait admettre dans la perfection un progrès à l'infini, et il pourrait y avoir des êtres plus parfaits que Jésus-Christ, qui, comme homme, n'avait qu'une perfection bornée.

---

(1) Epiph., hær. 24. Damascen., de Hær., c. 24.
(2) *Voy.* Basnage, Hist. des Juifs, t. II, l. III, c. 26;

Montfaucon, Antiquité expliquée, t. II.

Lorsque l'homme était arrivé au dernier degré de perfection possible à l'humanité, il n'avait besoin ni de demander la grâce, ni de s'exercer aux actes de vertus : il était impeccable et jouissait dès cette vie de la béatitude possible.

Les béguards tendant ou arrivés à l'impeccabilité formaient une société de personnes qui s'aimaient plus tendrement que les autres personnes. Ils s'aperçurent qu'ils tenaient encore à un corps qui n'était pas affranchi de la tyrannie des passions. Ces passions étaient vives, comme elles le sont toujours dans les sociétés fanatiques : il fallut céder au torrent et chercher un moyen pour excuser sa défaite.

Ils distinguèrent, dans l'amour, la sensualité ou la volupté, et le besoin. Le besoin était, selon eux, un ordre de la nature auquel on pouvait obéir innocemment; mais au delà de ce besoin, tout plaisir dans l'amour était un crime.

Ainsi la fornication était un acte louable ou du moins innocent, surtout lorsqu'on était tenté; mais un baiser était un péché énorme.

Ces erreurs furent condamnées dans un concile de Vienne, sous Clément V, en 1311. On réduisit leur doctrine à huit articles, qui suivent tous de leur principe fondamental : c'est que l'homme, dans cette vie, peut parvenir au dernier degré de perfection possible à l'humanité.

1° L'homme peut acquérir en cette vie un tel degré de perfection, qu'il devienne impeccable et hors d'état de croître en grâce.

2° Ceux qui sont parvenus à cette perfection ne doivent plus jeûner ni prier, parce que, dans cet état, les sens sont tellement assujettis à l'esprit et à la raison, que l'homme peut accorder librement à son corps tout ce qu'il lui plaît.

3° Ceux qui sont parvenus à cet état de liberté ne sont plus sujets à obéir, ni tenus de pratiquer les préceptes de l'Eglise.

4° L'homme peut parvenir à la béatitude finale en cette vie, et obtenir le même degré de perfection qu'il aura dans l'autre.

5° Toute créature intellectuelle est naturellement bienheureuse, et l'âme n'a pas besoin de la lumière de gloire pour s'élever à la vision et à la jouissance de Dieu.

6° La pratique des vertus est pour les hommes imparfaits, mais l'âme parfaite se dispense de les pratiquer.

7° Le simple baiser d'une femme est un péché mortel, mais l'action de la chair avec elle n'est pas un péché mortel.

8° Pendant l'élévation du corps de Jésus-Christ, il n'est pas nécessaire que les parfaits se lèvent ou lui rendent aucun respect, parce que ce serait une imperfection pour eux de descendre de la pureté et de la hauteur de leur contemplation pour penser au sacrement de l'eucharistie ou à la passion de Jésus-Christ (1).

Selon Eméric, les béguards avaient encore d'autres erreurs ; quelques-unes semblent imaginées pour justifier leurs principes contre les difficultés qu'on leur opposait : telle est la proposition qui dit que l'âme n'est point essentiellement la forme du corps. Cette proposition paraît avoir été avancée pour expliquer l'impeccabilité, ou cette espèce d'impassibilité à laquelle les béguards tendaient; de l'expliquer, dis-je, en supposant que l'âme pouvait se séparer du corps (2).

La condamnation des béguards n'éteignit pas leur secte : un nommé Berthold la rétablit à Spire et dans différents endroits de l'Allemagne (3).

Une partie des erreurs des béguards fut adoptée par les frérots, par les dulcinistes, non qu'ils les eussent reçues des béguards, mais parce que ces sortes de sectes finissent toutes par la débauche. Les frérots avaient des erreurs qui leur étaient particulières. *Voyez* leur article (4).

Il ne faut pas confondre avec les béguards, dont nous venons de parler, les béguins et les béguines, qui font le tiers-ordre.

BÉRENGER, naquit à Tours vers la fin du dixième siècle. Après avoir fait ses études à Chartres, sous Fulbert, il retourna à Tours et fut choisi pour enseigner dans les écoles publiques de Saint-Martin; il fut trésorier de l'église de Tours et ensuite archidiacre d'Angers, sans quitter sa place de maître d'école à Tours; il attaqua le dogme de la transsubstantiation, abjura son erreur, la reprit, la rétracta plusieurs fois, et mourut enfin dans le sein de l'Eglise.

Pour bien connaître l'origine de son erreur, il faut nous rappeler les disputes qui s'élevèrent vers la fin du neuvième siècle, sur l'eucharistie

Paschase, moine et ensuite abbé de Corbie, avait composé vers le milieu du neuvième siècle, pour l'instruction des Saxons, un traité du corps et du sang de Notre-Seigneur. Il y établissait le dogme de la présence réelle, et il soutenait que le corps que nous recevons dans l'eucharistie était le même corps qui était né de la Vierge.

Quoique Paschase eût suivi dans cet ouvrage la doctrine de l'Eglise, et qu'avant lui tous les catholiques eussent cru que le corps et le sang de Jésus-Christ étaient vraiment présents dans l'eucharistie, et que le pain et le vin étaient changés au corps et au sang de Jésus-Christ, on n'avait cependant pas coutume de dire si formellement que le corps de Jésus-Christ dans l'eucharistie était le même que celui qui est né de la Vierge (5).

Ces expressions de Paschase déplurent;

---

(1) Dupin, quatorzième siècle, p. 366. D'Argentré, Collect. jud., t. I, p. 276. Natal. Alex. in sæc. xiv.
(2) Directorium inquisit., part. ii, quæst. 7, p. 249.
(3) Trithem. in Chron. Hirsangiensi, t. II, p. 231. D'Argentré, loc. cit.
(4) Au dix-septième siècle, les sectateurs de Molinos ont renouvelé une partie des erreurs des *Béguards*. C'en est assez pour nous convaincre que les anciens Pères de l'Eglise n'en ont point imposé, lorsqu'ils ont attribué les mêmes égarements et les mêmes turpitudes aux gnostiques. Les hommes se ressemblent dans les différents siècles, et les mêmes passions produisent les mêmes effets.
(*Note de l'éditeur.*)
(5) Mabillon, Præf. in iv sæc. Bened., part. ii, c. 1, § 4.

on les attaqua, il les défendit, et cette dispute fit du bruit. Les hommes les plus célèbres vers la fin du neuvième siècle se partagèrent sur ces expressions, et l'on fit beaucoup d'écrits pour attaquer ou pour défendre les expressions de Paschase, car on convenait sur le dogme.

Les disputes qui s'élèvent entre les hommes célèbres s'agitent et règnent, pour ainsi dire, longtemps après leur naissance : Bérenger, qui enseignait la théologie à Tours, examina les écrits de Paschase et les difficultés qu'on lui avait opposées.

Paschase disait que nous prenions dans l'eucharistie le corps et le sang de Jésus-Christ, le même corps qui était né de la Vierge; que nous mangions ce corps; que, quoique le pain restât en apparence, on pouvait dire que c'était le corps et le sang de Jésus-Christ que nous recevions dans le pain; que nous recevions le corps, qui avait été attaché à la croix, et que nous buvions dans le calice ce qui avait coulé du côté du Christ (1).

Bérenger voyait que le pain et le vin conservaient, après la consécration, les propriétés et les qualités qu'ils avaient avant la consécration, et qu'ils produisaient les mêmes effets : il en conclut que le pain et le vin n'étaient pas le corps et le sang qui était né de la Vierge et qui avait été attaché à la croix. Il enseigna donc que le pain et le vin ne se changeaient point au corps et au sang de Jésus-Christ (2), mais il n'attaqua point la présence réelle; il reconnaissait que l'Ecriture et la tradition ne permettaient pas de douter que l'eucharistie ne contînt vraiment et réellement le corps et le sang de Jésus-Christ, et qu'elle ne fût même son vrai corps, mais il croyait que le Verbe s'unissait au pain et au vin, et que c'était par cette union qu'ils devenaient le corps et le sang de Jésus-Christ, sans changer leur nature ou leur essence physique, et sans cesser d'être du pain et du vin.

Il croyait qu'on ne pouvait nier la présence réelle, et il reconnaissait que l'eucharistie était le vrai corps de Jésus-Christ; il croyait que le pain et le vin étaient, après la consécration, ce qu'ils étaient avant, et il concluait que le pain et le vin étaient devenus le corps et le sang de Jésus-Christ sans changer de nature : ce qui n'était possible qu'en supposant que le Verbe s'unissait au pain et au vin (3).

Bérenger enseigna cette doctrine dans l'école de Tours et souleva tout le monde. On porta à Rome une des lettres qu'il avait écrites à Lanfranc, dans laquelle il défendait son sentiment. La lettre fut lue dans un concile assemblé par Léon IX l'an 1050; le concile condamna la doctrine de Bérenger et excommunia sa personne. Bérenger, informé de sa condamnation, se retira dans l'abbaye de Preaux et tâcha d'attirer dans son parti Guillaume, duc de Normandie; mais ce prince fit assembler les évêques de la province, et Bérenger fut condamné.

Bérenger attaquait un mystère incompréhensible à la raison; il opposait à la foi les sens et l'imagination : il n'était pas possible qu'il ne se fît des sectateurs. C'est un défaut de logique inconcevable dans des hommes tels que MM. Claude et de la Roque d'en conclure qu'il y avait dans l'Eglise beaucoup de personnes qui rejetaient le dogme de la transsubstantiation.

Car, 1° toute hérésie qui attaque un mystère est assez spécieuse pour séduire au premier coup d'œil les ignorants et les hommes superficiels; et si l'on pouvait conclure qu'une opinion était enseignée dans l'Eglise parce que celui qui l'a publiée a trouvé des sectateurs, il faudrait conclure que toutes les hérésies et toutes les erreurs ont toujours été enseignées dans l'Eglise, parce qu'en effet il n'y a point d'hérésiarque qui n'ait eu des sectateurs.

2° Tous les historiens témoignent que l'opinion de Bérenger fut regardée comme nouvelle, et les protestants ne peuvent citer aucun auteur ancien qui témoigne en aucune façon que Bérenger ait trouvé dans l'Eglise des personnes qui fussent de son sentiment, ni que son erreur ait été soutenue par quelqu'un qui l'eût apprise d'un autre que de lui : tous témoignent qu'il fut l'unique cause des troubles (4).

L'erreur de Bérenger fut condamnée dans tous les conciles où elle fut dénoncée : tels sont les conciles de Verceil, de Tours et de Paris.

Bérenger comparut dans celui de Tours et y condamna son erreur; mais il agissait avec dissimulation ou il n'avait pas été pleinement convaincu dans le concile, et il était retombé dans son erreur, car il l'enseigna encore après le concile.

Nicolas II assembla un concile dans lequel Bérenger défendit ses opinions; mais il fut convaincu par Abbon et par Lanfranc; il abjura son erreur et brûla ses écrits.

Cette profession de foi paraissait sincère; mais Bérenger ne fut pas plutôt retourné en France qu'il se repentit d'avoir brûlé ses écrits et condamné son sentiment. Il protesta contre sa dernière rétractation, prétendit qu'elle lui avait été dictée par Humbert et qu'il ne l'avait signée que par crainte : il continua donc à enseigner son erreur.

Enfin Grégoire VII tint un concile à Rome en 1079, où Bérenger reconnut et condamna

---

(1) Tract. de corp. Domini, ep. ad Frudegard.
(2) Nous croyons devoir observer ici, contre l'opinion de M. Pluquet, mais d'après les monuments du temps et des autorités graves, que Bérenger nia formellement la présence réelle de Jésus-Christ dans l'eucharistie, et qu'il peut être regardé comme le chef des sacramentaires. Il est vrai qu'il affecta quelquefois de tenir un langage bien rapproché de l'orthodoxie; mais c'était, ou pour mieux déguiser le venin de sa doctrine et pour en imposer aux défenseurs du dogme catholique qui s'élevaient avec force contre lui, ou par un effet de cette inconstance singulière que lui reproche l'histoire. On peut consulter sur cet objet l'Histoire de l'Eglise gallicane, le Dictionnaire de théologie de M. Bergier, Tournely, Collet et d'autres théologiens. (Note de l'éditeur de Besançon).
(3) Mabillon, Praef. in vi sæc. Benedict. § 3, p. 475.
(4) Perpét. de la foi, t. I, l. ix, c. 7, p. 657.

encore son erreur. Le pape le traita avec indulgence et avec bonté; il écrivit même en sa faveur à l'archevêque de Tours et à l'évêque d'Angers. Après ce concile, Bérenger se retira dans l'île de Saint-Côme, proche la ville de Tours, et y mourut au commencement de l'année 1088.

Les rétractations et la pénitence de Bérenger n'empêchèrent pas que plusieurs de ses disciples ne persévérassent dans l'erreur de leur maître.

Il s'en faut beaucoup qu'ils aient été aussi nombreux que l'ont prétendu MM. Claude, la Roque, Basnage; les historiens qui donnent à Bérenger un grand nombre de disciples sont sur cela contraires aux historiens contemporains.

Guimond, archevêque d'Averse, auteur contemporain, témoigne expressément que Bérenger n'a jamais eu une seule bourgade pour lui, et qu'il n'était suivi que par des ignorants : tout ce qui nous reste de monuments historiques de ce temps est conforme au témoignage de Guimond. Lui préférera-t-on Guillaume de Malmesbury, qui ne vivait qu'en 1242, et Matthieu de Westminster, qui ne vivait que dans le quatorzième siècle (1)?

On trouve, il est vrai, dans le douzième siècle, quelques personnes qui niaient la transsubstantiation; mais on ne voit pas que ces personnes soient des disciples de Bérenger plutôt que des manichéens qui avaient reparu en France et qui niaient la transsubstantiation, comme Bérenger. Les monuments historiques par lesquels nous connaissons ces ennemis de la transsubstantiation paraissent le supposer; car on y voit que ces hérétiques avaient encore d'autres erreurs, dont l'historien dit qu'il ne juge pas à propos de parler; ce qui ne convient point aux disciples de Bérenger (2).

Au reste, cette prétendue perpétuité de la doctrine de Bérenger, que Basnage se donne tant de peine à établir depuis le neuvième siècle jusqu'à la réforme, n'est point cette perpétuité de la foi qui convient à celle de la vraie Eglise, et qui fait le caractère de la vérité.

Il n'est point étonnant qu'une erreur qui a fait autant de bruit que celle de Bérenger se soit perpétuée, et il n'y a peut-être point d'hérésie qui, depuis sa naissance, ne trouvât, à force de recherches, d'inductions et de sophismes, des sectateurs dans les siècles précédents, aussi bien et mieux que les protestants. Sandius n'a-t-il pas trouvé des ariens dans tous les siècles de l'Eglise (3)?

Mais ce n'est pas une pareille succession qui caractérise la doctrine de la vraie Eglise; il faut : 1° que cette perpétuité soit telle qu'on ne puisse assigner une époque où elle était inconnue dans l'Eglise, comme l'erreur de Bérenger, qui, lorsqu'on lui opposa la réclamation de toute l'Eglise contre son erreur, répondit que toute l'Eglise était périe (4).

2° La vraie Eglise étant une société visible et devant être catholique, c'est-à-dire la société religieuse la plus étendue, quelques sectaires obscurs qui enseignent et perpétuent leurs erreurs en secret, qui sont odieux à tous les fidèles et condamnés par toute l'Eglise, qui n'ont ni Eglise, ni ministère, ni juridiction, ni autorité, peuvent-ils représenter l'Eglise de Jésus-Christ? Ce que je dis ici des bérengariens ne peut être contesté : la Roque et Basnage n'ont pu prouver rien de plus en leur faveur (5).

Les bérengariens ne furent pas constamment et unanimement attachés à l'erreur de Bérenger; tous reconnaissaient que le pain et le vin ne se changeaient point au corps et au sang de Jésus-Christ; mais quelques-uns ne pouvaient concevoir que le Verbe s'unît au pain et au vin, et ils conclurent que le pain et le vin n'étaient point le corps et le sang de Jésus-Christ, et qu'ils n'étaient appelés ainsi que par métaphore et parce qu'ils représentaient le corps et le sang de Jésus-Christ.

Ainsi Bérenger et ses disciples niaient la transsubstantiation ; mais Bérenger croyait que le pain devenait le corps de Jésus-Christ, et ses disciples croyaient qu'il n'en était que la figure.

Ce dernier sentiment fut adopté par la plupart des hérésiarques et des sectaires qui parurent après Bérenger, et qui allièrent cette erreur avec d'anciennes hérésies : tels furent Pierre de Bruys, Henri de Toulouse. Arnaud de Bresse, les albigeois, Amauri de Chartres, et, longtemps après, Wiclef, les lollards, les thaborites; enfin, Carlostad, Zuingle, Calvin ont renouvelé l'erreur des bérengariens, et Luther a suivi le sentiment de Bérenger et soutenu l'impanation.

Comme ces deux points sont un des plus grands obstacles à la réunion des Eglises réformées, nous croyons qu'il est convenable de les traiter.

Du dogme de la présence réelle.

Il n'y a point de matière sur laquelle on ait tant écrit; l'énumération des ouvrages composés sur l'eucharistie serait seule un ouvrage : nous allons réduire à des points simples les raisons qui la prouvent et les difficultés qui la combattent.

Le dogme de la présence réelle est enseigné dans l'Ecriture.

Lorsque Jésus-Christ institua l'eucharistie, il dit, en tenant du pain : Ceci est mon corps; et l'Ecriture ne nous parle jamais de ce sacrement que dans des termes qui, pris dans un sens naturel et littéral, expriment la présence réelle du corps et du sang de Jésus-Christ, et non pas que le pain et le vin sont la figure du corps et du sang de Jésus-Christ.

Pour être autorisé à prendre les paroles de l'Ecriture dans le sens figuré et à soutenir que l'eucharistie est la figure du corps et du sang de Jésus-Christ, il faudrait, ou que

---

(1) Perpét. de la foi, t. I, l. ix, c. 1, p. 657.
(2) Spicileg. d'Acheri, t. II, p. 243. Leibnitz, Accessiones historicae, c. 6, 8, an. 1262.
(3) Sandius, Hist. eccles.

(4) Berengarius, apud Lanfranc, c. 23. Perpét. de la foi, l. I, 9.
(5) La Roque, Hist. de l'Euch., part. II, c. 18, p. 702. Basnage, Hist. des Eglises réf., t. I, l. III, c. 5, p. 108.

Jésus-Christ nous eût avertis qu'il ne prenait point dans un sens naturel les expressions dont il se servait, ou que ces expressions, prises dans le sens naturel, eussent exprimé une absurdité si palpable et si grossière, que l'homme le plus ignorant eût senti que Jésus-Christ n'avait pu les prendre dans leur sens naturel et littéral.

1° Il est certain que Jésus-Christ n'a point préparé ses disciples à prendre dans un sens métaphorique les mots dont il se sert dans l'institution de l'eucharistie : au contraire, Jésus-Christ, avant d'instituer l'eucharistie, avait dit à ses apôtres que sa chair était véritablement viande, et que son sang était vraiment breuvage ; que ceux qui ne mangeraient pas sa chair et ne boiraient point son sang n'auraient point la vie éternelle ; il leur avait promis de leur donner ce pain : les Juifs, en l'entendant, se demandaient comment il pourrait leur donner sa chair à manger, et Jésus-Christ ne répond à leurs plaintes qu'en répétant que sa chair est véritablement viande et son sang véritablement breuvage, et que s'ils ne mangent la chair du Fils de l'homme et ne boivent son sang, ils n'auront point la vie éternelle.

Jésus-Christ promettait alors à ses disciples de leur donner sa chair à manger, et sa véritable chair : tous les ministres conviennent que, dans le sixième chapitre de l'Evangile selon saint Jean, il est toujours parlé de la véritable chair de Jésus-Christ.

Les disciples attendaient donc que Jésus-Christ leur donnerait véritablement sa chair à manger et son sang à boire ; mais ils ne savaient pas comment il exécuterait cette promesse.

Dans l'institution de l'eucharistie, Jésus-Christ leur ordonne de manger le pain qu'il a béni, et les assure que ce pain est son corps ; ainsi, loin d'avoir averti les apôtres qu'il fallait prendre dans un sens métaphorique les paroles de l'institution de l'eucharistie, il les avait préparés à les prendre dans un sens naturel et littéral.

Ainsi, les allégories et les images sous lesquelles Jésus-Christ s'est quelquefois représenté ne pouvaient porter ses disciples à interpréter dans un sens métaphorique les paroles de l'institution de l'eucharistie.

Jésus-Christ avait promis à ses disciples de leur donner son corps, son vrai corps à manger, et c'était à la manducation de ce corps qu'il avait attaché la vie éternelle ; ils étaient dans l'attente de l'exécution de cette promesse, puisque Jésus-Christ leur avait annoncé sa mort : l'importance de cette promesse, toujours présente à leur esprit, ne leur permettait donc ni d'en méconnaître l'exécution dans l'institution de l'eucharistie, ni de croire que Jésus-Christ leur donnât, dans le pain de l'eucharistie, la figure de son corps ; ils ne pouvaient donc s'empêcher de prendre les paroles de l'institution de l'eucharistie dans leur sens propre et naturel ; et Jésus-Christ, loin de les avoir avertis qu'il parlait d'une manière allégorique, les avait en quelque sorte préparés à prendre ses expressions dans le sens littéral.

En se plaçant dans ce point de vue, qui est le seul où l'on puisse envisager la question, on voit clairement que MM. Claude et Basnage n'ont fait que des sophismes pour prouver que l'esprit des apôtres était assez préparé au sens figuré par la cérémonie même de la Pâque que Jésus-Christ célébrait, et par l'usage dans lequel il était d'employer des allégories et des paraboles.

Jésus-Christ et les évangélistes n'avertissent donc point que les paroles de l'institution de l'eucharistie doivent se prendre dans un sens figuré.

2° On ne peut pas dire que le sens littéral et naturel des paroles de l'institution de l'eucharistie renferme une contradiction sensible ou une absurdité palpable, en sorte qu'en entendant ces paroles l'esprit quitte le sens naturel et passe au sens figuré ; car alors le dogme de la présence réelle ne serait jamais venu dans l'esprit des apôtres et des chrétiens ; il n'aurait même jamais pu s'établir, ou du moins on aurait vu dans l'Eglise chrétienne des réclamations contre ce dogme, et le plus grand nombre serait resté attaché au sens figuré.

Cependant, lorsque Bérenger attaqua le dogme de la transsubstantiation, toute l'Eglise croyait la présence réelle, et les protestants n'ont jusqu'ici pu assigner un temps où elle ne fût pas crue, ni un siècle où l'Eglise crût que l'eucharistie n'était que la figure du corps de Jésus-Christ.

Si le sens figuré est le sens qui s'offre à l'esprit lorsqu'on entend les paroles de l'institution de l'eucharistie, pourquoi Carlostad fut-il abandonné de tout le monde lorsqu'il le proposa ? Pourquoi Zuingle a-t-il été plus de quatre ans à trouver que ces paroles : *Ceci est mon corps*, devaient se rendre par celles-ci : *Ceci représente mon corps* (1) ?

Si le sens figuré est le sens qui s'offre à l'esprit, pourquoi Luther et tous ses sectateurs ont-ils, aussi bien que les catholiques, pris constamment dans le sens naturel et littéral les paroles de l'institution de l'eucharistie ? Pourquoi Bucer, pour intéresser les princes protestants d'Allemagne en faveur des quatre villes impériales qui suivaient l'opinion de Zuingle ; pourquoi, dis-je, Bucer fut-il obligé de faire faire à ces villes une confession de foi, dans laquelle il reconnaît que Jésus-Christ donna à ses disciples son vrai corps et son vrai sang à manger et à boire véritablement ? Pourquoi, dans une lettre écrite au duc de Brunswick-Lunebourg, protesta-t-il qu'il croyait, avec Zuingle et OEcolampade, que le vrai corps et le vrai sang de Jésus-Christ étaient présents dans la cène (2).

Enfin, s'il était vrai que le sens figuré se présentât naturellement à l'esprit, pourquoi les peuples auxquels Bucer avait prêché le sens figuré reprirent-ils le dogme de la pré-

---

(1) Zuingle, de Vera Relig., p. 202. Resp. ad Luther., p. 400. Ep. ad Pomeram., p. 256. Perpét. de la foi, t. II, l. 1, c. 2.

(2) Hospin., part. II, p. 122. Perpét. de la foi, c. 4.

sence réelle aussitôt que Bucer et Capiton, par ménagement pour les luthériens, cessèrent de faire retentir continuellement à leurs oreilles le sens figuré (1).

Mais, dit-on, les apôtres ne voyaient-ils pas évidemment qu'en mangeant le pain que Jésus-Christ avait béni ils ne pouvaient manger le corps qu'ils avaient devant les yeux.

Je réponds que l'esprit ne voit comme impossible que ce qui unit le *oui* et le *non*, c'est-à-dire qui assure qu'une chose est et n'est point en même temps; mais il n'y a point contradiction que le corps de Jésus-Christ se trouve sous les espèces du pain et du vin; car il est possible :

1° Que le pain et le vin deviennent le corps et le sang de Jésus-Christ, comme on le suppose dans le sentiment de l'impanation.

2° Il est possible que Dieu forme, dans la substance du pain et dans celle du vin, un corps humain auquel l'âme de Jésus-Christ soit unie, comme M. Varignon l'a imaginé.

3° On ne voit point qu'il soit impossible que le corps de Jésus-Christ se trouve sous les espèces du pain et du vin, comme il s'y trouve en effet, et comme on le fera voir en parlant de la transsubstantiation.

Je réponds, en second lieu, que les apôtres, connaissant la toute-puissance et la souveraine vérité de Jésus-Christ, n'eurent pas besoin de concevoir la possibilité de ce qu'il leur disait pour interpréter son discours dans un sens naturel et littéral. Ils crurent qu'en effet le pain était devenu le corps de Jésus-Christ, quoiqu'ils ne comprissent pas comment cela pouvait se faire. L'impossibilité de concevoir le mystère de la Trinité a-t-il empêché de le croire ?

Le dogme de la présence réelle a toujours été enseigné dans l'Eglise

Depuis la naissance de l'Eglise, la célébration de l'eucharistie a fait la partie la plus essentielle du culte des chrétiens : les apôtres s'assemblaient pour la célébrer, et ils en établirent la célébration dans l'Eglise (2).

Dans la célébration de l'eucharistie, on bénissait du pain, et l'on disait que ce pain et ce vin étaient le corps et le sang de Jésus-Christ : c'était sur cette présence du corps de Jésus-Christ que portait toute l'importance de ce sacrement par rapport aux chrétiens; cette présence était le fondement de leur respect pour l'eucharistie, et rien n'était plus important que de bien connaître le degré de respect qu'on devait à ce sacrement, puisqu'il donnait la mort éternelle s'il était reçu indignement.

Pour rendre à ce sacrement le respect qu'on lui devait, et pour le recevoir dignement, il fallait nécessairement savoir si l'on recevait Jésus-Christ réellement, si l'on recevait son corps et son sang, si l'on n'en recevait que la figure et le symbole. Les apôtres et les premiers chrétiens n'ont donc pu rester indécis et indéterminés sur la présence du corps de Jésus-Christ dans l'eucharistie; ils ont cru la présence réelle ou l'absence réelle du corps de Jésus-Christ dans l'eucharistie.

Toutes les sociétés chrétiennes séparées de l'Eglise romaine, depuis le quatrième siècle jusqu'à Bérenger, croient la présence réelle du corps de Jésus-Christ dans l'eucharistie; les nestoriens, les Arméniens, les jacobites, les Cophtes, les Ethiopiens, les Grecs, reconnaissent encore aujourd'hui la présence réelle du corps de Jésus-Christ dans l'eucharistie (3).

Toutes les sociétés catholiques la croyaient aussi lorsque les bérengariens l'attaquèrent.

Cette croyance étant générale chez les chrétiens au temps de Bérenger, il faut nécessairement qu'elle soit aussi ancienne que l'Eglise même, ou que toutes les Eglises chrétiennes aient passé de la croyance de l'absence réelle à la croyance de la présence réelle du corps de Jésus-Christ dans l'eucharistie.

S'il est certain que l'Eglise n'a pu passer de la croyance de l'absence réelle à la croyance de la présence réelle du corps de Jésus-Christ dans l'eucharistie, il est démontré que la présence réelle a toujours été enseignée et professée dans l'Eglise depuis les apôtres jusqu'à Bérenger; or, il est certain que l'Eglise n'a point passé de la croyance de l'absence réelle à la croyance de la présence réelle du corps et du sang de Jésus-Christ dans l'eucharistie.

Ce changement dans la croyance des chrétiens sur la présence réelle du corps de Jésus-Christ n'a pu se faire qu'en deux manières : tout d'un coup, ou par degrés.

La première supposition est impossible, car alors il faudrait que tous les chrétiens, après avoir cru jusqu'alors que le corps de Jésus-Christ n'était pas présent dans l'eucharistie, eussent commencé tous ensemble à croire qu'il y était, en sorte que s'étant, pour ainsi dire, endormis dans la croyance que l'eucharistie n'était que la figure du corps de Jésus-Christ, ils se fussent réveillés persuadés qu'elle contenait réellement le corps et le sang de Jésus-Christ.

Il est impossible qu'une multitude d'Eglises séparées de communion, dispersées dans différentes parties de la terre, ennemies et sans communications entre elles, se soient accordées à rejeter la croyance de l'absence réelle du corps de Jésus-Christ dans l'eucharistie, qu'elles avaient toujours crue, pour professer la présence réelle que personne ne croyait, et qu'elles se soient accordées sur ce point sans se communiquer, sans que ce changement dans leur doctrine ait produit aucune contestation.

Si les Eglises chrétiennes ont passé de la croyance de l'absence réelle du corps de Jésus-Christ à la croyance de la présence réelle, il faut donc que ce changement se soit fait par degrés, et alors il faut nécessairement qu'il y ait eu d'abord un temps, savoir, à la naissance de l'opinion, « où elle n'était suivie que d'un très-petit nombre de personnes; qu'il y en ait eu un autre où ce nom-

(1) Hospin., c. 17.
(2) Act. II, 42, 46.

(3) *Voyez* ces différents articles, où leur croyance sur l'eucharistie est examinée en particulier.

bre était déjà beaucoup augmenté et où il égalait celui des fidèles qui ne croyaient pas la présence réelle de Jésus-Christ dans l'eucharistie ; un autre où ce sentiment s'était rendu maître de la multitude, quoiqu'avec opposition d'un grand nombre d'autres qui demeuraient encore dans la doctrine ancienne ; et enfin un autre où il régnait paisiblement et sans opposition, qui est l'état où les calvinistes sont obligés d'avouer qu'il était lorsque Bérenger commença d'exciter des disputes sur cette matière (1). »

Dans tous ces cas, il est impossible qu'il ne se soit pas élevé des contestations dans l'Eglise entre ceux qui croyaient l'absence réelle et ceux qui croyaient la présence réelle. Les plus petits changements dans la discipline, les plus légères altérations dans des dogmes moins développés, moins connus, ont excité des contestations dans l'Eglise ; toutes les erreurs, toutes les hérésies ont été attaquées dans leur naissance : comment la croyance de la présence réelle aurait-elle été enseignée sans contradiction dans une Eglise où l'on aurait cru l'absence réelle ? comment aurait-on changé tout le culte, toutes les cérémonies, sans que personne s'y fût opposé ?

Cependant, depuis les apôtres jusqu'à Bérenger, où la croyance de la présence réelle était universellement reçue dans l'Eglise, on ne trouve aucune preuve que quelqu'un, en publiant que Jésus-Christ était réellement présent dans l'eucharistie, ait cru proposer une opinion différente de la croyance commune de l'Eglise de son temps ou de l'Eglise ancienne.

On ne trouve point que jamais personne ait été déféré publiquement aux évêques et aux conciles pour avoir publié, de vive voix ou par écrit, que Jésus-Christ était réellement dans la bouche de ceux qui recevaient l'eucharistie. On ne trouve point qu'aucun Père, aucun évêque, aucun concile se soit mis en peine de s'opposer à cette croyance, en témoignant qu'il y en avait parmi le peuple qui se trompaient grossièrement et dangereusement en croyant que Jésus-Christ était présent sur la terre aussi bien que dans le ciel. On ne trouve point qu'aucun auteur ecclésiastique ni aucun prédicateur se soit jamais plaint qu'il s'introduisît en son temps une idolâtrie pernicieuse et damnable en ce que plusieurs adoraient Jésus-Christ comme réellement présent sous les espèces du pain et du vin (2).

On dira peut-être que ces raisons font bien voir que la croyance de la présence réelle ne s'est point introduite par la contestation, ni par des personnes qui aient changé elles-mêmes de sentiment et prétendu innover et changer la créance de l'Eglise ; mais que cela ne prouve pas qu'elle n'ait pu s'introduire d'une manière encore plus insensible, qui est que les pasteurs de l'Eglise, étant eux-mêmes dans la croyance que le corps de Jésus-Christ n'était qu'en figure dans l'eucharistie, aient néanmoins annoncé cette vérité en des termes si ambigus, que les simples aient pris leurs paroles en un sens contraire à la vérité et à leur intention, et soient entrés dans l'opinion de la présence réelle, comme si elle eût été celle des pasteurs.

Mais quoiqu'une équivoque de cette sorte eût pu engager dans l'erreur un petit nombre de personnes simples, c'est le comble de l'absurdité de vouloir faire croire qu'elle ait pu tromper tous les chrétiens de la terre.

Car peut-on imaginer, sans extravagance, que les paroles des pasteurs étant mal entendues par un grand nombre de personnes de toutes les parties du monde, aucun des pasteurs ne se soit aperçu de cette illusion si grossière, et ne les ait détrompées de la fausse impression qu'elles avaient prise de ces paroles ?

Peut-on imaginer que tous les pasteurs fussent si aveugles, si imprudents, que de se servir de mots qui fussent d'eux-mêmes capables d'engager les peuples dans l'erreur, sans expliquer jamais ces équivoques si dangereuses ?

Que si ces paroles n'étaient pas par elles-mêmes sujettes à un mauvais sens, et n'étaient mal expliquées que par un petit nombre de personnes grossières, comment les fidèles plus éclairés et qui conversaient tous les jours avec les simples ne découvraient-ils point, par quelqu'une de leurs actions et de leurs paroles, l'erreur criminelle dans laquelle ils étaient engagés, ce qui devait nécessairement produire un éclaircissement, et ne pouvait manquer d'être connu des pasteurs, qui dès lors auraient été obligés de déclarer publiquement que l'on avait abusé de leurs paroles et qu'on les avait prises dans un sens très-faux et très-contraire à leur intention ?

Mais pourquoi ces équivoques n'auraient-elles commencé de tromper le monde que vers le neuvième ou le dixième siècle, comme le prétendent les réformés, puisqu'on ne s'est point servi d'autres paroles dans la célébration des mystères et dans la prédication de la parole de Dieu, pour exprimer ce mystère, que de celles dont on se servait auparavant ? et que peut-on imaginer de plus ridicule que de dire que les mêmes paroles aient été entendues universellement d'une manière dans un certain temps, et universellement d'une autre manière dans un autre temps, sans que personne se soit aperçu de cette mésintelligence ?

Tous les Pères ont enseigné le dogme de la présence réelle.

Les Pères tirant leur doctrine sur l'eucharistie de ce que les apôtres ont enseigné, il ne faut, pour juger de leur sentiment, qu'examiner s'ils ont entendu les paroles, *Ceci est mon corps*, dans un sens de figure ou dans un sens de réalité.

Il est certain que l'un et l'autre de ces deux sens a des marques et des caractères qui lui sont propres et qui doivent se trouver dans les expressions des Pères, qui n'ont

---

(1) Perpétuité de la foi, volume in-12, p. 19.

(2) Perpétuité de la foi, volume in-12, p. 25.

parlé que selon qu'ils ont eu dans l'esprit l'un ou l'autre sens.

Lorsqu'on croit que les paroles de l'institution de l'eucharistie, *Ceci est mon corps*, expriment que le corps de Jésus-Christ est réellement présent, on les prend dans un sens naturel qui se présente sans peine à l'esprit de tout le monde : il faut bien que cela soit ainsi dans les principes des calvinistes, puisqu'ils prétendent que l'Eglise a passé sans aucune contestation de la croyance de l'absence réelle à la croyance de la présence réelle, par le moyen de ces paroles : *Ceci est mon corps*.

Mais ces paroles, prises dans leur sens naturel, expriment une chose incompréhensible ; ainsi le sens littéral et de présence réelle est facile, et la chose qu'il exprime est très-difficile.

Lorsqu'on croit que ces paroles, *Ceci est mon corps*, signifient : Ceci est la figure de mon corps, ce sens est très-difficile à découvrir, et l'esprit le rejette naturellement ; nous n'en voulons pour preuve que ce que nous avons dit sur Carlostad, qui fut quatre ans persuadé que le corps de Jésus-Christ n'était pas réellement présent dans l'eucharistie, avant de pouvoir trouver que le sens des paroles, *Ceci est mon corps*, était *Ceci est la figure de mon corps* ; il est donc certain que le sens figuré des paroles de Jésus-Christ est très-difficile et très-détourné.

Mais il est certain qu'il exprime une chose aisée à comprendre : c'est que le pain et le vin sont les symboles du corps et du sang de Jésus-Christ, et peuvent produire dans l'âme des effets salutaires, ce qui n'est pas une chose plus difficile à concevoir que la production de la grâce par le baptême.

Ainsi, le sens des catholiques est très-facile dans les termes, mais il exprime une chose difficile à concevoir.

Le sens des calvinistes, au contraire, est opposé aux règles du langage, et par conséquent très-difficile à concevoir, mais il exprime une chose très-aisée à concevoir.

1° Les Pères n'ont jamais entrepris d'expliquer le sens de ces paroles, *Ceci est mon corps*, quoiqu'ils aient toujours expliqué avec beaucoup de soin toutes les métaphores ; ils n'ont jamais rien écrit pour empêcher que les fidèles ne les prissent dans le sens des catholiques ; ils ont donc cru que ces mots, *Ceci est mon corps*, devaient se prendre dans un sens naturel et littéral.

2° Il est certain que tous les Pères ont regardé l'eucharistie comme un mystère incompréhensible, comme un objet de foi : ils ont tous recours à la toute-puissance divine pour le prouver ; ce qui n'a certainement pas lieu dans le sens des calvinistes : il n'est pas possible d'en rapporter ici les preuves ; on les trouvera dans la Perpétuité de la foi (1).

3° Les Pères ont reconnu que l'eucharistie produisait la grâce, et ils ont attribué l'efficacité de l'eucharistie à la présence réelle du corps de Jésus-Christ : c'est encore un point porté jusqu'à la démonstration dans la perpétuité de la foi (2).

4° Les Pères ont toujours parlé de l'eucharistie comme d'un sacrement qui contenait réellement le corps et le sang de Jésus-Christ.

5° Pour connaître le sentiment des Pères sur la présence réelle de Jésus-Christ dans l'eucharistie, il ne faut pas s'attacher à un petit nombre de leurs passages ; il faut considérer en gros tous les lieux où ils ont traité de cette matière : or, il est certain, par une foule de passages et de raisons qui produisent une certitude complète, que les Pères des six premiers siècles ont pris les paroles de l'institution de l'eucharistie dans le sens naturel et littéral ; il est certain que le sens figuré ne leur est jamais venu dans l'esprit, qu'ils ont reconnu un véritable changement de la substance du pain en celle du corps de Jésus-Christ.

Ainsi, quand on trouverait dans les Pères quelques passages où ils auraient donné à l'eucharistie les noms de signe, d'image, de figure, on n'en pourrait conclure qu'ils n'ont pas cru la présence réelle (3).

6° Les espèces du pain et du vin restant après la consécration, il n'est pas impossible que les Pères aient, même après la consécration, donné à l'eucharistie le nom de pain et de vin, car les Pères ont exprimé les symboles eucharistiques par les idées populaires, et non par les idées philosophiques ; et l'on voit clairement que c'est pour se conformer au langage populaire qu'ils se servent de ces expressions, puisqu'ils assurent constamment que le pain et le vin sont changés au corps et au sang de Jésus-Christ.

7° Par les paroles de la consécration, la substance du pain et du vin est changée, selon les Pères, en la substance du corps et du sang de Jésus-Christ ; mais on ne voit point immédiatement ce corps ; nos sens n'aperçoivent que les espèces du pain et du vin : ainsi, après la consécration, les espèces du pain et du vin sont les signes ou le type du corps de Jésus-Christ.

Les Pères ont donc pu donner aux symboles eucharistiques le nom de signes du corps et du sang de Jésus-Christ, sans que l'on puisse en conclure qu'ils ne croyaient pas la présence réelle (4).

De la transsubstantiation contre Bérenger et Luther.

Par les paroles de la consécration le pain et le vin sont convertis au corps et au sang de Jésus-Christ, puisque, par ces paroles le corps et le sang de Jésus-Christ deviennent réellement présents dans l'eucharistie, en sorte que le pain et le vin deviennent le corps et le sang de Jésus-Christ.

Le corps et le sang de Jésus-Christ auquel le pain et le vin sont changés, c'est le corps et le sang qui a été livré et répandu pour nos péchés sur la croix, ce qu'il est absurde de dire du pain (5).

---

(1) T. II, l. III et IV. Natal. Alex., Dissert. 12 in sæc. XI.
(2) Perpétuité de la foi, ibid., l. V.
(3) Ibid., t. II, l. I, c. 1.

(4) Perpétuité de la foi, t. I, l. VIII, c. 2 ; t. III, l. III, c. 5. Natal. Alex., Dissert. 12 in sæc. XI.
(5) Matth. XXVI. Marc. XIV. Luc. XXII. I Cor. XI.

Ainsi, après les paroles de la consécration il n'y a plus dans l'eucharistie de pain et de vin ; ils ont été changés au corps et au sang de Jésus-Christ.

Ce changement de la substance du pain et du vin au corps et au sang de Jésus-Christ est appelé transsubstantiation, et quoiqu'on n'ait exprimé ce changement par le mot de *transsubstantiation* que dans les derniers siècles, cependant ce dogme était connu dans l'Eglise aussi anciennement que celui de la présence réelle : le quatrième concile de Latran en 1215, celui de Constance en 1414, ceux de Florence et de Trente l'ont défini.

Tous les Pères, toutes les liturgies parlent de la conversion du pain et du vin au corps et au sang de Jésus-Christ ; toutes les prières de la messe demandent que le pain et le vin deviennent le corps et le sang de Jésus-Christ (1).

Le mot *transsubstantiation* exprime très-bien ce changement, et l'on ne doit point désapprouver l'usage de ce mot parce qu'il n'est pas dans l'Ecriture ; le mot de *Trinité* et le mot de *consubstantiel* ne s'y trouvent pas, et les protestants n'en condamnent pas l'usage : le concile de Latran a donc pu consacrer le mot *transsubstantiation*, comme le concile de Nicée a consacré le mot *consubstantiel*.

Les luthériens et les calvinistes, si opposés sur la présence réelle, se réunissent contre la transsubstantiation : ils ont combattu ce dogme par une infinité de sophismes de logique, de grammaire, etc., dans l'examen desquels il serait également inutile et ennuyeux de descendre, et qu'ils ont eux-mêmes abandonnés pour la plupart. Nous allons tâcher de réduire leurs principales difficultés à quelques points simples.

Première difficulté.

Les protestants prétendent qu'il est absurde de supposer que le corps de Jésus-Christ, qui était un corps humain au moins de cinq pieds, soit contenu dans la plus petite partie sensible du pain ou du vin, parce qu'alors il faudrait que les parties de son corps se pénétrassent, et par conséquent que la matière perdît son étendue et son impénétrabilité, ce qui est impossible, puisque la toute-puissance divine ne peut dépouiller une chose de son essence.

Je réponds, 1° que cette difficulté s'évanouit dans le système qui suppose que l'étendue est composée de points inétendus.

Je réponds, 2° qu'il faudrait tout au plus conclure de là que ce n'est ni dans l'étendue ni dans l'impénétrabilité que consiste l'essence de la matière, comme l'ont pensé Descartes et Gassendi, mais dans quelque chose que nous ne connaissons pas.

Je réponds, 3° qu'il n'est pas prouvé qu'il soit impossible que le corps d'un homme de cinq pieds soit réduit à un espace égal à celui des espèces eucharistiques : ne condense-t-on pas l'air au point de lui faire occuper quatre mille fois moins d'espace qu'il n'en occupe dans un état naturel? Si l'industrie humaine peut resserrer ou dilater si prodigieusement les corps, pourquoi Dieu ne pourrait-il pas réduire un corps humain à la grandeur des espèces eucharistiques?

Seconde difficulté.

Si le pain et le vin étaient changés au corps et au sang de Jésus-Christ dans l'eucharistie, il faudrait que le corps de Jésus-Christ se trouvât sous les espèces eucharistiques ; et comme la consécration se fait en même temps en différents endroits, il faudrait que le corps de Jésus-Christ, le même corps qui est dans le ciel, se trouvât en même temps en plusieurs lieux, ce qui est absurde.

Je réponds qu'il n'est point impossible qu'un corps soit en même temps en plusieurs lieux à la fois, et que par conséquent il n'est pas impossible que le corps de Jésus-Christ soit dans le ciel et dans tous les lieux où l'on consacre : voici ma preuve.

Un corps en mouvement existe en plusieurs lieux pendant un temps déterminé : un corps, par exemple, qui avec un degré de vitesse parcourt un pied dans une seconde, se trouve dans soixante pieds différents s'il se meut pendant une minute.

Mais si, au lieu d'un degré de vitesse, je lui en donnais soixante, il parcourrait ces soixante pieds dans une seconde, et par conséquent se trouverait dans soixante lieux différents pendant une seconde.

Si, au lieu de soixante degrés de vitesse, je lui en donnais cent vingt, il se trouverait dans ces soixante lieux ou parties de l'espace dans une tierce ; ainsi, en augmentant la vitesse à l'infini, il n'y a point de petite portion de temps pendant laquelle un corps ne puisse être dans plusieurs lieux, ou, si l'on veut, la rapidité du mouvement peut être assez grande pour que, dans la plus petite durée imaginable, un corps parcoure un espace donné, et se trouve par conséquent en plusieurs lieux pendant la plus petite durée imaginable.

La plus petite partie imaginable du temps est pour nous un instant indivisible ; ainsi il est possible que le même corps soit non-seulement par rapport à nous, mais réellement, dans plusieurs lieux dans le même temps ; pour cela, il ne faut que supposer la distance des lieux bornée et la vitesse infinie.

D'ailleurs le mouvement n'est, selon beaucoup de philosophes, que l'existence ou la création successive d'un corps dans différents points de l'espace, et la création est un acte de la volonté divine. Or, qui peut douter que la volonté divine ne puisse créer si promptement, si rapidement le même corps ; que, dans le même temps, ce corps existe en plusieurs lieux, quelle que soit la distance et quelque courte que soit la durée?

Il ne répugne donc point que Dieu fasse exister un corps dans plusieurs lieux en

(1) Perpétuité de la foi, t. II, l. vi, p. 586.

même temps, et que ce corps y soit transporté, même sans passer par les intervalles qui séparent ces lieux.

Nous ne prétendons point, au reste, expliquer le mystère de la transsubstantiation, mais faire voir qu'on ne prouve point qu'il répugne à la raison, ce qui suffit pour faire tomber les difficultés des protestants.

Troisième difficulté.

On prétend que le dogme de la transsubstantiation sape tous les fondements de la religion.

La religion est, dit-on, fondée sur des miracles et sur des faits qui ne sont connus que par le témoignage des sens. Ainsi, c'est ébranler les fondements de la religion que de supposer que le témoignage constant et unanime des sens peut nous tromper : c'est cependant ce que les catholiques sont obligés de reconnaître dans le dogme de la transsubstantiation; car les sens attestent constamment et unanimement à tous les hommes que l'eucharistie, après la consécration, est encore du pain et du vin, et cependant le dogme de la transsubstantiation nous apprend qu'il n'y a en effet ni pain, ni vin.

Cette difficulté a paru triomphante aux plus habiles protestants (1).

On peut répondre, 1° que nous ne connaissons les corps que par des impressions excitées dans notre âme; que ces impressions peuvent s'exciter dans l'âme, indépendamment des corps et par une opération immédiate de Dieu sur nos âmes : il n'y a donc point de liaison nécessaire entre le témoignage de nos sens et l'existence des objets dont ils nous rapportent l'existence.

La certitude du témoignage des sens dépend donc de la certitude que nous avons que Dieu n'excite point en nous ou ne permet pas que des esprits supérieurs à nous excitent dans notre âme les impressions que nous rapportons aux corps.

Ainsi, il est possible que Dieu fasse sur notre âme les impressions que nous rapportons au pain et au vin, quoiqu'il n'y eût ni pain, ni vin, et celui qui le supposerait, n'affaiblirait point la certitude du témoignage des sens, s'il supposait que Dieu nous a avertis de ne point croire nos sens dans cette occasion. Or, c'est ce que les catholiques soutiennent ; car Dieu nous ayant fait connaître que, par la consécration, le pain et le vin étaient changés au corps et au sang de Jésus-Christ, il nous a suffisamment averti de ne pas nous fier au témoignage des sens dans cette circonstance.

Mais cette circonstance, dans laquelle Dieu nous avertit de ne point croire nos sens, loin d'affaiblir leur témoignage, le confirme par rapport à tous les objets sur lesquels Dieu n'a point averti les hommes que les sens les trompent : tels sont l'existence des corps, la naissance, les miracles, la passion, la résurrection de Notre-Seigneur, objets qui conservent par conséquent le plus haut degré de certitude, même dans les principes des catholiques et du dogme de la transsubstantiation (2).

On répond, 2° que le témoignage des sens sur les symboles eucharistiques n'est ni faux en lui-même, ni contraire au dogme de la transsubstantiation.

Nos sens nous attestent qu'après la consécration, il y a sous nos yeux et entre nos mains un objet qui a toutes les propriétés du pain et du vin ; mais ils ne nous disent pas qu'il n'a pu se faire et qu'il ne s'est point fait un changement intérieur dans la substance du pain et dans celle du vin au corps et au sang de Jésus-Christ. Ce changement n'est point du ressort des sens ; leur témoignage n'en dit rien et n'est par conséquent point contraire au dogme de la transsubstantiation.

Qu'est-ce donc que les sens nous disent exactement sur l'eucharistie après la consécration ?

Rien autre chose, sinon qu'il y a devant nos yeux un objet qui a les propriétés du pain et du vin ; mais est-il impossible que Dieu fasse que les rayons de lumière qui tombent sur l'espace qu'occupaient le pain et le vin soient réfléchis après la consécration comme ils l'étaient avant ? Est-il impossible qu'après l'évaporation des parties insensibles qui faisaient l'odeur et le goût du pain et du vin avant la consécration, cette odeur et ce goût se soient conservés sans se dissiper ? est-il impossible qu'une force de répulsion répandue autour du sang de Jésus-Christ prenne la forme des espèces eucharistiques et produise la solidité que nos sens y découvrent ?

Non, sans doute, ces choses ne sont pas impossibles ; et, si elles existaient, elles formeraient un objet tel que nos sens nous le représentent.

Nos sens ne nous trompent donc point en nous rapportant qu'il y a sous nos yeux un objet qui agit sur nos organes comme le pain et le vin y agissent.

Mais nous nous tromperions nous-mêmes en jugeant que cet objet est du pain, puisque nos sens n'attesteraient pas que ce ne peut être autre chose.

Le dogme de la transsubstantiation ne suppose donc point que nos sens nous trompent sur l'existence des objets, et ce dogme n'affaiblit point la vérité de leur témoignage sur les miracles et sur les faits qui servent de preuve à la religion.

BERNARD DE THURINGE était un ermite qui annonça, vers le milieu du dixième siècle, que la fin du monde était prochaine.

Il appuyait son sentiment sur un passage de l'Apocalypse, qui porte qu'après mille ans et plus, l'ancien serpent sera délié, et que les âmes des justes entreront dans la vie, et régneront avec Jésus-Christ.

---

(1) Claude, Réponse au second Traité de la Perpétuité de la foi, première partie, c. 5, p. 75. Abbadie, Réflexions sur la présence réelle, 1685, in-12. Traité de la religion réformée, t. I, sect. 1. Tillotson, Serm., t. V. Réflexions anciennes et nouvelles sur l'eucharistie, 1718, Genève.

(2) Perpétuité de la foi, t. III, l. vii, c. 11.

Bernard de Thuringe prétendait que ce serpent était l'antechrist, que par conséquent l'année 960 étant révolue, la venue de l'antechrist était prochaine, et par conséquent la fin du monde.

Pour concilier plus de créance à son sentiment, Bernard l'appuyait d'un raisonnement ridicule, mais qui fut convaincant pour beaucoup de monde; il prétendit que lorsque le jour de l'annonciation de la sainte Vierge se rencontrerait avec le vendredi saint, ce serait une marque certaine que la fin du monde approchait.

Enfin, l'ermite Bernard assurait que Dieu lui avait révélé que le monde allait bientôt finir.

L'effroi que causa une peinture vive de la fin du monde, le passage de l'Apocalypse, l'assurance avec laquelle Bernard annonçait que Dieu lui avait révélé la fin du monde, persuadèrent une infinité de personnes de tout état; les prédicateurs annoncèrent dans leurs sermons la fin du monde, et jetèrent l'alarme dans tous les esprits.

Une éclipse de soleil arriva dans ce temps. Tout le monde crut que c'en était fait, que le jour du dernier jugement était arrivé; chacun fuyait et cherchait à se cacher entre les rochers, dans des antres et dans des cavernes.

Le retour de la lumière ne calma pas les esprits. Gerberge, femme de Louis d'Outremer, ne savait à quoi s'en tenir; elle engagea les théologiens à éclaircir cette matière, et l'on vit paraître différents écrits pour prouver que le temps de l'antechrist était encore bien éloigné.

Enfin l'on vit, au commencement de l'onzième siècle, le monde subsister comme au dixième, et l'erreur annoncée par l'ermite Bernard se dissipa (1).

BÉRYLLE, évêque de Bostres en Arabie, après avoir gouverné quelque temps son Eglise avec beaucoup de réputation, tomba dans l'erreur. Il crut que Jésus-Christ n'avait point existé avant l'incarnation, voulant qu'il n'eût commencé à être Dieu qu'en naissant de la Vierge; il ajoutait que Jésus-Christ n'avait été Dieu que parce que le Père demeurait en lui, comme dans les prophètes : c'est l'erreur d'Artemon.

On engagea Origène à conférer avec Bérylle. Il alla à Bostres, et s'entretint avec lui, pour bien connaître son sentiment; lorsqu'il l'eut bien connu, il le réfuta, et Bérylle, convaincu par les raisons d'Origène, abandonna sur-le-champ son erreur (2).

Tels sont les droits de la vérité sur l'esprit humain, lorsqu'elle nous est offerte par la raison, par la douceur et par la charité : ce fut avec ces moyens qu'Origène éteignit l'erreur des arabiens, qui niaient l'immortalité de l'âme : le zèle ardent, impétueux eût irrité Bérylle ; la science et la douceur d'Origène l'arrachèrent à l'erreur et le gagnèrent à la vérité.

(1) Martène, Amplissima collect., t. IV, p. 860. Abbo, Apologet. ad calcem codicis canonum veteris Ecclesiæ Romanæ, a Francisco Pithœo, p. 401. Hist. littér. de Fr.;
t. V, p. 11.
(2) Euseb., l. vi, c. 20, 33.

BIBLISTES, nom donné par quelques auteurs aux hérétiques qui n'admettent que le texte de la Bible ou de l'Ecriture sainte, sans aucune interprétation ; qui rejettent l'autorité de la tradition et celle de l'Église, pour décider les controverses de la religion. Plusieurs protestants sensés ont tourné en ridicule cet entêtement, et l'ont appelé *bibliomanie*, parce qu'il dégénère fort aisément en fanatisme. C'est une absurdité de prétendre que tout fidèle qui sait lire est suffisamment en état d'entendre le texte de l'Ecriture sainte, pour y conformer sa croyance. C'est un excellent moyen pour former autant de religions que de têtes.

BISSACRAMENTAUX, nom donné par quelques théologiens à ceux des hérétiques qui ne reconnaissent que deux sacrements, le baptême et l'eucharistie, tels que sont les calvinistes.

BLANCHARDISME. Quelques-uns des prêtres français réfugiés en Angleterre, allant beaucoup plus loin que les évêques non démissionnaires, et oubliant le respect dû au vicaire de Jésus-Christ, proposèrent et soutinrent la guerre contre le pape, à l'occasion du concordat du 15 juillet 1801.

Blanchard, ancien professeur de théologie, et curé au diocèse de Lisieux, publia successivement à Londres plusieurs écrits, où il prétendait démontrer l'illégalité, l'injustice et la nullité de la convention et des mesures adoptées par le saint-siège. Il mettait Pie VII en opposition avec Pie VI, dont les décrets, disait-il, avaient été enfreints par son successeur, lequel avait établi une église hérétique et schismatique, doctrine qui tendait elle-même à introduire le schisme dans l'Eglise et à soulever les fidèles contre le premier des pasteurs.

Milner, évêque de Castabala, vicaire apostolique du district du milieu, signala, dans un mandement du premier juin 1808, les écarts de ces hommes ardents qui provoquaient une rupture; et condamna, dans une lettre pastorale du 10 août, seize propositions des écrits de Blanchard, à qui il défendit qu'on laissât exercer aucune fonction du sacerdoce dans le district du milieu, s'il venait à y paraître. Blanchard, dans de nouveaux écrits, aggrava ses erreurs. « J'enseigne, dit-il, 1° que les évêques non démissionnaires sont les seuls évêques légitimes de France ; 2° que l'Eglise concordataire est hérétique, schismatique et sous un joug humain accepté; 3° que c'est là un effet du concordat et des mesures de Pie VII ; 4° quant à ce pape, je dis seulement qu'il faut le dénoncer à l'Eglise catholique, encore sans spécifier si c'est comme hérétique et schismatique, ou uniquement pour avoir violé les règles saintes, et je ne prends pas sur moi de faire une dénonciation dont j'énonce la nécessité. »

Douglas, évêque de Centurie, vicaire apostolique du district de Londres, dans lequel Blanchard résidait, ayant interdit cet ecclésiastique, il prétendit qu'il ne dépendait point du prélat pour la juridiction, et qu'il n'avait de pouvoir à prendre que des évêques réfugiés en Angleterre : doctrine nouvelle et contraire à tous les principes sur la juridiction. Quelques prêtres français, ses adhérents, furent punis par un retrait de pouvoirs spirituels.

Comme Blanchard s'était prévalu du suffrage des évêques d'Irlande, dix-sept d'entre eux signèrent, le 3 juillet 1809, une déclaration commune, où ils reconnaissaient que Pie VII était le suprême pasteur de l'Eglise catholique, et adhéraient aux mesures qu'il avait prises pour sauver l'Eglise de France de sa ruine : ils condamnaient ensuite dix propositions de Blanchard, notamment comme schismatiques et prêchant le schisme. Cette décision, approuvée depuis par douze autres évêques, devint ainsi celle de tout le corps épiscopal d'Irlande. De leur côté, les prélats catholiques de l'Angleterre obvièrent aux progrès de l'erreur, au mois de février 1810, en arrêtant qu'on n'accorderait point de pouvoirs aux prêtres français, à moins qu'ils ne reconnussent que le pape n'était ni hérétique, ni schismatique, ni auteur et fauteur de l'hérésie ou du schisme.

L'abbé Gaschet, plus hardi que Blanchard, prétendait, dans le même temps, en avoir reçu le conseil de dénoncer le pape comme hérétique et schismatique. Il déclarait que son émule n'était pas conséquent à ses principes, en refusant d'avouer hautement des conclusions auxquelles ses écrits menaient directement.

Le plus grand nombre des prêtres émigrés en Angleterre, étant du nord, de l'ouest et du sud-ouest de la France, les opinions des scissionnaires s'infiltrèrent dans ces contrées au moyen d'une correspondance suivie, et de l'envoi des écrits schismatiques de 1801 à 1814.

A cette dernière époque, et les années suivantes, un grand nombre de blanchardistes franchirent le détroit pour revoir la France, et y élevèrent autel contre autel. Parmi ceux qui se signalèrent alors plus particulièrement par leur ardeur contre le concordat de 1801, nous devons mentionner l'abbé Vinson, ancien vicaire de Sainte-Opportune à Poitiers, et l'abbé Fleury, autrefois curé dans le diocèse du Mans, qu'on traduisit, à l'occasion de leurs ouvrages, en police correctionnelle, où ils furent condamnés à une peine d'emprisonnement, en 1816.

Les blanchardistes firent beaucoup de prosélytes dans les départements de Loir-et-Cher, Indre-et-Loire, Sarthe, Deux-Sèvres, Vendée, Vienne, Charente-Inférieure, Dordogne, Ariége, Haute-Garonne, etc. L'impossibilité de se soutenir par la voie de l'ordination fait seule présumer l'extinction du scandale de la *petite Eglise*, dont le foyer paraît être à Poitiers.

Cette petite Eglise, ainsi nommée à cause de l'exiguïté du nombre de ses adhérents comparativement à la grande Eglise, a d'ailleurs enfanté des sous-schismes. Non-seulement, les uns font profession d'être soumis au pape, tandis que d'autres refusent de le reconnaître, mais l'abbé Fleury a indiqué quatre subdivisions de petites Eglises, dont la quatrième, plus nombreuse, disséminée dans divers départements, était présidée par un laïque qui se disait le prophète Elie, sanctifié comme Jean-Baptiste, dès le sein de sa mère. A Fougères et aux environs, les membres de le petite Eglise sont aussi appelés *Louisettes*, sans doute parce qu'ils n'ont voulu reconnaître aucune loi depuis les changements opérés dans le clergé sous Louis XVI. Toutefois, la dissidence est plus isolée en Bretagne que dans le Bocage vendéen, où elle s'est emparée de communes entières. Partout elle est parfaitement organisée : elle a des chefs. Les personnes des deux cultes ont beaucoup d'éloignement à s'unir par le mariage. Dans certaines contrées, et par exemple, dans l'arrondissement de Bressuire (Deux-Sèvres), ces dissidents, animés d'un zèle très-ardent, font des courses lointaines pour aller recevoir dans les églises, ou même dans de simples granges, des instructions de leurs prêtres, dont le nombre ne répond pas à leurs besoins.

Transplanté en France, le blanchardisme se soutenait en Angleterre. La congrégation de la Propagande approuva que Poynter, évêque d'Italie, vicaire apostolique du district du sud, enjoignit à tous les ecclésiastiques français de souscrire une formule très-courte et très-simple, par laquelle ils se reconnaissaient en communion avec Pie VII, comme chef de l'Eglise, et avec ceux qui communiquaient avec lui comme membres de l'Eglise. Cette formule ayant été envoyée le 13 mars 1818, quelques-uns la souscrivirent; d'autres ne la signèrent qu'avec des restrictions ; d'autres, et à leur tête Blanchard, refusèrent de la signer. Dans un bref du 16 septembre suivant, Pie VII approuva à son tour la formule, et la rendit obligatoire pour tous les prêtres français demeurant en Angleterre.

A cette époque Blanchard et ses adhérents, adversaires du concordat de 1801, attaquaient avec une vigueur nouvelle celui de 1817, justifiant ainsi par une double et successive opposition le titre d'anticoncordataires.

En France, comme en Angleterre, les évêques ne négligeaient rien pour ouvrir les yeux de ces rebelles. M. de Bouillé, évêque de Poitiers, ayant soumis au pape les règles qu'il suivait, tant à l'égard des prêtres dissidents que des fidèles de leur parti, un bref du 26 septembre 1820 déclara sa manière d'agir juste et canonique.

En 1822, les schismatiques s'adressèrent aux Pères du concile national de Hongrie, dans l'espoir que cette assemblée se prononcerait en leur faveur ; mais elle garda sur leur lettre un silence méprisant. Ils écrivirent aussi aux Etats-Unis à l'évêque de Béardstown, qui ne leur répondit que pour les presser de se soumettre au pontife romain. Quoique rejetés par l'épiscopat des diverses parties du monde, ils résistaient à la voix de l'autorité, lorsqu'un rescrit du 17 janvier

1824, adressé à l'évêque d'Italie, ordonna de faire souscrire aux prêtres français résidant en Angleterre cette formule, modifiée, à cause de l'avénement d'un nouveau pape: « Je reconnais et déclare que je suis soumis au pape Léon XII, comme au chef de l'Eglise, et que je communique, comme avec des membres de l'Eglise, avec tous ceux qui ont été en communion avec Pie VII jusqu'à sa mort, et qui sont aujourd'hui unis de communion avec le pape Léon XII ; et je reconnais que Pie VII a été chef de l'Eglise tout le temps qu'il a vécu depuis son élévation au pontificat. »

Ce rescrit énonce de la manière la plus claire et la plus précise le jugement porté par Léon XII sur le malheureux schisme excité par ceux qui avaient refusé de déclarer qu'ils étaient en communion, soit avec Pie VII, soit avec l'Eglise actuelle de France, et il suggère deux réflexions bien puissantes : la première, c'est qu'à l'époque de la mort de Pie VII, l'Eglise catholique tout entière, d'un bout du monde à l'autre, a donné une preuve éclatante et incontestable qu'elle avait toujours été en communion avec ce pontife, puisque le sacrifice de la messe a été spontanément offert pour le repos de son âme, dans toutes les parties de l'univers ; la seconde, c'est qu'à l'époque où la souscription de la première formule a été proposée, c'est-à-dire en 1818, il est évident et de notoriété publique que tous les évêques de l'Eglise catholique, de cette Eglise répandue parmi toutes les nations, étaient en communion avec l'Eglise de France, laquelle Eglise était alors elle-même en communion avec Pie VII. Or, ces mêmes évêques de l'Eglise catholique, dispersés parmi toutes les nations du monde, sont de fait en communion avec l'Eglise actuelle de France, qui est elle-même aujourd'hui en communion avec Pie IX, successeur légitime de Grégoire XVI, par lui de Pie VIII; par Pie VIII, de Léon XII ; et par Léon XII, de Pie VII.

De là il suit nécessairement ; 1° que tous ceux qui, en 1818, rejetaient la communion de Pie VII, rejetaient la communion d'un pape que l'Eglise catholique tout entière a toujours reconnu comme son chef visible et comme le vicaire de Jésus-Christ sur la terre ; 2° que tous ceux qui rejetaient la communion de l'Eglise de France, rejetaient la communion d'une Eglise reconnue par le pape et par tous les évêques catholiques du monde entier, comme faisant partie de l'Eglise universelle ; 3° que tous ceux qui ne veulent pas aujourd'hui être en communion avec l'Eglise de France se séparent positivement, et par le fait, d'une partie de l'Eglise reconnue orthodoxe et catholique, non-seulement par Pie IX, mais encore par tous les évêques catholiques du monde entier, sans en excepter un seul.

Or, se séparer d'une Eglise telle que l'Eglise de France, d'une Eglise qui fait partie de l'Eglise universelle, n'est-ce pas séparer malheureusement de l'Eglise établie par Jésus-Christ, qui est une, sainte, catholique, apostolique ? N'est-ce pas rompre l'unité que ce divin Sauveur a demandée à son Père, la veille de sa mort, pour ses disciples?

Il ne reste donc aux dissidents qu'à revenir à cette unité précieuse, hors de laquelle il n'y a point de salut. Il ne leur reste qu'à professer et à déclarer qu'ils sont en communion avec Pie IX, chef visible de l'Eglise et vicaire de Jésus-Christ sur la terre ; qu'à proclamer que Pie VII a été le chef visible de l'Eglise depuis le moment de son élévation au souverain pontificat jusqu'à sa mort; qu'à déclarer en outre et à professer qu'ils sont en communion avec tous ceux qui, comme membres de l'Eglise, ont été en communion avec Pie VII, et qui sont maintenant en communion avec Pie IX.

BLASTUS était juif ; il passa dans la secte des valentiniens, et ajouta au système de Valentin quelques pratiques judaïques auxquelles il était attaché ; telle est la célébration de la Pâque le 14 de la lune (1).

BOGOMILES : ce nom est composé de deux mots esclavons, qui signifient solliciteurs de la miséricorde divine (2).

On le donna à certains hérétiques de Bulgarie, disciples d'un nommé Basile, médecin qui, sous l'empire d'Alexis Comnène, renouvela les erreurs des pauliciens.

Les guerres des barbares et la persécution des iconoclastes avaient presque éteint les études dans l'empire grec; elles s'étaient un peu relevées sous Basile Macédonius, par les soins de Photius, sous Léon le Philosophe et sous ses successeurs.

Mais le retour de l'esprit humain à la lumière est peut-être encore plus lent que ses premiers pas vers la vérité : on parlait et l'on écrivait mieux que dans les siècles précédents, mais la superstition et l'amour du merveilleux, inséparables de l'ignorance, dominaient encore dans presque tous les esprits : c'était toujours sur un présage que les empereurs montaient sur le trône ou en descendaient : il y avait toujours dans une île quelque caloyer fameux par l'austérité de sa vie, qui promettait l'empire à un grand capitaine, et le nouvel empereur le faisait évêque d'un grand siége. Ces prétendus prophètes étaient souvent de grands imposteurs; car il est difficile que les hommes ignorants soient longtemps ignorants avec simplicité, et ne deviennent pas imposteurs lorsque leur profession peut les conduire à la fortune.

Dans ces siècles d'ignorance et de superstition, quelques germes de l'erreur des pauliciens, qui subsistaient encore, se développèrent et s'allièrent avec les erreurs des messaliens.

Basile le Médecin fit l'assemblage de ces erreurs : c'était un vieillard qui avait le visage abattu et qui était vêtu en moine ; il se fit d'abord douze disciples qu'il appelait ses apôtres, et qui répandirent sa doctrine,

---

(1) Auctor append. apud Tert., de Præscript., c. 53.

(2) Du Cange, Glossaire.

mais avec beaucoup de soin et de circonspection.

L'empereur Alexis Comnène voulut le voir, feignit de vouloir être son disciple, et l'engagea à lui dévoiler toute sa doctrine.

L'empereur avait fait placer derrière un rideau un secrétaire qui écrivait tout ce que disait Basile : cet artifice réussit à l'empereur ; Basile lui exposa sans déguisement toute sa doctrine.

Alors l'empereur fit assembler le sénat, les officiers militaires, le patriarche et le clergé ; on lut dans cette assemblée l'écrit qui contenait la doctrine de Basile ; il ne la méconnut point, il offrit de soutenir tout ce qu'il avait dit, et déclara qu'il était prêt à souffrir le feu, les tourments les plus cruels et la mort : il se flattait que les anges le délivreraient.

On fit tout ce qu'on put pour le détromper, mais inutilement ; il fut condamné au feu.

L'empereur approuva le jugement, et, après avoir fait de nouveaux efforts pour le gagner, on fit allumer un grand bûcher au milieu de l'hippodrome ; on planta une croix de l'autre côté, et l'on dit à Basile de choisir entre la croix et le bûcher ; il préféra le bûcher.

Le peuple demandait qu'on fît subir le même supplice à ses sectateurs ; mais Alexis les fit conduire en prison, où quelques-uns renoncèrent à l'erreur ; il y en eut que rien ne put faire changer de sentiment. Il n'est pas impossible que l'artifice dont l'empereur usa avec Basile, la rigueur avec laquelle il fut condamné et exécuté, n'aient contribué à l'opiniâtreté de ses disciples, et il n'est pas sûr que ceux qui abjurèrent leurs erreurs les aient abjurées sincèrement.

Un professeur de Wittemberg a donné une histoire des Bogomiles en 1711 : on peut voir, sur cette secte, Baronius, Sponde, Eutymius, Anne Comnène (1).

BOHÉMIENS, hérétiques de Bohême, qui ont conservé la plupart des erreurs de Jean Hus et de Wiclef. Ils rejettent le culte et l'invocation des saints, et prétendent qu'on doit administrer la communion aux fidèles sous les deux espèces, et que tous les chrétiens sont également prêtres.

*BOLINGBROKE (Henri Saint-Jean, vicomte de), fameux comme ministre et comme écrivain, fut un apôtre d'autant plus dangereux de l'irréligion, qu'il avait beaucoup d'habileté, d'imagination, d'esprit et d'éloquence. Il était, dit Coxe (2), séduisant dans la conversation, fécond en saillies et très-instruit. Mais en même temps il ne connaissait ni morale ni principes ; et, loin de cacher sa dépravation, il en faisait trophée. On a dit de lui qu'il n'était ni déiste déterminé, ni absolument incrédule, et que ses sentiments se rapprochaient beaucoup de ceux de l'ancienne Académie. Mais, en examinant ses écrits qu'il laissa à David Mallet, avec mission de les publier, on ne peut s'empêcher d'y voir un homme qui se joue de la religion, et qui se fait un plaisir d'en arracher les principes du cœur des autres (3). Il combat à la fois et les dogmes de la loi naturelle et ceux de la révélation. Il nie que l'intention du Créateur, en formant l'homme, ait été de lui communiquer le bonheur. Il reconnaît une providence générale, mais ne veut point qu'on l'étende aux individus. Il avoue l'antiquité et l'utilité de la doctrine de l'immortalité de l'âme et d'un état futur, et il la traite ensuite de fiction puisée chez les Egyptiens. Il refuse à l'âme sa qualité de substance immatérielle et distincte du corps. Il avance que la modestie et la chasteté n'ont point de fondement dans la nature, et ne sont que des inventions de la vanité. Les hommes, selon lui, n'avaient nul besoin d'une révélation surnaturelle et extraordinaire, et les arguments de Clark, à cet égard, n'ont aucune valeur. L'histoire de Moïse, son récit de la création et de la chute de l'homme, sont également absurdes, et on ne peut lire ce qu'il a écrit, sans mépris pour le philosophe, et sans horreur pour le théologien. C'est avec cette décence et cette mesure que Bolingbroke parle d'un si grand législateur. Il n'est pas plus réservé dans son jugement sur la révélation chrétienne. Elle n'est qu'une publication nouvelle et plus obscure de la doctrine de Platon. Il y a deux Evangiles contradictoires, celui de Jésus-Christ et celui de saint Paul. Nous devons taire les épithètes outrageantes qu'il donne à ce grand apôtre. Il s'efforce de renverser l'autorité de l'Evangile, et prétend que la propagation du christianisme ne prouve rien, et que cette religion n'a contribué en rien à réformer le monde. La justice divine surtout le choque, et la doctrine chrétienne à cet égard est, à ses yeux, contraire à la notion que nous devons avoir d'un être souverainement parfait. Tel est en résumé le système de Bolingbroke, si on peut donner le nom de système aux aberrations d'un esprit qui n'a ni plan ni méthode, et qui laisse errer sa plume au gré de son imagination. On a peine à le suivre au milieu de ses longues digressions et de ses répétitions fastidieuses, tandis que lui se complaît dans ce désordre et s'applaudit d'avoir su ainsi éviter l'ennui. La modestie n'était pas la vertu favorite de cet écrivain. Dans une lettre à Pope, il se met au-dessus des plus grands hommes. Jusqu'à lui, les philosophes et les théologiens avaient égaré le genre humain dans un labyrinthe d'hypothèses et de raisonnements. La religion naturelle était corrompue. Pour lui, il ne prend que la vérité pour guide et il n'enseigne que le pur théisme. Il blâme les libres penseurs qui troublent les consciences en parlant peu respectueusement de ce qui ne s'accorde pas avec leur manière de voir, et il n'est pas plus ré-

---

(1) Eutymius, Panopl., part. II, tit. 23. Anne Comnène, Baron. et Sponde, ad an. 1118.
(2) Vie de Walpole.

(3) Mém. pour servir à l'Histoire ecclés. pendant le dix-huitième siècle, t. II, p. 285, 287.

servé qu'eux puisqu'il assimile l'histoire du Pentateuque avec les romans dont Don-Quichotte était si épris. Ses invectives contre l'Ancien Testament et contre la législation juive ont un caractère d'aigreur et de violence qui indigne tout lecteur honnête. L'épithète de fou revient souvent sous sa plume. Saint Paul, les anciens philosophes, les théologiens modernes, ceux qui ne sont pas de son avis, sont des fous; Clark était un sophiste présomptueux, un impie qui prétendait connaître Dieu et qui dans le fait n'y croyait pas plus qu'un athée. Il ne semble pas qu'un écrivain qui traite ses adversaires avec ce ton grossier, inspirât beaucoup de confiance. Les cinq volumes des œuvres de Bolingbroke virent le jour en 1753 et 1754. Ils comprennent les *Lettres sur l'étude de l'histoire*; les *Lettres à Pope sur la religion et la philosophie*, objet spécial d'une dénonciation du grand jury de Westminster; les *Lettres à M. de Pouilly*, doublement précieuses comme étant fortes contre l'athéisme et faibles contre la révélation; la *lettre à Windham*; les *Réflexions sur l'exil*, etc. Le grand jury de Westminster dénonça, le 16 octobre 1754, les ouvrages de Bolingbroke; mais, dès l'année précédente, Leland réluta cet écrivain dans ses *Réflexions sur les lettres, sur l'étude et l'usage de l'histoire*, et il consacra ensuite un volume presque entier de sa *Revue des déistes* à l'examen approfondi de la doctrine de Bolingbroke. Robert Clayton, à son tour, vengea l'histoire de l'Ancien et du Nouveau Testament des accusations de cet incrédule, dont la philosophie rencontra aussi un rude adversaire dans le docteur Warburton, évêque de Glocester (1).

BONOSE, évêque de Sardique, attaquait, comme Jovinien, la virginité perpétuelle de la sainte Vierge; prétendant qu'elle avait eu d'autres enfants après Jésus-Christ, dont il niait la divinité, comme Photin; en sorte que les photiniens furent nommés depuis *bonosinques*. Il fut condamné dans le concile de Capoue, assemblé pour éteindre le schisme d'Antioche.

' BONOSIAQUES ou BONOSIENS, disciples et sectateurs de Bonose. Ils soutenaient, comme lui, que Jésus-Christ n'était Fils de Dieu que par adoption, et que Marie sa mère avait cessé d'être vierge dans l'enfantement. Le pape Gélase condamna ces deux erreurs.

' BORBORITES, secte de gnostiques, laquelle, outre les erreurs et le libertinage commun à tous les hérétiques connus sous ce nom, niait encore, selon Philastrius, la réalité du jugement dernier (2).

' BORRÉLISTES. Stoupp, dans son *Traité de la religion des Hollandais*, parle d'une secte de ce nom, dont le chef était Adam Borell, Zélandais, qui avait quelque connaissance des langues hébraïque, grecque et latine. Ces *borrélistes*, dit cet auteur, suivent la plus grande partie des opinions des mennonites, quoiqu'ils ne se trouvent point dans

(1) Henr. 10, 341.
(2) Epiph. hær. 25 et 26. Aug. de Hæres. c. 5. Baronius, ad ann. 120.

leurs assemblées. Leur vie est fort austère; ils emploient une partie de leur bien à faire des aumônes. Ils ont en aversion toutes les Eglises, l'usage des sacrements, des prières publiques et toutes les autres fonctions extérieures du service de Dieu. Ils soutiennent que toutes les Eglises qui sont dans le monde ont dégénéré de la pure doctrine des apôtres, parce qu'elles ont souffert que la parole de Dieu fût expliquée et corrompue par des docteurs qui ne sont pas infaillibles et qui veulent faire passer pour inspirés leurs catéchismes, leurs confessions de foi, leurs liturgies et leurs sermons, qui sont l'ouvrage des hommes. Ces borrélistes prétendent qu'il ne faut lire que la seule parole de Dieu, sans y ajouter aucune explication des hommes.

' BOURIGNONISTES, nom de secte. On appelle ainsi, dans les Pays-Bas protestants, ceux qui suivent la doctrine d'Antoinette Bourignon, célèbre quiétiste.

' BRACHITES, secte d'hérétiques qui parurent dans le troisième siècle. Ils suivaient les erreurs de Manès et des gnostiques.

' BROWNISTES, nom d'une secte de presbytériens, qui se forma de celle des puritains, vers la fin du seizième siècle, en Angleterre; elle fut ainsi nommée de Robert Brown, son chef.

Ce Robert Brown était d'une assez bonne famille de Rutlandshire, et allié au lord trésorier Burleigh. Il fit ses études à Cambridge, commença à publier ses opinions et à déclamer contre le gouvernement ecclésiastique à Norwich, en 1580, ce qui lui attira le ressentiment des évêques. Il se glorifiait lui-même d'avoir été pour cette cause mis en trente-deux différentes prisons, si obscures qu'il n'y pouvait pas distinguer sa main, même en plein midi. Par la suite, il sortit du royaume avec ses sectateurs, et se retira à Middelbourg en Zélande, où lui et les siens obtinrent des Etats la permission de bâtir une église et d'y servir Dieu à leur manière. Peu de temps après, la division se mit parmi eux; plusieurs se séparèrent, ce qui dégoûta tellement Brown, qu'il se démit de son office, retourna en Angleterre en 1589, y abjura ses erreurs, et fut élevé à la place de recteur dans une église de Northamptonshire, où il mourut en 1630.

Le changement de Brown entraîna la ruine de l'église de Middelbourg; mais les semences de son système ne furent pas si aisées à détruire en Angleterre. Sir Walter Raleigh, dans un discours composé en 1692, compte déjà jusqu'à vingt mille personnes imbues des opinions de Brown.

Ses sectateurs rejetaient toute espèce d'autorité ecclésiastique, voulaient que le gouvernement de l'Eglise fût entièrement démocratique. Parmi eux, le ministère évangélique était une simple commission révocable; chacun des membres de la société avait le droit de faire des exhortations et des questions sur ce qui avait été prêché. Les *indépendants* qui se formèrent par la suite d'entre les brownistes, adoptèrent une partie de ces opinions.

La reine Elisabeth poursuivait vivement cette secte : sous son règne, les prisons furent remplies de brownistes ; il y en eut même quelques-uns de pendus. La commission ecclésiastique et la chambre étoilée sévirent contre eux avec tant de vigueur, qu'ils furent obligés de quitter l'Angleterre. Plusieurs familles se retirèrent à Amsterdam, où elles formèrent une église, et choisirent pour pasteur Johnson, et après lui Ainsworth, connu par un commentaire sur le Pentateuque. On compte parmi leurs chefs Barow et Wilkinson. Leur église s'est soutenue pendant environ cent ans.

* BUDDAS s'appelait aussi Thérébinte, d'après Pluquet. Il fut le maître de Manès, d'après Suidas et Pluquet, quoique ce dernier le mette au nombre de ses disciples, à l'article Manès.

* BULGARES, hérétiques qui semblèrent avoir ramassé différentes erreurs des autres hérésies, pour en composer leur croyance, et dont la secte et le nom comprenaient les patarins, les cathares, les bogomiles, les joviniens, les albigeois et d'autres hérétiques. Les Bulgares tiraient leur origine des manichéens, et ils avaient emprunté leurs erreurs des Orientaux et des Grecs leurs voisins, sous l'empire de Basile le Macédonien, dans le neuvième siècle. Ce mot de Bulgares, qui n'était qu'un nom de nation, devint en ce temps-là un nom de secte, et ne signifia pourtant d'abord que ces hérétiques de Bulgarie : mais ensuite cette même hérésie s'étant répandue en plusieurs endroits, avec quelque différence dans les opinions, le nom de Bulgares devint commun à tous ceux qui en furent infectés. Les pétrobrusiens, disciples de Pierre de Bruis, qui fut brûlé à Saint-Gilles en Provence, les vaudois, sectateurs de Valdo de Lyon, un reste même des manichéens qui s'étaient longtemps cachés en France, les henriciens, et tels autres novateurs qui, dans la différence de leurs dogmes, s'accordaient tous à combattre l'autorité de l'Eglise romaine, furent condamnés, en 1176, dans un concile tenu à Lombez, dont les actes se lisent au long dans Roger de Hoveden, historien d'Angleterre. Il rapporte les dogmes de ces hérétiques, qui tenaient entre autres erreurs qu'il ne fallait croire que le Nouveau Testament ; que le baptême n'était point nécessaire aux petits enfants ; que les maris qui vivaient conjugalement avec leurs femmes ne pouvaient être sauvés ; que les prêtres qui menaient une mauvaise vie ne consacraient point ; qu'on ne devait obéir ni aux évêques, ni aux ecclésiastiques qui ne vivaient point selon les canons ; qu'il n'était point permis de jurer en aucun cas, et quelques autres articles qui n'étaient pas moins erronés. Ces malheureux, ne pouvant subsister sans chef, se firent un souverain pontife, qu'ils appelèrent pape, et qu'ils reconnurent pour leur premier supérieur, auquel tous les autres ministres étaient soumis ; et ce faux pontife établit son siège dans la Bulgarie, sur les frontières de Hongrie, de Croatie, de Dalmatie, où les albigeois qui étaient en France allaient le consulter et recevoir ses décisions ; Regnier ajoute que ce pontife prenait le titre d'évêque et de fils aîné de l'Eglise des Bulgares. Ce fut alors que ces hérétiques commencèrent d'être nommés tous généralement du nom commun de Bulgares, nom qui fut bientôt corrompu dans la langue française qu'on parlait alors ; car, au lieu de *bulgares*, on dit d'abord *bougares* et *bouguers*, dont on lit le latin *bugari* et *bugeri* ; et de là un mot très-sale en notre langue, qu'on trouve dans les histoires anciennes, appliqué à ces hérétiques, entre autres dans une histoire de France manuscrite, qui se garde dans la bibliothèque du président de Mesmes, à l'année 1225, et dans les ordonnances de saint Louis, où l'on voit que ces hérétiques étaient brûlés vifs, lorsqu'ils étaient convaincus de leurs erreurs. Comme ces misérables étaient fort adonnés à l'usure, on donna dans la suite le nom dont on les appelait à tous les usuriers, comme le remarque Ducange (1).

C

CABALE, ou plutôt CABBALE, comme on l'écrit en hébreu, signifie tradition : dans l'usage ordinaire, il signifie l'art de connaître et d'exprimer l'essence et les opérations de l'Etre suprême, des puissances spirituelles et des forces naturelles, et de déterminer leur action par des figures symboliques, par l'arrangement de l'alphabet, par la combinaison des nombres, par le renversement des lettres de l'écriture et par le moyen des sens cachés que l'on prétend y découvrir.

Comment l'esprit humain est-il arrivé à ces idées ? C'est ce qu'il ne faut pas chercher chez les cabalistes, et c'est ce qui est très-obscur dans les auteurs qui ont parlé de la cabale. Sans entrer dans ces discussions, nous allons exposer nos conjectures sur l'origine de la cabale ; nous parlerons ensuite du mélange des principes de la cabale avec les principes du christianisme par les premiers hérétiques et dans les siècles postérieurs.

De l'origine de la cabale.

Je crois trouver l'origine de la cabale chez les Chaldéens, dans la philosophie de Pythagore et dans celle de Platon. Les hérésies des trois premiers siècles sont en grande partie nées du mélange de ces différents principes avec les dogmes du christianisme. Le développement de ces principes peut être agréable à ceux qui veulent savoir

---

(1) Marca, Hist. de Béarn. La Faille, Annales de la ville de Toulouse ; Abrégé de l'ancienne histoire.

l'histoire de la religion et celle de l'esprit humain.

De la cabale des Chaldéens.

Les Chaldéens avaient conservé la croyance d'un Etre suprême qui existait par lui-même, qui avait produit le monde et qui le gouvernait.

Rien n'était plus intéressant pour la curiosité humaine que la connaissance de cet Etre et celle des lois auxquelles il avait soumis le monde : les Chaldéens s'occupèrent beaucoup plus de ces objets que les autres peuples, déterminés apparemment par la beauté du climat, par la tranquillité de leur vie et par l'espèce d'inquiétude qui élève l'esprit humain à ces objets, et dont les circonstances étouffent ou déploient l'activité.

Ce ne fut qu'avec le secours de l'imagination qu'ils entreprirent de s'élever à ces connaissances, ou plutôt ce fut l'imagination qui construisit le système de la théologie et de la cosmogonie chaldéenne.

Comme l'Etre suprême était la source de l'existence et de la fécondité, les Chaldéens crurent qu'il était dans l'univers à peu près ce que la chaleur du soleil était par rapport à la terre; ils se représentèrent donc l'Etre suprême comme un feu ou, comme une lumière; mais, comme la raison ne permettait pas de regarder Dieu comme un être matériel, ils le conçurent comme une lumière infiniment plus brillante, plus active et plus subtile que la lumière du soleil : c'est ordinairement ainsi que l'esprit humain concilie la raison et l'imagination.

Lorsqu'une fois les Chaldéens eurent conçu l'Etre suprême comme une lumière qui donnait l'existence, la vie, l'intelligence à tout, ils conçurent la création du monde comme une émanation sortie de cette lumière; ces émanations, en s'éloignant de leur source, avaient perdu de leur activité; par le décroissement successif de cette activité, elles avaient perdu leur légèreté; elles s'étaient condensées; elles avaient, pour ainsi dire, pesé les unes sur les autres; elles étaient devenues matérielles et avaient formé toutes les espèces d'êtres que le monde renferme.

Ainsi, dans le système des Chaldéens, le principe des émanations, ou l'intelligence suprême, était environné d'une lumière dont l'éclat et la pureté surpassent tout ce qu'on peut imaginer.

L'espace lumineux qui environne le principe ou la source des émanations est rempli d'intelligences pures et heureuses.

Immédiatement au-dessous du séjour des pures intelligences commence le monde corporel, ou l'empyrée : c'est un espace immense, éclairé par la lumière qui sort immédiatement de l'Etre suprême; cet espace est rempli d'un feu infiniment moins pur que la lumière primitive, mais infiniment plus subtil et plus raréfié que tout le corps.

Au-dessous de l'empyrée, c'est l'éther, ou un grand espace rempli d'un feu plus grossier que l'empyrée, mais que le feu de l'empyrée échauffe.

Après l'éther, sont les étoiles fixes répandues dans un espace immense, où les parties les plus denses du feu éthéré se sont rapprochées et ont formé les étoiles.

Le monde des planètes suit le ciel des étoiles fixes; c'est l'espace qui renferme le soleil, la lune et les planètes.

C'est dans cet espace que se trouve le dernier ordre des êtres, c'est-à-dire la matière, qui non-seulement est destituée de toute activité, mais encore qui se refuse aux impressions et aux mouvements de la lumière.

Il y avait donc entre l'Etre suprême et les êtres qui sont sur la terre une chaîne d'êtres intermédiaires, dont les perfections décroissaient à mesure que ces êtres étaient éloignés du séjour de l'Etre suprême.

L'intelligence suprême avait communiqué aux premières émanations, dans le degré le plus éminent, l'intelligence, la force et la fécondité : toutes les autres émanations participaient moins de ces attributs à mesure qu'elles s'éloignaient de l'intelligence suprême.

Comme les parties lumineuses sont des esprits, dans le système des émanations, les différents espaces lumineux qui s'étendent depuis la lune jusqu'au séjour de l'intelligence suprême sont remplis de différents ordres d'esprits.

L'espace qui est au-dessous de la lune éclaire la terre; c'est donc de cet espace que descendent les esprits sur la terre.

Ces esprits, avant de descendre au-dessous de la lune, sont unis à un corps éthérien, qui leur sert comme de véhicule, et par le moyen duquel ces esprits peuvent voir et connaître les objets que renferme le monde sublunaire.

Selon les Chaldéens, les âmes humaines n'étaient que ces esprits qui, avec leurs corps éthériens, s'unissaient au fœtus humain. Le dogme de la métempsycose était une suite naturelle de ces principes, et l'on supposa que les âmes unies au corps humain par la volonté de l'Etre suprême y rentraient lorsqu'elles en avaient été dégagées par la mort.

L'esprit humain, toujours inquiet sur sa destination, rechercha la fin que l'Etre suprême s'était proposée en unissant des esprits au corps humain : l'idée de la bonté de l'Etre suprême, la beauté du spectacle de la nature, le rapport de tout ce que la terre produit avec le plaisir de l'homme, firent juger que l'âme était unie au corps afin de la rendre heureuse par cette union; et comme on supposait la matière sans activité et absolument incapable de se mouvoir elle-même, la formation du corps humain, la production des fruits, tous les dons de la nature furent attribués à des esprits bienfaisants : c'étaient ces esprits qui faisaient parcourir au soleil sa carrière, qui répandaient la pluie, qui fécondaient la terre, et l'on attribua à ces génies des fonctions et des pouvoirs différents.

Dans cet espace même qui est au-dessous de la lune, au milieu de la nuit, on voyait se former des orages; les éclairs sortaient de l'obscurité des nuages, la foudre éclatait et désolait la terre ; on jugea qu'il y avait des esprits ténébreux, des démons matériels répandus dans l'air.

Souvent, du sein de la terre où tout est ténébreux, on voyait sortir des flots de feu ; la terre était ébranlée par les volcans : on supposa des puissances terrestres ou des démons dans le centre de la terre ; et, comme on supposait la matière sans activité et incapable de se mouvoir par elle-même, tous les mouvements des corps, tous les phénomènes furent attribués à des génies.

Les tonnerres, les volcans, les orages semblaient destinés à troubler le bonheur des hommes : on crut que les démons qui les produisaient étaient malfaisants et haïssaient les hommes ; on leur attribua tous les événements malheureux, et l'on imagina une espèce de hiérarchie dans les mauvais génies, semblable à celle qu'on avait supposée pour les bons.

Mais pourquoi l'intelligence suprême, qui était essentiellement bonne, n'accablait-elle pas du poids de sa puissance cette foule de génies malfaisants ?

Les uns crurent qu'il n'était pas de la dignité de l'intelligence suprême de lutter elle-même contre ces génies, et qu'elle en avait remis le soin aux génies bienfaisants ; les autres crurent que ces génies, méchants par leur nature, étaient indestructibles, et que l'intelligence suprême, ne pouvant ni les anéantir ni les corriger, les avait relégués au centre de la terre et dans l'espace qui est au-dessous de la lune, où ils exerçaient leur empire et leur méchanceté ; que pour soutenir le genre humain contre des ennemis si dangereux, si nombreux et si redoutables, l'intelligence suprême envoyait dans le monde terrestre des esprits bienfaisants qui défendaient sans cesse les hommes contre les démons matériels.

Les bons et les mauvais génies avaient des fonctions particulières et des degrés différents de puissance ; on leur donna des noms qui exprimaient leurs fonctions et leurs puissances.

Puisque les esprits bienfaisants étaient chargés de protéger les hommes et de les secourir dans leurs besoins, il fallait bien qu'ils entendissent le langage des hommes, afin de les secourir lorsqu'ils seraient appelés. On crut que les hommes avaient des génies protecteurs contre tous les malheurs, et que chaque génie avait son nom qu'il suffisait de prononcer pour leur faire connaître le besoin que l'on avait de leur secours ; et pour l'obtenir on recherchait les noms qui pouvaient convenir aux génies bienfaisants et leur faire connaître les besoins des hommes ; et, comme les noms ne sont que des combinaisons des lettres de l'alphabet, on crut, en combinant différemment ces lettres, trouver les noms des génies dont on avait besoin. La prononciation du nom du génie dont on avait besoin était une espèce d'évocation ou de prière à laquelle on croyait que le génie ne pouvait résister : et voilà l'origine de la cabale, qui attribuait à des noms bizarres la vertu de faire venir les génies, d'être en commerce avec eux et d'opérer des prodiges.

Ces mêmes noms servaient quelquefois à chasser les génies malfaisants : c'étaient des espèces d'exorcismes ; car on croyait que ces génies étaient relégués dans le centre de la terre, et qu'ils ne faisaient du mal que parce qu'ils avaient trompé la vigilance des génies destinés à les tenir renfermés, et s'étaient échappés dans l'atmosphère. On croyait que ces génies malfaisants, lorsqu'ils entendaient prononcer le nom des génies qui les tenaient renfermés dans le centre de la terre, s'enfuyaient à peu près comme un prisonnier échappé qui entend appeler la garde.

Comme on avait supposé dans le nom des génies, ou dans les signes qui exprimaient leur fonction, une vertu ou une force qui les obligeait à se rendre auprès des hommes qui les invoquaient, on crut que le nom ou le signe du génie, gravé ou écrit, fixerait pour ainsi dire le génie auprès de celui qui le porterait, et c'est apparemment l'origine des talismans faits avec des mots gravés ou avec des figures symboliques.

Toutes ces pratiques étaient en usage chez les Chaldéens et chez presque tous les Orientaux ; tous les monuments de l'histoire, de leur théologie et de leur philosophie l'attestent et concourent à justifier nos conjectures sur l'origine de la cabale (1).

De la cabale née des principes de Pythagore.

Les philosophes grecs ne virent, pour la plupart, que du mouvement et de la matière dans les phénomènes que les Chaldéens attribuaient à des génies.

Pythagore reconnut, comme les Chaldéens, ses maîtres, l'existence d'une intelligence suprême qui avait formé le monde : ce philosophe pensait que l'ordre, la régularité, l'harmonie qu'il découvrait dans le monde, ne pouvait naître du mouvement de la matière ; il admit donc dans le monde une intelligence qui en avait arrangé les parties ; tous les phénomènes de la nature lui parurent des suites des lois établies par l'intelligence suprême pour la distribution des mouvements, et les génies des Chaldéens disparurent à ses yeux : il ne vit dans la nature qu'une intelligence suprême, de la matière, du mouvement.

Au milieu du magnifique spectacle de la nature, il aperçut des irrégularités, des désordres qu'on ne pouvait attribuer à l'intelligence suprême, puisqu'elle aimait l'ordre et l'harmonie ; il en conclut que les désordres étaient produits par le mouvement de la matière que l'intelligence suprême ne pouvait arrêter ou diriger ; il en conclut que l'intelligence productrice du monde n'était pas le principe du mouvement, et il admit dans la nature de la matière une force motrice qui l'agitait, et une intelligence qui n'avait produit

---

(1) Voyez l'Hist. de la philosophie orientale, par Stanley ; le Commentaire philologique de M. le Clerc, dans le second volume de sa Philosophie. Pauli Bergeri Cabalismus judaico-christianus ; Wittembergæ, 1707, in-4°.

ni la matière, ni le mouvement, mais qui déterminait la force motrice, et qui, par ce moyen, avait formé les corps et le monde.

Ce philosophe voulut connaître les lois que l'intelligence productrice du monde suivait dans la distribution des mouvements; il vit que, sur la terre, la régularité des corps et des phénomènes dépendait des rapports qu'avaient entre eux les mouvements qui concouraient à leur production; il porta les yeux vers le ciel, il découvrit que les corps célestes étaient placés à des distances différentes, et qu'ils faisaient leurs révolutions en des temps différents et proportionnés à leur distance : il conclut de ces observations que l'ordre et l'harmonie dépendaient des rapports des mouvements et des distances des corps; c'était donc, selon Pythagore, la connaissance de ces rapports qui avait dirigé l'intelligence productrice du monde dans la distribution des mouvements.

La distance et le mouvement sont des grandeurs; ces grandeurs ont des parties, et les plus grandes ne sont que les plus petites multipliées un certain nombre de fois.

Ainsi les distances, les mouvements des corps célestes, les rapports des mouvements qui devaient concourir à la production des animaux ou des plantes et mettre de la proportion entre leurs parties, s'exprimaient par des nombres, et l'intelligence suprême, avant la production du monde, ne les connaissait que par des nombres purement intelligibles.

C'est, selon Pythagore, sur le rapport que l'intelligence apercevait entre ces nombres intelligibles qu'elle avait formé et exécuté le plan du monde.

Les rapports des nombres ne sont point arbitraires; le rapport d'égalité entre deux fois deux et quatre est nécessaire, indépendant, immuable.

Puisque les rapports des nombres ne sont point arbitraires et que l'ordre des productions de l'intelligence suprême dépend du rapport qui est entre les nombres, il est clair qu'il y a des nombres qui ont un rapport essentiel avec l'ordre et l'harmonie, et que l'intelligence suprême, qui aime l'ordre, suit, dans la distribution des mouvements, les rapports de ces nombres et ne peut s'en écarter.

La connaissance de ces rapports, ou ces rapports étaient donc la loi qui dirigeait l'intelligence suprême dans ses productions; et comme ces rapports s'exprimaient eux-mêmes par des nombres, on supposa dans les nombres une force ou une puissance capable de déterminer l'intelligence suprême à produire certains effets plutôt que d'autres. D'après ces idées, on rechercha quels étaient les nombres qui plaisaient davantage à l'Etre suprême; et voilà une espèce de cabale arithmétique née des principes de la philosophie pythagoricienne (1).

(1) *Voyez* Laërt., l. VIII. Stobéa, Ecolog. physic. c. 2. Jambl., des Myst. Théodoret, Terap., l. XI. Examen du fatalisme, t. I, à l'article de la philosophie pythagoricienne.
(2) *Voy.* son Timée, sa seconde et sa sixième lettre.
(3) Hiéroclès, de Providentia apud Photium.

De la cabale née des principes de la philosophie de Platon.

Platon crut qu'il y avait un Dieu suprême, spirituel et invisible, qu'il appelait l'être même, le bien même, le père et la cause de toutes choses.

Il plaçait sous ce Dieu suprême un être inférieur qu'il appelait la raison, le conducteur des choses présentes et futures, le créateur de l'univers, etc. Enfin il reconnaissait un troisième être, qu'il appelait l'esprit ou l'âme du monde : il ajoutait que le premier était le père du second et que le second avait produit le troisième (2).

Le Dieu suprême était placé au centre du monde : tout est, disait-il, autour du roi de toutes choses, et tout est à cause de lui; il est la cause de tous les biens; les choses du second ordre sont autour du second; les choses du troisième sont autour du troisième.

Le créateur, selon Platon, avait formé le monde très-parfait, en unissant une nature corporelle et une créature incorporelle.

Platon distinguait trois parties dans le monde : il plaçait dans la première les êtres célestes et les dieux; les intelligences éthériennes et les bons démons, qui sont les interprètes et les messagers des choses qui regardent le bien des hommes, étaient dans la seconde; enfin la troisième partie du monde, ou la partie inférieure du monde, renfermait les intelligences terrestres et les âmes des hommes immortels.

Les êtres supérieurs gouvernaient les inférieurs; mais Dieu, qui en est le créateur et le père, règne sur tous, et cet empire paternel n'est autre chose que sa providence, par laquelle il donne à chaque être ce qui lui appartient (3).

Les différents ordres des esprits que le monde renferme sont donc unis, et voici comment la philosophie platonicienne expliquait leur union : les divisions du second ordre se tournaient vers les premières intelligences, alors les premières intelligences donnaient aux secondes la même essence et la même puissance qu'elles avaient; c'était par ce moyen que l'union s'entretenait entre les différents ordres d'esprits que l'Etre suprême avait produits (4).

Ainsi, dans les principes de la philosophie platonicienne, l'esprit humain pouvait, par son union aux différents ordres d'esprits, s'élever à la plus haute perfection, et il n'était pas possible qu'on ne cherchât avec ardeur les moyens de parvenir à cette union : voilà donc encore une espèce de cabale qui devait naître de la philosophie platonicienne.

De l'union des principes de la cabale avec le christianisme.

La doctrine des Chaldéens sur l'origine du monde, sur les dieux, sur les génies; leur

(4) Jambl., de Myster. Ægypt., sect. 1, c. 19 Ce n'est pas ici le système pur de Platon, qui peut-être n'en avait point; mais c'est le sentiment auquel il paraît avoir donné la préférence et auquel on avait ajouté des idées étrangères. *Voyez* l'Examen du fatalisme, sur la philosophie de Platon.

astrologie, leur magie, s'étaient répandues dans tout l'Orient; elles avaient pénétré chez les Juifs et chez les Samaritains; les Égyptiens avaient une partie de leurs opinions et de leurs pratiques.

Ainsi, lorsqu'Alexandre et ses successeurs portèrent en Égypte et en Syrie les sciences des Grecs, les esprits étaient disposés à recevoir les idées de Pythagore et de Platon, qui s'accordaient mieux avec la théologie chaldéenne et égyptienne que le système des autres philosophes grecs.

La philosophie de Pythagore, tombée dans l'oubli chez les Grecs, reparut donc en Égypte et dans l'Orient : avant la naissance du christianisme, on allia les sentiments de Pythagore avec ceux de Platon, et des principes de ces deux philosophes on forma un système de philosophie et de théologie qui l'emporta sur tous les autres systèmes : ainsi la doctrine des génies, le système des émanations, l'art de commander aux génies, la science des propriétés et des vertus des nombres, aussi bien que la magie, étaient fort en vogue dans l'Orient à la naissance du christianisme.

La religion chrétienne éclairait l'esprit humain sur les difficultés dont il cherchait la solution dans les systèmes des philosophes; elle apprenait aux hommes qu'un Être tout-puissant et souverainement parfait avait produit tout par sa volonté; qu'il avait voulu que le monde fût, et que le monde avait existé; qu'il y avait dans cet Être suprême trois personnes; que l'homme avait été créé innocent, qu'il avait désobéi à Dieu, et que par sa désobéissance il était devenu coupable et malheureux; que son crime et son malheur se transmettaient à sa postérité; qu'une des personnes divines s'était unie à l'humanité, qu'elle avait satisfait à la justice divine et réconcilié les hommes avec Dieu; qu'une félicité éternelle était préparée aux hommes qui profiteraient des grâces du Rédempteur et qui pratiqueraient les vertus dont il était venu donner l'exemple sur la terre.

Ces vérités étaient annoncées et prouvées par les apôtres et confirmées par les miracles les plus éclatants et les plus certains.

Les philosophes platoniciens et pythagoriciens, dont les principes avaient plus d'analogie avec les dogmes de la religion chrétienne, embrassèrent le christianisme.

Mais la religion chrétienne, en instruisant solidement l'homme sur tout ce qu'il lui est essentiel de connaître pour être vertueux et pour mériter le bonheur éternel, garde le silence sur tous les objets qui ne peuvent qu'intéresser la curiosité ou satisfaire la vanité. Elle n'explique point comment Dieu a tout produit par sa bonté, elle ne nous donne point d'idée de la création, et nous ne pouvons l'imaginer, quoique la raison en voie clairement la vérité; la religion ne nous dit point pourquoi ni comment Dieu a créé le monde tel qu'il est, pourquoi il y a des imperfections, comment il le conserve, comment il unit l'âme au corps humain, etc.

La curiosité inquiète voulut connaître tous ces objets et former des systèmes pour expliquer tout ce que la révélation n'éclaircissait pas. Les philosophes convertis expliquèrent donc les dogmes du christianisme par les principes dont ils étaient préoccupés, et de là naquirent, pendant les trois premiers siècles, presque toutes les hérésies.

Les philosophes platoniciens et pythagoriciens voulurent donc allier les dogmes du christianisme avec le système des émanations et avec les principes de la cabale que nous avons exposés : tels furent les gnostiques, Basilide, Saturnin, Valentin, Marc, Euphrate, dont nous avons exposé les principes dans leurs articles.

Les Juifs adoptèrent aussi les principes de la cabale. Nous n'entreprendrons point de fixer l'origine de cet art chez eux, mais il est certain qu'ils s'y appliquèrent beaucoup et qu'ils prétendirent trouver, dans les différents arrangements des lettres de l'alphabet hébreu de grands mystères : il y en avait qui adoptaient le système des émanations, et ils le déguisèrent sous le nom des séphirots (1), qui ne diffèrent point en effet des éons des valentiniens. Ils prétendirent même donner à ces connaissances une origine divine, et appuyèrent toutes leurs opinions sur des autorités qui remontaient à Moïse ou même à Adam, et c'est apparemment de là qu'est venu le mot cabale, qui signifie tradition. Il est certain que les Juifs avaient une tradition, mais il n'est pas moins certain que les cabalistes ne l'ont point suivie, ou qu'ils l'ont tellement défigurée, que la cabale des Juifs ne peut être d'aucune utilité; leurs écrivains sont d'une obscurité impénétrable, et les explications philosophiques qu'on en donne ne contiennent rien que de trivial et qu'on ne sache mieux d'ailleurs. Nous nous contenterons d'indiquer les auteurs qui en ont traité (2).

Après la prise de Constantinople par les Turcs, les Grecs apportèrent en Occident la philosophie de Platon, d'Aristote et de Pythagore : on emprunta des Sarrasins des commentateurs pour les éclaircir, et les Sarrasins, qui avaient reçu en grande partie les sciences des philosophes d'Orient et d'Alexandrie, firent passer en Occident la philosophie de Platon et celle de Pythagore unies ensemble et chargées d'idées étrangères et de pratiques superstitieuses.

On n'étudia pas les langues avec moins

---

(1) Les séphirots sont la partie la plus considérable de la cabale, il y en a dix : on les représente quelquefois sous la figure d'un arbre, parce que quelques-uns sont comme la racine, et les autres comme autant de branches qui en naissent : ces dix séphirots sont la Couronne, la Sagesse, l'Intelligence, la Force ou la Sévérité, la Miséricorde ou la Magnificence, la Beauté, la Victoire, la Gloire, le Fondement, le Royaume.

(2) Basnage, Hist. des Juifs, t. II. Buddæus, Introduct. ad philos. Hebræorum. Losius Biga, Dissert., in-4°, 1706. Joannis Christoph. Wolfii Bibliot. hebræa, part. 11; Hamburg., in-4°, 1721. Jacobi Rhenfordii opera philologica; Ultraject., 1722, in-4°. Pauli Bergeri Cabalism. judaico-christianus; Wittemberg, 1707, in-4°. Mém. de l'Acad. des inscript., t. IX, p. 57. Brucker, Hist. philos., t. II.

d'ardeur que la philosophie : on apprit le grec, l'arabe, l'hébreu, et il y eut des savants qui prirent insensiblement les idées des philosophes grecs, arabes ou juifs, et qui adoptèrent leurs idées cabalistiques : tels furent Reuchlin, Pic de la Mirandole, Georges de Venise, Agrippa, qui renouvelèrent le système des émanations et les rêveries de la cabale (1).

Enfin, dans le dix-septième siècle il s'alluma dans l'Allemagne et en Angleterre une ardeur extraordinaire pour la connaissance des langues orientales et pour le rabbinisme. Comme presque tous les rabbins ont quelque teinture de la cabale, les auteurs qui les lurent adoptèrent leurs idées, et il se trouva en Angleterre et en Allemagne des savants qui firent des efforts incroyables pour rétablir la cabale et pour trouver tous les dogmes de la religion chrétienne dans les principes de la cabale; plusieurs de leurs ouvrages sont le fruit d'une érudition immense : tels furent Marc. Morus, peut-être Cudworth, Knorius, l'auteur du livre intitulé *Cabala denudata*, dans lequel on emploie une érudition prodigieuse ; enfin, un Allemand nommé Jonas Scharmius écrivit, au commencement du dix-huitième siècle, en faveur de la cabale, et prétendit trouver une conformité parfaite entre la cabale, la philosophie péripatéticienne et la religion chrétienne (2).

Les principes des cabalistes modernes peu différents de ceux que nous avons exposés en parlant de l'origine de la cabale (3) ; à l'égard de l'application qu'ils font de ces principes, quoiqu'elle soit différente pour les détails, elle est cependant la même pour le fond : les explications de ces principes et les conséquences que l'on en peut tirer sont si arbitraires, et la méthode des cabalistes est si obscure, qu'il est également inutile et impossible de suivre l'esprit humain dans ce labyrinthe d'erreurs, d'idées folles et de pratiques ridicules, parce qu'elles ne tiennent ordinairement, ou plutôt jamais, à rien de raisonnable ou d'ingénieux. Nous avons cité les auteurs où l'on pourra s'en convaincre.

CAINITES, hérétiques ainsi nommés à cause de la vénération qu'ils avaient pour Caïn ; ils parurent vers l'an 159 : voici l'origine de cette vénération.

Pendant le premier siècle et au commencement du second, on s'était beaucoup occupé à éclaircir l'histoire de la création et à expliquer l'origine du mal ; on avait adopté tantôt le système des émanations, tantôt celui des deux principes.

Quelque peu fondée que soit une hypothèse, elle devient infailliblement un principe dans l'esprit de beaucoup de ceux qui l'adoptent : on ne s'occupe plus alors à la prouver ou à l'étayer, on l'emploie comme une vérité fondamentale pour expliquer les phénomènes.

Le système des émanations et celui qui supposait un bon et un mauvais principe passèrent dans beaucoup d'esprits pour des vérités incontestables d'où l'on partit pour expliquer les phénomènes, et chacun se crut en droit de supposer plus ou moins de génies ou de principes, et de mettre dans leurs productions, dans leur puissance et dans leur manière d'agir toutes les différences qui lui paraissaient nécessaires pour expliquer le phénomène qui le frappait le plus ou que l'on avait négligé d'expliquer.

La plupart des sectes qui avaient précédé les caïnites avaient expliqué l'origine du bien et du mal en supposant une intelligence bienfaisante qui tirait de son sein des esprits heureux et innocents, mais qui étaient emprisonnés dans des organes matériels par le créateur, qui était malfaisant.

Ils n'avaient point expliqué d'une manière satisfaisante pour tout le monde d'où venait la différence qu'on observait dans les esprits des hommes ; ainsi, parmi les sectateurs du système des deux principes, il y eut quelqu'un qui entreprit d'expliquer la différence des esprits et des caractères des hommes : il supposa que ces deux principes ou ces deux puissances avaient produit Adam et Eve ; que chacun de ces principes avait ensuite pris un corps et avait eu commerce avec Eve ; que les enfants qui étaient nés de ce commerce avaient chacun le caractère de la puissance à laquelle ils devaient la vie : ils expliquaient par ce moyen la différence du caractère de Caïn et d'Abel, et de tous les hommes.

Comme Abel avait marqué beaucoup de soumission au Dieu créateur de la terre, ils le regardaient comme l'ouvrage d'un Dieu qu'ils appelaient *Histère*.

Caïn, au contraire, qui avait tué Abel parce qu'il servait le Dieu créateur, était l'ouvrage de la sagesse et du principe supérieur ; ainsi Caïn était, selon eux, le premier des sages et le premier objet de leur vénération.

Par une suite naturelle de leur principe fondamental, ils honoraient tous ceux qui étaient condamnés dans l'Ancien Testament, Caïn, Esaü, Coré, les Sodomites, qu'ils regardaient comme des enfants de la sagesse et des ennemis du principe créateur. Par une suite de leur principe fondamental, ils honoraient Judas. Judas, selon les caïnites, savait seul le mystère de la création des hommes, et c'était pour cela qu'il avait li-

---

(1) Joan. Pici Mirand. Conclusiones cabalisticæ, 71, secundum opinionem propriam, ex ipsis Hebræorum sapient. fundamentis christianam relig. confirmantes. Reuchlin, de Arte cabalistica, de Verbo mirifico. Georg. Venetus, de Harmonia totius mundi ; Promptuarium rerum theolog. Agrippa, de occulta Phil. *Voyez* Brucker, Hist. philos., t. IV, period. II, l. II, part. I, c. 4.

(2) Jonæ Conradi Scharmii Introductio in dialecticam Cabalæorum ; Brunsvigæ, 1705, in-8°.

(3) Ils distinguent la *cabale spéculative* et la *cabale pra-* *tique*. Cette dernière, qui n'est qu'un composé des superstitions de l'astrologie des talismans, est surtout en vogue chez les juifs de Cologne et de quelques autres endroits du Nord. Ils sont tellement persuadés de la vertu de cette science chimérique, que s'il se trouve quelqu'un parmi eux qui soit condamné à la mort, il a recours à cette cabale pratique ; mais on ne voit pas qu'elle leur réussisse. Il arrive même quelquefois que les juges les condamnent comme magiciens. (*Note de l'Éditeur.*)

vré Jésus-Christ, soit qu'il s'aperçût, disaient ces impies, qu'il voulait anéantir la vertu et les sentiments de courage qui font que les hommes combattent le Créateur, soit pour procurer aux hommes les grands biens que la mort de Jésus-Christ leur a apportés et que les puissances amies du Créateur voulaient empêcher en s'opposant à ce qu'il mourût : aussi ces hérétiques louaient Judas comme un homme admirable et lui rendaient des actions de grâces (1).

Ils prétendaient que, pour être sauvé, il fallait faire toutes sortes d'actions, et ils mettaient la perfection de la raison à commettre hardiment toutes les infamies imaginables ; ils disaient que chacune des actions infâmes avait un ange tutélaire, et ils invoquaient cet ange en la commettant (2).

Les caïnites avaient des livres apocryphes, comme l'évangile de Judas, quelques autres écrits faits pour exhorter à détruire les ouvrages du Créateur, un autre écrit intitulé l'*Ascension de saint Paul* ; il s'agit dans ce livre du ravissement de cet apôtre, et les caïnites y avaient mis des choses horribles.

Une femme de cette secte, nommée *Quintille*, étant venue en Afrique du temps de Tertullien, y pervertit beaucoup de monde, particulièrement en détruisant le baptême ; on appela quintillianistes les sectateurs de cette femme : il paraît qu'elle avait ajouté aux infamies des caïnites d'horribles pratiques (3).

Philastrius fait une secte particulière de ceux qui honoraient Judas (4).

L'empereur Michel avait une grande vénération pour Judas et voulut le faire canoniser (5).

Hornebec parle d'un anabaptiste qui pensait sur Judas comme les caïnites (6).

On a aussi donné aux caïnites le nom de judaïtes (7).

* CALIXTINS, sectaires qui s'élevèrent en Bohême au commencement du quinzième siècle. On leur donna ce nom, parce qu'ils soutenaient la nécessité du calice ou de la communion sous les deux espèces, pour participer à la sainte eucharistie.

Immédiatement après le supplice de Jean Hus, dit Bossuet, on vit deux sectes s'élever en Bohême sous son nom, les calixtins, sous Roquesane, les taborites, sous Ziska. La doctrine des premiers consistait d'abord en quatre articles : le premier concernait la coupe où la communion sous l'espèce du vin, les trois autres regardaient la correction des péchés publics et particuliers, sur laquelle ils portaient la sévérité à l'excès, la prédication libre de la parole de Dieu, qu'ils ne voulaient pas que l'on pût défendre à personne, et les biens de l'Eglise contre lesquels ils déclamaient. Ces quatre articles furent réglés dans le concile de Bâle d'une manière dont les calixtins parurent contents ; la coupe leur fut accordée sous certaines conditions dont ils convinrent.

Cet accord s'appela *compactum*, nom célèbre dans l'histoire de Bohême. Mais une partie des hussites, qui ne voulut pas s'y tenir, commença, sous le nom de taborites, les guerres sanglantes qui dévastèrent la Bohême. L'autre partie des hussites, nommée des calixtins, qui avaient accepté l'accord, ne s'y tint pas : au lieu de déclarer, comme on en était convenu à Bâle, que la coupe n'est pas nécessaire ni commandée par Jésus-Christ, ils en pressèrent la nécessité, même à l'égard des enfants nouvellement baptisés. A la réserve de ce point, ils convenaient de tout le dogme avec l'Eglise romaine, et ils auraient reconnu l'autorité du pape si Roquesane, piqué de n'avoir pas obtenu l'archevêché de Prague, ne les avait entretenus dans le schisme.

Dans la suite, une partie d'entre eux jugea qu'ils avaient trop de ressemblance avec l'Eglise romaine ; ceux-ci voulurent pousser plus loin la réforme, et firent, en se séparant des calixtins, une nouvelle secte qui fut nommée les *frères de Bohême* (8).

Les calixtins paraissent avoir subsisté jusqu'au temps de Luther, auquel ils se réunirent la plupart. Mosheim pense que les taborites, devenus moins furieux qu'ils ne l'avaient été d'abord, se réunirent aussi à Luther et aux autres réformateurs, membres bien dignes sans doute de former une nouvelle Eglise de Jésus-Christ.

* CALIXTINS. C'est encore le nom que l'on donne à quelques luthériens mitigés qui suivent les opinions de Georges Calixte ou Caliste, théologien célèbre parmi eux, qui mourut vers le milieu du dix-septième siècle. Il combattait le sentiment de saint Augustin sur la prédestination, la grâce et le libre arbitre ; ses disciples sont regardés comme semi-pélagiens.

Calixte soutenait qu'il y a dans les hommes un certain degré de connaissance naturelle et de bonne volonté, et que quand ils usent bien de ces facultés, Dieu ne manque pas de leur donner tous les moyens nécessaires pour arriver à la perfection de la vertu, dont la révélation nous montre le chemin. Selon le dogme catholique, au contraire, l'homme ne peut faire, d'aucune faculté naturelle, un usage utile au salut ; que par le secours d'une grâce qui nous prévient, opère en nous et avec nous. C'est une maxime universellement reconnue, que le simple désir de la grâce est déjà un commencement de grâce. On prétend que les ouvrages qu'il a laissés sont très-médiocres, malgré les éloges pompeux que lui ont donnés les protestants. Au reste, il était plus modéré que la plupart de ses confrères ; il

---

(1) Iren., l. 1, c. 35, alias 38.
(2) Théodoret, Hæret. Fab. l. 1, c. 15. Tert., de Præscript., 39. Iren. et Epiph., loc. cit. Aug, de Hær., c. 18.
(3) Tert., de Bapt.
(4) De Hær., c. 34.
(5) Theoph. Raynaud, de Juda proditore, p. 680.
(6) Hornebec Controvers., p. 390.
(7) Ittigius, de Hær., sect. 2, § 4, 5.
(8) Hist. des Variat., l. xi, n. 168 et suiv.

avait formé le projet, sinon de réunir ensemble les catholiques, les luthériens et les calvinistes, du moins de les engager à se traiter mutuellement avec plus de douceur, et de se tolérer les uns et les autres. Ce dessein lui attira la haine d'un grand nombre de théologiens de sa secte; ils écrivirent contre lui avec la plus grande chaleur, et lui reprochèrent plusieurs erreurs. On le regarda comme un faux frère qui, par amour pour la paix, trahissait la vérité. Mosheim, avec beaucoup d'envie de le justifier, n'a pas osé le faire, ni approuver le projet que Calixte avait formé (1).

CALVIN (Jean) naquit à Noyon, au commencement du seizième siècle; il fit ses premières études à Paris, au collége de la Marche, et sa philosophie au collége de Montaigu, sous un Espagnol. Il étudia le droit à Orléans, sous Pierre de l'Etoile, et à Bourges, sous Alciat; il fit connaissance dans cette dernière ville avec Wolmar, Allemand de nation et professeur en grec : ce fut sous ce maître que Calvin apprit le grec, le syriaque et l'hébreu.

Les sentiments de Luther et de Zuingle commençaient à se répandre en France; Wolmar, maître et ami de Calvin, était leur partisan secret : Calvin adopta les sentiments de son maître et des prétendus réformateurs. La mort de son père le rappela à Noyon, où il resta peu de temps; il alla à Paris, où il composa un commentaire sur le traité de la Clémence de Sénèque; il se fit bientôt connaître à ceux qui secrètement avaient embrassé la réforme, mais il n'imita pas leur discrétion, son zèle impétueux éclata : on voulut l'arrêter, il sortit de Paris et ensuite de la France, pour se retirer à Bâle, où il se dévoua à la défense de la réforme.

On comprenait sous le nom de réformateurs et de réformés cette foule de sectaires luthériens, carlostadiens, anabaptistes, zuingliens, ubiquitaires, etc., qui remplissaient l'Allemagne, et qui s'étaient répandus en Italie, en France, en Angleterre et dans les Pays-Bas : toute leur doctrine consistait en déclamations contre le clergé, contre le pape, contre les abus, contre toutes les puissances ecclésiastiques et civiles.

Les réformés n'avaient ni principes suivis, ni corps de doctrine, ni discipline, ni symbole.

Calvin entreprit d'établir la réforme sur des principes théologiques, et de former un corps de doctrine qui réunît tous les dogmes qu'il avait adoptés dans la réforme, et dans lequel ces dogmes sortissent de ceux du christianisme, comme des conséquences de leurs principes : en un mot, il voulait former un symbole pour les réformés.

C'était le seul moyen de les réunir et de faire de la réforme une religion raisonnable : c'est l'objet qu'il se propose dans ses Institutions chrétiennes.

Après avoir fait imprimer ses Institutions, Calvin passa en Italie pour voir la duchesse de Ferrare, fille de Louis XII; mais le duc de Ferrare, qui craignait que le séjour de Calvin chez lui ne le brouillât avec le pape, l'obligea de sortir de ses Etats. Calvin revint en France, et il en sortit bientôt pour se rendre à Strasbourg : il passa par Genève, où Varel et Viret avaient commencé à établir la religion protestante : le magistrat, le consistoire et le peuple engagèrent Calvin à accepter une place de prédicateur et de professeur, l'an 1536.

Deux ans après, Calvin fit un formulaire de foi et un catéchisme, qu'il fit recevoir à Genève, où il abjura solennellement la religion catholique : tout le peuple jura qu'il observerait les articles de la doctrine tels que Calvin les avait dressés.

La réforme s'était établie à Zurich, à Berne, etc. Un synode de Berne décida, 1° que dans la cène on ne se servirait point de pain levé; 2° qu'il y aurait dans l'église des fonts baptismaux; 3° que l'on célébrerait tous les jours de fêtes aussi bien que le dimanche.

Le nouveau réformateur avait condamné, dans ses Institutions, toutes les cérémonies de l'Eglise romaine; il n'en voulut conserver aucune trace, et refusa de se conformer au décret du synode de Berne : le conseil s'assembla, les ennemis de Calvin firent aisément sentir au conseil que Genève avait dans Calvin, non pas un réformateur, mais un maître qui, dans ses ouvrages, réclamait la liberté chrétienne, et qui, dans sa conduite, était un despote inflexible. On chassa Calvin, Farel et ses associés.

Calvin se retira à Strasbourg et y fonda une Eglise française, qui fut bientôt nombreuse par le concours des protestants qui abandonnaient la France, où ils étaient traités avec beaucoup de rigueur. Ce fut pendant son séjour à Strasbourg qu'il épousa la veuve d'un anabaptiste qu'il avait convertie.

Les talents de Calvin lui acquirent à Strasbourg beaucoup de considération, et les protestants de cette ville le députèrent à la diète de Ratisbonne.

La ville de Genève n'était pas tranquille depuis le départ de Calvin; il s'y était fait un parti puissant, qui l'emporta enfin sur ses ennemis, et Calvin fut rappelé à Genève trois ans après qu'il en avait été chassé.

Ce fut alors qu'il prit à Genève un empire absolu qu'il conserva jusqu'à sa mort : il régla la discipline à peu près de la manière qu'on la voit encore aujourd'hui dans les Eglises prétendues réformées; il établit des consistoires, des colloques, des synodes, des anciens, des diacres, des surveillants; il régla la forme des prières et des prédications, la manière de célébrer la cène, de baptiser, d'enterrer les morts. Il établit une juridiction consistoriale à laquelle il prétendit pouvoir donner le droit de censures et de peines canoniques, et même la puissance d'excommunier. Il fit ensuite un catéchisme latin et

---

(1) Hist. ecclés. du dix-septième siècle, sect. 2, part. II, c. 1, § 23.

français, fort différent du premier qu'il avait fait, et obligea les magistrats et le peuple à s'engager pour toujours à le conserver.

La rigueur avec laquelle Calvin exerçait son pouvoir sans bornes, et les droits de son consistoire, lui attirèrent beaucoup d'ennemis et causèrent quelquefois du désordre dans la ville; mais ses talents et sa fermeté triomphèrent de ses ennemis. Il était inflexible dans ses sentiments, invariable dans ses démarches, et capable de tout sacrifier pour le soutien d'une pratique indifférente, comme pour la défense des premières vérités de la religion. Un homme de ce caractère, avec de grands talents et de l'austérité dans les mœurs, vient à bout de tout et subjugue infailliblement la multitude et les caractères faibles, qui aiment mieux, à la fin, se soumettre à tout que de lutter sans cesse contre la domination armée de l'éloquence et du savoir.

Calvin ne jouissait cependant pas tranquillement de ses triomphes; à peine une faction s'était éteinte, que de nouveaux ennemis s'élevaient : on attaqua sa doctrine. Bolsec, carme apostat, l'accusa de faire Dieu auteur du péché; il entreprit de le prouver : Calvin alla le visiter et s'efforça de le gagner, mais inutilement, et Bolsec commençait à se faire écouter avec plaisir. Calvin, qui avait assisté secrètement à une de ses conférences, parut sur la scène aussitôt qu'elle fut finie, parla pour le réfuter, entassa tous les passages de l'Ecriture et de saint Augustin qui paraissaient favoriser son sentiment sur la prédestination. Calvin abusait de ces passages, et l'emportement avec lequel il les débitait ne détruisait point dans l'esprit de ses auditeurs l'impression qu'avait faite l'accusation de Bolsec : il engagea donc le magistrat à faire arrêter Bolsec; on le mit en prison, on l'y traita fort mal, sous prétexte qu'il avait causé du scandale et troublé la paix de l'Eglise.

L'apôtre de Genève poussa sa vengeance ou ses précautions plus loin : il écrivit aux cantons suisses qu'il fallait délivrer la terre de cet homme pernicieux, de peur qu'il n'allât infecter de son poison toutes les contrées voisines.

Un seigneur, qui jouissait d'une grande considération, et que Calvin avait engagé dans la réforme, M. Falais, justement indigné de la conduite de Calvin, prévint les cantons contre les desseins de ce réformateur, qui se contenta du bannissement de Bolsec (1), lequel fut banni de Genève comme convaincu de sédition et de pélagianisme.

Ainsi, l'on était séditieux, ennemi de la tranquillité publique, lorsqu'on osait contredire Calvin ; on était pélagien et l'on méritait la mort, parce qu'on croyait que, dans ses principes, Dieu était auteur du péché. Voilà le réformateur qui s'est emporté avec fureur contre la prétendue tyrannie de l'E-

(1) Spond. ad an. 1545. Hist. de Genève, t. II, p. 33. Préface des lettres de Calvin à M. Falais.
(2) An 1552.
(3) Fidelis expositio errorum Michaelis Serveti, et bre-

glise romaine. On dispute dans cette Eglise sur la nature et sur l'efficacité de la grâce ; les partisans de la grâce efficace par elle-même et de la prémotion physique prétendent que l'on ne peut nier leur sentiment sans tomber dans le pélagianisme, et les théologiens du sentiment opposé rejettent la grâce efficace par elle-même et la prémotion physique, parce qu'ils croient qu'elle fait Dieu auteur du péché ; mais jamais on n'a vu ces théologiens dire qu'il fallait brûler leurs adversaires.

Le bannissement de Bolsec augmenta le nombre des ennemis de Calvin : on ne trouvait pas qu'il se fût justifié sur l'odieuse imputation de faire Dieu auteur du péché ; on parla ouvertement contre sa doctrine sur la prédestination ; il y eut même des pasteurs de Berne qui voulurent intenter sur ce sujet un procès à Calvin ; Bolsec y renouvela ses accusations, et Castalion, qu'il avait encore obligé de sortir de Genève, parce qu'il ne pensait pas comme lui, le décriait à Bâle (2).

Servet, qui s'était échappé de la prison où il était enfermé en France, se sauva vers ce temps à Genève; Calvin le fit arrêter, et fit procéder contre lui dans toute la rigueur possible. Il consulta les magistrats de Bâle, de Berne, de Zurich, de Schaffhouse, sur ce qu'on devait prononcer contre cet anti-trinitaire : tous répondirent qu'il fallait le faire mourir, et ce fut l'avis de Calvin ; les magistrats de Genève condamnèrent donc Servet à être brûlé vif. Comment des magistrats qui ne reconnaissaient point de juge infaillible du sens de l'Ecriture pouvaient-ils brûler Servet, parce qu'il y trouvait un sens différent de celui que Calvin ou eux-mêmes y trouvaient? Voilà quelle était la logique ou l'équité des premières conquêtes de la réforme.

Et Calvin, et les ministres protestants qui avaient établi pour base de la réforme que l'Ecriture était seule la règle de notre foi, que chaque particulier était le juge du sens de l'Ecriture ; Calvin, dis-je, et les ministres protestants faisaient brûler Servet, qui voyait dans l'Ecriture un sens différent de celui qu'ils y voyaient ; ils firent brûler Servet qui se trompait, à la vérité, et qui se trompait grossièrement, et sur un dogme fondamental, mais qui pouvait, sans crime, ne pas déférer au jugement des ministres et de Calvin, puisqu'aucun d'eux ni leurs consistoires n'étaient infaillibles, et que ce n'est point à eux que Dieu a dit : Qui vous écoute, m'écoute.

Calvin osa faire l'apologie de sa conduite envers Servet, et entreprit de prouver qu'il fallait faire mourir les hérétiques (3).

Lelio Socin et Castalion écrivirent contre Calvin et furent réfutés à leur tour par Théodore de Bèze (4).

Et cependant les réformateurs, les ministres se sont déchaînés contre les rigueurs

vis eorumdem refutatio, ubi docetur jure gladii coercendos esse hæreticos; an. 1554.
(4) De Hæretic. a magistratu puniendis.

que l'on exerçait contre eux dans les Etats catholiques, où l'on ne punissait les protestants que parce qu'ils étaient condamnés par une autorité infaillible, par l'Eglise. Voilà à quoi ne font pas assez d'attention ceux qui prétendent excuser Calvin sous prétexte qu'il n'avait fait qu'obéir au préjugé de son siècle sur le supplice des hérétiques : d'ailleurs, il est certain que Calvin aurait traité Bolsec comme Servet, s'il l'avait osé; cependant Bolsec ne pensait, sur la prédestination, que comme pensaient beaucoup de théologiens luthériens. Ce n'était donc point la nature des erreurs de Servet qui avait allumé le zèle de Calvin : Bayle est beaucoup plus équitable sur cet article que son continuateur (1).

Le supplice de Servet n'arrêta pas à Genève la licence de penser : les Italiens qui avaient embrassé les erreurs de Calvin s'y étaient retirés et y avaient formé une Eglise italienne, où Gentilis, Blandrat, etc., renouvelèrent l'arianisme, 1558.

Gentilis fut mis en prison et aurait péri comme Servet, s'il ne se fût rétracté; il sortit de Genève, passa sur le territoire de Berne, où il renouvela ses erreurs, et eut la tête coupée, 1566.

Okin ne fut guère mieux traité par Calvin que Gentilis; il parut donner dans l'arianisme, et Calvin le fit chasser de Genève.

Calvin n'était pas seulement occupé à affermir sa réforme à Genève; il écrivait sans cesse en France, en Allemagne, en Pologne, contre les anabaptistes, contre les antitrinitaires, contre les catholiques (2).

Ses disputes ne l'empêchaient pas de commenter l'Ecriture sainte et d'écrire une infinité de lettres à différents particuliers. Ce chef de la réforme avait donc une prodigieuse activité dans l'esprit; il était d'ailleurs d'un caractère dur, ferme et tyrannique; il était savant; il écrivait purement, avec méthode; personne ne saisissait plus finement et ne présentait mieux les côtés favorables d'un sentiment; la préface de ses Institutions est un chef-d'œuvre d'adresse; en un mot, on ne peut lui refuser de grands talents, comme on ne peut méconnaître en lui de grands défauts et des traits d'un caractère odieux.

Il a le premier traité les matières théologiques en style pur et sans employer la forme scolastique; on ne peut nier qu'il ne fût théologien et bon logicien dans les choses où l'esprit de parti ne l'aveuglait pas : ses disputes contre Servet, contre Gentilis, contre les anti-trinitaires, contre les anabaptistes, font regretter l'usage qu'il fit de ses talents : il mourut au milieu de ses travaux et de l'agitation, le 21 mai 1564. Ses ouvrages ont été recueillis en neuf vol. in-folio. *Voyez* l'art. RÉFORME.

CALVINISME, doctrine de Calvin; nous la tirerons de ses Institutions chrétiennes : nous avons dit, à l'article CALVIN, comment il fut déterminé à composer cet ouvrage; il est divisé en quatre livres, dont nous allons exposer les principes.

Premier livre des Institutions.

La religion suppose la connaissance de Dieu et celle de l'homme.

La nature entière exprime et publie l'existence, les attributs, les bienfaits de l'Etre suprême : le sentiment de notre faiblesse, nos besoins nous rappellent sans cesse à Dieu; son idée est gravée dans nos âmes; personne ne peut l'ignorer : tous les peuples reconnaissent une divinité; mais l'ignorance, nos passions, l'imagination, se sont fait des dieux, et le Dieu suprême était inconnu presque dans toute la terre.

Il fallait donc, pour conduire l'homme à Dieu, un moyen plus sûr que le spectacle de la nature et que la raison humaine; la bonté de Dieu l'a accordé aux hommes, ce moyen; il nous a révélé lui-même ce que nous devions savoir.

Depuis longtemps Dieu n'accorde plus aux hommes de révélation; depuis longtemps il n'a envoyé ni prophètes, ni hommes inspirés; mais sa providence a conservé les révélations qu'il a faites aux hommes, et elles sont connues dans l'Ecriture.

Nous avons donc, dans l'Ancien et dans le Nouveau Testament, tout ce qui est nécessaire pour connaître Dieu, son essence, ses attributs, le culte que nous lui devons, et nos obligations envers les autres hommes (3).

Mais comment savons-nous que ce que nous appelons l'Ecriture sainte est en effet révélé? Comment savons-nous que la révélation qu'elle contient n'a pas été altérée? Comment distinguons-nous les livres canoniques des apocryphes? N'est-ce pas à l'Eglise à fixer notre croyance sur tous ces points?

Ici Calvin se met en colère et se répand en injures assez grossières contre les catholiques. Ces hommes sacriléges, dit-il, ne veulent qu'on s'en rapporte sur tous ces points à eux que pour donner à l'Eglise un pouvoir illimité, et pour lui soumettre tous les hommes, toutes les puissances, toutes les consciences.

C'est ainsi que parle celui qui a fait brûler Servet parce qu'il ne se soumettait pas à son sentiment, et qui, s'il l'eût osé, aurait fait brûler Bolsec, parce que Bolsec osait dire que les sentiments de Calvin sur la prédestination faisaient Dieu auteur du péché.

Calvin revient ensuite à son objection. L'autorité de l'Eglise, dit-il, n'est qu'un témoignage humain, qui peut tromper et qui n'est pas assez sûr pour tranquilliser les consciences; il faut que le Saint-Esprit confirme ce témoignage extérieur de l'Eglise par un témoignage intérieur; il faut que le même esprit qui a parlé par les prophètes entre dans nos cœurs, pour nous assurer que les

---

(1) Art. Bèze, note F. Supplément de Bayle, art. SERVET.
(2) Epist. Calvin.

(3) Voilà le premier pas de tous les réformateurs depuis les albigeois; Calvin n'en a pas dit sur cela plus qu'eux : nous le réfuterons à l'article RÉFORME.

prophètes n'ont dit que ce que Dieu leur a révélé; c'est cette espèce d'inspiration particulière qui nous assure de la vérité de l'Ecriture.

Cette inspiration qui nous assure que l'Ecriture contient la révélation divine n'est, au reste, que pour les fidèles; car Calvin ne nie point que l'autorité de l'Eglise ne soit le seul moyen et un moyen sûr pour démontrer à l'incrédule la divinité de l'Ecriture (1).

Il expose même assez bien les preuves de la divinité de l'Ecriture; mais il prétend qu'elles ne peuvent produire une certitude complète sans le témoignage intérieur du Saint-Esprit (2).

Puisque l'Ecriture sainte est révélée, et que le Saint-Esprit nous instruit pour en connaître le sens et pour développer les vérités qu'elle contient, il faut regarder comme des fanatiques et comme des insensés ces sectaires qui dédaignent de lire l'Ecriture, et qui prétendent que le Saint-Esprit leur a révélé immédiatement et extraordinairement tout ce qu'il faut faire ou croire; comme si l'Ecriture n'était pas suffisante, et comme si saint Paul et les apôtres n'avaient pas recommandé la lecture des prophètes (3).

Après avoir établi l'Ecriture comme la seule règle de notre croyance, Calvin recherche ce qu'elle nous apprend de Dieu; il voit d'abord qu'elle oppose partout le vrai Dieu aux dieux des gentils, et qu'elle nous fait connaître ses attributs, son éternité, sa justice, sa bonté, sa toute-puissance, sa miséricorde, son unité.

L'Ecriture défend de représenter Dieu, de faire des images ou des idoles; rien n'est plus rigoureusement défendu dans l'Ecriture; de là Calvin conclut que les catholiques, qui ont autorisé le culte des images, sont retombés dans l'idolâtrie, puisque Dieu n'a pris tant de soin de bannir les idoles que pour être honoré seul (4).

Quoique l'Ecriture nous apprenne qu'il n'y a qu'une divinité, on y découvre cependant que ce Dieu renferme trois personnes, le Père, le Fils et le Saint-Esprit, qui ne sont point trois substances, mais trois personnes; Calvin traite encore cet article en habile homme (5).

L'Ecriture nous apprend que ce Dieu en trois personnes est le créateur du monde, qu'il forma le monde visible, qu'il créa les anges et les hommes; il traite particulièrement de l'homme, des fonctions de son âme, de son état primitif de sa chute, et de la perte de la liberté dont il jouissait dans l'état d'innocence.

Toutes les créatures de Dieu sont soumises à sa providence, selon Calvin; il réfute les sophismes des épicuriens et ceux des philosophes partisans du hasard ou du destin (6).

Il trouve, dans l'Ecriture, que Dieu a disposé tout, qu'il produit tout dans le monde moral comme dans le monde physique; que Dieu a fait sur le ciel et sur la terre tout ce qu'il a voulu; il en conclut que les crimes des hommes et leurs vertus sont l'ouvrage de sa volonté; si Dieu n'opérait pas dans nos âmes toutes nos déterminations, l'Ecriture nous tromperait donc lorsqu'elle nous dit que Dieu ôte la prudence aux vieillards, qu'il ôte le cœur aux princes de la terre, afin qu'ils s'égarent. Prétendre que Dieu permet seulement ces maux, et qu'il ne les veut pas, qu'il ne les produit pas, c'est renverser toutes les règles du langage et tous les principes de l'interprétation de l'Ecriture (7).

Second livre.

Dans le second livre, Calvin recherche l'état de l'homme sur la terre; il trouve dans l'Ecriture qu'Adam, le père de tous les hommes, a été créé dans un état d'innocence, qu'il a péché, et que son péché s'est communiqué à toute sa postérité; en sorte que tous les hommes naissant enfants de colère et pécheurs, toutes les facultés de leur âme sont infectées du péché qu'ils ont contracté; une concupiscence vicieuse est le principe de toutes leurs actions; c'est de là que naissent toutes leurs déterminations (8).

L'homme n'a point de force pour résister à la concupiscence; la liberté dont il s'enorgueillit est une chimère; il confond le libre avec le volontaire, et il croit qu'il choisit librement, parce qu'il n'est pas contraint et qu'il veut faire le mal qu'il fait.

Calvin fonde cette impuissance de l'homme pour le bien sur tous les passages de l'Ecriture où il est dit que l'homme ne peut aller à Dieu que par Jésus-Christ; que c'est Dieu qui fait le bien en lui; que sans Dieu il ne peut rien (9).

Puisque toutes les facultés de l'homme sont corrompues, et qu'il n'a point de force pour résister à la concupiscence vicieuse qui le domine sans cesse, il est clair que l'homme ne peut par lui-même produire que des actions vicieuses et des péchés. Calvin prétend encore prouver cette conséquence par l'Ecriture, qui assure que les hommes se sont tous écartés du chemin de la vertu, que leur bouche est pleine de malédictions (10).

Quoique l'homme porte au dedans de lui-même un principe de corruption, le diable a cependant beaucoup de part à ses désordres, selon Calvin (11).

Voilà ce que pensait Calvin sur l'influence du diable par rapport à nos actions; un siècle après, Bekker, calviniste, prétendit que le diable n'avait aucun pouvoir dans le

(1) Instit., l. 1, c. 7.
(2) Ibid., c. 8. Nous faisons voir, à l'article RÉFORME, combien cette voie est dangereuse, fausse et contraire à l'Ecriture.
(3) Ibid., c. 9.
(4) Ibid., c. 10, 11, 12. Les iconoclastes, avant Calvin, avaient prétendu la même chose; les calvinistes en ont fait un des principaux fondements de leur réforme; nous les réfutons à l'article ICONOCLASTES.
(5) Ibid., c. 13.
(6) Ibid., c. 14, 15, 16, 17.
(7) Ibid., c. 18. Les prédestinatiens l'avaient soutenu avant Calvin; nous les réfutons.
(8) L. II, c. 1.
(9) L. II, c. 2.
(10) C. 3.
(11) C. 4.

monde, et Bekker prétendait entendre aussi bien l'Ecriture que Calvin (1).

Dieu n'a pas abandonné l'homme à son malheur; son Fils est venu sur la terre pour racheter les hommes, satisfaire pour eux. Calvin expose, dans tout le reste du second livre, les preuves qui établissent que Jésus-Christ est médiateur entre Dieu et les hommes, qu'il est Dieu et homme, et qu'il n'y a en lui qu'une personne, quoiqu'il y ait dans cette personne deux natures. Il recherche en quoi consiste la médiation de Jésus-Christ; comment il nous a mérité la grâce; il trouve dans Jésus-Christ trois caractères principaux, qui peuvent nous éclairer sur ce grand objet; il trouve, dis-je, dans Jésus-Christ, la qualité de prophète, la royauté, le sacerdoce. M. Claude a travaillé sur ce plan, dans son traité de Jésus-Christ.

Troisième livre.

Dans son troisième livre, Calvin traite des moyens de profiter des mérites de Jésus-Christ.

L'Ecriture nous apprend que, pour participer aux grâces du Rédempteur, il faut nous unir à lui et devenir ses membres.

C'est par l'opération du Saint-Esprit et surtout par la foi qu'il nous conduit à Jésus-Christ et que nous devenons ses membres. Pour être uni à Jésus-Christ, il faut croire, et ce n'est ni la chair ni le sang qui nous font croire de la manière nécessaire pour être membres de Jésus-Christ; c'est un don du ciel, selon Jésus-Christ. Vous êtes bienheureux, dit-il à saint Pierre, parce que ce n'est ni la chair ni le sang qui vous ont révélé qui je suis, mais le Père céleste, etc. Saint Paul dit que les Ephésiens ont été faits chrétiens par le Saint-Esprit de promission, ce qui prouve qu'il y a un docteur intérieur par le mouvement duquel la promesse du salut pénètre nos âmes, et sans lequel cette promesse ne serait qu'un vain son qui frapperait nos oreilles, sans toucher, sans pénétrer nos âmes.

Le même apôtre dit que les Thessaloniciens ont été choisis par Dieu dans la sanctification du Saint-Esprit et dans la foi de la vérité; d'où Calvin conclut que saint Paul a voulu nous apprendre que la foi vient du Saint-Esprit et que c'est par elle que nous devenons membres de Jésus-Christ : c'est pour cela que Jésus-Christ promit à ses disciples de leur envoyer le Saint-Esprit, afin qu'ils fussent remplis de cette sagesse divine que le monde ne peut connaître; c'est pour cela que cet Esprit est dit suggérer aux apôtres tout ce que Jésus-Christ leur a enseigné (2); c'est pour cela que saint Paul recommanda tant le mystère du Saint-Esprit, parce que les apôtres et les prédicateurs annonceraient en vain la vérité si le Saint-Esprit n'attirait à lui tous ceux qui lui ont été donnés par son Père.

La foi qui nous unit à Jésus-Christ, qui nous rend membres de Jésus-Christ, n'est point seulement un jugement par lequel nous prononçons que Dieu ne peut ni se tromper ni nous tromper, et que tout ce qu'il révèle est vrai; ce n'est point un jugement par lequel nous prononçons qu'il est juste, qu'il punit le crime; cette manière d'envisager Dieu nous le rendrait odieux.

La foi n'est point non plus un jugement par lequel nous prononçons, en général, que Dieu est saint, bon, miséricordieux; c'est une connaissance certaine de la bienveillance de Dieu pour nous, fondée sur la vérité de la promesse gratuite de Jésus-Christ, et produite dans nos âmes par le Saint-Esprit; il n'y a point de vrai fidèle sans cette ferme persuasion de notre salut, appuyée sur les promesses de Jésus-Christ : il faut que le vrai fidèle, comme saint Paul, soit certain que ni la mort, ni la vie, ni les puissances, ne peuvent le séparer de la charité de Jésus-Christ : telle est, selon Calvin, la doctrine constante de cet apôtre (3).

Cette certitude de notre salut n'est point incompatible avec des tentations qui attaquent notre foi : il n'y a point de foi plus vive que celle de David, et il se représente en mille endroits comme chancelant, ou plutôt comme tenté de manquer de confiance.

Ces tentations contre la foi ne sont point des doutes; ce sont des embarras qui naissent de l'obscurité même de la foi : nous ne voyons pas assez clairement pour ne pas ignorer beaucoup de choses; mais cette ignorance dans le vrai fidèle n'affaiblit point sa persuasion (4).

La ferme persuasion du fidèle sur son salut est jointe avec la connaissance et l'usage des moyens par lesquels Dieu a résolu de sauver les hommes; ainsi le fidèle qui croit qu'il sera sauvé croit qu'il ne le sera qu'en faisant pénitence : la pénitence est donc nécessairement liée avec la foi, comme l'effet et la cause (5).

La pénitence est, selon Calvin, la conversion du pécheur à Dieu, produite par la crainte salutaire de ses jugements; cette crainte est le motif que les prophètes et les apôtres ont employé; elle change la vie du pécheur; elle le rend attentif sur sa conduite, sur ses sentiments; elle produit un désir sincère de satisfaire à la justice divine; elle produit la mortification de la chair, l'amour de Dieu, la charité envers les hommes; c'est l'idée que l'Ecriture nous donne de la pénitence (6).

Les catholiques sont bien éloignés de la vérité sur la pénitence; selon Calvin, ils la font consister dans la confession, la satisfaction. La nécessité de la contrition jette, selon ce réformateur, les hommes dans le désespoir : on ne sait jamais si elle a les qualités ou le degré nécessaire pour obtenir la rémission des péchés; on n'est donc jamais sûr que ses péchés sont remis; incertitude qui détruit tout le système de Calvin sur le prin-

---

(1) Le Monde enchanté.
(2) L. III, c. 1.
(3) Ce sont, au fond, les principes de Luther sur la justification : nous avons réfuté cette erreur à l'art. LUTHER.
(4) Instit., l. III, c. 2.
(5) Ibid., c. 3.
(6) Ibid.

cipe de la justification qui précède la pénitence, comme la cause précède son effet.

Pour la confession, elle n'est point fondée sur l'Ecriture, dit Calvin; c'est une invention humaine introduite pour tyranniser les fidèles (1).

Enfin, les catholiques sont dans une erreur dangereuse lorsqu'ils font dépendre la rémission des péchés de la satisfaction, puisqu'alors ils donnent aux actions des hommes un mérite capable de satisfaire à la justice divine, et qu'ils détruisent la gratuité de la grâce et de la miséricorde de Dieu (2).

De ces principes, Calvin conclut que les indulgences et le purgatoire, que les catholiques regardent comme des suppléments à la satisfaction des pécheurs convertis ou justifiés, sont des inventions humaines qui anéantissent, dans l'esprit des chrétiens, le prix de la rédemption de Jésus-Christ (3).

Après avoir exposé les principes de la justification et ses effets, Calvin expose la manière dont le chrétien doit se conduire après sa justification; il parle du renoncement à soi-même, des adversités, de la nécessité de méditer sur l'autre vie (4).

Calvin revient, dans les chapitres suivants, à la justification; il étend et développe encore ses principes, répond aux difficultés, attaque le mérite des œuvres (5).

Il parle, dans le dix-neuvième, de la liberté chrétienne.

Le premier avantage de la liberté chrétienne est de nous affranchir du joug de la loi et des cérémonies : non qu'il faille abolir les lois de la religion, dit Calvin; mais un chrétien doit savoir qu'il ne doit point sa justice à l'observation de la loi.

Le second avantage est de ne pas accomplir la loi pour obéir à la loi, mais pour accomplir la volonté de Dieu.

Le troisième avantage de la liberté chrétienne est la liberté d'user à son gré des choses indifférentes. Calvin prétend, par exemple, affranchir les chrétiens du joug de la superstition, tranquilliser une infinité de consciences tourmentées par des scrupules sur une infinité de lois qui ordonnent ou défendent des choses qui, par elles-mêmes, ne sont ni bonnes ni mauvaises (6).

Il parle, dans le chapitre vingtième, de la nécessité de la prière et des dispositions pour prier; il prétend qu'on ne doit prier que Dieu; il condamne l'intercession des saints comme une impiété (7).

Après avoir examiné les causes et les effets de la justification, il cherche pourquoi tous les hommes n'ont pas cette foi qui justifie. Il en trouve la raison dans le choix que Dieu a fait des élus pour la vie éternelle et des réprouvés pour l'enfer; il cherche la raison de ce choix : il trouve, dans l'Ecriture, que Dieu a aimé Jacob et a haï Esaü avant qu'ils eussent fait ni bien ni mal; il conclut qu'il ne faut pas chercher la raison de cette préférence hors de Dieu, qui a voulu que quelques hommes fussent sauvés et d'autres réprouvés : ce n'est point la prévision de leur impénitence ou le péché d'Adam qui est la cause de leur réprobation.

Dieu a voulu qu'il y eût des élus et des réprouvés afin d'avoir des sujets sur lesquels il pût manifester sa justice et sa miséricorde : comme il a préparé et donné aux prédestinés la foi qui justifie, il a aussi tout préparé pour empêcher ceux qu'il avait destinés à être les victimes de sa vengeance de profiter des grâces de la rédemption; il les a aveuglés, il les a endurcis; il a fait en sorte que la prédication, qui a converti les élus, a enfoncé dans le crime ceux qu'il voulait punir. Tel est le système de Calvin sur la différence du sort des hommes dans l'autre vie et après la résurrection, qui est certaine (8).

Quatrième livre.

Les fidèles profitent donc des mérites de Jésus-Christ en s'unissant à lui, et c'est la foi qui les unit à Jésus-Christ : les fidèles unis à Jésus-Christ forment donc une Eglise qui renferme tous les fidèles, tous les élus, tous les prédestinés : ainsi cette Eglise est universelle, catholique; c'est la société de tous les saints, hors de laquelle il n'y a point de salut, et dans laquelle seule on reçoit la foi qui unit à Jésus-Christ.

Mais toutes les Eglises chrétiennes prétendent exclusivement à cette qualité; comment distinguer celle qui en effet est la vraie? Quels sont ses caractères, quelle est sa police, quels sont ses sacrements?

Voilà ce que Calvin se propose d'examiner dans le quatrième livre de ses Institutions, qu'il a intitulé : *Des moyens extérieurs par lesquels Dieu nous a fait entrer et nous conserve dans la société de Jésus-Christ.*

Saint Paul dit que Jésus-Christ, pour accomplir tout, a donné des apôtres, des prophètes, des évangélistes, des pasteurs, des docteurs, afin qu'ils travaillent à la perfection des saints, aux fonctions de leur ministère, à l'édification du corps de Jésus-Christ, jusqu'à ce que nous parvenions tous à l'unité d'une même foi et d'une même connaissance du Fils de Dieu, à l'état d'un homme parfait, à la mesure de l'âge et de la plénitude selon laquelle Jésus-Christ doit être formé en nous.

Dieu, qui pouvait par un seul acte de sa volonté sanctifier tous les élus, a voulu qu'ils fussent instruits par l'Eglise et dans l'Eglise, et qu'ils s'y perfectionnassent; il a donc établi une Eglise visible, qui conserve la prédication de sa doctrine et les sacrements qu'il a institués pour la sanctification des prédestinés.

---

(1) Calvin renouvelle l'erreur d'Osma. *Voyez* cet article.
(2) L. III Instit., c. 4. Luther avait dit la même chose avant Calvin; nous y avons répondu à l'art. LUTHER.
(3) Ibid., c. 5. C'est encore ici un sentiment de Luther; nous l'avons réfuté. *Voyez* cet article.
(4) Ibid., c. 6, 7, 8, 9, 10.
(5) Ibid., c. 11, 12, jusqu'au 19. Luther avait fait la même chose. *Voyez* son article.
(6) C'est l'erreur d'Audée, que nous avons réfutée à cet article.
(7) On a condamné cette erreur dans Vigilance. *Voyez* son article.
(8) Voilà le prédestinatianisme le moins adouci, ou plutôt un vrai manichéisme.

Les membres de cette Eglise sont donc unis par la prédication de la même doctrine et par la participation des mêmes sacrements : l'on a vu par saint Paul que c'est là l'essence de l'Eglise ; l'administration des sacrements et la prédication de la parole de Dieu sont donc les caractères et les marques de la vraie Eglise.

Par cette notion de l'Eglise, puisée dans l'Ecriture, dit Calvin, on voit qu'elle renferme des pécheurs et qu'on peut y enseigner des opinions opposées, pourvu qu'elles ne détruisent point la doctrine de Jésus-Christ et des apôtres.

On ne peut donc se séparer de cette Eglise parce qu'on y soutient des opinions différentes, ou parce que ses membres ne sont point saints et parfaits.

Par ces principes, Calvin fait voir que les donatistes, les cathares, les anabaptistes, etc., déchirent l'unité de l'Eglise et pèchent contre la charité, lorsqu'ils prétendent que l'Eglise visible n'est composée que d'hommes parfaits et de prédestinés (1).

Mais lorsqu'une société enseigne des erreurs qui sapent les fondements de la doctrine de Jésus-Christ et des apôtres, lorsqu'elle corrompt le culte que Jésus-Christ a établi, alors il faut se séparer de cette Eglise, quelque étendue, quelque ancienne qu'elle soit, parce qu'alors on ne peut s'y sauver, puisqu'on n'y trouve pas les moyens extérieurs que Jésus-Christ a établis pour le salut des hommes, savoir, le ministère de la parole et l'administration des sacrements.

De là Calvin conclut que l'Eglise romaine n'était pas la vraie Eglise, parce qu'elle était tombée dans l'idolâtrie, parce que la cène était devenue chez elle un sacrilége, parce qu'elle avait étouffé, sous un nombre infini de superstitions, le culte établi par Jésus-Christ et par les apôtres.

En vain prétend-on que l'Eglise catholique a succédé aux apôtres ; cela est vrai, mais elle a corrompu le dépôt de la foi : cependant Dieu a conservé dans cette Eglise, dans tous les temps, des personnes qui ont gardé le dépôt de la foi dans sa pureté, qui ont conservé l'usage légitime des sacrements.

L'Eglise romaine les a retranchés de son sein, et ils se sont séparés d'elle parce qu'ils ne pouvaient plus supporter la corruption de l'Eglise romaine. L'Eglise romaine n'a donc plus ni un ministère légitime, ni l'administration des sacrements, ni la prédication de la pure parole de Dieu (2).

Les ministres de l'Eglise, à sa naissance, ont été choisis par Jésus-Christ même ; les apôtres ont établi deux ordres, des pasteurs et des diacres : personne n'entrait dans le ministère sans y être appelé, et la vocation dépendait du suffrage des autres ministres et du consentement du peuple ; c'était par l'imposition des mains que cette vocation se manifestait, et Calvin veut qu'on la conserve, parce qu'il croit que rien de ce que les apôtres ont pratiqué n'est indifférent ou inutile (3).

Calvin examine ensuite les changements que l'on a faits dans la manière d'appeler les fidèles au ministère ; il se déchaine contre l'Eglise romaine et contre le pape qui, selon lui, ont changé tout l'ordre de l'Eglise primitive (4).

Il attaque la primauté du pape, et recherche par quels degrés il est arrivé à la puissance qu'il possède (5).

Après avoir prouvé qu'il doit y avoir un ministère dans l'Eglise, Calvin examine quelle est l'autorité de ce ministère : elle a trois objets, la doctrine, la juridiction et le pouvoir de faire des lois.

Le ministère ecclésiastique ne peut enseigner, comme la doctrine de l'Eglise, que ce qui est contenu dans l'Ecriture ; les décisions des conciles ne peuvent donc obliger personne, et ces assemblées prétendent mal à propos être infaillibles dans leurs jugements (6).

Le ministère ecclésiastique peut faire des lois pour la police de l'Eglise, pour entretenir la paix, etc.; mais il ne peut faire sur le culte ou sur la discipline des lois qui obligent en conscience, et Calvin traite comme une tyrannie odieuse les lois que l'Eglise fait, par rapport à la confession, dans le culte et sur les cérémonies (7).

La juridiction de l'Eglise n'a donc pour objet que les mœurs et le maintien de l'ordre dans l'Eglise, et cette juridiction n'a, pour punir, que des peines purement spirituelles, que de retrancher de l'Eglise par l'excommunication ceux qui, après les monitions ordinaires, ne se corrigent pas, scandalisent et corrompent les fidèles. Sur cet objet, Calvin reproche encore à l'Eglise romaine d'avoir abusé de son pouvoir, surtout par rapport aux vœux monastiques (8).

La vraie Eglise a deux caractères, selon Calvin : la prédication de la doctrine de Jésus-Christ, et l'administration des vrais sacrements ; après avoir traité ce qui regarde la prédication et l'Eglise, il traite des sacrements (9).

Toutes les religions ont leurs sacrements, c'est-à-dire des signes extérieurs destinés à exprimer les promesses ou les bienfaits de la divinité. La vraie religion a toujours eu

---

(1) Instit., l. IV, c. 1.
(2) Ibid., l. IV, c. 2. Calvin retombe ici dans l'erreur des donatistes, de Wiclef, de Jean Hus, de Luther, selon la nature de l'Eglise. *Voyez-en* la réfutation à l'article Réforme.
(3) Ibid., c. 3.
(4) Ibid., c. 4, 5.
(5) Ibid., c. 6, 7. C'est bien le fond des principes des Grecs sur la primauté du pape ; mais Calvin va infiniment plus loin qu'eux, aux injures près, qui ne méritent que du mépris : nous avons réfuté l'erreur de Calvin sur le pape à l'art. Grecs.
(6) Ibid., c. 8, 9. Les donatistes, les montanistes, les albigeois, tous les hérétiques, en un mot, ont eu les mêmes prétentions : nous en faisons voir la fausseté à l'art. Réforme.
(7) Ibid., c. 10.
(8) Ibid., c. 11, 12, 13. Vigilance, avant Calvin, avait attaqué les vœux ; il fut condamné. *Voyez* son article.
(9) Nous faisons voir la fausseté de ce sentiment à l'art. Réforme.

les siens : tel était l'arbre de vie pour l'état d'innocence, l'arc-en-ciel pour Noé et pour sa postérité, la circoncision depuis la vocation d'Abraham, et les signes que Dieu donna au peuple juif pour confirmer les promesses qu'il lui avait faites et pour affermir la foi ; tels furent les signes donnés à Gédéon.

Le Seigneur a voulu que les chrétiens eussent aussi leurs signes ou leurs sacrements, c'est-à-dire des signes qui les confirment dans la foi des promesses que Dieu leur a faites.

Comme Calvin attribue l'ouvrage du salut à la foi, les sacrements ne sont des moyens de salut qu'autant qu'ils contribuent à faire naître la foi ou à la fortifier. Il définit donc les sacrements *des symboles extérieurs, par lesquels Dieu imprime en nos consciences les promesses de sa bienveillance envers nous pour soutenir notre foi, et par lesquels nous rendons, en présence des anges et des hommes, témoignage de notre piété envers Dieu.*

Les sacrements ne sont donc ni des signes vides et inefficaces, destinés à nous remettre devant les yeux les promesses de Jésus-Christ, ni des signes qui contiennent par eux-mêmes une vertu cachée et secrète ; ces signes sont efficaces parce que, lorsque ces signes nous sont appliqués, Dieu agit sur nos âmes.

Calvin veut trouver ici un milieu entre les catholiques et les luthériens ; il est obscur, embarrassé, et paraît n'avoir pas bien entendu la doctrine de l'Eglise romaine sur les sacrements et sur leur efficacité : tantôt il lui reproche de se tromper sur les sacrements, parce qu'elle attribue je ne sais quelle vertu secrète aux éléments des sacrements qui opèrent comme une espèce de magie ; tantôt il l'accuse d'exagérer la vertu des sacrements, parce qu'elle enseigne qu'ils produisent leur effet dans nos âmes, pourvu que nous n'y mettions pas d'obstacles, doctrine monstrueuse, dit-il, diabolique, et qui damne une infinité de monde, parce qu'elle leur fait attendre du signe corporel le salut qu'ils ne peuvent obtenir que de Dieu (1).

De ce que les sacrements ne sont que des signes par lesquels Dieu imprime dans nos âmes les promesses de sa bienveillance pour soutenir notre foi, et par lesquels nous témoignons notre piété envers Dieu, Calvin conclut que les catholiques ont mal à propos mis de la différence entre les sacrements de l'ancienne loi et ceux de la nouvelle, comme si les sacrements de l'ancienne loi n'avaient fait que promettre ce que les sacrements de la nouvelle nous donnent.

Il conclut qu'il n'y a que deux sacrements : le baptême et la cène, parce qu'il n'y a que ces deux sacrements communs à tous les fidèles et nécessaires à la constitution de l'Eglise (2).

Le baptême est le signe de notre initiation et de notre entrée dans l'Eglise, ou la marque extérieure de notre union avec Jésus-Christ.

Par ce sacrement, nous sommes justifiés, et les mérites de la rédemption nous sont appliqués : Calvin assure donc que le baptême n'est pas seulement un remède contre le péché originel et contre les péchés commis avant de le recevoir, mais encore contre tous ceux que l'on peut commettre après l'avoir reçu, en sorte que le souvenir de notre baptême les efface.

La vertu ou l'effet du baptême ne peut être détruit par les péchés que l'on commet après l'avoir reçu ; ainsi, un homme qui a été une fois justifié par le baptême ne perd jamais la justice (3).

Calvin prétend par ce dogme rassurer les consciences timorées, les empêcher de tomber dans le désespoir, et non pas lâcher la bride au vice.

Il attribue au baptême de saint Jean le même effet qu'au baptême de Jésus-Christ et des apôtres.

Il condamne dans l'administration du baptême tous les exorcismes et toutes les cérémonies de l'Eglise catholique ; il veut qu'on administre le baptême aux enfants, et réfute les anabaptistes, et en particulier Servet, qui avait pris leur défense (4).

La cène est le second sacrement que Calvin admet. Ce sacrement n'est pas seulement institué pour nous représenter la mort et la passion de Jésus-Christ, comme Zuingle, OEcolampade, etc., le prétendent, mais pour nous faire participer réellement à la chair et au sang de Jésus-Christ. Calvin croit qu'il est absurde et contraire à l'Ecriture de ne reconnaître dans l'Eucharistie que la figure du corps de Jésus-Christ. Notre-Seigneur promet trop expressément qu'il nous donnera sa chair à manger et son sang à boire ; il attribue à cette manducation des effets qui ne peuvent convenir à une simple représentation.

Calvin rejette donc le sentiment de Zuingle, et croit que nous mangeons réellement le corps et la chair de Jésus-Christ : mais ce n'est point dans le pain que réside la chair et le sang de Jésus-Christ ; seulement, lorsque nous recevons les symboles eucharistiques, la chair de Jésus-Christ s'unit à nous, ou plutôt, nous sommes unis à la chair de Jésus-Christ comme à son esprit.

Il ne faut pas combattre cette doctrine par la difficulté de concevoir comment la chair de Jésus-Christ qui est dans le ciel s'unit à nous : faut-il mesurer les ouvrages de Dieu sur nos idées ? La puissance de Dieu n'est-elle pas infiniment au-dessus de notre intelligence ?

Calvin reconnaît donc que nous mangeons réellement le corps de Jésus-Christ, mais il ne le croit ni uni au pain et au vin, comme Luther, ni existant sous les apparences du

---

(1) Nous avons expliqué le sentiment des catholiques et réfuté l'erreur de Calvin à l'art. LUTHER.

(2) Instit., l. IV, c. 14. Les vaudois, les albigeois avaient avancé les mêmes erreurs avant Luther et Calvin ; nous les avons réfutés à l'art. LUTHER.

(3) Calvin n'est encore ici que l'écho des hérétiques qui l'ont précédé. *Voyez* l'art. LUTHER.

(4) Instit., l. IV, c. 15, 16.

pain et du vin, par la transsubstantiation, comme les catholiques.

Ainsi, depuis que les prétendus réformés se sont séparés de l'Eglise jusqu'à Calvin, voilà déjà trois manières différentes d'expliquer ce que l'Ecriture nous dit sur le sacrement de l'Eucharistie, et ces trois explications opposées sont données par trois chefs de parti qui prétendent tous trois ne suivre que l'Ecriture, et qui prétendent qu'elle est assez claire pour que les simples fidèles découvrent dans l'Ecriture quels sont les sentiments vrais ou faux sur les questions qui s'élèvent par rapport à la religion (1).

Les catholiques romains ont, selon Calvin, anéanti ce sacrement par la messe, qu'il regarde comme un sacrilége (2).

Calvin reconnaît que toutes les Eglises chrétiennes, avant la réformation prétendue, reconnaissaient cinq autres sacrements avec le baptême et la cène: il attaque ce sentiment, et prétend que ces sacrements ne sont que des cérémonies d'institution humaine qu'on ne trouve point dans l'Ecriture, et qui ne peuvent être regardées comme des sacrements, parce que les sacrements étant des signes par lesquels Dieu imprime ses promesses dans nos âmes, lui seul a le pouvoir d'instituer des sacrements (3).

Dans le vingtième et dernier chapitre, Calvin combat la doctrine des anabaptistes sur la liberté chrétienne: il fait voir que le christianisme n'est point opposé au gouvernement politique; qu'un chrétien peut être un magistrat équitable, un roi puissant et bon; que les chrétiens doivent respecter le magistrat, obéir aux puissances civiles et temporelles; qu'il n'appartient point aux hommes privés de censurer leur conduite; qu'ils doivent une obéissance illimitée à leurs ordres, dans les affaires temporelles, et toutes les fois qu'ils ne commandent pas des choses contraires à la religion: car alors il faut se rappeler les paroles de saint Pierre: Faut-il obéir aux hommes ou à Dieu? Aux erreurs dont nous venons de donner le détail, Calvin en ajoute, dans ses autres ouvrages, quelques-unes qui ne méritent pas qu'on s'y arrête (4).

Réflexions sur le système de Calvin.

Par l'exposition que nous venons de faire du système théologique de Calvin et par les notes que nous y avons ajoutées, il est clair que les dogmes de l'Eglise catholique que Calvin attaque avaient déjà été niés et combattus par différentes sectes; toutes ces sectes avaient été condamnées à mesure qu'elles s'étaient élevées, et elles avaient formé des sectes absolument séparées; leurs erreurs étaient parvenues jusqu'au seizième siècle, ou par des restes épars de ces sectes, ou par les monuments de l'histoire ecclésiastique. Le temps qui presse, pour ainsi dire, et qui rapproche sans cesse les erreurs comme les vérités, avait rapproché toutes les erreurs des iconoclastes, des donatistes, de Béranger, des prédestinatiens, de Vigilance, etc., dans les albigeois, dans les vaudois, dans les béguards, dans les fraticelles, dans Wiclef, dans Jean Hus, dans les frères de Bohême, dans Luther, dans les anabaptistes, dans Carlostad, dans Zuingle, etc.; mais elles n'étaient que rapprochées, Luther en enseignait une partie et rejetait l'autre; elles n'étaient donc ni réunies, ni liées. Calvin parut: il avait l'esprit méthodique, il entreprit de les lier et d'établir des principes généraux d'où il pût tirer ces erreurs opposées à l'Eglise romaine; il établit, pour base de son système, que l'Ecriture est la seule règle de notre foi.

Nous avons vu comment, d'après ce principe, il établit toute sa doctrine.

Après que Calvin eut ainsi réuni et lié toutes les erreurs qui entrent dans son système de réforme, les catholiques en attaquèrent les différentes parties, et les disciples de Calvin prirent la défense des différentes opinions de leur maître: chacune des erreurs de Calvin redevint, pour ainsi dire, une erreur à part, sur laquelle une foule de controversistes des deux communions s'est exercée, et ces controverses ont absorbé, pendant environ deux siècles, une grande partie des efforts de l'esprit humain dans l'Europe. Quelle multitude innombrable d'ouvrages n'a-t-on pas écrits sur la présence réelle, sur l'Eglise, sur le juge des controverses, sur la confession, sur la prière pour les morts, sur les indulgences, sur le pape? *Voyez* l'art. RÉFORMATION.

La doctrine de Calvin fut adoptée par les réformés de France; elle s'établit dans les Pays-Bas, en Angleterre, dans une partie de l'Allemagne; mais c'est surtout en France que le calvinisme fit de grands progrès et excita de grands mouvements; nous en allons parler dans l'art. CALVINISTES. Nous parlerons de ses progrès dans les Pays-Bas à l'art. HOLLANDE.

CALVINISTES, disciples de Calvin: nous avons vu qu'il y en eut dans presque toute l'Europe, et surtout en France, où ils excitèrent de grands mouvements; nous allons examiner l'origine, le progrès et la chute du calvinisme en France; mais, pour bien connaître les causes du progrès, il faut remonter jusqu'aux temps qui ont précédé la naissance du calvinisme.

---

(1) Instit., c. 17.
(2) Ibid., c. 18. Calvin n'a pas encore ici le mérite de la nouveauté; nous avons exposé, à l'art. LUTHER, la doctrine de l'Eglise catholique.
(3) Ibid., c. 19. *Voyez* l'art. LUTHER.
(4) Sous le titre de *Calvinisme perfectionné* parut, l'an 1796, un nouveau système composé par James Huntington, ministre de Coventry, en Connecticut, mort l'année précédente. Selon lui, la loi et l'Evangile sont diamétralement opposés. Les menaces de la loi sont le cri de la justice, mais l'Evangile n'a pas de menaces; il n'est que la *bonne nouvelle*. Par la loi, nous sommes dignes de tous les châtiments; par Jésus-Christ, nous sommes dignes de la vie éternelle. La loi proclame ce que nous méritons; l'Evangile ce que Jésus-Christ a mérité pour nous. Car il s'est substitué à tous les coupables; tous nos péchés lui sont transférés: il les a expiés pour nous; il nous sauvera tous. (*Note de l'éditeur.*)

De l'état de la France à la naissance de la réforme.

La France n'avait point été, comme l'Allemagne, l'asile et le théâtre des hérésies et du fanatisme qui avaient troublé l'Eglise pendant le treizième, le quatorzième et le quinzième siècle : les schismes qui s'étaient élevés entre les papes, les démêlés des papes avec les rois n'avaient point altéré, dans l'Eglise de France, les sentiments d'attachement, de respect et de soumission légitime au saint-siége; on y avait également condamné les excès des sectaires et les abus qui servaient de prétexte à leur rébellion.

Cependant la réforme y pénétra insensiblement et s'y établit avec éclat : il est intéressant de connaître les causes de cet événement.

1° L'ordre des religieux, et surtout celui des quatre ordres mendiants, s'était fort répandu en France. Ces religieux, si respectables et si utiles à l'Eglise, n'étaient point retirés dans des déserts et dans des forêts, ils habitaient dans les villes, et y vivaient des dons de la piété des fidèles : ils voulurent travailler au salut de leurs bienfaiteurs; leur zèle actif établit des pratiques de dévotion approuvées par les souverains pontifes et propres à ranimer la piété; ils prêchaient, ils confessaient; on gagnait des indulgences dans leurs églises.

Le zèle de quelques-uns faisait de temps en temps des entreprises sur les droits des curés : le clergé séculier s'y opposait, réclamait les lois, se plaignait qu'on violait la discipline; les religieux de leur côté s'appuyaient sur des priviléges, n'oubliaient rien pour intéresser le pape en leur faveur, et lui attribuaient dans l'Eglise un pouvoir illimité, surtout par rapport aux indulgences, dont ils exagéraient quelquefois la vertu; enfin, ils exaltaient excessivement et souvent ridiculement les vertus de leurs patriarches ou des saints de leur ordre, et le pouvoir de leur intercession.

Le clergé combattait cette doctrine, et parmi les ecclésiastiques séculiers, il s'en trouvait qui se jetaient dans l'extrémité opposée, qui niaient la vertu des indulgences et qui contestaient au souverain pontife ses prérogatives les plus certaines.

Il y avait donc en France des personnes qu'un zèle indiscret et sans lumières avait jetées hors de ce sage milieu que tenait l'Eglise de France.

Ces querelles n'avaient point, il est vrai, troublé la France; la faculté de théologie qui veillait sur ces innovations les condamnait, les réfutait et en arrêtait le cours; mais elles renaissaient de temps en temps et entretenaient par conséquent en France des esprits disposés à goûter les dogmes de la nouvelle réforme sur le pape, sur les indulgences, sur l'intercession des saints, sur les pratiques de dévotion (1).

2° Sur la fin du quinzième siècle, Alexandre VI avait scandalisé toute l'Eglise par ses mœurs et par son ambition.

3° Jules II, son successeur, fut ennemi impitoyable de Louis XII et de la France. Louis assembla les évêques de son royaume, et y fit déclarer qu'il était permis de faire la guerre au pape pour des choses temporelles; ce prince fit assembler à Pise un concile où Jules fut cité et jugé ennemi de la paix, incorrigible et suspens de toute administration.

Louis mettait tout en usage pour rendre Jules odieux à la France et à l'Europe; et Jules de son côté, entraîné par son inclination guerrière et par son ambition, secondait les intentions de ce prince : on voyait ce pontife faire des siéges, livrer des batailles, monter à cheval comme un simple officier, visiter les batteries et les tranchées, animer les troupes, s'exposer lui-même au feu. Il souleva toute l'Italie contre Louis, le dépouilla de tout ce qu'il y possédait; non content de combattre avec des armes temporelles, on le vit employer contre le royaume les armes spirituelles : la France vit ce pape excommunier un roi qu'elle adorait, mettre son royaume en interdit, dispenser ses sujets du serment de fidélité : on vit ce pape ôter à la ville de Lyon le droit de tenir des foires franches, parce qu'elle avait donné retraite aux évêques du concile de Pise.

Ce n'était point ici une querelle théologique, c'était la querelle du peuple et de la cour, du citoyen et du militaire, comme du magistrat. Toute la France prit part à ce démêlé, et l'on ne peut douter qu'il n'ait jeté dans l'esprit des Français des idées contraires au respect et à la soumission qu'on doit au saint-siège : l'autorité la plus légitime devient suspecte lorsqu'on en fait un abus manifeste, et que cet abus attaque le bonheur ou la tranquillité des Etats.

4° Quoiqu'il s'en fallût infiniment que l'Eglise ne fût telle que les réformés le prétendaient, il est cependant sûr qu'il y avait des abus considérables, que le peuple ne les ignorait point, que Jules avait montré plus de zèle pour acquérir des terres que pour la réformation des mœurs et de la discipline, et que Léon X, qui lui succéda, ne montra pas plus de zèle pour la réforme que son prédécesseur.

5° Il y avait aussi de grands abus dans les quêtes qui se faisaient à l'occasion des indulgences ou de quelques reliques singulières : des quêteurs se répandaient dans les diocèses, publiaient beaucoup de faussetés et jetaient le peuple dans l'illusion et dans la superstition; les officiers de la cour ecclésiastique suscitaient et allongeaient les procès pour extorquer de l'argent en mille manières (2).

6° Dans le quinzième siècle et sous Louis XII, la théologie et le droit avaient été cultivés principalement en France; au commencement du seizième, on s'occupa beaucoup de l'étude des langues : les sa-

---

(1) Collect. jud., de Novis Erroribus, t. II. Hist. de l'Eglise gallicane, t. XVI. Dup., quinzième siècle. Contin. de Fleury.

(2) Hist. de l'Egl. gall., t. XVII.

vants, attirés de toutes parts par François Ier, admis dans sa familiarité, élevés aux dignités de l'Eglise et de l'Etat, tournèrent le génie de la nation, des courtisans et des grands du côté des belles-lettres.

Les savants, habiles dans l'histoire, dans la critique et dans la connaissance des langues, dédaignèrent l'étude de la théologie et traitèrent les oracles de l'école avec mépris. Les théologiens, de leur côté, défendirent la méthode des écoles et décrièrent l'étude des belles-lettres, comme une étude fatale et dangereuse à la religion.

Ce n'était pas ainsi que Luther en avait usé avec les gens de lettres, il les avait comblés d'éloges, il s'était attaché des savants, des écrivains célèbres ; aussi, lorsque les disciples de ce réformateur pénétrèrent en France, ils trouvèrent dans les gens de lettres des dispositions favorables à Luther et contraires aux théologiens.

Les hommes de lettres, qui n'étaient que des théologiens superficiels ou qui ne l'étaient point du tout, furent aisément séduits par les sophismes des réformés : un trait, une conséquence ridicule imputée aux catholiques, un passage de l'Ecriture mal interprété par les commentateurs, un abus repris et corrigé par Luther, firent regarder la réforme comme le rétablissement du christianisme.

Ainsi, lorsque les ouvrages et les disciples de Luther pénétrèrent en France, il y avait dans presque tous les ordres de l'Etat des hommes disposés à admettre quelques-uns des principes de la réforme, et propres à les persuader aux autres ; ceux qui s'écartèrent de la foi catholique n'adoptèrent pas d'abord les mêmes points de la réforme ; chacun adoptait le point de réformation qui attaquait ce qui lui déplaisait dans le dogme ou dans la discipline de l'Eglise catholique.

De la naissance de la réforme en France et de son progrès jusqu'à la naissance du calvinisme.

Ce fut à Meaux que la réforme parut d'abord avec quelque éclat : Guillaume Briçonnet, qui en était évêque en 1521, aimait les lettres et les sciences ; il avait des vues de réforme pour le clergé ; il tira de l'Université de Paris des professeurs d'une grande réputation : on nomme entre autres le Fèvre d'Etaples, Farel, Roussel, Vatable.

L'évêque de Meaux ne tarda pas à s'apercevoir que Farel était imbu des opinions nouvelles, et il le chassa.

Mais les partisans de la nouvelle réforme avaient instruit en secret quelques habitants de Meaux, et fait passer dans le peuple leurs erreurs. Les prétendus réformés formèrent une secte et se choisirent pour ministre un cardeur de laine, nommé Jean le Clerc, qui, sans autre mission, se mit à prêcher et à administrer les sacrements à cette assemblée.

Voilà la première Eglise de la réforme en France : le zèle des nouveaux réformés réunis dans leur prêche fermenta, s'échauffa, s'enflamma ; ils déchirèrent publiquement une bulle du pape qui ordonnait un jeûne et qui accordait des indulgences, ils affichèrent à la place des placards où ils traitaient le pape d'antechrist.

On arrêta ces fanatiques : ils furent fouettés, marqués et bannis ; Jean le Clerc fut apparemment de ce nombre, car il se retira à Metz, où son zèle devint furieux et où il fut brûlé (1).

Cependant les livres de Luther, de Carlostad, de Zuingle, de Mélanchthon, se multipliaient en France ; la faculté de théologie condamnait ces écrits : on assembla des conciles dans presque toutes les provinces de France, et les sentiments des réformés y furent discutés avec beaucoup d'exactitude et condamnés ; le parlement rechercha avec beaucoup de soin les partisans des nouvelles erreurs, et il en fit arrêter plusieurs.

François Ier suspendit d'abord les effets du zèle du parlement et rendit la liberté à plusieurs partisans de la réforme ; mais enfin leurs attentats contre la religion catholique, les libelles injurieux qu'ils répandirent contre le roi, les instances de la faculté de théologie, et les remontrances réitérées du parlement, déterminèrent ce prince à laisser juger les prétendus réformateurs selon la rigueur des lois portées contre les hérétiques.

Ce monarque ordonna qu'on reprît le procès d'un gentilhomme nommé Berquin, qu'il avait soustrait aux poursuites du parlement, et qui attaquait la Sorbonne : douze commissaires nommés par le roi revirent le procès intenté contre Berquin : il fut convaincu d'être dans les erreurs de Luther, et condamné à voir brûler ses livres, à avoir la langue coupée et à être enfermé le reste de ses jours. Berquin en appela au roi et au pape ; sur son appel, les juges le condamnèrent au feu, et il fut brûlé le 22 avril 1529.

On alluma donc en France des bûchers contre les partisans des nouvelles erreurs, et, des grandes procédures, on passa jusqu'aux soupçons, jusqu'aux scrupules (2).

Souvent la plus petite analogie dans la conduite d'un homme avec les principes de la réforme parut un motif suffisant pour l'emprisonner, pour le bannir, pour le brûler (3).

La vigilance et la sévérité des tribunaux qui poursuivaient l'hérésie n'en arrêtèrent pas les progrès : les dogmes de la nouvelle réforme se perpétuèrent à Paris, à Meaux, à Rouen ; des curés, des religieux, des docteurs en théologie, des docteurs en droit, adoptèrent ces dogmes ; ils les enseignèrent

---

(1) Dup., seizième siècle, t. I, c. 2, § 30. D. Duplessis, Hist. de l'Egl. de Meaux, t. I, p. 321. Du Boulay, Histoire de l'Université de Paris, t. VI, p. 101.

(2) Hist. de l'Egl. gallic., t. XVIII, l. LII, p. 160.
(3) Erasm., Epist.

et les persuadèrent au peuple, aux magistrats, aux bourgeois, aux femmes (1).

Les livres de toute espèce, livres de piété, traités dogmatiques, ouvrages polémiques, inondèrent la France et y allumèrent le fanatisme : on répandit dans Paris des placards pleins de blasphèmes contre la sainte eucharistie, avec des invectives grossières contre tous les ordres du clergé; on eut même la hardiesse de faire afficher ces libelles au château de Blois, où le roi avait sa cour(2).

Ces placards se renouvelèrent à Paris, et François Ier fit publier un édit formidable contre les hérétiques.

Pour réparer les attentats des sectaires contre la religion, le roi fit une procession solennelle dans Paris; après laquelle on brûla six des principaux complices des attentats. On inventa, pour les faire souffrir davantage, une sorte d'estrapade, au moyen de laquelle ces misérables étaient guindés en haut; puis on les faisait tomber dans le feu à diverses reprises jusqu'à ce qu'ils finissent leur vie dans ce terrible supplice : dix-huit autres personnes, atteintes du même crime, furent punies de la même manière; tous étaient Français (3).

Les princes protestants, avec lesquels François Ier était ligué contre Charles-Quint, se plaignirent de ce qu'on traitait en France avec tant de rigueur des hommes qui n'avaient d'autre crime que de penser sur la religion comme les protestants d'Allemagne. François Ier répondit que les personnes qu'il avait fait brûler étaient non-seulement hérétiques, mais séditieuses; ce prince fit même savoir aux princes protestants qu'il serait charmé d'avoir dans son royaume quelques-uns de leurs théologiens (4).

Le cardinal du Bellay entama une espèce de négociation avec Mélanchthon : ce théologien envoya un mémoire ou une espèce de confession de foi, dans laquelle les dogmes catholiques qui passaient pour faire le plus de peine aux luthériens se trouvaient modifiés et déguisés de manière que les simples fidèles auraient pu regarder cet écrit comme quelque chose d'assez conforme à la véritable doctrine de l'Eglise (5).

La faculté de théologie fit voir la fausseté des explications de Mélanchthon; mais ce mémoire s'était répandu dans Paris, et il séduisit beaucoup de monde que la censure de la faculté de théologie ne détrompa point (6).

De la naissance et du progrès du calvinisme en France jusqu'à la mort de Henri II.

Tel était l'état de la France lorsque Calvin publia ses Institutions. Il donna dans cet ouvrage un corps de doctrine à la réforme; son ouvrage se répandit, il eut des partisans, et réunit bientôt tous les réformés de France (7).

Le roi ne perdit point de vue les intérêts de l'Eglise; il multipliait les édits contre les sectaires à mesure que la liberté de penser devenait plus commune et plus dangereuse (8).

On vit paraître une multitude de censures de la faculté de théologie de Paris contre des religieux de différents ordres et contre des écrits qu'on lui déférait (9).

Le roi fit dresser par la faculté de théologie un formulaire, et défendit sous de grièves peines d'enseigner rien de contraire; cependant l'erreur faisait du progrès, même parmi les religieux et dans la faculté de théologie.

Cette faculté portait des sentences doctrinales; les tribunaux de la justice décernaient des punitions contre les prédicateurs et contre les partisans de l'hérésie (10).

La rigueur et la vigilance ne purent éteindre le fanatisme de la réforme en France; le nombre de ses partisans s'accrut dans les villes et à la campagne; leurs assemblées commencèrent à devenir publiques; ils y chantaient les psaumes de Marot. On en arrêta plus de soixante à Meaux, dont quatorze furent condamnés à être brûlés, et allèrent au feu comme au triomphe (11).

Les erreurs des réformés se répandirent à Laon, à Langres, à Bourges, à Angers, à Autun, à Troyes, à Issoudun, à Rouen.

Tel était l'état où François Ier laissa la religion en France : il mourut en 1557.

Henri II n'eut pas moins de zèle que son père; il le signala lorsqu'il fit son entrée à Paris. Après un magifique tournoi, un combat naval, on fit une procession solennelle, et le roi dîna à l'évêché; il fut complimenté par tous les corps : sur le soir, plusieurs hérétiques furent exécutés dans différents quartiers de Paris, et le roi, retournant à son palais des Tournelles, en vit brûler quelques-uns (12).

Ce prince renouvela tous les édits portés contre les hérétiques : il défendit de vendre ou d'imprimer aucun livre sans l'approbation de la faculté de théologie, et défendit à toutes personnes non lettrées de disputer de la religion; et à qui que ce fût de prêter aucun secours à ceux qui étaient sortis du royaume pour cause d'hérésie (13).

Depuis cet édit, les bûchers furent allumés partout, et l'on ne fit grâce nulle part aux novateurs : on les fit brûler à Bordeaux, à Nîmes, à Paris, à Toulouse, à Saumur, à Lyon : les exécutions furent terribles. Cependant l'erreur faisait tous les jours de nouveaux progrès, même parmi les magis-

---

(1) Hist. de Paris, p. 988. Hist. des archev. de Rouen, p. 605. Hist. de Meaux, t. I, p. 538. D'Argentré, t. II, p. 9.
(2) Ibid., p. 996. Du Boulay, t. VI, p. 248. Hist. de l'Egl. gallic., ibid. Cont. de Fleury.
(3) Du Boulay, ibid., p. 249. Hist. de l'Egl. gallic., t. XVIII, p. 260. Cont. de Fleury, l. cxxxv, art. 70, t. XXVII, pag. 510.
(4) Cont. de Fleury, ibid.
(5) Hist. de l'Egl. gallic., ibid., p. 265.

(6) D'Argentré, t. I, p. 381, etc., an. 1535.
(7) *Voyez* l'art. CALVIN.
(8) Hist. de l'Egl. gallic., t. XVIII, p. 536.
(9) Ibid.
(10) D'Argentré, t. II, p. 238, an. 1538, 1543, 44, 45.
(11) Ibid.
(12) Hist. de l'Egl. gallic., t. XVIII, p. 497. De Thou, l. vi, édit. in-4°, t. I de la traduct.
(13) Ibid., t. XVIII, p. 497.

trats. Le roi ôta aux magistrats la connaissance du crime d'hérésie et l'attribua aux juges ecclésiastiques, ordonnant à tous les gouverneurs de punir, sans égard pour leur appel, ceux qui seraient condamnés par les juges ecclésiastiques et par les inquisiteurs de la foi. (1).

Ce fut le cardinal de Lorraine qui obtint cette déclaration, et qui la porta lui-même au parlement.

Le parlement représenta au roi que, par cet édit, il abandonnait ses sujets, et livrait leur honneur, leur réputation, leur fortune et même leur vie, à une puissance ecclésiastique; qu'en supprimant la voie d'appel, qui est l'unique refuge de l'innocence, il soumettait ses sujets à une puissance illégitime. « Nous prenons encore la liberté d'ajouter, disent les remontrances, que, puisque les supplices de ces malheureux qu'on punit tous les jours au sujet de la religion n'ont servi jusqu'ici qu'à faire détester le crime sans corriger l'erreur, il nous a paru conforme aux règles de l'équité et à la droite raison de marcher sur les traces de l'ancienne Église, qui n'a pas employé le fer et le feu pour établir et étendre la religion, mais plutôt une doctrine pure, jointe à la vie exemplaire des évêques : nous croyons donc que Votre Majesté doit s'appliquer entièrement à conserver la religion par les mêmes voies par lesquelles elle a été établie, puisqu'il n'y a que vous seul qui en ayez le pouvoir. Nous ne doutons point que par là on ne guérisse le mal avant qu'il s'étende plus loin, et qu'on n'arrête le progrès des opinions erronées qui attaquent la religion : si, au contraire, on méprise ces remèdes efficaces, il n'y aura point de lois ni d'édits qui puissent y suppléer (2). »

Ces remontrances suspendirent l'enregistrement de l'édit, mais elles n'arrêtèrent point les poursuites contre les calvinistes, dont le nombre croissait tous les jours.

Il s'assemblaient à Paris, et leur aversion pour les catholiques augmentait tous les jours; un calviniste zélé témoigna, dans une de leurs assemblées, une grande répugnance à laisser baptiser par un prêtre catholique un fils qui lui était né : on délibéra sur son embarras, et l'on élut un jeune homme, nommé la Rivière, pour faire la fonction de pasteur, et dès lors on établit un consistoire sur la forme de celui que Calvin avait établi à Genève.

L'exemple de la capitale entraîna beaucoup de villes considérables : les assemblées devinrent plus nombreuses à Blois, à Tours, à Angers, à Rouen, à Bourges, à Orléans : on dressait presque partout des consistoires; la plupart des pasteurs étaient des artisans ou des jeunes gens dont la hardiesse faisait tout le mérite.

Ces établissements ne se faisaient pas sans contradiction, et l'on punissait dans tout le royaume les protestants avec la dernière rigueur lorsqu'on pouvait les découvrir. Les édits portés contre eux furent renouvelés, avec la clause, sans préjudice de la juridiction royale. Le roi prononça peine de mort contre tous les hérétiques, contre ceux qui étaient allés à Genève depuis la défense que le roi en avait faite : on défendit à tous les juges de modifier cette peine (3).

Ainsi, l'on punissait toujours les protestants; mais le zèle commençait à se ralentir dans les parlements, et ils se trouvaient souvent partagés sur les hérétiques qu'on leur dénonçait (4).

Les princes de la maison de Guise représentèrent vivement au roi le progrès de l'hérésie et le ralentissement du zèle dans les parlements : le roi en témoigna son indignation, se rendit au parlement et fit arrêter les conseillers qui osaient prendre la défense des sectaires (5).

La mort arrêta les projets de Henri II contre l'hérésie; ce prince fut tué au milieu des fêtes et des tournois qu'il donnait pour les mariages de sa fille et de sa sœur (6).

De l'état des calvinistes depuis la mort de Henri II.

François II succéda à Henri II, son père : la reine mère, qui voulait gouverner et qui craignait que le roi de Navarre et le prince de Condé ne s'emparassent de l'administration de l'État, s'unit aux princes de Guise, et le roi les chargea du gouvernement du royaume.

La noblesse, dont le pouvoir était fort grand dans les troubles domestiques, ennuyée des guerres passées, vivait chez elle dans le repos, sans se soucier des affaires de l'État : le peuple se contentait de demander la diminution des subsides; du reste, il lui importait peu qui dominerait à la cour; pour le clergé, il était dévoué aux princes de Guise, qui avaient marqué beaucoup de zèle pour la religion catholique et qui étaient ennemis irréconciliables des protestants.

Pour s'attacher davantage ce corps puissant, messieurs de Guise firent reprendre le procès des conseillers du parlement arrêtés sous Henri II, et le conseiller du Bourg fut exécuté : on continua à rechercher tous ceux qui, à l'occasion des opinions nouvelles, s'assemblaient en secret; on en traîna un grand nombre en prison; plusieurs ayant pris la fuite, on vendit leurs meubles à l'encan; tout Paris retentissait de la voix des huissiers qui proclamaient des meubles ou qui appelaient au ban les fugitifs; on ne voyait partout que des écriteaux sur des maisons où étaient quelquefois restés quelques enfants que la faiblesse de leur âge n'avait pas permis aux pères et aux mères

---

(1) *Voyez* d'Argentré, tom. II, et les auteurs cités ci-dessus.
(2) De Thou, l. xvi, t. II, p. 375. Hist. de l'Égl. gallic., t. I, p. 516.
(3) Ibid.
(4) De Thou, l. xvii, t. II, p. 437.
(5) Ibid., p. 668.
(6) L'an 1559.

d'emmener avec eux, et qui remplissaient les rues et les places de leurs cris et de leurs gémissements; des recherches rigoureuses furent faites dans tout le royaume (1).

Les protestants, poussés à bout et devenus hardis par leur nombre, répandirent contre les Guise et contre la reine mère des libelles et publièrent des mémoires pleins d'artifices (2).

Cependant le royaume n'était agité d'aucun trouble, le roi était révéré et tout-puissant, les gouverneurs et les magistrats exerçaient une pleine autorité, la noblesse et le peuple avaient de l'horreur pour la sédition et pour la révolte.

Tout était donc tranquille; mais ce calme extérieur cachait un mécontentement presque général parmi les grands, qui ne souffraient qu'avec peine le gouvernement des princes de Guise. Les protestants inquiétés sans cesse, sans cesse exposés à se voir obligés de quitter leur patrie, leurs amis, leur fortune, à perdre leur liberté ou à périr par des supplices terribles; désiraient un gouvernement moins sévère, et ne pouvaient l'espérer tant que les princes de Guise jouiraient de l'autorité; enfin, il y avait un grand nombre de personnes à qui l'indigence, des dettes, des crimes énormes dont ils craignaient la punition, faisaient souhaiter des mouvements et du trouble dans l'État (3).

Les mécontents ont un talent pour se distinguer; une espèce d'instinct les porte l'un vers l'autre, et produit presque machinalement entre eux la confiance et l'attachement: tous les ennemis des Guise se réunirent, se communiquèrent leurs désirs; ils connurent leurs forces: le plus grand nombre ne pouvaient espérer d'adoucissement sous le gouvernement des Guise; ils formèrent le projet de leur enlever l'autorité.

Le prétexte fut que les Guise avaient usurpé l'autorité souveraine sans le consentement des états; que ces princes, abusant de la faiblesse du roi, s'étaient rendus maîtres des armées; qu'ils dissipaient les finances, qu'ils opprimaient la liberté publique, qu'ils persécutaient des hommes innocents, zélés pour la réforme de l'Eglise, et qu'ils n'avaient en vue que la ruine de l'État.

On voulut même justifier ces projets factieux par des apparences de justice, par des formes judiciaires; il se fit à ce sujet plusieurs délibérations secrètes: on prit l'avis de plusieurs jurisconsultes de France et d'Allemagne et des théologiens les plus célèbres parmi les protestants, qui jugèrent qu'on devait opposer la force à la domination peu légitime des Guise, pourvu qu'on agît sous l'autorité des princes du sang, qui sont nés souverains magistrats du royaume en pareils cas, et que l'on combattît au moins sous les ordres d'un prince de la race royale et du consentement des ordres de l'État ou de la plus grande et de la plus saine partie de ces ordres. Ils disaient aussi

qu'il n'était pas nécessaire de communiquer ces desseins au roi, que l'âge et son peu d'expérience rendaient incapable d'affaires, et qui, étant comme détenu captif par les Guise, n'était pas en état de prendre un parti salutaire à ses peuples.

Les auteurs de cette entreprise, quels qu'ils fussent, songèrent à se choisir un chef, et l'on jeta les yeux sur le prince de Condé, disposé par son grand courage, par son indigence et par sa haine contre les Guise, à attaquer ses ennemis plutôt qu'à en recevoir des injures.

Le nom de cet illustre chef fut caché: on mit à la tête des conjurés la Renaudie, dit la Forêt; c'était un gentilhomme d'une ancienne famille du Périgord, brave et déterminé, qui avait eu un long procès qu'il avait perdu, et pour lequel il avait été condamné à une grosse amende et banni pour un temps, à cause de quelques titres faux qu'il avait fournis dans le cours du procès: la Renaudie passa le temps de son ban à Genève et à Lausanne, où il se fit beaucoup d'amis parmi les réfugiés.

Cet homme, d'un esprit vif et insinuant, parcourut sous un nom emprunté les provinces de la France, vit tous les protestants, s'assura de leurs dispositions, et assembla les principaux à Nantes.

Là, on dressa une formule de protestation par laquelle ils croyaient mettre leur conscience en sûreté; on lut les avis et les informations contre les Guise, ainsi que les décisions des docteurs en droit et en théologie, et l'on prit des mesures pour l'exécution.

On convint qu'avant toutes choses un grand nombre de personnes non suspectes et sans armes se rendraient à Blois; que l'on présenterait au roi une nouvelle requête contre les Guise, et que si ces princes ne voulaient pas rendre compte de leur administration et s'éloigner de la cour, on les attaquerait les armes à la main, et qu'enfin le prince de Condé, qui avait voulu qu'on tût son nom jusque-là, se mettrait à la tête des conjurés. Avant de se séparer, les chefs de la conjuration tirèrent au sort les provinces dont chacun conduirait les secours.

Les princes de Lorraine ignoraient la conjuration formée contre eux; des lettres d'Allemagne la leur annoncèrent, et ils ne la crurent pas; un protestant, chez lequel la Renaudie logeait lorsqu'il venait à Paris, leur ouvrit enfin les yeux; ils connurent le péril et songèrent à l'éviter; le roi quitta Blois et alla à Amboise.

Les conjurés n'abandonnèrent point leur dessein; ils se rendirent à Amboise; mais les princes de Guise en firent arrêter une partie avant qu'ils fussent réunis, et beaucoup furent tués en chemin, entre autres la Renaudie; le reste fut arrêté ou se sauva; ceux qu'on arrêta avouèrent la conjuration et soutinrent tous qu'elle n'avait pour objet

---

(1) De Thou, l. xvii, t. II, p. 668.
(2) Ibid., l. xxiii.

(3) Ibid.

que les ducs de Guise ; ils déclarèrent que jamais ils n'avaient conjuré ni contre la vie ni contre l'autorité du roi.

Les conjurés furent jugés avec beaucoup de célérité ; on en pendit la nuit aux créneaux des murs du château ; d'autres furent noyés ; quelques-uns furent traînés au supplice durant le jour, sans qu'on sût leur nom. La Loire était couverte de cadavres ; le sang ruisselait dans les rues, et les places publiques étaient remplies de corps attachés à des potences.

Le mauvais succès de la conjuration d'Amboise n'abattit point le courage des protestants ; ils conçurent qu'ils n'avaient point à espérer, sous les princes de Guise, un traitement moins rigoureux ; ils prirent les armes dans différentes provinces, et trouvèrent partout des chefs, des mécontents qui cherchaient à se venger, des esprits inquiets qui ne désiraient que le trouble, des soldats et des officiers congédiés, incapables de s'accoutumer à une vie tranquille, des malheureux que l'indigence rendait ennemis du gouvernement et pour qui la guerre civile était avantageuse.

Le poids de l'autorité royale étouffait ces séditions particulières, et les personnes commises par les princes de Guise commettaient de grands désordres dans les lieux où les protestants s'étaient armés pour le libre exercice de leur religion : on pendait les ministres et les protestants, souvent contre les promesses les plus formelles de leur accorder le libre exercice de leur religion pourvu qu'ils missent bas les armes.

Ces infidélités et ces rigueurs rendirent la haine des protestants implacable, et leur ôtèrent toute espérance d'un sort moins terrible.

Le zèle des catholiques, échauffé par des intérêts politiques et par des vues de religion, prétendait que c'était trahir l'Eglise et l'Etat que d'admettre aucune espèce d'adoucissement dans les lois portées contre les hérétiques.

La France renfermait donc dans son sein deux partis puissants et irréconciliables, et tous deux armés pour la religion : l'un appuyé sur les lois et soutenu de la puissance du souverain, l'autre enflammé par le fanatisme et poussé par le désespoir.

Tel était l'état de la France à la mort de François II.

De l'état des calvinistes depuis l'avénement de Charles IX au trône jusqu'au temps où le prince de Condé se mit à leur tête.

Charles IX succéda à François II, et la reine fut déclarée régente avec le roi de Navarre.

La cour fut remplie de partis et les provinces de troubles : on s'attaquait par des paroles piquantes, par des invectives, par des railleries, par des injures ; on se provoquait par des noms odieux de partis ; on se traitait de papistes et de huguenots ; les prédicateurs soufflaient le feu de la division et exhortaient le peuple à s'opposer aux entreprises de l'amiral de Coligny, qui osait promettre hautement qu'il ferait prêcher et qu'il établirait la nouvelle doctrine dans les provinces sans y causer aucun trouble.

Il y eut des émeutes populaires dans beaucoup de provinces, et l'on vit de vraies séditions à Amiens, à Pontoise, à Beauvais. Le roi envoya dans toutes les provinces une ordonnance par laquelle il défendait d'employer les noms odieux de *huguenot* et de *papiste*, de troubler la sûreté, la tranquillité et la liberté dont chacun jouissait : par la même ordonnance, le roi voulait qu'on remît en liberté ceux qui avaient été arrêtés pour cause de religion, et permettait à tous ceux qui étaient sortis du royaume pour la même cause d'y rentrer.

Le parlement rendit arrêt pour défendre de publier cette ordonnance : elle eut cependant son effet presque partout ; elle augmenta considérablement le nombre des protestants, et rendit leurs assemblées plus fréquentes.

Le cardinal de Lorraine se plaignit que l'on abusait de l'édit du roi ; que l'on portait jusqu'à la licence la liberté qu'il accordait ; que les villages, les bourgs, les villes retentissaient du bruit des assemblées, toutes défendues qu'elles étaient ; que tout le monde accourait aux prêches et s'y laissait séduire ; que la multitude quittait de jour en jour l'ancienne religion.

Pour arrêter ces effets de la déclaration, le roi tint un lit de justice et rendit l'édit nommé l'édit de juillet, à cause du mois où il fut rendu.

Par cet édit, le roi ordonnait à tous ses sujets de vivre en paix et de s'abstenir des injures, des reproches et des mauvais traitements ; défendait toutes levées de gens de guerre et tout ce qui pourrait avoir l'apparence de la faction ; enjoignait aux prédicateurs, sous peine de la vie, de ne point user, dans les sermons, de termes trop vifs et de traits séditieux ; attribuait la connaissance et le jugement de ces objets en dernier ressort aux gouverneurs des provinces et aux présidiaux ; ordonnait de suivre, dans l'administration des sacrements, la pratique et les usages de l'Eglise romaine ; réservait aux juges ecclésiastiques la connaissance et le jugement du crime d'hérésie ; prescrivait aux juges royaux de ne prononcer que la peine de bannissement contre ceux qui seraient trouvés assez coupables pour être livrés au bras séculier. Sa Majesté déclarait enfin que toutes ses ordonnances subsisteraient jusqu'à ce qu'un concile général ou national en eût autrement décidé. On ajouta à l'édit une amnistie générale et l'abolition de tout le passé pour ceux qui avaient causé des troubles au sujet de la religion, pourvu qu'à l'avenir ils vécussent en bons catholiques et en paix.

La même assemblée indiqua des conférences à Poissy sur les matières de religion ; on accorda des sauf-conduits aux ministres pour s'y rendre. On ne traita proprement, dans ces conférences, que deux points, l'Eglise et la cène : l'article de l'Eglise était regardé par les catholiques comme un principe général qui renversait par le fondement toutes les Eglises nouvelles ; et, parmi les points particuliers controversés, aucun ne paraissait plus essentiel que celui de l'eucharistie.

Les calvinistes présentèrent à l'assemblée une profession de foi fausse, captieuse, obscure, inintelligible, et refusèrent de souscrire à la profession de foi que les catholiques proposaient : ainsi ce colloque ne fut d'aucune utilité ; les théologiens protestants y montrèrent peu de capacité, mais beaucoup d'opiniâtreté et d'emportement : la pétulance et les discours de Bèze soulevèrent tous les esprits et déplurent même aux protestants.

Depuis le colloque de Poissy, il s'éleva tous les jours de nouveaux troubles ; Paris était agité par des mouvements séditieux qui faisaient craindre de plus grands malheurs ; pour les prévenir, le roi convoqua à Saint-Germain une nombreuse assemblée de présidents et de conseillers, députés de tous les parlements du royaume ; on y dressa l'édit qui emprunta son nom du mois de janvier, auquel il fut publié.

Cet édit portait que les protestants rendraient incessamment aux ecclésiastiques les temples, les maisons, les terres, les dîmes, les offrandes et généralement tous les biens dont ils s'étaient emparés, et qu'ils les en laisseraient jouir paisiblement ; qu'ils ne renverseront à l'avenir ni les statues, ni les croix, ni les images, et qu'ils ne feront rien qui puisse scandaliser et troubler la tranquillité publique ; que les contrevenants seront punis de mort, sans aucune espérance de pardon ; que les protestants ne pourront faire dans l'enceinte des villes aucunes assemblées publiques ou particulières, de jour ou de nuit, soit pour prêcher, soit pour prier, et cela jusqu'à ce que le concile général ait décidé sur les points contestés, ou que Sa Majesté en ait autrement ordonné ; qu'on ne fera point de peine aux protestants qui assisteront à leurs assemblées, pourvu qu'elles se fassent hors des villes ; que les magistrats et les juges des lieux ne pourront les inquiéter, mais seront au contraire obligés de les protéger et de les mettre à l'abri des insultes qu'on pourrait leur faire ; qu'ils procéderont suivant toute la rigueur des ordonnances contre ceux qui auront excité quelque sédition, de quelque religion qu'ils soient ; que les ministres protestants ne pourront recevoir les magistrats dans leurs assemblées ; que les protestants ne pourront célébrer aucun colloque, synode, conférence, consistoire, qu'en présence des magistrats qu'ils seront obligés d'y appeler ; que leurs statuts seront communiqués au magistrat et approuvés par lui ; qu'ils n'avanceront rien de contraire au symbole de Nicée ; que, dans leurs sermons, ils s'abstiendront de toute invective contre les catholiques et contre leur religion (1).

Cet édit fut enregistré par le parlement uniquement pour obéir au roi : les catholiques ne voyaient qu'avec peine que les protestants jouissaient du libre exercice de leur religion, et il n'était pas possible que, dans l'état où les esprits étaient, les catholiques ou les protestants s'en tinssent exactement à l'observation de cet édit. Les catholiques l'enfreignirent les premiers, à Vassy, petite ville de Champagne, peu éloignée de Joinville, où les protestants avaient acheté une espèce de grange dont ils avaient fait un temple et où ils s'assemblaient.

Le duc de Guise passait par cette ville dans le temps que les calvinistes s'assemblaient ; les gens du duc de Guise les insultèrent ; les calvinistes répondirent injure pour injure ; on en vint aux coups ; le duc accourut pour arrêter le désordre ; en entrant dans le temple, il reçut une légère blessure ; ses gens ayant vu couler le sang firent main basse sur les protestants, sans que les menaces et l'autorité du duc pussent les arrêter : plus de soixante, tant hommes que femmes, furent tués, étouffés, ou moururent de leurs blessures ; plus de deux cents furent blessés.

Telle est l'aventure qu'on appelle le massacre de Vassy : ce fut une affaire de pur hasard, et qui devint l'occasion d'une guerre civile.

Le roi était alors à Monceaux ; le prince de Condé lui représenta le massacre de Vassy comme la désobéissance la plus formelle à ses édits, et comme une rébellion qui méritait le châtiment le plus sévère ; il demandait sur toutes choses à la reine d'interdire l'entrée de Paris à ceux qui avaient encore les mains teintes du sang innocent.

Les protestants étaient bien éloignés d'obtenir ce qu'ils demandaient ; le duc de Guise, le connétable de Montmorency et le maréchal de Saint-André formaient un parti trop puissant : le duc de Guise entra à Paris comme en triomphe, et le connétable alla détruire les prêches que les protestants avaient à Paris ou aux environs ; la reine avait été obligée de s'unir au triumvirat et d'abandonner le prince de Condé, avec lequel elle s'était d'abord unie pour résister au triumvirat.

Le triumvirat avait pour lui les catholiques ; le prince de Condé avait les protestants. La France était partagée entre ces deux partis, qui se haïssaient mortellement, et qui étaient armés.

Le triumvirat résolut de faire déclarer la guerre au prince de Condé et à ceux de son parti.

De l'état des calvinistes, depuis la déclaration de guerre du prince de Condé jusqu'à la mort de Charles IX.

Le prince de Condé ayant appris le changement de la reine se retira à Orléans, écrivit à toutes les Eglises protestantes, et publia un manifeste dans lequel il exposait que le but de ses adversaires, dans toutes leurs démarches, avait été d'ôter à ceux qui voulaient embrasser une doctrine plus pure la

---

(1) Mém. de Castelnau, l. III, c. 7, édit. de Bruxelles, 1731, t. I, p. 81. Add. de Laboureur, ibid., p. 760. De Thou, l. xx.

liberté de conscience que le roi avait accordée par ses édits ; il le prouvait par plusieurs faits, et entre autres par le massacre de Vassy dont l'impunité avait été comme le signal de la sédition et de la guerre que l'on voulait allumer dans toutes les parties du royaume : il déclarait qu'il ne prenait les armes par aucun motif d'intérêt particulier, mais pour satisfaire à ce qu'il devait à Dieu, au roi et à sa chère patrie, pour tirer le roi et la famille royale de la captivité.

On vit aussi paraître une copie du traité qu'il avait fait avec ses confédérés pour faire rendre au roi la liberté de sa personne, et à ses sujets celle de leur conscience.

Par ce même acte il était déclaré le légitime protecteur et défenseur du royaume de France, et en cette qualité on lui promettait obéissance, à lui ou à celui qu'il nommerait pour remplir sa place lorsqu'il ne pourrait agir par lui-même ; on s'engageait, pour l'exécution du traité, de lui fournir les armes, les chevaux, l'argent et tout ce qui était nécessaire pour faire la guerre ; enfin, l'on se soumettait à toutes sortes de peines et de supplices, si l'on manquait en quelque chose à son devoir. Ce traité fut fait en 1562.

Ainsi la moitié de la France était armée contre l'autre ; et après beaucoup de négociations, dans lesquelles les triumvirs faisaient toujours entrer l'extinction de la religion protestante, la guerre commença entre les protestants et les catholiques, et se fit avec une fureur qui nous étonnerait dans l'histoire des nations les plus barbares.

Un arrêt du parlement déclara les protestants proscrits, ordonna de les poursuivre et permit de les tuer. On imagine aisément tous les désordres qui suivirent un pareil arrêt ; jamais on ne vit tant de représailles de vengeance, tant d'actions terribles de la part des catholiques et des protestants, dans toutes les villes du royaume. La mort du duc de Guise fut une suite de cette fureur : Poltrot, qui l'assassina, déclara que ce dessein lui avait été suggéré par l'amiral, et qu'il y avait été confirmé par Bèze et par un autre ministre ; il fit même entendre que les réformés ne s'en tiendraient pas là (1).

Le duc de Guise, en mourant, conseilla à la reine de faire la paix ; on y travailla, et le roi donna, l'an 1563, le 19 mars, un édit par lequel Sa Majesté permettait aux seigneurs hauts justiciers le libre et plein exercice de leur religion dans l'étendue de leurs seigneuries, et accordait à tous les nobles la même liberté pour leurs maisons seulement, pourvu qu'ils ne demeurassent pas dans les villes ou dans des bourgs sujets à de hautes justices, excepté celles du roi : le même édit ordonnait que, dans tous les bailliages ressortissants immédiatement aux cours du parlement, on assignerait aux protestants un lieu pour y faire l'exercice public de leur religion ; on confirmait aux protestants la liberté de tenir leurs assemblées dans toutes les villes dont ils étaient les maîtres avant le 7 mars 1563.

L'édit portait pardon et oubli de tout le passé, déchargeait le prince de Condé de rendre compte des deniers du roi qu'il avait employés pour les frais de la guerre, déclarait ce prince fidèle cousin du roi et bien affectionné pour le royaume, et reconnaissait que les seigneurs, les gentilshommes, les officiers des troupes et tous ceux enfin qui avaient suivi son parti par des motifs de religion, n'avaient rien fait, par rapport à la guerre, ou par rapport à l'administration de la justice, que par de bonnes raisons et pour le service de Sa Majesté.

Cet édit, quoique enregistré par tout le royaume, était plutôt une trêve qu'une loi de paix ; il fut mal observé ; Charles IX, qui prit le gouvernement du royaume, annula par des interprétations la plus grande partie des privilèges accordés aux protestants, et les parlements demandèrent qu'il fût défendu de professer une autre religion que la catholique.

Les protestants reprirent donc les armes en 1567 : la France fut encore désolée par une guerre civile, qui ne finit que par un nouvel édit, confirmatif de l'édit porté cinq ans auparavant (1563). Cet édit fut enregistré au parlement, et la guerre cessa.

Malgré ces apparences de paix, tout tendait à la guerre ; les catholiques disaient que les huguenots n'étaient jamais contents ; qu'après avoir obtenu de la bonté du roi un édit de pacification pour prix des maux qu'ils avaient causés, ils travaillaient sans cesse à l'étendre à leur avantage, ou à l'affaiblir au préjudice du roi.

Les protestants, de leur côté, disaient qu'ils avaient pris les armes pour la religion et pour la liberté de conscience qu'on leur laissait en apparence par un édit, mais qu'on leur ôtait en effet, puisqu'en plusieurs endroits on les empêchait de s'assembler ; que le but de la dernière pacification n'était pas de rétablir la tranquillité dans le royaume, mais de désarmer les religionnaires sous prétexte de paix, et de les accabler lorsqu'ils seraient désarmés.

La guerre recommença donc avec plus de fureur que jamais de part et d'autre, et la France fut encore inondée du sang des Français, un an après l'édit de pacification.

Le duc d'Anjou, frère du roi, commanda son armée, et le prince de Condé celle des protestants ; il fut tué dans le cours de cette guerre, à la bataille de Jarnac ; le prince de Béarn se mit alors à la tête des protestants, l'an 1570.

On fit encore la paix, et l'on enregistra au parlement, le 11 août 1570, un édit qui accordait l'amnistie pour le passé, renouvelait tous les édits faits en faveur des protestants, et leur accordait quatre villes de sûreté, la Rochelle, Montauban, Cognac et la Charité, que les princes de Navarre et de Condé s'obligeaient de remettre deux ans après (2).

C'était à la nécessité que l'on accordait

---

(1) De Thou, l. xxxiv.

(2) De Thou, l. xlvii. Traduction, édit. in-4°, t. IV.

ces arrêts, et le roi résolut d'abattre tout à fait le parti protestant et de finir la guerre en faisant périr tous les chefs de parti. Les mesures furent prises pour les attirer à Paris et pour les faire périr avec tous les protestants.

L'exécution de ce dessein fut confiée au duc de Guise, que l'assassinat de son père rendait ennemi irréconciliable de l'amiral : la nuit du 24 août, jour de saint Barthélemy, on commença dans Paris à massacrer les protestants.

Le massacre dura sept jours : durant ce temps, il fut tué plus de cinq mille personnes dans Paris, entre autres cinq à six cents gentilshommes ; on n'épargna ni les vieillards, ni les enfants, ni les femmes grosses : les uns furent poignardés, les autres tués à coup d'épée et d'arquebuses, précipités par les fenêtres, assommés à coups de crocs, de maillets ou de leviers : le détail de la cruauté des catholiques fait frémir tout lecteur en qui l'humanité n'est pas absolument éteinte.

« Comme les ordres expédiés pour les massacrer avaient couru par toute la France, ils firent d'étranges effets, principalement à Rouen, à Lyon, à Toulouse. Cinq conseillers du parlement de cette ville furent pendus en robes rouges ; vingt à trente mille hommes furent égorgés en divers endroits, et on voyait les rivières traîner avec les corps morts l'horreur, et l'infection dans tous les pays qu'elles arrosaient (1). »

Il y eut des provinces exemptes de ce carnage ; la ville de Lisieux en fut garantie par le zèle vraiment chrétien et par la charité de son évêque, qui ne voulut jamais permettre qu'on fit aucun mal aux protestants. Il arriva de là qu'un grand nombre d'hérétiques se réunit, dans son diocèse, à l'Eglise catholique ; à peine y en resta-t-il un seul (2).

« Les nouvelles du massacre, portées dans les pays étrangers, causèrent de l'horreur presque partout ; la haine de l'hérésie les fit recevoir agréablement à Rome ; on s'en réjouit aussi en Espagne, parce qu'elles firent cesser l'appréhension qu'on y avait de la guerre de France (3). »

Après le meurtre de tant de généraux, la dispersion de ce qui restait de noblesse parmi les protestants, l'effroi des peuples dans toutes les villes, il n'y avait personne qui ne regardât ce parti comme absolument ruiné ; un grand nombre alla à la messe ; les autres quittèrent leurs maisons et se retirèrent dans les différentes villes où les protestants étaient les plus nombreux ; là les ministres effrayèrent tellement les protestants dans leurs sermons et par le récit des massacres, qu'ils conclurent d'un commun accord que, puisque la cour avait conjuré leur perte par des moyens si barbares, il fallait se défendre jusqu'à la dernière extrémité. En moins d'un an les affaires des protestants se trouvèrent rétablies, et l'on vit commencer en France une quatrième guerre entre les catholiques et les protestants.

Pour les accabler tout d'un coup le roi leva trois armées : les protestants firent tête partout ; la fureur et le désespoir les rendaient invincibles, et Charles IX, après deux ans de guerre, mourut sans avoir pu les soumettre : il était âgé de vingt-cinq ans, et mourut en 1574 (4).

Des calvinistes pendant le regne de Henri III.

Peu de temps avant la mort de Charles IX, Henri III avait été élu roi de Pologne ; il revint en France pour monter sur le trône, et trouva encore le royaume déchiré par la guerre civile, qu'il termina par un cinquième édit de pacification. Il accorda aux protestants le libre exercice de leur religion dans toute l'étendue du royaume, sans exception de temps ni de lieu, et sans aucune restriction, pourvu que les seigneurs particuliers n'y missent point opposition ; il leur permit d'enseigner par toute l'étendue du royaume, d'administrer les sacrements, de célébrer les mariages, de tenir des écoles publiques, des consistoires, des synodes, à condition néanmoins qu'un des officiers de Sa Majesté y assisterait. Le roi voulait que, dans la suite, les protestants pussent posséder également, comme les autres sujets, tous les emplois, toutes les charges et dignités de l'Etat ; il leur accordait des chambres mi-parties dans les huit parlements du royaume.

Enfin, on accordait aux protestants des villes de sûreté, Beaucaire, Aigues-mortes en Languedoc, Issoudun en Auvergne, etc.

Cet édit fut enregistré dans un lit de justice tenu le 14 mai 1576.

Les catholiques murmurèrent hautement contre cet édit : les ennemis du prince de Condé, les courtisans mécontents appuyèrent leurs plaintes ; ils gagnèrent insensiblement le peuple de différentes villes, et lorsqu'ils crurent leur autorité affermie, ils formèrent enfin une ligue secrète, sous le beau prétexte de défendre la religion contre les entreprises des hérétiques, dont le parti grossissait de jour en jour, et de réformer ce que la trop grande bonté du roi avait laissé de défectueux dans le gouvernement.

Paris, comme la capitale, voulut donner l'exemple ; un parfumeur et son fils, conseiller au Châtelet, furent les premiers et les plus zélés prédicateurs de cette union.

Par la formule de l'union, qui devait être signée, au nom de la très-sainte Trinité, par tous les seigneurs, princes, barons, gentilshommes et bourgeois, chaque particulier s'engageait par serment, « à vivre et à mourir dans la ligue pour l'honneur et le rétablissement de la religion, pour la conservation du vrai culte de Dieu, tel qu'il est observé dans la sainte Eglise romaine. »

Au bruit que fit cette nouvelle union, on

---
(1) Bossuet, Abr. de l'Hist. de France, l. xvii, t. XII, p. 832. De Thou, l. xlvii.
(2) Mézerai, tom. VIII, p. 43. Gallia Christ. De Thou, l. liii.
(3) Bossuet, ibid.
(4) Ibid., l. xvii. De Thou, loc. cit.

commença à maltraiter les protestants dans les provinces les plus voisines de la cour; on ne voyait que libelles séditieux. La ligue fut signée par une infinité de seigneurs, et devint si redoutable, que le roi fut obligé de s'en déclarer le chef, et dans la tenue des états de 1576 il fut résolu que l'on ne souffrirait qu'une religion dans le royaume.

La guerre recommença donc et finit par un nouvel édit qui confirmait celui qu'on avait rendu trois ans auparavant.

Cependant les chefs de la ligue ou de la faction ne se tenaient point oisifs; ils avaient rempli la cour, la ville, tout le royaume, d'émissaires qui publiaient que les protestants se préparaient à une nouvelle guerre civile; les prédicateurs commencèrent à déclamer contre l'hérésie, à gémir sur les malheurs de la religion, prête à périr en France : ils annonçaient ces malheurs dans les chaires, dans les écoles, dans les cercles, dans le tribunal même de la pénitence; on l'insinuait aux personnes simples et crédules; on les exhortait à faire des associations ; on recommandait au peuple les princes de Lorraine, zélés défenseurs de la religion de leurs ancêtres; on élevait jusqu'au ciel leur foi et leur piété, et souvent on accusait indirectement de dissimulation et de lâcheté les personnes les plus respectables qui ne pensaient pas comme les ligueurs.

On se proposait, par ce moyen, d'accréditer les princes de Guise et de faire haïr et mépriser le roi, aussi bien que tous les princes du sang royal.

Le roi le savait; mais, pour réprimer ce désordre, il fallait agir, réfléchir, et l'habitude de la dissipation l'en rendait incapable : livré à la mollesse, à l'oisiveté, il dissipait en profusions ridicules ses revenus, et accablait les peuples d'impôts; il semblait qu'il ne réservât son autorité que pour faire enregistrer les édits bursaux, et qu'il ne vît de puissance dangereuse dans l'État que celle qui pouvait s'opposer à la levée des impôts. Insensible à l'indigence et aux gémissements des peuples, il ne connaissait de malheur que de manquer d'argent pour ses favoris et pour ses puérils amusements, et laissait aux princes lorrains la liberté de tout entreprendre, et aux prédicateurs celle de tout dire en faveur de la ligue.

Cependant, pour montrer combien il avait d'amour pour la religion et de haine pour l'hérésie, il résolut de ruiner les protestants, et de les dépouiller de leurs dignités, de leurs charges et de toute l'autorité qu'ils avaient (1).

Il envoya le duc d'Epernon au roi de Navarre, héritier présomptif de la couronne, pour l'engager à rentrer dans la religion catholique; il croyait porter un rude coup au parti protestant s'il pouvait en détacher ce prince.

Les catholiques, associés pour l'extirpation de l'hérésie, n'interprétèrent pas ainsi cette démarche : comme ils haïssaient mortellement le duc, ils disaient que son voyage n'avait point pour objet de maintenir la paix, de ramener le roi de Navarre à la religion catholique, ni de contenir les protestants dans le devoir, mais de conclure un traité avec ce prince et avec les hérétiques pour la ruine des catholiques.

Le duc d'Epernon rapporta que le roi de Navarre était résolu de persister dans la religion protestante; d'où l'on concluait que ce prince étant le plus proche héritier du royaume, après la mort de Henri III la France serait au pouvoir des hérétiques.

Ces bruits, répandus par les émissaires de la ligue, développèrent partout l'esprit de révolte contre un prince qui d'ailleurs accablait ses sujets d'impôts et qui s'était rendu méprisable par une vie peu digne d'un roi.

Le peuple murmurait hautement; les prédicateurs déclamaient dans les chaires et ne cherchaient qu'à jeter la terreur dans les esprits : on fit des assemblées, on leva des troupes dans les campagnes, on nomma des chefs qui ne paraissaient point, mais qui devaient se montrer lorsqu'il en serait temps.

Ces nouvelles arrivèrent de toutes parts à la cour, et le roi comprit enfin que ce n'était plus aux protestants, mais aux Guise qu'il avait affaire : il défendit toutes les confédérations et les levées de troupes, sous peine de lèse-majesté (2).

Les ligueurs ramassèrent cependant des troupes, formèrent une armée, et forcèrent le roi à défendre, dans l'étendue du royaume, l'exercice de toute autre religion que la religion catholique et romaine, à peine de mort contre les contrevenants; révoquant et annulant tous les précédents édits qui accordaient aux protestants l'exercice de leur religion, il ordonnait sous les mêmes peines que tous eussent à sortir du royaume dans un mois ; déclarait tous les hérétiques indignes des charges ou emplois publics, et incapables de les posséder.

En considération du zèle que les unis ou ligueurs avaient fait paraître pour la défense de la religion catholique, le roi oubliait tout ce que, pendant ces troubles, ils avaient entrepris, soit au dedans, soit au dehors du royaume (3).

Sixte-Quint, qui occupait alors le siège de saint Pierre, excommunia le roi de Navarre, et Henri III pressa l'exécution de son dernier édit contre les protestants.

Cette rigueur, loin de les intimider, ne servit qu'à les aigrir : le roi de Navarre fit publier un édit contraire à celui du roi; tout fut aussitôt en armes dans le royaume, et la guerre recommença dans toute la France (4).

Le foyer du fanatisme de la ligue était à Paris, et l'on y publiait que le roi favorisait en secret les protestants, et qu'il y avait déjà dans Paris plus de dix mille protestants ou politiques, nom odieux dont la ligue se servait pour désigner ceux qui étaient attachés au roi et portés pour le bien public.

Par ces discours on échauffa les bourgeois

---

(1) De Thou, l. LXXVI, t. VI, p. 300.
(2) Ibid, l. LXXX, t. VII, p. 395.

(3) Ibid., l. LXXXI.
(4) Ibid., l. LXXXII, p. 525.

et la populace; les prédicateurs se déchaînèrent contre le roi de Navarre et contre le roi même, qu'ils accusaient de favoriser ce prince hérétique; enfin les confesseurs développaient ce que les prédicateurs n'osaient dire clairement.

On inventa encore en ce temps-là beaucoup de pratiques propres à entretenir l'esprit de sédition; on ordonna des processions dans toutes les églises de la ville, où l'on paraît les autels de pierreries, de vases d'or et d'argent, qui attiraient les regards du peuple; enfin on conjura contre le roi, et il fut obligé de sortir de Paris (1).

On vit alors en France l'armée du roi, celle des ligueurs et celle des protestants.

Les forces des ligueurs augmentaient tous les jours, et le roi s'accommoda enfin avec eux.

En 1588, au mois de juillet, le roi donna un édit par lequel, après s'être étendu fort au long sur le zèle qu'il avait toujours eu pour maintenir la religion et pour entretenir l'union des catholiques, il s'obligeait par serment à travailler efficacement au rétablissement de la religion dans son royaume, et à l'extirpation des schismes et des hérésies condamnés par les saints conciles, et en particulier par le concile de Trente, s'engageant à ne point mettre les armes bas qu'il n'eût absolument détruit les hérétiques.

Le roi déclarait qu'il entendait que tous les princes, seigneurs et états du royaume, toutes les villes commerçantes et les universités, prissent avec lui le même engagement, et jurassent outre cela de ne reconnaître pour roi qu'un prince catholique (2).

Le duc de Guise fut déclaré lieutenant général du royaume, et l'on continua à faire la guerre aux protestants.

Le roi s'aperçut que toutes ces querelles avaient porté la puissance du duc de Guise au plus haut point; il résolut de le faire périr, et crut par ce moyen détruire la ligue; Henri III le fit assassiner à Blois.

Les ligueurs devinrent furieux à la nouvelle de l'assassinat du duc de Guise; le duc de Mayenne, frère du duc de Guise, se mit à leur tête; la Sorbonne déclara que les sujets de Henri III étaient déliés du serment de fidélité; le duc de Mayenne fut déclaré lieutenant général du royaume, on leva des troupes, et la ligue fit la guerre à Henri III. Les villes les plus considérables embrassèrent les intérêts de la ligue, et Henri III fut obligé de se réunir au roi de Navarre.

Alors une foule d'écrits séditieux se répandit dans Paris et dans toute la France; la Sorbonne fit rayer le nom du roi des prières qui se font pour lui dans le canon de la messe : enfin elle excommunia le roi (3).

Le pape excommunia aussi Henri III; enfin Jacques Clément, dominicain, l'assassina, persuadé qu'il faisait une œuvre agréable à Dieu et méritoire du salut (4).

Les prédicateurs comparèrent Clément à Judith, Henri III à Holopherne, et la délivrance de Paris à celle de Béthulie : on imprima plusieurs libelles dans lesquels l'assassin était loué comme un saint martyr; on vit l'effigie de ce scélérat exposée sur les autels à la vénération publique.

Des calvinistes depuis la mort de Henri III jusqu'à celle de Henri IV.

Henri III était mort sans enfants, la couronne appartenait incontestablement au roi de Navarre; cependant l'armée fut d'abord partagée et il ne fut reconnu qu'après avoir juré qu'il maintiendrait la religion catholique et romaine dans toute sa pureté, qu'il ne ferait aucune innovation ni changement dans ses dogmes ou dans sa discipline; enfin il renouvela l'assurance qu'il avait donnée plusieurs fois de se soumettre à la décision d'un concile général ou national, promettant de ne souffrir dans toute l'étendue du royaume l'exercice public d'aucune religion que de la catholique, apostolique et romaine, excepté dans les places dont les protestants étaient actuellement en possession en vertu du traité fait avec Henri III.

Le duc de Mayenne, en sa qualité de lieutenant général du royaume, fit déclarer roi le cardinal de Bourbon, sous le nom de Charles X.

Le parlement de Toulouse donna un arrêt pour rendre tous les ans de solennelles actions de grâces à Dieu de la mort de Henri III, défendit sous de grièves peines de reconnaître Henri de Bourbon, soi-disant roi de France, enjoignit à tous les curés de publier la bulle d'excommunication portée contre lui.

Cependant le duc de Mayenne traitait avec l'Espagne pour en obtenir du secours.

Le parlement de Rouen ordonna de prendre les armes pour la ligue, et à Toulouse on faisait pour eux des processions guerrières : un moine marchait au milieu, et tenant un crucifix à la main, tournant tantôt d'un côté, tantôt d'un autre, il disait : *Eh bien! y a-t-il quelqu'un qui refuse de s'enrôler dans cette sainte milice? S'il s'en trouve d'assez lâches pour ne pas se joindre à nous, je vous donne la permission de les tuer, sans crainte d'être repris.*

Après la procession, une partie des ligueurs alla à l'archevêché, d'où ils avaient chassé le maréchal de Joyeuse; ils jetèrent de l'eau bénite dans tous les appartements et donnèrent mille malédictions au roi (5).

Le pape envoya un légat pour soutenir le zèle de la ligue, et la Sorbonne voyant que, parmi les ligueurs, quelques-uns avaient des scrupules sur leur résistance au roi, déclara qu'on ne pouvait en conscience tenir le parti de Henri IV, ni lui payer d'impôts ou de tributs; qu'un hérétique relaps ne pouvait avoir droit à la couronne; que le pape avait droit d'excommunier nos rois (6).

Ce décret fut signé par le clergé et publié dans Paris.

Le roi d'Espagne fit savoir aux ligueurs

---

(1) De Thou, l. xc, t. VII, p. 194.
(2) Ibid., l. xci, t. VII, p. 237.
(3) Ibid. De Thou, l. xcv.
(4) Ibid., l. xcvi.
(5) De Thou, l. xcvii.
(6) Ibid., l. xcviii, t. VII, p. 603, 604.

qu'il viendrait à leur secours, et il ordonna une levée de deniers sur le clergé pour cette expédition et pour empêcher les secours qu'on envoyait d'Allemagne à Henri IV (1).

Pendant que les ligueurs faisaient une guerre vive et opiniâtre contre Henri IV, le cardinal de Bourbon, proclamé roi sous le nom de Charles X, mourut. La mort de ce cardinal ne changea rien dans le système des ligueurs. La Sorbonne déclara que Henri de Bourbon étant ennemi de l'Église et hérétique, il ne pouvait être roi, et que quand il obtiendrait dans le for extérieur une absolution, comme il y avait à craindre que sa conversion ne fût pas sincère et ne tendît à la ruine de la religion, les Français étaient obligés d'empêcher qu'il ne montât sur le trône des rois très-chrétiens (2).

La guerre continua donc entre Henri IV et les ligueurs, cependant avec des succès bien différents : un grand nombre de villes et plusieurs provinces reconnurent le roi. Une assemblée de prélats déclara nulle l'excommunication portée contre ceux qui étaient attachés à Henri IV ; enfin le roi se fit instruire, abjura la religion protestante, et fut sacré à Chartres (3).

Le parti de la ligue commença à tomber ; Paris reconnut le roi ; la Sorbonne fit un décret pour établir la nécessité d'obéir à Henri IV.

Il ne restait plus, dit M. de Thou, de tous les ordres religieux, que les jésuites et les capucins qui se croyaient dispensés de l'obligation de se soumettre au roi, prétendant qu'il fallait attendre que le pape eût parlé.

Pour la sûreté de Paris, on bannit beaucoup de théologiens factieux, et le calme se rétablit ; l'exemple de Paris fut suivi par beaucoup de villes (4).

La ligue résista cependant encore quelque temps ; mais enfin Henri IV se réconcilia avec le pape, qui lui donna l'absolution (5).

Le duc de Mayenne se soumit aussi, et Henri IV jouit de tout son royaume.

Les protestants obtinrent un édit de pacification semblable à ceux qu'ils avaient déjà obtenus quatre fois.

Le temps avait, pour ainsi dire, usé le fanatisme de la nation ; mais le zèle était encore dans toute sa force chez quelques catholiques, qui regardèrent l'édit de pacification comme un coup mortel porté à la religion catholique, et Henri IV comme son plus cruel ennemi.

Henri IV n'eut plus alors à craindre les armées des ligueurs, mais les poignards du fanatisme, qui affronte les périls et qui se dévoue avec joie.

Un voiturier de la Loire, nommé Barrière, entendit dire que c'était une action méritoire de tuer le roi : on lui assura que s'il mourait dans son entreprise, son âme élevée par les anges s'envolerait dans le sein de Dieu, où elle jouirait d'une béatitude éternelle : cet homme, dégoûté d'ailleurs de la vie, forma le projet d'assassiner Henri IV.

Il vint à Paris, agité cependant de remords et flottant ; il y trouva des directeurs et des théologiens qui dissipèrent ses craintes et levèrent ses scrupules : il acheta donc un couteau et se rendit à Melun pour y tuer le roi, mais il fut arrêté ; il refusa d'abord de nommer ceux qui l'avaient excité à cet horrible parricide, parce qu'ils lui avaient dit qu'il serait éternellement damné s'il les nommait ; mais il fut détrompé par un dominicain, et découvrit tout (6).

Jean Châtel entreprit la même chose un an après ; quatre ans après, Ridicoux, échauffé par les prédications et par les éloges qu'on donnait à Jacques Clément, forma le même projet.

Enfin Ravaillac l'exécuta en 1610 et fit périr un des meilleurs rois de la France (7).

Des calvinistes de France depuis la mort de Henri IV.

Après la mort de Henri le Grand, la reine pensa à établir son autorité, les principaux ministres de l'État à maintenir la leur en appuyant la reine ; les grands s'efforcèrent de sortir de l'abaissement dans lequel le règne précédent les avait mis, et les plus habiles se servaient de la passion des autres pour ruiner l'autorité de leurs ennemis ou pour établir la leur.

Le maréchal de Bouillon, animé par ces vues, proposait aux protestants de s'assembler et de demander que l'édit de Nantes fût exécuté en son entier, tel qu'il avait été concerté avec les protestants. Ils députèrent au roi pour le prier de leur donner quelque satisfaction sur vingt-cinq articles.

La cour traita leurs députés avec mépris ; le prince de Condé profita de leur mécontentement, les engagea à se déclarer pour lui ; enfin, le connétable de Luyne, par ses traitements, les détermina à reprendre les armes.

On fut encore obligé de faire la paix et de confirmer l'édit de Nantes : l'édit de pacification fut enregistré le 22 novembre 1622.

Par cette paix, on devait raser le Fort-Louis qui était à mille pas de La Rochelle ; cependant, deux ans après, il ne l'était pas encore, les hostilités recommencèrent, et la guerre ne finit qu'en 1629, par le traité qui rétablissait l'édit de Nantes et d'autres édits qui rendaient les temples aux protestants (8).

Mais toutes les fortifications des places qu'ils occupaient furent démolies, et le parti calviniste se trouva privé de toutes ses villes de sûreté, et réduit à dépendre de la bonne volonté pure du roi.

Depuis ce temps, le parti diminua sensiblement, et Louis XIV annula l'édit de Nantes et employa la douceur et la sévérité pour

---

(1) De Thou, l. xcviii, t. VII, p. 607.
(2) Ibid., p. 610.
(3) Ibid., l. xcix ; l. ci, t. VII, p. 800 ; t. VIII, l. cviii.
(4) Ibid., l. cix.
(5) Ibid., l. cviii.

(6) Ibid., l. cviii, t. VIII, p. 322. Journal de Henri IV, t. I, p. 415 et suiv. Hist. de l'Université, t. VI.
(7) De Thou, ibid.
(8) Mém. du duc de Rohan.

réunir les calvinistes de son royaume à l'Eglise romaine : beaucoup se convertirent, mais plusieurs milliers d'hommes, de femmes, d'artisans, passèrent dans les pays étrangers. Selon plusieurs, plus de huit cent mille sortirent du royaume (1).

Pour bien apprécier les malheurs que la réforme a causés à la France, il faudrait, à la perte qu'elle a faite par la révocation de l'édit de Nantes, ajouter tout ce qui a péri dans les supplices et dans les guerres, depuis le premier bûcher qu'on alluma contre les réformés en France, jusqu'à la révocation de l'édit de Nantes ; tous les citoyens qui sortirent du royaume depuis le bannissement de Jean le Clerc jusqu'au règne de Louis XIV ; il faudrait évaluer tout le préjudice que reçurent la population, les arts, les mœurs, le progrès de la lumière dans un royaume où, pendant plus d'un siècle et demi, les citoyens, armés et divisés, se faisaient la guerre comme les Alains, les Huns et les Goths l'avaient faite à l'Europe ; en un mot, il faudrait savoir tous les avantages que les étrangers retirèrent de nos malheurs.

Voilà les effets que produisit dans la France une réforme qui ne rendait ni la foi plus pure, ni la morale plus parfaite, qui renouvelait une foule d'erreurs condamnées dans les premiers siècles de l'Eglise, dont les dogmes renversaient les principes de la morale, qui niait la liberté de l'homme, qui jetait les hommes dans le désespoir, ou leur inspirait une sécurité funeste, qui ôtait tout motif pour la pratique de la vertu, qui se séparait d'une Eglise à laquelle les protestants éclairés sont forcés de reconnaître qu'on ne peut reprocher aucune erreur fondamentale, soit dans la foi, soit dans la morale, soit dans le culte.

De l'état des calvinistes en France depuis la révocation de l'édit de Nantes.

Il resta en France beaucoup de calvinistes après la révocation de l'édit de Nantes. On continua à les rechercher, et l'on tâcha de les engager de toutes les manières possibles à rentrer dans le sein de l'Eglise ; on les réduisit au désespoir dans les Cévennes, où ils prirent les armes, animés par de prétendus prophètes. Nous en parlerons à l'article CAMISARS.

Les princes protestants travaillèrent en leur faveur à la paix d'Utrecht, et ils obtinrent la liberté de ceux qui étaient en prison ou sur les galères ; cependant le zèle ne se ralentit point à l'égard des calvinistes, et le roi donna une déclaration par laquelle il leur défendait de sortir de ses Etats, et aux réfugiés d'y rentrer sans une permission particulière : les protestants ne sont donc aujourd'hui ni tolérés en France, ni bannis de ce royaume ; ils y sont dans un état de détention ou comme prisonniers (2).

On a beaucoup agité, depuis peu, si on devait leur accorder la tolérance civile ; des citoyens zélés ont jugé qu'on le devait : les évêques craignent la séduction des fidèles qui leur sont confiés, et s'y opposent. Il n'est peut-être pas de l'intérêt de l'Etat de laisser multiplier les protestants en France ; mais en les traitant avec humanité, avec charité, avec douceur, ne pourrait-on pas espérer de les réunir à l'Eglise ? Voilà ce qui semble n'avoir pas assez entré dans les considérations de quelques auteurs qui ont écrit sur ces matières.

Une foule d'incrédules, toujours prêts à soutenir le parti des séditieux, veulent faire retomber sur la religion catholique les excès auxquels les calvinistes se sont portés, et tous les maux qui s'en sont suivis. Ils disent que les défenseurs de la religion dominante se sont élevés avec fureur contre les sectaires, ont armé contre eux les puissances, ont arraché des édits sanglants, ont soufflé dans tous les cœurs la discorde et le fanatisme, et ont rejeté sans pudeur sur leurs victimes les désordres qu'eux seuls avaient produits. Cela est-il vrai ?

1° L'on connaît les principes des premiers réformateurs, de Luther et de Calvin : ils sont consignés dans leurs ouvrages. En 1520, avant qu'il y eût aucun édit porté contre Luther, il publia son livre de la *Liberté chrétienne*, où il décidait que le chrétien n'est sujet à aucun homme et déclamait contre tous les souverains : c'est ce qui causa la guerre des anabaptistes. Dans ses thèses, il s'écria qu'il fallait *courre sus* au pape, aux rois et aux césars qui prendraient son parti. Dans son traité du *Fisc commun,* il voulait que l'on pillât les églises, les monastères et les évêchés. En conséquence, il fut mis au ban de l'empire en 1521. Est-ce le clergé qui dicta cet arrêt ? La grande maxime de ce fougueux réformateur était que l'Evangile a toujours causé du trouble, qu'il faut du sang pour l'établir. Tel est l'esprit dont étaient animés ceux de ses disciples qui vinrent prêcher en France.

Calvin écrivait qu'il fallait exterminer les zélés faquins qui s'opposaient à l'établissement de la réforme ; que pareils monstres doivent être étouffés. Il appuya cette doctrine par son exemple et fit un traité exprès pour la prouver. *Voyez* les *Lettres de Calvin à M. du Coët*, et *Fidelis expositio*, etc. Nous demandons si des prédicants qui s'annoncent ainsi doivent être soufferts dans aucun Etat policé ?

2° Le premier édit porté en France contre les calvinistes fut publié en 1534. Alors la réforme avait déjà mis en feu l'Allemagne ; il y avait eu en France des images brisées, des libelles séditieux répandus, des placards injurieux affichés jusqu'aux portes du Louvre. François Ier craignit pour ses Etats les mêmes troubles qu'ils avaient fomentés en Allemagne : telle fut la cause des premières exécutions faites en France. Lorsque les princes protestants d'Allemagne s'en plaignirent,

---
(1) Hist. de France, t. XIII, p. 243.
(2) La liberté des cultes fut décrétée le 26 août 1789 par l'Assemblée constituante, et reconnue dans la Charte de 1814 et de 1830. (*Note de l'éditeur.*)

François 1er répondit qu'il n'avait fait que punir des séditieux. Par l'édit de 1540, il les proscrivit comme perturbateurs de l'État et du repos public : personne n'a encore osé accuser le clergé d'avoir eu part à ces édits. Un célèbre écrivain est convenu que l'esprit dominant du calvinisme était de s'ériger en république. *Essais sur l'histoire générale*, etc.

3° Nous défions les calomniateurs du clergé de citer un seul pays, une seule ville, où les calvinistes devenus les maîtres aient souffert l'exercice de la religion catholique. En Suisse, en Hollande, en Suède, en Angleterre, ils l'ont proscrite, souvent contre la foi des traités. L'ont-ils jamais permise en France dans leurs villes de sûreté? Une maxime sacrée de nos adversaires est qu'il ne faut pas tolérer les intolérants; or, jamais religion ne fut plus intolérante que le calvinisme : vingt auteurs, même protestants, ont été forcés d'en convenir. Dès l'origine, en France et ailleurs, les catholiques ont eu à choisir, ou d'exterminer les huguenots, ou d'être eux-mêmes exterminés.

4° Si, avec tout le flegme que peuvent inspirer la charité chrétienne, l'amour de la vérité, le respect pour les lois, le vrai zèle de religion, les premiers réformateurs s'étaient attachés à prouver que l'Église romaine n'est point la véritable Église de Jésus-Christ, que son chef visible n'a aucune autorité de droit divin, que son culte extérieur est contraire à l'Évangile, que les souverains qui la protégent entendent mal leurs intérêts et ceux de leurs peuples, etc.; si, en demandant la liberté de conscience, ils avaient solennellement promis de ne point molester les catholiques, de ne point troubler leur culte, de ne point injurier les prêtres, etc., et qu'ils eussent tenu parole, sommes-nous certains que le gouvernement n'eût point laissé de sévir contre eux? Quand même le clergé eût sollicité des édits sanglants, les aurait-il obtenus? On sait si pour lors la cour était fort chrétienne et fort zélée pour la religion.

5° En supposant que le massacre de Vassy fût un crime prémédité, ce qui n'est point, c'était le fait particulier du duc de Guise et de ses gens, était-ce un sujet légitime de prendre les armes, au lieu de porter des plaintes au roi et de demander justice? Mais les calvinistes avaient déjà résolu la guerre : ils n'attendaient qu'un prétexte pour la déclarer. Dès ce moment ils n'ont plus rien voulu obtenir que par force et les armes à la main. Le clergé n'a donc pas eu besoin de souffler le feu de la discorde pour animer les catholiques à la vengeance : les huguenots furieux ne leur ont fourni que trop de sujets de représailles. Ceux-ci ont dû s'attendre à être traités en ennemis toutes les fois que le gouvernement aurait assez de force pour les punir. C'est donc une calomnie grossière d'attribuer au clergé et au zèle fanatique de la religion les excès qui ont été commis pour lors : le foyer du fanatisme était chez les calvinistes et non chez les catholiques.

6° Nous n'avons pas besoin de chercher ailleurs que chez nos adversaires les preuves de ce que nous avançons. Bayle, qui ne doit pas être suspect aux incrédules, qui vivait parmi les calvinistes et qui les connaissait très-bien, leur a reproché dans son *Avis aux réfugiés*, en 1690, d'avoir poussé la licence des écrits satiriques à un excès dont on n'avait point encore eu d'exemple; d'avoir, dès leur naissance, introduit en France l'usage des libelles diffamatoires, que l'on n'y connaissait presque pas. Il leur rappelle les édits par lesquels on fut obligé de réprimer leur audace, et la malignité avec laquelle leurs docteurs, l'Évangile à la main, ont calomnié les vivants et les morts. Il leur oppose la modération et la patience que les catholiques, en pareil cas, ont montrées en Angleterre. Il accuse les premiers d'avoir enseigné constamment que quand un souverain manque à ses promesses, ses sujets sont déliés de leur serment de fidélité, et d'avoir fondé sur ce principe toutes les guerres civiles dont ils ont été les auteurs.

Il leur représente que quand il a été question d'écrire contre le pape, ils ont soutenu avec chaleur les droits et l'indépendance des souverains; que lorsqu'ils ont été mécontents de ceux-ci, ils ont remis les souverains dans la dépendance à l'égard des peuples; qu'ils ont soufflé le froid et le chaud, suivant l'intérêt du lieu et du moment. Il leur montre les conséquences affreuses de leurs principes touchant la prétendue souveraineté inaliénable du peuple; et aujourd'hui nos politiques incrédules osent nous vanter ces mêmes principes comme une découverte précieuse qu'ils ont faite : ils ne savent pas que c'est une doctrine renouvelée des huguenots. « Il n'y a, continue Bayle, point de fondements de la tranquillité publique que vous ne sapiez, point de frein capable de retenir les peuples dans l'obéissance que vous ne brisiez... Vous avez ainsi vérifié les craintes que l'on a conçues de votre parti, dès qu'il parut, et qui firent dire que quiconque rejette l'autorité de l'Église n'est pas loin de secouer celle des puissances souveraines; et qu'après avoir soutenu l'égalité entre le peuple et les pasteurs, il ne tardera pas de soutenir encore l'égalité entre le peuple et les magistrats séculiers. »

Bayle va plus loin : il prouve que les calvinistes d'Angleterre ont autant contribué au supplice de Charles 1er que les indépendants, que leur secte est plus ennemie de la puissance souveraine qu'aucune autre secte protestante, que c'est ce qui les rend irréconciliables avec les luthériens et les anglicans; il fait voir que les païens ont enseigné une doctrine plus pure que la leur, touchant l'obéissance que l'on doit aux lois et à la patrie; il réfute toutes les mauvaises raisons par lesquelles ils ont voulu justifier leurs révoltes fréquentes; il démontre que la ligue des catholiques pour exclure Henri IV du trône de France, parce qu'il était huguenot, a été beaucoup moins odieuse et moins criminelle que la ligue des protestants pour priver le duc d'York de la couronne d'Angleterre, parce qu'il était catholique. Telle est l'analyse de l'*Avis aux réfugiés*, qu'aucun calviniste n'a osé entreprendre de réfuter.

Déjà, dans sa *Réponse à la lettre d'un réfugié*, en 1688, il avait montré que les calvinistes sont beaucoup plus intolérants que les catholiques, qu'ils l'ont toujours été, qu'ils le sont encore, qu'ils l'ont prouvé par leurs livres et par leur conduite; que leur principe invariable est qu'il n'y a point de souverain légitime que celui qui est orthodoxe à leur manière. Il leur avait soutenu qu'eux-mêmes ont forcé Louis XIV à révoquer l'édit de Nantes; qu'en cela il n'a fait tout au plus que suivre l'exemple des Etats de Hollande, qui n'ont tenu aucun des traités qu'ils avaient faits avec les catholiques. Il avait prouvé que toutes les lois des Etats protestants ont été plus sévères contre le catholicisme que celles de France contre le calvinisme. Il y rappelle le souvenir des émissaires que les huguenots envoyèrent à Cromwel en 1650, des offres qu'ils lui firent, des résolutions séditieuses qu'ils prirent dans leurs synodes de la basse Guienne. Il se moque de leurs lamentations sur la prétendue persécution qu'ils éprouvent, et il leur déclare que leur conduite justifie pleinement la sévérité avec laquelle on les a traités en France (1).

CAMÉRONIENS. Dans le dix-septième siècle, on a donné ce nom, en Ecosse, à une secte qui avait pour chef un certain Archibald Caméron, ministre presbytérien, d'un caractère singulier. Il ne voulait pas recevoir la liberté de conscience que Charles II, roi d'Angleterre, accordait aux presbytériens, parce que, selon lui, c'était reconnaître la suprématie du roi et le regarder comme chef de l'Eglise. A cette bizarrerie on reconnaît le génie caractéristique du calvinisme. Ces sectaires, non contents d'avoir fait schisme avec les autres presbytériens, poussèrent le fanatisme jusqu'à déclarer Charles II déchu de la couronne, et se révoltèrent. On les réduisit aisément, et en 1690, sous le règne de Guillaume III, ils se réunirent aux autres presbytériens. En 1706, ils recommencèrent à exciter des troubles en Ecosse : ils se rassemblèrent en grand nombre, et prirent les armes près d'Edimbourg; mais ils furent dispersés par des troupes réglées que l'on envoya contre eux. On prétend qu'ils ont une haine encore plus forte contre les presbytériens que contre les épiscopaux.

Il ne faut pas confondre le chef de ces caméroniens avec Jean Caméron, autre calviniste écossais qui passa en France, enseigna à Sedan, à Saumur et à Montauban. Celui-ci était un homme très-modéré, qui désapprouva le fanatisme de ceux qui se révoltèrent contre Louis XIII, et essuya de mauvais traitements de leur part. Il a laissé des ouvrages estimables.

CAMISARS, nom des fanatiques des Cévennes, qui prophétisaient et qui se soulevèrent au commencement du dix-huitième siècle (1703) : ils furent appelés *camisars* parce qu'ils portaient sur leurs habits une chemise qui, en patois languedocien, s'appelle *camise*, ou, selon d'autres, à cause de leur souquenille de toile, qui est l'habillement ordinaire des paysans des montagnes de ce pays.

Depuis la révocation de l'édit de Nantes, le calvinisme était presque éteint en France; les restes de ce parti, dispersés dans les différentes provinces et obligés de se cacher, ne voyaient aucune ressource humaine qui pût les remettre en état de forcer Louis XIV à leur accorder les priviléges et la liberté de conscience dont ils avaient joui sous ses prédécesseurs. Il fallait, pour soutenir la foi de ces restes dispersés, des secours extraordinaires, des prodiges : ils éclatèrent de toutes parts parmi les réformés, pendant les quatre premières années qui suivirent la révocation de l'édit de Nantes. On entendit dans les airs, aux environs des lieux où il y avait eu autrefois des temples, des voix si parfaitement semblables aux chants des psaumes, tels que les protestants les chantent, qu'on ne put les prendre pour autre chose : cette mélodie était céleste, et ces voix angéliques chantaient les psaumes selon la version de Clément Marot et de Théodore de Bèze. Ces voix furent entendues dans le Béarn, dans les Cévennes, à Vassy, etc.; des ministres fugitifs furent escortés par cette divine psalmodie, et même la trompette ne les abandonna qu'après avoir franchi les frontières du royaume et être arrivés en pays de sûreté.

Le ministre Jurieu a rassemblé avec soin les témoignages de ces merveilles, et en a conclu que, *Dieu s'étant fait des bouches au milieu des airs; c'est un reproche indirect que la Providence fait aux protestants de France de s'être tus trop facilement* (2).

Les prodiges et les visions, dans un parti opprimé, annoncent presque toujours des prophètes destinés à soutenir la foi par l'espérance d'une heureuse liberté : dans tous les lieux où l'on avait porté des lois contre la prétendue réforme pour en interdire l'exercice et pour bannir les réfractaires, il s'était élevé des prophètes qui avaient annoncé que leur oppression finirait.

Ainsi, lorsque les édits sévères des empereurs anéantirent le parti protestant dans les Etats de la maison d'Autriche, Kotterus, Drabicius, Christine Poniatonia, Comménius, annoncèrent la destruction de la maison d'Autriche par des armées qui devaient venir tantôt du Nord, tantôt de l'Orient : Gustave Adolphe, Charles Gustave, Cromwel, Ragotski, avaient été successivement promis pour l'exécution de ces magnifiques prédictions (3).

Jurieu, qui désirait plus ardemment qu'aucun protestant la destruction de l'Eglise romaine, vit dans tous ces fanatiques des hommes inspirés : le concours de ces pro-

---

(1) Œuvres de Bayle, t. II, p. 544.
(2) Lettre pastorale de Jurieu, an. 1686.

(3) Comménius, Hist. Reveat. Bayle, Dict., art. KOTTERUS, DRABICIUS, COMMÉNIUS.

phètes modernes ne lui permit pas de douter que Dieu n'eût résolu de détruire le papisme; mais il trouvait, dans les prophéties des nouveaux prophètes, des choses choquantes qui ne lui *permettaient pas d'affermir son cœur sur elles*. Il résolut de sonder lui-même les oracles divins, pour y trouver quelque chose de plus précis sur le triomphe de la religion protestante; il chercha cet éclaircissement dans les oracles qui prédisaient les destinées de l'Eglise, dans l'Apocalypse, et il trouva dans le seizième chapitre l'histoire complète de la ruine du papisme (1).

Ce ministre annonça donc à toute la terre l'extinction de la religion romaine et le règne du calvinisme. Nous irons bientôt porter, disait-il, la vérité jusque sur le trône du mensonge, et le relèvement de ce que l'on vient d'abattre se fera d'une manière si glorieuse, que ce sera l'étonnement de toute la terre.

Ce rétablissement glorieux des réformés devait, selon Jurieu, se faire sans effusion de sang ou avec peu de sang de répandu : ce ne devait pas même être ni par la force des armes, ni par des ministres répandus dans la France, mais par l'effusion de l'esprit de Dieu (2).

Des ministres protestants adoptèrent les idées de Jurieu, les portèrent dans les Cévennes, les persuadèrent après s'en être convaincus eux-mêmes, ou animés par les ennemis de la France, qui voulaient profiter du fanatisme des calvinistes pour y exciter une guerre civile ou de religion.

Un vieux calviniste, nommé du Serre, choisit dans son voisinage quinze jeunes garçons, que leurs parents lui confièrent volontiers, et il fit donner à sa femme, qu'il associa à son emploi, pareil nombre de filles.

Ces enfants n'avaient reçu pour première leçon du christianisme que des sentiments d'horreur et d'aversion pour l'Eglise romaine. Ils avaient donc une disposition naturelle au fanatisme; d'ailleurs, ils étaient fort ignorants, ils étaient placés au milieu des montagnes du Dauphiné, dans un lieu couvert d'épaisses forêts, environné de rochers et de précipices, éloignés de tout commerce, et pleins de respect pour du Serre, que tous les protestants du canton révéraient comme un des héros du parti protestant.

Du Serre leur dit que Dieu lui avait donné son esprit, qu'il avait le pouvoir de le communiquer à qui bon lui semblait, et qu'il les avait choisis pour les rendre prophètes et prophétesses, pourvu qu'ils voulussent se préparer à recevoir un si grand don de la manière que Dieu lui avait prescrite : les enfants, enchantés de leur destination, se soumirent à tout ce que du Serre leur ordonna.

La première préparation à la prophétie fut un jeûne de trois jours, après lequel du Serre les entretint d'apparitions, de visions, d'inspirations; il remplit leur imagination des images les plus effrayantes et des espérances les plus magnifiques; il leur fit apprendre par cœur les endroits de l'Apocalypse où il est parlé de l'Antechrist, de la destruction de son empire et de la délivrance de l'Eglise : il leur disait que le pape était cet Antechrist, que l'empire qui devait être détruit était le papisme, et que la délivrance de l'Eglise était le rétablissement de la prétendue réforme.

Du Serre apprenait en même temps à ses prophètes à accompagner leurs discours de postures propres à en imposer aux simples; ils tombaient à la renverse, fermaient les yeux, gonflaient leur estomac et leur gosier, tombaient dans un assoupissement profond, se réveillaient tout à coup, et débitaient avec un ton audacieux tout ce qui s'offrait à leur imagination.

Lorsque quelqu'un des aspirants au don de prophétie était en état de bien jouer son rôle, le maître prophète assemblait le petit troupeau, plaçait au milieu le prétendant, lui disait que le temps de son inspiration était venu; après quoi, d'un air grave et mystérieux, il le baisait, lui soufflait dans la bouche, et lui déclarait qu'il avait reçu l'esprit de prophétie, tandis que les autres, saisis d'étonnement, attendaient avec respect la naissance du nouveau prophète, et soupiraient en secret après le moment de leur installation. Bientôt du Serre ne put contenir l'ardeur dont il avait embrasé ses disciples; il les congédia et les envoya dans les lieux où il croyait qu'ils jetteraient un plus grand éclat.

Au moment de leur départ, il les exhorta à communiquer le don de prophétie à tous ceux qui s'en trouveraient dignes, après les y avoir préparés de la même manière dont ils avaient été disposés eux-mêmes, et leur réitéra les assurances qu'il leur avait données que tout ce qu'ils prédiraient arriverait infailliblement.

Les esprits des peuples auxquels ils s'adressèrent étaient disposés à écouter avec respect les nouveaux prophètes : leurs préjugés, la lecture des lettres pastorales de Jurieu, la solitude dans laquelle ils vivaient, les rochers et les montagnes qu'ils habitaient, leur haine contre les catholiques et l'extrême rigueur avec laquelle on les traitait les avaient préparés à écouter comme un prophète quiconque leur annoncerait avec enthousiasme et d'une manière extraordinaire la ruine de la religion catholique.

Deux des disciples de du Serre se signalèrent entre les autres : la bergère de Crest, surnommée la belle Isabeau, et Gabriel Astier, du village de Clien, en Dauphiné.

La bergère de Crest alla à Grenoble, où, après avoir joué son rôle quelque temps, elle fut arrêtée, et quelque temps après convertie; mais sa défection n'éteignit pas l'esprit de prophétie. Les autres disciples de du Serre se répandirent dans le Dauphiné et dans le Vivarais, et l'esprit prophétique se

---

(1) Accomplissement des prophéties. Brueys, Hist. du Fanatisme, t. 1, p. 400.

(2) Ibid., part. II. Unité de l'Eglise, préface.

multiplia si prodigieusement, qu'il y avait des villages qui n'avaient plus que des prophètes pour habitants : on voyait ces troupes de deux ou trois cents petits prophètes se former dans une nuit, prêcher et prophétiser sans cesse en public, au milieu des villages, et écoutés par une multitude d'auditeurs à genoux pour recevoir leurs oracles.

Si, dans l'assemblée, il y avait de plus grands pécheurs que les autres, les prédicateurs les appelaient à eux ; ils tombaient dans des tourments terribles, dans des convulsions, jusqu'à ce que les pécheurs se fussent approchés d'eux : ils mettaient les mains sur eux, et criaient sur leurs têtes : *Miséricorde et grâce*, exhortant les pécheurs à la repentance, et le public à prier Dieu qu'il leur pardonnât ; si les pécheurs se repentaient sincèrement, ils tombaient eux-mêmes par terre, comme morts ; rendus à eux, ils sentaient une félicité inexprimable.

Cette espèce de ministère n'était pas exercé seulement par des personnes d'un âge mûr et d'un caractère respectable, mais par des bergers de quinze ou seize ans, quelquefois de huit ou de neuf, qui s'assemblaient, tenaient consistoire, et y faisaient faire à cinquante ou soixante pénitents réparation de leur apostasie, c'est-à-dire de leur retour à l'Église romaine : ces enfants s'acquittaient de ces fonctions avec une autorité de maître, questionnaient avec sévérité les pécheurs, leur dictaient eux-mêmes la prière par laquelle ils devaient témoigner leur repentance, et la finissaient par une absolution exprimée par ces paroles : *Dieu vous en fasse la grâce*.

Les accès de prophétie variaient ; la règle ordinaire était de tomber, de s'endormir, ou d'être surpris d'un assoupissement auquel se joignaient des mouvements convulsifs : les exceptions de la règle furent de s'agiter et de prophétiser en veillant, quelquefois dans une extase simple, souvent avec quelques convulsions.

Les prédictions des prophètes du Dauphiné étaient confuses et conçues en mauvais français, d'un style bas et rampant, souvent difficile à ceux qui n'étaient pas accoutumés au patois du Vivarais et du Dauphiné.

Les prédications des prophètes du Dauphiné étaient pareilles à leurs prophéties, ils entassaient à tort et à travers ce qu'ils avaient pu retenir d'expressions et de passages de la Bible, et c'est ce que leurs auditeurs appelaient de belles exhortations qui leur arrachaient des larmes.

Avant de parler, les prophètes étaient quatre ou cinq jours sans manger, et après ils ne prenaient presque point de nourriture : on faisait saigner les enfants, et ils avaient une maladie qui précédait le don de prophétie ; les petites prophétesses disaient qu'avant de tomber dans l'assoupissement léthargique, elles sentaient quelque chose qui s'élevait peu à peu depuis les pieds jusqu'à la gorge ; lorsqu'elles étaient assoupies,

elles ne sentaient plus rien : plusieurs témoins ont assuré que, pendant la prophétie, qui durait autant que le sommeil, on ne pouvait réveiller le prophète ou la prophétesse, ni en les piquant avec une épingle, ni en les pinçant bien fort (1).

Ces fanatiques étaient ou devinrent des fourbes ; on découvrit de quelle manière ils dressaient les petits prophètes, et comment ces prophètes avaient des souffleurs : ils furent convaincus d'imposture à Genève même, où deux prophètes du Vivarais et du Dauphiné essayèrent, en 1689, de continuer leurs prophéties.

Ces prophètes avaient formé des attroupements dans le Dauphiné et dans le Vivarais, qui furent dissipés par M. de Broglie, lieutenant général, et par M. de Basville, intendant de la province.

Le feu du fanatisme ne fut cependant pas éteint, et l'esprit prophétique se perpétua secrètement, et entretint dans les calvinistes l'espérance du rétablissement de leur secte : les habitants de ces provinces étaient presque tous des protestants, élevés et nourris grossièrement. Ils roulèrent toujours dans leurs têtes ces idées d'inspiration que la solitude, leur manière de vivre et peut-être le zèle indiscret et dur des catholiques fortifiaient, en sorte que, dans ces contrées, l'enthousiasme et le fanatisme n'attendaient pour agir qu'une occasion. L'impuissance prétextée ou réelle de payer la capitation fut ou la cause ou l'occasion qui fit éclater le fanatisme et le mécontentement de ces peuples : ils se révoltèrent ; les prophètes parurent aussitôt sur la scène ; les puissances qui étaient en guerre avec la France les secondèrent, et le Languedoc fut le théâtre d'une des plus cruelles et des plus horribles guerres civiles qu'on ait vues.

Ces nouveaux prophètes furent les camisars, qui faisaient profession d'être ennemis jurés de tout ce qui portait le nom et le caractère de catholique romain ; c'était le premier article de leur religion : persuadés qu'il y avait du mérite devant Dieu à massacrer les prêtres, à piller et à brûler les églises, ils accompagnaient ces désordres de la lecture de sa parole, du chant des psaumes et des prières.

La révolte des camisars ne fut éteinte qu'en 1709 ; on trouvera dans l'histoire du Fanatisme de notre temps, par Brueys, tous les désordres de cette rébellion, dans les plus grands détails.

En 1706, trois des prophètes camisars, Marion, Fage et Cavalier, passèrent en Angleterre et y prophétisèrent : Marion, principal acteur, était sérieux, et la fidélité de sa mémoire le rendait capable d'apprendre et de jouer de grands rôles : Cavalier, le plus jeune et le plus vigoureux, réussissait dans tout ce qui dépendait purement du corps ; il n'était pas aussi grave que Marion ; quelquefois, après la fin de ses inspirations, il ne pouvait s'empêcher de rire :

(1) Lettre écrite de Genève, 1689. Cérémonies religieuses, t. IV, p. 154 et suivantes. Tom. I*er* des Lettres de Fléchier.

Fage était sans esprit. Aussitôt qu'ils eurent prophétisé à Londres, M. Fatio, de la Société royale de Londres, et mathématicien célèbre, se déclara leur protecteur et leur interprète.

Les prophéties de Marion ont été imprimées : elles ne contiennent que des invectives contre la corruption du siècle, de l'Eglise et de ses ministres, des menaces contre l'Angleterre, contre Londres, etc.

Les camisars se firent bientôt assez de partisans pour attirer l'attention du gouvernement, qui les fit arrêter ; ils subirent plusieurs interrogatoires, dans lesquels Fage déclara qu'il avait tué plusieurs hommes, purement par l'instigation du Saint-Esprit, et qu'il ne se serait fait aucun scrupule de tuer son propre père, s'il avait reçu l'ordre de le faire.

Les prophètes et leur sectaire Fatio furent condamnés à une amende de vingt marcs et attachés au carcan, sur un théâtre dressé dans la place de Charrin-Grosse, le 9 décembre 1707. *Voy.* CLAVIS PROPHETICA du sieur Marion ; le Journal des Savants, 1707, et la République des lettres.

CAMPATOIS ou CAMPITES, hérétiques du quatrième siècle qui enseignaient les erreurs des donatistes ; on leur donna ce nom, parce qu'ils allaient dans les campagnes débiter leurs erreurs.

CAPUCIATI ou ENCAPUCHONNÉS. On appela ainsi certains hérétiques qui parurent en Angleterre en 1387, parce qu'ils ne se découvraient point devant le saint sacrement, et n'ôtaient point le capuce, dont tout le monde se servait alors pour couvrir la tête. Ces hérétiques étaient partisans des erreurs de Wiclef.

CAPUTIÉS, fanatiques qui firent une espèce de schisme civil et religieux avec tous les autres hommes, et qui prirent pour signe de leur association particulière un capuchon blanc, au bout duquel pendait une petite lame de plomb : cette secte parut vers la fin du douzième siècle, l'an 1186.

On avait vu, dans ce siècle, le sacerdoce et l'empire en division, l'Eglise de Rome divisée par des schismes, des papes élus par des partis opposés s'excommunier réciproquement avec les rois et les Etats qui suivaient le parti opposé. Les papes avaient été en guerre avec les empereurs, les rois et les évêques en différend sur leurs droits ; des hérésies monstrueuses et ridicules s'étaient élevées, on ne les avait arrêtées que par des guerres qui avaient rempli la France et l'Europe de malheurs et de désordres : toutes les puissances parurent avoir abusé de leur autorité ; on n'en vit plus de légitime, parce qu'on croyait que toutes ne reconnaissaient pour loi que la force, et l'on se crut en droit de s'en séparer, parce qu'il n'y a plus de société où la force est la loi et la règle du juste.

Le spectacle des malheurs dont l'Europe avait été le théâtre, fit naître cette idée dans la tête d'un bûcheron qui, par fanatisme ou par adresse, et peut-être par ces deux principes, publia que la sainte Vierge lui avait apparu, lui avait donné son image et celle de son Fils, avec cette inscription : *Agneau de Dieu, qui ôtez les péchés du monde, donnez-nous la paix*

Le bûcheron ajoutait que la sainte Vierge lui avait ordonné de porter cette image à l'évêque du Puy, afin qu'il prêchât que ceux qui voulaient procurer la paix à l'Eglise eussent à former une confédération ou une société qui porterait cette image avec des capuchons blancs, qui seraient le symbole de leur innocence et de la paix qu'ils voulaient établir.

La sainte Vierge ordonnait, de plus, que les restaurateurs de la paix s'obligeassent par serment à conserver entre eux une paix immuable, et à faire la guerre aux ennemis de la paix (1).

Le bûcheron eut bientôt des associés ; plusieurs évêques, des consuls et des hommes de tous états et de tous les rangs arborèrent le capuchon blanc, et formèrent une société dont tous les membres étaient étroitement unis entre eux, et séparés de toutes les autres sociétés, avec lesquelles elles étaient comme dans un état de guerre, et sur lesquelles les caputiés croyaient être en droit de prendre tout ce qui leur était nécessaire.

La secte des caputiés fit beaucoup de progrès dans la Bourgogne et dans le Berri.

Les évêques et les seigneurs, pour arrêter le progrès de cette secte, levèrent des troupes et la dissipèrent bientôt (2).

L'abus de l'autorité, porté à un certain point, ne produit pas une seule secte de cette espèce ; on en vit beaucoup d'autres dans ce siècle et dans le suivant : tels furent les stadinghs, les circoncellions, les albigeois, les vaudois, les complots des barons de France pour s'emparer des biens de l'Eglise et la dépouiller de ses privilèges, sous Innocent IV, sous Innocent V, sous Boniface VIII (3).

CARLOSTAD, prêtre ou archidiacre, et professeur en théologie à Wittemberg, fut d'abord un des plus zélés défenseurs de la doctrine de Luther.

Lorsque Luther fut obligé de se cacher dans la citadelle de Westbourg, Carlostad renversa les images, abolit les messes privées, établit la communion sous les deux espèces, abolit la confession auriculaire, et le précepte du jeûne et l'abstinence des viandes, donna le premier aux prêtres l'exemple de se marier, et permit aux moines de sortir de leurs monastères et de renoncer à leurs vœux.

Luther sortit de sa retraite pour s'opposer aux innovations de Carlostad, et l'obligea de quitter Wittemberg.

Carlostad se retira à Orlemonde, ville de Thuringe, dépendante de l'électeur de Saxe :

---

(1) Robert de Mont., Append. ad corographiam Sigeberti apud Pistorium, p. 674.
(2) Labbe, Nouv. bibliot., t. I, p. 477. D'Argentré, Collect. jud., t. I, p. 125.
(3) Duchesne, t. V, p. 714. D'Argentré, ibid.

là, Carlostad blâma hautement la conduite de Luther, qu'il appelait le flatteur du pape : ces disputes excitèrent du trouble, et l'électeur de Saxe envoya Luther à Orlemonde pour les apaiser.

Dans le chemin, Luther prêcha à Iéna, en présence de Carlostad, et ne manqua pas de le traiter de séditieux. Au sortir du sermon de Luther, Carlostad vint le trouver à l'Ourse noire où il logeait : là, après s'être excusé sur la sédition, Carlostad déclara à Luther qu'il ne pouvait souffrir son sentiment sur la présence réelle.

Luther, avec un air dédaigneux, le défia d'écrire contre lui, et lui promit un florin d'or s'il l'entreprenait : le défi fut accepté; Luther et Carlostad burent à la santé l'un de l'autre, la guerre fut déclarée entre ces deux apôtres de la réforme. Carlostad, en quittant Luther, lui dit : Puissé-je te voir sur la roue! Et toi, repartit Luther, puisses-tu te rompre le cou avant de sortir de la ville (1).

Luther fut fort mal reçu à Orlemonde, et, par les soins de Carlostad, fut presque assommé. Luther s'en plaignit à l'électeur, et Carlostad fut obligé de sortir d'Orlemonde : il se retira en Suisse, où Zuingle, Œcolampade, prirent sa défense : ce fut alors que se forma la secte des sacramentaires, qui fut si opposée au luthéranisme.

Carlostad avait adopté quelques-unes des erreurs des anabaptistes ; il s'était déclaré abécédarien. *Voy.* cet article (2).

CARPOCRATE, vivait à peu près du temps de Basilide et de Saturnin : il supposait, comme eux, que le monde avait été produit par des anges, et il adopta tous les principes de la magie ; mais il entreprit d'expliquer d'une manière plus simple l'origine du mal, qui était l'écueil contre lequel la faible raison de presque tous les hérétiques de ce siècle allait se perdre.

Il paraît qu'il chercha dans les philosophes la solution de ce grand problème, et qu'il ajusta la religion aux principes des philosophes, au lieu de soumettre les principes philosophiques à la foi.

Il supposait, d'après les principes de Platon, que les âmes humaines étaient unies au corps parce qu'elles avaient oublié Dieu ; il supposait que, dégradées de leur première dignité, elles avaient perdu le privilége des purs esprits, et qu'elles étaient descendues dans le monde corporel, où elles étaient soumises aux anges créateurs du monde corporel.

Toutes les connaissances dont ces âmes étaient douées dans leur premier état s'étaient effacées ; c'était là la cause de l'ignorance dans laquelle tous les hommes naissent : les faibles connaissances auxquelles ils s'élèvent avec tant d'efforts n'étaient, selon Carpocrate, que des réminiscences.

L'âme de Jésus-Christ qui, dans l'autre vie, avait moins oublié Dieu que les autres, avait eu plus de facilité à sortir de l'ignorance dans laquelle le péché plonge les hommes : ses efforts avaient attiré sur lui les faveurs de l'Être suprême, et Dieu lui avait communiqué une force qui le rendait capable de résister aux anges et de remonter au ciel malgré leurs efforts.

Dieu accordait la même grâce à ceux qui imitaient Jésus-Christ, et qui connaissaient qu'ils étaient des esprits infiniment supérieurs aux corps.

Avec cette connaissance, l'homme s'élevait, selon Carpocrate, au-dessus des faiblesses de la nature humaine ; son corps était tourmenté sans qu'il souffrît : les impressions des corps étrangers sur ses organes ne l'assujettissaient point ; il souffrait sans faiblesse, il était incorruptible au milieu des plaisirs, parce qu'il ne les regardait que comme des mouvements de la matière, qu'un esprit bien convaincu de sa grandeur voit sans en dépendre. Immobile au milieu des événements qui agitent les hommes, comme un rocher inébranlable au milieu des flots, que peuvent contre cet homme les anges créateurs ?

C'était dans cette connaissance de sa dignité que consistait la perfection de l'homme ; Jésus-Christ n'avait rien eu de plus, et tous les hommes pouvaient l'imiter, ou même l'égaler, et mériter la gloire dont il jouissait.

D'après ces idées, les carpocratiens ne voyaient plus d'action corporelle bonne ou mauvaise, et c'était le tempérament ou l'éducation qui décidait leurs mœurs ; elles étaient ordinairement fort corrompues, comme cela arrive dans toute secte qui n'a point d'autres principes de morale.

Il y avait de ces carpocratiens qui regardaient les plaisirs les plus honteux comme une espèce de contribution que l'âme devait aux anges créateurs, et qu'il fallait leur acquitter pour recouvrer sa liberté originelle : par ce moyen, les actions les plus infâmes devenaient des actes de vertu ; ils prétendaient se conformer sur cela à un passage de l'Évangile, qui dit : « Lorsque vous serez en voyage avec votre ennemi, tâchez de vous garantir de ses attaques, de peur qu'il ne vous livre au juge, et que le juge ne vous fasse conduire en prison, d'où vous ne sortirez pas que vous n'ayez payé jusqu'à la dernière obole. »

Les carpocratiens regardaient les anges créateurs comme des ennemis qui se plaisaient à voir les hommes rechercher le plaisir et s'y livrer. Pour éviter l'embarras de résister à leurs attaques, ils suivaient tous leurs désirs (3).

---

(1) Luth., l. I. Calixt., Judic., n. 49. Hospin. ad an. 1521.
(2) Bossuet, Hist. des Variat., l. II, art. 8, 9.
(3) Voilà une secte de prétendus philosophes qui enseignaient une doctrine très-opposée à celle des apôtres, qui n'étaient donc pas subjugués par leur autorité, et qui cependant convenaient des principaux faits publiés par les apôtres, des vertus, des miracles, des souffrances, de la résurrection de Jésus-Christ ; selon saint Épiphane, les *carpocratiens* et les cérinthiens admettaient l'Évangile de saint Matthieu. Hæres. 28 et 30. Comment les incrédules

Les carpocratiens avaient leurs enchantements, leurs secrets et leur magie, comme toutes les sectes qui attribuaient la formation du monde et les événements qui intéressent les hommes à des génies sujets à toutes les passions et à toutes les faiblesses humaines. Ils marquaient leurs sectateurs à l'oreille : ils avaient excité l'indignation des païens, et occasionné beaucoup de calomnies contre les chrétiens, que les païens confondaient avec ces sectaires (1).

* CATABAPTISTES. On s'est quelquefois servi de ce nom pour désigner en général tous les hérétiques qui ont nié la nécessité du baptême, surtout pour les enfants. Il est formé de κατά, qui, en composition, signifie quelquefois *contre*, et de βάπτω, *laver*, *baptiser*; il signifie opposé au baptême, ennemi du baptême.

Ceux qui ont soutenu cette erreur sont tous partis à peu près du même principe; ils ne croyaient pas le péché originel, et ils n'attribuaient au baptême aucune autre vertu que d'exciter la foi. Selon eux, sans la foi actuelle du baptême, le sacrement ne peut produire aucun effet; les enfants qui sont incapables de croire le reçoivent très-inutilement, c'est l'opinion des sociniens. D'autres ont posé pour maxime générale, que la grâce ne peut pas être produite dans une âme par un signe extérieur qui n'affecte que le corps, que Dieu n'a pas pu faire dépendre le salut d'un pareil moyen. Cette doctrine, qui attaque l'efficacité de tous les sacrements, est une conséquence naturelle de la précédente.

Quoique Pélage niât le péché originel, il ne contestait pas la nécessité, ou du moins l'utilité du baptême, pour donner à un enfant la grâce d'adoption; dans un enfant, disait-il, la grâce trouve une adoption à faire, mais l'eau ne trouve rien à laver : *habet gratia quod adoptet, non habet unda quod abluat*. La notion seule de *baptême*, qui emporte celle de purification, suffit pour réfuter Pélage : jamais cet hérétique n'a expliqué nettement en quoi il faisait consister la *grâce d'adoption*.

* CATAPHRYGIENS, anciens hérétiques, ainsi nommés parce qu'ils étaient Phrygiens d'origine. Ils étaient sectateurs de Montan, qu'ils regardaient comme un véritable prophète. Ils n'ajoutaient pas moins de foi aux oracles des prétendues prophétesses Priscille et Maximille. Une de leurs principales erreurs consistait à croire que le Saint-Esprit avait abandonné l'Eglise.

* CATHARES, du grec καθαρός, *pur*, nom que se sont attribué plusieurs sectes d'hérétiques, surtout les apotactiques ou renonçants, qui étaient une branche des encratites. Quelques montanistes, se parèrent ensuite du nom de *cathares*, pour témoigner qu'ils n'avaient point de part au crime de ceux qui niaient la foi dans les tourments; qu'au contraire, ils refusaient de les recevoir à pénitence : sévérité injuste et outrée. Pour la justifier, ils niaient que l'Eglise eût le pouvoir de remettre les péchés; ils portaient des robes blanches, pour montrer, disaient-ils, par leur habit, la pureté de leur conscience. Novatien, prévenu de la même erreur que les montanistes, donna aussi le même nom à sa secte, et quelques anciens ne la nomment pas autrement.

Par ironie, l'on a nommé *cathares* différentes sectes d'hérétiques qui firent du bruit dans le douzième siècle; les albigeois, les vaudois, les patarins, les cotereaux et autres, descendants des henriciens, de Marsille, de Tendème, etc. Ils furent condamnés dans le troisième concile de Latran, tenu l'an 1179, sous Alexandre III. Les *puritains* d'Angleterre se sont enfin décorés du même titre.

C'est ordinairement sous un masque de réforme et de vertu, que les hérétiques ont séduit les simples, et se sont fait des partisans; mais une affectation de régularité, qui a pour base l'esprit de révolte et d'opiniâtreté, n'est pas ordinairement de longue durée; souvent ce n'est qu'un voile pour cacher de véritables désordres : les novateurs, devenus les maîtres, ne sont plus les mêmes que lorsqu'ils étaient encore faibles. Tant d'exemples de cette hypocrisie, qui se sont renouvelés depuis la naissance de l'Eglise, auraient dû détromper les peuples; mais ils sont toujours prêts à se laisser prendre au même piège.

* CATHARISTES ou purificateurs, secte de manichéens, sur laquelle les autres rejetaient les ordures et les impiétés qui se commettaient dans la prétendue consécration de leur eucharistie (2).

* CAUCAUBARDITES, branche d'eutychiens qui, au sixième siècle, suivirent le parti de Sévère d'Antioche et des acéphales. Ils rejetaient le concile de Chalcédoine, et soutenaient, comme Eutychès, qu'il n'y a qu'une seule nature en Jésus-Christ. Le nom de *caucaubardites* leur fut donné du lieu dans lequel ils tinrent leurs premières assemblées (3). Quelques-uns les ont nommés *coulobabdites*, et d'autres *condabaudites*.

CECUS ASCULAN, astrologue du duc de Calabre, soutenait qu'il se formait dans les cieux des esprits malins, que l'on obligeait par le moyen des constellations à faire des choses merveilleuses, et assurait que les astres imposaient une nécessité absolue aux corps et aux esprits sur la terre; on soutient que Jésus-Christ n'avait été pauvre et n'avait souffert une mort honteuse, que parce qu'il était né sous une constellation qui causait nécessairement cet effet; qu'au contraire l'Antechrist serait riche et puissant, parce qu'il naîtrait sous une constellation con-

---

peuvent-ils soutenir aujourd'hui que les faits publiés par les apôtres, et l'histoire qui les rapporte, n'ont été crus que par le peuple, par des ignorants, par des imbéciles que les apôtres avaient subjugués? (*Note de l'éditeur.*) —
Voy. Clem. Alex., l. iii. Strom., p. 312. Philastr., de Hær.

Iren., l. i, c. 24. Euseb., l. iv, c. 7, Hist. eccles. Epiph., hær. 27.
(1) Euséb. Iren. Epiph. ibid.
(2) Saint Augustin, hæres. 46. Saint Léon, epist. 8.
(3) Nicéphore, l. xviii, c. 49. Baronius, an. 535.

traire : cet astrologue fut brûlé en 1327 (1).

*CÉLICOLES ou COELICOLES, adorateurs du ciel et des astres; hérétiques, ainsi appelés, parce qu'ils rendaient les honneurs divins au firmament et aux astres. L'empereur Honorius les condamna comme païens, par des rescrits particuliers, vers l'an 408. Plusieurs pensent que ces hérétiques étaient des chrétiens apostats, qui avaient embrassé le judaïsme, et ils se fondent sur ce qu'il est fait mention des célicoles dans le code Théodosien, sous le nom de *juifs*.

Ce qu'il y a de certain, c'est que le nom de *célicoles* a été donné aussi à quelques juifs qui adoraient le ciel. L'erreur n'était pas nouvelle chez les Juifs; plus d'une fois ils ont rendu aux astres ou à *l'armée des cieux* un culte superstitieux; les prophètes le leur ont reproché (2) : c'était l'idolâtrie la plus commune parmi les Orientaux.

*CENTURIES DE MAGDEBOURG, corps d'histoire ecclésiastique composé par quatre luthériens de Magdebourg, qui le commencèrent l'an 1560. Ces quatre auteurs sont Mathias Flaccius, surnommé Illyricus, Jean Wigand, Matthieu Lejudin, Basile Fabert, auxquels quelques-uns ajoutent Nicolas Gallus, et d'autres André Corvin. Illyricus conduisait l'ouvrage; les autres travaillaient sous lui. On l'a continué jusqu'au treizième siècle.

Chaque *centurie* contient les choses remarquables qui se sont passées dans un siècle. Cette complication a demandé beaucoup de travail; mais ce n'est une histoire ni fidèle, ni exacte, ni bien écrite. Le but des *centuriateurs* était d'attaquer l'Église romaine, d'établir la doctrine de Luther, de décrier les Pères et les théologiens catholiques. Le cardinal Baronius entreprit ses *Annales ecclésiastiques* pour les opposer aux *Centuries*.

On a reproché à Baronius d'avoir été trop crédule, et d'avoir manqué de critique : ceux qu'il réfute avaient péché par l'excès contraire; ils avaient rejeté et censuré tout ce qui les incommodait. Le Père Pagi, cordelier, Isaac Casaubon, le cardinal Noris, Tillemont, le cardinal Orsi, etc., ont relevé les fautes de Baronius, et on a réuni leurs remarques dans une édition des *Annales ecclésiastiques* donnée à Lucques. Au contraire, les erreurs et les calomnies des *centuriateurs* ont été répétées, commentées, amplifiées par la plupart des écrivains protestants et par les incrédules leurs copistes; on a beau les réfuter par des preuves invincibles, ceux qui ont intérêt à les accréditer ne se rebutent point, et à force de renouveler les mêmes impostures, ils parviennent à les persuader aux ignorants.

CERDON était Syrien d'origine; il avait d'abord adopté les principes de Simon et de Saturnin; il reconnut comme eux l'existence d'un être suprême qui avait produit des esprits moins parfaits que lui : ces esprits féconds, comme le père de toutes choses, avaient produit une infinité de générations différentes, dont la puissance toujours décroissante avait formé le monde et produisait tous les événements sur la terre.

Ainsi, en remontant des effets à leurs causes, on trouvait, pour premier principe de tout, l'Etre suprême.

Si les phénomènes que le monde nous offre n'étaient que des déplacements de la matière, des chocs des corps, des mouvements, on concevrait aisément que les émanations de la cause première, des génies ou des forces motrices, produisent tout dans le monde; mais il y avait dans le monde des esprits affligés, tourmentés et malheureux.

D'ailleurs, l'Etre suprême était une intelligence infiniment parfaite, sage, bienfaisante; comment trouver dans cet Etre la cause des malheurs qui affligent les hommes?

Simon et Saturnin reconnaissaient toutes ces choses, sans avoir fait attention à la difficulté de concilier l'existence des mauvais génies avec le système qui suppose que tout vient de l'Etre suprême par voie d'émanation.

Cerdon envisagea le système de Saturnin par ce côté faible, et crut que Simon, Saturnin et tous les partisans du système des émanations s'étaient trompés en faisant venir tout de l'Etre suprême : il jugea qu'il fallait supposer dans la nature deux principes, l'un bon et l'autre mauvais; car, puisqu'il y avait des génies malfaisants, les uns plus puissants, les autres moins puissants, il fallait nécessairement, en remontant à l'origine, arriver à un principe dans lequel on trouvât le premier germe du mal qui se développe par la succession des temps, ce qui, selon Cerdon, répugnait à la nature de l'Etre suprême.

En effet, dans la doctrine de Simon et de Saturnin, l'Etre suprême, qu'ils regardaient comme le père de toutes choses, s'intéressait au sort des hommes assez pour leur envoyer son fils unique, afin qu'il détruisît l'empire des mauvais démons; l'Etre suprême, que l'on regardait comme le principe et la cause de toutes choses, haïssait donc les méchants génies : cela supposé, comment les laissait-il subsister, s'il pouvait les détruire? Comment leur laissait-il faire le mal, s'ils n'avaient une existence et une puissance indépendantes de lui?

Il fallait donc, selon Cerdon, supposer dans le monde deux principes nécessairement indépendants : l'un bon, qui avait produit les génies bienfaisants; l'autre mauvais, qui avait produit les génies malfaisants.

Cerdon, qui n'avait envisagé la nature que dans les rapports que les phénomènes avaient avec le bonheur des hommes, crut avoir trouvé dans ces deux principes la raison de tout et l'explication de tout ce qu'on racontait des différents états du genre humain; car c'était là l'objet principal de presque tous les systèmes que l'on avait imaginés jusqu'alors.

Puisque le bien et le mal avaient des principes essentiellement différents, on attribua

---

(1) Dup. Biblioth., quatorzième siècle. Spond. ad an 1327

(2) IV Reg. xvii, 16; xxi, 3, 5, etc.

au bon principe tout ce qui était bien, et au mauvais tout ce qui était mal. Les esprits qui étaient incapables de plaisir et qui tendaient sans cesse vers le bonheur étaient l'ouvrage de l'être bienfaisant. Le corps, au contraire, auquel l'âme humaine était unie, qui l'affligeait en mille manières, était l'ouvrage d'un mauvais principe : de même, la loi des Juifs ne paraissait à Cerdon qu'un assemblage de pratiques difficiles et pénibles, qui ne pouvaient être ordonnées que par un être malfaisant.

C'était un être malfaisant qui avait ordonné à ce peuple les guerres cruelles qu'il avait faites aux nations de la Palestine : le Dieu des Juifs dit dans Isaïe : C'est moi qui crée le mal.

Dans le christianisme, au contraire, tout respire la bienfaisance, l'indulgence, la douceur, la miséricorde; ainsi la loi des chrétiens était l'ouvrage du bon principe, et le Christ, qui l'avait annoncée, était véritablement le fils du bon principe.

Ce principe bienfaisant n'avait point soumis son fils aux malheurs de l'humanité; sa bonté ne le permettait pas, attendu que, pour l'instruction des hommes, il suffisait qu'il revêtît les apparences de la chair; car alors la réalité des souffrances de Jésus-Christ n'eût été qu'un spectacle que le bon principe se serait donné, ce qui est contraire à sa nature (1).

Cerdon, prévenu de ces idées, rejetait l'Ancien Testament et n'admettait du Nouveau que l'Évangile selon saint Luc; encore ne l'admettait-il pas entier.

Cerdon revint à l'Église, dit saint Irénée, demanda pardon de ses erreurs, et passa ainsi quelque temps, tantôt enseignant secrètement l'hérésie qu'il avait abjurée, tantôt l'abjurant de nouveau, tantôt étant convaincu de persister dans ses erreurs, et, pour ce sujet, séparé de la communion des fidèles. Il eut pour disciple Marcion, qui fut lui-même chef de cette secte. On peut, en consultant l'article Marcion, voir les différentes formes que prit l'erreur de Cerdon; c'est principalement cet enchaînement des erreurs humaines qui est intéressant dans l'histoire.

CÉRINTHE était un Juif d'Antioche, qui s'appliqua beaucoup à la philosophie : il était à Jérusalem du temps des apôtres.

La philosophie, qui était alors en vogue dans l'Orient, était une espèce d'alliage des principes de la philosophie chaldéenne avec les idées pythagoriciennes et platoniciennes : on supposait un Être suprême qui avait produit des génies, des puissances capables d'agir et de produire d'autres génies, d'autres esprits; on en peupla le monde; on les fit intervenir comme des dieux de la machine pour exprimer tout.

Cérinthe simplifia ces principes pour les appliquer à l'histoire du monde : il reconnaissait un Être suprême qui était la source de l'existence, et qui avait produit des esprits, des puissances ou des génies, avec différents degrés de perfection.

Parmi les productions de l'Être suprême était une certaine vertu ou puissance infiniment au-dessus des perfections de l'Être suprême; placée, pour ainsi dire, à une distance infinie de lui, elle ignorait l'auteur de son existence : c'était apparemment la dernière des productions de l'Être suprême, une espèce de force motrice ou de forme plastique capable d'arranger la matière et de former le monde (2).

De cette puissance étaient sortis, avec le monde, des anges ou des génies terrestres, qui s'étaient emparés de l'empire du monde et qui gouvernaient les hommes.

Un de ces génies avait donné des lois aux Juifs, et Cérinthe croyait, par ce moyen, pouvoir rendre raison de toute l'histoire de cette nation.

Jésus-Christ assurait qu'il était venu pour abolir la loi et délivrer les hommes de la tyrannie des mauvais anges; il avait prouvé sa mission par des miracles; les apôtres les attestaient, et confirmaient eux-mêmes leurs témoignages par des miracles.

Cérinthe fut donc forcé de supposer qu'effectivement l'Être suprême s'intéressait au sort des hommes, et qu'il avait envoyé son Fils unique Jésus-Christ pour les éclairer et pour les sauver.

Mais comment concevoir que le Fils unique de l'Être suprême, qui avait la plénitude de la divinité, fût né de Marie?

Rien n'était plus contraire aux principes de la philosophie de Cérinthe; il regarda comme une absurdité de dire que le Fils unique de l'Être suprême fût né, eût souffert.

Cependant Jésus-Christ avait assuré qu'il était le Christ, le Fils de Dieu.

Pour concilier des idées si opposées selon Cérinthe, il dit que Jésus était né de Joseph et de Marie comme les autres hommes, mais qu'il excellait en prudence et en justice, et que lorsqu'il fut baptisé, le Christ ou le Fils unique de Dieu était descendu sur lui sous la figure d'une colombe, lui avait révélé la connaissance de son Père, qui était encore inconnu, et, par ce moyen, l'avait fait connaître aux hommes. C'était par la vertu du Christ que Jésus avait fait des miracles; il avait ensuite été persécuté par les Juifs et livré à des bourreaux : alors le Christ s'était séparé de lui et était remonté vers son Père, sans rien souffrir : pour Jésus, il avait été crucifié, était mort et ressuscité (3).

Cérinthe avait écrit en faveur de sa doctrine des révélations qu'il prétendait lui avoir été faites par un ange : il reconnais-

---

(1) Iren., l. i, c. 28, 37; l. iii, c. 4. Tert., de Præscript., c. li. Philast., de Hær., c. 44. Epiph., hær. 41. Aug., de Hær., c. 21. Théodoret, Hæret. Fab., l. i, c. 24.

(2) Théod., Hist., l. ii, c. 3. Iren., l. i, c. 25; l. iii, c. 11. Epiph., hær. 28.

(3) Saint Jean traite d'antechrist celui qui dit que Jésus n'est pas le Christ (I Joan. ii, 22), celui qui divise Jésus (iv, 3), celui qui ne croit pas que Jésus est le Fils de Dieu (v, 10), celui qui ne confesse point que Jésus-Christ est venu en chair (II Joan. vii). (Note de l'éditeur.) — Iren., l. i, c. 26. Epiph., hær. 28. Aug., de Hær., c. 8. Tert., de Præscript., c. 48.

sait la nécessité du baptême pour être sauvé ; il croyait qu'après la résurrection on jouirait pendant mille ans sur la terre de tous les plaisirs des sens (1).

Faisons, sur l'erreur de Cérinthe, quelques réflexions.

1° Cérinthe était grand ennemi des apôtres et combattait vivement leur doctrine : vivant de leur temps, il était en état de les convaincre s'ils en eussent imposé ; cependant il reconnaît que Jésus-Christ a fait des miracles ; les miracles de Jésus-Christ avaient donc alors un degré de certitude ou d'évidence qui ne permettait pas d'en contester la vérité.

2° Pour concilier avec l'état d'humiliation sous lequel Jésus-Christ a paru tous les attributs du Fils unique de Dieu, Cérinthe supposait en Jésus-Christ deux êtres différents, Jésus, fils de Marie, et le Christ qui était descendu du ciel : ainsi, il est évident que Jésus-Christ avait enseigné qu'il était le Fils unique de Dieu, et qu'il avait confirmé cette doctrine par des miracles, de manière que Cérinthe n'avait pu attaquer ni la doctrine, ni les miracles, puisqu'il avait tâché d'expliquer comment Jésus était le Fils unique de Dieu.

3° Les apôtres chassèrent Cérinthe de l'Église et le regardèrent comme le corrupteur de la doctrine de Jésus-Christ : ainsi, du temps des apôtres même, on regardait la divinité de Jésus-Christ comme un dogme fondamental du christianisme, quoiqu'en disent les sociniens, et après eux Bury, Loke, etc. (2).

CHALDÉENS ou NESTORIENS DE SYRIE. C'est le nom qu'on donne aux nestoriens d'Orient, pour les distinguer des nestoriens d'Occident, qui ne subsistèrent dans l'empire romain que jusqu'au septième siècle.

L'origine du nestorianisme chez les Chaldéens remonte jusqu'au temps de Nestorius. Ce patriarche, condamné et déposé dans le concile d'Éphèse par les évêques d'Occident, fut absous et défendu par les évêques d'Orient, qui déposèrent saint Cyrille et condamnèrent ses anathématismes ou ses ouvrages contre Nestorius : toutes les Églises d'Orient, et entre autres celle d'Édesse, suivirent le jugement de Jean d'Antioche et des évêques qui avaient condamné saint Cyrille et qui étaient restés unis à Nestorius.

Il y avait à Édesse une école chrétienne pour l'instruction des Perses, et l'on inspira à ceux qui vinrent à cette école une haine violente contre saint Cyrille, et des dispositions favorables pour Nestorius et pour sa doctrine : on y lisait ses ouvrages et ceux de Théodore de Mopsueste, dans lesquels Nestorius avait puisé ses erreurs.

Ibas avait jeté lui-même parmi les Perses des semences ou des apparences de nestorianisme, par le moyen de sa lettre à Maris.

Rabulas, évêque d'Édesse, se réconcilia avec saint Cyrille et chassa d'Édesse tous les Perses attachés à Nestorius.

Barsumas, un des Perses chassés par Rabulas, devint évêque de Nisibe, en Perse, et forma le projet d'y établir le nestorianisme.

Il y avait entre les rois de Perse et les empereurs romains une haine innée et une défiance extrême : tout ce qu'on approuvait dans un des empires était odieux ou suspect dans l'autre, et cette antipathie seule avait quelquefois déterminé les empereurs romains ou les rois de Perse à favoriser ou à persécuter un parti.

Barsumas sut employer habilement ces dispositions pour rendre les catholiques suspects et odieux à Phérose, qui régnait alors en Perse. Vous avez, lui dit-il, beaucoup de chrétiens dans vos États ; ils sont fort attachés aux Romains et même à leur empereur ; leur attachement pour les Romains est formé par la religion ; l'attachement qu'ils ont pour leur souverain et pour leur patrie n'est rien en comparaison des liaisons formées par la religion et par le lien d'une même croyance. Les chrétiens de vos États sont donc les amis des Romains, leurs espions et nos ennemis ; tous souhaitent de vivre sous un prince qui professe leur religion et leur foi : voulez-vous vous assurer de leur fidélité, rompre tout commerce entre eux et les Romains et inspirer aux chrétiens, vos sujets, une haine implacable contre ces ennemis de votre puissance ? semez entre eux des divisions de religion, rendez tous les chrétiens de vos États nestoriens, et soyez sûr que vous n'avez à craindre des chrétiens, vos sujets, ni perfidie, ni défection en faveur des Romains. Les nestoriens font profession d'un attachement particulier aux rois de Perse, et c'est cet article de la doctrine des nestoriens qui l'a rendue l'objet de la haine des Romains et qui a causé ces persécutions barbares que les empereurs romains ont exercées sur tous les nestoriens de leur empire. (3).

Phérose fut charmé du projet de Barsumas et lui promit de l'appuyer.

L'évêque de Nisibe associa à son entreprise quelques évêques et ses compagnons d'étude, convoqua des conciles, y fit recevoir le nestorianisme, fit dans la discipline tous les changements qui pouvaient plaire au roi de Perse ou favoriser la licence et concilier le clergé à son parti.

On permit aux moines, aux clercs et aux prêtres de se marier jusqu'à sept fois, à condition néanmoins qu'à la septième fois ils ne pourraient épouser qu'une veuve, que l'on ne regardait que comme la moitié d'une femme (4).

Barsumas trouva de l'opposition et beaucoup de chrétiens fortement attachés à la doctrine du concile d'Éphèse : il obtint donc de l'empereur une puissante escorte, avec laquelle il porta partout la terreur et la dé-

---

(1) Euseb. Hist. ecclés., l. III, c. 28.
(2) Bury, Christianisme nu. Loke, Christianisme raisonnable. On a réfuté ces erreurs à l'article ARIENS.
(3) Asseman, Bibl. orient., t. I, p. 351 ; t. II, p. 403 ; t. III, p. 68. Ibid., part. II, c. 3, § 2, c. 4, c. 7.
(4) Asseman, t. III, part. II, c. 6, § 2.

solation. Il n'épargnait ni les évêques, ni les prêtres, ni les moines, ni les simples fidèles qui refusaient de souscrire à sa doctrine : plus de sept mille chrétiens périrent dans l'horrible mission de Barsumas, et un nombre infini d'autres prirent la fuite, abandonnèrent leurs églises et quittèrent leur patrie (1).

Toutes les églises des provinces que Barsumas parcourut furent remplies, par les hommes dévoués à ses fureurs.

Après avoir établi le nestorianisme par les meurtres, par la violence et par le renversement de la discipline, Barsumas fonda des écoles pour enseigner le nestorianisme, et mourut.

Les nestoriens se créèrent un chef, et placèrent Babée sur le siége de Séleucie.

Babée était un laïque marié, déjà avancé en âge, et qui avait des enfants; il signala son entrée dans l'épiscopat par un concile, où l'on fit une loi pour obliger les prêtres et les fidèles qui vivaient dans le monde à se marier; le même concile approuva la doctrine de Nestorius, et confirma tout ce que Barsumas avait fait.

Bientôt une multitude d'écrivains entreprit de justifier la doctrine de Nestorius et la conduite de ses premiers apôtres en Perse.

Le temps, l'imposture, les sophismes, l'audace, les brigues et le crédit des nestoriens obscurcirent la vérité, placèrent sur tous les siéges des évêques dévoués à leurs intérêts, et répandirent le nestorianisme dans la Syrie, la Mésopotamie, la Chaldée et dans toute la domination de Chosroès, qui, dans tous ses États, ne toléra que le nestorianisme et persécuta cruellement tous les catholiques qui ne voulurent point embrasser le nestorianisme; les nestoriens jouirent de la même faveur sous les successeurs de Chosroès, et s'affermirent dans toutes les églises qu'ils occupaient (2).

Ils ne furent pas moins puissants sous l'empire de Mahomet, d'Omar et des califes, qui subjuguèrent plusieurs provinces de l'empire romain.

Au milieu du septième siècle, le nestorianisme s'était répandu dans l'Arabie, l'Egypte, la Médie, la Bactriane, l'Hircanie, l'Inde, etc.

Les nestoriens établirent des églises dans toutes ces contrées, et envoyèrent des évêques, des missionnaires dans toute la Tartarie et au Cathay, pénétrèrent jusqu'à la Chine, et s'étendirent dans toute la côte du Malabar (3).

Les évêques de Perse dépendaient du patriarche d'Antioche; les chaldéens ou nestoriens, après leur schisme, se donnèrent un patriarche, dont la juridiction s'étendait sur toutes les églises chrétiennes répandues dans les vastes régions où le nestorianisme s'était établi.

Lorsque les Tartares renversèrent l'empire des califes, ils accordèrent aux chrétiens le libre exercice de leur religion, et le nestorianisme conserva tous ses avantages sous l'empire des Tartares.

Depuis que les Turcs ont détruit l'empire des Tartares dans la Syrie, la Chaldée, la Perse, les nestoriens se sont soutenus; mais ils ont cependant beaucoup perdu d'églises. Les révolutions que l'Orient a successivement éprouvées par les guerres des Sarrasins, les incursions des Tartares et les conquêtes des Turcs, ont détruit leurs écoles, interrompu la communication du patriarche avec les Églises qui lui sont soumises, formé de tous les nestoriens de l'Orient des corps séparés, altéré leurs dogmes et changé leur discipline.

Les nestoriens devaient nécessairement recevoir leur évêque du patriarche; ainsi, lorsque l'évêque d'un lieu était mort, il fallait aller demander un autre évêque au patriarche : peut-être l'extrême difficulté d'envoyer en Syrie des députés du fond de la grande Tartarie, pour avoir un évêque, aura-t-elle déterminé les prêtres nestoriens à feindre que leur évêque était immortel; peut-être est-ce là l'origine du grand Lama.

Par un concile tenu sous Babée, les évêques nestoriens pouvaient se marier : peut-être un prince nestorien voulut-il unir le sacerdoce et l'empire; peut-être est-ce là l'origine de l'empire du prêtre Jéhan? Je ne m'arrête pas plus longtemps à ces conjectures, auxquelles le lecteur accordera le degré de vraisemblance qu'il voudra.

Les voyageurs ont trouvé, dans la Tartarie et dans le Cathay, des nestoriens épars et plongés dans une profonde ignorance : ils n'ont ni écoles, ni évêques, ni pasteurs éclairés; ils sont seulement visités à peu près de cinquante ans en cinquante ans par un évêque qui donne l'ordre de prêtrise à des familles entières, et même à des enfants qui ne sont encore qu'au berceau (4).

Leur église de Malabar était la plus célèbre; mais elle est aujourd'hui gouvernée en grande partie par des évêques attachés à l'Église romaine (5).

De la doctrine des chaldéens.

1° Les nestoriens de Syrie ou chaldéens ne reconnaissent point l'union hypostatique du Verbe avec la nature humaine, et admettent en Jésus-Christ deux personnes.

Cette erreur est clairement enseignée dans leurs ouvrages : les auteurs de la *Perpétuité de la foi* et M. Asseman l'ont démontré (6).

Ils citent pour cela des ouvrages inconnus à MM. Simon, Geddes et de la Croze, qui ont par conséquent avancé sans fonde-

---

(1) Asseman, ibid., part. I, p. 593; part. II, c. 4.
(2) Ibid., tom. III, pag. 110; ibid., part. II, c. 5, § 2, p. 87.
(3) Ibid., p. 410.
(4) Voyage de Rubruquis, p. 60. Description de la Tartarie. Hist. des Huns, par M. de Guignes.
(5) La Croze, Christianisme des Indes.
(6) Perpét. de la foi, t. IV, l. I, c. 5. Asseman, Biblioth. orient., t. III, part. II, c. 7, § 4, p. 210.

ment que l'erreur des nestoriens de Syrie est une chimère ou une logomachie (1).

2° Ils croient la Trinité, mais ils ont adopté l'erreur des Grecs sur la procession du Saint-Esprit, et croient qu'il ne procède que du Père (2).

3° Ils nient le péché originel

4° Ils croient que les âmes ont été créées avec le monde et qu'elles s'unissent aux corps humains à mesure qu'ils se forment.

5° Ils croient qu'après la mort les âmes sont privées de tout sentiment et reléguées dans le paradis terrestre; qu'au jour du jugement, les âmes des bienheureux reprendront leurs corps et monteront au ciel, tandis que les âmes des damnés resteront sur la terre; après avoir aussi repris leurs corps.

6° Ils croient que le bonheur des saints consiste dans la vue de l'humanité de Jésus-Christ et dans des révélations, et non pas dans la vision intuitive.

7° Ils pensent que les peines des démons et celles des damnés finiront (3).

De ce que les chaldéens ont de commun avec l'Eglise romaine.

Les nestoriens ont conservé la croyance de l'Eglise romaine sur l'eucharistie et sur les sacrements : on en trouve des preuves convaincantes dans la *Perpétuité de la foi* et dans M. Asseman (4).

M. de la Croze est, à cet égard, tombé dans des méprises considérables : 1° lorsqu'il a prétendu trouver dans l'Eglise de Malabar une Eglise qui, n'ayant eu aucun commerce depuis douze cents ans avec les Eglises de Rome, de Constantinople, d'Alexandrie et d'Antioche, conserve la plus grande partie des dogmes admis par les protestants, puisqu'ils sont rejetés en tout ou en partie par ces Eglises (5);

2° Lorsqu'il a prétendu qu'il n'y a aucune secte dans le christianisme qui approche plus de la vérité que celle des nestoriens, qui, dit-il, n'ont été décriés que par l'injustice de leurs ennemis (6);

3° Lorsqu'il prétend insinuer par là l'antiquité des pratiques des Eglises réformées.

En effet, tous les livres et tous les rituels des chaldéens font foi qu'ils reçoivent comme canoniques tous les livres que l'Eglise romaine reçoit comme tels : on y trouve la doctrine de la présence réelle, et si quelques-uns s'en sont écartés, ce n'est que dans l'explication qu'ils ont voulu donner de ce mystère (7).

Quand au reste, il serait vrai que l'Eglise de Malabar n'aurait point eu cette croyance, on ne pourrait en conclure rien autre chose, sinon qu'elle a altéré la foi qu'elle a reçue, puisque les livres qu'elle conserve contiennent cette doctrine et qu'elle a été conservée par les chaldéens depuis leur séparation d'avec l'Eglise romaine (8).

Ces livres des chaldéens contiennent une preuve incontestable qu'avant la séparation des nestoriens toute l'Eglise enseignait ce que l'Eglise romaine enseigne aujourd'hui, et qu'elle le regardait comme la doctrine de Jésus-Christ et des apôtres, puisque les nestoriens n'ont osé la changer.

On trouve dans M. Asseman tout ce qui regarde les rites, les cérémonies et la liturgie des chaldéens, leurs patriarches, leurs métropolitains, leurs monastères, leurs écoles (9).

CHATEL (Ferdinand-François), naquit à Gannat en Bourbonnais, le 9 janvier 1795, de parents peu fortunés, mais respectables par leurs vertus, et généralement estimés. Ils s'imposèrent des sacrifices de plus d'une sorte pour lui faire donner un peu d'instruction. Une bonne fille du pays, Mlle Lallemand, lui apprit à lire, et il fut placé ensuite chez divers maîtres d'école pour apprendre l'écriture. Le jeune François se distinguait alors par sa pénétration d'esprit et par sa piété; M. le curé l'avait admis comme enfant de chœur dans son église, et il avait lieu de se féliciter de son choix. Sa bonne mère qui fut toujours un modèle des vertus chrétiennes, et que Dieu réservait aux plus cruelles épreuves, puisqu'elle n'est morte qu'en 1835, eût désiré vivement le voir entrer dans l'état ecclésiastique; mais sa fortune ne lui permettait pas de pourvoir aux dépenses qu'entraînerait son éducation cléricale, et elle n'osait s'avouer à elle-même les désirs de son cœur.

Cependant M. l'abbé Chantegret, vicaire de Sainte-Croix, avait remarqué le jeune Chatel; et voyant qu'il persévérait dans ses édifiantes dispositions d'enfance, qu'il assistait toujours aux offices avec une régularité exemplaire et qu'il aimait à s'occuper de bonnes lectures, il conçut la pensée d'en faire un ouvrier pour la vigne du Seigneur. Il s'assura de ses inclinations et le plaça à ses frais au petit séminaire de Mont-Ferrand, où il fut l'objet particulier de la sollicitude de ses maîtres. Il passa ensuite au lycée, et de là au grand séminaire. Sur les bancs de théologie, il fit preuve d'une imagination vive, quelque peu impatiente du joug et d'un jugement peu sûr; mais sa conduite, de l'aveu de tous, fut constamment irréprochable.

Ordonné prêtre en 1818, l'abbé Chatel fut successivement vicaire de la cathédrale de Moulins, curé de Monétay-sur-Loire, aumônier du 20° régiment de ligne; puis, en 1823, aumônier du 2° régiment de grenadiers à cheval de la garde royale. Il conserva ce

---

(1) Simon, traduction du Voyage du P. Dandini au mont Liban; p. 382. Geddes, traduction du Synode de Diamper. Hist. abrégée de l'Eglise de Malabar.
Cet auteur ne mérite pas toute la confiance que lui donne M. de la Croze. Voyez sur cela la Perpétuité de la foi, t. IV, l. x, c. 8 ; t. V, l. ix, c. 9 et passim
(2) Asseman, loc. cit.
(3) Ib., ibid.
(4) Perpét. de la foi, t. IV, l. I, c. 7 ; l. x, c. 8. Biblioth.
orient. d'Asseman, t. III, part. II
(5) Christ. des Indes, préface, et dans l'ouvrage, pag. 341, 342, édit. de Hollande.
(6) Dissert. hist. sur divers sujets, t. I. Recherches sur la religion chrétienne dans les Indes.
(7) Asseman, loc. cit., § 12.
(8) Ibid., § 23.
(9) Ibid., t. III, part. II, c. 11, 12, 13, 14, etc.

poste jusqu'à la suppression de ce corps en 1830. Pendant ce temps il avait prêché à Paris dans les églises de l'Assomption, Saint-Jean, Saint-François, Saint-Etienne du Mont, Saint-Germain des Prés, Saint-Paul, Saint-Louis, Saint-Thomas d'Aquin, Saint-Germain l'Auxerrois, Sainte-Valère, les Quinze-Vingts, Saint-Nicolas du Chardonnet, etc.

A l'époque de la révolution de juillet, des articles qu'il publia dans un mauvais petit journal, intitulé *le Réformateur, écho de la religion et du siècle*, firent douter de son exactitude théologique. Il y déposait les premiers aperçus du système de réforme qu'il méditait, et qu'il avait puisés dans le *Dictionnaire philosophique* de Voltaire, son auteur favori. Les circonstances plus que jamais étaient propices. Il lui sembla beau de s'intituler fondateur de religion, chef de schisme, hérésiarque, en un mot, et d'inscrire son nom au front des âges sous les noms d'Eutychès, d'Arius, de Photius ou de Luther. Flatter les passions, écarter les rigueurs de la règle, adoucir en toute façon la discipline, faire de belles promesses, marier pour ainsi dire l'Evangile dépouillé de ses dogmes avec l'insurrection, était un moyen de réussite. Pour rompre ouvertement avec l'Eglise catholique, et annoncer ses projets de réforme, il fallait une occasion, un accident.

Mgr l'évêque de Versailles l'avait invité à prêcher dans sa cathédrale la fête de Saint-Louis; mais il le contre-manda à cause de sa collaboration au *Réformateur*. M. l'abbé Blanquart de Bailleul, alors vicaire général de Versailles, fut chargé de lui porter cette nouvelle, rue des Sept-Voies. Cette mesure se conçoit; mais le jeune prêtre y fut sensible; il venait de refuser la place d'aumônier de Saint-Cyr qui lui était offerte; il s'insurgea, et fit appel aux prêtres mécontents. Il en réunit quelques-uns, et forma le noyau de son Eglise rue des Sept-Voies, n° 18.

Au mois de janvier 1831, le nombre de ses prosélytes s'étant accru, le siège de son Eglise fut transféré dans un local plus commode, rue de la Sourdière près de Saint-Roch; puis au mois de juin dans la salle *Lebrun*, rue de Cléry; et enfin au mois de novembre suivant, rue du Faubourg Saint-Martin, n° 59. Ce fut là qu'il fixa le siège de l'Eglise catholique française primatiale. Bientôt l'abbé Châtel sentit le besoin d'établir dans le sein de sa nouvelle réforme un ordre hiérarchique. Après avoir réuni les croyants à sa doctrine, le peuple et le clergé, il fut élu par eux *évêque primat*, conformément à la constitution de la nouvelle Eglise. Or cette Eglise doit se composer :

1° D'un évêque primat, chef de l'Eglise; 2° d'évêques coadjuteurs du primat; 3° de vicaires primatiaux; 4° de vicaires généraux; 5° de chefs d'Eglise ou curés; 6° de prêtres; 7° de diacres; 8° de sous-diacres; 9° de minorés; 10° de tonsurés.

Conformément à la discipline établie par les apôtres, dit Châtel, le primat, les évêques, et les chefs d'Eglise sont élus par le peuple et le clergé; ils reçoivent leur consécration des prêtres de l'Eglise primatiale ou épiscopale qui leur imposent les mains.

Si donc il reçut lui-même la consécration des mains de *Poulard*, évêque constitutionnel de Saône-et-Loire, cette consécration fut valide, quoique illicite (1).

Etablir une constitution hiérarchique dans le personnel de son Eglise n'était pas assez; il fallait aussi formuler un symbole pour les adeptes; voici comme il le composa :

« 1° Je crois en un seul Dieu, tout puissant, esprit éternel, indépendant, immuable et infini, qui a fait toutes choses et qui les gouverne toutes.

« 2° Je crois que Dieu est infiniment bon et infiniment juste, que par conséquent il récompense la vertu et punit le crime.

« 3° Je crois qu'il récompense éternellement, mais je ne crois pas qu'il punisse de même, attendu qu'il ne répugne point à ma raison que Dieu me rende éternellement heureux, puisqu'il est souverainement bon; tandis qu'elle se refuse à croire qu'il doive me punir éternellement, puisqu'il n'est pas souverainement méchant, ce que supposeraient des supplices sans fin (2).

« 4° Je crois que l'homme est fait à l'image de Dieu, et qu'il est doué d'une émanation de l'essence divine; cette émanation est son âme immortelle qui rentrera dans le sein de l'Eternel, selon la volonté de ce Dieu tout-puissant, et lorsqu'elle en sera digne (3).

« 5° Je crois que Dieu nous a donné la force de faire le bien; que quand nous faisons le mal, cela ne vient ni du fait, ni de la permission de Dieu; mais bien de notre propre volonté et de l'abus que nous faisons de notre libre arbitre.

« 6° Je crois qu'il n'y a de religion vraie, bonne, utile, digne de Dieu, et inspirée par lui, que celle qui est gravée dans le cœur de tous les hommes; c'est-à-dire la religion naturelle dont Jésus-Christ a si admirablement développé les principes, les dogmes et la morale dans l'Evangile.

« 7° Je crois que la morale de Jésus-Christ est si sage, que sa vie a été si pure et son zèle si ardent pour le bonheur des hommes, que ce grand *personnage* doit être regardé comme un modèle de vertu et honoré comme un *homme* prodigieux. (*Si la vie et la mort de Socrate ont été d'un sage, la vie et la mort de Jésus-Christ ont été d'un Dieu.*)

« 8° Je crois qu'on peut faire son salut dans toutes les religions et plaire à Dieu, pourvu qu'on soit de bonne foi dans sa croyance.

« 9° Je crois que tout le fonds de la morale et de la religion consiste dans ces deux préceptes du Christ : *Faites aux autres ce que vous voudriez qu'ils vous fissent à vous-mêmes;*

---

(1) Au mois de mars 1831, Fabré-Palaprat, grand maître des Templiers, ordonna Châtel évêque primat de l'Eglise française. On dit qu'il avait été sacré lui-même évêque, d'abord sous le rite *ioannite*, par le templier *Arnal*; ensuite sous le rite *romain*, par l'évêque *Maurice*.

(2) Dieu est bon, mais il est juste.

(3) Singulier mélange de ces idées panthéistiques et de la croyance aux peines du péché.

rendez à *César ce qui est à César, et à Dieu ce qui est à Dieu.*

« 10° Je crois que les fautes ne peuvent être expiées que par de bonnes œuvres ; qu'on ne peut les racheter ni par les macérations du corps, qui sont des folies, ni par les abstinences de certains mets, qui sont contraires à l'esprit comme à la lettre de l'Evangile ; et que le mal qu'on a fait ne peut être effacé que par une réparation convenable. (*S'il en est ainsi, comment expliquer le* JEUNE DE QUARANTE JOURS *de ce grand* PERSONNAGE *qui doit être regardé comme un* MODÈLE DE VERTU ? *Il a dit :* Hoc genus dæmoniorum non ejicitur nisi per orationem et jejunium (1).)

« 11° Je crois que la confession auriculaire n'est pas de précepte divin ; que par conséquent elle n'est pas obligatoire, et qu'elle ne peut être agréable à Dieu que lorsqu'elle est faite librement et de confiance à un prêtre qu'on consulte comme un ami et comme un médecin spirituel.

« 12° Je crois enfin que la prière peut nous donner des inspirations divines, ouvrir notre intelligence, fortifier notre courage, et que nous devons offrir nos vœux et nos adorations au grand Dieu vivant, éternel, immuable, surtout dans la réunion de ses enfants, dirigés par les commandements et les règlements de l'Eglise, lesquels sont établis pour la régularité et la pureté des mœurs. »

M. Chatel expliqua ensuite, d'après ce symbole, les points principaux de dissidence de l'Eglise française avec l'Eglise catholique romaine.

1° *La loi naturelle*, dit-il, *toute la loi naturelle, rien que la loi naturelle* ; tel est le résumé des doctrines catholiques françaises.

La révélation, toute la révélation, rien que la révélation ; tels sont la loi et les prophètes de l'Eglise latine. (*Cela est faux.*)

2° La réforme catholique française croit à l'unité de Dieu dans toute la force et l'acception du mot.

L'Eglise latine croit à un Dieu en trois personnes.

3° L'Eglise française ne rejette point cependant la trinité platonicienne, c'est-à-dire la trinité d'attributs.

L'Eglise romaine repousse une telle trinité pour admettre un Dieu triple en personnes.

4° L'Eglise française honore Jésus-Christ comme un *homme prodigieux*, comme Verbe de Dieu, comme Fils de Dieu d'une manière plus excellente que nous, à raison de la sublimité de sa doctrine et de sa morale ; elle ne le reconnaît point comme Dieu.

L'Eglise romaine fait de Jésus-Christ une seconde personne de la Trinité, et par conséquent une seconde personne divine. (Saint Jean a dit : *Et Deus erat Verbum.*)

5° L'Eglise française croit à une détérioration de l'espèce humaine, et, selon elle, c'est là le véritable péché originel ; péché dont les résultats funestes ont été l'ignorance, la superstition et les épaisses ténèbres dans lesquelles a été enseveli trop longtemps le genre humain. Jésus-Christ a été notre ré-

(1) Matth. xvii.

dempteur, parce qu'il a soulevé le voile qui nous cachait la vérité, et non sous le rapport qu'il nous a rachetés des peines d'un enfer éternel.

L'Eglise romaine veut que la rédemption *de Christ* soit un mystère inextricable qui nous a rachetés des peines éternelles.

6° Les sacrements pour l'Eglise française sont des signes ou symboles.

L'Eglise romaine en fait autant de mystères, dont il n'est permis à personne de pénétrer le sens.

7° La pénitence pour l'Eglise française consiste dans la multiplicité des bonnes œuvres et dans la répression des passions.

L'Eglise romaine la place avant tout dans les jeûnes, les abstinences et les macérations du corps. (*Cela est faux :* Scindite corda vestra, *etc.*)

8° L'Eglise française ne croyant pas à la présence réelle, l'eucharistie pour elle est simplement la commémoration de la cène que Jésus-Christ fit avec ses apôtres.

Pour l'Eglise romaine, c'est le corps, le sang, l'âme et la divinité de Jésus-Christ sous les espèces du pain et du vin.

9° L'Eglise française nie l'infaillibilité du pape ; elle ne reconnaît d'infaillible que Dieu.

L'Eglise romaine regarde les décisions du pape comme venant immédiatement de Dieu et par conséquent comme irréfragables.

10° Le droit divin pour l'Eglise romaine, c'est le droit des rois et des prêtres. (*Impudente calomnie !*)

Pour l'Eglise française c'est le droit des peuples, selon cette maxime : *La voix du peuple, c'est la voix de Dieu.* . . . . .

Là ne se borne pas la dissidence de l'Eglise française avec l'Eglise romaine ; elle porte encore sur divers points de discipline.

1° L'Eglise romaine parle aux peuples un langage que tous ne comprennent pas.

L'Eglise française célèbre en langue *vulgaire*, conformément aux règlements de saint Paul. (*L'Apôtre demande uniquement l'*EXPLICATION.)

2° L'Eglise romaine prescrit comme pénitence le maigre et l'abstinence.

L'Eglise française les supprime, d'après ces paroles de saint Paul et de l'Evangile : *Ne faites point de différence entre nourriture et nourriture... mangez de tout ce qui se vend à la boucherie ; ce n'est point ce qui entre dans le corps qui souille l'âme.* (*Le sens du texte sacré est qu'il n'y a point de nourriture immonde ou mauvaise de sa nature.*)

Les dispenses de temps et de parenté pour les mariages sont abolies. Pour se marier à l'Eglise française il suffit de présenter le certificat constatant le mariage civil.

L'Eglise française ne reconnaissant pas le droit d'excommunier, donne la sépulture ecclésiastique à tous ceux dont les dépouilles mortelles lui sont présentées.

3° L'Eglise romaine défend le mariage à ses prêtres.

L'Eglise française leur permet de se marier, comme aux siècles de la primitive Eglise. (*Voilà le grand secret de la réforme!*)

D'où vient donc que, durant un certain temps, les gens du peuple se sont portés d'enthousiasme vers le réformateur? On peut dire que ces sortes de personnes ne voient que la superficie des objets, et n'apprécient que ce qui frappe les sens, ce qui caresse leurs préjugés les plus grossiers. M. Chatel annonçait qu'il accorderait la bénédiction nuptiale sur la simple présentation d'un certificat de l'officier civil; que la sépulture ecclésiastique serait donnée sans distinction de croyance à tous ceux dont les *dépouilles mortelles* lui seraient présentées, que la loi de l'abstinence était abolie, etc. Ajoutez à tout cela le goût de la nouveauté innée chez tous les hommes, et il ne sera pas impossible de comprendre qu'il se soit fait des prosélytes, même parmi le clergé.

Cependant la secte n'eut pas toutes les suites que paraissaient lui promettre ses commencements. Parmi les ecclésiastiques qui s'étaient laissé séduire, plusieurs ne tardèrent pas à rentrer dans le devoir, d'autres firent désertion pour divers motifs.

Dans ces conjonctures une voix douce, calme et pleine de charité, se fit entendre à l'infortuné Chatel. Le 14 août 1833, Mgr de Quélen, archevêque de Paris, se présenta lui-même chez le malheureux prêtre, à dix heures du soir; et ne l'ayant pas trouvé, il lui laissa cette lettre:

Paris, le 14 août 1833.

Monsieur,

« Un sentiment de confiance plus vif qu'à l'ordinaire en la puissante intercession de la très-sainte Vierge dont nous allons célébrer le triomphe me presse *aujourd'hui* de vous écrire et de vous *appeler* au pied du trône de la Mère de miséricorde pour obtenir par elle la grâce de votre retour à l'unité catholique. Si la douce pensée de Marie n'est point entièrement effacée de votre souvenir, un regard, un soupir vers elle peuvent en un instant briser les liens funestes qui vous retiennent. Vous avez sans doute appris dès votre jeunesse, vous avez plus d'une fois prêché que ce n'est jamais en vain que l'on invoque celle que l'Eglise catholique, apostolique et romaine nomme avec tant de consolation le *refuge des pécheurs*. Serviteur de cette Reine auguste, fils de cette tendre Mère, je n'ai pas besoin de vous dire avec quelle joie je presserais contre mon cœur l'enfant prodigue qu'elle aurait ramené des routes lointaines qui conduisent à l'éternel abîme.

« Quelle que soit l'issue de cette démarche, monsieur, croyez du moins que vous ne serez jamais étranger à la sollicitude du pasteur, et que le bercail de Jésus-Christ est ouvert à toute heure pour recevoir la brebis égarée qui veut sincèrement y rentrer.

« HYACINTHE, archevêque de Paris. »

M. Chatel fit une visite de politesse à Mgr de Quélen; personne ne sait ce qui se passa entre eux, si ce n'est qu'il a dit lui-même que le vénérable et pieux archevêque fut *admirable*. Nous n'en sommes pas surpris; l'illustre prélat, dans cette circonstance comme partout ailleurs, à l'exemple du bon pasteur de l'Evangile et du père du prodigue, se montra le digne modèle de l'épiscopat français.

Depuis cette époque, les défections se multiplièrent dans une proportion toujours croissante de la part des prêtres et des laïques eux-mêmes, et aujourd'hui les provinces ne connaissent presque plus que de souvenir l'*Eglise catholique française primatiale*. Daigne le ciel ouvrir enfin les yeux à son malheureux chef! La véritable Eglise catholique lui tend les bras, et il ne doit pas craindre que la joie de son retour soit troublée par des murmures de la part de ses frères qui n'ont jamais failli.

*CHAZINZARIENS, hérétiques arméniens du septième siècle, ainsi nommés par Nicéphore, dit Bergier, du mot *chazus*, qui dans leur langue signifie *croix*. On les a aussi nommés *staurolâtres*, parce que de toutes les images ils n'honoraient que la croix. Ils admettaient, avec Nestorius, deux personnes en Jésus-Christ, dont une seule, disaient-ils, avait souffert pendant la Passion. Nicéphore leur reproche en outre plusieurs superstitions (1). Ces hérétiques sont peu connus et ne paraissent pas avoir été en grand nombre.

*CHERCHEURS. Stoup, dans son *Traité de la Religion des Hollandais*, dit qu'il y a dans ce pays-là des *chercheurs* qui conviennent de la vérité de la religion de Jésus-Christ, mais qui prétendent que cette religion n'est professée dans sa pureté par aucune Eglise, par aucune communion du christianisme. En conséquence, ils ne sont attachés à aucune; mais ils cherchent dans les Ecritures, et tâchent de démêler, disent-ils, ce que les hommes ont ajouté ou retranché à la parole de Dieu. Stoup ajoute que ces *chercheurs* sont aussi communs en Angleterre. Il y en a encore en Amérique, et il doit s'en trouver dans tous les pays où l'incrédulité n'a pas encore fait les derniers progrès. Quant aux incrédules décidés, ils ne cherchent plus la vérité, ils ne s'en soucient plus, ils craignent même de la trouver. Tertullien disait aux *chercheurs* de son temps: « Nous n'avons plus besoin de curiosité après Jésus-Christ, ni de recherches après l'Evangile... Cherchons, à la bonne heure, mais dans l'Eglise, dans l'école de Jésus-Christ. Un des articles de notre foi est que l'on ne peut trouver que des erreurs hors de là (2). »

Saint Paul a pris le nom de *chercheur* dans un sens différent : *Où est le sage*, dit-il, *où est le scribe, où est le chercheur de ce siècle* (3)? Il paraît que l'Apôtre entendait par là ceux d'entre les Juifs qui cherchaient dans l'Ecriture des sens mystiques et cachés, mais qui

(1) Liv. xviii, c. 54.
(2) De Præscript. hæret.

(3) I Cor. 1, 20.

n'y trouvaient que des rêveries, comme ont fait la plupart des docteurs juifs.

* CHEVALIERS DE L'APOCALYPSE. L'an 1695, il s'éleva au milieu de Rome une société entière de fanatiques, dont les membres se nommèrent les chevaliers de l'Apocalypse. Augustin Gabrino, de Brescia, leur chef, se faisait appeler tantôt le monarque de la Trinité, tantôt le prince du nombre septenaire. Un jour des *Rameaux* qu'il se trouvait à l'église comme on chantait l'antienne : *Qui est ce Roi de gloire? Quis est iste Rex gloriæ?* il courut l'épée à la main vers les chantres, en s'écriant que c'était lui. On le prit avec raison pour un fou, et sans faire d'éclat, sans crier à l'erreur ni à l'hérésie, on le renferma. Cependant les chevaliers de l'Apocalypse étaient déjà au nombre de quatre-vingts, portant sur leurs habits et sur leurs manteaux les armes de leur ordre ; savoir : un bâton de commandement et un sabre en sautoir, avec une étoile, et les noms rayonnants des anges Michel, Gabriel et Raphaël. Ils se disaient suscités pour défendre l'Eglise contre l'Antechrist qui était prêt à se faire adorer. Ils avançaient bien d'autres principes de subversion, d'autant plus dangereux, qu'ils les accréditaient par leur empressement à soulager tous ceux qui étaient dans quelque nécessité. Après l'emprisonnement de leur chef, un pauvre bûcheron, qui s'était laissé engager dans cette secte, révéla tout ce qu'il savait de ses mystères ; on arrêta une trentaine de ces illuminés, et tout le reste se dissipa.

* CHILIASTES ou MILLÉNAIRES. *Voyez* cet article.

* CHRISTIANS. Secte de la famille Baptiste, qui prit naissance vers 1804, à Portsmouth, dans le New-Hampshire, aux Etats-Unis, par suite des prédications du ministre Baptiste, Elias Smith. Ceux qui la composent abjurent toute appellation de noms de secte ou d'homme, ne veulent prendre d'autre titre que celui de *chrétiens* proprement dits, et affectent de l'écrire ainsi : *christians*. Ils n'exigent d'autre épreuve de foi qu'une déclaration d'adhésion à la religion chrétienne. Ils rejettent la plupart des dogmes, notamment celui de la Trinité, et on pourrait les classer parmi les sectes presque entièrement rationalistes. Ils ne baptisent que les adultes. Ils sont indépendants, sauf la juridiction officieuse d'une assemblée centrale.

* CHRISTIANISME RATIONNEL, sorte de déisme, dont Kippis, Pringle, Hopkins, Enfield, Toulmin, furent en Angleterre les fauteurs principaux. On essaya de donner une apparence de culte à cette nouvelle religion, ou plutôt à cette absence de toute religion. David Williams, qui s'intitula *prêtre de la nature*, ouvrit à Londres sa chapelle, où il se déchaîna contre toutes les institutions religieuses qui ont la révélation pour base. Mais ce culte public disparut après quatre ans d'existence, parce qu'un assez grand nombre de ses sectateurs, arrivant graduellement du déisme à l'athéisme, quittèrent une institution devenue pour eux sans objet.

* CHRISTOLYTES, hérétiques du sixième siècle ; leur nom vient de Χριστος, et de λύω, *je sépare;* parce qu'ils séparaient la divinité de Jésus-Christ d'avec son humanité. Ils soutenaient que le Fils de Dieu, en ressuscitant, avait laissé dans les enfers son corps et son âme, et qu'il n'était monté au ciel qu'avec sa divinité. Saint Jean Damascène est le seul auteur ancien qui ait parlé de cette secte.

CHRISTOMAQUES, c'est le nom générique sous lequel saint Athanase comprend les hérétiques qui ont erré sur la nature ou sur la personne de Jésus-Christ (1).

* CHRISTO-SACRUM, société commencée, en 1797, par Jacob Hendrik, Onderde-Wyngaart-Canzius, ancien bourguemestre de Delft, à l'instigation des memnonites, ennemis des réformés. Elle n'eut des formes régulières qu'en 1801. De quatre membres elle arriva à deux ou trois mille. Ses membres répètent sans cesse qu'ils ne sont pas une *secte*, mais une *société*, dont le but est de rapprocher toutes les religions. Elle admet quiconque croit à la divinité de Jésus-Christ, à la rédemption du genre humain opérée par les mérites de la passion du Sauveur. Cette déclaration et son titre même *Christo-Sacrum* repousseraient l'accusation de déisme dirigée contre elle. Le culte est divisé en culte d'adoration et d'instruction. Le premier a lieu tous les dimanches : on y expose les grandeurs de Dieu, manifestées dans les merveilles de la création. Le second a lieu tous les quinze jours ; on y développe les principes de la religion révélée. On célèbre la cène six fois par an. Les assistants sont prosternés dans le temple, pendant la prière et la bénédiction. Le nombre des membres de cette secte diminue progressivement.

* CHUBB, d'abord arien et puis déiste, se signala sous ces deux rapports en Angleterre. Avançant à grands pas dans son scepticisme, il combattit successivement la révélation, l'inspiration des Livres saints, l'éternité des peines, et publia depuis 1730 plusieurs écrits, dont le plus hardi est l'*Adieu à ses lecteurs*, où il jette même sur les nuages sur la vérité d'une vie future et travestit la doctrine de Jésus-Christ (2).

CIRCUMCELLIONS. Ce nom fut donné, dans le quatrième siècle, aux donatistes furieux (3). *Voy.* l'art. DONATISTES. On a aussi appelé de ce nom une espèce de prédicants

---

(1) Athan., l. De Decret. synod. Nicæn.
(2) Mémoires pour servir à l'hist. ecclés. pendant le dix-huitième siècle, tom. II, p. 192-194.
(3) Ces fanatiques erraient perpétuellement autour des maisons, dans les villes et les bourgades, où ils se donnaient pour les réparateurs des torts et les vengeurs publics des injures, avec tous les désordres qu'entraînait une telle prétention. Ils mettaient les esclaves en liberté, déchargeaient les débiteurs, vidaient les prisons et faisaient refluer dans la société, avec tous les excès imaginables, la multitude d'âmes atroces qu'ils y trouvaient renfermées. Contre ces attentats il n'y avait de sûreté ni sur les routes, ni souvent dans les meilleures villes. Aussi bizarres que turbulents, ils faisaient descendre les maîtres de voiture, pour servir à leur tour de cortège aux domestiques qu'ils établissaient en leur place. Leurs chefs prenaient le titre de capitaines

qui s'élevèrent en Allemagne au milieu du treizième siècle (1248).

Tout le monde sait les longs démêlés de l'empereur Frédéric avec les papes, et l'excommunication lancée contre lui dans le concile de Lyon par Innocent IV.

Pendant la chaleur de ces contestations, il s'éleva en Allemagne une société qui, sous le prétexte de défendre l'empereur, prêchait que le pape était hérétique, que les évêques et les autres prélats étaient aussi des hérétiques et des simoniaques; que tous les prêtres, étant en péché mortel, n'avaient plus le pouvoir de consacrer l'eucharistie; qu'ils étaient des séducteurs; que ni le pape, ni les évêques, ni aucun homme vivant n'avait le droit d'interdire l'office divin, et que ceux qui le faisaient étaient des hérétiques et des trompeurs; que les frères mineurs et les frères prêcheurs pervertissaient l'Eglise par leurs fausses prédications; que, hors la société des circumcellions, personne ne vivait suivant l'Evangile.

Après avoir prêché ces maximes, ils déclarèrent à leurs auditeurs qu'ils allaient leur donner des indulgences, non pas telles que celles que le pape et les évêques ont imaginées, mais une indulgence qui vient de la part de Dieu.

Ces circumcellions firent beaucoup de tort au parti de Frédéric, et en détachèrent plusieurs catholiques (1).

CLANCULAIRES. Nom d'une secte d'anabaptistes qui disaient qu'il fallait parler en public comme le commun des hommes, en matière de religion, et ne dire qu'en secret ce que l'on pensait. *Voyez* à l'art. ANABAPTISTES, leurs sectes.

CLAUDE DE TURIN adopta, au commencement du neuvième siècle, l'erreur des iconoclastes et de Vigilance (2).

Quelques abus qu'il remarqua dans la dévotion des fidèles à cet égard le portèrent à attaquer la vénération des reliques et des images.

Claude était un des plus fervents chrétiens de son siècle (3); mais il manqua de justesse d'esprit ou de modération par rapport au culte des reliques ou des images. Il fut réfuté par Dungale, par Jonas d'Orléans, et condamné dans le concile de Paris, qui déclara qu'il fallait retenir les images dans les égli-

ses pour l'instruction du peuple, mais qu'il ne fallait ni les adorer, ni leur rendre un culte superstitieux.

CLÉMENT était Ecossais d'origine. Il rejetait les canons et les conciles, les traités des Pères sur la religion et leurs explications sur l'Ecriture. Il rejetait les ouvrages de saint Jérôme, de saint Augustin, de saint Grégoire, etc. Il soutenait qu'il pouvait être évêque après avoir eu deux fils en adultère; il avançait qu'un chrétien pouvait épouser la veuve de son frère; il disait que Jésus-Christ descendant aux enfers en avait délivré tous les damnés, même les infidèles et les idolâtres : il avançait encore plusieurs erreurs sur la prédestination. Il fut condamné avec Adalbert dans le concile de Soissons et dans un concile tenu à Rome (4).

Les savants auteurs de l'Histoire littéraire de France paraissent regarder ce Clément comme un de ceux qui travaillèrent au rétablissement des lettres sous Charlemagne, et qui avait été maître de Helton, abbé du monastère de Richemond, au diocèse de Constance, et depuis ambassadeur de Charlemagne à Constantinople et évêque à Bâle.

On croit que Clément fut modérateur des études du palais (5).

On sait, au reste, peu de choses de lui : il n'est pas impossible que, dans un siècle où l'on avait supposé et altéré tant d'ouvrages des Pères, un homme, qui a commencé à porter la lumière de la critique dans l'étude de la théologie, ait rejeté comme de nulle autorité les ouvrages des Pères, et se soit égaré.

L'erreur de Clément devait naturellement porter l'esprit à l'étude de la critique; mais le siècle était trop ignorant pour que l'erreur de Clément produisît cet effet; son erreur ne fut ni utile, ni dangereuse; il fut condamné, et n'eut ni défenseurs, ni disciples.

Que les protecteurs de l'ignorance ne tournent pas cet exemple contre la science. Dans ce siècle trop ignorant pour adopter les erreurs de Clément, une foule d'imposteurs abusaient le peuple; les erreurs les plus absurdes étaient prêchées par des fanatiques sans lettres et reçues avidement; les mœurs étaient aussi corrompues que l'ignorance était profonde; les désordres et la superstition croissent toujours en proportion du dé-

---

des saints. D'abord ces brigands ne portèrent que des bâtons, qu'ils nommaient *bâtons d'Israël* par allusion à ceux que les Israélites devaient avoir à la main en mangeant l'agneau pascal; mais ils se servirent ensuite de toutes sortes d'armes, et massacrèrent de la manière la plus cruelle, jusqu'aux personnes du sexe et de l'âge le plus faible. Aug. de Hæres. c. 69.

Ils se faisaient un jeu de leur propre vie, s'ouvraient le ventre à la moindre occasion, ou se précipitaient du haut des rochers, et se tenaient assurés d'obtenir par là la couronne du martyre. Cette frénésie saisissait les femmes aussi bien que les hommes, et plus encore les filles, toujours très plus en lutte à la séduction, qui les dépouillait de la crainte de la mort, si naturelle à leur sexe. Mais on remarqua, avec une infinité de rencontres, que la crainte encore plus forte de l'opprobre était l'unique principe de leur héroïsme. Leur mort violente, en mettant au jour le fruit de leur incontinence, trahissait l'hypocrisie, qui fait souvent toute la vertu de ces vierges folles vouées à l'esprit de parti. La dissolution et la cruauté allèrent si loin, que leurs propres évêques recoururent à l'autorité souve-

raine pour les réprimer. On envoya, contre ces enthousiastes barbares, des troupes qui en tuèrent un grand nombre; et, par une inconséquence que nous ne concevrions pas, si des temps moins éloignés n'avaient offert un spectacle à peu près semblable, ceux que leurs pasteurs et leurs sages jugeaient dignes de l'animadversion publique étaient révérés par la secte après leur supplice comme les victimes de la foi la plus épurée. (*Note de l'éd.teur.*)

(1) Dup., treizième siècle, p. 190. D'Argentré, loc. cit.
(2) Mabillon, Annal. ord. Bened., l. xxix, n. 52, 60, 61. Conc., t. VII, p. 1943. Hist. litt. de France, t. IV, p. 256, 490.
(3) Il fut placé sur le siége de Turin par Louis le Débonnaire, l'an 823, et dès la première visite pastorale qu'il fit de son diocèse, il fit briser et brûler les reliques et les images qui étaient dans les églises. Un attentat si scandaleux révolta tout son peuple. Hist. Ecclés. (*Note de l'éditeur.*)
(4) Conc., t. IV. Bonif., ep. 135.
(5) Hist. littéraire de France, t. IV, p. 8, 15.

croissement de la lumière. Rapprochez de l'article CLÉMENT l'article ADALBERT : ces deux hommes furent condamnés dans le même concile.

*CLÉMENTINS. Il y eut parmi les anti-concordataires des hommes assez aveugles et assez exagérés pour révoquer en doute la légitimité des papes postérieurs à saint Clément, auquel ils prétendirent se rattacher pour rentrer dans l'ordre légitime de la succession apostolique : de là ils prirent le nom de *prêtres clémentins*.

CLEOBIUS ou CLÉOBULE, hérétique contemporain de Simon, combattit la religion chrétienne et fut chef de la secte des cléobiens.

Cléobule niait l'autorité des prophètes, la toute-puissance de Dieu et la résurrection ; il attribuait la création du monde aux anges, et prétendait que Jésus-Christ n'était pas né d'une vierge (1).

Ainsi les apôtres et les premiers prédicateurs de l'Evangile trouvèrent dans toute la Palestine des contradicteurs, et ces contradicteurs étaient des chefs de sectes, éclairés, exercés dans la dispute, habiles dans l'art de persuader le peuple, animés par un intérêt de système, si je peux m'exprimer ainsi, et par l'amour de la célébrité qui était la passion ordinaire des chefs de secte.

Des adversaires de cette espèce opposaient aux apôtres toutes les difficultés qu'on pouvait leur opposer, et n'oublièrent rien pour les rendre sensibles et victorieuses. Les faits qui servent de base au christianisme furent donc alors discutés avec la plus scrupuleuse exactitude, et l'on en fit l'examen le plus rigoureux.

Si les apôtres avaient été coupables de la plus légère infidélité, leurs ennemis l'auraient manifestée, et cette infidélité bien prouvée arrêtait absolument le progrès d'une religion dont la morale combattait les passions et proposait à la raison des mystères incompréhensibles.

Jugeons de ces temps par notre siècle : si les passions et la présomption transforment aujourd'hui en démonstrations cette foule de traits qu'on lance à tout propos contre la religion, ces allégories qui, exprimées simplement, n'offrent à la raison que d'anciennes et plates railleries, quel effet ne devaient pas faire sur les esprits les ennemis des apôtres, s'ils avaient pu leur reprocher avec fondement une imposture et une infidélité ?

Cependant c'est dans ce temps même que la religion chrétienne fait ses progrès les plus rapides et les plus éclatants, et toutes les sectes qui la combattent disparaissent et s'anéantissent (2).

L'évidence des faits que les apôtres annonçaient est donc évidemment liée avec le progrès du christianisme et avec l'extinction de ces sectes qui l'attaquèrent à sa naissance.

Nous avons donc sous nos yeux des faits subsistants, qui sont nécessairement liés avec la vérité du témoignage des apôtres, et aussi nécessairement liés que les monuments les plus authentiques avec les faits les plus incontestables.

Le laps du temps et l'infidélité des témoignages n'ont pu altérer ces faits liés avec la vérité de la prédication des apôtres ; ils sont à l'épreuve des scrupules du scepticisme et des difficultés de Craige. La certitude de ces faits est pour nous égale à celle qu'avaient les contemporains des apôtres.

*COCCÉIENS, sectateurs de Jean Cox ou Coccéius, né à Brême en 1603, professeur de théologie à Leyde, et qui fit grand bruit en Hollande. Entêté du figurisme le plus outré, il regardait toute l'histoire de l'Ancien Testament comme le tableau de celle de Jésus-Christ et de l'Eglise chrétienne ; il prétendait que toutes les prophéties regardaient directement et littéralement Jésus-Christ ; que tous les événements qui doivent arriver dans l'Eglise jusqu'à la fin des siècles, sont figurés et désignés plus ou moins clairement dans l'histoire sainte et dans les prophètes. On a dit de lui qu'il trouvait Jésus-Christ partout dans l'Ancien Testament, au lieu que Grotius ne l'y voyait nulle part.

Selon son opinion, avant la fin du monde, il doit y avoir sur la terre un règne de Jésus-Christ qui détruira celui de l'Antechrist, et sous lequel les Juifs et toutes les nations se convertiront. Il rapportait toutes les Ecritures à ces deux règnes prétendus, et en faisait un tableau d'imagination. Il eut des sectateurs, surtout en Hollande. Voët et Desmarest écrivirent contre lui avec beaucoup de chaleur ; mais nous ne voyons pas en quoi il péchait contre les principes de la réforme. Dès que tout particulier est en droit de croire et de professer tout ce qu'il voit ou croit voir dans l'Ecriture, le plus grand visionnaire n'a pas plus de tort que le théologien le plus sage.

COLARBASSE, célèbre valentinien, qui paraît avoir appliqué au système de Valentin les principes de la cabale et de l'astrologie (3).

COLLUTHE, prêtre d'Alexandrie, curé d'une des paroisses de la même ville, enseigna non-seulement que Dieu n'était point auteur du mal, mais encore qu'il n'y avait point de mal qui vînt de Dieu.

Saint Epiphane dit que, pendant qu'Arius prêchait d'un côté son impiété, on voyait d'autres curés, comme Colluthe, Sarmathe, etc., prêcher les uns d'une façon, les autres d'une autre, et les peuples partageant leurs sentiments aussi bien que leurs louanges, s'appeler les uns ariens, les autres colluthiens (4).

Ce fut le désir de la célébrité qui produisit l'hérésie de Colluthe : comme il n'était qu'un homme médiocre et qu'il vivait dans un siècle éclairé, il eut peu de disciples.

(1) Constit. apost., l. vi, c. 8. Théodor., Hæret. Fab., l. ii. Præf. Euseb., Hist. eccles., l. iv, c. 22.
(2) Théodoret, ibid.

(3) Auctor Append. ad Tert., de Præscript., c. 55.
(4) Epiph., hær. 69. Philastr., hær. 78.

Le désir de commander est ordinairement le partage de la médiocrité, et la médiocrité n'emploie jamais que de petits moyens. Colluthe se sépara d'Alexandre son évêque, sous prétexte que ce prélat avait pour Arius trop de ménagement. Pour prendre ce parti, il ne fallait ni talent, ni lumière, ni mérite; mais c'est la seule ressource des ambitieux ignorants pour faire du bruit, et elle a toujours produit cet effet dans les siècles ignorants, mais elle ne rend que ridicule dans les siècles éclairés. Colluthe, après s'être séparé d'Alexandre, s'était fait évêque de sa propre autorité: le concile d'Alexandrie le dépouilla de son épiscopat imaginaire et le réduisit à l'état de prêtre.

C'est ainsi que Colluthe retomba dans l'oubli avec tous ces petits brouillons qui avaient voulu devenir célèbres et former des sectes; dans les siècles ignorants ils auraient formé des schismes dangereux. Adalbert, Waldo, Arnaud de Bresse et tant d'autres qui désolèrent l'Eglise ne valaient pas mieux que Colluthe; mais ils parurent dans un siècle où une partie du clergé, sans mœurs et sans lumière, voulait dominer sur tout et ne défendait la religion que par des coups d'autorité.

COLLYRIDIENS. C'étaient des dévots à la sainte Vierge, qui lui rendaient un culte singulier : ils lui offraient des gâteaux nommés en grec *collyrides*, d'où ils eurent le nom de collyridiens.

Des femmes étaient les prêtresses de cette cérémonie; elles avaient un chariot avec un siège carré qu'elles couvraient d'un linge; et en un certain temps de l'année, elles présentaient un pain et l'offraient au nom de Marie; puis en prenaient toutes leur part.

Saint Epiphane a combattu cette pratique comme un acte d'idolâtrie, parce que les femmes ne peuvent avoir part au sacerdoce (1).

COMMUNICANTS, secte d'anabaptistes. Ils furent ainsi nommés à cause de la communauté de femmes et d'enfants qu'ils avaient établie entre eux, à l'exemple des nicolaïtes. (*Sanderus, hæres*. 198.)

COMMUNISME. Secte du dix-neuvième siècle, dont les doctrines sont résumées dans le *Credo communiste* que M. Cabet a publié en 1841, et dont voici la substance :

1° Il n'y a point d'autre Dieu que la nature; 2° tous les maux venant de l'inégalité sociale, il n'y a point d'autre remède à y opposer qu'une égalité générale et absolue; 3° la nature n'a pas fait les uns pour être maîtres, riches, oisifs, et les autres esclaves, pauvres et accablés de travail : *tout est pour tous*; 4° l'institution de la propriété a été la plus funeste de toutes les erreurs; pour mettre fin aux malheurs de l'humanité, il faut rétablir la communauté des biens.

Cette théorie aboutit, comme toutes celles qu'une philosophie présomptueuse a inventées dans ces derniers temps, à détruire l'idée de Dieu, à y substituer un panthéisme absurde, à renverser les fondements de la morale, et à jeter partout la confusion.

(1) Epiph., hær. 79.

Le communisme s'est propagé en Suisse, où Weitling en a été l'apôtre ardent. Le gouvernement de Zurich ayant nommé une commission pour examiner les tendances des communistes, le conseiller d'Etat Blunt-Sichli a rédigé un rapport (in 8° de 130 pages), qui renferme les renseignements les plus curieux, et que le gouvernement a aussitôt adressé aux Etats confédérés et aux ministres des puissances étrangères.

Dans un premier chapitre intitulé : *Principes des communistes*, la commission rattache le communisme aux maximes égalitaires de Robespierre et de Babeuf; on extrait ensuite plusieurs pages d'un ouvrage de Weitling où l'on voit que, s'élevant contre l'institution de la propriété et contre l'argent, comme sources de l'égoïsme dans le monde et des souffrances des masses, il veut, après avoir détruit l'ordre social actuel, établir une communauté où régnera l'égalité du travail et des jouissances parmi les hommes : il n'y aurait plus ni Etat, ni Eglise, ni propriété individuelle, ni rangs, ni nationalité, ni patrie.

Un second chapitre est intitulé : *Moyens d'exécution*. Dans la première section, des extraits de la correspondance saisie chez Weitling exposent ce qui se rattache à l'établissement des *associations* comme moyens de propager le communisme. On y voit, entre autres, que l'on a cherché à utiliser les sociétés d'ouvriers allemands qui existaient déjà pour le chant et l'instruction; mais que les communistes ont rencontré de redoutables adversaires dans la jeune Allemagne, dont l'activité, essentiellement politique, a pour but la propagation des principes républicains. La lutte entre les deux partis a été longue et opiniâtre, balancée de succès et de revers réciproques. On appelait *vieille noblesse*, les ouvriers étrangers à ces dissidences; *girondins*, les partisans de la jeune Allemagne, et *montagnards*, les communistes. Ceux-ci ont aussi rencontré l'opposition dans les *associations de Grütli*, composées de Suisses exclusivement, dont la tendance est l'unité politique de la Suisse, suivant un rapport fait par Weitling. Quant à la jeune Allemagne, sa tendance est l'unité politique de l'Allemagne avec la république, elle se composait d'Allemands et de Suisses. Les *associations communistes*, se composant aussi d'Allemands et de quelques Suisses, ont des vues bien plus vastes; elles tendent à *l'affranchissement* de toute l'humanité, à l'abolition de la propriété, des successions, de l'argent, des salaires, des lois et des peines, à une égale répartition des jouissances d'après les rapports naturels.

Le rapport entre ensuite dans des détails sur l'organisation des associations communistes, qui ont pour but et moyen la fraternité, la culture sociale, la propagande et la tempérance; sur les conditions et les formes de l'admission dans l'association, l'ordre des travaux dans les séances, les contributions financières et les assistances. Ces sociétés sont secrètes, et l'on y promet de ne rien révéler de ce qui s'y passe. Tout annonce que le comité directeur est à Paris.

La seconde section de ce chapitre, celle qui traite des *liaisons personnelles*, n'est pas la moins piquante. Les principaux correspondants de Weitling sont un chef établi à Paris, en relation avec Cabet, Sébastien Seiler, qui a séjourné dans différentes parties de la Suisse; Becker à Genève; et Simon Schmidt à Lausanne; tous communistes et allemands, ainsi que le prophète Albrecht qui, après avoir été expulsé de plusieurs cantons, a trouvé un asile à Bâle-Campagne. Les autres personnes qui, sans faire partie de l'association, étaient en relation plus ou moins intime ou éloignée avec elle, sont la plupart Allemands.

La troisième section du second chapitre est relative à la *presse*. Les communistes ont plus ou moins réussi à trouver accès dans quelques journaux de la Suisse allemande et de l'Allemagne. Weitling a aussi fondé un journal allemand sous le titre de : *Le cri de détresse de la jeunesse allemande*, ensuite sous celui de la *jeune génération*, qui a paru successivement à Genève, à Berne, à Vevey et à Langenthal. Son principal ouvrage porte le titre de *Garanties de l'harmonie et de la liberté*; et c'est pour avoir tenté de faire imprimer l'*Evangile du pauvre pécheur* qu'il a été arrêté et que ses papiers ont été visités. Il cherche a y représenter Jésus-Christ comme un communiste qui cachait ses principes sous des paraboles, et il veut que la sainte cène soit un repas d'amour où, au lieu de recevoir une hostie ou petit morceau de pain, les pauvres puissent s'asseoir à côté des riches pour célébrer la Pâque en mangeant et buvant ensemble du pain, du vin, de la viande, du lait, des pommes de terre et du poisson. De pareilles extravagances portent en elles-mêmes leur antidote et n'ont pas besoin d'être réfutées.

*CONDORMANTS, nom de secte; il y en a eu deux ainsi nommées. Les premiers infectèrent l'Allemagne au treizième siècle; ils eurent pour chef un homme de Tolède. Ils s'assemblaient dans un lieu près de Cologne; là ils adoraient, dit-on, une image de Lucifer et y recevaient ses oracles; mais ce fait n'est pas suffisamment prouvé. Ils couchaient dans une même chambre, sans distinction de sexe, sous prétexte de charité.

Les autres, qui parurent au seizième siècle, étaient une branche des anabaptistes; ils tombaient dans la même indécence que les précédents, et sous le même prétexte. Ce n'est pas la première fois que cette turpitude a paru dans le monde. *Voyez* ADAMITES.

*CONFESSIONNISTES. Les catholiques allemands nommèrent ainsi, dans les actes de la paix de Westphalie, les luthériens qui suivaient la confession d'Augsbourg. Voici les principaux articles de cette confession, qui s'éloignaient de la doctrine catholique. 1° Le péché originel, qu'on disait n'être autre chose que la concupiscence. 2° La foi justifie sans les bonnes œuvres. 3° L'opération du Saint-Esprit n'est que dans la foi. 4° Le sacrement de l'eucharistie ne consiste que dans l'usage, et doit se donner sous les deux espèces. 5° Un pécheur contrit ne peut mériter par ses œuvres satisfactoires le pardon pour ses péchés. 6° On ne doit pas invoquer les saints. 7° On n'est pas obligé pour recevoir l'absolution de ses péchés, de les confesser en particulier.

Pour ce qui regarde les abus que les luthériens reprenaient dans l'Eglise catholique, les principaux étaient le célibat des prêtres et les vœux monastiques; la procession du saint sacrement; la communion sous une seule espèce et les messes basses; l'autorité qu'on donnait à la tradition et la trop grande puissance du pape et des évêques.

*CONFORMISTES. On appelle ainsi ceux qui suivent la religion dominante en Angleterre et se conforment aux opinions généralement reçues dans le royaume. Tous ceux qui sont d'une autre communion sont appelés *non-conformistes*.

*CONGRÉGATIONALISTES ORTHODOXES. Ils forment une des sectes religieuses les plus puissantes et les plus nombreuses des Etats-Unis. Près de 1,300,000 individus héritèrent des croyances des anciens puritains anglais qui, chassés de leur patrie, vinrent fonder la plupart des établissements de la Nouvelle-Angleterre. A l'exception de Rhode-Island, tous les Etats du centre, le New-Hampshire, Massachussets, Connecticut, professèrent les erreurs calvinistes; mais rejetèrent la discipline synodale de Calvin. Ces sectaires républicains adoptèrent le principe que chaque Eglise a en elle-même tout ce qu'il faut pour se gouverner; que nulle d'entre elles ne doit dépendre d'une assemblée quelconque; qu'enfin chacune, sauf une liaison générale toute de charité et d'amour, doit être strictement souveraine et *indépendante*. C'est cette forme disciplinaire, ou plutôt cette abolition de toute autorité ecclésiastique que l'on nomme la forme *congrégationaliste* ou *indépendante*.

*CONONITES, hérétiques du sixième siècle qui suivaient les erreurs d'un certain Conon, évêque de Tarse. Ses erreurs sur la Trinité étaient les mêmes que celles des trithéites. Il disputait contre Jean Philoponus, autre sectaire, pour savoir si, à la résurrection des corps, Dieu en rétablirait tout à la fois la matière et la forme, ou seulement l'une des deux. Conon soutenait que le corps ne perdait jamais sa forme, que la matière seule aurait besoin d'être rétablie. Il est douteux que cet hérétique se comprit bien lui-même.

CONSCIENCIEUX. C'est le nom que l'on donna à d'anciens hérétiques qui ne connaissaient pour règle et pour législateur que la conscience. Cette erreur fut renouvelée dans le dix-septième siècle par un allemand nommé Matthias Knutzen, qui de cette erreur passa à l'athéisme. *Voy.* l'Examen du fatalisme, t. 1er.

*CONSTITUTIONNELS, *constitution civile du clergé de France*. On a appelé *constitu*-

tionnels les évêques et les prêtres tant séculiers que réguliers qui acceptèrent la *constitution civile du clergé de France*, décrétée par *l'assemblée nationale*, et ceux qui furent ensuite ordonnés prêtres et évêques en vertu de cette même *constitution*. Les vrais auteurs en furent quelques jansénistes parlementaires qui appartenaient à cette assemblée, et qui profitèrent de son ardeur inconsidérée d'innovation pour faire triompher et mettre en pratique ce qu'ils appelaient le *droit primitif*, les *anciens canons*, et les *libertés de l'Eglise gallicane*.

Parmi les évêques titulaires, quatre seulement s'y soumirent : ce furent l'archevêque de Sens, et les évêques d'Autun, d'Orléans et de Viviers. Les cent vingt-sept autres refusèrent non-seulement de l'embrasser, mais la condamnèrent dans un grand nombre d'écrits, comme attentatoire aux droits et à l'autorité de l'Eglise, comme entachée de schisme et d'hérésie. Le pape Pie VI, après un examen long et patient, après avoir consulté les cardinaux et les théologiens les plus savants, et demandé aux évêques de France eux-mêmes leurs observations et leur avis sur les moyens les plus propres et les plus sages à employer pour arrêter le mal dans sa source, porta son jugement dans deux brefs, l'un du 10 mars 1791, et l'autre du 13 avril, même année, qu'il adressa aux archevêques et aux évêques de l'assemblée, et à tout le clergé de France. Dans le premier, celui du 10 mars, il déclare et prouve que cette *constitution* est en opposition manifeste avec les principes de la foi catholique, avec les lois générales de la discipline ecclésiastique, avec l'enseignement des saints Pères et les définitions des conciles généraux, avec les maximes reçues et pratiquées en France par les deux puissances. D'où il s'ensuivait que sous plusieurs rapports elle ne faisait que renouveler des erreurs déjà condamnées par l'Eglise, dans les hérésiarques des derniers temps. Dans le second bref, celui du 13 avril, le souverain pontife prononce la peine de *suspense* contre ceux qui, ayant prêté le serment à la *constitution*, ne l'auront pas rétracté dans quarante jours, à compter de la date du bref; et par suite déclare atteints d'*irrégularité* ceux qui, passé cette époque, exerceraient quelques fonctions de leur ordre. De plus il déclare : 1° *illégitimes, sacriléges et tout à fait nulles*, les élections des nouveaux évêques ; 2° *illégitimes, sacriléges et faites contre les saints canons* les consécrations de ces mêmes évêques; 3° par une conséquence nécessaire, *entièrement nulle* leur *juridiction* sur les diocèses pour lesquels ils ont été ordonnés.

Les mêmes qualifications sont appliquées à tous les actes exercés par ces évêques, et les mêmes peines, la *suspense* et l'*irrégularité*, prononcées contre tous les évêques, curés et prêtres qui auront été ordonnés, qui auront accepté un titre, diocèse ou paroisse, et qui auront exercé une fonction sacrée de l'ordre épiscopal ou sacerdotal en vertu de la *constitution*.

Lors du *concordat* conclu entre le gouvernement français et le saint-siége apostolique en 1801, le pape exigea de la part des évêques constitutionnels nommés à des siéges par le premier consul, *adhésion et soumission aux jugements du saint-siége et de l'Eglise catholique, apostolique et romaine, sur les affaires ecclésiastiques de France*. De plus, par amour de la paix et pour rétablir plus facilement l'unité dans le clergé, qui avait été si profondément divisé, le légat du pape, muni de pleins pouvoirs, régla la conduite que les évêques eux-mêmes auraient à tenir envers les prêtres *constitutionnels* qui voudraient se réconcilier avec l'*Eglise*. Il décida qu'on exigerait seulement d'eux *une déclaration écrite d'adhésion au concordat, et de communion avec l'évêque envoyé par le saint-siége;* mais à la condition *qu'ils mettraient ordre à leur conscience en se faisant relever des censures et des irrégularités* qu'ils avaient encourues. L'exécution de cette condition fut abandonnée à la sincérité et à la bonne foi de chacun. Ainsi cette secte, qui était née avec la tourmente révolutionnaire, passa avec elle, et n'est plus aujourd'hui qu'un souvenir historique qui doit trouver place dans un dictionnaire des aberrations de l'esprit humain.

Voyons maintenant les points dans lesquels la *constitution civile du clergé* se trouvait manifestement erronée et schismatique.

1° Elle créait pour toute la France une circonscription entièrement nouvelle d'archevêchés et d'évêchés, de manière à ce qu'il y en eût un par département, ni plus ni moins; c'est-à-dire qu'elle en détruisait plusieurs d'anciens, qu'elle en instituait de nouveaux qui n'avaient jamais existé, et qu'elle changeait l'étendue juridictionnelle des autres, l'agrandissant ou la diminuant, selon l'étendue ou la circonscription du département dans lequel ils se trouvaient.

L'assemblée nationale avait-elle l'autorité nécessaire pour faire un changement si radical dans l'état de l'Eglise de France, alors surtout que les membres du clergé qui se trouvaient dans son sein étaient unanimes, ou à peu près, pour s'y opposer et le condamner ? N'avait-elle pas besoin, pour *légitimer* un acte aussi important, de l'accession et du concours de l'Eglise elle-même ? non-seulement de l'Eglise de France en particulier, mais encore de l'autorité suprême qui régit l'Eglise universelle?

2° Elle confiait la nomination des évêques, des curés, des vicaires et de tous les ministres du culte en général aux élections populaires, au mépris de l'autorité de l'Eglise et des lois qui, depuis des siècles, réglaient cette matière, et particulièrement de la nomination des premiers pasteurs. Des nominations ainsi faites, sans le consentement, ou plutôt, malgré l'opposition et la condamnation positive de l'autorité spirituelle, pouvaient-elles être valides et légitimes ?

3° Elle imposait aux évêques un conseil, celui des vicaires épiscopaux, et les obligeait à se régler sur l'avis de la majorité de ce conseil, dans l'administration de leurs diocèses. De plus, l'évêque mourant, ce n'étaient plus les chapitres qui pourvoyaient par leurs délégués au gouvernement du diocèse, mais des hommes désignés par les décrets, les vicaires de l'évêque défunt. Cela n'était-il pas destructif de l'autorité épiscopale et des canons qui étaient en vigueur depuis un temps immémorial ? N'était-ce pas établir l'organisation de l'Eglise de France sur les principes du *presbytérianisme*, réprouvés et anathématisés par le Concile de Trente (1) ?

4° Les curés et les vicaires, nommés par des électeurs laïques, pouvaient administrer leurs paroisses et exercer toutes les fonctions du ministère ecclésiastique en vertu du seul fait de cette élection, sans qu'ils fussent obligés de la faire confirmer, par l'autorité de l'évêque diocésain.

5° Les évêques élus devaient demander leur confirmation au métropolitain, ou, à son défaut, à un évêque désigné à cet effet par les directoires de département. Ils n'avaient nul besoin de s'adresser au souverain pontife pour en obtenir l'institution canonique. Seulement ils devaient lui écrire, en entrant en fonctions, pour lui déclarer qu'ils étaient dans sa communion et dans celle de l'Eglise catholique.

6° Enfin tous les évêques et tous les prêtres qui avaient un bénéfice et qui refuseraient de prêter le serment exigé par la *constitution*, furent déclarés *démissionnaires*, privés par conséquent de toute autorité et juridiction sur leurs diocèses et leurs paroisses, et l'on pourvoyait à leur remplacement par la nouvelle voie des élections.

Or, rien de plus évident, de plus manifeste, que l'opposition de ces décrets avec les doctrines fondamentales de l'Eglise catholique et les canons qui forment sa discipline.

1° Dès le commencement, l'Eglise s'est posée comme une puissance spirituelle divinement établie et indépendante de tout pouvoir humain, tant dans son enseignement que dans son gouvernement. Nul n'est admis au nombre de ses enfants et de ses membres, nul n'est compté parmi les *fidèles*, s'il ne lui reconnaît cette indépendance qui résulte immédiatement de sa divine origine ; et quiconque, dans la suite des dix-huit siècles qui se sont écoulés depuis sa fondation, a voulu l'attaquer sous ce rapport, a cessé par là même de lui appartenir. Elle l'a toujours rejeté de son sein comme un apostat, comme un hérétique.

De quoi s'agit-il en effet pour l'Eglise, c'est-à-dire pour ses pasteurs ? De prêcher et de transmettre, en échos fidèles, la parole reçue dans l'origine de la bouche de Jésus-Christ par ses apôtres ; d'administrer les sacrements aux fidèles, selon les règles et aux conditions posées par le Sauveur ; de perpétuer le ministère ecclésiastique conformément à l'ordre qui leur en fut donné ; en un mot de gouverner l'Eglise formée par Jésus-Christ et les apôtres, de manière à conserver intact le dépôt de la foi et des mœurs confié à leur sollicitude, et d'assurer par ce moyen pour tous les fidèles, les espérances de la vie future, fondées sur les mérites et sur l'enseignement de Jésus-Christ. Or, on ne voit pas à quel titre, sous quel prétexte, la puissance civile pourrait intervenir dans ces choses-là. Toute l'autorité des pasteurs prenant sa source dans ces paroles et dans cette mission de Jésus-Christ : *Allez, enseignez toutes les nations et apprenez-leur à observer tout ce que je vous ai enseigné ;* il est évident que nul ne saurait avoir la moindre parcelle de cette autorité, s'il n'a reçu lui-même cette mission divine, soit *immédiatement*, comme les apôtres ; soit *médiatement*, comme les pasteurs envoyés par eux et par leurs successeurs légitimes, au nom de leur maître. Tout pouvoir concernant l'Eglise doit être *divin* dans son origine et dans sa transmission. Celui qui serait purement humain sous ce double rapport, ne serait pas un pouvoir véritable, puisqu'il serait une usurpation sur l'œuvre même de Dieu.

C'est pourquoi il est de foi que Jésus-Christ a établi un ordre de pasteurs pour enseigner et gouverner l'Eglise, et qu'il leur a donné à cet effet une puissance spirituelle entièrement indépendante de l'autorité et de la puissance temporelle ; que pour exercer le ministère ecclésiastique, il ne suffit pas d'avoir été *ordonné*, mais qu'il faut encore avoir reçu la *mission* de l'autorité de l'Eglise ; que les actes de *juridiction* exercés par des prêtres et par des évêques qui n'ont pas reçu cette mission, sont radicalement invalides et de nul effet ; qu'il existe une *hiérarchie* spirituelle instituée par Jésus-Christ ; que le pape, évêque de Rome, a une principauté d'honneur et de juridiction à laquelle les évêques, les prêtres et les fidèles doivent obéissance et soumission dans les limites tracées par les canons ; enfin que les évêques, dont le pape est le chef, sont établis pour gouverner l'Eglise, qu'ils sont supérieurs aux simples prêtres de droit divin, et par conséquent que l'exercice de leur autorité, dans l'administration et le gouvernement de leurs diocèses, ne peut, en aucune façon, être assujetti aux délibérations d'un conseil composé de prêtres qui leur sont inférieurs (2).

Ces principes incontestables prouvent que le consentement positif de l'Eglise et de ses pasteurs était nécessaire pour légitimer, en ce qui pouvait l'être, le nouvel ordre de choses décrété par l'assemblée constituante. Cependant les jansénistes et les *constitutionnels* soutenaient que ce nouvel ordre de choses avait tout ce qu'il fallait pour être légitime, et qu'il n'était contraire à aucun dogme essentiel, *à rien de divin*, dans les différents règlements qu'il instituait. Selon eux, l'élection, et l'élection populaire, puisqu'elle se faisait par tout le corps des fidèles, avait été le mode primitif employé pour la nomination des évêques et des ministres de tous les ordres : témoin l'élection de saint Mathias et celle des sept diacres rapportée tout au

---

(1) Sess. 23.
(2) Voyez le concile de Trente, sess. 23, ch. 4. Can. 5 ;
sess. 14, ch. 7. Et *la profession de foi* prescrite par le même concile.

long dans les *Actes des apôtres;* témoin aussi toute l'histoire ecclésiastique depuis le commencement jusqu'à l'époque où le pontife romain et les évêques s'attribuèrent dans ces nominations une part exclusive qui ne leur avait pas appartenu d'abord ; que les apôtres n'avaient point revendiquée, et par conséquent n'avaient pu leur transmettre ; et qui devenait ainsi une véritable violation du droit ancien. Ils disaient encore que dans l'origine et pendant une longue suite de siècles, la confirmation des évêques élus appartenait aux métropolitains, et non au souverain pontife, et que l'assemblée constituante ne faisait que détruire un abus et une usurpation en décrétant que désormais en France on ne s'adresserait plus au pape, mais au métropolitain, pour obtenir la confirmation canonique : que plus d'une fois la puissance civile avait elle-même réglé et déterminé l'étendue juridictionnelle des diocèses, et que l'Eglise, dans les premiers temps, n'avait fait qu'adopter pour cela les divisions civiles existantes ; enfin que les *libertés de l'Eglise gallicane* l'autorisaient à se soustraire en particulier au droit nouveau introduit par le concordat de 1516, contre lequel les parlements, l'université et les chapitres s'étaient élevés pendant longtemps, quoique sans succès.

Nous allons répondre en peu de mots à chacune de ces objections. Et d'abord, en ce qui concerne les élections de saint Mathias et des sept premiers diacres, il ne s'ensuit pas, de ce qu'ils ont été introduits de cette manière dans le ministère évangélique, que les apôtres et saint Pierre en particulier n'aient pu faire seuls ces choix, et sans demander, sans attendre le consentement des fidèles. Tous les saints Pères de l'Eglise universelle ne l'ont pas entendu autrement. Aussi, à mesure que la foi s'étendait et que le nombre des chrétiens s'augmentait, les élections se resserraient dans un cercle plus étroit, et bientôt elles en vinrent à n'avoir plus lieu que par les membres du clergé des Eglises particulières et des divers diocèses. Et il en devait être ainsi. Dans les premiers temps, le bon *témoignage* exigé par l'Eglise pour celui qu'elle admet au nombre de ses ministres, ne pouvait être rendu que par l'assemblée si peu nombreuse, mais si unie, de tous les fidèles. Plus tard au contraire, ce n'était pas l'universalité des membres de l'Eglise qui pouvait connaître les candidats, les juger et en rendre témoignage ; c'étaient seulement ceux au milieu desquels ils vivaient, c'est-à-dire, principalement et avant tout, le clergé. Et d'ailleurs ces premières élections n'étaient-elles pas *provoquées, dirigées* et *confirmées* ensuite dans leurs résultats par les pasteurs, les évêques, les apôtres ? En était-il ainsi des élections ordonnées par l'assemblée constituante, et exécutées sans concours aucun de la part des pasteurs légitimes ?

Les chapitres des cathédrales ont conservé longtemps dans toute l'Eglise un pouvoir qu'ils n'exercent plus que dans un bien petit nombre de diocèses, celui d'élire l'évêque diocésain ; mais ce sont les abus eux-mêmes et les fâcheux résultats de ces élections, qui ont amené avec le temps un mode plus simple et comparativement meilleur de choisir des hommes *ayant un bon témoignage; bonum habens testimonium.* On a attribué les concordats, et celui qui fut conclu en 1516 entre Léon X et François Ier en particulier, à des motifs et à des intérêts tout humains. Mais il n'en est pas moins vrai, pas moins évident pour qui lira l'histoire ecclésiastique avec attention et impartialité, que l'introduction de ce nouveau droit fut un bien ; que les choix faits de cette manière remédièrent à la corruption et aux intrigues qui avaient depuis longtemps vicié les élections capitulaires ; et qu'après tout, il est presque toujours dans l'intérêt, comme dans la pensée des souverains de ne confier les grandes dignités de l'Eglise qu'à des hommes vertueux et capables.

On peut également soutenir avec vérité que la confirmation des évêques par le métropolitain, qui fut en effet le premier mode de conférer aux élus l'institution canonique, aurait fini par ne plus donner assez de garanties en faveur de leur orthodoxie et de leur attachement à l'unité, qui est l'essence même de l'Eglise catholique. La centralisation devint nécessaire, alors que les mœurs du clergé s'étaient si prodigieusement relâchées, que l'ambition avait pénétré dans tous ses rangs depuis la tiare jusqu'à la houlette du curé de campagne, et que le schisme avait divisé l'Eglise d'une extrémité de l'Europe à l'autre. Il appartenait d'ailleurs à l'Eglise, qui a exclusivement le droit de se gouverner elle-même, de modifier sa discipline sur cet article, comme elle l'a fait pour tant d'autres, à des époques différentes ; et une fois ce changement opéré, il ne se pouvait pas faire qu'une assemblée, exclusivement séculière, détruisît légitimement un droit qui ne tombait pas sous sa juridiction. On ne montrera jamais, par aucun fait de l'histoire ecclésiastique, non plus que par aucun dogme de la religion, qu'il appartienne aux puissances séculières de réformer de cette manière la discipline de l'Eglise. Quelques princes pieux et zélés ont entrepris de ramener en divers temps, le clergé à l'esprit de son état et au respect des règles canoniques ; mais ils l'ont toujours fait avec le concours du clergé lui-même qui, par son approbation et son consentement, a donné force de lois à des prescriptions qui sans cela n'eussent été que des règlements sans valeur et sans efficacité.

Nous ne disons rien de l'article spécial de la *constitution* qui assujettissait l'exercice de l'autorité de l'évêque à la sanction et à l'approbation des hommes qui composaient son conseil. Nous aimons mieux renvoyer le lecteur à la sess. 23 du concile de Trente, où cette indépendance, attaquée par les novateurs, se trouve décrétée et mise au rang des dogmes qui font partie de la foi catholique.

Reste l'objection tirée des *libertés de l'Eglise gallicane*. On a beaucoup parlé de ces *libertés;* et au milieu de tout ce qu'on en a dit, en des sens très-divers, on aperçoit clairement ces deux choses : 1° que ces libertés sont en effet quelque chose, qu'elles ont existé et qu'elles existent, comme il existe, de temps immémorial, des libertés pour les Eglises de la plupart des Etats particuliers, et 2° que nos libertés *gallicanes* ont toujours été comprises, expliquées et appliquées d'une manière tout à fait différente, par le clergé et par les parlements ou les représentants de la puissance civile. Il y a pourtant un point commun dans lequel le clergé et les parlements s'accordaient : c'est que ces libertés consistaient, comme le dit Bossuet, dans le droit dont a toujours joui l'Eglise gallicane de *se gouverner selon les anciens canons ;* et partant, *de n'accepter que librement* un droit nouveau, contraire à ces canons, de ne s'y soumettre que de son plein gré, de l'adopter enfin, en tout ou en partie, selon ses convenances et ses intérêts. Lorsqu'en 1516 parut le concordat entre Léon X et François I", les parlements, l'université et une partie du clergé le combattirent par des motifs exclusivement fondés sur ces considérations ; mais enfin il prévalut, malgré cette opposition, et en 1789 il régissait l'Eglise de France depuis près de deux cents ans.

Mais que pouvaient avoir de commun avec ces *libertés*, les prétentions et les règlements de l'assemblée constituante? *Ces anciens canons*, n'était-ce pas l'Eglise qui les avait faits ? L'Eglise gallicane les avait-elle reçus primitivement de l'autorité laïque? De quel droit cette autorité laïque venait-elle, seule et malgré les réclamations, malgré l'opposition de l'Eglise universelle, se prononçant par la bouche de son chef, et spécialement par celle des pasteurs légitimes de l'Eglise gallicane elle-même, la soustraire à des règles reçues, établies et régnant depuis si longtemps, pour lui rendre, sans son aveu, et sans se soucier si elle lui convenait, une discipline qu'elle avait abandonnée? N'était-ce pas d'ailleurs une amère dérision, que l'on voulût rendre *libre* l'Eglise gallicane d'une liberté qui blessait également et les dogmes de la religion, et la constitution générale de l'Eglise ; qu'elle réprouvait avec tant d'unanimité, et qui, en définitive, n'eût fait que l'asservir à la puissance civile?

Quoique les *constitutionnels* aient fait, à proprement parler, une véritable secte de schismatiques et d'hérétiques, puisqu'ils ont nié plusieurs des vérités essentielles de la religion catholique, tout porte à croire que le très-petit nombre d'adhérents qu'elle peut conserver encore dans quelques vieillards, n'auront point de successeurs. La révolution de 1830 avait paru à Grégoire une circonstance favorable pour ressusciter le schisme ; mais tous ses efforts furent inutiles. Il mourut en 1831, sans avoir vu se réaliser son rêve, et sans être sorti, même en présence du tombeau, de son déplorable aveuglement.

(1) Hist. patriarch. Alex., p. 164.
(2) Quand les gouverneurs mangeaient, ils faisaient soutenir leur table par quatre Égyptiens, et essuyaient leurs mains à leur barbe, affront le plus insupportable qu'on pût leur faire, et qui excite encore aujourd'hui la

*CONVULSIONNAIRES. On donna ce nom, au commencement du dix-huitième siècle, aux jansénistes frénétiques qui se livraient à toutes sortes de convulsions au tombeau du diacre Pâris.

COPHTES, c'est le nom qu'on donne aux Egyptiens chrétiens jacobites ou monophysites, à l'exclusion des autres habitants de l'Egypte.

Pour en bien connaître l'origine, il faut remonter au temps de Dioscore.

Dioscore, patriarche d'Alexandrie, fut le plus ardent promoteur de l'eutychianisme : l'autorité que lui donnait sa place, ses libéralités qui le faisaient adorer du peuple, l'horreur qu'il eut l'art d'inspirer à tous les Egyptiens pour les ennemis d'Eutychès, qu'il représenta comme des nestoriens, répandirent l'eutychianisme dans toute l'Egypte.

Le concile de Chalcédoine qui déposa Dioscore irrita tous les esprits, et alluma le fanatisme dans toute l'Egypte : la sévérité des lois des empereurs contre les ennemis du concile de Chalcédoine et les artifices des partisans de Dioscore donnèrent de l'aliment au fanatisme, et l'Egypte fut remplie de troubles, de divisions et de séditions.

La puissance impériale établit enfin dans toute l'Egypte l'autorité du concile de Chalcédoine : on envoya de Constantinople des patriarches, des évêques, des magistrats, des gouverneurs, et les Egyptiens furent exclus de toutes les dignités civiles, militaires et ecclésiastiques.

On n'éteignit pas le fanatisme : une partie des ennemis du concile de Chalcédoine se retira dans la haute-Egypte ; d'autres sortirent des terres de l'empire, et passèrent en Afrique et chez les Arabes, où toutes les religions étaient tolérées. (1)

Ceux qui restèrent en Egypte étaient subjugués et non pas soumis ; ils conservaient une haine implacable contre les empereurs romains ; les traitements rigoureux des gouverneurs et des officiers de l'empereur, les humiliations et les outrages qu'ils faisaient essuyer aux Egyptiens, plus de cent mille Egyptiens massacrés dans différentes occasions pour avoir refusé de reconnaître le concile de Chalcédoine, avaient porté dans le cœur de tous les Egyptiens une haine implacable contre les empereurs et un désir ardent de se venger de leurs oppresseurs. (2)

Les patriarches de leur secte leur envoyèrent des vicaires pour entretenir ces dispositions et pour les soutenir contre les lois de l'empereur.

Sous l'empereur Héraclius, le patriarche Benjamin, du fond des déserts de la basse Egypte, envoyait son vicaire Agathon, déguisé en tourneur, consoler les Egyptiens,

colère et la haine des Égyptiens contre les empereurs romains. Le souvenir des massacres commis pour faire recevoir le concile de Chalcédoine est encore présent à leur esprit.

leur administrer les sacrements, leur porter l'eucharistie.

L'Egypte renfermait donc deux peuples qui se haïssaient mortellement : les Grecs ou les Romains, qui occupaient toutes les places, toutes les dignités, et qui faisaient la plus grande partie des troupes; et un autre peuple, savoir les Egyptiens, qui étaient infiniment plus nombreux et qui formaient la bourgeoisie, les laboureurs, les artisans.

Pendant que l'Egypte était dans cet état, les Sarrasins conquirent la Palestine et la Syrie : les Egyptiens les invitèrent à venir en Egypte, firent un traité avec Amrou, général d'Omar, s'unirent à lui contre les Romains et firent passer l'Egypte sous la puissance des Sarrasins. Tous les Grecs ou Romains s'enfuirent et abandonnèrent l'Egypte, qui ne fut plus habitée que par les naturels et par les Sarrasins, qui levèrent une capitation sur les Egyptiens et remirent le patriarche Benjamin en possession de tous les priviléges du patriarcat.

Ainsi, comme les jacobites étaient presque tous Egyptiens naturels, ils perdirent en très-peu de temps l'usage de la langue grecque, et firent le service en langue égyptienne, comme ils le font encore aujourd'hui.

Les cophtes sont donc tous les Egyptiens qui, faisant profession de la croyance des jacobites, sont soumis au patriarche d'Alexandrie et font l'office en langue du pays (1).

Les cophtes jouirent d'abord de tous les priviléges que leur avait promis Amrou, général d'Omar, auquel l'Egypte s'était donnée : les Sarrasins d'ailleurs craignaient qu'en traitant mal les Egyptiens ils ne rappelassent les Romains; mais lorsque les gouverneurs sarrasins eurent appris que Léon s'était révolté contre Justinien, et que les Romains déposaient et créaient les empereurs à leur fantaisie, ils défendirent l'exercice public de la religion chrétienne (2).

Il fallut alors acheter des préfets la tolérance qu'on avait stipulée dans l'accommodement, et les Sarrasins devinrent des tyrans et des persécuteurs impitoyables, qui ne toléraient les chrétiens que pour en tirer des impôts arbitraires et des contributions excessives.

Les cophtes se soutinrent au milieu de ces persécutions, et malgré les schismes qui les divisèrent, ils se vantent même d'avoir eu dans tous ces temps des martyrs, des confesseurs, des saints, des miracles, et c'est par ces impostures qu'ils entretiennent encore dans le schisme le peuple ignorant et crédule (3).

Les révolutions arrivées dans l'empire des califes n'ont point adouci le sort des cophtes et des chrétiens, qui, malgré tant d'obstacles, se sont perpétués jusqu'à nos jours en Egypte.

Il n'y a point en Egypte de nation plus tyrannisée que les cophtes, parce qu'ils n'ont personne qui puisse se faire considérer des Turcs par son savoir, ou se faire craindre par son autorité; ils sont regardés comme le rebut du monde. Leur nombre est aujourd'hui très-petit : ils étaient plus de six cent mille payant tribut lorsque Amrou fit la conquête de l'Egypte; ils ne sont pas aujourd'hui plus de quinze mille (4).

Nous allons examiner l'état actuel de cette secte par rapport à la religion.

De la doctrine des cophtes.

Les cophtes rejettent le concile de Chalcédoine, la lettre de saint Léon à Flavien, et ne veulent point convenir qu'il y a deux natures en Jésus-Christ, quoiqu'ils reconnaissent que la divinité et l'humanité ne sont point confondues dans sa personne; et si l'on excepte cette espèce de monophysisme, ils n'ont aucune erreur particulière : ils conviennent avec les catholiques et avec les Grecs orthodoxes et schismatiques de tous les autres points qui concernent la religion (5).

Il est certain, par tous les livres des cophtes, par leurs confessions de foi, par leurs rituels, qu'ils reconnaissent la présence réelle, qu'ils ont le culte des images, la prière des morts et toutes les pratiques qui ont servi de prétexte au schisme des prétendus réformés.

Cette Eglise cophte est cependant séparée de l'Eglise romaine depuis plus de douze cents ans : tout ce que l'Eglise romaine croit et pratique aujourd'hui sur l'eucharistie, sur les sacrements, sur le purgatoire, sur les images, était donc enseigné et pratiqué par l'Eglise dont les cophtes faisaient partie aussi bien que l'Eglise latine, avant le schisme de Dioscore, ou il faut que l'Eglise cophte et l'Eglise romaine aient fait ces changements dans leur croyance, dans leur liturgie et dans leur culte.

Il est impossible que ces deux communions se soient accordées ou se soient rencontrées à faire dans leur doctrine et dans leur culte précisément les mêmes changements sur tant d'objets sur lesquels elles n'avaient aucune nécessité de se réunir.

Il faut donc qu'avant le schisme d'Eutychès l'Eglise catholique ait enseigné et pratiqué ce qu'elle enseigne et pratique aujourd'hui sur l'eucharistie, sur le culte des saints, sur la prière des morts : c'est donc avant Eutychès que s'est fait le changement dans la foi, s'il est vrai que celle que les catholiques professent aujourd'hui n'ait pas toujours été la foi de l'Eglise; et il est certain que toute l'Eglise, avant le concile de Chalcédoine, croyait et pratiquait ce que l'Eglise romaine croit et pratique aujourd'hui sur tous ces objets.

Nous avons prouvé, dans l'article NESTO-

---

(1) Renaudot, Perpét. de la foi, t. IV, l. 1, c. 9. Hist. patriar. Alex., part. II. Cont. de Bollandus, mois de juin, p. 79, etc.
(2) Hist. patr. Alex., p. 185.
(3) Ibid., p. 183.
(4) Nouvelle relation d'un voyage fait en Egypte par Vansleb, p. xv, p. 288.
(5) Renaudot, Hist. patr. Alex., p. 356, part. II. Perpét. de la foi, t. IV, l. 1, c. 9. Bolland., juin, t. V. Nouveaux mémoires de la compagnie de Jésus dans le Levant, t. II. Lettre du Père du Bernat au Père Fleuriau.

rius, que cette croyance était générale avant le premier concile d'Ephèse et même avant le concile de Nicée, et qu'il était impossible que cette croyance fût alors nouvelle dans l'Eglise.

La croyance de l'Eglise romaine est donc la croyance de l'Eglise primitive ; pourquoi donc les premiers réformateurs s'en sont-ils séparés, et pourquoi les protestants de nos jours ne rentreraient-ils pas dans une Eglise qui ne croit que ce que l'Eglise croyait dans les premiers siècles, dans ces siècles si féconds en prodiges de vertus et qui ont donné tant de martyrs et tant de saints ? Comment M. Tillotson opposera-t-il la prétendue difficulté de se sauver dans l'Eglise romaine, pour justifier le schisme des Eglises réformées ?

Les protestants ont prétendu que le patriarche Macaire avait changé la liturgie des cophtes, et voudraient prouver, par ce changement, qu'il est possible qu'un patriarche ait établi une nouvelle doctrine dans l'Eglise sans qu'on s'y soit opposé, et par conséquent sans qu'on puisse en marquer l'époque.

Mais l'exemple du patriarche Macaire n'est pas propre à prouver leur prétention, car les cophtes avaient beaucoup d'usages qui n'étaient point fondés sur la tradition, et le patriarche avait le pouvoir de les changer, sans que ce changement causât dans l'Eglise cophte aucune difficulté ; mais il n'en est pas ainsi de ce qui regarde l'eucharistie et les sacrements ; les patriarches n'ont jamais osé entreprendre de faire sur ces objets aucun changement, et les changements qu'ils ont voulu faire sur des objets qui n'étaient pas des points de liturgie ont toujours excité des troubles (1).

Du gouvernement ecclésiastique des cophtes.

L'Eglise cophte a conservé le gouvernement qu'elle avait dans son institution et s'en est éloignée moins qu'aucune autre.

Le souverain chef de l'Eglise est le patriarche d'Alexandrie, successeur de saint Marc ; après lui sont les évêques, au nombre de onze ou douze, les prêtres, les diacres, des clercs inférieurs, des moines et des laïques.

Les évêques, les prêtres et les principaux de la nation s'assemblent pour élire le patriarche : cette élection se fait au Caire. On choisit toujours les patriarches parmi les moines, parce qu'il faut que le patriarche ait vécu toute sa vie dans la chasteté.

Les évêques sont dans une extrême dépendance de l'archevêque : il les élit, peut les déposer et les excommunier ; ils sont dans les provinces les receveurs des revenus du patriarche, lesquels revenus consistent en une dîme destinée à son entretien.

Quoiqu'il n'y ait point d'obligation pour les prêtres de vivre dans la continence, il y en a néanmoins qui ne sont point mariés et qui ne l'ont point été.

Les cophtes n'ont point d'empressement pour l'état de prêtrise, il faut souvent les y forcer ; comme ils sont tirés du peuple qui ne subsiste que par son travail, ils considèrent que ce nouvel emploi leur emportera la plus grande partie du temps et les empêchera de faire leur métier, quoiqu'ils soient chargés de pourvoir à l'entretien d'une famille, l'Eglise ne leur fournissant presque rien.

Souvent on voit des hommes qui sortent de la boutique à l'âge de trente ans pour être élevés au sacerdoce. Ont-ils été jusqu'alors tisserands, tailleurs, orfèvres ou graveurs, savent-ils lire en cophte, cela suffit pour les ordonner prêtres, parce que la messe se dit et l'office se fait en cette langue que la plupart d'entre eux n'entendent pas.

Les prêtres ne prêchent jamais, et cependant ils sont très-respectés du peuple, et tout ce qu'il y a de plus considérable et de plus distingué dans la nation se courbe devant eux, leur baise la main et les prie de la leur mettre sur la tête (2).

Des jeûnes des cophtes.

Les cophtes sont, comme les chrétiens d'Orient, grands observateurs du jeûne : ils ont quatre carêmes dans l'année ; le premier est celui qui précède la pâque ; il commence neuf jours avant celui des latins : ils demeurent sans boire, sans manger et sans fumer jusqu'après l'office, qui finit environ à une heure.

Le second carême est de quarante-trois jours pour le clergé, et de vingt-trois pour les autres : ce carême est avant la Nativité de Notre-Seigneur.

Le troisième carême se pratique avant la fête des apôtres saint Pierre et saint Paul ; il est d'environ treize jours, et commence après la semaine de la Pentecôte.

Le quatrième carême est avant la fête de l'Assomption et dure quinze jours.

Il n'y a point d'âge prescrit parmi eux pour jeûner : on ne saurait croire quel mérite ils se font de leurs carêmes et de leurs jeûnes.

De quelques pratiques particulières aux cophtes.

1° Les cophtes donnent le sacrement de l'extrême-onction avec celui de la pénitence : ils ne désavouent pas que saint Jacques a recommandé ce sacrement pour les malades, mais ils distinguent trois sortes de maladies : celles du corps, celles de l'âme, qui sont les péchés, celles de l'esprit, qui sont les afflictions ; ils estiment que l'onction est utile pour toutes : voici de quelle manière ils administrent ce sacrement.

Le prêtre, après avoir donné l'absolution au pénitent, se fait assister d'un diacre ; il commence par les encensements, et prend une lampe dont il bénit l'huile, et y allume une mèche ; il récite ensuite sept oraisons

---

(1) Renaudot, loc. cit., p. 496.
(2) Idem, Hist. patriarch. Alex. Collect. liturgiarum orientalium.

et sept leçons tirées de l'Epître de saint Jacques; puis il prend de l'huile de la lampe bénite, et en fait une onction sur le front, disant : Dieu vous bénisse, au nom du Père, et du Fils; il fait une semblable onction à tous les assistants, de peur, dit-il, que le malin esprit ne passe à quelqu'un d'eux.

2° Ils ont dans leurs églises de grands bassins, ou des lavoirs, qu'ils remplissent d'eau le jour de l'Epiphanie; le prêtre la bénit, y plonge les enfants, et le peuple s'y jette; à la campagne et sur le bord du Nil, la bénédiction se fait sur la rivière même, où le peuple se baigne ensuite : cette coutume est aussi en usage chez les Abyssins.

Ne serait-ce point cette cérémonie qui avait fait juger que les cophtes honorent le Nil comme une divinité?

3° La dissolution du mariage est en usage chez les cophtes, non-seulement en cas d'adultère, mais pour de longues infirmités, pour des antipathies, pour des querelles dans le ménage, et souvent par dégoût.

La partie qui poursuit la dissolution de son mariage s'adresse d'abord au patriarche ou à son évêque pour la lui demander, et si le patriarche ne peut le dissuader, il l'accorde; si le prélat refuse la dissolution, ils vont devant le *cadi* ou magistrat turc, font rompre leur mariage, et en contractent un autre à la turque, qu'ils nomment *mariage de justice.*

4° Ils ont l'usage de la circoncision, qu'ils ont prise des mahométans ou des juifs; mais elle pourrait bien n'être pas une cérémonie religieuse, mais un usage du pays; quoiqu'il en soit fait mention dans leurs rituels, il paraît qu'ils n'ont adopté cet usage que pour plaire aux mahométans : ils s'abstiennent aussi du sang et de la chair des animaux suffoqués (1).

* CORNARISTES, disciples de Théodore Cornhert, secrétaire des États de Hollande, hérétique enthousiaste, qui n'approuvait aucune secte et les attaquait toutes. Il écrivait et disputait en même temps contre les catholiques, contre les luthériens et contre les calvinistes, et soutenait que toutes les communions avaient besoin de réforme. Mais il ajoutait que, sans une mission soutenue par des miracles, personne n'avait droit de la faire; parce que les miracles sont le seul signe à portée de tout le monde, pour prouver qu'un homme annonce la vérité. Il est vrai qu'il n'en fit pas lui-même pour démontrer la vérité de sa prétention. Son avis était qu'en attendant l'homme aux miracles, on se réunît par *interim,* qu'on se contentât de lire aux peuples la parole de Dieu sans commentaire, et que chacun l'entendît comme il lui plairait. Il croyait que l'on pouvait être bon chrétien sans être membre d'aucune Eglise visible. Les calvinistes sont ceux auxquels il en voulait le plus. Sans la protection du prince d'Orange, qui le mettait à couvert de poursuites, il est probable que ses adversaires ne se seraient pas bornés à lui dire des injures. Cependant il ne raisonnait pas trop mal selon les principes généraux de la réforme, et ce n'est pas là le seul système absurde auquel elle a donné lieu.

* CORRUPTICOLES, secte d'eutychiens qui parut en Egypte vers l'an 531, et qui eut pour chef Sévère, faux patriarche d'Alexandrie. Il soutenait que le corps de Jésus-Christ était corruptible; que nier cette vérité, c'était attaquer la réalité des souffrances du Sauveur. D'un autre côté, Julien d'Halicarnasse, autre eutychien réfugié en Egypte, prétendait que le corps de Jésus-Christ a toujours été incorruptible; que soutenir le contraire, c'était admettre une distinction entre Jésus-Christ et le Verbe; par conséquent, supposer deux natures en Jésus-Christ, dogme qu'Eutychès avait attaqué de toutes ses forces.

Les partisans de Sévère furent nommés *corrupticoles,* ou adorateurs du corruptible; ceux de Julien furent appelés *incorruptibles* ou *phantasiastes.* Dans cette dispute qui partageait la ville d'Alexandrie, le clergé et les puissances séculières favorisaient le premier parti; les moines et le peuple tenaient pour le second.

* COTEREAUX, hérétiques qui vendaient leurs bras et leur vie pour servir les passions sanguinaires des pétrobrusiens et des albigeois. On les nommait encore *cathares, courriers* et *routiers.* Ils exercèrent leurs violences en Languedoc et en Gascogne, sous le règne de Louis VII, vers la fin du douzième siècle. Alexandre III les excommunia, accorda des indulgences à ceux qui les attaqueraient, défendit, sous peine de censure, de les favoriser ou de les épargner. On dit qu'il y en eut plus de sept mille qui furent exterminés dans le Berri.

Quelques censeurs ont blâmé cette conduite du pape comme contraire à l'esprit du christianisme : saint Augustin, disent-ils, consulté par les juges civils sur ce qu'il fallait faire des circoncellions qui avaient égorgé plusieurs catholiques, répondit : « Nous avons interrogé là-dessus les saints martyrs, nous avons entendu une voix s'élever de leur tombeau, qui nous avertissent de prier pour la conversion de nos ennemis, et d'abandonner à Dieu le soin de la vengeance. » D'autres critiques ont accusé saint Augustin d'avoir pensé à l'égard des donatistes et de leurs circoncellions à peu près de même qu'Alexandre III à l'égard des cotereaux.

Tous ces reproches sont également injustes. Notre religion nous ordonne de pardonner à nos ennemis particuliers et personnels, mais non d'épargner des ennemis publics armés contre la sûreté et le repos de la société; elle ne défend ni de leur faire la guerre, ni de les exterminer, lorsqu'on ne peut pas autrement les mettre hors d'état de nuire. C'était le cas des cotereaux. Par la même raison, saint Augustin fut d'avis

---

(1) Nouveaux mémoires des missions de la compagnie de Jésus dans le Levant, t. II, loc. cit.

d'implorer le secours du bras séculier, pour arrêter le cours du brigandage des circoncellions; mais lorsque plusieurs d'entre eux furent tombés entre les mains des juges, il ne voulut demander ni leur sang ni aucune vengeance; parce qu'ils étaient *hors d'état de nuire.*

CRITICISME. Le scepticisme dont Hume se constitua le représentant en Angleterre, engendra en Allemagne le *criticisme* de Kant, lequel à son tour a donné lieu au développement du système de Fichte, puis à celui de Hégel, de Schelling, de Bouterveck et autres.

Le philosophe de Kœnigsberg, recherchant les éléments de la connaissance humaine, reconnut deux éléments de cette connaissance, ou plutôt de l'expérience qui la produit, le *sujet* et l'*objet;* mais de telle sorte que le sujet, recevant les impressions de l'objet, le modifie selon les *formes nécessaires* subsistantes en lui *a priori;* d'où il suit que l'esprit ne peut en aucune façon connaître l'objet tel qu'il est réellement; mais seulement le phénomène ou l'apparence de l'objet. Les objets ne sont perçus que par les formes subjectives que nous leur imposons; or ces formes montrent simplement comment nous concevons les objets, et non comment ils sont réellement. Les choses en soi, que Kant appelle *noumènes* ou êtres de raison, nous demeurent donc entièrement inconnues; car l'expérience des sens ne nous donne que des phénomènes, c'est-à-dire des apparences, et l'intelligence ne nous donne qu'un ordre purement *idéal.* Par conséquent l'âme et Dieu, qui ne peuvent être connus que par l'expérience des sens, se trouvent au rang des purs *concepts* de la raison, ou *noumènes,* dont nous ne pouvons nullement savoir s'ils existent véritablement et substantiellement; si même ils sont possibles. Kant les élimina donc de la science, qu'il astreignit à sa *somatologie* ou science des corps.

Mais à quoi se réduisait, après tout, cette science phénoménale des corps, à s'en tenir aux principes de Kant? Il est facile de le voir, quand on se rappelle que Kant a placé le *temps* et l'*espace* parmi les formes *subjectives,* et que le principe même de *causalité* est pour lui une *catégorie* purement subjective, d'où il résultait que les causes de ces phénomènes, c'est-à-dire les corps, causes de nos sensations, étaient aussi complétement *subjectives;* et, conséquemment, qu'il n'était nullement prouvé qu'elles ont une existence hors de nous. Ainsi, quelles qu'aient été les véritables intentions de Kant, « il nous plonge, dit Rosmini, dans l'idéalisme le plus universel, dans l'illusion subjective la plus profonde. Il nous emprisonne dans une sphère de songes telle qu'il ne nous est plus permis de la franchir pour arriver à aucune réalité. C'est au point qu'il ne fait point seulement l'homme incertain de ce qu'il sait, il le déclare absolument incapable de rien savoir... C'est alors le scepticisme perfectionné, consommé; le scepticisme qui, sous ce nouveau nom de *criticisme,* anéantit l'humanité même, laquelle n'existe que parce qu'elle connaît. »

Néanmoins, tout en ôtant à la raison *théorétique* toute possibilité de connaître l'existence de Dieu, la spiritualité et l'immortalité de l'âme, la vie à venir, en un mot toutes les vérités métaphysiques, Kant les admettait d'ailleurs, en vertu de la *raison pratique,* comme *postulats,* et les tenait pour *certaines,* à cause des besoins pratiques : c'est-à-dire parce que dans la pratique de la vie on ne peut s'en passer. La partie historique du christianisme ou de la révélation se trouve placée au rang des *phénomènes.* Son contenu entre naturellement, d'après la théorie kantienne, dans la classe des *noumènes,* c'est-à-dire des choses qu'il est totalement impossible de connaître. Ainsi le spiritualisme de Kant aboutissait au même résultat que le sensualisme de Voltaire. La philosophie se bornait à changer les armes émoussées du dernier siècle, et à porter la querelle sur un autre terrain.

Cela parut d'une manière manifeste dans le livre de Kant, intitulé : *De la Religion dans les limites de la raison,* lequel sert encore de fond à presque toutes les innovations de nos jours. Que sont les Ecritures pour le philosophe de Kœnigsberg? une *suite d'allégories morales,* une sorte de *commentaire populaire de la loi du devoir.* Jésus-Christ lui-même n'est plus qu'un idéal qui plane solitairement dans la conscience de l'humanité. D'ailleurs, la résurrection étant retranchée de ce prétendu christianisme, il ne restait, à vrai dire, qu'un Evangile de la raison pure, un Jésus abstrait, sans la crèche et le sépulcre.

Depuis l'apparition de cet ouvrage, il ne fut plus permis de se tromper sur l'espèce d'alliance de la philosophie nouvelle avec la foi évangélique. Dans ce traité de paix, la critique, le raisonnement ou plutôt le scepticisme se couronnaient eux-mêmes. S'ils laissaient subsister la religion, c'était comme une province conquise dont ils marquaient à leur gré les *limites,* comme le disait assez clairement le titre de l'ouvrage de Kant.

Le *criticisme* devait aller plus loin encore. Il était facile de prévoir que tous les esprits ne s'accommoderaient pas des *postulats* postiches de Kant. Une fois l'impulsion donnée, il n'était plus possible de s'arrêter sur ce penchant rapide. Un esprit hardi, Fichte, parut, et se présenta pour tirer toutes les conséquences du système de son maître, et pour lui donner ainsi son parfait développement. Le moi phénoménal de Kant devint, dans la doctrine de Fichte, le *moi absolu,* hors duquel il n'y a aucune réalité, même *phénoménique* ou apparente. En vertu de sa propre activité, le *moi* se pose lui-même, ce qui revient à dire qu'il se crée; puis, par cette même activité, se repliant par un acte identique sur lui-même, il trouve une limite, un *non-moi* par lequel il a conscience de lui; mais ce *non-moi* n'existe pas avant le *moi*, ni indépendamment du *moi*. C'est l'activité même du *moi* qui le pose et le crée pour ainsi dire; de sorte que l'existence de toutes les choses concevables dérive de l'activité primitive du *moi*. Or parmi ces choses il faut ranger Dieu même, Dieu qui appartient au *non-moi*. De là, cet acte de délire de Fichte, qui promit un jour à ses auditeurs « que pour la prochaine leçon, il serait prêt à créer Dieu! » Dernière expression de l'orgueil d'une créature intelligente! formule la plus abrégée de la malice de l'ange réprouvé, si la légèreté de l'âge et l'irréflexion du jeune homme qui l'a proférée ne méritaient pas plus de pitié que d'indignation. Dans cet *égoïsme* métaphysique, que devenaient les rapports réels de l'homme avec Dieu? qu'étaient la réalité et l'objectivité du christianisme? Il est inutile de le faire remarquer.

En combinant d'une façon bizarre l'objectivité *phénoménique* de Kant, l'idéalisme absolu de Schelling, son maître, Hégel a produit un nouveau système dont le point de départ est l'*idée*. Cette objectivité qui, pour Kant, était *phénoménique*, pour Fichte une limite du *moi* inconnue, Hégel l'a placée dans l'idée même, où l'esprit la contemple comme un être distinct de lui : ainsi la pensée est l'existence, et l'existence est la pensée. L'*idée* qui, au principe, n'est qu'une *essence logique*, se transforme en *réalité* au moyen de ses *moments* ou de ses *mouvements* et produit la nature universelle, l'esprit et Dieu. L'esprit humain, en tant qu'il pense, est donc pour Hégel la réalité spirituelle absolue. Or, comme le christianisme, faisant partie de l'*idée*, est contenu et compris, lui aussi, dans le sujet pensant, il en résulte qu'il n'est autre chose qu'un développement naturel, un *moment*, un *mouvement* de cette *idée* dans la pensée. Bref, le sujet pensant tire de son propre fonds le christianisme, sans avoir besoin d'une révélation extérieure ; et quand le philosophe a atteint la hauteur et la plénitude de la science, il possède dans son idée le *verbe*, le *logos* dans sa réalité et sa présence absolue. Mais, comme tous ne sont pas philosophes ni capables de s'élever si haut, pour condescendre à l'ignorance des esprits vulgaires, on veut bien leur laisser le *christianisme historique* et la révélation extérieure.

Nous ne dirons rien des systèmes qui se sentent plus ou moins du panthéisme, comme ceux de Schelling, de Bouterweck, de Krug et autres. Si ces théories ont trouvé beaucoup de partisans et d'admirateurs en Allemagne, elles ont été victorieusement combattues et réfutées en Italie par Baldinotti, Bonelli, Galluppi, Perrone et Rosmini.

CYNIQUES; c'est ainsi qu'on appelait les philosophes sectateurs d'Antisthène, qui foulaient aux pieds toute espèce de règle, de mœurs et de bienséance : ce nom fut donné aux turlupins, qui s'abandonnaient publiquement et sans remords aux plus honteuses débauches.

CYRÉNAIQUES; ils parurent vers l'an 175, et prétendirent qu'il ne fallait point prier, parce que Jésus-Christ avait dit savoir les choses dont nous avions besoin (1).

CYRTHIENS, hérétiques qui étaient une branche des ariens, et qui furent ainsi nommés de Cyrthius, leur chef.

D

DADOÈS, chef des messaliens (2). *Voyez* cet article.

DAMIANISTES, nom de secte : c'était une branche des acéphales sévériens. Comme le concile de Chalcédoine, en 451, avait également condamné les nestoriens, qui supposaient deux personnes en Jésus-Christ, et les eutychiens, qui n'y reconnaissaient qu'une seule nature, un grand nombre de sectaires rejetèrent ce concile ; les uns par un attachement au sentiment de Nestorius ; les autres par prévention pour celui d'Eutychès. La plupart de ceux qui n'attachaient pas une idée nette aux mots, *nature*, *personne*, *substance*, se persuadèrent que l'on ne pouvait condamner l'une de ces hérésies sans tomber dans l'autre; quoique catholiques dans le fond, ils ne savaient s'ils devaient admettre ou rejeter le concile de Chalcédoine. D'autres enfin firent semblant de s'y soumettre, mais en donnant dans une autre erreur ; ils nièrent, comme Sabellius, toute distinction entre les trois personnes divines, regardèrent les noms de Père, de Fils et de Saint-Esprit comme de simples dénominations. Comme ils n'eurent d'abord point de chef à leur tête, ils furent appelés *acéphales*. Sévère, évêque d'Antioche, se mit ensuite à la tête de ce parti, qui se divisa de nouveau. Les uns suivirent un évêque d'Alexandrie, nommé Damien, et furent nommés *damianistes*; les autres furent appelés *sévériens pétrites*, parce qu'ils s'étaient attachés à Pierre Mongus, usurpateur du siége d'Alexandrie. Il est clair que ces sectaires ne s'entendaient pas les uns les autres, qu'ils étaient animés par la fureur de disputer plutôt que conduits par un véritable zèle pour la pureté de la foi (3).

DANSEURS, secte de fanatiques, qui se forma l'an 1373 à Aix-la-Chapelle, d'où elle se répandit dans le pays de Liége, le Hainaut et la Flandre. Ces fanatiques, tant hommes que femmes, se mettaient tout à coup à danser, se tenaient les uns les autres par la main, et s'agitaient au point qu'ils perdaient

---

(1) Hofman, Lexicon.
(2) Il prétendait que le baptême ne sert de rien à ceux qui le reçoivent, et qu'il n'y a qu'une prière fervente qui chasse les démons de nos cœurs. (*Note de l'éditeur.*)
(3) Nicéphore, liv. xvii, c. 49.

haleine, et tombaient à la renverse, sans donner presque aucun signe de vie. Ils prétendaient être favorisés de visions merveilleuses pendant cette agitation extraordinaire. Ils demandaient l'aumône de ville en ville comme les flagellants; ils tenaient des assemblées secrètes, et méprisaient, comme les autres sectaires, le clergé et le culte reçu dans l'Eglise. Les circonstances de cette espèce de frénésie parurent si extraordinaires, que les prêtres de Liége prirent ces sectaires pour des possédés, et employèrent les exorcismes pour les guérir.

DAVID DE DINANT adopta les principes d'Amauri, son maître, et écrivit pour les justifier.

Il y avait alors en France des restes de cathares ou de ces manichéens venus d'Italie, qui attaquaient l'autorité des ministres de l'Eglise, les cérémonies et les sacrements : ils niaient la résurrection, la distinction du vice et de la vertu, etc. Ils crurent trouver dans le système d'Amauri des preuves de leurs opinions; ils l'adoptèrent : ils prétendirent que Dieu le Père s'était incarné dans Abraham, Dieu le Fils dans Jésus-Christ ; que le royaume de Jésus-Christ était passé; que par conséquent les sacrements étaient sans vertu et les ministres sans juridiction et sans autorité légitime, puisque le règne du Saint-Esprit était arrivé, et que la religion devait être tout intérieure.

De là ces sectaires conclurent que toutes les actions corporelles étaient indifférentes. Les sectaires, qui sont presque toujours des hommes ardents, impétueux et passionnés, n'ont jamais manqué à tirer ces conséquences des principes tels que ceux d'Amauri, et s'en sont toujours servis pour se permettre sans scrupule tous les plaisirs. Ces restes de cathares se livrèrent à toutes sortes de débauches, sous prétexte que le règne du Saint-Esprit était arrivé, que les actions corporelles étaient indifférentes, et que par conséquent la loi qui en défend d'un certain ordre et qui en prescrit d'autres n'avait plus de force et n'obligeait plus personne : ils tombèrent donc dans les plus grands excès, et firent une secte qui fut d'abord secrète et qui fut découverte par de faux prosélytes.

Un orfévre nommé Guillaume était le chef de cette secte; il se disait envoyé de Dieu et prophétisait qu'avant cinq ans le monde serait frappé de trois plaies : de famine sur le peuple, de glaive sur les princes, de tremblements de terre qui engloutiraient les villes, et de feu sur les prélats de l'Eglise; il appelait le pape l'Antechrist, Rome la Babylone, et tous les ecclésiastiques les membres de l'Antechrist.

Il avait aussi prédit que le roi Philippe-Auguste et son fils rangeraient bientôt toutes les nations sous l'obéissance du Saint-Esprit.

On arrêta quatorze de ces sectaires; ils furent conduits au concile qui se tenait alors à Paris; on les instruisit, mais ils persévérèrent dans leurs erreurs; dix furent brûlés (dans le mois de décembre 1210).

On condamna aussi la mémoire d'Amauri, on l'exhuma, et ses os furent brûlés.

Le concile de Paris condamna aussi les livres de la métaphysique et de la physique d'Aristote, que l'on regardait comme la source des erreurs d'Amauri: on brûla les ouvrages de David de Dinant.

Cette secte n'était qu'une troupe de fanatiques débauchés qu'on ne pouvait regarder comme des réformateurs: ils n'avaient aucun principe honnête; on ne pouvait les regarder comme des défenseurs de la religion. On les vit mourir sans intérêt, et leur secte s'éteignit (1).

DAVIDIQUES, DAVIDISTES ou DAVID GEORGIENS, sorte d'hérétiques, sectateurs de *David Georges*, hollandais qui, en 1525, commença à prêcher une nouvelle doctrine. Il publia qu'il était le vrai Messie, le troisième David, né de Dieu, non par la chair, mais par l'esprit. Le ciel, à ce qu'il disait, étant vide faute de gens qui méritassent d'y entrer, il avait été envoyé pour adopter des enfants dignes de ce royaume éternel, et pour réparer Israël, non par la mort, comme Jésus-Christ, mais par la grâce. Avec les sadducéens il rejetait la résurrection des morts et le dernier jugement; avec les adamites, il réprouvait le mariage et approuvait la communauté des femmes; et avec les manichéens, il croyait que le corps seul pouvait être souillé, et que l'âme ne l'était jamais. Il regardait comme inutiles tous les exercices de piété, et réduisait la religion à une pure contemplation : telles sont les principales erreurs qu'on lui attribue.

DÉCHAUSSÉS, hérétiques qui prétendaient que, pour être sauvé, il fallait marcher nu-pieds (2).

DISSENTANTS ou OPPOSANTS, nom général qu'on donne en Angleterre à différentes sectes qui, en matière de religion, de discipline et de cérémonies ecclésiastiques, sont d'un sentiment contraire à celui de l'Eglise anglicane, et qui néanmoins sont tolérés dans le royaume par les lois civiles. Tels sont, en particulier : les presbytériens, les indépendants, les anabaptistes, les quakers ou trembleurs. On les nomme aussi *non-conformistes*.

DISSIDENTS. L'on nomme ainsi en Pologne ceux qui font profession des religions luthérienne, calviniste et grecque. Ils doivent jouir dans ce royaume du libre exercice de leur religion qui, suivant les constitutions, ne les exclut point des emplois. Le roi de Pologne (avant son incorporation à l'empire de Russie), promettait, par les *pacta conventa*, de les tolérer et de maintenir la paix et l'union entre eux; mais les *dissidents* ont eu quelquefois à se plaindre de l'inexécution de ces promesses. Les ariens et les sociniens ont aussi voulu être admis au nom-

---

(1) D'Argentré, Collect. jud., t. I.

(2) August., de Hæres.

bre des *dissidents*; mais ils en ont toujours été exclus.

DOCÈTES, hérétiques qui niaient que Jésus-Christ eût pris un corps véritable (1).

DONATISTES, schismatiques qui se séparèrent : 1° de la communion de Cécilien, parce qu'il avait été ordonné par Félix d'Aptunge, qu'ils prétendaient avoir livré les vases de l'église et les livres sacrés pendant la persécution; 2° de toute l'Eglise, parce que toute l'Eglise était restée unie de communion avec Cécilien, et non pas avec Majorin et avec Donat, successeur de Majorin.

Ce schisme, produit par une petite vengeance particulière, troubla l'Eglise pendant plus d'un siècle, remplit l'Afrique de calamités et d'horreurs, épuisa la rigueur et la patience de trois empereurs, et ne céda qu'au temps, semblable à ces volcans que le mineur imprudent allume et qui ne s'éteignent que lorsque le feu a consumé le soufre et le bitume qu'ils renfermaient dans leurs entrailles.

Il est important de bien connaître l'origine et le progrès d'un pareil schisme, et de le suivre exactement dans ses effets.

Du schisme des donatistes avant Donat.

La religion chrétienne n'a point été portée en Afrique par les apôtres, mais elle y fit de grands progrès dans le second siècle; et les chrétiens, malgré les persécutions, y avaient beaucoup d'Eglises.

Ces Eglises furent cruellement persécutées sous Dioclétien, sous Galère et sous Maxence.

Cette dernière persécution durait encore lorsque Mensurius, évêque de Carthage, fut mandé par Maxence.

Mensurius, avant que de partir, confia les vases de l'église à quelques vieillards, et donna le mémoire de ces vases à une vieille femme, afin que, s'il mourait dans son voyage, elle le remît à son successeur.

Mensurius mourut en effet en revenant à Carthage, et Maxence rendit alors la paix à l'Eglise (2).

Les évêques de la province d'Afrique s'assemblèrent à Carthage pour élire un successeur de Mensurius; Cécilien fut élu unanimement et ordonné par Félix d'Aptunge (3).

On remit à Cécilien le mémoire des vases sacrés que son prédécesseur avait confiés aux vieillards, qui croyaient qu'on ignorait ce dépôt et qui conçurent une haine violente contre Cécilien qui les obligeait à rendre les vases qu'on leur avait confiés (4).

Deux personnes considérables dans le clergé de Carthage, Botrus et Célestius, avaient aspiré tous deux à l'épiscopat; ils furent irrités de la préférence que l'on avait donnée à Cécilien, se joignirent aux vieillards, et décrièrent Cécilien (5).

Pendant que Cécilien n'était encore que diacre, une dame puissante, nommée Lucille, avant de recevoir le corps et le sang de Notre-Seigneur, baisait l'os d'un homme qui n'était pas encore reconnu martyr. Cécilien avait blâmé cette pratique et fait une réprimande à Lucille, qui, depuis ce temps-là, s'était séparée de l'Eglise (6).

Lucille s'unit aux ennemis de Cécilien et forma un parti contre lui; ce parti s'accrut, s'échauffa, résolut de perdre Cécilien et chercha les moyens de faire casser son ordination.

Cécilien avait été ordonné par Félix d'Aptunge, et l'on n'avait point appelé à son élection les évêques de Numidie. Les ennemis de Cécilien prétendirent que son ordination était nulle, et parce qu'on n'avait point appelé les évêques de Numidie, et parce qu'il avait été ordonné par Félix d'Aptunge, qui, pendant la persécution, avait livré les vases de l'Eglise et les livres saints.

Cette prévarication était, dans l'Eglise de Carthage, comme une espèce d'apostasie, et on regardait comme nuls les sacrements donnés par ceux qui en étaient coupables.

Les ennemis de Cécilien crurent donc avoir trouvé deux moyens sûrs pour le perdre; ils appelèrent les évêques de Numidie à Carthage, où Lucille les traita magnifiquement : ils s'assemblèrent comblés de présents et citèrent Cécilien.

Le peuple ne permit pas à son évêque de comparaître, et Cécilien répondit aux députés des évêques de Numidie que si ceux qui l'avaient ordonné étaient des traditeurs qui ne lui avaient point en effet donné l'ordre, on n'avait qu'à le réordonner.

Cécilien ne croyait pas qu'en effet Félix d'Aptunge fût traditeur; il cherchait par cette réponse à ouvrir un moyen de conciliation, et croyait arrêter ses ennemis; mais ils prirent sa réponse comme un aveu du crime de Félix d'Aptunge, déclarèrent le siège de Carthage vacant, procédèrent à une nouvelle élection et ordonnèrent en un nommé Majorin, domestique de Lucille, lequel avait été lecteur dans la diaconie de Cécilien (7).

Malgré le jugement des évêques de Numidie, toute l'Eglise demeurait unie de communion avec Cécilien; c'était à lui et non à Majorin que s'adressaient les lettres de l'Eglise d'outre-mer.

Le parti des agresseurs est, en quelque sorte, le parti haïssant, il est plus actif et plus entreprenant que le parti qui se défend : les partisans de Majorin écrivirent à toutes les églises contre Cécilien, le calomnièrent, échauffèrent les esprits et causèrent quelques émotions dans le peuple.

Constantin, qui depuis la défaite de Maxence régnait sur l'Italie et sur l'Afrique, en fut averti; il ordonna au proconsul de cette province et au préfet du prétoire de s'informer de ceux qui troublaient la paix de l'Eglise et de les en empêcher.

---

(1) Clem. Alex., Strom., l. VII. Théodoret, l. V Hæret. fab.
(2) Optat., l. I. Aug., litt. Petil., liv. II, c. 87.
(3) Ibid.
(4) Ibid. Aug. in Parmen.
(5) Ibid.
(6) Ibid.
(7) Ibid. Aug., ibid, et in Gaud., in Prim., in Crescent.

Les partisans de Majorin, informés des ordres de Constantin, lui présentèrent un mémoire dans lequel ils accusaient Cécilien de plusieurs crimes.

Constantin, qui craignait les suites d'une querelle de religion dans une province nouvellement soumise, aurait bien voulu ne mécontenter aucun des deux partis : il refusa donc de prononcer, et leur donna pour juges des évêques.

Cécilien se rendit à Rome, avec dix évêques de son parti, et Donat de Casesnoires s'y rendit aussi, à la tête de dix évêques du parti de Majorin.

Les partisans de Majorin ne purent prouver aucun des crimes qu'ils reprochaient à Cécilien, et cet évêque fut déclaré innocent.

En déclarant Cécilien innocent des crimes qu'on lui avait imputés, le concile ne condamna point les accusateurs. Le pape Miltiade, qui avait présidé au concile, offrit d'écrire des lettres de communion à ceux qui avaient été ordonnés par Majorin et de les reconnaître pour évêques ; enfin, on avait arrêté que dans tous les lieux où il se trouverait deux évêques ordonnés, l'un par Majorin et l'autre par Cécilien, le premier ordonné serait maintenu, et qu'on trouverait un évêché pour le dernier (1).

Le concile de Rome ne prononça ni sur le jugement du concile de Carthage, ni sur l'affaire de Félix d'Aptunge.

Les partisans de Majorin prétendirent que le concile avait jugé avec précipitation et sans être suffisamment informé, puisqu'il n'avait point voulu prendre connaissance de l'affaire de Félix d'Aptunge, qui était cependant, selon eux, le point capital de la contestation.

Constantin fit assembler un concile plus nombreux à Arles, où Cécilien fut encore déclaré innocent et les accusations de ses ennemis jugées calomnieuses. Le concile informa l'empereur du jugement qu'il avait porté et de l'opiniâtreté des ennemis de Cécilien (2).

L'empereur fit venir les évêques attachés à Majorin ; ils se firent bientôt des protecteurs, qui demandèrent à l'empereur qu'il jugeât lui-même cette affaire : Constantin, par lassitude ou par condescendance pour les flatteurs qui l'obsédaient, consentit à revoir lui-même l'affaire de Cécilien et de Majorin, et promit que Cécilien serait condamné si l'on pouvait le convaincre d'un seul des crimes dont on l'accusait (3).

Après cette révision, Cécilien fut déclaré innocent, et ses ennemis condamnés comme calomniateurs.

Les ennemis de Cécilien publièrent que l'empereur avait été trompé par Hosius, qui lui avait suggéré ce jugement, et le schisme continua : peu de temps après Majorin mourut.

(1) Opt., t. i. Collat. Carth. apud Aug. et ep., 43.
(2) Euseb., l, x, c. 5.
(3) Aug. ep. 162, 168. Euseb., Vit. Const., l. i, c. 44.

Du schisme des donatistes depuis l'élection de Donat jusqu'à sa mort.

Majorin étant mort, les évêques de sa communion élurent en sa place Donat, non Donat de Casesnoires, mais un autre Donat, doué de grandes qualités : il avait l'esprit orné par une longue étude des belles-lettres ; il était éloquent, savant, et recommandable par l'intégrité de ses mœurs et par son désintéressement (4).

Il consacra tous ses talents à la défense de son parti ; il composa des ouvrages pour le justifier, et séduisit beaucoup de monde.

La plus grande partie de l'Afrique regardait comme nuls les sacrements conférés par les hérétiques et par les pécheurs. Soixante-dix évêques avaient, dans un concile, déclaré Félix d'Aptunge convaincu d'être traditeur. Cécilien paraissait l'avoir reconnu lui-même, puisqu'il avait demandé à être réordonné : le concile de Rome, qui avait confirmé l'ordination de Cécilien, n'avait pas voulu prononcer sur le jugement des évêques de Numidie, et il n'avait pas pour cela voulu infirmer l'ordination de Cécilien ; non qu'il crût Félix innocent, mais parce que l'Eglise latine regardait comme valides les sacrements conférés par les hérétiques.

L'innocence de Félix sur les crimes que le parti de Majorin lui imputait pouvait donc paraître douteuse, et Cécilien pouvait paraître ordonné par un traditeur.

Presque toute l'Eglise d'Afrique regardait comme nuls les sacrements donnés par les hérétiques et par les pécheurs : on conçoit donc aisément qu'un homme de génie, tel que Donat, pouvait donner aux raisons du parti de Majorin assez de vraisemblance pour en imposer, et il séduisit en effet beaucoup de monde.

Le parti de Majorin reçut en quelque sorte une nouvelle existence de son nouveau défenseur, et prit son nom : toutes les personnes attachées au parti de Donat se nommèrent donatistes.

Il est aisé d'acquérir un empire absolu sur un parti auquel on a donné son nom : Donat fut bientôt l'oracle et le tyran des donatistes ; ils devinrent entre ses mains des espèces d'automates, auxquels il donnait la direction et le mouvement qu'il voulait (5).

Donat avait la plus haute idée de sa personne, et le plus profond mépris pour les hommes, pour les magistrats et pour l'empereur même. Ses sectateurs prirent tous ses sentiments : les donatistes ne voyaient que Donat au-dessus d'eux, et se croyaient nés pour dominer sur tous les esprits et pour commander au genre humain.

Les donatistes, animés par cette espèce de fanatisme d'amour-propre qui ne se montrait que sous l'apparence du zèle et sous le voile de la religion, séduisaient beaucoup de monde, et Constantin, pour arrêter le schisme, confisqua leurs églises à ses domaines.

(4) Opt., l. iii. Aug., litt. Petil.
(5) Idem, ibid. Aug. in Crescent., in Parmen.

Cet acte d'autorité fit des donatistes autant de furieux qui ne connaissaient ni bornes ni lois : ils chassèrent les catholiques de plusieurs églises et ne voulurent plus communiquer avec eux.

Constantin craignit les suites de sa sévérité ; il écrivit aux évêques d'Afrique d'user de douceur avec les donatistes, et de réserver à Dieu la vengeance contre ces furieux.

Constantin haïssait les donatistes et n'avait cessé de les traiter avec rigueur que par la crainte d'exciter des troubles dans l'Afrique (1).

Donat le sentit et jugea qu'il ne pouvait se soutenir contre le zèle des catholiques qu'en inspirant à ses disciples une conviction et une sécurité qui fussent à l'épreuve de la force, de l'évidence et de la crainte de la mort.

Il opéra quelques prestiges, et fit publier qu'il avait fait des miracles : on le crut, et plusieurs donatistes se vantèrent aussi d'avoir fait des choses miraculeuses en priant sur le tombeau de ceux de leur communion.

Peu de temps après, chaque évêque prétendit être infaillible et impeccable : on le crut, et le schisme devint un mal incurable. Les donatistes furent persuadés qu'ils ne pouvaient se perdre en suivant leurs évêques, et lorsqu'ils étaient convaincus par l'évidence de la vérité, ils disaient qu'ils ne laissaient pas d'être en sûreté dans leur schisme, parce qu'ils étaient brebis et qu'ils suivaient leurs évêques, lesquels répondaient d'eux devant Dieu (2).

De ce degré de confiance on passa bientôt à la persuasion de la nécessité de défendre le parti de Donat ; on vit une foule de donatistes quitter leurs occupations, renoncer à l'agriculture et s'armer pour défendre leur parti contre les catholiques : on les appela *agnostiques* ou *combattants*, parce qu'ils étaient, disait-on, les soldats de Jésus-Christ contre le diable. Comme ils n'avaient point de demeure fixe, et que pour trouver de quoi vivre ils allaient autour des maisons des paysans, on les appela *circoncellions* (3).

Ils étaient armés de bâtons, et non d'épées, parce que Jésus-Christ avait défendu l'épée à saint Pierre : avec ces bâtons ils brisaient les os d'un homme, et quand ils voulaient faire miséricorde à quelqu'un, ils l'assommaient d'un seul coup : ils appelaient ces bâtons des israélites (4).

Pendant leurs expéditions contre les catholiques, ils chantaient *Louange à Dieu* : c'était là le signal, c'était à ces mots qu'ils répandaient le sang humain ; tout fuyait à leur approche ; les évêques donatistes, appuyés de cette redoutable milice, portaient la désolation où ils voulaient et chassaient les catholiques de leurs églises (5).

Après la mort de Constantin, Constant, qui eut l'Afrique dans ses domaines, y envoya Paul et Macaire porter des aumônes et exhorter tout le monde à la paix. Mais Donat refusa de recevoir les aumônes de Constant : on ferma les portes de la ville de Bagaï à Macaire ; bientôt il fut attaqué par les circoncellions, et obligé de faire venir des troupes ; les circoncellions firent tête aux troupes et combattirent avec acharnement ; mais ils furent enfin dissipés, et Macaire irrité traita les donatistes avec beaucoup de rigueur.

Les donatistes se plaignirent, dirent qu'on les persécutait, et publièrent qu'on avait précipité Marculphe du haut d'un rocher et Donat dans un puits.

Donat et Marculphe furent aussitôt érigés en martyrs, et la gloire du martyre devint la passion dominante des circoncellions. Ils n'attaquèrent pas seulement les catholiques : on les voyait courir en troupes, attaquer les païens dans leurs plus grandes fêtes, pour se faire tuer ; ils se jetaient sur les traits que leur présentaient les païens, qui, de leur côté, croyaient honorer leurs dieux en immolant ces furieux (6).

Quand ces occasions leur manquaient, ils donnaient ce qu'ils avaient d'argent afin qu'on les fît mourir ; et quand ils n'étaient point en état d'acheter la gloire du martyre, ils allaient dans les chemins, et forçaient ceux qu'ils rencontraient de les tuer, sous peine d'être tués eux-mêmes s'ils refusaient de leur procurer la gloire du martyre (7).

La sévérité de Macaire et les lois de l'empereur devinrent donc inutiles contre les circoncellions et contre les donatistes, et ne purent les obliger à communiquer avec les catholiques : ils aimaient mieux se donner la mort que de faire un acte de communion avec un catholique.

On les voyait tantôt se précipiter du haut des montagnes, tantôt, craignant leur propre faiblesse et qu'on ne les engageât à se réunir aux catholiques, ils allumaient eux-mêmes un bûcher, s'y précipitaient et y mouraient avec joie.

Tous les jours la terre était teinte du sang de ces malheureux ; tous les jours on voyait des troupes d'hommes et de femmes gravir les montagnes les plus escarpées et s'élancer au milieu des rochers et des précipices.

Le peuple honorait leurs cadavres comme l'Église honore le corps des martyrs, et célébrait tous les ans le jour de leur mort comme une fête.

Ils tâchaient de justifier leur mort volontaire par l'exemple de Razias, et mouraient persuadés qu'ils allaient recevoir la couronne du martyre (8).

Macaire, à force de rigueurs, affaiblit

---

(1) Eusèbe, Vit. Const., l. 1, c. 45.
(2) Aug. in Parmen.; l. 11, c. 10.
(3) Les maisons des paysans s'appelaient *cellœ*.
(4) Aug., De Hær., c. 69. Theod., l. IV, c. 6. Opt., l. III.
(5) Ibid.
(6) Aug. cont. Litt., p. 1, u, c. 20. In Joan., hom. 11.
(7) Opt., l. III. Theod., l. IV, c. 6. Aug., hær. 69, ep. 50.
(8) Razias était un Juif extrêmement zélé pour sa religion : Nicanor, dans l'espérance de le pervertir, envoya cinquante soldats pour le prendre dans une tour où il était ; Razias, se voyant sur le point d'être pris, se donna un coup d'épée, aimant mieux mourir noblement que de se voir assujetti aux pécheurs et de souffrir des outrages indignes de sa naissance ; mais parce que dans la précipitation il ne s'était pas donné un coup qui l'eût fait mourir sur-le-champ, lorsqu'il vit tous les soldats entrer en foule par les portes, il courut avec une fermeté extraordinaire

beaucoup le parti de Donat; les donatistes ne conservèrent que quelques églises, les évêques furent dispersés, Donat mourut en exil, et Maximilien lui succéda.

Du schisme des donatistes depuis la mort de Donat jusqu'à son extinction.

Julien étant parvenu à l'empire, rappela tous ceux qui avaient été bannis pour cause de religion, et il permit aux évêques donatistes de retourner dans leurs siéges (1).

Les donatistes voulurent rentrer dans les églises dont les catholiques s'étaient emparés, et l'on se battit; presque toutes les églises furent remplies d'hommes mis en pièces, de femmes assommées, d'enfants massacrés et d'avortements.

Les donatistes, soutenus par les gouverneurs, chassèrent enfin les catholiques et devinrent tout-puissants en Afrique; presque tout plia sous ce terrible parti : les évêques donatistes assemblèrent un concile de plus de trois cent dix évêques et mirent en pénitence des peuples entiers, parce qu'ils ne s'étaient pas séparés des catholiques (2).

Quelques années après, Rogat, évêque dans la Mauritanie, se sépara des donatistes, apparemment parce qu'il désapprouvait les circoncellions : les donatistes virent cette division avec beaucoup de chagrin, animèrent contre les rogatistes la puissance séculière et éteignirent ce parti.

Ce fut durant ce temps et au milieu des calomnies dont les donatistes chargèrent l'Eglise, que Parménien, leur évêque à Carthage, entreprit de justifier par écrit le schisme des donatistes; il se proposait, dans son ouvrage, de prouver que le baptême des hérétiques est nul et qu'ils sont exclus de l'Eglise.

Saint Optat réfuta Parménien; le fanatisme tombait parmi les donatistes, et quelques-uns d'eux entrevirent la vérité.

Tycone prouva la validité du baptême des hérétiques, condamna la rebaptisation et fit voir qu'on devait tolérer dans l'Eglise les abus et les crimes qu'on ne pouvait corriger et qu'il ne fallait pas pour cela rompre l'unité.

Parménien attaqua les principes de Tycone; saint Augustin réfuta la lettre de Parménien.

Comme les donatistes n'avaient pour principes d'unité que la nécessité de se soutenir contre les catholiques, aussitôt qu'ils eurent repris du crédit, ils se divisèrent en une multitude de sectes et de branches (3).

Pendant la persécution, les haines personnelles étaient suspendues chez les donatistes; mais elles reprirent leur activité lorsqu'ils furent en paix.

Primien, devenu évêque de Carthage, avait été souvent mortifié par Donat; il voulut s'en venger sur le diacre Maximien, parent de Donat, et rendit une sentence contre lui.

Maximien se défendit; plusieurs évêques assemblés à Carthage cassèrent la sentence de Primien; ils examinèrent sa conduite, ils le trouvèrent coupable de crimes atroces, le déposèrent et ordonnèrent Maximien en sa place.

Primien convoqua un concile de trois cent dix évêques qui le déclarèrent innocent et condamnèrent Maximien et tous ceux qui avaient eu part à son ordination. Primien informa les proconsuls du jugement du concile de Bagaï, demanda l'exécution des lois de l'Etat contre les hérétiques, fit chasser de leurs églises tous ceux qui avaient été condamnés dans le concile qu'il avait assemblé, et détruisit l'Eglise de Maximien. Les contestations de ces deux partis durèrent pendant le gouvernement de quatre proconsuls.

Optat, évêque de Tamgade, tout-puissant auprès de Gildon, commandant d'Afrique, se servit de tout son crédit pour persécuter les catholiques, les rogatistes et les maximianistes : il fut appelé pendant dix ans le gémissement de l'Afrique, et ses cruautés ne finirent que par la mort de Gildon, qui, ayant voulu se rendre souverain, fut défait et s'étrangla.

Honorius, informé de ces désordres, donna une loi qui condamnait à mort tous ceux qui seraient convaincus d'avoir attaqué les églises ou de les avoir troublées.

Les catholiques commencèrent donc à assembler des conciles, à écrire, à prêcher.

La protection accordée aux catholiques ralluma toute la haine des donatistes : aucune église catholique ne fut à l'abri de leurs insultes; ils arrêtaient dans les chemins tous les catholiques qui allaient prêcher l'union et la paix; leur zèle barbare ne respectait pas même les évêques, et les circoncellions répandus dans les campagnes exerçaient mille cruautés contre les catholiques qui osaient offrir la paix et inviter les donatistes à se réunir.

Le concile de Carthage députa à l'empereur pour obtenir qu'il mît à couvert des insultes des donatistes les catholiques qui

---

à la muraille, et il se précipita du haut en bas sur le peuple, tomba au milieu de la foule, se releva, passa au travers du peuple, monta sur une pierre escarpée, tira ses entrailles hors de son corps et les jeta sur le peuple, invoquant le dominateur de la vie et de l'âme, afin qu'il les lui rendît un jour, et mourut. II Machab., xiv, 39 et suivants.

Les Juifs mettent Razias entre leurs plus illustres martyrs, et prétendent montrer, par son exemple et par celui de Saül et de Samson, qu'il est de certains cas où le meurtre volontaire est non-seulement permis, mais même louable et méritoire; ces cas sont : 1° la juste défiance de ses propres forces et la crainte de succomber à la persécution; 2° lorsqu'on prévoit que si l'on tombe entre les mains des ennemis ils s'en prévaudront et en prendront occasion d'insulter au Seigneur et de blasphémer son nom.

Quelques théologiens prétendent justifier Razias, en disant qu'il agit par une inspiration particulière; ils le justifient encore par l'exemple de quelques vierges qui se sont tuées plutôt que de perdre leur virginité. (Lyran. Tirin. Serrat., in II Machab., xiv.) S. Augustin et S. Thomas ont soutenu que l'action de Razias, étant non approuvée, mais simplement racontée dans l'Ecriture, on n'en peut rien conclure pour justifier son action dans l'ordre moral. Aug., ep. 61, alias 204. Rip. cont. Gaudent., c. 31. S. Th. prima secundæ, art. 5, ad 3, p. 64.

(1) Opt., l. II.
(2) Opt., l. II.
(3) Aug., ep. 48.

prêchaient la vérité ou qui écrivaient pour la défendre.

Saint Augustin et d'autres évêques jugèrent qu'il ne fallait point demander à l'empereur qu'il ordonnât des peines contre les donatistes. Saint Augustin croyait qu'il ne fallait forcer personne à embrasser l'unité; qu'il fallait agir par conférence, combattre par des disputes et vaincre par des raisons, de peur de changer des hérétiques déclarés en catholiques déguisés.

Mais les donatistes avaient rempli l'Etat de désordres; ils troublaient la tranquillité publique : c'étaient des assassins, des incendiaires, des séditieux, et l'empereur devait au public des lois plus sévères contre d'aussi dangereux sectaires; ils n'étaient dans le cas ni de la tolérance civile, ni de la tolérance ecclésiastique : ainsi ce fut avec justice qu'il ordonna, sous les plus grandes peines, que les schismatiques rentreraient dans l'Eglise.(1).

La loi de l'empereur rendit la paix à l'Eglise de Carthage. L'année suivante, il exempta des peines encourues par le schisme tous ceux qui reviendraient à l'Eglise; enfin, trois ans après, il permit aux schismatiques le libre exercice de leur religion; mais, à la sollicitation des Pères du concile de Carthage, l'empereur révoqua cet édit et en donna un autre par lequel il proscrivit et ordonna de punir de mort les hérétiques et les schismatiques.

Enfin, les donatistes et les catholiques demandèrent à conférer, et Honorius donna, l'an 410, un édit pour assembler les évêques catholiques et donatistes.

Les conférences s'ouvrirent l'année suivante : les évêques catholiques étaient deux cent quatre-vingt-un et les donatistes deux cent soixante-dix-neuf. On choisit de part et d'autre sept évêques pour disputer.

Après trois jours de disputes, le comte Marcellin prononça en faveur des catholiques, et, sur son rapport, l'empereur, par une loi de l'an 412, imposa de grosses amendes aux donatistes, exila tous leurs évêques et adjugea tous les biens de leurs églises aux catholiques.

Ce coup de sévérité, semblable à la foudre qui tombe sur le soufre et sur le bitume, ranima la fureur des donatistes; ils coururent aux armes, massacrèrent les catholiques, se tuèrent eux-mêmes et se brûlèrent plutôt que de rentrer dans l'Eglise catholique; mais la prudence et la fermeté du comte Marcellin réprimèrent bientôt leurs fureurs (2).

Les évêques donatistes publièrent que Marcellin avait été gagné à force d'argent par les catholiques et qu'il n'avait pas permis aux donatistes de se défendre; mais saint Augustin détruisit aisément ces calomnies.

Théodose le Jeune renouvela les lois d'Honorius contre les donatistes et affaiblit encore leur parti. Peu de temps après, les Vandales s'emparèrent de l'Afrique et maltraitèrent également les catholiques et les donatistes. Le fanatisme des donatistes s'affaiblit considérablement : il se ranima cependant sous l'empereur Maurice; mais ce prince fit exécuter les lois portées contre les donatistes, et ils restèrent dispersés dans différents coins de l'Afrique et ne firent plus un parti.

Des erreurs des donatistes.

Le schisme naît presque toujours de l'erreur, ou il la produit. Les donatistes s'étaient séparés de l'Église parce qu'ils prétendaient que l'ordination de Cécilien était nulle, attendu qu'il avait été ordonné par Félix, évêque d'Aptunge, qui était traditeur; ils furent donc conduits naturellement à nier la validité des sacrements donnés par les hérétiques et par les pécheurs.

De ce que les sacrements donnés par les pécheurs étaient nuls, il s'ensuivait que l'Eglise était composée de justes; que, par conséquent, Cécilien, Félix d'Aptunge qui l'avait ordonné, le pape Miltiade qui l'avait absous, et plusieurs de ses confrères ayant été convaincus de crimes, devaient être déposés et chassés de l'Eglise; que leurs crimes les avaient fait cesser d'être les membres de l'Eglise; que tous ceux qui les avaient soutenus et qui avaient communiqué avec eux s'étaient rendus complices de leurs crimes en les approuvant, et qu'ainsi, non-seulement l'Eglise d'Afrique, mais aussi toutes les Eglises du monde qui s'étaient liées de communion avec les Eglises du parti de Cécilien ayant été souillées, elles avaient cessé de faire partie de la véritable Eglise de Jésus-Christ, laquelle avait été réduite au petit nombre de ceux qui n'avaient point voulu avoir de part avec les prévaricateurs et qui s'étaient conservés dans la pureté.

Ils croyaient donc que l'Eglise n'était composée que de justes, et qu'ils étaient cette Eglise.

Toute la dispute des catholiques et des donatistes se réduisait donc à trois questions : 1° si Félix était coupable des crimes qu'on lui imputait; 2° si, en supposant qu'il en fût coupable, il avait pu ordonner validement Cécilien; 3° si l'Eglise n'était composée que de justes et de saints, ou si elle était composée de bons et de méchants.

On a vu dans l'histoire du schisme des donatistes, qu'ils n'avaient jamais prouvé, contre Félix et contre Cécilien, aucun des crimes dont ils les accusaient. Je fais voir, dans l'article REBAPTISANTS, que les sacrements donnés par les hérétiques et par les pécheurs sont valides; je vais examiner l'erreur des donatistes sur l'Eglise.

Les donatistes prétendaient que l'Eglise n'était composée que de justes, et ils le prouvaient par les caractères que lui donnent les prophètes et par les images sous lesquelles ils l'annoncent.

---

(1) Aug., ep. 50. Codex Theod., 16, tit. 6, l. III, p. 195.
(2) Collat. Carthag., an. 411 habita. Vid. Nov. collect. conc. Baluzii, apud Aug. Breviculus Collationis cum Donatistis edit. Benedict., t. IX, p. 545.

Isaïe nous la représente, disaient-ils, comme une ville sainte dans laquelle aucun impur ou incirconcis ne doit être admis; elle doit contenir un peuple saint (1).

Le Cantique des Cantiques nous la peint sous l'emblème d'une femme sans défaut et dans laquelle il n'y a rien à reprendre (2).

Le Nouveau Testament était encore plus clair et plus précis, selon les donatistes : saint Paul dit expressément que Jésus-Christ a aimé son Eglise, qu'il l'a sanctifiée, qu'elle est pure et sans tache (3).

Ils prétendaient que la vraie Eglise était composée d'un petit nombre de justes; que la grande étendue n'était point essentielle à la vraie Eglise; qu'elle avait été renfermée dans Abraham, Isaac et Jacob; qu'elle était désignée dans l'Ecriture sous l'emblème d'une porte étroite, par laquelle peu de monde entrait, etc. (4).

Ils justifiaient leur schisme par l'exemple d'Elie, d'Elisée, qui n'avaient point communiqué avec les samaritains; ils s'appuyaient sur ce que Dieu dit, par la bouche d'Aggée, qu'il déteste une nation souillée par le péché, et que tout ce qu'elle offre est souillé (5).

Les catholiques firent voir que les donatistes étaient dans l'erreur sur la nature et sur l'étendue de l'Eglise.

On prouva aux donatistes que l'Eglise était représentée dans l'Ecriture comme une société qui renfermait les bons et les méchants; que Jésus-Christ l'avait lui-même représentée sous ces traits.

Tantôt c'est un filet jeté dans la mer et qui renferme toutes sortes de poissons; tantôt c'est un champ où l'homme ennemi a semé de l'ivraie; d'autres fois, c'est une aire qui renferme de la paille mêlée avec le bon grain (6).

L'ancienne Eglise renfermait les pécheurs dans son sein : Aaron et Moïse ne firent point de schisme, et cependant l'Eglise d'Israël contenait des sacrilèges : Saül et David appartenaient à l'Eglise de Juda; il y avait de mauvais prêtres et de mauvais Juifs dans l'Eglise judaïque et dans la même société dont Jérémie, Isaïe, Daniel, Ezéchiel étaient membres (7).

Saint Jean ne se sépara point de la communion des pécheurs; il les regarda comme étant dans l'Eglise, malgré leurs péchés : c'est l'idée que saint Paul nous donne de l'Eglise, et le culte, les prières, les cérémonies aussi anciennes que l'Eglise même, supposent qu'elle renferme des pécheurs (8).

Tous les endroits dans lesquels l'Eglise nous est représentée comme une société pure dont les pécheurs sont exclus doivent s'entendre de l'Eglise triomphante, selon saint Augustin (9).

Sur la terre elle est une société religieuse, composée d'hommes unis extérieurement par la communion des mêmes sacrements, par la soumission aux pasteurs légitimes, et unis intérieurement par la foi, l'espérance et la charité.

On peut donc distinguer dans l'Eglise une partie extérieure et visible, qui est comme le corps de l'Eglise, et une partie intérieure invisible, qui est comme l'âme de l'Eglise.

Ainsi, si l'on ne considère que la partie intérieure de l'Eglise, on peut dire que les hérétiques et les pécheurs n'appartiennent point à l'Eglise; mais il n'est pas moins vrai qu'ils appartiennent au corps de l'Eglise, et c'est ainsi qu'il fallait expliquer les différents endroits dans lesquels saint Augustin, et après lui plusieurs théologiens, disent que les pécheurs ne sont point membres de l'Eglise.

Le cardinal Bellarmin a donné la solution de toutes ces difficultés par la comparaison de l'homme, qui est composé d'un corps et d'une âme, et dont un bras ne laisse pas d'être partie, quoiqu'il soit paralytique.

Les catholiques ne prouvaient pas avec moins de force et d'évidence qu'une société renfermée dans une partie de l'Eglise de l'Afrique ne pouvait être la vraie Eglise.

Tous les prophètes nous annoncent que l'Eglise de Jésus-Christ doit se répandre par toute la terre (10).

Jésus-Christ s'applique lui-même toutes ces prophéties; il dit qu'il fallait que le Christ souffrît et qu'on prêchât en son nom la pénitence et la rémission des péchés à toutes les nations, en commençant par Jérusalem (11).

Tous les Pères, avant les donatistes, avaient pensé que l'Eglise de Jésus-Christ, la vraie Eglise, devait être catholique; c'était par ce nom que, depuis saint Polycarpe, on la distinguait des sectes qui s'étaient élevées dans le christianisme (12).

Enfin, c'était la doctrine de toute l'Eglise contre les donatistes (13).

Il n'est donc jamais permis de se séparer de l'Eglise catholique, puisqu'elle est la vraie Eglise : on peut toujours s'y sauver; on n'a, par conséquent, jamais de juste sujet de rompre avec elle le lien de la communion, et toutes les sociétés qui s'en séparent sont schismatiques.

Avant les disputes que Luther, Zuingle et Calvin excitèrent dans l'Occident, l'Eglise romaine était incontestablement l'Eglise catholique, et tous ceux qui ont embrassé la réforme étaient dans sa communion : ils n'ont donc pu s'en séparer sans être schismatiques; car ils ne peuvent reprocher à l'Eglise catholique de soutenir un seul dogme qui n'ait été soutenu par de grands saints;

---

(1) Isaïe LII, 62, 35.
(2) Cant. v.
(3) Ad Ephes. v, II Cor. xi.
(4) Aug., de Unitate Eccles. Collat. Carthag., t. IX, edit. benedict. Collect. Balusii.
(5) Aggœi II, 14, 15.
(6) Matth. XIII, 38.
(7) Aug. cont. ep. Parmen., l. II, c. 7; de Unit. Eccles., cap. 15.
(8) Ad Rom. IV, 34. Hebr. IX, 12. Ad Tim. prima, cap. II.
(9) Aug., l. II Retract., c. 18.
(10) Genes. XXI. Isaïe XLIX, 54. Malach. I. Ps. II, 20, 49, 55, 71.
(11) Luc. xxv, 44, 47. Act. I, 8.
(12) Euseb., Hist., l. IV, c. 15. Cyrill., catech. 18, circa fin. Aug. cont. Ep. fundam., c. 7. Cypr., De unit. Eccles.
(13) Aug. cont. Crescent.

par conséquent, on a pu dans tous les temps faire son salut dans l'Eglise romaine : il n'y avait donc, au temps de Luther, de Zuingle, de Calvin, aucune raison légitime de se séparer de l'Eglise romaine, comme les chefs de la prétendue réforme l'ont fait.

L'Eglise réformée n'est donc pas la vraie Eglise, et ceux qui ont embrassé sa communion n'ont aucune raison pour rester séparés de l'Eglise romaine.

Voilà ce que le clergé de France, à la fin du siècle passé, exhortait les prétendus réformés à examiner, et c'est ce que tous les catholiques devraient examiner encore aujourd'hui les engager à examiner sans passion ; je ne doute pas que cette méthode, proposée si sagement par le clergé, ne réunît beaucoup de protestants à l'Eglise catholique.

Mais il est bien difficile que cette méthode réussisse s'ils haïssent les catholiques et s'ils sont irrités contre eux, s'ils croient qu'on veut les tyranniser et non pas les éclairer.

La question du schisme des protestants a été épuisée par M. Nicole, dans l'excellent ouvrage intitulé : *Les prétendus réformés convaincus de schisme.*

DOSITHÉE était un magicien de Samarie qui prétendait être le Messie : il est regardé comme le premier hérésiarque.

Les samaritains étaient attachés à la loi de Moïse comme les Juifs, comme eux ils attendaient le Messie.

L'ambition humaine ne pouvait aspirer à rien de plus grand que la gloire du Messie, et il n'était pas possible que, dans les nations qui l'attendaient, il ne s'élevât des ambitieux qui en usurpassent le titre et qui en imitassent les caractères.

Le Messie avait été annoncé par les prophètes et devait signaler sa puissance par les miracles les plus éclatants ; on dut donc s'occuper beaucoup de l'art d'opérer des prodiges, et c'est peut-être à ces vues, jointes au progrès du pythagoricisme, du platonisme et de la philosophie cabalistique, qu'il faut attribuer le goût de la magie, si répandu chez les Juifs et les samaritains avant la naissance du christianisme.

Quoi qu'il en soit, au reste, de cette conjecture, il est certain que Dosithée s'était fort appliqué à la magie, et qu'il séduisait l'imagination par des prestiges, par des enchantements et par des tours d'adresse.

Dosithée annonça qu'il était le Messie, et on le crut.

Comme les prophètes annonçaient le Messie sous des caractères qui ne pouvaient convenir qu'à Jésus-Christ, Dosithée changea les prophéties et se les appropria : ses disciples soutinrent qu'il était le Messie prédit par les prophètes.

Dosithée avait à sa suite trente disciples, autant qu'il y avait de jours au mois, et n'en voulait pas davantage ; il avait admis avec ses disciples une femme qu'il appelait la Lune : il observait la circoncision et jeûnait beaucoup. Pour persuader qu'il était monté au ciel, il se retira dans une caverne, loin des yeux du monde, et s'y laissa mourir de faim.

La secte des dosithéens estimait beaucoup la virginité ; entêtée de sa chasteté, elle regardait le reste du genre humain avec mépris ; un dosithéen ne voulait approcher de quiconque ne pensait et ne vivait pas comme lui. Ils avaient des pratiques singulières, auxquelles ils étaient fort attachés : telle était celle de demeurer vingt-quatre heures dans la même posture où ils étaient lorsque le sabbat commençait.

Cette immobilité des dosithéens était une conséquence de la défense de travailler pendant le sabbat. Avec de semblables pratiques, les dosithéens se croyaient supérieurs aux hommes les plus éclairés, aux citoyens les plus vertueux, aux âmes les plus bienfaisantes ; en restant pendant vingt-quatre heures plantés debout, et la main droite ou la main gauche étendue, ils croyaient plaire à Dieu bien autrement qu'un homme qui s'était donné beaucoup de mouvement pour consoler les affligés ou pour soulager les malheureux.

Cette secte subsista en Egypte jusqu'au sixième siècle (1).

Un des disciples de Dosithée étant mort, il prit à sa place Simon, qui surpassa bientôt son maître et devint chef de secte : ce fut Simon le Magicien.

DUALISTES ; c'est un nom que l'on a donné à ceux qui soutiennent qu'il y a dans le monde deux principes éternels et nécessaires, dont l'un produit tout le bien, et l'autre tout le mal. *Voyez* les art. MARCION, MANÈS.

DULCIN, laïque, né à Novare en Lombardie, fut disciple de Ségarel, et après la mort de son maître, devint chef de sa secte, qui prit le nom d'apostolique. *Voyez* l'art. SÉGAREL.

DUNKERS, sectaires, dont le nom vient de l'allemand *tunken*, qui signifie *tremper, plonger*, parce qu'ils baptisent les adultes par immersion totale, comme cela se pratique dans quelques autres sectes baptistes. Leur fondateur est Conrad Peysel, qui, en 1724, se retira dans une solitude (*Amérique*). Il eut des associés, et de leur réunion résulta la petite ville d'Euphrata, située dans un endroit pittoresque, à vingt lieues de Philadelphie. Elle est ombragée aujourd'hui par des mûriers gigantesques, qui protégent une foule de petites maisons en bois, habitées par les *dunkers*. Ces maisons sont disposées sur deux lignes parallèles, et les sexes y vivent séparément. Euphrata ne comptait, en 1777, que 500 cabanes : de nos jours la colonie se compose de 30,000 sectaires au moins. Les *dunkers* professent la communauté des biens. Ils portent toujours

---

(1) Euseb. Hist. eccles., l. v, c. 22. Origen., Tract. 27 in Matth., f. 1 ; cont. Celsum, c. 44, l. vi, p. 282, edit. Spenceri. Periarch , l. iv, c. 2. Philocal., c. 1, p. 36. Origen. Huet., t. II, p. 219. Photius, Biblioth., cod. 230, p. 466, edit. Gr.; p. 321, edit. Lat.
Epiph , hær. 13. Hieron. adversus Lucif., c. 8. Tert. de Præscript., t. XLIV. Philastr., de Hæres., c. 4.

une longue robe traînante, avec ceinture et capuchon. Ils se laissent croître les cheveux et la barbe. Ils ne mangent de la viande que dans les rares occasions de leurs festins en commun, seules réunions où les deux sexes se rencontrent. Leur nourriture habituelle se compose de racines et de végétaux. Ils habitent des cellules, et couchent sur la dure. Les *dunkers* sont célibataires : le mariage les sépare de la colonie, sans rompre les liens de la communauté spirituelle. Ils ne baptisent que les adultes, nient la transmission héréditaire du péché originel, n'admettent pas non plus l'éternité des peines de l'enfer, et pensent que la récompense des âmes des justes après la mort consistera à annoncer l'Evangile dans le ciel à ceux qui n'ont pu l'entendre sur la terre. Ils s'interdisent toute part quelconque à la guerre, aux procès, à la défense personnelle, et toute propriété d'esclaves. Les *dunkers* d'Amérique sont, en un sens, des moines protestants.

E

ÉBIONITES ; ce mot, en hébreu, signifie pauvre, et fut donné à une secte d'hérétiques qui avaient adopté les sentiments des nazaréens, à la doctrine desquels ils avaient ajouté quelques pratiques et quelques erreurs qui leur étaient particulières. Les nazaréens, par exemple, recevaient toute l'Ecriture qui était renfermée dans le canon des juifs ; les ébionites, au contraire, rejetaient tous les prophètes, ils avaient en horreur les noms de David, de Salomon, de Jérémie, d'Ezéchiel ; ils ne recevaient pour écriture sainte que le Pentateuque.

Origène distingue deux sortes d'ébionites : les uns croyaient que Jésus-Christ était né d'une vierge, comme le croyaient les nazaré'ens, et les autres pensaient qu'il était né à la manière de tous les autres hommes.

Quelques ébionites étaient sobres et chastes ; d'autres ne recevaient personne dans leur secte qu'il ne fût marié, même avant l'âge de puberté ; ils permettaient de plus la polygamie ; ils ne mangeaient d'aucun animal, ni de ce qui en venait, comme lait, œufs, etc.

Ils se servaient, aussi bien que les nazaréens, de l'Evangile selon saint Matthieu, mais ils l'avaient corrompu en beaucoup d'endroits ; ils en avaient ôté la généalogie de Jésus-Christ, que les nazaréens avaient conservée.

Outre l'Evangile hébreu selon saint Matthieu, les ébionites avaient adopté plusieurs autres livres, sous les noms de Jacques, de Jean et des autres apôtres ; ils se servaient aussi des voyages de saint Pierre.

Quelques auteurs ont prétendu que les ébionites étaient une branche de nazaréens, d'autres ont cru qu'ils formaient une secte absolument différente : cette question, peu importante et peut-être assez difficile à décider, a été examinée par le P. le Quien, dans ses Dissertations sur saint Jean Damascène. Origène, saint Jean Damascène, Eusèbe, saint Irénée, ont traité de l'hérésie des ébionites (1).

Les ébionites et les nazaréens, qui se divisaient ainsi en différentes sectes, qui se contredisaient dans leur croyance et dans leur morale, se réunissaient pourtant sur un point : ils reconnaissaient que Jésus-Christ était le Messie ; il est donc certain qu'il réunissait les caractères sous lesquels il était annoncé.

ÉCLECTIQUES, philosophes du troisième siècle de l'Eglise, ainsi nommés du grec ἐκλέγω, *je choisis* ; parce qu'ils choisissaient les opinions qui leur paraissaient les meilleures dans les différentes sectes de philosophie, sans s'attacher à aucune école. Ils furent aussi nommés *nouveaux platoniciens*, parce qu'ils suivaient en beaucoup de choses les sentiments de Platon. Plotin, Porphyre, Jamblique, Maxime, Eunape, l'empereur Julien, etc., étaient de ce nombre. Tous furent ennemis du christianisme, et la plupart employèrent leur crédit à souffler le feu de la persécution contre les chrétiens.

Le tableau d'imagination que nos littérateurs modernes ont tracé de cette secte, les impostures qu'ils y ont mêlées, les calomnies qu'ils ont hasardées à cette occasion contre les Pères de l'Eglise, ont été solidement réfutées dans l'*Histoire critique de l'Eclectisme*, en 2 vol. in-12, qui parut en 1756.

Il semble que Dieu ait permis les égarements des *éclectiques* pour couvrir de confusion les partisans de la philosophie incrédule. On ne peut pas s'empêcher de faire à ce sujet plusieurs remarques importantes, en lisant l'histoire que Brucker en a faite, et que nos littérateurs ont travestie.

1° Loin de vouloir adopter le dogme de l'unité de Dieu, enseigné et professé par les chrétiens, les *éclectiques* firent tout leur possible pour l'étouffer, pour fonder le polythéisme et l'idolâtrie sur des raisonnements philosophiques, pour accréditer le système de Platon. A la vérité ils admirent un Dieu suprême, duquel tous les esprits étaient sortis par émanation ; mais ils prétendirent que ce Dieu, plongé dans une oisiveté absolue, avait laissé à des génies ou esprits inférieurs le soin de former et de gouverner le monde ; que c'était à eux que le culte devait être adressé, et non au Dieu suprême. Or, de quoi sert un Dieu sans providence, qui ne

---

(1) Origen. cont. Cels. Epip., hær. 20. Iren., l. 1, c. 20. Euseb. Hist. eccles., l. III, c. 27. Parmi les modernes on peut consulter le Clerc, Hist. eccl., p. 477, an. 72. Ittigius, Dissert. de Hæres. sæc. 1, c. 6. Le P. le Quien, Dissert. sur saint Jean Damasc.

se mêle de rien, et auquel nous n'avons point de culte à rendre? Par là nous voyons la fausseté de ce qui a été soutenu par plusieurs philosophes modernes, savoir, que le culte rendu aux dieux inférieurs se rapportait au Dieu suprême.

2° Brucker fait voir que les *éclectiques* avaient joint la théologie du paganisme à la philosophie par un motif d'ambition et d'intérêt, pour s'attribuer tout le crédit et tous les avantages que procuraient l'une et l'autre. La première source de leur haine contre le christianisme fut la jalousie ; les chrétiens mettaient au grand jour l'absurdité du système des *éclectiques*, la fausseté de leurs raisonnements, la ruse de leur conduite : comment ceux-ci le leur auraient-ils pardonné? Il n'est donc pas étonnant qu'ils aient excité, tant qu'ils ont pu, la cruauté des persécuteurs. Saint Justin fut livré au supplice sur les accusations d'un philosophe nommé Crescent, qui en voulait aussi à Tatien (1). Lactance se plaint de la haine de deux philosophes de son temps, qu'il ne nomme pas ; mais qu'on croit être Porphyre et Hiéroclès (2).

3° Pour venir à bout de leurs projets ils n'épargnèrent ni les fourberies ni le mensonge. Comme ils ne pouvaient nier les miracles de Jésus-Christ, ils les attribuèrent à la théurgie ou à la magie, dont ils faisaient eux-mêmes profession. Ils dirent que Jésus avait été un philosophe théurgiste qui pensait comme eux ; mais que les chrétiens avaient défiguré et changé sa doctrine. Ils attribuèrent des miracles à Pythagore, à Apollonius de Tyanes, à Plotin ; ils se vantèrent d'en faire eux-mêmes par la théurgie. On sait jusqu'à quel excès Julien s'entêta de cet art odieux, et à quels sacrifices abominables cette erreur donna lieu. Les apologistes mêmes de *l'éclectisme* n'ont pas osé en disconvenir.

4° Ces philosophes usèrent du même artifice pour effacer l'impression que pouvaient faire les vertus de Jésus-Christ et de ses disciples : ils attribuèrent des vertus héroïques aux philosophes qui les avaient précédés, et s'efforcèrent de persuader que c'étaient des saints. Ils supposèrent de faux ouvrages sous les noms d'Hermès, d'Orphée, de Zoroastre, etc., et y mirent leur doctrine ; afin de faire croire qu'elle était fort ancienne, et qu'elle avait été suivie par les plus grands hommes de l'antiquité.

5° Comme la morale pure et sublime du christianisme subjuguait les esprits et gagnait les cœurs, les *éclectiques* firent parade de la morale austère des stoïciens et la vantèrent dans leurs ouvrages. De là les livres de Porphyre sur l'*Abstinence*, où l'on croit entendre parler un solitaire de la Thébaïde, la vie de Pythagore par Jamblique, les *commentaires* de Simplicius sur *Epictète*, d'Hiéroclès sur *les Vers dorés*, etc. *Voyez* Brucker, *Hist. de la philos.*, tom. II, p. 370, 380 ; tom. VI, *Appendix*, p. 361.

Ceux qui voudront faire le parallèle de la conduite des *éclectiques* anciens avec celle des philosophes du dix-huitième siècle y trouveront une ressemblance parfaite. Quand on n'a pas lu l'histoire, on s'imagine que le christianisme n'a jamais essuyé des attaques aussi terribles que de nos jours ; on se trompe, ce que nous voyons n'est que la répétition de ce qui s'est passé au quatrième siècle de l'Eglise. *L'éclectisme* signala la détresse du *rationalisme* antique ; il est le signe précurseur de la fin du rationalisme moderne. C'est une lutte du rationalisme contre son principe. Naturellement le rationalisme tend à diviser : *l'éclectisme* veut ramener à l'unité. L'éclectisme alexandrin s'appuyait sur un mensonge : « *Les systèmes ne sont point contraires.* » L'éclectisme moderne se fonde sur une absurdité : « *Bien qu'ils soient contraires, les systèmes peuvent s'accorder.* »

L'éclectisme au dix-neuvième siècle est ce qu'il a été dans tous les temps, un syncrétisme, un recueil d'opinions ou de pensées humaines qui s'agrègent sans se fondre ; ou autrement, un assemblage de membres et d'organes pris çà et là, ajustés avec plus ou moins d'art ; mais qui ne peuvent constituer un corps vivant. La vérité, a-t-on dit, n'appartient à aucun système ; car elle ne serait plus la vérité pure et universelle, si elle se laissait formuler dans une théorie particulière. Ce n'est ni dans les ouvrages de tels philosophes, ni dans les opinions de tel siècle ou de tel peuple qu'il faut chercher la philosophie ; c'est dans tous les écrits, dans toutes les pensées, dans toutes les spéculations des hommes, dans tous les faits, par lesquels se manifeste et s'exprime la vie de l'humanité. La philosophie n'est donc pas à faire ; ce n'est point le génie de l'homme qui la fait ; elle se fait elle-même par le développement actuel du monde, dont l'homme est partie intégrante ; elle se fait tous les jours, à tout instant ; c'est la marche progressive du genre humain, c'est l'histoire : la tâche du philosophe est de la dégager des formes périssables sous lesquelles elle se produit, et de constater ce qui est immuable et nécessaire, au milieu de ce qui est variable et contingent.

C'est fort bien ! Mais pour faire cette distinction, pour opérer cette séparation, il faut un œil sûr, un regard ferme et exercé ; il faut le critérium de la vérité ; il faut une mesure, une règle infaillible ; où la philosophie éclectique ira-t-elle la prendre ? Ce n'est point dans une doctrine humaine, puisque aucune de ces doctrines ne renferme la vérité pure, et que c'est justement pour cela qu'il faut de *l'éclectisme* : aussi en appelle-t-on à la raison *universelle*, à la raison *absolue* ! Et ce serait très-bien encore, si cette raison absolue se montrait elle-même sous une forme qui lui fût propre, et nous donnait ainsi la conviction que c'est elle qui nous parle ; mais il n'en va pas ainsi dans l'étude des choses naturelles : là, la raison universelle ne nous parle que par des rai-

---

(1) Tatiani orat. n. 19   (2) Instit. divin. l. v. c. 2.

sons privées ; là, il y a toujours des hommes entre elle et moi : c'est toujours un homme qui s'en déclare l'organe, l'interprète ; et quand le philosophe vous dit : Voici ce que dit la raison absolue ! cela ne signifie rien, sinon : Voici ce que moi, dans ma conscience et dans ma raison propre, j'ai jugé conforme à la raison universelle. L'éclectisme ne possédant point ce critérium si nécessaire de la vérité, il ne se peut que son enseignement ne soit obscur, vague, incohérent ; il n'a point de doctrine proprement dite ; c'est un tableau brillant où toutes les opinions humaines doivent trouver place ; vraies ou fausses, elles expriment les pensées humaines, et ainsi elles ont droit aux égards du philosophe ; il ne faut point les juger par leurs conséquences morales, utiles ou nuisibles, bienfaisantes ou pernicieuses ; elles ont toutes, à les considérer philosophiquement, la même valeur : ce sont des formes diverses de la vérité une. Mais, si toutes les doctrines sont bonnes en tant qu'expressions formelles de la raison de l'homme, toutes les actions le seront également comme manifestations de son activité libre ; il n'y a ni ordre, ni désordre pour un être intelligent qui ne connaît point de loi ni de fin. Le crime est un fait comme la vertu ; bien qu'opposés dans leurs résultats pour l'individu et pour la société, ils se ressemblent en ce qu'ils expriment l'un et l'autre un mode de la liberté ; et voilà seulement ce qui leur donne une valeur philosophique.

Les actions humaines n'ont d'importance qu'à proportion qu'elles aident ou entravent le développement de l'humanité, qui doit toujours aller en avant, n'importe en quel sens ou vers quel terme, conduite par la raison universelle qui ne peut s'égarer, parce qu'il n'y a pas deux voies de perfectionnement : il ne s'agit que d'être, d'exister, et de se mouvoir. Les sociétés ne savent pas plus où elles vont que les individus ; elles naissent et périssent, manifestant pendant leur durée une portion de la vie générale, et servant de point d'appui aux générations futures, comme celles-ci sont sorties elles-mêmes de ce qui les a précédées : elles jouent leur rôle sur la scène du monde, et puis elles passent. Un siècle, si perverti qu'il paraisse, porte en soi sa justification : c'est qu'il était destiné à représenter telle phase de l'humanité ; l'impression pénible qu'il produit sur nos âmes est une affaire de sentiment ou de préjugé. Vu philosophiquement et en lui-même, il n'est pas plus mauvais qu'un autre ; et devant la vérité, il vaut dans son existence les siècles de vertu et de bonheur ; c'est l'événement qui décide du droit ; c'est le succès qui prouve la légitimité : la justice est dans la nécessité, car tout ce qui existe est un fait, et tout fait est ce qu'il doit être par cela seul qu'il est.

Telles sont les désolantes conséquences de la philosophie éclectique dans la science comme dans la morale ; voilà où aboutit le grand mouvement philosophique de notre siècle. C'est là qu'il est venu se perdre, laissant dans les esprits qu'il a agités, et comme dernier résultat, d'un côté une espèce d'indifférence pour la vérité, à laquelle ils ne croient plus, parce qu'à force de la leur montrer partout, ils en sont venus à ne l'apercevoir nulle part ; et d'un autre côté dans la conduite de la vie, avec une grande prétention au sublime, au dévouement, avec tous les semblants de l'héroïsme, un laisser aller aux passions, l'aversion pour tout ce qui gêne et contrarie, l'abandon à la fatalité, la servitude de la nécessité sous les dehors de l'indépendance. Cette philosophie si riche en promesses, mais si pauvre en effets, comme l'histoire le dira, est jugée aujourd'hui, et ce n'est plus à cette école qu'une jeunesse généreuse ira chercher de grandes idées, des sentiments profonds, de hautes inspirations.

Voyez le jugement porté sur M. Cousin, chef de l'école éclectique, par M. Gatien Arnoult : *Doctrine Philosophique*.

EFFRONTÉS, hérétiques qui parurent en 1534. Ils prétendaient être chrétiens sans avoir reçu le baptême. Selon eux, le Saint-Esprit n'est point une personne divine, le culte qu'on lui rend est une idolâtrie ; il n'est que la figure des mouvements qui élèvent l'âme à Dieu. Au lieu de baptême, ils se raclaient le front avec un fer, jusqu'au sang, et le pansaient avec de l'huile ; ce qui leur fit donner le nom d'*effrontés*.

EGLISE CATHOLIQUE FRANÇAISE. Nom donné au parti schismatique, dont l'abbé Chatel se constitua le chef en 1830-31. Voyez l'article Chatel.

EGLISE EVANGÉLIQUE CHRETIENNE. Le protestantisme n'ayant plus de profession de foi commune, même dans chaque secte prise à part, son nom n'exprimait plus ce qu'il croyait, mais ce qu'il ne croyait pas. Il disait bien qu'il n'était pas catholique, mais il refusait de dire ce qu'il était ; en sorte qu'il ne présentait plus aucune idée positive.

Dans cet état de décomposition, les calculs de la politique ont eu pour objet de donner au protestantisme un semblant de vie, et l'indifférence même est venue ici en aide à la politique. En effet, quand on ne croit pas, on n'a aucune répugnance à s'unir, en apparence, à qui ne croit pas davantage. Il ne s'agit plus du fond, mais de la forme. Loin de chercher à éclaircir les controverses, on les regarde toutes comme inutiles et oiseuses. Les croyances ne sont plus que des nuances d'opinions indifférentes en soi. Les confessions de foi ne sont que des formules qui n'ont pas de sens, ou qui en changent au gré de chacun. Engager des hommes qui en sont venus à ce point, à se réunir dans l'exercice d'un même culte, c'est comme si on leur disait : « La chose n'est pas assez importante pour que vous restiez divisés : en matière d'intérêts temporels, on comprendrait que vous ne voulussiez pas compromettre vos droits ; mais il ne s'agit que de choses spéculatives, de dogmes que personne ne prend au pied de la lettre, de croyances indifférentes, de religion enfin ! »

Deux ministres, dans le duché de Nassau, ayant suggéré au prince la pensée de ce simulacre de réunion, on convoqua un synode général des ministres du duché, qui délibérèrent en présence des commissaires de la cour, et en partant de ce point qu'on se trouvait d'accord sur les articles capitaux, comme s'il n'existait pas entre les luthériens et les calvinistes des différences assez importantes ; mais on ne voulut y voir que des subtilités de l'école, et on n'agita pas même cette matière. L'essentiel pour les négociateurs était l'extérieur du culte et la manutention des biens, dont il fut question exclusivement. Le 9 août 1817, on convint que les deux communions réunies prendraient le titre d'*Eglise évangélique chrétienne*, avec permission à chacun d'entendre l'Evangile comme il le voudrait : les biens seraient réunis en un seul fonds ; les pasteurs des divers cultes resteraient ensemble dans les lieux où il y en aurait deux, et donneraient la communion au même autel, suivant le rite de la liturgie palatine, que l'on adoptait *provisoirement*. Toutefois les vieillards qui tiendraient à l'ancienne manière recevraient la communion à part. Telle était la substance de ce pacte, pour lequel on demanda la sanction du duc de Nassau, comme s'il appartenait à l'autorité temporelle de confirmer les délibérations en matière spirituelle. La réunion décrétée, on fit la cène ensemble, sans s'inquiéter si Jésus-Christ y était présent en réalité, comme le veulent les luthériens, ou en figure, comme le soutiennent les calvinistes : ce qui ne parut pas assez important pour fixer un moment l'attention de ces pasteurs évangéliques.

Ainsi ne raisonnaient pas les réformateurs. Avec quelle force Luther tonnait contre les sacramentaires, et combien ceux-ci étaient éloignés de souscrire à tous les articles de la confession d'Augsbourg ! Après trois siècles de séparation et de disputes, convenait-il de proclamer que les différences étaient nulles? S'il en était ainsi, pourquoi donc tant de divisions, de guerres et de sang? Les protestants du dix-neuvième siècle ne pouvaient évidemment se réunir sans renier leurs pères ; et ceux-ci, de leur côté, n'auraient vu sans doute dans leurs fils que des hypocrites. « Ce n'est plus une communion, leur auraient-ils dit, que cet assemblage d'hommes qui n'ont pas la même croyance, et qui ne se réunissent même que parce qu'ils n'en ont aucune ; qui participent à la cène sans y attacher aucune idée; qui suivent des rites un jour, et d'autres rites le lendemain; qui passent sans façon d'une confession de foi à l'autre, et auxquels le temple, le ministre, le culte, les instructions, tout est égal. » La religion n'est plus rien, si elle n'est pas la croyance du cœur, si elle se borne à de vaines et stériles démonstrations. Le sentiment le plus digne de l'homme et le plus fécond en vertus, quand il est le fruit d'une persuasion intime, et qu'il inspire des hommages purs et vrais envers l'auteur de tout bien, n'est plus qu'une parade ridicule, quand il ne va pas au delà de formules sans portée et de pratiques insignifiantes.

Ce qui s'était passé dans le Nassau causa la plus vive sensation en Allemagne, dont les souverains donnèrent les mains à ces rapprochements où on leur faisait voir l'intérêt de leur Etat. Le roi de Prusse, dans une lettre adressée, le 27 septembre 1817, aux consistoires et aux synodes de son royaume, annonça qu'il célébrerait la fête séculaire de la réformation par la réunion des deux communions, réformée et luthérienne, de la cour et de la garnison de Postdam, en une seule *Eglise évangélique chrétienne*, avec laquelle il participerait à la cène, et il invita ses sujets à imiter son exemple. Allant plus au fond que les pasteurs de l'une et l'autre communion, qui ne s'étaient nullement mis en peine des dogmes, il disait que la réunion ne pouvait être louable qu'autant qu'elle serait l'effet, non de l'indifférence religieuse, mais d'une conviction libre ; qu'autant qu'elle ne serait pas seulement extérieure, mais qu'elle puiserait sa force et aurait sa racine dans l'union des cœurs. Or, c'était précisément ce qui manquait à ces réunions, où l'on n'avait rien fait pour opérer la conviction. Aussi le mouvement, déterminé par la politique, se calma bientôt, et en plusieurs lieux même la réunion fut repoussée par les pasteurs ou par le troupeau. En général, ces cérémonies ne furent pas vues d'un aussi bon œil en Russie et surtout en France, qu'en Allemagne, soit que les luthériens français fussent moins affermis dans l'indifférence systématique que leurs frères d'au delà du Rhin, soit qu'ils eussent eu besoin comme eux de stimulants qui leur manquèrent.

La liturgie de l'*Eglise évangélique chrétienne* fut composée et publiée, en 1821 et 1822, par le roi de Prusse, qui souleva ainsi l'indignation des rationalistes purs, lesquels croyaient y voir l'intention d'une atteinte portée à la liberté protestante et aux droits de la raison individuelle, tandis qu'elle n'était au fond qu'un piège tendu aux catholiques peu éclairés, pour leur faire supposer, à la faveur d'une parodie de quelques parties des cérémonies de leur culte, que la différence entre leur religion et la prétendue réforme n'était pas si grande que leurs prêtres voulaient bien le dire; et que par conséquent ils pouvaient sans inconvénient et sans scrupule, fréquenter les temples protestants, où Dieu était honoré à peu près comme dans les églises catholiques.

D'après cette nouvelle liturgie, le service divin, borné à de pures cérémonies, n'est tout au plus que ce qu'on appelait dans la primitive Eglise la *messe des catéchumènes*, à laquelle on a ajouté le symbole des apôtres, une préface avec le *Sanctus*, le *Memento* des vivants, et le *Pater*. Il n'y a ni offertoire, ni consécration, ni communion; par conséquent point de sacrifice.

Tout ce qu'y a gagné le protestant, c'est d'avoir un culte extérieur un peu moins froid et moins nu qu'auparavant; mais il n'en reste pas moins séparé de cette véritable Eglise fondée par les apôtres, et dont la durée sera éternelle : il n'a pas fait un pas de plus dans la foi, et il reste toujours privé de plusieurs sacrements et du sacrifice de la messe, tel qu'il a été offert dans l'Eglise depuis les apôtres jusqu'à nous; il persévère dans les erreurs émises par Luther et Calvin, ou plutôt il se trouve encore plus éloigné de la vérité par cette réunion des deux sectes en une soi-disant Eglise évangelico-protestante.

S'il est vrai que l'uniformité du culte soit le caractère principal de l'identité d'une Eglise dans tous les temps, la récente liturgie prussienne n'est qu'une nouvelle infraction de cette règle générale; et lorsque l'on considère en elle-même cette prétendue tentative de retour à une unité quelconque, on n'y trouve qu'une variation de la réforme à ajouter à tant d'autres, et une preuve de plus de son impuissance à rien fonder de rationnel, d'uniforme et d'identique. En effet, avant la réformation, la Prusse catholique avait une autre liturgie qu'à présent. Joachim II de Brandebourg embrassa le protestantisme, et introduisit le premier une liturgie différente. Plus tard, Jean Sigismond abandonna la doctrine de Luther, crut avoir trouvé la vraie religion dans le calvinisme; et en conséquence introduisit aussi une nouvelle liturgie; on donna une autre signification à celle qu'il avait trouvée avant lui, en sorte qu'il la rendit complétement différente de ce qu'elle était, surtout en ce qui concerne la cène. Enfin, comme on l'a vu plus haut, en 1817, à la demande du roi de Prusse, les luthériens et les calvinistes se réunirent en apparence pour former une soi-disant *Eglise évangélique chrétienne*; d'où il résulte que les points de doctrine qui pouvaient empêcher un rapprochement étant abandonnés de part et d'autre, chacune des deux communions renonça à la foi qu'elle avait professée jusqu'alors; c'est-à-dire, qu'à partir de 1817 le calviniste ne rejeta plus ce que la religion luthérienne avait d'opposé à la sienne, et que le luthérien de son côté s'abstint de condamner aucun point de la doctrine calviniste. Et de là vient que le luthérien reçoit la communion de la main du ministre calviniste, comme le calviniste la reçoit du ministre luthérien. Or, c'est assurément un nouveau point de foi que de croire à ce miracle inconcevable, que le *même* ministre puisse, dans le *même* instant, distribuer l'eucharistie de *deux* manières *différentes* et *contradictoires;* ou qu'il dépende de la foi explicite de ceux qui reçoivent, plutôt que du pouvoir de celui qui administre, de recevoir dans le *même* pain, l'un le corps de Jésus-Christ, l'autre seulement le signe qui le représente. C'est là une foi nouvelle qui n'a certes aucun fondement dans la Bible, et à laquelle Luther, qui appelle les calvinistes des sacriléges, s'oppose de toutes ses forces dans sa lettre aux habitants de Francfort. La liturgie prussienne est donc bien loin de se rapprocher de l'ancienne liturgie, et tant s'en faut même qu'elle nous montre quelque chose d'identique entre le présent et le passé de l'Eglise prétendue réformée.

En 1846, le synode général de Berlin vient de décider qu'on laissera aux convictions individuelles de chacun d'accepter en tout ou en partie les *symboles* de foi, comme base de l'enseignement public, toute polémique *agressive* contre ces symboles demeurant *interdite* au clergé.

EGLISE (Petite). Le concordat conclu en 1801 entre le souverain pontife Pie VII et le gouvernement français, trouva des opposants parmi les anciens évêques et quelques ecclésiastiques du second ordre, résidant la plupart en Angleterre où ils s'étaient retirés pendant l'émigration. Le pape, pressé par le gouvernement et forcé par les circonstances, s'était vu dans la nécessité de demander à tous les anciens évêques leur démission, et même de l'exiger d'une manière absolue. Il leur adressa pour cela le bref dit *Tam multa*, du 15 août 1801, dans lequel il déclarait que si leurs démissions ne lui étaient point arrivées dans le très-court délai qu'il leur assignait, il les regarderait comme réellement données, et qu'il passerait outre, en nommant et en instituant pour les sièges créés ou conservés par le concordat, de nouveaux titulaires.

Cette mesure extraordinaire, qui n'avait en effet point d'exemple dans l'Eglise, comme la révolution elle-même de laquelle on sortait n'en avait aucun dans toute l'antiquité, ne fut point acceptée par plusieurs des évêques qu'elle dépossédait de leurs sièges. Trente-six d'entre eux refusèrent de donner leurs démissions, et firent paraître sous le titre d'*Expostulations canoniques*, un écrit dans lequel ils déclaraient et soutenaient que le concordat était contraire aux canons et à la discipline de l'Eglise, et aux droits de l'Eglise gallicane en particulier. Le pape, selon eux, n'avait pas le droit de les destituer de leurs sièges malgré eux. Il devait consulter l'Eglise dispersée, ou même les évêques français, qui pouvaient facilement se réunir en Angleterre. C'était à eux de juger si les circonstances où se trouvait la France, légitimaient ou non le sacrifice extraordinaire qu'on exigeait d'eux. L'exécution du concordat allait consommer la ruine de la religion en France, et ils n'y voulaient pas donner les mains. Le pape lui-même, en violant toutes les règles reçues, en usurpant une autorité dont l'histoire entière de l'Eglise ne fournissait pas un seul exemple, était vraiment le loup dans la bergerie.

Deux autres motifs contribuèrent encore à les rendre plus opiniâtres dans leur refus. D'une part, le concordat conclu par le pape avec un gouvernement nouveau et usurpateur, leur semblait un attentat contre les droits des Bourbons au trône de France. De l'autre, le premier consul avait nommé aux sièges nouveaux un assez grand nombre de prêtres ou évêques *constitutionnels*, et quoique le pape ne les eût acceptés qu'à condition qu'ils feraient une retractation, il fut reconnu néanmoins que plusieurs d'entre eux n'en avaient fait aucune. Ainsi on avait admis dans le gouvernement de l'Eglise des hérétiques et des schismatiques sans rétractation préalable, contre tout droit et contre l'usage invariable suivi de tout temps dans l'Eglise.

De là résulta le *schisme* des *anticoncordataires* ou *incommunicants*, qu'on appela *petite Eglise*. Voici leurs prétentions et leurs erreurs.

1° Le concordat, œuvre de faiblesse et de séduction de la part du pape, de violence et d'extorsion du côté du gouvernement, était radicalement nul, parce qu'il était essentiellement contraire aux canons et à la discipline générale de l'Eglise, et qu'il violait, qu'il renversait de fond en comble toutes les libertés de l'Eglise gallicane. Sa teneur, sa forme, les circonstances qui en avaient accompagné et suivi la conclusion, la manière dont on procédait à son exécution, et spécialement les démissions forcées de tous les anciens titulaires, qui n'avaient pas d'exemple dans l'antiquité ecclésiastique, tout concourait pour démontrer qu'il ne pouvait et ne devait avoir aucune force, aucune valeur. Et dès lors tous les évêques de France, nommés et institués en vertu de ce concordat, tous leurs vicaires généraux, tous les curés et vicaires nommés par eux, étaient également des intrus. Il n'y avait plus d'enseignement légitime, plus de juridiction pour gouverner les diocèses, pour administrer validement les sacrements, etc.

2° Les plus exagérés parmi ces *anticoncordataires* allaient jusqu'à traiter le pape lui-même de schismatique, d'hérétique ou de fauteur des hérétiques; et par le fait ils le regardaient comme déchu de la dignité pontificale. Pie VII était aussi un intrus, et le saint-siège devait être considéré comme vacant. *Voyez* BLANCHARDISME.

3° Et comme on arrive facilement aux conséquences les plus extrêmes et les plus folles, quand on est une fois sorti des limites légitimes, il se trouva des hommes assez insensés pour accuser d'intrusion et d'illégitimité tous les papes, depuis saint Clément successeur de saint Pierre; de sorte que, pour rentrer dans l'ordre légitime de la succession apostolique, ils prétendaient se rattacher à lui et prirent le nom de *prêtres clémentins*.

4° Par toutes ces raisons, les évêques non-démissionnaires prétendaient conserver toute leur autorité sur leurs anciens diocèses; et quelques-uns d'entre eux nommèrent des grands vicaires pour administrer en leur nom des Eglises qu'ils ne pouvaient administrer en personne. Il s'établit donc dans ces diocèses une espèce d'Eglise clandestine, qui seule se prétendait légitime, et dont les membres ne devaient pas communiquer *in divinis*, sous aucun prétexte et même à l'article de la mort avec les prêtres soumis au concordat. Mais petit à petit les chefs de cette secte étendirent leur juridiction, et prétendirent avoir le droit d'exercer le saint ministère partout, en vertu de leur légitimité, et de l'intrusion, de l'illégitimité de tous les pasteurs, soit du premier soit du second ordre, qui existaient en France. Ils allèrent même plus loin, et ils en vinrent à ce point de folie et d'orgueil, qu'ils envoyaient d'Angleterre des hosties consacrées à leurs adeptes, et cela par la main de simples laïques.

Donnons maintenant en peu de mots la réfutation de tant de prétentions absurdes, subversives de toute subordination et de toute hiérarchie, et exposons quels sont les vrais principes de l'Eglise, en matière de juridiction.

Les évêques non-démissionnaires, la plupart du moins, étaient loin de vouloir, de prévoir même les conséquences extrêmes qu'on tira de leurs principes, et les troubles religieux dont ces principes devinrent la source entre les mains de quelques-uns de leurs adhérents. Plusieurs allèrent même au-devant de ces dangers, autant qu'il était en eux de le faire, dans l'hypothèse du refus de leur démission, en conférant tous leurs pouvoirs de juridiction aux évêques nouvellement institués et à leurs grands vicaires. Mais on ne s'arrête pas aisément dans la voie de l'erreur, et ceux qui s'y engagent les premiers, sont rarement assez puissants pour empêcher ceux qui se sont mis à leur suite de se jeter dans les excès les plus ridicules comme les plus condamnables. On est donc en droit de rendre responsables du schisme des *incommunicants*, de tous les désordres que ce schisme a occasionnés dans plusieurs diocèses, et de toutes les extravagances auxquelles se sont portés quelques-uns de leurs adhérents, les évêques qui refusèrent de donner leurs démissions, malgré les vives sollicitations que le souverain pontife leur adressa, en leur écrivant à cet effet de sa propre main. En violant, ou en méconnaissant les vrais principes, en s'attribuant une inamovibilité *absolue* qu'ils n'avaient sans doute pas, puisque le pape la leur refusait alors, et que l'Eglise catholique n'a fait là-dessus plus tard aucune réclamation, ils légitimaient par là même tout l'usage qu'il leur plairait de faire de leur autorité, au moins dans leurs diocèses respectifs. Mais enfin, en laissant de côté toutes les objections particulières et de détail qu'ils firent contre le concordat, arrêtons-nous seulement à celle qui était fondamentale. La voici.

On ne peut pas forcer un évêque à donner sa démission; on ne peut le déposer, on ne peut le priver de sa juridiction, que par un jugement canonique et par conséquent pour des causes exprimées dans le droit canon. Toute l'histoire de l'Eglise ne fournit d'ailleurs aucun exemple du contraire, et lors même que quelques faits isolés, opposés en apparence à cette assertion, s'y rencontreraient dans le cours de dix-huit siècles, il était inouï que jamais une masse d'évêques, tous les évêques d'un grand royaume, eussent été dépossédés de leurs sièges et de leur autorité, par la seule autorité et la seule volonté du souverain pontife.

En principe et en thèse générale, il est vrai qu'on ne saurait forcer un évêque à donner sa démission, et que le seul moyen légitime de lui ôter la juridiction qu'il a de droit divin sur son diocèse, c'est un jugement canonique, un jugement conforme aux lois et aux règles qui sont en usage dans l'Eglise de temps immémorial. Mais il faut bien remarquer que jamais il ne s'était présenté une question pareille à celle que firent naître les circonstances dans lesquelles le concordat fut conclu. On n'avait jamais demandé si l'autorité supérieure, dont le pape est revêtu dans l'Eglise, s'étend assez loin pour déposer tout d'un coup tous les évêques d'un grand royaume, et nulle règle canonique n'avait dû être établie pour diriger le souverain pontife dans un pareil exercice de sa puissance. L'Eglise ne pose pas ainsi des questions oiseuses; elle ne porte pas des canons *a priori* pour tous les cas possibles ou imaginables; elle se contente d'agir ou de décider à mesure que les événements le demandent et conformément aux circonstances, développant son pouvoir selon les besoins, mais ne l'étendant jamais au delà des bornes que Jésus-Christ y a mises. Mais enfin la question est tout à fait mal posée par les anticoncordataires. Il s'agissait de savoir s'il y a ou s'il peut y avoir des cas où il soit nécessaire, pour le bien de l'Eglise, qu'un évêque donne sa démission. Si, en ce cas, c'est pour l'évêque une obligation de conscience de la donner; et s'il appartient tellement à cet évêque de juger de la nécessité et de l'obligation dont nous parlons, que son consentement soit absolument indispensable pour légitimer ce qui aurait été décidé par le chef suprême de l'Eglise.

Que le bien d'une Eglise puisse demander quelquefois qu'un évêque en abandonne le gouvernement en donnant sa démission, et que dans ce cas cela devienne pour lui d'une obligation rigoureuse de conscience, même en supposant qu'il n'y ait aucun reproche canonique à lui faire, ou encore qu'il soit l'objet de préventions injustes et d'une persécution inique ; c'est ce que personne ne révoque en doute. Qu'il y ait dans l'Eglise une autorité compétente pour prononcer dans ces circonstances critiques et difficiles, on ne saurait le nier non plus, ni en droit ni en fait, puisqu'on voit plusieurs exemples de faits pareils dans l'histoire ecclésiastique, spécialement lorsqu'il s'est agi de réconcilier des schismatiques et des hérétiques; et que d'ailleurs on ne saurait supposer que Notre-Seigneur n'ait pas donné à son Eglise toute l'étendue d'autorité nécessaire pour pourvoir à tous ses besoins. Seulement, dans la plupart des circonstances, on a suivi des règles, des usages établis : ce sont des conciles provinciaux ou autres qui ont prononcé ordinairement, et toujours on a demandé le consentement des parties intéressées. Mais ici quelle réunion d'évêques eût été possible? Les circonstances étaient si impérieuses, que si le pape eût hésité ou refusé d'agir comme il le fit, le schisme pouvait être établi pour toujours en France. Nous convenons que tous les actes et toutes les mesures adoptés par un souverain pontife ne sont pas essentiellement infaillibles, essentiellement conformes au droit et au bien. Pie VII lui-même se repentit plus tard d'avoir cédé aux exigences de l'empereur, dans l'espèce de concordat qu'il conclut avec lui à Fontainebleau en 1813, et il rétracta sa signature. Mais l'Eglise universelle approuva la conduite qu'il avait tenue dans la circonstance dont il s'agit ici ; et la chose est si vraie, que les évêques non démissionnaires demeurèrent avec leurs prêtres dans un isolement complet. Ils avaient d'ailleurs un bel et noble exemple dans l'histoire de l'Eglise. Saint Grégoire de Nazianze, placé sur le siége de Constantinople par Théodose, ayant entendu murmurer quelques évêques de ce qu'il avait abandonné l'Eglise qu'il gouvernait auparavant, et s'était laissé transférer, contre l'usage, à un siége plus élevé, se présenta au milieu du concile qui se tenait alors, dans cette ville, et dit à ses collègues ces paroles remarquables : « Si c'est à cause de moi que s'est soulevée cette tempête, je ne vaux pas mieux que le prophète Jonas. Qu'on me jette à la mer, et que l'Eglise soit en paix! » Et le grand homme se démit sans regret, avec joie même, heureux de déposer un fardeau dont il sentait toute la pesanteur, et de rentrer dans le calme de la vie privée.

Les pouvoirs conférés par Jésus-Christ à son Eglise eussent donc été insuffisants si, dans les circonstances extraordinaires où elle se trouvait au commencement de ce siècle en France, elle n'avait pu pourvoir au gouvernement légitime et régulier des diocèses sans obtenir préalablement le consentement des anciens évêques, donné ou forcé selon des règles qui n'existaient pas ou qui évidemment étaient inapplicables. Mais à supposer même que, dans le droit rigoureux, leur juridiction ne leur eût point été enlevée par le souverain pontife, il n'en est pas moins vrai 1° que le souverain pontife pouvait, en usant de sa suprématie, pourvoir au gouvernement des Eglises de France par des vicaires apostoliques qui les administreraient provisoirement et jusqu'à nouvel ordre; 2° que, dans cette hypothèse, admise en effet par quelques-uns des non-démissionnaires, mais qu'ils devaient admettre tous, puisqu'elle n'est que l'expression en fait d'un pouvoir que personne ne refuse au chef de l'Eglise catholique ; l'exercice de la juridiction des anciens évêques par eux-mêmes ou leurs grands vicaires dans leurs diocèses, devenait illégitime, schismatique, et une source de troubles religieux les plus graves; 3° qu'ils abusèrent de ce qu'il pouvait y avoir de plausible dans leurs prétentions, en s'attribuant une juridiction qu'ils étendaient hors des limites de leurs anciens diocèses. En supposant que l'autorité du souverain pontife avait pu et dû cesser par le fait même du concordat; qu'il n'y avait plus qu'une intrusion générale dans l'Eglise, au moins dans l'Eglise de France; et en se regardant, eux et leurs adhérents du second ordre, comme suffisamment autorisés par là à exercer tous les pouvoirs ecclésiastiques dans toute l'étendue du royaume.

Nota. 1° Il n'y eut qu'un évêque, parmi les non-démissionnaires, qui eut ces prétentions extrêmes et schismatiques; mais les prêtres de la *petite Eglise* donnèrent en grand nombre dans ces excès. Ils ne voulaient pas même que leurs *fidèles* reçussent les sacrements des prêtres *concordatistes* dans le cas de nécessité et dans le danger de mort prochaine.

2° Plusieurs de ces derniers, résidant en Angleterre, ayant publié des ouvrages où le mépris de l'autorité du souverain pontife et les doctrines les plus scandaleusement schismatiques étaient professées sans ménagement, les évêques d'Irlande et d'Angleterre les condamnèrent plusieurs fois et finirent par leur interdire tout exercice du saint ministère dans leurs diocèses respectifs.

* EICÈTES, hérétiques du septième siècle. Ils faisaient profession de la vie monastique, et croyaient ne pouvoir mieux honorer Dieu qu'en dansant. Ils se fondaient sur l'exemple des Israélites qui, après le passage de la mer Rouge, témoignèrent à Dieu leur reconnaissance par des chants et par des danses.

ELCÉSAITES; ils se nommaient aussi Ossoniens et Sampséens.

C'était une secte de fanatiques qui, à quelques idées de christianisme, avaient joint les erreurs des ébionites, les principes de l'astrologie judiciaire, les pratiques de la magie, l'invocation des démons, l'art des enchantements et l'observation des cérémonies judaïques.

Il ne faut chercher, chez ces hérétiques, rien de suivi, rien de lié; ils n'adoraient qu'un seul Dieu, ils s'imaginaient l'honorer beaucoup en se baignant plusieurs fois par jour; ils reconnaissaient un Christ, un Messie, qu'ils appelaient le grand roi. On ne sait s'ils croyaient que Jésus fût le Messie, ou s'ils croyaient que ce fût un autre, qui ne fût pas encore venu; ils lui donnaient une forme humaine, mais invisible, qui avait environ trente-huit lieues de haut ; ses membres étaient proportionnés à sa taille : ils croyaient que le Saint-Esprit était une femme, peut-être parce que le mot qui, en hébreu, exprime le Saint-Esprit, est du genre féminin, peut-être aussi parce que le Saint-Esprit étant descendu sur Jésus-Christ à son baptême, sous la forme d'une colombe, et ayant dit de Jésus-Christ qu'il était son fils bien-aimé, ils avaient conclu que le Saint-Esprit était une femme, afin de ne pas donner deux pères à Jésus-Christ (1).

Sous l'empire de Trajan, un Juif, nommé Elxaï, se joignit à eux et composa un livre qui contenait, disait-il, des prophéties et une sagesse toute divine : les elcésaïtes disaient qu'il était descendu du ciel.

Elxaï était considéré par ses sectateurs comme une puissance révélée et annoncée par les prophètes, parce que son nom signifie, selon l'hébreu, qu'il est révélé; ils révéraient même ceux de sa race jusqu'à l'adoration, et se faisaient un devoir de mourir pour eux.

Il y avait encore, sous Valens, deux sœurs de la famille d'Elxaï, ou de la race bénie, comme ils l'appelaient; elles se nommaient *Marthe* et *Martène*, et elles étaient considérées comme des déesses par les elcésaïtes; lorsqu'elles sortaient en public, les elcésaïtes les accompagnaient en foule, ramassaient la poudre de leurs pieds et la salive qu'elles crachaient; on gardait ces choses et on les mettait dans des boîtes qu'on portait sur soi, et qu'on regardait comme des préservatifs souverains (2).

Ils avaient quelques prières hébraïques, qu'ils voulaient qu'on récitât sans les entendre. M. Basnage a bien prouvé que les elcésaïtes ne venaient pas des esséniens (3).

* ENCRATITES, hérétiques du second siècle, vers l'an 151. Ils soutenaient qu'Adam n'était pas sauvé, que le mariage est une débauche introduite par le démon; de là ils furent nommés *encratites*, continents ou abstinents. Ils s'abstenaient non-seulement de la chair des animaux, mais du vin; ils ne s'en servaient pas même pour l'eucharistie, ce qui leur fit donner le nom d'*hydroparastes* et d'*aquariens*; on les appelait encore *apotactiques* ou *renonçants*, *saccophores* ou *sévériens*. Le vin, selon eux, est une production du démon, témoin l'ivresse de Noé et ses suites. Ils n'admettaient qu'une petite partie de l'Ancien Testament, et ils l'expliquaient à leur manière. *Voyez* TATIEN.

* ENDIÉ (Anne-Marie-Agémi), religieuse visionnaire du Mont-Liban, prétendait avoir des révélations et avait trompé plusieurs personnes, entre autres, le patriarche lui-même, Pierre Stéfani. Elle affectait dans ce pays une sorte de suprématie spirituelle, avait fondé un institut particulier du Sacré-Cœur, et s'était donné un vicaire dans la personne d'une autre fille, la sœur Catherine, attachée aux mêmes illusions. Elle troublait la paix de cette Eglise par des prophéties ridicules, et prétendait être unie en corps et en âme avec Jésus-Christ. Les divisions qu'elle excitait ayant été portées à la connaissance du siége apostolique, le pape forma une congrégation de cinq cardinaux de la Propagande, Castelli, Boschi, Pamphili, Visconti et Antonelli, pour examiner cette affaire. Ils exprimèrent le résultat de leur travail dans trois décrets du 29 juin 1779. Ils y déclaraient qu'Endié était attachée à des illusions, que ses révélations étaient fausses et controuvées, qu'elle serait obligée de rétracter, et qu'on la transférerait dans un autre monastère, ainsi que Catherine, sa complice. On devait rechercher et anéantir leurs écrits, abolir l'institut nouveau, formé sous

---

(1) Grab., Spicileg. PP.
(2) Epiph. hær. 10.

(3) Basnage, Annales ecclés., t. I.

le nom du Sacré-Cœur, et supprimer quatre monastères en contravention au concile qui s'était tenu au Mont-Liban, en 1736. Le patriarche était mandé à Rome pour y rendre compte de sa conduite, et l'évêque Germain Diab, qui n'avait pas été non plus à l'abri de la séduction, était condamné à rétracter tout ce qu'il avait fait ou dit en faveur de la prétendue prophétesse. Par le bref *Apostolica sollicitudo*, adressé, le 17 juillet 1779, aux évêques, au clergé et à la nation maronite, Pie VI confirma toutes ces dispositions de la congrégation. Par un autre bref, de la fin de 1783, il loua le zèle et la piété des maronites, et les exhorta à éloigner d'eux toute discorde, et à déférer à ses conseils paternels. A la suite de ce bref, le patriarche, qui avait refusé pendant trois années de se soumettre, reconnut ses erreurs et s'humilia aux pieds du pontife romain. En considération de son repentir, Pie VI le releva des censures, et le patriarche fut réintégré dans l'exercice de ses droits et dans ses honneurs, au mois de février 1785.

* ÉNERGIQUES ou ÉNERGISTES, nom donné, dans le seizième siècle, à quelques sacramentaires, disciples de Calvin et de Mélanchthon, qui soutenaient que l'eucharistie n'est que l'énergie ou la vertu de Jésus-Christ, et non son propre corps et son propre sang.

* ENSABATÉS, hérétiques du treizième siècle, de la secte des *vaudois*. Ils furent ainsi appelés à cause d'une marque que les plus parfaits portaient sur leurs sandales, qu'ils appelaient *sabatas*.

* ENTHOUSIASTES, sectaires qui furent aussi appelés *massaliens* et *euchites*. On leur avait donné ce nom, dit Théodoret, parce qu'étant agités du démon, ils se croyaient inspirés. On nomme encore *enthousiastes* les anabaptistes, les quakers ou trembleurs, qui se croient remplis de l'inspiration divine, et soutiennent que l'Ecriture sainte doit être expliquée par les lumières de cette inspiration.

* ENTICHITES. *Voyez* EUTYCHITES.

EON DE L'ETOILE, était un gentilhomme breton, qui vivait au douzième siècle.

On prononçait alors fort mal le latin, et au lieu de prononcer *eum*, comme nous le prononçons aujourd'hui, on prononçait *con*: ainsi, dans le symbole, au lieu de chanter: *Per eum qui venturus est judicare vivos et mortuos*, on chantait: *Per eon qui venturus est judicare vivos et mortuos*.

Sur cette prononciation, Eon de l'Etoile s'imagine que c'était de lui qu'il était dit dans le Symbole qu'il viendrait juger les vivants et les morts. Cette vision lui plaît; son imagination s'échauffe; il se persuade qu'il est le juge des vivants et des morts, et par conséquent le Fils de Dieu. Il le publie; le peuple le croit, s'assemble et le suit en foule dans les différentes provinces de la France, dont il pille les maisons et surtout les monastères.

Il donna des rangs à ses disciples: les uns étaient des anges, les autres étaient des apôtres; celui-ci s'appelait *le Jugement*, celui-là *la Sagesse*, un autre *la Domination* ou *la Science*.

Plusieurs seigneurs envoyèrent du monde pour arrêter Eon de l'Etoile; mais il les traitait bien, leur donnait de l'argent, et personne ne voulait l'arrêter. On publia qu'il enchantait le monde, que c'était un magicien, qu'on ne pouvait se saisir de sa personne. Cette imposture fut crue généralement; cependant l'archevêque de Reims le fit arrêter, et l'on crut alors que les démons l'avaient abandonné. L'archevêque de Reims le fit paraître devant le concile assemblé à Reims par Eugène III contre les erreurs de Gilbert de la Porée. On interrogea dans le concile Eon de l'Etoile, et l'on vit qu'il n'était qu'un insensé; on le condamna à une prison perpétuelle, mais on fit brûler le *Jugement*, la *Science* et quelques autres de ses disciples qui ne voulurent pas reconnaître la fausseté des prétentions d'Eon de l'Etoile (1).

Dans ce même siècle, où une partie du peuple était séduite par Eon de l'Etoile, Pierre de Bruys, Tanchelin, Henri et une foule d'autres fanatiques enseignaient différentes erreurs et soulevaient les peuples contre le clergé: d'un autre côté, les théologiens se divisaient dans les écoles, élevaient sur la théologie les questions les plus subtiles, et formaient des partis opposés et ennemis; mais le peuple ne participait point à leurs haines, parce qu'il était trop ignorant pour prendre part à leurs querelles.

Le peuple, trop ignorant pour prendre part aux querelles théologiques, était très-ignorant d'ailleurs sur la religion: car la lumière ou l'ignorance du peuple sont toujours proportionnées à l'ignorance ou aux lumières du clergé. Ce peuple ignorant était échauffé et séduit par le premier imposteur qui voulait se donner la peine de le tromper, et jamais on ne manque de ces imposteurs dans les siècles d'ignorance.

ÉPIPHANE, fils de Carpocrate, fut instruit dans la philosophie platonicienne, et crut y trouver des principes propres à expliquer l'origine du mal et à justifier la morale de son père.

Il supposait un principe éternel, infini, incompréhensible, et alliait avec ce principe fondamental le système de Valentin.

Pour rendre raison de l'origine du mal, il s'éleva jusqu'aux idées primitives du bien et du mal, du juste et de l'injuste; il jugea que la bonté dans l'Etre suprême n'était point différente de la justice. L'univers, envisagé sous ce point de vue, n'offrait plus à Epiphane rien qui fût contraire à la bonté de Dieu.

Le soleil se lève également sur tous les animaux; la terre offre également à tous ses productions et ses bienfaits; tous peuvent

(1) D'Argentré, Collect. jud. Natal. Alex. in sæc. xii. Dup. Biblioth., douzième siècle.

satisfaire leurs besoins, et par conséquent la nature offre à tous une égale matière de bonheur. Tout ce qui respire est sur la terre comme une grande famille, aux besoins de laquelle l'auteur de la nature pourvoit abondamment. Ce sont l'ignorance et la passion qui, en rompant cette égalité et cette communauté, ont introduit le mal dans le monde. Les idées de propriété exclusive n'entrent point dans le plan de l'Intelligence suprême : elles sont l'ouvrage des hommes.

Les hommes, en formant des lois, étaient donc sortis de l'ordre; et pour y rentrer, il fallait abolir ces lois et rétablir l'état d'égalité dans lequel le monde avait été formé.

De là Epiphane concluait que la communauté des femmes était le rétablissement de l'ordre, comme la communauté des fruits de la terre. Les désirs que nous recevions de la nature étaient nos droits, selon Epiphane, et des titres contre lesquels rien ne pouvait prescrire. Il justifiait tous ces principes par les passages de saint Paul qui disent qu'avant la loi on ne connaissait point de péché, et qu'il n'y aurait point de péché s'il n'y avait point de loi.

Avec ces principes, Epiphane justifiait toute la morale des carpocratiens et combattait toute celle de l'Evangile.

Epiphane mourut à l'âge de dix-sept ans; il fut révéré comme un dieu; on lui consacra un temple à Samé, ville de Céphalonie; il eut des autels, et l'on érigea une académie en son nom. Tous les premiers jours du mois, les Céphaloniens s'assemblaient dans son temple pour célébrer la fête de son apothéose : ils lui offraient des sacrifices, ils faisaient des festins et chantaient des hymnes en son honneur (1).

* ÉPISCOPAUX, protestants d'Angleterre, qui, en se séparant de l'Eglise romaine, ont néanmoins conservé la plupart des cérémonies extérieures du culte et l'ordre de la hiérarchie ecclésiastique : ainsi il y a parmi eux des évêques, des prêtres, des chanoines, comme dans l'Eglise romaine.

* ÉRASTIENS, secte qui s'éleva en Angleterre, pendant les guerres civiles, en 1647. On l'appelait ainsi du nom de son chef Erastus. C'était un parti de séditieux, qui soutenaient que l'Eglise n'a point d'autorité quant à la discipline; qu'elle n'a aucun pouvoir de faire des lois ni des décrets, encore moins d'infliger des peines; de porter des censures et d'en absoudre, d'excommunier, etc.

ESQUINISTES, secte de montanistes qui confondaient les personnes de la Trinité. *Voyez* l'article MONTAN. Ce sentiment a été rendu célèbre par Sabellius. *Voyez* son article.

* ÉTERNELS, hérétiques des premiers siècles. Ils croyaient qu'après la résurrection générale le monde durerait éternellement tel qu'il est; que ce grand événement n'apporte-

(1) Theod. Hæret. Fab. l. 1, c. 5. Epiph. hær. 52. Iren. l. 1, c. 11. Clem. Alex., Strom. l. III, p. 428. Grab.,

rait aucun changement à l'état actuel des choses.

* ÉTHIOPIENS. La religion de ces peuples, placés dans l'intérieur de l'Afrique, mérite beaucoup d'attention : c'est un christianisme mêlé de quelques erreurs, mais qui est fort ancien. Comme ces chrétiens sont séparés de l'Eglise romaine depuis douze cents ans, il est bon de savoir en quel état la religion s'est conservée parmi eux. Ç'a été un sujet de dispute entre les protestants et les théologiens catholiques. Le père Lebrun en a rendu compte dans une dissertation particulière (2); nous nous bornerons à en donner un extrait abrégé.

Il est dit dans les *Actes des Apôtres*, c. VIII, v. 27, qu'un eunuque de Candace, reine d'Ethiopie, fut baptisé par saint Philippe. L'on présume que cet homme, qui était fort puissant auprès de sa souveraine, fit connaître Jésus-Christ à ses compatriotes. Mais comme plusieurs régions de l'Asie et de l'Afrique ont porté le nom d'*Ethiopie*, on ne peut pas savoir précisément dans laquelle de ces contrées ces premières semences du christianisme furent répandues.

Il passe pour certain que les habitants de la Nubie, qui est la partie de l'Ethiopie la plus voisine de l'Egypte, furent convertis à la foi par saint Matthieu; que le christianisme s'est conservé parmi eux jusque vers l'an 1500; que depuis ce temps-là ils sont devenus mahométans, faute de pasteurs pour les instruire.

Pour les peuples de la haute Ethiopie que l'on nommait *Axumites*, et que l'on appelle actuellement *Abyssins*, on sait qu'ils furent convertis au christianisme par saint Frumentius, qui leur fut donné pour évêque par saint Athanase, patriarche d'Alexandrie, vers l'an 319, et que l'arianisme ne fit aucun progrès chez eux. Toujours soumis au patriarcat d'Alexandrie, ils ont conservé la foi pure jusqu'au sixième siècle, temps auquel ils furent entraînés dans le schisme de Dioscore et dans les erreurs d'Eutychès, ou des jacobites. Ils y ont persévéré, parce qu'ils n'ont point eu d'autres évêques que celui qui leur a été toujours envoyé par les patriarches cophtes d'Alexandrie, successeurs de Dioscore.

Au commencement du seizième siècle, les Portugais, ayant pénétré dans l'Ethiopie, travaillèrent à réunir les chrétiens de cette partie de l'Afrique à l'Eglise romaine. On y envoya plusieurs missionnaires, qui eurent d'abord assez de succès; ils en auraient peut-être eu davantage s'ils avaient eu moins d'empressement d'introduire dans ce pays-là les rites, la liturgie, la discipline, les usages de l'Eglise romaine : tout ce qui n'y était pas conforme parut hérétique à ces missionnaires, qui n'étaient pas assez instruits des anciens rites des Eglises orientales. Les *Ethiopiens*, attachés à ce qu'ils avaient pratiqué de tout temps, se révoltè-

Spicileg. PP.
(2) Explication des cérémonies, t. IV, p. 519.

rent contre un changement aussi entier et aussi absolu que celui qu'on exigeait d'eux : ils chassèrent et maltraitèrent les missionnaires, et depuis ce temps-là on a tenté vainement de pénétrer chez eux. Si l'on s'était borné d'abord à leur faire abjurer l'eutychianisme, on aurait pu, dans la suite, leur faire quitter peu à peu ceux de leurs usages qui pouvaient être une occasion d'erreur.

Ce mauvais succès des missions d'Ethiopie a été un sujet de triomphe pour les protestants. La Croze semble n'avoir écrit son *Histoire du christianisme d'Ethiopie* que pour faire remarquer les fautes vraies ou prétendues de l'évêque portugais Mendès, devenu patriarche ou seul évêque de ce pays-là. Mosheim en a parlé sur le même ton (1). Le principal objet de Ludolf, dans son *Histoire d'Ethiopie*, a été de persuader que la croyance de ce peuple est la même que celle des protestants; que s'il s'était fait catholique, sa religion serait devenue beaucoup plus mauvaise qu'elle n'est.

Mais ces deux écrivains ne se sont pas piqués d'une bonne foi fort scrupuleuse dans leur narration. Par la liturgie des *Ethiopiens*, par leurs professions de foi, par leurs livres ecclésiastiques, il est prouvé que, sur tous les points controversés entre les protestants et nous, les chrétiens d'Ethiopie ou d'*Abyssinie* sont dans les mêmes sentiments que l'Eglise romaine. C'est un fait que les protestants ne peuvent plus contester avec décence, parce que, dans le quatrième et le cinquième tome de la *Perpétuité de la Foi*, l'abbé Renaudot en a donné des preuves irrécusables. Aussi Mosheim, plus circonspect que Ludolf et La Croze, s'est borné à copier ce qu'ils ont dit des missions; mais il a eu la prudence de ne rien dire de la croyance ni des pratiques religieuses suivies par les *Abyssins*.

Ces peuples ont la Bible traduite dans leur langue. Ils admettent comme canoniques tous les livres que nous recevons pour tels, sans exception; mais il n'est pas vrai qu'ils regardent l'Ecriture sainte comme la seule règle de foi et de conduite. Ils ont beaucoup de respect pour les décisions des anciens conciles, pour les écrits des Pères, surtout de saint Cyrille d'Alexandrie, puisqu'ils n'ont rejeté le concile de Chalcédoine que parce qu'ils se sont persuadé faussement que saint Cyrille y a été condamné. Ils sont soumis aux anciens canons que l'on nomme *canons arabiques du concile de Nicée*. C'est par attachement, non à la lettre de l'Ecriture sainte, mais à leurs anciennes traditions, qu'ils sont obstinés dans le schisme.

Ils ne sont dans aucune erreur sur le mystère de la sainte Trinité; ils croient fermement la divinité de Jésus-Christ; ils disent également anathème à Nestorius et à Eutychès, parce que, selon leurs idées, Eutychès a confondu les deux natures de Jésus-Christ. Ils conviennent qu'il y a en lui la nature divine et la nature humaine, *sans confusion*; et, par une contradiction grossière, ils soutiennent que ces deux natures sont devenues une seule et même nature par leur union. C'est l'erreur générale des jacobites ou monophysites.

On voit chez eux sept sacrements, comme dans l'Eglise romaine; mais on leur reproche de renouveler leur baptême tous les ans, le jour de l'Epiphanie. Quelques-uns d'entre eux, cependant, ont prétendu qu'ils ne regardaient pas ce baptême annuel comme un sacrement, mais comme une cérémonie destinée à honorer le baptême de Notre-Seigneur.

Leurs prêtres, comme ceux des autres communions orientales, donnent la confirmation; mais ils croient que l'évêque seul a le pouvoir de conférer les ordres. Quelques-uns de leurs patriarches ou métropolitains ont retranché la confession; il est néanmoins certain qu'ils l'ont pratiquée autrefois, et qu'ils suivaient sur ce point l'usage de l'Eglise d'Alexandrie.

Dans leur liturgie, qui est la même que celle des cophtes d'Egypte, ils professent clairement la présence réelle de Jésus-Christ dans l'eucharistie et la transubstantiation, et ils adorent l'hostie consacrée avant la communion. Ils ont le plus grand respect pour l'autel et pour le sanctuaire de leurs églises, et ils regardent l'eucharistie comme un sacrifice. L'abbé Renaudot et le père Lebrun reprochent avec raison à Ludolf d'avoir traduit les morceaux qu'il a cités de cette *liturgie* avec beaucoup d'infidélité.

On y voit l'invocation des saints, surtout de la sainte Vierge, qu'ils honorent d'un culte particulier, la confiance en leur intercession, le *Memento* des morts ou la prière pour eux. Les *Ethiopiens* ont des images et des tableaux de dévotion; ils pratiquent toutes les cérémonies rejetées par les protestants : les bénédictions, les encensements, le culte de la croix, l'usage des cierges et des lampes dans leurs églises. Ils ont conservé les jeûnes, les abstinences, les vœux monastiques; ils ont des religieux et des religieuses en très-grand nombre. Ce qu'il y a de singulier, c'est que Ludolf et ses copistes, qui reprochent à l'Eglise romaine toutes ces pratiques comme des superstitions et des abus, les excusent ou les approuvent chez les *Ethiopiens*, à cause de leur haine contre le catholicisme.

Ces peuples pratiquent aussi la circoncision. Lorsqu'on leur en a demandé la raison, ils ont dit qu'ils ne la regardaient pas comme une observance religieuse, mais comme une tradition de leurs pères. Peut-être a-t-elle été introduite en Ethiopie par des raisons de santé ou de propreté, comme autrefois chez les Egyptiens. Le divorce et la polygamie s'y sont établis, et c'est un désordre; mais il est difficile que sous un climat aussi brûlant les mœurs soient aussi pures que dans les régions tempérées : cependant le christianisme avait opéré autre-

---

(1) Hist. ecclés., xvii° siècle, sect. 2, part. 11, c. 1, § 17.

fois ce prodige. Les *Ethiopiens* ont encore des prêtres et des diacres mariés, mais n'ont jamais permis que les uns ni les autres se mariassent après leur ordination. Leur évêque ou patriarche est ordinairement un moine tiré de l'un des monastères cophtes d'Egypte. Ils le nomment *abbema*, notre père, et ils ont pour lui le plus grand respect. Il est bon de savoir encore que la langue éthiopienne, dans laquelle les Abyssins célèbrent leur *liturgie*, n'est plus la langue vulgaire de ce pays-là; elle ressemble beaucoup à l'hébreu et encore plus à l'arabe.

Quoique le christianisme des Abyssins ou Ethiopiens ne soit pas pur, il est cependant évident que les dogmes catholiques qu'ils ont conservés étaient la doctrine universelle des Eglises chrétiennes, lorsqu'ils s'en sont séparés au sixième siècle. C'est donc très-mal à propos que les protestants ont reproché tous ces dogmes à l'Eglise romaine comme des nouveautés qu'elle avait introduites dans les bas siècles, et qu'ils se sont servis de ce faux prétexte pour se séparer d'elle. Toutes les recherches qu'ils ont faites chez différentes sectes de chrétiens schismatiques et hérétiques n'ont tourné qu'à leur confusion, et à mettre dans un plus grand jour la témérité des prétendus réformateurs du seizième siècle.

Suivant les relations des voyageurs, les Abyssins sont d'un bon naturel; leur inclination les porte à la piété et à la vertu; l'on trouve parmi eux beaucoup moins de vices que dans plusieurs contrées de l'Europe; dans leurs conversations, ils respectent la décence et la pureté des mœurs. Les femmes n'y sont point renfermées comme dans les autres pays chauds, et on ne dit point qu'ils aient des esclaves (1). Voilà une preuve démonstrative des salutaires effets que produit le christianisme partout où il est établi, et il en résulte qu'aucun climat ne peut lui opposer des obstacles insurmontables. C'est un grand malheur que les Abyssins soient engagés dans le schisme et dans l'hérésie : la religion catholique, rétablie chez eux, y introduirait la culture des lettres et des sciences, et rendrait l'Ethiopie plus accessible aux étrangers.

* ETHNOPHRONES, hérétiques du septième siècle, qui voulaient concilier la profession du christianisme avec les superstitions du paganisme; telles que l'astrologie judiciaire, les sorts, les augures, les différentes espèces de divination. Ils pratiquaient les expiations des gentils, célébraient leurs fêtes, observaient comme eux les jours heureux ou malheureux, etc. (2).

* ÉTICOPROSCOPTES, nom par lequel saint Jean Damascène, dans son *Traité des hérésies*, a désigné des sectaires qui enseignaient des erreurs en matière de morale, qui blâmaient des actions bonnes et louables, en pratiquaient et en conseillaient de mauvaises. Ce nom convient moins à une secte particulière qu'à tous ceux qui altèrent la morale chrétienne, soit par le relâchement, soit par le rigorisme.

* EUCHITES, anciens hérétiques qui soutenaient que la prière seule suffisait pour être sauvé. Ils abusaient de ces paroles de saint Paul (3) : *Priez sans relâche*. Ils bâtissaient, dans les places publiques, des oratoires qu'ils nommaient *adoratoires;* rejetaient, comme inutiles, les sacrements de baptême, d'ordre et de mariage.

Ces sectaires furent aussi nommés *massaliens*, mot tiré du syriaque, qui signifie la même chose que *euchites*; et *enthousiastes*, à cause de leurs visions et de leurs folles imaginations. Ils furent condamnés au concile d'Ephèse, en 431.

* EUDOXIENS, secte d'ariens qui avaient pour chef Eudoxe, patriarche d'Antioche, ensuite de Constantinople, où il soutint de tout son pouvoir cette hérésie, sous les règnes de Constance et de Valens. Les *eudoxiens* enseignaient, comme les *eunomiens* et les *aétiens*, que le Fils de Dieu avait été créé de rien, qu'il avait une volonté différente de celle de son Père.

EUNOME, était originaire de Cappadoce, il avait beaucoup d'esprit naturel : des prêtres ariens auxquels il s'attacha l'instruisirent; il adopta leurs sentiments et fut fait évêque de Cyzique; il devint arien zélé, et, pour défendre l'arianisme, retomba dans le sabellianisme, dont Arius avait cru qu'on ne pouvait se garantir qu'en niant la divinité du Verbe (4).

Arius, pour ne pas tomber dans l'hérésie de Sabellius, qui confondait les personnes de la Trinité, fit du Père et du Fils deux personnes différentes, et soutint que le Fils était une créature.

La divinité de Jésus-Christ était donc devenue comme le pivot de toutes les disputes des catholiques et des ariens.

Les catholiques admettaient dans la substance divine un Père qui n'était point engendré, et un Fils qui l'était, et qui cependant était consubstantiel et coéternel à son Père.

La divinité de Jésus-Christ était évidemment enseignée dans l'Ecriture, et les ariens ne pouvaient éluder la force des passages que les catholiques leur opposaient.

Eunome crut qu'il fallait examiner ce dogme en lui-même, et voir si effectivement on pouvait admettre dans la substance divine deux principes, dont l'un était engendré et l'autre ne l'était pas.

Pour décider cette question, il partit d'un point reconnu par les catholiques et par les ariens, savoir, la simplicité de Dieu.

Il crut qu'on ne pouvait supposer dans une chose simple deux principes, dont l'un était engendré et l'autre engendrant : une chose simple pouvait, selon Eunome, avoir différents rapports, mais elle ne pouvait contenir des principes différents.

De ce principe Arius, pour éviter le sabel-

(1) Hist. univ., in-4°, t. XXIV, liv. xx, c. 5, p. 400. Mémoires géographiques, physiques et historiques sur l'Asie, l'Afrique et l'Amérique, tom. III, pag. 309 et 345.

(2) Saint Jean Damascène, Hæres., n. 94.
(3) I Thess. v, 17.
(4) Socrat., l. iv, c. 12. Epiph., hæres. 70.

lianisme qui confondait les personnes de la Trinité, avait conclu que le Père et le Fils étaient deux substances distinguées ; comme d'ailleurs on ne pouvait admettre plusieurs dieux, il avait jugé que le Verbe ou le Fils n'était pas un Dieu, mais une créature.

De ce même principe Eunome conclut, non-seulement qu'on ne pouvait supposer dans l'essence divine un Père et un Fils, mais qu'on ne pouvait y admettre plusieurs attributs, et que la sagesse, la vérité, la justice, n'étaient que l'essence divine considérée sous différents rapports, et n'étaient que des noms différents donnés à la même chose, selon les rapports qu'elle avait avec les objets extérieurs (1).

Voilà l'erreur qu'Eunome ajouta à l'arianisme ; elle portait sur un faux principe, en voici la preuve :

Une substance simple ne peut contenir plusieurs principes qui soient des substances ou des parties de substances : c'est tomber dans une contradiction manifeste que de l'avancer ; mais on ne voit pas qu'une substance simple ne puisse pas renfermer plusieurs choses qui ne soient ni des substances, ni des parties de substances.

La substance divine étant infinie, quel homme oserait dire qu'elle ne renferme pas en effet des principes différents qui ne soient ni des substances, ni des parties de substances? Pour oser le dire, ne faudrait-il pas voir clairement l'essence de la divinité, la comprendre parfaitement, et connaître Dieu aussi parfaitement qu'il se connaît lui-même?

Voilà pourquoi les Pères qui réfutèrent Eunome, tels que saint Basile, saint Chrysostôme, lui opposèrent l'incompréhensibilité de la divinité (2).

Car je penserais volontiers, comme Vasquez, qu'Eunome ne croyait pas connaître la substance divine autant que Dieu la connaît lui-même, quoiqu'il soutînt qu'il connaissait toute l'essence divine (3).

C'est ainsi que le plus mince géomètre pourrait soutenir qu'il voit aussi bien que le plus habile géomètre le cercle qu'il trace, et que comme lui il le voit tout entier, sans croire pour cela connaître aussi bien que Clairaut toutes les propriétés du cercle.

Eunome reconnaissait, comme les catholiques, un Père, un Fils et un Saint-Esprit ; mais il regardait le Fils et le Saint-Esprit comme des créatures, et croyait que le Saint-Esprit était une production du Fils : il exprimait cette croyance dans son baptême, qu'il donnait au nom du Père qui n'était point engendré, du Fils qui était engendré, et du Saint-Esprit qui était produit par le Fils.

Il supprima les trois immersions ; c'était une suite de son sentiment sur les trois personnes de la Trinité : il ne faisait plonger dans l'eau que la tête et la poitrine de ceux qu'il baptisait, regardant comme infâmes et comme indignes du baptême les parties inférieures.

L'erreur d'Eunome était une spéculation peu propre à intéresser le grand nombre : il sentit que, pour se concilier des sectateurs, il fallait joindre à son opinion quelque principe de morale commode ; il enseigna que ceux qui conserveraient fidèlement sa doctrine ne pourraient perdre la grâce, quelque péché qu'ils commissent (4).

Cette adresse, employée souvent par les chefs de secte, ne réussit pas toujours : la secte d'Eunome fut absolument éteinte sous Théodose (5).

EUNOMIENS, disciples d'Eunome ; on les appelait aussi anoméens, du mot *anomion*, qui signifie dissemblable, parce qu'ils disaient que le Fils et le Saint-Esprit différaient en tout du Père : on les appelait aussi troglodytes. *Voyez* ce mot.

EUNOMIOEUPSYCHIENS, branche des eunomiens, qui se séparèrent pour la question de la connaissance ou de la science de Jésus-Christ : ils conservèrent pourtant les principales erreurs d'Eunome.

Ils avaient pour chef, selon Nicéphore, un nommé Eupsyche (6).

Ces eunomioeupsychiens sont les mêmes que ceux que Sozomène nomme eutychiens, et auxquels il donne pour chef un nommé Eutyche : il est pourtant certain que Nicéphore et Sozomène parlent de la même secte, puisque Nicéphore a copié Sozomène ; mais il y a de l'erreur sur le nom du chef de la secte (7).

M. de Valois, dans ses notes sur Sozomène, et Fronton-du-Duc, dans ses notes sur Nicéphore, l'ont remarqué sans dire celui qui s'est trompé.

EUNUQUES ou VALÉSIENS, hérétiques qui se mutilaient, et ne permettaient à leurs disciples de manger rien qui eût vie, jusqu'à ce qu'ils fussent dans le même état.

Origène, pour faire taire la calomnie qui répandait des bruits fâcheux sur ce qu'il recevait des jeunes filles à son école, se mutila lui-même, et arrêta par ce moyen tous les discours injurieux à sa vertu.

Cette délicatesse d'Origène sur sa réputation fut prise par les uns pour un acte de vertu extraordinaire, et par les autres pour un accès de zèle irrégulier et bizarre.

La sainteté de sa vie et l'éminence de son mérite firent qu'on se partagea sur cette action.

Démétrius, patriarche d'Alexandrie, admira l'action d'Origène, et le patriarche de Jérusalem le consacra prêtre.

D'autres blâmèrent cette action comme une barbarie, et désapprouvèrent que l'on eût élevé au sacerdoce un sujet que sa mutilation en rendait incapable.

Valésius, né avec une forte disposition à l'amour, et placé sous le climat brûlant de

---

(1) Greg. Nyss., orat. 12.
(2) Basil., ep. 166. Chrysost., de incomprehens Dei Natura.
(3) Vasquez, in prima part. disput. 37, c. 3.
(4) Theod.; Hæret. Fab., l. iv, c. 3. Aug., de Hær.
Epiph., hær. 76. Baron. ad an. 356.
(5) Codex Theod., l. viii.
(6) Nicéphore, l. xii, c. 30.
(7) Sozom., l. vii, c. 17.

l'Arabie, ne connaissait point de plus grand ennemi de son salut que son tempérament, ni de moyen plus sage, pour conserver sa vertu et assurer son salut, que celui qu'Origène avait employé pour faire taire la calomnie.

Valésius se fit donc eunuque, et prétendit que cet acte de prudence et de vertu ne devait point exclure des dignités ecclésiastiques : on eut d'abord de l'indulgence pour cet égarement, mais comme il faisait du progrès, on chassa de l'Eglise Valésius et ses disciples, qui se retirèrent dans un canton de l'Arabie.

Valésius n'avait pour disciples que des hommes d'un tempérament impétueux et d'une imagination vive, qui, sans cesse aux prises avec l'esprit tentateur, jugèrent que leur pratique était le seul moyen d'échapper au crime et de faire son salut.

Les hommes qui sont animés d'une passion violente, ou transportés par les accès du tempérament, ne supposent point dans les hommes d'autres principes ou d'autres sentiments que celui qui les fait agir. Les valésiens jugèrent donc que tous les hommes qui ne se faisaient point eunuques étaient dans la voie de perdition et livrés au crime.

Comme l'Evangile ordonne à tous les chrétiens de travailler au salut de leur prochain, les valésiens crurent qu'il n'y avait pas de moyen plus sûr de remplir cette obligation que de mettre leur prochain, autant qu'ils le pourraient, dans l'état ou ils étaient eux-mêmes : ils faisaient donc tous leurs efforts pour persuader aux autres hommes la nécessité de se faire eunuques ; et, lorsqu'ils ne pouvaient les persuader, ils les regardaient comme des enfants, ou comme des malades en délire, dont il y aurait de la barbarie à ménager la répugnance pour un remède infaillible, quoique désagréable.

Les valésiens regardèrent donc comme un devoir indispensable de la charité chrétienne, de mutiler tous les hommes dont ils pourraient s'emparer, et ils ne manquaient point à faire cette opération à tous ceux qui passaient sur leur territoire, qui devint la terreur des voyageurs, qui ne craignaient rien tant que de s'égarer chez les valésiens.

C'est apparemment pour cela que, selon saint Epiphane, on parlait beaucoup de ces hérétiques, mais qu'on les connaissait peu (1).

Ce fut à l'occasion de ces hérétiques que le concile de Nicée fit le neuvième canon, qui défend de recevoir dans le clergé ceux qui se mutilent eux-mêmes (2).

Que l'esprit humain est étrange! Le concile, qui faisait ce canon contre les valésiens, en fit aussi un contre les ecclésiastiques qui faisaient des contrats d'adoption, par lesquels un prêtre prenait chez lui une veuve ou une fille, sous le nom de sœur ou de nièce spirituelle. L'institution de ces familles spirituelles était fondée sur l'exemple de Jésus-Christ, qui se retirait chez Marthe et Madeleine, et sur celui de saint Paul, qui menait avec lui une femme sœur.

Cette dernière coutume s'était établie dans les premiers siècles de l'Eglise ; il n'était pas rare de voir des jeunes gens de l'un et de l'autre sexe vivre ensemble, et, pour triompher plus glorieusement de la chair, se jeter au plus fort du péril, tandis que les valésiens ne croyaient pouvoir se sauver qu'en cessant d'être capables de tentations.

Nous, qui trouvons avec raison ces deux sectes insensées, que penserons-nous de la tolérance que notre siècle accorde à une espèce de valésiens infiniment plus barbares et plus justement méprisables, qui, dans la mutilation, n'ont en vue que la perfection de la voix des victimes de leur avarice?

* EUPHEMITES. Ce nom fut donné aux hérétiques massaliens parce que, dans leurs assemblées, ils chantaient des cantiques de louanges et de bénédictions.

EUPHRATE, de la ville de Péra, en Cilicie, admettait trois Dieux, trois Verbes, trois Saints-Esprits.

Parmi les philosophes qui avaient recherché la nature du monde, quelques-uns l'avaient regardé comme un grand tout, dont les parties étaient liées, et ne supposaient dans la nature qu'un seul monde, comme Ocellus de Lucanie l'avait enseigné, et non pas plusieurs, comme Leucipe, Epicure et d'autres philosophes le soutenaient.

Euphrate adopta le fond de ce système, et n'admit point cette suite de mondes différents à laquelle la plupart des chefs de secte avaient recours pour concilier la philosophie avec la religion, ou pour expliquer ses dogmes : il supposait un seul monde, et distinguait dans ce monde trois parties, qui renfermaient trois ordres d'êtres absolument différents.

La première partie du monde renfermait l'être nécessaire et incréé, qu'il concevait comme une grande source qui faisait sortir de son sein trois Pères, trois Fils, trois Saints-Esprits.

Euphrate croyait apparemment que l'être nécessaire étant déterminé par sa nature à produire trois êtres différents, le nombre trois était en quelque sorte le terme de toutes les productions de l'être nécessaire, et qu'il fallait admettre en Dieu trois Pères, trois Fils, trois Saints-Esprits.

Comme Jésus-Christ, qui était Fils de Dieu, était homme, Euphrate croyait que les trois Fils étaient trois hommes.

La seconde partie du monde renfermait un nombre infini de puissances différentes.

Enfin, la troisième partie de l'univers renfermait ce que les hommes appellent communément le monde.

Toutes ces parties de l'univers étaient absolument séparées, et devaient être sans commerce ; mais les puissances de la troisième partie avaient attiré dans leurs sphères les essences de la seconde partie du monde et les avaient enchaînées.

---

(1) Epiph., hær. 56. Aug., hær. 37. Fleury, Hist. eccl., l. XI. Baron. ad an. 249.

(2) Conc. Nicæn. Collect. conc. Hist. du conc. de Nicée, in-8°, 1 vol.

Vers le temps d'Hérode, le Fils de Dieu était descendu du séjour de la Trinité pour délivrer les puissances qui étaient tombées dans les piéges des puissances de la troisième partie du monde. Le fils de Dieu, qui était descendu du ciel sur la terre, était un homme qui avait trois natures, trois corps et trois puissances.

Euphrate croyait apparemment que le Fils de Dieu devait avoir ces trois essences ou ces trois natures, pour remplir la fonction de libérateur des puissances qui étaient tombées de la seconde partie du monde dans la troisième ; il croyait peut-être encore, par ce moyen, expliquer pourquoi Jésus-Christ, le Fils, avait été choisi pour être le libérateur des puissances tombées plutôt que les autres personnes de la Trinité.

Après que les puissances de la seconde partie du monde seront remontées à leur patrie, ce que nous appelons notre monde doit périr, selon Euphrate (1).

Le P. Hardouin croit que c'est contre les disciples d'Euphrate, qu'on a fait le quarante-huitième des canons attribués aux apôtres, et que le symbole attribué à saint Athanase a eu en vue ces hérétiques dans le verset où il est dit qu'il y a un seul Père, et non trois Pères, un seul Fils, et non trois Fils (2).

Il me semble qu'Euphrate et Adamas avaient adopté le système philosophique d'Ocellus, et qu'ils avaient tâché de le concilier avec le dogme de la Trinité, avec celui de la divinité de Jésus-Christ et avec sa qualité de médiateur ; c'était pour cela qu'ils avaient joint aux principes généraux d'Ocellus quelques idées pythagoriciennes sur la vertu des nombres (3).

Combien ne fallait-il pas que ces dogmes fussent certains parmi les chrétiens, pour qu'on ait entrepris de les concilier avec le système d'Ocellus, avec lequel ils n'ont aucune analogie et auquel ils sont opposés ? Que répondront à cette conséquence ceux qui prétendent que les dogmes de la religion chrétienne sont l'ouvrage des platoniciens ?

Euphrate eut des disciples qui formèrent la secte des péréens ou pératiques, du nom de la ville de Péra dans laquelle Euphrate enseignait.

EUPHRONOMIENS, hérétiques du quatrième siècle, qui unissaient les erreurs d'Eunome avec celles de Théophrone. Socrate dit que les différences de système entre Eunome et Théophrone sont si légères qu'elles ne méritent pas d'être rapportées (4).

EUSÉBIENS. C'est un des noms que l'on donna aux ariens, à cause d'Eusèbe de Nicomédie, l'un de leurs principaux chefs. Cet évêque, contre la défense des canons, passa successivement du siége de Béryte à celui de Nicomédie, et ensuite à celui de Constantinople. De tout temps, il avait été lié d'amitié et de sentiments avec Arius, et il y a lieu de penser que celui-ci était plutôt disciple que son maître. Aussi Eusèbe n'omit rien pour justifier Arius, pour le faire recevoir à la communion des autres évêques, pour faire adopter sa doctrine, et il prit hautement sa défense dans le concile de Nicée. Forcé de souscrire à la condamnation de l'hérésie, par la crainte d'être déposé, il n'y demeura pas moins attaché : il se déclara si hautement protecteur des ariens, que Constantin le relégua dans les Gaules, et fit mettre un autre évêque à sa place ; mais trois ans après il le rappela, le rétablit dans son siége, et lui rendit sa confiance.

Eusèbe eut assez de crédit pour faire recevoir Arius à la communion de l'Eglise dans un concile de Jérusalem ; il fut le persécuteur de saint Athanase et de tous les évêques orthodoxes ; il conserva son ascendant sur l'esprit de Constantin, qui dans ses derniers moments reçut le baptême de sa main. Sous le règne de Constance, qui se laissa séduire par les ariens, Eusèbe devint encore plus puissant, et trouva le moyen de se placer sur le siége de Constantinople, en faisant déposer dans un conciliabule le saint évêque Paul, qui en était le possesseur légitime. Enfin, après avoir cabalé dans plusieurs conciles, après avoir dressé trois ou quatre confessions de foi aussi captieuses les unes que les autres, il mourut et laissa sa mémoire en exécration à toute l'Eglise (5).

EUSTATHE : Baronius croit que c'est le nom d'un moine que saint Epiphane appelle Eutacte. Eustathe vivait dans le quatrième siècle (6).

Ce moine était si follement entêté de son état, qu'il condamnait tous les autres états de la vie ; il joignit à cette prétention d'autres erreurs, qui furent déférées au concile de Gangres : 1° il condamnait le mariage et séparait les femmes de leurs maris, soutenant que les personnes mariées ne pouvaient se sauver ; 2° il défendait à ses sectateurs de prier dans les maisons ; 3° il les obligeait à quitter leurs biens, comme incompatibles avec l'espérance du paradis ; 4° il les retirait des assemblées des autres fidèles pour en tenir de secrètes avec eux, et leur faisait porter un habillement particulier ; il voulait qu'on jeûnât les dimanches, et disait que les jeûnes ordinaires de l'Eglise étaient inutiles, après qu'on avait atteint un certain degré de pureté qu'il imaginait ; 5° il avait en horreur les chapelles bâties en l'honneur des martyrs et les assemblées qui s'y faisaient.

Plusieurs femmes, séduites par ses discours, quittèrent leurs maris, et beaucoup d'esclaves s'enfuirent de la maison de leurs maîtres : on déféra la doctrine d'Eustathe au concile de Gangres, et elle y fut condamnée l'an 342 (7).

---

(1) Théodoret, Hæret. Fab., l. 1, c. 18. Philastr.
(2) Hardouin, de triplici Baptismo.
(3) *Voyez*, sur la vertu attachée aux nombres, les art. CABALE, BASILIDE, MANÈS.
(4) Socrat. l. v, c. 24.

(5) Tillemont, tom. VI, Hist. de l'Arianisme.
(6) Baron. ad an. 319.
(7) Epiph., hær. 40. Socrat., l. 11, c. 23. Sozom., l. 111, c. 3. Basil., ep. 74 et 82. Nicéphore, l. ix, c. 16.

Rien n'est plus contraire à l'esprit de la religion, ni plus propre à détruire dans les simples fidèles la soumission à leurs pasteurs légitimes, que des assemblées telles que celles d'Eustathe, et des hommes tels que ce moine ne méritent pas moins d'attirer l'attention du magistrat que celle des premiers pasteurs de l'Eglise.

EUSTATHIENS. C'est le nom que l'on donna aux sectateurs du moine Eustathe, dont on a parlé dans l'article précédent.

EUTYCHÈS, était abbé d'un monastère auprès de Constantinople: il enseigna que la nature divine et la nature humaine s'étaient confondues, et qu'après l'incarnation elles ne formaient plus qu'une seule nature, comme une goutte d'eau qui tombe dans la mer se confond avec l'eau de la mer.

Le concile d'Ephèse et les efforts de Jean d'Antioche, après sa réconciliation avec saint Cyrille, pour faire recevoir ce concile, n'avaient point éteint le nestorianisme : les dépositions, les exils, avaient produit dans l'Orient une infinité de nestoriens cachés, qui cédaient à la tempête et qui conservaient un désir ardent de se venger de saint Cyrille et de ses partisans ; d'un autre côté, les défenseurs du concile d'Ephèse haïssaient beaucoup les nestoriens et ceux qui conservaient quelque reste d'indulgence pour ce parti.

Il y avait donc en effet deux partis subsistants après le concile d'Ephèse, dont l'un, opprimé, cherchait à éviter le parjure et à se garantir des violences des orthodoxes par des formules de foi captieuses, équivoques et différentes de celles de saint Cyrille ; l'autre, victorieux, qui suivait les nestoriens et leurs fauteurs dans tous leurs détours, et s'efforçait de leur enlever tous leurs subterfuges.

Le zèle ardent et la défiance sans lumière durent donc, pour s'assurer de la sincérité de ceux auxquels ils faisaient recevoir le concile d'Ephèse, imaginer différentes manières de les examiner, et employer dans leurs discours les expressions les plus opposées à la distinction que Nestorius supposait entre la nature divine et la nature humaine : ils devaient naturellement employer des expressions qui désignassent, non-seulement l'union, mais encore la confusion des deux natures.

D'ailleurs, l'union de la nature divine et de la nature humaine, qui forme une seule personne en Jésus-Christ, est un mystère, et pour peu qu'on aille au delà du dogme qui nous apprend que la nature divine et la nature humaine sont tellement unies qu'elles ne forment qu'une personne, il est aisé de prendre l'unité de nature pour l'unité de personne, et de confondre ces deux natures en une seule, afin de ne pas manquer à les unir et à ne reconnaître en Jésus-Christ qu'une personne et non pas deux, comme Nestorius.

D'un autre côté, les nestoriens et leurs protecteurs souffraient impatiemment le triomphe de saint Cyrille et de son parti ; ils l'accusaient de renouveler l'apollinarisme et de ne reconnaître dans Jésus-Christ qu'une seule nature, et ne pouvaient manquer de peser toutes les expressions de leurs ennemis, de les juger à la rigueur, de se déchaîner contre eux et de publier qu'ils enseignaient l'erreur d'Apollinaire, pour peu que leurs expressions manquassent de la plus grande exactitude lorsqu'ils parlaient de l'union des deux natures en Jésus-Christ.

Ainsi, après la condamnation du nestorianisme, tout était préparé pour l'hérésie opposée et pour former dans l'Eglise une secte opiniâtre, fanatique, dangereuse : il ne fallait pour la faire éclater qu'un homme qui eût beaucoup de zèle contre le nestorianisme, peu de lumières, de l'austérité dans les mœurs, de l'opiniâtreté dans le caractère et quelque célébrité.

Cet homme fut Eutychès ; il avait, comme tous les moines, pris parti contre Nestorius : comme il était en grande réputation de sainteté et qu'il avait beaucoup de crédit à la cour, saint Cyrille l'avait flatté et l'avait engagé à servir la vérité de tout son crédit auprès de l'impératrice (1).

Eutychès, par cela même, avait conçu beaucoup de haine contre les nestoriens ; il paraît même qu'il fut le premier auteur des rigueurs qu'on exerça contre eux en Orient (2).

L'âge n'avait point modéré son zèle, et cet abbé, tout cassé de vieillesse, voyait partout le nestorianisme, regardait comme ennemis de la vérité tous ceux qui conservaient pour les nestoriens quelque ménagement ou quelque indulgence, et tâchait d'inspirer à toutes les personnes puissantes le zèle qui l'animait (3).

Il employait, pour combattre le nestorianisme, les expressions les plus fortes, et, pour ne pas tomber dans le nestorianisme qui suppose deux personnes dans Jésus-Christ, parce qu'il y a deux natures, il supposa que les deux natures étaient tellement unies qu'elles n'en faisaient qu'une, et confondit les deux natures en une seule, afin d'être plus sûr de ne pas admettre en Jésus-Christ deux personnes, comme Nestorius. La passion, jointe à l'ignorance, ne voit que les extrêmes ; les milieux qui les séparent et où réside la vérité ne sont aperçus que par les esprits éclairés, attentifs et modérés.

Eutychès enseignait donc à ses moines qu'il n'y avait qu'une seule nature en Jésus-Christ ; il ne voulait pas que l'on dît que Jésus-Christ était consubstantiel à son Père selon la nature divine, et à nous selon la nature humaine ; il croyait que la nature humaine avait été absorbée par la nature divine comme une goutte d'eau par la mer, ou comme la matière combustible jetée dans une fournaise est absorbée par le feu ; en

---

(1) Synod. Can. c. 203. Baluse, nova Collect. conc., pag. 909.

(2) Tillem., t. XV, p. 482.
(3) Leo, ep. 19. Theodor., ep. 81, p. 55.

sorte qu'il n'y avait plus en Jésus-Christ rien d'humain et que la nature humaine s'était en quelque sorte convertie en nature divine (1).

L'erreur d'Eutychès n'était donc pas, comme le prétend M. de la Croze, une question de nom (2).

Car Eutychès, en supposant que la nature humaine avait été absorbée par la nature divine et confondue avec elle, de manière qu'elle ne faisait avec elle qu'une seule nature, dépouillait Jésus-Christ de la qualité de médiateur, et détruisait la vérité des souffrances, de la mort et de la résurrection de Jésus-Christ; puisque toutes ces choses appartiennent à la nature humaine et à la réalité d'une âme humaine et d'un corps humain unis à la personne du Verbe, et n'appartiennent pas au Verbe.

Si le Verbe n'a pas pris notre nature, toutes les victoires qu'il a pu remporter sur la mort et sur l'enfer ne sont point une expiation pour nous (3).

En un mot, si la nature humaine est tellement absorbée par la nature divine qu'il n'y en ait en Jésus-Christ que la nature divine, Eutychès retombe dans l'erreur de Cérinthe, de Basilide, de Saturnin et des gnostiques, qui prétendaient que Jésus-Christ ne s'était point incarné et qu'il n'avait revêtu que les apparences de l'humanité : voilà ce qu'il est étonnant que M. de la Croze n'ait pas vu dans l'eutychianisme.

Eutychès répandit son erreur, premièrement dans les esprits de ce grand nombre de moines qu'il gouvernait, et ensuite parmi ceux du dehors qui venaient le visiter; il engagea dans son erreur beaucoup de personnes simples et peu instruites; elle se répandit dans l'Egypte et passa en Orient, où les nestoriens avaient conservé des protecteurs et où le zèle d'Eutychès lui avait fait des ennemis, même parmi les personnes attachées au concile d'Ephèse. Les évêques d'Orient attaquèrent les premiers l'erreur d'Eutychès, et écrivirent à l'empereur sur cette nouvelle hérésie (4).

Eusèbe de Dorylée, qui avait été un des premiers à s'élever contre Nestorius et qui s'était alors lié avec Eutychès, tâcha de l'éclairer, mais inutilement. Cet évêque, pour arrêter le progrès de l'erreur, présenta contre Eutychès une requête aux évêques qui s'étaient assemblés à Constantinople pour juger un différend qui s'était élevé entre Florent, métropolitain de Lydie, et deux de ses suffragants.

Par cette requête, il accusait Eutychès d'hérésie, sans spécifier en quoi, s'engageant à soutenir son accusation, et demandait à Flavien et au concile, par les conjurations les plus pressantes, qu'on ne négligeât point cette affaire et que l'on fît venir Eutychès.

Eutychès refusa de comparaître, sous prétexte qu'il avait fait vœu de ne point sortir de son monastère : il envoya ensuite deux de ses moines dans les différents monastères, pour les soulever contre Flavien. Ces envoyés disaient aux moines qu'ils visitaient, qu'ils seraient bientôt opprimés par ce patriarche s'ils ne s'unissaient à Eutychès contre lui; ils proposaient d'ailleurs de signer un écrit dont on n'a pas su l'objet.

Le concile, après avoir encore envoyé sommer Eutychès de comparaître, le menaça de le déposer; alors Eutychès fit dire au concile qu'il était malade et qu'il ne pouvait sortir. Enfin, après mille mensonges, Eutychès comparut et fut convaincu d'enseigner que dans Jésus-Christ la nature divine et la nature humaine étaient confondues. Le concile, ne pouvant détromper Eutychès ni vaincre son obstination, le priva de la dignité ecclésiastique, de la communion de l'Eglise et de la conduite de son monastère.

La condamnation d'Eutychès fut signée par vingt-neuf évêques. Il est clair, par la conduite d'Eutychès et par ses réponses dans le concile de Constantinople, qu'il soutenait en effet la confusion des deux natures en Jésus-Christ, et qu'il ne fut point condamné pour une logomachie ou pour un malentendu (5).

Eutychès avait beaucoup de crédit à la cour; il présenta à l'empereur une requête pleine de calomnies contre le concile qui l'avait condamné, et demanda à être jugé par un autre concile. L'empereur en convoqua un à Ephèse, dont il rendit maître absolu Dioscore, patriarche d'Alexandrie.

Les évêques se rendirent à Ephèse : saint Léon y envoya ses légats; mais lorsque le concile fut assemblé, on les récusa, sous prétexte qu'en arrivant ils étaient allés chez Flavien, qui était la partie d'Eutychès; on éluda les lettres de ce pape; on refusa d'entendre Eusèbe de Dorylée, et l'on ouvrit le concile par la lecture des actes du concile de Constantinople.

Lorsqu'on entendit la lecture des actes de la séance dans laquelle Eusèbe de Dorylée pressait Eutychès de reconnaître deux natures en Jésus-Christ, même après l'incarnation, le concile s'écria qu'il fallait brûler Eusèbe tout vif et le mettre en pièces, puisqu'il déchirait Jésus-Christ.

Dioscore, président du concile, ne se contenta pas de ces clameurs; il demanda que ceux qui ne pouvaient pas faire entendre leurs voix levassent leurs mains pour faire voir qu'ils consentaient à l'anathème des deux natures et aussitôt chacun, levant les mains, s'écria : Quiconque met deux natures en Jésus-Christ, qu'il soit anathème; qu'on chasse, qu'on déchire, qu'on massacre ceux qui veulent deux natures (6).

Après cela, Eutychès fut déclaré orthodoxe, et rétabli ou confirmé dans le sacerdoce

---

(1) Apud Theodor., Dial. Inconfusus, conc. Const., act. 3.
(2) Hist. du christ. d'Ethiopie, l. 1, p. 26.
(3) Leo, ép. 25, c. 1, 2. Theod., p. 247.

(4) Isid. Pelus., l. 1, ep. 419, t. IV Conc. p. 14, 17, 157. Facund., l. VIII, c. 5.
(5) Conc., t. IV, conc. Const.
(6) Ibid.

et dans le gouvernement de son monastère.

Dioscore lut ensuite la défense que le concile d'Ephèse faisait de se servir d'aucune profession de foi autre que celle du concile de Nicée, et pria les évêques de dire si celui qui avait recherché quelque chose au delà n'était pas sujet à la punition ordonnée par le concile : personne ne contredit Dioscore; il profita de cet instant de silence et fit lire une sentence de déposition contre Flavien et contre Eusèbe de Dorylée (1).

Les légats de saint Léon s'opposèrent à ce sentiment; plusieurs évêques se jetèrent aux pieds de Dioscore pour l'engager à supprimer cette sentence; il leur répondit que quand on devrait lui couper la langue, il ne dirait pas autre chose que ce qu'il avait dit; et, comme il vit que ces évêques demeuraient toujours à genoux, il fit entrer dans l'église le proconsul, avec des chaînes et un grand nombre de soldats et de gens armés. Tout était plein de tumulte : on ne parlait que de déposer et d'exiler tout ce qui n'obéirait pas à Dioscore; on ferma les portes de l'église, on maltraita, on battit, on menaça de déposer ceux qui refuseraient de signer la condamnation de Flavien ou qui proposaient de le traiter avec douceur; enfin, un évêque déclara que Flavien et Eusèbe devaient non-seulement être déposés, mais il les condamna formellement à perdre la tête (2).

Flavien fut aussitôt foulé aux pieds, et reçut tant de coups qu'il mourut peu de temps après (3).

Dioscore déposa ensuite les évêques les plus respectables et les plus éclairés, et rétablit tous les méchants qui avaient été déposés. Théodoret fut condamné comme un hérétique; on défendit de lui donner ni vivres, ni retraite : c'est ainsi que se termina le second concile d'Ephèse.

Théodose, séduit par Chrysaphe, son premier ministre, loua et confirma par une loi le brigandage d'Ephèse.

Saint Léon employa inutilement son crédit et ses talents pour obtenir de Théodose qu'il assemblât un autre concile en Occident, pour y examiner l'affaire de Flavien et d'Eutychès : Théodose répondit qu'il avait fait assembler un concile à Ephèse ; que là chose y avait été examinée ; qu'il était inutile ou même impossible de rien faire davantage sur cet objet.

Marcien, qui succéda à Théodose, l'an 450, entra dans d'autres sentiments, parce que Pulchérie, qui en l'épousant l'avait mis sur le trône, avait beaucoup de considération pour l'évêque de Rome. Cet empereur assembla à Chalcédoine un concile, qui se tint dans la grande église de Sainte-Euphémie, en présence des commissaires, des officiers de l'empereur et des conseillers d'Etat, qui ne purent cependant empêcher qu'il ne s'élevât beaucoup de tumulte. Tout ce qui avait été fait à Ephèse fut anéanti à Chalcédoine ;

tous les évêques déposés furent rétablis, et enfin le concile fit une formule de foi.

Elle contenait l'approbation des symboles de Nicée et de Constantinople, des lettres synodiques de saint Cyrille à Nestorius et aux Orientaux, et la lettre de saint Léon.

Le concile déclare que, suivant les écrits des saints Pères, il fait profession de croire un seul et unique Jésus-Christ, Notre-Seigneur, Fils de Dieu, parfait en sa divinité et parfait en son humanité, consubstantiel à Dieu selon la divinité et à nous selon l'humanité; qu'il y avait en lui deux natures, unies sans changement, sans division, sans séparation ; en sorte que les propriétés des deux natures subsistent et conviennent à une même personne, qui n'est point divisée en deux, mais qui est un seul Jésus-Christ, Fils de Dieu, comme il est dit dans le symbole de Nicée.

Cette formule fut approuvée unanimement (4).

Ainsi l'Eglise enseignait, contre Nestorius, qu'il n'y avait qu'une personne en Jésus-Christ, et contre Eutychès, qu'il y avait deux natures.

Si le Saint-Esprit n'a pas présidé aux décisions du concile de Chalcédoine, si ce concile n'était composé que d'hommes factieux et passionnés, qu'on nous dise comment des hommes livrés à des passions violentes et divisés en factions qui veulent toutes faire prévaloir leur doctrine et lancer l'anathème sur leurs adversaires ont pu se réunir pour former un jugement qui condamne tous les partis, et qui n'est pas moins contraire au nestorianisme qu'à l'eutychianisme ? Nous ne ferons pas d'autre réponse aux déclamations de Basnage et des autres ennemis du concile de Chalcédoine (5).

Le concile de Chalcédoine étant fini au commencement de novembre 451, Marcien fit une loi par laquelle il ordonna que tout le monde observerait les décrets du concile : il renouvela et confirma cet édit par un second, et fit une loi très-sévère contre les sectateurs d'Eutychès et contre les moines qui avaient causé presque tout le désordre.

Le concile de Chalcédoine confirma tout ce que le concile de Constantinople avait fait contre Eutychès, et cet hérésiarque déposé, chassé de son monastère et exilé, défendit encore quelque temps son erreur; mais enfin il rentra dans l'oubli et dans l'obscurité, dont il ne serait jamais sorti sans son fanatisme.

L'histoire ne parle plus de lui depuis 454. Ce chef de parti, mort ou ignoré, eut cependant encore des partisans qui excitèrent de nouveaux troubles : nous allons en parler sous le nom d'eutychiens (6).

EUTYCHIANISME, erreur d'Eutychès, qui enseignait qu'il n'y avait point deux natures en Jésus-Christ et que la nature humaine avait été absorbée par la nature divine. *Voyez* EUTYCHÈS.

(1) Conc., t. IV, Conc. Const.
(2) Ibid.
(3) Zonar. Niceph. Leo, ep. 93, l. II, c. 2.
(4) Leo, ep. 29, t. IV, Conc.
(5) Basnage, Hist. eccles., l. x, c. 5, p. 515.
(6) Tillem., t. XV, p. 722.

EUTYCHIENS, sectateurs de l'erreur d'Eutychès. Nous avons vu ce qu'ils firent jusqu'à la mort d'Eutychès; nous allons examiner ce qu'ils firent depuis le concile de Chalcédoine.

Le concile de Chalcédoine ne donna pas tellement la paix à l'Eglise qu'il ne restât encore des eutychiens qui excitèrent des troubles et du désordre dans la Palestine.

Un moine, nommé Théodose, qui avait assisté au concile de Chalcédoine, ne voulut point se soumettre à son jugement, et engagea dans sa révolte quelques autres moines avec lesquels il souleva la Palestine contre le concile de Chalcédoine.

Théodose et ses adhérents publièrent que le concile avait trahi la vérité, qu'il autorisait et faisait rentrer dans l'Eglise le dogme impie de Nestorius, et qu'il violait la foi de Nicée; qu'il obligeait à adorer deux Fils, deux Christs et deux personnes, en établissant la croyance de deux natures en Jésus-Christ; et, pour appuyer ces calomnies, Théodose fabriqua de faux actes du concile, dans lesquels on lisait ce qu'il avançait contre le concile de Chalcédoine.

L'impératrice Eudoxie, veuve de l'empereur Théodose II, demeurait dans la Palestine; elle s'intéressait vivement pour Dioscore, que le concile avait déposé, et conservait toujours de l'inclination pour le parti d'Eutychès, pour lequel l'empereur Théodose avait tenu jusqu'à la mort.

Elle reçut chez elle le moine Théodose, et le favorisa dans le dessein qu'il avait de s'opposer au concile de Chalcédoine; une foule de moines qui vivaient des libéralités de l'impératrice s'unirent à Théodose: les simples et les personnes peu instruites crurent les calomnies de Théodose, et toute la Palestine fut bientôt soulevée contre le concile de Chalcédoine, et armée pour défendre ce moine séditieux, qui sut profiter de la chaleur du peuple, et se fit déclarer évêque de Jérusalem, d'où il chassa Juvénal, le légitime évêque.

La nouvelle dignité de Théodose rassembla autour de lui tous les brigands de la Palestine, et ce nouvel apôtre, secondé de cette milice, persécuta, déposa, chassa tous les évêques qui n'approuvèrent pas ses excès.

Une foule de moines répandus dans toutes les maisons publiaient que l'empereur voulait rétablir le nestorianisme; par cet artifice, ils séduisaient le peuple, rendaient l'empereur odieux et excitaient des séditions dans toute la Palestine: on pillait, on brûlait les maisons de ceux qui défendaient la foi du concile de Chalcédoine, et qui refusaient de communiquer avec Théodose: il semblait qu'une armée de barbares avait fait une irruption dans cette province.

Malgré les désordres dont le moine Théodose remplissait la Palestine, les peuples étaient si étrangement abusés par le faux zèle de ce moine imposteur, que beaucoup de villes venaient d'elles-mêmes lui demander des évêques.

Dorothée, gouverneur de la Palestine, informé de ces désordres, accourut de l'Arabie où il faisait la guerre; mais il trouva les portes de Jérusalem fermées par les ordres d'Eudoxie: il ne put y entrer qu'après avoir promis de suivre le parti que tous les moines et le peuple de la ville avaient embrassé.

Marcien y envoya une forte garnison, chassa le moine Théodose et rétablit la paix; les soldats furent logés chez les moines et les insultaient. Les moines s'en plaignirent dans une requête adressée à Pulchérie, à laquelle ils parlaient moins en suppliants qu'en séditieux et en ennemis des lois de l'Etat et de Dieu; car, au lieu de vivre dans le repos de leur profession et de se rendre les disciples des prélats, ils s'érigeaient en docteurs et en maîtres souverains de la doctrine et de l'Eglise; ils osèrent même soutenir qu'ils n'étaient point coupables de tous les désordres qui s'étaient commis.

L'empereur usa d'indulgence envers ces méchants moines, détrompa les peuples auxquels ils en avaient imposé sur sa foi, et la paix fut rétablie (1).

Le trouble ne fut pas moins grand en Egypte: Dioscore avait été déposé par le concile de Chalcédoine, et saint Protère avait été mis à sa place. Quoique son élection fût tout à fait conforme aux règles, elle fut suivie d'un grand trouble: le peuple se souleva contre les magistrats; les soldats voulurent arrêter la sédition; le peuple devint furieux, attaqua les soldats, les mit en fuite, les poursuivit jusque dans l'église de Saint-Jean-Baptiste, les y assiégea, les força, et enfin les y brûla vifs (2).

Marcien punit sévèrement le peuple d'Alexandrie, et les séditieux furent bientôt réduits; mais les habitants d'Alexandrie restèrent tellement infectés des erreurs d'Eutychès, que Marcien renouvela, le premier août 455, toutes les rigueurs qu'il avait ordonnées, trois ans auparavant, contre cette secte.

Ces lois ne changèrent point le parti de Dioscore; cet évêque, chargé de tous les crimes, était adoré par son parti pendant sa vie, et après sa mort il fut honoré comme un grand saint (3).

Cependant l'empereur faisait recevoir le concile de Chalcédoine, et tout y paraissait soumis.

Timothée et Elure persistaient cependant toujours dans le parti de Dioscore, avec quatre ou cinq évêques et un petit nombre d'apollinaristes et d'eutychiens. Ces schismatiques avaient été condamnés par l'Eglise et bannis par Marcien; mais à la mort de cet empereur, ils soulevèrent le peuple d'Alexandrie; Elure fit massacrer Protère, se fit déclarer évêque, ordonna des prêtres, remplit l'Egypte de violences, gagna le pa-

---

(1) Conc., tom. IV. Leo, ep. 87. Cotelier, Monum. Eccl. græc.

(2) Evagr., l. II, c. 5; l. III, c. 31. Leo, ep. 93.
(3) Evagr., ibid.

trice Aspar, et se soutint quelque temps (1).

Mais enfin saint Gennade fit connaître la vérité à l'empereur Léon, qui avait succédé à Marcien, et obtint un édit contre Elure, qui fut chassé d'Alexandrie, relégué à Gangres, puis envoyé dans la Chersonèse, parce qu'il tenait des assemblées schismatiques à Gangres.

Après la mort de l'empereur Léon, Elure sortit de son exil, et tâcha, mais en vain, d'obtenir de Zénon que l'on assemblât un concile pour juger le concile de Chalcédoine.

Basilisque, qui s'empara de l'empire et détrôna Zénon, fut plus favorable à Elure : il cassa, par un édit, tout ce qui s'était fait dans le concile de Chalcédoine, et ordonna qu'on prononcerait anathème contre la lettre de saint Léon ; il bannit, fit déposer, persécuta tous ceux qui refusèrent d'obéir : plus de cinq cents personnes souscrivirent à la condamnation du concile de Chalcédoine (2).

Acace, patriarche de Constantinople, s'opposa à la persécution, le peuple s'émut et menaça de brûler Constantinople, si l'on faisait violence à Acace. Basilisque, effrayé, révoqua son édit, en donna un pour rétablir les évêques chassés ou exilés, et condamna Nestorius et Eutychès.

Basilisque ne jouit pas longtemps de l'empire ; Zénon l'ayant recouvré cassa tout ce que Basilisque avait fait, et les troubles recommencèrent. Chaque parti déposait des évêques, en établissait de nouveaux, et les siéges les plus considérables étaient la proie de l'audace et au prix de l'intrigue, de la bassesse et du parjure (3).

Zénon, occupé à éteindre les factions politiques et à résister aux ennemis de l'empire, n'osait prendre un parti sur les divisions des catholiques et des eutychiens ; il aurait beaucoup mieux aimé les réconcilier : il l'entreprit.

Les catholiques et les eutychiens étaient divisés, surtout par rapport au concile de Chalcédoine : les eutychiens le rejetaient comme irrégulier, comme renouvelant la doctrine de Nestorius.

Les catholiques, au contraire, voulaient absolument que tout le monde souscrivît le concile de Chalcédoine, et qu'on le conservât, comme nécessaire contre l'eutychianisme.

Les deux partis paraissaient donc souhaiter qu'on enseignât l'union des deux natures et que l'on reconnût qu'elles n'étaient point confondues : les catholiques voulaient qu'on conservât le concile de Chalcédoine, comme nécessaire pour arrêter l'eutychianisme, et les eutychiens voulaient qu'on le condamnât, pour arrêter le nestorianisme.

Zénon crut qu'en anathématisant Nestorius et Eutychès on remplirait les prétentions de chaque parti, et que dès lors le concile de Chalcédoine ne serait plus nécessaire aux catholiques, que par conséquent il pourrait leur en faire approuver la suppression et réunir par ce moyen les deux partis ; c'est ce qu'il essaya dans son *Hénotique*, c'est-à-dire *Edit d'union*; édit qui ne contenait aucune hérésie ; qui confirmait la foi du concile de Chalcédoine et condamnait en effet le nestorianisme et l'eutychianisme (4).

L'édit de Zénon ne rétablit point la paix ; il fut souscrit par quelques-uns, et rejeté communément par les eutychiens et par les catholiques, comme n'arrêtant point le progrès de l'erreur. Les catholiques ne voulaient point se départir de la nécessité de signer le concile de Chalcédoine, et les eutychiens ne voulaient point se relâcher sur la condamnation de ce concile, et la demandaient à l'empereur (5).

Zénon cependant voulait faire recevoir son édit d'union, et déposa beaucoup de métropolitains et d'évêques qui refusèrent d'y souscrire (6).

Il se forma donc trois partis, et ces trois partis étaient fort animés lorsqu'Anastase succéda à Zénon : pour les calmer, il punissait également ceux qui voulaient faire recevoir le concile de Chalcédoine là où il n'était pas reçu, et ceux qui le condamnaient et publiaient qu'il ne fallait pas le recevoir (7).

C'est pour cela qu'Anastase fut mis dans le troisième parti, qu'on nommait le parti des Incertains ou des Hésitants.

Il y avait dans l'empire trois partis puissants, dont chacun voulait anéantir les deux autres. Anastase, environné d'ennemis puissants, ménageait ces trois partis, et surtout les catholiques, dont il redoutait le zèle. De l'inquiétude il passa à la haine, et ne se vit pas plutôt délivré de la guerre de Perse qu'il se déclara plus ouvertement en faveur des eutychiens ; il obligea ceux qu'il croyait attachés au concile de Chalcédoine, et tous ses gardes, à recevoir l'édit de réunion de l'empereur Zénon, et choisit tous ses officiers parmi les eutychiens.

Macédonius, patriarche de Constantinople, s'opposa de toutes ses forces aux desseins de l'empereur. Le peuple adorait son évêque ; l'empereur ne se croyait point en sûreté dans Constantinople : il fit enlever Macédonius, et mit à sa place un nommé Timothée, exila les partisans les plus zélés de Macédonius, et fit brûler les actes du concile de Chalcédoine.

Lorsque le prêtre arrivait à l'autel, c'était un usage dans l'Eglise d'Orient que le peuple chantât : *Dieu saint, Dieu fort, Dieu immortel*, et c'est ce qu'on nommait le *Trisagion* (8).

Pierre le Foulon avait ajouté au Trisagion ces mots : *Qui avez été crucifié pour nous, ayez pitié de nous.*

Cette addition, qui pouvait avoir un bon sens, était employée par les eutychiens et

---

(1) Cotelier, Monum. Eccl. græc., t. III. Balus. Append. Conc., t. IV, p. 894.
(2) Lab. Conc., t. IV, p. 1081.
(3) Evagr., l. III, c. 8.
(4) Ibid., l. II, c. 10. Leo, Bysant., act. 5, 6.
(5) Conc., t. IV.
(6) Ibid.
(7) Evagr., l. III, c. 30.
(8) Photius, Bibl. cod. 222.

devint suspecte aux catholiques ; ils jugèrent qu'elle contenait la doctrine des eutychiens théopaschites, qui prétendaient que la divinité avait souffert.

Timothée ne fut pas plutôt sur le siège de Constantinople, qu'il ordonna qu'on chanterait le trisagion avec l'addition faite par Pierre le Foulon : cette innovation déplut aux fidèles de Constantinople ; cependant ils chantaient le trisagion avec l'addition, parce qu'ils craignaient d'irriter l'empereur.

Mais un jour des moines entrèrent dans l'église, et au lieu de cette addition chantèrent un verset de psaume ; le peuple s'écria aussitôt : Les orthodoxes sont venus bien à propos ! Tous les partisans du concile de Chalcédoine chantèrent avec les moines le verset du psaume, les eutychiens le trouvèrent mauvais : on interrompt l'office ; on se bat dans l'église ; le peuple sort, s'arme, porte par la ville le carnage et le feu, et ne s'apaise qu'après avoir fait périr plus de dix mille hommes (1).

Anastase, après la sédition, songea plus sérieusement que jamais à éteindre un parti si redoutable, et résolut de faire condamner le concile de Chalcédoine : il mit tout en usage pour y réussir ; il flatta, menaça, persécuta, et fit recevoir la condamnation du concile par beaucoup d'évêques.

Après s'être assuré par ce moyen de leur consentement, il fit assembler à Sidon un concile, composé de quatre-vingts évêques, qui condamnèrent le concile de Chalcédoine, excepté Flavien d'Antioche et un autre, qui s'opposèrent à ce décret et furent déposés.

Flavien ne quitta cependant pas Antioche ; on lui envoya des moines pour le contraindre à souscrire au concile de Sidon : ils voulurent user de violence ; des moines orthodoxes accoururent au secours de Flavien, le peuple se mit de la partie, défendit son évêque, fit main basse sur les moines eutychiens, et il y eut un horrible carnage (2).

L'empereur était environné d'eutychiens ; il chassa Flavien et mit, sur le siège d'Antioche, Sévère, eutychien ardent et célèbre : sous cet usurpateur, les catholiques furent persécutés dans tout le patriarcat d'Antioche.

Tandis qu'Anastase employait toute son autorité pour forcer les catholiques à condamner le concile de Chalcédoine, un de ses généraux, nommé Vitalien, se déclara le protecteur des catholiques, leva, dans l'espace de trois jours, une armée formidable, et, sur le refus que l'empereur fit de rétablir dans leurs sièges les évêques catholiques qu'il avait chassés, s'empara de la Mœsie, de la Thrace, défit les troupes de l'empereur et s'avança devant Constantinople avec son armée victorieuse (3).

Anastase envoya une grande somme d'argent à Vitalien, promit de rappeler les évêques exilés, assura qu'il convoquerait un concile pour terminer les différends de religion, et Vitalien s'éloigna de Constantinople et congédia son armée.

L'empereur donna pendant quelque temps l'espérance qu'il exécuterait ses promesses, s'appliqua à se concilier le cœur du peuple, donna des charges à Vitalien, et, lorsqu'il crut n'avoir plus rien à craindre de Vitalien, fit de nouveaux efforts pour anéantir l'autorité du concile de Chalcédoine, et mourut sans avoir pu réussir (4).

Justin, préfet du prétoire, fut élu par les soldats et succéda à Anastase : le nouvel empereur chassa les eutychiens des sièges qu'ils avaient usurpés, rétablit les orthodoxes et ordonna que le concile de Chalcédoine serait reçu dans tout l'empire. Les évêques catholiques s'occupèrent à réparer les malheurs de l'Église ; on assembla des conciles, on déposa les eutychiens ; ils furent bannis, exilés, punis, comme les catholiques l'avaient été sous Anastase.

Justinien, qui succéda à Justin son oncle, se déclara pour les orthodoxes : l'impératrice, au contraire, favorisait les eutychiens ; elle obtint de l'empereur que l'on tînt des conférences pour réunir, s'il était possible, les catholiques et les eutychiens ; la conférence n'opéra point la réunion ; elle fut suivie d'une nouvelle loi des plus sévères contre les eutychiens, qui ne furent plus alors que tolérés.

Ils étaient cependant encore en grand nombre. Sévère, qui, sous Anastase, avait été patriarche d'Antioche, y avait multiplié les eutychiens ou acéphales, qui rejetaient le concile de Chalcédoine : il avait établi sur le siège d'Édesse Jacques Baradée ou Zanzale, qui en fut chassé par les empereurs romains, se retira sur les terres des Perses, parcourut tout l'Orient, ordonna des prêtres, institua des évêques et forma la secte des jacobites.

Sévère, chassé d'Antioche et obligé de se cacher, ordonna dans sa retraite Sergius pour lui succéder, et les eutychiens eurent toujours un patriarche d'Antioche caché.

Enfin, après la mort de Théodose, patriarche d'Alexandrie que l'empereur avait exilé, trois évêques eutychiens, cachés dans les déserts de l'Égypte, ordonnèrent à sa place Pierre Zéjage, et perpétuèrent ainsi, presque secrètement, leurs patriarches jusqu'au commencement du septième siècle.

De nouvelles querelles théologiques s'élevèrent entre les moines d'Égypte sur la doctrine d'Origène. Justinien, par habitude ou par goût, s'en mêla, et donna un édit contre la doctrine d'Origène : les partisans d'Origène, qui d'ailleurs étaient opposés au concile de Chalcédoine que les ennemis d'Origène défendaient, persuadèrent à l'empereur que s'il condamnait Théodore de Mopsueste, Théodoret et Ibas, comme il avait condamné Origène, il rendrait à l'Église tous les eutychiens, qui ne rejetaient le concile de Chalcédoine que parce qu'il avait approuvé les écrits de ces trois évêques.

Justinien ne demanda pas mieux que de condamner, et donna un édit contre ces trois évêques, quoique morts.

---

(1) Evagr., l. III, c. 25, 44 ; Vita Theodos.
(2) Ibid., c. 32.
(3) Evagr., l. III, c. 32.
(4) Ibid.

L'édit de l'empereur produisit une longue contestation; on crut qu'il portait atteinte à l'autorité du concile de Chalcédoine; il fallut un nouveau concile pour terminer cette affaire, et ce concile est le cinquième concile général de l'Eglise et le second concile général tenu à Constantinople.

Justinien, qui avait fait condamner les trois chapitres, à la sollicitation d'Eusèbe de Césarée, qui était eutychien dans le cœur, tomba enfin lui-même dans l'eutychianisme des incorruptibles (1).

Il employa pour faire recevoir cette erreur tous les moyens qu'il avait employés pour faire recevoir le concile de Chalcédoine; mais la mort arrêta ses desseins (2).

Les eutychiens reprirent donc un peu faveur sur la fin du règne de Justinien et sous ses successeurs, qui s'occupèrent à les réconcilier avec les catholiques, et les efforts que l'on fit pour cette réunion produisirent une nouvelle hérésie, qui était comme une branche de l'eutychianisme et qui occupa tous les esprits : c'est le monothélisme.

L'eutychianisme paraissait donc absolument éteint dans toutes les provinces de l'empire romain.

Les conquêtes des Sarrasins le firent reparaître avec éclat dans l'Orient et dans l'Egypte, d'où il passa dans l'Arménie et dans l'Abyssinie. *Voyez* les art. COPHTES, JACOBITES, ARMÉNIENS, ABYSSINS.

Les eutychiens, au milieu des troubles dont ils avaient rempli l'empire, agitaient mille questions frivoles, se divisaient sur ces questions et se persécutaient cruellement : telle fut la question qui s'éleva sur l'incorruptibilité de la chair de Jésus-Christ avant sa résurrection. Le peuple d'Alexandrie se souleva contre son évêque, qui avait pris le parti de l'affirmative. Tels furent les acéphales qui reconnaissaient deux natures en Jésus-Christ, mais qui ne voulaient pas souscrire au concile de Chalcédoine; les théopaschites, qui croyaient que la Divinité avait été crucifiée, et qui avaient pour chef Pierre le Foulon. Voyez *Nicéphore, Hist. ecclés.*, l. XVIII, c. 53. *Léont., de Sectis Eutych.*

L'eutychianisme a été combattu par Théodoret, évêque de Cyr, dans vingt-sept livres dont on trouve l'extrait dans la Bibliothèque de Photius (cod. 46), et dans trois dialogues, intitulés : *l'Immuable, l'Inconfus, l'Impassible;* par Gélase, dans un livre intitulé *des deux Natures;* par Vigile, qui écrivit cinq livres contre Nestorius et contre Eutychès; par Maxence et par Ferrand, et par beaucoup d'autres que Léonce indique dans son ouvrage contre les eutychiens et les nestoriens. Voyez *la collection de Canisius, édit. de Basnage, et la Biblioth. de Photius*, 29, 30.

EUTYCHITES, disciples de Simon, qui croyaient que les âmes étaient unies aux corps pour s'y livrer à toutes sortes de voluptés : ce sentiment était le même que celui des antitactes et des caïnites. *Voyez* ces articles.

EXÉGÈSE (NOUVELLE). On nomme *exégèse* l'explication du texte de la Bible. Les sociniens tirèrent toutes les conséquences du faux principe qu'on peut et qu'on doit entendre dans un sens tropique les paroles du texte sacré qui paraissent opposées à la raison. Le socinianisme finit par gagner les autres sectes protestantes ; et, quoique le peuple tînt encore aux anciens symboles, les ministres avaient une foi toute différente. Les ennemis de l'inspiration de l'Ecriture sainte eurent peu de partisans jusque vers le milieu du dix-huitième siècle; mais, dès que Tœlner et Semler eurent paru, l'ancienne doctrine de l'inspiration fut attaquée de mille manières, surtout en Allemagne. Du temps où cette erreur a commencé, date l'origine de ce qu'on nomme la *Nouvelle Exégèse*.

Non-seulement on a nié l'inspiration des écrivains sacrés ; on a nié de plus que la révélation fût contenue dans les Ecritures, qui ne sont divines, a-t-on dit, qu'en ce sens qu'elles contiennent des vérités morales et religieuses, et qu'elles établissent des idées sur Dieu et sur la création plus pures que celles qu'on trouve dans les livres des autres peuples. Les prophéties et les miracles étant des preuves péremptoires de la révélation faite aux prophètes et aux apôtres, on a essayé de renverser ces deux motifs de crédibilité. Selon les nouveaux exégètes, les prophéties sont ou des prédictions vagues d'un état plus heureux, comme on en trouve dans les poëtes profanes, ou l'annonce d'événements particuliers que la sagacité des prophètes a conjecturés ; quand elles sont trop claires, on se réduit à dire qu'elles ont été faites après coup. Les miracles sont des faits purement naturels que l'ignorance des apôtres ou la crédulité des Juifs ou des chrétiens a transformés en faits surnaturels : et la nouvelle exégèse explique ainsi les prodiges les plus éclatants. Hammon, Thiers, Gabler, Flugge, Eckermann, Paulus, sont remplis d'interprétations absurdes, qui ont fait dire qu'il serait plus simple et plus logique de nier franchement l'authenticité des livres saints que de prétendre les expliquer d'une manière aussi forcée et aussi ridicule.

Vaincus par la force des preuves qui établissent l'authenticité de l'Ecriture, les nouveaux exégètes n'en persistent pas moins à en faire disparaître tout ce qu'il y a de surnaturel. De même qu'il y a beaucoup de mythes dans les auteurs païens, de même, disent-ils, il doit y en avoir dans les auteurs de l'Ancien et du Nouveau Testament. Ainsi, l'histoire de la création, de la chute d'Adam, du déluge, etc., ne sont que des récits mythologiques, et Bauer a été jusqu'à donner des règles pour expliquer ces espèces de mythes.

Une manière aussi extravagante et aussi impie d'interpréter les monuments sacrés ne pouvait que conduire à l'incrédulité la plus complète : Strauss en a atteint la dernière limite dans ses *Mythes de la vie de Jésus*.

---

(1) Parmi les eutychiens, il y en avait qui soutenaient que Jésus-Christ avait pris un corps incorruptible et qui n'était point sujet aux infirmités naturelles.

(2) Evagr., l. IV, c. 39, 40; 41. Baron. ad an. 563. Pagi, ad an. 565.

On ose à peine mentionner les blasphèmes des nouveaux exégètes contre Jésus-Christ, ses apôtres et le Nouveau Testament... A les entendre, Jésus-Christ n'est qu'un *noble théurgiste juif*, un enthousiaste, qui n'avait pas l'intention de tromper ; mais qui a été trompé lui-même avant de devenir pour les autres une occasion d'erreur : ses apôtres étaient des hommes d'un entendement épais et borné, qui, bien qu'animés de bonnes intentions, n'étaient pas organisés de manière à comprendre leur maître et à s'élever à la hauteur où il était placé : les écrits du Nouveau Testament ne peuvent produire un corps de religion bien lié et bien avéré ; ils renferment des contradictions si réelles, qu'il vaudrait mieux que nous ne connussions rien de la personne et des actions de Jésus-Christ ; la Bible, surtout le Nouveau Testament, est une enrayure qui arrête le progrès des lumières ; ce document qui ne convient plus à nos temps, est donc parfaitement inutile ; il n'est qu'une source de fanatisme propre à faire retomber ceux qui y ajouteraient foi dans le papisme ; enfin, on pourrait pleinement se suffire à soi-même en fait de religion, si l'on supprimait ce livre, et si l'on en venait jusqu'à oublier le nom même de Jésus-Christ.

La morale étant appuyée sur le dogme, la nouvelle exégèse, après avoir détruit la révélation et toute la religion positive, devait attaquer la morale même du christianisme. Les docteurs modernes n'ont pas rougi de prêcher à la jeunesse que la monogamie et la prohibition des conjonctions extramatrimoniales sont des restes du monachisme ; qu'une jouissance sensuelle hors du mariage n'est pas plus immorale que dans le mariage même, et que, s'il faut l'éviter, c'est seulement parce qu'elle choque les usages de ceux avec qui nous vivons, ou parce que la perte soit de l'honneur, soit de la santé en punit souvent l'excès.

Le simple énoncé de ces horribles maximes de la nouvelle exégèse suffit pour la faire rejeter par tous ceux qui ont conservé quelque sentiment de religion.

EXÉGÈTES ALLEMANDS. Dans la critique des livres sacrés, on a suivi des méthodes diamétralement opposées en France et en Allemagne ; et les différences qui séparent les deux pays, n'ont paru nulle part mieux que dans la voie qu'ils ont embrassée chacun pour arriver au scepticisme.

Celui de la France va droit au but, sans déguisement ni circonlocution. Il est d'origine païenne ; il emprunte ses arguments à Celse, à Porphyre, à l'empereur Julien ; et il n'y a peut-être pas une seule objection de Voltaire qui n'ait été d'abord présentée par ces derniers apologistes des dieux olympiens. Dans l'esprit de ce système, la partie miraculeuse des Écritures ne révèle que la fraude des uns et l'aveuglement des autres ; ce ne sont partout qu'imputation d'artifice et de dol ; il semble que le paganisme lui-même se plaigne, dans sa langue, que l'Évangile lui a enlevé le monde par surprise. Le ressentiment de la vieille société perce encore dans ces accusations, et il y a comme une réminiscence classique des dieux de Rome et d'Athènes dans tout ce système, qui fut celui de l'école anglaise aussi bien que des encyclopédistes.

Ce genre d'attaque ne se montra guère en Allemagne, excepté dans Lessing, qui, par ses lettres et par sa défense des *Fragments d'un inconnu*, sembla quelque temps faire pencher son pays vers les doctrines étrangères. Mais cet essai ne s'adressait pas à l'esprit véritable de l'Allemagne. Elle devait chanceler par un autre côté.

L'homme qui a fait faire le plus grand pas à l'Allemagne, est Benoît Spinosa. Kant, Schelling, Hégel, Schleiermacher, Goëthe, pour s'en tenir aux maîtres, sont le fruit des œuvres de Spinosa ; voilà l'esprit que l'on rencontre au fond de sa philosophie, de sa théologie, de sa critique, de sa poésie. Si l'on relisait en particulier son *Traité de théologie* et ses *Lettres à Oldenbourg*, on y trouverait le germe de toutes les propositions soutenues depuis peu dans l'exégèse allemande.

C'est de lui surtout qu'est née l'interprétation de la Bible par les phénomènes naturels. Il avait dit quelque part : « Tout ce qui est raconté dans les livres révélés s'est passé conformément aux lois établies dans l'univers. » Une école s'empara avidement de ce principe. A ceux qui voulaient s'arrêter suspendus dans le scepticisme, il offrait l'immense avantage de conserver toute la doctrine de la révélation, au moyen d'une réticence ou d'une explication préliminaire. L'Évangile ne laissait pas d'être un code de morale ; on n'accusait la bonne foi de personne ; l'histoire sacrée planait au-dessus de toute controverse. Quoi de plus ? Il s'agissait seulement de reconnaître, une fois pour toutes, que ce qui nous est présenté aujourd'hui comme un phénomène surnaturel, un miracle, n'a été dans la réalité qu'un fait très-simple, grossi à l'origine par la surprise des sens ; tantôt une erreur dans le texte, tantôt un signe de copiste, le plus souvent un prodige qui n'a jamais existé, hormis dans les secrets de la grammaire ou de la rhétorique orientale. On ne se figure pas quels efforts ont été faits pour rabaisser ainsi l'Évangile aux proportions d'une chronique morale : on le dépouillait de son auréole, pour le sauver sous l'apparence de la médiocrité. Ce qu'il y avait d'étroit dans ce système devenait facilement ridicule dans l'application ; car il est plus aisé de nier l'Évangile que de le faire descendre à la hauteur d'un manuel de philosophie pratique. Il faudrait beaucoup de temps pour montrer à nu les étranges conséquences de cette théologie ; suivant elle, l'arbre du bien et du mal n'est rien qu'une plante vénéneuse, probablement un mancenillier sous lequel se sont endormis les premiers hommes. Quant à la figure rayonnante de Moïse sur les flancs du mont Sinaï, c'était un produit naturel de l'électricité. La vision de Zacharie était l'effet de la fumée des candélabres du temple ; les rois mages, avec leurs offrandes de myrrhe, d'or, d'encens, trois marchands forains qui apportaient quelque quincaillerie à l'enfant de Bethléhem; l'étoile qui marchait devant eux, un domestique porteur d'un flambeau ; les anges, dans la scène de la tentation, une caravane qui passait dans le désert chargée de vivres ; les deux jeunes hommes vêtus de blanc dans le sépulcre, l'illusion d'un manteau de lin ; la transfiguration, un orage. Ce système conservait, comme on le voit, le corps de la tradition, il n'en supprimait que l'âme. C'était l'application de la théologie de Spinosa dans le sens le plus borné. Il restait du christianisme un squelette informe, et la philosophie démontrait doctement, en présence de ce mort, comment rien n'est plus facile à concevoir que la vie. Le genre humain aurait-il été, en effet, depuis deux mille ans, la dupe d'un effet d'optique, d'un météore, d'un feu follet, ou de la conjonction de Saturne et de Jupiter, dans le signe du Poisson? Il fallait bien l'admettre. Quoi qu'il en soit, cette interprétation, tout évidente qu'on la faisait, n'était point encore celle qui allait naturellement au génie de l'Allemagne; ce n'était point là l'espèce d'incrédulité qui était faite pour ce pays.

Afin de convertir l'Allemagne au doute, il fallait un système qui, cachant le scepticisme sous la foi, prenant un long détour pour arriver à son objet, appuyé sur l'imagination, sur la poésie, sur la spiritualité, parût transfigurer ce qu'il rejetait dans l'ombre, édifier ce qu'il détruisait, affirmer ce qu'il niait en effet. Or, tous ces caractères se trouvent dans le système de l'interprétation allégorique des Ecritures, ou dans la substitution du sens mystique au sens littéral.

Le sens allégorique ou figuratif est renfermé dans l'Ecriture, et l'Eglise catholique le reconnaît : mais elle échappe au danger de sacrifier la réalité à la figure, de voir l'esprit tuer et remplacer la lettre, en professant qu'on ne doit croire au sens mystique ou spirituel qu'autant qu'il n'est pas contraire au sens littéral et naturel, qu'il est révélé par l'Esprit-Saint, ou qu'il est prouvé par la tradition. L'Eglise catholique, sans rejeter le sens allégorique qui est clairement contenu dans l'Ecriture, veille avec une attention parfaite à ce que les faits restent intacts. Au contraire, la prétendue réforme, brisant toutes les règles, rejetant toutes les traditions, au lieu de nous donner le véritable sens de l'Ecriture, n'a fait que détruire peu à peu, lambeau par lambeau, toute la parole de Dieu ; et, de négation en négation, d'allégorie en allégorie, elle est arrivée à tout confondre. Dans le délire de sa pensée et de sa nébuleuse exégèse, elle en est, en ce moment à regarder comme identiques l'erreur et la vérité, l'être et le non-être.

Le système de l'explication mystique une fois adopté, sans qu'on le contînt dans de justes bornes, l'histoire sacrée a de plus en plus perdu le terrain, à mesure que s'est accru l'empire de l'allégorie. On pourrait marquer ces progrès continus, comme ceux d'un flot qui finit par tout envahir.

D'abord, en 1790, Eichorn n'admet comme emblématique que le premier chapitre de la Genèse. Il se contente d'établir la dualité des Elohim et de Jéhova, et de montrer dans le Dieu de Moïse une sorte de Janus hébraïque au double visage.

Quelques années à peine sont passées, on voit paraître, en 1803, la *Mythologie de la Bible*, par Bauer. D'ailleurs, cette méthode de résoudre les faits en idées morales, d'abord contenue dans les bornes de l'Ancien Testament, franchit bientôt ces limites ; et, comme il était naturel, s'attacha au Nouveau. En 1806, le conseiller ecclésiastique Daub disait dans ses *Théorèmes de théologie* : Si vous exceptez tout ce qui se rapporte aux anges, aux démons, aux miracles, il n'y a presque point de mythologie dans l'Evangile. En ce temps-là, les récits de l'enfance de Jésus-Christ étaient presque seuls atteints par le système des symboles. Un peu après, les trente premières années de la vie de Jésus sont également converties en paraboles. La naissance et l'ascension, c'est-à-dire le commencement et la fin, furent seules conservées dans le sens littéral : tout le reste du corps de la tradition avait plus ou moins été sacrifié. Encore ces derniers débris de l'histoire sainte ne tardèrent-ils pas eux-mêmes à être travestis en fables.

Au reste, chacun apportait dans cette métamorphose le caractère de son esprit. Selon l'école à laquelle on appartenait, on substituait à la lettre des évangélistes, une mythologie métaphysique ou morale, ou juridique, ou seulement étymologique : les intelligences les plus abstraites ne voyaient guère sur la croix que l'infini suspendu dans le fini, ou l'idéal crucifié dans le réel. Ceux qui s'étaient attachés surtout à la contemplation du beau dans la religion, après avoir, avec une certaine éloquence, affirmé, répété que le christianisme est par excellence le poème de l'humanité, finirent par ne plus reconnaître dans les livres saints qu'une suite de fragments ou de rapsodies de l'éternelle épopée : tel fut Herder, vers la fin de sa vie. C'est dans ses derniers ouvrages que l'on peut voir à nu comment, soit la poésie, soit la philosophie, dénaturent insensiblement les vérités religieuses ; comment sans changer le nom des choses, on leur donne des acceptions nouvelles, si bien qu'à la fin le fidèle qui croit posséder un dogme ne possède plus, en réalité, qu'un dithyrambe, une idylle, une tirade morale, ou une abstraction scolastique, de quelque beau mot qu'on les pare. L'influence de Spinosa se retrouve encore ici. Il avait dit : « J'accepte, selon la lettre, la passion, la mort, la sépulture du Christ ; mais sa résurrection, comme une allégorie. » *Ephes.*; II, 5. Cette idée ayant été promptement relevée, il ne resta plus un seul moment de la vie de Jésus-Christ qui n'eût été métamorphosé en symbole, en emblème, en figure, en mythe, par quelque théologien. Néander lui-même, le plus croyant de tous, étendit ce genre d'interprétation à la vision de saint Paul dans les Actes des apôtres.

On se faisait d'autant moins de scrupule d'en user ainsi, que chacun pensait que le point dont il s'occupait était le seul qui prêtât à ce genre de critique; et, d'ailleurs, si l'on conservait quelque inquiétude à cet égard, elle s'effaçait par cette unique considération, qu'après tout on ne sacrifiait que les parties mortelles, et, pour ainsi dire, le corps du christianisme; mais qu'au moyen de l'explication figurée, on en sauvait le sens, c'est-à-dire l'âme et la partie éternelle. C'est là ce que Hégel appelait : *analyser le Fils*.

Ainsi, les défenseurs naturels du dogme travaillaient, de toutes parts, au changement de la croyance établie; car il faut remarquer que cette œuvre n'était pas accomplie, comme elle l'avait été en France par les gens du monde et par les philosophes de profession : au contraire, cette révolution s'achevait presque entièrement par le concours des théologiens qui, tout en effaçant chaque jour un mot de la Bible, ne semblaient pas moins tranquilles sur l'avenir de leur croyance. Tel était leur aveuglement, qu'on eût dit qu'ils vivaient paisiblement dans le scepticisme comme dans leur condition naturelle.

Il en est un pourtant qui a eu le pressentiment, et, comme il le dit lui-même, la certitude d'une crise imminente. C'est Schleiermacher, qui s'épuisa en efforts pour concilier la croyance ancienne avec la science nouvelle, et qui se vit, dans ce but, entraîné à des concessions incroyables. D'abord il renonça à la tradition et à l'appui de l'Ancien Testament : c'est ce qu'il appelait *rompre avec l'ancienne alliance*. Pour satisfaire l'esprit cosmopolite, il plaçait, à quelques égards, le mosaïsme au-dessous du mahométisme. Plus tard, s'étant fait un Ancien Testament sans prophéties, il se fit un Evangile sans miracles. Encore arrivait-il à ce débris de révélation, non plus par les Ecritures, mais par une espèce de ravissement de conscience, ou plutôt par un miracle de la parole intérieure. Pourtant, même dans ce christianisme ainsi dépouillé, la philosophie ne le laissa guère en repos ; en sorte que, toujours pressé par elle, et ne voulant renoncer ni à la croyance, ni au doute, il ne lui restait qu'à se métamorphoser sans cesse et à s'ensevelir, pour en finir, les yeux fermés, dans le spinosisme. Ce n'est plus, dans Schleiermacher, la raillerie subtile du dix-huitième siècle ; il veut moins détruire que savoir; et l'on reconnaît à ses paroles l'inextinguible curiosité de l'esprit de l'homme penché au bord du vide : l'abîme, en murmurant, l'attire à soi.

A l'esprit de système, qui substituait le sens allégorique au sens littéral, s'étaient jointes les habitudes de critique que l'on avait puisées dans l'étude de l'antiquité profane. On avait tant de fois exalté la sagesse du paganisme que, pour couronnement, il ne restait qu'à la confondre avec celle de l'Evangile. Si la mythologie des anciens est un christianisme commencé, il faut conclure que le christianisme est une mythologie perfectionnée. D'autre part, les idées que Wolf avait appliquées à l'Iliade, Niebuhr à l'histoire romaine, ne pouvaient manquer d'être transportées plus tard dans la critique des saintes Ecritures : c'est ce qui arriva bientôt en effet ; et le même genre de recherches et d'esprit, qui avait conduit à nier la personne d'Homère, conduisit à diminuer celle de Moïse.

De Wette entra le premier dans ce système. Les cinq premiers livres de la Bible sont, à ses yeux, l'épopée de la théocratie hébraïque : ils ne renferment pas, selon lui, plus de vérité que l'épopée des Grecs. De la même manière que l'Iliade et l'Odyssée sont l'ouvrage héréditaire des rapsodes ; ainsi le Pentateuque est, à l'exception du Décalogue, l'œuvre continuée et anonyme du sacerdoce. Abraham et Isaac valent, pour la fable, Ulysse et Agamemnon, rois des hommes. Quant aux voyages de Jacob, aux fiançailles de Rébecca, « un Homère de Chanaan, dit le téméraire théologien, n'eût rien inventé de mieux. » Le départ d'Egypte, les quarante années dans le désert, les soixante-six vieillards sur les trônes des tribus, les plaintes d'Aaron, enfin la législation même du Sinaï, ne sont qu'une série incohérente de poëmes libres et de mythes. Le caractère seul de ces fictions change avec chaque livre, poétiques dans la Genèse, juridiques dans l'Exode, sacerdotales dans le Lévitique, politiques dans les Nombres, étymologiques, diplomatiques, généalogiques, mais presque jamais historiques dans le Deutéronome. De Wette ne déguise jamais les coups de son marteau démolisseur sous des leurres métaphysiques : un disciple du dix-huitième siècle n'écrirait pas avec une précision plus vive. Il pressent que sa critique doit finir par être appliquée au Nouveau Testament: mais, loin de s'émouvoir de cette idée : « Heureux, dit-il, après avoir lacéré page à page l'ancienne loi, heureux nos ancêtres qui, encore inexpérimentés dans l'art de l'exégèse, croyaient simplement, loyalement tout ce qu'ils enseignaient ! l'histoire y perdait, la religion y gagnait. Je n'ai point inventé la critique ; mais, puisqu'elle a commencé son œuvre, il convient qu'elle l'achève. Il n'y a de bien que ce qui est conduit au terme. »

Il semblait que de Wette avait épuisé le doute, au moins à l'égard de l'Ancien Testament : les professeurs de théologie de Vatke, de Bohlen et Lengerke ont bien montré le contraire.

Suivant l'esprit de cette théologie nouvelle, Moïse n'est plus un fondateur d'empire. Ce législateur n'a point fait de loi. On lui conteste non-seulement le Décalogue, mais l'idée même de l'unité de Dieu. Encore, cela admis, que d'opinions divergentes sur l'origine du grand corps de tradition auquel il a laissé son nom ! De Bohlen, dont nous transcrivons les expressions littérales, trouve *une grande pauvreté d'invention* dans les premiers chapitres de la Genèse, qui, du reste, n'a été composée que depuis le retour de la captivité. Selon ce théologien, l'histoire de Joseph et de ses frères n'a été inventée qu'après Salomon par un membre de la dixième tribu. D'autres placent le Deutéronome à l'époque de Jérémie, ou même le lui attribuent. D'ailleurs, le Dieu même de Moïse décroît dans l'opinion de la critique en même temps que le législateur. Après avoir mis Jacob au-dessous d'Ulysse, comment se défendre de la comparaison de Jupiter avec Jéhovah? La pente ne pouvait plus être évitée. Le professeur de Vatke, précurseur immédiat du docteur Strauss, énonce dans sa *Théologie biblique*, que Jéhovah, longtemps confondu avec Baal dans l'esprit du peuple, après avoir langui obscurément, et peut-être sans nom dans une longue enfance, n'aurait achevé de se développer qu'à Babylone; là il serait devenu nous ne savons quel mélange de l'Hercule de Tyr, du Chronos des Syriens, et du culte du soleil; en sorte que sa grandeur lui serait venue dans l'exil; son nom même ne serait entré dans les rites religieux que vers le temps de David; l'un le fait sortir de Chaldée, l'autre d'Egypte. Sur le même principe, on prétend reconnaître les autres parties de la tradition que le mosaïsme a, dit-on, empruntée des nations étrangères. Le peuple juif, vers le temps de la captivité, aurait pris aux Babyloniens les fictions de la tour de Babel, des patriarches, du débrouillement du chaos par Elohim; à la religion des Persans les images de Satan, du paradis, de la résurrection des morts, du jugement dernier; et les Hébreux auraient ainsi dérobé une seconde fois les vases sacrés de leurs hôtes. Moïse et Jéhovah détruits, il était naturel que Samuel et David fussent dépouillés à leur tour. Cette seconde opération, dit un théologien de Berlin, s'appuie sur la première. Ni l'un, ni l'autre ne sont plus les réformateurs de la théocratie, laquelle ne s'est formée que longtemps après eux. Le génie religieux manquait surtout à David. Son culte grossier et presque sauvage n'était pas fort éloigné du fétichisme. En effet, le tabernacle n'est plus qu'une simple caisse d'acacia; et, au lieu du Saint des saints, il renfermait une pierre. Comment, dites-vous, accorder l'inspiration des psaumes avec une aussi grossière idolâtrie? L'accord se fait en niant qu'aucun des psaumes, sous leur forme actuelle, soit l'œuvre de David. Le prophète-roi ne conserverait plus ainsi que la triste gloire d'avoir été le fondateur d'un despotisme privé du concours du sacerdoce; car les promesses faites à sa maison, dans le livre de Samuel et ailleurs, n'auraient été forgées que d'après l'événement, *ex eventu*. Dans cette même école, le livre de Josué n'est plus qu'un recueil de fragments, composé après l'exil, selon l'esprit de la mythologie des lévites; celui des rois, un poème didactique; celui d'Esther, une fiction romanesque, un conte imaginé sous les Séleucides. A l'égard des prophètes, la seconde partie d'Isaïe, depuis le chapitre XL, serait apocryphe, selon Gésénius lui-même. D'après de Wette, Ezéchiel, descendu de la poésie du passé à une prose lâche et traînante, aurait perdu le sens des symboles qu'il emploie; dans ses prophéties, il ne faudrait voir que des amplifications littéraires. Le plus controversé de tous, Daniel, est définitivement relégué par Lengerke dans l'époque des Machabées. Il y avait longtemps que l'on avait disputé à Salomon le livre des Proverbes, et de l'Ecclésiaste; par compensation quelques-uns lui attribuent le livre de Job, que presque tous rejettent dans la dernière époque de la poésie hébraïque.

Ce court tableau suffit pour montrer comment chacun travaille isolément à détruire dans la tradition la partie qui le touche de plus près, sans s'apercevoir que toutes ces ruines se répondent. Au milieu même de cette universelle négation, l'on se donne le plaisir de se contredire mutuellement. Tel conseiller ecclésiastique qui nie l'authenticité de la Genèse est réfuté par tel autre qui nie l'authenticité des prophètes. D'ailleurs, toute hypothèse se donne fièrement pour une vérité acquise à la science, jusqu'à ce que l'hypothèse du lendemain renverse avec éclat celle de la veille. On dirait que, pour gage d'impartialité, chaque théologien se croit obligé, pour sa part, de jeter dans le gouffre une feuille des Ecritures.

Les chefs d'école qu'on a vus se succéder depuis cinquante ans en Allemagne furent les précurseurs de Strauss, et il était impossible qu'un système tant de fois prophétisé, n'achevât pas de se montrer. Toute la théologie et toute la philosophie allemande se résument dans l'ouvrage intitulé *les Mythes de la vie de Jésus;* livre qui est la ruine du christianisme et la négation de son histoire. Il n'a produit une sensation si profonde, ni par sa méthode, ni par des découvertes nouvelles et inespérées, ni par des efforts de critique ou d'éloquence; mais parce que, réunissant les négations, les allégories, les interprétations naturelles, l'exégèse universelle des rationalistes, raisonneurs, logiciens, penseurs, orientalistes et archéologues allemands, dont la prétendue réforme s'enorgueillit si fort, il a montré que toute cette science et toute cette force de tête n'ont abouti qu'à nier absolument l'Ancien et le Nouveau Testament; à faire de l'auteur de notre foi, de ce Jésus, dont on se flattait de ressusciter la pure doctrine, un *être mythologique*. Oui, c'est là qu'en sont arrivés nos frères, séparés, eux qui si longtemps nous ont contesté le titre de vrais disciples de Jésus; eux qui ont accusé notre Eglise d'être la prostituée de l'Apocalypse, et non l'Epouse immaculée de Jésus! Voilà maintenant que leurs docteurs et leurs prophètes se glorifient d'avoir trouvé que l'Ancien et le Nouveau Testament n'ont rien de réel et d'authentique, que Jésus lui-même et son histoire ne sont que des allégories plus ou moins morales! Tel est l'état où se trouve en ce moment l'Eglise protestante; car il faut ajouter que la réforme ne s'est pas soulevée d'indignation, comme jadis l'Eglise catholique, quand on l'accusa d'être arienne. L'autorité temporelle voulait interdire l'ouvrage; mais il eût fallu interdire tous ceux qui partiellement soutenaient la même doctrine; il eût fallu frapper d'ostracisme Kant, Goëthe, Lessing, Eichorn, Bauer, Herder, Néander, Schleiermacher, etc..., et l'on a reculé. La théologie allemande, par la bouche de Néander, a répondu que *la discussion devait être seule juge de la vérité et de l'erreur* : or, comme c'est après trois cents ans de discussions que la réforme est venue au fond de cet abîme, il est facile de prévoir ce qu'on peut attendre de ce juge. Bien plus, une réponse tout autrement catégorique a été faite par la vénérable réunion des fidèles de la paroisse où demeurait le docteur Strauss : ces fidèles chrétiens ont choisi pour leur pasteur celui même qui venait de renier Jésus et son Testament.

Tels sont les apôtres du protestantisme en Allemagne !... Et maintenant n'est-il pas évident, non-seulement pour le catholique, mais pour tout chrétien, pour tout homme de sens et de raison, que les Pères du saint concile de Trente étaient les vrais conservateurs de la doctrine de Jésus, les seuls défenseurs de sa parole, les véritables apôtres du christianisme, lorsque, le 8 avril 1546, ils rendaient le décret suivant? « Pour arrêter et contenir tant d'esprits pleins de pétulance, le concile ordonne que, dans les choses de la foi ou de la morale, ayant rapport à la conservation et à l'édification de la doctrine chrétienne, personne, se confiant en son jugement et en sa prudence, n'ait l'audace de détourner l'Ecriture à son sens particulier, ni de lui donner des interprétations, ou contraires à celles que lui donne ou lui a données la sainte mère l'Eglise, à qui il appartient de juger du véritable sens et de la véritable interprétation des saintes Ecritures, ou opposées au sentiment des Pères, encore que ces interprétations ne dussent jamais être mises en lumière (1). » C'est parce que nos frères séparés n'ont pas observé ce décret, que le christianisme a péri au milieu d'eux.

F

FAMILLE, ou MAISON D'AMOUR; c'est le nom que prit une secte qui faisait consister la perfection et la religion dans la charité et qui excluait l'espérance et la foi comme des imperfections. Les associés de la Famille d'amour faisaient donc profession de ne faire que des actes de charité et de s'aimer; c'est pour cela qu'ils prétendaient ne composer qu'une famille, dont tous les membres étaient unis par la charité.

Ils aimaient tous les hommes et croyaient qu'on ne devait jamais ni se quereller, ni se haïr, parce qu'on avait sur la religion des opinions différentes.

La charité mettait, selon ces sectaires, l'homme au-dessus des lois et le rendait impeccable.

Cette secte avait pour auteur un certain Henri Nicolas, de Munster, qui se prétendit d'abord inspiré et se donna bientôt pour un homme déifié. Il se vantait d'être plus grand que Jésus-Christ, qui, disait-il, n'avait été que son type ou son image.

Vers l'an 1540, il tâcha de pervertir Théodore Volkarts Kornheert : leurs disputes furent aussi fréquentes qu'inutiles; car, quand Nicolas ne savait plus que répondre à Théodore, il avait recours à l'esprit qui lui ordonnait, disait-il, de se taire. Cet enthousiaste ne laissa pas de se faire bien des disciples, qui, comme lui, se croyaient des hommes déifiés.

Henri Nicolas fit quelques livres : tels furent *l'Evangile du royaume*, *la Terre de paix*, etc.

La secte de la Famille d'amour reparut en Angleterre au commencement du dix-septième siècle (1604), et présenta au roi Jacques une confession de foi dans laquelle elle déclara qu'ils sont séparés des brounistes. Cette secte fait profession d'obéir aux magistrats, de quelque religion qu'ils soient; c'est un point fondamental chez eux (2).

FANATIQUE. Ce mot, selon quelques-uns, vient d'un mot grec qui signifie lumière, d'où l'on a fait *fanatique*, pour signifier un homme illuminé, inspiré.

D'autres prétendent qu'il vient du mot *fanum*, qui signifie temple; d'où l'on a fait *fanatique*, pour désigner un homme qui fait des extravagances autour des temples et qui prophétise en insensé (3).

Quoi qu'il en soit de ces étymologies, le mot fanatique signifie aujourd'hui un homme qui, prenant les effets d'une imagination déréglée pour les inspirations du Saint-Esprit, se croit instruit des vérités de la foi par une illumination extraordinaire, et fait des actions déraisonnables et extravagantes de dévotion et de piété.

Les fanatiques ne forment donc point une secte particulière, et il s'en trouve dans toutes les sectes, comme il y en a dans toutes les religions.

Du mot fanatique on a fait fanatisme, c'est-à-dire une disposition d'esprit qui fait prendre pour une inspiration divine les fantômes d'une imagination déréglée. On voit, par cette définition, que l'histoire du fanatisme n'est pas une des portions les moins intéressantes de l'histoire de l'esprit humain; mais cet objet n'appartient pas à notre ouvrage; nous avons seulement voulu expliquer ici le mot *fanatisme*, parce que nous nous en servirons souvent.

FAREINISTES, nom d'une secte jansé-

(1) Sess. 4.
(2) Stockman Lexicon, voce FAMILISTÆ. Hist. de la réf. des Pays-Bas, par Brandt, t. I, p. 84.

(3) *Voyez* Hofman : Lexic Godefroi, sur le Digest., l. xxi, tit. De edil. edic., leg. 1, § 9, 10. Vossius, Etymol. Du Cange, Glossaire.

niste formée à Fareins par les prêtres Bonjour et Furlay, dont les prétendus miracles fanatisèrent les partisans. A la suite d'une enquête, faite par ordre de Mgr de Montazet, archevêque de Lyon, on les éloigna de Fareins. De Paris, le curé Bonjour revint, en 1789, dans sa paroisse qu'il lui fallut de nouveau abandonner. Il professait une doctrine subversive de la religion et de la société; de ses prédications résultait l'insubordination des femmes envers leurs maris; il attaquait même le droit de propriété, en disant qu'*Adam n'avait pas fait de testament*. On lui reprochait des assemblées prolongées jusque dans la nuit, les extravagances scandaleuses de quelques obsédées, le crucifiement d'une fille, etc. De retour à Paris, Bonjour entretint une correspondance suivie avec ses disciples, qui formaient à peu près le quart des habitants de Fareins, jusqu'à ce que le gouvernement de Buonaparte exilât les deux frères en Suisse.

FÉLIX, évêque d'Urgel, en Catalogne, enseigna que Jésus-Christ, selon l'humanité, n'était que fils adoptif de Dieu, comme les hommes sont appelés, dans l'Ecriture, *enfants de Dieu*. Le nom de fils de Dieu n'était, selon Félix d'Urgel, qu'une manière d'exprimer plus particulièrement le choix que Dieu avait fait de l'humanité de Jésus-Christ.

Les Sarrasins ou les Arabes, après avoir battu plusieurs fois les troupes d'Héraclius, se rendirent maîtres de la Syrie et de l'Egypte; ils se répandirent ensuite en Afrique, prirent Carthage, se mirent en possession de la Numidie et de la Mauritanie, et, par la trahison du comte Julien, s'emparèrent de l'Espagne.

Les Sarrasins, maîtres de l'Espagne, donnèrent aux chrétiens des juges de leur religion, comme l'avaient pratiqué en Asie les califes, qui avaient même admis des évêques dans leurs conseils. Les chrétiens furent encore mieux traités dans la suite par les premiers conquérants.

L'Espagne fut, par ce moyen, remplie de chrétiens, de juifs et de mahométans, qui cherchaient tous à se convertir et qui se proposaient des difficultés.

Le principal article de la croyance des mahométans est l'unité de Dieu; ils traitent d'idolâtres tous ceux qui reconnaissent quelque nombre dans la Divinité: ils reconnaissent bien Jésus-Christ comme un grand prophète, qui avait l'esprit de Dieu, mais ils ne peuvent souffrir qu'on dise que Jésus-Christ est Dieu et fils de Dieu par sa nature.

Les juifs étaient alors et sont encore aujourd'hui dans les mêmes principes, quoique le Messie soit annoncé par les prophètes comme le fils naturel de Dieu.

Les juifs et les mahométans attaquaient donc les chrétiens sur la divinité de Jésus-Christ, et prétendaient qu'on ne devait pas lui donner le titre de Fils de Dieu.

Pour répondre à ces difficultés sans altérer le dogme de l'unité de Dieu, les chrétiens d'Espagne disaient que Jésus-Christ n'était point le Fils de Dieu par sa nature, mais par adoption: il paraît que cette réponse avait été adoptée par des prêtres de Cordoue, et qu'elle était assez communément reçue en Espagne (1).

Elipand, qui avait été disciple de Félix d'Urgel, le consulta pour savoir ce qu'il pensait de Jésus-Christ et s'il le croyait fils naturel ou fils adoptif.

Félix répondit que Jésus-Christ, selon la nature humaine, n'était que le fils adoptif ou *nuncupatif*, c'est-à-dire de nom seulement, et il soutint son sentiment dans des écrits.

Jésus-Christ étant, selon Félix d'Urgel, un nouvel homme, devait aussi avoir un nouveau nom. Comme dans la première génération, par laquelle nous naissons suivant la chair, nous ne pouvons tirer notre origine que d'Adam, ainsi dans la seconde génération, qui est spirituelle, nous ne recevons la grâce de l'adoption que par Jésus-Christ, qui a reçu l'une et l'autre: la première de la Vierge sa mère, la seconde en son baptême.

Jésus-Christ en son humanité est fils de David, Fils de Dieu; or, il est impossible qu'un homme ait deux pères selon la nature, l'un est donc naturel et l'autre adoptif.

L'adoption n'est autre chose que l'élection, la grâce, l'application par choix et par volonté, et l'Ecriture attribue tous ces caractères à Jésus-Christ (2).

Pour faire voir que Jésus-Christ comme homme n'est que Dieu nuncupatif, c'est-à-dire de nom, il raisonnait ainsi, suivant le témoignage de Jésus-Christ même: l'Ecriture nomme dieux ceux à qui la parole de Dieu est adressée, à cause de la grâce qu'ils ont reçue; donc, comme Jésus-Christ participe à la nature humaine, il participe aussi à cette dénomination de la Divinité, quoique d'une manière plus excellente, comme à toutes les autres grâces.

Saint Pierre dit que Jésus-Christ faisait des miracles parce que Dieu était avec lui (3).

Saint Paul dit que Dieu était en Jésus-Christ se réconciliant le monde (4).

Ils ne disent pas que Jésus-Christ était Dieu (5).

Comme Dieu, Jésus-Christ est essentiellement bon; mais comme homme, quoiqu'il soit bon, il ne l'est pas essentiellement et par lui-même: s'il a été vrai Dieu dès qu'il a été conçu dans le sein de la Vierge, comment, dit-il, dans Isaïe, que Dieu l'a formé son serviteur dans le sein de sa mère (6).

Se peut-il faire que celui qui est vrai Dieu soit serviteur par sa conduite, comme Jésus-Christ dans la forme d'esclave? Car on prouve qu'il est fils de Dieu et de sa servante, non-seulement par obéissance, comme la plupart le veulent, mais par sa nature: en quelle forme sera-t-il éternellement soumis au Père,

---

(1) Alcuin., ep. 15.
(2) Ibid., l. I, II, III, cont. Felicem.
(3) Act. x, 58.

(4) II Cor. iv, 19.
(5) Alcuin, ibid.
(6) Isaïæ xlix, 5.

s'il n'y a aucune différence entre sa divinité et son humanité (1).

Jésus-Christ est donc un médiateur, un avocat auprès du Père pour les pécheurs, ce qu'on ne doit pas entendre du vrai Dieu, mais de l'homme qu'il a pris.

Pour prouver toutes ces propositions, Félix d'Urgel citait plusieurs passages de l'Écriture et des Pères détournés de leur vrai sens et tronqués : il se fondait principalement sur la liturgie d'Espagne, dans laquelle il était dit souvent que le Fils de Dieu a adopté la nature humaine.

On répondait à Félix d'Urgel que l'Église était en paix lorsque son sentiment avait commencé à se répandre, et que ce sentiment l'avait troublée; on lui fit voir que son sentiment n'était au fond, quoiqu'il pût dire, que le nestorianisme, puisque si l'on distingue en Jésus-Christ deux fils, l'un naturel et l'autre adoptif, il fallait nécessairement que la nature humaine et la nature divine fussent deux personnes en Jésus-Christ; car dès le premier instant que Jésus-Christ s'est incarné, le Verbe et la nature humaine sont unis d'une union hypostatique : il n'y a dans le Verbe qu'une personne, et l'homme a tous les titres de la Divinité; d'où il suit qu'il faut dire que le fils de Marie est Dieu par sa nature, ce qui ne veut rien dire autre chose si ce n'est que la même personne qui est le fils de Marie est Fils de Dieu par la génération éternelle. C'est ainsi que, dans l'ordre naturel, quoique l'âme du fils ne soit pas sortie du père, comme son corps, il ne laisse pas d'être tout entier le propre fils de celui qui a produit son corps.

Si le fils de la Vierge n'est que fils adoptif de Dieu, de quelle personne de la Trinité est-il fils ? Sans doute de la personne du Fils, qui a pris la nature humaine; il ne sera donc que le fils adoptif du Père éternel.

On se trompe lorsqu'on prétend prouver que Jésus-Christ n'est pas proprement Dieu, parce qu'il est dit que Dieu était en lui ; car il faudrait dire aussi que le Verbe n'est point Dieu, ni le Père même, puisque Jésus-Christ dit : mon Père est en moi, et je suis dans mon Père. On fit voir que Félix d'Urgel appliquait mal les passages des Pères ou qu'il les avait tronqués, et l'on prouva que tous étaient contraires à son sentiment (2).

La principale difficulté de Félix d'Urgel consistait en ce que l'homme n'étant point essentiellement et par sa nature uni à la Divinité, l'homme n'était, en Jésus-Christ, Fils de Dieu que par élection et par choix.

Cette difficulté n'était qu'un sophisme : si l'on n'a égard qu'à l'élévation de la nature humaine à l'union hypostatique du Verbe, on peut fort bien dire que le fils de Marie est Fils de Dieu par grâce; car c'est de la pure grâce du Verbe éternel qu'il a voulu prendre à lui la nature humaine, et sans grâce jamais cette proposition n'eût eu lieu : *L'homme est Dieu, le fils de Marie est Fils de Dieu.* Ainsi, si l'on regarde le principe par lequel l'incarnation s'est faite à cet égard, le fils de Marie est Fils de Dieu par grâce.

Mais si l'on considère la nature humaine unie hypostatiquement au Verbe, ou, pour me servir des termes de l'école, si l'on considère l'union hypostatique *in facto esse*, il est clair que le fils de Marie est Fils de Dieu par nature ; car, après l'incarnation, la nature divine et la nature humaine ne faisant qu'une personne, il est clair que la même personne, qui est fils de Marie, est Fils de Dieu par la génération éternelle (3).

Félix d'Urgel fut condamné dans le concile de Ratisbonne et abjura son erreur, qu'il reprit après qu'il fut retourné dans son diocèse. On le cita au concile de Francfort, dans lequel il fut déposé de l'épiscopat à cause de ses fréquentes rechutes, et relégué à Lyon pour le reste de sa vie, qu'il finit sans être détrompé. *Voyez* le P. Le Cointe, an 799, n° 1617.

FIALINISTES. L'une des sectes qui formèrent, si l'on peut ainsi parler, la mauvaise queue du jansénisme, et qui, sous des nuances et des noms différents, se perpétuèrent, non seulement à Fareins, mais à Roanne et dans ce qu'on appelait le Charolais et le Forez. En 1794, Fialin, curé à Marsilly, vers Montbrison, persuadé que le prophète Élie allait paraître, assembla environ quatre-vingts personnes des deux sexes dans un bois près Saint-Étienne, pour aller à sa rencontre, s'acheminer vers Jérusalem et composer la *république de Jésus-Christ*; il leur recommanda de ne regarder ni à droite ni à gauche, ni en haut, ni en bas, et leur escamota leur argent. Ces fanatiques, après avoir erré quelque temps au milieu des forêts, furent réduits à rentrer dans leurs foyers et devinrent l'objet de la risée publique. Fialin se maria, se retira près de Paris où il tenait un cabaret, et finit par être exilé à Nantes.

FIGURISTES. Secte de jansénistes visionnaires et fanatiques, qui ne parlaient que par figures, qui donnaient tout à leur imagination échauffée, qui prétendaient qu'on devait regarder comme des vérités tout ce qu'ils avaient imaginé dans leurs rêveries, et qui se déclaraient ouvertement contre tous ceux de leur parti qui ne voulaient pas donner dans de pareilles extravagances. Voilà où conduit le tribunal de l'esprit particulier. Le chef de cette secte paraît avoir été l'abbé d'Étemare, appelant fameux, qui croyait avoir reçu le don d'intelligence des saintes Écritures. Il voyait partout dans l'Ancien Testament, une figure de ce qui se passait de son temps, interprétait les prophètes à sa mode, et trouvait, à force de commentaires et de rêveries, que l'acceptation de la bulle *Unigenitus* était l'apostasie prédite, et que les juifs allaient se convertir pour réparer les pertes de l'Église. Il sut inspirer

---

(1) Alcuin, l. v.
(2) Idem, loc. cit. Paulin d'Aquilée. Benoît d'Aniane. Les lettres du pape Adrien dans le concile de Francfort, qui se trouvent dans les conciles de France du P. Sirmond., t. II; dans la Bibliothèque des Pères, t. IV, part. II; dans les conciles du P. Labbe, t. VII, p. 1014.
(3) *Voyez* la Réfut. de Nestorius, à son article.

à ses disciples ces idées, qui, germant dans des têtes ardentes, enfantèrent les écrits les plus bizarres.

FLAGELLANTS, pénitents fanatiques et atrabilaires qui se fouettaient impitoyablement et qui attribuaient à la flagellation plus de vertu qu'aux sacrements pour effacer les péchés.

Rien n'est plus conforme à l'esprit du christianisme que la mortification des sens et de la chair : saint Paul châtiait son corps et le réduisait en servitude. Cet esprit de mortification conduisit dans les déserts les pénitents de l'Orient, où ils pratiquaient des austérités incroyables : il ne paraît pas que les flagellations volontaires aient fait partie des austérités que pratiquaient les premiers pénitents, mais il est certain que les flagellations étaient employées par les tribunaux civils pour châtier les coupables (1).

On regarda donc les flagellations comme des expiations : la flagellation de Jésus-Christ et l'exemple des apôtres et des martyrs firent regarder les flagellations volontaires, non-seulement comme des actes satisfactoires, mais encore comme des œuvres méritoires qui pouvaient obtenir le pardon des péchés de ceux qui exerçaient sur eux cette mortification et de ceux pour lesquels ils les offraient à Dieu ; on cita des exemples de damnés rachetés par ces flagellations ; la superstition et l'ignorance reçurent avidement ces impostures, et les flagellations devinrent fort fréquentes dans le onzième et le douzième siècle ; enfin, ces idées produisirent, sur la fin du treizième siècle (1260), la secte des flagellants, dont un moine de Sainte-Justine de Padoue rapporte ainsi la naissance.

Lorsque toute l'Italie, dit-il, était plongée dans toutes sortes de crimes et de vices, tout d'un coup une superstition inouïe se glissa d'abord chez les Pérusiens, ensuite chez les Romains, et de là se répandit presque parmi tous les peuples d'Italie.

La crainte du dernier jugement les avait tellement saisis, que nobles, roturiers de tout état, se mettent tout nus et marchent par les rues en procession : chacun avait son fouet à la main et se fustigeait les épaules jusqu'à ce que le sang en sortit ; ils poussaient des plaintes et des soupirs, et versaient des torrents de larmes ; ces exemples de pénitence eurent d'abord d'heureuses suites ; on vit beaucoup de réconciliations, de restitutions, etc.

Ces pénitents se répandirent bientôt dans toute l'Italie ; mais le pape ne voulut point les approuver, et les princes ne leur permirent point de former des établissements dans leurs États (2).

Près d'un siècle après que cette secte eut paru pour la première fois, la peste qui se fit sentir en Allemagne (au milieu du quatorzième siècle), ressuscita tout à coup la secte des flagellants : les hommes attroupés couraient le pays ; ils avaient un chef principal et deux autres supérieurs, auxquels ils obéissaient aveuglément ; ils avaient des étendards de soie cramoisis et peints, ils les portaient à leurs processions et traversaient de cette manière les villes et les bourgs.

Le peuple s'attroupait pour jouir de ce spectacle, et lorsqu'il était assemblé, ils se fouettaient et lisaient une lettre qu'ils disaient être en substance la même qu'un ange avait apportée de l'église de Saint-Pierre à Jérusalem ; par laquelle l'ange déclarait que Jésus-Christ était irrité contre les dépravations du siècle, et que Jésus-Christ, prié par la bienheureuse Vierge et par l'ange de faire grâce à son peuple, avait répondu que si les pécheurs voulaient obtenir miséricorde, il fallait que chacun sortît de sa patrie, et qu'il se flagellât durant trente-quatre jours, en mémoire du temps que Jésus-Christ avait passé sur la terre : ils firent une grande quantité de prosélytes.

Clément VI condamna cette secte ; les évêques d'Allemagne, conformément à son bref, défendirent les associations des flagellants et cette secte se dissipa (3).

Elle reparut dans la Misnie, vers le commencement du quinzième siècle, 1414.

Un nommé Conrard renouvela la fable de la lettre apportée par les anges sur l'autel de Saint-Pierre de Rome pour l'institution de la flagellation : il prétendit que c'était l'époque de la fin de l'autorité du pape et de celle des évêques, qui avaient perdu toute juridiction dans l'Église depuis l'établissement de la société des flagellants ; que les sacrements étaient sans vertu, que la vraie religion n'était que chez les flagellants, et qu'on ne pouvait être sauvé qu'en se faisant baptiser de leur sang. L'inquisiteur fit arrêter ces nouveaux flagellants, et l'on en brûla plus de quatre-vingt-onze (4).

Si les flagellants étaient devenus plus forts que l'inquisiteur, ils auraient fait brûler l'inquisiteur et tous ceux qui n'auraient pas voulu se flageller.

Il y a encore aujourd'hui des confréries de flagellants, qu'il faut bien distinguer des sectaires dont nous venons de parler ; il se trouve de ces confréries en Italie, en Espagne et en Allemagne. Le P. Mabillon vit à Turin, le vendredi saint, une procession de flagellants à gage : « Ils commencèrent, dit-il, à se fouetter dans l'église cathédrale, en attendant son Altesse Royale ; ils se fouettaient assez lentement, ce qui ne dura pas une demi-heure ; mais, d'abord que ce prince parut, ils firent tomber une grêle de coups sur leurs épaules déjà déchirées, et alors la procession sortit de l'église. Ce serait une institution pieuse, si ces gens se fustigeaient ainsi par une douleur sincère de leurs péchés, et dans l'intention d'en faire une pénitence publique, et non pour donner au monde une espèce de spectacle (5). »

Gerson écrivit contre les flagellants, et crut qu'il fallait que les prélats, les pasteurs

---

(1) Boileau, Hist. des Flagellants, c. 9.
(2) Idem, ibid.
(3) D'Argentré, Collect. jud., t. I, p. 331 ; Natal. Alex. in sæc. XIII et XIV ; Boileau, loc. cit.
(4) Contin. de Fleury, t. XXI, p. 208.
(5) Musæum italicum, p. 80.

et les docteurs réprimassent cette secte par leurs exhortations, et les princes par leur autorité (1).

L'abbé Boileau a attaqué les flagellations volontaires (2).

Le P. Gretzer en a pris la défense ; M. Thiers a écrit contre l'histoire des flagellants ; cette réfutation est longue, faible et ennuyeuse (3).

FLORINIENS, disciples d'un prêtre de l'Église romaine, nommé *Florin*, qui, au second siècle, fut déposé du sacerdoce pour avoir enseigné des erreurs. Il avait été disciple de saint Polycarpe avec saint Irénée ; mais il ne fut pas fidèle à garder la doctrine de son maître. Saint Irénée lui écrivit pour le faire revenir de ses erreurs : Eusèbe nous a conservé un fragment de cette lettre (4). Florin soutenait que Dieu est l'auteur du mal. Quelques écrivains l'ont encore accusé d'avoir enseigné que les choses défendues par la loi de Dieu ne sont point mauvaises en elles-mêmes, mais seulement à cause de la défense. Enfin, il embrassa quelques autres opinions des valentiniens et des carpocratiens. Saint Irénée écrivit contre lui ses livres de la *Monarchie* et de l'*Odloade*, que nous n'avons plus (5).

FOURIERISME. Doctrine de Charles Fourier.

Nous croyons qu'il ne sera pas sans intérêt de faire précéder l'exposition des erreurs de ce réformateur nouveau de quelques détails biographiques.

Né à Besançon le 7 avril 1768, Fourier fut placé de bonne heure au collège de cette ville, et y manifesta bientôt un goût prononcé pour la géographie. Mais son père, qui était marchand de drap, interrompit ses travaux pour le placer dans une maison de commerce. Cette carrière, qu'il suivit presque jusqu'à la fin de sa vie, influa puissamment sur la direction de ses idées. Deux faits, dont l'un date de son enfance, l'autre de sa jeunesse, appelèrent de bonne heure son attention sur les fraudes et sur les mensonges usités dans le commerce. A l'âge de sept ans, il fut un jour fortement tancé pour avoir dit à un chaland de son père le véritable prix d'une marchandise. Plus tard à Marseille, étant commis dans une maison de commerce, il eut à faire jeter à la mer une quantité considérable de riz, que son patron avait accaparé pendant la révolution, lors de la disette, et qui, gardé trop longtemps, dans l'espoir d'un plus grand profit, avait fini par pourrir dans les magasins pendant que la population mourait de faim. Ces deux faits excitèrent dans l'âme du jeune Fourier une telle indignation qu'il jura de démasquer plus tard toutes les fourberies commerciales, et de chercher un remède à une organisation aussi vicieuse. En 1803, Fourier publia dans le *Bulletin de Lyon* du 17 décembre (25 frimaire an XII) un article intitulé : *Triumvirat continental et paix perpétuelle sous trente ans*, un article dans lequel il annonça que l'Europe touchait à une grande catastrophe à la suite de laquelle la paix universelle allait s'établir. Cet article eut l'honneur de fixer un moment l'œil soupçonneux du premier consul. C'est en 1808 qu'il publia sa *Théorie des quatre mouvements*. Bien différent de ceux qui pensent que la cause de tous les abus est dans la forme du gouvernement, l'auteur voyait dans l'organisation sociale le principe de tous les désordres qui nous affligent, et il se mit en tête de refaire de fond en comble la société. A force d'étendre son système, il arriva à se former sur l'homme, sur l'univers, sur ses destinées passées et à venir, des idées différentes de celles que s'en étaient formées tous les philosophes. Les passions, suivant Fourier, ne sont pas essentiellement mauvaises ; elles sont les mobiles des actes humains et les moyens de sociabilité par lesquels les hommes peuvent se rapprocher et se former en groupes harmoniques. Mais ces passions qui, pareilles aux rouages d'une vaste machine, peuvent se lier et s'engrener de manière à produire un mouvement doux et régulier, peuvent également se froisser par leurs aspérités, et tel est leur état dans la société actuelle, que Fourier se croyait dans ses rêves appelé à régénérer. Bravant les sarcasmes de la critique, il se comparait à Colomb traité de fou pendant sept ans. « Lorsque les preuves de ma découverte seront produites, disait-il, lorsqu'on verra l'unité universelle prête à s'élever sur les ruines de la barbarie et de la civilisation, les critiques passeront subitement du dédain à l'ivresse ; ils voudront ériger l'inventeur en demi-dieu, et ils s'aviliront derechef par des excès d'adulation, comme ils vont s'avilir par des railleries inconsidérées... Moi seul, dit-il ailleurs, j'aurai confondu vingt siècles d'imbécillité politique, et c'est à moi seul que les générations présentes et futures devront l'initiative de leur immense bonheur. Avant moi, l'humanité a perdu plusieurs mille ans à lutter follement contre la nature ; moi le premier j'ai fléchi devant elle, en étudiant l'attraction, organe de ses décrets ; elle a daigné sourire au seul mortel qui l'ait encensée ; elle m'a livré tous ses trésors. Possesseur du livre des destins, je viens dissiper les ténèbres politiques et morales, et sur les ruines des sciences incertaines, j'élève la théorie de l'harmonie universelle. *Exegi monumentum ære perennius.* » C'est avec cet enivrement d'orgueil et ce présomptueux enthousiasme que Fourier a développé toutes les parties de son système d'association. Il est mort le 10 octobre 1837. Voici les titres de ses ouvrages, écrits en style singulier et souvent bizarre : *Théorie des quatre mouvements*, 1803, in-8° : c'est la plus originale et la plus hardie de ses productions ; *Traité de l'association domestique agricole*, Paris, 1822. 2 vol. in-8° ; *Sommaire du Traité*

---

(1) Gerson, t. II, p. 660.
(2) Hist. Flagellantium.
(3) De spontanea disciplinarum seu flagellorum cruce : Coloniæ, 1660, in-12. Critique de l'histoire des Flagellants, par J. B. Thiers.
(4) Hist. ecclés., liv. v, c. 20.
(5) Deuxième dissertation de D. Massuet sur saint Irénée, art. 3, pag. 104. Fleury, Hist. ecclés., liv. vi, § 17.

de l'association domestique agricole, ou *Attraction industrielle*, Paris, 1823, in-8°; *Le nouveau monde industriel et sociétaire*, ou *Invention de procédés d'industrie attrayante et naturelle, distribuée en séries passionnées*, ibid., 1829, in-8°; *Piéges et charlatanisme des deux sectes Saint-Simon et Owen, qui permettent l'association et le progrès*, ibid., 1831, in-8°; *La fausse industrie morcelée, répugnante, mensongère, et l'antidote, l'industrie naturelle, combinée, attrayante, véridique, donnant quadruple produit*, ibid., 1835, in-8°. Fourier écrivit aussi dans *le Phalanstère* et dans *la Phalange*.

La théorie sociale de Fourier, qui compte aujourd'hui un assez grand nombre de partisans, est, dans plusieurs points fondamentaux, la négation des dogmes les plus formels de la religion chrétienne. C'est sous ce seul rapport que nous avons à l'envisager dans cet article; laissant à d'autres le soin de montrer tout ce que dans l'ordre politique, civil et familial, elle renferme de faux, d'incohérent, d'anti-naturel et d'impraticable.

L'homme, dit Fourier, a été créé pour le bonheur; la bonté de Dieu l'exige. Or le bonheur consiste dans la jouissance de ce qu'on aime, de ce qu'on désire, de ce qui fait plaisir. On n'est pas heureux, tant qu'on ne possède pas tout ce que demandent les facultés, les appétits, les besoins inhérents à la nature, et surtout quand quelqu'un de ces appétits, de ces besoins, de ces facultés est *forcément* privé de la satisfaction qu'il exige et qui lui est due. Il y a plus : la sagesse et la bonté du Créateur sont telles, que l'homme a droit, dès le commencement et dans tous les moments de son existence, à toute la somme de bonheur possible; il y aurait contradiction à ce qu'il en fût autrement. Dieu ne peut créer un besoin, et en refuser, en proscrire ou même en ajourner la satisfaction; puisque alors il y aurait souffrance pour l'homme, c'est-à-dire un état que Dieu ne peut pas vouloir directement, et que tout au plus il peut permettre comme accident ou comme résultat de l'usage désordonné que l'homme ferait volontairement de ses facultés et de ses puissances.

En d'autres termes, les puissances et les facultés de l'homme, tant morales que physiques, sont de Dieu. Elles sont donc le signe et l'expression de sa volonté et de ses desseins; et comme elles ont chacune un objet spécial qui lui est propre, l'une n'a pas le droit de s'exercer aux dépens de l'autre; mais au contraire chacune a un droit plein et entier aux actes et aux jouissances qui sont dans sa nature. Il est impossible de concevoir que Dieu proscrive, ni en totalité, ni en partie, l'usage d'une des facultés dont il a doué l'homme, la satisfaction de quelqu'un de ses besoins, la jouissance propre à quelqu'une de ses passions. Toutes les passions, attractions, ou appétits qui sont inhérents à la nature humaine, n'ont rien que de légitime et de saint, soit en puissance, soit en acte, comme dit l'école; puisque Dieu en

est le principe et l'auteur, et qu'il ne saurait se contredire en ôtant d'une main ce qu'il a donné de l'autre. En un mot, les jouissances de l'ordre physique font partie du bonheur essentiel de l'homme, tel que Dieu l'a déterminé dans sa suprême sagesse, au même titre que les jouissances de l'ordre moral ; les plaisirs présents lui reviennent de droit comme les plaisirs futurs ; il n'est aucun temps de son existence, quelle qu'en soit la durée, où l'on puisse supposer qu'il soit obligé de se priver d'une satisfaction sollicitée par quelqu'un de ses appétits naturels.

Il suit de là que l'organisation actuelle de la société civile et celle de la société religieuse sont contraires à la nature et aux droits impérissables de l'homme, à l'intention et à la volonté du Créateur. Dans la société civile, il est impossible à l'homme de s'accorder tout ce qui lui fait plaisir. Il n'y saurait être heureux, comme sa nature le demande et comme il a droit de l'être. Dans la société religieuse, bien des jouissances lui sont même interdites. La vie présente y est tellement subordonnée à la vie future, que celle-ci y est continuellement présentée comme la récompense des sacrifices et des privations que l'homme se sera imposés dans l'usage des biens et des plaisirs actuels. Elle fait des vertus méritoires de la pénitence, des macérations, des austérités : vertus qui, dans la pensée et la doctrine de Fourier, sont des choses contre nature, et manifestement opposées à la volonté et à la pensée divine.

Dans l'organisation sociale cherchée et découverte par Fourier, toutes les satisfactions et toutes les jouissances seront légitimes, possibles, faciles, et le bonheur de l'homme ira croissant dès l'enfance jusqu'à la mort, laquelle arrivera beaucoup plus tard qu'aujourd'hui, et ne sera que le passage à un ordre de choses plus parfait encore et plus heureux que celui où nous sommes. Une harmonie parfaite et un équilibre inviolable s'y établiront entre les diverses passions, facultés et besoins de l'homme; nul excès n'y sera possible ; dans chaque genre de satisfactions, nul ne s'accordera rien au delà du vrai besoin ; aucune passion ne jouira ni à ses dépens, ni aux dépens des autres, comme il arrive si souvent dans notre état social actuel. En un mot, on ne prendra de chaque chose que ce qu'il sera possible, convenable et utile d'en prendre, tant l'harmonie et l'accord seront parfaits entre toutes nos puissances. Ajoutons que les fonctions les plus viles, les plus méprisables, les plus rebutantes même dans notre état social actuel, seront remplies dans la société *phalanstérienne* (organisée par phalanges de deux à trois mille individus), avec goût, plaisir et bonheur par ceux à qui la nature aura donné les passions ou instincts qui s'y rapportent. Ils n'auront pas même la pensée de chercher d'autres satisfactions que celles-là ; et ainsi ils seront heureux, pendant qu'aujourd'hui il n'y a certes personne de plus malheureux que les individus obligés de gagner leur vie dans ces dégoûtantes occupations.

Ces doctrines étranges et bizarres sont le renversement complet de toute religion et de toute morale. Réfutons-les en peu de mots, en les groupant sous deux ou trois idées principales.

La théologie chrétienne enseigne que l'homme a été créé pour être heureux ; que le bonheur consiste essentiellemet dans la satisfaction pleine et entière des facultés, des désirs et des besoins ; qu'il y a entre le bonheur et la vertu une telle liaison, un tel rapport, que jamais l'un ne saurait être contraire à l'autre, que la vertu est la voie du bonheur, et le bonheur, le fruit de la vertu. Mais elle affirme en même temps que la vertu consiste, pour une grande part, dans la résistance aux passions. Selon l'enseignement chrétien, la vie présente est un temps d'épreuve et de mérite ; il n'y faut pas chercher le bonheur, puisqu'il n'y est pas. Le plaisir sensible ou physique, bien loin d'y conduire, en éloigne au contraire ordinairement ; et parmi les diverses passions de l'homme, il en est plus d'une qu'il n'est légitime de satisfaire que dans certaines conditions et dans certaines limites que Dieu lui-même a déterminées.

De son côté, Fourier enseigne aussi que l'homme n'a été créé que pour être heureux ; que le bonheur suppose et emporte la satisfaction de tout ce qu'il y a en lui de désirs et de besoins ; que le bonheur et la vertu ne sauraient être opposés l'un à l'autre, et même qu'ils sont identiques. Mais il s'éloigne de l'enseignement religieux dans la détermination de la nature et des conditions du bonheur, et dans la notion entièrement travestie qu'il donne de la vertu : ce qui le conduit aux plus étranges conséquences dans l'ordre moral et religieux.

Nous disons que Fourier s'éloigne des doctrines chrétiennes dans la détermination de la nature et des conditions du bonheur et dans la notion entièrement fausse qu'il donne de la vertu.

Qu'est-ce en effet que le bonheur pour lequel l'homme est créé, d'après Fourier ? Ce sont tous les plaisirs et toutes les jouissances dont sa nature est capable, au physique et au moral. Et quand il dit tous les plaisirs, toutes les jouissances, il n'entend pas seulement indiquer par là les droits et l'usage de chacune de ses facultés, de ses puissances, de ses passions ; il veut encore affirmer qu'il n'est aucune période de la vie de l'homme, aucun instant, aucun moment, où il n'ait droit à toutes les satisfactions actuelles dont il est capable. Pour lui, le bonheur n'a pas besoin d'être mérité, d'être attendu, d'être acquis par une suite quelconque d'œuvres volontaires et de privations opposées à quelques-uns des plaisirs que l'homme pourrait actuellement s'accorder. Il consiste à jouir, dès que l'on peut jouir et autant que l'on peut jouir. Ce qui fait le malheur et la démoralisation de l'homme dans notre état social actuel, c'est que la *vertu* met une infinité d'obstacles à ses jouissances et à son bonheur ; à son bonheur, tel que Dieu le lui a destiné et permis, puisqu'il l'en a créé capable. Alors, pour être heureux comme sa nature le demande, il est obligé de n'être pas vertueux, au sens qu'on a donné à ce mot. Mais créez une organisation sociale telle que la vertu ne soit jamais contraire au bonheur, ni le bonheur à la vertu, et l'homme sera ce qu'il doit être, ce qu'il a *droit d'être* ; *tout à la fois heureux et vertueux*.

On le voit, Fourier dénature le bonheur, en l'appliquant seulement ou tout au moins principalement aux jouissances physiques, sans tenir aucun compte, sans se soucier beaucoup des jouissances d'un autre ordre qui sont précisément celles que la religion propose et promet exclusivement à l'homme, ne lui permettant les autres que dans un degré très restreint et dans les conditions qu'il ne saurait violer sans compromettre son avenir et sa fin. Il fait donc le principal de l'accessoire, et l'accessoire du principal. De plus, il dénature l'homme lui-même complètement, en méconnaissant la subordination naturelle et nécessaire des appétits sensibles aux lois de la raison et de la vertu. Il fait plus ; il travestit et dénature la notion même de la vertu ; puisqu'il ne fait pas de la vertu, de l'observation des préceptes moraux et des lois religieuses, la condition *sine qua non* du bonheur suprême et final. Il ôte à la vertu, et même à Dieu, le droit de limiter, de restreindre, de modérer et de régler l'usage des passions et la satisfaction des appétits sensibles et matériels, les jouissances physiques, le bien-être dans le temps présent : il prononce hardiment qu'en agir ainsi, ce serait une contradiction, une injustice, une tyrannie de la part de celui qui a doué l'homme de toutes ses facultés. Dès lors donc point de vertu proprement dite ; car il est dérisoire de donner ce nom, comme le fait Fourier, à tous les actes par lesquels l'homme accorde à ses passions les plaisirs qu'elles lui demandent ; même en supposant qu'elles restent dans certaines limites qu'elles s'imposeraient les unes aux autres dans le conflit de leurs exigences contraires.

Nous touchons ici à la prétention la plus extraordinaire et la plus folle de Fourier : c'est que dans l'organisation sociale qu'il a imaginée et que cherchent à réaliser ses disciples, les passions se feront tellement équilibre l'une à l'autre, que *nulle n'excédera ses besoins et ses droits*, et par conséquent qu'*il n'y aura pas de vices* ; puisque le vice n'est que dans les excès, en plus ou en moins, auxquels l'homme peut se laisser aller dans la satisfaction de ses appétits. Ainsi, d'une part l'homme trouvera dans la société de Fourier la plus grande somme possible de bonheur, et, d'autre part, le mal, le vice, le péché n'y pourra exister ; puisque rien n'est mal, rien n'est vice, rien n'est péché de ce qui procure à l'homme un plaisir réclamé par sa nature et ses besoins. Fourier blâme, il est vrai, et condamne tous les *excès* ; mais l'excès n'est pas pour lui la même chose que pour les disciples de l'Évangile. Pour s'en convaincre, il suffit de jeter les yeux sur ce qu'il dit des relations des sexes entre eux et de l'usage des puissances qui sont la base de ces relations. On y verra qu'il regarde la continence, telle que l'entend la religion, comme une des choses les plus contraires aux droits de l'homme et à ses plaisirs, et que, en ce qui concerne le mariage, il n'en admet ni l'unité ni l'indissolubilité. Bien loin de là, il pousse le cynisme jusqu'à permettre à l'homme et à la femme ce que Mahomet n'a pas toléré dans ses disciples. Je sais bien qu'il prétend les défendre de ces doctrines révoltantes, en disant qu'elles ne sont pas faites pour une société organisée comme la nôtre; mais qu'elles seront toutes naturelles, alors qu'un autre état de choses aura complétement changé et mis sur un autre pied les relations qui existent entre les hommes. Mais de quel droit et à quel titre peut-il prétendre introduire une modification et des changements dans les idées sociales et religieuses de tous les peuples éclairés ont jusqu'ici condamnés d'un commun accord?

Fourier nie l'autre vie, dans le sens chrétien, quoiqu'il admette *une succession indéfinie de phases dans l'existence humaine* qui ira se transformant et devenant en même temps de plus en plus parfaite et heureuse. Il rejette encore la révélation chrétienne telle que nous la possédons, quoiqu'il fasse profession de regarder Jésus-Christ comme son maître et son docteur. Selon lui, ses disciples sont appelés à faire revivre dans toute leur pureté les doctrines du Sauveur, qui n'avaient pas d'autre but, que le bonheur des hommes et surtout des pauvres et des malheureux; doctrines qui n'existent plus que très-altérées dans les écrits du Nouveau Testament, et qui aujourd'hui sont tout à fait méconnaissables dans l'enseignement de l'Église.

Nous croyons qu'il suffit de cet exposé que nous venons de faire des doctrines morales, sociales et religieuses des disciples de Fourier, pour en faire sentir et toucher au doigt toute la fausseté, toute l'immoralité, disons mieux, toute la folie. A quoi bon les réfuter autrement?

Ils se forment à leur fantaisie certaines idées singulières sur Dieu et ses perfections, sur l'homme, sa destinée, ses droits et ses devoirs; et ils partent de là pour amener, par voie d'induction, la destruction de tout ce qui est; puis une organisation sociale nouvelle qu'ils croient en harmonie parfaite avec leurs idées, avec leurs affirmations. Mais ce n'est point ainsi que raisonnent des philosophes, ni même des hommes tant soit peu sensés et de bonne foi. Le point de départ, dans des matières d'une nature si grave et si importante, doit être pris dans des idées et des croyances admises d'un accord commun par toutes les parties intéressées; celui qui veut agir autrement, est exposé à se voir arrêté dès le premier pas qu'il voudra faire. C'est précisément ce que nous faisons nous-mêmes ici, au nom de la religion et de la révélation chrétienne, en déclarant aux disciples de Fourier que nous rejetons absolument comme fausses ou incomplètes toutes les idées qu'ils se sont faites sur Dieu, sur l'homme et sur sa destinée; n'admettant à cet égard que ce qui nous est fourni par l'enseignement chrétien et que tous les philosophes raisonnables n'ont cessé d'admettre avec nous, depuis que la révélation faite par Jésus-Christ est venue éclairer la philosophie, la tirer de ses incertitudes, de ses variations et de ses erreurs, et lui donner un point d'appui, qu'elle n'abandonne jamais, sans tomber bientôt dans les doctrines les plus incohérentes et les moins certaines.

FRATRICELLES ou FRÉROTS. Le désir de se distinguer par une sainteté extraordinaire n'était pas moins vif en Italie qu'en Allemagne, où il avait produit les béguards, vers le quatorzième siècle. Quelques frères mineurs obtinrent de Célestin V la permission de vivre en ermites, et de pratiquer à la lettre la règle de saint François.

Beaucoup de religieux, sous prétexte de mener une vie plus retirée et plus parfaite, sortirent de leurs couvents; beaucoup de laïques les imitèrent, et tous ces aspirants à une sainteté extraordinaire se réunirent, s'appelèrent frères, et formèrent une secte; les franciscains s'appelaient frères, et les séculiers frérots, ou fratricelles, ou bisoches.

Ces troupes de moines, échappés de leurs couvents, vivaient sans règle, sans supérieur, et faisaient consister toute la perfection chrétienne dans un renoncement absolu à toute propriété, parce que la pauvreté faisait le caractère principal de la règle de Saint-François, à laquelle étaient singulièrement attachés les frères Macerota et un autre franciscain, qui avaient donné naissance à cette secte.

Les fratricelles se promenaient ou chantaient, et, pour observer plus scrupuleusement le vœu de pauvreté, ne travaillaient jamais de peur d'avoir en travaillant droit à quelque chose: comme les massiliens, ils disaient qu'il fallait prier sans cesse, de peur d'entrer en tentation; et si on leur reprochait leur oisiveté, ils disaient que leur conscience ne leur permettait pas de travailler pour une nourriture qui périt; ils ne voulaient travailler que pour une nourriture céleste, et ce travail spirituel consistait à méditer, à chanter, à prier (1).

Malgré ce renoncement à tout, les fratricelles ne manquaient de rien: une multitude d'artisans, de charbonniers, de bergers, de charpentiers, abandonnèrent leurs travaux, leurs maisons, leurs troupeaux, et prirent l'habit des fratricelles. Tous les religieux mécontents de leur état, et surtout des franciscains, sous prétexte d'observer plus exactement la règle de saint François, quittèrent leurs couvents et grossirent la secte des fratricelles, qui se répandit en Toscane, en Calabre, etc.

(1) An 1294. D'Argentré, Collect. jud. Raynald. ad an. 1317, n. 56.

Jean XXII vit les abus de ces associations; il les défendit et excommunia les frérots et leurs fauteurs (1).

Les fratricelles attaquèrent l'autorité qui les foudroyait, et se fondèrent sur le spécieux prétexte de la pauvreté évangélique, qui faisait la première obligation de l'ordre de saint François et du christianisme.

Ils ne niaient point l'autorité du pape : ils prétendaient seulement la restreindre, et croyaient que son excommunication ne pouvait nuire aux frérots, 1° parce qu'ils avaient été approuvés par Célestin V, et qu'un pape ne pouvait détruire ce que son prédécesseur avait établi; 2° parce que leur société était autorisée dans l'Évangile, et que le pape ne pouvait rien contre ce qui est dans l'Évangile; 3° enfin, pour trancher la question sans retour, ils distinguèrent deux Églises ; une était tout extérieure, riche, possédait des domaines et des dignités; le pape et les évêques dominaient dans cette Église, et pouvaient en exclure ceux qu'ils excommuniaient ; mais il y avait une autre Église toute spirituelle, qui n'avait pour appui que sa pauvreté, pour richesses que ses vertus ; Jésus-Christ était le chef de cette Église, et les frérots en étaient les membres : le pape n'avait sur cette Église aucun empire, aucune autorité, et ses excommunications ne pouvaient exclure personne de cette Église.

De ce principe les frérots conclurent que hors de leur Église il n'y avait pas de sacrements, que les ministres pécheurs ne pouvaient les conférer : en développant ce principe fondamental de leur schisme, ils renouvelèrent différentes erreurs des donatistes, des albigeois et des vaudois (2).

Ils se dispersèrent dans toute l'Italie pour prêcher ces erreurs, et soulevèrent les fidèles contre le pape.

Jean XXII écrivit à tous les princes contre les frérots, et chargea tous les inquisiteurs de les juger rigoureusement (3).

Pour concilier les princes que Jean XXII excitait contre les frérots, ces sectaires mêlèrent à leurs erreurs des propositions contraires aux prétentions des papes; ils soutenaient que le pape n'était pas plus le successeur de saint Pierre que les autres évêques ; que le pape n'avait aucun pouvoir dans les États des princes chrétiens, et qu'il n'avait nulle part aucune puissance coactive.

Le concours de tous ces artifices soutint quelque temps les frérots contre l'autorité du pape : cependant on en brûla beaucoup, mais ils réparaient leurs pertes par de nouveaux prosélytes ; et enfin, n'ayant plus ni églises, ni ministres, ils prétendirent que les frérots avaient tous le pouvoir d'absoudre et de consacrer, et qu'il était inutile de prier dans les églises consacrées.

Les franciscains unirent leurs efforts aux ordres des papes pour l'extinction des frérots ; et la secte des frérots, après avoir résisté longtemps aux attaques des papes, se dissipa ; les restes passèrent en Allemagne et y subsistèrent sous la protection de Louis de Bavière, qui haïssait Jean XXII, et elle se confondit avec les béguards.

Le nom de frérots fut donné indistinctement à cette multitude de sectes qui inondèrent l'Europe dans le treizième siècle et au commencement du quatorzième. Ces sectes tombèrent dans les désordres les plus horribles; elles renouvelèrent toutes les infamies des gnostiques et des adamites ; elles prétendaient que ni Jésus-Christ ni les apôtres n'avaient observé la continence, et qu'ils avaient eu leurs propres femmes, ou celles des autres. Parmi ces sectaires, il y en avait qui soutenaient que l'adultère et l'inceste n'étaient point des crimes lorsqu'on les commettait dans leur secte (4).

Tel est à peu près le tableau que nous offre un siècle ignorant, précédé par des siècles plus ignorants encore, et pendant lesquels on n'avait épargné ni le sang ni le fer; l'Europe chrétienne était remplie d'armées de croisés, de bûchers et d'inquisiteurs : on avait détruit les hérétiques, et l'on s'était appliqué à corriger les désordres qu'ils reprochaient aux catholiques, on avait entrepris de réformer les mœurs, mais on n'avait point éclairé les esprits ; et la réformation dans les mœurs, laquelle avait été regardée comme un préservatif contre la séduction des albigeois et des vaudois, avait conduit à toutes les erreurs, et produit les frérots, les béguards, la secte de Ségarel, etc., parce que cette réformation n'avait pour principe qu'une piété sans lumière.

FRÈRES BOHÉMIENS ou FRÈRES DE BOHÊME, c'est une branche des hussites, qui, en 1467, se séparèrent des calixtins. *Voyez* HUSSITES.

FRÈRES DE LA PAUVRE VIE; c'est le nom que prenaient les disciples de Dulcin : ils s'appelaient ainsi eux-mêmes, sous prétexte qu'ils avaient renoncé à tout, pour ne vivre que de la vie apostolique.

FRÈRES POLONAIS; c'est un nom que les sociniens prirent pour montrer que la charité régnait entre eux, et que leur confraternité était inviolable.

FRÉROTS. *Voyez* FRATRICELLES.

#

GAIANITES; hérétiques dont la secte était une branche de celle des eutychiens. Ils furent ainsi appelés parce qu'ils avaient pour chef un certain Gaïan.

Ils soutenaient, entre autres erreurs, que Jésus-Christ, après l'union hypostatique, n'avait plus été sujet aux infirmités de la nature humaine.

(1) An 1294. D'Argentré, Collect. jud. Raynald. ad an. 1317, n. 56.
(2) Raynald. ad an. 1318, n. 469.

(3) Ibid.
(4) D'Argentré, loc. cit.

*GALÉNISTES ou GALÉNITES; hérétiques ainsi nommés, parce qu'ils avaient pour chef un médecin d'Amsterdam, appelé *Galénus*. Ils renouvelèrent les erreurs des sociniens, ou plutôt des ariens, touchant la divinité de Jésus-Christ.

GENTILIS VALENTIN. *Voyez* SOCINIENS.

GILBERT DE LA PORRÉE naquit à Poitiers, dans le onzième siècle.

Les écoles de philosophie et de théologie s'étaient alors multipliées dans l'Occident : on avait apporté en France les livres d'Aristote, les commentaires d'Averroës sur ce philosophe, les interprétations de Porphyre, et des catégories attribuées à saint Augustin (1).

La logique, à laquelle on réduisait presque toute la philosophie, n'était que l'art de ranger les objets dans de certaines classes, de leur donner différents noms, d'analyser, pour ainsi dire, ces noms, de distinguer les différentes qualités des objets, de marquer leurs différences et leurs rapports.

Toute la philosophie consistait à traiter de la substance, de la qualité, des attributs, et de semblables abstractions (2).

Cette méthode passa dans les écoles de la théologie; et l'on traita les différents objets de la théologie, selon les règles de la dialectique.

Les théologiens des siècles précédents n'écrivaient sur les vérités théologiques que lorsque le besoin de défendre la vérité les obligeait à écrire; mais lorsque la dialectique se fut introduite dans les écoles de théologie, on traita les différents objets de la théologie par goût, pour son plaisir, et l'on vit paraître une foule de traités de théologie.

Gilbert de la Porrée suivit le goût de son siècle; il s'était beaucoup appliqué à l'étude de la philosophie; il avait ensuite étudié la théologie; il avait même composé plusieurs ouvrages théologiques, et il avait traité les dogmes de la religion selon la méthode des logiciens.

Ainsi, par exemple, en parlant de la Trinité, il avait examiné la nature des personnes divines, leurs attributs, leurs propriétés; il avait examiné quelle différence il y avait entre l'essence des personnes et leurs propriétés, entre la nature divine et Dieu, entre la nature divine et les attributs de Dieu.

Comme tous ces objets avaient des définitions différentes, Gilbert de la Porrée jugea que tous ces objets étaient différents, que l'essence ou la nature de Dieu, sa divinité, sa sagesse, sa bonté, sa grandeur n'est pas Dieu, mais la forme par laquelle il est Dieu.

Voilà, ce me semble, le vrai sentiment de Gilbert de la Porrée : ainsi il regardait les attributs de Dieu et la divinité comme des formes différentes, et Dieu ou l'Être souverainement parfait comme la collection de ces formes : voilà l'erreur fondamentale de Gilbert de la Porrée; d'où il avait conclu que les propriétés des personnes divines n'étaient pas ces personnes; que la nature divine ne s'était pas incarnée.

Gilbert de la Porrée conserva tous ces principes lorsqu'il fut élu évêque de Poitiers, et les expliqua dans un discours qu'il fit à son clergé.

Arnaud et Calon, ses deux archidiacres, le déférèrent au pape Eugène III, qui était alors à Sienne, sur le point de passer en France : lorsqu'il y fut arrivé, il fit examiner l'accusation qu'on avait portée contre l'évêque de Poitiers. Ce prélat fut appelé à une assemblée qui se tint à Paris en 1147, et ensuite au concile de Reims, qui se tint l'année suivante, et dans lequel on condamna les sentiments de Gilbert de la Porrée, qui rétracta ses erreurs et se réconcilia sincèrement avec ses archidiacres. Quelques-uns de ses disciples persévérèrent dans leurs sentiments, mais ils ne formèrent point un parti. Ainsi, voilà un philosophe qui reconnaît sincèrement qu'il s'est trompé, et les philosophes ses disciples ne font point (une secte rebelle et factieuse : il en fut ainsi d'Abaelard dans le même siècle (3).

L'erreur de Gilbert de la Porrée détruisait, comme on le voit, la simplicité de Dieu, et c'est par cette conséquence que saint Bernard combattit ses principes.

Il paraît que cet évêque supposait que la substance de Dieu n'avait point par elle-même les attributs ou les propriétés qui font la divinité, mais que la collection de ces attributs qui faisaient la divinité était une espèce de forme qui s'unissait à la substance divine, ou même qui ne lui était point essentielle.

Ainsi l'Être suprême, ou l'être par soi-même, selon Gilbert de la Porrée, n'était pas essentiellement sage, éternel, bon, etc., parce qu'il ne renfermait point dans son idée la collection des attributs qui faisaient la divinité.

La substance de l'être nécessaire n'était Dieu que parce que la collection de ces attributs était unie à sa substance.

Nous croyons donc qu'on ne doit pas confondre l'opinion des scotistes avec l'erreur de Gilbert de la Porrée; car les scotistes croient bien que les attributs de Dieu sont distingués de son essence, mais ils croient pourtant qu'ils naissent nécessairement de cette essence, comme de leur source ou de leur principe, et que l'existence par soi-même renferme nécessairement l'infinité, l'intelligence, la bonté et toutes les perfections.

GNOSIMAQUE. Ce mot est composé de deux mots grecs, *gnosis*, qui signifie *science*, et *make*, qui signifie *destruction*. On appela de ce nom certains hérétiques du septième siècle, qui condamnaient les sciences et toutes

---

(1) Duchesne, tom. IV, pag. 239. Mabillon, Annal. Bened., l. LXXI, p. 88. Hist. littéraire de France, tom. IX, p. 45, 180.
(2) Hist. litt., t. VII, p. 130.

(3) *Voyez*, sur Gilbert de la Porrée, Pétau, Dogm., Théol., tom. I, l. II, c. 8; d'Argentré, Collect. jud.; Dup., XIIᵉ siècle, cap. 8; Natal. Alex.; Hist. eccles., sæc. XII, art. 9.

les connaissances, même celles qu'on acquérait par la lecture de l'Ecriture sainte, parce que, pour être sauvé, il fallait bien vivre, et non pas être savant (1).

GNOSTIQUES. Ce mot signifie homme savant et célèbre.

Les premiers hérétiques prirent ce nom, parce qu'ils se vantaient d'avoir des connaissances et des lumières extraordinaires.

C'est une question parmi les savants de savoir si les gnostiques étaient une secte particulière, ou si l'on ne donnait pas ce nom à toutes les sectes qui se piquaient d'enseigner une doctrine élevée et difficile.

Il est certain que les Pères et les auteurs ecclésiastiques ont donné ce nom aux disciples de Simon, aux basilidiens, etc.

Cependant saint Epiphane, saint Augustin, etc., nous parlent des gnostiques comme d'une secte particulière qui avait pris le nom de gnostique parce qu'elle croyait entendre mieux les choses divines que les autres sectes. Saint Epiphane surtout parle des gnostiques comme d'une secte qu'il connaît et qui avait une doctrine particulière qu'il avait connue par la lecture des livres que les gnostiques avaient composés; ce qui ne serait point contraire à l'usage dans lequel on était de donner le nom de gnostiques à ceux qui avaient adopté quelques-uns des principes des gnostiques; d'ailleurs, on n'oppose au sentiment de saint Epiphane aucune difficulté réelle.

Quoi qu'il en soit de cette question, nous allons tâcher de démêler quels étaient les principes généraux des gnostiques, et comment ces principes, adoptés successivement par différents hérétiques, ont pris différentes formes et produit des sectes différentes (2).

Saint Paul avertit Timothée d'éviter les nouveautés profanes, et tout ce qu'oppose une science faussement appelée *gnose*, dont quelques-uns faisant profession, se sont égarés dans la foi; de ne point s'amuser à des fables et à des généalogies sans fin, qui servent plutôt à exciter des disputes qu'à établir par la foi le véritable édifice de Dieu.

Il paraît, par ce passage de saint Paul et par saint Epiphane, que le caractère principal de la *gnose* était d'imaginer une foule de générations d'éons ou de génies, auxquels ils attribuaient la production du monde et tous les événements: voici vraisemblablement l'origine de leur sentiment.

Les gnostiques reconnaissaient un Etre suprême qui existait par lui-même, et qui donnait l'existence à tous les êtres; mais ils crurent trouver dans le monde des irrégularités, des désordres, des contradictions, et ils en conclurent que le monde n'était pas sorti immédiatement des mains de l'Etre suprême, souverainement sage et infiniment parfait.

Il fallait, selon eux, qu'il eût une cause moins parfaite, et ils supposèrent que l'Etre suprême avait produit un être moins parfait que lui.

Cette première production ne suffisait pas pour créer le monde, car on y voyait des mouvements contraires, et une grande variété de phénomènes contraires, et qu'on ne pouvait attribuer à une seule et même cause: on imagina donc que cette première production avait donné l'existence à d'autres êtres.

Ce premier pas fait, on imagina différentes puissances dans le monde, à mesure que l'on crut en avoir besoin pour expliquer les phénomènes qu'on observait, et l'on se forma de ces puissances des idées analogues aux effets qu'on leur attribuait: de là vinrent toutes les générations d'éons, de génies ou d'anges, tels que le *Nous* ou l'intelligence, le *Logos* ou le Verbe, la *Phronese* ou la prudence, *Sophia* et *Dynamis*, ou la sagesse et la puissance, etc.

C'est à peu près ainsi qu'Hésiode expliquait le débrouillement du chaos et la formation du monde par l'amour, etc., et c'est à peu près ainsi que les péripatéticiens imaginaient des vertus ou qualités occultes pour tous les phénomènes.

L'objet principal des gnostiques n'était pas d'expliquer les phénomènes de la nature, mais de rendre raison de ce que l'histoire nous apprenait sur le peuple juif, et de ce que les chrétiens racontaient de Jésus-Christ.

Ils supposèrent donc plusieurs mondes produits par les anges; ils supposèrent qu'un de ces anges gouvernait le monde, et ils imaginèrent tantôt plus, tantôt moins de mondes et d'anges, et leur attribuèrent des qualités différentes, selon qu'ils imaginaient les choses.

Ainsi, beaucoup reconnaissaient deux principes, l'un bon et l'autre mauvais.

D'autres disaient qu'il y avait dix cieux, qu'ils nommaient à leur fantaisie; le prince du septième, en remontant, était *Sabaoth*, selon quelques-uns d'eux; c'est lui, disaient-ils, qui a fait le ciel et la terre; les six cieux qui sont au-dessus de lui et plusieurs anges lui appartiennent; ils le faisaient auteur de la loi des Juifs; ils disaient qu'il avait la forme d'un âne ou d'un cochon, ce qui a vraisemblablement servi de fondement au reproche que les païens faisaient aux premiers chrétiens d'adorer un âne: on ne sait pourquoi ils avaient fait du prince du septième ciel un âne ou un cochon; ce n'était vraisemblablement qu'un emblème.

Ils mettaient dans le huitième ciel leur *Barbélo*, qu'ils nommaient tantôt le père, tantôt la mère de l'univers. On assure que ceux qui prirent le nom de gnostiques distinguaient le créateur de l'univers du Dieu qui s'est fait connaître aux hommes par son Fils, qu'ils reconnaissent pour le Christ (3).

Saint Irénée assure que, quoiqu'ils eussent des sentiments fort différents sur Jésus-Christ, ils s'accordaient néanmoins à nier ce que dit saint Jean, que le Verbe s'est fait

---

(1) Damascen., de Hær., hær. 88.
(2) I Tim., vi, 20. Hamond, Dissertat. de jure episcopatus, applique aux gnostiques un très-grand nombre de passages de saint Paul.
(3) Aug., Hær. c. 6; ep. 26, c. 10, n. 91. Epiph. hær. 26. Tert. Apol. c. 16. Iræn.

chair, voulant tous que le Verbe de Dieu et le Christ, qu'ils mettaient entre les premières productions de la Divinité, eût paru sur la terre sans s'incarner, sans naître, ni de la Vierge, ni de quelque autre manière que ce fût.

Comme Jésus-Christ n'était venu que pour le salut des hommes, c'est-à-dire, selon les gnostiques, pour les éclairer, les instruire, ils ne lui faisaient faire que ce qui était nécessaire pour cet objet, et les apparences de l'humanité suffisaient, selon les gnostiques, pour remplir cet objet.

Pour sauver les hommes il ne fallait, selon les gnostiques, que les éclairer; leur corruption et leur attachement à la terre étaient l'effet de leur ignorance sur la grandeur, sur la dignité de l'homme et sur sa destination originelle.

Depuis que les âmes humaines étaient enchaînées dans des organes corporels, c'était par l'entremise des sens qu'on éclairait l'esprit, et Jésus-Christ avait eu besoin de prendre les apparences d'un corps pour pouvoir converser avec eux et pour les instruire; mais il ne s'était point uni à ce corps fantastique, comme notre âme est unie au corps humain; cette union eût dégradé le Sauveur, et elle n'était pas nécessaire pour instruire les hommes : ainsi l'ouvrage de la rédemption n'était, de la part de Jésus-Christ, qu'un ministère d'instruction.

La doctrine de Jésus-Christ pouvait être enseignée à tous les hommes, parce que tous avaient des organes propres à écouter et à entendre un homme qui parle, mais tous n'étaient pas susceptibles de l'instruction que Jésus-Christ avait apportée sur la terre.

D'après les principes des pythagoriciens et des platoniciens, les gnostiques distinguaient dans la nature trois parties : la nature matérielle ou *hylique*, la nature *psychique* ou animale, et la nature *pneumatique* ou spirituelle.

Ils admettaient entre les hommes à peu près les mêmes différences, et distinguaient toute la masse de l'humanité en hommes matériels ou *hyliques*, en hommes animaux ou *psychiques*, et en hommes spirituels ou *pneumatiques*.

Les premiers étaient des automates qui n'obéissaient qu'aux mouvements de la matière, qui étaient incapables de recevoir aucune idée, de suivre un raisonnement et de s'instruire; tout en eux dépendait de la matière; ils subissaient toutes les vicissitudes qu'elle éprouvait, et n'avaient point d'autre sort qu'elle.

Les hommes animaux ou psychiques n'étaient pas intraitables comme les hommes matériels; ils n'étaient pas incapables de raisonner, mais ils ne pouvaient s'élever au-dessus des choses sensibles, et jusqu'aux objets purement intellectuels; ils ne pouvaient donc se sauver que par leurs actions, c'est-à-dire apparemment qu'ils pouvaient se perdre ou se sauver, selon que, par leurs actions, ils acquerraient des habitudes qui les détacheraient de la terre ou qui les y attacheraient.

Les spirituels, au contraire, s'élevaient au-dessus des sens et à la contemplation des objets purement spirituels; ils ne perdaient jamais de vue leur origine et leur destination; rien n'était capable de les attacher à la terre, et ils triomphaient de toutes les passions qui tyrannisent les autres hommes.

Les gnostiques prétendaient donc s'occuper à rechercher dans l'Ecriture des sens cachés, des vérités sublimes, et, par le moyen de ces vérités, se rendre inaccessibles aux passions.

L'esprit humain peut bien s'élever jusqu'à ces spéculations, peut-être n'est-il pas impossible qu'il s'y soutienne un instant; mais cette sublimité ne peut être son état sur la terre. Chaque homme réunit les trois espèces d'hommes dans lesquels les gnostiques divisaient le genre humain; et le gnostique le mieux convaincu de sa perfection était en effet matériel, animal et spirituel; le poids de son corps le faisait bientôt retomber sur la terre, la sensibilité animale rentrait dans ses droits, les passions renaissaient et s'enflammaient.

Tous les gnostiques livraient donc la guerre aux passions, et chacun d'eux, pour les vaincre, employait des armes différentes : les uns, pour triompher des passions, se séparèrent des objets qui les faisaient naître, et s'interdirent tout ce qui les fortifiait, les autres les désarmèrent, pour ainsi dire, en épuisant leurs ressources; ceux-ci, pour les combattre avec plus d'avantage, voulaient les connaître, et, pour les bien connaître, se livraient à tous leurs mouvements et s'observaient; ceux-là les regardaient comme des distractions inopportunes qui troublaient l'homme dans la contemplation des choses célestes, et dont il fallait se débarrasser en satisfaisant, ou même en prévenant tous les désirs : le crime et l'avilissement de l'homme ne consistaient point, selon les gnostiques, à satisfaire les passions, mais à les regarder comme la source du bonheur des hommes et comme sa fin.

On conçoit aisément que de pareils principes conduisaient à tous les désordres possibles, et comment les gnostiques, en partant du projet de la sublime perfection, tombèrent dans la plus honteuse débauche.

Les gnostiques prétendaient allier les vérités et la morale du christianisme avec ces principes, ou plutôt ils regardaient ces principes comme la perfection de Jésus-Christ. Voici comment un évêque gnostique justifiait sa secte : « J'imite, disait-il, ces transfuges qui passent dans le camp ennemi sous prétexte de leur rendre service, mais en effet pour les perdre. Un gnostique, un savant, doit connaître tout; car quel mérite a-t-il à s'abstenir d'une chose que l'on ne connaît pas? Le mérite ne consiste pas à s'abstenir des plaisirs, mais à en user en maître, à tenir la volupté sous son empire lorsqu'elle nous tient entre ses bras : pour moi, c'est ainsi que j'en use, et je ne l'embrasse que pour l'étouffer (1). »

Enfin il y eût des gnostiques qui, en cherchant à connaître le jeu et l'empire des passions pour en triompher et pour vivre en purs esprits, tombèrent insensiblement dans une opinion contraire et crurent que les hommes n'étaient en effet que des animaux ; que cette spiritualité dont ils s'étaient enorgueillis était une chimère, et qu'ils ne différaient des quadrupèdes, des reptiles ou des volatiles, que par la configuration de leurs organes : telle fut cette branche des gnostiques que l'on nomma *borborites*.

Les gnostiques, comme on vient de le voir, se divisèrent en différentes branches, qui prirent différents noms, tirés tantôt du caractère distinctif de leur sentiment, tantôt du chef de la secte ; tels furent les *barbélonites*, les *floriens*, les *phibéonites*, les *zachéens*, les *borborites*, les *coddiens*, les *lévites*, les *eutuchites*, les *stratiorites*, les *ophrites*, les *séchiens*.

Quelques-uns des gnostiques recevaient l'Ancien et le Nouveau Testament ; ils attribuaient à l'esprit de vérité ce qui semblait les favoriser, et ce qui les combattait ils l'attribuaient à l'esprit de mensonge, car ils voulaient que les prophéties vinssent de différents dieux.

Ils avaient un livre qu'ils disaient avoir été composé par Noria, femme de Noé, un poëme intitulé *l'Evangile de la perfection*, *l'Evangile d'Eve*, les *Livres de Seth*, les *Révélations d'Adam*, les *Questions de Marie et son accouchement*, la *Prophétie de Bahuba*, *l'Evangile de Philippe* (2).

Le système moral des gnostiques avait pour base fondamentale le système métaphysique des émanations, c'est-à-dire ce système qui supposait qu'il y avait un Etre souverainement parfait, dont tous les êtres particuliers sortaient, comme la lumière sort du soleil. On peut voir l'exposition de ce système aux articles CABALES, BASILIDE, VALENTIN, MARC.

Les gnostiques se sont perpétués jusqu'au quatrième siècle, comme on peut le voir dans saint Epiphane, hérésie vingt-sixième.

GOMAR (François), théologien protestant et professeur de Leyde, connu par sa dispute avec Arminius.

Calvin avait enseigné que Dieu prédestinait également les élus à la gloire et les réprouvés à la damnation éternelle ; qu'il produisait dans l'homme le crime et la vertu, parce que l'homme était sans liberté et déterminé nécessairement dans toutes ses actions.

Cette doctrine, enseignée par Luther, avait été attaquée par ses propres disciples, et parmi les protestants, il s'était toujours élevé quelque théologien qui l'avait combattue ; elle le fut par Arminius, théologien de Leyde et collègue de Gomar. Gomar prit la défense de Calvin et soutint que le sentiment d'Arminius tendait à rendre les hommes orgueilleux et arrogants, et qu'elle ôtait à Dieu la gloire d'être l'auteur des bonnes dispositions de l'esprit et du cœur de l'homme.

Avec ces déclamations, Gomar mit dans ses intérêts les ministres, les prédicateurs et le peuple. Nous avons exposé, à l'article HOLLANDE, comment le prince Maurice prit parti pour les gomaristes et profita de cette querelle pour faire périr Barnevelt.

Les gomaristes obtinrent qu'on assemblât un synode, où l'on discuta les sentiments d'Arminius et la doctrine de Calvin : les actes de ce synode sont bien rédigés, mais la doctrine de Calvin y est extrêmement changée : on y abandonne le décret absolu par lequel ce réformateur prétend que Dieu a destiné de toute éternité la plus grande partie des hommes aux flammes éternelles, et qu'en conséquence il les a mis dans un enchaînement de causes qui les conduit au crime et à l'impénitence finale.

On suppose dans ce synode que le décret de damner a eu pour motif la chute de l'homme et le péché originel ; ce synode suppose que tous les hommes étant coupables du péché originel et naissant enfants de colère, ils naissent tous dignes de l'enfer ; que Dieu, par sa miséricorde, a résolu d'en tirer quelques-uns de la masse de perdition et de les faire mourir dans la justice, tandis qu'il y laisse les autres.

A l'égard de la liberté, le synode ne la nie pas ouvertement, comme Luther et Calvin ; on reconnaît dans l'homme des forces naturelles pour connaître et pratiquer le bien ; mais on soutient que ses actions sont toujours vicieuses parce qu'elles partent toujours d'un corps corrompu : on reconnaît que la grâce n'agit pas dans l'homme comme dans un tronc ou comme dans un automate ; qu'elle conserve à la volonté ses propriétés, et qu'elle ne la force point malgré elle, c'est-à-dire qu'elle ne la fait point vouloir sans vouloir (3).

Quelle étrange théologie! dit Bossuet ; n'est-ce pas vouloir tout embrouiller que s'expliquer si faiblement sur le libre arbitre (4).

On ne reprochera pas de semblables variations à l'Eglise catholique ; elle a toujours condamné également les pélagiens qui niaient la nécessité de la grâce, les semipélagiens qui niaient sa gratuité et la prédestination, les prédestinatiens qui niaient la liberté et qui prétendaient que Dieu avait créé un certain nombre d'hommes pour les damner, que les réprouvés n'avaient point de grâces pour se sauver, et que Dieu n'en accordait qu'aux élus.

Voilà la doctrine de l'Eglise catholique, doctrine sur laquelle elle n'a jamais varié, quelque liberté qu'elle ait accordée aux théologiens pour expliquer ces dogmes ; elle n'a jamais permis de proposer ou de défendre ces explications qu'autant que les théologiens reconnaissaient et soutenaient qu'elles

---

(1) Clem. Alex., Strom. l. II, p. 411.
(2) Epiph., hær. 26. Aug. Iræn., loc. cit.
(3) Corpus et Syntagma confessionum fidei, in-4°; Hist. de la réforme des Pays-Bas, par Brandt, t. II.
(4) Bossuet, Hist. des Variat., l. XIV.

ne combattaient point la doctrine de l'Eglise contre les pélagiens, contre les semi-pélagiens et contre les prédestinatiens. Que l'on juge, après cela, si c'est avec quelque fondement que Basnage et Jurieu prétendent que l'Eglise catholique a varié sur la prédestination et sur la grâce.

GONSALVE (Martin), natif de Cuença, en Espagne, prétendit qu'il était l'ange saint Michel à qui Dieu avait réservé la place de Lucifer, et qui devait combattre un jour contre l'Antechrist : l'inquisiteur, pour réfuter la vision de Martin Gonsalve, fit périr ce malheureux dans les flammes.

Il eut un disciple nommé Nicolas le Calabrois, qui voulut le faire passer après sa mort pour le Fils de Dieu; il prêcha que le Saint-Esprit devait un jour s'incarner, et que Gonsalve délivrerait au jour du jugement tous les damnés par ses prières.

Nicolas le Calabrois prêcha ces erreurs à Barcelone; il fut condamné par l'inquisiteur et mourut dans les flammes.

Gonsalve parut dans le quatorzième siècle (1).

GORTHÉE, disciple de Simon le Magicien : il ne fit dans la doctrine de son maître que de légers changements, selon quelques auteurs.

Gorthée est mis par d'autres au nombre des sept premiers hérétiques qui, après l'ascension de Jésus-Christ, corrompirent la doctrine de l'Eglise naissante, et dont on connaît plutôt les noms que les dogmes : nous savons seulement qu'ils combattaient le culte que les apôtres et les chrétiens rendaient à Jésus-Christ, et qu'ils niaient la résurrection des morts (2).

GOTESCALC, moine bénédictin de l'abbaye d'Orbais, diocèse de Soissons, qui troubla la paix de l'Eglise dans le neuvième siècle par ses erreurs sur la grâce et la prédestination. Il fut condamné par Raban-Maur, archevêque de Mayence, dans un concile tenu l'an 848, et l'année suivante dans un autre concile convoqué à Quierzy-sur-Oise, par Hincmar, archevêque de Reims.

Gotescalc enseignait : 1° que Dieu, de toute éternité, a prédestiné les uns à la vie éternelle, les autres à l'enfer; que ce double décret est absolu, indépendant de la prévision des mérites ou des démérites futurs des hommes; 2° que ceux que Dieu a prédestinés à la mort éternelle ne peuvent être sauvés; que ceux qu'il a prédestinés à la vie éternelle ne peuvent pas périr ; 3° que Dieu ne veut pas sauver tous les hommes, mais seulement les élus; 4° que Jésus-Christ n'est mort que pour ces derniers ; 5° que depuis la chute du premier homme nous ne sommes plus libres pour faire le bien, mais seulement pour faire le mal. Il n'est pas nécessaire d'être théologien pour sentir l'impiété et l'absurdité de cette doctrine. Voyez PRÉDESTINATIANISME.

Cependant la condamnation de Gotescalc et les décrets de Quierzy firent du bruit; on écrivit pour et contre. En 853, Hincmar tint un second concile à Quierzy, et dressa quatre articles de doctrine, qui furent nommés *Capitula Carisiaca*. Comme sur cette matière il est très-difficile de s'expliquer avec assez de précision pour prévenir toutes les fausses conséquences, plusieurs théologiens furent mécontents. Ratramne, moine de Corbie; Loup, abbé de Ferrières; Amolon, archevêque de Lyon, et saint Remi, son successeur, attaquèrent Hincmar et les articles de Quierzy ; saint Remi les fit même condamner, en 855, dans un concile de Valence auquel il présidait; saint Prudence, évêque de Troyes, qui avait souscrit à ces articles, écrivit en vain pour accorder deux partis qui ne s'entendaient pas. Un certain Jean Scot, surnommé Erigène, s'avisa d'attaquer la doctrine de Gotescalc, enseigna le semipélagianisme et augmenta la confusion; saint Prudence et Florus, diacre de Lyon, le réfutèrent.

Tous prétendaient suivre la doctrine de saint Augustin ; mais il ne leur était pas aisé de comparer ensemble dix volumes *in-folio*, pour saisir les vrais sentiments de ce saint docteur ; et le neuvième siècle n'était pas un temps fort propre à tenter cette entreprise. Aussi la contestation ne finit que par la lassitude ou par la mort des combattants. Il aurait été mieux de garder le silence sur une question qui n'a jamais produit que du bruit, des erreurs et des scandales, et sur laquelle il est presque toujours arrivé aux deux partis de donner dans l'un ou dans l'autre excès. Après douze siècles de disputes, nous sommes obligés de nous en tenir précisément à ce que l'Eglise a décidé, et à laisser le reste de côté ; ceux qui veulent aller plus loin ne font que répéter de vieux arguments auxquels on a donné cent fois la même réponse.

On trouve dans l'*Histoire de l'Eglise gallicane* (3), une notice exacte des sentiments de Gotescalc, et des ouvrages qui ont été faits pour ou contre. Elle nous paraît plus fidèle que celle qu'en ont fournie les auteurs de l'*Histoire littéraire de la France* (4). Ces derniers semblent avoir voulu justifier Gotescalc aux dépens d'Hincmar, son archevêque, auquel ils n'ont pas rendu assez de justice.

GRECS (SCHISME DES). C'est la séparation de l'Eglise de Constantinople d'avec l'Eglise romaine.

Pour être en état de mieux juger du poids des plaintes des Grecs contre l'Eglise romaine, nous avons cru qu'il était à propos de rappeler en peu de mots l'origine de la grandeur du patriarche de Constantinople.

Avant la translation du siège de l'empire romain à Constantinople, il y avait dans l'Eglise trois patriarches : le patriarche de Rome, le patriarche d'Antioche et le patriarche d'Alexandrie. Outre ces trois patriarches, il y avait trois diocèses qui étaient soumis chacun à un primat et qui ne relevaient

---

(1) Dup. xiv° siècle. Natal. Alex., xiv sæc. D'Argentré, Collect. jud., t. I, p. 376, an. 1356.
(2) Théodor., Hær. Fab. l. i, c. 1; Constit. Apost., l. vi, c. 6. Nicéphore, Hist. Eccles. l. iv, c. 7. Ittigius, De Hær., sect. i; c. 1, § 5.
(3) Tom. VI, liv. xvi, an. 848.
(4) Tom. IV, p. 262 et suiv.

d'aucun patriarche. Ces trois diocèses étaient : le diocèse d'Asie, qui était soumis au primat d'Ephèse ; le diocèse de Thrace, qui était soumis au primat d'Héraclée ; et le diocèse de Pont, qui était soumis au primat de Césarée (1).

L'Eglise de Constantinople n'avait point encore d'évêque, ou cet évêque n'était pas considérable, et il était soumis au métropolitain d'Héraclée (2).

Depuis la translation du siége de l'empire romain à Constantinople, les évêques de cette ville devinrent considérables et obtinrent enfin le rang et la juridiction sur la Thrace, sur l'Asie et sur le Pont (3).

Insensiblement ils s'élevèrent au-dessus des patriarches d'Alexandrie et d'Antioche, et prirent enfin le titre de patriarche œcuménique ou universel.

Les papes s'étaient opposés constamment aux entreprises des patriarches de Constantinople, et avaient conservé tous leurs droits et un grand crédit dans tout l'Orient.

Photius, qui voyait que les papes seraient un obstacle invincible aux prétentions des patriarches de Constantinople, entreprit de se séparer de l'Eglise latine, prétendant qu'elle était engagée dans des erreurs pernicieuses (4).

Le projet de Photius n'eut pas le succès qu'il en espérait ; il fut chassé de son siége, et, après un schisme assez court, l'Eglise romaine et l'Eglise grecque se réunirent.

Il restait cependant des causes secrètes de rupture entre les deux Eglises : les patriarches ne se relâchaient point sur leurs prétentions au titre de patriarche universel, et les papes s'y opposaient constamment.

Ainsi, les causes de division que Photius avait imaginées ne pouvaient manquer de faire renaître le schisme, pour peu qu'il se trouvât sur le siége de Constantinople un patriarche ambitieux, aimé du peuple et puissant auprès de l'empereur.

Ce patriarche fut Michel Cérularius ; il vit que l'Eglise romaine serait un obstacle insurmontable aux desseins ambitieux des patriarches, et que, pour régner absolument sur l'Orient, il fallait séparer l'Eglise grecque de l'Eglise latine : Photius avait tracé cette route à l'ambition des patriarches.

Michel Cérularius mit dans ses intérêts l'évêque d'Acride, métropolitain de Bulgarie, et ils écrivirent tous deux une lettre à Jean, évêque de Trani, dans la Pouille, afin qu'il la communiquât au pape et à l'Eglise d'Occident. Cette lettre contient quatre griefs contre l'Eglise latine : 1° qu'elle se sert de pain azyme dans la célébration des saints mystères ; 2° que les Latins mangent du fromage, des animaux et des viandes étouffées ; 3° qu'on jeûne les samedis dans l'Eglise latine ; 4° que les Latins ne chantent pas *Alleluia* dans le carême (5).

Sur d'aussi frivoles prétextes, Michel Cérularius fit fermer les églises de Constantinople et ôta à tous les abbés et à tous les religieux qui ne voulurent pas renoncer aux cérémonies de l'Eglise romaine les monastères qu'ils avaient à Constantinople.

Léon IX répondit à cette lettre, éleva beaucoup la dignité de l'Eglise romaine, reprocha au patriarche son ingratitude envers les papes, et justifia l'Eglise latine sur les pratiques que Michel lui reprochait.

Soit que Cérularius désirât effectivement la paix, soit que Constantin, qui avait besoin du pape et de l'empereur d'Occident contre les Normands qui étaient sur le point de s'emparer de tout ce qui lui restait en Italie, obligeât ce patriarche à dissimuler pour quelque temps, il écrivit au pape pour le supplier de donner la paix à l'Eglise ; l'empereur lui écrivit aussi pour lui témoigner qu'il voulait procurer la réunion des deux Eglises.

Le pape envoya des légats à Constantinople ; l'empereur les reçut très-favorablement ; le patriarche refusa de conférer avec eux, et même de les voir.

Les légats ne pouvant vaincre l'obstination de Michel Cérularius, l'excommunièrent publiquement et en présence de l'empereur et des grands.

Le patriarche, irrité de cette excommunication et de l'espèce d'approbation que l'empereur y avait donnée, excita une sédition, et l'empereur n'osa plus s'opposer à l'acte de schisme que Cérularius méditait ; ce patriarche excommunia les légats, mit tout en usage pour rendre le pape odieux et pour étendre le schisme ; il chercha de nouveaux sujets de rupture entre l'Eglise de Constantinople et l'Eglise romaine, et les plus légères différences dans la liturgie ou dans la discipline devinrent des crimes énormes.

Après la mort de Constantin, l'empire passa à Théodore, et ensuite à Michel ; le schisme continuait, mais l'empereur ne le favorisait point. Michel VI, pour se rendre agréable au sénat et au peuple, choisit parmi eux les gouverneurs et les autres principaux officiers de l'empire : les officiers de l'armée, irrités de cette préférence, élurent pour empereur Isaac Comnène.

Le patriarche, qui ne disposait pas à son gré de Michel, voulut aussi avoir un empereur qui dépendît de lui, fit soulever le peuple, feignit de le calmer, et, paraissant céder à la force et au désir de préserver l'empire d'une ruine entière, fit ouvrir les portes de Constantinople à Isaac Comnène ; en même temps, il envoya quatre métropolitains à Michel VI, surnommé *Stratioticus*, qui lui déclarèrent qu'il fallait nécessairement, pour le bien de l'empire, qu'il y renonçât.

Mais, dit Michel aux métropolitains, que me promet donc le patriarche, au lieu de l'empire ? Le royaume céleste, lui répondirent les métropolitains ; sur cela, Michel quitta

---

(1) Pagi. ad an. 37. Oriens Christ., tom. I. Patriarch. Const., c. 1.
(2) Panoplia adversus schisma Græcorum.
(3) Ibid.
(4) *Voyez* l'art. Photius. Baron. Dup. Oriens Christ.
(5) Ibid.

la pourpre, et se retira dans sa maison ou dans un monastère.

Isaac, plein de reconnaissance, donna un grand crédit au patriarche (1).

Cérularius en abusa bientôt : il voulut prendre une autorité souveraine, et menaça l'empereur, s'il ne suivait ses conseils, de lui faire perdre la couronne qu'il lui avait mise sur la tête. L'empereur qui redoutait le pouvoir de Cérularius sur l'esprit du peuple, le fit arrêter secrètement, l'envoya en exil où il mourut, et plaça sur le siége de Constantinople Constantin Lichnude, et le schisme continua ; mais les papes entretenaient cependant des liaisons avec les empereurs (2).

De puissants motifs attachaient les empereurs de Constantinople aux papes : on était dans la fureur des croisades, dont le pape dirigeait la marche, et qu'il pouvait faire agir en faveur de l'empire d'Orient : d'ailleurs, les démêlés des empereurs d'Occident et des papes firent renaître dans l'esprit des empereurs d'Orient l'espérance de recouvrer un jour l'Italie.

Les papes profitèrent de ces dispositions pour entretenir avec les Grecs des liaisons, et pour faire tomber la haine et les préjugés qui éloignaient les Grecs de l'Eglise romaine.

Cette intelligence des empereurs et des papes fut interrompue par le massacre des Latins qui étaient à Constantinople sous l'empire d'Andronic, et par la prise de Constantinople par les armées des Latins.

L'empire se trouvait alors divisé entre les Latins, Théodore Lascaris, qui s'était retiré à Nicée, et les petits-fils d'Andronic qui avaient établi l'empire de Trébisonde.

Les Latins avaient un patriarche à Constantinople, et Germain, patriarche grec, s'était retiré à Nicée.

Cinq frères mineurs, qui étaient missionnaires en Orient, proposèrent à ce patriarche de travailler à la réunion de l'Eglise grecque et de l'Eglise latine : le patriarche Germain en rendit compte à l'empereur Jean Vatace, qui approuva le projet, et Germain écrivit au pape et aux cardinaux.

Dans cette lettre, le patriarche de Constantinople, qui aspirait à un empire absolu sur toute l'Eglise, le successeur de Cérularius qui prétendait élever les empereurs sur le trône et les en faire descendre, ce patriarche, dis-je, dans sa lettre, reproche au pape son empire tyrannique, ses exécutions violentes et les redevances qu'il exigeait de ceux qui lui étaient soumis : de son côté, le pape reprochait au patriarche l'injustice de ses prétentions, l'ingratitude des patriarches envers l'Eglise romaine; il comparait le schisme des Grecs au schisme de Samarie, et déclarait que les deux glaives lui appartenaient.

Ces deux lettres font voir qu'il y avait peu de dispositions sincères à la paix entre le pape et le patriarche; cependant le pape envoya des religieux, qui eurent avec les Grecs des conférences, où l'on s'échauffa beaucoup de part et d'autre, et enfin dans lesquelles on réduisit tous les sujets de controverse à deux points; la procession du Saint-Esprit et l'usage du pain azyme : on disputa beaucoup sur ces deux points, et l'on se sépara sans s'être accordé sur quoi que ce soit.

Théodore Lascaris, qui succéda à Vatace, ne marqua pas beaucoup de désir pour la réunion des Grecs et des Latins; mais Michel Paléologue, qui s'empara de l'empire après Théodore Lascaris, ayant repris Constantinople sur les Latins, prévit que le pape ne manquerait pas d'armer contre lui les princes d'Occident, et résolut de réunir l'Eglise grecque à l'Eglise romaine, pour se délivrer de ces terribles croisades qui faisaient trembler les empereurs dans Constantinople, les sultans dans Babylone et dans le Caire, et les Tartares même dans la Perse.

Michel Paléologue envoya donc des ambassadeurs au pape, lui donna les titres les plus flatteurs, et lui témoigna un grand désir de voir les deux Eglises réunies.

Urbain V, qui occupait le siége de saint Pierre, témoigna une grande joie des dispositions de Michel Paléologue et du désir qu'il avait de conclure l'union des deux Eglises : « En ce cas, dit-il à l'empereur, nous vous ferons voir combien la puissance du saint-Siége est utile aux princes qui sont dans sa communion, s'il leur arrive quelque guerre ou quelque division ; l'Eglise romaine, comme une bonne mère, leur ôte les armes des mains, et, par son autorité, les oblige à faire la paix : si vous rentrez dans son sein, continue-t-il, elle vous appuiera, non-seulement du secours des Génois et des autres Latins, mais, s'il est besoin, des forces des rois et des princes catholiques du monde entier ; mais tant que vous serez séparé de l'obéissance du saint-Siége, nous ne pouvons souffrir en conscience que les Génois, ni quelques autres Latins que ce soit, vous donnent du secours (3). »

La réunion de l'Eglise grecque et de l'Eglise latine devint donc un objet de politique, et l'empereur mit tout en usage pour la procurer. Après des difficultés sans nombre, l'empereur envoya au concile de Lyon des ambassadeurs, qui présentèrent une profession de foi telle que le pape l'avait exigée, et une lettre de vingt-six métropolitains d'Asie, qui déclaraient qu'ils recevaient les articles qui jusqu'alors avaient divisé les deux Eglises (4).

L'empereur croyait la réunion des deux Eglises nécessaire au bien de l'empire ; mais le clergé et le peuple regardaient cette réunion comme le renversement de la religion, et comptaient pour rien la conservation d'un empire où le peuple depuis si longtemps éprouvait que des malheurs, que la religion seule avait rendus supportables par l'espérance du bonheur qu'elle promet aux fidèles.

Tout le monde se souleva contre le projet

---

(1) Zouard., l. xviii. Cedren, p. 801. Du Cange, Glossar.
(2) Curopalat. Psellus. Zonar.

(3) Fleury, l. lxxxv, n. 18.
(4) Reginald. ad an. 1274, n. 60.

de la réunion, et le trouble augmenta par les actes d'autorité que l'empereur employa pour amener le clergé, les évêques et les moines à son sentiment.

Le despote d'Epire et le duc de Patras déclarèrent qu'ils regardaient comme hérétiques le pape, l'empereur et tous ceux qui étaient soumis au pape.

L'empereur assembla contre eux des armées, mais il ne put trouver de généraux qui voulussent combattre les schismatiques, et le duc de Patras assembla environ cent moines, plusieurs abbés, huit évêques, qui tinrent un concile dans lequel le pape, l'empereur, et tous ceux qui voulaient l'union furent anathématisés.

Michel n'abandonnait point le projet de la réunion, et sévissait contre tous ceux qui s'y opposaient; mais la sévérité ne faisait qu'allumer le fanatisme. Constantinople était remplie de libelles contre l'empereur; il fit publier une loi qui portait peine de mort contre ceux qui, ayant trouvé un libelle diffamatoire, au lieu de le brûler, le liraient ou le laisseraient lire.

Cette loi n'arrêta ni la licence ni la curiosité; elle porta dans tous les cœurs une haine implacable contre l'empereur, et fit naître dans tous les esprits un grand mépris pour la majesté impériale.

Ce fut dans ce temps de trouble qu'arrivèrent les nonces que le pape avaient envoyés en Orient, après le concile de Lyon, pour y consommer la réunion, et pour demander que les Grecs réformassent leur symbole, et y ajoutassent les mots *Filioque*.

L'empereur fut d'autant plus étonné de cette nouvelle demande, que, lorsqu'il s'était agi de la réunion des deux Eglises, sous l'empire de Vatace, le pape Innocent IV avait consenti que les Grecs continuassent de chanter leur symbole suivant l'ancien usage: il comprit que, s'il voulait satisfaire le pape, il courait risque d'une révolte générale; il refusa de faire dans le symbole le changement que les nonces exigeaient: ils se retirèrent, et le pape excommunia l'empereur (1).

L'excommunication était conçue en ces termes: « Nous dénonçons excommunié Michel Paléologue, que l'on nomme empereur des Grecs, comme fauteur de l'ancien schisme et de leur hérésie, et nous défendons à tous rois, princes, seigneurs et autres, de quelque condition qu'ils soient, et à toutes les villes et communautés, de faire avec lui, tant qu'il demeurera excommunié, aucune société ou confédération, ou de lui donner aide ou conseil dans les affaires pour lesquelles il est excommunié. »

Martin IV renouvela cette excommunication trois fois, et elle subsistait encore l'an 1282, lorsque Michel mourut, accablé de chagrin et d'ennui.

Andronic, son fils annula tout ce qui avait été fait pour l'union: il fit assembler un concile à Constantinople, dans lequel on condamna le projet de la réunion; ce concile fut signé par quarante-deux évêques.

Clément V excommunia Andronic, et le schisme continua.

Michel, ayant perdu son fils, fit déclarer empereur Andronic le Jeune, son petit fils, qui se révolta et l'obligea de quitter l'empire, l'an 1328, quatre ans avant sa mort.

Andronic le Jeune laissa deux fils, Jean et Manuel, dont l'aîné fut déclaré empereur à la mort de son père; mais comme il n'avait alors que neuf ans, Jean Cantacuzène fut nommé son tuteur, et protecteur de l'empire pendant sa minorité.

Cantacuzène remplit toutes les obligations de tuteur du prince et de protecteur de l'empire; mais le patriarche Joseph, qui prétendait que la charge de tuteur du prince lui appartenait, rendit Cantacuzène suspect à l'impératrice; elle fit arrêter les parents du protecteur, et lui envoya l'ordre d'abdiquer sa charge.

Cantacuzène était à la tête d'une armée qu'il conduisait contre les Serviens: il refusa d'obéir; les officiers l'engagèrent à prendre la pourpre; il fut proclamé empereur, et obligea Jean Paléologue à partager l'empire avec lui.

Les deux empereurs ne purent régner en paix; la guerre s'alluma entre eux; ils appelèrent à leur secours les Serviens, les Bulgares, les Turcs, etc.

Durant ces troubles, les Turcs passèrent l'Hellespont et s'établirent en Europe, vers le milieu du quatorzième siècle. Amurat prit ensuite plusieurs places fortes dans la Thrace, et s'empara d'Andrinople, dont il fit le siège de son empire.

Les empereurs grecs sentirent alors combien ils avaient besoin du secours des Latins, et ils ne cessèrent de négocier pour procurer la réunion de l'Eglise grecque et de l'Eglise latine; mais ils trouvaient dans leurs sujets une opiniâtreté invincible.

Jean Paléologue, pressé par les Turcs, se soumit à tout ce qu'Urbain V exigea de lui; mais il n'obtint que de faibles secours; son fils Manuel vint en Occident pour demander du secours contre Bajazet, qui avait mis le siège devant Constantinople; mais il parcourut inutilement l'Italie, la France, l'Allemagne, l'Angleterre; il n'obtint que du roi de France très-peu de secours, de sorte qu'il devint ennemi des Latins, et écrivit contre eux, sur la procession du Saint-Esprit (2).

Cependant l'empire grec touchait à sa ruine: Jean Paléologue fut obligé de recommencer à négocier avec les Latins; il envoya des ambassadeurs à l'empereur Sigismond et au pape: il se rendit même au concile qui devait se tenir à Ferrare, et qui fut transféré à Florence; il était accompagné du patriarche Joseph, d'un grand nombre de prélats et de personnes considérables. Après plusieurs conférences et beaucoup de difficultés, l'union fut enfin conclue.

En conséquence de cette union, le pape

---

(1) L'an 1281.

(2) Dup., xiv° siècle, p. 322.

avait promis à l'empereur : 1° d'entretenir tous les ans trois cents soldats et deux galères pour la garde de la ville de Constantinople; 2° que les galères qui porteraient les pèlerins jusqu'à Jérusalem iraient à Constantinople; 3° que quand l'empereur aurait besoin de vingt galères pour six mois, ou de dix pour un an, le pape les lui fournirait; 4° que s'il avait besoin de troupes de terre, le pape solliciterait fortement les princes chrétiens d'Occident de lui en fournir.

Le décret d'union ne contenait aucune erreur; il ne changeait rien dans la discipline des Grecs; il n'altérait en rien la morale; on y reconnaissait la primauté du pape, qu'aucune Eglise n'avait jamais contestée : l'union procurait d'ailleurs un secours de la plus grande importance pour l'empire de Constantinople; cependant le clergé ne voulut ni accéder au décret, ni admettre aux fonctions ecclésiastiques ceux qui l'avaient signé.

Bientôt on vit contre les partisans de l'union une conspiration générale du clergé, du peuple, et surtout des moines, qui gouvernaient presque seuls les consciences, et qui soulevèrent tous les citoyens, et jusqu'à la plus vile populace : ce soulèvement général engagea la plupart de ceux qui avaient été à Florence à se rétracter; on attaqua le concile de Florence, et tout l'Orient condamna l'union qui s'y était faite.

L'empereur voulut soutenir son ouvrage; on le menaça de l'excommunier, s'il continuait de protéger l'union et de communiquer avec les Latins : tel était l'état d'un successeur de Constantin le Grand.

Tandis que les Grecs se déchiraient ainsi, Amurat et Mahomet II s'emparaient des places de l'empire et préparaient la conquête de Constantinople; mais le schisme et le fanatisme comptent pour rien la destruction des empires, et les Grecs regardaient comme le comble de l'impiété d'hésiter entre la perte de l'empire et le schisme.

L'indifférence des Latins pour l'état de l'empire grec n'est pas moins inconcevable que le fanatisme des Grecs. Mahomet II sut en profiter; il assiégea Constantinople, et s'en rendit maître (1).

De l'état de l'Eglise grecque depuis la prise de Constantinople.

Après la prise de Constantinople par Mahomet, le patriarche Georges se réfugia en Italie, et les chrétiens qui restèrent à Constantinople interrompirent l'exercice public de la religion. Mahomet en fut informé, et leur ordonna de se choisir un patriarche; on élut Gennade. Le sultan le fit venir au palais, lui donna une crosse et un cheval blanc, sur lequel Gennade se rendit à l'église des Apôtres, conduit par les évêques et par les premiers officiers du sultan.

Lorsque Gennade fut arrivé, le patriarche d'Héraclée l'installa dans la chaire patriarcale, lui mit la main sur la tête et la crosse en main (2).

(1) Ducas, c. 57.
(2) Oriens Christ., t. 1, p. 312.

DICTIONNAIRE DES HÉRÉSIES. I.

Le patriarche de Constantinople s'élit encore aujourd'hui de la même manière; mais l'élection n'a aucune force sans l'agrément du Grand Seigneur, à qui le patriarche va demander sa confirmation.

Les brigues des ecclésiastiques grecs, et les disputes qui arrivent très-souvent entre eux pour le patriarcat, ont causé de grands désordres dans leur Eglise; car pour obtenir cette dignité éminente il ne faut que de l'argent : les ministres de la Porte déposent et chassent les patriarches, pour peu qu'on leur offre de l'argent pour en placer un autre.

Les patriarches ne se maintiennent donc sur leur siège qu'au moyen des sommes immenses qu'ils donnent aux visirs, qui ont soin de susciter de temps en temps quelque compétiteur, afin d'avoir un prétexte pour demander de l'argent au patriarche.

Le patriarche, pour payer ces contributions, lève de grosses taxes sur les évêques, qui les lèvent eux-mêmes sur les fidèles, et dont ils retiennent une partie; en sorte que les évêques eux-mêmes seraient très-fâchés que le patriarche de Constantinople possédât paisiblement son Eglise (3).

Les patriarches d'Antioche et de Jérusalem sont si pauvres, qu'à peine peuvent-ils s'entretenir, et ils ont peu de considération.

L'Eglise grecque n'est pas renfermée dans ces trois patriarcats; les Grecs ont un patriarche à Alexandrie, et les Moscovites sont encore aujourd'hui attachés aux erreurs et au schisme des Grecs : *Voyez* l'art. MOSCOVITES.

Les évêques, aussi bien que les patriarches, ne peuvent entrer en fonction sans une commission ou *baratz* du Grand Seigneur; c'est en vertu de cette commission que les couvents sont protégés, qu'ils subsistent : voici comment ces commissions ou *baratz* sont conçues :

« L'ordonnance, le décret de la noble et royale signature du grand état et du siège sublime du beau seing impérial qui force tout l'univers, qui, par l'assistance de Dieu et par la protection du souverain bienfaiteur, est reçu de tous côtés, et auquel tout obéit, comme il s'ensuit.

« Le prêtre nommé André Saffiano, qui a entre ses mains ce bienheureux commandement de l'empereur, est, par la vertu de ces patentes du grand état, créé évêque de ceux de l'île de Schio, qui font profession de suivre le rit latin.

« Le prêtre ayant apporté son ancien *baratz* pour le faire renouveler, et ayant payé à notre trésor royal le droit ordinaire de six cents aspres, je lui accorde le présent *baratz* comme une perfection de félicité.

« C'est pourquoi je lui commande d'aller être évêque dans l'île de Schio, selon leur ancienne coutume et leurs vaines et inutiles cérémonies, voulant et ordonnant que tous les chrétiens de cette île, tant grands que petits, prêtres, religieux et autres faisant profession du rit latin, reconnaissent ledit

(3) Hist. de l'État présent de l'Eglise grecque, par Ricaut, c. 3, p. 91. Oriens Christ., loc. cit.

24

André Saffiano pour leur évêque; que, dans toutes les affaires qui relèveront de lui et appartiendront à sa charge, on s'adresse à lui, sans se détourner des sentences légitimes qu'il aura rendues; que de même personne ne trouve à redire que selon ses vaines et inutiles cérémonies il établisse ou dépose des prêtres ou des personnes religieuses, comme il jugera qu'ils l'auront mérité; qu'aucun prêtre, aucun moine, ne présume de marier qui que ce soit sans la permission de cet évêque, et tout testament qui sera fait en faveur des pauvres églises, par quelque prêtre mourant, sera bon et valide; que s'il arrive que quelque femme chrétienne de la juridiction de cet évêque quitte son mari, ou qu'un mari quitte sa femme, personne que lui ne pourra ni accorder le divorce, ni se mêler de cette affaire; enfin il possédera les vignes, jardins, prairies (1), » etc.

Les prêtres séculiers tirent leur principale subsistance de la charité du peuple; mais comme cette vertu est extrêmement refroidie, le clergé, pour subsister, est presque contraint de vendre les mystères divins, dont il est le dépositaire: ainsi on ne peut ni recevoir une absolution, ni être admis à la confession, ni faire baptiser ses enfants, ni entrer dans l'état de mariage, ni se séparer de sa femme, ni obtenir l'excommunication contre un autre, ou la communion pour les malades, que l'on ne soit convenu du prix, et les prêtres font leur marché le meilleur qu'ils peuvent (2).

Des jeûnes des Grecs.

Les Grecs ont quatre grands jeûnes ou carêmes: le premier commence le 15 novembre, ou quarante jours avant Noël; le second est notre carême; le troisième est le jeûne qu'ils appellent le jeûne des saints apôtres et qu'ils observent dans la pensée que les apôtres se préparèrent par la prière et par le jeûne à annoncer l'Evangile; il commence dans la semaine après la Pentecôte et dure jusqu'à la saint Pierre; le quatrième commence le premier août, et dure quinze jours.

Il y a, outre ces carêmes, d'autres jeûnes, et ils observent tous ces jeûnes avec beaucoup d'exactitude; ils estiment que ceux qui violent sans nécessité les lois de l'abstinence se rendent aussi criminels que ceux qui commettent un vol ou un adultère: l'éducation et l'habitude leur donnent une si haute idée de ces jeûnes, qu'ils ne croient pas que le christianisme puisse subsister sans leur observation. Ils croient qu'il vaut mieux laisser mourir un homme que de lui donner un bouillon de viande. Après que le carême est passé, ils s'abandonnent entièrement à la joie et au divertissement.

(1) Ricaut, Hist. de l'Etat présent de l'Eglise grecque.
(2) Ricaut, ibid.
(3) Petri Arcudii concordia Ecclesiæ orientalis et occidentalis; Allatius, de Ecclesiæ occidentalis et orientalis perpetua consensione. Censura orientalis Ecclesiæ, de præcipuis nostri sæculi hæreticorum dogmatibus. Perpét. de la foi, t. III, l. VIII. Ricaut, loc. cit. Smith, De statu hodierno Ecclesiæ græcæ.

De la doctrine de l'Eglise grecque.

L'Eglise grecque professe tous les dogmes que l'Eglise latine professe; on en trouvera des preuves convaincantes dans différents auteurs (3).

MM. Ricaut et Smith reconnaissent cette conformité de croyance des Grecs avec celle des Latins: le dernier reconnaît qu'ils ont, comme les Latins, sept sacrements, mais il prétend que les Grecs se sont écartés de la doctrine de l'ancienne Eglise grecque, et qu'ils ont pris les idées des Latins sur ces objets.

M. Smith avance ces choses sans aucune preuve et contre la vérité: 1° parce que les liturgies grecques supposent que les sept sacrements confèrent la grâce; 2° parce que les Pères grecs qui ont précédé le schisme parlent des sept sacrements comme l'Eglise latine; 3° parce que Photius et Cérularius n'ont jamais reproché aux Latins de différence avec l'Eglise grecque sur les sacrements, ce qu'ils n'auraient pas manqué de faire s'il y en avait eu quelqu'une: pensera-t-on que des gens qui se séparaient de l'Eglise latine parce qu'elle jeûnait les samedis et parce qu'elle ne chantait pas *Alleluia* pendant le carême, pensera-t-on, dis-je, que ces schismatiques eussent manqué de reprocher à l'Eglise romaine sa doctrine sur les sacrements, si l'Eglise grecque n'avait pas eu sur cet objet la même doctrine? N'aurait-on vu aucune dispute entre les Grecs et les Latins sur cet objet? 4° enfin, les Grecs modernes, qui admettent sept sacrements comme les Latins, sont pourtant demeurés dans le schisme; ils y persévèrent: ce n'est donc point par complaisance pour les Latins que les Grecs admettent sept sacrements, comme M. Smith l'a prétendu.

Le point de conformité entre l'Eglise grecque et l'Eglise romaine qui a fait le plus de difficulté, c'est la croyance de la présence réelle et de la transsubstantiation.

L'auteur de la *Perpétuité de la foi* avait avancé qu'au temps de Béranger et depuis toutes les Eglises chrétiennes étaient unies dans la croyance de la présence réelle; M. Claude nia ce fait et soutint que la transsubstantiation était inconnue à toute la terre, à la réserve de l'Eglise romaine, et que ni les Grecs, ni les Arméniens, ni les jacobites, ni les Ethiopiens, ni en général aucuns chrétiens, hormis ceux qui se soumettaient au pape, ne croyaient ni la présence réelle, ni la transsubstantiation (4).

L'auteur de la *Perpétuité de la foi* répondit à M. Claude, qui défendit les preuves qu'il avait données sur la croyance des Grecs, et l'auteur de la *Perpétuité de la foi* réfuta la réponse de M. Claude (5).

(4) Réfutation de la réponse d'un ministre, à la suite de ce qu'on appelle communément la petite Perpétuité de la foi, p. 464. Claude, Rép. la Perpét., part. III, c. 8. Rép. M. Claude, l. I, c. 6, etc.
(5) Perpét. de la foi, t. I, l. II, III, IV. La créance de l'Eglise grecque défendue par le P. de Paris, 2 vol. in-12. Hist. crit. de la créance des nations du Levant.

Enfin, les savants auteurs de la *Perpétuité de la foi* portèrent jusqu'à la démonstration la conformité de la croyance de l'Eglise grecque avec l'Eglise latine sur la présence réelle, en produisant une foule d'attestations des archevêques, des évêques, des abbés et des moines grecs, soit en particulier, soit dans les synodes tenus par le patriarche. Le Père Pâris, chanoine régulier de Sainte-Geneviève, prouva très-bien la même chose, ainsi que M. Simon.

M. Claude ne fut point convaincu par ces attestations, et il écrivit au chapelain de l'ambassadeur d'Angleterre pour s'assurer de la vérité de ces attestations. M. Conel, chapelain de l'ambassadeur, lui répondit que les Grecs croyaient la présence réelle; mais il se consola de cet aveu forcé en reprochant aux Grecs beaucoup d'ignorance (1).

M. Smith, chapelain du chevalier Harvey, à Constantinople, en 1668, reconnaît la même chose, et prétend que cette conformité de la croyance actuelle des Grecs n'est pas un triomphe pour les catholiques, puisque la croyance de la présence réelle est un dogme que les Grecs ont pris dans les écoles des Latins (2).

Mais comment M. Smith nous persuadera-t-il que la croyance de la présence réelle est chez les Grecs l'effet de la séduction des Latins, lui qui nous apprend, dans le même endroit, que les Grecs sont si attachés à la doctrine et aux coutumes de leurs ancêtres qu'ils regardent comme un crime le plus léger changement dans ce qui regarde l'eucharistie, et qui, en conséquence de cet attachement, ont conservé l'usage du pain fermenté dans l'eucharistie?

Croira-t-on que les Latins aient pu faire passer les Grecs de la croyance de l'absence réelle à la croyance de la présence réelle, sans que ce changement ait causé aucune contestation chez les Grecs, qui n'avaient point eu de commerce avec les Latins? Pourquoi, lorsque le patriarche Cyrille, séduit et gagné par les protestants, proposa aux Grecs la croyance de Calvin; pourquoi, dis-je, tous les Grecs se soulevèrent-ils contre lui?

Mais, dit M. Smith, cette croyance est si moderne chez les Grecs que le mot *metousiosis*, qui signifie *transsubstantiation*, est un mot qu'on ne trouve que chez les Grecs modernes, et inconnu même au temps de Gennade, qui fut patriarche après la prise de Constantinople.

On convient que le mot *metousiosis* ne se trouve ni dans les Pères ni dans les liturgies, ni dans les symboles; mais la chose qu'il signifie s'y trouve : il en est de ce mot comme du mot *omousion*, que l'Eglise a employé pour signifier plus clairement la divinité du Verbe, et pour exprimer mieux qu'il existait dans la même substance dans laquelle le Père existait.

A l'égard de Gennade, il s'est servi du mot *metousiosis*, et cependant ce Gennade était un des plus grands ennemis des Latins. Ces deux points ont été prouvés par Simon et par M. l'abbé Renaudot, qui ont très-bien relevé les méprises de M. Smith, surtout à l'égard de Cyrille Lucar, dont les calvinistes ont tant vanté la confession ou profession de foi (3).

Cyrille Lucar était natif de Candie; il avait eu des relations assez étroites avec les calvinistes; il avait adopté leurs sentiments. A force d'intrigues (pour ne rien de plus), Cyrille se fit nommer patriarche de Constantinople; alors il fit une profession de foi toute calviniste (4).

Hottinger fit imprimer cette profession de foi, et triompha; mais les luthériens, et, parmi les calvinistes, Grotius et Aubertin, ne la regardèrent point comme la confession de foi de l'Eglise grecque, mais comme la confession de foi de Cyrille seul; et il est certain que ce patriarche ne la communiqua point à son clergé, et qu'elle fut réfutée par les Grecs et rejetée comme contenant une doctrine contraire à la croyance de l'Eglise grecque.

Cyrille lui-même l'avait si peu donnée comme la confession de l'Eglise orientale, qu'en l'envoyant il déclare qu'il déteste les erreurs des Latins et les superstitions des Grecs, et prie M. Léger d'attester qu'il meurt dans la foi de Calvin (5).

Est-ce ainsi que parlerait un patriarche de Constantinople qui aurait proposé à son Eglise la confession de foi qu'il envoyait? Déclarerait-il qu'il déteste les erreurs des Grecs, s'il était vrai que cette profession eût été approuvée par l'Eglise grecque? Les calvinistes peuvent-ils tirer de cette confession aucun avantage, sinon de prouver que Cyrille était calviniste et avait une doctrine opposée à celle de son Eglise?

Cyrille de Bérée, qui succéda à Cyrille Lucar, pour réparer l'honneur de l'Eglise grecque, flétrie en quelque sorte par l'apostasie de son prédécesseur et par la profession de foi qu'il avait faussement publiée sous le nom de l'Eglise grecque, assembla un concile où se trouvèrent les patriarches de Jérusalem et d'Alexandrie, avec vingt-trois des plus célèbres évêques de l'Orient et tous les officiers de l'Eglise de Constantinople. On examina, dans ce synode, la confession de foi de Cyrille Lucar, et on prononça anathème à sa personne et à presque tous les points de sa confession, et surtout sur ce qu'il avait enseigné que le pain et le vin ne sont point changés au corps et au sang de Jésus-Christ par la bénédiction du prêtre et l'avénement du Saint-Esprit (6).

Cyrille de Bérée fut chassé quelque temps après par Parthénius, qui se fit reconnaître patriarche de Constantinople : jamais homme n'eut moins d'intérêt de maintenir les décrets de Cyrille de Bérée que Parthénius; il avait, au contraire, un grand intérêt à le faire

---

(1) Mémoires littéraires de la Grande-Bretagne, t. IX, p. 131. Créance de l'Eglise orient., par Simon.
(2) Smith, loc. cit., p. 102.
(3) Perpétuité de la foi, t. IV, l. v, c. 1, p. 345. Simon, Créance de l'Eglise orient.
(4) Perpétuité de la foi, t. 1, l. iv, c. 6, p. 299.
(5) Hotting., Analect., p. 303.
(6) Perpétuité de la foi, t. I, l. iv, c. 7.

passer pour un hérétique, afin de justifier l'expulsion de ce patriarche; cependant, aussitôt que Parthénius fut établi sur le siége patriarcal, il assembla un concile de vingt-cinq évêques, entre lesquels était le métropolitain de Moscovie, et là, après qu'on eut examiné de nouveau les articles de Cyrille Lucar, ils furent condamnés par le jugement de tous les évêques, comme ils l'avaient été dans le concile assemblé par Cyrille de Bérée.

Que l'on juge, après cela, si Cyrille Lucar est regardé par les Grecs comme un martyr, ainsi que le soutiennent MM. Claude, Smith, Aymon (1), etc.

Enfin Dosithée, patriarche de Jérusalem, et plusieurs métropolitains, évêques et autres ecclésiastiques de la communion grecque, étaient assemblés à Bethléhem à l'occasion de la dédicace d'une nouvelle église; M. de Nointel, ambassadeur de France à Constantinople, fit proposer à cette assemblée d'examiner la vérité des preuves que MM. de Port-Royal avaient données dans la *Perpétuité de la foi* sur la conformité de la croyance des Grecs et des Latins par rapport à la transsubtantiation. Le patriarche de Jérusalem et les autres prélats reconnurent que la confession de foi de Cyrille Lucar ne contenait point la doctrine de l'Eglise d'Orient, et condamnèrent la doctrine des calvinistes (2).

Les plus habiles protestants, tels que Smith, Allix, reconnaissaient l'authenticité de ce synode, que l'on ne peut regarder comme une assemblée de Grecs latinisés, puisque Dosithée était un des plus grands ennemis des Latins (3).

L'examen du concile de Jérusalem fait une grande partie du gros in-8° qu'Aymon a fait sous le titre imposant de *Monuments authentiques de la religion des Grecs*.

Cet ouvrage n'est que la répétition de ce que MM. Claude, Smith, etc., ont dit, et que MM. Simon, Renaudot, le P. de Paris Génovéfain avaient déjà réfuté (4).

Quelque peu dangereux que soit l'ouvrage du sieur Aymon, il a été réfuté dans un ouvrage fait exprès par M. l'abbé Renaudot, que nous avons indiqué.

De l'autorité du clergé sur le peuple.

Les Grecs ont un respect extraordinaire pour le clergé; ils se soumettent à leurs ecclésiastiques, soit dans les choses spirituelles, soit même dans les temporelles: le métropolitain décide sur toutes leurs contestations, conformément à ce que dit saint Paul: «Quand quelqu'un de nous a un différend avec un autre, ose-t-il bien aller en jugement devant les iniques et non point devant les saints?»

La crainte de l'excommunication est le plus puissant motif pour les faire obéir; elle fait une si forte impression sur leur esprit, que les pécheurs obstinés et endurcis tressaillent lorsqu'ils entendent une sentence qui les sépare de l'unité de l'Eglise, qui rend leur conversion scandaleuse, et oblige les fidèles à leur refuser même ces secours de charité que le christianisme et l'humanité commandent de donner généralement à tous les hommes.

Ils croient, entre autres choses, que le corps d'un excommunié ne peut jamais retourner dans ses premiers principes que la sentence d'excommunication n'ait été levée: ils croient qu'un démon entre dans le corps des personnes qui sont mortes dans l'excommunication et qu'il le préserve de la corruption en l'animant et en le faisant agir à peu près comme l'âme anime et fait agir le corps. Ils pensent que ces morts excommuniés mangent pendant la nuit, se promènent, digèrent et se nourrissent: ils ont sur cela toutes les histoires qu'on raconte des vampires.

Les Grecs mettent si souvent l'excommunication en usage, qu'il semble qu'elle devrait avoir perdu sa force et devenir méprisable; cependant la crainte de l'excommunication ne s'est point affaiblie, et la vénération des Grecs pour les arrêts de leur Eglise n'a jamais été plus grande: ils sont entretenus dans cette soumission par la terreur qu'inspirent les termes de la sentence d'excommunication, par la nature des effets qu'ils sont persuadés qu'elle produit, effets dont les prêtres grecs les entretiennent sans cesse et dont personne ne doute (5).

C'est par cette terreur que le clergé retient irrévocablement le peuple dans le schisme, et qu'il lève sur lui les contributions qu'il est obligé de payer aux visirs: ce clergé schismatique a donc un grand intérêt à entretenir le peuple dans une ignorance profonde et dans la terreur des démons: voilà les fondements de leur excessive autorité.

De quelques opinions et superstitions des Grecs.

Lorsque les Grecs posent les fondements d'un édifice, le prêtre bénit l'ouvrage et les ouvriers; après qu'il est parti, ils tuent un coq ou un mouton et enterrent le sang sous la première pierre; ils croient que cela attire le bonheur sur la maison.

Quand ils veulent du mal à quelqu'un, ils prennent la mesure de la longueur et de la largeur de son corps avec du fil ou avec un bâton, et la portent à un maçon ou à un menuisier, qui va poser les fondements d'une maison; ils lui donnent de l'argent pour enfermer cette mesure dans la muraille ou dans la menuiserie, et ne doutent pas que leurs ennemis ne meurent lorsque le fil ou le bâton seront pourris.

---

(1) *Voyez* la Perpét. de la foi, t. I, l. 1; t. IV, l. ix.
(2) On trouve les extraits de ce concile, Perpétuité de la foi, t. III, l. viii, c. 16; l'original fut envoyé au roi Louis XIV, et déposé dans la bibliothèque du roi, où il fut volé par le sieur Aymon. *Voyez* la Défense de la Perpétuité de la foi contre les calomnies d'un livre intitulé : Monuments authentiques, in-8°. Cet ouvrage est de l'abbé Renaudot.
(3) Smith, Miscellanea. Allix, notes sur Nectaire.
(4) Nous avons déjà indiqué ces ouvrages.
(5) Ricaut, Hist. de l'Etat présent de l'Eglise grecque.

Ils croient fortement que le 15 août, jour de l'Assomption, toutes les rivières du monde se rendent en Egypte : la raison de cette opinion est qu'ils remarquent que vers ce temps toutes les rivières sont basses, à la réserve du Nil qui inonde alors l'Egypte : ils croient que les débordements du Nil sont une continuelle bénédiction du ciel sur l'Egypte, en récompense de la protection dont le Sauveur du monde et sa mère y jouirent contre la persécution d'Hérode.

Les Grecs, aussi bien que tous les peuples du Levant, croient encore aux talismans. Les sauterelles font de grands ravages à Alep; on y voit des oiseaux que les Arabes nomment *smirmor*, qui mangent et détruisent beaucoup de ces sauterelles; les Grecs ont, pour attirer ces oiseaux, une espèce de talisman; ils envoient chercher de l'eau d'un lac de Samarcande, et ils croient que cette eau a la vertu d'attirer le *smirmor* : voici comment Ricaut raconte cette cérémonie.

La procession commence à la porte de Damas, qui est au midi; chaque religion et chaque secte y assiste avec les marques d'une dévotion extraordinaire, suivant ses propres usages, et faisant porter à sa tête l'enseigne de sa communion; ainsi l'on voit successivement paraître la Loi, l'Evangile et l'Alcoran : chacun chante des hymnes à sa façon; les mahométans y sont avec plus d'éclat que les autres; ils ont environ cent belles bannières de leur prophète, portées par des *schaighs*, qui, à force de hurler, jettent l'écume par la bouche et deviennent furieux.

Dans une de ces processions, il y eut une dispute entre les chrétiens et les juifs pour la préséance; les juifs la prétendaient par droit d'ancienneté; mais les mahométans jugèrent en faveur des chrétiens parce qu'ils étaient plus gens de bien que les juifs, et qu'ils payaient plus qu'eux pour l'exercice de leur religion.

L'eau ne peut passer sous aucune arcade ; ainsi, lorsqu'on est arrivé à Alep, on tire cette eau par-dessus les murailles du château, et de là on la pose dévotement dans la Mosquée (1).

Des points de doctrine ou de discipline qui servent de prétexte au schisme des Grecs.

Trois points principaux séparent aujourd'hui les Grecs des Latins : 1° ils condamnent l'addition que l'Eglise latine a faite au symbole de Constantinople, pour exprimer que le Saint-Esprit procède du Père; 2° ils ne veulent pas reconnaître la primauté du pape; 3° ils prétendent qu'on ne peut consacrer avec du pain azyme. Nous avons réfuté le premier chef à l'article MACÉDONIUS; nous allons faire quelques réflexions sur les deux autres.

De la primauté du pape.

L'Eglise est une société; elle a des lois, un culte, une discipline, des ministres pour les enseigner, un ministère pour les faire observer, un tribunal pour juger les controverses qui s'élèvent sur la foi, sur la morale et sur sa discipline : telle est l'Eglise que Jésus-Christ a instituée.

Il faut, dans une société telle que l'Eglise, un chef; et Jésus-Christ, en fondant son Eglise, lui donna pour chef saint Pierre et ses successeurs.

Les Pères et les conciles ont, dans tous les temps, reconnu cette vérité, et l'on en trouve la preuve dans tous les théologiens.

Il n'est pas moins certain que l'évêque de Rome est le successeur de saint Pierre et que c'est à ce successeur qu'il a transmis la primauté de l'Eglise. Tous les Pères le reconnaissent, et dans tous les temps on s'est adressé à l'évêque de Rome comme au chef de l'Eglise : il en a exercé les fonctions par lui-même ou par ses légats dans tous les siècles; on en trouve la preuve dans les conciles généraux et dans la condamnation de toutes les hérésies.

Les Grecs eux-mêmes n'ont jamais contesté cette primauté avant le schisme : l'histoire ecclésiastique fournit mille exemples de l'exercice de la primauté du pape sur le siége de Constantinople. Saint Grégoire dit expressément : « Qui doute que l'Eglise de Constantinople ne soit soumise au siége apostolique? L'empereur et l'évêque de cette ville l'annoncent sans cesse (2). »

Les papes ont même exercé cette primauté sur Photius, comme on peut s'en assurer dans son article.

La primauté du pape était également reconnue dans le patriarcat d'Antioche, d'Alexandrie et de Jérusalem. Timothée, archevêque d'Alexandrie, fut repris par le pape Simplicius de ce qu'il avait récité le nom de Dioscore dans les dyptiques, et Timothée en demanda pardon au pape (3).

Lorsque Cérularius se sépara de l'Eglise d'Occident, il fit tous ses efforts pour engager Pierre d'Antioche dans son schisme ; mais Pierre soutint la primauté du pape contre Cérularius (4).

Toute l'Eglise d'Afrique reconnaissait aussi la primauté du pape; on le voit par l'histoire des donatistes et par celle des pélagiens : saint Grégoire fournit mille exemples d'actes de primauté exercés sur l'Afrique (5).

Les premiers réformateurs, dans le commencement de leurs contestations, reconnaissaient la primauté du pape. Jean Hus, condamné par l'archevêque de Prague, en appela au siége apostolique; Jérôme de Prague approuva le jugement du concile de Constance sur les articles de Wiclef et de Jean Hus (6).

Luther, au commencement de son schisme, traitait de calomniateurs ceux qui l'avaient voulu décrier auprès de Léon X : Je me jette

---

(1) Ricaut, Hist. de l'Etat présent de l'Eglise grecque.
(2) Greg., Ep., p. 941.
(3) Conc., t. IV, p. 1031.
(4) Bencry, Pandect., t. I, p. 154.

(5) Ibid., t. II, p. 561, 611, 694, 916, 976; t. IV, p. 142, 1186, 1198. Traité de l'autorité des papes, tom. I, l. 1, cap. 3, 4.
(6) Conc., t. XII, p. 164.

à vos pieds, dit-il, dans la disposition d'écouter Jésus-Christ qui parle par vous (1).

Il le prie de l'écouter comme une brebis commise à ses soins; il proteste qu'il reconnaît le suprême pouvoir de l'Eglise romaine, et il avoue que de tous les temps les papes ont eu le premier rang dans l'Eglise (2).

Zuingle avoue qu'il était nécessaire qu'il y eût un chef dans l'Eglise (3).

Mélanchthon consentit qu'on laissât au pape son autorité, et il reconnaissait qu'elle pouvait être utile (4).

Henri VIII, roi d'Angleterre, défendit d'abord contre Luther la primauté du pape et de l'Eglise romaine. Léon X lui avait donné le titre de défenseur de la foi (5).

Grotius prétend que l'évêque de Rome doit présider sur toute l'Eglise; l'expérience a, selon lui, confirmé qu'un chef était nécessaire dans l'Eglise pour y conserver l'unité: il assure que Mélanchthon et Jacques Ier, roi de la Grande-Bretagne, ont reconnu cette vérité.

Grotius se fait une difficulté, et dit : Mais le pape ne peut-il pas abuser de son pouvoir?

Il ne faut pas lui obéir, répond Grotius, lorsque ses commandements sont contre les canons; mais il ne faut pas pour cela nier son autorité ni refuser de lui obéir lorsque ses commandements sont justes : si on avait fait attention à ce que nous venons de dire, continue-t-il, nous aurions une Eglise réformée et unie (6).

Le clergé de France et toutes les universités du royaume reconnaissent la même vérité, sans cependant croire que le pape soit infaillible ou qu'il ait aucun pouvoir sur le temporel des rois.

La primauté du pape dans l'Eglise est une primauté d'honneur et de juridiction; c'est à lui de faire observer les canons de l'Eglise par tout le monde, de convoquer des conciles et d'excommunier ceux qui refusent d'y comparaître.

Quoique les décisions du pape ne soient pas infaillibles, elles doivent cependant être d'un grand poids, et elles méritent beaucoup de respect. Le pape peut faire de nouvelles lois générales et les proposer à l'Eglise; mais elles n'ont force de loi que par l'acceptation : le clergé de France reconnaît que ces droits sont l'apanage de la primauté, et que le pape a cette primauté de droit divin : je ne sais comment on a pu reconnaître la primauté et contester ce dernier point (7).

Le clergé de France reconnaît encore que le pape est métropolitain et patriarche dans son diocèse, qu'il a des prérogatives particulières et une puissance temporelle sur ce qu'on nomme l'Etat ecclésiastique; mais on reconnaît qu'il a acquis ces choses et qu'il ne les a pas de droit divin; qu'il est inférieur au concile œcuménique, qui peut le déposer; qu'il ne peut déposer les évêques, ni absoudre les sujets du serment de fidélité envers le roi (8).

Les théologiens ultramontains ont bien d'autres idées de la primauté du pape; on a recueilli tous les ouvrages faits pour défendre les prétentions de la cour de Rome, et cette collection compose vingt-un volumes in-folio (9).

Ces prétentions ont été fortement combattues par les théologiens français : il suffit de lire la défense du clergé de France.

De l'usage du pain azyme dans l'eucharistie.

Les Pères ont tous reconnu que Jésus-Christ se servit du pain azyme dans la dernière cène en instituant l'eucharistie : nous n'examinons point ici si Jésus-Christ fit en effet la dernière cène avec les Juifs, ou s'il prévint le temps des azymes; nous concluons seulement, du témoignage unanime des Pères, qu'ils ont cru qu'on pouvait consacrer l'eucharistie avec du pain azyme.

Cependant l'exemple de Jésus-Christ n'a pas été une loi qui ait obligé nécessairement l'Eglise à se servir de pain azyme dans la consécration de l'eucharistie, Jésus-Christ ne s'en étant servi que par occasion, à cause qu'il n'était pas permis aux Juifs d'user d'autre pain pendant la Pâque, et il y a beaucoup d'apparence que les apôtres se sont servis indifféremment de pain levé et de pain azyme.

Il paraît que les saints Pères, qui ont établi les premiers la discipline dans l'Eglise, étant persuadés que Notre-Seigneur s'était servi de pain azyme dans l'institution de l'eucharistie, ont ordonné qu'on s'en servirait à la messe pour garder l'uniformité, et que les Grecs, au contraire, croyant n'être point obligés de s'arrêter à une chose qui ne venait que d'une pratique de la loi judaïque, avaient mieux aimé se servir du pain levé.

Il n'est pas bien aisé de décider si chaque Eglise a toujours été dans l'usage où elle est encore aujourd'hui; mais il est certain que l'usage du pain azyme est très-ancien dans l'Eglise latine, qu'il y était généralement établi avant le schisme de Photius, et qu'on n'avait jamais blâmé l'Eglise latine (10).

On ne trouve rien dans l'Ecriture, ni dans la tradition, ni dans les Pères, ni dans les liturgies, qui condamne l'usage du pain azyme. Il est certain, d'ailleurs, que le pain azyme peut être la matière de l'eucharistie aussi bien que le pain levé; enfin, l'Eglise latine, en conservant le pain azyme, ne condamne point les Grecs qui se servent de pain levé : ainsi, l'usage de l'Eglise latine, par rapport au pain azyme, ne pouvait être une cause légitime pour se séparer de sa communion (11).

(1) Luth., Op., t. I, p. 101.
(2) Ibid., p. 285, t. VII, p. 1.
(3) Zuingle, Op., t. I, p. 27.
(4) Ibid., t. IV, p. 325.
(5) Raynald. ad an. 1521, n. 74.
(6) Grot., t. V, p. 617, 641, 618.
(7) *Voyez* Bellarm., de summo Pontif. Melchior Canus, De loc. theol., l. vi. Dupin, Diss. de antiqua Eccles. disciplina. Defensio cleri gallicani.
(8) Defens. cleri gallicani.
(9) Bibliot. pontificia.
(10) Mabillon, loco citato. Ciampini, Conjectura de perpetuo azymorum usu, Rom., in-4°.
(11) Allatius in Robert. Creygthonis Apparatum; Sirmond, Disquisit. de azymo; Bona, l. 1, c. 23, Liturgiarum. Mabill. Præf. in sæc. III ordinis Benedict. Lupus, t. III Schol. in decr. conc. de actis Leonis papæ IX, c. 7. Natal. Alex. in sæc. XI et XII.

Les Grecs modernes ont écrit pour justifier leur schisme. Scyropule, porte-croix de l'Eglise de Constantinople, a fait une histoire du concile de Florence, dans laquelle il se déchaîne contre l'Eglise romaine. M. Creygthon, chapelain du roi d'Angleterre, l'a traduite en latin, avec des notes, et y a mis une longue préface : le traducteur surpasse son auteur en invectives contre l'Eglise romaine; il a été réfuté par M. Alassi, garde de la bibliothèque vaticane.

M. Allix a aussi traduit du grec la réfutation que Nectaire a faite de l'autorité du pape, sous ce titre : *Beatissimi et sapientissimi magnæ et sanctæ urbis Jerusalem patriarchæ domini Nectarii refutatio thesium de papæ imperio, quas ad ipsum attulerunt fratres qui Hierosolymæ agunt* : in-8°, 1702.

Le P. le Quien, sous le nom de Stephanus de Altimura, a réfuté Nectaire dans le livre intitulé : *Panoplia adversus schisma Græcorum* : Paris, in-4°.

H

HATTÉMISTES, hérétiques ainsi appelés de Pontien Van-Hattem, ministre protestant dans la province de Zélande, qui était attaché aux sentiments de Spinosa, et qui, pour cette raison, fut dégradé.

Entêtés de la doctrine de la réforme touchant les décrets absolus de Dieu, les *Hattémistes* en déduisirent le système d'une nécessité fatale et insurmontable, et tombèrent ainsi dans l'athéisme. Ils nièrent la différence entre le bien et le mal, et la corruption de la nature humaine. Ils conclurent de là que les hommes ne sont point obligés de se faire violence pour corriger leurs mauvaises inclinations et pour obéir à la loi de Dieu; que la religion ne consiste point à agir mais à souffrir; que toute la morale de Jésus-Christ se réduit à supporter patiemment tout ce qui nous arrive, sans perdre jamais la tranquillité de notre âme. Ils prétendaient encore que Jésus-Christ n'a point satisfait à la justice divine, ni expié les péchés des hommes par ses souffrances; mais que, par sa médiation, il a seulement voulu nous faire entendre qu'aucune de nos actions ne peut offenser la Divinité. C'est ainsi, disaient-ils, que Jésus-Christ justifie ses serviteurs et les présente purs au tribunal de Dieu. On voit que ces opinions ne tendent pas à moins qu'à éteindre tout sentiment vertueux, et à détruire toute obligation morale. Ces novateurs enseignaient que Dieu ne punit point les hommes pour leurs péchés, mais par leurs péchés. Ce qui paraît signifier que par une nécessité inévitable, et non par un décret de Dieu, le péché doit faire le malheur de l'homme, soit en ce monde, soit en l'autre. Mais nous ne savons pas en quoi ils faisaient consister ce malheur. Il est étonnant que la multitude innombrable de sectes folles et impies que les principes du protestantisme ont fait naître, n'ait pas encore pu faire ouvrir les yeux à ses sectateurs.

HÉGÉLIANISME, système antichrétien de Hégel, philosophe allemand, qui expose l'erreur la plus vaste et la plus monstrueuse que l'esprit humain puisse concevoir. Comme l'éclectisme, enseigné aujourd'hui en France, est un enfant dégénéré, une production bâtarde de ce système, il convient d'en donner un aperçu dans un recueil des erreurs de l'esprit humain. « Hégel a beaucoup emprunté à Schelling, dit M. Cousin (1); moi, bien plus faible que l'un et l'autre, j'ai emprunté à tous les deux. »

Selon Hégel, tout part d'un principe et y revient. Ce principe est l'*idée*; l'idée c'est Dieu. L'idée *en soi*, c'est Dieu avant la création, n'ayant point conscience de lui-même, ne se connaissant pas, et ainsi n'existant point encore tout entier. L'idée sort d'elle-même pour se contempler; elle devient *idée pour soi* : c'est Dieu s'objectivant lui-même, et se faisant par la connaissance qu'il acquiert de lui. Puis l'idée manifestée dans le monde et par l'histoire revient à elle, à l'*idée en soi*, mais avec l'expérience et la connaissance d'elle-même, et c'est la consommation des choses ou l'achèvement de Dieu.

Donc trois termes dans le développement de l'univers, la *thèse*, l'*antithèse* et la *synthèse*. Or, l'idée et la réalité étant identiques, puisque celle-ci est l'exposition de celle-là, la science unique est celle de l'idée et de son développement, ou la *logique*, qui est la seule religion vraie et pure; car seule elle rattache ou relie à l'*idée* qui est Dieu. Voilà comment la philosophie est au-dessus de la religion et lui tend la main pour l'aider à s'élever; car le *vrai* ou l'idée pure est au-dessus du *saint*, qui en est une forme, une expression; et ainsi tous les dogmes du christianisme sont des symboles de la vérité en soi, et les récits bibliques des allégories ou des mythes.

Ainsi la Trinité, c'est la thèse ou l'idée en soi, le Père qui ne se connaît pas encore; l'antithèse ou l'idée pour soi, le Fils dans lequel le Père se manifeste et se contemple; la synthèse, l'idée pour soi, retournant à l'idée en soi, est le Saint-Esprit qui lie le Père au Fils par l'amour, ou le lien logique qui unit le principe à la conséquence, l'idéal au réel, l'infini au fini, l'incréé au créé, Dieu au monde. Donc, comme on l'a enseigné et imprimé en France, Dieu, dans sa triplicité, est l'infini, le fini et le rapport de l'infini au fini. Donc la création est nécessaire, non-seulement pour que Dieu s'objective ou se conçoive, mais aussi pour qu'il se fasse ou devienne.

Le *péché originel*, et le mal qui en sort, est l'état naturel de l'homme, résultat de la création et non d'une transmission. C'est d'un côté la limitation nécessaire de la créature, son impuissance naturelle ou son néant,

(1) Frag. philos., préf. de la 2e édit.

quand on la considère séparément de l'*idée* ou de son principe; et de l'autre, c'est l'espèce d'opposition où chaque homme se place nécessairement vis-à-vis de l'absolu, quand, acquérant la conscience de lui-même, il se pose par la réflexion en personnalité propre, et rompt par là, autant qu'il est en lui, son identité essentielle avec l'*idée* dont il est sorti et à laquelle il doit revenir.

L'*incarnation du Verbe* en Jésus-Christ est le moment où l'identité de Dieu et de l'humanité s'est manifestée à la conscience humaine. C'est en Jésus-Christ, l'homme parfait, que la Divinité est arrivée à la conscience d'elle-même, et s'est dit pour la première fois : *Je suis moi.*

Le sacrifice de Jésus-Christ par sa mort, n'est point le moyen de la résurrection de l'humanité avec Dieu; c'est l'acte par lequel l'idée, après s'être manifestée dans le fini, revient à elle-même et fait dire à l'homme, rentrant par sa volonté dans le grand tout, et se perdant dans l'identité absolue : *Ce n'est plus moi* (*vivo jam non ego*).

La *justification* est une identification définitive de l'esprit humain avec l'esprit divin, qui est le but et la perfection de la science. C'est donc la science qui sauve; par elle seulement s'acquiert la vraie piété, qui consiste à s'abstraire de soi-même, à se dépouiller de soi pour retourner à l'absolu; car la personnalité ou le moi est ce qui nous sépare de Dieu. Le moi est la racine du péché, et le péché ne peut être détruit que par l'absorption du moi fini dans le moi infini, du phénomène dans l'idée de l'homme en Dieu.

Ainsi, la philosophie allemande, dernière expression de la philosophie humaine, a travesti la parole révélée et parodié le Christianisme; et, chose bien remarquable, tous les efforts de sa spéculation transcendante n'ont abouti qu'à un triste commentaire du dogme chrétien.

Voilà la philosophie qu'on a essayé d'introduire en France sous le nom d'*éclectisme*, probablement sans en avoir vu toute la portée. Depuis on a reculé devant les conséquences, devant l'indignation du bon sens chrétien et de la foi catholique. Aussi, l'éclectisme français, disciple timide de Hégel, qu'il comprend peu et qu'il n'a pas la force de suivre, a complétement échoué dans la mission qu'il s'est donnée d'accorder la religion et la philosophie; il n'a point le courage de sa position ni de ses sympathies; il voulait être hégélien et n'en a pas eu l'audace; il fait profession du christianisme et il n'en a pas la foi; il est panthéiste sans le vouloir, et il n'est pas chrétien en voulant le paraître. Il est tout ce qu'il ne veut pas, et il n'est rien de ce qu'il veut être.

*HÉLICITES, fanatiques du sixième siècle, qui menaient une vie solitaire. Ils faisaient principalement consister le service de Dieu à chanter des cantiques et à danser avec les religieuses, pour imiter, disaient-ils, l'exemple de Moïse et de Marie. Cette folie ressemblait beaucoup à celle des montanistes que l'on nommait *ascites* ou *ascodrutes* ; mais leur secte avait disparu avant le sixième siècle. Les *Hélicites* paraissent donc avoir été seulement des moines relâchés, qui avaient pris un goût ridicule pour la danse. Leur nom peut être dérivé du grec ἥλιξη, *ce qui tourne;* et on le leur avait probablement donné à cause de leurs danses en rond.

HELVIDIUS était un arien qui avait à peine la première teinture des lettres; il fit un livre contre la virginité de la sainte Vierge : il prétendait prouver par l'Ecriture que Jésus-Christ avait eu des frères : les sectateurs de cette erreur furent appelés antidicomarianites (1).

HEMATITES. Saint Clément nomme ces hérétiques, sans expliquer quelle était leur hérésie (2).

Spencer a cru que ces hérétiques étaient ainsi appelés parce qu'ils mangeaient des viandes suffoquées ou consacrées aux démons; d'autres pensent qu'ils ont eu ce nom parce qu'ils offraient du sang humain dans la célébration des mystères (3).

HENRI DE BRUYS était un ermite qui adopta, au commencement du onzième siècle, les erreurs de Pierre de Bruys. *Voyez* cet article.

Il niait que le baptême fût utile aux enfants; il condamnait l'usage des églises et des temples, rejetait le culte de la croix, défendait de célébrer la messe et enseignait qu'il ne fallait point prier pour les morts.

Il avait reçu cette doctrine de Pierre de Bruys, qui l'avait prêchée en Provence et qui en avait été chassé à cause de ses dérèglements. La violence que Pierre de Bruys avait employée pour établir sa doctrine ne lui avait pas réussi; il avait été brûlé à Saint-Gilles.

Henri, pour se faire des partisans, prit la route de l'insinuation et de la singularité. Il était encore jeune; il avait les cheveux courts et la barbe rase; il était grand et mal habillé; il marchait fort vite et pieds nus, même dans la plus grande rigueur de l'hiver; son visage et ses yeux étaient agités comme une mer orageuse; il avait l'air ouvert, la voix forte et capable d'épouvanter; il vivait d'une manière fort différente des autres; il se retirait ordinairement dans les cabanes des paysans, demeurait le jour sous des portiques, couchait et mangeait dans des lieux élevés et à découvert; il acquit bientôt la réputation d'un grand saint; les dames publiaient ses vertus et disaient qu'il avait l'esprit de prophétie pour connaître l'intérieur des consciences et les péchés les plus secrets.

La réputation de Henri se répandit dans le diocèse du Mans : on le supplia d'y aller, et il y envoya deux de ses disciples qui furent reçus du peuple comme deux anges. Henri s'y rendit ensuite, fût reçu avec les plus grands honneurs, et obtint de l'évêque la permission de prêcher et d'enseigner.

---

(1) Hieron. cont. Helvid. Aug., hæres. 84. Epiph., hæres. 78.

(2) Clem. Alex., l. VII Strom.
(3) Spencer, Dissert. ad Act. XV, 20.

On courut en foule à ses prédications, et le clergé exhortait le peuple à y aller.

Henri avait une éloquence naturelle et une voix de tonnerre. Il eut bientôt persuadé qu'il était un homme apostolique, et lorsqu'il fut sûr de la confiance du peuple, il enseigna ses erreurs.

Ses sermons produisirent un effet que l'on n'attendait pas : le peuple entra en fureur contre le clergé, et traita les prêtres, les chanoines et les clercs comme des excommuniés. On refusait de rien vendre à leurs domestiques; on voulait abattre leurs maisons, piller leurs biens et les lapider ou les pendre. Quelques-uns furent traînés dans la boue et battus cruellement.

Le chapitre du Mans défendit à Henri, sous peine d'excommunication, de prêcher; mais ceux qui lui notifièrent cette sentence furent maltraités, et il continua ses prédications jusqu'au retour de l'évêque Hildebert, qui était allé à Rome.

Ce ne fut point en réfutant les erreurs de Henri que Hildebert arrêta le désordre; il conduisit ce prédicant devant le peuple et lui demanda de quelle profession il était : Henri, qui n'entendait pas ce mot, ne répondit point; Hildebert lui demanda alors quelle charge il avait dans l'Eglise; Henri répondit qu'il était diacre.

Hildebert lui demanda s'il avait assisté à l'office; Henri répondit que non; eh bien! dit l'évêque, récitons les hymnes qu'on chante à Dieu ce matin; Henri répondit qu'il ne savait point l'office qu'on disait chaque matin; alors l'évêque commença à chanter les hymnes à la sainte Vierge. Henri ne les savait pas; il devint interdit et confus; il confessa qu'il ne savait rien, mais qu'il s'était étudié à faire des discours au peuple. Hildebert lui défendit de prêcher, et lui ordonna de sortir de son diocèse. Henri quitta le Mans et passa dans le Périgord, parcourut le Languedoc et la Provence, où il se fit quelques disciples.

Le pape Eugène III envoya dans ces provinces un légat, et saint Bernard s'y rendit pour garantir le peuple des erreurs et du fanatisme qui désolaient ces provinces. Henri prit la fuite; mais il fut arrêté et mis dans les prisons de l'archevêché de Toulouse, où il mourut (1).

Voilà encore un des patriarches des réformateurs, et c'est par Henri de Bruys que Basnage prouve la perpétuité de la doctrine des protestants sur la nécessité de ne prendre que l'Ecriture pour règle de la foi, indépendamment de la tradition (2).

HENRICIENS, disciples de Henri de Bruys; ils se répandirent dans les provinces méridionales, se confondirent avec les albigeois et finirent avec eux. *Voyez* l'art. ALBIGEOIS, dans lequel on a traité des causes du progrès que firent les prédicants qui s'élevèrent dans le onzième siècle.

(1) Goffridus, t. III de Vita S. Bernard., c. 5. D'Argentré, t. I, p. 15.
(2) Basnage, Hist. des Eglises réf., t. I, périod, 4, c. 6, pag. 145.

HÉRACLÉON adopta le système de Valentin; il y fit quelques changements; il se donna beaucoup de peine pour ajuster à ce système la doctrine de l'Evangile et fit pour cela des commentaires très-étendus sur l'Evangile de saint Jean et de saint Luc.

Plusieurs auteurs ecclésiastiques avaient déjà entrepris d'expliquer l'Ecriture sainte; tout y paraissait précieux, et l'on croyait que tous les mots contenaient des vérités importantes et utiles; on avait cherché des sens cachés dans les choses les plus simples en apparence, et l'on avait employé cette méthode pour expliquer les endroits difficiles à entendre dans leur sens naturel et littéral.

Avec cette méthode, Héracléon crut pouvoir concilier le système valentinien avec l'Evangile, et se donna une peine infinie pour tirer de l'Evangile des sens allégoriques qui continssent le système des Eons.

Héracléon était un valentinien entêté de son système, et il se donna une peine infinie pour le trouver dans l'Ecriture; il adopte les allégories les plus forcées; il a recours à des explications qui ne sont fondées ni sur la tradition, ni sur la raison ; il fallait donc qu'Héracléon ne pût nier l'autorité de l'Ecriture et qu'il fût bien convaincu qu'un système qui n'était pas conforme à l'Evangile ne pouvait être vrai : Héracléon est donc une preuve que les personnes qui avaient le plus d'intérêt à nier la divinité de l'Ecriture sainte n'osaient l'entreprendre, et nous avons dans Héracléon un témoin qui avait examiné et discuté les preuves de la divinité de l'Ecriture.

Héracléon, à la faveur de ces explications, fit recevoir, par beaucoup de chrétiens, le système de Valentin, et forma la secte des héracléonites.

Origène a réfuté les commentaires d'Héracléon, et c'est d'Origène que Grabbe a extrait les fragments que nous avons des commentaires d'Héracléon (3).

Ces commentaires, comme on l'a déjà remarqué, ne sont que des explications allégoriques, destituées de vraisemblance, toujours arbitraires, et souvent ridicules.

HERMÉSIANISME. — On donne ce nom aux doctrines philosophico-théologiques de Georges Hermès, professeur de théologie à l'université catholique de Bonn, mort chanoine de Cologne en 1831. Ces doctrines, qui ont exercé en Allemagne une influence fâcheuse pour la foi, ont été condamnées par une bulle du pape Grégoire XVI, en date du 26 septembre 1835, comme fausses, téméraires, captieuses, conduisant au scepticisme et à l'indifférence, erronées, scandaleuses, subversives de la foi catholique, sentant l'hérésie et déjà condamnées antérieurement par l'Eglise. Ce que l'on reproche à Hermès et à ses ouvrages, regarde surtout la nature de la foi et la règle de ce qu'il faut croire, l'Ecriture sainte, la tradi-

(3) Philostorg., de Hæres., c. 41. Auctor. Append. apud Tert., c. 49. Aug., de Hær., c. 16. Epiph., hær. 36. Grabbe, Spicileg. secundi sæculi, p. 80.

tion, la révélation et l'autorité de l'Eglise, les motifs de crédibilité, les preuves sur lesquelles on a coutume d'établir l'existence de Dieu, son essence, sa justice, sa sainteté, sa liberté dans les œuvres *ad extra*, la nécessité de la grâce, la rétribution des récompenses et des peines, l'état de nos premiers parents, le péché originel et les forces morales de l'homme après sa chute.

On peut rapporter les erreurs d'Hermès à trois chefs particuliers, selon qu'il s'agit du principe même de la certitude philosophique et de toute certitude en général, ou de l'application de ce principe aux démonstrations qui concernent les vérités de la religion, ou enfin de quelques-unes de ces vérités en particulier, comme la nécessité de la grâce, le péché originel, etc.

Nous ne disons rien ici des erreurs de cette troisième classe, puisqu'elles ne sont autre chose que les erreurs mêmes des protestants et des jansénistes. Nous ne parlerons que du principe ou de la règle de la certitude philosophique, et de l'application de ce principe à la démonstration des vérités de la religion.

Selon Hermès, la raison *doit douter positivement* de tout, jusqu'à ce qu'elle soit arrivée à un tel point de conviction, qu'elle se sente *nécessitée* à donner son assentiment, à affirmer ou à nier quelque chose. Pour lui, le *signe*, le *criterium* de la certitude, c'est donc la *nécessité qui force la raison à se rendre*, à accepter une vérité, à rejeter une erreur. Hermès reconnaît ensuite deux ordres ou genres de démonstrations ; l'une *théorique*, l'autre *pratique*. Dans la *théorique*, il s'agit toujours pour lui de conclure de l'effet à la cause, en ce sens qu'une question étant posée, par exemple celle de l'existence de Dieu, il cherche dans la nature un *fait auquel il soit impossible à la raison* d'attribuer une autre cause que l'existence même de Dieu, et dès-lors cette existence est prouvée *théoriquement*. Dans la démonstration *pratique*, le point de départ ou d'appui n'est pas un fait, mais un devoir de l'ordre moral ; et quand une question est posée, on cherche si, parmi tous les devoirs que cet ordre embrasse, il s'en trouve quelqu'un avec lequel elle ait un rapport plus ou moins nécessaire. Afin de faire comprendre ceci, prenons un des exemples employés par Hermès lui-même, pour donner une idée de cette espèce particulière de démonstration, appliquée à un fait de l'ordre surnaturel, la résurrection de Lazare telle qu'elle est rapportée dans l'Evangile, et à toutes les circonstances qui l'ont précédée, accompagnée et suivie. Or, voici tout le raisonnement de cet auteur pour établir, par une *démonstration pratique*, que la résurrection de Lazare est un fait miraculeux et non point un fait naturel. Il y a, dit-il, un devoir moral d'enterrer les morts ; mais il faut que la mort soit certaine, pour qu'il y ait lieu à l'accomplissement de ce devoir, autrement il nous obligerait jusqu'à courir plutôt les chances d'enterrer des vivants,

que de nous exposer à ne pas enterrer quelqu'un de véritablement mort. Or, si la résurrection de Lazare était, pouvait être un fait purement naturel, il s'ensuivrait qu'il n'y aurait point de signes certains auxquels on pût reconnaître la mort véritable. Donc il n'y aurait plus de devoir d'enterrer les morts.

Voilà, en peu de mots, le système d'Hermès ; à quoi néanmoins il faut ajouter deux prétentions qu'il exprime le plus naïvement du monde ; l'une qu'avant lui et jusqu'à la découverte qu'il a faite du vrai principe de la certitude, il n'y avait point encore de démonstration philosophique d'aucune vérité ; l'autre que toutes les démonstrations qui appartiennent à la théologie et à la science de la religion en général, ne sauraient être certaines qu'autant qu'on peut leur appliquer le principe et la règle de la certitude philosophique ; d'où il suit encore que jusqu'à Hermès, il n'y avait non plus rien de véritablement prouvé et démontré dans la théologie et dans toute la science de la religion.

Reprenons toutes les affirmations d'Hermès les unes après les autres :

1° Jusqu'à lui, il n'existait point de démonstration certaine d'aucune vérité, pas même de l'existence de Dieu ; et, en effet, il remercie Dieu quelque part de lui avoir fait enfin découvrir un principe sur lequel il pouvait s'appuyer avec toute confiance pour croire en lui. Or, rien n'égale la témérité et l'imprudence d'une pareille prétention, si ce n'est la présomption et l'orgueil qu'elle suppose dans celui qui ne craint pas de la mettre en avant. On n'avait donc pas une foi raisonnable en Dieu, à son existence, à sa providence, jusqu'à ce que Hermès eût trouvé la manière de démontrer ces vérités ! Et comment Hermès lui-même peut-il être certain que sa démonstration soit telle qu'elle lui paraît, invincible et irréfragable, puisque avant lui tous les philosophes dignes de ce nom avaient cru que l'existence de Dieu était une des vérités les mieux prouvées et les plus incontestables, et que, selon lui, pourtant, ils se faisaient illusion, ils se trompaient ? Est-ce qu'il serait moins sujet qu'eux à l'erreur ? Et cela fût-il, d'où en tirerait-il l'assurance et la garantie ? Disons tout en un mot : c'est une folie où une simplicité, mais des plus dangereuses l'une ou l'autre, d'affirmer aussi pertinemment qu'il le fait que toutes les preuves des vérités les plus importantes et les plus nécessaires avaient jusqu'à lui manqué de base, et que le genre humain n'y croyait que par habitude et par préjugé.

2° Hermès fait dépendre la certitude des preuves qui concernent les vérités de la religion du principe et de la règle de certitude des preuves purement philosophiques. D'où il suit encore qu'avant lui et jusqu'à lui, toutes les preuves de la religion et des vérités qu'elle comprend, données par les apologistes, les Pères de l'Eglise et les théologiens, étaient imparfaites et insuffisantes : prétention mille fois plus absurde encore, plus téméraire et plus dangereuse que celle que nous avons réfutée plus haut. Il suffit, au surplus, de l'énoncer pour en faire sentir le faux et les funestes conséquences. Dans la réalité, ce n'est pas la religion qui a besoin d'appuyer les preuves sur tel ou tel système de certitude philosophique; ce serait bien plutôt à la philosophie de chercher à donner à ses démonstrations une base et des principes qui puisent leur force dans leur rapport et leur liaison intime avec ce qui fait le fondement des vérités religieuses et de leur certitude.

3° Entrons maintenant dans l'examen du système philosophique d'Hermès, considéré en lui-même. L'auteur prend pour point de départ primitif et antérieur à toute croyance de la raison, pour toutes les vérités sans exception, soit philosophiques, soit religieuses, le *doute positif*. Ainsi, primitivement, il faut douter de tout et ne rien tenir pour certain. Mais dès-lors, n'y a-t-il pas une impossibilité métaphysique à sortir de là, à faire un pas en avant, à trouver jamais rien de certain? N'insistons pas là-dessus, puisqu'il saute aux yeux que le doute positif, primitif et universel, réduirait la raison à une immobilité absolue qui équivaudrait pour elle, non à la folie, mais à la mort.

4° En cherchant, au milieu de son doute universel, positif, s'il n'y aurait pas dans la nature des choses ou dans les propriétés de la raison, quelque caractère essentiel qui ne pût être propre qu'à la vérité, il découvre qu'il est des circonstances où *il est impossible* à l'esprit de l'homme de ne pas affirmer comme vraies, ou nier comme fausses certaines propositions qui se présentent à lui, *où il y a nécessité pour la raison de prononcer et de croire*. Or, cette *nécessité*, à laquelle la raison ne peut se soustraire, est précisément ce *caractère de vérité et de certitude* cherché et trouvé par Hermès.

Ce n'était pas la peine assurément de traiter d'une manière si méprisante la philosophie et les philosophes des âges précédents, pour arriver à ce dénouement, qui est bien loin d'ailleurs d'être nouveau. Il faut n'avoir lu ni Descartes, ni Malebranche, ni Fénelon pour ignorer que la *nécessité de croire*, *l'impossibilité de douter*, est la dernière raison qu'ils apportent pour attribuer à l'évidence le caractère de la certitude. Descartes et Fénelon, entre autres, discutent à fond cette *nécessité*, et se demandent si elle ne pourrait pas être imposée à la raison par un Dieu trompeur; et la seule réponse qu'ils donnent, qu'ils puissent donner à cette question, c'est qu'il est impossible à la raison d'admettre qu'il en puisse être ainsi, et qu'elle est invinciblement entraînée à croire que ses idées sont vraies, quand elles sont claires et évidentes. Et la philosophie écossaise, celle de Kant encore, que font-elles autre chose que d'attribuer la certitude aux jugements de la raison humaine, par suite de ses instincts, de ses tendances, de ses propriétés naturelles? Ce qu'elle est forcée d'admettre comme vrai, disent tous ces philosophes, elle n'a pas droit de supposer qu'il puisse être faux, puisque ce serait se nier elle-même, se mettre en contradiction avec elle-même.

5° La *démonstration théorique* d'Hermès consiste, une question étant posée, par exemple celle de l'existence de Dieu, à chercher dans la nature un *fait* dont la raison soit forcée de dire ou qu'il n'a point de cause ou que sa cause est Dieu, toutes les autres causes connues et assignables étant évidemment impuissantes à le produire.

Qu'y a-t-il encore de nouveau et d'extraordinaire dans une pareille démonstration? N'est-ce pas, non-seulement la forme, mais le fond, de toutes les preuves qu'on donne de l'existence de Dieu? Y en a-t-il une seule qui n'appuie ses conclusions sur ce qu'on appelle le principe de causalité?

6° Enfin la *démonstration pratique* (qui, selon Hermès, ne donne d'ailleurs qu'une certitude morale), procède bien comme la *démonstration théorique*; mais, au lieu de prendre un *fait* pour point de départ, elle prend un *devoir*, et conclut en prononçant que ce *devoir n'existerait plus* ou qu'il ne devrait pas être accompli; qu'on ne pourrait pas l'accomplir, si telle ou telle chose n'était pas vraie. Nous avons donné plus haut un exemple de ce genre de preuve appliqué à la résurrection de Lazare, quand il s'agirait de démontrer que cette résurrection est un fait miraculeux et surnaturel. Nous ne nions pas que quelques-uns des arguments fondés sur cette base ne puissent avoir quelque valeur; mais ils ont un air assez étrange et assez bizarre; et puis cela ne saurait empêcher que les preuves et les arguments ordinaires employés avant Hermès, pour prouver les mêmes vérités, ne soient infiniment préférables.

En deux mots, tout ce qui se trouve encore de bon et de raisonnable dans le système d'Hermès, appartient à tous les systèmes de philosophie, et il existait avant lui. Mais tout ce qui lui est propre est singulier, sans portée, sans fondement solide, et digne du jugement qu'en a porté le souverain pontife en le condamnant.

HERMIAS était de Galatie; il adopta l'erreur d'Hermogène sur l'éternité du monde, et crut que Dieu lui-même était matériel, mais qu'il était une matière animée plus déliée que les éléments des corps.

Le sentiment d'Hermias n'était que le système métaphysique des stoïciens, avec lequel il tâcha d'allier les dogmes du christianisme.

Il faisait sortir l'âme de la terre, et croyait que le mal venait tantôt de Dieu, et tantôt de la terre; il pensait que le corps de Jésus-Christ n'était pas dans le ciel, et qu'après la résurrection il avait mis dans le soleil le corps dont il avait été revêtu sur la terre, ce qui tient au mépris que les stoïciens avaient pour les corps.

Hermias avait donc des principes philosophiques qui le portaient à regarder la résurrection comme un fait contraire à l'idée de la grandeur et de la perfection du Fils de

Dieu; cependant Hermias ne nie point la résurrection; il suppose seulement que Jésus-Christ a déposé son corps dans le soleil.

Hermias ne pouvait donc alors révoquer en doute la résurrection de Jésus-Christ, et certainement Hermias n'était pas homme à se rendre à de mauvaises preuves : comment donc ose-t-on aujourd'hui regarder la résurrection de Jésus-Christ comme un fait cru légèrement, adopté sans examen, et seulement par les premiers chrétiens?

Hermias croyait, comme les stoïciens, que les âmes humaines étaient composées de feu et d'esprit; il rejetait le baptême de l'Eglise, fondé sur ce que saint Jean dit que Jésus-Christ baptisa dans le feu et par l'esprit.

Le monde était, selon Hermias, l'enfer, et la naissance continuelle des enfants était la résurrection : c'est ainsi qu'il prétendait concilier les dogmes de la religion avec les principes du stoïcisme.

Hermias eut des disciples, qui prirent le nom d'hermiatites; ils étaient retirés dans la Galatie, où ils avaient l'adresse de faire des prosélytes (1).

HERMOGÈNE, après avoir étudié la philosophie stoïcienne, embrassa la religion chrétienne, et réunit les principes de la philosophie des stoïciens avec les dogmes du christianisme; son hérésie consistait à supposer l'existence d'une matière incréée, sans mouvement, sans principe, coéternelle à Dieu, et dont il avait formé le monde.

Il y a, pour tout homme qui étudie un système une difficulté principale à laquelle il rapporte toutes les autres, ou qui l'empêche de les sentir dans toute leur force; si vous présentez à son esprit une idée qui résolve cette difficulté, il l'admet sans réserve et sans restriction, et toutes les difficultés disparaissent à cet instant.

Mais lorsque cette première impression, qui tient un peu de l'enthousiasme, est affaiblie, les difficultés renaissent; on sent qu'on avait donné trop de généralité à ses principes, et qu'ils ont besoin de modifications; alors il se fait naturellement un retour de l'esprit vers ses premiers sentiments, qu'on allie le mieux qu'on peut avec les principes qu'on vient d'acquérir; c'est ainsi qu'Hermogène allia les principes du christianisme avec ceux des stoïciens.

Les stoïciens reconnaissaient dans le monde un Etre suprême et infiniment parfait; mais cet être, selon eux, était une âme immense, mêlée et confondue avec la matière, emprisonnée dans une infinité de corps différents et soumise à l'aveugle impétuosité des éléments. Hermogène avait été frappé de cette difficulté, comme on le voit par le livre que Tertullien a écrit contre lui.

Les chrétiens, au contraire, enseignaient qu'un esprit éternel, existant par lui-même, souverainement parfait et distingué du monde, avait par sa seule volonté produit tout; c'était par la parole toute-puissante de cet esprit que le chaos et toutes les créatures

(1) Philastr., de Hær., c. 55, 56

étaient sorties du néant; il avait commandé que tout ce qui est fût, et tout avait été.

Hermogène fut épris de la beauté de cette idée; il n'hésita pas entre le dogme de l'âme universelle et la religion chrétienne, qu'il adopta sans restriction.

Mais, en réfléchissant, il crut voir que la religion chrétienne n'expliquait pas comment cet être étant souverainement bon et le maître absolu de la nature, il y avait du mal dans le monde; il conclut que les chrétiens donnaient trop d'étendue à la puissance de cet Etre suprême; toutes les idées des stoïciens sur l'éternité de la matière et sur l'explication des désordres qu'on voit dans le monde se réveillèrent; il crut qu'il fallait chercher la cause de l'origine du mal dans la matière, qui, étant éternelle et incréée, résistait à la bonté de l'Etre suprême.

C'était, selon Hermogène, dans cette matière qu'on trouvait la cause de tous les maux; toutes les sensations qui nous affligent, les passions qui nous tyrannisent, ont leur source dans la matière; tous les monstres sont des effets de l'indocilité de la matière et de sa résistance inflexible aux lois que l'Etre suprême a établies pour la génération des corps.

Si la matière n'est pas éternelle et incréée, disait Hermogène, il faut que Dieu ait ou tiré le monde de sa propre substance, ce qui est absurde, puisqu'alors Dieu serait divisible; ou qu'il l'ait tiré du néant, ou qu'il l'ait formé d'une matière coéternelle à lui.

On ne peut dire que Dieu ait tiré le monde du néant; car Dieu étant essentiellement bon, il n'eût point tiré du néant un monde plein de malheurs et de désordres; il eût pu les empêcher s'il l'avait tiré du néant, et sa bonté ne les eût pas soufferts dans le monde.

Il faut donc que Dieu ait formé le monde avec une matière coéternelle à lui, et qu'il ne l'ait formé qu'en travaillant sur un fonds indépendant de lui.

L'Ecriture, selon Hermogène, ne disait nulle part que Dieu eût fait la matière de rien; au contraire, disait-il, elle nous représente Dieu formant le monde et tous les corps d'une matière préexistante, informe, invisible; elle dit : Dieu fit le ciel et la terre dans leur principe, in principio.

Ce principe dans lequel Dieu forma le ciel et la terre n'était que la matière préexistante et éternelle comme Dieu; l'idée de la création de la matière n'est exprimée nulle part dans l'Ecriture.

Cette matière informe était agitée par un mouvement vague, sans dessein et sans objet; Dieu nous est représenté, dans l'Ecriture, comme dirigeant ce mouvement, et le modifiant de la manière nécessaire pour produire les corps, les plantes, les animaux.

La matière étant éternelle et incréée, et son mouvement étant une force aveugle, elle ne suit pas scrupuleusement les lois que Dieu lui prescrit, et sa résistance produit les désordres dans le monde.

L'imagination d'Hermogène fut satisfaite de cette hypothèse, et il crut que, pour expliquer l'origine du mal, il fallait réunir les principes des stoïciens sur la nature de la matière et ceux des chrétiens sur la puissance productrice du monde.

Réfutation du sentiment d'Hermogène.

Tertullien prouve, contre Hermogène : 1° qu'on ne pouvait faire de la matière un être éternel et incréé sans l'égaler à Dieu, puis qu'ayant l'existence par elle-même, elle aurait aussi toutes les perfections, ce qu'Hermogène lui-même n'osait avouer.

2° Tertullien fait voir qu'Hermogène ne donne aucune idée distincte de cette matière coéternelle à Dieu; qu'il la dit tantôt corporelle, et tantôt incorporelle; qu'il regarde le mouvement, tantôt comme un être différent de la matière, tantôt comme la matière même, quoique le mouvement ne soit qu'un accident de la matière.

3° Tertullien fait voir qu'Hermogène ne peut, par son hypothèse, rendre raison de l'origine du mal dans le monde; cette matière sur laquelle vous prétendez que Dieu a travaillé, dit-il, a un mouvement vague et indifférent à toutes sortes de déterminations.

Si la détermination du mouvement de la matière est éternelle et nécessaire comme elle, Dieu n'a pu, ni le modifier, ni le changer; et si le mouvement de la matière n'est qu'un déplacement vague et indifférent à toutes sortes de déterminations, elle n'avait par sa nature aucune détermination au mal, aucune opposition au bien, et tout le mal vient de l'intelligence qui l'a mise en œuvre; par conséquent Hermogène n'explique point l'origine du mal.

4° Tertullien fait voir qu'Hermogène a mal expliqué le récit de Moïse, et qu'il abuse de l'équivoque du mot principe, *in principio*, dont la Genèse se sert.

Le mot principe, dit Tertullien, peut désigner, ou l'ordre de l'existence des choses, ou la puisssance qui les fait exister, ou le sujet duquel on les tire. Le mot *principium*, dans Moïse, ne sert qu'à exprimer le commencement de l'existence : *In principio Deus fecit cœlum et terram*, signifie, *au commencement Dieu fit le ciel et la terre*, et non pas, comme le traduisait Hermogène, *Dieu fit le ciel et la terre dans un principe qui était la matière;* car lorsque le mot *principium* est employé pour exprimer le sujet ou la matière avec laquelle on forme une chose, on ne dit pas que la chose est formée dans ce principe, mais qu'elle est faite de ce principe; on ne dit pas qu'on a fait une médaille dans l'argent, mais avec de l'argent.

Moïse, dans la Genèse, se propose de donner l'histoire de l'origine du monde; pour remplir cet objet, il fallait nécessairement que Moïse nous fît l'énumération des principes qui ont, pour ainsi dire, concouru à cette production; il fallait que, dans son récit, Moïse nous parlât de Dieu, qui est le principe actif ou la cause productrice du monde qui est l'effet de son action, et de la matière qui a été le sujet duquel il a tiré le monde. Si Moïse eût pensé que Dieu avait tiré le monde d'une matière qui lui était coéternelle, il nous aurait parlé de cette matière; cependant il n'en parle point; elle n'existait donc pas avant la création du monde, et elle a été tirée du néant, selon le récit de Moïse.

Mais, répliquait Hermogène, Moïse dit qu'avant que Dieu eût formé le ciel et la terre, elle était informe, invisible, ce qui suppose sa préexistence; et qu'elle est éternelle et incréée.

Vous n'opposez ici qu'une chicane, dit Tertullien; vous prétendez prouver la préexistence et l'éternité de la matière, parce que Moïse dit que la terre était : mais ne peut-on pas dire d'une chose qu'elle est, aussitôt qu'elle a reçu l'existence ?

Ces mots, la matière était, ne supposent que l'existence de la matière, et non pas la raison pour laquelle elle existe ; ainsi rien, dans le récit de Moïse, n'autorise le sentiment d'Hermogène sur l'éternité de la matière.

Mais enfin, disait Hermogène, l'Ecriture ne dit nulle part que la matière a été tirée du néant.

L'Ecriture nous dit qu'elle a eu un commencement, répond Tertullien, et par conséquent qu'elle a été tirée du néant ; si le monde avait été tiré d'une matière préexistante, l'Ecriture nous l'aurait dit, comme elle nous le dit de toutes les autres productions : lorsque Moïse nous raconte la production des plantes, il les tire de la terre ; lorsqu'il raconte celle des poissons, il les tire de l'eau, etc.

L'endroit même de Moïse qu'Hermogène cite en sa faveur anéantit tous ses principes ; car Moïse, dans ce passage, dit que la terre était informe, imparfaite, ce qui ne peut convenir qu'à un être produit et tiré du néant.

A l'égard de la difficulté d'Hermogène sur la permission du mal, en supposant que le monde a été créé par un Etre tout-puissant, Tertullien répondait que le mal qui est dans le monde n'est contraire ni à la bonté, ni à la toute-puissance de Dieu , puisqu'il y aura un temps où tout sera dans l'ordre (1).

Cette réponse est victorieuse, surtout contre Hermogène, qui reconnaissait l'autorité de l'Ecriture et de la révélation.

Ceux qui attaquent la bonté de Dieu sans savoir quel est le plan que l'Etre suprême s'est proposé dans la création du monde ne peuvent opposer que des sophismes.

M. le Clerc n'a pas rendu justice à Tertullien sur la manière dont il réfute Hermogène ; il parait même que M. le Clerc n'a pas assez bien pris le sens des difficultés d'Hermogène, qui n'attaquaient pas directement la possibilité de la création, mais qui portent absolument sur l'impossibilité de concilier la permission du mal avec la création (2).

---

(1) Tert. cont. Hermogen.

(2) Le Clerc, Hist. Ecclés., an. 158.

Tertullien s'est sagement renfermé dans ces bornes, et n'a pas établi la nécessité de la création, dont on ne doutait pas, puisque Tertullien traite d'opinion nouvelle le sentiment qui suppose la matière éternelle; ce qui, pour le dire en passant, fait voir ce qu'on doit penser de la vérité ou de l'érudition de ceux qui assurent avec tant de confiance que la création était inconnue aux premiers siècles.

On prétend qu'Hermogène croyait que le corps de Jésus-Christ était dans le soleil, et que les démons se dissoudraient un jour et rentreraient dans le sein de la matière première.

HERMOGÉNIENS, disciples d'Hermogène; il y en eut plusieurs: deux des plus célèbres furent Hermias et Séleucus, qui firent des sectes particulières. *Voyez* leurs articles.

*HERNHUTES, ou HERNHUTERS, secte d'enthousiastes introduite vers le commencement du dix-huitième siècle en Moravie, en Vétéravie, en Hollande et en Angleterre. Ses partisans sont encore connus sous le nom de *frères moraves*; mais il ne faut pas les confondre avec les *frères de Moravie* ou les *huttérites*, qui étaient une branche d'*anabaptistes*. Quoique ces deux sectes aient quelque ressemblance, il paraît que la plus récente, de laquelle nous parlons, n'est point née de la première. Les *hernhutes* sont aussi nommés *zinzendorfiens* par quelques auteurs.

En effet, le *hernhutisme* doit son origine et ses progrès au comte Nicolas-Louis de Zinzendorf, né en 1700, et élevé à Hall dans les principes du quiétisme. Sorti de cette université en 1721, il s'appliqua à l'exécution du projet qu'il avait conçu de former une société dans laquelle il pût vivre uniquement occupé d'exercices de dévotion dirigés à sa manière. Il s'associa quelques personnes qui étaient dans ses idées, et il établit sa résidence à Bertholsdorf, dans la haute Lusace, terre dont il fit l'acquisition.

Un charpentier de Moravie nommé *Christian David*, qui avait été autrefois dans ce pays-là, engagea deux ou trois de ses associés à se retirer avec leurs familles à Bertholsdorf. Ils y furent accueillis avec empressement; ils y bâtirent une maison dans une forêt, à une demi-lieue de ce village. Plusieurs particuliers de Moravie, attirés par la protection du comte Zinzendorf, vinrent augmenter cet établissement, où le comte y vint demeurer lui-même. En 1728, il y avait déjà trente-quatre maisons, et en 1732 le nombre des habitants se montait à six cents. La montagne de Hutberg leur donna lieu d'appeler leur habitation *Hutderhern*, et dans la suite *Hernhut*, nom qui peut signifier *la garde* ou *la protection du Seigneur*; c'est de là que toute la secte a pris le sien.

Les *hernhutes* établirent bientôt entre eux la discipline qu'ils devaient observer; qui les attache étroitement les uns aux autres, qui les partage en différentes classes, qui les met dans une entière dépendance de leurs supérieurs, qui les assujettit à des pratiques de dévotion et à des menues règles semblables à celles d'un institut monastique.

La différence d'âge, de sexe, d'état, relativement au mariage, a formé parmi eux les différentes classes, savoir celles des maris, des femmes mariées, des veufs, des veuves, des filles, des garçons, des enfants. Chaque classe a ses directeurs choisis parmi ses membres. Les mêmes emplois qu'exercent les hommes entre eux sont remplis entre les femmes par des personnes de leur sexe. Il y a de fréquentes assemblées des différentes classes en particulier, et de toute la société ensemble. On y veille à l'instruction de la jeunesse avec une attention particulière; le zèle du comte de Zinzendorf l'a quelquefois porté à prendre chez lui jusqu'à une vingtaine d'enfants, dont neuf ou dix couchaient dans sa chambre. Après les avoir mis dans la voie du salut, telle qu'il la concevait, il les renvoyait à leurs parents.

Une grande partie du culte des *hernhutes* consiste dans le chant, et ils y attachent la plus grande importance; c'est surtout par le chant, disent-ils, que les enfants s'instruisent de la religion. Les chantres de la société doivent avoir reçu de Dieu un talent particulier; lorsqu'ils entonnent à la tête de l'assemblée, il faut que ce qu'ils chantent soit toujours une répétition exacte et suivie de ce qui vient d'être prêché.

A toutes les heures du jour et de la nuit, il y a dans le village d'*Hernhut* des personnes de l'un et de l'autre sexe chargées par tour de prier pour la société. Sans montre, sans horloge, ni réveil, ils prétendent être avertis par un sentiment intérieur de l'heure à laquelle ils doivent s'acquitter de ce devoir. S'ils s'aperçoivent que le relâchement se glisse dans leur société, ils raniment leur zèle en célébrant des agapes ou des repas de charité. La voie du sort est fort en usage parmi eux; ils s'en servent souvent pour connaître la volonté du Seigneur.

Ce sont les anciens qui font les mariages: nulle promesse d'épouser n'est valide sans leur consentement; les filles se dévouent au Sauveur, non pour ne jamais se marier, mais pour n'épouser qu'un homme à l'égard duquel Dieu leur aura fait connaître avec certitude qu'il est régénéré, instruit de l'importance de l'état conjugal, et amené par la direction divine à entrer dans cet état.

En 1748, le comte de Zinzendorf fit recevoir à ses frères moraves la confession d'Augsbourg et la croyance des luthériens, témoignant néanmoins une inclination à peu près égale pour toutes les communions chrétiennes; il déclare même que l'on n'a pas besoin de changer de religion pour entrer dans la société des *hernhutes*. Leur morale est celle de l'Évangile; mais en fait d'opinions dogmatiques, ils ont le caractère distinctif du fanatisme, qui est de rejeter la raison et le raisonnement, d'exiger que la foi soit produite par le Saint-Esprit seul.

Suivant leur opinion, la régénération naît d'elle-même, sans qu'il soit besoin de rien faire pour y coopérer; dès que l'on est régénéré, l'on devient un être libre. C'est cependant le Sauveur du monde qui agit toujours dans le régénéré, et qui le guide dans toutes ses actions. C'est aussi en Jésus-Christ que toute la Divinité est concentrée, il est l'objet principal ou plutôt unique du culte des *hernhutes*; ils lui donnent les noms les plus tendres, et ils révèrent avec la plus grande dévotion la plaie qu'il reçut dans son côté sur la croix. Jésus-Christ est censé l'époux de toutes les sœurs, et les maris ne sont, à proprement parler, que ses procureurs. D'un autre côté, les sœurs *hernhutes* sont conduites à Jésus par le ministère de leurs maris, et l'on peut regarder ceux-ci comme les sauveurs de leurs épouses en ce monde. Quand il se fait un mariage, c'est qu'il y avait une sœur qui devait être amenée au véritable Epoux par le ministère d'un tel procureur.

Ce détail de la croyance des *hernhutes* est tiré du livre d'Isaac Lelong, écrit en hollandais, sous le titre de *Merveilles de Dieu envers son Eglise*, Amst. 1755, in-8°. Il ne le publia qu'après l'avoir communiqué au comte de Zinzendorf. L'auteur de l'ouvrage intitulé *Londres*, qui avait conféré avec quelques-uns des principaux *hernhutes* d'Angleterre ajoute, tom. II, p. 196, qu'ils regardent l'Ancien Testament comme une histoire allégorique; qu'ils croient la nécessité du baptême; qu'ils célèbrent la cène à la manière des luthériens, sans expliquer quelle est leur foi touchant ce mystère. Après avoir reçu l'eucharistie, ils prétendent être ravis en Dieu et transportés hors d'eux-mêmes. Ils vivent en commun comme les premiers fidèles de Jérusalem; ils rapportent à la masse tout ce qu'ils gagnent, et n'en tirent que le plus étroit nécessaire : les gens riches y mettent des aumônes considérables.

Cette caisse commune, qu'ils appellent la *caisse du Sauveur*, est principalement destinée à subvenir aux frais des missions. Le comte de Zinzendorf, qui les regardait comme la partie principale de son apostolat, a envoyé de ses compagnons d'œuvre presque par tout le monde; lui-même a couru toute l'Europe, et il a été deux fois en Amérique. Dès 1733, les missionnaires du *hernhutisme* avaient déjà passé la ligne pour aller catéchiser les nègres, et ils ont pénétré jusqu'aux Indes. Suivant les écrits du fondateur de la secte, en 1749, elle entretenait jusqu'à mille ouvriers évangéliques répandus par tout le monde : ces missionnaires avaient déjà fait plus de deux cents voyages par mer. Vingt-quatre nations avaient été réveillées de leur assoupissement spirituel : on prêchait le *hernhutisme*, en vertu d'une vocation légitime, en quatorze langues, à vingt mille âmes au moins; enfin, la société avait déjà quatre-vingt-dix-huit établissements, entre lesquels se trouvaient des châteaux les plus vastes et les plus magnifiques. Il y a sans doute de l'hyperbole dans ce détail, comme il y avait du fanatisme dans les prétendus miracles par lesquels ce même comte soutenait que Dieu avait protégé les travaux de ses missionnaires.

Cette société possède, dit Bergier, Bethléhem en Pensylvanie, et elle a un établissement chez les Hottentots, sur les côtes méridionales de l'Afrique. Dans la Vétéravie, elle domine à Marienborn et à Hernhang; en Hollande, elle est florissante à Isselstein et à Zeist; ses sectateurs se sont multipliés dans ce pays-là, surtout parmi les mennonites ou anabaptistes. Il y en a un assez grand nombre en Angleterre; mais les Anglais n'en font pas grand cas; ils les regardent comme des fanatiques dupés par l'ambition et par l'astuce de leurs chefs. Cependant on a vu en France le patriarche des frères moraves, chargé d'une négociation importante par le gouvernement d'Angleterre.

Dans leur troisième synode général tenu à Gotha en 1740, le comte de Zinzendorf se démit de l'espèce d'épiscopat auquel il s'était cru appelé en 1737; mais il conserva la charge de président de sa société. Il renonça encore à cet emploi en 1743, pour prendre le titre plus honorable de plénipotentiaire et d'économe général de la société, avec le droit de se nommer un successeur. On conçoit que les *hernhutes* conservent la plus profonde vénération pour sa mémoire. En 1778, l'auteur des *Lettres sur l'histoire de la terre et de l'homme*, a vu une société de frères moraves à Neuwied en Westphalie; ils lui ont paru conserver la simplicité de mœurs et le caractère pacifique de cette secte; mais il reconnaît que cet esprit de douceur et de charité ne peut pas subsister longtemps dans une grande société (1). Suivant le tableau qu'il en fait, on peut appeler le *hernhutisme* le monachisme des protestants.

Mais il s'en faut de beaucoup que tous en aient la même idée. Mosheim s'était contenté de dire que si les *hernhutes* ont la même croyance que les luthériens, il est difficile de deviner pourquoi ils ne vivent point dans la même communion, et pourquoi ils s'en séparèrent à cause de quelques rites ou institutions indifférentes. Son traducteur anglais lui a reproché cette molle indulgence; il soutient que les principes de cette secte ouvrent la porte aux excès les plus licencieux du fanatisme. Il dit que le comte de Zinzendorf a formellement enseigné, « que la loi, pour le vrai croyant, n'est point une règle de conduite; que la loi morale est pour les juifs seuls; qu'un régénéré ne peut plus pécher contre la lumière. » Mais cette doctrine n'est pas fort différente de celle de Calvin. Il cite, d'après ce même sectaire, des maximes touchant la vie conjugale, et des expressions que la pudeur ne nous permet pas de copier. L'évêque de Glocester accuse de même les *hernhutes* de plusieurs abominations; il prétend qu'ils ne méritent pas plus d'être mis au nombre des sectes chrétiennes, que les *turlupins* ou *frères du libre esprit* du treizième siècle, secte également impie et libertine(2).

(1) Lettre 98, tom. IV, pag. 262.

(2) Hist. Ecclés. de Mosheim, trad., tom. VI, pag. 25, note c.

Ceux qui veulent disculper les frères moraves répondent que toutes les accusations dictées par l'esprit de parti et par la haine théologique ne prouvent rien ; qu'on les a faites non-seulement contre les anciennes sectes hérétiques, mais encore contre les juifs et contre les chrétiens. Cette réponse ne nous paraît pas solide : les juifs et les premiers chrétiens n'ont jamais enseigné une morale aussi scandaleuse que les frères moraves et les autres sectes accusées de libertinage ; et cela fait une grande différence.

Quoi qu'il en soit, la secte des *hernhutes*, formée dans le sein du luthéranisme, ne lui fera jamais beaucoup d'honneur.

HÉSHUSIENS, sectateurs de Tilman Héshusius, ministre protestant qui professa l'arianisme dans le seizième siècle, et y ajouta d'autres erreurs : sa secte est une des branches du socinianisme.

HÉSICASTES, moines grecs, qui enseignèrent le quiétisme, vers le milieu du onzième siècle.

Siméon le jeune, abbé de Xérocerce, avait porté fort loin les exercices de la vie contemplative ; il avait donné des maximes pour s'y perfectionner, et ses moines priaient et méditaient sans cesse.

Comme la gloire céleste était l'objet de tous leurs vœux, elle était le sujet de toutes leurs méditations ; ils s'agitaient, tournaient la tête, roulaient les yeux, et faisaient des efforts incroyables pour s'élever au-dessus des impressions des sens, et pour se détacher de tous les objets qui les environnaient, et qui leur semblaient attacher l'âme à la terre : tous les objets se confondaient alors dans leur imagination ; ils ne voyaient rien distinctement ; tous les corps disparaissaient, et les fibres du cerveau n'étaient plus agitées que par ces espèces de vibrations qui produisent ces couleurs vives qui naissent comme des éclairs, lorsque le cerveau est comprimé par le gonflement des vaisseaux sanguins.

Les disciples de Siméon, dans la ferveur de leurs méditations, prirent ces lueurs pour une lumière céleste, et les regardèrent comme un rayon de la gloire des bienheureux ; ils croyaient que c'était en regardant le nombril que cette lumière s'offrait à eux.

On blâma ces visionnaires. Siméon, abbé de Saint-Mammas, prit leur défense, et traita comme des hommes charnels et terrestres les ennemis des hésicastes, qui jouirent de la liberté de se procurer, par leurs méditations, les visions qui les rendaient heureux.

Au commencement du quatorzième siècle, Grégoire Palamas, moine du mont Athos, qui avait quitté la fortune et les honneurs pour la vie monastique, adopta les règles que Siméon le Jeune avait prescrites, et les accrédita.

Il écrivit sur la nature de cette lumière que les contemplatifs apercevaient à leur nombril : il prétendit qu'elle n'était point différente de la lumière qui avait paru sur le Thabor ; que cette lumière était incréée et incorruptible, quoiqu'elle ne fût pas l'essence de Dieu ; c'était une opération de la Divinité, sa grâce, sa gloire, sa splendeur, qui sortaient de son essence.

Un moine, nommé Barlaam, attaqua le sentiment des hésicastes sur la nature de la lumière qui avait paru sur le Thabor, et prétendit que cette lumière n'était point incréée ; que le sentiment de Palamas semblait admettre plusieurs divinités subordonnées, et émanées de la divinité substantielle.

On assembla un concile pour décider cette question qui commençait à faire du bruit, et l'on condamna Barlaam.

Acyndinus, autre moine, entreprit la défense de Barlaam ; on assembla un concile pour juger Acyndinus ; il fut convaincu d'être du sentiment de Barlaam, et de croire la lumière du Thabor une lumière créée ; on condamna Acyndinus et Barlaam ; on imposa silence sur ces contestations, et l'on défendit, sous peine d'excommunication, d'accuser les moines d'hérésie.

Les hésicastes ou palamites ne crurent pas devoir se borner à cette victoire ; ils remplirent Constantinople de leurs écrits contre Barlaam, répandirent leur doctrine, persuadèrent ; et Constantinople fut remplie de quiétistes qui priaient sans cesse, et qui, les yeux baissés sur le nombril, attendaient toute la journée la lumière du Thabor. Les maris quittèrent leurs femmes pour se livrer sans distraction à ce sublime exercice, et les hésicastes leur donnaient la tonsure monacale : les femmes se plaignirent, et les quiétistes remplirent Constantinople de trouble et de discorde.

Le patriarche ordonna aux hésicastes de se contenir ; ils ne déférèrent ni à ses avis, ni à ses ordres ; il les chassa de la ville, assembla un concile composé du patriarche d'Antioche et de plusieurs évêques : ce concile condamna Grégoire Palamas, ses opinions et ses sectateurs.

Ceci se passa sous l'impératrice Anne, pendant l'exil de Cantacuzène ; mais lorsque Cantacuzène se fut rendu maître de Constantinople, l'impératrice Anne et Jean Paléologue, voulant se servir de Palamas pour faire leur paix, le firent absoudre dans un synode qui condamna le patriarche Jean : ce patriarche étant mort, Cantacuzène fit élire à sa place Isidore, sectateur zélé des opinions des hésicastes.

Les barlaamites se séparèrent de la communion d'Isidore : pour rétablir la paix entre ces deux partis, les deux empereurs Cantacuzène et Jean Paléologue firent assembler un concile composé de vingt-cinq métropolitains, de quelques évêques, de plusieurs prêtres et moines : on cita à ce concile les ennemis de Palamas ; on examina leurs accusations et les réponses de Palamas ; on traita ensuite de la lumière du Thabor. Quelques jours après, on se rassembla pour traiter à fond quelques questions qui regardaient l'essence et l'opération divine. L'empereur proposa lui-même toutes ces questions, on rapporta tous les passages des Pères, pour les expliquer : on examina avec le même soin la doctrine de Barlaam ; on reçut la profession de foi des moines du mont Athos, et l'on condamna Barlaam, Acyndinus et tous ceux qui croyaient que la lumière du Thabor était créée; ce concile fut tenu vers l'an 1345 (1).

Le nombre des ouvrages composés pour et contre les hésicastes est très-considérable; ils sont encore pour la plupart manuscrits; il y en avait beaucoup dans la bibliothèque de Coissin (2).

HÉSITANTS. Sur la fin du cinquième siècle, on donna ce nom à ceux des eutychiens acéphales qui ne savaient s'ils devaient recevoir ou rejeter le concile de Chalcédoine, qui n'étaient attachés ni à Jean d'Antioche, fauteur de Nestorius, ni à saint Cyrille, qui l'avait condamné. Ils appelèrent *synodolins* ceux qui se soumirent à ce concile.

HÉTÉROUSIENS, secte d'ariens, disciples d'Aëtius, et appelés de son nom aëtiens, qui soutenaient que le Fils de Dieu est d'*une autre substance* que celle du Père : c'est ce que signifie *hétérousiens*. Ils nommaient les catholiques *homoousiens*.

HIÉRACITES. Hérétiques du troisième siècle, qui eurent pour chef Hiérax ou Hiéracas, médecin de profession, né à Léontium ou Léontople en Egypte. Saint Epiphane qui rapporte et réfute les erreurs de ce sectaire, convient qu'il était d'une austérité de mœurs exemplaire, qu'il était versé dans les sciences des Grecs et des Egyptiens, qu'il avait travaillé beaucoup sur l'Ecriture sainte, qu'il était doué d'une éloquence douce et persuasive; il n'est pas étonnant qu'avec des talents aussi distingués il ait entraîné dans ses erreurs un grand nombre de moines égyptiens. Il vécut et fit des livres jusqu'à l'âge de quatre-vingt-dix ans.

Saint Epiphane nous apprend (3) qu'Hiérax niait la résurrection de la chair, et n'admettait qu'une résurrection spirituelle des âmes, qu'il condamnait le mariage comme un état d'imperfection que Dieu avait permis sous l'Ancien Testament, mais que Jésus-Christ était venu réformer par l'Evangile; conséquemment il ne recevait dans sa société que les célibataires et les moines, et dans l'autre sexe les vierges et les veuves. Il prétendait que les enfants morts avant l'usage de la raison ne vont pas au ciel, parce qu'ils n'ont mérité le bonheur éternel par aucune bonne œuvre. Il confessait que le Fils de Dieu a été engendré du Père, que le Saint-Esprit procède du Père comme du Fils; mais il avait rêvé que Melchisédech était le Saint-Esprit revêtu d'un corps humain. Il se servait d'un livre apocryphe intitulé l'*Ascension d'Isaïe*, et il pervertissait le sens des Ecritures par des fictions et des allégories. On doit présumer qu'il s'abstenait du vin, de la viande et d'autres aliments, non-seulement par mortification, mais par une espèce d'horreur superstitieuse, puisque saint Epiphane le réfute en lui citant saint Paul, qui dit que toute créature de Dieu est bonne, qu'elle est sanctifiée par la parole de Dieu et par la prière.

Plusieurs critiques ont imaginé que l'aversion pour le mariage, pour les richesses, pour les plaisirs de la société, l'estime pour la virginité et pour le célibat, par lesquelles les premières sectes du christianisme se sont distinguées, sont venues de la persuasion dans laquelle on était que le monde allait bientôt finir; d'autres ont prétendu que ces notions étaient empruntées à la philosophie des Orientaux, à celle de Pythagore et de Platon. Mais nous ne voyons ici aucun vestige de ces deux causes prétendues. Saint Epiphane nous atteste qu'Hiérax fondait ses opinions sur des passages de l'Ecriture sainte desquels il abusait; ce Père allègue ces passages, et réfute le sens qu'Hiérax y donnait. Il n'y est question ni de la fin du monde, ni de préjugés philosophiques.

HOFMANNISTES, sectateurs de Daniel Hofmann, luthérien, professeur de théologie dans l'université d'Helmstadt. L'an 1598, ce théologien, fondé sur quelques opinions particulières de Luther, soutint que la philosophie est l'ennemie mortelle de la religion, que ce qui est vrai en philosophie est souvent faux en théologie. Bayle a renouvelé en quelque manière ce sentiment, lorsqu'il a prétendu que plusieurs dogmes du christianisme sont non-seulement supérieurs aux lumières de la raison, mais contraires à la raison, sujets à des difficultés insolubles, et qu'il faut renoncer aux lumières naturelles pour être véritablement croyant. L'opinion de Hofmann excita des disputes et causa du trouble dans les écoles protestantes de l'Allemagne. Pour les assoupir le duc de Brunswick, après avoir consulté l'université de Rostock, obligea Hofmann de se rétracter publiquement et d'enseigner que la vraie philosophie n'est point opposée à la vraie théologie.

On accuse encore ce professeur ou ses disciples, d'avoir enseigné, comme les anciens gnostiques, que le Fils de Dieu s'est fait homme sans prendre naissance dans le sein d'une femme, et d'avoir imité les novatiens qui soutenaient que ceux qui retombent dans le péché ne doivent point être pardonnés. C'est ici un des exemples du libertinage d'esprit auquel les protestants se sont livrés, après avoir secoué le joug de l'autorité de l'Eglise (4).

HOLLANDE, nous nous proposons de donner, dans cet article, l'histoire de l'origine et de l'établissement du calvinisme dans les Provinces-Unies.

De la réformation dans les Pays-Bas depuis Luther jusqu'à la formation de la ligue connue sous le nom de Compromis.

La doctrine de Luther se répandit dans les Pays-Bas vers l'an 1521. Charles-Quint fit publier un placard et nomma deux inquisi-

---

(1) Dupin, xive siècle, p. 522. Natal. Alex. in sæc. xiv. Panoplia adversus schisma Græcorum, centuria 13, c. 3, p. 381. Fabricius, Bibl. græc., tom. X, pag. 454. Allatius, etc.

(2) *Voyez* le catalogue de la bibliothèque de Coissin.
(3) Hæres. 67.
(4) Mosheim, Hist. Eccles., xvie siècle, sect. 3, p. 1, c. 1, § 13.

teurs qui firent arrêter tous ceux qu'ils crurent engagés dans les opinions de Luther; plusieurs augustins d'Anvers furent emprisonnés, et deux furent brûlés : leur supplice donna de la célébrité aux erreurs pour lesquelles ils étaient morts, et Charles-Quint ajouta à ce premier placard plusieurs édits, par lesquels tous les hérétiques étaient condamnés à perdre la tête, les relaps à être brûlés, et les femmes à être enterrées vives: on accordait la vie à ceux qui se convertissaient, pourvu qu'ils ne fussent pas relaps ou emprisonnés (1).

Ce même édit défendait, sous peine de mort et de confiscation de biens, de recevoir chez soi aucun hérétique : toutes les personnes soupçonnées d'hérésie étaient exclues des emplois honorables, et, pour mieux découvrir les hérétiques, on promettait la moitié de leurs biens aux accusateurs, pourvu qu'elle n'excédât pas la somme de cent livres de Flandre (2).

Les anabaptistes qui désolaient l'Allemagne pénétrèrent alors dans les Pays-Bas, et l'on punit les anabaptistes avec encore plus de rigueur que les luthériens.

Le fanatisme s'alluma bientôt, et l'on vit les anabaptistes et les luthériens courir au supplice avec joie, et se disputer la gloire d'aller au bûcher ou sur l'échafaud avec moins de regret et plus de constance : on vit des réformés arracher aux prêtres l'hostie pendant l'élévation, la briser et la fouler aux pieds pour la gloire de Dieu, et pour faire voir qu'elle ne contenait pas Jésus-Christ. Les auteurs de ces attentats ne fuyaient point après les avoir commis : ils attendaient froidement qu'on les arrêtât, et souffraient, sans murmurer, une mort terrible.

Voilà quel était l'état des Pays-Bas, lorsque Charles-Quint résigna l'Espagne à Philippe, son fils.

Philippe confirma tous les édits de son père contre les hérétiques, et fit punir avec la même rigueur les luthériens et les anabaptistes.

Les exécutions multiplièrent les hérétiques, et l'on vit en plusieurs lieux des communautés entières de protestants qui entreprirent d'enlever ceux que l'on conduisait au supplice (3).

Philippe, pour arrêter plus sûrement le progrès de l'hérésie, voulut établir l'inquisition dans les Pays-Bas, comme elle l'était en Espagne.

Un de ses ministres lui représenta que sa sévérité pourrait lui faire perdre les Pays-Bas, ou du moins quelques-unes des provinces, et Philippe répondit qu'il aimait mieux être dépouillé de tous ses Etats que de les posséder imbus d'hérésies.

Ce fut dans ce même temps que parut la bulle de Paul IV pour l'érection de trois nouveaux évêchés dans les Pays-Bas : la bulle marquait expressément que les nouveaux évêques, assistés de leurs chapitres, feraient la fonction d'inquisiteurs dans leurs diocèses.

La fondation des nouveaux évêchés n'avait pu se faire qu'en leur assignant des terres et des revenus ; on les prit sur des abbayes et sur d'autres communautés religieuses. Les abbés et les communautés en murmurèrent, se plaignirent et firent si bien valoir leurs droits, qu'on fut enfin obligé de composer avec eux et de leur laisser une bonne partie de ce qu'ils possédaient.

Les magistrats d'Anvers, de Louvain, de Ruremonde, de Deventer, de Groningue, de Lewarde, sentant bien que leur autorité serait affaiblie par celle des évêques, s'opposèrent aussi avec vigueur à la bulle, et trouvèrent le moyen d'empêcher les évêques d'entrer dans leurs villes, ou les en firent chasser.

Cette opposition des catholiques aux desseins de la cour de Rome augmenta le courage des nouveaux sectaires ; ils parlèrent avec plus de liberté contre Rome : beaucoup de personnes crurent ne voir en eux que des citoyens zélés et des ennemis de l'oppression, leur nombre s'accrut considérablement, et enfin, en 1559, ils firent paraître une profession de foi en trente-sept articles, qui étaient presque tous opposés à la doctrine de l'Eglise romaine et conformes à celle de Genève ; c'est pourquoi les sociétés qui la reçurent prirent le titre d'Eglises réformées (4).

Du calvinisme en Hollande depuis la ligue jusqu'à la prise d'armes par le prince d'Orange.

La crainte de l'inquisition avait tellement alarmé les esprits, que la noblesse fit secrètement une ligue pour en empêcher l'établissement, et que les plus zélés catholiques entrèrent dans ce projet comme les autres : cette ligue fut connue sous le nom de Compromis.

La noblesse confédérée ne put agir avec tant de secret que le bruit confus de ses desseins ne vint aux oreilles de la gouvernante : Philippe, pour calmer les esprits, envoya de Madrid un arrêt qui condamnait aux galères les prédicants, les écrivains protestants et tous ceux qui les recevaient dans leurs maisons ou qui permettaient qu'ils y fissent leurs assemblées.

Les ministres s'assemblèrent dans les bois ou dans la campagne ; ils prêchaient, et après les prédications on chantait quelques psaumes : ces assemblées étaient quelquefois composées de sept à huit mille personnes (5).

Le bruit de ces assemblées si publiques et si nombreuses fit comprendre à la princesse Marguerite, gouvernante des Pays-Bas, que

---

(1) Histoire de la réforme des Pays-Bas, par Brandt, tom. I, l. ii.
(2) Ibid., p. 58.
(3) Ibid., t. I, l. iv, p. 96, an. 1515.
(4) Ibid., t. I, l. v, p. 106.
(5) Ibid., tom. I, liv. vi, pag. 130.

les protestants et les mécontents étaient beaucoup plus nombreux qu'elle ne l'avait cru : elle manda aux magistrats d'Anvers de chasser tous les Français et d'empêcher absolument les assemblées (1).

Les magistrats publièrent un placard qui défendait les assemblées publiques, et ils reçurent une requête qui leur représentait que le nombre des réformés s'était tellement augmenté, qu'il ne leur était plus possible de s'assembler en secret ; que les magistrats étaient donc suppliés de permettre ces assemblées, en assignant des lieux qui leur fussent propres ; que cette liberté attirerait dans les Pays-Bas un nombre infini de Français et d'Allemands.

La gouvernante fit publier un placard qui commanda de nouveau à tous les officiers de dissiper les assemblées et de faire pendre sans miséricorde tous les prédicateurs réformés.

C'était manquer de parole à la noblesse confédérée, à laquelle on avait promis d'attendre la réponse de Philippe, et qui s'était flattée qu'on n'entreprendrait rien que l'on n'eût assemblé les états généraux : ce placard fit donc un très-mauvais effet ; on en murmura, on se plaignit ouvertement ; plusieurs villes, même celle d'Anvers, refusèrent de le publier dans les formes ; les prédications publiques devinrent plus fréquentes, non sans causer du désordre, surtout à Anvers, où la sédition fut sur le point d'éclater et où l'on ne put empêcher les protestants de s'assembler : leur exemple donna du courage aux réformés ; on vit presque aussitôt établir des églises prétendues réformées à Lille, à Tournai, à Valenciennes, dans les provinces d'Utrecht et de Hollande.

Le fanatisme des protestants, augmenté par ces succès, produisit de nouveaux désordres : ils s'attroupèrent dans le district de Saint-Omer, pillèrent le couvent des religieuses de Woleverghem, y brisèrent les images et tout ce qui était destiné au service divin ; l'esprit iconoclaste se répandit subitement dans la plupart des provinces et l'on pilla plus de quatre cents églises en trois jours. On voyait tant de voleurs et de femmes débauchées qui se mêlaient dans la foule, et tout le reste était si peu de chose, qu'on était également irrité de la fausse dévotion des uns et de l'insolence des autres.

Voilà les premiers fondateurs de la réforme en Hollande : une populace qui, sous prétexte d'un zèle ardent pour la religion, s'abandonnait aux plus grands excès et foulait aux pieds les lois divines et humaines.

Le parti des réformés grossissait par ces émeutes ; il osa faire ses exercices publiquement dans quelques-unes des plus grandes villes; il s'empara même de plusieurs églises (2).

Des progrès aussi rapides étonnèrent la duchesse de Parme ; elle promit que l'inquisition serait abolie, qu'on réglerait les affaires de la religion et que l'on demanderait au roi la tenue des états.

Le roi d'Espagne avait des desseins bien contraires ; il comptait se servir de ces circonstances pour établir dans les Pays-Bas une autorité despotique, et, pour y réussir, il se proposait de perdre le prince d'Orange et les comtes d'Egmont et de Horn.

Une lettre qui contenait ce projet tomba entre les mains du prince d'Orange, qui la communiqua à ses principaux amis, qui se réunirent et firent au roi des représentations sur la nécessité de tolérer les sectaires en les réprimant : ils punirent donc les nouveaux iconoclastes et se rendirent odieux aux réformés, sans se réconcilier avec les catholiques, que l'impiété des prétendus réformés avait extrêmement irrités (3).

Il y avait donc trois partis en Hollande : les catholiques ennemis de l'inquisition et défenseurs des priviléges de la nation ; les catholiques dévoués à la cour d'Espagne et qui voulaient tout sacrifier pour la ruine des réformés ; et enfin les protestants fanatiques qui voulaient se maintenir et étendre leur prétendue réforme.

Les Églises réformées demandèrent du secours aux princes protestants d'Allemagne ; mais ceux-ci exigèrent que les réformés des Pays-Bas signassent la confession d'Augsbourg, ce que les réformés refusèrent absolument. Les luthériens et les calvinistes des Pays-Bas firent donc deux sectes séparées ; elles s'excommunièrent, et les luthériens se réunirent avec les catholiques contre les réformés d'Anvers, qui avaient pris les armes pour soutenir leur cause. Les catholiques profitèrent de ces divisions, et l'on ôta aux religionnaires leurs prêches et les lieux qu'ils avaient usurpés sur les catholiques.

La cour d'Espagne crut alors la ligue hors d'état d'agir ; elle exigea des seigneurs, des nobles et des magistrats, de jurer qu'ils soutiendraient la religion catholique et romaine, de punir les sacriléges et d'extirper les hérésies ; enfin on voulut s'assurer des peuples, et l'on contraignit tout le monde, de quelque qualité qu'il fût, à prendre les mêmes engagements.

Les réformés, pour résister à la tempête qui s'élevait contre eux, s'imposèrent volontairement des taxes, établirent un caissier général, levèrent des troupes, s'emparèrent de Bois-le-Duc et s'y fortifièrent. Ils furent moins heureux à Utrecht et à Flessingue : le parti qui avait tenté cette dernière expédition fut défait par les catholiques d'Anvers, et les réformés de cette ville, sur la nouvelle de la défaite de leurs frères, coururent aux armes ; la ville fut remplie de meurtres et de désordres, que le prince d'Orange n'arrêta qu'en armant, contre les calvinistes, les catholiques et les luthériens.

Le roi d'Espagne se rendit ensuite maître absolu dans Valenciennes, dans Cambrai, dans Maestricht, Hasselt, Bois-le-Duc, etc., et traita les réformés avec la dernière rigueur : les ministres furent pendus, et l'on

---

(1) Histoire de la réforme, par Brandt, tom. I, liv. vi, pag. 150.

(2) Ibid., tom. I, liv. vii, pag. 159.
(3) Ibid.

trancha la tête à beaucoup de réformés (1).

Le prince d'Orange, qui voyait que l'orage qui désolait les protestants fondrait sur lui, songea à les réunir avec les luthériens, mais inutilement; il se retira en Allemagne, et l'on continua à sévir contre les protestants. Un nombre prodigieux de familles abandonna les Pays-Bas; les gibets furent remplis de corps morts, et l'Allemagne de réfugiés.

Ce fut dans ce temps que le roi d'Espagne envoya le duc d'Albe dans les Pays-Bas, à la tête de douze cents hommes de cavalerie et de huit mille hommes d'infanterie. 1567, 1568.

Ce duc entra dans Bruxelles, et, après avoir distribué ses troupes dans les villes voisines, il fit arrêter les comtes d'Horn et d'Egmont et plusieurs personnes considérables. La nouvelle de cet emprisonnement jeta la terreur dans tous les esprits; plus de vingt mille habitants abandonnèrent précipitamment leur patrie. En vain la duchesse de Parme voulut prévenir la désertion par des édits qu'elle fit publier : on ne l'écouta pas, et de son côté le duc d'Albe ne relâcha rien de sa sévérité; il établit même une nouvelle cour de justice, sous le nom de conseil des tumultes.

Ce conseil posa pour maxime fondamentale « que c'était un crime de lèse-majesté de faire des remontrances contre les nouveaux évêchés, contre l'inquisition et contre les lois pénales, ou de consentir à l'exercice d'une nouvelle religion, ou de croire que le saint office soit obligé d'avoir égard aux priviléges et aux chartes, ou de dire que le roi est lié à ses peuples par des promesses et par des serments. »

Le conseil était composé d'Espagnols qui avaient pour chef Jean de Vargas, qui s'annonça dans le public par ce raisonnement : « Tous les habitants de ces provinces méritent d'être pendus, les hérétiques pour avoir pillé les églises, et les catholiques pour ne les avoir pas défendues (2). »

La gouvernante se retira et laissa toute l'administration au duc, qui fit mourir beaucoup de monde : dix-huit cents personnes périrent en peu de temps par les mains du bourreau, et l'on ordonna de punir comme hérétiques dans toute la rigueur tous les habitants des Pays-Bas, excepté les personnes dont le conseil des tumultes avait fait un rapport favorable.

Du calvinisme dans les Pays-Bas depuis la prise d'armes du prince d'Orange jusqu'à la pacification de Gand.

Les peuples soupiraient après un libérateur, et n'en voyaient point d'autre que le prince d'Orange; ce fut donc à lui que l'on s'adressa de tous côtés, et on le détermina à secourir sa patrie.

Les princes protestants d'Allemagne lui permirent de lever des troupes; tous les protestants lui fournirent de l'argent; les Eglises de Londres, de Clèves, etc., lui envoyèrent des sommes considérables; il leva une armée et déclara les raisons qui le déterminaient à prendre les armes : « En conservant le respect dû au souverain des Pays-Bas, on voulait maintenir les anciens priviléges, abolir les lois pénales, rétablir la paix de l'Etat et délivrer les provinces du joug espagnol. »

Le commandement général de l'armée fut donné au comte Louis, qui marcha dans la Gueldre, prit Werde et Dam, et gagna une bataille.

La honte et la douleur que le duc d'Albe ressentit de cette défaite irritèrent sa férocité naturelle; il bannit le prince d'Orange, son frère Louis, et confisqua leurs biens. Les comtes d'Egmont et de Horn périrent sur un échafaud, avec plus de vingt gentilshommes ou barons.

Précédé de ces flots de sang, le duc se mit en campagne et livra bataille au comte Louis, qui fut défait. Les réformés et les anabaptistes furent traités avec la dernière rigueur; cinquante personnes furent décapitées dans la seule ville de Valenciennes, pendant l'espace de trois jours; dans moins d'une année, le duc d'Albe rendit désertes plus de cent mille maisons et peupla tous les Etats voisins des sujets de son maître (3).

Le gouvernement n'ignorait point les suites de sa rigueur, mais il en était peu touché; il fit publier un placard pour extirper l'hérésie. Pour mieux découvrir les hérétiques, le duc d'Albe envoyait des espions dans toutes les rues, afin qu'ils observassent l'air et la contenance du peuple, et l'on continua à punir avec la dernière rigueur les réformés et les anabaptistes.

Ainsi les réformés, les anabaptistes et les catholiques gémissaient sous le joug espagnol et souhaitaient une révolution. Tous les partis se réunirent enfin contre le duc d'Albe, et le prince d'Orange se rendit maître de beaucoup de villes, où la nouvelle religion fut permise et exercée; mais en beaucoup d'endroits on fit des capitulations expresses en faveur de l'ancienne religion, et partout les ordres du prince défendaient de faire violence à qui que ce fût pour les affaires de la conscience, et de molester les catholiques en aucune façon.

Le duc d'Albe fut rappelé en Espagne, où il se vanta d'avoir livré au bourreau plus de dix-huit mille hérétiques ou rebelles, sans compter ceux qui avaient péri dans la guerre. Vargas, qui l'avait accompagné, ajoutait que l'on perdait les Pays-Bas par un excès d'indulgence : la miséricorde, disait-il, est dans le ciel, la justice est sur la terre (4).

Don Louis de Requesens lui succéda et se proposa de réparer par sa douceur les maux qu'avait produits la barbare sévérité du duc d'Albe. Mais les choses étaient dans un état où les esprits ne pouvaient être ni intimidés par la sévérité, ni gagnés par la douceur; les états de Hollande s'occupèrent à donner quelque forme au projet de liberté.

Ils commencèrent par un acte qui semblait

---

(1) Histoire de la réforme, par Brandt, l. VIII.
(2) Ibid., t. I, l. VIII, p. 164.
(3) Ibid., l. IX. Hist. d'Enghien, par Colins, pag. 806.

(4) Histoire de la réforme par Brandt, tom. I, liv. X, pag. 220.

y être contraire, car, étant assemblés à Leyde, ils défendirent l'exercice public de la religion catholique romaine ; c'était donner atteinte aux fréquentes promesses du prince d'Orange, à la capitulation de plusieurs villes, aux résolutions de la Haye et à la confiance qu'il fallait établir entre les différents partis qui étaient engagés dans la même querelle : ces considérations, quelque fortes qu'elles fussent, cédèrent à la nécessité où l'on se trouva de mettre un mur de séparation entre les Espagnols et les provinces : on ôta peu après les églises aux catholiques; on les exclut des charges et de la magistrature; on leur laissa néanmoins la liberté des assemblées particulières, et la religion qu'on professait à Genève et dans le Palatinat devint la religion dominante de ces provinces. Les luthériens et les anabaptistes jouirent de la même tolérance que les catholiques (1).

Du calvinisme dans les Pays-Bas, depuis la pacification de Gand jusqu'à la formation de la république de Hollande.

Dom Louis de Requesens mourut peu de temps après que le duc d'Albe lui eut remis le gouvernement. Après sa mort, l'armée espagnole se débanda par pelotons et se mit à piller de tous côtés : les soldats, abandonnés à leur propre fureur, firent tant de ravages et commirent tant de désordres dans le Brabant et dans la Flandre, que le conseil d'État les proclama traîtres et rebelles au roi.

La déclaration du conseil n'arrêta pas les désordres, et il se fit un traité d'alliance entre les États de Brabant, de Flandre, d'Artois, de Hainaut et leurs associés d'une part, et les États de Hollande, de Zélande et leurs confédérés d'autre part.

Selon cet accord, on se pardonnait réciproquement toutes les injures passées ; on s'unissait pour chasser les Espagnols et les étrangers, après quoi l'on se proposait d'obtenir la convocation des états généraux, à la décision desquels les uns et les autres promettaient de se soumettre : en attendant, les Hollandais et les Zélandais s'engageaient à n'entreprendre rien contre la religion catholique hors leur juridiction, les lois pénales étant néanmoins suspendues dans toutes les provinces de la confédération.

Le prince d'Orange, confirmé dans les emplois d'amiral et de gouverneur de Hollande, de Zélande et de Bommel, devait commander en chef les forces alliées jusqu'à l'entière expulsion des Espagnols.

Tel est le traité que l'on nomma la pacification de Gand, traité que les états firent approuver par les théologiens et par les universités catholiques, par les jurisconsultes, par les curés, par les évêques, par les abbés.

Don Juan d'Autriche arriva alors pour prendre le gouvernement des Pays-Bas ; il entreprit, mais inutilement, de rompre la pacification de Gand ; il l'enfreignit et fut déclaré ennemi du pays.

La province d'Utrecht se joignit aux autres provinces, à condition que la religion catholique serait maintenue à l'exclusion de toute autre (2).

L'année suivante, une grande partie des seigneurs des Pays-Bas redoutèrent la puissance du prince d'Orange, et ils offrirent le gouvernement à l'archiduc Mathias, qui vint en prendre possession en 1578.

Ce nouveau gouverneur établit le prince d'Orange son stathouder général, et ils promirent tous deux, par serment, de maintenir la pacification de Gand, d'entretenir la tranquillité publique, et surtout de ne permettre pas que l'on entreprît rien au préjudice de la religion catholique.

Les réformés, enflés du tour que les choses prenaient, donnèrent un exemple remarquable de l'insolence et de l'orgueil humain dans la prospérité : ceux d'Amsterdam firent soulever la populace, s'emparèrent de l'hôtel de ville, chassèrent les moines et les prêtres, brisèrent les images, s'emparèrent des églises et réduisirent les catholiques à n'avoir des assemblées que dans leurs maisons particulières; encore cette indulgence déplaisait-elle à quelques réformés.

Ils commirent des désordres à peu près semblables à Harlem.

Les réformés de Flandre et de Brabant n'étaient pas assez forts pour y faire des exploits de cette nature, mais ils se donnèrent de grandes libertés : ils prêchèrent et administrèrent la communion publiquement, en plusieurs endroits, sans aucun égard à la défense qu'on en avait faite peu avant. Enfin ils demandèrent l'exercice public de leur religion, et cette démarche fut approuvée par le synode national assemblé à Dordrecht, qui adressa une requête à l'archiduc pour obtenir le libre exercice de la religion protestante.

L'archiduc et le conseil d'État, en réponse à cette requête, formèrent un projet de *paix religieuse*, qu'ils communiquèrent aux provinces, en leur laissant une entière liberté de l'adopter ou de le rejeter.

Ce projet de paix religieuse laissait à tout le monde une parfaite liberté de conscience, rétablissait la religion catholique dans tous les lieux où elle avait été abolie, si dans ces villes il y avait cent personnes qui la demandassent : il portait que, dans les autres lieux, on suivrait la pluralité des voix, et que ce serait la même chose pour la religion réformée, dans les lieux où elle n'avait point encore été établie; que personne n'entrerait dans les églises d'une communion différente pour y donner du scandale, et que l'élection des magistrats et des officiers se ferait par la différence du mérite et non par celle de la religion.

Ce projet ne fit qu'irriter les protestants et les catholiques ; ceux-ci ne voulurent rien accorder aux protestants, et ceux-là, non

---

(1) Histoire de la réforme, par Brandt, t. I, l. x.

(2) An 1577. Histoire de la réforme, par Brandt, l. xi.

contents d'une simple tolérance, entreprirent d'obtenir par la force ce qu'ils ne pouvaient prétendre par justice : ils s'abandonnèrent à leur fanatisme partout où ils se trouvèrent les plus forts, de sorte que les mêmes personnes, qui auparavant agissaient de concert contre les Espagnols, leurs ennemis communs, tournèrent leurs armes les unes contre les autres avec un acharnement incroyable, et ce projet de paix alluma dans toutes les provinces une guerre intestine aussi cruelle que celle qu'elles avaient soutenue contre l'Espagne (1).

Les peuples d'Artois, du Hainaut et les habitants de Douai s'associèrent pour maintenir la religion romaine, l'autorité du roi, et la pacification de Gand, et pour s'opposer à la paix religieuse.

Le prince d'Orange crut qu'il était nécessaire d'opposer une ligue à celle des catholiques ; il unit les pays de Gueldre, de Zutphen, de Hollande, de Zélande, d'Utrecht et des Ommelandes de Frise, qui sont entre l'Ems et le Lawers.

L'union se fit à Utrecht, le 10 janvier 1579, en déclarant au préalable qu'on ne voulait point enfreindre la pacification de Gand.

Cette confédération, que l'on appela l'union d'Utrecht, et qui a produit la république des Provinces-Unies, fut bientôt après fortifiée par la jonction de la Frise, du Brabant et d'une partie de la Flandre.

L'acte de confédération portait que « les confédérés s'unissaient à perpétuité pour ne faire qu'un seul et même État ; que chaque province serait néanmoins indépendante des autres et souveraine chez soi quant à son gouvernement particulier, et que par conséquent chacune établirait chez elle tel gouvernement ecclésiastique et maintiendrait telle religion qu'il lui plairait ; on témoignait même qu'on était disposé à recevoir dans la confédération les provinces qui ne voudraient tolérer que la religion romaine, pourvu qu'elles se soumissent aux autres articles. »

La pacification de Gand, la paix religieuse et l'union d'Utrecht ne calmèrent point les esprits ; les tumultes recommencèrent à Anvers, à Gand, etc., où les ecclésiastiques furent maltraités. A Utrecht, à Bruges, à Bois-le-Duc et en plusieurs autres endroits, les réformés ne furent ni plus soumis, ni plus sages, et enfin ce que l'on craignait arriva : l'Artois, le Hainaut et les autres peuples wallons firent leur paix avec Philippe II, et se remirent sous son autorité. Cette désunion fut l'effet des infractions que les réformés faisaient presque partout au traité de Gand, et de leurs fréquentes perfidies envers les catholiques romains : ils insultaient les prêtres, les curés, pillaient les églises, brisaient les images, chassaient les catholiques de leurs églises.

Quoique la république fût opprimée par les Espagnols, affaiblie par la séparation des Wallons et déchirée par les catholiques, par les luthériens et par une infinité de sectes d'anabaptistes, quelques ministres réformés suscitèrent encore des disputes fâcheuses au sujet de la police ecclésiastique : les uns voulaient que le magistrat eût la principale part dans le choix des ministres, d'autres voulaient que ce choix dépendît du consistoire.

Au milieu de ces tumultes et de ces querelles, les ministres s'assemblèrent et donnèrent à l'Eglise réformée de Hollande la discipline que Calvin avait établie à Genève.

Malgré cette discipline, les églises réformées de Hollande furent agitées par mille divisions intestines, et surtout par les efforts qu'elles firent pour se soumettre les magistrats et pour empêcher qu'on n'accordât aux autres religions la tolérance qu'elles avaient d'abord demandée pour elles-mêmes aux catholiques, comme une justice (2).

Enfin, les disputes du clergé et des magistrats s'apaisèrent ; les magistrats eurent égalité de voix avec les ministres dans les élections, et l'élection n'avait lieu qu'après l'approbation du bourguemestre.

Tandis que la république était agitée par ces divisions intérieures, elle était attaquée au dehors par des puissances étrangères, et le prince d'Orange défendait sa liberté avec toutes les ressources que fournit le courage et le génie ; la Hollande était sur le point de le déclarer comte de cette province, lorsqu'il fut tué d'un coup de pistolet, par un Bourguignon, à Delft, le 10 juillet 1584.

La mort du prince d'Orange jeta la république dans la consternation ; les Provinces-Unies s'offrirent à Henri III, roi de France, qui n'était en état ni de recevoir ce peuple, ni de les secourir ; à cause des affaires que la ligue lui suscitait dans son propre royaume : ils s'adressèrent ensuite à Elisabeth, reine d'Angleterre, qui refusa la souveraineté, mais qui accorda des secours aux Provinces-Unies, à condition qu'elle placerait des garnisons anglaises dans les villes qui sont les clefs de la Hollande et de la Zélande.

Le comte de Leicester commandait les Anglais ; et, à l'aide des ministres, il augmenta le trouble et la confusion : on eut recours au prince Maurice, fils du prince d'Orange tué à Delft, qui soutint par son courage et par son bonheur l'état chancelant des Provinces-Unies ; on le fit stathouder d'Utrecht, de Gueldre, de Zutphen, de Hollande et de Zélande ; il remporta de si grands avantages sur les Espagnols qu'il donna aux confédérés le temps de respirer.

Henri III avait été assassiné, et Henri IV conquérait sur la ligue le royaume de France ; Philippe, aveuglé par la haine qu'il portait à ce prince, s'unit aux ligueurs et envoya le duc de Parme en France. Les Hollandais devinrent plus hardis ; leur puissance égala bientôt leur courage. Après s'être tenus longtemps sur la défensive,

---

(1) Histoire de la réforme, par Brandt, l. xi, xii.

(2) Ibid., l. xiii, xiv.

trop heureux d'abord de pouvoir résister à leurs ennemis, ils commencèrent à les attaquer et leur enlevèrent enfin les provinces voisines; la victoire les suivit presque toujours sur mer et sur terre, dans les sièges comme dans les batailles (1); ils firent de nouvelles lois, réglèrent l'administration de leurs finances, soutinrent la guerre pendant quatorze ans contre l'Espagne, se liguèrent contre elle avec l'Angleterre et avec la France, et parvinrent enfin à un degré de puissance qui les mit en état de se faire reconnaître par toute l'Europe pour une nation libre sur laquelle l'Espagne n'avait rien à prétendre.

Des sectes qui se formèrent en Hollande depuis que le calvinisme y fut la religion nationale.

Les Provinces-Unies, soulevées contre l'Espagne et contre l'inquisition, devinrent l'asile de toutes les sectes chrétiennes condamnées par les lois de l'Espagne et de l'inquisition : les Etats de Hollande leur accordèrent leur protection, et les anabaptistes furent traités avec beaucoup d'humanité. Les théologiens protestants attaquèrent dans leurs sermons et dans leurs écrits l'indulgence des magistrats; ils soutinrent que les magistrats ne pouvaient accorder la liberté de conscience, et qu'ils étaient obligés de punir les hérétiques. Voilà quelles étaient les prétentions du clergé protestant contre les sociniens, contre les anabaptistes, etc., au milieu des malheurs de la guerre, et malgré les alarmes que causaient aux Provinces-Unies les efforts de l'Espagne, efforts qui pouvaient faire rentrer les protestants sous une domination dont ils n'étaient sortis que parce qu'elle ne tolérait pas les hérétiques.

Dans le temps que les théologiens protestants s'efforçaient d'armer le peuple et les magistrats contre les sociniens, les anabaptistes, les luthériens, etc., ils se divisaient entre eux sur la grâce, sur la prédestination, sur le mérite des œuvres, et leurs disputes produisirent des divisions, des factions et une guerre de religion.

Calvin avait nié la liberté de l'homme et soutenu que Dieu ne prédestinait pas moins les hommes au péché et à la damnation qu'à la vertu et au salut. Cette doctrine, que beaucoup de protestants avaient condamnée dans Luther, avait été attaquée dans Calvin lors même qu'il régnait à Genève; elle trouva des adversaires plus redoutables dans les Pays-Bas et parmi les réformés, qui prétendirent que la doctrine de Calvin sur la prédestination n'était pas un point fondamental de la réforme.

Arminius, ministre d'Amsterdam et professeur à Leyde, se déclara contre la doctrine de Calvin : ce ministre croyait que « Dieu étant un juste juge et un père miséricordieux, il avait fait de toute éternité cette distinction entre les hommes, que ceux qui renonceraient à leurs péchés et qui mettraient leur confiance en Jésus-Christ seraient absous de leurs péchés, et qu'ils jouiraient d'une vie éternelle; mais que les pécheurs endurcis et impénitents seraient punis : qu'il était agréable à Dieu que tous les hommes renonçassent à leurs péchés, et qu'après être parvenus à la connaissance de la vérité, ils y persévérassent constamment, mais qu'il ne forçait personne (2). »

Gomar prit la défense de Calvin, et soutint que « Dieu, par un décret éternel avait ordonné que parmi les hommes les uns seraient sauvés et les autres damnés; d'où il s'ensuivait que les uns étaient attirés à la justice, et qu'ainsi étant attirés ils ne pouvaient pas tomber, mais que Dieu permettait que tous les autres restassent dans la corruption de la nature humaine et dans leurs iniquités. »

Gomar ne se contenta pas de défendre son sentiment, il publia qu'Arminius ébranlait les fondements de la réforme, qu'il introduisait le papisme et le jésuitisme.

La plupart des ministres et des prédicateurs combattirent Arminius qui trouva cependant des défenseurs : les écoles s'intéressèrent dans cette contestation; des écoles elle passa dans les chaires, et tout le peuple en fut instruit. Quelques prédicateurs se plaignirent avec emportement de ce qu'on révoquait en doute la vérité de la confession de foi qui avait été scellée du sang d'un si grand nombre de martyrs (3).

Les états de Hollande prirent connaissance de ces disputes, et s'efforcèrent de les apaiser, mais inutilement; les deux partis s'échauffèrent, intriguèrent, cabalèrent, et les deux sectes devinrent deux factions; mais celle de Gomar prit bientôt le dessus, et les arminiens présentèrent une remontrance aux états de Hollande, dans laquelle ils se justifiaient des imputations des gomaristes, qui publiaient qu'ils voulaient faire des changements dans la religion. Ils prétendaient qu'il fallait examiner la confession de foi et le catéchisme, après quoi ils rendroient compte de la doctrine de leurs adversaires et de la leur. Cette remontrance, présentée par les arminiens, les fit nommer remontrants.

Les gomaristes présentèrent une remontrance opposée, et furent appelés contre-remontrants (4).

Les états imposèrent silence sur les matières controversées entre les arminiens et les gomaristes, et les exhortèrent à vivre en paix; mais ce parti ne fut pas approuvé par toutes les villes, et les ministres continuèrent à déclamer contre les arminiens et à les rendre odieux.

Dès le commencement de la réformation, plusieurs bourgeois d'Amsterdam, et même

---

(1) En 1648. *Voyez* de Thou, l. x. Traité de Munster. Hist. du Traité de Westphalie.
(2) Hist de la réforme des Pays-Bas, t. I, p. 364.

(3) Ibid, p. 365, 369.
(4) Nous avons exposé les principes théologiques de ces deux sectes aux articles ARMINIUS et GOMAR.

quelques magistrats de cette ville avaient rejeté la doctrine de Calvin touchant la prédestination et quelques autres dogmes de ce théologien; leurs descendants se déclarèrent pour les opinions des remontrants : quelques membres de l'Eglise wallonne se joignirent à eux et s'assemblèrent en particulier. Les remontrants, excités par leur exemple et las des invectives des ministres gomaristes, formèrent aussi des assemblées dans la province de Hollande. La populace les attaqua, brisa la chaire du prédicateur, et eût démoli la maison si on ne l'eût dispersée. Le dimanche suivant on pilla la maison d'un riche bourgeois remontrant, dans la même ville; les remontrants de Hollande et d'Utrecht, prévoyant la tempête, formèrent entre eux une union plus étroite par un acte particulier.

Le magistrat fut donc alors forcé de prendre part dans cette querelle théologique, et les prédicateurs ne se bornant pas à instruire, mais soufflant le feu de la sédition, les magistrats rendirent un édit qui ordonnait aux deux partis de se tolérer.

Cet édit souleva tous les gomaristes, et l'on craignit de voir renouveler les séditions : le grand pensionnaire Barnevelt proposa aux états de donner aux magistrats de la province le pouvoir de lever des troupes pour réprimer les séditieux et pour la sûreté de leur ville.

Dordrecht, Amsterdam, trois autres villes favorables aux gomaristes protestèrent contre cet avis; néanmoins la proposition de Barnevelt passa, et les états donnèrent un décret en conformité le 4 août 1617.

Le prince Maurice de Nassau haïssait depuis longtemps Barnevelt; il crut, à la faveur des querelles de religion, pouvoir anéantir son autorité; il prétendit que la résolution des états pour la levée des troupes, ayant été prise sans son consentement, dégradait sa dignité de gouverneur et de capitaine général. De pareilles prétentions avaient besoin d'être soutenues du suffrage du peuple: le prince Maurice se déclara pour les gomaristes, qui avaient mis le peuple dans leur parti, et qui étaient ennemis jurés de Barnevelt.

Le prince Maurice défendit aux soldats d'obéir aux magistrats; il engagea les états généraux à écrire aux magistrats des villes pour leur enjoindre de congédier les troupes levées pour la sûreté publique; mais les états particuliers, qui se regardaient comme souverains, et les villes qui, à cet égard ne croyaient devoir recevoir des ordres que des états de leurs provinces, n'eurent aucun égard aux lettres des états généraux.

Le prince traita cette conduite de rébellion, et convint avec les états généraux qu'il marcherait lui-même avec les troupes qui étaient à ses ordres pour obtenir la cassation de ces soldats levés irrégulièrement; qu'il déposerait les magistrats arminiens, et qu'il chasserait les ministres attachés à ce parti.

Le prince d'Orange exécuta le décret des états généraux avec toute la rigueur possible : il déposa les magistrats, chassa les arminiens, fit emprisonner tout ce qui ne ployait pas sous son autorité tyrannique et sous sa justice militaire; il fit arrêter Barnevelt, un des plus illustres défenseurs de la liberté des Provinces-Unies, et lui fit trancher la tête.

Barnevelt avait aussi bien servi les Provinces-Unies dans son cabinet que le prince d'Orange à la tête des armées; la liberté publique n'avait rien à craindre de Barnevelt; cependant il fut immolé à la vengeance du prince d'Orange, qui pouvait anéantir la liberté des provinces, et qui peut-être avait formé le projet d'une dictature qui aurait trouvé dans Barnevelt un obstacle invincible (1).

Les gomaristes, appuyés du crédit et de la puissance du prince d'Orange, firent convoquer un synode à Dordrecht, où les arminiens furent condamnés, et où l'on confirma la doctrine de Calvin sur la prédestination et sur la grâce (2).

Appuyés de l'autorité du synode et de la puissance du prince d'Orange, les gomaristes firent bannir, chasser, emprisonner les arminiens : après la mort du prince Maurice, ils furent traités avec moins de rigueur, et ils obtinrent enfin la tolérance en 1630.

Ainsi, le calvinisme est la religion dominante en Hollande, et celle dont on fait profession publique dans toutes les villes et bourgs des sept Provinces-Unies ; mais ceux de la confession d'Augsbourg et les remontrants ou arminiens ont plusieurs temples ; les anabaptistes, dont le nombre est fort augmenté depuis l'expulsion de ceux qui étaient dans le comté de Berne, ont aussi leurs assemblées ; les sociniens sont aussi tolérés en Hollande et se sont joints pour la plupart aux anabaptistes ou aux arminiens.

Les puritains et les quakers ont aussi leurs assemblées en Hollande.

Les catholiques romains sont tolérés en Hollande, ils ont leurs chapelles particulières ; ils sont beaucoup plus répandus dans les campagnes et dans les villages que dans les villes.

Enfin les Juifs ont en Hollande plusieurs synagogues, deux à Amsterdam, une à Rotterdam, etc.

On a beaucoup blâmé la tolérance des Provinces-Unies ; Basnage a prétendu la justifier (3).

HOMUNCIONISTES. Ce nom fut donné aux hérétiques sectateurs de Photin, qui enseignaient que Jésus-Christ n'était qu'un pur homme.

HOPKINSIANS. Samuel Hopkins, né en 1724 à Waterbury, dans le Connecticut, mort en 1803, pasteur de la première Eglise con-

---

(1) *Voyez* du Maurier, le Vassor, le Clerc.
(2) *Voyez* les articles GOMAR, ARMINIUS.
(3) Stoup. Relig. des Holl.; Hist. des Provinces-Unies, par Basnage, t. I, p. 135.

grégationaliste de Newport, est devenu le père d'une secte à laquelle il a donné son nom, et qui a un collége à Andover. Voici sa doctrine.

Toute vertu, toute sainteté consiste dans l'amour désintéressé. Cet amour a pour objet Dieu et les créatures intelligentes; car on doit rechercher et procurer le bien de celles-ci autant qu'il est conforme au bien général qui fait partie de la gloire de Dieu, de la perfection et du bonheur de son royaume. La loi divine est la règle de toute vertu, de toute sainteté; elle consiste à aimer Dieu, le prochain et nous-mêmes. Tout ce qui est bon se réduit à cela; tout ce qui est mauvais se réduit à l'amour-propre qui a *soi-même* pour dernière fin : c'est une inimitié dirigée contre Dieu. De cet amour désordonné et de ce qui le flatte naissent, comme de leur source, l'aveuglement spirituel, l'idolâtrie, les hérésies.

Selon Hopkins, l'introduction des péchés dans le monde aboutit au bien général, attendu qu'il sert à faire éclater la sagesse de Dieu, sa sainteté, sa miséricorde.

Dieu avait ordonné le monde moral sur ce plan : que si le premier homme était fidèle, sa postérité serait sainte; que, s'il péchait, elle deviendrait coupable. Il pécha et fut par là, non la cause de notre chute, mais l'occasion pour nous d'imiter la sienne. Son péché ne nous est pas transféré. De même, la justice de Jésus-Christ ne nous est pas transférée, sinon nous l'égalerions en sainteté; mais nous obtenons le pardon par l'application de ses mérites. Le repentir, qui précède la foi en Jésus-Christ, peut exister sans la foi; mais celle-ci suppose le repentir, selon ces paroles de l'Ecriture : *Faites pénitence, et croyez à l'Evangile.*

La nécessité des philosophes est à peu près identique à la prédestination des calvinistes. Entre ceux-ci et les *hopkinsians*, la différence est comme entre le principe et ses conséquences. Les *hopkinsians* rejettent l'imputation, et sur cet article ils diffèrent des calvinistes; mais, comme eux, ils maintiennent la doctrine de la prédestination absolue, l'influence de l'Esprit de Dieu pour nous régénérer, la justification par la foi, l'accord de la liberté et de l'inévitable nécessité.

HUGUENOTS. On appelle ainsi en France ceux qui suivent les opinions de Calvin. On ne sait pas bien l'origine de ce nom. Parmi les différentes étymologies qu'on a données, celle que nous allons rapporter nous a paru la plus plausible. Le peuple de Tours était persuadé qu'un lutin, appelé le *roi Hugon*, courait toutes les nuits par la ville; et, comme les prétendus réformés ne sortaient que la nuit pour faire leurs prières, on les appela *Hugonots*, ou *Huguenots*, comme qui dirait les disciples du roi Hugon, ou les *Hugons*.

HUMANITAIRES. Les sciences métaphysiques, morales et historiques, dit M. Maret, sont toutes aujourd'hui plus ou moins empreintes de l'esprit panthéistique. Il n'en peut être autrement, puisque toutes les théories *à la mode* sur l'être et la vie, la pensée, les développements de l'humanité, le passé, le présent, l'avenir, sont empruntées à des philosophes panthéistes.

Le caractère le plus général de cette science, c'est le désir de tout embrasser, de tout expliquer : mais ces explications n'expliquent rien. Dans cette vaine prétention se trouve cependant le secret de la force apparente, comme la preuve de la faiblesse réelle du panthéisme. Chaque philosophe se croit donc obligé de nous présenter une théorie de l'Etat, de l'art de l'histoire, de la philosophie, de la religion. Ces grands objets sont envisagés sur la plus vaste échelle; non plus seulement chez un peuple, mais dans l'humanité entière. Ce sont les lois générales des développements de l'humanité que l'on cherche avant tout. De là les *Humanitaires*, et le mot *humanitanisme*. Voyez Progrès.

HUS (Jean de), ou JEAN DE HUSSINETS, communément JEAN HUS, fut ainsi nommé selon la coutume de ce temps-là, du nom d'une ville ou d'un village de Bohême, dont il était originaire : il fit ses études dans l'Université de Prague, y prit le degré de maître ès arts, devint doyen de la faculté de théologie, et fut fait recteur de l'université au commencement du quinzième siècle (1).

Le quatorzième siècle avait produit une foule de sectes qui s'étaient déchaînées contre la cour de Rome et contre le clergé; elles s'étaient élevées contre l'autorité des papes, elles avaient attaqué celle de l'Eglise.

Les ennemis du clergé de Rome et de l'Eglise n'étaient pas seulement des fanatiques et des enthousiastes, c'étaient des religieux, des théologiens, des hommes savants, tels que Jean d'Oliva, Marsile de Padoue, Wiclef, et tous ces franciscains qui écrivirent pour prouver que les franciscains ne pouvaient posséder rien en propre, qu'ils n'avaient pas même la propriété de leur soupe, et qui attaquèrent l'autorité du pape qui les avait condamnés.

Leurs ouvrages s'étaient répandus partout, et ceux de Wiclef surtout avaient été portés en Bohême.

L'état dans lequel le clergé était presque partout donnait du poids à ces écrits séditieux : on voyait le clergé comblé de richesses et plongé dans l'ignorance n'opposer à ses ennemis que le poids de son autorité et son crédit auprès des princes; on voyait des antipapes se disputer le siège de saint Pierre, s'excommunier réciproquement, et faire prêcher des croisades contre les princes soumis à leurs concurrents.

Ce spectacle et la lecture des livres des ennemis de l'Eglise firent naître dans beaucoup d'esprits le désir d'une réformation dans la discipline et dans le clergé. Jean Hus la recommanda comme le seul remède aux

(1) En 1409.

maux de l'Eglise ; il osa même la prêcher et s'élever contre l'ignorance, contre les mœurs, et contre les richesses du clergé, qu'il regardait comme la cause primitive de tous les vices qu'on lui reprochait.

Il recommandait la lecture des livres des sectaires, qu'il croyait très-propres à faire sentir la nécessité de cette réforme, par la hardiesse avec laquelle ils peignaient les désordres du clergé ; il fallait, selon Jean Hus, permettre la lecture des livres des hérétiques, parce qu'il y avait des vérités qu'on trouvait mieux développées ou plus fortement exprimées chez eux ; cette permission n'était pas dangereuse, pourvu qu'on réfutât solidement les erreurs contenues dans ces livres.

Jean Hus n'avait encore adopté aucune des erreurs de Wiclef ; sa hardiesse, le succès de ses prédications, la lecture des livres de Wiclef, indisposèrent une infinité de monde contre le clergé : on fut alarmé du progrès de sa doctrine ; on le cita à Rome et on le chassa de Prague ; on condamna ensuite les livres de Wiclef ; on punit sévèrement tous ceux qui les gardaient, et l'on en brûla plus de deux cents volumes (1).

Jean Hus prit la défense de Wiclef ; il ne justifiait pas ses erreurs, il les condamnait ; mais il prétendait prouver par l'autorité des Pères, par celle des papes, par les canons et par la raison, qu'il ne fallait point brûler les livres des hérétiques, et en particulier ceux de Wiclef, à la vertu et au mérite duquel l'université d'Oxford avait rendu des témoignages authentiques.

« L'essence de l'hérésie, disait-il, consiste dans l'opiniâtreté de la résistance à la vérité : qui sait si Wiclef ne s'est pas repenti ? Je ne prétends pas qu'il n'a pas été hérétique, mais je ne me crois pas en droit d'assurer qu'il l'a été. »

C'était, selon lui, penser trop avantageusement des sophismes des hérétiques et en donner une trop haute idée aux fidèles, que de les défendre comme des ouvrages qui séduisent infailliblement ceux qui osent les lire. Instruisez le peuple, disait-il, mettez-le en état de voir le faux des principes des hérétiques ; qu'il soit assez instruit pour comparer leur doctrine avec l'Ecriture ; par ce moyen il distinguera facilement dans les livres des hérétiques ce qui est conforme à l'Ecriture de ce qui lui est contraire ; c'est le moyen le plus sûr d'arrêter l'erreur.

Jean Hus commençait donc à établir l'Ecriture comme la seule règle de la foi, et les simples fidèles comme juges compétents des controverses de la foi ; car il n'adoptait point les erreurs de Wiclef sur la transsubstantiation, sur l'autorité de l'Eglise, sur le pape, etc. Il prétendait seulement avec lui que les rois avaient le pouvoir d'ôter à l'Eglise ses possessions temporelles, et que les peuples pouvaient refuser de payer la dîme (2).

Après la mort de l'archevêque Sbinko, Jean Hus revint à Prague, et ce fut alors que Jean XXIII donna sa bulle pour prêcher une croisade contre Ladislas, roi de Naples.

Dans cette bulle, « le pape priait, par l'aspersion du sang de Jésus-Christ, tous les empereurs et princes de la chrétienté, tous les prélats des églises et tous les monastères, toutes les universités et tous les particuliers de l'un et de l'autre sexe, ecclésiastiques et séculiers, de quelque condition, grade, dignité qu'ils soient, de se tenir prêts à poursuivre et à exterminer Ladislas et ses complices, pour la défense de l'Etat et de l'honneur de l'Eglise, et pour la sienne propre. »

Le pape accordait à ceux qui se croiseraient la même indulgence qu'à ceux qui s'étaient croisés pour la terre sainte ; il promettait les mêmes grâces à ceux qui, ne combattant pas en personne, enverraient à leurs dépens, selon leurs facultés et leur condition, des personnes propres à combattre ; il mettait les uns et les autres, avec leurs familles et leurs biens, sous sa protection et sous celle de saint Pierre, commandant aux diocésains de procéder par censures ecclésiastiques, même jusqu'à employer le bras séculier contre ceux qui voudraient molester les croisés dans leurs biens et dans leurs familles, sans se mettre en peine d'aucun appel.

La bulle promet pleine rémission des péchés aux prédicateurs et aux quêteurs des croisades ; elle suspend ou annule toutes les autres indulgences accordées jusqu'alors par le saint-siège, et traite Grégoire XII, concurrent de Jean XXIII, d'hérétique, de schismatique et de fils de malédiction (3).

Jean Hus attaqua cette bulle et les indulgences qu'elle promettait ; il protesta qu'il était prêt à se rétracter si on lui faisait voir qu'il se trompait ; qu'il ne prétendait ni défendre Ladislas, ni soutenir Grégoire XII, ni attaquer l'autorité que Dieu avait donnée au pape, mais s'opposer à l'abus de cette autorité.

Après ces protestations, Jean Hus soutint que la croisade ordonnée par Jean XXIII est contraire à la charité évangélique, parce que la guerre entraîne une infinité de désordres et de malheurs, parce qu'elle est ordonnée à des chrétiens contre des chrétiens ; parce que ni les ecclésiastiques, ni les évêques, ni les papes ne peuvent faire la guerre, surtout pour des intérêts temporels ; parce que le royaume de Naples étant un royaume chrétien et faisant partie de l'Eglise, la bulle qui met ce royaume en interdit et qui ordonne de le ravager ne protége une partie de l'Eglise qu'en détruisant l'autre ; que si le pape avait le pouvoir d'ordonner la guerre, il fallait que le pape fût plus éclairé que Jésus-Christ, ou que la vie de Jésus-Christ fût moins précieuse que la dignité et les prérogatives du pape, puisque Jésus-Christ n'avait pas permis à saint Pierre de s'armer pour lui sauver la vie.

---

(1) Lenfant. Hist. du concile de Pise. Æneas Sylvius, Les hist. de Bohême.
(2) *Voyez* Joannis Hus Hist. et Monum.

(3) Ces bulles sont dans la collection des ouvrages de Jean Hus, t. I, p. 171, édition de Nuremberg.

Jean Hus n'attaqua ni le pouvoir que les prêtres ont d'absoudre, ni la nécessité du sacrement de pénitence, ni même le dogme des indulgences pris en lui-même, mais il en condamna l'abus ; il disait qu'il croyait qu'on l'expliquait mal aux fidèles, et qu'ils comptaient trop sur ces indulgences ; il croyait, par exemple, qu'on ne pouvait accorder des indulgences pour une contribution aux croisades.

Il prétend qu'on n'abuse pas moins du pouvoir de punir que du pouvoir de pardonner, et que le pape excommuniait pour des causes trop légères, pour ses intérêts personnels. Par exemple, Jean Hus prétend qu'une pareille excommunication ne sépare point les fidèles du corps de l'Eglise, et que, puisque le pape peut abuser de son pouvoir lorsqu'il inflige des peines, c'est aux fidèles à voir et à juger si l'excommunication est juste ou injuste, et que s'ils voient clairement qu'elle est injuste, ils ne doivent point la craindre (1).

Ce principe portait un coup mortel à l'autorité des papes et à celle du clergé, autorité que Jean Hus regardait comme un obstacle invincible à la réforme qu'il souhaitait qu'on établît.

Il porta tous ses efforts vers cet objet, et, pour affermir les consciences contre la crainte de l'excommunication, il entreprit de faire voir que l'excommunication injuste ne séparait en effet personne de l'Eglise ; c'est ce qu'il se propose d'établir dans son Traité de l'Eglise.

La base de ce traité, c'est que l'Eglise est un corps mystique dont Jésus-Christ est le chef, et dont les justes et les prédestinés sont les membres : comme aucun des prédestinés ne peut périr, aucun des membres de l'Eglise n'en peut être séparé par aucune puissance ; ainsi l'excommunication ne peut exclure du salut éternel.

Les réprouvés n'appartiennent point à cette Eglise ; ils n'en sont point les vrais membres : ils sont dans le corps de l'Eglise, parce qu'ils participent à son culte et à ses sacrements, mais ils ne sont pas pour cela du corps de l'Eglise, comme les humeurs vicieuses sont dans le corps humain et ne sont point des parties du corps humain.

Le pape et les cardinaux composent donc le corps de l'Eglise, et le pape n'en est point le chef.

Cependant le pape et les évêques, qui sont les successeurs des apôtres dans le ministère, ont le pouvoir de lier et de délier ; mais ce pouvoir n'est, selon Jean Hus, qu'un pouvoir ministériel qui ne lie point par lui-même ; car le pouvoir de lier n'a pas plus d'étendue que le pouvoir de délier, et il est certain que le pouvoir de délier n'est dans les évêques et dans les prêtres qu'un pouvoir ministériel, et que c'est Jésus-Christ qui délie en effet, puisque, pour justifier un pécheur, il faut une puissance infinie qui n'appartient qu'à Dieu : de là Jean Hus conclut que la contrition suffit pour la rémission des péchés, et que l'absolution ne remet pas nos péchés, mais les déclare remis.

Le pape et les évêques abusent, selon Jean Hus, de ce pouvoir purement ministériel, et l'Eglise ne subsisterait pas moins quand il n'y aurait ni pape ni cardinaux.

Les chrétiens ont dans l'Ecriture un guide sûr pour se conduire : il ne faut pourtant pas croire que les évêques n'aient aucun droit à l'obéissance des fidèles ; sans doute les fidèles doivent leur obéir, mais cette obéissance ne doit pas s'étendre jusqu'aux ordres manifestement injustes et contraires à l'Ecriture, car l'obéissance que les fidèles doivent est une obéissance raisonnable.

Tous ces sujets sont traités avec assez d'ordre et de méthode par Jean Hus : on y trouve des invectives grossières ; c'était le ton du siècle, et les livres de Jean Hus ont servi de répertoire aux réformateurs qui l'ont suivi.

Tels sont les principes théologiques sur lesquels Jean Hus fondait la résistance qu'il faisait aux ordres des papes et le plan de réforme qu'il voulait établir dans l'Eglise, en resserrant sa puissance et donnant aux simples fidèles une liberté qui anéantissait en effet l'autorité de l'Eglise (2).

Ces principes étaient soutenus par des déclamations violentes et pathétiques contre les richesses, contre les mœurs, contre l'ignorance du clergé, et surtout contre l'autorité qu'il exerçait sur les fidèles ; par des peintures vives des malheurs du christianisme, par la régularité de la vie de Jean Hus. Ce théologien devint l'oracle d'une partie du peuple ; ses disciples attaquèrent les indulgences et se déchaînèrent contre le clergé, tandis que les prédicateurs des indulgences s'efforçaient de décrier Jean Hus et ses sectateurs, qui insultèrent les prédicateurs des indulgences et publièrent que le pape était l'Antechrist.

Le magistrat en fit arrêter quelques-uns ; leur fit trancher la tête : cet acte de rigueur ne causa point de révolte ; mais les disciples de Jean Hus enlevèrent les corps et honorèrent ces morts comme des martyrs.

Cependant les disciples de Jean Hus se multipliaient, et le roi de Bohême donna un édit par lequel il retranchait aux ecclésiastiques de mauvaises mœurs leurs dîmes et leurs revenus. Autorisés par cet édit, les hussites en déféraient tous les jours quelqu'un de ce caractère, et le clergé devint l'objet d'une espèce d'inquisition.

Plusieurs ecclésiastiques, pour n'être pas dépouillés de leurs bénéfices, se rangèrent du parti des hussites, et le zèle des catholiques contre les hussites commençait à s'affaiblir (3).

Conrard, archevêque de Prague, pour ranimer le zèle, jeta un interdit sur la ville de Prague et sur tous les lieux où Jean Hus séjournait ; il défendit d'y prêcher et d'y

(1) Disput. Joannis Hus adversus indulgentias papales, loc. cit., p. 175.

(2) Joan. Hus, De Ecclesia militante.
(3) Cochl., Hist. Hussit., l. 1, p. 62.

faire l'office divin pendant tout le temps de son séjour, et même quelques jours après (1).

Jean Hus sortit de Prague ; mais on continua d'y lire ses ouvrages, et il composa des écrits violents et injurieux contre l'Eglise de Rome : tels sont son *Anatomie des membres de l'Antechrist*, son *Abomination des prêtres et des moines charnels*, *de l'abolition des sectes ou sociétés religieuses*, et *des conditions humaines*.

Ces écrits, de l'aveu de Lenfant, sont aussi opposés au goût de notre siècle qu'au caractère évangélique (2).

Tous ces ouvrages de Jean Hus étaient reçus avidement par le peuple ; il se forma une secte redoutable qui partageait la Bohême et qui résistait au magistrat et au clergé.

Lorsque le concile de Constance fut assemblé, un professeur en théologie et un curé de Prague y dénoncèrent Jean Hus.

Le roi de Bohême voulut que Jean Hus y allât, et l'on demanda un sauf-conduit à l'empereur Sigismond.

Lorsque Jean Hus fut arrivé, il eut des conférences avec quelques cardinaux ; il protesta qu'il ne croyait enseigner ni hérésie, ni erreur, et que si on le convainquait d'en enseigner, il les rétracterait : cependant il continuait à enseigner ses sentiments avec beaucoup d'obstination et d'ardeur.

Ainsi Jean Hus ne promettait point d'obéir au concile ni d'acquiescer à son jugement, il ne promettait de lui obéir qu'autant qu'on le convaincrait : il le dit lui-même dans une lettre, dans laquelle il assure qu'il n'a jamais promis que conditionnellement de se soumettre au concile, et qu'il a protesté, en plusieurs audiences particulières comme en public, qu'il voulait se soumettre au concile quand on lui ferait voir qu'il a écrit, enseigné et répandu quelque chose contraire à la vérité (3).

Il y avait beaucoup d'apparence que Jean Hus, qui était fort opiniâtre dans ses sentiments et qui était flatté de se voir à la tête d'un parti auquel il avait insinué qu'il était inspiré, il y avait, dis-je, bien de l'apparence que Jean Hus n'obéirait pas au concile, et que, malgré son jugement, il continuerait à répandre une doctrine contraire à l'Eglise et à la société civile : on crut donc devoir s'assurer de sa personne.

Le consul de Prague, qui avait accompagné Jean Hus, réclama aussitôt le sauf-conduit accordé par Sigismond ; mais en arrêtant Jean Hus on ne crut pas violer le sauf-conduit, et en effet on ne le violait pas (4).

---

(1) Cochl., Lenfant, conc. de Pisé, t. II, p. 237.
(2) Dans la collection des ouvrages de Jean Hus.
(3) Jean Hus, lettre 15. Lenfant, Hist. du conc. de Const., l. 1, p. 307.
(4) Voici le sauf-conduit, tel que le rapporte Lenfant.

« Sigismond, par la grâce de Dieu, etc. A tous, SALUT, etc. Nous recommandons, d'une pleine affection, honorable homme maître Jean Hus, bachelier en théologie et maître ès arts, porteur des présentes, allant de Bohême au concile de Constance, lequel nous avons pris sous notre protection et sauvegarde, et sous celle de l'empire, désirant que, lorsqu'il arrivera chez vous, vous le receviez bien et le traitiez favorablement, lui fournissant tout ce qui lui sera nécessaire pour hâter et assurer son voyage, tant par eau que par terre, sans rien prendre ni de lui, ni des siens, aux entrées et aux sorties, pour quelque droit que ce soit, et de le laisser librement et sûrement passer, demeurer, s'arrêter et retourner, en le pourvoyant même de bons passeports, pour l'honneur et le respect de la majesté impériale. Donné à Spire, le 18 octobre 1414. »

Voilà le fondement sur lequel on prétend que le concile de Constance a manqué de foi à Jean Hus : je ferai sur cette accusation quelques réflexions.

1° Jean Hus n'était point en droit de se dispenser d'obéir à la citation du concile de Constance, puisque le roi de Bohême et l'empereur le lui ordonnaient, d'accord avec le concile. Lenfant en convient. *Hist. du conc. de Const.* t. I, p. 37.

Si Jean Hus était obligé d'obéir à la citation, il était donc soumis au jugement du concile : or, il est absurde de citer un homme à un tribunal auquel il est naturellement soumis, et de lui promettre qu'il ne sera point obligé d'obéir au jugement de ce tribunal ; il n'y a donc point d'apparence que l'intention de Sigismond ait été de prendre Jean Hus sous sa protection en cas qu'il fût condamné par le concile.

2° Le sauf-conduit ne dit point que l'on ne pourra arrêter Jean Hus, quelque jugement que le concile porte sur sa doctrine et sur sa personne ; il n'est donné que pour la route depuis Prague jusqu'à Constance, dans laquelle il était difficile de voyager, surtout pour Jean Hus, qui avait un grand nombre d'ennemis en Allemagne, depuis qu'il avait fait ôter aux Allemands les privilèges dont ils jouissaient dans l'université de Prague, de laquelle tous les Allemands s'étaient retirés.

3° Jean Hus lui-même ne croyait point que le sauf-conduit qu'il avait demandé et obtenu lui assurât l'impunité du concile, quel que fût le jugement du concile ; on le voit par les lettres qu'il avait écrites avant que de partir pour Prague : il dit dans ces lettres qu'il s'attend à trouver dans le concile plus d'ennemis que Jésus-Christ n'en trouva dans Jérusalem. Dans cette même lettre, Jean Hus demande à ses amis le secours de leurs prières, afin que s'il est condamné, il glorifie Dieu par une fin chrétienne : il y parle de son retour comme d'une chose fort incertaine.

Est-ce là le langage d'un homme qui croit avoir un sauf-conduit qui le met à l'abri des suites du jugement du concile ? *Voyez* Lenfant. *Histoire du concile de Const.*, tom. I, p. 39, 40.

4° Lenfant prétend que Jean Hus n'a demandé le sauf-conduit que pour Constance, et non pas pour le voyage de Prague à Constance.

Mais je demande pourquoi le sauf-conduit ne parle point du séjour de Jean Hus à Constance, si ce n'était pour son séjour dans cette ville qu'il l'avait demandé ?

Lenfant reconnaît lui-même que Jean Hus avait sur sa route une infinité d'ennemis ; pourquoi Jean Hus n'aurait-il pas craint d'être insulté par ces ennemis, lorsqu'il allait à Constance ?

Jean Hus, pour se dispenser d'obéir à la citation de Jean XXIII, avant le concile de Constance, ne s'était fondé que sur la difficulté du voyage et sur le peu de sûreté des chemins : pourquoi cette même difficulté n'eût-elle pas encore été le motif pour lequel il demanda un sauf-conduit ?

En un mot, si Jean Hus n'a demandé son sauf-conduit que pour son retour de Constance à Prague, ou pour son séjour à Constance, pourquoi n'en est-il fait aucune mention dans le sauf-conduit ? pourquoi ce sauf-conduit ne parle-t-il que du voyage de Prague à Constance ?

Ainsi rien ne prouve que le sauf-conduit accordé à Jean Hus fût une assurance ou une promesse qu'on ne l'arrêterait pas à Constance, supposé que sa doctrine fût condamnée par le concile, et qu'on ne le jugerait pas selon les lois, s'il refusait d'obéir au concile.

5° Les Bohémiens, dans leurs lettres au concile, après la détention de Jean Hus, ne se plaignent pas de ce qu'on l'a arrêté, mais de ce qu'on l'a arrêté sans l'entendre, ce qui est contraire au sauf-conduit, attendu, disent ces lettres, que le roi de Bohême avait demandé un sauf-conduit en conséquence duquel Jean Hus devait être entendu publiquement, et qu'on ne le jugerait pas après qu'il aurait été convaincu d'enseigner une doctrine contraire à l'Ecriture, car les Bohémiens reconnaissaient que, dans ce cas, le roi avait soumis Jean Hus au jugement et à la décision du concile. *Voyez* Raynald, ad an. 1415, n. 51.

On donna des commissaires à Jean Hus, et l'on produisit au concile trente articles, tirés des livres mêmes de Jean Hus, qui contiennent toute sa doctrine, telle qu'on l'a exposée.

Après avoir vérifié les propositions extraites des livres mêmes de Jean Hus, le concile déclara que beaucoup de ces propositions étaient erronées, d'autres scandaleuses, d'autres offensant les oreilles pieuses, un grand nombre téméraires et séditieuses, quelques-unes notoirement hérétiques et condamnées par les Pères et par les conciles.

Après la dégradation de Jean Hus, l'empereur s'en saisit comme avocat et comme défenseur de l'Eglise, et le remit au magistrat de Constance : on n'oublia rien pour l'engager à reconnaître ses erreurs; mais il fut inflexible et alla au feu sans remords et sans frayeur (1).

Le supplice de Jean Hus souleva tous ses disciples; ils prirent les armes et désolèrent la Bohême. *Voyez* les suites du supplice de Jean Hus, à l'article HUSSITES.

HUSSITES, sectateurs de Jean Hus. Il s'en était fait un grand nombre en Bohême et dans la Poméranie, avant le concile de Constance, qui les excommunia tous.

Pendant que Jean Hus était à Constance, un docteur saxon alla trouver un curé de Prague, nommé Jacobel, et lui dit qu'il était surpris qu'un homme aussi savant que lui et aussi saint ne se fût pas aperçu d'une grande erreur qui s'était glissée dans l'Eglise depuis longtemps, savoir, le retranchement de la coupe dans l'administration de l'eucharistie, retranchement qui était contraire au commandement de Jésus-Christ, qui dit : « Si vous ne mangez la chair du Fils de l'homme, et si vous ne buvez son sang, vous n'aurez pas la vie en vous (2). »

Jacobel, ébloui par ce sophisme, prêcha la communion sous les deux espèces, afficha des thèses contre la communion sous une seule espèce.

On était alors dans le fort des querelles de Jean Hus : le peuple et l'Eglise de Prague étaient dans une agitation violente et dans une espèce d'anarchie qui rend les esprits avides de nouveautés. Jacobel fut secondé par un de ses confrères : le sophisme qui les avait séduits séduisit le peuple, et ces deux curés donnèrent la communion sous les deux espèces.

Le clergé s'opposa à cette innovation : on chassa Jacobel de sa cure, et l'archevêque l'excommunia; mais l'excommunication n'était plus un frein. Jacobel, persuadé par Jean Hus qu'une excommunication injuste ne doit point empêcher de faire son devoir, ne prêcha qu'avec plus de zèle, et le clergé de Prague déféra la doctrine de Jacobel au concile de Constance.

Jean Hus était à Constance. Ses disciples le consultèrent, et non-seulement il approuva la doctrine de Jacobel, mais encore il écrivit en faveur de la communion sous les deux espèces (3).

Les hussites adoptèrent donc le sentiment de Jacobel, et la nécessité de communier sous les deux espèces s'incorpora pour ainsi dire avec le hussitisme.

Les théologiens catholiques combattirent l'innovation de Jacobel, et le concile de Constance la condamna.

Jacobel et les hussites ne déférèrent point au jugement du concile, et la communion sous les deux espèces fit de grands progrès en Bohême et en Moravie, favorisée en quelques endroits par les seigneurs et par le peuple, traversée ailleurs par les uns et par les autres.

Elle trouva de redoutables adversaires dans le teritoire de Béchin : les curés et leurs vicaires chassaient à main armée les prêtres qui donnaient la communion sous les deux espèces, comme autant d'excommuniés. Quelques-uns de ces prêtres se retirèrent sur une montagne voisine du château de Béchin. Là, ils dressèrent une tente en forme de chapelle, y firent le service divin, et communièrent le peuple sous les deux espèces; ils appelèrent cette montagne *Thabor*, peut-être à cause de la tente qu'ils y avaient dressée pour y faire le service; car le mot *Thabor*, en bohémien, signifie tente ou camp (4).

On vit bientôt sur cette montagne un concours prodigieux de peuple qui communiait sous les deux espèces, et les partisans de cette pratique se nommèrent thaborites.

Le supplice de Jean Hus, l'excommunication lancée contre ses disciples, le retranchement de la coupe, avaient soulevé beaucoup de monde; les hussites, ardents et passionnés, se servirent de ces mêmes motifs pour animer le peuple contre le clergé.

Ils appuyaient la nécessité de la communion sous les deux espèces sur un passage de l'Ecriture, sur la parole même de Jésus-Christ, qui disait qu'on n'aurait point la vie, si l'on ne buvait son sang : le sophisme que les hussites fondaient sur ce passage séduisit un évêque de Nicopolis, qui conféra les ordres et le sacerdoce à plusieurs hussites, et le peuple regarda le retranchement de la coupe comme une pratique qui damnait les chrétiens, et la communion sous les deux espèces comme nécessaire au salut. Le clergé, qui refusait la communion sous les deux espèces, devint odieux, et les hussites, qui la donnaient, furent révérés comme des apô-

---

6° Jean Hus avait obtenu un sauf-conduit pour venir rendre au concile raison de sa doctrine; les lettres des Bohémiens le disent expressément : cependant Jean Hus, au lieu de se renfermer dans ces bornes, continuait à dogmatiser et à répandre ses erreurs; le sauf-conduit n'autorisait certainement pas cette licence : ainsi le concile, en le faisant arrêter, même avant de l'avoir convaincu d'erreur, ne violait point la foi du sauf-conduit.

7° Jean Hus avait voulu fuir de Constance; or, le sauf-conduit ne lui accordait pas la liberté de fuir, et Wenceslas ne l'avait pas demandée. *Voyez* Raynald, ad ann. 1415, n. 31.

(1) Lenfant, loc. cit. Natal. Alex., in sæc. xv. Dupin, in sæc. xv. Raynald., ad an. 1415 et suiv.
(2) Joan. vi.
(3) Lenfant, Hist. du conc. de Const., t. I, p. 271.
(4) Supplément à la guerre des Hussites.

tres qui voulaient le salut du peuple et qui étaient persécutés pour lui : tout était donc disposé pour un schisme en Bohême.

Le concile de Constance n'ignorait point l'état de la Bohême, et Martin V voulait ordonner une croisade contre ce royaume; mais Sigismond le dissuada, et le pape prit le parti d'écrire aux Bohémiens et de leur envoyer un légat.

Les choses étaient dans un état où les écrits, les lettres et les légats ne faisaient qu'allumer le feu. Jean Dominique, cardinal de Saint-Sixte, écrivit au pape que la langue et la plume étaient désormais inutiles contre les hussites, et qu'il ne fallait plus balancer à prendre les armes contre des hérétiques opiniâtres.

Le cardinal de Saint-Sixte n'avait pas peu contribué à mettre les choses dans cet état, par la rigueur qu'il employa contre les hussites : un prêtre et un séculier qu'il fit brûler furent comme le signal de la sédition; les catholiques et les hussites prirent les armes.

Zisca, chambellan de Wenceslas et sectateur passionné de la doctrine des hussites, courut la campagne, pilla les monastères, chassa les moines, s'empara des richesses des églises, et forma le projet de bâtir une ville sur la montagne de Thabor, et d'en faire une place forte, qui fut comme le chef-lieu des hussites.

Les hussites devinrent donc une secte guerrière, ignorante et fanatique, dans laquelle se jetèrent toutes les sectes révoltées contre l'Église de Rome.

Ces sectaires insinuèrent leurs erreurs et les introduisirent chez les hussites retirés à Thabor; mais à Prague et dans les différents autres lieux de la Bohême, les hussites, excepté la communion sous les deux espèces et les erreurs de Jean Hus, ne s'étaient point écartés de la croyance de l'Église romaine; ainsi les hussites se trouvèrent divisés en deux sectes principales, presque dès leur origine.

Les hussites du Thabor, qui étaient des espèces de bandits et des soldats, adoptèrent les erreurs de quelques vaudois ou de quelques sacramentaires réfugiés chez eux, qui condamnaient les cérémonies de l'Église, et formèrent la secte des thaborites. Au contraire, tous ceux qui restèrent attachés aux cérémonies de l'Église romaine se nommèrent calixtins, parce qu'ils donnaient le calice au peuple (1).

Ces deux sectes eurent des démêlés fort vifs et ne purent se réunir sur les articles de leur confession de foi; mais ils se réunissaient lorsqu'il était question d'attaquer l'Église romaine, et ce fut par cette union qu'ils firent de grands progrès.

Du progrès des hussites.

Avant que les divisions des hussites eussent éclaté, Sigismond avait fait assembler les garnisons qu'il avait en Bohême, pour s'opposer aux assemblées des hussites. Les hussites s'attroupèrent en force; il y eut plusieurs combats sanglants entre les troupes de Sigismond et les hussites.

Zisca écrivit à tous les hussites, pour les exhorter à prendre les armes, et fit de Thabor une ville et une place forte : il dressa peu à peu ses hussites à la discipline militaire, entra dans Prague, où les hussites, animés par la présence de ce chef, pillèrent et ruinèrent plusieurs monastères et massacrèrent beaucoup de moines et de catholiques. Zisca lui-même tua un prêtre, après l'avoir dépouillé de ses habits sacerdotaux; de là, il conduisit les hussites à la maison de ville, où il savait que les sénateurs étaient assemblés pour prendre des mesures contre les hussites.

Onze des sénateurs s'échappèrent, les autres furent pris ou jetés par les fenêtres avec le juge et quelques citoyens; la populace en fureur reçut leurs corps sur des lances, sur des broches et sur des fourches, tandis que Jean de Prémontré animait le peuple, en lui montrant un tableau où le calice était peint.

Le lendemain, les hussites mirent tout à feu et à sang dans les monastères. Les magistrats n'avaient pas prévu ces malheurs, lorsque quelque temps avant ils avaient fait couper la tête à plusieurs hussites, dans la cour de l'hôtel de ville.

La nouvelle de ces désordres consterna Wenceslas; il fut frappé d'apoplexie, et mourut.

La reine Sophie fit quelques tentatives inutiles contre Zisca; et Sigismond, occupé en Hongrie contre les Turcs, ne put rétablir l'ordre en Bohême. Zisca continua ses ravages et fortifia Thabor.

La ville d'Aust était au pied de cette montagne. Zisca craignant que le seigneur de cette ville, qui était catholique zélé et fort animé contre les hussites, n'inquiétât les thaborites, surprit la ville d'Aust, dans une nuit de carnaval, pendant l'absence du gouverneur et tandis que tout y était enseveli dans le sommeil ou livré à la débauche. La ville fut prise avant qu'on sût qu'elle était attaquée; les habitants furent tous passés au fil de l'épée, et la ville réduite en cendres : de là Zisca vola à Sedlitz, qu'il surprit et qu'il traita comme il avait traité la ville d'Aust. Ulric, seigneur de ces deux villes, fut tué dans la dernière.

Il y avait à Prague une grande quantité de hussites, mais ils n'avaient pas conservé l'exercice libre de la communion sous les deux espèces : les thaborites leur proposèrent de s'unir à eux pour se rendre maîtres de Prague, détruire le gouvernement monarchique, et faire de la Bohême une république : on accepta ces offres, les calixtins et les thaborites réunis assiégèrent Wisrade et la prirent d'assaut (2).

Zisca se serait rendu maître de la ville, si les ambassadeurs de l'Empereur n'eussent engagé les hussites à accepter une trêve de

---

(1) Lenfant, Conc. de Bâle, t. II, p. 132, 142.
(2) Wisrade, forteresse séparée de la ville de Prague par la Moldave.

quatre mois, à condition qu'il y aurait pour tout le monde liberté de communier sous une ou deux espèces et qu'on ne troublerait personne ni dans l'un ni dans l'autre usage; que les hussites ne chasseraient point les religieux et les religieuses, et qu'ils rendraient Wisrade.

Sigismond, après cette trève, tint une diète à *Braun* ou *Brina*: de là il écrivit à la noblesse et aux magistrats de Prague de s'y rendre; ils s'y rendirent et demandèrent la liberté de conscience.

Ces conditions ne furent pas du goût de l'empereur; il déclara qu'il voulait gouverner comme Charles IV avait gouverné.

Charles IV avait publié des édits sévères contre les hérétiques; les catholiques triomphèrent, et les hussites consternés allèrent, les uns à Thabor auprès de Zisca, les autres à Sadomits auprès de Hussinets, seigneur puissant et hussite zélé.

L'Empereur ne crut pas devoir entrer dans Prague; il alla à Breslau, en Silésie, et y signala son séjour par des exécutions sanglantes: il fit écarteler un thaborite de Prague qui prêchait la communion sous les deux espèces. Dans le même temps, le nonce du pape fit publier et afficher à Breslau la croisade de Martin V contre les hussites.

Lorsque les Bohémiens apprirent cette nouvelle, ils firent tous serment de ne recevoir jamais Sigismond pour roi, et de défendre la communion sous les deux espèces jusqu'à la dernière goutte de leur sang. Les hostilités recommencèrent à la ville et à la campagne; ils écrivirent des lettres circulaires à toutes les villes du royaume, pour les exhorter à n'y pas laisser entrer Sigismond, et l'on vit une guerre ouverte entre l'empereur et les hussites.

L'Empereur mit sur pied une armée de plus de cent mille hommes, qui fut battue partout où elle voulut pénétrer en Bohême; elle fit le siège de Prague, et le leva après y avoir perdu beaucoup de monde. Le duc de Bavière, qui était dans cette armée, en parle en ces termes (1) à son chancelier: « Nous avons attaqué les Bohémiens cinq fois, et tout autant de fois nous avons été défaits avec perte de nos troupes, de nos armées, de nos machines et instruments de guerre, de nos provisions et de nos valets d'armée; la plus grande partie de nos gens a péri par le fer, et l'autre par la fuite; enfin, par je ne sais quelle fatalité, nous avons tourné le dos avant d'avoir vu l'ennemi. »

(1) Lenfant, Guerre des hussites.
(2) Son corps fut transféré à Czaslau, ville considérable de Bohême, et enterré dans la cathédrale de cette ville : c'est une fable que l'ordre que l'on raconte qu'il donna en mourant de faire un tambour de sa peau: Théobald témoigne qu'on lisait encore de son temps cette épitaphe : « Cy gist Jean Zisca, qui ne le céda à aucun général dans l'art militaire, rigoureux vengeur de l'orgueil et de l'avarice des ecclésiastiques, ardent défenseur de la patrie. Ce que fit en faveur de la république romaine Appius Claudius l'aveugle, par ses conseils, et Marcus Furius Camillus par sa valeur, je l'ai fait en faveur de ma patrie : je n'ai jamais manqué à la fortune, et elle ne m'a jamais manqué; tout aveugle que j'étais, j'ai toujours bien vu les occasions d'agir; j'ai vaincu onze fois en bataille rangée; j'ai pris en main la cause des malheureux et celle des indigents con-

Sigismond, après avoir désolé la Bohême et perdu la plus grande partie de son armée, licencia ce qui lui restait de troupes.

Zisca fut donc maître de la Bohême; il y mit tout à feu et à sang, et ruina tous les monastères: son armée grossissait tous les jours, et pour éprouver la valeur de ses troupes, il les mena à la petite ville de Rziezan, qui avait une forteresse; il emporta l'une et l'autre, et brûla sept prêtres. De là il se rendit à Prachaticz, la somma de se rendre et de chasser tous les catholiques; les habitants rejetèrent ces conditions avec mépris: Zisca fit donner l'assaut, prit la ville et la réduisit en cendres.

Les thaborites de Prague et des villes qui s'étaient liguées avec les hussites avaient à leur tête des généraux d'une valeur et d'une habileté reconnues, qui ravageaient les terres des seigneurs catholiques; et Sigismond, pour ne point céder à Zisca et aux hussites en barbarie, infestait tous les environs de Cuttemberg de ses hussards, et mettait tout à feu et à sang autour de Breslau.

Il reçut une armée de Moravie, et voulut rentrer dans Prague; mais son armée fut détruite, et il fut lui-même obligé de prendre la fuite.

Les hussites et les catholiques formèrent donc alors comme deux nations étrangères qui ravageaient la Bohême et qui exerçaient l'une sur l'autre des cruautés inouïes et inconnues aux nations barbares.

Sigismond se forma encore une nouvelle armée, et fut encore défait par Zisca, et obligé de se retirer en Hongrie.

Il y avait plusieurs années que Zisca était aveugle, et, malgré sa cécité, les forces de l'Empire n'étaient pas capables de l'arrêter. Sigismond voulut traiter avec lui; il lui envoya des ambassadeurs, lui offrit le gouvernement de la Bohême, avec les conditions les plus honorables et les plus lucratives, s'il voulait ramener les rebelles à l'obéissance.

La peste fit échouer ces négociations; Zisca en fut attaqué, et mourut (2).

Après la mort de Zisca, son armée se partagea en trois corps: les uns prirent pour chef Procope Raze, surnommé le Grand; l'autre partie ne voulut point de chef, et ces hussites se nommèrent orphelins; et un troisième corps de cette armée prit le nom d'orébites, et se nomma ses chefs.

Cette division des hussites n'empêcha pas qu'ils ne s'unissent étroitement lorsqu'il s'agissait de la cause commune : ils appe-

tre des prêtres sensuels et chargés de graisse, et j'ai éprouvé le secours de Dieu dans cette entreprise. Si leur haine et leur envie ne l'avait empêché, j'aurais été mis au rang des plus illustres personnages; cependant, malgré le pape, mes os reposent dans ce lieu sacré. »

La massue de Zisca était attachée à l'épitaphe. Balbin raconte que Ferdinand Ier demanda un jour à qui appartenait cette massue, et qu'aucun des courtisans n'osant le lui dire, un plus hardi répondit que c'était la massue de Zisca : l'Empereur sortit sur-le-champ de l'église et de la ville, et s'en alla à une lieue de là, quoiqu'il eût résolu de passer la journée à Czaslau; il fuyait en disant : Cette mauvaise bête, toute morte qu'elle est depuis cent ans, fait encore peur aux vivants. (*Voyez* la Guerre des hussites, t. I, p. 207.)

laient la Boneme la terre de promission, et les Allemands, qui étaient limitrophes, ils les appelaient, les uns les Iduméens, les autres les Moabites, ceux-ci les Amalécites, ceux-là les Philistins.

Ces trois corps de hussites traitèrent en effet toutes les provinces voisines de la Bohême comme les Israélites avaient traité les peuples de la Palestine.

Le pape renouvela ses exhortations et ses instances pour une croisade contre les hussites, et l'Allemagne mit sur pied une armée de cent mille hommes. Les impériaux, malgré la supériorité de leur nombre, furent défaits, et les hussites continuèrent leurs ravages.

On prêcha contre les hussites une troisième croisade, et les armées des croisés furent encore taillées en pièce.

Le pape et l'Empereur, voyant qu'il était impossible de réduire les Bohémiens par la force, proposèrent des conférences et des moyens d'accommodement; on les invita au concile de Bâle, on leur donna un sauf-conduit tel qu'ils le souhaitèrent, et les députés des hussites se rendirent à Bâle, au nombre de trois cents, à la tête desquels étaient le fameux Procope, élève de Zisca, Jean de Rokisane, prêtre, disciple de Jacobel, et quelques hussites de considération.

Les hussites réduisirent leurs prétentions à quatre chefs : 1° que l'eucharistie fût administrée aux laïques sous les deux espèces; 2° que la parole de Dieu pût être prêchée librement par ceux à qui il appartient, c'est-à-dire par tous les prêtres; 3° que les ecclésiastiques n'eussent plus de biens ni de domaines temporels; 4° que les crimes publics fussent punis par les magistrats.

On raisonna beaucoup sur ces articles; mais les disputes publiques et les conférences particulières furent inutiles : les hussites ne se départirent point des quatre articles, et le concile ne voulut point les accorder. Les députés des hussites retournèrent donc en Bohême, et les hostilités continuèrent; mais les thaborites éprouvèrent des revers; les deux Procope furent défaits et tués. Les thaborites, affaiblis par la perte de ces deux généraux et par plusieurs défaites, eurent moins d'éloignement pour la paix; le concile envoya des députés qui firent avec les Bohémiens un traité par lequel on convint que les Bohémiens et les Moraves se réuniraient à l'Eglise et se conformeraient en tout à ses rites, à l'exception de la communion sous les deux espèces, que l'on permettrait à ceux chez qui elle était en usage; que le concile déciderait si cela devait se pratiquer suivant le précepte divin, et qu'il réglerait par une loi générale ce qu'il jugerait à propos pour l'utilité et pour le salut des fidèles; que si les Bohémiens persistaient ensuite à vouloir communier sous les deux espèces, ils enverraient une ambassade au concile, qui laisserait aux prêtres de Bohême et de Moravie la liberté de communier sous les deux espèces les personnes parvenues à l'âge de discrétion, qui le souhaiteraient, à condition qu'ils avertiraient publiquement le peuple que la chair de Jésus-Christ n'est pas seule sous l'espèce du pain, ni le sang seul sous l'espèce du vin, mais que Jésus-Christ est tout entier sous chaque espèce.

L'Empereur convint aussi de laisser, par forme de gages, les biens des églises à ceux qui en étaient en possession, jusqu'à ce qu'ils fussent retirés pour un certain prix.

Les Bohémiens, de leur côté, accordaient le retour des religieux et des catholiques, à condition néanmoins que les monastères qui avaient été démolis ne seraient point rétablis. On laissa la disposition des églises de Bohême au pape, et on donna six ans aux orphelins et aux thaborites pour se résoudre à accéder au traité.

L'empereur Sigismond fit ensuite son entrée à Prague, où il mourut l'année suivante 1437, et Albert d'Autriche, qui avait épousé sa fille, fut élu roi de Bohême, mais il ne survécut que deux ans à son élection.

Après la mort d'Albert d'Autriche, les Bohémiens se choisirent deux gouverneurs, en attendant la majorité de Ladislas, fils d'Albert, à qui Pogebrac succéda.

Pogebrac acheva de détruire le parti des thaborites, mais il maintint l'usage de la communion sous les deux espèces, qui devint ordinaire dans la plupart des églises de Bohême, sans qu'on prît la précaution d'avertir le peuple qu'il n'y avait point de nécessité de l'observer.

Quoique Pogebrac eût ruiné le parti des thaborites, il resta néanmoins plusieurs personnes imbues de leurs opinions; ces Bohémiens se séparèrent des calixtins, et formèrent une nouvelle secte connue sous le nom de Frères de Bohême. *Voyez* cet article (1).

Tels furent les effets et la fin de la guerre des hussites : elle fut allumée par le bûcher qui consuma Jean Hus, par les rigueurs des légats, par les armées que Sigismond envoya contre les hussites, par le sang qu'il répandit. Elle attira sur la Bohême tous les fléaux de la colère de Dieu; elle fit de ce royaume et d'une partie de l'Allemagne un désert inondé de sang humain et couvert de sang et de débris; elle finit sans corriger les abus contre lesquels on avait pris les armes et prêché les croisades.

Aurait-on causé plus de maux à la Bohême et à l'Eglise si, après la condamnation de Jean Hus et de sa doctrine, l'Empereur, au lieu d'envoyer ses troupes contre les hussites qui s'assemblaient pour communier sous les deux espèces; si, dis-je, cet empereur eût fait passer en Bohême des théologiens habiles et modérés qui eussent instruit les peuples et combattu avec les armes de la religion, de la charité et de la raison, les erreurs des hussites?

Des erreurs de Jean Hus et des hussites

Les erreurs principales de Jean Hus et des hussites regardent le pape, dont ils attaquent la primauté; l'Eglise, qu'ils composent des seuls élus ou prédestinés; la communion sous

(1) Sur l'histoire des Hussites, voyez les auteurs cités, Fleury, Dupin, etc.

les deux espèces, qu'ils regardent comme nécessaire au salut.

Nous avons réfuté, dans l'article Grecs, l'erreur de Jean Hus sur la primauté du pape.

Son erreur sur la nature de l'Église avait été avancée par les donatistes, par les albigeois, par les vaudois, par Wiclef; elle fut après lui adoptée par les protestants; c'est l'asile de toutes les sociétés séparées de l'Église romaine: on a réfuté cette erreur à l'article Donatistes.

Il nous reste à parler de la communion sous les deux espèces.

Les catholiques reconnaissent que, durant plus de mille ans, l'Église d'Occident, aussi bien que celle d'Orient, administrait, même aux laïques, la communion sous les deux espèces (1).

Cette pratique n'était cependant pas si générale qu'en plusieurs occasions on ne donnât la communion sous une seule espèce; la communion du vieillard Sérapion et celle des malades, les communions domestiques, la messe du vendredi saint, sont une preuve incontestable de cette vérité: on ne réservait alors, comme on ne réserve encore aujourd'hui, que le corps sacré de Jésus-Christ; cependant il est certain, par tous les auteurs, que le célébrant, tout le clergé et le peuple, communiaient dans ces saints jours, qu'ils ne communiaient, par conséquent, que sous une espèce. On ne voit point l'origine de cette pratique, qui était générale au huitième siècle.

Il est même certain que, dans l'office ordinaire de l'Église, les fidèles avaient la liberté de communier sous une ou sous deux espèces: le décret du pape Gélase pour la communion sous les deux espèces en est une preuve: « Nous avons découvert que quelques-uns, prenant seulement le corps sacré, s'abstiennent du sacré calice; lesquels, certes, puisqu'on les voit attachés à je ne sais quelle superstition, il faut, ou qu'ils prennent les deux parties de ce sacrement, ou qu'ils soient privés de l'une et de l'autre (2). »

Ainsi, le pape Gélase n'ordonne de prendre la communion sous les deux espèces que pour s'opposer aux progrès de je ne sais quelle superstition, ce qui suppose évidemment la liberté de communier sous une seule espèce avant la naissance de cette superstition et lorsqu'elle sera éteinte. Voilà une conséquence que toutes les subtilités de La Roque et du Bourdieu ne peuvent éluder (3).

La pratique de donner la communion sous une seule espèce s'établit et devint générale dans l'Occident, sans qu'il y ait eu sur cela aucune contestation, aucune opposition; on ne croyait donc, en aucune Église d'Occident, qu'il fût nécessaire de communier sous les deux espèces, lorsque Jacobel entreprit de rendre le calice aux simples fidèles.

Etait-il permis à un simple curé de changer une discipline établie généralement? le pouvait-il faire contre la défense du concile de Constance? Il n'aurait été autorisé à ce changement qu'autant qu'il serait évident que la communion sous les deux espèces est nécessaire au salut, ou il faut anéantir tout principe de subordination dans l'Église.

Mais peut-on dire qu'il est évident que la communion sous les deux espèces est nécessaire au salut, et qu'on ne reçoit pas le sacrement de l'eucharistie lorsqu'on communie sous une seule espèce?

Dans l'administration des sacrements on est obligé de faire, non tout ce que Jésus-Christ a fait (autrement il faudrait donner l'eucharistie après souper), mais seulement ce qui appartient à la substance du sacrement: or, on ne saurait trouver dans l'eucharistie aucun effet essentiel du corps distingué du sang; ainsi la grâce de l'un et de l'autre, au fond et dans la substance, ne saurait être que la même.

En effet Jésus-Christ, en instituant le sacrement de l'eucharistie, dit à ses apôtres: *Prenez et mangez, ceci est mon corps*; or, le corps, le sang, l'âme, la divinité de Jésus-Christ sont inséparables; car Jésus-Christ lui-même dit, en saint Jean, qu'il a donné son corps vivant dans l'eucharistie: or, il ne peut être vivant qu'il ne soit uni avec le sang, l'âme, la divinité, sous chaque espèce; les catholiques, en donnant la communion sous une seule espèce, ne changent donc point la substance du sacrement.

Ce changement dans l'administration de l'eucharistie ne touche pas plus la substance du sacrement que le changement qui s'est fait dans l'administration du baptême touche la substance du baptême, changement que les protestants ont pourtant adopté. Tout ce qu'ils diront pour justifier le changement de l'administration du baptême, les catholiques le diront en faveur du retranchement de la coupe.

Enfin, le retranchement de la coupe touche si peu la substance du sacrement, que les protestants eux-mêmes ont fait un décret pour administrer l'eucharistie sous la seule espèce du pain à ceux qui ont une aversion insurmontable pour le vin (4).

En vain prétendrait-on que l'eucharistie étant destinée à nous rappeler la mémoire de la mort et de la passion de Jésus-Christ, on ne reçoit qu'imparfaitement ce sacrement lorsqu'on ne reçoit que le pain; car le pain eucharistique nous rappelle la mort de Jésus-Christ, comme la communion sous les deux espèces; et s'il faut conserver l'usage du calice parce qu'il nous rappelle mieux la passion de Jésus-Christ, il faudrait

---

(1) Mabillon, Præf. in III sæc. Benedict., observ. 10, p 130. Bossuet, de la Commun. sous les deux espèces. Perpét. de la foi, t. V, l. II. Boileau, Hist. de la Communion. Traité de l'Eucharistie, à la fin.

(2) Decret. Grat. de Consecr., dist. 2. Ep. ad Major. et Joan.

(3) La Roque, Hist. de l'Euch., part. I, c. 12, p. 244. Du Bourdieu, Rép., c. 13.

(4) Bossuet, Traité de la Communion sous les deux espèces; Bellarm., Natal. Alex., ont traité à fond cette question, et tous les théologiens après eux.

aussi donner la communion après souper, parce que cette circonstance nous rappellerait encore mieux la mort de Jésus-Christ.

Les luthériens ont renouvelé la communion sous les deux espèces; et le concile de Trente a condamné cette innovation : c'est un des obstacles les plus considérables à la réunion des Eglises luthériennes, et il y avait sur cela une espèce de négociation entre Bossuet et Leibnitz, dont on trouve le détail dans les œuvres posthumes de Bossuet. (1).

Il est certain que la communion sous les deux espèces ayant été en usage et n'étant contraire ni à la nature du sacrement, ni à l'institution de Jésus-Christ, l'Eglise peut rendre le calice aux simples fidèles; mais, comme le retranchement du calice a pris naissance dans les inconvénients qui résultaient de la communion sous les deux espèces, il n'appartient qu'à l'Eglise de rétablir la communion sous les deux espèces; elle seule a le droit de juger si les inconvénients qui naissent du retranchement du calice sont plus grands que ceux qui naissent de la discipline actuelle, et si elle doit se relâcher sur cet article.

HYDROPARASTES, nom donné aux encratiques, qui n'offraient que de l'eau dans l'eucharistie.

* HYMÈNE, ou HYMÉNÉE. Il soutenait au premier siècle que la résurrection n'aurait pas lieu. Il se fit peu de partisans.

* HYPSISTARIENS, hérétiques du quatrième siècle qui faisaient profession d'adorer le *Très-Haut*, Ὕψιστος, comme les chrétiens; mais il paraît qu'ils entendaient par là le soleil, puisqu'ils révéraient aussi, comme les païens, le feu et les éclairs; ils observaient le sabbat et la distinction des viandes, comme les Juifs. Ils avaient beaucoup de ressemblance avec les euchites ou massaliens et les cœlicoles. Tillemont, *tome* 13, *p.* 315. Saint Grégoire de Nazianze, *orat.* 19, nous apprend que les *hypsistaires* ou *hypsistariens* étaient originairement des juifs qui, établis depuis longtemps dans la Perse, s'étaient laissé entraîner au culte du feu par les mages, mais qui avaient d'ailleurs en horreur les sacrifices des Grecs.

I

* IBÉRIENS. Chrétiens schismatiques du Levant. Ils ont les mêmes opinions que les Grecs sur le purgatoire, sur le jugement dernier, sur la confession et sur la plupart des points contestés entre les Eglises grecque et latine. Le P. Avitabolis, missionnaire envoyé par le pape Urbain VIII pour ramener les Ibériens au sein de l'Eglise, dit que ces peuples travaillent les jours de fête les plus solennels, même le jour de la Nativité de Notre-Seigneur. Il décrit ainsi la manière dont leurs prêtres administrent le sacrement de baptême. Premièrement, le prêtre lit un grand nombre d'oraisons sur l'enfant, et, quand il vient aux paroles où nous faisons consister la forme du baptême, il ne s'arrête point, et il les lit de suite, sans baptiser en ce temps-là l'enfant; puis, sitôt que la lecture est achevée, l'on dépouille l'enfant, et il est enfin baptisé par le parrain et non par le prêtre; ce qui se fait sans prononcer d'autres paroles que celles qui ont été prononcées quelque temps auparavant. Ils ne se mettent pas fort en peine de recevoir le baptême; ils rebaptisent ceux qui retournent à la foi après avoir apostasié. Le prêtre seul est, parmi eux, le véritable ministre du baptême; de sorte que, faute de prêtres, un enfant mourra sans être baptisé; et il y a quelques-uns de leurs docteurs qui croient qu'alors le baptême de la mère suffit pour sauver l'enfant. Ils donnent aux enfants, avec le baptême, la confirmation et l'eucharistie; ils se confessent pour la première fois quand ils se marient, ce qu'ils font aussi quand ils se croient à l'extrémité; mais ils font leur confession en quatre mots. Ils donnent la communion aux enfants lorsqu'ils sont à l'article de la mort, et les adultes ne la reçoivent que rarement : il y en a même plusieurs qui meurent sans la recevoir. Le prince contraint les ecclésiastiques, même les évêques, d'aller à la guerre; et, de retour d'une campagne, ils célèbrent la messe sans aucune dispense de leur irrégularité. Ils sont dans ce sentiment qu'en un jour on ne doit dire qu'une messe sur un autel, non plus que dans chaque église. Ils consacrent dans des calices de bois, et ils portent l'eucharistie aux malades avec une grande irrévérence, sans aucune lumière et sans convoi. En de certains jours de fête, les prêtres assistent ensemble à la messe de l'évêque, qui leur donne l'eucharistie dans leurs mains, et ils la portent eux-mêmes à la bouche. Les ecclésiastiques ne récitent pas tous les jours le bréviaire, mais un ou deux seulement le récitent, et les autres écoutent.

La plupart des Ibériens savent à peine les principes de la religion. S'ils n'ont point d'enfants de leurs femmes, ils les répudient avec la permission des prêtres et en épousent d'autres; ce qu'ils font aussi en cas d'adultère ou de querelle. Ils prétendent qu'il ne se fait plus de miracles dans l'Eglise romaine, et que le pape ne peut donner des dispenses que dans les choses qui sont de droit positif, et encore est-il nécessaire qu'elles ne soient pas de grande conséquence.

ICONOCLASTES, c'est-à-dire, briseurs d'images. Léon Isaurien fut le chef de cette secte, dont nous allons exposer l'origine et le progrès, et que nous réfuterons ensuite.

De l'origine des iconoclastes.

Depuis Constantin le Grand, presque tous

(1) T. I, p. 204.

les empereurs avaient pris part aux querelles qui s'étaient élevées parmi les chrétiens, les uns par politique, les autres gagnés par leurs officiers et par leurs eunuques. On les avait presque toujours vus, décidés par leurs ministres ou par leurs favoris, soutenir la vérité ou protéger l'erreur.

La part qu'ils avaient prise aux disputes de religion, les éloges qu'ils recevaient du parti qu'ils favorisaient leur avaient inspiré du goût pour ces sortes d'occupations. Les courtisans qui voulaient les déterminer en faveur d'un parti leur représentaient qu'il était beau d'interposer leur autorité dans les querelles de religion, et traitaient les querelles des théologiens comme des affaires de la plus grande importance et propres à éterniser la gloire des empereurs; en sorte qu'il était heureux pour un empereur d'avoir pendant son règne quelque hérésie ou quelque dispute théologique qui fît du bruit.

Ainsi, après la condamnation d'Eutychès, et lorsque tout commençait à être tranquille, Justinien ayant vu à Constantinople des moines revenus de Jérusalem, qui avaient extrait quelques propositions des ouvrages d'Origène et qui voulaient les faire condamner, l'empereur saisit cette occasion pour juger des matières ecclésiastiques, donna un édit qui condamnait Origène, Théodoret et Ibas, et fit assembler un concile pour approuver son édit (1).

Philippicus ne fut pas plutôt parvenu à l'empire, qu'il prit le parti des monothélites, laissa ravager les terres de l'empire par les Bulgares, et fut déposé.

Anastase, qui était très-savant et que le peuple mit à la place de Philippicus, ne prit pas moins de part aux affaires ecclésiastiques, et fut chassé par Théodose.

Léon Isaurien, qu'Anastase avait fait général des troupes de l'empire, refusa de reconnaître Théodose, se fit proclamer empereur, et fit mourir Théodose.

Léon était natif d'Isaurie, d'une famille obscure, et avait servi comme simple soldat; il fut couronné le 2 mars 716, et jura entre les mains du patriarche Germain de maintenir et de protéger la religion catholique.

Par son éducation, Léon était incapable de prendre part aux questions théologiques, et voulait cependant, comme ses prédécesseurs, qu'on dit qu'il avait protégé l'Eglise, fait des règlements sur la religion, et conservé la foi.

Il avait eu de grandes liaisons avec les juifs et avec les Sarrasins : ces deux sectes étaient ennemies des images, et Léon leur avait entendu parler de l'usage des images comme d'une idolâtrie; il avait pu lui-même prendre une partie de leurs idées, plus faciles à saisir pour un soldat que les subtilités théologiques. Il crut se signaler en abolissant les images, et la dixième année de son règne il publia un édit par lequel il ordonnait d'abattre les images (2).

A la publication de l'édit, le peuple de Constantinople se révolta, et le patriarche s'opposa à son exécution; mais Léon fit charger le peuple, les images furent détruites et le patriarche Germain fut déposé.

Léon envoya son édit à Rome, pour le faire exécuter : Grégoire II lui écrivit avec beaucoup de fermeté, et lui assura que les peuples ne rendaient point aux images un culte idolâtre; il l'avertit que c'était aux évêques et non aux empereurs à juger des dogmes ecclésiastiques; que comme les évêques ne se mêlent point des affaires séculières, il faut aussi que les empereurs s'abstiennent des affaires ecclésiastiques (3).

Léon, irrité de la résistance de Grégoire, envoya des assassins à Rome pour le tuer; mais le peuple découvrit les assassins et les fit mourir : toute l'Italie se souleva alors contre Léon, dont le gouvernement dur et tyrannique avait disposé les esprits, à la révolte.

Ces troubles, pour une pratique qu'il n'appartenait point à Léon de condamner quand même elle aurait été répréhensible, ne détournèrent point cet empereur du projet d'abolir les images; il fut occupé le reste de sa vie à faire exécuter son édit, et ne put réussir en Italie.

Constantin Copronyme, fils de Léon, suivit le projet de son père, et, pour mieux établir la discipline qu'il voulait introduire, fit assembler un concile à Constantinople : plus de trois cents évêques y assistèrent (4).

Les évêques de ce concile reconnaissent les six premiers conciles, et prétendent que ceux qui autorisent le culte des images sapent l'autorité de ces conciles : ils prétendent que les images ne sont point de tradition venue de Jésus-Christ, des apôtres ou des Grecs; qu'on n'a point de prière dans l'Eglise pour sanctifier les images, et que ceux qui les honorent retombent dans le paganisme.

Des raisons ils passent aux autorités, et allèguent les passages de l'Ecriture dans lesquels il est dit que Dieu est un esprit, et que ceux qui l'adorent doivent l'adorer en esprit et en vérité; que Dieu n'a jamais été vu de personne, et qu'il a défendu à son peuple de faire des idoles taillées.

Enfin on s'appuie, dans ce concile, sur le suffrage des Pères; mais les passages que l'on cite ne concluent rien contre l'usage des images tel que les catholiques l'admettent, ou sont falsifiés et tronqués.

Après ces raisons et ces autorités, le concile de Constantinople défend à tout le monde d'adorer et de mettre dans les églises ou dans les maisons particulières aucune image, à peine de déposition si c'est un prêtre ou un diacre, et d'excommunication si c'est un moine ou un laïque. Le concile veut qu'ils

---

(1) C'est la dispute connue sous le nom de la dispute des trois chapitres, qui fut terminée par le cinquième concile général.
(2) Cedrenus, Zonare, Constantin Manassès.

(3) Greg. II, epist. 1, Conc., t. VII. Baron., ad an. 726, n. 28.
(4) Conc., t. VII, conc. Const. II, act. 6.

soient traités selon la rigueur des lois impériales, comme des adversaires des lois de Dieu et des ennemis des dogmes de leurs ancêtres.

Le concile de Constantinople fut rejeté par les Romains; mais l'autorité de l'empereur le fit recevoir et exécuter dans une grande partie des Églises d'Orient: on bannit, on exila, on condamna à mort ceux qui s'opposèrent au concile et à l'édit de l'Empereur contre les images.

Comme les moines étaient les plus ardents défenseurs des images, il fit un édit portant défense à qui que ce fût d'embrasser la vie monastique; la plupart des maisons religieuses furent confisquées dans la capitale, et les moines furent obligés de se marier, même de mener publiquement leurs fiancées par les rues (1).

Constantin mourut en 775, et Léon IV, son fils, lui succéda. Le nouvel empereur fut d'abord occupé par les guerres des Sarrasins et par des conspirations; mais lorsqu'il fut paisible, il renouvela tous les édits de son père et de son grand-père contre les images, et fit punir avec la dernière sévérité ceux qui contrevenaient à ces édits. C'était une fureur que la haine de cet empereur contre ceux qui honoraient les images: il ne voulut plus avoir de commerce avec l'impératrice, parce qu'il avait trouvé des images dans son cabinet; il voulut savoir ceux de qui elle les avait reçues, et les fit périr dans les tourments (2).

Léon mourut peu de temps après, et Constantin Porphyrogénète lui succéda; mais comme il n'était âgé que de dix ans, sa mère Irène prit en main les rênes de l'empire. Irène, qui avait conservé de la dévotion pour les images, voulut rétablir leur culte; elle écrivit au pape Adrien pour assembler un concile à Nicée; le concile s'ouvrit l'an 787; il était composé de plus de deux cent cinquante évêques ou archevêques.

On y lut d'abord les lettres de l'Empereur et de l'impératrice, qui déclarent qu'ils ont assemblé ce concile du consentement des patriarches; qu'ils laissent une entière liberté aux évêques de dire leur sentiment.

Plusieurs des évêques qui avaient condamné le culte des images reconnurent leur faute et furent admis au concile. On fit voir dans ce concile que l'usage des images n'est point contraire à la religion, comme le concile de Constantinople l'avait prétendu, et qu'il pouvait être utile; on le prouva par l'exemple des chérubins de l'arche, par les passages de saint Grégoire, de saint Basile et de saint Cyrille, qui supposent que les images étaient en usage dans l'Église du temps de ces Pères; que par conséquent les Pères du concile de Constantinople avaient mal raisonné sur les passages de l'Écriture qui défendent de faire des idoles, lorsqu'ils en avaient conclu que c'était un crime de faire des images.

Le concile n'avait pas besoin de prouver autre chose, et les remarques de Dupin et de Basnage sur l'insuffisance des arguments des Pères du concile ne sont pas justes (3).

Le concile, après avoir prouvé que l'usage des images n'est point criminel, prouve que la tradition les autorise de temps immémorial, et que les chrétiens n'adoraient point les images comme ils adorent Dieu; mais qu'ils les embrassent, les saluent et leur rendent un culte, pour témoigner la vénération qu'ils ont pour les saints qu'elles représentent.

Les Pères du concile font voir ensuite que les passages dont le concile de Constantinople s'autorise n'attaquent que le culte idolâtre, et non pas le culte que l'Église chrétienne rend aux images; ils font encore voir que les évêques du concile de Constantinople ont souvent falsifié les passages des Pères qu'ils citent.

Le concile déclara donc qu'on pouvait placer des croix et des images dans l'église et dans les maisons, même dans les chemins: savoir, les images de Jésus-Christ et de la Vierge, celles des anges et des saints; qu'elles servent à renouveler leur mémoire et à faire naître le désir de les imiter; qu'on peut les baiser et les respecter, mais non pas les adorer de l'adoration véritable, qui n'est due qu'à Dieu seul; qu'on peut les embellir, parce que l'honneur qu'on leur rend passe à l'objet, et que ceux qui les respectent, respectent ce qu'elles représentent (4).

Le concile de Nicée ne fut pas également bien reçu partout: nous examinerons séparément comment il fut reçu en Occident.

Constantin, qui ne pardonnait pas à sa mère le mariage qu'elle lui avait fait faire avec une fille sans naissance, la dépouilla de toute l'autorité, et défendit d'obéir au concile de Nicée.

Nicéphore, qui succéda à Constantin et à Irène, était engagé dans les erreurs du manichéisme; il était d'ailleurs occupé à se défendre contre les ennemis qui l'attaquaient: l'empire; il négligea la dispute des images.

L'empereur Léon V, qui monta sur le trône après Nicéphore et après Michel, n'eut pas plutôt fini la guerre avec les Bulgares et avec les Sarrasins, qu'il s'appliqua à abolir les images, et publia un édit pour les faire ôter des églises et pour défendre de leur rendre un culte.

Michel le Bègue, qui le détrôna, était natif d'Armorium, ville de Phrygie habitée principalement par des juifs et des chrétiens chassés de leur pays pour cause d'hérésie; il avait pris beaucoup de leurs opinions; il observait le sabbat des juifs, il niait la résurrection des morts et admettait plusieurs autres erreurs condamnées par l'Église: il voulut faire examiner de nouveau la question des images, mais les troubles qui s'élevèrent dans l'empire l'empêchèrent d'exécuter son dessein (5).

Théophile, son fils, persécuta les défenseurs du culte des images; mais l'impératrice

(1) Théophane, Cedren., ad an. Const. 19, 23.
(2) Théophane, ad an. 4 Leonis, Cedren.
(3) Dupin, Controverses du VIIIᵉ siècle. Basnage, Hist. Ecclésiastique.
(4) Conc., t. VII.
(5) Cedren. in Michael.

Théodora, qui gouverna l'empire après la mort de cet empereur, rappela tous les défenseurs du culte des images, et bannit les iconoclastes; elle chassa de son siége Jean, patriarche de Constantinople, et mit à sa place Méthodius, moine très-zélé pour le culte des images : le second concile de Nicée, qui avait approuvé le culte des images, eut force de loi dans toute l'étendue de l'empire. Le parti des iconoclastes fut entièrement détruit sous l'impératrice Théodora, après avoir subsisté 120 ans (1).

L'impératrice, après avoir anéanti ce parti, attaqua les manichéens, qui s'étaient extrêmement multipliés. On trouvera à l'article MANICHÉENS, quels moyens Théodora employa contre les manichéens, et quels effets ces moyens produisirent.

De ce que l'on pensait dans l'Occident sur le culte des images, pendant les troubles de l'Orient.

L'usage des images s'était établi en Occident aussi bien qu'en Orient, mais on ne leur rendait point de culte.

Le P. Mabillon conjecture que la différence des Orientaux et des Français à cet égard venait de la différente manière dont on honorait les empereurs et les souverains en Orient et en Occident (2).

En Orient, et communément dans l'empire romain, on célébrait des fêtes en l'honneur des empereurs qui avaient bien mérité du peuple : le souvenir des vertus et des bienfaits des empereurs anima les peuples; la reconnaissance orna les statues, leur adressa des remerciments et des éloges, les entoura d'illuminations : tels étaient les honneurs que l'on rendait tous les ans à la statue de Constantin le Grand, et que Julien reprochait aux chrétiens comme des actes d'idolâtrie (3).

Lors donc que l'usage des images fut établi dans l'Eglise d'Orient, il était naturel que les fidèles passassent de la contemplation des images à des sentiments de respect pour les objets qu'elles représentaient, et à des démonstrations extérieures de ces sentiments.

Dans l'Occident, où les arts étaient encore dans l'enfance, où les princes étaient des conquérants barbares et presque égaux à leurs soldats, on ne rendait point les mêmes honneurs aux chefs; ils n'avaient point de statues de leurs princes ou commandants; on ne leur rendait point les mêmes honneurs qu'en Orient : ces hommages étaient absolument inconnus dans les Gaules, et les images n'y étaient destinées qu'à apprendre au peuple les points les plus importants de la religion; on n'y rendait de culte qu'à la croix (4).

Les évêques des Gaules trouvèrent fort mauvais que les Pères du concile de Nicée autorisassent un semblable culte pour les images.

Ils étaient surtout offensés du mot d'*adoration* que les Pères du concile de Nicée avaient employé pour désigner le culte qu'on rendait aux images : ce mot, employé dans l'Orient pour signifier un sentiment de soumission et de respect, n'était en usage dans les Gaules que pour exprimer l'hommage rendu à l'Être suprême.

On ne crut donc pas que le mot *adoration* fût susceptible d'un bon sens lorsqu'il s'agissait des images, et le concile de Francfort ne condamna le concile de Nicée que parce qu'on croyait en Occident que les Pères du concile de Nicée entendaient, par *adorer les images*, leur rendre un culte tel qu'on le rend à Dieu, comme on le voit par le second canon de ce concile, conçu en ces termes : « On a proposé la question du nouveau concile des Grecs, tenu à Constantinople, pour l'adoration des images, dans lequel il était écrit que quiconque ne voudrait pas rendre aux images des saints le service ou l'adoration, *comme à la divine Trinité*, serait jugé anathème. Nos très-saints Pères du concile, ne voulant en aucune manière de l'adoration ou servitude, ont condamné ce concile d'un commun consentement (5). »

On ne trouve point dans les actes du concile de Nicée qu'il ait ordonné d'adorer les images des saints *comme la Trinité;* ces paroles paraissent donc avoir été ajoutées, en forme d'explication, par le concile de Francfort, pour faire voir qu'il ne condamnait le culte des images, approuvé par le concile de Nicée, qu'autant que les Pères de ce concile entendaient par le mot *adoration* un culte de latrie, tel qu'on le rend à Dieu.

Le concile de Francfort ne regardait donc pas comme une idolâtrie de rendre aux images un culte différent du culte de latrie; on ne voit point que les évêques des Gaules aient regardé comme des idolâtres les évêques d'Italie et d'Orient qui honoraient les images.

En effet, lorsque la question des images fut apportée dans les Gaules, on se divisa : les uns prétendirent qu'il ne fallait leur rendre aucune espèce de culte, et les autres étaient d'avis qu'on leur en rendit un (6).

Les Pères du concile de Francfort avaient d'ailleurs des raisons particulières de s'opposer au culte des images, qui leur paraissait nouveau : les Allemands, dont les évêques assistèrent en grand nombre à ce concile, étaient nouvellement convertis à la foi par le ministère de saint Boniface, archevêque de Mayence, sous Pépin, père de Charlemagne. Les évêques allemands craignaient que ces néophytes ne retombassent dans l'idolâtrie à

---

(1) Cedren., Zonar., Glycas.
(2) Mabillon, præf. in iv sæc. Bened.
(3) Théodoret, Hist., liv. ii, c. 34. Philostorg., liv. ii, c. 18.
(4) Ainsi, lorsque le pape Adrien envoya les décrets du second concile de Nicée en France, les évêques furent choqués des honneurs qu'on rendait en Orient aux statues des empereurs; ils trouvaient mauvais que Constantin et Irène, dans leur lettre pour la convocation du concile de Nicée, eussent pris des titres aussi fastueux que ceux qu'ils se donnaient; ils reprirent cette expression de la lettre de Constantin et d'Irène, *par celui qui règne avec nous :* ils trouvèrent que c'était une témérité insupportable à des princes que de comparer leur règne à celui de Dieu. Lib. Carolini, préface. Dupin, Biblioth., tom. VII, p. 472.
(5) Sirmond, Concil. Galliæ, t. II.
(6) Mabillon, præf. in iv sæc. Benedict.

la vue des images auxquelles on rendrait un culte ; c'est pour cela qu'ils se contentèrent de les exhorter à ne point profaner les images, sans beaucoup les exhorter à les honorer.

Il est donc certain que la conduite des Pères du concile de Francfort n'a rien de contraire à l'esprit du concile de Nicée, et qu'ils ne condamnaient point comme un acte d'idolâtrie le culte que l'Eglise rend aux images.

Le concile de Francfort fut tenu l'an 794.

Dans le commencement du neuvième siècle, en 824, on tint en France, à Paris, une assemblée d'évêques, les plus habiles du royaume, qui décidèrent qu'il ne fallait pas défendre l'usage des images, mais qu'il ne fallait pas les honorer.

Cette décision du concile de Paris n'est pas une condamnation absolue du culte des images, comme il est aisé de le voir par les actes du concile : les Pères combattent le jugement du concile de Nicée, qui ordonne le culte des images, et ne prononcent nulle part que ce culte soit une idolâtrie, comme on le voit par les lettres dont les députés furent chargés pour le pape.

Le concile de Paris n'était donc point favorable aux iconoclastes ; il les condamna même, et ne refusa d'admettre le culte des images que comme on rejette un point de discipline, puisqu'ils ne se séparèrent point de la communion des Eglises qui rendaient un culte aux images.

Les évêques de France et d'Allemagne restèrent encore quelque temps dans cet usage ; mais enfin le culte des images étant bien entendu partout, et l'idolâtrie n'étant plus à craindre, il s'établit généralement et dans assez peu de temps ; car nous voyons, au commencement du neuvième siècle, Claude, évêque de Turin, condamné par les évêques pour avoir brisé les images et écrit contre leur culte, qui s'établit généralement dans les Gaules avant le dixième siècle. *Voy.* l'article CLAUDE DE TURIN.

Les vaudois, qui voulurent réformer l'Eglise au commencement du douzième siècle, les albigeois et cette foule de fanatiques qui inondèrent la France, renouvelèrent les erreurs des iconoclastes, et après eux Wiclef, Calvin et les autres réformés ont attaqué le culte des images et accusé l'Eglise romaine d'idolâtrie ; tous leurs écrits polémiques sont pleins de ce reproche, et les hommes les plus distingués de la communion prétendue réformée se sont efforcés de le prouver (1).

Pour mettre le lecteur en état de juger si cette accusation est fondée, il ne faut que comparer ce que nous avons dit de l'origine et de la nature de l'idolâtrie avec la nature et l'origine du culte que l'Eglise romaine rend aux images.

Par ce que nous savons sur l'origine et les pratiques de l'idolâtrie, tout était sur la terre l'objet de l'adoration, excepté le vrai Dieu. Les hommes, prosternés aux pieds des idoles, n'attendaient leur bonheur que des puissances chimériques qu'ils y croyaient attachées et qu'ils regardaient comme les vraies causes du bien et du mal : l'Etre suprême, la source de tous les biens, ne s'offrait pas à leur esprit.

Voilà le crime de l'idolâtrie, elle anéantissait la Providence, elle empêchait l'homme de s'élever à Dieu : les hommes, infectés de l'idolâtrie, ne rapportaient pas à Dieu, comme à leur vraie cause, les biens dont il les comblait, et les malheurs destinés à rappeler l'homme à Dieu le conduisaient aux pieds des idoles ; ils ne regardaient pas Dieu comme leur dernière fin, ils la mettaient dans les plaisirs des sens.

L'idolâtrie empêchait donc l'homme de rendre à Dieu le culte qu'il lui doit et qu'il exige ; elle corrompait d'ailleurs la morale, parce qu'elle attribuait tous les vices et tous les crimes à ces êtres surnaturels qu'elle proposait à l'hommage et au respect des hommes. Voyons l'origine et la nature du culte des images dans l'Eglise catholique.

De l'origine et de la nature du culte que l'Eglise romaine rend aux images.

Au milieu de la corruption qui régnait sur la terre, Dieu se choisit un peuple qui lui rendît un culte légitime. Tandis que les nations étaient ensevelies dans les ténèbres de l'idolâtrie, les Juifs connaissaient que l'univers avait pour cause une intelligence toute-puissante et souverainement sage : ils n'adoraient que cette intelligence, et le culte des idoles était chez eux le plus grand des crimes.

La religion chrétienne éleva davantage l'esprit humain ; elle enseigna une morale sublime ; elle changea toutes les idées et toutes les vues des hommes ; elle leur apprit avec infiniment plus de clarté et d'étendue qu'une intelligence infiniment sage et toute-puissante avait créé le monde, et qu'elle destinait l'homme à un bonheur éternel ; elle apprit que tout arrivait par la volonté de cette intelligence, qu'un cheveu ne tombait pas de la tête sans son ordre, et qu'elle avait dirigé à une fin tous les événements ; elle démontra l'inutilité, l'extravagance et l'impiété de l'idolâtrie ; elle apprit à toute la terre qu'il fallait adorer Dieu en esprit et en vérité ; c'est pourquoi les païens traitaient les premiers chrétiens comme des hommes sans religion et comme des athées.

Cependant il est certain que, dès le temps

---

(1) Dallæus, l. IV de Imaginibus. Spanheim, Exercitationes historicæ, de origine et progressu controv. Iconomachiæ sæculo XIII, opposita Maimburgio et Natal. Alexandro; 1083, in-4°. Forbesius, Instit., t. II, l. VII. Basn., Hist. Eccles., t. II, l. XXII, XXIII. Préservatif contre la réunion avec l'Eglise romaine, par Lenfant, t. I, p. 3, lettre 1. De l'idolâtrie de l'Eglise romaine, in-12. Rival., Dissert. historiques, dissert. 4.

Ce sujet, qui a fait pour les protestants un motif de schisme, M. de Beausobre prétendait qu'il fallait le traiter en badinant, le ridicule étant, selon lui, plus propre à décider cette question que le sérieux. C'est de ce principe qu'il est parti pour nous donner ces longues et ennuyeuses plaisanteries sur les fausses images de Jésus-Christ et sur la Vierge, reine de Pologne : l'ennui qu'elles causeront à quiconque entreprendra de les lire dispense d'y répondre. *Voyez* la Bibliot. germanique, t. XVIII.

des apôtres, les chrétiens avaient un culte visible et des lieux où ils s'assemblaient pour prier et pour offrir l'eucharistie (1).

Les Pères des trois premiers siècles nous parlent des lieux où les chrétiens s'assemblaient, de leurs évêques, de leurs diacres, de leurs églises (2).

Ainsi, lorsque Origène, Lactance, Minutius Félix, Arnobe, ont dit que les chrétiens n'avaient point d'autels, ils ont voulu dire qu'ils n'avaient point d'autels ornés d'idoles comme ceux des païens, ni d'autels sur lesquels ils offrissent des sacrifices sanglants, comme les gentils et à la manière des juifs.

L'ancienne Église n'avait ni images ni reliques sur les autels, dans l'institution du christianisme; au moins nous n'en avons point de preuves authentiques, et le silence des païens et des juifs, lorsque les chrétiens leur reprochent l'absurdité des idoles, autorise à croire qu'en effet les premiers chrétiens n'avaient point d'images.

Elles ne sont point en effet essentielles à la religion, et, dans un temps où tout était encore plein d'idoles, les premiers pasteurs ne voulaient pas exposer la foi des nouveaux convertis en leur mettant sous les yeux des images et en leur rendant un culte; peut-être craignaient-ils que les défenseurs du paganisme ne publiassent que le christianisme n'était qu'une idolâtrie différente, et qu'ils ne le persuadassent à un peuple ignorant et qu'il était aisé de tromper dans un temps où la religion chrétienne n'était pas encore assez connue pour que les calomnies des païens à cet égard ne fussent pas reçues favorablement, si les chrétiens avaient eu des images dans les lieux où ils s'assemblaient pour prier et pour offrir l'eucharistie.

C'était donc une conduite pleine de sagesse que de ne pas admettre les images dans les temples des chrétiens pendant les premiers siècles.

La religion chrétienne fit de grands progrès; ses dogmes furent annoncés et connus; les Pères et les pasteurs apprirent aux chrétiens et à toute la terre que tout était soumis aux décrets de l'Être suprême; que les hommes ne sont rien par eux-mêmes, qu'ils n'ont rien qu'ils n'aient reçu et dont ils puissent se glorifier.

On ne craignit plus alors que les chrétiens tombassent dans l'idolâtrie, qu'ils pussent croire que les génies gouvernaient le monde, et qu'on pût penser que ces génies étaient attachés à la toile sur laquelle on avait tracé des figures.

Alors on admit dans les églises des images destinées à représenter les combats des martyrs et les histoires sacrées, pour instruire les simples; ces images étaient comme les livres où tous les chrétiens pouvaient lire l'histoire du christianisme, et les images n'eurent point d'abord d'autre usage dans les églises.

Les fidèles, touchés des objets que les images représentaient, témoignèrent, par des signes extérieurs, l'estime qu'ils avaient pour ceux qui étaient représentés dans les images.

Ces marques de respect ne furent pas généralement approuvées; il y eut des évêques qui regardèrent alors les images comme des germes de superstition; d'autres les estimèrent utiles pour l'instruction des fidèles, et il y en avait qui regardaient les honneurs rendus aux images comme des effets d'une piété louable, pourvu qu'ils se rapportassent aux originaux et aux saints.

L'usage des images ne fut donc pas établi d'abord dans toutes les églises; il fut permis ou défendu, selon que les évêques, pour des raisons particulières, le crurent utile ou dangereux par rapport aux dispositions de ceux qui honoraient les images.

On voit, par le neuvième hymne de Prudence et par les sermons de saint Grégoire de Nysse, par saint Basile et par tous les Pères cités dans le second concile de Nicée, que les images étaient en usage dans l'Orient dès le quatrième siècle (3).

Il est donc certain que l'usage des images et leur culte était assez général dans l'Église au quatrième siècle, et qu'il n'était point regardé comme une idolâtrie; que ceux qui le défendaient ne condamnaient point ceux qui l'autorisaient.

Ce culte d'ailleurs n'était point contraire à la loi qui défend d'adorer autre chose que Dieu; car il n'est pas contraire à la raison ou à la piété d'honorer la représentation d'un homme vertueux et respectable, et l'on ne craignait pas que les chrétiens auxquels on permettait d'honorer les images leur rendissent un culte idolâtre; on leur apprenait que ces saints n'étaient rien par eux-mêmes, qu'ils n'avaient été vertueux que par la grâce de Dieu, que c'était à Dieu que se terminait l'honneur qu'on leur rendait.

L'Église n'enseignait pas que les esprits bienheureux fussent attachés aux images, comme les païens le croyaient des génies; elle apprenait que les saints représentés dans les images devaient à Dieu leurs vertus et leurs mérites; que Dieu était la cause et le principe des vertus que nous honorons dans les saints.

Le culte que les fidèles instruits rendaient aux images n'était donc point un culte idolâtre, et les églises qui défendaient le culte des images n'ont point reproché à celles qui les honoraient d'être tombées dans l'idolâtrie.

La permission du culte des images dépendait du degré de lumière que les pasteurs voyaient dans les fidèles et de la connais-

---

(1) Act., II, 42. 46; xx, 7.
(2) Ignat., ep. ad Magnes., ad Philadelph. Clem. Alex. Tert., de Idol., c. 7; adversus Valent., c. 2; de Coron. milit., c. 3. Cypr., de Oper. et Eleemosyn., p. 203; ep. 54 ad Cornel. Arnob., l. IV, p. 152. Voyez les preuves de tout ceci plus détaillées dans Bingham, Antiquitates ecclesiasticæ, l. VIII; dans Tillemont, Hist. des Empereurs, tome V, art. 6.
(3) Bingham, Antiquit. Eccles., l. VIII, c. 8.

sance que ces pasteurs avaient de leurs dispositions particulières.

Ainsi Sérénus, évêque de Marseille, brisa les images de son église, parce qu'il avait remarqué que le peuple les adorait, et le pape saint Grégoire loue son zèle, mais il blâme son action, parce qu'elle avait scandalisé le peuple et qu'elle ôtait aux simples un moyen d'instruction très-utile et très-ancien : c'était ainsi que parlait saint Grégoire à la fin du sixième siècle.

Lors donc que les peuples furent bien instruits sur la nature du culte que l'Eglise autorisait par rapport aux images, ce culte se répandit et s'établit dans presque toute l'Eglise, depuis le second concile de Nicée.

Le culte que l'Eglise catholique rend aux images n'est donc pas un culte idolâtre. La décision du concile de Trente et le soin qu'il prit pour corriger les abus qui auraient pu se glisser dans ce culte, le prouvent évidemment : pour s'en convaincre, il suffit de jeter les yeux sur l'histoire même du concile de Trente, par Fra Paolo, et sur les notes du P. le Courayer (1).

Ce culte, une fois établi, c'est une grande témérité à un particulier, ou même à quelques églises particulières, de ne vouloir pas suivre cet usage et de condamner ceux qui honorent les images. Les prétendus réformés n'étaient donc point autorisés à se séparer de l'Eglise romaine parce qu'elle approuvait le culte des images, puisqu'elle n'approuvait point un culte idolâtre : c'est pour cela que les théologiens de Saumur ne rejettent le culte des images admis par les catholiques, que parce que Dieu défend de faire aucune image taillée, et qu'ils prétendent que ce précepte a lieu pour les chrétiens comme pour les Juifs.

Mais il est clair que ces théologiens donnent trop d'étendue à la défense que Dieu fit aux Juifs : il est clair que la défense faite aux Juifs ne défend que le culte idolâtre et non point absolument le culte des images : les chérubins placés sur l'arche, le serpent d'airain, prouvent que tout usage des images n'est pas interdit par cette loi. Pour faire à l'Eglise catholique un crime du culte qu'elle rend aux images, il faut faire voir qu'il est contraire à la religion, à la piété ou à la foi; c'est ce qu'on ne peut prouver : c'est pour cela que l'Eglise anglicane, les luthériens et des calvinistes célèbres ne condamnent l'usage des images que comme dangereux pour les simples (2).

Mais, dit M. Rival, lorsqu'une chose n'est pas nécessaire, ni de nécessité de précepte divin, ni de nécessité de nature, et qu'elle est d'ailleurs sujette à des abus dangereux, comme l'usage et le culte des images, le bon sens ne veut-il pas qu'on la supprime (3) ?

Je réponds, 1° que ce n'est point à un particulier à entreprendre de faire cette suppression, quand elle serait raisonnable ; que c'est à l'Eglise, ou qu'il faut abolir dans l'E-

glise toute notion de hiérarchie et de subordination ; que, par conséquent, les vaudois et les calvinistes sont inexcusables de s'être séparés de l'Eglise à cause du culte des images.

Je réponds, 2° que l'abus du culte des images est facile à prévenir, et qu'il n'est pas difficile de faire connaître aux simples fidèles quelle est la nature du culte que l'Eglise autorise par rapport aux images.

Je réponds 3° que la suppression du culte des images ne ramènerait pas les protestants à l'Eglise, comme M. Rival l'insinue : les ministres savent bien que les abus dans lesquels on tombe, par rapport aux images, sont faciles à prévenir, et ce n'est pas ce qui empêche la réunion.

En effet, les protestants sont si bien instruits sur les abus du culte des images, qu'il n'y a point à craindre que jamais ils y tombent, et d'ailleurs l'Eglise condamne aussi bien qu'eux ces abus : le culte des images ne doit donc pas faire un obstacle à leur réunion à l'Eglise romaine.

On peut voir, sur le culte des images *Peresius, de Traditionibus*, part. III ; *Lindanus Panopl.*, l. III, c. 23 ; *Alanus Copus, contra Magdeburgenses*, dial. 4 et 5 ; *Bellarm. Natal. Alex. in sæc.* VIII, dissert. 6 ; *Hist. des Conc. généraux*.

ICONOMAQUES, qui combat contre les images ; ce mot est à peu près synonyme d'*iconoclastes*, briseurs d'images. On désigne également sous l'une ou sous l'autre dénomination, ceux qui attaquent le culte des images. Ainsi l'empereur Léon l'Isaurien fut appelé *Iconomaque*, lorsqu'il eut rendu un édit qui ordonnait d'abattre les images.

ILLUMINÉS, nom d'une secte d'hérétiques qui parurent en Espagne vers l'an 1575, et que les Espagnols appelaient *alumbrados*. Leurs chefs étaient Jean de Willalpando, originaire de Ténériffe, et une carmélite appelée Catherine de Jésus. Un grand nombre de leurs disciples furent mis à l'inquisition, et punis de mort à Cordoue ; les autres abjurèrent leurs erreurs.

Les principales que l'on reproche à ces *illuminés* étaient que, par le moyen de l'oraison sublime à laquelle ils parvenaient, ils entraient dans un état si parfait, qu'ils n'avaient plus besoin de l'usage des sacrements ni des bonnes œuvres ; qu'ils pouvaient même se laisser aller aux actions les plus infâmes sans pécher. Molinos et ses disciples, quelque temps après, suivirent les mêmes principes.

Cette secte fut renouvelée en France en 1634, et les guérinets, disciples de Pierre Guérin, se joignirent à eux ; mais Louis XIII les fit poursuivre si vivement, qu'ils furent détruits entièrement en peu de temps. Ils prétendaient que Dieu avait révélé à l'un d'entre eux, nommé frère Antoine Bocquet, une pratique de foi et de vie surémeinement inconnue jusqu'alors dans toute la chrétienté ;

(1) Edition de Londres, t. II, p. 633, 647, note 2.
(2) Histoire du Vieux et du Nouveau Testament, par Basnage ; Amsterdam, in-fol. Dissertations historiques,

par Pierre Rival, dissert. 4, p. 277.
(3) Rival, ibid., p. 257.

qu'avec cette méthode on pouvait parvenir en peu de temps au même degré de perfection que les saints et la bienheureuse Vierge, qui, selon eux, n'avaient eu qu'une vertu commune. Ils ajoutaient que, par cette voie, l'on arrivait à une telle union avec Dieu, que toutes les actions des hommes en étaient déifiées; que, quand on était parvenu à cette union, il fallait laisser agir Dieu seul en nous, sans produire aucun acte. Ils soutenaient que tous les docteurs de l'Eglise avaient ignoré ce que c'est que la dévotion; que saint Pierre, homme simple, n'avait rien entendu à la spiritualité, non plus que saint Paul; que toute l'Eglise était dans les ténèbres et dans l'ignorance sur la vraie pratique du *Credo*. Ils disaient qu'il nous est permis de faire tout ce que dicte la conscience, que Dieu n'aime rien que lui-même, qu'il fallait que dans dix ans leur doctrine fût reçue par tout le monde, et qu'alors on n'aurait plus besoin de prêtres, de religieux, de curés, d'évêques, ni d'autres supérieurs ecclésiastiques. *Sponde. Vittorio Siri*, etc.

* ILLUMINÉS AVIGNONAIS. Pernety, bénédictin, abbé de Burkol, bibliothécaire du roi de Prusse; le comte de Grabianka, staroste polonais; Brumore, frère du chimiste Guyton-Morveau; Merinval, qui avait une place dans la finance, et quelques autres, s'étaient réunis à Berlin pour s'occuper de sciences occultes. Cherchant les secrets de l'avenir dans la combinaison des nombres, ils ne faisaient rien sans consulter la *sainte cabale*, car c'est ainsi qu'ils appelaient l'art illusoire d'obtenir du ciel des réponses aux questions qu'on lui adressait. Quelques années avant la révolution, ils crurent qu'une voix surnaturelle, émanée de la puissance divine, leur enjoignait de partir pour Avignon. Grabianka et Pernety acquirent, dans cette ville, une sorte de crédit, et fondèrent une secte d'illuminés qui eut beaucoup de partisans là et ailleurs.

Sous le nom du Père Pani, dominicain, commissaire du saint office, on publia à Rome, en 1791, un recueil de pièces concernant cette société. Le père Pani dit que, depuis quelques années, Avignon a vu naître une secte qui se prétend destinée par le ciel à réformer le monde, en établissant un nouveau peuple de Dieu. Les membres, sans exception d'âge ni de sexe, sont distingués, non par leurs noms, mais par un chiffre. Les chefs, résidant à Avignon, sont consacrés avec un rit superstitieux. Ils se disent très-attachés à la religion catholique; mais ils prétendent être assistés des anges, avoir des songes et des inspirations pour interpréter la Bible. Celui qui préside aux opérations cabalistiques se nomme *patriarche* ou *pontife*. Il y a aussi un roi destiné à gouverner ce nouveau peuple de Dieu. Ottavio Capelli, successivement domestique et jardinier, correspondant avec ces illuminés, prétendait avoir des réponses de l'archange Raphaël et avoir composé un rite pour la réception des membres. L'inquisition lui a fait son procès et l'a condamné à subir sept ans de détention. La même sentence poursuit cette société comme attribuant faussement des apparitions angéliques, suspectes d'hérésie; elle défend de s'y agréger, d'en faire l'éloge, et ordonne de dénoncer ses adhérents aux tribunaux ecclésiastiques.

Pernety, né à Roanne en 1716, mort à Valence en 1801, a traduit du latin de Swedenborg, les *Merveilles du ciel et de l'enfer*. Les swedenborgistes s'étaient flattés d'avoir des coréligionnaires à Avignon; mais cette espérance s'évanouit en apprenant que les illuminés avignonais *adoraient la sainte Vierge*, dont ils faisaient une quatrième personne, ajoutée à la Trinité. Cette erreur n'est pas nouvelle, car les collyridiens attribuaient la divinité à la sainte Vierge et lui offraient des sacrifices. Klotzius parle d'un certain Borr, qui prétendait que la sainte Vierge était Dieu, que le Saint-Esprit s'était incarné dans le sein de sainte Anne, que la sainte Vierge, contenue avec Jésus-Christ dans l'eucharistie, devait par conséquent être adorée comme lui: ce Borr ou Borri fut brûlé en effigie à Rome, et ses écrits le furent en réalité le 2 janvier 1661.

Les illuminés avignonais renouvelaient aussi, dit-on, les opinions des millénaires: on les a même accusés d'admettre la communauté des femmes; mais la clandestinité de leurs assemblées a pu favoriser une telle imputation, sans être une preuve qu'elle fût fondée.

Pernety étant mort, la société, qui, en 1787, était d'une centaine d'individus, se trouva réduite en 1804 à six ou sept. De ce nombre était Beaufort, auteur d'une traduction avec commentaires du psaume *Exsurgat*. Il y soutient que l'arche d'alliance, la manne, la verge d'Aaron, cachées dans un coin de la Judée, reparaîtront un jour, lorsque les juifs entreront dans le sein de l'Eglise.

* ILLUMINISME. A l'époque où l'esprit d'incrédulité s'était propagé en Allemagne avec le concours de plusieurs souverains qui traçaient à leurs sujets la route du mal, le Bavarois Weishaupt, né en 1748, et d'abord professeur de droit à l'université d'Ingolstadt, fut initié aux principes désorganisateurs des anciens manichéens par un marchand jutlandais nommé Kolmer, qui avait séjourné en Egypte et s'était fait chasser de Malte. Kolmer avait pour disciples le charlatan Cagliostro et quelques-uns de ses adeptes, qui se distinguèrent par leur *illuminisme* dans le comtat d'Avignon et à Lyon. L'étude du manichéisme et celle de la philosophie du dix-huitième siècle conduisirent Weishaupt à ne plus reconnaître la légitimité d'aucune loi politique ou religieuse, et ses leçons secrètes inculquèrent les mêmes idées aux élèves de son cours de droit. Dès lors, il conçut le plan d'une société occulte, qui aurait pour objet la propagation de son système, mélange hideux des principes antisociaux de l'ancien *illuminisme*, et des principes antireligieux du philosophisme moderne.

En voici le résumé: L'égalité et la liberté sont les droits essentiels que l'homme, dans sa perfection originaire et primitive, reçut de la nature. La première atteinte à cette égalité fut portée par la propriété; la première atteinte à la liberté fut portée par les sociétés politiques ou les gouvernements; les seuls appuis de la propriété et des gouvernements sont les lois religieuses et civiles : donc, pour rétablir l'homme dans ses droits primitifs d'égalité, de liberté, il faut commencer par détruire toute religion, toute société civile, et finir par l'abolition de toute propriété.

Si la vraie philosophie avait eu accès auprès de Weishaupt, elle lui aurait appris que les droits et les lois de l'homme primitif, seul encore sur la terre, ou père d'une génération peu nombreuse, ne furent pas et ne devaient pas être les droits, les lois de l'homme sur la terre peuplée de ses semblables. Elle aurait ajouté que Dieu, en ordonnant à l'homme de se multiplier sur cette même terre et de la cultiver, lui annonçait par cela seul que sa postérité était destinée à vivre un jour sous l'empire des lois sociales. Elle aurait fait observer que sans propriété cette terre restait inculte et déserte; que sans lois religieuses et civiles cet immense désert ne nourrissait plus que des hordes éparses de vagabonds et de sauvages. Weishaupt aurait dû en conclure que son égalité et sa liberté, loin d'être les droits essentiels de l'homme dans sa perfection, ne sont plus qu'un principe de dégradation et d'abrutissement, si elles ne peuvent subsister qu'avec ses anathèmes contre la propriété, la société et la religion.

Massenhausen, sous le nom d'*Ajax*, et Mers, sous celui de *Tibère*, jugés dignes d'être admis à ses mystères, reçurent de lui le grade d'*aréopagites*, et Weishaupt, leur chef, sous le nom de *Spartacus*, donna ainsi naissance à l'ordre des illuminés. Chaque classe de cet ordre devait être une école d'épreuves pour la suivante. Il y en avait deux principales : celle des préparations, à laquelle appartenaient les grades intermédiaires que l'on pouvait appeler d'intrusion, et celle des mystères, à laquelle appartenaient le sacerdoce et l'administration de la société.

Un rôle commun à tous les associés était celui de *frère insinuant*, ou *enrôleur*. Le baron de Knigge, sous le nom de *Philon*, s'en acquitta avec activité, car il s'occupa de pervertir le nord de l'Allemagne, tandis que Weishaupt se réservait le midi. Le moyen qu'il employa consista à gagner les francs-maçons, hommes déjà dépouillés de *préjugés religieux*, pour en faire des illuminés; d'où il est permis de conclure que la vaste société maçonnique devait être bien infectée dans ses arrière-mystères, pour qu'on la jugeât digne de cette agrégation. Une assemblée générale de francs-maçons se tenait alors à Wilhelmstadt, et aucune autre n'avait encore approché de celle-ci, soit pour le nombre des élus, soit pour la variété des sectes dont elle se composait : Knigge mit cette circonstance à profit, et, dès l'instant où les députés maçonniques furent illuminés, les progrès de la secte de Weishaupt devinrent menaçants.

Ce que l'on ne peut assez déplorer, c'est que des ecclésiastiques aient pu s'enrôler dans une telle conjuration. Les archives de l'ordre nomment des prêtres, des curés, et jusqu'au prélat Hœslein, vice-président du conseil spirituel de Munich, évêque de Kherson pour l'Église, et frère Philon de Byblos pour Weishaupt, qui, de son sanctuaire à Ingolstadt, présidait à tous les conjurés, et qui, empereur souterrain, eut bientôt plus de villes dans sa conspiration que le chef du Saint-Empire romain n'en avait sous son domaine. La facilité avec laquelle les illuminés s'introduisaient dans les loges maçonniques et la prépondérance que les mystères de Weishaupt y acquéraient chaque jour, expliquent cette extension si étonnante.

Chose incroyable! indépendamment des adeptes de toutes les classes, l'*illuminisme* compta dans son sein des princes souverains. Il y en eut cinq, en Allemagne, qui s'y agrégèrent. Ces dupes illustres ne se doutaient pas sans doute de l'aversion du fondateur pour toute espèce de dépendance, Weishaupt leur avait dissimulé probablement le serment qu'il faisait prêter dans les derniers grades de détester les rois; il ne leur avait révélé que ce qu'il pouvait dire à ces princes incrédules, sans les blesser, savoir ses projets hostiles contre la religion et son horreur pour les prêtres. Tel fut l'aveuglement, que, lorsque Weishaupt, proscrit de sa patrie comme traître à son souverain, dut chercher un asile hors de la Bavière; il fut accueilli, nourri de pensions et décoré du titre de conseiller honoraire à la cour d'Ernest-Louis, duc de Saxe-Gotha. Le fondateur de l'*illuminisme* n'est mort que dans ces derniers temps.

* ILLYRICAINS, hérétiques du sixième siècle, qui soutenaient que les bonnes œuvres n'étaient pas nécessaires pour le salut, et qui renouvelaient les erreurs de l'arianisme. Ils furent ainsi nommés parce qu'ils avaient pour chef Matthias Francowitz, natif d'Albonne en Illyrie, et pour cette raison, surnommé Illyricus.

* IMPANATEURS. On a nommé *impanateurs* les luthériens, qui soutiennent qu'après la consécration le corps de Jésus-Christ se trouve dans l'eucharistie avec la substance du pain; que celle-ci n'est point détruite, et qui rejettent ainsi le dogme de la transsubstantiation; et l'on appelle *impanation* la manière dont ils expliquent cette présence, lorsqu'ils disent que le corps de Jésus-Christ est avec le pain, dans le pain ou sous le pain, *in*, *sub*, *cum* : c'est ainsi qu'ils s'expriment. Mais de quelque manière qu'ils expliquent leur opinion, elle est évidemment contraire au sens littéral et naturel des paroles de Jésus-Christ. Lorsqu'il a donné son corps à ses disciples, il ne leur a pas dit : *Ici est mon corps*, ni *Ce pain est mon corps*, mais *Ceci est mon corps* : donc ce qu'il présentait à ses disciples était son corps et non du pain.

Aussi les calvinistes, qui n'admettent point la présence réelle, ont beaucoup écrit contre le sentiment des luthériens; ils leur ont prouvé que si Jésus-Christ est réellement, corporellement et substantiellement présent dans l'eucharistie, il faut nécessairement avouer qu'il y est présent par transsubstantiation; que deux substances ne peuvent être ensemble sous les mêmes accidents; que s'il faut absolument admettre un miracle, il est plus naturel de s'en tenir à celui que soutiennent les catholiques, qu'à celui que supposent les luthériens. Or, Luther, de son côté, n'a cessé de soutenir que les paroles de Jésus-Christ emportent, dans leur sens littéral, une présence réelle, corporelle et substantielle. Ainsi le dogme catholique se trouve établi par ceux-mêmes qui font profession de le rejeter.

IMPECCABLES, branche d'anabaptistes. *Voyez*, à l'article ANABAPTISTES, leurs différentes sectes.

*INCORRUPTIBLES, *incorrupticoles*, nom de secte : c'était un rejeton des eutychiens, qui soutenaient que dans l'incarnation la nature humaine de Jésus-Christ avait été absorbée par la nature divine, conséquemment que ces deux natures étaient confondues en une seule. Ils parurent en 535.

En disant que le corps de Jésus-Christ était *incorruptible*, ils entendaient que, dès qu'il fut formé dans le sein de sa mère, il ne fut susceptible d'aucun changement ni d'aucune altération, pas même des passions naturelles et innocentes, comme la faim et la soif; de sorte qu'avant sa mort il mangeait sans aucun besoin, comme après sa résurrection. Il s'ensuivait de leur erreur, que le corps de Jésus-Christ était impassible ou incapable de douleur, et que ce divin Sauveur n'avait pas réellement souffert pour nous. Comme cette même conséquence s'ensuivait assez naturellement de l'opinion des eutychiens, ce n'est pas sans raison que le concile général de Chalcédoine l'a condamnée en 451.

INDÉPENDANTS. En Angleterre et en Hollande, on nomme *indépendants* quelques sectaires qui font profession de ne dépendre d'aucune autorité ecclésiastique. Dans les matières de foi et de doctrine, ils sont entièrement d'accord avec les calvinistes rigides ; leur indépendance regarde plutôt la police et la discipline que le fond de la croyance. Ils prétendent que chaque Eglise, ou société religieuse particulière, a par elle-même tout ce qui est nécessaire pour sa conduite et son gouvernement; qu'elle a sur ce point toute puissance ecclésiastique et toute juridiction ; qu'elle n'est point sujette à une ou à plusieurs églises, ni à leurs députés, ni à leurs synodes, non plus qu'à aucun évêque. Ils conviennent qu'une ou plusieurs peuvent en aider une autre par leurs conseils et leurs représentations, la reprendre lorsqu'elle pèche, l'exhorter à se mieux conduire, pourvu qu'elles ne s'attribuent sur elle aucune autorité, ni le pouvoir d'excommunier.

Pendant les guerres civiles d'Angleterre, les *indépendants* étant devenus le parti le plus puissant, presque toutes les sectes contraires à l'Eglise anglicane se joignirent à eux ; mais on les distingue en deux espèces. La première est une association de presbytériens, qui ne sont différents des autres qu'en matière de discipline ; la seconde, que Spanheim appelle les *faux indépendants*, sont un amas confus d'anabaptistes, de sociniens, d'antinomiens, de familistes, de libertins, etc. qui ne méritent guère d'être regardés comme chrétiens, et qui ne font pas grand cas de la religion.

INDIFFÉRENTS, branche d'anabaptistes. *Voyez* leur article.

*INDIFFÉRENTISTES. C'est le nom que donnent les luthériens d'Allemagne à ceux d'entre eux qui ne sont attachés à aucune confession de foi, qui n'en condamnent aucune, et qui les regardent toutes comme indifférentes.

*INFERNAUX. On nomma ainsi dans le seizième siècle les partisans de Nicolas Gallus et de Jacques Smidelin, qui soutenaient que pendant les trois jours de la sépulture de Jésus-Christ, son âme descendit dans le lieu où les damnés souffrent et y fut tourmentée avec ces malheureux(1). On présume que ces insensés fondaient leur erreur sur un passage du livre des *Actes*, c. II, v. 24, où saint Pierre dit que Dieu a ressuscité Jésus-Christ, en le délivrant des douleurs de l'enfer, ou après l'avoir tiré des douleurs de l'enfer, dans lequel il était impossible qu'il fût retenu. De là les *infernaux* concluaient que Jésus-Christ avait donc éprouvé, du moins pendant quelques moments, les tourments des damnés. Mais il est évident que dans le psaume XV, que cite saint Pierre, il est question des *liens du tombeau* ou des *liens de la mort*, et non des douleurs des damnés ; la même expression se retrouve dans le psaume XVII, v. 5-6. C'est un exemple de l'abus énorme que faisaient de l'Ecriture sainte les prédicants du seizième siècle.

*INFRALAPSAIRES. Parmi les sectaires qui soutiennent que Dieu a créé un certain nombre d'hommes pour les damner, et sans leur donner les secours nécessaires pour se sauver, on distingue les *supralapsaires* et les *infralapsaires*. Les premiers disent qu'antécédemment à toute prévision de la chute du premier homme, *ante lapsum* ou *supralapsum*, Dieu a résolu de faire éclater sa miséricorde et sa justice : sa miséricorde, en créant un certain nombre d'hommes pour les rendre heureux pendant toute l'éternité ; sa justice, en créant un certain nombre d'autres hommes pour les punir éternellement dans l'enfer : qu'en conséquence Dieu donne aux premiers des grâces pour se sauver, et les refuse aux seconds. Ces théologiens ne disent point en quoi consiste cette prétendue justice de Dieu, et nous ne concevons pas comment elle pourrait s'accorder avec la bonté divine.

Les autres prétendent que Dieu n'a formé

(1) *Voyez* Gauthier, Chron. sæc. XVI.

ce dessein qu'en conséquence du péché originel, *infra lapsum*, et après avoir prévu de toute éternité qu'Adam commettrait ce péché. L'homme, disent-ils, ayant perdu par cette faute la justice originelle et la grâce, ne mérite plus que des châtiments ; le genre humain tout entier n'est plus qu'une masse de corruption et de perdition, que Dieu peut punir et livrer aux supplices éternels, sans blesser sa justice. Cependant, pour faire éclater aussi sa miséricorde, il a résolu de tirer quelques-uns de cette masse, pour les sanctifier et les rendre éternellement heureux.

Il n'est pas possible de concilier ce plan de la Providence avec la volonté de Dieu de sauver tous les hommes, volonté clairement révélée dans l'Ecriture sainte (1), et avec le décret que Dieu a formé au moment même de la chute d'Adam, de racheter le genre humain par Jésus-Christ. Nous ne comprenons pas en quel sens une masse rachetée par le sang du Fils de Dieu est encore une masse de perdition, de réprobation et de damnation. Dieu l'a-t-il ainsi envisagée lorsqu'il a *aimé le monde* jusqu'à donner son Fils unique pour prix de sa rédemption (2) ?

Il est absurde de supposer en Dieu un autre motif de donner l'être à des créatures que la volonté de leur faire du bien ; et les *supralapsaires* prétendent qu'il en a produit un très-grand nombre dans le dessein de leur faire le plus grand de tous les maux, qui est la damnation éternelle ; ce blasphème fait horreur ! Il est dit dans le livre de la Sagesse que Dieu ne *hait rien de ce qu'il a fait* ; et ces hérétiques supposent que Dieu a eu de l'aversion pour des créatures avant de les faire ?

* INSERMENTÉS. *Voyez* ÉGLISE CONSTITUTIONNELLE.

* INTÉRIM, INTÉRIMISTES. Espèce de règlement provisionnel publié par ordre de Charles-Quint, l'an 1548, par lequel il décidait des articles de doctrine qu'il fallait enseigner en attendant qu'un concile général les eût plus amplement expliqués et déterminés.

Plusieurs catholiques refusèrent de s'y soumettre, parce que ce règlement leur paraissait favoriser le luthéranisme ; ils le comparèrent à l'*Hénotique* de Zénon, à l'*Ecthèse* d'Héraclius, et au *Type* de Constant. Le pape ne voulut jamais l'approuver.

Les luthériens n'en furent guère plus contents que les catholiques. Ils se divisèrent en *rigides* ou opposés à l'*intérim*, et en *mitigés*, qui prétendaient qu'il fallait se conformer aux volontés du souverain : on les nomma *intérimistes*.

* INVISIBLES. On a donné ce nom à quelques luthériens rigides, sectateurs d'Osiander, de Flaccius Illyricus, et de Swerfeld, qui prétendaient qu'il n'y a point d'Église visible. Dans la confession d'Augsbourg et dans l'apologie, les luthériens avaient fait profession de croire que l'Église de Jésus-Christ est toujours visible ; la plupart des communions protestantes avaient enseigné la même doctrine ; mais leurs théologiens se trouvèrent embarrassés lorsque les catholiques leur demandèrent où était l'Église visible de Jésus-Christ avant la prétendue réforme. Si c'était l'Église romaine, elle professait donc alors la vraie doctrine de Jésus-Christ, puisque sans cela, de l'aveu même des protestants, elle ne pouvait pas être une véritable Église. Si elle la professait alors, elle ne l'a pas changée depuis ; elle enseigne encore aujourd'hui ce qu'elle enseignait pour lors : elle est donc encore, comme elle était, la véritable Église. Pourquoi s'en séparer ? Jamais il ne peut être permis de rompre avec la véritable Église de Jésus-Christ ; faire schisme avec elle, c'est se mettre hors de la voie du salut. Pour esquiver cette difficulté accablante, il fallut recourir à la chimère de l'Église *invisible*.

* ISLÉBIENS. On donna ce nom à ceux qui suivirent les sentiments de Jean Agricola, théologien luthérien d'Islèbe en Saxe, disciple et compatriote de Luther. Ces deux prédicants ne s'accordèrent pas longtemps ; ils se brouillèrent, parce que Agricola, prenant trop à la lettre quelques passages de saint Paul touchant la loi judaïque, déclamait contre la loi et contre la nécessité des bonnes œuvres ; d'où ses disciples furent nommés *antinomiens*, ou ennemis de la loi. Il n'était cependant pas nécessaire d'être fort habile pour voir que saint Paul, quand il parle contre la nécessité de la loi, entend la loi cérémonielle et non la loi morale ; mais les prétendus réformateurs n'y regardaient pas de si près. Dans la suite, Luther vint à bout d'obliger Agricola à se rétracter ; il laissa cependant des disciples qui suivirent ses sentiments avec chaleur. *Voyez* ANTINOMIENS.

* ISOCHRISTES. Nom d'une secte qui parut vers le milieu du sixième siècle. Après la mort de Nonnus, moine origéniste, ses sectateurs se divisèrent en *protoctistes* ou *tétradites*, et en *isochristes*. Ceux-ci disaient : Si les apôtres font à présent des miracles et sont en si grand honneur, quel avantage recevront-ils à la résurrection, s'ils ne sont pas rendus égaux à Jésus-Christ ? Cette proposition fut condamnée au concile de Constantinople, l'an 553. — *Isochriste* signifie *égal au Christ*. Origène n'avait donné aucun lieu à cette absurdité. *Voyez* ORIGÉNISTES.

* ITHACIENS. Nom de ceux qui, au quatrième siècle, s'unirent à Ithace, évêque de Sossèbe en Espagne, pour poursuivre à mort Priscillien et les priscillianistes. On sait que Maxime, qui régnait pour lors sur les Gaules et sur l'Espagne, était un usurpateur, un tyran souillé de crimes et détesté pour sa cruauté. La peine de mort qu'il avait prononcée contre les priscillianistes pouvait être juste, mais il ne convenait pas à des évêques d'en poursuivre l'exécution. Aussi *Ithace* et ses adhérents furent regardés avec horreur par les autres évêques et par

(1) I Tim. II, 4, etc. (2) Joan. III, 16.

tous les gens de bien; ils furent condamnés par saint Ambroise, par le pape Sirice et par un concile de Turin.

L'empereur Maxime sollicita vainement saint Martin de communiquer avec les évêques *ithaciens*; il ne put l'obtenir. Dans la suite, le saint se relâcha pour sauver la vie à quelques personnes, et il s'en repentit. *Ithace* finit par être dépossédé et envoyé en exil.

J

JACOBEL. *Voyez* HUSSITES.

JACOBITES, eutychiens ou monophysites de Syrie, ainsi appelés du nom d'un fameux eutychien nommé Jacques Baradée, ou Zanzale, qui ressuscita, pour ainsi dire, l'eutychianisme, presqu'éteint par le concile de Chalcédoine, par les lois des empereurs et par les divisions des eutychiens.

L'élection des évêques et leurs disputes sur la religion avaient partagé les eutychiens en une infinité de petites sectes qui se déchiraient; ils étaient d'ailleurs sans pasteurs, sans évêques, et les chefs de ce parti, renfermés dans des prisons, prévoyaient que c'était fait de l'eutychianisme s'ils n'ordonnaient un patriarche qui réunît les eutychiens et soutînt leur courage au milieu des malheurs dont ils étaient accablés.

Sévère, patriarche d'Antioche, et les évêques opposés comme lui au concile de Chalcédoine, choisirent pour cela Jacques Baradée ou Zanzale, l'ordonnèrent évêque d'Edesse, et lui conférèrent la dignité de métropolitain œcuménique.

Jacques était un moine simple et ignorant, mais brûlant de zèle, et qui crut pouvoir compenser, par son activité et par l'austérité de ses mœurs, tout ce qui lui manquait du côté des talents. Il était couvert de haillons, et sous cet extérieur humilié il parcourut impunément tout l'Orient, réunit toutes les sectes des eutychiens, et ralluma le fanatisme dans tous les esprits : il ordonna des prêtres, des évêques, et fut le restaurateur de l'eutychianisme dans tout l'Orient : c'est pour cela qu'on a donné le nom de Jacobites à tous les eutychiens ou monophysites d'Orient (1).

Après la mort de Sévère, Jacques Zanzale ordonna Paul évêque d'Antioche, à qui d'autres ont succédé jusqu'à notre siècle.

Les évêques ordonnés par Jacques ne résidèrent point dans cette ville, mais dans Amida, tant que les empereurs romains furent les maîtres de la Syrie; cependant le nombre des eutychiens dans le patriarcat d'Antioche était de beaucoup supérieur à celui des catholiques, et le patriarcat d'Antioche renfermait les deux Syries, les deux Cilicies, les deux Phénicies, la Mésopotamie, l'Isaurie, l'Euphratissienne, l'Osroëne : toutes ces dépendances sont marquées dans l'excellente carte du patriarcat d'Antioche de Danville, tome II de l'*Oriens Christianus*, page 670.

La foi du concile de Chalcédoine ne se soutenait, dans toutes ces provinces, que par l'autorité des empereurs et par la sévérité des lois qu'ils avaient portées contre tous ceux qui s'opposaient au concile de Chalcédoine.

Pour se soustraire à la sévérité de ces lois, un grand nombre d'eutychiens passèrent dans la Perse et dans l'Arabie, où toutes les sectes proscrites par les empereurs romains étaient tolérées et vivaient en paix entre elles, mais toutes ennemies de la puissance qui les avait proscrites (2).

Parmi les personnes qui avaient reçu le concile de Chalcédoine, beaucoup persévéraient dans leur sentiment, ne se réunissaient qu'extérieurement à l'Eglise, et formaient dans le sein même de l'empire une multitude d'ennemis cachés qui, pour se venger de l'oppression qu'ils souffraient, n'attendaient qu'une occasion favorable.

Les Perses surent mettre à profit ces dispositions; ils firent la guerre aux empereurs romains, ravagèrent l'empire et s'emparèrent de plusieurs provinces.

Les jacobites rentrèrent alors dans toutes leurs églises, parce que les Perses favorisaient toujours les sectes proscrites par les empereurs romains; les Sarrasins en usèrent de même envers les jacobites lorsqu'ils eurent conquis l'empire des Perses. Ainsi les catholiques furent opprimés sous ces nouveaux maîtres, et les jacobites furent le parti triomphant. Le patriarche d'Antioche rentra dans tous ses droits, créa une espèce de coadjuteur pour envoyer des missions dans l'Orient et y établir le monophysisme.

Le monophysisme se répandit en effet dans l'Orient; dans le même temps et par les mêmes causes, il se répandit dans l'Egypte et passa dans l'Abyssinie, comme on peut le voir aux mots COPHTES et ABYSSINS.

Les jacobites ne jouirent cependant pas d'une faveur constante sous les Perses et sous les Sarrasins; ils furent persécutés, comme tous les chrétiens, par les rois de Perse et par les califes avares ou fanatiques, et beaucoup de jacobites et de catholiques répandus dans ces provinces renoncèrent à la religion chrétienne et embrassèrent le mahométisme : toutes les familles chrétiennes qui étaient en Nubie suivent aujourd'hui la religion de Mahomet (3).

Telles furent les suites des rigueurs des empereurs romains contre les hérétiques, pour la religion, pour l'Etat et pour le salut des âmes.

---

(1) Asseman, Biblioth. orient., t. II. Dissert. de Monophys., p. 326. Renaudot, Hist. Patriarc. Alex. Perpét. de la foi, t. IV, l. 1, c. 8.

(2) Asseman, ibid., t. II et III, part. II. De Siris Nestorianis, c. 4, 5.

(3) Ibid., loc. cit.

Pendant les conquêtes des princes d'Occident dans la Syrie et dans l'Orient, les Jacobites parurent vouloir se réunir à l'Eglise romaine, mais ils ne se réunirent point.

Lorsque les princes d'Occident se furent rendus maîtres de la Syrie, le pape nomma un patriarche à Antioche, qui y fit sa résidence jusqu'à l'an 1267, où les Musulmans la reprirent.

Par ce moyen, il y a deux patriarches d'Antioche : un romain, et l'autre monophysite ; chacun de ces patriarches a sous lui des évêques de sa communion.

Les jacobites ont aussi des églises dans tous les lieux où les nestoriens se sont établis, et ces deux sectes, qui pendant une si longue suite d'années ont rempli l'empire de troubles et de séditions, vivent en paix et communiquent ensemble. Lorsque Abulpharage, patriarche des jacobites, mourut, le patriarche nestorien qui demeurait dans la même ville ordonna à tous les chrétiens de ne point travailler et de s'assembler dans l'église. Tous les jacobites, les Grecs et les Arméniens se réunirent pour faire l'office et pour célébrer les obsèques de cet illustre jacobite (1).

Les jacobites ne reconnaissent qu'une nature en Jésus-Christ, rejettent le concile de Chalcédoine, condamnent la lettre de saint Léon, et regardent comme des défenseurs de la foi Dioscore, Barsumas et les eutychiens condamnés par le concile de Chalcédoine.

Tous les ennemis de l'eutychianisme sont au contraire à leurs yeux autant d'hérétiques : ils ne reconnaissent qu'une nature et une personne en Jésus-Christ, mais ils ne croient pas pour cela que la nature humaine et la nature divine soient confondues ; ainsi ils ne sont point, à proprement parler, engagés dans l'erreur d'Eutychès, mais dans celle des acéphales, qui rejetaient le concile de Chalcédoine.

Ils ont tous les sacrements de l'Eglise romaine et n'en diffèrent que sur quelques pratiques dans l'administration des sacrements : ils ont, par exemple, conservé la circoncision et marquent d'un fer rouge l'enfant après qu'il est baptisé ; ils ont conservé la prière pour les morts.

On leur a faussement imputé quelques erreurs sur la Trinité, sur l'origine des âmes et sur les sacrements (2).

La Croze les accuse de croire l'impanation, et Asseman ne paraît pas fort éloigné de ce sentiment. La Croze va plus loin, et prétend que le dogme de la transsubstantiation est né en Egypte, et que c'est une conséquence qu'on a tirée de l'opinion des monophysites : « Elle parut d'abord, dit-il, comme une assomption du pain et du vin en union hypostatique avec le corps et le sang de Notre-Seigneur, et par cette union ne faisant plus qu'une nature avec lui. »

La Croze prouve ce qu'il avance par une homélie dans laquelle il est dit que Jésus-Christ s'unit personellement au pain et au vin (3).

Il me semble qu'on impute trop facilement l'impanation aux jacobites : les premiers monophysites, qui croyaient que la nature divine s'était unie personnellement à la nature humaine, parce qu'elle l'avait absorbée, et qu'elles s'étaient confondues en une seule substance, devaient naturellement supposer que ce même principe d'union avait lieu par rapport au pain et au vin dans l'eucharistie ; ils devaient expliquer ces paroles de la consécration, *Ceci est mon corps*, comme ils expliquaient celles de saint Jean, *Le Verbe a été fait chair*, *le Verbe a été fait homme* : or, ce sens est bien différent de l'impanation, puisque dans l'impanation on suppose que le pain reste, après la consécration, tel qu'il était auparavant.

Lorsque les monophysites ou jacobites ont reconnu qu'en effet la nature divine et la nature humaine n'étaient point confondues, mais qu'elles étaient distinctes quoique unies, ils n'ont point pensé que le pain fût confondu avec la personne de Jésus-Christ ; ils ont pensé qu'il lui était uni personnellement, mais en devenant le corps de Jésus-Christ dans le sens dans lequel Jésus-Christ l'avait dit, et que les paroles de la consécration offrent, ce qui n'est pas contraire au dogme de la transsubstantiation : rien n'obligeait les jacobites de s'écarter du sens des catholiques et de recourir au dogme de l'impanation.

Je dis de plus que, quand les jacobites seraient dans les principes de l'impanation, on ne pourrait dire que les jacobites soient les premiers auteurs du dogme de la transsubstantiation, et qu'on soit passé de la croyance de l'impanation à la croyance de la transsubstantiation.

L'impanation conduisait plus naturellement au sens figuré de Calvin et à nier la présence réelle qu'à reconnaître la transsubstantiation, qui est une suite de la présence réelle. Ce n'est donc point dans la croyance des monophysites que le dogme de la transsubstantiation a pris naissance, comme le prétend La Croze.

Les jacobites élisent leur patriarche, qui, après son élection, obtient des princes dans l'empire desquels il se trouve un diplôme qui le confirme dans l'exercice de sa dignité et qui oblige tous les jacobites à lui obéir (4).

Il s'est élevé de temps en temps des schismes parmi les jacobites, souvent sur l'élection des patriarches, quelquefois sur la liturgie : le plus considérable est celui qui a divisé le patriarche d'Alexandrie de celui d'Antioche. La cause de ce schisme fut que dans l'Eglise d'Antioche on mêlait de l'huile et du sel dans le pain de l'eucharistie : on trouve dans les liturgies orientales de Renaudot et dans Asseman les rites des jacobites.

Il y a parmi les jacobites beaucoup de

---

(1) Asseman, Bibliot. orient., t. II, p. 266. Il réfute par là Pokoque, qui, d'après un auteur mahométan, dit qu'Abulpharage avait embrassé la religion mahométane.

(2) Ibid.

(3) La Croze, Christ. d'Ethiopie, p. 365. Europe savante, août 1717.

(4) Asseman, Biblioth. orient. t. II. Dissert. de Monophysit., art. 8.

moines : les uns sont réunis, les autres vivent séparés dans des cellules et dans des déserts ; ou habitent sur des colonnes, d'où ils sont appelés stylites ; les supérieurs de tous ces monastères sont soumis aux évêques.

Les gouverneurs des provinces ne donnent pas gratuitement le diplôme de patriarche, et leur avarice rend les dépositions des patriarches très-fréquentes (1).

Les jacobites ont beaucoup de jeûnes, et les jeûnes chez eux sont très-rigoureux : ils ont le carême, le jeûne de la Vierge, le jeûne des apôtres, le jeûne de Noël, le jeûne des Ninivites, et ces jeûnes durent chacun plusieurs semaines ; de plus, ils jeûnent, toute l'année, le mercredi et le vendredi.

Pendant tout le carême aucun jacobite ne peut ni boire de vin, ni manger de poisson, ni se servir d'huile ; l'infraction de ces lois est punie de l'excommunication ; il n'est permis de manger ni lait, ni œufs, les vendredis et les mercredis.

Ils font consister presque toute la perfection de l'Évangile dans l'austérité de ces jeûnes, qu'ils poussent à des excès incroyables : on en a vu qui, pendant beaucoup d'années, ne vivaient durant tout le carême que de feuilles d'olivier (2).

Les hommes qui se dévouent à ces austérités et qui ont des mœurs si pures mourraient plutôt que de recevoir le concile de Chalcédoine, et n'ont cependant point une foi différente de celle que ce concile propose.

Les jacobites ont donné de grands hommes, des historiens, des philosophes, des théologiens. Les plus éclairés ont été les plus disposés à la réunion avec l'Eglise romaine : communément ils se sont beaucoup moins occupés à s'éclairer qu'à inventer des pratiques de dévotion et à trouver dans ces pratiques des allusions pieuses ou des sens cachés, comme on le voit par ce que Asseman nous a donné de leurs ouvrages (3).

La secte des jacobites n'a point été aussi florissante et aussi étendue que celle des nestoriens ; il y a eu des rois nestoriens, et il n'y a point eu de rois jacobites : on croit que cette secte ne compte pas aujourd'hui plus de cinquante familles (4).

Quelques auteurs, tels que Jacques de Vitri et Willebrand, appellent jacobins les personnes de la secte que nous venons de décrire (5).

Outre les auteurs que nous avons cités sur les jacobites, on peut consulter M. Simon et les auteurs que nous avons cités à l'article COPHTES (6).

JANSÉNISME. Système erroné touchant la grâce, le libre arbitre, le mérite des bonnes œuvres, le bienfait de la rédemption, etc., renfermé dans un ouvrage de Corneille Jansénius, évêque d'Ypres, qu'il a intitulé *Augustinus*, et dans lequel il a prétendu exposer la doctrine de saint Augustin sur les différents chefs dont nous venons de parler.

Ce théologien était né de parents catholiques, près de Léerdam en Hollande, l'an 1585. Il fit ses études à Utrecht, à Louvain et à Paris. Il fit connaissance dans cette dernière ville avec le fameux Jean de Hauranne, abbé de Saint-Cyran, qui le conduisit avec lui à Bayonne, où il demeura douze ans en qualité de principal du collège. Ce fut là qu'il ébaucha l'ouvrage dont nous parlons ; il le composa dans le dessein de faire revivre la doctrine de Baïus, condamnée par le saint-siége en 1567 et 1579. Il l'avait puisée dans les leçons de Jacques Janson, disciple et successeur de Baïus ; et l'abbé de Saint-Cyran était aussi dans les mêmes opinions.

Dessein de Jansénius dans ce livre; son travail à cet égard ; ce qu'il pensait quelquefois lui-même; sa soumission au saint-siége.

Baïus, qui avait passé une partie de sa vie dans l'agitation et les disputes, tantôt rétractant, tantôt renouvelant ses erreurs, avait répandu sa doctrine dans des écrits épars, sans ordre, sans liaison et sans suite. Jacques Janson, son disciple, sentit qu'un ouvrage où tous les points de cette doctrine seraient rassemblés, liés, et formeraient un système bien conduit, bien soutenu, la présenterait sous un tout autre jour, et y gagnerait plus sûrement des partisans. Mais n'ayant pas le loisir de bâtir lui-même un ouvrage de cette nature, lequel demandait, outre des talents rares, une étude profonde et un travail immense, il jeta les yeux sur Jansénius, son élève, et qui, comme nous l'avons dit, partageait ses sentiments. Janson ne pouvait s'adresser mieux. « Esprit subtil et pénétrant ; talent d'embrasser un grand sujet, de l'envisager dans tous ses rapports et d'en distinguer habilement toutes les parties, pour mettre chacune à sa place ; connaissance détaillée des opinions qu'il fallait établir et de celles qu'il fallait combattre ; habitude de méditer sur ces objets, de les creuser, de les considérer dans leurs principes et dans leurs conséquences les plus éloignées ; application constante, infatigable, qui savait aplanir ou surmonter toutes les difficultés ; netteté dans les idées, facilité dans le style ; en un mot, la réunion de toutes les qualités nécessaires au succès (7) » d'un ouvrage difficile et de longue haleine : voilà ce que Janson rencontra dans Jansénius, et ce qui détermina son choix.

Jansénius se chargea volontiers de l'entreprise, et il s'y livra, pendant vingt ans, avec une ardeur qu'on a peine à concevoir. Si on l'en croit sur parole, afin de mieux en pénétrer les sentiments et la doctrine, il aurait lu plus de dix fois toutes les œuvres du célèbre évêque d'Hippone, et environ trente fois ses traités contre les pélagiens (8), merveille, si l'on peut parler ainsi, que firent sonner bien

---

(1) Asseman, ibid.
(2) La Croze, Christ. d'Ethiopie.
(3) Asseman, Bibl. orient., t. II.
(4) Asseman, ibid., t. II.
(5) Jacques de Vitri, Hist. de Jérusalem. Willebrand, Itinéraire de la terre sainte.
(6) La croyance et les mœurs des nations du Levant, par Moni.
(7) Siècles chrétiens, t. IX, p. 64 et suiv.
(8) Synopsis vitæ Jansen., à la tête de l'Augustinus. Il

haut ses défenseurs et ses disciples ; mais merveille qu'on croira difficilement, si l'on se rappelle les occupations divergentes et multipliées que durent lui donner les fonctions dont il se trouva continuellement chargé, ses différents voyages en Espagne et en France, le ministère de la parole qu'il exerçait fréquemment en chaire, ses études théologiques, les écrits qu'il composa sur divers objets et spécialement sur l'Ecriture sainte, la lecture des autres Pères de l'Eglise, surtout de ceux qui ont vécu entre Origène et saint Augustin, dont il parlait si mal (1); la rédaction laborieuse et pleine de discussions du livre dont nous parlons ; les mouvements qu'il se donna, de concert avec Duvergier, pour ménager à ce livre un accueil favorable et de nombreux partisans, etc. Quoi qu'il en soit, il connaissait au moins aussi bien les productions ténébreuses des hérétiques du seizième et du dix-septième siècle. C'est ce que démontrent les plagiats multipliés qu'on lui a reproché d'y avoir faits. En effet, le P. Déchamps prouve, dans son excellent traité de *Hæresi janseniana,* que ce fut dans ces sources empoisonnées que Jansénius puisa tout ce qu'il annonçait comme des découvertes jusqu'alors inconnues, la plus grande partie de ses assertions hétérodoxes, les preuves dont il les appuyait, les réponses qu'il faisait aux objections contraires à son système (2).

Dupin prétend que Jansénius *entreprit l'Augustinus pour défendre la doctrine des censures des facultés de théologie de Louvain et de Douai, contre les écrits des professeurs jésuites, et dans le dessein de combattre les sentiments des scolastiques qu'il croyait opposés à ceux de saint Augustin sur la grâce et la prédestination* (3).

Nous ne nierons point ce fait, avoué par l'abbé de Morgues, et reconnu en quelque sorte par la faculté de théologie de Douai, du moins quant aux censures dont il s'agit, et cet aveu de notre part confirme plutôt qu'il n'infirme ce que nous avons avancé touchant le dessein du docteur de Louvain. Mais ce qui montre encore mieux le but de Jansénius de faire revivre le baïanisme tout pur, c'est 1° un manuscrit de sa main, que l'on conservait à Louvain, et qui fut cité dans le procès de Pasquier Quesnel. Ce manuscrit, que Duchesne assure avoir lu en entier, commençait ainsi : *Ad excusandas apophases magistri nostri Michaelis,* c'est-à-dire, *pour excuser* ou *défendre les sentiments* ou les *propositions de notre maître Michel* (4); 2° le titre qu'il avait d'abord donné à son livre : selon quelques écrivains, dit Tournely (5), il l'avait en premier lieu intitulé *Apologie de Baïus*; mais la crainte d'irriter le saint-siège et de s'attirer par cela seul une foule de contradicteurs et d'ennemis l'engagea à changer ce titre insolent en un autre guère plus modeste et beaucoup plus captieux, c'est celui qu'on lit aujourd'ui ; 3° la doctrine qu'il enseigne dans l'*Augustinus.* Le théologien que nous venons de citer rapporte onze propositions de Baïus que Jansénius renouvelle : les unes regardent la liberté, d'autres la possibilité des commandements de Dieu, quelques-unes les œuvres des infidèles, et dans le reste il traite de l'état de pure nature (6). Mais Duchesne, dans le parallèle qu'il fait des erreurs de ces deux novateurs, démontre qu'il y a entre la doctrine de l'un et de l'autre une conformité si parfaite, qu'on peut dire que celle de l'évêque d'Ypres est comme la glose qui suit la lettre de la doctrine du chancelier de l'université de Louvain.

Quoique notre théologien n'ignorât pas que ses sentiments avaient été condamnés d'avance, en grande partie, par Pie V et Grégoire XIII, il était néanmoins tellement affectionné à son entreprise, au rapport de Libert Fromont, un de ses meilleurs amis, qu'il se croyait né uniquement pour elle, et qu'il consentait de grand cœur à mourir aussitôt qu'il l'aurait achevée (7). Cependant il chancelait ou craignait quelquefois. *Plus j'avance,* écrivait-il à Saint-Cyran, *plus l'affaire me donne de frayeur... Je n'ose dire ce que je pense touchant la prédestination et la grâce, de peur qu'avant que tout ne soit prêt et meuri, il ne m'arrive ce qui est arrivé à d'autres, c'est-à-dire, d'être condamné... Il avoue que si sa doctrine venait à être éventée, il passerait pour un homme en délire et un franc rêveur... Il déclare qu'il n'aspire plus à aucune dignité académique, par la crainte que, s'il lui arrivait de produire ses sentiments, il ne révoltât contre lui tout le monde... Il prévoit que les découvertes qu'il a faites dans saint Augustin causeront un grand étonnement... Il fera en sorte que son livre ne paraîtra qu'après sa mort, afin de ne point s'exposer à voir le reste de ses jours s'écouler dans l'agitation et le trouble... Enfin, jamais on ne pourra lui persuader que l'Augustinus soit un jour ap-*

était de mode en ce temps-là, chez les novateurs, de se flatter d'avoir bien étudié les ouvrages du saint docteur de la grâce. Baïus disait les avoir lus neuf fois. Avant lui, Calvin se vantait d'en connaître parfaitement l'esprit et la doctrine. Les sectateurs de Luther avaient aussi dicté la leçon aux jansénistes, en faisant honneur à leur maître d'avoir rendu, en quelque sorte, la vie à saint Augustin et en accusant les théologiens orthodoxes de ne pas connaître ce Père, même de ne l'avoir pas lu.

Voye Hist. du Baïan., l. II. De Hæresi janseniana, lib. III, disp. 1, c. 2.

(1) Il taxait ces Pères intermédiaires, surtout les Grecs, d'être infectés de semipélagianisme. Hist. du Baïan., liv. IV.

(2) Rien de plus plaisant que ce que raconte ce Père dans le ch. 2, l. I, de ce traité. Un de ses amis, partisan distingué des opinions nouvelles et qui connaissait parfaitement l'Augustinus, étant arrivé chez lui, eut occasion d'y parcourir avec soin un ouvrage de Dumoulin sur la grâce et le libre arbitre ; il y trouva tant de rapports dans les sentiments, dans les expressions et de toute manière, qu'il soutint avec chaleur que cette production du ministre calviniste, imprimée vingt ans avant le livre de Jansénius, n'en était qu'un abrégé tout récemment mis au jour, et on ne put le dissuader qu'en lui mettant devant les yeux le titre qui se trouvait séparé de l'ouvrage.

(3) Hist. Ecclésiast. du dix-septième siècle.
(4) Hist. du Baïan., l. IV.
(5) De grat. Christ., t. I, p. 325.
(6) Ibid., p. 331 et seq.
(7) Synops. Vit. Jansen.

prouvé des juges; mais il finit par s'en consoler, *le pouvoir tramontain* étant, disait-il, *ce que j'estime la moindre chose* (1). Ainsi parlait l'homme du monde qui cherchait la vérité avec le plus d'ardeur et de franchise, un des plus saints et un des plus savants prélats qu'ait eus l'Eglise, au dire du parti.

Jansénius tient quelquefois un autre langage dans son fameux ouvrage : rien de plus édifiant et de plus respectueux envers le saint-siége que la déclaration insérée dans le livre préliminaire, c. 29, n. 2, et dans la conclusion de tout l'ouvrage (2). Il renouvela sa soumission, dans son testament, une demi-heure avant sa mort. Déjà quelques jours auparavant il avait écrit en ces termes à Urbain VIII : « Je me trompe assurément, si la plupart de ceux qui se sont appliqués à pénétrer les sentiments de saint Augustin ne se sont étrangement mépris eux-mêmes. Si je parle selon la vérité ou si je me trompe dans mes conjectures, c'est ce que fera connaître cette pierre, l'unique qui doive nous servir de pierre de touche, contre laquelle se brise tout ce qui n'a qu'un vain éclat sans avoir la solidité de la vérité. Quelle chaire consulterons-nous, sinon celle où la perfidie n'a point d'accès? A quel juge enfin nous en rapporterons-nous, sinon au lieutenant de celui qui est la voie, la vérité et la vie, dont la conduite met à couvert de l'erreur, Dieu ne permettrait jamais qu'on se trompe en suivant les pas de son vicaire en terre?... Ainsi, tout ce que j'ai pensé, dit ou écrit dans ce labyrinthe hérissé de disputes, pour découvrir les véritables sentiments de ce maître très-profond, et par ses écrits, et par les autres monuments de l'Eglise romaine, je l'apporte aux pieds de Votre Sainteté, approuvant, improuvant, rétractant, selon qu'il me sera prescrit par cette voix de tonnerre qui sort de la nue du siége apostolique (3). »

Il serait difficile de concilier de si beaux sentiments envers le chef de l'Eglise avec ce que l'auteur écrivait à Saint-Cyran, et même avec ce qu'il dit quelque part dans son *Augustinus* (4), touchant la même autorité, si l'on ne savait, d'après une expérience constante, que les novateurs ont, au besoin, deux langages différents : un pour leurs intimes et leurs affidés, qui est la vraie pensée de leur cœur; et un tout contraire pour le public, pour ceux qu'ils redoutent, et celui-ci n'est que l'expression de la politique et du déguisement. Mais puisque ce théologien est mort dans la communion catholique, et avec les sentiments, du moins à l'extérieur, d'un enfant de l'Eglise envers celui qui en est le chef visible, « on doit croire, dit M. l'abbé Ducreux, que, s'il eût survécu à la publication de son livre, il eût souscrit tout le premier aux décisions des souverains pontifes qui l'ont condamné dans la suite (5). »

Système de Jansénius, et liaison des propositions condamnées avec ce système.

Induit en erreur par cette maxime de saint Augustin : *Il est nécessaire que nous agissions conformément à ce qui nous plaît le plus* (6), maxime dont il avait mal saisi le sens, et que cependant il ne cesse d'apporter en preuve, l'évêque d'Ypres fonde toute sa doctrine sur la délectation relativement victorieuse, c'est-à-dire sur la délectation qui se trouve actuellement supérieure en degrés à celle qui y est opposée. Un savant nous donne une idée juste du système de ce prélat en le réduisant à ce point capital : « Que, depuis la chute d'Adam, le plaisir est l'unique ressort qui remue le cœur de l'homme ; que ce plaisir est inévitable quand il vient, et invincible quand il est venu. Si ce plaisir est céleste, il porte à la vertu ; s'il est terrestre, il détermine au vice, et la volonté se trouve nécessairement entraînée par celui des deux qui est actuellement le plus fort. Ces deux délectations, dit l'auteur, sont comme les deux bassins d'une balance : l'un ne peut monter sans que l'autre ne descende. Ainsi, l'homme fait invinciblement, quoique volontairement, le bien ou le mal, selon qu'il est dominé par la grâce ou la cupidité (7). » Voilà, dit le P. d'Avrigny, le fond de l'ouvrage de Jansénius : toutes les autres parties, spécialement les cinq propositions condamnées, qui renferment comme la quintessence de cet ouvrage, n'en sont que des suites et des corollaires.

Ainsi, la volonté de l'homme est enchaînée, soumise nécessairement à la délectation actuellement prépondérante, c'est-à-dire à celle qui se trouve, dans le moment de la détermination, supérieure en degrés à la délectation opposée. Dans le conflit des deux délectations, s'il y a entre l'une et l'autre un équilibre parfait, la volonté, dans cette hypothèse, ne peut rien ni pour la vertu, ni pour le vice. Si la délectation terrestre l'emporte sur la céleste d'un seul degré, l'homme fait alors nécessairement le mal; et, le contraire arrivant, il embrasse nécessairement le parti de la vertu.

Ainsi, dans ce système, il n'y a point de grâce suffisante proprement dite, c'est-à-dire de grâce qui, sans se réduire à l'acte (parce que l'homme y résiste volontairement et de son propre choix), donne néanmoins tout ce qu'il faut médiatement ou immédiatement pour pouvoir faire le bien et résister à la concupiscence qui se fait actuellement sentir. Jansénius rejette expressément cette grâce (8), et elle ne peut non plus se concilier avec sa doctrine, comme on le verra

---

(1) *Voyez* Hist. du Baïan., l. iv ; et Tournely, de Grat. Christ., t. I, p. 328 et seq.
(2) *Voyez* les mêmes.
(3) Mém. chronol. et dogmat., t. II, p. 80.
(4) Hist. du Baïan.
(5) Siècles chrét., t. IX.
(6) Secundum id operemur necesse est, quod amplius nos delectat

(7) *Voyez* d'Avrigny, Mém. chronol. et dogmat., t. II, p. 76 et suiv. ; Feller, Dict. hist., au mot JANSÉNIUS; Bergier, Dict. de théol., art. JANSÉNISME; Tournely, Tract. de Grat. Christ., t. I, p. 472 et seq., etc.
(8) Hinc etiam claret cur Augustinus omnem omnino gratiam pure sufficientem, sive ante fidem, sive etiam post fidem auferat. Lib. iv de Grat. Christ., cap. 10.

dans le raisonnement qui suivra la deuxième proposition condamnée.

Ainsi, *quelques commandements de Dieu sont impossibles à des hommes justes qui veulent les accomplir, et qui font à cet effet des efforts, selon les forces présentes qu'ils ont; et la grâce qui les leur rendrait possibles leur manque* (1), car ces justes pèchent quelquefois; donc alors la concupiscence est supérieure en degrés à la grâce; donc ils sont entraînés nécessairement au mal; donc ils n'ont pas la grâce nécessaire pour pouvoir faire le bien qui est commandé, et éviter le mal qui est défendu. Car la *petite grâce* qu'admet Jansénius ne donne point un pouvoir relatif, mais absolu, et qui n'a aucun rapport à la concupiscence actuellement sentie, à laquelle elle est inférieure : elle ne peut donc produire aucun effet.

Ainsi, *dans l'état de nature tombée, on ne résiste jamais à la grâce intérieure* (2). Car, résister à la grâce, c'est la priver de l'effet qu'elle peut avoir dans les circonstances où elle est donnée: or, où cette grâce est supérieure à la concupiscence qui se fait actuellement sentir, ou elle y est égale, ou même inférieure : dans la première supposition, elle produit nécessairement son effet, on n'y résiste donc pas, on ne peut même y résister ; dans les deux autres suppositions, elle est rendue nulle et comme paralysée par la concupiscence, qui, ou la retient en équilibre, ou l'emporte sur elle, et alors elle ne peut avoir d'effet; donc on ne la prive point encore de l'effet qu'elle peut avoir dans la circonstance; donc on n'y résiste pas non plus.

Ainsi, *pour mériter et démériter dans l'état de nature tombée, il n'est pas nécessaire que l'homme ait une liberté exempte de nécessité; mais il suffit qu'il ait une liberté exempte de coaction ou de contrainte* (3). Ceci est évident : suivant le système, l'homme est nécessairement entraîné par la délectation qui domine, c'est-à-dire qui se trouve supérieure en degrés sur la délectation opposée ; il n'a donc pas une liberté de nécessité. Cependant il mérite ou démérite véritablement en cette vie, puisqu'il sera récompensé ou puni dans la vie future, ainsi que la foi nous l'apprend, et que l'auteur l'admet lui-même; donc, pour mériter et démériter, il suffit d'avoir une liberté exempte de contrainte.

Ainsi, supposé, ce qui n'est pas, que les *semipélagiens admettaient la nécessité de la grâce intérieure prévenante pour chaque action en particulier, même pour le commencement de la foi, ils étaient hérétiques en ce qu'ils voulaient que cette grâce fût telle que la volonté de l'homme pût y résister ou y obéir* (4). En effet, quiconque nie la grâce efficace par elle-même entendue à la manière de Jansénius, et nécessaire pour opérer réellement le bien, est hérétique, suivant cet auteur. Or, les semipélagiens, qui enseignaient qu'on pouvait résister à la grâce prévenante, nécessaire pour chaque bonne œuvre en particulier, niaient par là même la grâce efficace de Jansénius ; ils étaient donc hérétiques, selon lui.

Ainsi, *c'est une erreur semipélagienne de dire que Jésus-Christ est mort, ou qu'il a répandu son sang généralement pour tous les hommes* (5). Car Jansénius n'admettant pas la grâce suffisante proprement dite, mais seulement ou une grâce efficace qui consiste dans la délectation céleste, supérieure en degrés, ou une petite grâce qui ne peut opérer aucun effet, il suit de là que ceux qui se perdent n'ont pas eu les secours suffisants pour pouvoir faire leur salut, et que par conséquent Jésus-Christ n'est pas véritablement mort et n'a pas répandu son sang pour leur obtenir ces mêmes secours.

De la liaison qui se trouve entre les cinq propositions que nous venons de rapporter, avec la délectation relativement victorieuse, qui est la base du système de l'évêque d'Ypres, il résulte clairement que ces mêmes propositions sont de ce prélat, et qu'elles se trouvent véritablement dans le livre qui renferme son système. Il serait aisé de montrer qu'elles sont toutes en effet dans l'*Augustinus*, ou quant à la lettre même, ou du moins quant au sens; mais après ce qui a été défini sur ce point par le jugement du saint-siége, qui est devenu celui de l'Église entière, qu'est-il besoin de preuve ultérieure ? Nous renvoyons donc nos lecteurs aux théologiens qui traitent de ces matières ; à Tournely, à Bailly, etc., etc., qui rapportent les textes mêmes de Jansénius à cet égard.

Condamnation des cinq propositions; sens dans lequel elles ont été condamnées; ce qu'on est obligé de croire en conséquence; vérités établies par les bulles sur cet objet.

Les cinq propositions ont été censurées ainsi qu'il suit :

La Ire, comme téméraire, impie, blasphématoire, frappée d'anathème (6) et hérétique;

La IIe, comme hérétique ;

La IIIe, comme hérétique ;

La IVe, comme fausse et hérétique ;

La Ve, comme fausse, téméraire, scandaleuse; et étant entendue en ce sens, que *Jésus-Christ soit mort pour le salut seulement des prédestinés* (7), impie, blasphématoire,

(1) Aliqua Dei præcepta, hominibus justis volentibus, et conantibus secundum præsentes quas habent vires, sunt impossibilia; deest quoque illis gratia qua possibilia fiant. Première proposition condamnée.

(2) Interiori gratiæ, in statu naturæ lapsæ, nunquam resistitur. Deuxième proposition condamnée.

(3) Ad merendum et demerendum, in statu naturæ lapsæ, non requiritur in homine libertas a necessitate, sed sufficit libertas a coactione. Troisième proposition condamnée.

(4) Semipelagiani admittebant prævenientis gratiæ interioris necessitatem ad singulos actus, etiam ad initium fidei, et in hoc erant hæretici, quod vellent eam gratiam talem esse, cui posset humana voluntas resistere, vel obtemperare. Quatrième proposition condamnée.

(5) Semipelagianum est dicere Christum pro omnibus omnino hominibus mortuum esse, aut sanguinem fudisse. Cinquième proposition condamnée.

(6) Pluquet ayant traduit ces mots, *anathemate damnatam*, par ceux-ci, *digne d'anathème*, nous pensons qu'il s'est trompé : 1° parce que sa version ne rend pas l'expression latine de la bulle; 2° parce que l'hérésie de la proposition avait été déjà proscrite par le concile de Trente.

(7) Jansénius enseigne (l. III, de Grat. Christ., c. 21) que saint Augustin n'admet point *que Jésus-Christ soit mort, ait répandu son sang et prié pour le salut éternel des*

injurieuse, dérogeant à la bonté de Dieu, et hérétique (1).

Ces propositions ont été condamnées comme étant la doctrine de l'évêque d'Ypres (2), comme extraites de son livre intitulé *Augustinus* dans le sens même de l'auteur (3), sens tel qu'elles le présentent naturellement, et que l'annoncent les expressions mêmes dans lesquelles elles sont conçues (4).

Il suit de là qu'il n'est pas permis de penser que ces propositions ne sont pas de Jansénius, et qu'elles ont été condamnées dans un sens étranger, dans un sens contraire aux sentiments de ce docteur, et qu'il a lui-même rejeté ; mais il faut croire de cœur et professer de bouche :

1° Que les cinq propositions dont il s'agit sont hérétiques ;

2° Qu'elles sont dans l'*Augustinus* de Jansénius ;

3° Qu'elles sont condamnées et hérétiques dans le sens qu'elles présentent, et dans le sens même de l'auteur, c'est-à-dire dans le sens que le livre tout entier offre naturellement ;

4° Que le silence respectueux ne suffit pas pour rendre à l'Église la soumission qu'elle a droit d'exiger, et qu'elle exige en effet, à cet égard, de tous les fidèles.

Les vérités établies par les bulles doivent être opposées aux erreurs contenues dans les propositions condamnées. Ces vérités sont donc celles-ci :

I. « L'homme juste, qui s'efforce d'accomplir les préceptes, a, dans le moment décisif de son action, la grâce qui les lui rend *relativement possible* ; c'est-à-dire, l'homme juste, qui s'efforce d'observer la loi, a un pouvoir vrai, réel, délié et dégagé pour consentir à la grâce comme pour y résister ; il n'est point tenté au-dessus de *ses forces présentes*, parce que Dieu l'aide, pour me servir de l'expression de Bossuet (5), soit pour faire ce qu'il peut déjà, soit pour demander la grâce de le pouvoir, soit pour pratiquer les préceptes en eux-mêmes, ou, par une humble demande, obtenir la grâce de le faire (6). »

II. « Dans l'état de nature tombée, la grâce n'obtient pas toujours l'effet pour lequel elle est donnée de Dieu, et qu'elle peut avoir relativement à la concupiscence qui se fait présentement sentir (7). »

III. « Pour mériter ou démériter dans l'état de nature tombée, il ne suffit pas que la volonté ne soit point forcée, mais il faut qu'elle soit exempte de toute nécessité, non-seulement immuable et absolue, mais même relative ; c'est-à-dire, il est nécessaire que la volonté puisse actuellement surmonter la délectation opposée qui se fait sentir (8). En conséquence, le volontaire, s'il est nécessité, n'est pas libre d'une liberté qui suffise pour le mérite ou pour le démérite de la vie présente (9). »

IV. « Tout catholique doit tenir pour *faux* que les semipélagiens aient admis la nécessité de la grâce intérieure prévenante pour chaque action en particulier, et même pour le commencement de la foi ; *il doit croire* que si ces mêmes hérétiques eussent admis de cette sorte cette grâce, ils n'eussent point été hérétiques en ce qu'ils eussent voulu qu'elle fût telle que la volonté humaine pût, dans la circonstance, y résister ou y obéir. »

V. « Jésus-Christ a mérité, par sa mort, à d'autres qu'aux prédestinés, des grâces vraiment et relativement suffisantes pour opérer leur salut, et ce n'est point une erreur semipélagienne de dire qu'il est mort pour obtenir à tous les hommes des secours suffisants relativement au salut (10). »

Réflexions sur le système de Jansénius.

Ce système est si révoltant, qu'on s'étonnerait qu'il eût pu trouver des partisans et des défenseurs, surtout parmi des hommes érudits et distingués par des talents éminents, si l'on ne savait, d'après les leçons affligeantes que nous donne l'histoire, à quels excès l'esprit humain est capable de se porter dès qu'une fois il a fermé les yeux aux lumières sages de la droite raison et de la foi. Nous n'avons pas cru devoir réfuter dans cet article une doctrine si odieuse : les jugements solennels et réitérés par lesquels le saint-siège l'a condamnée, et que l'Église entière a elle-même adoptés, jugements qui se trouvent, ou rapportés, ou cités dans ce Dictionnaire (11), doivent suffire pour en inspirer de l'horreur à tout véritable fidèle, et pour fixer irrévocablement sa croyance à cet égard. Si quelques-uns de nos lecteurs désirent s'instruire à fond sur cette matière, les secours ne manquent pas : ils pourront consulter une foule d'écrivains orthodoxes qui se sont élevés avec force contre cette hydre, depuis sa naissance jusqu'à nos jours (12). D'ailleurs, quel est l'homme de bon sens, qui, pour peu qu'il veuille réfléchir, ne voit pas, dans ce désastreux système, le renversement le plus complet de toute l'espérance chrétienne, de

---

infidèles qui meurent dans l'infidélité ou des justes qui ne persévèrent pas ; et il ajoute que, suivant le même saint docteur, *Jésus-Christ n'a pas plus prié son Père pour leur délivrance éternelle que pour la délivrance du diable.*

(1) *Voyez* la bulle d'Innocent X, *Cum occasione*.
(2) Bref d'Innocent X aux évêques de France, en date du 29 septembre 1654.
(3) Bulle d'Alexandre VII, du 15 octobre 1656, et formulaire du même pape.
(4) Bref d'Innocent XII, adressé aux évêques de Flandre, sous la date du 5 février 1694, et bulle de Clément XI, *Vineam Domini sabaoth*.
(5) Justif. de réflex. moral.
(6) M. de la Chambre, Réalité du Jansénisme démontrée.
(7) Bailly, Tract. de Grat.
(8) Bailly, ibid.

(9) Tournely, de Grat. ad usum seminar. In-12, Paris, 1758.
(10) Bailly, de Grat.
(11) *Voyez* ci-dessus, et l'article BAIANISME.
(12) Nous conseillons, entre autres bons ouvrages, le livre intitulé : *de Hæresi Janseniana*, par le P. Deschamps, auquel les jansénistes n'ont pas entrepris de répondre ; le Traité de la grâce, de Tournely, soit celui que nous avons dernièrement cité, et qui est en un seul volume in-12, soit celui qu'il institua en Sorbonne, lequel forme deux volumes in-8 ; le Dictionnaire de théologie de Bergier, dont il faut lire un grand nombre d'articles ; l'ouvrage de la Chambre, cité plus haut dans une note ; Recueil historique des bulles.... concernant les erreurs de ces deux derniers siècles..., depuis le concile de Trente jusqu'à notre temps, etc., etc., etc.

toute morale raisonnable, de toute liberté dans l'homme, de toute justice dans Dieu?

En effet, si l'homme suit nécessairement l'attrait de la délectation qui domine; s'il fait invinciblement le bien ou le mal, suivant que cette délectation vient du ciel ou de la terre; si, au moment décisif de l'action, il ne peut point choisir entre les deux partis qui se présentent, où est sa liberté? Consistera-t-elle en ce qu'il agit volontairement, avec inclination, sans répugnance et sans y être forcé par un principe extérieur? Cette liberté de Jansénius mérite-t-elle, dans le cas dont il s'agit, le nom de liberté? Est-ce là l'idée que nous en donnent l'Ecriture, notre sens intime, la raison elle-même? Eh! s'il en est ainsi, en quoi l'homme est-il en ce point élevé au-dessus de la brute? S'il ne peut vraiment choisir entre le bien et le mal qu'il se sent pressé de faire ou de laisser, où est son mérite quand il opère l'un, son démérite quand il se précipite dans l'autre? A quoi bon des préceptes, des avertissements, des menaces? Et, dans cette horrible hypothèse, le ciel est-il une récompense, les supplices de l'enfer sont-ils justes? Quoi! Dieu punirait à jamais un mal inévitable, la transgression, ou plutôt le défaut d'observation d'un commandement impossible à accomplir, au moment même où l'on y a manqué? Quelle idée on nous donne de Dieu! Serait-il notre père? Pourrions-nous l'aimer, espérer en sa miséricorde, nous confier en sa bonté?

Un système si affreux ouvre une large porte au désespoir, au libertinage le plus effréné; il attaque le souverain Être jusque dans ses attributs; il détruit les principes de la morale; il tend à renverser la religion par ses fondements; il fait de l'homme une machine. Il suffit donc de l'avoir montré en lui-même et dans les conséquences qui en découlent pour l'avoir réfuté : c'est un monstre qui se déchire et se dévore de ses propres dents.

JÉROME DE PRAGUE, disciple de Jean Hus.

JOACHIM, abbé de Flore, en Calabre, avait acquis une grande célébrité sur la fin du douzième siècle, sous Urbain III et sous ses successeurs.

Le livre des Sentences de Pierre Lombard avait une grande réputation; mais quoiqu'il ait servi de modèle à tous les théologiens qui l'ont suivi, il n'était cependant pas approuvé généralement : l'abbé Joachim écrivit contre le livre des Sentences; il attaqua entre autres la proposition dans laquelle Pierre Lombard dit qu'il y a *une chose immense, infinie, souverainement parfaite, qui est le Père, le Fils et le Saint-Esprit.*

L'abbé Joachim prétendait que cette chose souveraine dans laquelle Pierre Lombard réunissait les trois personnes de la Trinité était un être souverain et distingué des trois personnes, selon Pierre Lombard, et qu'ainsi il faudrait, selon les principes de ce théologien, admettre quatre dieux.

Pour éviter cette erreur, l'abbé Joachim reconnaissait que le Père, le Fils et le Saint-Esprit faisaient un seul être, non parce qu'ils existaient dans une substance commune, mais parce qu'ils étaient tellement unis de consentement et de volonté, qu'ils l'étaient aussi étroitement que s'ils n'eussent été qu'un seul être : c'est ainsi qu'on dit que plusieurs hommes font un seul peuple.

L'abbé Joachim prouvait son sentiment par les passages dans lesquels Jésus-Christ dit qu'il veut que ses disciples ne fassent qu'un, comme son Père et lui ne font qu'un; par le passage de saint Jean, qui réduit l'unité de personne à l'unité de témoignage.

L'abbé Joachim était donc trithéiste, et ne reconnaissait que de bouche que le Père, le Fils et le Saint-Esprit ne faisaient qu'une essence et une substance.

L'erreur de l'abbé Joachim fut condamnée dans le concile de Latran; mais on n'y fit pas mention de sa personne, parce qu'il avait soumis ses ouvrages au saint-siége (1).

L'erreur de l'abbé Joachim n'eut point de défenseurs, mais elle a été renouvelée par le docteur Sherlok.

Il s'était élevé depuis quelque temps des disputes en Angleterre sur la Trinité, et le socinianisme y avait fait du progrès. Mais Sherlok prit la défense de la foi contre les sociniens, et tâcha de faire voir qu'il n'y a point de contradiction dans le mystère de la Trinité; et comme toutes les difficultés des sociniens sont appuyées sur ce que ce mystère suppose que plusieurs personnes subsistent dans une essence numériquement une, Sherlok recherche ce qui fait l'essence et l'unité numérique de la substance. Comme il distingue deux sortes de substances, il reconnaît deux sortes d'unités.

La substance matérielle est une par l'union ou par la juxtaposition de ses parties; mais la substance spirituelle n'ayant point de parties, elle a un autre principe d'unité.

L'unité dans les esprits créés, c'est-à-dire l'unité numérique, qui fait qu'un esprit est distingué de tous les autres esprits, n'est, selon lui, que la perception, la connaissance que chaque esprit a de lui-même, de ses pensées, de ses raisonnements et de ses affections (ou la conscience).

Un esprit qui a seul connaissance de tout ce qui se passe en lui-même est dès lors distingué de tous les autres esprits, et les autres esprits, qui semblablement connaissent seuls les pensées, sont distingués de ce premier esprit.

Supposons maintenant, dit Sherlok, que trois esprits créés soient tellement unis que chacun des trois esprits connaisse aussi clairement les affections des deux autres que les siennes propres; il est sûr, dit Sherlok, que ces trois personnes seront une chose numériquement une, parce qu'elles

---

(1) S. Th., Opuscul. 24. Matthieu Paris, ad an. 1179. Natal. Alex. in sæc. xiii. D'Argentré, Collect. Jud., t. I, p. 119. Il est hors de toute vraisemblance de prétendre, avec l'apologiste de l'abbé Joachim, que cette doctrine lui a été faussement imputée; l'apologiste n'en donne aucune preuve.

ont entre elles le même principe d'unité qui se trouve dans chacune prise séparément et avant l'union.

C'est ainsi, selon ce théologien, qu'on doit expliquer la trinité; car Dieu (ou l'Esprit infini, et non pas un corps infiniment étendu) n'a pas une unité de parties, parce qu'il est sans parties.

Ainsi, les trois personnes de la Trinité se connaissent réciproquement toutes trois autant que chacune se connaît; les trois personnes ne font qu'une seule chose numériquement, ou plutôt l'unité numérique; c'est ainsi que les facultés de notre âme forment une substance numériquement une.

C'est par ce moyen que l'unité, qui dans les esprits créés n'est que morale, devient essentielle dans les trois personnes, qui sont aussi étroitement unies entre elles que l'homme est uni à lui-même, et non pas comme un homme est uni à un autre homme.

Sherlok confirme sa conjecture par les paroles de Jésus-Christ dans saint Jean : *Je suis dans mon Père, et mon Père est en moi*; car, dit-il, il faut prendre les paroles de Jésus-Christ dans leur sens propre et naturel ou dans un sens métaphorique : or, on ne peut les prendre dans un sens métaphorique, car la métaphore suppose essentiellement la similitude qui se trouve entre des choses naturelles réellement existantes ou possibles, et l'on ne peut dire qu'une expression est une métaphore s'il n'y a ni ne peut y avoir dans la nature rien de semblable à ce dont l'expression donne l'idée.

Or, il n'y a rien dans la nature qui soit dans un autre, de manière que cet autre-là soit en lui; car si un être était dans un autre, il serait contenu par cet autre, et par conséquent serait plus petit, et il serait plus grand s'il contenait l'autre; ce qui est contradictoire.

Il faut donc prendre les paroles de Jésus-Christ dans un sens propre : or, il n'y a qu'une seule espèce d'union mutuellement compréhensive; savoir, la connaissance que chaque être a de l'autre. Si le Fils, dit Sherlok, a connaissance de tout ce qui est dans le Père, de sa volonté, de son amour, etc., comme il l'a de sa propre volonté, de son amour, alors il contient le Père; le Père est tout entier en lui, parce qu'il connaît qu'il a ce qui est dans le Père. Il en faut dire autant de chaque personne de la Trinité à l'égard des autres (1).

On regarda cette hypothèse comme un vrai trithéisme, et elle fut attaquée par les théologiens anglais.

Il est aisé de voir, 1° que cette hypothèse est un vrai trithéisme et qu'elle suppose en effet trois substances nécessaires, éternelles, incréées, ce qui est absurde.

2° Il est faux que la connaissance parfaite qu'une substance spirituelle a d'une autre ne fasse de ces deux substances qu'une seule substance numérique; car alors Dieu ne serait point en effet distingué des âmes humaines, ce qui est absurde.

3° Sherlok suppose que deux substances spirituelles peuvent avoir la même conscience; mais c'est une contradiction formelle que de supposer la même conscience numérique dans plusieurs substances, et si le Père, le Fils et le Saint-Esprit n'ont qu'une conscience numérique, ce sont trois personnes dans une seule et même substance.

4° L'unité de substance est telle, dans la divinité, qu'elle s'allie cependant avec la distinction des personnes : or, dans l'hypothèse de Sherlok, il n'y aurait en effet aucune distinction entre les personnes divines; il retombe dans le sabellianisme, et n'admet qu'une distinction de nom : toute autre distinction détruirait cette unité numérique qui est son objet.

JOACHIMITES. C'est le nom que l'on donna à ceux qui suivirent la doctrine de l'abbé Joachim, non sur la Trinité, mais sur la morale.

L'abbé Joachim visait à une perfection extraordinaire; il s'était déchaîné contre la corruption du siècle; il était excessivement prévenu pour la vie érémitique et pour ce qu'on appelle la vie intérieure et retirée; il ne voulait pas que l'on se bornât à la pratique des préceptes de l'Evangile.

Quelques personnes prirent de là occasion de dire que la loi de l'Evangile était imparfaite, et qu'elle devait être suivie par une loi plus parfaite; que cette loi était la loi de l'esprit, qui devait être éternelle.

Cette loi de l'esprit n'était que la collection des maximes de cette fausse spiritualité dont les joachimites faisaient profession, et qu'ils renfermaient dans un livre auquel ils donnèrent le nom d'Evangile éternel.

Les joachimites supposaient dans la religion trois époques : la première commençait au temps de l'Ancien Testament; la seconde au Nouveau Testament; mais le Nouveau Testament n'était pas une loi parfaite, il devait finir et faire place à une loi plus parfaite, qui sera éternelle : cette loi est la morale de l'abbé Joachim que l'on donne dans l'Evangile éternel. Or, on y enseigne que, pour prêcher l'Evangile éternel, il faut être déchaussé; que ni Jésus-Christ, ni les apôtres, n'ont atteint la perfection de la vie contemplative; que depuis Jésus-Christ jusqu'à l'abbé Joachim la vie active avait été utile; mais que, depuis que cet abbé avait paru sur la terre, la vie active était devenue inutile, et que la vie contemplative dont cet abbé avait donné l'exemple serait bien plus utile.

Tels sont les principes de l'Evangile éternel : il était rempli d'extravagances, fondées ordinairement sur quelque interprétation mystique de quelque passage de l'Ecriture sainte (2).

L'Evangile éternel a été attribué à Jean de Rome, septième général des frères mineurs;

---

(1) Justification de la doctrine de la Trinité.
(2) Natal. Alex. in sæc. XIII, c. 3, art. 4. D'Argentré,

Collect. Jud., t. I, p. 162.

d'autres l'attribuent à Amauri ou à quelqu'un de ses disciples; quoi qu'il en soit, il est certain que plusieurs religieux approuvèrent cet ouvrage, et quelques-uns d'entre eux voulurent enseigner cette doctrine dans l'Université de Paris, l'an 1254 (1).

L'Évangile éternel a été condamné par Alexandre IV, et par le concile d'Arles, en 1260 (2).

JOSÉPINS. C'est le nom de certains hérétiques, dont la secte était une branche de celle des vaudois; ils condamnaient l'acte du mariage, et prétendaient qu'on ne devait se marier que spirituellement; ce qui n'empêchait pas qu'ils ne se livrassent à toute sorte d'infamies. Ils furent appelés *Josépins*, parce qu'ils avaient pour chef un certain Joseph.

JOVINIEN avait passé ses premières années dans les austérités de la vie monastique, vivant de pain et d'eau, marchant nupieds, portant un habit noir, et travaillant de ses mains pour vivre.

Il sortit de son monastère qui était à Milan, et se rendit à Rome : fatigué des combats qu'il avait livrés à ses passions, ou séduit par les délices de Rome, il ne tarda pas à se livrer aux plaisirs.

Pour justifier aux yeux du public, et peut-être à ses propres yeux, son changement, Jovinien soutenait que la bonne chère et l'abstinence n'étaient en elles-mêmes ni bonnes, ni mauvaises, et qu'on pouvait user indifféremment de toutes les viandes, pourvu qu'on en usât avec action de grâces.

Comme Jovinien ne se bornait point au plaisir de la bonne chère, il prétendait que la virginité n'était pas un état plus parfait que le mariage, qu'il était faux que la Mère de Notre-Seigneur fût demeurée vierge après l'enfantement, ou qu'il fallait, comme les manichéens, donner à Jésus-Christ un corps fantastique; qu'au reste, ceux qui avaient été régénérés par le baptême ne pouvaient plus être vaincus par le démon; que la grâce du baptême égalait tous les hommes, et que, comme ils ne méritaient que par elle, ceux qui la conservaient jouiraient dans le ciel d'une récompense égale. Saint Augustin dit que Jovinien ajouta à toutes ces erreurs le sentiment des stoïciens sur l'égalité des péchés (3).

Jovinien eut beaucoup de sectateurs à Rome: on vit une multitude de personnes qui avaient vécu dans la continence et dans la mortification renoncer à une austérité qu'ils ne croyaient bonne à rien, se marier, mener une vie molle et voluptueuse, qui ne faisait perdre, selon eux, aucun des avantages que la religion nous promet.

Jovinien fut condamné par le pape Sirice, et par une assemblée d'évêques à Milan (4).

Saint Jérôme a écrit contre Jovinien, et soutenu les droits de la virginité, de manière à faire croire qu'il condamnait le mariage; on s'en plaignit, et il fit voir qu'on l'interprétait mal : c'est donc injustement que Barbeyrac lui reproche de s'être contredit.

JUDAISME RÉFORMÉ. Lorsqu'une période de plusieurs siècles a procuré une sorte d'indigénat, dans un grand pays, à un principe destructif de tout symbole positif de la foi de ses habitants; lorsque ce principe, si favorable à l'orgueil humain, se développant dans toutes ses conséquences, a pénétré tous les esprits réputés supérieurs, en fait de raisonnement et de science, au point que ce n'est qu'à la condition de l'adopter et de le soutenir dans toutes les productions scientifiques ou littéraires, que l'on peut espérer de prendre rang parmi les célébrités du siècle, lorsque enfin la théorie du libre examen et de l'exégèse individuelle a sapé jusqu'à ce reste de foi qui semblait originairement s'appuyer sur les saintes Écritures, faut-il s'étonner que l'incrédulité absolue ou mitigée gagne tous les systèmes religieux; et à force de les simplifier, au moyen du retranchement successif de tout ce que la raison de chacun juge superflu ou même déraisonnable, dans les dogmes ou dans le culte, les réduise peu à peu au néant? C'est la marche qu'a suivie le protestantisme chrétien, aujourd'hui dégénéré en pur rationalisme; et cette téméraire critique des livres saints ne pouvait manquer de propager sa contagion parmi les érudits de la religion de Moïse.

Depuis longtemps la théorie dissolvante du libre examen fermentait au sein du mosaïsme allemand. La prétendue science protestante touchait de trop près les savants israélites de la Prusse et du nord de l'Allemagne, qui, pour la plupart, vont puiser leurs instructions aux universités protestantes de ces contrées, pour ne pas réagir sur leur orgueil et leur inspirer le désir de s'élever eux aussi au rang des philosophes dont les noms sont prônés par toute la littérature théologique de la patrie de Luther.

La transformation du culte hébraïque en culte purement théiste, et, sous ce rapport, conforme à celui des protestants *éclairés*, a été tentée et même effectuée en Allemagne, en 1818. De nos jours, un philosophe rabbin, le docteur Creiznach, vient de former une secte rationaliste parmi ceux de sa religion, et le nombre de ses partisans, répandus dans toutes les capitales de l'Allemagne, s'est tout à coup déclaré par une multitude d'adhésions écrites. On s'engagent à *renoncer à tous les rites, à toutes les cérémonies judaïco-talmudiques; à ne plus regarder la circoncision comme un acte obligatoire, ni sous le rapport religieux, ni sous le rapport civil, et enfin à croire et à reconnaître que le Messie est déjà venu, selon la croyance de la patrie germanique,* c'est-à-dire suivant les thèses anti-chrétiennes de l'école philosophique et protestante d'Allemagne. Ainsi l'on ne puisse encore prévoir si c'est pour le Christ *historique* ou pour le Christ *mythique* que la nouvelle secte se déclarera. Chaque jour amène de nouveaux sectateurs au judaïsme

(1) Natal. Alex., in saec. XIII, c. 3, art. 4.
(2) Ibid. et Histoire univers. Paris., t. III, p. 302.
(3) Ambr., ep. 41. Aug., in Sab., c. 2; de Haeres., c.

82. Hieron. contra Jovin.
(4) Ep. Siric., t. II Conc., p. 1024. Ambr., ep. 42

ainsi *réformé*, et de toutes parts il circule des listes de ses adhérents en pays étrangers. Trois docteurs célèbres en Israël ont entretenu à ce sujet une correspondance qui, dit-on, doit bientôt être rendue publique, et dans laquelle seront énoncés les motifs du schisme dont ces docteurs posent entre eux le premier fondement, dans l'intention, disent-ils, d'obvier, de leur côté, à l'indifférentisme religieux qui dévore la société, et d'*opérer un fraternel rapprochement avec les chrétiens.*

Pour bien comprendre quel peut être le point de contact religieux entre le *judaïsme réformé* et le *christianisme prétendu réformé*, sorti de la doctrine fondamentale des novateurs du seizième siècle, il faut se faire une idée nette de la situation actuelle du protestantisme allemand. Ceux qui en suivent les différentes sectes, se divisent aujourd'hui en trois grandes fractions, savoir : le *piétisme évangélique*, le *théisme rationnel* et le *philosophisme panthéiste* ou *autolâtre*. La première comprend ce qui reste de croyants dans le luthéranisme ou parmi les sacramentaires. C'est la religion officielle de la Prusse, religion vague et sentimentale qu'a adoptée la cour, et qui tire d'elle son équivoque vitalité. La seconde se compose des adeptes de la philosophie théiste, qui n'accepte guère que les deux dogmes proclamés par Robespierre: *l'Être suprême et l'immortalité de l'âme*, dogmes de convention ou de conviction rationnelle, découverts par les puissantes lumières de la raison humaine, *indépendamment de toute révélation divine*. La troisième fraction du protestantisme, la plus nombreuse et la plus rigoureusement conséquente des trois, n'admettant que ce qui se voit, se touche ou se conçoit, ne reconnaît qu'un ensemble d'êtres, produit involontaire d'une puissance abstraite et ignorante d'elle-même, appelée nature, et dont l'homme, non pas individuel, mais collectif, est le roi immortel et impérissable, du droit de son intelligence. Cette école circonscrit toute idée de l'essence divine *dans la conscience de l'être*, et comme elle n'attribue cette conscience de son existence qu'à l'homme seul, elle n'hésite point à le proclamer Dieu, et à décerner à *l'humanité* le culte suprême de latrie, qui devient ainsi l'adoration de soi-même.

Les piétistes évangéliques reconnaissent en Jésus-Christ la nature divine ; ils espèrent en sa rédemption, et par conséquent ils ne sauraient avoir, au moins jusqu'ici, un point de contact avec le judaïsme décidé. Les doctrines autolâtres ne pouvant se réduire en une religion positive, en un culte public, se refusent, sous ce rapport, à une fusion réelle des philosophes athées avec les fils d'Abraham, trop pénétrés encore de l'existence de Jéhovah, le Dieu de leurs pères. C'est donc l'école théiste de la philosophie qui les entoure et la presse, qui seule peut offrir aux juifs éclairés, sectateurs de la philosophie allemande, cet élément d'identification qu'ils recherchent. A cet effet, ils font bon marché de la mission divine de Moïse, des prodiges opérés par lui en faveur de leurs pères, et de la législation religieuse, politique et sociale dont il leur a laissé le code. Distinguant, à l'imitation de l'exégèse protestante, entre ce qui est essentiel en matière de croyances, et ce qui, à leur jugement, n'est qu'accidentel, local ou national, il leur est facile de réduire leur culte à l'inanité du culte protestant, c'est-à-dire au chant de quelques cantiques plus ou moins profanes et à la prédication d'une morale tout humaine.

Le culte, on le sait, n'est que l'expression publique et solennelle de la foi des sociétés. Or, le culte variant, il devient évident que l'altération de la foi a précédé ce changement. Par cette observation d'une incontestable vérité, l'on peut se convaincre que l'invasion du principe protestant dans la foi judaïque, pour être plus patente aujourd'hui, n'est rien moins que nouvelle. Ce qui dans cette occasion doit frapper vivement tous les esprits d'observation et de jugement, c'est que tout ce qui se rapproche du principe protestant tend immédiatement à s'éloigner du principe de la révélation divine, et à porter atteinte au respect des divines Écritures. Appliqué au christianisme, ce fait prouve invinciblement la radicale opposition qui se trouve entre le principe vital de la religion du Christ et celui de la rébellion protestante. Et puisqu'il en est ainsi, il devient évident que le protestantisme, c'est l'*antichristianisme*, soit qu'il se manifeste sous les formes hideuses et définitives du *panthéisme* ou de l'*autolâtrie*, soit qu'il s'affuble du masque hypocrite qu'il ose appeler l'*évangélisme*.

Ce qu'il y aura de curieux à observer, ce seront les inutiles efforts du *judaïsme réformé* pour tomber d'accord sur une profession de foi commune à tous ses sectateurs. Ce labeur sera au-dessus de ses forces, comme il s'est montré supérieur aux artifices de langage et à ce qu'on a bien voulu appeler le *génie* des premiers réformateurs.

* JUIFS-CHRÉTIENS. Nom d'une secte qui montre à quel degré de ridicule les protestants de l'Angleterre descendent en fait de religion. Le cordonnier William Cornhill, l'un des chefs de cette secte, se déclarait israélite et chrétien tout à la fois, en ce sens qu'il professait la religion protestante, mais qu'il s'abstenait, disait-il, de tout ce qui était défendu par la Bible, et notamment de manger de la viande de porc. Les observateurs de cette religion, épurée, ajoutait-il, d'après l'Ancien et le Nouveau Testament, sont au nombre de quatre ou cinq cents établis à Ashton-sous-Lyne.

* JULIEN, empereur romain, surnommé l'*Apostat*, l'un des plus ardents persécuteurs de la religion chrétienne. C'est ainsi qu'il est représenté par les Pères de l'Église et par les écrivains ecclésiastiques.

K

KABALE. *Voyez* CABALE.

KOUAKRES. *Voyez* QUAKERS.

L

LABADISTES. Hérétiques, disciples de Jean Labadie, fanatique du dix-septième siècle. Cet homme, après avoir été jésuite, ensuite carme, enfin ministre protestant à Montauban et en Hollande, fut chef de secte, et mourut dans le Holstein en 1674.

Voici les principales erreurs que soutenaient Labadie et ses partisans. 1° Ils croyaient que Dieu peut et veut tromper les hommes, et les trompe effectivement quelquefois : ils alléguaient en faveur de cette opinion monstrueuse divers exemples tirés de l'Ecriture sainte qu'ils entendaient mal: comme celui d'Achab, de qui il est dit que Dieu lui envoya un esprit de mensonge pour le séduire. 2° Selon eux, le Saint-Esprit agit immédiatement sur les âmes, et leur donne divers degrés de révélation tels qu'il les faut pour qu'elles puissent se décider et se conduire elles-mêmes dans la voie du salut. 3° Ils convenaient que le baptême est un sceau de l'alliance de Dieu avec les hommes, et ils trouvaient bon qu'on le donnât aux enfants naissants ; mais ils conseillaient de le différer jusqu'à un âge avancé, parce que, disaient-ils, c'est une marque qu'on est mort au monde et ressuscité en Dieu. 4° Ils prétendaient que la nouvelle alliance n'admet que des hommes spirituels, et qu'elle les met dans une liberté si parfaite qu'ils n'ont plus besoin de loi ni de cérémonies ; que c'est un joug duquel Jésus-Christ a délivré les vrais fidèles. 5° Ils soutenaient que Dieu n'a pas préféré un jour à l'autre ; que l'observation du jour de repos est une pratique indifférente ; que Jésus-Christ n'a pas défendu de travailler ce jour-là, comme pendant le reste de la semaine ; qu'il est permis de le faire, pourvu que l'on travaille dévotement. 6° Ils distinguaient deux Eglises, l'une dans laquelle le christianisme a dégénéré et s'est corrompu, l'autre qui n'est composée que de fidèles régénérés et détachés du monde. Ils admettaient aussi le règne de mille ans, pendant lequel Jésus-Christ doit venir dominer sur la terre, convertir les juifs, les païens et les mauvais chrétiens. 7° Ils ne croyaient point la présence réelle de Jésus-Christ dans l'eucharistie ; selon eux ce sacrement n'est que la commémoration de la mort de Jésus-Christ : on l'y reçoit seulement spirituellement quand on communie avec les dispositions nécessaires. 8° La vie contemplative, selon leur idée, est un état de grâce et d'union divine, le parfait bonheur de cette vie, et le comble de la perfection. Ils avaient sur ce point un jargon de spiritualité que la tradition n'a point enseigné, et que les meilleurs maîtres de la vie spirituelle ont ignoré.

Il y a eu pendant longtemps des labadistes dans le pays de Clèves, mais il est incertain s'il s'en trouve encore aujourd'hui. Cette secte n'avait fait que joindre quelques principes des anabaptistes à ceux des calvinistes ; et la prétendue spiritualité dont elle faisait profession était la même que celles des piétistes et des hernhutes. Le langage de la piété, si énergique et si touchant dans les principes de l'Eglise catholique, n'a plus de sens et paraît absurde lorsqu'il est transplanté chez les sectes hérétiques : il ressemble aux arbustes qui ne peuvent prospérer dans une terre étrangère.

LAICOCÉPHALES. Ce nom signifie une secte d'hommes qui ont pour chef un laïque. Il fut donné par quelques catholiques aux schismatiques anglais, lorsque, sous la discipline de Samson et de Morison, ces derniers furent obligés, sous peine de prison et de confiscation de biens, de reconnaître le souverain pour chef de l'Eglise. C'est par ces moyens violents que la prétendue réforme s'est introduite en Angleterre. Le pouvoir pontifical, contre lequel on a tant déclamé, ne s'est jamais porté à de pareils excès. Mais l'absurdité de la réforme anglicane parut dans tout son jour lorsque la couronne d'Angleterre se trouva placée sur la tête d'une femme : on ne vit pas sans étonnement les évêques anglais recevoir la juridiction spirituelle de la reine Elisabeth.

LAMPÉTIENS, secte d'hérétiques qui s'éleva, non dans le septième siècle, comme le disent plusieurs critiques, mais sur la fin du quatrième. Prateole les a confondus mal à propos avec les sectateurs de Wiclef, qui n'ont paru qu'environ mille ans plus tard. Les lampétiens adoptèrent en plusieurs points la doctrine des aériens ; mais il est fort incertain s'ils y ajoutèrent quelques-unes des erreurs des marcionites. Ce que l'on en sait de plus précis, sur le témoignage de saint Jean Damascène, c'est qu'ils condamnaient les vœux monastiques, particulièrement celui d'obéissance, qui était, disaient-ils, contraire à la liberté des enfants de Dieu. Ils permettaient aux religieux de porter tel habit qu'il leur plaisait, prétendant qu'il était ridicule d'en fixer la couleur et la forme pour une profession plutôt que pour une autre, et ils affectaient de jeûner le samedi.

Selon quelques auteurs, les lampétiens étaient encore appelés marcianistes, massaliens, euchites, enthousiastes, chorentes, adalphiens et eustathiens. Saint Cyrille d'Alexandrie, saint Flavien d'Antioche, saint Amphiloque d'Icone, avaient écrit contre eux : ils étaient donc bien antérieurs au septième siècle. *Voyez* la note de Cotelier sur les *Const. apost.*, l. v, c. 15, n. 5. Il paraît que l'on a confondu le nom des marcianistes avec celui des marcionites, quand on a dit que les lampétiens avaient adopté les erreurs de ces derniers.

Ce que l'on peut dire de plus probable, c'est que les différentes sectes dont nous venons de parler ne faisaient point corps et n'avaient aucune croyance fixe : voilà pourquoi les anciens n'ont pas pu nous en donner une notice plus exacte.

Il n'est pas étonnant que les vœux monastiques aient trouvé des adversaires et des censeurs, ne fût-ce que parmi les moines dégoûtés de leur état ; mais ils ont été défendus et justifiés par les Pères de l'Eglise les plus respectables. Il y a du moins un grand préjugé en leur faveur : c'est que, ordinairement, ceux qui se sont dégoûtés de la vie monastique et l'ont quittée pour rentrer dans le monde n'étaient pas d'excellents sujets.

LAPSES. C'étaient, dans les premiers temps du christianisme, ceux qui, après l'avoir embrassé, retournaient au paganisme. On distinguait cinq espèces de ces apostats, que l'on nommait *libellatici, mittentes, thurificati, sacrificati, blasphemati*.

Par *libellatici*, l'on entendait ceux qui avaient obtenu du magistrat un billet qui attestait qu'ils avaient sacrifié aux idoles, quoique cela ne fût pas vrai. *Mittentes* étaient ceux qui avaient député quelqu'un pour sacrifier à leur place ; *thurificati*, ceux qui avaient offert de l'encens aux idoles ; *sacrificati*, ceux qui avaient pris part aux sacrifices des idolâtres ; *blasphemati*, ceux qui avaient renié formellement Jésus-Christ ou juré par les faux dieux ; on nommait *stantes* ceux qui avaient persévéré dans la foi. Le nom de *lapsi* fut encore donné, dans la suite, à ceux qui livraient les livres saints aux païens pour les brûler.

Ceux qui étaient coupables de l'un ou de l'autre de ces crimes ne pouvaient être élevés à la cléricature, et ceux qui y étaient tombés étant déjà dans le clergé étaient punis par la dégradation. On les admettait à la pénitence ; mais après l'avoir faite, ils étaient réduits à la communion laïque (1).

Il y eut deux schismes au sujet de la manière dont les *lapses* devaient être traités : à Rome, Novatien soutint qu'il ne fallait leur donner aucune espérance de réconciliation ; à Carthage, Félicissime voulait qu'on les reçût sans pénitence et sans épreuve : l'Eglise garda un sage milieu entre ces deux excès.

Saint Cyprien, dans son traité *De lapsis*, met une grande différence entre ceux qui s'étaient offerts d'eux-mêmes à sacrifier dès que la persécution avait été déclarée, et ceux qui avaient été forcés ou qui avaient succombé à la violence des tourments ; entre ceux qui avaient engagé leurs femmes, leurs enfants, leurs domestiques à sacrifier avec eux, et ceux qui n'avaient cédé qu'afin de mettre leurs proches, leurs hôtes ou leurs amis à couvert du danger. Les premiers étaient beaucoup plus coupables que les seconds et méritaient moins de grâce : aussi les conciles avaient prescrit pour eux une pénitence plus longue et plus rigoureuse. Mais saint Cyprien s'élève avec une fermeté vraiment épiscopale contre la témérité de ceux qui demandaient d'être réconciliés à l'Eglise et admis à la communion sans avoir fait une pénitence proportionnée à leur faute, qui employaient l'intercession des martyrs et des confesseurs pour s'en exempter. Le saint évêque déclare que, quelque respect que l'Eglise doive avoir pour cette intercession, l'absolution extorquée par ce moyen ne peut réconcilier les coupables avec Dieu.

LARMOYANTS. Secte d'anabaptistes. *Voyez* cet article.

LATITUDINAIRES. Les théologiens désignent sous ce nom certains tolérants qui soutiennent l'indifférence des sentiments en matière de religion, et qui accordent le salut éternel aux sectes mêmes les plus ennemies du christianisme : c'est ainsi qu'ils se flattent d'avoir élargi la voie qui conduit au ciel. Le ministre Jurieu était de ce nombre, ou du moins il autorisait cette doctrine par sa manière de raisonner. Bayle le lui a prouvé dans un ouvrage intitulé : *Janua cœlorum omnibus reserata*, la porte du ciel ouverte à tous.

Ce livre est divisé en trois traités. Dans le premier, Bayle fait voir que, suivant les principes de Jurieu, l'on peut très-bien faire son salut dans la religion catholique, malgré tous les reproches d'erreurs fondamentales et d'idolâtrie que ce ministre fait à l'Eglise romaine. D'où il s'ensuit que les prétendus réformés ont eu très-grand tort de rompre avec cette Eglise sous prétexte que l'on ne pouvait pas y faire son salut. Dans le second, Bayle prouve que, selon ces mêmes principes, l'on peut aussi être sauvé dans toutes les communions chrétiennes, quelles que soient les erreurs qu'elles professent : par conséquent, parmi les ariens, les nestoriens, les eutychiens ou jacobites, et les sociniens. C'est donc mal à propos que les protestants ont refusé la tolérance à ces derniers. Dans le troisième, qu'en raisonnant toujours de même, on ne peut exclure du salut ni les Juifs, ni les mahométans, ni les païens (2).

Bossuet, dans son *Sixième avertissement aux protestants*, troisième partie, a traité cette même question plus profondément, et il a remonté plus haut. Il a démontré 1° que le sentiment des latitudinaires, ou l'indifférence en fait de dogmes, est une conséquence inévitable du principe duquel est partie la prétendue réforme, savoir : que l'Eglise n'est point infaillible dans ses décisions ; que personne n'est obligé de s'y soumettre sans examen ; que la seule règle de foi est l'Ecri-

---

(1) Bingham, *Orig. ecclés.*, liv. iv, ch. 3, § 7, et liv. vi, ch. 2, § 1.

(2) Œuvres de Bayle, tome II.

ture sainte. C'est aussi le principe sur lequel les sociniens se sont fondés pour engager les protestants à les tolérer : ils ont posé pour maxime qu'il ne faut point regarder un homme comme un hérétique ou mécréant dès qu'il fait profession de s'en tenir à l'Ecriture sainte. Jurieu lui-même est convenu que tel était le sentiment du très-grand nombre des calvinistes de France; qu'ils l'ont porté en Angleterre et en Hollande lorsqu'ils s'y sont réfugiés; que, dès ce moment, cette opinion y a fait chaque jour de nouveaux progrès. D'où il résulte évidemment que la prétendue réforme, par sa propre constitution, entraîne dans l'indifférence des religions : la plupart des protestants n'ont point d'autre motif de persévérer dans la leur. Jurieu est encore convenu que la tolérance civile, c'est-à-dire l'impunité accordée à toutes les sectes par le magistrat, est liée nécessairement avec la tolérance ecclésiastique ou avec l'indifférence, et que ceux qui demandent la première n'ont d'autre dessein que d'obtenir la seconde.

2° Il fait voir que les latitudinaires ou indifférents se fondent sur trois règles, dont aucune ne peut être contestée par les protestants, savoir : 1. qu'*il ne faut reconnaître nulle autorité que celle de l'Ecriture;* 2. que *l'Ecriture, pour nous imposer l'obligation de la foi, doit être claire :* en effet, ce qui est obscur ne décide rien et ne fait que donner lieu à la dispute; 3. qu'*où l'Ecriture paraît enseigner des choses inintelligibles, et auxquelles la raison ne peut atteindre, comme les mystères de la Trinité, de l'incarnation,* etc., *il faut la tourner au sens qui paraît le plus conforme à la raison, quoiqu'il semble faire violence au texte.* De la première de ces règles, il s'ensuit que les décisions des synodes et les confessions de foi des protestants ne méritent pas plus de déférence qu'ils n'en ont eux-mêmes pour les décisions des conciles de l'Eglise romaine; que quand ils ont forcé leurs théologiens de souscrire au synode de Dordrecht, sous peine d'être privés de leurs chaires, etc., ils ont exercé une odieuse tyrannie. La seconde règle est universellement avouée parmi eux : c'est pour cela qu'ils ont répété sans cesse que, sur tous les articles nécessaires au salut, l'Ecriture est claire, expresse, à portée des plus ignorants. Or, peut-on supposer qu'elle le soit sur tous les articles contestés entre les sociniens, les arminiens, les luthériens et les calvinistes? Non, sans doute : tous sont donc très-bien fondés à persister dans leurs opinions. La troisième règle ne peut pas être contestée non plus par aucun d'eux : c'est sur cette base qu'ils se sont fondés pour expliquer dans un sens figuré ces paroles de Jésus-Christ : *Ceci est mon corps; si vous ne mangez ma chair et ne buvez mon sang,* etc., parce que, selon leur avis, le sens littéral fait violence à la raison. Un socinien n'a donc pas moins de droit de prendre dans un sens figuré ces autres paroles : *Le Verbe était Dieu, le Verbe s'est fait chair,* dès que le sens littéral lui paraît blesser la raison. Il n'est pas un des prétextes dont les calvinistes se sont servis pour éluder le sens littéral, dans le premier cas, qui ne serve aussi aux sociniens pour l'esquiver dans le second.

Vainement les protestants ont eu recours à la distinction des articles fondamentaux et non fondamentaux : de leur propre aveu, cette distinction ne se trouve pas dans l'Ecriture sainte. Peut-on d'ailleurs regarder comme fondamental, selon leurs principes, un article sur lequel on ne peut citer que des passages qui sont sujets à contestation, et susceptibles de plusieurs sens ? Au jugement d'un socinien, les dogmes de la Trinité et de l'Incarnation ne sont pas plus fondamentaux que celui de la présence réelle aux yeux d'un calviniste.

3° Bossuet montre que, pour réprimer les latitudinaires, les protestants ne peuvent employer aucune autorité que celle des magistrats. Mais ils se sont ôté d'avance cette ressource, en déclamant non-seulement contre les souverains catholiques qui n'ont pas voulu tolérer le protestantisme dans leurs Etats, mais encore contre les Pères de l'Eglise qui ont imploré, pour maintenir la foi, le secours du bras séculier, surtout contre saint Augustin, parce qu'il a trouvé bon que les donatistes fussent ainsi réprimés.

A la vérité, Jurieu et d'autres ont été forcés d'avouer que leur prétendue réforme n'a été établie nulle part par un autre moyen; à Genève, elle s'est faite par le sénat; en Suisse, par le conseil souverain de chaque canton; en Allemagne, par les princes de l'Empire; dans les Provinces-Unies, par les états; en Danemark, en Suède, en Angleterre, par les rois et les parlements : l'autorité civile ne s'est pas bornée à donner pleine liberté aux protestants; mais elle est allée jusqu'à ôter les églises aux papistes, à défendre l'exercice public de leur culte, à punir de mort ceux qui y persistaient. En France même, si les rois de Navarre et les princes du sang ne s'en étaient pas mêlés, on convient que le protestantisme aurait succombé. Ainsi, ses sectateurs ont prêché successivement la tolérance et l'intolérance, selon l'intérêt du moment; les patients et les persécuteurs ont eu raison tour à tour, lorsqu'ils se sont trouvés les plus forts.

4° Il observe qu'en Angleterre la secte des brownistes, ou indépendants, est née de la même source. Ces sectaires rejettent toutes les formules, les catéchismes, les symboles, même celui des apôtres, comme des pièces sans autorité; ils s'en tiennent, disent-ils, à la seule parole de Dieu. D'autres enthousiastes ont été d'avis de supprimer tous les livres de religion, et de ne réserver que l'Ecriture sainte.

5° Il prouve, comme a fait Bayle, que, selon les principes de Jurieu, qui sont ceux de la réforme, on ne peut exclure du salut ni les Juifs, ni les païens, ni les sectateurs d'aucune religion quelconque.

L'Eglise catholique, plus sage et mieux d'accord avec elle-même, pose pour maxime que ce n'est point à nous, mais à Dieu, de décider qui sont ceux qui parviendront au salut, et qui sont ceux qui en seront exclus. Dès qu'il nous a commandé la foi à sa parole comme un moyen nécessaire et indispensable au salut, il ne nous appartient pas de dispenser personne de l'obligation de croire; et il est absurde d'imaginer que Dieu nous a donné la révélation, en nous laissant la liberté de l'entendre comme il nous plaira; ce serait comme s'il n'avait rien révélé du tout. Aussi a-t-il confié à son Eglise le dépôt de la révélation; et si, en la chargeant du soin d'enseigner toutes les nations, il n'avait pas imposé à celles-ci l'obligation de se soumettre à cet enseignement, Jésus-Christ aurait été le plus imprudent de tous les législateurs.

Depuis dix-huit siècles, cette Eglise n'a changé ni de principes, ni de conduite; elle a frappé d'anathème et a rejeté de son sein tous les sectaires qui ont voulu s'arroger l'indépendance. Les absurdités, les contradictions, les impiétés dans lesquelles ils sont tombés tous, dès qu'ils ont rompu avec l'Eglise, achèvent de démontrer la nécessité de lui être soumis. En prêchant l'indépendance, les latitudinaires, loin de faciliter le chemin du ciel, n'ont fait qu'élargir la voie de l'enfer.

LÉON ISAURIEN. *Voyez* ICONOCLASTES.

*LIBELLATIQUES. Dans la persécution de Dèce, il y eut des chrétiens qui, pour n'être point obligés de sacrifier aux dieux en public, selon les édits de l'empereur, allaient trouver les magistrats, et obtenaient d'eux; par grâce ou pour argent, des certificats par lesquels on attestait qu'ils avaient obéi aux ordres de l'empereur, et on défendait de les inquiéter davantage sur le fait de la religion. Ces certificats se nommaient en latin *libelli*, d'où l'on fit le nom de *libellatiques*.

Les centuriateurs de Magdebourg, et Tillemont, tom. III, p. 318 et 702, pensent que ces lâches chrétiens n'avaient pas réellement renoncé la foi, ni sacrifié aux idoles; et que le certificat qu'ils obtenaient était faux. Les *libellatiques,* dit ce dernier, étaient ceux qui allaient trouver les magistrats, ou leur envoyaient quelqu'un, pour leur témoigner qu'ils étaient chrétiens, qu'il ne leur était pas permis de sacrifier aux dieux de l'empire; qu'ils les priaient de recevoir d'eux de l'argent, et de les exempter de faire ce qui leur était défendu. Ils recevaient ensuite du magistrat, ou lui donnaient un billet qui portait qu'ils avaient renoncé à Jésus-Christ, et qu'ils avaient sacrifié aux idoles, quoique cela ne fût pas vrai : ces billets se lisaient publiquement.

Baronius, au contraire, pense que les *libellatiques* étaient ceux qui avaient réellement apostasié et commis le crime dont on leur donnait une attestation; probablement il y en avait des uns et des autres, comme le pense Bingham (1).

Mais, soit que leur apostasie fût réelle ou seulement simulée, ce crime était très-grave;

aussi l'Eglise d'Afrique ne recevait à la communion ceux qui y étaient tombés qu'après une longue pénitence. Cette rigueur engagea les *libellatiques* à s'adresser aux confesseurs et aux martyrs qui étaient en prison ou qui allaient à la mort, pour obtenir par leur intercession la relaxation des peines canoniques qui leur restaient à subir; c'est ce qui s'appelait *demander la paix*. L'abus que l'on fit de ces dons de paix causa un schisme dans l'Eglise de Carthage, du temps de saint Cyprien : ce saint évêque s'éleva avec force contre cette facilité à remettre de telles prévarications, comme on peut le voir dans ses lettres 31, 52 et 68, et dans son Traité de *Lapsis*. L'onzième canon du concile de Nicée, qui règle la pénitence de ceux qui ont renoncé à la foi sans avoir souffert de violence, peut regarder les *libellatiques*. *Voyez* LAPSES.

* LIBERTINS, fanatiques qui s'élevèrent en Flandre vers l'an 1547. Ils se répandirent en France : il y en eut à Genève, à Paris, mais surtout à Rouen, où un cordelier infecté du calvinisme enseigna leur doctrine. Ils soutenaient qu'il n'y a qu'un seul esprit de Dieu répandu partout, qui est et qui vit dans toutes les créatures; que notre âme n'est autre chose que cet esprit de Dieu, et qu'elle meurt avec le corps : que le péché n'est rien, et qu'il ne consiste que dans l'opinion, puisque c'est Dieu qui fait tout le bien et tout le mal; que le paradis est une illusion, et l'enfer un fantôme inventé par les théologiens. Ils soutenaient que les politiques ont forgé la religion pour contenir les peuples dans l'obéissance; que la régénération spirituelle ne consiste qu'à étouffer les remords de la conscience, et la pénitence qu'à soutenir que l'on n'a fait aucun mal; qu'il est permis et même expédient de feindre en matière de religion, et de s'accommoder à toutes les sectes.

Ils ajoutaient à tout cela des blasphèmes contre Jésus-Christ, en disant que ce personnage était un je ne sais quoi, composé de l'esprit de Dieu et de l'opinion des hommes. Ces principes impies leur firent donner le nom de *libertins*, que l'on a toujours pris depuis dans un mauvais sens. Ils se répandirent aussi en Hollande et dans le Brabant. Leurs chefs furent un tailleur de Picardie, nommé Quintin, et un nommé *Coppin* ou *Choppin*, qui s'associa à lui et se fit son disciple.

On voit que leur doctrine est en plusieurs articles la même que celle des incrédules de nos jours; le libertinage d'esprit qui se répandit à la naissance du protestantisme, devait naturellement conduire à ces excès tous ceux dont les mœurs étaient corrompues.

Quelques historiens ont rapporté autrement les articles de croyance des *libertins* dont nous parlons, et cela n'est pas étonnant; une secte, qui professe le libertinage d'esprit et de cœur, ne peut pas avoir une croyance uniforme,

---

(1) Orig. ecclés., liv. XVI, ch. 4, § 6

On dit qu'un des plus grands obstacles que Calvin trouva lorsqu'il voulut établir à Genève sa réformation, fut un nombreux parti de *libertins*, qui ne pouvaient souffrir la sévérité de sa discipline; et l'on conclut de là que le libertinage était le caractère dominant dans l'Eglise romaine. Mais ne s'est-il plus trouvé de *libertins* dans aucun des lieux où la prétendue réforme était bien établie et le papisme profondément oublié? Jamais le nombre d'hommes pervers, perdus de mœurs et de réputation, n'a été plus grand que depuis l'établissement du protestantisme; on pourrait le prouver par l'aveu même de ses plus zélés défenseurs. Il est évident que les principes des *libertins* n'étaient qu'une extension de ceux de Calvin. Ce réformateur le comprit très-bien, lorsqu'il écrivit contre ces fanatiques; mais il ne put réparer le mal dont il était le premier auteur (1). *Voyez* ANABAPTISTES.

LIBRES. Dans le seizième siècle on donna ce nom à quelques hérétiques qui suivaient les erreurs des anabaptistes, et qui secouaient le joug de tout gouvernement, soit ecclésiastique, soit séculier. Ils avaient des femmes en commun, et ils appelaient *union spirituelle* les mariages contractés entre frère et sœur; ils défendaient aux femmes d'obéir à leurs maris lorsqu'ils n'étaient pas de leur secte. Ils se prétendaient impeccables après le baptême, parce que, selon eux, il n'y avait que la chair qui péchât; et, dans ce sens, ils se nommaient des *hommes divinisés*. Ce n'est pas ici la seule secte dans laquelle le fanatisme se soit joint à la corruption des mœurs; plusieurs autres ont eu recours au même expédient pour étouffer les remords et satisfaire plus librement les passions (2).

LIBRES PENSEURS. On a longtemps appelé ainsi les incrédules qui rejetaient toute révélation. Une secte nouvelle est éclose sous ce titre, en Angleterre, en 1799. Les fondateurs, membres auparavant d'une Eglise universaliste et ensuite trinitaire, ont fait une scission, dont ils ont publié les motifs en 1800. Ils prétendent assimiler en tout leur société à celle qui existait sous les apôtres. La plupart rejettent la divinité de Jésus-Christ, le péché originel, la doctrine d'élection et de réprobation, l'existence de bons et de mauvais anges, l'éternité des peines; mais ils reconnaissent en Jésus-Christ une mission céleste pour instruire les nations. Son but a été d'unir en une même famille tous les hommes, quels que soient leur origine et leur pays. Le lien qui les unit ne consiste pas dans l'identité d'opinions et de croyance, mais dans la vertu pratique. Le Nouveau Testament est la seule règle de conduite. L'adoration d'un Dieu éternel, juste et bon; l'obéissance aux commandements de Jésus-Christ, son messager, voilà les actes par lesquels on peut espérer d'arriver à un bonheur dont la résurrection de Jésus-Christ offre le gage. Les *Libres penseurs* n'ont ni baptême, ni cène, ni chants, ni prière publique: adorer de cœur, prier de cœur, leur suffit. Pour présider à leurs assemblées et les régulariser, ils ont un *ancien* et deux diacres élus pour trois mois. Chacun dans leur assemblée a le droit d'enseigner: il n'est pas rare que les orateurs se combattent, mais avec modération. Les discours roulent sur les objets de morale, de doctrine, d'interprétation des Ecritures. Leur croyance a successivement éprouvé des modifications; et, loin de penser qu'on puisse leur en faire aucun reproche, ils y trouvent l'avantage d'avoir fait des progrès dans l'investigation de la vérité. Ils avaient adressé à l'autorité publique des remontrances pour n'être pas obligés de se marier devant les ministres anglicans, attendu que le mariage, à leurs yeux, n'a que le caractère de contrat civil: leur demande ayant été rejetée, ils se soumettent à la forme prescrite. Comme l'évêque anglican de Londres passait pour vouloir faire intervenir l'autorité civile, à l'effet de mettre fin à leurs réunions, ils ont manifesté publiquement le projet de résister, en revendiquant la liberté de conscience dont jouissent les dissentants.

LOLLARDS, branche de frérots ou de béguards, qui eut pour chef Gaultier Lollard.

Malgré les croisades qui avaient exterminé tant d'hérétiques, malgré les inquisiteurs qui en avaient fait brûler une infinité, malgré les bûchers allumés dans toute l'Europe contre les sectaires, on voyait à chaque instant naître de nouvelles sectes, qui bientôt se divisaient en plusieurs autres, lesquelles renouvelaient toutes les erreurs des manichéens, des cathares, des albigeois, etc.

Ce fut ainsi que Gaultier Lollard forma sa secte. Il enseigna que Lucifer et les démons avaient été chassés du ciel injustement, et qu'ils y seraient rétablis un jour; que saint Michel et les autres anges coupables de cette injustice seraient damnés éternellement, avec tous les hommes qui n'étaient pas dans ses sentiments: il méprisait les cérémonies de l'Eglise, ne reconnaissait point l'intercession des saints, et croyait que les sacrements étaient inutiles. Si le baptême est un sacrement, dit Lollard, tout bain en est aussi un, et tout baigneur est Dieu; il prétendait que l'hostie consacrée était un Dieu imaginaire; il se moquait de la messe, des prêtres et des évêques, dont il prétendait que les ordinations étaient nulles; le mariage, selon lui, n'était qu'une prostitution jurée.

Gaultier Lollard se fit un grand nombre de disciples, en Autriche, en Bohême, etc.

Il établit douze hommes choisis entre ses disciples, qu'il nommait ses apôtres, et qui parcouraient tous les ans l'Allemagne pour affermir ceux qui avaient adopté ses sentiments: entre ces douze disciples, il y avait deux vieillards qu'on nommait les ministres de la secte; ces deux ministres feignaient qu'ils entraient tous les ans dans le paradis,

---

(1) Hist. de l'Eglise gallicane, tom. XVIII, an. 1549.

(2) Gauthier, Chronique, sect. 16, ch. 70.

où ils recevaient d'Enoch et d'Elie le pouvoir de remettre tous les péchés à ceux de leur secte, et ils communiquaient ce pouvoir à plusieurs autres, dans chaque ville ou bourgade.

Les inquisiteurs firent arrêter Lollard, et, ne pouvant vaincre son opiniâtreté, le condamnèrent ; il alla au feu sans frayeur et sans repentir : on découvrit un grand nombre de ses disciples, dont on fit, selon Trithème, un grand incendie.

Le feu qui réduisit Lollard en cendres ne détruisit pas sa secte, les lollards se perpétuèrent en Allemagne, passèrent en Flandre et en Angleterre.

Les démêlés de ce royaume avec la cour de Rome concilièrent aux lollards l'affection de beaucoup d'Anglais, et leur secte y fit du progrès; mais le clergé fit porter contre eux les lois les plus sévères, et le crédit des communes ne put empêcher qu'on ne brûlât les lollards : cependant on ne les détruisit point ; ils se réunirent aux wiclefites, et préparèrent la ruine du clergé d'Angleterre et le schisme de Henri VIII, tandis que d'autres lollards préparaient en Bohême les esprits pour les erreurs de Jean Hus et pour la guerre des hussites (1).

LOUISETTES. *Voyez* BLANCHARDISME.

LUCIANISTES, nom de secte tiré de Lucianus ou Lucanus, hérétique du second siècle. Il fut disciple de Marcion, duquel il suivit les erreurs et y en ajouta de nouvelles.

Saint Epiphane dit que Lucianus abandonna Marcion, en enseignant aux hommes à ne point se marier, de peur d'enrichir le Créateur. Cependant, comme l'a remarqué le Père le Quien, c'était là une erreur de Marcion et des autres gnostiques. Il niait l'immortalité de l'âme qu'il croyait matérielle.

Les ariens furent aussi appelés lucianistes, et l'origine de ce nom est assez douteuse. Il paraît que ces hérétiques, en se nommant lucianistes, avaient envie de persuader que saint Lucien, prêtre d'Antioche, qui avait beaucoup travaillé sur l'Ecriture sainte, et qui souffrit le martyre, l'an 312, était dans le même sentiment qu'eux ; et peut-être le persuadèrent-ils à quelques saints évêques de ce temps-là. Mais ou il faut distinguer ce saint martyr d'avec un autre Lucien, disciple de Paul de Samosate, qui vivait dans le même temps, ou il faut supposer que saint Lucien d'Antioche, après avoir été séduit d'abord par Paul de Samosate, reconnut son erreur et revint à la doctrine catholique touchant la divinité du Verbe : puisqu'il est certain qu'il mourut dans le sein et dans la communion de l'Eglise. On peut en voir les preuves : *Vies des Pères et des Martyrs*, 7 janvier, *notes*.

LUCIFÉRIENS, schismatiques qui se séparèrent de l'Eglise catholique, parce que le concile d'Alexandrie avait reçu à la pénitence les évêques du concile de Rimini : voici l'occasion de ce schisme.

Après la mort de Constance, Julien rendit à tous les exilés la liberté, et les évêques catholiques travaillèrent au rétablissement de la paix dans l'Eglise. Saint Athanase et saint Eusèbe de Verceil assemblèrent un concile à Alexandrie, l'an 362, dans lequel on fit un décret général pour recevoir à la communion de l'Eglise tous les évêques qui avaient été engagés dans l'arianisme : comme l'Eglise d'Antioche était divisée, on y envoya Eusèbe, avec des instructions pour pacifier cette Eglise.

Lucifer, au lieu de se rendre à Alexandrie avec Eusèbe, était allé directement à Antioche, et on y avait ordonné évêque Paulin : ce choix ne fit qu'augmenter le trouble, et il était plus grand que jamais lorsqu'Eusèbe arriva ; il fut pénétré de douleur de voir que Lucifer, par sa précipitation, eût rendu le mal presque incurable ; néanmoins il ne blâma pas Lucifer ouvertement.

Lucifer fut offensé de ce qu'Eusèbe n'approuvait pas ce qu'il avait fait ; il se sépara de sa communion et de celle de tous les évêques qui avaient reçu à la pénitence les évêques tombés dans l'arianisme.

Lucifer s'était rendu illustre dans l'Eglise par son mépris pour le monde, par son amour pour les lettres saintes, par la pureté de sa vie, par la constance de sa foi : il fait une imprudence, on ne l'applaudit pas ; il hait tout le monde ; il cherche un prétexte pour se séparer de tous les évêques (2), et croit trouver une juste raison de s'en séparer dans la loi qu'ils avaient faite pour recevoir à la pénitence ceux qui sont tombés dans l'arianisme.

Voilà comment le caractère décide souvent un homme pour le schisme et pour l'hérésie.

Lucifer eut des sectateurs, mais en petit nombre ; ils étaient répandus dans la Sardaigne et en Espagne : ces sectateurs présentèrent une requête aux empereurs Théodose, Valentinien et Arcade, dans laquelle ils font profession de ne point communiquer, non-seulement avec ceux qui avaient consenti à l'hérésie, mais encore avec ceux mêmes qui communiquaient avec les personnes qui étaient tombées dans l'hérésie ; c'est pour cela qu'ils sont en petit nombre, disent-ils, et qu'ils évitent presque tout le monde : ils assurent que le pape Damase, saint Hilaire, saint Athanase et les autres confesseurs, en recevant les ariens à la pénitence, avaient trahi la vérité.

Lucifer mourut dans son schisme.

LUTHER, auteur de la réforme connue sous le nom de religion luthérienne. Nous allons examiner l'origine et le progrès de cette réforme ; nous exposerons ensuite le système théologique de Luther et nous le réfuterons (3).

---

(1) Dupin, xiv*, p. 436. D'Argentré, Collect. jud., t. I.
(2) Sulpic. Sever., l. II. Ambin., roat. de Obitu Satiri. Aug. ep. 50. Hieron. in dial. adversus Lucifer.
(3) De Trévern, *Discussion amicale sur l'Eglise anglicane, et en général sur la réformation*, t. I, 2ᵉ appendice de la lettre 2, p. 59, donne une curieuse notice sur les jugements que les premiers réformateurs portaient les uns sur les autres, et sur les effets de leurs prédications. En voici un extrait

De l'origine du luthéranisme.

Luther naquit à Isleb, ville de Saxe, sur la fin du quinzième siècle (1483). Après avoir achevé ses études de grammaire à Magdebourg et à Eisenach, il fit son cours de philosophie à Erfurt, et fut reçu

1° *Sur Luther.* Il témoigne lui-même « qu'étant catholique, il avait passé sa vie en austérités, en veilles, en jeûnes, en oraisons, avec pauvreté, chasteté et obéissance. » Une fois réformé, c'est un autre homme : il dit que « comme il ne dépend pas de lui de n'être point homme, il ne dépend pas non plus de lui d'être sans femme, et qu'il ne peut pas plus s'en passer que de subvenir aux nécessités naturelles les plus viles. » Tom. V, *in Galat.* I, 4, et *serm. de Matrim.* fol. 119.

« Je ne m'esmerveille plus, ô Luther, lui écrivoit Henri VIII, comment tu n'es honteux à bon escient, et comme tu oses lever les yeux et devant Dieu et devant les hommes, puisque tu as été si léger et si volage de t'être laissé transporter par l'instigation du diable à tes folies concupiscences. Toi, frère de l'ordre de Saint-Augustin, as le premier abusé d'une nonnain sacrée, lequel péché eût été, le temps passé, si rigoureusement puni, qu'elle eût été enterrée vive, et toi fouetté jusqu'à rendre l'âme. Mais tant s'en faut que tu ayes corrigé ta faute, qu'encore, chose exécrable ! tu l'as publiquement prise pour femme, ayant contracté avec elle des noces incestueuses, et abusé de la pauvre et misérable p....., au grand scandale du monde, reproche et vitupère de ta nation, mépris du saint mariage, très-grand déshonneur et injure des vœux faits à Dieu. Finalement, qui est encore plus détestable, au lieu que le déplaisir et honte de ton incestueux mariage te dût abattre et accabler, ô misérable ! tu en fais gloire ; au lieu de requérir pardon de tant de malheureux forfait, tu provoques tous les religieux débauchés, par tes lettres, par les écrits, d'en faire le même. » Dans Florim., p. 299.

« Dieu, pour châtier l'orgueil et la superbe de Luther, qui se découvre dans tous ses écrits, dit un des premiers sacramentaires, retira son esprit de lui, l'abandonnant à l'esprit d'erreur et de mensonge, lequel possédera toujours ceux qui ont suivi ses opinions, jusqu'à ce qu'ils s'en retirent. » Conrad. Reis., *sur la Cène du Seigneur,* B. 2.

« Luther nous traite de secte exécrable et damnée ; mais qu'il prenne garde qu'il ne se déclare lui-même pour archihérétique, puisque le même qu'il ne veut et ne peut s'associer avec ceux qui confessent le Christ. Mais que cet homme se laisse étrangement emporter par ses démons ! que son langage est sale, et que ses paroles sont pleines des diables d'enfer ! il dit que le diable habite maintenant et tour toujours dans le corps des zwingliens, et que les blasphèmes s'exhalent de leur sein eusatanisé, sursatanisé et persatanisé ; que leur langue n'est qu'une langue mensongère, remuée au gré de Satan, infusée, perfusée et transfusée dans son venin infernal. Vit-on jamais de tels discours sortis d'un démon en fureur ? Il a écrit tous ses livres par l'impulsion et sous la dictée du démon, avec lequel il eut affaire, et qui, dans la lutte, parait l'avoir terrassé par des arguments victorieux. » L'Église de Zurich, *contre la Conf. de Luther,* p. 61.

« Voyez-vous, s'écriait Zwingle, comme Satan s'efforce d'entrer en possession de cet homme ! » *Rép. à la Conf. de Luther.*

« Il n'est point rare, disait-il encore, de voir Luther se contredire d'une page à l'autre...; et à le voir au milieu des siens, vous le croiriez obsédé d'une phalange de démons. » *Ibid.*

Indigné de l'accueil que Luther avait fait à sa version des Écritures, il tempête à son tour contre celle de Luther, l'appelant « un imposteur qui change et rechange la sainte parole. »

« Véritablement Luther est fort vicieux, disait Calvin ; plût à Dieu qu'il eût soin de réfréner davantage l'intempérance qui bouillonne en lui de tout côté ! plût à Dieu qu'il eût songé davantage à reconnaître ses vices ! » Schlussenberg, *Theol. Calvin.* liv. II, fol. 126.

« Calvin disait encore que Luther n'avait rien fait qui vaille...; qu'il ne faut point s'amuser à suivre ses traces ; être papiste à demi ; qu'il vaut mieux bâtir une église tout à neuf..... Quelquefois, il est vrai, Calvin donnait des louanges à Luther, jusqu'à l'appeler le restaurateur du christianisme. » Florim.

« Ceux, disent les disciples de Calvin, qui mettent Luther au rang des prophètes, dont ses livres pour règle de l'Église, ont très-mal mérité de l'Église de Christ, et exposent soi et leurs églises à la risée et coupe-gorge de leurs adversaires. » In *Admon. de lib. Concord.* c. 6.

« Tou école, répondait Calvin au luthérien Westphal,

n'est qu'une puante étable à pourceaux... M'entends-tu, chien ? m'entends-tu, frénétique ? m'entends-tu, grosse bête ? »

« Carlostadt, retiré à Orlamunde avec sa femme, s'y était tellement fait goûter des habitants, qu'ils faillirent lapider Luther, accouru pour le gourmander sur ses mauvaises opinions touchant l'eucharistie ; Luther nous l'apprend dans sa lettre à ceux de Strasbourg : « Ces chrétiens me chargèrent à coups de pierres, me donnant telle bénédiction : Va-t'en à tous les mille diables ! que puisses-tu rompre le col avant d'être de retour chez toi ! »

2° *Sur Carlostadt.* En voici le portrait tracé par le modéré Mélanchthon : « C'était, dit-il, un homme brutal, sans esprit, sans science et sans aucune lumière du sens commun ; qui, bien loin d'avoir quelque marque de l'esprit de Dieu, n'a jamais su ni pratiqué aucun des devoirs de la civilité humaine. Il paraissait en lui des marques évidentes d'impiété ; toute sa doctrine était ou judaïque ou séditieuse. Il condamnait toutes les lois faites par les païens ; il voulait qu'on jugeât selon la loi de Moïse, parce qu'il ne connaissait point la nature de la liberté chrétienne ; il embrassa la doctrine fanatique des anabaptistes aussitôt que Nicolas Stork commença de la répandre... Une partie de l'Allemagne peut rendre témoignage que je ne dis rien en cela que de véritable. » Florim.

Il fut le premier prêtre de la réforme qui se maria. Dans la messe de nouvelle fabrique qui fut composée pour son mariage, ses fanatiques partisans allèrent jusqu'au point de qualifier de bienheureux cet homme qui portait *des marques évidentes d'impiété.* L'oraison de cette messe était ainsi conçue : *Deus, qui post tam longam et impiam sacerdotum tuorum cæcitatem, beatum Andream Carlostadium ea gratia donare dignatus es, ut primus, nulla habita ratione papistici juris, uxorem ducere ausus fuerit, da, quæsumus, ut omnes sacerdotes, recepta sana mente, ejus vestigia sequentes, ejectis concubinis aut eisdem ductis, ad legitimi consortium thori convertantur ; per Dominum nostrum,* etc. Citée dans Florim.

« On ne peut nier, nous disent les luthériens, que Carlostadt n'ait été étranglé du diable, vu tant de témoins qui le rapportent, tant d'auteurs qui l'ont mis par écrit, et les lettres mêmes des pasteurs de Bâle. » *Hist. de Cœn. August.* fol. 41. Il laissa un fils, Hans Carlostadt, qui, détaché des erreurs de son père, se rangea à l'Église catholique.

3° *Sur Mélanchthon.* Voici le jugement qu'en ont porté ceux de sa communion. Les luthériens déclarent en plein synode « qu'il avait si souvent changé d'opinion sur la primauté du pape, sur la justification par la foi seule, sur la cène, sur le libre arbitre, que toutes ses incertitudes avaient fait chanceler les faibles dans ces questions fondamentales, empêché un grand nombre d'embrasser la confession d'Augsbourg : qu'en changeant et rechangeant ses écrits, il n'avait donné que trop de sujet aux pontificaux de relever ses variations, et aux fidèles de ne savoir plus à quoi s'en tenir sur la véritable doctrine. » Ils ajoutent que « son fameux ouvrage sur les *Lieux théologiques,* pourrait plus convenablement s'appeler *Traité sur les jeux théologiques.* » *Colloq. Altenb.,* fol. 502, 503, an. 1568. Schlussemberg va même jusqu'à déclarer que, « frappé d'en haut par un esprit d'aveuglement et de vertige, Mélanchthon ne fit plus ensuite que tomber d'erreur en erreur, et finit par ne plus savoir ce qu'il fallait croire lui-même. » Il dit encore que « manifestement Mélanchthon avait contredit la vérité divine, à sa propre honte, et à l'ignominie perpétuelle de son nom. » Leit. 2, p. 91, etc.

En effet, peut-on imaginer quelque chose de plus contraire à la foi, au christianisme, que cette proposition de Mélanchthon : *Les articles de foi doivent être souvent changés, et être calqués sur les temps et les circonstances.* Entr. *philos.* du baron de Starck, ministre protestant, etc.

4° *Sur Œcolampade.* Les luthériens ont écrit dans l'*Apologie de leur cène* qu'Œcolampade, fauteur de l'opinion sacramentaire, parlant un jour au landgrave, lui dit : « J'aimerais mieux qu'on m'eût coupé la main, que non pas qu'elle eût rien écrit contre l'opinion de Luther en ce qui regarde la cène. » Ces paroles, rapportées à Luther par un homme qui les avait entendues, parurent adoucir un instant la haine du patriarche de la réforme ; il s'écria en apprenant sa mort : « Ah ! misérable et infortuné Œcolampade, tu as été le prophète de ton malheur, quand tu appelas Dieu à prendre vengeance de toi si tu enseignais une mauvaise doctrine. Dieu te pardonne, si tu es en

maître ès arts dans l'université de cette ville; il se livra ensuite à l'étude du droit, et se destinait au barreau. Un coup de tonnerre qui tua à ses côtés un de ses amis changea sa destination et le détermina à entrer dans l'ordre des religieux augustins.

Il étudia en théologie à Wittemberg, y acquit le degré de docteur, fut fait professeur, et devint célèbre au commencement du seizième siècle.

l'Europe était tranquille, et tous les chrétiens y vivaient dans la communion et sous l'obéissance de l'Église de Rome. Léon X occupait le siége de saint Pierre : ce pape avait apporté au pontificat de grandes qualités; il connaissait les belles-lettres; il aimait et favorisait le mérite; il avait de l'humanité, de la bonté, une extrême libéralité, et une si grande affabilité, qu'on trouvait quelque chose de plus qu'humain dans toutes ses manières; mais sa libéralité et sa facilité à donner épuisèrent bientôt les trésors de Jules II, auquel il succédait, et absorbèrent ses revenus (1).

Cependant Léon X forma le projet d'achever la magnifique église de Saint-Pierre, et accorda des indulgences à ceux qui contribueraient aux frais de cet édifice : la bulle des indulgences fut expédiée, et Léon X donna une partie des revenus de cette indulgence à différentes personnes, leur assignant le revenu de quelque province.

Dans ce partage il fit don de tout ce qui devait revenir de la Saxe et d'une partie de l'Allemagne à sa sœur, qui chargea Archambaud de cette levée de deniers. Archambaud en fit une ferme, et les collecteurs ou fermiers confièrent la prédication des indulgences aux dominicains.

Les collecteurs et les prédicateurs des indulgences leur attribuèrent une efficacité extraordinaire, et, en prêchant l'indulgence, menaient une vie scandaleuse : Plusieurs de ces négocians spirituels, dit Guichardin, en vinrent jusqu'à donner à vil prix et à jouer dans les cabarets le pouvoir de délivrer les âmes du purgatoire (2).

Luther s'éleva contre les excès des collecteurs et des prédicateurs des indulgences et contre les désordres de ceux qui les prêchaient; c'est l'objet d'une de ses lettres à l'archevêque de Mayence : il étudia la ma-

tel état qu'il te puisse pardonner. » *Voyez Flor.*, p. 175.

Pendant que les habitans de Bâle plaçaient dans leur cathédrale cette épitaphe sur son tombeau : « Jean OEcolampade, théologien....., premier auteur de la doctrine évangélique dans cette ville, et véritable évêque de ce temple. » Luther écrivait de son côté que « Le diable, duquel OEcolampade se servait l'étrangla de nuit dans son lit.» — « C'est ce que les auteurs, dit-il encore, qui lui avait appris qu'en l'Ecriture il y avait des contradictions. Voyez à quoi Satan réduit les hommes savans! » *De Missa privata.*

Tels furent les principaux auteurs des soulèvemens religieux et politiques qui désolèrent l'Église et le monde au seizième siècle... Que pouvait la religion attendre de pareils hommes? Que pouvait l'univers espérer de leurs prédications? Quels fruits s'en promettre, et quels furent effectivement ceux qu'il en recueillit? Eux-mêmes encore vont nous l'apprendre : « Le monde, dit Luther, empire tous les jours, et devient plus méchant. Les hommes sont aujourd'hui plus acharnés à la vengeance, plus avares, dénués de toute miséricorde, moins modestes et plus incorrigibles; enfin plus mauvais qu'en la papauté. » Luther, *in postilla,* Sup. 1 Dom. advent.

« Une chose aussi étonnante que scandaleuse est de voir que, depuis que la pure doctrine de l'Évangile vient d'être remise en lumière, le monde s'en aille journellement de mal en pis. » Luther, *in Serm. conviv. Germani,* fol. 55.

Luther avait coutume de dire « qu'après la révélation de son Évangile, la vertu avait été éteinte, la justice opprimée, la tempérance garrottée, la vérité déchirée par les chiens, la foi devenue chancelante, la dévotion perdue. »

« Les nobles et les paysans en sont venus à se vanter sans façon qu'ils n'ont que faire d'être prêchés; qu'ils aiment mieux qu'on les débarrasse tout à fait de la parole de Dieu, et qu'ils ne donneraient pas une obole de tous nos sermons ensemble. Eh! comment leur en faire un crime, dès qu'ils ne tiennent nul compte de la vie future? Ils vivent comme ils croient; ils sont et restent des pourceaux, croient en pourceaux, et meurent en vrais pourceaux. » Le même, *sur la Ire Ep. aux Corinthiens,* chap. XV.

C'était alors un proverbe en Allemagne, pour annoncer qu'on allait passer joyeusement la journée en débauche : *Hodie lutheranice vivemus*; nous nous en donnerons aujourd'hui à la luthérienne.

« Que si les souverains évangélistes n'interposent leur autorité pour apaiser toutes ces contestations, nul doute que les églises de Christ ne soient bientôt infectées d'hérésies qui les entraîneront ensuite à leur ruine... Par tant de paradoxes, les fondemens de notre religion sont ébranlés, les principaux articles mis en doute, les hérésies entrent en foule dans les églises de Christ, et le chemin s'ouvre à l'athéisme. » Sturm., *Ratio ineundæ concord.,* p. 2, an. 1579.

« Nous en sommes venus à un tel degré de barbarie, dit Mélanchthon, que plusieurs sont persuadés que s'ils jeûnaient un seul jour, on les trouverait morts la nuit suivante. » *Sur le chap.* VI *de saint Matthieu.*

« L'Elbe, écrivait-il confidentiellement à un ami, l'Elbe avec tous ses flots n'a pu me fournir assez d'eau pour pleurer les malheurs de la réforme divisée. » — « Vous voyez les emportemens de ces aveugles désirs, » écrivait-il encore à son ami Camérarius.

« L'autorité des ministres est entièrement abolie, dit Capiton à son ami Farell; tout se perd, tout va en ruine; il n'y a parmi nous aucune Église, pas même une seule où il y ait de la discipline... le peuple nous dit hardiment: Vous voulez faire les tyrans de l'Église qui est libre, vous voulez établir une nouvelle papauté. » — « Dieu me fait connaître ce que c'est qu'être pasteur, et le tort que nous avons fait à l'Église par le jugement précipité et la véhémence inconsidérée qui nous a fait rejeter le pape. Car le peuple, accoutumé et comme nourri à la licence, a rejeté tout à fait le frein.....; ils nous crient : Je sais assez l'Évangile; qu'ai-je besoin de votre secours pour trouver Jésus-Christ? Allez prêcher ceux qui veulent vous entendre? »

Bucer, collègue de Capiton à Strasbourg, faisait les mêmes aveux en 1549. et ajoutait qu'on n'avait rien tant recherché, en embrassant la réforme, *que le plaisir d'y vivre à sa fantaisie.*

Mycon, successeur d'OEcolampade dans le ministère de Bâle, fait entendre les mêmes plaintes. « Les laïques, dit-il, s'attribuent tout, et le magistrat s'est fait pape. » *Inter. Ep. Calv.*

Calvin, après avoir déclamé contre l'athéisme qui régnait surtout dans les palais des princes, dans les tribunaux et les premiers rangs de sa communion, ajoute : « Il est encore une plaie plus déplorable. Les pasteurs, oui les pasteurs eux-mêmes qui montent en chaire..., sont aujourd'hui les plus honteux exemples de la perversité et des autres vices. De là vient que leurs sermons n'obtiennent ni plus de crédit, ni plus d'autorité que les fables débitées sur la scène par un histrion. Et ces messieurs, pourtant, osent bien encore se plaindre qu'on les méprise et les montre au doigt pour les tourner en ridicule. Quant à moi, je m'étonne de la patience du peuple; je m'étonne que les femmes et les enfans ne les couvrent pas de boue et d'ordures. » Liv. *sur les scandales,* p. 128.

« Il n'y a nullement à s'étonner, dit Smidelin, qu'en Pologne, en Transylvanie, en Hongrie et autres lieux, plusieurs passent à l'arianisme, quelques-uns à Mahomet : la doctrine de Calvin mène à ces impiétés. » *Préface contre l'Apol. de Damasus.*

(1) Guichardin, l. XI, XIV.
(2) Guichardin, l. XVII, n. 14. Rainald. ad an. 1508, n. 99. Maimbourg, Hist. du luth., l. I, sess. 6. Serkendorf sur Mainb.

tière des indulgences, et publia des thèses dans lesquelles il censurait amèrement les abus des indulgences, et réduisait leur effet presque à rien.

Tetzel, dominicain, qui était à la tête des prédicateurs des indulgences, fit publier et soutenir des thèses contraires dans la ville de Francfort, en Brandebourg.

Ces thèses furent comme la déclaration de guerre : plusieurs théologiens se joignirent à Tetzel, et prirent la plume pour la défense des indulgences ; la dispute s'échauffa. Luther, qui était d'un caractère violent, s'emporta et passa les bornes de la modération, de la charité et de la subordination ; il fut cité à Rome, et Léon X donna une bulle dans laquelle il déclarait la validité des indulgences, prononçait qu'en qualité de successeur de saint Pierre et de vicaire de Jésus-Christ, il avait droit d'en accorder ; que c'était la doctrine de l'Eglise romaine, maîtresse de toutes les Eglises, et qu'il fallait recevoir cette doctrine pour vivre dans sa communion : il donna ensuite une bulle, dans laquelle il condamnait la doctrine de Luther, ordonnait de brûler ses livres, et le déclarait lui-même hérétique s'il ne se rétractait pas dans un temps qu'il marquait.

Luther appela de cette bulle au concile, et comme l'électeur de Saxe avait goûté les sentiments de Luther, ce docteur eut assez de crédit pour faire brûler à Wittemberg la bulle de Léon X.

Cette audace, qui dans Luther était un effet de son caractère, se trouva par l'événement un coup de politique. Le peuple, qui vit brûler par Luther la bulle d'un pape, perdit machinalement cette frayeur religieuse que lui inspiraient les décrets du souverain pontife et la confiance qu'il avait aux indulgences : bientôt Luther attaqua, dans ses prédications, les abus des indulgences, l'autorité du pape et les excès des prédicateurs des indulgences ; il les rendit odieux et se fit un grand nombre de partisans.

Les prédications de Luther commençaient à faire beaucoup de bruit, lorsqu'on tint une diète à Worms (en 1521). Luther y fut cité, et l'on fit un décret contre lui : dans ce décret, Charles-Quint, après avoir raconté comment Luther tâchait de répandre ses erreurs en Allemagne, déclare que voulant suivre les traces des empereurs romains, ses prédécesseurs, pour satisfaire à ce qu'il doit à l'honneur de Dieu, au respect qu'il porte au pape, et à ce qui est dû à la dignité impériale dont il est revêtu, du conseil et du consentement des électeurs, princes et états de l'empire, et en exécution de la sentence du pape il déclare qu'il tient Martin Luther pour notoirement hérétique, et ordonne qu'il soit tenu pour tel, de tout le monde, défendant à tous de le recevoir ou de le protéger, de quelque manière que ce soit ; commandant à tous les princes et Etats de l'empire, sous les peines portées, de le prendre et emprisonner après le terme de 21 jours expirés, et de poursuivre ses complices, adhérents et fauteurs, de les dépouiller de leurs biens, meubles, immeubles, etc.

Lorsque cet édit eut passé, Frédéric de Saxe fit partir secrètement Luther, et le fit conduire en lieu sûr ; mais on n'exécuta point le décret de la diète contre les partisans de Luther.

Ainsi l'Eglise de Rome, à laquelle tout était soumis, qui avait armé l'Europe entière, fait trembler les soudans, déposé les rois, donné des royaumes ; Rome, à qui tout obéissait, vit sa puissance et celle de l'empire échouer contre Luther et contre ses disciples.

Cette espèce de phénomène était préparé depuis longtemps : les guerres, qui avaient éteint les arts et les sciences dans l'Occident, avaient produit de grands abus dans le clergé ; il s'était élevé, dans ces siècles barbares, des sectaires qui avaient attaqué ces abus, et le prétexte de les réformer avait concilié des sectateurs aux henriciens, aux pétrobusiens, aux albigeois, aux vaudois, etc.

Les foudres de l'Eglise, les armées des croisés, les bûchers de l'inquisition avaient détruit toutes ces sectes, et, dans l'Occident, tout était soumis au pape et uni à l'Eglise romaine.

Les papes et le clergé, accoutumés depuis le onzième siècle à tout subjuguer avec l'anathème et les indulgences, ne connaissaient presque point d'autre moyen que la force pour combattre l'hérésie ; ils employaient les foudres de l'Eglise contre tout ce qui s'opposait à leurs desseins ou à leurs intérêts, qu'ils confondaient souvent avec ceux de l'Eglise et de la religion : ainsi, depuis les guerres des croisés, on avait vu les papes déposer les souverains qui ne leur obéissaient pas ; des antipapes excommunier les rois qui reconnaissaient leurs concurrents dans le souverain pontificat, délier du serment de fidélité les sujets de ces souverains, accorder des indulgences à ceux qui les combattraient, donner leurs royaumes à ceux qui les conquerraient ; on avait vu les peuples abandonner leurs souverains, sacrifier leur fortune, pour obéir aux décrets des papes et pour gagner des indulgences.

La profonde ignorance peut donner une longue durée à une pareille puissance ; elle pourrait même être immuable parmi les peuples qui ne raisonneraient point ; mais il s'en fallait beaucoup que l'esprit des peuples d'Allemagne fût dans cet état d'immobilité et de quiétude : toutes les sectes réformatrices qui s'étaient élevées depuis les henriciens, les albigeois et les vaudois, s'étaient réfugiées en Allemagne ; elles y avaient des partisans cachés, qui tâchaient de faire des prosélytes et qui répandaient des principes contraires à la foi et à l'autorité de l'Eglise : les livres de Wiclef, de Jean Hus, s'y étaient multipliés, et on les lisait.

Les sectaires cachés et une partie des ouvrages de Wiclef et de Jean Hus attaquaient des excès manifestes et une autorité dont l'abus incommodait presque tout le monde ;

ainsi l'Eglise de Rome et le clergé avaient beaucoup d'ennemis secrets.

Ces ennemis n'étaient point des fanatiques ignorants, ridicules ou débauchés : c'étaient des hommes qui raisonnaient, qui prétendaient ne point attaquer l'Eglise, mais les abus dont les fidèles étaient scandalisés, et qui détruisaient la discipline. On avait vu, dans les conciles de Constance et de Bâle, des hommes célèbres par leurs lumières et par leurs vertus demander, mais inutilement, la réforme des abus; on voyait qu'on ne pouvait l'espérer et l'obtenir qu'en réformant les abus malgré le clergé et la cour de Rome; mais son autorité toujours redoutable contenait tout le monde, et il y avait dans une infinité d'esprits une espèce d'équilibre entre le désir de la réforme et la crainte de l'autorité du clergé (1).

Luther, en attaquant l'autorité du pape, les indulgences et le clergé, rompit cet équilibre qui produisait ce calme dangereux que l'on prend pour de la tranquillité; il communiqua à une infinité de personnes l'esprit de révolte contre l'Eglise, et se trouva tout à coup à la tête d'un parti si considérable, que les princes d'Allemagne crurent ne pouvoir exécuter le décret de la diète contre Luther sans exciter une sédition.

D'ailleurs, plusieurs de ces princes n'avaient accédé à ce décret qu'avec répugnance : ils ne voyaient qu'avec beaucoup de peine sortir de leurs Etats les sommes immenses que les directeurs des indulgences enlevaient; ils n'étaient pas fâchés qu'on attaquât et qu'on resserrât la puissance du clergé qu'ils redoutaient et dont ils souhaitaient l'abaissement : enfin les armes du Turc, qui menaçaient l'Empire, firent craindre qu'il ne fût dangereux d'allumer en Allemagne une guerre de religion semblable à celle qui avait désolé la Bohême un siècle auparavant.

Ainsi le temps, ce novateur si redoutable, avait insensiblement tout préparé pour faire échouer contre un religieux augustin l'autorité de l'Eglise et la puissance de Charles-Quint et d'une grande partie des princes d'Allemagne.

Du progrès de Luther depuis son retour à Wittemberg jusqu'à la diète de Nuremberg.

Luther revint à Wittemberg; l'université adopta ses sentiments; on y abolit la messe, on attaqua l'autorité des évêques et l'ordre même de l'épiscopat : Luther prit le titre d'ecclésiaste ou de prédicateur de Wittemberg, afin, dit-il en écrivant aux évêques, « qu'ils ne prétendent cause d'ignorance, que c'est la nouvelle qualité qu'il se donne à lui-même, avec un magnifique mépris d'eux et de Satan; qu'il pourrait à aussi bon titre s'appeler évangéliste par la grâce de Dieu;

(1) *Voyez* sur tous ces faits les hist. et les aut. ecclés. de ces différents temps; le conc. de Const.; le cont. de Fleury; Bossuet, Hist. de Fr. et des Var. Guich., Hist. de l'Egl. gall.

(2) Ep. ad falso nominat. ord. episcoporum, Operum Lu-

DICTIONNAIRE DES HÉRÉSIES. I.

que très-certainement Jésus-Christ le nommait ainsi, et le tenait pour ecclésiaste (2). »

En vertu de cette céleste mission, Luther faisait tout dans l'Eglise; il prêchait, il corrigeait, il retranchait des cérémonies, il en établissait d'autres, il instituait et destituait; il établit même un évêque à Nuremberg : son imagination véhémente échauffa les esprits; il communiqua son enthousiasme; il devint l'apôtre et l'oracle de la Saxe et d'une grande partie de l'Allemagne : étonné de la rapidité de ses progrès, il se crut en effet un homme extraordinaire. « Je n'ai pas encore mis la main à la moindre pierre pour la renverser, disait-il; je n'ai fait mettre le feu à aucun monastère; mais presque tous les monastères sont ravagés par ma plume et par ma bouche, et en public que sans violence j'ai moi seul fait plus de mal au pape que n'aurait pu faire aucun roi avec toutes les forces de son royaume (3). »

Luther prétendit que ces succès étaient l'effet d'une force surnaturelle que Dieu donnait à ses écrits et à ses prédications; il le publiait, et le peuple le croyait : attentif aux progrès de son empire sur les esprits, il prit le ton des prophètes contre ceux qui s'opposaient à sa doctrine. Après les avoir exhortés à l'embrasser, il les menaçait de crier contre eux s'ils refusaient de s'y soumettre : « Mes prières, dit-il à un prince de la maison de Saxe, ne seront pas un foudre de Salmonée ni un vain murmure dans l'air : on n'arrête pas ainsi la voix de Luther, et je souhaite que Votre Altesse ne l'éprouve pas à son dam : ma prière est un rempart invincible, plus puissant que le diable même; sans elle il y a longtemps qu'on ne parlerait plus de Luther, et on ne s'étonnera pas d'un si grand miracle (4) ! »

Lorsqu'il menaçait quelqu'un des jugements de Dieu, vous eussiez dit qu'il lisait dans les décrets éternels; sur sa parole, on tenait pour assuré, dans son parti, qu'il y avait deux Antechrists clairement marqués dans l'Ecriture, le pape et le Turc, dont Luther annonçait la ruine prochaine. Ce n'était pas seulement le peuple qui croyait que Luther était un prophète : les savants, les théologiens, les hommes de lettres de son parti le regardaient pour tel, tant l'empire de l'imagination et de l'enthousiasme est étendu (5).

L'ecclésiaste de Wittemberg ne jouissait cependant pas tranquillement de son triomphe; sa révolte contre l'Eglise occasionna une foule de sectes fanatiques et séditieuses, qui ravagèrent une partie de l'Allemagne. Carlostad voulut élever dans Wittemberg une secte nouvelle; Luther lui-même fut attaqué par une infinité d'écrits : il répondit à tout, attaqua le clergé, prêcha contre la corruption des mœurs et traduisit la Bible en langage vulgaire; tout le monde lut sa version,

theri t. II, fol. 305. Hist. des Variat., t. I, p. 50.
(3) T. VII, fol. 507, 509. Hist. des Variat., t. I, p. 50.
(4) Ep. ad Georg. duc. Sax., t. II, fol. 491.
(5) Sleidan, l. III. Melancht., l. III, ep. 65.

et tout ce qui pouvait lire prit part aux disputes de religion.

L'Ecriture seule était, selon Luther, la règle de la foi, et chacun était en droit de l'interpréter : ce principe séduisit un nombre infini de personnes, en Allemagne, en Bohême et en Hongrie ; mais c'était surtout dans la Saxe et dans la Basse-Allemagne que les sectateurs de Luther s'étaient multipliés et qu'ils étaient animés d'un zèle ardent et capable de tout entreprendre.

Du luthéranisme depuis la diète de Nuremberg jusqu'à la diète d'Augsbourg.

Telle était l'étendue du luthéranisme lorsque les états d'Allemagne s'assemblèrent à Nuremberg. Léon X était mort, et Adrien VI lui avait succédé : ce nouveau pontife envoya à la diète un nonce pour se plaindre de la liberté qu'on accordait à Luther, et de ce qu'on ne tenait point la main à l'exécution de l'édit de Worms.

Les états répondirent que les partisans de Luther étaient si nombreux que l'exécution de l'édit de Worms allumerait une guerre civile. Les princes laïques dressèrent ensuite un long mémoire de leurs sujets de plainte et de leurs prétentions contre la cour de Rome et contre les ecclésiastiques ; ils réduisirent ce mémoire à cent chefs, auxquels ils donnèrent pour cela le titre de *Centum gravamina*; ils envoyèrent ce mémoire au pape, avec protestation qu'ils ne voulaient ni ne pouvaient plus tolérer ces griefs, et qu'ils étaient résolus d'employer les moyens les plus propres à les réprimer.

Les princes se plaignaient des taxes qui se payaient pour les dispenses et pour les absolutions, de l'argent qui se tirait des indulgences, de l'évocation des procès à Rome, de l'exemption des ecclésiastiques dans les causes criminelles, etc.

Tous ces griefs se réduisaient à trois principaux, savoir : que les ecclésiastiques réduisaient les peuples en servitude, qu'ils les dépouillaient de leurs biens, et qu'ils s'appropriaient la juridiction des magistrats laïques (1).

La diète fit aussi un règlement pour calmer les esprits et pour défendre d'imprimer ou d'enseigner aucune doctrine nouvelle.

Les luthériens et les catholiques interprétèrent ce décret chacun à leur avantage, et prétendirent n'enseigner que la doctrine des Pères de l'Eglise : ainsi ce décret ne fit qu'allumer le feu de la discorde (2).

Adrien VI reconnaissait la nécessité de réformer beaucoup d'abus, et paraissait déterminé à travailler à cette réforme ; mais il mourut avant que d'avoir pu l'exécuter.

Jules de Médicis lui succéda sous le nom de Clément VII : ce pape envoya à la diète de Nuremberg un nonce qui dressa une sorte de réformation pour l'Allemagne ; mais on trouva qu'elle laissait subsister les abus les plus dangereux, et qu'elle ne remplissait point les vœux de la diète précédente (3).

Cependant le légat engagea Ferdinand, frère de l'Empereur, et plusieurs autres princes à approuver son décret de réforme. La publication de ce règlement offensa tous les princes et tous les évêques qui n'avaient pas voulu y consentir dans la diète ; le mécontentement augmenta par les lettres impérieuses que Charles-Quint écrivit à la diète, et les états de l'Empire s'étant assemblés à Spire, sur la fin du mois de juin 1525, on délibéra, par ordre de l'Empereur, sur des lettres de ce prince, par lesquelles il leur déclarait qu'il allait passer en Italie pour s'y faire couronner et pour prendre avec le pape des mesures pour la convocation d'un concile : en attendant il voulait qu'on observât l'édit de Worms et défendait de traiter davantage des matières de religion dans la diète.

La plupart des villes répondirent que si par le passé on n'avait pu observer les décrets de Worms, il était encore plus dangereux de le tenter alors, puisque les controverses étaient plus animées que jamais : on fit donc un décret qui portait, en substance, que comme il était nécessaire, pour remettre l'ordre dans les affaires de la religion et pour maintenir la liberté, de tenir un concile légitime en Allemagne ou d'en procurer un qui fût universel et de l'assembler avant le terme d'une année, on enverrait des ambassadeurs à l'empereur, pour le prier de regarder avec compassion l'état tumultueux et misérable de l'Empire, et de retourner au plus tôt en Allemagne, pour faire assembler le concile : qu'en attendant l'un ou l'autre des conciles, les princes et les états de leurs provinces eussent à se conduire dans leurs gouvernements, sur le fait de la religion, de manière qu'ils pussent en rendre bon compte à Dieu et à l'Empereur.

L'Empereur et le pape, après s'être brouillés et raccommodés plusieurs fois, rétablirent enfin la paix, que des intérêts temporels avaient troublée.

Un des articles du traité fait entre l'Empereur et le pape fut que si les luthériens persistaient dans leur révolte, le pape emploierait pour les réduire les armes spirituelles, et Charles-Quint, avec Ferdinand, les armes temporelles ; que, de plus, le pape engagerait les princes chrétiens à se joindre à l'Empereur.

Charles-Quint convoqua les états d'Allemagne à Spire, l'an 1529. Après bien des contestations, on fit un décret qui portait que ceux qui avaient observé l'édit de Worms eussent à continuer à le faire et eussent le pouvoir d'y contraindre leurs peuples jusqu'à la tenue d'un concile ; qu'à l'égard de ceux qui avaient changé de doctrine et qui ne pouvaient l'abandonner sans crainte de quelque sédition, ils s'en tiendraient à ce qui était fait, sans rien innover davan-

---
(1) Fasciculus rerum expetendarum t. I, p. 352.
(2) Ibid. Sleidan., l. I, p. 50.

(3) An. 1524.

tage jusqu'au même temps; que la messe ne serait point abolie, et que dans les lieux mêmes où la nouvelle réforme avait été établie on n'empêcherait point de la célébrer; que les prédicateurs s'abstiendraient de proposer de nouveaux dogmes ou des dogmes qui fussent peu fondés sur l'Écriture; mais qu'ils prêcheraient l'Évangile selon l'interprétation approuvée par l'Église, sans toucher aux choses qui étaient en dispute, jusqu'à la détermination du concile.

L'électeur de Saxe, celui de Brandebourg, les ducs de Lunebourg, le landgrave de Hesse et le prince d'Anhalt, avec quatorze des principales villes d'Allemagne, déclarèrent qu'on ne pouvait déroger au décret de la diète précédente, qui avait accordé à chacun la liberté de religion jusqu'à la tenue d'un concile, et prétendirent que ce décret ayant été fait du consentement de tous, il ne pouvait aussi être changé que d'un consentement général; qu'ainsi ils protestaient contre le décret de cette diète. Ils rendirent publique leur protestation et l'appel qu'ils firent de ce décret à l'empereur et au concile général futur ou à un concile national; et c'est de là que le nom de *protestant* fut donné à tous ceux qui faisaient profession de la religion luthérienne.

Au milieu de ces succès Luther n'était pas sans chagrin. Carlostad, chassé d'Allemagne par Luther, s'était retiré en Suisse, où Zuingle et Œcolampade avaient pris sa défense : leur doctrine s'était établie en Suisse, et elle avait passé en Allemagne, où elle faisait des progrès assez rapides. Cette doctrine était absolument contraire aux dogmes de Luther; il la combattit avec emportement, et vit les partisans de la réforme se partager entre lui et les sacramentaires. On tâcha, mais inutilement, de réconcilier ces réformateurs; il n'y eut jamais entre eux qu'une union politique : les sacramentaires et les luthériens se déchiraient, et ces réformateurs qui se prétendaient les juges absolus des controverses, trouvaient dans l'Écriture sainte des dogmes diamétralement opposés. Voilà ce que Basnage appelle un ouvrage de lumière.

Du luthéranisme depuis la diète d'Augsbourg jusqu'à la mort de Luther.

L'Empereur, après s'être fait couronner à Bologne (en 1530), passa en Allemagne, et intima une diète à Augsbourg.

L'électeur de Saxe présenta à la diète la profession de foi des protestants; elle consistait en deux parties : l'une contenait le dogme, et elle était en grande partie conforme à la foi catholique; mais elle niait la nécessité de la confession, établissait que l'Église n'était composée que d'élus, attribuait aux seules dispositions des fidèles les effets des sacrements et niait la nécessité des bonnes œuvres pour le salut.

La seconde partie était beaucoup plus contraire à la doctrine de l'Église : on y exigeait l'abolition des messes basses et des vœux

monastiques, le rétablissement de la communion sous les deux espèces; elle déclarait que la tradition n'était point une règle de foi, et que toute la puissance ecclésiastique ne consistait qu'à prêcher et à administrer les sacrements.

Les théologiens catholiques et les théologiens protestants ne purent convenir sur ces articles, et la diète se sépara.

Après le départ des protestants, l'Empereur fit un édit par lequel il défendait de changer aucune chose dans la messe et dans l'administration des sacrements et de détruire les images.

Les protestants s'aperçurent que l'Empereur avait résolu de les soumettre par la force des armes; ils prirent leurs mesures pour lui résister : le landgrave de Hesse convoqua les princes protestants à Smalcade, où ils firent une ligue contre l'Empereur; ils écrivirent ensuite à tous les princes chrétiens, pour leur faire connaître les motifs qui les avaient déterminés à embrasser la réforme, en attendant qu'un concile prononçât sur les matières de religion qui troublaient l'Allemagne.

Luther, qui jusqu'alors avait cru que la réforme ne devait s'établir que par la persuasion et qu'elle ne devait se défendre que par la patience, autorisa la ligue de Smalcade (1).

« Il comparait le pape à un loup enragé, contre lequel tout le monde s'arme au premier signal, sans attendre l'ordre du magistrat; que si, renfermé dans une enceinte, le magistrat le délivre, on peut continuer à poursuivre cette bête féroce et attaquer impunément ceux qui auront empêché qu'on s'en défît; si on est tué dans cette attaque avant que d'avoir donné à la bête le coup mortel, il n'y a qu'un seul sujet de se repentir, c'est de ne lui avoir pas enfoncé le couteau dans le sein. Voilà comme il faut traiter le pape : tous ceux qui le défendent doivent aussi être traités comme les soldats d'un chef de brigands, fussent-ils des rois et des césars (2). »

Les protestants traitèrent donc le décret de l'Empereur avec mépris, et l'on se vit à la veille d'une guerre également dangereuse aux deux partis et funeste à l'Allemagne.

L'Empereur, menacé d'une guerre prochaine avec les Turcs, fit avec les princes protestants un traité : ce traité portait qu'il y aurait une paix générale entre l'Empereur et tous les États de l'Empire, tant ecclésiastiques que laïques, jusqu'à la convocation d'un concile général, libre et chrétien; que personne, pour cause de religion, ne pourrait faire la guerre à un autre; qu'il y aurait entre tous une amitié sincère et une concorde chrétienne; que si, dans un an, le concile ne s'assemblait pas, les états d'Allemagne s'assembleraient pour régler les affaires de la religion, et que l'Empereur suspendrait tous les procès intentés pour cause de religion, par son fiscal ou par d'autres, contre l'électeur de Saxe et contre ses alliés,

---

(1) Maimb., l. III. Seckendorf., l. III, sect. 2, § 3. Hist. des Variat., l. IV.

(2) Luther, tom. I. Sleidan, liv. XVI. Hist. des Variat l. VIII.

jusqu'à la tenue d'un concile ou l'assemblée des états.

Lorsque Charles-Quint eut chassé les Turcs de l'Autriche, il passa en Italie pour demander au pape la tenue d'un concile qui pût remédier aux maux de l'Allemagne. Le pape consentit à indiquer un concile; mais il voulait que les protestants promissent de s'y soumettre, et que les princes catholiques s'engageassent à prendre la défense de l'Eglise contre ceux qui refuseraient de s'y soumettre.

Les princes protestants refusèrent ces conditions. Clément VII mourut, et Paul III, qui lui succéda, résolut d'assembler un concile à Mantoue; mais les protestants déclarèrent qu'ils ne se soumettraient point à un concile tenu en Italie; ils voulaient d'ailleurs que les docteurs eussent voix délibérative dans le concile.

Le concile, qui avait été regardé comme le seul moyen de réunir les protestants à l'Eglise, devenait donc impraticable.

Le landgrave de Hesse n'oublia rien pour réconcilier les luthériens avec les zuingliens, qui, malgré le besoin de s'unir pour se soutenir contre les armes des princes catholiques, ne cessaient de s'attaquer.

Ce fut dans ce temps que le landgrave, profitant de son crédit dans le parti protestant, obtint la permission d'avoir à la fois deux femmes: cet acte de condescendance de la part des théologiens protestants l'attacha irrévocablement à leurs intérêts et le rendit ennemi irréconciliable de l'Eglise catholique, qui n'aurait jamais toléré sa polygamie.

Quelque importantes que fussent les affaires de la religion, elles n'occupaient pas seules le pape et les princes catholiques.

L'Empereur et le roi de France avaient des desseins sur l'Italie, et le pape ou les protestants n'étaient pas inutiles pour ces projets. François Ier envoya des ambassadeurs à l'assemblée de Smalcade, pour engager les protestants à agir de concert avec lui, relativement au lieu où le concile devait s'assembler.

D'ailleurs Charles-Quint, qui voyait que le pape ne voulait l'engager dans la guerre contre les protestants que pour l'empêcher de s'emparer de Milan, disait que pour justifier cette guerre il fallait convoquer un concile, afin de faire voir qu'il n'avait pris les armes qu'après avoir tenté tous les autres moyens.

Le pape convoqua donc le concile à Mantoue; mais le duc de Mantoue refusa sa ville, et le concile fut enfin indiqué à Trente, de l'aveu de Charles-Quint et de François Ier.

L'Empire était menacé d'une guerre prochaine de la part des Turcs, et l'Empereur demandait du secours aux princes protestants, qui refusaient constamment d'en fournir à moins qu'on ne leur donnât des assurances d'entretenir la paix de religion, et qu'ils ne seraient point obligés d'obéir au concile de Trente. Rien ne fut capable de les faire changer de résolution, et l'Empereur renouvela tous les traités faits avec les protestants jusqu'à la diète prochaine, qu'il indiqua pour le mois de janvier suivant, à Ratisbonne, en 1546.

Pendant que le concile s'assemblait, l'électeur palatin introduisit chez lui la communion du calice, les prières publiques en langue vulgaire, le mariage des prêtres et les autres points de la réforme.

Ce fut cette même année que Luther mourut, à Isleb, où il était allé pour terminer les différends qui s'étaient élevés entre les comtes de Mansfeld.

Du luthéranisme depuis la mort de Luther jusqu'à la paix religieuse

L'Empereur avait convoqué un colloque à Ratisbonne pour essayer de terminer, par la voie des conférences, les disputes de religion qui troublaient l'Allemagne. Lorsqu'il arriva à Ratisbonne, le colloque était déjà rompu: il s'en plaignit amèrement, et voulut que chacun proposât ce qu'il savait de plus propre à pacifier l'Allemagne. Les protestants demandèrent un concile national, mais les ambassadeurs de Mayence et de Trèves approuvèrent le concile de Trente et prièrent l'Empereur de le protéger.

L'Empereur profita de cette disposition et se prépara à faire la guerre aux protestants: il se ligua avec le pape, qui lui fournit de l'argent et lui permit de lever la moitié des revenus de l'Eglise d'Espagne. Charles-Quint faisait pourtant publier qu'il ne faisait point la guerre pour cause de religion; mais l'électeur de Saxe et le landgrave de Hesse publièrent un manifeste pour faire voir que cette guerre était une guerre de religion, et que l'Empereur n'avait ni à se plaindre d'eux, ni aucune juste prétention contre eux.

Les protestants se préparèrent promptement à la guerre et mirent sur pied une armée qui ne put empêcher Charles-Quint de soumettre la Haute-Allemagne: l'année suivante, les protestants furent défaits, et l'électeur de Saxe fut fait prisonnier. Le landgrave de Hesse pensa alors à faire la paix; il vint trouver l'Empereur et fut arrêté contre la parole expresse que l'empereur lui avait donnée.

L'Empereur leva alors de grosses sommes sur toute l'Allemagne pour se dédommager, disait-il, des frais de la guerre, qu'il n'avait entreprise que pour le bien de l'Allemagne.

Le parti protestant paraissait abattu; il y avait cependant encore des villes qui résistaient à l'Empereur, et les peuples conservaient tout leur attachement à la réforme; Charles-Quint lui-même avait accordé à quelques villes la liberté de conserver la religion luthérienne, et Maurice, duc de Saxe, avait traité avec bonté Mélanchthon et les théologiens de Wittemberg; il les avait même exhortés à continuer leurs travaux.

L'Empereur marquait un grand désir de terminer les différends de religion qui troublaient l'Allemagne; il tint une diète en 1547, dans laquelle il exigea qu'on se soumît au concile de Trente; mais le pape avait transféré le concile à Bologne, et cette translation, qui n'avait point été approuvée par les Pères, avait arrêté toutes les opérations du concile. L'Empereur demanda donc que le pape fit continuer le concile à Trente, et, voyant qu'il serait difficile de l'obtenir, il chercha d'autres moyens de pacifier l'Allemagne.

On remit à l'Empereur le soin de choisir les personnes les plus propres à composer un formulaire qui pût convenir à tous les partis : ces théologiens composèrent un formulaire de religion qui fut ensuite examiné et corrigé successivement par les protestants et par les catholiques, auxquels Ferdinand le communiquait pour avoir leur approbation.

Ce formulaire contenait les objets que l'on devait croire en attendant que le concile général eût tout à fait décidé : ce formulaire fut appelé l'*intérim*.

L'*intérim* de Charles-Quint déplut aux protestants et aux catholiques : les Etats protestants refusèrent, pour la plupart, de le recevoir ou le reçurent avec tant de restrictions qu'ils l'anéantissaient.

L'Empereur trouva bien plus de difficulté dans la Basse-Allemagne : la plupart des villes de Saxe refusèrent de le recevoir, et la ville de Magdebourg le rejeta d'une manière si méprisante, qu'elle fut mise au ban de l'Empire et soutint une longue guerre qui entretint dans la Basse-Allemagne un feu qui, trois ans après, consuma les trophées de Charles-Quint.

Malgré le danger qu'on courait en écrivant contre l'*intérim*, on vit paraître une foule d'ouvrages contre ce formulaire, de la part des catholiques et de la part des protestants.

Cependant Charles-Quint n'abandonnait pas le projet de faire recevoir l'*intérim* : pour y réussir, il employa les menaces, les caresses ; il força beaucoup de villes et d'Etats à le recevoir, mais il révolta tous les esprits.

Le concile était rétabli à Trente ; Charles-Quint crut qu'il pourrait rétablir le calme ; il employa tout pour obtenir que les protestants pussent être écoutés dans le concile ; mais les protestants et les évêques catholiques ne purent jamais convenir sur la manière dont les protestants seraient admis dans l'assemblée et sur le caractère qu'ils y prendraient.

Tandis que la politique de Charles-Quint croyait faire servir alternativement le pape et les protestants à ses vues et à ses intérêts, tous les esprits se soulevèrent contre lui. Henri II profita de ces dispositions et fit un traité avec Maurice de Saxe et avec les protestants ; il entra en Lorraine, prit Toul, Metz et Verdun, tandis que Maurice de Saxe, à la tête des protestants, rendait la liberté à l'Allemagne.

Charles-Quint sentit qu'il ne pouvait résister à tous ces ennemis ; il fit sa paix avec les protestants ; il remit en liberté le duc de Saxe et le landgrave de Hesse. Par ce traité de paix, conclu à Passaw, on convint que l'Empereur ni aucun autre prince ne pourrait forcer la conscience ni la volonté de personne sur la religion, de quelque manière que ce fût. Alors on vit toutes les villes protestantes rappeler les docteurs de la confession d'Augsbourg ; on leur rendit leurs églises, leurs écoles et l'exercice libre de leur religion, jusqu'à ce que, dans la diète prochaine, on trouvât un moyen d'éteindre pour jamais la source de ces divisions.

Enfin, trois ans après, on fit à Augsbourg la paix, que l'on appela la paix religieuse, et l'on en mit les articles entre les lois perpétuelles de l'Empire.

Les principaux articles sont : que les protestants jouiront de la liberté de conscience, et que ni l'un ni l'autre parti ne pourra user d'aucune violence sous prétexte de religion ; que les biens ecclésiastiques dont les protestants s'étaient saisis leur demeureraient, sans qu'on pût les tirer en procès pour cela devant la chambre de Spire ; que les évêques n'auraient aucune juridiction sur ceux de la religion protestante, mais qu'ils se gouverneraient eux-mêmes comme ils le trouveraient à propos ; qu'aucun prince ne pourrait attirer à sa religion les sujets d'un autre, mais qu'il serait permis aux sujets d'un prince qui ne serait pas de la même religion qu'eux de vendre leur bien et de sortir des terres de sa domination ; que ces articles subsisteraient jusqu'à ce qu'on se fût accordé sur la religion par des moyens légitimes.

Du luthéranisme depuis la paix religieuse jusqu'à la paix de Westphalie.

La dernière ligue des protestants avait été l'écueil de la puissance de Charles-Quint : le roi de France, qui s'était joint aux protestants, avait pris les trois évêchés. L'Empereur, après avoir fait sa paix avec les protestants, mit sur pied une nombreuse armée et assiégea Metz : cette entreprise fut le terme de ses prospérités, il fut obligé de lever le siège et résolut de finir ses jours dans la retraite. Il résigna l'Empire à Ferdinand, son frère, et mit Philippe, son fils, sur le trône d'Espagne.

Le gouvernement dur de ce prince, la dureté et l'imprudence de ses ministres, les progrès cachés de la religion protestante et l'établissement de l'inquisition, soulevèrent les Pays-Bas contre Philippe, et firent de ces contrées le théâtre d'une guerre longue et cruelle qui détacha pour toujours la Hollande de la monarchie espagnole et y établit le calvinisme.

La paix religieuse n'étouffa point les dissensions de l'Allemagne ; cette paix ne fut pas plutôt conclue, qu'on se plaignit de part et d'autre des diverses infractions qu'on accusait le parti contraire d'avoir faites ; et il n'y avait point de juge qui pût prononcer sur ces infractions : les deux partis se récusaient réciproquement.

Les protestants n'étaient pas plus unis entre eux ; ils s'étaient partagés entre Zuingle et Luther ; la principale différence qui les divisa d'abord regardait la présence réelle, que Luther reconnaissait et que Zuingle niait : la landgrave de Hesse avait fait inutilement tout ce qu'il avait pu pour accorder ces différends ; plusieurs d'entre les luthériens ajoutèrent à la confession d'Augsbourg un écrit appelé *Formulaire de concorde*, par lequel ils condamnaient la doctrine des zuingliens ; ils soutinrent même que ces derniers n'avaient aucun droit à la liberté de conscience accordée à ceux de la confession d'Augsbourg, parce qu'ils avaient abandonné cette confession.

Les princes luthériens agissaient, à la vérité, avec plus de modération ; mais ils ne recevaient les princes zuingliens dans leurs assemblées que comme par grâce, voulant bien qu'ils jouissent des priviléges qui, à proprement parler, ne leur appartenaient point : on en vint enfin jusqu'à chasser, de part et d'autre, les théologiens qui n'étaient pas du sentiment des princes.

Malgré ces divisions, la religion protestante faisait du progrès en Allemagne : les évêques d'Halberstadt et de Magdebourg l'ayant embrassée avaient conservé leurs évêchés, au lieu que l'électeur de Cologne, qui avait voulu faire la même chose, avait perdu le sien et la dignité d'électeur, que l'Empereur lui avait ôtée de sa seule autorité, sans consulter les autres électeurs : il se fit alors une union entre les princes calvinistes et quelques-uns des luthériens, pour s'opposer aux catholiques qui voulaient les accabler ; mais cette union ne produisit aucun effet, parce que l'électeur de Saxe, mécontent de leur conduite et irrité par ses théologiens aussi bien que par les catholiques, se persuada que les calvinistes ne cherchaient qu'à opprimer également les luthériens et les catholiques.

Les catholiques, de leur côté, firent une ligue à Wurtzbourg, qu'ils appelèrent la *Ligue catholique*, pour l'opposer à celle des protestants, que l'on appelait l'*Union évangélique*. Maximilien de Bavière, ancien ennemi de l'électeur palatin, fut le chef.

Les empereurs Ferdinand I*er*, Maximilien II et Rodolphe II avaient toléré les protestants pour de grandes sommes qu'ils en avaient tirées ; ils leur avaient accordé des priviléges, que Mathias voulut en vain leur ôter : après les avoir obligés de se révolter et après avoir été vaincu, il avait été contraint de confirmer de nouveau les priviléges que Rodolphe II avait accordés aux Bohémiens, et de leur laisser l'académie de Prague, un tribunal de judicature en cette ville, et la liberté de bâtir des temples, avec des juges délégués pour la conservation de leurs priviléges.

Le nombre des protestants augmentait tous les jours : la maison d'Autriche et ses alliés résolurent de s'opposer à leur accroissement, et, pour y réussir, firent élire roi de Bohême Ferdinand II. Ce prince avait beaucoup de zèle pour la religion catholique ; cependant il promit solennellement qu'il ne toucherait point aux priviléges accordés par ses prédécesseurs aux Bohémiens, et qu'il ne se mêlerait point de l'administration du royaume pendant la vie de Mathias.

Peu de temps après, les protestants voulurent bâtir des temples sur les terres des catholiques : ceux-ci s'y opposèrent. Les protestants prirent les armes, excitèrent une sédition, jetèrent par les fenêtres trois magistrats de Prague : sur-le-champ toute la Bohême fut en armes, et les protestants demandèrent du secours à leurs frères.

Mathias étant mort, Ferdinand voulut inutilement prendre l'administration de la Bohême ; les Bohémiens refusèrent de le reconnaître pour leur roi ; ils le déclarèrent déchu de tous les droits qu'il pourrait avoir sur la Bohême, puisqu'il y avait envoyé des troupes du vivant de Mathias. On élut en sa place l'électeur palatin, qui accepta la couronne, mais qui l'abandonna bientôt, et qui ne put même conserver ses anciens Etats. Les troupes de Ferdinand ne furent pas moins heureuses contre le duc de Brunswick, chef du même parti.

Tout plia donc sous l'autorité impériale, et l'Empereur donna un édit, en 1629, qui portait que tous les biens ecclésiastiques dont les protestants s'étaient emparés depuis le traité de Passaw seraient restitués aux catholiques.

A la faveur de ces succès, l'Empereur crut pouvoir s'emparer de la mer Baltique ; Wallenstein entra en Poméranie, déclara la guerre au duc, sous prétexte qu'il avait bu à la santé de l'Empereur avec de la bière.

Gustave-Adolphe, roi de Suède, vit combien il était nécessaire de s'opposer au projet de l'Empereur, et après quelques négociations tentées inutilement et rejetées par l'Empereur avec mépris, ce prince déclara la guerre à l'Empereur et entra en Poméranie.

La France, les Provinces-Unies, l'Angleterre, l'Espagne, en un mot toute l'Europe prit part à cette guerre, qui dura trente ans et qui finit par une paix générale, dans laquelle les princes et les Etats, tant luthériens que zuingliens ou calvinistes, obtinrent le libre exercice de leur religion, du consentement unanime de l'Empereur, des électeurs, princes et Etats des deux religions ; il fut de plus réglé que, dans les assemblées ordinaires et dans la chambre impériale, le nombre des chefs de l'une et de l'autre religion serait égal.

Toute l'Europe garantit l'exécution de ce traité entre les princes protestants et les princes catholiques d'Allemagne.

Le nonce Fabiano Chigi s'y opposa de tout son pouvoir, et le pape Innocent X, par une bulle, déclara ces traités nuls, vains, réprouvés, frivoles, invalides, iniques, injustes, condamnés, sans force, et que personne n'était tenu de les observer, encore qu'ils fussent fortifiés par un serment.

On n'eut pas plus d'égard à la bulle d'Innocent qu'à la protestation de son nonce. *Voyez* l'histoire de Suède par Puffendorf ; l'histoire du traité de Westphalie, par le P. Bougeant.

Du luthéranisme en Suède.

La Suède était catholique lorsque Luther parut : deux Suédois qui avaient étudié sous lui à Wittemberg, portèrent sa doctrine en Suède ; on était alors au fort de la révolution qui enleva la Suède au roi de Danemark, et qui plaça sur le trône Gustave Wasa : on ne s'aperçut pas du progrès du luthéranisme.

Gustave, placé sur le trône de Suède dont il venait de chasser le beau-frère de l'Empereur, avait à craindre l'autorité du pape, dévoué à Charles-Quint, et le crédit du clergé, toujours favorable à Christiern, malgré sa tyrannie : d'ailleurs, Gustave voulait changer le gouvernement de la Suède, et régner en monarque absolu dans un pays où le clergé s'était maintenu dans ses droits au milieu du despotisme et de la tyrannie de Christiern, et qui formait, pour ainsi dire, un monument toujours subsistant de la liberté des peuples et des bornes imposées à l'autorité royale. Gustave résolut donc d'anéantir en Suède la puissance du pape et l'autorité du clergé. Luther avait produit ce double effet dans une partie de l'Allemagne par ses déclamations contre le clergé : Gustave favorisa le luthéranisme, et donna secrètement ordre au chevalier Anderson de protéger Pétri et les autres luthériens, et d'en attirer des universités d'Allemagne. Voilà la vraie cause du changement de la religion en Suède : c'est manquer d'équité ou de discernement que de l'attribuer aux indulgences publiées en Suède par les officiers de Léon X, comme le dit l'auteur d'un abrégé de l'histoire ecclésiastique (1).

Olaüs et les autres luthériens, assurés de la protection du chancelier, travaillèrent ardemment à l'établissement du luthéranisme : ils l'exposaient tous les jours avec le zèle et l'emportement propre à soulever les peuples contre l'Eglise.

La plupart de ces nouveaux docteurs avaient l'avantage de la science et de l'éloquence sur le clergé, et même certain air de régularité que donnent les premières ferveurs d'une nouvelle religion : ils étaient écoutés avec plaisir par le peuple, toujours avide de nouveautés, et qui les adopte sans examen lorsqu'elles ne lui demandent point de sacrifice et qu'elles ne tendent qu'à abaisser ses supérieurs. Une apparence de faveur qui se répandait imperceptiblement sur les prédicateurs luthériens attirait l'attention de la cour et de la première noblesse, qui ne voyait encore que des prélats attaqués.

Pendant que ces docteurs prêchaient publiquement le luthéranisme, Gustave, de son côté, cherchait avec affectation différents prétextes pour ruiner la puissance temporelle des évêques et du clergé : il attaqua d'abord les ecclésiastiques du second ordre, et après eux les évêques. Il rendit successivement plusieurs déclarations contre les curés et contre les évêques, en faveur du peuple, et sur des objets purement temporels, tels que la déclaration qui défend aux évêques de s'approprier les biens et la succession des ecclésiastiques de leurs diocèses ; ce prince faisait succéder adroitement ces déclarations l'une à l'autre, et elles ne paraissaient qu'à proportion du progrès que faisait le luthéranisme.

Le clergé prévit les projets de Gustave, sans pouvoir les arrêter : l'habileté de ce prince prévenait toutes leurs démarches et rendait tous leurs efforts inutiles. Il dépouilla successivement les évêques de leur pouvoir et de leurs biens ; il protestait cependant qu'il était très-attaché à la religion catholique : mais lorsqu'il vit que la plus grande partie des Suédois avaient changé de religion, il se déclara enfin lui-même luthérien, et nomma à l'archevêché d'Upsal Laurent Pétri, auquel il fit épouser une demoiselle de ses parentes. Le roi se fit ensuite couronner par ce prélat, et bientôt la Suède devint presque toute luthérienne : le roi, les sénateurs, les évêques et toute la noblesse firent profession publique de cette doctrine. Mais comme la plupart des ecclésiastiques du second ordre et les curés de la campagne n'avaient pris ce parti que par contrainte ou faiblesse, on voyait, dans plusieurs Eglises du royaume, un mélange bizarre de cérémonies catholiques et de prières luthériennes ; des prêtres et des curés mariés disaient encore la messe en plusieurs endroits suivant le rituel et la liturgie romaine ; on administrait le sacrement de baptême avec les prières et les exorcismes, comme dans l'Eglise catholique ; on enterrait les morts avec les mêmes prières qu'on emploie pour demander à Dieu le soulagement des âmes des fidèles, quoique la doctrine du purgatoire fût condamnée par les luthériens.

Le roi voulut établir un culte uniforme dans son royaume ; il convoqua une assemblée générale de tout le clergé de Suède, en forme de concile. Le chancelier présida l'assemblée, au nom du roi : les évêques, les docteurs et les pasteurs des principales Eglises composèrent ce concile luthérien. Ils prirent la confession d'Augsbourg pour règle de foi ; ils renoncèrent solennellement à l'obéissance qu'ils devaient au chef de l'Eglise ; ils ordonnèrent qu'on abolirait entièrement le culte de l'Eglise romaine ; ils défendirent la prière pour les morts ; ils empruntèrent des Eglises luthériennes d'Allemagne la manière d'administrer le baptême et la cène ; ils déclarèrent le mariage des prêtres légitime ; ils proscrivirent le célibat et les vœux ; ils approuvèrent de nouveau l'ordonnance qui les avait dépouillés de leurs priviléges et de la plus grande partie de leurs biens, et les ecclésiastiques qui firent ces règlements étaient presque les mêmes qui, un an auparavant, avaient fait paraître tant de zèle pour la défense de la religion.

Ils eurent cependant beaucoup de peine à abolir la pratique et la discipline de l'Eglise romaine dans l'administration des sacrements ; on entendait sur cela des plaintes dans tout le royaume ; en sorte que Gustave craignit les effets du mécontentement des peuples, et ordonna aux pasteurs et aux ministres luthériens d'user de condescendance pour ceux qui demandaient avec

(1) Abrégé de l'Hist. Ecclésiastique, avec des réflexions, etc., en treize volumes, t. IX, p. 153, 154.

opiniâtreté les anciennes cérémonies, et de n'établir les nouvelles qu'autant qu'ils trouveraient des dispositions favorables dans les peuples (1):

Du luthéranisme en Danemark.

Les Danois, après avoir chassé Christiern II, élurent pour roi Frédéric, duc de Holstein. Christiern revint en Danémark, où il fut fait prisonnier par Frédéric, et renfermé à Callenbourg.

Friderіс eut pour successeur son fils Christiern III, qui trouva de grandes oppositions au commencement de son règne, à cause que Christolphe, comte d'Oldenbourg, et la ville de Lubeck, voulaient rétablir Christiern II dans son royaume; mais quoique plusieurs provinces se fussent déjà rendues, il surmonta tous ces obstacles par le secours de Gustave, roi de Suède, et se rendit maître de Copenhague en 1536; et parce que les évêques lui avaient été fort contraires, ils furent exclus de l'accommodement général et déposés de leurs charges. Le roi se fit couronner par un ministre protestant que Luther lui avait envoyé. Ce nouvel apôtre voulut faire le pape en Danemark : au lieu de sept évêques qui étaient dans le royaume, il ordonna sept intendants pour remplir à l'avenir la fonction des évêques, et pour faire exécuter les règlements qui concernaient l'ordre ecclésiastique : on fit la même chose dans le royaume de Norwège. Tel fut l'établissement du luthéranisme en Danemark (2).

Du luthéranisme en Pologne, en Hongrie et en Transylvanie.

Dès l'an 1520, un luthérien avait passé à Dantzick pour y établir le luthéranisme : il n'exerça d'abord son apostolat qu'avec précaution, et n'enseignait que dans les maisons particulières. L'année suivante, un religieux de l'ordre de Saint-François prêcha beaucoup plus ouvertement contre l'Eglise romaine, et persuada beaucoup de monde. Ces nouveaux prosélytes chassèrent les catholiques des charges et des places qu'ils occupaient, et remplirent la ville de troubles. Les catholiques, dépouillés de leurs emplois, portèrent leurs plaintes à Sigismond Ier, qui vint à Dantzick, chassa les magistrats intrus, punit sévèrement les séditieux, et ôta aux évangéliques ou luthériens la liberté de s'assembler.

Cependant les luthériens répandaient secrètement leur doctrine dans la Pologne; ils y faisaient des prosélytes, et ils n'attendaient qu'un temps favorable pour éclater.

Ce temps arriva sous Sigismond-Auguste, fils de Sigismond Ier : ce prince, avec des qualités brillantes, était faible, voluptueux, sans caractère, et devint follement épris de Radzevill ; il voulut l'épouser et la déclarer reine ; il eut besoin du consentement des palatins et de celui du sénat ; il eut des égards et des condescendances pour la noblesse.

Parmi les seigneurs et les palatins, plusieurs avaient adopté les opinions de Luther; ils firent profession publique de la réforme ; elle s'établit à Dantzick, dans la Livonie et dans les domaines de plusieurs palatins.

Bientôt la Pologne devint un asile pour tous ceux qui professaient les sentiments des prétendus réformateurs : Blandrat, Lélie Socin, Okin, Gentilis, et beaucoup d'autres qui avaient renouvelé l'arianisme, se réfugièrent en Pologne. Ces nouveaux venus attirèrent bientôt l'attention et formèrent un parti qui alarma également les catholiques et les protestants.

La Pologne était remplie de toutes les sectes qui déchiraient le christianisme, qui se faisaient toutes une guerre cruelle, mais qui se réunissaient contre les catholiques et qui formaient un parti assez puissant pour forcer les catholiques à leur accorder à tous la liberté de conscience ; et sous plusieurs rois, en vertu des *Pacta conventa*, il était permis aux Polonais d'être hussites, luthériens, sacramentaires, calvinistes, anabaptistes, ariens, pinczoniens, unitaires, antitrinitaires, trithéistes et sociniens : tel fut l'effet que la réforme produisit en Pologne.

Les sociniens ont été bannis ; les autres sectaires jouissent de la tolérance (3).

Le luthéranisme s'introduisit aussi en Hongrie, à l'occasion des guerres de Ferdinand et de Jean de Sépus, qui se disputaient ce royaume ; il s'y établit principalement lorsque Lazare Simenda y étant venu avec ses troupes prit plusieurs villes, dans lesquelles il mit des ministres luthériens, et dont il chassa les catholiques; ils s'unirent quelquefois aux Turcs, qui les soutinrent contre les empereurs, et ils ont obtenu le libre exercice de la confession d'Augsbourg.

Dans la Transylvanie, le luthéranisme et la religion catholique furent alternativement la religion dominante : celle-ci fut presque abolie, sous Gabriel Battori, et elle n'a commencé à s'y établir que depuis que l'empereur Léopold s'en est rendu le maître.

Le luthéranisme s'établit aussi en Courlande, où il s'est maintenu, et fait la religion nationale.

Du luthéranisme en France et dans les autres États de l'Europe.

La faculté de théologie condamna les erreurs de Luther, presqu'à leur naissance. Cette censure solide, équitable et savante, n'arrêta pas la curiosité : on voulut connaître les sentiments d'un homme qui avait partagé l'Allemagne en deux factions, et qui luttait contre les papes et contre la puissance impériale. On lut ses ouvrages, et il eut des approbateurs, car il est impossible qu'un homme qui attaque des abus ne trouve pas des approbateurs.

Quelques ecclésiastiques, attachés à l'évêque de Meaux, avaient adopté quelques-

---

1) Puffendorf, Hist. Succ. Bazius, Hist. Eccles. Succ. Révolutions de Suède, de Vertot, t. I.

(2) Idem, Introd. à l'Hist. Univ., l. III, c. 2.
(3) Hist. du Socinianisme, première partie.

unes des opinions de Luther; ils en firent part à quelques personnes simples et ignorantes, mais capables de s'échauffer et de communiquer leur enthousiasme : tel fut Jean le Clerc, cardeur de laine à Meaux, qui fut établi ministre du petit conventicule qui avait adopté les opinions luthériennes. Cet homme, d'un caractère violent, prêcha bientôt publiquement, et publia que le pape était l'Antechrist: on arrêta Jean le Clerc, il fut marqué et banni du royaume; il se retira à Metz, où, devenu furieux, il entra dans les églises et brisa les images; on lui fit son procès, et il fut brûlé comme un sacrilége.

Les théologiens qui avaient instruit le Clerc sortirent de Meaux, et quelques-uns devinrent ministres chez les réformés.

Un gentilhomme d'Artois prit une voie plus sûre pour répandre les erreurs de Luther, il traduisit ses ouvrages. Les erreurs luthériennes se répandaient donc principalement parmi les personnes qui lisaient, et les luthériens furent d'abord traités avec beaucoup de ménagement, sous François 1er. Ce prince, ami des lettres et protecteur des gens de lettres, usa d'abord de beaucoup d'indulgence envers ceux qui suivaient les opinions de Luther; mais enfin le clergé, effrayé du progrès de ces opinions en France, obtint du roi des édits très-sévères contre ceux qui seraient convaincus de luthéranisme, et tandis que François 1er défendait les protestants d'Allemagne contre Charles-Quint, il faisait brûler en France les sectateurs de Luther

La rigueur des châtiments n'arrêta pas le progrès de l'erreur; les disciples de Luther et de Zuingle se répandirent en France : Calvin adopta leurs principes et forma une secte nouvelle, qui étouffa le luthéranisme en France. *Voyez* l'art. CALVINISME

Le luthéranisme fit des progrès bien plus rapides et bien plus étendus dans les Pays-Bas, où il y avait une inquisition, plus d'abus et beaucoup moins de lumières qu'en France; on fit mourir un grand nombre de luthériens : ces rigueurs et l'inquisition causèrent la révolution qui enleva les Provinces-Unies à l'Espagne. Les sectateurs de Zuingle et de Calvin pénétrèrent dans les Pays-Bas, comme les luthériens, et y devinrent la secte dominante. *Voyez* l'art. HOLLANDE.

En Angleterre, Henri VIII écrivit contre Luther, et traita rigoureusement ceux qui adoptaient les erreurs de ce réformateur et celles des sacramentaires: il disputait contre eux, et les faisait brûler lorsqu'il ne les convertissait pas.

Edouard VI les tolera et même les favorisa, la reine Marie, qui succéda à Edouard, les fit brûler; Elisabeth, qui succéda à Marie, persécuta les catholiques, et établit dans son royaume la religion protestante, qui avait déjà gagné toute l'Ecosse. *Voyez* l'art. ANGLICANS.

L'Italie, l'Espagne et le Portugal ne furent point à l'abri des erreurs de Luther; mais les luthériens n'y firent jamais un parti considérable.

Du système théologique de Luther.

C'est le nom que je donne à la collection des erreurs de Luther.

Ce théologien attaqua d'abord l'abus des indulgences, et ensuite les indulgences mêmes. Pour les combattre, il examina la nature et l'étendue du pouvoir que l'Eglise a par rapport à la rémission des péchés; il prétendit que le pouvoir de délier n'était point différent de celui de lier, fondé sur les paroles mêmes de Jésus-Christ : *Ce que vous délierez sera délié ;* pouvoir qui ne pouvait, selon Luther, s'étendre qu'à imposer aux fidèles des liens par les canons, à les absoudre des peines qu'ils ont encourues en les violant, ou à les en dispenser, et non pas à les absoudre de tous les péchés qu'ils ont commis; car lorsqu'un homme pèche, ce n'est pas l'Eglise qui le lie ou qui le rend coupable, c'est la justice divine.

De là Luther conclut que Dieu seul remet les péchés, et que les ministres des sacrements ne faisaient que déclarer qu'ils étaient remis.

Luther ne conclut pas de là que l'absolution et la confession fussent inutiles; il voulait conserver la confession, comme un moyen propre à exciter en nous les dispositions auxquelles la rémission des péchés est attachée (1).

Si l'absolution sacramentelle ne justifie pas, quel est donc le principe de notre justification ?

Il trouve dans l'Ecriture que c'était par Jésus-Christ que tous les hommes avaient été rachetés, et de plus que c'était par la foi en Jésus-Christ que nous étions sauvés ; il conclut de là que c'était par la foi que les mérites de Jésus-Christ nous étaient appliqués.

Mais quelle est cette foi par laquelle les mérites de Jésus-Christ nous sont appliqués ? Ce n'est pas seulement la persuasion ou la croyance des mérites de la religion, ou, comme il le dit lui-même, la foi infuse, parce qu'elle peut subsister avec le péché mortel.

La foi qui nous justifie est un acte par lequel nous croyons que Jésus-Christ est mort pour nous.

Luther conçoit donc la satisfaction et les mérites de la mort de Jésus-Christ comme un trésor immense de grâce et de justice, préparé pour tous les hommes en général, et dont les fidèles déterminent l'application en formant un acte de foi, par lequel chaque fidèle dit : Je crois que Jésus-Christ est mort pour moi.

Voilà le principe fondamental, ou plutôt toute la doctrine de Luther sur la justification.

Comme la satisfaction seule de Jésus-Christ est le principe justifiant, et qu'il nous est appliqué par l'acte de foi par lequel le fidèle

(1) Op. Luth., t. I. Concl. de indulgentiis, fol. 31.

dit : Je crois que Jésus-Christ est mort pour moi, il est clair que les actions ou les œuvres de charité, de pénitence, etc., sont inutiles pour la justification des chrétiens. Luther croit pourtant que lorsque, par cet acte de foi, le fidèle s'est appliqué réellement les mérites de Jésus-Christ, il fait de bonnes œuvres ; mais il n'est pas moins évident que, dans son système, ces bonnes œuvres sont absolument inutiles pour nous rendre agréables à Dieu et pour mériter à ses yeux, quoiqu'elles soient faites avec la grâce.

Je dis que voilà le vrai système de Luther, tel qu'il l'enseigne expressément (1).

De là Luther concluait que chaque fidèle devait croire fermement qu'il était sauvé, et que l'homme ne pouvait faire de mauvaises actions lorsqu'il avait été justifié par la foi. Ces conséquences entraînèrent Luther dans mille absurdités, et dans mille contradictions que Bossuet a relevées admirablement (2).

Voilà le vrai système, la vraie doctrine de Luther ; dans ses disputes ou dans ses commentaires, il a adouci ses principes sur l'inutilité des bonnes œuvres ; c'est une contradiction, et tout ce que Basnage a dit à ce sujet ne prouve rien de plus (3).

De ces principes Luther conclut que les sacrements ne produisaient ni la grâce ni la justification, et qu'ils n'étaient que des signes destinés à exciter notre foi et à nous faire produire cet acte par lequel le fidèle dit : *Je crois que Jésus-Christ est mort pour moi.*

Ce fut encore par une suite de ces principes que Luther retrancha du nombre des sacrements tous ceux qu'il ne jugea pas propres à exciter la foi ; il ne conserva que le baptême et l'eucharistie.

Ces principes de Luther sur la justification n'étaient point contraires au sentiment de Luther sur les forces morales de l'homme, qu'il croyait nécessité dans toutes ses actions. Luther fondait cette impuissance de l'homme sur la corruption de sa nature et sur la certitude de la prescience divine, qui serait anéantie si l'homme était libre.

De cette impuissance de l'homme Luther conclut que Dieu faisait tout dans l'homme ; que le péché était son ouvrage aussi bien que la vertu ; que les préceptes de Dieu étaient impossibles aux justes lorsqu'ils ne les accomplissaient pas, et que les seuls prédestinés avaient la grâce.

Luther attaqua de plus tout ce qu'il put attaquer dans les dogmes et dans la discipline de l'Eglise catholique : il combattait le dogme de la transsubstantiation, l'infaillibilité de l'Eglise, l'autorité du pape ; il renouvela les erreurs de Wiclef et de Jean Hus sur la nature de l'Eglise, sur les vœux, sur la prière pour les morts.

Toutes ces erreurs sont exposées dans la bulle de Léon X et dans les articles condamnés par la Sorbonne.

Nous avons réfuté les erreurs de Luther sur la hiérarchie, dans l'article d'AÉRIUS ; sur les vœux et sur le célibat, dans l'article VIGILANCE ; ses erreurs sur l'Eglise, dans l'article DONATISTES ; ses erreurs sur la transsubstantiation, dans l'article BÉRENGER ; l'usage de la communion sous les deux espèces, dans l'article HUSSITES ; son erreur sur le pape, à l'article GRECS. Il nous reste à parler de son sentiment sur la justification, sur les indulgences, sur les sacrements.

De la justification

Il n'y a peut-être point de matière sur laquelle on ait plus écrit depuis Luther : nous avons exposé comment Luther fut conduit à son sentiment sur la justification ; nous nous contenterons de rapporter ici ce que Bossuet en dit dans son Exposition de la doctrine de l'Eglise catholique.

« Nous croyons, premièrement, que nos péchés nous sont remis gratuitement par la miséricorde divine : ce sont les propres termes du concile de Trente, qui ajoute que nous sommes dits justifiés gratuitement, parce qu'aucune de ces choses qui précèdent la justification, soit la foi, soit les œuvres, ne peuvent mériter cette grâce (*Conc. Trid.*, sess. 6, c. 9, c. 2).

« Comme l'Ecriture nous explique la rémission des péchés, tantôt en disant que Dieu les couvre, tantôt en disant qu'il les ôte et qu'il les efface par la grâce du Saint-Esprit qui nous fait nouvelles créatures ; nous croyons qu'il faut joindre ensemble ces expressions, pour former l'idée parfaite de la justification du pécheur. C'est pourquoi nous croyons que nos péchés, non-seulement sont couverts, mais qu'ils sont entièrement effacés par le sang de Jésus-Christ, et par la grâce qui nous régénère ; ce qui, loin d'obscurcir ou de diminuer l'idée qu'on doit avoir du mérite de ce sang, l'augmente au contraire et la relève.

« Ainsi la justice de Jésus-Christ est non-seulement imputée, mais actuellement communiquée à ses fidèles par l'opération du Saint-Esprit, en sorte que non-seulement ils sont épurés, mais faits justes, par sa grâce.

« Si la justice qui est en nous n'était justice qu'aux yeux des hommes, ce ne serait pas l'ouvrage du Saint-Esprit : elle est donc justice même devant Dieu, puisque c'est Dieu qui la fait en nous en répandant la charité dans nos cœurs.

« Toutefois, il n'est que trop certain que la chair convoite contre l'esprit, et l'esprit contre la chair, et que nous manquons tous en beaucoup de choses ; ainsi, quoique notre justice soit véritable par l'infusion de la charité, elle n'est point justice parfaite, à cause du combat de la convoitise ; si bien que le gémissement continuel d'une âme repentante de ses fautes fait le devoir le plus nécessaire de la justice chrétienne, ce qui nous oblige de confesser humblement, avec

---

(1) Luther. Op. tom. I, Disput. de fide, de justific., de operib.
(2) Hist. des Variat., l. 1.
(3) Hist. des Eglises réformées.

saint Augustin, que notre justice en cette vie consiste plutôt dans la rémission des péchés que dans la perfection des vertus.

« Sur le mérite des œuvres, l'Eglise catholique enseigne que la vie éternelle doit être proposée aux enfants de Dieu, et comme une grâce qui leur est miséricordieusement promise par le moyen de Notre-Seigneur Jésus-Christ, et comme une récompense qui est fidèlement rendue à leurs bonnes œuvres et à leurs mérites, en vertu de cette promesse : ce sont les propres termes du concile de Trente (Sess. 6, c. 6).

« Mais, de peur que l'orgueil humain ne soit flatté par l'opinion du mérite présomptueux, ce même concile enseigne que tout le prix et la valeur des œuvres chrétiennes provient de la grâce sanctifiante qui nous est donnée gratuitement au nom de Jésus-Christ, et que c'est un effet de l'influence continuelle de ce divin chef sur ses membres.

« Véritablement, les préceptes, les promesses, les menaces et les reproches de l'Evangile font assez voir qu'il faut que nous opérions notre salut par le mouvement de nos volontés, avec la grâce de Dieu qui nous aide ; mais c'est un premier principe que le libre arbitre ne peut rien faire qui conduise à la félicité éternelle qu'autant qu'il est mû et élevé par le Saint-Esprit.

« Ainsi l'Eglise, sachant que ce divin Esprit fait en nous, par sa grâce, tout ce que nous faisons de bien, elle doit avouer que les bonnes œuvres des fidèles sont très-agréables à Dieu et de grande considération devant lui, et c'est justement qu'elle se sert du mot de mérite, avec toute l'antiquité chrétienne, principalement pour signifier la valeur, le prix et la dignité de ces œuvres que nous faisons par la grâce. Mais comme toute leur sainteté vient de Dieu qui les fait en nous, la même Eglise a reçu dans le concile de Trente, comme doctrine de foi catholique, cette parole de saint Augustin, que Dieu couronne ses dons en couronnant le mérite de ses serviteurs.

« Nous prions ceux qui aiment la vérité de vouloir bien lire un peu au long les paroles de ce concile, afin qu'ils se désabusent une fois des mauvaises impressions qu'on leur donne de notre doctrine. *Encore que nous voyons*, disent les Pères de ce concile, *que les saintes Ecritures estiment tant les bonnes œuvres que Jésus-Christ nous promet lui-même qu'un verre d'eau donné à un pauvre ne sera pas privé de sa récompense, et que l'Apôtre témoigne qu'un moment de peine légère, soufferte en ce monde, produira un poids éternel de gloire ; toutefois à Dieu ne plaise que le chrétien se fie et se glorifie en lui-même et non en Notre-Seigneur, dont la bonté est si grande envers tous les hommes, qu'il veut que les dons qu'il leur fait, soient leurs mérites* (Sess. 6, c. 16 ; sess. 14, c. 8). »

Des indulgences.

Il est certain, 1° qu'il y a des peines que les justes expient après cette vie.

2° Que les fidèles prient pour que ces peines soient remises, et que Dieu écoute leurs prières ; que les aumônes, les mortifications des vivants, sont utiles au soulagement des âmes qui sont dans le purgatoire.

3° Il est certain que les justes de tous les siècles font avec l'Eglise visible une société unie par les liens d'une charité parfaite, et dont Jésus-Christ est le chef ; qu'il y a dans cette société un trésor infini de mérites capables de satisfaire la justice divine.

4° Ces mérites peuvent obtenir, pour ceux auxquels ils sont appliqués, le relâchement des peines qu'ils sont obligés de payer dans l'autre vie. C'est un point qu'il n'est pas possible de contester : on en trouve la preuve dans la peine que saint Paul remit à l'incestueux de Corinthe ; dans l'usage de l'ancienne Eglise, dans laquelle on priait les fidèles d'accorder aux chrétiens des indulgences qui pussent les aider auprès de Dieu.

5° Toute la question des indulgences se réduit donc à savoir si l'Eglise a le pouvoir d'appliquer ces mérites pour exempter les fidèles des peines qu'ils ont encourues et qu'ils seraient obligés de subir dans le purgatoire.

6° L'Eglise a le pouvoir d'absoudre des péchés ; tout ce qu'elle délie sur la terre, est délié dans le ciel ; elle a donc le pouvoir d'employer tout ce qui peut délier les peines de l'autre vie ; et comme l'application des mérites de Jésus-Christ et des justes est un moyen de remettre les peines du purgatoire, il est clair que l'Eglise a le pouvoir d'accorder des indulgences.

On peut voir dans tous les auteurs qui ont traité des indulgences que l'Eglise a dans tous les temps accordé des indulgences. Le concile de Trente ne propose autre chose à croire sur les indulgences, sinon que la puissance de les accorder a été donnée à l'Eglise par Jésus-Christ, et que l'usage en est salutaire ; à quoi ce concile ajoute qu'il doit être retenu avec modération, toutefois, de peur que la discipline ecclésiastique ne soit énervée par une excessive facilité. (*Conc. Trid. contin. sess.* 25, *de Indulg.*)

Des sacrements.

Les erreurs de Luther sur les sacrements ont en général trois objets : la nature des sacrements, leur nombre et leurs ministres.

De la nature des sacrements

Sur la nature des sacrements, Luther et tous ceux qui suivent la confession d'Augsbourg prétendent que l'efficacité des sacrements dépend de la foi de celui qui les reçoit ; qu'ils n'ont été institués que pour nourrir la foi, et qu'ils ne donnent point la grâce à ceux qui n'y mettent point d'obstacle.

Cette erreur de Luther est une suite de ses principes sur la justification ; car si l'homme n'est justifié que parce qu'il croit que les mérites de Jésus-Christ lui sont appliqués, les sacrements ne sont que des signes destinés à exciter notre foi, et ne produisent par eux-mêmes ni la grâce ni la justification.

Ce qui sanctifie l'homme étant un don de

Saint-Esprit, n'est-il pas possible que Dieu ait fait une loi de n'accorder cette grâce, ce don du Saint-Esprit, qu'à ceux sur lesquels on opérerait les signes qu'on appelle sacrements, pourvu que ceux auxquels on appliquerait ces signes ne fussent pas dans certaines dispositions contraires au don du Saint-Esprit? Cette supposition n'a rien qui déroge à la puissance ou à la sagesse de Dieu.

Dans cette supposition, il est certain que ce serait à l'application du signe que la grâce sanctifiante serait attachée, et que par conséquent ce signe produirait par lui-même la grâce sanctifiante. Laissons aux écoles à examiner s'ils la produisent physiquement ou moralement; il est certain que, dans la supposition que nous avons faite, la grâce serait donnée toutes les fois que le signe serait appliqué; que par conséquent la grâce sanctifiante serait attachée à ce signe, comme l'effet à sa cause, au moins occasionnelle.

Il ne faut pas croire que l'Eglise enseigne pour cela que les dispositions sont inutiles dans la réception des sacrements; elle prétend seulement que les dispositions sont des conditions nécessaires pour recevoir la grâce, et qu'elle n'est pas attachée à ces conditions : c'est ainsi que, pour voir, c'est une condition nécessaire d'avoir des yeux; mais quoiqu'on ait des yeux, on ne voit point dans les ténèbres : il faut de la lumière, qui est la vraie cause qui nous fait voir.

On n'entend rien autre chose lorsqu'on dit que les sacrements produisent la grâce *ex opere operato*, et non pas *ex opere operantis*.

Cette doctrine est la doctrine de l'antiquité chrétienne, qui a toujours attribué aux sacrements une vraie efficace, une vertu productrice de la sanctification : il faudrait n'avoir jamais lu les Pères pour le contester.

Les catholiques croient que deux des sacrements produisent dans l'âme une marque ineffaçable qu'on nomme caractère : est-il impossible que Dieu ait établi une loi par laquelle, un sacrement étant conféré à un homme, il produit dans l'âme de cet homme une certaine disposition fixe et permanente? C'est ce que toute l'antiquité suppose que le baptême, la confirmation et l'ordre produisent.

Les disputes des théologiens sur la nature de ce caractère n'en rendent pas l'existence douteuse, comme Fra-Paolo tâche de l'insinuer : j'aimerais autant qu'on mît en doute l'existence d'un phénomène reconnu par tout le monde parce que les physiciens ne s'accordent pas sur la manière de l'expliquer. Cette méthode, pour le dire en passant, est presque toujours employée par Fra-Paolo; non qu'il n'en sentît la faiblesse et l'injustice, mais il savait qu'elle plairait à tous les lecteurs superficiels.

Du nombre des sacrements.

La confession d'Augsbourg ne reconnaît que trois sacrements : le baptême, la cène et la pénitence.

L'Eglise catholique reconnaissait sept sacrements lorsque Luther parut : toutes les Eglises schismatiques séparées de l'Eglise romaine, depuis les ariens jusqu'à nos jours, ont conservé le même nombre de sacrements; nous l'avons fait voir dans les articles EUTYCHIENS, NESTORIENS, GRECS, ARMÉNIENS, JACOBITES, COPHTES, ABYSSINS. La doctrine de l'Eglise sur les sacrements n'a donc pas été introduite par les papes, comme les ennemis de l'Eglise le prétendent.

Du ministre des sacrements.

Luther et tous les réformés ont prétendu que tous les fidèles étaient ministres des sacrements. Nous n'entrerons point dans l'examen de tous les sophismes qu'ils font pour établir ce sentiment; nous demanderons seulement s'il est impossible que Dieu n'ait attaché la grâce aux signes qui font la partie visible du sacrement qu'autant que ces signes seront appliqués par un certain ordre d'hommes et dans certaines circonstances? Si cela n'est pas impossible, ce n'est pas une absurdité dans la doctrine de l'Eglise catholique que tous les fidèles ne soient pas les ministres des sacrements : l'Eglise catholique appuie son sentiment, par rapport aux ministres des sacrements, sur toute l'antiquité ecclésiastique.

Luther a prétendu, non-seulement que tout fidèle était ministre légitime de tous les sacrements, mais encore que les sacrements administrés en bouffonnant et par dérision n'étaient pas moins de vrais sacrements que ceux qui s'administrent sérieusement dans les temples : c'est encore une conséquence qui suit du principe de Luther sur la justification, et qui est une absurdité.

Le signe ou la partie sensible du sacrement ne produit la grâce que parce que Dieu a fait une loi de l'attacher à ce signe institué par Jésus-Christ; ce signe ne produit donc la grâce qu'autant qu'il est le signe institué par Jésus-Christ pour produire la grâce dans l'Eglise chrétienne; il faut donc que le sacrement soit en effet administré dans des circonstances où il soit censé un rite ou un sacrement de l'Eglise chrétienne.

Du sacrifice de la messe.

L'abolition de la messe fut un des premiers objets de Luther : nous ne parlerons point ici des changements qu'il fit dans la messe; nous ne parlerons que de l'abolition des messes privées, qu'il condamna en supposant que les catholiques leur attribuaient la vertu de remettre les péchés sans qu'il fût nécessaire d'y apporter ni la foi, ni aucun bon mouvement. Nous ne croyons pas pouvoir mieux réfuter cette erreur qu'en exposant la foi de l'Eglise catholique sur ce sujet : nous tirerons cette exposition de Bossuet.

« Etant convaincus que les paroles toutes puissantes du Fils de Dieu opèrent tout ce qu'elles énoncent, nous croyons avec raison qu'elles eurent leur effet dans la cène aussitôt qu'elles furent prononcées, et, par une suite nécessaire, nous reconnaissons la présence réelle du corps avant la manducation.

« Ces choses étant supposées, le sacrifice que nous reconnaissons dans l'eucharistie n'a plus aucune difficulté particulière.

« Nous avons remarqué deux actions dans ce mystère, qui ne laissent pas d'être distinctes, quoique l'une se rapporte à l'autre : la première est la consécration, par laquelle le pain et le vin sont changés au corps et au sang, et la seconde est la manducation, par laquelle on y participe.

« Dans la consécration, le corps et le sang sont mystérieusement séparés, parce que Jésus-Christ a dit séparément : *Ceci est mon corps, ceci est mon sang;* ce qui enferme une vive et efficace représentation de la mort qu'il a soufferte.

« Ainsi le Fils de Dieu est mis sur la sainte table en vertu de ces paroles, revêtu de signes qui représentent sa mort; c'est ce qu'opère la consécration, et cette action religieuse porte avec soi la reconnaissance de la souveraineté de Dieu, en tant que Jésus-Christ présent y renouvelle et perpétue en quelque sorte la mémoire de son obéissance jusqu'à la mort de la croix, si bien que rien ne lui manque pour être un véritable sacrifice.

« On ne peut douter que cette action, comme distincte de la manducation, ne soit d'elle-même agréable à Dieu et ne l'oblige à nous regarder d'un œil plus propice, parce qu'elle lui remet devant les yeux son Fils même, sous les signes de cette mort par laquelle il a été apaisé.

« Tous les chrétiens confesseront que la seule présence de Jésus-Christ est une manière d'intéresser très-puissante devant Dieu, pour tout le genre humain, selon ce que l'apôtre dit, que Jésus-Christ se présente et paraît pour nous devant la face de Dieu : ainsi nous croyons que Jésus-Christ présent sur la sainte table, en cette figure de mort, intercède pour nous et représente continuellement à son Père la mort qu'il a soufferte pour son Eglise.

« C'est en ce sens que nous disons que Jésus-Christ s'offre à Dieu pour nous dans l'eucharistie; c'est en cette manière que nous pensons que cette oblation fait que Dieu nous devient plus propice, et c'est pourquoi nous l'appelons propitiatoire

« Lorsque nous considérons ce qu'opère Jésus-Christ dans ce mystère, et que nous le voyons, par la foi, présent actuellement sur la sainte table, avec ces signes de mort, nous nous unissons à lui en cet état; nous le présentons à Dieu comme notre unique victime et notre unique propitiateur par son sang, protestant que nous n'avons rien à offrir à Dieu que Jésus-Christ et le mérite infini de sa mort. Nous consacrons toutes nos prières par cette divine offrande; en présentant Jésus-Christ à Dieu, nous apprenons en même temps à nous offrir à la majesté divine, en lui et par lui, comme des hosties vivantes.

« Tel est le sacrifice des chrétiens, infiniment différent de celui qui se pratiquait dans la loi; sacrifice spirituel et digne de la nouvelle alliance, où la victime présente n'est aperçue que par la foi, où le glaive est la parole qui sépare mystiquement le corps et le sang, où ce sang, par conséquent, n'est répandu qu'en mystère, où la mort n'intervient que par représentation ; sacrifice néanmoins très-véritable en ce que Jésus-Christ y est véritablement contenu et présenté à Dieu sous cette figure de mort; mais sacrifice de commémoration qui, bien loin de nous détacher, comme on nous l'objecte, du sacrifice de la croix, nous y attache par toutes ses circonstances, puisque non-seulement il s'y rapporte tout entier, mais qu'en effet il n'est et ne subsiste que par ce rapport, et qu'il en tire sa vertu.

« C'est la doctrine expresse de l'Eglise catholique dans le concile de Trente, qui enseigne que ce sacrifice n'est institué qu'afin de représenter celui *qui a été une fois accompli en la croix; d'en faire durer la mémoire jusqu'à la fin des siècles, et de nous en appliquer la vertu salutaire pour la rémission des péchés que nous commettons tous les jours.* Ainsi, loin de croire qu'il manque quelque chose au sacrifice de la croix, l'Eglise, au contraire, le croit si parfaitement et si pleinement suffisant, que tout ce qui se fait ensuite n'est plus établi que pour en célébrer la mémoire et pour en appliquer la vertu.

« Par là cette même Eglise reconnaît que tout le mérite de la rédemption du genre humain est attaché à la mort du Fils de Dieu; et on doit avoir compris, par toutes les choses qui ont été exposées, que, lorsque nous disons à Dieu, dans la célébration des divins mystères, *Nous vous présentons cette hostie sainte,* nous ne prétendons point, par cette oblation, faire ou présenter à Dieu un nouveau payement du prix de notre salut, mais employer auprès de lui les mérites de Jésus-Christ présent et le prix infini qu'il a payé une fois pour nous en la croix.

« Messieurs de la religion prétendue réformée ne croient point offenser Jésus-Christ en l'offrant à Dieu comme présent à leur foi; et s'ils croyaient qu'il fût présent en effet, quelle répugnance auraient-ils à l'offrir comme étant effectivement présent ? Ainsi, toute la dispute devrait de bonne foi être réduite à la seule présence. » (*Bossuet, Exposition de la doctrine catholique, art.* 14.)

Cette présence réelle est reconnue par les luthériens, et nous l'avons prouvée contre les sacramentaires, à l'art. BÉRENGER.

Luther, en abolissant les messes privées, conserva la messe et n'y fit que peu de changement. L'abolition de la messe fut le fruit d'une conférence de Luther avec le diable, qui le convainquit de la nécessité de l'abolir: cette conférence se trouve dans l'ouvrage de Luther sur la messe privée.

Réflexions générales sur la réforme établie par Luther.

Lorsque Luther attaqua les indulgences, il s'était introduit de grands abus dans l'Eglise; il était nécessaire de les réformer, c'est une vérité reconnue par les catholiques les plus zélés. Mais l'Eglise catholique n'enseignait point d'erreurs, et sa morale était pure : on a défié cent fois les protestants de citer un dogme ou un point de discipline contraire aux vérités enseignées dans les premiers siècles, ou opposé à la pureté de la morale évangélique.

On pouvait donc se garantir des abus et distinguer la morale de l'Évangile de la corruption du siècle, laquelle, il faut l'avouer, avait étrangement infecté tous les ordres de l'Église, qui cependant ne fut jamais destituée d'exemples éclatants de vertus et de sainteté.

Une infinité de personnes, plus savantes que Luther et d'une piété éminente, souhaitaient la réforme des abus et la demandaient; mais elles croyaient que c'était à l'Église même à procurer cette réforme, et que la corruption même du plus grand nombre des membres de l'Église n'autorisait aucun particulier à faire cette réforme.

Il n'y avait donc aucune raison de se séparer de l'Église lorsque Luther s'en sépara. La réforme que Luther établit consistait à détruire toute la hiérarchie ecclésiastique, à ouvrir les cloîtres et à licencier les moines ; il enseigna des dogmes qui, de l'aveu de ses sectateurs mêmes, détruisaient les principes de la morale et sapaient tous les fondements de la religion naturelle et révélée : tels sont ses sentiments sur la liberté de l'homme et sur la prédestination.

Le droit qu'il donnait à chaque chrétien d'interpréter l'Écriture et de juger l'Église fut, sinon la cause, au moins l'occasion de cette foule de sectes fanatiques et insensées qui désolèrent l'Allemagne et qui renouvelèrent les principes de Wiclef, si contraires à la religion et à la tranquillité des États. *Voyez* l'article ANABAPTISTES.

Luther entreprit cette réforme sans autorité, sans mission, soit ordinaire, soit extraordinaire; il n'avait pas plus de droit que les anabaptistes, qu'il réfutait en leur demandant d'où ils avaient reçu leur mission ; il n'avait mis dans sa réforme, ni la charité, ni la douceur, ni même la fermeté, qui caractérisent un homme envoyé de Dieu pour réformer l'Église ; son emportement, sa dureté, sa présomption, révoltaient tous ses disciples ; il avait violé ses vœux, et il s'était marié scandaleusement ; il avait autorisé la polygamie dans le landgrave de Hesse; ses écrits n'ont ni dignité, ni décence, ils ne respirent ni la charité, ni l'amour de la vertu ; il s'abandonne avec complaisance aux plus indécentes railleries.

Ce ne sont point ici des déclamations : ceux qui ont lu les ouvrages de Luther et l'histoire de sa réforme, même dans les protestants, ne m'en dédiront pas, et j'en atteste les protestants modérés, les lettres de Luther, ses sermons, ses ouvrages, Mélanchthon et Érasme.

Il s'est élevé parmi les luthériens beaucoup de disputes ; du temps de Luther, et après sa mort, les théologiens luthériens dressèrent plusieurs formules pour tâcher de se réunir, mais inutilement. Indépendamment de ces divisions, il s'éleva des chefs de sectes qui ajoutèrent ou retranchèrent aux principes de Luther, ou qui les modifièrent : tels furent les crypto-calvinistes, les synergistes, les flavianistes, les osiandristes, les indifférents, les stancaristes, les majoristes, les antinomiens, les syncrétistes, les millénaires, les origénistes, des fanatiques et des piétistes. Nous allons en donner une notion.

Des sectes qui se sont élevées parmi les luthériens.

1° Le crypto-calvinisme ou calvinisme caché : Mélanchthon en fut la première source ; changeant, timide, trop philosophe d'ailleurs, dit un auteur luthérien, et faisant trop de cas des sciences humaines, la correspondance qu'il entretint avec Bucer et Bullinger le disposa trop avantageusement en leur faveur : ses disciples, dont il eut un très-grand nombre, adoptèrent ses sentiments, et la ville de Wittemberg fut remplie de gens qui, sans vouloir prendre le nom de disciples de Calvin, professaient et enseignaient ouvertement sa doctrine.

La même chose eut lieu à Leipsick et dans tout l'électorat de Saxe pendant que les États de la branche Ernestine ou aînée conservèrent la doctrine de Luther.

Enfin Auguste, électeur de Saxe, persuadé par plusieurs disciples de Mélanchthon qui trouvaient que leurs compagnons allaient trop loin, mit en œuvre des moyens très-efficaces pour détruire le calvinisme ; ces moyens furent d'emprisonner et de déposer ceux qui l'enseignaient et qui le favorisaient : quelques-uns furent fort longtemps en prison, d'autres y moururent; mais le plus grand nombre sortit et de prison et du pays.

C'est M. Walch, docteur luthérien, qui nous apprend comment les premiers réformateurs traitaient ceux qui ne pensaient pas comme eux (1).

On n'en usa pas autrement d'abord en France envers les premiers luthériens, quoiqu'ils attaquassent la religion catholique avec fureur.

2° Les synergistes disaient que l'homme pouvait contribuer en quelque chose à sa conversion : Mélanchthon peut encore passer pour l'auteur de cette doctrine, contraire aux principes de Luther (2).

3° Le flavianisme, erreur dans laquelle Mathias Flavius, surnommé Illyricus, tomba d'abord par précipitation et sans mauvaise intention, et dans laquelle il persévéra par entêtement : il disait que le péché originel était la substance même de l'homme. Cette doctrine, tout insoutenable qu'elle est, trouva des sectateurs ; elle fut soutenue par les comtes de Mansfeld (3).

4° Les osiandristes, disciples d'Adrien Osiander ; il se signala parmi les luthériens par une opinion nouvelle sur la justification : il ne voulait pas, comme les autres protes-

---

(1) Bibl. germ., t. XXVI, art. 6.
(2) Ibid. Hoffman, Lexicon hæresium.
(3) Ibid.

tants, qu'elle se fît par l'imputation de la justice de Jésus-Christ, mais par l'intime union de la justice substantielle de Dieu avec nos âmes; il se fondait sur ces paroles souvent répétées en Isaïe et en Jérémie: *Le Seigneur est votre justice.*

Selon Osiander, de même que nous vivons par la vie substantielle de Dieu, et que nous aimons par l'amour essentiel qu'il a pour lui-même, aussi nous sommes justes par la justice essentielle qui nous est communiquée; à quoi il fallait ajouter la substance du Verbe incarné, qui était en nous par la foi, par la parole et par les sacrements.

Dès le temps qu'on dressa la confession d'Augsbourg, il avait fait les derniers efforts pour faire embrasser cette doctrine par tout le parti, et il la soutint avec une audace extrême à la face de Luther.

Dans l'assemblée de Smalcade on fut étonné de sa témérité; mais comme on craignait de faire éclater de nouvelles divisions dans le parti, où il tenait un rang considérable par son savoir, on le toléra.

Il avait un talent tout particulier pour divertir Luther; il faisait le plaisant à table et y disait de bons mots souvent très-profanes. Calvin dit que toutes les fois qu'il trouvait le vin bon, il faisait l'éloge du vin, en lui appliquant cette parole que Dieu disait de lui-même: *Je suis celui qui suis, ego sum qui sum;* [ou ces autres mots: *Voici le Fils du Dieu vivant.*

Il ne fut pas plus tôt en Prusse, qu'il mit en feu l'université de Kœnigsberg par sa nouvelle doctrine sur la justification; il partagea bientôt toute la province (1).

5° Les indifférents, c'est-à-dire les luthériens qui voulaient qu'on conservât les pratiques de l'Église romaine.

La dispute sur ces pratiques fut poussée avec beaucoup d'aigreur: Mélanchthon, soutenu des académies de Leipsick et de Wittemberg, où il était tout-puissant, ne voulait pas qu'on retranchât les cérémonies de l'Église romaine; il ne croyait pas que pour un surplis, pour quelques fêtes ou pour l'ordre des leçons, il fallût se séparer de la communion.

On lui fit un crime de cette disposition à la paix, et on décida, dans le parti luthérien, que les choses absolument indifférentes seraient absolument retranchées, parce que l'usage qu'on en faisait était contraire à la liberté de l'Église et renfermait, disait-on, une espèce de profession de papisme (2).

6° Les stancaristes, disciples de François Stancar, né à Mantoue et professeur luthérien dans l'académie de Royamort, en Prusse, l'an 1551.

Osiander avait soutenu que l'homme était justifié par la justice essentielle de Dieu; Stancar, en combattant Osiander, soutint au contraire que Jésus-Christ n'était notre médiateur qu'en tant qu'homme (3).

7° Les majoristes, disciples de Georges Major, professeur dans l'académie de Wittemberg, en 1556.

Mélanchthon avait abandonné les principes de Luther sur le libre arbitre; il avait accordé quelque force à la nature humaine et avait enseigné qu'elle concourait dans l'ouvrage de la conversion, même dans un infidèle.

Major avait poussé ce principe plus loin que Mélanchthon et avait expliqué comment l'homme infidèle concourait à l'ouvrage de sa conversion. Il faut, pour qu'un infidèle se convertisse, qu'il prête l'oreille à la parole de Dieu; il faut qu'il la comprenne et qu'il la reçoive: jusque-là tout est l'ouvrage de la volonté; mais lorsque l'homme a reconnu la vérité de la religion, il demande les lumières du Saint-Esprit et il les obtient. Major renouvelait en partie les erreurs des semipélagiens et prétendait que les œuvres étaient nécessaires pour être sauvé, ce qui est contraire à la doctrine de Luther, qui convient bien que les bonnes œuvres sont nécessaires comme preuves ou plutôt comme effet de la conversion, mais non pas comme moyens (4).

8° Les antinomiens, c'est-à-dire opposés à la loi. *Voyez* l'article AGRICOLA.

9° Les syncrétistes, c'est-à-dire pacificateurs, dont voici l'origine.

Il s'était élevé une foule de sectes parmi les nouveaux réformateurs: pour des hommes qui prétendaient être dirigés par des lumières extraordinaires, cette division était le plus grand des embarras et une difficulté accablante que les catholiques leur opposaient. On chercha donc à réunir toutes ces branches de la réforme, mais inutilement; chaque secte regarda les pacificateurs comme des hommes qui trahissaient la vérité et qui la sacrifiaient lâchement à l'amour de la tranquillité. Toutes les sectes réformées se haïssaient et se damnaient les unes les autres, comme elles haïssaient et damnaient les catholiques

Georges Calixte fut un des plus zélés promoteurs du syncrétisme, et il fut attaqué par ses ennemis avec un emportement extrême (5).

10° Le Hubérianisme, ou la doctrine de Huber.

Huber était originaire de Berne et professeur en théologie à Wittemberg vers l'an 1592.

Luther avait enseigné que Dieu déterminait les hommes au mal comme au bien; ainsi Dieu seul prédestinait l'homme au salut ou à la damnation, et tandis qu'il produisait la justice dans un petit nombre de fidèles, il déterminait les autres au crime et à l'impénitence.

Huber ne put s'accommoder de ces principes; il les trouva contraires à l'idée de la justice, de la bonté et de la miséricorde divine. Il trouvait dans l'Écriture que Dieu veut le salut de tous les hommes; que comme tous les hommes sont morts en Adam, tous ont été vivifiés en Jésus-Christ. Huber prit ces passages dans la plus grande étendue

---

(1) Hist. des Variat., l. VIII, art. 14. Seckendorf, Hist. du Luth. Stockman, Bibl. germon., loc. cit.
(2) Hist. des Variations, ibid.

(3) Ibid.
(4) Stockman, Lexic.
(5) Bibl. germ. Stockman, loc. cit.

qu'on pouvait leur donner et enseigna, non-seulement que Dieu voulait le salut de tous les hommes, mais encore que Jésus-Christ les avait en effet tous rachetés, et qu'il n'y en avait point pour lesquels Jésus-Christ n'eût satisfait réellement et de fait; en sorte que les hommes n'étaient damnés que parce qu'ils tombaient de cet état de justice dans le péché par leur propre volonté et en abusant de leur liberté.

Huber fut chassé de l'université, pour avoir enseigné cette doctrine (1).

11° Les origénistes, qui parurent sur la fin du dernier siècle. M. Petersen et sa femme publièrent que Dieu leur avait révélé que les damnés et les démons mêmes seront un jour amenés par la grandeur et la longue durée de leurs peines à rentrer dans le devoir et à se repentir sincèrement, à demander et à recevoir grâce de Dieu, tout cela en vertu de la mort et satisfaction de Jésus-Christ; ce qui distingue le sentiment des origénistes luthériens de celui des sociniens sur cet objet (2).

12° Les millénaires, qui renouvelèrent l'erreur des anciens millénaires. *Voyez* cet article.

13° Les piétistes, secte de dévots luthériens, qui prétendaient que le luthéranisme a besoin d'une nouvelle réforme : ils se croyaient illuminés; ils ont renouvelé les erreurs des millénaires et plusieurs autres.

M. Spéner, pasteur à Francfort, est l'auteur de cette secte. Dans le temps qu'il demeurait à Francfort-sur-le-Mein, en 1670, il y établit un collège de piété dans sa maison, d'où il le transporta dans une église.

Toutes sortes de gens, hommes, femmes, étaient admis à cette assemblée : M. Spéner faisait un discours édifiant sur quelque passage de l'Ecriture, après quoi il permettait aux hommes qui étaient présents de dire leur sentiment sur le sujet qu'il avait traité.

Quelques années après (1675), M. Spéner fit imprimer une préface à la tête du recueil des sermons de Jean Arnold; dans cette préface, il parla fortement de la décadence de la piété dans l'Eglise luthérienne; il prétendit même qu'on ne pouvait être bon théologien si l'on n'était exempt de péché.

M. Spéner passa, en 1686, à Leipsick, et alors se forma le collège des amateurs de la Bible, qui établirent des assemblées particulières destinées à expliquer certains livres de l'Ecriture sainte de la manière la plus propre à inspirer de la piété à leurs auditeurs. La faculté de théologie approuva d'abord ces assemblées; mais bientôt le bruit se répandit que ceux qui parlaient dans ces assemblées se servaient d'expressions suspectes, et on les désigna, aussi bien que leurs partisans, par le nom de piétistes. On en parla dans les chaires; la faculté de théologie désapprouva ces assemblées, et elles cessèrent.

M. Chajus, professeur en théologie à Giessen, forma des assemblées, à l'imitation de M. Spéner.

(1) Stockman, Lexic.
(2) Bibl. germ. t. XXXV, art. 1

En 1690, M. Mayer, homme vif et plein de zèle, proposa un formulaire d'union contre les antiscripturaires, les faux philosophes, les théologiens relâchés, etc.

M. Horbius et plusieurs autres refusèrent de souscrire ce formulaire, surtout parce qu'on le proposait à l'insu du magistrat : sur ces entrefaites, il recommanda le livre de M. Poiret sur l'éducation des enfants, intitulé *la Prudence des justes*, livre dans lequel on prétendait qu'il y avait des principes fort dangereux; on souleva le peuple contre Horbius et contre les piétistes, et Horbius fut obligé de sortir de Hambourg.

Cependant le piétisme se répandait en Allemagne, et, à mesure qu'il s'étendait, les points de contestation se multipliaient; mais il paraît qu'il y avait du malentendu dans toutes ces controverses.

Il paraît certain que le fanatisme s'introduisit dans les assemblées des piétistes, qui furent composées d'hommes, de femmes de tous états, de tout âge, parmi lesquels il y avait des tempéraments bilieux, mélancoliques, qui produisirent des fanatiques et des visionnaires.

Les piétistes en général toléraient dans leurs assemblées tous les différents partis, pourvu qu'on eût de la charité et que l'on fût bienfaisant : ils estimaient beaucoup plus les fruits de la foi (selon la doctrine de Luther), tels que la justice, la tempérance, la bienfaisance, que la foi même

Les points fondamentaux du piétisme étaient : 1. que la parole de Dieu ne saurait être bien entendue sans l'illumination du Saint-Esprit, et que le Saint-Esprit n'habitait pas dans l'âme d'un méchant homme, il s'ensuit qu'aucun méchant ou impie n'est capable d'apercevoir la lumière divine, quand même il posséderait toutes les langues et toutes les sciences.

2. Qu'on ne saurait regarder comme indifférentes certaines choses que le monde regarde sur ce pied : telles sont la danse, les jeux de cartes, les conversations badines, etc.

On a beaucoup écrit en Allemagne pour et contre cette secte. *Voyez la Bibliothèque Germanique*, t. XXVI, art. 6; et *Stockman, Lexicon hæresium*, au mot PIÉTISTÆ.

14° Les ubiquites ou ubiquitaires, luthériens qui croient qu'en conséquence de l'union hypostatique de l'humanité avec la divinité, le corps de Jésus-Christ se trouve partout où la divinité se trouve.

Les sacramentaires et les luthériens ne pouvaient s'accorder sur la présence de Jésus-Christ dans l'Eucharistie : les sacramentaires niaient la présence réelle de Jésus-Christ dans l'Eucharistie, parce qu'il était impossible qu'un même corps fût dans plusieurs lieux à la fois.

Chytré et quelques autres luthériens répondirent que l'humanité de Jésus-Christ étant unie au Verbe; son corps était partout avec la divinité.

Mélanchthon opposait aux ubiquites deux difficultés insolubles : l'une, que cette doctrine confondait les deux natures de Jésus-

Christ, le faisant immense, non-seulement selon la divinité, mais encore selon son humanité et même selon son corps; l'autre, qu'elle détruisait le mystère de l'Eucharistie, à qui on ôtait ce qu'il avait de particulier, si Jésus-Christ, comme homme, n'y était présent que de la même manière dont il l'est dans le bois ou dans les pierres.

Nous passons sous silence d'autres sectes obscures : on peut voir, dans un ouvrage de M. Walch, l'histoire plus étendue de ces différentes sectes formées dans le sein du luthéranisme, et toutes produites par quelqu'un des principes de ce réformateur. Il ne faut pas oublier qu'indépendamment de ces petites sectes, la réforme de Luther produisit l'arianisme et l'anabaptisme, comme on peut le voir dans ces articles.

LUTHÉRIENS, ou sectateurs de Luther. On en distingue de plusieurs sortes, savoir : les luthériens relâchés, les luthériens rigides, et les luthéro-zuingliens. Les luthériens relâchés sont ceux qui n'admettent qu'une partie des dogmes de Luther, comme, par exemple, la permission de communier sous les deux espèces pour les simples fidèles, et celle de se marier pour les prêtres : mais du reste ils se conforment assez exactement au reste de l'Eglise. Les luthériens rigides sont, au contraire, ceux qui suivent en tout et avec le dernier scrupule, la doctrine de Luther. Les luthériens et les zuingliens n'étaient point du même sentiment; mais peu s'en fallait. On appelle luthéro-zuingliens ceux qui voulurent accorder ensemble ces deux sectes, et trouver un parti mitoyen pour les réunir.

M

MACÉDONIENS, hérétiques du quatrième siècle qui niaient la divinité du Saint-Esprit. *Voyez* l'article suivant.

MACÉDONIUS, évêque de Constantinople, qui nia la divinité du Saint-Esprit.

Après la mort d'Alexandre, évêque de Constantinople, les défenseurs de la consubstantialité du Verbe élurent pour successeur Paul, et les ariens élurent Macédonius.

Constance chassa ces deux concurrents et plaça Eusèbe de Nicomédie sur le siège de Constantinople.

Eusèbe étant mort, Paul et Macédonius furent rappelés, chacun par leurs partisans, et bientôt on vit dans Constantinople des intrigues, du trouble et des séditions.

Constance envoya Hermogène à Constantinople pour chasser Paul; le peuple s'y opposa, prit les armes, mit le feu au palais, traîna Hermogène dans les rues et l'assomma. L'empereur se rendit à Constantinople, chassa Paul et priva la ville de la moitié du blé que l'on distribuait aux habitants; il ne fit mourir personne, parce que le peuple alla au-devant de lui pleurant et demandant pardon.

L'empereur, qui attribuait une partie du désordre à Macédonius, ne voulut point confirmer son élection, et lui permit seulement de tenir ses assemblées dans son église propre. Les autres églises demeurèrent apparemment sous la conduite des prêtres du parti de Paul, qui revint à Constantinople peu de temps après le départ de Constance, qui envoya ordre au préfet du prétoire de le chasser et de mettre Macédonius à sa place.

Philippe, préfet du prétoire, fit enlever Paul, et parut dans son char, ayant à côté de lui Macédonius, qu'il conduisait à son église.

Ce même peuple qui avait demandé pardon à Constance, courut à l'église pour s'en emparer de force; les ariens et les catholiques voulaient s'en chasser réciproquement; le trouble et la confusion devinrent extrêmes : les soldats crurent que le peuple se soulevait, ils chargèrent le peuple; on se battit, et plus de trois mille personnes furent tuées à coups d'épée, ou étouffées (1).

Après cet horrible carnage, Macédonius monta sur le trône épiscopal, s'empara bientôt de toutes les églises, et persécuta cruellement les novatiens et les catholiques.

La persécution unit tellement les catholiques et les novatiens, qu'ils étaient disposés à mourir les uns pour les autres : la persécution n'a guère manqué à réunir les partis les plus ennemis contre le parti persécuteur.

Les novatiens furent principalement l'objet du zèle de Macédonius; il apprit qu'ils étaient en grand nombre dans la Paphlagonie; il obtint de l'empereur quatre régiments, qu'il y envoya pour les obliger à embrasser l'arianisme. Les novatiens, informés du projet de Macédonius, prirent les armes, vinrent au-devant des quatre régiments, se battirent avec fureur, défirent les quatre régiments et tuèrent presque tous les soldats.

Quelque temps après le malheur arrivé dans la Paphlagonie, Macédonius voulut transporter le corps de Constantin hors de l'église des Apôtres, parce qu'elle tombait en ruines : une partie du peuple consentait à cette translation, l'autre soutenait que c'était une impiété, et regardait cette translation comme un outrage fait à Constantin. Les catholiques se joignirent à ce parti, et il devint considérable.

Macédonius n'ignorait pas ces oppositions, mais il ne croyait pas qu'un évêque dût y avoir égard, et il fit transporter le corps de Constantin dans l'église de Saint-Acace : tout le peuple accourut aussitôt; le concours des deux partis produisit entre les esprits une espèce de choc, ils s'échauffèrent, on en vint aux mains, et sur-le-champ la nef de

---

(1) Sozom., l. iv, c. 21. Socrat., l. ii, c. 38. Socrate dit avoir appris ce fait d'un paysan qui s'était trouvé à cette affaire.

l'église et la galerie furent remplies de sang et de carnage.

Constance, qui était alors en Occident, sentit combien un homme du caractère de Macédonius était dangereux sur le siége de Constantinople; il le fit déposer, quoique Macédonius persécutât les catholiques que Constance voulait détruire.

Macédonius, déposé par Constance, conçut une haine violente contre les ariens que Constance protégeait, et contre les catholiques qui avaient pris parti contre lui : pour se venger, il reconnut la divinité du Verbe que les ariens niaient, et nia la divinité du Saint-Esprit que les catholiques reconnaissaient aussi bien que la divinité du Verbe.

Ainsi, avec des mœurs irréprochables, Macédonius était un ambitieux, un tyran qui voulait tout subjuguer; un orgueilleux qui, pour soutenir une première démarche dans les plus petites choses, aurait sacrifié l'empire; un barbare qui persécutait de sang-froid tout ce qui ne pensait pas comme lui ou qui osait lui résister; enfin un présomptueux qui, pour satisfaire sa vengeance et sa passion pour la célébrité, fit une hérésie et nia la divinité du Saint-Esprit.

Voici les fondements de son opinion :

Les principes des ariens combattent également la divinité du Verbe et la divinité du Saint-Esprit; mais on ne voit pas qu'ils aient combattu formellement la divinité du Saint-Esprit.

Macédonius, au contraire, trouva les principes des ariens sans force contre la divinité de Jésus-Christ, et s'en servit pour prouver que le Saint-Esprit n'était qu'une créature.

L'Eglise avait condamné formellement les hérétiques qui avaient attaqué la divinité de Jésus-Christ. L'Ecriture lui donne si clairement les titres et les attributs du vrai Dieu, que les difficultés que les ariens entassaient pour prouver que Jésus-Christ était une créature avaient paru sans force à Macédonius; il rejeta le terme de *consubstantiel*, mais il reconnut toujours la divinité de Jésus-Christ.

Il ne crut pas voir la divinité du Saint-Esprit exprimée aussi clairement dans l'Ecriture; il crut qu'elle lui donnait les caractères qui constituent la créature.

Le Saint-Esprit, disait Macédonius, n'est nulle part appelé Dieu; l'Ecriture n'oblige ni de croire en lui, ni de le prier; le Père et le Fils sont seuls l'objet de notre culte et de notre espérance : quand Jésus-Christ enseigne aux hommes en quoi consiste la vie éternelle et quels sont les moyens d'y arriver, il dit seulement que c'est de connaître son Père et Jésus-Christ son Fils.

Lorsque l'Ecriture parle du Saint-Esprit, elle nous le représente comme subordonné au Père et au Fils : c'est par eux qu'il existe, c'est par eux qu'il est instruit, c'est par leur autorité et par leur inspiration qu'il parle (1).

Il est le consolateur des chrétiens, il prie pour eux (2) : ces fonctions peuvent-elles convenir à la Divinité?

Enfin, on ne conçoit pas ce que ce serait que cette troisième personne dans la substance divine; car, ou le Saint-Esprit serait engendré, ou il ne le serait pas : s'il n'est pas engendré, en quoi diffère-t-il du Père? et s'il est engendré, en quoi diffère-t-il du Fils? Dira-t-on qu'il est engendré seulement par le Fils? alors on admet un Dieu grand-père et un Dieu petit-fils.

Telle est la doctrine de Macédonius sur le Saint-Esprit : il ne la publia que lorsqu'il fut déposé, et peu de temps avant que de mourir.

Il eut des sectateurs qu'on nomma macédoniens ou pneumatomaques, c'est-à-dire ennemis du Saint-Esprit; on les appelait quelquefois marathoniens, à cause de Marathone, évêque de Nicomédie, sans lequel on prétend que cette secte aurait été bientôt éteinte à Constantinople. Marathone la soutenait par ses soins, par son argent, par ses discours pathétiques et assez polis, et par un extérieur composé, propre à s'attirer l'estime du peuple (3).

Ces deux dernières qualités se trouvaient aussi dans plusieurs des principaux de cette secte, tels qu'Eluse, Eustache, etc. Leurs mœurs étaient réglées, leur abord grave, leur vie austère, leurs exercices assez semblables à ceux des moines, et l'on remarqua que le parti des macédoniens était suivi par une partie considérable du peuple de Constantinople et des environs, par divers monastères, et par les personnes les plus irréprochables dans les mœurs : ils avaient des partisans dans plusieurs villes; ils formèrent plusieurs monastères remplis d'un grand nombre d'hommes et de filles (4).

Les macédoniens étaient principalement répandus dans la Thrace, dans l'Hellespont et dans la Bithynie (5).

Après la mort de Julien, Jovien qui lui succéda, et qui était dans la foi de Nicée, voulut la rétablir : il rappela les exilés; cependant, comme il aimait mieux agir par douceur que par autorité, il laissait une grande liberté à tout le monde pour la religion : tous les chefs de secte s'imaginèrent pouvoir l'engager dans leur parti.

Les macédoniens formèrent les premiers ce projet, et présentèrent une requête pour obtenir que toutes les églises leur fussent données; mais Jovien rejeta leur requête.

Dans la suite, les macédoniens se réunirent aux catholiques, parce qu'ils étaient persécutés par les ariens; ils signèrent le symbole de Nicée, se séparèrent ensuite, et furent condamnés par le concile de Constantinople.

Théodose avait appelé à ce concile les évêques macédoniens, dans l'espérance de les réunir à l'Eglise; mais ils persévérèrent dans leur erreur, quoi que l'on pût faire

---

(1) Joan. xvi. I Cor. ii.
(2) Rom. viii.
(3) Sozom., l. iv, c. 27.

(4) Greg. Naz., orat. 44. Sozom., l. iv, Ruffin. l. i, c. 25.
(5) Socrat., l. ii, c. 15; l. v, c. 8.

pour les détromper. L'empereur employa, mais inutilement, tous les moyens propres à les engager à se réunir avec les catholiques, et les chassa de Constantinople; il leur défendit de s'assembler, et confisqua à l'épargne les maisons où ils s'assemblaient.

Les erreurs des macédoniens sur le Saint-Esprit ont été renouvelées par les sociniens et adoptées par Clarke, Wisthon, etc. Nous allons prouver contre eux la divinité du Saint-Esprit.

De la divinité du Saint-Esprit, contre les macédoniens, les sociniens, Clarke, Wisthon et les antitrinitaires.

Nous supposons ici ce qui est reconnu par les macédoniens, les sociniens, Clarke, Wisthon et les antitrinitaires, c'est que l'Ecriture sainte nous dit qu'il y a un Père, un Fils et un Saint-Esprit : nous allons prouver que le Saint-Esprit est une personne divine.

Saint Paul dit que le Saint-Esprit lui a communiqué la connaissance des mystères, et il ajoute que cet esprit les connaît, parce qu'il sonde toutes choses, même les profondeurs de Dieu, c'est-à-dire qu'il connaît les choses les plus cachées qui sont en Dieu.

Pour prouver que le Saint-Esprit a ces connaissances, saint Paul emploie ce raisonnement : *Car, qui est-ce des hommes qui sache les choses de l'homme, sinon l'esprit de l'homme qui est en lui? de même nul ne connaît les choses de Dieu, sinon l'Esprit de Dieu* (1).

C'est-à-dire, comme il n'y a que l'esprit de l'homme qui puisse connaître ses pensées, de même il n'y a que l'Esprit de Dieu ou Dieu même qui puisse connaître les secrets de Dieu.

Ce raisonnement de saint Paul prouve que l'Esprit de Dieu est Dieu lui-même, comme l'esprit d'un homme est cet homme même; par conséquent, puisque le mot Dieu signifie ici l'Etre suprême, l'Esprit de Dieu est aussi l'Etre suprême.

On objecte que saint Paul dit que l'esprit sonde, qu'il cherche les choses profondes de Dieu, et que cette manière de connaître ne peut convenir qu'à un être qui connaît les secrets de Dieu parce qu'ils lui sont communiqués, ce qui ne peut convenir qu'à une créature.

Pour répondre à cette difficulté, il suffit de remarquer, 1° que le même apôtre s'est servi du même mot pour désigner la connaissance immédiate que Dieu a des pensées des hommes, et que saint Paul désigne pourtant là une connaissance parfaite (2).

2° Saint Paul prouve que le Saint-Esprit sonde les choses profondes de Dieu, parce qu'il les connaît comme un homme connaît ses propres pensées, c'est-à-dire, immédiatement et par lui-même; de sorte que si l'on peut dire que l'Esprit de Dieu est un être distinct de Dieu parce qu'il sonde les choses profondes de Dieu, on pourrait aussi dire que l'esprit de l'homme est distinct de cet homme parce qu'il connaît ses propres pensées.

Enfin, la conception du Sauveur dans le sein de la sainte Vierge est une preuve incontestable de la divinité du Saint-Esprit.

L'ange dit à la sainte Vierge que son fils serait appelé le Fils du Très-Haut et le Fils de Dieu, c'est-à-dire le Fils de l'Etre qui existe par lui-même, et l'ange en donne cette raison : « Le Saint-Esprit, dit-il, surviendra en vous, et la puissance du Très-Haut vous couvrira de son ombre; c'est pourquoi le saint enfant qui naîtra de vous sera appelé le Fils de Dieu (3). »

Il paraît par ces paroles que Jésus est le Fils de Dieu, parce qu'il a été engendré par l'opération du Saint-Esprit.

Mais si le Saint-Esprit n'est pas le Dieu suprême, s'il est un être distingué de l'Etre suprême, il s'ensuivra que Jésus-Christ n'est le Fils de Dieu que comme les autres hommes, puisque Dieu lui-même ne l'a pas engendré immédiatement; et le fils d'un ange du premier ordre, s'il y en avait un, ne serait pas plus le Fils de Dieu que le fils d'un artisan ou d'un homme stupide.

Dieu est le Père de Jésus-Christ d'une manière toute particulière; c'est pourquoi Jésus-Christ est appelé le Fils unique de Dieu.

Dieu est son Père, parce qu'il l'a engendré immédiatement par lui-même, sans l'entremise d'aucun être distinct de lui; mais Jésus-Christ est le Fils de Dieu, parce qu'il est engendré par le Saint-Esprit; d'où il suit que le Saint-Esprit n'est pas un être distinct de Dieu, mais qu'il est Dieu lui-même, ou l'être qui existe par lui-même.

L'Ecriture, dans cent autres endroits, nous parle du Saint-Esprit comme du vrai Dieu; nous trouvons dans Isaïe que c'est Dieu qui inspire les prophètes (4), et saint Paul nous dit que c'est le Saint-Esprit qui a inspiré les prophètes (5).

Lorsque Ananie trompe les apôtres, saint Pierre lui reproche qu'il ment au Saint-Esprit, et, pour lui faire sentir la grandeur de son péché, il lui dit qu'il n'a pas menti aux hommes, mais à Dieu (6).

Si saint Paul parle des dons du Saint-Esprit, il dit qu'il y a différentes grâces du Saint-Esprit, mais que c'est le même Dieu qui opère en tous et qui les distribue (7).

C'est donc à tort que Clarke assure que l'Ecriture ne donne pas le nom de Dieu au Saint-Esprit.

Mais quand il serait vrai que l'Ecriture ne donne pas au Saint-Esprit le nom de Dieu, un théologien tel que Clarke pourrait-il faire de cette omission un motif pour douter de la divinité du Saint-Esprit, tandis qu'il est évident et qu'il reconnaît lui-même que l'Ecriture attribue au Saint-Esprit des opérations qui n'appartiennent qu'à Dieu?

Mais, dit Clarke, le Saint-Esprit est re-

---

(1) I Cor. II, 10, 11.
(2) Rom. VIII, 26.
(3) Luc. I, 35.
(4) Isaïe VI.
(5) Act. c. ultim., 25.
(6) Act. V, 3.
(7) I Cor. XII, 4.

présenté dans l'Ecriture comme subordonné au Père et au Fils, comme leur envoyé.

Je réponds que les passages dans lesquels le Saint-Esprit est représenté comme envoyé du Père et du Fils ne prouvent point qu'il soit inférieur au Père et au Fils; ce sont des passages destinés à nous faire connaître les opérations du Saint-Esprit.

Ainsi, par exemple, Dieu voulant éclairer les apôtres en répandant sur eux, le jour de la Pentecôte, les dons du Saint-Esprit, l'Ecriture représente cet esprit d'une manière allégorique, sous l'idée d'un messager que Dieu envoie pour l'instruction des hommes; et comme l'effusion des dons du Saint-Esprit ne devait se faire qu'après l'ascension de Jésus-Christ, l'Ecriture nous dit que Jésus-Christ devait monter au ciel pour envoyer ce messager.

Tout cela n'est qu'une simple métaphore familière aux Orientaux, pour dire que Dieu répandait actuellement sur les hommes les dons et les grâces qui procèdent du Saint-Esprit, ou qu'il communique par son Saint-Esprit.

On trouve dans l'Ecriture quantité de figures qui ne sont pas moins hardies que celle-là: elle dit que l'Etre suprême descendit pour voir ce qui était arrivé; qu'il descendit sur le mont Sinaï; qu'il descendit pour délivrer son peuple (1).

On voit par là que, quand le Saint-Esprit est comparé à un messager que Dieu ou Jésus-Christ envoie, cela veut dire simplement que Dieu ou Jésus-Christ répand les dons du Saint-Esprit.

Lorsque l'Ecriture parle de la descente du Saint-Esprit sur la personne de Jésus-Christ sous une forme corporelle, cela veut dire que, quand on vit cette apparition, les dons et les grâces du Saint-Esprit furent actuellement communiqués à Jésus-Christ.

Lorsque le Saint-Esprit descendit sur les apôtres sous la figure de langues de feu, cela veut dire qu'ils reçurent les dons du Saint-Esprit à mesure que ces langues se posèrent sur leurs têtes: c'est ainsi que les métaphores deviennent aisées, et il n'en est aucune qui prouve que le Saint-Esprit est inférieur à Dieu.

Quand il serait vrai qu'il y en aurait de difficiles à expliquer, quelques passages obscurs pourraient-ils former, dans un esprit raisonnable, une difficulté contre les passages de l'Ecriture qui donnent au Saint-Esprit le nom et les attributs du vrai Dieu?

Comment se peut-il que des hommes qui se piquent de n'obéir qu'à la raison se déterminent toujours en faveur des difficultés qui naissent de notre ignorance sur la manière dont une chose est, contre une preuve évidente qui l'établit?

Qu'on ne nous reproche pas de donner un sens arbitraire aux passages de l'Ecriture que nous avons cités; Clarke n'a pu combattre ce sens, et les Pères, avant ou après Macédonius, leur ont donné le sens que nous leur donnons.

(1) Genes. xviii, 21. Exod. xviii, 19, etc.

L'Ecriture n'explique point la manière dont le Saint-Esprit procède du Père et du Fils; mais nous savons qu'il ne procède pas du Père de la même manière dont le Fils est engendré par le Père.

Personne n'est autorisé à dire que la génération du Fils soit la seule manière dont le Père et le Fils puissent produire, et par conséquent l'ignorance dans laquelle nous sommes sur la différence qu'il y a entre la génération du Fils et la procession du Saint-Esprit n'est pas une difficulté qu'on puisse nous opposer.

Il n'est pas possible de descendre dans toutes les chicanes que les sociniens ont formées sur les passages que nous avons cités, et les raisonnements que nous avons joints suffisent pour les réfuter. Ceux qui souhaiteront entrer dans ces détails les trouveront dans les théologiens catholiques et protestants.

Nous dirons seulement que le Clerc reconnaît que ces passages ne peuvent s'expliquer que très-difficilement, selon l'hypothèse socinienne, et qu'il n'y a connaissait point de réponse, car il n'en oppose aucune aux conséquences que les catholiques en tirent, et c'est ce qu'il ne manque jamais de faire lorsqu'il s'agit de défendre les sociniens.

Je ne prétends pas, par cette remarque, rendre le Clerc odieux; je voudrais seulement inspirer à ceux qui attaquent les mystères un peu plus de modestie et de réserve, en leur mettant sous les yeux un le Clerc embarrassé et sans réplique sur des matières où ils tranchent en maîtres.

Nous n'examinerons point ici les difficultés par lesquelles on prétend prouver qu'il répugne qu'il y ait en Dieu une personne divine distinguée du Père; nous les avons examinées à l'article ANTITRINITAIRES.

MAJORISTES ou MAJORITES, disciples de Georges Major, professeur dans l'académie luthérienne de Wirtemberg en 1556. Ce théologien avait abandonné les sentiments de Luther sur le libre arbitre, et suivait ceux de Mélanchthon, qui sont plus doux, et il les poussait beaucoup plus loin. Non-seulement il soutenait, comme ce dernier, que l'homme n'est pas purement passif sous l'impulsion de la grâce, mais qu'il prévient même la grâce par des prières et de bons désirs; il renouvelait ainsi l'erreur des semi-pélagiens. Pour qu'un infidèle, disait-il, se convertisse, il faut qu'il écoute la parole de Dieu, qu'il la comprenne, qu'il en reconnaisse la vérité; or, tout cela est l'ouvrage de la volonté: alors il demande les lumières du Saint-Esprit, et il les obtient.

Mais il est faux que sentir la vérité de la parole de Dieu, et demander les lumières du Saint-Esprit soient l'ouvrage de la volonté seule; elle a besoin pour cela d'être prévenue par la grâce. Ainsi l'enseigne l'Ecriture sainte, et l'Eglise l'a ainsi décidé contre les semi-pélagiens qui attribuent à l'homme seul les commencements de la conversion et du salut.

Major soutenait aussi la nécessité des bonnes œuvres pour être sauvé, au lieu que, suivant Luther, les bonnes œuvres sont seulement une preuve et un effet de la conversion, et non un moyen de salut. Plusieurs autres disciples de Luther, non contents d'abandonner de même ses sentiments, se sont jetés comme Major dans l'excès opposé, sont devenus pélagiens ou semi-pélagiens; il en est de même des sectateurs de Calvin.

MAMMILLAIRES. Secte d'anabaptistes, formée dans la ville de Harlem, en Hollande, on ne sait pas en quel temps. Elle doit son origine à la liberté que se donna un jeune homme de mettre la main sur le sein d'une fille qu'il voulait épouser. Cette action ayant été déférée au consistoire des anabaptistes, les uns soutinrent que le jeune homme devait être excommunié; d'autres ne jugèrent pas la faute assez grave pour mériter une excommunication. Cela causa une division entre eux; les plus sévères donnèrent aux autres le nom odieux de *mammillaires*. Cela ne marque pas qu'il y ait beaucoup d'union, de charité et de bon sens parmi les anabaptistes.

MANDAITES, ou CHRÉTIENS DE SAINT-JEAN. C'est une secte de païens plutôt que de chrétiens, qui est répandue à Bassora, dans quelques endroits des Indes, dans la Perse et dans l'Arabie, dont l'origine et la croyance ne sont pas trop connues.

Quelques écrivains ont pensé que dans l'origine c'étaient des juifs qui avaient habité le long du Jourdain, pendant que saint Jean y donnait le baptême, qui avaient continué de pratiquer cette cérémonie tous les jours, ce qui les fit nommer *hémérobaptistes*; et qu'après la conquête de la Palestine par les mahométans, ils s'étaient retirés dans la Chaldée et sur le golfe Persique; c'est ainsi que d'Herbelot les a représentés dans sa *Bibliothèque orientale*; mais cette conjecture n'est appuyée d'aucune preuve. Dans la réalité, ces sectaires ne sont ni chrétiens, ni juifs, ni mahométans.

Chambers dit que tous les ans ils célèbrent une fête de cinq jours, pendant lesquels ils vont recevoir de la main de leurs évêques le baptême de saint Jean; que leur baptême ordinaire se fait dans les fleuves et les rivières, et seulement le dimanche; que c'est ce qui leur a fait donner le nom de *chrétiens de Saint-Jean*. Mais on sait que de tout temps les Orientaux ont regardé les ablutions comme une cérémonie religieuse et un symbole de purification, que chez les païens le dimanche était *le jour du soleil*. Jusque-là nous ne voyons chez les *mandaïtes* aucune marque de christianisme, et c'est abuser du terme que de nommer *évêques* les ministres de leur religion.

Dans les *Mémoires de l'Académie des inscriptions* (1), M. Fourmont l'aîné dit que cette secte se donne une origine très-ancienne, et la fait remonter jusqu'à Abraham; que de temps immémorial elle a eu des simulacres, des arbres et des bois sacrés, des temples, des fêtes, une hiérarchie, un culte public, même une idée de la résurrection future. Voilà des signes très-évidents de polythéisme et d'idolâtrie, et non de judaïsme ou de christianisme. Les astrologues, qui dominaient chez les *mandaïtes*, forgeaient des dogmes ou les rejetaient, selon leurs calculs astronomiques. Les uns soutenaient que la résurrection devait se faire au bout de neuf mille ans, parce qu'ils fixaient à ce temps la révolution des globes célestes; d'autres ne l'attendaient qu'après trente six mille quatre cent vingt-six ans. Plusieurs admettaient dans le monde ou dans les mondes une espèce d'éternité, pendant laquelle tour à tour ces mondes étaient détruits et refaits. Toutes ces idées étaient communes chez les anciens Chaldéens.

On ajoute que les *mandaïtes* font une mention honorable de saint Jean-Baptiste, qu'ils le regardent comme un de leurs prophètes, et prétendent être ses disciples; que leur liturgie et leurs autres livres parlent du baptême et de quelques autres sacrements qui ne se trouvent que chez les chrétiens. Si M. Fourmont avait exécuté la promesse qu'il avait faite de nous donner une notice des livres de cette secte qui sont à la Bibliothèque du roi, et qui sont écrits en vieux chaldéen, nous la connaîtrions mieux. Mais ni cet académicien, ni Fabricius, qui parle des chrétiens de Saint-Jean (2), ne nous apprennent point si ces prétendus chrétiens ont pour principal objet de leur culte les astres; si, par conséquent, ce sont de vrais *sabiens* ou *sabaïtes*, comme on le prétend. Il y a une homélie de saint Grégoire de Nazianze contre les *sabiens*; l'*Alcoran* parle aussi de cette secte, et Maimonide en a souvent fait mention; mais sous le nom de *sabiens* ou *xabiens*, ce dernier entend les idolâtres en général; nous ne savons donc pas s'il faut appliquer aux *mandaïtes* en particulier ce que disent ces divers auteurs, puisque le culte des astres a été commun à tous les peuples idolâtres. Le savant Assémani pense, d'après Maracci, que les *mandaïtes* sont de vrais païens, qu'ils ont pris quelques opinions des manichéens, qu'ils n'ont emprunté des chrétiens que le culte de la croix, et que c'est ce qui leur fait donner le nom de chrétiens (3).

MANÈS s'appelait ordinairement Curbicus; il naquit en Perse, en 240; une femme de Ctésiphonte fort riche l'acheta, lorsqu'il n'était encore âgé que de sept ans; elle le fit instruire avec beaucoup de soin, et lui laissa tous ses biens en mourant.

Curbicus, possesseur d'une grande fortune, alla loger proche le palais, et prit le nom de Manès.

Manès trouva dans les effets de sa bienfaitrice les livres d'un nommé Scythien; il les lut, et vit que le spectacle des biens et des

---

(1) Tom. XII in-4°, p. 16, et tom. XVII, in-12, pag. 25.

(2) Salut. Lux Evang., pag. 110 et 119.
(3) Biblioth. orient., tom. IV, p. 609.

maux dont la terre est le théâtre avait porté Scythien à supposer que le monde est l'ouvrage de deux principes opposés, dont l'un est essentiellement bon et l'autre essentiellement mauvais, mais qui sont tous deux éternels et indépendants. Manès adopta les principes de Scythien, traduisit ses livres, y fit quelques changements, et donna le système de Scythien comme son ouvrage. Nous n'exposerons point ici ce système, parce que nous l'exposons à l'article MANICHÉISME ; nous dirons seulement que le bon et le mauvais principe sont la lumière et les ténèbres. Manès eut d'abord peu de disciples.

Trois de ses disciples, nommés *Thomas*, *Buddas* ou *Addas*, *et Hermas*, allèrent prêcher sa doctrine dans les villes et dans les bourgs de la province dans laquelle Manès s'était retiré après avoir quitté la capitale : bientôt, formant de plus grands desseins, il envoya Thomas et Buddas en Egypte et dans l'Inde, et retint auprès de lui Hermas.

Pendant la mission de Thomas et de Buddas, le fils de Sapor, roi de Perse, tomba dangereusement malade.

Manès, qui était savant dans la médecine, fut appelé ou alla lui-même se proposer pour traiter ce prince : on le lui confia.

Les remèdes et les soins de Manès furent inutiles ; le fils du roi mourut, et l'on fit arrêter Manès (1).

Il était encore en prison, lorsque ses deux disciples, Thomas et Buddas, vinrent lui rendre compte de leur mission. Effrayés de l'état où ils trouvèrent leur maître, ils le conjurèrent de penser au péril où il était. Manès les écouta sans agitation, calma leurs inquiétudes, leur fit envisager leur crainte comme une faiblesse, ranima leur courage, échauffa leur imagination, se leva, se mit en prière, et leur inspira une soumission aveugle à ses ordres et un courage à l'épreuve des périls.

Thomas et Buddas, en rendant compte de leur mission à Manès, lui apprirent qu'ils n'avaient point rencontré de plus redoutables ennemis que les chrétiens. Manès sentit la nécessité de se les concilier, et forma le projet d'allier ses principes avec le christianisme : il envoya ses disciples acheter les livres des chrétiens, et, pendant sa prison, il ajouta aux livres sacrés ou en retrancha tout ce qui était favorable ou contraire à ses principes (2).

Manès lut dans les livres sacrés qu'un bon

---

(1) Nous tenons originairement l'histoire de Manichée ou Manès d'une pièce ancienne qui a pour titre : *Acta disputationis Archelai, episcopi Mesopotamiæ, et Manetis hæresiarchæ.*

C'est sous ce titre que cette pièce a été publiée par Zacagni, bibliothécaire du Vatican. *Voyez Monumenta Ecclesiæ Græcæ et Latinæ Romæ*, 1698.

M. de Valois a inséré presque toute cette dispute dans ses notes sur Socrate ; elle se trouve dans le IIIe tome de Dom Cellier sur les auteurs ecclésiastiques, dans Fabricius, tome II.

C'est sur cette conférence d'Archélaüs que saint Epiphane a travaillé en 371, Socrate en 430, Héraclien sur la fin du sixième siècle : elle est citée dans une ancienne chaîne grecque sur saint Jean. *Voyez* Zacagni, præf., p. xi. Fabr., ibid.

De Beausobre reconnaît que ces actes sont anciens, mais il croit que cette ancienneté ne prouve pas leur authenticité et ne lève pas les difficultés qu'il fait contre cette pièce.

Après avoir lu fort attentivement les raisons de de Beausobre, je n'ai pas été de son avis, et j'ai suivi les actes de la dispute de Cascar ; je donnerai ici quelques preuves de l'insuffisance des raisons sur lesquelles de Beausobre rejette, comme supposée, l'histoire de la dispute de Cascar.

(2) Cet article est un des grands moyens de de Beausobre pour prouver la fausseté des actes de la dispute de Cascar : nous allons examiner ses raisons.

1° De Beausobre dit que saint Epiphane assure que Manès avait eu les livres des chrétiens avant d'être mis en prison, ce qui prouve la fausseté de l'histoire de la conférence de Cascar.

De Beausobre se trompe : saint Epiphane n'est point contraire aux actes de la dispute de Cascar ; ce Père assure positivement que les disciples de Manès allèrent acheter les livres des chrétiens, et qu'ils revinrent vers leur maître, qu'ils trouvèrent en prison ; qu'ils lui remirent les livres des chrétiens, et que ce fut dans sa prison que cet hérésiarque ajusta les livres des chrétiens avec son système.

De Beausobre cite donc saint Epiphane au moins peu exactement, puisqu'il lui fait dire expressément, mot pour mot, le contraire de ce qu'il dit. *Voyez* la page 622, n. 5, de saint Epiphane, de l'édition du P. Petau.

2° De Beausobre attaque l'authenticité des actes de la dispute de Cascar par le témoignage de saint Epiphane.

De Beausobre avait-il donc oublié qu'il regardait saint Epiphane comme un auteur crédule, sans critique et sans discernement ? Est-ce avec de pareilles autorités qu'on attaque l'authenticité d'un écrit ? ou le même homme est-il un auteur grave, ou un témoin sans autorité, selon qu'il est favorable ou contraire aux opinions de de Beausobre ?

3° De Beausobre prouve qu'en effet Manès avait lu les livres des chrétiens avant sa prison, parce que la prison de Manès fut trop courte pour qu'il pût s'instruire dans les livres des chrétiens assez pour écrire les lettres qu'il a écrites, et pour se défendre aussi savamment qu'il le fait, même dans la dispute de Cascar.

Mais, d'abord de Beausobre ne peut déterminer précisément la durée de la prison de Manès ; ensuite le progrès que Manès fit dans la science des livres saints dépendait du degré de pénétration et de sagacité d'esprit de Manès, et de son ardeur pour s'instruire : or, de Beausobre soutient que Manès avait beaucoup de connaissances acquises, beaucoup d'esprit naturel, une grande habitude de raisonner, beaucoup de génie et une prodigieuse ardeur pour la célébrité ; avec ces dispositions, est-il impossible que Manès ait acquis les connaissances qu'il avait à Cascar, et qu'il les ait acquises pendant six mois au moins que sa prison dura, selon de Beausobre ?

Enfin si, dans la dispute de Cascar, Manès paraît trop instruit pour n'avoir étudié que six mois les livres des chrétiens, comment de Beausobre prétend-il, dans un autre endroit, que les actes de la conférence de Cascar sont faux, parce que Manès y est représenté comme accablé par les raisons d'Archélaüs, sans y faire aucune réponse, quoiqu'il y en vît de bonnes à faire, et que, selon de Beausobre, il soit impossible qu'un homme comme Manès soit resté court dans toute cette dispute, comme le portent les actes de la conférence de Cascar ?

Ceux qui voudront s'assurer par eux-mêmes de la vérité de ce que j'avance n'ont qu'à comparer le chapitre 7 du 1er livre, page 76, avec le chapitre 9 du même livre, page 103, tom. I, de l'Histoire de Manichée, où ces contradictions se trouvent mot pour mot.

4° De Beausobre, pour prouver que Manès connaissait les livres des chrétiens avant sa prison, cite d'Herbelot, qui dit que Manès était prêtre parmi les chrétiens de la province d'Ahuaz.

La critique de de Beausobre me paraît encore en défaut à cet égard ; car peut-on préférer les auteurs orientaux, sur l'autorité desquels d'Herbelot rapporte ce fait, à un monument aussi ancien que les actes de la dispute de Cascar ?

D'Herbelot, une page avant qu'il dise que Manès était prêtre parmi les chrétiens de la province d'Ahuaz, dit que cet imposteur ayant entendu dire aux chrétiens que Jésus-Christ avait promis d'envoyer après lui son paraclet, voulut persuader au peuple ignorant de la Perse qu'il était ce paraclet ; ce qui assurément ne pourrait se dire de Manès si cet hérésiarque avait été prêtre parmi les chrétiens avant de publier son hérésie.

arbre ne peut produire de mauvais fruits, ni un mauvais arbre de bons fruits : il crut pouvoir, sur ce passage, établir la nécessité de reconnaître dans le monde un bon et un mauvais principe pour produire les biens et les maux .(1).

Il trouva dans l'Ecriture que Satan était le prince des ténèbres et l'ennemi de Dieu ; il crut pouvoir faire de Satan son principe malfaisant.

Enfin Manès vit dans l'Evangile que Jésus-Christ promettait à ses apôtres de leur envoyer *le paraclet*, qu'il leur apprendrait toutes les vérités; il voyait que ce Paraclet n'était point encore arrivé du temps de saint Paul, puisque cet apôtre dit lui-même : Nous ne connaissons qu'imparfaitement ; mais quand la perfection sera venue, tout ce qui est imparfait sera aboli.

Manès crut que les chrétiens attendaient encore le paraclet; il ne douta pas qu'en prenant cette qualité il ne leur fît recevoir sa doctrine.

Tel fut en gros le projet que Manès forma pour l'établissement de sa secte (2).

Pendant que Manès arrangeait ainsi son projet, il apprit que Sapor avait résolu de le faire mourir; il gagna ses gardes, s'échappa, et passa sur les terres de l'empire romain.

Manès s'annonça comme un nouvel apôtre envoyé pour réformer la religion et pour purger la terre de ses erreurs.

Il écrivit en cette qualité à Marcel, homme distingué par sa piété et considérable par son crédit et par sa fortune.

Marcel communiqua la lettre de Manès à Archélaüs, évêque de Cascar, et, de concert avec l'évêque, il pria Manès de se rendre à Cascar pour y expliquer ses sentiments : Manès arriva à Cascar chez Marcel, qui lui proposa une conférence avec Archélaüs. On prit pour juges de la dispute les hommes les plus éclairés et les moins susceptibles de partialité dans leur jugement : ces juges furent Manipe, savant grammairien et habile orateur ; Egialée , très-habile médecin ; Claude et Cléobule, frères, et tous deux rhéteurs habiles.

La maison de Marcel fut ouverte à tout le monde, et Manichée commença la dispute.

Je suis, dit-il, disciple du Christ, apôtre de Jésus, le paraclet promis par lui; les apôtres n'ont connu qu'imparfaitement la vérité,

et saint Paul assure que quand la perfection sera venue tout ce qui est imparfait sera aboli : de là Manès concluait que les chrétiens attendaient encore un prophète pour perfectionner leur religion, et il prétendait être ce prophète.

Les juifs, continuait-il, enseignent que le bien et le mal viennent de la même cause ; ils n'admettent qu'un seul principe de toutes choses ; ils ne mettent aucune différence entre la lumière et les ténèbres; ils confondent le Dieu souverainement bon avec le principe du mal; nulle erreur n'est ni plus déraisonnable ni plus injurieuse à Dieu.

Jésus-Christ a fait connaître aux hommes que le Dieu suprême et bienfaisant ne régnait pas seul dans le monde, que le prince des ténèbres exerçait sur les hommes un empire tyrannique, qu'il les portait sans cesse vers le mal, qu'il allumait en eux mille passions dangereuses, leur suggérait tous les crimes. Jésus-Christ a révélé aux hommes les récompenses destinées à ceux qui vivent sous l'empire du Dieu suprême et bienfaisant, et les supplices réservés aux méchants qui vivent sous l'empire du démon ; enfin il leur a fait connaître toute l'étendue de la bonté de l'Etre suprême.

Cependant les chrétiens sont encore dans des erreurs dangereuses sur la bonté de l'Etre suprême : ils croient qu'il est le principe de tout, qu'il avait créé Satan, et qu'il peut faire du mal aux hommes : ces fausses idées sur la bonté de l'Etre suprême l'offensent, pervertissent la morale et empêchent les hommes de suivre les préceptes et les conseils de l'Evangile.

Pour dissiper ces erreurs, il faut éclairer les hommes sur l'origine du monde et sur la nature des deux principes qui ont concouru dans sa production; il faut leur apprendre que, le bien et le mal ne pouvant avoir une cause commune, il faut nécessairement supposer dans le monde un bon et un mauvais principe.

Ce n'était pas seulement sur la raison que Manès appuyait son sentiment sur le bon et sur le mauvais principe; il prétendait en trouver la preuve dans l'Ecriture même ; il trouvait son sentiment dans ce que saint Jean dit en parlant du diable, que, *comme la vérité n'est point en lui, toutes les fois qu'il ment, il parle de son propre fonds,*

Il est donc clair que d'Herbelot, dans cet article, n'a fait que ramasser ce que différents auteurs orientaux avaient dit de Manès, et que d'Herbelot lui-même, dans l'article Manès, suppose qu'il n'était point prêtre avant de publier son hérésie.

Nous ne poussons pas plus loin nos remarques sur cet objet; mais nous croyons devoir avertir que l'Histoire de Manichée, par de Beausobre, laquelle ne peut être l'ouvrage que d'un homme de beaucoup d'esprit et de savoir, et qui peut être utile à beaucoup d'égards, contient cependant des inexactitudes pour les citations, pour la critique et pour la logique, où les Pères y sont traités souvent avec hauteur et presque toujours injustement. Il faut que de Beausobre n'ait pas senti ce que tout lecteur équitable doit, selon moi, sentir en lisant son livre, c'est que l'auteur était entraîné par l'amour du paradoxe et par le désir de la célébrité, deux ennemis irréconcilia-

bles de l'équité et de la logique.

(1) Matth., vII, 18. Epist. Manet. ad Marcell.
(2) De Beausobre a prétendu prouver la fausseté des actes de Cascar, parce qu'il est impossible que Manès ait pris le titre de paraclet, et il prouve cette impossibilité, parce que Manès n'a pu se dire en même temps paraclet et apôtre. (Hist. de Manich., l. I, c. 9, p. 103.)

Mais, 1° il est certain que les manichéens croyaient que Manès était le paraclet, et Basnage se sert de ce fait pour prouver, contre Mgr de Meaux, que les manichéens sont différents des albigeois. (Basnage, Hist. des Egl. réformées.)

2° Comme Jésus-Christ devait envoyer le Paraclet, on ne voit pas que le titre d'apôtre soit incompatible avec celui de paraclet, car Manichée ne se considère ici que par rapport à sa mission.

parce qu'il est menteur aussi bien que son père (1).

Quel est le père du diable, disait Manès? Ce n'est pas Dieu, car il n'est pas menteur; qui est-ce donc?

Il n'y a que deux moyens d'être père de quelqu'un : la voie de la génération ou la création.

Si Dieu est le père du diable par la voie de la génération, le diable sera consubstantiel à Dieu : cette conséquence est impie.

Si Dieu est le père du diable par la voie de la création, Dieu est un menteur, ce qui est un autre blasphème.

Il faut donc que le diable soit fils ou créature de quelque être méchant qui n'est point Dieu; il y a donc un autre principe créateur que Dieu.

Archélaüs attaqua la qualité d'apôtre de Jésus-Christ que prenait Manès; il demanda sur quelles preuves il fondait sa mission, quels miracles ou quels prodiges il avait faits, et Manès n'en pouvait citer aucun.

Par ce moyen, Archélaüs dépouillait Manès de son autorité, et réduisait sa doctrine à un système ordinaire, dont il sapait les fondements : il prouva contre Manès qu'il était impossible de supposer deux êtres éternels et nécessaires dont l'un est bon et l'autre mauvais, puisque deux êtres qui existent par la nécessité de leur nature ne peuvent avoir des attributs différents, ni faire deux êtres différents; ou si ce sont deux êtres différents, ils sont bornés et n'existent plus par leur nature, ils ne sont plus éternels et indépendants.

Si les objets que l'on regarde comme mauvais sont l'ouvrage d'un principe essentiellement malfaisant, pourquoi ne trouve-t-on point dans la nature de mal pur et sans mélange de bien? Choisissez dans les objets qui nous ont fait imaginer un principe malfaisant et coéternel au Dieu suprême, vous n'en trouverez aucun qui n'ait quelque qualité bienfaisante, quelque propriété utile.

Le démon, que l'on voudrait faire regarder comme un principe coéternel à l'Être suprême, est, dans son origine, une créature innocente, qui s'est dépravée par l'abus qu'elle a fait de sa liberté.

Tels sont en général les principes qu'Archélaüs opposa à Manès. Tout le monde sentit la force de ces raisons, et personne ne fut ni ébranlé ni ébloui par les sophismes de son adversaire.

Archélaüs garantit le peuple de la séduction en l'éclairant. Quels ravages un homme tel que Manès n'eût-il pas faits dans le diocèse de Cascar, si Archélaüs n'eût été qu'un honnête homme sans talent ou qu'un grand seigneur sans lumière?

Manès, désespérant de faire des prosélytes dans la province de Cascar, repassa en Perse, où des soldats de Sapor l'arrêtèrent et le firent mourir, vers la fin du troisième siècle.

Telle fut la fin de Manès, et, trois siècles après, Mahomet fanatique, ignorant, sans

(1) Joan., VIII, 44.

lumière et sans vue, se fit respecter comme un prophète, et fit recevoir à la moitié de l'Asie, comme une doctrine inspirée, un mélange absurde de judaïsme et de christianisme.

Manès, en alliant la doctrine des mages avec le christianisme, déplaisait également aux Persans, aux chrétiens et aux Romains: toutes les sociétés religieuses dont il était environné se soulevèrent contre lui, et il fut opprimé.

Mais lorsque Mahomet allia le christianisme et le judaïsme, l'Arabie et les provinces de l'Orient étaient remplies de juifs, de nestoriens et d'eutychiens, de monothélites et d'autres hérétiques exilés ou bannis, qui vivaient paisiblement sous la protection des Arabes, mais qui conservaient contre les empereurs romains et contre les catholiques une haine implacable, et qui, pour se venger, favorisèrent le fanatisme de Mahomet, secondèrent ses efforts, et lui suggérèrent peut-être le projet d'être prophète et conquérant : tout empire leur paraissait préférable à celui des catholiques.

D'ailleurs Manès était un philosophe qui voulait établir ses dogmes par la voie du raisonnement et de la persuasion; Mahomet, au contraire, était un fanatique ignorant, et le fanatique sans lumières court au supplice ou aux armes.

Les disciples de Manès firent pourtant quelques prosélytes; on les rechercha, et ils furent traités avec beaucoup de rigueur: ils se multiplièrent cependant, et six siècles après Manès, dans des temps de ténèbres et d'ignorance, nous voyons les manichéens se multiplier prodigieusement et fonder un État qui fit trembler l'empire de Constantinople. Il est intéressant de connaître les différentes formes que prit cette secte, ses progrès et ses effets dans l'Orient et dans l'Occident.

MANICHÉENS, disciples de Manès ou sectateurs de sa doctrine : les principaux disciples de Manès furent Hermas, Buddas ou *Addas* et Thomas, qui allèrent en Égypte, en Syrie, dans l'Orient et dans l'Inde, porter la doctrine de leur maître; ils essuyèrent d'abord bien des disgrâces, et firent peu de prosélytes. Nous allons d'abord exposer leurs principes et leur commencement; nous exposerons ensuite leur progrès.

1° *Des commencements des Manichéens, de leurs principes et de leur morale.*

Les premiers sectateurs de Manès composèrent divers ouvrages pour défendre leurs sentiments, et comme Manès avait pris la qualité d'apôtre de Jésus-Christ, on rapprocha autant qu'on le put les principes philosophiques de Manès des dogmes du christianisme : on adoucit donc beaucoup le système de Manès, et l'on fit à beaucoup d'égards disparaître, au moins en apparence, l'opposition du manichéisme et du christianisme.

D'autres disciples de Manès, tels qu'Aristocrite, prétendaient qu'au fond toutes les religions, païenne, judaïque, chrétienne, etc., convenaient dans le principe et dans les dogmes, et qu'elles ne différaient que dans quelques cérémonies : partout, disait-il, un Dieu suprême et des dieux subalternes, ici, sous le nom de dieux, là, sous le nom d'anges; partout des temples, des sacrifices, des prières, des offrandes, des récompenses et des peines dans l'autre vie; partout des démons et un chef des démons, principal auteur des crimes et chargé de les punir (1).

Le système philosophique de Manès et son sentiment sur l'origine de l'âme avait d'ailleurs beaucoup de rapport avec la philosophie de Pythagore et de Platon, et même avec les principes des stoïciens : il croyait que le bon principe n'était que la lumière, et le mauvais principe les ténèbres, et cette lumière répandue dans la matière ténébreuse animait tout ce qui vivait.

On voit aisément que les principes du manichéisme sur la nature et sur l'origine de l'âme pouvaient conduire à des maximes austères et à une pureté de mœurs que l'on pouvait regarder comme la perfection de la morale chrétienne, ou mener à un quiétisme qui laissait agir toutes les passions en liberté.

Ainsi les esprits simples ou superficiels qui ne s'attachent qu'aux mots et qui ne jugent que sur les premières apparences, les chrétiens entêtés de la philosophie pythagoricienne, platonicienne et stoïcienne ; les hommes d'un caractère dur, austère, rigide ou chagrin, ou d'un tempérament voluptueux, trouvaient dans le manichéisme des principes satisfaisants.

Les premiers disciples de Manès ne tardèrent donc pas à faire des prosélytes, et ils étaient assez nombreux en Afrique sur la fin du troisième siècle.

Comme les empereurs romains haïssaient beaucoup les Perses et qu'ils regardaient le manichéisme comme une religion venue de Perse, ils persécutèrent par haine nationale les manichéens avant que le christianisme fût la religion des empereurs, et par zèle pour la religion ; ainsi les manichéens furent persécutés presque sans relâche : ils ne pouvaient donc former dans tous ces temps qu'une secte en quelque sorte secrète, qui dut tomber dans le fanatisme, et des principes généraux du manichéisme tirer mille dogmes particuliers, absurdes, et une foule de pratiques et de fables insensées.

De ce que les manichéens étaient une secte persécutée, ils prenaient beaucoup de précautions pour n'admettre parmi eux que des hommes sûrs ; ainsi ils avaient un temps d'épreuves, et il y avait chez eux des catéchumènes, des auditeurs et des élus.

Les auditeurs vivaient à peu près comme les autres hommes; pour les élus, ils avaient un genre de vie tout différent et une morale très-singulière formée sur les principes fondamentaux du manichéisme.

Ainsi, comme dans ce système le monde était l'effet de l'irruption que le mauvais principe avait faite dans l'empire de la lumière, et qu'ils croyaient que le principe bienfaisant n'était que la lumière céleste, ils disaient que la partie de Dieu abandonnée aux ténèbres était répandue dans tous les corps du ciel et de la terre, et qu'elle y était esclave et souillée; que quelques-unes de ces parcelles de lumière ne seraient jamais délivrées de cet esclavage et demeureraient attachées pour l'éternité à un globe de ténèbres, et seraient éternellement avec les esprits ténébreux.

Ces portions de lumière céleste ou du bon principe, répandues dans toute la nature et renfermées dans divers organes, formaient les animaux, les plantes, les arbres, et généralement tout ce qui avait vie.

Lorsqu'une des portions de la lumière céleste, et qui était une portion de la Divinité, lors, dis-je, que cette portion de la lumière était unie à un corps par la voie de la génération, elle était liée à la matière beaucoup plus étroitement qu'auparavant : ainsi le mariage ne faisait que perpétuer la captivité des âmes, et ils concluaient que le mariage était un état imparfait et criminel.

Il y avait des manichéens qui croyaient que les arbres et les plantes avaient, aussi bien que les animaux, des perceptions; qu'ils voyaient, qu'ils entendaient, et qu'ils étaient capables de plaisir et de douleur, de sorte qu'on ne pouvait cueillir un fruit, couper un légume, tailler un arbre, sans que l'arbre ou la plante ressentît de la douleur, et ils prétendaient que le lait qui sort comme une larme de la figue que l'on arrache en était une preuve sensible; c'est pourquoi ils ne voulaient pas qu'on arrachât la moindre herbe, pas même les épines, et quoique l'agriculture soit l'art le plus innocent, ils le condamnaient néanmoins, parce qu'on ne pouvait l'exercer sans commettre une infinité de meurtres.

Il semble qu'avec de pareils principes les manichéens devaient mourir de faim : ils trouvèrent le moyen d'éluder cette conséquence. Ils se persuadèrent que des hommes aussi saints qu'eux devaient avoir le privilège de vivre du crime des autres, en protestant cependant de leur innocence : ainsi, lorsqu'on apportait du pain à un manichéen élu, il se retirait un peu à l'écart, faisait les plus terribles imprécations contre ceux qui lui apportaient du pain, puis, s'adressant au pain, il disait en soupirant : « Ce n'est pas moi qui vous ai moissonné, qui vous ai moulu ; je ne vous ai point pétri, je ne vous ai point mis dans le four : ainsi je suis innocent de tous les maux que vous avez soufferts ; je souhaite ardemment que ceux qui vous les ont faits les éprouvent eux-mêmes. »

Après cette pieuse préparation, l'élu mangeait avec plaisir, digérait sans scrupule, et se consolait par l'espérance qu'il avait que ceux qui lui procureraient à manger en seraient punis rigoureusement.

Un mélange bizarre de sensualité, de su-

---

(1) Formula receptionis Manichæorum, apud Cotelerium in Patribus apostolicis.

perstition et de dureté conduisit les élus des manichéens à ces conséquences, qui paraîtront extravagantes ou même impossibles à tel homme qui en a peut-être plus d'une de cette espèce à se reprocher.

Parmi les chefs des manichéens, il y en avait qui regardaient la nécessité de se nourrir sous un aspect plus consolant ; ils croyaient qu'un élu en mangeant délivrait les plus petites parties de la Divinité attachées à la matière qu'il mangeait, et que de son estomac elles s'envolaient dans le ciel et se réunissaient à leur source : ainsi c'était un acte de religion et une œuvre de piété sublime lorsqu'un élu mangeait avec excès ; il se regardait, non comme le sauveur d'un homme, mais de Dieu (1).

Il est aisé de voir que les principes fondamentaux conduisaient à des conséquences absolument différentes et même opposées, selon les caractères et les circonstances : il y a de l'apparence que l'on imputa aux manichéens beaucoup de ces conséquences qu'ils n'avaient point tirées eux-mêmes ; on leur imputa aussi de commettre des horreurs et des infamies dans leurs assemblées secrètes.

2° *Du progrès et de l'extinction des Manichéens.*

Depuis Dioclétien jusqu'à Anastase, les empereurs romains firent tous leurs efforts pour détruire les manichéens : ils furent bannis, exilés, dépouillés de leurs biens, condamnés à périr par différents supplices : on renouvela souvent ces lois, et on les exécuta rigoureusement pendant plus de deux siècles (depuis 285 jusqu'en 491).

On eut plus d'indulgence pour eux sous Anastase, dont la mère était manichéenne, et ils enseignèrent leur doctrine avec plus de liberté ; ils en furent privés sous Justin et sous ses successeurs.

Sous le règne de Constant, petit-fils d'Héraclius, une femme nommée Callinice, et manichéenne zélée, avait deux enfants qu'elle éleva dans ses sentiments : ces enfants se nommaient Paul et Jean ; aussitôt qu'ils furent en état de prêcher le manichéisme, elle les envoya en Arménie, où ils firent des disciples qui regardèrent Paul comme l'apôtre qui leur avait fait connaître la vérité ; ils prirent le nom de cet apôtre et s'appelèrent pauliciens (vers le milieu du septième siècle).

Paul eut pour successeur Constantin, qui se nommait Silvain.

Ce Silvain entreprit de réformer le manichéisme et d'ajuster le système des deux principes à l'Ecriture sainte; en sorte que la doctrine de Sylvain paraissait toute puisée dans l'Ecriture, telle que les catholiques la reçoivent, et il ne voulait point reconnaître d'autre règle de foi. Il affectait de se servir des termes de l'Ecriture ; il parlait comme les orthodoxes lorsqu'il parlait du corps et du sang de Jésus-Christ, de sa mort, de son baptême, de sa sépulture, de la résurrection des morts : ces sectaires supposaient, comme les orthodoxes, un Dieu suprême, mais ils disaient qu'il n'avait en ce monde aucun empire, puisque tout y allait mal ; ils en attribuaient le gouvernement à un autre principe, dont l'empire ne s'étendait point au delà de ce monde et finirait avec le monde.

Ils avaient une aversion particulière pour les images et pour la croix ; c'était une suite de leur erreur sur l'incarnation, sur la mort et sur la résurrection de Jésus-Christ, qu'ils ne croyaient point réelles. Ils reprochaient aux catholiques de donner dans les erreurs du paganisme et d'honorer les saints comme des divinités, ce qui était contraire à l'Ecriture. Ils prétendaient que c'était pour cacher aux laïques cette contradiction entre le culte de l'Eglise catholique et l'Ecriture que les prêtres défendaient la lecture de l'Ecriture sainte.

Par ces calomnies, les manichéens séduisaient beaucoup de monde, et leur secte ne s'offrait aux esprits simples que comme une société de chrétiens qui faisaient profession d'une perfection extraordinaire.

Silvain enseigna sa doctrine pendant près de vingt-sept ans et se fit beaucoup de sectateurs. L'empereur Constantin, successeur de Constance, informé des progrès de Silvain, chargea un officier, nommé Simon, d'aller saisir Silvain et de le faire mourir.

Trois ans après la mort de Silvain, Simon, qui l'avait fait lapider, quitta secrètement Constantinople, alla trouver les disciples de Silvain, les assembla et devint leur chef ; il prit le nom de Tite et pervertit beaucoup de monde vers la fin du septième siècle.

Simon et un nommé Justus eurent une contestation sur le sens d'un passage de l'Ecriture ; Justus consulta l'évêque de Cologne Justinien II, successeur de Constantin, informé par l'évêque de Cologne qu'il y avait des manichéens, envoya des ordres pour faire mourir tous ceux qui ne voudraient pas se convertir.

Un Arménien nommé Paul s'échappa et emmena avec lui deux fils, les instruisit, en mit un à la tête des manichéens et lui donna le nom de Timothée; après la mort de Timothée, Zacharie et Joseph se disputèrent la qualité de chef des manichéens et formèrent deux partis : on se battit, et les Sarrasins, ayant fait une irruption dans ces contrées, massacrèrent presque tout le parti de Zacharie. Joseph, plus adroit, trouva le moyen de plaire aux Sarrasins et de se retirer à Episparis, où son arrivée causa une grande joie.

Un magistrat zélé pour la religion força Joseph à sortir d'Episparis ; il se retira à Antioche, où il fit une grande quantité de prosélytes.

Après la mort de Joseph, les pauliciens se divisèrent encore en deux partis : l'un avait pour chef Sergius, homme adroit et né avec tous les talents propres à séduire.

---

(1) Disput. Archelai. Epiph., hæres. 6. Aug., de Moribus Manichæorum. De Hæres. Op. Imperfect., l. vi, c. 6.

L'autre parti était attaché à Baanes. Après beaucoup de contestations, les deux partis en vinrent aux mains et se seraient détruits, si Théodote ne les eût réconciliés en leur rappelant qu'ils étaient frères, et en leur faisant sentir que leurs divisions les perdraient.

L'impératrice Théodora ayant pris les rênes du gouvernement pendant la minorité de Michel, en 841, rétablit le culte des images et crut devoir employer toute son autorité pour détruire les manichéens : elle envoya dans tout l'empire ordre de découvrir les manichéens et de faire mourir tous ceux qui ne se convertiraient pas : plus de cent mille hommes périrent par différentes espèces de supplices.

Un nommé Carbéas, attaché à cette secte, ayant appris que son père avait été crucifié pour n'avoir pas voulu renoncer à ses sentiments, se sauva avec quatre mille hommes chez les Sarrasins, s'unit à eux et ravagea les terres de l'empire.

Les pauliciens se bâtirent ensuite plusieurs places fortes, où tous les manichéens que la crainte des supplices avait tenus cachés se réfugièrent, et formèrent une puissance formidable par leur nombre et par leur haine implacable contre les empereurs et contre les catholiques : on les vit plusieurs fois, unis aux Sarrasins ou seuls, ravager les terres de l'empire, tailler en pièces les armées romaines. Une bataille malheureuse, dans laquelle Chrisochir leur chef fut tué, anéantit cette nouvelle puissance que les supplices avaient créée et qui avait fait trembler l'empire de Constantinople (1).

Qu'il me soit permis de fixer un moment l'attention de mon lecteur sur les événements que je viens de mettre sous ses yeux.

Manès enseigne librement sa doctrine à Cascar et à Diodoride ; Archélaüs le combat avec les armes de la raison et de la religion ; il dissipe ses sophismes, il fait voir la vérité du christianisme dans son jour, et Manès est regardé par toute la province comme un imposteur ; personne n'est, ni ébranlé par ses raisons, ni échauffé par son fanatisme.

Manès désespéré passe en Perse ; Sapor le fait mourir, et les disciples de Manès font des prosélytes.

Dioclétien est informé qu'il y a dans l'empire romain des disciples de Manès ; il condamne au feu les chefs de cette secte, et les manichéens se multiplient.

Pendant plus de six cents ans les exils, les bannissements, les supplices sont employés inutilement contre cette secte. Sous la minorité de Michel, les manichéens sont répandus dans tout l'empire ; la piété de Théodora veut détruire cette secte : elle la frappe, son zèle immole plus de cent mille manichéens obstinés, et du sang de ces malheureux elle voit sortir une puissance ennemie de la religion et de l'empire, qui fut longtemps funeste à l'un et à l'autre, et qui hâta les conquêtes des Sarrasins, l'agrandissement du mahométisme et la ruine de l'empire.

Si Marcel, dans la maison duquel se tint la conférence entre Manès et Archélaüs, eût dit à Dioclétien : Opposez aux manichéens des hommes tels qu'Archélaüs, ils arrêteront le progrès du manichéisme, comme cet évêque a étouffé dans sa province cette secte naissante ; le feu de la persécution que vous allumez contre eux fera sortir des cendres de ces sectaires une puissance formidable à vos successeurs. Dioclétien eût regardé Marcel comme un insensé, et ses courtisans auraient soutenu qu'il voulait avilir l'autorité souveraine.

Si, lorsque Théodora donnait ses ordres pour faire mourir tous les manichéens, un sage, perçant dans l'avenir, eût dit à l'impératrice : Princesse, le principe du zèle qui vous anime est louable, mais les moyens que vous employez seront funestes à l'Église et à l'empire ; ce sage eût été regardé comme un mauvais sujet et comme un ennemi de la religion ; après la révolte de Carbéas, il n'est pas sûr qu'on ne la lui eût pas imputée, et qu'il n'eût pas été condamné comme un manichéen et puni comme l'auteur des maux qui affligèrent l'empire.

Après la défaite de l'armée de Chrysochir, les débris de la secte des manichéens se dispersèrent du côté de l'orient, se firent quelques établissements dans la Bulgarie, et, vers le dixième siècle, se répandirent dans l'Italie ; ils eurent des établissements considérables dans la Lombardie, d'où ils envoyèrent des prédicateurs qui pervertirent beaucoup de monde.

Les nouveaux manichéens avaient fait des changements dans leur doctrine : le système des deux principes n'y était pas toujours bien développé ; mais ils en avaient conservé toutes les conséquences sur l'incarnation, sur l'eucharistie, sur la sainte Vierge et sur les sacrements.

Beaucoup de ceux qui embrassèrent ces erreurs étaient des enthousiastes, que la prétendue sublimité de la morale manichéenne avait séduits : tels furent quelques chanoines d'Orléans, qui étaient en grande réputation de piété.

Le roi Robert en étant informé fit assembler un concile ; on examina les erreurs des nouveaux manichéens ; les évêques firent d'inutiles efforts pour les détromper : « Prêchez, répondirent-ils aux évêques, prêchez votre doctrine aux hommes grossiers et charnels ; pour nous, nous n'abandonnerons point les sentiments que l'Esprit-Saint a gravés lui-même dans nos cœurs, et il nous tarde que vous nous envoyiez au supplice ; nous voyons dans les cieux Jésus-Christ qui nous tend les bras pour nous conduire en triomphe dans la cour céleste. »

Le roi Robert les condamna au feu, et ils se précipitèrent dans les flammes avec de grands transports de joie, an 1022.

---

(1) Photius, de Manichæis repullulantibus, Biblioth. Croisitiana p. 349. Petrus Siculus, de Manichæis. Cedrenus

Les manichéens firent beaucoup plus de progrès dans le Languedoc et dans la Provence : on assembla plusieurs conciles contre les manichéens et on brûla beaucoup de ces sectaires, mais sans éteindre la secte ; ils pénétrèrent même en Allemagne, et passèrent en Angleterre ; partout ils firent des prosélytes, mais partout on les combattit et on les réfuta.

Le manichéisme, perpétué à travers tous ces obstacles, dégénéra insensiblement et produisit, dans le douzième siècle et dans le treizième, cette multitude de sectes qui faisaient profession de réformer la religion et l'Eglise : tels furent les albigeois, les pétrobrusiens, les henriciens, les disciples de Tanchelin, les popelicains, les cathares (1).

MANICHÉISME, système de Manès, qui consistait à concilier avec les dogmes du christianisme le sentiment qui suppose que le monde et les phénomènes de la nature ont pour causes deux principes éternels et nécessaires, dont l'un est essentiellement bon et l'autre essentiellement mauvais.

Nous allons développer, 1° les principes de ce système, 2° en faire voir l'absurdité, et comme Bayle, à l'occasion du système de Manès, a fait une foule de difficultés contre la Providence et contre la bonté de Dieu, nous exposerons, 3° les difficultés de Bayle en faveur du manichéisme, et 4° nous ferons voir que ces difficultés que l'on répète avec tant de confiance sont des sophismes

1° *Des principes du manichéisme, avant Manès.*

Pour découvrir les premiers pas de l'esprit humain vers le manichéisme, il faut nous placer dans ces siècles barbares où les guerres, les passions et l'ignorance avaient défiguré l'idée de l'Etre suprême, répandu d'épaisses ténèbres sur le dogme de la Providence, et fait d'une partie du genre humain des nations sauvages.

Plongés dans l'oubli de leur origine et de leur destination, les hommes ne se virent plus que comme des êtres sensibles qui éprouvaient successivement différents besoins, tels que la faim, la soif, etc., et qui étaient affectés de sensations agréables ou douloureuses, telles que le froid, le chaud, etc.

Guidés par l'instinct seul, ils cherchèrent les fruits et les légumes propres à les nourrir; ils apprirent à les cultiver; ils élevèrent des troupeaux, se couvrirent de leurs peaux, et formèrent des peuples pasteurs et cultivateurs.

La fertilité de la terre n'est pas constante : les orages, la rigueur des saisons, les intempéries de l'air, firent périr les fruits, les légumes et les moissons ; des nourritures malsaines, des vents dangereux firent mourir les troupeaux ; les maladies désolèrent les familles réunies.

Les hommes se virent alors environnés de biens et de maux : les hommes qui éprouvaient successivement ces biens et ces maux avaient eux-mêmes fait du bien et du mal ; quelquefois ils partageaient leurs fruits, leurs troupeaux avec leurs alliés ; d'autres fois ils ravageaient les moissons de leurs ennemis, ils enlevaient leurs troupeaux, tuaient des animaux pour s'en nourrir ; ils crurent que des êtres invisibles et semblables aux hommes rendaient leurs champs stériles, ravageaient leurs moissons et faisaient périr leurs troupeaux.

Comme les hommes n'enlevaient les fruits et les moissons des autres ou ne tuaient des animaux que pour s'en nourrir, on crut que les êtres invisibles ou les esprits ne nuisaient aux moissons ou ne faisaient mourir les animaux que pour se nourrir ; on crut les empêcher de nuire aux troupeaux et aux moissons, ou même aux hommes, en leur donnant à manger, et en leur offrant une partie des légumes et de la chair des animaux qu'on tuait.

Ce partage que les hommes faisaient de leur nourriture avec les êtres invisibles auxquels ils attribuaient la stérilité de leurs champs ou la mort de leurs troupeaux fut, chez ces nations barbares, le premier sacrifice.

On attribua successivement à ces esprits tous les goûts, toutes les passions humaines ; on leur rendit toutes les espèces de culte qui pouvaient flatter ces passions ou ces goûts : telle est l'origine de ces cultes religieux si insensés, si bizarres et si obscènes, dont l'histoire nous a conservé des traits, et que l'on retrouve encore aujourd'hui chez les peuples du nouveau monde, à proportion du degré de lumière auquel chaque nation s'est élevée.

Ces ressources épuisées inutilement pour arrêter le cours des maux, on jugea qu'il y avait des génies insensibles aux hommages des hommes, des génies qui avaient pour le mal une détermination inflexible, et qui ne cherchaient dans le malheur des hommes qu'un spectacle.

L'empire de la nature fut donc partagé entre deux espèces de puissances contraires, entre des génies bons et malfaisants : de là vint cette religion barbare qui, pour se rendre propices les génies malfaisants : offrait des victimes humaines, et dévouait à la mort les peuples vaincus.

En réfléchissant sur ces génies, que l'on regardait comme les maîtres de la nature, on aperçut dans les effets qu'on leur attribuait de grandes différences, et l'on supposa de l'inégalité dans les forces et dans le pouvoir de ces génies : on établit donc une espèce de gradation ou de hiérarchie dans les puissances qui gouvernaient la nature ; et comme l'imagination ne peut soutenir le progrès à l'infini, on s'arrêta enfin à deux génies plus puissants que tous les autres, qui partageaient l'empire du monde, et qui

---

(1) *Voyez*, sur les manichéens d'Italie et des Gaules, Acta concil. Aurelianensis, Spicileg., t. II. Labbe, Conc., t. IX. Vignier, Biblioth. hist., II° part., an 1022, p. 672. Régnier contr. Valdenses, c. 6, t. IV. Bibliot. PP., part. II, p. 759. Conc. Turon. III, c. 3. Conc. Tolos., an 1119, can. 3. Bossuet, Hist. des Variations, l. XI.

distribuaient les biens et les maux par le moyen d'une multitude innombrable de génies subalternes.

L'esprit humain, élevé à l'idée de deux génies maîtres absolus de la nature, fixa toute sa curiosité sur ces deux principes et sur la recherche des moyens propres à les intéresser.

Le bon et le mauvais principe étant déterminés par leur nature à produire, l'un tout le bien, l'autre tout le mal possible, il est certain qu'il n'y aurait eu du bien ou du mal dans le monde si ces deux principes n'étaient indépendants l'un de l'autre ; et comme ces deux principes étaient les deux causes primitives et essentielles de tout ce qu'on voyait dans le monde, on les crut éternels, nécessaires et infinis.

L'espèce d'échafaudage par lequel l'esprit humain s'était élevé jusqu'à deux principes généraux de tout, disparut alors, et l'hypothèse des deux principes commença à se généraliser et à se présenter à l'esprit sous une forme systématique.

Il y a du bien et du mal dans le monde ; ces deux effets supposent nécessairement deux causes, l'une bonne et l'autre mauvaise; ces deux causes ou principes éternels, nécessaires et infinis, produisent tout le bien et tout le mal qu'ils peuvent produire.

Comme ceux qui avaient imaginé ces deux principes n'avaient envisagé dans la nature que les phénomènes qui avaient du rapport avec le bonheur des hommes, ils trouvèrent dans l'hypothèse des deux principes un système complet de la nature : l'imagination se représenta ces deux principes comme deux monarques qui se disputaient l'empire de la nature pour y faire régner le bonheur et les plaisirs ou pour en faire un séjour de trouble et d'horreur ; on imagina des armées de génies sans cesse en guerre, et l'on crut avoir trouvé la cause de tous les phénomènes : telle était la philosophie d'une partie de l'Orient et de la Perse, d'où elle se répandit ensuite chez différents peuples, où elle prit mille formes différentes (1).

Dans beaucoup de nations, l'esprit n'alla pas plus loin ; la curiosité, plus active chez d'autres hommes, chercha à se former une idée plus distincte et une notion plus précise de ces deux principes, d'où naissaient primitivement tous les biens et tous les maux.

La lumière est le premier des biens, elle embellit la nature, elle fait croître les moissons, elle mûrit les fruits; sans elle l'homme ne pourrait ni distinguer les fruits qui le nourrissent, ni éviter les précipices dont la terre est semée.

On ne savait point alors que le rayon de lumière qui féconde les campagnes élevait dans l'atmosphère des sels et des soufres, et produisait les vents qui forment les orages et les tempêtes ; on jugea que la lumière était un principe bienfaisant et la source de tous les biens.

C'étaient au contraire les ténèbres qui apportaient les tempêtes, les orages et la désolation; c'était des abîmes profonds et obscurs de la terre que sortaient les vapeurs mortelles, les torrents de soufre et de feu qui ravageaient les campagnes ; c'était dans le centre de la terre que résidaient ces puissances redoutables qui en ébranlaient les fondements : on ne douta pas que les ténèbres ou la matière ténébreuse et obscure ne fussent le principe malfaisant et la source de tous les maux.

On ne concevait alors l'âme que comme le principe du mouvement du corps humain, et l'esprit comme une force motrice : comme la lumière était essentiellement active, on regarda la lumière comme un esprit et comme la matière ténébreuse était aussi en mouvement, on supposa qu'elle était sensible et intelligente, et que les démons ténébreux étaient des esprits matériels.

Comme le ciel est la source de la lumière, on conçut le principe bienfaisant comme une lumière éternelle, pure, spirituelle et heureuse, qui, pour communiquer son bonheur, avait produit d'autres intelligences, et s'était formé dans les cieux une cour d'êtres heureux et bienfaisants comme lui.

Pour le principe malfaisant, il habitait au centre de la nuit, et n'était qu'un esprit ténébreux et matériel. Agité sans cesse et sans règle, il avait produit des esprits ténébreux comme lui, inquiets, turbulents, sur lesquels il régnait.

Mais pourquoi ces esprits étaient-ils en guerre? pourquoi s'étaient-ils mêlés ensemble ? Leur nature étant essentiellement différente, ne devaient-ils pas rester éternellement séparés ?

C'est une question que la curiosité humaine ne pouvait manquer de faire, et voici comment on la résolut.

Le bon et le mauvais principe étant indépendants l'un de l'autre occupaient l'immensité de l'espace sans se connaître, et par conséquent sans faire d'efforts l'un vers l'autre; chacun était dans l'espace qu'il occupait, comme s'il eût existé seul dans la nature, faisant ce que son essence le déterminait à faire, et ne désirant rien de plus.

Le séjour du principe ténébreux était rempli d'esprits qui se mouvaient essentiellement, parce qu'il n'y a que le bonheur qui soit tranquille ; et les mouvements des esprits ténébreux, semblables à l'agitation des hommes malheureux, n'avaient ni dessein ni règle : la confusion, le trouble, le désordre et la discorde régnaient donc dans son empire. Les esprits ténébreux furent en guerre, se livrèrent des batailles; les vaincus fuyaient les vainqueurs, et comme l'empire de la lumière et celui des ténèbres se touchaient, les vaincus, en fuyant les vainqueurs, franchirent les limites de l'empire des ténèbres, et passèrent dans l'espace

---

(1) Wolf., Manichæism. ante Manich. Asseman, Bibliot. orient., t. I, p. 112.

lumineux où régnait le bon principe (1).

La production du monde était l'effet de cette irruption du principe ténébreux dans le séjour de la lumière, et pour expliquer comment cette irruption avait produit les différents êtres que le monde renferme, l'imagination forgea des hypothèses, des systèmes. On a compté plus de soixante-dix sectes de manichéens qui, réunis dans la croyance de deux principes, l'un bon et l'autre mauvais, se divisaient et se contredisaient sur la nature de ces êtres et sur la manière dont le monde était sorti du conflit de ces deux principes (2).

Les uns prétendaient que le bon principe n'ayant ni foudres pour arrêter le mauvais principe, ni eaux pour l'inonder, ni fer pour forger des armes, avait jeté quelques rayons de lumière aux génies ténébreux, qui s'étaient occupés à les saisir, à les fixer, et qui par ce moyen n'avaient pas pénétré plus avant dans son empire (3).

D'autres pensaient que le principe bienfaisant, après l'irruption du principe matériel, jugea qu'il pouvait mettre de l'ordre dans la matière, et qu'il avait tiré tous les corps organisés de ce principe matériel : c'était le système de Pythagore, qui l'avait trouvé dans l'Orient, où Manès le prit aussi.

De l'union que Manès fit du système des deux principes avec le christianisme.

Manès avait pris dans les écrits de Scythien le système des deux principes, il l'avait enseigné, et s'était fait des disciples. Les disciples qu'il envoya pour répandre sa doctrine lui rapportèrent qu'ils avaient trouvé dans les chrétiens des ennemis redoutables; Manès crut qu'il fallait les gagner et concilier le christianisme avec le système des deux principes : il prétendit trouver dans l'Ecriture même les deux principes auxquels, selon lui, la raison avait conduit les philosophes.

L'Ecriture, disait-il, nous parle de la création de l'homme et jamais de celle des démons.

Aussitôt que l'homme est placé dans le paradis, Satan paraît sur la scène, vient tenter l'homme et le séduit.

Cet esprit malfaisant fait sans cesse la guerre au Dieu suprême, et l'Ecriture donne aux démons le titre de puissances, de principautés, d'empereurs du monde; ainsi l'Ecriture suppose un principe malfaisant opposé sans cesse au principe bienfaisant : il est dans le mal ce que Dieu est dans le bien.

Le diable étant méchant de sa nature, il n'est pas possible, disait Manès, que Dieu l'ait créé.

En vain répondait-on que le démon avait été créé innocent, juste et bon, et qu'il était devenu méchant en abusant de sa liberté.

Manès répliquait que le démon était représenté dans l'Ecriture comme un méchant, incorrigible, et essentiellement malfaisant : il prétendait que si Dieu avait créé le démon bon et libre, il n'aurait point perdu sa liberté par son péché, et que son inclination naturelle l'aurait ramené au bien, s'il avait été bon dans son origine; il prétendait qu'il répugnait à la perfection de Dieu de créer un esprit qui devait être la cause de tous les maux de l'univers, perdre le genre humain et s'emparer de l'empire du monde.

Manès ne supposait pas que le mauvais principe ou le démon fût égal au Dieu bienfaisant; il supposait, au contraire, que Dieu, ayant aperçu l'irruption du mauvais principe dans son empire, avait envoyé l'esprit vivant, qui avait dompté les démons et les avait enchaînés dans les airs ou relégués dans la terre, où il ne leur laissait de puissance et de liberté qu'autant qu'il le jugeait à propos pour ses desseins.

Ce fut en usant de cette puissance que les démons formèrent l'homme et la femme. Nous n'entrerons pas dans le détail des explications que les manichéens donnent des phénomènes et de l'histoire des Juifs, et de celle des chrétiens; ces explications sont absolument arbitraires, et presque toujours absurdes et ridicules.

Tous convenaient que l'âme d'Adam et celles de tous les hommes étaient des portions de la lumière céleste, qui, en s'unissant au corps, oubliaient leur origine, et qui erraient de corps en corps.

Pour les délivrer, la divine Providence se servit d'abord du ministère des bons anges, qui enseignèrent aux patriarches les vérités salutaires; ceux-ci les enseignèrent à leurs descendants, et, pour empêcher que cette lumière ne s'éteignît entièrement, Dieu ne cessa point de susciter, dans tous les temps et parmi toutes les nations, des sages et des prophètes, jusqu'à ce qu'il ait envoyé son Fils.

Jésus-Christ a fait connaître aux hommes leur véritable origine, les causes de la captivité de l'âme, et les moyens de lui rendre sa première dignité.

Après avoir opéré une infinité de miracles pour confirmer sa doctrine, il leur montra dans sa crucifixion mystique comment ils doivent mortifier sans cesse leur chair et leurs passions; il leur a fait voir encore, par sa résurrection mystique et par son ascension, que la mort ne détruit point l'homme, qu'elle ne détruit que sa prison, et qu'elle rend aux âmes purifiées la liberté de retourner dans leur patrie céleste. Voilà le fondement de toutes les austérités et de la morale des manichéens.

Comme il n'est pas possible que toutes les âmes acquièrent une parfaite pureté dans le cours d'une vie mortelle, les manichéens admettaient la transmigration des âmes; mais ils disaient que celles qui ne sont pas purifiées par un certain nombre de révolutions sont livrées aux démons de l'air pour en être tourmentées et pour être domptées; qu'après cette rude pénitence elles sont renvoyées dans d'autres corps, comme dans une nouvelle école, jusqu'à ce qu'ayant acquis le degré de purification suffisante, elles traver-

(1) Théodoret, hæret. Fab. l. 1, c. 26. Fragment. Basilid. apud Grabe, Spicileg. PP., sæc. II, p. 59.

(2) Théodoret, ibid.
(3) Ibid.

sent la région de la matière et passent dans la lune; lorsqu'elle en est remplie, ce qui arrive quand toute sa surface est illuminée, elle les décharge entre les bras du soleil, qui les remet à son tour dans le lieu que les manichéens appellent la colonne de gloire.

Le Saint-Esprit, qui est dans l'air, assiste continuellement les âmes et répand sur elles ses précieuses influences; le soleil, qui est composé d'un feu pur et purifiant, facilite leur ascension au ciel, et en détache les parties matérielles qui les appesantissent.

Lorsque toutes les âmes et toutes les parties de la substance céleste auront été séparées de la matière, alors arrivera la consommation du siècle; le feu malfaisant sortira des cavernes où le Créateur l'a renfermé; l'ange qui soutient la terre dans sa situation et dans son équilibre la laissera tomber dans les flammes et jettera ensuite cette masse inutile hors de l'enceinte du monde, dans ce lieu que l'Écriture appelle les ténèbres extérieures; c'est là que les démons seront relégués pour jamais.

Les âmes les plus paresseuses, c'est-à-dire celles qui n'auront pas achevé leur purification lorsque cette catastrophe arrivera, auront pour peine de leur négligence la charge de tenir les démons resserrés dans leurs prisons, afin d'empêcher qu'ils n'attentent plus rien contre le royaume de Dieu.

Les manichéens rejetaient l'Ancien Testament, parce qu'il suppose que le Dieu suprême produit les biens et les maux qu'on voit dans le monde (1).

2° *Les principes du manichéisme sont absurdes.*

Les manichéens, et après eux Bayle, prétendent qu'en partant des phénomènes que nous offrent la nature, la raison arrive à deux principes éternels et nécessaires dont l'un est essentiellement bon et l'autre essentiellement mauvais.

Pour juger si leur sentiment est une hypothèse philosophique, supposons pour un moment que nous ignorons notre origine et celle du monde, et n'admettons de certain que notre existence; appuyés sur ce phénomène, le plus incontestable pour nous, tâchons de nous élever jusqu'à la cause primitive qui nous a donné l'être.

Pour peu que je réfléchisse sur moi, je m'aperçois que je ne me suis point donné l'existence et que je l'ai reçue.

Mais quelle est la cause à laquelle je dois l'existence? l'a-t-elle reçue elle-même, en sorte qu'il n'y ait dans la nature qu'une longue chaîne de causes et d'effets, en sorte qu'il n'y ait rien qui n'ait été produit?

Cette supposition est impossible; car alors il faudrait reconnaître que la collection des causes est sortie du néant sans aucune raison, ce qui est absurde. Mon existence et celle de tous les êtres que je vois supposent donc nécessairement un être éternel, incréé, qui existe nécessairement et par lui-même.

Je réfléchis sur cet être, la source de l'existence de tous les êtres, et je trouve qu'il est éternel, infiniment intelligent, tout-puissant; en un mot qu'il a par sa nature toutes les perfections.

Puisque cet être, en vertu de la nécessité de son existence, a toutes les perfections, je conclus qu'un être nécessaire et essentiellement mauvais est une absurdité, parce qu'il est impossible que deux êtres qui ont la même raison d'exister soient cependant d'une nature différente, puisque cette différence n'aurait point de raison suffisante; il n'y a donc qu'un être éternel, nécessaire, indépendant, qui est la cause primitive de tous les êtres distingués de lui.

Je parcours les cieux, et je trouve qu'ils ont été formés avec intelligence et avec dessein par la même puissance qui les fait exister; je trouve que la puissance infinie qui leur a donné l'existence a pu seule les former, en régler les mouvements et y faire régner cet équilibre sans lequel la nature entière ne serait qu'un chaos affreux; je conclus encore que le monde est l'ouvrage de l'intelligence créatrice et que c'est le comble de l'absurdité de supposer qu'il est l'effet du conflit de deux principes ennemis qui ont une puissance égale, et dont l'une veut l'ordre et l'autre le désordre.

Si je descends sur la terre, je trouve que depuis l'insecte jusqu'à l'homme tout y a été formé avec dessein par la puissance créatrice; que tous les phénomènes y sont liés; je ne peux donc m'empêcher de regarder la terre comme l'ouvrage du créateur de l'univers, et le manichéisme, qui en attribue la production à deux principes ennemis, comme une absurdité.

Sur cette terre où je trouve si évidemment le dessein et la main de l'intelligence créatrice, je vois des êtres sensibles; ils tendent tous vers le bonheur, et la nature a placé ces créatures au milieu de tout ce qui est nécessaire pour les rendre heureuses; ces créatures sensibles sont donc, aussi bien que la terre, l'ouvrage d'un être bienfaisant et non pas de deux principes opposés, dont l'un est bon et l'autre mauvais.

Les animaux, que la nature semble destiner au bonheur, éprouvent cependant du mal: j'en recherche l'origine, et je trouve que les maux sont des suites ou des effets des lois établies dans la nature pour le bien général; c'est ainsi que la foudre qui tue un animal est l'effet du vent qui accumule les soufres répandus dans l'atmosphère, et sans lequel l'air serait meurtrier pour tout ce qui respire. N'est-il pas évident qu'un être malfaisant n'aurait point établi dans la nature des lois qui, tendant au bien général, entraînent de petits inconvénients (2).

Parmi les êtres qui habitent la terre,

---

(1) Aug., cont. Manich. Théodoret, Hæret. Fab., l. 1, Conférence d'Archélaüs.

(2) *Voyez* Derham, Théologie physique. Nieuwentit,

Démonstration de Dieu par les merveilles de la nature. Examen du fatalisme, t. III, art. 3, où ces difficultés sont traitées dans un grand détail.

l'homme semble être l'objet particulier des complaisances de l'auteur de la nature : aucune créature sur la terre n'a plus de ressources que lui pour le bonheur ; il éprouve cependant des malheurs, mais ils viennent presque tous de l'abus qu'il fait des facultés qu'il a reçues de la nature et qui étaient destinées à le rendre heureux. Une disposition naturelle porte tous les hommes à s'aimer, à se secourir, et ce n'est qu'en étouffant ce germe de bienveillance qu'un homme fait le malheur d'un autre homme. L'homme n'est donc pas l'ouvrage de deux principes opposés, et l'intelligence qui l'a créé est une intelligence bienfaisante.

Ainsi Bayle n'a fait qu'un sophisme pitoyable lorsqu'il a prétendu que le manichéisme expliquait plus heureusement les phénomènes de la nature que le théisme, puisque ces phénomènes sont démontrés impossibles dans la supposition des deux principes des manichéens.

Le manichéisme ne peut donc être regardé que comme une hypothèse, et les maux que l'on voit dans le monde ne peuvent justifier cette erreur.

Les difficultés de Manès contre l'Ancien Testament avaient été proposées par Cerdon, par Marcion, par Saturnin ; nous y avons répondu dans ces articles. Le silence de l'Ecriture sur la création du démon ne peut autoriser à le regarder comme incréé ; il n'était pas nécessaire que l'Ecriture nous dît qu'un esprit impuissant et méchant que Dieu a relégué dans les enfers est une créature. Le reste de la doctrine de Manès a été réfuté par les principes qu'on a établis dans l'article MATÉRIALISTES, où l'on prouve la spiritualité de l'âme. *Voyez* sur cela l'*Examen du fatalisme*, t. II, où l'on prouve que l'âme est immatérielle, qu'elle est une substance et non pas une portion de l'âme universelle.

3° *Des difficultés de Bayle en faveur du manichéisme et contre la bonté de Dieu.*

Rien ne serait aussi fastidieux et plus inutile que de copier ici ces difficultés qui se réduisent à des principes simples et presque tous renfermés dans la note D de l'article MANICHÉENS.

Difficultés de Bayle tirées de la permission du mal.

Les idées les plus sûres et les plus claires de l'ordre nous apprennent qu'un être qui existe par lui-même, qui est nécessaire et éternel, doit être unique, infini, tout-puissant et doué de toutes sortes de perfections : ainsi, en consultant ces idées, on ne trouve rien de plus absurde que l'hypothèse des deux principes éternels, nécessaires et indépendants l'un de l'autre : voilà ce qu'on appelle des raisons *a priori* ; elle nous conduisent nécessairement à rejeter cette hypothèse et à n'admettre qu'un principe unique de toutes choses.

S'il ne fallait que cela pour la bonté d'un système, le procès serait vidé à la confusion de Zoroastre et de tous ses sectateurs. Mais il n'y a point de système qui, pour être bon, n'ait besoin de ces deux choses : l'une, que les idées en soient distinctes ; l'autre, qu'il puisse donner raison des expériences : il faut donc voir si les phénomènes de la nature se peuvent expliquer par l'hypothèse d'un seul principe. Si nous jetons les yeux sur la terre, nous trouvons qu'elle ne peut sortir des mains d'un être bon et intelligent : les montagnes et les rochers la défigurent ; la mer et les lacs en couvrent la plus grande partie ; elle est inhabitable dans la zone torride et dans les zones glaciales, les tonnerres, les tempêtes, les volcans la ravagent souvent. Les animaux sont sans cesse en guerre et se détruisent ; leur vie n'est qu'une longue chaîne de maux et de douleurs, qui ne se terminent que par la mort.

L'homme est méchant et malheureux ; chacun le connaît par ce qui se passe au dedans de lui et par le commerce qu'il est obligé d'avoir avec son prochain : il suffit de vivre cinq ou six ans pour être convaincu de ces deux articles ; ceux qui vivent beaucoup connaissent cela encore plus clairement ; les voyages sont des leçons perpétuelles là-dessus, ils font voir partout les monuments du malheur et de la méchanceté de l'homme, partout des prisons et des hôpitaux, partout des gibets et des mendiants : vous voyez ici les débris d'une ville florissante, ailleurs vous n'en pouvez pas même trouver les ruines. L'histoire n'est, à proprement parler, que le recueil des ruines et des infortunes du genre humain.

Mais remarquons que ces deux maux, l'un moral, l'autre physique, n'occupent pas toute l'histoire ni toute l'expérience des particuliers : on trouve partout et du bien moral et du bien physique, quelques exemples de vertu, quelques exemples de bonheur, et c'est ce qui fait la difficulté en faveur des manichéens, qui seuls rendent raison des biens et des maux.

Si l'homme est l'ouvrage d'un seul principe souverainement bon, souverainement puissant, peut-il être exposé aux maladies, au froid, au chaud, à la faim, à la soif, à la douleur, au chagrin ? peut-il avoir tant de mauvaises inclinations ? peut-il commettre tant de crimes ? La souveraine sainteté peut-elle produire une créature criminelle ? la souveraine bonté peut-elle produire une créature malheureuse ? la souveraine bonté jointe à une puissance infinie ne comble-t-elle pas de bien son ouvrage, et n'éloignera-t-elle pas tout ce qui pourrait l'offenser ou le chagriner ?

En vain répondrait-on que les malheurs de l'homme sont des suites de l'abus qu'il fait de sa liberté, la toute-science de Dieu a dû prévoir cet abus, et sa bonté devait l'empêcher ; et quand Dieu n'aurait pas prévu cet abus que l'homme fait de sa liberté, il a dû juger que du moins il était possible ; puis donc qu'au cas qu'il arrivât il se croyait obligé de renoncer à sa bonté paternelle pour rendre tous ses enfants très-misérables, il aurait déterminé l'homme au bien moral, comme il l'a déterminé au bien physique ; il n'aurait laissé dans l'âme de l'homme aucune force pour s'écarter des lois auxquelles le bonheur est attaché.

Si une bonté aussi bornée que celle des pères exige nécessairement qu'ils préviennent, autant qu'il leur est possible, le mauvais usage que leurs enfants pourraient faire des biens qu'ils leur donnent, à plus forte raison une bonté infinie et toute-puissante préviendra-t-elle les mauvais effets de ses présents : au lieu de donner le franc arbitre, elle veillera toujours efficacement pour empêcher que l'homme n'en abuse.

4° *Les difficultés de Bayle sont des sophismes.*

Les difficultés de Bayle contre la bonté de Dieu renferment quatre espèces de maux incompatibles, selon ce critique, avec la bonté, la sagesse, la sainteté, la puissance infinie de Dieu : ces maux sont les prétendus désordres que l'on voit dans les phénomènes de la nature, l'état des animaux, les maux physiques auxquels l'homme est sujet, tels que la faim, la soif, et enfin les crimes des hommes.

Bayle prétend que, puisqu'il se trouve sur la terre des lacs, des montagnes, puisqu'il se forme dans l'atmosphère des orages, il faut que le monde ne soit pas l'ouvrage d'un principe bienfaisant.

Je ne vois dans cette difficulté qu'un sophisme indigne du plus mince philosophe.

1° Le mouvement et l'arrangement de la matière n'est en soi ni bon, ni mauvais ; il n'y aurait de désordre dans la production des montagnes, des orages, des tempêtes, etc., qu'autant que ces phénomènes seraient contraires au but que Dieu s'est proposé dans la création du monde physique.

Bayle connaît-il ce but ? a-t-il parcouru l'immensité de la nature, détaillé toutes ses parties, aperçu leur liaison, leurs rapports, démêlé le résultat des lois qui entraînent avec elles ces désordres que l'on regarde comme contraires à la bonté de Dieu ?

En ne considérant le monde que du côté du physique, puisque tout est lié dans le physique, il faut le considérer comme une machine : or la perfection d'une machine consiste en ce qu'on peut dériver d'une raison générale, savoir, de la vue pour laquelle elle a été faite, les raisons qui marquent pourquoi chacune de ses parties est précisément telle qu'elle est, et non pas autrement, et pourquoi ces parties ont été arrangées et liées précisément de cette façon, et non pas autrement.

Il est certain que la machine sera parfaite si toutes ses parties sans exception et leur ordre ou leur arrangement sont précisément tels qu'ils doivent être pour que la machine soit parfaitement et exactement propre à la vue qu'on se propose en la fabriquant.

(1) Nous ne pouvons entrer dans tous les détails qui établissent cette vérité ; on peut voir sur cela Nieuwentyt,

Bayle, ne connaissant pas la fin que Dieu s'est proposée dans la création du monde, ignorant la destination de cette grande machine, y trouvant des lois générales qui tendent au bien et à l'ordre et qui le produisent, a-t-il pu combattre le bien et la sagesse de Dieu par quelques désordres particuliers qui font ordre dans le tout, et qui ne choquent que parce qu'on ne voit pas toute la nature?

Leibnitz appliquait au sujet dont il s'agit l'axiome de droit, *Incivile est nisi tota lege inspecta judicare;* il disait que nous devions juger des ouvrages de Dieu aussi sagement que Socrate jugeait de ceux d'Héraclite, en disant : *Ce que j'en ai entendu me plaît, je crois que le reste ne me plairait pas moins si je l'entendais.*

2° Il faut n'avoir jamais porté sur la nature un œil philosophique pour regarder les lacs, les volcans, etc., comme des désordres contraires à la bonté de Dieu ; car il est bien prouvé pour tout physicien que ces prétendus désordres produisent de grands avantages aux animaux qui habitent la terre, et qu'ils n'entraînent que peu de maux. L'orage et le tonnerre, par exemple, rendent l'air salutaire à tout ce qui respire; sans le mouvement que ces orages produisent dans l'atmosphère, l'air que les animaux respirent serait mortel pour des régions entières, et l'orage ne fait périr qu'infiniment peu d'animaux (1).

La difficulté que Bayle tire de l'état des animaux est plus spécieuse et n'est pas plus solide : l'état des animaux nous est trop inconnu pour en faire un principe contre une vérité démontrée, telle que l'unité et la bonté de Dieu. D'ailleurs on exagère leurs maux, et lorsqu'on examine leur condition, on trouve qu'ils ont plus de biens que de maux. Chez eux le bonheur dépend uniquement des sentiments qu'ils éprouvent, et ils sont heureux s'ils ont plus de sensations agréables que de sensations douloureuses ; et il paraît que telle est leur condition, comme on le voit dans tous les auteurs qui ont écrit sur l'histoire des animaux.

Le mal physique que l'homme éprouve échauffe bien autrement Bayle. Si l'homme, dit-il, est l'ouvrage d'un principe souverainement bon et tout-puissant, peut-il être exposé aux maladies, à la douleur, au froid, au chaud, à la faim, à la soif, au chagrin ?

Quoi donc ! parce que l'homme a froid, parce qu'il a trop chaud, parce qu'il a soif, on se croira autorisé à nier la bonté de l'Être suprême ! on méconnaîtra sa sagesse, on attaquera son existence, que l'on reconnaît cependant comme une vérité fondée sur les principes les plus clairs et les plus incontestables de la raison !

Est-il vrai d'ailleurs que le sort de l'homme soit aussi affligeant qu'on le prétend ?

Le besoin de manger est le plus pressant des besoins de l'homme, mais il est aisé de le satisfaire. Tout ce qui peut se digérer

Derham, l'Examen du fatalisme, t. III, et beaucoup d'autres ouvrages.

nourrit l'homme, et le besoin qui assaisonne le repas le plus frugal le rend aussi délicieux que les mets les plus recherchés.

L'homme peut facilement se garantir de la rigueur des saisons.

Lorsqu'il est sans douleur, il a besoin, pour être heureux, de varier ses perceptions, et le spectacle de la nature offre à sa curiosité un fonds inépuisable d'amusements et de plaisirs. Il y a donc dans la nature un fonds de bonheur suffisant pour tous les hommes, ouvert à tous, facile à tous, lorsqu'on se renferme dans les bornes de la nature.

Il est vrai que, malgré ces précautions, les hommes seront sujets à des maladies et aux accidents de la vieillesse; mais ces infirmités ne sont pas insupportables, et n'empêchent pas que la vie ne soit un état heureux, même pour le vieillard infirme, puisqu'il ne la quitte qu'à regret.

Dans ce que nous venons de dire pour justifier la bonté de Dieu, nous n'avons considéré l'homme que comme un être capable de sensations agréables ou douloureuses et attendant son bonheur ou son malheur des objets qui agissent sur ses organes; mais il a pour être heureux bien d'autres ressources.

La nature ne fait point croître les hommes sur la terre comme les champignons ou comme les arbres; elle unit les pères et les enfants par les liens d'une tendresse mutuelle : les soins que le père donne à l'éducation de son fils procurent des plaisirs infiniment plus satisfaisants que les sensations. La tendresse et la reconnaissance rendent les pères chers à leurs enfants; ils sont dociles à leur volonté, ils soulagent leurs maux, ils soutiennent leur vieillesse, ils offrent aux pères un spectacle satisfaisant, ils les consolent des malheurs de la vieillesse.

Une inclination naturelle porte tous les hommes à s'aimer, à se secourir: un malheureux qu'on soulage procure un plaisir délicieux, et les soins qu'on donne au soulagement d'un malheureux lui font éprouver un sentiment de reconnaissance et un retour vers son bienfaiteur qui répand dans son âme un plaisir qui adoucit ses maux.

Enfin l'homme s'aime, et l'amour qu'il a pour lui-même ne se borne pas à se procurer des sensations vives et agréables, il faut que l'homme soit content de lui-même; pour être heureux, il faut qu'il puisse s'approuver, et jamais l'homme ne sent plus vivement le plaisir que procure l'approbation de soi-même que lorsqu'il mérite l'approbation des autres hommes, lorsqu'il a procuré le bonheur des autres, lorsqu'il a rempli ses devoirs, lorsqu'il n'a rendu personne malheureux. Voilà autant de ressources que la nature a mises dans l'homme contre les malheurs attachés à sa condition; elles sont dans le cœur de tous les hommes, et ne sont ignorées que des barbares qui ont étouffé la voix de la nature.

Qu'on juge présentement si l'homme est l'ouvrage d'un être malfaisant, et si ce n'est pas avec raison qu'un ancien a dit que c'est à tort que l'homme se plaint de son sort.

Passons au mal moral, qui fait la grande difficulté de Bayle, je veux dire les vices et les crimes des hommes.

Sans doute les hommes sont méchants, et l'on ne peut peindre avec des couleurs trop fortes leurs péchés et leurs désordres, parce que le mal n'est jamais ou presque jamais nécessaire à leur bonheur; mais gardons-nous d'imputer ces désordres à l'Être suprême, ou de penser qu'ils doivent rendre sa bonté douteuse.

Ces désordres, ces crimes sont l'effet de l'abus que l'homme fait de sa liberté, et il n'est point contraire à la bonté de l'Être suprême de créer un homme libre qui puisse se porter au bien par choix, et qui ait pourtant le pouvoir de se porter au mal. Le sentiment de notre liberté, qui ne peut exister que dans les êtres libres, ce sentiment, dis-je, nous fait trouver un grand plaisir dans la pratique de la vertu et produit les remords qui nous rappellent à notre devoir : la liberté n'est donc pas un présent fait à l'homme par un être malfaisant, puisqu'elle tend à nous rendre meilleurs et plus heureux.

Il ne faut pas au reste regarder la terre comme un séjour de crime et sans vertu; nous ferons voir plus bas combien Bayle est outré à cet égard, et plusieurs auteurs ont prouvé que le bien, tant naturel que moral, l'emporte dans le monde sur le mal: le lecteur peut consulter sur cela Sherlok: *Traité de la Providence*, ch. 7; Leibnitz, *Essais de théodicée*, etc.

Nous venons d'exposer la nature et l'origine des maux que nous offre le spectacle de la nature; nous avons vu qu'aucune des causes qui produisent ces maux n'est l'ouvrage d'un principe éternel et malfaisant; que dans l'institution primitive et dans l'intention de l'auteur de la nature tout tend au bien, que par conséquent le système des deux principes n'explique point les phénomènes de la nature, et que tout ce que Bayle dit sur les maux qui nous affligent sont plus les déclamations d'un sophiste que les doutes d'un philosophe.

Examen d'une instance de Bayle.

Bayle prétend que la souveraine puissance, jointe à une bonté infinie, doit combler de biens son ouvrage et éloigner de lui tout ce qui pourrait l'offenser ou le chagriner; que la souveraine bonté devait ôter à l'homme le pouvoir d'abuser de ses facultés, et que Dieu, en laissant à l'homme ce pouvoir, n'aime pas plus ses créatures qu'un père qui laisserait entre les mains de son fils une épée dont il saurait qu'il se percera. L'état des saints qui sont irrévocablement attachés à la vertu n'est-il pas un état digne de la sagesse et de la sainteté de Dieu?

D'ailleurs il est certain que Dieu pouvait, sans blesser la liberté de l'homme, le faire persévérer infailliblement dans l'innocence et dans la vertu; rien n'empêchait donc que Dieu ne prévînt l'abus que l'homme fait de ses facultés et qu'il ne fît régner dans toute la nature l'ordre et le bonheur; cependant il y a des désordres, des maux, des méchants, des pécheurs; il faut donc qu'une cause différente de l'Etre suprême ait eu part à la production du monde et que cette cause soit malfaisante.

Toutes les difficultés que Bayle a répétées en mille manières dans son Dictionnaire et dans ses Réponses aux questions d'un provincial se réduisent à ces principes que nous allons examiner.

Il est clair que toute la force de cette instance porte sur ce qu'il est impossible qu'un être souverainement bon, souverainement saint et souverainement puissant, permette qu'il y ait du mal dans le monde, parce qu'il est de l'essence de la souveraine bonté d'empêcher toute espèce de mal.

Pour sentir le faux de ce raisonnement, tâchons de nous former une idée juste de la souveraine bonté.

La bonté de l'Etre suprême dont nous parlons ici, c'est sa bienveillance.

La bienveillance d'un être est d'autant plus grande qu'il a moins besoin de faire le bien qu'il fait; ainsi, comme l'Etre suprême se suffit pleinement à lui-même, il est, si je peux m'exprimer ainsi, infiniment éloigné d'avoir besoin pour son bonheur de créer d'autres êtres et de leur faire du bien; sa bienveillance à l'égard des créatures est donc infinie, quel que soit le bien qu'il leur fait: voilà en quel sens la bonté de Dieu est infinie, et non pas en ce sens qu'elle doit faire à cette créature tout le bien possible; car la bonté infinie en ce sens est impossible, puisqu'alors il faudrait que l'Etre suprême donnât à toutes ses créatures tous les degrés de perfection possibles, ce qui est absurde, car il n'y a point de dernier degré de perfection dans la créature.

L'idée de la souveraine bonté n'exige donc pas que Dieu fasse à ses créatures tout le bien possible. Pour qu'il conserve pleinement la qualité d'être souverainement bienfaisant, il suffit qu'il mette ses créatures dans un état où elles préfèrent l'existence au néant, et dans lequel il soit meilleur d'être que de n'être point du tout; il n'est pas nécessaire que cet état soit l'état le plus heureux possible.

Créer l'homme avec le désir du bonheur, le mettre au milieu de toutes les ressources propres à procurer le bonheur, lui donner toutes les facultés nécessaires pour faire un bon usage de ces ressources, c'est certainement faire à l'homme un grand bien.

Faire dépendre le bonheur de certaines lois que l'homme peut observer, mais dont il peut s'écarter et hors desquelles il rencontre le déplaisir et la douleur, n'empêche pas que l'existence ne soit encore un grand bienfait, digne de la souveraine bonté et de la reconnaissance de l'homme.

La qualité d'être souverainement bon n'exigeait donc pas que Dieu prévînt l'abus que l'homme pouvait faire de ses facultés: la souveraine bonté rend Dieu impuissant pour faire le mal, et le laisse absolument libre sur l'existence de ses créatures et sur les degrés de perfection et de bonheur qu'il leur accorde.

L'idée de la souveraine bonté n'exige donc point que Dieu prévienne tous les maux qui sont des suites de l'imperfection de la créature ou de l'abus qu'elle fait de ses facultés; car alors Dieu aurait été obligé de lui donner un certain degré de perfection plutôt qu'un autre, ce qui n'est cependant point renfermé dans l'idée de la souveraine bonté.

Si Dieu ne s'était proposé, dans la création du monde, que de rendre l'homme heureux, à quelque prix et de quelque manière que ce soit, il aurait sans doute écarté de lui tous les malheurs, et il l'aurait dépouillé du pouvoir d'abuser de ses facultés.

Mais est-il contraire à la bonté de Dieu de vouloir que l'homme fût heureux, mais qu'il ne le fût qu'à certaines conditions et en suivant certaines lois qu'il était en son pouvoir d'observer ou de violer?

Dieu voyait dans sa toute-puissance une infinité de mondes possibles; parmi ces mondes, ne pouvait-il pas y en avoir un où le bonheur des créatures ne fût point la fin principale et dans lequel il n'entrât que secondairement? N'est-il pas possible qu'une des lois de ce monde ait été que Dieu n'accorderait le bonheur qu'au bon usage que l'homme ferait de ses facultés, et que Dieu ne prévînt point l'abus que les créatures pourraient faire de leurs facultés? Dieu ne pouvait-il pas, sans violer les lois de sa bonté, choisir ce monde, et la créature serait-elle en droit de se plaindre?

En accordant à Bayle ce qu'il a si souvent répété et qu'il n'a jamais prouvé, en lui accordant, dis-je, que Dieu n'a pu se déterminer à créer le monde que pour faire des créatures heureuses, est-il sûr que sa sagesse et sa sainteté ne lui prescrivissent point des lois dans la distribution du bonheur? La bonté de Dieu n'est-elle qu'une espèce d'instinct qui le porte à faire du bien, sans règle et aveuglément?

La conduite de Dieu, si je puis m'expliquer ainsi, ne doit-elle pas porter le caractère des attributs de l'Etre suprême, le caractère de sa sagesse et de son intelligence? Or un monde dans lequel Dieu n'eût rendu heureux que des automates, ou dans lequel il aurait obéi à tous les caprices et à toutes les bizarreries de la créature, eût-il été bien conforme à l'idée de la sagesse et de la grandeur de l'Etre suprême? La bonté de Dieu ne doit-elle pas agir conformément aux lois de sa sagesse, et rendre chaque être heureux selon qu'il est plus ou moins parfait? Ne fallait-il pas pour cela que la créature fût libre? Ce plan du monde est-il contraire à l'idée de la souveraine bonté?

Enfin je demande à Bayle s'il connaît assez la nature de l'homme pour prouver que Dieu ne l'a pas créé dans l'état le plus propre à le rendre heureux? Je lui demande s'il connaît assez les desseins de Dieu pour prononcer que le monde n'a pas une fin et n'aura pas un dénoûment qui nous fera voir la bonté de Dieu dans les maux même qui occasionnent nos murmures? La permission du mal est alors un mystère et non pas une contradiction avec la bonté souveraine de Dieu, et l'on ne peut dire qu'en vertu de sa souveraine bonté Dieu devait prévenir tous les maux et établir un ordre de choses dans lequel l'homme n'eût pu devenir malheureux.

La sainteté est, aussi bien que la bonté, une source de difficultés en faveur du manichéisme.

Dieu n'est-il pas infiniment saint? dit-on. Sa sainteté ne lui donne-t-elle pas une souveraine aversion pour le mal? Ne faut-il pas qu'il ait manqué de puissance pour l'empêcher ou de sagesse pour choisir les moyens propres à le prévenir?

Pour répondre à cette difficulté, il ne faut que se former des idées justes de la sainteté de Dieu, de sa sagesse et de sa puissance.

La sainteté de Dieu n'est qu'une volonté constante de ne rien faire qui soit indigne de lui : or il n'est point indigne de Dieu de créer des hommes qui peuvent abuser de leur liberté; car ce pouvoir est dans l'essence de la créature même, et il n'est point indigne de Dieu de créer l'homme avec son essence, ou il faut dire qu'il est indigne de Dieu de créer des êtres bornés.

En vain prétendrait-on, avec Bayle, que la sainteté de Dieu devait au moins prévenir l'abus que l'homme fait de sa liberté : car, la sainteté n'étant en Dieu que la volonté constante de ne rien faire qui soit indigne de lui, il faudrait qu'il fût indigne de Dieu de ne pas prévenir la chute de l'homme, et c'est ce qu'on ne peut dire : il n'est point indigne de Dieu de demeurer immobile lorsque la créature pèche; il exprime par son immobilité qu'il n'a pas besoin des hommages de l'homme ; il exprime par ce moyen le jugement qu'il porte de lui-même : c'est qu'il est indépendant de sa créature.

La permission du mal n'est donc pas contraire à la sainteté de Dieu, et toutes les comparaisons de Bayle, telle que celle d'une mère qui mène sa fille au bal et la laisse séduire, pouvant la garantir de la séduction, sont des sophismes qui tirent toute leur force d'un faux état de question que Bayle offre sans cesse à son lecteur sur l'origine du mal. La mère n'a aucune raison pour ne pas empêcher la séduction de sa fille ; il n'en est pas ainsi de Dieu par rapport au péché de l'homme.

L'idée de la bonté humaine n'est pas l'idée d'une bonté pure; elle est toujours jointe à l'idée de la justice; le devoir entre toujours un peu dans sa composition, si je peux m'exprimer ainsi : c'est une espèce de commerce et une observation de cette loi générale qui veut que nous fassions pour les autres ce que nous voudrions qu'ils fissent pour nous si nous étions dans les circonstances où ils sont. Le bonheur de la société dépend de l'observation de cette loi ; la société est plus ou moins heureuse selon que cette loi est plus négligée ou mieux observée ; chaque membre de la société est donc tenu, par justice, de ne point faire aux autres ce qu'il ne voudrait pas qu'on lui fit s'il était placé dans les mêmes circonstances.

Cette idée de la bonté humaine n'est pas applicable à la bonté de Dieu, qui, pour être heureux, n'a besoin ni de l'existence, ni de l'hommage de sa créature.

Ces principes font voir que, par les lois de sa bonté, Dieu n'était point tenu de créer l'homme dans l'état des bienheureux, ou de donner aux hommes des grâces efficaces pour les faire persévérer infailliblement dans la vertu. On voit même par ces principes que Dieu peut, sans violer les lois de sa bonté, punir l'homme qui viole les lois que Dieu a établies, et lui accorder un temps d'épreuve pendant lequel il pardonne au pécheur pénitent, et après lequel l'homme devient incorrigible et Dieu un juge sévère et inflexible.

Des différents auteurs qui ont répondu aux difficultés de Bayle.

Bayle s'était proposé d'établir un pyrrhonisme universel ; il prétendit que les sentiments les plus absurdes étaient appuyés sur des principes capables d'imposer à la raison la plus éclairée, et que les dogmes les plus certains étaient exposés à des difficultés insurmontables et conduisaient à des conséquences absurdes ; conséquemment à ce projet, il prétendit qu'une secte aussi ridicule que celle des manichéens pourrait faire des difficultés qu'aucun philosophe ou théologien, de quelque secte qu'il fût, ne pourrait résoudre.

Le Dictionnaire de Bayle eut tant de vogue, ses difficultés contre la bonté de Dieu firent tant de bruit, que les hommes célèbres ou zélés pour la vérité s'empressèrent de répondre : il n'est peut-être pas inutile de faire connaître les principes qu'ils opposèrent à Bayle.

Principes de le Clerc contre les difficultés de Bayle.

Comme Bayle, dans ses difficultés contre la bonté de Dieu, insistait beaucoup sur la longue durée du mal moral et physique dans cette vie et sur leur éternité dans l'autre, le Clerc, déguisé sous le nom de Théodore Parrhase, fit paraître sur la scène un origéniste qui prétendit que les biens et les maux de cette vie n'étaient que des moyens destinés à élever l'homme à la perfection et à un bonheur éternel (1).

Bayle reconnut que l'origéniste, en faisant succéder une éternelle béatitude aux tourments que souffriront les damnés, avait levé la plus accablante des difficultés du manichéisme ; mais qu'il n'avait cependant pas réfuté les manichéens, qui répliquaient qu'il était contraire à sa bonté de conduire ses créatures au bonheur par les souffrances et par les peines. Voilà à quoi se réduisit la dispute de Bayle et de le Clerc, pour l'essentiel, qui se trouva noyé dans une foule d'incidents et même de personnalités

---

(1) Parrhasiana, t. I, p. 109.

qui firent absolument disparaître l'état de la question (1)

Réponse de dom Gaudin, chartreux, aux difficultés de Bayle.

En 1704, un chartreux de Paris, nommé dom Alexandre Gaudin, donna un ouvrage intitulé : *la Distinction et la Nature du bien et du mal, où l'on combat l'erreur des manichéens, les sentiments de Montagne et de Charron, et ceux de Bayle*.

Bayle prétendit que cet auteur avait très-bien prouvé que le système des deux principes est faux et absurde en lui-même, et surtout dans les détails où les manichéens descendaient ; mais que ce n'était pas là le réfuter, lui Bayle, puisqu'il reconnaissait ces vérités, et prétendait seulement que l'hypothèse des manichéens, quelque absurde qu'elle soit, attaquait le dogme de l'unité de Dieu par des objections que la raison ne pouvait résoudre : il ne fit point d'autre réponse à l'ouvrage du chartreux, et la dispute n'alla pas plus loin (2).

Principes de King sur l'origine du mal.

King prétendit que Dieu n'avait point créé le monde pour sa gloire, mais pour exercer sa puissance et pour communiquer sa bonté ; qu'étant souverainement bon, rien n'avait pu être pour lui un motif de créer le monde ; qu'aucun objet extérieur n'étant bon par rapport à lui, c'était son choix qui l'avait rendu bon : il rejette l'opinion de ceux qui prétendent que Dieu a choisi certaines choses parce qu'elles sont bonnes, et soutient que la bonté des choses dépend au contraire uniquement du choix que Dieu en fait ; il croit que si Dieu avait été déterminé à agir par la bonté des choses mêmes, Dieu serait un agent entièrement nécessité dans ses actions.

Dieu n'était donc assujetti par aucune raison à choisir un monde plutôt qu'un autre, et celui qu'il a choisi est bon parce qu'il a été choisi.

Cette indifférence de Dieu par rapport aux objets distingués de lui n'a lieu que dans ses premières élections ; car, posé une fois que Dieu veuille quelque chose, il ne peut pas ne point vouloir la même chose.

De plus, comme Dieu est bon, en voulant l'existence du monde il a aussi voulu par là même l'avantage de chaque particulier, mais autant qu'il s'est pu accorder avec le dessein et les moyens que Dieu avait choisis pour exercer sa puissance.

Il n'était donc pas contraire à la bonté de Dieu de créer un monde où il y a du mal, si ce mal était essentiellement lié avec le moyen qu'il a choisi pour exercer sa puissance : or King prétend que tous les maux physiques sont attachés aux lois que Dieu a établies pour exercer sa puissance ; et la créature n'a point à se plaindre, car Dieu n'était point obligé de créer un monde sans malheurs, puisque ce monde n'était pas meilleur, par rapport à Dieu, qu'un monde tel que le nôtre.

Le mal moral est une suite de la liberté de l'homme ; mal que Dieu n'était point obligé de prévenir, puisque, par rapport à Dieu, il n'est pas meilleur de prévenir cet abus que de le permettre.

D'ailleurs Dieu n'aurait pu prévenir cet abus qu'en dépouillant l'homme de sa liberté, ce qui aurait fait du monde entier une pure machine ; et King prétend qu'un monde où tout eût été nécessaire et machinal n'eût pas été aussi propre à exercer la puissance et les attributs de Dieu qu'un monde où l'homme est libre.

Enfin Dieu ayant choisi pour exercer sa puissance un monde où il y avait des créatures libres, il n'a pas dû changer son plan parce qu'elles devaient abuser de leur liberté ; comme il n'a pas dû changer les lois qu'il a établies pour le physique, parce que ces lois entraînaient après elles des désordres.

Dieu pouvait, il est vrai, prévenir l'abus que l'homme fait de sa liberté ; mais il ne l'aurait prévenu qu'en faisant intervenir sa toute-puissance pour déterminer infailliblement l'homme au bien ; mais alors il se serait écarté du plan qu'il s'était formé de ne conduire à la vertu les créatures libres que par la voie des peines et des récompenses.

King reconnaît que l'abus constant et opiniâtre que l'homme aura fait de sa liberté conduira les pécheurs incorrigibles à des peines éternelles ; et, pour les concilier avec la bonté de Dieu, il les diminue autant qu'il est possible et les met sur le compte de la créature : il croit qu'elles seront des suites naturelles de l'obstination des pécheurs ; il croit que les damnés seront autant de fous qui sentiront vivement leur misère, mais qui s'applaudiront pourtant de leur conduite et qui aimeront mieux être ce qu'ils seront que de ne point être du tout : ils aimeront leur état, tout malheureux qu'il sera, comme les gens en colère, les amoureux, les ambitieux, les curieux, se plaisent dans les choses mêmes qui ne font qu'accroître leur misère.

Cet état sera une suite naturelle de la perversité des pécheurs ; les impies auront tellement accoutumé leur esprit à de faux jugements, qu'ils n'en feront plus désormais d'autres, passant perpétuellement d'une erreur à une autre ; ils ne pourront s'empêcher de désirer perpétuellement des choses dont ils ne pourront jouir, et dont la privation les jettera dans des désespoirs inconcevables, sans que l'expérience les rende jamais plus sages pour l'avenir, parce que, par leur propre faute, ils auront entièrement corrompu leur entendement et l'auront rendu incapable de juger sainement (3).

Bayle, pour réfuter King, emploie ses propres principes : il reconnaît avec lui que Dieu, trouvant au dedans de lui-même

---

(1) Bayle, art. ORIGÈNE. Rép. aux quest. d'un provincial, t. III, c. 172. Le Clerc, Bibl. ch., t. VI, etc.
(2) Hist. des ouvrages des savants, août 1705, art. 7.

(3) De origine mali, auctore Guillelmo King ; Lond., 1702, in-8°, cap. 1, sect. 3. Append., De leg. divin.

une gloire et une félicité infinies, n'a pu créer le monde pour sa gloire ; et de là Bayle conclut que Dieu, étant bon, il aurait dû, dans la création du monde, donner tout à la bonté, et empêcher, à quelque prix que ce fût, toute espèce de mal de s'introduire dans le monde.

Tout étant également bon par rapport à Dieu, il n'a point été porté, par l'amour de lui-même ou de sa gloire, à choisir un monde plutôt qu'un autre, à choisir pour gouverner ce monde une loi plutôt qu'une autre : toutes étant également bonnes par rapport à lui, il devait choisir celles qui étaient les plus propres à procurer le bien des créatures, et changer même toutes ces lois à mesure que le bien de la créature le demanderait ; car il n'était pas meilleur, par rapport à Dieu, de suivre le plan qu'il avait choisi qu'un autre (1).

Bayle est toujours ici dans le même sophisme : il prétend que le monde n'étant point nécessaire à la gloire de Dieu, il n'a dû consulter que sa bonté. Mais Dieu n'a-t-il donc d'attributs que la bonté ? N'est-il pas sage et immuable, et ces attributs seront-ils sans influence dans les décrets et dans la conduite de Dieu, tandis que sa bonté seule agira ? La bonté de Dieu est-elle une bienfaisance d'instinct, aveugle, sans lumière, sans sagesse, qui tende au bien de la créature sans aucun égard aux autres attributs de l'Etre suprême ? Voilà ce que Bayle suppose dans sa réponse à King.

Je ne parle point des questions qui entrèrent incidemment dans cette contestation, qui sont toutes intéressantes, et que l'on trouvera dans l'ouvrage de King, dans la Réponse aux questions d'un provincial, et dans les remarques que Bernard a faites sur la réponse de Bayle (2).

Parmi ces questions incidentes il y en a une qui a pour objet le mal moral. King prétend qu'il y a plus de bien moral dans le monde que de mal, et même sur la terre : il n'a jamais pu croire la doctrine de Hobbes, que tous les hommes sont des ours, des loups et des tigres les uns pour les autres ; qu'ils sont nés ennemis des autres, et que les autres sont nés leurs ennemis ; qu'ils sont naturellement faux et perfides, et que tout le bien qu'ils font n'est que par crainte, et non par vertu. Celui qui fait un semblable portrait des hommes, continue King, fournit un assez juste sujet de soupçonner qu'il est lui-même tel qu'il dépeint les autres ; mais si l'on examinait les hommes un à un, peut-être n'en trouverait-on pas un seul dans cent mille qui pût se reconnaître à ce portrait.

Ceux-là même qui avancent cette calomnie, si on en venait à toucher à leur caractère, se donneraient bien de la peine pour éloigner de dessus eux les soupçons, et diraient qu'ils parlent du peuple et du gros du genre humain, mais non pas d'eux-mêmes ; et il est certain qu'ils ne se conduisent pas sur ce pied-là envers leurs parents et envers ceux avec qui ils sont en relation ; s'ils le faisaient, peu de gens voudraient les avouer. Observez quelques-uns de ceux qui déclament si fort contre les trahisons, les injustices, les fourberies et la cruauté des hommes, et vous les verrez cultiver soigneusement des amitiés, et s'acquitter des différents devoirs auxquels ils sont obligés envers leurs amis, leurs familles et leur pays ; travailler, souffrir, hasarder même leur vie pour y être fidèles, lorsqu'il n'y a aucun motif de crainte qui les y porte et qu'ils pourraient négliger ces devoirs sans danger ni inconvénient pour eux-mêmes.

Cela vient, direz-vous de la coutume et de l'éducation : supposons que cela soit ; il faut donc que le genre humain n'ait pas tellement dégénéré et renoncé au bien, que la plus grande partie des hommes n'exerce encore la bienfaisance ; et la vertu n'est pas tellement bannie, qu'elle ne soit appuyée et soutenue, louée et pratiquée par un consentement général et par les suffrages du public, et le vice est encore honteux.

Effectivement, à peine trouve-t-on un seul homme, à moins qu'il ne soit pressé par la nécessité ou provoqué par des injures, qui soit assez barbare et qui ait le cœur assez dur pour être inaccessible à la pitié, et qui ne goûte du plaisir à faire du bien aux autres ; qui ne soit disposé à témoigner de la bienveillance et de l'affection à ses amis, à ses voisins, à ses parents, et qui ne soit diligent à s'acquitter des devoirs civils envers tous ; qui ne fasse profession de respecter la vertu, et qui ne regarde comme un affront qu'on le taxe d'être vicieux. Si l'on veut se donner la peine d'examiner pendant un jour ses actions et celles de quelques autres, peut-être s'en trouvera-t-il une ou deux de blâmables, tandis que toutes les autres sont innocentes et bonnes.

Il faut remarquer, en second lieu, qu'on parle d'un seul grand crime comme un meurtre, un vol, etc. ; qu'on le publie bien davantage et que l'on en conserve bien plus longtemps la mémoire que de mille bonnes et généreuses actions, qui ne font point de bruit dans le monde et ne viennent point à la connaissance du public, mais qui demeurent ensevelies dans le silence et dans l'oubli, et cela même prouve que les premières sont beaucoup plus rares que les dernières, qui sans cela n'exciteraient pas tant de surprise, d'horreur et d'étonnement.

Il faut observer, en troisième lieu, que bien des choses qui sont innocentes paraissent criminelles à ceux qui ignorent les vues de celui qui agit et les circonstances où il se trouve : il est certain que nous ne pouvons juger de ce qu'il y a de bon ou de mauvais dans une action sur de simples apparences, mais par les intentions de l'âme et par le point de vue sous lequel celui qui agit envisage les choses.

En quatrième lieu, bien des actions se font

---

(1) Réponse aux questions d'un provincial, t. II, c. 74.

(2) République des lettres, 1706, janvier, p. 57.

par ignorance, et ceux qui les commettent ne savent pas qu'elles sont vicieuses; souvent même elles passent pour des vertus : c'est ainsi que saint Paul persécuta l'Eglise, et lui-même avoue qu'il l'avait fait par ignorance, et que c'était pour cela qu'il avait obtenu miséricorde : combien de choses de cette nature ne se font-elles pas tous les jours par ceux qui professent des religions différentes! ce sont, je l'avoue, des péchés, mais des péchés d'ignorance, qui doivent à peine être comptés parmi les maux moraux, parce qu'ils ne procèdent pas d'une mauvaise disposition et d'une volonté corrompue.

Tout homme qui use de violence contre un autre, par amour pour la vertu, par haine contre le vice, ou par zèle pour la gloire de Dieu, fait mal, sans contredit; mais l'ignorance et un cœur honnête et bon l'excusent beaucoup. Cette considération seule suffit pour diminuer le nombre des méchants, et cette excuse ne se borne pas à ce qui regarde la religion : les préjugés de parti doivent être pesés, ces préjugés qui engagent souvent les hommes à employer le fer et le feu contre ceux qu'ils regardent comme des ennemis publics et comme des traîtres à la patrie; il n'y a pas d'erreur plus fatale au genre humain et qui ait enfanté plus et de plus grands crimes, et cependant elle vient d'une âme remplie de droiture. La méprise consiste en ce qu'ils oublient qu'on doit défendre l'Etat par des voies justes et légitimes, et non aux dépens de l'humanité.

En cinquième lieu, les préjugés et les soupçons font regarder comme méchants bien des gens qui ne le sont réellement point. Le commerce le plus innocent entre un homme et une femme fournit au malin un sujet de les soupçonner et de les calomnier : sur une seule circonstance, qui accompagne ordinairement une action criminelle, on déclare coupable du fait même la personne soupçonnée; une seule mauvaise action suffit pour déshonorer toute la vie un homme et pour comprendre toutes ses actions dans une même sentence. Si un seul membre d'une société tombe dans quelque faute, on présume d'abord que les autres ne valent pas mieux. Il est presque incroyable combien il y a des gens qui passent, sur de pareils titres, pour très-méchants, qui sont très-différents de ce qu'on les croit. Les confesseurs et les juges, lorsqu'il s'agit de cas criminels, savent parfaitement combien peu de vérité il y a dans les bruits ordinaires et combien peu de fond il y a à y faire.

Sixièmement, nous devons distinguer, et la loi même le fait, entre les actions qui viennent d'une malice préméditée et celles auxquelles portent quelque violente passion ou quelque désordre dans l'esprit.

Lorsque l'offenseur est provoqué et qu'un transport subit de la passion le met comme hors de lui, il est certain que cela diminue bien la faute. Ce sont là des choses qui sont parfaitement connues de notre très-équitable juge, qui nous jugera miséricordieusement, et non à la rigueur, et c'est sans doute pour ces raisons qu'il nous a défendu de juger avant le temps : nous ne voyons que l'écorce des choses, et il est très-possible que ce que nous regardons comme le plus grand crime nous paraîtrait devoir être mis au nombre des moindres si nous étions instruits de tout ce qui y a du rapport et si nous avions égard à tout.

Bien des vertus et bien des vices résident dans l'âme et sont invisibles aux yeux des hommes; ainsi c'est parler à l'aventure que de prononcer sur le nombre des unes et des autres, et prétendre inférer de là la nécessité d'un mauvais principe, c'est mériter d'être regardé comme un juge téméraire et coupable de précipitation ; c'est usurper les droits du juge suprême.

Enfin la conservation et l'accroissement du genre humain est une preuve bien sûre qu'il y a plus de bien que de mal dans le monde. Toutes les actions vicieuses en effet tendent à la destruction du genre humain, du moins à son désavantage et à sa diminution, au lieu qu'il faut nécessairement le concours d'un grand nombre et même d'un nombre infini de bonnes actions pour la conservation de chaque individu; si donc le nombre des mauvaises actions surpassait celui des bonnes, le genre humain devrait finir. C'est ce dont on voit une preuve bien sensible dans les pays où les vices se multiplient; le nombre des hommes y diminue tous les jours, et ils se dépeuplent peu à peu ; si la vertu s'y rétablit, les habitants y reviennent à sa suite : c'est là une marque que le genre humain ne pourrait subsister si jamais le vice était dominant, puisqu'il faut le concours de plusieurs bonnes actions pour réparer les dommages causés par une seule mauvaise action. Il ne faut qu'un crime pour ôter la vie à un homme ou à plusieurs; mais combien d'actes de bonté et d'humanité doivent concourir pour élever et conserver chaque particulier ?

De tout ce qu'on vient de dire, je me flatte, dit King, qu'il paraît qu'il y a plus de bien que de mal parmi les hommes, et que le monde peut être l'ouvrage d'un Dieu bon, malgré l'argument qu'on fonde sur la supposition que le mal l'emporte sur le bien; et tout cela cependant n'est pas nécessaire, puisqu'il peut y avoir dix mille fois plus de bien que de mal dans tout l'univers, quand même il n'y aurait absolument aucun bien sur cette terre que nous habitons. Elle est trop peu de chose pour avoir quelque proportion avec le système entier, et nous ne pouvons que porter un jugement imparfait du tout sur cette partie. Elle peut être l'hôpital ou la prison de l'univers; et peut-on juger de la bonté et de la pureté de l'air d'un climat sur la vue d'un hôpital où il n'y a que des malades ? ou de la sagesse d'un gouvernement sur la vue d'une maison destinée pour des personnes aliénées et où il n'y a que des fous ? ou de la vertu d'une nation sur la vue d'une prison où il n'y a que des malfaiteurs ? non que je croie que la terre soit effectivement telle, mais je dis qu'on peut le supposer, et toute supposition qui montre comment la chose peut être renverse l'argument du manichéen, fondé sur l'impossibilité qu'il y a d'en rendre raison.

En attendant, je regarde la terre comme un séjour rempli de douceurs, où l'on peut vivre avec plaisir et joie, et être heureux. J'avoue, avec la plus vive reconnaissance pour Dieu, que j'ai passé ma vie de cette manière, et je suis persuadé que mes parents, mes amis et mes domestiques en ont fait autant; et je ne crois pas qu'il y ait du mal dans la vie qui ne soit très-supportable, surtout pour ceux qui ont des espérances d'un bonheur à venir (1).

Dispute de Jaquelot et de Bayle sur l'origine du mal.

Jaquelot, pour répondre aux difficultés de Bayle, pose pour principe fondamental que Dieu a eu dessein de former une créature intelligente et libre pour en être connu et adoré; si elle n'était pas libre et intelligente, ce ne serait qu'une machine qui agirait par ressorts, et qui par conséquent ne pourrait contribuer à la gloire de Dieu.

On doit concevoir, dit-il, que Dieu ayant voulu se faire connaître par ses ouvrages est demeuré comme caché derrière ses ouvrages, à peu près comme ce peintre qui se tenait caché derrière ses tableaux pour entendre les jugements qu'on en ferait; ainsi les hommes ont été créés libres dans cette vue, afin de juger de la grandeur de Dieu par la magnificence de ses œuvres.

On ne peut pas accuser Dieu d'être l'auteur du mal pour avoir créé un être libre qui a abusé du bienfait de Dieu et qui s'est porté au mal par l'effet de sa liberté : cette liberté de l'homme rend le monde digne de Dieu, et il manquerait quelque chose à la perfection de l'univers si Dieu n'en avait point créé de tel : voilà, selon Jaquelot, l'arme dont on doit se servir pour repousser toutes les attaques des ennemis de la Providence.

Un être intelligent et libre est le plus excellent et le plus parfait des êtres que la puissance de Dieu, tout infinie qu'elle est, pouvait former.

La liberté de l'homme une fois établie, la permission du mal n'a plus rien de contraire à la bonté de Dieu; les inconvénients qui naissent de cette liberté ne peuvent contrebalancer les raisons tirées de la sagesse, de la puissance et de la gloire de Dieu.

L'exemple des bienheureux n'est pas une difficulté, comme Bayle le pense : les bienheureux sont dans un état de récompense, et les hommes sur la terre sont dans un état d'épreuve (2).

Bayle répondit à Jaquelot que l'état des bienheureux étant un état de récompense, il était plus parfait et par conséquent plus digne de la sagesse de Dieu que l'état d'épreuve dans lequel il avait créé l'homme.

Enfin Bayle lui opposa son grand argument, c'est que Dieu pouvait conserver infailliblement et librement l'homme dans le bien (3).

Jaquelot répliqua, Bayle dupliqua; mais tous deux s'attachèrent à une foule de petits incidents qui obscurcirent le premier état de la question, et se jetèrent dans des reproches personnels qui n'intéressent personne (4).

La mort de Bayle termina la querelle, mais on ne le crut pas vaincu.

Réponse de la Placette aux difficultés de Bayle.

Bayle, dans toute cette dispute, s'était appuyé sur ce principe, c'est que Dieu n'a pu créer le monde pour sa gloire, et qu'il n'a été déterminé à le créer que par sa bonté. Dieu, animé par ce motif seul, devait, selon Bayle, rapporter tout au bonheur des créatures, et par conséquent ne produire que du bien dans le monde; rien ne devait le détourner de cet objet. Bayle, enfermé dans cet état de question comme dans un fort impénétrable, bravait tous ses ennemis et faisait retomber sur eux tous les traits qu'on lui lançait.

La Placette s'aperçut du sophisme de Bayle; il abandonna tous les incidents dont on avait embarrassé la question; il attaqua le principe de Bayle; il fit voir que ce critique n'avait point prouvé et ne pouvait prouver que Dieu n'avait pu créer le monde que pour rendre ses créatures heureuses.

S'il y a, dit-il, quelque chose d'impénétrable, ce sont les desseins de Dieu; la raison en est que ces desseins dépendent principalement de sa libre et absolue volonté : il fait ce qu'il veut, et par conséquent il prend telle résolution qu'il lui plaît; comment donc pourrions-nous le deviner? qui aurait pu, par exemple, soupçonner celui de l'incarnation, s'il ne s'en était jamais expliqué?

Si Dieu a pu ne pas se proposer uniquement pour fin de rendre ses créatures heureuses, toutes les difficultés de Bayle s'évanouissent; il n'est contraire ni à la sagesse, ni à la bonté d'avoir permis le mal. La Placette n'alla pas plus loin, et n'imita pas ceux qui avaient entrepris de déterminer la fin que Dieu s'était proposée dans la création du monde. Tous les adversaires de Bayle, en osant le faire, s'étaient jetés dans des abîmes où ce critique les avait combattus avec de grands avantages (5).

Bayle mourut dans le temps que la Pla-

---

(1) Ce morceau de King est tiré des notes de Law sur King, dans la traduction anglaise de l'ouvrage de cet archevêque; quoiqu'il soit un peu long, j'ai cru qu'il était à propos de n'en rien retrancher. Voyez le continuateur de Bayle, art. KING.
(2) Conformité de la foi et de la raison.

(3) Réponse aux quest. d'un provincial, t. 5.
(4) Examen de la théologie de Bayle. Entretiens d'Ariste et de Thémiste.
(5) Réponse à deux objections de Bayle, par la Placette; in-12, 1707.

cette commençait à faire imprimer son ouvrage.

La Placette s'était contenté de ruiner le fondement des objections de Bayle, et de faire voir que les conséquences qu'il tirait de la permission du mal contre la bonté de Dieu étaient appuyées sur des principes qui n'étaient point prouvés : il n'en fallait pas davantage pour remplir l'objet qu'il s'était proposé ; savoir, de faire voir que Bayle n'opposait point à la religion des difficultés insolubles

Hypothèse de Leibnitz pour expliquer l'origine du mal.

Leibnitz crut que, pour dissiper toutes les inquiétudes de l'esprit humain sur les difficultés de Bayle, il fallait concilier plus positivement la permission du mal avec la bonté de Dieu

Toutes les méthodes qu'on avait suivies pour remplir cet objet lui parurent insuffisantes et conduire à des conséquences fâcheuses : il prit une autre voie pour justifier la Providence.

Il crut que tout ce qui arrive dans le monde étant une suite du choix que Dieu a fait du monde actuel, il fallait s'élever à ce premier instant où Dieu forma le décret de produire le monde.

Une infinité de mondes possibles étaient présents à l'intelligence divine, et sa puissance pouvait également les produire tous; puis donc qu'il a créé le monde actuel, il faut qu'il ait choisi.

Dieu n'a donc pu créer le monde présent sans le préférer à tous les autres; or il est contradictoire que Dieu ayant donné l'être à l'un de ces mondes n'ait pas préféré le plus conforme à ses attributs, le plus digne de lui, le meilleur, un monde dont la création ait le but le plus grand, le plus excellent que cet être tout parfait ait pu se proposer.

Nous ne pouvons décider absolument quel a été ce but du Créateur, car nous sommes trop bornés pour connaître toute sa nature ; cependant, comme nous savons que sa bonté l'a porté à donner l'existence aux créatures, et que l'objet de sa bonté ne peut être que les créatures intelligentes, nous pouvons dire, en raisonnant sur les lumières qu'il nous a données pour le connaître, qu'il s'est proposé de créer le plus grand nombre de créatures intelligentes, et de leur donner le plus de connaissances, le plus de bonheur, le plus de beauté que l'univers en pouvait admettre, en les conduisant à cet heureux état de la manière la plus convenable à leur nature et la plus conforme à l'ordre.

Car la bonté de Dieu ne peut jamais aller contre les lois de l'ordre, qui font les règles invariables de sa conduite, et la bonté se trouve réunie en ceci avec la sagesse; c'est que le plus grand bonheur des créatures intelligentes consistant dans la connaissance de l'amour de Dieu, cet Etre suprême, pour s'en faire mieux connaître et pour les porter à l'adorer, s'est proposé de leur manifester ses divins attributs, et, par conséquent, de choisir un monde où il y eût le plus de caractère d'une souveraine sagesse et d'une puissance infinie dans toute son administration et en particulier dans les choses matérielles ; le plus de variété avec le plus grand ordre, le terrain, le temps, le lieu, les mieux ménagés; le plus d'effets produits par les lois les plus simples

Le monde actuel, pour être le meilleur des mondes possibles, doit être celui qui répond le plus exactement à ce but magnifique du créateur, en sorte que toutes ses parties, sans exception, avec tous leurs changements et leurs arrangements, conspirent avec la plus grande exactitude à la vue générale.

Puisque ce monde est un tout, les parties en sont tellement liées, qu'aucune partie n'en saurait être retranchée sans que tout le reste ne soit changé aussi.

Le meilleur monde renfermait donc les lois actuelles du mouvement, les lois de l'union de l'âme et du corps établies par l'auteur de la nature, l'imperfection des créatures actuelles, et les lois selon lesquelles Dieu leur répartit les grâces qu'il leur accorde : le mal métaphysique, le mal moral et le mal physique entraient donc dans le plan du meilleur monde.

Cependant on ne saurait dire que Dieu ait voulu le péché, mais bien qu'il a voulu le monde où le péché trouve lieu.

Ainsi Dieu a seulement permis le péché ; sa volonté à cet égard n'est que permissive, pour ainsi dire ; car une permission n'est autre chose qu'une suspension ou une négation d'une puissance qui, mise en œuvre, empêcherait l'action dont il s'agit, et permettre c'est admettre une chose qui est liée à d'autres, sans se la proposer directement et quoiqu'il soit en notre pouvoir de l'empêcher.

Il ne faut pas conclure de là que le péché est ce qui rend ce monde-ci plus parfait que tous les autres mondes ; car ce ne sont point les péchés, mais toutes les perfections innombrables de ce monde auxquelles le péché se trouve joint, et qui sans le péché n'auraient pas ce haut degré de perfection; ce sont ces perfections qui élèvent ce monde-ci au-dessus de tous les mondes possibles : ce monde n'est donc pas le plus parfait parce que le péché y trouve lieu, mais le monde le plus parfait est celui où le péché a lieu; par conséquent Dieu n'a pas voulu le mal en lui-même ; il n'a prédestiné personne au péché et au malheur. Il a voulu un monde où le péché se trouvait. Tels sont les principes que Leibnitz établit dans sa Théodicée.

L'ordre, l'harmonie, les vertus naissent des désordres dont on se sert pour obscurcir le dogme de la Providence. Laurent Valla a fait un dialogue dans lequel il feint que Sextus, fils de Tarquin le Superbe, va consulter Apollon à Delphes sur sa destinée. Apollon lui prédit qu'il violera Lucrèce; Sextus se plaint de la prédiction; Apollon répond que ce n'est pas sa faute, qu'il n'est que de vin, que Jupiter a tout réglé, et que c'est à lui qu'il faut se plaindre.

Là finit le dialogue, où l'on voit que Valla sauve la prescience de Dieu aux dépens de sa bonté; mais ce n'est pas là comme Leibnitz l'entend; il a continué, selon son système, la fiction de Valla.

Sextus va à Dodone se plaindre à Jupiter du crime auquel il est destiné; Jupiter lui répond qu'il n'a qu'à ne point aller à Rome; mais Sextus déclare nettement qu'il ne peut renoncer à l'espérance d'être roi, et s'en va.

Après son départ, le grand prêtre Théodore demande à Jupiter pourquoi il n'a pas donné une autre volonté à Sextus. Jupiter envoie Théodore à Athènes consulter Minerve; elle lui montre le palais des Destinées, où sont les tableaux de tous les univers possibles, depuis le *pire* jusqu'au meilleur. Théodore voit dans le meilleur le crime de Sextus, d'où naît la liberté de Rome, un gouvernement fécond en vertus, un empire utile à une grande partie du genre humain.

Ces avantages qui naissent du crime de Sextus librement vicieux ne sont rien en comparaison du total de ce monde, si nous pouvions le connaître dans toute son étendue (1).

Réponse du P. Malebranche aux difficultés de Bayle.

Le P. Bouhours, dans sa Vie de saint François Xavier, raconte qu'un bonze fit au saint des difficultés sur l'origine du mal. Le P. Bouhours expose ces difficultés, et dit que le saint réduisit le bonze au silence par d'excellentes raisons dont il ne rapporte aucune.

Un des amis du P. Malebranche, embarrassé par l'objection du bonze, à laquelle il ne voyait point de réponse, pria le P. Malebranche de le tirer d'embarras, et le P. Malebranche donna l'objection et la réponse dans ses Conversations chrétiennes (2).

Comme le P. Malebranche remarqua que ces difficultés avaient fait une impression assez forte sur plusieurs esprits, il entreprit de justifier la Providence et de faire voir que Dieu est infiniment sage, infiniment juste, infiniment bon, et qu'il fait aux hommes tout le bien qu'il peut leur faire (3).

Lorsque le Dictionnaire de Bayle parut, les difficultés contre la bonté de Dieu firent beaucoup de bruit, et le P. Malebranche ne fit qu'appliquer à ces difficultés les principes qu'il avait établis dans ses Conversations chrétiennes et dans son Traité de la nature et de la grâce.

Dieu étant un être souverainement parfait, il aime l'ordre, il aime les choses à proportion qu'elles sont aimables; il s'aime par conséquent lui-même et s'aime d'un amour infini.

Dieu n'a donc pu, dans la création du monde, se proposer pour fin principale que sa gloire.

Le monde et toutes les créatures étant finis, il n'y aurait entre toutes les créatures possibles et la gloire de Dieu aucun rapport; il ne se serait donc jamais déterminé à créer le monde, s'il n'y avait eu un moyen de donner en quelque sorte à ce monde un mérite infini, et ce moyen est l'incarnation du Verbe, qui donne aux hommages de la créature un prix infini.

L'incarnation est donc l'objet que Dieu s'est proposé dans la création du monde.

Le péché de l'homme n'étant point contraire à l'incarnation, la sagesse de Dieu n'exigeait point qu'il fît une loi particulière pour prévenir le péché de l'homme; et tout ce qu'on peut conclure, mais aussi ce qu'on doit nécessairement conclure de la permission du péché d'Adam, c'est que le premier et le principal dessein de Dieu n'était pas son ouvrage tel qu'il était dans sa première institution, mais que Dieu en avait en vue un autre plus parfait et digne de sa sagesse et de ses attributs.

Ainsi la foi dénoue la difficulté, et l'objection se tourne en preuve de la vérité de la religion, car la religion chrétienne suppose l'incarnation du Verbe; elle nous apprend que Jésus-Christ et son Église est le premier et le principal dessein de Dieu.

Comme Dieu est infiniment sage, et comme la sagesse veut que chaque être agisse conformément à sa nature, Dieu doit exprimer dans sa conduite le jugement qu'il porte de lui-même; il ne doit donc pas agir par des volontés particulières, mais par des volontés générales, parce que Dieu agissant par des volontés particulières, agirait comme s'il n'avait pas prévu les suites de son action, et comme si son bonheur et sa gloire dépendaient d'un petit événement particulier.

La bonté de Dieu n'exigeait donc pas qu'il prévînt tous les malheurs des créatures, puisque ces malheurs sont des suites des lois générales que sa sagesse a établies, et que la bonté de Dieu n'exigeait rien qui fût contraire à sa sagesse.

Dieu n'a pas seulement établi des lois générales pour la distribution des mouvements, il a dû suivre des lois générales dans la distribution des grâces et des secours qu'il destinait aux hommes. La sagesse et la bonté de Dieu n'exigeaient donc point qu'il prévînt tous les désordres de l'homme et toutes les suites de son péché, soit dans cette vie, soit dans l'autre.

Pour rendre tous les hommes innocents et vertueux, il aurait fallu que Dieu, dans la distribution des grâces, interrompît les lois générales et suivît des lois particulières; il fallait qu'il agît d'une manière indigne de lui et contraire à ses attributs.

De ces principes le P. Malebranche conclut que Dieu a fait à ses créatures tout le bien qu'il peut leur faire, non absolument, mais agissant selon ce qu'il est, selon la vraie et invariable justice; qu'il veut sincè-

---

(1) Essais de Théodicée, part. III, n. 405 et suiv. On trouve ces mêmes principes dans un petit écrit qui est à la fin des Essais de Théodicée, sous ce titre : Causa Dei asserta per justitiam.
(2) Réflexion sur la prémot. physique, p. 925
(3) Traité de la nature et de la grâce.

rement le salut de tous les hommes et de l'enfant même qui est dans le sein de sa mère (1).

Les principes du P. Malebranche sur les lois générales de la nature et de la grâce ont été attaqués par Arnaud et par l'auteur de la Prémotion physique (2).

*MANIFESTAIRES. Secte d'anabaptistes qui parurent en Prusse dans le dix-septième siècle; on les nommait ainsi, parce qu'ils croyaient que c'était un crime de nier ou de dissimuler leur doctrine, lorsqu'ils étaient interrogés. Ceux qui pensaient au contraire qu'il leur était permis de la cacher furent nommés *clanculaires*

MARC, était disciple de Valentin : il fit dans le système de son maître quelques changements peu considérables et peu importants.

Ce que saint Irénée nous dit de ces changements ne s'accorde pas avec ce que Philastrius et Théodoret nous en ont laissé; peut-être Philastrius et Théodoret nous ont-ils donné le sentiment de quelque disciple de Marc pour le sentiment de Marc même.

Le sentiment que saint Irénée attribue à Marc paraît fondé sur les principes de la cabale, qui suppose des vertus attachées aux mots; et, selon Philastrius et Théodoret, la doctrine de Marc paraissait fondée sur cette espèce de théologie arithmétique dont on était fort entêté dans le second et dans le troisième siècle : il est du moins certain qu'il y avait des valentiniens qui, d'après les principes de la cabale, supposaient trente éons, et d'autres qui n'en supposaient que vingt-quatre, et qui fondaient leur sentiment sur ce qu'il y avait dans les nombres une vertu particulière qui dirigeait la fécondité des éons.

L'exposition des principes de ces deux sortes de valentiniens peut servir à l'histoire des égarements de l'esprit humain.

Valentin supposait dans le monde un esprit éternel et infini qui avait produit la pensée; celle-ci avait produit un esprit; alors l'esprit et la pensée avaient produit d'autres êtres; en sorte que, pour la production de ses éons, Valentin faisait toujours concourir plusieurs éons, et ce concours était ce qu'on appelait le mariage des éons.

Marc, considérant que le premier principe n'était ni mâle ni femelle, et qu'il était seul avant la production des éons, jugea qu'il était capable de produire par lui-même tous les êtres, et abandonna cette longue suite de mariages des éons que Valentin avait imaginés. Il jugea que l'Etre suprême étant seul n'avait produit d'autres êtres que par l'expression de sa volonté; c'est ainsi que la Genèse nous représente Dieu créant le monde; il dit : Que la lumière se fasse, et la lumière se fait. C'était donc par sa parole et en prononçant, pour ainsi dire, certains mots que l'Etre suprême avait produit des êtres distingués de lui.

Ces mots n'étaient point des sons vagues et dont la signification fût arbitraire; car alors il n'aurait pas produit un être plutôt qu'un autre : les mots que l'Etre suprême prononça pour créer des êtres hors de lui exprimaient donc ces êtres, et la prononciation de ces mots avait la force de les produire.

Ainsi l'Etre suprême, ayant voulu produire un être semblable à lui, avait prononcé le mot qui exprime l'essence de cet être, et ce mot est *arché*, c'est-à-dire principe.

Comme les mots avaient une force productrice et que les mots étaient composés de lettres, les lettres de l'alphabet renfermaient aussi une force productrice et essentiellement productrice; enfin, comme tous les mots n'étaient formés que par les combinaisons des lettres de l'alphabet, Marc concluait que les vingt-quatre lettres de l'alphabet renfermaient toutes les forces, toutes les qualités et toutes les vertus possibles, et c'était pour cela que Jésus-Christ avait dit qu'il était l'*alpha* et l'*oméga*.

Puisque les lettres avaient chacune une force productrice, l'Etre suprême avait produit immédiatement autant d'êtres qu'il avait prononcé de lettres. Marc prétendait que, selon la Genèse, Dieu avait prononcé quatre mots qui renfermaient trente lettres, après quoi il était, pour ainsi dire, rentré dans le repos dont il n'était sorti que pour produire des êtres distingués de lui. De là Marc concluait qu'il y avait trente éons produits immédiatement par l'Etre suprême et auxquels cet être avait abandonné le soin du monde.

Voilà, selon saint Irénée, quel était le sentiment du valentinien Marc.

Selon Philastrius et Théodoret, Marc faisait aussi naître tous les éons immédiatement de l'Etre suprême; mais il supposait que l'Etre suprême n'en avait produit que vingt-quatre, parce que ce nombre était le plus parfait : voici, ce me semble, comment Marc ou quelqu'un de ses disciples fut conduit à ce sentiment.

Valentin avait imaginé les éons pour expliquer les phénomènes; il les avait multipliés selon que les phénomènes l'exigeaient : ses disciples avaient usé de la même liberté; les uns admettaient trente éons, les autres huit, et d'autres un nombre indéfini.

Mais enfin, comme le nombre des phénomènes était en effet fini, il fallait s'arrêter à un certain nombre d'éons, et l'on ne voyait pas pourquoi, la puissance des éons n'étant

---

(1) Conversat. chrétiennes; Traité de la nature et de la grâce; Réflexion sur la prémotion physique. Abrégé du traité de la nature et de la grâce, t. IV des Réponses à M. Arnaud.

(2) Réflex. philos. et théol. sur le Traité de la nature et de la grâce, 3 vol. in-12. De l'action de Dieu sur les créatures, etc., in-4°, ou six vol. in-12.

La question de l'origine du mal a été traitée dans une infinité d'ouvrages, dans lesquels on ne fait qu'appliquer les différents principes que nous avons exposés. *Voyez* le Recueil des sermons pour la fondation de Bayle; Cosmologia sacra, par Grew, l. vi. Ce sixième livre contient d'excellentes choses sur les fins de la Providence, sur la loi naturelle, etc.; mais il serait trop long d'exposer ces principes dans un ouvrage où je me propose principalement de faire connaître les bons ouvrages que l'on doit consulter : on doit mettre dans cette classe l'ouvrage de M. le vicomte d'Alais sur l'origine du mal.

point épuisée par la production des phénomènes, leur fécondité s'était arrêtée tout à coup et s'était renfermée, pour ainsi dire, dans les limites du monde.

Marc jugea que ce nombre plaisait aux éons, ou qu'il était plus propre à produire dans la nature l'ordre et l'harmonie, ou enfin que les éons étaient déterminés par leur nature à ce nombre de productions, et il crut qu'il y avait dans les nombres une perfection qui déterminait et réglait la fécondité des éons ou qui limitait leur puissance.

D'après ces idées, on jugea qu'il fallait déterminer le nombre des éons, non par le besoin qu'on en avait pour expliquer les phénomènes, mais par cette idée de vertu ou de perfection qu'on avait imaginée attachée aux nombres; et l'on avait imaginé plus ou moins d'éons, selon qu'on avait cru qu'un nombre était plus ou moins parfait qu'un autre.

On voit par les fragments d'Héracléon que Grabe a extraits d'Origène que cette espèce de théologie arithmétique avait été adoptée par les valentiniens, et ce fut d'après ces principes que Marc borna le nombre des éons à vingt-quatre. Voici comment il fut déterminé à n'en admettre que ce nombre.

Chez les Grecs c'étaient les lettres de l'alphabet qui exprimaient les nombres: ainsi l'expression de tous les nombres possibles était renfermée dans les lettres de l'alphabet grec. Marc en conclut que ce nombre était le plus parfait des nombres et que c'était pour cela que Jésus-Christ avait dit qu'il était *alpha* et *oméga*; ce qui supposait que ce nombre renfermait toutes les perfections et toutes les vertus possibles. Marc ne douta donc plus qu'il n'eût démontré que le nombre des éons qui produisaient tout dans le monde était de vingt-quatre (1).

Marc n'avait pas seulement cru découvrir qu'il y avait vingt-quatre éons qui gouvernaient le monde; il avait encore cru découvrir dans les nombres une force capable de déterminer la puissance des éons et d'opérer par leur moyen tous les prodiges possibles; il ne fallait pour cela que découvrir les nombres à la vertu desquels les éons ne pouvaient résister. Il porta tous les efforts de son esprit vers cet objet, et, n'ayant pu trouver dans les nombres les vertus qu'il y avait supposées, il eut l'art d'opérer quelques phénomènes singuliers qu'il fit passer pour des miracles.

Il trouva, par exemple, le secret de changer aux yeux des spectateurs le vin qui sert au sacrifice de la messe en sang: il avait deux vases, un plus grand et un plus petit, il mettait le vin destiné à la célébration du sacrifice dans le petit vase et faisait une prière; un instant après, la liqueur bouillonnait dans le grand vase, et l'on y voyait du sang au lieu de vin.

Ce vase n'était apparemment que ce qu'on appelle communément la fontaine des noces de Cana; c'est un vase dans lequel on verse de l'eau; l'eau versée fait monter du vin que l'on a mis auparavant dans ce vase et dont il se remplit.

Comme Marc ne faisait pas connaître le mécanisme de son grand vase, on croyait qu'en effet l'eau s'y changeait en sang, et l'on regarda ce changement comme un miracle.

Marc, ayant trouvé le secret de persuader qu'il changeait le vin en sang, prétendait qu'il avait la plénitude du sacerdoce et qu'il en possédait seul le caractère.

Les femmes les plus illustres, les plus riches et les plus belles, admiraient la puissance de Marc: il leur dit qu'il avait le pouvoir de leur communiquer le don des miracles, elles voulurent essayer: Marc leur fit verser du vin du petit vase dans le grand et prononçait pendant cette transfusion la prière suivante: *Que la grâce de Dieu qui est avant toutes choses et qu'on ne peut ni concevoir ni expliquer perfectionne en nous l'homme intérieur; qu'elle augmente sa connaissance en jetant le grain de semence sur la bonne terre.*

A peine Marc avait prononcé ces paroles, que la liqueur qui était dans le calice bouillonnait, et le sang coulait et remplissait le vase. La prosélyte, étonnée, croyait avoir fait un miracle; elle était transportée de joie, elle s'agitait, se troublait, s'échauffait jusqu'à la fureur, croyait être remplie du Saint-Esprit, et prophétisait.

Marc, profitant de ces dernières impressions, disait à sa prosélyte que la source de la grâce était en lui, et qu'il la communiquait dans toute sa plénitude à celles à qui il voulait la communiquer: on ne doutait pas du pouvoir de Marc, et il avait la liberté de choisir les moyens qu'il croyait propres à la communiquer (2).

Toutes les femmes riches, belles et illustres, s'attachèrent à Marc, et sa secte fit des progrès étonnants dans l'Asie et le long du Rhône où elle était encore fort considérable du temps de saint Irénée et de saint Epiphane; c'est apparemment pour cela que saint Irénée a traité l'hérésie des valentiniens avec tant d'étendue (3).

Pour préparer les femmes à la réception du Saint-Esprit, Marc leur faisait prendre des potions propres à inspirer aux femmes des dispositions favorables à ses passions (4).

Les disciples de Marc perpétuèrent sa doctrine par le moyen des prestiges et par la licence de leur morale et de leurs mœurs: ils enseignaient que tout était permis aux disciples de Marc, et persuadèrent qu'avec certaines invocations ils pouvaient se rendre invisibles et impalpables. Ce dernier prestige paraît avoir été enseigné pour calmer les craintes de quelques femmes qu'un reste de pudeur empêchait de se livrer sans discrétion aux marcosiens. Saint Irénée nous a conservé une prière qu'ils faisaient au silence avant que de s'abandonner à la débauche, et ils étaient persuadés qu'après cette prière

---

(1) Philastr., de Hær., c. 42. Théodoret, Hær. Fab., l. I, c. 9.
(2) Epiph., hær. 39.
(3) Epiph., ibid. Iren., ibid.
(4) Iren., ibid.

le silence et la sagesse étendaient sur eux un voile impénétrable (1).

Marc n'était point prêtre, et, voulant s'ingérer dans les fonctions du sacerdoce, il inventa le moyen de faire croire qu'il changeait le vin en sang. Le dogme de la transsubstantiation était donc établi alors dans toute l'Eglise, et faisait partie de sa doctrine et de son culte ; car si l'on n'avait pas cru que, par les paroles de la consécration, le vin devenait le sang de Jésus-Christ, le valentinien Marc, pour prouver qu'il avait l'excellence du sacerdoce, n'aurait pas cherché le moyen de changer le vin en sang.

Si l'on avait cru que l'eucharistie n'était qu'un symbole, Marc n'aurait point cherché à faire croire qu'il était prêtre parce qu'il changeait ces symboles en d'autres corps; il se serait servi de ce secret pour prouver qu'il avait le don des miracles, et non pas pour prouver qu'il avait l'excellence du sacerdoce.

Marc le valentinien est différent du Marc dont les erreurs occasionnèrent en Espagne la secte des priscillianistes : saint Jérôme les a confondus (2).

Voyez, sur le système que Marc imagina, les articles CABALE, BASILIDE, PÉRÉENS.

* MARCELLIENS, hérétiques du quatrième siècle, attachés à la doctrine de Marcel, évêque d'Ancyre, qu'on accusait de faire revivre les erreurs de Sabellius, c'est-à-dire de ne pas distinguer assez les trois personnes de la sainte Trinité, et de les regarder seulement comme trois dénominations d'une seule et même personne divine.

Il n'est aucun personnage de l'antiquité sur la doctrine duquel les avis aient été plus partagés que sur celle de cet évêque. Comme il avait assisté au premier concile de Nicée, qu'il avait souscrit à la condamnation d'Arius, qu'il avait même écrit un livre contre les défenseurs de cet hérétique, ils n'oublièrent rien pour défigurer les sentiments de Marcel et pour noircir sa réputation. Ils le condamnèrent dans plusieurs de leurs assemblées, le déposèrent, le firent chasser de son siége, et mirent un des leurs à sa place. Eusèbe de Césarée, dans les cinq livres qu'il écrivit contre cet évêque, montre beaucoup de passion et de malignité ; et c'est dans cet ouvrage même qu'il laisse voir à découvert l'arianisme qu'il avait dans le cœur.

Vainement Marcel se justifia dans un concile de Rome, sous les yeux du pape Jules, l'an 341, et dans le concile de Sardique, l'an 347 ; on prétendit que depuis cette époque il avait moins ménagé ses expressions et mieux découvert ses vrais sentiments. Parmi les plus grands personnages du quatrième et du cinquième siècle, les uns furent pour lui, les autres contre lui. Saint Athanase même, auquel il avait été fort attaché, et qui pendant longtemps avait vécu en communion avec lui, parut s'en être retiré dans la suite, et s'être laissé persuader par les accusateurs de Marcel.

(1) Iren., ibid.
(2) Com. ad Isai. xLIV. Pagi, ad an. 381.
(3) Tom. VI, p. 503 et suiv.

Tout ce qu'on peut dire, c'est que, dans la fermentation qui régnait alors entre tous les esprits, et vu l'obscurité des mystères sur lesquels on contestait, il était très-difficile à un théologien de s'exprimer d'une manière assez correcte pour ne pas donner prise aux accusations de l'un ou de l'autre parti. S'il ne fut pas prouvé très-clairement que le langage de Marcel était hérétique, on fut du moins convaincu que ses disciples et ses partisans n'étaient pas orthodoxes. Photin, qui renouvela réellement l'erreur de Sabellius, avait été diacre de Marcel, et avait étudié sous lui : l'égarement du disciple ne pouvait manquer d'être attribué au maître. Il est donc très-difficile aujourd'hui de prononcer sur la cause de cet évêque. Tillemont (3), après avoir rapporté et pesé les témoignages, n'a pas osé porter un jugement.

MARCION, fut d'abord un chrétien zélé ; une faiblesse dans laquelle il tomba le fit excommunier. Marcion, chassé de l'Eglise, s'attacha à Cerdon, apprit de lui le système des deux principes, qu'il allia avec quelques dogmes du christianisme et avec les idées de la philosophie pythagoricienne, platonicienne et stoïcienne (4).

Pythagore, Platon et les stoïciens avaient reconnu dans l'homme un mélange de force et de faiblesse, de grandeur et de bassesse, de misère et de bonheur, qui les avait déterminés à supposer que l'âme humaine tirait son origine d'une intelligence sage et bienfaisante; mais que cette âme, dégradée de sa dignité naturelle ou entraînée par la loi du destin, s'unissait à la matière et restait enchaînée dans des organes grossiers et terrestres.

On avait de la peine à concevoir comment ces âmes avaient pu se dégrader, ou ce que ce pouvait être que ce destin qui les unissait à la matière : on n'imaginait pas aisément comment une simple force motrice avait pu produire des organes qui enveloppaient les âmes, comme les stoïciens l'enseignaient, ni comment on pouvait supposer que l'Intelligence suprême, connaissant la dignité de l'âme, avait pu former les organes dans lesquels elle était enveloppée.

Les chrétiens, qui supposaient que l'Intelligence suprême avait créé l'homme heureux et innocent, et que l'homme était devenu coupable et s'était avili par sa propre faute, ne satisfaisaient pas la raison sur ces difficultés ; car, 1° on ne voyait pas comment l'Intelligence suprême avait pu unir une substance spirituelle à un corps terrestre.

2° Il paraissait absurde de dire que cette Intelligence étant infiniment sage et toute-puissante n'a pas prévu et empêché la chute de l'homme et ne l'a pas conservé dans l'état d'innocence dans lequel il avait été créé, et dans lequel elle voulait qu'il persévérât.

Marcion crut que Cerdon fournissait des réponses beaucoup plus satisfaisantes à ces grandes difficultés.

(4) Tertul. contra Marcion. Iren., l. I, c. 27. Massuet, Dissert. Præv. ad Iren.

Cerdon supposait que l'Intelligence suprême à laquelle l'âme devait son existence était différente du Dieu créateur qui avait formé le monde et le corps de l'homme : il crut pouvoir concilier avec ce système les principes de Pythagore et les dogmes fondamentaux du christianisme.

Il supposa que l'homme était l'ouvrage de deux principes opposés ; que son âme était une émanation de l'être bienfaisant, et son corps l'ouvrage d'un principe malfaisant : voici comment, d'après ces idées, il forma son système.

Il y a deux principes éternels et nécessaires : un essentiellement bon, et l'autre essentiellement mauvais ; le principe essentiellement bon, pour communiquer son bonheur, a fait sortir de son sein une multitude d'esprits ou d'intelligences éclairées et heureuses ; le mauvais principe, pour troubler leur bonheur, a créé la matière, produit les éléments et façonné des organes dans lesquels il a enchaîné les âmes qui sortaient du sein de l'intelligence bienfaisante : il les a, par ce moyen, assujetties à mille maux ; mais comme il n'a pu détruire l'activité que les âmes ont reçue de l'intelligence bienfaisante, ni leur former des organes et des corps inaltérables, il a tâché de les fixer sous son empire en leur donnant des lois ; il leur a proposé des récompenses, il les a menacées des plus grands maux, afin de les tenir attachées à la terre et de les empêcher de se réunir à l'intelligence bienfaisante (1)

L'histoire même de Moïse ne permet pas d'en douter ; toutes les lois des Juifs, les châtiments qu'ils craignent, les récompenses qu'ils espèrent tendent à les attacher à la terre et à faire oublier aux hommes leur origine et leur destination.

Pour dissiper l'illusion dans laquelle le principe créateur du monde tenait les hommes, l'intelligence bienfaisante avait revêtu Jésus-Christ des apparences de l'humanité, et l'avait envoyé sur la terre pour apprendre aux hommes que leur âme vient du ciel, et qu'elle ne peut être heureuse qu'en se réunissant à son principe.

Comme l'Être créateur n'avait pu dépouiller l'âme de l'activité qu'elle avait reçue de l'intelligence bienfaisante, les hommes devaient et pouvaient s'occuper à combattre tous les penchants qui les attachent à la terre. Marcion condamna donc tous les plaisirs qui n'étaient pas purement spirituels : il fit de la continence un devoir essentiel et indispensable ; le mariage était un crime, et il donnait le baptême plusieurs fois (2).

Marcion prétendait prouver la vérité de son système par les principes même du christianisme, et faire voir que le Créateur avait tous les caractères du mauvais principe.

Il prétendait faire voir une opposition essentielle entre l'Ancien et le Nouveau Testament, prouver que ces différences supposaient qu'en effet l'Ancien et le Nouveau Testament avaient deux principes différents, dont l'un était essentiellement bon et l'autre essentiellement mauvais (3).

Cette doctrine était la seule vraie, selon Marcion ; et il ajouta, retrancha, changea dans le Nouveau Testament tout ce qui paraissait combattre son hypothèse des deux principes (4).

Marcion enseignait sa doctrine avec beaucoup de chaleur et de véhémence ; il se fit beaucoup de disciples : cette opposition que Marcion prétendait trouver entre le Dieu de l'Ancien Testament et celui du Nouveau séduisit beaucoup de monde. Il jouissait d'une grande considération ; ses disciples croyaient que lui seul connaissait la vérité, et n'avaient que du mépris pour tous ceux qui n'admiraient pas Marcion et qui ne pensaient pas comme lui : il semble qu'il ait porté et établi sa doctrine dans la Perse (5).

Les disciples de Marcion avaient un grand mépris pour la vie et une grande aversion pour le Dieu créateur. Théodoret a connu un marcionite âgé de quatre-vingt-dix ans, qui était pénétré de la plus vive douleur toutes les fois que le besoin de se nourrir l'obligeait à user des productions du Dieu créateur : la nécessité de manger des fruits que ce Créateur faisait naître était une humiliation à laquelle le marcionite nonagénaire n'avait pu s'accoutumer.

Les marcionites étaient tellement pénétrés de la dignité de leur âme, qu'ils couraient au martyre et recherchaient la mort comme la fin de leur avilissement et le commencement de leur gloire et de leur liberté (6).

Les catholiques, qui attaquaient les marcionites dans leurs principes mêmes, et qui, comme on le voit dans Tertullien, leur prouvaient que dans leur propre système le mal et le bien étaient impossibles ; les catholiques, dis-je, en combattant les marcionites, les obligèrent de varier et d'admettre tantôt un, tantôt deux, tantôt trois principes. Appelles n'en admettait qu'un seul ; Potitus et Basilicus en admettaient trois, le bon, le juste et le méchant.

Marcion avait concilié son système avec les principes des valentiniens sur la production des esprits ou des éons, et il avait adopté quelques principes de la magie : du moins son système n'y était pas opposé (7).

Il eut beaucoup de disciples, parmi lesquels plusieurs furent célèbres : tels furent

---

(1) Iren., l. 1, c. 27. Massuet, Dissert. Præv. ad Iren. Tert. contra Marcion. Origenian., l. 11, p. 92.
(2) Tertul. adversus Marc. c. 29. Ep. hær., 42. Vossius, Diss. de baptismo, thesi 18.
(3) Les raisons de Marcion étaient déduites fort au long dans un livre intitulé les Contradictions.
(4) Tert., Iren., Epiph., ibid. Aurelius, not. in Tert.
(5) Justin., Apol. Epiph., ibid.
(6) Théodoret, Hæret. Fab. l. 1, c. 24. Euseb., l. v, c. 15 ; l. iv, c. 16. Eusèbe cite l'exemple d'un marcionite qui avait été attaché vif à un poteau avec des clous et brûlé vif. Jurieu a contesté ces faits sans aucune raison il a cru, à son ordinaire, suppléer aux preuves par l'emportement et par les injures. Maimbourg, Bayle, ont très-bien relevé ses bévues. Voyez Maimbourg, Hist. du Calvin., l. 1, p. 33. Hist. du Pontif. de S. Grég., l. iv. Ferraud, Rép. à l'Apologie de Jurieu. Bayle, art. Marcion, note E.
(7) Greg. Naz., orat. 4 in Pentecost. Ittigius de Hær. c. 7. Tert., loc. cit.

Apelles, Potitus, Basiliscus, Prépon, Pithon, Blastus et Théodotion (1).

Réfutation des principes de Marcion et des difficultés de Bayle contre les réponses de Tertullien à Marcion.

Les difficultés des marcionites se réduisent à trois chefs : 1° l'impossibilité qu'il y ait du mal sous un seul principe; 2° ils prétendaient que le Dieu de l'Ancien Testament était mauvais; 3° ils soutenaient que Jésus-Christ était venu pour détruire l'ouvrage du Dieu de l'Ancien Testament, ce qui suppose nécessairement que l'Ancien et le Nouveau Testament sont l'ouvrage de deux principes opposés.

Bayle a beaucoup fait valoir la première difficulté de Marcion, et n'a pas craint de dire que les Pères l'ont mal résolue.

Il faut que Bayle n'ait pas lu Tertullien, car ce Père ruine absolument le principe fondamental de Marcion.

Vous reconnaissez, avec tout le monde, dit-il à Marcion, et il faut nécessairement reconnaître un être éternel, sans commencement et sans bornes dans sa durée, dans sa puissance et dans ses perfections; c'est donc une contradiction que d'en supposer deux qui se contredisent sans cesse et qui détruisent sans cesse leur ouvrage.

Le monde, que l'on attribue au mauvais principe, renferme des traits de bonté aussi incompatibles avec la nature du mauvais principe que les maux qu'on y observe sont contraires à la nature du bon principe.

L'Ancien Testament même, que les marcionites regardaient comme l'ouvrage du mauvais principe, était plein de ces traits de bonté. Je ne veux pas la mort du pécheur, dit Dieu; Est-ce que je souhaite que le pécheur meure? Ne souhaité-je pas qu'il vive et qu'il se convertisse? Le principe bienfaisant ne rejette-t-il pas souvent les impies dans le Nouveau Testament? Pourquoi ce principe a-t-il tardé si longtemps à secourir le genre humain, s'il est vrai qu'il soit bon et tout-puissant, et qu'un principe essentiellement bon et tout-puissant produise nécessairement tout le bien qu'il peut produire?

Ainsi, dans les principes mêmes des marcionites, le Dieu bon ne fait pas tout le bien qu'il peut faire, et il punit quelquefois les crimes ; or tous les maux que le Dieu créateur fait dans l'Ancien Testament sont des châtiments de cette espèce.

Mais si le principe bienfaisant est tout-puissant et maître absolu de la nature, pourquoi, disait Marcion, a-t-il permis que l'homme péchât? n'est-il pas ignorant s'il ne l'a pas prévu, ou méchant si, l'ayant prévu, il ne l'a pas empêché?

L'être bienfaisant, répond Tertullien, a pu vouloir que l'homme lui rendît un hommage libre, et qu'il méritât librement les récompenses qu'il destinait à la vertu. Il a créé l'homme dans une parfaite liberté : ce plan n'avait rien que de conforme à la bonté de Dieu, et ce plan une fois arrêté, Dieu a prévu la chute de l'homme, et n'a pas dû dépouiller l'homme de sa liberté pour prévenir sa chute.

Bayle a prétendu que les marcionites n'avaient pas su faire jouer la principale machine de leur système. «On ne voit pas, dit-il, qu'ils poussassent les difficultés sur l'origine du mal; car il semble que, dès qu'on leur répondait que le mal était venu du mauvais usage du franc arbitre de l'homme, ils ne savaient plus que répliquer, ou que, s'ils faisaient quelque résistance sur la permission de ce pernicieux usage, ils se payaient de la première réponse, quelque faible qu'elle fût.

« Origène, ayant répondu qu'une créature intelligente qui n'eût pas joui du libre arbitre aurait été immuable et immortelle comme Dieu, ferme la bouche au marcionite; car celui-ci ne réplique rien.

« Il était pourtant bien facile de réfuter cette réponse : il ne fallait que demander à Origène si les bienheureux du paradis sont égaux à Dieu dans les attributs de l'immutabilité et de l'immortalité; il eût répondu sans doute que non; par conséquent, lui aurait-on répliqué, une créature ne devient point Dieu dès qu'elle est déterminée au bien et privée de ce que vous appelez le franc arbitre; vous ne satisfaites donc point à l'objection, car on vous demandait pourquoi Dieu, ayant prévu que la créature pécherait si elle était abandonnée à sa bonne foi, ne l'a point tournée du côté du bien comme il y tourne continuellement les âmes des bienheureux dans le paradis.

«Vous répondez d'une manière qui fait connaître que vous prétendez qu'on vous demande pourquoi Dieu n'a pas donné à la créature un être aussi immuable, aussi indépendant qu'il l'est lui-même. Jamais on n'a prétendu vous faire une telle demande.

« Saint Basile a fait une autre réponse qui a le même défaut. Dieu, dit-il, n'a point voulu que nous l'aimassions par force, et nous-mêmes nous ne croyons pas que nos valets soient affectionnés à notre service pendant que nous les tenons à la chaîne, mais seulement lorsqu'ils obéissent de bon gré.

« Pour convaincre saint Basile que cette pensée est très-fausse, il ne faut que le faire souvenir de l'état du paradis : Dieu y est aimé, Dieu y est servi parfaitement bien, et cependant les bienheureux n'y jouissent pas du franc arbitre ; ils n'ont pas le funeste privilège de pouvoir pécher (2).»

Pour sentir l'injustice, et j'ose dire la faiblesse des difficultés de M. Bayle, il ne faut que réfléchir sur l'état de la question qui partageait les catholiques et les marcionites.

Les marcionites prétendaient qu'il répugnait à la nature de Dieu de produire une créature capable de commettre le mal. Origène répond que l'homme n'était point essentiellement immuable, puisqu'il n'était point

---

(1) Eusèbe, l. v, c. 13. Théodoret, Hæret. Fab., l. I, c. 25. Epiph., hær. 44. Aug., c. 25.

(2) Bayle, art. Marcion, note F.

Dieu, que par conséquent il ne répugnait ni à sa nature d'être capable de pécher, ni à la bonté de Dieu de le créer, sachant qu'il abuserait de sa liberté.

Voilà le fond de la question. Le marcionite, dans les dialogues d'Origène, y va aussi bien que Bayle, et Adamance a bien résolu la difficulté : car si l'homme n'est pas immuable par sa nature, Dieu a pu, sans injustice et sans méchanceté, le créer capable de pécher et sachant même qu'il pécherait. La justice et la bonté n'exigent pas qu'on donne à un être toutes les perfections possibles, ni même toutes celles dont il est susceptible, ou qu'on le garantisse de tous les malheurs; mais qu'il n'en souffre pas qui ne soient, ou des suites de sa nature, ou des effets de sa propre dépravation.

En vain le marcionite aurait-il répliqué à Adamance que pour être impeccable il n'est pas nécessaire d'être immuable par sa nature, puisque les bienheureux sont impeccables, et ne sont point immuables.

Adamance lui aurait répondu que l'exemple des bienheureux prouve bien que Dieu peut faire des créatures impeccables, mais non pas qu'il n'en peut faire de capables de pécher, ce qui était toute la question.

La réponse de saint Basile n'est pas mieux attaquée par Bayle. Saint Basile soutient qu'il n'est point indigne de Dieu de vouloir que les hommes se portent librement à lui, ni par conséquent d'établir un ordre de choses dans lequel l'homme fût libre, et dans lequel Dieu prévit que l'homme pécherait; l'exemple des bienheureux prouve tout au plus, comme je l'ai dit, que Dieu aurait pu produire des créatures déterminées invariablement à la vertu, et non pas qu'il ne peut les créer libres.

« Mais, dit Bayle, c'est par un effet de la grâce que les enfants de Dieu, dans l'état de voyageurs, je veux dire dans ce monde, aiment leur Père céleste et produisent de bonnes œuvres. La grâce de Dieu réduit-elle les fidèles à la condition d'un esclave qui n'obéit que par force? empêche-t-elle qu'ils n'aiment Dieu volontairement et qu'ils ne lui obéissent d'une franche et sincère volonté? Si on eût fait cette question à saint Basile et aux autres Pères qui réfutaient les marcionites, n'eussent-ils pas été obligés de répondre négativement? Mais quelle est la conséquence naturelle et immédiate d'une pareille réponse? N'est-ce pas de dire que, sans offenser la liberté de la créature, Dieu peut la tourner infailliblement du côté du bien? Le péché n'est donc pas venu de ce que le Créateur n'aurait pu le prévenir sans ruiner la liberté de la créature; il faut donc chercher une autre cause.

« On ne peut comprendre, ni que les Pères de l'Eglise n'aient pas vu la faiblesse de ce qu'ils répondaient, ni que leurs adversaires ne les en aient pas avertis. Je sais bien que ces matières n'avaient pas encore passé par toutes les discussions que l'on a vues au seizième et au dix-septième siècle; mais il

(1) Bayle, art. MARCION., note G.

est sûr que la primitive Eglise a connu distinctement l'accord de la liberté humaine avec la grâce du Saint-Esprit. Les sectes chrétiennes les plus rigides reconnaissent aujourd'hui que les décrets de Dieu n'ont point imposé au premier homme la nécessité de pécher, et que la grâce la plus efficace n'ôte point la liberté à l'homme; on avoue donc que le décret de conserver le genre humain constamment et invariablement dans l'innocence, quelque absolu qu'il eût été, aurait permis à tous les hommes de remplir librement tous leurs devoirs (1). »

C'est toujours le même vice qui règne dans les difficultés de Bayle : il prouve bien que Dieu pouvait conserver l'homme librement et infailliblement dans l'innocence; mais il ne prouve pas qu'il répugne à la bonté de Dieu d'établir un ordre de choses dans lequel il n'accordât point à l'homme de ces secours qui le font persévérer infailliblement et librement dans le bien, et c'est là ce qui était en question entre les marcionites et les catholiques : ces difficultés si formidables que Bayle aurait fournies aux marcionites ne sont donc que des sophismes qui n'auraient pas embarrassé les Pères.

Les marcionites prétendaient que l'Ancien Testament nous représente le Créateur comme un être malfaisant, parce qu'il punit les Israélites, parce qu'il leur commande de faire la guerre aux nations voisines et de détruire des nations entières.

Mais, dans la supposition que Dieu ait voulu que l'homme fût libre, était-il contraire à sa bonté qu'il punît le crime? N'est-il pas possible que tout ce qui est arrivé au peuple juif, et les guerres qu'il a faites, aient entré dans le plan que l'Intelligence suprême a formé? Qui peut savoir si les guerres des Juifs ne tendent pas à la fin que Dieu s'est proposée?

Enfin je dis qu'il n'y a point d'opposition entre l'Ancien et le Nouveau Testament : les lois de l'Ancien Testament sont accommodées au caractère des Juifs et aux circonstances dans lesquelles la terre se trouvait alors. La loi judaïque n'était que l'ombre et la figure de la religion chrétienne; ce n'est point une contradiction d'anéantir la loi figurative, lorsque les temps marqués par la Providence pour la naissance du christianisme sont arrivés.

La nature de cet ouvrage ne permet pas d'entrer dans le détail des contrariétés que les marcionites prétendaient trouver entre l'Ancien et le Nouveau Testament. Je remarquerai seulement que la plupart des difficultés répandues dans les ouvrages modernes contre la religion ne sont que des répétitions de ces difficultés qui ont été pleinement résolues par les Pères, et qui sont très-bien expliquées dans les commentateurs anciens et modernes, et entre autres dans Tertullien contre Marcion, liv. IV et V.

MARCOSIENS, disciples de Marc.

MARTINISTES FRANÇAIS. Martinez Pasqualis, dont on ignore la patrie, que cependant on présume être Portugais, et qui est mort à Saint-Domingue en 1799, trouvait dans la cabale judaïque la science qui nous révèle tout ce qui concerne Dieu et les intelligences créées par lui (1). Il admettait la chute des anges, le péché originel, le Verbe réparateur, la divinité des saintes Écritures. Quand Dieu créa l'homme, il lui donna un corps matériel : auparavant, c'est-à-dire avant sa création, il avait un corps élémentaire. Le monde aussi était dans l'état d'élément : Dieu coordonna l'état de toutes les créatures physiques à celui de l'homme.

Martinez fut le premier instituteur de Saint-Martin, né à Amboise en 1743, tour à tour avocat et officier, mort à Aulnay, près Paris en 1804. Saint-Martin prend le titre de *philosophe inconnu*, en tête de plusieurs de ses ouvrages. Le premier, qui parut en 1775 (2), avait pour titre : *Des erreurs et de la vérité*. « C'est à Lyon, dit l'auteur, que je l'ai écrit par désœuvrement et par colère contre les philosophes ; j'étais indigné de lire dans Boulanger que les religions n'avaient pris naissance que dans la frayeur occasionnée par les catastrophes de la nature. C'est pour avoir oublié les principes dont je traite que toutes les erreurs dévorent la terre, et que les hommes ont embrassé une variété universelle de dogmes et de systèmes. Cependant, quoique la lumière soit faite pour tous les yeux, il est encore plus certain que tous les yeux ne sont pas faits pour la voir dans son éclat ; et le petit nombre de ceux qui sont dépositaires des vérités que j'annonce ont voué à la prudence et à la discrétion par les engagements les plus formels. Aussi me suis-je promis d'en user avec beaucoup de réserve dans cet écrit, et de m'y envelopper d'un voile que les yeux les moins ordinaires ne pourront pas toujours percer, d'autant que j'y parle quelquefois de toute autre chose que de ce dont je parais traiter. » Saint-Martin s'est ménagé, comme on le voit, le moyen d'être inintelligible ; et il s'est si bien enveloppé, que ce qu'il y a de plus clair dans le livre, c'est le titre.

Le *Ministère de l'homme esprit, par le philosophe inconnu*, parut en 1802, in-8°. Dans un parallèle entre le christianisme et le catholicisme, comme si ces deux choses n'étaient pas identiques, il s'est donné libre carrière à dénaturer et à calomnier le catholicisme, « qui n'est, dit-il, que le séminaire, la voie d'épreuves et de travail, la région des règles, la discipline du néophyte pour arriver au christianisme. Le christianisme est le terme, le catholicisme n'est que le moyen ; le christianisme est le fruit de l'arbre, le catholicisme ne peut en être que l'engrais ; le christianisme n'a suscité la guerre que contre le péché, le catholicisme l'a suscitée contre les hommes (3). » Assurer d'un air tranchant, voilà toutes ses preuves.

Il serait difficile de présenter le résumé des idées de ce *philosophe inconnu*, le corps de sa doctrine. Ses disciples contestent la faculté de l'apprécier à quiconque n'est pas initié à son système : or, tel ne l'est qu'au premier degré, tel autre au second ou au troisième ; et tous *ont voué la prudence et la discrétion, par les engagements les plus formels*. Mais, si le système du maître est aussi intéressant et avantageux à l'humanité qu'ils le prétendent, pourquoi ne pas le mettre à la portée de tout le monde ? Il est permis d'élever des doutes sur l'importance et les avantages d'un système qui ne s'abaisse pas jusqu'à l'intelligence du vulgaire : car, en fait de religion et de morale, il est de la bonté de Dieu et dans l'ordre essentiel des choses que ce qui est utile à tous soit accessible à tous. Au surplus, Saint-Martin a dit encore : « Il n'y a que le développement radical de notre essence intime qui puisse nous conduire au spiritualisme actif. » Si ce développement *radical* ne s'est pas encore opéré chez bien des gens, il n'est pas étonnant qu'ils soient encore à grande distance du *spiritualisme actif*; et que n'étant encore que des *hommes de torrent*, ils ne puissent comprendre *l'homme de désir* (4). Cet illuminé a écrit le *Nouvel homme*, à l'instigation d'un neveu de Swedenborg, et traduit divers écrits du visionnaire Bœhm.

* MARTINISTES RUSSES. La conformité des dogmes des *martinistes français* avec ceux d'une secte qui naquit dans l'université de Moscou vers la fin du règne de Catherine II, et qui eut pour chef le professeur Schwarts, a fait donner le nom de *martinistes* aux membres de cette secte. Ils étaient nombreux à la fin du dix-huitième siècle. Mais ayant traduit en russe quelques-uns de leurs écrits, et cherché à répandre leur doctrine, plusieurs furent emprisonnés, puis élargis quand Paul monta sur le trône. Actuellement ils sont réduits à un petit nombre. Ils admirent Swedenborg, Bœhm, Ekartshausen et d'autres écrivains mystiques. Ils recueillent les livres magiques et cabalistiques, les peintures hiéroglyphiques, emblèmes des vertus et des vices, et tout ce qui tient aux sciences occultes. Ils professent un grand respect pour la parole divine, qui révèle non-seulement l'histoire de la chute et de la délivrance de l'homme ; mais qui, selon eux, contient encore les secrets de la nature : aussi cherchent-ils partout dans la Bible des sens mystiques. Tel est à peu près le récit que faisait de cette secte Pinkerton, en 1817 (5).

MASBOTHÉE, disciple de Simon, fut un des sept hérétiques qui corrompirent les premiers la pureté de la foi ; il niait la Providence et la résurrection des morts (6).

* MASSALIENS ou MESSALIENS, nom d'anciens sectaires, tiré d'un mot hébreu qui signifie *prière*, parce qu'ils croient que l'on doit prier continuellement, et que la prière peut tenir lieu de tout autre moyen de

---

(1) Grégoire, Hist. des Sectes relig., tom. II, pag. 217-229.
(2) In-8° Edimbourg.
(3) Pag. 5, 6, 13, 104, 168, 371, 572, et passim.
(4) Titre d'un ouvrage de Saint Martin.

DICTIONNAIRE DES HÉRÉSIES. I.

(5) Intellectual Repository of the new Church, n. 25, p. 34 et suiv.
(6) Théodoret, Hæret. Fab. lib. I, cap. 1 ; Constitut. apost. lib. VI cap. 6. Euseb. Hist. Eccles., lib. IV, cap. 22.

salut. Ils furent nommés par les Grecs, *euchites*, pour la même raison.

Saint Epiphane distingue deux sortes de *massaliens* ; les plus anciens n'étaient, selon lui, ni chrétiens, ni juifs, ni samaritains ; c'étaient des païens qui, admettant plusieurs dieux, n'en adoraient cependant qu'un seul qu'ils nommaient le *Tout-Puissant*, ou le *Très-Haut*. Tillemont pense, avec assez de raison, que c'étaient les mêmes que les *hypsistaires* ou *hypsistariens*. Ces *massaliens*, dit saint Epiphane, ont fait bâtir en plusieurs lieux des oratoires éclairés de flambeaux et de lampes, assez semblables à nos églises, dans lesquels ils s'assemblaient pour prier et pour chanter des hymnes à l'honneur de Dieu. Scaliger a cru que c'étaient des juifs esséniens, mais saint Epiphane les distingue formellement d'avec toutes les sectes de juifs.

Il parle des autres *massaliens* comme d'une secte qui ne faisait que de naître, et il écrivait sur la fin du quatrième siècle. Ceux-ci faisaient profession d'être chrétiens ; ils prétendaient que la prière était l'unique moyen de salut, et suffisait pour être sauvé ; plusieurs moines, ennemis du travail et obstinés à vivre dans l'oisiveté, embrassèrent cette erreur, et y en ajoutèrent plusieurs autres.

Ils disaient que chaque homme tirait de ses parents, et apportait en lui, en naissant, un démon qui possédait son âme, et le portait toujours au mal ; que le baptême ne pouvait chasser entièrement ce démon, qu'ainsi ce sacrement était assez inutile ; que la prière seule avait la vertu de mettre en fuite pour toujours l'esprit malin ; qu'alors le Saint-Esprit descendait dans l'âme, et y donnait des marques sensibles de sa présence, par des illuminations, par le don de prophétie, par le privilège de voir distinctement la Divinité et les plus secrètes pensées des cœurs, etc. Ils ajoutaient que, dans cet heureux état, l'homme était affranchi de tous les mouvements des passions et de toute inclination au mal, qu'il n'avait plus besoin de jeûnes, de mortifications, de travail, de bonnes œuvres ; qu'il était semblable à Dieu, et absolument impeccable.

On ne doit pas être surpris de ce que ces illuminés donnèrent dans les derniers excès de l'impiété, de la démence et du libertinage. Souvent, dans les accès de leur enthousiasme, ils se mettaient à danser, à sauter, à faire des contorsions, et disaient qu'ils sautaient sur le diable ; on les nomma enthousiastes, choreutes ou danseurs, adelphiens, eustathiens, du nom de quelques-uns de leurs chefs, psaliens, ou chanteurs de psaumes, euphémites, etc.

Ils furent condamnés dans plusieurs conciles particuliers, et par le concile général d'Ephèse tenu en 431, et les empereurs portèrent des lois contre eux. Les évêques défendirent de recevoir ces hérétiques à la communion de l'Eglise, parce qu'ils ne faisaient aucun scrupule de se parjurer, de renoncer à leurs erreurs, d'y retomber et d'abuser de l'indulgence de l'Eglise (1).

On vit renaître au dixième siècle une autre secte d'*euchites* ou *massaliens*, qui était un rejeton des manichéens ; ils admettaient deux dieux nés d'un premier être ; le plus jeune gouvernait le ciel ; l'aîné présidait à la terre ; ils nommaient celui-ci *Sathan*, et supposaient que ces deux frères se faisaient une guerre continuelle, mais qu'un jour ils devaient se réconcilier (2).

Enfin il parut encore au douzième siècle des *euchites* ou *massaliens*, que l'on prétend avoir été la tige des bogomiles ; il ne serait pas aisé de montrer ce que ces divers sectaires ont eu de commun, et ce qu'ils avaient de particulier. Mosheim conjecture que les Grecs donnaient le nom général de *massaliens* à tous ceux qui rejetaient les cérémonies inutiles, les superstitions populaires, et qui regardaient la vraie piété comme l'essence du christianisme. C'est vouloir justifier sur de simples conjectures, des enthousiastes que les historiens du temps ont représentés comme des insensés, dont la plupart avaient de très-mauvaises mœurs. Mais dès que des visionnaires ont déclamé contre les abus, les superstitions, les vices du clergé, c'en est assez pour qu'ils soient regardés par les protestants comme des zélateurs de la pureté du christianisme.

MASSILIENS ou MARSEILLAIS. On a nommé ainsi les semi-pélagiens, parce qu'il y en avait un grand nombre à Marseille et dans les environs. *Voyez* SEMI-PÉLAGIENS.

MATÉRIALISTES ou MATÉRIELS. C'est le nom que Tertullien donnait à ceux qui croyaient que l'âme sortait du sein de la matière.

Hermogène s'était jeté dans cette erreur pour concilier avec la bonté de Dieu les malheurs et les vices des hommes, aussi bien que les désordres physiques. *Voyez* cet article.

L'habitude dans laquelle sont presque tous les hommes de n'admettre que ce qu'ils peuvent imaginer dispose en faveur de cette erreur ; on prétend même l'appuyer sur les suffrages d'hommes respectables par leurs lumières et par leur attachement pour la religion, qui, craignant de donner des bornes à la puissance divine, ont cru qu'on ne devait point assurer que Dieu ne pouvait élever la matière jusqu'à la faculté de penser : tels sont Loke, Fabricius (3), etc.

Il n'en a pas fallu davantage pour ériger le matérialisme en opinion, et c'est sous ce masque de scepticisme qu'il s'offre communément aujourd'hui.

Je dis communément, car il y a des matérialistes qui sont allés beaucoup plus loin que Loke et Fabricius, et qui ont prétendu que la doctrine de l'immatérialité, de la simplicité et de l'indivisibilité de la substance

---

(1) *Voyez* Tillemont, tom. VIII, pag. 527.
(2) Le Clerc, Biblioth. univ., t. XV, pag. 119.
(3) Fabricius, Delectus argumentorum quæ veritatem religionis asserunt, c. 18. Loke, Essai sur l'entendement humain.

qui pense est un véritable athéisme, uniquement propre à fournir des appuis au spinosisme (1).

Nous allons opposer à ces matérialistes deux choses : 1° que le matérialisme n'est pas un sentiment probable ; 2° que l'immatérialité de l'âme est une vérité démontrée.

§ I. — LE MATÉRIALISME N'EST PAS UN SENTIMENT PROBABLE.

Lorsque nous apercevons une chose immédiatement ou que nous voyons un objet qui est lié nécessairement avec cette chose, nous avons certitude qu'elle est : ainsi j'aperçois immédiatement le rapport qui est entre deux fois deux et quatre, et j'ai certitude que deux fois deux font quatre.

De même, je vois un homme couché, les yeux fermés et sans mouvement, mais je vois qu'il respire, et je suis sûr qu'il vit, parce que la respiration est liée nécessairement avec la vie.

Si je voyais cet homme couché, sans mouvement et sans respiration, le visage pâle et défiguré, je serais porté à croire que cet homme est mort, mais je n'en aurais point de certitude, parce que la respiration de cet homme pourrait être insensible et pourtant suffisante pour le faire vivre, et que la pâleur ou la maigreur n'est pas liée nécessairement avec la mort. Je serais donc porté à croire que cet homme est mort, mais je n'en serais pas sûr, et mon jugement sur la mort de cet homme ne serait que probable, c'est-à-dire que je verrais quelque chose qui pourrait être l'effet de la mort, mais qui pourrait aussi venir d'une autre cause, et qui, par conséquent, ne me rend pas certain de sa mort ; elle n'est que probable.

Ainsi, la probabilité tient le milieu entre la certitude, où nous n'avons aucun lieu de douter d'une chose, et l'ignorance absolue, dans laquelle nous n'avons aucune raison de la croire.

Une chose est donc destituée de toute probabilité lorsque nous n'avons aucune raison de la croire.

Les raisons de croire une chose se tirent de la nature même de cette chose, de nos expériences, de nos observations, ou enfin de l'opinion et du témoignage des autres hommes, et ces hommes sont, dans la question présente, les philosophes ou les Pères de l'Eglise, dont les matérialistes se font un appui, et par lesquels ils prétendent prouver qu'avant le quatrième siècle on n'avait point dans l'Eglise d'idée nette de la spiritualité de l'âme.

1. *On ne trouve rien dans l'essence ou dans la nature de la matière qui autorise à juger qu'elle peut penser.*

1° Nous ne voyons point dans l'essence de la matière qu'elle doive penser, ni dans la nature de la pensée qu'elle doive être matérielle ; car il serait aussi évident que la matière pense qu'il est évident que deux et deux font quatre ; il serait aussi évident qu'un tronc d'arbre, qu'un morceau de marbre pense, qu'il est évident qu'il est étendu et solide, absurdité qu'aucun matérialiste n'a jusqu'ici osé avancer.

2° Nous ne voyons point dans la nature de la matière qu'elle puisse penser, car pour cela il faudrait que nous connussions dans la matière quelque attribut ou quelque propriété qui eût de l'analogie avec la pensée ; ce qui n'est pas.

Tout ce que nous connaissons clairement dans la matière se réduit au mouvement et à la figure : or, nous ne voyons dans le mouvement ou dans la figure aucune analogie avec la pensée ; car la figure et le mouvement ne changent point la nature ou l'essence de la matière, et comme nous ne voyons point d'analogie entre la pensée et la nature de la matière, nous n'en pouvons voir entre la pensée et la matière en mouvement ou figurée d'une certaine manière. La pensée est une affection intérieure de l'être pensant ; le mouvement ou la figure ne changent rien dans les affections intérieures de la matière ; ainsi l'on ne voit entre le mouvement de la matière et la pensée aucune analogie.

De bonne foi, quelle analogie voit-on entre la figure carrée ou ronde que l'on donne à un bloc de marbre et le sentiment intérieur de plaisir ou de douleur dont l'âme est affectée ?

Le jugement par lequel je prononce qu'un globe d'un pied est différent d'un cube de deux pieds est-il un carré, un cube, un mouvement prompt ou lent ?

Il est donc certain que nous ne voyons dans la matière aucune propriété, aucun attribut qui ait quelque analogie ou quelque rapport avec la pensée ; ainsi nous ne voyons, dans la nature ou dans l'essence de la matière, aucune raison qui nous autorise à croire qu'elle peut penser.

Mais, dit-on, la découverte de l'attraction ne peut-elle pas faire soupçonner qu'il peut y avoir dans la matière quelque propriété inconnue, telle que la faculté de sentir ?

Je réponds à ceux qui font cette difficulté :
1° Que Newton n'a jamais regardé l'attraction comme une propriété de la matière, mais comme une loi générale de la nature par laquelle Dieu avait établi qu'un corps s'approcherait d'un autre corps.

2° Les Newtoniens, qui ont regardé l'attraction comme une propriété de la matière, n'ont jusqu'ici pu en donner aucune idée.

3° Des philosophes qui font profession de ne croire que ce qu'ils voient clairement, et qui prétendent n'admettre comme vrai que ce qui est fondé sur des faits certains, tombent dans une contradiction manifeste lorsqu'ils admettent dans la matière une propriété dont ils n'ont aucune idée, et qui, selon Newton même, n'est pas nécessaire pour expliquer les phénomènes.

---

(1) Traité sur la nature humaine, dans lequel on essaie d'introduire la méthode de raisonner par expérience dans les sujets de morale, t. I, part. IV, sect. 5.

4. Je dis que l'attraction, regardée comme propriété essentielle de la matière, est une absurdité; car cette attraction est une force motrice inhérente et essentielle à la matière, en sorte qu'elle se trouverait dans une masse de matière qui serait seule dans l'univers; ou elle est une force motrice qui se produit ou qui naît dans la matière par la présence d'un autre corps.

L'attraction n'est point une force motrice essentielle à la matière, de manière qu'elle se trouve nécessairement dans un corps qui serait seul dans l'univers; car toute force motrice tendant vers un lieu déterminé, ce corps au milieu du vide newtonien devrait tendre vers un lieu plutôt que vers un autre, ce qui est absurde, puisque l'attraction, considérée comme propriété essentielle de la matière, ne tend pas plutôt vers un lieu que vers un autre; c'est donc dire une absurdité que d'avancer que l'attraction est une propriété essentielle de la matière.

On ne peut dire non plus que l'attraction soit une force motrice qui naisse dans la matière, à la présence d'un autre corps; car deux corps qu'on met en présence, et qui ne se touchent point, n'éprouvent aucun changement et ne peuvent par conséquent acquérir par leur présence une force motrice qu'ils n'avaient pas.

L'attraction n'est donc, ni un attribut essentiel de la matière, ni même une propriété qu'elle puisse acquérir : c'est, comme Newton le pensait, une loi générale par laquelle Dieu a établi que deux corps tendraient l'un vers l'autre; l'attraction n'est donc que le mouvement d'un corps ou sa tendance vers un lieu, et cette tendance n'a pas plus d'analogie avec la pensée que tout autre mouvement.

Que l'on juge présentement si l'attraction que Newton a découverte peut faire soupçonner que la matière pourrait devenir capable de sentir, et si ceux qui le prétendent n'ont pas fondé cette assertion sur un mot qu'ils n'entendaient pas, et sur une propriété chimérique de la matière?

Ainsi nous ne trouvons dans la nature ou dans l'essence de la matière aucune raison de juger qu'elle peut penser.

2. *Nulle expérience ne nous autorise à croire que la matière puisse penser.*

Les observations et les expériences sur lesquelles on appuie le sentiment qui suppose que la matière peut penser se réduisent à deux chefs : les prodigieuses différences que produisent dans l'homme les différents états du corps, et les observations qui ont appris que les fibres des chairs contiennent un principe de mouvement qui n'est point distingué de la fibre même.

Mais, 1° les différences que produisent dans les opérations de l'âme les différents états du corps prouvent que l'âme est unie au corps, et non pas qu'elle soit corporelle, puisque ces changements de l'âme, arrivés par les changements qu'éprouve le corps, s'expliquent dans le sentiment qui suppose l'immatérialité de l'âme, et que le matérialisme est encore sur cet objet moins satisfaisant que le sentiment qui suppose l'âme immatérielle.

Je conçois ces changements dans les opérations de l'âme, lorsque je suppose que l'âme forme elle-même ses idées, par le moyen ou à l'occasion des impressions qu'elle reçoit.

Mais les changements que l'âme éprouve sont impossibles si la pensée est une propriété essentielle de la matière; car alors toutes mes pensées doivent naître du fond même de la matière, et les changements qui environnent la portion de matière qui est mon âme ne changeant point cette portion de matière; l'ordre de ses idées ne doit point changer.

De quelque manière que j'arrange les portions de matière qui environnent la molécule qui pense dans mon cerveau, elle sera toujours intrinsèquement ce qu'elle était, et ses affections intérieures, ses pensées, ne doivent point éprouver de changement, si elle pense essentiellement.

Les matérialistes diront peut-être que la matière ne pense pas essentiellement, mais qu'elle acquiert cette faculté par l'organisation du corps humain. Mais alors cette organisation n'est nécessaire, pour que la matière devienne pensante, que parce qu'elle transmet au siège de l'âme les impressions des corps étrangers, ou les coups que nos organes en reçoivent; et, dans ce cas, il faut nécessairement supposer que la pensée n'est qu'un coup que la matière reçoit, c'est-à-dire que la matière devient pensante lorsqu'elle reçoit un coup : ainsi le forgeron qui frappe le fer fait à chaque coup une infinité d'êtres pensants. Ce n'est point ici une conséquence tirée pour rendre le matérialisme ridicule, c'est le fond même du système, tel que Hobbes l'a conçu et défendu.

Mais peut-on supposer qu'un coup porté sur une portion de matière en fasse un être pensant?

Un coup porté à la matière ne fait que la pousser vers un certain côté; or, la matière ne peut devenir pensante, parce qu'elle tend ou parce qu'elle est poussée vers un certain côté; du moins les matérialistes ne nieront pas qu'ils ne peuvent le concevoir; d'ailleurs, je leur demande quel est ce côté vers lequel il faut que la matière soit poussée pour penser? si elle cessera de penser lorsqu'elle sera mue en sens contraire? n'est-il pas absurde que la matière, mue ou poussée vers un certain côté, devienne pensante?

Quel est le philosophe, ou du matérialiste qui admet dans la matière une qualité et une propriété qu'il ne peut concevoir et qu'il n'y peut supposer sans être conduit à des absurdités, ou du défenseur de l'immatérialité de l'âme, qui refuse de reconnaître dans la matière cette même propriété?

2° L'irritabilité qu'on a découverte dans les fibres des animaux est un principe purement mécanique, une disposition organique qui produit dans les fibres des vibrations : or, cette disposition mécanique de la fibre n'a aucune analogie avec la pensée ; une pensée n'est point une vibration ; si cela était, un coup d'archet ou la main qui pince la corde du luth produirait une infinité de pensées dans ces cordes, ou plutôt une infinité d'êtres pensants.

Que les matérialistes seraient charmés d'avoir de pareilles conséquences à reprocher aux défenseurs de l'immatérialité de l'âme!

La matérialité de l'âme est donc destituée de toute probabilité du côté de l'expérience et de l'observation.

3. *Le sentiment des philosophes qui ont cru l'âme corporelle ne forme pas une probabilité en faveur du matérialisme.*

Lorsqu'il s'agit de faits que nous ne pouvons voir, le témoignage des autres hommes est la source de la probabilité et même de la certitude. Lorsqu'il s'agit de simples opinions, leur sentiment produit une sorte de probabilité, parce que rien n'étant sans raison, s'ils ont entendu ce qu'ils disaient, ils ont été déterminés à leur sentiment par quelque raison apparente.

Mais il n'est pas moins certain que la probabilité qui naît de leur sentiment dépend de la force de la raison qui a déterminé leur jugement : examinons donc les raisons sur lesquelles les philosophes matérialistes ont appuyé leur sentiment.

Plusieurs philosophes ont dit que l'âme était matérielle ou corporelle ; mais ils n'ont été portés à ce sentiment que parce qu'ils ne pouvaient imaginer ni une substance incorporelle et immatérielle, ni comment elle pourrait agir sur le corps : or, l'impossibilité d'imaginer une chose n'est pas une raison de la croire impossible, puisque, dans leur sentiment même, on ne peut imaginer ni concevoir comment la matière peut penser; et c'est pour cela que les uns regardaient le corps dans lequel résidait la faculté de penser comme un petit corps extrêmement délié; les autres croient que c'était le sang, d'autres le cœur (1), etc.

Ces philosophes se rapprochaient autant qu'ils le pouvaient de l'immatérialité de l'âme, lorsqu'ils n'examinaient que la pensée, puisqu'ils regardaient l'âme comme un corps de la dernière subtilité ; ainsi la raison les élevait à l'immatérialité de l'âme, et l'imagination les retenait dans le matérialisme : leur suffrage ne fait donc en aucune façon une probabilité en faveur du matérialisme. J'ose assurer que je ne serai contredit sur ce point par aucun de ceux qui, dans la lecture des anciens, se sont appliqués à suivre la marche de l'esprit humain dans la recherche de la vérité.

Locke, plus circonspect que les anciens, a prétendu que l'étendue et la pensée étant deux attributs de la substance, Dieu pouvait communiquer la faculté de penser à la même substance à laquelle il avait communiqué l'étendue.

(1) *Voyez* les différentes opinions des philosophes anciens sur l'âme, dans Cicéron, de Legibus; dans l'Exam.

Mais, 1° ce raisonnement de Locke ne vaut pas mieux que celui-ci : on peut, dans un bloc de marbre, former un cube ou un globe ; donc le même morceau de marbre peut être à la fois rond et carré. Sophisme pitoyable, et qui ne peut rendre intelligible la possibilité de l'union de la pensée et de l'étendue dans une même substance.

2° Il est certain que les principes de Locke sur la possibilité de l'union de la pensée avec la matière sont absolument contradictoires avec ses principes sur la spiritualité de Dieu. Or, un homme qui se contredit ne prouve rien en faveur des sentiments contradictoires qu'il embrasse ; le sentiment de Locke ne fait donc point une probabilité en faveur du matérialisme.

Enfin, si la matérialité de l'âme a eu ses partisans, son immatérialité a eu ses défenseurs ; donc le suffrage forme une probabilité opposée à la probabilité que produit, en faveur du matérialisme, l'autorité des philosophes matérialistes.

Dans ce conflit de probabilités, il faut comparer les autorités opposées, et, si elles sont égales, la probabilité que l'on prétend tirer de ces autorités est nulle ; si elles sont inégales, on retranche la plus petite de la plus grande, et c'est l'excès de la plus grande sur la plus petite qui détermine la probabilité.

Comparons donc l'autorité des philosophes partisans de l'immatérialité de l'âme avec l'autorité des philosophes matérialistes.

Je trouve, chez les anciens, Platon, Aristote, Parménide, etc. ; parmi les modernes, Bacon, Gassendi, Descartes, Leibnitz, Wolf, Clarke, Euler, etc., qui tous ont cru l'immatérialité de l'âme, et qui ne l'ont enseignée qu'après avoir beaucoup médité cette vérité, et après avoir bien pesé toutes les difficultés qui la combattent. Que l'on compare avec ces suffrages ceux des philosophes matérialistes, et que l'on prononce en faveur de qui la probabilité doit rester.

Nous abandonnons ce calcul à l'équité du lecteur ; nous ferons seulement deux réflexions sur ce conflit d'opinions des matérialistes et des partisans de l'immatérialité.

1° Les philosophes qui ont cru l'âme matérielle n'ont fait que céder au penchant qui porte les hommes à imaginer tout, et à la paresse qui empêche la raison de s'élever au-dessus des sens. Ils n'avaient pas besoin de raison pour supposer l'âme matérielle ; ils n'ont pas eu besoin d'examiner.

2° Au contraire, les philosophes qui ont cru l'âme immatérielle ont vaincu les obstacles pour élever leur esprit jusqu'à l'idée d'une substance simple et immatérielle.

Il y a donc beaucoup d'apparence qu'ils ont eu de fortes raisons pour adopter ce sentiment, et qu'ils n'y ont été forcés que par l'évidence ; car, quand l'évidence n'est pas entière, l'imagination et la paresse triomphent des efforts de la raison, du moins, on ne peut contester que les philosophes qui ont enseigné l'immatérialité de l'âme n'aient

du fatal., t. I.

eu besoin, dans l'examen de cette matière, de faire beaucoup plus d'efforts d'esprit et plus d'usage de leur raison que les philosophes matérialistes. La présomption est donc en faveur des premiers; et un homme qui, sur cette question se conduirait par voie d'autorité, ne pourrait plus, sans absurdité, se déterminer en faveur du matérialisme.

4. *Les Pères ont combattu le matérialisme.*

Les philosophes qui avaient recherché la nature de l'âme l'avaient envisagée sous des rapports tout différents; les uns, comme Anaximandre, Anaximène, Leucipe, avaient porté leur attention sur les effets de l'âme dans le corps humain, et ces observations furent la base de leur système sur la nature de l'âme; ils ne la crurent qu'une espèce de force motrice, et jugèrent qu'elle était un corps (1).

Lorsque des opérations de l'âme sur son corps ils passaient aux opérations purement intellectuelles, ils découvrirent qu'elles supposaient un principe simple, immatériel, et ils firent de l'âme un corps le plus subtil qu'ils purent, et le plus approchant de la simplicité. Démocrite même ne put s'empêcher de dire que la faculté de penser résidait dans un atome, et que cet atome était indivisible et simple.

Les pythagoriciens, au contraire, qui reconnaissaient dans la nature une intelligence suprême et immatérielle, avaient envisagé l'âme dans ses opérations purement intellectuelles, et ils avaient pensé que c'était par ces opérations qu'il fallait juger de la nature de l'âme; et comme ces opérations supposent évidemment un principe simple, ils avaient jugé que l'âme était une substance simple et immatérielle.

Mais comme cette substance était unie à un corps, et qu'on ne pouvait méconnaître son influence dans les différents mouvements du corps humain, on lui donna un petit corps, le plus subtil qu'on put, et le plus approchant de la simplicité de l'âme: ce petit corps, que l'imagination ne se représentait pas distinctement, était le corps essentiel de l'âme, lequel était indivisible, et dont elle ne se séparait jamais.

Ce petit corps uni à l'âme était pour l'imagination une espèce de point d'appui qui l'empêchait de tomber dans le matérialisme et de se révolter contre la simplicité de l'âme, que la pure raison admettait.

Mais comme ce petit corps était inséparable de l'âme, et qu'on n'imaginait pas comment ce petit corps si subtil pouvait produire le mouvement du corps humain, on enveloppa ce petit corps essentiel de l'âme, on l'enveloppa, dis-je, d'une espèce de corps aérien, plus subtil que les corps grossiers, et qui servait de moyen de communication entre le corps essentiel de l'âme et les organes grossiers du corps humain.

Voilà l'espèce d'échelle par laquelle les platoniciens faisaient descendre l'âme jusqu'au corps: on en trouve la preuve dans le commentaire d'Hiéroclès sur les vers d'or, et dans ce que dit Virgile sur l'état des âmes criminelles aux enfers. « Quelques-unes de ces âmes, dit-il, sont suspendues et exposées aux vents, et les crimes des autres sont nettoyés sous un vaste gouffre, ou sont purgés par le feu, jusqu'à ce que le temps ait emporté toutes les taches qui s'y étaient mises et qu'on ne leur ait laissé que le pur sens aérien et que le simple sens spirituel (2). »

Les Pères qui voyaient que cette doctrine n'était point contraire à l'immatérialité de l'âme ni aux dogmes du christianisme, l'adoptèrent par condescendance pour ceux qu'ils voulaient convertir, et ce sentiment s'établit parmi quelques chrétiens. On crut que les âmes, après la mort, avaient des corps, mais on supposait qu'elles étaient des substances immatérielles placées dans ces corps et unies indissolublement à eux.

Comme les anges ont souvent apparu aux hommes avec un corps humain, il y eut des Pères qui, conséquemment aux principes de la philosophie pythagoricienne, crurent qu'ils avaient aussi des corps aériens (3).

Les Pères ont donc pu dire que l'âme était corporelle, et n'être pas matérialistes.

D'ailleurs, ils disputaient quelquefois contre des philosophes qui croyaient que l'âme humaine était une portion de l'âme universelle, une ombre, une certaine vertu ou qualité occulte, et non pas une substance. Les Pères, pour exprimer que l'âme était une substance et non pas une portion de l'âme universelle, disaient que l'âme humaine était un corps, c'est-à-dire une substance distincte, qui avait une existence qui lui était propre et séparée de tout autre être, comme un corps l'est d'un autre corps (4).

Enfin, il est certain que les Pères ont donné le nom de corps à tout ce qu'ils croyaient composé, quoiqu'il fût immatériel, et qu'ils admirent dans l'âme différentes facultés qu'ils regardaient comme ses parties: ils ont donc pu dire que l'âme était un corps; que Dieu, qui était exempt de toute composition, était seul incorporel: ils ont pu dire toutes ces choses, et ne pas vouloir dire pour cela que l'âme fût en effet un corps matériel (5).

Appliquons ces principes aux Pères dont les matérialistes réclament le suffrage.

Saint Irénée n'est point favorable au sentiment qui suppose que la matière peut penser.

On prétend que saint Irénée a cru que l'âme était corporelle, parce qu'il a dit que l'âme était un souffle, qu'elle n'était incorporelle que par comparaison avec les corps grossiers, et qu'elle ressemblait à un corps humain.

Cette conséquence est absolument contraire à l'esprit de saint Irénée: ce Père,

(1) *Voyez* l'Examen du fatalisme, t. I, seconde époque.
(2) Énéide, l. vi, v. 735, etc.
(3) Cudworth, System. intellectual., sect. 5, c. 5.

(4) Aug., de Hæres., c. 86.
(5) Gregor. Moral., l. ii, c. 5. Damascen., l. ii, c. 3

dans l'endroit cité, combat la métempsycose et prétend prouver par là la parabole du Lazare que les âmes après la mort n'ont pas besoin de s'unir aux corps pour subsister, parce qu'elles ont une figure humaine et qu'elles ne sont incorporelles que par comparaison aux corps grossiers (1).

Les partisans de la métempsycose prétendaient que l'âme humaine ne pouvait subsister sans être unie à un corps, parce qu'elle était un souffle qui se dissipait s'il n'était retenu dans des organes.

Saint Irénée répond à cette difficulté que l'âme, après la mort, a une existence réelle et solide, si je peux parler ainsi, parce qu'elle a une figure humaine; et qu'après la mort elle n'est incorporelle que par rapport aux corps grossiers; ce qui suppose seulement que saint Irénée croyait que les âmes étaient unies à un corps subtil dont elles ne se séparaient point après la mort, réponse qui n'est rien moins que favorable au matérialisme.

Le passage même de saint Irénée fait voir que ce Père reconnaissait des substances immatérielles, et dit que l'âme n'est incorporelle que par rapport aux corps grossiers, ce qui suppose qu'elle est corporelle par rapport à d'autres substances qui ne sont point unies à des corps. Saint Irénée n'est donc point favorable au matérialisme.

Origène n'a point douté de l'immatérialité de l'âme.

Origène réfute expressément ceux qui croyaient que Dieu était corporel: il dit que Dieu n'est ni un corps, ni dans un corps; qu'il est une substance simple, intelligente, exempte de toute composition, qui, sous quelque rapport qu'on l'envisage, est une substance simple; il n'est qu'une âme et la source de toutes les intelligences.

« Si Dieu, dit-il, était un corps, comme tout corps est composé de matière, il faudrait aussi dire que Dieu est matériel, et, la matière étant essentiellement corruptible, il faudrait encore dire que Dieu est corruptible (2). »

Peut-on croire qu'un homme tel qu'Origène, qui conduit le matérialisme jusqu'à ces conséquences, puisse être incertain sur l'immatérialité de l'Être suprême?

Il appuie sur ces principes l'immatérialité de l'âme: « Si quelques-uns assurent que notre homme intérieur qui a été fait à l'image de Dieu est corporel, ils doivent conséquemment à cette idée faire de Dieu lui-même un être corporel, et ils doivent lui donner une figure humaine, ce qu'on ne peut faire sans impiété (3). »

« S'il y en a qui croient que l'âme est un corps, dit-il ailleurs, je voudrais qu'ils me montrassent d'où viendrait à ce corps la faculté de penser, de se ressouvenir et celle de contempler les choses invisibles (4). »

Est-on incertain de la spiritualité de l'âme et de son immatérialité lorsqu'on établit de pareils principes?

Qu'oppose M. Huet à ces passages pour prouver qu'Origène n'avait point de sentiment arrêté sur l'immatérialité de Dieu et sur celle de l'âme?

Un passage de la préface de son livre des Principes, dans lequel passage Origène dit qu'il faut examiner si Dieu est corporel, ou s'il a quelque forme, ou s'il est d'une nature différente de celle des autres corps; s'il en est de même du Saint-Esprit et de toutes les natures raisonnables (5).

Dans ce même endroit, Origène dit qu'il va traiter tous ces sujets d'une manière différente de celle dont il en parle dans ses autres ouvrages dans lesquels il n'a point traité cette matière à fond et exprès. Ce passage ne veut pas dire qu'il ne sait à quoi s'en tenir sur ces objets, puisque, dans le livre même des Principes, il établit formellement l'immatérialité de Dieu et celle de l'âme.

Comment M. Huet a-t-il pu conclure de ce passage que l'Église n'avait rien défini sur l'immatérialité de l'âme, au siècle d'Origène (6)?

Origène dit, il est vrai, dans son livre des Principes, que la nature de Dieu seul, c'est-à-dire du Père, du Fils et du Saint-Esprit, a cela de propre, « qu'elle est sans aucune substance matérielle et sans société d'aucun autre corps qui lui soit uni (7). »

Mais du moins Origène suppose que les âmes sont unies à un corps, dont elles sont pourtant distinguées; il ne dit pas qu'elles soient matérielles: comment aurait-il dit que l'âme est corporelle ou matérielle, lui qui ne reconnaît pour substances immatérielles que celles qui ne peuvent être dissoutes ou brûlées et qui assure que l'âme des hommes ne peut être réduite en cendres non plus que les substances des anges et des trônes (8)?

Pour terminer ce qui regarde Origène, nous avertirons que l'auteur de la Philosophie du bon sens a travaillé sur quelque *citateur* infidèle; car Origène, dans le lieu même qu'il cite, soutient précisément le contraire du sentiment qu'il attribue à cet auteur; c'est ce qui aurait été évident pour tout lecteur, si M. d'Argens avait cité le passage en entier (9).

Tertullien n'est point favorable au matérialisme.

Tertullien avait prouvé contre Hermogène que la matière n'était point incréée; il fit ensuite un ouvrage pour prouver que l'âme n'est point tirée de la matière, comme Hermogène le prétendait, mais qu'elle venait immédiatement de Dieu, puisque l'Écriture nous dit expressément que c'était Dieu qui

---

(1) Iren., c. 7.
(2) L. 1 de Principiis, c. 1, t. I, p. 51, edit. Benedict.
(3) Origen., hom. 1 in Genes. c. 1.
(4) L. de Princip., ibid.
(5) Procem. lib. de Princip., p. 420.
(6) Origenian., l. 11, quæst. de anima, n. 13, p. 99.
(7) L. de Princip., c. 6.
(8) L. cont. Celsum.
(9) In Joan., t. II, p. 214, edit. Huetii.

avait inspiré à l'homme un souffle de vie (1).

Enfin Tertullien, pour réfuter pleinement ceux qui prétendaient que l'âme sortait du sein de la matière et qu'elle n'en était qu'une portion, entreprit d'examiner les différentes opinions des philosophes qui étaient contraires à ce que la religion nous apprend sur la nature de l'âme : c'est l'objet de son livre de l'Ame.

Il dit que beaucoup de philosophes ont cru que l'âme était corporelle; que les uns l'ont fait sortir du corps visible, les autres du feu, du sang, etc.; que les stoïciens approchent plus du sentiment des chrétiens en ce qu'ils regardent l'âme comme un esprit, parce que l'esprit est une espèce de souffle.

Tertullien dit que les stoïciens croyaient que ce souffle était un corps et que les platoniciens croyaient au contraire que l'âme était incorporelle, parce que tout corps était animé ou inanimé, et que l'on ne pouvait dire que l'âme fût un corps animé, ni qu'elle fût un corps inanimé, et voici, selon Tertullien, la preuve que les platoniciens en donnaient :

« Si l'âme était un corps animé, elle recevrait son mouvement d'un corps étranger et ne serait plus une âme; si elle était un corps inanimé, elle serait mue par un principe intérieur, ce qui ne peut convenir à l'âme puisqu'alors ce ne serait point elle qui mouvrait le corps, mais elle-même qui serait mue d'un lieu à un autre comme le corps (2). »

Voilà, selon Tertullien, le raisonnement des platoniciens pour prouver que l'âme n'est point un corps.

Cet auteur, qui avait prouvé contre Hermogène que l'âme venait de Dieu, parce que la Genèse nous disait que Dieu l'avait produite en soufflant sur l'homme, croyait que le sentiment des platoniciens ne s'accordait point avec l'explication qu'il avait donnée de l'origine de l'âme. Il attaque le raisonnement des platoniciens, et prétend qu'on ne peut pas dire que l'âme est un corps animé ou un corps inanimé, puisque c'est ou la présence de l'âme qui fait un corps animé, ou son absence qui le fait inanimé, et que l'âme ne peut être l'effet qu'elle produit ; qu'ainsi on ne peut dire ni que l'âme soit un corps animé, ni qu'elle soit un corps inanimé ; que le nom d'âme exprime sa substance et la nature de sa substance, et qu'on ne peut la rapporter ni à la classe des corps animés, ni à la classe des corps inanimés ; qu'ainsi le dilemme des platoniciens porte absolument à faux.

A l'égard de ce que les platoniciens disent que l'âme ne peut être mue ni extérieurement, ni intérieurement, Tertullien prétend que l'âme peut être mue intérieurement, comme cela arrive dans l'inspiration ; que l'âme est mue intérieurement, puisqu'elle produit les mouvements du corps; qu'ainsi, si la mobilité était l'essence du corps, les platoniciens ne pourraient nier que l'âme ne soit un corps.

Voilà, selon Tertullien, ce que la raison peut apprendre aux platoniciens ; mais l'Ecriture, selon cet auteur, nous donne sur l'âme beaucoup plus de lumière : elle nous apprend que les âmes séparées des corps sont renfermées dans des prisons et qu'elles souffrent, ce qui est impossible, dit Tertullien, si elles ne sont rien, comme Platon le prétend; car, dit-il, elles ne sont rien, si elles ne sont pas un corps, car ce qui est incorporel n'est susceptible d'aucune des affections auxquelles l'Ecriture nous apprend que les âmes sont sujettes.

Il est donc certain que Tertullien a cru que l'âme avait ou était un corps ; mais 1° il n'a point dit qu'elle fût ni un corps tiré de la matière brute, comme Thalès, Empédocles, etc., ni du feu, comme Héraclite, ni même de l'éther, comme les stoïciens : l'âme n'était donc point, selon Tertullien, un corps matériel, puisque l'éther était le dernier degré de subtilité possible dans la matière.

2° Tertullien soutient que la division des corps en corps animés et en corps inanimés est défectueuse, et qu'on ne peut dire de l'âme qu'elle soit ni un corps animé, ni un corps inanimé; ce qui serait absurde s'il avait enseigné que l'âme était un corps ou une portion de matière ; car, si l'âme est une portion de matière ou un corps, il faut nécessairement qu'elle soit un corps animé ou un corps inanimé ; car la matière est ou brute et inanimée, ou vivante, organisée et animée.

3° Tertullien soutient positivement qu'il y a un milieu entre le corps animé et le corps inanimé, c'est-à-dire la cause qui anime le corps, laquelle n'est ni un corps animé, ni un corps inanimé, et cette cause est l'âme : ainsi, selon Tertullien, l'âme est un principe dont la propriété est d'animer un corps et qui n'est point un corps ; l'âme, selon Tertullien, est donc distinguée de la matière.

4° Tertullien dit que l'âme est ainsi appelée à cause de sa substance, et il nie cependant que l'âme soit le feu ou l'éther ; il suppose donc que l'âme est une substance immatérielle.

5° Tertullien combat ici le sentiment des platoniciens, qui prétendaient que l'âme était une certaine vertu, une espèce d'abstraction dont on ne pouvait se faire aucune idée, et qui n'était rien, selon Tertullien ; il ne dit donc que l'âme est un corps que pour exprimer qu'elle est une substance, et c'est pour cela qu'il dit que l'âme est un corps, mais un corps de son genre. C'est ainsi que, lorsqu'il raisonne contre Hermogène qui prétendait que la matière n'était ni corporelle, ni incorporelle, parce qu'elle était douée de mouvement, et que le mouvement était incorporel, Tertullien, lui, dit que le mouvement n'est qu'une relation extérieure du

---

(1) De Censu animæ. Ce livre est perdu.

(2) Lib. de Anima.

corps, et qu'il n'est rien de substantiel parce qu'il n'est point corporel (1).

6° Tertullien dit qu'il est vrai que l'âme est un corps, en ce sens qu'elle a les dimensions que les philosophes attribuent aux corps et qu'elle est figurée ; mais il est certain qu'on peut croire l'âme immatérielle et la supposer étendue : ce sentiment est soutenu par des théologiens et par des philosophes très-orthodoxes.

7° Tertullien, dans le livre de l'Ame, réfute le sentiment qui distingue l'esprit de l'âme, et soutient qu'il est absurde de supposer dans l'âme deux substances ; que le nom d'esprit n'est qu'un nom donné à une fonction de l'âme, et non pas un être qui soit joint à elle, puisqu'elle est simple et indivisible.

L'âme est une, dit-il, mais elle a des fonctions variées et multipliées ; ainsi, lorsque Tertullien dit que l'âme est un corps, il est visible qu'il n'entend rien autre chose, sinon que l'âme est une substance spirituelle et immatérielle, mais étendue (2).

8° Tertullien, dans ce même livre de l'Ame, dit qu'il a démontré contre Hermogène que l'âme venait de Dieu et non pas de la matière, et qu'il a prouvé qu'elle est libre, immortelle, corporelle, figurée, simple (3).

Il est donc certain que Tertullien n'a pas donné à l'âme un corps matériel, mais un corps spirituel, c'est-à-dire une étendue spirituelle, telle que beaucoup de philosophes et de théologiens l'attribuent à Dieu : ces théologiens et ces philosophes ne sont taxés de matérialisme par personne.

Tertullien, qui avait beaucoup d'imagination, regardait les êtres inétendus des platoniciens comme des chimères, et croyait que tout ce qui existait était étendu et corporel, parce qu'il avait de l'étendue et que nous connaissons les corps par l'étendue ; mais il ne croyait pas que tout ce qui était étendu fût matériel, puisqu'il admet des substances simples et des substances indivisibles.

Tertullien n'était donc point matérialiste, et je ne conçois pas comment ses commentateurs et des savants distingués n'ont point hésité à mettre cet auteur au rang des matérialistes.

L'idée que nous venons de donner du sentiment de Tertullien sur la nature de l'âme lève, ce me semble, les difficultés que l'on tire des endroits où ce Père dit que Dieu est un corps : nous ne faisons que suivre l'explication de saint Augustin. « Tertullien, dit ce Père, soutient que l'âme est un corps figuré et que Dieu est un corps, mais qu'il n'est pas figuré. Tertullien a cependant pas été regardé pour cela comme un hérétique ; car on a pu croire qu'il disait que Dieu était un corps, parce qu'il n'est pas néant, parce qu'il n'est pas le vide, ni aucune qualité du corps ou de l'âme, mais parce qu'il est tout entier partout, remplit tous les lieux sans être partagé, et reste immuable dans sa nature et dans sa substance (4). »

Si Tertullien n'a pas été regardé comme un hérétique parce qu'il a dit que Dieu ou l'âme était un corps, ce n'est pas que l'Eglise fût incertaine sur l'immatérialité de Dieu ou sur celle de l'âme, c'est parce qu'on croyait que Tertullien, en disant que Dieu était un corps, n'avait point voulu dire qu'il fût de la matière, mais seulement qu'il était une substance ou un être existant en lui-même.

Comment donc l'auteur de la Philosophie du bon sens a-t-il pu conclure du passage de saint Augustin qu'on n'était point hérétique du temps de Tertullien en soutenant que Dieu était matériel ? Quelle idée faudra-t-il que nous prenions de son esprit, s'il n'a fait en cela qu'une faute de logique ? Pourquoi, en citant le passage de saint Augustin, cet auteur a-t-il supprimé la raison que saint Augustin donne, pour laquelle Tertullien n'a point été regardé comme un hérétique lorsqu'il fit Dieu corporel ? Si l'auteur est de bonne foi, sa philosophie n'est pas la philosophie du bon sens.

Saint Hilaire croyait l'immatérialité de l'âme

Personne n'a enseigné plus clairement et plus formellement l'immatérialité de l'âme que saint Hilaire ; ce n'est point chez ce Père une opinion, c'est un principe auquel il revient toutes les fois qu'il parle de l'âme.

Lorsqu'il explique ces paroles du psaume CXVIII : *Ce sont vos mains, Seigneur, qui m'ont formé*, il décrit la formation de l'homme, et il dit que les éléments de tous les autres êtres ont été produits tels qu'ils sont dans l'instant même auquel Dieu a voulu qu'ils existassent ; qu'on ne voit dans leur formation ni commencement, ni progrès, ni perfectionnement ; qu'un seul acte de sa volonté divine les a faits ce qu'ils sont ; mais qu'il n'en est pas ainsi de l'homme. Il fallait, selon saint Hilaire, pour le former que Dieu unît deux natures opposées, et cette union demandait deux opérations différentes.

Dieu a dit d'abord : Formons l'homme à notre image et à notre ressemblance ; ensuite il a pris de la poussière et il a formé l'homme.

Dans la première opération, Dieu a produit la nature intérieure de l'homme ; c'est son âme, et elle n'a point été produite en façonnant une nature étrangère. Tout ce que le conseil de la Divinité a produit dans cet instant était incorporel, puisqu'elle produisait un être à l'image de Dieu : c'est dans la substance raisonnable et incorporelle que réside notre ressemblance avec la Divinité.

Quelle différence entre cette première production de la Divinité et la seconde ? Dieu prend de la poussière, et il forme ainsi l'homme ; en façonnant la terre et la matière, il n'a pris nulle part à la première production ; il l'a faite, il l'a créée ; pour le corps, il ne le fait pas, il ne le crée pas, il le forme et

---

(1) Adversus Hermogen., c. 36.
(2) De Anima, c. 12, 13, 14.
(3) Ibid., c. 22.
(4) Aug., de Hær., c. 86.

en prend la matière dans la masse de la terre (1).

Si ce Père parle de l'immensité divine et de la présence de Dieu dans tous les lieux, il dit que l'Etre suprême est tout entier partout, comme l'âme unie à un corps est dans toutes les parties du corps. L'âme, quoique répandue dans toutes les parties du corps humain et présente à toutes ses parties, n'est pas pour cela divisible comme le corps : les membres pourris, coupés ou paralytiques, n'altèrent point l'intégrité de l'âme (2).

Dieu n'est, selon ce Père, ni corporel, ni uni à un corps, et ce n'est point en formant le corps de l'homme que Dieu l'a fait à sa ressemblance, mais en lui donnant une âme. C'est pour cela que la Genèse ne décrit la formation du corps humain que longtemps après nous avoir dit que Dieu avait fait l'homme à son image : c'est par cette ressemblance de l'âme avec la nature divine qu'elle est raisonnable, qu'elle est incorporelle et éternelle. Elle n'a rien de terrestre, rien de corporel. C'est toujours sur ces principes que saint Hilaire parle de l'âme (3).

Un Père qui s'est expliqué si expressément et si clairement sur l'immatérialité de l'âme ne pouvait être mis au nombre des matérialistes qu'en opposant à ces passages d'autres endroits de ce Père, contraires à l'immatérialité de l'âme ; il fallait tirer des ouvrages de ce Père des doutes raisonnés, ou des difficultés considérables contre l'immatérialité de l'âme.

Cependant M. Huet, pour prouver que saint Hilaire croyait l'âme matérielle, ne nous cite qu'un passage de ce Père, dans lequel il dit qu'il n'y a rien qui ne soit corporel dans sa substance et dans sa création, et que les âmes unies à leurs corps, ou dégagées de ce corps, ont une substance corporelle, conforme à leur nature (4).

Si M. Huet et ceux qui l'ont copié avaient lu avec attention tout le passage de saint Hilaire, ils auraient vu que le mot corporel n'a point ici un sens favorable au matérialisme.

Saint Hilaire examine dans ce passage les difficultés de quelques hommes grossiers qui semblaient douter de la résurrection, parce qu'ils ne concevaient pas comment on pourrait se nourrir dans le ciel.

Saint Hilaire leur dit d'abord que les promesses de Dieu doivent dissiper toutes leurs inquiétudes à cet égard. Il tâche ensuite de leur faire comprendre comment ils pourraient vivre dans le ciel : pour cela, il leur dit qu'il n'y a rien qui ne soit corporel dans sa substance et dans sa création ; ce qui veut dire que Dieu n'a rien créé sans donner à ses créatures une existence solide et toutes les qualités nécessaires pour qu'elles aient la durée qu'il leur aura promise.

Cette explication est conforme au but que saint Hilaire se proposait, et le mot corporel, *corporeum*, a quelquefois ce sens dans saint Hilaire même, qui dit que tout ce qui est composé a eu un commencement par lequel il est corporifié, afin qu'il subsiste ; et c'est dans ce sens qu'il faut entendre ce que ce Père dit dans le même passage sur les âmes qui, séparées du corps, ont cependant une substance corporelle, conforme à leur nature.

Si saint Hilaire avait voulu dire, dans ce passage, qu'il n'y a rien qui soit matériel, voici à quoi se réduirait sa réponse : Vous êtes inquiets comment vous vivrez après la résurrection, vous avez tort, car il n'y a rien qui ne soit matériel.

Pour que saint Hilaire abandonnât dans cette occasion ses principes sur l'immatérialité de l'âme, il fallait que le matérialisme répondît aux difficultés qu'il se proposait d'éclaircir et qu'il ne fût pas possible de répondre autrement. Or, il est certain que le matérialisme de l'âme ne résout point ces difficultés, et qu'au contraire il les fortifie. Si l'âme est matérielle, on doit être beaucoup plus embarrassé de vivre dans le ciel que si elle est immatérielle comme les anges.

Saint Ambroise croyait l'âme immatérielle ; et, l'on ne trouve dans ce Père rien qui favorise le matérialisme.

Saint Ambroise explique la création de l'homme comme saint Hilaire.

La vie de l'homme a commencé, dit-il, lorsque Dieu a soufflé sur lui ; cette vie finit par la séparation de l'âme et du corps ; mais le souffle qu'il reçoit de Dieu n'est point détruit lorsqu'il se sépare du corps. Comprenons par là combien ce que Dieu a fait immédiatement dans l'homme est différent de ce qu'il a formé et figuré ; c'est pour cela que l'Ecriture dit que Dieu a fait l'homme à son image, et qu'elle raconte ensuite qu'il prit de la poussière et qu'il forma l'homme.

Ce qui n'a point été formé de la poussière n'est ni terre ni matière, c'est une substance incorporelle, admirable, immatérielle ; ce n'est ni dans le corps, ni dans la matière, mais dans l'âme raisonnable qu'il faut chercher la ressemblance de l'homme avec Dieu ; l'âme n'est donc point une vile matière, elle n'est rien de corporel (5).

C'est par le dogme de l'immatérialité de l'âme qu'il élève l'homme, qu'il le console des malheurs de la vie, qu'il le soutient contre les horreurs de la mort : toute la morale de ce Père porte sur l'immatérialité de l'âme (6).

Sur quel fondement soupçonne-t-on ce Père d'être matérialiste ? Sur un passage dans lequel ce Père dit qu'il n'y a rien qui soit exempt de composition matérielle que la Trinité (7).

En prenant ce passage ainsi détaché de tout ce qui le précède et de tout ce qui le suit, il s'ensuivrait tout au plus que saint

---

(1) Hilar. in ps. cxviii. Littet. 10, n. 6, etc.
(2) Ibid., litter. 19, n. 8.
(3) In psal. cxxix.
(4) In Matthæum, p. 632.
(5) Ps. cxviii. Serm. 10, n. 13, p. 1051 ; n. 16, 18. Hexameron, l. vi, c. 7, n. 10 ; 40.
(6) De Noe et arcâ, c. 25, p. 265. De Bono mortis, c. 9, n. 58.
(7) De Abraham, l. ii, c. 8, n. 58 ; p. 358.

Ambroise croyait que tous les esprits créés sont unis à un petit corps dont ils sont inséparables. Saint Ambroise s'est expliqué trop clairement sur l'immatérialité de l'âme pour donner un autre sens à ce passage.

Mais saint Ambroise, dans ce passage, ne dit rien de ce qu'on lui fait dire.

Ce Père, en parlant des sacrifices, dit qu'ils servent à rappeler l'homme à Dieu, et à lui faire connaître que Dieu, quoique au-dessus du monde, en a pourtant arrangé les parties.

Du spectacle de la nature, où il trouve les traces ou plutôt le caractère de la Providence, il passe aux différentes parties du monde et de la terre : il fait voir que c'est Dieu qui a disposé les différentes parties de la terre; il passe ensuite au corps humain, et dit que c'est Dieu qui a mis entre tous ses membres l'harmonie qu'on y admire.

Pour l'âme, elle a aussi ses divisions, et ces divisions sont ses différentes fonctions; car l'âme, selon ce Père, est indivisible; plus légère que les oiseaux, ses vertus l'élèvent au-dessus des cieux, et Dieu ne l'a point divisée en parties comme les autres êtres, parce qu'elle est unie à la Trinité qui, seule indivisible, a tout divisé.

C'est pour cela que les philosophes avaient cru que la substance supérieure du monde, qu'ils appellent l'éther, n'est point composée des éléments qui forment les autres corps; mais qu'il est une lumière pure, qui n'a rien de l'impureté de la terre, de l'humidité de l'eau, du nébuleux de l'air ou de l'éclat du feu ; c'est, selon eux, une cinquième nature qui, infiniment plus rapide et plus légère que les autres parties de la nature, est comme l'âme du monde, parce que les autres parties sont mêlées à des corps étrangers et grossiers.

Mais pour nous, continue saint Ambroise, nous croyons qu'il n'y a rien d'exempt de composition matérielle que la substance de la Trinité, qui est d'une nature simple et sans mélange, quoique quelques-uns croient que cette cinquième essence est cette lumière que David appelle le vêtement du Seigneur.

Il est évident que saint Ambroise confirme ici l'immatérialité de l'âme, puisqu'il dit qu'elle est indivisible et unie à la sainte Trinité, qui est simple; qu'ainsi ce Père n'a pu, deux lignes au-dessus, dire que l'âme est matérielle, à moins qu'on ne le suppose stupide ou insensé.

Il n'est pas moins clair que, dans ce texte, saint Ambroise n'a pour objet que de combattre le système de l'âme universelle, que les philosophes supposaient répandue dans le monde comme un cinquième élément; par conséquent, il ne s'agissait point, dans cet endroit, de l'âme humaine, mais d'une des parties du monde, que les philosophes regardaient comme un esprit; et saint Ambroise leur dit qu'il ne reconnaît point pour gouverner le monde d'autre nature simple que Dieu, et que tous les éléments qui servent à entretenir l'harmonie de la nature sont corporels, ce qui n'a aucun rapport à l'âme.

Voilà le sens naturel du passage de saint Ambroise, lequel vraisemblablement n'a pas été lu en entier par ceux qui ont cru que ce Père était matérialiste.

Les siècles postérieurs aux Pères dont nous venons d'examiner le sentiment ne fournissent rien dont les matérialistes puissent s'autoriser, ou ce sont des passages détachés, qui peuvent s'expliquer par ce que nous avons dit sur les différents sens que l'on a attachés aux mots *corps, corporel*.

§ II. — L'IMMATÉRIALITÉ DE L'AME EST UNE VÉRITÉ DÉMONTRÉE.

Les philosophes qui prétendent que la matière peut acquérir la faculté de penser supposent, comme Loke, que Dieu peut communiquer à la matière l'activité qui produit la pensée, ou, d'après Hobbes, que la faculté de penser n'est qu'une certaine faculté passive de recevoir des sensations.

Dans l'une et dans l'autre supposition, la matière sera nécessairement le sujet de la pensée ; ainsi, pour réfuter ces deux hypothèses, il suffit de faire voir que la matière ne peut être le sujet de la pensée.

Lorsque nous réfléchissons sur nous-mêmes, nous voyons que toutes les impressions des objets extérieurs sur nos organes se rapprochent vers le cerveau, et se réunissent dans le principe pensant, en sorte que c'est ce principe qui aperçoit les couleurs, les sons, les figures et la dureté des corps ; car le principe pensant compare ces impressions, et il ne pourrait les comparer s'il n'était pas le même principe qui aperçoit les couleurs et les sons.

Si ce principe était composé de parties, les perceptions qu'il recevrait seraient distribuées à ses parties, et aucune d'elles ne verrait toutes les impressions que font les corps extérieurs sur les organes ; aucune des parties du principe pensant n'aurait donc les comparer. La faculté que l'âme a de juger suppose donc qu'elle n'a point de parties et qu'elle est simple.

Plaçons, par exemple, sur un corps composé de quatre parties, l'idée d'un cercle ; comme ce corps n'existe que par ses parties, il ne peut aussi apercevoir que par elles ; le corps composé de quatre parties ne pourrait donc apercevoir un cercle que parce que chacune de ses parties apercevrait un quart de cercle ; or, un corps qui a quatre parties dont chacune apercevrait un quart de cercle ne peut apercevoir un cercle, puisque l'idée du cercle renferme quatre quarts de cercle, et que dans le corps composé de quatre parties il n'y en a aucune qui aperçoive les quatre quarts du cercle.

La simplicité de l'âme est donc appuyée sur ses opérations mêmes, et ses opérations sont impossibles si l'âme est composée de parties et matérielle.

Les philosophes qui attribuent à la matière la faculté de penser supposent donc que l'âme est composée et qu'elle ne l'est pas : le matérialisme est donc absurde, et l'immatérialité de l'âme est démontrée.

L'impossibilité de concevoir comment un principe simple agit sur le corps et lui est uni n'est pas plus une difficulté contre l'immatérialité de l'âme que l'impossibilité de concevoir comment nous pensons n'est une raison de douter de l'existence de notre pensée.

Le matérialiste n'a donc aucune raison de douter de l'immatérialité de l'âme : ainsi, ce scepticisme, dont les prétendus disciples de Loke se parent, n'aboutit qu'à tenir l'esprit incertain entre une absurdité et une vérité démontrée ; et si l'on construisait des tables de probabilité pour y ranger nos connaissances, le matérialisme n'y trouverait point de place ; il ne répondrait pas même au plus faible degré de probabilité, et l'immatérialité de l'âme serait placée à côté des vérités les plus certaines. On n'entend donc pas l'état de la question lorsqu'on prétend que la matérialité ou l'immatérialité de l'âme est une opinion dont la probabilité plus ou moins grande dépend des découvertes que l'on fera dans la connaissance des propriétés de la matière ; car, non-seulement nous ne connaissons rien qui puisse autoriser cette conjecture, ce qui suffit pour rendre le doute du matérialisme déraisonnable, mais encore nous voyons qu'en effet la matière ne peut être le sujet de la pensée, ce qui fait du matérialisme un sentiment absurde.

MAXIMILIANISTES. On nomme ainsi une partie des donatistes qui se séparèrent des autres, l'an 393. Ils condamnèrent, à Carthage, Primien, l'un de leurs évêques, et mirent Maximien à sa place ; mais celui-ci ne fut pas reconnu par le parti des donatistes. Saint Augustin a parlé plus d'une fois de ce schisme, et fait remarquer que tous ces sectaires se poursuivaient les uns les autres avec plus de violence que les catholiques n'en exercèrent jamais contre eux. Ils se réconcilièrent cependant et se pardonnèrent mutuellement les mêmes griefs pour lesquels ils s'obstinaient à demeurer séparés des catholiques. *Voy.* S. August. *L. de Gestis cum Emerito donatista,* n. 9 ; Tillemont, t. XIII, art. 77, p. 192.

MÉLANCHTHONIENS ou LUTHÉRIENS mitigés. *Voyez* LUTHÉRIENS.

MELCHISÉDÉCIENS. On donna ce nom aux théodotiens qui niaient la divinité de Jésus-Christ et qui prétendaient qu'il était inférieur à Melchisédech : Théodote le banquier est l'auteur de cette hérésie.

Théodote de Bysance avait renié Jésus-Christ, et, pour diminuer l'énormité de son apostasie, il avait prétendu qu'il n'avait renié qu'un homme, parce que Jésus-Christ n'était qu'un homme.

Théodote le banquier adopta son sentiment et prétendit que Melchisédech était d'une nature plus excellente que Jésus-Christ.

Les erreurs sont ordinairement à leur naissance fort simples et appuyées sur peu d'arguments : lorsqu'une erreur devient l'opinion d'une secte, ses partisans font effort pour la défendre ; les esprits envisagent tout sous la face qui favorise leur sentiment, saisissent ce côté ; on en fait de nouvelles preuves, et les plus minces vraisemblances se changent en principes.

Ainsi, Théodote le banquier voyant qu'on appliquait à Jésus-Christ ces paroles d'un psaume : *Vous êtes prêtre selon l'ordre de Melchisédech,* crut voir dans ce texte une raison péremptoire contre la divinité de Jésus-Christ, et tout l'effort de son esprit se tourna du côté des preuves qui pouvaient établir que Melchisédech était supérieur à Jésus-Christ.

Ce point devint le principe fondamental du sentiment de Théodote le banquier et de ses disciples. On rechercha tous les endroits de l'Ecriture qui parlaient de Melchisédech. On trouva que Moïse le représentait comme le prêtre du Très-Haut ; qu'il avait béni Abraham ; que saint Paul assurait que Melchisédech était sans père, sans mère, sans généalogie, sans commencement de jours et sans fin de vie, sacrificateur pour toujours.

Théodote et ses disciples conclurent de là que Melchisédech n'était point un homme comme les autres hommes ; qu'il était supérieur à Jésus-Christ, qui avait commencé et qui était mort ; enfin, que Melchisédech était le premier pontife du sacerdoce éternel par lequel nous avions accès auprès de Dieu, et qu'il devait être l'objet du culte des hommes. Les disciples de Théodote firent donc leurs oblations et leurs prières au nom de Melchisédech, qu'ils regardaient comme le vrai médiateur entre Dieu et les hommes, et qui devait nous bénir comme il avait béni Abraham (1).

Hiérax, sur la fin du troisième siècle, adopta en partie l'erreur de Théodote, et prétendit que Melchisédech était le Saint-Esprit.

Saint Jérôme réfuta un ouvrage composé de son temps pour prouver que Melchisédech était un ange.

Sur la fin du dernier siècle, un anonyme fit revivre en partie l'erreur de Théodote sur Melchisédech.

Saint Paul dit que le premier homme était terrestre et né de la terre, et que le second homme était céleste et né du ciel (2).

De ce passage, cet auteur conclut qu'il y a des hommes terrestres et des hommes célestes, et que, comme saint Paul dit que Melchisédech a été fait semblable à Jésus-Christ, il faut bien que Melchisédech soit aussi un homme céleste ; ce qui explique très-heureusement, selon cet auteur, ce que l'Ecriture nous apprend, que trois mages vinrent adorer Jésus-Christ. Comme l'Ecriture ne nous apprend rien sur ces mages, l'auteur anonyme a cru que ces trois mages étaient trois hommes célestes, et que ces hommes étaient Melchisédech, Enoc et Elie (3).

(1) Epiph., hær., 55.
(2) I Cor. xv, 44.
(3) Petavius, Dogm. theol., l. III de Opif. sex dierum

Enfin, dans notre siècle, des savants distingués ont prétendu que Melchisédech était Jésus-Christ lui-même (1).

L'hérésie des anciens melchisédéciens est absolument contraire à l'Ecriture et même au texte de saint Paul, sur lequel on l'appuyait.

1° Moïse ne nous dit rien de Melchisédech qui nous en donne une autre idée que celle d'un roi voisin, qui prend part à la victoire qu'on venait de remporter, et qui s'en réjouit parce qu'elle lui était avantageuse.

Si saint Paul n'avait pas tiré de l'action de Melchisédech des conséquences mystiques et qu'il n'eût pas vu dans ce roi un type du Messie, on n'aurait vu dans Melchisédech qu'un souverain qui réunissait le sacerdoce et la royauté, comme cela était alors fort ordinaire; c'est pour cette raison que les Juifs, qui ne reçoivent point l'Epître aux Hébreux, s'accordent presque tous à reconnaître Melchisédech pour un roi de Chanaan; quelques-uns même ont soutenu qu'il était bâtard, tandis que d'autres ont soutenu qu'il était le même que Sem (2).

2° Le passage du psaume cx, qui dit que Jésus-Christ est prêtre selon l'ordre de Melchisédech prouve que le sacerdoce de Jésus-Christ était d'un ordre différent du sacerdoce des Juifs, et que le sacerdoce de Melchisédech était la figure ou le symbole de Jésus-Christ, et c'est ainsi que saint Paul l'explique.

Saint Paul se propose de détacher les Juifs du sacerdoce de la loi, dont ils étaient excessivement entêtés; pour cet effet, il dit qu'il y a un sacerdoce supérieur à celui des Juifs, et il le prouve parce que Melchisédech, qui l'exerçait, bénit Abraham et dîma les dépouilles qu'il avait remportées sur les rois vaincus, et avait exercé sur lui et sur toute sa postérité une vraie supériorité; d'où il conclut que Jésus-Christ étant appelé par David prêtre selon l'ordre de Melchisédech, le sacerdoce de Jésus-Christ était supérieur au sacerdoce de la loi.

Il est visible que c'est là l'unique but que saint Paul se propose, et que, pour établir ce sentiment, il n'était point nécessaire de faire de Melchisédech un être supérieur à Jésus-Christ.

C'est ainsi qu'il faut expliquer ces paroles de saint Paul, qui font toute la difficulté du sentiment des melchisédéciens et de ceux qui ont prétendu que Melchisédech était le Saint-Esprit, un ange ou Jésus-Christ même.

Saint Paul dit, 1° que Melchisédech était sans père, sans mère et sans généalogie.

Cet Apôtre, ayant dessein de montrer que le sacerdoce de Jésus-Christ est plus excellent que celui d'Aaron, le prouve par le verset du psaume cx, où il est dit que le Messie serait sacrificateur selon l'ordre de Melchisédech. Il fait voir que l'on demandait, sous la loi, que le sacrificateur fût non-seulement de la tribu de Lévi, mais encore de la famille d'Aaron; outre cela, il fallait qu'il fût né d'une femme israélite, qui, en se mariant à un sacrificateur, devenait de la famille d'Aaron.

Il ne fallait pas qu'elle eût été mariée, mais qu'elle fût vierge, car si elle avait été veuve ou de mauvaise vie, il n'était pas permis au sacrificateur de l'épouser; c'est pourquoi les sacrificateurs gardaient soigneusement leurs généalogies, sans quoi ils étaient exclus du sacerdoce.

Saint Paul dit que Melchisédech fut sans père sacrificateur, sans mère qui eût les qualités que la loi exigeait dans la femme d'un sacrificateur, et sans généalogie sacerdotale.

Comme Notre-Seigneur n'était point de race sacerdotale, et que les Juifs pouvaient dire qu'à cause de cela il ne pouvait être sacrificateur, saint Paul fait voir qu'il l'était néanmoins, conformément à la prédiction du psaume cx, selon l'ordre de Melchisédech dans lequel il n'y avait point de semblable loi.

Mais, dit-on, l'Ecriture assure que Melchisédech n'a eu ni commencement de jours, ni fin de vie.

Ceci n'exprime encore que des différences entre le sacerdoce de la loi et le sacerdoce de Melchisédech : les lévites servaient au temple depuis trente ans jusqu'à soixante; on peut dire que ces gens-là avaient une fin et un commencement de vie ministérielle, s'il est permis de parler ainsi. Outre cela, les souverains sacrificateurs avaient un commencement et une fin de vie par rapport aux fonctions du sacerdoce suprême, qu'ils ne commençaient à exercer qu'après la mort de leurs prédécesseurs et qu'ils cessaient aussi d'exercer en mourant. Il n'en avait pas été de même de Melchisédech, qui n'avait point eu de bornes marquées dans les fonctions de son sacerdoce, et qui n'avait eu, ni prédécesseurs ni successeurs, de sorte qu'on pouvait dire qu'il n'avait eu ni commencement ni fin de sa vie sacerdotale.

Lorsque saint Paul dit que Melchisédech étant semblable au Fils de Dieu, il demeura sacrificateur pour toujours, il veut dire que, comme le Fils de Dieu n'a eu ni prédécesseurs, ni successeurs dans son sacerdoce, il en a été de même de Melchisédech, qui fut sacrificateur aussi longtemps que l'état de son règne le permit; car les mots *à perpétuité, toujours*, se prennent souvent dans ce sens par les écrivains sacrés (3).

MELCHITES. Ce nom, dérivé du syriaque *malck* ou *melck*, roi, empereur, signifie *royalistes* ou *impériaux*, ceux qui sont du parti ou de la croyance de l'empereur. C'est le nom que les eutychiens, condamnés par le concile de Chalcédoine, donnèrent aux orthodoxes qui se soumirent aux décisions de ce concile et à l'édit de l'empereur Marcien qui en ordonnait l'exécution; pour la même raison, ceux-ci furent aussi nommés *chalcédoniens* par les schismatiques.

Le nom de *melchites*, parmi les Orientaux,

---

(1) Cunéus, Républ. des Hébreux, t. I, l. III, c. 3.
(2) Josephus, de Bello judaico, l. VII, c. 18.

(3) Exod. XXI, 6. Jerem. V, 22.

désigne donc en général tous les chrétiens qui ne sont ni jacobites, ni nestoriens. Il convient non-seulement aux Grecs catholiques réunis à l'Eglise romaine, et aux Syriens maronites, soumis de même au saint-siége, mais encore aux Grecs schismatiques des patriarcats d'Antioche, de Jérusalem et d'Alexandrie, qui n'ont embrassé ni les erreurs d'Eutychès, ni celles de Nestorius. Les patriarches grecs de ces trois siéges ont été obligés en plusieurs choses de recevoir la loi du patriarche de Constantinople, de se conformer aux rites de ce dernier siége, et de se borner aux deux liturgies de saint Basile et de saint Jean Chrysostome, desquelles se sert l'Eglise de Constantinople.

Le patriarche *melchite* d'Alexandrie réside au Grand-Caire, et il a dans son ressort les Eglises grecques d'Afrique et de l'Arabie; au lieu que le patriarche cophte ou jacobite demeure ordinairement dans le monastère de Saint-Macaire, qui est dans la Thébaïde. Celui d'Antioche a juridiction sur les Eglises de Syrie, de Mésopotamie et de Caramanie. Depuis que la ville d'Antioche a été ruinée par les tremblements de terre, il a transféré son siége à Damas où il réside, et où l'on dit qu'il y a sept à huit mille chrétiens du rit grec; on en suppose le double dans la ville d'Alep, mais il en reste peu dans les autres villes; les schismes des Syriens jacobites, des nestoriens et des arméniens, ont réduit ce patriarcat à un très-petit nombre d'évêchés. Le patriarche de Jérusalem gouverne les églises grecques de la Palestine et des confins de l'Arabie; son district est un démembrement de celui d'Antioche, fait par le concile de Chalcédoine : de lui dépend le célèbre monastère du mont Sinaï, dont l'abbé a le titre d'archevêque.

Quoique dans tous ces pays l'on n'entenda plus le grec, on y suit cependant toujours la liturgie grecque de Constantinople; ce n'est que depuis quelque temps que la difficulté de trouver des prêtres et des diacres qui sussent lire le grec a obligé les *melchites* de célébrer la messe en arabe. Le Brun, *Explication des cérémonies de la messe*, tom. IV, p. 448.

MÉLÉCIENS, partisans de Mélèce, évêque de Lycopolis en Égypte, déposé dans un synode par Pierre d'Alexandrie son métropolitain, vers l'an 306, pour avoir sacrifié aux idoles pendant la persécution de Dioclétien. Cet évêque, obstiné à conserver son siége, trouva des adhérents, et forma un schisme qui dura pendant près de cent cinquante ans.

Comme Mélèce et ceux de son parti n'étaient accusés d'aucune erreur contre la foi, les évêques assemblés au concile de Nicée, l'an 325, les invitèrent à rentrer dans la communion de l'Eglise et consentirent à les y recevoir. Plusieurs, et Mélèce lui-même, donnèrent des marques de soumission à saint Alexandre, pour lors patriarche d'Alexandrie; mais il paraît que cette réconciliation ne fut pas sincère de leur part : on prétend que Mélèce retourna bientôt à son caractère brouillon, et mourut dans son schisme.

Lorsque saint Athanase fut placé sur le siége d'Alexandrie, les méléciens jusqu'alors ennemis déclarés des ariens, se joignirent à eux pour persécuter et calomnier ce zélé défenseur de la foi de Nicée. Honteux ensuite des excès auxquels ils s'étaient portés, ils cherchèrent à se réunir à lui; Arsène, leur chef, lui écrivit une lettre de soumission, l'an 333, et lui demeura constamment attaché. Mais il paraît qu'une partie des *méléciens* persévérèrent dans leur confédération avec les ariens, puisque du temps de Théodoret, leur schisme subsistait encore, du moins parmi quelques moines; ce Père les accuse de plusieurs usages superstitieux et ridicules.

Il ne faut pas confondre le schismatique dont nous venons de parler, avec saint Mélèce, évêque de Sébaste et ensuite d'Antioche, vertueux prélat, exilé trois fois par la cabale des ariens, à cause de son attachement à la doctrine catholique. Ce fut à son occasion, mais non par sa faute, qu'il se fit un schisme dans l'Eglise d'Antioche. Une partie de son troupeau se révolta contre lui, sous prétexte que les ariens avaient eu part à son ordination. Lucifer de Cagliari, envoyé pour calmer les esprits, les aigrit davantage, en ordonnant Paulin pour prendre la place de saint Mélèce. *Voyez* LUCIFÉRIENS. En parlant de ces deux derniers personnages, saint Jérôme écrivait au pape Damase : *Je ne prends le parti ni de Paulin, ni de Mélèce*. Tillemont, t. V, p. 453; t. VI, p. 233 et 262; t. VIII, p. 14 et 29.

MÉNANDRE était samaritain, d'un village appelé Capartaije : il fut disciple de Simon le Magicien, fit de grands progrès dans la magie, et forma une secte nouvelle après la mort de son maître.

Simon avait prêché qu'il était la grande vertu de Dieu, qu'il était le Tout-Puissant; Ménandre prit un titre plus modeste et moins embarrassant, il dit qu'il était l'envoyé de Dieu.

Il reconnaissait, comme Simon, un Etre éternel et nécessaire, qui était la source de l'existence; mais il enseignait que la majesté de l'Etre suprême était cachée et inconnue à tout le monde, et qu'on ne savait de cet Etre rien autre chose, sinon qu'il était la source de l'existence et la force par laquelle tout était.

Une multitude de génies sortis de l'Etre suprême avaient, selon Ménandre, formé le monde et les hommes.

Les anges créateurs du monde, par impuissance ou par méchanceté, enfermaient l'âme humaine dans des organes où elle éprouvait une alternative continuelle de biens et de maux : tous les maux avaient leur source dans la fragilité des organes, et ne finissaient que par le plus grand des maux, par la mort.

Des génies bienfaisants, touchés du malheur des hommes, avaient placé sur la terre des ressources contre ces malheurs; mais les hommes ignoraient ces ressources, et Ménandre assurait qu'il était envoyé par les génies bienfaisants pour découvrir aux hommes ces ressources et leur apprendre le moyen de triompher des anges créateurs.

Ce moyen était le secret de rendre les organes de l'homme inaltérables, et ce secret consistait dans une espèce de bain magique que Ménandre faisait prendre à ses disciples, qu'on appelait la vraie résurrection, parce que ceux qui le recevaient ne vieillissaient jamais.

Ménandre eut des disciples à Antioche, et il y avait encore, du temps de saint Justin, des ménandriens qui ne doutaient pas qu'ils ne fussent immortels. Les hommes aiment si passionnément la vie, ils voient si peu le degré précis de leur décadence, qu'il n'est ni fort difficile de les convaincre qu'on peut les rendre immortels sur la terre, ni même impossible de leur persuader, jusqu'au moment de la mort, qu'ils ont reçu le privilège de l'immortalité (1).

Ainsi, tous les siècles ont eu, sous d'autres noms, des ménandriens qui prétendaient se garantir de la mort; tantôt par le moyen de la religion, tantôt par les secrets de l'alchimie ou par les chimères de la cabale. Au commencement de notre siècle, un Anglais prétendit que si l'homme mourait, ce n'était que par coutume; qu'il pourrait, s'il voulait, vivre ici-bas sans craindre la mort, et être transféré dans le ciel comme autrefois Enoc et Elie. L'homme, dit M. Afgil, a été fait pour vivre; Dieu n'a fait la mort qu'après que l'homme se l'est attirée par le péché; Jésus-Christ est venu réparer les maux que le péché a causés dans le monde et procurer aux hommes l'immortalité spirituelle et corporelle; ils reçoivent le gage de l'immortalité corporelle en recevant le baptême, et si les chrétiens meurent, c'est qu'ils manquent de foi (2).

*MENNAISIANISME; système ou doctrine du sens commun. Les théologiens et les philosophes catholiques ont toujours compté le *sens commun* parmi les motifs de certitude, et plusieurs d'entre eux avaient indiqué comment et à quel degré, dans diverses circonstances, les autres motifs de certitude lui empruntent une partie de leur force. M. de La Mennais et quelques-uns de ses disciples ne se sont pas contentés de recueillir les notions admises sur cette matière, et de les approprier aux besoins des esprits. Trop désireux d'arriver à un système de philosophie exclusif, ils ont violemment poussé au delà de ses limites naturelles un principe vrai et qui n'était point contesté; ils ont fait du *sens commun* des applications forcées, ils en ont exagéré la nécessité et la puissance réelle dans les questions où il ne devait être appelé que comme auxiliaire. Voici en quels termes le souverain pontife Grégoire XVI a caractérisé et solennellement improuvé cette nouvelle méthode. « Il est bien déplorable de voir dans quel excès de délire se précipite la raison humaine, lorsqu'un homme se laisse prendre à l'amour de la nouveauté, et que, malgré l'avertissement de l'Apôtre, s'efforçant d'être *plus sage qu'il ne faut*, trop confiant aussi en lui-même, il pense que l'on doit chercher la vérité hors de l'Eglise catholique, où elle se trouve sans le mélange impur de l'erreur, même la plus légère, et qui est par là même appelée et est en effet la colonne et l'inébranlable soutien de la vérité.

« Vous comprenez très-bien, vénérables frères, qu'ici nous parlons aussi de ce fallacieux système de philosophie récemment inventé, et que nous devons tout à fait improuver; système dans lequel, entraîné par un amour sans frein des nouveautés, on ne cherche plus la vérité où elle est certainement; mais dans lequel, laissant de côté les traditions saintes et apostoliques, on introduit d'autres doctrines vaines, futiles, incertaines, qui ne sont point approuvées par l'Eglise, et sur lesquelles les hommes les plus vains pensent faussement qu'on puisse établir et appuyer la vérité. »

Dès lors ce système n'a plus eu de partisans; ce qui rend moins nécessaire un long article sur cette matière : qu'il nous suffise d'ajouter une seule observation. Pour discuter désormais plus sûrement la question de la doctrine du *sens commun*, il sera bon de l'étudier dans les auteurs catholiques antérieurs à l'époque dont nous parlons, pour ne point tomber dans les écarts justement reprochés à l'école de M. de La Mennais, et aussi pour ne point donner dans une autre exagération, en amoindrissant l'autorité légitime de ce principe de certitude.

*MENNONITES. Disciples de Mennon, sectaire né dans la Frise, qui commença à débiter ses erreurs vers l'an 1545. Il enseignait, entre autres choses, qu'il n'était pas permis à un chrétien de posséder aucune charge de magistrature; qu'il n'y avait point d'autre règle de la foi que le Nouveau Testament; qu'en parlant de Dieu ou des personnes divines, il ne fallait point employer le mot de *Trinité*; que Jésus-Christ n'avait rien pris de la substance de Marie, et qu'il avait tout tiré de celle de Dieu le Père; que les âmes allaient après la mort dans un lieu inconnu, qui n'était ni le ciel, ni les enfers. Les *mennonites* sont appelés, dans les Provinces-Unies, *anabaptistes*.

MESSALIENS, secte de fanatiques. Voici l'origine de leurs erreurs et de leurs extravagances.

L'Evangile enseigne que pour être parfait il faut renoncer à soi-même, vendre ses biens, les donner aux pauvres et se détacher de tout.

Un nommé Sabas, animé d'un désir ardent d'arriver à la perfection évangélique, prit tous ces passages à la lettre, se fit eunuque, vendit ses biens, et en distribua le prix aux pauvres.

Jésus-Christ dit à ses disciples : Ne travaillez point pour la nourriture qui périt,

---

(1) Iren., l. II, c. 21. Tert., de Præscript., c. 5. Euseb., l. III, c. 26. Justin Apol. 2. Aug., de Hær., c. 2.

(2) Républ. des lettres, 1700, novembre, t. 5 p. 347.

mais pour celle qui demeure dans la vie éternelle (1).

Sabas conclut de ce passage que le travail était un crime, et se fit une loi de demeurer dans la plus rigoureuse oisiveté : il donna son bien aux pauvres, parce que l'Evangile ordonne de renoncer aux richesses, et il ne travaillait point pour se nourrir, parce que l'Evangile défend de travailler pour une nourriture qui périt.

Appuyé sur plusieurs passages de l'Ecriture, toujours pris à la lettre, Sabas avait jugé que nous étions environnés de démons et que tous nos péchés venaient des suggestions de ces esprits pervers : il croyait qu'à la naissance de chaque homme un démon s'emparait de lui, l'entraînait dans les vices et lui faisait commettre tous les péchés dans lesquels il tombait.

Par le premier acte de renoncement à soi-même que Sabas pratiqua, il y a bien de l'apparence qu'il était sujet à de fortes tentations de la chair, et l'Ecriture nous apprend que le démon de l'impureté se chasse par la prière. Sabas crut que c'était le seul moyen de triompher des tentations et de se conserver sans péché. Les sacrements effaçaient bien les péchés, selon Sabas, mais ils n'en détruisaient pas la cause, et Sabas les regardait comme des pratiques indifférentes : un sacrement était, selon lui, comme le rasoir qui coupe la barbe et laisse la racine.

Lorsque, par la prière, l'homme s'était délivré du démon qui l'obsédait, il ne contenait plus de cause de péché; le Saint-Esprit descendait dans l'âme purifiée.

L'Ecriture nous représente le démon comme un lion affamé qui tourne sans cesse autour de nous : Sabas se croyait sans cesse investi par ces esprits; on le voyait, au milieu de la prière, s'agiter violemment, s'élancer en l'air et croire sauter par-dessus une armée de démons; on le voyait se battre contre eux, faire tous les mouvements d'un homme qui tire de l'arc; il croyait décocher des flèches contre les démons.

L'imagination de Sabas n'était pas tranquille pendant le sommeil; il croyait voir réellement tous les fantômes qu'elle lui offrait, et ne doutait pas que ses visions ne fussent des révélations : il se crut prophète, il attira l'attention de la multitude, il échauffa les imaginations faibles, il inspira ses sentiments, et l'on vit une foule d'hommes et de femmes vendre leurs biens, mener une vie oisive et vagabonde, prier sans cesse et coucher pêle-mêle dans les rues.

Ces malheureux croyaient l'atmosphère remplie de démons, et ne doutaient pas qu'ils ne les respirassent avec l'air; pour s'en débarrasser, ils se mouchaient et crachaient sans cesse : tantôt on les voyait lutter contre les démons et leur décocher des flèches, tantôt ils tombaient en extase, faisaient des prophéties et croyaient voir la Trinité.

Ils ne se séparèrent point de la communion des catholiques, qu'ils regardaient comme de pauvres gens, ignorants et grossiers, qui cherchaient stupidement dans les sacrements des forces contre les attaques du démon.

Les messaliens avaient fait du progrès à Edesse; ils en furent chassés par Flavien, évêque d'Antioche, et se retirèrent dans la Pamphylie; ils y furent condamnés par un concile, et passèrent en Arménie, où ils infectèrent de leurs erreurs plusieurs monastères.

Létorius, évêque de Mélitène, les fit brûler dans ces monastères; ceux qui échappèrent aux flammes se retirèrent chez un autre évêque d'Arménie, qui en eut pitié et les traita avec douceur.

* MÉTAMORPHISTES, ou TRANSFORMATEURS, secte d'hérétiques du douzième siècle, qui prétendaient que le corps de Jésus-Christ au moment de son ascension avait été changé ou transformé en Dieu. On dit que quelques luthériens ont renouvelé cette erreur.

* MÉTANGISMONITES, hérétiques dont parle saint Augustin, *hæres.* 57. Ils soutenaient que dans la Trinité le Fils ou le Verbe était dans le Père comme un vase dans un autre vase; comparaison qui s'exprimait en grec par le mot μεταγλισμός, d'où ils ont pris leur nom.

* MÉTHODISTES. C'est le nom que les protestants ont donné aux controversistes français, parce que ceux-ci ont suivi différentes méthodes pour attaquer le protestantisme. Voici l'idée qu'en a donnée Mosheim, savant luthérien, dans son *Hist. ecclés.*, sæc. XVII, sect. 2, part. II, c. 1, § 15. On peut, dit-il, réduire ces *méthodistes* à deux classes. Ceux de la première imposaient aux protestants, dans la dispute, des lois injustes et déraisonnables. De ce nombre a été l'ex-jésuite François Véron, curé de Charenton, qui exigeait de ses adversaires qu'ils prouvassent tous les articles de leur croyance par des passages clairs et formels de l'Ecriture sainte, et qui leur interdisait mal à propos tout raisonnement, toute conséquence, toute espèce d'argumentation. Il a été suivi par Berthold Nihusius, transfuge du protestantisme; par les frères de Wallembourg et par d'autres, qui ont trouvé qu'il était plus aisé de défendre ce qu'ils possédaient que de démontrer la justice de leur possession. Ils laissaient à leurs adversaires toute la charge de prouver, afin de se réserver seulement le soin de répondre et de repousser les preuves. Le cardinal de Richelieu et d'autres voulaient qu'on laissât de côté les plaintes et les reproches des protestants, qu'on réduisît toute la dispute à la question de l'Eglise, que l'on se contentât de prouver son autorité divine par des raisons évidentes et sans réplique.

Ceux de la seconde classe ont pensé que, pour abréger la contestation, il fallait opposer aux protestants des raisons générales qu'on nomme *préjugés*, et que cela suffisait pour détruire toutes leurs prétentions. C'est la méthode qu'a suivie Nicole, dans ses *Préjugés légitimes contre les calvinistes.* Après lui, plusieurs ont été d'avis qu'un

(1) Joan. VI, 27.

seul de ces arguments, bien poussé et bien développé, était assez fort pour démontrer l'abus et la nullité de la réforme. Les uns lui ont opposé le droit de prescription ; les autres, les vices et le défaut de mission des réformateurs ; quelques-uns se sont bornés à prouver que cet ouvrage était un vrai *schisme*, par conséquent le plus grand de tous les crimes.

Celui qui s'est le plus distingué dans la foule des controversistes, par son esprit et par son éloquence, est Bossuet ; il a entrepris de prouver que la société formée par Luther est une Eglise fausse, en mettant au jour l'inconstance des opinions de ses docteurs, et la multitude des variations survenues dans sa doctrine ; de démontrer, au contraire, l'autorité et la divinité de l'Eglise romaine, par sa constance à enseigner les mêmes dogmes dans tous les temps. Ce procédé, dit Mosheim, est fort étonnant de la part d'un savant, surtout d'un Français qui n'a pas pu ignorer que, selon les écrivains de sa nation, les papes ont toujours très-bien su s'accommoder aux temps et aux circonstances, et que Rome moderne ne ressemble pas plus à l'ancienne que le plomb ne ressemble à l'or.

Tous ces travaux des défenseurs de l'Eglise romaine, continue le savant luthérien, ont donné plus d'embarras aux protestants, qu'ils n'ont procuré d'avantage aux catholiques. A la vérité, plusieurs princes et quelques hommes instruits se sont laissé ébranler, et sont rentrés dans l'Eglise que leurs pères avaient quittée ; mais leur exemple n'a entraîné aucun peuple ni aucune province. Ensuite, après avoir fait l'énumération des plus illustres convertis, soit parmi les princes, soit parmi les savants, il dit que si l'on excepte ceux qui ont été poussés à ce changement par les revers domestiques, par l'ambition d'augmenter leur dignité et leur fortune, par légèreté ou par faiblesse d'esprit, ou par d'autres causes aussi peu louables, le nombre se trouvera réduit à si peu de chose, qu'il n'y aura pas lieu d'être jaloux des acquisitions faites par les catholiques.

Nous ne pouvons nous dispenser de faire quelques réflexions sur ce tableau.

1° Dès que les protestants ont posé pour principe et pour fondement de leur réforme, que l'Ecriture sainte est la seule règle de foi, que c'est par elle seule qu'il faut décider toutes les questions et terminer toutes les disputes, où est l'injustice, de la part des théologiens catholiques, de les prendre au mot, et d'exiger qu'ils prouvent tous les articles de leur doctrine par des passages clairs et formels de l'Ecriture ? Prétendent-ils enseigner sans règle, et dogmatiser sans principes ? Ils ont eux-mêmes imposé cette loi aux catholiques, et ceux-ci l'ont subie ; ensuite les protestants l'ont trouvée trop dure, et voudraient s'en exempter. Ce sont eux qui sont venus attaquer l'Eglise catholique, et lui disputer une possession de quinze siècles ; c'est donc à eux de prouver par l'Ecriture que cette possession est illégitime.

2° Il n'est pas vrai qu'aucun de nos controversistes ait interdit aux protestants tout raisonnement et toute conséquence ; mais on a exigé que les conséquences fussent tirées directement de passages de l'Ecriture clairs et formels. Il ne l'est pas non plus que nos controversistes se soient bornés à répondre aux preuves des protestants. On n'a qu'à ouvrir la *Profession de foi catholique* de Véron, l'on verra qu'il prouve chacun de nos dogmes de foi par des textes formels de l'Ecriture sainte. Les frères de Wallembourg ont fait de même ; mais ils sont allés plus loin. Ils ont fait voir que la méthode de l'Eglise catholique est la même dont elle s'est servie dans tous les siècles, et qui a été employée par les Pères de l'Eglise pour prouver les dogmes de foi et réfuter toutes les erreurs ; que celle des protestants est fautive, et justifie toutes les hérésies sans exception ; que leur distinction entre les articles fondamentaux et les non-fondamentaux, est nulle et abusive ; qu'ils ont falsifié l'Ecriture sainte, soit dans leurs explications arbitraires, soit dans leurs versions, et il le prouve en comparant leurs différentes traductions de la Bible ; que non contents de cette témérité, ils rejettent encore tout livre de l'Ecriture sainte qui leur déplaît. Ces mêmes controversistes prouvent que c'est par témoins ou par la tradition que le sens de l'Ecriture sainte doit être fixé, et que les articles de foi doivent être décidés, et qu'ils ne peuvent l'être autrement. C'est après tous ces préliminaires qu'ils opposent aux protestants la voie de prescription, et des préjugés très-légitimes ; savoir, le défaut de mission dans les réformateurs, le schisme dont ils se sont rendus coupables, la nouveauté de leur doctrine, etc. Ils ont donc prouvé d'une manière invincible, non-seulement la possession de l'Eglise catholique, mais la justice et la légitimité de cette possession.

3° Puisque les protestants ont allégué pour motif de leur schisme que l'Eglise romaine n'était plus la véritable Eglise de Jésus-Christ, le cardinal de Richelieu n'a pas eu tort de prétendre qu'en prouvant le contraire on sapait la réforme par le fondement. Sur ce point, comme sur tous les autres, nos adversaires se sont très-mal défendus ; ils ont varié dans leur système, ils ont admis tantôt une Eglise invisible, tantôt une Eglise composée de toutes les sectes chrétiennes, quoiqu'elles s'excommunient réciproquement, et ne veuillent avoir ensemble aucune société. Bossuet a démontré l'absurdité de l'un et de l'autre de ces systèmes, et les protestants n'ont rien répliqué.

4° L'on sait de quelle manière ils ont répondu à l'*Histoire des Variations* ; forcés d'avouer le fait, ils ont dit que l'Eglise catholique avait varié dans sa croyance aussi bien qu'eux, et avant eux. Mais ont-ils apporté de ces prétendues variations des preuves aussi positives et aussi incontestables que celles que Bossuet avait alléguées contre eux ? Leurs plus célèbres controversistes n'ont pu fournir que des preuves négatives; ils ont dit : Nous ne voyons pas, dans les trois premiers siècles, des monuments de tels et de tels dogmes que l'Eglise romaine professe aujourd'hui : donc on ne les croyait pas alors; donc elle a varié dans sa foi. On leur a fait voir la nullité de ce raisonnement, parce que l'Eglise du quatrième siècle a fait profession de ne croire que ce qui était déjà cru et professé au troisième, et enseigné depuis les apôtres; donc les monuments du quatrième siècle prouvent que tel dogme était déjà cru et enseigné auparavant.

Quant à ce que Mosheim dit des théologiens français, il veut donner le change et faire illusion. Jamais ces théologiens n'ont enseigné que les papes s'étaient accommodés aux temps et aux circonstances, quant à la profession du *dogme*; qu'ils ont varié dans le dogme; que l'Eglise de Rome n'a plus la même croyance que dans les premiers siècles. Ils ont dit que les papes ont profité des circonstances pour étendre leur juridiction, pour borner celle des évêques, pour disposer des bénéfices, etc.; qu'ils ont ainsi changé l'ancienne discipline; mais la discipline et le dogme ne sont pas la même chose. Bossuet a démontré que les protestants ont varié dans leurs *articles de foi;* Mosheim parle de variations dans la discipline; est-ce là raisonner de bonne foi? D'ailleurs les théologiens français sont persuadés que le pape ne peut pas décider seul un article de foi, que sa décision n'est irréformable que quand elle est confirmée par l'acquiescement de toute l'Eglise; comment donc pourraient-ils accuser les papes d'avoir changé la foi de l'Eglise?

Le procédé de Mosheim n'est pas plus honnête à l'égard des princes et des savants, qui, détrompés des erreurs du protestantisme par les ouvrages des controversistes catholiques, sont rentrés dans l'Eglise romaine. Lorsque ces controversistes ont accusé les réformateurs d'avoir fait schisme par libertinage, par esprit d'indépendance, par ambition d'être chefs de sectes, etc., les protestants ont crié à la calomnie; ils ont demandé de quel droit on voulait sonder le fond des cœurs, prêter des intentions criminelles à des hommes qui pouvaient avoir eu des motifs louables; et ils commettent cette injustice à l'égard de ceux qui ont renoncé au schisme et aux erreurs de leurs pères. Ces convertis ont-ils eu une conduite aussi répréhensible que les réformateurs? Qu'aurait dit Mosheim, si on lui avait soutenu en face qu'il voulait vivre et mourir luthérien, parce qu'il occupait la première place dans une université, et jouissait d'une bonne abbaye?

Que le commun des luthériens, malgré l'exemple de plusieurs princes et d'un nombre de savants convertis, aient persévéré dans les erreurs dont ils ont été imbus dès l'enfance, cela n'est pas étonnant; ils ne sont pas instruits et ne veulent pas l'être; ils ne lisent point les ouvrages des théologiens catholiques, et les ministres le leur défendent. Mais la conversion de ceux qui ont été instruits, qui ont lu le pour et le contre, nous paraît un préjugé favorable à l'Eglise catholique, et désavantageux aux protestants. On voit par là que ces méthodistes n'ont rien de commun avec ceux dont nous allons parler.

MÉTHODISTES est aussi le nom d'une secte récemment formée en Angleterre, et qui ressemble beaucoup à celle des hernhutes ou frères moraves. Son auteur est un M. Withefield; elle se propose pour objet la réforme des mœurs et le rétablissement du dogme de la grâce, défiguré par l'arminianisme, qui est devenu commun parmi les théologiens anglicans. Ces *méthodistes* enseignent que la foi seule suffit pour la justification de l'homme et pour le salut éternel, et ils s'attachent à inspirer beaucoup de crainte de l'enfer; ils ont adopté la liturgie anglicane; et ont établi parmi eux la communauté de biens qui régnait dans l'Eglise de Jérusalem à la naissance du christianisme. On assure qu'ils ont les mœurs très-pures; mais comme cette secte ne doit sa naissance qu'à l'enthousiasme de son chef, il est à craindre que sa ferveur ne se soutienne pas longtemps, *Londres,* t. II, p. 208.

Aux Etats-Unis, les méthodistes se divisent en wesséiens, withefieldiens, kilamites, etc. Les premiers s'attachèrent aux erreurs de Wessey, dont les seconds s'écartèrent pour embrasser celles de Calvin, enseignées par Withefield. Les kilamites, appelés aussi méthodistes de la nouvelle réunion, se séparèrent en 1797 des méthodistes anciens, qui datent de 1729, pour établir une nouvelle forme de gouvernement que les simples membres de la secte partagent avec les ministres.

De toutes les pratiques des méthodistes, la plus remarquable est celle qui se renouvelle chaque année pendant l'automne, sous le nom d'*assemblée de camp.* Au milieu du camp, établi dans un lieu écarté, est une sorte d'échafaud d'où les ministres parlent à la multitude, surtout le soir, temps jugé plus favorable à la conversion des pécheurs. A l'appel du ministre, des jeunes gens des deux sexes s'avancent tout à coup vers une enceinte réservée, s'y jettent sur de la paille préparée pour les recevoir, et, au milieu des hymnes, des exhortations et des cris, finissent par tomber en convulsions, ce qui ne saurait étonner lorsqu'il s'agit d'esprits faibles et d'imaginations vives. De telles assemblées provoquent une jeunesse licencieuse au excès les plus révoltants.

MILLÉNAIRES. On donne ce nom à ceux qui ont cru que Jésus-Christ régnerait sur la terre avec ses saints dans une nouvelle Jérusalem, pendant mille ans avant le jour du jugement : voici le fondement de cette opinion.

Les prophètes avaient promis aux Juifs que Dieu les rassemblerait d'entre toutes les nations, et que, lorsqu'il aurait exercé ses jugements sur tous leurs ennemis ils jouiraient sur la terre d'un bonheur parfait : Dieu annonça par Isaïe qu'il créerait de nouveaux cieux, une terre nouvelle.

Tout ce qui a été auparavant, dit Dieu par la bouche d'Isaïe, s'effacera de la mémoire sans qu'il revienne dans l'esprit; vous vous réjouirez, et vous serez éternellement pénétrés de joie dans les choses que je vais créer, parce que je m'en vais rendre Jérusalem une ville d'allégresse et son peuple un peuple de joie. Je prendrai mes délices dans Jérusalem; je trouverai ma joie dans mon peuple ; on n'y entendra plus de voix lamentables ni de tristes cris ; ils bâtiront des maisons et ils les habiteront; ils planteront des vignes et ils en mangeront les fruits : il ne leur arrivera point de bâtir des maisons et qu'un autre les habite, ni de planter des vignes et qu'un autre en mange le fruit ; car la vie de mon peuple égalera celle des grands arbres, et les ouvrages de leurs maisons seront de grande durée (1).

Mes élus ne travailleront point en vain, et ils n'engendreront point d'enfants qui leur causent de la peine, parce qu'ils seront la race bénie du Seigneur et que leurs petits-enfants le seront comme eux ; le loup et l'agneau iront paître ensemble, le lion et le bœuf mangeront la paille, et la poussière sera la nourriture du serpent; ils ne nuiront point et ne tueront point sur toute ma montagne sainte, dit le Seigneur (2).

Ezéchiel ne fait point des promesses moins magnifiques. Je vais ouvrir vos tombeaux, dit Dieu, et je ferai sortir mon peuple des sépulcres, et je vous rendrai la vie et vous rétablirai dans votre pays ; alors vous connaîtrez que je suis le Seigneur. Je rassemblerai les Israélites, en les tirant de toutes les nations parmi lesquelles ils ont été dispersés; je serai sanctifié entre eux à la vue de toutes les nations ; ils habiteront dans la terre que j'ai donnée à mon serviteur Jacob, ils y habiteront sans crainte, y bâtiront des maisons, y planteront des vignes et y demeureront en assurance, lorsque j'exercerai mes jugements contre ceux qui étaient autour d'eux et qu' les ont maltraités, et l'on connaîtra alors que c'est moi qui suis le Seigneur et le Dieu de leurs pères (3).

Les Juifs qui reconnurent que Jésus-Christ était le Messie ne perdirent point de vue ces promesses magnifiques, et il y en eut qui crurent qu'elles auraient leur effet au second avénement de Jésus-Christ.

Ces hommes, moitié juifs, moitié chrétiens, crurent qu'après la venue de l'Antechrist et la ruine de toutes les nations qui le suivront, il se fera une première résurrection qui ne sera que pour les justes, mais que ceux qui se trouveront alors sur la terre, bons et méchants, seront conservés en vie : les bons, pour obéir aux justes ressuscités, comme à leurs princes ; les méchants pour être vaincus par les justes et pour leur être assujettis ; que Jésus-Christ descendra alors du ciel dans sa gloire ; qu'ensuite la ville de Jérusalem sera rebâtie de nouveau, augmentée et embellie, et que l'on rebâtira le temple. Les millénaires marquaient même précisément l'endroit où l'un et l'autre seraient rebâtis et l'étendue qu'on leur donnerait : ils disaient que les murailles de leur Jérusalem seraient bâties par les nations étrangères, conduites par leurs rois, que tout ce qui y était désert, et principalement le temple, serait revêtu de cyprès, de pins et de cèdres ; que les portes de la ville seraient toujours ouvertes; que l'on y apporterait jour et nuit toutes sortes de richesses. Ils appliquaient à cette Jérusalem ce qui est dit dans l'Apocalypse (*Chap.* xxi), et au temple tout ce qui est écrit dans Ezéchiel : c'est là qu'ils disaient que Jésus-Christ régnerait mille ans sur la terre d'un règne corporel, et que, durant ces mille ans, les saints, les patriarches et les prophètes vivraient avec lui dans un contentement parfait; c'est là qu'ils espéraient que Jésus-Christ rendrait à ses saints le centuple de tout ce qu'ils avaient quitté pour lui : quelques-uns prétendaient que les saints passeraient ce temps dans les festins, et que même dans le boire et dans le manger ils iraient beaucoup au delà des bornes d'une juste modération et se porteraient à des excès incroyables ; ils disaient que ce serait dans ce règne que Jésus-Christ boirait le vin nouveau dont il avait parlé dans la cène ; ils prétendaient encore qu'il y aurait des mariages, au moins pour ceux qui se seraient trouvés vivants à la venue de Jésus-Christ; qu'il y naîtrait des enfants; que toutes les nations obéiraient à Israël; que toutes les créatures serviraient aux justes avec une entière promptitude ; qu'il y aurait néanmoins des guerres, des triomphes, des victorieux, des vaincus, à qui l'on ferait souffrir la mort. Ils se promettaient, dans cette nouvelle Jérusalem, une abondance inépuisable d'or, d'argent, d'animaux, de toutes sortes de biens et généralement tout ce que les chrétiens semblables aux juifs, et qui ne cherchent que la volupté du corps, peuvent s'imaginer et désirer; ils ajoutaient à cela qu'on serait circoncis; qu'il y aurait un sabbat perpétuel, que l'on immolerait des victimes, et que tous les hommes viendraient adorer Dieu à Jérusalem, les uns tous les samedis, les autres tous les mois, les plus éloignés une fois l'an; que l'on observerait toute la loi, et qu'au lieu de changer les juifs en chrétiens, les chrétiens deviendraient des juifs. C'est pourquoi saint Jérôme appelle souvent l'opinion des millénaires une tradition et une fable judaïque, et les chrétiens qui la croyaient des chrétiens judaïsants et des demi-juifs.

Ils contaient des merveilles de la fertilité de la terre, laquelle, selon eux, produirait toutes choses dans tous les pays, et qu'ainsi on n'aurait plus besoin de trafiquer; ils di-

---

(1) Epiph., hær. 80. Theod., Hist. Ecclés., l. iv, c. 11. Aug., de Hær., c. 57. Photius, Bibliot. Cod. 52.

(2) Isaïe lv, 17.
(3) Ezechiel, xxxvii, 12, 25, 26.

saient qu'après que le règne de mille ans serait passé, le diable assemblerait les peuples de Scythie, marqués dans l'Ecriture sous le nom de Gog et de Magog, lesquels, avec d'autres nations infidèles retenues jusqu'alors dans les extrémités de la terre, viendraient, à la sollicitation du démon, attaquer les saints dans la Judée; mais que Dieu les arrêterait et les tuerait par une pluie de feu, ensuite de quoi les méchants ressusciteraient; qu'ainsi ce règne de mille ans serait suivi de la résurrection générale et éternelle et du jugement, et qu'alors s'accomplirait la parole du Sauveur, qu'il n'y aura plus de mariage, mais que nous serons égaux aux anges, parce que nous serons les enfants de la résurrection.

Il paraît que Cérinthe donna de la vogue à cette opinion qui flatte trop l'imagination pour n'avoir pas de partisans : on crut la voir dans l'Apocalypse de saint Jean qui dit que les justes régneront pendant mille ans sur la terre avec Jésus-Christ. On crut que cet apôtre n'avait fait qu'expliquer ce qu'Ezéchiel avait prédit : plusieurs chrétiens retranchèrent de ce règne temporel la volupté que les chrétiens grossiers faisaient entrer dans le bonheur des saints; c'est ainsi que Papias expliquait le vingtième chapitre de l'Apocalypse.

Cette opinion, dépouillée des idées grossières dont les chrétiens charnels l'avaient chargée, fut adoptée par plusieurs Pères : tels furent saint Justin, saint Irénée, etc.

Le grand nombre des auteurs ecclésiastiques et des martyrs qui ont suivi l'opinion des millénaires a fait que saint Jérôme n'a pas osé la condamner absolument ; il aime mieux réserver toutes ces choses au jugement de Dieu et permettre à chacun de suivre son sentiment; ce qui n'empêche pas qu'il ne la rejette comme une fausseté contraire à l'Ecriture, comme un conte aussi dangereux que ridicule, et qui devient un précipice à ceux qui y ajoutent foi. Saint Philastre la qualifie même d'hérésie. Les Orientaux, en écrivant contre saint Cyrille, traitent de fables et de folie les mille ans d'Apollinaire; et saint Cyrille, en leur répondant, déclare qu'il ne s'arrête en aucune manière à ce qu'a cru Apollinaire. La plus grande partie des Pères ont combattu cette erreur, qui n'avait plus de partisans connus du temps de saint Jérôme et de saint Augustin. *Voyez* Tillemont, t. II, art. MILLÉNAIRES, p. 300.

Ce sentiment s'est renouvelé parmi les piétistes d'Allemagne (1).

* MINÉENS : hérétiques. Avant la destruction de Jérusalem, la secte des minéens faisait une secte particulière. C'était un corps de chrétiens demi-juifs, qui gardaient encore la circoncision. Ils se réunirent bientôt après aux sectateurs de Bion, dont l'hérésie commençait à paraître. Bion était d'un bourg nommé *Cacata*, au pays de Bazan. Son nom signifiait pauvre ; et ses partisans faisaient profession de pauvreté. Chez eux, la pluralité des femmes était admise. Ils étaient même obligés de se marier avant l'âge de puberté. Selon eux, le diable avait tout pouvoir sur le monde présent, et Jésus-Christ sur le futur. Dieu s'était déchargé sur eux du soin de l'univers. Jésus-Christ n'était pas la même personne que Jésus : Jésus-Christ était un ange, et le plus grand des anges ; et Jésus, un homme ordinaire, né de Joseph et de Marie. Sa rare vertu l'avait fait choisir pour fils de Dieu, par Jésus-Christ, qui était descendu en lui sous la forme d'une colombe.

* MINGRÉLIENS : chrétiens schismatiques du Levant, dont le christianisme est si défiguré par l'ignorance et la superstition, qu'on peut dire à juste titre qu'ils n'ont guère de chrétien que le nom. La plupart d'entre eux ne sont point baptisés ; et souvent leurs prêtres mêmes n'ont point reçu ce sacrement. Plusieurs de leurs évêques ne savent pas lire ; et, pour couvrir leur honteuse ignorance, ils apprennent des messes par cœur. Ils se font un certain revenu de l'ordination des prêtres, et des dispenses qu'ils leur accordent pour se marier autant de fois qu'ils le voudront. Le patriarche des Mingréliens porte le titre pompeux de *Catholique*; ce qui n'empêche point qu'il ne trafique des choses sacrées, comme les ministres subalternes. Son principal revenu consiste dans un tribut qu'il lève sur les évêques qu'il ordonne ; et ce tribut est de cinq cents écus pour chaque ordination. Un prêtre mingrélien, appelé auprès d'un malade, ne lui parle ni de Dieu ni de son salut. Persuadé que toutes les maladies sont causées par la colère des images, il cherche dans un livre quelle peut être l'image qui est irritée contre le malade. Lorsqu'il a fait cette découverte, il ordonne au malade d'offrir à cette image courroucée une somme d'argent, ou quelques bestiaux ; et c'est toujours par ses mains que passe l'offrande avant d'être présentée à l'image.

Voici la manière dont les Mingréliens administrent le baptême. Dès qu'un enfant est né, le prêtre lui fait un signe de croix sur le front. Au bout de huit jours, il lui fait une onction avec l'huile sainte, qu'on nomme myrone. On laisse ainsi l'enfant l'espace de deux ans. Ce terme expiré, on le conduit à l'église. Le prêtre allume une bougie, et fait plusieurs lectures et prières, après lesquelles le parrain plonge l'enfant, tout nu, dans de l'eau tiède, mêlée avec de l'huile de noix. Pendant cette ablution, le prêtre ne fait ni ne dit rien; mais, lorsque l'enfant est bien lavé, il s'approche du parrain, et lui donne le vase qui renferme le myrone. Le parrain s'en sert pour faire des onctions à l'enfant sur toutes les parties du corps ; puis, le remettant dans l'eau, il lui donne un morceau de pain bénit et du vin. Il observe si l'enfant témoigne de l'appétit ; car c'est un signe qu'il sera d'une bonne constitution. Après toutes ces cérémonies, où le prêtre n'est point coupé pour rien, le parrain livre l'enfant à sa mère, en disant : « Vous me l'avez donné juif, et je vous le rends chrétien ; » formule qu'il répète jusqu'à trois

(1) Stockman, Lexicon.

fois. Ce détail est tiré d'une relation du P. Zampy.

Les prêtres de Mingrélie ne traitent guère mieux le sacrement de l'eucharistie que celui du baptême. Ils conservent le corps de Jésus-Christ dans un petit sac de cuir ou de toile, qu'ils portent attaché à leur ceinture : souvent même ils le donnent à porter à des laïques ; et, comme le pain consacré se durcit à force d'être gardé longtemps, ils le brisent en morceaux, et le font tremper. Dans cette opération, il s'en détache un grand nombre de particules dont ils ne s'embarrassent aucunement. Les Mingréliens reçoivent rarement l'eucharistie, même à l'article de la mort. Lorsqu'ils sont dangereusement malades, ils se la font apporter pour s'en servir à un usage profane et superstitieux, qui consiste à mettre le pain consacré dans une bouteille pleine de vin. Si le pain surnage, on juge que le malade guérira ; s'il s'enfonce, c'est un arrêt de mort pour lui.

Passons à la manière dont ils célèbrent la messe. Qu'on se représente un homme tenant d'une main une bougie, de l'autre une calebasse pleine de vin, un petit pain sous le bras, un sac de cuir sur l'épaule, qui renferme les ornements sacerdotaux ; c'est l'équipage d'un prêtre mingrélien qui va dire la messe. Arrivé auprès de l'église, il commence à réciter diverses prières, frappe sur une planche de bois pour appeler le peuple, et entre ensuite dans l'église, où il s'habille, récitant toujours des prières. Il arrange lui-même l'autel, dont la parure n'est pas fort décente : qu'on en juge par la patène qui n'est autre chose qu'un plat, et par le calice, qui est un gobelet. Nous passons les cérémonies de la messe, qui n'ont rien de particulier. Il suffit de remarquer qu'un prêtre mingrélien, lorsqu'il ne trouve pas l'église ouverte, ne se fait point de scrupule de célébrer la messe à la porte. S'ils se trouvent trois prêtres dans la même église, ils disent la messe tous trois ensemble.

Les moines mingréliens sont grands observateurs du jeûne, jusque-là que, s'il leur arrivait de le rompre, ce serait pour eux une raison suffisante de réitérer leur baptême. Ils ne mangent jamais de viande, et sont très-persuadés que Jésus-Christ n'en a jamais mangé, et que c'est avec du poisson qu'il a fait la cène.

Les Mingréliens célèbrent la fête des morts le lundi d'après Pâques. La principale cérémonie de cette fête consiste dans le sacrifice d'un agneau, que chaque famille fait sur le tombeau des morts qui lui appartiennent. La tête et les pieds de l'agneau sont la portion des prêtres : le reste sert au festin par lequel les parents terminent la fête. Le jour de Saint-Pierre, ils portent dans les sépulcres du pain, des poires et des noisettes. Les prêtres donnent leur bénédiction à ces dons funèbres. La fête de Noël est aussi accompagnée de cérémonies mortuaires, et il y en a qui immolent ce jour-là des pigeons sur la tombe de leurs parents.

Saint Georges est le principal patron du pays. On lui sacrifie un bœuf le jour de sa fête, et voici quelle est l'origine de ce sacrifice. Un incrédule, qui se moquait de saint Georges et de ses miracles, dit un jour : « Si saint Georges est un si grand faiseur de prodiges, qu'il fasse trouver demain, dans ma maison, le bœuf d'un tel. » La chose n'était point aisée. Ce bœuf appartenait à un homme qui demeurait à plus de cent lieues de l'endroit où était l'incrédule. Cependant saint Georges alla dérober le bœuf, et le porta, dit-on, dans la maison du railleur, qui fut bien surpris de le voir, le lendemain matin. Ce prodige le convertit, et il fut depuis un des prôneurs les plus zélés des miracles de saint Georges. On érigea une église pour conserver la mémoire de cet événement ; et c'est dans cette église que se fait tous les ans le sacrifice du *bœuf*.

*MOLINOSISME, doctrine de Molinos, prêtre espagnol, sur la vie mystique, condamnée à Rome, en 1687, par Innocent XI. Ce pontife, dans sa bulle, censure soixante-huit propositions tirées des écrits de Molinos, qui enseignent le quiétisme le plus outré et poussé jusqu'aux dernières conséquences.

Le principe fondamental de cette doctrine est que la perfection chrétienne consiste dans la tranquillité de l'âme, dans le renoncement à toutes les choses extérieures et temporelles, dans un amour pur de Dieu, exempt de toute vue d'intérêt et de récompense. Ainsi une âme qui aspire au souverain bien doit renoncer non-seulement à tous les plaisirs des sens, mais encore à tous les objets corporels et sensibles, imposer silence à tous les mouvements de son esprit et de sa volonté, pour se concentrer et s'absorber en Dieu.

Ces maximes, sublimes en apparence, et capables de séduire les imaginations vives, peuvent conduire à des conséquences affreuses. Molinos et quelques-uns de ses disciples ont été accusés d'enseigner, tant dans la théorie que dans la pratique, que l'on peut s'abandonner sans péché à des dérèglements infâmes, pourvu que la partie supérieure de l'âme demeure unie à Dieu. Les propositions 25, 41 et suivantes de Molinos, renferment évidemment cette erreur abominable. Toutes les autres tendent à décréditer les pratiques les plus saintes de la religion, sous prétexte qu'une âme n'en a plus besoin lorsqu'elle est parfaitement unie à Dieu.

Mosheim assure que dans le dessein de perdre ce prêtre, on lui attribua des conséquences auxquelles il n'avait jamais pensé. Il est certain que Molinos avait à Rome des amis puissants et respectables, très à portée de le défendre s'il avait été possible. Sans les faits odieux dont il fut convaincu, lorsqu'il eut donné une rétractation formelle, il n'est pas probable qu'on l'aurait laissé en prison jusqu'à sa mort qui n'arriva qu'en 1696.

Mosheim suppose que les adversaires de Molinos furent principalement indignés de ce qu'il soutenait, comme les protestants, l'inutilité des pratiques extérieures et des cérémonies de religion. Voilà comme les hommes à système trouvent partout de quoi nourrir leur prévention. Selon l'avis des protestants, tout hérétique qui a favorisé en quelque chose leur opinion, quelque erreur qu'il ait enseignée d'ailleurs, méritait d'être absous. La bulle de condamnation de Molinos censure non-seulement les propositions qui sentaient le protestantisme, mais celles qui renfermaient le fond du quiétisme, et toutes les conséquences qui s'ensuivaient. Mosheim lui-même n'a pas osé les justifier, *Hist. Eccl. du dix-septième siècle*, sect. 2, part. 1, cap. 1, § 40.

Il faut se souvenir que les quiétistes, qui firent du bruit en France peu de temps après, ne donnaient point dans les erreurs grossières de Molinos; ils faisaient, au contraire, profession de les détester. *Voy.* QUIÉTISME.

*MOMIERS. Nom donné par dérision à ces protestants, qui, inconséquents aux principes du libre examen, refusent aux pasteurs de Genève le droit de se séparer aujourd'hui de Calvin, tout en déclarant que Calvin a eu naguère le droit de se séparer de l'Eglise romaine.

Depuis plusieurs années, la métropole du calvinisme a vu les pasteurs et le troupeau se diviser. Les uns ont voulu marcher avec le siècle, et prétendu que la théologie devait suivre le progrès des lumières et se ployer à la mobilité des opinions humaines. Les autres ont cru qu'il ne leur était pas permis de s'écarter des principes des premiers réformateurs, et se sont fait un cas de conscience de diriger dans ce sens leurs instructions et leurs exercices. Parmi ces derniers, était l'étudiant en théologie Empaytaz, qui présidait à des réunions, où l'on insistait particulièrement sur les points de doctrine que les ministres omettaient dans leurs discours. Il fit paraître en 1816 des *Considérations sur la divinité de Jésus-Christ*, dans lesquelles il reprochait à la compagnie des pasteurs de Genève d'avoir abandonné le dogme de la divinité de Jésus-Christ. Cet écrit produisit une vive sensation, et la compagnie fut sollicitée de plusieurs côtés de répondre au reproche qu'on lui adressait. Pendant qu'on attendait d'elle une déclaration précise, elle prescrivit, au contraire, par arrêté du 3 mai 1817, le silence sur trois ou quatre questions importantes, et fit promettre aux jeunes ministres de ne pas combattre l'opinion d'un des pasteurs sur cette matière. MM. Empaytaz, Malan et Guero fils, n'ayant pas signé la formule proposée, furent exclus du ministère. Les écrits se succédèrent: d'un côté, l'avocat Grenus, attaqua la compagnie dans trois brochures; d'un autre côté, les pasteurs se défendirent par les *Lettres à un ami*. En 1818, la lutte prit un caractère plus grave, et les ministres ne voyant que des *momeries* dans le zèle des opposants pour le protestantisme primitif, et particulièrement pour le dogme de la divinité de Jésus-Christ leur donnèrent le sobriquet de *momiers* afin d'attirer sur eux le ridicule. On appela un ministre socinien à une chaire de théologie; on ordonna à M. Méjanel, ministre du parti contraire, de quitter Genève. M. Méjanel et M. Malan ayant publié les motifs de leur exclusion, il demeura constant, non-seulement que la compagnie ne voulait pas souffrir à Genève le *scandale* de l'enseignement de la divinité de Jésus-Christ, mais que l'autorité civile se joignait à elle pour réprimer un tel *désordre*. Tandis qu'on troublait les réunions des *momiers*, par des attroupements, des clameurs et des menaces, on professait ouvertement le déisme et le socinianisme dans des imprimés tels que les *Considérations sur la conduite des pasteurs de Genève*, et le *Coup d'œil sur les confessions de foi*, par M. Hayer. M. Malan, ne suivant pas tout à fait la même ligne que M. Empaytaz, qui dès l'origine s'était séparé de la compagnie, fit bâtir en 1820, un petit temple à la porte de Genève, et y présida à des réunions religieuses, sans faire schisme, quoique exclu du ministère et destitué de sa place de régent: il n'administrait pas le baptême, ne faisait point la cène, ne bénissait point les mariages. Il y eut même, en 1823, quelques tentatives de rapprochement entre lui et les ministres: mais il ne voulut pas se soumettre aux conditions qu'on lui imposait, et finit par se séparer entièrement de l'Eglise de Genève, pour se déclarer ministre de l'Eglise anglicane. Les *momiers*, aussi zélés qu'infidèles au principe du protestantisme, ont fait beaucoup de progrès en Suisse. Ils renversent totalement le principe du libre examen et de l'interprétation par la raison des doctrines contenues dans la Bible: les maximes qu'ils lui opposent les obligeraient, s'ils étaient conséquents, à rentrer dans l'unité catholique. Au contraire, la compagnie des pasteurs, pour maintenir le principe du protestantisme, a dû nécessairement renoncer aux opinions que les *momiers* lui font un crime d'avoir abandonnées. C'est ce qu'établit d'une manière piquante une brochure publiée par un anonyme catholique sous le titre de *Défense de la vénérable compagnie des pasteurs de Genève*:

« Le droit d'examen, y dit-on, est le fondement de la religion protestante, et tout ce qu'elle contient d'invariable. Tant que ce droit est reconnu, exercé sans entrave, elle subsiste elle-même sans altération: ce droit aboli, elle n'est plus. Mais combien ne serait-il pas absurde d'ordonner à chacun d'examiner pour former sa foi, et de lui contester ensuite la liberté d'admettre le résultat, quel qu'il soit, de cet examen? Conçoit-on, je le demande, de plus manifeste contradiction? Nos pasteurs ont donc pu légitimement rejeter telle ou telle croyance conservée par les premiers réformateurs. Et que signifie même ce mot de *réforme*, entendu dans son vrai sens, sinon un perfectionnement progressif et continuel? Prétendre l'arrêter à un point fixe, c'est tomber dans la rêverie des symboles immuables, qui conduisent tout droit au papisme par la nécessité d'une autorité infaillible qui les détermine. Souvenons-nous en bien: la plus légère restriction à la liberté de croyance, au droit d'affirmer et de nier, en matière de religion, est mortelle au protestantisme. Nous ne pouvons condamner personne sans nous condamner nous-mêmes, et notre tolérance n'a d'autres limites que celles des opinions humaines.

« On ne peut donc sous ce rapport que louer la sagesse de la vénérable compagnie. Provoquée par des hommes qui, en l'accusant d'erreur, sapaient la base de la réforme, elle s'est peu inquiétée des opinions qu'elle sait essentiellement libres; mais elle a défendu le principe même de cette liberté, en repoussant de son sein les sectaires qui le violaient. Permis à vous, leur a-t-elle dit, de croire ou de nier personnellement tout ce qu'il vous plaira, pourvu que vous laissiez chacun user tranquillement du même droit, pourvu que vous ne prétendiez pas donner aux autres vos croyances pour règle; car c'est là ce que nous ne souffrirons jamais. Qui ne reconnaît dans ce langage et dans cette conduite le plus pur esprit du protestantisme?......

« Nos pasteurs ne n'admettant pas la divinité du Christ, en le regardant comme une pure créature, ne réclament d'autre autorité que celle qui peut naturellement appartenir à tous les hommes, sans aucune mission ni extraordinaire ni divine; et en cela ils sont conséquents. On peut les croire, on peut ne pas les croire: c'est un droit de chacun, le droit consacré par la réforme, qui demeure ainsi inébranlable sur sa base.

« Les catholiques sont également conséquents dans leur système; car ils prouvent fort bien que parmi eux le ministère s'est perpétué sans lacune depuis les apôtres, à qui le Christ a dit: *Je vous envoie.* Donc, si le Christ est Dieu, les apôtres et leurs successeurs envoyés par eux sont manifestement les seuls ministres légitimes, les ministres de Dieu; on doit les considérer comme Dieu même, et les croire sans examen; car qui aurait la prétention d'examiner après Dieu?

« Il n'est donc point de folie égale à celle des adversaires de la vénérable compagnie, des momiers, *puisqu'il faut les appeler par leur nom.* Ils veulent être reconnus pour ministres de Dieu, sans prouver leur mission divine; ils veulent, en cette qualité, qu'on croie ce qu'ils croient, et ils ne veulent pas être infaillibles; ils veulent que tous les esprits adoptent leurs opinions, se soumettent à leurs enseignements et conservent le droit d'examen : ce qui suppose, d'une part, qu'ils peuvent se tromper, et, de l'autre, qu'il est impossible qu'ils se trompent; ils veulent, en un mot, être protestants et renverser le protestantisme, en niant, soit le principe qui en est la base, soit les conséquences rigoureuses qui en découlent immédiatement. »

La compagnie, d'abord dupe de cette prétendue *défense*, finit par s'apercevoir qu'elle y était tournée en ridicule, que cet écrit était une ironie continuelle contre sa doctrine et sa conduite. En la félicitant sur ce qu'on appelait sa sagesse, on prouvait qu'au fond elle avait abandonné la révélation et qu'elle faisait cause commune avec les déistes.

MONARCHIQUES. Hérétiques du deuxième siècle, ainsi appelés parce qu'ils n'admettaient qu'un seul principe. Selon eux, ce principe était Dieu, et il n'y avait en lui qu'une seule personne; car ils le confondaient avec Jésus-Christ, et n'en faisaient point deux êtres distingués entre eux. C'était à les en croire, le même Dieu qui s'était incarné, qui avait souffert, qui était mort pour nos péchés.

En Angleterre, sous le règne de Cromwel, on appela *hommes de la cinquième monarchie*, une secte de fanatiques qui croyaient que Jésus-Christ allait descendre sur la terre pour y fonder un nouveau royaume, et qui, dans cette persuasion, avaient dessein de bouleverser le gouvernement et d'établir une anarchie absolue. Mosheim, *Hist. Ecclés. du dix-septième siècle*, sect. 2, part. II, c. 2, § 22. C'est un des exemples du fanatisme que produisait en Angleterre la lecture de l'Ecriture sainte commandée à tout le monde, et la licence accordée à tous de l'entendre et de l'expliquer selon leurs idées particulières.

MONASTÉRIENS. On donna ce nom aux disciples de l'hérésiarque Jean Bockeldi, surnommé *Jean de Leyden*, chef des anabaptistes, en mémoire des profanations horribles qu'ils exercèrent dans la ville de Munster, appelée en latin *Monasterium*, dont ils s'étaient rendus maîtres.

MONOPHYSISME. Hérésie des monophysites, qui soutenaient que la nature humaine, dans Jésus-Christ, avait été absorbée par la nature divine. Cette erreur, enseignée autrefois par Eutychès, subsiste encore chez les jacobites.

MONOTHELITES, hérétiques qui ne reconnaissaient qu'une seule volonté et une seule opération en Jésus-Christ.

Cette erreur fut une suite du nestorianisme et de l'eutychianisme : nous allons examiner son origine, ses principes, ses progrès et sa fin.

De l'origine et des principes du monothélisme.

Nestorius, pour ne pas confondre dans Jésus-Christ la nature divine et la nature humaine, avait soutenu qu'elles étaient tellement distinguées qu'elles formaient deux personnes.

Eutychès, au contraire, pour défendre l'unité de personne en Jésus-Christ, avait tellement uni la nature divine et la nature humaine qu'il les avait confondues.

L'Eglise avait défini contre Nestorius qu'il n'y avait qu'une personne en Jésus-Christ, et contre Eutychès qu'il y avait deux natures; cependant il y avait encore des nestoriens et des eutychiens : les eutychiens prétendaient qu'on ne pouvait condamner Eutychès sans renouveler le nestorianisme et sans admettre deux personnes en Jésus-Christ; les nestoriens, au contraire, soutenaient qu'on ne pouvait condamner Nestorius sans tomber dans le sabellianisme et sans confondre, comme Eutychès, la nature divine et la nature humaine, et sans en faire une seule substance.

Toute l'activité de l'esprit se porta sur ce point capital, dont la décision semblait devoir réunir tous les partis : on chercha les moyens d'expliquer comment en effet ces deux natures composaient une seule personne, quoiqu'elles fussent très-distinguées.

On crut résoudre cette difficulté en supposant que la nature humaine était réellement distinguée de la nature divine, mais qu'elle lui était tellement unie, qu'elle n'avait point d'action propre ; que le Verbe était le seul principe actif dans Jésus-Christ ; que la volonté humaine était absolument passive comme un instrument entre les mains de l'artiste.

Voilà en quoi consiste le monothélisme qui, comme on voit, n'est point dans son origine une branche de l'eutychianisme plutôt qu'une branche du nestorianisme, mais qui cependant s'accorde mieux avec l'eutychianisme ; c'est pour cela qu'il a été adopté par les eutychiens, mais il ne faut pas le confondre avec l'eutychianisme (1).

Le monothélisme a donc pour base le dogme de l'unité personnelle de Jésus-Christ que l'Eglise avait défini contre Nestorius, et l'impossibilité de concevoir plusieurs actions ou principes agissants où il n'y a qu'une seule personne. Cette erreur se réduit à ce raisonnement :

Il ne peut y avoir dans une seule personne qu'un seul principe qui veut, qui se détermine ; car la personne étant un individu qui existe en lui-même, qui contient un principe d'action, qui a une volonté, une intelligence distinguée de la volonté et de l'intelligence de tout autre principe, il est clair, disent les monothélites, qu'on ne peut supposer plusieurs intelligences et plusieurs volontés distinguées sans supposer plusieurs personnes : or, l'Eglise définit qu'il n'y a en Jésus-Christ qu'une personne, il n'y a donc en Jésus-Christ qu'un seul principe d'action, une seule volonté, une seule intelligence ; la nature divine et la nature humaine sont donc tellement unies en Jésus-Christ qu'il n'y a point deux actions, deux volontés, car alors il y aurait deux principes agissants et deux personnes.

Les catholiques répondaient aux monothélites : 1° qu'il y avait en Dieu trois personnes et une seule volonté, parce qu'il n'y avait qu'une seule nature ; que par conséquent c'était de l'unité de nature qu'il fallait conclure l'unité de volonté, et non pas de l'unité de la personne.

En effet, si l'unité de la personne emportait avec elle l'unité de la volonté, la multiplicité de personnes emporterait au contraire la multiplicité de volontés, et il faudrait reconnaître en Dieu trois volontés ; ce qui est faux.

2° Il est essentiel à la nature humaine d'être capable de vouloir, d'agir, de sentir, de connaître, d'avoir conscience de son existence ; s'il n'y avait en Jésus-Christ qu'un seul principe qui sentît, qui connût, qui voulût et qui eût conscience de son existence et de ses actions, l'âme humaine serait anéantie et confondue dans la nature divine, avec laquelle elle ne ferait qu'une substance, ou il faudrait que la nature humaine fût seule et que par conséquent le Verbe ne se fût pas incarné. Le monothélisme, qui ne suppose qu'une seule volonté dans Jésus-Christ, retombe donc dans l'eutychianisme ou nie l'incarnation (2).

Ainsi, quoiqu'il n'y ait en Jésus-Christ qu'une seule personne qui agisse, il y a cependant plusieurs opérations, et les deux natures qui composent sa personne et qui concourent à une action ont chacune leurs opérations, et c'est pour cela qu'on les appelle théandriques ou divinement humaines.

Les actions théandriques ne sont donc pas une seule opération ; ce sont deux opérations, l'une divine et l'autre humaine, qui concourent à un même effet ; ainsi quand Jésus-Christ faisait des miracles par son attouchement, l'humanité touchait le corps, et la divinité guérissait.

Voilà la vraie notion des actions théandriques : on peut dire cependant, dans un sens plus général, que toutes les actions et tous les mouvements de l'humanité de Jésus-Christ étaient théandriques, c'est-à-dire des actions divinement humaines, tant parce que c'étaient les actions d'un Dieu qui recevaient une dignité infinie de la personne du Verbe qui les opérait par son humanité, que parce que l'humanité de Jésus-Christ n'opérait rien seule et séparément ; elle était toujours gouvernée et régie par l'impression du Verbe à qui elle servait d'instrument.

Si l'humanité de Jésus-Christ voulait quelque chose, le Verbe voulait qu'elle la voulût, et la poussait à la vouloir selon le décret de

(1) En effet, les monothélites rejetaient l'erreur des eutychiens ; ils ne niaient point qu'il n'y eût deux natures en Jésus-Christ, et en quelque sorte deux volontés, savoir : la volonté divine et la volonté humaine ; mais ils enseignaient que la volonté humaine de Jésus-Christ n'était que comme un organe ou un instrument dont la volonté divine se servait ; en sorte que la volonté humaine de Jésus-Christ ne voulait, ne faisait rien d'elle-même, et n'agissait que selon que la volonté divine la mouvait et la poussait ; comme quand un homme tient à sa main un marteau, et qu'il frappe avec ce marteau, on n'attribue pas proprement le coup au marteau, mais à la main qui a remué et fait agir le marteau.

Il y a néanmoins cette différence que l'homme et le marteau qui frappent ne sont pas une seule et même personne.

Les monothélites disaient aussi qu'il n'y avait qu'une seule volonté personnelle et une seule opération en Jésus-Christ, parce qu'il n'y avait que la nature divine qui, comme maîtresse, voulait et opérait, mais que la nature et la volonté humaine n'agissait point proprement, et n'était considérée que comme purement passive, en sorte qu'elle ne voulait point d'elle-même, et quelle ne voulait que ce que la volonté divine lui faisait vouloir ; c'est pour cela qu'ils disaient qu'il n'y avait qu'une seule énergie en Jésus-Christ. (*Voyez* les lettres de Cyrus, de Sergius et d'Honorius, dans les actes du sixième concile général, act. 12, 13. Colloquium Pyrrhi cum Maximo, apud Baron. t. VIII, p. 681.)

C'est ainsi que Suarès de Lugo et beaucoup d'autres théologiens ont conçu le monothélisme, et ce sentiment me semble beaucoup mieux fondé que celui des théologiens qui regardent le monothélisme comme une branche de l'eutychianisme. (*Voyez*, sur ce dernier sentiment, Petau, Dogmat. Théol., t. V, l. VIII, c. 4.)

Ils prouvent bien que le monothélisme conduit à l'eutychianisme, et que c'est par ces conséquences qu'on l'a combattu ; mais les monothélites niaient ces conséquences, et ne croyaient pas que leur sentiment y conduisît.

(2) Act. conc. VI.

la sagesse : de même donc que l'on doit toujours concevoir l'humanité de Jésus-Christ comme jointe à sa divinité et comme ne faisant qu'une même personne avec elle, on doit toujours concevoir aussi toutes les opérations de l'humanité comme jointes à des opérations de la divinité et ne faisant par cette union qu'un seul et même opérant, si je peux parler de la sorte.

Ainsi ces opérations sont adorables en la manière que l'humanité de Jésus-Christ est adorable ; c'est-à-dire que, comme on adore par une même adoration le Verbe fait chair, on adore aussi, par la même adoration, le Verbe opérant par sa double nature divine et humaine (1).

Du progrès du monothélisme.

Nous avons vu que le monothélisme était appuyé sur ce principe spécieux : c'est qu'on ne peut supposer deux opérations où il n'y a qu'un principe agissant ; que par conséquent il n'y a qu'une opération en Jésus-Christ, puisqu'il n'y a qu'une personne.

On réfutait solidement ce principe, et on le réfutait surtout par les conséquences fausses auxquelles il conduisait.

Mais les monothélites niaient ces conséquences, et prétendaient que si l'on reconnaissait deux volontés on supposerait deux principes d'action et deux personnes, comme Nestorius l'avait enseigné.

Le monothélisme et le sentiment des catholiques durent donc s'offrir d'abord comme deux opinions théologiques ; dans cet état de la dispute, chacun faisait valoir son opinion par les conséquences avantageuses qu'il en tirait, et les monothélites prétendaient, d'une manière assez spécieuse, que leur opinion était propre à procurer la réunion des nestoriens et des eutychiens à l'Eglise.

En effet, le monothélisme qui supposait que la nature humaine était tellement unie à la nature divine qu'elle lui était subordonnée dans toutes ses actions et qu'elle n'agissait point par elle-même, mais par la volonté divine, paraissait lever les difficultés des nestoriens et des eutychiens, puisqu'il supposait dans Jésus-Christ deux natures très-distinctes et un seul principe d'action, ou un seul être agissant. En un mot, les nestoriens ne pouvaient reprocher au monothélite de confondre les deux natures, puisqu'il les supposait distinctes et subordonnées ; d'un autre côté, les eutychiens ne pouvaient reprocher au monothélisme de supposer avec Nestorius deux personnes dans Jésus-Christ, puisqu'il ne supposait en lui qu'un seul principe agissant, ou une seule action.

Voilà, ce me semble, le côté favorable sous lequel les monothélites offraient leur sentiment, et ce fut sous cette face qu'Héraclius l'envisagea : comme ce prince souhaitait réunir les partis qui avaient déchiré l'Eglise et terminer des querelles qui avaient dépeuplé l'empire, il marqua beaucoup de goût pour le monothélisme et voulut qu'on l'enseignât (2).

Cyrus, patriarche d'Alexandrie, assembla un concile, dans lequel il fit décider qu'il n'y avait qu'une seule volonté en Jésus-Christ.

Sophrone, évêque de Damas, et ensuite de Jérusalem, n'envisagea pas le monothélisme sous cette face ; il ne crut voir dans cette nouvelle décision de Cyrus qu'un eutychianisme déguisé ; il écrivit à Cyrus, condamna le jugement du concile d'Alexandrie, et soutint qu'il y avait deux volontés et deux opérations en Jésus-Christ, selon les deux natures qui sont en lui ; qu'on ne pouvait soutenir que la nature humaine n'avait point d'action sans la dépouiller de son essence, sans l'anéantir et sans la confondre avec la nature divine (3).

Cyrus et Sophrone écrivirent pour intéresser, chacun en faveur de leur sentiment, le plus de monde qu'ils pourraient, et il se forma deux nouveaux partis dans l'Eglise.

Sergius, patriarche de Constantinople, assembla un concile dans lequel on définit qu'il y avait dans Jésus-Christ deux natures et une seule volonté (4).

Cyrus et Sergius écrivirent au pape Honorius qui, prévoyant les suites de cette contestation, leur conseilla de ne point se servir des termes d'une seule volonté ou d'une seule opération, comme aussi de ne point dire qu'il y a deux volontés (5).

L'empereur Héraclius, autorisé par les conciles que Cyrus et Sergius avaient assemblés, fit dresser un acte de la décision de ces conciles, dans lequel il exposait la doctrine des monothélites, et qui fut à cause de cela appelé Ectèse (6).

L'Ectèse fut reçue par beaucoup de monde dans l'Orient ; mais elle fut constamment rejetée et condamnée par les papes et par les évêques de la Bysacène, de la Numidie, de la Mauritanie et de toute l'Afrique, qui s'assemblèrent et anathématisèrent le monothélisme.

Héraclius n'avait pas prévu ce soulèvement ; il en craignit les suites, retira son Ectèse, et déclara que cet édit était l'ouvrage de Sergius (7).

Cyrus de Jérusalem et Sergius de Constantinople étaient morts ; mais ils avaient été remplacés par Pierre et par Pyrrhus, deux

---

(1) Nicole, sur le symbole, troisième instruction. *Voyez* Damascen., De duabus in Christo voluntatibus. Vasquez, vol. V, t. I, disp. 75, c. 1, Combefis, Hist. hæres. Monot. Pétau, Dogm. Théol., t. V, l. vm.
(2) Theophan. an. 20. Fridey, c. 63.
(3) Conc. vi, act. 11. Baron, ad an. 634.
(4) Ibid.
(5) Ibid.—On ne peut se prévaloir des lettres d'Honorius pour attaquer la doctrine de l'infaillibilité du pape, dont les décisions ne sont regardées comme irréfragables que quand elles contiennent un jugement dogmatique adressé à toute l'Eglise ; car ce sont des lettres particulières, et elles ne furent écrites qu'à Sergius, qui avait consulté Honorius sur la question des deux volontés en Jésus-Christ. On n'y trouve, du reste, aucune erreur théologique, et elles se justifient du reproche d'hérésie par elles-mêmes, non moins que par le témoignage des auteurs contemporains ou des papes qui ont occupé, après Honorius, le siège apostolique. (*Édit.*)
(6) Le mot Ectesis signifie exposition
(7) Théophane, c. 30.

monothélites zélés; ainsi le monothélisme se soutenait dans l'Orient.

Héraclius ne survécut pas longtemps à son Ectèse, et il eut pour successeur Constantin, son fils, qui ne régna que quatre mois; il fut empoisonné par l'impératrice Martine, sa belle-mère, qui voulait mettre sur le trône Héracléon, son propre fils : le sénat découvrit le crime de l'impératrice, et lui fit couper la langue; on coupa le nez à son fils, et le sénat élut Constant, fils de Constantin et petit-fils d'Héraclius.

Pyrrhus fut soupçonné d'avoir participé à la conjuration de Martine; il s'enfuit en Afrique, et l'on élut à sa place Paul, qui était encore un monothélite, mais doux et modéré.

Constant voulut soutenir l'Ectèse ou l'exposition de foi de son aïeul; mais il reçut dès députés des conciles d'Afrique, qui le suppliaient de ne pas permettre qu'on introduisît aucune nouveauté dans l'Eglise (1).

Les évêques d'Afrique n'étaient plus sous la domination de l'empereur; les Sarrasins s'étaient emparés de cette province, et menaçaient sans cesse l'empire de nouvelles invasions.

Le patriarche sentit combien il serait dangereux pour l'empereur d'aliéner l'esprit de ses sujets et de troubler l'empire en les obligeant de souscrire à l'Ectèse; il engagea Constant à publier une formule de foi qui pût maintenir la paix dans l'Eglise : cette formule a été célèbre sous le nom de Type.

L'empereur déclarait, dans ce Type, que, pour conserver dans l'Eglise la paix et l'union, il commandait à tous les évêques, prêtres, docteurs, de garder le silence sur la volonté de Jésus-Christ et de ne point disputer, ni pour, ni contre, pour savoir si en Jésus-Christ il n'y avait qu'une volonté ou s'il y en avait deux (2).

Aussitôt que le Type fut connu en Occident, Martin Ier fit assembler un concile, composé de cent cinq évêques qui, après avoir examiné et discuté l'affaire du monothélisme, condamnèrent cette erreur, l'Ectèse d'Héraclius et le Type de Constantinople (3).

Le jugement du concile assemblé par le pape Martin Ier, irrita Constant : cet empereur le regarda comme un attentat à son autorité; il exila Martin en Chersonèse, et fit élire en sa place Eugène, qui ne consentit pas ouvertement à l'erreur des monothélites; mais ses apocrisiaires furent contraints de se réunir aux monothélites, qui changèrent de langage et dirent qu'il y avait en Jésus-Christ une et deux natures.

Tandis que Constant luttait ainsi contre l'inflexible fermeté des papes et des évêques, les Sarrasins pénétraient de toutes parts dans l'empire; et l'empereur, qui n'avait point de forces capables de résister, était obligé de demander et d'acheter la paix; il mourut, laissant l'Eglise divisée, et l'empire partagé en factions et attaqué par un nombre infini d'ennemis.

De l'extinction du monothélisme.

Constantin, fils de Constant, réprima les ennemis de l'empire et travailla à rétablir la paix et l'union dans l'Eglise. Il n'y avait plus aucune communion entre l'Eglise de Constantinople et celle de Rome. Pour faire cesser ce schisme, Constantin fit convoquer le sixième concile général, qui est le troisième de Constantinople; on en fit l'ouverture la treizième année de l'empire de Constantin, l'an 680.

Les monothélites y défendirent vivement leur sentiment, et ils furent réfutés solidement. Macaire, évêque d'Antioche, défendit le monothélisme avec toutes les ressources de l'esprit et de l'érudition, mais cependant pas toujours avec assez de bonne foi : il protesta qu'il se laisserait plutôt mettre en pièces que de reconnaître deux volontés ou deux opérations naturelles en Jésus-Christ. Il justifiait sa résistance par une foule de passages des Pères, qu'on examina, et que l'on trouva pour la plus grande partie tronqués et altérés : ainsi la fermeté, ou plutôt l'opiniâtreté inflexible, n'est pas toujours l'effet de la conviction et une preuve de bonne foi et de sincérité dans les hérétiques.

Le concile, après avoir éclairci toutes les difficultés des monothélites, proposa une définition de foi, qui fut lue et approuvée de tout le monde.

Dans cette définition du sixième concile général, on reçoit les définitions des cinq premiers conciles généraux : on déclare qu'il y a dans Jésus-Christ deux volontés et deux opérations, et que ces deux volontés se trouvent en une seule personne, sans division, sans mélange et sans changement; que ces deux volontés ne sont point contraires, mais que la volonté humaine suit la volonté divine, et qu'elle lui est entièrement soumise : on défend d'enseigner le contraire, sous peine de déposition pour les évêques et pour les clercs, et d'excommunication pour les laïques. La définition du concile fut unanime, et Macaire s'y opposa seul (4).

L'empereur, aussitôt après le concile, donna un édit contre les monothélites; il prononça peine de déposition, ou plutôt de déportation contre les clercs et contre les moines; celle de proscription et de privation

---

(1) Cedren. Théoph. Baron., an. 646.
(2) Anast. Baron. ad an. 648.
(3) Ibid.
(4) On condamna dans le concile Sergius, Pyrrhus, Paul et le pape Honorius, comme monothélites, ou comme fauteurs du monothélisme : ce dernier point a été bien disputé par les défenseurs de l'infaillibilité du pape. Cette discussion n'est pas de mon sujet; on la trouvera traitée dans le P. Alexandre, dissert. 2 in saeculum VII; dans Combefis, Historia Monothelitica; dans Bellarmin, de summo Pontifice, l. IV, capit. 11; dans Gretser, de summo Pontifice, lib. IV, c. 11; dans Oamphre, in Honor.; dans Schotus, in cod. 20 Biblioth. Photii; dans Baron; dans Binius, in notis in vitam et epist. Honorii papae, in sextum concilium œcumenicum; in vitam Agathonis, papae; in vitam Leonis, dans Petau, Dogm. Th., t. V, l. I, c. 19, 21; dans Dupin, Bibl., t. V; dans une dissertation sur le monothélisme, par M. l'abbé Corgne. Les protestants ont traité le même sujet. Chamier, t. I. Forbesius, t. II, l. V. Spanheim, Introd. ad Hist. Sacram, t. II. Basnage, Hist. de l'Eglise

d'emplois contre les personnes constituées en charges ou en dignités, et celle de bannissement de toutes les villes contre les particuliers.

Justinien, qui succéda à Constantin, confirma les lois de son père contre les monothélites; ayant été chassé par Léonce, et rétabli par Trébellius, il voulut se venger des habitants de Chersonèse, qui l'avaient maltraité pendant son exil chez eux : il en fit passer la plus grande partie au fil de l'épée; mais quelques-uns des officiers s'étant réfugiés dans le pays des Chazari engagèrent ces peuples à les venger, s'unirent à eux, formèrent une armée, attaquèrent les troupes de Justinien, les défirent, et proclamèrent Philippicus empereur.

Philippicus marcha à Constantinople, où il ne trouva point de résistance : il envoya de là, contre Justinien, un de ses généraux, qui fit Justinien prisonnier, et qui envoya sa tête à Philippicus (1).

Philippicus n'eut pas plutôt pris possession du trône, qu'épousant hautement la cause des monothélites, il convoqua un concile d'évêques, tous monothélites dans le cœur, et par conséquent très-disposés à révoquer le jugement du sixième concile général.

L'empereur fut déterminé à ce parti par un moine monothélite, qui, s'il en faut croire Cédrénus, lui avait prédit autrefois qu'il parviendrait à l'empire, et qui lui promettait encore un règne long et heureux s'il voulait abolir l'autorité et le jugement du sixième concile, et établir le monothélisme : le crédule empereur excita donc de nouveaux troubles dans l'Église et dans l'empire, pour abolir le sixième concile.

La prédiction du moine ne fut pas justifiée par l'événement; Philippicus laissa ravager les terres de l'empire, pendant qu'il s'occupait des disputes de la religion; il devint odieux aux peuples; on lui creva les yeux, et l'on donna l'empire à Anastase, qui n'en jouit pas longtemps; il fut détrôné par Théodose, qui le fut lui-même par Léon, qu'Anastase avait fait général de toutes les troupes de l'empire.

Ce Léon est Léon Isaurien, qui voulut abolir les images, et fut chef des iconoclastes. *Voyez* cet article. La dispute du culte des images fit oublier le monothélisme, qui eut cependant encore quelques partisans, qui se sont réunis ou confondus avec les eutychiens.

MONTAN était du village d'Ardaban, dans la Phrygie : peu de temps après sa conversion, il forma le projet de devenir le chef du christianisme.

Il remarqua que Jésus-Christ, dans l'Écriture, avait promis aux chrétiens de leur envoyer le Saint-Esprit; il fonda sur cette promesse le système de son élévation, et prétendit être le prophète promis par Jésus-Christ (2).

Il est aisé, se disait Montan, de faire voir que Dieu n'a point voulu manifester tout d'un coup les desseins de sa providence sur le genre humain; il ne dispense que par degrés et avec une sorte d'économie les vérités et les préceptes qui doivent l'élever à la perfection : il a donné d'abord des lois simples aux Israélites; il les a fait observer par le moyen des peines et des récompenses temporelles; il semble que Dieu traita alors le genre humain comme on traite un enfant que l'on fait obéir en le menaçant du fouet ou en lui promettant des dragées; il envoya ensuite des prophètes, qui élevèrent l'esprit des Israélites.

Lorsque les prophètes eurent, pour ainsi dire, fortifié l'enfance des Israélites, et les eurent comme élevés jusqu'à la jeunesse, Jésus-Christ découvrit aux hommes les principes de la religion, mais par degrés et toujours avec une espèce d'économie, dont la Providence semble s'être fait une loi dans la dispensation des vérités révélées; Jésus-Christ disait souvent à ses disciples qu'il avait encore des choses importantes à leur dire, mais qu'ils n'étaient pas encore en état de les entendre.

Après les avoir ainsi préparés, il leur promit de leur envoyer le Saint-Esprit, et il monta au ciel.

Les apôtres et leurs successeurs ont répandu la doctrine de Jésus-Christ, et l'ont même développée; ils ont, par ce moyen, conduit l'Église au degré de lumière qui devait éclairer les hommes assez pour que Jésus-Christ envoyât le Paraclet, et pour que le Saint-Esprit apprît aux hommes les grandes vérités qui étaient réservées pour la maturité de l'Église.

J'annoncerai que cette époque est venue, se disait Montan, et je dirai que je suis le prophète choisi par le Saint-Esprit pour annoncer aux hommes ces vérités fortes qu'ils n'étaient pas en état d'entendre dans la jeunesse de l'Église; je feindrai des extases; j'annoncerai une morale plus austère que celle qu'on pratique; je dirai que je suis entre les mains de Dieu comme un instrument dont il tire des sons quand il le veut et comme il le veut; par ce moyen, ma qualité de prophète révoltera moins l'amour-propre des autres; je ne serai point tenu de justifier ma doctrine par le moyen du raisonnement et par la voie de la dispute; je ne serai pas même obligé de pratiquer la morale que j'enseignerai; tout obéira à mes oracles, et j'aurai dans l'Église une autorité suprême (3).

Tel est le plan de conduite que l'ambitieux Montan se forma et qu'il entreprit d'exécuter. Il parut agité par des mouvements extraordinaires; plusieurs de ceux qui l'écoutaient le prirent pour un possédé ou pour un insensé; d'autres le crurent véritablement inspiré : les uns l'excitaient à prophétiser, tandis que d'autres lui défendaient de parler.

Les premiers prétendaient que l'enthou-

---

(1) L'an 711.
(2) Eusèbe, l. v, c. 16.

(3) Epiph., hær. 98.

siasme de Montan n'était qu'une fureur qui lui ôtait la liberté de la raison, ce qui ne se trouvait dans aucun véritable prophète de l'Ancien et du Nouveau Testament; du moins ce sentiment était conforme à la croyance des Pères : les autres, au contraire, soutenaient que la prophétie venait d'une violence spirituelle qu'ils appelaient une folie ou une démence; c'était le sentiment de Tertullien (1).

Montan prétendait qu'il n'était inspiré que pour enseigner une morale plus pure et plus parfaite que celle qu'on enseignait et que l'on pratiquait. On ne refusait point dans l'Eglise le pardon aux grands crimes et aux pécheurs publics, lorsqu'ils avaient fait pénitence; Montan enseigna qu'il fallait leur refuser pour toujours la communion et que l'Eglise n'avait pas le pouvoir de les absoudre. On observait le carême et différents jeûnes dans l'Eglise; Montan prescrivit trois carêmes, des jeûnes extraordinaires et deux semaines de xérophagie, pendant lesquelles il fallait non-seulement s'abstenir de viandes, mais encore de tout ce qui avait du jus. L'Eglise n'avait jamais condamné les secondes noces; Montan les regarda comme des adultères : l'Eglise n'avait jamais regardé comme un crime de fuir la persécution; Montan défendit de fuir ou de prendre des mesures pour se dérober aux recherches des persécuteurs (2).

Les hommes portent au fond de leur cœur un certain sentiment de respect pour l'austérité des mœurs; ils ont je ne sais quel plaisir à obéir à un prophète; le merveilleux de la prophétie plaît à l'imagination, et l'imagination, dans les ignorants, prend aisément des convulsions ou des contorsions pour des extases surnaturelles; ainsi il n'est pas étonnant qu'on se soit partagé sur Montan et qu'il ait eu d'abord des sectateurs.

Deux femmes, connues sous le nom de Priscille et de Maximille, quittèrent leurs maris pour suivre Montan; bientôt elles prophétisèrent comme lui, et l'on vit en peu de temps une multitude de prophètes montanistes de l'un et de l'autre sexe (3).

Après beaucoup de ménagements et un long examen, les évêques d'Asie déclarèrent les nouvelles prophéties fausses, profanes et impies, les condamnèrent et privèrent de la communion ceux qui en étaient auteurs.

Les montanistes, ainsi séparés de la communion de l'Eglise, firent une société nouvelle qui était principalement gouvernée par ceux qui se disaient prophètes : Montan en fut le chef et s'associa dans cette charge Priscille et Maximille.

Les montanistes pervertirent entièrement l'Eglise de Thiatire : la religion catholique y fut éteinte pendant cent douze ans. Les montanistes remplirent presque toute la Phrygie, se répandirent dans la Galatie, s'établirent à Constantinople, pénétrèrent jusque dans l'Afrique et séduisirent Tertullien, qui se sépara pourtant d'eux à la fin, mais, à ce qu'il paraît, sans condamner leurs erreurs.

Les montanistes s'accordaient tous à reconnaître que le Saint-Esprit avait inspiré les apôtres; mais ils distinguaient le Saint-Esprit du paraclet et disaient que le paraclet avait inspiré Montan et avait dit par sa bouche des choses beaucoup plus excellentes que celles que Jésus-Christ avait enseignées dans l'Evangile.

Cette distinction du paraclet et du Saint-Esprit conduisit un disciple de Montan, nommé Echines, à réfléchir sur les personnes de la Trinité et à rechercher leur différence, et Echines tomba dans le sabellianisme.

Ces deux branches se divisèrent ensuite en différentes petites sociétés qui ne différaient que par quelque pratique ridicule que chacun des prophètes prétendait lui avoir été révélée; ces sectes eurent le sort de toutes les sociétés fondées sur l'enthousiasme et séparées de l'unité de l'Eglise : on en découvrit l'imposture, elles furent odieuses, devinrent ridicules et s'éteignirent. Telles furent les sectes des tascodurgites, des ascadurpites, des passalorinchites, des artotyrites. Les montanistes furent condamnés dans un concile d'Hiéraples avec Théodote le corroyeur (4).

Montan laissa un livre de prophéties; Priscille et Maximille laissèrent aussi quelques sentences par écrit

Miltiade et Apollone écrivirent contre les montanistes; il ne nous reste de leurs ouvrages que quelques fragments (5).

Il était aisé de ruiner toute la doctrine de Montan.

1° On ne voyait rien dans Montan qui fût au-dessus des tours ordinaires des imposteurs; les convulsions et les extases ne demandaient que de l'exercice et de l'adresse; elles sont quelquefois l'effet du tempérament; avec une imagination vive et un esprit faible, on peut se croire inspiré et le persuader aux autres; l'histoire fournit mille exemples de ces impostures.

2° Il est faux qu'il doive toujours y avoir des prophètes dans l'Eglise, ou qu'ils soient nécessaires pour le développement des vérités du christianisme, puisque Jésus-Christ a promis à son Eglise de l'assister toujours de son esprit.

3° Les prophètes annonçaient les oracles divins de cette sorte : Le Seigneur a dit; dans Montan, au contraire, c'est Dieu qui parle immédiatement, en sorte qu'il semble que Montan soit Dieu lui-même.

4° Montan et ses premiers disciples menaient une vie absolument contraire à leur doctrine.

5° Ils prétendaient prouver la vérité de leurs prophéties par l'autorité des martyrs, et les catholiques leur prouvaient que Thémison qu'ils regardaient comme martyr s'était tiré de prison en donnant de l'argent; qu'un autre, nommé Alexandre, n'a pas été

(1) Eusèbe, l. v, c. 17; Athan., orat. 4; Tert., de Monogama.
(2) Tert. de Pudicitia; de Monogam.; de Jejunio.
(3) Eusèbe, l. v, c. 3.
(4) Itigius, Dissert. de hæres. sæc. II, sect. 2, c. 23.
(5) Eusèbe, Hist. Ecclés., l. v, c. 18.

condamné comme chrétien, mais pour ses vols, et qu'aucun d'eux n'a été persécuté par les païens ou par les Juifs pour la religion (1).

6° Montan ôtait à l'Eglise le pouvoir de remettre tous les péchés, ce qui était contraire aux promesses de Jésus-Christ et à la croyance universelle de l'Eglise; car, quand il serait vrai qu'on a quelquefois refusé l'absolution à ceux qui étaient tombés dans l'idolâtrie ou aux homicides, ce n'était pas qu'on doutât du pouvoir de l'Eglise; c'était par un principe de sévérité dont l'Eglise permettait d'user et qui n'était pas même en usage partout.

7° Montan condamnait les secondes noces et les regardait comme des adultères; ce qui était contraire à la doctrine expresse de saint Paul et à l'usage de l'Eglise.

8° C'est une absurdité de défendre indistinctement à tous les chrétiens de fuir la persécution; plusieurs grands saints avaient fui pour ne pas tomber entre les mains des persécuteurs.

9° Montan n'avait aucune autorité pour prescrire des jeûnes extraordinaires; il n'appartient qu'aux premiers pasteurs de faire de semblables lois : ce fut là le motif pour lequel on condamna Montan à cet égard, et non parce que l'Eglise ne croyait pas qu'elle ne pût imposer la loi du jeûne : il est certain que ce serait anéantir toute autorité législative parmi les chrétiens que de refuser à l'Eglise cette autorité.

D'ailleurs la pratique du jeûne et du carême remonte aux premiers temps de l'Eglise; rien n'est donc plus injuste que le reproche que les protestants font aux catholiques de renouveler la doctrine des montanistes en faisant une loi de l'observation du carême.

La doctrine même de Montan prouve que le carême était établi du temps de cet hérésiarque : Montan n'aurait pas prescrit trois carêmes comme une plus grande perfection, s'il n'avait trouvé le carême établi; comme il n'aurait point condamné les secondes noces s'il n'avait trouvé quelques auteurs ecclésiastiques qui, en combattant les gnostiques, avaient paru désapprouver les secondes noces; de même il n'aurait pas fait une loi de refuser l'absolution aux grands péchés, s'il n'avait trouvé dans l'histoire quelques faits par lesquels il paraissait qu'on avait refusé dans quelques circonstances de réconcilier ceux qui étaient tombés dans l'idolâtrie : l'esprit humain ne fait jamais de sauts dans la suite de ses erreurs, ni dans la découverte des vérités soit pratiques, soit spéculatives.

MORAVES (frères). *Voyez* HERNHUTES.

MOSCOVITES, RUSSES OU ROXOLANS, étaient sans arts, sans sciences et plongés dans le paganisme le plus grossier, sous le règne de Rurik qui commença l'an 762. Les guerres et les liaisons de ces peuples avec les empereurs grecs, y firent connaître la religion chrétienne, et vers la fin du dixième siècle, Wolodimir, grand duc des Moscovites, se fit baptiser et épousa la sœur des empereurs Basile et Constantin.

Les annales russes rapportent que Wolodimir, avant sa conversion, était adorateur zélé des idoles dont la principale se nommait *Perum* : après son baptême, il la fit jeter dans la rivière.

Le patriarche de Constantinople envoya en Russie un métropolite qui baptisa les douze fils de Wolodimir, et, dans un seul jour, vingt mille Russes.

Wolodimir fonda des églises et des écoles; il parcourut ensuite ses Etats avec le métropolite pour engager les peuples à embrasser le christianisme : plusieurs provinces se convertirent et d'autres persistèrent opiniâtrément dans l'idolâtrie.

Depuis ce temps, la Moscovie a toujours conservé sans interruption la religion chrétienne grecque. Les grands ducs ont plusieurs fois tenté de se réunir à l'Eglise romaine : ce projet se renouvela en 1717, lorsque le czar Pierre le Grand vint en France; mais il fut sans effet. L'occasion de ce projet, le mémoire des docteurs de Sorbonne et la réponse des évêques de Moscovie se trouvent dans le tome III de l'Analyse des ouvrages de M. Boursier, imprimés en 1753, et dans le tome II de la Description de l'empire de Russie, imprimée en 1757.

Le christianisme ayant fait de grands progrès depuis Wolodimir, le nombre des archevêques s'est augmenté jusqu'à sept.

Quoique les Moscovites aient reçu la religion des Grecs, ils ont fait quelques changements dans le gouvernement ecclésiastique et même dans la doctrine.

Du gouvernement ecclésiastique des Moscovites.

Les Moscovites reçurent des Grecs la religion chrétienne : le patriarche de Constantinople établit un métropolitain à Novogorod, et dans les autres villes, des évêques et des prêtres (3).

Le métropolitain de Moscovie fut déclaré patriarche de toute la Russie, en 1588, par le patriarche de Constantinople, et depuis ce temps il y a eu des patriarches en Russie qui ont été reconnus par les patriarches d'Alexandrie, d'Antioche et de Jérusalem; et qui ont joui des mêmes honneurs qu'eux; mais il fallait qu'ils eussent le suffrage de ces patriarches et qu'ils fussent confirmés par celui de Constantinople.

Un patriarche de Russie, nommé Nicon, représenta au czar Alexis Michaëlewitz qu'il était inutile d'élire dorénavant un métropolitain avec les suffrages des patriarches orientaux, et d'en faire venir la confirmation : le czar approuva le dessein de Nicon,

---

(1) Eusèbe, Hist. Ecclés., l. v, c. 18.
(2) Sirmond., Hist. pœnit., c. 1; Albaspineus, l. II Observ., c. 11, 15, 17; Morin, l. IX de Pœnit., c. 20, soutiennent qu'on n'a jamais refusé l'absolution aux grands crimes, même publics, lorsque les coupables se soumettaient à la pénitence dans les grandes églises.
(3) Description de l'empire de Russie, par le baron de Stralemberg, t. II, c. 9. Religion des Moscovites, c. 1.

qui écrivit au patriarche de Constantinople qu'il avait été élevé à sa dignité par le Saint-Esprit, et qu'il ne convenait pas qu'un patriarche dépendît de l'autre; il changea en même temps de titre, et au lieu que ses prédécesseurs s'étaient appelés très-sanctifiés, il prit le titre de très-saint.

Nicon augmenta le nombre des archevêques et des évêques, et fonda quatre grands couvents, pour lesquels il eut l'adresse d'amasser des biens immenses, et qui lui servirent à entretenir ses quatre métropolitains, douze archevêques, douze évêques, et quantité d'autres ecclésiastiques qu'il créa.

Nicon, après ces établissements, changea les lois ecclésiastiques en les tournant à son avantage, sous prétexte que les anciennes traductions étaient remplies de fautes, ce qui occasionna des disputes et des schismes dans l'Eglise de Russie.

Après avoir réformé les lois de l'Eglise, Nicon prétendit avoir séance avec le czar dans le sénat et donner sa voix pour l'administration de l'Etat, surtout dans les affaires de justice, et lorsqu'il s'agissait de faire de nouvelles lois, sous prétexte que le patriarche Philaret avait joui de ces mêmes droits et avait eu une espèce d'inspection générale sur l'Etat.

Il représenta ensuite au czar qu'il ne lui convenait pas de déclarer la guerre à ses voisins ni de faire la paix avec eux sans consulter son patriarche, dont le devoir était d'avoir soin du salut du prince et de toute la nation, qui devait rendre compte à Dieu de toutes les âmes de l'Etat, et qui était même capable d'assister le czar par ses saints conseils; mais on découvrit dans la suite que le vrai motif de cette dernière représentation était qu'il avait tiré des sommes considérables du roi de Pologne pour tâcher de troubler l'Etat par son autorité, et d'un autre côté pour satisfaire son ambition et son orgueil.

Le czar et les sénateurs répondirent à Nicon que si le patriarche Philaret avait été consulté pour les affaires temporelles, on ne l'avait pas fait à cause de sa dignité ecclésiastique, mais parce qu'il était père et tuteur du czar; qu'il avait été auparavant lui-même sénateur, employé dans l'ambassade de Pologne et mieux versé que les autres sénateurs dans les affaires étrangères; que depuis Philaret on n'avait jamais consulté les patriarches sur les affaires temporelles; qu'aucun de ses prédécesseurs ne l'avait exigé, et qu'une pareille nouveauté ne pouvait tendre qu'à la ruine de l'Etat.

Nicon ne voulut rien relâcher de ses prétentions; il excommunia plusieurs sénateurs, noua mille intrigues, excita le peuple à la révolte. La disette, devenue générale dans la Russie, favorisa ses desseins; le peuple, mécontent depuis longtemps et accablé de misère, se souleva, et le feu de la rébellion ne fut éteint que par le sang des Moscovites.

Le peuple était rentré dans le devoir, mais le patriarche n'était pas réduit: il ne voulut renoncer à aucune de ses prétentions, et l'on n'osait employer contre lui la violence et la force; le peuple était déjà disposé à la révolte, et le factieux Nicon avait su mettre dans ses intérêts un grand nombre de sénateurs mécontents, et pouvait replonger l'Etat dans de nouveaux désordres.

Le czar Alexis résolut de terminer ce différend par un synode général; on fit venir de Grèce, aux dépens de l'Etat, trois patriarches, vingt-sept archevêques et cent dix autres prélats, auxquels on joignit cent cinquante ecclésiastiques de Russie (en 1667).

Le synode ayant reçu et examiné les plaintes du czar, ordonna:

1° Que Nicon serait dégradé de sa dignité et renfermé dans un couvent, où il vivrait au pain et à l'eau pour le reste de ses jours;

2° Que le patriarche de Russie serait élu, non pas séparément par les archevêques, les évêques et le clergé, mais, conjointement avec eux, par le czar et le sénat, et qu'au cas qu'il manquât à son devoir, soit en se rendant coupable de quelque vice grossier ou autrement, il serait jugé et puni par le czar et le sénat, selon qu'il le mériterait;

3° Que le patriarche de Constantinople ne serait pas regardé comme le seul chef de l'Eglise grecque; qu'on ne lui tiendrait pas compte des revenus des décimes de Russie, et qu'il serait libre au czar de lui en accorder autant qu'il le jugerait à propos;

4° Que désormais il ne serait permis à personne de vendre, de donner, ni de léguer ses biens aux couvents ou à d'autres ecclésiastiques;

5° Que le patriarche ne créerait point de nouveaux évêques ni ne ferait aucune nouvelle fondation sans le consentement du czar et du sénat.

Les décrets du synode n'arrêtèrent point les projets ambitieux des patriarches, et le czar Pierre le Grand éteignit cette dignité; il substitua au patriarche, pour le gouvernement ecclésiastique, un synode toujours subsistant, fondé sur de bons règlements, et muni d'instructions suffisantes pour tous les cas qui pourraient arriver.

Ce synode ou collège ecclésiastique est composé d'un président, dignité que le czar s'est réservée pour lui-même; d'un vice-président, qui est un archevêque; de six conseillers, évêques; de six archimandrites, en qualité d'assesseurs.

Lorsque quelque place de président ou de conseiller vaque, le synode et le sénat nomment deux personnes, et le czar choisit et confirme celui qui lui plaît. Il y a aussi dans ce synode quelques membres temporels, comme un procureur général, un premier secrétaire et quelques secrétaires en second.

Lorsqu'il s'agit d'affaires d'importance, il faut les porter devant le czar, dans le sénat, où, en pareil cas, le synode se rend en corps et siège au-dessous des sénateurs. Le synode a aussi sous sa direction son bureau de justice, sa chambre des finances et un bureau d'instruction sur les écoles et sur l'imprimerie.

Le clergé de Russie entretient dans chaque gouvernement un archevêque et quelques évêques.

Les archimandrites ne se mêlent que des couvents auxquels ils sont préposés.

Des sectes qui se sont élevées chez les Moscovites.

Il s'est détaché de l'Eglise de Russie une certaine secte qui s'appelle sterawersi ou les anciens fidèles, et qui donne aux autres Russes le nom de Roscolchiki, c'est-à-dire hérétiques : cette secte ne s'est séparée tout à fait que dans le seizième siècle, sous le patriarche Nicon, mais elle a existé longtemps auparavant.

La plupart de ces sectaires ne savent ni lire ni écrire, et ce sont presque tous des bourgeois et des paysans d'une grande simplicité : ils n'ont point d'églises publiques, et ils tiennent leurs assemblées dans des maisons particulières.

La différence entre eux et les autres Russes, quant à la croyance, consiste dans les articles suivants :

1° Ils prétendent que c'est une grande faute de dire trois fois *alleluia*, et ils ne le disent que deux fois.

2° Qu'il faut apporter sept pains à la messe au lieu de cinq.

3° Que la croix qu'on imprime sur le pain de la messe doit être octogone et non carrée, parce que la traverse qui a soutenu Notre-Seigneur à la croix a été de cette figure.

4° Qu'en faisant le signe de la croix, il ne faut pas joindre les trois premiers doigts, comme font les autres Russes, mais qu'il faut joindre le doigt annulaire et le doigt auriculaire au pouce, par les extrémités, sans courber le doigt *index* ni le doigt du milieu, les trois premiers représentant la Trinité et les deux derniers Jésus-Christ selon ses deux natures, comme Dieu et homme.

5° Que les livres imprimés depuis le patriarche Nicon ne doivent pas être reçus, mais qu'il faut suivre les anciens et regarder Nicon comme l'Antechrist.

Sur quoi il faut remarquer que les livres composés depuis le patriarche Nicon ne changent rien dans la doctrine, mais expliquent seulement quelques mots obscurs.

6° Comme les prêtres russes boivent de l'eau-de-vie, ils les croient incapables de baptiser, de confesser, de communier.

7° Ils ne regardent pas le gouvernement temporel comme un institut chrétien, et ils prétendent que tout doit être partagé comme entre frères.

8° Ils soutiennent qu'il est permis de s'ôter la vie pour l'amour de Jésus-Christ, et qu'on parvient par là à un degré plus éminent de béatitude.

Ils croient tous ces articles très-nécessaires pour le salut, et lorsqu'ils sont recherchés pour leur croyance ou qu'on veut les forcer à suivre la religion russe, il arrive souvent qu'ils s'assemblent par familles de quatre ou cinq cents dans leurs maisons ou dans des granges, où ils se brûlent vivants, comme cela arriva dans le temps que M. le baron de Stralemberg était en Sibérie, où plusieurs centaines de *sterawersi* se brûlèrent volontairement.

Les sterawersi regardent les autres Russes et généralement tous ceux qui ne sont pas de leur sentiment, comme des impurs et comme des païens : ils fuient leur conversation et ne mangent ni ne boivent avec eux dans les mêmes vases. Lorsque quelque étranger est entré dans leur maison, ils lavent l'endroit où il s'est assis ; les plus zélés balayent même l'appartement lorsqu'il est sorti. Ils prétendent autoriser toutes leurs pratiques par des livres de saint Cyrille, qui sont manifestement supposés, mais dont on ne peut détacher ces sectaires superstitieux, d'autant plus opiniâtres qu'ils se piquent d'une plus grande régularité et qu'ils sont plus ignorants encore que les autres Russes.

Pierre le Grand crut qu'en les éclairant on les convertirait plus sûrement que par les rigueurs, qui avaient déjà coûté à l'Etat plusieurs milliers de sujets ; il ordonna qu'on les tolérât, pourvu qu'ils n'entreprissent point de communiquer leurs sentiments, et il enjoignit aux évêques et aux prêtres de tâcher de les ramener à la vraie doctrine par des sermons édifiants et par une vie exemplaire.

Des religions tolérées en Moscovie.

Pierre le Grand établit une pleine liberté de conscience dans ses Etats ; ainsi toutes les religions chrétiennes, le mahométisme et même le paganisme sont tolérés.

La religion luthérienne est, après la grecque, la plus étendue ; car, sans parler des provinces conquises, comme la Livonie, l'Esthonie et une partie de la Finlande ou la Carélie, il y a deux églises luthériennes à Pétersbourg, deux à Moscou et une à Bellogorod, sans compter les assemblées particulières, dont il y en a une chez chaque général étranger, qui ont tous des ministres attachés à leurs hôtels.

Les Suédois prisonniers avaient leur église publique dans la ville de Tobolsk, et un exercice libre de leur religion, tant pour eux que pour l'éducation de leurs enfants. La direction des églises et écoles luthériennes de Russie est confiée à un surintendant général demeurant à Moscou, et à deux autres surintendants établis, l'un en Livonie, et l'autre dans l'Esthonie.

Les calvinistes et les catholiques romains ont aussi des églises publiques à Pétersbourg et à Moscou, mais il est défendu à ces derniers d'attirer indifféremment dans le pays toutes sortes de religieux.

Les Arméniens ont une église publique et un évêque à Astracan.

Les mahométans font un trentième de la Russie ; ils ont partout, dans les villes et villages où ils demeurent, leurs assemblées et leurs écoles publiques ; ils vont en toute liberté aux lieux consacrés à leur dévotion, comme ils feraient à la Mecque, à Médine, etc. On leur permet la polygamie et tout autre usage de leur religion.

Les païens sont trois fois plus nombreux en Russie que les mahométans, mais ils diffèrent considérablement entre eux quant au culte et aux cérémonies de religion.

Ces païens, malgré leur ignorance, sont naturellement bons. On ne voit chez eux aucun libertinage, ni vol, ni parjure, ni ivrognerie, ni aucun vice grossier : il est très-rare de trouver parmi eux aucun homme qu'on puisse en accuser. On voit parmi eux des actions de probité, de désintéressement et d'humanité que nous admirerions dans les philosophes anciens : on se trompe donc lorsqu'on prétend que les hommes sortent des mains de la nature cruels et avares (1).

MULTIPLIANTS, nom que l'on a donné à certains hérétiques sortis des nouveaux adamites : on les a ainsi appelés, parce qu'ils prétendent que la multiplication des hommes est nécessaire et ordonnée; ils se sont confondus avec les anabaptistes.

MUNTZER ou MUNSTER (Thomas), prêtre, né à Zuikur, ville de la Misnie, province de l'Allemagne, en Saxe. *Voyez* l'article ANABAPTISTES, dont il fut le chef.

MUSCULUS (André) était luthérien et professeur en théologie à Francfort sur l'Oder; il prétendit que Jésus-Christ n'avait été médiateur qu'en qualité d'homme, et que la nature divine était morte, comme la nature humaine, lors du crucifiement de Jésus-Christ. Il enseignait que Jésus-Christ n'était point effectivement monté au ciel, mais qu'il avait laissé son corps dans la nue qui l'environnait : on ne voit point qu'il ait formé de secte.

Il avait imaginé ces erreurs pour combattre Staular, qui prétendait que Jésus-Christ n'avait été médiateur qu'en qualité d'homme, et non pas en qualité d'Homme-Dieu. Musculus, pour le contredire, prétendit que la divinité avait souffert et qu'elle était morte (2).

* MUTILÉS DE RUSSIE. Les origénistes et les valésiens (*Voyez* ces mots), prenant à la lettre et dans le sens matériel une parole de Jésus-Christ, croyaient faire une action méritoire en se mutilant eux-mêmes. D'après ces exemples d'une frénésie énergiquement condamnée par le concile de Nicée, on sera moins surpris d'apprendre que, non loin de Toula, dans les villages, est disséminée une secte, déjà ancienne, qui admet et pratique la mutilation. Catherine II s'empressa de réprimer ce fanatisme; et les initiés de la secte, une fois connus, étaient livrés à la dérision publique. Alexandre adopta à son tour des moyens de répression. Nonobstant la sévérité de ces mesures, l'exaltation fanatique des sectaires ne fut pas même amortie. Pour vaincre leur obstination, on voulut, vers 1818, les déporter en Sibérie : alors chacun de ces insensés envia le martyre. Il fallut que le gouvernement russe fermât les yeux sur une secte dont la publicité pouvait favoriser les progrès, surtout parmi les marins de la flotte impériale

* MYTHE. Le mot grec μῦθος, dont nous avons fait notre mot *mythe*, dérive du primitif μύω, qui correspond aux verbes latins *musso, mussito*. Les classiques lui ont donné plusieurs acceptions assez différentes.

Ainsi, dans Homère et les écrivains de son école, μυθεῖσθαι, μυθολογεῖν, signifient proprement *parler*, *raconter*, et μῦθος, alors synonyme de λόγος, a le sens de *discours, récit, parole*, sans qu'on y attache aucune idée de vérité ou de mensonge.

Plus tard, dit Eustathius, on reserva λόγος pour l'expression de la *réalité*, et μῦθος, employé avec une épithète ou sans épithète, désigna une *fiction*, un *récit fabuleux*. J.-L. Hug n'admet pas entièrement cette opinion. Il prétend que ceux qui, avant Hérodote, consignaient dans leurs ouvrages les légendes relatives aux dieux et aux héros, étaient appelés λογοποιοί, et que cette dénomination leur était commune avec le fabuliste Ésope. Le mot μῦθος avait alors une signification propre et différente. Mais la philosophie changea cette manière de parler, et dès lors il fut employé pour indiquer les *fables* des dieux, c'est-à-dire des compositions semblables à celles d'Ésope.

Quoi qu'il en soit, ce mot est passé dans la langue latine et dans les langues européennes modernes. Comme il est plus élastique et se prête mieux aux caprices et aux desseins des exégètes que le mot latin *fabula*, ils n'ont pas manqué de s'en emparer comme d'une bonne trouvaille ; car (ils ont été forcés de le reconnaître eux-mêmes), en voulant traiter par la fable nos saintes Ecritures, ils n'auraient pas manqué de jeter le discrédit sur leur système.

On entend par *mythe* une tradition allégorique destinée à transmettre un fait véritable, et qui, dans la suite, a été prise, par erreur, pour le fait lui-même ; et le sens mythique est celui qu'on donne aux passages de l'Ecriture que l'on considère comme de simples *mythes*. Ainsi, l'histoire de la tentation et de la chute d'Adam et d'Eve, l'histoire de la tour de Babel, si on les prenait dans le sens mythique, ne seraient que des fictions allégoriques, inventées par un ancien philosophe pour expliquer le mal moral et physique, ou la diversité des langues, et qui, dans la suite, auraient été prises pour ces faits mêmes. Mais le sens mythique appliqué à l'Ecriture sainte est une véritable chimère ; on ne peut le lui prêter, sans lui faire une violence sacrilège ; et la question de savoir si l'Ecriture renferme des *mythes*, question fortement agitée depuis le siècle dernier, doit être résolue d'une manière négative.

D'abord, il n'y a point de *mythes* dans l'An-

---

(1) Description de l'empire russien, t. II, c. 9. *Voyez* aussi la religion ancienne et moderne des Moscovites, petit in-12, avec des figures de Picard; la relation des trois ambassades, et le Voyage d'Oléarius.

(2) Hospin., Hist. Sacram., part. xxviii, p. 492, en 1511; Pratéol., tit. Musculus

cien Testament, comme Jahn l'a parfaitement démontré :

« 1° La raison principale sur laquelle se fondent les partisans de l'interprétation mythique de l'Ancien Testament se trouve déjà dans les idées de Varron. Il dit en effet que les âges du monde peuvent se diviser en temps obscurs, temps mythiques et temps historiques. Chez tous les peuples, l'histoire est d'abord obscure et incertaine, ensuite mythique ou allégorique, et enfin positivement historique. Et pourquoi, s'est-on demandé, si ce fait existe partout, n'aurait-il pas existé chez les Hébreux?

« Les témoins qui peuvent le mieux nous fixer sur la légitimité de l'interprétation mythique de la Bible sont sans doute les premiers chrétiens, qui eux-mêmes commencèrent par être païens, et parmi lesquels se trouvaient des hommes savants et des philosophes. Or, ils ne purent ignorer le principe de Varron. Ils connaissaient la mythologie des Égyptiens, des Grecs, des Romains, des Persans, mieux sans doute que nous ne la connaissons aujourd'hui. Dès leur jeunesse, les nouveaux convertis avaient pu se familiariser avec ces produits de l'imagination religieuse ; ils les avaient longtemps honorés ; ils avaient pu étudier et pu découvrir toutes les subtilités d'interprétation à l'aide desquelles on avait cherché à soutenir le crédit de ces monuments. Ensuite, lorsque les nouveaux convertis commencèrent à lire la Bible, n'est-il pas probable qu'ils auraient aussitôt reconnu et démêlé les mythes, s'il en avait existé? Cependant ils ne virent dans la Bible qu'une histoire pure et simple. Il faut donc, selon l'opinion compétente de ces juges antiques, qu'il y ait une grande différence entre le mode mythique des peuples païens et le genre de la Bible.

« 2° Il a pu arriver, il est vrai, que ces premiers chrétiens, peu versés dans la haute critique, peu capables aussi de l'appliquer, et d'un autre côté accoutumés aux mythes païens, fussent peu frappés des mythes de la Bible. Mais n'est-il pas constant que, plus on est familiarisé avec une chose, et plus vite on la reconnaît, même dans les circonstances dissemblables pour la forme ? Si donc les histoires hébraïques sont des mythes, comment les premiers chrétiens n'ont-ils pu les découvrir, et, s'ils ne l'ont pu, n'est-ce pas une preuve que ces mythes étaient tellement imperceptibles que ce n'a été qu'après dix-huit siècles qu'on a pu les signaler ?

« 3° Si l'on veut appliquer à la Bible le principe de Varron, on n'y trouve pas ces temps obscurs et incertains qui durent précéder l'apparition des mythes : les annales hébraïques ne les supposent jamais. Ainsi, les annales des Hébreux diffèrent essentiellement de celles de tous les autres peuples, sous le rapport de l'origine des choses. D'un autre côté, les plus anciennes légendes des autres nations débutent par le polythéisme : non-seulement elles parlent d'alliance entre les dieux et les mortels, mais elles nous racontent les dépravations et les adultères célestes; elles décrivent des guerres entre les dieux ; elles divinisent le soleil, la lune, les étoiles, admettent une foule de demi-dieux, des génies, des démons, et accordent l'apothéose à tout inventeur d'un art utile. Si elles nous montrent une chronologie, elle est ou presque nulle, ou bien gigantesque ; leur géographie ne nous offre qu'un champ peuplé de chimères ; elles nous présentent toutes choses comme ayant subi les plus étranges transformations, et elles s'abandonnent ainsi sans frein et sans mesure à tous les élans de l'imagination la plus extravagante. Il en est tout autrement dans les récits bibliques. La Bible commence, au contraire, par déclarer qu'il est un Dieu créateur dont la puissance est irrésistible : il veut, et à l'instant toutes choses sont. Nous ne trouvons dans le monument divin, ni l'idée de ce chaos chimérique des autres peuples, ni une matière rebelle, ni un Ahriman, génie du mal. Ici le soleil, la lune, les étoiles, loin d'être des dieux, sont simplement à l'usage de l'homme, lui prodiguent la clarté et lui servent de mesure du temps. Toutes les grandes inventions sont faites par des hommes qui restent toujours hommes. La chronologie procède par séries naturelles, et la géographie ne s'élance pas ridiculement au delà des bornes de la terre. On ne voit ni transformation, ni métamorphoses, rien enfin de ce qui, dans les livres des plus anciens peuples profanes, nous montre si clairement la trace de l'imagination et du mythe. Or, cette connaissance du Créateur, sans mélange de superstition, chose la plus remarquable dans des documents aussi antiques, ne peut venir que d'une révélation divine. En effet, cette assertion de tant de livres modernes : que la connaissance du vrai Dieu finit par sortir du milieu même du polythéisme, est contredite par toute l'histoire profane et sacrée. Les philosophes eux-mêmes avancèrent si peu la connaissance du Dieu unique, que, lorsque les disciples de Jésus-Christ annoncèrent le vrai Dieu, ils soutinrent contre eux le polythéisme. Mais, quelle que soit l'origine de cette idée de Dieu dans la Bible, il est certain qu'elle s'y trouve si sublime, si pure, que les idées des philosophes grecs les plus éclairés, qui admettaient une nature générale, une âme du monde, lui étaient bien inférieures. Est vrai que cette connaissance de Dieu n'est pas parfaite, bien qu'elle soit exacte ; mais cette circonstance même prouve qu'elle fut admirablement adaptée à l'état de l'homme dans un temps aussi reculé; cette imperfection et le langage figuré, mais si clair et si simple de la Bible, démontrent que ni Moïse, ni personne depuis lui, n'a inventé ce livre pour lui attribuer ensuite une antiquité qu'il n'aurait pas eue réellement. Cette connaissance si remarquable de Dieu a dû être conservée dans sa pureté depuis la plus haute antiquité, ou plutôt chez quelques familles depuis l'origine des choses, et l'auteur du premier livre de la Bible a eu pour dessein, en l'écrivant, d'opposer quelque chose de certain et de fondamental aux fictions et aux conceptions des autres peuples dans des temps moins anciens. Quelle nation, en effet, a conservé un seul rayon de la grande vérité que proclame le premier livre de la Genèse ?

« Chez presque tous les peuples, la mythologie s'est développée dans la nuit des temps, lorsque l'imagination ne redoutait pas les faits, et elle s'est éteinte dès que l'histoire a commencé. Les anciens monuments des Hébreux, au contraire, sont moins remplis de choses prodigieuses dans les temps antiques que dans les temps modernes. Si l'écrivain qui recueillit la tradition des faits avait eu pour but de nous donner un amas de légendes douteuses, de fictions, de *mythes*, il les aurait placés surtout dans les temps antiques : il ne se serait pas exposé à être contredit, en les plaçant à une époque plus moderne où l'histoire positive aurait mille moyens de les combattre et de les détruire. Ainsi l'absence de prodiges dans les premiers récits de son histoire et le peu de détails qu'elle présente n'ont pu venir que du soin scrupuleux qu'il mit à rejeter tout ce qui lui parut douteux, exagéré, extravagant et indigne d'être relaté : il a peu raconté, parce que ce qui lui a paru tout à fait véritable se bornait à ce qu'il raconte. Rien de plus imposant à signaler dans la Bible que le peu de prodiges très-antiques, et l'abondance des prodiges plus modernes : c'est le contraire qui arrive chez les autres peuples. Dans la Bible, il existe même des périodes où l'on ne trouve aucun miracle, et d'autres où ils éclatent à chaque pas. Or, ces périodes plus particulièrement miraculeuses, le siècle d'Abraham, de Moïse, des rois idolâtres, de Jésus, des apôtres, sont toujours celles où il était nécessaire qu'un tel spectacle d'intervention divine confirmât la propagation de l'idée religieuse nouvelle. Les miracles de l'Ecriture ont donc constamment un but grand et louable, l'amélioration du genre humain, et ne dérogent nullement à la majesté de Dieu. Qu'on les compare avec les *mythes* et les légendes des autres peuples, et on ne confondra certainement pas des choses aussi distinctes.

« Mais comment peut-on concevoir que ces documents de l'histoire primitive aient pu se conserver sans altération jusqu'au temps où ils furent rassemblés par Moïse ? N'ont-ils pu être grossis des additions de l'imagination poétique ? Cela n'est-il pas arrivé pour les traditions des autres peuples ? La réponse consiste à dire qu'il est très-vraisemblable que les traditions bibliques, qui ont fait exception quant à leur supériorité évidente sur les autres, ont aussi fait exception quant à leur mode de transmission. Leur petite étendue rendait précisément leur conservation plus facile et plus concevable : elles furent sans doute écrites à une époque où les traditions des autres peuples n'avaient pas encore été rédigées. Leur forme écrite, leur langage simple, leurs notions précises et élémentaires, tout cela en elles est si frappant, que, si l'historien qui les rassembla eût essayé de les interpoler, il se fût indubitablement trahi de deux manières : par ses idées plus modernes, et par son langage plus profond et plus recherché. »

Pour résumer ces arguments de Jahn contre l'interprétation mythique des monuments sacrés, nous dirons avec M. Glaire : 1° Les premiers chrétiens, juges les plus compétents dans la matière qui nous occupe, loin d'avoir reconnu des *mythes* dans l'Ancien Testament, n'y ont vu qu'une histoire pure et simple d'événements positifs et réels. 2° Il n'y a jamais eu chez les anciens Hébreux de temps obscurs ou incertains, comme chez tous les autres peuples. 3° La connaissance d'un Dieu unique et créateur de toutes choses, qui s'est toujours conservée si pure chez les Juifs seulement, n'a pu venir du polythéisme : une véritable révélation a seule pu la communiquer aux hommes. 4° Les histoires de l'Ancien Testament sont les seules qui n'offrent rien d'extravagant, rien de révoltant et même rien de choquant aux yeux d'un critique éclairé qui voudra se dépouiller de toute prévention. 5° Les traditions bibliques ont pu facilement se conserver dégagées de *mythes*, tant par leur nature même que par la manière dont elles ont été rédigées.

En second lieu, il n'y a point de *mythes* dans le Nouveau Testament.

La raison que les partisans des *mythes* du Nouveau Testament allèguent en faveur de leur opinion se réduit, en dernière analyse, à dire que les mystères et les miracles sont impossibles : cette objection est suffisamment réfutée. Voyez notre traité *de vera Religione*. Mais nous ajouterons avec M. Glaire :

1° Il n'y a point de mythes dans l'Ancien Testament, bien que l'époque si reculée des récits de la Genèse, par exemple, pût au premier abord fournir quelque prétexte d'en supposer dans cet antique document. Cela démontré, ne doit-on pas regarder non-seulement comme inadmissible, mais comme souverainement ridicule, la prétention des critiques qui veulent en découvrir dans le Nouveau Testament ? Ces écrits sacrés n'ont-ils pas eu pour auteurs des témoins oculaires ou des contemporains qui touchaient aux temps des faits qu'ils racontent ? Pour qu'un fait se dénature et prenne une couleur fabuleuse, il faut qu'il passe de bouche en bouche et qu'il se charge, au moyen de cette tradition, de nouvelles circonstances de plus en plus extraordinaires, jusqu'à ce qu'il dégénère en un fait vraiment fabuleux. Les rationalistes n'expliquent pas autrement la formation du mythe historique. Or, si cela peut se concevoir jusqu'à un certain point pour des faits anciens qui, ayant passé pendant longtemps par différentes bouches, ont pu se charger de circonstances étrangères et devenir fabuleux, il n'est pas de critique assez peu éclairé pour supposer une pareille transformation par rapport à des faits récents que les apôtres ont vus de leurs propres yeux, ou pu apprendre de la bouche de ceux qui les avaient vus.

2° Il est évident qu'on ne peut admettre des mythes dans les miracles dont saint Matthieu et saint Jean, par exemplo, avaient été les témoins ; car, comme on convient qu'ils étaient pleins de sincérité et très-éloignés de feindre, ils nous les ont racontés tels qu'ils les avaient vus ; et comme, d'après leur récit simple et naïf, ces faits ne sont pas naturels, mais tout à fait miraculeux, c'est ainsi que nous devons les entendre. Quant aux autres faits dont ils n'ont pas été les témoins, ils ont pu les apprendre immédiatement de la bouche de ceux qui les avaient vus, et dont plusieurs vivaient sans doute de leur temps : or, ces faits importants, reçus dans leur mémoire, n'ont pas eu le temps de se dénaturer et de devenir fabuleux.

Objectera-t-on que les apôtres et les évangélistes, pour donner plus de relief à leur maître, ont imaginé les mystères de sa conception, de sa tentation, de sa transfiguration, de son ascension, etc.? Mais, dans cette hypothèse, ce sont des imposteurs, et les rationalistes ne doivent plus nous les vanter comme des modèles de candeur et de sincérité, tant dans leurs personnes que dans leurs ouvrages. D'ailleurs, les récits du Nouveau Testament sont simples, naturels, sans affectation, et ne présentent aucun indice du genre fabuleux. Ils sont quelquefois très-laconiques, et taisent bien des circonstances qui semblent nécessaires pour satisfaire à une juste curiosité : telles sont celles de l'enfance de Jésus-Christ. Or, des historiens qui auraient voulu inventer des circonstances fabuleuses pour rehausser leur héros n'auraient pas manqué de lui faire opérer une multitude de miracles, soit en Egypte, soit à Nazareth, comme ont fait les auteurs des Evangiles apocryphes.

3° Les premiers chrétiens, saint Luc, saint Paul, dont nous avons les écrits, quand ils ont parlé des faits contenus dans le Nouveau Testament, les ont toujours donnés pour des faits réels. Les Pères de l'Eglise les plus anciens et les plus savants n'ont jamais eu aucune idée de cette forme mythique dont on prétend que ces faits sont enveloppés ; et il est incontestable que les rationalistes eux-mêmes n'y auraient jamais pensé, s'ils n'avaient pas vu que cette hypothèse leur donnait un moyen plus facile que tous les autres de se débarrasser des mystères et des miracles du christianisme, qui sont en effet incompatibles avec leur nouvelle et fausse doctrine.

4° Les preuves que l'on donne en faveur de l'authenticité et de la divinité du Nouveau Testament font encore ressortir la fausseté de leur système.

Nous terminerons par quelques réflexions empruntées à M. Cauvigny.

« Il est impossible à quiconque suit la marche des idées, de ne pas reconnaître dans la marche du rationalisme moderne, surtout en Allemagne, une tactique diamétralement opposée à celle du siècle dernier. Le voltairianisme, alors, empruntait ses arguments à Celse, à Porphyre, à l'empereur Julien ; l'allure de l'impiété était toute païenne. Son grand élément de succès c'était, tout en reconnaissant l'authenticité des livres saints, de vilipender leurs auteurs, de les faire poser sous une forme grotesque ; et, afin d'attirer les rieurs de son côté, de leur prodiguer maintes plaisanteries bouffonnes. La partie miraculeuse de ces livres ne révélait à ses yeux que la fraude des uns et l'aveuglement des autres ; ce n'étaient partout qu'imputations d'artifice et de dol, d'imposture et de charlatanisme. Qui n'a pas entendu parler de la *superstition christicole des douze faquins qui volèrent par des tours de passe-passe la croyance du genre humain*? Or, ce cynisme effronté, cette impiété brutale, qui marchent tête levée, sans circonlocution, sans déguisement, tout cela n'est plus de ton ni de mode, tout cela ne peut plus avoir cours dans notre siècle. Il faut, surtout pour la nébuleuse Allemagne, des systèmes philosophiques aux formes plus polies et plus gracieuses, plus en harmonie avec son caractère; des systèmes appuyés sur l'imagination, sur la poésie, sur la spiritualité. L'incrédulité du dix-huitième siècle n'est pas faite pour elle et ne va pas naturellement à son génie.

« Toutefois, si le rationalisme moderne n'a pas suivi, notamment au delà du Rhin, dans la critique de nos livres saints, la route qui lui avait été tracée, ce n'est pas qu'il se soit rapproché de nos croyances, et, comme certains esprits ont pu le croire d'abord, lorsque la philosophie de Kant et de Goëthe remplaça dans le monde celle de Voltaire, qu'il ait relevé les ruines amoncelées par l'impiété. Loin de là, sa critique souvent est plus meurtrière et plus hardie. Les exégètes d'outre-Rhin ne manquent pas de dire à qui veut les entendre : « Je suis chrétien. » Mais, de bonne foi, qui sera dupe de l'embûche ? Qui se laissera prendre à cette réconciliation hypocrite, plâtrée ? Comment ne pas s'apercevoir de prime abord que, si le rationalisme accepte nos croyances, c'est pour les encadrer dans ses mille erreurs, les soumettre à un travail d'assimilation, les absorber dans son sein, les convertir en sa propre substance ? A voir l'audace avec laquelle il envahit notre foi, n'est-il pas évident qu'il la regarde comme une portion légitime de son héritage ? Il est vrai, il ne s'acharne plus à la combattre, à la nier ; il fait pis, il la traite comme une province conquise, avec une affectation insultante de débonnaireté et de clémence, il la protège même, mais c'est afin de s'emparer de nos dogmes pour les transformer en théorèmes. Or, cette réconciliation hypocrite n'est-elle pas celle de Néron quand il disait : « J'embrasse mon rival, mais c'est pour l'étouffer. » Quoi que dise la philosophie, quoi qu'elle fasse, sa tendance est donc toujours la même. La vérité est qu'elle se borne à changer les armes émoussées du siècle dernier, afin de porter la lutte sur un autre terrain, et, si elle semble marcher par des voies différentes, c'est toujours pour aller se réunir à lui sur les ruines de la même croyance.

Grâce à Dieu, nous voyons très-bien où tendent les belles paroles des éclectiques et des panthéistes ; des incrédules eux-mêmes nous en avertissent. — « Le Christ, a dit M. Ed. Quinet, le Christ, sur le calvaire de la théologie moderne, endure aujourd'hui une passion plus cruelle que la passion du Golgotha. Ni les pharisiens, ni les scribes de Jérusalem ne lui ont présenté une boisson plus amère que celle que lui versent abondamment les docteurs de nos jours. Chacun l'attire à soi par la violence, chacun veut le recéler dans son système comme dans un sépulcre blanchi (1). »..... — « La métaphysique de Hegel, de plus en plus maîtresse du siècle, est celle qui s'est le plus vantée de cette conformité absolue de doctrine avec la religion positive. A la croire, elle n'était rien que le catéchisme transfiguré, l'identité même de la science et de la révélation, ou plutôt la Bible de l'absolu. Comme elle se donnait pour le dernier mot de la raison, il était naturel qu'elle regardât le christianisme comme la dernière expression de la foi. Après des explications si franches, si claires, si satisfaisantes, qu'a-t-on trouvé en allant au fond de cette orthodoxie? Une tradition sans évangile, un dogme sans immortalité, un christianisme sans Christ (2). »

« En effet, nos livres saints sont le fondement de nos croyances, la pierre placée à l'angle de l'édifice pour en assurer la solidité ; si vous réussissez à l'ébranler, l'édifice devra nécessairement s'écrouler. Or, n'est-ce pas vers ce but que tendent tous les efforts de l'Allemagne rationaliste? Que sont devenues nos saintes Ecritures pour les exégètes? Une suite d'allégories morales, de fragments ou de rapsodies de l'éternelle épopée, des symboles, des fictions sans corps, une série incohérente de poëmes libres et de mythes. Examinons la nature de cette théorie et ses preuves.

« Remarquons d'abord qu'elle a pris naissance au sein des écoles panthéistiques, et que son point de départ n'est rien moins que rationnel. Comment, en effet, procèdent les symbolistes? Un beau jour ils se sont avisés de transformer en fait une de ces mille hypothèses qui naissent dans leur cerveau comme les champignons après un orage, et, qui plus est, de nous les donner sérieusement comme une loi de l'esprit humain. A les entendre, le premier développement de l'intelligence dans sa simplicité, dans son énergie native, est essentiellement mythique. Allez au fond de toutes les religions, de toutes les histoires les plus anciennes, les mythes vous apparaîtront comme formant leur base, leur essence. Or, ces mythes, ce ne sont pas des fables, des fictions sans objet et sans corps, des impostures préméditées, mais bien la reproduction d'un fait ou d'une pensée que le génie, le langage symbolique, l'imagination de l'antiquité, ont dû nécessairement teindre de leurs couleurs. Ils pénétrèrent dans le domaine de l'histoire et de la philosophie ; de là des mythes historiques et philosophiques. Les premiers sont des récits d'événements réels, propres à faire connaître la tendance de l'opinion antique, à rapprocher, à confondre le divin avec l'humain, le naturel avec le surnaturel ; les seconds sont la traduction toujours altérée d'une pensée, d'une spéculation, d'une idée contemporaines, qui leur avaient servi de thème primitif. Au reste, quoi qu'il en soit de cette altération des faits historiques, elle n'est pas le produit d'un système préconçu, mais l'œuvre du temps ; elle n'a pas sa source dans des fictions préméditées, mais elle s'est glissée furtivement dans la tradition ; et quand le mythe s'est emparé de celle-ci pour la fixer, pour lui donner un corps, il l'a reproduite fidèlement. Quant à l'origine des mythes philosophiques, rien de plus simple. Comme les idées et les expressions abstraites faisaient défaut aux anciens sages, comme d'un autre côté ils tenaient à être compris de la foule accessible uniquement aux idées sensibles, ils s'imaginèrent d'avoir recours à une représentation figurative qui rendît leurs expressions plus claires, et servît comme d'enveloppe à leurs conceptions. Telle est, autant qu'on peut la préciser, la théorie générale des mythes ; théorie qui, dit-on, doit nous donner la clef des événements que l'histoire a consignés dans ses annales.

« Les partisans de ce système, pour expliquer la présence des mythes au fond des religions et des histoires anciennes, ont recours à un développement spontané de l'esprit humain. Voulez-vous savoir comment ils prétendent donner à cette supposition la certitude d'un théorème de géométrie? Représentez-vous les premiers hommes jetés sur la terre, on ne sait trop pourquoi ni comment, placés seuls en présence du monde matériel, sans aucune idée, sans aucune connaissance inhérente à leur nature, mais en possession de facultés plus ou moins vastes, qui devront nécessairement se développer sous l'influence des causes extérieures. Combien de temps passèrent-ils ainsi sans arriver à la conscience de leur personnalité? C'est là un des *desiderata* du système ; ou, si la solution du problème est trouvée, on a jugé à propos de la garder pour les initiés. Toujours est-il que, tout à coup, par une illumination soudaine, l'intelligence humaine s'éveilla, avec les puissances qui lui étaient propres, à la vie intellectuelle et morale. L'homme, qui jusqu'alors n'avait prêté aucune attention au spectacle que l'univers déroulait à ses regards, commença à se connaître et à se distinguer de ce qui n'était pas lui ; le moi se fit

---

(1) M. Edg. Quinet, art. sur Strauss, *Revue des deux mondes*, 1er déc. 1836, p. 626.

(2) Ibid., p. 624.

jour à travers le non-moi. Ce n'est pas tout : en entrant ainsi en possession de la vie, il saisit, sans aucun concours de sa volonté, sans aucun mélange de réflexion, les grands éléments qui la constituent, l'idée de l'infini, du fini et de leurs rapports ; il atteignit immédiatement, spontanément, à toutes les grandes vérités, à toutes les vérités essentielles (1). » La raison de son être, sa fin, ses destinées, lui apparurent clairement dans cette aperception primitive, et toutes ces perceptions se manifestèrent dans un langage harmonieux et pur, miroir vivant de son âme. Or, cette *action spontanée de la raison dans sa plus grande énergie, c'est l'inspiration;* et le premier produit de l'inspiration, de la spontanéité, c'est la religion (2). Elle débute par des hymnes et des cantiques ; la poésie est son langage, et le mythe la forme nécessaire sous laquelle les hommes privilégiés qui possèdent cette faculté à sa plus haute puissance, transmettent à la foule *les vérités révélées par l'inspiration.*

« Il nous semble que jamais système ne réunit plus d'impossibilités, ne fut jamais en opposition plus flagrante avec les faits, la logique et la tradition. Qu'est-ce, en effet, que la prétendue spontanéité qui lui sert de base? Un rêve, une hypothèse gratuite, une protestation mensongère contre les enseignements de l'histoire, une folle tentative pour substituer je ne sais quelle chimère à l'acte divin, à l'opération surnaturelle, à la révélation extérieure qui éclaira le berceau de l'humanité. Les symbolistes ont beau faire, ils ne parviendront jamais à étouffer la vérité sous l'amas de leurs hypothèses ; nous arriverons toujours, en suivant le fil des traditions antiques, à un âge où l'homme, au sortir des mains du Créateur, en reçoit immédiatement toutes les lumières et toutes les vérités, à un âge où Dieu, pour nous servir des expressions des livres saints, *abaissant les hauteurs des cieux, descendait* sur la terre pour faire lui-même l'éducation de sa créature. Mais, indépendamment des traditions qui placent l'Eden au début de l'histoire, et qui conservent le souvenir de l'antique déchéance, la raison suffit pour démontrer l'absurdité de cette théorie. N'a-t-on pas en effet prouvé jusqu'à satiété que, si l'homme avait été abandonné dans l'état où on nous le représente à son origine, jamais il n'en serait sorti ? N'est-il pas évident pour quiconque sait comprendre le langage d'une saine métaphysique, que l'esprit humain est dans l'impossibilité absolue d'inventer la pensée, de créer les idées et la parole, d'enfanter la société, la religion (3) ; qu'il lui faut une excitation extérieure pour naître à la vie intellectuelle comme à la vie physique. Dès lors, si Dieu a créé l'homme avec les idées et la parole, s'il a fécondé sa pensée, s'il lui a révélé une religion, une fois en possession de ces éléments intégrants de la vie spirituelle, n'a-t-il pas dû se développer naturellement ? A quoi bon recourir alors à la spontanéité de l'esprit humain ? « Les idées, les expressions, dit M. Maret, voilà les vraies conditions de ses manifestations. Comment la forme mythique pourrait-elle être impliquée dans ces conditions nécessaires ? N'est-elle pas une complication absolument inutile ? Qu'on prouve cette nécessité : nous ne sachions pas qu'on l'ait fait encore. »

« On est forcé de convenir que la création des mythes est une opération très-compliquée ; aussi accorde-t-on aux premiers humains des facultés extraordinaires et qui n'ont pas d'analogue dans l'état actuel de la civilisation. En effet, quelle puissance ne faut-il pas supposer dans les inventeurs des mythes pour pouvoir mettre en harmonie, pour assortir les idées et les symboles, et les faire adopter aux autres. On rentre ainsi dans le surnaturel et le miraculeux, auquel on veut échapper par la théorie des mythes. Qu'on ne croie pas se tirer d'embarras en disant que les mythes ne sont pas la création d'un seul homme, mais d'un peuple, d'une société, d'un siècle. Cette réponse ne fait que reculer la difficulté, et rend tout à fait inexplicable l'unité qu'on remarque et qu'on admire dans ces récits (4).

« Et la bonne foi des inventeurs, que vous en semble ? Conçoit-on qu'un homme sain d'esprit puisse s'abuser au point de prendre pour des réalités les rêves de son imagination ?... Telles sont cependant les bases sur lesquelles s'appuie la théorie des mythes. Quand, pour nier l'ordre surnaturel et divin, on est réduit de ces misérables assertions, on ne réussit qu'à jeter sur son entreprise le discrédit et le ridicule, et à affermir les vérités que l'on voulait ébranler. Au reste, c'est justice : il ne faut pas que l'homme puisse s'attaquer impunément à l'œuvre de Dieu. »

N

NATIVITAIRES. On a donné ce nom à ceux qui enseignaient que la naissance divine de Jésus-Christ avait eu un commencement, et qui niaient l'éternité de sa filiation.

NAZARÉENS. Ce nom, qui a d'abord été celui des chrétiens, est devenu ensuite celui d'une secte particulière de juifs, qui voulaient qu'on observât la loi de Moïse, et cependant qui honoraient Jésus-Christ comme homme juste et saint, né d'une vierge selon quelques-uns d'eux, et selon d'autres de Joseph.

Moïse avait donné une loi aux Juifs, et

---

(1) *Voyez* M. Cousin, *Cours d'histoire de la philosophie,* p. 45.
(2) Idem, *ubi sup.*
(3) *Voyez* M. de Bonald, *Recherches philosophiques.* — L'abbé Maret, *Essai sur le panthéisme,* chap. 6.
(4) L'abbé Maret, *ubi sup.* 410-411.

prouvé sa mission par des miracles : Jésus avait annoncé une loi nouvelle, et prouvait aussi sa mission par des miracles : les nazaréens conclurent qu'il fallait obéir à Moïse et à Jésus-Christ, observer la loi et croire en Jésus-Christ.

Ils eurent le sort ordinaire des conciliateurs ; ils furent excommuniés par les Juifs et par les chrétiens, qui voulaient exclusivement être dans la vraie religion.

Les nazaréens, au contraire, persuadés que la vérité ne pouvait se contredire, assuraient que les Juifs et les chrétiens altéraient également la doctrine de Moïse et celle de Jésus-Christ.

A l'égard de la doctrine de Moïse, disaient-ils, il est clair qu'elle a été corrompue, et que les écrits qu'on nous donne comme venant de Moïse n'ont pu être composés par lui. Croira-t-on en effet qu'Adam, sortant des mains de Dieu, se soit laissé séduire par une fausseté aussi grossière que celle que raconte la Genèse ? Croira-t-on un livre qui fait de Noé un ivrogne, d'Abraham et de Jacob des concubinaires et des impudiques ?

Indépendamment de ces faussetés, disaient les nazaréens, les livres attribués à Moïse ont des caractères évidents de supposition, et qui ne permettent pas de douter qu'ils n'aient été écrits après Moïse. On lit dans ces livres que Moïse mourut, qu'on l'ensevelit proche Phogor, et que personne n'a trouvé son tombeau jusqu'à ce jour. N'est-il pas évident, disaient les nazaréens, que Moïse n'a pu écrire ces choses ?

Cinq cents ans après Moïse, on mit la loi dans le temple ; elle y est restée cinq cents ans, et elle a péri par les flammes lorsque Nabuchodonosor a détruit le temple. Cependant on l'a écrite de nouveau : nous n'avons donc pas effectivement les écrits de Moïse. Il faut donc, sur sa doctrine, s'en tenir à ce qui est certain de ses faits : c'est qu'il a fait des miracles et qu'il a donné une loi ; que, par conséquent, cette loi n'est pas mauvaise, comme les chrétiens le prétendent (1).

Nous ne connaissons pas mieux la doctrine de Jésus-Christ, disaient les nazaréens ; car nous la connaissons par les apôtres, et Jésus-Christ leur a reproché souvent qu'ils ne l'entendaient pas.

Dans l'impossibilité de trouver la vérité dans les explications des chrétiens et dans celles des Juifs, quel parti prendre ?

Celui de n'admettre que ce qui est incontestable et avoué par les deux partis, savoir : que Moïse était envoyé de Dieu, et que la loi qu'il a donnée est bonne ; que Jésus-Christ est Fils de Dieu, qu'il faut le croire, se faire baptiser et observer sa morale, être juste, bienfaisant, sobre, chaste, équitable (2).

Les nazaréens furent rejetés et condamnés par tous les chrétiens : ce qui prouve que dans ce temps-là non-seulement l'Eglise croyait la divinité de Jésus-Christ, mais encore qu'elle regardait ce dogme comme un article fondamental de la religion ; et Le Clerc en convient (3).

C'est par ces actes de séparation qu'il faut juger si l'Eglise a regardé un dogme comme fondamental, et non pas par quelques expressions échappées aux Pères, et dont ils ne pouvaient prévoir l'abus.

C'est donc sans aucun fondement et contre toute vraisemblance que Toland se sert de l'exemple des nazaréens pour prouver que la doctrine chrétienne n'était pas à sa source ce qu'elle est à présent, prétendant que les Juifs qui avaient ouï l'Evangile de la propre bouche du Seigneur n'avaient reconnu en lui qu'un simple homme, ou tout au plus un homme divin, le plus grand de tous les prophètes (4).

Mosheim a écrit contre le Nazaréen de Toland ; et pour le réfuter plus sûrement, il sape le fondement de sa difficulté : il soutient que les nazaréens sont une secte du quatrième siècle.

Les Juifs, selon Mosheim, voyant la prospérité des chrétiens depuis la conversion des empereurs, commencèrent à croire que Jésus-Christ était le Messie : il avait délivré de l'oppression des païens ceux qui avaient embrassé l'Evangile ; il renversait de toutes parts les idoles, et ces succès, joints à l'abaissement dans lequel se trouvait la nation juive, persuadèrent à quelques juifs que Jésus était effectivement le Christ. Mais ces sectaires ne reçurent le christianisme qu'à demi ; ils gardèrent leurs cérémonies et ne reconnurent ni la préexistence, ni la divinité du Seigneur : voilà, selon Mosheim, l'origine des nazaréens.

La principale raison qui a déterminé Mosheim à s'éloigner du sentiment de saint Epiphane et de saint Jérôme sur l'ancienneté des nazaréens, c'est qu'on ne les trouve ni dans saint Irénée, ni dans Tertullien, ni dans Origène, ni dans Eusèbe (5).

De Beausobre a répondu, 1° qu'il nous manque une grande quantité des ouvrages de ces Pères : ce qui suffit pour qu'on ne puisse pas assurer qu'ils n'ont point parlé des nazaréens. Hégésippe, dont Mosheim

---

(1) Pour faire sentir la faiblesse des difficultés qu'on oppose à l'authenticité du Pentateuque, nous remarquerons que le Pentateuque renferme trois sortes de choses par rapport au temps : des faits arrivés avant Moïse, des faits arrivés pendant sa vie, et enfin des faits arrivés après sa mort.
A l'égard des deux premières espèces de faits, il est bien prouvé qu'ils ont été écrits par Moïse ; et à l'égard de ceux qui ont eu lieu après sa mort, n'est-il pas possible qu'il les ait écrits par un esprit de prophétie ? Moïse n'a-t-il pas prédit beaucoup de choses aux Juifs ?
Quand il serait vrai qu'on eût ajouté au Pentateuque l'histoire de la mort de Moïse, n'est-il pas également injuste et déraisonnable d'en conclure que le Pentateuque a été corrompu ? Jugera-t-on que l'Iliade n'est pas l'ouvrage d'Homère parce qu'il se sera glissé dans ce poëme quelques vers d'une main étrangère ?
Tous les commentateurs de l'Ecriture ont résolu ces difficultés.
(2) Ex Homil. Clem. 2 et 3. Epiph., Aug., Hier. in Isai. c. i. Théodoret, Hæret. Fab, l. ii, c. 1, art. 2.
(3) Hist. Eccles.
(4) Toland, dans le livre intitulé le Nazaréen, ou le Christianisme judaïque, païen et mahométan, etc., dans lequel on explique le plan original du christianisme par l'histoire des nazaréens.
(5) Mosheim, Indiciæ antiquæ christianorum disciplinæ, sect. 1, c. 6.

oppose le silence, ne parle ni des ébionites, ni des cérinthiens : en conclura-t-on qu'ils n'existaient point de son temps?

2° Pour savoir si les Pères qui ont précédé saint Épiphane et saint Jérôme n'ont point parlé des nazaréens, il ne faut pas seulement examiner s'ils les ont nommés ou non, mais s'ils ont rapporté leur doctrine, s'ils ont parlé d'une secte qui professait le dogme des nazaréens : et c'est ce qu'on ne peut révoquer en doute.

Saint Justin insinue qu'il y avait même de son temps deux sortes de chrétiens-juifs, entre lesquels il met une grande différence (1).

Origène dit : « Quand vous considérerez bien quelle est la foi des Juifs touchant le Sauveur; que les uns le croient fils de Joseph et de Marie, et que les autres, qui le croient à la vérité fils de Marie et du Saint-Esprit, n'ont point de sentiments orthodoxes sur sa divinité; quand, dis-je, vous ferez réflexion là-dessus; vous comprendrez comment un aveugle dit à Jésus : Fils de David, ayez pitié de moi (2). »

Il ne paraît donc pas que Mosheim ait été autorisé à s'écarter du sentiment de saint Épiphane et de saint Jérôme sur l'ancienneté des nazaréens, et cela n'était pas nécessaire pour réfuter Toland; comme nous l'avons fait voir : les théologiens anglais ont écrit contre Toland et l'ont très-bien réfuté (3).

Tout le monde sait que les nazaréens avaient leur Évangile écrit en hébreu vulgaire, qui est appelé tantôt l'Évangile des douze apôtres, tantôt l'Évangile des Hébreux, tantôt l'Évangile selon saint Matthieu. On a beaucoup disputé, dans ces derniers temps, pour savoir si cet Évangile était l'original de saint Matthieu et si le nôtre n'en était qu'une copie (4).

NÉCESSARIENS physiques ou matérialistes, sont les sectateurs de Priestley. Voici ses idées :

L'homme est un être purement matériel, mais dont l'organisation lui donne le pouvoir de penser, de juger. Ce pouvoir croît, se fortifie et décroît avec le corps. L'arrangement organique étant dissous par la mort, la faculté de percevoir, de juger s'éteint; elle renaîtra à la résurrection que la révélation nous a promise, et qui est le fondement de notre espérance au jour du jugement dont parle l'Écriture, espérance que n'ont pas les païens.

Il suit de là que les motifs d'agir sont soumis aux lois de la matière, et que dans les moindres choses, comme dans les plus importantes, toute violation, toute détermination est un effet nécessaire : ce qui établit une connexité avec tout ce qui a été, ce qui est et ce qui sera. Le mot *volontaire* n'est pas l'opposé de *nécessaire*, mais d'*involontaire*, comme *contingent* l'est de *nécessaire*. Le motif déterminant opère aussi infailliblement que la gravité opère la chute d'une pierre jetée en l'air. Les effets sont l'inévitable résultat de cette cause. Si deux déterminations différentes étaient possibles, il y aurait effet sans cause, comme si, les deux plateaux de la balance étant de niveau, l'un cependant s'abaissait ou s'élevait; et il ne peut en arriver autrement, à moins qu'il ne plût à Dieu de changer le plan qu'il a établi et cet enchaînement de causes et d'effets, desquels résulte le bien général. Le mal est aussi une partie constitutive de ce plan, et le fait acheminer vers son but. Le vice produit un mal partiel, mais il contribue au bien général; et dans ce plan entrent aussi les peines de la vie future. Priestley n'assure pas qu'elles doivent être éternelles.

Il n'admet point la transmission du péché d'Adam à sa postérité; il n'admet point de faute originelle qui nécessite l'expiation par les souffrances de Jésus-Christ. Chacun peut faire le bien; mais le repentir tardif est sans efficacité à la suite d'une longue habitude du vice, car il ne reste plus de temps suffisant pour transformer le caractère.

Le matérialisme, la nécessité, l'unitarianisme, composent le fond de la doctrine de Priestley. La préexistence des âmes est à ses yeux une chimère, puisqu'il nie leur existence et que tous les effets sont purement mécaniques. Il nie également la divinité de Jésus-Christ, dont il fait un être purement matériel, comme le sont à ses yeux tous les hommes.

NÉOLOGISME. *Voyez* EXÉGÈSE NOUVELLE.

NESTORIANISME, hérésie de Nestorius, qui niait l'union hypostatique du Verbe avec la nature humaine et supposait deux personnes en Jésus-Christ.

La religion chrétienne a pour base la divinité de Jésus-Christ ou l'union du Verbe avec la nature humaine.

Cette union est un mystère, et la curiosité humaine s'est précipitée dans mille erreurs lorsqu'elle en a voulu sonder la profondeur.

Ainsi on vit Paul de Samosate soutenir que le Verbe uni à la nature humaine n'était point une personne; les manichéens imaginer que le Verbe n'avait point pris un corps humain; Apelles croire que Jésus-Christ avait apporté son corps du ciel; les ariens prétendre que le Verbe, uni à la nature humaine, n'était point consubstantiel à son Père.

Enfin Apollinaire avait pensé que le Verbe était consubstantiel à son Père; mais il avait enseigné qu'il n'avait pris qu'un corps humain seulement : en sorte que la personne de Jésus-Christ n'était que le Verbe uni à un corps humain.

L'Église avait triomphé de toutes ces erreurs : elle enseignait que le Verbe était une personne divine, consubstantielle au Père,

---

(1) Justin. Dial.
(2) Beausobre, dissert. sur les nazaréens, à la suite du Supplém. à la guerre des Hussites.
(3) Thomas Maugel, Remarques sur le Nazaréen, Paterson, Anti nazarenus.

(4) Dup., dissert. prélim., l. xi, c. 11, art. 3, p. 23. Simon, Hist. crit. du Nouveau Testament, c. 7; p. 71. Beausobre; loc. cit. Le Clerc, Hist. Ecclés., art. 72, 103. Itigius, de Haeres.

qui s'était non-seulement unie à un corps humain, mais encore à une âme humaine.

La nature divine et la nature humaine étaient donc tellement réunies en Jésus-Christ, qu'il prenait tous les attributs de la Divinité et qu'il s'attribuait toutes les propriétés de l'humanité. Ainsi le Verbe était uni à l'humanité dans Jésus-Christ, de manière que l'homme et le Verbe ne faisaient qu'une personne. Ce dogme était généralement reçu dans l'Eglise.

Mais en combattant Apollinaire, quelques auteurs avaient avancé des principes contraires à cette union.

Apollinaire, comme nous l'avons déjà remarqué, prétendait que le Verbe ne s'était uni qu'à un corps humain et que Jésus-Christ n'avait point d'âme humaine, parce que le Verbe lui en tenait lieu et en faisait toutes les fonctions dans la personne de Jésus-Christ.

Théodore de Mopsueste, pour combattre Apollinaire, avait cherché dans l'Ecriture tout ce qui pouvait établir que Jésus-Christ avait une âme humaine distinguée du Verbe.

En réunissant toutes les actions et toutes les affections que l'Ecriture attribuait à Jésus-Christ, il avait cru en trouver qui supposaient qu'il y avait dans Jésus-Christ une âme humaine, et que l'âme humaine était seule le principe de ces actions et de ces affections : telles sont, entre autres, la naissance et les souffrances de Jésus-Christ.

De là, Théodore de Mopsueste avait conclu que Jésus-Christ avait non-seulement une âme humaine, mais encore que cette âme était distinguée et séparée du Verbe, qui l'instruisait et la dirigeait : en sorte que le Verbe habitait dans l'homme comme dans un temple et n'était pas uni autrement à l'âme humaine.

Cependant Théodore de Mopsueste reconnaissait que cette union était indissoluble et que le Verbe uni à l'âme humaine ne faisait qu'un tout : en sorte que l'on ne devait pas dire qu'il y eût deux fils de Dieu ou deux Jésus-Christs.

Le zèle dont on était animé contre l'hérésie d'Apollinaire, la réputation de Théodore de Mopsueste, illustre dans l'Orient par trente ans d'épiscopat consacrés à combattre les hérétiques, ne permirent pas alors d'examiner scrupuleusement les principes de cet évêque ou d'en prévenir les conséquences, et ses disciples reçurent ce qu'il avait écrit contre Apollinaire comme une doctrine pure et exempte d'erreur.

Théodore de Mopsueste avait donc jeté dans l'Eglise des principes diamétralement opposés au dogme de l'union hypostatique du Verbe avec la nature humaine; et ces principes, pour former une nouvelle hérésie, n'attendaient pour ainsi dire qu'un disciple de Théodore de Mopsueste qui les développât et qui en tirât des conséquences opposées aux conséquences que l'Eglise tirait de l'union hypostatique : car ce sont ordinairement ces conséquences qui rapprochent en quelque sorte les principes et qui les mettent assez près les uns des autres pour en rendre la contradiction palpable.

Nestorius fut ce disciple; et voici comment Nestorius fut conduit à ces conséquences qui détruisaient le dogme de l'union hypostatique.

L'Eglise enseignait que la nature divine était tellement unie à la nature humaine, que l'homme et le Verbe ne faisaient qu'une personne. En conséquence de cette union, on pouvait non-seulement dire que Jésus-Christ était homme et Dieu, mais encore qu'il était un Dieu-Homme et un Homme-Dieu. Ces expressions étaient les plus propres à exprimer l'union hypostatique du Verbe avec la nature humaine, et c'était un langage généralement établi dans l'Eglise.

Par une suite de cet usage, on disait que la sainte Vierge était mère de Dieu. Cette manière de parler n'avait rien que de conforme à la foi de l'Eglise sur l'incarnation : elle est même une conséquence naturelle et nécessaire de l'union hypostatique de la nature humaine avec le Verbe.

Mais cette manière de s'exprimer est choquante lorsqu'on la considère indépendamment du dogme de l'union hypostatique, et que l'on n'est pas bien convaincu de la vérité de ce dogme. *Un Dieu qui souffre et qui meurt*, voilà une doctrine qui paraît absurde toutes les fois que l'on considère ce dogme indépendamment de l'union hypostatique : on craint de retomber dans les absurdités que les chrétiens reprochent aux idolâtres et aux païens.

C'est sous cette face que ces manières de parler devaient s'offrir à un disciple de Théodore de Mopsueste, et ce fut en effet sous cette face que Nestorius les envisagea; il crut que ces expressions contenaient des erreurs dangereuses.

Lorsqu'il fut élevé sur le siége de Constantinople, il combattit ce langage et l'union hypostatique qui en était le fondement. Sa doctrine n'est que le développement des principes de Théodore de Mopsueste, dont il fit un corps de doctrine qu'il faut bien entendre pour le réfuter solidement.

Principes du nestorianisme

On ne peut, disait Nestorius, admettre entre la nature humaine et la nature divine d'union qui rende la Divinité sujette aux passions et aux faiblesses de l'humanité; et c'est ce qu'il faudrait reconnaître si le Verbe était uni à la nature humaine de manière qu'il n'y eût en Jésus-Christ qu'une personne : il faudrait reconnaître en Jésus-Christ un Dieu né, un Dieu qui devient grand, qui s'instruit.

J'avoue, disait Nestorius, qu'il ne faut pas séparer le Verbe du Christ, le fils de l'homme de la personne divine : nous n'avons pas deux Christ , deux Fils, un premier, un second; cependant les deux natures qui forment ce Fils sont très-distinguées et ne peuvent jamais se confondre.

L'Ecriture distingue expressément ce qui convient au Fils et ce qui convient au Verbe;

lorsque saint Paul parle de Jésus-Christ, il dit : *Dieu a envoyé son Fils, fait d'une femme;* lorsque le même apôtre dit que *nous avons été réconciliés à Dieu par la mort de son Fils,* il ne dit pas *par la mort du Verbe.*

C'est donc parler d'une manière peu conforme à l'Ecriture que de dire que Marie est mère de Dieu. D'ailleurs ce langage est un obstacle à la conversion des païens ; comment combattre les dieux du paganisme, en admettant un Dieu qui meurt, qui est né, qui a souffert? Pourrait-on, en tenant ce langage, réfuter les ariens qui soutiennent que le Verbe est une créature ?

L'union ou l'association de la nature divine avec la nature humaine n'a point changé la nature divine : la nature divine s'est unie à la nature humaine comme un homme qui veut en relever un autre s'unit à lui ; elle est restée ce qu'elle était ; elle n'a aucun attribut différent de ceux qu'elle avait avant son union ; elle n'est donc plus susceptible d'aucune nouvelle dénomination, même après son union avec la nature humaine, et c'est une absurdité d'attribuer au Verbe ce qui convient à la nature humaine.

L'homme auquel le Verbe s'est uni est donc un temple dans lequel il habite; il le dirige, il le conduit, il l'anime et ne fait qu'un avec lui : voilà la seule union possible entre la nature divine et la nature humaine.

Nestorius niait donc l'union hypostatique, et supposait en effet deux personnes en Jésus-Christ ; ainsi le nestorianisme n'est pas une logomachie ou une dispute de mots, comme l'ont pensé quelques savants, vraisemblablement parce qu'ils étaient prévenus contre saint Cyrille, ou parce qu'ils ont jugé de la doctrine de Nestorius par quelques aveux équivoques qu'il faisait, et parce qu'ils n'ont pas assez examiné les principes de cet évêque (1).

Il me paraît clair, par les sermons de Nestorius et par ses réponses aux anathèmes de saint Cyrille, qu'il n'admettait qu'une union morale entre le Verbe et la nature humaine.

Mais, dit-on, Nestorius ne reconnaissait-il pas qu'il n'y avait qu'un Christ, qu'un Fils ? Le nom de Christ marque une personne ; s'il avait admis deux personnes dans Jésus-Christ, il aurait donc admis deux personnes dans une seule, ce qui est impossible.

Je réponds que les mots de *Christ* et de *Sauveur* n'étaient, selon Nestorius, que des noms qui marquaient une seule et même œuvre, savoir, le salut et la rédemption du genre humain ; œuvre à laquelle deux personnes avaient concouru, selon Nestorius, l'une comme agent principal, qui était la personne du Fils de Dieu, du Verbe éternel, et l'autre comme agent subordonné et comme instrument, savoir, la personne humaine, Jésus fils de Marie. Il disait que ces deux personnes avaient été unies par une seule et même action, de sorte que toutes deux ensemble ne faisaient qu'un Jésus-Christ ; il ne mettait entre les deux personnes, la divine et l'humaine, que la même union ou la même association que nous voyons entre un homme qui fait une œuvre et l'instrument dont il se sert pour la faire ; en sorte que l'homme et son instrument joints ensemble peuvent être appelés d'un nom commun.

Par exemple, on peut appeler l'homme qui tue et l'épée avec laquelle il tue du nom de *tuant*, parce qu'il y a une subordination entre l'homme et son épée, une union, une association, telle qu'elle doit être entre un agent principal et son instrument ; et, par la force de son association, on peut donner le nom de tuant tant à l'homme qu'à l'épée et à tous les deux pris ensemble, puisque l'un et l'autre concourent à une même œuvre.

Mais quand vous considérez l'homme et l'épée hors de cette association et du concours à une même œuvre, chacun a ses attributs à part ; de sorte que nous ne pouvons pas dire ni que l'homme soit d'acier, qu'il soit pointu, qui sont les attributs de l'épée ; ni que l'épée soit vivante et raisonnable, qui sont les attributs de l'homme ; parce que, quelque association qu'il y ait entre l'homme et l'épée, l'homme et l'épée ne sont pourtant pas une seule personne

Il en était de même de Jésus-Christ, selon Nestorius : on disait également du Verbe et de l'homme auquel il était uni tout ce qui avait rapport à l'œuvre à laquelle ils concouraient, c'est-à-dire le salut des hommes ; mais lorsqu'on les considérait hors de cet objet et à part de leur concours au salut du genre humain, ils n'avaient plus rien qui les unît ; on ne pouvait pas dire du Verbe ce qui appartenait à l'homme, ni de l'homme ce qui appartenait au Verbe, et c'est pour cela que, selon Nestorius, on ne pouvait pas dire que Marie était mère de Dieu, ce qui suppose évidemment que Nestorius considérait alors le Verbe et l'homme comme deux personnes; car s'il n'eût supposé dans Jésus-Christ qu'une seule personne, il est évident qu'il aurait attribué à cette personne tout ce qui convient à chacune des deux natures : c'est ainsi que nous, qui considérons l'homme comme une personne composée d'un corps et d'une âme, disons que l'homme marche, qu'il a un corps, qu'il a un esprit, etc.

Nestorius niait donc en effet l'union hypostatique du Verbe avec la nature humaine et supposait deux personnes en Jésus-Christ.

Réfutation du nestorianisme.

Il est certain que le Verbe s'est uni à la nature humaine.

1° L'union du Verbe avec la nature humaine n'est pas un simple concours de la divinité et de l'humanité pour le salut du genre humain, tel que le concours de deux causes absolument séparées et dont l'effet tend à produire le même effet ; car l'Ecriture nous

---

(1) Ludolf, Hist. Æthiop. Grotius. Basnage, Annal., t. III. La Croze, Hist. du Christ. des Indes. Entretiens sur divers sujets, etc., part. II. Salig. Eutychianism. ante Eutychem., Dupin, Biblioth. des auteurs du IV° siècle.

Il faut remarquer que M. Dupin se rétracta sur cet article, sur lequel il s'était en effet trompé. Bayle n'avait pas assez étudié cette matière pour juger si M. Dupin s'était d'abord comporté en historien fidèle.

dit que le Verbe a été fait chair et que le fils de Marie est Dieu, ce qui serait absurde si l'union du Verbe et de l'humanité n'était qu'un simple concours des deux natures, comme il est absurde de dire qu'un homme qui se sert d'un levier pour soulever un poids est devenu un levier.

2° Cette union n'est pas une simple union de consentement, de pensées, de désirs et d'inclinations; car, comme on ne peut pas dire que je produise les actions d'un homme parce qu'elles sont conformes à mes inclinations, de même on ne pourrait pas dire que Dieu a produit les actions de Jésus-Christ, qu'il a répandu son sang, si dans Jésus-Christ Dieu n'était uni à l'humanité que par la conformité des actions de l'homme avec la nature de Dieu.

3° L'union du Verbe avec la nature humaine n'est pas une simple habitation de la divinité dans l'humanité, ni une simple influence pour la gouverner. Un pilote est uni de cette manière avec son navire, et c'est ainsi que Dieu habite dans ses saints; cependant on ne dira pas que le pilote soit fait le navire, ni que Dieu soit fait un saint.

Saint Jean n'aurait donc pas pu dire que le Verbe a été fait chair, si l'union du Verbe avec la nature humaine n'était qu'une simple habitation de la divinité dans l'humanité ou une simple influence du Verbe pour la gouverner.

4° L'union du Verbe avec l'humanité n'est pas une union d'information, telle qu'est l'union de l'âme et du corps; car la divinité n'est pas la forme de l'humanité, et l'humanité n'est pas devenue la matière de la divinité.

5° Par l'union du Verbe avec l'humanité le Verbe a été fait chair, ce qui ne peut s'entendre qu'en quelqu'un de ces sens: ou que le Verbe a été réellement converti en chair, ce qui est absurde; ou dans un sens de ressemblance, savoir, que le Verbe ait pris quelque conformité à certains égards avec la chair, ce qui est absurde, car en quoi le Verbe est-il devenu semblable à la chair? ou enfin dans ce troisième sens qui est que le Verbe a uni à soi personnellement la chair, ce qui est confirmé par le passage même qui porte que le Verbe, après s'être fait chair, a habité parmi les hommes et qu'ils ont contemplé sa gloire.

6° Cette union est telle que les propriétés, les droits, les actions, les souffrances et telles choses semblables qui ne peuvent appartenir qu'à une seule nature, sont attribuées à la personne dénommée par l'autre nature, ce qui ne peut se dire en aucune manière, à moins que les deux natures n'appartiennent également à une seule et même personne: tels sont ces passages où il est dit: *Un Dieu a racheté son Eglise par son sang; Dieu n'a point epargné son propre Fils, mais il l'a mis à mort* (1).

S'il y a dans Jésus-Christ deux personnes qui soient également associées ensemble par une même onction et sous-ordonnées l'une à l'autre pour la rédemption du genre humain, on ne peut dire que l'une soit l'autre, comme saint Jean dit que la Parole a été faite chair: on ne saurait attribuer à l'une ce qui n'appartient qu'à l'autre, lorsqu'on les considère hors de l'homme et indépendamment de la fin à laquelle elles concourent.

Ainsi, dans le sentiment de Nestorius, on ne pourrait dire que le Fils de Dieu est mort, ni qu'il est né ou qu'il a été fait de femme, ni qu'il ait été louché de la main ou des yeux. Ainsi, par exemple, lorsque Pierre avec son épée tue Paul, on peut bien dire que l'épée a tué Paul, comme on dit que Pierre a tué Paul; mais on ne peut pas dire que, hors de l'égard de cet effet commun, l'homme a été fait épée, l'homme a été forgé de la main d'un artisan, parce que ces sortes d'expressions n'ont lieu que dans l'union de plusieurs natures en unité de personne, c'est-à-dire lorsqu'une nature s'est tellement unie à l'autre qu'elles ne forment qu'une nature individuelle ou un suppôt doué d'intelligence, divisé de tout autre et incommunicable.

Mais Jésus-Christ réunissant deux natures, comment est-il possible qu'il n'y ait en lui qu'une personne?

Pour résoudre cette difficulté, il faut se rappeler ce que c'est qu'une personne.

Une personne est une nature individuelle ou un suppôt doué d'intelligence, complet, divisé de tout autre et incommunicable à tout autre.

Ainsi, chaque homme en particulier est une personne qui a ses actions, ses droits, ses qualités, ses souffrances, ses mouvements et ses sentiments, qui lui appartiennent d'une manière si particulière qu'ils ne peuvent pas être à un autre.

De même un ange est une personne, parce que c'est une nature intelligente, complète et qui se termine en soi-même, divisée de toute autre et incapable de se communiquer.

Il n'en serait pas ainsi du corps et de l'âme de l'homme si avant leur union ils existaient séparés; car étant faits pour être unis ensemble, afin que de leur union il résulte ce que nous appelons l'homme, le corps humain sans l'âme ne peut remplir toutes les fonctions auxquelles il est destiné; ni l'âme, avant son union avec le corps, faire toutes les opérations pour lesquelles elle a été créée: ainsi l'âme humaine séparée du corps ne serait point une personne; il faut qu'elle soit unie à un corps; et c'est l'union de l'âme et du corps qui produit la personne. Deux natures ou deux substances peuvent donc ne faire qu'une personne lorsque leur nature est telle qu'elles ne peuvent remplir les fonctions auxquelles elles sont destinées qu'autant qu'elles sont unies; parce qu'alors elles ne sont point une nature individuelle, douée d'intelligence et complète, divisée de toute autre et incommunicable.

Il est aisé, d'après ces notions, de concevoir comment la nature humaine et la na-

(1) Act. II. Rom. VI.

ture divine ne sont en Jésus-Christ qu'une personne ; car la nature humaine de Jésus-Christ n'ayant pas été formée en vertu des lois de la nature, mais par un principe surnaturel, sa première et originaire destination a été d'être jointe à une autre ; d'où il suit qu'elle ne se termine pas en elle-même, qu'elle n'est point complète comme le sont les autres créatures humaines qui viennent par les lois ordinaires de la nature, parce qu'elles n'ont pas cette destination qu'on vient de marquer dans celle de Jésus-Christ.

La nature humaine de Jésus-Christ ne pouvant par elle-même remplir les fonctions auxquelles elle est destinée et ne pouvant les remplir que par son union avec le Verbe, il est clair qu'avant cette union elle n'est point une personne, et qu'après cette union le Verbe et la nature humaine ne sont qu'une personne, parce qu'elles ne sont qu'une seule nature individuelle ou un suppôt doué d'intelligence, complet, divisé de tout autre et incommunicable.

L'erreur de Nestorius, qui ne supposait qu'une union morale entre la nature divine et la nature humaine, détruit toute l'économie de la religion chrétienne ; car alors il est clair que Jésus-Christ, notre médiateur et notre rédempteur, n'est qu'un simple homme, ce qui renverse le fondement de la religion chrétienne, comme je l'ai fait voir dans l'article ARIENS, en prouvant que le dogme de la divinité du Verbe est un dogme fondamental.

Le dogme de l'union hypostatique n'est pas une spéculation inutile comme on le prétend ; il sert à nous donner l'exemple de toutes les vertus, à nous instruire avec autorité et à prévenir une infinité d'abus dans lesquels les hommes seraient tombés s'ils n'avaient eu pour modèle et pour médiateur entre Dieu et eux qu'un simple homme : c'est ainsi que tous les Pères ont envisagé le dogme de l'incarnation ou de l'union hypostatique ; mais ce n'est pas ici le lieu de traiter cette matière (1).

NESTORIUS, évêque de Constantinople, auteur de l'hérésie qui porte son nom, fut condamné et déposé dans le concile d'Ephèse.

Il était né en Syrie ; il s'y destina à la prédication : c'était le chemin des dignités, et il avait tous les talents nécessaires pour y réussir. Son extérieur était modeste et son visage pâle et exténué ; il fut généralement applaudi et se fit adorer du peuple.

Après la mort de Sisinnius, l'Eglise de Constantinople se divisa sur le choix de son successeur, et Théodose le Jeune, pour prévenir les dissensions, appela Nestorius sur le siége de Constantinople.

La dignité à laquelle Nestorius fut élevé échauffa son zèle ; il tâcha de l'inspirer à Théodose, et, dans son premier sermon, il lui dit : Donnez-moi la terre purgée d'hérétiques, et je vous donnerai le ciel ; secondez-moi pour exterminer les hérésies, et je vous promets un secours efficace contre les Perses (2).

A peine Nestorius était établi sur le siége de Constantinople, qu'il chassa les Ariens de la capitale, arma le peuple contre eux, abattit leurs églises et obtint de l'empereur des édits rigoureux pour achever de les exterminer (3).

Nestorius, par son zèle et par ses talents, se concilia la faveur du prince, le respect des courtisans et l'amour du peuple ; il rétablit même dans tous les esprits la mémoire de saint Chrysostome que Théophile d'Antioche, oncle de saint Cyrille d'Alexandrie, avait rendu odieux et qu'il avait fait exiler.

Après avoir établi son crédit et gagné la confiance par un zèle immodéré auquel le peuple applaudit presque toujours, Nestorius se crut en état d'enseigner la doctrine qu'il avait reçue de Théodore de Mopsuèste et de donner une nouvelle forme au christianisme.

Nous avons remarqué, dans l'article NESTORIANISME, que le dogme de l'union hypostatique était généralement reçu dans l'Eglise ; en conséquence de cette union, on pouvait non-seulement dire que Jésus-Christ était homme et Dieu, mais encore qu'il était un Homme-Dieu et un Dieu-Homme ; ce langage était généralement établi dans l'Eglise.

Par une suite de cet usage, on disait que la sainte Vierge était mère de Jésus-Christ, mère de Dieu.

Nestorius attaqua d'abord ces expressions ; il prêcha que le Verbe s'était incarné, mais qu'il n'était point sorti du sein de la Vierge, parce qu'il subsistait de toute éternité.

Le peuple fut scandalisé de cette doctrine, entendit le patriarche avec indignation et l'interrompit au milieu de son discours ; bientôt il murmura, se plaignit, s'échauffa et enfin se souleva contre Nestorius, qui se servit de son crédit pour faire arrêter, emprisonner et fouetter les principaux des mécontents (4).

L'innovation de Nestorius fit du bruit dans tout l'Orient ; on envoya ses écrits en Egypte ; les moines agitèrent entre eux la question que Nestorius avait élevée ; ils consultèrent saint Cyrille, et le patriarche d'Alexandrie leur écrivit qu'il aurait souhaité qu'on n'agitât pas ces questions et que cependant il croyait que Nestorius était dans l'erreur (5).

Nestorius engagea Photius à répondre à cette lettre ; il fit courir le bruit que saint Cyrille gouvernait mal son Eglise et qu'il affectait une domination tyrannique (6).

Saint Cyrille répondit à Nestorius que ce n'était pas sa lettre qui jetait le trouble dans l'Eglise, mais les cahiers qui s'étaient répandus sous le nom de Nestorius ; que ces cahiers avaient causé un tel scandale, que quelques personnes ne voulaient plus appeler Jésus-Christ Dieu, mais l'organe et l'instrument de la Divinité ; que tout l'Orient était

---

(1) Aug., de Doctrin. christ., l. 1, c. 11, 12, 15. Greg., Moral., l. VI, c. 8; l. VII, c. 6. Nicole, Symbole, instr. 5.
(2) Socrat., l. VII, c. 29.
(3) Ibid.

(4) Act. conc. Ephes.
(5) Cyrillus, epist. ad Coelestin.
(6) Conc. Ephes., part. 1, c. 12. Cyrill., epist. 2 ad Nestor.

en tumulte sur ce sujet; que Nestorius pouvait apaiser ces troubles en s'expliquant et en retranchant ce qu'on lui attribuait; qu'il ne devait pas refuser la qualité de mère de Dieu à la Vierge; que par ce moyen il rétablirait la paix dans l'Eglise.

Nestorius répondit à saint Cyrille qu'il avait manqué envers lui à la charité fraternelle; que cependant il voulait bien lui donner des marques d'union et de paix ; mais il ne s'explique, ni sur sa doctrine, ni sur les moyens que saint Cyrille lui proposait pour rétablir la paix.

Saint Cyrille, dans une seconde lettre, exposa sa doctrine sur l'union hypostatique, prévint tous les abus qu'on pouvait en faire, et fit voir que cette doctrine était fondée sur le concile de Nicée; il finissait en exhortant Nestorius à la paix.

Nestorius accusa saint Cyrille de mal entendre le concile de Nicée et de donner dans plusieurs erreurs, et prétendit qu'aucun concile n'ayant employé les termes de Mère de Dieu, on pouvait les supprimer.

Saint Cyrille craignit que ces sophismes n'en imposassent aux fidèles de Constantinople; il leur écrivit pour leur faire voir que Nestorius et ses partisans divisaient Jésus-Christ en deux personnes; il leur conseilla de répondre à ceux qui les accusaient de troubler l'Eglise et de ne pas obéir à leur évêque, il leur conseilla, dis-je, de répondre que c'était cet évêque même qui causait du trouble et du scandale, parce qu'il enseignait des choses inouïes.

Cette opposition des deux patriarches alluma le feu de la discorde; il se forma deux partis dans Constantinople même, et ces deux partis n'oublièrent rien pour rendre leur doctrine odieuse.

Les ennemis de Nestorius l'accusaient de nier indirectement la divinité de Jésus-Christ, qu'il appelait seulement porte-Dieu et qu'il réduisait à la condition d'un simple homme.

Les partisans de Nestorius, au contraire, reprochaient à saint Cyrille qu'il avilissait la Divinité et qu'il l'abaissait à toutes les infirmités humaines; ils lui appliquaient toutes les railleries des païens, qui insultaient aux chrétiens sur leur Dieu crucifié.

Bientôt les deux patriarches informèrent toute l'Eglise de leurs contestations.

Acace de Boerée et Jean d'Antioche approuvèrent la doctrine de saint Cyrille et condamnèrent Nestorius; mais ils étaient d'avis qu'il ne fallait pas relever avec tant de chaleur des expressions peu exactes, et prièrent saint Cyrille d'apaiser cette querelle par son silence.

Le pape Célestin, auquel saint Cyrille et Nestorius avaient écrit, assembla un concile qui approuva la doctrine de saint Cyrille et condamna celle de Nestorius; le concile ordonnait que si Nestorius, dix jours après la signification du jugement du concile, ne condamnait pas la nouvelle doctrine qu'il avait introduite, et qu'il n'approuvât pas celle de l'Eglise de Rome, de l'Eglise d'Alexandrie et de toutes les Eglises catholiques, il serait déposé et privé de la communion de l'Eglise; le concile déclarait encore que ceux qui s'étaient séparés de Nestorius depuis qu'il enseignait cette doctrine n'étaient point excommuniés (1).

Saint Cyrille assembla aussi un concile en Egypte; on y résolut l'exécution du jugement prononcé par les évêques d'Occident contre Nestorius, et l'on députa quatre évêques pour le lui signifier. Saint Cyrille ajouta une profession de foi, qu'il voulait que Nestorius souscrivît, ainsi que douze anathèmes, dans lesquels la doctrine de Nestorius et toutes les faces sous lesquelles on pouvait la proposer étaient condamnées (2).

Nestorius ne répondit aux députés d'Alexandrie que par douze anathèmes qu'il opposa à ceux de saint Cyrille.

Avant toutes ces procédures, Nestorius avait obtenu de Théodose que l'on convoquerait un concile général à Ephèse, et les évêques s'y assemblèrent en 431.

Saint Cyrille s'y rendit avec cinquante évêques d'Afrique et Nestorius avec dix (3).

Jean d'Antioche ne fit pas autant de diligence, soit que son retardement fût causé par la difficulté des chemins, soit qu'il en espérât quelques bons effets; cependant il envoya deux députés pour assurer les évêques assemblés à Ephèse qu'il arriverait incessamment, mais que les évêques qui l'accompagnaient et lui-même ne trouveraient pas mauvais que le concile fût commencé sans eux (4).

Saint Cyrille et les évêques d'Egypte et d'Asie s'assemblèrent donc le 22 juin, quoique les légats du saint-siège ne fussent pas encore arrivés (5).

Nestorius fut appelé au concile et refusa de s'y trouver, prétendant que le concile ne devait point commencer avant l'arrivée des Orientaux.

Les évêques n'eurent point d'égard aux raisons de Nestorius; on examina ses erreurs; elles avaient été mises dans un grand jour par saint Cyrille; elles furent condamnées unanimement et Nestorius fut déposé.

Le concile envoya des députés à Jean d'Antioche pour le prier de ne point communiquer avec Nestorius qu'on avait déposé. Jean d'Antioche arriva à Ephèse vingt jours après la déposition de Nestorius, et forma avec ses évêques un nouveau concile; on y accusa Mennon d'avoir fermé la porte aux évêques, et saint Cyrille d'avoir, dans ses douze anathèmes, renouvelé l'erreur d'Apollinaire. Sur cette accusation, on prononça sentence de déposition contre Mennon et contre saint Cyrille.

Les légats du pape étant arrivés dans ces entrefaites, ils se joignirent à saint Cyrille,

---

(1) Ce concile se tint en 430, au mois d'août.
(2) Ce concile fut tenu en 430, au mois de novembre.
(3) Socrat., l. vii, c. 33, Relat. ad imper., part. ii Conc. Ephes., act. 1.

(4) Socr., l. vii, c. 36. Evagr., l. i, c. 3. Nicéph., l. iv, c. 34. conc. Ephes.
(5) Act. conc. Ephes., Collect. de Lupus.

comme leur instruction le portait; on leur communiqua ce qu'on avait fait contre Nestorius, et ils l'approuvèrent. Le concile écrivit ensuite à l'empereur que les légats de l'Eglise de Rome avaient assuré que tout l'Occident s'accordait avec eux sur la doctrine, et qu'ils avaient condamné comme eux la doctrine et la personne de Nestorius. On cassa ensuite le jugement de déposition porté contre saint Cyrille et contre Mennon, et l'on cita Jean d'Antioche et ses adhérents.

Le jour même de cette citation, Jean d'Antioche fit afficher un placard par lequel on déclarait Cyrille et Mennon déposés pour cause d'hérésie, et les autres évêques pour les avoir favorisés.

Le lendemain, le concile d'Ephèse fit citer Jean d'Antioche pour la troisième fois; on condamna les erreurs d'Arius, d'Apollinaire, de Pélage, de Célestius; ensuite on déclara que Jean d'Antioche et son parti étaient séparés de la communion de l'Eglise (1).

Les évêques d'Egypte et ceux d'Orient, après s'être lancé plusieurs excommunications, envoyèrent chacun de son côté des députés à l'empereur. Les courtisans prirent parti dans cette affaire, ceux-ci pour Cyrille, ceux-là pour Nestorius; les uns étaient d'avis que l'empereur déclarât que ce qui avait été fait de part et d'autre était légitime; les autres disaient qu'il fallait déclarer tout nul et faire venir des évêques désintéressés pour examiner tout ce qui s'était passé à Ephèse.

Théodose flotta quelque temps entre ces deux partis, et prit enfin celui d'approuver la déposition de Nestorius et celle de saint Cyrille, persuadé qu'en ce qui regardait la foi ils étaient tous d'accord, puisqu'ils recevaient tous le concile de Nicée.

Le jugement de Théodose ne rétablit pas la paix; les partisans de Nestorius et les défenseurs du concile passèrent de la discussion aux insultes et des insultes aux armes, et l'on vit bientôt une guerre sanglante prête à éclater entre les deux partis.

Théodose, qui était d'un caractère doux, faible et pacifique, fut également irrité contre Nestorius et contre saint Cyrille; il vit alors que ce qu'il avait pris dans Nestorius pour du zèle et pour de la fermeté n'était que l'effet d'une humeur violente et superbe; il passa de l'estime et du respect au mépris et à l'aversion : Qu'on ne parle plus de Nestorius, disait-il; c'est assez qu'il ait fait voir une fois ce qu'il était (2).

Nestorius devint donc odieux à toute la cour; son nom seul excitait l'indignation des courtisans, et l'on traitait de séditieux tous ceux qui osaient agir pour lui; il en fut informé, et demanda à se retirer dans le monastère où il était avant de passer sur le siége de Constantinople; il en obtint la permission et partit aussitôt, avec une fierté stoïque, qui ne l'abandonna jamais.

Pour saint Cyrille, il fut arrêté et gardé soigneusement, et l'empereur, persuadé que ce patriarche avait été déposé par tout le concile, était sur le point de le bannir.

Le concile écrivit à l'empereur, fit voir que Cyrille et Mennon n'avaient point été condamnés par le concile, mais par trente évêques qui l'avaient jugé sans formes, sans preuves, et par le seul désir de venger Nestorius.

Ces lettres, soutenues des pressantes sollicitations de l'abbé Dalmace, qui était tout-puissant auprès de l'impératrice, suspendirent l'exécution des ordres donnés contre saint Cyrille. Pour Nestorius, l'empereur n'en voulut plus entendre parler, et fit ordonner Maximin à sa place.

Les évêques d'Egypte et d'Orient étaient cependant toujours assemblés à Ephèse, et irréconciliables.

Théodose leur écrivit qu'il avait fait tout ce qu'il avait pu, et par ses officiers, et par lui-même, pour réunir les esprits, croyant que c'était une impiété de voir l'Eglise dans le trouble et de ne pas faire son possible pour rétablir la paix; il ajoutait que, ne l'ayant pu faire, il était résolu de terminer le concile; que si néanmoins les évêques avaient un désir sincère de la paix, il était prêt à recevoir les ouvertures qu'ils voudraient lui proposer, sinon qu'ils n'avaient qu'à se retirer promptement; qu'il accordait de même aux Orientaux le pouvoir de se retirer chacun dans son diocèse, et que tant qu'il vivrait il ne les condamnerait point, parce qu'ils n'ont été convaincus de rien en

---

(1) La conduite du concile d'Ephèse a été blâmée par Basnage, Le Clerc, la Croze, etc., mais injustement.

1° Jean d'Antioche n'était accompagné que de quarante évêques, et le concile était en règle en commençant à examiner l'affaire de Nestorius avant son arrivée.

2° Jean d'Antioche, après son arrivée, pouvait se faire rendre compte de ce qui s'était passé dans le concile, et le désapprouver ou l'approuver. Les légats du pape Célestin, quoiqu'ils fussent arrivés après le jugement prononcé contre Nestorius, ne se séparèrent point de saint Cyrille; on leur communiqua ce qu'on avait fait contre Nestorius, et ils se joignirent au concile.

3° Jean d'Antioche ne put reprocher aucune erreur au concile d'Ephèse, et par conséquent son schisme n'avait pour fondement que l'omission d'une simple formalité. Il est donc clair qu'il n'avait pas une juste raison de rompre l'unité, et que le concile d'Ephèse ne pouvait se dispenser de le condamner.

4° Jean d'Antioche n'était pas en droit de citer saint Cyrille à son concile, et il est certain qu'il condamna ce patriarche pour des erreurs dans lesquelles il n'était point tombé, puisqu'il avait condamné, avec tout le concile, l'erreur d'Apollinaire, celle d'Arius, etc.

Si dans toute cette affaire il y a eu un peu trop de vivacité, il faut l'imputer à Nestorius même; c'est lui qui a le premier traité ses adversaires avec rigueur, qui a employé le premier les paroles injurieuses et outrageantes, comme on le voit par la lettre qu'il fit écrire par Photius : il employa le premier des moyens violents; ce fut lui qui fit intervenir dans cette affaire l'autorité impériale : il est donc la vraie cause de la vivacité qu'on mit dans cette affaire, supposé qu'on y en ait trop mis.

Ce n'est pas que je ne croie que la patience, l'indulgence et la douceur ne soient préférables à la rigueur; l'esprit de l'Eglise est un esprit de douceur et de charité; la sévérité ne doit être employée qu'après avoir épuisé toutes les ressources de la douceur et de la charité indulgente; mais cependant l'Eglise est quelquefois obligée de s'armer de sévérité, et l'on ne doit pas croire légèrement que les premiers pasteurs n'ont pas employé toutes les voies de la douceur avant d'en venir à la rigueur. Sommes-nous sûrs que nous les blâmerions, si nous connaissions le détail de tout ce qu'ils ont fait pour n'être pas obligés d'user de cette sévérité?

(2) Conc. t. IV, p. 663.

sa présence, personne n'ayant voulu entrer en conférence avec eux sur les points contestés : il finissait en protestant qu'il n'était point cause du schisme et que Dieu savait bien qui en était coupable (1).

On peut juger par cette lettre, dit de Tillemont, que Théodose était encore moins satisfait des évêques du concile que des Orientaux ; mais que, ne voyant de tous côtés que des ténèbres, il ne voulait point juger, et qu'il préférait néanmoins ceux du concile, comme ayant plus de leur côté les marques de la communion catholique.

Voilà quelle fut la fin du concile d'Ephèse, que l'Eglise a toujours reçu sans difficulté comme un concile œcuménique, nonobstant l'opposition que les Orientaux y firent pendant quelque temps, et sans aucun fondement.

Les Orientaux ne virent qu'avec une peine extrême que l'empereur renvoyait dans son église saint Cyrille qu'ils avaient déposé : Jean d'Antioche assembla un concile composé des évêques qui l'avaient accompagné à Ephèse et des évêques d'Orient. On y confirma la sentence de déposition portée contre saint Cyrille ; ensuite le concile écrivit à Théodose que les évêques, les ecclésiastiques et les peuples du comté d'Orient s'étaient unis pour soutenir la foi de Nicée jusqu'à la mort, et qu'ils abhorraient tous, à cause de cela, les anathématismes de saint Cyrille, qu'ils soutenaient être contraires à ce concile ; c'est pourquoi il prie l'empereur de les faire condamner de tout le monde (2).

C'est ainsi que le schisme commencé à Ephèse continuait dans l'Eglise, ceux du concile d'Orient n'ayant point de communion avec ceux qui ne se séparaient pas de saint Cyrille (3).

Cette rupture ne pouvait se faire et s'entretenir sans beaucoup d'aigreur de part et d'autre, et les peuples participèrent à l'animosité de leurs évêques ; on ne voyait de tous côtés que querelles, qu'aigreur, qu'anathème, sans que les évêques et les peuples pussent souvent dire de quoi il s'agissait et pourquoi les chrétiens se déchiraient si cruellement les uns les autres ; les personnes les plus proches se trouvaient les plus ennemies ; on satisfaisait à ses intérêts particuliers sous prétexte d'être zélé pour l'Eglise, et le désordre était si grand, qu'on n'osait seulement passer d'une ville à l'autre, ce qui exposait la sainteté de l'Eglise à la raillerie et aux insultes des païens, des juifs et des hérétiques (4).

Quoique Théodose témoignât assez d'égalité entre les Orientaux et leurs adversaires, les défenseurs du concile d'Ephèse étaient cependant sans comparaison les plus forts, et par leur union avec tout l'Occident, et parce que l'empereur même et toute la cour étaient dans leur communion.

Les Orientaux les accusaient d'avoir mal usé de ce pouvoir et de s'en être servis pour faire toutes sortes de violences ; mais ces sortes d'accusations vagues et générales ne doivent point faire d'impression, et peut-être que les catholiques ne faisaient pas de moindres reproches aux Orientaux, n'y ayant apparemment rien de plus véritable que ce que dit Ibas d'Edesse, que, dans cette confusion, chacun suivait sa voie et les désirs de son cœur (5).

C'est donc manquer d'équité que de juger les catholiques sur le témoignage des nestoriens seuls, comme fait la Croze (6).

Théodose attribua aux divisions de l'Eglise ses mauvais succès en Afrique ; il n'oublia rien pour rétablir la paix ; il jugea qu'elle dépendait de la réconciliation de Jean d'Antioche et de saint Cyrille : il employa donc tous ses soins et toute son autorité pour procurer cette réconciliation ; il écrivit à tous ceux qui avaient du crédit sur leur esprit, et surtout à saint Siméon Stylite et à Acace (7).

Après mille difficultés, mille délicatesses, mille précautions pour la religion, pour l'honneur et pour la vanité, la paix fut conclue entre Jean d'Antioche et saint Cyrille.

La plupart des Orientaux imitèrent Jean d'Antioche ; mais Nestorius conserva toujours des partisans zélés, qui non-seulement ne voulurent pas être compris dans la paix de Jean d'Antioche, mais qui se séparèrent de sa communion parce qu'il communiquait avec saint Cyrille.

On vit donc dans l'Orient même une nouvelle division : les évêques de Cilicie et de l'Euphratésienne se séparèrent de Jean d'Antioche ; ce patriarche voulut employer l'autorité pour les réduire et ne fit qu'augmenter le mal ; l'empereur défendit aux évêques de venir en cour et ordonna de chasser tous ceux qui ne se réuniraient pas à Jean d'Antioche.

Nestorius, du fond de son monastère, excitait toutes ces oppositions, et réglait tous les mouvements de sa faction : ni la désertion des uns, ni l'exil des autres, ni sa déposition, approuvée par toutes les Eglises patriarcales, n'ébranlèrent la fermeté de Nestorius ; et, pour ainsi dire accablé sous les ruines de son parti, il se montrait encore ferme et intrépide : l'empereur, qui fut informé de ses intrigues, le relégua dans la Thébaïde où il mourut.

L'empereur traita avec la même rigueur les défenseurs de Nestorius ; il confisqua les biens des principaux et les relégua à Pétra, dans l'Arabie ; il fit ensuite des édits pour condamner au feu les écrits de Nestorius, et pour obliger ceux qui en avaient des exemplaires à les brûler : il défendait aux nestoriens de s'assembler et confisquait les biens de ceux qui permettaient ces assemblées dans leurs maisons ou qui embrassaient le parti de Nestorius.

---

(1) Cotelier, p. 41. Tillemont, t. XV, p. 483.
(2) Appendix Conc. Balus., p. 744.
(3) Conc., t. IV, p. 663.
(4) Ibid.
(5) Conc., t. IV, p. 666.
(6) Réflexions sur le mahométisme, p. 9.
(7) Append. Conc., t. III, p. 1086.

L'autorité de Théodose ne vint pas à bout des nestoriens ; il les fit plier sans les convaincre : une grande quantité de nestoriens passèrent en Perse et en Arabie ; beaucoup cédèrent au temps et conservèrent, pour ainsi dire, le feu de la division caché sous les cendres du nestorianisme, sans prendre le titre de nestoriens et sans oser faire revivre une secte qui n'eut plus que des sectateurs dispersés dans l'empire romain, où les lois de l'empereur avaient noté d'infamie et proscrit les nestoriens.

Mais cette hérésie passa de l'empire romain en Perse, où elle fit des progrès rapides ; de là elle se répandit aux extrémités de l'Asie, où elle est encore aujourd'hui professée par les chaldéens ou nestoriens de Syrie. *Voyez* l'article CHALDÉENS.

NICOLAITES. C'étaient des hérétiques qui soutenaient qu'on devait manger des viandes offertes aux idoles et se prostituer (1).

Saint Irénée, saint Epiphane, Tertullien, saint Jérôme, croient que Nicolas, diacre, avait en effet enseigné ces erreurs (2).

Saint Clément d'Alexandrie et d'autres croient que les nicolaïtes avaient abusé d'un discours et d'une action de Nicolas : ils disent que ce diacre ayant une belle femme et que les apôtres lui ayant reproché qu'il en était jaloux, il la fit venir au milieu de l'assemblée et lui permit de se marier. Saint Clément ajoute qu'il avait avancé qu'il fallait user de la chair, et que cette maxime avait donné lieu de croire qu'il permettait toutes sortes de plaisirs, mais qu'il ne voulait dire rien autre chose sinon qu'il fallait mortifier sa chair (3).

Le sentiment qui fait le diacre Nicolas auteur des erreurs des nicolaïtes est moins fondé que celui de saint Clément : en effet, Nicolas était né gentil et avait embrassé le judaïsme ; il avait ensuite reçu la foi de Jésus-Christ ; il était même un des plus saints et des plus fervents chrétiens ; il fut choisi par l'Eglise de Jérusalem, entre ceux qu'on jugeait être pleins du Saint-Esprit, pour être l'un des sept premiers diacres : est-il vraisemblable qu'avec ces qualités Nicolas soit tombé dans l'erreur des nicolaïtes ?

Il y a plus de vraisemblance dans le sentiment de quelques critiques qui croient que les nicolaïtes, comme beaucoup d'autres hérétiques, ont voulu descendre d'un homme apostolique, et ont fondé leur sentiment sur une expression de Nicolas, qui disait qu'il fallait abuser de la chair : ce mot, dans l'original, est équivoque et signifie mépriser ou user d'une manière blâmable (4).

Un voluptueux profita de l'équivoque pour se livrer au plaisir sans scrupule, et prétendit suivre la doctrine de Nicolas.

Les nicolaïtes, étant des voluptueux d'un esprit faible et superstitieux, alliaient la croyance des démons avec les dogmes du christianisme, et, pour ne pas irriter les démons ils mangeaient des viandes offertes aux idoles.

Ces nicolaïtes vivaient du temps des apôtres : dans la suite, et après Saturnin et Carpocrate, cette secte adopta les opinions des gnostiques sur l'origine du monde. *Voyez* le mot GNOSTIQUES (5).

Il y a des auteurs qui croient que la secte des nicolaïtes n'a point existé ; mais ce sentiment est contraire à toute l'antiquité et n'est pas fondé.

Les commentateurs de l'Apocalypse ont traité de l'hérésie des nicolaïtes : on voit, par les annales de Pithou, que vers le milieu du septième siècle il y avait des nicolaïtes ; mais on ne dit point quelles étaient précisément les erreurs des nicolaïtes ; on pourrait bien avoir donné ce nom aux clercs qui conservaient leurs femmes, ce qui était fort commun dans ce siècle (6).

NOET était d'Ephèse ou de Smyrne : il enseigna que Jésus-Christ n'était pas différent du Père ; qu'il n'y avait qu'une seule personne en Dieu, qui prenait tantôt le nom de Père, tantôt celui de Fils, qui s'était incarné, qui était né de la Vierge et avait souffert sur la croix, l'an 240.

Ayant été cité devant les prêtres, il désavoua d'abord ses erreurs : il ne changea cependant pas d'avis, et, ayant trouvé le moyen de faire adopter ses erreurs par une douzaine de personnes, il les professa hautement et se fit chef de secte ; il prit le nom de Moïse et donna le nom d'Aaron à son frère. Ses sectateurs s'appelèrent noétiens : leurs erreurs étaient les mêmes que celles de Praxée et de Sabellius (7).

*NON-CONFORMISTES. C'est le nom général que l'on donne en Angleterre aux différentes sectes qui ne suivent point la même doctrine et n'observent point la même discipline que l'Eglise anglicane ; tels sont les presbytériens ou puritains qui sont calvinistes rigides, les mennonites ou anabaptistes, les hernhutes. *Voyez* ces mots.

NOVATIEN, avait été philosophe avant d'être chrétien ; il fut ordonné prêtre de Rome : il avait beaucoup d'esprit et de savoir.

Après la mort de Fabien, évêque de Rome, on élut Corneille, prêtre de l'Eglise de Rome et recommandable par sa piété et par sa capacité.

La persécution que l'Eglise avait soufferte sous l'empereur Dèce avait fait beaucoup de martyrs, mais elle avait aussi fait des apostats. Plusieurs chrétiens n'eurent pas le courage de résister à la persécution : les uns sacrifiaient aux idoles et mangeaient dans le temple des choses sacrifiées, et on les appelait sacrifiants ; les autres ne sa-

---

(1) Apoc. ii. S. Irén. et S. Clém. ne leur attribuent point d'autres erreurs. *Voy.* Irén., l. i, c. 27 ; Clem. Alex. Strom. i, iii.
(2) Irén., ibid. Epiph., hær. 25. Hieron. ad Heliodor., ep. 1. Tert., de Præscript.
(3) Clem. Alex., ibid. Théodoret.
(4) Clém. Alex., ibid. Le Clerc, Hist. Ecclés. Ittigius, de Hæres., sect. 1, c. 9.
(5) Iren., l. i, c. 27. Aug., de Hær. Philastr., de Hæres., c. 33. Epiph., hær. 25.
(6) Conc. Galliæ, t. I, p. 330.
(7) Epiph., hær. 57. Aug., hær. 41.

crifiaient pas, mais offraient publiquement de l'encens, et on les appelait encensans ; enfin il y en avait qui, par leurs amis ou par d'autres moyens, obtenaient du magistrat un certificat ou un billet qui les dispensait de sacrifier, sans que pour cela on pût les regarder comme chrétiens ; et, parce que ces certificats s'appelaient en latin *libelli*, on appelait ces chrétiens *libellatiques*.

Lorsque la paix fut rendue à l'Eglise, sous l'empereur Gallus, la plupart de ces chrétiens faibles demandèrent à être reçus à la paix et à la communion.

Mais on ne les y admettait qu'après qu'ils avaient passé par les différents degrés de pénitence établis dans l'Eglise, et le pape Corneille se conforma sur cela à la discipline de l'Eglise.

Novatien, par haine contre Corneille ou par dureté de caractère, car il était stoïcien et d'une mauvaise santé ; Novatien, dis-je, prétendit qu'on ne devait jamais accorder la communion à ceux qui étaient tombés dans l'idolâtrie, et se sépara de Corneille (1).

Parmi les chrétiens qui avaient souffert constamment pour la foi de Jésus-Christ, beaucoup embrassèrent le sentiment de Novatien, et il se forma un parti.

Novat, prêtre de Carthage, qui était venu à Rome pour cabaler contre saint Cyprien, se joignit à Novatien et lui conseilla de se faire ordonner évêque de Rome.

Novatien se rendit à son avis, envoya deux hommes de sa cabale vers trois évêques simples et grossiers qui demeuraient dans un petit canton d'Italie, et les fit venir à Rome sous prétexte d'apaiser les troubles qui s'y étaient élevés.

Lorsqu'ils furent arrivés, Novatien les enferma dans une chambre, les enivra et se fit ordonner évêque.

Le pape Corneille, dans un concile de soixante évêques, fit condamner Novatien et le chassa de l'Eglise (2).

Novatien alors se fit chef d'une secte qui a porté son nom et qui prétendit qu'on ne devait point admettre à la communion ceux qui étaient tombés dans le crime d'idolâtrie. Novatien et ses premiers disciples n'étendirent pas plus loin la sévérité de leur discipline ; dans la suite, ils exclurent pour toujours ceux qui avaient commis des péchés pour lesquels on était mis en pénitence ; tels étaient l'adultère, la fornication : ils condamnèrent ensuite les secondes noces (3).

La sévérité de Novatien à l'égard de ceux qui étaient tombés dans l'idolâtrie était en usage ; ainsi il ne faut pas s'étonner de ce qu'il trouva des partisans, même parmi les évêques ; mais presque tous l'abandonnèrent. Il y avait encore des Novatiens en Afrique du temps de saint Léon, et en Occident jusqu'au huitième siècle (4).

Les novatiens prirent le nom de cathares, c'est-à-dire purs : ils avaient un grand mépris pour les catholiques, et lorsque quelques-uns d'eux embrassaient leur sentiment, ils les rebaptisaient (5).

Novatien ne faisait que renouveler l'erreur des montanistes. *Voyez* l'art. MONTAN.

NU-PIEDS SPIRITUELS, anabaptistes qui s'élevèrent en Moravie dans le seizième siècle, et qui se vantaient d'imiter la vie des apôtres, vivant à la campagne, marchant pieds nus, et témoignant beaucoup d'aversion pour les armes, pour les lettres et pour l'estime des peuples (6). *Voyez* ANABAPTISTES.

NYCTAGES ou NYCTAZONTES. Ce nom fut donné à certains hérétiques qui condamnaient l'usage qu'avaient les premiers chrétiens de veiller la nuit pour chanter les louanges de Dieu ; parce que, disaient-ils, la nuit est faite pour le repos des hommes. Raison trop pitoyable pour mériter d'être réfutée.

O

OECOLAMPADE, naquit à Weissemberg, dans la Franconie, l'an 1482. Il apprit assez bien le grec et l'hébreu ; il se fit moine de Sainte-Brigitte, dans le monastère de Saint-Laurent, près d'Augsbourg ; mais il ne persévéra pas longtemps dans sa vocation ; il quitta son monastère pour se rendre à Bâle, où il fut fait curé. La prétendue réforme commençait à éclater : OEcolampade en adopta les principes et préféra le sentiment de Zuingle à celui de Luther sur l'eucharistie.

Il publia un traité intitulé : de l'Exposition naturelle de ces paroles du Seigneur, *ceci est mon corps*. Les luthériens lui répondirent par un livre intitulé : *Syngramma*, c'est-à-dire, écrit commun. OEcolampade en publia un second intitulé : *Antisyngramma* et d'autres contre le libre arbitre, l'invocation des saints, etc.

Imitant l'exemple de Luther, OEcolampade se maria, quoique prêtre, à une jeune fille dont la beauté l'avait touché ; voici comment Erasme le raille sur ce mariage : « OEcolampade, dit-il, vient d'épouser une assez belle fille ; apparemment que c'est ainsi qu'il veut mortifier sa chair. On a beau dire que le luthéranisme est une chose tragique, pour moi je suis persuadé que rien n'est plus comique, car le dénoûment de la pièce

---
(1) Euseb., Hist., l. VI, c. 55. Socr., l. IV, c. 13. Epiph., hær. 59.
(2) Euseb., ibid.
(3) Epiph., ibid. Theod., Hæret. Fab., l. III, c. 5.
(4) Cypr., ep. 73 ad Jubaianum. Ambr., l. I de Pœn.,
c. 6. Dyon. Alex., ep. ad Dyon. Rom., apud Euseb., l. VII, c. 7.
(5) Photius, Cod., 182.
(6) Prateol., Hist. audip. et spirit. Florimond de Raimond, liv. II, ch. 17, num. 9.

est toujours quelque mariage, et tout finit en se mariant, comme dans les comédies (1). »

Erasme avait beaucoup aimé OEcolampade avant qu'il eût embrassé la réforme : il se plaignit que depuis que cet ami avait adopté la réforme il ne le connaissait plus, et qu'au lieu de la candeur dont il faisait profession tant qu'il agissait par lui-même, il n'y trouvait plus que dissimulation et artifice lorsqu'il fut entré dans les intérêts d'un parti (2).

Chauffepied et les panégyristes d'OEcolampade n'ont point parlé de ce jugement d'Erasme; nous croyons devoir le remarquer, afin que l'on apprécie les éloges qu'il donne à la plupart des réformateurs, dont la vie privée est trop peu intéressante pour remplir des volumes.

OEcolampade eut beaucoup de part à la réforme de Suisse : il mourut à Bâle en 1531 (3).

*OMPHALOPHYSIQUES. Quelques écrivains ont dit que ce nom avait été donné aux bogomiles ou pauliciens de la Bulgarie ; mais il est plus probable que l'on a voulu désigner par là les hésicastes du onzième et du quatorzième siècle. C'étaient des moines fanatiques qui croyaient voir la lumière du Thabor à leur nombril. *Voyez* HÉSICASTES.

OPHITES, branche des gnostiques qui croyaient que la sagesse s'était manifestée aux hommes sous la figure d'un serpent, et qui, à cause de cela, rendaient un culte à cet animal.

Les gnostiques admettaient une foule de génies qui produisaient tout dans le monde; ils honoraient parmi ces génies ceux qu'ils croyaient avoir rendu au genre humain les services les plus importants; on voit combien ce principe dut produire de divisions parmi les gnostiques, et ce fut ce principe qui produisit les ophites : on trouve dans la Genèse que ce fut un serpent qui fit connaître à l'homme l'arbre de la science du bien et du mal, et qu'après qu'Adam et Eve en eurent mangé leurs yeux s'ouvrirent et qu'ils connurent le bien et le mal.

Les gnostiques, qui prétendaient s'élever au-dessus des autres hommes par leurs lumières, regardaient donc le génie ou la puissance qui avait appris aux hommes à manger du fruit de l'arbre de science du bien et du mal comme la puissance qui avait rendu au genre humain le service le plus signalé, et ils l'honoraient sous la figure qu'il avait prise pour instruire les hommes. Ils tenaient un serpent enfermé dans une cage, et lorsque le temps de célébrer la mémoire du service rendu au genre humain par la puissance qui sous la forme d'un serpent avait fait connaître l'arbre de science était venu, ils ouvraient la porte de la cage du serpent et l'appelaient : le serpent venait, montait sur la table où étaient les pains, et s'entortillait autour de ces pains. Voilà ce qu'ils prenaient pour leur eucharistie et pour un sacrifice parfait.

Après l'adoration du serpent, ils offraient, par lui, disaient-ils, une hymne de louange au Père céleste et finissaient ainsi leurs mystères (4).

Origène nous a conservé leur prière : c'était un jargon inintelligible, à peu près comme les discours des alchimistes. On voit cependant par cette prière qu'ils supposaient le monde soumis à différentes puissances; qu'ils croyaient que ces puissances avaient séparé leur monde des autres et s'y étaient pour ainsi dire enfoncées et qu'il fallait que l'âme, pour retourner au ciel, fléchît ces puissances ou les trompât et passât *incognito* d'un monde à l'autre.

Cette espèce de gnostiques qui honoraient le serpent comme le symbole de la puissance qui avait éclairé les hommes était ennemie de Jésus-Christ, qui n'était venu sur la terre que pour écraser la tête du serpent, détruire son empire et replonger les hommes dans l'ignorance. En conséquence de cette idée, ils ne recevaient parmi eux aucun disciple qui n'eût renié Jésus-Christ. Ils avaient un chef nommé Euphrate.

*OPINIONISTES, hérétiques qui commencèrent à dogmatiser, sous le pontificat de Paul II, au quinzième siècle. Ils furent ainsi nommés à cause des opinions ridicules et extravagantes qu'ils soutenaient opiniâtrement, et qu'ils voulaient faire passer pour autant de vérités incontestables. Ils enseignaient, entre autres erreurs, que la pauvreté réelle et effective était la vertu la plus éminente du christianisme ; que, pour être saint, il ne suffisait pas d'être détaché de cœur de tous les biens du monde, mais qu'il fallait n'en posséder aucun. Ils affectaient eux-mêmes cette pauvreté, et prétendaient qu'elle devait se rencontrer dans celui qui était le véritable vicaire de Jésus-Christ ; d'où ils concluaient que le pape ne l'était pas. Il paraît que cette secte était un rejeton de celle des vaudois (5).

*ORANGISTES. Dénomination sous laquelle les protestants irlandais, mécontents des concessions faites aux catholiques, en 1793, s'associèrent à l'effet de contre-balancer la société des Irlandais-unis qui poursuivait l'émancipation et la réforme. Comme la mémoire de Guillaume III, regardé par les protestants comme leur libérateur, leur est toujours chère, ils prirent le nom d'*orangemen*, ou *orangistes*, et arborèrent des signes extérieurs de parti. Les catholiques s'unirent à leur tour sous le nom de *defenders*, pour résister aux agressions violentes des *orangistes*.

*ORBIBARIENS, secte qui niait le mystère

---

(1) Ep. Erasm., l. vιιι, ep 41.
(2) Ibid., l. xvιιι, ep. 23; l. xιx, ep. 125; l. xxx, ep. 47.
(3) Spond. Annal., an. 1526, n. 16, capite de vita OEcolampad. Bossuet, Hist. des Variat., l. ιι ; Hist. de la Réforme de Suisse, tom. I.
(4) Origen., liv. vι cont. Cels., pag. 291 et 291; l. vιι, p. 358; Philastr., c. 1. Epiph., hær. 59. Damascen., c. 37, de Hær.
(5) Sponde, ad an. 1467, num. 12.

DICTIONNAIRE DES HÉRÉSIES. I.

de la Trinité, la résurrection, le jugement dernier, les sacrements : ils croyaient que Jésus-Christ n'était qu'un simple homme et qu'il n'avait pas souffert (1).

Les orbibariens parurent vers l'an 1198 : c'étaient des vagabonds auxquels, selon les apparences, on donna le nom d'*orbibariens*, tiré du mot latin *orbis*, parce qu'ils couraient le monde sans avoir aucune demeure fixe. Ils paraissent sortir de la secte des vaudois : cette secte fut proscrite et anathématisée par Innocent III.

ORÉBITES, branche de hussites, qui, après la mort de Zisca, se mirent sous la conduite de Bédricus, Bohémien : ils s'appelaient orébites, parce qu'ils s'étaient retirés sur une montagne à laquelle ils donnaient le nom d'Oreb. *Voyez* l'art. HUSSITES.

ORIGÈNE, dit l'Impur, était Égyptien de nation : vers l'an 290, il enseigna que le mariage était de l'invention du démon ; qu'il était permis de suivre tout ce que la passion pouvait suggérer de plus infâme, afin que l'on empêchât la génération par telle voie que l'on pourrait inventer, même par les plus exécrables. Origène l'Impur eut des sectateurs qui furent rejetés avec horreur par toutes les Églises ; ils se perpétuèrent cependant jusqu'au cinquième siècle (2).

ORIGÉNISME, doctrine d'Origène. Quelque soin qu'on ait pris de disculper Origène, il est impossible de justifier ses ouvrages, et même de rejeter sur ses disciples toutes les erreurs qu'ils contiennent. On doit néanmoins convenir qu'ils y ont inséré les plus grossières, et d'ailleurs qu'il serait injuste de prendre à la lettre certaines expressions de cet écrivain, extraordinairement partisan du sens allégorique. C'est l'injustice qu'on a reprochée à Théophile d'Alexandrie, injustice qui paraît dans les lettres pascales qu'il adressait à toutes les Églises, pour les avertir du jour de la Pâque, à l'exemple de ses prédécesseurs qui en avaient été chargés par le concile de Nicée. Il profita de ces relations pour donner aux fidèles les idées qu'il avait lui-même de l'origénisme. Voici à quoi la première et la plus équitable de ces lettres en réduit les erreurs :

Premièrement, à insinuer que le règne de Jésus-Christ doit finir. On ne trouve cette impiété, d'une manière quelconque, en aucun ouvrage d'Origène ; mais elle suit naturellement de ses principes. Car, si tous les corps doivent être détruits à la fin des siècles, comme n'étant faits que pour la punition des esprits, il s'ensuit que Jésus-Christ n'aura plus de corps, et ne sera plus véritablement un homme, ni par conséquent notre roi, du moins sous ce rapport. La seconde erreur est que les démons seront sauvés, après avoir été purifiés par de très-longs supplices, ce qu'Origène imaginait, sur le principe que Jésus-Christ devait être le sauveur de toutes les créatures raisonnables. La troisième est que les corps ne ressusciteront pas entièrement incorruptibles, mais qu'ils

conserveront le germe de la corruption, ou le principe de la destruction qu'ils doivent éprouver à la fin des siècles ; ce qui est encore une conséquence de cette singularité d'Origène, qui regardait les corps comme uniquement destinés à punir les esprits qu'ils tiennent renfermés. Ces corps seront donc inutiles, quand les esprits se trouveront purifiés entièrement.

Quoique Théophile pénétrât dans le mystère de l'origénisme, il fut longtemps à prendre le parti de le censurer. Saint Jérôme et saint Épiphane lui avaient écrit sans aucun succès, qu'il espérait en vain corriger les hérétiques par la douceur, et qu'une multitude de saints personnages n'approuvaient pas les lenteurs dont il usait ; mais plusieurs moines égyptiens, dans la fougue d'un zèle indiscret, l'accusant lui-même d'origénisme, il ne trouva point de moyen plus propre à les calmer que de condamner enfin ces erreurs. Ce n'est pas que l'accusation fût fondée ; mais comme parmi ces moines il y en avait beaucoup de simples et d'ignorants qui se formaient des images sensibles des choses les plus intellectuelles, ils se persuadèrent, sur certaines expressions des saintes Écritures, que Dieu avait un corps comme les hommes, ce qui les rendit anthropomorphites. Or, nul interprète de l'Écriture n'étant plus éloigné qu'Origène de cette explication grossière, ils traitaient d'origénistes tous ceux qui les contredisaient.

L'évêque Théophile enseignait publiquement, avec l'Église catholique, que Dieu est incorporel ; il réfuta même fort au long l'erreur contraire, dans l'une de ses lettres pascales, qui fut portée aux monastères, selon la coutume ; les bons solitaires en furent étrangement scandalisés ; il semblait qu'on leur eût enlevé leur Dieu avec le fantôme qu'ils s'en formaient. L'un d'entre eux, nommé Sérapion, vieillard d'une grande vertu, mais fort simple, après même qu'on l'eut tiré de ses préventions, en lui faisant concevoir qu'elles n'étaient pas moins contraires à l'Écriture qu'à la foi de toutes les églises et de tous les siècles, Sérapion, ayant voulu rendre grâces avec ceux qui venaient de le détromper, se mit à pleurer, en s'écriant : *Hélas! on a fait disparaître mon Dieu, et je ne sais plus ce que j'adore* (3).

La multitude des moines se montra bien plus indocile. Ils quittèrent leurs solitudes, vinrent par troupes à Alexandrie, traitèrent l'évêque d'impie devant le peuple, portèrent et les menaces jusqu'au palais patriarcal. Alors Théophile se déclara contre les livres d'Origène et promit de les condamner. Il congédia doucement les solitaires, puis tint un concile, où il fut ordonné que quiconque approuverait les œuvres d'Origène serait chassé de l'Église.

ORIGÉNISTES. Sectateurs de la doctrine du grand Origène. Leurs erreurs consistaient en grande partie à nier l'éternité des peines de l'enfer.

---

(1) D'Argentré, Collect. Jud., t. I. Eymeric, Director., part. II, quæst. 14. Spond. ad an. 1192. Dup., n. 26

(2) Epiph., hær. 63. Baron. ad an. 256.
(3) Cass. coll. 2, c. 5.

Après un certain temps, selon les *origénistes*, la punition de tous les méchants esprits, tant hommes que démons, devait finir, Jésus-Christ, suivant eux, devant être crucifié pour les démons comme il l'a été pour les hommes; et toutes les intelligences devaient être enfin rétablies dans leur premier état, c'est-à-dire, dans l'état d'esprits purs; car les substances raisonnables dans ce système, et en particulier les âmes humaines, préexistant à leurs corps, y avaient été renfermées comme en des prisons, pour s'être dégoûtées de la contemplation divine et s'être tournées au mal. L'âme de Jésus-Christ même, ajoutait-on, existait avant d'être unie au Verbe, comme son corps, avant son union avec son âme et avec le Verbe, avait été formé au sein de la Vierge. Sur la nature et la puissance de Dieu, on débitait de vrais blasphèmes, en mettant de l'inégalité entre les personnes divines, et une sorte de proportion continue de l'homme au Fils de Dieu, et du Fils de Dieu à son Père. On bornait la toute-puissance divine à ne pouvoir faire qu'un certain nombre d'esprits, ainsi qu'une quantité déterminée de matière. On disait les genres et les espèces coéternelles à Dieu, qui n'avait jamais existé sans créatures, et pour comble d'absurdité, on soutenait que les cieux et tous les astres étaient animés par des âmes raisonnables, parce que, étant de figure ronde, qui est la plus parfaite, ils surpassaient en perfection toutes les autres créatures. Par la même raison, les corps humains devaient prendre cette figure en ressuscitant. Les origénistes furent condamnés par le cinquième concile général, tenu à Constantinople l'an 553 (1).

OSIANDRIENS. Secte de Luthériens, formée par André Osiander, disciple, collègue, et ensuite rival de Luther. Pour avoir le plaisir de dogmatiser en chef, il soutint contre son maître que nous ne sommes point justifiés par l'imputation de la justice de Jésus-Christ; mais que nous le sommes formellement par la justice essentielle de Dieu. Pour le prouver, il répétait à tout moment ces paroles d'Isaïe et de Jérémie : *Le Seigneur est notre justice*. Mais quand ils disent que Dieu est notre bras, notre force, notre salut, s'ensuit-il qu'il l'est formellement et substantiellement? Cette absurdité, imaginée par Osiander, ne laissa pas de partager l'université de Kœnigsberg, et de se répandre dans toute la Prusse.

OSIANDRISME, doctrine d'Osiander, disciple de Luther. *Voyez* l'article des sectes sorties du luthéranisme.

OSMA (Pierre d'). *Voyez* PIERRE D'OSMA.

OSSÉNIENS, hérétiques du premier siècle de l'Église. *Voyez* ELCÉSAÏTES.

OWEN (Robert). *Voyez* SOCIALISTES.

P

PACIFICATEURS, nom que l'on donna à ceux qui adhéraient à l'Hénoticon de Zénon. *Voyez* MONOTHÉLITES. Les anabaptistes prirent aussi ce nom, prétendant que leur doctrine établirait sur la terre une paix éternelle.

PAJONISTES, sectateurs de Claude Pajon, ministre calviniste d'Orléans, mort en 1685; il avait professé la théologie à Saumur. Quoiqu'il protestât qu'il était soumis aux décisions du synode de Dordrecht, il penchait cependant beaucoup du côté des arminiens, et on l'accuse de s'être approché des opinions des pélagiens. Il enseignait que le péché originel avait beaucoup plus influé sur l'entendement de l'homme que sur la volonté, qu'il restait à celle-ci suffisamment de force pour embrasser la vérité dès qu'elle lui était connue, et se porter au bien sans qu'il fût besoin d'une opération immédiate du Saint-Esprit. Telle est, du moins, la doctrine que ses adversaires lui ont attribuée, mais qu'il savait envelopper sous des expressions captieuses.

Cette doctrine fut encore soutenue et répandue après sa mort par Isaac Papin, son neveu, et violemment attaquée par Jurieu, qui parvint à la faire condamner dans le synode wallon, en 1687, et à la Haye en 1688. Mosheim convient qu'il est difficile de découvrir, dans toute cette dispute, quels étaient les vrais sentiments de Pajon, et que son adversaire y mit beaucoup d'animosité. Papin, dégoûté du calvinisme par les contradictions qu'il y remarquait, et par les vexations qu'il y éprouvait, rentra dans le sein de l'Église catholique, et écrivit avec succès contre les protestants. Son traité sur leur prétendue tolérance est très-connu.

PALAMITES, les mêmes que les Hésicastes. *Voyez* cet article.

PANTHÉISME. Le panthéisme est, comme l'indique son étymologie *pan théos*, la confusion de Dieu et du monde, la divinisation de l'univers, l'identification du fini et de l'infini, l'unité de substance.

Le christianisme, à sa naissance, vit se lever contre lui le panthéisme. Toutes les erreurs, toutes les superstitions vinrent se concentrer dans l'éclectisme et le panthéisme alexandrin. La plupart des grandes hérésies des premiers siècles s'inspirèrent plus ou moins des doctrines panthéistiques.

Aujourd'hui, dit M. Maret, cet ancien ennemi relève la tête, et déclare encore une fois la guerre au christianisme. Plusieurs voies mènent l'esprit à cette funeste erreur. Nos contemporains y sont conduits surtout par la négation de la création, ou par celle de la révélation divine.

---

(1) Tom. V Concil., pag. 635.

Si le monde est créé nécessairement, le monde est partie de Dieu même, puisqu'il lui est nécessaire.

Si Dieu ne se révèle que par la raison humaine, l'idée de Dieu pour nous est identique à la raison humaine : or, cette raison étant mobile, variable, souvent en contradiction avec elle-même, cette raison étant finie en un mot, il suit que Dieu ne se manifeste que par le fini. Cette manifestation est nécessaire, puisqu'elle est. Mais dès-lors le fini n'est plus qu'un aspect de l'infini, le fini est identique à l'infini lui-même.

C'est par ces deux voies que la philosophie du siècle aboutit au panthéisme, qui attaque le christianisme dans ses dogmes, dans sa morale, dans son culte, qui ne voit en lui qu'une forme passagère de l'humanité, et qui veut l'absorber dans son unité.

Par le panthéisme, l'humanité est divinisée ; elle est la manifestation des puissances de l'absolu ; toutes ses formes sont légitimes ; toutes ses erreurs sont saintes ; le passé est amnistié. Dans le présent, l'un des moyens les plus actifs d'influence du panthéisme, c'est d'exciter sans cesse et exclusivement au progrès matériel : l'industrie, les machines sont pour lui les véritables agents de la civilisation ; il ne cesse de convier les hommes au banquet de toutes les jouissances ; il met au large toutes les passions. Lui, qui ne peut engendrer que le despotisme et l'anarchie, se fait l'apôtre de la liberté et du progrès ; lui, qui ne peut assurer à l'homme l'immortalité de son âme, se montre prodigue des promesses d'un magnifique avenir. Telle est la véritable hérésie du dix-neuvième siècle.

Une telle monstruosité peut-elle être dangereuse ? Non, sans doute, si elle était nettement énoncée, clairement produite. Mais la tactique des panthéistes consiste précisément à s'abstenir de tout exposé précis de leur doctrine, et à se borner à en faire l'application. Qu'il nous suffise de la facilité avec laquelle leurs erreurs se propagent pour ouvrir les yeux sur leur danger et nous porter à les combattre. Or, le moyen le plus propre à les attaquer avec succès est précisément l'opposé de celui qu'ils emploient eux-mêmes. Pour abattre l'erreur, il suffit pour l'ordinaire de la dépouiller des faux brillants dont on l'entoure, et de la mettre à nu. Il faut donc analyser la doctrine panthéistique du jour, et la réduire à un exposé aussi vrai et aussi précis que possible. Revenons à cet exposé.

Dieu, c'est-à-dire tout ce qui est, l'être absolu, se manifeste par le progrès. En lui réside la perfection ; mais cette perfection ne se produit que par le développement, et ce développement embrasse une série de siècles indéfinie. Suivant cette loi de progrès, Dieu a commencé par la forme la plus brute, et il a successivement grandi jusqu'à la condition actuelle de l'humanité, en passant par le minéral, le végétal, l'animal aquatique et terrestre. L'homme, qui n'est que Dieu lui-même partiel, a passé dans sa religion par tous ces modes de l'Être-Dieu. Il a adoré les minéraux, puis les végétaux, ensuite les animaux, enfin il s'est adoré lui-même par l'apothéose, avant d'atteindre à l'adoration d'un Dieu unique, et maintenant il tend au culte de l'absolu, de l'universalité dans l'unité. Ainsi, le point de départ de l'humanité, ou plutôt son premier état est l'état sauvage ; l'idolâtrie forme la deuxième période de son progrès ; le christianisme la troisième ; la philosophie, ou l'adoration de l'absolu, vient le remplacer. L'apparition du christianisme dans le monde s'explique donc par la loi ascendante du progrès, absolument comme la transition du prétendu état sauvage primitif à l'idolâtrie. Jésus-Christ n'a fait que combiner entre elles deux idées qu'il a trouvées, l'une dans la philosophie platonicienne, l'autre dans les sanctuaires de l'Inde, la croyance au Verbe et celle des incarnations. Jésus-Christ n'est lui-même qu'une personnification de ces deux idées. Il n'est pas un être historique ; c'est un mythe : ou, si l'on reconnaît son existence, il ne sera qu'un sublime philosophe de Judée, qui a compris l'état de l'esprit humain à l'époque où il a vécu, et en a préparé le développement. Mais il a introduit la foi, et le temps est venu où la raison doit en prendre la place, parce qu'elle a dépassé l'idée chrétienne, qu'elle l'a perfectionnée.

Pour résumer et réduire cette erreur à ce qui touche directement à la religion, le genre humain a commencé par l'état brut ; le fétichisme a été son premier développement intellectuel, son premier culte, et les religions qui lui ont succédé ne sont que le développement progressif et nécessaire de son être intelligent ; et dès lors encore, aux cultes passés doivent succéder des cultes nouveaux, et cela indéfiniment jusqu'à l'idée et à l'adoration simple de l'absolu. Donc, point de péché originel, point de mal, mais seulement défaut de perfection, qui va diminuant avec le progrès continu ; donc point d'erreur, mais seulement vérité incomplète qui va se complétant, comme la perfection morale. Donc point d'ordre surnaturel, de révélation, de prophéties, de miracles ; il n'y a d'autre révélation que le développement de l'esprit humain, et Jésus-Christ n'est qu'un docteur comme un autre, comme Zoroastre ou Platon, seulement un peu plus habile. Toutes ces assertions sont le contre-pied exact de la vérité. L'humanité a commencé par un état de perfection dont elle est déchue ; il y a eu par conséquent une chute primitive et générale. Loin que l'humanité ait progressé par elle-même, elle a descendu l'échelle de la civilisation, quand elle a été livrée à elle-même, et elle ne l'a remontée qu'à l'aide d'un enseignement extérieur, surnaturel même, puisqu'elle n'a pu le tirer de son fond. Or, cet enseignement, étant extérieur, au-dessus de la nature, est indépendant de la nature et essentiellement immuable.

Les conférences de Bayeux réfutent ainsi

les fausses et absurdes doctrines du panthéisme :

« Il est inutile de prouver que le panthéisme est contraire à la foi : le dogme d'un Dieu distinct de tous les êtres qui composent ce monde visible, Créateur du ciel et de la terre, est le premier article du symbole reçu dans toutes les communions chrétiennes.

« Le panthéisme n'est pas moins contraire à la raison.

« En effet, 1° il est évidemment faux dans son principe. Si nous recherchons ce qu'il peut y avoir de commun dans les divers systèmes de panthéisme, nous reconnaîtrons que, sous un langage différent, ils partent tous du même principe. Ce principe fondamental, c'est l'identité de la substance. Il n'existe qu'une seule substance, dont le monde et l'homme ne sont que les attributs. « Qu'avec Hégel on l'appelle l'*idée* ou l'*être*; qu'avec Schelling on lui donne le nom d'*absolu*; qu'on la présente avec Fichte comme le *moi*, avec Spinosa comme l'*infini*, on affirme toujours le même principe, et les différences ne sont que nominales. L'étude des néoplatoniciens, des Grecs et des Orientaux, nous mène au même résultat; nous retrouvons partout une seule substance (1). »

« Or, le sentiment et la raison repoussent et condamnent ce principe. « Je sens, dit Bergier (*voyez* SPINOSISME) que je suis moi et non un autre, une substance séparée de toute autre, un individu réel et non une modification; que mes pensées, mes volontés, mes sensations, mes affections sont à moi et non à un autre, et que celles d'un autre ne sont pas les miennes. Qu'un autre soit un être, une substance, une nature aussi bien que moi, cette ressemblance n'est qu'une idée abstraite, une manière de nous considérer l'un et l'autre, mais qui n'établit point l'identité ou une unité réelle entre nous. »

« Que les panthéistes interrogent tous les hommes, ils retrouveront en eux ce sentiment indestructible de la distinction des êtres. On dira que ce n'est qu'une illusion, on alléguera les progrès de la science humaine; on ne détruira jamais l'empire de ces croyances.

« 2° Le panthéisme, considéré en lui-même, répugne manifestement à la raison. Qu'est-ce, en effet, qu'un dieu composé de tous les êtres qui existent dans le monde, et qui ne sont peut-être eux-mêmes que de simples phénomènes et des apparences trompeuses? Conçoit-on une substance unique, immuable et réunissant en elle des attributs contradictoires, l'étendue et la pensée? Qu'est-ce qu'une existence vague et indéterminée dont on ne peut rien affirmer, qui n'est ni être ni mode, et qui cependant constitue le monde spirituel et le monde matériel? Un homme peut-il croire de bonne foi qu'il est l'être universel, infini, nécessaire, et dont tous les autres ne sont que les développements et les modifications? Cet homme qui ne respecte ni les devoirs de la religion ni les lois sacrées de la nature, qui professe ouvertement l'impiété et même l'athéisme, est-il dieu aussi ou un attribut, une modification de Dieu? En vérité, peut-on se persuader que des philosophes refusent de courber leur intelligence sous l'autorité de la foi, qu'ils rejettent et combattent les mystères du christianisme, pour adopter de pareilles rêveries?

« 3° Le panthéisme n'est pas moins funeste dans ses conséquences qu'il est absurde en lui-même et dans son principe. S'il n'existe qu'une seule substance, si tout est identique, si l'homme est dieu, il n'y a plus entre eux de rapports d'autorité et de dépendance ; la religion, qui n'est fondée que sur ces rapports, est donc une chimère; il n'y a donc plus pour l'homme ni lois obligatoires ni morale, ni vice ni vertu, ni bien ni mal. D'ailleurs, qu'est-ce que Dieu dans le système des philosophes panthéistes? Une abstraction métaphysique, une simple idée de l'infini, de l'absolu, une existence vague et indéterminée qui ne se connaît que par la raison humaine, le plus parfait de ses développements. Mais refuser à Dieu l'intelligence, la liberté, et même la personnalité et l'individualité, n'est-ce pas l'anéantir? Le panthéisme n'est donc en réalité qu'un système d'athéisme caché sous le voile d'un langage étrangement obscur et d'une terminologie barbare. Qu'est-ce enfin que cette raison humaine qu'on nous présente comme la manifestation et le dernier développement de l'Être infini? La raison humaine existe-t-elle? Ouvrez les livres des philosophes allemands, et ils vous apprendront que le monde n'est qu'une apparence, une illusion vaine, une forme sans réalité objective; qu'il n'y a nulle individualité, nul acte personnel; qu'il n'y a plus ni cause ni effet. Le *moi* être, l'idée abstraite de Dieu, voilà tout. Mais pourquoi attribuerions-nous plus de réalité à cette idée qu'aux autres? Le scepticisme universel est donc le résultat inévitable et la conséquence nécessaire de toutes ces théories insensées. « Le panthéisme est donc en contradiction palpable avec la raison et la logique dont il renverse tous les principes, avec la personnalité humaine qu'il ne peut faire disparaître ni expliquer, avec la réalité du monde sensible qu'il nie, sans nous faire comprendre comment ce phénomène existe, et comment il nous donne le sentiment de la réalité. Il est encore en contradiction avec la notion de l'Être absolu; car, comme il lui refuse la personnalité et qu'il n'affirme rien de lui, il remplace l'Être par l'existence et s'évapore dans l'abstraction (2).

PARFAITS, nom que prenaient la plupart des hérétiques qui prétendaient réformer l'Église ou pratiquer quelques vertus extraordinaires.

PARHERMENEUTES, faux interprètes. On nomma ainsi dans le septième siècle certains hérétiques qui interprétaient l'Écriture sainte selon leur sens particulier, et

---

(1) Essai sur le panthéisme, p. 175.

(2) Essai sur le panth., p. 199.

qui ne faisaient aucun cas des explications de l'Eglise et des docteurs orthodoxes. C'est probablement ce qui donna lieu au dix-neuvième canon du concile *in Trullo*, tenu l'an 1692, qui défend d'expliquer l'Ecriture sainte d'une autre manière que les saints Pères et les docteurs de l'Eglise. Mais cet abus a été commun à toutes les sectes d'hérétiques.

PARTICULARISTES, partisans de la grâce particulière. On a donné ce nom à ceux qui soutiennent que Jésus-Christ a répandu son sang pour les seuls élus, et non pour tous les hommes en général; conséquemment que la grâce n'est pas donnée à tous; et qui restreignent ainsi à leur gré les fruits de la rédemption.

Nous ne savons pas qui leur a donné cette honorable commission, ni dans quelle source ils ont puisé cette sublime théologie. Ce n'est certainement pas dans l'Ecriture sainte, qui nous assure que Jésus-Christ est la victime de propitiation pour nos péchés; et non-seulement pour les nôtres, mais pour ceux du monde entier; (1) qu'il est le sauveur de tous les hommes, surtout des fidèles (2); qu'il est le sauveur du monde (3); l'agneau de Dieu qui efface les péchés du monde (4); qu'il a pacifié par le sang de sa croix ce qui est dans le ciel et sur la terre (5), etc. Nous cherchons vainement les passages où il est dit que les prédestinés seuls sont le *monde*.

Ce n'est pas non plus dans les Pères de l'Eglise qui ont expliqué, commenté, fait valoir tous ces passages, afin d'exciter la reconnaissance, la confiance, l'amour de tous les hommes envers Jésus-Christ; qui prétendent que la rédemption qu'il a opérée a rendu au genre humain plus qu'il n'avait perdu par le péché d'Adam, et qui prouvent l'universalité de la tache originelle par l'universalité de la rédemption.

Ce n'est pas enfin dans le langage de l'Eglise qui répète continuellement dans ses prières les expressions des livres saints, que nous avons citées, et celles dont les Pères se sont servis. Cette sainte Mère a-t-elle donc envie de tromper ses enfants, en leur mettant à la bouche des manières de parler qui sont absolument fausses dans leur universalité? ou a-t-elle chargé les *Docteurs particularistes* de corriger ce qu'elles ont de défectueux?

PASSAGIENS. Ce mot signifie *tout saint* et a été pris par différents fanatiques qui prétendaient à une sainteté singulière.

PASSALORYNCHITES. C'est ainsi que l'on appelle certains hérétiques descendus des montanistes qui croyaient que pour être sauvé il était nécessaire de garder perpétuellement le silence : ils tenaient continuellement leur doigt sur la bouche.

PASSIONISTES, nom donné à ceux qui prétendaient que Dieu le Père avait souffert. *Voyez* PRAXÉAS.

PASTORICIDES, nom qui fut donné, dans le seizième siècle, aux anabaptistes d'Angleterre, parce qu'ils exerçaient principalement leurs fureurs contre les pasteurs, et qu'ils les tuaient partout où ils les trouvaient. *Voy.* ANABAPTISTES.

PASTOUREAUX, secte fanatique, formée au milieu du treizième siècle par un nommé Jacob, Hongrois, apostat de l'ordre de Cîteaux. Dans sa jeunesse, il commença par assembler une troupe d'enfants en Allemagne et en France, et en fit une croisade pour la terre sainte : ils périrent promptement de faim et de fatigue. Saint Louis ayant été fait prisonnier par les Sarrasins l'an 1250, Jacob, sur une prétendue révélation, prêcha que les bergers et les laboureurs étaient destinés du ciel à délivrer le roi; ceux-ci le crurent, le suivirent en foule, et se croisèrent dans cette persuasion sous le nom de *pastoureaux*. Des vagabonds, des voleurs, des bannis, des excommuniés, et tous ceux qu'on appelait *ribaux*, se joignirent à eux. La reine Blanche, gouvernante du royaume dans l'absence de son fils, n'osa d'abord sévir contre eux; mais lorsqu'elle sut qu'ils prêchaient contre le pape, contre le clergé, contre la foi; qu'ils commettaient des meurtres et des pillages, elle résolut de les exterminer, et elle en vint promptement à bout. Le bruit s'étant répandu que les *pastoureaux* venaient d'être excommuniés, un boucher tua Jacob, leur chef, d'un coup de hache, pendant qu'il prêchait; on les poursuivit partout, et on les assomma comme des bêtes féroces. *Hist. de l'Eglise gallicane*, tome XI, livre 32, an 1250. Il en reparut encore de nouveaux l'an 1320, qui s'attroupèrent sous prétexte d'aller conquérir la terre sainte, et qui commirent les mêmes désordres. Il fallut les exterminer de la même manière que les premiers. *Ibid.*, tome XIII, livre 37, an. 1320.

PATARINS, PATERINS, ou PATRINS, nom qui fut donné, dans le onzième siècle, aux pauliciens ou manichéens qui avaient quitté la Bulgarie, et étaient venus s'établir en Italie, principalement à Milan et dans la Lombardie. Mosheim prouve, d'après le savant Muratori, que ce nom leur fut donné parce qu'ils s'assemblaient dans le quartier de la ville de Milan nommé pour lors *Cataria*, et aujourd'hui *Contrada de Patarri*. On les appelait encore *Cathari* ou purs, et ils affectaient eux-mêmes ce nom pour se distinguer des catholiques. Au mot MANICHÉENS, nous avons vu que leurs principales erreurs étaient d'attribuer la création des choses corporelles au mauvais principe, de rejeter l'ancien Testament, et de condamner le mariage comme une impureté.

Dans le douzième et le treizième siècle, le nom de *patarins* fut donné à tous les hérétiques en général; c'est pour cela que l'on a souvent confondu ces *cathares* ou *manichéens* dont nous parlons avec les *vaudois*,

---

(1) I Joan. ii, 2.
(2) II Tim. iv, 10.
(3) Joan. iv, 42.

(4) Joan. i, 29.
(5) Coloss. i, 20.

quoique leurs opinions fussent très-différentes: Le concile général de Latran, tenu l'an 1179, sous Alexandre III, dit anathème aux hérétiques nommés *cathares*, *patarins* ou *publicains*, *albigeois* et autres; il avait principalement en vue les manichéens désignés par ces différents noms; mais le concile général suivant, célébré au même lieu l'an 1215, sous Innocent III, dirigea aussi ses canons contre les vaudois.

Dès l'an 1074, lorsque Grégoire VII, dans un concile de Rome, eut condamné l'incontinence des clercs, soit de ceux qui vivaient dans le concubinage, soit de ceux qui prétendaient avoir contracté un mariage légitime, ces derniers, qui ne voulaient pas quitter leurs femmes, donnèrent aux partisans du concile de Rome le nom de *patarini* ou *paterini*, pour donner à entendre qu'ils réprouvaient le mariage comme les manichéens; mais autre chose était d'interdire le mariage aux ecclésiastiques, et autre chose de condamner le mariage en lui-même. Les protestants ont souvent affecté de renouveler ce reproche très-mal à propos.

PATELIERS. On nomma ainsi au seizième siècle quelques luthériens, qui disaient fort ridiculement que Jésus-Christ était dans l'eucharistie comme un lièvre dans un pâté. *Voyez* LUTHÉRIENS.

PATERNIENS. Saint Augustin, dans son livre *des hérésies*, n. 85, dit que les *Paterniens*, que quelques-uns nommaient aussi *Vénustiens*, enseignaient que la chair était l'ouvrage du démon; ils n'en étaient pas pour cela plus mortifiés, ni plus chastes; au contraire ils se plongeaient dans toutes sortes de voluptés. On dit qu'ils parurent au quatrième siècle, et qu'ils étaient disciples de Symmaque le Samaritain. Il ne paraît pas que cette secte ait été nombreuse ni qu'elle ait été fort connue des écrivains ecclésiastiques.

PATRIPASSIENS, les mêmes que les passionistes.

PAUL, dit l'Arménien, chef des manichéens connus sous le nom de Pauliciens. *Voy.* l'article MANICHÉENS.

PAUL DE SAMOSATE fut ainsi nommé parce qu'il était de la ville de Samosate sur l'Euphrate, dans la Syrie euphratésienne, vers la Mésopotamie; il fut évêque d'Antioche, vers l'an 262.

Zénobie régnait alors en Syrie, et sa cour rassemblait tous les hommes célèbres par leurs talents et par leurs lumières; elle y appela Paul de Samosate, admira son éloquence, et voulut s'entretenir avec lui de la religion chrétienne.

Cette princesse savait les langues et l'histoire; elle préférait la religion juive à toutes les religions, elle ne pouvait croire les mystères de la religion chrétienne. Pour faire tomber cette répugnance, Paul tâcha de réduire les mystères à des notions simples et intelligibles. Il dit à Zénobie que les trois personnes de la Trinité n'étaient point trois dieux, mais trois attributs sous lesquels la divinité s'était manifestée aux hommes; que Jésus-Christ n'était point un Dieu, mais un homme auquel la sagesse s'était communiquée extraordinairement et qu'elle n'avait jamais abandonné (1).

Paul de Samosate ne regarda d'abord ce changement dans la doctrine de l'Église que comme une condescendance propre à faire tomber les préjugés de Zénobie contre la religion chrétienne, et il crut qu'il pourrait concilier avec cette explication le langage et les expressions de l'Église sur le mystère de la Trinité et sur la divinité de Jésus-Christ: il avait d'ailleurs compté que cette condescendance demeurerait secrète; mais elle fut connue, et les fidèles s'en plaignirent.

L'évêque d'Antioche ne s'occupa plus qu'à justifier le changement qu'il avait fait dans la doctrine de l'Église; il crut qu'en effet Jésus-Christ n'était point Dieu, et qu'il n'y avait en Dieu qu'une personne.

Les erreurs de Paul alarmèrent le zèle des évêques; ils s'assemblèrent à Antioche, et Paul leur protesta qu'il n'avait point enseigné les erreurs qu'on lui imputait: on le crut, et les évêques se retirèrent; mais Paul persévéra en effet dans son erreur, elle se répandit, et les évêques s'assemblèrent de nouveau à Antioche. Paul fut convaincu de nier la divinité de Jésus-Christ; le concile aussitôt le déposa et l'excommunia, d'une voix unanime.

Paul de Samosate, protégé par Zénobie, ne quitta pourtant point son église; mais Aurélien ayant détruit la puissance de cette princesse, les catholiques se plaignirent à cet empereur de la violence de Paul de Samosate, et il ordonna que la maison épiscopale appartiendrait à celui auquel les évêques de Rome adresseraient leurs lettres, jugeant que celui qui ne se soumettrait pas à la sentence de ceux de sa religion ne devait plus avoir rien de commun avec eux (2).

Aurélien ne prit point d'autre part à la dispute de Paul et des catholiques; il accorda aux catholiques la protection que les lois doivent à tout citoyen, pour chasser de sa maison un homme qui l'occupe malgré lui, et à toute assemblée ou à toute société pour en chasser un homme qui lui déplaît et qui n'observe pas ses lois; mais il ne punit point Paul de Samosate, il le laissa jouir tranquillement des avantages de la société civile, et les catholiques ne demandèrent pas qu'il en fût privé. Paul de Samosate ne fut que le chef d'une secte obscure dont on ne voyait pas les moindres restes au milieu du cinquième siècle, et que la plupart ne connaissaient pas même de nom, tandis que l'arianisme, dont on fit une affaire d'état, remplissait, dans le siècle suivant, l'empire de troubles et de désordres.

Saint Lucien, si célèbre dans l'Orient par sa sainteté, par son érudition et par son martyre, resta longtemps attaché à Paul de

---

(1) Epiph., hæres. 65, Hilar., de Synod., p. 136.

(2) Théodoret, Hæret. Fab., l. II, c. 8.

Samosate, et ne se sépara pas même de trois successeurs de Paul de Samosate.

Tillemont, qui croit qu'on ne doit pas justifier l'attachement de saint Lucien pour Paul de Samosate, dit qu'on peut l'excuser. « Saint Lucien, dit-il, était du même pays que Paul de Samosate; il pouvait avoir encore avec lui d'autres liaisons, avoir même été élevé par lui au sacerdoce; ainsi il ne sera point étonnant qu'il ne se soit pas aisément convaincu des fautes et des erreurs d'un homme qu'il honorait comme son père et comme son évêque, et qui couvrait si bien ses erreurs, qu'on eut de la peine à l'en convaincre; que s'il y en a qui censurent trop durement les fautes que le respect et l'amitié font faire, au lieu d'en avoir de la compassion, ils en font peut-être une plus grande en oubliant qu'ils sont hommes et capables de tomber comme les autres (1). »

Le concile d'Antioche, après avoir condamné Paul de Samosate, écrivit à toutes les églises pour les en informer, et il fut généralement approuvé. On professait donc alors bien distinctement la divinité de Jésus-Christ, et l'on ne croyait pas que l'on pût faire dans ce dogme le moindre changement.

Le sentiment de Paul de Samosate n'était point différent de celui de Théodote. Il le prouvait par les mêmes raisons : on le réfutait par les mêmes principes.

* PAULINIANISTES, hérétiques, disciples de Paul de Samosate. Ils ne croyaient Jésus-Christ qu'un pur homme, et ne baptisaient point au nom des trois personnes de la sainte Trinité. Aussi leur baptême fut-il déclaré nul au concile de Nicée, qui les condamna.

* PAULICIENS, hérétiques qui étaient une branche de la secte des manichéens. Ils furent ainsi nommés, parce qu'ils avaient à leur tête un certain Paul, qui, dans le septième siècle, les rassembla, et en fit une société particulière. Ces hérétiques devinrent très-puissants en Asie, par la protection de l'empereur Nicéphore. Ils avaient une horreur extrême de la croix, et ils faisaient les outrages les plus indignes à toutes celles qu'ils rencontraient; ce qui n'empêchait pas qu'étant malades, ils ne se fissent appliquer une croix sur la partie affligée, croyant, par ce moyen, recouvrer la santé. Mais, lorsqu'ils étaient guéris, ils brisaient cette même croix, qu'ils regardaient comme l'instrument de leur guérison. L'impératrice Théodora, tutrice de Michel III, les fit poursuivre avec la dernière rigueur, en 845, et l'on en fit alors périr plus de cent mille; le reste se réfugia chez les Sarrasins. Cependant ils remuèrent encore vers la fin du neuvième siècle, et résistèrent pendant quelque temps aux armes de l'empereur Basile le Macédonien.

* PAULINS. Ce nom fut donné à certains hérétiques de la Bulgarie, qui préféraient saint Paul à Jésus-Christ, et qui administraient le baptême, non pas avec de l'eau, mais avec du feu.

* PAUVRES DE LYON. Voyez VAUDOIS.

PÉLAGE, moine anglais qui enseigna, au commencement du cinquième siècle, l'erreur qu'on nomme de son nom le Pélagianisme.

Des causes qui ont donné naissance à l'erreur de Pélage.

L'Eglise, presque à sa naissance, avait été troublée par une foule de fanatiques qui avaient fait un mélange monstrueux des dogmes du christianisme, des principes de la cabale et des rêveries des gnostiques.

Des schismatiques, tels que les montanistes, les novatiens, l'avaient déchirée.

Des hérétiques, tels que Noel, Sabellius, Paul de Samosate, Arius, avaient combattu la Trinité, la divinité de Jésus-Christ.

D'autres, tels que Marcion, Cerdon, Manès, avaient attaqué la bonté et l'unité de Dieu, supposé dans le monde des êtres malfaisants et indépendants de l'Etre suprême, et prétendu que l'homme était méchant et pécheur par sa nature ou porté au mal par des puissances auxquelles il ne pouvait résister.

Dans le même temps, les différentes sectes de philosophes avaient attaqué le christianisme dans ses dogmes et dans sa morale; ils opposaient aux chrétiens les principes sur lesquels presque toutes les écoles avaient établi le dogme d'une destinée inévitable et d'un enchaînement éternel et immuable de causes qui produisaient et les phénomènes de la nature et toutes les déterminations des hommes.

Le peuple même était rempli de l'idée d'une fortune aveugle, qui conduisait toutes choses. Les Grecs peignaient Timothée endormi et enveloppé d'un filet dans lequel les villes et les armées allaient se prendre pendant son sommeil. On portait l'image de la fortune sur les étendards militaires; toutes les nations lui avaient élevé des temples, et l'honoraient comme la divinité qui décidait du sort des nations et du bonheur des hommes.

Telles sont les erreurs que les Pères eurent à combattre pendant les quatre premiers siècles, et dont l'Eglise avait triomphé.

On n'avait disputé ni sur le péché originel ni sur la nécessité de la grâce, et les écrivains qui avaient défendu le dogme de la liberté contre les marcionites, les manichéens, les stoïciens, etc., ne s'étaient occupés qu'à combattre les systèmes des philosophes que les hérétiques adoptaient, et à prouver la liberté de l'homme par des principes admis par leurs adversaires mêmes et indépendants de la révélation.

En un mot, ils avaient presque toujours traité la question de la liberté comme on la traiterait aujourd'hui contre Hobbes, contre Collins. La nécessité de la grâce ou la manière dont elle agit n'avait été de nulle considération dans toutes ces contes-

---

(1) Tillemont, t. IV, note 1 sur S. Lucien, p. 720.

tations, et les chrétiens qui défendaient la liberté contre ces ennemis prétendaient et devaient trouver dans l'homme même des ressources pour résister au vice et au crime vers lequel leurs adversaires prétendaient qu'il était entraîné nécessairement. Saint Augustin dit lui-même qu'il ne faut point parler de la grâce à ceux qui ne sont pas chrétiens (1).

Les Pères qui avaient parlé de la liberté, dans leurs discours ou dans leurs homélies, pour détruire cette idée de la fortune et du destin qui était répandue dans le peuple, ou pour combattre les marcionites, les manichéens, etc., n'avaient point parlé de la grâce; ils avaient tiré leurs preuves de l'histoire, du spectacle de la nature, de la raison même et de l'expérience.

Mais lorsque les Pères avaient à faire sentir aux chrétiens tout ce qu'ils devaient à la bonté et à la miséricorde de Dieu; lorsqu'ils se proposaient de réprimer l'orgueil ou la vanité; lorsqu'ils voulaient faire sentir à l'homme sa dépendance et lui faire connaître toute la puissance de Dieu, ou enfin lorsqu'ils avaient à prouver aux infidèles les avantages de la religion chrétienne et la nécessité de l'embrasser, alors ils enseignaient que l'homme naissait coupable et qu'il ne pouvait par lui-même se réconcilier avec Dieu ni mériter la félicité qu'il destinait aux fidèles.

Ils considéraient alors l'homme destiné à une fin surnaturelle à laquelle il ne pouvait parvenir que par des actions d'un mérite surnaturel. La liberté de l'homme, ses forces et ses ressources pour les vertus naturelles, ne pouvaient jamais l'élever jusqu'à des actions d'un ordre surnaturel; elles laissaient donc l'homme dans une impuissance absolue par rapport au salut; elles étaient donc de nulle considération, et les Pères, sans se contredire, ont alors représenté l'homme comme une créature livrée dès sa naissance au crime, attachée par un poids invincible au désordre, et dans une impuissance absolue pour le bien.

Si le temps ne nous avait conservé des ouvrages des Pères que les passages dans lesquels ils établissent la liberté de l'homme, nous n'aurions aucune raison de juger qu'ils ont cru que l'homme, pour être juste, vertueux et chrétien, eût besoin du secours de la grâce; et si tous les ouvrages des Pères avaient péri, excepté les endroits où ils parlent de la nécessité de la grâce, nous ne pourrions pas juger qu'ils aient cru que l'homme est libre; nous serions au contraire autorisés à penser qu'ils ont regardé l'homme comme l'esclave du péché.

Les différentes manières dont les Pères avaient parlé de la grâce et de la liberté devaient donc faire nier la liberté ou la nécessité de la grâce, pour peu qu'on eût d'intérêt d'exagérer les forces de l'homme ou de les diminuer; car l'intérêt ou le désir que nous avons d'établir une chose anéantit, pour ainsi dire, à nos yeux tout ce qui lui est con-

traire, et ne laisse subsister pour nous que ce qui lui est favorable, parce qu'il fixe notre attention sur ces objets.

C'est ainsi que Pélage fut conduit à l'erreur qui porte son nom.

Vers la fin du quatrième siècle et au commencement du cinquième, une infinité de monde allait visiter les lieux saints; ces pèlerinages firent connaître en Occident les ouvrages des Pères grecs.

Ces Pères avaient combattu les manichéens, la fatalité des philosophes, le destin et la fortune du peuple.

Rufin, qui avait été longtemps en Orient, était plein de ces ouvrages : il en traduisit une grande partie, et se concilia par ces traductions, par ses connaissances et par sa conduite, beaucoup de considération.

Ce fut dans ce temps que Pélage sortit d'Angleterre pour aller visiter les lieux saints; il se rendit à Rome, et y fit connaissance et se lia d'amitié avec Rufin; il lut beaucoup les Pères grecs, surtout Origène.

Pélage était né avec un esprit ardent et impétueux; il ne voyait rien entre l'excès et le défaut, et croyait qu'on était toujours au-dessous du devoir lorsqu'on n'était pas au plus haut degré de la vertu : il avait donné tout son bien aux pauvres, et faisait profession d'une grande austérité de mœurs.

Dans des caractères de cette espèce, le zèle du salut du prochain est ordinairement joint au désir d'amener tout le monde à son sentiment et à sa manière de vivre et de penser. Pélage exhortait et pressait vivement tout le monde de se dévouer à la haute perfection qu'il professait (2).

Mais on répondait souvent à Pélage qu'il n'était pas donné à tout le monde de l'imiter, et l'on s'excusait sur la corruption et sur la faiblesse de la nature humaine.

Pélage chercha dans l'Ecriture et dans les Pères tout ce qui pouvait ôter ces excuses aux pécheurs; son attention se fixa naturellement sur tous les endroits dans lesquels les Pères défendent la liberté de l'homme contre les partisans de la fatalité, ou reprochent aux chrétiens leur attachement au vice, leur lenteur dans la carrière de la vertu.

Tout ce qui prouvait la corruption de l'homme ou le besoin de la grâce lui était échappé; il crut donc ne suivre que la doctrine des Pères en enseignant que l'homme pouvait, par ses propres forces, s'élever au plus haut degré de perfection, et qu'on ne pouvait rejeter sur la corruption de la nature l'attachement aux biens de la terre et l'indifférence pour la vertu (3).

De Pélage et de ses disciples depuis la naissance de son erreur jusqu'au temps où Julien devint le chef des pélagiens.

Nous venons de voir le premier pas que Pélage fit vers l'erreur. Comme il y avait à Rome beaucoup de personnes instruites par Rufin, qui étaient dans ces sentiments, et comme Pélage avait beaucoup d'adresse et

---

(1) Aug., de Nat. et Grat., c. 68.
(2) Idem, de peccat. Merit., l. II, c. 16.

(3) Idem, de Nat. et Grat.; de lib. Arbitr.

était très-exercé dans l'art de la dispute, il se fit beaucoup de disciples à Rome (1).

Cependant beaucoup de personnes furent choquées de cette doctrine : on trouva que Pélage flattait trop l'orgueil humain ; que l'Ecriture nous parlait bien différemment de l'homme; qu'elle nous apprenait qu'il n'y avait point d'homme juste; que la nature humaine était corrompue; que depuis le péché du premier homme nous ne pouvons faire aucune bonne œuvre sans la grâce; que c'était ainsi que les Pères nous parlaient de l'homme.

Rome ayant été prise par les Goths, Pélage en sortit et passa en Afrique avec Célestius, le plus habile de ses sectateurs (2).

Pélage ne s'arrêta pas longtemps en Afrique ; il y laissa Célestius et passa en Orient.

Célestius se fixa à Carthage, où il enseignait les sentiments de son maître.

Paulin, diacre de l'Eglise de Carthage, cita Célestius devant un concile assemblé à Carthage, et l'accusa de soutenir : 1° qu'Adam avait été créé mortel, et qu'il serait mort, soit qu'il eût péché ou non; 2° que le péché d'Adam n'avait fait de mal qu'à lui et non à tout le genre humain ; 3° que la loi conduisait au royaume céleste aussi bien que l'Evangile; 4° qu'avant l'avénement de Jésus-Christ les hommes ont été sans péché; 5° que les enfants nouveau-nés sont dans le même état où Adam était avant sa chute; 6° que tout le genre humain ne meurt point par la mort et par la prévarication d'Adam, comme tout le genre humain ne ressuscite point par la résurrection de Jésus-Christ ; 7° que l'homme naît sans péché, et qu'il peut aisément obéir aux commandements de Dieu, s'il le veut.

Le concile de Carthage condamna la doctrine de Célestius, qui fut obligé de quitter l'Afrique, et qui repassa en Sicile où il s'occupa à défendre ses erreurs (3).

Pélage, qui était à Jérusalem, publia différents écrits où il expliquait ses sentiments (4).

Il avouait que, quoiqu'aucun homme, excepté Jésus-Christ, n'eût été sans péché, il ne s'ensuivait pas que cela fût impossible. Il assurait qu'il ne disputait pas du fait, mais de la possibilité, et qu'il reconnaissait que ce n'était que par la grâce ou avec le secours de Dieu que l'homme pouvait être sans péché.

Cette doctrine déplut à beaucoup de monde à Jérusalem. Jean, évêque de cette ville, convoqua une assemblée à laquelle il appela trois prêtres latins, Avitus, Vital et Orose : ce dernier était alors à Bethléhem avec saint Jérôme. Comme il s'était trouvé en Afrique dans le temps de la condamnation de Célestius, il raconta à l'assemblée ce qui s'était fait à Carthage contre Célestius, et il lut une lettre de saint Augustin contre les erreurs de Célestius.

Pélage déclara qu'il croyait que l'homme sans grâce ne pouvait être sans péché; mais que cela ne lui était pas impossible avec le secours de la grâce. Le concile renvoya le jugement de Pélage au pape Innocent et lui imposa silence (5).

On tint la même année un concile en Palestine, où quatorze évêques se trouvèrent (6).

Héros et Lazare donnèrent à Euloge, archevêque de Césarée, une accusation par écrit contre Pélage : cette accusation contenait plusieurs propositions, dans lesquelles Pélage semblait nier la nécessité de la grâce, dire qu'un enfant peut être sauvé sans le baptême, et soutenir que l'homme peut vivre sans péché.

Pélage comparut dans le concile, reconnut la nécessité de la grâce, dit qu'il avait soutenu que l'homme pouvait être sans péché; mais il assura qu'il avait dit que cela n'était possible que par la grâce : il nia qu'il eût jamais dit que les enfants pouvaient être sauvés sans le baptême.

Le concile approuva les réponses de Pélage, et le déclara digne de la communion de l'Eglise catholique (7).

Avant que les actes de ce concile fussent publiés, Pélage écrivit à un de ses amis que ses sentiments avaient été approuvés, et il rendit la lettre publique.

Mais on ne doutait pas que Pélage n'eût trompé les Pères, et qu'il ne niât intérieurement la nécessité de la grâce.

Pour se justifier, Pélage composa un ouvrage sur le libre arbitre. Dans cet ouvrage, il reconnaissait différentes sortes de grâces nécessaires à l'homme pour faire le bien; mais il donnait le nom de grâce, ou à ce que nous appelons les dons naturels, tels que l'existence, le libre arbitre, l'intelligence; ou aux secours extérieurs, tels que la loi qui nous dirige, la révélation qui nous instruit, l'exemple qui nous anime et nous soutient. Il reconnaissait même qu'il y avait des grâces intérieures, mais il croyait que ces grâces n'étaient que des lumières qui éclairaient l'entendement et qui n'étaient pas absolument nécessaires pour pratiquer l'Evangile avec plus de facilité (8).

Les évêques d'Afrique, assemblés à Carthage, furent informés, par les lettres de Héros et de Lazare, de la doctrine de Pélage et du progrès qu'elle faisait en Orient : le concile fit lire ce qui avait été fait contre Célestius environ cinq ans auparavant, condamna de nouveau Pélage et Célestius et prononça anathème contre « tout homme qui combattrait la grâce marquée par les prières des saints, en prétendant que la nature est assez forte par elle-même pour surmonter les péchés et observer les lois de Dieu, et qui nie que l'enfant soit tiré de la perdition par le baptême de Jésus-Christ. »

Les évêques écrivirent au pape Innocent pour l'informer de ce qu'ils avaient fait con-

___
(1) Aug. ep. 89, t. II, edit. Benedict.
(2) An 410.
(3) Aug., de Peccat. origin., c. 2, 3, 4, ep. 89. Conc. Carth., ep. ad Jun., ep. 88, inter Aug., de Gestis Palestin, Prosp. contr. Tert.

(4) Aug., de Grat. christ., c. 57. Oros. Apol., p. 662.
(5) Oros. Apol.
(6) An 415.
(7) De Gestis Palæstinis.
(8) Aug., ep. 186.

tre Pélage et Célestius, afin qu'il s'unît à eux pour condamner l'erreur de Pélage (1).

Le concile provincial de Numidie, assemblé à Milève, et composé de soixante et un évêques, condamna aussi l'erreur de Pélage et écrivit au pape comme le concile de de Carthage.

Innocent Ier approuva le jugement des évêques d'Afrique, et condamna Pélage et Célestius (2).

Pélage et Célestius sentirent bien qu'ils étaient perdus si cette condamnation subsistait; Pélage écrivit donc au pape, et Célestius se rendit à Rome pour faire lever l'excommunication portée contre Pélage et contre lui.

Innocent était mort lorsque Célestius arriva à Rome, et Zozime occupait le siége de saint Pierre.

Célestius lui présenta une requête qui contenait l'exposition de sa foi; il s'étendit beaucoup sur tous les articles du symbole, depuis la Trinité et l'unité de Dieu jusqu'à la résurrection des morts, sur quoi personne ne l'accusait de se tromper; puis venait aux articles en dispute, qu'il traitait de questions problématiques et qui n'étaient point matière de foi, il protestait ne rien tenir que ce qu'il avait puisé dans les sources des apôtres et des prophètes, et néanmoins il déclarait qu'il se soumettait au jugement du pape et qu'il voulait corriger les choses dans lesquelles Zozime jugerait qu'il s'était trompé.

On ne sait point comment il s'exprimait sur la grâce, sur le péché originel. Il confessa qu'il fallait baptiser les enfants pour la rémission des péchés, et néanmoins il soutenait que la transmission du péché par la naissance était contraire à la foi et faisait injure au créateur (3).

Le pape Zozime assembla des évêques et des prêtres, examina tout ce qu'on avait fait contre Célestius et condamna ses sentiments, en approuvant la résolution dans laquelle il était de se corriger; car, dit Tillemont, « on peut avoir le cœur catholique, en ayant des sentiments contraires à la vérité, pourvu qu'on ne les soutienne pas comme des choses assurées et qu'on soit dans la disposition de les condamner, lorsqu'on en connaîtra la fausseté (4). »

Maxime pleine d'équité, de sagesse et de charité, dont l'observation empêcherait bien des maux, mais que l'ignorance et l'envie de dominer ou de faire fortune s'efforceront toujours de faire regarder comme l'effet d'une indifférence criminelle.

L'indulgence sage et chrétienne de Zozime ne l'empêcha pas d'examiner avec soin les sentiments de Célestius; il lui fit toutes les questions qui pouvaient l'éclairer sur sa sincérité, et enfin il lui demanda s'il condamnait les erreurs que le public lui reprochait: Célestius lui répondit qu'il les condamnait selon le sentiment du pape Innocent.

La soumission apparente de Célestius, le fruit que l'Eglise pouvait retirer de ses talents, la charité que l'on doit à l'erreur, engagèrent Zozime à ne pas le condamner; mais il ne leva pas l'excommunication portée contre lui.

Il écrivit aux évêques d'Afrique: non, disait-il, qu'il ne sût bien ce qu'il devait faire, mais pour faire à tous ses frères l'honneur de délibérer avec eux sur la manière dont il fallait traiter un homme qui avait d'abord été accusé devant eux: il leur reprochait d'avoir agi dans cette affaire avec trop de précipitation, et déclarait que si avant deux mois on ne venait à Rome agir contre Célestius, il le regarderait comme catholique, après les déclarations si manifestes et si précises qu'il avait données (5).

Pélage, dans sa lettre au pape Zozime, reconnaissait le péché originel et la nécessité de la grâce plus clairement que Célestius; le pape en informa aussi les évêques d'Afrique.

Aurèle, évêque de Carthage, ayant reçu les lettres de Zozime, convoqua les évêques des provinces les plus voisines, écrivit à Zozime pour qu'il suspendît son jugement; l'année suivante, les évêques s'assemblèrent au nombre de deux cent quatorze, et firent contre les pélagiens huit canons (6).

Les Pères d'Afrique informèrent le pape et l'empereur de ce qui s'était passé dans le concile universel d'Afrique.

Zozime approuva les décrets du concile et reconnut que Pélage et Célestius lui en avaient imposé: il les excommunia, condamna leur doctrine et adressa cette condamnation à tous les évêques du monde, qui l'approuvèrent (7).

L'empereur Honoré ayant appris que les évêques d'Afrique avaient condamné le pélagianisme, ordonna qu'on traiterait les pé-

(1) Ep. 96, 94, 95.
(2) Ep. 91, 93.
(3) Aug., de Grat. Christ., c. 30, 33. de peccat. Merit., c. 5, 6, 23.
(4) Tillemont, Hist. Ecclés., t. XIII, p. 720.
(5) Mercator. Commonit., c. 1.
(6) Ils condamnèrent dans ces canons :
1° Quiconque dira qu'Adam a été créé mortel, et que sa mort n'a point été la peine du péché, mais une loi de la nature.
2° Ceux qui nient qu'on doit baptiser les enfants, ou qui, convenant qu'on doit les baptiser, soutiennent néanmoins qu'ils naissent sans péché originel.
3° Ceux qui disent que la grâce qui justifie l'homme par Jésus-Christ Notre-Seigneur n'a pas d'autre effet que de remettre les péchés commis, et qu'elle n'est pas donnée pour secourir l'homme afin qu'il ne pèche plus.
4° Ceux qui disent que la grâce ne nous aide qu'en nous faisant connaître notre devoir, et non pas en nous donnant le pouvoir d'accomplir les commandements par les forces du libre arbitre, sans le secours de la grâce.
5° Ceux qui disent que la grâce ne nous est donnée que pour faire le bien avec plus de facilité, parce qu'on peut absolument accomplir les commandements par les forces du libre arbitre et sans le secours de la grâce.
6° Ceux qui disent que ce n'est que par humilité que nous sommes obligés de dire que nous sommes pécheurs.
7° Ceux qui disent que chacun n'est pas obligé de dire : Pardonnez-nous nos péchés, pour soi-même, mais pour les autres qui sont pécheurs.
8° Que les saints ne sont obligés de dire les mêmes paroles que par humilité. Aug., ep. 47. Conc., t. VII, p. 1021.
(7) Aug., de Peccat. orig., c. 5. Aug. ad Bonif., c. 4, ep. 47. Mercator Commonit., c. 1.

lagiens comme des hérétiques, et que Pélage, enseignant des erreurs condamnées par l'Eglise et qui troublaient la tranquillité publique, serait chassé de Rome avec Célestius.

L'empereur ordonna de plus de publier partout que tout le monde serait reçu à déférer aux magistrats ceux qu'on accuserait de suivre la même doctrine, et que ceux qui seraient trouvés coupables seraient exilés. Pélage fut chassé de Jérusalem, et l'on n'a su ni quand ni où il mourut.

Des pélagiens, depuis que Julien d'Eclane fut leur chef jusqu'à leur extinction.

L'empereur avait porté une loi qui obligeait tous les évêques à signer la condamnation de Pélage, et c'est la première fois qu'on voit les empereurs demander une signature générale aux évêques.

Il paraît que Zozime n'attendait pas la loi de l'empereur pour obliger les évêques à souscrire à la condamnation de Pélage.

Dix-huit évêques d'Italie, à la tête desquels était Julien, évêque d'Eclane, dans la Campanie, refusèrent de signer la lettre de Zozime, croyant ne pouvoir condamner en conscience des personnes absentes, dont ils n'avaient point entendu les justifications, et qui avaient condamné par leurs écrits les erreurs qu'on leur imputait; ils déclarèrent donc qu'ils demeureraient dans une exacte neutralité sur la condamnation de Pélage.

Julien et ses adhérents furent déposés, et ce fut alors que cet évêque devint le chef des pélagiens : il demanda des juges ecclésiastiques à l'empereur, écrivit aux Eglises d'Orient, et défendit par ses écrits les sentiments de Pélage (1).

Sous ce nouveau chef, le pélagianisme prit une autre forme.

Les pélagiens avaient prétendu que le dogme du péché originel était contraire à la justice et à la sainteté de Dieu; ils avaient dit que si la concupiscence était un mal et un effet du péché, en un mot, que si leurs enfants naissaient tous dans le péché, comme leurs adversaires le prétendaient, il faudrait dire que le mariage, qui est l'effet et qui devient la source de ce péché, est un mal et un désordre.

Saint Augustin avait répondu à cette difficulté dans le premier livre du Mariage et de la Concupiscence.

Julien lut ce livre, et prétendit que les principes de saint Augustin conduisaient au manichéisme : il entreprit de faire voir que, dans les principes des catholiques aussi bien que dans le système des manichéens, le mariage était mauvais; que l'homme, dans le système du péché originel, naissait déterminé au mal comme dans le système de Manès ; que si l'enfant naissait criminel et digne de l'enfer pour un péché qu'il n'aurait pas été le maître d'éviter, il fallait que le Dieu des catholiques fût aussi méchant que le mauvais principe des manichéens (2).

Ces difficultés, maniées par un homme tel que Julien, séduisirent beaucoup de monde; mais les savants écrits de saint Augustin, la vigilance et le zèle du pape Célestin et de saint Léon, arrêtèrent les progrès des erreurs de Julien.

Ce chef des pélagiens parcourut tout l'Orient sans pouvoir détacher personne du jugement et du sentiment des conciles d'Afrique : il fut condamné avec Nestorius dans le concile d'Ephèse; il se retira dans le monastère de Lérins, passa ensuite en Sicile, et y mourut obscur et misérable (3).

Quelques autres disciples de Pélage étaient passés en Angleterre et y avaient enseigné ses erreurs avec succès. Les évêques des Gaules y envoyèrent saint Germain, évêque d'Auxerre, et saint Loup, évêque de Troyes, qui détrompèrent ceux que les pélagiens avaient séduits (4).

Pourquoi le pélagianisme s'éteignit sans troubler l'Etat

Telle fut la fin du pélagianisme, erreur des plus spécieuses, et enseignée par des hommes du premier ordre; telle fut, dis-je, la fin du pélagianisme; tandis que deux vieillards avares, deux clercs ambitieux, une femme vindicative et riche, avaient formé à Carthage le schisme des donatistes, qui ne s'éteignit qu'au bout d'un siècle, et qui désola l'Afrique entière.

Si la principale utilité de l'histoire consiste à nous faire connaître les causes des événements, il n'est peut-être pas inutile de rapprocher les effets et la durée du schisme des donatistes de l'extinction subite du pélagianisme.

Lorsque Lucille forma le complot qui donna naissance au schisme des donatistes, le christianisme commençait à jouir de la paix et du calme; les chrétiens étaient pleins de zèle et tranquilles; tout était donc prêt à s'animer, toutes les âmes étaient, pour ainsi dire, à quiconque voudrait les intéresser : un parti naissant devait donc se grossir subitement, s'échauffer et devenir fanatique; ainsi Lucille, pour produire en Afrique un schisme dangereux, n'eut besoin que de sa fortune et de sa vengeance.

Le pélagianisme parut dans des circonstances bien différentes.

Lorsque Pélage enseigna ses erreurs, l'Italie était ravagée par les Goths : Rome, assiégée plusieurs fois par Alaric, ne s'était sauvée du pillage que par des contributions immenses, et la puissance d'Alaric, toujours supérieure à celle de l'empereur en Italie, faisait craindre à Rome de nouveaux malheurs : les personnes les plus considérables en étaient sorties, et les esprits y étaient dans la consternation et dans l'abattement.

Le schisme des donatistes n'était pas encore éteint entièrement; il avait en quelque sorte consumé tout le fanatisme des esprits, et le souvenir des fureurs des donatistes in-

---

(1) Aug. in Julian., l. 1, c. 4. Mercator Commonit., c. 1. Aug. Op. Imperfect., l. 1, c. 18.
(2) Idem in Julian

(3) Noris., Hist. Pelag., l. II, p. 171.
(4) Prosper. Chronic. Tillemont, t. XV. Hist. littér. de France, t. II, p. 258, 259.

spirait de la crainte et de la précaution contre tout ce qui pouvait faire naître un nouveau schisme.

Ainsi Célestius ne trouva point dans les esprits la chaleur et le goût de la nouveauté, si utile et même si nécessaire pour faire embrasser avec ardeur et pour faire soutenir avec force une opinion naissante et apportée par un étranger.

Pélage, qui était passé en Orient, ne pouvait s'y faire entendre que par un truchement, et ne pouvait par conséquent répandre ses erreurs facilement, ni donner à son parti de l'éclat et de la célébrité.

Saint Augustin, qui depuis longtemps était la gloire et l'oracle de l'Afrique, combattit le pélagianisme avec une force, un zèle et une supériorité auxquels l'adresse et l'habileté de Pélage, de Célestius et de Julien ne purent résister. Le pélagianisme fut condamné par les conciles d'Afrique, et le jugement des conciles fut approuvé par le pape Zozime et par toute l'Eglise.

Le crédit de saint Augustin auprès de l'empereur, et la crainte de voir dans l'empire de nouvelles divisions, firent traiter les pélagiens comme les autres hérétiques, et étouffèrent le pélagianisme dans l'Occident.

Lorsque Julien et les autres évêques attachés au pélagianisme passèrent en Orient, ils y trouvèrent presque tous les esprits partagés entre les catholiques et les ariens, et vivement animés les uns contre les autres.

Le nestorianisme commençait aussi alors à faire du bruit; ainsi Julien trouva tous les esprits occupés, livrés à un parti, et pleins d'un intérêt qui ne leur permettait pas d'en prendre au pélagianisme assez pour le soutenir contre l'Eglise latine et contre les lois des empereurs.

D'ailleurs, un parti ne devient séditieux que par le moyen du peuple : la doctrine de Pélage n'était pas propre à échauffer le peuple ; il élevait la liberté de l'homme et niait sa corruption originelle, mais c'était pour l'obliger à une grande austérité ; il faisait dépendre de l'homme seul sa vertu et son salut, mais c'était pour lui reprocher plus amèrement ses défauts et ses péchés et pour lui ôter toute excuse s'il ne se corrigeait point : or le peuple aime mieux un dogme qui l'excuse et qui l'humilie qu'un système qui flatte sa vanité, mais qui le rend inexcusable dans ses vices et dans ses défauts. Pour mettre le peuple dans les intérêts du pélagianisme, il fallait, en exagérant les forces de l'homme, diminuer ses obligations ; et Pélage s'était proposé tout le contraire.

Le pélagianisme, tel que Pélage le proposait, et dans les circonstances où il a paru, ne pouvait donc former un parti ou une secte, et ne devait rester que comme une opinion ou comme un système, se conserver parmi les personnes qui raisonnaient, s'y discuter, se rapprocher du dogme de l'Eglise sur la nécessité de la grâce, et donner naissance au semi-pélagianisme.

PÉLAGIANISME, hérésie de Pélage.

Pélage avait, par ses exhortations, porté plusieurs personnes à abandonner les espérances du siècle et à se consacrer à Dieu ; il était embrasé de zèle pour le salut du prochain, et traitait avec beaucoup de mépris et de dureté ceux qui ne faisaient que de faibles efforts vers la perfection et qui prétendaient s'excuser sur la faiblesse de la nature humaine ; il s'emportait contre eux, et, pour leur ôter toute excuse, il releva beaucoup les forces de la nature, et soutint que l'homme pouvait pratiquer la vertu et s'élever au plus haut degré de perfection.

Ce n'est point sur la corruption de la nature, disait-il, qu'il faut rejeter nos péchés et notre tiédeur ; la nature humaine est sortie pure des mains du créateur et exempte de corruption : nous prenons pour une corruption attachée à la nature les habitudes vicieuses que nous contractons, et nous tombons dans une injustice que les païens ont évitée : c'est à tort, dit un païen éclairé, que le genre humain se plaint de sa nature (1).

On fut choqué de cette doctrine ; on trouva que Pélage flattait trop l'orgueil humain ; que l'Ecriture nous parlait de l'homme bien différemment ; qu'elle nous apprenait qu'il n'y avait point d'homme juste, que la nature humaine était corrompue, que depuis le péché du premier homme nous ne pouvions faire aucune bonne action sans la grâce, et que c'était ainsi que les Pères avaient parlé de l'homme (2).

La dispute se trouvait par là réduite à trois points : on contestait à Pélage qu'il fût possible que l'homme vécût sans péché ; on lui soutenait que la nature était corrompue depuis Adam, et qu'il ne pouvait faire de bonnes actions sans la grâce.

Ainsi, pour défendre son sentiment, Pélage fut obligé de prouver que l'homme pouvait être sans péché, que sa nature n'était point corrompue, et que la grâce n'était pas nécessaire pour éviter le péché ou pour pratiquer la vertu.

Enfin Pélage, forcé de reconnaître la nécessité de la grâce, prétendit que cette grâce n'était que notre existence, le libre arbitre, la prédication de l'Evangile, les bons exemples, les miracles.

Voilà les quatre principes qui formèrent le pélagianisme et qui conduisirent à beaucoup de questions incidentes qui ne furent point des parties essentielles du pélagianisme, et sur lesquelles l'Eglise n'a point prononcé. Voyons comment ces points furent défendus par les pélagiens et combattus par les catholiques.

PREMIÈRE ERREUR DE PÉLAGE.
(principe fondamental du pélagianisme.)
L'homme peut vivre sans péché.

Les hommes qui prétendent excuser leurs péchés sur la faiblesse de la nature sont injustes : rien n'est ni plus clairement ni plus

---

(1) Aug., loc. cit., de peccat. Merit.

(2) Idem, ibid.

souvent prescrit aux hommes, dans l'Ecriture, que l'obligation d'être parfaits. « Soyez parfaits, dit Jésus-Christ, comme votre Père céleste est parfait. Quel est, dit David, celui qui habitera dans vos tentes, ô Seigneur? Celui qui marche sans tache, et qui suit la justice. Faites tout sans murmure, dit saint Paul, et sans hésiter, afin que vous soyez irrépréhensibles et simples, comme des enfants de Dieu, purs et sans péché. »

Cette obligation est prescrite dans mille autres endroits de l'Ecriture; si nous ne pouvons pas la remplir, celui qui nous l'a prescrite ne connaissait pas la faiblesse humaine, ou, s'il la connaissait, il est injuste et barbare de nous punir; Dieu, dans ce sentiment, ne nous aurait pas donné des lois pour nous sauver, mais pour avoir des coupables à punir (1).

Pour réduire la question à des termes plus précis, disaient les pélagiens, il faut demander à ceux qui prétendent que l'homme ne peut pas vivre sans péché :

1° Ce que c'est que le péché en général; si c'est une chose qu'on puisse éviter, ou non. Si on ne le peut pas éviter, il n'y a point de mal à le commettre, et ni la raison ni la justice ne permettent d'appeler péché ce qui ne peut en aucune manière s'éviter; et si l'homme peut éviter le péché, il peut donc être toute sa vie sans péché.

2° Il faut leur demander si l'homme doit être sans péché; ils répondront sans doute qu'il le doit, mais s'il le doit, il le peut, et s'il ne le peut pas, il ne le doit pas. Si l'homme ne doit pas être sans péché, il doit être pécheur; et ce ne sera plus sa faute, si l'on suppose qu'il est nécessairement tel.

3° Si l'homme ne peut être sans péché, c'est ou par la nécessité, ou par le choix libre de sa volonté qu'il pèche; si c'est par la nécessité de sa nature, il n'est plus coupable, il ne pèche pas; si c'est par le choix libre de sa volonté, il peut donc éviter le péché pendant toute sa vie (2).

Les catholiques combattaient cette erreur par l'autorité de l'Ecriture, qui nous apprend, en mille endroits, qu'il n'y a point d'homme sans péché; que quiconque ose dire qu'il est sans péché se trompe et se séduit lui-même (3).

Ils joignaient à l'autorité de l'Ecriture le sentiment unanime des Pères, qui reconnaissaient tous que l'homme ne peut vivre sans commettre quelque péché (4).

Ce n'est pas qu'il y ait quelque péché auquel l'homme soit déterminé par sa nature ou par une puissance invincible : il n'en est aucun qu'il ne puisse éviter en particulier; mais, pour les éviter tous sans exception, il faut une continuité d'attention dont l'homme n'est pas capable.

L'homme, obligé de tendre à une perfection qu'il ne peut atteindre, fait vers cette perfection des efforts qu'il n'aurait pas faits; il acquiert des vertus qu'il n'aurait point acquises; il évite des péchés qu'il n'aurait point évités : la loi qui oblige l'homme à la perfection est donc une loi pleine de sagesse.

Les fautes qui échappent à la vigilance de l'homme ne sont point des crimes irrémissibles : les catholiques, qui soutiennent que l'homme ne peut vivre sans péché, ne font donc point de Dieu un être injuste et barbare, qui oblige l'homme à des choses impossibles pour avoir des coupables à punir.

La doctrine des catholiques contre Pélage, sur l'impossibilité dans laquelle l'homme est d'éviter tous les péchés pendant sa vie, était la doctrine de toute l'Eglise, et le sentiment de Pélage sur l'impossibilité fut condamné dans les conciles tenus en Orient, quelque bien disposé qu'on fût pour la personne de Pélage dans ces assemblées. Pélage lui-même fut obligé de la condamner; elle le fut ensuite par le concile de Milève, et cette condamnation fut approuvée par le pape et par toutes les Eglises.

SECONDE ERREUR DE PÉLAGE,

Il n'y a point de péché originel.

Les catholiques prouvaient le péché originel par l'Ecriture, par la tradition, et enfin par l'expérience.

Pélage, pour soutenir son sentiment contre les catholiques, prétendit qu'ils interprétaient mal l'Ecriture; il réclama l'autorité de la tradition, attaqua le dogme du péché originel, et prétendit qu'il était absurde et injurieux à Dieu.

Les sociniens ont renouvelé les erreurs des pélagiens sur le péché originel, et les ennemis de la religion tournent contre la religion même toutes les difficultés des pélagiens et des sociniens.

Ainsi il est important de traiter cette question.

Preuves qui établissent le dogme du péché originel.

Moïse nous apprend qu'Adam a péché et qu'il a été chassé du paradis. David reconnaît qu'il a été formé dans l'iniquité et que sa mère l'a conçu dans le péché.

Job déclare que personne n'est exempt de souillure, non pas même l'enfant d'un jour (5).

Saint Paul enseigne que le péché est entré par un seul homme dans le monde, et la mort par le péché, et qu'ainsi la mort est passée dans tous les hommes. Tous ayant péché dans un seul, il répète que c'est par le péché d'un seul que tous les hommes sont tombés dans la damnation, que nous naissons enfants de colère (6).

Nous avons dans nous-mêmes des preuves de la corruption originelle de la nature humaine : Dieu avait fait l'homme immortel;

---

(1) Pelag., ep. ad Demetriad. apud. Hieron., t. IV, p. 10.
(2) Definitiones Cœlestii. Garnier, appendix. 6, de scriptis pro hæresi Pelag., c. 3, p. 384.
(3) Proverb. xxiv. Joan. i, 1.

(4) Origen. in Ep. ad Rom. Cyprian., etc. *Voyez* Vossius, Hist. Pelagian. Noris. Garnier.
(5) Genes. Psalm. L, 7, Job. xiv, 4.
(6) Rom. v. Ephes. ii.

il avait éclairé son esprit et créé son cœur droit; nous naissons au contraire ensevelis dans les ténèbres, portés au mal; nous sommes affligés par mille infirmités qui nous conduisent enfin à la mort.

Nous avons donc des preuves de fait que nous sommes coupables et punis à cause du péché d'Adam.

Depuis saint Ignace jusqu'à saint Jérôme, qui disputait contre Pélage, tous les Pères ont enseigné le dogme du péché originel (1).

Les cérémonies de l'Eglise, le baptême, les exorcismes, étaient des preuves que la croyance du péché originel était aussi ancienne que l'Eglise, et cette croyance était si distincte dans l'Eglise, que Julien reprochait à saint Augustin qu'il se servait contre lui du consentement des artisans et du peuple (2).

Enfin, encore aujourd'hui toutes les communions séparées depuis mille, onze et douze cents ans, reconnaissent le dogme du péché originel (3).

Réfutation des réponses des pélagiens et des sociniens aux preuves que l'on vient d'apporter.

1° Les pélagiens et les sociniens ont prétendu que les passages qui portent que nous avons péché dans Adam ne signifient rien autre chose sinon qu'Adam a donné à tout le genre humain l'exemple du péché, que tous les hommes l'ont imité, et que c'est en ce sens que tous les hommes pèchent dans Adam.

Mais il est clair, par le passage tiré de saint Paul, 1. que tous les hommes meurent en Adam, et que cette mort est une suite du péché du premier homme; 2. que tous les hommes sont coupables de ce péché, et qu'il est aussi étendu que l'empire de la mort; que les enfants qui meurent dans le sein de leur mère sont coupables de ce péché, quoiqu'ils n'aient encore fait aucune action, et que par conséquent le péché originel n'est pas une imitation du péché d'Adam; 3. il est clair, par l'Ecriture, que nous naissons enfants de colère, odieux aux yeux de Dieu, et que par conséquent le péché d'origine n'est pas une simple privation des avantages attachés à l'état d'innocence, tels que l'immortalité, l'empire sur nos sens, etc., comme les sociniens le prétendent, mais que le péché originel est un péché qui affecte l'âme de l'homme et qui le rend odieux à Dieu.

2° Les pélagiens et les sociniens opposent à ces preuves un passage du Deutéronome, qui dit que les enfants ne mourront point pour leurs pères, ni les pères pour les enfants.

Mais il s'agit ici d'une loi qui regarde des enfants nés; c'est une loi que Dieu prescrit à des hommes qui doivent juger d'autres hommes : quel rapport une pareille loi a-t-elle avec les passages qui prouvent le péché originel?

3° Julien opposait à saint Augustin un passage de saint Paul, qui dit que nous comparaîtrons tous devant le tribunal de Jésus-Christ pour être jugés selon ce que chacun aura fait de bien ou de mal; d'où il concluait que les enfants qui n'avaient fait ni bien ni mal ne comparaîtraient pas, et qu'ils n'étaient par conséquent point coupables et ne seraient point punis.

De là naquirent toutes les questions sur le sort des enfants, sur le genre de peine qu'ils devaient souffrir; questions inutiles pour le fond des contestations qui partageaient les catholiques et les pélagiens, sur lesquelles saint Augustin n'osait rien affirmer, et sur lesquelles l'Eglise ne prononça point.

Mais Julien ne prouvait rien par ce passage de saint Paul, car il est clair que saint Paul n'exclut point les enfants, et quand il les exclurait, il s'ensuivrait tout au plus qu'ils ne sont coupables d'aucun péché actuel, et non pas qu'ils ne sont point coupables du péché originel.

4° Les pélagiens et les sociniens prétendent que le baptême n'est point donné pour remettre un péché, mais pour associer l'homme à l'Eglise chrétienne et lui donner droit au bonheur que Dieu destine à ceux qui vivent dans l'Eglise de Jésus-Christ.

Les catholiques répondaient que l'Ecriture et la tradition nous apprennent que le baptême est donné pour la rémission des péchés et pour régénérer l'homme.

5° Les pélagiens et les sociniens opposent l'autorité des Pères.

Mais, il est certain que Pélage et Julien n'ont jamais opposé à saint Augustin que quelques passages de saint Chrysostome, de saint Basile et de Théodore de Mopsueste, et que saint Augustin fit voir que les pélagiens n'en pouvaient rien conclure en faveur de leur sentiment (4).

D'ailleurs, ce que nous avons dit sur l'origine de l'erreur de Pélage, par rapport aux différentes méthodes que les Pères employaient, selon les différents objets qu'ils se proposaient, peut servir à répondre aux passages dans lesquels ils paraîtront attaquer le péché originel, et à tout ce que Whitby a recueilli pour soutenir qu'avant saint Augustin les Pères avaient témoigné du penchant à la doctrine des pélagiens (5).

Difficultés des pélagiens et des sociniens contre le dogme du péché originel.

Tout ce qu'on peut dire contre le péché originel, Pélage et Célestius l'ont dit dans leurs disputes contre les catholiques. On peut les réduire à ce qui suit :

---

(1) On trouve tous ces passages dans Vossius. Hist. Pelag., part. 1, thes. 6
(2) Aug., l. II Op. Imperf., c. 181; l. v, c. 131.
(3) Perpét. de la foi, t. III, à la fin.
(4) *Voyez*, sur cela, Remarques sur la Biblioth. de M. Dupin, in-8°; à Paris, 1692, t. I. On y prouve que saint Justin, saint Irénée, Tertullien, Origène, se sont très-clairement expliqués sur le péché originel. *Voyez* aussi la tradition de l'Eglise sur le péché originel; à Paris, 1692, in-12.
(5) Whitby, De imputatione divina peccati Adami posteris ejus universis; in-8°; Lond., 1711.

Une créature qui n'existe point ne saurait être complice d'une action mauvaise, et il est injuste de la punir comme coupable de cette action. L'enfant qui naît six mille ans après Adam n'a pu ni consentir à son péché ni réclamer contre sa prévarication : comment Dieu si juste, si bon, si miséricordieux, qui pardonne à ceux qui implorent sa miséricorde les péchés qu'ils ont commis librement, imputerait-il un péché qu'on n'a pu éviter et auquel on n'a aucune part (1) ?

Il ne faut pas croire éluder la force de ces difficultés en répondant que le péché originel s'est transmis à la postérité d'Adam : nous ne recevons de nos pères que le corps, et le corps n'est pas susceptible de péché ; c'est dans l'âme que réside le péché, et l'âme sort pure et innocente des mains de Dieu (2).

Enfin, quand il serait vrai que l'âme deviendrait souillée par son union avec le corps que nous recevons de nos pères, cette souillure ou cette corruption ne serait point un péché, puisque la corruption du corps et l'union de l'âme au corps seraient produites par des causes indépendantes de l'enfant et qui ont précédé son existence.

Réponse.

Il est certain que ce qui n'existe que d'aujourd'hui n'a pu se déterminer ni consentir à un crime commis il y a six mille ans.

Mais les catholiques ne prétendent pas que l'enfant ait commis le crime d'Adam ou qu'il y ait consenti ; ils disent que depuis le péché d'Adam tous les hommes naissent privés de la grâce, déchus des priviléges de l'état d'innocence; que leur esprit est environné de ténèbres et leur volonté déréglée, et que cet état de l'homme est la suite du péché d'Adam.

Les catholiques ne disent pas que Dieu haïsse l'enfant, et qu'il le punisse pour avoir commis le péché d'Adam, ou parce qu'il est coupable d'un désordre dans lequel il soit tombé librement ; ils disent que le péché d'Adam causa dans ses facultés un désordre qui se communiqua à ses enfants, aussi bien que son péché, qui se transmit à tous les hommes qui naissent par la voie de la génération et qui n'en sont point garantis par une grâce spéciale : toutes les difficultés des pélagiens et des sociniens portent donc à faux et n'attaquent point le dogme du péché originel, tel que l'Eglise l'enseigne.

Mais, dira-t-on, comment le désordre causé dans les facultés d'Adam et le péché ont-ils pu se transmettre à ses enfants ?

L'Ecriture, qui nous apprend si clairement le péché du premier homme, et que son péché s'est communiqué à sa postérité, ne nous explique point comment ce désordre et ce péché se sont communiqués à ses enfants et ensuite à toute sa postérité.

Nous ne pouvons donc expliquer clairement comment se fait la propagation du péché originel ; mais nous ne voyons point qu'elle soit impossible, et par conséquent le pélagien et le socinien ne peuvent sans absurdité nier le péché originel ; car il est absurde de nier une chose enseignée clairement dans l'Ecriture, dans la tradition et par l'Eglise universelle, lorsqu'on ne démontre pas que cette chose est impossible.

Mais, disent les sociniens, n'est-il pas évident que Dieu ne peut punir que ce qui est volontaire ?

Dieu hait essentiellement le désordre, et le péché originel ne laisse pas d'être un désordre, quoiqu'il soit l'effet d'un péché que l'enfant n'a pu ni vouloir ni prévenir. Le péché originel déplaît donc à Dieu, quoiqu'il soit nécessaire, et la créature dans laquelle il se trouve lui est odieuse; mais il ne la hait point et ne la punit point comme une créature qui s'est mise volontairement dans le désordre : les monstres dans l'ordre physique ne déplaisent-ils pas à Dieu.

Mais enfin, pourquoi a-t-il enveloppé toute sa race dans sa chute ? Pourquoi Dieu a-t-il permis cette fatale catastrophe ? Pourquoi a-t-il remis entre les mains du premier homme le sort de sa postérité ?

Je réponds, 1° que l'ignorance dans laquelle Dieu nous laisse à cet égard ne nous autorise point à nier un dogme enseigné dans l'Ecriture, dans la tradition et par l'Eglise universelle : avouons plutôt avec Leibnitz que nous ne connaissons pas assez, ni la nature du fruit défendu, ni son action, ni ses effets, pour juger du détail de cette affaire (3).

2° Si nous voyions en son entier le plan de la Providence, relativement au genre humain, ces plaintes, ces questions téméraires nous paraîtraient déraisonnables, pleines d'ingratitude et injurieuses au Rédempteur, qui a fait une abondante compensation pour tous les dommages qui résultent du péché d'Adam, en satisfaisant non-seulement pour le péché originel, mais encore pour les péchés actuels de tout le monde.

Si nous nous plaignons de notre état présent, c'est parce que nous en sentons tous les inconvénients et que nous n'en connaissons pas les avantages. Les anges apostats sont tombés sans ressource ; mais nos premiers parents ont été relevés de leur chute ; ce n'est point par notre faute que nous nous trouvons au fond du précipice, mais nous avons un rédempteur qui nous en a tirés par sa mort et par sa grâce.

La doctrine du péché originel, telle qu'elle est enseignée par l'Eglise catholique, ne fait donc Dieu ni auteur du péché ni injuste, et toutes les difficultés des pélagiens, des sociniens, des arminiens et de Whitby n'ont de force que contre l'imputation au sens de Luther et de Calvin.

Les difficultés sur la permission du péché d'Adam appartiennent au manichéisme. *Voyez* cet article et celui de MARCION.

---

(1) Pelag. apud. Aug., de Nat. et Grat., c. 9, 30, l. III. de peccat. Merit., c. 2, 3. In Ep. ad Rom., inter opera Hieron., et dans l'appendix que le Clerc a ajouté à l'édition de saint Aug. par les PP. bénédictins.
(2) Apud Aug., de Nat. et Grat., c. 54.
(5) Essais de théodicée, première partie, § 112.

Des différentes manières d'expliquer le péché originel.

Le dogme du péché originel est d'un côté si important dans la religion, et de l'autre si difficile à comprendre et à persuader, que l'on a dans tous les temps fait beaucoup d'efforts pour expliquer sa nature et la manière dont il se communiquait.

1° On supposa que les âmes avaient péché dans une vie antérieure à leur union avec le corps humain : cette opinion, imaginée par les platoniciens, attribuée à Origène et adoptée par les cabalistes, a été suivie par quelques modernes, tels que Rust, Glainville et Henri Morus (1).

Ce sentiment qui, pris comme opinion philosophique, n'est qu'une vaine imagination, a été condamné par l'Eglise et n'explique point le dogme du péché originel, puisque ce péché est transmis aux hommes par Adam.

2° On a supposé que toutes les âmes étaient renfermées dans Adam, et que par conséquent elles avaient participé à son péché.

Ce sentiment, dont saint Augustin n'était pas fort éloigné, a été adopté par un grand nombre de théologiens de la confession d'Augsbourg; et, au commencement de notre siècle, Wolflin en a fait un principe pour expliquer la propagation du péché originel. C'est par imputation, dit-il, que tous les hommes y participent; mais la dépravation leur est communiquée par la propagation, et cette propagation suppose que les âmes viennent les unes des autres.

Avant Wolflin, Nicolaï avait enseigné qu'en admettant la création immédiate des âmes, il n'est pas possible d'expliquer le péché originel (2).

Ce sentiment, qui a été condamné par l'Eglise, est absurde; car l'âme étant une substance simple, indivisible, immatérielle, il est impossible qu'aucune âme sorte d'une autre par voie d'émanation.

D'ailleurs, ce sentiment n'expliquerait point le péché originel, puisque les âmes renfermées dans l'âme d'Adam n'auraient point eu l'exercice de leurs facultés, et enfin parce qu'Adam ayant obtenu le pardon de son péché, tous ses enfants auraient dû l'obtenir si les âmes humaines avaient été renfermées dans celle du premier homme de manière qu'elles eussent participé à ses déterminations.

3° On a reconnu que les âmes n'ont point existé avant cette vie, qu'elles ont été créées immédiatement par Dieu, et qu'elles ne sont pas des émanations de l'âme d'Adam.

Mais, parmi ceux qui reconnaissent que les âmes existent par voie d'émanation, les uns croient que toutes les âmes ont été créées et qu'elles ont été unies à des corps renfermés dans le corps d'Adam. Les autres pensent, conformément au jugement de l'Eglise, que les âmes des hommes sont créées lorsque le corps humain est formé dans le sein de la mère.

Le système de la génération des animaux par des animalcules formés dans le premier animal, et qui ne font que se développer, ne pouvait manquer de faire adopter le premier sentiment. Leibnitz crut qu'il pouvait expliquer la propagation du péché originel; il fut suivi par Rasiels, qui l'expliqua avec plus de détails que Leibnitz (3).

Il suppose que les corps de tous les hommes qui devaient exister ont été formés dans Adam, et que Dieu avait uni à ces petits corps des âmes humaines, parce qu'il n'y a pas de raison de différer plus longtemps l'union de l'âme et du corps, et que ce petit corps vivant aussi bien dans le premier instant de sa formation qu'après sa naissance, on ne peut le supposer privé d'une âme.

Il admet donc, dans les petits corps humains renfermés dans Adam, des âmes humaines.

Les petits corps unis à ces âmes étaient unis aux corps des pères et ils en tiraient leur nourriture; autrement ils se seraient desséchés.

Il y avait donc une communication entre Adam et le nombre infini de personnes qu'il contenait, à peu près semblable à celle qu'un enfant a avec sa mère aussitôt qu'elle l'a reçu dans son sein; et comme les mouvements de la mère se communiquent aux enfants, ceux d'Adam se sont communiqués à tous ceux qui devaient naître de lui.

Suivant ce système, quand Dieu défendit à Adam de manger du fruit de l'arbre de la science du bien et du mal, les impressions de son cerveau se communiquèrent aux cerveaux de ses enfants, qui eurent par conséquent les mêmes idées; et lorsqu'Adam fut tenté de manger du fruit, et qu'il y consentit, ses enfants y consentirent d'autant plus facilement que la mollesse de leurs fibres leur avait fait moins conserver le souvenir du précepte, et que le cours de leurs esprits animaux était favorisé par le cours des esprits animaux d'Adam.

Leur péché fut à peu près pareil à celui d'une personne qui s'éveille en sursaut, ou à celui des enfants qui sont en nourrice. C'est pourquoi, dit Rasiels, quoiqu'ils soient véritablement enfants de colère, ils ne sont pas l'objet d'une si grande colère, puisque Dieu se contente de les priver de sa gloire, sans les condamner aux châtiments des pécheurs.

Cette hypothèse est absolument destituée de fondement du côté de la raison, et le système de la génération des animaux par des animalcules préexistants et formés dès la création du monde, qui lui sert de base,

---

(1) Rust. disc. sur la Vérité. Glanville, Lux orientalis. Henri Mor., t. II. Oper. phil., p. 365. In Mercavæ Cabalisticæ Expositione Psychozoiæ de Vita animæ, de Immortalitate. Autopsychomachia contra eos qui animas post discessum a corpore dormire somniarunt; cum Appendice de animæ Præexistentia. Tous ces ouvrages se trouvent dans le Recueil des poëmes philosophiques de Morus; in-8°, à Cambridge. Quelques-uns ont été traduits en français.
(2) Christophori Wolflini dissert., in-4°, à Tubinge.
(3) Essais de Théodicée, première partie, § 90. Traité de l'Esprit humain, par Rasiels du Vigier, chez Jombert, 1716, in-12.

n'a plus guere de vraisemblance ni de sectateurs.

D'ailleurs, il n'explique point la communication du péché d'Adam à ses descendants, puisque ces âmes n'avaient point l'usage de la raison lorsqu'Adam pécha, et qu'elles ne pouvaient donner un consentement libre : l'explication des mahométans, toute ridicule qu'elle est, paraîtrait plus raisonnable (1).

Enfin, ce sentiment est contraire aux décisions de l'Eglise.

4° Il est donc certain que l'âme des enfants d'Adam n'a été créée que quand il s'est formé dans le sein d'Eve un corps humain, et, pour expliquer la transmission du péché originel, il faut expliquer comment le péché d'Adam se communique aux âmes que Dieu crée pour les unir à des corps humains par voie de génération.

Les théologiens se sont encore partagés sur cette explication.

1° Beaucoup de théologiens ont prétendu que le péché originel n'est que le péché d'Adam imputé à tous ses descendants.

Les théologiens supposent que comme Dieu, quand il établit Abraham le père des croyants, avait fait un pacte avec sa postérité, de même quand il donna la justice originelle à Adam et au genre humain, notre premier père s'engagea, en son nom et en celui de ses descendants, de la conserver pour lui et pour eux, en observant le précepte qu'il avait reçu ; au lieu que, faute de l'observer, il la perdrait autant pour lui que pour eux, et les rendrait sujets aux mêmes peines, sa transgression étant devenue celle de chacun, en lui comme cause, et dans les autres comme la suite du pacte contracté par eux : qu'ainsi la même transgression, qui était en lui un péché actuel, fait dans les autres le péché originel par l'imputation qui leur en est faite, et que c'est ainsi que tout le monde a péché en lui lorsqu'il a péché.

Ce sentiment fut soutenu avec beaucoup de force par Catharin, dans le concile de Trente, et il a été adopté par presque tous les protestants.

Mais ce sentiment paraît contraire à tout ce que l'Ecriture et la tradition nous apprennent du péché originel, et ne s'accorde pas bien avec les idées de la justice et de la bonté de Dieu ; car pour imputer un crime il faut un consentement formel ; un consentement présumé ne suffit pas, et les théologiens qui adoptent le sentiment de l'imputation ne reconnaissent point d'autre consentement dans les enfants d'Adam.

Ce pacte peut avoir lieu lorsqu'il est question de faire du bien, mais non pas lorsqu'il s'agit de punir positivement.

La supposition du pacte fait entre Dieu et Adam, laquelle sert de base à ce sentiment, est une supposition chimérique, dont Catharin n'a donné aucune preuve.

2° Il y a des théologiens qui croient que, depuis le péché d'Adam, son corps a été corrompu, et que l'âme sortant pure des mains de Dieu et s'unissant à un corps corrompu, contracte sa corruption, comme une liqueur pure se corrompt dans un vase infecté : ce sentiment, indiqué par saint Augustin, a été suivi par Grégoire de Rimini, Gabriel, etc.

Pour expliquer comment le péché du premier homme a corrompu son corps, Grégoire de Rimini suppose que le serpent, en conversant avec Eve, dirigea contre elle son haleine, et que son souffle contagieux infecta le corps d'Eve. Eve communiqua sa contagion à Adam, et tous deux la communiquèrent à leurs enfants, comme nous voyons des maladies héréditaires dans certains pays et dans certaines familles.

Mais quand il serait vrai que le souffle du serpent ait porté dans le corps d'Eve un principe de corruption, quel rapport cette corruption a-t-elle avec le péché, qui est une affection de l'âme ? Une substance immatérielle peut-elle se corrompre en contractant la corruption du corps, comme une liqueur pure se corrompt dans un vase infect ?

3° Il y a des théologiens qui, pour expliquer la transmission du péché originel, supposent que Dieu avait formé le plan de faire naître tous les hommes d'un seul par voie de génération, et qu'il a établi une loi par laquelle il devait unir une âme à un corps humain toutes les fois que, par la voie de la génération, il se formerait un corps humain.

Dieu, selon ces mêmes théologiens, s'était fait une loi d'unir au corps humain né d'Adam une âme semblable à celle du premier homme.

Adam, par son péché, perdit la grâce originelle ; ainsi, lorsqu'il engendra un fils, Dieu unit à son corps une âme privée de la justice originelle et des dons de l'état d'innocence.

---

(1) Ebn Abas dit qu'il fut passé un contrat entre Dieu et les hommes, par lequel tout le genre humain s'obligea de reconnaître Dieu pour son souverain maître, et que c'est de ce pacte dont il est parlé dans l'Alcoran, au chapitre intitulé Aaraf ; voici ce qu'on dit du péché originel :

« Lorsque Dieu tira des reins d'Adam toute sa postérité, il adressa à tous les hommes ces paroles : Ne suis-je pas votre Dieu ? et ils lui répondirent : Oui. » Cet auteur veut que tous les hommes aient été effectivement assemblés, sous la figure de fourmis douées d'intelligence, dans la vallée de Dahier, aux Indes ; après cette convocation générale, Dieu dit, dans le même chapitre :

« Nous avons pris des témoins, afin que les hommes ne disent pas au jour du jugement : Nous ne savons rien de ce pacte, et qu'ils ne disent pas, pour excuser leur impiété : Nos pères ont idolâtré avant nous ; nous avons été leurs imitateurs aussi bien que leurs descendants ; nous perdrez-vous, Seigneur, pour ce que des fous et des ignorants ont commis contre vous ? » (D'Herbelot, au mot Adam, Biblioth. orient., p. 44.)

Les mahométans croient en outre que nous recevons de notre premier père un principe de corruption, qu'ils appellent la graine du cœur, l'amour-propre et la concupiscence qui nous portent au péché : c'est le péché d'origine que les mahométans reconnaissent être venu d'Adam, notre premier père, et disent qu'il est le principe de tous les autres péchés.

Mahomet se vantait d'en avoir été délivré par l'ange Gabriel, qui lui arracha du cœur cette semence noire, et que par ce moyen il était impeccable.

Selon d'autres mahométans, le péché originel vient de ce que le diable manie les enfants jusqu'à ce qu'il les ait fait crier. Selon les mahométans, Jésus-Christ et la sainte Vierge furent garantis de l'attouchement du diable, et n'ont point eu de péché originel. (D'Herbelot, Biblioth. orient., au mot Meriam, p. 595.)

Estius remarque que ce sentiment, indiqué par saint Cyrille et adopté par saint Anselme, n'explique point la transmission du péché originel, parce qu'il ne la fait consister que dans la privation de la justice originelle, ce qui ne suffit pas pour expliquer le péché originel, qui est un désordre; car il serait possible, selon Estius, qu'une âme fût privée de la justice originelle et qu'elle ne fût cependant pas coupable ou déréglée (1).

Ce théologien croit donc qu'il faut supposer que l'âme privée de la justice originelle est unie à un corps corrompu, qui communique le péché à l'âme qui lui est unie.

Mais le corps est-il capable de pécher? Peut-il souiller l'âme? Voilà ce que ni Scot, ni Estius, ni aucun des théologiens qui suivent ce sentiment n'ont pu faire concevoir.

Le P. Malebranche et Nicole ont tâché de l'expliquer.

Adam, selon le P. Malebranche, fut créé dans l'ordre; et comme l'ordre veut que Dieu n'agisse que pour lui, Adam reçut en naissant un penchant qui le portait à Dieu, et une lumière qui lui faisait connaître que Dieu seul pouvait le rendre heureux.

Cependant, comme Adam avait un corps qui n'était pas inaltérable, et qu'il devait se nourrir, il fallait qu'il fût averti du besoin de manger et qu'il pût distinguer les aliments propres à le nourrir : il fallait donc que les aliments propres à entretenir l'harmonie dans le corps d'Adam fissent naître dans son âme des sentiments agréables, et que ceux qui lui étaient nuisibles excitassent des sensations désagréables.

Mais ces plaisirs et ces mouvements ne pouvaient le rendre esclave ni malheureux comme nous, parce qu'étant innocent, il était maître absolu des mouvements qui s'excitaient dans son corps.

L'ordre demande que le corps soit soumis à l'âme; Adam arrêtait donc à son gré les mouvements qui s'excitaient dans son corps, en sorte que les impressions sensibles ne l'empêchaient pas d'aimer uniquement Dieu, et ne le portaient point à regarder le corps comme la cause ou comme l'objet dont il devait attendre son bonheur.

Après qu'Adam eut péché, il perdit d'un côté l'empire qu'il avait sur ses sens, et de l'autre la justice originelle : les impressions des objets extérieurs produisirent en lui des impressions qu'il ne fut pas le maître d'arrêter, et qui le portèrent malgré lui vers les objets qui excitaient en lui des sentiments agréables.

Dieu avait résolu de faire naître tous les hommes d'Adam, et d'unir une âme humaine au corps humain qu'Adam engendrerait; mais Dieu, selon le P. Malebranche, ne devait accorder à cette âme la justice originelle qu'autant qu'Adam persévérerait dans l'innocence.

Ainsi Adam et Ève, après leur péché, 1° avaient perdu l'empire qu'ils avaient sur leurs sens, et les corps excitaient en eux des plaisirs qui les portaient vers les objets sensibles; 2° Dieu unissait aux corps qu'ils engendraient, une âme privée de la justice originelle.

Dieu, selon le P. Malebranche, avait établi une loi par laquelle il devait y avoir un commerce continuel entre le cerveau de la mère et le cerveau de l'enfant formé dans son sein; en sorte que tous les sentiments qui s'excitent dans la mère devaient s'exciter dans l'enfant.

L'âme humaine que Dieu unit au corps humain qui se forma dans le sein d'Ève après son péché éprouvait donc toutes les impressions qu'Ève recevait des objets sensibles; et comme elle était privée de la justice originelle, elle était portée vers les corps, elle les aimait comme la source de son bonheur : elle était donc dans le désordre, ou plutôt sa volonté était déréglée; le désordre de sa volonté n'était point libre, mais il n'était pas moins un désordre qui déplaisait à Dieu (2).

Cette explication porte certainement l'empreinte du génie de Malebranche; mais elle est appuyée sur un fondement bien faible, je veux dire la communication entre le cerveau de la mère et le cerveau de l'enfant : cette communication n'est point prouvée; ces taches que les enfants tiennent de leurs mères, et que le P. Malebranche a prises pour les images des objets que les mères ont désirés ardemment pendant leur grossesse, ne sont que les suites d'un sang extravasé par un mouvement trop violent, qui peut bien être occasionné par une impression vive que fait sur les organes un objet sensible, et qui se communique au sang de l'enfant, parce qu'il y a en effet une communication entre les vaisseaux sanguins de la mère et ceux de l'enfant; mais ce sang extravasé ne suppose pas que le cerveau de l'enfant ait reçu les mêmes impressions que le cerveau de la mère; rien ne conduit à cette supposition (3).

Voici l'explication de Nicole.

« L'expérience fait voir que les inclinations des pères se communiquent aux enfants, et que leur âme venant à être jointe à la matière qu'ils tirent de leurs parents, elle conçoit des affections semblables à celles de l'âme de ceux dont ils tirent la naissance; ce qui ne pourrait être si le corps n'avait certaines dispositions et si l'âme des enfants n'y participait en concevant des inclinations pareilles à celles de leurs pères et de leurs mères, qui avaient les mêmes dispositions du corps.

« Cela supposé, il faut convenir qu'Adam, en péchant, se précipita avec une telle impétuosité dans l'amour des créatures qu'il ne changea pas seulement son âme, mais qu'il troubla l'économie de son corps, qu'il y imprima les vestiges de ses passions,

---

(1) Cyril., de Incarnat. Anselm., de Concept. Virginis, c. 5. De liber. Arbitr., c. 22. Estius. in l. II, sent. 31, 1.
(2) Malebr., Rech. de la vérité, l. I, c. 5; l. II, part. I, c. 7. Eclairc. 8. Conv., chr., entr. 4.

(3) *Voyez* Dissert. physique sur la force de l'imagination des femmes enceintes, 1757, in-8°. Lettre sur l'imagination des visionnaires.

et que cette impression fut infiniment plus forte et plus profonde que celles qui se font par les péchés que les hommes commettent présentement.

« Adam devint donc par là incapable d'engendrer des enfants qui eussent le corps autrement disposé que le sien ; de sorte que les âmes étant jointes, au moment qu'elles sont créées, à ces corps corrompus, elles contractent des inclinations conformes aux traces et aux vestiges imprimés dans ces corps, et c'est ainsi qu'elles contractent l'amour dominant des créatures, ce qui les rend ennemies de Dieu.

« Mais pourquoi les âmes, qui sont des substances spirituelles, contractent-elles certaines inclinations, à cause de certaines dispositions de la matière ?

« On peut, pour expliquer cela, supposer que Dieu, en formant l'être de l'homme par l'union d'une âme spirituelle avec une matière corporelle, et voulant que les hommes tirassent leur origine d'un seul, avait établi ces deux lois, qu'il jugea nécessaires pour un être de cette nature :

« La première, que le corps des enfants serait semblable à celui des pères, et aurait à peu près les mêmes impressions, à moins que quelque cause étrangère ne les altérât ;

« La seconde, que l'âme unie au corps aurait certaines inclinations lorsque son corps aurait certaines impressions.

« Ces deux lois étaient nécessaires pour la propagation du genre humain, et elles n'eussent apporté aucun préjudice aux hommes, si Adam, en conservant son innocence, eût conservé son corps dans l'état auquel Dieu l'avait formé ; mais l'ayant altéré et corrompu par son péché, la justice souveraine de Dieu, infiniment élevée au-dessus de la nature, n'a pas jugé qu'elle dût pour cela changer les lois établies avant le péché ; et, ces lois subsistant, Adam a communiqué à ses enfants un corps corrompu.

« Mais comment doit-on concevoir cet amour dominant de la créature que l'âme contracte lorsqu'elle est jointe à des corps qui viennent d'Adam ?

« On doit le concevoir comme on conçoit la grâce justifiante dans les enfants baptisés, c'est-à-dire que, comme l'âme des enfants, par la grâce qu'elle reçoit, est habituellement tournée vers Dieu, et l'aime de la manière que les justes aiment Dieu durant le sommeil, de même l'âme des enfants, par cette inclination qu'elle contracte, devient habituellement tournée vers la créature comme sa fin dernière, et l'aime comme les méchants aiment le monde pendant qu'ils dorment ; car il ne faut pas s'imaginer que nos inclinations périssent par le sommeil ; elles changent seulement d'état, et ces inclinations suffisent pour rendre les uns justes, quand elles sont bonnes, et les autres méchants, quand elles sont mauvaises (1). »

Nicole ne regarde cette explication que comme ce que l'on peut dire de plus probable.

(1) Nicole, Instr. sur le Symbole, seconde instr., sect. 4, c. 2.

Ce que nous venons de dire sur les différentes explications du péché originel est en quelque sorte l'histoire de l'esprit humain par rapport à cet objet ; nous pouvons en conclure : 1° que la doctrine de l'Eglise sur le péché originel n'est point l'ouvrage de l'esprit humain, puisque les différents états par lesquels il a passé n'ont fait que varier les explications de ce dogme et n'en ont point attaqué l'existence, ou ne l'ont attaquée que par l'impossibilité de l'expliquer, ce qui me paraît supposer nécessairement que ce dogme n'est point un dogme imaginé par les hommes.

2° Cette histoire peut servir à nous faire connaître à peu près les progrès de la raison humaine depuis Origène jusqu'à Malebranche et Nicole.

TROISIÈME ERREUR DE PÉLAGE

Sur la nécessité de la grâce.

Pour rendre inexcusables les pécheurs qui n'obéissaient pas à l'impétuosité de son zèle, Pélage prétendait trouver dans l'homme même toutes les ressources nécessaires pour arriver au plus haut degré de perfection, et combattait tous les dogmes qui paraissaient établir la corruption originelle de l'homme, ou donner des bornes à ses forces naturelles pour le bien et ne point faire dépendre entièrement de lui son salut et sa vertu ; il nia donc non-seulement le péché originel, mais encore la nécessité de la grâce.

La liberté de l'homme était la base sur laquelle il établissait ce dernier sentiment.

Dieu, disaient les pélagiens, n'a point voulu que l'homme fût porté nécessairement au vice ou à la vertu ; il l'a créé avec la liberté de se porter à l'un ou à l'autre : c'est une vérité généralement reconnue et que l'Eglise a constamment enseignée contre les marcionites, les manichéens, et contre les philosophes païens. Il est donc certain que l'homme naît avec la liberté d'être vertueux ou vicieux, et qu'il devient l'un et l'autre par choix : l'homme a donc une vraie puissance de faire le bien ou le mal, et il est libre à ces deux égards.

La liberté de faire une chose suppose nécessairement la réunion de toutes les causes et de toutes les conditions nécessaires pour faire cette chose, et l'on n'est point libre à l'égard d'un effet toutes les fois qu'il manque une des causes ou des conditions naturellement requises pour produire cet effet.

Ainsi, pour avoir la liberté de voir les objets, il faut non-seulement avoir la faculté de voir saine et entière, mais encore il faut que l'objet soit éclairé et dans une certaine distance ; et, quelque bons yeux que l'on eût, on n'aurait point la liberté de voir ces objets si l'on était dans les ténèbres, ou si l'objet était à une distance trop grande : puis donc que l'homme naît avec la liberté de faire le bien ou le mal, il reçoit de la nature et réunit en lui toutes les conditions et toutes les causes naturellement requises et nécessaires pour le bien ou pour le mal.

La grâce ne lui est donc pas nécessaire, ou, si l'homme a besoin d'un secours extraordinaire et différent des qualités qu'il reçoit de la nature, il naît soumis à une fatalité inévitable; il est sans liberté.

On se souleva contre ce sentiment de Pélage, et on lui opposa l'autorité de l'Ecriture qui nous enseigne que personne ne peut aller à Dieu si Jésus-Christ ne l'attire; que nous n'avons rien que nous n'ayons reçu, et que nous ne devons pas nous glorifier comme s'il y avait quelque chose que nous n'eussions pas reçu; que c'est la grâce qui nous sauve par la foi; que cela ne vient pas de nous, puisque c'est le don de Dieu; que nous ne sommes pas capables de former aucune bonne pensée de nous-mêmes, mais que c'est Dieu qui nous en rend capables (1).

A l'autorité de l'Ecriture, les catholiques joignaient le témoignage des Pères; car il ne faut pas croire que les Pères qui ont précédé Pélage aient été pélagiens. Saint Augustin fit voir que la doctrine de l'Eglise sur la nécessité de la grâce était clairement enseignée par les Pères des quatre premiers siècles, et que ces saints docteurs n'avaient fait que transmettre ce qu'ils avaient appris, et enseigner à leurs enfants ce qu'ils avaient reçu de leurs pères (2).

Qu'on nous allègue après cela, dit Bossuet, des variations sur ces matières.

« Mais quand on ne voudrait pas en croire saint Augustin, témoin si irréprochable en cette occasion, sans avoir besoin de discuter les passages particuliers qu'il a produits, personne ne niera ce fait public, que les pélagiens trouvèrent toute l'Eglise en possession de demander, dans toutes ses prières, la grâce de Dieu comme un secours nécessaire, non-seulement pour bien croire, mais encore pour bien prier; ce qui étant supposé comme constant et incontestable, il n'y aurait rien de plus injuste que de soutenir après cela que la foi de l'Eglise ne fût point parfaite sur la grâce (3). »

La nécessité de la grâce était crue si généralement que Pélage, en l'attaquant, souleva tous les fidèles et fut obligé de le reconnaître dans le concile de Palestine.

Enfin les conciles assemblés contre Pélage et les souverains pontifes ont constamment reconnu la nécessité de la grâce pour toutes les œuvres du salut (4).

La nécessité de la grâce n'était point contraire à la liberté : lorsqu'on disait que la grâce était nécessaire, on ne niait pas que l'homme n'eût naturellement le pouvoir de faire le bien ou le mal, mais on prétendait qu'avec ce pouvoir on ne pouvait jamais aller à Jésus-Christ; qu'avec ce pouvoir on pouvait faire le mal, mais qu'on ne pouvait jamais aller à Jésus-Christ sans la grâce : ce dogme de la nécessité de la grâce pour les œuvres du salut n'était point contraire à la liberté de l'homme pour les choses d'un ordre naturel; ainsi la nécessité de la grâce n'était point opposée à la liberté qu'on avait défendue contre les manichéens.

En distinguant soigneusement ces deux objets, on explique tous les passages dans lesquels les Pères paraissent ne pas supposer la nécessité de la grâce, et l'on fait voir qu'ils n'étaient point favorables au pélagianisme.

QUATRIÈME ERREUR DE PÉLAGE

Sur la nature de la grâce, dont il reconnut la nécessité.

Pélage, voyant que ses sentiments révoltaient les fidèles et qu'il ne pouvait contester l'authenticité des passages produits par les catholiques, tâcha de les expliquer et prétendit qu'il ne niait point la nécessité de la grâce telle que l'Ecriture l'enseignait.

En effet, disait Pélage, il faut dans tout homme qui agit distinguer trois choses : le pouvoir, le vouloir et l'action.

L'action est l'effet de notre volonté; c'est notre détermination qui la produit.

Mais c'est de Dieu seul que nous tenons le pouvoir; c'est de lui seul que nous tenons l'existence, notre volonté et toutes nos facultés; c'est de lui que nous tenons le pouvoir que nous avons de penser et de vouloir le bien; il ne nous doit ni l'existence, ni ces facultés; elles sont donc une grâce, et Dieu est la cause principale de nos actions et de nos mérites (5).

La grâce dont l'Ecriture nous enseigne la nécessité est la grâce du Rédempteur, celle qui nous fait aller à Jésus-Christ et sans laquelle nous ne pouvons aller à lui; or cette grâce n'est ni l'existence ni la conservation.

Pélage fut donc obligé de reconnaître une grâce différente du libre arbitre et de l'existence : comme cette grâce nous faisait connaître Jésus-Christ et nous conduisait à lui, il prétendit que la grâce nécessaire pour se sauver était la prédication de l'Evangile, les miracles que Jésus-Christ avait opérés, les exemples qu'il avait donnés, etc.

Les catholiques prouvèrent que cette grâce était une action de Dieu sur l'entendement et sur la volonté; ils prouvèrent à Pélage que Dieu fait en nous le vouloir et le faire; que la grâce de Jésus-Christ se répand dans nos cœurs, etc. (6).

Pélage, pressé par ces raisons, reconnut la nécessité d'une grâce intérieure; mais il prétendit qu'elle n'était nécessaire que pour agir plus facilement.

---

(1) Joan. VI, 44. Ephes. II, 8. II Cor. II, 5.
(2) Lib. I et II contr. Jul. Lib. IV ad Bonif., c. 8. De bono Persev. c. 4, 8, 19.
(3) Bossuet, premier Avertissement sur les Lettres de Jur., art. 34.
(4) Conc. Carthag. I. can. 52. Conc. Milev. in ep. ad Innoc. c. 5. *Voyez*, sur ce détail, l'art. PÉLAGE; Vossius, Noris, Garnier, Hist. pelagianæ hæresis.
(5) Pelag., l. III, de libr. Arbitr., cité par saint Aug., de Grat. Christ., c. 4. De Gestis Palestin. Ep. ad Sixt., c. 10.
(6) Aug., de Grat. Chr.

Il fut accablé par tous les passages qui disent que nous ne pouvons rien faire sans Jésus-Christ, etc.

Les pélagiens, qui n'avaient nié le péché originel et la nécessité de la grâce que pour faire dépendre de l'homme même son salut, ne pouvant méconnaître ni le péché originel, ni la nécessité d'une grâce intérieure qui éclaire l'entendement et qui touche la volonté; les pélagiens, dis-je, pour faire toujours dépendre de l'homme même son salut, prétendirent que cette grâce intérieure s'accordait aux mérites des hommes : ils conservaient par ce moyen le point fondamental de leur système (1).

Cette erreur sur la grâce fut condamnée par le concile de la Palestine et par Pélage même, mais de mauvaise foi, comme saint Augustin le prouve (2).

La foi de l'Eglise sur la gratuité de la grâce n'a jamais varié ; cependant elle ne fut pas définie expressément dans les conciles d'Afrique, soit qu'on n'ait pas voulu s'étendre sur cette question sur laquelle quelques personnes marquaient de l'embarras, soit parce que de la gratuité de la grâce on était allé jusqu'au dogme de la prédestination qu'il n'était pas à propos de toucher (3).

On n'a défini rien de plus sur la grâce dans les conciles contre les pélagiens : on ne trouve pas qu'on ait traité ni la manière dont cette grâce opère, ni son efficacité.

Toutes ces questions furent des suites nécessaires des réflexions qu'on fit sur les écrits de saint Augustin contre les pélagiens et sur la prédestination (4).

Pour s'en convaincre, il ne faut que se rappeler l'origine et le développement du pélagianisme, le principe d'où Pélage partit et les questions qui entraient essentiellement dans le plan de sa défense : il est clair que la manière dont la grâce opère était absolument étrangère à ce plan, et, dans le fond, les conciles qui ont condamné les pélagiens n'ont porté sur cet objet aucun jugement.

L'histoire du pélagianisme et de ses dogmes a été bien traitée par Vossius, par le P. Garnier, par le cardinal Noris et par Ussérius dans ses Antiquités de l'Eglise britannique.

PÉPUZIENS. On appela ainsi les hérétiques plus connus sous le nom de *phrygiens* ou *cataphrygiens*, parce qu'ils feignaient que Jésus-Christ était apparu à une de leurs prophétesses, dans la ville de Pépuza en Phrygie, qui était leur ville sainte.

PÉRÉENS ou PÉRATIQUES. *Voyez* EUPHRATE.

PERFECTIBILITÉ CHRÉTIENNE. Les protestants, pour justifier les modifications de leur doctrine et de leur culte, disent que la religion chrétienne est indéfiniment perfectible, et que, dès lors, il n'est pas étonnant d'y voir des changements progressifs, qui sont la suite nécessaire de sa constitution. M. l'abbé Barran, *Exposition raisonnée des dogmes et de la morale du christianisme*, t. I, p. 254, leur répond :

« Supposons un instant que la religion de Jésus-Christ puisse être perfectionnée d'une manière progressive : les protestants se trouvent-ils dans les conditions de cette perfectibilité ? Je ne le pense pas.

« Qu'est-ce, en effet, que le perfectionnement dans les arts, dans les sciences, et, si vous voulez, dans la religion ?

« Dans les arts, la sculpture, par exemple, ce sera de mieux harmoniser, de rendre plus naturelles, plus gracieuses les formes d'une statue. Perfectionner une science, comme la géométrie, c'est employer des méthodes plus claires, plus précises, plus propres à en faciliter les démonstrations. Il y a sans doute un autre perfectionnement plus large appliqué aux arts et aux sciences ; mais on devrait plutôt lui donner le nom de découverte, d'invention ; car, à la rigueur, perfectionner ne signifie autre chose que rendre plus parfait dans la forme et le mode ce qui est déjà bon pour le fond.

« La religion, si l'on veut, pourra aussi absolument être susceptible de perfectionnement, en ce sens qu'à une époque il sera possible d'exposer sa doctrine avec plus de clarté, d'augmenter les solennités de son culte, de détruire les superstitions de l'ignorance au milieu des populations. La morale sera perfectionnée dans la pratique, si l'on est fidèle à l'observer, si l'on trouve les moyens d'en rendre l'application plus utile, plus profitable à l'humanité, et, sous ce rapport, le mode d'exercer la bienfaisance chrétienne pourra vraiment être amélioré.

« Est-ce ainsi que les protestants ont réformé, perfectionné la religion et la morale ? Se sont-ils bornés à quelque modification dans la forme ? Leur prétendu perfectionnement, c'est la mutilation dans la foi, les sacrements et une foule d'autres points qu'ils rejettent, sous prétexte de réforme. C'est le perfectionnement du barbare qui, pour embellir une statue, lui briserait des membres, lui déformerait les autres, et lui déprimerait le front. Ils ont fait aussi des additions à la religion de Jésus-Christ, ce qui sort encore des limites d'un perfectionnement. D'où ont-ils tiré, par exemple, l'inadmissibilité de la justice, la tolérance de la polygamie, la terrible réprobation absolue, la rémission du péché par la croyance même qu'il est remis ? Y a-t-il, dans la doctrine de Jésus-Christ, quelque chose qui conduise à ces principes ? Non, le christianisme réformé, comme ils le prétendent, n'est plus celui du divin Sauveur, celui des apôtres ; ils l'ont altéré, défiguré par les retranchements arbitraires qu'ils lui ont fait subir et par les additions monstrueuses qu'ils lui ont imposées. Il est donc manifeste qu'ils sont sortis des conditions d'un véritable perfectionnement.

« Au reste, examinons en peu de mots si la religion chrétienne est susceptible de per-

---

(1) Aug. contr. Jul., l. IV, c. 3 et 8. Ep. ad Vital de Grat. Chr., c. 22, 23. Ep. 106, c. 18.
(2) Ibid. Garnier, Hist. Pelag., dissert. 2, p. 171.
(3) Garnier, ibid., dissert. 7.
(4) Ibid., p. 302.

fectibilité pour le dogme, la doctrine, les sacrements et le ministère sacré. Jésus-Christ disait à ses apôtres : *Je vous ai fait connaître tout ce que j'ai appris de mon Père,* Joan., xv, c'est-à-dire tout ce que j'avais mission de vous manifester pour l'établissement de ma religion. *Le Paraclet, que mon Père vous enverra en mon nom, vous enseignera toutes choses.* Ibid., xiv. *Allez donc, instruisez les nations, et faites observer ce que je vous ai ordonné.* Matth., xxviii. Selon le sens naturel de ces paroles, le Sauveur a instruit les apôtres de ce qu'ils devaient communiquer aux hommes ; son Esprit devait, le jour de la Pentecôte, confirmer, développer ces enseignements, et surtout opérer de merveilleux changements dans les dispositions des disciples; dans la suite, le même Esprit n'a jamais fait défaut aux hommes apostoliques. Le divin fondateur ne s'est donc pas arrêté à une ébauche pour sa religion : il l'a donnée complète, achevée, parfaite, telle qu'il ordonnait de la prêcher et de la faire observer jusqu'à la fin des siècles. Les apôtres ont-ils été infidèles à leur mission, en altérant la doctrine sainte que Jésus leur avait enseignée? On ne peut le penser, sans les accuser d'imposture, sans y associer Dieu lui-même, puisqu'ils opéraient les plus grands miracles par son autorité. Dans leurs prédications, ils n'ont jamais prétendu perfectionner en augmentant ou en diminuant le dépôt qui leur avait été confié : ils se faisaient gloire d'enseigner ce qu'ils avaient reçu du Christ. *Et un ange du ciel viendrait-il,* disaient-ils avec confiance, *vous annoncer un Evangile différent de celui que nous vous prêchons, qu'il soit anathème,* Gal., i ! Donc, elle ne peut être de Jésus-Christ cette doctrine qui enseigne des dogmes qu'il n'a pas ordonné d'enseigner, que les apôtres n'ont point transmis. Donc, elle ne sera pas de Jésus-Christ cette religion où l'on retranche des dogmes, des sacrements que le divin Sauveur a prescrit à ses apôtres de prêcher, de faire observer, et que ceux-ci ont enseignés fidèlement. Voyez l'idée que donnent de la sagesse du Fils de Dieu, les partisans de la perfectibilité chrétienne. Il aurait d'abord fait connaître des vérités qui, dans la suite, auraient changé de nature; un sacrifice dans le principe agréable à Dieu, et puis devenu un acte d'idolâtrie. Dès le berceau du christianisme on aura eu des moyens nombreux de sanctification par plusieurs sacrements, plus tard, bien que les hommes ne soient pas devenus meilleurs, ces sources de sainteté devaient presque toutes tarir. Et ainsi disparaîtront les dogmes que le divin Maître nous a révélés, et les institutions saintes qu'il est venu fonder. La morale devra apparemment aussi subir ces changements progressifs. A l'époque du Sauveur et des apôtres, on ne pouvait être marié à deux femmes à la fois; mais, au temps de Luther, la loi est abrogée, on ne sera plus adultère ; c'est le privilège du progrès. Les bonnes œuvres pouvaient être utiles pour le salut dans les premiers siècles du christianisme : un jour elles seront indifférentes, ou plutôt l'homme se trouvera dans l'impossibilité d'en opérer, et ne devra son salut qu'à l'imputation de la justice du Christ. Bientôt on sera conduit à la négation de la divinité même du Rédempteur, que les protestants rationalistes dépouilleront de tout caractère surnaturel, pour ne reconnaître en lui qu'un simple maître de morale. Viendra enfin un système hardi, fondé sur les mêmes principes, qui transformera le Christ en un être fabuleux et symbolique. *Voy.* STRAUSS.

« Au reste, qui fera ces changements progressifs? Qui sera chargé de juger l'opportunité des temps, la maturité des esprits? Il y aura sans doute quelque société ou synode en rapport avec le Rédempteur pour décider que tel dogme, telle pratique sont surannés, et que d'autres pratiques, des dogmes différents sont obligatoires jusqu'à nouvelle décision. Non, le Christ aurait été plus large dans ses concessions : chacun dans sa religion aura le droit d'examiner, de juger, de prononcer, de modifier, de réprimer, d'adopter, selon ses illuminations, ses goûts, son sentiment, sa délectation intérieure, sa raison. Il faut avoir lu de ses yeux ces théories religieuses de la perfectibilité, pour croire que des hommes, instruits d'ailleurs, aient pu les écrire et les donner comme les principes et la nature du christianisme.

« Chez les catholiques, au contraire, tout dogme nouveau est par là même proscrit. Point de retranchement, point d'augmentation dans la doctrine de notre Sauveur et Maître. Point d'innovation, disait saint Etienne à son célèbre adversaire. Chez nous, l'Eglise ne fait point de nouveaux articles de foi : elle se borne à définir ceux que nous tenons de Jésus-Christ. Nous ne croyons pour la foi, nous ne pratiquons pour les sacrements, que ce qui a été cru, ce qui a été pratiqué toujours et partout depuis les temps apostoliques.

« Non, la religion de Jésus-Christ n'est pas perfectible dans le sens où l'entendent aujourd'hui plusieurs sectes protestantes ; et ainsi disparaît comme réprouvée, comme criminelle, cette faculté de modifications incessantes qui est cependant la suite nécessaire, visible, du système de l'examen privé et de l'inspiration individuelle. *Voyez* MOMIERS ».

* PÉTILIENS. *Voy.* DONATISTES.
* PÉTROBRUSIENS, disciples de Pierre de Bruys. *Voy.* ce nom.
* PETTALORYNCHITES. *Voyez* MONTANISTES.
* PHALANSTÉRIENS. *Voy.* FOURIÉRISME
* PHANTASIASTIQUES, anciens hérétiques, autrement nommés *incorruptibles,* qui soutenaient que le corps de Jésus-Christ n'était pas un véritable corps humain, mais un corps aérien et fantastique; qu'ainsi il n'avait pas réellement souffert, et que sa mort n'était qu'apparente.
* PHILALÈTHES. Il s'est formé à Kiel, dans le Holstein, sous le nom de *philalèthes,* amis de la vérité, une société religieuse qui

réclame une liberté absolue en matière de religion, et qui professe un déisme pur. La société est gouvernée par un chef spirituel et deux anciens, assistés d'une commission de dix membres : le pouvoir suprême appartient à la communauté. Elle a un temple sans ornements et sans images. Le culte se compose d'une prière et d'un sermon, prononcé par le chef, et de cantiques chantés par tous les membres : il est célébré chaque septième jour de la semaine, et à certains jours de fêtes. Ces fêtes sont : la fête de la conscience ou de la pénitence, le jour de l'an; les fêtes de la nature, au commencement des quatre saisons, l'anniversaire de la fondation de la société, et les fêtes publiques ordonnées par l'Etat. La société consacre en outre, par des rites particuliers, certains événements de la vie privée, comme l'imposition d'un nom au nouveau-né, l'admission dans la communauté, le mariage, le divorce, l'inhumation, le serment.

PHOTIN, originaire de Galatie, fut d'abord disciple de Marcel d'Ancyre.

Marcel, évêque d'Ancyre, avait assisté au concile de Nicée et y avait combattu les erreurs des ariens : il écrivit depuis contre Asture et contre les autres évêques du parti d'Arius un livre intitulé : *De la Soumission de Jésus-Christ*. Il avança dans ce livre des propositions favorables au sabellianisme : il fut accusé de cette hérésie par les eusébiens et condamné par le concile de Constantinople, tenu par les ariens l'an 366; ensuite il fut exilé et obligé de se réfugier en Occident dans le même temps que saint Athanase fut obligé de sortir d'Alexandrie; le pape Jules le reçut à sa communion et prononça en sa faveur une sentence d'absolution dans le concile de Rome.

Photin, qui avait été disciple de Marcel et qui avait cru voir dans ses ouvrages les sentiments de Sabellius, les avait adoptés et les professa : il soutint que le Verbe n'était qu'un attribut et nia son union hypostatique avec la nature humaine (1).

A peine avait-il commencé de découvrir son erreur, qu'elle fut condamnée par les évêques d'Orient, dans un concile qui se tint à Antioche en 345, et par les évêques d'Occident en 346.

Deux ans après, ces derniers s'assemblèrent pour le déposer, et n'en purent venir à bout, à cause de l'opposition du peuple.

Marcel eut recours à l'empereur et lui demanda une conférence : Basile d'Antioche fut nommé pour disputer contre lui ; Photin fut confondu dans la dispute et ensuite exilé. Il avait répandu son erreur dans l'Illyrie, mais il eut peu de sectateurs; le parti arien étouffa cette hérésie.

PHOTIUS, patriarche de Constantinople, fut l'auteur d'un schisme entre l'Eglise de Constantinople et l'Eglise romaine.

Michel III s'était enseveli dans les plaisirs et avait abandonné le gouvernement de l'empire à Bardas, son oncle. Bardas, aussi voluptueux et plus puissant que Michel, épousa sa nièce (2).

Ignace, patriarche de Constantinople, condamna hautement la conduite de Bardas et ne voulut point l'admettre à la communion le jour de l'Epiphanie.

Bardas, pour se venger, gagna des témoins qui accusèrent Ignace d'avoir fait mourir Méthodius, son prédécesseur : il assembla un concile, fit déposer Ignace et plaça Photius sur le siége de Constantinople.

Photius était riche et d'une naissance illustre; il avait cultivé les arts, embrassé toutes les sciences et s'était rendu recommandable par sa sagesse, par sa prudence et par sa dextérité dans le maniement des affaires.

Cependant la déposition d'Ignace et l'élection de Photius ne furent pas approuvées de tout le monde; le peuple se partagea entre Ignace et le nouveau patriarche, et l'on vit bientôt éclater une sédition (3).

Pour calmer le peuple, l'empereur pria le pape Nicolas Ier d'envoyer des légats à Constantinople, pour que l'on jugeât entre Photius et Ignace. Lorsque les légats furent arrivés, l'empereur et Photius les séduisirent; on altéra les lettres du pape et l'on convoqua un concile. Plus de soixante-dix faux témoins déposèrent qu'Ignace n'avait pas été canoniquement ordonné; qu'il était intrus par la puissance séculière dans l'Eglise de Constantinople, qu'il gouvernait tyranniquement.

Un seul évêque demanda qu'on examinât la vérité des témoignages, et parut en douter. Il fut blâmé, maltraité et chassé : personne n'osa plus parler en faveur d'Ignace, et il fut déposé par le concile.

Comment Basnage prétend-il après cela qu'on ne doit pas crier si haut contre la déposition d'Ignace et que les évêques jugèrent comme ils le devaient (4)?

Le pape découvrit la prévarication de ses légats et les faussetés de Photius; il assembla un concile et condamna Photius (5).

Photius, de son côté, assembla un concile dans lequel de faux témoins accusèrent Nicolas de différents crimes : on chassa du concile tous ceux qui voulurent examiner la vérité des témoignages, et l'on excommunia le pape Nicolas. Dans quelle corruption ne fallait-il pas que la cour de Constantinople fût tombée pour que Photius osât risquer de pareilles impostures!

Photius avait trop d'ambition et trop de génie pour s'en tenir à l'excommunication portée contre le pape; il forma le projet de se faire reconnaître patriarche universel, et de séparer toute l'Eglise de la communion de l'Eglise de Rome, dont le patriarche était un obstacle invincible à ses prétentions, et qui avait joui jusqu'alors incontestablement de la primatie universelle.

Il n'y avait aucune différence entre la foi

---

(1) Epiph., hær. 71. Vincent. Lyrin. Commonit., c. 216. Socrat., l. 1, c. 29. Soz., l. iv, c. 6
(2) Cedren. Anast. an. 848.

(3) Nicetas, Vita Ignat. Baron. ad an. 860.
(4) Basnage, Hist. de l'Eglise, l. vi, c. 6, p. 328, t. I.
(5) Epist. Nicol., 1, 4, 7, 10, 13. Anastas. in Nicol. 1

de l'Eglise de Constantinople et celle de l'Eglise romaine; mais quoique l'Eglise grecque reconnût, comme l'Eglise latine, que le Saint-Esprit procède du Père et du Fils, elle avait conservé le symbole de Constantinople, dans lequel il n'est pas exprimé que le Saint-Esprit procède du Fils.

Cette addition ne s'était point faite par l'autorité d'un concile; elle s'était introduite insensiblement et avait été adoptée par toutes les Eglises du rite romain.

L'Eglise grecque et l'Eglise latine différaient encore sur quelques points de discipline : tel était, dans l'Eglise latine, l'usage de jeûner le samedi, de permettre l'usage du lait et celui du fromage en carême, d'obliger tous les prêtres au célibat, etc.

Photius crut, à la faveur de ces différents objets, pouvoir représenter l'Eglise romaine comme une Eglise engagée dans des erreurs et dans des désordres qu'on ne pouvait tolérer : il écrivit des lettres à toutes les Eglises d'Orient; il les fit passer dans l'Occident, et convoqua un concile qui se sépara de la communion du pape et de celle de son Eglise (1).

Tout semblait concourir au succès des desseins de Photius; il était tout-puissant auprès de l'empereur; il était savant, éloquent, et les révolutions auxquelles l'Occident avait été sujet depuis plusieurs siècles y avaient tenu le clergé dans l'ignorance, si favorable et si nécessaire au progrès des nouveautés et des erreurs.

Le pape avait d'ailleurs des ennemis très-puissants en Occident; tels étaient Louis, empereur d'Occident; Louis, roi de France; Lothaire, roi de Lorraine; des archevêques et des évêques (2).

Photius se trompait; les évêques et les théologiens de l'Eglise latine réfutèrent ses accusations, et personne ne se sépara du pape en Occident.

En Orient, l'empereur Michel avait fait assassiner Bardas, et avait été lui-même par Basile le Macédonien, que Michel avait créé césar, et qui s'était emparé de l'empire. Photius eut le courage de lui reprocher son crime, et lui refusa la communion. Basile fit enfermer Photius dans un monastère, rappela Ignace, écrivit au pape, fit convoquer un concile qui déposa Photius et rétablit Ignace sur le siége de Constantinople (3).

Ce concile est le huitième général qui rendit la paix à l'Eglise et rétablit la communion entre les Grecs et les Latins. Nicolas Ier était mort, et ce fut sous Adrien II que ce concile se tint (4).

Photius ne perdit point l'espérance de remonter sur le siége de Constantinople; du fond de son monastère il tendit des piéges à la vanité de Basile; il le flatta, reprit insensiblement du crédit et de la faveur à la cour, obtint un logement dans le palais, et, après la mort d'Ignace, remonta sur le siége de Constantinople.

L'empereur s'employa pour ménager son raccommodement avec l'Eglise de Rome. Il représenta au pape que le rétablissement de Photius était nécessaire au bien de la paix et pour la réunion des esprits; l'empereur ajoutait qu'Ignace avait lui-même souhaité qu'on le rétablit : on rapportait un écrit fait en son nom, par lequel il le demandait au pape.

Basile, dont les forces commençaient à se rétablir en Italie, insinuait au pape, qu'il délivrerait les côtes de la Campanie des incursions des Sarrasins et qu'il rendrait à l'Eglise de Rome la Bulgarie, qu'Ignace même avait refusée au pape.

Jean VIII répondit à l'empereur que le patriarche Ignace, d'heureuse mémoire, étant mort, il consentait, à cause de la nécessité présente et pour le bien de la paix, que Photius fût reconnu patriarche de Constantinople, après qu'il aurait fait satisfaction et demandé pardon devant un synode (5).

Lorsque la lettre et les légats du pape furent arrivés à Constantinople, Photius fit assembler un concile : on y lut les lettres de Jean VIII à l'empereur et à Photius; mais elles avaient été falsifiées, et l'on y avait retranché ce qui regardait la personne d'Ignace, le pardon que l'on enjoignait à Photius, et la condamnation du concile qu'il avait assemblé et qu'il appelait le huitième.

Le concile assemblé par Photius le reconnut pour légitime patriarche, et condamna le huitième concile qui avait condamné Photius (6).

Le pape apprit que la paix était rétablie, et il en félicita l'empereur et Photius; mais lorsqu'il connut à quelles conditions la paix était rétablie, il condamna tout ce que les légats avaient fait. Marin et Adrien, ses successeurs, confirmèrent son jugement contre Photius (7).

Basile mourut alors, et Léon VI, son fils, lui succéda.

Léon avait un cousin que l'on prétendait que Photius avait dessein d'élever à l'empire : on le dit à Léon, il le crut, et chassa Photius du siége de Constantinople, sur lequel il plaça son frère.

Photius se retira dans un monastère, où il finit tranquillement ses jours; sa retraite rétablit la communion entre l'Eglise de Rome et l'Eglise de Constantinople (8).

Quelques auteurs ont voulu justifier Photius, mais sans raison : on ne peut nier que ce grand homme n'ait mis dans toute sa conduite, par rapport au patriarcat, une mauvaise foi, une imposture insigne (9).

---

(1) Anast. in Vit. Nicol., I. Nicet apud Baron.
(2) Reginald. Annal. Bertin. Hincmar, de Divortio Lotharii et Thietberg. Baron. ad an. 862. Aventin, Annal., 4.
(3) Baron. ad an. 847. Conc. viii. Dupin, Hist. du ixe siècle, c. 9. Natal. Alex. in saec. ix dissert. 4.
(4) Epist. Joan., 199.
(5) Ibid.
(6) Baron. ad an. 879. Natal. Alex. in saec. ix, dissert. 4. Panopl. contr. Schism. graec., saec. ix, c. 2, p. 165.
(7) Baron. Panopl., loc. cit.
(8) Zonar. Baron. ad an. 886. Curopalat. Dup., ibid.
(9) Tout ce qui regarde Photius se trouve dans les Lettres de Nicolas 1er et d'Adrien II. Veccus, l. iii De processione Spirit. S. Nicetas, Vita Ignatii; dans Schotus, Praef.

PHRYGIENS. *Voyez* MONTANISTES.

PICARDS, hérétiques qui s'élevèrent en Bohême dans le quinzième siècle. Ils avaient pour chef un imposteur, nommé *Picard*, du pays de sa naissance, qui se faisait passer pour le fils de Dieu, et prenait le nom d'*Adam*. Par ses discours séducteurs et par ses prestiges, il renouvela l'hérésie des adamites, en abomination dès les premiers temps, et se fit bientôt suivre d'une troupe innombrable d'hommes et de femmes, qu'il faisait aller tout nus, en signe d'innocence, à l'exemple de nos premiers parents : licence qui engendra parmi eux une corruption si affreuse, que Ziska lui-même, tout vicieux qu'il était, en conçut une vive horreur, et résolut de venger la nature si publiquement outragée. Comme l'île qui leur servait de repaire, à sept lieues de Tabor, ils se répandaient dans le voisinage, et que déjà ils y exerçaient des actes de barbarie qui répondaient à la dissolution de leurs mœurs, il vint les charger, força leur asile, et extermina ces monstres, dont quelques-uns néanmoins échappèrent, et se perpétuèrent encore longtemps après (1).

PIERRE DE BRUYS était un simple laïque qui enseignait qu'il ne fallait point donner le baptême aux enfants, et qu'il était inutile à tous ceux qui ne pouvaient pas faire un acte de foi en le recevant. 1° Il condamnait l'usage des églises, des temples, des autels, et les faisait abattre; 2° il condamnait le culte des croix, et les faisait briser; 3° il croyait la messe inutile, et en défendait la célébration; 4° il enseignait que les aumônes et les prières étaient inutiles aux morts, et défendait de chanter les louanges de Dieu.

La France avait été infectée, un siècle auparavant, des erreurs des manichéens; on en avait brûlé beaucoup dans différentes provinces : l'extrême rigueur avec laquelle on les avait traités les rendit plus circonspects; mais elle augmenta leur haine contre le clergé, qui avait excité contre eux le zèle des princes. Le désir de venger du clergé devint l'objet principal de ces fanatiques; ils furent donc portés à attaquer tout ce qui conciliait de la considération, du respect et de l'autorité au clergé; ils attaquèrent l'efficacité des sacrements, les cérémonies de l'Eglise, la différence que l'ordre met entre les simples laïques et le clergé, et enfin l'autorité des pasteurs du premier ordre.

Occupés de ces objets, ils abandonnèrent insensiblement les dogmes du manichéisme, qu'il était trop dangereux de défendre, et attaquèrent les sacrements, le clergé, les cérémonies, etc.

Les désordres et l'ignorance du clergé étaient extrêmes : tout était vénal dans la plupart des Eglises, même les sacrements étaient souvent administrés par des simoniaques et par des concubinaires publics; le peuple, gouverné par de tels pasteurs, était enseveli dans une profonde ignorance et disposé à se révolter contre ses pasteurs; ainsi tout homme qui avait une imagination vive pouvait devenir chef de secte en prêchant contre le clergé, contre les cérémonies de l'Eglise et contre les sacrements.

Comme il y avait beaucoup de ces sectaires répandus dans le Languedoc et dans le Dauphiné, ils y produisirent, dans le douzième siècle, une foule de petites sectes qui se répandirent dans les différentes provinces de France, et qui prirent différentes formes, selon le caprice du chef de la secte; c'est ainsi que Tanchelin, Pierre de Bruys, Henri, Arnaud de Bresse s'élevèrent et formèrent leurs sectes.

Pierre de Bruys parcourait les provinces, saccageant les églises, abattant les croix, détruisant les autels; on ne voyait en Provence que chrétiens rebaptisés, qu'églises profanées. Pierre de Bruys fut bientôt chassé de cette province, passa en Languedoc où il fut arrêté et brûlé vif (2).

Les protestants font ordinairement de Pierre de Bruys un saint réformateur et un de leurs patriarches, dont Dieu s'est servi pour perpétuer la vérité (3).

Ce sentiment n'est fondé sur aucun monument de ces temps. Comment les protestants, qui condamnent les anabaptistes, peuvent-ils élever si haut l'autorité de Pierre de Bruys, qui n'est en effet qu'un anabaptiste? A quelle extrémité est-on réduit lorsqu'on est obligé de chercher dans de pareils hommes le fil de la tradition des églises protestantes?

On a réfuté les erreurs de Pierre de Bruys sur les prières pour les morts, à l'article VIGILANCE; ses erreurs sur le culte de la croix à l'article ICONOCLASTES; ses erreurs sur la nécessité de la sainteté du ministre des sacrements, à l'article REBAPTISANTS; ses erreurs sur la présence réelle, à l'article BÉRENGER.

Pierre de Bruys eut parmi ses disciples un nommé Henri. *Voyez* HENRI DE BRUYS.

C'est sans preuve que Basnage a prétendu que les disciples de Pierre de Bruys formèrent une secte étendue (4).

PIERRE D'OSMA, professeur de théologie à Salamanque, dans un traité de la Confession, enseigna : 1° que les péchés mortels, quant à la coulpe et à la peine de l'autre vie, sont effacés par la contrition du cœur, sans ordre aux clefs de l'Eglise;

2° Que la confession des péchés en particulier, et quant à l'espèce, n'est point de droit divin, mais seulement fondée sur un statut de l'Eglise universelle;

3° Qu'on ne doit point se confesser des

---

sur la Biblioth. de Photius; dans Leo Allatius, de Synodo Photiana; dans Fleury, dans les Révolutions de Constantinople, par de Buriguy, t. III.

Photius a fait un grand nombre d'excellents ouvrages, sur lesquels il faut consulter la Bibliothèque de Fabricius, t. IX, c. 38, p. 369.

(1) Æn. Sylv. c. 41. Dubrav. l. XXVI.

(2) D'Argentré. Collect. Jud., t. I, p. 13. Dupin, XIIᵉ siècle, t. VI.

(3) Basnage, Hist. des Egl. réform., t. I, IVᵉ période c. 6, p. 134.

(4) Basnage, Hist. des Egl. réf., t. I, IVᵉ période c. 6, p. 146.

mauvaises pensées qui sont effacées par l'aversion qu'on en a, sans rapport à la confession ;

4° Que la confession doit se faire des péchés secrets et non de ceux qui sont connus ;

5° Qu'il ne faut pas donner l'absolution aux pénitents avant qu'ils n'aient accompli la satisfaction qui leur a été enjointe ;

6° Que le pape ne pouvait remettre les peines du purgatoire ;

7° Que l'Église de la ville de Rome pouvait errer dans ses décisions ;

8° Que le pape ne peut dispenser des décrets de l'Eglise universelle ;

9° Que le sacrement de pénitence, quant à la grâce qu'il produit, est un sacrement de la loi de nature, nullement établi dans l'Ancien et dans le Nouveau Testament.

Alphonse Carillo, archevêque de Tolède, qui avait assemblé les plus savants théologiens de son diocèse, condamna ces propositions comme hérétiques, erronées, scandaleuses, malsonnantes, et le livre de l'auteur fut brûlé avec sa chaire. Sixte IV confirma ce jugement en 1479. On ne voit point que Pierre d'Osma ait fait secte (1).

Nous avons réfuté les erreurs d'Osma relatives à la puissance du pape aux articles GRECS et LUTHER.

Son erreur sur la pénitence est réfutée par Jésus-Christ même, qui dit que les péchés que l'Eglise ne remet pas ne sont point remis.

Son erreur sur la confession a été renouvelée par les calvinistes, qui ne font remonter l'institution de la nécessité de la confession qu'au concile de Latran, en 1215, sous Innocent III.

Des savants catholiques ont prouvé que la confession sacramentelle et des péchés, non-seulement en général et en particulier, mais encore secrets et publics, avait été pratiquée dans tous les siècles depuis la naissance du christianisme ; qu'elle était d'institution divine et qu'elle obligeait de droit divin.

Nous ne pourrions que répéter ce que ces auteurs ont dit ; nous nous contenterons d'en indiquer quelques-uns (2).

Mais nous croyons devoir placer ici ce que M. de Meaux a dit de la confession dans son Exposition de la foi de l'Eglise catholique.

« Nous croyons qu'il a plu à Jésus-Christ que ceux qui se sont soumis à l'autorité de l'Eglise par le baptême, et qui depuis ont violé les lois de l'Évangile, viennent subir le jugement de la même Eglise dans le tribunal de la pénitence, où elle exerce la puissance qui lui est donnée de remettre et retenir les péchés.

« Les termes de la commission qui est donnée aux ministres de l'Eglise pour absoudre les péchés sont si généraux, qu'on ne peut sans témérité la réduire aux péchés publics, et comme quand ils prononcent l'absolution au nom de Jésus-Christ ils ne font que suivre les termes exprès de cette commission, le jugement est censé rendu par Jésus-Christ même, par lequel ils sont établis juges ; c'est ce pontife invisible qui absout intérieurement le pénitent, pendant que le prêtre exerce le ministère extérieur.

« Ce jugement étant un frein si nécessaire à la licence, une source si féconde de sages conseils, une si sensible consolation pour les âmes affligées de leurs péchés, lorsque non-seulement on leur déclare en termes généraux leur absolution, comme les ministres le pratiquent, mais qu'on les absout en effet par l'autorité de Jésus-Christ, après un examen particulier et avec connaissance de cause, nous ne pouvons croire que nos adversaires puissent envisager tant de biens sans en regretter la perte et sans avoir quelque honte d'une réformation qui a retranché une pratique si salutaire et si sainte. »

* PIÉTISTES. On a donné ce nom à plusieurs sectes de dévots fanatiques qui se sont élevées parmi les protestants d'Allemagne, surtout parmi les luthériens, pendant le siècle dernier ; il y en a aussi en Suisse parmi les calvinistes. Quelques hommes frappés de voir la piété déchoir de jour en jour, et le vice faire des progrès rapides parmi ceux qui se vantent d'avoir réformé l'Eglise de Jésus-Christ, formèrent le projet de remédier à ce malheur ; ils prêchèrent et ils écrivirent contre le relâchement des mœurs ; ils l'imputèrent principalement au clergé protestant ; ils firent des disciples et formèrent des assemblées particulières. Ainsi en agirent Philippe-Jacques Spéner à Francfort, Schwenfeld et Jacques Bohm en Silésie, Théophile Broschbandt et Henri Muller en Saxe et en Prusse, Wigler dans le canton de Berne, etc. Le même motif a fait naître en Angleterre la secte des quakers ou trembleurs ; celle des hernhutes ou frères moraves, et celle des méthodistes. Nous avons parlé de chacune en particulier.

Mosheim, qui a fait assez au long l'histoire des *piétistes*, convient qu'il y eut parmi les partisans de cette nouvelle réforme plusieurs fanatiques insensés, conduits plutôt par une humeur chagrine et caustique que par un vrai zèle ; que, par la chaleur et l'imprudence de leurs procédés, ils excitèrent des disputes violentes, des dissensions et des haines mutuelles, et causèrent beaucoup de scandale. Cet aveu nous donne lieu de faire plusieurs réflexions qui ne sont pas favorables au protestantisme.

1° Les reproches que les *piétistes* ont fait contre le clergé luthérien sont précisément les mêmes que les auteurs du luthéranisme avaient élevés dans le siècle précédent contre les pasteurs de l'Eglise romaine ; ils en ont censuré non-seulement les mœurs et la conduite, mais la doctrine, le culte extérieur et la discipline ; plusieurs *piétistes* voulaient tout réformer et tout changer : ou ils ont eu raison, ou Luther et ses partisans ont eu tort. De là il résulte déjà que la prétendue

---

(1) Bannes, in secundam secundæ quæst. prima, art. 10, p. 121. Collect. conc. Hard., t. IX, p. 1498. D'Argentré, Collect. Jud., t. I.

(2) Natal. Alex. cont. Dalleum. Sainte-Marthe, Traité de la Confession, etc.

réforme établie par Luther et les autres n'a pas opéré des effets fort salutaires, puisque des hommes dont Mosheim loue d'ailleurs les mœurs, les talents et les intentions, en ont été fort mécontents, et se sont crus obligés de faire bande à part pour travailler sérieusement à leur salut.

2° Le résultat de l'une et de l'autre de ces prétendues réformes a été précisément le même ; le faux zèle, l'humeur caustique, le style emporté de plusieurs *piétistes* ont fait naître des querelles théologiques, des dissensions parmi les pasteurs et parmi les peuples ; souvent il a fallu que les magistrats et le gouvernement s'en mêlassent pour arrêter les effets du fanatisme. Puisque la même chose est arrivée à la naissance du protestantisme, il s'ensuit que ses fondateurs n'ont eu ni un zèle plus pur, ni une conduite plus sage, ni des motifs plus louables que les *piétistes* les plus emportés ; que les uns comme les autres ont été des fanatiques insensés, et non des hommes suscités de Dieu pour réformer l'Eglise. Mosheim parlant d'un *piétiste* fougueux nommé Dippélius, dit : « Si jamais les écrits informes, bizarres et satiriques de ce réformateur fanatique parviennent à la postérité, on sera surpris que nos ancêtres aient été assez aveugles pour regarder comme un apôtre, un homme qui a eu l'audace de violer les principes les plus essentiels de la religion et du bon sens. » N'avons-nous pas droit de dire la même chose de Luther ?

3° Nous n'avons pas tort de reprocher aux protestants qu'ils enseignent une doctrine scandaleuse et pernicieuse aux mœurs, lorsqu'ils soutiennent que *les bonnes œuvres ne sont pas nécessaires au salut ; que la foi nous justifie indépendamment des bonnes œuvres*, puisque plusieurs *piétistes*, quoique nés protestants, en ont été révoltés aussi bien que nous, et ont opiné à bannir ces maximes de la chaire et de l'enseignement public. D'autres théologiens luthériens ont pensé à peu près de même.

4° Comme il n'y a ni autorité, ni règles pour maintenir l'ordre et la décence dans les sociétés de *piétistes*, et que chacun croit être en droit d'y faire valoir ses visions, il est impossible que plusieurs ne donnent dans des travers dont le ridicule retombe sur la société entière, avilit ce qu'il peut y avoir de bon d'ailleurs, et ne cause bientôt la dissolution des membres dans un corps si mal construit. Ainsi la piété peut prendre difficilement racine parmi les protestants ; elle s'y trouve transplantée comme dans une terre étrangère ; comment pourrait-elle se conserver parmi des hommes qui ont retranché la plupart des pratiques capables de l'exciter et de la nourrir ? Mosheim, *Histoire ecclésiast.*, dix-septième siècle, section 2, part. II, chap. 1, § 26 et suiv.

* PNEUMATOMAQUES, ou ENNEMIS DU SAINT-ESPRIT. Ils soutenaient que le Saint-Esprit n'était pas Dieu, mais seulement un ange du premier ordre ; car, disaient-ils, s'il était vrai qu'il fût Dieu et qu'il procédât du Père, il serait donc son fils ; Jésus-Christ et lui seraient donc deux frères ; ce qui ne peut être, puisqu'il est certain que Jésus-Christ est Fils unique. On ne peut pas dire non plus qu'il procède du Fils ; car, en ce cas, le Père serait son aïeul ; ce dont on ne convient pas. Tout prouve donc que le Saint-Esprit n'est pas Dieu. Cette hérésie avait déjà fait de grands progrès dans le quatrième siècle. *Voyez* MACÉDONIENS.

* POPLICAINS, PUBLICAINS, nom qui fut donné en France, et dans une partie de l'Europe, aux manichéens ; en Orient ils se nommaient *pauliciens*. *Voyez* MANICHÉISME.

* PORPHYRIENS. Ce nom fut donné aux ariens dans le quatrième siècle, en vertu d'un édit de Constantin. Il est dit : « Puisque Arius a imité Porphyre en composant des écrits impies contre la religion, il mérite d'être noté d'infamie comme lui ; et comme Porphyre est devenu l'opprobre de la postérité, et que ses écrits ont été supprimés, de même nous voulons qu'Arius et ses sectateurs soient nommés *porphyriens.* »

Plusieurs critiques pensent que l'empereur nota ainsi les ariens, parce qu'ils semblaient, à l'exemple de Porphyre, autoriser l'idolâtrie en approuvant que Jésus-Christ fut adoré comme Dieu, quoique, suivant leur opinion, ce fût une créature. D'autres jugent plus simplement que ce nom fut donné aux sectateurs d'Arius, parce que celui-ci avait imité dans ses livres la malignité, le fiel, l'emportement de Porphyre contre la divinité de Jésus-Christ.

On sait que ce philosophe païen, né à Tyr, l'an de Jésus-Christ 231, zélé partisan du nouveau platonisme, fut un des plus furieux ennemis de la religion chrétienne. Il avoue lui-même que dans sa jeunesse il avait reçu d'Origène les premières leçons de la philosophie, mais il n'avait pas hérité de ses sentiments touchant le christianisme. Quelques auteurs ecclésiastiques ont écrit que Porphyre avait été d'abord chrétien, qu'ensuite il avait apostasié ; mais plusieurs critiques modernes se sont attachés à prouver que cela ne pouvait pas être. Quoi qu'il en soit, on ne peut pas nier qu'il ne connût très-bien la religion chrétienne et qu'il n'eût lu nos livres saints avec beaucoup d'attention ; mais comme font encore aujourd'hui les incrédules, il ne les avait examinés qu'avec les yeux de la prévention, et dans le dessein formel d'y trouver des choses à reprendre. Eusèbe nous apprend que l'ouvrage de Porphyre contre le christianisme était en quinze livres ; dans les premiers il s'efforçait de montrer des contradictions entre les divers passages de l'Ancien Testament, le douzième traitait des prophéties de Daniel. Comme il vit en comparant les histoires profanes avec ces prédictions, que celles-ci sont exactement conformes à la vérité des événements, il prétendit que ces prophéties n'avaient pas été écrites par Daniel, mais par un auteur postérieur au règne d'Antiochus Epiphane, et qui avait pris le nom de Daniel ; que tout ce que ce prétendu prophète avait dit des choses déjà arrivées pour lors était exactement vrai, mais ce qu'il avait voulu prédire des événements encore futurs était faux.

Saint Jérôme, dans son *Commentaire sur Daniel*, a réfuté cette prétention de Porphyre; Eusèbe, Apollinaire, Méthodius et d'autres écrivirent aussi contre lui; malheureusement les ouvrages de ces derniers sont perdus; ceux de Porphyre furent recherchés et brûlés par ordre de Constantin; Théodose fit encore détruire ce que l'on put en trouver.

Quelque animé que fût ce philosophe contre notre religion et contre nos livres saints, il ne poussait pas la hardiesse et l'entêtement aussi loin que nos incrédules modernes. Nous voyons dans son *Traité de l'Abstinence*, qui subsiste encore, et qui a été traduit en français par de Burigny, qu'il fait en plusieurs choses l'éloge des Juifs, surtout des esséniens; il avoue qu'il y a eu chez eux des prophètes et des martyrs; il dit que ce sont des hommes naturellement philosophes; il approuve plusieurs des lois de Moïse; l. II, n. 26; l. IV, n. 4, 11, 13, etc. Nous savons d'ailleurs qu'il regardait Jésus-Christ comme un sage qui avait enseigné d'excellentes choses; mais il ajoutait que ses disciples en avaient mal pris le sens, et que les chrétiens avaient tort de l'adorer comme un Dieu. Aujourd'hui de prétendus beaux esprits osent écrire que Moïse a été un imposteur et un mauvais législateur; que la religion juive était absurde; que Jésus-Christ est un fourbe visionnaire et fanatique; que les écrivains sacrés et les prophètes n'ont pas eu le sens commun, etc.

Porphyre cependant n'était ni un petit esprit, ni un ignorant; au troisième siècle on était plus à portée qu'aujourd'hui de savoir la vérité des faits fondamentaux du christianisme; ce philosophe avait voyagé pour s'instruire; les aveux qu'il a été obligé de faire fournissent contre les incrédules modernes des arguments desquels ils ne se tireront jamais.

PORRÉTAINS, sectateurs de Gilbert de la Porrée, ou de la Poirée, évêque de Poitiers, qui, au milieu du douzième siècle, fut accusé et convaincu de plusieurs erreurs touchant la nature de Dieu, ses attributs et le mystère de la sainte Trinité. Son défaut, comme celui d'Abailard son contemporain, fut de vouloir expliquer les dogmes de la théologie par les abstractions et les précisions de la dialectique.

Il disait que la divinité ou l'essence divine est *réellement* distinguée de Dieu; que la sagesse, la justice et les autres attributs de la Divinité ne sont point *réellement* Dieu lui-même; que cette proposition, *Dieu est la bonté*, est fausse, à moins qu'on ne la réduise à celle-ci, *Dieu est bon*. Il ajoutait que la nature ou l'essence divine est *réellement* distinguée des trois personnes divines; que ce n'est point la nature divine, mais *seulement* la seconde personne qui s'est incarnée, etc. Dans toutes ces propositions, c'est le mot *réellement* qui constitue l'erreur. Si Gilbert s'était borné à dire que *Dieu* et la *Divinité* ne sont pas la même chose *formellement*, ou *in statu rationis*, comme s'expriment les logiciens, sans doute il n'aurait pas été condamné; cela signifierait seulement que ces deux termes, *Dieu* et la *Divinité*, n'ont pas précisément le même sens, ou ne présentent pas absolument la même idée à l'esprit. Mais ce subtil métaphysicien ne prenait pas la peine de s'expliquer ainsi.

Quelques-uns l'ont encore accusé d'avoir enseigné qu'il n'y a point de mérite que celui de Jésus-Christ, et qu'il n'y a que les hommes sauvés qui soient réellement baptisés; mais cette accusation n'est pas prouvée.

La doctrine de Gilbert fut d'abord examinée dans une assemblée d'évêques tenue à Auxerre l'an 1147, ensuite dans une autre qui se tint à Paris la même année, en présence du pape Eugène III, enfin dans un concile de Reims l'année suivante, auquel le même pape présida; il interrogea lui-même Gilbert, et il le condamna sur ses réponses entortillées et ses tergiversations; Gilbert se soumit à la décision, mais il eut quelques disciples qui ne furent pas aussi dociles.

Comme saint Bernard fut un des principaux promoteurs de cette condamnation, les protestants font ce qu'ils peuvent pour excuser Gilbert, et faire retomber tout le blâme sur saint Bernard: ils disent que l'évêque de Poitiers entendait sa doctrine dans le sens orthodoxe que nous venons d'indiquer, et non dans le sens erroné qu'on lui prêtait; mais que ces notions subtiles passaient de beaucoup l'intelligence du bon saint Bernard, qui n'était pas accoutumé à ces sortes de discussions; que dans toute cette affaire il se conduisit plutôt par passion que par un véritable zèle. Mosheim, *Hist. Eccl.*, douzième siècle, part. II, c. 3, § 11.

Heureusement il est prouvé par les écrits du saint abbé de Clairvaux, qu'il entendait très-bien les subtilités philosophiques des docteurs de son temps, mais il avait le bon esprit d'en faire très-peu de cas, et de préférer l'étude de l'Ecriture sainte. Il est à présumer que dans les conciles d'Auxerre, de Paris et de Reims, il y avait d'autres évêques aussi bons dialecticiens que celui de Poitiers; aucun cependant ne prit son parti. La doctrine de Gilbert est exposée non-seulement par saint Bernard, mais par Geoffroi, l'un de ses moines qui fut présent au concile et en dressa les actes, et par Otton de Frisingue, historien contemporain plus porté à excuser qu'à condamner Gilbert; cependant il avoue que ce dernier affectait de ne pas parler comme les autres théologiens: donc il avait tort. Pour exprimer les dogmes de la foi, il y a un langage consacré par la tradition, duquel il n'est pas permis de s'écarter; et quiconque affecte d'en tenir un autre ne peut pas manquer de tomber dans l'erreur. Petau, *Dogm. theol.* t. I, l. 1, c. 8, § 3 et 4; *Hist. de l'Egl. gallic.*, l. XXV, ann. 1147.

PRAXÉE était Phrygien; il avait été montaniste, aussi bien que Théodote de Bysance, il vint d'Asie à Rome, et quitta la secte de Montan. Il avait été mis en prison pour la foi et s'était acquis de la considération dans l'Eglise, sous le pontificat de Victor.

Dans le même temps, Théodote de Bysance, qui n'avait point résisté à la persécution, dit, pour excuser sa faute, qu'en reniant Jésus-Christ il n'avait renié qu'un homme.

Artémon et les hérétiques connus sous le nom d'aloges avaient adopté ce sentiment et soutenaient que Jésus-Christ n'était point Dieu.

Cette doctrine avait été condamnée par l'Eglise; ainsi l'Eglise enseignait, contre Marcion, Cerdon, Cérinthe, etc., qu'il n'y avait qu'un seul principe de tout ce qui est; et, contre Théodote, que Jésus-Christ était Dieu. Praxée réunit ces idées et conclut que Jésus-Christ n'était point distingué du Père, puisqu'alors il faudrait reconnaître deux principes ou accorder à Théodote que Jésus-Christ n'était point Dieu; ajoutez à cela que Dieu dit lui-même: Je suis Dieu, et hors de moi il n'y en a point d'autres; le Père et moi nous sommes un; celui qui me voit, voit aussi mon Père; je suis dans le Père, et le Père est en moi.

Voilà, ce me semble, l'origine de l'erreur de Praxée: elle n'est point née des disputes sur la distinction des personnes, qui n'ont point eu lieu alors, et dont on ne trouve aucune trace dans Tertullien, quoi qu'en dise le Clerc (1).

Praxée croyait que son sentiment était le seul moyen de se garantir des systèmes qui admettaient plusieurs principes et d'établir l'unité de Dieu; c'est pour cela qu'on appelait ses disciples des monarchiques.

De ce qu'il n'y avait qu'une seule personne dans la divinité, il suivait que c'était le Père qui s'était incarné, qui avait souffert, etc., et c'est pour cela que les disciples de Praxée furent appelés patripassiens.

Tertullien a réfuté l'erreur de Praxée avec beaucoup de force et de solidité. Il oppose à cette hérésie la doctrine de l'Eglise universelle, selon laquelle, dit-il, nous croyons tellement un seul Dieu, que nous reconnaissons en même temps que ce Dieu a un Fils qui est son Verbe, qui est sorti de lui, par lequel toutes choses ont été créées et sans lequel rien n'a été fait; que ce Verbe a été envoyé par le Père dans le sein de la Vierge; qu'il est né d'elle, homme et Dieu tout ensemble, Fils de l'homme et Fils de Dieu; qu'il a été surnommé Jésus-Christ, qu'il a souffert, qu'il est mort et a été enseveli: voilà, ajoute-t-il, la règle de l'Eglise et de la foi, depuis le commencement du christianisme (2).

Le Clerc paraît douter que Praxée ait confondu les personnes de la Trinité; il croit que Praxée n'a pas nié que le Père fût distingué du Fils, et qu'il soutenait que cette distinction n'en faisait pas deux substances, et que c'est cette dernière distinction que Tertullien a soutenue contre Praxée.

Cette imputation est injuste: Tertullien, dans tout son ouvrage, soutient également et l'unité de la substance divine, et la distinction des personnes divines.

Dans les chapitres 3 et 4, Tertullien dit que la trinité des personnes ne préjudicie en rien à l'unité de la nature et à la monarchie que Praxée prétendait défendre: c'est la détruire, dit-il, que d'admettre un autre Dieu que le Créateur: pour moi qui reconnais que le Fils est d'une même substance que le Père, qu'il ne fait rien sans sa volonté, et qu'il a reçu de lui sa toute-puissance, que fais-je autre chose, sinon de défendre dans le Fils la monarchie que le Père lui a donnée? Il en est de même du Saint-Esprit.

Dans le chapitre 7, Tertullien dit à Praxée: Souvenez-vous toujours de la règle que j'ai établie, que le Père, le Fils et le Saint-Esprit sont inséparables. Quand je dis que le Père est autre que le Fils et le Saint-Esprit, je le dis par nécessité, non pour marquer diversité, mais ordre; non division, mais distinction; il est autre en personne, non en substance.

Il n'est pas possible d'exprimer plus clairement l'unité de substance et la distinction des personnes: si Tertullien avait enseigné que les trois personnes de la Trinité étaient trois substances, il ne pouvait dire qu'il n'y avait point de division entre elles; car plusieurs substances sont divisées parce qu'elles existent nécessairement l'une hors de l'autre.

Si Tertullien avait cru que les trois personnes fussent trois substances différentes, il y aurait eu entre ces trois personnes, non-seulement ordre et distinction, mais encore diversité; il eût été faux que le Père et le Fils fussent la même substance, comme il le soutient contre Praxée; ce qui serait une contradiction dans laquelle Tertullien ne pouvait tomber. Ce n'est pas que les hommes ne puissent se contredire; mais ce n'est que dans des conséquences éloignées, et jamais quand le oui et le non se touchent pour ainsi dire, comme cela serait arrivé si Tertullien avait parlé comme le Clerc le fait parler.

Le Clerc prétend que ces distinctions que Tertullien met entre les personnes de la Trinité sont des distinctions qui ne peuvent convenir qu'à trois substances, parce que si elles ne supposent pas que les personnes sont trois substances, elles établissent seulement que les trois personnes ne sont que trois modes ou trois relations différentes, ce que Praxée ne niait pas.

1° Je demande à le Clerc sur quoi il prétend que Praxée reconnaissait une distinction, même modale, entre les personnes de la Trinité? Tout l'ouvrage de Tertullien suppose que Praxée niait toute distinction entre les personnes de la Trinité.

2° Tertullien, dans l'endroit sur lequel le Clerc fait cette réflexion, dit qu'il fera voir comment le Père, le Fils et le Saint-Esprit font nombre sans division, ce qui serait

---

(1) Le Clerc, Hist. Eccles. ad an. 186.

(2) Tert. contr. Praxean, c. 2.

absurde s'il avait cru que ces trois personnes sont trois substances.

3° Je ne vois rien dans Tertullien qui suppose que la distinction qu'il admet entre les personnes de la Trinité puisse être regardée comme une distinction modale ; les modes n'agissent point, n'ont point d'action propre, n'envoient point une autre modification, ce que Tertullien reconnaît cependant dans les personnes de la Trinité. Le Clerc ne pouvait conclure que la distinction admise par Tertullien était une distinction qui suppose que les trois personnes sont trois substances, qu'autant qu'il serait certain qu'il ne peut y avoir que deux sortes de distinctions : la modale ou celle qui se trouve entre les modifications d'une substance, et la substantielle ou celle qui se trouve entre les substances ; mais c'est ce qu'il ne prouve pas.

Le reste des difficultés de le Clerc contre Tertullien n'est qu'un abus de comparaisons que Tertullien emploie pour expliquer la manière dont les trois personnes de la Trinité subsistent dans la substance divine ; comparaisons que Tertullien ne donne que comme des images propres à faire entendre sa pensée, et dont il prévient l'abus en rappelant sans cesse son lecteur à l'unité de substance.

Ce serait encore abuser des mots que de prétendre que Tertullien a soutenu contre Praxée que les trois personnes sont trois substances, parce qu'il se sert quelquefois du mot de substance pour signifier la personne subsistante, ce qui est ordinaire aux anciens avant le concile de Nicée, et même après ce concile. Le Clerc n'aurait pas ainsi jugé Tertullien s'il eût suivi les maximes qu'il établit pour juger du sens d'un auteur. *Voyez* l'article CRITICA.

PRÉADAMITES. Ce nom peut avoir une double signification. Il peut s'entendre, et des hommes que l'on feint avoir vécu avant Adam, et de ceux qui ont soutenu qu'il y avait eu des hommes avant Adam. L'inventeur de ce système erroné est Isaac de la Peyrère, qui le publia en Hollande, en 1655, dans un livre intitulé : *Des Préadamites, ou Essais d'interprétation sur les versets* 12, 13, 14 *du cinquième chapitre de l'Epître de saint Paul aux Romains*. L'auteur établit dans ce livre deux créations, qu'il prétend avoir été faites dans des temps fort éloignés les uns des autres. Dans la première, qui est la création générale, Dieu créa le monde tel qu'il est, et produisit dans chaque partie de ce monde des hommes et des femmes. Longtemps après, Dieu voulant se former un peuple particulier, créa Adam pour être le premier homme et le chef de ce peuple : telle est, selon lui, la seconde création, qu'on peut appeler particulière. Il soutient que le déluge dont il est parlé dans l'Ecriture, ne fut pas universel, et ne submergea que la Judée ; qu'ainsi tous les peuples du monde ne descendent pas de Noé. Selon lui, les gentils, c'est-à-dire les peuples de la première création, n'ayant point reçu de Dieu aucune loi positive, ne commettaient point de péchés proprement dits, quoiqu'ils s'abandonnassent à toutes sortes de vices ; et que, s'ils mouraient, ce n'était pas une punition de leurs péchés, mais parce qu'ils avaient un corps sujet à la corruption. Il se fonde sur ces paroles de saint Paul : *Jusqu'à la loi il y avait des péchés dans le monde. Or on n'imputait pas les péchés, n'y ayant pas de loi* ; et il raisonne ainsi : Saint Paul ne parle pas, dans ce passage, de la loi donnée à Moïse, puisqu'il est prouvé, par l'Ecriture, qu'il y a eu avant Moïse des péchés imputés et punis, tels que ceux de Caïn, des Sodomites, etc. Il parle donc de la loi donnée à Adam ; donc il faut conclure qu'il y avait des hommes avant Adam à qui les péchés n'étaient pas imputés. Ce sophisme pitoyable ne porte que sur une fausse explication du passage de saint Paul, dont voici le véritable sens : l'apôtre veut prouver qu'avant la loi de Moïse, qui est la loi proprement dite, il y a eu une loi donnée à Adam ; et voici sa preuve : Jusqu'à la loi de Moïse, il y a eu des péchés que Dieu imputait aux coupables, or on ne peut pas imputer de péchés, lorsqu'il n'y a point de loi ; donc, avant la loi de Moïse, il y avait une loi donnée à Adam.

De la Peyrère n'est pas plus heureux dans les preuves qu'il cherche à tirer de la chronologie fabuleuse des Chaldéens, des Egyptiens et des Chinois, qui, si on les en croit, sont bien plus anciens qu'Adam. Mais un système est bien dépourvu de fondements solides, lorsqu'il faut qu'il s'appuie sur les fables que des peuples vains et menteurs ont imaginées pour reculer leur origine, et acquérir sur les autres hommes le droit de primauté et d'ancienneté.

PRÉDESTINATIANISME. Cette erreur renfermait plusieurs chefs : 1° qu'il ne fallait pas joindre le travail de l'obéissance de l'homme à la grâce de Dieu ; 2° que depuis le péché du premier homme le libre arbitre est entièrement éteint ; 3° que Jésus-Christ n'est pas mort pour tous ; 4° que la prescience de Dieu force les hommes et damne par violence, et que ceux qui sont damnés le sont par la volonté de Dieu ; 5° que de toute éternité les uns sont destinés à la mort et les autres à la vie.

Les pélagiens, forcés de reconnaître le péché originel et la nécessité d'une grâce intérieure qui éclairait l'esprit et qui touchait le cœur de l'homme pour qu'il pût faire une action bonne pour le salut, avaient prétendu que cette grâce dépendait de l'homme et s'accordait à ses mérites : ils prétendaient que Dieu serait injuste s'il préférait un homme à l'autre sans qu'il y eût de différence dans leurs mérites, et prétendaient que cette différence ne pouvait s'accorder avec la bonté et la sagesse de Dieu, ni avec ce que l'Ecriture nous apprend de sa volonté générale de sauver les hommes.

Saint Augustin combattit ces principes par tous les passages de l'Ecriture qui prouvent que l'homme ne peut se discerner lui-même ; que Dieu n'est point injuste en ne donnant point sa grâce aux hommes, parce qu'ils sont tous dans la masse de perdition ; que Dieu n'ayant aucun besoin d'eux, étant tout-puissant, indépendant, il faisait grâce à qui il voulait, sans que celui à qui il ne la faisait pas eût droit de s'en plaindre ; que cette volonté vague de donner la grâce généralement à tous les hommes, en sorte qu'il n'y eût ni choix, ni préférence, détruisait toutes les idées que l'Ecriture nous donne de la Providence par rapport au salut ; que rien n'arrivait que par la volonté de Dieu, qui avait prévu et déterminé tout; que la volonté de sauver les hommes ne devait pas s'entendre de tous les hommes sans exception ; qu'il fallait être fidèlement attaché à la toute-puissance divine, à son indépendance, et enfin qu'il fallait croire que sa volonté n'était point déterminée par l'homme (1).

Il confirma et fortifia tous ces principes, dans son livre *de la Correction et de la Grâce; de la Prédestination et du Don de la persévérance*.

Dans une dispute, les arguments font perdre de vue les principes, et deviennent eux-mêmes des principes, parce que c'est sur ces arguments qu'on dispute.

Ainsi, l'indépendance de Dieu dans ses déterminations, sa toute-puissance, son empire absolu sur toutes ses créatures furent les principaux objets dont on s'occupa.

On crut trouver dans ces principes fondamentaux une pierre de touche par le moyen de laquelle on pouvait juger toutes les contestations relatives à la grâce, au libre arbitre et au salut des hommes, et l'on rejeta comme des erreurs tout ce qui n'y paraissait pas conforme.

En regardant comme un dogme fondamental et prenant à la lettre la corruption de l'homme, ce que l'Ecriture nous dit qu'il n'a rien qu'il n'ait reçu ni dont il puisse se glorifier, et qu'il dépend en tout de Dieu, la liberté de l'homme paraît une erreur.

En supposant que rien que ce que Dieu veut n'arrive, il est aisé de conclure qu'il ne veut pas le salut des damnés, et qu'il veut leur damnation.

En reconnaissant que Dieu prévoit tout, qu'il arrange tout, comment supposer dans l'homme la liberté ? Cette liberté ne serait-elle pas un vrai pouvoir de déranger les décrets de la Providence, et par conséquent contraire au dogme de la toute-puissance et de la Providence ?

Saint Augustin avait soutenu également et la toute-puissance et la liberté ; il avait enseigné que les passages qui parlent de la volonté de sauver tous les hommes pouvaient s'expliquer de tous les hommes sans exception, et qu'il ne s'opposait point à ces explications, pourvu qu'elles n'intéressent ni la toute-puissance de Dieu, ni la gratuité de la grâce ; mais il n'avait point expliqué comment ces dogmes s'alliaient ; il s'était écrié, avec saint Paul : *O altitudo !*

Les dogmes de la liberté et de la prédestination sont donc entre deux abîmes, et pour peu qu'on ait intérêt de défendre en particulier ou la liberté, ou la prédestination, on tombe dans les abîmes qui bordent, pour ainsi dire, cette matière.

Ainsi, il n'est pas étonnant qu'il y ait eu des prédestinatiens dès le cinquième siècle, mais en trop petit nombre pour former une secte.

Nous n'examinerons point précisément quand cette hérésie a commencé ; nous remarquerons seulement qu'elle n'est point imaginaire, et qu'elle a été condamnée dans les conciles d'Arles et de Lyon, sur la fin du cinquième siècle (2).

Elle fut renouvelée par Gotescalc, moine de l'abbaye d'Orbais, dans le diocèse de Soissons : il avait beaucoup lu les ouvrages de saint Augustin, et il était entraîné par un penchant secret vers les questions abstraites. Il examina, d'après les principes de saint Augustin dont il était plein, le mystère de la prédestination et de la grâce : uniquement occupé de la toute-puissance de Dieu sur ses créatures, il renouvela le prédestinatianisme. Il enseigna : 1° que Dieu, avant de créer le monde et de toute éternité, avait prédestiné à la vie éternelle ceux qu'il avait voulu, et les autres à la mort éternelle : ce décret faisait une double prédestination, l'une à la vie, l'autre à la mort ; 2° comme ceux qui sont prédestinés à la mort ne peuvent être sauvés, ceux que Dieu a prédestinés à la vie ne peuvent jamais périr ; 3° Dieu ne veut pas que tous les hommes soient sauvés, mais seulement les élus ; 4° Jésus-Christ n'est pas mort pour le salut de tous les hommes, mais uniquement pour ceux qui doivent être sauvés ; 5° depuis la chute du premier homme, nous ne sommes plus libres pour faire le bien, mais seulement pour faire le mal.

Gotescalc prêchait cette doctrine aux peuples, et avait jeté beaucoup de monde dans le désespoir : il fut condamné dans le concile de Mayence, auquel Raban présidait ; il fut ensuite envoyé dans le diocèse de Reims, où il avait reçu l'ordination (3).

Raban, en renvoyant Gotescalc à Hincmar, lui écrivit sur ses erreurs et lui envoya la décision du concile : Hincmar convoqua un concile à Carisi, dans lequel Gotescalc fut condamné, déposé et envoyé en prison.

Gotescalc ne laissa pas de se défendre, et Hincmar écrivit contre lui : on crut voir dans les écrits de Hincmar des choses répréhensibles. Ratramne, moine de Corbie, et Prudence, évêque de Troyes, attaquèrent les écrits de Hincmar, qui opposa Amauri, diacre de Trèves, et Jean Scot Erigène.

Prudence, évêque de Troyes, crut trouver le pélagianisme dans les écrits de Scot ; l'Eglise de Lyon chargea le diacre Floro d'écrire contre cet auteur. Amolon écrivit en même temps une lettre à Gotescalc, par laquelle il paraît qu'il le croyait coupable ; il réfute plusieurs propositions qu'il avait avan-

---

(1) Epist. ad Sixt., ad Vitalem.
(2) Noris., Hist. Pelag., l. II, c. 15. Pagi, ad an. 470. Le Prédestinatianisme, par le P. Duchesne, in-4°, 1724.

(3) Raban, ep. synod. ad Hincmar, t. VIII Conc. Mabil'. Annal. Benedict., t. II ad an. 829.

cées, et blâme sa conduite : il ne pouvait souffrir qu'on enseignât qu'un certain nombre de personnes eût été prédestiné de toute éternité aux peines éternelles, de manière que ces personnes ne pussent jamais ni se repentir, ni se sauver. Cette doctrine est évidemment celle d'Amolon, et Basnage n'a fait que des sophismes pour prouver que cet archevêque pensait au fond comme Gotescalc (1).

Les divisions qui s'élevèrent en France à l'occasion de ce moine ne prouvent donc point que l'Eglise de France fût partagée sur sa doctrine : on défendait sa personne, et l'on condamnait ses erreurs (2).

On a beaucoup disputé sur la réalité de l'hérésie des prédestinatiens et sur les sentiments de Gotescalc (3).

Il me semble qu'il importe peu de savoir s'il y avait en effet des prédestinatiens, ou si l'on donnait ce nom aux disciples de saint Augustin ; mais il est certain que l'Eglise a condamné les erreurs qu'on attribue aux prédestinatiens, et qu'il faut croire que le libre arbitre n'a point été éteint dans l'homme par le péché ; que Jésus-Christ est mort pour d'autres que pour les prédestinés ; que la prescience de Dieu ne nécessite personne, et que ceux qui sont damnés ne le sont point par la volonté de Dieu.

Saint Augustin a enseigné ces vérités, et n'a point voulu qu'on les séparât du dogme de la toute-puissance de Dieu sur le cœur de l'homme, de la gratuité et de la nécessité de la grâce, de la corruption de la nature humaine, et de la certitude de la prédestination. Il faut donc condamner également le pélagianisme, le semi-pélagianisme et le prédestinatianisme. L'accord de toutes ces vérités est un mystère : chacune de ces vérités étant constante, il est impossible qu'il y ait entre elles de l'opposition, et par conséquent il est certain qu'elles s'accordent, quoique nous ignorions *le comment*.

Il ne faut pas plus douter de ces vérités, dont nous ne comprenons pas l'accord, que de la vérité de notre création, quoique nous ne comprenions pas comment quelque chose peut être créé, et quoiqu'il soit démontré que nous le sommes en effet.

PRESBYTÉRIENS. C'est ainsi qu'on appelle les réformés qui n'ont pas voulu se conformer à la liturgie de l'Eglise anglicane.

L'Eglise d'Angleterre, en recevant la réformation, n'adopta que certains changements dans les dogmes, et conserva la hiérarchie, avec une partie des cérémonies qui étaient en usage sous Henri VIII.

La réformation ne fut proprement établie en Angleterre que sous le règne d'Elisabeth : ce fut alors que diverses constitutions synodales, confirmées par des actes de parlement, établirent le service divin et public de la manière que l'Eglise anglicane le pratique encore aujourd'hui.

Cependant plusieurs Anglais qui avaient été fugitifs sous Marie retournèrent en Angleterre : ils avaient suivi la réforme de Zuingle et de Calvin ; ils prétendirent que la réformation de l'Eglise anglicane était imparfaite et infectée d'un reste de paganisme : ils ne pouvaient souffrir que les prêtres chantassent l'office en surplis, et surtout ils combattaient la hiérarchie et l'autorité des évêques, prétendant que tous les prêtres ou ministres avaient une autorité égale, et que l'Eglise devait être gouvernée par des consistoires ou presbytères composés de ministres et de quelques anciens laïques. On les appela à cause de cela presbytériens, et ceux qui suivaient la liturgie anglicane et qui reconnaissaient la hiérarchie se nommèrent épiscopaux.

Les presbytériens furent longtemps dans l'oppression et traités comme une secte schismatique ; ils sont encore regardés comme tels par les épiscopaux. *Voyez* à l'article ANGLETERRE les sectes que la réforme y produisit : nous avons réfuté l'erreur des presbytériens à l'article VIGILANCE.

Les presbytériens ou puritains s'étaient séparés de l'Eglise anglicane parce qu'elle conservait une partie des cérémonies de l'Eglise romaine, qu'ils regardaient comme superstitieuses et contraires à la pureté du culte que Jésus-Christ est venu établir, lequel est un culte tout spirituel.

Les puritains avaient donc simplifié le culte extérieur ; mais ils en avaient conservé un et quelques cérémonies.

Robert Brown, ministre d'Angleterre, trouva que les puritains donnaient encore trop aux sens, dans le culte qu'ils rendaient à Dieu, et que, pour l'honorer véritablement en esprit, il fallait retrancher toute prière vocale, même l'oraison dominicale ; il ne voulut donc se trouver dans aucune église où l'on récitait des prières. Il eut des disciples qui formèrent une secte, qu'ils regardaient comme la pure Eglise.

Les brownistes s'assemblaient cependant, et ils y prêchaient dans leurs assemblées : tout le monde avait droit de prêcher chez les brownistes, et ils n'exigeaient point de vocation, comme les calvinistes et les puritains.

Les anglicans, les presbytériens et les catholiques furent également ennemis des brownistes : ils furent punis sévèrement ; ils se déchaînèrent contre l'Eglise anglicane, et prêchèrent contre elle tout ce que les protestants et les calvinistes avaient dit contre l'Eglise catholique ; enfin ils eurent des martyrs, et formèrent une secte en Angleterre.

---

(1) Noris, Hist. Pelag. l. 11, c. 15. Vossius, Hist. Pelag., l. 1, part. IV, epist. 166, 168, 169, 174, 186.
(2) Natal. Alex. in sæc. v.
(3) Noris, Vossius, loc. cit., Pagi, ad an. 470, Sirmond, Prædestinatus de novitio opere qui inscribitur Prædestinatus, auctore F. Picinardo, Patavini, in-4°, pensent qu'il y a eu des prédestinatiens. Ussérius prétend le contraire. Britannicarum eccles. Antiquit., Jansénius, de Hær. Pelag., l. VIII, Forbésius, l. VIII, c. 29, pensent comme Ussérius ; il ne paraît pas que leurs raisons puissent balancer celles du sentiment opposé : elles prouvaient tout au plus, ce me semble, que les prédestinatiens n'étaient pas assez nombreux pour faire une secte. (*Voyez* l'Hist. littér. de Lyon, Dupin, Natal. Alex. Hist. de l'Egl. gallicane, t. VI.)

DICTIONNAIRE DES HÉRÉSIES. I.

Brown en fut le chef, et prit le titre de patriarche de l'Eglise réformée (1).

Le changement que les prétendus réformés firent dans le culte, et que les puritains ont adopté, n'avait pour principe que leur haine contre le clergé et l'amour de la nouveauté : une partie des réformateurs a conservé beaucoup de cérémonies de l'Eglise romaine, et les calvinistes sont unis de communion avec ces réformés. Ces cérémonies n'étaient donc point une raison de se séparer de l'Eglise romaine, et les réformateurs n'avaient pas une autorité suffisante pour entreprendre de faire les changements qu'ils ont faits.

Nous les avons réfutés à l'article VIGILANCE, dont ils ont renouvelé les erreurs : on peut voir la défense du culte extérieur, par Brueys.

Les théologiens de l'Eglise anglicane ont combattu les principes des puritains depuis leur séparation jusqu'à présent. *Voyez l'Hist. ecclés. de la Grande-Bretagne*, par *Collier*; on en trouve un fort bon extrait dans la *Biblioth. anglaise*, t. I, pag. 181 ; *l'Histoire des puritains*, par *Daniel Neal*, 1736, 3 vol. in-8°, en anglais.

PRÉTENDUS RÉFORMÉS. *Voyez* RÉFORMATION.

PRISCILLIEN, chef d'une secte qui se forma en Espagne, vers la fin du quatrième siècle : cette secte alliait les erreurs des gnostiques et celles des manichéens.

Ces erreurs furent apportées en Espagne par un nommé Marc, et adoptées par Priscillien.

Priscillien était un homme considérable par sa fortune et par sa naissance ; il était doué d'un beau naturel et d'une grande facilité de parler ; il était capable de souffrir la faim, de veiller ; il vivait de peu ; il était désintéressé, mais ardent, inquiet, animé par une curiosité vive. Il n'est pas surprenant qu'avec de pareilles dispositions Priscillien soit tombé dans les erreurs de Marc et soit devenu chef de secte.

Son extérieur humble, son visage composé, son éloquence, séduisirent beaucoup de monde : il donna son nom à ses disciples, qui se répandirent rapidement dans une grande partie de l'Espagne et furent soutenus par plusieurs évêques.

Les priscillianistes formèrent donc un parti considérable. Hygin, évêque de Cordoue, et Idace, évêque de Mérida, s'opposèrent à leur progrès, les poursuivirent avec beaucoup de vivacité, les irritèrent et les multiplièrent : Hygin, qui le premier leur avait déclaré la guerre, adopta enfin leurs sentiments et les reçut à sa communion.

Après plusieurs disputes, les évêques d'Espagne et d'Aquitaine tinrent un concile à Saragosse : les priscillianistes n'osèrent s'exposer au jugement du concile et furent condamnés.

Instantius et Salvien, deux évêques priscillianistes, loin de se soumettre au jugement du concile, ordonnèrent Priscillien évêque de Labile.

Deux évêques opposés aux priscillianistes, animés par un mauvais conseil, dit Sulpice Sévère, s'adressèrent aux juges séculiers pour faire chasser les priscillianistes des villes. Par mille sollicitations honteuses ils obtinrent de l'empereur Gratien un rescrit qui ordonnait que les hérétiques seraient chassés, non-seulement des églises et des villes, mais de tous les pays (2).

Les priscillianistes, épouvantés par cet édit, n'osèrent se défendre en justice ; ceux qui prenaient le titre d'évêques cédèrent d'eux-mêmes ; les autres se dispersèrent.

Instantius, Salvien et Priscillien allèrent à Rome et à Milan, sans pouvoir obtenir de voir ni le pape Damase, ni saint Ambroise.

Rejetés par les deux évêques qui avaient la plus grande autorité dans l'Eglise, ils tournèrent tous leurs efforts du côté de Gratien, et, à force de sollicitations et de présents, ils gagnèrent Macédonius, maître des offices, et obtinrent un rescrit qui cassait celui qu'Idace avait obtenu contre eux, et ordonnait de les rétablir dans leurs Eglises (3).

Les priscillianistes revinrent en Espagne, gagnèrent le proconsul Volventius, et rentrèrent dans leurs sièges sans opposition. Ils étaient trop aigris contre leurs ennemis pour se contenter de leur rétablissement ; ils poursuivirent Itace comme perturbateur des églises et le firent condamner rigoureusement.

Itace s'enfuit dans les Gaules, gagna le préfet Grégoire, qui ordonna qu'on lui amenât les auteurs du trouble, et en informa l'empereur afin de prévenir les sollicitations. Mais tout était vénal à la cour, et les priscillianistes, au moyen d'une grande somme qu'ils donnèrent à Macédonius, obtinrent que l'empereur ôtât la connaissance de cette affaire au préfet des Gaules, et qu'elle fût renvoyée au vicaire d'Espagne (4).

Macédonius envoya des officiers pour prendre Itace, qui était alors à Trèves, et le conduire en Espagne ; mais il leur échappa et resta secrètement à Trèves jusqu'à la révolte de Maxime.

Lorsque l'usurpateur Maxime fut arrivé à Trèves, Itace lui présenta un mémoire contre les priscillianistes : Itace ne pouvait manquer d'intéresser Maxime en sa faveur et de l'animer contre les priscillianistes, qui devaient être dévoués à un prince qui les protégeait et ennemis de l'usurpateur, au moins jusqu'à ce qu'ils l'eussent gagné.

Maxime fit conduire à Bordeaux tous ceux qu'on crut infectés des erreurs de Priscillien, pour y être jugés dans un concile.

Instantius et Priscillien y furent amenés : on fit parler Instantius le premier, et comme il se défendit mal il fut déclaré indigne de l'épiscopat.

---

(1) Ross, *Des religions du monde*; la profane séparation des Brownistes.
(2) Sulpice Sévère, l. II.
(3) Ibid.
(4) Ibid.

Priscillien ne voulut point répondre devant les évêques ; il appela à l'empereur, et l'on eut la faiblesse de le souffrir ; au lieu qu'ils devaient, dit Sulpice Sévère, le condamner par contumace, ou, s'ils lui étaient suspects avec quelque fondement, réserver ce jugement à d'autres évêques, et non pas laisser à l'empereur ce jugement : voilà tout ce que nous savons du concile de Bordeaux.

On mena donc à Trèves, devant Maxime, tous ceux qui étaient enveloppés dans cette accusation.

Les évêques Itace et Idace les suivirent comme accusateurs, et au préjudice de la religion, que ces évêques rendaient odieuse aux païens ; car on ne doutait pas que ces deux évêques n'agissent plutôt par passion que par zèle de la justice.

Saint Martin était alors à Trèves pour solliciter la grâce de quelques malheureux ; il employa toute sa charité, sa prudence et son éloquence pour engager Itace à se désister d'une accusation qui déshonorait l'épiscopat. Il conjura Maxime d'épargner le sang des coupables : il lui représenta que c'était bien assez qu'étant déclarés hérétiques par le jugement des évêques on les chassât des églises, et qu'il était sans exemple qu'une cause ecclésiastique fût soumise à un juge séculier.

Itace, pour prévenir les effets du zèle de saint Martin, l'accusa d'hérésie : ce moyen qui lui avait réussi contre plusieurs ennemis fut sans succès contre saint Martin. Le jugement des priscillianistes fut différé tant qu'il fut à Trèves, et lorsqu'il partit, Maxime lui promit qu'il ne répandrait point le sang des accusés.

Mais, pendant l'absence de saint Martin, Maxime céda enfin aux conseils et aux sollicitations des évêques Magnus et Rufus : ce dernier fut déposé depuis pour cause d'hérésie.

L'empereur quitta donc les sentiments de douceur que saint Martin lui avait inspirés, et commit la cause des priscillianistes à Evodius, préfet du prétoire.

Evodius était juste, mais ardent et sévère ; il examina deux fois Priscillien, et le convainquit par sa propre confession d'avoir étudié des doctrines honteuses, d'avoir tenu des assemblées nocturnes avec des femmes corrompues, de s'être mis nu pour prier. Evodius fit son rapport à Maxime, qui condamna à mort Priscillien et ses complices.

Itace se retira alors, et l'empereur commit à sa place un avocat du fisc. A sa poursuite, Priscillien fut condamné à mort, et avec lui deux clercs et deux laïques ; on continua les procédures et l'on fit encore mourir quelques priscillianistes.

La mort de Priscillien ne fit qu'étendre son hérésie et affermir ses sectateurs, qui l'honoraient déjà comme un saint ; ils lui rendirent le culte qu'on rendait aux martyrs, et leur plus grand serment était de jurer par lui.

Le supplice de Priscillien et de ses sectateurs rendit Itace et Idace odieux : on vit l'impression que leur conduite fit sur les esprits par le panégyrique de Théodose, que Pacatus prononça à Rome, l'an 389, en présence même de Théodose, et un an après la mort de Maxime. « On vit, dit cet orateur, oui, on vit de cette nouvelle espèce de délateurs, évêques de nom, soldats et bourreaux en effet, qui, non contents d'avoir dépouillé ces pauvres malheureux des biens de leurs ancêtres, cherchaient encore des prétextes pour répandre leur sang, et qui ôtaient la vie à des personnes qu'ils rendaient coupables comme ils les avaient déjà rendues pauvres : mais bien plus, après avoir assisté à ces jugements criminels, après s'être repu les yeux de leurs tourments et les oreilles de leurs cris, après avoir manié les armes des licteurs et trempé leurs mains dans le sang des suppliciés, ils allaient avec leurs mains toutes sanglantes offrir le sacrifice. »

L'autorité de la justice, l'apparence du bien public et la protection de l'empereur empêchèrent d'abord qu'on ne traitât ceux qui avaient poursuivi les priscillianistes avec toute la sévérité que méritaient des évêques qui avaient procuré la mort à tant de personnes, quoique criminelles ; cependant saint Ambroise et plusieurs autres évêques se séparèrent de leur communion. Saint Martin refusa d'abord de communiquer avec eux ; mais il s'y détermina ensuite pour sauver la vie à quelques priscillianistes.

Après la mort de Maxime, Itace et Idace furent privés de la communion de l'Eglise ; Itace fut excommunié et envoyé en exil, où il mourut.

Itace n'avait ni la sainteté, ni la gravité d'un évêque ; il était hardi jusqu'à l'impudence, grand parleur, fastueux, et traitait de priscillianistes tous ceux qu'il voyait jeûner et s'appliquer à la lecture ; cependant Itace avait des partisans en France : sa condamnation y fit du bruit, et il se forma en sa faveur un parti considérable.

De leur côté, les priscillianistes, devenus plus fanatiques par la persécution, honorèrent comme des martyrs tous les priscillianistes que l'on avait exécutés, et leur erreur se répandit surtout en Galice ; presque tout le peuple de cette province en était infecté ; un évêque priscillianiste nommé Sympose ordonna même plusieurs évêques.

Saint Ambroise écrivit aux évêques d'Espagne pour demander que les priscillianistes fussent reçus à la paix, pourvu qu'ils condamnassent ce qu'ils avaient fait de mal. On tint un concile à Tolède, et l'on fit un décret pour recevoir les priscillianistes à la paix (1).

L'indulgence et la sagesse du concile de Tolède ne furent pas capables d'étouffer entièrement l'hérésie des priscillianistes, et, quelques années après ce concile (tenu en 400), Orose se plaignait à saint Augustin que les barbares qui étaient entrés en Espagne y faisaient moins de ravages que ces faux docteurs ; diverses personnes quittaient

(1) Ambr., ép. 52.

même le pays à cause de cette confusion (1).

Quelques années après, l'empereur Honoré ordonna (l'an 407) que les manichéens, les cataphryges et les priscillianistes seraient privés de tous les droits civils ; que leurs biens seraient donnés à leurs plus proches parents ; qu'ils ne pourraient rien recevoir des autres, rien donner, rien acheter ; que même leurs esclaves pourraient les dénoncer et les quitter pour se donner à l'Eglise, et Théodose le Jeune renouvela cette loi (2).

Malgré tous ces efforts il y avait encore beaucoup de priscillianistes dans le sixième siècle, et l'on assembla un concile contre eux à Prague (3).

PRISCILLIENS. *Voyez* MONTANISTES.

PROCLIENS, branche de montanistes attachés à Proclus, qui n'avait rien changé dans la doctrine de Montan. Proclus voulut répandre sa doctrine à Rome, et fut convaincu d'erreur (4).

PRODIANITES, autrement HERMIOTITES, disciples d'Hermias. *Voyez* cet article.

PROGRÈS (doctrine du). La doctrine du *progrès* indéfini est aujourd'hui une sorte de religion, qui n'est pas très-orthodoxe : c'est pourquoi nous en parlons ici.

Prêchée avec enthousiasme, cette doctrine a été reçue sans examen. On a tenté de l'appuyer sur l'analogie, de la vérifier par l'histoire, de la mettre en rapport avec les instincts de l'humanité. Mais, 1° l'analogie fait défaut : le dépérissement après le *progrès* est une loi générale. A s'en tenir à l'analogie, sous le rapport de la force matérielle, sous celui de la force intellectuelle, le genre humain doit croître d'abord, puis décliner, puis finir : en ce qui touche le sentiment moral, le genre humain ne progresse point ; sa marche serait plutôt rétrograde.

2° La vérification par l'histoire ne se fait pas mieux : l'histoire dit le passé, elle dit mal l'avenir. Le genre humain aurait grandi depuis son origine qu'il ne s'ensuivrait pas qu'il grandira toujours. Mais a-t-il vraiment grandi jusqu'ici ? L'école l'affirme ; elle construit d'abord un passé imaginaire, présuppose une longue période d'abrutissement, se place ensuite au milieu du peuple hébreu, jette un regard furtif sur les Grecs et s'installe au centre de la société chrétienne. Or, en réfutant la supposition qu'elle a faite d'abord, puis en agrandissant le cercle où elle s'enferme, il est aisé de faire voir que l'humanité n'a point suivi partout une ligne ascendante ; mais que le *progrès* s'est circonscrit dans les limites de l'horizon chrétien et s'y renferme encore aujourd'hui.

3° On fait appel aux nobles instincts de l'humanité ; la théorie prend alors le caractère du mysticisme. Le maître entre en inspiration ; il commande aux disciples la foi ; entre ce qu'il dit et ce que nous sentons il veut que nous trouvions un rapport nécessaire : c'est ce qui n'est pas. L'humanité a soif d'une vérité éternelle ; lui, ne nous donne qu'une illusion passagère. Il y a dans l'humanité désir d'un bonheur sans fin ; lui, ne nous offre qu'un malaise perpétuel. Le rêve du progrès indéfini ne constitue point d'avenir ; de plus il gâte le présent, car il tend à ruiner tout système religieux, à rendre équivoques les principes de morale, à miner les fondements de l'ordre politique ; il ne peut donc améliorer le sort des hommes.

En opposition avec l'analogie, contredite par l'histoire, repoussée par les instincts de l'humanité, la doctrine du progrès indéfini est une hypothèse gratuite : elle devient aisément une théorie dangereuse.

Le mot *progrès*, pris grammaticalement, signifie changement de place, mouvement en avant ; ce mot, appliqué aux vérités révélées elles-mêmes n'aurait donc de sens qu'autant que ces vérités seraient mobiles, changeantes. Or, le mot de vérité, à lui seul, implique l'immutabilité, parce que la vérité repose sur l'essence des choses qui est immuable ; mais, de plus, l'origine divine des vérités révélées leur imprime un caractère nouveau d'immutabilité, en les marquant du sceau de l'intelligence et de la véracité infinies. Prétendre que ce qui est reconnu vrai par la raison humaine peut cesser de l'être et devenir faux, c'est nier la réalité de l'objet même qui est reconnu vrai, ou plutôt l'existence de la certitude dans la raison humaine. Et toutefois, il faut bien admettre que si ce qui est vrai ne peut jamais cesser de l'être, il est tout un ensemble de connaissances dans les sciences morales et physiques qui, étant fondé sur l'expérience, peut et doit grandir avec elle ; mais affirmer que les vérités reconnues révélées peuvent changer, ou même être complétées par l'esprit humain, c'est d'abord leur ôter leur titre de révélées, puisque, élaborées de nouveau par l'intelligence de l'homme, elles ne seraient plus l'œuvre de Dieu, mais la sienne et le produit de son esprit ; c'est ensuite assujettir l'intelligence divine au contrôle de la nôtre ; c'est dire que le soleil peut emprunter sa lumière aux rayons qui émanent de lui. Mais, en outre, on ne peut pas dire du christianisme, comme des sciences morales et surtout physiques, dont l'expérience perfectionne les théories en ajoutant incessamment aux données sur lesquelles elles portent, que ces enseignements peuvent aussi être plus étendus ou mieux adaptés aux besoins variables de l'humanité, à ses différents âges.

Car, 1° il faudrait montrer que quelque chose manque au christianisme, indiquer les développements, les modifications que l'on voudrait y faire ; et faire voir que ces développements et ces modifications seraient un perfectionnement véritable : or, c'est ce qu'on n'a pu faire après de bien longs et de bien durs travaux. Le génie n'a pas manqué à l'œuvre ; des siècles lui ont été donnés pour l'accomplir, et tout cela n'a servi qu'à

(1) Sulpice Sévère, l. II.
(2) Cod. Theod., 16, tit. 5, l. 40, p. 160; l. 48, pag. 168.
(3) Collect. conc.
(4) Euseb., Hist. Eccles., l. VI, c. 14.

démontrer l'impuissance absolue de l'homme à perfectionner l'œuvre de Dieu.

2° Cette impuissance résulte encore, non-seulement du fait de l'origine divine du christianisme, mais de sa perfection intrinsèque, que la publicité de sa doctrine et l'application qui en est faite rendent évidente ; et pour ainsi dire palpable. Quelque différence que puissent établir entre les divers âges des sociétés le mouvement des idées et les changements qu'il détermine dans les mœurs, il n'y aura rien à modifier dans les vérités révélées pour les adapter aux besoins respectifs des temps ; il suffira d'en modifier l'application selon ces besoins mêmes.

Le mot *progrès* appliqué aux vérités révélées elles-mêmes n'a donc pas de sens ; mais, s'agit-il de la connaissance de ces vérités, du mode de les exposer et de les défendre ? il est admissible, il est nécessaire.

Pour résoudre cette question distinguons avec soin deux choses bien différentes, et que néanmoins on confond souvent ; savoir, 1° l'exposé des preuves qui établissent la divinité du christianisme et de la société qui en a le dépôt, et encore des différentes vérités qu'il embrasse ; 2° la controverse. Nous disons de la première de ces deux choses qui forme la partie positive et, pour ainsi dire, constituante de l'enseignement religieux, 1° qu'elle ne doit pas changer pour le fond des preuves dont la force repose à la fois sur les vérités mêmes qu'elles prouvent et sur les lois premières de notre esprit, immuables comme ces vérités. Il en est de même, et pour la même raison, du mode de les exposer. Il en est un qui, les présentant dans leur point de vue le plus lumineux, le plus en harmonie avec les lois premières et communes de notre esprit, est dès lors le plus propre à y porter la conviction, et ce mode, on le comprend, ne doit pas changer. Sans examiner s'il a jamais été parfaitement compris et appliqué, il est logique de penser qu'il a dû l'être, au moins dans ce qu'il a de plus essentiel, par cela seul qu'il est fondé sur la nature. On doit conclure de cela qu'il est sage de tenir à la méthode reçue généralement, jusqu'à évidence d'une amélioration à introduire ; 2° ce que nous venons de dire doit être entendu toutefois avec quelques restrictions : en effet, si la raison est la même dans tous les hommes, dans ce qu'elle a de fondamental, il y a d'un homme à un homme, d'une nation à une nation, d'un siècle à un autre siècle, des différences accessoires indéfiniment multipliées et variables. Il suit de là que telle preuve et telle manière de présenter cette preuve, excellentes pour un temps, pour un homme, pour une nation, sont moins bonnes pour un autre temps, pour un autre homme, pour une autre nation ; évidemment il faut tenir compte de ces différences.

La seconde partie de l'enseignement religieux est, avons-nous dit, la controverse : à elle se rattachent toutes les considérations qui ont pour but de préparer les esprits à -- ter la démonstration proprement dite,

et à en saisir la force : elle consiste donc principalement à dissiper les préjugés et à combattre les erreurs qui obscurcissent ou attaquent les vérités qu'il appartient à la démonstration d'établir. Or, évidemment c'est à des erreurs vivantes, à des erreurs qui aient cours dans les esprits, et non à des fantômes inutilement évoqués, qu'elle doit s'attaquer, et cela avec le genre de considérations et le mode de les présenter qui s'adaptent le mieux aux dispositions de ceux à qui l'on a affaire.

Voici donc en quoi le *progrès* est admissible et nécessaire, dans le mode d'exposer et de défendre les vérités révélées. 1° La partie polémique de l'enseignement religieux doit être modifiée dans son objet selon les erreurs et les préjugés essentiellement variables qu'on a à détruire ; 2° la forme, soit de l'exposé des vérités, soit de la polémique proprement dite, doit être mise en rapport avec les dispositions des esprits dans le choix des raisonnements ; et plus encore dans la manière de les présenter. Ces principes semblent incontestables : pour prévenir l'abus qu'on pourrait en faire, qu'il suffise d'ajouter que l'appréciation des erreurs de son temps et des tendances caractéristiques d'une époque demandent de fortes études ; encore la prudence veut-elle généralement qu'on attende, pour marcher dans des routes quelque peu nouvelles, qu'on y soit précédé par le gros des hommes sages et compétents. Il ne serait guère moins dangereux de s'exposer trop facilement comme le représentant du savoir et de l'expérience, et de rejeter à ce titre toute modification nouvelle, que d'introduire ces modifications avant que l'utilité n'en soit bien établie.

Cela posé, l'histoire de l'enseignement chrétien à tous les âges vient confirmer la vérité de ces principes, dont il n'a été qu'une exacte application. 1° A mesure que des erreurs surgissent et se répandent, apparaissent des réfutations qui prennent bientôt place dans les auteurs élémentaires, pour disparaître à leur tour et faire place à une controverse nouvelle. De toute cette partie de la théologie il n'y a et ne peut y avoir de fixe que le lien de famille qui unit toutes les erreurs. Il est bon toutefois de mettre toujours ce lien en évidence ; c'est le meilleur moyen de bien entendre la nature des erreurs nouvelles, et de donner à leur réfutation plus de profondeur et de solidité. Ce point est trop clair pour nous y arrêter davantage.

2° Ce que nous avons à dire sur la forme de la polémique mérite plus de développement. Pour se former une idée des *progrès* que nous présente l'histoire de la polémique dans ses formes, il suffit de prendre pour terme de comparaison, d'une part les meilleurs ouvrages de l'antiquité chrétienne contre les hérétiques, ceux de Tertullien par exemple, ou de saint Augustin, et d'autre part les écrits que Bossuet et Nicole ont publiés contre les protestants, touchant l'autorité de l'Eglise. Les premiers, supérieurs à quelques égards aux seconds, leur sont inférieurs sous le rapport de la précision et de la clarté du langage; la pensée se reproduit dans ceux-ci sous des formes plus rigoureusement déterminées : on remarque le même progrès dans des ouvrages modernes qui traitent la question de l'autorité en général. Cela doit paraître d'autant plus naturel que, suivant l'opinion commune, notre langue philosophique, moins variée que celle des anciens, les surpasse par son caractère éminemment logique; avantage qui vient en partie de ce qu'elle réunit et fixe, sous certains mots fondamentaux, des groupes d'idées autrefois flottantes dans des périphrases arbitraires, et aussi de l'ordre des mots dans la phrase, que le christianisme a rendu plus analogue à l'ordre intrinsèque des idées, par cela même qu'il a détruit toute erreur et enseigné toute vérité morale. Ce que nous disons de l'expression des idées, s'applique également à la méthode qui les combine. Le génie gréco-romain des Pères a une marche moins régulière que le génie catholique des temps modernes, et semble avoir retenu dans sa course plus de cette liberté propre au génie oriental, source primitive du grand fleuve des conceptions humaines. Les Pères appartenaient ou touchaient à cette époque où l'antique Orient, apparaissant avec toutes ses doctrines sur la scène du monde occidental, y modifia sensiblement l'état de l'esprit humain. Le génie moderne, au contraire, s'est préparé lentement dans le gymnase de la scolastique du moyen âge. Si cette première éducation lui a communiqué une disposition à une sorte de rigorisme logique qui gêne la puissance et la liberté de ses mouvements, il a contracté aussi, sous cette rude discipline, des habitudes sévères de raison, un tact admirable pour l'ordonnance et l'économie des idées, une supériorité de méthode dont les trois derniers siècles portent particulièrement l'empreinte. C'est une époque bien remarquable de l'esprit humain, que celle qui produisit les Erigène, les Abailard, les saint Anselme, les Guillaume de Paris, les saint Thomas d'Aquin, les saint Bonaventure; mais les travaux de cet âge diffèrent essentiellement de ceux des premiers siècles. Les grands esprits du moyen âge, au lieu de s'occuper à prouver le christianisme que personne n'attaquait, cherchaient à construire une science concordant essentiellement avec la foi catholique, en saisissant l'harmonie de toutes les vérités.

Luther donne le signal d'une ère nouvelle. Bossuet, marteau des protestants, les écrase; avec lui Nicole et Pélisson, par la force irrésistible de leur logique, les poussent à leurs dernières conséquences.

Au secours du protestantisme accourt la philosophie du dix-huitième siècle. Jean-Jacques Rousseau et Voltaire renouvellent contre le christianisme les mêmes objections qu'avaient faites les philosophes des premiers siècles. Bergier, Nonnotte, Bullet et Guénée les réfutent en reproduisant les preuves que les Pères avaient opposées aux philosophes de leur temps, mais conformément au caractère de l'esprit moderne, sous des formes plus logiques, plus précises et plus rigoureuses.

La logique et l'érudition de trois siècles ayant ainsi préparé les voies, il est impossible que de ce grand travail ne sorte pas un nouveau développement de la vérité.

Tous les points de la doctrine révélée ont passé par le crible du raisonnement et de l'expérience; et le raisonnement et l'expérience les ont entourés d'un éclat nouveau. Un grand ouvrage est à faire, qui résume tous ces travaux, qui fasse refluer toutes les eaux des connaissances humaines vers leur source divine, qui réunisse les mille voix de la science en un concert immense de louanges à Dieu et à son Christ. Quel que soit le temps où cette œuvre sera accomplie, le clergé a la sienne, et cette œuvre est belle et pressante à la fois. Autour de lui tout s'agite d'une incroyable ardeur de savoir. Qu'il s'inspire de la sublimité de son caractère et de sa mission! Que chacun de ses membres s'efforce de faire fructifier le talent qu'il a reçu, et alors d'*injustes* reproches tomberont; et rien ne manquera à la milice sainte pour la conquête du monde, lorsque chacun sera prêt à y marcher avec la triple armure de la foi, de la science et de la vertu.

PROTESTANTS. On a donné d'abord ce nom aux disciples de Luther, parce que, l'an 1529, ils protestèrent contre un décret de l'empereur et de la diète de Spire, et ils en appelèrent à un concile général. Ils avaient à leur tête six princes de l'empire, savoir, Jean, électeur de Saxe; Georges, électeur de Brandebourg, pour la Franconie; Ernest et François, ducs de Lunébourg; Philippe, landgrave de Hesse, et le prince d'Anhalt. Ils furent secondés par treize villes impériales. Par là on peut juger des progrès qu'avait faits le luthéranisme douze ans après sa naissance. Mais c'était plutôt l'ouvrage de la politique que celui de la religion; cette ligue protestante était moins formée contre l'Église catholique que contre l'autorité de l'empereur. On a aussi nommé protestants en France les disciples de Calvin, et l'usage s'est établi de comprendre indifféremment sous ce nom tous les prétendus réformés, les anglicans, les luthériens, les calvinistes et les autres sectes nées parmi eux. Nous avons parlé de chacune sous son nom particulier, mais aux mots RÉFORMATION, RÉFORME, nous examinerons le protestantisme en lui-même, nous ferons voir que cette religion nouvelle a été l'ouvrage des passions humaines, et qu'elle ne mérite à aucun égard le nom de réforme que ses sectateurs lui ont donné.

Lorsqu'on leur demande où était leur religion avant Luther ou Calvin, ils disent : *dans la Bible*. Il fallait qu'elle y fût bien cachée, puisque, pendant quinze cents ans personne ne l'y avait vue avant eux telle qu'ils la professent. Vous vous trompez, reprennent-ils, les manichéens ont vu comme nous dans l'Écriture sainte que c'est une idolâtrie de rendre un culte religieux aux martyrs ; Vigilance, que c'est un abus d'honorer leurs reliques ; Aérius, que c'en est un autre de prier pour les morts ; Jovinien, que le vœu de virginité est une superstition. Bérenger a trouvé aussi bien que nous dans l'Évangile, que le dogme de la transsubstantiation est absurde ; les albigeois, que les prétendus sacrements de l'Église romaine sont de vaines cérémonies ; les vaudois et d'autres, que les évêques ni les prêtres n'ont ni caractère, ni autorité dans l'Eglise de plus que les laïques, etc. Il est donc prouvé que notre croyance a toujours été professée ou en tout ou en partie par quelque société de chrétiens, et que l'on a tort de la taxer de nouveauté.

Voilà en vérité la tradition la plus pure et la plus respectable qu'il y ait au monde : le dépôt en est toujours hors de l'Eglise et non dans l'Eglise ; elle a pour seuls garants des sectaires toujours frappés d'anathème. Il fallait encore ajouter à cette liste honorable les gnostiques, les marcionites, les ariens, les nestoriens, les eutychiens, etc. Tous ont vu de même dans l'Ecriture sainte leurs erreurs et leurs rêveries ; ils ont cru, comme les protestants, que ce livre leur suffisait pour être la règle de leur foi. Mais comment les protestants sont-ils assurés de mieux voir que tous ces docteurs, dans la Bible, les articles de croyance sur lesquels ils ne s'accordent pas avec eux ? Citer de prétendus *témoins de la vérité*, et n'être jamais entièrement de leur avis, adopter leur sentiment sur un point et le rejeter sur tous les autres, ce n'est pas leur donner beaucoup de poids ni de crédit. Une croyance ainsi formée de pièces rapportées et de lambeaux empruntés des hérétiques, dont plusieurs n'étaient plus chrétiens, et n'adoraient pas Jésus-Christ, ne ressemble guère à la doctrine de ce divin maître.

Si la Bible renfermait toutes les erreurs que les sectaires de tous les siècles ont prétendu y trouver, ce serait le livre le plus pernicieux qu'il y eût dans le monde ; les déistes n'auraient pas tort de dire que c'est une pomme de discorde destinée à mettre tous les hommes aux prises les uns avec les autres. Mais enfin, puisque les protestants prétendent au privilège de l'entendre comme il leur plaît, ils n'ont aucune raison de disputer ce même droit aux autres sectes ; ainsi voilà toutes les erreurs et toutes les hérésies possibles justifiées par la règle des protestants. Mais nous voudrions savoir pourquoi l'Eglise catholique n'a pas aussi le droit de voir dans l'Ecriture sainte que tous ceux qui se séparent d'elle pervertissent le sens de ce livre divin, qui lui a été donné en dépôt par les apôtres, ses fondateurs. Saint Pierre reprochait déjà aux hérétiques de dépraver le sens des Ecritures pour leur propre perte (II *Pet*. III, 16). Deux cents ans après, Tertullien leur soutenait que l'Ecriture ne leur appartenait pas, puisque ce n'est pas à eux ni pour eux qu'elle a été donnée ; que c'est le titre de la seule famille des vrais fidèles auquel les étrangers n'ont rien à voir (*De Præscript*., c. 37). C'est aux protestants de prouver que cette exclusion ne les regarde pas.

Si du moins ils formaient entre eux une seule et même société chrétienne, le concert de leur croyance pourrait paraître imposant ; mais l'Eglise anglicane, l'Eglise luthérienne, ou prétendue évangélique, l'Eglise calviniste ou réformée, l'Eglise socinienne ne sont pas plus unies entre elles qu'avec nous. Les calvinistes ne haïssent pas moins les anglicans qu'ils ne détestent les catholiques ; quoiqu'ils aient tenté plus d'une fois de faire société avec les luthériens, jamais ils n'y ont réussi ; souvent ils ont été les uns contre les autres avec autant d'animosité que contre l'Eglise romaine ; certains docteurs luthériens ont été maltraités à outrance parce qu'ils semblaient pencher au sentiment des calvinistes ; ni les uns ni les autres ne fraternisent avec les sociniens.

Pour pallier ce scandale, ils ont été réduits à dire que toutes les sectes qui s'accordent à croire les articles principaux ou fondamentaux du christianisme, sont censées composer une seule et même Eglise chrétienne, que l'on peut nommer *catholique* ou *universelle*. Mais quelle union forment ensemble des sociétés qui ne veulent avoir ni la même croyance, ni le même culte, ni la même discipline ? Ce n'est certainement pas là l'Eglise que Jésus-Christ a fondée, puisqu'il la représente comme un seul royaume, une seule famille, un seul troupeau rassemblé dans un même bercail et sous un même pasteur (1)

---

(1) Les protestants ayant rejeté l'autorité de l'Eglise comme fondement de la foi chrétienne et comme principe de certitude des vérités de la religion, pour lui substituer l'autorité de l'Ecriture sainte interprétée par la raison individuelle, posèrent les bases du rationalisme moderne, qui ne tarda pas de se formuler dans le sein même du protestantisme par cette autre maxime fondamentale : Quand l'Ecriture paraît enseigner des choses inintelligibles et auxquelles la raison ne peut atteindre, il la faut tourner au sens dont la raison peut s'accommoder, quoiqu'on semble faire violence au texte. C'était constituer chaque individu juge et arbitre de ce qu'il doit croire et pratiquer en matière de religion et de morale, sanctionner d'avance tous les systèmes religieux et philosophiques, quelles que fussent leur opposition et leur extravagance, et conduire enfin à l'indifférentisme le plus absolu en matière de religion, de morale et de philosophie. Les déistes ne sauraient en effet, faire aucune difficulté d'admettre l'autorité de l'Ecriture révélée des chrétiens avec la restriction établie par les deux maximes précédentes. Aussi les sectes les plus diverses, l'indifférentisme théorique et pratique, le rationalisme, le déisme et l'incrédulité à tous les degrés, prirent-ils promptement naissance au sein du protestantisme. Chacun n'ayant d'autre guide ni d'autre autorité que sa raison, les discussions religieuses étaient devenues interminables, et les vérités les plus mystérieuses et les plus surnaturelles furent traitées dans les controverses comme des vérités de l'ordre naturel ou philosophique. De là l'affaiblissement de la religion, de la foi chrétienne et du sentiment religieux. *Diminutæ sunt veritates a filiis hominum* : les vérités divines avaient été atténuées par les enfants des hommes.

Les protestants sincèrement religieux gémirent de cette tendance des esprits. Les plus instruits s'efforcèrent d'y remédier par des apologies de la religion chrétienne et des commentaires sur l'Ecriture sainte, basés soit sur la raison philosophique, soit sur les sciences naturelles et historiques, soit enfin et principalement sur les traditions

XIX⁰ *siècle.* — Le docteur Charles Rosenkrantz, philosophe de la secte de Hégel, donne, dans son ouvrage intitulé : *Esquisses de Kœnigsberg*, un tableau analytique de la vie religieuse dans sa ville natale et dans les autres villes de la Prusse. Cette *caractéristique* du protestantisme prussien nous paraît remarquable.

Suivant le docteur hégélien, le protestantisme prussien se divise en quatre catégories très-distinctes, à savoir : les *vieux croyants*, les *croyants éclairés*, les *croyants modernes* et les *straussiens*, c'est-à-dire les *mécréants absolus*.

La première classe, dit-il, se compose de personnes âgées, et de la masse populaire qui ont conservé *une orthodoxie ingénue et exempte de toute critique*. Ceux-là croient encore, et sans la moindre difficulté, *à la Trinité, aux miracles, à la satisfaction par la mort d'un Sauveur*; peut-être même croient-ils, au moins en général, aux anges et aux démons, quoique de nos jours cette croyance ne se manifeste guère que parmi les aliénés.

Les hommes adonnés *à ces croyances enfantines* conservent aussi les anciennes mœurs et coutumes religieuses. Ils lisent à heure fixe une Bible ; ils chantent des cantiques, disent des prières du soir et conservent les pratiques de leurs pieux ancêtres. Dans les temples, l'on reconnaît ces gens-là à la fermeté de leur démarche et de leur maintien. Les textes que cite le prédicateur, ils les savent par cœur et les marmottent à voix basse, ainsi que les prières usuelles ; *ils s'inclinent au nom de Jésus*, accordent beaucoup d'importance aux fonctions ecclésiastiques, telles que baptêmes, mariages, funérailles ; et dans les églises qu'ils fréquentent l'on célèbre encore l'office divin et la cène aux jours ouvrables. On y prêche longuement, on y chante beaucoup, et deux heures suffisent à peine à la durée de leurs offices. Le ton sarcastique qu'emploie l'auteur en faisant la revue de leurs articles de foi et de leurs pratiques religieuses, montre assez clairement combien il est éloigné d'appartenir aux vieux croyants.

religieuses et philosophiques des anciens peuples. Mais le rationalisme individuel, vice essentiel du protestantisme, était au fond de toute cette controverse, et ne pouvait donner la foi chrétienne, qui repose essentiellement sur le principe d'une triple autorité, l'autorité de la révélation divine ou la véracité de Dieu, l'autorité de Jésus-Christ ou sa divinité, et l'autorité infaillible de l'Eglise. Tel est l'unique fondement de notre foi posé par Jésus-Christ même, et on ne saurait le renier sans renier par là même la religion chrétienne. *Ego sum via, veritas et vita* (Joan. xiv, 6). *Nemo scit quis sit Pater nisi Filius et cui voluerit Filius revelare* (Luc. x, 22). *Ecclesia Dei vivi columna et firmamentum veritatis* (I Timoth. iii, 15). *Si Ecclesiam non audierit, sit tibi sicut ethnicus et publicanus* (Matth. xviii, 15).

Aussi, sans méconnaître absolument tous les services que ces apologies rendirent à la religion chrétienne, elles ne purent opposer une digue assez puissante au torrent de l'incrédulité qui déborda bientôt de toutes parts le protestantisme. Comment aurait-il pu en être autrement, puisque chez les protestants les apologistes de la religion chrétienne et les ministres du saint Evangile, méconnaissant l'autorité des traditions chrétiennes les plus sacrées, ainsi que les caractères surnaturels et divins de l'Ecriture sainte, des dogmes religieux et des mystères, tombèrent eux-mêmes dans le rationalisme et le pur déisme, et nièrent la révélation et tout l'ordre surnaturel de la religion? Manquant dès lors d'un centre d'unité vivant et parlant, incertains de leurs propres pensées, et ne sachant par quoi remplacer tant de vérités rejetées par leur raison, ils se réfugièrent dans l'indifférentisme théorique, qui regarde toutes les religions comme étant également vraies et bonnes. Les impies et les athées en tirèrent bientôt cette autre conclusion, que toutes les religions sont également fausses et pernicieuses.

Le protestantisme offrit dès lors au monde un spectacle inouï et dont on ne trouve dans l'histoire aucun exemple, si ce n'est peut-être dans le paganisme à son déclin, celui d'une religion sans dogmes uniformément admis par ceux qui la professent, sur l'autorité de la révélation ; d'une religion dont les ministres, en très-grand nombre, non-seulement n'ont pas la foi en sa vérité et sa divinité, mais professent encore ouvertement l'incrédulité, des doctrines contradictoires, et l'indifférentisme religieux dans leurs discours publics, dans leurs consistoires et dans leurs livres. Aussi l'anarchie des opinions devint-elle si générale et si funeste que, dans les pays protestants, comme chez les anciens peuples païens, l'autorité civile dut intervenir pour préserver la société, la civilisation, et la religion elle-même d'une ruine complète : et chez les protestants comme chez les païens de l'ancienne Grèce et de l'Empire romain, la servitude et l'oppression politique de la religion remplacèrent, sous le nom spécieux d'église nationale, de religion de l'Etat et de tolérance, la liberté illimitée de penser à laquelle ils prétendaient ; on ne fait que remplacer l'anarchie des opinions individuelles par l'anarchie des intérêts temporels et des pouvoirs politiques : alors les ordonnances de la politique et de la diplomatie remplacèrent dans la religion et la morale, les décrets du pape, des conciles et même des livres saints.

Cette funeste disposition des esprits à l'indifférentisme et à la sécularisation de la religion, gagna surtout les classes les plus élevées et les plus instruites des nations protestantes : le peuple, partout où il ne fut pas corrompu par l'incrédulité ou les mauvaises mœurs, continua d'être religieux par habitude et en vivant sur un fond de religion fourni autrefois par le catholicisme ; car le protestantisme, religion purement négative, a renversé dans la croyance des peuples des dogmes moraux et religieux, mais il n'a rien édifié, et il ne leur en a point substitué de nouveaux.

De là, la tendance du protestantisme vers une dissolution complète, comme religion : les quakers, les méthodistes, les piétistes, les schwedemborgistes, et plusieurs sectes fanatiques ne furent qu'une réaction, louable dans son principe, contre cette tendance du protestantisme à revêtir, dès l'origine, un caractère rationaliste, individuel, humain, et à n'être, comme les autres institutions sociales, qu'une institution politique et, pour ainsi dire, toute mondaine et tout à fait profane.

Tels furent, chez les protestants, les résultats de l'alliance entre les traditions des anciens peuples et les croyances chrétiennes, entre la religion et la philosophie.

Il n'en fut pas de même chez les catholiques, parce que, fidèles au principe de foi, à la révélation et à l'autorité de l'Eglise, ils avaient un centre d'unité religieuse, morale et intellectuelle, vivant et parlant, et, dans leurs croyances, un criterium de vérité, un guide sûr pour ne pas s'égarer dans le chaos des opinions et des traditions humaines. Certaine de la vérité de ses doctrines et de ses destinées éternelles, aujourd'hui comme toujours, l'Eglise repousse de son sein les hommes et les systèmes ouvertement incrédules ou irréligieux, ou qui nient l'indépendance et la suprématie de son autorité en matière de foi, de morale et de discipline ecclésiastique. Cette autorité et cette indépendance du pouvoir spirituel, par rapport aux pouvoirs civils et politiques, quoique diversement attaquées, ont toujours été inviolablement reconnues par tous les catholiques, et ne sont presque plus défendues que par eux. De sorte que l'Eglise catholique, ainsi que l'unité de sa foi, de sa constitution et de ses doctrines, sont encore aujourd'hui telles qu'on les connut autrefois. Elle n'admet à sa communion ni le schisme, ni l'hérésie, ni les transactions et les accommodements en matière de religion.

Voici, sous le rapport de la question qui nous occupe, sa différence d'avec le protestantisme : c'est que la certitude de ses doctrines repose uniquement sur l'autorité de Dieu, de Jésus-Christ, et de l'Eglise, à laquelle le chrétien doit, à la vérité, une adhésion intelligente et raisonnable, mais une soumission complète : dès lors l'histoire, les traditions, la philosophie, les sciences, ne sauraient, à aucun titre, être le fondement de la foi chrétienne, mais seulement lui être utiles comme ornement, comme forme scientifique, comme preuves auxiliaires, en un mot, comme moyens humains de soutenir ou défendre la foi.

Les *croyants éclairés* comprennent, suivant lui, les rationalistes, les déistes et les philosophes kantistes. Ceux-ci tiennent encore au christianisme, mais seulement comme à la plus philanthropique et à la plus philosophique de toutes les religions. Pour eux, le Christ est l'idéal de la plus pure moralité, le type des plus hautes vertus. A son imitation, ils s'occupent du soin d'acquérir la connaissance d'eux-mêmes, de se faire une conscience austère, s'imposant pour tout culte la pratique du bien. L'histoire de la religion n'a plus rien qui puisse les satisfaire; ils n'en estiment que les beautés poétiques, la couleur épique, et en général ce qui s'y trouve de propre à plaire à l'imagination. Si, dans les églises des vieux croyants, l'on entend des prédicateurs enluminer largement les tableaux bibliques, y joindre des élucubrations historiques et géographiques, achever, au moyen de peintures apocryphes, l'exposition de caractères et de circonstances que l'Ecriture n'a fait qu'indiquer ; dans les temples des *croyants éclairés*, tout se réduit ordinairement à des expositions morales applicables au cœur, et l'histoire elle-même est presque toujours présentée sous la forme extérieure *d'une simple allégorie*. Tous les efforts du prédicateur tendent à plaire à l'oreille, au moyen de la plus élégante diction ; et au lieu de combattre, de condamner le vice, il s'étudie à le soumettre à une sorte d'autopsie physiologique.

Les *croyants modernes* forment l'antithèse la plus complète avec les deux précédents systèmes. Ils voudraient bien croire *à l'antique*, mais cela leur devient impossible, parce que leur point de départ est *la sceptique*, le doute *à la vérité*, c'est-à-dire à la *réalité de leurs lumières*. Ils se perdent dans un vague désir *d'étendre leurs spéculations théogoniques*, de découvrir *la poésie de la contemplation ;* de sorte que leur religion du cœur n'est que la phthisie de leur esprit. Suivant leur doctrine, l'homme doit remplir ses *devoirs par amour pour eux-mêmes* ; il doit aimer la vertu, respecter la loi qu'il se prescrit à lui-même (c'est l'*autonomie*), et se respecter en qualité de sujet de sa propre loi. Du reste, *il n'a qu'à se laisser aimer* du Dieu qu'il s'est donné, car toute son action morale serait ou du *pélagianisme*, c'est-à-dire une erreur, ou du *phariséisme*, c'est-à-dire une bassesse.

L'antithèse la plus absolue à tous ces systèmes est le *straussisme* (*Voyez* STRAUSS), que l'auteur appelle de ce nom, faute d'en avoir trouvé un autre pour définir l'incrédulité, ou la *non-croyance* illimitée. Ceux-là sont bien éloignés de former entre eux une aggrégation, une communauté religieuse. Ils vivent isolés, chacun dans son individualisme personnel, et s'ils adoptent quelque espèce de symbole commun de la vie de Jésus, ou de la dogmatique de Strauss, ils ne la tirent que de la distinction qu'il fait entre le *transitoire* et le *permanent* du christianisme ; théorie essentiellement commune à tous les sectaires, puisqu'elle devient la base de toutes leurs réformes négatives; de toutes leurs suppressions de telle ou de telle doctrine, de telle ou de telle pratique. En tête du *transitoire* se trouve, comme il est naturel, la doctrine de la *trinité*, en tant que triple personnalité dans une seule essence divine ; car ceux d'entre eux qui veulent bien encore admettre une *personnalité divine* la veulent *unique*, quoique conçue par l'homme sous une triple opération dont lui-même est l'objet. Ainsi sont également travesties les doctrines de l'incarnation et de la rédemption, celles de l'immortalité des âmes, des récompenses et des peines, transformées en migrations d'astre en astre où l'esprit humain parcourra l'échelle infinie, d'une perfectibilité naturelle, intellectuelle et morale, graduée sur ce qu'il aura acquis de sciences dans la vie précédente. Ce n'est pas que ces incrédules proposent toutes ces théories comme des dogmes à croire ; ils se contentent de s'en occuper comme de probabilités suffisantes à l'esprit humain, et faisant part de ce que le grand philosophe *Jésus* ou *quelque autre sous son nom*, car on sait que Strauss a nié jusqu'à la personnalité du Sauveur, a laissé entrevoir à ses grossiers contemporains, pour être mieux saisi et plus rationnellement développé par des philosophes d'un autre âge.

Après cette exposition du christianisme straussien, de cette religion sans communauté, sans culte, le docteur invite le clergé protestant à s'y rallier, au moins en partie, et nous croyons cette invitation au moins superflue ; car si, comme il l'assure, personne, hors quelques théologiens surannés, ne lit plus ni la confession d'Augsbourg, ni les formules de la concorde ; si, comme il l'énonce, l'immense majorité des ministres n'enseigne plus d'après les catéchismes, mais suivant leurs propres cahiers, ou d'après les écrits des nouveaux réformateurs, quel élément peut-il rester encore au protestantisme germanique pour conserver le caractère apparent d'une secte chrétienne ? N'est-il pas de toute évidence, comme le montre fort bien le docteur Rosenkrantz, que là où le *déisme rationaliste* a atteint toute sa maturité, le terrain se trouve suffisamment préparé pour le *panthéisme hégélien*; et par conséquent aussi pour les théories de Strauss, dont les œuvres sont aujourd'hui lues et commentées, de bouche et par écrit, jusque par les cultivateurs des provinces prussiennes.

Nous voyons donc, dans l'ouvrage qui nous occupe, les générations successives des sectes qu'a fait naître l'application rigoureuse du principe protestant : Des vieux croyants sont sortis les croyants éclairés ; de ceux-ci les croyants modernes, et de ces derniers les straussiens ou non-croyants parfaits. Outre ces quatre générations du rationalisme, la Prusse compte encore une multitude de sectes qui, au moins, ont conservé un symbole : tels sont, sans parler des luthériens et des réformés de la vieille roche, les *mennonites*, les *gichtéliens*, les *mucké-*

riens, les *ébéliens*, etc. Il ne peut donc plus être question, dans la Prusse protestante, d'une foi commune, ni bien moins encore d'une Église évangélique. (*Voyez* ÉGLISE ÉVANGÉLIQUE CHRÉTIENNE.)

PROTOCTISTES. Hérétiques origénistes, qui soutenaient que les âmes avaient été créées avant les corps; c'est ce que leur nom signifie. Vers le milieu du sixième siècle, après la mort du moine Nonnus, chef des origénistes, ils se divisèrent en deux branches; l'une des *protoctistes*, dont nous parlons, l'autre des *isochristes*, dont nous avons fait mention sous leur nom. Les premiers furent aussi nommés *tétradites*, et ils eurent pour chef un nommé Isidore.

PROTOPASCHITES. Dans l'histoire ecclésiastique, ceux qui célébraient la Pâque avec les Juifs, et qui usaient comme eux du pain sans levain, sont appelés protopaschites, parce qu'ils faisaient cette fête le quatorzième jour de la lune de mars, par conséquent avant les orthodoxes, qui ne la faisaient que le dimanche suivant. Les premiers furent aussi nommés sabbathiens et quartodécimans. *Voyez* ce mot.

PSATYRIENS. Nom qui fut donné, au quatrième siècle, à une secte de purs ariens; on n'en sait pas l'origine. Dans le concile d'Antioche, l'an 360, ces hérétiques soutinrent que le Fils de Dieu avait été tiré du néant de toute éternité; qu'il n'était pas Dieu, mais une créature; qu'en Dieu la génération ne différait point de la création. C'était la doctrine qu'Arius avait enseignée d'abord, et qu'il avait prise dans Platon (1).

PTOLÉMAITES, sectateurs de Ptolomée, l'un des chefs des gnostiques qui avait ajouté de nouvelles rêveries à leur doctrine. Dans la loi de Moïse il distinguait des choses de trois espèces; selon lui, les unes venaient de Dieu, les autres de Moïse, les autres étaient de pures traditions des anciens docteurs (2).

PTOLOMÉE, disciple et contemporain de Valentin, reconnaissait comme son maître un être souverainement parfait, par qui tout existait; mais il n'adopta pas le sentiment de Valentin sur l'origine du monde et sur la loi judaïque.

Pour expliquer l'origine du mal et trouver, dans le système qui suppose pour principe de toutes choses un être souverainement parfait, une raison suffisante de l'existence du monde et du mal qu'on y voyait, Valentin faisait sortir de l'Être suprême des intelligences moins parfaites, et dont les productions successives décroissantes avaient enfin produit des êtres malfaisants qui avaient formé le monde, excité des guerres et produit les maux qui nous affligent.

Jésus-Christ assurait que tout avait été fait par lui; ainsi le sentiment qui attribuait la création du monde à des principes opposés à Jésus-Christ était faux; l'opposition qu'on

prétendait trouver entre l'Ancien et le Nouveau Testament, et qui servait de base à ce sentiment, disparaissait aussitôt qu'on jetait un œil attentif sur la loi de Moïse et sur les changements que Jésus-Christ y avait faits.

Le Décalogue, qui est la base de la loi judaïque, porte évidemment le caractère d'un être sage et bienfaisant; il contient la morale la plus pure et la mieux accommodée au bonheur des hommes. La loi de l'Évangile a perfectionné cette loi.

Les lois particulières qui semblent déroger à cette bonté du législateur, telles que la loi du talion ou la loi qui autorise la vengeance, sont des lois qui étaient nécessaires pour le temps, et Jésus-Christ, en les abolissant, n'a point établi une loi contraire aux desseins du Créateur, puisqu'il défend l'homicide dans le Décalogue.

A l'égard de la loi du divorce que Jésus-Christ a abolie, elle n'est point une loi du Dieu créateur, mais un simple règlement de police établi par Moïse, comme Jésus-Christ lui-même l'assure.

Quant aux lois cérémonielles et fugitives, Jésus-Christ, à proprement parler, ne les a pas détruites, car il en a conservé l'esprit et n'a rejeté, pour ainsi dire, que l'écorce. Jésus-Christ, en détruisant les sacrifices de l'ancienne loi, n'a pas dit qu'il ne fallait point offrir de sacrifice à Dieu; il a dit qu'au lieu d'animaux ou d'encens, il fallait lui offrir des sentiments et des sacrifices spirituels; il en est ainsi des autres lois.

De ces principes, Ptolomée concluait que la loi judaïque et la loi évangélique avaient pour principe un Dieu bienfaisant et non pas deux dieux opposés, et que le monde n'était point l'ouvrage de l'Être suprême; car il n'y aurait point eu de mal, selon Ptolomée.

Le Créateur était donc un Dieu bienfaisant placé au centre du monde qu'il avait créé, et dans lequel il produisait tout le bien possible; mais il y avait dans ce même monde un principe injuste et méchant, qui était uni à la matière et qui produisait le mal.

C'était pour arrêter les effets de sa méchanceté que le Dieu créateur avait envoyé son Fils.

Ainsi Ptolomée admettait quatre principes ou éons, au lieu de cette suite infinie que Valentin supposait dans le monde.

Mais comment ce principe malfaisant que Ptolomée supposait et qui n'existait point par lui-même, comment, dis-je, cet être pouvait-il exister, si tous les êtres tiraient leur origine d'un être souverainement parfait?

C'est une difficulté dont Ptolomée prétendait avoir la solution dans une certaine tradition qu'il n'explique pas (3).

PUCCIANISTES, sectateurs du sentiment de Puccius, qui prétendait que Jésus-Christ, par sa mort, avait satisfait pour tous les hommes, de manière que tous ceux qui

---

(1) Théodoret, Hæret. Fab. lib. IV, pag. 587.
(2) Saint Épiphane, lib. I, hæres. 33.
(3) Philastr., de Hær., c. 39. Aug., de Hær., c. 13. Tertul. adversus Valentin., c. 4. Epiph., hær., 33. Iren., l. I, c. 1, 6. Grabe, Spicileg., sæc. II, p. 68.

avaient une connaissance naturelle de Dieu seraient sauvés, quoiqu'ils n'aient aucune connaissance de Jésus-Christ. Il soutint ce sentiment dans un livre qu'il dédia au pape Clément VIII l'an 1592, dont voici le titre : *De Christi Servatoris efficacitate in omnibus et singulis hominibus, quatenus homines sunt, assertio catholica, æquitati divinæ et humanæ consentanea, universæ Scripturæ S. et PP. consensu spiritu discretionis probata, adversus scholas asserentes quidem sufficientiam Servatoris Christi, sed negantes ejus salutarem efficaciam in singulis, ad S. pontificem Clementem VIII. Gonduc.*, 1592, in-8° (1).

Rhétorius, dans le quatrième siècle, avait pensé à peu près de même, et Zuingle, dans le quinzième.

Cette erreur peut être une erreur du cœur; elle est contraire aux paroles de Jésus-Christ même, qui dit que personne ne va à son Père que par lui, et que celui qui ne croira pas sera condamné (2).

Puccius a été réfuté par Osiander, par Lysérus et par d'autres théologiens allemands, cités par Stockman (3).

PURITAINS (4). *Voyez* PRESBYTÉRIENS.

*PUSÉYSME, dénomination sous laquelle on désigne un système moderne de théologie anglicane.

Il y a environ douze ans, des projets pour la réforme de l'Eglise établie furent agités dans la presse anglaise. Et ce n'étaient pas là de ces déclamations banales sur la splendeur et l'opulence du clergé, déclamations toujours habituelles en Angleterre : c'étaient, au contraire, des plans sérieux présentés par des amis avoués et même par des membres de l'Eglise anglicane, à l'effet d'en modifier la constitution, la liturgie, les formulaires. Mais ce mouvement fut contrarié par un antagonisme dont l'objet principal était de rectifier certaines notions ou certaines doctrines relâchées, qui depuis longtemps dominaient dans une partie de la communion nationale. C'est là le berceau du puséysme. Le zèle de l'école naissante dut sans doute être stimulé par diverses circonstances, telles que la suppression par acte du parlement de dix siéges épiscopaux (protestants) en Irlande, la résistance du peuple irlandais à la dîme, l'avertissement solennel donné en plein parlement aux évêques, par lord Grey, de *disponere domui suæ*. Quoi qu'il en soit, l'école nouvelle, encore peu nombreuse et composée principalement d'élèves de l'université d'Oxford, se mit à l'œuvre avec ardeur. Les Traités pour les temps présents (*Tracts for the Times*) commencèrent à paraître en 1833 et furent bientôt suivis d'écrits polémiques plus élaborés, les uns destinés à la défense de l'anglicanisme, les autres dirigés contre Rome ou les dissidents protestants. Vers cette époque, le *British Critic*, revue trimestrielle, devint l'organe du parti. Dans une autre publication, le *British Magazine*, M. Newman et feu M. Froude écrivirent bien des choses faites pour surprendre les lecteurs protestants. (M. Newman vient de rentrer dans le sein de la religion catholique.)

Cette école cependant ne paraît avoir fixé sérieusement l'attention du public qu'au commencement de 1836, alors que le docteur Hampden, qui venait d'être nommé par le ministère à la chaire de théologie d'Oxford, fut censuré par le conseil universitaire de cette ville (dit *la convocation d'Oxford*), en conséquence d'une accusation de rationalisme portée contre ses précédents écrits. A la tête de l'opposition contre ce professeur, se mirent, quoiqu'ils ne fussent pas les seuls, les hommes de l'école nouvelle, entre autres MM. Vaughan, Thomas, Newman et le docteur Pusey. Celui-ci, qui occupait alors (et qui occupe encore) la chaire d'hébreu, passait pour avoir eu des vues sur la place donnée au professeur hétérodoxe. De tous les siens, le docteur Pusey était le plus en évidence, comme professeur, comme compétiteur supposé, et comme auteur, dans ce moment même (avril 1836), d'une remarquable défense des nouvelles doctrines contre un très-spirituel anonyme, *Lettre pastorale adressée par S. S. le pape à certains membres de l'Université d'Oxford*, composition pleine de sel et d'ironie. Ces diverses circonstances ont sans doute fait donner son nom au parti.

Si nous étions appelé à définir les intentions originelles des fondateurs de cette école, nous dirions que leur objet fut de ranimer l'anglicanisme, qu'ils regardaient comme ruiné, et d'abattre ou du moins d'affaiblir les dissidents protestants. Après cela les chefs, comme tous les hommes du parti, se faisaient gloire de diriger le mouvement dans un sens hostile à Rome.

Voici, d'après les *Tracts* et d'autres ouvrages, un aperçu général des doctrines, de l'enseignement et de la direction du puséysme, durant ce qu'on peut appeler sa première époque. Les anciens réformateurs étaient entachés de *latitudinarisme* : autrement dit, c'étaient des hommes à tendances relâchées. Les nouveaux, au contraire, qui veulent être exacts en dogme comme en discipline, disent : Maintenez le symbole d'Athanase et toutes les formes du baptême; point d'accommodement avec l'esprit du siècle; à temps et à contre-temps, inculquez les formulaires, loin de les laisser tomber; n'oubliez pas les obligations que, lors de votre régénération en Christ par le saint baptême, vous avez contractées envers l'Eglise; n'oubliez pas non plus que la voix des évêques est la voix de Dieu même; montrez que *nos* évêques se rattachant aux apôtres par une succession légitime, eux seuls, par conséquent, et les ministres par eux établis, doivent être écoutés et obéis en matière spirituelle; faites comprendre que l'Eglise ne dépend pas de l'Etat, mais que

---

(1) Stockman Lexic. in nov. Puccianist.
(2) Joan. xiv, 6. Marc. xvi, 16.
(3) Loc. cit.
(4) Ce nom fut donné aux presbytériens d'Angleterre,

parce qu'ils affectaient de ne suivre que la pure parole de Dieu, et qu'en s'élevant contre les cérémonies de l'église anglicane, ils prétendaient rétablir la pureté du culte.

ÉPIT.

l'alliance de l'Eglise est, au contraire, un honneur pour l'État; ravivez la discipline déchue; ravivez l'intelligence par le souvenir des vérités que notre Eglise a malheureusement négligées pour un temps, mais que jamais elle n'a perdues; observez les jours d'abstinence et les fêtes des saints; soumettez-vous aux rubriques; tenez les églises ouvertes. Faites tout cela, et notre Eglise apparaîtra ce qu'elle est réellement : une Eglise pure et apostolique, qui a très-sagement rejeté les corruptions doctrinales et les pratiques superstitieuses, sinon idolâtriques, de son infortunée sœur de Rome, toutes doctrines et pratiques clairement réprouvées par l'antiquité, que nous invoquons avec confiance et respect; une Eglise pure et apostolique, qui a secoué le joug que pendant longtemps, contrairement aux canons des premiers conciles généraux, l'évêque de Rome avait fait peser sur elle. Ces canons, devant lesquels nous l'appelons lui et ses adhérents, convainquent de schisme les évêques *étrangers* par lui introduits dans les diocèses d'Angleterre (1).

Ces nouveautés, comme on devait s'y attendre, furent attaquées. D'une part les dissidents protestants crièrent au papisme déguisé; les anglicans de l'autre, dénoncèrent des propositions qu'ils jugeaient hétérodoxes, mêlées, de leur aveu, à bien des choses vraies et utiles; enfin les catholiques signalèrent des paralogismes, des contradictions, des fraudes. *Voyez* les n°^s 6 et 16 de la *Revue de Dublin*, ainsi que divers articles publiés par intervalles dans cette *Revue*. Ces articles, qui sont du savant M. Wiseman, ont été réimprimés en partie en un volume séparé, par l'Institut catholique de Londres, sous le titre : *Des prétentions de la haute Eglise.*

Toutefois nous pensons que ce mouvement a été longtemps vu de bon œil par le plus grand nombre des prélats anglicans. Les novateurs n'étaient-ils pas des champions zélés, quoique parfois indiscrets, de l'Eglise nationale? Mais, plus tard, deux ou trois *Tracts* donnèrent beaucoup d'ombrage. Dans le *Tract* 75, on trouve l'histoire et un pompeux éloge du Bréviaire romain, et, ce qui est plus fort, d'après le Bréviaire, une manière d'office des morts et de service pour la fête d'un évêque et confesseur, avec une légende en trois leçons en l'honneur de William Ken, estimable évêque anglican, *non-jureur*, du dix-septième siècle (2)! C'en était trop pour la plupart des anglicans.

A notre droit de propriété exclusive (à nous autres catholiques) sur ce qu'on estimait un riche trésor, opposer un droit égal en faveur de l'Eglise anglicane comme branche de l'Eglise catholique, n'était-ce point là une audace étrange, qui devait choquer les âmes honnêtes et leur faire demander :

Pourquoi donc l'Eglise anglicane a-t-elle jadis rejeté ces choses avec mépris? Quoi qu'il en soit, l'amour du Bréviaire, loin de diminuer, n'a cessé depuis de s'accroître. On a publié en latin les hymnes de l'office romain et de l'office parisien, et nombre de ces néo-anglicans avouent avoir tiré du Bréviaire ceux de leurs ouvrages destinés à la dévotion privée. Plus tard, ils ont fait paraître l'office des Ténèbres, avec des considérations pieuses sur la Passion, puisées pour la plupart, est-il dit, à des sources catholiques. Un libraire (nous croyons que c'est M. Oakley) a traduit plusieurs homélies de saint Bernard, qui, nous le pensons, sont généralement lues par les laïques. Mais nous anticipons.

Un autre *Tract* (ou plutôt les deux *Tracts* 80 et 87, celui-ci n'étant que la seconde partie de l'autre), intitulé : *De la Circonspection en matière de diffusion des connaissances religieuses* (On reserve in communicating religious knowledge) fut accueilli avec infiniment d'irritation par la presse, la chaire et même l'épiscopat. L'auteur, M. Williams, poëte religieux très-connu, est le traducteur, nous le pensons du moins, des hymnes du Bréviaire parisien. Il s'éleva une si furieuse tempête de clameurs vulgaires et d'ignorantes interprétations, que l'auteur dut renoncer, en janvier 1842, à concourir pour la chaire de poésie à l'université d'Oxford. Et cependant plusieurs de ses adversaires non-seulement n'avaient pas lu son écrit, mais n'avaient pas même su en énoncer correctement le titre! Nous le disons avec une conviction profonde. Dans tout le cours de la lutte entre l'école nouvelle et ses antagonistes protestants, il n'est rien de plus honteux pour ceux-ci, quoique victorieux, ni de plus honorable pour celle-là, que le système d'invectives et de déloyauté alors mis en œuvre. Quel est le crime de l'auteur? Il soutient que les vérités évangéliques doivent être répandues avec une judicieuse circonspection ; que toutes les doctrines ne sont faites ni pour tous les temps, ni pour tous les hommes; que l'exemple de Notre-Seigneur, de ses apôtres et de l'ancienne Eglise, l'analogie entre les voies ordinaires et extraordinaires de Dieu, suggèrent la préparation prudente et graduée des cœurs comme des esprits à l'acceptation des dogmes et de la discipline. Sans nul doute, au reste, tout ce fracas a été excité beaucoup moins par ses propositions, assurément peu blessantes, qu'à cause des hautes et mystérieuses prérogatives réclamées en faveur de l'Eglise; et du blâme calme mais incisif déversé sur le système pseudo-évangélique qui prévaut en Angleterre.

Il faut parler maintenant du *Tract* n° 90 et dernier. Cet écrit célèbre de M. Newman a fait naître des controverses dont la vivacité,

---

(1) Nous ne comprenons pas bien de quels évêques étrangers MM. d'Oxford entendent parler : des vicaires apostoliques actuels, ou bien des évêques catholiques d'autrefois? Parmi ceux-ci, il y en a eu sans doute qui n'étaient pas nés Anglais, tels que saint Augustin; saint Anselme, Lanfranc. Mais, en conscience, on aurait pu sans rougir leur donner des lettres de naturalité.

(2) Par *non-jureurs* on entend ceux des prélats anglicans qui, à la révolution de 1688, refusèrent le serment à Guillaume III.

après deux années, se calme à peine. En voici la *genèse*, comme nous la concevons. Les premiers *Tracts* avaient souvent attaqué Rome avec une extrême virulence, parce qu'ils se proposaient beaucoup moins d'inculquer les vérités catholiques, considérées en elles-mêmes, que de soutenir le système anglican compris par cette école. L'étude des antiquités ecclésiastiques, quoique faite au travers d'un milieu décoloré, avait amené des découvertes tout à fait inattendues. La nature même de la polémique engagée par les puséystes les avait obligés à produire au grand jour bien des choses qu'ils ne pouvaient nier être vraies, saintes, aimables, bien qu'elles appartinssent à *celle* qu'ils réprouvaient. Sur les esprits réfléchis et raisonnables, tout cela devait avoir pour effet de tempérer l'amertume et de modifier quelques opinions. Aussi osons-nous croire que MM. Pusey et Newman voudraient n'avoir pas dit beaucoup de choses échappées jadis à leur emportement. D'ailleurs les *Tracts* avaient déjà fait école. — Dans quelle mesure? C'est ce que nous verrons bientôt; et il n'est pas au pouvoir des chefs d'une école quelconque, et surtout d'une école qui commence, d'enfermer leurs disciples dans la formule originelle.

Invités à l'étude de l'antiquité, des esprits jeunes et ardents s'y étaient appliqués à loisir. Ils savaient la réponse à la question : *A Roma potest aliquid boni esse?* Et ils avaient marché en avant pour voir de leurs propres yeux. Des faits publics montraient le résultat de ces recherches sur quelques individus : nous voulons parler de MM. Sibthorp, Grant et autres. Contre de semblables résultats, qu'on aurait pu prévoir cependant, il importait de se prémunir. Expliquons-nous mieux. Des esprits sérieux et investigateurs ayant pénétré les questions à l'examen desquelles les *Tracts* les avaient conviés, s'étaient convaincus ou étaient au moment de se convaincre que divers points réprouvés par les 39 articles avaient cependant été tenus pour sacrés par l'antiquité; que l'Église d'Angleterre, par plusieurs de ses doctrines, s'était formellement décatholicisée; que, enfin, les accusations dirigées par l'anglicanisme contre Rome étaient calomnieuses et sans fondement. Il semblait donc très-probable que ceux qui en étaient là iraient plus loin, c'est-à-dire qu'ils pousseraient jusqu'à Rome. Pour les retenir, il fallait un ingénieux procédé d'argumentation. Heureusement pour le puséysme, il avait dans M. Newman un homme consommé en ce genre, et le chef-d'œuvre de la stratégie du controversiste se déploya dans le *Tract* 90.

On imagina de dénaturer le langage des *Tracts*, afin de leur donner un sens tout à fait différent et nouveau. Contrairement à l'évidence historique, on établit que les 39 articles anglicans entendent condamner, non point les dogmes formels et légalement autorisés de l'Église romaine, mais seulement certaines questions douteuses et pratiques mauvaises introduites dans cette Église : d'où il suit que ces 39 articles, quoique faits par des hommes qui dans le pape voyaient l'Antechrist et dans la messe une fable blasphématoire, peuvent être consciencieusement souscrits par les partisans d'une opinion diamétralement opposée. Pour que cette théorie ne croulât pas tout d'abord, il fallait nécessairement écarter le point de vue des auteurs du formulaire anglican : et l'écrivain puséyste le savait à merveille. Cette théorie ne pouvait être appuyée que sur l'interprétation grammaticale forcée et arbitraire de ce qu'il y a de vague dans le langage de ce formulaire, interprétation à laquelle on ne pensait bien certainement point à l'époque de la prétendue réformation. Il y a environ un siècle, le docteur Secker disait des 39 articles : *Egent tantum interpretatione commoda.* Cette interprétation commode, M. Newman l'a trouvée, mais dans un sens tout différent de celui que voulait cet archevêque, ennemi ardent des catholiques. Au reste, il nous semble que dans ce fameux *Tract* se trouve une inconséquence bien remarquable; car, d'une part, on repousse les preuves historiques quand elles établissent invinciblement qu'au temps d'Élisabeth l'Église anglicane rejetait des doctrines déclarées vraies et nécessaires par toute la catholicité, tandis que, d'autre part, on entend se prévaloir de l'histoire quand elle est d'une valeur infiniment inférieure, c'est-à-dire quand elle ne présente que de vagues déclamations et de grossières invectives, pour en conclure, et sur une vaste échelle, la corruption et les abus de Rome. Mais cela s'explique : l'auteur comprenait que les calomnies des vieilles homélies et les fables ineptes des anciens controversistes pouvaient indirectement lui servir à conserver dans le giron anglican ceux qui tendaient vers Rome. En effet, le romanisme présenté sous des traits odieux et vulgaires devait dégoûter les hommes dont les espérances s'étaient reposées sur quelque chose de meilleur ; tandis qu'en pliant les 39 articles au sens que la science avancée de ses lecteurs regardait comme la seule conforme à l'antique tradition, il détruisait un scrupule sérieux et lavait l'anglicanisme du reproche d'avoir forfait à la doctrine catholique.

Généralement parlant, ce *Tract*, à son apparition, ne satisfit personne en dehors de l'école nouvelle, ni peut-être même tous ceux de cette école. L'université le censura; l'évêque diocésain (le docteur Bagot), bien qu'ami du mouvement, conseilla de cesser ces publications; d'autres évêques attaquèrent ouvertement le *Tract* et en dénoncèrent les fallacieuses propositions. Au total il faut admettre, malgré quelques apologies spécieuses, qu'une condamnation générale par l'anglicanisme a passé sur cet écrit. Nous approuvons ce verdict; et bien qu'il n'entre pas dans notre pensée d'exagérer les différences qui existent entre la confession anglicane et la nôtre, les droits de la vérité doivent être maintenus à tous risques. *Inter nos magnum chaos firmatum est.*

Les *Tracts* ne paraissent plus depuis le mois d'avril 1841; mais le puséysme a toujours en abondance les moyens de se propager. Nous avons parlé du *British Critic*. A part, par-ci par-là, quelques légères hostilités, qui d'ailleurs viennent de cesser ou à peu près, cette *Revue* s'exprime sur Rome avec bienveillance et même avec respect. Les réformateurs du seizième siècle, anglais ou étrangers, sont au contraire traités d'une façon leste, quand ils ne sont pas ravalés. Constamment vous y rencontrez des sentiments et des jugements catholiques. Selon l'usage anglais pour les publications de ce genre, les auteurs gardent l'anonyme; mais des indices de plus d'une sorte déchirent souvent le voile. L'influence qu'exerce cette école se montre par l'étendue et la variété de sa littérature : aux hommes d'étude, elle consacre de grands traités d'érudition, originaux ou réimprimés; aux lecteurs ordinaires des classes supérieures, des écrits moins élaborés; à ceux qui sont à court de loisirs et d'argent, de petits traités; aux classes inférieures, des manières de nouvelles à la main; aux enfants enfin, des contes familiers. Sans doute on n'aperçoit pas dans tout cela une pensée exactement la même, ni le résultat d'un système régulièrement organisé; néanmoins on y reconnaît plus ou moins un but uniforme. Cette littérature prouve manifestement combien les nouvelles doctrines, qu'elle a pour objet de propager, exercent d'ascendant sur l'esprit anglais.

Si le puséysme, avec assez de suffisance, s'est fait quelquefois l'application de ce texte : *De secta hac notum est nobis quia ubique ei contradicitur*, il peut certainement se vanter d'avoir pénétré dans toutes les parties de l'anglicanisme (1) et dans toutes les classes de la société, dans les classes moyennes surtout. Il compte des partisans au parlement (2), parmi les hommes de lois, partout enfin. Le zèle que témoignent aux pauvres ceux du clergé anglican qui ont adopté les doctrines nouvelles empêchera des milliers, nous n'en doutons guère, de se jeter dans les conventicules des dissidents protestants, où les eût précipités la froide indifférence si ordinaire, autrefois du moins, à l'ordre sacerdotal anglican.

Les méthodistes et les autres dissidents protestants, bien que leur zèle et leur énergie n'aient point diminué, ne nous semblent pas se maintenir au niveau de la population incessamment croissante du pays : la comparaison de la progression relative ne peut donc être établie qu'entre le catholicisme, qui avance d'un pas ferme, et l'anglicanisme.

Cherchons à exposer dans leur ensemble les principales doctrines de l'école qui nous occupe. Les voici :

Essentiel à l'existence de toute Eglise, l'épiscopat est d'institution divine, et n'est pas seulement, comme l'entendent quelques théologiens anglicans, une institution utile, un moyen.

Les luthériens, les réformés de France, et autres pareils, sont hors de l'Eglise : donc, avec eux, point de communion (3). On insiste avec force sur les prérogatives de l'Eglise, l'obéissance qui lui est due en vertu du baptême, la présence mystique et perpétuelle de Notre-Seigneur dans l'Eglise, l'insuffisance de l'Ecriture séparée de la tradition et la nécessité de celle-ci, enfin sur l'importance des symboles. Le principe du salut par la foi seule, principe qui semble avoir été ratifié par l'Eglise anglicane, est réprouvé comme une erreur pestilentielle. Sur la justification, à quelque différence près dans le langage, on ne s'écarte guère du concile de Trente.

On est d'assez bonne composition sur les sacrements, et l'on serait disposé à en admettre plus de deux, ne fût-ce qu'en faveur de l'ordination (4); mais, sur ce point, les idées de l'école ne paraissent pas encore très-arrêtées. Il faut en dire autant, ce semble, de sa doctrine sur la sainte eucharistie. Elle en parle, à la vérité, avec beaucoup de chaleur et catholiquement, le dogme de la transsubstantiation excepté, lequel néanmoins paraît avoir des partisans. Si, faute de comprendre parfaitement son système, nous n'entreprenons pas d'en dire davantage sur cet important sujet, il nous faut déclarer toutefois que, sous un autre rapport, elle a bien mérité du christianisme. S'attachant à démontrer le pouvoir régénérateur du baptême, elle demande que ce sacrement soit administré avec soin; car beaucoup de membres de l'Eglise anglicane n'y ont vu et n'y voient encore qu'une cérémonie, qu'un symbole. Souvent, par suite de ce dédain, on a baptisé avec une extrême négligence, ou bien l'on n'a pas baptisé du tout. L'exacte observance des Rituels est tenue en grande estime par le puséysme; il déplore les rudes mutilations qu'ils ont subies au seizième siècle, et il voudrait réclamer ce que le temps a

(1) Et même au delà. Quoique le presbytéranisme soit dominant et légalement établi en Ecosse, il y existe cependant, depuis 170 ans, un épiscopat de souche anglicane, mais soumis à des canons particuliers. Cet épiscopat écossais est, dit-on, très-favorable aux doctrines puséystes, pour la propagation desquelles un collège doit s'ouvrir à Perth.
Si quelques évêques (protestants) d'Amérique ont écrit contre le nouveau système, l'un, du moins, de ces prélats, le docteur Doane, l'a défendu. L'évêque de Calcutta en est l'antagoniste décidé; cependant le quartier g n'ral du puséysme, dans cette partie de l'Inde, se trouve à l'institut des missionnaires protestants de Bishop's-college (collège de l'évêque). On affirme que le puséysme est répandu par une Revue mensuelle intitulée : *the Church Herald* (le Héraut de l'Eglise), écrite en langage bengali.

(2) MM. Milner, Gladstone, etc. Celui-ci s'est constitué l'apologiste de l'école nouvelle dans son écrit intitulé : Des principes de l'Eglise. *Church principles*. Comme écrivain, il est plus brillant que solide.
(3) M. William Palmer le jeune (de *Magdelene-college* à O .ford) anathématise toutes ces sectes, et jusqu'au nom même de protestant. Voir sa lettre à M. Golightly, de janvier 1842. Il est un autre William Palmer (d'*Exeter-college*) qui a composé divers ouvrages, entre autres des pamphlets contre M. Wiseman. Ses erreurs ont été relevées dans la Revue de Dublin, numéros 16 et 21, et depuis en novembre 1842.
(4) Et peut-être de la pénitence, car l'école attache une grande importance au pouvoir d'absoudre, et elle recommande beaucoup la confession.

enlevé aux débris conservés par la réformation. A cause de cela il est raillé par ses adversaires et quelquefois admonesté par les évêques. Contrairement aux idées d'un grand nombre d'anglicans, il exalte la dévotion liturgique; et la place au-dessus des réunions religieuses pour la prière sociale et de famille. Il désirerait réunir les fidèles deux fois par jour aux offices de l'Eglise. Vous croyez peut-être que la liturgie anglicane est son idéal? Nullement. Il la préfère sans doute de beaucoup aux 39 articles, et infiniment aux livres des homélies; mais il gémit d'y voir la marque de la rude main des réformateurs, surtout dans la liturgie eucharistique (*Communion service*). Quelques-uns cependant cherchent une manière d'adoucissement à leurs regrets dans ce qu'ils considèrent comme une mystérieuse disposition de la Providence : ils estiment que le service anglican, dont le caractère pénitentiel et en quelque façon abaissé contraste si fort avec la masse jubilante des alleluia du Bréviaire, est, après tout, peut-être plus en harmonie avec la condition de l'homme pécheur (1).

Les puséystes aiment tellement l'ascétisme de l'Eglise catholique, qu'ils semblent disposés à admettre que nos mitigations ont énervé la discipline. Ils aiment et les principes fondamentaux de nos ordres religieux, et nos spiritualistes. En effet, l'anglicanisme est si pauvre en spiritualistes, que, quand on en veut, il faut bien les venir chercher parmi nous. L'école de Pusey porte un grand respect aux personnages illustres du moyen âge, et elle ne manque ordinairement pas de donner le titre de *saint* à ceux qui ont été canonisés. La réaction qui s'est opérée sous ce rapport est digne de remarque. Jusqu'à ces derniers temps, aucun protestant anglais n'aurait dit saint Anselme, ou saint Thomas de Cantorbéry, ou saint Bonaventure (2), sans l'accompagnement obligé d'une moquerie ou d'un ricanement. Aujourd'hui, comme pour faire pièce aux partisans de l'ancienne mode, des hommes respectables rendent hommage au mérite insulté et s'attachent à le louer.

Avant de clore cette imparfaite esquisse, il faut cependant ajouter que l'école se formalise beaucoup des hommages dont les saints sont l'objet chez nous, ainsi que du style des prières que nous leur adressons. C'est là son cheval de bataille. Elle cite, pour les disséquer avec une rigueur impitoyable, quelques-uns de nos livres de prières et quelques traits ardents de nos prédicateurs. Sans examiner si les passages critiqués sont en tout conformes aux règles de la prudence et d'une piété éclairée, nous devons dire que sous ce rapport les puséystes ont souvent montré très-peu de candeur et de bonne foi. Mais il leur fallait un épouvantail, afin d'empêcher la désertion vers Rome de ceux qui, comme eux-mêmes, avaient conçu certains doutes sur la validité de l'anglicanisme. Les puséystes disent : « De fortes présomptions *semblent* s'élever contre l'anglicanisme, à cause de son isolement. Où donc est alors la catholicité ? De fortes présomptions semblent également s'élever contre l'Eglise romaine, à raison de ce qui en elle porte l'*apparence* (3) de l'idolâtrie. Où donc est alors la sainteté? Dans ce dilemme, le mieux pour l'anglican, c'est de rester ce que la Providence l'a fait. »

Reste à exposer la situation actuelle du puséysme relativement à l'Eglise anglicane, aux dissidents et aux catholiques.

Le lecteur sait sans doute que, dans l'Eglise anglicane, a constamment existé un parti fortement pénétré de calvinisme. Ce parti a toujours eu en profonde antipathie la doctrine catholique sur l'autorité de l'Eglise; il exalte la foi par-dessus tout, jusqu'à tenir le mot *mérite* pour abominable ; il nie la régénération par le baptême, préconise le spiritualisme, et, tout en tolérant un petit nombre de cérémonies, il est décidément opposé au *formalisme*. Il s'est donné le titre de *parti evangélique*, et ses sectateurs s'appellent entre eux *membres du monde religieux*. Par la plupart de ses idées, ce parti ne diffère point de la grande masse des dissidents auxquels il se joint pour certains objets spéciaux, tels que les sociétés bibliques et de missions, et surtout les sociétés anti-papistes. (*No Popery.*) Au vrai, le papisme est la grande terreur des uns comme des autres.

Maintenant, on conçoit facilement de quel œil le puséysme est vu, et de quelle façon il est traité par cette branche anglicane, d'ailleurs généralement composée d'hommes ardents. Honni, méprisé, diffamé, on l'accuse de vouloir livrer à Rome l'église nationale, et de chercher à rétablir la domination cléricale du moyen âge. A chacun de ses mouvements, tous attentivement épiés, s'élèvent aussitôt de violents murmures sur la nouveauté des doctrines et l'étrangeté des pratiques. Au commencement de l'année 1843, l'archevêque de Cantorbéry et l'évêque de Londres furent à diverses fois et rudement pétitionnés au sujet de certaines innovations liturgiques signalées comme dangereuses pour l'Eglise.

Les autres antagonistes du puséysme sont plus modérés. En général, quelques éloges précèdent leurs critiques. Ils rendent justice à la probité, aux intentions et à l'utilité des hommes de l'école nouvelle; mais ils blâment leurs exagérations et leur tendance à

---

(1) Tout catholique est frappé de la beauté de la collecte du quatrième dimanche après Pâques : « Deus, qui fidelium mentes unius efficis voluntatis, etc. » Les réformateurs n'ont pu s'empêcher d'y porter leurs mains. Les anglicans disent donc : « Dieu tout-puissant, qui seul pouvez régler les volontés désordonnées et les affections des hommes pécheurs. »

(2) On vient de publier une traduction anglaise de la *Catena aurea* de saint Thomas d'Aquin sur les Evangiles.

(3) Remarquez ce mot *apparence*. Il n'est pas à l'usage des autres anglicans. Au reste, quoique les puséystes aient hautement blâmé l'invocation directe des saints, cependant, dans un de leurs livres, on a découvert une manière de supplication pour obtenir la protection de la très-sainte Vierge.

réhabiliter des doctrines et des pratiques proscrites. A cette classe appartiennent la plupart des prélats anglicans, sauf quelques-uns, dont l'hostilité violente les place plutôt dans l'autre catégorie. Par contre, un ou deux de ces prélats sont de beaucoup plus favorablement disposés, ce qui ne les empêche pas parfois de lancer de sévères censures. Ce qui est dit des évêques de l'Angleterre, s'applique à leurs collègues d'Irlande.

Si donc quelques prélats anglicans se montrent jusqu'à un certain point favorables au puséysme, les autres lui sont plus ou moins hostiles. De patronage avoué, il n'en trouve chez aucun. Encore faut-il ne pas oublier que les plus doux de ces prélats témoignent une grande indignation chaque fois qu'il est question de Rome. Il est facile d'en conclure l'acharnement des autres.

Sans se laisser déconcerter par ces clameurs et ces censures, les puséystes poursuivent leur marche. Si quelquefois ils repoussent les attaques de leurs adversaires, lesquels, pour la plupart, leur sont scientifiquement très-inférieurs (1), le plus souvent cependant ils gardent le silence, car à la polémique ils semblent préférer la méthode didactique et d'exposition. Quant aux doctrines du parti dit évangélique, ils les qualifient nettement d'hérétiques. Souvent, et d'une façon très-heureuse, ils réfutent les prétentions de ce parti à une plus grande sainteté de vie, et ils font contraster le pseudo-évangélisme avec la morale catholico-évangélique.

L'école nouvelle, se donnant les airs d'une Eglise, affecte de se mettre sur le pied de sœur avec les catholiques du continent (2). Quelquefois le puséysme a représenté l'Eglise universelle comme divisée en trois branches, grecque, romaine et anglicane. Il semble actuellement attacher moins d'importance aux idées de nationalité. Autrefois, il désirait un concile national pour aplanir les différends et rétablir la discipline. Aujourd'hui qu'une convocation (3) est assez généralement demandée, nous ne le croyons guère disposé à tenter l'expérience, par crainte de la voir tourner à l'avantage de l'anglicanisme ordinaire. Les puséystes donneraient de préférence le salut fraternel aux catholiques du continent. Nous regretterions de ne pouvoir le leur rendre. Quant à entrer en communion visible avec nous, ils jugent que c'est chose non-seulement impraticable, mais même à ne devoir pas être essayée par aucun moyen direct. Toutefois, ils paraissent trouver de la consolation dans la pensée qu'il n'en existe pas moins une communion invisible, sanctionnée par l'Esprit-Saint.

Contradiction étrange! A cette bienveillance pour les catholiques du continent se joint, tout au moins chez un grand nombre de puséystes, une sorte d'antipathie pour les catholiques anglais. Ils voient avec déplaisir l'émancipation. Leurs oreilles sont fermées aux gémissements de l'Irlande, car leurs sympathies sont pour les vampires qu'engraisse l'établissement ecclésiastique, aux yeux de la raison si parfaitement inutile, qui pèse sur cet infortuné pays. Se trouvent-ils avoir pour voisin quelque prêtre catholique zélé quoique non-renté, le regardant comme une manière d'usurpateur, ils le jalousent. Ce prêtre parvient-il à convertir un des leurs à cette religion qu'incessamment ils préconisent, à cette religion qu'ils reconnaissent être professée *par le grand corps de l'Eglise*, et dont plusieurs des doctrines sont par eux si honorablement défendues; alors, par une contradiction inexplicable (à moins d'admettre une supposition odieuse que nous écartons), alors ils impriment la flétrissure de désertion sur le front du converti. Ne devrait-on pas croire que des hommes contristés d'un déplorable isolement, à leurs yeux sans remède, mais dont ils demandent à Dieu la cessation, seraient disposés à se réjouir, comme d'une manifestation providentielle, de l'extension du catholicisme dans un pays qui, de leur aveu, a été, et est encore ravagé par l'hérésie, le schisme et l'infidélité pratique? Ne devrait-on pas croire que ce progrès *dans l'adhésion à Rome* (pour nous servir d'une expression qui peut-être leur plaira), adhésion qu'accepte la majorité, selon nous, des chrétiens de toute dénomination dans l'empire britannique, que ce progrès serait regardé par eux comme le présage de l'union à laquelle ils aspirent si dévotement ? Mais non. Peut-être se sont-ils flattés de l'illusoire espérance d'entraîner dans leur système les catholiques d'Angleterre, et nous avons entendu parler de quelques insinuations à cette fin. Mais il est certain que *pas un seul* n'a échangé sa foi catholique pour ce système; nous croyons pouvoir affirmer également que *beaucoup* de ceux qui s'étaient épris de leurs théories, les ayant jugées insoutenables, se sont réfugiés dans l'Eglise catholique, parce que là seulement ils ont trouvé un tout logique et une croyance assurée. L'illusion des puséystes devrait donc être aujourd'hui dissipée.

Nous pensons toutefois que le puséysme est un instrument dans la main de celui qui coordonne tout pour le bien de son Eglise. Semblable à d'autres moyens humains d'une grande utilité éventuelle, mais qui dans le cours de leur action se montrent partiellement et occasionnellement mauvais, le pu-

(1) Cependant il y en a eu, et il y en a encore de très-habiles, par exemple feu le docteur Arnold et l'archevêque actuel (anglican) de Dublin. Après eux, on peut citer M. Goode et M. G. S. Faber. Il ne faut pas confondre ce dernier avec M. W. Faber, qui compte parmi les plus ardents adeptes du puséysme.
(2) De là cette complaisante dénomination d'Anglo-ca-

tholiques que s'attribuent les anglicans de l'école de Pusey. Nous sommes obligés de leur contester un titre qui n'appartient qu'à leurs compatriotes catholiques. Insoutenable au profit des puséystes, à raison de sa nouveauté relative, ce titre excite les risées des autres anglicans.
(3) Réunion ecclésiastique occasionnellement usitée dans l'Eglise d'Angleterre.

séysme a rendu et rend encore des services à l'Eglise, bien que, dans des cas particuliers, il lui soit nuisible. Il nuit en ce que certains esprits se contenteront de leur culte imparfait, abusés qu'ils seront par les raisonnements spécieux des nouveaux docteurs, dont d'ailleurs la doctrine morale, bonne et substantielle, satisfera bien plus leur cœur que les instructions si arides, soit des évangéliques, soit des ministres anglicans. Beaucoup de bonnes âmes verront dans le système une sorte d'interposition depuis longtemps désirée, en faveur de l'Eglise d'Angleterre; et le mouvement actuel, manière de galvanisme appliqué à la forme, sera regardé comme l'action saine de la vigueur vitale.

Un semblable résultat serait sans doute accepté comme un bienfait par les adversaires protestants les plus décidés : mais ils appréhendent avec raison que tel ne soit point l'effet général de l'enseignement de l'école nouvelle, n'importe le but qu'elle se propose; qu'au contraire, le système, dirigé avec persévérance vers ses conséquences réelles quoique désavouées, n'amène à la longue la chute du véritable anglicanisme. Les disciples devancent d'ordinaire leurs maîtres. D'ailleurs, un de ces messieurs a dit : « Nous ne pouvons rester ce que nous sommes ; de deux choses l'une, ou reculer, ou avancer. »

Nous avons exprimé notre surprise et notre déplaisir de l'antipathie des puséystes pour leurs compatriotes catholiques. Ceux-ci n'en sont pas moins disposés, nous le croyons, à reconnaître les services très-réels qu'ils leur sont rendus par les puséystes. En effet, ils ont non-seulement détourné des catholiques une partie du feu incessamment dirigé par le fanatisme protestant, mais ils ont porté leurs attaques avec succès jusqu'au centre de la citadelle protestante. Que sont devenus le jugement privé, la religion exclusivement biblique, l'Eglise invisible, la mission divine donnée à Luther et à ses sectateurs, l'antichristianisme du pape? On dira peut-être : Ils sont encore nombreux les hommes qui soutiennent ces choses. Ce ne serait pas là répondre. Autant vaudrait dire que bien des gens parmi nous vomissent les blasphèmes de Voltaire. Nous osons l'affirmer : les erreurs capitales du protestantisme ont été terrassées dans la guerre que les puséystes lui ont faite avec les armes empruntées aux catholiques.

Concluons. Les hommes dont nous parlons ont été et sont encore utiles à l'Eglise, en contribuant à leur manière, comme certains esprits élevés parmi les protestants d'Allemagne contribuent d'une façon différente, à détruire cette masse de calomnies qui, durant trois siècles, s'est amoncelée au point d'étouffer la vérité historique. Ces hommes aident à réparer le dommage causé par leurs ancêtres à la réputation de tout ce qui fut bon et sage dans les générations antérieures. Tandis qu'ils s'ingénient pour reproduire du moins une image décolorée (car ils ne peuvent faire mieux) de l'antique beauté de ces temples défigurés et souillés par la rage des premiers réformateurs, avec plus de zèle et de succès encore, ils invitent à contempler les augustes et immortels sanctuaires de la science et de la sagesse qu'il plut à Dieu d'élever dans les siècles passés. Oui, les Anglais non catholiques connaîtront et apprécieront saint Césaire, saint Bernard, saint Thomas et saint Athanase. Nous sommes certains, qu'une fois nourries de la doctrine des Pères, les intelligences rejetteront, pour les envoyer aux chauves-souris et aux taupes (*Isaïe*, II, 20), les homélies anglicanes des Ridley et des Jewell, de ces idoles jadis vénérées. Ephraïm, qu'y aura-t-il désormais de commun entre moi et les idoles? (*Osée*, XIV, 9). Notre Bossuet l'a dit : « Une nation si savante ne demeurera pas longtemps dans cet éblouissement....»

Nous terminerons cet article, en transcrivant les réflexions d'un appréciateur compétent sur le puséysme :

« Les infirmités sous lesquelles succombait l'Eglise anglicane étaient arrivées à leur maximum, lorsque tout à coup un esprit nouveau s'est manifesté dans son sein, qui a fait concevoir aux anglicans l'espoir d'arracher leur Eglise aux ruines qui menaçaient de l'écraser, et aux catholiques la confiance de voir un jour retourner au giron de l'Eglise de Jésus-Christ des frères dont ils déplorent l'égarement. Afin d'entraver cette œuvre de rénovation, les ennemis de l'Eglise anglicane ont eu recours à un premier stratagème, celui de désigner par les noms de deux ou trois personnages ce mouvement régénérateur, espérant déguiser ainsi son universalité et lui ôter son caractère véritable pour le réduire aux proportions mesquines d'une doctrine individuelle. La conséquence de cette tactique a été de répandre en Angleterre et sur le continent l'opinion que le docteur Pusey, M. Newman et quelques autres célébrités de l'université d'Oxford sont des hommes qui devancent leur Eglise et qui cherchent à l'entraîner dans la voie où ils se sont eux-mêmes engagés de leur propre mouvement. Cette idée, qu'un grand nombre de catholiques paraissent partager, est complètement erronée : le docteur Pusey et M. Newman sont loin d'avoir de pareilles préventions, et c'est fort gratuitement que leurs adversaires les représentent comme des chefs de secte ; ils ne cessent de protester contre l'abus qu'on fait de leurs noms ; et, d'ailleurs, pour quiconque est témoin de l'œuvre divine qui s'accomplit en Angleterre, il est impossible, dans ce siècle d'indifférence, d'attribuer à la seule influence de quelques hommes des prodiges qu'une puissance surhumaine a seule pu opérer. Le docteur Pusey, M. Newman, etc., marchent avec leur Eglise, mais ne la devancent pas ; ils se bornent à féconder par leur talent le merveilleux travail de renaissance dont Oxford est aujourd'hui le centre.

« Les nouvelles doctrines d'Oxford n'ont de nouveau que le nom dont on les pare; et l'on représente à tort comme une innovation ce qui n'est qu'une restauration, dont l'objet est de rendre graduellement à l'Eglise anglicane ses doctrines et ses traditions oubliées, ses pratiques laissées dans l'abandon. Les partisans de cette renaissance sont tellement opposés à toute idée d'innovation qu'ils travaillent activement à purger leur église de tout ce que les réformateurs de ce dernier siècle y ont successivement introduit, afin de lui rendre son aspect primitif. C'est en appelant l'Evangile et la tradition à leur aide qu'ils réparent les brèches du passé, et l'on peut dire que l'Eglise anglicane se *déprotestantise* par chaque pas qu'elle fait en avant. Aussi une pareille restauration excite-t-elle la colère des puritains, qui s'ingénient à représenter, sous des couleurs odieuses, le clergé engagé dans cette croisade. Mais, en dépit de leurs violences, ce grand changement se réalisera de la manière dont s'opèrent tous les changements moraux ; c'est-à-dire graduellement et peut-être d'une manière insensible. La persuasion, l'exemple de vies saintes agiront simultanément ; l'influence du temps contribuera à adoucir les préventions, en accoutumant les oreilles à entendre certaines vérités ; et l'Eglise prétendue réformée d'Angleterre renouera successivement les liens avec le passé, en proclamant chaque jour quelqu'une des doctrines et des pratiques de la religion catholique.

« Non-seulement le mouvement n'est pas limité à Oxford ; mais, depuis les grands journaux de Londres jusqu'à la plus obscure des publications de province, hostiles ou favorables à cette restauration, toutes les feuilles constatent des faits qui, dans leur ensemble, en démontrent l'universalité. L'Angleterre, l'Irlande, l'Ecosse, l'Amérique, l'Inde, toutes les colonies sont en proie au travail moral qui préoccupe à la fois le clergé et les fidèles. La vie laborieuse et évangélique des ecclésiastiques devient un louable sujet d'émulation pour les laïques ; le langage de la chaire est mesuré, prudent, très-souvent orthodoxe, et le prédicateur insinue dans ses discours ce que les préjugés encore nombreux et l'instruction actuelle de son auditoire ne lui permettent pas de dire ouvertement ; à mesure que l'esprit catholique se rallume dans l'Eglise anglicane, l'humilité et la charité y remplacent les fausses vertus que le protestantisme avait enfantées.

« Il ne faut pas se dissimuler que ces manifestations de la grâce divine ont pour résultat momentané d'attacher plus fortement que jamais les anglicans à leur Eglise. Comment, disent-ils, irions-nous chercher ailleurs la vérité, quand Dieu nous donne des preuves aussi éclatantes de sa miséricorde ? Pourquoi abandonnerions-nous une Eglise que sa grâce régénéra, et qui est en ce moment l'objet de si abondantes miséricordes ?

« Une autre considération qui empêche le clergé anglican, même le plus avancé, de se séparer de son Eglise, c'est que si, au lieu de travailler à régénérer l'Angleterre et à instruire les populations dans le sens de la rénovation, il venait à se joindre aux catholiques, il livrerait par là au parti protestant de l'Eglise anglicane ces magnifiques monuments, héritage d'un passé glorieux, ces cathédrales, ces abbayes, ces collèges où tant de souvenirs catholiques semblent n'avoir échappé au marteau puritain que pour aider le clergé anglican à *déprotestantiser* l'Angleterre. Ainsi, pendant que nous assistons, d'une part, au retour vers des doctrines et des pratiques dont tout cœur catholique doit se réjouir, d'un autre côté cette régénération rend à l'Eglise anglicane une vie qui allait s'éteindre en elle et retient dans son sein les membres qui étaient à la veille de l'abandonner.

« Mais, si la régénération de l'Eglise anglicane tend à éloigner les individus d'embrasser notre foi, cette régénération rapproche de nous et entraîne vers le centre de l'unité catholique l'Eglise anglicane tout entière : car, à mesure que la restauration de l'esprit catholique augmente l'attachement du clergé anglican pour son Eglise, il augmente aussi dans son cœur le désir de voir son Eglise, comme corps, ne pas rester plus longtemps isolée, séparée de l'Eglise romaine et des autres Eglises qui sont en communion avec elle. Telle semble devoir être la marche du grand mouvement auquel nous assistons, du travail religieux dont le résultat final sera la conversion de l'Angleterre. »

PYRRHONISME, en fait de religion. *Voyez* SCEPTICISME.

PYRRHUS. *Voyez* MONOTHÉLITES.

QUADRISACRAMENTAUX, disciples de Mélanchthon, ainsi appelés parce qu'ils n'admettent que quatre sacrements ; le baptême, la cène, la pénitence et l'ordre.

QUAKERS ; ce mot en anglais signifie *trembleurs* ; c'est le nom d'une secte d'enthousiastes qui tremblent de tous leurs membres lorsqu'ils croient sentir l'inspiration du Saint-Esprit. L'origine, le progrès, les mœurs, les dogmes de cette secte singulière méritent une place dans l'histoire des égarements de l'esprit humain.

De l'origine des quakers.

Vers le milieu du dix-septième siècle, Georges Fox, cordonnier dans le comté de Leicester, employait à lire l'Ecriture sainte tout le temps qu'il ne donnait pas au travail ; quoiqu'il sût à peine lire, il avait beaucoup de mémoire, et il apprit l'Ecriture presque entière; il était né sérieux et même atrabilaire; il ne voyait qu'avec peine ses camarades se délasser de leur travail par des amusements qu'il ne goûtait pas et qu'il condamnait avec aigreur. Il devint odieux à ses camarades, ils le chassèrent de leur société, et il se livra à la solitude et à la méditation.

Les vices et la dissipation des hommes, le compte qu'ils devaient rendre à Dieu des jours passés dans le désordre et dans l'oubli de leurs devoirs, l'appareil du jugement dernier, étaient l'objet de ses méditations. Effrayé par ces terribles images, il demanda à Dieu le moyen de se garantir de la corruption générale; il crut entendre une voix qui lui ordonnait de fuir les hommes et de vivre dans la retraite.

Fox, dès ce commencement, rompit tout commerce avec les hommes; sa mélancolie augmenta; il se vit environné de diables qui le tentaient; il pria, il médita, il jeûna et crut encore entendre une voix du ciel et sentir une lumière qui dissipait ses craintes et fortifiait son âme. Fox ne douta plus alors que le ciel ne veillât sur lui d'une manière particulière; il eut des visions, des ravissements, des extases, et crut que le ciel lui révélait tout ce qu'il voulait connaître; il demanda de connaître le véritable esprit du christianisme et prétendit que Dieu lui avait révélé tout ce qu'il fallait croire et faire pour être sauvé, et qu'il lui avait ordonné de l'enseigner aux hommes.

Fox renonça donc à son métier, s'érigea en apôtre, en prophète, et publia la réforme qu'il prétendait que Dieu lui avait inspiré de faire dans les dogmes et le culte des chrétiens, dont il disait que toutes les Eglises avaient altéré la pureté.

Jésus-Christ, disait Fox, a aboli la religion judaïque; au culte extérieur et cérémoniel des Juifs il a substitué un culte spirituel et intérieur; aux sacrifices des taureaux et des boucs il a substitué le sacrifice des passions et la pratique des vertus; c'est par la pénitence, par la charité, par la justice, par la bienfaisance, par la mortification que Jésus-Christ nous a appris à honorer Dieu. Celui-là seul est donc vraiment chrétien qui dompte ses passions, qui ne se permet aucune médisance, aucune injustice, qui ne voit point un malheureux sans souffrir, qui partage sa fortune avec les pauvres, qui pardonne les injures, qui aime tous les hommes comme ses frères, qui est prêt à donner sa vie plutôt que d'offenser Dieu.

Sur ces principes, jugez, disait Fox, jugez toutes les sociétés qui se disent chrétiennes, et voyez s'il y en a qui méritent ce nom.

Partout les prétendus chrétiens ont un culte extérieur, des sacrements, des cérémonies, des liturgies, des rites par lesquels ils prétendent plaire à Dieu et dont ils attendent leur salut. On chasse de toutes les sociétés chrétiennes ceux qui n'observent point ces rites, et l'on y reçoit, souvent même on respecte, les médisants, les voluptueux, les vindicatifs, les méchants. Les chrétiens les plus fidèles au culte extérieur remplissent la société civile et l'Eglise de divisions, de brigandages et de partis qui se haïssent et qui se disputent avec fureur une dignité, un grade, un hommage, une préférence; aucune des sociétés chrétiennes ne rend donc à Dieu un culte pur et légitime; toutes, sans en excepter les Eglises réformées, sont retombées dans le judaïsme; n'est-ce pas en effet être juif et avoir en quelque sorte rétabli la circoncision que de faire dépendre la justice et le salut du baptême et des sacrements? Les ministres de l'Eglise sont eux-mêmes dans ces erreurs, et ils s'y entretiennent pour conserver leurs revenus et leurs dignités; la corruption a donc tellement pénétré dans toutes les sociétés chrétiennes, qu'il y a moins d'inconvénients à y tolérer tous les vices et tous les désordres qu'à entreprendre de les réformer; que reste-t-il donc à faire à ceux qui veulent se sauver, sinon de se séparer de toutes les Eglises chrétiennes, d'honorer Dieu par la pratique de toutes les vertus dont Jésus-Christ est venu nous donner l'exemple, et de former une société religieuse qui n'admette que des hommes sobres, patients, mortifiés, indulgents, modestes, charitables, prêts à sacrifier leur repos, leur fortune et leur vie, plutôt que de participer à la corruption générale? Voilà la vraie Eglise que Jésus-Christ est venu établir, et hors de laquelle il n'y a point de salut.

Fox prêchait cette doctrine dans les places publiques, dans les cabarets, dans les maisons particulières, dans les temples; il pleurait, gémissait sur l'aveuglement des hommes: il émut, il toucha, il persuada, il se fit des disciples.

Encouragé par ces premiers succès, il voulut faire des miracles; il prétendit en avoir fait. Ses disciples les publièrent et en firent une preuve de la vérité de leur doctrine; mais ils abandonnèrent bientôt cette preuve et prétendirent que Fox n'annonçant pas une nouvelle religion, mais rappelant seulement les hommes à la pratique de l'Evangile, il n'était pas nécessaire qu'il fît des miracles.

Insensiblement le nombre des disciples de Fox augmenta, et il forma une société religieuse qui n'avait ni culte extérieur, ni liturgie, ni ministres, ni prières.

C'était en méditant profondément que Fox avait été éclairé des lumières du ciel, qu'il avait eu des visions, des extases: voilà le modèle sur lequel il forma les assemblées religieuses de sa secte. Lorsque ses disciples étaient assemblés, chacun rentrait profondément en lui-même et observait attentivement les opérations du Saint-Esprit sur son âme: le quaker dont l'imagination était la plus vive sentait le premier l'inspiration, rompait tout à coup le silence, exhortait toute l'assemblée à se rendre attentive à ce que le Saint-Esprit lui inspirait, et parlait sur le renoncement à soi-même, sur la nécessité de faire pénitence, d'être sobre, juste, bienfaisant; bientôt toute l'assemblée se sentait émue, s'échauffait, tremblait; l'inspiration devenait générale, et c'était à qui parlerait le plus haut et le plus longtemps.

Les quakers ne doutaient donc pas qu'ils ne fussent instruits extraordinairement par le Saint-Esprit ; ils se regardaient comme ses temples ; ils croyaient sentir sa présence ; ils sortaient de leurs assemblées graves, recueillis, silencieux ; ils dédaignaient le faste, les honneurs, les richesses. Un quaker ne voyait dans un quaker qu'un temple du Saint-Esprit : toutes les distinctions de la société civile disparaissaient à ses yeux, et les quakers se regardaient comme une famille que le Saint-Esprit éclairait et dirigeait.

Les quakers, persuadés que Dieu seul mérite nos hommages, notre respect, notre admiration, tutoyaient tout le monde, ne saluaient personne, et refusaient aux magistrats et même aux rois toute espèce d'hommage.

Mais ils auraient partagé leur fortune et sacrifié leur repos pour l'homme auquel ils refusaient le salut ou qu'ils tutoyaient.

Ils ne faisaient jamais de serment, parce que Jésus-Christ l'avait défendu, et ils ne voulaient point payer la dîme, parce que c'était un crime de contribuer à l'entretien des ministres d'une Eglise corrompue ; mais ils n'empêchaient point de lever la dîme, parce qu'ils croyaient qu'un chrétien ne doit jamais opposer la force à la force, ou plaider pour des intérêts temporels. Comme les quakers regardaient toutes leurs idées comme des inspirations du Saint-Esprit, ils regardaient toutes les maximes de leur secte comme des devoirs essentiels, et ils auraient plutôt sacrifié leurs biens, leur liberté, leur vie, que de saluer un homme, de faire un serment ou de payer la dîme.

Comme tous les quakers se croyaient inspirés, il n'y en eut aucun qui ne se regardât comme un apôtre destiné par la Providence à éclairer une partie du monde : l'Angleterre se trouva bientôt remplie d'une multitude incroyable de prédicants, qui trouvèrent partout des imaginations vives et des esprits faibles qu'ils séduisirent ; partout on vit des magistrats, des théologiens, des laboureurs, des soldats, des personnes de qualité, des femmes, des filles, s'unir aux quakers, aller dans les places publiques, dans les temples, trembler, prophétiser, prêcher contre l'Eglise anglicane, troubler le service des églises, insulter les ministres, déclamer avec emportement contre la corruption de tous les états.

Tout le clergé et la plus grande partie du peuple se souleva contre cette secte nouvelle, et les magistrats employèrent leur autorité pour réprimer l'audace des quakers : on les battit, on les emprisonna, on les dépouilla de leurs biens, et l'on ne fit que donner de l'éclat à la secte et multiplier les quakers.

Quoique chaque quaker se crût inspiré, Fox était cependant respecté comme le chef de la secte et comme le restaurateur du christianisme : il envoya des lettres pastorales dans tous les endroits où les quakers avaient fait des prosélytes ; il écrivit à tous les souverains du monde, au roi de France, à l'empereur, au sultan, etc., pour leur dire de la part de Dieu qu'ils eussent à embrasser sa doctrine : des hommes, des femmes, des filles, passèrent dans tous les pays du monde pour y porter les lettres de Fox et pour y prêcher sa doctrine, mais sans succès.

Cromwel régnait alors en Angleterre ; il voulut voir Fox : il en prit une idée avantageuse et conçut de l'estime pour sa secte ; mais il donna un édit par lequel il défendait aux quakers de s'assembler publiquement, et ordonnait aux magistrats d'empêcher qu'on ne les insultât.

Cromwel ne fut obéi ni par les quakers ni par leurs ennemis : ceux-là continuèrent à s'assembler, et l'on continua de les traiter rigoureusement, mais sans affaiblir leur zèle et sans arrêter leurs progrès ; en sorte que, dix ans après les premières prédications de Fox (en 1659), les quakers tinrent dans le comté de Bedfort une assemblée ou un synode général, où se trouvèrent des députés de toutes les parties de l'Angleterre.

Les quakers furent traités avec beaucoup plus de rigueur après la mort de Cromwel, lorsque les Anglais eurent rappelé Charles II ; les ennemis des quakers les peignirent comme des ennemis de l'Eglise, de l'Etat et du roi ; on défendit leurs assemblées, et le parlement ordonna qu'ils prêteraient serment de fidélité au roi, sous peine de bannissement de l'Angleterre. Les quakers ne cessèrent point de s'assembler et refusèrent constamment de prêter les serments qu'on exigeait d'eux : les ennemis des quakers autorisés par les lois, exercèrent sur eux des rigueurs incroyables ; les quakers n'opposèrent à leurs ennemis qu'une patience et une opiniâtreté invincible, et l'on ne put ni les empêcher de s'assembler, ni en obtenir qu'ils prêtassent serment de fidélité au roi.

Fox était un fanatique ignorant et atrabilaire qui n'avait d'abord séduit que la populace plus ignorante que lui ; mais comme il y a dans la plupart des hommes un germe de fanatisme, Fox s'était fait des disciples dans les différents Etats ; le quakérisme se trouva insensiblement uni avec de l'esprit et même de l'érudition. Les quakers alors se conduisirent avec plus de circonspection ; on ne les vit plus enseigner dans les places publiques, prêcher dans les cabarets, entrer dans les églises comme des forcenés, insulter les ministres et troubler le service divin.

Enfin des hommes savants, tels que Guillaume Penn, George Keit et Robert Barclay, entrèrent dans la secte des quakers, et le quakérisme prit alors une nouvelle forme. Fox vivait encore et se donnait beaucoup de mouvement, mais Penn et Barclay devinrent en effet les chefs de la secte.

Du quakérisme, depuis que Penn et Barclay l'eurent embrassé (1).

Le fanatisme propre à faire embrasser le

---

(1) George Keit, excellent philosophe et bon théologien, abandonna la secte des quakers ; c'est pourquoi nous ne parlerons plus de lui.

quakérisme se trouva dans Penn et dans Barclay uni à beaucoup d'érudition, à un esprit méthodique, à des vues élevées : le fanatisme employa tous ces avantages en faveur du quakérisme, et il prit une forme nouvelle.

Les quakers avaient écrit pour défendre leur secte ; mais leurs ouvrages étaient écrits avec emportement et amertume, remplis d'injures et même de blasphèmes ; ils voulaient que tout se soumît à leur sentiment. Penn et Barclay ne prétendaient assujettir personne et ne réclamaient que les droits de la conscience et de la liberté, droits inviolables selon eux en Angleterre (1).

Ils représentèrent les quakers comme une société qui n'aspirait qu'à rétablir le christianisme primitif et à former de tous les hommes une famille religieuse, et qui ne voulait ni dominer dans l'État, ni assujettir personne à penser comme elle.

Barclay publia un catéchisme ou profession de foi qui avait pour base les principes fondamentaux du protestantisme (2).

Enfin Barclay composa ses thèses théologiques, et le quakérisme, qui n'était dans son origine qu'un amas d'extravagances et de visions, devint un système de religion et de théologie, capable d'en imposer aux personnes éclairées, et très-embarrassant pour les théologiens protestants.

Penn et Barclay ne servirent pas le quakérisme seulement par leurs écrits, ils passèrent en Hollande et en Allemagne pour y faire des prosélytes. Ce fut vers ce temps (1681) que Charles II donna à Penn et à ses héritiers en propriété cette province de l'Amérique qui est à l'ouest de la rivière de la Warc, nommée, dans le temps qu'elle appartenait aux Hollandais, les nouveaux Pays-Bas : cette concession se fit en considération des services que le vice-amiral Penn avait rendus, et de diverses sommes que la couronne lui devait encore lorsqu'il mourut. Le roi changea le nom de ce pays, et l'appela Pensylvanie pour faire honneur à Penn et à ses héritiers, qu'il en déclara seuls propriétaires et gouverneurs.

Penn passa en Amérique pour donner des lois à son nouvel État : les constitutions fondamentales sont en vingt-quatre articles, dont voici le premier. « Au nom de Dieu, le père des lumières et des esprits, l'auteur et l'objet de toute connaissance divine, de toute foi et de tout culte, je déclare et établis pour moi et les miens, comme première loi fondamentale du gouvernement de ce pays, que toute personne qui y demeure ou qui viendra s'y établir jouira d'une pleine liberté de servir Dieu de la manière qu'elle croit en conscience lui être la plus agréable ; et tant que cette personne ne changera pas sa liberté chrétienne en licence, et qu'elle n'en usera pas au préjudice des autres en tenant, par exemple, des discours sales et profanes, en parlant avec mépris de Dieu, de Jésus-Christ, de l'Ecriture sainte ou de la religion, ou en commettant quelque mal moral, ou en faisant quelque injure aux autres, elle sera protégée par le magistrat civil et maintenue dans la jouissance de sa susdite liberté chrétienne. »

Un grand nombre de quakers passèrent en Pensylvanie pour se soustraire aux rigueurs que l'on exerçait sur eux en Angleterre, jusqu'à la mort de Charles II.

Le duc d'York, qui lui succéda sous le nom de Jacques II, était fort attaché à l'Eglise romaine, et forma le projet de rétablir la religion catholique en Angleterre ; pour cet effet, il permit l'exercice libre de toutes les religions ; il marqua même une estime particulière pour les quakers. Penn jouissait auprès de lui de la plus haute faveur : Penn profita de son crédit pour rendre service surtout aux quakers et pour leur ouvrir la porte des dignités et des charges ; il obtint un édit qui cassait celui qui prescrivait la prestation du serment à ceux qui aspiraient aux charges.

Le roi ne dissimula point son attachement à la religion catholique, et l'on ne douta pas que la dispense du serment de fidélité n'eût pour objet le rétablissement des catholiques dans les charges et dans les dignités. Les évêques s'en plaignirent ; le roi ne répondit à leurs plaintes qu'en les destituant ou en les faisant enfermer : le peuple ne douta plus que le roi ne voulût rétablir la religion romaine. Toutes les sectes de l'Angleterre furent effrayées de ce projet, et les quakers mêmes, qui craignaient encore plus les catholiques que les anglicans : tout se souleva contre Jacques II ; Guillaume, prince d'Orange, monta sur le trône, que Jacques abandonna à son arrivée en Angleterre.

Sous Guillaume III, le parlement fit une loi pour accorder le libre exercice de toutes les religions, excepté la catholique et la socinienne ; depuis ce temps, les quakers jouissent en Angleterre de la tolérance et vivent sous la protection des lois de l'État ; cependant, comme la loi du serment est toujours en vigueur en Angleterre, et que les quakers refusent constamment de prêter aucun serment, ils sont exposés à être inquiétés et maltraités par les magistrats ou par les collecteurs des dîmes, dont les malversations sont assez ordinairement impunies.

Système théologique des quakers.

La souveraine félicité de l'homme consiste dans la vraie connaissance de Dieu et de Jésus-Christ (3).

Personne ne connaît le Père, sinon le Fils et celui auquel le Fils l'a révélé.

La révélation du Fils est dans l'esprit et par l'esprit (4).

Ainsi, le témoignage de l'esprit est le seul moyen d'acquérir la vraie connaissance de Dieu : c'est par ce moyen que Dieu s'est fait

---

(1) Défenses des anciennes et justes libertés du peuple, etc.
(2) Catéchisme ou confession de foi, dressée et approuvée dans l'assemblée générale des patriarches et des apôtres, sous la puissance de Jésus-Christ lui-même.
(3) Joan. xvii, 3.
(4) Matth. xi, 27.

connaître aux patriarches, aux prophètes, aux apôtres.

Ces révélations de Dieu par l'esprit, soit qu'elles se fassent par des voies extérieures, par des apparitions, par des songes ou par des manifestations et par des illuminations intérieures, sont l'objet formel de notre foi.

Ces révélations intérieures ne peuvent jamais être opposées au témoignage extérieur de l'Ecriture ni à la saine et droite raison; car cette révélation divine ou cette illumination intérieure est évidente et claire par elle-même, et l'entendement y acquiesce aussi nécessairement qu'aux premiers principes de la raison : on ne peut donc soumettre les révélations intérieures du Saint-Esprit à l'examen de la raison.

C'est de ces saintes révélations de l'Esprit de Dieu aux saints hommes que sont procédées les Ecritures de vérité, lesquelles contiennent premièrement un récit fidèle des actions du peuple de Dieu en plusieurs siècles, comme aussi plusieurs économies particulières de la Providence qui les accompagnaient; secondement, un récit prophétique de plusieurs choses, dont quelques-unes sont passées et les autres sont encore à venir; en troisième lieu, un ample et plein récit des principaux dogmes de la doctrine du Christ, prêchée et représentée en plusieurs excellentes déclarations, exhortations et sentences, lesquelles ont été dites et écrites par le mouvement de l'esprit de Dieu en divers temps, à quelques églises et à leurs pasteurs, selon diverses occasions. Néanmoins, parce qu'elles ne sont que la déclaration de la source et non pas la source elle-même, elles ne doivent pas être estimées comme le principal fondement de toute vérité et connaissance, ni comme la règle première de la foi et des mœurs.

Néanmoins, puisqu'elles donnent un véritable et fidèle témoignage de leur première origine, elles sont et peuvent être estimées comme une règle seconde et subordonnée à l'esprit, duquel elles tirent l'excellence et la certitude qu'elles ont.

Car, comme nous ne connaissons leur certitude que par le seul témoignage intérieur de l'esprit, elles-mêmes témoignent aussi que l'esprit est ce guide par lequel les saints sont menés en toute vérité; c'est pourquoi, selon les Ecritures, l'esprit est le premier et le principal conducteur; et puisque nous ne recevons et ne croyons les Ecritures que parce qu'elles sont procédées de l'esprit, par conséquent aussi l'esprit est plus originairement et principalement la règle.

Toute la postérité d'Adam est tombée et privée de cette lumière intérieure du Saint-Esprit.

Dieu, par son infinie charité, a donné son Fils unique, afin que quiconque croit en lui soit sauvé; ce Fils illumine tout homme venant au monde; il enseigne toute justice, tempérance et piété, et cette lumière éclaire les cœurs de tous; car la rédemption n'est pas moins universelle que le péché originel.

Il y a donc dans tous les hommes une lumière évangélique et une grâce salutaire.

Nous ne sommes donc justifiés ni par nos œuvres produites par notre volonté, ni même par les bonnes œuvres considérées en elles-mêmes; c'est par Jésus-Christ.

Le corps de péché et de la mort est ôté dans ceux en qui cette sainte et immaculée conception est produite entièrement, et leurs cœurs deviennent unis et assujettis à la vérité, tellement qu'ils n'obéissent à aucunes suggestions ni tentations du démon, et sont délivrés du péché actuel et de la transgression de la loi de Dieu, et à cet égard ils sont parfaits : cette perfection admet pourtant toujours un accroissement, et la possibilité de pécher demeure en quelque manière, lorsque l'entendement n'est pas très-soigneusement attentif à Dieu.

Bien que ce don de Dieu, ou cette grâce intérieure, soit suffisante pour opérer le salut, toutefois elle peut devenir et devient la condamnation de ceux qui résistent; de plus, après qu'elle a opéré quelque chose dans leurs cœurs pour les purifier et sanctifier, ils peuvent pourtant en déchoir par désobéissance; néanmoins on peut acquérir un tel accroissement et une telle fermeté dans la vérité en cette vie, qu'on n'en peut déchoir totalement par apostasie.

Comme c'est par ce don et par cette lumière de Dieu que toute vraie connaissance dans les choses spirituelles est reçue et révélée, ainsi est-ce par lui, comme il est manifesté et reçu au fond du cœur, que chaque vrai ministre de l'Evangile est ordonné, préparé et assisté en l'œuvre du ministère; et c'est par sa conduite, par son mouvement et par son attraction qu'il faut que chaque évangéliste et pasteur chrétien soit mené et commandé dans son travail et dans son ministère de l'Evangile, quant au lieu où, quant aux personnes à qui, et quant au temps qu'il doit servir : de plus, ceux qui ont cette autorité peuvent et doivent prêcher l'Evangile, bien qu'ils n'aient point de commission humaine et qu'ils soient sans littérature; comme d'un autre côté, ceux qui manquent de l'autorité de ce don divin, quoique savants et autorisés par les commissions des Eglises et des hommes, ne doivent être estimés que comme des imposteurs et des trompeurs, et non pas comme de vrais ministres de l'Evangile.

Tout véritable culte et tout service agréable à Dieu est offert par son esprit, qui meut intérieurement, qui n'est limité ni par les lieux, ni par les temps, ni par les personnes; car, quoique nous devions le servir toujours, en ce que nous devons être en crainte devant lui, néanmoins quant à la signification extérieure dans nos prières, dans nos louanges ou dans nos prédications, nous ne le devons pas faire où et quand nous voulons, mais là où et quand nous y sommes menés par le mouvement et les inspirations secrètes de son esprit dans nos cœurs, lesquelles prières Dieu exauce et accepte, ne manquant jamais de nous y mouvoir quand il est expédient, de quoi lui seul est le juge le plus propre. Tout autre culte donc, soit louanges, prières ou prédications, que l'homme rend de sa propre volonté et à son loisir, qu'il peut commencer et finir à son plaisir, soit que les formes en soient prescrites, comme les liturgies, etc., soit les prières sur-le-champ conçues par la force et par la faculté naturelle de l'entendement, toutes ne sont que des superstitions et une idolâtrie abominable devant Dieu, que l'on doit rejeter et renier, et dont il nous faut séparer.

Comme il n'y a qu'un Dieu et une foi, aussi il n'y a qu'un baptême, non celui par lequel les ordures du corps sont ôtées, mais l'attestation d'une bonne conscience devant Dieu, par la résurrection de Jésus-Christ, et ce baptême-là est quelque chose de pur et de spirituel ; savoir, le baptême d'esprit et de feu, par lequel nous sommes ensevelis avec lui, afin qu'étant lavés et purgés de nos péchés, nous cheminions en nouveauté de vie, duquel le baptême de Jean était la figure, qui fut pour un temps, et non pas commandé pour toujours. Quant au baptême des enfants, c'est une pure tradition humaine, dont on ne trouve ni précepte, ni pratique dans toute l'Ecriture.

La communion du corps et du sang de Christ est intérieure et spirituelle ; c'est la participation de la chair et du sang de Jésus-Christ, par laquelle l'homme intérieur se nourrit chaque jour dans les cœurs de ceux en qui Jésus-Christ habite, de quoi la fraction du pain par Jésus-Christ avec ses disciples était la figure, dont se servaient quelquefois dans l'Eglise, à cause des faibles, ceux qui en avaient reçu la substance, s'abstenant aussi des choses étouffées et du sang, se lavant les pieds les uns aux autres, et oignant les malades d'huile, toutes lesquelles choses ne sont pas commandées avec moins d'autorité et de solennité que les premières ; mais, puisqu'elles n'ont été que des ombres de meilleures choses, elles cessent pour ceux qui en ont obtenu la substance.

Puisque Dieu s'est approprié la domination et le pouvoir de la conscience comme celui-là seul qui la peut bien instruire et gouverner, il n'est donc permis à personne, quelle que soit son autorité ou supériorité dans le gouvernement de ce monde, de forcer les consciences des autres ; c'est pourquoi tous les meurtres, les bannissements, les proscriptions, les emprisonnements et toutes les autres choses de cette nature dont les hommes sont affligés pour le seul exercice de leurs consciences, ou pour leur différente opinion dans le culte, procèdent de l'esprit de Caïn le meurtrier et sont contraires à la vérité, pourvu que personne ne nuise à son prochain, ni en sa vie, ni en ses biens, sous prétexte de consciences, et ne commette rien de pernicieux ou d'incompatible avec la société et avec le commerce ; auquel cas il y a une loi pour le défaillant, et la justice doit être rendue à chacun, sans acception de personnes.

Puisque toute religion tend principalement à retirer l'homme de l'esprit et de la vaine conversation de ce siècle, à l'introduire dans la communion intérieure avec Dieu, devant lequel, si nous sommes toujours en crainte, nous sommes estimés heureux, il faut donc que ceux qui s'approchent de cette crainte rejettent et abandonnent toutes ces vaines habitudes et coutumes, soit en paroles, soit en actions, telles que sont celles de tirer le chapeau à un homme, ou de se découvrir la tête, de plier le jarret, et telles autres inflexions de corps dans les salutations, avec toutes ces folles et superstitieuses formalités qui les accompagnent, toutes lesquelles choses l'homme a inventées dans son état de corruption, pour entretenir sa vanité dans l'orgueil et la vaine pompe de ce siècle ; comme aussi les jeux inutiles, les récréations frivoles, les divertissements, les jeux de cartes, ce qui n'a été inventé que pour consumer inutilement le temps précieux et divertir l'âme du témoin de Dieu dans le cœur, et du vif sentiment de sa crainte et de l'esprit évangélique, duquel les chrétiens doivent être nourris, et qui mène à la société et à la crainte sincère de Dieu.

De ce principe, Barclay conclut :

1° Qu'il n'est pas permis de donner aux hommes des titres flatteurs, comme votre sainteté, votre majesté, votre éminence, votre excellence, votre grandeur, votre seigneurie, etc., ni de se servir de ces discours flatteurs appelés communément *compliments*.

Les titres ne font point partie de l'obéissance due aux magistrats ou aux empereurs : nous ne trouvons point que, dans l'Ecriture, aucun de ces titres ait été donné aux rois, aux princes et aux nobles. Ceux auxquels on donne ces titres n'ont souvent rien qui leur réponde, et nulle autorité ne peut obliger un chrétien à mentir.

2° Qu'il n'est pas permis aux chrétiens de se mettre à genoux ou de se prosterner eux-mêmes devant aucun homme, ou de courber le corps, ou de se découvrir la tête devant eux.

3° Qu'il n'est pas permis à un chrétien d'user de superfluité dans ses vêtements, comme n'étant d'aucun usage, si ce n'est pour l'ornement et pour la vanité.

4° Qu'il n'est pas permis de prendre part aux jeux, aux passe-temps, aux divertissements ou, entre autres choses, aux comédies, parmi les chrétiens, sous prétexte de récréations, lesquelles ne s'accordent pas avec le silence chrétien, la gravité et la sobriété ; car le rire, le divertissement, le jeu, la moquerie, la raillerie, le vain babil, etc, ne sont ni d'une liberté chrétienne, ni d'une gaîté innocente.

5° Qu'il n'est pas permis aux chrétiens de jurer sur l'Evangile, non pas seulement pour quelque utilité et dans leurs discours ordinaires, ce qui était aussi défendu sous la loi mosaïque, mais même en jugement devant le magistrat.

6° Qu'il n'est pas permis aux chrétiens de résister au mal, ou de faire la guerre, ou de combattre, dans aucun cas.

Premièrement, parce que Jésus-Christ nous commande d'aimer nos ennemis.

Secondement, parce que saint Paul dit que les armes de notre guerre ne sont point charnelles, mais spirituelles (II *Cor.*, x, 4).

En troisième lieu, parce que Jacques témoigne que les combats et les querelles viennent des convoitises; mais ceux qui sont véritablement chrétiens ont crucifié la chair avec ses affections et ses convoitises. Par conséquent ils ne peuvent pas s'y abandonner en faisant la guerre.

En quatrième lieu, parce que les prophètes Isaïe et Michée ont prophétisé en termes exprès, que dans la montagne de la maison de l'Eternel, Christ jugera les nations, et alors ils forgeront leurs épées en socs de charrues.

En cinquième lieu, parce que Jésus-Christ dit que son règne n'est point de ce monde, et que pour cette raison, ses serviteurs ne combattent point. Par conséquent ceux qui combattent ne sont ni ses disciples ni ses serviteurs (*Joan.* XVIII, 36).

En sixième lieu, parce que l'apôtre exhorte les chrétiens à ne se point défendre, et à ne se point venger eux-mêmes en rendant le mal pour le mal, mais à donner lieu à la colère, parce que la vengeance appartient au Seigneur : Ne sois point surmonté par le mal, mais surmonte le mal par le bien; si ton ennemi a faim, donne-lui à manger; s'il a soif, donne-lui à boire (*Rom.* XII, 19).

En septième lieu, parce que Christ appelle ses enfants à porter sa croix, et non à crucifier ou à tuer les autres; il les appelle à la patience, et non à la vengeance; à la vérité et à la simplicité, et non aux frauduleux stratagèmes de la guerre.

Telle est l'idée que Barclay donne de la théologie et de la morale des quakers, dans son apologie, qu'il termine par un parallèle des quakers et des autres chrétiens.

Si donner et recevoir des titres de flatterie, desquels on ne se sert point, à cause des vertus inhérentes aux personnes, mais qui sont pour la plupart employés par des hommes impies à l'égard de ceux qui leur ressemblent; si s'incliner, faire la révérence et ramper jusqu'à terre l'un devant l'autre; si s'appeler à tout moment l'un l'autre *le très-humble serviteur*, et cela le plus fréquemment sans aucun dessein de réel service; si c'est là l'honneur qui vient de Dieu, et non pas l'honneur qui vient d'en bas, alors à la vérité on pourra dire de nos adversaires qu'ils sont fidèles, et que nous sommes condamnés comme des orgueilleux et des opiniâtres, en refusant toutes ces choses. Mais si, avec Mardochée, refuser de s'incliner devant l'orgueilleux Aman, et avec Elisée refuser de donner des titres flatteurs aux hommes, de peur que nous ne soyons réprimandés par notre Créateur et si, suivant l'exemple de Pierre et l'avis de l'ange, s'incliner seulement devant Dieu et non pas devant nos compagnons de service; enfin, si n'appeler personne seigneur ni maître, hormis dans quelques relations particulières, selon le commandement de Jésus-Christ; si toutes ces choses-là, dis-je, ne sont pas à blâmer, donc nous ne sommes pas blâmables d'en agir ainsi.

Si être vain, extravagant dans ses habits, se farder le visage, se friser les cheveux, se couvrir d'or et d'argent, de pierres précieuses, de rubans et de dentelles, d'habillements immodestes, si tout cela, dis-je, est d'une vie chrétienne, humble, douce et mortifiée, alors, à la vérité, nos adversaires sont de bons chrétiens, et nous sommes des orgueilleux, des singuliers et des fantasques, en nous contentant de ce que le nécessaire et la commodité demandent, et en condamnant comme superflu tout le reste.

Si courir les maisons de jeu, les bals, les spectacles; si jouer aux cartes et aux dés, danser, chanter et user des instruments de musique; si fréquenter les places de théâtres et les comédies, mentir, contrefaire ou supposer et dissimuler, si cela est faire toutes choses à la gloire de Dieu, et passer notre vie ici dans la crainte; si cela, dis-je, est user de ce monde comme si nous n'en usions point, et ne pas nous conformer nous-mêmes à nos convoitises; alors nos adversaires sont de bons chrétiens, modestes, mortifiés, qui renoncent à eux-mêmes, et nous sommes justement blâmables en les condamnant, mais non pas autrement.

Si la profanation du saint nom de Dieu, si exiger le serment l'un de l'autre à chaque occasion, si appeler Dieu à témoin dans des choses de telle nature, qu'aucun roi de la terre ne s'y croirait honorablement appelé, sont des devoirs d'un homme chrétien, j'avouerai que nos adversaires sont d'excellents chrétiens, et que nous manquons à notre devoir; mais si le contraire est véritable, il faut de nécessité que notre obéissance à Dieu, telle que nous la comprenons dans cette chose-là, lui soit agréable.

Si nous venger nous-mêmes ou rendre injure pour injure, mal pour mal; si combattre pour des choses périssables, aller à la guerre contre des hommes que nous n'avons jamais vus, avec qui nous n'avons jamais eu aucune contestation ni querelle, étant de plus tout à fait ignorants des causes de la guerre, et ne sachant absolument, au milieu des intrigues et des ressentiments des souverains, de quel côté est le droit ou le tort, et néanmoins si furieux que de détruire et de saccager tout, afin que ce culte ou un autre soit reçu ou aboli; si faire ces choses et beaucoup plus de cette nature est accomplir la loi de Christ, alors à la vérité nos adversaires sont de véritables chrétiens, et nous ne sommes que de misérables hérétiques, qui, souffrant même d'être poursuivis, pris, emprisonnés, bannis, battus et maltraités sans aucune résistance, mettons notre confiance en Dieu, afin qu'il nous défende et nous conduise en son royaume par le chemin de la croix.

L'apologie de Barclay, qui est sans contredit le meilleur ouvrage qu'on ait fait en faveur des quakers, a été attaquée par divers écrits : 1° par Jean Brown, théologien presbytérien d'Ecosse, dans un ouvrage intitulé : *le Quakérisme, le vrai chemin du paganisme;* 2° par Nicolas Arnold, professeur en théologie à Francker, en Frise, *Exercitation contre les thèses théologiques de Barclay;* 3° par Jean-Georges Bajer, théologien luthérien, docteur et professeur à Iéna, dans un ouvrage intitulé : *l'Origine de la véritable et salutaire connaissance de Dieu.* 4° par Lottusius, dans son *Anti-Barclay allemand;* 5° par L. Ant. Reiser, dans son *Anti-Barclayus*, etc.

QUAKERS FRANÇAIS. Il existe des *quakers* aux environs de Nîmes. Originairement cette petite secte avait, non pas un système de culte bien déterminé, mais seulement une propension vers le quakérisme, dont elle a progressivement adopté les maximes et les usages, par le moyen des visites que lui ont faites des *quakers* anglais et américains. Avant que Louis XVI, par son édit de 1787, rendît l'état civil aux protestants, les assemblées de ces séparatistes étaient secrètes; depuis elles cessèrent d'avoir lieu les portes fermées. Au commencement de la révolution, plusieurs refusèrent de prendre les armes, ils faisaient les patrouilles avec des bâtons; mais cela dura peu de temps. Ils virent avec plaisir l'abolition du culte extérieur, l'offre faite aux administrations par les clubs des vases sacrés et des ornements d'église. Quoique moins rigoureux sur leur costume que les *quakers* anglais, leur doctrine est la même. Leurs livres sont la Bible et quelques ouvrages de la secte traduits en français, spécialement ceux de R. Barclay et de G. Penn. Leurs mariages sont célébrés dans l'assemblée générale. Ceux d'Angleterre répugnent à épouser hors de leur secte; les *quakers français*, au contraire, s'allient avec les protestants, et plus rarement avec des catholiques. Ces mariages mixtes résultent de leur petit nombre et de leur répugnance à s'allier entre trop proches parents.

QUARTODÉCIMANS ou QUATUORDÉCIMANS. C'est ainsi qu'on appela ceux qui prétendaient qu'il fallait célébrer la Pâque le 14 de la lune de mars.

Une partie des fidèles croyait qu'il fallait finir le jeûne de la Pâque le 14 de la lune, quelque jour de la semaine qu'il arrivât, et y faire la fête de la Résurrection du Sauveur, et c'est ce que saint Jean, saint Philippe, apôtres, saint Polycarpe, saint Méliton et d'autres grands hommes avaient pratiqué dans l'Asie Mineure : aussi toute cette province s'y attachait particulièrement.

D'autres fidèles soutenaient qu'on ne pouvait finir le jeûne et solenniser la résurrection que le dimanche, et cette pratique qui l'a enfin emporté était aussi fondée sur la tradition des apôtres, c'est-à-dire de saint Pierre et de saint Paul. Ce n'est pas que les apôtres eussent fait aucune loi sur ce sujet, dit Socrate, ni que l'on pût en rapporter aucun écrit ; mais leur exemple était une loi très-puissante pour leurs disciples.

La différente pratique qu'on suivait sur cela dura longtemps sans troubler la paix de l'Eglise.

Lorsque Victor tenait le siège de saint Pierre, cette affaire fut agitée avec beaucoup plus de chaleur qu'elle n'avait été auparavant.

L'Asie Mineure observait, comme on l'a dit, le 14 de la lune; mais elle était seule dans cette pratique avec quelques églises des environs. Tout le reste de l'Eglise, dit Eusèbe, avait attaché au dimanche la solennité de la résurrection.

Il se tint divers conciles sur ce sujet, et, s'il en faut juger par celui qui se tint à Éphèse, ce fut Victor qui écrivit aux principaux évêques pour les prier d'assembler ceux de leur province : ces conciles s'accordaient tous à ne célébrer la résurrection que le dimanche.

Polycrate, évêque d'Ephèse, s'opposa à cette résolution universelle : c'était un des plus considérables évêques qui fussent alors dans l'Eglise, chef de tous ceux de l'Asie.

Victor lui écrivit pour le prier d'assembler les évêques de sa province, en le menaçant même de le séparer de sa communion s'il ne se rendait au sentiment des autres. Polycrate assembla effectivement ses confrères en grand nombre dans la ville d'Ephèse : ils furent tous de son sentiment et conclurent qu'il ne fallait pas changer la tradition qu'ils avaient reçue de leurs saints prédécesseurs.

Victor condamna l'opposition des Asiatiques à tout le reste de l'Eglise; il menaça même de les excommunier, et, selon plusieurs auteurs, il les excommunia en effet ; cependant les Asiatiques demeurèrent dans leur pratique, qu'ils quittèrent plus tard, il est vrai, mais qui fut suivie par les Eglises de Syrie et de Mésopotamie.

Constantin, en devenant maître de l'Orient en 323, apprit avec douleur cette diversité d'usages sur la fête de Pâques, qui véritablement ne rompait pas la communion, mais troublait néanmoins la joie de cette grande solennité et était une tache dans la beauté de l'Eglise ; c'est pourquoi il chargea le grand Osius de travailler à apaiser ce trouble dans la Syrie. Osius n'en put venir à bout, pas plus que de l'hérésie d'Arius ; il fallut rassembler le concile de Nicée pour l'une et pour l'autre dispute : ce fut là où cette question fut enfin terminée; car le concile ordonna que toute l'Eglise célébrerait la fête de Pâques en un même jour, suivant la coutume de Rome, de l'Egypte et de la plupart des autres pays.

Toute l'Eglise se trouva uniforme par cette définition, car les Syriens y obéirent, et le concile d'Antioche, confirmant celui de Nicée, déposa par son premier canon et excommunia les laïques qui célébraient la pâque en particulier avec les juifs. Toute l'Eglise s'étant donc réunie dans la pratique de faire la pâque le dimanche, s'il y eut quelques particuliers qui refusèrent de se soumettre à cette autorité suprême, ils furent traités d'hérétiques sous le nom de *quartodécimans*, c'est-à-dire observateurs du 14 de la lune, auquel ils voulaient qu'on fît la pâque. C'est pourquoi saint Épiphane et Théodoret mettent les quartodécimans au nombre des hérétiques, et le septième canon du premier concile de Constantinople les compte entre ceux que l'on recevait par l'abjuration et par l'onction. *Voyez* Tillemont, t. III, p. 102 et suiv.

QUESNEL (Pasquier), quatrième chef des jansénistes. Nous dirons ici quelque chose de sa personne, du plus important de ses ouvrages et des moyens principaux employés par le parti pour faire triompher sa cause.

Notice sur Quesnel.

Cet écrivain turbulent naquit à Paris de parents honnêtes, le 14 juillet 1634. Après avoir fait son cours de théologie en Sorbonne avec distinction, il entra en 1657 dans la congrégation de l'Oratoire. Son goût le porta d'abord à l'étude de l'Écriture sainte et des Pères; mais il s'appliqua aussi de très-bonne heure à composer des livres de piété. Les premiers essais de sa plume lui concilièrent l'estime et la confiance de ses supérieurs qui le placèrent à la tête de leur institution de Paris, quoiqu'il n'eût encore que vingt-huit ans, et l'on croit que ce fut pour l'usage des élèves confiés à ses soins dans cet établissement qu'il entreprit son trop fameux livre des *Réflexions morales*.

Cependant les fonctions de cet oratorien et l'ouvrage dont nous parlons n'absorbaient pas tout son temps; en 1675, il publia une nouvelle édition des œuvres de saint Léon le Grand avec des dissertations, des notes, etc., dans lesquelles il ne respectait guère les prérogatives ni l'autorité du saint-siége (1). Un travail de cette nature ne pouvait manquer d'être censuré à Rome. En effet, la congrégation de l'*Index* le proscrivit, le 22 juin 1676, par un décret qui fut affiché le 17 juillet suivant. Irrité de cet affront, Quesnel s'en vengea dans un écrit par un torrent d'injures contre la sacrée congrégation, contre le pape lui-même et contre le décret, qui, selon lui, n'était *pas un décret, mais un libelle diffamatoire, contraire à la loi de Dieu et aux bonnes mœurs, plein de faussetés et d'impostures*. C'est là que Quesnel nous apprend qu'un cardinal *n'est qu'un prêtre ou un clerc habillé de rouge*, comme aussi qu'un inquisiteur n'est à ses yeux qu'*un petit moine*. Il faudrait rapporter ici tout ce pétulant commentaire pour montrer jusqu'à quel excès d'emportement Quesnel fut entraîné par son amour-propre trop vivement blessé (2).

Difficilement un homme de ce caractère, qui se signalait lui-même comme un partisan juré de la nouvelle doctrine, pouvait-il compter sur une tranquillité parfaite et demeurer longtemps en repos sous les yeux de Louis le Grand et dans le diocèse de M. de Harlay. En effet, ce prélat instruit d'une manière trop convaincante, et de l'inflexible opposition de Quesnel à la bulle d'Alexandre VII, et de son dévouement entier au parti janséniste, ne tarda pas à lui donner de l'inquiétude; dès l'an 1681, il l'obligea de quitter la capitale.

Quesnel se retira d'abord à Orléans; mais il ne séjourna pas longtemps dans cette ville. L'assemblée générale de l'Oratoire, tenue à Paris en septembre 1678, avait dressé un formulaire par lequel les membres de la congrégation devaient s'engager à n'enseigner ni le jansénisme, ni quelques opinions nouvelles en philosophie, opinions dont on se défiait alors, parce qu'on ne les avait point encore bien discutées. En 1681, par suite d'un statut nouveau et péremptoire, il fallut ou signer ce formulaire ou quitter la congrégation. Quesnel, plus attaché sans doute aux soi-disant disciples de saint Augustin qu'aux sentiments de Descartes, préféra ce dernier parti à celui de l'obéissance; mais en se retirant, il se réserva le droit d'exhaler sa bile contre le formulaire dont il s'agit. « Il y a dans cet écrit (ce sont ses propres expressions) des puérilités, des choses contraires à la bonne théologie, des asservissements indignes d'une compagnie de personnes libres et d'honnêtes gens, des pièges tendus exprès à la simplicité et à l'innocence des particuliers, et des points même contraires à la piété et aux bonnes mœurs (3). » Il tient encore ce langage dans une autre production. « Or, le fait de Jansénius, qui est renfermé dans le statut et dans la formule, ne peut être souscrit purement et simplement sans que l'on autorise par cette souscription l'hérésie monstrueuse à laquelle ce fait a donné naissance de nos jours;... hérésie... source d'une infinité d'autres... (et) qui tend à renverser les États les mieux affermis en favorisant la révolte... Pourrait-on souscrire un fait *dont la fausseté est connue, ou dont la vérité est au moins fort douteuse*, etc. (4)? » Il faut se ressouvenir qu'il y avait longtemps déjà qu'Innocent X et Alexandre VII avaient condamné par des bulles reçues dans toute l'Église les cinq fameuses propositions, comme étant la doctrine de l'évêque d'Ypres et comme extraites de son livre intitulé *Augustinus*.

Quesnel ayant quitté l'Oratoire, ne se crut pas en sûreté en France; il se sauva dans les Pays-Bas, où s'étant réuni, à Bruxelles, au patriarche des jansénistes, le célèbre

---

(1) Le P. Lupus, dont le témoignage ne fut point suspect aux yeux du parti, assure, dans son livre des *Appellations*, dédié à Innocent XI, que Quesnel s'exprime sur l'autorité du pape, dans son saint Léon, comme l'avaient fait Calvin, de Dominis et d'autres détracteurs de la primauté des successeurs de saint Pierre.

Les frères Ballerini ont donné depuis une nouvelle édition des œuvres du même Père qui a effacé celle de Quesnel dans laquelle ils trouvent beaucoup d'inexactitudes et d'infidélités.

(2) On trouve cette pièce dans l'intéressant *Causa Quesnelliana*, imprimé à Bruxelles, 1704. *Voyez* pag. 532 et suiv.

(3) *Causa Quesnell.*, p. 11.

(4) Ibid., p. 10.

Antoine Arnauld, il commença dès lors à jouer un rôle. La ville que nous venons de nommer devint comme la place d'armes du parti. De là, Quesnel soulevait ses ex-confrères flamands contre le formulaire et le statut dont nous avons parlé; de là, il semait des troubles dans les universités de Douai et de Louvain; de là, il révoltait les prêtres de Flandre contre leurs évêques, le clergé batave contre le souverain pontife, préparant ainsi, quoique encore d'un peu loin, les voies au schisme déplorable qui affligea dans la suite l'Eglise d'Utrecht. Sa plume, aussi féconde qu'infatigable, remplissait les Pays-Bas et les provinces voisines d'écrits pernicieux; elle étendait au loin de nombreuses correspondances, et se répandait encore sur les productions de quelques frères, pour les limer et les mettre en état de voir le jour avec avantage.

Une activité si grande en elle-même et si sérieuse dans ses résultats ne pouvait laisser longtemps Quesnel derrière la toile, ni manquer de lui attirer tôt ou tard quelque mauvaise affaire. En effet, en 1690, sur un ordre ou seulement un avis du gouverneur des Pays-Bas, il lui fallut sortir, avec Arnauld, de toutes les terres soumises à la domination du roi d'Espagne. En conséquence, ces deux valeureux champions du jansénisme se mirent à aller de retraite en retraite, fort inquiets; et après avoir erré quelque temps, sans pouvoir ou sans oser se fixer nulle part, ils prirent enfin le parti de rentrer furtivement dans Bruxelles et de s'y cacher de nouveau avec tout le soin possible.

Ce fut là qu'Arnauld mourut, le 8 août 1694, âgé de près de 83 ans, entre les bras de Quesnel, qu'il avait, dit-on, désigné pour son successeur dans la gestion des affaires du parti (1).

Personne n'était plus en état de remplacer un chef si célèbre. Doué d'une santé que rien ne semblait capable d'altérer, écrivant très-facilement, avec onction et élégance; actif, vigilant, plein de fermeté, mais assez souple pour agir en sens différents, suivant l'exigence; profond en spéculations, fécond en ressources, habile à observer, « tous les ressorts qu'on peut mettre en mouvement, Quesnel les faisait agir en digne chef de parti. Soutenir le courage des élus persécutés, leur conserver les anciens amis et protecteurs, ou leur en faire de nouveaux; rendre neutres les personnes puissantes qu'il ne pouvait se concilier, entretenir sourdement des correspondances partout, dans les cloîtres, dans le clergé, dans les parlements, dans plusieurs cours de l'Europe; voilà quelles étaient ses occupations continuelles. Il eut la gloire de traiter par ambassadeur avec Rome. Hennebel y alla, chargé des affaires des jansénistes; il y figura quelque temps, il y parut d'égal à égal avec les envoyés des têtes couronnées; mais les charités (qui l'avaient mis en état de représenter ainsi) venant à baisser, son train baissa de même. Hennebel revint de Rome dans les Pays-Bas en vrai pèlerin mendiant. Quesnel en fut au désespoir; mais, réduit lui-même à vivre d'aumônes, comment eût-il pu fournir au luxe de ses députés? »

Un événement d'un autre genre vint encore troubler son repos et jeter la consternation dans le cœur de ses partisans. Le 3 mai 1703, Quesnel fut arrêté dans Bruxelles et conduit d'un quartier appelé le *Refuge de Forest* dans les prisons de l'archevêché de Malines. Il y avait environ un an qu'il avait été déféré à Rome, et que ses amis, inquiets sur son sort, le sollicitaient à quitter entièrement Bruxelles. Un accident si fâcheux faisait trop de tort aux affaires du parti pour qu'on ne se hâtât pas d'y chercher un remède. Quesnel l'indiqua lui-même, selon toute apparence. N'ayant ni encre, ni plume, il arracha le plomb de ses croisées pour écrire furtivement à quelques-uns de ses affidés et leur désigner la position précise de l'endroit où il se trouvait détenu. Il n'en fallut pas davantage: deux ou trois hommes dévoués essayèrent avec succès de percer la muraille de la prison, et, le 13 septembre 1703, ce nouveau Paul, comme on l'appela dans quelques écrits, fut rendu aux vœux et aux embrassements de ses chers disciples.

L'évasion de Quesnel ne le mit pas à l'abri des poursuites de la justice ecclésiastique. Ses papiers avaient été saisis avec sa personne, et n'avaient pu échapper de même, leur dépositaire grièvement compromis contre lui. D'ailleurs, au lieu de montrer du repentir et de chercher à réparer par une conduite plus sage et plus orthodoxe, depuis sa délivrance, les torts et les excès de sa conduite antérieure, il semblait avoir au contraire redoublé d'ardeur pour soutenir le jansénisme. Il fut donc cité canoniquement devant l'officialité de l'archevêché de Malines, et, quoique absent, il fut convaincu de plusieurs griefs qui réclamaient la vindicte. En conséquence, l'archevêque de Malines prononça contre lui une sentence par laquelle il le déclarait excommunié, ordonnait aux fidèles de l'éviter comme tel, et lui imposait à lui-même des pénitences médicinales. Cette sentence est datée du 10 novembre 1704.

Quesnel s'en moqua, et, réfugié en Hollande, il se retira dans Amsterdam, dont il fit un point de réunion et comme un nouveau boulevard pour le parti. Ce fut de là qu'il lança des brochures contre l'archevêque son juge; qu'il écrivit une foule de mémoires

---

(1) Quesnel montra dans cette occasion le peu de cas qu'il faisait des règles les plus sacrées : il administra au mourant les derniers secours de la religion, l'extrême-onction et le saint Viatique, sans avoir reçu aucun pouvoir de l'ordinaire. Ce fut peut-être ce fait irrégulier qui encouragea ses disciples à enseigner dans la suite que l'ordination confère à la fois tous les pouvoirs, c'est-à-dire les pouvoirs d'ordre et de juridiction, erreur que les constitutionnels ont jugé commode de renouveler de nos jours. Quesnel ne s'en tint pas là : il se fit dans son appartement, de sa propre autorité, et malgré le refus de permission qui lui était venu de Rome, un oratoire domestique où il célébrait la messe quand bon lui semblait.

contre la bulle *Unigenitus*; qu'il fatigua par des réclamations sans fin les assemblées du clergé de France, le roi, les magistrats, et qu'il exhala contre une société recommandable le venin de cette haine implacable dont ses disciples prouvèrent bientôt qu'ils avaient largement hérité. Chose déplorable et qu'on ne saurait trop répéter comme une des plus utiles leçons que l'histoire doive à la postérité; ce fut cette haine étrange qui fit de Quesnel un partisan de la nouveauté et un rebelle à l'autorité de l'Eglise; c'est du moins ce qu'il déclara lui-même à son neveu Pinson, après lui avoir recommandé de s'attacher à l'Eglise dans les contestations du temps.

Ainsi, quinze siècles auparavant, un des plus célèbres apologistes de la religion (1) avait abandonné déjà l'Eglise, irrité, dit un Père, des procédés de quelques prêtres de la capitale du monde chrétien.

Enfin, après avoir soutenu son rôle très-opiniâtrément, et avoir consacré sa vieillesse à former dans Amsterdam quelques églises jansénistes, Quesnel mourut dans cette ville le 2 décembre 1719, âgé de quatre-vingt-cinq ans cinq mois et quelques jours. Il avait déclaré dans sa profession de foi : « qu'il voulait mourir comme il avait toujours vécu, dans le sein de l'Eglise catholique; qu'il croyait toutes les vérités qu'elle enseigne; qu'il condamnait toutes les erreurs qu'elle condamne; qu'il reconnaissait le souverain pontife pour le premier vicaire de Jésus-Christ, et le siège apostolique pour le centre de l'unité. » Il n'est pas besoin d'être grand théologien pour voir combien une telle déclaration était insuffisante, suspecte, et se conciliait aisément avec tout ce que l'auteur avait fait, dit et écrit de mauvais pendant sa vie (2).

De tous les ouvrages émanés de sa plume prodigieusement féconde, nous ne parlerons ici que de son Nouveau Testament, parce que c'est celle de toutes ses productions qui a fait le plus de bruit dans l'Eglise.

Idée historique des Réflexions morales, ou Nouveau Testament de Quesnel.

Ce livre, intitulé d'abord : *Abrégé de la morale de l'Evangile, ou Pensées chrétiennes sur le texte des quatre évangélistes*, parut pour la première fois en 1671. Ce n'était encore qu'un fort petit volume in-12, qui contenait seulement la traduction des quatre Evangiles, avec de très-courtes réflexions sur chaque verset. Félix de Vialard, évêque de Châlons-sur-Marne, l'adopta pour son diocèse, par un mandement du mois de novembre de la même année, mais après y avoir fait mettre un grand nombre de cartons : aussi n'y trouve-t-on que cinq des 101 propositions condamnées, savoir : la XIIe,

la XIIIe, la XXXe, la LXIIe et la LXVe. Cette édition fut la seule qu'approuva le prélat que nous venons de nommer. Cependant, quoique ce livre eût bien changé de nature dans la suite, soit pour la doctrine pernicieuse qui y fut insérée depuis, soit à cause des augmentations considérables qu'il reçut successivement, le nom et le mandement du même évêque ne laissèrent pas de reparaître sans sa participation à la tête des éditions nombreuses qui en furent faites pendant très-longtemps.

Huit ans après, c'est-à-dire en 1679, Quesnel publia les autres parties de son Nouveau Testament, avec des réflexions encore très-courtes. Ce nouveau travail, que Félix de Vialard ne connut pas (3), se réduisait aussi à un seul volume in-12. Il parut en 1687 une édition de tout l'ouvrage augmentée d'un volume. On y trouve déjà cinquante-trois des propositions condamnées. Mais ce fut en 1693 que l'auteur le donna avec tous les accroissements et toute la perfection qu'il avait eu dessein d'y mettre. Cette production grossie de moitié forma alors quatre forts volumes in-8°, qu'on appela, dans le langage mystérieux du parti, *les quatre grands frères* (4). Nous ne parlerons pas de toutes les éditions postérieures, lesquelles se multiplièrent à l'infini, tant ce livre eut d'abord de vogue, étant élevé jusqu'aux nues par les jansénistes, et présentant d'ailleurs en lui-même un air de piété très-capable d'en imposer et d'y concilier des partisans. Le cardinal de Noailles approuva l'édition de 1695, après y avoir fait faire quelques légères corrections et quelques adoucissements à l'égard d'expressions qu'il trouvait trop dures. Son mandement, qui est du 23 juin de la même année, met les *Réflexions morales* au rang des livres les plus précieux et les plus instructifs. Enfin, ce prélat ayant été transféré sur le siège archiépiscopal de Paris, de l'évêché de Châlons-sur-Marne, où il avait succédé à Félix de Vialard, eut une grande part à l'édition de 1699, qui parut sous ce titre : *le Nouveau Testament en français, avec des réflexions morales sur chaque verset*, etc. Cette édition avait été revue encore par ordre du cardinal; mais les réviseurs, soupçonnés eux-mêmes de jansénisme, n'y avaient pas fait, à beaucoup près, les corrections nécessaires. Aussi est-ce de cette même édition, ainsi que des éditions de 1693 et de 1694, que furent extraites les 101 propositions condamnées, comme on peut le voir à la marge de la bulle, où les éditions sont citées.

Il suit de ce que nous avons dit que Quesnel employa vingt-deux ans à développer et à polir son livre, autant de temps que le célèbre évêque d'Ypres avait consacré à préparer son fameux *Augustinus*. On ob-

---

(1) Tertullien, qui d'abord embrassa l'hérésie de Montan, et, s'en étant ensuite dégoûté, se fit hérésiarque.
(2) *Voyez* sur Quesnel Causa Quesnelliana déjà cité ; le Dictionnaire des livres jansénistes; Lafiteau, Hist. de la constitut. *Unigenitus;* Feller, Dict. hist. ; d'Avrigny, Mém. chron. et dogmat.; Tournely, Prælect. theol. de Grat., Paris, 1755; Mém. pour servir à l'hist. ecclés. pendant le dix-huitième siècle, etc.
(3) Il connut bien moins encore les additions et les erreurs introduites dans les éditions qui se firent après le premier essai de Quesnel, puisque ce prélat mourut en 1680, de l'année même des auteurs des Hexaples.
(4) *Voyez* la Clef du langage mystérieux des jansénistes; Causa Quesnell., p. 324.

serve encore d'autres rapports de ressemblance entre ces deux auteurs : on y remarque, par exemple, même zèle pour leur production respective, même dessein à peu près dans leur entreprise, même système de doctrine ; mais ce qui met entre eux une énorme différence, c'est que Jansénius mourut soumis, du moins extérieurement, à l'Eglise et dans sa communion, au lieu que Quesnel quitta la vie accablé des censures et des anathèmes de la même puissance.

Il résulte aussi de ce qui a été dit que les partisans de Quesnel ont avancé sans fondement que les *Réflexions morales* avaient joui, dans l'Eglise, d'une sorte d'approbation tacite pendant l'espace de 40 ans, à dater de 1671, où elles commencèrent à voir le jour, jusqu'en 1711, où elles furent dénoncées solennellement au saint-siége. La vérité est, 1° qu'il faut retrancher de tout ce temps les 22 ans employés par l'auteur à développer et à retoucher son élucubration ; puisque, de l'aveu même de ses disciples, la première édition qui en fut faite, celle de 1671, n'offrait en quelque manière que le dessein et la forme de l'ouvrage, eu égard à ce qu'il devint dans la suite, et que la seconde, c'est-à-dire l'édition de 1687, moins volumineuse de moitié que les suivantes, ne contenait pas, à un très-grand nombre près, toutes les propositions condamnées (1). Ce ne fut qu'en 1693 que les *Réflexions morales* se montrèrent complètes, étendues, achevées, et qu'elles présentèrent le système du faiseur avec toutes ses preuves, ses développements et dans tout son jour. On ne pouvait donc dater que de cette époque l'approbation prétendue dont on voulait les décorer.

Or, 2° il s'en faut bien qu'elles eussent réuni dès lors tous les suffrages. En 1694, un docteur de Sorbonne (2), casuiste célèbre que l'on consultait de toutes les provinces du royaume, en releva 199 propositions, qu'il nota comme dignes de censure, et les donna au public dans un *Extrait critique*, où il en montrait le mauvais sens. En 1697, si l'on en croit du Vaucel et Willart, deux hommes distingués dans le parti, il paraissait contre le même livre, des *plaintes*, des *accusations*, des *mouvements* assez graves, suivant ce dernier, pour devoir engager Quesnel à remettre sa production sur le métier et à en retrancher tout ce qui pouvait exciter ces murmures de la part des *religieux*, des *demi-savants*, auprès des *esprits prévenus*, et troubler le repos des consciences (3). Un langage de cette nature n'annonce guère une approbation générale. D'autres monuments nous offrent encore des preuves non moins convaincantes ; nous ne citerons ici que le mandement de l'archevêque de Lyon, en date du 14 avril 1714, où ce prélat s'exprime ainsi : « Depuis que ce livre si captieux a paru dans l'Eglise, on n'a pas cessé d'exhorter les fidèles à se tenir sur leurs gardes et, suivant l'avertissement du Sauveur du monde, à imiter la prudence du serpent, en fermant les oreilles pour ne point entendre la voix de cet enchanteur si habile dans l'art de séduire... et en fuyant les raffinements si dangereux en matière de foi dont cet ouvrage est rempli. »

Les jansénistes ont encore prétendu ranger le grand évêque de Meaux parmi les approbateurs des *Réflexions morales*. Nous ne croyons pas devoir nous arrêter ici à réfuter cette fausse prétention, d'autant plus qu'elle a été pleinement détruite par plusieurs d'entre eux. « Je ne sais rien de nouveau, écrivait Willart à Quesnel, le 30 janvier de l'année 1700, touchant le *soulèvement* qu'excitent les *quatre grands frères*, si ce n'est que M. du Perron (Bossuet) (4) leur est aussi contraire. » L'abbé Couet adressa, dans une lettre anonyme, ces reproches *au même illustre prélat* : « On connaît bien des personnes à qui vous avez dit que les cinq propositions de Jansénius se trouvent dans le livre du père Quesnel... et vous n'avez pas oublié, monseigneur, que dernièrement vous avez avoué à un archevêque de l'assemblée que ce livre renfermait ouvertement le pur jansénisme. » Après des aveux si formels de la part d'hommes fort considérés dans le parti, on nous dispensera de rapporter des témoignages empruntés d'autorités plus respectables et dignes de la plus grande confiance (5).

Encore moins exigera-t-on de nous que nous parlions ici avec quelque étendue de la *Justification des Réflexions morales*. Ce n'est pas d'aujourd'hui que l'on sait à quoi s'en tenir touchant cet écrit. La complaisance l'enfanta : Bossuet le composa pour défendre le cardinal de Noailles, son ami, du soupçon de jansénisme qui se répandait sur son compte (6), et des invectives contenues dans un libelle injurieux tout récemment mis au jour par les jansénistes (7). Mais jamais ce grand prélat ne goûta réellement la produc-

---

(1) Nous avons observé qu'on n'y en remarquait que cinquante-trois.
(2) Le docteur Fromageau.
(3) Quamobrem videretur necessarium, ut operi denuo manus admoveretur... tollendum ex illo id omne quod religiosorum, aut sciolorum, aut præoccupatorum querelis aut conscientiæ anxietati locum ullum præbere possit, etc. (Lettre de Willart à Quesnel en date du 12 avril 1697.)
(4) Causa Quesnell., p. 325.
(5) *Voyez* Lafiteau, Hist. de la constit. *Unigenitus*, liv. i Tournely, Prælect. theol. de Grat., édit. de 1755, etc.
(6) Le cardinal de Noailles étant monté sur le siége de Paris, les quesnellistes le prièrent de renouveler pour son nouveau diocèse l'approbation qu'il avait donnée déjà aux Réflexions morales pour le diocèse de Châlons ; mais il s'en défendit d'abord, déclarant que *de tous côtés on lui* reprochait d'avoir approuvé l'erreur en approuvant ce livre ; qu'il voulait le faire examiner, et qu'il était résolu de l'abandonner si l'auteur n'y faisait les changements qu'on aurait jugés nécessaires. Lafiteau, Hist. de la constit. *Unig.*, l. 1, p. 69, in-4°, à Avignon. En effet, l'examen eut lieu, mais sans beaucoup de succès. Quesnel nous apprend lui-même que les amendements proposés par l'évêque de Meaux ne furent point faits. Avertissement placé à la tête de la Justification, p. xi, t. XXIV, édit. des Œuvres de Bossuet, in-8°, Liége.
(7) Ce libelle était le fameux Problème ecclésiastique, où l'on mettait en opposition Louis-Antoine de Noailles, archevêque de Paris, avec Louis-Antoine de Noailles, évêque et comte de Châlons, et l'on demandait auquel, de l'archevêque ou de l'évêque, il fallait s'en tenir sur la doctrine (ce prélat ayant approuvé comme évêque les *Réflexions morales*, et condamné comme archevêque

tion de l'ex-oratorien, où, sans compter les défauts de doctrine(1), il trouvait que *l'imagination de l'auteur avait trop mis du sien, et que les réflexions ne sortaient pas naturellement du texte sacré.* Bossuet donna à son ouvrage le titre d'*Avertissement*, supposant qu'il servirait comme de préface à l'édition des *Réflexions morales* de 1699; mais il se réserva qu'on ferait dans cette nouvelle édition des changements importants et multipliés que lui-même indiqua. Quesnel en avoue plusieurs qu'il rapporte et qu'il combat pour la plupart (2); d'autres témoins, plus désintéressés et plus dignes de foi, en portent le nombre au delà de cent; on en voit même qui le déterminent à cent vingt. Quoi qu'il en soit, averti que Quesnel ne voulait point entendre parler des changements exigés, Bossuet commença à revenir de l'opinion avantageuse qu'il avait eue jusqu'à ce moment de sa bonne foi et du fond qu'on pouvait faire sur ses protestations : *Il faut donc*, répondit-il, *que cet auteur ait encore des sens en vue qu'il ne manifeste pas* (3). Dès lors, il n'hésita point à supprimer son écrit, et il s'éleva contre le livre des Réflexions avec plus de force qu'il ne l'avait encore fait jusque-là. On sait comment il s'en expliqua dans la suite auprès du premier président le Pelletier et auprès de madame de Maintenon, deux personnages dont le témoignage mérite une grande confiance (4). Enfin, il est constant que l'écrit dont nous parlons ne parut point pendant la vie de l'auteur : ce fut le janséniste Le Brun, qui en ayant obtenu communication de la main du secrétaire du prélat, en tira copie, contre sa parole donnée, et le fit imprimer à Tournay, après la réduction de cette ville. Il n'est pas moins certain que ce fut entre les mains de cet éditeur infidèle que l'*Avertissement* fut travesti en *Justification* (5).

On ne s'étonnera donc pas que Bossuet, entraîné par l'amitié qu'il avait pour le cardinal approbateur, trompé par les protestations de soumission que faisait l'hypocrite fugitif des Pays-Bas, et comptant que les nombreux cartons qu'il demandait seraient apposés à l'édition de 1699, se fût attaché à expliquer des endroits encore louches, encore captieux, mais susceptibles d'un sens orthodoxe et conforme aux saintes règles. Après ces cent vingt (6) amendements supposés faits, et tant d'explications données, le prélat ne se trouvait-il pas en droit de dire que, « s'il se rencontre quelque part (dans les Réflexions morales) de l'obscurité ou même quelques défauts, le plus souvent dans l'expression, comme une suite inséparable de l'humanité, nous osons bien assurer, et ces remarques le font assez voir, que notre

---

l'Exposition de la foi catholique touchant la grâce et la prédestination, ouvrage de Barcos, neveu de l'abbé de Saint-Cyran, qu'on disait renfermer la même doctrine que le livre des Réflexions) ! Le problème est attribué par d'Aguesseau à D. Thierri de Viaixnes, bénédictin de Saint-Vannes, janséniste des plus outrés, dit le même chancelier.

(1) Dans le § 24 de la Justification, où il s'agit de l'état de pure nature, Bossuet s'exprime ainsi : « On avouera même avec franchise qu'il y en a (des propositions) *qu'on s'étonne qui aient échappé dans les éditions précédentes;* par exemple celle où il est porté que *la grâce d'Adam était due à la nature saine et entière*. Mais M. de Paris s'étant si clairement expliqué ailleurs qu'on ne peut le soupçonner d'avoir favorisé cet *excès*, cette remarque restera pour preuve des paroles qui se dérobent aux yeux les plus attentifs. »

(2) Dans sa production intitulée : *Vains efforts.*

(3) « Quand M. Bossuet composa cet écrit (la Justification), dit l'évêque de Soissons dans sa cinquième instruction pastorale, n. 113, sa charité lui faisait juger favorablement d'un livre dont il n'avait pas encore pénétré tout l'artifice. » Et quoi de plus capable de le rassurer sur les sentiments de l'ex-oratorien que le langage que tenait en ce temps-là ce novateur, dans ses lettres ostensibles? Nous en citerons deux : l'une adressée à son ami Willart sous la date du 1er avril 1699; l'autre envoyée au cardinal de Noailles le 17 mars de la même année. Dans la première, Quesnel parle ainsi : « J'ai reçu avec un profond respect et avec la parfaite reconnaissance ce que mon digne pasteur (le cardinal) a eu la bonté de vous dire pour moi. C'est avec bien de l'inclination et de la confiance que je me repose sur lui, et que je me tiens assuré de sa persévérante bonté pour les quatre pupilles (les quatre volumes in-8° des Réflexions morales) que j'ai daigné prendre à sa protection. Il est vrai que je me défie de ce théologien qui s'est saisi de ces quatre enfants. » Ce théologien, dont Quesnel se défie, n'était-ce point Bossuet lui-même? on ne nous en dit rien. Dans l'autre lettre, notre auteur marque encore plus fortement sa soumission, ou plutôt sa souplesse. « Monseigneur, souffrez, s'il vous plaît, que je me jette à vos pieds, pour vous demander votre sainte et paternelle bénédiction, et en même temps la permission de vous représenter, comme à mon père et à mon juge, avec le plus grand respect, ce qu'il me semble que je ne pourrais dissimuler à votre Grandeur sans manquer à mon devoir dans une occasion qui ne me saurait être indifférente. Grâce à Dieu, la part que j'y ai (au Nouveau Testament avec des réflexions morales), n'est pas ce qui me tient plus à cœur. Comme je suis très-capable de me tromper et de faire des fautes, je ne rougirais pas de les reconnaître, de les voir effacer, de les rétracter publiquement moi-même. » Causa Quesnell., p. 423. Mais il changea bien de ton, écrivant à cœur ouvert, le 25 avril 1699, au même Willart : « Je laisse faire le bon abbé dom Antoine de Saint-Bernard (le cardinal de Noailles); car, comment faire pour l'empêcher? je suis bien aise de n'être point consulté. Ce qui sera bien sera avoué; s'il y a quelque chose qu'on ne puisse approuver, on en saura quitte pour dire qu'on n'y a point eu de part. *Pourvu qu'on ne touche pas aux endroits notés, cela ira bien* : je sais qu'il (l'archevêque de Paris) avait dit à des gens qu'il favouerait sous le nom de sa première abbaye (l'évêché de Châlons) les quatre frères, et il le devrait faire pour repousser *l'insolence des contredisants;* mais je vois bien qu'il saigne du nez. » Ibid., p. 424.

(4) Le premier assurait qu'il avait souvent ouï dire à M. de Meaux « que les Réflexions du P. Quesnel étaient pernicieuses; qu'elles renfermaient clairement les erreurs de Jansénius, et que les personnes qui faisaient profession de piété ne devaient point les lire. » Instruct. pastor. de MM. de Luçon et de la Rochelle, du 14 mai 1711. *Voyez* Montagne, sous le nom de Tournely; Prælect. theol. de grat., t. I, p. 371, édit. de 1755, où ce texte est rapporté en latin.

« Madame de Maintenon déclara dans la suite à M. le duc de Bourgogne, devenu dauphin, *que Bossuet lui avait dit à elle-même plusieurs fois que le Nouveau Testament du P. Quesnel était tellement infecté de jansénisme qu'il n'était pas susceptible de correction.* » Hist. de Fénelon, par M. L.-F. de Bausset, 5e édit., t. III, p. 53 et suiv. Ainsi pensa l'illustre prélat des Réflexions morales, voyant que l'auteur se refusait aux amendements qu'il lui avait fait proposer, et après avoir travaillé à expliquer des propositions qu'il laissait, mais dont l'explication supposait les corrections demandées préalablement.

(5) *Voyez*, dans la 5e lettre past. de l'évêque de Soissons, n. 113, la lettre de M. l'abbé de Saint-André au même prélat, en date du 4 novembre 1721. Cette pièce curieuse renferme une bonne partie des faits que nous avons avancés touchant la *Justification. Voyez* encore, à ce sujet, Lafiteau, l. 1; Mémoires chron. et dogm., sous l'année 1708, 13 juillet; Mémoires pour servir à l'hist. ecclés. pendant le dix-huitième siècle.

(6) *Voyez* Lettres instruct. imprimées par ordre de M. l'évêque de Grasse, troisième édit., 1715, t. II, p 53, 54 et 55.

illustre archevêque les a recherchés avec plus de sincérité que les plus rigoureux censeurs (1)? » Heureux Quesnel, s'il eût adopté dans son cœur et dans son livre les corrections exigées par Bossuet! Que de troubles n'eût-il pas épargnés et à l'Eglise et à lui-même? Mais c'est le propre de l'hérétique de tout promettre quand il espère ou qu'il se sent vivement pressé, et de manquer de parole lorsqu'il faut en venir à l'exécution.

Enfin, quand on n'en aurait pas une foule d'autres preuves, la *Justification* suffirait seule pour démontrer invinciblement l'opposition entière des sentiments de Bossuet aux erreurs du jansénisme.

Condamnation du Nouveau Testament de Quesnel.

Les soupçons, les plaintes, les murmures et, pour nous servir de l'expression du janséniste Willart, le soulèvement qu'excita cet ouvrage, depuis surtout que l'auteur l'eut complété et qu'il y eut mis la dernière main, éveillèrent la sollicitude des premiers pasteurs de l'Eglise de France. Nous avons déjà rapporté ce que disait à cet égard l'archevêque de Lyon dans son mandement de 1714; nous pourrions citer encore en preuve les archevêques de Vienne et de Narbonne, les évêques d'Amiens, de Marseille, de Valence, de Béziers, de Lisieux, etc., qui rendirent à la même époque à peu près le même témoignage. On sait de deux amis de Quesnel (2) avec quelle force l'évêque de Chartres s'élevait, en 1699, contre la même production, dans une visite qu'il faisait alors de son diocèse, et avec quel soin il ôtait ce livre pernicieux des mains des religieuses soumises à sa juridiction. Un des prélats appelants (3) se flattait, en 1714, *d'avoir commencé déjà en 1698, à détourner de la lecture des Réflexions morales les fidèles confiés à ses soins.* Nous avons encore (4) l'ordonnance que l'évêque d'Apt publia le 15 octobre 1703, dans laquelle il défendait le livre de Quesnel à tous ses diocésains, sous peine d'excommunication encourue par ce seul fait. Le jugement qu'il prononça dans cette ordonnance contre l'ouvrage de l'ex-oratorien, après l'avoir fait mûrement examiner et l'avoir lu et relu lui-même avec soin, mérite d'avoir place ici. « Nous avons trouvé, dit ce sage prélat, que, outre que le texte de ce Nouveau Testament était presque le même que celui de Mons, condamné par les papes et par plusieurs évêques, et dont nous avons nous-même depuis longtemps interdit l'usage à nos diocésains, l'auteur, par ses propositions téméraires, erronées, exprimées en termes captieux, équivoques, étudiés et concertés avec soin, favorise et fomente le jansénisme. » Les évêques de Gap, de Nevers, et l'archevêque de Besançon (5), firent aussi entendre leur voix pastorale dans leurs diocèses contre le même livre : le premier en 1704, les deux autres en 1707.

Jusque-là Rome avait gardé le silence. Cependant, si l'on en croit un auteur du parti (6), le Nouveau Testament de Quesnel y avait été déféré à l'inquisition peu de temps après qu'il eût été achevé, c'est-à-dire en 1693 ou l'année suivante; mais il n'était émané de ce tribunal aucun jugement. Quesnel, à qui l'on avait demandé des éclaircissements, suivant le même historien, avait-il empêché par ses ruses ordinaires, ses protestations feintes de respect et de soumission, par de grandes et de belles promesses, qu'on n'eût alors traité sa production avec rigueur ? Quoi qu'il en soit, Clément XI, fatigué des plaintes et des rumeurs qui s'élevaient de toutes parts, rompit enfin le silence. Il soumit à un nouvel examen l'ouvrage dont nous nous occupons ; et voyant que les consulteurs, soit les cardinaux chargés de ce soin, convenaient *d'une voix unanime* que ce livre était pernicieux, rempli d'erreurs très-graves, de propositions qui sentaient l'hérésie ; qu'il fallait en conséquence l'ôter des mains des fidèles et le frapper d'anathème, il le condamna au feu, le 13 juillet 1708, par un décret spécial donné en forme de bref. La raison que le pape apporta de ce jugement était que ce livre *présentait le texte sacré du Nouveau Testament vicié d'une manière condamnable et téméraire, conforme à une autre version française proscrite par Clément IX le 20 avril 1668, différant en beaucoup d'endroits de la Vulgate, qui est approuvée dans l'Eglise par l'usage de tant de siècles, et laquelle tous les fidèles doivent tenir pour authentique.* Il ajoutait que ce même livre contenait *en outre des notes et des réflexions qui à la vérité avaient une apparence de piété, mais qui conduisaient artificieusement à l'éteindre, et offraient une doctrine et des propositions séditieuses, téméraires, pernicieuses, erronées, déjà condamnées et sentant manifestement l'hérésie jansénienne* (7). La clause qui condamnait au feu tous les exemplaires du livre de l'ex-oratorien parut en France contraire à nos usages, dit un historien, ce qui empêcha que ce bref ne fût reçu dans le royaume (8).

Deux années après, les évêques de Luçon et de la Rochelle (9) publièrent une *ordonnance et instruction pastorale,* portant condamnation des *Réflexions morales.* Ils avaient

---

(1) Justific. des Réflex. moral., p. 69, édit. déjà citée.

(2) Le Noir et Willart, dans leurs lettres à cet auteur; le premier, en date du 2 novembre 1699; le second, sous le 23 janvier 1700. Ce dernier ne parle que de l'horreur de l'évêque de Chartres contre les quatre frères, c'est-à-dire contre le livre des Réflexions morales.

(3) D'Hervau, archevêque de Tours.

(4) Dans un écrit publié par un théologien, en 1765, sous ce titre : le P. Quesnel séditieux et hérétique dans ses Réflexions sur le Nouveau Testament, etc.

(5) François-Joseph de Grammont, dont on peut voir le mandement dans le recueil qu'il donna en 1707, sous cet intitulé : *Statuta seu decreta synodalia Bisuntinæ diœcesis,* etc.

(6) Hist. du livre des Réflexions morales, par Louail.

(7) Montagne, Prælect. theol. de Grat., tom. I, p. 367, édit. citée.

(8) Lafiteau, Hist. de la constit. Unig., l. 1, p. 97, édit. déjà citée.

(9) Jean-François de Valderic de Lescure et Etienne de Champflour.

concerté ensemble cette ordonnance, et s'en étaient occupés pendant l'espace de deux ou trois ans. Ils la divisèrent en deux parties : dans la première, ils démontrèrent que les cinq propositions étaient clairement contenues dans l'*Augustin* de Jansénius, et renouvelées toutes dans le livre de Quesnel. Dans la seconde, ils firent voir que ces deux novateurs s'écartaient réellement de la doctrine du saint docteur d'Hippone. Cet ouvrage, qui était assez volumineux, formait une espèce de traité de la Grâce, et fut loué à Rome par le saint-père lui-même (1). L'année suivante, 1711, l'évêque de Gap fit un mandement à peu près semblable (2). Le roi révoqua aussi, le 11 novembre de la même année, le privilége qu'il avait accordé pour l'impression des *Réflexions morales*, et le même jour un arrêt du conseil les supprima.

Enfin Clément XI, excité par sa propre sollicitude, par les plaintes réitérées de personnes zélées pour la foi orthodoxe, surtout par les lettres et les prières d'un grand nombre d'évêques de France, et par les instances souvent répétées de Louis le Grand, qui suppliait Sa Sainteté de remédier incessamment au besoin pressant des âmes par l'autorité d'un jugement apostolique (3), consentit à porter une constitution. On peut voir dans Lafiteau les précautions qu'on prit en France, de concert avec le pape, pour que cette bulle ne renfermât aucune clause contraire aux libertés de l'Eglise gallicane ni aux usages reçus dans le royaume.

Voilà donc le *Nouveau Testament avec des réflexions morales* livré à un troisième examen, dans la capitale du monde chrétien ; mais pour y procéder d'une manière capable de fermer la bouche à la malignité, et afin de ne laisser aucun prétexte à l'indocilité ni à l'exigence scrupuleuse, Clément XI, appela à ce travail pénible « les plus habiles théologiens de Rome, *tirés de toutes les écoles les plus fameuses* et de tous les corps religieux qui font une étude particulière de la théologie. On comptait parmi les examinateurs deux dominicains, deux cordeliers, un augustin, un jésuite, un bénédictin, un barnabite et un prêtre de la congrégation de la Mission (4). » Par un choix si sage, le pape prouvait hautement, et qu'il ne s'était pas laissé circonvenir, et qu'il agissait avec toute la franchise et toute la droiture convenables dans une affaire de cette importance, et combien il était éloigné de vouloir toucher, en quoi que ce fût, soit à la doctrine du saint docteur de la grâce, soit aux sentiments respectables de l'Ange de l'école, soit même aux opinions particulières tolérées dans l'Eglise.

Les théologiens choisis furent pourvus chacun en particulier d'exemplaires latins et français du livre de l'ex-oratorien (5). Quoique nommés en février 1712, il paraît qu'ils ne commencèrent leurs conférences que le 1ᵉʳ juin suivant. Ils eurent donc tout le temps nécessaire pour étudier préalablement l'esprit de l'ouvrage de Quesnel, pour en sonder à fond la doctrine, pour voir si les cent cinquante-cinq propositions soumises à leur examen en avaient été fidèlement extraites, quel était le vrai sens de chacune, si elles étaient conformes à la foi orthodoxe ou si elles s'en écartaient, et jusqu'à quel point. Les conférences se tinrent en présence de deux commissaires tirés du collége des cardinaux (6) ; elles durèrent chacune quatre à cinq heures, et le travail ne fut achevé qu'à la dix-septième conférence.

Après cet examen préliminaire déjà très-lumineux, Clément XI en fit faire un second en sa présence. Là se trouvèrent non-seulement les théologiens dont nous venons de parler, neuf cardinaux de la congrégation du saint-office, tous les consulteurs ordinaires du même tribunal, avec le commissaire, qui est toujours un dominicain, mais encore le général du même ordre et un grand nombre de prélats (7). Il se tint vingt-trois réunions, dans chacune desquelles on commençait par examiner si la proposition latine dont il s'agissait était fidèlement traduite en français ; ensuite quels en étaient le sens et la qualité. Les cent cinquante-cinq propositions, prises dans les éditions de 1693, 1694 et 1699 du *Nouveau Testament* de Quesnel, furent discutées successivement et avec une attention extraordinaire ; il n'y en eut même pas une qui ne coûtât au pape quatre ou cinq heures d'étude particulière (8) : aussi, son application soutenue, la grande capacité qu'il montra dans cette affaire épineuse et le travail immense qu'il fit à cet égard, étonnèrent beaucoup tous ceux qui en furent les témoins oculaires. Un auteur tout récent, mais très-opposé à la bulle émanée de la main de ce grand pontife, assure, d'après les archives de Rome qu'il dit avoir compulsées dans le temps qu'elles étaient à Paris, pendant la persécution de Pie VII, que Clément XI, après avoir recueilli les opinions des consulteurs, le vote spécial de cinq ou six cardinaux, faisait le plus souvent un extrait de ces opinions auxquelles il ajoutait quelquefois des développements et des remarques, puis une note abrégée portant le vote des mêmes cardinaux, et terminait le

---

(1) Hist. de la constit. *Unig.*, l. ɪ, pag. 101 et 107. Nous ne parlerons pas des démêlés qu'occasionna cette ordonnance entre ces prélats et le cardinal de Noailles.
(2) Montagne, dans le traité cité, p. 368 du tome premier ; Dict. des livres jansénistes, t. IV, p. 65.
(3) *Voyez* le préambule de la bulle *Unigenitus*. *Voyez* aussi Lafiteau, l. ɪ, p. 110 et suiv., et
(4) Lettre écrite de Rome à Fénelon, en date du 16 septembre 1713. Hist. de Fénelon déjà citée, t. III, pag. 398 et suiv.
(5) Des auteurs récents nient ce fait ; mais il nous paraît plus sage de nous en rapporter à un écrivain contemporain, qui fut employé par le gouvernement français auprès de Clément XI, peu d'années après l'événement dont nous parlons, et qui en donna l'histoire, après avoir séjourné à Rome, où il fut à portée de prendre les informations les plus exactes et de s'en entretenir avec le souverain pontife lui-même. Cet écrivain est Lafiteau. *Voyez* son Histoire, p. 120, édit. citée.
(6) Ces commissaires furent les cardinaux Ferrari et Fabroni : même lettre écrite de Rome à Fénelon.
(7) Ibid.
(8) Même lettre adressée de Rome à Fénelon

tout par un jugement qu'il exprimait d'ordinaire en ces termes : *Nos diximus* (1). On ne pouvait donc exiger plus d'application de la part du souverain pontife, plus de zèle dans la recherche de la vérité, plus de précautions afin de parvenir à une définition digne du chef visible de l'Eglise, digne du saint-siége, digne enfin du respect et de la soumission des vrais fidèles répandus sur toute la terre (2).

Cependant, avant de signer sa constitution, le pape ne négligea rien pour obtenir les lumières célestes de l'esprit de vérité. Dans ce pieux dessein, il alla très-souvent célébrer les divins mystères sur le tombeau des saints apôtres Pierre et Paul; il prescrivit des prières publiques dans Rome et y ordonna une procession solennelle à laquelle il assista lui-même.

Au reste, nous ne sommes entrés dans ce long détail, qui rassure autant qu'il édifie, que pour faire triompher la droiture de Clément XI dans cette grande affaire contre les calomnies des ennemis de ce sage pontife, contre les sophismes des détracteurs de la vérité, et pour tâcher de ramener à de meilleurs sentiments les âmes simples et droites qui ont eu le malheur de se laisser prévenir par des opinions aussi pernicieuses qu'elles sont mal fondées.

Enfin Clément XI signa la constitution le 8 septembre 1713, et elle fut affichée dans Rome le même jour. Dans le préambule qui commence par ces mots : *Unigenitus Dei Filius*, ayant parlé d'abord de l'avertissement donné par le Fils de Dieu à son Eglise, « de nous tenir en garde contre les faux prophètes qui viennent à nous revêtus de la peau des brebis ; (par où) il désigne principalement... ces maîtres de mensonges, ces séducteurs pleins d'artifices, qui ne font éclater dans leurs discours les apparences de la plus solide piété que pour insinuer imperceptiblement leurs dogmes dangereux, et pour introduire sous les dehors de la sainteté des sectes qui conduisent les hommes à leur perte ; séduisant avec d'autant plus de facilité ceux qui ne se défient pas de leurs pernicieuses entreprises, que, comme des loups qui dépouillent leur peau pour se couvrir de la peau des brebis, ils s'enveloppent, pour ainsi parler, des maximes de la loi divine, des préceptes des saintes Ecritures dont ils interprètent malicieusement les expressions, et de celles mêmes du Nouveau Testament qu'ils ont l'adresse de corrompre en diverses manières pour perdre les autres et pour se perdre eux-mêmes : vrais fils de l'ancien père du mensonge, ils ont appris par son exemple et par ses enseignements, qu'il n'est point de voie plus sûre ni plus prompte pour tromper les âmes et pour leur insinuer le venin des erreurs les plus criminelles, que de couvrir ces erreurs de l'autorité de la parole de Dieu. »

Le saint-père continue ensuite de cette manière : « Pénétrés de ces divines instructions, aussitôt que nous eûmes appris, dans la profonde amertume de notre cœur, qu'un certain livre, imprimé autrefois en langue française et divisé en plusieurs tomes, sous ce titre : *le Nouveau Testament en français, avec des réflexions morales sur chaque verset*, etc., *à Paris*, 1699. Autrement encore : *Abrégé de la morale de l'Evangile, des Actes des apôtres, des Epîtres de saint Paul, des Epîtres canoniques et de l'Apocalypse, ou Pensées chrétiennes sur le texte de ces livres sacrés*, etc., à Paris, 1693 et 1694; que ce livre, quoique nous l'eussions déjà condamné (3), parce qu'en effet les vérités catholiques y sont confondues avec plusieurs dogmes faux et dangereux, passait dans l'opinion de beaucoup de personnes pour un livre exempt de toutes sortes d'erreurs ; qu'on le mettait partout entre les mains des fidèles, et qu'il se répandait de tous côtés par les soins affectés de certains esprits remuants qui font de continuelles tentatives en faveur des nouveautés ; qu'on l'avait même traduit en latin, afin que la contagion de ses maximes pernicieuses passât, s'il était possible, de nation en nation et de royaume en royaume; nous fûmes saisis d'une très-vive douleur de voir le troupeau du Seigneur, qui est commis à nos soins, entraîné dans la voie de perdition par des insinuations si séduisantes et si trompeuses : ainsi donc, également excité par notre sollicitude pastorale, par les plaintes réitérées des personnes qui ont un vrai zèle pour la foi orthodoxe, *surtout par les lettres et les prières d'un grand nombre de nos vénérables frères les évêques de France*, nous avons pris la résolution d'arrêter par quelque remède plus efficace le cours d'un mal qui croissait toujours et qui pourrait avec le temps produire les plus funestes effets.

« Après avoir donné toute notre application à découvrir la cause d'un mal si pressant et après avoir fait sur ce sujet de mûres et de sérieuses réflexions, nous avons enfin reconnu très-distinctement que le progrès dangereux qu'il a fait et qui s'augmente tous les jours vient principalement de ce que le venin de ce livre est très-caché, semblable à un abcès dont la pourriture ne peut sortir qu'après qu'on y a fait des incisions. En effet, à la première ouverture du livre, le lecteur se sent agréablement attiré par de certaines apparences de piété. Le style de cet

---

(1) Vérité de l'histoire ecclés. rétablie par des monuments authentiques, pages. 50, 51 et 52.

(2) Les théologiens orthodoxes qui montrent le plus d'éloignement pour ce qu'on appelle les opinions ultramontaines enseignent tous qu'indépendamment de la question touchant la faillibilité ou l'infaillibilité du pape, on doit se soumettre, au moins provisoirement, aux jugements dogmatiques émanés du chef visible de l'Eglise parlant *ex cathedra*, jusqu'à ce qu'on ait le temps de savoir que ces jugements ont été adoptés par la plus grande partie des évêques en communion avec le saint-siége ; circonstance qui ayant lieu, disent les mêmes théologiens, fait de ces jugements des définitions de l'Eglise universelle, les rend par conséquent irréformables, absolument obligatoires, et cela quand même des évêques auraient réclamé, pourvu que leur nombre soit beaucoup moindre que celui des évêques qui auraient adhéré, soit positivement, soit d'une manière tacite.

Ce n'est pas ici le lieu de nous étendre sur ce point, et nous ne faisons cette remarque que pour mettre nos lecteurs à portée de voir que nous n'avons rien dit, dans la phrase qui la précède, dont les théologiens qui soutiennent cette opinion aient lieu de se plaindre.

(3) Par son bref du 13 juillet 1708.

DICTIONNAIRE DES HÉRÉSIES. I.

ouvrage est plus doux et plus coulant que l'huile; mais les expressions en sont comme des traits prêts à partir d'un arc qui n'est tendu que pour blesser imperceptiblement ceux qui ont le cœur droit. Tant de motifs nous ont donné lieu de croire que nous ne pouvions rien faire de plus à propos ni de plus salutaire, après avoir jusqu'à présent marqué en général la doctrine artificieuse de ce livre, que d'en découvrir les erreurs en détail et que de les mettre plus clairement et plus distinctement devant les yeux de tous les fidèles par un extrait de plusieurs propositions contenues dans l'ouvrage, où nous leur ferons voir l'ivraie dangereuse séparée du bon grain qui la couvrait. Par ce moyen, nous dévoilerons et nous mettrons au grand jour, non-seulement quelques-unes de ces erreurs, mais nous en exposerons un grand nombre des plus pernicieuses, soit qu'elles aient été condamnées, soit qu'elles aient été inventées depuis peu. »

Ensuite, après avoir marqué la confiance qu'il met en Dieu et l'espérance qu'il a de si bien faire connaître la vérité, et de la si bien faire sentir que tout le monde sera forcé d'en suivre les lumières, Clément XI revient aux sollicitations des évêques français, qui lui avaient témoigné que, par le moyen d'une constitution, il ferait une chose très-utile et très-nécessaire pour l'intérêt de la foi catholique, pour le repos des consciences, et qu'il mettrait fin aux diverses contestations élevées principalement en France, etc. Après avoir parlé de nouveau des instances faites par Louis XIV, dont il loue le zèle pour la conservation de la foi et l'extirpation des hérésies, il fait mention des soins qu'il s'est donnés dans cette importante affaire. « D'abord, dit-il, nous avons fait examiner par plusieurs docteurs en théologie, en présence de deux de nos vénérables frères, cardinaux de la sainte Eglise romaine, *un grand nombre* de propositions extraites avec fidélité et respectivement des différentes éditions dudit livre, tant françaises que latines, dont nous avons parlé ci-dessus; nous avons ensuite été présent à cet examen; nous y avons appelé plusieurs autres cardinaux pour avoir leur avis. Et, après avoir confronté pendant tout le temps et avec toute l'attention nécessaire *chacune des propositions avec le texte du livre*, nous avons ordonné qu'elles fussent examinées et discutées très-soigneusement dans plusieurs congrégations qui se sont tenues à cet effet. »

A la suite du préambule que nous avons cru devoir transcrire ici presque en entier parce que plusieurs faits que nous avons ci-devant avancés s'y trouvent confirmés, parce qu'on y découvre les motifs pressants qui engagèrent Clément XI à donner sa constitution; qu'on y voit avec satisfaction la réponse à une foule d'objections qui furent faites dans le temps, et qu'on renouvelle encore de nos jours contre cette bulle; enfin parce qu'on y aperçoit, comme d'un coup d'œil général, soit le danger du poison que renferme le livre de Quesnel, soit l'artifice dont l'auteur s'est servi pour faire couler d'une manière aussi agréable que séduisante ce poison dans les cœurs, le saint père rapporte 101 propositions extraites du même livre, et il les condamne « comme étant *respectivement* fausses, captieuses, malsonnantes, capables de blesser les oreilles pieuses; scandaleuses, pernicieuses, téméraires; injurieuses à l'Eglise et à ses usages; outrageantes, non seulement pour elle, mais pour les puissances séculières; séditieuses, impies; blasphématoires; suspectes d'hérésie; sentant l'hérésie; favorables aux hérétiques, aux hérésies et au schisme; erronées, approchantes de l'hérésie et souvent condamnées; enfin, comme hérétiques et comme renouvelant diverses hérésies, principalement celles qui sont contenues dans les fameuses propositions de Jansénius, prises dans le sens auquel elles ont été condamnées. »

Le saint-père défend en conséquence à tous les fidèles de penser, d'enseigner ou de parler sur lesdites propositions autrement qu'il n'est porté dans sa constitution, et il veut que « quiconque enseignerait, soutiendrait ou mettrait au jour ces propositions, ou quelques-unes d'entre elles, soit conjointement, soit séparément, ou qui en traiterait même par manière de dispute, en public ou en particulier, si ce n'est peut-être pour les combattre, encoure *ipso facto*; et sans qu'il soit besoin d'autre déclaration, les censures ecclésiastiques et les autres peines portées par le droit contre ceux qui font de semblables choses. »

Il déclare, en outre, qu'il ne prétend « nullement approuver ce qui est contenu dans le reste du même livre, d'autant plus, ajoute-t-il, que, dans le cours de l'examen que nous en avons fait, nous y avons remarqué plusieurs autres propositions qui ont beaucoup de ressemblance et d'affinité avec celles que nous venons de condamner, et qui sont toutes remplies des mêmes erreurs: de plus, nous y en avons trouvé beaucoup d'autres qui sont propres à entretenir la désobéissance et la rébellion, qu'elles veulent insinuer insensiblement sous le faux nom de patience chrétienne; par l'idée chimérique qu'elles donnent aux lecteurs d'une persécution qui règne aujourd'hui; mais nous avons cru qu'il serait inutile de rendre cette constitution plus longue par un détail particulier de ces propositions. »

Venant de suite à la traduction adoptée par Quesnel, Clément XI continue ainsi: « Enfin, ce qui est plus intolérable dans cet ouvrage, nous y avons vu le texte du Nouveau Testament altéré d'une manière qui ne peut être trop condamnée, et conforme en beaucoup d'endroits à une traduction dite de Mons qui a été censurée depuis longtemps; il y est différent, et s'éloigne en diverses façons de la version Vulgate qui est en usage dans l'Eglise depuis tant de siècles, et qui doit être regardée comme authentique par toutes les personnes orthodoxes (1), et

(1) *Voyez*, à cet égard, le décret du concile de Trente, sess. 4, De editione et usu sacrorum Librorum.

l'on a porté la mauvaise foi jusqu'au point de détourner le sens naturel du texte pour y substituer un sens étranger et souvent dangereux.

« Pour toutes ces raisons, en vertu de l'autorité apostolique, nous défendons de nouveau, par ces présentes, et condamnons derechef ledit livre, sous quelque titre et en quelque langue qu'il ait été imprimé, de quelque édition et en quelque version qu'il ait paru ou qu'il puisse paraître dans la suite (ce qu'à Dieu ne plaise); nous le condamnons comme étant très-capable de séduire *les âmes simples par des paroles pleines de douceur et par des bénédictions*, ainsi que s'exprime l'Apôtre, c'est-à-dire par les apparences d'une instruction remplie de piété. Condamnons pareillement tous les autres livres ou libelles, soit manuscrits, soit imprimés, ou (ce qu'à Dieu ne plaise) qui pourraient s'imprimer dans la suite pour la défense dudit livre ; nous défendons à tous les fidèles de les lire, de les copier, de les retenir et d'en faire usage, sous peine d'excommunication, qui sera encourue *ipso facto* par les contrevenants, » etc.

Les 101 propositions condamnées par la bulle peuvent se réduire à certains chefs qui regardent la grâce, la charité, l'Eglise, les excommunications, l'administration du sacrement de pénitence, la lecture des livres saints, etc. Nous n'en donnerons pas ici l'analyse, nous réservant d'en parler ci-après avec quelque étendue.

Acceptation de la bulle Unigenitus.

Le pape ayant publié sa constitution à Rome, il l'expédia de suite pour la France et chargea son nonce de la remettre au roi.

Aussitôt que Louis XIV l'eut reçue, charmé de n'y remarquer aucune clause contraire à nos maximes ou à nos libertés, il se hâta de chercher la manière qui conviendrait le mieux pour la faire accepter dans ses Etats.

Entre plusieurs moyens canoniques qu'il soumit à son examen, celui qui lui parut devoir être préféré comme étant le plus expéditif et le plus propre à ménager parmi les premiers pasteurs une uniformité de conduite bien désirable en tout temps, mais surtout dans les circonstances critiques où l'on se voyait, ce fut de réunir à cet effet les prélats qui se trouvaient déjà dans la capitale pour les affaires de leurs diocèses ou pour leurs intérêts particuliers. On avait l'expérience d'une mesure toute semblable : c'était ainsi que l'on avait accepté, soixante ans auparavant, la bulle d'Innocent X contre le livre et les cinq propositions de Jansénius ; et Clément XI proposait l'acceptation faite alors pour modèle de l'acceptation qu'il attendait de la part du clergé de France en faveur de sa constitution. L'assemblée fut donc résolue.

Elle s'ouvrit le jour désigné, qui était le 16 octobre 1713. Il ne s'y trouva d'abord que vingt-neuf prélats ; mais le nombre s'en augmenta beaucoup dans la suite ; en sorte que, quand il fut question d'entendre la lecture du rapport et de délibérer sur le fond de l'acceptation, on y compta quarante-neuf voix réellement présentes. Cette assemblée fut aussi l'une des plus imposantes qu'on eût encore vues : outre que tous les membres qui la composaient étaient revêtus du caractère auguste que donne la plénitude du sacerdoce, elle avait à sa tête deux cardinaux, à la suite desquels venaient neuf archevêques. Nous ne parlerons pas des lumières qui brillèrent avec éclat au milieu de ces successeurs des apôtres ; le savant rapport qui fut fait en fournit une preuve sans réplique, et l'instruction pastorale qui fut adoptée par la très-grande majorité des prélats en transmettra aux siècles à venir un monument à jamais digne d'éloges.

Le cardinal de Noailles fut nommé président (1), et il remplit les fonctions de cet of-

---

(1) Ce prélat avait, comme l'on sait, approuvé les Réflexions morales; et quoique sollicité depuis longtemps par le roi, par d'autres personnes illustres, même par quelques-uns de ses collègues dans l'épiscopat, il n'avait pu se résoudre à proscrire enfin ce pernicieux livre qu'après qu'il eut appris, ou que le pape avait lancé sa bulle, ou que cette bulle était déjà entre les mains du monarque; encore, dans son mandement de condamnation, avait-il usé de beaucoup de ménagement, n'attribuant aucune erreur particulière à cet ouvrage de ténèbres. Un délai si excessivement prolongé, joint à une conduite qui ne s'était pas montrée toujours assez exempte d'équivoque, avait inspiré de la défiance à Louis XIV et à plusieurs prélats. On savait, de plus, qu'il s'était abandonné à de malheureuses préventions, s'imaginant qu'on ne poursuivait avec tant de chaleur l'œuvre de l'ex-oratorien que parce qu'il l'avait approuvée, et que tout ce qu'on lui faisait, soit contre les partisans de cet hérétique, soit contre leurs écrits séditieux, n'avait pour but ultérieur que de l'humilier lui-même et que de lui faire sentir les contre-coups. On conclut de là, que, pour le détourner de prendre quelque parti singulier et contraire à la paix de l'Eglise, il fallait tâcher de le fléchir à force d'égards et de bons procédés.

Dans ce dessein, on le mit à la tête de l'assemblée, quoique cet honneur appartînt de droit à un autre prélat, revêtu de la même dignité et doyen des cardinaux de France, à M. d'Estrées, qui voulut bien céder et ne paraître pas aux séances. On lui laissa le choix des membres qui devaient composer la commission, sauf que le roi lui fit connaître qu'il désirait que M. de Bissy, évêque de Meaux, fût du nombre des commissaires. On souffrit que, pour compléter son choix, il appelât, contre la règle reçue, un prélat qui n'était pas présent. L'assemblée voulut bien accéder encore à sa demande en tenant ses séances à l'archevêché, tandis que la coutume les avait fixées dans le couvent des Grands-Augustins, usage auquel on eût souhaité ne pas déroger dans la circonstance.

La commission porta les égards plus loin encore. Quand elle eut arrêté sa résolution de proposer le projet de joindre à la bulle une instruction pastorale commune à tous les évêques de France, soit réunis, soit répandus dans les diocèses, afin qu'animés à un même zèle contre l'erreur, ils parlassent tous aussi à cet égard le même langage auprès de leurs ouailles, et qu'aucun d'eux ne prêtât le flanc aux traits empoisonnés de l'ennemi, on déjà s'agitait avec fureur, le cardinal de Noailles fut prié de se charger de composer cette instruction, et, sur les raisons qu'il allégua pour s'en excuser, le cardinal de Rohan lui fit offre de lui prêter son nom et de signer à sa place. L'instruction pastorale étant rédigée, on lui en fit part: il trouva que le style n'en était pas assez paternel; on le supplia de le rectifier lui-même et d'y mettre toute l'onction qu'il voudrait; il désira la faire examiner par les théologiens auxquels il avait coutume de donner sa confiance; on lui en laissa la plus grande facilité; il y fit des changements et des corrections à son gré, on les adopta sans réserve; il demanda que des copies de cette instruction fussent distribuées à tous les membres de l'assemblée; ces copies furent remises : il souhaita qu'on prît l'avis de théologiens choisis dans toutes les différentes écoles; on l'assura qu'on avait

fice jusqu'à la dernière séance inclusivement. Rien de tout ce qui pouvait rendre cette assemblée solennelle et lui concilier la vénération et le respect ne fut omis (1).

Le roi voulut aussi que les prélats fussent tous très-assurés qu'il ne prétendait gêner en aucune façon les délibérations, ni commander les votes particuliers : c'est ce que reconnut expressément le président lui-même, soit par l'aveu positif qu'il en fit de vive voix (2), soit plus énergiquement encore par la conduite qu'il tint dans l'assemblée à toutes les occasions décisives.

Les commissaires désignés *pour travailler aux moyens qu'ils estimeraient les plus convenables pour l'acceptation de la bulle* (3) s'occupèrent, dès le 21 octobre, à préparer leur rapport. Ils s'assemblaient presque tous les jours, et le cardinal de Noailles assista très-fréquemment à leurs conférences. Cependant leur travail ne fut prêt à être communiqué à l'assemblée qu'après environ trois mois d'une application constante et laborieuse, preuve non de l'embarras où ils s'étaient trouvés à concilier la bulle avec les vérités catholiques et à éclaircir les obscurités, comme le prétendent les écrivains opposants, mais de la maturité avec laquelle ils avaient procédé dans une affaire si sérieuse et du zèle qu'ils montraient pour la cause de la foi.

On s'est étonné de la longueur du temps que ces commissaires employèrent à composer leur rapport; mais l'étonnement cessera sans doute si l'on considère qu'il s'agissait d'examiner la bulle pour en pénétrer le sens, de vérifier si les 101 propositions condamnées se trouvaient de même dans les éditions relatées dans le jugement apostolique; de faire à chacune de ces propositions, prise séparément, l'application des notes qui y convenaient en elles-mêmes et d'après la constitution; d'étudier en conséquence à fond le volumineux ouvrage de l'ex-oratorien; d'en bien saisir l'esprit, le sens; de lire une foule de mémoires, de brochures et de manuscrits adressés de différentes sources aux prélats contre la bulle, et d'y répondre d'une manière victorieuse. Quelques propositions condamnées présentaient, si nous osons nous exprimer ainsi, une physionomie apparente d'orthodoxie, il fallait en montrer le venin; d'autres avaient été prises presque mot pour mot dans quelques écrits des Pères, il était nécessaire de dévoiler l'abus que l'auteur avait fait de ces textes, l'opposition de sa doctrine avec la doctrine des docteurs de l'Eglise. Enfin, les commissaires furent obligés de recourir aux vraies sources, à l'Ecriture sainte et à la tradition, pour y puiser les vérités de la foi qu'ils devaient opposer aux erreurs qu'ils avaient à combattre. Il est aisé de juger, d'après cet exposé, combien un travail de cette nature devait être long, pénible, et demander de grandes recherches (4).

Le 15 janvier l'assemblée reçut dans son sein vingt et un prélats, appelés de différents diocèses pour délibérer avec elle. Le cardinal de Rohan commença le même jour la lecture du rapport de la commission, qui occupa six séances consécutives. « Rapport dont la solidité, aussi bien que la netteté et la précision, est-il dit dans le procès-verbal, ont découvert et mis en évidence les erreurs et le venin des propositions condamnées, et d'un livre qui, sous les apparences de la piété et de la vérité, est capable de corrompre les cœurs : par le même rapport, il a été prouvé clairement qu'il n'y a aucune des propositions condamnées qui ne méritât au moins quelques-unes des qualifications portées dans la constitution, et qu'il n'y avait aussi aucune des qualifications qui ne dût être appliquée à quelques-unes des propositions (5). »

Les commissaires remarquèrent encore que comme la bulle ne contenait que la foi de l'Eglise catholique, de même la forme dans laquelle elle était conçue ne renfermait rien

---

prévenu son intention sur ce point et qu'on réitérerait en sa présence s'il le désirait.

Il eût été difficile de porter plus loin la complaisance et les égards : cependant le cardinal ne se laissa pas fléchir.

C'était un prélat qui réunissait à de grandes vertus des qualités infiniment précieuses; mais, il faut en convenir aussi, imbu de préventions contre les adversaires des Réflexions morales, qu'il regardait comme ses ennemis personnels, il croyait qu'on lui tendait des pièges, quand on lui parlait de s'élever contre le livre de Quesnel : entraîné par des conseillers perfides qui favorisaient la nouvelle doctrine, souvent il devint l'espérance, l'appui et même l'instrument des jansénistes, quoique néanmoins il ne partageât pas leurs erreurs ni ne voulût jamais se mettre à leur tête : enfin la conduite qu'il tint, depuis qu'il avait eu la maladresse d'approuver le livre fatal, conduite pleine d'inconséquences et de contradictions, de faiblesses, de défiances et d'entêtements à contre-temps, influa beaucoup, sans contredit, sur les maux déplorables qui longtemps affligèrent l'Eglise gallicane et la France.

(1) Le cardinal de Noailles ayant proposé qu'on retranchât de l'assemblée plusieurs solennités importantes, que la piété et une prévoyance sage avaient introduites de temps immémorial dans ces réunions célèbres, les évêques sentirent que les novateurs, toujours prêts à saisir les plus légers prétextes, ne manqueraient pas de chercher dans ce retranchement un moyen spécieux pour infirmer l'autorité de l'assemblée et même pour l'anéantir, s'ils le pouvaient; ils firent, en conséquence, des représentations au roi, et Louis XIV gagna, en cette occasion, l'assentiment

du cardinal : en sorte que le 21 octobre il y eut messe du Saint-Esprit, communion générale, et que les prélats assistèrent aux séances en habit de cérémonie. Ils prêtèrent aussi, le même jour, le serment accoutumé, dont nous croyons devoir rapporter ici la formule.

« Nous jurons et promettons de n'opiner, ni de donner avis, qu'il ne soit selon nos consciences, à l'honneur de Dieu, bien et conservation de son Eglise, sans nous laisser aller à la faveur, à l'importunité, à la crainte, à l'intérêt particulier, ni aux autres passions humaines, que nous ne révélerons, ni directement, ni indirectement, pour quelque cause ou considération, ni pour quelque personne que ce soit, les opinions particulières et les délibérations et résolutions prises en la compagnie, sinon en tant qu'il sera permis par icelle. » *Voyez* Collection des procès-verbaux des assemblées générales du clergé de France, tome VI, assemblée de 1713-14.

(2) Lafiteau, Hist. de la constit., l. I, p. 149, édit. citée. Mém. pour servir à l'hist. ecclés. pour le dix huitième siècle, tom. I, p. 91, 2ᵉ édit.

(3) Ces prélats furent le cardinal de Rohan, chef de la commission; de Bezons et Desmarêts, archevêque de Bordeaux et d'Auch; Bruslard de Sillery, de Bissy et de Berthier, évêques de Soissons, de Meaux et de Blois.

(4) *Voyez* l'Instruction pastorale du cardinal de Bissy, 1722, pag. 25. Ce prélat avait été du nombre des commissaires, etc.

(5) Collect. des procès-verbaux des assemblées générales du clergé de France, tom. VI, p. 1256 et suiv.

non plus qui fût contraire a nos libertés; que ce n'était pas un simple bref du pape, ni un décret émané du tribunal de l'inquisition, mais une pièce revêtue de toutes les clauses et de toutes les formalités requises pour en faire une constitution apostolique; que loin que le saint père l'eût donnée de *son propre mouvement*, il y déclarait au contraire qu'il l'avait accordée aux pressantes sollicitations de plusieurs évêques de France et aux instances réitérées du roi; enfin, que le livre n'avait pas été condamné d'une manière vague et indéterminée, puisque le pape en avait extrait un si grand nombre de propositions pour montrer les motifs qu'il avait eus de le flétrir (1).

L'assemblée fut très-satisfaite du rapport. On y joignit la lecture de la bulle dont on avait distribué depuis longtemps des exemplaires à tous les prélats, et le cardinal de Rohan annonça ensuite l'avis de la commission.

Cet avis, qui renfermait sept articles, était que « l'assemblée déclarât :

« 1° Qu'elle a reconnu avec une extrême joie, dans la constitution de notre saint père le pape, la doctrine de l'Eglise.

« 2° Qu'elle accepte avec soumission et respect la constitution *Unigenitus Dei Filius*, en date du 8 septembre 1713, qui condamne le livre intitulé : *le Nouveau Testament, avec des réflexions morales sur chaque verset*, etc... et les cent unes propositions qui en sont extraites.

« 3° Qu'elle condamne ce même livre et les cent unes propositions qui en sont tirées, de la manière et avec les mêmes qualifications que le pape les a condamnées.

« 4° Qu'il sera fait et arrêté par l'assemblée, avant sa séparation, un modèle d'instruction pastorale, que tous les évêques qui la composent feront publier dans leurs diocèses avec la constitution traduite en français, afin qu'étant tous unis à la chaire de Saint-Pierre, c'est-à-dire au centre de l'unité, par l'uniformité des mêmes sentiments et des mêmes expressions, on puisse non-seulement étouffer les erreurs qui viennent d'être condamnées, mais encore prévenir les nouvelles disputes et prémunir contre les mauvaises interprétations des personnes malintentionnées, dont on a déjà vu les effets par des écrits qu'elles ont répandus dans le public depuis le commencement de l'assemblée.

« 5° Qu'elle écrira à tous messeigneurs les archevêques et évêques absents qui sont sous la domination du roi, et qu'elle leur enverra la constitution, un extrait de la présente délibération de l'assemblée et un exemplaire de l'instruction pastorale; qu'elle les exhortera à vouloir bien s'y conformer et à défendre à tous les fidèles de leurs diocèses de lire, retenir ou débiter le livre des *Réflexions morales* et tous les écrits faits pour sa défense, sous les peines portées par la constitution; et après que la constitution aura été publiée, la faire enregistrer au greffe de leurs officialités pour y avoir recours et pour être procédé par les voies de droit contre les contrevenants. »

Dans les articles suivants, la commission vote une lettre de remercîment au pape, pour le « zèle qu'il a montré dans la condamnation d'un ouvrage d'autant plus dangereux qu'on y abuse des expressions de l'Ecriture et des SS. Pères pour autoriser les erreurs qu'il renferme. » Elle vote de remercier aussi le roi de la protection qu'il accorde à l'Eglise, et de son zèle constant à extirper les erreurs. Elle est d'avis qu'on supplie Sa Majesté de donner ses lettres patentes pour l'enregistrement et la publication de la bulle dans tout le royaume et pour supprimer, sous les peines accoutumées, le livre des *Réflexions morales*, ainsi que tous les écrits faits pour la défense de ce livre (2).

Ce fut le 22 janvier que le cardinal de Rohan termina la lecture du rapport et qu'il en donna les conclusions. Il semblait qu'il ne s'agissait plus que de délibérer sur l'avis des commissaires, et la chose ne paraissait pas très-difficile, le rapport ayant répandu un jour si lumineux sur tout ce qui devait occuper en ce moment l'assemblée. Mais il s'était formé dans son sein un parti d'opposition, à la tête duquel s'était mis le cardinal de Noailles.

Les prélats engagés dans ce parti cherchaient le moyen d'éviter d'accepter purement et simplement la bulle. Ils consentaient bien à proscrire les *Réflexions morales*, mais non pas comme le saint-siége l'avait fait (3), prétendant non-seulement expliquer sa constitution, mais la modifier et en limiter le sens. Dans cette vue, ils saisirent avec empressement l'occasion de l'instruction pasto-

(1) Hist. de la constit. *Unig.*, t. I. p. 151.
(2) *Voyez* la collection précitée, t. VI, p. 1257 et 1258.
(3) Dans une protestation qu'ils firent le 12 janvier, ils disaient : « Nous sommes très-éloignés de vouloir favoriser le livre des Réflexions, ni l'auteur; nous reconnaissons que ce livre doit être ôté des mains des fidèles; nous sommes résolus de le condamner et de le défendre dans nos diocèses. »
Cependant, soit qu'ils ne fussent pas toujours d'accord avec eux-mêmes, ou qu'ils pensassent que dans le fond l'ouvrage de Quesnel, quoique ambigu, quoique inexact et dangereux dans les expressions, était néanmoins susceptible d'un seus partout orthodoxe, moyennant quelques interprétations favorables, ils avaient résolu, dans une de leurs réunions particulières chez le président, « de n'acquiescer à l'instruction et à l'acceptation de l'assemblée, qu'à deux conditions : la première, que dans l'instruction pastorale on n'attribuerait aucune erreur, ni au livre, ni aux propositions condamnées *comme extraites de ce livre*;

la seconde, que l'acceptation serait visiblement restrictive en elle-même, et relative à cette même instruction. »

Le cardinal de Noailles insista plusieurs fois sur ces deux points. Il y trouvait, en effet, un expédient facile pour se mettre au large, et se délivrer du reproche fâcheux d'avoir approuvé une production digne des qualifications les plus fortes. Mais la bulle devenait inutile dans cette hypothèse, n'ayant plus qu'un objet imaginaire et supposé : les anciennes disputes sur *le droit et le fait* eussent reparu de nouveau, au grand scandale des fidèles; un ouvrage réellement empoisonné et meurtrier fût resté entre les mains des âmes pieuses, auxquelles il n'eût pas été difficile de faire illusion sur la suppression qui en aurait été faite; on eût fourni aux ennemis de l'Eglise de nouvelles armes pour combattre son infaillibilité dans les jugements qu'elle porte sur le sens des livres, et le droit qu'elle a d'autoriser les uns et d'interdire l'usage des autres; enfin, le mal eût empiré de jour en jour, au lieu de diminuer et de disparaître entièrement.

rale dont il était parlé dans la conclusion du rapport, pour tâcher de faire surseoir à l'acceptation, espérant de parvenir du moins à établir entre cette acceptation et l'instruction projetée une relation très-caractérisée, laquelle restreignît effectivement la bulle, fût comme un aveu tacite de l'obscurité qu'on ne pouvait s'empêcher d'y reconnaître et servît authentiquement de preuve qu'on ne pouvait l'accepter qu'après l'avoir dûment expliquée. Ils ouvrirent donc l'avis et ils opinèrent tous, « qu'on devait attendre de délibérer sur le fond de l'acceptation que l'instruction pastorale fût en état d'être lue et approuvée par l'assemblée. » Mais cet avis, adopté par neuf membres seulement (1), fut rejeté : l'assemblée arrêta qu'on commencerait avant toutes choses par délibérer sur l'acceptation, et renvoya la décision au lendemain.

Le jour suivant, 23 janvier, on recueillit les suffrages. Les prélats opposants « prièrent l'assemblée de trouver bon qu'ils réservassent à opiner sur l'avis proposé par messeigneurs les commissaires après que l'instruction pastorale aura été lue dans l'assemblée. » Tous les autres prélats, au nombre de quarante, y compris les membres de la commission, votèrent l'acceptation, et l'assemblée changea en résolution l'avis des commissaires, dont elle adopta les sept articles dans les mêmes termes et sous la même forme que cet avis avait été conçu (2). Ainsi, la constitution *Unigenitus* fut acceptée suivant sa teneur, dans toute sa force, sans modification et sans restriction : il suffit de lire le procès-verbal rédigé sous les yeux de l'assemblée et signé de tous les acceptants pour se convaincre de la vérité de ce fait, et par conséquent de la fausseté des bruits contraires qui furent répandus dans le temps, et que quelques écrivains modernes se plaisent à renouveler encore de nos jours (3).

En conséquence de la délibération prise par l'assemblée, le cardinal de Noailles, qui présidait toujours, pria le cardinal de Rohan et les autres commissaires de vouloir bien se charger de rédiger et l'instruction pastorale qui venait d'être résolue, et les lettres qui devaient être envoyées, soit au saint père, soit aux évêques absents.

Le cardinal de Rohan avait prévu qu'il pourrait bien être chargé de travailler à l'instruction pastorale; il en avait préparé d'avance les matériaux (4). Nous avons déjà parlé des égards pleins de déférence qu'il eut à ce sujet pour le cardinal de Noailles : il faudrait ajouter beaucoup encore à ce que nous avons dit, si l'on ne voulait rien omettre en ce point; mais le cardinal de Noailles avait arrêté son plan de résistance, et, pour le malheur de l'Église de France, il y tint ferme jusque vers la fin de sa carrière, jusqu'en 1728, où, écoutant enfin la voix de sa conscience, il y ramena le calme, en acceptant la constitution purement et simplement et en révoquant de cœur et d'esprit, comme il le dit lui-même, tout ce qui avait été publié en son nom de contraire à cette acceptation sincère (5).

Le 1er février, l'instruction pastorale étant prête, le cardinal de Rohan la lut à l'assemblée. Déjà ce monument du zèle et de l'érudition des commissaires était connu de tous les prélats, ainsi que nous l'avons dit : aussi la discussion n'en fut-elle ni longue ni embarrassée. Les évêques qui avaient accepté la bulle témoignèrent au chef de la commission et à ses dignes collaborateurs « qu'on ne pouvait rien ajouter à la vérité, à l'exactitude et à la solidité de l'instruction pastorale; qu'ils y avaient reconnu, chacun en particulier, la foi et la tradition de leurs Églises, et l'union qui avait toujours été si recommandable aux évêques de France avec la chaire de Saint-Pierre et avec le souverain pontife qui la remplit aujourd'hui si dignement; qu'on y avait prémuni les fidèles contre les mauvaises interprétations des personnes malintentionnées, et qu'on y avait employé des moyens très-utiles pour empêcher les nouvelles disputes et pour conserver la liberté des sentiments enseignés dans les différentes écoles catholiques (6). »

Le cardinal de Noailles n'en jugea pas de même. Quoique les théologiens qu'il avait consultés s'en fussent montrés contents et qu'ils lui eussent dit qu'il pouvait en conscience l'adopter, à peine eut-on lu cette pièce si digne d'éloges et si propre à lever tous les scrupules, qu'il déclara, avant d'ouvrir la délibération à ce sujet, que les prélats qui n'avaient pas été de l'avis commun touchant l'acceptation de la bulle et lui ne

---

(1) Les prélats qui opinèrent ainsi furent d'Hervau, archevêque de Tours; de Béthune, de Clermont, de Noailles, Soanen, de Langle, Desmarets et Dreuillet, évêques de Verdun, de Laon, de Châlons-sur-Marne, de Senez, de Boulogne, de Saint-Malo et de Bayonne, que suivit le cardinal de Noailles, archevêque de Paris.

(2) *Voyez* la Collection des procès-verbaux, tom. VI, p. 1260.

« L'assemblée délibéra... pendant trois séances sur l'acceptation de la constitution : nosseigneurs les prélats opinèrent avec une érudition qui prouve aisément que chacun avait travaillé avec la même attention que s'il eût été seul chargé de cette importante affaire. »

Lettre de MM. les agents généraux du clergé de France à nosseigneurs les prélats du royaume, en leur adressant le recueil des délibérations de l'assemblée de 1713 et 1714. Ibid., pièces justificatives, p. 454.

(3) Il est vrai que quelques prélats, en très-petit nombre, avancèrent dans la suite qu'ils avaient accepté relativement; mais ils déclarèrent en même temps qu'en acceptant de la sorte, loin de prétendre restreindre la bulle, la modifier et en resserrer en aucune manière le sens, ils n'avaient voulu que l'expliquer par le moyen de l'instruction pastorale; instruction que l'assemblée n'avait elle-même résolue que dans le dessein de « procurer une sincère exécution de la bulle, d'en faciliter aux fidèles l'intelligence, et de les prémunir contre les mauvaises interprétations par lesquelles des gens malintentionnés tâchaient d'en obscurcir le vrai sens, » dans une foule de libellés qu'on n'avait cessé de répandre depuis le commencement de l'assemblée aux évêques du royaume. Collect. des pièces justific., pages 449 et 450.

(4) *Voyez* la lettre précitée des agents généraux, ibid.

(5) *Voyez* sa lettre à Benoît XIII, en date du 19 juillet 1728, et son mandement du 11 octobre de la même année. Les jansénistes se sont élevés fortement contre ces monuments de la soumission du cardinal, mais en vain : l'authenticité et la sincérité en sont démontrées.

(6) Collect. des procès-verbaux, etc., endroit cité.

pouvaient opiner sur l'instruction pastorale ; qu'ils se croyaient obligés de prendre un autre parti, celui de recourir au pape pour lui proposer leurs difficultés et leurs peines, pour le supplier de leur donner un moyen de calmer sûrement les consciences alarmées, de soutenir la liberté des écoles catholiques et de conserver la paix dans leurs Eglises. Il vanta cet expédient, qu'ils avaient désiré d'abord, disait-il, et toujours cru le meilleur (1), comme plus régulier, plus canonique, plus respectueux envers le pape, plus conforme à la pratique des évêques, des conciles ; plus sûr enfin, *plus utile pour l'Eglise, au bien de laquelle le concert entre le chef et les membres est toujours nécessaire.* « Nous ne sommes point différents sur la doctrine, ajoute-t-il, n'ayant pas moins de zèle que vous, messieurs, contre les erreurs que nous croyons que le pape a condamnées (2). Nous le ferons paraître en toute occasion, autant que nous le devons : en un mot, nous n'aurons jamais, dans la suite de cette affaire, d'autre intention que de *conserver la vérité, l'unité et la paix* (3). »

Ce discours, auquel on ne s'attendait pas et qui sentait fort l'embarras, la défaite et le défaut de franchise, étonna toute l'assemblée, aussi bien les prélats qui rejetaient la bulle et l'instruction que ceux qui avaient accepté l'une et se disposaient à voter l'adoption de l'autre. Parmi les premiers, d'Hervau, archevêque de Tours, voulut parler, sans doute pour réclamer contre une partie des choses singulières qu'il venait d'entendre ; mais le cardinal lui imposa silence en lui disant très-expressément que *tout était dit pour lui et pour ceux du même parti.* L'évêque de Laon fit plus ; ayant mûrement réfléchi sur ce qu'il avait ouï de la bouche du cardinal, surtout concernant l'unanimité de doctrine parmi tous les membres de l'assemblée, il en conclut qu'il n'y avait donc pas de raisons légitimes de se séparer de la majorité ; et rétractant, le 10 février, cinq jours après la clôture de l'assemblée, la signature qu'il avait donnée d'abord à l'appui de la déclaration du cardinal de Noailles, il se réunit aux prélats acceptants, en signant le procès-verbal de la même manière qu'ils l'avaient signé.

Quant aux autres évêques, « il leur parut surprenant qu'on pût rejeter une bulle dogmatique sans intéresser la substance de la foi (et tout en soutenant qu'on avait la même doctrine que ceux qui avaient reçu cette bulle) … Ils ne pouvaient non plus concevoir comment, après avoir refusé le parti de demander des explications au pape, après avoir soutenu que c tte voie était inutile et pleine de mauvaise foi, après avoir dissuadé ses adhérents de recourir à cet expédient, M. le cardinal de Noailles avait pu se résoudre à leur avis comme au parti le plus régulier, le plus canonique et le meilleur. Mais ce qui frappa le plus, c'était l'érection d'un nouveau corps dans l'épiscopat, où l'on semblait reconnaître un second chef et auquel on se soumettait. Cette nouveauté ranima la vigueur des évêques les plus zélés. Ils interpellèrent sur cela M. le cardinal de Rohan, qu'ils avaient à leur tête, et lui demandèrent publiquement qu'on forçât les opposants à se soumettre.... citant ce qui s'était passé de semblable dans l'assemblée de 1653, où la bulle d'Innocent X avait été reçue (4). » Mais le cardinal de Rohan fit tant par son éloquence touchante, ses manières douces et pleines d'aménité, que tout se termina avec calme, et que la proposition des évêques, dont le zèle avait peine à se contenir, n'eut pas de suite.

Cependant, les quarante prélats qui avaient accepté la bulle approuvèrent l'instruction pastorale, et ils déclarèrent tous qu'ils la feraient publier dans leurs diocèses respectifs.

L'assemblée termina ses séances le 5 février 1714. On lut dans la dernière les lettres écrites au saint père et aux évêques absents, ainsi que le procès-verbal et les actes qui en faisaient partie.

Nous regrettons que les bornes de cet ouvrage ne nous permettent pas de donner ici le sommaire de ces lettres. On y remarque partout ce caractère de droiture et de franchise, si digne des prélats qui s'étaient donné tant de peines et de fatigues, non-seulement pour chercher la vérité et la présenter dans tout son jour, mais encore pour ramener à l'unanimité ceux de leurs collègues qui s'en étaient malheureusement écartés, et qui persistèrent dans leur refus de se réunir (5). Nous croyons devoir rapporter du moins le discours que le cardinal de Rohan prononça à ce sujet dans la dernière séance. « Messieurs, dit ce prélat, avant de vous rendre compte des ouvrages dont vous nous avez chargés, je ne puis me dispenser de vous témoigner, au nom de messeigneurs les commissaires, combien nous sommes sensibles à toutes les marques de bonté dont vous avez bien voulu honorer nos travaux : ils sont trop récompensés : quelque flatteuse cependant que soit l'approbation que vous leur avez donnée, j'ose dire que nous aspirions à quelque chose de plus. La droiture et la pureté de nos intentions, notre amour pour la vérité, l'application avec laquelle nous l'avons cherchée ; l'honneur de l'épiscopat que nous avons toujours eu en vue, aussi bien que le respect dû au saint-siège ; l'attention que nous avons apportée à ne blesser aucune des écoles catholiques ; en un mot, les justes tempéraments que nous vous avons proposés et

---

(1) Il avait donc oublié que, peu de temps auparavant, ses partisans se trouvant réunis chez lui, il avait combattu fortement ce moyen, disant qu'il était inutile ; que le pape n'accorderait jamais les explications qu'ils avaient projeté de lui demander, et qu'il y aurait de la mauvaise foi à lui en faire la proposition.
(2) Bien entendu que ces erreurs, au moins la plupart, étaient, selon lui, étrangères au livre des Réflexions mo-

rales, puisqu'il s'était si souvent opposé à ce qu'on y fît l'application.
(3) Collection précitée.
(4) *Voyez* Hist. de la constit. *Unig.*, l. I, p. 160 et suiv.
(5) On trouve ces lettres si intéressantes parmi les pièces justificatives de l'assemblée, collect. tant de fois citée, v. 445 et suiv.

qui sont les plus propres pour rassurer les consciences qui ont pu être alarmées, et cela en suivant exactement les règles et les usages de l'Eglise et l'exemple de nos prédécesseurs, tout semblait nous promettre une unanimité toujours désirable et plus nécessaire que jamais dans une occasion si importante. Quelle douleur pour nous ! Ce n'est pas seulement au nom de messeigneurs les commissaires que je parle, j'ose parler au nom de toute l'assemblée, qui ne m'en dédira pas, et des sentiments de laquelle je crois pouvoir répondre. Quelle douleur pour nous de n'avoir pu parvenir à cette unanimité ! Dieu l'a permis, il saura en tirer sa gloire (1). »

Les lettres au souverain pontife et aux évêques absents furent approuvées, et les prélats acceptants signèrent le procès-verbal de l'assemblée (2).

La bulle ayant été acceptée à Paris, de la manière que nous avons racontée, il s'agissait de la faire accepter ensuite dans les provinces.

Déjà elle y était connue depuis plusieurs mois, au moins des évêques, qui en avaient reçu presque tous des exemplaires, presque aussitôt qu'elle était entrée en France. Ils avaient eu tout le temps d'en approfondir la doctrine, de consulter la foi et les traditions de leurs Eglises, et de former leur résolution: aussi, plus de soixante s'en étaient expliqués déjà très-expressément dans des lettres particulières adressées à quelques-uns de leurs collègues réunis à Paris, et ils n'attendaient plus que le résultat de l'assemblée pour publier la constitution, dans laquelle, disaient-ils, ils avaient reconnu la foi de l'Eglise catholique.

Des dispositions si favorables étant parvenues aux oreilles de Louis XV, ce prince, toujours animé d'un zèle éclairé pour le bien de la religion, voulut s'en assurer pleinement, et, quand il eut acquis toute la certitude qu'il désirait, il les regarda dès lors, sinon comme une acceptation prononcée dans toutes les formes et suivant toutes les règles, du moins comme une décision résolue, et comme une preuve indubitable que la bulle n'éprouverait aucune contradiction de la part de la très-grande majorité des prélats de son royaume. Ce fut même cette considération particulière qui l'engagea à persister à vouloir se servir d'une clause impérative dans les lettres patentes qu'il donna aussitôt qu'il eut reçu le procès-verbal de l'assemblée, persuadé qu'il ne blessait pas en cela les droits des évêques, puisqu'ils avaient déjà jugé, et que, loin de prévenir ou de gêner le moins du monde leur décision, il ne faisait, au contraire, que la reconnaître, que la suivre, et qu'en presser l'exécution, aussi urgente qu'elle paraissait devoir être avantageuse. Telle fut en substance sa réponse aux représentations que l'archevêque de Bordeaux crut devoir lui faire dans le temps, sur la clause *enjoignons*, employée à l'égard des juges de la foi, dans les lettres patentes.

Cet acte de l'autorité royale qui prescrivait l'enregistrement et la publication de la bulle avait été rédigé le 14 février 1714, dans le conseil, et avec l'avis des principaux magistrats du parlement de Paris. Dès le lendemain, cette cour enregistra avec la constitution, et tous les autres parlements du royaume firent ensuite de même.

Nous ne croyons pas devoir nous arrêter à rapporter ici, encore moins à y discuter les réserves insérées dans plusieurs arrêts d'enregistrement. Il est certain que ces réserves, dont les quesnellistes ont tant cherché à se prévaloir, n'étant ou que des clauses d'usage, ou que des refus d'approuver des décrets qui n'avaient pas été reçus en France, ou enfin que des précautions pour prévenir des abus qui ne trouvaient aucun fondement solide dans la bulle, elles n'en restreignaient pas réellement le sens. C'est ce que disait le cardinal de Bissy dans une instruction pastorale publiée en 1722, instruction qui fut hautement approuvée par Louis XV, et vengée par un arrêt de son conseil contre deux libelles virulents, dont le contenu ne présentait, selon le monarque, *qu'un tissu hideux de calomnies et de mensonges, que des déclamations injurieuses, non-seulement* à l'auteur, *mais au saint-siége et à l'ordre épiscopal* (3). Après avoir parlé du mandement des quarante et de l'enregistrement du parlement de Paris, ce cardinal s'exprimait ainsi dans son instruction pastorale : « Que conclure de tout cela, *à moins de vouloir se tromper ou tromper*

---

(1) Collection des procès-verbaux, etc.
(2) Les signataires furent : le cardinal de Rohan, évêque et prince de Strasbourg; de Gesvres, archevêque de Bourges; de Mailly, archevêque de Reims; de Bezons, archevêque de Bordeaux; d'Aubigné archevêque de Rouen; Du Luc, archevêque d'Aix; de Beauveau, archevêque de Toulouse; Desmarêts, archevêque d'Auch; Loménie de Brienne, évêque de Coutances; Ancelin, évêque de Tulle; Bruslard de Sillery, évêque de Soissons; d'Argouges, évêque de Vannes; Huet, ancien évêque d'Avranches *; de Bissy, évêque de Meaux; Bochart, évêque de Clermont; de la Luzerne, évêque de Cahors; de Ratabon, évêque de Viviers; de Clermont-Tonnerre, évêque de Langres; de Berthier, premier évêque de Blois; de Crillon, évêque de Vence; de Chavigny, évêque de Troyes; Fleuriau, évêque d'Orléans; de Caylus, évêque d'Auxerre, de Camilly, évêque de Toul; de Bargedé, évêque de Nevers; Poncet, évêque d'Angers; Sabathier, évêque d'A-

* Ce savant prélat, qui s'était trouvé à la première séance, ayant pris communication du procès-verbal, le 14

miens; de Grammont, évêque d'Aréthuse et suffragant de Besançon; de Rochebonne, évêque de Noyon; de Mérinville, évêque de Chartres; Turgot, évêque de Séez; Le Normant, évêque d'Evreux; d'Hallencourt, évêque d'Autun; Le Pileur évêque de Saintes; de Sanzay, évêque de Rennes; de Crevi, évêque du Mans; d'Hennin, évêque d'Allais; de Saint-Aignan, évêque de Beauvais; de Crillon, évêque de Saint-Pons; de Malezieux, évêque de Lavaur; Phélypeaux, évêque de Riez.

Nous avons donné ci-dessus les noms des prélats opposants.

(3) Cet arrêt est daté du 23 mai 1723. Une des grandes plaintes des jansénistes, dans leurs libelles contre l'instruction pastorale du cardinal de Bissy, était que ce prélat avait osé assurer que le parlement n'avait pas apposé, dans l'acte d'enregistrement, des limitations ni des restrictions vraies et proprement dites du sens de la bulle. *Voyez* Montagne, de Gratia, t. I, p. 434 et seq.

avril, demanda à le signer en son rang, ce qui lui fut accordé par un des agents-généraux du clergé.

les autres, sinon qu'on doit regarder ce que l'assemblée de 1714 a fait la première en recevant la bulle, et le parlement ensuite en l'enregistrant, *non comme une restriction* mise à la censure de la proposition xci (1), mais comme une sage précaution prise afin d'empêcher qu'on *n'en abusât par une interprétation contraire à son vrai sens*, pour pouvoir dire qu'on donne atteinte à la fidélité qu'on doit au prince et à la patrie. » Or, si la réserve employée par les magistrats touchant la censure de la proposition précitée ne restreignait pas véritablement cette censure, combien moins les autres réserves, exprimées le plus souvent en termes généraux et assez vagues, pouvaient-elles être considérées comme de véritables restrictions du sens de la bulle? Au surplus, restrictives ou non restrictives, ces réserves n'ont point empêché l'Eglise universelle d'adopter le jugement du saint-siége comme son jugement propre, ni le clergé et le roi de France de le regarder du même œil et *comme loi de l'Etat* (2). Mais c'en est déjà trop sur un objet qui n'offre plus aucun intérêt à nos recherches. La seule chose qu'il importe à tout fidèle de connaître, c'est si la constitution *Unigenitus* a été acceptée de toute l'Eglise, et par conséquent si l'on est obligé de s'y soumettre de cœur et d'esprit, dans le sens qu'elle présente naturellement et sans aucune restriction ; question sérieuse, sur laquelle l'histoire ne laisse aucun doute raisonnable, comme on va bientôt le voir.

Les évêques répandus dans les provinces du royaume ne tardèrent pas à fournir à Louis XV une preuve convaincante qu'on ne l'avait point trompé touchant leurs sentiments sincères à l'égard de la bulle. Plus de soixante-dix se hâtèrent de s'unir à l'assemblée, ou en adoptant leur procès-verbal tout entier, parti que prit un très-grand nombre (3), ou en se servant textuellement du dispositif qu'elle même avait arrêté, et où étaient renfermés tous les termes qui formaient la loi.

Ainsi la constitution se trouva acceptée d'une manière uniforme, sans modification ni réserve, dans plus de cent dix diocèses, peu de temps après la clôture de l'assemblée. Nous ne parlerons pas ici de quelques nouvelles acceptations qui eurent lieu l'année suivante, ni de celles qui se firent encore dans la suite. C'en était assez, sans doute, pour effectuer une majorité vraiment décisive (4).

Quant aux évêques opposants, six seulement se réunirent aux huit de l'assemblée, et ne publièrent pas non plus la bulle ; ce furent les évêques de Pamiers, de Mirepoix, de Montpellier, d'Arras, de Tréguier et d'Angoulême ; deux ou trois autres, c'est-à-dire les évêques de Metz, de Sisteron et pendant quelque temps seulement l'archevêque d'Embrun, restreignirent en effet la constitution, ou parurent la restreindre en la publiant. Au reste tous les prélats qui rejetaient le jugement de Rome, soit ceux qui avaient assisté à l'assemblée de 1714, soit même, si l'on en croit quelques auteurs, ceux dont nous venons de désigner les siéges, ne laissèrent pas de proscrire solennellement le livre des *Réflexions morales*, excepté parmi les premiers, Soanen, évêque de Senez, qui l'avait d'abord proscrit, mais qui, se repentant bientôt de cet acte de déférence envers le saint-siège, ne tarda pas à l'expier par une conduite diamétralement opposée ; et, parmi les seconds, de la Broue, évêque de Mirepoix, qui crut devoir laisser subsister cet arbre de mort au milieu de ses diocésains.

On pouvait donc regarder dès lors la bulle *Unigenitus* comme acceptée canoniquement, selon sa forme et teneur, par le corps épiscopal de l'Eglise de France (5). En effet le nombre des prélats qui la traversaient à cette époque, établissant une minorité si faible, il ne pouvait présenter sous aucun point de vue recevable une opposition légitimement suspensive : on ne dut donc le considérer que sous le triste rapport des obstacles funestes qu'il apportait à la paix de l'Eglise et de l'Etat. Mais si cette vérité est incontestable pour le temps dont nous parlons, c'est-à-dire dès l'année 1714, combien n'acquit-elle pas encore de force à mesure que le nombre des dissidents diminua et que la bulle gagna plus d'autorité en France? En 1730 on ne comptait plus dans ce royaume que quatre ou cinq évêques qui s'écartassent encore de l'unanimité (6).

On s'étonnera peut-être que nous ne joignions pas ici à l'acceptation des évêques de France les acceptations que firent, soit la Sorbonne, par son décret du 5 mars 1714 (7),

---

(1) Nous nous proposons de relater ci-après cette proposition qui traite des excommunications injustes.
(2) *Voyez* le procès-verbal de l'assemblée générale du clergé de France de 1725, t. VII, p. 415 et suiv. de la Collect. souvent citée.
(3) Louis XV assure, dans sa déclaration du 4 août 1720, que l'instruction pastorale de l'assemblée de 1714 avait été *adoptée par plus de cent évêques de France*. Recueil des arr ts, etc., t. IV, p. 460. *Voyez* aussi la lettre adressée au roi par l'assemblée de 1730 ; procès-verbal, tome VII, page 1076, collect. citée.
(4) Les jansénistes n'en conviendront pas, eux qui soutiennent que la vérité peut se trouver exclusivement dans le petit nombre. Mais leur manière de penser à cet égard ne saurait se concilier, ni avec les oracles des prophètes, qui nous peignent l'Eglise comme une montagne élevée qu'aperçoivent toutes les nations, et vers laquelle elles se portent de tous les coins de la terre, etc., ni avec les promesses de Jésus-Christ, qui déclare que les portes de l'enfer, c'est-à-dire l'erreur, le schisme, etc., ne prévaudront jamais contre elle, ni avec l'idée que nous en donne le grand apôtre, quand il l'appelle la *colonne et l'appui de la vérité*, etc., etc.
(5) Procès-verbal de l'assemblée du clergé de France, de 1730, Collect., t. VII, p. 1071.
(6) *Voyez* la lettre adressée au roi par l'assemblée de 1730, endroit cité.
(7) Les jansénistes se sont beaucoup élevés contre ce décret dans leurs histoires, dissertations, brochures de toute espèce : la Sorbonne elle-même le méconnut pendant quelque temps ; mais, après douze ans environ d'un sommeil vivement agité, le corps, si respectable par le nombre et le savoir de ses membres, adhéra de nouveau à la bulle, et reconnut, *sur de très-graves preuves, la vérité et la sincérité* de ce même décret. Montagne, de Gratia, t. I, p. 410 et seq. *Voyez* aussi ce que disait à cet égard le doyen de la faculté de théologie de Paris, dans l'assemblée du clergé, le 20 juillet 1730. Collection, t. VII, p. 1060.

soit les autres facultés de théologie établies dans le royaume, lesquelles suivirent toutes de près cet exemple. Mais si l'on considère que les prêtres, quelque grande que puisse être leur science dans ce qui concerne la religion, et de quelque poids que soit leur avis dans les matières qui regardent la foi, n'ont cependant reçu aucune autorité de la part de notre divin législateur pour juger à cet égard, puisque, suivant l'Ecriture et la tradition, ce sont les évêques qui ont été établis par le Saint-Esprit *pour gouverner l'Eglise de Dieu*, et que c'est à eux seuls qu'il a été dit, dans la personne des apôtres : *Allez, enseignez... Celui qui vous écoute m'écoute... Voici que je suis avec vous jusqu'à la consommation du siècle*, c'est-à-dire jusqu'à la fin du monde, etc., on sera forcé de convenir que c'est à la conduite des évêques, et à elle seule, que nous devons faire attention par rapport à ce qui nous occupe, où il s'agit d'une constitution dont l'objet intéresse véritablement la foi (1).

Au reste, les évêques français ne cessèrent de ratifier leur adhésion à la bulle, soit en condamnant des productions dont les auteurs s'élevaient avec audace contre le jugement du saint-siége, soit en demandant avec instance la tenue de conciles provinciaux contre ceux de leurs collègues qui montraient, par leurs écrits et leur conduite, le plus d'opposition à l'unanimité, soit en dénonçant au roi les principes pervers, les artifices odieux, les manœuvres criminelles employées par le parti pour pervertir les âmes et les entraîner dans la séduction, etc.

On n'a qu'à parcourir les actes d'une foule d'assemblées du clergé de France, dans l'ouvrage que nous avons souvent cité, à commencer depuis 1715 jusqu'à l'époque où les troubles ne se firent plus guère sentir, pour s'assurer du zèle que montrèrent constamment nos premiers pasteurs à extirper l'erreur. Et quelle lutte n'eurent-ils point à soutenir pendant longtemps contre les parlements, qui supprimaient leurs mandements, se mêlaient de la doctrine, exilaient les prélats, etc., etc., etc. ?

Mais c'en est assez pour ce qui regarde la France.

Puisque c'était là qu'étaient nés les troubles, et que presque tous les évêques de ce vaste royaume s'étaient levés avec le saint-siége pour étouffer l'erreur, il suffisait donc, pour achever d'y porter les derniers coups, que les évêques des autres régions approuvassent par leur silence (toujours expressif quand il s'agit de la foi, des règles des mœurs ou de la discipline générale), ce qu'ils savaient que le chef de l'Eglise et leurs collègues résidant sur les lieux agités avaient fait d'une manière si publique et si solennelle pour terrasser l'hydre (2).

Cependant, malgré la suffisance de leur silence approbatif, les évêques étrangers au foyer du mal ne s'en tinrent pas tous à cette mesure. Soit qu'ils craignissent que le venin de l'erreur ne se fût insinué déjà furtivement au milieu de leurs ouailles, ou qu'ils voulussent l'empêcher d'y pénétrer de quelque manière que ce fût, dans la suite; soit qu'ils eussent seulement en vue d'éclairer

---

(1) Les partisans du livre de Quesnel ne conviendront pas aisément avec nous de ces deux chefs. Les uns traitent la bulle Unigenitus de décret insignifiant, qui ne peut être regardé comme loi de discipline, ni comme règle de foi; d'autres, et ils sont en grand nombre, rangent parmi les juges de la foi, non-seulement les pasteurs du second ordre et les clercs inférieurs, mais encore les empereurs, les rois, les magistrats, les simples fidèles, sans distinction de rang ni de sexe. Les premiers ont donc bien oublié ce que disait leur patriarche, quand il s'écriait que la constitution frappait d'un seul coup cent une vérités, dont plusieurs étaient essentielles à la religion. 3e mém., avert., p. 13. D'ailleurs Clément XI y avait proscrit cent une propositions, comme respectivement fausses..., impies, blasphématoires, suspectes d'hérésie, sentant l'hérésie..., hérétiques, etc.; donc sa bulle était un jugement dogmatique, et concernait réellement la foi. Quant aux seconds, il n'est personne qui ne s'aperçoive, au premier coup d'œil, que leur système ne tend rien moins qu'à renverser la religion, en bouleversant la constitution de Jésus-Christ donnée à son Eglise, et en y détruisant toute hiérarchie, toute autorité prépondérante, tout ordre, toute subordination relative à la croyance. Ce système est contraire à l'Ecriture : « Est-ce que tous sont apôtres? est-ce que tous sont prophètes? est-ce que tous sont docteurs? » écrivait saint Paul aux Corinthiens, Epit. I, c. XII, etc., etc. Il est contraire à la tradition, dont on peut voir les monuments dans les saints Pères : Il est contraire à la pratique de l'Eglise, dont le corps des premiers pasteurs, soit assemblé dans les conciles, soit dispersé dans les diocèses, a dit anathème à une foule d'hérésies naissantes, et cela sans avoir consulté préalablement ni les ecclésiastiques inférieurs ni les laïques. Au reste il est aisé de remonter à la source de cette doctrine désastreuse : De Dominis, Richer, Calvin, Luther, Marcile de Padoue, etc., en avaient posé les fondements avant les jansénistes.

(2) Ce raisonnement, que nous pourrions appuyer sur l'autorité des Pères, sur ce qui s'est souvent pratiqué dans l'Eglise, et sur le sentiment unanime des théologiens orthodoxes qui demandent, pour condamner *infailliblement* l'erreur, quelque chose de plus qu'une définition du souverain pontife parlant *ex cathedra*, a encore son fondement sur les promesses que Jésus-Christ a faites à son épouse. Ceci est si manifeste, que les quesnellistes et leurs chefs n'ont pu s'empêcher de le reconnaître, au moins dans leur temps. Ecoutons leur patriarche, parlant de pélagianisme dans sa Tradition de l'Eglise romaine, 3e part., pag. 530 : « Le reste des Eglises du monde, dit-il, n'ayant point pris de part à ces contestations, et s'étant contentées de voir entrer en lice les Africains et les Gaulois, et d'attendre que le saint-siége jugeât leur différend; *leur silence*, quand il n'y aurait rien de plus, doit tenir lieu d'un consentement général, lequel, joint au jugement du saint-siége, forme une décision qu'il n'est pas permis de ne pas suivre. » Ecoutons encore un de ses fidèles disciples : « Dès que l'Egli e g llicane, où quelque autre Eglise, a accepté une décision de Rome, *et que les autres Eglises ne réclament point, mais demeurent dans le silence*, cette décision devient infaillible, comme si c'était celle d'un concile général, soit qu'elle regarde un point de doctrine, soit qu'elle ait pour objet une règle de morale. » Lettre à un archevêque, p. 17.

L'abbé de Saint-Cyran, cet ami intime de Jansénius et son apôtre zélé en France, s'était expliqué déjà sur ce point avec beaucoup de force, dans son fameux *Petrus Aurelius*, part. 1, pages 98 et 127. Enfin Quesnel étant si convaincu de cette vérité, qu'il s'écriait, dans son septième mémoire, avertissement, pag. 93 : « Les faiseurs de mémoires nous assurent qu'elle (la bulle Unig.) a été reçue partout : mais s'imaginent-ils qu'on les en croira sur leur parole ? on leur en a déjà demandé les preuves, on les attend ; et, pour leur épargner une partie de la peine, on les dispense du soin d'en faire venir les attestations de l'Asie et de l'Amérique. Pourvu qu'ils nous en donnent de toutes les Eglises de l'Europe, on les quittera du reste. » Ainsi, selon l'expression d'un prophète, notre salut nous vient de nos ennemis mêmes, *salutem ex inimicis nostris*. Mais bientôt les jansénistes prouvèrent la vérité de cette maxime sacrée : L'iniquité s'est démentie elle-même, *Mentita est iniquitas sibi*; car ils ne tardèrent pas à tenir un langage bien différent de celui que nous venons de rapporter.

de plus en plus les fidèles confiés à leurs soins, en leur détaillant ce qu'il n'est pas permis de penser, de croire, encore moins de soutenir sur beaucoup de chefs, un grand nombre crurent devoir publier la bulle *Unigenitus*, ou en autoriser la publication dans leurs diocèses. Nous pouvons citer en preuve l'Espagne, le Portugal, l'État de Gênes, plusieurs Églises d'Allemagne, les Pays-Bas, etc. Tous les autres, sans exception, reçurent la constitution avec respect, y reconnurent la foi de l'Église, y adhérèrent purement et simplement, et pas un évêque en communion avec le saint-siège ne fit entendre nulle part, hors de France, la moindre réclamation à ce sujet.

Qu'on ne dise point que ceci est une allégation dépourvue de fondement. Il y a près de cent ans qu'on a reçu en France des témoignages authentiques qui attestent avec énergie ce que nous venons d'écrire, du moins pour tous les évêques de l'Europe, sans presque d'exception (1). Nous désirerions que les bornes de ce mémoire nous permissent de rapporter ici ces monuments précieux de l'adhésion explicite et de la foi de presque tous les premiers pasteurs. On y trouverait une preuve complète de leur zèle à rejeter le livre des *Réflexions morales* et les cent une propositions extraites de ce livre; de leur unanimité à reconnaître dans la bulle une loi irréformable de l'Église universelle; de leur accord parfait à la regarder comme un jugement dogmatique, auquel tout fidèle doit une soumission entière d'esprit et de cœur. Plusieurs de ces évêques réfutaient d'une manière aussi victorieuse que pleine d'énergie, dans leurs attestations d'acceptation, les calomnies par lesquelles les partisans de l'erreur accusaient, soit la bulle d'être obscure, incapable d'éclairer l'esprit ou comme prescrivant des vérités sacrées, soit les prélats étrangers de l'avoir reçue sans examen, uniquement conduits par l'opinion de l'infaillibilité du pape (2). Mais le fait devint en peu d'années si public; il s'annonça, si nous osons le dire ainsi, avec des caractères si évidents, que les quesnellistes, d'abord si hardis à défier fièrement leurs adversaires d'en fournir la preuve, ne tardèrent pas à se voir obligés de l'avouer, de s'en plaindre même,

et de recourir à des raisonnements recueillis chez les hérétiques anciens, raisonnements mille fois anéantis, et qui tendaient à renverser, soit les promesses faites par Jésus-Christ à son Église, soit une règle de foi reconnue de tous les siècles, la seule même qui soit indistinctement à la portée de tous les fidèles. « Tout le monde, s'écriaient-ils dans une multitude de productions plus ou moins lugubres, *tout le monde se range aujourd'hui du côté de la bulle*... Dieu, par un terrible jugement, a permis que Clément XI ait donné sa constitution, et que les évêques, en punition de leur peu de zèle pour les intérêts de Dieu, n'aient pas eu, les uns assez de lumière, et les autres assez de courage pour la rejeter... *Les évêques étrangers l'ont reçue* (3). Le nombre des *acceptants est si grand*, qu'il y a lieu de trembler et de craindre, à la vue de la *séduction générale* qui s'opère aujourd'hui (4). Jamais le danger de la séduction ne fut plus grand pour les fidèles... danger du côté des séducteurs, parce qu'ils sont en grand nombre... Si l'on jette les yeux sur les pays que l'Église occupe, comme l'Italie, l'Allemagne, la Pologne, l'Espagne, le Portugal, la France et quelques États voisins, *il s'élève de toute part des vœux pour la bulle, très-peu contre*. Le parti des opposants, des hommes fidèles à suivre la doctrine enseignée et crue avant la fatale bulle, *se trouve réduit à une poignée* (5). » Les évêques de Senez et de Montpellier ne firent pas retentir des lamentations moins déplorables; mais ils se rejetaient sur *l'avènement très-prochain du prophète Élie* qui doit *rétablir toute chose*, et ils s'appuyaient sur les allégations par lesquelles les donatistes cherchaient autrefois à miner la visibilité et l'indéfectibilité de l'Église.

On nous dispensera de faire ici des réflexions sur ces gémissements et ces plaintes : l'aveu formel qu'on y trouve fait le triomphe de la bulle. Quant aux moyens employés par les principaux chefs du parti et par une foule de leurs adhérents pour étayer leur résistance à la voix connue de l'Église entière, on s'aperçoit assez qu'il n'y avait que le désespoir de voir leur cause entièrement perdue qui eût pu les engager à recourir à des armes si évidemment mau-

---

(1) *Voyez* Témoignage de l'Église universelle en faveur de la bulle *Unigenitus*; Montagne, de Gratia, t. I, p. 505 et seq.; Instruct. past. du cardinal de Bissy, 1722; second avertissement de Mgr l'évêque de Soissons, etc. Les pièces originales furent déposées dans la bibliothèque du roi.

(2) On peut voir sur le premier chef d'accusation ce que le sacré collège des cardinaux écrivait, le 16 novembre 1716, au cardinal de Noailles : « Le sens de la bulle est clair; elle est une censure expresse des erreurs anciennes ou nouvelles : bien loin de combattre aucune vérité, elle ne donne aucune atteinte aux sentiments qu'il est permis de soutenir... Ce n'est que par la plus atroce calomnie que les enfants de perdition ont pu répandre que la bulle affaiblit les points capitaux de la religion et les plus louables pratiques de la discipline, etc. » Quant au second chef d'accusation, nous ne rapporterons que ces paroles extraites de la lettre de l'archevêque de Corcyre à l'évêque de Nîmes, en date du 12 décembre 1721 : « C'est une odieuse calomnie que nous font ces novateurs, lorsqu'ils osent avancer qu'excepté le clergé de France, les évêques des autres Églises n'ont pas même lu la constitution, et que si quelques-uns l'ont lue, *ils ne l'ont point examinée avec l'attention qu'il fallait*, parce que, croyant pour la plupart que le pape est infaillible, ils ne se donnent pas même la peine de lire ses décrets... Il n'y a que l'ivresse de l'iniquité et du mensonge qui puisse vomir de telles accusations. *Nous avons lu la constitution, et nous l'avons examinée avec soin... Nous avons reconnu que cette bulle est établie sur la fermeté inébranlable de la foi, qu'elle brille de l'éclat que lui donne le témoignage de la doctrine apostolique... Nous réprouvons Jansénius et Quesnel; nous détestons leurs sectateurs... Nous acceptons la constitution Unigenitus avec la plus grande vénération qu'il nous est possible. Anathème à ceux qui sont d'un sentiment contraire.* »

(3) Entret. sur la constit., pag. 44.
(4) Pratique pour les amis de la vérité, pag. 3
(5) Entret. du prêtre Eusèbe et de l'avocat Théophile, pag. 58; Entret. d'un jésuite avec une dame, pag. 101. *Voyez* encore Réflexions succinctes sur la constit., etc.

vaises. Et combien ne fallait-il pas que ce désespoir fût grand pour inspirer à l'évêque de Senez cette proposition étrange. « Notre appel (de la bulle *Unigenitus* au futur concile) subsiste et est légitime, quand il serait vrai que l'Eglise aurait parlé dans le jugement rendu sur les cent une propositions (1) ! » Et cette autre non moins révoltante, où, après avoir énoncé qu'il parlait *de constitutions reçues et approuvées par toute l'Eglise et de jugements rendus par les conciles généraux dans la forme la plus canonique, sur des livres, des écrits et des propositions des auteurs,* il s'écriait : « C'est de tous ces jugements dont, en suivant l'esprit de l'Eglise, on a souvent appelé, et dont on peut appeler (2). » Le principe d'où découle une doctrine si affreuse et les conséquences qui s'en déduisent tout naturellement sautent aux yeux et ne demandent de nous aucune réfutation. En effet, si l'Eglise n'a pas reçu de son divin fondateur le pouvoir de juger *infailliblement* du sens des livres, des écrits, des propositions, comment a-t-elle osé tant de fois dire anathème à des hérésiarques, à des hérétiques, à des novateurs, à cause de la doctrine renfermée dans leurs ténébreuses élucubrations? Pourquoi défend-elle à ses enfants, sous peine d'excommunication, de lire ces livres et écrits pernicieux? Quel droit a-t-elle de déclarer que la doctrine revêtue de telles ou telles expressions est orthodoxe ou hétérodoxe? Et alors quel sens donnera-t-on à ces paroles divines : *Allez, enseignez... Qui vous écoute m'écoute, et qui vous méprise me méprise... S'il n'écoute pas l'Eglise, qu'il soit pour vous comme un païen et un publicain... Les portes de l'enfer ne prévaudront pas contre elle?* Saint Paul aurait-il eu raison d'appeler aussi l'Eglise *la colonne et l'appui de la vérité?* Mais laissons là ces systèmes qui contredisent l'Ecriture et la pratique constante des siècles chrétiens ; ils tombent d'eux-mêmes et décèlent l'esprit hérétique, ou il n'en fut jamais.

La bulle se trouva donc acceptée par le corps des premiers pasteurs dans tous les pays connus de la religion fort peu de temps après qu'elle eut été envoyée à toutes les Eglises particulières. En effet la France, où les troubles s'étaient élevés, l'avait reçue d'une manière solennelle (3) et presque unanime; l'Europe avait fourni des témoignages authentiques de l'acceptation du collège des cardinaux et de celle des patriarches, des primats, des métropolitains et des évêques de leurs provinces ; le reste du monde catholique s'était tenu dans une attitude silencieuse et tranquille, laquelle désignait un consentement tacite, également favorable à la constitution et accablant pour l'erreur; plusieurs conciles avaient publié des décrets également forts et énergiques (4), et nulle part, hors des limites où le mal avait pris naissance, on n'avait entendu le moindre murmure émané de la bouche d'aucun évêque en communion avec le saint-siège (5). Un concert si parfait entre les premiers pasteurs et leur chef annonçait sans doute la voix de la vérité sacrée que Jésus-Christ a chargée de l'enseignement, et à laquelle il a confié le pouvoir de terminer en souveraine toutes les contestations qui s'élèvent parmi les fidèles touchant la doctrine. Ce fut donc avec raison qu'on donna dès lors à la bulle *Unigenitus* les titres de jugement œcuménique (6), de jugement de l'Eglise universelle (7), de jugement dogmatique (8), de jugement définitif et irréformable (9). La cause fut donc entièrement finie.

Cependant les quesnellistes ne la regardèrent pas comme terminée ; ils continuèrent à crier hautement, et contre la constitution considérée dans sa doctrine et dans sa forme, et contre la manière dont elle avait été acceptée, soit en France, soit dans les pays étrangers. Nous n'entrerons pas ici dans la discussion de leurs sophismes (10), nous con-

---

(1) Mémoire abrégé où l'on montre l'incompétence du concile d'Embrun pour juger M. de Senez, pag. 3.
(2) Ibid., pag. 7.
(3) Quand nous parlons ainsi, nous rapportons un fait incontestable; mais nous sommes très-éloignés de vouloir insinuer par là qu'il soit nécessaire que l'acceptation du corps épiscopal, même des lieux où l'erreur a fait entendre ses premiers accents, soit *solennelle*, pour que les bulles portées par les papes contre cette erreur puissent devenir des jugements de l'Eglise universelle. Nous connaissons les plaintes que Clément XI fit avec justice, au sujet de quelques expressions un peu fortes échappées sur cet objet à l'assemblée du clergé de France de 1705, et les explications que le saint-père demanda aux prélats qui avaient assisté à cette assemblée; nous disons volontiers avec le savant évêque de Meaux : *Quocumque modo fiat ut Ecclesia consentiat, transacta plane res est; neque enim fieri potest unquam, ut Ecclesia, Spiritu veritatis instructa, non repugnet errori.* Defens. declarat. cleri Gallic., l. III, c. 2.
(4) Nous parlons du concile nombreux tenu à Rome en 1725, par Benoît XIII ; du concile d'Avignon célébré, la même année, par les prélats de la province ; du concile d'Embrun, où Soanen, évêque de Senez et l'un des chefs des appelants, fut solennellement déposé en 1727. *Voyez* les actes de ces deux derniers, ainsi que les mémoires pour servir à l'histoire ecclésiastique pendant le dix-huitième siècle, et Montagne, souvent cité, t. I, pages 392, 396, 400.
(5) « Les évêques étrangers rendent le même témoignage, sans qu'il soit possible aux opposants, dont on connaît le zèle pour accroître et fortifier leur parti, de trouver hors du royaume un seul suffrage en leur faveur. » De Vintimille, arch. de Paris, Instruct. past. du 27 septembre 1729; vie de M. de la Salle, liv. IV, ch. I, art. 2, à la fin.
(6) Rapport de l'évêque de Nîmes à l'assemblée générale du clergé de France de 1730.
(7) Lettre de la même assemblée au roi. *Voyez* le procès-verbal, Collect., t. VII.
(8) « En reconnaissant, *comme nous l'avons toujours reconnu*, que la constitution *Unigenitus* est un jugement *dogmatique de l'Eglise universelle*, ou, ce qui revient au même, un jugement *irréformable* de cette même Eglise, en matière de doctrine, nous déclarons, avec le souverain pontife Benoît XIV, que les réfractaires à ce décret sont indignes de participer aux sacrements, et qu'on doit les leur refuser même publiquement, comme aux pécheurs publics. » Exposition sur les droits de la puissance spirituelle, extraite du procès-verbal de l'assemblée du clergé de France de 1765. *Voyez* de l'autorité des deux puissances, t. II, pag. 468 et suiv., Liège, 1791, où ce passage est rapporté.
(9) Concilium Eberodunense, caput 2, De constitutionibus apostolicis. *Voyez* aussi les autorités citées ci-dessus, page 368, note 1re.
(10) On peut consulter sur cet objet les avertissements de M. Languet, archevêque de Sens; l'Instruct. pastorale que M. de Tencin, archevêque d'Embrun, publia en 1729, *sur les jugements définitifs de l'Eglise universelle, et sur la signature du formulaire*, la lettre dont nous allons fournir un texte intéressant ; le 1er volume du Traité de la Grâce, de Montagne ; de l'autorité des deux puissances, que nous venons de citer etc., etc., etc.

tentant de dire avec une assemblée nombreuse de prélats que : « dès que le vrai fidèle voit le corps des pasteurs uni au chef former une décision qui intéresse la foi ; dès qu'il voit ce corps respectable, qui parle au nom de Dieu et qui est assisté d'en haut, exiger la soumission et prescrire l'obéissance, il ne balance point; on a beau lui dire : une partie de ces pasteurs n'a pas prononcé par voie de jugement ; les autres ne sont pas unanimes dans le motif de leur décision ; c'est l'infaillibilité du pape qui a déterminé ceux-ci ; l'examen de ceux-là n'a pas été suffisant ou il n'a pas été juridique ; il est à craindre que leur décision, par l'obscurité des propositions qu'ils censurent, ne donne lieu de confondre la vérité avec l'erreur; tous ces discours n'ébranlent pas sa foi et n'affaiblissent point la confiance qu'il a dans les promesses de Jésus-Christ. Il voit l'unité dans le corps des pasteurs, et le point qui les réunit est celui qui fixe sa croyance, il sait que c'est à cette unité qu'il est dit : *Celui qui vous écoute m'écoute*, etc.; il ne lui en faut pas davantage; il n'examine point comment le jugement a été formé, ni les différents motifs sur lesquels les pasteurs ont pu appuyer leur décision ; il lui suffit qu'ils aient parlé pour qu'il règle sa foi sur leurs enseignements; il ne s'alarme point des périls qu'on veut lui faire envisager; il sait que celui qui a promis son assistance aux premiers pasteurs saura les garantir et lui avec eux, et que la simplicité de sa soumission fera toujours sa sûreté comme la promesse de Jésus-Christ fait la leur. *De quelque manière*, disait Bossuet (1), *que l'Eglise donne son consentement, l'affaire est tout à fait terminée; car il ne peut jamais arriver que l'Eglise, gouvernée par l'esprit de vérité, ne s'oppose pas à l'erreur. Dieu*, dit-il ailleurs (2), *sait tellement se saisir des cœurs, que la saine doctrine prévaut toujours dans la communion visible et perpétuelle des successeurs des apôtres* (3). »

Précis des erreurs condamnées dans les Réflexions morales.

Il serait trop long et peut-être inutile d'entrer ici dans le détail des nombreuses altérations que l'auteur de ce livre pernicieux s'y est permises dans la version du texte sacré : on a compté plus de trois cent soixante passages où il s'est éloigné de la Vulgate; dans les Actes des apôtres, les Epîtres canoniques et l'Apocalypse (4). D'ailleurs, il suffit de consulter le dispositif de la bulle *Unigenitus* pour voir en général à quoi l'on doit s'en tenir sur cet objet.

Mais si l'on veut savoir dans quel esprit notre ex-oratorien a bâti ses *Réflexions*, et par conséquent quel sens il convient de donner à ses expressions quand elles paraissent ambiguës et laisser entrevoir quelque doute sur ses vrais sentiments, il est nécessaire de se ressouvenir que, comme Jansénius n'avait entrepris son fameux *Augustin* que pour lier plus étroitement le système de Baïus, le mettre sous un jour nouveau et plus séduisant (5), de même Quesnel n'eut pas un autre dessein dans ses *Réflexions morales* que de faire revivre les erreurs de ces deux novateurs dans les points les plus essentiels et que d'en infecter les fidèles de toutes les conditions, s'efforçant de mettre ces mêmes erreurs à la portée des plus simples, et de les leur présenter sous les dehors hypocrites de la piété en apparence la plus sincère et la plus touchante. C'est ce que démontrent clairement, soit l'affection constante qu'il eut pour l'évêque d'Ypres et le chancelier de l'Université de Louvain, l'engagement qu'il avait pris de consacrer à leur défense ses talents et ses veilles, l'admiration qu'il témoigna dans une foule d'occasions pour leurs œuvres connues, le zèle qu'il ne cessa de faire paraître pour leur doctrine (6), soit encore la guerre qu'il soutint jusqu'au bout de sa carrière pour défendre le parti contre les puissances et contre les théologiens orthodoxes, écrivant continuellement, encourageant la plume des siens, révisant les productions de plusieurs, entretenant, comme nous l'avons dit plus haut, des correspondances soutenues dans les cours souveraines, dans les maisons religieuses, auprès des parlements, etc.; soit enfin les aveux réitérés de ses propres disciples (7), les reproches que lui fait Clément XI dans sa constitution, et la doctrine plus ou moins équivoque, disons mieux, plus ou moins ouvertement jansénienne, qu'il enseigna dans ses *Réflexions morales* et dans presque tous ses autres nombreux écrits.

Mais, plus habile dans l'art du déguisement que ceux qu'il avait choisis pour ses maîtres, Quesnel sut aussi mieux s'envelopper. Il faut, pour nous servir de l'expression du souverain pontife, percer l'abcès et en presser fortement le hideux dépôt, si l'on veut en faire sortir tout le poison. Jamais novateur ne fut peut-être plus adroit à ma-

---

(1) Defens. declarat. cleri Gallic., l. III, c. 2.
(2) Deuxième instruction pastorale sur les promesses de Jésus-Christ à son Eglise, pag. 76 et suiv.
(3) Lettres des cardinaux, archevêques et évêques assemblés extraordinairement à Paris par les ordres du roi pour donner à S. M. leur avis et jugement sur un écrit imprimé qui a pour titre : Consultation de MM. les avocats du parlement de Paris au sujet du jugement rendu à Embrun contre M. l'évêque de Senez, page 9, édition in-4°. Cette assemblée se tint en mai 1728; il s'y trouva trois cardinaux, cinq archevêques, dix-huit évêques et cinq ecclésiastiques nommés à des évêchés. Les constitutionnels, dignes émules des jansénistes, ont renouvelé la plupart de ces objections futiles contre les bulles de Pie VI.
(4) *Voyez* le P. Quesnel, séditieux et hérétique dans ses Réflexions sur le Nouveau Testament, pages 141 et suiv.
(5) *Voyez* l'article JANSÉNIUS.
(6) Causa Quesnell., pag. 167 et seq.
(7) L'auteur du IVe gémissement de Port-Royal s'exprime ainsi : « Les cent une propositions condamnées renferment justement toutes les vérités différentes que les disciples de saint Augustin ont toujours soutenues depuis soixante-dix ans. » Or on sait que ces *vérités différentes* n'étaient que le baïanisme rajeuni dans l'*Augustinus* de l'évêque d'Ypres. On peut consulter encore sur ce point la Catéchisme historique et dogmatique sur les contestations qui divisent maintenant l'Eglise, t. II, pag. 169 et suivantes, où l'on prouve que les mêmes propositions sont *comme un précis de la doctrine de Port-Royal*, etc.

nier l'artifice, à gazer plus subtilement ce que sa doctrine contenait d'odieux et de révoltant, à donner à ses erreurs un air plus spécieux de lumière et de vérité. Son style était plein d'une douceur, d'une onction, d'une éloquence et de charmes qui entraînaient. Souvent le fiel coula de sa plume, paré des mêmes couleurs qui ornent le vrai zèle; et les maximes fausses, erronées, séditieuses, se glissaient presque imperceptiblement au milieu de maximes saines, lumineuses, enseignant la perfection. On ne s'étonnera donc pas si le livre des *Réflexions morales*, composé avec tant d'art et d'ailleurs vanté et colporté partout avec un zèle incroyable, eut longtemps beaucoup de vogue, ni s'il séduisit un grand nombre de fidèles des deux sexes.

Ce qui surprendrait davantage, si l'on ne savait pas que l'hérésie ne connaît point de frein, c'est la hardiesse avec laquelle Quesnel osa enchérir sur ses maîtres dans la carrière de l'erreur. Prévoyant en effet que son livre favori, et même peut-être que sa personne n'échapperait pas aux anathèmes de l'Eglise, puisqu'il renouvelait ouvertement, dans cette œuvre de ténèbres, une doctrine déjà plusieurs fois condamnée par le saint-siège et les premiers pasteurs, il chercha dans le richérisme (1) un abri contre les foudres de cette puissance redoutable, réduisant en pratique, dans les *Réflexions morales*, le projet insensé qu'avaient formé les partisans de Jansénius pendant que la discussion de l'affaire des cinq propositions se faisait à Rome, de ressusciter en France l'hérésie de Richer, si leur parti avait le dessous dans la capitale du monde chrétien (2). Mais c'en est assez pour montrer quel esprit anima la plume de Quesnel.

On peut réduire tout son système à trois principes capitaux dont la simple exposition fera déjà connaître le venin.

Le premier : Il n'y a que deux amours d'où procèdent exclusivement toutes les volontés et toutes les actions de l'homme : l'amour céleste, qui est la charité proprement dite, laquelle rapporte tout à Dieu, et que Dieu récompense; et l'amour terrestre, qu'on nomme cupidité vicieuse, qui rapporte tout à la créature comme à la fin dernière, et ne produit par conséquent que du mal. Point de milieu, ni quant à l'habitude, ni quant à l'acte, entre ces deux amours.

Le deuxième : Depuis la chute de notre premier père, notre volonté est entraînée nécessairement et d'une manière invincible, quoique sans violence, au bien ou au mal, par le plaisir indélibéré qui domine, c'est-à-dire qui se trouve dans la circonstance, supérieur en degré au plaisir opposé : en sorte que nous faisons nécessairement le bien quand le plaisir céleste est en nous le plus fort; le mal, quand la concupiscence y demeure supérieure en degré au plaisir céleste. Si ces deux plaisirs, auxquels on donne aussi le nom de délectation, se font également sentir, c'est-à-dire s'ils sont égaux en degré, notre volonté demeure alors dans une sorte de torpeur ou équilibre, ne pouvant se déterminer ni au bien, ni au mal (3).

Enfin le troisième principe capital est : Que l'Eglise a l'autorité de prononcer des excommunications pour l'exercer par les premiers pasteurs, mais *du consentement au moins présumé de tout le corps* (4).

Quesnel avait emprunté les deux premiers de Baïus et de Jansénius; il puisa le troisième dans Edmond Richer.

1. De son premier principe capital Quesnel tire les conclusions suivantes:
1° Que « la grâce d'Adam est une suite de la création, et était due à la nature saine et entière; » qu'« elle ne produisait que des mérites humains, » et que « Dieu n'afflige jamais des innocents; » mais que « les afflictions servent toujours, ou à punir le péché, ou à purifier le pécheur (5). » Il suit de là

(1) Edmond Richer, syndic de la faculté de théologie de Paris, au commencement du dix-septième siècle, enseigna, dans un petit traité, De la puissance ecclésiastique et civile, que « chaque communauté a droit immédiatement et essentiellement de se gouverner elle-même : (que) c'est à elle, et non à aucun particulier, que la puissance et la juridiction a été donnée. (Et que) ni le temps, ni les lieux, ni la dignité des personnes ne peuvent prescrire contre ce droit fondé dans la loi divine et naturelle. » Richer reconnut dans la suite que ce système « était contraire à la doctrine catholique, exposée fidèlement par les saints Pères, faux, hérétique, impie, et pris des écrits empoisonnés de Luther et de Calvin. » Mém. chron. et dogm., t. I, pag. 178, in-12, année 1612; Feller, Diction. hist., au mot Richer. Deux conciles provinciaux assemblés en France, l'un à Paris, le 15 mars 1712, l'autre à Aix, le 24 mai de la même année, proscrivirent cette funeste doctrine ; Rome en fit ensuite autant; mais elle ne fut pas détruite : les jansénistes en profitèrent, et la transmirent tout entière à nos révolutionnaires. Il paraît que Marcile de Padoue, recteur de l'université de Paris au commencement du xive siècle, en fut l'inventeur, et que c'est dans le livre intitulé *Defensor pacis* que tous les hérétiques qui vinrent après lui puisèrent leur système de révolte contre les deux puissances.

(2) C'est ce que nous apprend une lettre que Sainte-Beuve, encore attaché au parti, écrivait à Saint-Amour, alors à Rome, pour la défense des cinq propositions de Jansénius. « Si le jansénisme est condamné, disait le célèbre casuiste dans cette lettre, ce sera une des choses les plus désavantageuses au saint-siège, et qui diminuera dans la plupart des esprits le respect et la soumission qu'ils ont toujours gardés pour Rome, et qui fera incliner beaucoup d'autres dans les sentiments des richéristes... Faites, s'il vous plaît, réflexion sur cela, et souvenez-vous que je vous ai mandé il y a longtemps, *que de cette décision dépendra le renouvellement du richérisme en France.*» Feller, endroit cité.

(3) Quesnel répète souvent ce principe dans ses mémoires et ses apologies, ne cessant d'y redire, d'après Jansénius et dans le même sens que cet évêque, ce proverbe de saint Augustin : *Quod enim amplius non delectat, secundum id operemur necesse est*, que ces deux novateurs n'entendaient pas. En effet, le saint docteur y parle d'une délectation *délibérée*, qui fait que l'on suit le choix que l'on a fait délibérément, tandis que ce choix est plus agréable que le parti contraire : prise dans ce sens, cette maxime n'offre rien qui étonne. Au reste, si notre auteur n'avance pas en toutes lettres son deuxième principe, dans ses Réflexions morales, il l'y reconnaît au moins par les conséquences, ainsi que nous le verrons bientôt.

(4) La proposition xc est ainsi conçue dans les *Réflexions morales* : « C'est à l'Eglise (ou à l'autorité de l'excommunication), pour l'exercer par les premiers pasteurs, du consentement au moins présumé de tout le corps. » Voyez le t. Ier, saint Matth., xviii, 17, édit. de 1694. Dans l'exemplaire latin, l'expression paraît encore plus forte : *Ejus infligendi auctoritas in Ecclesia est, per primarios pastores de consensu saltem præsumpto corporis totius...*

(5) Propositions xxxv, xxxiv et lxx, condamnées dans la bulle *Unigenitus*.

que l'élévation du premier homme à la vue intuitive, les moyens pour arriver à cette fin sublime, c'est-à-dire la grâce, les vertus, les mérites, et que même l'exemption de la mort et des autres maux de cette vie n'étaient pas des dons gratuits surajoutés à la nature humaine encore sans péché, ni par conséquent des grâces proprement dites. Ainsi l'état de pure nature et celui de nature entière étaient impossibles, et il faut les reléguer parmi les chimères qu'a créées l'imagination creuse des scolastiques modernes. Tels furent les systèmes de Baïus, qui rejetait le mot *grâce*, et de Jansénius qui admettait cette expression, mais dans un sens impropre, dans le même sens où l'on dit que la vue, l'ouïe, etc., sont des grâces. On voit aussi ce que notre novateur pensait de l'immaculée conception de la mère de Dieu : Baïus s'expliqua clairement sur ce point ; Quesnel se contenta d'établir le principe, mais ses partisans surent très-bien en tirer la conséquence.

2° A l'égard de la charité, « c'est elle seule qui parle à Dieu, c'est elle seule que Dieu entend ; il ne couronne et ne récompense qu'elle, parce qu'elle seule honore Dieu et fait chrétiennement les actions chrétiennes par rapport à Dieu et à Jésus-Christ. Quiconque donc court par un autre mouvement et un autre motif, court en vain. Tout manque à un pécheur quand l'espérance lui manque ; » mais « il n'y a point d'espérance en Dieu où il n'y a point de charité. » De là, « il n'y a ni Dieu ni religion où cette vertu théologale n'est pas, » et « dès qu'elle ne règne plus dans le cœur, il est nécessaire que la cupidité charnelle y règne et corrompe toutes les actions ; » car « la cupidité ou la charité rendent » seules « l'usage des sens bon ou mauvais : » aussi « l'obéissance à la loi qui ne coule pas de la charité, comme de sa source, n'est-elle qu'hypocrisie ou fausse justice. » Sans cette belle vertu, que peut-on être autre chose, » en effet, « que ténèbres, qu'égarement et que péché ? Nul péché sans l'amour de nous-mêmes, comme nulle bonne œuvre sans amour de Dieu ; mais nul amour de Dieu réel sans la charité proprement dite ; « et c'est en vain qu'on crie à Dieu, » Mon père, « si ce n'est point l'esprit de charité qui crie. » De là cette consolante doctrine : « la prière des impies, » c'est-à-dire de tous ceux qui n'ont pas la charité et qui ne prient pas par le motif de cette vertu, « est un nouveau péché, et ce que Dieu leur accorde, un nouveau jugement sur eux (1). » En conséquence, « la première grâce que Dieu accorde au pécheur c'est le pardon de ses péchés ; mais hors de l'Eglise point de grâce (2). » Ainsi, « les païens, les juifs, les hérétiques et autres semblables, ne reçoivent nulle influence de Jésus-Christ : d'où vous conclurez fort bien que leur volonté est dénuée de tout secours et sans nulle grâce suffisante. Il y a plus, celui qui sert Dieu, même en vue de la récompense éternelle, s'il est destitué de la charité, il n'est pas sans péché toutes les fois qu'il agit, même en vue de la béatitude (3). »

3° Cependant la foi est quelque chose de bon quand *elle opère par la charité*, sans laquelle, disent d'autres, elle n'est plus qu'une foi humaine (4). « Point de grâces que par elle, » dit Quesnel, « elle est la première et la source de toutes les autres. Elle justifie » même « quand elle opère ; mais elle n'opère réellement que par la charité (5). » Sans cette union, ni elle, ni les autres choses que les orthodoxes appellent *vertus*, ne tirent leur source que de la cupidité. Aussi ne craint-on pas de s'écrier : « Quelle bonté de Dieu d'avoir ainsi abrégé la voie du salut en renfermant tout dans la foi et dans la prière, comme dans leur germe et leur semence ; mais ce n'est pas une foi sans amour et sans confiance (6) ! »

4° Quant à la crainte de l'enfer, « elle n'est point surnaturelle (7), si elle seule anime le repentir ; plus ce repentir est violent, plus il conduit au désespoir. » D'ailleurs « elle n'arrête que la main, et le cœur est

---

(1) *Voyez*, dans la bulle *Unigenitus*, les propositions XLV, XLVI, XLVII, XLVIII, XLIX, L, LIII, LIV, LV, LVI, LVII, LVIII, LIX.
Dans une espèce d'instruction envoyée par Port-Royal aux alliés, on lit ces paroles remarquables : « Ils diront aux indévots et à ceux qui sont dans le libertinage, ou qui y sont portés... que *ces pratiques des moines et ces mortifications sont gênantes et ne servent de rien ; que si nous sommes en grâce, c'est la grâce, et non pas les œuvres, qui fait le mérite (si mérite il y a), et si nous y sommes, les bonnes œuvres sont non-seulement inutiles, mais sont autant de péchés mortels*.
« Que si le concile de Trente témoigne le contraire, il n'est pas canonique, et n'était composé que de moines violents, ou quelque autre r ponse. »
Cet écrit hérétique fut trouvé chez un curé du diocèse de Montpellier, grand appelant, initié dans tous les mystères, et très-zélé pour le parti. Il l'avait copié de sa propre main sous ce titre : *Lettres circulaires à MM. les disciples de saint Augustin*. Le préambule qui répondait au titre finissait par ces mots : *Vos très-humbles et très-affectionnés en Jésus-Christ, les prêtres de Port-Royal, disciples de saint Augustin*. Cette misérable production ayant été remise entre les mains de M. de Charancy, évêque de Montpellier, après la mort de Bonnery (c'était le nom du curé dont il s'agit), le prélat en fit confronter l'écriture, la déposa chez un notaire, afin que les curieux en lissent eux-mêmes la confrontation avec deux pièces authentiques, et il la publia ensuite avec un mandement exprès, daté du 21 septembre 1740. Quesnel avait envoyé un écrit tout semblable, à ce qu'il paraît, à une religieuse du diocèse de Rouen, avec une lettre datée de 1699. Cette religieuse ayant changé de sentiment, elle remit cet écrit à son archevêque, M. d'Aubigné, en 1719. De là il passa entre les mains du régent, qui chargea l'évêque de Sisteron de l'examiner. *Voyez* le mandement précité, pages 5 et suiv. ; Lalleau, liv. v, pag. 87, tom. II, in-4° ; Dict. des livres jansénistes, tom. I, pag. 368 ; édit. d'Anvers, 1752.
—Dans son testament spirituel, art. 10, qu'on trouve à la suite de sa vie imprimée à Lausanne, Arnauld pr pour la conversion de ceux qui ont répandu sur le compte des prêtres de Port-Royal cette *lettre circulaire* qu'il dit être *pleine de fourbes, d'erreurs et d'hérésies*. Mais, dans le même testament, art. xv et xvii, il trai e le jansénisme de fantôme ; en sorte que si, comme on ne peut guère en douter, la *circulaire* qui en fait était un mandement du jansénisme, ce fantôme de *circulaire* était bien réel.
(2) Prop. xxviii, xxix.
(3) Décret du 7 décembre 1690, par lequel Alexandre VIII condamna trente et une propositions, dont nous venons de rapporter la v et la xiii°.
(4) Ibid. ; prop. xii.
(5) Prop. xxvi, xxvii, li.
(6) Prop. lii et lxvii.
(7) Décret précité, prop. xiv.

livré au péché, tant que l'amour de la justice (la charité) ne le conduit point. » Donc, « qui ne s'abstient du mal que par la crainte du châtiment, le commet dans son cœur et est déjà coupable devant Dieu. » De là « vient qu'un baptisé est encore sous la loi, » comme un juif, « s'il n'accomplit pas la loi, ou s'il l'accomplit par la seule crainte. » En effet, « sous la malédiction de la loi on ne fait jamais le bien, parce qu'on pèche, ou en faisant le mal, ou en ne l'évitant que par la crainte; » aussi « Moïse et les prophètes, les prêtres et les docteurs de la loi sont morts sans donner d'enfants à Dieu, n'ayant fait que des esclaves par la crainte. » Donc, « qui veut approcher de Dieu, ne doit ni venir à lui avec des passions brutales, ni se conduire par un instinct naturel ou par la crainte, comme les bêtes, mais par la foi et par l'amour comme les enfants. La crainte servile ne se représente Dieu que comme un maître dur, impérieux, injuste, intraitable (1). » « L'attrition qui est conçue par la crainte de l'enfer et des peines, sans amour de Dieu pour lui-même, n'est pas un bon mouvement, ni un mouvement surnaturel (2). »

5° Quesnel suit parfaitement son principe, quand il nous parle de l'Eglise. Il l'appelle le « Christ entier, qui a pour chef le Verbe incarné et pour membres tous les saints. » Elle est « l'assemblée des enfants de Dieu, demeurant dans son sein, adoptés en Jésus-Christ, subsistant en sa personne, rachetés de son sang, vivant de son esprit, agissant par sa grâce et attendant la paix du siècle à venir. Son unité est admirable : c'est un seul homme composé de plusieurs membres dont Jésus-Christ est la tête, la vie, la subsistance et la personne... Un seul Christ, composé de plusieurs saints, dont il est le sacrificateur. » Toutes les grâces se trouvent, et uniquement, dans l'Eglise ; mais les pécheurs en sont exclus : elle est donc invisible, et les évêques, les prêtres, les autres ecclésiastiques n'en sont les ministres véritables que tandis qu'ils sont eux-mêmes des saints. Les jansénistes n'admettent pas cette dernière conséquence dans toute son étendue; mais elle n'en suit pas moins des principes de notre dogmatiste. Aussi, « qui ne mène pas une vie digne d'un enfant de Dieu, ou d'un membre de Jésus-Christ, cesse d'avoir intérieurement Dieu pour père et Jésus-Christ pour chef. Le peuple juif était la figure du peuple élu dont Jésus-Christ est le chef. » L'excommunication la plus terrible est de n'être point de ce peuple et de n'avoir point de part à Jésus-Christ. « On s'en retranche aussi bien en ne vivant pas selon l'Evangile qu'en ne croyant pas selon l'Evangile (3). »

Cependant, tout invisible qu'elle est, « l'Eglise » est néanmoins catholique, comprenant et tous les anges du ciel et tous les élus, et les justes de la terre et de tous les siècles. Rien même « de si spacieux, puisque tous les élus et les justes de tous les siècles la composent. » Ceci nous fait comprendre que, « c'est une conduite pleine de sagesse, de lumière et de charité, de donner aux âmes le temps de porter avec humilité et de sentir l'état du péché; de demander l'esprit de pénitence et de contrition, et de commencer au moins à satisfaire à la justice de Dieu avant que de les réconcilier ; » car, « on ne sait ce que c'est que le péché et la vraie pénitence, quand on veut être rétabli d'abord dans la possession des biens dont le péché nous a dépouillés et qu'on ne veut point porter la confusion de cette séparation : » de manière que le quatorzième degré de la conversion du pécheur est qu'étant réconcilié, il a droit d'assister au sacrifice de l'Eglise (4).

6° Quand on a perdu l'amour de Dieu, il ne reste plus dans le pécheur que « le péché et ses funestes suites, une orgueilleuse pauvreté et une indigence paresseuse, c'est-à-dire une impuissance générale au travail, à la prière et à tout bien : il n'est plus libre que pour le mal ; sa volonté n'a de lumière que pour s'égarer, d'ardeur que pour se précipiter, de force que pour se blesser; capable de tout mal, impuissante à tout bien : il n'aime qu'à sa condamnation. Toute connaissance de Dieu, même naturelle, même dans les philosophes païens, ne produit qu'orgueil, que vanité, qu'opposition à Dieu même, au lieu des sentiments d'adoration, de reconnaissance et d'amour : le pécheur n'est rien qu'impureté, rien qu'indignité, » jusqu'à ce qu'il soit guéri par la grâce de Jésus-Christ (5).

7° Enfin, il est aisé de conclure du premier principe de Quesnel et des conséquences qu'on a vu qu'il en déduisait que les vertus des philosophes étaient des vices ; que les œuvres des infidèles, des hérétiques et des schismatiques sont des péchés; qu'il faut en dire de même des actions des fidèles et des justes faites sans l'influence de la charité actuelle; et que c'est un devoir indispensable de rapporter tout à Dieu par le motif de cette vertu, la seule qui puisse être décorée du nom de vertu.

II. Nous avons démontré dans un autre article que les cinq propositions de Jansénius ont une liaison intime avec le principe de la délectation relativement victorieuse, et qu'elles découlent de là comme de leur source naturelle (6). Quesnel admettant le même principe capital, ainsi que nous l'avons dit, il était nécessaire qu'il en déduisît aussi les mêmes conséquences, et que toute sa doctrine sur la grâce de l'état actuel tendît à renouveler à cet égard les hérésies de Jansénius. Voilà pourquoi il anéantit dans l'homme pécheur, dans l'infidèle et quiconque n'a pas la grâce, toute liberté dans l'ordre moral, toute force naturelle pour opérer quelque bien que ce soit dans le même ordre, et jusqu'aux lumières de la loi natu-

(1) Prop. LX, LXI, LXII, LXIII, LXIV, LXV, LXVI, LXVII.
(2) Décret d'Alexandre VIII, prop. XV.
(3) Prop. LXXIII, LXXIV, LXXV, LXXVII, LXXVIII.
(4) Prop. LXXII, LXXVI, LXXXVII, LXXXVIII, LXXXIX.
(5) Prop. I, XXXVIII, XXXIX, XL, XLI, XLII.
(6) Voyez l'article JANSÉNIUS.

relle, comme on vient de le voir, exagérant à outrance la nécessité de la grâce et voulant que sans elle on ne puisse rien faire qui soit digne de louange. C'est dans la même vue qu'il exige la grâce efficace pour pouvoir opérer toute bonne action, quoiqu'il ne méconnaisse pas la petite grâce janséniemne qui ne met en nous que des velléités, des désirs, des efforts impuissants, bien différente de la grâce suffisante proprement dite qu'il rejette. Le même dessein l'engage à dogmatiser encore qu'on ne résiste jamais à la grâce intérieure; qu'on ne peut même y résister ; qu'elle fait tout en nous ; qu'elle n'est pas donnée à tous ; que Dieu ne veut sincèrement le salut que des élus, et que Jésus-Christ n'a offert sa mort pour le salut éternel que des seuls prédestinés. Au reste, pour bien comprendre tout ce système, il faut se rappeler ici que la délectation céleste n'est autre chose que le secours que Dieu nous donne pour faire le bien, ou la grâce intérieure (1); que cette grâce est elle-même l'amour de Dieu (c'est-à-dire la charité), ou l'inspiration de cet amour (2).

Venons au détail.

1° Selon notre novateur, d'après Jansénius, son maître, il n'y a point de grâce suffisante proprement dite (3); mais la grâce intérieure, nécessaire pour pouvoir opérer quelque bien, est toujours efficace, et on ne peut sans elle faire aucune bonne action : d'où il suit que les justes eux-mêmes tombent, malgré les efforts qu'ils font pour observer les commandements divins, n'ont que la petite grâce qui ne leur suffit pas dans la circonstance, et que ces commandements sacrés leur sont impossibles, parce qu'ils n'ont pas la grâce qui les leur rendrait possibles : première proposition de Jansénius (4).

« La grâce de Jésus-Christ, *principe efficace de toute sorte de bien, est nécessaire pour toute bonne action*, grand ou petite, facile ou difficile, pour la commencer, la continuer et l'achever: *Sans elle non-seulement on ne fait rien, mais on ne peut rien faire*. Quand Dieu n'amollit pas le cœur *par l'onction intérieure de la grâce, les exhortations et les grâces extérieures ne servent qu'à l'endurcir davantage*. En vain vous commandez (Seigneur), si vous ne donnez vous-même ce que vous commandez. *Grâce souveraine*, sans laquelle on ne peut jamais confesser Jésus-Christ, et avec laquelle *on ne le renie jamais*. La grâce est donc cette voix du Père, qui enseigne intérieurement les hommes et les fait venir à Jésus-Christ. Quiconque ne vient pas à lui, après avoir entendu la voix extérieure du Fils (dans la lecture de l'Evangile, dans les prédications chrétiennes, etc.), *n'est point enseigné par le Père*. La semence de la parole que la main de Dieu arrose *porte toujours son fruit*. La grâce de Dieu n'est autre chose que *sa volonté toute-puissante* : c'est l'idée que Dieu nous en donne lui-même dans toutes ses Ecritures. La vraie idée de la grâce est que Dieu veut que nous lui obéissions, *et il est obéi;* il commande, *et tout se fait* ; il parle en maître, *et tout est soumis*. Dieu éclaire l'âme et la guérit aussi bien que le corps, *par sa seule volonté;* il commande, *et il est obéi* (5). »

2° C'est la grâce qui opère en nous, et sans nous, tout le bien.

« Oui, Seigneur, tout est possible à celui à qui vous rendez tout possible, *en le faisant en lui*. Nous n'appartenons à la nouvelle alliance qu'autant que nous avons part à cette nouvelle grâce, *qui opère en nous ce que Dieu commande*. Quand Dieu accompagne son commandement et sa parole extérieure de l'onction de son Esprit, et de la force intérieure de sa grâce, *elle opère dans le cœur l'obéissance qu'elle demande* (6). » On peut donc dire avec Quesnel, ou avec un de ses fidèles disciples, que « la grâce n'est autre chose que le consentement de la volonté, en tant qu'il vient de Dieu, qui l'opère dans la volonté (7). » Et les prêtres de Port-Royal n'ont pas extravagué quand ils ont avancé, dans leur *Lettre circulaire aux disciples de saint Augustin*, « que le plus criminel orgueil est de croire que nous ayons *aucune part aux actions de piété que Dieu fait en nous, et que nous puissions avoir aucun mérite ;* que la plus grande gloire et la plus grande vertu de l'homme est de se tenir tellement dépendant de la grâce *qu'elle fasse tout en nous et sans nous...;* qu'il n'y a point de grâce qui ne soit efficace et victorieuse; qu'elle est efficace *sans aucune coopération de notre part;* que quand on a reçu une fois cette grâce, c'est une marque de prédestination et un grand sujet de joie, etc.» Quesnel était dans les mêmes principes, puisqu'il avait adopté cette instruction ou *lettre circulaire*, et que d'ailleurs il anéantit assez clairement en nous la coopération à la grâce et les mérites. C'est ce qu'il inculque dans un grand nombre de ses propositions, où il prêche la grâce qui fait tout, la grâce nécessitante, et encore dans celle-ci : « La foi, l'usage, l'accroissement et la récompense de la foi, tout est un don de votre *pure* libéralité (8). »

Donc, dans l'état présent, qui est *l'état de*

---

(1) Delectatio victrix, quæ Augustino *est efficax adjutorium*, relativa est : tunc enim est victrix, quando alteram superat : quod si contingat alteram ardentiorem esse, in solis inefficacibus desideriis hærebit animus, nec efficaciter unquam volet quod volendum est. Jaus. in Aug., liv. VIII de Grat. Christ., c. 2.

(2) « La grâce créée n'étant autre chose que l'amour de Dieu, il s'ensuit que la force de cette grâce consiste dans la force et l'ardeur du saint amour qui nous fait préférer Dieu à tous les objets de nos passions. » Instit. et instruct. chrétienne, dédiée à la reine des Deux-Siciles, part. IV, de la Grâce, sect. 1, chap. I, § 8, Ce livre, qu'on appelle vulgairement Catéchisme de Naples, est infecté de jansénisme et est très-dangereux. *Voyez* aussi Montagne, t. II, pag. 112.

(3) Hinc claret, cur Augustinus omnem omnino gratiam pure sufficientem auferat, etc., l. IV de Grat. Christ., c. 10.

(4) *Voyez* l'article JANSÉNIUS.

(5) Prop. II, III, V, IX, XVII, XVIII, XIX, XX, XXV

(6) Prop. IV, XIII, XV.

(7) Défense des théologiens... contre l'ordonnance de Mgr l'évêque de Chartres, etc. Quelques auteurs attribuent ce libelle à Quesnel, d'autres à Fouilloux, son élève.

(8) Prop. LXIX.

DICTIONNAIRE DES HÉRÉSIES. I.

nature tombée, on ne résiste jamais à la grâce intérieure; IIᵉ proposition de Jansénius.

3° Quesnel va nous enseigner encore ce dogme jansénien très-empressément.

« Quelque éloigné que soit du salut un pécheur obstiné, quand Jésus-Christ se fait voir à lui par la lumière salutaire de sa grâce, *il faut* qu'il se rende, qu'il accoure, qu'il s'humilie, et qu'il adore son Sauveur. Il n'y a point de charmes, qui ne cèdent à ceux de la grâce, *parce que rien ne résiste au Tout-Puissant* (1). »

4° Au reste, docile à cet avis de la *lettre circulaire*: « Quoique la grâce impose à la volonté *une nécessité d'agir antécédente*, il ne faut néanmoins se servir jamais du nom de nécessité, disant que la grâce nécessite la volonté. Au lieu de ces termes (il faut dire), que la grâce victorieuse emporte doucement la volonté *sans contrainte et sans violence*; » notre ex-oratorien s'abstient soigneusement de lâcher le terme fatal; mais il ne laisse pas d'en retenir le sens, dogmatisant assez ouvertement qu'on ne peut pas résister à la grâce intérieure.

« La compassion de Dieu sur nos péchés, c'est son amour pour le pécheur; cet amour, la source de la grâce; cette grâce, *une opération de la main toute-puissante de Dieu que rien ne peut ni empêcher ni retarder*. La grâce de Jésus-Christ est une grâce... divine, comme créée pour être digne du Fils de Dieu, *forte, puissante, souveraine, invincible*; comme étant l'opération de la volonté toute-puissante, *une suite et une imitation de l'opération de Dieu incarnant et ressuscitant son Fils*. L'accord de l'opération toute-puissante de Dieu *dans le cœur de l'homme, avec le libre consentement de sa volonté*, nous est montré d'abord *dans l'incarnation*, comme dans la source et *le modèle de toutes les autres opérations de miséricorde et de grâce, toutes aussi gratuites et aussi dépendantes de Dieu que cette opération originale*. Dieu, dans la foi d'Abraham, à laquelle les promesses étaient attachées, *nous a donné lui-même l'idée qu'il veut que nous ayons de l'opération toute-puissante de sa grâce dans nos cœurs, en la figurant par celle qui tire les créatures du néant et qui donne la vie aux morts*. L'idée juste qu'à le centenier de la toute-puissance de Dieu et de Jésus-Christ sur les corps, pour les guérir *par le seul mouvement de sa volonté, est l'image de celle qu'on doit avoir de la toute-puissance de sa grâce pour guérir les âmes de la cupidité* (2). »

Or, puisque Dieu veut que nous ayons *la même idée de l'opération toute-puissante de sa grâce dans nos cœurs*, que de *l'opération qui tire les créatures du néant, et qui ressuscite les morts*, comme ni les créatures ni les morts ne peuvent résister à cette dernière opération, il s'ensuit que non-seulement nous ne pouvons pas résister à la grâce intérieure, mais encore que Dieu lui-même nous ordonne de croire qu'il nous est impossible d'y résister: en conséquence, celui qui croit que la vo-

(1) Prop. xiv, xvi.
(2) Prop. x, xxi, xxii, xxiii, xxiv

lonté *de l'homme peut résister ou obéir à la grâce intérieure prévenante, nécessaire pour chaque action en particulier, même pour le commencement de la foi*, erre véritablement dans la foi, est un semi-pélagien, est hérétique; IVᵉ proposition condamnée dans Jansénius. Quesnel appuie cette hérésie, dans sa XIXᵉ proposition, où il dit, que « la grâce de Dieu n'est autre chose que sa volonté toute-puissante, (à laquelle par conséquent il n'est pas possible de résister; et que) c'est l'idée que Dieu nous en donne lui-même dans toutes ses Écritures. »

Ajoutons encore que la volonté de l'homme est nécessitée par la grâce *sans laquelle on ne peut rien faire*, ainsi que par la concupiscence, en l'absence de cette même grâce, et conséquemment que, *pour mériter et démériter dans l'état de nature tombée, il n'est pas nécessaire que l'homme ait une liberté exempte de nécessité; mais il suffit qu'il ait une liberté exempte de coaction ou de contrainte*; IIIᵉ proposition extraite de l'*Augustinus* de de l'évêque d'Ypres. En effet, selon Quesnel, l'homme qui n'a plus la grâce, *sans laquelle on ne peut rien, n'est libre que pour le mal*, ne fait que le mal, et il le fait nécessairement; tout ceci est assez clairement exprimé dans ce que nous avons vu jusqu'ici de la doctrine de ce novateur: cependant il pèche, puisqu'on lui donne le nom de pécheur; il démérite donc, quoique nécessité. D'un autre côté, l'homme sous l'empire de la grâce, nécessaire pour toute bonne action, ne peut pas résister à cette grâce, ainsi qu'on vient de le voir avec beaucoup d'étendue; il suit de là qu'il opère le bien nécessairement; qu'il y est donc aussi nécessité: il mérite néanmoins, puisqu'il sera récompensé dans la vie future, s'il meurt dans la grâce: donc *pour mériter et démériter*, etc.

5° Il y a plus, « c'est une différence essentielle de la grâce d'Adam, et de l'état d'innocence d'avec la grâce chrétienne, que chacun aurait reçu la première *en sa propre personne*; au lieu qu'on ne reçoit celle-ci *en la personne de Jésus-Christ ressuscité*, à qui nous sommes unis. La grâce d'Adam, le sanctifiant *en lui-même*, lui était proportionnée (car il pouvait y résister): la grâce chrétienne, *nous sanctifiant en Jésus-Christ*, est toute-puissante et digne du Fils de Dieu (3). »

Outre son dogme favori de la grâce nécessitante, Quesnel ne semble-t-il point insinuer ici *l'imputabilité des mérites de Jésus-Christ?* En effet, cette hérésie calvinienne s'associe très-bien avec le système jansénien, tel que l'enseigne notre auteur. Car, puisque la grâce fait tout et qu'on ne peut y résister, il s'ensuit au fond, comme le dit la *circulaire*, que c'est la grâce qui opère tout le mérite; que nous n'en avons nous-mêmes aucun, et que, puisqu'il en faut pour être sauvé, ce sont donc ceux de Jésus-Christ seuls qui nous sanctifient, et que conséquemment ils nous sont purement imputés.

(3) Prop. xxxvi, xxxvii

Ce que Quesnel dit de l'unité de l'Eglise : « C'est... un seul homme composé de plusieurs membres, dont Jésus-Christ est la tête, la vie, la *subsistance et la personne...* un seul Christ, composé de plusieurs saints dont il est le sanctificateur, » paraît confirmer cette idée.

6° Mais voici du bien extraordinaire : « Le premier effet de la grâce (du baptême) est de nous faire mourir au péché ; en sorte que *l'esprit, le cœur, les sens n'aient non plus de vie pour le péché que ceux d'un mort pour les choses du monde* (1). » Voilà une inamissibilité de la justice conférée par le baptême, que Calvin n'aurait sans doute pas désavouée. Cependant elle n'est qu'une conséquence du système ; car puisqu'on ne peut résister à la grâce intérieure, comme on l'a vu ci-dessus ; tandis que cette grâce domine ou opère en nous, elle doit donc nous rendre morts au péché, aussi nécessairement que la mort naturelle rend un cadavre mort aux choses du monde. C'est pour cela que les port-royalistes affirment qu'elle est *une marque de prédestination* dans ceux qui *l'ont une fois reçue.*

7° Quant à la distribution des grâces, Jansénius avait osé dire : « Il est clair que l'Ancien Testament était comme une grande comédie (2). » Quesnel renouvelle ce blasphème, non en propres termes, mais d'une manière non moins injurieuse à la sagesse, à la bonté et à la justice de Dieu, puisqu'il ne craint pas de s'écrier, en s'adressant au Tout-Puissant lui-même : « Quelle différence, ô mon Dieu, entre l'alliance judaïque et l'alliance chrétienne! L'une et l'autre ont pour condition le renoncement au péché et l'accomplissement de votre loi : *mais là vous l'exigez du pécheur, en le laissant dans son impuissance;* ici vous lui donnez ce que vous lui commandez, en le purifiant par votre grâce... Quel avantage y a-t-il pour l'homme dans une alliance où *Dieu le laisse à sa propre faiblesse en lui imposant la loi?* Mais quel bonheur n'y a-t-il point d'entrer dans une alliance où Dieu nous donne ce qu'il demande de nous (3)? » Dieu commandait donc l'impossible à son peuple choisi, et il le punissait même dans l'éternité, pour n'avoir pas fait ce qu'il n'avait pas eu le pouvoir de faire. A plus forte raison, Dieu en agissait-il avec la même rigueur envers les hommes qui vivaient dans *l'état de nature :* excepté néanmoins, soit sous la loi, soit sous l'état de nature, un petit nombre de patriarches et de justes privilégiés, mais bien rares, et auxquels on pourrait appliquer, si nous osons le dire, ce vers d'un ancien :

Apparent rari nantes in gurgite vasto.

La raison de cette conduite est, selon les jansénistes assemblés dans le prétendu concile de Pistoie, qu'ayant promis le Messie, d'abord après la chute d'Adam pour consoler le genre humain par l'espérance du salut que Jésus-Christ apporterait un jour sur la terre, Dieu avait néanmoins voulu que l'homme passât, avant la plénitude des temps, par différents états : et 1. par *l'état de nature, où, abandonné à lui-même, il apprît par ses propres lumières à se défier de son aveugle raison et de ses écarts, à désirer le secours d'une lumière supérieure;* 2. par la *loi,* laquelle, si elle n'a pas guéri son cœur, a fait en sorte qu'il connût ses maux, et que convaincu, sans grâce, de sa profonde faiblesse, *il désirât la grâce du Médiateur* (4). On a vu déjà que Quesnel enseigne ailleurs que *la foi est la première grâce et la source de toutes les autres;* qu'il n'y en a *que par elle, point hors de l'Eglise,* et que l'Eglise n'étant composée que des élus et des justes, il n'y a dès grâces que pour ce petit troupeau chéri. Si cette conclusion paraît forte, elle n'en découle pas moins du système de notre novateur sur la définition de l'Eglise et de plusieurs de ses propositions très-clairement exprimées.

8° Enfin Quesnel nous apprend que Dieu ne veut le salut que de ceux qu'il sauve en effet par le secours de sa grâce irrésistible, et il renouvelle toute l'hérésie de la v° proposition condamnée dans Jansénius, en affirmant que Jésus-Christ n'est mort pour le salut éternel que des seuls prédestinés.

« Quand Dieu veut sauver l'âme, *en tout temps, en tout lieu, l'indubitable effet suit le vouloir d'un Dieu.* Quand Dieu veut sauver une âme, et qu'il la touche de la main intérieure de sa grâce, *nulle volonté humaine ne lui résiste.* Tous ceux que Dieu veut sauver par Jésus-Christ *le sont infailliblement.* Les souhaits de Jésus *ont toujours leur effet.* Il porte la paix jusqu'au fond des cœurs, *quand il la leur désire.* Assujettissement volontaire, médicinal et divin de Jésus-Christ... de se livrer à la mort, *afin de délivrer pour jamais, par son sang, les aînés, c'est-à-dire les élus,* de la main de l'ange exterminateur. Combien faut-il avoir renoncé aux choses de la terre et à soi-même pour avoir la confiance de s'approprier, pour ainsi dire, Jésus-Christ, son amour, *sa mort et ses mystères,* comme fait saint Paul en disant : *Il m'a aimé et s'est livré pour moi* (5) ! » Ces propositions n'ont pas besoin de commentaire.

III. Le troisième principe capital de Quesnel renferme tout le richérisme, concernant la puissance spirituelle de l'Eglise. En effet, si l'autorité requise pour l'excommunication appartient au corps entier dans cette société sainte, et que les premiers pasteurs ne puissent en user que *du consentement au moins présumé de tout ce corps,* c'est évidemment parce que toute l'autorité pour gouverner réside immédiatement dans ce même corps ; d'où il suit : 1° que le souverain pontife et

---

(1) Prop. XLIII.
(2) L. III de Grat., c. 6. Il enseigne, dans le chap. 5 du même livre, que « la grâce était capitalement contraire à la fin de la loi et à l'intention de Dieu. »
(3) Prop. VI, VII.

(4) Bulle *Auctorem fidei,* de condit. hom. in statu naturæ... sub lege. Il n'est pas nécessaire d'observer qu'il y a là des propositions qui favorisent le semi-pélagianisme, ainsi que l'a jugé Pie VI, dans cette bulle.
(5) Prop. XII, XIII, XXX, XXXI, XXXII, XXXIII.

les évêques n'en sont, à cet égard, que les envoyés; 2° que le premier n'est que le chef *ministériel* de l'Eglise, et que les seconds n'en sont de même que les pasteurs *ministériels;* 3° que ce qu'ils font sous ces rapports, soit en matière de doctrine, soit en fait de législation, soit à l'égard des censures, n'est valide qu'autant que le corps entier de l'Eglise est censé le faire par eux, ou du moins qu'autant qu'il y consent librement ou est présumé y consentir de cette manière.

Or, selon eux, les jansénistes appartiennent au corps de l'Eglise; ils en sont même la portion principale et la plus saine. On pourrait dire de plus qu'ils la forment exclusivement tout entière, puisqu'eux seuls enseignent la pure doctrine, en sont les défenseurs, et que tous ceux qui ne pensent pas comme eux ne sont que des *pélagiens et des semi-pélagiens,* ainsi que les caractérise la *lettre circulaire.*

D'où suit que tout ce que les souverains pontifes ont fait contre les jansénistes, par leurs bulles, leurs brefs, leurs censures, et les évêques, par leurs adhésions aux jugements du saint-siége, par leurs mandements et leurs excommunications, a été jusqu'ici des entreprises injustes, nulles, des persécutions atroces, des dominations inspirées par une ambition démesurée, par un fantôme de puissance, etc., etc.

Passons aux conséquences que notre dogmatiste tire de cet abîme d'erreurs.

1° Quant à la doctrine :

Les fidèles étant tous juges de la foi, ils peuvent donc, ils doivent même aller la puiser jusque dans les sources, par conséquent dans l'Ecriture sainte. Donc, « il est utile et nécessaire en tout temps, en tous lieux, et à toutes sortes de personnes, d'en étudier et d'en connaître l'esprit, la piété et les mystères. (La lecture des Livres sacrés,) entre les mains mêmes d'un homme d'affaires et de finances, marque qu'elle est pour tout le monde. L'obscurité sainte de la parole de Dieu n'est pas aux laïques une raison pour se dispenser de la lire; » parce que, comme juges en matière de doctrine et conduits par la grâce, ils doivent compter sur l'assistance céleste. « Le dimanche, qui a succédé au sabbat, doit être sanctifié par des lectures de piété et surtout des saintes Ecritures. C'est le lait du chrétien, et que Dieu même, qui connaît son œuvre lui a donné. Il est dangereux de l'en vouloir sevrer. C'est une illusion de s'imaginer que la connaissance des mystères de la religion ne doive pas être communiquée à ce sexe par la lecture des Livres saints, après cet exemple de la confiance avec laquelle Jésus se manifeste à cette femme (la Samaritaine). Ce n'est pas la simplicité des femmes, mais de la science orgueilleuse des hommes, qu'est venu l'abus des Ecritures et que sont nées les hérésies (1). C'est la fermer aux chrétiens (la bouche de Jésus-Christ) que de leur arracher des mains ce livre saint, ou de le leur tenir fermé en leur ôtant le moyen de l'entendre. En interdire la lecture aux chrétiens, c'est interdire l'usage de la lumière aux enfants de lumière et leur faire souffrir une espèce d'excommunication (en les privant de leur dignité essentielle de juges de la foi). Lui ravir (au simple peuple) cette consolation d'unir sa voix à celle de toute l'Eglise, c'est un usage contraire à la pratique apostolique et au dessein de Dieu; » parce que le simple fidèle est prêtre, qu'il consacre à la messe : d'où il faut conclure, et de quelques autres documents sur la pénitence, etc., que le sacrement de l'ordre ne donne pas de pouvoirs spéciaux, ou que du moins ces pouvoirs ne sont pas attachés exclusivement à l'ordre, lequel ne fait en quelque sorte que désigner ceux qui doivent présider aux assemblées chrétiennes, ceux qui sont députés pour certaines fonctions (2).

2° Touchant la prédication actuelle, l'ignorance et la vieillesse de l'Eglise :

« Les vérités sont devenues comme une langue étrangère à la plupart des chrétiens, et la manière de les prêcher est comme un langage inconnu, tant elle est éloignée de la simplicité des apôtres et au-dessus de la portée des fidèles. Et on ne fait pas réflexion que ce déchet est une des marques les plus sensibles de la vieillesse de l'Eglise et de la colère de Dieu sur ses enfants (3). »

3° Il ne faut pas craindre une excommunication injuste, mais la supporter avec patience, espérant d'en être guéri d'en haut. Avis aux jansénistes, qui en prirent aussi acte pour marcher sur les censures au moyen des appels aux parlements et au futur concile.

« La crainte même d'une excommunication injuste ne nous doit jamais empêcher de faire notre devoir... On ne sort jamais de l'Eglise, lors même qu'il semble qu'on en soit banni par la méchanceté des hommes, quand on est attaché à Dieu, à Jésus-Christ et à l'Eglise même par la charité. C'est imiter saint Paul que de souffrir en paix l'excommunication et l'anathème injuste plutôt que de trahir la vérité (janséenienne), loin de s'élever contre l'autorité ou de rompre l'unité: Jésus guérit quelquefois les blessures que la *précipitation des premiers pasteurs* fait sans son ordre; il rétablit ce qu'ils retranchent par un zèle inconsidéré (4). »

---

(1) « Les femmes et les filles sont fort propres à recevoir et même à donner créance à cette doctrine (à la doctrine hérétique des jansénistes). C'est pourquoi MM. les disciples s'insinueront auprès d'elles par telle sorte de voie et surtout par une dévotion extraordinaire, parce qu'elles aiment le changement et la vanité, et sont fort capables d'attirer plusieurs personnes à leurs sentiments. » Lettre circulaire, Conduite à tenir *avec les simples.* Si Arnauld et un ou deux autres jansénistes ont protesté contre l'authenticité de cet horrible écrit, c'est qu'il y est dit que « si par malheur les susdites instructions tombaient entre les mains ennemies, tous les disciples le désavoueront de bouche, ou même par écrit, s'il est expédient, pour le bien de cette union. » Ibid., pour leur conduite particulière.

(2) Prop. LXXIX, LXXX, LXXXI, LXXXII, LXXXIV, LXXXV, LXXXVI.

(3) Prop. XCV.

(4) Prop. XCI, XCII, XCIII. Saint Pie V, Grégoire XIII, Urbain VIII, Innocent X, Alexandre VII, Clément XI, papes; de Précipiano, archevêque de Malines, et presque

4° Sur la persécution qu'éprouvent les jansénistes de la part de l'Eglise et de la puissance temporelle.

« Rien ne donne une plus mauvaise opinion de l'Eglise à ses ennemis que d'*y voir dominer sur la foi des fidèles et y entretenir les divisions pour des choses qui ne blessent ni la foi ni les mœurs.* (Mais) Dieu permet que *toutes les puissances soient contraires aux prédicateurs de la vérité,* afin que sa victoire ne puisse être attribuée qu'à sa grâce. Il n'arrive que trop souvent que *les membres le plus saintement et le plus étroitement unis à l'Eglise sont regardés et traités comme indignes d'y être, ou comme en étant déjà séparés.* Mais le juste vit de la foi de Dieu et non pas de l'opinion des hommes. Celui (l'état) d'être persécuté et de souffrir comme un hérétique, un méchant, un impie, est ordinairement la dernière épreuve et la plus méritoire, comme celle qui donne plus de conformité à Jésus-Christ. L'entêtement, la prévention, l'obstination à *ne vouloir ni rien examiner,* ni reconnaître qu'on s'est trompé, changent tous les jours en odeur de mort, à l'égard de bien des gens, ce que Dieu a mis dans son Eglise pour y être une odeur de vie, comme *les bons livres, les instructions, les saints exemples,* etc. (des quesnellistes). Temps déplorable où on croit honorer Dieu en persécutant la *vérité et ses disciples.* Ce temps est venu... Etre regardé et traité par ceux qui en sont les pasteurs (de la religion) comme un impie indigne de tout commerce avec Dieu, comme un membre pourri, capable de tout corrompre dans la société des saints; c'est pour les personnes pieuses une mort plus terrible que celle du corps. En vain on se flatte de la pureté de ses intentions et d'un zèle de religion, en poursuivant *des gens de bien à feu et à sang,* si on est, ou aveuglé par sa propre passion, ou emporté par celle des autres, *faute de vouloir bien examiner* » (par l'esprit de Luther; car, après les décisions de l'Eglise, par quel esprit peut-on examiner la doctrine, dans le dessein de fouler aux pieds ses définitions dogmatiques, si ce n'est par l'esprit que prêchait l'hérésiarque allemand?). « On croit souvent sacrifier à Dieu un impie, et on sacrifie au diable un serviteur de Dieu (1). »

5° Maxime admirable sur les serments que l'Eglise a souvent exigés pour s'assurer de la foi de ses ministres, et en particulier sur le serment prescrit par le formulaire d'Alexandre VII.

« Rien n'est plus contraire à l'esprit de Dieu et à la doctrine de Jésus-Christ que de rendre communs les serments dans l'Eglise, parce que c'est multiplier les occasions des parjures, dresser des pièges aux faibles et aux ignorants, et faire quelquefois servir le nom et la vérité de Dieu aux desseins des méchants (2). »

6° Enfin, voici une autre maxime très-commode à l'égard des dispenses de toute sorte de lois divines, qu'on peut se donner d'autorité privée.

« L'homme peut se dispenser pour sa conservation d'une loi que Dieu a faite pour son utilité (3). » En effet, puisque tout fidèle participe *immédiatement et essentiellement* à la puissance spirituelle, et qu'il a droit de juger en matière de doctrine, pourquoi ne serait-il pas aussi docteur compétent pour interpréter la loi de Dieu, et s'en dispenser lui-même dans un cas aussi urgent que celui dont il s'agit, dans l'espérance que Jésus-Christ le dispense lui-même? Quesnel en agit de la sorte à l'égard d'une loi de l'Eglise très-importante. Comme on l'accusait de s'être fait un oratoire dans sa demeure et d'y avoir célébré la sainte messe de sa propre autorité, il répondit qu'il *croyait que Notre-Seigneur Jésus-Christ l'avait dispensé immédiatement et par lui-même de l'observance de cette loi par la nécessité où il était de conserver sa vie et sa liberté* (4).

Exposé succinct des vérités opposées aux erreurs condamnées dans les Réflexions morales.

I. Le principe des deux amours exclusifs, si souvent proscrit par le saint-siége avec l'applaudissement de toute l'Eglise, est faux en lui-même, absurde dans ses conséquences qui en découlent, et il ouvre la porte à une foule d'erreurs criantes.

Nous disons *faux en lui-même*, parce qu'il y a en effet des affections intermédiaires, lesquelles, sans justifier l'homme ni le faire mériter pour le ciel par elles seules, ne le rendent néanmoins pas coupable et ne se rattachent par les motifs qui y président ni par l'impulsion qu'elles reçoivent, ni à la charité, ou *amour surnaturel de Dieu pour lui-même*, ni à la cupidité, ou *amour déréglé de la créature*. Tels sont, dans l'ordre surnaturel, l'amour dicté par l'espérance chrétienne et la reconnaissance envers Dieu pour les grâces reçues de sa miséricorde, vertus qui découlent de la charité proprement dite, sans toutefois l'exclure, et qui peuvent se rencontrer dans un fidèle privé de la grâce sanctifiante, encore sans amour de bienveillance pour Dieu. Tel est, dans l'ordre moral, ce penchant invincible pour le bonheur, inséré par la Providence divine dans notre cœur, lequel porte l'homme à des recherches, à des démarches, à des mesures que la droite raison ne désapprouve pas toujours; même à l'amour du bien, à l'estime de la vertu, à la pratique de quelques devoirs. La loi naturelle inspire à un époux de la tendresse pour son épouse, à un père de l'affection pour son enfant, à celui-ci un juste retour pour l'auteur de ses jours, à l'homme de l'amour pour son semblable et mille autres sentiments bons et louables en eux-mêmes

---

tous les autres évêques en communion avec le saint-siége, étaient ces pasteurs *inconsidérés*, etc., dont parle ici le modeste et respectueux sectaire.
(1) Prop. xciv, xcvi, xcvii, xcviii, xcix, c.
(2) Prop. ci.
(3) Prop. lxxi.
(4) Entret. du docteur, au sujet des affaires présentes par rapport à la religion, t. III, p. 221.

dont cependant la charité n'est pas toujours et souvent ne saurait être la cause ou le mobile, puisque cette vertu suppose la foi que n'ont pas tous ceux qui sont susceptibles de se conduire d'après ces sentiments honnêtes. « L'image de Dieu n'est pas tellement dégradée dans l'âme de l'homme par la souillure des passions terrestres, dit saint Augustin, qu'on n'y en reconnaisse plus comme les derniers traits : d'où l'on peut conclure que, dans l'impiété même de sa vie, l'homme observe encore en quelques points la loi, ou qu'il pense quelquefois bien (1). » Le même Père avoue qu'il y a un amour humain licite et un autre qui ne l'est pas; il dit que le premier est tellement permis que, si on ne l'a pas, on est justement repris (2). « Il n'est personne, selon S. Jérôme, qui n'ait en soi les germes de la sagesse, de la justice et des autres vertus (morales). De là vient que plusieurs, sans le secours de la foi et de l'Evangile de Jésus-Christ, se comportent sagement et sans reproche en quelques points..., ayant au fond de leur cœur les principes des vertus (3). » Le saint docteur de la grâce tient à peu près le même langage sur le même sujet (4), et saint Chrysostome n'enseigne pas une autre doctrine (5). Le principe des deux amours exclusifs est donc *faux en lui-même*.

Il est encore *absurde dans les conséquences qui en découlent*. Car, si toutes les volontés et toutes les actions de l'homme qui n'émanent pas de la charité strictement dite, ou de l'impulsion de cette vertu, procèdent nécessairement de la cupidité vicieuse, il s'ensuit que tout homme qui n'a pas l'amour surnaturel de Dieu pour lui-même, ou qui n'agit pas sous l'influence de cet amour, pèche nécessairement dans tout ce qu'il fait, quoi qu'il fasse et quel que soit le motif qui le porte à agir. Si donc un infidèle vole au secours de son prochain prêt à périr, parce qu'il voit en lui son semblable, il pèche; si la compassion l'engage à donner du pain à celui qui a faim, à revêtir celui qui est nu, à réchauffer celui qui meurt de froid, à fournir des remèdes à celui qui manque de toute ressource dans la maladie, il pèche encore : s'il modère son emportement, afin de n'offenser personne dans le délire de la colère ; s'il s'abstient de tout excès à table par amour de la tempérance; s'il détourne les yeux de dessus un objet séduisant, afin de ne point s'exposer à manquer à la fidélité qu'il doit à son épouse, il pèche de même : s'il est fils soumis, époux tendre, ami bon et prévenant, plein d'amour pour sa patrie, zélé pour le bien public, etc., ces vertus sont pour lui des vices, et tous les actes qu'il en fait sont autant de péchés. Cependant si cet infidèle n'agissait pas ainsi, ou s'il faisait tout le contraire, il pécherait très-certainement. D'où il faut conclure : 1° qu'il pèche nécessairement dans toutes ses volontés et ses actions; 2° que l'infidélité négative, si elle a lieu chez lui, loin de l'excuser du défaut de charité, est elle-même un péché damnable, assez volontaire dans le péché originel dont elle est la suite, péché qu'Adam a commis avec une pleine connaissance et une entière liberté; 3° que la loi naturelle, qui commande le bien sans obliger de le faire par l'influence de la charité, vertu qui n'est pas de sa compétence, est mauvaise et ne peut venir que de la cupidité ou que du mauvais Principe ; 4° que Dieu n'a mis ce malheureux dans l'infidélité et ne l'y laisse sans secours surnaturel (puisque hors de l'Eglise point de grâces, dit Quesnel) que pour le perdre à jamais. La plume tombe des mains à la vue de tant d'absurdités, de blasphèmes, d'erreurs et d'hérésies.

Nous disons *d'erreurs et d'hérésies*, auxquelles le principe des deux amours exclusifs ouvre une large porte. Car, outre ce qu'on vient de voir, puisqu'il n'y a qu'un amour légitime, et que tout le bien que nous faisons ne peut venir que de là, il n'y a non plus, à parler très-strictement, qu'une seule vertu; et tout ce que l'Ecriture et la tradition nous recommandent comme tel, s'il n'est influencé par la charité, seul amour légitime, est vicieux et ne vient que de la cupidité. Ainsi il faut rejeter l'Ancien Testament, qui exhorte les païens à faire du bien ; le Nouveau, qui prescrit d'autres vertus que la charité ; les conciles, qui parlent comme l'Ecriture; les Pères qui n'en sont que les interprètes ; tous les docteurs orthodoxes, dont le langage se rapproche trop du pélagianisme et du semi-pélagianisme. Il faut croire aussi que les dispositions par lesquelles l'infidèle arrive à la connaissance et à l'amour surnaturel du souverain bien, les démarches que fait le pécheur pour en venir à aimer Dieu pour lui-même, les prières, les macérations, les aumônes auxquelles il s'adonne avant que d'avoir la charité, sont tout autant de péchés, même mortels, si l'on en croit la *circulaire* déjà tant de fois citée. Abrégeons : si le principe que nous examinons est vrai, le jansénisme l'est aussi dans sa plus grande partie ; et, dans cette hypothèse révoltante, l'abbé de Saint-Cyran est demeuré au-dessous de la vérité quand il a dit que l'Eglise n'était plus, *depuis cinq ou six cents ans*, qu'une adultère, et qu'il fallait en bâtir une autre, suivant la révélation qu'il en avait reçue de Dieu : il eût dû dire que jamais elle n'avait été. *O portentum ad ultimas terras deportandum!*

Le principe des deux amours exclusifs est donc faux en lui-même, absurde dans les

---

(1) Verumtamen quia non usque adeo in anima humana imago Dei terrenorum affectuum labe detrita est, ut nulla in ea velut lineamenta extrema remanserint, unde merito dici possit etiam in ipsa impietate vitæ suæ facere aliquid legis vel sapere. De Spirit. et Litt., c. 28.
(2) Serm, 349, c. 1 et 2. Ed. Maur.
(3) Perspicuum est... nec quemquam non habere in se semina sapientiæ et justitiæ, reliquarumque virtutum ; unde multi absque fide et Evangelio Christi, vel sapienter faciunt aliqua, vel sancte... habentes in se principia virtutum. In cap. 1 Epist. ad Galat.
(4) Lib. 1 de peccat. Merit. et Remiss., c. 22, n. 31.
(5) Indidit Deus naturæ nostræ quemdam amorem; ut alter alterum diligamus invicem; omne enim animal diligit sui simile, et homo sinum proximum. Vides quod ad virtutem semina habemus a natura. Hom. in Ep. ad Ephes.

conséquences qui en découlent, et il ouvre la porte à une foule d'erreurs criantes ; par conséquent tout le système jansénien, quant à ce qui se trouve fondé sur ce principe détestable, tombe et n'a plus d'appui. Concluons de là qu'il faut reconnaître, soit dans l'ordre surnaturel, soit dans l'ordre naturel, plus d'un amour légitime.

Quant aux conséquences que Quesnel déduit de son principe ruineux, sans entreprendre de le réfuter ici, ni même de le suivre dans tous ses excès, nous y opposerons seulement les vérités suivantes :

1° Touchant l'état d'innocence.

Il faut reconnaître qu'avant sa déplorable chute, Adam avait été sanctifié et destiné à posséder Dieu dans le ciel, orné de la foi, de l'espérance, de la charité, aidé de la grâce avec laquelle il pouvait persévérer, et avait en effet persévéré quelque temps ; qu'il avait été établi maître des mouvements de son cœur, doué de l'immortalité, exempté des misères de cette vie ; mais par un effet de la libéralité de Dieu qui ne lui devait ces dons admirables, ni comme appartenant à l'essence de la nature humaine, ni comme en étant le complément nécessaire, ni comme une suite de la création, ni comme exigés de la justice, de la sagesse, de la bonté du Créateur.

Ainsi l'état de *pure nature*, que la plupart des théologiens orthodoxes admettent, *non comme ayant réellement existé*, mais comme *possible*, ne doit pas être taxé de rêverie, d'imagination creuse, de chimère intolérable, encore moins l'état de *nature entière* qui eût eu sur celui-là quelque avantage pour l'homme.

La grâce d'Adam était surnaturelle dans son principe, dans sa nature, dans ses fins ; les mérites qui s'ensuivaient étaient donc de même espèce et non point des mérites humains, c'est-à-dire des mérites naturels.

Il est vrai que, supposé son élévation à la béatitude, tant que le premier homme fut sans péché, il était de la sagesse de Dieu de lui donner les moyens nécessaires pour pouvoir arriver à cette fin sublime ; et l'homme, ne s'en étant point encore rendu indigne par la désobéissance, y avait une sorte de droit, mais non en conséquence de sa création, ni en vertu de l'exigence de sa nature.

L'homme innocent n'éprouvant au dedans de lui-même aucune révolte, il lui était bien plus facile de persévérer qu'à l'homme déchu et justifié de nouveau, puisque celui-ci est en butte à une concupiscence malheureuse qui ne cesse de combattre en lui contre la raison ; la grâce nécessaire dans le premier état pouvait donc être moins forte que celle qui est requise dans le second ; mais, dans l'un et dans l'autre, le mérite pour la gloire présuppose toujours la grâce proprement dite.

La sainte Vierge étant née d'Adam, comme le reste des hommes, elle devait par là même contracter la souillure du péché originel, et en ressentir les suites déplorables comme les autres enfants de ce père prévaricateur ; nous convenons néanmoins qu'*il est pieux, conforme au culte ecclésiastique, à la foi catholique, à l'Ecriture et à la raison,* de croire que cette auguste mère de Dieu a été conçue sans péché, quoique nous ne regardions pas l'immaculée conception comme un dogme qui ait le caractère d'article de foi dont la profession soit nécessaire au salut.

« La mort est pénale dans les plus justes : elle a été dans la sainte Vierge la dette du péché qu'elle aurait contracté, si Dieu, par un privilége spécial, n'avait suspendu, en sa faveur la maligne influence de la génération... Les afflictions (qu'elle) a souffertes n'ont pas été la peine de ses péchés actuels, puisque la foi de l'Eglise nous apprend qu'elle n'en a commis aucun. Dieu afflige les pécheurs ; mais les souffrances ne sont pas toujours de sa part la peine des péchés actuels. Il afflige quelquefois les justes pour manifester sa gloire, perfectionner leurs vertus, augmenter leurs mérites. »

2° Sur la charité.

Elle est ou *habituelle* ou *actuelle*.

La première est la grâce sanctifiante, qui rend celui qui la possède ami de Dieu, son enfant adoptif, membre vivant de Jésus-Christ, son cohéritier pour le royaume céleste. La foi, l'espérance et la charité sont constamment les compagnes de cette grâce. Elle est nécessaire pour opérer des œuvres dignes des récompenses éternelles, quoiqu'elle ne soit pas la seule condition requise pour mériter ainsi par les bonnes œuvres. C'est un don que la miséricorde accorde par les mérites de Jésus-Christ : le pécheur ne peut le mériter rigoureusement, c'est-à-dire *de condigno*, comme parlent les théologiens ; mais improprement, *de congruo*, en s'y disposant avec le secours de la grâce par des œuvres surnaturelles : le juste, au contraire, peut en mériter *de condigno* l'augmentation. Ce don précieux est inhérent dans l'âme, d'où le péché mortel seul le bannit.

La charité *actuelle* est cette vertu théologale par laquelle on aime Dieu par-dessus tout pour lui-même, et l'on s'aime et le prochain comme soi-même pour Dieu. Elle peut être plus ou moins intense ; mais il est de la nature de cette vertu de préférer Dieu à toutes choses ; c'est donc à tort que Jansénius et ses partisans la subdivisent en une charité qui aime Dieu par-dessus tout, et une autre qui ne s'élève pas jusque-là. Elle surpasse toutes les autres en excellence, au rapport de l'Apôtre, et parce qu'elle nous unit à Dieu d'une manière plus intime et plus parfaite ; mais on ne peut dire sans erreur qu'elle soit la seule vertu : l'Ecriture et la tradition nous en montrent d'autres encore qui parlent à Dieu et qui l'honorent, que Dieu écoute et qu'il récompense ; la foi et l'espérance, par exemple, sont distinguées de la charité ; elles viennent de la grâce, sont bonnes en elles-mêmes, nécessaires dans les adultes pour parvenir à la justification, quoique non encore méritoires pour le ciel, et ne se perdent point avec la charité ; mais seulement la première par l'infidélité, la seconde par le désespoir et la présomption. — Quand le pécheur manque d'espérance, la foi lui demeure encore ; il peut avoir d'autres vertus morales ; tout ne lui manque donc pas. La crainte servile reconnaît la justice du Tout-Puissant ; la foi, sa véracité ; l'espérance, sa miséricorde, sa puissance, sa fidélité dans ses promesses ; l'observation de quelques préceptes, son domaine suprême, etc. ; il y a donc, sans sortir absolument de la religion, un état où la charité ne se trouve pas, ou, ce qui revient au même, l'homme qui a perdu cette précieuse vertu et la grâce sanctifiante n'est pas par cela seul un impie. Il prie même utilement, s'il demande les secours surnaturels dont il a besoin pour sortir de cet état déplorable, s'il prie avec le dessein, le désir de s'amender, de rentrer en grâce avec Dieu : sans doute que s'il prie avec orgueil ou présomption, avec l'affection actuelle au péché, dans la disposition de le commettre encore, sans aucun désir de le quitter, de faire la paix avec Dieu, sa prière est mauvaise et elle est un nouveau péché.

La première grâce que le pécheur reçoit n'est point le pardon de ses péchés ou la grâce qui le réconcilie ; il faut que la foi lui ouvre les yeux sur le malheur dans lequel le péché mortel l'a plongé, que la crainte lui fasse sentir le danger de sa position, que l'espérance relève son courage, que la confession l'humilie, que la douleur le dispose à être justifié dans le sacrement de pénitence ; toutes ces dispositions viennent de la grâce, et elles précèdent d'ordinaire, ou du moins souvent, le pardon, la justification : nous disons *d'ordinaire ou du moins souvent*, parce que si le repentir est rendu parfait par la charité, comme il arrive quelquefois, il réconcilie avant la réception du sacrement de pénitence, quoique non indépendamment de la volonté de le recevoir : repentir encore qui ne vient pas dans le pécheur sans la grâce qui éclaire son esprit, touche son cœur, l'aide à gémir librement, prépare donc le pécheur à la contrition parfaite.

Puisqu'il y a entre les deux amours exclusifs des affections bonnes, des vertus même, dans l'ordre surnaturel et dans l'ordre naturel, tout ce qui n'émane pas de la charité et tout ce qui ne se fait pas dans l'état de grâce ne procède pas de la cupidité vicieuse et n'est pas péché ; il est donc faux que la charité ou la cupidité rendent exclusivement l'usage des sens bon ou mauvais ; que l'obéissance à la loi qui ne découle pas de la charité comme de sa source ne produise qu'hypocrisie ou fausse justice ; que la prière qui n'est pas animée par cette vertu soit vaine ; qu'on coure en vain quand on court par un autre mouvement, etc., etc.—On ne peut trop recommander aux fidèles de rapporter leurs actions à Dieu par le motif de la charité, puisqu'il est le plus parfait de tous ; mais puisqu'il y a d'autres motifs qui honorent Dieu et qui lui plaisent, quoique moins excellents en eux-mêmes, et que le premier commandement, considéré comme affirmatif, n'oblige pas à tous les instants, on n'est pas tenu de rapporter à Dieu toutes ses actions par le motif du pur amour, c'est-à-dire de la charité. On doit produire de temps en temps, souvent même, des actions de charité sans marchander avec Dieu, si nous osons parler ainsi, et sans examiner si le commandement oblige maintenant ou non ; mais le prophète-roi nous apprend clairement qu'on peut aimer la loi du Seigneur, et s'attacher à l'observer à cause des grandes récompenses que Dieu a promises à ceux qui y seraient fidèles : *Inclinavi cor meum ad faciendas justificationes tuas in æternum, propter retributionem* (1) ; et le saint concile de Trente anathématise *celui qui dit que l'homme justifié pèche quand il fait de bonnes œuvres dans la vue de la récompense éternelle* (2). — Il est de toute fausseté qu'il n'y ait point de grâce hors de l'Eglise. Qu'est-ce qui amène tous les jours dans le sein de cette tendre mère tant de schismatiques, d'hérétiques, de juifs et d'infidèles qui y viennent à notre grande consolation, si ce n'est la grâce dont ils écoutent et suivent librement les lumières, les mouvements salutaires ? Dire qu'ils font par les forces de la nature et du libre arbitre tout ce qui précède et ménage leur entrée dans le sein de l'Eglise, et qu'ils y entrent même sans grâce, n'est-ce pas tomber dans un égarement plus grand que les semi-pélagiens condamnés par l'Eglise pour avoir soutenu opiniâtrement que le commencement de la foi ne vient pas de la grâce ?

3° A l'égard de la foi.

Elle est un don de Dieu, le commencement du salut de l'homme, le fondement et la racine de toute justification ; mais elle ne suffit pas seule pour justifier le pécheur. C'est elle qui prête aux actions chrétiennes les motifs qui les surnaturalisent, et par là elle contribue à les rendre méritoires pour le ciel. Elle est vive quand elle opère les œuvres, morte quand elle n'opère rien ; formée quand elle est accompagnée de la grâce sanctifiante, informe quand elle en est isolée ; mais, dans tous les cas, elle est toujours un don de Dieu, une vertu surnaturelle, et non une foi humaine ou naturelle.

On ne peut pas dire dans un sens rigoureux qu'elle est la première grâce ; la foi vient par l'ouïe, *fides ex auditu*, dit saint Paul ; or, c'est une grâce que d'en entendre parler, d'en connaître l'objet, d'en apercevoir la nécessité ; c'en est une que d'être touché des vérités qu'elle enseigne, de les aimer, d'y acquiescer librement ; d'ailleurs les doutes et les craintes que ressentent les hérétiques, les juifs, les infidèles sur la bonté de leur religion, les désirs qui leur viennent d'examiner s'ils sont vraiment dans la voie qui conduit à Dieu, etc., précèdent la foi et sont des grâces. S'il n'y avait de grâces que par la foi, on pourrait donc arriver à cette vertu sans grâce, et les dispositions qui y amènent

(1) Psal. cxviii. (2) Sess. 6, de Justific., can. 31.

ne couleraient pas de cette source divine, mais elles viendraient des lumières naturelles et des forces du libre arbitre de l'homme; erreur condamnée depuis longtemps par l'Eglise dans les semi-pélagiens. Si la foi était aussi la source de toutes les grâces, tous ceux qui n'ont pas la foi ne pourraient l'avoir, et par conséquent aucun d'eux ne se convertirait, ce que l'expérience démontre faux ; ou ne se convertirait que par des moyens naturels, ce que la foi elle-même ne permet pas qu'on admette. Il s'ensuivrait aussi de là que les infidèles, les juifs, les hérétiques mêmes, n'ont point de grâces, et que Dieu les laisse donc sans aucun moyen suffisant de salut ; ce qui est formellement contraire à l'Ecriture et à l'enseignement universel de toutes les écoles catholiques.

Il est vrai que la foi opère par la charité quand elle est accompagnée de l'observation exacte de la loi de Dieu, selon cet oracle de notre souverain législateur : « Si quelqu'un m'aime, il mettra ma parole en pratique ; et mon Père l'aimera, et nous viendrons à lui, et nous établirons en lui notre demeure(1). » Mais elle opère aussi par elle-même, indépendamment de la charité, en soumettant l'intelligence à Dieu considéré comme vérité suprême ; elle opère par la crainte en inspirant une salutaire terreur de la justice divine ; elle opère par l'espérance en élevant l'âme jusqu'à la confiance en la miséricorde de Dieu et en ses promesses ; enfin, elle opère par toutes les vertus chrétiennes auxquelles elle fournit, si nous osons nous exprimer ainsi, les motifs surnaturels qui en sont comme les aliments intérieurs et un des principes qui rendent les vertus méritoires pour l'éternité. — Pour être sauvé, il faut croire, espérer, aimer et tout au moins avoir la volonté sincère d'observer toute la loi de Dieu ; ceci s'entend des adultes qui se convertissent à la mort, comme le bon larron ; car ceux qui en ont le temps doivent mettre la main à l'œuvre pour l'accomplissement réel des préceptes divins ; quant aux enfants qui meurent après le baptême, rien ne leur manque pour arriver de suite à la gloire, et la justification qu'ils ont reçue dans ce sacrement leur suffit, y ayant été ornés de l'habitude de la foi, de l'espérance, de la charité, et décorés de la grâce sanctifiante. — Dire que tout est renfermé pour le salut dans la foi sans les œuvres, c'est prêcher le calvinisme tout pur, soit qu'on entende par la foi la fausse confiance de Calvin, soit qu'on prétende que les œuvres ou le désir et la volonté sincère d'observer les commandements ne soient pas nécessaires aux adultes pour être sauvés. Y ajouter seulement la prière, c'est adoucir cette hérésie ; dire que *tous les autres moyens de salut sont renfermés dans la foi, comme dans leur germe et dans leur semence,* mais *que ce n'est pas une foi sans amour et sans confiance,* c'est insinuer qu'il n'y a point de grâces pour ceux qui n'ont pas la foi ; que les dispositions qui mènent à cette vertu ne sont pas des moyens de salut ni par conséquent des grâces, et que la foi, sans la charité et sans la confiance, n'est pas une vraie foi, mais une croyance purement humaine et naturelle, ce qui est erroné. — On ne peut mériter le ciel sans la foi ; mais on peut, sans ce secours, faire quelques œuvres bonnes moralement et avoir quelques vertus naturelles ; la loi naturelle est écrite dans tous les cœurs, et elle parle à tous plus ou moins clairement, ainsi que la conscience ; il ne faut donc pas dire que toutes les vertus des philosophes païens étaient des vices, ni que toutes les œuvres des infidèles sont des péchés, doctrine pernicieuse que le saint-siège a souvent proscrite et toujours avec l'applaudissement de toute l'Eglise.

4° Par rapport à la crainte de l'enfer

Elle peut être considérée en elle-même ou dans le sujet qui en est pénétré. Sous le premier rapport, elle est fondée sur la foi, et elle tend à nous inspirer des mesures pour éviter des peines réelles et justement redoutables ; elle est donc bonne, utile, et ne vient point de la cupidité, mais de la grâce céleste ; aussi l'Ecriture en fait-elle souvent l'éloge (2). Le roi-prophète la demandait à Dieu (3) ; les apôtres la recommandaient aux fidèles (4), et saint Paul la portait dans son propre cœur (5). D'ailleurs, dans quel autre dessein les prophètes, Jésus-Christ et ses envoyés nous parlent-ils tant dans les saintes Lettres, de la sévérité des jugements de Dieu et de l'excès des tourments qui accablent en enfer les réprouvés, si ce n'est pour nous engager à redouter saintement ces objets si terribles, à nous détacher du péché, à le fuir et à faire pénitence de ceux que nous avons eu le malheur de commettre ? Que cette crainte, reçue docilement d'en haut et dirigée avec le secours de la grâce vers les fins qui y sont propres, opère ces heureux effets, peut-on en douter, pour peu qu'on ait lu les livres saints, les vies des héros de la religion, et qu'on connaisse les ressorts qui meuvent le cœur de l'homme ? Nous nous contenterons de citer ici David, que la pensée des jugements de Dieu faisait trembler (6) ; Susanne, qui, pour ne point donner la mort à son âme, ni se souiller d'un crime énorme devant Dieu, résista courageusement aux sollicitations impudentes de deux infâmes vieillards, juges dans Israël (7) ; Eléazar, qui ne voulut pas feindre une odieuse apostasie, parce que, disait-il, quoiqu'il pût, dans le temps présent, échapper aux supplices des hommes, il ne lui était pas possible d'éviter, ni dans cette vie, ni dans l'autre, la main redoutable du Tout-Puissant (8) ; Manassès, que la vue des fers,

---

(1) Si quis diligit me, sermonem meum servabit, et Pater meus diliget eum, et ad eum veniemus, et mansionem apud eum faciemus. Joan. xiv, 23.
(2) Initium sapientiæ, timor Domini. Eccli. i, 16; Psal. cx, 10; Prov. i, 77.
(3) Ps. cxviii.
(4) II Cor. vii, 1 ; Philipp. ii, 12.
(5) I Cor. ix, 27.
(6) Ps. cxvii, 120.
(7) Dan., xiii, 22 et 23.
(8) II Mac., vi, 26.

et de la dure captivité qu'il endurait à Babylone pour ses prévarications multipliées rappela au vrai Dieu, le lui fit craindre et l'engagea à crier vers lui miséricorde avec instance et d'une manière si efficace (1). Que de pécheurs la crainte n'a-t-elle pas ramenés au devoir, détournés du vice, excités à faire pénitence! Que d'âmes chancelantes elle a soutenues dans la pratique laborieuse de la vertu, empêchées de succomber à des tentations séduisantes, éloignées des occasions prochaines! — Il est vrai que la crainte servile ne justifie pas seule ni par elle-même le pécheur; mais elle bannit le péché (2), elle rend docile à la voix de Dieu, elle porte à rechercher ce qui lui plaît, à préparer le cœur et à sanctifier l'âme en sa présence, à garder ses préceptes, à faire pénitence, à espérer en sa miséricorde (3). Le concile de Trente la range parmi les dispositions à la justification (4); il déclare que l'attrition, qui se conçoit communément par la considération de la laideur du péché ou par la crainte du châtiment et des peines, si elle exclut la volonté de pécher et est jointe à l'espérance, non-seulement ne rend pas l'homme hypocrite et plus pécheur, mais est un don de Dieu, un mouvement du Saint-Esprit qui n'habite pas encore dans l'âme, mais seulement l'excite, et à l'aide duquel mouvement le pénitent se prépare la voie à la justice et est disposé à recevoir la grâce de Dieu dans le sacrement de pénitence (5). Enfin il définit que cette même contrition, quand elle est accompagnée d'un propos sincère de mener une meilleure vie, est une douleur vraie, utile, et qu'elle prépare à la grâce (6).

Il est donc faux que la crainte servile conduise d'elle-même au désespoir, qu'elle n'arrête que la main, qu'elle n'exclue pas l'affection actuelle au péché, que celui qui ne s'abstient du crime que par l'impulsion de cette crainte salutaire, pèche dans son cœur et soit coupable par là même devant Dieu. Saint Augustin, pour ne parler que de ce Père, que les jansénistes ont continuellement dans la bouche, au bout de leur plume, et dont ils font gloire de se dire les disciples, saint Augustin tient un tout autre langage (7), et il termine ce qu'il dit touchant la crainte de l'enfer par en reconnaître la bonté, l'utilité : *Bonus est, et iste timor utilis est.*

Mais pourquoi Quesnel, à l'exemple de ses maîtres, et ses disciples après lui, rejettent-ils si opiniâtrement la crainte servile? La raison en est claire : c'est qu'ils tiennent à leur maxime capitale, que toutes les volontés et les actions de l'homme émanent exclusivement de la charité proprement dite ou de la cupidité vicieuse, maxime qu'ils ont le plus grand intérêt de soutenir, puisque, sans elle tout leur système tombe en ruine, n'ayant plus d'appui : or, la crainte servile ne vient pas de la charité; il faut donc, selon eux, qu'elle soit une production de la cupidité, par conséquent qu'elle soit mauvaise et qu'elle ne puisse rien enfanter que du mal. C'est par une suite de cette maxime détestable qu'on nous dit *qu'un baptisé est encore sous la loi, comme un juif, s'il n'accomplit point la loi ou s'il l'accomplit par la seule crainte*, doctrine dont l'absurdité saute aux yeux. — Suivant saint Augustin, l'amour et la crainte se trouvent dans l'un et dans l'autre Testament; cependant la crainte prévalait dans l'Ancien et l'amour prévaut dans le Nouveau (8). Quel est le catholique, dit ailleurs ce Père, *qui dise ce que les pélagiens publient que nous disons, que dans l'Ancien Testament l'Esprit-Saint n'aidait point à faire le bien* (9)? Saint Thomas enseigne que la loi ancienne ne suffisait pas pour sauver les hommes, mais qu'ils avaient un autre secours que Dieu leur donnait avec la loi. C'était la foi dans le médiateur, par le moyen de laquelle les anciens pères ont été justifiés comme nous le sommes. Dieu donc ne manquait point alors aux hommes, et il leur donnait des moyens de salut (10). Moïse et les prophètes, les prêtres et les docteurs de la loi n'ont donc pas fait seulement des esclaves de la crainte des peines temporelles. — La crainte purement servile venant de la grâce et de la foi, il est absurde et impie de soutenir qu'*elle représente Dieu comme un maître dur, impérieux, injuste, intraitable*, et puisqu'étant jointe à l'espérance et à la volonté sincère de changer de vie, elle dispose le pécheur à recevoir la grâce dans le sacrement de pénitence, comme l'enseigne le concile de Trente, le pécheur peut donc s'approcher de Dieu et crier miséricorde avec cette sainte crainte.

Nous ne parlons pas ici de la crainte que les théologiens appellent *servilement servile*, en suite de laquelle le pécheur ne s'abstient que de l'action du péché, y conservant une attache actuelle et la volonté de le commettre; si Dieu ne le punissait pas. On voit assez qu'une disposition semblable est mauvaise; mais elle ne vient pas de la crainte, non plus que le désespoir : celle-là est le fruit d'une affection désordonnée; celui-ci est l'effet d'une lâche paresse.

5° Quant à l'Église.

Considérée en général et précision faite de ses divers états, elle peut être définie : *la société des saints qui servent Dieu sous un même chef, qui est Jésus-Christ*. Désignée de cette manière, elle comprend sous le nom d'Église *triomphante*, la sainte Vierge, les anges et les élus qui règnent avec Jésus-Christ dans le ciel ; sous le nom d'Église *militante*, tous les fidèles répandus sur la terre, soit les justes, qui ont une sainteté qu'on appelle commencée, soit les pécheurs que le baptême a consacrés à Dieu et dont

---

(1) II Paral., xxxiii, 12 et 13.
(2) Eccli., i, 27.
(3) Ibid., ii, 18, 19, 20, 21, 22, 23.
(4) Sess. 6, c. 6.
(5) Sess. 14, c. 4.
(6) Ibid., can. 5.
(7) Enarrat. in psal. cxxvii, n. 7 et 8.
(8) Lib. de Morib. ecclés., c. 28.
(9) Lib. iii ad Bonif., c. 4.
(10) S. Ch., quest. 98, art. 20.

la profession de chrétien est en elle-même sainte; enfin, sous le nom d'Eglise *souffrante*, les âmes justes, qui, au sortir de cette vie mortelle, se sont trouvées encore redevables à la justice divine et achèvent de s'acquitter dans ce lieu de peines que la foi nous désigne sous le nom de purgatoire.

Il y a dans l'Eglise, envisagée sous ces trois rapports, une communion réelle. Les saints intercèdent dans le ciel auprès de Dieu pour leurs frères qui combattent sur la terre : nous les honorons comme étant les amis de Dieu, et nous les invoquons utilement dans cette vallée de larmes, afin qu'ils nous obtiennent des grâces et des faveurs auprès de Dieu par Jésus-Christ. Leurs mérites surabondants nous sont appliqués, et aussi par manière de suffrage ou prières, aux âmes du purgatoire, au moyen des indulgences. Nous aidons encore celles-ci par le saint sacrifice de la messe et par les œuvres méritoires que nous faisons en leur faveur. Il existe de plus un saint commerce de suffrages, de bonnes œuvres et de mérites entre les justes qui vivent au milieu des combats, et leurs prières ne sont pas inutiles pour les pécheurs. Tous les membres de l'Eglise militante sont unis entre eux et à cette Eglise par la communion dont l'objet est tout ce qui constitue le corps de cette même Eglise.

Les théologiens catholiques définissent l'Eglise militante : *la société de tous les fidèles réunis par la profession d'une même foi, la participation aux mêmes sacrements, la soumission aux pasteurs légitimes, principalement au pontife romain.* Nous trouvons dans le symbole de Constantinople, qui ne fut qu'une extension de celui de Nicée, quatre caractères essentiels qui distinguent l'Eglise de Jésus-Christ de toutes les sociétés ou sectes qui y sont étrangères : *Unam, sanctam, catholicam et apostolicam Ecclesiam.*

L'Eglise militante est *une* dans la foi, l'usage des sacrements, la soumission aux pasteurs. Elle est *sainte* dans son auteur, Jésus-Christ, fondement unique et source de toute notre sainteté; dans ses premiers prédicateurs, les apôtres ; dans les miracles éclatants qui en ont annoncé la vérité et la sainteté; dans ses fins, sa doctrine, son culte, ses sacrements, son ministère; dans une partie de ses membres, dont Dieu a manifesté la sainteté par des prodiges; dont un grand nombre travaillent encore sans relâche à se sanctifier; et dont, selon la promesse de son divin fondateur, quelques-uns se sanctifieront dans la suite, et ainsi jusqu'à la consommation des siècles ; enfin, elle est sainte, parce qu'il n'y a ni sainteté ni salut ailleurs que dans l'Eglise. Elle est *catholique*, parce qu'elle est répandue partout par son culte, etc., surtout par ses enfants; et qu'elle doit parcourir toute la terre avant la fin du monde; parce que sa foi a toujours été, est encore, et sera constamment la même, sans altération ni changement; parce que tous ceux qui seront sauvés, dans tout le monde et dans tous les temps, lui auront appartenu. Enfin, elle est *apostolique*, parce qu'elle remonte aux apôtres, soit dans son établissement, soit dans la doctrine qu'elle professe, soit par rapport à la mission des pasteurs, laquelle n'a souffert aucune interruption depuis les apôtres jusqu'à nous, et sera toujours la même, quoiqu'elle puisse être communiquée diversement. Nous devons ajouter que l'Eglise militante est *indéfectible*, ne pouvant ni cesser d'être ni succomber sous les efforts de ses ennemis, jusqu'à la fin des siècles; *infaillible*, étant inaccessible à l'erreur, soit dans la foi, soit pour les règles des mœurs, soit quant à la discipline générale, suivant les promesses solennelles de Jésus-Christ : « Voici que je suis avec vous, tous les jours, jusqu'à la fin des siècles (1); Les portes de l'enfer ne prévaudront point contre elle (2). » Saint Paul la nomme aussi la *colonne et l'appui ferme de la vérité* (3) : Enfin l'Eglise militante est essentiellement *visible* : la constitution qu'elle a reçue de Jésus-Christ, l'Ecriture et la tradition en font foi.

On peut la considérer sous deux rapports, c'est-à-dire quant à ce qu'elle a d'extérieur; et c'est ce qu'on appelle le corps de l'Eglise : quant à ce qu'elle a de caché, ou quant à son intérieur; et c'est ce qu'on nomme son âme. « L'âme de l'Eglise consiste dans la croyance des vérités évangéliques, dans l'espérance des biens éternels, dans l'amour de toutes les vertus, dans l'esprit de charité, dans la possession de la grâce habituelle. Le corps de l'Eglise consiste dans la profession extérieure des doctrines révélées, dans la participation aux sacrements, et dans la dépendance des pasteurs légitimes dont le pape est le chef (4). »

On peut appartenir à l'Eglise diversement : ou peut lui appartenir quant au corps et à l'âme tout à la fois, et d'une manière parfaite ou imparfaite ; quant au corps seulement, ou seulement quant à l'âme. Celui qui ayant reçu le baptême professe la foi en entier, participe actuellement aux sacrements, au culte public, est soumis aux pasteurs légitimes, possède intérieurement la foi, l'espérance, la charité et la grâce sanctifiante, celui-là est du corps et de l'âme de l'Eglise d'une manière plus ou moins parfaite, et il a un droit réel au ciel. Celui qui réunit toutes ces choses, excepté néanmoins la charité et la grâce habituelle, appartient aussi au corps et à l'âme de l'Eglise ; mais à l'âme très-imparfaitement : c'est un pécheur. Celui qui n'a que l'extérieur n'appartient qu'au corps de l'Eglise ; c'est un hérétique occulte. Enfin, celui qui désire le baptême ou qui a reçu ce sacrement, mais a été injustement retranché du corps de l'Eglise, s'il a les vertus théologales et la charité habituelle, il appartient à l'âme de l'Eglise, et il est par là même dans la voie du salut. Cependant les trois premiers, le juste, le pé-

---

(1) Matth., xxviii, 20.
(2) Ibid., xvi, 18.

(3) I Tim., iii, 15.
(4) Réal. du Jans.

cheur et l'hérétique secret, sont dans l'Eglise *effectivement*, du nombre de ses membres réels, quoique l'hérétique caché et le pécheur n'en soient que des membres morts, dignes de l'enfer, et les derniers, c'est-à-dire celui qui désire le baptême et celui qui a été injustement excommunié, ne sont dans l'Eglise que d'*affection*, n'en sont point membres, ne sont pas dans son sein; mais ils appartiennent à l'Eglise par des liens intérieurs, la foi, l'espérance, etc., qui forment l'âme de l'Eglise, ainsi que nous l'avons dit.

Il faut conclure de là que les hérétiques publics, les apostats, les schismatiques et les excommuniés ne sont pas dans l'Eglise, ni ses membres, ni dans sa communion, quoiqu'ils soient de l'Eglise, en ce sens qu'ayant été baptisés, ils sont devenus par là ses sujets, sont soumis à ses lois, assujettis à ses jugements. On doit conclure encore de la même doctrine que les catéchumènes ne sont pas non plus des membres de l'Eglise, mais qu'ils peuvent appartenir à son âme, ainsi que ceux qui, étant nés dans le schisme ou l'hérésie, n'ont fait aucun acte criminel de révolte ni contre l'unité, ni contre la foi. Il est clair que les enfants baptisés des hérétiques, et qui n'ont pas encore offensé Dieu grièvement, sont aussi de l'âme de l'Eglise, pleins de vie devant Dieu.

Trois liens extérieurs sont donc absolument nécessaires pour être du corps de l'Eglise : la profession de la foi, la participation aux sacrements et la soumission aux pasteurs légitimes. Il suffit de rompre un de ces liens pour ne plus être uni au corps de l'Eglise; mais quiconque les réunit tous les trois est un membre véritable, réel, de l'Eglise.

Quesnel raisonne bien différemment. Pour peu qu'on veuille le suivre avec attention dans tout ce qu'il nous prêche touchant l'Eglise, on s'apercevra sans peine que, marchant avec hardiesse sur les traces des montanistes, des novatiens des donatistes, de Pélage, de Wiclef, de Jean Hus, de Luther et de Calvin, les surpassant même presque tous, il exclut du sein de l'Eglise les réprouvés, les pécheurs, même les imparfaits, sapant ainsi jusque dans ses fondements la constitution divine de l'Eglise, puisqu'il lui ôte par là toute sa visibilité. Il n'attaque pas avec moins d'audace cette constitution sainte, quand il fait dépendre les actes d'autorité qui émanent des premiers pasteurs *du consentement au moins présumé de tout le corps de l'Eglise*; et la validité des fonctions sacrées, de la sainteté des ministres de la religion : insinuant par cette doctrine l'hérésie désastreuse des donatistes, des apostoliques, des vaudois, des albigeois, des wiclefites, des hussites et des anabaptistes, qui enseignèrent que les sacrements administrés par un ministre, ou hérétique, ou schismatique, ou même seulement en péché mortel, étaient réellement et pleinement nuls. En effet, suivant notre infatigable dogmatiste,

un chrétien, quel qu'il soit, *se retranche de l'Eglise aussi bien en ne vivant pas selon l'Evangile qu'en ne croyant pas selon l'Evangile. Cependant, point de grâce hors de l'Eglise; le pécheur, sans la grâce du Libérateur, n'est libre que pour le mal; sa volonté n'a, dans ce cas, de lumière que pour s'égarer, d'ardeur que pour se précipiter, de force que pour se blesser; capable de tout mal, impuissante à tout bien* (1) : donc l'évêque, ou le prêtre qui a péché grièvement, ne peut ni recevoir la grâce, puisqu'il est hors de l'Eglise, où il n'y a point de grâce; ni en devenir la cause instrumentale, puisque, étant lui-même sans la grâce et pécheur, il n'est libre que pour le mal, et que sa volonté est impuissante à tout bien, etc.

Quesnel ne respecte pas davantage la discipline de l'Eglise, interdisant au pécheur le droit d'assister au divin sacrifice, et prescrivant aux confesseurs des règles d'une sévérité désespérante. Règles, au reste, qui supposent que l'absolution n'est qu'une déclaration simple, quoique authentique ; que le sacrement de pénitence n'efface pas réellement les péchés commis après le baptême, et que les prêtres n'ont qu'un pouvoir extérieur et inefficace, semblable à celui que les prêtres de la loi de Moïse exerçaient à l'égard de la lèpre, quand ils jugeaient légalement si cette maladie était guérie ou non.

Enfin, pour mettre le comble à ses excès, touchant l'objet qui nous occupe, ce misérable insinue que l'Eglise est tombée dans une sorte de décrépitude si grande, qu'elle a perdu la mémoire et l'intelligence, pour ne rien dire de plus odieux; puisque, selon lui, « *les vérités sont devenues comme une langue étrangère à la plupart des chrétiens* (2) : » blasphème que Jansénius avait déjà écrit avant Quesnel, avançant, dans son *Augustin*, que la doctrine de la grâce était tombée dans l'oubli depuis la mort du célèbre docteur d'Hippone; que les scolastiques la dénaturaient, et qu'on ne la professait plus que dans des prières dont on ne pénétrait pas le sens. Blasphème encore que proférait Jean du Verger de Hauranne, abbé de Saint-Cyran, grand ami de l'évêque d'Ypres, quand il disait à saint Vincent de Paul : « Oui, je vous le confesse, Dieu m'a donné et me donne de grandes lumières... Il m'a fait connaître qu'il n'y a plus d'Eglise... Non, il n'y a plus d'Eglise : Dieu m'a fait connaître que, depuis cinq ou six cents ans, il n'y avait plus d'Eglise. Avant cela, l'Eglise était comme un grand fleuve qui avait ses eaux claires; mais à présent ce qui nous semble l'Eglise n'est plus que de la bourbe... Il est vrai que Jésus-Christ a édifié son Eglise sur la pierre; mais il y a un temps d'édifier et le temps de détruire. Elle était son épouse ; mais c'est maintenant une adultère et une prostituée : c'est pourquoi il l'a répudiée, *et il veut qu'on lui en substitue une autre*, qui lui sera fidèle (3). »

---

(1) Prop. xxvii, xxix, xxxvii, xxxix et lxxviii.
(2) Prop. xcv.

(3) Feller, Dict. hist., au mot VERGER DE HAURANNE, et dans d'autres auteurs.

Mais s'il en est ainsi, *si les vérités sont devenues comme une langue étrangère à la plupart des chrétiens*, que faut-il penser des promesses si formelles de Jésus-Christ? Où est la vraie profession de la foi catholique? Où en trouve-t-on l'enseignement légitime? Où faudra-t-il aller chercher l'épouse chérie du Fils de Dieu incarné? Sans doute dans les petites Eglises jansénistes que Quesnel forma sur ses vieux jours dans la ville d'Amsterdam! dans l'Eglise schismatique d'Utrecht dont il prépara de loin la révolte! ou bien encore dans ces réunions sacriléges qui retentissent de blasphèmes contre la bulle *Unigenitus*, et où l'on attend que le peuple ait répondu *Amen*, après la consécration du prêtre, pour croire (si toutefois on le croit en effet) que Jésus-Christ est réellement présent dans l'Eucharistie! nous disons, *si toutefois on le croit en effet*; car nous ne manquons pas de livres de prières, composés par des auteurs célèbres dans le parti, où le dogme catholique de la présence réelle est au moins plus qu'oublié (1). La proposition de Quesnel : « Les vérités sont devenues, etc. (2) » suppose que l'Eglise peut tomber presque tout entière dans l'ignorance des vérités dont elle est la dépositaire, la gardienne, et qu'elle peut par conséquent errer, contre la promesse de son divin fondateur, qui a déclaré qu'il est avec elle, tous les jours, jusqu'à la fin du monde, et que les portes de l'enfer ne prévaudront point contre elle; cette proposition est donc erronée, et il faut croire que l'Eglise enseignera toujours la vraie doctrine, et qu'elle subsistera, malgré les persécutions, jusqu'à la consommation des siècles. Ainsi, la vieillesse prétendue de l'Eglise est un délire, une réverie, ou plutôt un véritable blasphème. Est-ce que son divin époux, qui la soutient et la vivifie, vieillit lui-même, ou la laisserait tomber de vétusté?

Il est essentiel à l'Eglise d'avoir des justes dans son sein. Quoique les pécheurs n'y soient pas nécessaires comme pécheurs, il est néanmoins « constant par la foi qu'elle ne sera jamais sans le mélange de bons et de méchants. Il faut reconnaître de plus que les méchants sont réellement de l'Eglise, qu'ils en sont des membres réels, et qu'ils en font véritablement partie... (non) à titre de pécheurs... (mais) parce qu'ils ont la foi habituelle, qu'ils professent les vérités révélées, et qu'ils se conforment au culte public sous l'autorité et la dépendance des pasteurs légitimes (3). »

Il y a des grâces actuelles hors de l'Eglise: Corneille en est une preuve; saint Paul une autre; l'eunuque de la reine de Candace, une troisième, et tous ceux qui viennent se réunir tous les jours à *la nation sainte*, *au peuple acquis*, comme parle saint Pierre (4), en fournissent de continuels monuments. D'ailleurs, c'est par le baptême qu'on est fait enfant de l'Eglise, et qu'on en devient membre; or, le baptême est certainement une grâce. Il y a aussi des grâces habituelles hors du corps de l'Eglise: un homme qui en a été injustement retranché peut avoir la grâce sanctifiante; un catéchumène peut être justifié avant que d'avoir reçu le premier sacrement (5).

Quant à l'administration du sacrement de pénitence, on voit assez pourquoi Quesnel veut qu'on y use d'une rigidité si effrayante, puisque, suivant ses principes, *on se retranche de l'Eglise en ne vivant pas selon l'Evangile*, et que *hors d'elle il n'y a point de grâce*, il est clair que le chrétien qui est tombé dans un péché mortel a cessé par là même d'être membre de l'Eglise; que dès lors il n'a plus de droit aux sacrements, ni à l'assistance au sacrifice redoutable, etc., et qu'il n'y a plus pour lui de moyen de salut; par conséquent qu'il faut *lui donner le temps de porter avec humilité* (ce qu'il ne peut sans le secours de la grâce) *et de sentir le poids du péché*, de demander (ce qui lui est encore impossible) *l'esprit de pénitence et de contrition*, *et de commencer au moins à satisfaire à la justice de Dieu* (6) (par des œuvres qui cependant seront des péchés), attendant qu'une grâce extraordinaire, miraculeuse, descendue on ne sait par quel canal, vienne répandre dans le cœur de ce misérable cet amour parfait qui signale les enfants de Dieu, mais que l'on reconnaîtra à tels signes qu'on pourra, attendant, disons-nous, toutes ces choses, avant que de déclarer par la vertu inefficace de l'absolution à ce fils retrouvé qu'il est à présent digne d'assister à la sainte messe, de s'asseoir avec les fidèles à la table sacrée, et, s'il est ecclésiastique, d'exercer les fonctions de son ministère, etc. Il serait plus simple et beaucoup plus conforme aux principes de notre docte novateur, de dire tout uniment au pécheur qui se présente au tribunal de la réconciliation: « Vous êtes un malheureux! le crime que vous avez commis vous a poussé hors de l'Eglise, précipité sous le poids intolérable de la *loi comme un juif* (7); il n'y a plus pour vous *de grâce, de guérison, de salut*, à moins d'un miracle inespéré! Vos prières, vos macérations, vos aumônes, toutes vos œuvres pieuses seront désormais de nouveaux péchés, même mortels: il ne vous reste donc point d'autre parti que celui de vivre au gré de la cupidité, laquelle sera probablement à jamais votre unique guide. » Un tel discours pourrait engager peut-être

---

(1) Dans les Heures de Port-Royal, etc., le fidèle dit, à l'élévation de la sainte hostie, qu'il adore Jésus-Christ *au jugement général et à la droite du Père éternel*. Dans les *Heures chrétiennes ou Paradis de l'âme*, etc., on ne regarde non plus le Fils de Dieu, avant et après la consécration, que comme assis à la droite du Père ou mourant sur la croix. Dans les *Heures dédiées à la noblesse*, etc., on reconnaît que le Sauveur *est présent dans cette Eglise*, sans doute selon cette parole divine : *Où deux ou trois se seront assemblés en mon nom, je serai au milieu d'eux*. Matth. xvii, 20.
(2) *Voyez*-la ci-dessus, col. 1248.
(3) Réal. du Jans.
(4) I Ep. ii, 9.
(5) *Voyez* ce que nous avons dit ci-devant, col. 1240.
(6) Prop. LXXXVII.
(7) Prop. LXIII.

un pécheur à s'aller pendre de désespoir; mais ce qui doit surtout empêcher un confesseur, bon janséniste, de parler de la sorte, c'est qu'il compromettrait la sainte doctrine, et c'est ce qu'il faut éviter à quelque prix que ce soit (1).

Il ne nous appartient pas, et ce n'est pas ici le lieu de rappeler aux dispensateurs des mystères de Dieu ce qu'ils doivent faire et éviter pour lier et délier avec sagesse les consciences dans le saint tribunal: saint Charles Borromée a tracé sur cet important objet des règles également éloignées d'un relâchement pernicieux et d'une rigueur funeste, et le clergé de France les a jugées si prudentes et si conformes à la saine morale, qu'il les a fait imprimer et répandre dans les diocèses pour servir de guide aux confesseurs. Opposons donc la foi de l'Église, qui est assez connue, et ses règles sages aux dogmes farouches et aux principes désespérants de l'auteur des *Réflexions morales*.

6° Enfin, concernant le pécheur.

Le premier homme ayant prévariqué dans le paradis terrestre en mangeant du fruit dont Dieu lui avait défendu de manger, sa désobéissance criminelle fut pour lui une source féconde de misères déplorables. Dépouillé sur-le-champ de la justice dont la grâce l'avait orné, devenu un objet de colère et d'indignation aux yeux du Tout-Puissant, assujetti à la mort, suivant la menace divine qui lui en avait été faite, tombé sous la puissance du démon et fait son esclave, il se vit tout à coup bien tristement changé, soit du côté de l'âme, soit du côté du corps.

Il y a plus, la prévarication du premier homme ne fut pas préjudiciable à lui seul. Comme chef du genre humain et le représentant tout entier, il avait aussi été établi dépositaire du sort de tous ceux qui naîtraient de lui dans la suite des siècles par la voie ordinaire. Sa fidélité ou son infidélité à garder le précepte dont nous venons de parler était décisive ou pour conserver et faire couler sur toute sa postérité, par son canal, les faveurs admirables dont il était en possession, ou pour en tarir en lui-même la source: il désobéit, et sa désobéissance, qui réunit tous les caractères d'une vraie révolte, perdit aussi tous ses descendants, les souilla tous, les changea tous.

Quand nous disons tous, on s'attend bien que nous ne comprenons pas dans ce nombre le Sauveur, qui, quoique enfant d'Adam, à raison de la nature humaine qu'il possède, n'a ni contracté, ni dû contracter la souillure du péché de notre premier père, puisque, formé dans le sein d'une Vierge par l'opération du Saint-Esprit, il n'a pas été conçu comme nous. Nous exceptons encore, ainsi que nous l'avons dit ci-devant, son auguste mère, touchant laquelle, quand il s'agit du péché originel, il faut observer les constitutions que des souverains pontifes ont données à ce sujet.

La transmission du péché du premier homme à ses descendants est un mystère impénétrable à la raison humaine; mais la foi nous apprend qu'elle a lieu, et ce péché, qui est en nous aussitôt que nous sommes, nous est propre, nous fait naître pécheurs, enfants de colère, esclaves du démon, indignes du ciel, sujets à l'ignorance, à la concupiscence, à la mort et à tant d'autres misères, qui en sont les effets, la solde, la punition.

Cependant, tout en reconnaissant combien la transgression de notre premier père nous a été funeste, il faut prendre garde d'en exagérer à l'excès les terribles suites.

Ce péché désastreux a véritablement affaibli la liberté naturelle de l'homme pour le bien moral; mais il ne l'a pas détruite: il a jeté le coupable dans les ténèbres épaisses d'une ignorance fâcheuse; mais il n'a pas éteint en lui toutes les lumières de la loi que la main du Créateur y avait comme gravée: il a répandu dans son cœur cette concupiscence laborieuse, qui est la source de tous les péchés actuels; mais il n'a pas banni de ce cœur toute affection louable: il a changé l'homme tout entier, en le précipitant dans un état malheureux, eu égard à ce qu'il était auparavant, et même d'une manière absolue, en le souillant aux yeux de son Créateur, etc.; Mais il n'a pas effacé totalement en lui l'image de Dieu: en sorte que, quoique profondément blessée par le péché originel, la nature humaine n'en a pas été maltraitée ni corrompue au point de ne plus rien conserver de sa bonté primitive, et il faut reconnaître que, sauf le péché avec lequel nous entrons dans cette vallée de larmes, *Dieu eût pu créer l'homme dès le commencement tel qu'il naît aujourd'hui* (2).

C'est même en vertu des précieux restes dont nous parlons que l'homme peut encore, dans l'état présent, et sans le secours de la grâce de son divin Réparateur, connaître quelques vérités naturelles, avoir quelques sentiments légitimes, faire quelques actions moralement bonnes, résister d'une manière irréprehensible à quelques tentations légères, mais non pas remplir tous les devoirs qu'impose la loi naturelle, ni triompher de tentations très-graves.

Cependant, s'il arrive en effet que l'homme agisse réellement ainsi, il faut bien se garder de conclure de là que le peu de bien qu'il fait de cette sorte dépasse le moins du monde

---

(1) « Si la prudence nous oblige d'avoir égard à la disposition des esprits avec lesquels nous avons à traiter, c'est principalement avec ceux qui sont suspects d'avoir des sentiments contraires aux nôtres qu'il faut apporter toute sorte de précaution. C'est pourquoi les uns se serviront de toute la discrétion possible..., et prendront garde de ménager de telle sorte le zèle qu'ils ne nuisent pas à la doctrine de S. Augustin, prétendant de l'avancer à contre-temps. Ils ne feront point de difficulté de désavouer la doctrine et de dire qu'ils ne sont point jansénistes... Ils ne diront point ouvertement leur opinion, mais ils la donneront sous des termes qui la feront paraître presque la même que l'opposition commune, afin de n'effaroucher pas d'abord les esprits, les amenant peu à peu etc. » (Lettres circulaires à MM. les disciples de S. Augustin.) « Comme il faut se gouverner avec les suspects »

(2) C'est la doctrine qui résulte de la condamnation de cette proposition de Baïus : *Deus non potuisset ab initio talem creare hominem, qualis nunc nascitur*. Bulle *Ex omnibus afflictionibus* prop. inter damnatas LV

les limites de l'ordre naturel, ni qu'il opère aucun mérite pour le ciel ou dans l'ordre du salut. Car, quoi qu'il fasse, il ne peut avec les seules ressources qu'il trouve dans sa nature ni mériter la première grâce actuelle, ni faire le moindre bien surnaturel, ni sortir du misérable état du péché, ni se disposer à la grâce sanctifiante, ni, à plus forte raison, mériter la vie éternelle : soutenir le contraire, ce serait entreprendre de ressusciter le pélagianisme, que l'Eglise a foudroyé depuis longtemps.

L'homme étant donc tombé, comme nous l'avons dit, et ne trouvant en lui-même ni force pour se relever, ni ressource pour satisfaire à la justice divine, ni moyen pour se justifier devant Dieu, il fallait, ou qu'il pérît misérablement à jamais, ou que le Tout-Puissant lui pardonnât d'une manière absolue, ou qu'il lui prêtât un secours surnaturel pour le tirer de l'abîme profond dans lequel le péché l'avait précipité.

En effet, Dieu eut pitié du genre humain. Il promit à Adam, et dans sa personne à toute sa postérité, un libérateur, promesse qu'il réitéra souvent à travers les siècles pour en renouveler la foi indispensable. Or, le temps marqué pour l'exécution de ce grand dessein étant venu, le Verbe éternel s'incarna et, s'étant chargé des péchés de tous les hommes, il mourut sur la croix pour les expier, méritant à tous les coupables, par l'effusion de son précieux sang, les grâces nécessaires pour réparer abondamment leur malheur, c'est-à-dire pour être réconciliés avec Dieu et sauvés.

C'est donc avec raison que le Fils de Dieu fait homme est appelé *Jésus-Christ, agneau de Dieu qui ôte les péchés du monde, agneau immolé dès l'origine du monde.* Il est le Sauveur promis ; il s'est immolé pour effacer les péchés des hommes, et son sacrifice adorable commença dès la chute d'Adam à produire ses salutaires effets. Le Verbe incarné mort pour nous est donc le fondement de toute notre espérance, de toute notre justification, de tout notre salut. La rédemption qu'il a opérée sur la croix a été surabondante : les Pères de l'Eglise, appuyés sur l'Ecriture sainte, soutiennent qu'elle a été, non-seulement entière et complète, mais qu'elle nous a rendu de plus grands avantages que ceux dont nous étions déchus par le péché originel : de là l'Eglise s'écrie elle-même, en parlant de ce péché : *Felix culpa, quæ talem ac tantum meruit habere Redemptorem !*

Depuis la publication de l'Evangile, la justification, c'est-à-dire *la translation de l'état dans lequel l'homme naît enfant du premier Adam, à l'état de grâce et d'enfant adoptif de Dieu par le second Adam Jésus-Christ, notre Sauveur, ne se peut faire sans l'eau de la régénération, ou sans le désir d'en être lavé,* dit le saint concile de Trente (1) ; mais les mérites du Sauveur sont appliqués si libéralement à l'homme dans le sacrement de baptême, et le péché y est tellement effacé, qu'il ne reste plus rien dans celui qui l'a reçu avec tous ses effets qui puisse l'empêcher d'être admis de suite dans le séjour immortel de la gloire, s'il mourait dans cet heureux état : ainsi, tout ce qui est réellement péché et toute dette contractée par le péché lui est miséricordieusement remis par la vertu du sacrement dont nous parlons.

Il ne faut donc pas dire avec quelques hérétiques du seizième siècle que le péché originel n'est autre chose que la concupiscence même, *ce penchant fâcheux qui nous entraîne au mal*, pour parler comme Mélanchthon ; ni, avec Baïus, Jansénius et leurs partisans, qu'il consiste formellement dans la concupiscence habituelle dominante. Il s'ensuivrait de ces systèmes ou que ce péché ne serait pas réellement et entièrement effacé par la grâce de Jésus-Christ qui nous est communiquée dans le baptême ; et qu'il ne se trouverait que *comme rasé, non imputé* dans celui qui posséderait cette grâce précieuse, double erreur condamnée par le concile de Trente (2) ; ou qu'il serait imputé de nouveau au chrétien tombé dans quelque péché mortel et qu'il revivrait alors en lui, autre erreur qui semble avoir donné lieu à cette proposition aussi fausse que ridicule : « L'homme doit faire pénitence pendant toute sa vie du péché originel (3). » Sans doute la concupiscence est un défaut, un vice, une source féconde de tentations dangereuses, par conséquent un vrai mal ; mais outre qu'on ne peut la regarder comme un véritable péché par elle-même, comment formerait-elle l'essence du péché originel, puisqu'elle y est postérieure et qu'elle n'en est réellement que la suite, l'effet, la punition ?

Indépendamment de ce péché, qui ne nous a été volontaire qu'en Adam, et qui n'est péché en nous que parce que notre premier père l'a commis très-volontairement, nous en commettons nous-mêmes d'autres pendant que nous avons, en cette vie, l'usage de notre raison et de notre liberté. Ces *transgressions libres et volontaires de la loi de Dieu naturelle et positive* se nomment péchés actuels. Ils sont véniels ou mortels, suivant qu'ils sont légers ou graves en eux-mêmes, ou dans les circonstances qui les accompagnent. Mais tous offensent Dieu, quoique inégalement, et méritent de sa part des punitions proportionnées : ceux-là en méritent de passagères ; ceux-ci d'éternelles.

Les premiers, quel qu'en soit le nombre, n'éteignent pas la charité dans l'âme du juste ; mais ils la refroidissent, disposent, conduisent même au péché mortel, soit en diminuant dans le coupable la crainte du mal, et l'habituant à le commettre avec facilité, soit en engageant Dieu à ne pas donner des secours surnaturels, ni aussi multipliés, ni aussi grands qu'il l'eût fait d'ailleurs, à un ami qui montre si peu de docilité, de reconnaissance, d'éloignement à lui déplaire. Cependant la faiblesse de l'homme est si grande, les tentations qui le poussent au mal sont si

(1) Sess. 6, c. 4.
(2) Sess. 5, de Peccat. orig., can. 6.

(3) Prop. xix, int. damnat. ab Alexandro VIII, die 7 decemb. 1690.

fréquentes, si variées et si fortes, que l'homme le plus juste ne peut passer toute sa vie sans tomber dans quelque faute légère, à moins d'un privilége spécial de Dieu, privilége que l'Eglise reconnaît avoir été donné à la sainte Vierge (1).

Quoique tous les péchés mortels ne soient pas égaux, non plus que ceux dont nous venons de parler, il est néanmoins constant qu'il n'en faut qu'un seul pour faire déchoir le pécheur de l'état de grâce, le rendre ennemi de Dieu, esclave du démon, sujet à l'enfer.

Il n'entre pas dans notre plan de parler ici des différentes sortes de péchés mortels qui se commettent; des ravages qu'opèrent ces funestes transgressions dans l'esprit et le cœur du prévaricateur, ni des châtiments temporels ou spirituels qui souvent en sont la suite pendant cette vie périssable : on peut consulter, sur ces divers objets, l'Ecriture, les Pères, les théologiens orthodoxes et une foule de bons livres ascétiques.

Mais dans quelque aveuglement d'esprit et dans quelque endurcissement de cœur que soit tombé un pécheur, à force de multiplier ses péchés et d'en commettre d'énormes, s'il est infidèle, destitué même de tout secours surnaturel de la part de Dieu (supposition que nous sommes bien éloignés d'admettre), il conserve encore dans sa raison, qui n'est pas totalement obscurcie, des lumières qui l'éclairent; dans sa conscience, dont le langage se fait quelquefois entendre, un dictamen qu'il ne tient qu'à lui d'écouter; dans la loi naturelle, qui crie au fond de son cœur, un stimulant qui le presse au bien; dans sa liberté, qui n'est pas entièrement anéantie, des forces avec lesquelles il peut choisir entre le bien et le mal moral, et se déterminer au premier, quand les obstacles qui s'y opposent ne sont pas difficiles à vaincre; éviter le second, quand les tentations qui y portent ne sont que très-légères et peu séduisantes : il conserve donc encore ces précieux restes dont nous parlions plus haut (2), et comme ces derniers traits dans lesquels Dieu reconnaît encore l'esquisse imparfaite de son image.

Quesnel a donc grand tort de dire de ce pécheur que « sa volonté n'a de lumière que pour s'égarer, d'ardeur que pour se précipiter, de force que pour se blesser; capable de tout mal, impuissante à tout bien;... (qu'il) n'est libre que pour le mal;... (n'est) que ténèbres, qu'égarement et que péché;...(que) toute connaissance de Dieu, même naturelle,... ne produit (en lui) qu'orgueil, que vanité, qu'opposition à Dieu même, au lieu des sentiments d'adoration, de reconnaissance et d'amour;... (qu'il n'y a dans ce pécheur) rien qu'impureté, rien qu'indignité; » qu'enfin *il ne peut rien aimer qu'à sa condamnation* (3); par conséquent, que toutes ses œuvres sont des péchés, et toutes ses vertus des vices. Cette doctrine découle naturellement de la maxime erronée des deux amours exclusifs; elle renferme des dogmes chers au parti; mais la foi catholique condamne ces dogmes prétendus, et l'Eglise anathématise tous ceux qui les soutiennent.

Le même novateur erre encore d'une manière plus insoutenable, si nous pouvons le dire ainsi, quand il applique presque toutes ces propositions, et d'autres encore du même genre, au fidèle devenu prévaricateur, et quand il s'écrie d'un ton dogmatique : « Que reste-t-il à une âme qui a perdu Dieu et sa grâce, sinon le péché et ses suites, une orgueilleuse pauvreté et une indigence paresseuse, c'est-à-dire une impuissance générale au travail, à la prière et à tout bien (4) ? » En effet, pour nous arrêter à ce dernier texte, Quesnel y prévarique, soit qu'il entende y parler de la grâce actuelle, ainsi qu'il l'assure dans ses mémoires justificatifs; soit qu'il y ait en vue la grâce habituelle ou sanctifiante, comme l'insinuent ces expressions prises dans leur sens naturel. Car, considéré sous le premier point de vue, c'est-à-dire privé de toute grâce actuelle (hypothèse vraiment inadmissible), le fidèle pécheur ne serait pas, dans l'ordre de la nature, de pire condition que l'infidèle dont nous parlions tout à l'heure; il pourrait donc au moins tout ce que celui-ci peut encore; il n'éprouverait donc pas *une impuissance générale au travail, à tout bien*. Nous disons, *il pourrait donc au moins*, à cause des lumières beaucoup plus étendues qu'il a, et des vertus acquises qu'il conserve, et qui peuvent être en lui plus nombreuses, plus solidement établies, toutes naturelles qu'on les suppose dans la présente hypothèse. Or, personne n'ignore que l'habitude du bien en rend la pratique plus aisée.

Considéré sous le second rapport, c'est-à-dire hors de l'état de grâce, le fidèle pécheur conserve encore, outre les avantages précieux dont nous venons de parler, la foi, qui lui montre des ressources à son malheur dans la prière, le jeûne, l'aumône, le sacrement de pénitence, etc.; l'espérance, qui lui peint dans celui qu'il a eu l'ingratitude d'offenser un père tendre qui l'attend, l'invite à revenir à lui, lui offre un généreux pardon, lui tend des bras miséricordieux; des vertus chrétiennes acquises, qui forment dans son cœur, aidé de la grâce, comme un besoin toujours renaissant de faire le bien. L'Eglise sollicite sa conversion auprès du Père des miséricordes; quelques âmes justes peuvent peut-être dans le secret des vœux au ciel en sa faveur; il voit autour de lui de bons exemples; il entend des instructions touchantes; il éprouve peut-être des revers, des peines intérieures; la grâce excite de temps en temps dans sa conscience de salutaires remords; tous ces moyens, réunis aux illustrations et pieux mouvements que le Saint-Esprit opère en lui, peuvent le ramener. Il conserve de plus les caractères spirituels qu'impriment dans l'âme certains

---

(1) Concil. Trid., sess. 6, de Justif., can. 23.
(2) Col. 1252.

(3) Prop. XXXVIII, XXXIX, XL, XLI, XLII.
(4) Prop. I.

sacrements qu'il a reçus : il est donc encore chrétien, confirmé, prêtre, évêque; obligé conséquemment à une multitude de devoirs qu'il ne peut remplir comme il faut sans le secours de la grâce céleste, secours donc qui est toujours prêt, ou qu'il peut toujours demander et obtenir, parce que Dieu ne commande pas l'impossible. Il faut conclure de là que le fidèle pécheur a constamment au moins la grâce de la prière, et, par une suite nécessaire, le pouvoir au moins médiat de faire de bonnes œuvres dans l'ordre surnaturel ; de croire, craindre, espérer, se repentir, aimer, etc., comme il faut pour se disposer à la justification ; enfin d'observer les commandements de Dieu. Il est vrai que les œuvres qui se font dans le déplorable état du péché sont mortes, en ce sens qu'elles ne donnent aucun droit au ciel, et qu'elles n'y seront jamais couronnées ; mais elles ne laissent pas d'être très-utiles, nécessaires même au pécheur; car, outre qu'il accomplit la loi divine, en opérant celles qui lui sont commandées, il peut aussi par ses prières, ses jeûnes, ses aumônes, etc., toucher le cœur de Dieu, attirer les regards de sa miséricorde, obtenir de nouveaux secours surnaturels, mériter improprement (*de congruo*) le pardon de ses péchés et la grâce sanctifiante. Rien n'est tant recommandé au pécheur, dans les livres saints, que les bonnes œuvres dont nous parlons : le fidèle tombé n'est donc pas dans l'impossibilité de les faire ; elles ne lui sont donc pas inutiles ; bien moins sont-elles des péchés, comme le prétend Quesnel ; même des péchés mortels, ainsi que le décident les auteurs impies de la *circulaire*. Le concile de Trente a défini le contraire en opposition à la doctrine des hérésiarques du seizième siècle : « Si quelqu'un dit que toutes les œuvres qui se font avant la justification, de quelque manière qu'elles soient faites, sont de véritables péchés, ou qu'elles méritent la haine de Dieu, ou que plus un homme s'efforce de se disposer à la grâce, plus il pèche grièvement : qu'il soit anathème (1). » S'élever fièrement au-dessus de cette définition si péremptoire, en alléguant, avec les auteurs hétérodoxes que nous venons de citer, que le concile de Trente *n'est pas canonique, et qu'il n'était composé que de moines violents* (2), ou, avec d'autres du même parti, en assimilant ce saint concile aux brigandages odieux de Tyr et d'Ephèse (3), c'est, à notre avis, se montrer digne émule de ce serpent perfide qui dit autrefois à notre première mère, pour l'engager à manger du fruit défendu : « Non, vous ne mourrez point, car Dieu sait qu'en quelque jour que vous en aurez mangé, vos yeux s'ouvriront;

et vous serez comme des dieux, sachant le bien et le mal (4). »

Le sacrement de pénitence est comme une seconde planche que la miséricorde divine tend au fidèle pécheur, pour le tirer du naufrage qu'il a fait, en se laissant tomber dans le péché mortel après son baptême. Il peut encore être justifié par la contrition parfaite jointe au vœu de recourir au sacrement de pénitence. Nous renvoyons nos lecteurs, touchant ces objets, aux théologiens orthodoxes, à beaucoup de bons livres qui en traitent pertinemment, et surtout au concile œcuménique que nous venons de citer. Ce concile définit, entre plusieurs autres dogmes catholiques qui ont rapport à cette matière, que l'absolution sacramentelle est un acte judiciaire, et non un ministère vide et inefficace (*nudum*), par lequel le prêtre prononce et déclare purement que les péchés sont remis; et que, lors même qu'ils seraient en état de péché mortel, les prêtres ne laisseraient pas de conserver la puissance de lier et de délier. Il avait déjà défini, en parlant d'une manière plus générale, que le même péché n'empêchait pas qu'un sacrement ne fût validement confectionné et administré, pourvu que le ministre coupable observât d'ailleurs tout ce qui est essentiel à la confection et à l'administration de ce sacrement (5).

II. Le principe des deux délectations relativement victorieuses, tel que nous l'avons rapporté ci-devant (6), et tel que l'admirent Jansénius et Quesnel, est non-seulement démenti par le sens intime, contraire à l'expérience, opposé à la raison, injurieux à Jésus-Christ; il est de plus hérétique et la source de plusieurs hérésies.

Nous disons *démenti par le sens intime*. Soit, en effet, que nous cédions à une tentation, et que nous fassions le mal auquel elle nous porte, soit que nous y résistions, et que nous opérions le bien contraire, nous entendons presque toujours une voix qui crie au dedans de nous que nous sommes maîtres de choisir entre le bien et le mal qui se présente ; que nous pouvons prendre un autre parti que celui que nous prenons, accomplir ou violer le précepte, et par conséquent, que nous ne sommes point nécessités ni déterminés invinciblement par la grâce ou la concupiscence, d'après le degré de prépondérance de l'une ou de l'autre. Nous disons *presque toujours*, afin d'exclure ces premiers mouvements subits qui échappent avant la réflexion, et ces accès terribles qui entraînent, emportent et précipitent avant qu'on ait pu délibérer, et qui conséquemment ne sont pas libres. Et sur quoi seraient donc fondés cette joie douce que nous res-

---

(1) Sess. 6, de Justif., c. 6.
(2) *Voyez* ce que nous avons rapporté dans une note, col. 1221 et suiv.
(3) Telle était la manière dont en parlait auprès de nous, au commencement de notre triste révolution, un religieux distingué par le rang qu'il occupait dans son ordre. Il se disait janséniste, et nous eûmes très-certainement la preuve qu'il l'était en effet autant de cœur que d'esprit, et que, s'il admettait tous les principes du système pour former sa croyance, il n'était pas moins docile à régler sa conduite d'après toutes les conséquences qui se déduisent du même système : c'était un homme sans foi et sans mœurs, cependant très-sévère à l'égard de ceux qui lui étaient soumis et surtout grand partisan de la révolution.
(4) Genes. III, 4, 5.
(5) Sess. 14, de Pœnit. sacram., can. 9, 10. Sess. 7, de Sacrament. in genere, can. 12.
(6) *Voyez* les col. 842, 1219 et suivantes.

sentons quand nous avons remporté la victoire et fait le bien ; cette tristesse secrète, ce remords pénible qui suivent de si près notre défaite, le mal que nous avons commis, si ce n'est sur la persuasion invincible que nous avons que nous pouvions prendre une autre détermination et que nous sommes libres ou maîtres de notre choix ? Or, ce sentiment intérieur que nous avons, même malgré nous, de notre liberté, c'est la voix du sens intime, de ce témoin irrécusable que l'auteur de la nature a placé lui-même au dedans de nous, pour nous avertir infailliblement de ce qui s'y passe.

Nous disons *contraire à l'expérience*. Il est constant que nous agissons quelquefois par raison contre notre répugnance ; que la crainte de l'enfer nous retient, et nous empêche de commettre des fautes auxquelles nous nous sentons beaucoup d'attraits. Or, depuis quand la raison est-elle formellement un vrai plaisir ? Depuis quand la crainte en est-elle de même un autre ? En tout cas, si ce sont là des plaisirs formels, ils ne sont pas, à coup sûr, très-pesants ; ils doivent donc, suivant le système, laisser souvent, pour ne pas dire toujours, en l'air le bassin de la balance janséniennne dans lequel ils se trouvent, tant ces plaisirs sont légers, en comparaison de la concupiscence bien autrement lourde, qui ne déloge jamais du bassin opposé. Aussi, les bons jansénistes ne comptent-ils pour rien la raison en cette matière, et ils regardent la crainte servile comme un mal réel. Suivant eux, c'est la grâce ou délectation céleste qui fait tout le bien, empêche tout le mal ; la crainte n'arrête que la main, et n'empêche pas que le cœur ne soit livré au péché.

Nous disons *opposé à la raison*. Elle nous dit en effet que nous ne sommes libres qu'autant que nous sommes véritablement maîtres de notre choix ; que notre détermination est réellement en notre pouvoir, et que nous ne suivons pas irrésistiblement un agent qui ne dépend point de nous : que si donc la concupiscence détermine invinciblement notre volonté au mal, c'est à elle de répondre de tout le mal que nous faisons d'après l'impulsion de la nécessité qu'elle nous impose ; que si au contraire la grâce emporte nécessairement notre volonté au bien qui sort de nos mains, tout le mérite de ce bien retourne aussi à la grâce, et que nous n'en avons nous-même aucun ; qu'en conséquence, quoi qu'il nous arrive ou que nous fassions, nous ne sommes ni dignes de louange, ni répréhensibles ; que, dans cette hypothèse révoltante, les préceptes sont véritablement injustes, les conseils entièrement déplacés, les récompenses dépourvues de toute espèce de titre, les menaces pleines de ridicule, les châtiments des actes émanés de la tyrannie, et qu'enfin, si notre cœur va et vient nécessairement pour le bien et le mal moral, ensuite d'un peu plus ou d'un peu moins de plaisir indélibéré, comme une balance qu'un peu plus ou un peu moins de poids fait nécessairement baisser ou monter, suivant les lois physiques de l'équilibre, ainsi que le veut le patriarche Jansénius, le bien et le mal, le vice et la vertu sont de vraies chimères, le ciel est une pure illusion, l'enfer une terreur vaine, la religion une fade invention de la sottise, bien loin d'être l'ouvrage de Dieu dont la bonté, la justice et la sagesse entrent essentiellement dans l'idée que nous avons de lui.

Nous disons *injurieux à Jésus-Christ*. En effet, ce n'est pas la volonté qui lutte dans le combat, suivant le système, c'est le Fils de Dieu qui se trouve aux prises avec le démon, sa grâce avec la concupiscence : la volonté de l'homme est témoin oisif de ce qui se passe ; elle marche seulement en esclave à la suite des victorieux. Les armes des combattants sont les mêmes, c'est-à-dire le plaisir ; la condition n'est pas différente de part et d'autre, puisque la décision n'est que la suite du plus ou du moins de plaisir que chacun fournit. Or, une telle comparaison n'est-elle pas injurieuse à Jésus-Christ et ne renferme-t-elle pas un vrai blasphème ?

Nous ajoutons *hérétique*, parce qu'il est de la foi que le libre arbitre n'est point perdu ni éteint depuis le péché d'Adam ; que l'homme, sous la motion de la grâce, peut donner ou refuser son consentement (1), et qu'enfin, pour mériter ou démériter dans l'état de nature tombée, il ne suffit pas que la volonté ne soit point forcée, comme l'ont prétendu Baïus et Jansénius, mais il faut de plus qu'elle soit exempte de toute nécessité, non-seulement immuable et absolue, mais même relative, en sorte que la volonté puisse actuellement surmonter la délectation prépondérante, et que le volontaire, s'il est nécessaire, n'est pas libre d'une liberté qui suffise pour le mérite et le démérite de la vie présente (2).

Enfin, nous soutenons que le principe des deux délectations relativement victorieuses *est la source de plusieurs hérésies*. Car il suit de là que la grâce efficace donne seule un vrai pouvoir de faire le bien et de résister à la concupiscence ; que les justes n'ont pas toujours le secours surnaturel nécessaire pour pouvoir observer les commandements, puisqu'il leur arrive de les violer ; que quelques préceptes leur sont donc impossibles, quoiqu'ils veuillent les accomplir et qu'ils fassent à cet effet des efforts selon les forces présentes qu'ils ont ; qu'il suffit pour mériter ou démériter d'avoir une liberté exempte de violence ou de contrainte ; qu'on ne résiste jamais à la grâce intérieure ; que telle est l'idée que Dieu veut que nous ayons de cette grâce et qu'il nous en donne lui-même dans les saintes Lettres ; qu'on ne peut pas plus y résister que les créatures purent résister au Créateur, quand il les tira du néant, ou qu'un mort pouvait résister à la volonté toute-puissante de Jésus-Christ, lorsqu'il lui commandait de sortir du

---

(1) Concil Trid., sess. 6, de Justif., c. 5 et 4.

(2) *Voyez* ci-dessus col. 1258 et suiv.

tombeau; que quiconque a une autre idée de la grâce intérieure erre véritablement dans la foi et est formellement hérétique; que Dieu sauve infailliblement tous ceux qu'il veut sauver; que par conséquent ceux qui se perdent n'ont aucune part à cette volonté de Dieu, et que Jésus-Christ n'a point prié, n'est point mort pour leur salut éternel, mais pour celui des seuls élus, etc. Or, qui ne voit que toutes ces erreurs sont autant de conséquences qui découlent de la maxime que nous combattons? Qui n'y reconnaît aussi les dogmes hérétiques contenus dans les cinq propositions de Jansénius, et sommairement toute la doctrine de Quesnel sur la grâce et la prédestination (1)?

Le principe des deux délectations relativement victorieuses est donc démenti par le sens intime, contraire à l'expérience, opposé à la raison, injurieux au Sauveur du monde, hérétique en lui-même et la source de plusieurs hérésies.

Comme notre plan nous engage à tracer ici quelques vérités en opposition à ce ramas d'erreurs et d'hérésies, il nous paraît utile de donner préalablement une idée succincte de la grâce dont nous avons à parler, et d'en indiquer au moins les divisions dont la connaissance est nécessaire pour entendre ce que nous avons à en dire.

Or, par le mot *grâce*, nous entendons *un don surnaturel et gratuit accordé par Dieu à l'homme pour le conduire au salut éternel*; soit que ce don lui ait été conféré *avant sa chute* par la seule libéralité du Créateur, comme l'enseigne saint Thomas, ou bien encore en vue des mérites de Jésus-Christ considéré comme chef du genre humain, ainsi que le veulent les scotistes, soit que ce don soit accordé à l'homme *depuis sa chute* par la miséricorde divine, en vue des mérites de la passion et de la mort de notre divin Rédempteur, comme le reconnaissent tous les catholiques, fondés sur l'Ecriture et la tradition.

On conçoit facilement ce que signifie le mot *don*, pris dans un sens vague et général. Il n'en est pas de même quand il se trouve joint au mot *surnaturel*; aussi les théologiens l'expliquent-ils diversement. Pour nous, qui n'envisageons ici la grâce que comme donnée à l'homme innocent ou déchu de la justice originelle, nous désignons par ces mots, *don surnaturel*, un secours ou un don qui est d'un ordre supérieur à la nature humaine, qu'elle n'exige pas par sa constitution, qui ne lui est point dû, ni comme un complément nécessaire, ni comme une suite de sa création, et qui tend par lui-même à diriger l'homme vers la vision intuitive.

Par don *gratuit*, nous voulons dire que Dieu ne devait point sa grâce à l'homme; qu'il eût pu ne la lui jamais donner, et que s'il la lui a accordée et promise, ce n'a été que par un pur effet de sa libéralité ou de sa miséricorde, pouvant, sans blesser en aucune manière sa bonté, sa sagesse et sa justice, créer l'homme dans l'état de pure nature, et l'y laisser, comme aussi ne pas aller à son secours après sa chute; et que par conséquent l'homme n'a jamais eu aucun droit à la grâce, ni comme à un secours dû à sa nature, ni comme à un complément qu'elle exigeait, ni même en vertu de ses dispositions, de ses efforts ou de ses mérites *naturels*.

On voit donc que la cause efficiente de la grâce, c'est Dieu qui veut le salut de l'homme; que la cause qui l'a méritée, c'est, depuis le péché d'Adam, Jésus-Christ qui a souffert et qui est mort pour nous; que le sujet qui la reçoit c'est l'homme, que la fin pour laquelle est elle donnée c'est la vie éternelle.

La grâce est surnaturelle dans son principe, dans sa nature, dans ses moyens, dans sa fin et dans ses effets. Le bien que nous faisons au moyen de ce secours divin est surnaturel aussi dans son principe, dans la manière dont nous le faisons et dans la fin à laquelle il tend.

Considérée par rapport à l'état présent, c'est-à-dire comme conférée à l'homme déchu, la grâce est ou *extérieure*, agissant sur les sens, comme la publication de la loi, les leçons de notre adorable législateur, la prédication de l'Evangile, les miracles, les exemples édifiants, etc.; ou *intérieure*, faisant impression dans l'âme : soit qu'elle y demeure comme une qualité inhérente, laquelle nous rend agréables à Dieu, etc. : et on l'appelle grâce *habituelle* ou *sanctifiante*, dont nous avons parlé ailleurs (2); soit qu'elle agisse d'une manière passagère et souvent momentanée, en nous éclairant, excitant, fortifiant, etc., et c'est la grâce *actuelle*, laquelle se divise en grâce de l'*entendement*, ou lumière intérieure subite, que Dieu présente à l'esprit pour lui montrer la vérité qu'il faut croire et le bien qu'il faut pratiquer dans l'ordre du salut, et en grâce de la *volonté*, laquelle consiste dans une motion indélibérée du côté de l'homme, par laquelle Dieu excite sa volonté et la porte vers le bien que lui propose l'entendement éclairé et conduit par la grâce qui lui est propre, donnant en même temps à la volonté le pouvoir de faire le bien dont il s'agit.

Ces deux grâces qui sont données par manière d'acte ou d'inspiration et de motion instantanée, comme nous l'avons dit, concourent toujours ensemble dans l'état présent, en sorte que quand Dieu donne à la volonté le mouvement indélibéré, surnaturel et immédiat qui l'excite à faire quelque bien surnaturel avec le pouvoir de l'opérer, il donne en même temps à l'esprit la lumière nécessaire pour connaître et représenter ce même bien.

Cette double grâce de l'esprit et de la volonté se subdivise 1° en grâce *prévenante*, *opérante*, *excitante*, qu'on peut considérer

---

(1) *Voyez* ce que nous avons dit ci-dessus, depuis la col. 1224 jusqu'à la col. 1230 inclusivement.

(2) *Voyez* ce que nous en avons dit ci-devant, col. 1338 et suiv.

comme étant la même, mais agissant diversement, soit en prévenant notre entendement, lui montrant une vérité à croire, un bien à faire, auxquels il ne pensait ni n'eût pu penser d'une manière relative au salut sans ce secours, soit en prévenant notre volonté qui était comme endormie, lui donnant le pouvoir qu'elle n'avait pas de croire la vérité et de pratiquer le bien que lui présente l'entendement éclairé et conduit, comme nous venons de le dire, et mouvant la même volonté, afin que nous croyions et que nous fassions librement et d'une manière utile au salut la vérité et le bien surnaturel dont il s'agit; 2° en grâce *coopérante*, *subséquente* et *adjuvante* ou *concomitante*, qui exprime le concours surnaturel de Dieu avec nous, pour que nous entreprenions, que nous exécutions et que nous conduisions librement à une heureuse fin la bonne œuvre dont la grâce précédente nous avait déjà rendus capables.

« La grâce actuelle *opérante* se divise en grâce *efficace* et en grâce *suffisante*. La première est celle qui opère certainement et infailliblement le consentement de la volonté à laquelle, par conséquent, l'homme ne résiste jamais, quoiqu'il ait un pouvoir très-réel de lui résister. La seconde est celle qui donne à la volonté assez de force pour faire le bien, mais à laquelle l'homme résiste et qu'il rend *inefficace* par sa résistance même (1).

« Enfin, l'on distingue deux sortes de grâces, la *grâce proprement dite* ou *simplement dite* et la *grâce pour grâce*. La première nous est donnée en vue des mérites de Jésus-Christ, sans que nous l'ayons aucunement méritée, même par le moyen d'une grâce précédente; la seconde nous est accordée comme récompense des mérites acquis par le bon usage de la grâce; telle est la vie éternelle (2)», qui est en même temps une récompense et une grâce : une récompense, parce qu'elle est donnée aux mérites; une grâce, parce que ces mérites découlent de la grâce, et que la récompense les surpasse, selon ces paroles de l'apôtre : *Non sunt condignæ passiones hujus temporis ad futuram gloriam, quæ revelabitur in nobis* (3). C'est pourquoi l'Eglise a condamné cette proposition de Baïus : « Les bonnes œuvres des justes ne recevront pas au jour du jugement dernier, une récompense plus grande qu'elles n'en méritent d'elles-mêmes suivant le juste jugement de Dieu (4). »

Toujours attentif à ses grands principes fondamentaux dont nous avons démontré la fausseté, Quesnel se fit des idées erronées sur la grâce. A l'exemple du chancelier de l'Université de Louvain et de l'évêque d'Ypres, il la méconnut pour l'état d'innocence, ou plutôt, tout en en retenant le nom avec ce dernier, il en dénatura comme lui tellement la chose, ou si l'on veut l'essence, qu'il parut la détruire et la rejeter entièrement : prétendant que, dans cet heureux état, *la grâce était une suite de la création;* qu'*elle était due à la nature saine et entière, et qu'elle ne produisait que des mérites humains* (5). Comme si dès là que l'homme était sorti innocent des mains de son divin auteur, il avait eu, par sa constitution même ou par l'exigence de sa nature, droit d'être destiné à la vision intuitive, ou que le Tout-Puissant n'eût pu, sans blesser sa sagesse, sa bonté, sa justice, lui donner une destination inférieure à celle-là. Nous avons opposé plus haut des vérités à ces erreurs (6).

Quant à la grâce actuelle intérieure de l'état présent, pour l'accorder à son système désespérant, tantôt notre dogmatiste la confond avec *la volonté toute-puissante de Dieu* à laquelle on ne peut point résister (7), nous inculquant par-là combien cette grâce, d'ailleurs si nécessaire, et sans laquelle, dit-il, *non-seulement on ne fait rien, mais on ne peut rien faire* (8), est néanmoins rare. Tantôt il la définit : « Cette charité lumineuse que le Saint-Esprit répand dans le cœur de ses élus et de tous les vrais enfants de Dieu (9)», ou l'inspiration de ce divin amour. D'où il faudrait conclure que les pensées pieuses et les mouvements salutaires qui ne sont pas formellement la charité, ou qui n'émanent pas de cette excellente source, ne viennent pas de la grâce; que la foi, la crainte, l'espérance, etc., qui disposent le pécheur à recevoir la justification dans les sacrements de Baptême et de Pénitence, sont des fruits informes de la cupidité; que la charité est la seule vertu chrétienne; que la grâce actuelle intérieure, sans laquelle on ne peut rien faire d'utile dans l'ordre du salut, n'est donnée qu'aux justes et aux prédestinés; que l'observation des commandements est entièrement impossible à tous les autres hommes, qui néanmoins pèchent, selon l'exoratorien, en les violant, et que tous les moyens suffisants pour pouvoir travailler, de quelque manière que ce soit, à leur salut, leur manquent, etc.

Nous réduisons ce que nous avons à opposer aux erreurs de Quesnel à ces chefs : la nécessité de la grâce, le pouvoir que nous avons d'y résister, la distribution que Dieu en fait, la justification qu'elle opère et le mérite qu'on acquiert avec ce divin secours, etc.

(1) Bergier, Dict. de théologie, au mot GRACE.
(2) Conf. d'Angers sur la grâce, t. I, pag. 14.
(3) Rom., VIII, 18.
(4) Prop. XIV, in bulla *Ex omnibus afflictionibus*, Recueil des bulles.
Il est vrai que cette proposition se trouve condamnable à d'autres titres encore : l'auteur y suppose qu'une bonne action mérite la vie éternelle par sa nature, indépendamment de la grâce d'adoption, par la seule conformité qu'elle a avec la loi divine, et parce qu'elle est un acte d'obéissance à cette même loi, pourvu néanmoins que cette obéissance soit une production de la charité, vertu qui, selon lui, s'allie très-bien avec le péché mortel, ainsi que ce péché est dû au mérite dont nous parlons. *Voyez* ibidem, les prop. II, XII, XIII, XV, XVI, XVIII.
(5) Prop. XXXIV et XXXV.
(6) *Voyez* ce que nous avons dit touchant l'état d'innocence, col. 1237 et suiv.
(7) Prop. XI et beaucoup d'autres sur la grâce.
(8) Prop. II.
(9) Cinquième mémoire, avertiss., p. VIII.

1° **Nécessité de la grâce.**

Prodigue sans réserve envers la nature innocente, puisque, suivant lui, la grâce lui était due, Quesnel se montre excessivement avare envers la nature tombée, dogmatisant que le pécheur n'a ni lumière, ni force, ni liberté pour le bien moral ; qu'il ne trouve de ressources en lui-même que pour le mal, et qu'il est tellement dégradé, vicié, corrompu, qu'il ne lui reste rien de l'image de Dieu, pas même ces derniers traits que saint Augustin reconnaît encore avec l'Eglise dans l'homme déchu. Nous avons relevé ces excès dans ce que nous avons dit ci-dessus concernant le pécheur (1).

Quoi qu'en dise le même novateur, d'après Baïus et Jansénius, ses maîtres, l'élévation de l'homme à la vision intuitive est une véritable grâce, et elle en suppose nécessairement d'autres. Aussi le premier homme en fut-il comblé, et s'il ne tarda pas à perdre la justice originelle dans laquelle il avait été libéralement établi, il est hors de doute qu'il y persévéra quelque temps avec le secours de la grâce, et qu'il eût pu de même y persévérer jusqu'à la fin de son pèlerinage sur la terre. Mais quelle grâce reçut-il pour cela et quelle grâce lui fallait-il en effet? Question sur laquelle les théologiens orthodoxes ne s'accordent pas. Les uns prétendent que la grâce sanctifiante lui suffisait ; d'autres veulent qu'on y ajoute la grâce de l'entendement ; quelques-uns y joignent de plus celle de la volonté. Ces théologiens varient en conséquence dans la différence qu'ils assignent entre la grâce de l'état d'innocence et la grâce de l'état de nature tombée et réparée. On peut choisir entre ces diverses opinions sans craindre de blesser la foi, pourvu que, rejetant les erreurs de Luther, Calvin, Jansénius et Quesnel, on ne fasse pas consister avec eux la différence de la grâce de *santé* d'avec la grâce *médicinale*, en ce que l'homme innocent pouvait résister à celle-là ; s'il le voulait, au lieu que l'homme déchu ne peut résister à celle-ci ; système anathématisé dans sa seconde partie par le concile de Trente (2). Il est certain que l'homme innocent étant éclairé, maître des mouvements de son cœur, pleinement libre, sain dans tout son être, il n'avait pas besoin d'un secours surnaturel aussi grand que l'homme déchu dont le libre arbitre est affaibli, l'esprit plongé dans l'ignorance, la volonté pleine de langueur, le cœur en butte aux révoltes continuelles de la concupiscence, et qui se voit encore environné au dehors de tentations, de piéges et de dangers sans nombre : la grâce du premier état pouvait donc être moins forte que celle du second.

Or, si l'homme sans péché et sans infirmités naturelles avait besoin de la grâce pour connaître les vérités surnaturelles, pour opérer le bien d'une manière utile à son salut et pour persévérer jusqu'à son entrée dans le séjour immortel de la gloire, combien à plus forte raison, l'homme déchu de la justice originelle, et tel que nous l'avons décrit, a-t-il besoin de la grâce pour les mêmes fins ?

Il faut donc confesser que des grâces extérieures et intérieures sont nécessaires dans l'état présent : les premières pour montrer aux hommes Dieu selon qu'il veut en être connu, ce qu'il a daigné faire en leur faveur, le culte qu'il exige d'eux, les moyens de salut qu'il leur présente, les préceptes qu'il leur impose, les grandes récompenses qu'il destine à leur fidélité persévérante, les châtiments redoutables qui seraient le juste salaire de leurs transgressions graves non expiées, etc.; les secondes, pour guérir leur entendement, leur volonté, réparer leur libre arbitre, les prévenir et les aider en tout ce qui est utile au salut.

Cependant, quoique nécessaires, selon le cours ordinaire de la Providence divine, les grâces extérieures dont nous parlons ne pourraient seules et sans la grâce intérieure amener l'infidèle à l'assentiment surnaturel tel que l'exige la foi chrétienne, ni le fidèle à pratiquer aucun bien d'une manière positivement utile au salut. Ne concluons pas néanmoins de ce principe que ces grâces seraient inutiles, si elles se trouvaient en effet isolées de l'opération intérieure du Saint-Esprit. Parmi les lumières qu'elles répandent, il y en a de spéculation et de pratique qui sont si évidemment conformes à la droite raison que l'homme peut les admettre tout naturellement, en faire de même la règle de ses jugements et quelquefois de ses actions, comme d'un supplément à ses connaissances et à ses lumières naturelles, et par conséquent en tirer quelque utilité naturellement bonne. Ainsi les hérétiques croient d'une foi humaine beaucoup de vérités révélées : ces vérités ornent leur esprit de connaissances ; et qui oserait dire que ces connaissances n'influent point sur leurs actions ? Quesnel pense bien autrement. « Quand Dieu n'amollit pas le cœur par l'onction intérieure de sa grâce, les exhortations et les grâces extérieures ne servent, dit-il, qu'à l'endurcir davantage. » Comme si les lumières pures que contient la parole de Dieu, par exemple, se changeaient d'elles-mêmes en ténèbres et en malice, quand elles arrivent seules à l'esprit et au cœur de l'homme. Cette proposition, examinée dans le sens du système de ce novateur, présente encore un autre venin dont la démonstration et le développement

---

(1) Col. 1252, 1255 et suivantes. Ajoutons ici que, quoique le pécheur conserve un pouvoir réel et très-véritable de faire quelque bien naturel dans l'ordre moral sans la grâce de notre adorable Rédempteur, parce que le libre arbitre n'est pas entièrement perdu ni éteint en lui, parce qu'il lui reste encore quelques lumières et quelques affections légitimes, et parce qu'il n'est pas libre seulement pour le mal : cependant comme quelques théologiens ont soutenu, sans en être repris par l'Eglise, que ce pouvoir ne se réduit point à l'acte, à moins qu'il ne soit aidé ou d'un secours naturel mérité par Jésus-Christ, ou de sa grâce surnaturelle, il paraît qu'on peut dire, sans blesser la foi, que l'homme n'opère pas en effet le bien moral, et que même il ne le peut d'un pouvoir qui se réduise à l'acte, sans le secours de Jésus-Christ, pourvu qu'on ne fixe point l'essence de ce secours dans la charité proprement dite ou l'inspiration de cet amour surnaturel.

(2) Sess. 6, de Justif., can. 4.

allongeraient inutilement cet article aux yeux des lecteurs qui auront saisi l'ensemble de ce dangereux système.

Si l'on veut approfondir davantage ce qui concerne la nécessité de la grâce actuelle intérieure, il faut reconnaître que nous avons besoin de ce divin secours pour tout ce que nous faisons d'utile dans l'ordre du salut, non pas pour l'opérer avec plus de facilité, ni seulement pour le continuer après l'avoir commencé de nous-mêmes, ainsi que le soutenaient les pélagiens et les sémi-pélagiens, mais pour pouvoir réellement l'opérer, le commencer, le désirer, même y penser comme il faut : en sorte que cette grâce nous prévient, nous excite, nous aide, concourt constamment avec nous, et que nous agissons après elle, avec elle, par son secours, jamais seuls.

Concluons de là : 1° que c'est de cette céleste source que nous viennent les bonnes pensées, les pieuses affections, les saints désirs qui nous portent au bien utile au salut ; 2° qu'elle opère plusieurs choses en nous sans nous, c'est-à-dire sans que nous y ayons part comme agents libres, telles que la lumière subite qui nous montre le bien à faire, la motion indélibérée qui nous y incline, le pouvoir de l'opérer, la force de vaincre les obstacles qui s'y opposent (1) ; 3° qu'on peut dire que nous devons tout à cette grâce ; car la nature humaine, malgré ce qui lui reste encore de lumières, d'affections, de forces, de liberté pour le bien moral, est, quand il s'agit de ce qui conduit au salut ou de ce qui y est positivement utile, réduite à une impuissance entière, absolue, même physique (2) ; 4° que la grâce dont nous parlons fait tout en nous, mais non pas tout sans nous, comme nous le dirons bientôt.

Mais autant la grâce actuelle intérieure est nécessaire pour faire le bien et éviter le mal d'une manière utile dans l'ordre du salut, autant la grâce sanctifiante est indispensable pour opérer des œuvres méritoires des récompenses éternelles ; c'est ce que nous annonce notre divin maître dans ces paroles évangéliques : « Comme la branche ne peut d'elle-même porter de fruit qu'elle ne demeure unie à la vigne, ainsi vous n'en pouvez point porter que vous ne demeuriez unis à moi (3). » Pie V, Grégoire XIII, et Urbain VIII ont proscrit la doctrine contraire. Il faut reconnaître encore que sans un secours spécial de Dieu l'homme justifié ne peut persévérer jusqu'à la fin dans la justice qu'il a reçue, et qu'il le peut avec ce divin secours (4). Enfin, il est de foi que le même ne peut éviter tout péché véniel pendant tout le cours de sa vie, à moins d'un privilége particulier de Dieu (5).

2° Gratuité de la grâce.

La grâce nous est accordée gratuitement en ce qu'elle n'est due à notre nature, à nos dispositions, ni à nos efforts naturels ; en ce que Dieu n'a aucun égard à ces dispositions ni à ces efforts, quand il nous la donne ; en ce qu'il l'accorde en prescindant du bien que l'on fera avec ce secours ; en ce qu'il ne la doit pas en rigueur au bon usage que l'on a fait d'une grâce précédente.

Cependant « l'on ne prétend pas qu'une grâce ne soit jamais la récompense du bon usage que l'homme a fait d'une grâce précédente ; l'Évangile nous enseigne que Dieu récompense notre fidélité à profiter de ses dons. Le père de famille dit au bon serviteur : *Parce que vous avez été fidèle en peu de choses, je vous en confierai de plus grandes... On donnera beaucoup à celui qui a déjà, et il sera dans l'abondance* (Matth. xxv, 21, 29). Saint Augustin reconnaît que la grâce mérite d'être augmentée (Epist. 186 ad Paulin., c. 3, n. 10). Lorsque les pélagiens posèrent pour maxime que *Dieu aide le bon propos de chacun : Cela serait catholique*, répondit le saint docteur, *s'ils avouaient que ce bon propos est un effet de la grâce* (L. iv, contra duas ep. Pelag., c. 6, n. 13). Lorsqu'ils ajoutèrent que *Dieu ne refuse point la grâce à celui qui fait ce qu'il peut*, ce Père observa de même que cela est vrai si l'on entend que Dieu ne refuse pas une seconde grâce à celui qui a bien usé des forces qu'une première grâce lui a données ; mais que cela est faux si l'on veut parler de celui *qui fait ce qu'il peut* par les forces naturelles de son libre arbitre. Il établit enfin pour principe que Dieu n'abandonne point l'homme, à moins que celui-ci ne l'abandonne lui-même le premier ; et le concile de Trente a confirmé cette doctrine ; sess. 6, *de Justif.*, c. 13. Il ne faut pas en conclure que Dieu doit donc, par justice, une seconde grâce efficace à celui qui a bien usé d'une première grâce. Dès qu'une fois l'homme aurait commencé à correspondre à la grâce, il s'ensuivrait une connexion et une suite de grâces efficaces qui conduiraient infailliblement un juste à la persévérance finale : or, celle-ci est un don de Dieu, qui ne peut être mérité en rigueur, un don spécial et de pure miséricorde, comme l'enseigne le même concile, après saint Augustin (*Ibid.*, et can. 22). Ainsi, lorsque nous disons que par la fidélité à la grâce l'homme mérite d'autres grâces, il n'est pas question d'un mérite rigoureux, ou de *condignité*, mais d'un mérite de *congruité*, fondé sur la bonté de Dieu, et non sur sa justice (6). »

3° Force de la grâce, résistance et coopération à la grâce.

---

(1) Multa Deus facit in homine bona, quæ non facit homo ; multa vero facit homo bona, quæ non Deus præstat ut faciat homo. Concil. Arausic. II, c. 20. Il faut observer que ce concile, dont l'Église a reçu les définitions, n'ayant eu en vue que les erreurs des pélagiens et des demi-pélagiens, ne parle dans ses canons ou chapitres que du bien qui appartient à l'ordre du salut, ainsi qu'on le verra dans la citation suivante.

(2) Si quis per naturæ vigorem bonum aliquid, *quod ad* salutem pertinet vitæ æternæ, cogitare ut expe... aut eligere sive salutari, id est evangelicæ prædicationi consentire posse confirmat, absque illuminatione et inspiratione Spiritus sancti... hæretico fallitur spiritu. Idem conc. c. 7.

(3) Joan. xv, 4.
(4) Concil. Trid., sess. 6 ; de Justif., c. 22.
(5) Ibid., can. 23.
(6) Bergier, Dict. de théol., au mot Grâce.

Suivant Jansénius, on ne résiste jamais à la grâce intérieure dans l'état présent : c'est la doctrine de sa deuxième proposition condamnée. Quesnel enchérit encore sur l'hérésie de son maître : il prétend qu'on ne peut même pas résister à la même grâce, ainsi que nous l'avons fait voir ci-devant, en rapportant en détail ses erreurs touchant le sujet que nous examinons (1). C'est d'après ces principes hérétiques que ces novateurs refusent de reconnaître la grâce suffisante, entendue dans le sens des orthodoxes, et qu'ils soutiennent que la grâce intérieure est toujours efficace, en ce qu'elle opère constamment tout l'effet que Dieu veut qu'elle produise, eu égard aux circonstances où il la donne, et parce qu'elle opère cet effet nécessairement ; en sorte qu'elle entraîne invinciblement la volonté de l'homme, ou à faire en effet le bien, ou seulement à y tendre par des velléités faibles, des désirs inefficaces, des efforts impuissants, suivant qu'elle est plus forte ou plus faible en degré que la concupiscence actuellement sentie.

Il suit de là que les jansénistes reconnaissent deux sortes de grâces intérieures efficaces; une grande et forte, qu'ils nomment grâce *relativement victorieuse*, parce qu'elle l'emporte en degré sur la concupiscence actuelle, et qu'elle la vainc, tout comme un poids plus fort vainc et enlève un poids plus faible dans une même balance; et une *petite grâce*, ainsi qu'il l'appelle son fondateur, laquelle est en même temps vaincue et triomphante : vaincue par la concupiscence, qui l'accable des degrés qu'elle a de plus; triomphante de la volonté, à laquelle elle inspire nécessairement quelques légères velléités, etc.

Pour déguiser l'hérétícité de leur dogme touchant la nature et la manière d'opérer de ces deux grâces prétendues, quelques jansénistes ont donné à la première le nom de grâce *efficace par elle-même*, expression connue dans les écoles catholiques, et à la seconde le nom de grâce *suffisante*. Ils ont prétendu que celle-ci conférait un pouvoir dégagé, suffisant, complet, ajoutant épithète sur épithète pour le faire valoir. Mais il ne faut pas se laisser surprendre à cette apparence d'orthodoxie; le pouvoir qu'ils attribuent à cette prétendue grâce est un pouvoir simplement absolu, non un pouvoir relatif au besoin présent. Il suffirait, selon eux, en lui-même, suivant la volonté *antécédente* de Dieu, et précision faite de la concupiscence qui se fait sentir pour opérer le bien auquel la petite grâce tend; mais cet obstacle se rencontrant, ce même pouvoir se trouve insuffisant, trop faible, incapable de mouvoir la volonté à vouloir efficacement le bien, et il ne lui inspire que des velléités, des désirs, des efforts impuissants : velléités néanmoins, désirs et efforts qui sont tout ce que Dieu veut, dans la circonstance d'une volonté *conséquente* ou efficace. Les jansénistes se jouent de la raison quand ils soutiennent qu'aidé de ce secours imaginaire l'homme pourrait faire le bien, s'il le voulait; *s'il le voulait pleinement, fortement*, comme s'exprime un de leurs fameux coryphées; puisqu'ils sont obligés de convenir en même temps que l'homme ne peut vouloir de cette manière; dans l'hypothèse, où, que, s'ils osent affirmer qu'il le peut, ils entendent, et sont forcés par leur système d'entendre que c'est d'un pouvoir actuellement lié, empêché par la supériorité de force de la concupiscence.

Il est assez clair par là que l'idée que nous donne de leur petite grâce les soi-disant *disciples de saint Augustin* ne peut se concilier avec aucune opinion orthodoxe sur la nature de la grâce suffisante, et que la suffisance qu'ils lui attribuent est une suffisance gratuite, une suffisance vaine et chimérique. Il ne faut cependant pas s'étonner que les jansénistes aient eu recours à une conception si ridicule, et au fond si contraire à l'idée que la religion nous inspire de la bonté de Dieu : cette conception, toute déraisonnable qu'elle est, se lie essentiellement à leur système ; ils en ont besoin pour défendre les propositions hérétiques de leur maître, et elle leur est d'un grand secours pour damner commodément une partie des fidèles, en conséquence du péché de notre premier père. En effet, suivant ces dogmatistes, Dieu hait tellement le péché originel dans ces fidèles, quoiqu'il le leur ait remis par le baptême, qu'il les réprouve *négativement*, à cause de ce misérable péché ; et qu'en conséquence il ne leur donne, *pour les conduire au salut*, que de *petites grâces*, des grâces insuffisantes, dont ils abusent nécessairement, et dont néanmoins la justice les rend responsables pour leur perte éternelle. Mais comment concilier cette doctrine désespérante avec le dogme défini par le concile de Trente, quand il a décidé, après saint Paul, qu'il ne reste aucun sujet de condamnation dans ceux qui ont été régénérés en Jésus-Christ, et que Dieu n'y voit plus aucun sujet de haine (2)? Point d'embarras en ceci pour ces messieurs : le concile que nous réclamons *n'est pas canonique*, *et n'était composé que de moines violents* (3). Ainsi *un abîme en appelle un autre*.

Nous ne croyons pas devoir insister ici sur ce que nous avons déjà fait voir assez clairement ; savoir que la grâce intérieure janséniene est vraiment une grâce *nécessitante*, non qu'elle impose une nécessité absolue : comme on peut le voir par la manière dont elle opère, mais une nécessité relative, et cependant réelle, inévitable, invincible. S'il restait encore quelque scrupule à cet égard, il suffirait, pour le lever entièrement, de se rappeler que la grâce dont nous parlons n'est autre chose que la délectation cé-

---

(1) *Voyez* col. 1225 et suivantes.
(2) Sess. 5, can. 6.

(3) Circulaire. *Voyez* plus haut, col. 1221.

leste, indélibérée, selon Jansénius lui-même (1); qu'elle se dispute l'empire sur la volonté de l'homme avec la concupiscence, à proportion des degrés de force qu'elle a en opposition aux degrés de force de la concupiscence ; que dans ce conflit elle opère toujours, et nécessairement, tout ce dont elle est capable, tout ce que Dieu veut qu'elle opère dans la circonstance ; que la volonté est invinciblement entraînée par celui de ces deux attraits qui a le plus de degrés de forces, et que, comme l'assure l'évêque d'Ypres, il est aussi impossible que l'homme, sous l'influence de la délectation dominante, veuille et opère le contraire de ce qu'elle lui inspire, qu'il est impossible *à un aveugle de voir, à un sourd d'entendre, à celui qui a les jambes cassées de marcher comme il faut, à l'oiseau de voler sans ailes.* Quesnel soutient la même erreur en d'autres termes.

La foi catholique tient un langage bien opposé à ces dogmes janséniens. Elle enseigne : 1. qu'à la vérité il y a des grâces efficaces par lesquelles Dieu sait triompher certainement et d'une manière infaillible de la résistance des volontés humaines, et leur donner le *vouloir* et le *faire* ; mais sans imposer en même temps à leur libre arbitre aucune nécessité ; 2. qu'il y a aussi d'autres grâces auxquelles on résiste, en les privant de l'effet pour lequel Dieu les donne, et dont elles sont capables, eu égard aux circonstances dans lesquelles elles sont données ; 3. que, quand nous faisons le bien auquel la grâce nous porte et nous aide, nous coopérons véritablement, d'une manière libre et active à la grâce ; 4. que nous avons constamment le pouvoir relatif de refuser notre consentement à la motion de la grâce, si nous le voulons, quelque efficace que soit cette grâce ; 5. que pour mériter ou démériter, dans l'état présent, il faut une liberté exempte, non-seulement de violence et de contrainte, mais encore de toute nécessité, soit immuable, soit absolue, soit même relative. La foi catholique enseigne encore d'autres dogmes dont nous aurons occasion de parler dans la suite.

En reconnaissant la grâce efficace, nous reconnaissons en même temps la toute-puissance de Dieu sur la volonté de l'homme, dont il est plus maître, dit saint Augustin, que l'homme lui-même. Mais en quoi consiste l'efficacité de la grâce ? « On peut soutenir, comme les thomistes, que l'efficacité de la grâce doit se tirer de la toute-puissance de Dieu, et de l'empire que sa majesté suprême a sur les volontés des hommes ; ou, comme les augustiniens, qu'elle prend sa source dans la force d'une délectation victorieuse *absolue*, qui emporte par sa nature le consentement de la volonté ; ou, comme les congruistes, que l'efficacité de la grâce vient de la combinaison avantageuse de toutes les circonstances dans lesquelles elle est accordée ; ou, enfin, comme les disciples de Molina, que cette efficacité vient du consentement de la volonté. Toutes ces opinions sont permises dans les écoles ; mais on doit rejeter le sentiment de Jansénius sur la nature de l'efficacité de la grâce. Cette efficacité vient, selon lui, de l'impression d'une délectation céleste *indélibérée* qui l'emporte en degrés de force sur les degrés de la concupiscence, qui est la source de tous les péchés (2). » Quelque sentiment qu'on adopte, si l'on s'arrête à l'un des deux premiers, il faut toujours rejeter toute nécessité qu'imposerait la grâce, l'impeccabilité dont nous parle Quesnel, au sujet de la grâce du baptême (3), et celle qu'établissent les auteurs de la *circulaire*, quand il nous assurent « qu'il n'y a point de grâce qui ne soit *efficace* et *victorieuse ;* qu'elle est efficace sans aucune coopération de notre part (parce que, comme ils le disent un peu plus haut, *elle fait tout en nous et sans nous*); que quand on a reçu une fois cette grâce, c'est une marque de prédestination et un grand sujet de joie (4). » On voit que ce texte si court renferme trois hérésies formelles : la première, en excluant l'existence de la grâce suffisante proprement dite ; la deuxième, en détruisant toute coopération de la part du libre arbitre ; la troisième, en attribuant à l'homme qui a la grâce une impeccabilité que la foi rejette, même dans l'homme justifié (5). On peut en ajouter trois autres encore : car, dire que la présence de la grâce intérieure *est une marque de prédestination* à la gloire, ce que suppose ce texte, puisqu'on annonce plus haut « que Dieu n'est pas mort pour les réprouvés ; que Dieu ne leur donne aucune grâce, parce qu'il sait bien qu'ils en abuseront (6); » c'est dire équivalemment que Jésus-Christ n'est mort pour le salut que des seuls prédestinés ; qu'on peut avoir une certitude de sa persévérance finale sans aucune révélation de la part de Dieu, et que la grâce intérieure n'est accordée qu'aux seuls élus. Et combien d'autres dogmes sont encore blessés par ce peu de lignes !

Au reste, « ce n'est pas à l'idée de la toute-puissance seule qu'il faut rapporter l'idée de la grâce, en la prenant du côté de Dieu ; il faut encore faire attention à la bonté, à la sagesse et à la providence de l'Etre suprême.

« La coopération du libre arbitre à la grâce que la foi enseigne suppose que la volonté coopère de telle manière à la grâce, qu'elle peut ne pas agir ; qu'elle peut se porter actuellement à l'action contraire à celle à laquelle la grâce l'excite ; en un mot, qu'elle peut priver et qu'elle prive souvent la grâce de l'effet que Dieu veut qu'elle ait dans le moment qu'elle est donnée (7). »

Ainsi, quoique la grâce nous aide à accepter les lumières surnaturelles qu'elle met

---

(1) Delectatio victrix, *quæ Augustino est efficax adjutorium*... L. VIII, de Grat. Christ., c. 2.
(2) De la Grange, Réalité du jansénisme.
(3) Prop. XLII. *Voyez* la col. 1229.
(4) Conduite à tenir *avec les indévots.*
(5) Concil. Trid., sess. 6, de Justif., c. 23.
(6) Circulaire, loco citato.
(7) Réal. du jansénisme.

dans notre entendement, à consentir à la motion salutaire vers le bien qu'elle imprime dans notre volonté, à faire enfin tout ce que nous faisons d'utile dans l'ordre du salut, cette acceptation, ce consentement et cette action ne sont pas tellement l'œuvre de la grâce qu'ils ne soient nullement aussi l'ouvrage de notre choix : de manière que notre libre arbitre n'est enchaîné par aucune nécessité; qu'il agit véritablement, quoique avec les forces que la grâce lui communique, et qu'il n'est là ni comme un être de raison, ni comme un simple témoin, ni comme un agent purement passif (1).

En raisonnant ainsi, nous ne blessons pas les droits de la grâce de Jésus-Christ, pour relever les forces de la liberté naturelle de l'homme déchu, et nous sommes très-éloigné de prétendre que le libre arbitre ait présentement en nous autant de facilité pour le bien que pour le mal, ou qu'il puisse également opérer l'un et l'autre. Nous savons que soutenir une doctrine si pernicieuse, ce serait reconnaître un équilibre qui n'existait pas dans le premier homme qu'avant son péché ; que ce serait errer dans la foi avec les pélagiens et les semi-pélagiens, nous montrer injustes et ingrats envers notre divin libérateur, fronder même les définitions de l'Eglise, qui a décidé que le libre arbitre de l'homme a été *incliné* et *affaibli* par la prévarication du chef du genre humain (2). Loin de pareils excès, nous avouons humblement le besoin indispensable que nous avons d'être prévenus par la grâce intérieure pour tout ce qui est utile dans l'ordre surnaturel; que, non-seulement nous ne faisons rien, mais encore que nous ne pouvons rien faire de ce genre sans qu'elle agisse constamment en nous, avec nous, comme cause première et principale (3); qu'elle nous est donnée gratuitement et qu'il faut lui attribuer toute la gloire du bien que nous faisons avec son divin secours. C'est ainsi que nous croyons confesser notre juste dépendance envers la miséricorde divine, ce que nous tenons de la grâce du Sauveur, et la reconnaissance éternelle que nous devons à Dieu pour le bienfait inestimable de notre rédemption.

4° Distribution de la grâce.

Cette question est liée avec deux autres. Dieu veut-il sincèrement le salut de tous les hommes ? Jésus-Christ est-il mort et a-t-il offert le prix de son sang pour la rédemption de tous ?

Il s'éleva en différents temps des erreurs opposées sur ces deux points de doctrine.

Pélage soutint, au commencement du cin-

quième siècle, que Dieu veut *également, indifféremment et sans prédilection pour aucun*, le salut de tous les hommes ; et il le faisait dépendre entièrement de la volonté de chacun, prétendant qu'avec les seules forces de la nature l'homme peut s'élever à la perfection la plus éminente; que la grâce est due au mérite naturel ; qu'elle aide le libre arbitre du chrétien à faire le bien seulement avec plus de facilité ; que le salut est une affaire de pure justice du côté de Dieu. Il rejetait toute grâce actuelle intérieure (4), etc.

Les semi-pélagiens, qui se montrèrent peu de temps après, admirent en Dieu la même volonté générale pour le salut de tous les hommes indistinctement. Ils reconnurent néanmoins la nécessité de la grâce actuelle intérieure ; mais ils en rejetèrent la gratuité, dogmatisant qu'elle est due aux bonnes dispositions présentes ou prévues, aux pieux désirs, aux efforts naturels; dispositions qui, disaient-ils, la précèdent constamment ; en sorte que, selon eux, l'homme fait toujours la première avance, qu'il prévient la grâce et n'en est jamais prévenu.

Nous avons répandu dans ce mémoire plusieurs vérités catholiques contraires à ces erreurs.

Ces hérétiques excluaient toute la prédestination entendue dans le sens catholique, et l'on voit assez ce qu'ils pensaient touchant l'application des fruits de la rédemption, la distribution de la grâce, etc.

Les prédestinatiens du cinquième siècle, ceux du neuvième siècle, et les hérésiarques du seizième inventèrent des dogmes bien opposés : dogmes farouches et barbares dont les jansénistes se rapprochèrent, eux qui semblent s'être fait une loi de fermer les entrailles de la miséricorde divine sur les hommes, et de jeter dans leur cœur la terreur, l'abattement et le désespoir. En effet, malgré toutes les subtilités qu'ils employèrent pour déguiser leur doctrine, malgré les équivoques, les détours, l'apparence d'orthodoxie dont ils surent envelopper leur langage, il résulte en dernière analyse de ce qu'ils enseignèrent que, tous les hommes se trouvant précipités dans la masse de perdition par le péché originel, Dieu résolut, en vue des mérites du Rédempteur, de retirer de ce profond abîme un fort petit nombre : les uns, seulement pour les justifier *passagèrement* ; les autres, en outre, pour les glorifier à jamais dans le ciel, et qu'il abandonna tout le reste à son malheureux sort, sans espérance, sans moyen de salut (5). Si donc l'on en croit ces nouveaux

---

(1) Consultez sur ceci le concile de Trente, sess. 6, can. 4.

(2) Concil. Arausic. II, c. 8, 13 et 25.

(3) Quoties enim bona agimus, Deus in nobis atque nobiscum, ut operemur, operatur. Idem concilium, c. 9. Nulla vero facit homo bona, quæ non Deus præstat ut faciat homo. Ibid., c. 20. Debetur merces de bonis operibus, si fiant; sed gratia, quæ non debetur, præcedit ut fiant. Ibid., c. 18.

(4) Pluquet et d'autres théologiens croient que Pélage reconnut enfin une grâce actuelle intérieure du moins, selon Tournely, celle de l'entendement; mais il paraît qu'ils se trompent, et que les textes spécieux qu'ils appor-

tent en preuves peuvent très-bien s'entendre des seules ressources de la nature que l'hérésiarque appelait grâces et de la combinaison de ces ressources avec les grâces extérieures qu'il admettait. Saint Augustin ne dit rien qui ne puisse s'expliquer de la sorte, et l'un des choses qui favorisent, établissent ce même sentiment. *Voyez* Bergier, Dict. de théol., au mot PÉLAGE.

(5) Nous n'ignorons pas les objections qu'on pourrait nous faire ici. Il est vrai que Jansénius et ses disciples avouaient que Dieu veut sincèrement le salut de tous les hommes ; mais ils supposaient en même temps la non-existence du péché originel, ou sa non-prévision, ou, s'ils supposaient ces deux choses, ils réduisaient la volonté du

prédestinatiens, Dieu veut seulement d'une volonté sincère et proprement dite, quant au salut éternel, celui des élus, et Jésus-Christ n'est mort pour le salut *éternel* que de ceux-là (1). Telle est, à la bien prendre, la doctrine contenue dans la v° proposition condamnée dans l'*Augustin* de l'évêque d'Ypres. C'est aussi ce qu'enseigna Quesnel dans son livre des *Réflexions morales*, comme on peut le voir en examinant de près ses propositions XII, XIII, XXX, XXXI, XXXII, XXXIII, que nous avons rapportées tout au long (2). Pour esquiver le coup porté d'avance à sa doctrine par la condamnation antérieure de celle de son maître, il se vit contraint d'altérer le sens de la proposition de Jansénius, de détourner celui de la bulle d'Innocent X, et de supposer que ce pape avait proscrit une erreur étrangère au jansénisme. C'est ce qu'il fit dans son troisième *Mémoire pour servir à l'examen de la Constitution*, etc., où il dit qu'Innocent a condamné comme hérétique la proposition de l'évêque d'Ypres, entendue dans le sens « *que Jésus-Christ soit mort seulement pour le salut des prédestinés* ; et non pas que *Jésus Christ soit mort pour le salut des seuls prédestinés* (3). » Il trouvait ce dernier sens très-orthodoxe, et assurait que les conciles et les Pères ont enseigné la proposition ainsi entendue comme une vérité de foi (4). On ne doit donc pas s'étonner s'il concentra la grâce dans l'Eglise exclusivement ; s'il ne composa celle-ci que des élus et des justes de tous les temps, de tous les lieux ; s'il reconnut que la foi est la première de toutes les grâces et qu'il n'y en a que par elle, enfin s'il établit sur cet objet une différence révoltante entre l'Ancien et le Nouveau Testament (5) : ces dogmes jansèniens se tiennent tous comme par la main, et ils se lient étroitement aux grands principes du système.

Comme ces différents ennemis de la doctrine catholique ont parlé beaucoup à tort et à travers de la prédestination et de la réprobation, il nous paraît nécessaire de leur opposer, avant d'aller plus loin, quelques-unes des vérités dont tous les théologiens orthodoxes conviennent sur ces objets.

Or, ces vérités sont :

Touchant la *prédestination*, 1. qu'il y a en Dieu, de toute éternité, un décret de prédestination, c'est-à-dire une volonté éternelle, absolue et efficace de donner le royaume des cieux à tous ceux qui y parviennent en effet ; 2. qu'en les prédestinant par sa pure bonté à la gloire, Dieu leur a destiné aussi les moyens et les grâces par lesquels il les y conduit infailliblement ; 3. que cependant le décret de la prédestination n'impose, ni par lui-même, ni par les moyens dont Dieu se sert pour l'exécuter, aucune nécessité aux élus de pratiquer le bien, leur laissant la liberté requise pour le mérite et le démérite ; 4. que la prédestination à la grâce est absolument gratuite, qu'elle ne prend sa source que dans la miséricorde de Dieu, et qu'elle est antérieure à la prévision de tout mérite naturel ; 5. que la prédestination à la gloire n'est pas fondée non plus sur la prévision des mêmes mérites, c'est-à-dire des mérites humains, ou acquis par les seules forces du libre arbitre ; 6. que l'entrée dans le royaume des cieux, qui est le terme de la prédestination, est tellement une grâce, qu'elle est en même temps un salaire, une couronne de justice, une récompense des bonnes œuvres faites par le secours de la grâce ; 7° enfin, que sans une révélation expresse, personne ne peut être assuré qu'il est du nombre des élus. Toutes ces vérités sont, ou formellement contenues dans les Livres saints, ou décidées par l'Eglise contre les pélagiens, les semi-pélagiens, les protestants, etc.

Quant à la *réprobation*, nous dirons seulement ici, 1. que le décret par lequel Dieu veut exclure du bonheur éternel et condamner au feu de l'enfer un certain nombre d'hommes n'impose à ceux qui en sont l'objet aucune nécessité de pécher, ne les exclut pas de toute grâce actuelle intérieure, n'empêche pas que Dieu n'en donne à tous de suffisantes pour les conduire au salut, s'ils n'y résistaient pas, ni même que plusieurs ne reçoivent le don de la foi et de la justification : d'où il suit que personne n'est réprouvé que par sa faute libre et volontaire. Nous dirons encore, 2. que la réprobation positive, ou le décret de condamner une âme au feu de l'enfer, suppose nécessairement la prescience par laquelle Dieu prévoit que cette âme péchera, qu'elle persévérera dans son péché et qu'elle y mourra ; parce que Dieu ne peut damner une âme sans qu'elle l'ait mérité : conséquemment, pour ne parler ici que de l'homme, la réprobation des païens suppose la prévision du péché originel non effacé en eux, et celle des péchés actuels qu'ils com-

---

Dieu dont nous parlons à une velléité stérile qui ne confère aucune grâce, ou à une volonté métaphorique et de signe, figurée par le commandement imposé à tous de faire tout ce qui est nécessaire au salut, et par la défense intimée de même de ne rien faire de tout ce qui y est contraire, sans fournir aucun moyen à cet égard, ou enfin à la disposition d'accorder à l'homme déchu les grâces qu'il n'a point données à l'homme innocent, grâces dont Jansénius et tous ses partisans reconnaissaient l'insuffisance pour l'état présent. Ils disaient de même que Jésus-Christ est mort pour le salut de tous les hommes ; mais en ce sens qu'il est mort pour en sauver de tous les pays, de toutes les nations, de tous les états, de tous les sexes et de tous les âges ; qu'il a fourni un prix suffisant pour le salut de tous ; qu'il a souffert pour la cause commune à tous et pour mériter à d'autres qu'à ceux qui seront sauvés (du moins parmi les fidèles) des grâces passagères, etc. Mais tous ces détours et d'autres que nous ne rapporterons pas ne détruiront jamais ce que nous venons d'avancer.

(1) Remarquez que le mot *salut* est équivoque dans la bouche des jansénistes quand ils l'emploient sans y joindre l'épithète *éternel*. Souvent ils s'entendent par cette expression une justification passagère, un *état de grâce momentané*. Ainsi quand ils disent, avec les orthodoxes, que *Dieu veut le salut des fidèles justifiés*, ils avouent seulement par là que *Dieu veut que tous les fidèles qui sont justifiés soient instantanément justifiés*, à moins qu'ils ne parlent des *élus*, auxquels ils restreignent exclusivement la volonté de Dieu pour le salut des hommes.

(2) Col. 1250.
(3) Pag. 22, deuxième édition.
(4) Ibid., pag. 23.
(5) Prop. XXIX, LXXII avec les six suivantes, XXVI et XXVII, VI et VII. *Voyez* la col. 1232 et les deux suivantes ; col. 1229.

mettront et dans l'impénitence desquels ils mourront ; celle des fidèles baptisés ne suppose que la prévision de leurs péchés actuels et de leur impénitence finale.

Il y a encore sur ces deux points de doctrine quelques autres vérités que nous croyons pouvoir passer sous silence. Ceux qui voudront étudier cette double matière à fond pourront consulter les théologiens catholiques : ils y trouveront, en outre, les preuves que nous avons supprimées dans le dessein unique d'être courts. Nous n'avons fait qu'abréger ici, et même quelquefois que copier Bergier, ainsi qu'on peut s'en convaincre en lisant, dans son Dictionnaire de théologie, les deux articles où il traite des objets dont nous venons de parler.

Les hérétiques anciens et modernes, les sophistes de nos jours et les libertins ont fait sur ces mystères des raisonnements à perte de vue, souvent insignifiants. Les premiers ont été vigoureusement combattus de leurs temps; et si les derniers voulaient se donner la peine de lire avec attention nos savants controversistes et les apologistes de la religion, ils y trouveraient de quoi se désabuser, et des motifs d'adorer des décrets qu'il n'est pas donné à l'homme de pénétrer, bien moins encore d'entreprendre de soumettre à son jugement. Nous dirons seulement ici qu'un vrai fidèle, se contentant de croire humblement ce que l'Eglise enseigne à cet égard, s'efforcera, par la prière, par ses bonnes œuvres continuelles et par la fuite constante du mal, d'opérer son salut avec crainte et tremblement, sans néanmoins perdre de vue la confiance filiale ; assuré, s'il est juste, que Dieu ne l'abandonnera pas le premier ; s'il est pécheur, qu'il peut rentrer en grâce avec Dieu, et se confiant qu'étant rendu à son amitié, le Seigneur achèvera par sa grâce ce qu'il aura commencé par elle. Cette doctrine consolante est conforme à l'enseignement de l'Ecriture sainte et des conciles.

La foi catholique vient encore à notre secours. Elle nous oblige de croire, 1. que, même après la chute d'Adam, Dieu veut sincèrement le salut éternel d'autres hommes que de ceux qui sont prédestinés ; 2. que Jésus-Christ est mort, et qu'il a offert à son Père céleste le prix de son sang, pour le salut éternel d'autres encore que pour celui des élus, leur méritant des grâces relativement suffisantes : grâces qui leur sont, ou réellement données, ou tout au moins offertes, et avec lesquelles ils pourraient se sauver, s'ils n'y résistaient pas librement, sans nécessité et par leur faute ; 3. que l'homme justifié peut, aidé d'un secours spécial de Dieu, persévérer dans la justice qu'il a reçue ; d'où le grand Bossuet conclut, et de quelques autres définitions de l'Eglise, « qu'il faut reconnaître la volonté de sauver tous les hommes *justifiés* ; comme expressément définie par l'Eglise catholique (1) ; » 4. que, dans l'urgence d'un précepte, tous les justes reçoivent de Dieu une grâce vraiment suffisante, avec laquelle ils peuvent relativement, ou vaincre sur-le-champ la concupiscence qui se fait sentir, surmonter la tentation qui se présente et accomplir le commandement, ou du moins obtenir, par le moyen de la prière, un secours plus abondant qui leur rendrait tout cela possible : il est donc aussi de foi que Dieu n'abandonne pas le juste tant qu'il n'en est pas le premier abandonné ; que « ceux qui tombent, ne tombent que par leur faute, pour n'avoir pas employé toutes les forces de la volonté qui leur sont données ; et ...... que ceux qui persévèrent, en ont l'obligation particulière à Dieu, *qui*, comme l'enseigne saint Paul (*Philip.* II, 13), *opère en nous le vouloir et le faire selon qu'il lui plaît* (2). » Enfin, « il n'y a bien assurément aucun des fidèles qui ne doive croire avec une ferme foi que Dieu le veut sauver, et que Jésus-Christ a versé tout son sang pour son salut. C'est la foi expressément déterminée par la constitution d'Innocent X (3) ; et les fidèles, ● doivent s'unir à la volonté très-spéciale qui regarde les élus, par l'espérance d'être compris dans ce bienheureux nombre (4). »

L'Ecriture sainte et la tradition vont encore plus loin que les définitions expresses de l'Eglise. Il faudrait rapporter une multitude de textes sacrés, dans lesquels le Saint-Esprit nous représente Dieu comme un Créateur bon, qui aime les ouvrages sortis de ses mains ; comme un père tendre, qui chérit ses enfants dociles, et répand à pleines mains sur eux ses bienfaits ; qui avertit ceux qui sont ingrats, les invite à rentrer dans le devoir, leur offre un pardon complet, s'ils reviennent sincèrement à lui et font pénitence ; qui punit à regret, a pitié de nous, répand ses miséricordes sur tous ses ouvrages. Mais pourrions-nous taire ces paroles si consolantes de saint Paul, où après avoir recommandé très - instamment à son disciple Timothée qu'on prie Dieu et qu'on le remercie pour tous les hommes, il dit : « C'est une bonne chose, et cela est agréable aux yeux de Dieu notre Sauveur, qui veut que tous les hommes se sauvent et qu'ils parviennent à la connaissance de la vérité. Car il n'y a qu'un seul Dieu et qu'un seul médiateur entre Dieu et les hommes, Jésus-Christ homme, qui s'est donné lui - même pour être le prix du rachat de tous les hommes (5). » « Nous espérons en Dieu qui est vivant, ajoute-t-il plus loin, et qui est le Sauveur de tous les hommes, principalement des fidèles (6) » Jésus-Christ déclare lui-même qu'il est venu, *non pour perdre les âmes, mais pour les sauver* (7) ; pour *chercher et sauver ce qui avait péri* (8) ; or, tous les hommes avaient péri par le péché d'Adam. Nous

---

(1) Justif. des Réflex. morales, p. 49, t. XXII, édit. de Liége, 1768.
(2) Ibid., p. 71.
(3) Ibid., p. 75.
(4) Ibid., p. 49.

(5) I Tim. I, 2, 3, 4, 5, 6.
(6) Ibid., IV, 10.
(7) Luc. IX, 56.
(8) Ibid., XIX, 10.

passons bien d'autres textes du nouveau Testament, qui établissent les mêmes vérités.

Il est vrai que ceux qui « nous peignent Dieu comme un sultan, un despote, un maître redoutable (1), » s'efforcent de tordre le sens de ces textes, afin de désespérer les hommes, leur montrant dans celui qui les a créés un cœur étroit, dur, fermé presque à tous. Mais les Pères des quatre premiers siècles enseignent une doctrine si contraire, qu'ils sont obligés de les abandonner et d'en parler avec peu de respect (2) comme si saint Augustin, qui les a suivis, et les autres Pères venus après, qui ont reconnu ce grand docteur pour leur guide et leur maître, avaient inventé une doctrine nouvelle, inconnue jusque-là dans l'Eglise.

De cette nuée de témoignages, que les bornes de cet article ne nous permettent pas de rapporter, on conclut, dans toutes les écoles catholiques, que Dieu veut sincèrement le salut de tous les hommes, même après le péché originel; qu'il accorde à tous, ou du moins qu'il offre à tous des grâces vraiment et relativement suffisantes pour pouvoir opérer le salut; que Jésus-Christ est mort et qu'il a offert le prix de son sang pour le salut de tous, et pour mériter pour tous, les moyens surnaturels dont nous parlons.

Concluons donc que Dieu veut, 1. d'une volonté de *prédilection* le salut des élus; 2. d'une volonté *spéciale* celui des justes et des fidèles; 3. et sincèrement celui de tous les hommes sans exception, mais d'une volonté *antécédente* et *conditionnelle*, c'est-à-dire précision faite du bon et du mauvais usage qu'ils feront de la grâce, et cependant sous condition qu'ils y correspondront librement et qu'ils observeront les commandements : car, comme dit saint Augustin, « Dieu veut que tous les hommes soient sauvés et qu'ils parviennent à la connaissance de la vérité; non pas néanmoins de telle sorte qu'il leur ôte le libre arbitre, sur le bon ou mauvais usage duquel ils sont jugés très-justement (3). »

Concluons encore que Jésus-Christ a souffert, qu'il est mort et qu'il a offert le prix de son sang aussi pour le salut de tous, mais inégalement; savoir, par *prédilection* pour les élus, d'une manière *spéciale* pour les justes et les fidèles, *sincèrement* pour tous les hommes sans exception; et qu'il a mérité aux premiers les grâces ineffables qui les conduisent à la gloire infailliblement, quoique sans blesser en eux la liberté; aux seconds, les grâces spéciales qui leur sont accordées, comme la foi, le baptême, la justification, et des grâces suffisantes avec lesquelles ils peuvent relativement, d'une manière médiate ou immédiate, éviter le péché, lorsqu'ils sont tentés de le commettre, s'en relever quand ils y sont tombés ; enfin ; à tous les autres, sans exception des infidèles, des moyens surnaturels, avec lesquels ils pourraient, au moins médiatement, parvenir à la foi, et, de grâce en grâce, au salut.

Concluons, en dernier lieu, que Dieu distribue ses dons salutaires selon la volonté qui est en lui, ou *efficace*, ou *spéciale*, ou *sincère*, dans le sens que nous venons d'exposer, par conséquent d'une façon inégale ; mais de manière qu'aucun adulte ne se perde sans que ce ne soit de sa faute libre et volontaire: en sorte que, dit saint Thomas, « si un sauvage élevé dans les bois et au milieu des brutes, suivait la lumière de la raison naturelle dans l'appétit du bien et la fuite du mal, il faut admettre comme une chose très-certaine que Dieu lui révélerait, où par une inspiration intérieure, les choses qu'il est indispensable de croire, ou par quelque prédicateur de la foi qu'il lui enverrait comme il envoya Pierre à Corneille (4). » Ne craignons pas d'ajouter encore que Dieu n'abandonne entièrement ni les aveugles, ni les endurcis, et qu'il a pourvu suffisamment, *quantum ex se est*, à l'application du remède nécessaire au salut, même à l'égard de tous les enfants qui meurent sans avoir reçu le baptême. Ensuite écrions-nous avec Tertullien : non, il n'y a point de si bon père ! *Tam pater nemo !*

C'est donc mal parler de Dieu que de dire qu'il laissa sans aucun moyen de salut les hommes qui vécurent dans l'*état de nature*, et même ceux qui vécurent ensuite sous la *loi*, à l'exception d'un très-petit nombre d'élus. Il est vrai que la loi naturelle ne suffisait pas aux premiers pour pouvoir opérer le bien surnaturel ; que la loi de Moïse ne donnait pas par elle-même la force de l'accomplir : *Nihil per se virium dabat*; que depuis la chute d'Adam, la grâce de Jésus-Christ a toujours été nécessaire pour le salut et pour toutes les œuvres qui y conduisent de loin ou de près ; que ce divin secours fut distribué avec une sorte d'épargne, si l'on ose dire ainsi, dans l'un et l'autre état, en comparaison de ce que Dieu fait à cet égard dans la nouvelle alliance, où la grâce est *populaire*, abondante, et trouve des canaux multipliés par où elle se répand largement sur les fidèles qui viennent y puiser ; en sorte qu'on ne peut assez répéter que l'Evangile est par excellence la loi de grâce ; mais il faut reconnaître aussi que Dieu ne commanda jamais l'impossible, et qu'en conséquence il vint constamment au secours de la faiblesse humaine ; de manière que l'homme a toujours eu, par la grâce du Rédempteur, un pouvoir, ou prochain, ou au moins éloigné, et vraiment relatif, d'obéir au commandement urgent de résister à la concupiscence, et qu'il a dû dire, chaque fois qu'il a péché : C'est ma faute, oui, ma faute libre et volontaire. Les limites qui nous sont prescrites ne nous permettent pas de nous étendre davantage sur ces objets. Nous ne répéterons pas non plus ici ce que nous

---

(1) Expressions de Bergier dans son Dict. de théol., au mot Salut.
(2) C'est du moins ce que fait Jansénius à l'égard des Pères grecs.

(3) L. de Spirit. et Littera, c. 33.
(4) Quæst. 4, de Veritate, art. 11, ad 1, t. XII, p. 962, col. 2, E. Le saint docteur suppose dans ce texte le secours de la grâce et la coopération à ce divin secours.

avons opposé déjà plus haut aux assertions de Quesnel, dans lesquelles ce novateur avance que la foi est la première grâce, qu'il n'y en a point si ce n'est par elle, point hors de l'Eglise, etc. (1).

5° Justification des adultes.

On entend ici, par le mot *justification*, cet heureux changement qui s'opère à l'égard de l'homme et dans son intérieur, quand, de l'état misérable du péché, où il était ennemi de Dieu, esclave du démon, indigne de posséder Dieu dans le ciel, ou même digne, par le péché mortel actuel, des feux éternels de l'enfer, il passe à l'état fortuné de la grâce, où il est enfant adoptif de Dieu, membre vivant de Jésus-Christ, son cohéritier du royaume des cieux.

Sans faire ici mention des hérétiques anciens qui s'égarèrent étrangement sur ce point important, et parmi lesquels on compte surtout les pélagiens, les semi-pélagiens, les prédestinatiens, etc.; dans ces derniers temps, les chefs de la prétendue réforme, voulant, à quelque prix que ce fût, ravir aux sacrements de la nouvelle alliance la vertu salutaire que Jésus-Christ y a attachée, *de contenir la grâce qu'ils signifient*, et *de la conférer à ceux qui n'y mettent pas d'obstacle*, brouillèrent tout dans la doctrine de la justification.

Baïus, cherchant des moyens pour ramener à l'unité catholique les sectateurs de ces hérésiarques, se rapprocha d'eux en quelques points, s'en écarta en d'autres, innova dans un grand nombre, sur la même matière.

Nous ne parlerons point de son apologiste.

Quant à Quesnel, on voit assez en quoi il imite Luther et Calvin, puisqu'il anéantit, à leur exemple, les dispositions que l'adulte doit apporter à la justification, expulsant, comme nous l'avons montré, le pécheur du sein de l'Eglise, le dépouillant de toute grâce, le réduisant à une impuissance générale de tout bien, taxant de péché sa prière et même toutes les autres œuvres qu'il fait, tant que la charité ne règne pas dans son cœur ; prétendant de plus que la foi n'opère que par cette même charité ; que tout ce qui n'en découle pas comme de source émane de la cupidité et est vicieux ; que la crainte servile n'arrête que la main ; que Dieu guérit l'âme par sa seule volonté, et que la première grâce que reçoit le pécheur, c'est le pardon de ses péchés, etc. Ce novateur semble aussi tendre la main aux auteurs de la réforme, quant à la justice imputative, et admettre, à la manière de Calvin, une sorte d'*inamissibilité* de la grâce reçue dans le baptême. C'est la doctrine qu'on recueille dans un grand nombre de ses propositions condamnées spécialement dans les propositions I, XXV, XXIX, XXVIII, XXXVI, XXXVII, XLIII, XLV, XLVII, LI, LIX, LXI, LXXVIII.

L'Eglise a foudroyé ces différentes erreurs à mesure qu'elles se sont élevées avec quelque éclat. Mais le concile de Trente, portant, pour ainsi parler, jusque dans la profondeur

(1) Voyez les observat. que nous y avons faites, col. 1240, 1241, 1246 et suiv.

du mystère qui nous occupe le flambeau sacré de la révélation, y a répandu un si grand jour qu'il semble en avoir écarté à jamais les funestes ténèbres de l'hérésie. Il faut lire avec une attention docile l'exposition lumineuse qu'il nous a laissée (2) de la doctrine catholique touchant la justification, soit celle que le pécheur reçoit dans le baptême, soit celle qu'il recouvre dans le sacrement de pénitence, après qu'il a eu le malheur de déchoir de la première par le péché mortel. Quoique nous ayons souvent puisé dans cette source si pure, pour étayer les vérités que nous avons énoncées jusqu'ici nous regrettons que les bornes de cet article ne nous permettent pas de rassembler, dans un tableau fidèle et resserré, tous les traits de ce monument précieux de la foi des siècles chrétiens. Nos lecteurs verraient, avec satisfaction sans doute, qu'interrogeant la parole de Dieu écrite et celle qui nous est parvenue de bouche en bouche par une tradition aussi sûre qu'elle est constante, ce grand concile nous met sous les yeux tout ce que nous devons croire concernant la justification du pécheur, et que, battant en ruine les faux dogmes inventés par l'enfer pour pervertir les âmes, il ferme devant nous les voies scabreuses de l'erreur et du mensonge, dans lesquelles nous ne trouverions que des déserts arides et qu'une mort certaine. C'est ainsi que l'on voit tomber successivement sous ses anathèmes foudroyants le pélagianisme et le semi-pélagianisme ancien et moderne, le vieux prédestinatianisme et le récent, toutes les innovations des hérésiarques Luther et Calvin : disons-le encore, il dissipe d'avance une grande partie des rêveries de Baïus, et condamne déjà la plupart des excès auxquels Quesnel se livra longtemps après.

Nous renvoyons donc nos lecteurs à ce saint concile. Cependant, afin de ne pas nous écarter entièrement de notre but, nous dirons ici d'après cette autorité irréfragable : 1. qu'il faut reconnaître, dans les adultes qui parviennent à la justification par la voie ordinaire, une obligation étroite et une nécessité réelle de s'y disposer, quoiqu'étant pécheurs, c'est-à-dire souillés de la tache du péché mortel, ils ne puissent la mériter en rigueur. 2. Qu'ils s'y disposent véritablement, lorsque prévenus, excités et aidés par la grâce que Jésus-Christ nous a méritée par ses souffrances et la mort qu'il a endurée sur la croix pour nous, ils s'approchent de Dieu librement, croyant d'une foi ferme et véritable, les vérités révélées et les promesses venues d'en haut, principalement ce point-ci, que *l'impie est justifié de Dieu par sa grâce*, *par la rédemption acquise par Jésus-Christ*; qu'ensuite se reconnaissant pécheurs, et passant de la crainte de la justice divine, qui d'abord a été utile pour les ébranler, jusqu'à la considération de la miséricorde de Dieu, ils s'élèvent à l'espérance, se confiant que Dieu leur sera propice pour l'amour de

(2) Surtout dans sa session sixième et dans la quatorzième.

Jésus-Christ ; puis, commençant à aimer Dieu comme source de toute justice, ils se tournent contre leurs propres péchés, les haïssent, s'en repentent, prennent la résolution sincère de recevoir le baptême (si déjà ils ne l'ont reçu), de mener une vie nouvelle, d'observer les commandements de Dieu : ceux qui sont tombés, après avoir été justifiés par le baptême, doivent ajouter d'autres dispositions encore, qu'il faut lire dans le concile. 3. Que cette préparation, vraie opération de la grâce avec coopération libre de la part de l'homme, est bonne, utile, et ne doit point être comptée comme un nouveau péché. 4. Que l'homme est justifié, non-seulement par l'imputation de la justice de Jésus-Christ, et par la simple rémission des péchés, mais par la grâce et la charité que le Saint-Esprit répand dans son cœur ; qu'ainsi la justice est véritablement intérieure et inhérente à l'âme. 5. Que la grâce de la justification n'est pas accordée seulement à ceux qui sont prédestinés à la vie éternelle. 6. Qu'elle n'est donc pas une marque infaillible de prédestination à la gloire. 7. Que cette même grâce peut se perdre. 8. Qu'on la perd en effet par tout péché mortel qu'on commet, quel que soit ce péché, dès là qu'il est réellement mortel. 9. Mais qu'on peut la recouvrer : celle reçue dans le baptême, par le sacrement de pénitence ; celle acquise par ce dernier sacrement, en en réitérant la réception pour être de nouveau justifié. 10. Enfin, que les sacrements de la nouvelle alliance contiennent la grâce qu'ils signifient, et qu'ils la confèrent toujours à tous ceux qui les reçoivent avec les conditions requises.

Nous renvoyons, pour le surplus que nous omettons ici, à ce que nous avons écrit jusqu'à présent pour contredire les dogmes hétérodoxes de Quesnel. On peut lire depuis la col. 1334 de ce volume.

On voit donc que la doctrine de notre ex-oratorien tend directement à fermer au pécheur fidèle le retour à la grâce, puisqu'il détruit, en les travestissant en autant de péchés, les dispositions qu'il faut apporter à la seconde justification. C'est sans doute dans la même vue qu'il met tant d'entraves à la réception du sacrement de pénitence, en approuvant, dans ses propositions LXXXVII, LXXXVIII et LXXXIX, des épreuves également arbitraires et ridicules, une discipline entièrement opposée à celle qui est autorisée dans l'Église, des privations funestes au pécheur non encore réconcilié, contraires à ses devoirs religieux et dénuées de tout fondement légitime (1). Mais c'est surtout quand, de concert avec les auteurs impies de la *circulaire*, il nous assure que nous ne pouvons faire aucun bien sans une grâce irrésistible, et qui opère tout en nous, sans nous, c'est alors, disons-nous, qu'il porte les coups qui achèvent de tuer l'espérance dans le cœur du fidèle tombé et près de mourir.

Supposons, en effet, qu'un de ses partisans, profondément imbu des principes condamnés dans les *Réflexions morales*, arrive à sa dernière heure, après s'être laissé entraîner pendant bien des années au torrent impétueux de ses passions, persuadé qu'il ne pouvait y résister sans un secours à la Quesnel, et se confiant que tôt ou tard ce secours commode viendrait le délivrer de la servitude, où, selon le système, le péché est inévitable, là pratique du bien impossible. Quelle sera sa détresse à l'heure de la mort, lorsque, portant, comme malgré lui, un regard douloureux sur le passé, il verra dans un grand jour l'état déplorable de son âme, et que, considérant que la grâce sur laquelle il avait si vainement compté, n'étant point encore venue, malgré son attente, il est comme assuré qu'elle n'arrivera pas, puisqu'il ne lui reste presque plus de temps ? Ne se croira-t-il pas alors sans ressource, et même frappé de la *réprobation négative*, à cause du péché du premier homme (2) ? En vain on lui représentera l'humble recours à la prière, le *peccavi* amoureux qui fléchit le cœur du Seigneur envers le roi prophète, et l'absolution du ministre de la pénitence, comme autant de moyens d'obtenir miséricorde : raisonnant conformément à ses principes, il répondra, s'il en a encore la force, que la grâce, qui opère dans le cœur la prière, le repentir et l'amour, sans que le cœur s'en mêle, lui manque ; et son dernier mot sera donc celui-ci : *Je suis perdu !*

Nous ne croyons pas devoir nous arrêter à prouver que les disciples de Quesnel ne dégénérèrent guère dans la suite de la sévérité désespérante de leur maître. On se ressouvient encore de l'extrême rigorisme qu'ils exerçaient dans le sacré tribunal ; et les règles outrées qu'on retrouve dans un grand nombre de leurs livres, surtout quant à ce qui concerne les dispositions qu'il faut apporter à la réception de l'absolution et à la participation des saints mystères, nous en offrent des monuments qui ne sont que trop répandus. Ce n'est pas, au reste, qu'ils aient excédé en tout de la même manière ; car en établissant leur grâce qui fait exclusivement tout, et en soutenant que la première qui soit accordée au pécheur est le pardon de ses péchés, s'ils jetaient par là le désespoir dans le cœur du criminel réduit à son dernier moment, comme nous venons de le montrer, ils mettaient aussi fort à son aise le libertin qui jouissait de la santé, et qui ne cherchait que quelques spécieux prétextes pour s'autoriser à croupir dans ses désordres. « En effet, pouvait-il se dire à lui-même par un raisonnement aussi juste dans le système que pernicieux dans la vérité, ou Dieu veut me donner sa grâce, ou il ne le veut pas : s'il le veut, elle viendra tôt ou tard me transplanter de la voie large dans la voie étroite, où je serai pardonné, converti, justifié sans aucune démarche préalable de ma part ; s'il

---

(1) *Voyez* col. 1224. *C'est une conduite pleine de sagesse*, etc., et ce que nous en avons dit, 1250 et 1251.

(2) *Voyez* ce que nous avons rapporté sur ce sujet, pag. 1270.

ne le veut pas, tous les efforts que je ferais de mon côté seraient inutiles et tout autant de péchés plus capables d'éloigner Dieu de moi que de me rapprocher de lui : le seul parti qui me reste est donc de m'endormir tranquillement dans le sein de la volupté, sans me soucier d'un avenir qui, soit bon, soit mauvais, m'est également inévitable.»

6° Du mérite.

Il suffit de s'être formé une idée juste de la délectation relativement victorieuse, établie par Jansénius, pour prévoir d'avance que les partisans de ce système absurde n'ont pu laisser intacte la foi catholique touchant le mérite des œuvres. Mais une chose plus difficile à croire, si on n'en avait des preuves certaines, c'est qu'ils regardèrent le renversement de la saine croyance sur ce point, qui est essentiel à la religion, comme un moyen nécessaire pour abaisser les religieux et leur ôter la confiance des peuples. Ecoutons un moment ceux qui gouvernaient le parti. « Nous n'avons que trop reconnu, écrivaient aux *unis* les auteurs de la *lettre circulaire à MM. les disciples de saint Augustin*, nous n'avons que trop reconnu que la *doctrine des mérites*, comme elle est maintenant entendue et pratiquée dans l'Eglise, est le plus grand appui des moines et le principal fondement de leur subsistance. Car tandis que l'on croit que Dieu donne des grâces suffisantes à tous les hommes pour se sauver, et qu'elles sont rendues efficaces par notre coopération, ceux qui auront soin de leur salut s'empresseront à connaître les volontés de Dieu sur eux pour y correspondre, et s'adresseront aux moines, qu'ils croient être les seuls dépositaires des secrets de Dieu. De plus, ils s'adonneront à faire quantité d'aumônes, au moyen desquelles les moines ont pris le premier rang. *Il importe beaucoup que les vrais disciples de saint Augustin ternissent cette doctrine* qui gêne les esprits, sous prétexte de conserver leur liberté.

« Qu'ils parlent en général d'une grâce charmante et victorieuse, qui ne laisse point à la volonté des prédestinés *la peine d'y correspondre*, et que tous les soins que nous prenons de servir Dieu *par nos bonnes œuvres sont inutiles*. Qu'il ne faut que *laisser faire la grâce*, et qu'aussi bien nous ne saurions *résister à telles aimables violences*, etc. (1). »

Nous avons déjà remarqué que Quesnel avait envoyé une instruction de cette espèce à une religieuse de Rouen, avec une lettre écrite de sa propre main. Quelque horrible que paraisse cette production, d'après les courts extraits que nous en avons donnés, notamment d'après ce dernier, elle ne renferme néanmoins, suivant les auteurs, que le résultat *des lumières que Dieu leur avait communiquées, après des prières continuelles*; et, suivant la vérité, elle ne contient rien qu ne soit digne du système, rien qui ne s'en déduise naturellement, rien qui inspire des idées exagérées de la secte, de ses projets, de son savoir-faire; en un mot, « rien dont le parti ne soit convaincu ; » comme le prouve M. de Charancy, évêque de Montpellier, dans son mandement du 24 septembre 1740, à la suite duquel il fit imprimer cette détestable circulaire.

Mais quand même les jansénistes seraient parvenus à nous enlever cet écrit rempli d'erreurs et d'hérésies, à force de le renier, ainsi que quelques-uns l'ont fait, en conséquence de ce qui y est ordonné, dès lors qu'il est constant que la grâce qu'ils admettent pour pouvoir opérer le bien est efficace à leur façon, c'est-à-dire irrésistible, imposant à celui qui la reçoit une nécessité relative, inévitable, invincible, il demeure démontré par là même que, sous l'influence de cette grâce prétendue, l'homme n'a pas la liberté nécessaire pour pouvoir mériter, et qu'en conséquence il ne mérite nullement par ses bonnes œuvres. Quesnel détruit encore ouvertement le mérite dans sa proposition LXIX, où, s'adressant à Dieu, il lui dit : « la foi, l'usage, l'accroissement et la récompense de la foi, tout est un don de votre *pure* libéralité. »

Enfin, les jansénistes sont obligés de convenir avec les protestants que le juste pèche au moins véniellement dans toutes ses actions les plus saintes, tandis que la concupiscence n'est pas entièrement anéantie dans son cœur. En effet, de même que quand il transgresse un précepte, entraîné invinciblement au mal par la délectation terrestre plus forte en degrés que la délectation céleste, celle-ci ne laisse pas d'opérer en lui des velléités, des désirs et des efforts qui, quoique inefficaces, n'en sont pas moins bons et louables, puisqu'ils tendent au bien et que c'est la grâce qui les produit dans la volonté ; de même aussi quand le juste fait le bien, la concupiscence, quoique vaincue par la grâce, ne laisse pas d'opérer dans sa volonté des mouvements vers le mal, lesquels étant mauvais dans la fin à laquelle ils tendent et dans la source d'où ils émanent, ils doivent nécessairement ternir la bonne œuvre en y imprimant le sceau hideux de la cupidité. La raison en est que ces mouvements sont libres, suivant le système, puisqu'ils sont dans la volonté conformes à l'inclination qui y est imprimée par la concupiscence. De là ces propositions si franches de Baïus : « La concupiscence ou la loi des membres, et ses mauvais désirs que les hommes sentent malgré eux, sont une vraie désobéissance à la loi. Tant qu'il reste encore quelque chose de la concupiscence de la chair dans celui qui aime, il n'accomplit pas le précepte : *Vous aimerez le Seigneur votre Dieu de tout votre cœur* (2). »

Tous les théologiens orthodoxes reconnaissent deux sortes de mérite : un mérite proprement dit et de justice, qu'ils appellent

---

(1) Second moyen d'abaisser les moines.
(2) Bulla *Ex omnibus afflict*. Prop. inter damnatas LI et LXXVI. Recueil des bulles.

mérite de condignité, *meritum de condigno*; et un autre mérite qui n'opère pas le même droit et auquel ils donnent le nom de mérite de congruité, *meritum de congruo*.

Ils fondent communément le premier sur l'ordre surnaturel établi de Dieu, en vertu duquel les bonnes œuvres faites dans la justice, en vue de Dieu et par le secours de sa grâce actuelle, ont une valeur proportionnée à la récompense que Dieu s'est formellement engagé d'y donner, et acquièrent au juste, à ces deux titres, un droit réel à la récompense promise. Ils appuient le second sur la confiance en la bonté de Dieu et sur la convenance qu'il y a qu'il vienne au-devant de celui qui fait des efforts avec sa grâce, sans néanmoins que Dieu y soit obligé par aucun engagement de justice.

Les théologiens établissent sur des preuves solides l'existence et la distinction de ces deux espèces de mérite; ils en fournissent des exemples caractéristiques, qu'ils puisent dans l'Ecriture sainte, et ils répondent d'une manière satisfaisante à toutes les objections des novateurs sur ces différents points de doctrine. Nous n'entrerons pas ici dans ces détails; mais nous ne pouvons nous dispenser d'observer que, quand les auteurs orthodoxes emploient en cette matière le mot *justice*, ils ne font que répéter ce que saint Paul a dit lui-même (1); et qu'ils entendent ce mot dans un sens étendu, non dans un sens strictement rigoureux, convenant tous que la justice *commutative* ne peut avoir lieu entre Dieu et les hommes. Dieu a bien voulu établir un ordre pour le salut de ceux-ci; on en conclut qu'il se doit à lui-même de suivre cet ordre : il a daigné faire avec eux un pacte par lequel il s'est libéralement obligé à les récompenser, moyennant certaines conditions de leur part. Si donc ces conditions sont ponctuellement remplies, il est de la fidélité de Dieu de dégager sa parole, et les hommes ont droit de lui en demander l'exécution, suivant saint Augustin.

Mais ce droit dont nous parlons, tout droit de justice qu'il est dans le sens que nous venons d'expliquer, n'est pas néanmoins un droit *strictement rigoureux* : il ne naît pas du fond des œuvres considérées en elles-mêmes et dans leur valeur intrinsèque; c'est Dieu qui l'a lui-même fondé et qui l'a donné à l'homme par un trait de sa libéralité envers cette créature chérie.

En effet, Dieu pouvait dans le principe, et sans blesser ni ses attributs sacrés, ni l'exigence de la nature humaine, destiner l'homme à une fin purement naturelle, exiger de lui un service et lui donner des moyens proportionnés à cette fin, le récompenser de même ou le laisser sans récompense, et le punir d'une manière sévère s'il avait la hardiesse de transgresser ses devoirs. L'homme étant déchu par sa désobéissance très-grièfve du droit à la vision intuitive dont Dieu lui avait libéralement fait part,

Dieu pouvait le livrer à son malheureux sort, ne point lui donner de libérateur, ne lui accorder aucune grâce. L'homme naissant souillé du péché, ennemi de Dieu, esclave du démon, n'a aucun droit à ce que Dieu jette sur lui un regard de pitié, à ce qu'il vienne à son secours et le délivre. S'il retombe, après avoir été miséricordieusement justifié dans le baptême, le péché mortel le dépouille de nouveau de son droit à la béatitude et à tous les moyens nécessaires pour le recouvrer. Il est vrai que Jésus-Christ a mérité à tous les hommes, par les souffrances et la mort qu'il a endurées pour tous, les grâces et les secours dont ils ont besoin pour pouvoir opérer leur salut; mais, outre que cette sainte rédemption a été un effet de la pure miséricorde de Dieu, l'application qui en est faite par la première grâce a lieu en faveur d'un indigne. Disons donc, avec le deuxième concile d'Orange, dont l'Eglise a reçu toutes les décisions : « La récompense est due aux bonnes œuvres, si elles se font; mais la grâce, qui n'est pas due, les précède afin qu'elles se fassent (2); » et avec le concile de Trente, après saint Augustin et Innocent Ier : « la bonté de Dieu envers les hommes est si grande, qu'il veut bien que ses propres dons deviennent leurs mérites (3). » Nous espérons que nous éclaircirons davantage ceci en parlant de l'objet du mérite.

Il suit de ce que nous avons dit plus haut que le juste seul peut mériter *condignement*. C'est ce que le Sauveur faisait entendre à ses apôtres quand il leur disait : « Comme la branche ne peut d'elle-même porter de fruit, qu'elle ne demeure unie à la vigne, ainsi vous n'en pouvez point porter que vous ne demeuriez unis à moi (4). » Et, pour passer sous silence beaucoup d'autres preuves que fournissent sur ce point l'Ecriture et les Pères, telle est la doctrine établie par la condamnation qu'à faite le saint-siége de plusieurs propositions de Baïus, dans lesquelles ce novateur enseignait des dogmes diamétralement contraires (5).

Mais le mérite ne peut s'acquérir qu'en cette vie : il exige que l'action soit moralement bonne, faite avec le secours de la grâce actuelle, rapportée à Dieu, opérée avec liberté, exempte par conséquent, non-seulement de contrainte, mais encore, comme nous l'avons déjà plusieurs fois observé de toute nécessité, soit immuable ou simple, soit même relative. Le mérite de condignité suppose encore, ainsi que nous l'avons remarqué, une promesse formelle de la part de Dieu.

Or, que l'homme juste mérite véritablement, quand il opère le bien avec toutes les conditions requises, c'est un dogme catholique fondé sur les Livres saints, la tradition et les définitions expresses de l'Eglise. Le concile de Trente, après avoir rapporté plusieurs textes de saint Paul qui établissent cette vérité consolante, en conclut qu'il faut

---

(1) II Tim. iv, 8.
(2) C. 18.
(3) De Justif., c 16.

(4) Joan. xv, 4.
(5) *Voyez* les prop. ii, xi, xii, xiii, xv, xviii, etc. Bulle *Ex omnibus afflict.*

proposer aux justes qui persévèrent jusqu'à la fin de leur carrière dans la pratique constante du bien, et qui espèrent en Dieu, la vie éternelle, soit comme une grâce miséricordieusement promise aux enfants d'adoption, en considération de Jésus-Christ, soit comme une récompense qui doit être fidèlement rendue à leurs bonnes œuvres et à leurs mérites, en conséquence de la promesse de Dieu. « Car, dit ce saint concile, c'est là cette couronne de justice que l'apôtre disait lui être réservée après le terme de son combat et de sa course, et devoir lui être rendue par le juste juge; non pas à lui seulement, mais à tous ceux qui aiment son avénement (1). »

La raison que le concile donne de cette doctrine doit être remarquée. « Jésus-Christ répandant continuellement sa vertu dans ceux qui sont justifiés, comme le chef dans ses membres, et le tronc de la vigne dans ses pampres; et cette vertu précédant, accompagnant et suivant toujours leurs bonnes œuvres, qui, sans elles, ne pourraient aucunement être agréables à Dieu, ni méritoires, il faut croire après cela qu'il ne manque plus rien à ceux qui sont justifiés pour être estimés avoir, par ces œuvres faites en Dieu, pleinement satisfait à la loi divine, selon l'état de la vie présente, et avoir véritablement mérité la vie éternelle, pour l'obtenir en son temps, pourvu toutefois qu'ils meurent dans la grâce (2). »

Nous ne pouvons passer sous silence ce que le même concile dit ailleurs de l'augmentation de la justification par le moyen des bonnes œuvres. « Les hommes étant donc ainsi justifiés et faits domestiques et amis de Dieu s'avancent de vertu en vertu, se renouvellent, comme dit l'Apôtre, de jour en jour; c'est-à-dire qu'en mortifiant les membres de leur chair, et les faisant servir à la piété et à la justice, pour mener une vie sainte, dans l'observation des commandements de Dieu et de l'Eglise, ils croissent par les bonnes œuvres, avec la coopération de la foi, dans cette même justice qu'ils ont reçue par la grâce de Jésus-Christ, et sont ainsi de plus en plus justifiés, etc. (3). »

A l'égard de la persévérance, le concile de Trente déclare que ce don précieux « ne peut venir d'ailleurs que de celui qui a la puissance d'affermir celui qui est debout, afin qu'il demeure persévéramment debout, et de relever celui qui tombe. Que personne ne se promette (donc) là-dessus rien de certain d'une certitude absolue, quoique tous doivent mettre et établir une espérance très-ferme dans le secours de Dieu. Car, à moins qu'ils ne manquent eux-mêmes à sa grâce, Dieu achèvera le bon ouvrage comme il l'a commencé, opérant le vouloir et l'effet. Mais cependant il faut que ceux qui se croient debout prennent garde de tomber, et qu'ils opèrent leur salut avec crainte et tremblement, dans les travaux, les veilles, les aumônes, les prières, les offrandes, les jeûnes et la chasteté. Car, sachant que leur renaissance ne les met pas encore dans la possession de la gloire, mais seulement dans l'espérance d'y parvenir, ils doivent craindre pour le combat qui leur reste à soutenir contre la chair, le monde et le démon, dans lequel ils ne peuvent être victorieux, s'ils ne se conforment, avec l'aide de la grâce, à cette maxime de l'Apôtre : *Ce n'est point à la chair que nous sommes redevables, pour que nous vivions selon la chair : car si vous vivez selon la chair, vous mourrez; mais si vous mortifiez par l'esprit les œuvres de la chair, vous vivrez* (4). »

Comme les ennemis de la foi orthodoxe se plaignaient que la doctrine catholique mettait la justice de l'homme à la place de celle de Dieu; qu'elle anéantissait les mérites de Jésus-Christ, en établissant ceux du juste, et qu'elle ressuscitait le pélagianisme proscrit depuis longtemps par l'Eglise, le concile de Trente, après avoir montré l'influence vivifiante que le Sauveur répand continuellement dans l'homme justifié, influence qu'il appuie de plus sur ces paroles de Jésus-Christ : *Si quelqu'un boit de l'eau que je lui donnerai, il n'aura jamais soif, mais elle deviendra en lui une source d'eau qui jaillit jusqu'à la vie éternelle;* il ajoute, pour réfuter ces plaintes dénuées de fondement : « Ainsi, on n'établit pas notre propre justice comme nous étant propre de nous-mêmes, et on ne méconnaît ni on ne rejette la justice de Dieu; car cette justice, qui est dite nôtre, parce que nous sommes justifiés par elle, en tant qu'elle est inhérente en nous, est elle-même la justice de Dieu, parce qu'il la répand en nous par le mérite de Jésus-Christ (5). »

Le concile de Trente reconnaît donc que tout notre mérite surnaturel est appuyé sur le mérite du Sauveur, et que c'est de là et de la grâce qui nous est accordée en considération de ce divin mérite, que nos bonnes œuvres empruntent toute leur valeur. « Personne, dit saint Paul, ne peut poser un autre fondement que celui qui a été mis, lequel est Jésus-Christ (6). » Il ne faut pas cependant conclure de là « que les bonnes œuvres de l'homme justifié sont tellement les dons de Dieu qu'elles ne soient point aussi les bons mérites du même homme justifié. » Il était réservé à Quesnel et aux auteurs de la *circulaire* de renouveler cette erreur proscrite par le concile de Trente sous peine d'anathème (7). Car, quoique nos bonnes œuvres soient à Dieu, en ce que nous les lui devons déjà, quand nous ne faisons qu'accomplir ses commandements, et parce que nous opérons toutes ces œuvres avec le secours de la grâce qu'il nous donne, cependant elles sont aussi à nous, puisqu'en les faisant nous coopérons à la grâce librement, de notre propre choix, et sans y être en aucune manière nécessités. Il en est de même de nos mérites : ils sont à

---

(1) De Justif., c. 16.
(2) Ibid.
(3) Ibid., c. 10.
(4) Ibid., c. 13.
(5) Ibid., c. 16.
(6) 1 Cor. III, 11.
(7) De Justif., c. 32.

Dieu, comme à l'auteur bénévole de l'ordre méritoire, des promesses qu'il nous a faites, des grâces qu'il nous accorde; mais ces mêmes mérites sont aussi en même temps à nous, puisque nous accomplissons réellement de notre côté et avec liberté, quoique toujours à l'aide de la grâce, les conditions du pacte que Dieu a daigné contracter avec nous. Tout ceci doit nous porter à admirer la bonté de Dieu, « qui est si grande envers les hommes, dit le même concile, qu'il veut bien que ses propres dons deviennent leurs mérites (1); » et il est très-vrai qu'il couronne les dons de sa miséricorde, quand il récompense nos bonnes œuvres.

Quant au mérite proprement dit, le concile, que nous ne nous lassons pas de copier sur une matière si délicate et si importante, définit « que les justes doivent, pour leurs bonnes œuvres *faites en Dieu* (2), attendre et espérer de lui, par sa miséricorde et par le mérite de Jésus-Christ, la récompense éternelle, s'ils persévèrent jusqu'à la fin à bien faire et à garder les commandements de Dieu (3). » Il anathématise celui qui dit « que l'homme justifié *ne mérite pas véritablement*, par les bonnes œuvres qu'il fait avec le secours de la grâce et par le mérite de Jésus-Christ, dont il est un membre vivant, l'augmentation de la grâce, la vie éternelle et l'entrée dans cette même vie, pourvu toutefois qu'il meure en grâce, et même aussi augmentation de gloire (4). »

Tous les théologiens orthodoxes reconnaissent dans ce dernier canon du concile de Trente ce qu'ils entendent désigner par *mérite de condignité* ou de *justice*, et les biens surnaturels qui sont les objets de ce mérite. Ils concluent de là que le juste peut mériter *condignement* l'augmentation de la grâce sanctifiante, qui n'est pas égale dans tous les justes, la vie éternelle et des accroissements de gloire pour le ciel.

Quant au mérite improprement dit, ou de *congruité*, les mêmes théologiens établissent sur d'excellentes preuves que l'homme étant prévenu, excité, aidé par la grâce actuelle, et y correspondant avec fidélité, peut en mériter de nouvelles, de plus grandes, même le don de la foi, la grâce sanctifiante et *ensuite* la grâce spéciale de la persévérance finale. Ils soutiennent que le juste peut mériter de même, c'est-à-dire d'un mérite de *congruité* (car nous ne parlons maintenant que de cette espèce de mérite), pour soi et pour d'autres, des grâces actuelles et des biens terrestres, même pour d'autres, la première grâce actuelle.

Nous avons déjà fait voir que le pécheur ne peut rien mériter *condignement*, puisque le mérite de *justice* suppose et exige l'état de grâce. Mais s'il fait un acte de contrition parfaite, il obtient infailliblement la justification, à cause de la promesse de Dieu.

On ne peut mériter surnaturellement sans le secours de la grâce actuelle. Ainsi, la première grâce actuelle est un don de la *pure* libéralité de Dieu : personne ne peut la mériter en aucune manière pour soi; l'Eglise l'a décidé contre les pélagiens et les semipélagiens. Mais on ne peut pas dire que les grâces que Dieu veut bien accorder par miséricorde et à la vue du bon usage qu'on a fait de la première grâce actuelle ou d'autres grâces subséquentes de même nature soient aussi des dons de *pure* libéralité, puisque la correspondance à une grâce dispose l'homme à en recevoir une autre, l'en rend moins indigne, s'il est pécheur, plus digne, s'il est juste, et est un effort de sa part, quoiqu'il fasse cet effort avec l'aide de la grâce.

Il faudrait voir de travers pour nous accuser de déroger ici aux mérites du Sauveur, puisque nous confessons que toutes les grâces que Dieu nous accorde, et nos mérites mêmes, viennent de cette source salutaire : nous ne dérogeons pas davantage à la bonté de Dieu, puisque nous fondons sur la confiance en cette bonté ineffable le mérite de *congruité*; que nous reconnaissons que nos mérites naturels ne demandent aucune considération, n'en méritent aucune, n'en obtiennent même point dans l'ordre du salut, et que Dieu ne nous doit en rigueur, c'est-à-dire en conséquence d'aucun mérite de *justice* ou de *condignité*, de notre part, ni la foi, ni la justification, ni le grand don de la persévérance finale, ni même la grâce actuelle suffisante ou efficace. Nous ne mettons donc pas *notre confiance ni notre gloire en nous-mêmes, mais dans le Seigneur*, de qui nous tenons tout; et nous disons volontiers, après le deuxième concile d'Orange, que nous n'avons de notre propre fonds, *par rapport à l'ordre surnaturel*, que l'erreur et le péché (5), et, après le concile de Trente, qu'il est en notre pouvoir de rendre nos voies mauvaises; mais que nous ne pouvons ni croire, ni espérer, ni aimer, ni nous repentir comme il faut pour nous disposer à la justification,

---

(1) De Justif., c. 16.
(2) Mais que veut dire le concile de Trente par les œuvres *faites en Dieu* ? Une action bonne, libre, opérée dans la grâce sanctifiante et par le secours de la grâce actuelle rapportée à Dieu par un motif surnaturel, c'est-à-dire puisé dans la foi, quel que soit ce motif, ne mérite-t-elle pas *condignement* la vie éternelle ? Il y a des théologiens qui disent que oui, d'autres soutiennent que non, et on en voit qui prétendent que cette action ne mérite qu'une récompense accidentelle, non pas la vue intuitive. « On ne saurait douter, est-il dit crûment dans le fameux *Corps de doctrine* de 1720, art. IV, de la nécessité de la charité, vertu théologale, pour faire des actes méritoires du salut. » Que faut-il donc pour qu'une bonne œuvre mérite *condignement* tout ce que le concile de Trente assure à ce mérite ? Il est nécessaire, disent les plus exigeants, que la bonne œuvre soit inspirée ou commandée par la charité actuelle et opérée par le motif de cette vertu. Nous ne déciderons rien ici sur ce point, si ce n'est qu'un ami de Dieu, qui lui offre, dès le matin, ses actions en particulier, dans la vue de lui plaire et qui réitère de temps en temps cette offrande, thésaurise abondamment par là même pour le ciel.

Remarquons en passant qu'il y a loin entre exiger qu'une action soit faite par le motif et l'influence de la charité pour la rendre digne du mérite de *condignité*, et exiger qu'une action émane de la même vertu pour qu'elle ne soit pas mauvaise : il n'appartient qu'aux jansénistes de soutenir cette dernière assertion que tous les théologiens catholiques rejettent unanimement.

(3) De Justif., c. 26.
(4) Ibid., c. 32.
(5) Nemo habet de suo, nisi mendacium et peccatum. C. XXII.

sans l'inspiration prévenante et le secours du Saint-Esprit (1); en un mot, que nous ne pouvons rien de salutaire sans Jésus-Christ.

Enfin le concile que nous venons de citer frappe d'anathème celui qui dirait « que la justice qui a été reçue n'est pas conservée et même aussi augmentée devant Dieu par les bonnes œuvres; » comme aussi qui dirait « qu'en quelque bonne œuvre que ce soit, le juste pèche au moins véniellement ; ou, ce qui est plus intolérable, qu'il pèche mortellement, et qu'en conséquence il mérite les peines éternelles; et que la seule raison pour laquelle il n'est pas damné, c'est parce que Dieu ne lui impute pas ces œuvres à damnation (2). » *Tous les soins que nous prenons de servir Dieu par nos bonnes œuvres* ne *sont donc pas inutiles*; et les propositions de Baïus, que nous avons rapportées, *tombent aussi par terre*.

III. Dire, en parlant de l'excommunication : « C'est l'Eglise qui en a l'autorité, pour l'exercer par les premiers pasteurs, du consentement au moins présumé de tout le corps, » ainsi que s'exprime Quesnel dans sa proposition xc, qui est son troisième principe capital, c'est diviser l'Eglise entre les pasteurs du premier ordre, le clergé inférieur et les autres fidèles, comme en deux parties ; établir dans la seconde le corps de l'Eglise; lui attribuer la propriété immédiate et proprement dite de la juridiction spirituelle; reconnaître que les premiers pasteurs n'en ont que l'usage, ne l'exercent qu'au nom de ce même corps, ne peuvent rien, en fait de gouvernement, que de son consentement au moins présumé, par conséquent qu'ils n'en sont que les instruments, les ministres, les exécuteurs et les mandataires.

Quesnel appuie, dans son septième mémoire, l'interprétation que nous donnons ici à sa proposition que nous venons de rapporter. « Cette proposition générale, dit-il dans ce mémoire, que *les clefs ont été données à l'Eglise*, qui renferme la quatre-vingt-dixième des cent une condamnées, est d'une considération d'autant plus grande que, d'une part, elle est la *source* de toute l'économie du corps mystique de Jésus-Christ, le *titre primitif* de son ministère, le *fondement* de toute la juridiction de l'Eglise, la *racine* de l'unité sacerdotale, la *règle* de la conduite des pasteurs, la *base* de la discipline, la *sûreté* de la concorde et de la paix, le *fondement* des libertés de l'Eglise gallicane et de toutes les autres Eglises particulières; et que, d'un autre côté, les flatteurs de la cour romaine depuis trois cents ans, s'efforcent de détruire cette doctrine évangélique et apostolique, pour rendre le gouvernement purement et entièrement monarchique et arbitraire, etc. (3). »
Voilà donc la propriété des *clefs* ou du pouvoir de juridiction donnée à toute l'Eglise, et la proposition qui énonce cette propriété sous ce rapport contient *une doctrine évangélique et apostolique*.

Mais, quoique propriétaire de la puissance ecclésiastique, l'Eglise, ou, comme nous l'avons dit d'abord, le corps de l'Eglise, ne peut l'exercer immédiatement. Pourquoi ? C'est, dit Quesnel, que « l'Eglise n'a point les clefs quant à l'*usage*, parce qu'elle n'est pas un suppôt propre à en avoir l'administration : *actiones sunt suppositorum*; c'est pourquoi il est nécessaire *qu'elle commette des ministres pour les exercer* (4). » Les premiers pasteurs ne sont donc que les *commis* de l'Eglise quant au gouvernement; et puisque l'Eglise exerce l'autorité par eux, ainsi que le porte la proposition xc, ils ne sont donc que ses instruments, ses exécuteurs et ses mandataires; ils agissent donc en son nom, etc. Il est vrai que notre savant dogmatiste reconnaît que les premiers pasteurs sont d'institution divine ; mais cet aveu ne déroge en rien à son système : il s'ensuit seulement que Jésus-Christ a voulu qu'il y eût des ministres pour manier l'autorité spirituelle; qu'il a choisi les premiers, a établi qu'ils se multiplieraient et se succéderaient par l'ordination; qu'ils seraient les *commis*, les subordonnés de tout le corps de l'Eglise, et qu'ainsi ils seraient en même temps et ses propres ministres, et ceux de l'Eglise, dans toute la force de l'expression.

Il faut conclure de là que les évêques sont tous, sans exception d'aucun, les pasteurs *ministériels* de l'Eglise. Quesnel ne désavouera pas cette conclusion, lui qui pose en principe que « de tous ces ministres de Jésus-Christ et de son *Eglise* le pape sans doute est le premier en rang, premier en dignité, en autorité et en juridiction, *comme chef ministériel de tout le collège épiscopal* (5). » Autre proposition équivoque et qui, strictement prise, semble signifier que ce n'est pas assez que le pontife romain soit le commis du corps de l'Eglise, mais qu'il faut de plus qu'il ait encore *commission* de la part de *tout le collège épiscopal*; en sorte qu'il se trouverait, dans ce cas, doublement *ministériel*, et que ce serait avec grande raison qu'il prendrait, comme il le fait souvent, l'humble titre de *serviteur des serviteurs;* mais au lieu d'ajouter *de Dieu*, ainsi qu'il le fait communément, il devrait dire *de l'Eglise*, se reconnaissant ingénument pour le *serviteur des serviteurs de l'Eglise*, c'est-à-dire pour le serviteur des évêques, qui sont eux-mêmes les serviteurs du corps de l'Eglise.

Ceci n'empêche pas que l'évêque de Rome n'ait « autorité et juridiction sur *chacun* de tous les évêques du monde chrétien, *pour veiller à la conservation de la discipline générale*... C'est pour cela que le pape, comme le suprême pontife, est établi chef et supérieur de tous les évêques en particulier et *en un très-bon sens* chef visible et *ministériel* de tous les fidèles, comme chef général de tous

---
(1) De Justif., c. 6 et 3
(2) Ibid., c. 24 et 25.
(3) Page 69.

(4) Ibid., p. 76.
(5) De Justif., p. 76

les chefs particuliers des Eglises (1). » On voit dans ce texte pour quelle cause le corps de l'Eglise et le collége épiscopal *commettent* le pontife romain. C'est pour veiller à la *conservation de la discipline générale* : il faut donc qu'il s'en tienne là. On y voit aussi quelle autorité il a sur les fidèles : il est leur chef *comme chef général de tous les chefs particuliers des Eglises.*

Au reste, Quesnel tient si fort à sa proposition xc, qu'il l'assimile à celle-ci : « C'est l'Eglise qui a le droit et le pouvoir d'offrir à Dieu le sacrifice du corps et du sang de Jésus-Christ, *pour l'exercer par ses ministres, du consentement au moins présumé de tout le corps* (2). » Et il veut qu'on ne puisse trouver à redire à cette nouvelle proposition, ou du moins la condamner, sans causer *un grand scandale aux enfants et aux ennemis de l'Eglise* : « Ce serait, ajoute-t-il, donner un démenti aux saints Pères et aux docteurs qui ont eu le plus de lumières pour expliquer la sacrée liturgie et pour en développer les mystères (3). »

Or, si l'on rapproche le système de ce novateur de celui d'Edmond Richer, il est difficile d'apercevoir entre l'un et l'autre quelque différence essentielle.

En effet, parmi les propositions hétérodoxes qu'on découvre dans le livre *De la police ecclésiastique,* du syndic de la Faculté de théologie de Paris, on y trouve clairement les suivantes : « C'est Jésus-Christ qui a fondé son Eglise : il a donné *plutôt, plus immédiatement* et *plus essentiellement à toute l'Eglise, qu'à Pierre et qu'aux autres apôtres,* les clefs ou la juridiction. — Toute la juridiction ecclésiastique convient *en premier lieu, proprement et essentiellement à l'Eglise;* mais au *pontife romain* et aux autres *évêques* comme à des *instruments,* à des *ministres, et seulement quant à l'exécution.* » De là Richer conclut « que le pape est un chef *symbolique, ministériel, accidentel, non essentiel,...* avec lequel l'Eglise peut faire *divorce;* parce que le chef *symbolique* ou *figuratif* peut être ou n'être point pour un temps sans la perte de l'Eglise (4). » Quoique Quesnel s'explique d'une manière moins franche, plus enveloppée, et qu'il ne dise mot de ce divorce si commode du corps de l'Eglise avec son chef visible, cependant, puisqu'il reconnaît dans tous les premiers pasteurs des *commis de l'Eglise,* il suppose par là même que le souverain pontife et ses collègues dans l'épiscopat reçoivent leur autorité de ce qu'il appelle le *corps* de l'Eglise, par conséquent que ce même corps peut la révoquer, se séparer d'eux, en *commettre* d'autres à leur place.

Toute cette doctrine découle naturellement de ces principes que le syndic avait posés dans son petit traité *De la puissance ecclésiastique et politique* : « Chaque communauté a droit immédiatement et essentiellement de se gouverner elle-même; c'est à elle, et non à aucun particulier, que la puissance et la juridiction a été donnée...... Ni le temps, ni les lieux, ni la dignité des personnes ne peuvent prescrire contre ce droit fondé dans la loi divine et naturelle. »

Richer n'inventa pas ce système désastreux, ainsi que nous l'avons déjà remarqué (5). Aérius y avait posé quelques fondements, dans le quatrième siècle, en prêchant une égalité parfaite entre les évêques et les simples prêtres. Plusieurs hérétiques, qui vinrent ensuite, tels que les vaudois, les albigeois, les lollards, etc., enchérirent sur cet hérésiarque. Mais Marsile de Padoue, recteur de l'Université de Paris, au commencement du quatorzième siècle, fut « le premier qui, sans désavouer expressément la puissance ecclésiastique, entreprit de la ruiner par un système qui l'enlevait des mains des premiers pasteurs. Il enseigna, dans son livre intitulé : *Defensor pacis...,* qu'en tout genre de gouvernement la souveraineté appartenait à la nation ; que le peuple chrétien avait seul la juridiction ecclésiastique en *propriété ;* que par conséquent il avait seul le droit de faire des lois, de les modifier, de les interpréter, d'en dispenser, d'en punir l'infraction, d'instituer ses chefs pour exercer la souveraineté en son nom, de les juger et de les déposer, même le souverain pontife ; que le peuple avait confié la juridiction spirituelle au magistrat politique, s'il était fidèle : que les pontifes la recevaient du magistrat ; mais que si le magistrat était infidèle, le peuple la conférait immédiatement aux pontifes mêmes; que ceux-ci ne l'exerçaient jamais qu'avec subordination à l'égard du prince ou du peuple, et qu'ils n'avaient, par leur institution, que le pouvoir de l'ordre, avec une simple autorité de direction et de conseil, sans aucun droit de juridiction dans le gouvernement ecclésiastique, telle que serait l'autorité d'un médecin ou d'un jurisconsulte sur les objets de sa profession (6). » Henri VIII profita de ce monstrueux système pour s'arroger la puissance spirituelle en Angleterre. Les protestants s'en emparèrent : les uns, pour renverser le sacerdoce, d'autres pour en conserver une apparence extérieure. « Mais jamais cette erreur n'a fait plus de progrès que dans le dix-huitième siècle, où des compilateurs et des brochuraires de toutes les nations ont entassé des volumes, pour faire de la hiérarchie un chaos politique et une véritable anarchie (7). »

C'est à ceux qui écrivent l'histoire de nous

---

(1) De Justif., p. 76.
(2) Ibid., pp. 82, 83.
(3) Ibid.
(4) « Christus snam fundavit Ecclesiam ; *prius, immediatius* et *essentialius* claves suo jurisdictionem *toti dedit Ecclesiæ, quam Petro et aliis apostolis.* — Tota jurisdictio ecclesiastica, *primario, proprie et essentialiter Ecclesiæ* convenit ; romano autem *pontifici* atque aliis *episcopis instrumentaliter, ministerialiter,* et quoad *exsecutionem* tantum, sicut facultas videndi oculo competit. — Papa est caput Ecclesiæ, *symbolicum, ministeriale, accidentarium, non essentiale,* visibile sub Christo capite principali et essentiali, cum quo potest Ecclesia facere *divortium,* quia hoc caput *symbolicum* seu *figurativum* potest adesse et abesse ad tempus sine Ecclesiæ interitu. » *Voyez* De l'autorité des deux puissances, t. II, pag. 8. Liége, 1791.
(5) Col. 1219.
(6) Feller, Dict. hist., au mot Marsile, etc.
(7) Ibid.

peindre les maux incalculables que ce pernicieux système a causés en Europe dans ce prétendu siècle des lumières, soit dans la religion, où tout a été brouillé dans ce qu'on appelle la jurisprudence canonique, pour ne rien dire de plus ici; soit dans la société civile, où les principes qui faisaient la sûreté des souverains et le bonheur des peuples ont éprouvé une si funeste altération. C'est aux têtes couronnées, dépositaires de l'autorité de Dieu pour le maintien de l'ordre civil, à voir s'il leur est utile et à leurs sujets de laisser circuler, dans les livres et dans la bouche des soi-disant philosophes, des richéristes et autres, une doctrine dont les dogmes réduits en pratique font couler le sang des monarques sur des échafauds, répandent l'esprit de révolte dans les nations, y produisent une anarchie dévastatrice, pire peut-être que le triste état de sauvage.

Pour nous, obligés de nous renfermer dans des bornes étroites, et d'abréger désormais ce mémoire déjà excessivement long, nous nous contenterons de montrer brièvement que le richérisme adopté par Quesnel et ses adhérents est, quant à ce qui concerne l'autorité spirituelle, contraire à l'Ecriture sainte, à la tradition, aux définitions de l'Eglise, à la pratique constante des siècles chrétiens, et qu'il tend à renverser l'unité, la foi, la discipline générale, en un mot, à bouleverser tout ordre dans le corps mystique de Jésus-Christ.

En effet, si nous ouvrons l'Evangile, nous y lisons ces paroles de notre divin Maître : «Toute puissance m'a été donnée dans le ciel et sur la terre (1). Je vous envoie comme mon Père m'a envoyé... Recevez le Saint-Esprit. Ceux dont vous remettrez les péchés, leurs péchés leur sont remis; et ceux dont vous retiendrez les péchés, leurs péchés leur sont retenus (2). Allez donc, enseignez toutes les nations, baptisez-les au nom du Père, et du Fils, et du Saint-Esprit, leur apprenant à observer toutes les choses que je vous ai prescrites. Et voici que je suis avec vous tous les jours jusqu'à la consommation des siècles (3). Celui qui croira et qui recevra le baptême sera sauvé; mais celui qui ne croira pas sera condamné (4). Celui qui vous reçoit, me reçoit; et celui qui me reçoit, reçoit celui qui m'a envoyé (5). Je vous le dis en vérité : tout ce que vous aurez lié sur la terre sera lié dans le ciel; et tout ce que vous aurez délié sur la terre sera aussi délié dans le ciel (6).»

Or, ces paroles divines désignent évidemment une puissance ou autorité instituée par Jésus-Christ pour conduire les hommes au salut, pour leur enseigner la doctrine chrétienne, et veiller à la conservation de ce dépôt sacré; pour administrer les sacrements avec prudence, y disposer les sujets, en éloigner les indignes (7); pour régler le culte extérieur, maintenir la sainteté des mœurs, corriger les indociles par des peines salutaires; pour lier les consciences par des lois spirituelles, les délier par l'absolution des péchés et par de justes dispenses; en un mot, pour gouverner le nouveau peuple de Dieu dans tout ce qui touche immédiatement le salut.

Il est vrai que cette puissance est *spirituelle*, le royaume de Jésus-Christ n'étant pas de ce monde, ainsi qu'il le déclare lui-même dans l'Evangile (8). En conséquence, elle ne s'étend point sur les choses de la terre, pour les régir dans l'ordre temporel ou civil, à l'égard duquel elle reconnaît une autre puissance aussi établie de Dieu, qui tient de lui toute son autorité, qui ne dépend que de lui, et envers laquelle elle commande elle-même la soumission la plus entière : *Reddite quæ sunt Cæsaris, Cæsari* (9).

Mais toute spirituelle qu'elle est, parce qu'elle a pour objet de conduire les hommes dans l'ordre du salut, la puissance instituée par Jésus-Christ pour gouverner son Eglise est néanmoins *visible* et *extérieure* dans ceux qui en sont revêtus, dans les objets qu'elle embrasse, dans la manière dont elle doit être exercée : ceux qui ont cette autorité sont des hommes; les sujets qu'elle gouverne sont aussi des hommes; or, les hommes ne peuvent être gouvernés par des hommes d'une manière invisible, purement mentale. D'ailleurs, enseigner, juger si telle doctrine est conforme ou contraire à la révélation, etc., sont des fonctions extérieures.

Elle est *souveraine*, en ce qu'elle ne dépend d'aucune autre puissance de ce monde, dans tout ce qui la concerne uniquement, et qu'elle a reçu de Dieu le droit de s'étendre indistinctement, et sans exception, sur tous les hommes qui habitent la terre, pour leur annoncer la doctrine chrétienne, les régénérer par les eaux salutaires du baptême, et ensuite les gouverner, dans l'ordre de la religion, comme ses enfants et ses sujets : *Euntes in mundum universum, prædicate Evangelium omni creaturæ* (10). Personne donc, quelle que soit son autorité dans le monde, ne peut légitimement lui fermer la bouche, ni l'empêcher de pénétrer partout; parce que la mission que lui a donnée le Roi des rois n'a pas d'autres bornes que la durée des temps et les limites de la terre. Aussi, en vain la synagogue s'arma-t-elle de fouets et de verges, au commencement de la prédication de l'Evangile, pour intimider les hérauts du Fils de Dieu, et les détourner de parler en son nom; en vain les empereurs païens lâchèrent-ils contre eux des édits de mort, et firent-ils dresser sur toute la surface de l'empire romain des échafauds où l'on torturait d'une manière inhumaine et barbare les premiers chrétiens : la parole de Dieu ne

---

(1) Matth. xxviii, 18.
(2) Joann. xx, 21, 22, 23.
(3) Matth. xxviii, 19, 20.
(4) Marc. xvi, 16.
(5) Matth. x, 40.
(6) Ibid., xviii, 18.

(7) «Ne donnez point aux chiens ce qui est saint.» Matth. vii, 6.
(8) Joan. xviii, 36.
(9) Matth. xxii, 21.
(10) Marc. xvi, 15.

fut point liée, parce qu'elle ne saurait l'être (1). L'empire persécuteur tomba bientôt, non sous les efforts du christianisme, qui s'élevait triomphant (jamais il ne prêcha l'insoumission, bien moins encore la révolte), mais sous la main de celui devant qui les nations ne sont rien (2), et qui s'arme, quand il le veut, de sa toute-puissance pour venger l'innocence opprimée. Malheur donc à quiconque refuse de recevoir la puissance établie par Jésus-Christ, de se rendre à sa prédication, de se soumettre à son autorité légitime : au grand jour des vengeances, du moins, il sera traité plus sévèrement que les criminels habitants de Sodome et de Gomorrhe, qu'un feu miraculeusement envoyé du ciel fit autrefois périr avec leur pays, à cause de leurs infamies révoltantes : c'est la menace de l'Evangile (3).

Mais, quoique souveraine auprès des hommes, cette même puissance est *ministérielle*, si on la considère à l'égard de Jésus-Christ, de qui elle tient son institution, sa mission, sa force, son pouvoir, et au nom de qui elle prêche, elle baptise, elle gouverne : *tanquam Deo exhortante per nos* (4); *ministérielle*, à l'égard de la révélation, où elle ne peut ni changer, ni ajouter, ni diminuer, mais dont elle doit conserver précieusement le dépôt, en faire part aux vivants, le transmettre aux générations futures tel qu'elle l'a reçu, en défendre l'intégrité avec les moyens qui lui sont confiés, contre ceux de ses sujets qui osent porter sur ce dépôt divin une main audacieuse et sacrilège ; juger exclusivement et terminer en souveraine toutes les questions et toutes les disputes qui s'élèvent sur cette matière parmi ses enfants, et préserver ceux-ci de l'erreur et de l'hérésie; *ministérielle* à l'égard des sacrements, dont elle ne peut ni changer l'essence, ni multiplier ou réduire le nombre ; mais la doctrine qui les concerne, l'administration, même publique, de ces moyens de salut, les jugements à porter, les règles à établir touchant les dispositions avec lesquelles ils doivent être administrés et reçus, l'appareil des cérémonies propres à y concilier la vénération, à en faire connaître la nature, les effets, etc. ; enfin, les plaintes qui s'élèvent pour refus des sacrements sont uniquement de sa compétence (5); *ministérielle* à l'égard des règles des mœurs, qu'elle doit interpréter, enseigner, conserver, défendre comme une fidèle dépositaire de l'autorité de celui qui l'a envoyée et chargée des plus chers intérêts de sa gloire (6) ; *ministérielle*, enfin, envers tous les membres qui composent le corps mystique de Jésus-Christ, en ce qu'étant ses enfants, ils ont droit à ce qu'elle les nourrisse spirituellement, les aime, les protège, et leur fasse part des biens inestimables que son divin fondateur lui a confiés pour les dispenser avec sagesse.

Ajoutons que cette même puissance est *infaillible*. S'il en était autrement, si elle pouvait enseigner l'erreur, autoriser le mal, commander ce qui est défendu d'en haut, comment ses sujets pourraient-ils l'écouter et lui obéir surnaturellement, comme si Jésus-Christ lui-même parlait et commandait par son organe, *tanquam Deo exhortante per nos* ? A quel titre se déclarerait-elle ambassadrice du Fils de Dieu auprès des hommes, pour prêcher, gouverner en son nom, *pro Christo legatione fungimur*, si elle pouvait se tromper et induire en erreur ses enfants, dans ce qui regarde la foi, les règles des mœurs, la discipline générale ? Un fidèle serait-il tenu d'adhérer intérieurement à ses jugements ? Pourrait-il même croire de foi divine ce qu'elle lui prescrit de croire ainsi, s'il n'avait par devers soi des preuves, puisées dans l'Ecriture ou la tradition, que le point dogmatique qui lui est proposé, a été véritablement révélé de Dieu ? Il serait donc dans la vérité juge, et de ce qu'il doit croire ou ne pas croire, et de l'autorité à laquelle notre législateur suprême a dit : « Celui qui vous écoute m'écoute, et celui qui vous méprise me méprise (7) ? » D'ailleurs, à quelle fin Jésus-Christ serait-il *tous les jours* avec cette même autorité, sinon pour la protéger d'une manière spéciale et l'empêcher de s'égarer et d'égarer ceux qu'elle doit conduire ?

Enfin, elle est *stable*, devant subsister sur la terre, autant que la nouvelle alliance que Dieu y a faite avec les hommes. Or, cette alliance sainte ne finira en ce monde qu'avec le monde même : vérité annoncée par les prophètes et confirmée par ces paroles du Sauveur : « Cet Evangile du royaume sera prêché dans tout l'univers, pour être un témoignage à toutes les nations, et alors la fin viendra (8). » La même stabilité est encore prouvée plus directement par la promesse solennelle du Fils de Dieu de demeurer constamment avec ses envoyés jusqu'à la consommation des siècles. D'où il suit que l'autorité qu'ils avaient reçue pour annoncer l'Evangile, administrer les sacrements et gouverner, n'a pas dû s'éteindre par leur mort, mais passer à des successeurs, pour se transmettre légitimement et sans interruption, de successeurs en successeurs, jusqu'à la catastrophe épouvantable qui terminera le temps.

Tels sont les caractères qui signalent la puissance établie par Jésus-Christ pour conduire les hommes au salut. Mais cette puissance si sublime et si vénérable, à qui le Fils de Dieu la confia-t-il réellement et immédiatement, en la fondant ?

Est-ce à toute l'Eglise, comme le veulent

---

(1) II Tim. II, 9
(2) Is. XL, 17.
(3) Matth. x, 14, 15.
(4) II Cor. v, 20.
(5) *Voyez* Exposition sur les droits de la puissance spirituelle de l'assemblée générale du clergé de France de 1765, avec la Réclamation de l'assemblée de 1760 et la Déclaration de l'assemblée de 1762. L'assemblée de 1765 adhéra à ces deux derniers monuments : et toutes ces pièces furent publiées sous ce titre : Actes de l'assemblée générale du clergé de France sur la religion, extraits du procès-verbal de ladite assemblée, tenue... en 1765.
(6) Pro Christo ergo legatione fungimur. II Cor. v, 20.
(7) Luc. x, 16.
(8) Matth. xxiv, 14.

Marsile, Richer et d'autres novateurs; ou bien au corps de l'Eglise composé comme Quesnel l'entend, *afin que l'Eglise ou le corps de l'Eglise commit des ministres pour l'exercer en son nom?* Nulle part l'Evangile ne nous dit rien qui prête à le faire penser ainsi. Il nous apprend au contraire que, quand Jésus-Christ fonda cette plénitude de puissance si nécessaire dans son corps mystique, pour le gouvernement de tout ce qui concerne la religion, il adressa la parole à ce petit nombre de disciples dont il avait fait un choix spécial, et auxquels il avait donné le nom d'*apôtres*; que ce fut à eux, non à d'autres, qu'il dit *immédiatement et à part*: «Toute puissance m'a été donnée dans le ciel et sur la terre. Je vous envoie comme mon Père m'a envoyé.... Allez donc, enseignez toutes les nations.... Apprenez-leur à observer toutes les choses que je vous ai prescrites. Et voici que je suis avec vous jusqu'à la consommation des siècles.» Jésus-Christ donna donc *directement*, *immédiatement* et *seulement* à ses apôtres, la même puissance qu'il avait reçue du Père céleste, pour former le nouveau peuple de Dieu, lui enseigner la doctrine chrétienne, lui ouvrir les canaux des grâces par l'administration des sacrements, le gouverner dans l'ordre de la religion.

Dire que les apôtres représentaient l'Eglise dans cette circonstance, et qu'ils recevaient pour elle cette puissance, *afin de l'exercer ensuite en son nom, et de son consentement au moins présumé*, c'est évidemment forcer le sens du texte sacré, et y mettre ce qui n'y est pas (1). S'il en était ainsi, les apôtres, qu'on ne peut pas accuser d'ambition, ni d'avoir méconnu l'esprit de notre divin Maître, se seraient sans doute reconnus eux-mêmes comme les envoyés, les *commis*, les agents de l'Eglise ou du corps de l'Eglise. Or, qu'on nous montre dans les saintes Lettres ou dans la tradition, un aveu semblable de leur part? Saint Paul en était bien éloigné, lui qui, tout instruit qu'il avait été par une révélation particulière et expresse de Jésus-Christ, se déclarait *apôtre, non du choix des hommes, mais par Jésus-Christ et Dieu le Père* (2). «Nous remplissons, disait-il ailleurs, la fonction d'ambassadeurs de Jésus-Christ, comme si Dieu vous exhortait par nous (3);» et encore: «Que l'homme nous regarde comme les ministres de Jésus-Christ et les dispensateurs des mystères de Dieu (4).» Aussi, quand cet illustre apôtre usait de la puissance spirituelle, soit pour enseigner, soit pour établir des lois de discipline, soit pour ordonner des évêques, ou pour excommunier et lever l'excommunication qu'il avait portée, on ne voit pas, ni dans ses Epîtres, ni dans le livre des Actes, qu'il agissait en cela comme délégué de l'Eglise ou en son nom (5).

Il est donc clair, d'après l'Ecriture même, que la souveraine puissance spirituelle fut donnée par Jésus-Christ *primitivement*, *immédiatement* et *seulement* aux apôtres; non pas à l'Eglise entière ou au corps de l'Eglise, dans le sens des novateurs, c'est-à-dire en sorte que l'Eglise entière en eût la propriété, comme étant le réservoir dans lequel le Fils de Dieu l'eût d'abord versée, afin que cette puissance découlât ensuite de là sur les apôtres et leurs successeurs, et que tous ceux qui en seraient décorés l'exerçassent en qualité d'envoyés, de représentants, de commis de l'Eglise, et en son nom.

Il y a plus, mettant comme la dernière main à son grand ouvrage, notre Législateur suprême voulut que tous ceux qui croiraient en lui ne formassent qu'une seule et même famille, dont les membres, répandus sur toutes les parties de la terre, fussent réunis par les nœuds étroits de l'unité de communion, de doctrine et de gouvernement. Dans ce dessein si digne de la sagesse éternelle incarnée, il choisit parmi les apôtres un sujet pour en faire spécialement son vicaire, l'élever au-dessus de tous ses collègues, lui confier le soin de son peuple nouveau, et lui donner, par une conséquence nécessaire, une prééminence ou primauté d'honneur et de juridiction qui l'établît chef de toute l'Eglise. Autre vérité que l'Evangile nous apprend encore.

En effet, après que saint Pierre eut émis cette célèbre profession de foi: «Vous êtes le Christ, le Fils du Dieu vivant,» Jésus lui repartit: «Vous êtes heureux, Simon, fils de Jonas; car ce n'est ni la chair, ni le sang qui vous l'a révélé, mais mon Père qui est dans les cieux. Et moi je vous dis que vous êtes Pierre, et que sur cette pierre je bâtirai mon Eglise, et que les portes de l'enfer ne prévaudront pas contre elle. Et je vous donnerai les clefs du royaume des cieux. Et tout ce que vous lierez sur la terre sera aussi lié dans les cieux, et tout ce que vous délierez sur la terre sera de même délié dans les cieux (6).» Ayant reçu du même apôtre un témoignage trois fois répété de son attachement sincère et de son amour prééminent, Jésus, près de monter à la droite de son Père céleste, lui dit: *Paissez mes brebis*, après lui avoir confié déjà deux fois le soin de paître les agneaux (7). Il lui avait encore tenu ce discours, avant d'entrer dans la carrière douloureuse de sa Passion: «Simon, Simon, voici que Satan a

---

(1) Il est vrai qu'ils représentaient l'Eglise, en ce qu'ils reçurent la puissance pour l'exercer en sa faveur, et ils représentaient le corps enseignant pour lui communiquer cette même puissance, afin qu'elle s'y propageât de siècle en siècle jusqu'à la fin du monde, suivant la promesse formelle de Jésus-Christ.
(2) Gal. i, 1.
(3) II Cor. v, 20.
(4) I Cor. iv, 1.
(5) Nous n'ignorons pas quelle est l'adresse des novateurs que ceci regarde. Nous savons avec quel art ils tordent le sens de l'Écriture, quand elle les gêne: les objections qu'ils ont faites depuis l'invention de leur système ne sont pas inconnues; mais où en serions-nous s'il nous fallait entreprendre de les réfuter dans un article de cette nature? Les hérétiques manquèrent-ils jamais de raisons, de prétextes, de subtilités, pour étayer d'une manière captieuse leurs erreurs? L'Écriture et la tradition sont également la parole de Dieu: nous ferons bientôt mention de la tradition. Les définitions de l'Eglise sont les meilleurs interprètes de l'une et de l'autre: nous en donnerons quelques-unes sur ce sujet, voilà toute notre réponse.
(6) Matth. xvi, 16, 17, 18, 19.
(7) Joan. xxi, 15, 16, 17.

demandé à vous cribler (tous), comme on crible le froment; mais moi j'ai prié pour vous (en particulier), afin que votre foi ne vienne point à manquer; et vous, quand une fois vous serez revenu à vous (ou converti), affermissez vos frères (1). »

Jésus-Christ établit donc saint Pierre comme le fondement *principal* de son Eglise; il lui promit la puissance des *clefs* sous ce point de vue; il le chargea en conséquence de paître les pasteurs et les ouailles; et il voulut qu'étant lui-même bien affermi dans la foi, il y affermît aussi ses frères. Toutes ces expressions désignent sans doute une prééminence, non seulement d'ordre, mais encore de rang et d'autorité (2).

Aussi, les écrivains sacrés le reconnaissent-ils constamment pour le premier de tous, et le nomment-ils partout avant les autres. On voit que ses collègues dans l'apostolat lui cèdent toujours le pas. C'est lui qui propose l'élection d'un sujet pour remplacer le traître Judas, et qui désigne la qualité que doit avoir le remplaçant (3). C'est lui qui prêche le premier après la descente du Saint-Esprit (4), qui rend raison au conseil des Juifs de la conduite des apôtres (5), qui punit Ananie et la femme de ce trompeur (6), qui reprend Simon le magicien (7), qui vole au secours des Eglises naissantes (8), qui juge le premier dans le concile de Jérusalem et qui forme la décision (9), etc.

Les livres saints nous montrent donc une vraie primauté d'honneur et de juridiction fondée par Jésus-Christ dans son Eglise, et donnée par lui *immédiatement* à saint Pierre. D'où il suit, et de ce que nous avons prouvé précédemment, d'après la même autorité, touchant la puissance spirituelle conférée de la même manière aux autres apôtres, que le système bâti par Marsile de Padoue, renouvelé par Edmond Richer et transplanté dans le jansénisme par notre ex-oratorien, est formellement contraire à l'Ecriture sainte.

Il n'est pas moins opposé à la tradition.

Mais nous ne finirions point si nous entreprenions d'interroger ici les monuments nombreux qu'elle nous présente depuis l'établissement du christianisme jusqu'à nos jours. C'est pourquoi nous croyons devoir renvoyer nos lecteurs sur ce sujet aux sources mêmes (10), et nous contenter de dire en général que si l'on consulte sans prévention les Pères, les conciles, l'histoire ecclésiastique et la pratique constante des siècles chrétiens, on ne pourra s'empêcher de reconnaître qu'on a toujours cru dans l'Eglise, 1° que saint Pierre avait été placé *immédiatement* par Jésus-Christ à la tête du collège apostolique et du nouveau peuple de Dieu, en qualité de chef visible, revêtu d'une autorité supérieure; 2° qu'il revit, qu'il préside et gouverne avec la plénitude de la puissance spirituelle dans les évêques de Rome, ses successeurs; 3° que tout fidèle est obligé de lui obéir comme le père commun de tous les membres du corps mystique du Verbe incarné; 4° qu'il est le centre de

---

(1) Luc. xxii, 32.
(2) On est d'autant plus fondé à donner aux paroles de Jésus-Christ l'interprétation que nous venons d'en faire d'après les Pères, que les circonstances où ces oracles furent prononcés semblent exiger elles-mêmes cette interprétation et indiquer ce sens.
Jetons un coup d'œil rapide sur ces circonstances.
Après avoir interrogé ses apôtres sur ce qu'on disait dans le monde de sa personne auguste, et avoir entendu leur réponse, le Sauveur leur demanda quel était leur sentiment particulier à son égard? *Vos autem quem me esse dicitis?* A l'instant Pierre répondit : « Vous êtes le Christ, le Fils du Dieu vivant. » Une profession de foi si prompte, si sincère et si ardente ne pouvait manquer d'obtenir quelque récompense spéciale de la part de celui qui répandait à pleines mains les miracles dans le sein des croyants. Aussi Jésus-Christ loua-t-il saint Pierre et sa foi, comme nous l'avons rapporté, et il ajouta en même temps ces paroles si caractéristiques : « Et moi je vous dis que vous êtes Pierre, et que sur cette pierre je bâtirai mon Eglise. » D'où il est naturel de conclure que, puisque Jésus-Christ ne loua alors que saint Pierre et qu'il ne dit qu'à lui qu'il le ferait le fondement de son Eglise, quoiqu'il dût la bâtir aussi sur les autres apôtres, il choisit dès lors saint Pierre pour l'établir chef, ou, ce qui revient au même, pour faire de lui le fondement *principal* de son Eglise. Il ne faut pas entendre dans un autre sens la puissance des *clefs* que Jésus-Christ promit, dans la même circonstance, au même apôtre.
Quand le Sauveur demanda à saint Pierre une profession ouverte de son attachement et de son amour pour son maître, il lui dit, non pas simplement : *M'aimez-vous?* Mais dès la première interrogation il institua une comparaison en disant : *M'aimez-vous plus que ceux-ci*, c'est-à-dire plus que les apôtres et que les disciples ici présents ne m'aiment eux-mêmes? Si, dans les interrogations qui suivirent sur le même sujet, le Fils de Dieu n'exprima pas la comparaison établie dans la première, il ne les exclut pas non plus. Donc, comme il avait demandé à saint Pierre l'aveu d'un amour particulier par cette question : *M'aimez-vous plus que ceux-ci?* il lui confia aussi une puissance particulière par ces mots : *Paissez mes brebis*, après lui avoir dit déjà aux deux premières réponses : *Paissez mes agneaux*. Les brebis représentaient les pasteurs, les agneaux désignaient les ouailles; en sorte que par là le Sauveur chargea saint Pierre du soin de tout le troupeau sans exception, et qu'il exécuta la promesse qu'il avait faite précédemment de l'établir comme le fondement *principal* de son Eglise et de lui donner une plus grande puissance des *clefs*.
Ceci n'empêche pas que Jésus-Christ n'ait exigé de cet apôtre trois protestations consécutives d'amour pour lui faire expier les trois apostasies dont il s'était rendu coupable dans la maison du grand-prêtre Caïphe : ces deux intentions se concilient parfaitement.
Enfin, quoique les apôtres, qui se trouvaient tous présents, sauf le traître, fussent sur le point de montrer une grande faiblesse dans la foi, Pierre en reniant son adorable maître, les autres en fuyant et en donnant de plus d'une manière, cependant le Sauveur pria *spécialement* pour Pierre : *Rogavi pro te*, et pour la conservation de sa foi : *Ut non deficiat fides tua*; et ce fut le même apôtre qu'il chargea d'affermir dans la foi de ses collègues, après qu'il serait revenu à lui-même ou converti : *Et tu aliquando conversus confirma fratres tuos*. Or, une prière, spéciale dans ce sens, annonce sans doute une attention particulière; et le soin d'affermir des frères dans la foi, imposé par celui qui a toute puissance dans le ciel et sur la terre, indique un devoir qui suppose l'autorité nécessaire pour le remplir.
(3) Act. i, 15 et seq.
(4) Ibid. ii, 14 et seq.
(5) Ibid., iv, 8, etc.
(6) Ibid., v, 5, 10.
(7) Ibid., viii, 19, etc.
(8) Ibid., ix, 32.
(9) Ibid., xv, 7 et seq.
(10) On peut consulter aussi : De l'autorité des deux puissances, du M. l'abbé Pey, 2ᵉ édit. : Liége, 1791, les Conférences ecclésiastiques sur la hiérarchie, par de la Blandinière; les Droits de l'épiscopat sur le second ordre pour toutes les fonctions du ministère ecclésiastique; Tournely, dans ses traités *De ordine* et *De Ecclesia*, et beaucoup d'autres controversistes orthodoxes et quelques canonistes exacts.

l'unité, hors de laquelle il n'y a que schisme et que perdition ; 5° que les autres apôtres étaient aussi les ministres de Jésus-Christ et ses envoyés *immédiats* ; 6° que les évêques en communion avec celui de Rome leur succèdent, et qu'*ils sont établis par le Saint-Esprit*, selon l'expression de saint Paul, *pour gouverner l'Eglise de Dieu* (1) ; 7° que leur autorité spirituelle, soumise aux saints canons et subordonnée à l'autorité du successeur de saint Pierre, remonte par l'échelle de la mission canonique jusqu'aux apôtres, de là à Jésus-Christ ; 8° qu'elle ne vient ni du peuple, ni des magistrats, ni du souverain temporel, et qu'elle n'en dépend nullement ; 9° que le pontife romain et tous les autres évêques unis de communion avec lui forment l'Eglise *enseignante*, dont les lois spirituelles obligent tous les chrétiens, et dont les jugements en matière de foi et de mœurs, soit qu'elle les prononce étant assemblée en concile ou dispersée dans toutes les parties du monde, soit que l'autorité civile y intervienne ou n'y intervienne pas pour les appuyer, sont irréformables, infaillibles et lient tous ceux qui sont entrés dans le sein de l'Eglise par le baptême, etc.

La nécessité d'abréger cet article nous oblige d'omettre beaucoup de choses, même concernant l'autorité du souverain pontife dans toute l'Eglise, où il a droit de faire entendre la voix du siége apostolique pour corriger les abus, enseigner la doctrine que l'Eglise romaine, mère et maîtresse de toutes les autres Eglises particulières, a reçue du prince des apôtres ; punir les novateurs et les indociles, etc., etc., etc. Nous ne parlerons pas non plus de l'autorité de chaque évêque dans son diocèse, où il est le chef de son clergé et du peuple, chargé de paître et de gouverner et les pasteurs subalternes, et le troupeau confié à sa sollicitude, comme devant en rendre à Dieu un compte exact (2). Il n'y a qu'à consulter les monuments des premiers siècles pour se convaincre que, dès le berceau de l'Eglise, les prêtres étaient soumis *en tout* à leur évêque, et que les successeurs des apôtres ne manquaient pas de leur représenter toute l'étendue de leur juste dépendance à leur égard.

Mais ce que nous ne pouvons entièrement taire, parce qu'il nous paraît que nous y trouvons une preuve courte, concluante et même décisive contre le système que nous avons en vue, c'est que si quelquefois un empereur, un roi ou des magistrats civils s'avisèrent de mettre la main à l'encensoir, en se mêlant de décider sur la doctrine ou d'intervertir la discipline établie par l'Eglise, sortant ainsi des bornes de leurs pouvoirs et des devoirs qu'impose aux souverains temporels leur qualité d'évêques extérieurs, c'est-à-dire de protecteurs de l'Eglise et de ses canons, on ne manqua guère d'entendre s'élever bientôt dans le corps épiscopal des voix pleines de force et de courage pour réclamer en sa faveur l'autorité qu'il ne tient que de Dieu seul. « Ne vous ingérez point dans les affaires ecclésiastiques, écrivait le célèbre Osius à l'empereur Constance ; ne prétendez point nous donner des ordres en ces matières, apprenez-les plutôt de nous. Dieu vous a donné l'empire, et nous a confié l'Eglise : comme celui qui entreprend sur votre puissance contrevient à l'ordre de Dieu, ainsi craignez de vous charger d'un grand crime si vous tirez à vous ce qui nous regarde, etc. (3). » Il faudrait rapporter encore une multitude d'autres réclamations du même genre, non moins vénérables par leur antiquité que par la sainteté éminente des évêques qui les firent et par le rang élevé que plusieurs tinrent dans l'Eglise. Il faudrait citer celles que le clergé de France ne cessa de faire retentir à l'oreille de nos rois dans des temps difficiles, surtout depuis que les parlements, entraînés par les suggestions astucieuses des partisans de Quesnel, commencèrent à porter de violentes atteintes à l'autorité épiscopale. *L'exposition sur les droits de la puissance ecclésiastique*, émanée de l'assemblée générale du clergé de France de 1765 (pour ne citer ici que ce beau monument), offrira aux siècles à venir une preuve éclatante du zèle avec lequel l'Eglise gallicane sut s'armer de vigueur quand elle s'y vit obligée, et qu'elle se montra constamment digne de la considération particulière dont elle jouissait dans l'Eglise universelle.

Nous passons sous silence un grand nombre d'hommages que rendirent, en différents temps à l'autorité indépendante des pontifes, des empereurs et des rois dignes de porter le nom de chrétiens, d'illustres magistrats, de savants jurisconsultes, même des philosophes et d'autres hommes, dans la bouche desquels la vérité s'étonna, si nous osons nous exprimer ainsi, de trouver quelquefois de vigoureux défenseurs (4). Mais les définitions de l'Eglise sont d'un tout autre poids.

En 1327, Jean XII condamna comme hérétiques cinq propositions auxquelles il avait réduit quelques-unes des erreurs contenues dans le *Défenseur de la paix* ; et comme hérésiarques, Marsile de Padoue, auteur principal de ce livre, et Jean de Jandun, son collaborateur. La bulle, datée du 13 octobre, « fut publiée dans tous les royaumes catholiques, et surtout à Paris » dit l'abbé Pey, dans son traité *De l'autorité des deux puissances* (5). Marsile enseignait dans quelques-unes de ces propositions extraites par le souverain pontife Jean, que les apôtres étaient tous égaux, aucun d'entre eux n'ayant été établi chef de l'Eglise ni vicaire de Jésus-

---

(1) Act. xx, 28.
(2) Hebr. xiii, 17.
(3) Fleury, Hist. ecclés., l. xiii, n. 22, an 355.
(4) On peut voir dans Feller, au mot Dominis, deux passages intéressants sur cet objet : l'un, du fameux comte de Mirabeau, est tiré de sa Monarchie prussienne ; l'autre est extrait du discours sur la religion nationale, de l'infortuné abbé Fauchet. Le zèle de ces auteurs pour la révolution est connu : c'est ce qui nous porterait à leur appliquer les deux vers plaisants qui terminent l'épigramme de Boileau *sur la manière de réciter du poëte Santeuil*.
(5) T. II, p. 106, édit. de 1791.

Christ; que l'empereur avait le droit d'instituer, de destituer et de punir le pape; que tous les prêtres, soit ceux qui n'ont que l'ordre de prêtrise, soit les évêques, les archevêques, même le souverain pontife, sont, par l'institution de Jésus-Christ, égaux en autorité et en juridiction; que ce que l'un a de plus que l'autre en ce point lui vient de la concession de l'empereur, qui peut reprendre ce qu'il a donné; enfin que le pape, ni même toute l'Eglise assemblée, ne peuvent punir un pécheur par des peines coactives, quelques crimes qu'il ait commis, si l'empereur ne leur en accorde le droit (1).

Près de cent ans après l'affaire de Marsile de Padoue, le concile de Constance condamna comme respectivement hérétiques, erronés, scandaleux, offensifs des oreilles pieuses, téméraires, etc., quarante-cinq articles de Wiclef, dont quelques-uns ont une liaison très-grande avec notre objet; tels sont ceux-ci : « Si le pape est mauvais et réprouvé, et par conséquent membre du diable, il n'a point d'autre pouvoir sur les fidèles que celui qui lui a été donné par l'empereur. Depuis Urbain VI, aucun ne doit être regardé ni reçu comme pape ; mais *on doit vivre à la manière des Grecs, selon ses propres lois.* Le prélat qui excommunie un clerc *qui a appelé au roi ou à l'assemblée du royaume se rend par cela même coupable de trahison envers le roi et le royaume.* Ceux qui cessent de prêcher ou d'entendre la parole de Dieu à cause de l'excommunication des hommes sont excommuniés et seront regardés comme des traîtres envers Jésus-Christ au jour du jugement. *Le peuple peut corriger à son gré ses maîtres, lorsqu'ils tombent dans quelque faute.* Le pape n'est point le *vicaire prochain et immédiat de Jésus-Christ.* Il n'est pas de nécessité de salut de croire que l'Eglise de Rome a la souveraineté sur les autres Eglises, etc. (2). » Ces propositions n'ont pas besoin de commentaires.

Jean Hus avait adopté une grande partie des erreurs de Wiclef, spécialement touchant l'autorité du souverain pontife et des autres évêques. Nous ne rapporterons de lui que les propositions suivantes : « La dignité papale doit son origine aux empereurs romains. » L'obéissance ecclésiastique est une obéissance inventée par les prêtres, sans l'autorité expresse de l'Ecriture. Afin de s'élever, le clergé s'assujettit le peuple laïque,... et il prépare la voie à l'antechrist, par le moyen des censures, etc.

« Il n'y a pas étincelle d'apparence qu'il faille que l'Eglise militante ait un seul chef qui la régisse dans le spirituel, et qui converse toujours avec elle. Jésus-Christ gouvernait mieux son Eglise par ses vrais disciples, qui sont répandus dans le monde, que par de telles monstrueuses têtes (les papes et les évêques), etc. (3). » On sait que Jean Hus et ses propositions furent condamnés dans le même concile de Constance.

Parmi les nombreux articles que Léon X proscrivit en 1520, comme tirés de la doctrine de Luther, on en voit plusieurs qui tendaient à enlever au chef visible de l'Eglise toute sa primauté de droit divin, au corps épiscopal le pouvoir de définir les articles de foi, d'établir des lois pour régler les mœurs, de prescrire des pratiques de bonnes œuvres. Il y était dit, au sujet des conciles : « Une voie nous est ouverte pour énerver l'autorité des conciles et contredire librement leurs actes, pour juger leurs décrets et professer avec confiance tout ce qui nous paraît vrai, soit qu'il ait été approuvé ou rejeté de quelque concile que ce soit (4). » Léon X condamna ces quarante-un ou trente-cinq articles (suivant l'édition de la bulle), comme respectivement hérétiques ou scandaleux, ou faux, ou offensifs des oreilles pieuses, ou capables de séduire les âmes simples, et opposés à la vérité catholique.

Le célèbre concile de Sens, tenu à Paris en 1528, contre les hérésies de Luther, range Marsile de Padoue parmi les novateurs qui jusque-là avaient attaqué l'autorité de l'Eglise *plus sourdement et avec plus d'artifice;* et après avoir rapporté quelques-unes de ses principales erreurs sous ce rapport, il le réfute ainsi : «Mais la fureur barbare de cet *hérétique en délire* est réprimée par l'autorité des Lettres sacrées, où l'on trouve la preuve évidente que la puissance ecclésiastique ne dépend point des princes, mais qu'elle est fondée sur le droit divin, lequel accorde à l'Eglise le pouvoir de faire des lois pour le salut des fidèles, et de punir les rebelles par de légitimes censures : puissance dont les mêmes Lettres relèvent clairement, non-seulement la supériorité, mais même la dignité, fort au-dessus de la puissance séculière, quelle que soit celle-ci (5). »

Nous ne parlerons pas du concile de Trente, qui est entre les mains de tout le monde. On peut voir, dans le chapitre IV de la vingt-troisième session, comment il s'élève contre ceux qui osent avancer que les prêtres de la nouvelle alliance n'ont qu'une puissance précaire, bornée au temps, et qu'ils peuvent redevenir laïques ; contre celui qui affirmerait que tous les chrétiens,

---

(1) Concil. Senon. anno 1528, in præfat.; l'abbé Pey, t. III, p. 478; Fleury, l. xcııı, n. 39. En restreignant la signification de l'expression, *peines coactives*, à ce que désigneraient les mots *peines canoniques*, ce dernier aurait pu se dispenser de faire une observation qui ne paraît ni nécessaire ni très-respectueuse. Il est certain que Marsile n'ôtait pas seulement à l'Eglise le for contentieux de ses tribunaux, mais encore le droit qu'ont exercé les apôtres de prononcer des censures, d'établir des irrégularités, de déposer les mauvais ministres de la religion.

(2) Prop. vııı, ıx, xıı, xııı, xvıı, xxxvıı, xlı. Apud Harduin., t. VIII, col. 299 et seq.

(3) Prop. ıx, xv, xıx, xxvıı, xxvııı. Apud Hard., ib., col. 410 et seq.

(4) Cet article est le vingtième dans le grand Bullaire romain ; le vingt-quatrième, suivant le P. Hardouin, qui en a réuni plusieurs en un seul dans la copie qu'il a donnée de la bulle *Exsurge, Domine*, de Léon X, Acta conciliorum, etc., t. 9, col. 1891 et suiv.

(5) Acta conciliorum, etc., du P. Hardouin, t. IX, col. 1926, édit. du Louvre. Pie VI, dans son bref du 10 mars 1791, adressé aux évêques de l'assemblée nationale au sujet de la constitution civile du clergé de France, s'appuie de l'autorité de ce concile pour établir *l'hérésie* du principe fondamental sur lequel était basée cette prétendue constitution civile.

sans distinction, sont prêtres, ou qu'ils ont entre eux une égale puissance spirituelle. Il déclare que les évêques succèdent aux apôtres; qu'ils ont été établis, comme le dit saint Paul, pour gouverner l'Eglise de Dieu; qu'ils sont supérieurs aux prêtres, conférant la confirmation, ordonnant les ministres de l'Eglise, et remplissant beaucoup d'autres fonctions, que ceux d'un ordre inférieur n'ont pas le pouvoir d'exercer, etc. Il définit de cette sorte : « Si quelqu'un dit que dans l'Eglise catholique il n'y a pas une hiérarchie instituée par l'ordonnance de Dieu, laquelle est composée d'évêques, de prêtres et de ministres, qu'il soit anathème (1). » Il anathématise aussi, dans le canon suivant, celui qui dirait que les ordres que confèrent les évêques, sans le consentement ou l'intervention du peuple, ou de la puissance séculière, sont nuls.

Au commencement du dix-septième siècle, c'est-à-dire en 1612, deux conciles provinciaux assemblés, l'un à Aix, l'autre à Paris, condamnèrent le livre *De la puissance ecclésiastique*, de Richer, comme contenant, suivant la sentence de ce dernier, *des propositions, des expositions et des allégations fausses, erronées, scandaleuses et schismatiques, et, dans le sens qu'elles présentent, hérétiques*.

Si nous consultons les actes des assemblées générales du clergé de France, nous y rencontrons, parmi une foule de monuments qui concernent l'autorité épiscopale, deux condamnations trop précises pour ne pas trouver place ici.

La première, qui fut faite en 1700, eut pour objet les deux propositions suivantes : « Il n'y avait pas de différence, dans les premiers temps de l'Eglise, entre les évêques et les prêtres, comme il en résulte du chapitre vingtième des Actes des apôtres. — Ce n'a été que par un usage, qui s'est dans la suite introduit, que l'on a distingué les prêtres de l'évêque, en établissant l'un d'entre eux au-dessus d'eux avec ce nom d'évêque. » — « Ces deux propositions, dit la censure, où l'on fait marcher de niveau les prêtres avec les évêques, et où l'on ne reconnaît entre eux qu'une différence qui se réduit presque au seul nom, sont fausses, téméraires, scandaleuses, erronées, schismatiques; elles renouvellent l'hérésie d'Aérius, confondent la hiérarchie ecclésiastique instituée par l'ordonnance divine, sont évidemment contraires à la tradition apostolique et aux décrets du saint concile de Trente (2). »

La deuxième censure fut portée en 1715, contre un livre intitulé : *Du témoignage de la vérité dans l'Eglise*. L'auteur de cette production vénéneuse, tout en professant hautement le dogme de la visibilité constante de l'Eglise de Jésus-Christ, y portait néanmoins atteinte, en admettant des temps d'obscurcissement et de nuages, si ténébreux, qu'à peine pouvait-on reconnaître alors l'Eglise, et alléguant qu'il suffisait, dans ces circonstances déplorables, qu'elle fût connue de ceux qui auraient un cœur droit, simple et dégagé des passions terrestres. Il semblait respecter aussi la *chaire sacerdotale*, à laquelle tous les fidèles sans exception sont obligés de se soumettre; mais il enlevait en même temps à ceux qui seuls ont le droit de s'y asseoir et d'y prononcer des oracles divins, en qualité d'ambassadeurs de Jésus-Christ, l'autorité spirituelle souveraine pour la transférer dans l'assemblée du peuple; dogmatisant que les évêques ne devaient être regardés que comme les *délégués et les interprètes de cette assemblée*; que toute la charge de leur ministère se réduisait à *déclarer l'avis de l'Eglise particulière à laquelle chacun d'eux présidait, et dont il était envoyé*, ajoutait-il comme le Père éternel a envoyé son Fils unique. Il enseignait de plus que les définitions portées en matière de foi, dans les conciles généraux, par les premiers pasteurs, n'acquéraient la vigueur des jugements de l'Eglise qu'autant qu'elles étaient approuvées du peuple fidèle. Enfin il admettait l'unité simple et indivisible de l'épiscopat; mais il la réduisait quelquefois à un petit nombre d'évêques, même séparés du chef, dont néanmoins la *chaire est la source de l'unité sacerdotale*, ainsi que le dit saint Cyprien (3).

D'après cette légère analyse de la doctrine du livre *Du témoignage*, analyse que nous avons tirée du préambule de la censure de l'assemblée générale du clergé de France de 1715, on voit clairement que l'auteur de cette production ténébreuse voulait, à quelque prix que ce fût, sauver les *Réflexions morales*. Comme cet ouvrage avait contre lui l'enseignement des siècles passés, le jugement du saint-siège, l'adhésion solennelle de presque tous les évêques de France à ce jugement, et qu'on s'attendait que bientôt on aurait encore des preuves certaines de l'adhésion des Eglises étrangères, il était bien nécessaire que, pour se soutenir, le parti cherchât à changer les idées reçues, à transformer la règle de la foi, à prêcher des temps d'obscurcissement, à rendre invisible, si ce n'est aux yeux des justes, l'Eglise enseignante; à la concentrer tout entière dans une quinzaine de prélats sans pape, mais à la tête de quelques rebelles; à ôter à tous les évêques l'autorité de juges *ordinaires* de la foi, pour en décorer ou y associer du moins les simples fidèles, spécialement les magistrats; en un mot, il était indispensable au parti janséniste de recueillir les rêveries oubliées des donatistes, et de renouveler les erreurs que Richer avait puisées chez les protestants, ceux-ci chez les hussites, les wicléfites, etc.

Mais l'assemblée que nous avons nommée prononça que cette doctrine *Du témoignage*, etc., « était séditieuse, téméraire, scandaleuse, éversive de l'ordre institué par Notre-Seigneur Jésus-Christ pour le gouvernement de son Eglise, injurieuse au saint-siège apostolique et aux évêques, fausse, erronée

(1) Acta conciliorum, can. 6.
(2) Collect., t. VI, col. 507 et 508.

(3) De unitate Ecclesiæ.

schismatique et hérétique; et qu'elle devait être rejetée par tous les fidèles (1). »

Le livre intitulé : *Principes sur l'essence, la distinction et les limites des deux puissances spirituelle et temporelle,* où l'oratorien Laborde « soumettait tellement le ministère ecclésiastique à la puissance séculière, qu'il attribuait à celle-ci le droit de connaître et de juger en matière de gouvernement extérieur et sensible de l'Eglise, » fut proscrit par Benoît XIV, dans un bref du 4 mars 1755, adressé au primat, aux archevêques et évêques de Pologne, avec les notes de *captieux, faux, impie et hérétique.* En conséquence, ce pape défendit, sous les peines les plus graves, la lecture de cet ouvrage pernicieux (2).

Personne ne doute que la *Constitution civile du clergé de France* n'ait été basée entièrement sur l'erreur qui attribue au peuple et au prince temporel la puissance ecclésiastique ; donc, en condamnant cette *Constitution* prétendue civile, Pie VI en renversa aussi le fondement.

Mais ce fut surtout dans sa bulle du 28 août 1794, dirigée contre le synode janséniste de Pistoie, que le richérisme reçut de très-rudes coups de la main de cet illustre pontife. Quoique parmi les quatre-vingt-cinq propositions proscrites dans cette bulle, avec des qualifications adaptées à chacune prise séparément, on en trouve un grand nombre qui concernent l'objet qui nous occupe, nous n'en rapporterons néanmoins que quelques-unes, que nous traduirons littéralement, renvoyant, pour le reste, à la source même.

« II. La proposition qui établit que *la puissance a été donnée de Dieu à l'Eglise, pour être communiquée aux pasteurs, qui sont ses ministres pour le salut des âmes ;*

« Entendue dans ce sens, que c'est de la communauté des fidèles que dérive sur les pasteurs la puissance du ministère et du gouvernement ecclésiastique,

« Hérétique.

« III. De plus, celle qui établit que *le pontife romain est un chef ministériel ;*

« Expliquée dans ce sens que le pontife romain reçoive, non de Jésus-Christ, dans la personne du bienheureux Pierre, mais de l'Eglise, la puissance du ministère dont il jouit dans toute l'Eglise, comme vrai successeur de Pierre, vrai vicaire de Jésus-Christ et chef de toute l'Eglise,

« Hérétique.

« IV. La proposition qui affirme que ce serait un abuser que de transporter l'autorité *de l'Eglise au delà des limites de la doctrine et des mœurs, et que l'étendre aux choses extérieures, et que d'exiger par force ce qui dépend de la persuasion et du cœur;* comme

aussi qu'*il appartient bien moins à cette même* (Eglise) *d'exiger par force la soumission à ses décrets;*

« En tant que, par ces mots indéfinis : *de l'étendre aux choses extérieures*, (cette proposition) note comme un abus de l'autorité de l'Eglise l'usage de cette puissance reçue de Dieu que les apôtres ont eux-mêmes exercée, en établissant et en réglant la discipline extérieure,

« Hérétique.

« Dans la partie où (cette même proposition) insinue que l'Eglise n'a pas l'autorité d'exiger la soumission à ses décrets autrement que par des moyens qui dépendent de la persuasion ;

« En tant qu'elle prétend que l'Eglise *n'a pas le pouvoir qu'elle tient de Dieu, non-seulement de diriger par des conseils et par des voies de persuasion, mais encore d'ordonner par des lois, de réprimer et de contraindre les rebelles par un jugement extérieur et par des peines salutaires,*

« D'après le bref *Ad assiduas*, de Benoît XIV, 1755, adressé au primat, aux archevêques et évêques du royaume de Pologne.

« Induisante à un système condamné déjà comme hérétique.

« X. De même, la doctrine où l'on dit que les curés et les autres prêtres assemblés en synode sont juges de la foi avec l'évêque, et où l'on donne à entendre en même temps que le jugement dans les causes de la foi leur appartient en conséquence d'un droit propre, et même reçu par l'ordination,

« Fausse, téméraire, subversive de l'ordre hiérarchique, diminuant la fermeté des définitions et des jugements dogmatiques de l'Eglise, au moins erronée.

« LIX. La doctrine du synode, qui affirme qu'*il appartient originairement à la seule puissance souveraine dans l'ordre civil, d'apposer au contrat du mariage des empêchements dirimants,* lequel *droit originaire est dit encore être joint essentiellement avec le droit de dispenser,* ajoutant que, *supposé le consentement et la connivence des princes, l'Eglise avait pu établir justement des empêchements qui dirimassent le contrat même du mariage ;*

« Comme si l'Eglise n'avait pas pu toujours et ne pouvait pas encore établir, de son propre droit, des empêchements au mariage des chrétiens, qui non-seulement empêchent leur mariage, mais même le rendent nul quant au *lien*, lesquels empêchements lient les chrétiens, même dans les pays des infidèles, et dont elle peut les dispenser,

« Eversive des canons 3, 4, 9, 12 de la sess. 24 du concile de Trente, hérétique (3). »

Nous omettons beaucoup d'autres propo-

---

(1) De unitate Ecclesiæ, pièces justif., col. 504, 505 et 506. Il faut lire en entier le préambule lumineux qui précède cette censure. Nous ne pouvons trop recommander encore la lecture du jugement que porta, le 4 mai 1728, l'assemblée dite des xxxi, sur la *Consultation de MM. les avocats de Paris, au sujet du jugement rendu à Embrun contre M. l'évêque de Senez.*
(2) Voyez le bref de Pie VI, du 10 mars 1791, déjà cité.
(3) *Voyez* la const. *Auctorem fidei,* pp. 11, 12, 14, 32.

Cette bulle, adressée à tous les fidèles, fut envoyée à toutes les Eglises particulières. « L'adhésion des évêques à cette décision du saint-siége, dit le savant cardinal Gerdil, ne saurait être un problème. Un grand nombre ont manifesté leur approbation par des lettres expresses, et le reste n'a point réclamé. » Mém. pour servir à l'hist. ecclésiast. pendant le xviii° siècle, t. III, p. 269, 2° édit. L'auteur de cet ouvrage intéressant nous apprend néanmoins que deux évêques de Toscane ne se montrè-

sitions qu'il faut voir dans la bulle même.

Le troisième principe capital de Quesnel, où ce novateur astucieux a su concentrer avec tant d'art le richérisme tout entier, est donc diamétralement opposé à l'Ecriture sainte, à la tradition, aux définitions, émanées de l'Eglise et même à la pratique constante des siècles chrétiens (1).

En enlevant des mains des pontifes, qui forment, ainsi que nous l'avons dit, l'Eglise enseignante (2), l'autorité spirituelle souveraine que Jésus-Christ leur a confiée *directement* et *immédiatement* dans la personne des apôtres, et la transférant au peuple, aux magistrats, aux princes temporels, en un mot à tous les membres du corps mystique, comme si cette même puissance avait été donnée *primitivement* et *originairement* à tous les fidèles, *non pas*, il est vrai, *pour l'exercer par eux-mêmes, mais par les premiers pasteurs, qui sont leurs commis et qui doivent agir de leur consentement au moins présumé*, il est clair que ce principe hérétique ouvre une large porte à la révolte contre la puissance spirituelle légitime; qu'il fomente le schisme et l'hérésie; qu'il mine, par conséquent, l'unité catholique jusque dans ses plus solides fondements; qu'il tend à renverser la hiérarchie sainte établie de Dieu même, à détruire toute subordination, toute harmonie dans l'Eglise; qu'il fournit à tous les novateurs accrédités des moyens de se soutenir et de continuer tranquillement à propager leurs dogmes antichrétiens, malgré les anathèmes les plus justes et les plus canoniques; et qu'enfin il autorise à se relever et à renaître comme de leurs cendres toutes les erreurs proscrites depuis les temps apostoliques jusqu'à nos jours. Toutes ces conséquences se déduisent facilement du principe, et elles trouvent leur démonstration dans les termes mêmes qui l'énoncent. Car, quelle est la nouveauté hétérodoxe, antique ou récente, qui avouera jamais avoir été frappée par l'organe ou du consentement réel ou présumé de tous les catholiques, du moins de tous ceux qui se disaient ou croyaient l'être? Wiclef, Jean Hus, Luther et Calvin eurent-ils besoin d'une autre base pour appuyer leur résistance opiniâtre, étayer leurs dogmes monstrueux? N'est-ce pas sur le même fondement que le jansénisme se maintient, quoique condamné successivement par vingt papes au moins et par tout le corps des évêques, presque sans exception? La lutte également funeste et peu édifiante que les parlements soutinrent dans le siècle dernier, contre l'autorité sacrée des évêques, ne trouva-t-elle pas dans ce détestable foyer toute la hardiesse et toute l'insoumission qui la signalèrent? Doit-on chercher une autre cause à ces innovations étranges, qui furent introduites dans l'enseignement et le gouvernement ecclésiastique, soit en Allemagne, soit dans une partie considérable de l'Italie, sur la fin du même siècle? Et cette jurisprudence canonique, qui envahissait naguère, dans un pays assez connu, presque tous les droits de l'épiscopat, le richérisme n'en était-il pas comme l'âme et la lumière? Enfin, sans parler de cette secte éphémère, que les deux puissances de concert renversèrent dans le tombeau, moyennant quelques démarches de la part de ses partisans pour obtenir leur rentrée dans le sacré bercail, secte toute richériste, n'est-ce point de ce système absurde, ou plutôt du fond de cette fange bourbeuse, que s'est élevé ce philosophisme incrédule qui plane aujourd'hui au-dessus de tous les principes, de toutes les croyances, de tous les cultes, bravant également le ciel et la terre, et menaçant de détruire jusqu'aux liens étroits qui unissent les hommes entre eux et qui forment du genre humain comme une seule famille? Car, quoi de plus aisé à franchir, pour l'ambitieux, l'indocile et le libertin, que l'espace chimérique qu'on lui met devant les yeux, entre les *droits primitifs* qu'il a, lui dit-on, et les *droits immédiats* qu'on lui refuse? Les jansénistes, les constitutionnels, pour ne citer qu'eux, ont-ils respecté cette faible barrière?

Concluons donc: 1° que le gouvernement de l'Eglise, dans ce qui concerne la doctrine, l'administration des sacrements et la discipline appartient de droit divin à l'épiscopat; 2° que ce gouvernement spirituel est une monarchie tempérée par l'aristocratie; 3° que le souverain pontife y a la principale autorité en tout, comme chef des premiers pasteurs et de tout le troupeau; 4° que, dans les jugements dogmatiques que le pape prononce, les autres évêques jugent avec lui, en adhérant à ses jugements d'une manière positive ou tacite; 5° que l'adhésion de la plupart des évêques à la décision de leur chef forme le jugement du corps enseignant, c'est-à-dire la décision infaillible et irréformable de l'Eglise, à laquelle tout fidèle doit se soumettre, lors même que d'autres évêques, en plus petit nombre; résisteraient encore; 6° que les premiers pasteurs sont les seuls juges *nés* et *ordinaires* de la foi; 7° que la juridiction des pasteurs du second ordre peut être limitée par l'autorité des premiers, et que les simples prêtres n'ont de juridiction que par eux; 8° que la qualité de protectrices de l'Eglise et de ses canons ne donne pas aux puissances temporelles le droit de juger les jugements doctrinaux de l'Eglise, ni d'en déterminer la nature et les

---

rent pas favorables à cette bulle si instructive et si lumineuse, et que l'évêque de Noli fut peut-être le seul prélat catholique qui eût fait éclater publiquement son opposition.

(1) Nous ne prétendons point dire par là qu'on n'ait pas vu quelquefois les deux puissances empiéter l'une sur l'autre : nous savons trop bien qu'elles n'ont pas toujours été d'accord sur les limites de leurs droits respectifs; mais ce que nous avançons avoir été généralement reconnu dans tous les siècles chrétiens, c'est que la puissance spirituelle, pour le gouvernement de l'Eglise, appartient dans le droit et dans la pratique à l'Eglise enseignante.

(2) Nous observerons encore ici que, pour être membre de l'Eglise enseignante, il ne suffit pas à un évêque de se dire en communion avec le saint-siège ; il faut de plus qu'il y soit réellement et que le chef de l'Eglise le reconnaisse comme tel.

effets; 9° enfin, que les lois de l'Eglise ne peuvent recevoir des qualifications que de l'autorité même qui les a prononcées. Ces qualifications appartiennent à la loi même : elles déterminent le genre de soumission qui lui est due, et c'est à l'Eglise seule à en fixer le caractère et l'étendue (1). Mais il faut mettre des bornes à cet article. Jetons donc un coup d'œil rapide sur les conséquences que nous avons annexées au troisième principe capital de notre dogmatisto.

1° Touchant la lecture de l'Ecriture sainte. Ici Quesnel ne se dément point. Instruit que la plupart des Eglises sont dans l'usage de suivre, à l'égard des livres défendus, les règles tracées par ordre du concile de Trente et approuvées par Pie IV, il brave la quatrième, qui réserve aux évêques ou aux inquisiteurs le droit de permettre aux fidèles la lecture des livres saints traduits en langue vulgaire, et, s'élevant au-dessus de ceux qui ont droit de faire les lois, il annonce à tout l'univers que cette lecture *est pour tout le monde;* qu'elle est *utile,* même *nécessaire* en tout temps, en tous lieux, à toutes sortes de personnes; que l'obscurité sainte de la parole de Dieu n'est pas *aux laïques* une raison pour se *dispenser* de la lire; que le dimanche *doit* être sanctifié par cette lecture; que c'est le *lait* que Dieu a donné au chrétien, et qu'il est dangereux de l'en priver, etc., etc., etc. (2).

Mais si la lecture des saintes Lettres est *nécessaire en tout temps, en tous lieux et à toutes sortes de personnes,* pourquoi les évangélistes n'écrivirent-ils pas aussitôt que les apôtres commencèrent à prêcher l'Evangile? Comment y avait-il, du temps de saint Irénée, évêque de Lyon, des nations entières qui, n'ayant pas les livres sacrés et par conséquent ne les lisant pas, conservaient néanmoins le dépôt de la foi et ne laissaient pas de vivre chrétiennement (3)? Le grand apôtre se trompait-il donc quand il disait que la foi vient par l'ouïe (4)? Et les fidèles qui ne savent pas lire et qui ne peuvent pas se pourvoir de lecteurs ne sanctifient donc pas le dimanche, quoiqu'ils remplissent d'ailleurs ce que l'Eglise exige?

Si la lecture dont nous parlons est utile à toutes sortes de personnes, d'où sont donc venus tant d'abus qu'on en a faits pour étayer l'erreur, autoriser des vices, opérer des superstitions? Avouer ces abus, qui ont été sans nombre, n'est-ce pas avouer que la lecture de l'Ecriture sainte n'est pas utile indifféremment à tout le monde, et que les supérieurs ecclésiastiques qui se réservent le droit de la permettre en langues vulgaires agissent avec sagesse, loin d'être dans l'illusion et de faire souffrir à leurs subordonnés une espèce d'excommunication?

Convenons que la lecture de l'Ecriture sainte n'est pas nécessaire aux laïques; qu'elle peut être utile à ceux qui ont d'excellentes dispositions, et qu'elle deviendrait un poison entre les mains de certains esprits de travers et présomptueux, qui veulent tout savoir, tout comprendre, tout interpréter d'après leurs propres lumières, et qui se scandalisent aisément. L'Ecriture est une de ces choses saintes que Jésus-Christ défend de donner aux chiens (5).

2° Mais que prétend notre réformateur quand il nous prêche avec tant de zèle que « ravir (au simple peuple) cette consolation d'unir sa voix à celle de toute l'Eglise, c'est un usage contraire à la pratique apostolique et au dessein de Dieu (6)? »

Ce qui enflamme ici sa sollicitude, est-ce le désir seul de voir s'établir partout la pieuse coutume que le peuple unisse sa voix à celle du clergé pour chanter les louanges de Dieu dans les offices publics? Non, assurément : le chant en commun est un moyen particulier d'union; mais il y en a d'autres encore non moins caractéristiques, et la proposition est générale. Or, on connaît le penchant vif qu'avaient les jansénistes pour la célébration des offices en langue vulgaire. N'osant introduire ouvertement et partout cet usage que l'Eglise repousse pour de bonnes raisons, ils y suppléaient du moins, mettant dans les mains des fidèles, des missels, l'ordinaire entier de la messe, etc., traduits en leurs langues; et ils ordonnaient aux prêtres du parti de réciter le canon tout haut, aux peuples de suivre en tout le célébrant. La raison en est que le simple fidèle célèbre la messe avec le ministre sacré. C'est ce que Quesnel nous apprend lui-même; mais à son ordinaire, c'est-à-dire en s'exprimant d'une manière obscure et tortueuse. « C'est, dit-il dans son VII° mémoire, l'Eglise qui a le droit et le pouvoir d'offrir à Dieu le sacrifice du corps et du sang de Jésus-Christ, pour l'exercer par ses ministres, du consentement au moins présumé de tout le corps. » Assertion qu'il tient pour si orthodoxe et si conforme aux sentiments des Pères et des docteurs les plus éclairés sur ce qui regarde la liturgie, qu'il ne peut s'imaginer que personne au monde ose y trouver à redire ou la condamner; et il nous la donne comme toute semblable à son troisième principe capital, pour la mettre à couvert des atteintes qu'y a portées la bulle *Unigenitus.* Quesnel convient donc qu'il faut raisonner du pouvoir d'immoler la victime sainte, comme il a raisonné lui-même, dans

---

(1) Exposition sur les droits de la puissance spirituelle, déjà citée. Que dire donc de cette proposition, avancée par l'auteur d'une dissertation volumineuse contre la bulle *Unigenitus,* où cette constitution est déchirée comme n'étant ni loi de l'Eglise, ni loi de l'Etat : « La même *autorité*, qui donne à la puissance temporelle le *droit de confirmer* les décrets *dogmatiques* de l'Eglise, lui impose l'obligation *d'examiner,* avant que d'accorder cette *confirmation, si le décret en lui-même est susceptible de devenir un jugement de l'Eglise universelle, et si, dans le fait, il en a acquis le caractère ?* » p. 1, pages 164 et 165. Voilà quels étaient les principes que les quesnellistes suggéraient aux magistrats et aux parlements, et tels étaient les fondements sur lesquels ceux-ci bâtissaient leur jurisprudence prétendue canonique.

(2) *Voyez* ses propositions rapportées ci-dessus, col. 1231 et suiv.
(3) L. III Advers. hæres., c. 4, n. 2.
(4) Rom. x, 17.
(5) Matth. vii, 6.
(6) Prop. LXXXVI.

son troisième principe capital, ou pouvoir de gouverner le corps mystique de Jésus-Christ. Or, dans ce principe que nous avons examiné un peu plus haut, Quesnel attribue la propriété *immédiate* et *primitive* des clefs à l'Eglise entière; il veut que les premiers pasteurs ne soient à cet égard que les commis, les délégués, les instruments de l'Eglise entière, et qu'ils n'exercent la juridiction qu'en son nom et que de son consentement au moins présumé. Donc il en est de même du sacrifice adorable : c'est l'Eglise entière qui a aussi *primitivement, originairement, immédiatement* et *directement* reçu le droit et le pouvoir de l'offrir, et les prêtres ne sont encore en ce point que les commis, les délégués, les instruments de l'Eglise entière. Donc chaque fidèle participe au sacerdoce, l'exerce par le célébrant, ratifie de droit son offrande, en influence la validité par son consentement réel ou présumé, et contribuerait à l'illégitimer s'il refusait d'y consentir. Donc, un prêtre dégradé canoniquement (*au nom de toute l'Eglise*) cesserait d'être prêtre, et un évêque déposé de même ne serait plus évêque; en sorte que ni l'un ni l'autre ne pourraient célébrer validement, etc. (1), puisque le consentement même présumé de tout le corps de l'Eglise leur manque dans ce cas. Qui ne voit qu'une doctrine si absurde et si contraire à la foi catholique tend évidemment à détruire l'ordre, à méconnaître le caractère spirituel et indélébile qu'il imprime dans l'âme, à réduire ce sacrement précieux de la nouvelle alliance à un rite établi tout simplement pour désigner les ministres de la parole et des sacrements, à dire que les chrétiens ont tous la puissance d'administrer tous les sacrements et de prêcher, etc.? Autant d'erreurs frappées d'anathème par le saint concile de Trente (2).

On voit donc dans quel esprit notre dogmatiseur parle de l'union de la voix du peuple à celle de toute l'Eglise. Le synode de Pistoie ayant aussi dit « que ce serait agir contre la pratique apostolique et les desseins de Dieu que de ne préparer pas au peuple des moyens plus faciles d'unir sa voix à la voix de toute l'Eglise, » Pie VI ne put s'empêcher de voir dans cette proposition ambiguë une tendance couverte à introduire l'usage de la langue vulgaire dans les prières liturgiques, et il la censura dans sa bulle *Auctorem fidei*, comme « fausse, téméraire, perturbatrice de l'ordre prescrit pour la célébration des saints mystères, source ouverte à quantité de maux (3). »

3° Nous ne croyons pas devoir relever ce que Quesnel avance encore contre les prédicateurs de son temps. Il est aisé de voir qu'il en veut à l'Eglise enseignante et qu'il cherche à lui imputer la tolérance d'abus chimériques, afin de la dénigrer dans l'esprit des fidèles. C'est dans la même vue qu'il lui attribue une vieillesse plus que ridicule et une ignorance grossière des vérités chrétiennes (4). Tout est bon dans les mains de cet ennemi cruel de l'épouse de Jésus-Christ, pourvu qu'il puisse en faire usage pour percer le sein de celle qui fut sa mère, tant qu'il ne se déclara pas ouvertement contre elle. Ici, il conspire avec d'autres pour tâcher de persuader que le Fils de Dieu a fait divorce avec l'Eglise universelle pour épouser la petite Eglise jansénienne. Aussi, est-ce un dogme très-accrédité dans le parti « qu'il s'est répandu dans ces derniers siècles un obscurcissement général sur des vérités de la plus haute importance, lesquelles concernent la religion, sont la base de la foi et la doctrine morale de Jésus-Christ. » Quel dommage que Pie VI ait eu la maladresse de condamner comme hérétique cette précieuse maxime (5)! C'est un nouveau coup porté aux cent une propositions extraites des *Réflexions morales*, à toute la doctrine jansénienne, même à la petite Eglise, qui n'osera peut-être plus se vanter de posséder exclusivement le trésor des vérités saintes et de les professer seule explicitement. Mais que disons-nous? Le coup est paré d'avance.

4° Car, placé à la tête de la faction révoltée, il faut ou que Quesnel recule et se soumette humblement, ou qu'il s'attende à voir tomber sur sa tête les foudres de l'Eglise. Trop fier pour vouloir plier, il ne lui reste d'autre parti à prendre que celui de chercher le moyen de s'aguerrir lui-même et d'aguerrir ses chers *élus* contre des armes si justement redoutées. Son grand courage lui en découvre bientôt un qui est digne de lui et des siens, fort commode pour débarrasser efficacement de toute crainte importune à cet égard, très-capable d'inspirer de la hardiesse contre l'autorité imposante des premiers pasteurs, et surtout grandement accrédité par l'exemple qu'en avait donné le célèbre patriarche de la secte. Or, ce moyen si efficace et admirablement expéditif, c'est de mépriser à la fois et les censures et ceux qui les prononcent. Entendons raisonner Quesnel lui-même auprès de ses bons confidents; mais ressouvenons-nous que s'il parle ici dans le sens de ses maximes et de ses principes justement développés, il le fait aussi avec une candeur et une franchise dont on chercherait en vain des exemples dans tous ceux de ses écrits qui ont vu le jour.

« N'en doutons pas, mes amis, nous allons être en butte à la persécution des méchants. Il me semble voir déjà le pape et les évêques s'armer contre nous de leurs plus terribles censures. Mais si ces téméraires en viennent jusqu'à nous excommunier, c'est évidemment parce que nous montrons un zèle qui condamne leur indolence, parce que nous cher-

---

(1) « C'est à l'Eglise de corriger et de retrancher les prêtres, et *alors ils ne sont plus prêtres*. » Extrait de la 95° lettre de l'abbé de Saint-Cyran. Il enseignait aussi dans son *Petrus Aurelius* qu'un évêque qui se démet de son évêché n'est plus reconnu dans l'Eglise pour évêque.
(2) Sess. XXIII, can. 1, 3, 4. Sess. VII, can. 9, 10.
(3) Prop. LXVI.
(4) *Voyez* sa prop. XCV, 1232 et les observations que nous y avons faites, 1248 et suiv.
(5) Bulle *Auct. Fidei*, prop. I.

chons à dessiller les yeux des peuples, et que nous annonçons à tout l'univers des vérités antiques, que la malice des docteurs a enfouies, que l'ignorance des évêques a laissé tomber dans l'oubli, et que le saint apôtre Jansénius a tirées enfin du milieu des ténèbres épaisses qui couvraient naguère toute l'Eglise. Or, des excommunications de cette nature sont à coup sûr *très-injustes* : elles ne peuvent donc nous *empêcher de faire notre devoir*. Les *souffrir en paix*, plutôt que d'abandonner ou *de trahir* les *vérités* précieuses dont nous et les nôtres sommes les seuls prédicateurs, *c'est imiter* le pieux dévoûment de *saint Paul*, qui eût consenti à se voir anathématiser pour le salut de ses frères. Aussi, ces plaies que s'efforceront de nous faire ces pasteurs *inconsidérés*, qui jugent en aveugles et *sans vouloir rien examiner*, ne seront qu'apparentes et qu'extérieures ; Jésus en empêchera l'effet réel, ou tout au moins il le *guérira* aussitôt que nous l'aurons ressenti. Mais que dis-je? Non, *on ne sort jamais de l'Eglise, lors même qu'il semble qu'on en soit banni par la méchanceté des hommes, quand on est attaché à Dieu, à Jésus-Christ et à l'Eglise même par la charité*, comme nous le sommes. Prenons acte de ce qu'enseignait publiquement un sage dont la doctrine ne fut pas en tout inutile au courageux évêque d'Ypres. Je vous parle de l'illustre Wiclef, contre lequel se ruèrent vainement des évêques anglais assemblés à Londres (1), Jean XXIII avec son synode romain (2), et le sévère concile de Constance : sa doctrine a franchi plus de trois siècles, non sans produire de grands événements, et nous sommes dans la position d'en tirer de précieux avantages. Si cet homme, à jamais digne d'éloges, est allé parfois un peu trop loin (ce que je n'examinerai pas ici), assurément ce n'est pas touchant l'objet qui nous occupe. Or, Wiclef voulait qu'un prélat ne lançât point une excommunication, à moins qu'il ne fût bien certain d'avance que le sujet qu'il se proposait de frapper était déjà excommunié de Dieu. Il disait que ceux qui abandonnent la prédication de la parole divine, ou qui cessent de l'entendre par la crainte d'une excommunication, étaient eux-mêmes excommuniés. Il accusait de haute trahison (remarquons bien ceci) un prélat qui serait assez téméraire pour anathématiser un clerc qui aurait interjeté appel auprès du roi et de l'assemblée de la nation. Il rassurait ses disciples contre les censures du pape et des évêques, en traitant leurs excommunications de censures de l'antechrist. Mais voici une maxime qui, pour n'avoir pas, ce semble, un rapport bien direct à ce que nous traitons, n'en a pas moins d'importance pour nous, à cause de la vérité lumineuse qu'elle renferme, et parce que, à ce que je prévois, nous serons sous peu forcés d'en faire usage pour soutenir nos âmes dévotes. Ecoutez-donc cette précieuse maxime, que je vais vous rapporter mot à mot : *Il est permis à un diacre*, dit notre admirable docteur, *ou à un prêtre de prêcher la parole de Dieu sans avoir recours à l'autorité du siège apostolique ou d'un évêque catholique* (3). Maxime qu'on peut étendre sans doute aux autres fonctions du sacré ministère. Je me réjouis, mes chers frères, de ne vous avoir pas enseigné jusqu'ici une autre doctrine. Hé ! n'est-ce pas dans ce trésor si riche que les réformateurs du siècle dernier, avec lesquels nous avons des rapports multipliés et très-étroits, quoique nous ayons soin de le nier dans nos écrits et dans nos discours publics ; n'est-ce pas, dis-je, dans ces dogmes lumineux du vaillant athlète anglais, que Jean Hus, son cher Jérôme de Prague, Luther et Calvin, pour n'en pas nommer beaucoup d'autres très-renommés dans l'histoire, puisèrent cette fermeté noble avec laquelle ils s'élevèrent si fort au-dessus des foudres du Vatican et de cette assemblée de scolastiques qu'on nomme concile de Trente? Imitons l'héroïsme de nos généreux prédécesseurs. Il est vrai que la horde des théologiens et des canonistes, qui tiennent encore à la doctrine de l'Eglise catholique, enseignent des maximes bien différentes de celles que je viens de vous exposer. Ils disent, par exemple, avec un ancien pontife de Rome, que celui qui est sous la main du pasteur doit craindre d'en être lié, même injustement (4) ; qu'une excommunication, pour être injuste, n'est pas toujours nulle, ni sans produire son effet ; qu'il faut donc la redouter, s'en faire absoudre quand on l'a encourue, abandonner, plutôt que de s'en laisser frapper, un devoir seulement apparent, dispensable, prétendu, etc. Ils osent m'accuser en particulier de n'avoir parlé sur cette matière, comme je l'ai fait dans mes saintes *Réflexions morales*, que pour me soulever et soulever ensuite effrontément ceux qui me suivent contre l'autorité du pontife romain et de ses collègues les évêques. Mais que nous importe tout cela? Notre parti est déjà nombreux : *ils ne consentiront jamais aux excommunications précipitées des méchants* ; et par ce moyen il sera impossible qu'aucun homme nous sépare du saint bercail. Au surplus, il ne faut pas perdre de vue les grandes vérités que le bienheureux abbé de Saint-Cyran, l'ami intime de notre fondateur, révéla autrefois à Vincent de Paule, concernant l'Eglise (5). Appuyés sur ces vérités incontestables, comme sur un fondement solide, nous travaillons de concert à régénérer le corps mystique de Jésus-Christ ; ou, s'il se montre irréformable, à préparer au libérateur des justes une autre épouse qui sera plus digne de lui, et qui lui restera fidèle à jamais.

5° Après ce que nous venons de dire, et tout ce qu'on a vu jusqu'ici touchant notre

(1) En 1413.
(2) En 1412.
(3) Prop. xi, xii, xiii, xiv, xxx, inter damnat. a concil.
Constant., apud Harduinum, t. VIII, col. 300.
(4) Saint Grég. le Grand, homil. 16 in Evang.
(5) *Voyez* son discours impie, col. 1248 de ce volume.

ex-oratorien, il nous paraît inutile d'allonger ce mémoire, en cherchant à développer le mauvais sens que présentent ses propositions xciv, xcvi, xcvii, xcviii, xcix, c (1). Quiconque les lira sans prévention ne pourra s'empêcher d'être surpris de l'insolence avec laquelle Quesnel s'élève contre le souverain pontife, les évêques de France et Louis le Grand, qu'il accuse de *dominer sur la foi des fidèles; d'entretenir des divisions pour des choses qui ne blessent ni la foi ni les mœurs; d'être contraires aux prédicateurs de la vérité;* de persécuter *les membres le plus saintement et le plus étroitement unis à l'Eglise;* de se montrer entêtés, prévenus, obstinés; de *changer en odeur de mort les bons livres, les instructions, les saints exemples,* etc., etc. Les jansénistes exaltent singulièrement ces persécutions prétendues. A les entendre, les prisons étaient remplies de leurs saints confesseurs; les terres étrangères se trouvaient surchargées par la multitude presque infinie des exilés; les censures tombaient sur leurs têtes comme quand il grêle bien fort; des spoliations injustes réduisaient à l'extrémité de nombreuses victimes. Il est fâcheux, ou plutôt fort heureux, que les disciples de Jansénius se montrent à cet égard aussi peu véridiques que quand ils parlent histoire, discipline, etc., en preuve de leur doctrine. On peut consulter, sur la persécution dont il s'agit ici, les *Mémoires pour servir à l'histoire ecclésiastique pendant le dix-huitième siècle,* etc.

Mais si les moyens de répression employés par les puissances pour ramener les jansénistes à l'unité; pour les engager à se soumettre à des autorités établies de Dieu; pour les empêcher d'infecter les fidèles de leurs dogmes hérétiques, et de semer partout des maximes qui tendaient à renverser et l'autel et le trône, étaient des actes de tyrannie et de vraies persécutions, il faut l'avouer, le glaive dont le Tout-Puissant a ceint le côté des rois, et les armes spirituelles qu'il a placées entre les mains des pontifes, sont inutiles et ne peuvent avoir aucun usage. C'est donc à tort que les législateurs font des lois pour empêcher les désordres, et qu'ils chargent les magistrats de l'exécution de ces lois. L'Eglise devrait aussi laisser les novateurs dogmatiser à leur aise, et bien se garder de les troubler dans leurs courses apostoliques, soit en les menaçant, soit en les frappant de ses censures. Il est vrai qu'il résulterait de cette tolérance singulière des troubles, des révolutions, des schismes, des hérésies, une foule de maux inconcevables; il faudrait même retrancher des livres saints beaucoup de textes que le Saint-Esprit y a mis pour apprendre aux supérieurs ce qu'ils doivent à ceux qui leur sont soumis et la manière de les gouverner. Mais qu'importe? Les nouveaux *disciples de saint Augustin* le veulent: il faut bien croire qu'ils ont raison, puisqu'ils forment à eux seuls la vraie Eglise, et que la société catholique n'est plus qu'une adultère, qui ne connaît, ni celui qui fut autrefois son époux, ni les *vérités saintes* dont elle avait reçu d'abord de lui le sacré dépôt.

6° Cependant de tous les genres de persécution exercés contre les malheureux enfants de Jansénius, le plus atroce sans doute et celui qui fait verser un torrent de larmes au bon père Quesnel, c'est la signature du formulaire d'Alexandre VII. Le pieux fugitif voit dans cette signature un serment, et, qui pis est, un serment qui condamne cinq propositions du grand patriarche, comme étant hérétiques, comme contenues dans son livre, comme renfermant le sens de ce cher ouvrage et de l'auteur. Quelle misère! Il faut donc, ou abjurer tout de bon le jansénisme, pour embrasser la foi orthodoxe, ou refuser le fatal serment et s'exposer à passer pour rebelle et hérétique. Mais ce qui achève de jeter l'amertume et la désolation dans le cœur paternel du tendre chef, c'est qu'il voit de plus presque tous ses disciples, naguère si généreux défenseurs de la morale sévère, ennemis si déclarés des moindres équivoques, descendre tout à coup de la hauteur de leurs sublimes principes, pour se traîner dans le relâchement le plus étonnant et le plus contradictoire, volant à un serment, au moyen d'équivoques pires mille fois que celles qu'ils avaient combattues, se rendant scandaleusement parjures aux yeux de tout l'univers, par une feinte lâche dont on ne trouve d'exemple dans l'histoire que de la part d'hommes scélérats ou impies. En faut-il davantage pour exciter le zèle inflammable du vigoureux Quesnel; animer sa plume toujours éloquente, quand elle est employée à déclamer contre le pape et les évêques, et pour l'engager à crier contre la multitude des serments en usage dans l'Eglise? Il est vrai qu'il n'y a que celui du formulaire qui le désole et lui échauffe la bile; mais, afin de déguiser à son ordinaire ses sentiments et sa doctrine, il est nécessaire de généraliser ses plaintes. C'est ce qui l'engage à dire tout nettement, dans sa proposition cent une, que « rien n'est plus contraire à l'esprit de Dieu et à la doctrine de Jésus-Christ que de rendre communs les serments dans l'Eglise; parce que c'est multiplier les occasions des parjures, dresser des pièges aux faibles et aux ignorants, et faire quelquefois servir le nom et la vérité de Dieu aux desseins des méchants. » Ainsi, suivant notre auteur si lumineux et si véridique, l'Eglise s'est souvent trompée; elle a tendu bien des pièges à ses enfants et presque toujours méconnu l'esprit de Dieu et la doctrine de Jésus-Christ; puisqu'il lui est arrivé en différents temps d'exiger des serments, pour séparer ses ouailles dociles des partisans du schisme et de l'erreur; que ses conciles en ont fréquemment demandé à ceux qu'elle voulait associer à ses ministres, charger des fonctions pastorales, élever aux dignités; et que maintenant encore un prêtre n'arrive pas à l'épiscopat sans s'être astreint par la foi du serment à garder l'unité que le Fils de Dieu a établie dans son corps mystique.

(1) *Voyez* col. 1233 et suiv.

DICTIONNAIRE DES HÉRÉSIES. I.

7· Ce qui néanmoins étonne beaucoup dans la manière de voir de Quesnel, touchant la conduite de la plupart de ses adhérents, au sujet de la signature du formulaire d'Alexandre VII, c'est qu'il paraît y oublier entièrement une maxime qui aurait dû le consoler et même le rendre tout au moins indifférent sur l'objet de sa grande douleur. En effet, si « l'homme peut se dispenser, pour sa conservation, d'une loi que Dieu a faite pour son utilité (1), » pourquoi les jansénistes n'auraient-ils pas fait à tort et à travers le serment commandé par la bulle du pape Alexandre et exigé par tous les évêques orthodoxes de France?... Ils se parjuraient en prêtant ce serment, puisqu'ils prenaient le nom de Dieu à témoin qu'ils abjuraient sincèrement une doctrine comme hérétique, comme contenue dans le gros volume de Jansénius, comme renfermant le sens de ce livre et de l'auteur, tandis qu'ils croyaient cette même doctrine fort orthodoxe, ou qu'ils la regardaient comme étrangère au livre et à l'auteur de cette production : soit. Mais la loi de ne pas jurer en vain ne vient-elle pas de Dieu? N'est-elle pas aussi pour l'utilité de l'homme? Car quels avantages la société n'en recueille-t-elle point? Les jansénistes pouvaient donc se dispenser de cette loi pour leur conservation. Car, que serait devenu leur parti dans les pays où l'on exigeait la signature du formulaire? D'ailleurs le refus de le signer n'était-il pas un motif pour les supérieurs de les dépouiller de leurs bénéfices, de leur interdire leurs fonctions, de les empêcher de parvenir au sacerdoce, aux degrés, aux dignités? Or, ces bénéfices, ces fonctions, etc., n'étaient-ils pas nécessaires à la subsistance de la plupart d'entre eux, et aussi pour le maintien de la bienheureuse secte? Le parjure leur était donc permis, et maître Quesnel a grand tort d'en déplorer le crime, qui n'était, suivant sa commode proposition, qu'un fantôme et qu'une vraie chimère.

Au fond, il est aisé de voir que la proposition de notre novateur sur les dispenses, qu'on peut s'accorder d'autorité privée, ouvre la porte à tous les crimes imaginables, à tous les désordres possibles, et qu'elle contient l'excès même du relâchement (2).

Moyens employés par les quesnellistes, pour faire triompher leur cause.

Ce mémoire étant devenu déjà trop prolixe, nous n'entrerons pas ici dans le détail de ces moyens. Pour peu qu'on ait étudié l'histoire de cette secte, on a dû se convaincre qu'elle formait un parti décidé, une cabale digne de succéder à la Fronde, une espèce d'ordre qui avait ses constitutions, ses chefs, ses finances, ses communautés religieuses, ses séminaires, ses collèges, et un esprit de zèle on ne peut pas plus caractérisé. Tous les moyens employés par les errants qui avaient précédé le jansénisme lui devinrent propres : altérations dans les faits historiques, déguisements dans la doctrine, mensonges, calomnies, invectives contre les autorités les plus respectables, haine cruelle contre ceux qui les combattaient, flatteries pour corrompre, impostures, parjures, tout ce qui pouvait mener au but était bon, permis, sacré. Nous ne parlerons pas des faux miracles, des prophéties feintes, des convulsions scandaleuses, des crucifiements qui étaient l'écueil de la pudeur : tous n'admirent pas universellement ces moyens odieux. On peut consulter sur ces divers objets plusieurs des ouvrages que nous avons cités dans le cours de cet article, et une multitude d'autres monuments historiques.

QUIÉTISME, doctrine de quelques théologiens mystiques, dont le principe fondamental est qu'il faut s'anéantir soi-même pour s'unir à Dieu; que la perfection de l'amour pour Dieu consiste à se tenir dans un état de contemplation passive, sans faire aucune réflexion ni aucun usage des facultés de notre âme, et à regarder comme indifférent tout ce qui peut nous arriver dans cet état. Ils nomment *quiétude* ce repos absolu; de là leur est venu le nom de *quiétistes*.

On peut trouver le berceau du quiétisme dans l'origénisme spirituel qui se répandit au quatrième siècle, et dont les sectateurs, selon le témoignage de saint Epiphane, étaient irrépréhensibles du côté des mœurs. Evagre, diacre de Constantinople, confiné dans un désert et livré à la contemplation, publia, au rapport de saint Jérôme, un livre de *maximes*, dans lequel il prétendait ôter à l'homme tout sentiment des passions; cela ressemble beaucoup à la prétention des quiétistes. Dans le onzième et le quatorzième siècle, les hésychastes, autre espèce de quiétistes chez les Grecs, renouvelèrent la même illusion, et donnèrent dans les visions les plus folles; on ne les accuse point d'y avoir mêlé du libertinage. *Voy.* HÉSYCHASTES. Sur la fin du treizième et au commencement du quatorzième, les beggards enseignèrent que les prétendus parfaits n'avaient plus besoin de prier, de faire de bonnes œuvres, d'accomplir aucune loi, et qu'ils pouvaient, sans offenser Dieu, accorder à leur corps tout ce qu'il demandait. *Voyez* BEGGHARDS. Voilà donc deux espèces de quiétisme, l'un spirituel et l'autre très-grossier.

Le premier fut renouvelé, il y a un siècle, par Michel Molinos, prêtre espagnol, né dans le diocèse de Saragosse en 1627, et qui s'acquit à Rome beaucoup de considération par la pureté de ses mœurs, par sa piété, par son talent de diriger les consciences. L'an 1675, il publia un livre intitulé le *Guide spirituel*, qui eut d'abord l'approbation de plusieurs personnages distingués, et qui a été

(1) Prop. LXXI.
(2) On peut consulter, sur les cent une propositions condamnées par la bulle *Unigenitus*, les Anti-Exaples du P. Paul (de Lyon), la Nouvelle défense de la constitution de N. S.-P. le pape, portant condamnation du Nouveau Testament du Père Quesnel, de Claude le Pelletier; un ouvrage anonyme intitulé : Les cent une propositions extraites du livre des Réflexions morales sur le Nouveau Testament, qualifiées en détail; les Entretiens du docteur au sujet des affaires présentes par rapport à la religion, etc., etc.

traduit en plusieurs langues. La doctrine que Molinos y établissait peut se réduire à trois chefs : 1° la contemplation parfaite est un état dans lequel l'âme ne raisonne point; elle ne réfléchit ni sur Dieu ni sur elle-même, mais elle reçoit passivement l'impression de la lumière céleste, sans exercer aucun acte, et dans une inaction entière ; 2° dans cet état l'âme ne désire rien, pas même son propre salut ; elle ne craint rien, pas même l'enfer ; 3° alors l'usage des sacrements et la pratique des bonnes œuvres deviennent indifférents ; les représentations et les impressions les plus criminelles qui arrivent dans la partie sensitive de l'âme ne sont point des péchés.

Il est aisé de voir combien cette doctrine est absurde et pernicieuse. Puisque Dieu nous ordonne de faire des actes de foi, d'espérance, d'adoration, d'humilité, de reconnaissance, etc., c'est une absurdité et une impiété de faire consister la perfection de la contemplation dans l'abstinence de ces actes. Dieu nous a créés pour être actifs et non passifs; pour pratiquer le bien et non pour le contempler ; un état purement passif est un état d'imbécillité ou de syncope ; c'est une maladie et non une perfection. Dieu peut-il nous dispenser de désirer notre salut et de craindre l'enfer ? Il a promis le ciel à ceux qui font de saintes actions, et non à ceux qui ont des rêves sublimes. Il nous ordonne à tous de lui demander l'avénement de son royaume et d'être délivrés du mal ; il n'est donc jamais permis de renoncer à ces deux sentiments, sous prétexte de soumission à la volonté de Dieu. Puisque les sacrements sont le canal des grâces et un don de la bonté de Jésus-Christ, c'est manquer de reconnaissance envers ce divin Sauveur de les regarder comme indifférents. Il dit : « Si vous ne mangez la chair du Fils de l'homme et ne buvez son sang, vous n'aurez point la vie en vous. » De quel droit un prétendu contemplatif peut-il regarder la participation à l'eucharistie comme indifférente ?

Lorsque Molinos ajoute que, dans l'état de contemplation et de quiétude, les représentations, les impressions, les mouvements des passions les plus criminelles qui arrivent dans la partie sensitive de l'âme ne sont pas des péchés, il ouvre la porte aux plus affreux déréglements, et il n'a eu que trop de disciples qui ont suivi les conséquences de cette doctrine perverse. Une âme qui se laisse dominer par les affections de la partie sensitive, est certainement coupable ; il lui est toujours libre d'y résister, et saint Paul l'ordonne expressément.

Aussi, après un sérieux examen, la doctrine de Molinos fut condamnée par le pape Innocent XI en 1687; ses livres intitulés, *la Conduite spirituelle* ou *le Guide spirituel*, et *l'Oraison de quiétude*, furent brûlés publiquement; Molinos fut obligé d'abjurer ses erreurs en présence d'une assemblée de cardinaux, ensuite condamné à une prison perpétuelle, où il mourut en 1689. Mais, en censurant sa doctrine, le pape rendit témoignage de l'innocence de ses mœurs et de sa conduite.

L'événement a prouvé qu'on n'a pas eu tort de craindre les conséquences du molinosisme, puisque plusieurs de ses partisans en ont abusé pour se livrer au libertinage, et ont été punis par l'inquisition. Mais il ne faut pas confondre ce quiétisme grossier et libertin avec celui des faux mystiques ou faux spirituels, qui ont adopté les erreurs de Molinos sans en suivre les pernicieuses conséquences.

Il s'est trouvé en France des quiétistes de cette seconde espèce, et parmi ceux-ci une femme nommée *Bouvière de la Motte*, née à Montargis en 1648, veuve du sieur Guyon, fils d'un entrepreneur du canal de Briare, s'est rendue célèbre. Elle avait pour directeur un père *Lacombe*, barnabite du pays de Genève. Elle se retira d'abord avec lui dans le diocèse d'Annecy, et elle s'y acquit beaucoup de réputation par sa piété et par ses aumônes. Mais, comme elle voulut faire des conférences, et répandre les sentiments qu'elle avait puisés dans les livres de Molinos ou de quelqu'un de ses disciples, elle fut chassée de ce diocèse par l'évêque, avec son directeur. Ils eurent le même sort à Grenoble, où madame Guyon répandit deux petits livres de sa façon, l'un intitulé *le Moyen court*, l'autre *les Torrents*. Ils vinrent à Paris en 1687, ils y firent du bruit et y trouvèrent des partisans. M. de Harlay, pour lors archevêque, obtint un ordre du roi pour faire enfermer le père Lacombe, et mettre madame Guyon dans un couvent. Celle-ci, ayant été élargie par la protection de madame de Maintenon, s'introduisit à Saint-Cyr ; elle y suivit les conférences de piété que faisait dans cette maison le célèbre abbé de Fénelon, précepteur des enfants de France, et elle lui inspira de l'estime et de l'amitié par sa dévotion.

Dans la crainte de se tromper sur les principes de cette femme, il lui conseilla de se mettre sous la conduite de M. Bossuet, et de lui donner ses écrits à examiner ; elle obéit. Bossuet jugea ses écrits répréhensibles ; Fénelon ne pensait pas de même. Celui-ci, nommé à l'archevêché de Cambrai en 1695, eut à Issy, près de Paris, plusieurs conférences à ce sujet, avec Bossuet, le cardinal de Noailles et l'abbé Tronson, supérieur du séminaire de Saint-Sulpice. Après de fréquentes disputes, Fénelon publia en 1697 son livre des *Maximes des saints*, touchant la vie spirituelle ou contemplative, dans lequel il crut rectifier tout ce qu'on reprochait à madame Guyon, et distinguer nettement la doctrine orthodoxe des mystiques d'avec les erreurs. Ce livre augmenta le bruit au lieu de le calmer.

Enfin les deux prélats soumirent leurs écrits à l'examen et à la décision du pape Innocent XII, et Louis XIV écrivit lui-même à ce pontife pour le presser de prononcer. La congrégation du saint office nomma sept consulteurs ou théologiens pour examiner ces divers ouvrages. Après trente-sept conférences, le pape censura, le 12 mars 1699, vingt-trois propositions tirées du livre des *Maximes des saints*, comme respectivement téméraires, pernicieuses dans la pratique, et erronées; aucune ne fut qualifiée comme hérétique.

L'archevêque de Cambrai tira de sa condamnation même un triomphe plus beau que celui de son adversaire; il se soumit à la censure sans restriction et sans réserve. Il monta en chaire à Cambrai, pour condamner son propre livre, il empêcha ses amis de le défendre, et il publia une instruction pastorale pour attester ses sentiments à tous ses diocésains. Il assembla les évêques de sa province, et il souscrivit avec eux à l'acceptation pure et simple du bref d'Innocent XII, et à la condamnation des propositions. Il fit faire pour la cathédrale un soleil magnifique pour les expositions et les processions du saint sacrement; des rayons de ce soleil partent des foudres qui frappent des livres posés sur le pied, l'un desquels est intitulé *Maximes des saints*. Ainsi finit la dispute. Madame Guyon, qui avait été enfermée à la Bastille, en sortit cette même année 1699; elle se retira à Blois, où elle mourut en 1717, dans les sentiments d'une tendre dévotion.

Pendant que toutes les personnes sensées ont admiré la grandeur d'âme de Fénelon, qui préférait le mérite de l'obéissance et la paix de l'Eglise aux fumées de la vaine gloire et aux délicatesses de l'amour-propre, des esprits mal faits ont tâché de persuader que ce grand homme avait agi par pure politique et par la crainte de s'attirer des affaires; que sa soumission n'avait pas été sincère. Mosheim a osé dire : « On convient généralement que Fénelon persista jusqu'à la mort dans les sentiments qu'il avait abjurés et condamnés publiquement par respect pour l'ordre du pape (1). »

N'en soyons pas surpris, un hérétique infatué de ses propres lumières, et opiniâtrement révolté contre l'autorité de l'Eglise, ne se persuadera jamais qu'un esprit droit peut reconnaître sincèrement qu'il s'est trompé, que s'il n'a pas mal pensé, il s'est du moins mal exprimé. Mais dans toute la vie de l'archevêque de Cambrai trouve-t-on quelques signes d'un caractère hypocrite et dissimulé? Connaît-on quelqu'un qui ait montré plus de candeur? Pendant les seize années qui se sont écoulées depuis la condamnation de Fénelon jusqu'à sa mort, a-t-il donné quelques marques d'attachement aux opinions que le pape avait censurées dans son livre? Personne n'a soutenu avec plus de force l'autorité de l'Eglise et la nécessité d'y être soumis; il n'a donc fait que confirmer ses principes par sa propre conduite.

D'ailleurs la question agitée entre Fénelon et Bossuet était assez délicate et assez subtile, pour que tous deux pussent s'y tromper. Il s'agissait de savoir s'il peut y avoir un amour de Dieu pur, désintéressé, dégagé de tout retour sur soi-même : or, il paraît certain que, du moins pendant quelques moments, une âme qui médite sur les perfections de Dieu peut les aimer sans faire attention à sa qualité de bienfaiteur et de rémunérateur; qu'elle peut aimer la bonté de Dieu envers toutes les créatures sans penser actuellement qu'elle-même est l'objet de cette bonté souveraine. Si Bossuet a nié que cet acte soit possible, comme on l'en accuse, il avait tort. Mais ce n'est là qu'une abstraction passagère; soutenir que ce peut être l'état habituel d'une âme, et que c'est un état de perfection; qu'elle peut, sans être coupable, pousser le désintéressement jusqu'à ne plus désirer son salut, et ne plus craindre la damnation; voilà l'excès condamné dans les quiétistes, excès duquel s'ensuivent les autres erreurs que nous avons notées ci-devant.

(1) Hist. Ecclésiast., XVII° siècle, sect. 2, part. 1, ch. 1, § 51.

FIN DU PREMIER VOLUME.

www.ingramcontent.com/pod-product-compliance
Lightning Source LLC
Chambersburg PA
CBHW070836250426
43673CB00060B/1486